U0746975

歷代名臣奏議

三

附 篇名目録 作者索引

（明）黄淮 楊士奇 編

上海古籍出版社

歷代名臣奏議卷之一百五十三

求賢

晉平公浮西河中流而歎曰。嗟乎安得賢士與共此樂者。船人固桑對曰。君言過矣。夫劍產于越。珠產江漢。玉產昆山。此三寶者皆無足而至。今君苟好士。則賢士至矣。平公曰。固桑來。吾門下食客者三千餘人。朝食不足。暮收市租。暮食不足。朝收市租。吾尚可謂不好士乎。固桑對曰。今夫鴻鵠高飛沖天。然其所恃者六翮耳。夫腹下之毳。背上之毛。增去一把。飛不為高下。不知君之食客。六翮耶。將腹背之毳也。平公默然而不應焉。

齊宣王坐。淳于髡侍。宣王曰。先生論寡人何好。淳于髡曰。古者所好四。而王所好三焉。宣王曰。古者所好何與寡人所好。淳于髡曰。古者好馬。王亦好馬。古者好味。王亦好味。古者好色。王亦好色。古者好士。王獨不好士。宣王曰。國無士耳。有則寡人亦說之矣。淳于髡曰。古者有驊騮騏驥。今無有。王選於眾。王好馬矣。古者有豹象之胎。今無有。王選於眾。王好味矣。古者有毛廧西施。今無有。王選於眾。王好色矣。王必將待堯舜禹湯之士而後好之。則禹湯之士亦不好王矣。宣王嘿然無以應。

趙烈侯好音。謂相國仲連曰。寡人有愛可以貴之乎。連曰。富之可。貴之則否。君曰。然。鄭歌者槍石二人。吾賜之田人萬畝。連諾而不與。烈侯屢問。連乃稱疾不朝。番吾君謂連曰。君實好善。而未知所持。公仲亦有進士乎。連曰。未也。曰。牛畜荀欣徐越皆可。連進之。畜侍以仁義。烈侯逌然。明日欣侍以舉賢使能。明日越侍以節財儉用。察度功德。所與無不充。君說。乃謂連曰。歌者之田且止。以畜為師。欣為中尉。越為內史。賜連衣二襲。

楚威王問於莫敖子華曰。自從先君文王以至不穀之身。亦有不為爵勸。不為祿勉。以憂社稷者乎。莫敖子華對曰。如華不足知之矣。王曰。不於大夫無所聞之。莫敖子華對曰。君王將何問者也。彼有廉其爵。貧其身。以憂社稷者。有崇其爵。豐其祿。以憂社稷者。有斷脰決腹。壹瞑而萬世不視。不知所益。以憂社稷者。有勞其身。愁其志。以憂社稷者。亦有不為爵勸。不為祿勉。以憂社稷者。王曰。大夫此言將何謂也。莫敖子華對曰。昔令尹子文。緇帛之衣以朝。鹿裘以處。未明而立於朝。日晦而歸食。朝不謀夕。無一月之積。故彼廉其爵。貧其身。以憂社稷者。令尹子文是也。昔者葉公子高。身獲於表薄。而財於柱國。定白公之禍。寧楚國之事。恢先君以揜方城之外。四封不侵。名不挫於諸侯。當此之時也。天下莫敢以兵南鄉。葉公子高食田六百畛。故彼崇其爵。豐其祿。以憂社稷者。葉公子高是也。昔者吳與楚戰於柏舉。兩軍之間。夫卒交。莫敖大心撫其御之手。顧而大息曰。嗟乎子乎。楚國亡之月至矣。吾將深入吳軍。若扑一人。若捽一人。以與大心者也。社稷其為庶幾乎。故斷脰決腹。壹瞑而萬世不視。不知所益。以憂社稷者。莫敖大心是也。昔吳與楚戰於柏舉。三戰入郢。寡君身出。大夫悉屬。百姓離散。棼冒勃蘇曰。吾被堅執銳。赴強敵而死。此猶一卒也。不若奔諸侯。於是贏糧潛行。上崢山。踰深谿。蹠穿膝暴。七日而薄秦王之朝。雀立不轉。晝吟宵哭。七日不得告。水漿無入口。瘨而殫悶。旄不知人。秦王聞而走之。冠帶不相及。左奉其首。右濡其口。勃蘇乃蘇。秦王身問之。子孰誰也。棼冒勃蘇對曰。臣非異。楚使新造盩棼冒勃蘇。吳與楚人戰於柏舉。三戰入郢。寡君身出。大夫悉屬。百姓離散。使下臣來告亡。且求救。秦王顧令不起。寡人聞之。萬乘之君。得罪一士。社稷其危。今此之謂也。遂出革車千乘。卒萬人。屬之子蒲與子虎。下塞以東與吳人戰於濁水而大敗之亦聞於遂浦故勞其身愁其志以憂社稷者棼冒勃蘇是也吳與楚戰於柏舉三戰入郢君王身出大夫悉屬百姓離散蒙穀結鬬於宮唐之上舍鬬奔郢曰若有孤楚國社稷其庶幾乎遂入大宮負雞（一作離）次之典以浮於江逃於雲夢之中昭王反郢五官失法百姓昏亂蒙穀獻典五官得法而百姓大治此蒙穀之功多與存國相若封之執圭田六百畛蒙穀怒曰穀非人臣社稷之臣苟社稷血食餘豈患無君乎遂自棄於磨山之中至今無冒故不為爵勸不為祿勉以憂社稷者蒙穀是也王乃大息曰此古之人也今之人焉能有之耶莫敖子華對曰昔者先君靈王好小要楚士約食馮而能立式而能起食之可欲忍而不入死之可惡然而不避章聞之其君好發者其臣抉拾君王直不好若君王誠好賢此五臣者皆可得而致之

蘇子謂楚威王曰仁人之於民也愛之以心事之以善言孝子之於親也愛之以心事之以財忠臣之於君也必進賢人以輔之今王之大臣父兄好傷賢以為資厚賦斂諸臣百姓使王見疾於民非忠臣也大臣播王之過於百姓多賂諸侯以王之地是故退王之所愛亦非忠臣也是以國危臣願無聽群臣之相惡也慎大臣父兄用民之所善節身之嗜欲以與百姓人臣莫難於無妒而進賢為主死易垂沙之事死者以千數為主辱易自令尹以下事王者以千數至於無妒而進賢未見一人也故明主之察其臣也必知其無妒而進賢也賢人之事其主也亦必無妒而進賢夫進賢之難者賢者用且使已廢貴且使已賤故人難之

燕昭王問於郭隗曰寡人地狹人寡齊人削取八城匈奴驅馳樓煩之下以孤之不肖得承宗廟恐危社稷存之有道乎郭隗曰有然恐王之不能用也昭王避席願請聞之郭隗曰帝者之臣其名臣也其實師也王者之臣其名臣也其實友也霸者之臣其名臣也其實賓也危國之臣其名臣也其實虜也今王將東面目指氣使以求臣則廝役之材至矣南面聽朝不失揖讓之禮以求臣則人臣之材至矣西面等禮相亢下之以色不乘勢以求臣則朋友之材至矣北面拘指逡巡而退以求臣則師傅之材至矣如此則上可以王下可以霸唯王擇焉燕王曰寡人願學而無師郭隗曰王誠欲興道隗請為天下之士開路於是燕王常置郭隗上坐南面居三年蘇子聞之從周歸燕鄒衍聞之從齊歸燕樂毅聞之從趙歸燕屈景聞之從楚歸燕四子畢至果以弱燕并強齊夫燕齊非均權敵戰之國也所以然者四子之力也詩曰濟濟多士文王以寧此之謂也

漢武帝元狩三年上招延士大夫常如不足然性嚴峻雖素所愛信

者小有犯法輒按誅之汲黯諫曰陛下求賢甚勞未盡其用輒已殺之以有限之士恣無已之誅臣恐天下賢才將盡陛下誰與共為治乎黯言之甚怒上笑而諭之曰何世無才患人不能識之耳且才猶有用之器也有才而不肯盡用與無才同不殺何施黯曰臣雖不能以言屈陛下而心猶以為非願陛下自今改之無以臣為愚而不知理也居久之坐法免

吳孫權時荊州士人新還仕進或未得所婁侯陸遜上疏曰昔漢高受命招延英異光武中興群俊畢至苟可以熙隆道教者未必遠近今荊州始定人物未達臣愚慺慺乞普加覆載抽拔之恩令並獲自進然後四海延頸思歸大化權納其言

唐太宗曰古來帝王皆欲國祚長久但為威勢既高下情不能上達加以君子小人雜處其間用不得今遂至亡滅侍中魏徵對曰巧佞

忠正無代不有但相時君所好而進若用忠正則理用邪佞則亂必然之理也太宗曰為帝王者必須愼其所與只如鷹鷂鞍馬聲色殊味朕若欲之隨須即至如此等事常敗人正道邪佞忠正亦在時君所好若任不得賢何能無滅徵對曰臣聞齊威王問淳于髡曰寡人所好與古者聖王同否髡對曰古者聖王所好有四今王所好唯有三種古者好色王亦好之古者好馬王亦好之古者好味王亦好之古者好賢王獨不好齊王曰今無賢可好也髡曰古之美色即有西施毛嬙奇味即有龍肝豹胎善馬即有飛兔綠耳此等今既無之王之廚膳後宮外廐今亦備矣王若以今之無賢不知前代賢者得與王相見否太宗深然之

德宗問政治之要都官員外郎閻播曰為政之本要得有道賢人乃治帝曰朕比下詔求賢才又遣使黜陟搜訪所遣須能者用之若何

播曰陛下雖求賢又使舉薦然止得求名文辭之士焉有有道賢人肯奉職而舉選耶帝悅曰卿始者還當更議

憲宗嘗御浴堂北廊從容言曰朕閱覽前史見興化致理之主奉公竭忠之臣未嘗不加興歎想其風彩洎我貞觀開元之化備在青史垂於不朽朕不量菲薄欲庶幾仰承祖宗之道追縱古昔之風將釣拔俗之士致濟代之才舉措周察納諸仁壽遐境靡烽燧之警郡縣無愁怨之音禮義興行盜賊屛息無忝謚號不為宗廟之羞何行而可以至是也學士李絳對曰陛下興聖懷發德音追帝皇之高風紹祖宗之丕烈思延釣築之士想致唐虞之化非臣凡近愚昧所宜獲承聖言而俯應清問也臣聞聖人與天地合德日月合明思發於虛故易曰出其言善千里之外應之況其邇者乎又曰先天而天弗違後天而奉天時天且不違而況於人乎昔周成王泣啓金縢皇天為之返風宋景公誠發德言熒惑為之退舍天人相感今古同時記曰川澤通氣山川出雲嗜欲將至有開必先言聖靈相通有感而應也今陛下以上聖之資操易化之運積勵精思理之志求希代濟時之賢感於誠懷勞於夢想言出於口行加於人神祇將必效靈才俊固當接武豈惟殷宗求於傅說周文獲於渭濱顧言必從志誠斯應在聖人為能之抑臣又聞奏必觀其實不觀其言信其行不信其言若欲天下副陛下之聽從陛下之化自非躬行之以導其下則無由而致未有表正而影不直聲鳴而響不答也今陛下以常士之禮而待拔俗之賢以凡品之祿而望超代之器是由垂蝸蚓之餌以釣吞舟之鱗設弓弋之繳以羅垂天之翼固不可得而致也昔文王養耆而伯夷太公出昭王禮士而鄒衍樂毅至故必以身先之以誠致之未有不應者也陛下誠能正身勵己尊道貴德親信端士遠棄邪佞盡

忠進直者獎之希合從諛者斥之與大臣言敬而信之不使小人參其事與賢士遊親而禮之不令不肖者構其隙唯義所比不為親疏唯仁是行不論貴賤去冗官無益於時者則祿及才能矣出宮女之希御幸者則時無怨曠矣簡繁數之儀則禮得其節矣除靡慢之聲則樂得其和矣將帥廉則士卒勇矣官師公則治化洽矣法令行則下不違矣教化篤則俗必遷矣如此則聖明周達德聲遐宣可使金石爭變鳥獸率舞而況於人乎則必賢哲慕義英秀赴響伊尹必負鼎而來呂望必投釣而起由余必棄戎而委質甯戚必捨牛而効用三傑成功於高祖廿八展才於光武龍吟則山雲起虎嘯則谷風生自然之感也然後陛下坐明堂朝羣后興教化作禮樂正風俗厚人倫邁比堯舜興當世與祖宗合德時臻至理代稱中興則向者聖念所思者心企及何遠之有哉惟陛下勵行之爾若言之不至無至也

伏惟陛下念之。伏惟陛下勤之而已。上曰。美哉斯言。朕當書之於紳。因有進言。檢自古明君賢臣亂君邪臣事跡。造屏風焉。

宋仁宗慶曆四年。右正言同修起居郎余靖上奏曰。臣竊聞京西轉運使杜杞。准中書劄子。奉朝旨抽赴闕。欲令計置收捉宜州蠻賊者。臣以為朝廷蓄養賢俊。當如民家收積財貨。平時先有營度。至急乃得其用。伏自去年以來。陝西舉知州始用杞。三司擇通判則又用杞。京西多盜賊則又用杞。今益蠻人作叛則又用杞。皆席未遑暖。而即移之。是使杜杞有奔命之勞。朝廷有乏賢之歎。始臣親見杜杞。言京西之政。始有端緒。而未盡施設。今遽捨去。不成績效。此屢易官之患也。伏惟廟堂之上。當思天下有多少賢才。可與共了天下事者。廣為詢訪。預作處置。某人可了某職。某人可當某路。一旦緩急用之。如指諸掌。此乃廟堂之策當有素定者也。今二年之內。謂求賢俊。只知有一杜杞。何觀聽不廣。示天下以狹也。設使別路更有賊盜。則將又移杜杞。無乃取笑四方乎。每見大臣謀事。當平居無事時。優游暇逸。如不足憂者。及一隅有警。則倉惶移易。如素不經心者。且去年冬兩府大臣共選諸路轉運使。故田瑜為廣西轉運使。梁載為判官。必謂才能出人。今蠻徼纔動。未見瑜等如何處置。有甚利害。早已疑之。此擇人之術不自信矣。治治不知。不如勿用。只如近差王絲往湖南安撫。待其奏報不中事節。乃知其人不可委任。知人不明。為害不細。伏望陛下敕諭兩府大臣。廣思博採天下賢才。以應萬務。無使臨事倉卒有乏才之歎。則社稷之福。古人有言曰。霸王之善。終不採將於往賢。求相於後哲。自是識拔不明。求之不至。不可厚誣四海謂之乏賢。惟陛下圖之。

神宗時程顥論養賢上疏曰。臣竊以議當代者皆知得賢則天下治。而未知所以致賢之道也。是雖衆論紛然。未極其要。朝廷亦以行之為艱而不為也。三代養賢必本於學。而德化行焉。治道出焉。本朝踵循唐舊。而館閣清選止為文字之職。名實未正。欲招賢養材以輔聖化。將何從而致之也。臣歷觀古先哲王。所以虛己求治。何嘗不盡天下之才以成己之德也。故曰。大舜有大焉。善與人同。樂取於人以為善。今天下之大。豈為乏賢。而朝廷無養賢之地以容。徐察其器實高下而進退之也。臣今欲乞朝廷設延英院以待四方之賢。凡公論推薦及巖穴之賢。必招致優禮。視品給俸。而不可遽進以官。止以應詔命名。凡有政治則委之詳定。凡有典禮則委之討論。經畫得以奏陳。而治亂得以講究也。俾群居切磨。日盡其材。行其志使政府及臺侍之臣互與相接。陛下時賜召對。訪以治道。可觀其材識器能也。察以累歲。人品益分。然後使賢者就位。能者任職。或委付郡縣。或師表士儒。其德業充著漸進以帥臣職司之任。為輔弼。為公卿。無施之不稱也。若是則引彙並進。野無遺賢。陛下尊賢待士之心。可謂無負於天下矣。

哲宗元祐初。王岩叟乞依治平故事。詔執政舉館職。上奏曰。臣伏以國家之以急在人材。而人材之難。不可以倉卒而得。必及其閒暇廣聰明以求之。則一日有用。隨取隨應。無顛沛之患矣。求而得之。豈優異寵榮以發其光華。雍容歲月以濡其德美。而養其望使人人有以見天下。而後進而用之。則朝廷尊名器重。天下之人信且服矣。臣伏覩祖宗所以盛儒館之選。萃天下之賢而育之者此道也。故巨公名卿莫不由此塗出。今秘書之官限員太狹。不足盡天下英豪之選。充國家緩急之求。臣切惜之。伏望聖慈依治平故事。詔執政各舉可充館職者五人。既以收養材之美。且以觀大臣之能。方陛下新聖政以光明先業之時。臣以謂求材養賢最先務也。惟陛下留神采納焉。叟又論求賢當去六蔽上奏曰。臣伏覩自古治世。天下之人安樂無事。日躋於仁壽之域。而不自知者。人主清心以照理。至誠以用賢之效也。事莫不有理也。心清則理自見。天下未嘗無賢也。誠至則賢自來。恭惟陛下臨政逾年。是非不能惑於聽。邪正不能亂於前。不勞聰明而萬事皆理者。心清以照之也。惟是人材得之未多。朝廷之闕除授之際。常覺艱難。不稱盛時之事。可爲陛下惜耳。陛下勿謂天下之賢盡於此也。而得賢之心之。勿謂雖有賢者不易致也。而求賢之心倦。陛下內篤此誠以自屬。外勅同德協心之臣以求之。臣以謂無不得賢之理。然古有六蔽焉。不去之則衆賢終不可盡得。臣請爲陛下道其理。略有私意則爲蔽。執偏見則爲蔽。局於論心則爲蔽。喜於附己則爲蔽。有自賢之心則爲蔽。簡貴自居而不與物親則爲蔽。此求賢之所難。陛下不可不知也。願陛下深詔執政大臣使上同陛下清心至誠之美。而警戒六蔽之患。則天下之賢無遠近。無隱顯。皆收得之爲朝廷用。以賢繼賢。社稷之福。生靈之幸。與天壤相等矣。臣不勝惓惓。

孝宗淳熙二年。兵部侍郎周必大上奏曰。臣聞富人之造居室也。率種木於數十年之初。故未嘗有求而無之之患。況夫興事造業。貽謀萬世。其可不儲材於閑暇。而欲取具於斯須乎。前事布在方冊。臣不敢泛論。且以本朝觀之。太祖太宗蒐攬豪傑。恢張四維。凡作成之方無所不用其至。及真宗仁宗之世。名卿才大夫磊落相望。是其效也。仁宗丁時太平。增光前烈。尤以涵養士類爲急。自治平至元祐。悉獲其用。厥後章惇蔡京相繼秉政。專爲身謀。靡思國計。方且沮士氣以壞風俗。甚者讒諂以植黨與。卒令裔夷謀夏。所從來遠矣。太上中興。一洗前弊。紹興初。將相卿士得人爲多。既而秦檜以患失之心。濟忌嫉之性。同己者用。異己者逐。人才彙落。貽患至今。使陛下欲復古。則將相未能仰副隆指。欲養民。則守令未能布宣寬詔。當饋而歎蕭曹。撫髀而思頗牧。抑有由也。臣愚欲望聖慈。明諭二府爲國長慮。博求文武之英。布列中外。近而言之。可使收功於當世。遠而言之。又將爲利於無窮。厥今要務孰大於此。昔西漢蘇令發。欲遣大夫使逐問狀。時見大夫無可使者。召盩厔令尹逡拜諫大夫遣之。王嘉因言令諸大夫有材能者甚少。宜豫畜養可成就者。則士赴難不愛其死。臨事倉卒乃求。非所以明朝廷也。嘉言可取。惟陛下念焉。

寧宗時。衛涇上奏曰。臣竊惟人主建功立事。與治保民。必以人才爲急。自昔人才之盛。莫如成周。臣嘗觀菁莪之詩。而知成周所以育才之多。觀嘉魚之詩。而知成周所以與賢之實。觀臺萊之詩。而知成周所以得賢之效。序菁莪者曰。君子惟能長育人才。則天下喜樂之。言

君子長育士類。猶大陵之長育微草。使菁菁然茂盛。其後遂有百朋之錫。人才之多固可見矣。序嘉魚者曰。太平之君子至誠樂與賢者共之。夫與賢而出於忠之誠。則志念純篤。精神交孚。無復疑間。故嘉賓燕樂綏安。而卒章喻以甘瓠樛木。有君臣固結不可解之義。其與賢之實爲如何也。序臺萊者曰。得賢則能爲邦家立太平之基。言君子得賢。則其德廣大堅固。如南山之有基址。夫用賢而至於如山之有址。則層級比次。地望相接。久而不遷。故邦家光榮。萬壽無疆。不惟一時德音之發。且足以保艾爾後。爲其得賢之效。彰明碩大而有不可掩者。惟成周人才之盛。本末如此。故能成文武之功業。卜年世於綿永。豈他道哉。肆我本朝。自太祖太宗躬履艱難。混一區宇。靡皇他務急先人才。網羅收拾。唯恐或遺。愛護長養。唯恐弗及。至景德祥符至和嘉祐之際。人才盛矣。逮天聖慶曆間。議論相持。愢忌交作。幾至於

徼。惟我仁祖容覆如天。并包罔外。元臣碩輔。一以至公。平心區處。逐於國體迄無所傷。故蘇軾有言。仁宗皇帝四十二年之間。㩜攬天下豪傑。不可勝數。既以為股肱心膂。而其任重道遠者。又留以為子孫百年之用。至今賴之。是以國家太平之久。莫盛此時。殆與成周異世而同符也。恭惟陛下聖明天縱。德音日新。十年以來。銷磨黨偏。茂建皇極。凡前日議論之不一者。今皆歸一。趨向之難合者。今皆復合。洗濯湔祓。隨器收用。無新舊彼此之間。無重輕取舍之偏。士生斯時。可謂幸矣。如臣一介庸陋。無所取材。憂患疾病。屏伏田里。念絕榮望。誤蒙聖恩起之閑廢。擢領名郡。玆緣奏事。獲望清光。方將遠去闕庭。區區愚衷。不能自已。竊謂今日公正之路既開。和平之福滋集。精原所自。若非陛下君臣同心。保全臣子。愛惜士類。忠厚惻怛。何以至此。臣更願陛下與執政大臣推明此意。以廣育材之地。持守此意。以盡與

賢之實。堅永此意。以收得賢之效。自今中外士大夫。精白以承休德。勉勵以赴事功。使人才之盛。無愧詩人之所詠。上同祖宗之盛時。則靜可以保治安。動可以圖興復。惟陛下意爾。宜不休哉。

理宗時。禮部尚書魏了翁進故事曰。慶曆四年四月。右正言同修起居注余靖上疏曰。臣切聞京西轉運使杜杞。准中書劄子奉朝旨指赴闕。欲令計置收捉宜州蠻賊者。臣以為朝廷當養賢俊。當如民家收積財貨。平時先有營處。至急乃得其用。伏自去年已來。陝西舉知州始用杜杞。三司擇判官則又用杜杞。京西多盜賊則又用杜杞。今益蠻人作叛則又用杞。皆席未遑暖而即移之。是使杜杞有奔命之勞。朝廷有乏賢之歎。如斯事體。良亦可惜。臣親見杜杞言。京西之政。始有端緒。而未盡施設。今遽捨去。不成績效。此屢易官之患也。伏惟廟堂之上。當思天下有多少賢才。可與共了天下事者。廣為詢訪。預作處置。某人可了某職。某人可當某路。一旦緩急用之。如指諸掌。此乃廟堂之策。當有素定者也。今二年之內。講求賢俊。只知有一杜杞。倚觀聽之不廣。示天下以狹也。設使別路更有賊盜。則將又移杜杞。無乃取笑四方乎。每見大臣謀事。當平居無事時。優游暇逸。如不足慮者。及一隅有警。則倉皇移易。如素不經心者。伏望陛下敕諭兩府大臣。廣思博採天下賢才。以應萬務。無使臨事倉卒有乏才之歎。則社稷之福。古人有言曰。霸王之主。終不擇將於往賢。求相於後哲。自是識拔不明。求之不至。不可厚誣四海謂之乏賢。惟陛下圖之。

臣竊見余靖上疏。乃慶曆四年四月也。方是時。晏殊為相。范仲淹杜衍富弼諸賢皆在二府。而韓琦分陝專任西事。本朝人物於斯為盛。而靖也以事之不素講。猶孜孜以備才為言。臣聞天為斯世生才。自足給一世之用。用之有不給。則以求之有未至。於是當

知之才之可數。而不知遺才之實多。夫使其兼收並蓄。如醫之儲藥。工之擇木。粗細畢經。大小各當。則左抽右取。惟意之所欲。何憂乎人才之不足。何患乎事機之遝至。爰自後世長養成就之功少。而摧折委棄之意多。脫有緩急。則弄印四顧。莫知所畀。夫未能射御而責以獲禽。然且不可。蓋其為射御不已多乎。太祖皇帝未取太原。君臣之間。擬曹翰以守之。亦可謂早矣。而臣晉猶曰。翰死孰可代。且太原未取。而先擇守。未置守而先擬代。載在史冊。人不以為太早。而以為當然。不知今日三邊重地。陛下與二三大臣亦嘗慮及此乎。不惟三邊為然也。內之百司庶府。外之牧守監司。皆當以是致思也。燕間之覽。儻謂其可采。惟陛下速圖之。

中書舍人兼經筵說書袁甫進故事曰。唐太宗貞觀三年。上謂房玄齡杜如晦曰。公為僕射。當廣求賢人。隨才授任。此宰相之職也。比聞

聽受辭訟。日不暇給。安能助朕求賢哉。因敕尚書細務屬左右丞。唯大事應奏者乃關僕射。

臣謂太宗以宰相親細事。則不能助朕求賢。蓋光陰迅速。而精力有限。以有限之精力而耗於迅速之光陰。用之於細事。則必不能專心於求賢。此必然之理也。近者兩相並命。庶明厲翼。陛下親灑御札。從右揆之請。使自丞相以下。以及百執事。各勤修職業於本局。寅而入。未而出。識率厲羣工之要務。然臣區區之意。謂可以革向來百官怠惰苟且之弊耳。若夫爲宰相者。僅了細務於朝堂。而未能同心叶慮。助陛下求賢。此乃太宗之所深慮而未可爲今日喜也。太宗以房玄齡杜如晦諭爲唐贊相。猶且區區於目前之細務。而未能專以求賢爲急。太宗於是以事之小者使尚書左右丞相當之。而大事乃關於僕射。此令一出。爲房杜者何所辭其責哉。甚矣求賢一事至難盡也。拘攣者不能越常度。輕易者不能精選擇。私意多者。先親故而後孤寒。忌心勝者。樂軟熟而妬忠直。此求賢之所以難也。間有高蹈丘園。不屑軒冕者。亦當汲汲焉苦心刻意。致敬盡禮。必欲其爲時一出。既得之矣。又必度其才能之所堪。與其職任之宜稱。使犁然當於天下之心。然後能收求賢之實效。固非曰一人舉而遽用之。一人毀而遽棄之也。昔周公之爲輔相也。執贄而見者以千百計。周公不憚吐握之勤。以身先天下士。故得士爲盛。今者晨入堂而出已迫暮。其所賓接幾何人哉。搜訪不廣。則聰明塞。招延稍怠。則讒識起。真賢恥於自售。而求售者多佞人。憂憂乎其難也。臣望陛下明詔二三大臣。不惟退堂之後。宜盡求賢不勸之意。其會于堂也。正當各以所聞所見。某人爲賢。某人爲才。某人宜居某職。某人宜任某事。開心臆。露情愫。詳與講明問辨。以盡其所懷。日日如是。則一日得一日之人才。月月如是。則一月得一月之人才。廟堂或未能盡識。則當進侍從之臣。相與開廣而究極之。講明既審。則進而告君。豈復有衡鑑不審。是非易位者哉。今之所謂進擬者。亦略近此意。然規模狹而不廣。意向私而未公。所以用人雖多。而得人甚鮮者。正坐此耳。舍此不務。乃一切諉之曰今世乏才。韓愈有言。其真無馬耶。其真不識馬耶。臣亦曰。其果乏才耶。其乏識才者耶。願陛下與二三大臣更加之意。

甫爲秘書少監上疏曰。臣聞天地變化。草木蕃。天地閉。賢人隱。陛下新更大化。正天地變化。人物蕃盛之秋也。臣竊怪比年以來。百物日漸衰耗。小民愁苦。大不聊生。臣濫叨麾節。十有餘年。其在江東也。既目擊凋殘窮悴之態。易守富沙。所見尤甚於江東。旋被發漕之命。道經三衢。視臣七八年前假守之時。氣象大異。猶可諉曰。寇實使然。及歸抵四明。則蕭條之狀。與三衢同。人人嗟咨。家家嘆息。耄耋之人亦云前此未見。臣心甚駭之。天地生物。倘有終窮。今物耗且貴。氣象蕭條。豈無所以然之故。歷觀史冊所載。大抵物貨衰少。井邑荒涼。往往不見於隆盛之時。而多見於叔末之世。當其隆盛也。必道開明。衆賢彙進。布列在位。蔚然輝光。凡融結於宇宙之間者。無非瑞氣之發。則天不愛道。地不愛寶。物產蕃阜。乃變化之餘耳。及叔末之世。佞僞馳騖。賢智壅蔽。上下苟安。積朿萋茨。凡形見於天象之內者。景象迫促而不舒。物產壅閼而不暢。無復明夷晝之勢。而有日銷月鑠之形。亦理之所必然耳。多賢則潤澤豐腴。乏才則膏液枯竭。已事之驗昭然可觀。今日豈不多賢。然更化以來。招徠耆艾。登崇俊良。一反天地閉塞賢人隱伏之勢。則當有天地變化萬物繁阜之效。今也賢才衆多。而物意焦枯。如前所陳者。何歟。豈氣數至此而微。有非人力之所可挽回歟。抑變棄為盛。必有旋轉造化之妙。而非特賢之所能及歟。否則衆雋雖聚本朝。而分職授任。未能各當其處。坐觀者多。而任責者少歟。又否則陛下雖有好賢樂善之念。未免貌敬心疎。彼之有所抱負者。實未能展布歟。是數者之中。必有一二于此矣。而臣又竊有隱憂者。深恐悠悠歲月。績用未應。陛下亦見在朝之士。所謂醇儒雅望者。略無捄弊新奇之策。必將漸起厭心。且别求夫輕鋭有才之人。喜言利而多心計者用之。譬如人抱沉痼之疾。風寒暑濕之所陵薄。其受病固非一日。積漸耗散。生意綫一髮耳。必務蕭條。則其病證也。人才則醫也。計畫則藥方也。有善醫焉。未及盡用其方。乃遽更他醫。雜試而輕攻焉。則一髮生意。所存幾何。今日所用之人是也。而所以用其方者未也。陛下何不集在廷之彥。如慶曆間開天章閣給筆札。俾各條陳當世之利病。何以振朝廷之綱。何以裕國家之計。何以

濟民生之急。何以壯邊鄙之勢。察脈觀證。對病用藥。鑿鑿精實。勿事空談。上之人擇其尤的切可行者。使各竭力任責。課功計效。凡布列周行者。不至虛度光陰。粉飾觀美。則事事振起。物物精神。昔日血氣之微弱。未有不轉為盛強。苟徒慕賢人衆多之名。而無庶明勵翼之實。使賢者仰屋竊嘆。而憸人刻覈之說。得以投隙而入。則元氣先衰。而血氣隨之。其銷鑠耗竭。決不止如今日而已。臣來自遠方。不識忌諱。盡吐肝膈。惟願陛下力守更化以來。求賢如不及之初意。毋致小有轉移。君臣上下。書心刻意。是究是圖。將見薰為大和。民物蘇醒。享變化蕃盛之效。消閉塞隱伏之幾。特一轉移之間耳。惟陛下篤信而力行之。宗社幸甚。生靈幸甚。

洪咨夔進漢武帝順帝故事曰。上方欲用文武。求之如弗及。始以蒲輪迎枚生。見主父偃而歎息。群士慕嚮。異人並出。卜式拔於芻牧。弘羊擢於賈豎。衛青奮於奴僕。日磾出於降虜。斯亦曩時版築飯牛之徒明已。漢之得人。於茲為盛。儒雅則公孫弘董仲舒兒寬。篤行則石建石慶。質直則汲黯卜式。推賢則韓安國鄭當時。定令則趙禹張湯。文章則司馬遷相如。滑稽則東方朔枚皋。應對則嚴助朱買臣。歷數則唐都落下閎。協律則李延年。運籌則桑弘羊。奉使則張騫蘇武。將率則衛青霍去病。受遺則霍光金日磾。其餘不可勝紀。是以興造功業。制度遺文。後世莫及。

順帝知能任使。故士得用情。天下喁喁。仰其風采。遂迺備玄纁玉帛以聘南陽樊英。天子降寢殿。設壇席。尚書奉引。延問失得。急登賢之舉。虛降己之禮。於是處士鄙生。忘其拘儒。拂巾衽褐。以企旌車之招矣。至迺英能承風。俊乂咸事。若李固周舉之淵謨洪深。左雄黃瓊之政事正固。亘馬楊厚以儒學進。崔爰馬融以文章顯。吳祐蘇章种暠

欒巴牧民之良幹。龐參虞詡將帥之宏規。王龔張皓虛心以推士。張綱杜喬直道以糾違。郎顗陰陽詳密。張衡機術特妙。東京之士。於茲盛焉。向使廟堂納其高謀。疆埸宣其智力。惟幄容其謇諤。擧措稟其成式。則武宣之軌。豈其遠而。

臣聞求賢而不用。古古與不求同。知人而不善任使。與不知同。人主有志於治數。不知非賢罔乂。而急於求賢者。有行可際可公養之士。亦莫不起而應其求。海濱之大老至。洛陽之年少至。東山之高卧者至。周南之滯留者至。明庭立鵠。華階振鷺。非不極一時之盛。而知不盡所抱。用不盡所知。如醫者聚參苓朮桂玉札丹砂於一橐。品雖至珍。用與病違。雖聚無益也。武帝蒲輪之詔一下。而異人並出。順帝玄纁之聘一馳。而俊乂咸事。好賢急士之意。前後無間。然武帝有儒雅篤行質直推賢定令文章滑稽應對曆數協律

運籌奉使。將率受遺。所聚凡二十七人。而漢以之盛。順帝有謝讓政事。儒學文章。撥民。將帥。推士。糾違。陰陽。機術。所聚凡二十人。而漢以之衰。蓋武帝於人才之長短小大。洞察底蘊。隨所用而各當。順帝第知衆之。而高謀不見納。謇諤不見容。智力不得宣。賢雖滿朝廷。足以美觀聽而已。諸葛亮嘗言親賢人遠小人。先漢所以興隆。親小人遠賢士。後漢所以傾頹。一親一遠之間。盛衰判矣。易之損益。皆以十朋之龜弗克違明衆賢之助。在損之六五。處中自損以從在下之賢。則為元吉。在益之六二。賢者欲致益於君。君樂受其益。未可盡必也。惟守正固以待之。至王用之以享于帝。然後言有志於治者其可以徒聚天下之賢哉。賢者之聚亦豈可徒樂贊畫之盛而不思相與共慰天下之望哉。

徐元杰上言曰。臣竊惟自昔天下之事。非人才不能以有濟。今問之

在朝。則耆舊凋零。問之在野。則遺逸散漫。於此而有作成興起之論焉。則何材而不資世。臣聞之師曰。人主愛惜人才。必於卑微寒畯之時。而豐殖培養。儲為趨嚮登用之地。故遴選之必極其精。委用之必當其任。師儒教導之官。不容以輕畀。職幕刑獄之吏。切戒於輕予。外而監司郡守。必謹簡其賢。內而職事散官。必更迭而出。上而卿監郎曹。又上而侍從臺諫給舍。凡自內外及見任之與閑退者。莫不具姓名而籍記之。其在內則三省而下咸責以考察之公。其在外則監司郡守。遴嚴其舉剌之法。所薦惟賢則必賞。所舉或繆則必罰。材或足以集事。雖譎詐可以御而使。功或足以掩過。雖縱尤可以宥而錄。繼自今欲乞陛下明詔大臣。取內外小大之臣。分置簿籍。盡紀姓名。閱其功過。具為籍也。隨職任之小大。為編排之次第。每每各以一本而置之銓部。留之省府。上之禁嚴。庶乎按圖考索如指諸掌。若是則緩急可以搜尋。出入可以更迭。而無臨事乏材之嘆。此特在一作新之頃而已。詩曰。周王壽考。遐不作人。所以見豐芑數世之仁也。惟陛下矜采愚慮而亟圖之。

秘書郎許應龍上奏曰。臣聞天下固有不一之才。人主當有兼容之量。夫才之在天下。若十指然。長短小大。雖若不齊。而皆適於用。惟平心以處之。毋重彼而輕此。毋執一而廢百。則人莫得以窺其際。而不至於彼此求勝。負相傾軋。以成分朋植黨之弊。昔皋陶論官人之法謂翕受敷施。九德咸事。則可以撫五辰而凝庶績。奈何後世之君不知出此。文帝好清淨。豪傑之士難合。武帝用才智。道德之士見遺。宣帝尚刑名。儒學之士不用。皆由所尚之偏。遂不足以盡天下之才。要之人主當與天地同其大。品物流形。洪纖高下。何所不有。惟天地之量足以容之。栽培傾覆。生育長養。各順其稟賦之自然。而無容心於

其間。故萬物並育而不相害。人主代天而行化。惟無以好惡之私先立於中。則人才之重厚浮薄。小大長短。悉歸於運化之內。天下既無不用之才。人才亦無不遇之嘆。尚何黨同伐異以至於相激哉。盡是道者。惟我朝仁祖為然。慶曆初。人才彙進。黨論微有萌蘖。仁祖納之以如天之量。均調消息。兼容翕受。使無更仆迭起之患。而有協恭和衷之美。故仁祖之世獨稱多士。嘉祐治聲振古無有。職此之由也。嗟夫。人才不同。彼此異見。其來非一日矣。是一躡軍門。視文士如仇讎。首一戴儒冠。輕武弁如草芥。矯矯特立。則以靜重為苟容。廣畜詳審則以剛直為沽譽。長於吏才。則以明經術者為腐儒。專於學問。則以了官事者為俗吏。少俊則以老成為遲鈍。寬厚則以嚴明為苛刻。彼是此非。判乎其不相入也。人主以公天下為心。其於人才。惟求所以辦吾事濟吾治耳。烏可用其一而廢其一哉。所尚苟偏。則互相訾毀。

迭為勝負，非惟不足以成善治，而清流濁流之禍，實肇於此。陛下踐祚以來，召耆德之宿，用名家之裔，既舉賢能，復舉將帥，既褒直言，復褒廉吏。文學者用之，吏事者用之，無一毫好惡之私，有保合大和之意，固可以示皇極之公矣。雖然，野無遺賢，斯可謂至治之極；王多吉士，斯可立太平之基。今日用人，固無好尚之偏，得人之盛，其果如帝廷之世乎？若猶未也，則招延之路尤不容以不廣。雖求賢之詔屢下，剡薦之檄交馳，然人情易私，率以實應，單寒寡援者無由自達，恬退不競者未免見遺。臣願陛下丕達四聰，大開衆正，使任薦舉之責者，皆以至公為念，援尤取類，無一或遺，以備上之采擇，則俊乂在官，百僚師師，當匹休於隆古矣。惟陛下與大臣亟圖之。

度宗咸淳八年，秘書少監高斯得上言曰：臣聞天之生才，何代無之，特在乎人主皇皇汲汲以求之而已。苟能以至誠動之，以意氣來之，彼將雲合霧集，為吾所用，要有乏才之患哉！帝王尚矣，若漢之武帝，求賢如飢渴，亦不世出之令主也。始因感董仲舒之言，令郡國舉孝廉，自是茂材異等之科、賢良文學之選，詔書無歲不下。於是群士慕嚮，異人並出，文武在庭，穆穆布列。公孫弘、董仲舒、兒寬之儒術，司馬遷、相如之文章，汲黯、韓安國、鄭當時之論議，東方朔、徐樂、嚴助之應對，衛青、霍去病之將略，蘇武、張騫之奉使，其餘不可勝數。故能內修百度，外攘四夷，制作文章，有三代之風，恢拓境土，極萬里之廣。史臣紀述其事，謂其欲用文武，求之如弗及，漢之得人，於茲為盛，信矣。蔡邕立於靈帝之朝，蓋漢之季世也。當是時，樂松、賈護，多引無行之徒，待制鴻都門下，帝皆待以不次之位，又取市賈小人，謂之宣陵孝子，凡數十人，悉拜為郎中。後因灾異，命群臣陳政要，故蔡邕以武帝之世名臣輩出，文武並興為對，欲以勸帝去無用之小才，求經國之賢士。帝之昏暗，何足以知此也。臣嘗因是而有感於祖宗之事。是時名臣輩出，文武並興，亦豈減於漢之武帝哉！惟我仁祖，聖度天寬，旁招俊乂，德望則富弼、文彥博，威略則韓琦、范仲淹，諫諍則蔡襄、余靖，文章則歐陽脩、蘇軾，載在國史，不可選紀。其後氣脈僅存于元祐，流風被于淳熙。名公鉅卿，項背相接，豐芑數世之仁，猗歟盛哉！陛下統承三祖，踐祚英髦，豈得文武名臣，以興事造業，光于祖宗，而環視中外，猶若有未滿人意者，豈至誠謀與之意未著，而翕受敷施之道未廣歟？臣願陛下恢張聖聰，洞闢四門，使正氣翕合，而野無遺賢，何患治功之不成，外患之不弭哉！邕之事暗君，言之不行宜也。陛下既有取於邕之言，故臣敢效邕歷舉祖宗之事以告，惟陛下採擇焉。臣不勝惓惓。

度宗時，端明殿學士牟濚進王岩叟上哲宗論求賢六蔽故事曰：臣伏覩自古治世，天下之人安樂無事，日躋於仁壽之域，而不自知者，人主清心照理，至誠以用賢之效也。事莫不有理也，心清則理自見；天下未嘗無賢也，誠至則賢自來。恭惟陛下臨政逾年，是非不能惑於聽，邪正不能亂於前，不勞聰明而萬事皆理者，心清以照之也。陛下勿謂天下之賢盡於此也，而得賢之心足；勿謂雖有賢者不易致世而求賢之心倦。陛下內篤此誠以自厲，外勅同德協心之臣以求之，臣以謂無不得賢之理。然古有六蔽焉，不去之，則衆賢終不可盡得。略有私意則為蔽，執偏見則為蔽，局於褊心則為蔽，喜於附己則為蔽，有自賢之心則為蔽，簡貴自居而不與物親則為蔽。此求賢之所難，陛下不可不知也。願陛下深詔執政大臣，從上同陛下清心至誠之義，而儆戒六蔽之患，則天下之賢，無遠邇，無隱顯，皆將得之為朝廷用。以賢進賢，宗社之福，生靈之幸，與天壤相等矣。

臣聞堯舜之仁，不徧愛人，急親賢也。孔子謂博施濟衆，堯舜其猶病。諱蓋天下至大，民物至繁，聖人安能人人而濟之，惟親賢為愛人之本。此堯舜之所以急先務也。陛下臨御以來，詔旨丁寧，與士大夫更始，弓旌四出，收召正人端士，亦既布在朝列矣，而寤寐求賢，惟日不足。親灑宸翰，勉諭近臣薦進賢士。大哉堯舜之用心也。臣竊以為何代不生才，何才不用世，而薦進人才乃近臣之職分，猶待陛下丁寧勉諭耶。先皇帝在位四十一年，培豐水之芑，以為聖子神孫之地，至深至厚。謂宜隨求隨應，隨取隨用，何至有人物眇然之嘆耶。臣觀王岩叟進言于哲宗皇帝，有曰：願陛下勿謂天下之賢盡於此也，而得賢之心足；勿謂有賢不能致也，而求賢之心倦。而終之以去六蔽以來衆賢。岩叟所以勉其君以忱於求賢者，猶恐其有所蔽也。今聖賢相逢，上下同志，明白洞達，決無所蔽，感而必應，倡而必和，必有推人之有善若己有之之心，而為陛下登

進人才，為賢者之欲得君行道，亦猶聖主欲得賢以共治也。患不能自達爾，舉爾所知，爾所不知，人其舍諸。非陛下望近臣之意乎。雖然，求賢而不周，與不求等；用賢而不信，與不用等。唐李絳有曰：賢則當任，任則當久。賢者中立而寡助，舉其類則不肖者怨；杜群枉則懷奸者嫉。一制度則貴戚毀，傷正過失則人主疏忌。夫然，故用賢豈易事哉。絳之言至言也。臣願陛下近采岩叟之言，遠覽李絳之論，其於賢才也，心忱求之，心忱用之，則天下之賢者至矣。惟陛下留神。

元世祖至元中，翰林集賢學士程鉅夫上奏曰：臣聞治天下者必盡天下之才，故曰立賢無方，曰旁招俊乂。若限以方所，徵以技藝，雖曰用人，猶無人也。國家既已混一江南，南北人才所宜參用，而環視中外，衙家家也，豈以其疏遠而遂鄙之哉。此群臣之私意，非陛下至公

之度也。臣何以知之。臣往在江南，屢聞明詔，一則曰求好秀才，二則曰求好秀才，而以好秀才致之陛下者幾何人。江南非無士也，亦非陛下不喜士也，是群臣負陛下也。且陛下一遣使江南，丁寧之曰求好人。夫所謂好人者，大而可以用於時，細而可以驗於事，蓋無所不該矣。而凡出使者皆昧陋愚淺，不達聖一見之高明，止以卜相符藥工伎為好人之尤。此何謂也。不惟不達聖慮，且使遠方有識之士或以淺窺朝廷。臣竊恥之。臣之愚陋，雖未足以為好人，然世所謂好人者，儻無則已，有則臣必識之。江南百餘州之廣，幾百餘年之涵養，豈無一二表表當世不負陛下任使者。臣奉命而往，布宣德意，庶幾遇之。如得其人，以驗臣言，則望陛下先試以一職，任事使之，自卑而高，自難而易，小有益則小進之，大有功則大用之，磨以歲月，自見能否。且陛下知用若今，則不但愚臣得舉所知而已，他時奉命出使者皆知陛

下德意，特見異人輩出，不遠數千里為朝廷用，得人之盛，視古無愧。臣不勝大願，謹錄奏聞。

歷代名臣奏議卷之一百五十三

知人

齊桓公未管仲病。公問群臣誰可相者。管仲曰。知臣莫若君。公曰。易牙何如。對曰。殺子以適君。非人情。不可。公曰。開方何如。對曰。倍親以適君。非人情。難近。公曰。豎刁何如。對曰。自宫以適君。非人情。難親。管仲死。公用三子。三子專權。公卒。易牙入。與豎刁因內寵殺群吏。而立公子無詭。宋伐齊。齊人殺無詭。立孝公。孝公卒。公弟潘因開方殺孝公子而立潘。

魯哀公問於孔子曰。當今之時。君子誰賢。對曰。衛靈公。公曰。吾聞之。其閨門之內。姑姊無別。對曰。臣觀於朝廷。未觀於堂陛之間也。靈公之弟曰公子渠牟。其知足以治千乘之國。其信足以守之。而靈公愛之。又有士曰王林。國有賢人。必進而任之。無不達也。不能達。退而與分其祿。而靈公尊之。又有士曰慶足。國有大事則進而治之。無不濟也。而靈公說之。史鰌去衛。靈公郊舍三月。琴瑟不御。待史鰌之入也而後入。臣是以知其賢也。

衛侯在楚。北宮文子見令尹圍之威儀。言於衛侯曰。令尹其將不免。詩云。敬慎威儀。維民之則。令尹無威儀。民無則焉。民所不則。以在民上。不可以終。公曰。善哉。何謂威儀。對曰。有威而可畏謂之威。有儀而可象謂之儀。君有君之威儀。其臣畏而愛之。則而象之。故能有其國家。令聞長世。臣有臣之威儀。其下畏而愛之。則而象之。故能守其官職。保族宜家。順是以下皆如是。是以上下能相固也。衛詩曰。威儀不可選也。言君臣上下父子兄弟內外大小皆有威儀也。周詩曰。朋友攸攝。攝以威儀。言朋友之道。必相教訓以威儀也。故君子在位可畏。施舍可愛。進退可度。周旋可則。容止可觀。作事可法。德行可象。聲氣可樂。動作有文。言語有章。以臨其下。謂之有威儀也。

楚莊王時。有善相人。所言無遺策。聞於國。王見而問於情。對曰。臣非能相人。能觀人之交也。布衣也。其交皆孝悌篤謹畏令。如此者其家必日益。身必日安。此所謂吉人也。官事君者也。其交皆誠信而好善。如此者事君日益。官職日進。此所謂吉人也。主明臣賢。左右多忠。主有失。皆敢分爭正諫。如此者國日安。主日尊。天下日富。此之謂吉主也。臣非能相人。能觀人之交也。莊王曰善。於是乃招聘四方之士。夙夜不懈。遂得孫叔敖將軍子重之屬以備卿相。遂成霸功。詩曰。濟濟多士。文王以寧。此之謂也。

魏文侯謂李克曰。先生嘗教寡人曰。家貧則思良妻。國亂則思良相。今所置非成則璜。二子何如。李克對曰。臣聞之。卑不謀尊。踈不謀戚。臣在闕門之外。不敢當命。文侯曰。先生臨事勿讓。李克曰。君不察故也。居視其所親。富視其所與。達視其所舉。窮視其所不為。貧視其所不取。五者足以定之矣。文侯曰。先生就舍。寡人之相定矣。

文侯與田子方飲酒而稱樂。文侯曰。鍾聲不比乎。左高。田子方笑。文侯曰。奚笑。子方曰。臣聞之。君明則樂官。不明則樂音。今君審於聲。臣恐君之聾於官也。文侯曰。善。敬聞命。

漢文帝立。召田叔問曰。公知天下長者乎。對曰。臣何足以知之。上曰。公長者也。宜知之。叔頓首曰。故雲中守孟舒長者也。是時孟舒坐虜大入塞盜劫雲中尤甚。免。上曰。先帝置孟舒雲中十餘年矣。虜曾一入。孟舒不能堅守。毋故士卒戰死者數百人。長者固殺人乎。公何以言孟舒為長者也。叔叩頭對曰。是乃孟舒所以為長者也。夫貫高等謀反。上下明詔。趙有敢隨張王。罪三族。然孟舒自髡鉗隨張王敖之所在。欲以身死之。豈自知為雲中守哉。漢與楚相距。士卒罷敝。匈奴冒頓新服北夷。来為邊害。孟舒知士卒罷敝。不忍出言。士爭臨城死敵。如子為父。弟為兄。以故死者數百人。孟舒豈故驅戰之哉。是乃孟舒所以為長者也。於是上曰。賢哉孟舒。復召孟舒以為雲中守。

武帝征和元年。趙王彭祖卒。彭祖所幸淖姬生男。號淖子。時淖姬兄為漢宦者。上召問淖子何如。對曰。為人多欲。上曰。多欲不宜君國子民。問武始侯昌。曰。無咎無譽。上曰。如是可矣。遣使立昌為趙王。

漢昭烈皇帝領益州牧時。以諸葛亮為軍師將軍。以蔣琬為廣都長。不治。大怒。亮請曰。蔣琬社稷之器。非百里才也。其為政以安民為本。不以脩飾為先。願主公重加察之。遂雅敬亮。乃不加罪。許靖為蜀郡太守。成都將潰。靖謀出降。薄之不用。法正曰。天下有獲虛名而無其實者。許靖是也。然今始創大業。天下之人不可戶說。宜加敬重。以慰天下之望。乃禮而用之。

魏明帝景初二年。詔中都侯孫資曰。吾年稍長。又歷觀書傳中。皆歎息無所不念圖萬年後計。莫過使親人廣據職勢。兵任又重。今射聲校尉缺。久欲得親人。誰可用者。資曰。陛下思深慮遠。誠非愚臣所及。書傳所載。皆聖聽所究。尚使漢高不知平勃能安劉氏。孝武不識金霍付屬以事。殆不可言。文皇帝始召曹真還時。親詔臣以重慮。及至晏駕。陛下即祚。猶有曹休。內外之望。賴遭日月。御勒不傾。使各守分職。纖介不間。以此推之。親臣貴戚雖當據勢握兵。宜使輕重素定。若諸侯典兵。力均衡平。寵齊愛等。則不相為服。不相為服。則意有異同。今五營所領見兵。常不過數百。選授校尉。如其輩類。為有疇匹。至於重大之任。能有所維綱者。宜以聖恩簡擇。如平勃金霍劉章等一二人。漸殊其威重。使相鎮固。於事為善。帝曰。然。如卿言。當為吾遠慮所圖。今日可參平勃。侔金霍。儷劉章者。其誰哉。資曰。臣聞知人則哲。惟帝難之。唐虞之聖。凡所進用。明試以功。陳平初事漢祖。絳灌等謗平有受金盜嫂之罪。周勃以吹簫引彈。始事高祖。亦未知名也。高祖察其行跡。然後知可以付與大事。霍光給侍中二十餘年。小心謹慎。乃見親信。日磾夷狄。以至孝質直。特見擢用。左右尚曰妄得一胡兒而重貴之。平勃雖安漢嗣。其終勃被反名。平劣自免於呂須之讒。上官桀桑弘羊與霍光爭權。幾成禍亂。此誠知人之不易。為臣之難也。又所簡擇。當得陛下所親。當得陛下所信。誠非愚臣之所能識別。

帝問司徒陳矯。司馬公忠貞。可謂社稷之臣乎。矯曰。朝廷之望。社稷未之知也。

後魏高祖引見王公已下於皇信堂。高祖曰。政雖多途。治歸一體。朕每蒙慈訓。猶自昧然。誠知忠佞有損益。而未識其異同。恂懼忠貞見毀。佞人便進。寤寐思此。如有隱憂。國彥朝賢。休戚所共。宜辨斯真偽。

以釋朕懷。尚書游明根對曰。忠佞之士。實亦難知。依古爵人。先試之以官。官定然後祿之。三載考績。然後忠佞可明。尚書中書監高閭曰。竊謂袁盎徵慎夫人席。是其忠。譖殺晁錯。是其佞。若以二人言之。望之為忠。石顯是佞。高祖曰。自非聖人。忠佞之行。時或互有。但忠功顯即謂之忠。佞迹成斯謂之佞。史官據成事而書。於今觀之。有別明矣。朕所問者。未然之前。卿之所對。已然之後。閭曰。佞者飾智以行事。忠者發心以附道。譬如玉石。皦然可知。高祖曰。玉石同體而異名。忠佞異名而同理。求之於同。則得其所以異。尋之於異。則失其所以同。出處同異之間。交換忠佞之境。豈是皦然易明哉。或有託佞以成忠。或有假忠以飾佞。如楚子綦後事顯忠。初非佞也。閭曰。子綦諫楚。初雖隨述。終致忠言。此適欲幾諫。非為佞也。子綦若不設初權。後忠無由得顯。

唐太宗貞觀六年謂魏徵曰古人云王者須爲官擇人不可造次即用朕今行一事則爲天下所觀出一言則爲天下所聽用得正人爲善者皆勸誤用惡人不善者競進賞當其勞無功者自退罰當其罪爲惡者戒懼故知賞罰不可輕行用人彌須慎擇徵對曰知人之事自古爲難故考績黜陟察其善惡今欲求人必須審訪其行若知其善然後用之設令此人不能濟事只是才力不及不爲大害誤用惡人假令强幹爲害極多但亂代惟求其才不顧其行太平之時必須才行俱兼始可任用

十一年徵又上疏曰臣聞爲人君者在乎善善而惡惡近君子而遠小人善善明則君子進矣惡惡著則小人退矣近君子則朝無粃政遠小人則聽不私邪小人非無小善君子非無小過君子小過蓋白璧之微瑕小人小善乃鉛刀之一割鉛刀一割良工之所重重片善不

足以掩衆惡也白玉微瑕善賈之所不棄小疵不足以妨大美也小人之小善謂之善善君子之小過謂之惡惡此則蒿蘭同嗅玉石不分屈原所以沈汨卞和所以泣血也既識玉石之分又辨蒿蘭之臭善而不能進惡而不能去此郭氏所以爲墟史魚所以爲恨也陛下聰明神武天資英睿志存汎愛引納多途好善而不甚擇人疾惡而未能遠佞又出言無隱疾惡太深聞人之善或未全信聞人之惡以爲必然雖有獨見之明猶恐理或未盡何則君子揚人之善小人訐人之惡聞惡必信則小人之道長矣聞善或疑則君子之道消矣爲國者急於進君子退小人乃使君子道消小人道長則君臣失序上下相隔亂亡不恤將何以求夫以善相成謂之同德以惡相濟謂之朋黨今則清濁共流善惡無別以告訐爲誠直以同德爲朋黨以之爲朋黨則謂事無可信以之爲誠直則謂言皆可取此君恩所以不

給於下臣忠所以不達於上大臣不能辯正小臣莫之敢論遠近承風混然成俗非國家之福非爲治之道適足以長姦邪亂視聽使人君不知所信臣下不得相安若不遠慮深絕其源則後患未之息也今行之而未敗者由乎君有遠慮雖失之於始必得之於終故君時違少隨往而不返雖欲悔之必無所及既事失以傳諸後嗣復何以垂法將來且夫進善黜惡施於人者也以古作鑒施於己者也鑒貌在乎止水鑒己在乎哲人能以古之哲王鑒於己之行事則貌之妍媸宛然在目善惡自得於心無勞司過之史不假蒭蕘之議巍巍之功日著赫赫之名彌遠爲人君可不務乎

徵論人臣有六正六邪上疏曰臣聞知臣莫若君知子莫若父父不能知其子則無以睦一家君不能知其臣則無以齊萬國萬國咸寧一人有慶必藉惟良作弼俊乂在官則庶績其凝無爲而化矣故堯

舜文武見稱前載咸以知人則哲多士盈朝元凱翼巍巍之功周召光煥乎之美然則四岳九官五臣十亂豈惟生之於曩代而獨無於當今者哉在乎求與不求好與不好耳何以言之夫美玉明珠孔翠犀象大宛之馬西旅之獒或無足也或無情也生於八荒之表塗遙萬里之外重譯入貢道路不絕者何哉蓋由中國之所好也況從仕者懷君之榮食君之祿率之以義將何往而不至哉臣以爲與之爲忠則可使同乎龍逢比干矣與之爲孝則可使同乎曾參子騫矣與之爲信則可使同乎尾生展禽矣與之爲廉則可使同乎伯夷叔齊矣然而今之羣臣罕能貞白卓異者求之不切勵之未精故也若勗之以公忠期之以遠大各有職分得行其道貴則觀其所舉富則觀其所養居則觀其所好習則觀其所言窮則觀其所受賤則觀其所不爲因其材以取之審其能以任之用其所長揜其所短進之以六

正。戒之以六邪，則下嚴而自勵；示勸而自勉矣。故說苑曰：人臣之行有六正六邪。行六正則榮，犯六邪則辱。何謂六正？一曰：萌芽未動，形兆未見，昭然獨見存亡之幾，得失之要，預禁乎未然之前，使主超然立乎榮顯之處。如此者，聖臣也。二曰：虛心盡意，日進善道，勉主以禮義，諭主以長策，將順其美，匡救其惡。如此者，良臣也。三曰：夙興夜寐，進賢不懈，數稱往古之行事，以厲主意。如此者，忠臣也。四曰：明察成敗，早防而救之，塞其間，絕其源，轉禍以為福，使君終以無憂。如此者，智臣也。五曰：守文奉法，任官職事，不受贈遺，辭祿讓賜，飲食節儉。如此者，貞臣也。六曰：國家昏亂，所為不諛，敢犯主之嚴顏，而言主之過失。如此者，直臣也。是謂六正。何謂六邪？一曰：安官貪祿，不務公事，與代浮沉，左右觀望。如此者，具臣也。二曰：主所言皆曰善，主所為皆曰可，隱而求主之所好而進之，以快主之耳目，偷合苟容，與主為樂，不

顧後害。如此者，諛臣也。三曰：內實險詖，外貌小謹，巧言令色，妬善嫉賢，所欲進則明其美，隱其惡，所欲退則明其過，匿其美，使主賞罰不當，號令不行。如此者，姦臣也。四曰：智足以飾非，辯足以行說，內離骨肉之親，外構亂於朝廷。如此者，讒臣也。五曰：專權擅勢，以輕為重，私門成黨，以富其家，擅矯主命，以自顯貴。如此者，賊臣也。六曰：諂主以邪，佞陷主於不義，朋黨比周，以蔽主明，使黑白無別，是非無門，使主惡布於境內，聞於四隣。如此者，亡國之臣也。是謂六邪。賢臣處六正之道，不行六邪之術，故上安而下理，生則見樂，死則見思，此人臣之術也。記曰：權衡誠懸，不可欺以輕重；繩墨誠陳，不可欺以曲直；規矩誠設，不可誣以圓方；君子審禮，不可誣以奸詐。然則臣之情偽，知之不難矣。又設禮以待之，執法以御之，為善者蒙賞，為惡者受罰，安敢不企及乎？安敢不盡力乎？國家思欲進忠良，退不肖，十有餘載矣。徒

聞其語，不見其人。何哉？蓋言之是也，行之非也。言之是，則出乎公道；行之非，則涉乎邪徑。是非相亂，好惡相攻。所愛雖有罪，不及於刑；所惡雖無辜，不免於罰。此所謂愛之欲其生，惡之欲其死者也。或以小惡棄大善，或以小過忘大功。此所謂君之賞不可以無功求，君之罰不可以有罪免者也。賞不以勸善，罰不以懲惡，而望邪正不惑，其可得乎？若賞不遺疏遠，罰不阿親貴，以公平為規矩，以仁義為準繩，考事以正其名，循名以求其實，則邪正莫隱，善惡自分。然後取其實，不尚其華；處其厚，不居其薄，則不言而化，期月而可知矣。若徒愛美錦而不為人擇官，有至公之言，無至公之實，愛而不知其惡，憎而遂忘其善，徇私情以近邪佞，背公道而遠忠良，則夙夜不怠，勞神苦思，將求至理，不可得也。書奏，太宗甚嘉納之。

刑部尚書張亮坐謀反下獄，詔令百官議之。多言亮當誅，唯殿中少監李道裕奏亮反形未具，明其無罪。太宗既盛怒，竟殺之。俄而刑部侍郎有闕，令宰相妙擇其人，累奏不可。太宗曰：吾已得其人也。往者李道裕議張亮云反形未具，可謂公平矣。當時雖不用其言，至今追悔。遂授道裕刑部侍郎。

二十一年，太宗在翠微宮，授司農卿李緯戶部尚書。房玄齡是時留守京都。會有自京師來者，太宗問曰：玄齡聞李緯拜尚書，如何？對曰：玄齡但云李緯大好髭鬢，更無他語。由是改授緯洛州刺史。

太宗嘗從容問揚州都督長孫無忌曰：朕聞君聖臣直，人常苦不自知。公宜面攻朕得失。無忌曰：陛下神武聖文，冠卓千古，性與天道，非臣等愚所及，誠不見有所失。帝曰：朕冀聞過，公等乃相諛悅。朕當面公等可否，以相規何如？皆拜謝。上曰：高士廉心術警悟，臨難不易節，所乏者骨鯁耳。唐儉有辭，善和解人，酒杯流行，發言可意，事朕二十

年未嘗一言國家事楊師道性謹審自能無過而懦不更事緩急非可倚岑文本敦厚文章論議其所長也謀常經遠自當不負於物劉洎堅正其言有益不輕然諾於人能自補闕馬周敏銳而正評裁人物直道而行所任皆稱朕意褚遂良鯁亮有學術竭誠親於朕若飛鳥依人自加憐愛無忌應對機敏善避嫌求於古人未有其比總兵攻戰非所善也

太宗以王珪善人物且知言因謂曰卿標鑒通晤為朕言玄齡等材且自謂孰與諸子賢對曰孜孜奉國知無不為臣不如玄齡兼資文武出將入相臣不如靖敷奏詳明出納惟允臣不如彥博濟繁治劇衆務畢舉臣不如胄以諫諍為心恥君不及堯舜臣不如徵至激濁揚清疾惡好善臣於數子有一日之長帝稱善而玄齡等亦以為盡己所長謂之確論

肅宗乾元元年張鎬聞史思明請降上言思明凶險因亂竊位人面獸心難以德懷願勿假以威權又言滑州防禦使許叔冀狡猾多詐臨難必變請徵入宿衛時上已寵納思明會中使自范陽及白馬來皆言思明叔冀忠懇可信上以鎬為不切事機罷為荊州防禦使

代宗大曆十三年上召李泌入見語以元載事曰與卿別八年乃能除此賊不然幾不見卿對曰陛下知羣臣有不善則去之含容太過故至於此上因言路嗣恭初平嶺南獻琉璃盤徑九寸朕以為至寶及破載家得嗣恭所遺載盤徑尺當議罪之泌曰嗣恭為人小心善事人精勤吏事而不知大體昔為縣令有能名陛下未暇知之而為載所用故為之盡力陛下誠知而用之彼亦為陛下盡力矣且嗣恭新立大功陛下豈得以琉璃盤罪之耶上意乃解以嗣恭為兵部尚書

德宗興元元年議者或言韓滉聚兵修塢陰蓄異志上疑之以問李泌對曰滉公忠清儉貢獻不絕鎮撫江東盜賊不起所以修城為迎扈之備耳此乃人臣忠篤之慮奈何更以為罪乎上曰外議洶洶卿弗聞乎對曰臣固聞之其子臯為郎不敢歸省正以謗語沸騰故也退遂上章請以百口保滉

德宗嘗從容言盧杞清介敢言然少學不能廣朕以古道人皆指其姦而朕不覺也中書侍郎同中書門下平章事李泌對曰陛下能覺杞之姦安致建中之禍耶李揆和蕃顏真卿使希烈其害舊德多矣又楊炎罪不至死杞擠陷之而相關播懷光立功逼使其叛此欺天也帝曰卿言誠有之然楊炎視朕如三尺童子有所論奏可則退不許則辭官非特杞惡之也且建中亂卿亦知桑道茂語乎乃命當然對曰天命者已然之言主相造命不當言命言命則不復賞善罰惡矣桀曰我生不有命自天武王數紂曰謂己有天命君而言命則桀紂矣帝曰朕請不復言命

時議者多以李勉大梁失守不應尚為相李泌言於上曰李勉公忠雅正而用兵非其所長且大梁不守將士棄妻子而從之者殆二萬人足以見其得衆心矣且劉洽出勉麾下勉悉衆以授之卒平大梁亦勉之功也上乃命勉復位

翰林學士陸贄奉天論解蕭復狀奏曰右蕭寧奉宣聖旨緣國家賦稅多出江淮既未收復京城恐遠路傳說過甚所以欲得遣一大臣往彼宣慰以安遠近之情初欲簡擇此使并先共宰相商量皆云蕭復久任江外刺史諳彼事宜又就宰相之中名望最重令其往彼宣慰人必望風悅服其時蕭復亦自見此商議更無異同朕猶不能自斷遂喚諸朝士班次對見一一親向說宣慰之意問其穩便已否皆

云至要並無異詞。朕所以更不疑惑。已與擇得發日。及其臨行。從一等卻論奏。欲得且留蕭復。又頻有朝官上封事。亦與從一等意同。朕忽見此翻覆非常。悵恨數日。思量不測其故。意況必是蕭復計會違其論奏。蕭復又有何事。苦欲得住。其意深不可會。卿比來諳此人性行否。兼與朕子細思料。若不肯者。其意何在。蕭復往年曾任常州刺史。臣其時寄住常州。首尾二年。閱其理行。及到京邑。多與往來。歲月滋深。情意相得。復之志性。臣則備諳。本是貴門。又聯戚屬。痛自脩勵。慕為清貞。矯枉太深。時或過當。論經義。則以守死善道。執心不回為本。議人物。則以魏元忠宋璟為師。己之所行。皆欲盡善。故涉好名之累。亦無應變之才。用雖不周。行則可保。至如二三其德。翻覆挾姦。復之為人。必不至是。安有親承計議。退自變渝。私誘官僚。曲令干說。是同兒戲。非近人情。雖甚狂愚。猶應不敢。若稍恭慎。固當不為。況乃覬稱名流。獲踐清貴。備股肱之任。承渥澤之私。何心何顏。忍至於此。假令蕭復之意。或欲逗留。在於從一之徒。寧肯附會。臣緣自到行在常居禁中。向外事情。視聽都絕。忽承顧問。莫測端由。陛下必欲研窮斯理。不為難察。初舉蕭復。充使本是從一等商量。後請蕭復不行。又是從一等論奏。一矛一楯。理必有歸。或遣或留。意將安在。但垂詰孰敢面謾。蕭復若相屬求。則從一等何容為隱。從一等儻自迴互。則蕭復不當受疑。陛下奚憚而不辯明。乃直為此悵恨也。夫明則罔惑。辯則罔冤。惑莫甚於逆詐而不與明。冤莫痛於見疑而不獲辯。是使情偽相糅。忠邪靡分。茲實居上御下之要樞。惟陛下留意幸察。謹奏。

憲宗御延英殿。與宰臣言向外人言朋黨頗甚。如何。武元衡李吉甫未對。而李絳奏曰。朋黨之稱。為臣也。臣歷觀自古及今帝王最惡者是朋黨。姦人能揣知上旨。非言朋黨。不足以激怒主心。故小人譖毀

賢良。必言朋黨。尋之則無迹。言之則可疑。所以構陷之端。無不言朋黨者。夫小人懷私。常以利動。不顧忠義。自成朋黨。君子以忠正為心以懲勸為務。不受小人之佞。不遂奸人之私。自然為小人所嫉。譖毀百端者。蓋緣求無所獲。取獲無所得故也。忠正之士。直道而行。不為諂諛。不事左右。明主顧遇。則進。疑阻則退。不為他計。苟安其位。以此常為奸邪所搆。以其無所入也。夫聖賢合跡。千載同符。忠正端慤之人。所以知獎。亦是此類。是同道也。非為黨也。豈可使端良之人。取非僻之士。然後謂非朋黨也。陛下親行堯舜之道。高一禹湯之德。豈謂上與數千年堯舜禹湯為黨乎。是道德同也。孔子。聖人也。顏回已下十哲。希聖者也。更相稱贊。為黨乎。是道業同也。仲尼祖述堯舜。憲章文武。又曰。吾不復夢見周公。遠者二千年。近者五百年。豈謂之黨。是聖人德行同也。後漢末。名節骨鯁忠正儒雅之臣。盡心匡國。盡節憂時而宦官小人。憎嫉正道。同為構陷。目為黨人。遂起錮黨之獄。以成亡國之禍。備在史策。明若日月。豈不為誡乎。詩人嫉讒。佞之人。曰。取彼譖人。投畀豺虎。可謂三復也。上曰。朕無疑卿等意。況言朋黨未至公之道。爾絳又對曰。趨利之人。常為朋黨。以同其私。故守正之人。常遭搆毀。以違其私故也。小人多詐。譖言常勝。正人少援。直道常不勝。伏希陛下監其事情。而察其言行。則可矣。

上御浴堂北廊。召學士李絳對。頃問畢。上曰。有一事甚異。朕比來未能言之。鄭絪身為宰相。事朕不盡心。朕與宰相商量。欲詔盧從史卻歸潞府。續追入朝。鄭絪輒漏洩我意。先報從史。令其陳奏潞府無粮三軍且請山東就粮。為人臣豈合有此事耶。故事合如何處置。絳對曰。若實有此事。雖以誅族。於陛下未是塞責。復曰。陛下從何得之。計鄭絪必不自洩。從史必不自言。陛下先知。何以得之。上曰。吉甫密奏。絳

對曰。臣與鄭絪先後懸殊。不相往來。臣約其事體。必無此理。鄭絪甚讀書。頗識事體。時稱佳士。素有美名。雖不知其才術如何。至於君臣大義。不合不知去就。若身居宰衮。陛下密謀。便敢洩之於奸臣。雖術同犬彘。性如梟獍。亦不合至此。況絪頗知古今。洞識名節。事出萬端。情有難測。與不同列有不便之勢。專權有忌前之心。造爲此亂。與其去位。若不過陳危事。安得激怒上心。伏望陛下深賜詳熟。無令人言陛下惑於讒佞也。上良久曰。亦應如此。朕幾誤爲處分。至是遂已。

憲宗時京兆少尹裴武銜命使鎮州。令諭王承宗割德　兩州歸朝廷。武飛表上言。一如朝廷意旨。遂除承宗所署德州刺史薛昌朝爲德　節度。令中使賫旌節授之。而魏博田季安得飛報先知之。遽報承宗言昌朝與朝廷通。遂星夜追昌朝德州節度及旌節至魏州。又爲季安留連。得爲宴樂。傳七八日。而昌朝尋已追到鎮州。朝命遂

不行。比及武使回事宜與先上表參差。幷言人譖傷武。去使回。宿宰相裴洎宅。遲明方見。憲宗大怒。乃召學士李絳。因顧問奏對畢。上顏色甚震怒曰。裴武誷我。苟求脫禍於賊中。上言不實。令我制除薛昌朝。今果不受。又使回未見先宿裴洎宅。須左除嶺南遠處。絳奏言裴武甚諳練時事。往陷在河中李懷光賊中。事跡可稱。今所銜命不合絕有乖錯。大底賊多變詐。難得實情。以臣愚慮。恩度王承宗恐國家必有征討。請割德　兩州。且得安全。尚有四州之地。亦是保其富貴。求安之計。必是此心。然鄰道魏博東平范陽與王承宗勢同事等。恐他時亦爲朝廷所割。必是爲鄰道所搆。兼以利害鼓動之。不得守其初心。此必然之理也。伏望且尋訪之。裴武所上表。只得上承宗初時意。便且奏來。後必恐鄰境脅制誘動。遂有後變。詎裴武不敢不盡其心。今陛下擇裴武使見逆悖亂之邪。一不如意。使有貶責。臣恐今後奉使賊中。無復得誠實。其後奉使者皆以武爲誡。依阿可否之間。必曰其言及表章則如此。其深心則臣不可保。不可頓言是非。陳列事狀。若朝廷不得實狀。別處置或有乖錯。非國家所利也。若受賊中財賂。言語不實。則須重責以懲姦欺。又言先於裴洎宅宿。且裴武久爲朝官。甚諳制度。裴洎身爲宰相。特授恩私。必無未見而便宿宰相家固無此理。昧劣於此兩人。猶不敢至是。況皆是詳練時事之人。計必無此事。必有搆傷裴洎裴武。陛下不可不察。上良久曰。誠有此理。事合從寬。更不用問。武得守其位。

武宗立。召淮南節度使李德裕爲門下侍郎同中書門下平章事。既入謝。即進戒帝辨邪正。專委任。而後朝廷治。臣嘗爲先帝言之。不見用。夫正人既呼小人爲邪。小人亦謂正人爲邪。何以辨之。請借物爲諭。松柏之爲木。孤生勁特。無所因倚。蘿蔦則不然。弱不能立。必附他

木。故正人一心事君。無待於助。邪人必更爲黨以相蔽欺。君人者以是辨之。則無惑矣。又謂治亂繫信任。引齊桓公問管仲所以害霸者。仲對琴瑟竽弋獵馳騁。非害霸者。惟知人不能舉。舉不能任。任而又雜以小人。害霸也。太玄德憲四宗。皆盛朝。其始臨御。自視若堯舜。寖久則不及初。陛下知其然乎。始一委輔相。故賢者得盡心。久則小人並進。造黨與。亂視聽。故上疑而不專。政去宰相則不治矣。在德宗最甚。晚節宰相惟奉行詔書。所與圖事者李齊運裴延齡韋渠牟等。訖今謂之亂政。夫輔相有欺罔不忠。當亟免。罷而材者屬任之。政無他門。天下安有不治。先帝任人。始皆回容。積纖微以至誅貶。誠使雖小過必知而改之。君臣無猜。則讒邪不干其間矣。

會昌中。德裕論侍講奏孔子門徒事狀。上言曰。今月十三日於延英殿。陛下謂臣等云。侍講稱孔子其徒三千。亦可謂之朋黨。臣等因元

和以來，嘗聞此說。幸因聖慈下問，輒敢覼縷而言。昔漢劉向云：昔孔子與顏回、子貢更相稱譽，不為朋黨；禹、稷與皋陶轉相汲引，不為比周。何則？忠於為國，無邪心也。臣常以驩共工二讒兜與舜為雜處堯朝，共工讒兜則為黨，舜為則不為黨。何者？共工讒兜相與比周，迭為掩蔽也。如賢人君子，則不然。忠於國則同心，閑於義則同志。退而各自行己，不可交以私，是以趙宣子隨會繼而納諫，司馬侯叔向比以事君，不為黨也。公孫弘每與汲黯請間，黯先發之，弘推其後，武帝所言皆聽。汲黯雖與公孫弘並進於庭，詰云：齊人少情，識其布被為詐，則知先發後繼，不為黨矣。國史稱太宗嘗與房玄齡圖事，則曰：非杜如晦莫能籌之。及杜如晦至，竟從玄齡之策。此又同心圖國，不為黨也。何若為黨？漢書稱朱博、陳咸相為腹心，背公死黨；東漢周福、房植各以其黨相傾，議論相軋。故漢朝朋黨始於甘陵二部，及其甚也，謂之

鉤黨，繼以誅夷。此王制言之，非不幸也。魏朝何晏、丁謐依附曹爽，祖尚浮虛，使有魏風俗由茲大壞。此皆為朋黨也。略舉數端，以明其類。至於歷代朋黨，不可殫言。仲尼知季路之不免，子游識子張之未仁，曾子罪卜商喪親無聞，夫子咎宰我鑽燧為久。惡既不掩，善固宜稱。此又不為黨也。班固稱周室既微，由是列國公子，魏有信陵，趙有平原，齊有孟嘗，楚有春申，抵掌而游談者，以四豪為稱首，於是背公死黨之議成，守職奉上之義廢矣。此四豪者各有門客三千，而謂之黨。仲尼三千，則不為黨。蓋仲尼之徒惟務仁義，不以爵祿為貴；四豪之門惟務譎詐，嘗以勢力相高。今侍講欲以奔走權勢之徒，援挐名利之輩，比方孔門上哲，實罔聖聰。臣未知元和以來，所謂黨者，為國乎？為身乎？若以為國，則隨會、叔向、汲黯、房玄齡之道可得行矣。不必驟黨成羣。以臣觀之，今所謂黨者，進則誣善蔽忠，附下罔上，歙歙相是

態不可容，退則車馬馳驅，唯務權勢，聚於私室，朝夜合謀，清要之官盡須其黨，華要之選，不在他人。險附者羽翼自生，中立者抑壓不進。孔門顏冉，豈有是哉？陛下以此察之，則姦偽自見。臣抑更有小人交陳此說，輒舉事例，廣裨聰明，伏望陛下留臣此狀，時賜覽閱，所冀小臣瞽說，免惑聖心。臣不任懇激之至。謹錄奏聞。

宋真宗咸平六年，右諫議大夫田錫乞詢求將相狀曰：臣嘗讀唐太宗實錄，見李靖文武材略，隋將韓擒虎即其類也。靖每與擒虎論兵，未嘗不稱善撫之曰：可與論孫吳之術也。初事隋，為殿內直長、吏部尚書牛洪見而重之，曰：李靖王佐才也。今國家自先帝平晉之後，與戎狄結隙，將相舊人，相次凋謝，邊郡閒州縣屢為戎狄所陷，皇威不振久矣。時議乃以將相無人，亦久矣。即不知今來朝廷公卿大夫，習有如韓擒虎與李靖論兵否？有人如牛洪知李靖有王佐才否？若有

人能論兵，有人須王佐才，未審陛下知之否。有人善論兵，有人須王佐才，乃是帝王合先知之矣。自來皇城司差人探事，又別差探皇城司探事人，如此察探京城民間事無鉅細，皆達聖聰。近又差朝臣為巡撫使，及差朝臣以點檢酒務名目出外探訪，所探訪之事，不過民間利病，不過官吏能否而已。即未聞委公卿大夫察訪善論兵之人，詢求有王佐之才者也。由是見所求者瑣屑，而所忽者遠大也。陛下若以宗廟社稷為憂，以生靈為念，即宜以遠大為務，求將相急也。臣每奉聖謨，令陳鄙見，仰祈英睿，特賜披詳。

仁宗時，參知政事范仲淹奏辯滕宗諒、張亢疏曰：臣聞議論太切，必取犯顏之誅；保任不明，豈逃累己之坐。爰典斯在，具寮式瞻。臣自邊陲，誤膺獎擢，授任不次，遇事必陳。竊見故監察御史梁堅彈奏滕宗諒於慶州用過官錢十六萬貫，有數萬貫不明，必是侵欺入己。及邠

州宴會并涇州犒設諸軍，乖越不公。至聖慈赫怒，便欲罷去。臣緣在彼目擊，雖似過當，別無切害，不曾有一兵一民詞訟。至於處置邊事亦無疎虞。臣遂進諫，乞聖慈差官勘逐，具與辯明。未銷挫辱，誤朝廷賞罰。又有上言張亢驕僭不公，臣亦乞根勘辯明，或無深過，如有大段乖越侵欺入己，臣甘同受貶黜。臣所以激切而言者，非滕宗諒張亢勢力能使臣如此竭力也，蓋為國家邊上將帥中未有曾立大功可以威衆者，且遣儒臣以經畧部署之名重之，又借以生殺之權，使彈壓諸軍，禦捍大寇，未使知其乏人也。若一旦以小過動搖，則諸軍皆知帥臣非朝廷腹心之人，不足可畏，則是國家失此機事，自去爪牙之威矣。唐末藩鎮多殺害，遂去節度使，於軍中自立帥臣，而當時不能治者，由帥臣望輕，易於搖動之故也。今燕度勘到滕宗諒慶州一界所用錢數分明，並無侵欺。其毀却涇州前任公用曆，勘到干

連人，只稱有送官員等錢物，亦不顯入己。又是元彈奏狀外事，估所有張亢借公用錢買物事，未發前已還納訖。又因移任借却公用銀，却留錢物准還，皆無欺隱之情。其餘罪狀，多未詣實。其干連人，當盛寒之月，久在禁繫，皆是非辜。若令燕度勘問二人，既事非確實，必難伏辯，或逼令認罪，又是陛下近臣，不可辱於獄吏，或至鍛問，有時即須差官再勘。其合干人當轉不聊生，兼邊上臣寮見此深文，謂朝廷待將帥少恩，於支過公用錢內搜求罪戾，欲陷邊臣。且塞下州郡風沙至惡，觸目愁人，非公用豐濃，何以度日，豈同他處臣寮優游安穩，坐享榮祿。陛下深居九重，當須察此物情，知其艱苦，豈可使獄吏為功，而勞臣抱怨。臣欲乞聖慈據燕度奏到事節，特降朝旨，差使臣二人賫去，取問滕宗諒張亢，如實是已犯，便仰承認，當議量情規斷。如別有緣由，亦具分析聞奏。候到，見得別無枉抑，便可取旨斷遣。如有

異同，即乞朝廷別選官勘鞫，免致冤濫。其干連人，且乞指揮放出。知在臣則已有不合保此二人罪狀，乞聖慈先賜貶黜，免令臣包蓋於朝，受人指笑。儻聖慈念臣不避艱辛，尚留驅使，即於河東河北陝西乞補一郡，臣得經畫邊事，一一奏論；或補三輔近州，臣得為朝廷建置府兵，作諸郡之式，以輔安京師。臣之此請，出於至誠，願陛下不奪不疑。況臣久為外官，不知輔弼之體，本是麄材，秖堪犬馬之用，若令臣待罪兩府，必辱君命，且畏人言。臣無任祈天望聖，請命激切屏營之至。

仲淹又奏雪張亢疏曰：臣昨日見樞密院進呈張亢所奏，曾將公用錢回易到利息，買馬及交鈔，乞與遊索之人。自甘伏罪，乞不追究遊索之人，取旨下燕度結案聞奏。臣伏覩編敕指揮，若將公使錢回易到別物，公用，但不入己，更不坐罪。其張亢所奏二事，若未有發露，乃

是自首。縱已發露，亦不入己，合該上項編敕指揮。臣昨與韓琦在涇州同使公用錢，曾為慶州簽判秘書丞馬倩身亡，本人家貧親老，與錢一百貫文。又涇州保定知縣大理寺丞劉絜丁父憂，家貧起發不得，與錢一百貫文。又權州推官監環州入中陳琳丁父憂，家貧無依，與錢五十貫文。又進士黃通來涇州相看，與錢五十貫文。並是一面將公使庫錢回易到利息相兼使用，即不曾侵使着係省官錢。自來邊上有公使錢處，為有前項條貫及有回易利息，但不入己，各是從便使用。今來若依編敕施行，則張亢自首與遊索人錢，不曾入己。又是燕度元勘外事節，朝廷自可指揮，不須却送入案。兼恐追尋元遊索之人，或在遠方，何時結絕。若不用上件編敕指揮，則臣與韓琦亦有上件與人錢物罪狀，須至自劾。昔人有言曰：法者聖人為天下畫一，不以貴賤親疎而輕重也。伏望聖旨送樞密院，依詳編敕，及

將臣與韓琦用錢事狀并張亢所奏二事二處定斷以正典刑
慶曆四年十二月知潞州尹洙論公論朋黨繫於上意疏曰臣聞知
賢而不能任任之而不能終於治國之道其失一也去年朝廷擢歐
陽脩余靖蔡襄孫甫相次爲諫官臣知數子之賢且久一旦樂其見
用又慶陛下得賢而任之所慮者任之而不能終爾以陛下知臣之
明脩等被遇之深豈有任之而不能終哉蓋聞唐魏元成既薨文皇
親爲撰碑文以賜之後有言其阿黨者遂仆其碑近世君臣相得未
有如唐文皇與魏元成者間言一入則存歿之恩不終臣未嘗不感
憤嘆息而不能已也以是而論則知任之爲易終之實難可不慮
哉屬聞歐陽脩領使河北臣以邊任之重故不復以內外爲疑今又
聞蔡襄出知福州未審襄以親自請爲以過斥若以過斥豈當進其
官秩若以親請則襄在京師不三四年已再省其親士大夫去遠方

而仕京師者孰不思其親豈獨襄得遂其私恩哉則襄之不當出明
矣陛下優容諫臣在唐文皇上脩等之才雖不愧古人然所施爲未
能少及於魏元成則間毁之言不必待其歿而後發也伏惟念知之
之已明任之之已果而終之之甚難則天下幸甚然臣愛脩等之賢
故惜其去朝廷而不盡其才如陛下待脩未改於初則臣有稱道賢
者之美如其恩遇已移則臣負朋黨之責矣夫今世所謂朋黨甚易
辨也陛下試以所進用者姓名詢於左右曰某人爲某人稱譽必有
對者曰此至公之論異日其人或以事見疎又詢於左右曰某人爲
其人營救必有對曰此朋黨之言昔之見用此一臣也今之見疎亦
此一臣也其所稱譽與營救一也然或謂之公論或謂之朋黨則公
論之與朋黨常繫於上意不繫於忠邪此御臣之大弊也臣既爲陛
下建忠謀豈復顧朋黨之責但懼名以朋黨則所陳之言不蒙見采

此又臣之深慮也惟聖明裁察焉
樞密使副陝西安撫使韓琦乞別白朋黨狀奏曰臣竊聞已降詔書
申誡朋黨此蓋陛下悏善治懲薄俗之深意也臣輒有管宂之見少
思開助聖明竊以自古迄今人臣在朝有忠賢有奸邪有好公之人
有挾私之黨既爲性之不同則各以類而相附大凡忠賢與好公之
人建一事補一官則必公其是非蓋是者言是非者言非唯在於公
故政化可興而邦家是賴此乃善者以類而進不可謂朋黨若奸邪
與挾私之人建一事補一官則必私其是非蓋是者言非非者言是
唯在於私致使白黑不分而上蔽主聽者真所謂朋黨也在聖君審
而察之決而行之若有此等朋黨必望陛下重加貶責不可務寬俾
其忠賢與好公之人以類而進奸邪與挾私之人以黨而退則朝廷
清明朋黨自息也若但行詔諭未賜別白臣恐天下搢紳自今而後

欲建一善事稱一善人必再三思之曰得無涉朋黨之迹乎則中道
而止矣雖有忠義之人不顧形迹建一善事稱一善人若惡之者譖
于上曰此朋黨之爲耳則善事與善人皆廢而不用矣惟陛下熟察
而必行之天下幸甚
五年河北都轉運使歐陽脩論小人欲害忠賢必指爲朋黨上奏曰
臣聞士不忘身不爲忠言不逆耳不爲諫故臣不避群邪切齒之禍
敢干一人難犯之顔惟賴聖明幸加省察臣伏見杜衍韓琦范仲淹
富弼等是陛下素所委任之臣一旦相繼罷黜天下之士皆素知其
可用之賢而不聞其可罷之罪臣雖供職在外事不盡知然臣竊見
自古小人讒害忠良其說不遠欲廣陷良善則不過指爲朋黨欲動
搖大臣則必須誣以專權其故何也夫去一善人而衆善人尚在則
未爲小人之利欲盡去之則善人少過難爲一一求瑕唯有指以爲

黨，則可一時盡逐。至如大臣已被知遇而蒙信任，則難以他事動搖，唯有專權是上之所惡，故須此說方可傾之。臣料衍等四人，非有大過而一時盡逐，獨與仲淹委任尤深，而忽遭離間，必有以朋黨專權之說上惑聖聰者。臣請試辨之。昔年仲淹初以忠言讜論聞於中外，天下賢士爭相稱慕，當時奸臣誣作朋黨，猶難辨明。自近日陛下擢此數人，並在兩府，察其臨事，可以辨也。蓋杜衍為人清慎而謹守規矩，仲淹則恢廓自信而不疑，琦則純正而質直，弼則明敏而果銳。四人為性，既各不同，雖皆歸於盡忠，而其所見各異，故於議事多不相從。至如杜衍欲深罪滕宗諒，仲淹則力爭而寬之。仲淹謂契丹必攻河東，請急修邊備，富弼料以九事，力言契丹必不來。至如尹洙亦號仲淹之黨，及爭水洛城事，韓琦則是尹洙而非劉滬，仲淹則是劉滬而非尹洙也。數事尤為彰著，陛下素已知此四人者可謂天下至公之賢也。平日閑居，則相稱美之不暇；為國議事，則公言廷諍而不私。以此而言，臣見衍等真得漢史所謂忠臣有不和之節，而小人讒為朋黨，可謂誣矣。臣聞有國之權，誠非臣下之得專也。然臣切思仲淹等自入兩府以來，不見其專權之迹，而但見其善避權也。夫權得名位則可行，故好權之臣必貪位。自陛下召琦與仲淹於陝西，琦等辭至五六，陛下亦五六召之。至如富弼三命學士，兩命樞密副使，每一命未嘗不懇辭，懇辭之者愈切，陛下用之愈堅。此天下之人所共知。臣但見其避遜太繁，未見其好權貪位也。及陛下堅不許辭，方敢受命。然猶未敢別有所為，陛下見其皆未行事，乃開天章，召而賜坐，授以紙筆，使其條事。然衆人避遜，不敢下筆，弼等亦不敢獨有所述。因此又煩聖慈特出手詔，指定姓名，專責其條列大事而行之。弼等遑回近及一月，方敢略陳數事。仲淹老練世事，必知凡事難遽更張，故其所

陳志雖遠大，而多若迂緩，但欲漸而行之以久，冀皆有效。弼性雖銳，然亦不敢自出意見，但舉祖宗故事，請陛下擇而行之。自古君臣相得，一言道合，遇事便行，更無推避。臣方怪弼等蒙陛下如此堅意委任，督責丁寧，而猶遷延自疑，作事不果。然小人巧譖，已曰專權者，豈不誣哉。至如兩路宣撫，國朝常遣大臣，況自中國之威，近年不振，故元昊叛逆一方，而勞困及於天下。北虜乘釁，違盟而動，其書辭侮慢，至有貴國祖宗之言。陛下憤恥雖深，但以邊防無備，未可與爭，屈意頒和，莫大之辱。弼等見中國累年侵凌之患，感陛下不次進用之恩，故各自請行，力思雪恥，緣山傍海，不憚勤勞，欲使武備再修，國威復振。臣見弼等用心，本欲尊陛下威權以禦四夷，未見其侵權而作過也。伏惟陛下睿哲聰明，有知人之聖，臣下能否，洞見不遺。故於千官百辟之中，親選得此數人，驟加擢用。夫正士在朝，群邪所忌，謀臣不用，敵國之福也。今此數人一旦罷去，而使群邪相賀于內，四夷相賀於外，此臣所以為陛下惜之也。伏惟陛下聖德仁慈，保全忠善，退去之際，恩禮各優。今仲淹四路之任，亦不輕矣。惟願陛下拒絕群謗，委信不疑，使盡其所為，猶有裨補。方今西北二虜交爭未已，正是天與陛下經營之時，如弼與琦，豈可置之閑處。伏望早辨讒巧，特加圖任，則不勝幸甚。臣自前歲召入諫院，十月之內，七受聖恩，而致身兩制，常思榮寵至深，未知報效之所。今群邪爭進讒巧，而正士繼去朝廷，乃臣忘身報國之秋，豈可緘言而避罪。敢竭愚瞽，惟陛下擇之。

至和元年，侍御史趙抃論邪正君子小人上言曰：臣聞欲治之主，得人甚易，左右前後皆盡賢正也。謀謨讜言皆盡延納也。忠厚純亮之士日益招來，讒佞詭姦之徒日益擯縮，號令風化日益流布，朝廷中外日益尊安。若然，富壽之域坐躋，太平之象立見。噫！左右前後一日

不得賢正之人而為之輔翼雖堯之聰舜之孜孜夏禹之克勤文王之不暇食未如之何也已漢劉向謂正臣進者治之表正臣陷者亂之基誠哉是言也在易君子道長小人道消於卦為泰其繇云上下交而其志通也正臣非君子歟反是則於卦為否矣否之繇則曰上下不交而其志不通內小人而外君子邪臣非小人歟此言為天下者宜進君子而退小人也明矣谷永所謂帝王之德莫大於知人者其有旨哉夫南面而聽天下也公卿百執事雖然滿前孰為正孰為邪孰為君子孰為小人在聖人明辨而聽聽之精擇而慎柬之真僞明白人焉廋哉大抵輔相樞機之任得正人也得君子也然後同德而同心也則其下所謂邪者小人者靡然相與俛首帖耳以去而排佪所留亡幾矣竊觀古黃信史備存有虞大聖人也任十六相世濟德美檮杌饕餮流竄四裔民至于今稱之亡窮周成哲王也善有旦奭則倚之不貳惡有管蔡則誅之勿疑故年七百而世三十也始皇惑高斯之佞不能奪忽叔孫之才不能與秦嬴之敗曾不旋踵元帝知恭顯之姦不能擯愛蕭望之之賢不能用炎漢之運從而衰下唐太宗納房杜王魏之切議誅侯君集張亮之兇僻遂成貞觀之治天皇聽敬宗之附會戮無忌之忠良終有易姓之禍其後元振朝恩之擅權元載盧杞之竊位代德之勢其危殆相繼不絕如綫蓋誠用人之得失莫不繫國之安危間分兩途不可不辨恭惟陛下以上聖之姿御神器之重開納忠讜繼承祖宗數路以來人一德以求治然而邇來日星謫見聖衷焦勞蝗潦為災民力彫弊帑庾空竭戎狄窺覦官冗兵驕風俗奔競今將治其弊安其危豈一人獨運於巖廊之上而能致之哉當此時也謂宜博選忠直方正能當大任世所謂賢人端士者遂得而亟用之位于丞疑輔弼之列朝夕獻替得嘉謨嘉

猷發為號令使天下耳目聞見太平之政在今日爾臣不勝大願願陛下宸斷不疑舉正以却邪陟君子而黜小人有為於可為之時無因循後時之悔則天下幸甚宗廟之靈社稷之福也其時也臣遠賤之迹愚亡所能唯思死節一誠上報陛下採擢優壽之德萬分一二臣無任許國竭忠激切待罪之至

至和二年知制誥劉敞論呂溱等補外上奏曰臣伏以馭臣之道在分別邪正正臣當親而近之邪臣當疏而遠之至於天下之人亦皆以此窺朝廷若正臣聚於朝則姦雄屏息治平可望若邪臣聚於朝則僥倖競進禍敗可待者不可勝察也臣伏觀朝廷太平積久賢能衆多然其間邪正亦雜有之或變君憂國公正發憤或朋黨比周背公植私亦有循默自守未能為善又不敢為惡陛下臨御三十餘年矣以上聖之資監群下所為固無遁形固無隱情然有可戒謹者在此而已凡正臣常難進而易退邪臣常易進而難退何以言之正臣者惟義所在言則逆君之耳是所以難進也言或不用不欲自顧自事而去是所以易退也邪臣者惟利所在言則逢君之欲是所以易進也行雖惡不顧禮義名雖醜不知愧恥患失之耳是所以難退也此兩臣者願陛下參伍觀之毋使當親者疏當疏者親則朝廷尊榮而社稷安矣近者翰林侍讀學士呂溱樞密直學士蔡襄繼出典郡今又聞御史中丞孫抃翰林學士歐陽脩知制誥賈黯韓絳並乞補外此六人等皆有直質無邪心論議不阿執政有益當世者也誠不宜許之使四方有以窺朝廷而姦佞僥倖之雄伺而競起此則邪正分別之一端也臣以孤拙忝侍從日夜思惟無以少裨聰明恐陛下怒於正臣之易退而忘左右前後直道之不容也臣不勝其愚謹獻所聞惟賜采擇

言事御史馬遵。論欲用忠賢當先左右之私言。上奏曰。臣聞自古人君皆欲求忠以自助。求賢以自爲。然而治少而亂多者。蓋其所謂忠者不忠。而賢者不賢也。故知人則哲。堯舜其難。今陛下至仁求治。堯舜之用心也。其於知人。亦不爲易。必欲得忠賢而用之。莫若去左右之私言。采中外之公議。則其人可知矣。知而用之。則朝廷無事。而天下太平矣。狂言聖擇。或補萬一。

英宗眷遇右司諫同知諫院傅堯俞。嘗問曰。多士盈庭。孰忠孰邪。堯俞曰。大忠大佞。固不可移。中人之性。繫上所化。英宗納其言。

神宗初立。以吳奎爲參知政事。時已召王安石。辭不至。帝顧謂侍臣曰。安石歷先帝朝召不赴。頗以爲不恭。今又不至。果病耶。有所要耶。曾公亮曰。安石文學器業。不敢爲欺。奎曰。臣嘗與安石同領羣牧。見其護前自用。所爲迂闊。萬一用之。必紊亂綱紀。乃命知江寧。奎又嘗

進言。陛下在推誠應天。天意無他。合人心而已。若以至誠格物。物莫不以至誠應。則和氣之感。自然而致。今民力困極。國用窘乏。必侯順成。乃可及他事。帝王所職。惟在於判正邪。使君子常居要近。小人不得以害之。則自治矣。帝曰。言堯時四凶猶在朝。奎曰。四凶雖在。不能惑堯之聰明。聖人以天下爲度。未有顯過。固宜包容而不可使居要近地爾。帝然之。

帝召問集賢校理開封府推官滕元發治亂之道。元發對曰。治亂之道。如黑白東西。所以變色易位者。朋黨汨之也。帝又曰。卿知君子小人之黨乎。曰。君子無黨。辟之草木。綢繆相附者必蔓草。非松柏也。朝廷無朋黨。雖中主可以濟。不然。雖上聖亦殆。帝深以爲名言。太息久之。

熙寧初。王安石爲翰林學士。一日講席。羣臣退。帝留安石坐。曰。有欲與卿從容論議者。因言唐太宗必得魏徵。劉備必得諸葛亮。然後可以有爲。二子誠不世出之人也。安石曰。陛下誠能爲堯舜。則必有皋夔稷卨。誠能爲高宗。則必有傅說。彼二子皆有道者所羞。何足道哉。以天下之大。人民之衆。百年承平。學者不爲不多。然常患無人可以助治者。以陛下擇術未明。推誠未至。雖有皋夔稷卨傅說之賢。亦將爲小人所蔽。卷懷而去爾。帝曰。何世無小人。雖堯舜之時。不能無四凶。安石曰。惟能辨四凶而誅之。此其所以爲堯舜也。若使四凶得肆其讒慝。則皋夔稷卨亦安肯苟食其祿以終身乎。

熙寧元年。安石論孫覺令吏人書寫章疏。上奏曰。臣今日蒙宣諭以孫覺令吏人書論列大臣章疏。臣初亦怪其不能謹密。但疑此朋友所當諫書。非人主所當譴怒。既又反覆思惟。陛下以覺爲可聽信。故擢任諫官。進賢退不肖。自其職分所當論列。雖揚言於朝。以迪上心。

於義未爲失也。但令吏人書寫章疏。誠不足以加譴怒。凡人臣當謹密者。以君子小人消長之勢未分。言有漏泄。或能致禍。如其不密。則害將及身。若遭值明主。危言正論。無所忌憚。亦何謹密之有乎。唯有姦邪小人。以枉爲直。懼爲公論之所不容。則惟恐其言之不密。若得此輩在位。陛下何所利乎。若陛下疑覺有交朋黨之私。招權之姦。則恐咸凞之世不宜如此。魏鄭公以爲上下各存形迹。則國之興廢或未可知。若陛下不考察邪正是非。而每事如此猜防。則恐善人君子各顧其迹。不敢盡其忠讜之言。而姦邪小人得伺人主之疑。以行讒慝也。若陛下恐陳升之聞此或不安。臣亦以爲不然。漢高祖雄傑之主也。然鄂千秋論相國蕭何功次。而高祖不疑。乃更加賞。亦不聞蕭何以此爲嫌。陛下聖質高遠。自漢以來令德之王。皆未有能企及陛下者。每事當以堯舜三代爲法。奈何心存末世褊吝之事乎。書曰。任賢

勿貳。去邪勿疑。不明知其賢而任之以為賢。不明見其邪而疑之以為邪。非堯舜三代之道也。陛下以臣為可信。故聖問及之。臣敢不盡愚。今日口對。未能詳悉。故謹具劄子以聞。

上嘗從容語及知人之難。右正言供諫職孫覺曰。堯以知人為難。終享其易。蓋知人之要在於知言。人主用臣之道。使賢使能而已。賢能之分既殊。任使之方亦異。至於所知有限量。所能有彼此。是材用之士也。可以處外而不可以處內。可以責之事而不可以責之言。陛下欲興太平之治。而所擢數十人者。多有口才而無實行。臣恐日浸月長。彙征墻進。充滿朝廷之上。則賢人日去。正人日遠。其為禍患尚可以一二言之哉。顧觀詩書之所任使。無速於小利近功。則王道可成矣。

覺又上奏曰。臣前日獲奉清光。親承聖諭。以知人為難。臣時倉卒以對。不盡所懷。退竊私喜聖諭及此。則以同符帝堯。天下幸甚。夫堯以神明之德。睿聖之資。而以知人為難。故四凶舜禹雜處其朝。而終能辨之。知所信任。蓋天下之事。難之則易。易之則難。堯以知人為難。故終享其易。而成巍巍之功。季世之君。易於知人。信任偏蔽。以致禍敗者。不可勝數。臣竊惟孔子曰。不知言。無以知人。中庸曰。取人以身。脩身以道。然則知人之要在於知言。知言之方在於脩身而務學。群臣進見者。其言亂雜而不一。其情隱伏而難知。倉卒須臾之間。未可以試之而見也。人主苟能貫乎聖人之道。通乎天下之理。則言出而知其所指。事至而要其所歸。譬之權衡不可欺以輕重。法度不可欺以長短。苟為不學而燭理不明。物來則眩矣。尚何人之能知哉。陛下躬上聖之資。兼孔孟之業。固足以燭萬務而察群下之情。臣願陛下益闢所未聞。見所未見。使天下之理明白昭晰。心如空鑑。不將而不迎。則賢不肖判然。君子小人辨矣。惟留神財幸。

二年。覺又論不當名對小臣詢兩府臺閣人物。上奏曰。臣聞近者名對臣僚。雖或疏遠微賤。陛下亦霽天威。賜以清問。此固聖主好問盡下。推誠不疑。甚盛之德也。或聞進對之間。陛下時時論及人物。上自兩府大臣。下至臺閣新進。使之區處題品。此雖陛下廣其聰明。不專一人之言以為信。但欲周知群下之智能長短。情狀曲折。然臣竊以謂知人堯舜所難。孔子亦曰不如鄉人之善者好之。其不善者惡之。得對之人未必皆賢而公其好惡。就令才識可采。亦未必盡知人之明。問荅之際。陛下不能不微見聖懷。流俗之情。多事容悅。度所喜者飾其賢。覩所惡者詆其醜。或陛下少加酧對。必濫其所言。大臣聞之必懷顧慮。小臣聞之必事朋黨。臣以謂人主不得不知群臣之忠邪。人才之高下。苟於侍臣從官之中。忠信篤實而好惡不私。材資敏明而鑒裁不眩者。時賜考察。參伍其人。亦不至於失士。

知諫院楊繪上奏曰。臣竊以人君之所難者。其惟知人乎。人藏其心。非察其言之可采。必觀其行。必試其事。然後其才能可得而用矣。虞書曰。萬方黎獻。共惟帝臣。惟帝時舉。敷納以言。明庶以功。車服以庸。此之謂也。恭以百寮轉對不行者十數年。陛下即位。首復其事。此真明目達聰。兼視廣聽之術也。然而止取其名乎。將取其實乎。如取其名。則書之史冊。傳之四方。亦足以為美矣。如取其實。則今之轉對者。前一日入奏于上閤。至其日再拜於上前而退。則所奏之事有可採者。或假手於人。若因而進用之。則僥濫者何由而旌別乎。欲乞先觀其言。設有可采。即於轉對之時召而訪以事。閱其能否真偽之狀。既審其可用。仍未可以言而遽進之。先命之以事。而觀其才用之實。而擢於倍。如此則敷奏以言。明庶以功。車服以庸之典。復行於今日。

四年。繪權御史中丞。又上奏曰。臣竊以知人之難。雖聖人不免有失。

如堯之爲君。可謂聖人矣。爲曰。知人則哲。能官人。惟帝其難之。能哲而惠。何憂乎驩兜。何遷乎有苗。何畏乎巧言令色孔壬。此言堯亦難乎知人也。如孔子之爲師。可謂聖人矣。曰。以言取人。失之宰予。以貌取人。失之子羽。則孔子亦難乎知人也。夫知人之道。古聖人以爲難而不免有失。則今之人不逮於古聖人者。其得自謂無難無失乎。然在察於衆。而不以一己之愛憎。而定人之賢否。則知人庶乎其無失者矣。恭惟陛下聖德天縱。負知人之哲。苟知之則用之。無不當。然天下百官之衆。豈能盡出於聖知乎。則必責在宰相也。今居宰相之任者。獨王安石。臣謂其人之文章之德行之政事。信爲宰相。唯於知人之道。或恐不能無失焉。以臣之愚而觀之。其得失在於以一己之愛憎。而定人之賢否而已。臣請以既往之事明之。只如呂公著者。王安石始而愛之。遂力薦之。以爲天下之賢也。一旦言青苗不便。終而憎之。遂

力排之。以爲天下之不賢也。陳升之者。王安石始而愛之。遂力薦之。以爲天下之賢也。一旦言乞罷條例司。遂力排之。以爲天下之不賢也。韓絳者。王安石始而愛之。遂力薦之。一旦於陝西捲助役錢。終而憎之。遂力排之。以爲天下之不賢也。薛向者。王安石始而愛之。遂力薦之。以爲天下之賢也。一旦言助役錢不便。終而憎之。已阻之。知之矣。非遠必將力排以爲天下之不賢也。至於李常之類。不可勝紀。其始徇我。則愛之薦之。以爲賢。其終違我。則憎之排之。以爲不賢。知人之道。豈若是哉。然既往之事不足復議。臣之所憂者在於將來也。安石之信。今已爲宰相頗尊於往時矣。其勢也。漸而專矣。人知徇之者得路。則刻薄者望風而進矣。人知違之者得怒。則阿諛者登門而附矣。以阿諛而拔用者。唯富貴是圖。必無正人之理。以刻薄而受知者。唯法術是務。必無愛人之道。違之者日去。順之者日衆。違之者日

去。則其間或有守之君子也。順之者日衆。則其間或詭隨之小人也。陛下之任安石也如此。而安石不能知人。愛人之徇己也。而憎人之違己也如此。雖陛下保安石必不作過。若萬一有擅權專恣之事。既附之者衆而無敢違之者。則陛下何由而知乎。縱安石實不作過。若萬一有思慮不及之政事而行之。有害於時者。何人敢與安石言之乎。觀其愛人之徇己而力薦之。憎人之違己而不肯用。雖有敢言之者。安石其肯舍己而迴乎。上拂而下戮。臣之所憂在乎將來者此也。臣願陛下體察安石於知人之道未盡。凡百除注。無只信其愛憎。而更參之於衆人。則天下幸甚。臣未受命爲御史中丞以前。未嘗敢以一言上聞。誠知陛下信之之篤。徒以取憎於執政也。今既受命爲御史中丞矣。則不憚誅讁而言之。乃其職爾。臣每聞其門下人議論。但稍有違安石意者。遂相與呼爲流俗之議也。以今觀之。流俗之議安可

忽諸。無使將來之視今日。或有如今日之視去年也。邊事外也。民政內也。外憂如皮膚。內患如心腹。可得謂之必無矣。臣謂今日之後。只有順之者。而無復有忤之者。不同於既往也。乞陛下以宗廟社稷爲念。以天下生靈爲念。而無重違安石一人之意。凡百除注。或有未得知人之美者。乞參之於衆人。必出於聖斷裁正之。

三年。知開封府鄭獬上奏曰。臣比者進對。伏蒙陛下稱臣攝尹京府爲治甚好。百姓便之。臣內惟承乏纔四十餘日。實無善狀。可副陛下褒諭之意。故不敢抵拜以謝。又以隆暑日旰。不敢久對。是以私懷鬱鬱。悚懍而不安。臣才能朽下。安能治劇。夙夜勉強。粗免罪戾。若曰百姓便之。萬無此理。且所謂便之者。蓋知其閭里之疾苦。除弊興利。使元元之衆。去愁歎而就安佚。庶乎可也。今臣於此未有毫髮。則百姓何便之有。然不識陛下從何而得之。陛下聰明好問。緣遂訪於下。多

言者或以此譽臣。此妄譽也。當其進言時。陛下何不使條臣所行便民之事。彼必窮而無對。設使有對。且責。則陛下亦當深察之。然後以爲信。今臣無是。而陛下遽信之。如有以臣不肖而毁之者。陛下亦必聽之矣。何則。善惡之來。不考其實。旣容妄譽。必亦容妄毁。此臣不敢喜而有懼也。昔者列子居鄭。客有言之於鄭子陽。子陽遺之粟。列子再拜而辭曰。君非自知我也。以人之言而遺我粟。至其罪我也。亦必以人言。則吾所以不受也。臣雖至愚。安知陛下不以妄毁而黜臣哉。故帝王聽納之際。不可不察。不察其實。則天聽可得而欺。姦臣乘之以逞其欲。於是以白爲黑。以是爲非。附己者進。背己者斥。分布朋類彌縫其失。使朝廷之上。惟聞黨人之論。而不知有天下公議。善乎孟子之言。左右皆曰賢。未可也。諸大夫皆曰賢。未可也。國人皆曰賢。然後察之。見賢焉。然後用之。左右皆曰不可。勿聽。諸大夫皆曰不可。勿

聽。國人皆曰不可。然後察之。見不可焉。然後去之。如此則當進者無茍得之幸。當退者無私歎之恨。進退各當其分。又孰有致疑於其間者哉。伏願陛下高視遠照。毋牽私言。使天下曉知毁譽之不能亂政。則非獨臣之願。實天下之願。伏候進止。

獅又奏曰。日者陛下黜大臣出於獨斷。二府不得與謀。中外聞風。莫不震動。伊欝之士。至有通夕不寐。拊髀而起躍者。以爲自天禧已來五六十年間。未有此等事。攄祖考之宿憤。快四海之公議。則孤立特出之臣。可以出氣。以高眡於天地間矣。然而慶於始者。未必不憂於後。見於微者。未必不昧於著。今進退之柄。在於宰相。無雄傑跋扈之志。竊取其柄。以植私家。故陛下一日攬而歸己。此不爲難。而所以爲難者。乃在知人。昔堯之聖。猶曰知人惟帝其難之。則自堯而後。僉爲難矣。今賢不肖雜然以進。深情厚貌。言與行違。陛下雖聰明。焉能探其肝膈而辨其眞僞乎。辨之術。則莫若試之。凡陛下所得士未宜便賜褒擢。如曰我能治民。則且試之治民。如曰我善治財。則且試之治財。如曰我善爲禮。則且試之爲禮。如曰我善爲樂。則且試之爲樂。凡其所長者。宜從其長而用之。用之有效。羣臣以爲然。未也。大臣以爲然。亦未也。陛下察之。見其有效。然後賞之。如其不然。則宜黜之。賞罰明而人自勸。雖堯舜不踰於此。則其知人者豈不爲難乎。旣用其賢矣。時以不肖者參焉。旣用其智矣。時以愚者參焉。於是黑白淆亂邪正倒置。則天下之事去矣。昔者秦始皇自修。以爲天下無賢。及漢祖之起。蕭張韓黥乃秦之棄士也。隋煬帝自大。亦以爲天下無賢。及唐宗之起。而房杜英衛乃隋之棄士。今天下之廣。豈無賢者。惟無棄士以資後人乃幸矣。然陛下旣得士。宜用其所長。在三司者。則宜擇錢穀。尹京者。宜擇通政事之臣。在御史。宜擇強毅之臣。在侍從。宜

擇文學通古今之臣。如此則才盡其所蘊。而官宿其所業。天下之事不舉者。未之有也。故舜之命夔典樂。則不復典禮。命禹作司空。則不復作司徒。命稷播農。則不復作士。以夔禹之賢。而不能兼二事。况以庸庸之材。而欲兼天下之任可乎。故今世不爲官擇人。而爲人擇官。惟履踐之多。則爲大臣。不問其治與不治。此天下所未能沛然也。今天下之士。如有自薦或因大臣所舉。且試召之。使論其事。而觀其蘊然後命之以職。試其所爲。如此則焉廋哉。

御史知雜劉述乞假監司之權。令察守令狀曰。臣嘗謂天下守宰如一一得人。則和氣可以立召。太平可以力致。不爲難也。何以言之。朝廷若差除守宰。多限以資級。不能周知其人善惡。及臨事之際。方見其才之短長。德之良否耳。能周知而習見者。必也監司之官乎。設有一人其資性醇謹。其持身亦清慮。奈何才識短謬。不能燭知義理

區別務慝而使之居守宰之任則下得侵其權吏得縱其姦蠹細
民受弊而無告矣復有一人狡猾貪汚而能爲託吏胥彌縫上下陰
爲姦贓不見其迹斯二人者人皆知其不可以長民矣而爲監司者
雖欲發擿而斥逐之而無實狀可得且復懼爲反噬隱忍而不敢爲
間或能直以不才貪猥之說聞于朝廷萬一聽而罷黜之旋踵之間
則冤懟之聲已聞於上矣醜言巧詆隨而加諸朋姦之人互爲掃援
無幾何則職任復舊矣彼監司者懲其若是既不能有所裨益未若
苟簡循默之爲宜也爲監司計則得矣爲朝廷計則非天下之福也
伏望聖慈深鑒此弊少假監司之權使得竭忠悉慮精察守宰有如
前所謂二人者爲懲所惡當深譴而痛繩之投諸四裔可也終身不齒
可也而其事權可不假借之乎監司得其權則郡縣綱紀既舉而民
受其賜矣然則監司事權朝廷既假借之則推擇之間不可不審也

願陛下深詔政府精選轉運使提點刑獄唯人是求不必限以資序
即得其人矣可以責之力振風教審覈官吏使弱不勉者不敢怠其
職剛暴失中者不敢肆其情農桑勸而孝悌興徭賦均而獄訟息然
後聞下特旨令於守宰中擇有豈弟之政吏畏而民愛事狀灼然者
三兩人寵加薦拔特與增秩賜金使之再任或陞擢任使如此則郡
縣有中和之政監司有澄清之功行之不疑當見其效
元豐間以司徒致仕富弼論辨邪正上奏曰臣伏蒙聖造擢冠宰司
雖步履尚艱稍稽入覲屢得寬告跧跼私門然不敢安居常思當今
切務欲伸報塞而事頗紛綜固非筆墨可盡今且以一事最大者仰
塵天聽伏惟聖慈更賜裁察夫君臣之道本是一體君者元首也執
政者股肱心膂也諫臣御史侍從論思者耳目也內外群有司者筋
骸支節血脉也體若具備方能成人爲君者上下之官亦具而無闕

方能成國君者正如爲人之體也人之體一脉不和則爲疾矣君之國
一官不和則爲害矣體之不和爲疾最大者股肱心膂也國之不和
爲害最大者執政也夫執政者輔贊萬機爲國大臣日王君前議論
天下大事賞善罰惡進賢退不肖喜怒繫乎人情之舒慘邪正繫乎
朝廷之盛衰是執政者天下之所觀望群有司之所師表也執政不
和則群有司安得而和哉群有司不和則萬務安得而治哉萬務不
治則天下之民受其弊矣民既受弊則國家衰亂隨之此萬萬必然
之理也是故爲國者欲求治且安非天下人和不可也欲天下和
非執政先和不可也執政者乃朝廷教令之所出而天下治亂之所
繫也安得不和也尚書皐陶曰同寅協恭和衷哉周武王曰紂有億
兆夷人離心離德予有亂臣十人同心同德康王曰三后協心同底
于道夫三后皆當時聖賢此足見聖賢若不和亦不能同致其道也

且夫執政者和則類無猜嫌所論皆合事必極其理盡其善然後行
下人固悅服而稟從之承流宣化風動草偃遂使天下蒙其利則豈
有不治而安者乎及其至也乃能致昇平而令國家享祚於數百年
者矣昔西漢陳平爲右相周勃爲左相既誅諸呂平以勃功高遜以
右相推勃及平對文帝決獄治粟事有條理勃自知能不如平復推
平爲右相也唐太宗召宰相房喬以杜如晦能斷大事如晦復謂喬
善嘉謀而太宗卒用喬策茲四相者非用心至和以天下爲任安肯
互相推薦爲國遠慮如是其切而不自爭勝耶此乃臣前所謂執政
者和則致時昇平使國家享祚數百年之明效也若執政者不和則
議事之間動有疑貳或忿爭於官府或辨列於君前咸蓄不平之心
必無至當之論假使強自牽合終成乖戾互相厭苦終致傾擠門下寵
朋助爲搖撼彼此窺伺是非紛挐忿逞私憾之讎何卹公家之事既

行於下。人不悅服。而不肯稟從。淪胥展轉。遂至天下受其弊。則豈有不衰而亂者乎。其甚者至有賈禍召亂。爲國大患。而不可救者矣。昔唐憲宗相裴度。時方鎮跋扈。度勸帝用兵。諸道叛亂者悉皆歸服。憲宗遂成中興之業。王室大振。既而悞用李逢吉。大姦邪。嫉度功業。令門下朋黨號八關十六子者興造謗訕。百般中傷。以至撰作謠讖。謂度有天分。憲宗既惑。度遂罷去。尋致河朔徐汴兵亂賊虜。王室浸弱矣。僖宗用鄭畋、盧携爲相。爭黃巢還請節旄事。携以畋語至切。遂拂袂投硯而起。喧於都下。然衆議畋語爲是。携議爲非。時又用宰相王鐸爲都統。出討黃巢。携大不悅。益固執不與巢節旄。只授以率府。其意欲激黃巢之怒。使鐸不成。以快己志。殊不以天下安危爲慮。而僖宗不明。終用携議。巢果大怒。擁衆百萬。自嶺表橫行天下。是時大亂無一州一縣不用兵者。俄而兩京陷沒。僖宗幸蜀。生民塗炭之極。自古無比。久之黃巢雖漸敗。而朱溫以巢軍投來。終移唐祚。自號大梁。茲二相者營私徇己。用心不公。擠陷忠良。敗壞時政。或翦覆王室。喪亡宗社。爲臣至此。覆族何償。此臣前所謂賈禍召亂。爲國大患而不救者之明效也。以此足見執政者和與不和。實繫乎天下治亂之本存亡之機也。如人股肱心膂之病。有以害其生也。至於諫官御史侍從論思。及內外群有司者。亦不可謂其職小。而容有不和也。苟有不和。則如人耳目筋肌支節血脉之疾。安得爲其小而不治之使和平哉。周武王曰。紂有臣億萬。惟億萬心。予有臣三千。惟一心。夫三千者舉其內外官也。成王曰。庶官惟和。不和政厖。禮曰。和者天下之達道也。漢劉向亦曰。衆賢和於朝。則萬物和於野。昔賢又以烹調鼎鼐。奏張琴瑟。操執轡馭。合煉藥石。設於方以爲諭者。或大或細。未有不以和爲主也。爲君者不可不察也。不可不審其所擇也。哉內外大小之

官所以致其不和者何哉。止由乎君子小人並處其位也。蓋君子小人方圓不相合。曲直不相投。貪廉進退不相侔。動靜語默不相應。如此而望議論協和。政令平允。可得邪。安可幸而致耶。易泰卦君子道長。小人道消。則時自泰矣。否卦小人道長。君子道消。則時自否矣。若使君子小人並位而處。其時之否泰。必無兩立之理。君子常寡。小人常衆。則小人必勝。君子不勝。君子不勝。則奉身而退。樂道無悶。萬一小人不勝。則陰相交結。並爲朋黨。駕虛鼓扇。白黑雜揉。千岐萬轍。眩惑主聽。必得其勝而後已。小人既勝。則益復肆毒。梟心逞志。無所不爲。所以自古泰而治世少。否而亂世多者。亦止乎小人常勝。君子常不勝之所致也。小人但能亂。不能致治。若小人或能致治。則易更九聖。必不於小人道長之時。謂之爲否也。凡六十四卦。三百八十四爻。大抵諸聖以意象配君子小人。而爲善惡至多。不可悉數也。易曰。小人不恥不仁。不畏不義。不見利則不勸。不見威則不懲。夫小人者。聖賢無不鄙而惡之。故易曰。小人而乘君子之器。盜思奪之矣。詩曰。憂心悄悄。慍於群小。此皆聖賢鄙惡小人之甚者也。書曰。君子在野。小人在位。民棄不保。天降之咎。此謂用小人。則民叛而天降災也。仲尼曰。君子中庸。小人反中庸。荀子亦曰。君子小人相反也。夫小人所爲。既與君子相反戾。則安可使之並處哉。所議安能得其協和哉。夫天子總官爵無職事。但能辨別君子小人而進退之。乃天子之職也。自古稱明王明君明后者無他。惟能辨別君子小人而用舍之。方爲明矣。至於煩思慮。親細故。則非所以用明之要也。夫前車者後車之所望也。古事者今事之所鑒也。仲尼刪書於堯舜大禹。皆稱曰若稽古。傳說戒高宗亦曰。事不師古。以克永世。匪說攸聞。恭惟皇帝陛下稟上聖之資。嗣累朝之業。纘服未久。勤勞已至。更望考前世盛衰治亂之

逮近代安危存亡之機凡於選求力辨邪正所善者未可遽用所惡者未可遽棄禮曰愛而知其惡憎而知其善者是也又人所毀者未必爲惡人所譽者未必爲善仲尼曰衆惡之必察焉衆好之必察焉者是也孟子尤於進退之説至詳齊宣王問曰吾何以識其不才而捨之孟子對曰國君進賢如不得已將使卑踰尊疏踰戚可不慎歟左右皆曰賢未可也諸大夫皆曰賢未可也國人皆曰賢然後察之見賢焉然後用之左右皆曰不可勿聽諸大夫皆曰不可勿聽國人皆曰不可然後察之見不可焉然後去之夫一國之人皆曰賢皆曰不可亦不可以謂之出於衆議而不可不從之也孟子尚以謂未可信而進退之猶復躬自察焉直俟王親見其果賢則用之親見其果不可則去之此所以大防姦人朋比毀正譽邪也亦所以防偏見者以丹素甘辛而好惡之差也蓋恐用捨或爽則所損多也實慎之

至也苟如是而失之者尚恐不免然亦鮮矣陛下君臨天下必不得如孟子之辭盡聞天下所議論若夫左右之説及在廷諸人之語則皆可聞之矣然固未可遽信而遽行更在博詢而參校之也所詢者須詢於可詢者也詢之必不肯誤陛下也若詢及姦險浮薄不正之人則向所謂愛憎毀譽偏見者皆有焉有之則邪正錯亂是非混淆陛下至英至睿亦莫得而辨之也茲事雖自古聖王亦以爲至難皋陶曰在知人在安民禹曰惟帝其難之帝謂堯也仲尼獨取堯舜比之如天尚以知人安民爲難況自堯而後者哉由是而語陛下可不慎之慎之又慎之大抵有天下者得人則治而安不得人則亂而危至甚則又繫乎存亡也臣前所援據特一二而已但且欲證臣狂瞽非臆説也其有在方策者比比皆是不可殫引陛下開卷則見之矣惟望慎之慎之又慎之也臣昨蒙陛下召從辟左之外起於衰病之中祗是念其舊人授以國柄辭不獲免夙夜驚惶若非傍假衆智共成大政則臣虚薄老朽豈免敗事況夫四海至廣萬機至煩更藉天下之才以濟天下之務所以不避煩瀆之罪願陛下持古鑒今選賢與能者乃犬馬之至誠也惟聖情開納則非臣之幸乃宗廟之慶生靈之福也臣死罪死罪

彭汝礪論列樂士宣等奏曰臣伏覩禹戒舜曰謹乃在位帝曰俞禹曰安汝止臣竊惟舜在深山之中聞一善言見一善行沛然行之若決江河堯歷試諸艱登陟帝位聰明睿智是以有臨禹猶訓戒之安其好惡之所以蓋雖聖人未能無過賴左右正人昌言嘉謀以補闕失恭惟陛下聽政之初與大臣論大行太皇太后盛德自古無也謚法數字豈能盡者以知陛下以儉素爲高行以愛民爲先務擢知開封府錢勰持蹤決上前陛下乃問吳傷審盗賊詢禁繫有以知陛下

明治道之大體吏部侍郎引見改官選人内有決教人者乃命展一任有以知陛下存好生之德意聖語一出疾於郵置之傳中外臣庶罔不悅服實社稷之長福天下之至願也近聞樞密院劄子發遣左藏庫副使京東西路都監樂士宣供備庫副使滑州管勾浮橋黄縡左藏庫副使催促裝卸石段王臨西京左藏庫副使山陵修奉所勾當蘇珪等赴闕並特與入内内侍省東頭供奉官寄資供職方陛下獨覽萬機九州四海群黎百姓拭目傾耳以俟陛下之施爲以窺陛下之好惡宮闈洒掃之臣内外侍省豈乏是哉臣俯伏思惟明道年中章獻明肅皇后上仙七日仁宗皇帝召見李迪起復章得象聽政五日詔内外毋得進獻以祈恩澤及緣親戚以通章表若傳宣有司實獲奏内降除官及與差遣即未得行哉抑僥倖中外大悅未御正殿召宋綬于河南還范仲淹于重州黜内侍江德明羅崇勳等于外

仁宗臨治之始能安其好惡之所止動則天下丕應在位四十二年以昭受上帝之休陛下勉聽羣臣之請躬臨正宁未聞褒召賢德遊顯端士亟還頤僻已試之内臣非所以示美德於天下臣竊爲陛下惜陛下留神大禹戒舜之言若稽仁祖聽治之意令士宣等各歸本任仲虺稱湯之德曰改過不吝故能聖敬日躋爲百世之威王惟陛下財擇幸甚臣忝職從官與侍經幄苟有所見豈宜緘默儻月上陳冀聖德萬一之助臣無任惶懼戰越待罪之至謹録奏聞

洪邁再論列樂士宣狀奏曰臣今月初五日論列樂士宣等事理未聞指揮施行臣俯伏惟念大行太皇太后奄棄大養陛下初攬政事唯登進正直斥逐姦邪講求國弊咨究民瘼是朝廷之先務天下之顒望也陛下曾未及此亟召士宣等赴闕及王穀之徒入内殆非仁宗皇帝聽政家法中外臣庶爲之太息陛下好惡之端輕發於此纖

奏議卷之二百五十四　三十九

猾小人將投閒亂政此天下治亂之幾社稷安危之漸不可不深思而熟計之臣所以不避鈇斧之誅冒聞天聽書曰有言逆于汝心必求諸道有言遜于汝志必求諸非道伏望聖慈特留睿念廣堯帝捨己從人之量慮商湯從諫弗咈之心早賜指揮檢會臣前奏付外施行臣不勝大願干冒宸嚴臣無任惶懼戰越待罪之至

元豐元年知樞密院事呂公著乞選用前日議論之人才終遺棄上奏曰臣聞皐陶陳謨以知人爲難孟子論道以知言爲要所謂知人則哲能官人何憂乎驩兜何畏乎巧言令色孔任者知人也詖辭知其所蔽淫辭知其所陷邪辭知其所離遁辭知其所窮者知言也故曰帝王之德莫大乎知人而成敗之機在於察言是以堯舜在上明目達聰詢四岳以難任人命納言以聖讒說使惡直醜正者不能亂天下之俗服讒蒐慝者不能遷人主之意然後四門穆穆而朝廷清明權歸於上而天下無事臣向蒙陛下擢在樞府中謝曰不敢縷陳細務輒論及判別忠邪之道嘗謂陛下勵精爲治十年不懈小大政事自欲增葺而朝廷之間邪說尚勝大抵小人之害君子必求要切之語以中之使之不能自解方朝廷修改法度之初凡在朝野孰無論議陛下聖度兼包豈嘗記録而小人賊害指目未已苟昔有異同之論而今不爲言者所容則必指以爲沮壞法度之人不可復用非陛下加意省察則端人良士類遭排格當時粗陳此語陛下頗賜開納近日除顧臨開封府推官程顥判武學縉紳聞之皆以爲顥昔任御史嘗有所言陛下不以爲過有稍用之意朝廷用人不終遺棄必料傳之四方士人無不欣仰然命下數日復因言者而罷去則知臣前所陳者其風猶未殄也臣實不佞嘗爲一二識者私道陛下盛德竊以爲陛下春秋鼎盛復崇高之位操生殺之柄而記人之功忘人

奏議卷之二百五十四　四十

之過極天地山海之量此羣下以愛戴而人人願立於朝也小大之臣雖姦回頗僻如鄧綰者猶降責不踰年遽復侍從授以方面則又盛明之世本無棄絶之人邪正賢不肖亦未易以一言而定也臣愚以謂今日公卿士夫嘗於朝廷法令有所可否然其愛君許國之心愈久而益明者甚衆其唱和雷同承迎附會而姦言汙行卒爲陛下所照者蓋亦不少然則人固未易知而士亦不可忽也況如顥者陛下早自知之其立身行己素有本末講學論議久益疏通且其在於言路之日時有論列皆辭意忠厚不失臣子之體使得復見用於聖世其奮身報國未必在時輩之後兼所除武學差遣亦未爲仕宦之要津而小人斷斷必以爲不可者直欲深梗正路廣沮善人其所措意非特一二人而已臣區區所慮者讒說殄行之徒日以熾盛則守正向公之士愈難自立其於聖政不爲無損臣受恩與常人不同苟

有兩當言不敢顧避緘默。以負陛下優遇。惟陛下幸察。

歷代名臣奏議卷之一百五十四

歷代名臣奏議卷之一百五十五

知人

宋哲宗元祐三年。尚書左丞王存乞明論朋黨所在狀曰。臣今月十八日。同三省延和殿奏論王覿罷諫議大夫除外任差遣事。伏蒙陛下宣諭。近日朝廷紛有朋黨。臣與呂大防等奏。陛下所謂朋黨。乞明示臣等。庶知懲戒。既而不蒙宣諭。臣退竊恐懼。蓋朋黨者。附下罔上。紛亂邪正。眩惑視聽。陰為姦利。此人臣之巨蠹。而世主所深惡也。漢之黨事始於甘陵二部。浸淫不已。至于衣冠塗炭。垂二十年。唐二李朋黨互相排斥。凡四十年。衰亂朝廷。國家慶曆間。亦有朋黨之論。當時富弼、韓琦、范仲淹等。頗遭排擯。賴仁宗盛德。不至傾害。去年因張舜民被貶。自此議論之人分為二黨。亦互相詆毀。聖明燭知。稍加擯抑。今雖其勢頗沮。而餘風未殄。臣職預教厲風俗。常竊患之。今蒙宣諭近日朝廷朋黨。未審聖意謂庶官近侍耶。抑謂執政之臣。必是察見實狀。亦當明論中外。厚加譴黜。蓋執政之人。同心同德。乃克濟務。若審知有挾邪朋比之人。不可一日使居此位。居此位者。須待以不疑。若懷疑心。則必有小人造作飛語。乘間而進者。倘陛下涵容不欲暴露。而執政被疑。各懷形迹。其害陛下聖政為不細矣。臣蒙被拔擢。使預機政。雖甚愚鄙。然粗識為臣去就之節。固無貪戀祿位之心。所以夙夜黽勉。欲効其區區者。誠荷陛下不次之遇。思有以補報萬一。是以心有所懷。不敢默默。伏望聖慈因延和殿奏對。明諭臣等以朋黨所在。使得循省。如臣迹狀有涉於此。願從竄黜。以肅在位。臣不勝惶懼之至。

翰林學士朝奉郎知制誥兼侍讀蘇軾辨舉王鞏劄子曰。臣近舉宗正寺丞王鞏。節操方正。可備獻納科。竊聞臺諫官言鞏姦邪。及離間宗室。因詔事臣以獲薦舉。奉聖旨除鞏西京通判。謹按鞏好學有文。強力敢言。不畏強禦。此其所長也。年壯氣盛。銳於進取。好論人物。多致怨憎。此其所短也。頃者竄逐萬里。偶獲生還。而容貌如故。志氣逾厲。此亦有過人者。故相司馬光深知之。待以國士。與之往返論議不一。臣以為所短不足以廢所長。故為國收才以備選用。去歲以來。吏民上書蓋數千人。朝廷委司馬光看詳。擇其可用者得十五人。又於十五人中獨稱獎二人。孔宗翰與鞏是也。鞏緣此得減二年磨勘。仍擢為宗正寺丞。則臣之稱薦。與光之擢用。其事正同。若果是姦邪。臺諫當此時何不論奏。鞏上疏論宗室之疏遠者。不當稱皇叔皇伯。雖未必中理。然不過欲尊君抑臣。務合古禮而已。何名為離間哉。況鞏

此議。執政多以為非。獨司馬光深然之。故下禮部詳議。又兵部侍郎趙彥若亦曾建言。若果是離間。光亦離間也。彥若亦離間也。方行下有司時。臺諫初無一言。及光沒之後。乃有姦邪離間之說。則是鞏之邪正。係光之存亡。非公論也。鞏與臣世舊。幼小相知。從臣為學。何名詔事。三者之論。了無一實。上賴聖明不以此罪鞏。亦不以此責臣。止除外官以厭塞言者之責。臣復何所辯論。但痛司馬光死未數月。而所賢之士變為姦邪。又傷言者本欲中臣而累及鞏。誣罔之漸。懼者甚衆。是以冒昧一言。伏深戰越。

哲宗時。御史中丞蘇轍乞分別邪正劄子曰。臣竊見元祐以來。朝廷改更弊事。屏逐羣枉。上有忠厚之政。下無聚斂之怨。天下雖未大治而經今五年。中外帖然。莫以為非者。惟姦邪失職。居外日夜窺伺便利。規求復進。不免百端游說。動搖貴近。臣愚竊深憂之。若陛下不察其實。大臣惑其邪說。遂使忠邪雜進於朝。以示廣大無所不容之意。則冰炭同處。必至交爭。薰蕕同器。久當遺臭。朝廷之患自此始矣。昔聖人作易。內陽外陰。內君子外小人。則謂之泰。內陰外陽。內小人外君子。則謂之否。蓋小人不可使在朝廷。自古而然矣。但當置之於外。每加安存。使無失其所。不至怨恨無聊。謀害君子。則泰卦之本意也。昔東晉桓溫之亂。諸桓親黨。布滿中外。及溫死。謝安代之為政。以三桓分蒞三州。彼此無怨。江左遂安。故晉史稱安有經遠無競之美。然臣竊謂謝安之於桓氏。亦用之於外而已。未嘗引之於內與之共政也。向使安引桓氏而寘諸朝。人懷異心。各欲自行其志。則謝安將不能保其身。而況安朝廷乎。頃者一二大臣專務含養小人。為自便之計。既小人內有所主。故蔡確、邢恕之流。敢出妄言。以欺惑衆。及確

恕被罪。有司懲前之失。凡在內臣僚。例蒙擢用。盧秉、何正臣皆身為待制。而明堂薦子止得選人。蒲宗孟、曾布所犯。明有典法。而降官視職。惟恐不甚。明立痕迹。以示異同。為朝廷斂怨。此二者皆過矣。故臣以為小人雖決不可任以腹心。至於牧守四方。奔走庶事。各隨所長。無所偏廢。寵祿恩賜。常使彼此如一。無迹可指。此朝廷之至計也。近者朝廷用鄧溫伯為翰林承旨。而臺諫雜然進言。指為邪黨。以謂小人必由此彙進。臣嘗論溫伯之為人。粗有文藝。無他大惡。但性本柔弱。委曲從人。方王珪、蔡確用事。則順指如意。及司馬光、呂公著當國亦脂韋其間。若以其左右附麗。無所損益。過復流轉。緩急不可保信。誠不為過也。若謂其懷挾姦詐。能首為亂階。則甚矣。蓋臺諫之言溫伯則過。至為朝廷遠慮。則未為過也。故臣願陛下謹守元祐之初政。久而彌堅。慎用左右之近臣。毋雜邪正。至於在外臣子。一以恩意待

之使嫌隙無自而生愛戴以忘其死則垂拱無為安意為善愈久而
愈無患矣臣不勝區區傳采公議而效之左右伏乞宣諭大臣共敦
斯義勿謂不頗改更之政輙懷異同之心如此而後朝廷安矣取進
止

再論分別邪正劄子曰臣今月二十三日延和殿進呈劄子論君子
小人不可並處朝廷因復口陳其詳以瀆天聽竊觀聖意類不以臣
言為非者然天威咫尺言詞迫遽有所不盡退復思念若使邪正並
進皆得與聞國事此治亂之機而朝廷所以安危者也臣誤蒙聖恩
典司邦憲臣而不言誰當救其失者謹稽之古今考之聖賢之格
言莫不謂親近君子斥遠小人則人主尊榮國家安樂疏外君子進
任小人則人主憂辱國家危殆此理之必然而非一人之私言也故
孔子論為邦則曰放鄭聲遠佞人子夏論舜之德則曰舉皋陶不仁

者遠論湯之德則曰舉伊尹不仁者遠諸葛亮戒其君則曰親賢臣
遠小人此前漢所以興隆也親小人遠賢臣此後漢所以傾頹也凡
典冊所載如此之類不可勝紀至於周易所論尤為詳密皆以君子
在內小人在外為天地之常理小人在內君子在外為陰陽之逆節
故一陽在下其卦為復二陽在下其卦為臨陽雖未盛而居中得地
聖人知其有可進之道一陰在下其卦為姤二陰在下其卦為遯陰
雖未壯而聖人知其有可畏之漸若夫居天地之正得陰陽之和者
惟泰而已泰之為象三陽在內三陰在外君子既得其位可以有為
小人莫居於外安而無怨故聖人名之曰泰泰之言安也言惟此可
以久安也方泰之時若君子能保其位外安小人使無失其所則天
下之安未有艾也惟恐君子得位因勢陵暴小人使之在外而不安
則勢將必至反復故泰之九三則曰無平不陂無往不復竊惟聖人

之戒深切詳盡所以誨人者至矣獨未聞以小人在外憂其不悅而
引之於內以自遺患者也故臣前所上劄子亦以謂小人雖決不可
任以腹心至於牧守四方奔走庶務各隨所長無所偏廢寵祿恩賜
彼此如一無迹可指如此而已若遂引而寘之於內是猶畏盜賊之
欲得財而導之於寢室知虎豹之欲食肉而開之以坰牧天下無此
理也且君子小人勢同冰炭同處必爭一爭之後小人必勝君子必
敗何者小人貪利忍恥擊之難去君子潔身重義知道之不行必先
引退故古語曰一薰一蕕十年尚猶有臭蓋謂此矣昔先皇帝以聰
明聖智之資疾頹靡之俗將以綱紀四方追迹三代今觀其設意本
非漢唐之君所能髣髴也而一時臣佐不能將順聖德造作諸法率
皆民所不悅及二聖臨御因民所願取而更之上下忻慰當此之際
先朝用事之臣皆布列於朝自知上逆天意下失民心徬徨躑躅若

無所措朝廷雖不斥逐其勢亦自不能復留矣尚賴二聖慈仁不加
譴責而宥之於外蓋已厚矣今者政令已孚事勢大定而議者惑於
浮說乃欲招而納之與之共事欲以此調停其黨臣謂此人若返豈
肯徒然而已哉必將戕害正人漸復舊事以快私忿人臣被禍蓋不
足言而臣所惜者祖宗朝廷也蓋自熙寧以來小人執柄二十年矣
建立黨與布滿中外一旦失勢睥睨者多是以創造語言動搖貴近
脅之以禍誘之以利何所不至臣雖不聞其言而驗可料矣聞者若
又不加審察遽以為然豈不過甚矣哉臣聞管仲治齊奪伯氏駢邑
三百飯蔬食沒齒無怨言諸葛亮治蜀廢廖立李嚴為民徙之邊遠
久而不召及亮死二人皆垂泣思亮夫駢立嚴三人者皆齊蜀之貴
臣也管葛之所以能戮其貴臣而使之無怨者非有他也賞罰必公
舉措必當國人皆知其所與之非私而所奪之非怨故雖仇讐莫不

歸心耳。今自竊觀朝廷用捨施設之間。亦不合人心者尚不為少。彼既中懷不悅。則其不服固宜。今乃直欲𢌿而納之。以平其隙。臣未見其可也。詩曰。無競維人。四方其訓之。陛下誠以異同反覆為憂。惟當久任才性忠良識慮明審之士。但得四五人常在要地。雖未及皋陶伊尹。而不仁之人知自遠矣。故臣願陛下斷自聖心。不為流言所惑。毋使小人一進。後有噬臍之悔。則天下幸甚。天下幸甚。臣既待罪執法。若見用人之失。理無不言。言之不從。理不徒止。如此則異同之迹亦復著明。不若陛下早發英斷。使彼此泯然無迹可見之為善也。臣受恩深重。輙敢先事獻言。罪合萬死。取進止。

元祐四年四月。起居舍人范祖禹辨邪正劄子曰。臣聞邪必害正。正必去邪。自古以來。未有邪正並立而可以為國者也。雖堯舜在上。未嘗無小人。唯能使小人不勝君子。所以治也。雖桀紂在上。未嘗無君

子。唯使君子不勝小人。所以亂也。在易內君子而外小人。其卦為泰。泰者通而治也。內小人而外君子。其卦為否。否者閉而亂也。天下治亂。未有不由君子小人。君子在位。必無惡政。小人在位。必無善政。聖人為天下。唯能使小人外而不內。在野不在位而已。非能使天下皆無小人也。陛下自初臨政。以辨別君子小人為先。登進忠良。斥退邪惡。以致今日之治。所進所退。天下之人皆以為然。雖舜舉十六相。去四凶。不過如此也。而比年以來。大臣以兼容小人為寬。好惡不明。邪正不分。所引進者不盡得人。夫今日之省寺。他日之侍從也。今日之侍從。他日之輔弼也。宰相豈能使之終身不進乎。周公作立政。以戒成王。自準人。綴衣。虎賁。趣馬。小尹。左右攜僕。藝人。表臣百司。皆勿以憸人。其惟吉士。夫憸人在上位。則害政事。在下位。則壞風俗。大則傾覆邦國。小則戕敗善類。朝廷之內。何官可不擇人也。邪人得志。則正人不安。正人不安。則國無善政。宰相以進賢退不肖為職。而邪正不分。豈不負國。書曰。惟說式克欽承。旁招俊乂。列于庶位。此相之事也。臣伏望陛下戒飭大臣。各以公心求賢。多引鯁正之人。以重朝廷。無使小人得在下位。為他日之患。以副陛下至誠求治之意。取進止。

五年。吏部侍郎兼侍讀范百祿分別邪正條目上奏曰。臣愚竊以為分別邪正。自古所難。惟察言觀行。考其事實。所謂正直之人。或天資亮直。或家世忠義。或有志報國。或自立名節。所謂姦邪之人。或逢迎上意。或希合權貴。或性識頗僻。或冀望寵利。凡此二端。其情非一。不可遍舉。今輙疏其條目于後。導人主以貢直使之虛中聽納。則為公正。導人主以諂諛使之諱過拒諫。則為姦邪。導人主以德義。則為公正。導人主以功利。則為姦邪。導人主以尊宗廟。嚴祭祀。則為公正。導人主以簡宗廟。略神祇。則為姦邪。導人主以親睦九族。惠養耆老。則

為公正。導人主以疎薄骨肉。棄老遺年。則為姦邪。導人主以恭儉清淨。奉循典法。則為公正。導人主以驕侈放肆。不顧舊章。則為姦邪。導人主以稼穡艱難。恵及鰥寡。則為公正。導人主以輕鄙農事。不卹惸獨。則為姦邪。導人主以柔遠息兵。則為公正。導人主以用兵攻戰。則為姦邪。導人主以原情謹罰。則為公正。導人主以峻法立威。則為姦邪。導人主以安民利衆。則為公正。導人主以勞民動衆。則為姦邪。導人主以進君子用善良。則為公正。導人主以近小人。用惡德。則為姦邪。右謹具進呈。伏望特留聖意。推此事類。以觀人情。則邪正可分。而聽明無惑矣。臣不勝惓惓犬馬之忠。

六年。翰林學士梁燾論為政之要。在辨邪正之實。上奏曰。臣聞人主之德。莫大於知人。朝廷之政。無先於急賢。德以聰明為高。而政以忠厚為本。恭惟太皇太后陛下。至公至正。明而有斷。皇帝陛下。仁孝莊

聖聽。淵源通關天下之事日益多。進天下之材日益廣。講求祖宗治體日益熟。察見中外人情日益詳。然而聰明或有所遺。而忠厚未至於成者。臣竊疑之。或者聖心未加意於執要乎。今日爲政之要。在於辨邪正之實也。唐李德裕有言曰。邪正相攻。上惑主聽。正人呼邪人固爲邪矣。邪人亦呼正人爲邪人。主何以辨之。臣故曰在辨其實也。所謂正之實者。能推公心以愛君憂國爲計。不附下。不罔上。務進善類。愛惜生靈。臨大節而忘其身。事兩宮而一其志。爲陛下常求長久安寧之計。近思自於左右宮庭之間。遠慮至於夷夏海隅之際。皆欲得其歡心。康寧無事。上下一意。其爲安靜真切如此者。是正人也。此類進。則聰明開廣。內外大安。豈不爲國家忠厚之福耶。所謂邪之實者。緩公急私。復仇報怨。外陽爲忠。內陰懷姦。曲其言以忠。而其實欺罔也。其氣似敢。而其實必險也。自謂介特。而其實朋黨也。自謂純

一。而其實二三其德也。貪祿競進。猜忌傾奪。專以傷害善良爲謀。而又附託權要。出死力爲之鷹犬。不憚不恥。以肆其毒。不恤國之憂危。務伸其志。不懼上之悔悉。務行其言。其爲傾搖多端。如此者是邪人也。此類進。則聰明眩惑。內外大恐。豈不爲國家忠厚之患耶。今聽其言。而求其用心之微。觀其行而考其處己之端。其向背之異。有無之殊。雖未能盡究。而亦可以槩見矣。願陛下自信素知之心。而守之以定。深辨姦詐之說。而斷之以不疑。斥其邪人。以安正人。正人知所依歸。恃以無恐。得以奮忠竭節。卑身圖報。則朝廷之理不難致也。臣不勝惓惓納忠之至。

貼黃。臣向在言路。得侍清光。伏見陛下照物必盡其情僞。而量有包容。論政深達其義理。而語有次序。雖古之英主不能過也。臣等累嘗奏聞。以謂邪正不可並用。陛下深以爲是。知邪正之必相攻也。今並用矣。臣等又謂邪人在外。正人在內。則可治。陛下亦以爲是。知邪人在內。則害政也。今邪人在內矣。臣等又謂使邪人少。正人多。則可治。陛下亦以爲是。知邪人之多。則交相朋比損正人之道也。今邪人多矣。以在內衆多之邪人。與寡少之正人並用。勢自不敵。豈能久安而終無憂悔乎。奈何與前日之聖意不同耶。必有姦人移惑聖意也。如不悟。則姦邪乘隙。輕進計。終至於成其禍。此聖明所宜早辨。勿爲請衷他日之憂悔也。

貼黃。陛下自御政以來。選用可信之臣。以忠孝報陛下之恩者。今在朝廷不過數人。羣小恐懼。陰結爲朋。力謀排陷者。不一日也。其心欲盡去此數人。則姦謀可行。大姦有後來之望。此數人者。方以時事難守爲憂。孤立難安爲懼。若非陛下知其從來忘身忘家。嘗悉去姦。有愛君憂國之心。力賜主張。則豈能安全至於

今日也。在於今日之勢。尤爲難立。仰賴聖造終始主張也。此數人者。亦未足深惜。但恐小人復興。攻擊者多。萬一如此。則爲太皇陛下即日之悔。爲皇帝陛下他日之憂。此可爲大懼也。願聖明凝神深慮。以杜其漸。待其事起而後慮。則其勢必強。橫難制縱。終能制之。憂勞亦已深矣。伏望聖慈每當進擬人材之際。丁寧審問。謹重開可。使私邪漸消。朋黨自衰。朝廷日有安靜之望。聖政日有清明之美。此道既行。可以緩憂矣。小人姦言。最是難辨。蓋其巧異。似忠害善。似直狼愎。似敢誣罔。似公。人主聽之。一誤。則德業俱損。若不早辨。則終至憂患。故聖人曰。惡利口之覆邦家者。自古人君以爲戒。聖明不可不察也。

〔哲〕宗時。殿中侍御史呂陶奏乞罷言職。書上奏曰。臣嘗觀古之聖君賢臣相與圖治。能闢衆正之路。杜羣枉之門。功業隆而聲名白者。其

術無他。在乎絶朋黨而已。蓋朋黨之患。不止於忘國家之事。以私己自營挾疑似之說。以養交固寵。而其患乃在乎中傷忠直。陷忠者先傷。則凡懷忠者不容。直者先斥。則凡任直者不免。然後率天下之人為不忠不直。而相與共欺其君者。朋黨也。故為天下國家者。不患不能知治道。而患在不能知朋黨。不患不能知朋黨。而患在不能去朋黨。昔者劉向論朋黨數千言。李德裕從而推廣其說。然二人者卒為朋黨所害。使人主能知其弊。則二人者豈有不能自明之理哉。故曰。患在不能知之也。唐文宗聰明儉儒。有志於治。嘗嘆曰。去河北賊易。去二李之黨難。始失其御。終成其亂。雖欲痛治。勢所未可。故曰。患在不能去之也。蓋人主所恃以治天下服萬民者。公議也。朋黨作則公議亡。人心無所賴。上下相徇。數拳亂真。人主雖獨公其心於上。天下誰與同其是非憂樂哉。臣視往事之鑿。嗟念久矣。起自疎遠。無左

右之助。陛下擢於衆人之中。付以言責之任。感槩自誓。恨無死所以報萬一。然臣嘗謂諫官御史。當尊朝廷。肅臣下。謹名分。正綱紀。遠比周。然後為稱職。故遇事必言。不暇恤已。抵牾同列。亦既多矣。違戾權貴。亦已甚矣。頃因程頤不嚴君臣之分。欲就別殿說書。臣以謂禮貴防微。事宜戒漸。名分一僭。實生厲階。乃獻封章。論其不可。奏削方上而陛下已悟其失。有旨改正。則是頤之妄請。不待臣言而陛下已辨也。臣於頤素無嫌怨。所論奏者。乃職事爾。非欲沮頤以伸己也。同舍緣此反目相視。不啻仇敵。陰懷毗睚。伺隙求報。未幾張舜民罷職。臺諫紛然共議。營救亦欲率臣同入文字。臣既思慮短闇。始欲救之。遂諾長貳以謂可言。既而再思。理有不可。其後全臺具疏力來強臣。臣乃詳論舜民之言不可行。舜民之罷不當救。面却其請。不敢雷同。及至呂赴三省。宣諭其人。各以為恥。懷怨愈深。意欲使臣不可獨免。遂形惡奏。上瀆聖聰。

仰賴陛下睿明天縱。照見邪隱。社稷神靈。弗祐非道。斯人黨與不攻自破。孤臣獲全。復進諫列。此天地之造也。今韓維之上客。程頤之死黨。猶指舜民之事以攻臣。是朋黨之勢復作。而朝廷可欺。乃天下之深憂也。臣安可忍不辨而去哉。所以辨者。小則欲明一身之枉。大則欲救天下之害也。願陛下垂聽而察焉。夫凡臺諫供職之始。當有章疏。所言之事。必以遠者大者為先。以近者小者為後。此其體也。今攻令之得失。生民之利害。必有大於舜民之事者。而不先言之。乃汲汲言臣者。意非他也。其一則賈易為程頤報怨也。其一則杜純藉此以悅韓維也。韓縝誤神宗之政事。韓宗師忝祕閣之除命。韓宗儒醜穢之迹。郭茂恂贓貪之罪。臣累嘗彈劾。則維之憾臣亦深也。彼杜純者與韓氏為婚姻。維既判北京。乞差純為本路運判。朝廷起純於停廢之中。而遣之在河北。未數月召為大理少卿。荷德於韓。豈肯不報。其

人天資刻深。持法苛嶮。每斷疑獄。主議維重。以求合韓維之意。維多從其說。於是表裏相成。與范百祿異論。維因此益喜之。忽有侍御史之除。命下之初。不協公議。臣是時深欲論奏。適會傅堯俞等事未辨明。恐不知臣者謂臣又起爭端。遂隱忍而罷。則純之言臣以悅韓維。迹狀亦明矣。至于賈易為程頤之黨。則士大夫無不知之。今二人者不知何詞以罪臣也。謂臣已嘗出言欲救舜民。既而不救。有反覆之罪乎。是不詳臣深思。而欲臣苟合也。昔季文子三思而後行。孔子聞之曰。再斯可矣。蓋中人之性。燭理不能盡明。況於事變。必再三思慮。則廢熟無悔。雖聖人亦許之。夫以孔子之聖。許季文子之再思。而臺諫不容臣之深慮。亦已過矣。謂臣見同官罷職。不出力以救之。為薄於風義乎。則事固有輕重。理固有取捨。不可執一而言也。臣雖不救同官。薄於風義。其過小也。實知不當救。而苟為辭說。附助黨與以救

之。則欺於朝廷。其罪大也。臣寧有小過。而不敢爲大罪。寧致同列之深怨。而不誤國家之大事。臣何愧也。臣之罪止於此。而言者源源未絕。必欲臣廢逐而後已。臣深痛朋黨弊至於斯也。夫朋黨之人。寄佞於忠。託姦於直。濟之以智。成之以敢。不可不察也。昔劉崇魯哭李磎白麻者。爲諂崔昭緯也。劉棲楚撲李紳之冤者。爲附李逢吉也。豈宜聖世復啓此風。小分曹類。大成黨錮。漸不可長也。臣伏聞神宗皇帝嘗戒諫官曰。不得潛爲朋比。陰有中傷。祖宗訓戒。著在史冊。安可忘哉。恭惟皇帝陛下。堯仁舜孝。規天模地。恭揚祖考之光訓。越對上帝之景命。伏惟太皇太后陛下。聖哲仁慈。超出千古。四海治理。萬機得失。紬遇而心悟。其於邪正了無遺察。臣雖以螻蟻之命。立於虎豹之群。憑賴天地之力。未賜斧鉞之誅。以安其餘生而不憂也。雖然。臣猶喋喋不能已者。蓋衆口可以鑠金。積毀可以消骨。曾參殺人。入市有

虎。言者三。吾未免置疑。跬步一差。遂投朋黨之陷穽。此臣所以深憂也。夫竭力事君。有死無貳。死得其義。又何憾焉。臣之區區。惟恐不得死於陛下之斧鉞。而將死於朋黨之陷穽。則臣猶有憾也。伏望陛下哀憐鑒照。罷臣言職。免使紛紜。煩惑天聽。臣不勝幸甚。

陶又乞罷京西路轉運副使除一小郡。上奏曰。臣近拜疏具陳本末。乞罷言職。免使紛紜之論煩惑天聽。孤危之誠。必蒙聖察。繼聞除臣外路轉運副使。雖陛下知臣無他。哀憐全庇。未遂誅戮。猶欲付之一道。養以厚祿。天地父母恩深德厚。甚幸極矣。然臣尚敢冐鈇鉞之威。傾布腹心。求免寄任者。蓋爲陛下以臣爲是。公也。黨人以臣爲非。私也。受恩於陛下。則生可保也。得罪於黨人。則死不可保也。當此之時。臣欲不言而去。則負陛下拔擢生成之恩。不有鬼誅。必有人禍。臣欲言之而去。則議者必謂臣因罷職補外。憤怨狂躁。敢肆譏謗。則臣言與不言皆可罪也。雖然。臣今日在諫列。則猶可言。明日罷而去。則不可復言。徒抱恨而死。目不瞑矣。臣寧取憤怨狂躁之責。而不忍負陛下拔擢生成之恩也。蓋爲皇帝陛下承祖宗廟社之寄。恭默未言。太皇太后保佑嗣聖。務以德治簾外之事。有所不知。每與講謀天下之政令者。唯執政數人而已。每欲詢求朝廷之闕失者。唯臺諫數人而已。每使談演經術。開發聖性。以充廣道德仁義之實者。唯講讀數人而已。則居此職者。安忍以回邪欺罔報陛下乎。今臺官以阿附彈奏而執政。應之於內。講官以怨仇欲報。而諫臣助之於外。在臣一介固不足卹。然此風一啓。非朝廷之福也。何則。今日惡一小官而擊去。明日嫉一大吏而中傷。推此而上。何所不可。雖陛下他日覺之。亦恐根株已深。而剗除不易也。況臣今日已後。不復面見清光。無由更上章疏。故於此時敢效古人之尸諫。詳爲條陳當今之事。以補前疏之畧。

願陛下知之者六。然後退就斧鉞。亦未爲晚。伏望陛下寬臣憤怨狂躁之罪。一賜省覽。幸甚幸甚。臣聞本朝故事。爲御史者。有兩府是舉主。並須迴避。蓋置臺諫以檢察兩府之過。若用其門生故吏。慮致私徇。此祖宗御下之機權。至深至密。近歲以來。此制隳廢。只避親戚。不避舉主。昨除杜紘爲侍御史。明知是韓維親家。畧不迴避。奮然用之。無復忌憚。中外傳聞。莫不駭嘆。蓋杜紘之子爲韓維壻。紘與維情愛豈不相厚。動息豈不相通。維有過則紘必不言。維有怨則紘必不報。害政之端。莫甚於此。今紘雖已罷去。深恐他日兩府又用其親戚。及門生故吏爲臺諫表裏。作事以誤朝廷。臣今日不可不言而去者此。願陛下知之者一也。紘之本末如此。而人不敢言者。畏韓氏之勢也。韓氏之勢。誠可畏矣。宗道爲左司。宗古爲司封。宗師爲衛尉。劉攽爲中書舍人。未甚過也。陛下方以安靜爲治。進退大臣。務全恩禮。臣亦未

敢指此以詆韓維也。至于近日則頗專恣。以宗文為光祿丞。又有待次而權軍巡丞者。又有奪吏部之闕。而為北京通判者。乃其子與姪也。孔宗翰為刑部侍郎。杜紘為大理卿。張元方為府界提點。辛雍為太常博士。馬玿為清河輦運。宋彭年為司農少卿。楊景謨知開封縣。謝景溫免成都得揚州。郭茂恂貪贓放罪得晉州。徐耘侍闕差磨勘除院物帛。皆其親也。臣方欲極力言之。而自遭枉奏。勢未暇及。今韓維雖已罷免。臣恐他日宰執有如維之彊橫。臣今日亦不敢不言而去。此願陛下知之者二也。朝廷以太平無事。尊賢重道。起程頤於山林之下。而任以勸講。日侍天子之側。而訪以道義。則非禮勿動。非義勿言可也。今乃講讀之罷。往往與內侍密語。非其體也。向者皇帝陛下。偶因發嗽。未御講筵。頤乃申請乞今後須得關報。亦駭中外之聽。不知義也。詳定學制。疎謬無恥。禮部逐一駁正。三省至今依違未決。議者非之。臣又風聞頤在汝州。侵占民田數家。起訟。邢恕在彼。兩平其事。然未審其實有無。果無之。則是他人以惡語加之也。果有之。則殊非朝廷所以待頤之意也。臣知此久矣。未深信之。而不言也。至于今日。則不可不言而去。此願陛下知之者三也。古者冢宰制國用。於歲杪量入以為出。周公制禮。太宰以九式均節財用。然則邦家經費乃執政所當留意也。今聚歛之弊。蠲除已盡。而浮冗之費。殊少裁節。雖降詔委官裁減冗費。而所減者唯將官公使一項。歲可省十萬貫。其他則皆細碎毫末爾。臣恐他時所入不足以備所出。未免過於取民。宜詔三省與戶部裁定國費。革僥倖。慎姑息。上以富國。下以厚民。此願陛下知之者四也。國家宗社。所以延長萬世。德澤及人淪浹骨髓者。蓋懲秦漢以來。至于五代之弊。無族誅有贖法故也。天聖中。詔天下刑名疑慮情理可憫者。皆許上請。例蒙寬貸。州郡縱有不應奏

之罪。則與免駁勘。自昔至今。由死得生者。不知幾萬人矣。近歲刪去此條。於是天下之獄。在可疑不可疑。可憫不可憫之間者。皆畏駁勘。更不奏請。率皆文致其罪。處之死地。臣恐刑獄益寃。而濫死者衆。則與免駁勘之條。不可不復。此願陛下知之者五也。夫君子小人之道。各有消長。觀大勢何如。則治亂可知矣。君子並進則治。小人彙征則亂。世主所以防微杜漸。而慎其用捨也。今朝廷選拔材能。澄清流品。勤亦至矣。而間有小人雜於其中。不可不慮也。王安禮者有吏材。曉民事。委以藩郡。乃其所長。然其人操行汙濁。心膽麤豪。神宗亦嘗黜為惡人。既差知成都。必過闕下。不宜留在朝廷。況許將今冬成資。宜令速赴新任。盧秉者昔在兩浙提刑。創興鹽法。害官東南。至今瘡痍未復。在渭州處置邊事。惟求合李憲之意。曲奉於憲。有如尊親。嘗薦之。秉相次服除。決不可用。宜置之散地。苗時中李公[illegible]路昌衡輩皆刻薄之資。見於已試。而又任之以經畧發運轉運提舉之職。必無以副朝廷德意。而惠養元元矣。此願陛下知之者六也。凡此六者。陛下既已知之。願以聖謀英斷收攬威權。運於掌上。使大臣不敢為欺天罔日之事。則宗社幸甚。生民幸甚。臣雖朝去闕庭。暮死溝瀆。亦無憾矣。臣既與當塗之人。多有仇怨。今轉漕之職。必難安處。未免煩言重瀆天聽。伏乞除臣遠小一郡。俾安其分。

元祐元年。左司諫朱光庭乞以善利二者。別邪正之臣。上奏曰。臣聞自古治天下之先務。惟別邪正之臣爾。正臣進。則天下入於泰。邪臣進。則天下入於否。然則何道而別之。在善與利之間也。正臣一意在善。務引君以當道。故盡忠盡公。未嘗不敬。邪臣一意在利。苟患失之。故為佞為欺。無所不至。恭惟陛下天縱至聖。明目達聰。灼見正臣之在善。日實諸朝。當知邪臣之在利。遠之於外。臣願陛下堅持此志。每

用人之際，以善與利二者之間常加明察，使正臣日進，而邪臣求退，則天下何患乎不泰也。

同知樞密院事范純仁論不宜分辨黨人有傷仁化，狀曰：臣昨日纔前呂大防奏蔡確黨人甚盛，欲陛下留意分別，臣奏以為朋黨難辨，却恐誤及善人。大防以臣言為不然，以謂正人必去姦邪，朝廷豈有含糊不問。臣遂言此事正宜詳審，未可容易。大防亦取臣言，乃云須當審細。臣遂引王安石好同惡異之患，再三奏陳，然尚抱區區之誠，未能少開宸聽，退而憂惕，不能自安。然須至重複陳論，以瀝愚見，庶裨聖政，少荅大恩。竊以朋黨之起，蓋因趣向異同，同我者謂之正人，異我者疑為邪黨。既惡其異我，則逆耳之言難至；既喜其同我，則迎合之佞日親。以至真偽莫知，賢愚倒置，國家之患，何莫由斯。至如王安石自負學術，卽非全無知識，止因憙同惡異，遂至黑白不分。引呂惠卿為大儒，斥司馬光為異黨，至今風俗猶以觀望為能，後來柄臣固合永為商鑒。恭惟仁宗皇帝政教施設，實為帝王之師。從諫審刑，任賢容衆，正與陛下今日之政相同。慶曆中，先臣仲淹與韓琦、富弼同時大用，歐陽修、石介以夏竦姦邪，因以疾其黨類，彼黨遂起大謗，誣先臣與琦、弼有不臣之心，歐陽脩尋亦坐罪，石介幾至斲棺。其時朋黨之論大起，識者為之寒心。上賴仁宗容覆兩黨之際，帖然自消。此事至今以為美談，陛下聞之必熟，則是仁宗所行，陛下可以取為成法。今來蔡確之罪，自有國家典刑，不必推治黨人，旁及枝葉。臣聞孔子曰：舉直措諸枉，能使枉者直。則是舉用正直，而可化枉邪為善人矣。又曰：舜有天下，舉皋陶，不仁者遠。則是用仁者，而不仁者自當屏迹矣。何須分辨黨人，或恐有傷仁化。而況陛下聖度包容，與天同德，至公克己，今古無儔。前來特降詔書，盡釋臣寮往咎，不復究治，恐累太和。自此內外反側皆安，上下人情浹洽，盛德之事，誠宜久行。臣心拳拳，實切於斯，仰惟皇慈深加采納，天下幸甚。

純仁又繳奏歐陽修朋黨論疏曰：歐陽脩朋黨論曰：朋黨之說，自古有之，惟幸人君辨其君子小人而已。大凡君子與君子以同道為朋，小人與小人以同利為朋，此自然之理也。然臣謂小人無朋，惟君子則有之。其故何哉？小人所好者利祿也，所貪者財貨也。當其同利之時，暫相黨引以為朋者，偽也。及其見利而爭先，或利盡而交疏，則反相賊害，雖其兄弟親戚不能相保，故臣謂小人無朋，其暫為朋者偽也。君子則不然，所守者道義，所行者忠信，所惜者名節。以之脩身則同道而相益，以之事國則同心而共濟，終始如一，此君子之朋也。故為人君者，但當退小人之偽朋，用君子之真朋，則天下治矣。堯之時，小人共工、驩兜等四人為一朋，君子八元、八凱十六人為一朋。舜佐堯，退四凶小人之朋，而進元凱君子之朋，堯之天下大治。及舜自為天子，而皋、夔、稷、契等二十二人並列于朝，更相稱美，更相推讓，凡二十二人為一朋，而舜皆用之，天下亦大治。書曰：紂有臣億萬，惟億萬心；周有臣三千，惟一心。紂之時，億萬人各異心，可謂不為朋矣，然紂以亡國；周武王之臣三千人為一大朋，而周用以興。後漢獻帝時，盡取天下名士囚禁之，目為黨人。及黃巾賊起，漢室大亂，後方悔悟，盡解黨人而釋之，然已無救矣。唐之晚年，漸起朋黨之論，及昭宗時，盡殺朝之名士，或投之黃河，曰此輩清流，可投濁流，而唐遂亡矣。夫前世之主，能使人人異心不為朋，莫如紂；能禁絕善人為朋，莫如漢獻帝；能誅戮清流之朋，莫如唐昭宗；然而皆亂亡其國。更相贊美，推讓而不自疑，莫如舜之二十二臣，舜亦不疑而皆用之；然而後世不誚舜為二十二人朋黨所欺，而稱舜為聰明之聖者，以能辨君子與小人也。周武之世。舉其國之臣三千人共為一朋。自古為朋之多且大莫如周。然周用此以興者。善人雖多而不厭也。夫興亡治亂之迹。為人君者可以鑒矣。又論曰。嗚呼。始為朋黨之論者誰歟。甚乎作偽者也。真可謂不仁之人哉。予嘗至繁城讀魏受禪碑。見漢之羣臣。稱魏功德。而大書深刻。自列其姓名。以夸耀于世。又讀梁實錄。見文蔚等所為如此。未嘗不為之流涕也。夫以國與人。而自夸耀。及遂相之。此非小人孰能為。漢唐之末。舉其朝皆小人也。而其君子者何在哉。當漢之亡也。先以朋黨禁錮天下賢人君子。而立其朝者皆小人也。然後漢從而亡。及唐之亡也。又先以朋黨盡殺朝廷之士。而其餘存者皆庸懦不肖傾險之人也。然後唐從而亡。夫欲空人之國。而去其君子必進朋黨之說。欲孤人主之勢。而蔽其耳目者。必進朋黨之說。欲奪國而與人者。必進朋黨之說。夫為君子者。故常寡過。小人欲加之罪。

則有可誣者。有不可誣者。不能徧及也。至欲舉天下之善。求其類而盡去之。惟指以為朋黨耳。故其親戚故舊。謂之朋黨可也。交游執友。謂之朋黨可也。官學相同。謂之朋黨可也。門生故吏。謂之朋黨可也。是數者。皆其類也。皆善人也。故曰欲空人之國而去其君子者。惟以朋黨罪之。則無免者矣。夫善善之相樂。以其類同。此自然之理也。故聞善者必相稱譽。稱譽則謂之朋黨。見善者必相薦引。薦引則謂之朋黨。使人聞善不敢稱。則人主之耳不聞有善於下矣。見善不敢薦。則人主之目不得見善人矣。善人日遠。而小人日進。則為人主者。伥伥然誰與之圖治安之計哉。故曰。欲孤人主之勢。而蔽其耳目者。必用朋黨之說也。一君子存。羣小人雖衆。必有所忌。而有所不敢為。唯空國而無君子。然後小人得肆志於無所不為。則漢魏唐梁之際是也。故曰。可奪國而與人者。由其國無君子。空國而無君子。由以朋黨

而去之也。嗚呼。朋黨之說。人主可不察哉。傳曰。一言可以喪邦者。其是之謂歟。可不鑒哉。可不戒哉。臣聞舉直措諸枉。則民服。故陛下臨御之初。舉用二三正人。而天下悅服。蓋有泰卦拔茅連茹彙征之象。所謂上下交而其志同。則陛下得以裁成天地之化。而太平可致也。近日頗有匪人搆造謗言。毀黷良善。始以疑似之事。玷汙一二忠臣。漸興朋黨之名。將以盡逐善類。若陛下辨之不早。必致邪正難分。眩陛下知人之明。失陛下求治之意。浸成遯卦否卦之象。則是小人道長。亦恐聖功難成。臣伏惟陛下深居九重。博采群議。惟以至公臨御天下。故進退百辟。悉用臺官諫官之言。然臺諫之所風聞。未必皆是善人之好惡。凡所彈奏。亦在深詳。臣又聞孔子曰。衆惡之。必察焉。衆好之。必察焉。又曰。鄉人皆好之何如。曰未可也。鄉人皆惡之何如。曰未可也。不如鄉人之善者好之。其不善者惡之。大抵善人少而不善

人多。則是君子不免為小人所惡。故雖衆而必察。若專取善人之好惡。則不善人搆造之言。易為明辨。若不追監前言。無由防其微漸。臣切見本朝歐陽脩作五代史。於六臣傳條論及朋黨之事。輒敢繕錄上進。伏望萬機之暇。略賜觀覽。廣聽仰裨四聰之萬一也。臣不勝區區激切之至

帝嘗問朋黨之弊。御史中丞胡宗愈對曰。君子指小人為姦。則小人指君子為黨。君子蓋義之與比者。陛下能擇中立之士而用之。則黨禍熄矣。明日具君子無黨論以進

陳次升奏曰。臣伏覩周紳。李彥倫。巴官。張康國。蔡蹈。吳伯舉。李植。朱刪。近因賜對。除朱刪知泗州。吳伯舉太常博士。餘皆提舉常平司官者。竊以爵所以旌有德。祿所以待有功。非德而爵。無功而祿。何以為天下之勸。故人主以爵祿為操柄。而砥礪天下之才。宜必得其人。

人必稱其職。恭惟神宗皇帝。殫精庶政。允釐百工。大臣每薦人材。必召對。能者隨其才而進之。否則令歸本任。蓋所以明黜陟之公也。風聞前任官登對。朱服家不稱旨。故與知州差遣。且自通判升為郡守。已是進職。若得常調一郡。亦僥倖。今乃除知泗州。況泗州地望非他郡之比。經是任外則為監司。內則省寺監官。如此。則是與稱旨者蓋無異矣。以服之守泗。雖不足論。然召對所以旌別人材。今例有選任。是有召對之名。而無升黜之實。朝廷用人如此。良可惜哉。除授恐累國體。伏望陛下稽攷先朝政事。召對臣寮。必擇其能者而進之。其不稱旨者。令歸本任。庶使賢否有別。多士知勸。其朱服若先有旨。揮與知州差遣。即改差常調一郡。少示黜陟。以允公議。取進止

校書郎李昭玘進策曰。知人者自信。知於人者信人。道可以治天下。則與之謀天下。道可以治一國。則與之謀一國。器大者不拘之以苛細。器小者不責之以閎遠。能者官其能。藝者食其藝。使辯士不得以辭勝。才士不得以文亂。勇士不得以氣激。智士不得以機合。貪士不得以利靡。有德者居上。無德者居下。有功者進。無功者退。量材而授官。按法而麗罪。如師曠之不可欺以聲。離婁之不可欺以色。言之所舉。意已得之。目之所見。情已察之。姦良險正。毀譽是非。無以逃於我。而陟降沮止。廢置予奪。亦無不自乎我。此知人自信者也。內無主。外無學。好惡無別。取捨無準。故人窺其倚而潛以應之。倚於名高。則詭說之徒至。倚於厚利。則聚斂之徒至。倚於法術。則刻核之徒至。倚於計數。則譎變之徒至。美言獻於前。重祿餌於後。使其喜功易進。挾捭闔之謀。試揣摩之術。排擊於必爭之徒。譁噪於並趨之地。前之既合。後則却之。昔之既獲。今則擬之。名器可以餌。威福可以意移。此知於人而信人者也。知人之君。使人畏上之知而不敢為也。故勢重而威專。知於人之君。使人唯恐不為以自修。故勢輕而威奪。凡此兩者。治亂之所繫。而人君之所審者也。孔子曰。不知言無以知人。然則知人之本。未始不先乎知言也。夫天下無事。則欲言者息。天下有事。則不能言者出。故以言擇人。以人責事。雖堯舜不能廢也。言乎經大事。興大利。舉偏而補弊。革舊而追新。此必有通變之功也。言乎明憲度。謹禁令。犯義者黜。犯刑者誅。此必有制法之功也。言乎節財用。阜通貨賄。使公私無不足之患者。此必有富國之功也。言乎修車馬。儲器械。選將礪士。使敵人不敢加兵。此必有強國之功也。言乎稼穡有時。農功有時。竭人力。盡地利。此必有養人之功也。言乎明道德。達禮樂。人無賢不肖。才無愚智。學則成。不學則棄。此必有教人之功也。然許人以可用。則不可用者無以知。億人以不能。則能者無以見。故因而任之。使自事之。因而與之。使自舉之。功當其事。事當其言者。賞。功不

當其事。事不當其言者。誅。大臣不能為朋黨之助。左右不能為先容之助。士大夫不能為游談之助。賢不肖是非之迹。循其後迹之而已審矣。故好誣者不能詭言。言則不實之罪隨之。好匿者不能隱言。言則不忠之罪隨之。好大者不能夸言。言則惑衆之罪隨之。好毀者不能諂言。言則蔽賢之罪隨之。慶其誠可言則言。誠不可言則止。知其言之不可罔。而名實之不可揜也。昔者齊威王命大夫治即墨。而毀言日至。使人視即墨。則田野闢。人民給。命大夫治阿。而譽言日聞。使人視阿。則田野不闢。人民貧苦。故召即墨大夫。封之萬家。召阿大夫烹之堂下。於是齊國震懼。人人不敢飾非。而務盡其誠。雖然。此知言者也。特此以責人之功。未足以盡人之才。盡人之才者。惟聖能知之。人之才。於此於彼。各有所能也。不害其所能。而用其所不能。則所能者悅於見知。而所不能者終不敢以非其才而自處。唐太宗嘗謂高士

靡臨難不易節而所至者骨鯁。唐儉出言可喜而未一言及國家事。楊師道自能無過而懦不更事。長孫無忌應對機敏而攻戰非所善。岑文本敦厚而謀長經遠。劉洎堅正而其言有益。馬周敏銳。褚遂良竭誠依人。太宗知此數人之才而用之。數人者亦莫不盡心以應上。使夫聖不足以通人。知不足以周物。雖堯之哲。故知人者始於試人之言。而終於盡人之才。凡此者出於聖王獨見。非下之所能為也。

左諫議大夫劉安世論朋黨之弊。狀曰。臣嘗於史冊之間。考前世已然之事。蓋有真朋黨而不能去。亦有非朋黨而不能辨者。此實治亂消長之機。不可不察也。東漢之衰。姦人先以黨事誅戮禁錮天下之賢者。而在朝皆小人也。故漢以之亡。此所謂非朋黨而不能辨者也。唐之季世。牛李之徒。迭進相襲。巧相傾覆。而善人君子廢斥無餘。其所用者皆庸鄙不肖也。故唐以之亂。此所謂真朋黨而不能去者也。

蓋君子之進。則至公引類以報國。小人之進。則徇私立黨以固寵。雖世主深疾臣下之背公成朋。而小人窺見間隙。鄉原上意。閉匿其私。陽若可信。反指君子引類之公以為有黨。黨之與類。相似而不同。是非虛實。間不容髮。辨之不早。遂生亂階。此正人所以常被誣。而小人所以常得志也。祖宗遠鑒歷代之弊。慎擇耳目之官。所以開眾正之路。塞羣枉之門。而日近士論。稍有朋黨之迹。深恐姦人乘主上沖幼。陛下委任大臣之際。陰引邪慝。斥逐端士。孤朝廷之勢而蔽人主之聰明。盜刑賞之柄。以快羣小之私意。此弊浸長。非國家之福也。臣願陛下深覽前史之戒。慎終如始。獎借臺諫。以養多士敢言之氣。廢絀破姦邪之謀。而消未形之變。天下幸甚。

紹聖二年。監察御史常安民論大臣唱紹述之說。上奏曰。臣切惟今大臣為紹述之說者。其實皆借此名以報復私恩。一時朋附之流。從而和之。遂至已甚。張商英元祐時上呂公著詩求進。其言諂佞無恥。士大夫皆傳笑之。及近為諫官。則上疏乞毀司馬光呂公著神道碑。周秩在元祐間為太常博士。親定司馬光謚為文正。及近為正言。則上疏論司馬光呂公著乞斷棺鞭尸。陛下察此輩之言。果出公論乎。朝廷凡事不用元祐例。至王珪家蔭孫五人。皆珪身後所生。乃引元祐例許奏薦。近日講復官制。職事官不帶職。寄祿官不帶左右。至於權尚書侍郎。獨以林希李琮之故。不復改易。如此等事。謂之公心可乎。故凡勸陛下紹述先帝者。皆欲託先帝以行姦謀。謂他事難以惑陛下。若聞先帝。則易為感動。故欲快恩讐。陷良善者。須假此以移陛下之意。不可不察。宣仁聖烈皇后甚得人心。前日陛下駕幸秦楚國夫人第。流聞及朝。乃命勑葬。諸貴從官給人。人無不歡呼。高遵惠為待郎。士論皆以為當。聞吳厚向得罪。出於宣仁之意。近聞待制舍人再

激。而大臣尚欲再下。願陛下主張此事。以順人心。今權臣恣橫。朋黨滿朝。未嘗一言及之。唯知論元祐舊事。力攻已去臣僚。臣荷陛下獎拔。不敢負恩。摧枯拉朽之事。臣實恥為之。舉朝嫉臣。誣陷非一。臣賦性愚直。恐終不能勝朋黨之論。願乞外任以避之。

畢仲游上言曰。學問之未成。可以習也。善行之未見。可以積也。而知人之明。則不可強得乎。天子為諸侯。得乎諸侯為大夫。得乎丘民而返為天子。則民不可以不安。欲安民而無其人。則將誰使安之。故二者帝堯之所難。而天下之務所先者也。孔子曰。視其所以。觀其所由。察其所安。人焉廋哉。又曰。吾於人也。誰毀誰譽。如有所譽者。其有所試矣。蓋孔子不敢自謂之知人。必視其所以。觀其所由。察其所安。而又因其譽而試之。然後有所定。而近世之知人。詳者求其簿書刀筆繩墨之間。而畧者以目皮觀天下士。而遂言有以知之。殆非聖人所

以知人之方也。今自公至士。自正至旅。其等級之相去固繁。而數千萬人。必人人而察。事事而量。待其適可而後用。則雖帝堯孔子有所不能。而況後世之人乎。傳曰。治衆如治寡。度數是也。制衆如制寡。刑名是也。今取人之麤者。既有學校科舉。公卿大夫保任之法。而精者孔子所謂視其所以。觀其所由。察其所安。與因所譽而試之之理。在天子由此以知其一相。一相由此以知其部刺史監司。部刺史監司由此以知郡守縣令。郡守縣令由此以知其下。則自公至于士。自正至于旅。雖未易知。然亦有可以知之之理。蓋視其所以。乃人所用之心。觀其所由。乃人所從之道。而察其所安。蓋能有所不動。既得其所用之心。又見其所從之道。而利害得喪之間。且能安而不動。則人之賢愚思過半矣。然後隨其所譽而試之。則雖聰明智慮非聖人之比。而其所以知之者。乃聖人之方。使行者不能盡而得其略。猶與求於簿書刀筆繩墨之間。而以目皮取天下士者。爲有間矣。故古者進賢受上賞。蔽賢蒙顯戮。而諸侯貢士一適之謂好德。再適之謂賢。三適之謂有功。既有學校科舉公卿大夫保任之法以治其麤。又有孔子所以知之以治其精。而爲之賞勸以勵之。則雖親厚情深。而不能逃吾之法令也。既不思孔子所以知人之方。又舉賢而不肖則無罰。舉賢而賢則無賞。而唯用學校科舉保任之麄法。嘆人之難知。蓋未可歟也。

元符三年陸佃蔡州召還上殿劄子曰。臣竊惟聖君踐祚。要在正始。正始之道。當自朝廷。朝廷一正。四方遠近莫敢不一於正。記曰。朝廷曰退。燕遊曰歸。師役曰罷。蓋用師役未有不罷者也。燕遊有出而無歸則縱。朝廷有進而無退則爭。又曰。朝廷之美。濟濟翔翔。所謂濟濟。舜命九官是也。所謂翔翔。翔翔而後集是也。朝廷之上。公卿大夫如此。可謂美矣。竊見近時學士大夫往往競進。務相傾奪。以善求事爲精神。以能訐人爲風采。以忠厚爲重遲。以靜退爲卑弱。相師成風。莫之能止。正而救之。實在今日。恭惟陛下憲天聰明。深燭民隱。修明百度。首以人材爲急。而臣逮侍神考。元祐補外。迨今一紀。陛下即政之初。首加識拔。此臣夙夜未知所以論報之方。區區愚忠。不能自已。伏望陛下愼初謹始。正自朝廷。眷忠厚之臣。擢靜退之士。使躁輕者革心。浮薄者易慮。達用皇極。布宣中和。以興百志。以凝庶績。以追唐虞三代之治。臣愚不勝願幸。

歷代名臣奏議卷之一百五十五

知人

宋徽宗時左司諫陳祐狀奏曰臣面奉聖旨計會左正言任伯雨同商量論列宰臣韓忠彥援引元祐臣寮事勘會元祐臣寮刑部岑象求賈易工部豐稷趙㪍太常張耒楊康國吏部黃庭堅晁補之考功劉唐老司勳陳察人方均為可用特迹近嫌疑而已今者論列付之三省不免改易既非利害所繫徒有分別黨類之名天下之人且妄意朝廷遂去元祐之黨復興紹聖之政事議論蜂起愛惡相攻必復為異時之患自今紹聖人才比肩於朝一切不問元祐臣寮纔十數人便輒攻擊是朝廷之上公然之黨也

中書舍人曾肇上奏曰臣聞治天下在於正朝廷正朝廷在於辨邪正朝廷之上邪正不分而欲有為於天下難矣蓋正者君子邪者小人君子在上小人在下君子在內小人在外則君子道長小人道消而朝廷尊天下治矣小人在上君子在下小人在內君子在外則小人道長君子道消朝廷不得其尊天下不得而治矣君子小人之不並立猶冰炭之不可同器鑿枘之不能相入也何則君子所鄉者公正小人所鄉者私邪也君子所知者遠且大小人所知者近且小也君子所趨者義小人所趨者利也君子所守者一定而不可移小人則觀望希合隨時上下而未嘗一也是以君子之道常直而難合小人之言常遜而易入自非明智不惑之君未有不屈彼而伸此者故以堯之聖而曰畏巧言令色孔壬以舜之聖而曰堲讒說以孔子之聖而曰遠佞人善為國者必使君子小人兩得其所而不能相參然後君子有以御小人小人不能害君子苟朝廷之上忠佞並進賢不肖雜處則其於圖事揆策任賢使能取舍必有不同取舍不同則毛

聽惑主聽惑則君子有時而屈小人有時而伸矣君子見絀則君子之類不得立小人見伸則小人之類更相援引充塞要路以是為非以白為黑蒙蔽欺罔無所不為禍亂之源甚可畏也夫自昔為人君者豈樂屈君子伸小人以啓禍亂之源哉蓋小人聽其言則似辨任之事則似材又能先意承志以逢人主之好姦言曲學以避人主之惡浸淫滋蔓日漸月磨故能使人主甘心而不悟也然則何以辨之亦在虛心正志以察之而已昔者舜禹共兜雜處堯朝堯能賢舜禹而退共兜故大治孔子與季孟皆仕於魯魯公賢季孟而退孔子故大亂由是觀之君子小人豈能自消長哉在人主取舍何如爾昔者劉向嘗為漢元帝好儒而優游不斷故向以謂執狐疑之心者來讒賊之口持不斷之意者開羣枉之門讒邪進則衆賢退羣枉盛則正士消元帝不能用向言而委政恭顯漢室繇是而衰諸葛亮嘗與蜀先主論親賢臣遠小人先漢所以興隆親小人遠賢臣後漢所以傾頹君臣相勉卒成三分之業至如齊威公任管仲隰朋則九合諸侯一正天下任寺貂易牙則身蒙其禍為世大僇唐明皇用姚崇宋璟則有開元之治用李林甫楊國忠則有天寶之亂一人之身而前後成敗之效如此然則邪正果可不辨哉臣故以為治天下在於正朝廷正朝廷在於辨邪正惟陛下留神省察

右正言崔德符上乞辨忠邪書曰臣聞諫諍之道不激切不足以起人主意激切則近訕謗夫以人臣而有訕謗之名此讒邪之論所以易乘而世主所以不悟天下所以卷舌吞聲以言為戒也臣嘗讀史見桓帝以灾異數見博求直言及劉儒上書則不能容又觀曹鸞訟黨人而被誅李少良論元載而見殺未嘗不掩卷興歎矯然有山林不返之意比聞國家以日食之異詔求直言士奮然欲報萬一而

詔有言之失中。朕不加罪。又曰。尚悉乃心。無悼後害。則咸極而繼之以泣。蓋陛下披至情廓聖度以來天下之言如此。而私秘所聞不肯一吐。是天下臣子負陛下也。伏讀詔書曰。凡朕躬之闕失。方右之忠邪。政令之臧否。風俗之美惡。朝廷之德澤有不下究。閭閻之疾苦有不上聞。咸聽直言。臣以謂方今政令煩苛。而民不堪擾。風俗險薄。而法不能勝。德澤非不厚。而施設不得其當。疾苦雖欲聞。而詢求不得其人。此特未暇為陛下一二陳之。而特以左右之忠邪為本。忠邪判天下無餘事。惟其有忠不能明。有邪不能去。則陛下之闕失莫大乎此。賤臣於草萊未識朝廷之士。特以陛下左右之人。有指元祐之臣以為姦黨者。此必邪人也。昔侯覽曹節當以黨人之論錮李膺杜密。捕夏馥為黨魁。指范滂所用為范黨。海內塗炭二十餘年。廢錮誅徙者不可勝計。漢自此亡。李宗閔牛僧孺李德裕各植黨與。更相

報怨。縉紳之禍不解者四十餘年。唐亦自是不復振。以本朝社稷之靈。宗廟之福。而憸人乘間以黨人為名。掃除天下善士。漢唐衰亂之禍將復見於今日。甚可駭也。夫毀譽者天下之公論。臣竊惟朝廷毀譽。與天下大異。故責受崖州司户參軍司馬光。陛下左右之人以為姦。而天下皆曰忠。今宰相章惇。陛下左右之人以為忠。而天下以為姦。此理何也。臣請畧言姦人之迹。而陛下試以是觀之。夫乘時抵巇以盜富貴。探微揣端以固權寵。專營一己之私。不顧國家成敗者謂之姦可也。變亂是非。傾移主意。懷道德者必加誣謗。負高名者志在翦除。謂之姦可也。苞苴滿門。私謁踵路。陰交不逞。密結黨援。謂之姦可也。以奇技淫巧蕩上心。以倡優女色敗君德。然後獨操刑賞。自報恩讐者謂之姦可也。蔽遮主聽。排逐正人。微言者造以刺譏。直諫者陷以指斥。以杜天下之言。以掩滔天之罪。謂之姦可也。凡此光有之

乎。惇有之乎。皆惇之所有而光之所無也。夫有其實者名隨之。無其實者而與之名。天下其誰信之。傳曰。謂狐為狸。則非特不知狐。亦不知狸。是故以佞為忠。則必以忠為佞。於是乎有謬賞濫罰。謬賞濫罰行。而佞人倘佯矣。如此為國不亂者未之有也。夫光凡事四朝。以忠信長者聞於天下。危言正色。奮不顧身。雖古名臣。無以遠過。而謂之姦。欺天下也。欺後世也。夫一人可欺也。朝廷可欺也。天下後世不可欺也。昔周勃木強敦厚。故屬大事。安劉氏非勃不可。汲黯好直言。面折人短。故能寢淮南之謀。輔少主守成。賁育不能奪。由是言之。姑欲周旋奏事。便佞捷給。則人人皆可為公卿。必期於利害安危之際無負於國家。非正人不可。臣孤生晚輩。平生不識光。而光又已死。何所愛惜。所惜者國家為姦邪報仇。而負天下之謗耳。至如惇狙詐險賊。臣不能盡知。可怪天下士大夫呼曰惇賊。昔李栖筠為御史大夫。天

下尊之不敢名。呼為贊皇公。侯僅一布衣之士。西河之人尊之。而不敢名。呼曰侯公。今惇貴為宰相。人所具瞻。天下以名呼之。又指以為賊。何也。辜負主恩。盜竊國柄。忠臣痛憤。義士不服。故賊而名之。又指其實而名之以賊也。且以一事中外所共知者言之。惇指元祐之臣盡以為黨。而投之必死。獨蘇頌無恙。固天下之賢者。然所逐皆頌等夷。以謂不預政事。則頌元祐時宰相。此何理也。惇竊國柄也。自陛下承天寶命。入紹大統。海內翹然日跂新政。故京師人曰。大惇小惇。殃及子孫。又曰。大惇小惇。無地安身。夫惇謂章惇。小惇則御史中丞安惇也。夫百姓至愚而神。此言雖小。可以見天下之心也。公議所在。借使陛下史臣不書。而天下之人必有書之者。昔晉侯一國耳。六官之長皆用民譽而無謗言。於是乎能霸。陛下廣有四海。選擇一二輔。顧反若此。臣恐傷天地之鑒。累日月之明。失天下之心。貽後世笑。夫小

人臂之蝮虵毒蝎。其凶忍害人。根於天性。隨遇必發。天下無事。國勢
安强。不過賊害忠良。破碎善類。至緩急危疑之際。則必有反覆賣國
之心。致危不測之變。何以知之。蓋自古欲盡去正人者。非姦臣則逆
子。殺蕭望之。張猛。蘇建。京房。賈捐者。石顯也。逐韓瑗。來濟。褚遂良。長
孫無忌。上官儀者。許敬宗也。逐張九齡。誣王忠嗣。殺李適之者。李林
甫也。貶杜佑。陷李揆。殺顔眞卿者。盧杞也。殺孔融。楊脩。荀彧者。曹操
也。誅戮關中舊族者。董卓也。盡去中朝名士者。柳粲也。夫正人者。君
之羽翼。姦賊患之。必翦其翼。然後得志。惟陛下前知詭計。密挫姦謀。
力收骨鯁之臣。自爲羽翼。其所以消災變于無形。守太平于長久也。
夫宰相者。使百官各任其職者也。比年以來。諫官不聞論得失。御史
不聞劾姦邪。門下不聞封駁詔令。共持喑嘿。主事婀娜。非宰相使之
而誰也。昔李林甫以其罪大滅項。惡極通天。則招天下邪人佞夫。布
在言職。脅以禍福。無敢上言。由是竊相位十有九年。罪大惡盈。而人
主不知。此可以爲後世戒也。其以一事言之。漢成帝欲立趙昭儀爲
皇后。太中大夫劉輔上書。以忠切得罪。而師丹。谷永。辛慶忌之徒交
章請救。夫以漢綃中衰。猶有清議主張。爭臣頃者諫官鄒浩以言事
得罪。先觀左右大臣拱而觀之。諫垣同列無一語者。又從而擠之去。
夫左右大臣。股肱心膂。而言官其耳目也。皆天下安危之所係。而一
切姦諛若此。則陛下亦欲東挍忠藎。圖回太平。孰爲陛下言之。孰爲
陛下行之。姦詞互吾。邪說沓進。陛下亦有堯舜之聰明不得行。朝進
一人而復止。暮逐一佞而再收。是非紛紛。邪正參錯。而天下之事敗
矣。恭惟陛下躬睿聖之資。體溫文之德。皇天眷睞。宗廟顧享。畀付神
器。今欲欽承上帝。慰答祖宗之靈。而國勢若此。此臣所以爲陛下慮
也。夫日者陽也。陽爲君子。食之者陰。陰爲臣。爲小人。今日有食之。臣侵君

小人勝君子也。且四月正陽之月。陽極盛陰極衰之時。而陰且侵陽。
故其變爲大。其所以消復之道。臣不敢曲牽異說。旁取雜家。姑以經
傳所陳聞於陛下。十月之交。日食之詩也。刺四國無政。不用其良。上
至卿士司徒。下至趣馬師氏。咸非其人。左氏傳曰。國無政。不用善。則
自謫於日月之災。穰災之道有三。一曰擇人。二曰因民。三曰從時。唐
宋璟曰。日食修德。使君子道長。小人道消。止女謁。放讒夫。所謂修德
也。此言播于詩。著于傳。可以覆視。惟陛下畏天威。聽明命。獨運乾剛。
大明邪正。毋違經義。毋咈衆心。則天意解矣。若夫伐鼓用幣。素服徹
樂。而無修德善政之實。則非所以應天也。傳曰。應天以實不以文。惟
陛下至誠毋忽。

建中靖國元年。殿中侍御史尹涣乞戒朋黨之弊。狀曰。臣嘗聞自古
朋黨之論既起。未有不爲朝廷患。臣不敢遠引漢唐敗亂之迹。爲今
日戒。臣竊觀紹聖元符間。朋黨之說互作。豈朝廷所欲爲哉。亦有傾
危變詐之士。日以飛箝捭闔爲術。奔走一二權臣之門。陳謀獻計。以
意求合。務希寵利。遂使搢紳之禍。幾半朝廷。而班列爲之一空。五六
年間。海内多故。君臣無閒暇之日。此陛下所親見也。伏自陛下即位
以來。治尚簡靜。以與天下休息。更革廢事。惟務便安。進用羣臣。不問
新舊。任賢以勿貳。去邪以勿疑。由是朋黨之論不攻而判。天下士大
夫始得安枕而寢。比下明詔。以謂爲政取人。無彼時此時之別。又以
建中靖國元年爲紀年之號。則陛下切於致治之意。蓋可見矣。然臣
竊聞近士人中。或有乘時射利之徒。伺候府第。出入權門。或巧締讒
言以中人。或妄生虛譽以舉類。或倡異同之論以潛惑上聽。或騰反
覆之說以陰動柄臣。或執異見欲以混淆人物之正邪。或騁曲辯欲
以變更朝廷之好惡。假浮議以奪正任。私意以亂公。轉是作非。鴆虛

為實豈顧紛紜之害理唯期協輔以進身黨與漸成必壞風俗不行禁飭曷底靜安臣願陛下聽覽之際聖慮先及仍詔中書門下特行戒勵及出榜朝堂庶以少慰中外士大夫危疑之心知朝廷深惡朋黨之弊使善人君子可以存立則大中之道何患不建惟陛下察之

徽宗時校書郎陳瓘奏曰臣聞為善者可愛為惡者可憎禮曰愛而知其惡憎而知其善則是可憎者有可愛也可愛者有可憎也此乃聖人經世大公之法人主用之兩平之術非兩可也前日朝廷之上深疾兩可凡安石之所可而神考之所謂不可者必改神考之不可以從安石之可執一而廢百其為乖謬也甚矣然則一可者偏兩可者平平者之言必有可採臣故曰兩可可聞孔子曰我則異於是無可無不可無所不可其可多矣况兩可乎此正是聖主制變之所當務也

殿中侍御史何鑄上疏論士大夫心術不正徇虛以掠名託名以規利言不由中而首尾向背行險自售而設意相傾者為事君之失懷險詖之謀行刻薄之政輕儇不莊慢易無禮者為行己之失乞大明好惡申飭中外各務正其心術毋或欺誕蓋有所指也

左司諫江公望薦人材上疏曰臣覩奉御旨俾臣論奏人物臣退竊思之此固臣之所當告正陛下之所欲急聞臣聞之孟軻曰是非之心智之端也充是心是是而非非則是以知人矣皋陶曰在知人惟帝其難之苟以為難則靡所不咨矣堯躬明德在上賢不肖宜若白黑之不可亂如驩兜之黨姦猶且咨之蓋盡人所知然後能無所不知陛下勇智天錫聖敬日躋廣覽遠聽巖穴側微無所不遺故於人物如鑑無心妍醜不能逃其質若權衡應物輕重未嘗失其平猶下咨微臣以廣耳目真帝堯之用心也若臣涉世甚疎經國有志二十年間世味無一經心粗知靜趣傳曰心靜天地之鑒心苟靜天地猶可鑒況人物乎臣之所知或得所稱或覩於已試或為寮友而知其所趣或於孤遠而見其持守不厚族姓不問黨與不間親讐不挾權倖采之公議僉以為允陛下廓天地之度無物不容晦神明之用有瑕必匿搜羅包括咸在其中遺其所短用其所長不求其備隨器而使故人無不盡之才才無不濟之治因臣一人之所知以類而求臣之所知才不可勝用矣求之一人且如是矧公天下而求之焉易曰拔茅連茹以其彙征吉以言君子泰亨之時援其一則各以類從矣此正今日之所急陛下不間疎遠如臣者尚且咨之孰不為陛下盡焉伏乞更賜咨訪以驗臣之不妄謹列姓名于左

公望又論哲宗紹述上疏曰自哲宗有紹述之意輔政非其人以媚於己為同忠於君為異一語不合時學必目為流俗一談不佯時事必指

為橫議借威柄以快私隙必以亂君臣父子之名分感動人主使天下騷然泰陵不得盡繼述之美元祐人才皆出於熙寧元豐培養之餘遭紹聖竄逐之後存者無幾矣神考與元祐之臣其先非有射鈎斬祛之隙也先帝信仇人而黜之陛下若立元祐為名必有元豐紹聖為之對有對則爭興爭興則黨復立矣陛下改元詔旨亦稱思建皇極蓋嘗端好惡以示人本中和而立政皇天后土實聞斯言今若欲渝之柰皇天后土何

殿中侍御史龔夬乞明忠邪劄子曰臣聞好惡未明人迷所嚮忠邪未判衆聽必疑臣頃在外服側聞朝廷聖政日新遠邇忻戴及被命詣闕又聞進退人材皆出睿斷此固甚盛之舉也然而姦黨既破則彼將早夜為計以謀自安未可不察或遽欲革面以求自入或中邪說以拒正論或妄稱禍福以動朝廷或託言祖宗以追人主或巧事

賁感。或陰結左右。共抵姦人之情。其計百出。不可盡舉。其要則欲變
亂是非。渾殽曲直。以疑朝廷。將幸其既敗復用。已去復留而已矣。君
子直道而行。不為機變。則必墮姦人之術內。若然。則天下之治忽未
可知也。故必在朝廷洞察忠邪。斷而行之。若小不忍。則害大政。恭惟
先皇帝聰明聖神。臨政願治。臣昔蒙賜對。親被聖訓。勿為阿附。以期
自守。今臣不言。則為上負厚恩。下廢所守。朋姦罔上。自取犯義之罪。
惟陛下深察臣言。以示好惡。以明忠邪。而陟降多士。使遠近皆知進
賢退姦之意。將天下鼓舞聖化。太平之治不難致也。
欽宗靖康元年。侍御史李光論王氏及元祐之學。奏曰。臣愚昧朴拙。
當陛下初政。備承之使。擢寘言路。每因進對。備聞德音。未嘗不以紹
復祖宗法度為說。忠臣義士。莫不歡欣鼓舞。自須德化之成也。臣今
月十七日入臺。伏覩三省降到黃榜一道。臣寮上言。以王安石為名

世之學。發明要妙。著為新經。天下學者翕然宗師。又言熙寧元豐間
內外安平。公私充實。法令備具。賦役均平。其意專以王氏之說為是。
公肆誕慢。無復忌憚。以陛下聖明。未可遽欺。既以司馬光與安石俱
為天下之大賢。又云優劣等第。自有公論。觀言者之意。必不肯以光
為優。以安石為劣矣。光與安石。行事之是非。議論之邪正。皎若白黑。
雖兒童走卒。粗有知識者。莫不知之。當熙寧元豐間。如韓琦富弼歐
陽脩之屬。尚皆無恙。安石惡其議也。皆指為因循之人。擯斥不用。卒
以憤死。恭惟太祖太宗創業之艱難。真宗仁宗守成之不易。規摹宏
遠矣。安石欲盡廢祖宗法度。則為說曰。陛下當制法而不當制於法。
欲盡逐元老大臣。則為說曰。陛下當化俗而不當化於俗。蔡京兄弟
祖述其說。五十歲間。搢紳受禍。生靈被害。海內流毒。而祖宗法度元
老大臣。掃蕩禁錮。無餘蘊矣。幸賴宗廟社稷之靈。上皇悔悟。以祖

宗不拔之基。全付陛下。今言者又創為熙豐之說。以安石為大賢。臣
恐此謗一出。流聞四方。簧惑民聽。人心一揺。不可復收。非朝廷之福
也。
諫議大夫楊時乞分別邪正。消除黨與。狀曰。臣嘗考漢唐之所以亡
其始皆自於朋黨。善乎歐陽脩之言曰。始為朋黨之論者。誰歟。甚乎
作偏者也。真可謂不仁之人哉。所謂一言喪邦者。其是之謂歟。自蔡
京用事。始進朋黨之說。以斥逐異己者。使無敢言。然後肆意無所不
為。以馴致前日之禍。上皇晚悟其非。以搢紳賢能。陷於黨籍。形之詔
旨。而追悔不及。此陛下之所宜深監而奉承之者也。近聞士大夫間。
復有為朋黨之說以欺聖聽者。或指為蔡黨。或指為王黨。或指為李
黨。夫以二十餘年之間。而是數人者實秉國政。天下之士。不仕則已。
其仕於朝者。皆其爲引也。非蔡則王。非王則李。若盡指以為黨而逐

之。是將空國無人矣。此言果行。則搢紳之禍未有已時。而國之安危
未可知也。然臣切謂所以致黨論之興者。抑有由矣。蔡京之罪甚於
王黼。而李邦彥動為身謀。首畫遁逃之計。割地捐金。質親王以主和
議。罷李綱而納誓書。其悞國亦與京黼不殊。今王黼伏誅。而京父子
止竄湖外。邦彥猶未黜責。公議未厭。此論者所以疑有其黨也。臣狀
望審斷。取京父子與邦彥。大正典刑。投之嶺海。庶允公議。其間為蔡
氏邦彥所用之人。當一視之。察其賢而用。不賢而去。分別邪正。消除
黨與。則天下幸甚。苟無事實。槩以黨附為言者。是必姦人欲中傷善
類。不可不察也。朋黨之禍。昔人論之多矣。唯歐陽脩所撰五代史書
其言最為詳切。謹録進呈。伏乞詳覽。
監察御史余應求論朋黨宜辨之於早。狀曰。臣嘗觀李德裕李宗閔
各分朋黨。互相傾軋。由小以至大。因私以害公。終成牛李之禍。文宗

患之而不能去。每歎曰。去河北賊易。去朝廷朋黨難。臣謂君子小人
其勢不兩立。猶如冰炭薰蕕之不可並也。故君子得位則斥小人。小
人得路則排君子。勢之必然。無足怪也。惟明君能辨其人爲賢爲不
肖。其事爲公爲私。其言爲實爲虛。其心爲忠爲邪。則君子小人自判。
而朋黨不足患矣。文宗暗君也。不知察此。而患不能去之。豈不謬哉。
國家自元祐紹聖以來。起朋黨之論幾四十年。然猶假政事之異同
以名之也。近歲尤甚。不問人之賢否功罪何如。凡爲執政所引用者
皆指爲其黨。故有蔡黨王黨之目。更相非毀。迭爲進退。不復顧國家
之大體。唯恐其黨之不進也。又其甚者蔡京一門父兄子弟之間。自
分黨與。果何理哉。此弊不除。爲患甚大。陛下稟英睿之資。奮剛斷。辨
忠邪。進賢退不肖。必無疑貳。此君子道長而小人退聽之時也。自今
羣臣誰敢爲黨者。然而考之師言。揆之物情。咸謂一二新進大臣與
前此用事者議論不能無不協。趨向不能無少異。已有紛爭之語。嫌
間之迹。浸浸不已。然後日深。非特不能用心輔陛下維新之政。臣恐
小人之黨日盛。而君子獨立寡助。朋黨之禍又甚於前矣。伏惟陛下
辨之於早。壞植散羣。無使滋蔓。不勝幸甚。

靖康中。起居郎胡安國上殿劄子曰。古者人君南面向明而治。盡取諸
離。離爲日。至明之象也。日食常數耳。春秋每食必書何也。日者。人君
之表。而有食之。則暗而不明矣。臣子背君父。則暗而不明。妾婦乘其
夫。則暗而不明。政權在臣下。則暗而不明。夷狄侵中國。則暗而不明。
故春秋每食必書。所以爲南面之大戒也。昔漢元帝即位之初。更制
七十餘事。以公田及苑振業貧民。減樂府員。罷黃門狗馬。除甘泉宮
衛卒。角抵齊三服官。節用愛民。其稱甚美。然紀綱日紊。國祚日衰。姦執
強。黎元日困。以知人不明。失其操柄耳。蕭望之社稷之臣。而恭顯

譖。令引決於私室。張猛忠正之士。而自殺於公車。劉向宗室之英也。
排擯詆毀。令不得進用。至於許史宦官。則信任不疑。大本既失。雖有
恭儉之小節。何足以正紀綱。隆國祚。抑姦軌。救黎元之困厄乎。至如
昭帝。以盡則不逮孝元之長。以文學則不如孝元之博雅。以奉身謂
度。又未必如孝元之節儉也。然能辨上官桀之詐。信任霍光。漢祚復
安。黎元按堵。誠得君人之本耳。陛下有溫恭之德。有儉約之行。有憂
勤願治之誠。有好謀納諫之善。過於漢元遠矣。抑未知羣臣之邪正
已皆明白於胸中而不惑乎。亦有疑焉而未之決也。如其不惑。則固
善矣。倘有疑焉。而不決之於早。則君子必遠。小人必親。天下之事去
矣。小人善窺人主之指意以求合。君子則唯義之從而不苟。是故古
之明德於天下者。先正其心。有所忿懥。則不得其正。有所好樂。則不
得其正。有所憂患。則不得其正。有所恐懼。則不得其正。四者不除。親
小人遠君子必矣。陛下誠能格物致知。誠意正心。而鑒於春秋所書
侵蝕之咎。洞察正邪。灼知忠佞。如日中天。臨照萬物。則君人之本立
而天下之事定矣。

高宗建炎間。尚書右僕射李綱上言曰。臣昨日奏事論及人主之職
在知人。雖堯舜猶以爲難。誠能別白邪正。使君子小人不至於混淆。
然後天下可爲。伏蒙宣諭。知人亦非難事。但考其素行則知之。竊仰
聖訓。誠得知人之要。然臣竊謂國家艱難之際。圖回事業。雖材智兼
用。然惟謹腹心。非君子不可。何哉。君子愛君而不謀身。憂國而不謀
家。以公忘私。以義忘利。而小人則反此。自昔人主信小人而任之。其
國未嘗不至於危亡。夫小人豈不欲安存而惡危亡哉。然使之謀人
之國。必致於此者。以其無遠見而操術然也。彼方以謀家保身營私
徇利爲得計。而於國事恬不加恤。非不加恤也。以謂必不至於危亡

而不知恤也唐天寶末楊國忠既激安禄山叛以信其言又促哥舒翰出兵潼關恐其不利於己動爲身謀不顧社稷討及遭陳元禮之禦刃加於頸而後知蓋亦晩矣是其所以求全者乃所以自族也范祖禹有言夫避害就利者衆人之常也利於己而不利於人則爲之害於國而不害於家則爲之自以爲得計矣而不知害於國則亦害於家不利於人則亦不利於己是以自古小人之敗必至於家國俱亡而後已此聖人所以戒小人之勿用也然而爲人主者曷嘗不欲用君子而退小人哉卒之君子多不能安其身於朝廷而小人常得志者君子行道直自信篤去就輕嫉惡正故也行道直則不能阿諛以取容自信篤則不能過防以遠害去就輕則不爲爵禄之所累好惡正則不爲姦邪之所喜自非人主明足以察誠足以任則君子雖欲有爲於當世不可得已齊小白之任管仲信而弗疑此所以成霸

業故曰有人而弗能知害霸也知而弗能用害霸也用而弗能信害霸也信而以小人參之害霸也霸猶如此況欲圖天下之事業以起中興之功哉陛下既得知人之要矣更願致察於君子小人之間天下不勝幸甚

紹興間綱爲江西安撫制置大使論朋黨劄子曰臣觀自昔論朋黨者無如歐陽脩之爲詳盡其言曰夫欲空人之國而去其君子者必進朋黨之說欲孤人主之勢而蔽其耳目者必進朋黨之說欲奪國而與人者必進朋黨之說夫爲君子者固嘗寡過小人欲加之罪則有可誣者有不可誣者不能遍及也至欲舉天下之善求其類而盡去之惟指以爲朋黨耳故其親戚故舊謂之朋黨可也交游執友謂之朋黨可也宦學相同謂之朋黨可也門生故吏謂之朋黨可也是數者皆其類也皆善人也故曰欲空人之國而去其君子者惟以朋黨罪之則無免者矣夫善善之相樂以其類同此自然之理也故聞善者必相稱譽則謂之朋黨得善者必相薦引則謂之朋黨使人聞善不敢稱則人主之耳不聞有善于下矣見善不敢薦則人主之目不得見善人矣善人日遠而小人日進則爲人主者倀倀然誰與之圖治安之計哉故曰欲孤人主之勢而蔽其耳目者必用朋黨之說也一君子存群小人雖衆必有所忌而有所不敢爲惟空國而無君子然後小人得肆志於無所不爲則漢魏唐梁之際是也故曰可奪國而予人者由其國無君子空國而無君子由以朋黨而去之也嗚呼朋黨之讒人主可不察哉脩之言如此誠爲切當臣以謂人主之所至惡者朋黨也小人之所以陷害善良者朋黨也爲國家患者不可勝言者朋黨也人主操天下之利勢端居九重之中惟恐人之相與朋比以爲欺罔故曰其所至惡者朋黨也君子汲引善類以其彙征而小

人指爲朋黨可使盡去不爲己害故曰所以陷害善良者朋黨也黨錮之禍起而漢室以傾牛李之黨熾而唐室以微故曰其爲患有不可勝言者朋黨也嘉祐間韓琦范仲淹富弼之徒用於朝悉其所薦引類多君子小人不悅指爲朋黨欲盡斥去賴仁宗皇帝有以察之故小人之言不用而韓琦范仲淹富弼之德業得以光明于時此宗社無疆之福也劉向有言曰執狐疑之心者來讒賊之口持不斷之意者開群枉之門漢元帝優柔不斷故蕭望之周堪劉向之徒不容於朝唐文宗優游不斷故曰破河北賊易去此朋黨難人主之德剛健如天光明如日辨是非察邪正則小人道消君子道長愚智賢否各當其分尚何朋黨之足患哉臣竊見近年士人中尚有乘間投隙造爲險詖之言以惑陛下之聽者一時名士皆指爲朋黨賴陛下有以察之不用其說而善類得所依怙剛明威德可以無愧於仁宗矣

然小人之情譬如穿窬之盜稍失隄防有隙可乘則必復出為惡伏望聖慈考歐陽脩之言而察仁祖之用心消小人而進君子早建中興之業以致太平天下幸甚

紹興四年張浚論君子小人之辨上言曰臣昨奉清光竊見陛下於君子小人之際反覆詳究退自慶幸以為治道之本莫大於辨君子小人之分聖意孜孜于此宗社生靈之福也昔唐李德裕言於武宗曰邪者正者勢不相容正人指邪人為邪邪人亦指正人為邪人主辨之甚難臣以為正人如松柏特立不倚邪人如藤蘿非附他物不能自起臣嘗以類推之君子小人見矣大抵不私其身慨然以天下百姓為心此君子也謀身之計甚密而天下百姓之利害我不顧焉此小人也志在於道不求名而名自歸之此君子也志在於利掠虛美邀浮譽此小人也其言之剛正不撓無所阿徇此君子也辭氣柔佞切切然伺候人主之意於眉目顏色之間此小人也樂道人之善惡稱人之惡此君子也人之有善必攻其所未至而掩之人之有過則欣喜自得如獲至寶旁引曲借必欲開陳於人主之前此小人也雖進易退此君子也叨冒爵祿蔑無廉恥此小人也臣嘗以此求之君子小人之分庶幾其可以槩見矣小人在位則同於己者譽之以為君子異於己者排之以為小人不顧公議不恤治亂不畏天地鬼神是以自崇觀以來至於今日異於己者而稱其為君子乎臣以為必無之也彼其專為進身自營之計故好惡不公至於亡身亡家亂天下而莫之悔惟陛下親學問節嗜欲清明其躬以照臨百官則君子小人之情狀又何隱焉

浚謝賜御書否泰卦因陳卦義上言曰臣昨日特蒙聖慈頒賜臣御筆親書周易泰否二卦臣以愚庸之質叨竊相位絲毫無補俯仰實

愧不謂聖恩有隆疇昔賜之寶翰許以珍藏感荷私心非言可盡臣竊惟自古小人之傾陷君子莫不以朋黨為言夫君子引其類而相與並進志在於天下國家而已此其道同故其所趨向亦同曾何朋黨之有焉小人則不然更相推引本圖利祿詭詐之蹤莫可迹究或故為小異以彌縫其事或內外合符以信實其言人主於此何所決擇而可哉則亦在夫原其用心而已矣臣嘗考泰之初九拔茅茹以其彙征而象以為志在外蓋言其志在天下國家非為身故也否之初六拔茅茹以其彙貞而象以為志在君則君子連類而退蓋將以力守善道而未始忘愛國愛君之心焉觀二爻之義朋黨可以破矣臣又觀否泰之理起於人君一心之微而利害及於天下百姓方其一念之正善而為陽泰自是而起矣一念之不正善而為陰否自是而起矣然而泰之上六三陰已盡復變為陽則否之所由而生焉否之上九三陽已盡復變為陰則泰之所由生焉當今時適艱難民墮塗炭陛下日新其德正厥心於二臣知其將以致泰矣異時天道悔禍幸而康寧願陛下常思其否焉區區臆說敢併以為獻不自知其妄陋也惟陛下裁赦

浚乞别邪正上言曰方今士大夫之賢者莫不欲主張清議發明正道以為萬世人臣之戒誠以有天下國家要在夫得人以維持之故忠義大節不可不明苟使持祿保身隨時俯仰者得行其志則馮道之徒復見於後日矣豈人主之利耶然臣嘗謂天下自有要道隨時舉措則盡得天下之心而致治不難也且圍城之役明受之變當時從邦昌而為侍從偷苟傳而有所施為其罪固大厥後乃繼踵作相持握化權果何以勸忠義示風俗耶若夫論者必欲正其罪而暴白之則又失中矣何者士大夫之不能死節義則終所不為而死者人

之所甚難。未可人人而責之也。今正名其罪。則有過者無以自新。非其本心者無以自見。附僞之人。知其無所逃於天地之間。將與我爲死敵矣。非國家之善計也。臣願陛下戒忠義之不可不勸。思有以發揚而榮顯其身。至於不幸而得罪於名教。則亦優容涵覆。特遠而去之。不委以心腹之任。則取天下。定國家。明教化之術盡於此矣。

浚議君子小人上言曰。朋黨之論起。而君子小人之名紛然交作。莫知其孰是孰非。自古患之矣。夫志在天下國家。此君子也。志在一身。此小人也。然而託君子之言。行小人之志。其事甚微。其情難辨。人主當留意焉。然自昔帝王之用心。惡聞人之有過。而喜人之改過。其小人也。特使之退聽內省而已。幸而改過。猶復用之於外焉。若必曰某爲君子。某爲小人。一二別之。又未知真能辨之否也。加人以不善之名。則人必報之以至惡之實。朋黨交傾。端自此始。然則人主宜如何哉。知之于心。待之以權。使上下內外各當其分。真爲小人者方且化而遷矣。使其言者之惧。而吾未嘗以此名加之。人心豈不悅服乎。

浚又曰。臣竊聞真宗皇帝嘗著忠臣良臣及權臣姦臣論。臣以爲忠類權。良類姦。何以言之。忠則任事。任事則多怨。豈不幾於擅權乎。良則委曲。委曲則不暴。豈不幾於爲姦乎。然則人主於此。如之何而辨之哉。則亦視其志之所存而已矣。彼其志在天下國家。切切然以身任內外之責。是之謂忠。志在納君爲善。將順其美。是之謂良。若乃營私立黨。蔽欺君上。苟利於身。以死力行。則爲權矣。逢君之惡。事每阿徇。反覆變詐。陰肆讒間。則爲姦矣。臣故別白而具論之。

高宗時。趙元鎮除宣撫處置使。朝辭上奏曰。臣疏遠之迹。荷陛下特達之知。遇恨無死所圖報大恩。方國家多事。中外乏人。乃委臣總師遠戍。邊鎮主憂臣辱。其何忍辭。然自惟念渡江以來。遭逢器使。揚歷臺

諫。再叨樞筦。與聞政事。趨走殿陛。密勿冕旒。披誠獲伸。無復顧惜。雖聖主全度見謂樸忠。而萬目睽睽。指爲迂闊。今乃以奇孤寡偶之身。將使於萬里之遠。曾無一毫之善可屏記讒。安得不少陳悃愊。以瀆聰聽。臣竊見自古人君善用人者。莫不專其委任。假以事權。任專則娟嫉必生。權重則讒謗立至。唐之賢臣勳業如郭子儀。猶困於魚朝恩程元振之謗傷。名德如裴度。亦被沮於元稹魏洪簡之朋比。子儀明哲自將。僅免危疑之累。而度辨論激切。卒隳幽鎮之功。況勳名寵眷未及兩人。求其成功亦已難矣。向者陛下當建炎圖治之初。遣張浚出使川陝。國勢事力。百倍於今。浚於陛下有補天浴日之功。陛下待浚有礪山帶河之固。君臣相信。內外相資。委任之篤。今古無有。而終致物議。以就竄逐。臣頃在紹興。人或指臣黨浚。故浚之責。不敢以一言及其是非。今考究其用心。推尋其情實。喪師失地。錯繆之迹則有之。未必盡如言者之甚也。大率專黜陟之典。受不御之寄。則小人不安於分義。謂名器可以虛授。爵賞可以苟求。一不如意。便生觖望。川蜀之士。至於醵金募士。詣闕陳論。展轉相傳。以無爲有。一經指擿。何以自明。是以有志之士。雖欲冒犯死亡爲國立事者。每以浚爲鑒戒也。雖然浚固有罪矣。臺臣抨彈之可也。諫官論列之可也。人君赫斯震怒。雖誅殛之。浚亦無憾。今乃下至草澤布衣之士。行伍兇賤之流。凡有求浚而不得者。上書投牒。人人詬罵。肆言醜詆。及其母妻。甚者指爲不臣跋扈。極人間之大惡。皆歸之於浚。嗚呼。一何甚哉。夫與浚之功。與陛下之信也。而謗者至此。則明君不能自信矣。今臣無浚之功。陛下之信臣。無如浚以有功而見知也。乃當此重責。遠去朝廷。臣恐好惡是非。行且紛紛於聰明之下。昔樂羊一篋之謗。幾陷誣蔑。魏文侯之明。乃成中山之功。魏尚數級之失。遂致吏議。唯文帝晚悟。

後有雲中之效。伏望睿明鑒古今之得失，念事功之難成，憫臣孤蹇，曲加庇覆，使得展布四體，竭志畢慮，少寬陛下西顧之憂，非特臣之幸也。意迫情切，干犯明扆，臣不勝恐懼俟罪之至。

劉行簡進故事曰：魏文侯謂李克曰：先生嘗有言曰：家貧思良妻，國亂思良相。今所相非成則璜，二子何如？對曰：卑不謀尊，疏不謀戚，臣在闕門之外，不敢當命。文侯曰：先生臨事勿讓。克曰：君弗察故也。居視其所親，富視其所與，達視其所舉，窮視其所不為，貧視其所不取，五者足以定之矣，何待克哉。文侯曰：先生就舍，吾之相定矣。

臣嘗聞前脩之言，以謂知人無法，臣心疑之。夫知人，堯之所難也。故皋陶為舜陳九德之事，曰寬而栗，柔而立，愿而恭，亂而敬，擾而毅，直而溫，簡而廉，剛而塞，強而義，此知人之法也。而謂之無，可乎？及求之孔孟之書，而得其說者有二，曰視其所以，觀其所由，察其

所安，人焉廋哉？一也。聽其言也，觀其眸子，人焉廋哉？二也。然後知是道也，不可以言。可言者其迹而已，至於曉然獨得於心者，豈言之所能盡哉？謂之所以也，所由也，所安也，與夫言辭眸子之間，不知何者為是，何者為非，何者為君子，何者為小人，皆未嘗言其狀，而大佞似聖，大智似愚，亦未易以此辭辨察，則知人之難也。雖聖人不敢易言之。然則知人之道，非內明而無所蔽藏，又惡能曉然獨得於心哉？惟明也，一見而得之眉睫之間，為有餘。如其不然，則終日與之言，而不知其人之心。由是論之，所謂知人者，謂之無法可也。皋陶之陳九德，特言其所可言者，與其成德之事而已，其不可言者不在是焉。魏文侯謀相而未定也，問諸李克，克以居視其所親，富視其所與，達視其所舉，窮視其所不為，貧視其所不取五者足以定之。文侯之意遂決，其故何哉？公子成與翟璜，皆賢也，文侯固知之深矣，其得於所親所與所舉之間，豈一日之積哉？不然，不如是之決也。臣獨喜李克之言，誠有助於後世知人之道。雖所謂獨得於心者不在於是，而於吾聖人之說亦無所戾云。

行簡為監察御史，上殿論用君子小人之謗疏曰：臣聞天下之治，衆君子成之而不足，一小人敗之為有餘。何者？君子雖衆，其道則孤；小人雖寡，其勢易蔓。君子之憂在於天下國家，小人之憂在於一身。君子之於法度紀綱，必欲正之，故為之也難；小人之於法度紀綱，必欲亂之，故為之也易。自古賢聖之君，未嘗不欲近君子而遠小人也。小不加察，而小人已至。故立政之書曰：繼自今立政，其勿以憸人，其惟吉士。又曰：時則勿有間之。所謂間之者，非君子小人並進也，衆君子而一小人，亦足以為間而敗政。臣請以易之說明之。夬之為卦，以五陽決一陰。陽為君子，陰為小人。故繫辭曰：夬，決也，剛決柔也。君子道

長，小人道憂也。夫以五君子決一小人，不曰小人道消，而曰道憂，何也？蓋上下交而志同，如泰之時，然後小人之道不行。若乃以五君子臨一小人，徒能使之憂而已矣。惟其有憂，則將圖之無不至矣。恭惟陛下躬天縱之聖，懋日新之學，通達古今，洞照治體，日者好惡既明，黜陟既允矣。臣猶以是為言者，誠以事之幾微，小不加察，則小人者乘間伺隙而入，其害至於敗政，不可不懼也。臣以一介之賤，驟對清光，謂天下事無急於君子小人之說，故首用為獻。伏惟留神幸察。

直龍圖閣李光乞辨君子小人劄子曰：臣竊謂君子小人相為消長，而治亂因之。蓋用君子則治，用小人則亂，未有兩存而可以有為者也。易曰：開國承家，小人勿用。象曰：小人勿用，必亂邦也。故內陽而外陰，內健而外順，內君子而外小人，則為泰；內陰而外陽，內柔而外剛，內小人而外君子，則為否。因古聖君賢臣立言垂訓，未嘗不以小人

為戒。本朝仁宗皇帝專任韓琦富弼范仲淹。故四十二年之間。天下大治。羲夏乂安。海内生靈。蒙福至今。蓋不使小人參其間也。夫邪正之不兩立。猶薰蕕之不可同器而藏。梟鸞之不可接翼而處也。非正去邪。則邪必害正。此必至之理也。陛下即位于今五年。延見士大夫多矣。君子小人之情狀。固難逃於聖鑒。臣請為陛下畧言其槩。君子者難進而易退。孤立而無朋。人主任用不疑。則秉公心由直道。其所舉措。必欲合天下之公論而後已。其事上也。則進思盡忠。退思補過。獻其可。而退其否。逆所順。而強所劣。道合則幡然而來。不合則奉身而退。如斯而已。小人則不然。方其未得之也。則枉道而求之。及其既得之也。則固寵保位。惟恐失之。於是内結近倖。外交權臣。傍引小人。傷害善類。故詩曰。營營青蠅。止于棘。又曰。躍躍毚兔。遇犬獲之。又曰。萋兮菲兮。成是貝錦。蓋小人讒間之言。能變白為黑。則如青蠅伏慝詭詐。則有若狡兔。而文致人之罪惡。則無異於貝錦也。蘇軾有言曰。君子之難致如麟鳳。色斯舉矣。翔而後集。況可麾而卻之乎。小人之易進如蛆蠅。腥羶所聚。瞬息千萬。況可招之使來乎。神宗皇帝嘗問滕甫曰。卿知君子小人之黨乎。甫曰。君子無黨。譬之草木。綢繆相附者。必蔓草。非松栢也。朝廷無朋黨。雖中主可以濟。不然。雖上聖不治。神宗歎息以為名言。臣願陛下以此觀之。則邪正分矣。方今艱難之際。國勢之危。若綴旒然。可言之事未易悉數。所謂端本清源之術。臣願陛下辨君子小人而已。書曰。任賢勿貳。去邪勿疑。蓋任賢而使不肖間之之謂貳。見邪而不能剛決以去之之謂疑。臣懇伏望陛下持大公至正之道。以操御海寓。法天地簡易之德。以照臨百官。知其忠賢。則任而勿貳。察其姦宄。則去之勿疑。奮乾剛以明照。陛隆委任而責成功。天下幸甚。

奏議卷之一百五十六　二十一

右正言陳淵論考實上奏曰。臣聞人主之道。在乎知人。而知人之要。莫若考實。不考其實。而欲以耳目之所聞見。心志之所測度。期於得人。雖堯舜不能也。今夫騏驥之於駑駘。其狀固不相侔矣。使之同一皁棧。芻秣而飲食之。雖騏驥亦何以自別乎。故必待歷塊超澗。奔逸絕塵。然後知其異於凡馬也。堯舜號為知人。而書之所稱曰。明試以功。車服以庸。夫明試以功。考其實也。車服以庸。因其實而用之耳。若舜之在下。堯既聞其聰明矣。又歷試之。至於用鯀亦然。四岳舉之。堯曰。方命圮族。既而曰。試可乃已。自今觀之。若舜者宜不待試。而若鯀者又不必試。然且云爾者。考其實而已。惟考其實。故舜之聖終有以底績。而鯀之不肖。不能逃其罪於九載之後也。迺者朝廷進用人才。間有異於是者。雖陛下明於知人。豈不曲當。無可議者。然臣嘗謂人之才智。隱於無為。若功業則遇事而後見。方其無為。非識者莫能辨。逮遇事之後。雖庸人亦得而可否之。故用人之際。唯在考實。考實之法。非固尚勞績而略志節也。所以審衆情而核真偽者不得不然也。況庶官之於侍從。如霄壤之不相侔。百官之於臺省。如涇渭之不相似。若不待其經歷既久。名稱流聞。人皆以為宜遷。然後拔之。亦恐艱難之際。終不足以厭人望矣。臣故以堯舜考實之道為獻。位卑言高。惟陛下財赦

奏議卷之一百五十六　二十二

歷代名臣奏議卷之一百五十六

歷代名臣奏議卷之一百五十七

知人

宋孝宗時，敷文閣待制四川置制使范成大論知人劄子曰：臣聞古今未嘗有不生才之世，而君子常患於無知人之明。今有知人之明，則天下之人無不才者；無知人之明，而徒起乏才之嘆，是亦厚誣天下而已。不知其知兵，而使之治財；不知其知財，而使之治禮。及其不集事也，則均受不才之名。一旦各以其所長易地而使之，三人者猶前日之人也，而各以其才稱。一動其機，才否爲之變，是機也，非智力之所能爲矣。與之明，道與之妙，其於人也，交際寄庸於精神視聽之表，固不可以言語筆舌諭也。文王之立政，克知三有宅心，灼見三有俊心，是以有能官人之名。夫謂之克知，謂之灼見，豈有論而可傳哉。今不先究知人之明，而但起乏才之嘆，不謂誣可乎。臣嘗謂錢穀甲兵萬事之綫，皆可以立說，惟人才不知，不可以置論。何者？知人之明，在人君心術之微，而非變政易令之所及故也。嗚呼！知人之明尚矣，其次莫若公。公雖非明，而可以生明。去胷中之私喜怒，用天下之公是非，以進退天下之才，雖不能皆當，要亦十得七八。伏惟聖明省臣激切而加意焉。

左諫議大夫王之望上奏曰：臣愚不肖，陛下過聽，擢長諫垣。臣未知所以稱塞。竊聞唐魏鄭公以諫諍爲己恥，君不及堯舜。平居歆慕，以謂人臣如斯，可以無愧矣。然賢人君子立人之朝，孰不欲堯舜其君，至於得行其志者，宰相之外，獨諫官耳。臣今謬當其職，敢不以鄭公之心爲心乎。或者以堯舜爲不可及，欲致君堯舜者，謂之責難於君。臣以爲不然。堯舜之道甚大而易行，堯舜之政甚簡而易爲，顧後世不之察耳。堯舜之道，行於其躬者惟孝，施於其下者惟仁。陛下既允蹈之，一無所難，信乎甚大而易行矣。堯舜之政，則在於官人，而官人之道，在於敷奏以言，明試以功而已。堯告舜曰：詢事考言，乃言底可績。禹於皋陶亦云。此所謂敷奏以言者也。舜命禹作司空，曰：汝平水土。成允成功。稱皋陶曰：汝作士，明刑弼教，民協于中，時乃功。此明試以功者也。陛下於羣臣中，敷奏之以言歟，言發於前，而底績於後者何人也。明試之以功歟，功作於始，而克成於末者何事也。以此察之，則虛名不足以惑衆聽，横議不敢以搖至公，姦欺不容，真僞判矣。共工靜言庸違，象恭滔天，而驩兜乃嘆美其方鳩僝功，欲堯之用之，而堯竟不從。此言之不驗者也。四岳薦鯀治水，堯曰：咈哉，方命圮族。九載績用弗成。此功之不效者也。舜既承堯，首正四凶之罪，天下咸服。堯舜之政，豈不甚簡而易爲乎。陛下以聰明睿知之資，承光堯付託之重，屬時多事，未嘗一日以位爲樂，憂勤庶政，三年于兹，宜其治效

崇成，而未有去獲者，非道之不洪，政未舉耳。臣伏見今朝廷之上，妨功固位之習未殄，背公死黨之論日聞。以妄誕爲才能，以凶悖爲堅正。各執偏見，而不求天下之通論；各私所主，而不恤公家之大計。大抵圖國甚拙，而爲其身謀則工；愛君不專，而附其交黨則力。孔子曰：鄙夫不可與事君。未得之，患不得之；既得之，患失之。苟患失之，無所不至。此風不革，陛下雖欲彊兵富國，爲治安之計，臣固知有所不能也。伏願陛下明詔在庭，各厲節操，平其心於論議之際，端其趣於向背之間，使廉恥興行，風俗丕變。訪之以言者，必要其驗；試之以功者，必覈其實。若附下罔上，造爲弗靖，怙終而不變，則虞舜四凶之罪，在陛下其得已乎。如是，則朋比自破，功罪不誣，而天下可運於掌矣。此帝王致治之要術，御世之至權也。惟陛下留神，宗社幸甚。

王十朋除知湖州，上疏曰：臣嘗謂君子小人，常相爲消長，人君未嘗

不欲進君子而退小人也然小人常見用君子每見疏者蓋君子小人之難知雖堯舜猶以爲病君子目小人爲小人小人亦指君子爲小人當孔顏桀跖相鬬于前左右佩劒彼此相笑之際人君以一人之聰明誠有不易辨者况君子直而疏小人巧而佞直則動多忤意疏則不能無過故人主反疑君子爲小人巧則能以智術自將佞則動能迎合上意故人主反以小人爲君子自古所以治少而亂多蓋由君子小人之不辨也共惟陛下稟聰明絶人之資行帝王正大之道歷古興亡治亂之迹皆洞然在聖學中君子小人之情狀固已備知之矣然天下所謂君子者或未能盡用或暫用而卒棄之所謂小人者或未能盡去或暫去而復合得非知人之哲亦猶堯舜之難乎夫君子小人雖不易知而亦有可知之理君子孤立如松柏小人附麗如蘿蔓君子進必由直道小人進必由邪徑往者潛藩二使令之

臣竊弄陛下之威福士大夫無恥而好進者莫不奔走其門陛下赫然震怒奮自英斷斥而遠之天下莫不鼓舞聖德然附麗而進者猶未正典刑唐憲宗既誅王叔文并斥八司馬之徒終身不用元和威令復振號稱中興蓋由此舉今之附麗者初無八司馬之才而惡則過之附叔文者官止爲郎未有若今之竊高位達官者小人朋比之迹固不逃聖鑒宜擇其一二之尤者薄正其罪又取其能自卓立不附炎於炙手可熱之時與嘗言其罪惡者稍進用之如是則君子小人知所勸懲矣語曰君子喻於義小人喻於利君子之進必以道誼自奮小人之進未有不以利求合者前日朝廷以財賦不足爲憂小人遂獻羨餘以求進朝廷不惜名器以美官要職處之諸路監司郡守翕然胥效爲剝下益上計州縣騷然民不聊生近者臣僚論列陛下嘗罷一監司固足以爲後來之戒然其尤者方進用未已全其大

而治其細又何足以懲衆臣所謂君子小人有可辨者陛下第觀其自何門而來以何術而進因可以灼知其爲人矣宰執大臣天下之選[illegible]不可使小人雜處其間侍從之臣以論思獻納爲職即異日之宰執大臣也又其可使小人居之耶治道在知邪正然邪正難於盡知陛下宜於宰執侍從臺諫之臣精加識擇自郷監而下與外之監司帥守責之宰相可也臣言狂妄惟陛下察之

乾道六年秘書少監周必大論漢儒上言曰臣愚不肖蒙陛下過聽擢在班列又取漢宣帝之言親製贊書明示好惡使知所趨向在臣榮遇可謂至矣敢因訓詞所及推廣聖意冒陳一二惟陛下察焉臣聞儒有君子有小人孔子嘗以是告子夏不可以不辨二帝三王之時稷契伊周道德隆備功業光明此君子儒也春秋戰國之際以詐謀相高以功利相傾此小人儒也雖然二者是非黑白猶易辨也至

西漢則不然所謂社稷臣者乃在乎周勃之鄙樸汲黯之少文霍光之不學至於服儒衣冠持禄保位則公孫弘蔡義韋賢輩實爲之是非白黑貿易如此宣帝察而嫉之故曰俗儒不達時宜好是古非今使人眩於名實不知所守何足委任蓋有激而云爾雖然漢儒多僞高帝固有以啓之也當創業之初叔孫通以儒服降彭城知帝憎之乃變服服短衣所守如此是託儒以希進耳帝遽信之毋怪乎魯兩生之不至也臣故曰漢儒多僞高帝啓之也使宣帝而知此且將求真儒用之何至雜霸哉我藝祖皇帝則不然創業于初者一趙書記也混一于後者亦趙書記也規摹不易廩廩乎帝王之佐豈嘗如叔孫通輩希世用事以爲進取之資乎累聖以來卿相多名儒者太祖任人之效也臣願陛下以漢爲監以太祖爲法則名實決不能眩而士大夫趨嚮一歸于正矣

乾道間國子祭酒芮燁論禮及知人疏曰。臣嘗於經筵恭聞聖訓。有及於惟禮可以已之之說。臣退竊嘆曰。大哉王言。如不欲平治天下則已。如欲平治天下。捨禮何以哉。如不欲恢復天下則已。如欲恢復天下。捨禮何以哉。何謂禮。禮即道也。道者適治之路也。有言逆于汝心。必求諸道。有言遜于汝志。必求諸非道。可謂善言禮矣。陛下聽朝之暇。反復思之。今日某人言逆耳可憎也。然憎而知其善。予豈不念戴記之言乎。予豈不念魏徵之言乎。予豈不念唐明皇之有取韓休乎。一言可以興邦。予豈不念仲尼之言乎。是謂求諸道。今日某人言順旨可愛也。然愛而知其惡。予豈不念戴記之言乎。予豈不念魏徵之言乎。予豈不念唐明皇之不悅蕭嵩乎。一言可以喪邦。予豈不念仲尼之言乎。是謂求諸非道。夫求諸道而知其果善也。此必端人也。此必非佞人也。則記其姓名於坐右。徐而察其行事。誠端人也。然後

斷然用之。求諸非道而果惡也。此必壬人也。此必非端人也。則記其姓名於坐右。徐而察其行事。誠壬人也。然後斷然遠之。此堯舜三王之用心。而陛下獨得於惟禮可以已之之說。大哉禮乎。所以平治天下者此也。所以恢復天下者此也。顧明皇何足道哉。臣祇進其厭飫者。亦可謂不自量矣。

吏部侍郎韓元吉進故事曰。唐書魏徵傳。徵見太宗頓首曰。願陛下俾臣為良臣。毋俾臣為忠臣。帝曰。忠良異乎。曰。良臣稷契咎陶也。忠臣龍逢比干也。良臣身將美名。君都顯號。忠臣已嬰禍誅。君取空名。此其異也。帝曰善。

臣聞唐初諸臣。徵為善諫者也。徵之此言。蓋欲激昂太宗俾臻於無過之地而已。至於忠良之別。論之猶或未盡也。徵之意正以輔佐為良。諫諍為忠爾。然孔子之語忠。以孝事君者也。故揚雄亦以言合稷契謂之忠。今觀典謨之書。則稷契咎陶何嘗不獻言於堯舜之世。唯其言之而可行。諫之而悉用。君臣之際渙然。其無迹。而天下躋於極治。非必激訐矯抗。以犯雷霆之威。觸鈇鉞之怒。然後以為忠也。自徵為是說。後世遂以良臣或不事於諫諍。忠臣殆將殺身以成名。不可不辨也。臣則以為正直謂之良。不欺謂之忠。皆人臣所當為之事。有不必分爾。當可諫而諫。不害其為良。當可從而從。不害其為忠。是未可以一偏議也。然徵之事太宗。反復於君子小人之際最為詳盡。且謂太宗輕褻小人。禮重君子。夫輕小人而重君子。顧不美哉。繼之則曰。重君子也。恭而遠之。輕小人也。狎而近之。近之莫見其非。遠之莫見其是。莫見其是。則不待間而疏。莫見其非。則有時而昵。皆人情之所難言者。其為忠亦至矣。特於忠良之別。雖有激而云。反有所未盡。故臣表而出之。以俟上聖之擇

焉。

國子正陸九淵刪定官輪對劄子曰。臣嘗謂事之至難。莫如知人。事之至大。亦莫如知人。人主誠能知人。則天下無餘事矣。管仲嘗三戰三北。三仕三見逐於君。鮑叔何所見。而遽使小白置彎弓之怨。釋囚拘而相之。韓信家貧無行。不得推擇為吏。不能自業。見厭於人。寄食於漂母。受辱於跨下。蕭何國何所見。而必使漢王拔於亡卒之中。齋戒設壇而拜之。陸遜吳中年少書生耳。呂蒙何所見。而必使孫仲謀度越諸老將而用之。諸葛孔明南陽耕夫。僅寡為大者耳。徐庶何所見。而必欲屈蜀先主枉駕顧之。此四人者。自其已成之效觀之。童子知其非常士也。當其困窮未遇之時。臣謂常人之識。必無能知之理。人之知識。若登梯然。進一級則所見愈廣。上者能兼下之所見。下者必不能知上之所見。陛下誠能坐進此道。使古今人品瞭然於心目。

則四子之章文豈足為陛下道哉。若猶屈鳳翼於雞鶩之羣，自與瑣瑣者共事，信其俗耳庸目，以是非古今臧否人物，則非臣之所敢知也。

朱熹除兵部郎官，未就職，為侍郎林栗所劾。太常博士兼實錄院檢討官葉適上疏曰：臣聞臣子告君父之言，必以實，非其實而敢告者，推私意之是徇，而忘君父之為不可欺者也。臣竊見近日朱熹除兵部郎官，未供職間，而侍郎林栗急劾去之。士論怪駭，莫測其故。蓋熹素有文學行誼，居官所至有績。因王淮深惡，不敢仕。陛下差熹江西提刑使之奏事，熹然起辭避，終未敢前。淮既罷去，陛下趣熹入對，用為郎官。人知陛下進熹有漸，無不稱慶。忽為栗誣奏，遂喧衆議，所以洶洶不已。臣始猶疑之，以為栗何故至此，得非熹果有事，外人不能知，而栗獨得其實，以告陛下也。暨栗劾奏熹文字播傳中外，臣始得

以始末參驗，然後知其言熹罪無一實者，特發其私意而遂忘其欺爾。栗雖貴而近，臣雖賤而遠，然臣子之於君父，大義一也。烏有栗以熹不實之罪欺罔君父之前，而臣忍不以實陳於陛下哉？栗言熹敢自稱私計非便，只欲回就江西提刑，已受省劄，不肯赴部供職。臣聞熹既受除郎官省劄，即時遣回江西提刑司接人客將兵卒等，皆已辭去。其時朝士有候熹者，皆共見之。熹以腳疾發動，不任下床，遂申尚書省乞給假，候痊安日供職。是栗謂熹只欲回就江西，不肯供職者，非其實也。栗言熹四司郎官廳印記不肯收受，推出門外，令送長貳。緣長貳不合收管郎官廳印記，臣再令送還，仍加鐫諭，既能出入宮門上殿奏事，并過謁宰執臺諫，即乘轎入部供職，良不為難。兼郎官印記難以棄擲在外，慮有失者。其朱熹堅執不從。臣為貳卿，不能率屬，致其偃蹇拒違君命，實負慚德。所有印記無所歸者，不免令四司人吏抱守，終夕至于達旦。臣聞熹未對之前，腳疾已作，當對之日，偶然少瘳，對下之後，與宰執臺諫相見，腳疾痛復劇，既申尚書省乞受恩命，上乞給假，供職適會歇泊，旬休未及將上，所有郎官印記，熹既未供職，豈可受乎？熹已申省乞給假矣，雖欲聽栗鐫諭而扶曳供職可乎？郎官未供職以前，印記合是何官收掌？此正長貳之所當知，其可推以委熹乎？是栗誣熹不受印記，偃蹇拒違君命，非其實也。栗又言熹本無學術，徒竊張載、程頤之緒餘，以為浮誕宗主，謂之道學，妄自推尊，所至輒攜門生十數人，習為春秋戰國之態，妄希孔孟歷聘之風，繩以治世之法，則亂人之首也。臣聞朝廷開學校，建儒官，公教育於上；士子闢家塾，隆師友，私淑艾於下，自古而然矣。使熹果無學術歟，人何用仰之？果有學術歟，其相與從之者，非欲強自標目，以勸人為忠為孝者，乃所以為人才計，為國家計也。惟蔡京用事，諱習

元祐學術，曾有不得為師之禁。今栗以諸生不得從熹講學為熹之罪，而又謂非治世之法，宜禁絕之，此尤非其實也。栗又言熹要索高價，妄意要津，傲睨累日，不肯供職，以為作偽有不可掩。夫栗逆探熹之用心而暴揚之，此非臣之所得知也。臣所得知者，熹以今月初八日除郎，十一日再為江西提刑。栗之劾熹，當在初九、初十兩日，相去隔日之間，而栗以熹累日不肯供職，是栗急於誣熹，而不自顧其言之非實也。栗又言陛下愛惜名器，館學寺監久次當遷郎官者只，今兼權，其視郎選亦不輕矣，而熹乃輕之。兵部郎官本係大宗丞計衡兼權，以熹之故，移計衡於都官，而以兵部處熹，所以待熹亦不薄矣，而熹乃薄之。臣聞陛下明詔，曾任監司知縣者始得除郎，其事久矣。學館寺監雖久次而未嘗歷知縣監司，則不可不兼權，豈得謂其當遷郎官哉？差除之際，那換闕次，移衡用熹，熹何德焉？是又栗急於誣熹

之罪組織其言語足其文辭而不自顧其言之非實也又言職制
者朝廷之紀綱熹既除兵部在臣合有統攝乞將熹新舊任併且停
罷臣聞唐左右丞進退郎官矣本朝故事未之或然惟臺諫彈劾有
停職之請給舍繳駁有寢罷之文至于六部寺監衆劾其屬必曰乞
行迴避徵其文繹其義所以重臺綱尊國體也今熹得為栗之屬尚
未供職而栗望風劾之且兼有給舍臺諫繳劾百官之例何哉栗以
職制紀綱劾熹而先自亂之是職制紀綱非其實也凡栗之辭始末
參驗無一實者至於其中謂之道學一語則無實最甚利害所係不
獨朱熹臣不可不力辨蓋自昔小人殘害忠良率有指名或以為好
名或以為立異或以為植黨近創為道學之目鄭丙倡之陳賈和之
居要津者密相付授見士大夫有稍慕潔修粗能操守輒以道學之
名歸之以為善為玷闕以好學為已愆相為鈎距使不能進從旁窺

伺使不獲安於是賢士惴慄中材解體銷聲滅影穢德垢行以避此
名殆如喫菜事魔影迹犯敗之類往日王淮表裏臺諫陰廢正人蓋
用此術於陛下彰善癉惡封殖人才以為子孫無窮之命者其損不
細矣栗為侍近就其塞淺無以達陛下之德意志慮示信於下而更
襲用鄭丙陳賈密相付授之說以道學為大罪文致語言逐去一熹
自此遊辭無實讒口橫生善良受禍何所不有臣伏見栗恥不得與
廟論之議遂為光宗之說而人知其橫怒詳定所人吏執覆遂至罷
局而人知其專而況職匪風聞官有常守今又苟恣一身之很愎不
畏君父之高明公形無實之言顯逐知名之士陛下原其用心察其
旨趣舉動如此欲以何為誠不可不預防不可不早辨也臣去冬蒙
恩面對論一大事有四難五不可之條其說至長未獲究竟方齋心
滌慮以俟陛下反覆詰難庶幾竭盡愚衷今以郎官去留何至上封

事說說徒溷宸慮哉蓋見大臣以下畏栗兇銳莫敢明辨積其厲階
將害大體爾伏願陛下正紀綱之所在絕欺罔於既形無惟其近惟
其賢無惟其官惟其是摧折暴橫以扶善類奮發剛斷以慰公言國
家之本孰大於此臣不勝劾忠思報之至干冒宸嚴伏地待罪

孝宗崩光宗以疾不能執喪時趙汝愚知樞密院奏請太皇太后迎
立寧宗于嘉邸以成喪禮朝野晏然遂命汝愚為右丞相登進耆德
及一時知名之士有意慶曆元祐之治韓侂冑竊弄國柄引將作監
李沐為右正言首論罷汝愚中丞何澹御史胡紘章繼上竄汝愚永
州國子祭酒李祥博士楊簡連疏救争俱被斥國子生楊宏中曰師
儒能辨大臣之冤而諸生不能留師儒之去於誼安乎衆莫應獨林
仲麟徐範張衜蔣傅周端朝五人願預其議宏中遂上書曰自古國
家禍亂之由初非一道惟小人中傷君子其禍尤慘君子登庸杜絕

邪枉要其處心實在於愛君憂國小人得志仇視正人必欲空其朋
類然後可以肆行而無忌於是人主孤立而社稷危矣黨錮敗漢朋
黨亂唐大率由此元祐以來邪正交攻卒成靖康之變臣子所不忍
言而陛下所不忍聞也臣竊見近者諫臣李沐論前宰相趙汝愚數
談夢兆擅植黨將不利於陛下以此加誣實不其然汝愚乞去中
外咨憤而言者以為父老懽呼蒙蔽天聽一至於此章穎力辨其非
首遭斥逐聞者已駭既而祭酒李祥博士楊簡相繼抗論毅然求去
告假幾月善類皇皇一旦有外補之命言者愁其扶植正論極力觝
排同日報罷六館之士為之憤惋涕泣今李沐自知邪正之不兩立
而公議之不直己也乃欲盡去正人以便其私於是託朋黨以罔陛
下之聽臣謂二人之去若未足惜殆恐君子小人消長之機於此一
判則靖康已然之鑑豈堪復見於今日邪陛下屬精圖政方將正三

綱以維人心，柔羣議以定國是。邊聽奸回，緊妶善類，此臣等之所未諭也。臣願陛下鑒漢唐之禍，懲靖康之變，精加宸慮，特奮睿斷，念汝愚之忠勤，察祥簡之非黨，灼李沐之回邪，明示好惡，旌別淑慝，竄李沐以謝天下，還祥簡以收士心。臣雖身膏鼎鑊，實所不辭。書奏，不報。

光宗即位，楊萬里召為秘書監，入對，言天下有無形之禍，僭非權臣而僭於權臣，擾非盜賊而擾於盜賊，其惟朋黨之論乎！蓋欲激人主之怒，莫如朋黨；空天下人才，莫如朋黨。黨論一興，其端發於士大夫，其禍及于天下，前事已然。願陛下建皇極於聖心，公聽並觀，壞植散羣，曰君子從而用之，曰小人從而廢之，皆勿問其某黨某黨也。

紹熙元年，軍器少監兼權侍左郎官劉光祖論辨學術邪正，上奏曰：

臣聞是非不明，則邪正互攻；公論不立，則私情交起。此固道之消長，時之否泰，而實為國家之禍福，社稷之存亡，甚可畏也，不可忽也。臣

本踈庸，陛下過聽，親擢於孤遠，使侍罪言責。凡實刑僭濫，號令乖違，民病未瘳，言議不殘，皆可因人而舉劾，隨事以奏陳，歷歷顯然，而易知曾未足以深慮。若夫是非方殽而邪得以害正，清議方嘩而私得以勝公，往鑒昭然，危機所伏，方今之憂，孰大於此？明是非以別邪正，立公論而抑私情，為今之事，孰先於此？臣觀本朝士大夫學術議論，最為近古，足以愧漢唐，追三代。其端本也，以居仁由義為道，以正心誠意為學；其交際也，以共學為朋，而實非朋，以同道為黨，而實非黨。窮達知其有命，進退知其有義，是以進之不見其泰，退之不見其戚；窮而在下，則以探性命之奥為勳名，樂至道之味為鍾鼎；達而在上，以責難為尊主，忠諫為愛君。本朝盛時，初非有強國之術，而國勢尊安，根本深厚，蓋其學術議論率由於此故也。咸平、景德之間，渾然不見其際，當斯時也，道臻皇極而治保大和。至於慶曆、嘉祐，號為盛矣。不幸而壞於熙豐之邪說，疏棄正士，招來小人，幸而元祐君子起而救之，而末流太分，事故反覆，紹聖、元符之際，羣凶得志，絕滅綱常，其論既勝，其勢既成，崇觀而下，噫乎，尚復可言也。臣所謂道之消長，時之否泰，而實為國家之禍福，社稷之存亡，初非虛語也。臣從遠方，誤玷班列，去來之間，今已一紀，見聞所慮，患可指陳。臣始至時，雖聞亦有議貶道學之說，而實未覩朋黨之分。中更外艱，去國六載，已憂兩議之各甚，每恐一旦之交攻。逮臣復來，其事果見，因惡道學，乃生朋黨，因生朋黨，乃罪忠諫。噫乎，至於以忠諫為罪，則其去紹聖幾何？臣竊為人言，豈可因疾其學而併攻其黨，因攻其黨而併棄其言？得無甚也。陛下至聖至明，初無彼此，而眾論既已交興，聖意豈得無惑？臣本蜀人，為學自有源本，介在朝序，與人亦無親疏，但以終歲之私憂，敢為明主而別白。凡今道學，伊洛為宗，然非程氏之私言，出於大學之記

載。大學之教，明德為先，其間舉詩人之言，於是有道學之目，曰如切如磋，道學也；如琢如磨，自脩也。然則臣所謂以居仁由義為道，正心誠意為學者，又在於切磋而琢磨之。今之道學，其得之有淺深，其行之有誠偽，得之深者固合於大學之明德矣。得之淺者，又可不切磋而琢磨之，使益深而遠自矜以召禍，則無乃亦非歟？行之誠者，斯足以為君子矣。行之偽者，人將見其肺肝然，是固其師友之所不予也，而又何為乎？臣每因論學之間，必有至平之論，往往偽者色愧，淺者心服，又安敢一槩輕譏而痛疾之也？何況其間率多善士，善士所養，人必喜稱，因其喜稱，又以為黨，若俱擯絕，安得更有好人？必取凡才，充塞朝路。陛下嗣位之初，端拱而治，凡所進退，率用人言，初無好惡之私，豈以黨偏為主？而一歲之內，逐者紛紛，中間好人，固亦不少。反以人臣之私意，微累天日之清明。方是時，大臣無所異同，給舍無所

封駁。侍從無所論救。竊嘆而已。委寄謂何所以至斯。良吁有故。今之君子不明大道自視太高。而責人太苛。自視太高。則實將有所不副。責人太苛。則衆將怨且怒。雖然以此窮居議道猶云可也。朝廷之上賢能並用。名利之途。智愚同馳。古今然也。而或者乃唱爲薦士之舉。若區別。而封域之。夫薦士非不善也。然而凡有所取。豈無所遺。凡有所揚。豈無所抑。品題既衆。則疑怨業興。心雖主於至公。迹已涉於朋黨。議論先喧於羣口。用否豈必於一言。是以一時之虛名。而貿後日之實禍。彼既得志。決不我容。況我於窮達進退之間。亦未有充實涵養之素。彼加詆誚。以修往怨。必致過甚。而快私情。往往推忠之言。謂爲沽名之舉。至於絜身以退。亦曰憤懟而然。欲激怒於至尊。必加之以訐訕。事勢至此。循嘿乃宜。循嘿成風。國家安賴。臣欲熄將來之禍。故不憚反復以陳。庶幾聖心廓然。永爲皇極之主。使是非由此而定。

邪正由此而別。公論由此而明。私情由此而熄。道學之議由此而消。朋黨之迹由此而泯。和平之福由此而集。國家之事由此而理。則生靈之幸。社稷之福也。如其不然。使相激相勝。展轉報復。爲禍無窮。臣實未知稅駕之所。臣蒙恩擢任。請對之初。首以是非公論爲言。以免異時無所稅駕之禍。伏乞聖慈留神采覽。必能上當於天心。然後下臣此章。風曉在位。一洗往陋。共趨至公。臣言或狂。甘受誅責。干冒聰聽。退增隕越。

光宗時朱熹與祠。司農少卿劉光祖言漢武帝之於汲黯。唐太宗之於魏徵。仁宗之於唐介。皆暫怒旋悔。熹明先聖之道。爲今宿儒。又非三臣比。陛下初膺大寶。招徠耆儒。此初政之最善者。今一旦無故去之。可惜。且曰。臣非助熹。助陛下者也。再疏不聽。

蔡戡論邪正上奏曰。臣聞知人人君之盛德。人君無職事。惟辨君子小人而進退之耳。君子小人如白黑。如薰蕕。天下皆知之。初不待辨也。但人君不知之耳。蓋讒諂面諛者似乎忠。乘機投合者似乎智。脅肩諂笑者似乎恭。小廉曲謹者似乎賢。排斥小人者或以爲讒。汲引善類者或以爲黨。面折廷爭者或以爲訐。難進易退者或以爲矯。人君智不足以燭之。則君子小人始混殽而莫辨。此安危治亂之所由分也。昔唐德宗謂李泌曰。人言盧杞姦邪。朕殊不覺。泌曰。人言杞姦邪而陛下不覺。此杞所以爲姦邪。甚矣德宗之闇也。信任一盧杞。至於禍敗而不悟。誠可爲萬世人主之戒也。方今朝廷清明。正人端士布滿朝列。大者忠誠而許國。小者靖共而在位。初無小人廁於其間。此皆壽皇涵養多士之功。太上綱羅人材之力。比來國家多事。若非大臣極力扶持。衆賢相與叶贊。天下事未可知也。臣謂陛下既得羣材而用之。要當信任而不疑。無使小人相參。庶幾君子得以展布四

體。圖回治功。用一小人。必將引類而升。邪正雜揉。忠佞並處。交爭而互勝。終必至於小人進而君子退。此古今之常理也。今君子在內。小人在外。各當其分。臣尚何言哉。恭惟陛下臨御之初。所當謹始。國家安危之幾。天下治亂之原。實係於君子小人消長之際。此臣之愚衷所以拳拳而不能自已也。惟陛下財幸。

光宗嘗謂太常少卿羅點曰。卿舊爲宮僚。非他人比。有所欲言。毋憚啓告。點言君子得志常少。小人得志常多。蓋君子志在天下國家。而不在一己。行必直道。言必正論。往往不忤人主。則忤貴近。不忤當路。則忤時俗。小人志在一己。而不在天下國家。所行所言。皆取悅之道。用其所以取忤者。其得志難矣。用其所以取悅者。其不得志亦鮮矣。若昔明主念君子之難進。則極所以主張而覆護之。念小人之難退。則盡所以燭察而隄防之。

寧宗時司封郎官袁燮奏曰。陛下即位之初。委任賓㨗。正士鱗集。而竊威權者從旁覘之。彭龜年逆知其必亂天下。顯言其姦。龜年以罪去。而權臣遂根據。幾危社稷。陛下追思龜年。盡嘗臨朝太息曰。斯人猶在。必大用之。固已深知龜年之忠矣。今正人端士不乏。願陛下常存此心。急聞剴切。崇奬朴直。一龜年雖歿。衆龜年繼進。天下何憂不治。臣昨勸陛下勤於好問。而聖訓有曰。問則明。臣退與朝士言之。莫不稱善。而側聽十旬。陛下之端拱淵默猶昔也。臣竊惑焉。夫既知如是而明。則當知反是而闇。明則輝光旁燭。無所不通。闇則是非得失。懵然不辨矣。

嘉定七年。起居舍人真德秀直前奏劄曰。臣聞君子小人之分。義利而已矣。君子之心。純乎為義。故其得位也。將以行其道。小人之心。純乎為利。故其得位也。將以濟其欲。二者操術不同。故所以導其君者亦異。夫為人君者。受諫則明。拒諫則昏。明則君子得以自盡。昏則小人得以為欺。故為君子者。唯恐其君之不受諫。為小人者。唯恐其君之不拒諫。彼小人者。豈以受諫為不美哉。蓋正論勝則邪說弗容。公道行則私意莫逞。故其術不得不出於此。昔唐憲宗嘗謂李絳曰。比諫官多朋黨。論事不實。皆陷謗訕。欲黜其尤者若何。絳曰。此非陛下意。必憸人以此營誤上心。因極陳其說。以明人臣進諫之難。帝曰。非卿言。我不知諫之益。憲宗唐之英主也。憸人之言一入。幾至於黜諫臣。蓋朋黨謗訕。皆人主之所深惡。因其所惡而激怒之。雖憲宗之明。不能無惑。非絳深知小人情狀而極辨之。則皇甫鎛李逢吉之徒。豈必末年而後用事。嗚呼。人主為社稷計。其可不致察乎此哉。臣嘗歷考前古。凡小人欲排正論。大抵數端。不曰立異。則曰好名。不曰賣直。則曰歸過。而其甚者。則曰朋黨也。謗訕也。蓋為君子者。以引君當道為心。政有得失。必不苟從。不苟從。則近乎立異矣。竭忠論事。必合人情。既合人情。必得時譽。如此。則又近乎好名矣。好直鄰於賣直。救過類於歸過。乃至持論偶同。則可謂之朋黨。危言無隱。則可謂之謗訕。凡此數端。皆迷誤君心之酖毒。蜜絕言路之榛荊也。自非至聖至明。未有不為所惑。仰惟本朝聖哲相承。招徠讜言。如恐弗及。方盛時。天下之士仇然獻議。因有跡狂繆戾。不切事體。沽激矯亢。不本忠誠者。亦皆優容。不以為罪。其間小人不便。或進巧說。若景祐中范仲淹既坐言事絀。議者因請敕牓朝堂。有曰憸邪罔上者有辟。挾私立黨者必懲。自謂足以梗言路矣。而仁宗尋即悔悟。誕降明詔。敦求直言。召還仲淹。竟至大用。而慶曆之治以成。哲廟初用司馬光之言。下詔求諫。當時有不欲者。豫設六事以排之。曰若陰有所懷。犯非其分。或扇搖機事之重。或迎合已行之令。上以觀望朝廷之意。以徼幸希進。下以眩惑流俗之情。以干取虛譽。若是者必罰無赦。光復上疏爭之。以為此非求諫。乃拒諫也。人臣惟不言。言則入六事矣。哲宗宣仁亟俞其請。而四方言利病者。始獲上聞。元祐之治。實基乎此。向使二宗納姦言而不悟。逐正論而不容。則小人之計行。君子之道喪。豐功大業。安得傳示永久。為本朝盛極之日乎。若乃指公論為流俗者。王安石之私心。分上書為邪等者。蔡京之姦計。斥忠賢為僞黨者。韓侂胄之狡謀。覆轍甚明。厥鑒非遠。臣愚伏望陛下恢洪聖度。以徠天下之忠言。昭晰聖鑒。以察群臣之心術。凡在廷之士。有勸陛下以親近端良。不諱已過者。必君子也。不惟聽受之。又當獎擢之。有勸陛下以疑忌人言。惡聞闕失者。必小人也。不惟拒絕之。又當擯斥之。使鳴鳳之瑞日聞。而妖狐之音頓息。若是而治功不隆。天休不格者。非所聞也。惟陛下留神反復愚臣之言。

魏了翁上奏曰。臣猥以不佞。自先帝龍飛親擢。四十年間。五叨聘召。雖或去或就。時義各異。而其間所相似者。侂胄既殛。臣首被特招。彌遠既終。臣又膺嚴詔。深惟兩朝不凡之遇。感深至渥。所當倍道疾趨。恪恭明命。乃再辭而後入。非敢緩也。方嘉定端平更化。取其嘗忤權要者。以次收用。江浙閩越之彥。未數月而集。惟蜀士之名者五人。乃以道遠未至。則背秋涉冬。事體已與前異。於是楊輔除金陵。劉光祖除襄陽。皆自近畿而返。范子長畀節不得入對。趙大全雖丞奉常。旋遭論罷。臣卒以固辭得請。移守廣漢。方改元更始之初。海內拭目以觀太平。豈謂一韓方斃。又生一韓。臣嘗身履其事者。竊自惟念。臣實何人。而嘗居更化召用之選。故多憂易怖。欲進逡郤。踰年而後造闕者。猶未免以嘉定疑端平也。今得諸道路。則所見之事。固已不遠所聞。嗚呼。何治之日果不足以勝亂之時邪。恭惟皇帝陛下以賢聖仁

孝之風著無心而得天下。以艱難險阻之備嘗。不忘心以保天下。凡古今治亂之變。固已周知熟察。而背芒於霍光。駿立於德裕。韜光晦迹以行其所愧。彌遠不怙也。陛下有堯舜之資。而彌遠事之以漢魏叔季之主。而操懿自為耳。操專國二十五年以授其子丕。司馬懿專國二十五年以授其子師昭。及其孫炎。今彌遠竊權之年。視操懿又過之。雖以二子庸劣。無丕炎之黠。未有以濟其無君之謀。而凶類惡醜。根株牽連。彌雖弗彌。遺孽餘毒。必復滋蔓。則將有甚操懿者。陛下獲操大柄。雷霆之威。日月之光。搜聾發瞽。燭霾灼近。自抗發常潤遠至閩廣巴蜀。凡為權臣所斥者。皆已收拾無遺。雖臣獨被重譴之餘。亦得以玷招來之末矣。臣雖不能為時損益。然再辭不獲命。則亦昧於一來。尚幾拭目新化之成。而得諸道路。咸謂汴洛之師。委寇資敵。惠廣之寇。蔡州連城。雖使求和。虛實未保。北人內附。情偽難明。今日而徐邳諸郡覆軍。明日而建寧郡卒作亂。蓋可怖可愕之事。時時有之。至於禁旅不靜。公私鬨戶。井邑驚肆。未圖輦轂之下。而亦有此。於是道謗市議者。率謂羣賢日至。正論日聞。而事變乃爾。莫不歸咎儒生。徒能誦說經義。而於君德於國政。絕未見絲毫之益。雖館職試言學校上書。亦例疑經術為空虛無用之具。夫道謗市議。小人之無識不足問也。而學自孔氏者。亦加姍侮。嗚呼。是未知諸賢之心也。詩曰。靡哲不愚。言如愚人之混俗而苟容也。又曰。善人載尸。言如祭尸之不言而坐食也。若以是責諸賢。雖亦有詞。是豈知權姦擅國之久。無一不壞。譬諸衣敝而生蟣虱。木蠹而生螻蟻。補紉培養。豈一旦夕之功。而乃遽以四十年積壞之事。責衆君子於期月之間。亦為不知務矣。而況正論雖日聞。而實未盡行。賢才雖日至。而實非信任。豈誠諸賢之過。而必為歸咎之說者。此小人之情狀。殆未可測也。臣來自

下土。不知事體。第以累朝之事明之。竊意今日之事。必有乘間伺隙之人。潛伏於冥冥之中。而人不察焉。且元祐之治僅四年而浸路。又四年而改紹聖者。安石之餘黨搖之也。建中靖國之治未半年而遽變。又半年而改崇寧者。京卞之餘黨移之也。檜死之後。暫正而遽已者。檜之黨如該如卨如思退諸人蟠結如故也。侂胄死而更化為具文者。彌遠彌堅。固由韓黨以進。一時達官。皆同類也。今彌遠既斃矣。開平治之期。所宜懲創紹聖崇寧之失。堅凝元祐建中之治。則豈惟壽國家元氣之脈。亦可以杜姦人窺伺之端。而朝廷之上。牽於係累之私。進回顧畏。以生禍隙。遂使朋姦罔上之徒。旁緣事變之來。譏笑善類。將以為援引權黨撼搖國是之地。至煩陛下慨然於舊弼之思。且漢文帝拊髀而嘆無頗牧。唐穆宗當饋而嘆無蕭曹。式無頗牧無蕭曹。是誠可嘆也。今何至乏才如是。而陛下亦以漢文唐穆之嘆。用

之凶狡貪墨之人。萬一聞之四方，則於聖哲知人之鑒，亦不為無玷矣。而況觀人之法，亦視其所主。君所主者寺人，瘠環是亦瘠環之類也。豈有進不以正，而可以當大事乎。陛下方為權臣所操，而不得伸者十年。萬一信任匪人，又為所操，有如此錯，所謂日損一日，歲亡一歲，日月益暮，盛德不完於天下者。不知天下後世以陛下為何如主也。臣被命於改元之後，綴名於衆正之列，亦冀聖德日新，治效日隆，脫四十年韓史濁亂之厄，而自附於慶曆元祐之臣，則臣之願也。而豈欲為咈心逆耳之言，以貽陛下之厭倦。誠見陛下以上知之資，開昇平之運，天下望治者一年有半，而謂小人才於君子，謂君子不才於小人。夫才云者，能為善之稱也。故齊聖廣淵、明允篤誠、忠肅恭懿、宣慈惠和，則謂之才。掩義隱賊、毀信廢忠、獓狠明德、浸欲崇侈，則謂之不才。程顥嘗言：才稟於氣，氣有清濁，稟其清者為賢，稟其濁者為愚。蓋古人以德行為才，本乎性情之正而有以充之，此君子之才也。後世以暴為才，狃乎氣質之偏，憤而長之，小人之才也。君子之才可以開物成務，小人之才至於敗國喪身。幾微之間，安可不察。今陛下以委任之才，而猝然有感，使出於一時之忿懥，而不得其正，則忿懥之平也，猶可反諸正。若遂執此見以為觀人之法，使此曹得志，則必引其儕類以紛亂衆事，如呂惠卿之擾王安石，蔡京之逐韓忠彥，雖於受知受舉之地，且不暇恤，而何有於同列。於是時也，賢者必相携持而去，凡粗有知識者亦皆凜凜乎有危亡之憂矣。乃者侍從臺諫間無一言，僅有給舍論列，亦未有所施行，乃因其自陳而姑聽之去。愛護存全，若將有待。識恐宿根未翦，一旦發見，則必如章惇、蔡京，始焉恤公論而強從，終必逐諸賢而復用。臣竊有深憂焉。今陛下丕建二相，必將進退人物，一新中外之觀聽，此正君子小人消長之機。天下

國家安危之候，天命人心去留之日。臣願亟輸衷臆，與二三大臣察人心邪正之實，推世變倚伏之機，必知譖御之易於移人，必惟公論之不可不恤。念忠忱諫實者雖無目前速效之可見，而決無反覆難信之憂。凶狡貪墨一著，雖有一時逢迎之可悅，決有包藏不測之患。書曰：天位艱哉。德惟治，否德亂。惟陛下思患而豫防焉。臣以譴逐之餘，誠不自意再望清光。眷眷憂國之忠，蓄懷積臆，將為陛下歷歷言之。獨念進退人物，乃治忽安危之繫，用敢不避狂僭，輒以是為群言之首。雖攘臂當虜，為士所笑，然懲羹吹齏，臣實恥之。惟陛下幸赦其愚。

衷說文上言人材議論曰：臣以駑下不才，蒙陛下過聽，擢在版曹，蓋三年矣。心力竭而事功蔑有，歲月久而曠責益深。陛下既不賜誅斥，且復進而使之，全蜀重寄，華閣新班，一旦盡以畀臣，而無難者。怳拜絲綸，從天而下，乾坤施厚，螻蟻命輕。臣實未知糜捐報稱之地也。茲者陛辭，引道邈遠，闕庭為戀戀。孤忠願有以仰贊睿謨，少裨廟筭。惟陛下垂聽焉。臣仰惟陛下臨御以來，于今三載，凡規摹之創，宫好惡之杷張，定國是以正人心，懲異端以明正學，此其為治之大要，立政之宏綱，蓋亦知其說矣。然而上之明效大驗，下之游談聚議，殆亦有所未喻者。臣請撮其大者，猶言之。今日之患，在人才之不振，而議論之未一也。人才不振，何以立事功；議論未一，何以靖邦國。事功不立，則陛下雖日焦勞，雖日圖治，恐無事則可以苟安，緩急則不可為矣。邦國不靖，則陛下雖日號召，雖日勸懲，臣恐無事則君子猶可自存，緩急則小人乘間而起矣。此臣之所甚慮者也。然則將何術以處此哉。臣願陛下必有以作成天下之人材，必有以堅守今日之議論可也。臣聞天下未嘗無才也。激之則強，抑之則弱，勸之則銳，銷之則鈍，而強弱銳鈍之間，皆在人主用之如何耳。今以天下之大，而謂之無

人才可否其平居暇日孰無趍事赴功之心也往往欲有所為首末一見而掣其肘者已在後矣小有違言不要其成而議其害者已沮之矣甚者以姑息為美政而士大夫之欲慷慨敢為者則又恐以過當獲譴矣姑息之政既行於是官府無綱紀名分無等衰官不敢為而小人無忌憚矣此則姑息之害人才者也以循嘿為官業而士大夫之欲興利除害者則又恐以生事受謗矣循嘿之風既成於是百弊日以滋吏姦日以熾才否之不分而一事不可為矣此則循嘿之害人才者也非無可用之人才而人才不容其自見非無可為之事業而事業無路以自修於此而諉曰今日而無人才豈不負陛下也臣願陛下奮乾之剛用夬之決慨然以人才為急務凡臣下之可與有為者使之各用其長各盡其力毋使掣肘者之在其後毋使議害者之沮其成盡斥姑息之說深懲循嘿之弊有以大振其强鋭之

氣而毋導其銷弱之機有弊使之必革有姦使之必治上則獎借激勵而作其事功之心下則滌蕩振刷而絕其怠惰之意如此則無事之日既能為陛下長久之計一有緩急皆是為陛下用矣臣故曰作成天下之人材者此也臣聞天下之理長久而可恃者莫過於誠實夫誠與偽對實與虛對誠實虛偽盖薰蕕玉石之不相似也古之人臣所以尊君親上建功立業愈久愈信牢不可破者惟誠與實而已是豈有一毫偽心一毫虛語哉如金石之堅如蓍龜之信此誠天下長久可恃之理也彼虛偽者誠何人哉聽其言甚美觀其貌甚莊其口才則辨給而甚容其心謀則姚曲而叵測然其志則無不私也無不欲也心勞日拙動見肺肝欲以欺人且將自欺矣其於尊君親上建功立業臣知其必不可保也且居仁由義以為道正心誠意以為學儒者以斯道斯學為己任未嘗不誠且實也使見彼之虛與偽亦

甚惡而攻之何者誠恐竊近似而累其户庭陛下天縱聰明曉然知誠實者之可恃而虛偽者之可嫉也苟得道學之誠且實者而用之豈不足比隆盛世乎故凡道學固本於誠且實奈何多為竊道之名以沽名媒利者所累上之人辨形察迹率不復用謂君可以少革矣然疑防過當賢者退伏玉石俱焚今其虛偽之徒反自煽於在下之議論乃猶有可慮者黨與之密謀將有以搖國論訕謗之横起將有以恐衆心斂形匿色而懷乘間投隙之姦内合外連而有指天誓日之憤此其志甚不小也豈惟為清朝之累而道學諸君子亦因之而為累誠非誠實者之所樂聞議論之未一蓋莫甚於此矣夫人心家易搖也況人主之好惡哉唐太宗嘗曰人主惟一心而攻之者衆陛下深居九重苟非卓然自有堅確之見斷不可易臣恐日復一日歲復一歲如所謂虛偽假託之徒必將多端百計俟罅伺隙以攻陛下

之心而道學之誠且實者同歸於廢棄而不得復用於世矣其說一售其計一行如潰癰疽如决隄防其為禍害庸有已也可不畏哉中庸大學豈非格言存誠務實豈非吉士惟其兼收並蓄務廣户庭歸斯受之反為所累論久則定事窮則明誠實者固難混殽而虛偽者强為簧鼓臣願陛下以今日之議論既已深求誠實之可恃虛偽之可嫉堅持此說力守此見理到之議論勿變勿易道學之誠實勿惑勿疑宰執臺諫侍從皆所以維持軒輊此議論者也自此或小不審捨其誠實一用虛偽之黨而為之則議論即變於上矣周行百執事皆視聽此議論者也自此或小不審捨其誠實一用虛偽之黨而為之則議論即變於下矣願陛下詳加謹擇多為審辨凡除授之際使誠實者幸得見用而虛偽者斷無間之可入則陛下斯可高枕而卧矣臣故曰堅守今日之議論者此也陛下懷采臣言以堅聖志歷千

百年而守之常如一日。則人才可用。議論可一。天下之事斯可以有爲矣。人才之趍事赴功者豈無足以爲陛下用。而通學之誠且實者。亦何負於陛下哉。臣一麾請老萬里而去。貪戀聖恩有懷欲吐。一則恐以偏黨而壞有志之人才。一則恐以虛僞而傷誠實之道學。獨以一劄專以二說爲陛下獻。少効臣子愛君之忠。其他細務瑣說不復以瀆天聽。惟聖慈財幸。

知泉州李韶還權禮部尚書。復三辭不許。入見疏曰。陛下改畀正權並進時望。天下孰不延頸以覯大治。臣竊窺之。恐猶前日也。君子小人。倫類不同。惟不計近功。不急小利。然後君子有以自見。不惡聞過。不諱盡言。然後小人無以自託。不然治亂安危。反覆手爾。

歷代名臣奏議卷之一百五十七

歷代名臣奏議卷之一百五十八

知人

宋理宗寶慶元年冬。宗正寺簿梁成大轉對。首言大佞似忠。大辯似訥。或好名以自鬻。或立異以自詭。或假高尚之節以要君。或飾矯僞之學以欺世。言若忠鯁。心實回衺。一不察焉。薰蕕同器。涇渭雜流矣。言不達變。謀不中機。或巧辯以爲能。或詭訐以市直。或設奇險之說以駭衆聽。或肆妄誕之論以惑士心。所行非所言。所守非所學。一不辨焉。枘鑿不侔。矛盾相激矣。

理宗時。翰林學士知制誥真德秀。伸雪葉莫誣枉。乞加録用。狀奏曰。臣恭覩皇帝陛下。躬親大政以來。開衆正。杜羣枉。進君子。退小人。積年蒙蔽之餘。一旦豁然天日澄霽。至於疎遠小臣。行治有聞者多預召擢。誣枉斥廢者亦被洗滌。公道昭明。衆志用勸。今有人焉。嘗捐軀命。委家捲爲一方翦除兇叛。而扼於讒口。困躓弗伸者。殆將十年。其事實關於臣。臣而不言。誰當言者。臣嘉定之末。竢皐湖湘。所部武岡軍守臣司馬遵。不善撫循。致激戎伍之變。臣以本軍簽書判官廳公事葉莫寬和得衆。委以攝郡。審設方畧。俾爲之圖。莫能外示函容。而陰設規畫。不數旬間。誅斬兇渠。闔郡底定。臣即奏于朝。蒙恩特進三秩。就陞通判。以奬其忠勞。既又改倅江陵。欲付以事任。而司馬遵者間廢頗久。志圖復用。撰造誣罔之辭。以媒言路。言者適其鄉曲。不暇審評。遽行彈奏。削秩免官。其後辟倅汀州。又以劾免。今按其所論。大要有三。曰脅長吏而奪之印也。曰諭賊黨以逐郡守也。曰掩諸卒禽賊之功以爲己有也。臣身與其事。謹爲條析而辯明之。司馬遵當叛卒囂譁之初。皇恐失措。以疾爲辭。牒遣印記。又以手帖懇囑叮嚀。郡之官僚。亦合辭致請。時事變叵測。人情憂危。莫不獲已出任撫定之責。而數申諸司求免攝郡。臣爲檄永州通判魏泌前往究實。欲以代之。泌至武岡。而永守遣以論羅。有旨令交與次官。泌既亟歸零陵。臣遂復以付莫。迄能顯立功效。不負駁令。然其本心蓋求免而不獲。非欲攝以規利也。方移具在。一一可覆。而謂莫迫而奪之。即可乎。其誣一也。臣既劾遵于朝。又慮其久留俟命。萬一不測。或生他虞。則賊之兇焰又將愈熾。一境生靈皆有魚肉之憂。不獲已令遵先次離任。而嚴督巡尉護出。數程戒諭卒徒。毋得凌犯。遵於枕蛟藉甬之時。得自拔以去。盡室獲全。莫之保護。不爲無力。而謂諭賊黨以逐之。可乎。其誣二也。臣聞變之後。與莫書問往來。輒爲隱語。使用以賊攻賊之策。時諸營千餘人。悉已從賊。而莫能於中擇可仗者數人。出臣所下賞榜文帖密以示之。諭以禍福。結以恩信。然後陳喜李成等踴躍效命。非莫發縱指示。雖百陳喜安能成功。其間當賞之人。皆莫保明申上。未幾命下。補承信校尉者四人。莫於諸卒亦無負矣。而謂掩其功以爲已有可乎。其誣三也。方是時叛卒恣横。求得欲從。諸郡之兵。爭相慕傚。有瞋目語難之態。而邵州之勢尤急。臣繆尸帥事。日夕軫憂。幸莫功成。聞者惕息。憂端頓弭。軍律用張。臣之薦辭謂其事雖止一方。其利實及一路。蓋以此也。而遵不思由己以致變。乃反嫁罪而誣人。使莫以慈祥豈弟之資。而被凶險傾邪之目。詆誣至此。可謂欺天。言者未必有心。遵實織成其罪。莫既鐫斥。遵遂得祠。懲勸易施。重爲可歎。臣平居念此。每爲拂膺。今者天啓聖明。宏開公道。而臣猥以不肖受任全閩。莫之本貫。在臣治所。祠廩之給。又在本州。議幕虛員。委令承攝。亦能多所裨益。似此人材。豈宜久棄。且昔嘗賴之以免責。今可不爲之訟冤。事之本末。不敢悉塵天聽。已備録申尚書省外。莫以儒科入仕。治邑有稱。兩任通判。共歷貳考八月有奇。今以朝請大夫主

管建昌軍仙都觀。資歷已深。治行無闕。伏望聖慈念其捐身弭亂之功。憫其遭誣家食之久。優加録用。使天下之士知能爲國宣力者。雖見枉於一時。終獲伸於異日。其於勸厲。實非小補。須至奏聞者。得旨。以莫知贛州。

淳祐十二年。秘書少監兼侍立修注官高斯得奏曰。臣竊觀仁宗皇帝朝歐陽脩爲諫官。因小人唱爲朋黨之説。以誣君子。進朋黨論。謂朋黨非所患。在辨君子與小人而已。其言深切著明。可以一洗千古朋黨之論。爲人君者所當篤信而力行之也。夫脩謂周武之臣。三千人共爲一朋。自古爲朋之多且大。莫如周。而周用以興。言善人不厭乎多也。今善人方患其少。而或者尚指以爲黨。欲排去之。抑何與脩異見乎。臣竊見近者名臣去位。係國安危。臣謂舉朝之士。皆將起而爭之矣。然以事關諫臣。畏威懼禍。自宰執而下。留行者不過八九人。諫臣誣劾其人。留之不可。能與諫臣爭是非者。又不過四五人。可謂至寡。而不能爲朋矣。諫臣反謂其要私黨以乞留。又謂逐去其人則朋黨可消。以激怒陛下。嗚呼。天下安有四五人而可以謂朋黨者哉。夫虞周之朋不厭其多。彼諫臣者固不足以知此矣。若以漢唐之朋黨言之。則漢之三君八俊八顧八及八廚。唐之八關十六子。與其徒黨充斥朝廷。布滿天下。如是而指爲朋黨猶可也。今蹈方據正之士踈稀牢落。有如晨星。方患其氣勢單弱。不足以敵群小而主公議。而猶欲以朋黨陷之。不亦欺天誣人之甚乎。且仁宗之諫臣持論如此。而陛下之諫臣持論如彼。公私邪正固不待辨。然亦可以觀世道矣。臣願陛下置脩所著於坐隅。朝夕省覧。以虞周信用君子者自勉。毋惑於小人誣陷之言。廢斥善良。獲安宗社有賴。不然脩所言漢唐末世鋤去朋黨之禍。甚可懼也。可不監哉。

淳祐間侍御史陳垓誣劾程公許。若正言蔡榮誣劾黃之純。二公罷出。六館相顧失色。太學生劉黻率諸生上書言黻等蒙被教養。視國家休戚利害。若己痛癢。朝廷進一君子。臺諫發一公論。則彈冠相慶喜溢肺膺。至若君子欝而不獲用。公論沮而不克伸。則憂憤怏結。寢食俱廢。臣聞扶植宗社在君子。扶植君子在公論。陛下在位幾三十年。端平間。公正萃朝。忠讜接武。天下翕然曰。此小元祐也。淳祐初。大姦屏迹。善類在位。天下又翕然曰。此又一端平也。柰何年來培養保護之初心。不能不為之轉移。祖宗建置臺諫。本以伸君子而折小人。昌公論而杜私說。迺今老饕自肆。姦種相仍。以諂諛承風旨。以傾險設機阱。以濟淫盜官爵。陛下非不識拔羣賢。彼則忍於空君子之黨。陛下非不容受直言。彼則勇於倒公議之戈。不知陛下何負此輩。而彼乃負陛下至此耶。當陛下詔起槀髦之秋。而公許起自家食。正君子覘之以為進退之機。迺今坐席未溫。彈章已上。一公許去。若未害也。臣恐草野諸賢見幾深遁。而君子之脉自此絕矣。比年朋邪扇熖緘默成風。奏事者不過襲陳言應故事而已。幸而之純兩疏差強人意。迺今歛媚者全身。鯁直者去國。一之純去。若未害也。臣恐道路以目。欲言輒沮。而公論之脉自此絕矣。況今天下可言之事不為少。可攻之惡不為不多。術窮桑孔。漫有逼上之嫌。勢挾金張。濫履牧民之職。以乳臭騃子而躐登從橐。以兇範私人而累典輔藩。錢神通靈於旁蹊。公器反類於互市。天下皆知之。豈陛下獨不知之。政惟為陛下紀綱者知為身謀。不為陛下謀。陛下明燭事幾。詎可墮此輩蒙蔽術中。何忍以祖宗三百年風憲之司。而壞於一二小人之手耶。臣汝騰陛下之劉向也。則以忠鯁斥。臣子才。臣棟。臣伯玉。陛下之汲黯也。則以切直黜。遂使淳祐諸君子。消月磨至今。殆為之一空。彼誠何心

哉。高宗紹興二十年之詔。有謂臺諫風憲之地。年來用人非據。與大臣為支黨。濟其喜怒。甚非耳目之寄。臣竊觀近事。不獨臺諫為大臣支黨。內簡相傳風旨。相諭且甘為鷹犬而聽其指嗾焉。宰相所不樂者。外示優容而陰實頤指臺諫以去之。臺諫所彈擊者。外若不相為謀。而陰實奉承宰相以行之。方公許之召也。天下皆知獨斷於宸衷。及公許之來也。天下亦知嘗得罪於時宰。豈料陛下之恩終不足恃。宰相之嗔竟不可逃耶。陛下萬機之暇。試以公許之純與垓榮等孰思而靜評之。其言論孰正孰邪。孰忠孰佞。雖中智以下之主。猶知判別是非。況以陛下明聖。而顧不察此。近見公許奏疏。嘗告陛下揭至公以示天下。垓則以祕密之說惑上聽。公許嘗告陛下以寵賂日章。官邪無旌。欲塞倖門絕曲徑。垓則縱挾客以兜攬關節。持鬪扁以脅取舉狀。開賂門以籔弄按章。至若之純之告陛下。力伸邪正之辨。明斥媢相之非。謇謇諤諤。流出肺肝。榮身居言責。聞其風聲。自當愧死。尚敢安肆萋菲。略無人心乎。且陛下擢用臺諫。若臣嵩。臣鄉。臣洛夔臣應起。臣漢弼。臣凱。臣燧。先明俊偉。卓為天下稱首。然甫入而遽遷或一鳴而輒斥。獨垓榮輩貪饕頑忍。久汙要津。根據而不拔。劉向所謂用賢轉石。去佞拔山者。乃今見之。可不畏哉。矧今國嗣未正。事會方殷。民生膏血。朘削殆盡。所賴以祈天命係人心。惟君子與公論一脉耳。小人以不恤之心。為無忌憚之事。其意不過欲爵祿日穹。權勢日盛。以富貴遺子孫耳。豈暇為國家計哉。自昔天下之患。莫大於舉朝無公論。空國無君子。我朝本無大失德於天下。而乃有宣靖之禍。夫豈無其故哉。始則邪正交攻。更出迭入。中則朋邪翼偽。陰陷潛詆。終則倒置是非。變亂黑白。不至於黨禍不止。向使劉安世陳瓘諸賢尚無恙。楊畏張商英周秩輩不久據臺綱。其禍豈至此烈。古語云。前

車覆後車戒今朝廷善類無幾心懷姦險者則以文藻飾佞舌志在依違者則以首鼠持圓機宗社大計孰肯明目張膽為陛下伸一喙者則其勢必終於空國無君子舉朝無公論無君子無公論脫有緩急彼一二儉人者陛下獨可倚仗之乎若埃之罪又浮於蔡雖兩觀之誅四裔之投猶為輕典陛下留之一日則長一日之禍異時雖借尚方劒以礪其首尚何救於國事之萬一哉又曰自昔大奸巨蠹技閑散地惟覘朝廷意向以圖進用之機元祐間章惇呂惠卿皆在貶所自呂大防用楊畏為御史初意不過信用私人牢護局面不知小人得志搖唇鼓吻一時正人旋被斥逐繼而張惇復柄用雖大防亦不能安其身於朝廷之上今右轄久虛姦臣垂涎有日矣聞之道路餽遺不止於鞭轡脉絡潛通於禁近正陛下明察事機之時若公論不明正人引去則遲回展轉銓衡重寄必歸於章惇等乃止今日之

天下乃祖宗艱難積累之天下豈堪此輩再壞耶

理宗時董重珎為秘書郎兼莊文府教授入對上五事且曰隱蔽君德昔咎故相故臣得以專詆權臣昭明君德今在陛下故臣以責難君父乞召真德秀魏了翁用之帝謂之曰人主之職無他惟辨君子小人重珎對曰小人亦指君子為小人此為難辨人主當精擇人望處之要津正論日聞則必知君子姓名小人情狀矣

吳昌裔論君子小人上奏曰臣蜀人也無荷殳之力以備戎行無郤兵之智以衛鄉國獨以文墨議論委質中朝孤立危言靡所裨益茲蒙陛下過聽擢臣於禮樂之司付臣以軍旅之事君命為義何敢辭難今當遠離蒙恩賜對深惟根本大計不勝臣子至情輒竭愚忠仰裨睿覽臣聞君子小人之間天地陰陽之大分也稟剛善者必明正大而無纖芥之可疑得陰柔者私暗回邪而有變態之難測君子如鳳麟如松柏高翔特吾無所依憑小人如蛇蚓如藤蘿非附他物不能自起蓋嘗以此博觀當世之士而忠邪善惡有如冰炭不同故守道據正靖共爾位者君子也希進競利苟志於得者小人也竭節盡言中立不倚者君子也隱情惜己隨時上下者小人也有直質無流心所言常依於義者君子也有口才無實行其辨足以飾非者小人也端良忠實自結主知而不肯曲奉權要者君子也詭詐狡獪不安常分而專欲捷出他徑者小人也砥善首公力行好事護持氣類者君子也陰毀陽譽設為危機陷害善良者小人也寬平無我容詠善道常與公論為主者君子也險愎自用娼嫉人言率與公論立敵者小人也樂行憂違難進易退道合則從不合則奉身以去者君子也尸祿素餐頑頓無恥利合則交利盡則反目相扼者小人也廉不近名義不黷貨一介有所不取者君子也行汙寄治身私託公患失無

所不至者小人也勤彊夙夜盡瘁而為常以天下之重自任者君子也畏避形迹互觀顏面不以至公之道事君者小人也鞠躬盡力忠於職分雖歷夷險不貳其行者君子也恫疑虛喝敢為大言脫有緩急不可保信者小人也大抵君子為陽小人為陰陽明勝則治象盛其道浸登於明昌陰濁勝則亂機萌其勢漸趨於暗塞自古小人衆而君子孤亂世多而治世少無他亦視君德之强弱而已蓋人君始初清明中有所主不為物慾流轉則如正陽方升而群陰退聽及其壯志消平主不勝客或為好惡移奪則如陰氣盛長而陽德日消消長分數之不同此正邪聚散之證候也故滯於所偏信則近言入惑於不當疑則遠臣懼自聖而謂莫己若則拂士日遠有言而曰莫予違則佞人日肅以譏愿為愛憎則是非雜揉以意見為厚薄則邪正倒植寄耳目於小臣則詭遇之徒獲進剪羽翼於忠諫則知幾之士

不來。其始機括之轉，浸淫不知，而其弊至於國空主勢孤立，可不畏哉。仰惟陛下天地其量，日月其心，虛己受人，開道求諫，凡人之彥聖言之初，真是能容之。其心非不休休然也，而比年以來，初意漸變，好賢善念既衰於更化之初，而從諫盛心寖移於親事之後，始未嘗不信君子，而卒無近効，則不免猜疑。初未嘗不容正人，而數有危言，則遂生厭薄。於是有經術明大誼者，指之為迂；好議論有風節者，目之為險；犯顏敢諫者，謂為好聞；指佞觸邪者，謂為近名。昔之所進，今不知其所亡；前之乍賢，後忽以為乍佞。善人國之嘉香，而今以為無用之病樗；忠言國之良劑，而今以為難近之烏喙。至於有言責者，往往華以美遷而出之，是豈陛下之本心哉。蓋由讒人害正之謀，利口傾善之計，所以留根而為毒者，至今尚深也。大學之論心，曰有所忿懥則不得其正，有所好樂則不得其正。洪範之建極，曰無有作好，遵王之道，無有作惡，遵王之路。此言私喜怒之不可有，而偏好惡之所當無也，豈非萬世人君治心建極之準的哉。臣願陛下虛心平聽，燭理並觀，察大學之所有，謹洪範之所無，苟有才誠合一者，進之雖不快于心，勿棄也。有心迹自異者，黜之雖順適己志，勿取也。有砥節礪行為世所予者，予之雖意之所憎，勿廢也。有懷私誤國為衆所棄者，棄之雖心之所愛，勿徇也。不以左右親昵私聽斷，不以外庭疎遠而生猜疑，使自心腹以至耳目喉舌之地，皆不容有毫髮邪氣留於其間，則以之永天命而固，以之收人心而凝，雖夷狄盜賊聞風亦有所憚矣。臣奉命從軍，不當復與國事，然每見諸葛亮出師一疏，拳拳以君子小人為言。且三致意於宮中府中之事，公誠懇惻，藹有王佐氣象。蓋軍旅之事，尚才能，朝廷之士，先名節，外之得以奔奏禦侮而就功名者，未有不由內之孝友忠純者，有以養君心而斷國論也。一有忌功嫉能之人雜之，則其弊不閱而甚間至矣，尚何暇議勝敗哉。詩云：憂心悄悄，慍于羣小。臣之愚慮，惟陛下察之。

許應龍破朋黨進故事曰：孝宗皇帝嘗曰：朋黨不難去，惟賢是進，惟不肖是退。弗問其他，則黨論自消。漢唐末世，朋黨皆數十年不能解，以至禍亂，其患在人君聽納之不明耳。若能公是公非，惟理適從，何朋黨之有。當時大臣因奏曰：用人惟論賢否，則無朋黨，如唐之牛李，論者謂德裕之黨多君子，宗閔之黨多小人，然德裕之黨豈無白敏中之傾險，宗閔之黨豈無周墀之正直，但於兩黨中用賢者，黜不肖者，則其黨自破。

臣聞朋黨之患，其來久矣。不患是非之難知，而患考察之不審。自古欲空人之國而盡去君子者，必進朋黨之論；欲孤人主之勢而蔽其聰明者，亦進朋黨之說。此言一入，則無分可否，不辨真偽，一槩而去之，遂至朋家作仇，兆釁無已。苟能公心無我，靜觀潛察，不問其黨與之有無，而惟論其人之賢否，使其奉公守正，協恭和衷，雖更相稱譽，豈為比周，則信之任之，何嫌其為黨。使其同惡相濟，假公濟私，文飾姦言，觖排善類，則當斥之絕之，以破其植黨。如此則邪惡洞分，疑似莫惑，當使衆賢和於朝，而小人無所容其迹矣。尚何朋黨之足慮哉。奈何世之人主，意見或偏，進一人焉，則意其類之皆賢也，並蓄兼收而不察其真與偽；退一人焉，則疑其徒之皆黨也，斥逐無遺而不辨其是與非。況進退之間，或出一時之好惡，未必合於天下之至公，焉可併其類而為之升黜。縱使為君子之黨，其間豈無譽偽假真而巧於附麗者乎，安可例以為賢而是信是使。縱使為小人之所引，其間豈無和而不同，而介然有守者乎，安可疑以為不賢，而盡屏盡棄。然則孝宗[illegible]所謂若能公是公非惟理道從，何朋黨之有。真萬世之龜鑑也。抑又聞高宗皇帝嘗謂朝廷用人，止論其才不才，言者好以朋黨罪士大夫，乃朝廷使之爲黨，非所以獎賢才而厚風俗也。然則爲人上者，惟當任賢勿貳，去邪勿疑，以至公爲心，而盡破朋黨之論，則君子道長，小人道消，可以常爲泰而不爲否矣。

考功郎官趙景緯論監司守令。其說曰：知人之難，自古已然。人才之使[illegible]今爲甚。或觀望而撓於勢，或阿私而徇於情，或是非不公，而以枉爲直，或毀譽失實，而以汙爲廉，遂使舉刺不當，不足以服天下之心。與其糾劾於有罪之後，而未必盡得其情，孰若精擇於未用之先，而使之各稱其職。

起居舍人牟子才上劄子曰：臣竊惟陛下月正元日，誕布宸奎，以用人爲第一義。且曰：古今治亂之原，由正邪用舍之故。臣拜手稽首作而歎曰：大哉王言！陛下之及此，世道之福也。夫自昔人主莫不好治而惡亂，進君子而退小人。然治日常少，亂日常多，君子常退而小人常進者，何哉？由辨之不早辨也。夫人主無他職，在於辨君子小人而已。今陛下濬發睿衷，形之明詔，必灼然有以見治亂之所關，邪正之所在，而知所以辨之矣。此臣所以深爲世道幸也。詩曰：豐水有芑，武王豈不仕？以言人才之盛於涵養也。蒹葭蒼蒼，白露爲霜，以言人才之成於患難也。陛下圖任以來，善類招旌四出，凡光明碩大、剛中端厚之士，莫不盈列於朝，既足以爲豐芑數世之儲矣。而其疏落不偶，如積被擯抑者，如新蒙湔滌者，如持麾節于遠外者，甘於家食，淹於倅貳，困於幕府之下僚者，大抵皆蒼葭白露之餘，老於憂患，而堅實可用，尚不及時收召，臣恐其歲月侵尋，而骨骸消磨，良可惜也。此在陛下加之意而已。然臣嘗深思靜慮，以爲陛下端平以來，未嘗不用君子也。其後疑君子爲無功，而喜小人之有材，循至近歲，誤任大姦，遂使空國無君子，而用一副當人，凶愚參會，怨憤流行，卒召禍患，使非鹿磯一捷，則宗廟社稷可爲寒心。陛下亦豈知其禍之至於此哉？覆車未遠，所謂小人者，定皆絕意勿用。如人之飢，終不食烏喙，渴終不飲鴆漿可也。今大姦既殞，而餘毒遺烈，入人者深，惟陛下盡聚諸賢，養元氣以敵外邪。然如胡安國有言：仁宗皇帝所養之君子，既久且遠，日以消亡；而王安石所教之小人，方蕃息未艾。臣恐分數多少之間，正所當慮也。且小人無材，何以動人主？彼其治辨也似能，其權譎也似智，其奉上也似忠，而不知鷙忍褊賊，實國家之斧斤，生民之乳虎，蒼鷹，爲善類之鬼蜮螟螣也。凶于而國，害于而家，其可再誤？即夫所謂一介臣，斷斷猗無他技，其心休休，其如有容，以保子孫黎民者，固在此而不在彼也。儻忽於幾微，辨之不早，臣恐汲黯不足以勝公孫弘、張湯，裴度不足以勝异、鎛，陸贄不足以勝延齡。邪正反復，而世道隨之矣。易之坤曰：履霜堅冰至。泰曰：無平不陂，無往不復。姤曰：繫于金柅，牽道柔也。可不謹哉？臣嘗觀元祐之時，司馬光、文彥博、呂公著在朝，併呂大防、韓維、劉摯、范純仁在政府，蘇轍、孫覺、梁燾、鮮于侁、朱光庭、傅堯俞、呂陶在臺諫，蘇軾在翰苑，范百祿、曾肇、劉攽、蘇轍在詞掖，范祖禹在給舍，傅堯俞、韓維、范祖禹、趙彥若、程頤在經筵，可謂盛矣。一隙不謹，而楊畏、李清臣、鄧伯溫之徒已議其後，天下事蓋有不可勝言者。不然，雖百年元祐可也。臣不勝惓惓。

子才輪對，論君子小人聚散。劄子曰：臣待罪著庭，凡七閱月，一無補報，比因水災，冒瀆愚慮，荷陛下寬貸，采賜誅夷，在愚臣已深感幸。茲當輪對，瀆冒宸嚴。臣聞國於天地，所恃以立者，人才耳。然人才之在天下，有賢有否，有聚有散。賢而聚邪，則精神之運動，心術之流行，皆足以福天下。不幸而散。則世道之所關。非國家之福也。不賢而聚耶。則妖孽之黨蒸。刻薄之流汪。皆足以禍天下。幸而散。則人情之所喜亦國家之福也。然則君子之聚。乃所以為小人之散。而君子之散又復為小人之聚。一聚一散。相為循環。此正天運關闔之樞。世數屈伸之係。國祚脩短之端。生民休戚之限。世道隆汚之幾。一息少有間焉。則小往而大來。陽消而陰長。有天下者不可不察也。我國家五星聚奎。實主文治。列聖相承。惟以收攬人才為第一事。雖棫樸之能官人。卷阿之用吉士。未是過也。咸平景德之間。渾然不見其際。所謂人才之太極。政事之太和也。天聖以來。王曾呂夷簡相。君子嘗一聚矣。未幾而散於景祐百官之一圖。又散於慶曆聖德之一詩。又散於王拱辰打就之一網。是天聖以來之人才。散於忠邪之相激。然其害止於散而已。神宗初年。富弼復相。至和嘉祐之君子。未至於散也。熙寧之邪說一進。而

先朝之大臣最先散。未幾而議新法不合者盡散。未幾而條例司之賢者亦散。是熙豐之人才散於法令之變更也。然其害止於散而已。元祐初。司馬光相。呂公著文彥博相繼輔政。君子又聚矣。品流太分。事故反覆。濫觴於吏額之小爭。浸淫於調停之初議。滔天於策題之分辨。而君子之黨盡散。極而至於朝堂之榜。黨碑之鐫。[illegible][illegible]忠賢實草管之不若。是元祐之人才散於別白之太過。其為禍蓋不止於散也。建中靖國初。起范純仁。相韓忠彥。君子又聚矣。天下方以快活差除為喜。而曾布溫益志在朋奸。置政事局。而輕元祐重元符。進變助圖。而左軾轍。右京卞。意向一偏。而君子逐盡者。而元符上書人一皆以邪目之。是建靖之人才散於中非中。而靖非靖。其為禍蓋不止於散也。中興以來。張浚趙鼎為相。君子又聚矣。未幾秦檜當國。力主和議。一時讜論。如胡銓等三十二人。不肯附麗。如李綱等八十餘人。率皆擯棄。或死於囹圄。或死於貶所。或流落於魑魅之區。累赦不移。或棲遲於林泉之下。屏逐不出。是紹興之人才散於多主戰而少主和。其為禍又不止於散也。慶元初。趙汝愚相。凡一時知名之士。朝除暮拜。略已無遺。姦憸小人。相與反目而感怨恨之餘。亟引非類。布居臺評。於是汝愚引用之人。以次而去。大者貶竄。小者斥退。而舉偽六士屏竄。相黨之禁愈嚴。士大夫之禍愈酷。是慶元之人才散於嫉專門而禁道學。其為禍又不止於散也。臣嘗通考國朝之人才。大抵屢散有散之大者。散之小者。有散之緩者。散之速者。有散之遽者。散之極者。始而君子攻小人。其變也君子攻君子。甚至於君子而力引於小人。始而小人攻君子。其變也小人攻小人。甚至於小人而陽附於君子。推移不一。債起相尋。然要其極。亦不過散而聚。聚而散耳。閱汗青而慨歎。撫往事以興嗟。今日正當君子大聚散之秋。其可不先幾微而

逆致其防哉。陛下即位幾三十年。君子之類凡三聚而三散矣。端平親政。一聚散也。甲辰改紀。二聚散也。丁未更化。三聚散也。今日一相並建。公道復明。加以辟招旌賁。君少聚矣。然方剛忠鯁者淹之外服。黠壘卓傑者屈之家食。抱負耿介者多鬱沈。操守端靖者罕獲權。或者猶以為未聚也。來者不合而旋去。居者靡固而易搖。落如晨星。寥如霜葉。則又幾於散矣。夫聚之常覺其難。散之常覺其易。何也。君子不為富貴所欲。則去就輕。去就輕。則知醴酒不設。楚人市箱之幾。必先幾而去矣。然不知其初貴幾召節也。君子不為利慾所迷。則出處定。出處定。則知刳胎毀卵。鳳凰不來之意。必以兆而行矣。然不知其初實幾綸詔也。此聚之所以難。而散之所以易也。君子敢言以抗小人之鋒。雖有大艱難。不復計其身之濟否也。雖有大機穽。不復計其身之利害也。君子敢為以摧小人之鋒。雖有大機患。不顧其身之死

生也。雖有大譊毀。不暇顧其身之合否也。此聚之所以難。而散之所以易也。然其聚也。常以君相好賢之篤。其散也。常以黨人娼疾之深。其聚也。常以至誠辯與之實。其散也。常以疑碁不容之過。其聚也。常以氣類汲引之公。其散也。常以意向異同之別。其聚也。以尊敬之積。其散也。以厭薄之形。其聚也。以培植之加。其散也。以摧抑之遽。其聚也。以去邪遠佞。其散也。以崇讐醜正。其聚也。以戶庭坦夷。其散也。以城府深阻。其聚也。以朝廷清明。其散也。以流品殽雜。其聚也以公。其散也以私。其聚也以義。其散也以利。聚散之權。常寄於若有若無之中。而聚散之機。常決於且信且疑之際。故羣凶闚覦。時或小嘗其羽疊至。散之幾也。徒中倒戈。自相擊觸。一彼一此。散之幾也。論事如爭意向小異。釁隙漸生。散之幾也。表正曝邪。鼓虛成實。摭拾其居設局張穽。柔聲宛舌。射影中傷。散之幾也。寓意歌詩。更相賢聖。自取議譏

散之幾也。招納黨人。平治舊怨。兼用正邪。散之幾也。顯爭力抵。激動怨心。使分利害。散之幾也。操舟共濟。實左虛右。輕重不倫。散之幾也。顧懷私恩。妄訴彼善。潛疑人心。散之幾也。此十幾者。其造端甚微。其為禍實大。今月暈而風。礎汗而雨。事有其兆。識者隱憂。且小人失職在外。搖毒含蠆。其姦足以熒惑上聽。其辯足以搖撼人心。其機權智術足以怵中立之人。其錢財氣力足以張異議之勢。彼見朝廷舉動少有蹉違。亂萌睥睨之心。搢紳議論稍有條格。即開姍笑之口。天時不順。則幸災而譏禍。國本未定。即乘間而抵巇。苟得一隙。即伺隙以肆其姦。苟得一機。即緣機以逞其志。今日謂其賢。必當逐去。明日謂其姦。且將召用。訛藏雖已崩頹。實繁尤有君子之似者。心懷外翼之思。進則不能旅於君子。退則恥為伍於小人。於是立為狡儈閃爍之論。以洗其附麗之迹。言雖若公。意則有為。若是者。如言八關五鬼之類耳。其操心用意。雖鬼神莫窺其隙。使此說得行。則為毒也。忿戾而不可解。亦有小人之靡者。心懷汲引之恩。進則不類於君子。退則無間於小人。於是立為詭荒卑諂之論。以晦其苟合之迹。言雖可疑。意則難量。若是者。亦猶三變兩來之類耳。其處心積慮。雖公輸莫諭其巧。使其說得售。則為害也。陰沉而不可藥。邪氣日盛。元氣日微。此聚之所以不可常。而其勢必至於散。彼豈不知聚而為解。散而為兆。聚而為泰。散而為否。然不能不散者。上無以保之。下無以安之。則散亦勢之常也。臣愚欲乞陛下聖心豁然。察君子體國之忠誠。亮君子救時之實意。勿以好名疑之。勿以訐直惡之。勿以迂疏棄之。保全愛護。使是非由此而定。邪正由此而別。公論由此而明。私情由此而熄。朋黨由此而消。國是由此而凝。天命由此而迓續。主勢由此而不孤。相業由此而光大。則用儒之效。磅礴際於兩間。流行於四海。昭彰於萬世。豈

不為邦家之榮。生靈之福哉。不然。君子一散。其禍殆未知所終也。臣私憂過計。懼君子之不能久安也。歷數我朝聚散之故。言以今日聚散之危機。為陛下獻。詩曰。予其懲而毖後患。惟陛下深念之。臣不勝拳拳

元世祖在潛邸。聞李冶賢。遣使召之。且曰。素聞仁卿學優才贍。潛德不耀。久欲一見。其勿他辭。既至。問河南居官者孰賢。對曰。險夷一節。惟完顏仲德。又問完顏合答及蒲瓦何如。對曰。二人將略短少。任之不疑。此金所以亡也。又問魏徵曹彬何如。對曰。徵忠言讜論。知無不言。以唐諍臣觀之。徵為第一。彬伐江南。未嘗妄殺一人。擬之方叔召虎可也。漢之韓彭衛霍在所不論。又問今之臣有如魏徵者乎。對曰。今以側媚成風。欲求魏徵之賢。實難其人。又問今之人材賢否。對曰。天下未嘗乏材。求則得之。舍則失之。理勢然耳。今

儒生有如魏璿王鶚李獻卿閻光庭趙復郝經王博文輩皆有用之材又皆賢王所嘗聘問者舉而用之何所不可但恐用之不盡耳於四海之廣豈止此數子哉王誠能旁求於外將見集於明廷矣

世祖時布衣趙天麟上太平金鏡策論考幽明曰臣聞一人在上握四海之權衡四海承風仰一人之造化功名之要地榮利之宏樞薦士貪夫丈儒武帥或欲呈其才德而冀其道之得行或欲肆其姦回而冀其情之獲逞故正人指邪人為邪而邪人亦指正人為邪忠者以佞者為佞而佞者亦以忠者為佞交攻不一雖曰難分並法取中亦為極易也唐朝以體貌豐偉為貴所謂市小喜大而或失其香晉室以清談虛曠為先所謂畫餅充飢而委無真用此唐之不能及三代而晉之不能及漢唐也本國家入仕之門太多考選之方太闕臣

以為王者之左右攜僕亦貴乎正不正則如蝎蠹之內生天下之大官小吏並須乎賢不賢則如蝗螟之外起臣謹依經考史斷以愚意條陳聖人之九徵及當今所切二十六美之三十九類與夫三要惟陛下察之所謂九徵者一曰遠使之而觀其忠二曰近使之而觀其敬三曰煩使之而觀其能四曰卒然問焉而觀其智五曰急與之期而觀其信六曰委之以財而觀其仁七曰告之以危而觀其節八曰醉之以酒而觀其則九曰雜之以處而觀其色所謂二十六美之三十九類者一曰文史之美三類草制飾詞諄悉詞情也校書正字可為定體也教誨後學德多成也二曰禮官之美三類補袞拾遺將順其美也朝會祭祀儀章丕舉也宣慰風俗雍熙聿致也三曰樂官之美一類金石宮商理協聲正也四曰知人之美一類善惡周覽洞曉于心也五曰敬賢之美一類推轂進士常若不及也六曰考校之美一類彰善癉惡照文無失也七曰糾察之美一類彈劾所至不避權豪也八曰廉訪之美二類廉察官吏儆懼肅清也訪問風俗化成禮義也九曰宿衛之美一類小心周密京輦增威也十曰籌計之美二類帷幄畫計退衝倒戈也排壘整陣臨時合權也十一曰督領之美三類器械精完士卒閑習也號令嚴明部伍森肅也臨敵躍威身先仕伍也十二曰鎮防之美一類守堅持重寇盜難窺也十三曰屯田之美一類勸勵稼穡勤事多獲也十四曰芻養之美一類孳畜頭疋茁壯蕃滋也十五曰使臣之美二類喉舌宣納成美昭光也委幹事務辯濟平允也十六曰決斷之美三類勾檢考覆瑕隙無隱也要察圓明囚無間言也疑獄得情處置合律也十七曰農桑之美一類董督樹藝水旱有備也十八曰董役之美一類監役合宜丁夫悅事也十九曰關津之美一類姦詐不漏行旅不壅也二十曰營造之美一類

棟事分功捷於供奉也二十一曰明利之美一類出納有常簿籍易照也二十二曰算數之美一類多寡有分了然肯臆也二十三曰僧官之美一類弘宣釋教守戒精嚴也二十四曰道官之美一類弘宣道教守德精嚴也二十五曰醫官之美二類科品明分舉無不應也開發後學成材者衆也二十六曰陰陽之美二類曆法推步候時無舛也卜筮循經不為詭異也所謂三要者一曰公二曰廉三曰勤徑情服事不邀功利謂之公賄賂在前不以為念謂之廉服勞王室悉心竭力謂之勤九徵之徵盡矣二十六美之類備矣三要之要具矣選法者校之源委終矣伏望陛下以九徵考左右攜僕僕臣正而厥后孟以正矣更望陛下以二十六美之三十九類與夫三要之說明諭選曹及內外百官若三年當考之時凡一美二要者為上等凡一美二者為中等凡一美一要者有要無美者有美無要者皆為下

等凡美要並無。而雖無大罪者亦停免之。凡罪犯顯明。則有憲職在焉。始以三德八才用之。終以二十六美三要考之。則自中及外。大小官吏。將若玉壺之冰。秋霄之月。凜乎其清皎乎其明矣。

至元間。言者訟丞相史天澤親黨布列中外。威權日盛。漸不可制。詔罷天澤政事。使待鞫問。中書右丞廉希憲進曰。天澤事陛下久。知天澤深者無如陛下。始自潛藩。多經任使。將兵牧民。悉有治效。陛下知其可付大事。用為輔相。小人一旦有言。陛下當熟察其心跡。果有肆橫不臣者乎。今日信臣。故臣得預此旨。他日有訟臣者。臣亦遭疑矣。臣等備員政府。陛下之疑信若此。何敢自保。天澤既罷。亦當罷臣。帝良久曰。卿且退。朕思之。明日帝召希憲諭曰。昨思之。天澤無對訟者。事遂解。

歷代名臣奏議卷之一百五十八

歷代名臣奏議卷之一百五十九

建官

商湯問伊尹曰。三公九卿大夫列士。其相去何如。伊尹對曰。三公者知通於大道。應變而不窮。辯於萬物之情。通於天道者也。其言足以調陰陽。正四時。節風雨。如是者舉以為三公。故三公之事常在於道也。九卿者。不失四時。通於溝渠。脩隄防。樹五穀。通於地理者也。能通不能通。能利不能利。如此者舉以為九卿。故九卿之事常在於德也。大夫者。出入與民同衆。取去與民同利。通於人事。行猶舉繩。不傷於言。言之於世。不害於身。通於關梁。實於府庫。如是者舉以為大夫。故大夫之事常在於仁也。列士者。知義而不失其心。事功而不獨專其賞。忠政彊諫而無有姦詐。去私立公而言有法度。如是者舉以為列士。故列士之事常在於義也。故道德仁義定而天下正。凡此四者。明王臣而不臣。湯曰。何謂臣而不臣。伊尹對曰。君之所不名臣者四。諸父臣而不名。諸兄臣而不名。先王之臣臣而不名。盛德之士臣而不名。是謂大順也。

湯問伊尹曰。古者所以立三公九卿大夫列士者何也。伊尹對曰。三公者所以參王事也。九卿者所以參三公也。大夫者所以參九卿也。列士者所以參大夫也。故參而有參。是謂事宗。事宗不失。外內若一。

漢成帝綏和二年。丞相翟方進等奏言。春秋之義。用貴治賤。不以卑臨尊。刺史位下大夫。而臨二千石。輕重不相準。臣請罷刺史。更置州牧以應古制。從之。乃置州牧秩二千石。

哀帝建平二年。丞相朱博又奏言。部刺史秩卑賞厚。勸功樂進。前罷刺史。更置州牧。秩真二千石。九卿缺。以高第補。其中材則苟自守而已。恐功效陵夷。姦軌不禁。臣請罷州牧。置刺史如故。從之東漢桓帝延熹中宦官方盛任人充塞司空周景與太尉楊秉上言內外吏職多非其人舊典中臣子弟不得居位請皆斥罷帝從之於是條奏牧守以下五十餘人或死或免天下肅然

靈帝中平五年太常劉焉見王室多故建議以為四方兵寇由刺史威輕且用非人所致宜改置牧伯選清名重臣以居其任會刺史郤儉賦歛煩擾謠言遠聞而耿鄙張懿皆為盜所殺朝廷遂從焉議選尚書列卿為州牧各以本秩居任州任之重自此始

魏齊王嘉平中時校事放橫黃門侍郎程曉上疏曰周禮云設官分職以為民極春秋傳曰天有十日人有十等愚不得臨賢賤不得臨貴於是並見聖哲之風聲明試以功九載考績各脩厥業思不出位故欒書欲拯晉侯其子不聽死人橫於街路郤吉不問上不責非職之功下不務分外之賞吏無兼統之勢民無二事之役斯誠為國

要道治亂所由也遠覽典志近觀秦漢雖官名改易職司不同至於崇上抑下顯明分例其致一也初無校事之官干與庶政者也昔武皇帝大業草創眾官未備而軍旅勤苦民心不安乃有小罪不可不察故置校事取其一切耳然檢御有方不至縱恣也此霸世之權宜非帝王之正典其後漸蒙見任復為疾病轉相因仍莫正其本遂令上察宮廟下攝眾司官無局業職無分限隨意任情惟心所適法造於筆端不依科詔獄成於門下不顧覆訊其選官屬以謹慎為粗疏以謥詷為賢能其治事以刻暴為公嚴以循理為怯弱外則託天威以為聲勢內則聚群奸以為腹心大臣恥與分勢含忍而不言小人畏其鋒芒鬱結而無告至使尹模公於目下肆其奸慝罪惡之著行路皆知纖惡之過積年不聞既非周禮設官之意又非春秋十等之義也今外有公卿將校總統諸署內有侍中尚書綜理萬機司隸校尉督察京輦御史中丞董攝宮殿皆高選賢才以充其職申明科詔以督其違若此諸賢猶不足任校事小吏益不可信若此諸賢各思盡忠校事區區亦復無益若更高選國士以為校事則是中丞司隸重增一官耳若如舊選尹模之奸今復發矣進退推算無所用之昔桑弘羊為漢求利卜式以為獨烹弘羊天乃可雨若使政治得失必感天地臣恐水旱之災未必非校事之由也曹恭公遠君子近小人國風託以為刺衛獻公舍大臣與小臣謀定姜謂之有罪縱令校事有益於國以禮義言之尚傷大臣之心況奸回暴露而復不罷是袞闕不補遂而不改也於是遂罷校事官

晉武帝時議省州郡縣半吏以赴農功光祿大夫荀勗議以為省吏不如省官省官不如省事省事不如清心昔蕭曹相漢載其清靜致畫一之歌此清心之本也漢文垂拱幾致刑措此省事也光武并合

吏員縣官國邑裁置十一此省官也魏太和中遣王人四出減天下吏員正始中亦并合郡縣此省吏也今必欲求之於本則宜以省事為先凡居位者使務思蕭曹之心以翼佐大化篤義行崇敦睦使昧寵忘本者不得容而偽行自息浮華者懼矣重敬讓尚止足令賤不妨貴少不陵長遠不間親新不間舊小不加大淫不破義則上下相安遠近相信矣位不可以進趣得譽不可以朋黨求則是非不妄而明官人不惑於聽矣去奇技抑異說好變舊以徼非常之利者必加其誅則官業有常人心不遷矣事留則政稽政稽則功廢處位者而孜孜不怠奉職司者而夙夜不懈則雖在挈瓶而守不假器矣使信若金石小失不害大政忍忿悁以容之簡文案略細苛令之所施必使人易視聽願之如陽春畏之如雷震勿使微文煩撓為百吏所黷二三之命為百姓所饜則吏竭其誠下悅上命矣設官分職委事責

成君子心競而不力爭豈能棱任思不出位則官無異業政典不奸矣凡此皆愚心謂省事之本也苟無此懲雖不省吏天下必謂之省矣若欲省官私謂九寺可并於尚書蘭臺宜省付三府然施行歷代世之所習是以久抱愚懷而不敢言至於省事實以為善若直作大例皆減其半恐文武眾官郡國職業及事之興廢不得皆同凡發號施令典而當則安儻有駁者或致壅否凡職所臨履先精其得失使忠信之官明察之長各裁其中先條上言之然後混齊大體詳宜所省則令下必行不可搖動如其不爾恐遺惑人聽比前行所省皆須更覆復或激而滋繁亦不可不重也

宋文帝元嘉末議省錄尚書揚州治中從事史沈懷文上議曰昔天官正紀六典序職載師掌均七府成務所以翼平辰衡經贊邦極設總屬之原著夫官典和統之要昭于國言夏因虞禮有深冢司之則

周承殷法無損掌邦之儀用乃調佐王均緝亮帝度而式憲之軌弘正漢庭述章之範崇明魏室雖條錄之名互稱於中代總釐之實不愆於自古比代相沿歷朝罔貳及乎爵以事變級以時改皆興替之道無害國章八統元任靡或省華按台輔之職三曰禮典以和邦國以統百官四曰政典以平邦國以正百官鄭康成云冢宰之於庶僚無所不總也考于茲義備于典文詳古準今不宜虛廢不從

後魏宣武帝時黃門中正甄琛上表曰詩稱京邑翼翼四方是則者京邑是四方之本安危所在不可不清是以國家居代患多盜竊世祖太武皇帝親自發憤廣置主司里宰皆以下代令長及五等散男有經略者乃得為之又多置吏士為其羽翼崇而重之始得禁止今遷都以來天下轉廣四遠赴會事過代都五方雜沓難可備簡寇盜公行劫害不絕此由諸坊混雜釐比不精主司闇弱不堪檢察故也凡使人攻堅木者必為之擇良器今河南郡是陛下天山之堅木盤根錯節亂植其中六部里尉即攻堅之利器非貞剛精銳無以治之今擇尹既非南金里尉鉛刀而割欲望清肅都邑不可得也里正乃流外四品職輕任碎多是下才人懷苟且不能督察故使盜得容姦百賦失理邊外小縣所領不過百戶而令長皆以將軍居之京邑諸坊大者或千戶五百戶其中皆王公卿尹貴勢姻戚豪猾僕隸蔭養姦徒高門邃宇不可干問又有州郡俠客蔭結貴遊附黨連群陰為市劫比之邊縣難易不同今難彼易此實為未愜王者立法隨時從宜既絃易調明主所急先朝立品不必即定施而觀之不便則改今閑官靜任猶聽長兼況煩劇要務不得簡能下領請取武官中八品將軍已下幹用貞濟者以本官俸恤領里尉之任各食其祿高者領郡尉中者領經途尉下者領里正不爾請少高里尉之品選下品中

應選之者進而為之則督責有所輦轂可清也

隋文帝初即位時天下州郡過多河南行臺兵部尚書楊尚希上表曰自秦并天下罷侯置守漢魏及晉邦邑屢改竊見當今郡縣倍多於古或地無百里數縣並置或戶不滿千二郡分領具寮以眾資費日多吏卒入倍租調歲減清幹良才百分無一動雖數萬如何可覓所謂民少官多十羊九牧琴有更張之義瑟無膠柱之理今存要去閑併小為大國家則不虧粟帛選舉則易得賢才敢陳管見伏聽裁廢

帝覽而嘉之

唐太宗貞觀七年時尚書省詔敕稽壅按成復下彌年不能決治書侍御史劉洎言尚書萬機本貞觀初未有令僕職併務繁左丞戴胄右丞魏徵應事彈舉無所回撓百司震肅不敢懈弛者勳親在位品非其任功勢相傾雖欲自彊先懼囂謗故郎中賺奪惟事咨稟尚書依

違不得專裁尭轄玩弛綱紀不振今宜精選左右丞兩司郎中
使皆得人非惟救曠滯之弊固當矯拂趍競也上嘗謂房玄齡
等曰致理之本惟在於審量才授職務省官員故書稱任官惟
賢才又云官不必備惟其人若得其善者雖少亦足矣其不善
者縱多亦奚為古人亦以官不得其人比於畫地作餅不可食
也詩曰謀夫孔多是用不就又孔子曰官事不攝焉得儉且千
羊之皮不如一狐之腋此皆載在經典不能具道當須更併省
官員各當所任則無為而理矣卿宜詳思此理量定庶官員位
玄齡等由是所置文武揔六百四十員太宗從之因謂玄齡曰
自此儻有樂工雜類假使術逾儕輩者只可特賜錢帛以賞其
能必不可超授官爵與夫朝臣君子比肩而立同坐而食遣諸
衣冠以為恥累

奏議卷之一百五十九　六

時故事軍國重事則中書舍人各執所見雜署其名謂之五花
判事中書侍郎中書令省審之給事中黄門侍郎駁正之至是
上謂王珪曰國家本置中書門下以相檢察正以人心所見互
有不同苟論難往來務求至當捨己從人亦復何傷比來或護
己短遂成怨隙或避私怨知非不正順一人之顔情為兆民之
深患此乃亡國之政煬帝之世是也當時羣臣如此必自謂有
智禍不及身及天下大亂家國兩亡其幸免者亦為時論所貶
終古不磨卿曹各當徇公忘私勿雷同也後又謂侍臣曰中書
門下機要之司詔敕有不便者皆應論執比來惟睹順從不聞
違異若但行文書則誰不可而何必擇才也房玄齡等皆頓首
謝

肅宗時諸州悉帯團練使中書侍郎同中書門下平章事楊綰
奏刺史自有持節諸軍事以掌軍旅司馬古司武所以副軍即
今副使司兵參軍今團練判官官號重複可罷天下團練守捉
使詔可又減諸道觀察判官員之半復言舊制刺史被代若別
追皆降魚書乃得去開元時置諸道採訪使得專停刺史威柄
外移漸不可久其刺史不稱職若贓負本道使具條以聞不得
擅追及停而刺史亦不得輒去州詣使所如其故闕使司無署
攝聽上佐代領帝善其謀於是高選州上佐定上中下州差置
兵員詔郎官御史分道巡覆

德宗建中初河朔兵挐戰民困賦無所出戶部侍郎判度支杜
佑以為救敝莫若省用省用則省官乃上議曰漢光武建武中
廢縣四百吏率十署一魏太和時分遣使者省吏員正始時并
郡縣晉太元省官七百隋開皇廢郡五百貞觀初省内官六

奏議卷之一百五十九　七

百員設官之本以治衆庶故古者計人置吏不肯虚設自漢至
唐因征戰艱難以省吏員誠救弊之切也昔咎繇作士今刑部
尚書大理卿則二咎繇也垂作共工今工部尚書將作監則二
垂也契作司徒今司徒戶部尚書則二契也伯夷為秩宗今禮
部尚書禮儀使則二伯夷也伯益為虞今虞部郎中都水使者
則二伯益也伯冏為太僕今太僕卿駕部郎中尚輦奉御閑廄
使則四伯冏也古天子有六軍漢前後左右將軍四人今十二
衛神策八軍凡將軍六十員舊名不廢新資日加且漢置別駕
隨刺史巡察猶今觀察使之有副也參軍者參其府軍事猶今
節度判官也官名職務直遷易不同爾詎有是實哉誠宜斟酌
繁省欲致治者先正名神龍中官紀蕩然有司大集選者既無
闕員則置員外官二千人自是以為常當開元天寶中四方無

虞編戶九百餘萬，帑藏豐溢，雖有浮費，不足爲憂。今黎苗凋瘵，天下戶百三十萬，陛下詔使者按比，纔得三百萬，比天寶三分之一，就中浮寄又五之二。出賦者已耗，而食之者如舊，安可不革？議者以天下尚有跋扈不庭，一省官吏，被罷者皆往託焉，此常情之說，類非至論。且才者薦用，不才者何恤其亡？又況顛陨咸家產哉？建武時，公孫述、隗囂未滅，太和、正始、太元時，吳、蜀鼎立，開皇時，陳尚割據，皆羅取俊乂，猶不慮失人以資敵。今田悅輩繁刑暴賦，惟軍是卹，遇士人如奴，固無范睢、業秦、貴季彊狄之患。若以習久不可以遽改，且應權省別駕、參軍、司馬，州縣額內官約戶置尉，當罷者有行義在所以聞，不如狀，舉者當坐，不爲人舉者任參常調，亦何患哉？如魏置柱國，當時宿德盛業者居之，貴寵第一。周、隋間授受已多，國家以爲勳級，纔得地三十頃耳。又開府儀同三司、光祿大夫亦官名，以其太多，回作階級。隨時立制，遇弊則變，何必因循憚改作？疏議入，不省。

德宗立，銳於治。建中三年，詔中書門下兩省分置待詔官三十，以見官、故官若同正試攝九品以上者，視品給俸，至廩餼、幹力、什器、館宇悉有差。權公錢收子贍用度。史館修撰沈既濟諫曰：今日之治，患在官煩，不患員少；患不問，不患無人。兩省官自常侍、諫議、補闕、拾遺四十員，日止兩人待對，缺員二十一員未補。若謂見官不足與議，則當更選其人；若廣聰明以收淹滯，先補其缺，何事官外置官？夫置錢取息，有司之權制，非經治法。今置員三十，大抵月費不減百萬，以息準本，須二千萬，得息百萬，配戶二百，又當復除其家，且得入流，所損尤甚。今關輔大病，皆言百司息錢，毀室破產，積於府縣，未有以革。臣計天下財賦耗斁大者唯二事，一兵資，二官俸，自它費十不當二者一。所以黎人重困，杼軸空虛。何則？四方形勢，兵未可去，資費雖廣，不獲已爲之。又益以閑官冗食，其弊奈何？藉舊而置，猶可省之，何加焉？事遂寢。

時李泌請復所減州縣官，上曰：置吏以爲人也，今戶口減於承平之時，而吏員更增，可乎？泌對曰：今戶口雖減，而事多於承平且十倍，故吏不得不增。且所減皆有職事，而冗官不減，此所以爲未當也。至德以來，置額外官，敵正官三分之一，若聽使計日得資，然後停，加兩選授同正員官，如此，則不惟不怨，兼使之喜矣。又請諸王未出閤者，不除府官。上皆從之。

憲宗元和六年，檢校兵部尚書兼中書侍郎同中書門下平章事李吉甫奏：自漢至隋，未有多於今者。乃奏曰：方今置吏不精，流品龐雜，存無事之官，食至重之稅，故生人日困，冗食日滋。又國家自天寶以來，宿兵八十餘萬，其去爲商販、度爲佛老、雜入科役者，率十五以上，天下常以勞苦之人三，奉坐待衣食之人七。而內外官仰奉廩者無慮萬員，有職局重出、名異事離者甚衆，故財日寡而受祿多，官有限而調無數。九流安得不雜，萬務安得不煩？漢初置郡不過六十，而文、景稱三王，則郡少不必政紊，郡多不必事治。今列州三百，縣千四百，以邑設州，以鄉分縣，費廣制輕，非致化之本。願詔有司博議，州縣有可併併之，歲時入仕有可停停之，則吏寡易求，官少易治。國家之制，官一品奉三千，職田祿米大抵不過千石。大曆時，權臣月奉至九千緡者，州刺史無大小皆千緡。宰相常衮始爲裁限，至李泌量閑劇稍增之，使相通濟，然有名在職廢，奉存額去，閑劇之間，厚薄頓異，亦請一切商定。乃詔給事中段平仲、中書舍人韋貫之、兵部侍郎許孟容、戶部侍郎李絳參閱蠲減，凡省冗官八百員，吏千四百員。

敬宗寶曆五年，上以太廟兩室破漏，踰月不葺，罰將作、度支、宗正俸，命中使帥工徒葺之。補闕韋昰諫曰：國家置百官，各有所司，苟爲墮曠，宜擇能者代之。今曠官者止於罰俸，而以其事委之內臣，是以宗廟爲陛下所私而百官皆爲虛設也。上善其言，即令有司草之。

武宗會昌中，李德裕請增諫議大夫等品秩，狀曰：臣據大唐六典，隋氏門下省置諫議大夫七人，從四品下，今正五品上。自大曆二年升門下中書侍郎爲正三品，兩省遂闕四品，建官之制有所未備。謹按左氏傳云：衮職有闕，惟仲山甫補之，能補過也。仲山甫則周之大臣。漢書汲黯稱願出入禁闥補過拾遺。後漢書張衡爲侍中，常居帷幄，從容諷諫，拾遺左右。此皆大臣之任。故其秩峻其任重，則君敬其言而用其道。況謇諤之地，宜有老成之人，秩不優崇，則難用耆德。其諫議大夫望依隋氏舊制升爲從四品，分爲左右，以備兩省四品之闕，向後與丞郎出入迭用，以重其選。

德裕又請復中書舍人故事，狀曰：伏見天寶以前中書舍人六員，除機密遷授之外，其他政事皆得商量。宰臣姚崇奏云：事有是非，理均與奪，人心既異，所見或殊，抑使雷同，情有不盡。臣既是官長，望於狀後略言事理優劣。奏聽進止。自艱難以來，務從權便，政頗去於臺閣，事多系於軍期，決遣萬幾，事在宰弼。伏以陛下神武功成，昧旦思理，精嚴庶政，在廣詢謀。詩云：不愆不忘，率由舊章。前漢魏相好觀故事，以爲古今異制，方今務在奉行故事而已。數條漢興以來國家便宜行事奏請施行。臣等商量，今日以後，除機密及諸鎮奏請戎事、有司支遣錢穀等外，其他臺閣常務、關於沿革、州縣奏請系於典章，及刑獄等，並令中書舍人依故事商量，臣等詳其可否聞奏。

後晉出帝開運末，御史中丞顏衎上言：纔除御史者，旋授外藩賓佐，復有以私故細事求假外拜州郡，無參謁之儀，出入失風憲之體，斷恐四方得以輕易，百辟無所準繩。請自今藩鎮幕僚，勿得任臺官，雖親王宰相出鎮，亦不得奏充賓佐，非奉制勘事，勿得出京，自餘不令出臺雜務。

後周世宗時，詔中外臣僚有所聞見，並許上章論議，翰林學士竇儼上疏曰：設官分職，授政任功，欲爲以之有倫，在位官之無曠。今朝廷

多士，省寺華資，無事有員，千乃六七，止於計月待奉，計年待遷。其中廉幹之人，不無愧恥之意。如非歷試，何展公才。請改兩畿諸縣令，及外州府五千户以上縣令爲縣大夫，升爲從五品下。畿大夫見府尹，如赤令之儀。其諸州府縣大夫見本部長，如賓從之禮。郎中、員外郎、起居、補闕、拾遺、侍御史、殿中侍御史、監察御史、光祿少卿以下四品、太常丞以下五品等，並得衣朱紫，滿日準在朝一任，約舊官遷二等。自拾遺、監察除授，四日即爲起居、侍御史、中行員外郎，若前官不是三署，即罷後一年方得求仕。如此，則士大夫足以陳力，賢不肖無以駕肩。各繫名銜，明行黜陟，利民益國，斯實良規。

宋太宗淳化四年，同知給事中事柴成務等上奏曰：臣等昨奉敕命，差臣等同知給事中事。制敕如不便，依故事封駁。臣等尋檢會到門下省故事，并合起請事件，具劄子進呈。繳送付中書，續准敕命：自今後應除職官、勳爵，不以廢置封贈，並下畫敕，其刑政損益，并起請釐革制置公事，並不正宣，宜令魏庠已下候到省詳依令敕施行，駁正追改者。臣等考求舊典，具有明文，封謂封還詔書，不即行下；駁謂駁正臺議，然後奏聞。蓋王者謹出令，重改作之制也。今若詔書已行，方勤追改，稽諸故事，頗異前聞。而況設官居方，是爲著位，職司其事，必有正言，苟名實之相違，慮典章之斯廢。詔敕輕行之失，請以近事明之。中間竊覩敕下西路釐革青白鹽法，又覩差使制置江湖諸茶鹽，皆關妨害公私，尋並停罷，比行追改，已乖成規，蓋於經度之初，而闕討論之理。臣等欲乞起今後除職官勳爵不以廢置封贈，祗下畫敕外，其有上章起請釐革制置公事，並望且下中書議其可否，候議定命門下省審覆奏請付外施行。必當者量與旌酬，妄誕者明加懲戒，賞罰並舉，浮競悛心。如此則詔敕無追改之名，官曹有陳力之地。稍

符典故。用叶彌綸。

至道二年祠部員外郎主判都省郎官事王炳上言曰。尚書省國家藏載籍典治教之府。所以周知天下地理廣袤風土所宜民俗利害之事。當成周之世。治定制禮。首建六官。漢唐因之。自唐末亂離急於經營。不遑治教故金穀之政主於三司。曹名雖存而其實亡矣。謹按吏部四司。天官之職掌文官選舉周知天下吏功過能否考定升降之類。戶部四司。司徒之職掌邦五教。周知天下戶口之數。禮部四司。宗伯之職掌國五禮辨儀式制度周知天下祠典祠祀之類。兵部四司。司馬之職。掌武人選舉周知天下兵馬器械之數。刑部四司。司寇之職。掌國法令。周知天下獄訟刑名徒隸之數。工部四司。司空之職掌國百工。周知天下封疆域圻山澤草木川瀆津渡橋船陂池之數。凡此二十四司所掌事務。各封圖書具載名數。藏之本曹。謂之載籍。

所以周知天下事由中制外。如指諸掌。今職司久廢。載籍散亡。惟吏部四司官曹小具。祠部有諸州僧道文帳。職方有諸州閏年圖經。刑部詳覆諸州已決大辟案牘及旬禁奏狀。此外多無舊式。欲望令諸州每年造戶口稅租實行簿帳。寫以長卷者別寫一本送尚書省藏於戶部。以此推之。其餘天下官吏民口廢置祠廟甲兵徒隸百工疆畎封洫之類。亦可以籍其名數送尚書省分配諸司。俾之綱掌。俟期歲之後。文籍大備。然後可以振舉官守。興崇治教。望選大儒數人博通治體者。參取古今禮典。及諸令式與三司所受金穀器械簿帳之類。仍詳定諸州供送二十四司載籍之式。如此則尚書省備藏天下事物名數之籍。如秘閣藏圖書。太學藏經典。三館藏史傳。皆其職也。

太宗覽奏嘉之。詔尚書丞郎及五品已上集議。吏部尚書宋琪等上奏曰。王者六官法天地四時之柄。百官之本。典教所出。望委崇文院檢討六曹所掌圖籍。自何年不繫都省。詳其廢置之始。究其損益之源。以期恢復。既而其議亦寢。

太宗時。下詔求讜言。著作郎羅處約應詔上奏曰。伏覩今年春。詔旨責以諫官備員未嘗言事。雖九寺三監之官亦得盡其讜議。陛下處恭勞神。厲精求理。力行王道。坐致太平。先天而不違。德生民而未有。所以散玄黄之協氣。為動植之休祥。而猶不伐功成。屢求獻替。此真唐堯虞舜之用心也。臣累日以來。遍朝之暇。或於卿士之內。預聞時政之言。皆曰聖上以三司之中。邦計所屬。簿書既廣。綱條實繁。將求盡善之規。冀協酌中之道。竊聞三省上言。欲置十二員判官兼領其職。責各司其局。允執厥中。臣以三司之制。非古也。蓋唐朝中葉之後。兵寇相仍。河朔不王。軍旅未弭。以賦調筦榷之所出。故自尚書省分三司以董之。然國用所須。朝廷急務。故僚吏之屬。倚注尤深。或重其位

以處之。優其祿以寵之。趣勉從事者。姑務其因循。盡瘁事國者。或主於睚眦。因循則無補於國。睚眦則不協於時。或淺近之人。用猜嫌於心計。深識之士。以多可為身謀。蠹弊相沿。為日已久。今若如十二員判官之說。亦從權救敝之一端也。然而聖朝之政。臻乎太平。當求稽古之規。以為垂世之法。臣嘗讀說命之書。以為事不師古。匪說攸聞。又二典曰若稽古帝堯。若稽古帝舜。皆謂順考古道。而致治平。以臣所見。莫若復尚書都省故事。其尚書丞郎正郎員外郎主事令史之屬。請依六典舊儀。以今三司錢刀粟帛筦榷支度之事。均在二十四司。如此則各有司存。可以責其集事。今則金部倉部安能知儲廩帑藏之盈虛。司田司川。孰能知屯役河渠之遠近。有名無實。積久生常。況此却復都省之事。下臣猶能僉知其可。況陛下聰明睿哲乎。然議者以為不行已久。難於改更。若斷自宸心。下於相府。都省之制。故典存焉。上令下

使孰為不可。蓋人者可與習常，難與適變；可與樂成，難與慮始。在周易有之。天地革而四時成。此言能改命剏制。及小人樂成，則革面以順上矣。況三司之名，興於近代，堆案盈几之籍，何嘗能省覽之乎。復就三司之中，更分置僚屬，則愈失其本原矣。今三司勾院，即尚書省比部，尤為勾覆之司，周知內外經費。陛下若欲復之，則制度盡在。追及九寺三監，多為冗長之司，雖有其官，不舉其職。伏望陛下當治平之日，建經久之規，不煩更差使臣，別置公署。如此，則名正而言順，言順而事成。省其冗員，則息其經費。故書曰：唐虞稽古，建官惟百；夏商官倍，亦克用乂。伏望法天地簡易之化，建洪範大中之道，可以億萬斯年，垂衣裳而端拱矣。

時皇子益王元傑改封吳王，行揚州潤州大都督府長史，領淮南鎮江兩軍節制。張洎嘗草制，因上疏議曰：謹按前史，皇子封王，以郡為國，置傅相及內史中尉等佐王為治。自漢魏以降，所封之王，如不之國，朝廷命御大夫臨郡，即稱內史行郡事。東晉永和泰元之際，有琅邪王、會稽王、臨川王。故謝靈運、王羲之等為會稽臨川內史，即其事也。唐有天下，以揚益路幽荊五郡為大都督，署長史司馬為上佐，即前代內史之類也。其大都督之號，非親王不受。其揚益等郡，或有親王遙領，朝廷命大臣臨郡者，即皆長史副大使知節度事。臣請質之前代，段文昌出鎮揚州，云淮南節度副大使知節度事兼揚州大都督府長史；李載義鎮幽州，云盧龍軍節度副大使知節度事兼幽州大都督長史。即其例也。今益王以揚潤二郡建社為吳國，王居大都督之任，又已正領節度使，豈宜却加長史之號，乃是國王自為上佐矣。若或朝廷且以長史拜受，其加銜內又無副大使知節度使之目。儻或他日別命守將俾臨本郡，即不知以何名目而除拜也。臣草制之夕，便欲上陳，慮奏報往返，有妨明日宣降。茲事有關國體，況吳王未領恩命，尚可改正，乞付中書門下商議施行。

權御史中丞王化基獻澄清畧，言時事有五。其一復尚書省，曰：國家立制，動必法天。尚書省上應玄象，對臨紫垣，故六卿擬喉舌之官，即吏應星辰之位。斯實乾史昭著，故事具明。方今省署名實未稱。夫三司使額，乃近代權制，判官、推官、勾院、開拆、磨勘、憑由、理欠、孔目、勾押、前後行，皆州郡吏局之名。請廢三司，止於尚書省設六尚書分掌其事；廢判官推官，設都官分掌二十四司及左右司公事，使一人掌一司；廢孔目勾押前後行，為都事主事令史；廢勾院開拆磨勘憑由理欠等司，歸比部及左右司。如此，則事益精詳，且盡去州郡吏局之名也。六卿如闕，即選名品相近有才望者權之；郎官如闕，則於兩省三院選名幹有清望者依資除之。其二十四司公事，若繁簡不同，望下本省官屬參酌其類，均而行之。其二慎公舉，曰：朝廷頻年下詔，以類求人，但聞例得舉官，未見擇其舉主。欲望自今先責朝官有聲望者，各舉所知。其舉到官員，則置籍，并舉主名姓籍之。所舉之官，實著廉能，則特旌舉主；若所舉貪冒敗事，連坐舉主。陛下自登寶位，十年于茲，乞經選掄，得人多矣。然下僚遠官，不無沉滯，望令採訪司及州郡長吏察廉以聞，籍以待用，則下無遺材矣。其三懲貪吏，曰：貪吏之於民，其損甚大。屈法煩刑，徇私肆虐，使民之受害，甚於木之受蠹。若乃用非其人，而不繩以法，雖夷齊顏閔，不能自見。蓋中人之性，如水之在器，方員不常，顧用之者何如爾。望令諸路轉運使副兼採訪之名，責以覺察州府軍監長吏得失，俟其澄清部內，則待以不次之擢，置於侍從之間，所貴周知物理，能備顧問，且足為外官之勸也。其四省冗官，曰：古人建官，初不必備者，惟得其人也。國家封疆雖踰前世，而分設庶官實倍常數意欲盡籠天下之利而民物轉加凋弊二十年前江淮諸郡揚楚最居要衝務穰事衆地廣民繁然止設知州一人署領官事其餘通判判官推官及州官等悉皆分莞榷務倉庫當時事無不集兼少獄訟其後十年臣任揚州時朝廷添置監臨使臣等職實踰本州官數諸州冗員似此非一今以朝官諸色使臣及縣令簿尉等高卑相折而計之一人月費不啻十千以千人約之歲計用十餘萬千更倍約之萬又過倍使皆廉吏止縻公帑設或貪夫參錯其間則取於民者又加倍焉望委各路轉運使副與知州同議裁減若縣令簿尉等官自前多不備置可兼者兼之如此則冗官汰矣其王擇遠官曰負罪之人多非良善貪殘兇暴無所不至若授以遠方牧民之官其或怙惡不悛恃遠肆毒小民罹殃卒莫上訴甚非撫綏遠人之意也若自今以往西川廣南長吏不任負罪之人則遠人受

賜矣書奏太宗嘉納之

真宗咸平二年舉入閤故事孫何次當待制乃獻疏曰六卿分職邦家之大柄也有吏部辨考績而育人材有兵部簡車徒而治戎備有戶部正版圖而阜貨財有刑部謹紀律而誅暴強有禮部祀神示而選賢俊有工部繕宮室而備隄防六職舉而天下之事備矣故周之會府漢之尚書立庶政之根本提百司之綱紀令僕率其屬丞郎分其行二十四司粲焉星拱郎中員外判其曹主事令史承其事四海九州之大若網在綱唐之盛時亦不聞別分利權務使額而軍需取足及玄宗侈心既萌召發既廣租調不充於是蕭景楊劍始以地官判度支而宇文融為租調地稅使始開利孔以構禍階至于肅代則有司之職盡廢而言利之臣擢驛於其間矣於是叛亂相仍經費不充迫於軍期切於國計用救當時之急卒以權宜濟之五代短促曾莫是思今國家三聖相承五兵不試太平之業盡統立制在此時也所置三部使額還之六卿慎擇戶部尚書一人專掌鹽鐵使事俾金部郎中員外郎判之又擇本行侍郎二人分掌度支戶部使事各以本曹郎中員外郎分判之則三使泊判官雖省猶不省也仍命左右司郎中員外總知帳目分勾稽違職守有常規程既定則進無捨克之慮退有詳練之名周官唐式可以復矣茲事非難在陛下行之爾

咸平四年左司諫楊億奏曰臣位列朝行次當轉對輒傾鄙見上瀆宸聰退省狂愚伏增恐懼臣竊以朝廷之所貴者唯班爵是先君人之所重者唯名器為急是以籩豆之事各有司存樽俎之間不相踰越思不出位君子稱其守官必也正名先王以之經國恭惟國家克遵舊制並建群司公卿大夫表著咸設臺省監寺曹局畢陳然而徒有其名不舉其職只如尚書會府上法文昌治本是資政典攸出條目皆具可舉而行今之存者但吏部銓擬秋曹詳覆自餘租庸莞榷由別使以總領尺籍伍符非本司而校定職守雖存或事有所分綱領雖存或政非自出丞轄之名空設而無違可糾端揆之任雖重而無務可親周之六官於是廢矣且如寺監素有於掌執臺閣咸著於規程昭然軌儀布在方策昔者漢行故事宣帝以之中興魯為長府閔子譏其改作臣以為國家應命擬之未允故置審官之司憂讞獄之或濫故設審刑之署恐命令之或失故建封駮之局臣以為在於紀綱之不舉不在於琴瑟之更張若辯論官材歸於相府即審官之司可廢矣詳評刑辟屬於司寇即審刑之署可去矣出納詔命關於給事中即封駮之局可罷矣至於尚書二十四司各揚其職寺監臺閣悉復其舊按六典之制度振百司之遺墜在我而已夫豈為難如此則朝廷益尊堂陛益峻典故益舉品流益清端拱而天下治者由

益道也。臣又以唐虞之時建官惟百夏商官倍。秦漢益繁迤及有唐典策咸在。自三公之極貴九品之至微。著於令文皆有員數傳云官不必備唯其人。蓋闕之斯可矣。若乃員外加置任非其才故竊下羊頭之形於朝誚。斗量車載播厥風謠。國體所先尤須慎重。臣竊覩班簿員外郎及二百餘人。郎中亦及百數。自餘太常國子博士殿中丞中舍洗馬俱不下數百人。率預常參。皆著引籍不知職業之所守多由恩澤之序遷。臣竊以昔館陶公主為子求郎。以為上應列宿以至更直建禮伏奏明光。含香握蘭雍容侍從。又嘗讀唐朝故事益知省郎之貴。三院御史歲滿顓遷者多掛項以望省署因而名橋或次補綸閣。或使除給諫出刺大郡猶謂左遷。今乃百十為群殆非為官擇人之旨。臣欲乞按唐制應九品以上官並定員數。臣又念昔者秦之開郡置守。漢以天下為十三部。命刺史以領之。自後因郡為州。以太守為刺史。降及唐氏。亦嘗變更。曾未數年。又仍舊貫。今國家多命省署之職出為知州。又設通判之官以為副貳。此權宜之制耳。豈可為經久之訓哉。臣欲乞諸州並置刺史。以戶口多少制其俸祿。分下中上緊望雄之等級。品秩之際率如舊章。與常參官比視階資。出入更踐省去通判之目。但置從事之員。建廉察之府以統臨。按輿地之圖而區處。昔者與國初詔廢支郡出於一時。十國為連周法斯在。一道置使唐制可尋。至若號令之行風教之出。先及於府。府以及州。州以及縣。縣以及鄉里。自上而下由近及遠。譬如身之使臂。臂之使指。提綱而眾目張。振領而羣毛理。由是言之。支郡之不可廢也明矣。臣欲乞復置支郡隸於大府。量地里而分割。如漕運之統臨。名分有倫。官業自舉。臣又觀唐制內外官俸錢之外有祿米職田。又給防閤庶僕親事帳內執衣白直門夫。各以官品差定其數。歲收其課以資於家。本

司又有公廨田食本錢以給公用。自唐末離亂國用不充。百官俸錢並減其半。自餘別給一切權停。今羣官於半俸之中已是除陌。又於半俸二分之內其二分以他物給之。鬻於市廛十纔得其一二。曾糊口之不及。豈代耕之足云。昔西漢張敞蕭望之上言以為倉廩實而知禮節。衣食足而知榮辱。今吏俸不足者常有憂父母妻子之心。雖欲為廉其勢不能。於是宣帝下詔云。吏皆勤事而俸祿薄。欲其無侵漁百姓難矣。遂加吏俸。著於策書。臣竊見今之結髮登朝陳力就列其俸也不能致九人之飽。不及周之上農。其祿也未嘗有百石之入。不及漢之小吏。若乃左右僕射百僚之師長。位莫崇焉。月奉所入。不及軍中千夫之帥。甚可駭也。豈聖朝稽古之意哉。臣欲乞今後百官俸祿雜給並循舊制。既豐其稍入。可責以廉隅。官且限以常員。理當減於舊費。冗食悉罷。周行自清。臣又念唐虞之制也。凡預品官各設資考。課其最殿歸於有司。或歷階以升。或越次而補。國朝多以郊祀覃慶因而稍遷。考功之黜陟不行。士流之清濁無辨。陛下深鑒其弊。姑務惟新。昨有事於禋燎。但徧加於階爵。雖矯前失。未振舊規。臣欲乞依舊內外官各立考限。復令考功備舉其職。每歲置使校考以表盡公。資秩改遷賞罰懲勸。一遵典故。以振滯淹。臣又念昔者成周之制也。公侯子男皆列土以建國。大夫卿士並受田而無征。西漢已來。用秦武功之爵。唯列侯啓封。或踰萬戶。至關內侯或有食邑。不過數百家。自是因循以至唐室。但食邑者率為虛設。言實封者歲入有差。殆及聖朝並無所給。至於除拜之際猶名數未移。空有食采之稱。真同畫餅之妄。臣欲乞依元和中所定實封條貫支給。削去虛邑。但行實食。以寵勳臣。臣又念國家每屬嚴禋即覃大慶。敘封追贈。罔限彝章。乃至太醫之微。司歷之賤。率荷蓼蕭之澤。亦蹠石窌之封。恩雖出

於殊常事不循於經制。臣又以勳散之設。名品實繁。律文以勳官為二。官已經刪定。故事加散官至五品必以上聞。今朝散銀青猶關命服。護軍柱國全是虛名。臣欲乞自今後常叅官。勳散俱至五品者許封贈官。階勳俱至三品者許立戟。每遇慶澤。令有司准式施行。既禮秩之昭彰。固名品之分別。臣又以五等之爵。施之于今。雖有啓封之稱。曾無胙土之實。苴茅建社。固不可以遽行。襲子貽孫。亦足徵於舊典。臣欲乞內外官封至伯子男者許廕子。至公侯者許廕孫。別封國公者許嫡子嫡孫一人襲封。爰命有司考求前制。所冀國朝無虛授之寵。臣下知延賞之恩。臣又以今之加功臣之稱。始於唐德宗幸奉天。應蹕將吏並加奉天定難功臣之號。因一時之賞典。為萬世之通規。近代已有將相大臣有加至十餘字者。尤非經據。不可遵行。所宜削除。

以明憲度。昔者講求典禮。晉國以清。考覈名實。漢朝稱治。當至化誕敷之際。是舊章咸秩之時。既見太平。正在今日。臣學術素淺。文理未明。輒述狂言。以裨明詔。須越于下。啓處不遑。干冒天聰。臣無任省循戰汗激切屏營之至。

大中祥符四年。龍圖閣待制知審官院張知白上奏曰。臣竊覽方冊。見唐虞之制。立四岳十二牧。百工允釐。百揆時敘。又曰。三載考績。三考黜陟幽明。漢史載宣帝為名盛之主。義其任人責成。知王道之根本。常曰與我共治者。其惟良二千石乎。斯言也傳示不朽。後之人孰不稱頌哉。國家受命上穹。光啓鴻業。順考古道。增崇慶基。陛下聽政之初。愛民在念。慎彼宸範。垂為政經。被之守臣。俾治黔首。斯固踵唐虞之盛。而稱首於百王矣。昔唐李嶠常云安人之方。須擇郡守。竊見朝廷重內官輕外任。每除牧伯皆避命鼓訴。比遣外任。多是貶累之人。風俗不澄。實由於此。望於臺閣妙選賢良。分典大州。共康庶績。臣請輟近侍率先庶僚。鳳閣侍郎韋嗣立因而請行。遂命以本官出領州郡。伏見江淛州郡方切擇人。苟有闕員。俾之承乏。臣雖不肖。願繼前脩。矧唐年非遠。州郡故事仍存。倘以為允。乞舉而行。

真宗時。右正言夏竦進策曰。臣聞古爵五等。裂地受封。各命陪臣。咸思俾乂。秦滅六國。分為郡縣。百世因仍。遂廢古制。天下之治歸州縣。州縣之治歸庶官。歷代以來。所難其選。設吏部之曹。張銓品之官。鑒裁不同。廢置各異。自非毛玠之尚苦節。陳群之建九品。山濤之識量。任愷之忠直。王泰之接待。辛術之正明。高孝恭之藻鑒。裴行儉之博識。欲其材器無遺。與奪惟允。雖悉誠竭力。猶將不逮。唐室之制。入仕多門。選調之間。轉為繁總。格式

既冗。貨賄滋豐。九流遂失澄清。官序遽成陵替。國家因天成命。司牧元元。分命庶官。共治天下。銓衡劇地。公綰急務。長定之格。選集之期。考課之規。各有攸敘。奈審覈注擬。出入多途。請求之路交午如雲。令史之門。衣冠若市。貪夫優游於常調。廉吏憤悱於選門。能材且患於循資。庸器自安於久次。以至州僚縣佐。頗有廢事曠官。一吏失循。千民失所。蓋吏部不勤慎擇多士。有曠精求。負乘貽災。維鵜致誚。紓民濟物。諒在伊人。誠當委注賢明。專幹銓選。丞稽往制。擇善而從。但人數衰少。則題品易至。賄賂不通。則轉遷易當。如其不逮。抑之散地。若有上材。擢之非次。無使恩出私門。權歸吏手。則精麤可別。勞逸自分。但衆官懷黽勉之心。即萬國有治平之狀。

竦又進策曰。張官設吏。求材審能。官職攸敘。百姓允治。古者旁

求儁彥周制論辨材能六國設謀授官爵秦農戰入仕漢則孝廉有道之舉方正秀茂之科上計之制任子之令魏晉而降取士多門制度云繁官途益雜唐革隋命因損舊儀置勳品九等自諸錄事及諸省令史始爲謂之流外由是府胥獄掾垂帶拖紳器名忽矣陵遲官府莫之統一國家經始尚循唐制百司伎藝皆收之選綱守當之名勒留之號帰司出職頗繁有徒一命親民多乖治狀濟其私弊抑有成規蓋府寺之吏書算之工因循久次不曉藝文及預官常尚知政要可令申命司屬各限通經選集之期量加試難少識前言往行必知樂善嚮方不惟文德慶誕由是蒼生受賜顧覦狂替以適時宜

竦又進策曰今之牧守當古諸侯權有生殺祀有社稷其人存則王澤下流天時無害庶官各守其序四民不遷其業其職廢則旱蝗肆孽瘡痏備野政出於吏胥獄成於賕賂故國之股肱莫先其任漢宣帝有言曰與我共治者其惟良二千石乎國家之制貴尚州牧在顯忠遂良於斯惟盛而求賢審官或未純一頗有因緣久次出分符竹結託貴要遂領藩條或得用於虐刑或成名於厨傳以是奉法各異爲政差殊彊者失於猛寬者失於緩謹者失於凝滯敏者失於造次和者弊於黨很者弊於戾或貪而有能廉而無材明於法令拙於化育喜於慈惠昧於防戎雖材不求備難以適中而任官惟賢固宜慎選然則罪莫大於貪暴惡莫甚於闒懦去此而待其失可追伏願陛下委注台司議新其制明考課之令重刺擧之權削非該通學術熟習政事者不得除授仍戒詔尚書省上其殿最明示賞罰若爲治有狀則即郡進爵但有善化不渝何必三年而代無使人弊於迎送官弊於數易惟陛下念之永隆守文之業增太平之基不在斯今誰塞

其責

仁宗景祐四年蘇舜欽上疏曰臣聞事不師古傅說所譏必也正名仲尼之訓臣竊以國之寺監乃卿佐之局南省諸曹皆尚書之任近朝多差京朝官或員外專判於理不順且逐方一州一郡唯使相及僕射以上方得言判豈京朝小官得判省寺重地臣欲乞今後非有本官者但稱權及勾當不令專判庶合前規

慶曆元年吏部尚書夏竦議職官疏曰臣聞官必正名職惟守器稽考古通職官惟稱官雲紀火師之立龍名鳥氏之設則有司存者供王事堯命羲和分掌四嶽舜陟帝位官名攸序司空以宅百揆司徒以遜五品士典刑服虞掌上下秩宗以主三禮典樂以諧八音垂若予工龍允朕命夏商官倍其名罕見五長分治方國六卿咸主軍事官告陳於左相百官聽於冢宰姬旦踐阼憲章昭備太宰授之以治法地官責之以教家宗伯主禮司馬布政秋官主典刑之任冬官以考工之職九百有司皆正服位春秋列國陪臣命秩亡秦尚首商君立爵祖龍矜詐多設官名劉氏因緣遂成典故若漢官之制定名於祿百石而上差等十六或中或比頗正序列魏文盜漢乃設九品拓跋亂華爰分階從梁氏置戎號之官隋室廣殿中之任其間南北離割羌胡猾亂兵革薦仍禮樂無度官以濫授職亦旋失有唐啓祚創置相因逮其末齡官號滋雜姑息將帥多加使領五代因循官次相迫國家削除前弊總考故實損益沿革時謂適中但百執承事理有可疑建官分職職與官殊量材受爵爵與材異或隸官棘寺翻司太倉之粟繫職青宮乃主關市之征或呼爲博士不通章句之學號爲著作罔知筆削之事或終年典禮未聞因損之議連歲執法詎有彈劾之疏或明於科律未登讞獄之司長於規刺難希諫諍之列或

寺人命秩於方牧，降虜受寵於通籍，位以資升，或遇其材，官以久遷，或非其事。人皆謂官為請俸之具。位乃稱呼之號。名實相違。不可以訓。語曰。必也正名。禮曰。各司其局。傳曰惟器與名不可以假人。又曰一日失職則死及之。故宣尼嘉虞人之守官。仲康罪羲和之離次。蓋官不易方。守不假器。陳力就列。臣無虛授。沐猴非戴冠之物。方柄非圓鑿之偶。函矢之業不同。庖祝之任有殊。傳曰。其人存則其政舉。其人亡則其政息。又曰。國家之敗。由官邪也。任官之道。可不慎歟。誠當稽堯舜之事。行三代之法。正其官司。辨其職掌。使上下之位無或僭差。彼材彼棽授之彼官。此職此位付之此事。位不以資惟其人。遷不以久惟其材。寺人可以厚祿而不可以峻權。降虜可以鉅賜而不可以華資。若守帑藏倉庾之物。主監權督責之局。可別制官號界之典守。隆皇宋之禮法。敵守文之功業。傳曰。名位不同。禮亦異數。周官曰。以儀辨等。則人不越。蓋任官惟賢。不可不擇。名以出信。不可不正。擇其賢則職舉。職舉則政成。正其名則事順。事順則禮備。禮樂之制自官始。惟陛下采念狂簡。寬貸萬死。則天下幸甚。

三年二月。知制誥田況上疏曰。臣聞有唐兩省自諫議大夫至拾遺補闕共二十人。每宰相奏事。諫官隨而入。有所闕失。即時規正。其實皆中書門下之屬官也。今諫議大夫無復職業。皆司諫正言知諫院。皆遂補之任。而朝廷責其言如大夫之職矣。而地勢不親。位序不正。在朝廷則與衆人同進退。非所以表顯而異其分也。今莞庫冗散之吏尚赴內朝。豈諫諍之臣不得日奉朝請。臣前任諫院。每聞一事。皆諸處采問。比及論列。或至後時。今若令諫官得奉內朝之事。兼王素歐陽脩蔡襄皆以他官知諫院。居兩省之職。而不得預其列。於體未便。欲乞今後並令綴兩省班次。所貴名體相稱。副陛下選求之意。

知諫院歐陽脩論舉館閣職劄子曰。臣伏見國家近降詔書條制館閣職事。有以見陛下慎於名器。漸根紀綱。然而積弊之源。其來已久。僥倖之路。非止一端。今於澄革之初。尚有未盡其甚者。臣竊見近年外任。發運轉運使。大藩知州等。多以館職授之。不擇人材。不由文學。但依例以為恩典。朝廷本意。以其當要劇之任。欲假此清職以為重。然而授者既多。不免冒濫。本欲取重。人反輕之。加又比來館閣之中。太半膏粱之子。材臣幹吏。羞與比肩。亦有得之以為恥者。假之既不足為重。得者又不足為榮。授受之間。徒成兩失。臣欲乞今後任發運轉運知州等。更不依例帖職。若其果有材能。必欲重其職任。則當升拜美官。優其秩祿。況設官之法。本貴量材。隨其器能。自可升擢。豈必盡由儒館。方以為榮。

一。臣竊見近年風俗澆薄。士子奔競者多。至有偷竊他人文字。干謁權貴。以求薦舉。如丘良孫者。又有廣費資材。多寫文冊。所業又非絕出。而唯務干求勢門。日夜奔馳。無一處不到。如林槩者。

此二人並是兩制臣寮奏乞召試。內丘良孫近雖押出。而林槩已有召試指揮。舊來本無兩省以上舉館職明文。尚猶如此奔競。今若明許薦人。則今後薦者無數矣。臣欲於近降詔書內兩省舉館職一節添入。遇館閣闕人。即朝廷先擇舉主。方得薦人。仍乞別定館閣合存員數。以革冗濫。

一。臣竊見近降詔書。不許權貴奏蔭子弟入館閣。此蓋朝廷為見近年貴家子弟濫在館閣者多。如呂公綽錢延年之類。尤為荒濫。所以立此新規。革其甚弊。臣謂今後膏粱子弟既不濫居清職。則前已在館閣者。雖未能沙汰。尚須裁損。欲乞應貴家子弟入館閣見在人中。若無行業文詞為衆所知。則不得以年深遷補龍圖昭文館兼待制脩撰之類。而貴侍從清班。不至冗濫。
脩又乞置諸路按察使疏曰。臣自初忝諫官。於第一次上殿日。嘗建言方今凋殘。公私困急。全由官吏冗濫者多。乞朝廷選差按察使糾舉年老病患贓汙不才四色之人。並行澄汰。仍具呈按察之法。條目甚詳。如臣之議。本欲使使者四出。而天下悚然知朝廷有賞善罰惡之意。然後按文責實。其惡者黜。其善者升。中才之人。盡使警勵。凡臣所言者。乃所以救民急病。澄革四十年蠹弊之事。若非遭逢聖主銳意求治之時。上下力行之。不可也。柰何議者憚於作事。唯樂因循。秖命諸路轉運使兼其職。尋亦再具論奏。其論格而不行。按察空文。遂至寖廢。生民蠹病。日益可哀。伏見陛下聖德日新。憂心庶政。近發手詔。督勵宰輔。然天下之事。積弊已多。如治亂絲。未知頭緒。欲事事更改。則力未能周。而煩擾難行。欲漸漸整緝。則困弊已極。而未能速効。

臣謂如欲因功少為利博。及民速於事切。則莫若精選強幹朝臣十許人分行天下。盡籍官吏能否。坐而升黜之。如臣前所陳者。後可。臣聞治天下者如農夫之治田。不可一槩也。蒿萊蕪穢久荒之地。必先力行芟闢。然後以時耘耨。今特遣之使。如久荒而芟闢也。轉運兼按察乃以時而耘耨者爾。寬猛疾徐。各有所宜也。漢之刺舉。唐之黜陟使考課使之類。每歲遣出。祖宗朝亦有考課院。並按察升黜。古今常法。非是難行之異事也。方今言事者多以高論見棄。或以有害難行。如臣所言。只是選十餘人明幹朝臣。察視官吏善惡。灼然有迹易見者著之簿籍。朝廷詳之。黜其甚者耳。臣自謂於論不迂。行之有利無害。然尚慮議者未以為然。謹別條具冗官利害六事。以明利博効速。而可行不疑。伏望聖慈特賜財擇。如有可采。乞早施行。一曰。去冗官則民之科率十分減九。臣伏見兵興以來。公私困弊者。不惟賦歛繁重。全由官吏為奸。每歲科率一物。則貪殘之吏。先於百姓而刻剝。老繆之人。恣為群下之誅求。朝廷得其一分。奸吏取其十倍。民之重困。其害在斯。今若去此四色冗官。而代以循良之吏。事隨便宜。且絶去騷擾。使民專供朝廷實數科率。免却州縣分外誅求。故臣謂於民力十分減九也。比於別圖減省細碎無益者。其利博矣。二曰。不才之人為害深於贓吏。國家之法。除贓吏因民先發者乃行之。其它不才之人。大者壞州。小者壞縣。皆明知而不問。臣謂凡贓吏多是強黠之人。所取在於豪富。或不及貧弱。不才之人不能馭下。雖其一身不能乞取。而恣其群下共行誅剝。更無貧富。皆被其殃。為害至深。縱而不問。故臣尤欲盡取老病繆懦者。與贓吏一例黜之。三曰。內外一體。若外官不澄。則朝廷無由致治。今朝廷雖有號令。善者降出外方。若落此四色冗官之手。則或施設乖方。不知朝廷本意。反為民害。或留滯廢失。全

不施行。而又無糾舉。多作空文。若外邊去却冗官。盡得良吏。則朝廷行下之令。雖有乖錯。彼亦能回改。或執奏更易。終不至為大害。是民之得失。不獨上賴朝廷。全賴官吏善惡。以此而言。冗官豈可不去。四曰。去冗官。則吏員清簡。差遣流通。今天下官有定員。而入仕之人無定數。既無退黜。冒濫者多。差遣不行。賢愚同滯。每有一闕。衆人競爭。得者無廉耻之風。不得者騰怨嗟之口。濫官之弊。近古無之。今若擇四色冗官去之。則待闕之人可無怨滯。五曰。去冗官。則中材之人可使勸懼。今天下官吏豈必盡是不才。蓋為朝廷本無黜陟。善惡不分。若見國家責實求治。人人旌別。則中材之人皆自勉強。不敢因循。雖有貪殘。亦須斂手。六曰。去冗官。則不過朞月。民受其賜。方今朝廷雖有憂念恤民之意。然上下困乏。必未有餘力廣惠及民。若但去冗官則民受速賜。蓋臣嘗見外處州縣。每一繆官替去。得一能者代之。不

過數日民已謳謠。今若盡去冗官之吏而以能吏代之。不過朞月。民必受賜。此臣所謂及民速於事切者也。

脩又上疏曰。臣曾上言。為天下官吏冗濫者多。乞遣使分行按察。昨日切覩降敕下諸路轉運使司令兼按察使。切以轉運使自合按察本部官吏。今若特置使名。更加約束。則於常行之制。頗為得宜。必欲救弊於時。則未盡善。且臣初乞差按察使者。蓋欲朝廷精選强明之士。切聞朝議以所選非人。故不遣使。今所委轉運使。豈盡得人乎。其間昏老病患者有之。貪贓失職者有之。此等之人。自當被劾。豈可劾人。其間縱有材能之吏。又以幹運財賦。有米鹽之繁。供給軍須。有星火之急。既不暇徧走州縣。專心察視。則稽遲鹵莽。不能無之。故臣謂轉運使兼按察使。不才者既不能舉職。又不暇盡心。徒見空文。恐無實効。在於事體。不若專遣使人。伏自兵興累年。天下困弊。饑荒疲瘵。

既無力以振救。調斂科率。又無由減省。徒有愛民之意。絕無施惠之方。若但能逐去冗官。不令貪暴。選用良吏。各使撫綏。唯此一事。及民最切。苟可為人之利。何憚選使之勞。況自今年累遣安撫。豈於今日頓以為難。今必恐三丞至郎中內難得其人。即乞且依前後安撫於侍從臣僚臺官館職中選差十數人。少處路分兼察兩路。其侍從臣僚仍各令自辟判官分行採訪。用臣前來請事件施行。其轉運兼按察使。若能精選其人。亦乞著為今後常行之制。臣伏思從來臣寮非不言事。朝廷非不施行。患在但著空文。不責實効。故改更雖數。號令雖煩。上下因循。了無所益。今必務日新求治。革弊救時。則須在力行。方能濟務。臣所言者。生民之急務也。天下之利也。不但略言一二以塞言責而已。伏望留意詳擇。

脩論大臣不可親小事疏曰。臣伏見兵興累年。天下多故。樞密之職。事任非輕。雖與兵戎體均宰輔。至於大小機務。其繁又倍於中書。所以國家舊制。都副承旨皆用士人。位比屬僚。事參謀議。祖宗之制。尤慎擇材。或取其歷職詳練者以為副使。自承平以來。綱紀漸廢。惟用人使備員而已。當四方無事之時。兩府檢例行事。上下曠恬然不恤。自兵戎既動。中外事繁。循務因循。致多敗誤。今承旨不親職事。惟署文書。凡百行遣。皆委諸房小吏。使副大臣不免親臨細事。既不得精心思慮。專意廟謀。至於碎務繁多。又不能躬自檢察。遂使邊防急奏。多若滯留。軍國密謀。動成漏泄。凡關事體不便處。多皆由樞臣難自躬親。而承旨不能舉職也。臣今欲乞依祖宗舊制。承旨特用士人。如武臣中難得其人。即請於文官中精選材能換與合入官資。責其舉職。仍令樞密使副條列常行事目有可以分職書成者。悉以委之。使大臣專意廟謀。屬吏分行職事。時參國論。庶有裨補。既復朝廷之

舊制。又於事體而合宜。伏望聖慈特賜裁擇。

至和二年。脩為翰林學士上奏曰。臣竊以學士待制。號為侍從之臣。所以承宴閒備顧問。以論思獻納為職。自祖宗以來。尤精其擇。苟非清德義行。藹然衆譽。高才博學。獨出一時。則不得與其選。用至艱。員數至少。官以難得為貴。人以得職為榮。搢紳之望既隆。則朝廷之體增重。其後用人頗易。員數漸多。往時學士待制至六七十員。近年以來。稍謹除拜。即今猶及四十餘員。臣謂愛惜名器。不輕授人。朝廷既已知之矣。而為國家計者。宜於此時創立經制。今唯翰林學士中書舍人知制誥各有定員。其餘學士待制未有員數。臣今欲乞檢詳前史及國朝故事。自觀文殿大學士至待制。並各立定員數。遇有員闕。則精擇賢才以充其選。苟無其人。尚可虛位以待。如允臣所請。乞賜詳議施行

脩兼判三司院時，又上奏曰：臣勘會本班見管使臣八千一百一十二員，自古濫官未有如此之多也。臣遂將簿籍根磨增添數目，只自皇祐二年終至今，實四年半之內，自借職以上增添二千八十五員。於中近日增添并多，只自皇祐五年終至今年六月一年半之內，增四百九員。殿侍猶不在數。蓋由曲恩濫賞，臨時無節，以日計月，所積遂多。年計一歲常增四百五十員，若不塞其濫源，則更三五年後，不勝其弊矣。於今裁損，已為太晚，若更增添，則四海之廣，不能容濫官，天下物力不能給俸祿矣。臣今略舉入仕僥倖者二事，乞先賜指揮釐革。其餘見在者既不可減損，惟其入仕之源，欲乞令當政大臣早賜擘畫。所貴不為將來之患。所有臣擘畫二事，各具畫一如後。

一、自來諸皇親宅前勾當人，除郡王宮殿侍年深有例送三班院差使外，其餘宮院殿侍及客司、書表、宅案等別無恩例，只自慶

曆八年勑立年限，上自郡王，下至觀察使以下，應緣皇親宅前殿侍、客司、書表、宅案等，並只勾當五年，便送三班差使等第年限轉充借奉職。此入仕之源，最為僥倖者。臣今欲乞應郡王已下宅前殿侍、客司、書表、宅案勾當及五年者，更不送三班，只令在宅依舊勾當。所有合轉殿侍至借職年限，並依慶曆八年審院劄子指揮。如此，則皇親勾當人不妨恩澤，只是免得諸宮院送納三班，後續補人數兼諸宮院若得依舊勾當，並是諳熟事使之人。又三班減得人數，甚為利便。

一、百司人吏舊來出職，皆有職名年限。近年多僥倖轉改職名及年限未滿，多乞請頭就近下恩澤，或僥求因人奏帶及抽差勾當敍勞酬獎，及令作選人者，情願就班行之類。今乞一切止絕。

右臣所起請，只是因述濫官，略陳此一事。如允臣所請，乞下三班院與勾當臣僚同共鋪陳條貫，立定新制，奏乞朝廷降下施行。

歷代名臣奏議卷之一百五十九

建官

宋仁宗皇祐元年。知諫院錢彥遠上奏曰。臣以侍讀侍制職名。乃漢文學諸吏唐常侍給事之官。清貴嚴近。職在侍從。獻納規諷謀謨。非資重才周文華兼美。不授。非以恩例叙遷可得。國朝揀任精極。先帝時侍制張知白自參知政事方除翰林侍讀學士出外。及祥符中特置侍制四員。令更直秘閣以備顧問。則聖人求賢擇才之意深矣。而近歲除授頗多。凡任使稍重。例帶此職。邊防列鎮。印綬纍纍。不唯名數益輕。兼恐奬擢有濫。夫爵祿品秩。其選謹則職事脩舉。其流雜則賢愚混淆。一失本源。追勸何賴。臣欲乞今後自翰林侍讀樞密直龍圖閣等學士。及龍圖天章閣侍制。並依翰林學士知制誥故事。各限定員數。遇有闕方許除授。其三路帶安撫使臣僚。並乞別除職名。所貴內外流品有殊。朝廷之官益重。

二年。侍御史知雜事何郯上奏曰。臣伏見朝廷以文武官入流無限。審官三班院流內銓皆除注不行。故嘗詔羣臣博講利害以求省官之策。今選人改官已增立年考。胥吏出職又議塞他岐。唯貴勢奏薦親屬子弟不加裁損。則除弊之源有所未盡。臣檢會文武臣寮奏薦親屬條制。文臣自御史知雜已上。武臣自閤門使已上。每歲遇乾元節得奏親屬一人。諸路轉運使提點刑獄三司判官開封府判官推官郎中至帶館職員外郎諸司使至副使。遇郊禋得奏親屬一人。總計員數。上自公卿。下至庶官子弟。以蔭得官及他橫恩。每三年為率。不減千餘人。舊制須以服紀親踈等降推恩。然未立年月遠近為限。所以恩例頻數。臣寮蔭補近親外。多及踈屬。遂致入仕之門不知紀極。漢法保任。唐制資蔭。本止及子孫。他親無預。又不著為常例。今本朝需恩至廣。人臣多繼世不絕。恩固甚厚。然事久則弊。亦當改張以救其失。臣欲乞今後文武臣寮官序合每歲遇乾元節得奏薦親屬之人。除子孫依舊外。朞親候遇郊禋許奏一人。其餘親屬再遇郊禋許奏一人。其官序每遇郊禋得奏薦親屬之人。除子孫依舊外。朞親候再遇郊禋許奏一人。其餘親屬候三次遇郊禋許奏一人。如此等級裁減。二年內可省入官數十人。積年而計。所省漸多。則仕路之冗不澄汰而自清矣。朝廷向來已曾更改資蔭條制。然而親子孫亦以限年釐革。是致人心怨嗟。遂即復故。臣今所請。以奏薦親踈為等降。皆緣人情。蓋人情於近親則恩甚厚。於踈屬則恩漸薄。今既許近親依舊制。其踈屬止以年月遠近為限。不盡隔絕。酌於衆心。計亦無怨。唯聖明斷而行之。則官濫之源庶或可塞。其邊臣及路分合得恩例。即乞依舊。如許施行。仍乞候過今秋大享後為始。

嘉祐元年。知諫院范鎮上奏曰。臣謹按唐制。五品以上蔭孫。三品以上蔭曾孫。而無蔭兄弟叔姪之文。今文官自知雜御史以上歲奏一人。自帶職員外郎以上三歲奏一人。自諸司副使以上三歲奏一人。武官自橫行以上歲奏一人。又無兄弟叔姪曾孫之品限。而旁及踈從。所以入流寖廣。仕路益雜。臣欲乞見任兩府聽蔭兄弟叔姪。見任學士止任團練使以上比唐三品得蔭曾孫。知雜御史正刺史以上比唐五品得蔭孫。帶職員外郎諸司副使以上專得蔭子。兄弟叔姪降曾孫一等。曾孫降孫一等。孫降子一等。又歲奏一人與三歲奏一人。自有京官試御齋郎之別。（武官亦如此。）欲乞歲奏一人者。亦令三歲奏一人。於所得官上遞加一等或二等以優異之。（若得奉禮郎大祝者。與大理評事諸寺監丞之類。）議者若曰。今自學士而下。搭兄弟叔姪而專任子孫。非所以廣親愛之道。臣竊以為不然。兄弟叔姪。於公則刑不相及。於私則財不相及。若今因官置刻資産不及子弟叔姪至於朝廷爵賞則輕加之，為不可也。臣欲乞除品合得蔭外，朝廷必欲狥其私愛，加恩旁宗，且令依舊奏補，無使入流。如有才藝，自隨科目貢舉課試，中科目者，比類白身人優與推恩。其無子孫者，特聽奏旁親一人入流。如此則下不失私親之愛，上無冗官濫賞之弊。

仁宗時，宋庠奏曰：聖詔曰：承平寖久，仕進多門，人浮政濫，員多闕少，濫長奔競，靡費廪禄者。臣等聞欲影之正者必端其表，欲流之潔者必澄其源。此雖老生之常談，然實治道之要術。朝廷設官取士，固有成規。三年一開舉場，九品盡由銓選。其餘資蔭入仕、流外出身，或依託權臣，謂之門客，或因緣酬奬，求累年勞㪯，例承恩詭名希寵，人浮政濫，抑有由來。臣等以謂取士者政之表也，補吏者官之源也。近歲舉人殿試，有老榜之目，但論舉數，無取藝能，釋褐雖被朝恩，參選已

登暮齒。縱分職任，盡昧亷隅。臣等欲乞將來科場罷茲一事。又每歲百司人吏出官甚衆，羣臣子弟增年就禄，員多闕少，不得不然。今審官院流内銓例許成資便令除替，雖守闕者暫時為利，罷任者赴選益多，苟且因緣，不能盡舉。以上三事，欲乞各付所司審加詳議，委中書門下裁酌以聞。如此施行，似堪經久。

參知政事范仲淹上疏曰：臣謹按三代之制，皆立三公，建六卿。太公、周公、召公，周之三公也。以論道經邦為師傅。又天官冢宰掌邦治，地官司徒掌邦教，春官宗伯掌邦禮，夏官司馬掌邦政，秋官司寇掌邦禁，冬官司空掌邦土，此周之六卿也。各帥其屬以佐王理邦國。大事從其長，小事則專達，亦以三公兼六卿之職，取其要也。周用此制而王道大興，世祚綿久，至八百年。我國家有周之天下，未能行周之制，亦當約而申之以治天下，則可長世之業矣。今中書乃天官冢宰之任，樞密院乃古夏官司馬之任，其地官、春官、秋官、冬官之職，各散於群有司，皆無六卿之正，又無三公兼領之重，而兩府間惟進擬差除，多循資級，評論賞罰，各遵條例之外，上不專三公論道之職，下不專六卿佐王之業，雖庶政不脩，天下不理，咎將安歸。臣請朝廷於百職中選其務之重者，命輔臣兼領，其綱要體周之三公，下兼其六卿。法周之六卿，各帥其屬，以佐理邦國。唐貞元中，詔宰相齊映判兵部，李勉判刑部，劉滋判吏部，崔造判户部、工部。又嘗命宰相兼諸道鹽鐵轉運使，是宰相下兼其職，以重其事也。其不脩舉者，朝廷得以責之輔臣，任責則庶政之弊可救，天下之治可期。惟陛下裁擇。

一、審官是京朝官所集之府，固當區别善惡，黜陟幽明，使賢者知勸。歲終書其一歲黜陟之數，以何等功而進者幾人，以何等罪而退者幾人，各分其類，具目進呈。

一、吏部流内銓條格程式頗聞煩碎，權勢之與孤寒，優便之與遠惡，在乎均平，惻隱方協至公。況群材所聚，倚在銓品，亦天官冢宰之任也。臣請命輔臣兼判。每至歲終，書其一歲之黜陟，以何等功而進者幾人，以何等罪而退者幾人，各分其類，具目進呈。

一、國子監及諸道郡學聚天下之士，講議詩書，服習禮樂，長養賢俊，為國器用。此地官司徒之職也。臣請命輔臣兼判，以總天下郡學。每遇科場開日，或有德行文學之士，鄉里所推重者，不以應舉不應舉，許郡學士與舉，履行善狀，詣所屬薦舉，逐處官員更體量名實，相副者，保明聞奏，當議别行敍遣，以勸天下之士。

一、三司天下金穀之府，今窘於財用，經費以艱，刻剝既深，生靈重困，宜疏通利源，以救天下之弊。此地官司徒之政也。臣請命輔臣兼判。此當今之急務。每至歲終，書其減省冗費之數，增息財

利之數。錮放困窮之數。具目進呈。

一。司農寺管天下常平倉。本欲凶歲用濟生民。今逐處弛慢。不為急務。倉廩漸虛。突傷無備。赤子之命。委于溝壑。又勸農之政。新須詔令。其天下官員勸課勞績。並合委本寺考較以聞。此亦地官司徒之政也。臣請命輔臣兼判。每歲終以諸道常平倉增損之數。并親民官勸課功狀之優者。具目進呈。

一。太常禮院用歷代之禮。或不謹於典法。隨時緣飾。綱紀寖壞。制度日隳。太常寺用歷代之樂。或八音失序。慢於大祀。則神祇不享。禍罰可召。此春官宗伯之職。朝廷之所重也。臣請命輔臣兼判。至歲終具禮樂有所損益。或廢墜有所脩舉。書二進呈。

一。三班院使臣數千人。其品流至雜。難於區別。磨勘差遣。自有勞悴。臣請命輔臣兼判。常選可用於邊陲。或可委以錢穀。或可付以親民。或可任以殄寇。至歲終以所選人數。具目進呈。

一。殿前馬步軍司總轄諸軍。其體甚大。更戍邊鄙。要在均平。揀擢材勇。賞其精當。至於戰陣之法。號令之要。皆須服習。此夏官司馬之政也。臣請命輔臣兼判。至每歲終以將校選擢之數。軍旅服習之效。具目進呈。

一。審刑大理寺評天下之法。生死榮辱。繫於筆下。禍及非辜。怨動天地。二帝三王盡心此道。即秋官司寇之政也。臣請命輔臣兼判。每至歲終。具天下斷案中大辟流罪以特恩減放。并法寺辯明出入數進呈。

一。刑部一司。詳覆天下已斷文案。凡天下訴冤之奏。盡委刑部辯之。此亦秋官司寇之政也。今官屬寡弱。與審刑大理寺勢不相敵。豈敢盡行駁正。故訴冤之人。十無一雪。臣請命輔臣兼判。至每歲終具天下斷案辯覆到差失公事。并辯雪過負冤人數進呈。

右伏望聖慈各委輔臣兼判前件職司。其創置新規。更改前弊。官吏黜陟。刑法輕重。事有利害者。並令兼判輔臣與奪。其大體者。別具奏呈。令中書樞密院更從僉議。然後奏取勅裁。其逐司常務。即主判官員依舊兼行。

仲淹又上疏曰。臣謹按唐初內開十六衛。以聚武臣。外開折衝果毅府五百七十四。以屯兵伍。使三時務農。一時習武。無事則武臣居內以奉宿衛。有事則武臣居外以統軍旅。自武德至開元百三十年。天下府兵無逆亂者。及開元末。倚安忘危。仍廢府兵。天下遂亂。其後兵伍皆市井徒。驕蹇怨叛。終喪唐室。國家今於河北點得義勇鄉兵二十萬。亦如唐之有府兵也。然所置官屬及揀點法制。即與唐末類。且逐處官非其人。不能以恩撫綏。以威制服。臣恐一旦倉卒。未為國家之用。既教以弓矢。馭之失道。則寇亂之資已先成矣。今河北州縣部內各管義勇。其長吏中才可馭眾。或智可防亂。或威溓眾望者有幾人哉。臣料按察使奏黜者不過老昧貪猥之人。存留者不過勤謹畏懼之士。其馭眾防亂恩威得所者必未多也。由此觀之。是陛下河北二十萬之眾未有統領而無所倚賴也。今北戎方盛。河朔千里。無陝西關山之險。又官軍數少。難當大敵。或更增置官軍。即財力已困。無以供億。如此。則陛下將何為必安之計。不可不思也。豈易百十員官吏為難。而不以統二十萬兵伍為重。然國家恐北戎之疑。必未欲多置兵伍。臣請且選逐處州縣長吏。有命一二才臣專往河北與轉運使安撫使令行按察。逐處知州知縣縣令內有才智不長。非可統理兵眾者。雖無過犯。並等第列名聞奏。內近成資者差人承替。未近成

賢者與移諸路州縣都將諸處舉到知州知縣縣令人內揀選有材
幹者先差往河北填替仍授以訓兵之要其知州並別授宣命專管
勾義勇兵甲公事知縣並帶都監監押其縣令中有願換班行充知
縣兼監押者並聽亦乞於武臣中選堪知縣者前去如此則得人稍
多必能統領教習使行陣之序金鼓之節賞罰之約緩急遣就統
領可戰可守矣緣大事又急吏職馭恩威得所雖有飢饉不為兇亂
其河東路即乞續次依此施行此國家大計非臣之敢輕言也
時張方平上論曰臣聞周制大國三卿命於天子自大夫群士皆命
於其君王卿士之官屬亦各自選用故穆王命伯冏為太僕正曰慎
柬乃僚惟其吉士漢之藩國朝廷獨為遣傅相其中尉千石而下得
自署置三府各擇掾吏州郡從事列曹衆職悉任之于刺守魏晉始
建九品官人之法中正擢人材於外吏部銓授于中而辟署之制仍行

不廢隋開皇中內外無官同論大小悉歸選曹無復外補唐氏雜考
古法稍復其制採訪節度之官屬判官而下皆自延請其已就署除
乃上聞未奉報者稱攝既王命者同正五代之後藩鎮權重或自除
支郡刺史等職二千石凡諸辟用悉兼臺省皇朝興國初始罷假攝
而重臣近職出臨方面皆介倅賓佐達諸掾吏得自王官請辟相承
惟舊於政殊無損者而頃議者復為過論以為多引交舊或容請托
又慮孤平之人纔上被代使奔命之不暇且郡縣送迎之荐勞由是
後上奏辟之制臣聞書稱任賢之貳易美彙征之吉傳褒舉善詩貴
孫髦且朝廷官人之法大體以保任論薦為選擢之路位登朝列職
分半刺固可以舉其所知矣況大臣者上所尊禮而信用者膺共理
之寄求自助之良設令引交舊而得賢容請托而不失才其亦何憾
乎義凡所謂善知人者必審其器能非交舊則何從知之

既無交舊之素則必求於長者之譽善人之論採清議訪鄉評而取
之是故涉乎請託矣魏盧毓曰夫名不足以致異人而可以得常士
畏教慕善而後有名是不猶愈於殊無善而稱者乎而議者迎事端
以設防藏滯俗情而虧大體使大臣知善而不得用知濫而不得去
是何取乎理哉臣愚以為宜復舊制稍為條約遂其援能之善塞其
過分之請論辟之始當依遷次而補除贊助有聞自用常科而獎薦
誠有人乎物論非可掩之瑕事出偉私有駭衆之迹自可使憲著彈
劾外臺察廉暴其妄舉之愆示以必行之典如此則當薦延者有顧
慎之意勵名行者有伸知之望吏皆勸向事斯備舉魏楚必刈白駒
可縶亡為掄拔以漸之道下弟滯淹不調之歎干旄好善雖紀浚郊
之義棫樸官人終歸周朝之盛矣
方平又上論曰臣伏以今外權之重惟轉運使一道百城號令千里

官吏之黜陟財賦之弛斂恩澤之流壅民政之慘舒郡縣觀聽其風
稜國朝倚辦乎外務提衆職之綱轄實方面之師表蓋漢刺史之職
而唐廢支諸道巡院留後之任也漢制刺史掌以六條督察二千石
而不主金穀貨利之事其主金穀貨利之事者則大農有部丞州一
人而郡國有均輸鹽鐵之官唐世亂後急於兵食所計臣始兼轉運
諸筦榷之名而諸路置巡院官掌賦調之式委輸之藏而不總州郡
之政吏民之事其總州郡之政吏民之事者則有按察採訪黜陟之
使今之外臺乃兼其任被國寄用勢望甚雄小大之政無所不統夫
其据拾勾剔錙刀毫忽之計損餘補寡給報調度之算正一胥吏可
辦者爾轉運使之大體在乎訪視風俗革正其因循之弊廉實官吏
周知其否臧之才此固水木之本源衣服之冠冕矣是之弗圖而猥
事乎米鹽貿待之微採效乎圭勺星銖之謬而宿姦大猾據都占郡

府署為豺狼之窟，州縣為虺蜴之宅。以至聲于天聽，達于四方。而外臺猶莫之舉也。此豈所以與天子共理之意歟。比者朝廷議郡長吏之罪，而轉運使坐累左遷。斯見乎朝旨務澄肅乎外政者也。夫聖人立法，所重成俗，習見既久，回革已難。今天下之俗，弊和易而惡堅介，貴循常而重改作。建一功利，必蒙生事之名；兌一惡慝，已落所怪。鳥衆噪乎早飛，故雖網瘠之蒙寄任于今，猶頗牧之當漢文之世也。臣又詳轉運之名，蓋以賦輿為主，以非專為舉賢黜惡而設也。子曰：必也正名乎。則其居是職者先聚斂而後民政，又不可多譏也。昔在兩漢，雖有刺史督州，而又時遣使四出，察郡吏之治，故前漢則有繡衣直指，傳行郡國，得專戮二千石；後漢則有美俗清謠之名，分行四方。唐雖有採訪按察之職，而亦時遣郎官御史，訪事得失。臣愚以為宜舉漢唐之典，精選臺閣之臣，才識深明，風度方重者，銜命分道，參考民謠，以升聞廉正，劾免庸暴，必列疏其能否之迹，實錄其善惡之狀，以行誅賞之法，以立褒厲之道。至于有可興之功利，有可蠲之疾苦，草萊有幽潛之士，閭巷有節義之人，因得搜揚，以輔政道。數年輒一遣，而勿限于常。如此則吏知沮勸，常懷戒懼之意；民有侵枉，益開辨理之途；利害上達而不遺，恩澤下流而無壅矣。

知制誥胡宿上奏曰：臣等昨奉敕，為翰林學士韓絳上言國家奄有四海，承平百年，官制未備，方古為陋，欲望討論有唐官制及本朝官制品秩事任，量加裁定，正其名體等事，奉聖旨差臣等同共詳定。臣等累曾懇辭，不蒙允許，尋具劄子陳乞，且未置局，容臣等取前代官制，將今日官位職任，商度可改正者，可裁損者，可申明者，各條三兩事，先送中書門下，更加商量，若果可施行，即置局辟官，次第刪定。奉聖旨依奏。臣等今詳定到事件如左。

一、漢置丞相，其後改置三公，官皆有府辟召掾屬。唐制以尚書門下中書三省長官為宰相，尚書令、僕射、侍中、中書令是也。官品未至者，同中書門下三品，今平章事即其比也。參知政事，唐初亦是正宰相，崔溫等嘗為之。國朝之制，下宰相一等。若用唐制，正其名體，則四輔之任，當悉用平章，依漢制即須立丞相府。

一、唐制御史大夫一人，中丞二人。國朝之制，大夫不置，以中丞為臺長，他官或以給事中、諫議大夫權之。若欲改正官制，置丞相府，則大夫當復，輕重乃等。

一、唐制無公卿為樞密使，五代用兵，始與中書對掌機密。即欲改正官制，當以院事還中書及尚書兵部。

一、尚書省二十四司，既為虛名，所以官冗負衆。即欲正官制，當罷三司，復二十四司，及九卿官使有定員。其郎官不在本省治職事者，並以前資及散官處之。其殖外任者，或依唐制置上中下等州刺史及別駕之類，隨官品任之。或欲輕其權，則曰知某州刺史之類。

一、文武散官及檢校兼官、勳爵、實封等，在開元已前頗有實事，於今唯散官猶敘服色，粗繫輕重，其餘悉皆虛名，無益治體。即欲改正官制，當例行省罷，若以假虛名而佐實職，兼存亦可。

已上所謂改正者也，略舉一隅，若於今可行，即推此類，具正之。

一、大理寺決天下獄，刑部覆之，於事已足，又加審刑院，則為駢衍。即欲裁損官制，當以院事官屬還刑部。

一、吏部尚書侍郎分領銓事，則當差以輕重，分別流品。今審官院掌京朝官，磨勘差遣，而流內銓惟典州縣幕職官，體制不倫。即欲裁損官制當以審官院職事歸尚書銓州縣幕職官歸侍郎銓。

一群牧司提舉司糾察司之類皆古無此職即欲裁損官制悉當省罷還屬尚書九卿。

已上所謂裁損者也。略舉一隅若於今可行即推此類具正之。

一左右史並當隨宰相入立仗下以記言動。今文官之任不及聞前殿政事故德音善政多失紀錄。今欲申明復此舊制。

一中書出制敕唐制並經門下審覆然後尚書出告身經歷三省。比來唯於中書發敕虛署三省官名。今欲申明復此制國朝令文具載

一國朝近制觀文殿大學士惟待舊相自資政殿大學士至天章

奏議卷之一百六十　十一

閣待制已上其間多有無員數除授浸廣者蓋緣邊幅不立也。諸舊有員者宜依舊數未有者宜差定其員著為久制以華濫負之濫。

一唐制舍人六人分判尚書六曹事所以佐丞相謹政令。欲乞申明此制。

一舊制九卿之職不隸尚書。今卿監職事三司關領者宜取還寺監亦省侵官之類

一唐制左右丞判尚書省事給事中判門下省事中書舍人判中書省事。國朝門下省權用近臣判之中書省即舍人年深者判。與唐制略同。准昨上言者稱近臣判省太重若按唐制似不如此。惟常袞自以同中書門下事即當兼判中書省。是時崔祐甫以舍人判省謂袞侵官。士論由此不平袞也。

一三班自供奉官至殿侍差借之類。唐制武選皆無此名目宜從置於外以區別華冗。

一朝廷若欲從改正之說即候改正之後設官分職如周唐。乃可約六典著書垂之後世。若未能如此而欲著書惟可將會要及諸司編敕并格令刪繁取要因今日官名粗書職分而已。

已上所謂申明者也。略舉一隅若於今可行即推此類具正之。

時知諫院包拯上疏曰。臣謹按唐制御史府其屬三十人。所以重風憲之職。國朝以來選任尤劇。天禧中御史六員蓋朝廷紀綱之地為帝王耳目之司必在得人。方為稱職自非端勁特立之士不當輕授。近歲知雜中丞不專奏辟或命兩省臣寮參舉而條制約束罕得應詔。雖素有才望又限以資考推擇之際頗慎其選。臣竊見頃年添置

奏議卷之一百六十　十二

御史裏行二員緣所舉之人秩序差淺用之不次必無畏避。自後因循而罷物議惜之。方今臺官員數最少。糾彈之任所繫尤重。欲乞今中丞知雜依舊例於陞朝親民官內保奏。堪充御史裏行二員如稍不稱職並嚴坐所知。

時劉敞上議曰。臣伏見故事諸讓官者或一讓或再讓或三讓皆有品秩非不欲人人讓也。讓之迹近名則容偽。而為禮者患煩煩近於褻故設中制有所止之也。昔舜命九官夔龍不讓其他伯益之徒一讓而止此則治世之法也。竊見頃來士大夫每有除命不問高下例輒累讓。雖有出其至誠恬於勢利然亦已逾典制過憂益矣。若習俗遂巧流風稍敝必且挾偽采名。要上迷眾。更以此為進取之捷徑奔競之祕策。甚可惡也。豈獨煩於禮哉。夫讓雖美道君子所有餘小人所不足。然非其真則醜亦甚。昔鄭公孫段辭為卿退則又使太史命

已。子產惡其為人。其後卒為亂。故飾偽之敝至於此。非國家之福也。公孫段尚其小者耳。子之擅燕。王莽代漢。其始皆以善自名。已而稍入於邪也。臣謂賢者之節難進而易退。難進而易退者。非苟讓一官之謂也。謂其能擇於義。不犯非禮也。故雖不多讓。其節猶可見。衆人之情。好得而惡失。好得而惡失者。亦非勉受一職之謂也。謂其不擇於義。越禮而動也。故雖復飾讓。其情亦殊。險讓與不讓。一以故事舊典為準。無使釣利者要君。采名者售偽。不幸而不值子產之精識。則公孫段之徒紛然競於朝矣。臣言似迂。而慮實遠。望賜財幸。

英宗治平三年。知制誥韓維上奏曰。臣昨日聞御史知雜呂誨等以言事被黜。至今不見敕至封駁司。訪聞乃是中書直封送本家。臣切以封駁司。給事中之任也。凡制敕必由此而下。有所不便。得以封還論奏。古今之通制也。今罷黜御史。事關政體。而遂不使有司預聞。紀

綱之失。無甚于此。臣伏思。王者建立官局。張設法度。擇人守之。所以防檢繆失。共成治道。而朝廷自壞其法。不知為此。將以何利也。伏望聖慈旨揮中書。追誨等敕命。令由本司。使臣得申論議。以正陛下之官法。

維又上奏曰。臣近以御史知雜呂誨等降黜敕命不由門下封駁司直送本家。嘗具論奏。乞追還以正官法。至今累日。未見施行。臣伏思古者並建庶官。各有法式。所以共成治體。遠防偏私。雖王者不得而私也。況大臣乎。淳化中。命樞密直學士向敏中、張詠點檢看讀發放敕命。其實封敕文。並仰中書房候印押下。送向敏中等看讀點檢了。却實封發放。祖宗所以審重號令。防檢繆失如此其至。今朝廷一旦騁私意以壞聖王之法。快目前而忘後世之慮。獨何謂也。方今官失其法。人怠其職。百事隳廢。日就衰靡。臣愚切謂宜有以力振頹廢。而陛下君臣方共為此事。臣切為國家憂之。伏望聖慈。以臣此奏并前所上章。早付中書施行。臣懦不能為陛下守官。伏待譴黜。

維又奏曰。臣近以降黜呂誨等敕命不由銀臺司。累具論奏。今又聞罷傅堯俞等敕。亦是直送本家。臣切以法制者。天下之公器。非天子所得私。而亦臣下所不敢輒廢也。故法有不便。事則易之。未有設而不行者。人有不稱職即去之。未有存而不用者也。陛下纔畢亮陰。即降詔戒厲臣下。曰。內外因循惰職者衆。未聞推利及民。盡心憂國者。又訓以易憲孳孳。各脩厥職。詔下以來。未及一年。不聞群司有所進益。而公卿大臣乃自壞法度。違戾詔文。臣雖區區。為陛下愛惜此事。章三四上。不蒙省察。京都之內。禁門之中。尚且如此。而欲以風勸天下。推利及民。豈可得哉。孟子有言曰。有官守者不得其職則去。有言責者不得其言則去。今有言責者既不得其言而去矣。不得其職者尚

且胡顏苟處乎。況臣兩還詔旨。今又不能仰遵聖訓。為官守法。罪戾仍重。豈久玷侍從。尚竊封駁之名。伏望聖慈特賜罷黜。所有銀臺司等職事。臣更不敢僉書。見居家待罪。

英宗時。翰林學士張方平上奏曰。伏以知制誥之職。所以代王言為誥令。由此召入禁林。充學士。非才譽允洽。倚以當其選。比來朝廷舉以體例次補。日近誥命。或有鄙淺。傳為口實。前代國家有事之際。或以單劄之辭。折衝千里之外。使三軍感勵。萬方悅勸。背逆函醜。或以華心。蠻狄異類。或以向化。故知文辭書命。有足以助國威。宣王澤也。祖宗之世。有自州縣之職。拔處辭禁。有自兩禁黜為管庫者。蓋惟才而是用。豈為人而擇官。其備起居注、史館脩撰。即次除知制誥之資序也。今朝士不脩廉恥。至冒憲章。法座之前。輒自干請。竊謂若此除授。宜詳加推擇。必其人流才地。辭學器識。他日可以備大臣之用。而

後擢處其職。文物盛於本朝。光華照於天下。使名器以重。堂陛以隆。天下幸甚

右正言劉安世建言。祖宗之待館職也。儲之英傑之地。以飭勵其名節。觀以古今之書。而開益其聰明。優其廩不責以吏事。所以滋長德器。養成名卿賢相也。近歲其選寖輕。或緣世賞。或以軍功。或酬聚歛之能。或徇權貴之薦。未嘗較試。遽獲貼職。多開倖門。恐非祖宗德意望明詔執政。詳求文學行誼。審其果可長育。然後召試。非試毋得輙命。庶名器重而賢能進矣。

神宗熙寧二年。御史中丞呂公著上奏曰。臣竊以三代聖王之政。至於久則不能無弊。在審所救云爾。國家享天下逾百年。凡當世舉可以脩舊起廢興利除害者。固非一日。至於近日改更宗室法度。省罷銀臺奏白。減外親奏薦。處置疲癃官吏之類。中外之論。孰曰不然。惟

是制置三司條例一司。本出權宜。名分不正。終不能厭塞輿論。蓋以措置更張。當責成於二府。倘舉職業。宜倚辦於有司。若政出多門。固非國體。宰相不任其責。則坐觀成敗。尤非制世御下之術。兼臣昨來已曾論列。所有制置條例一司。伏乞罷歸中書。其間事目有可付之有司者。即付之有司。

公著又上奏曰。臣近具劄子。言乞罷制置條例司歸中書。至今未蒙施行。臣聞孔子曰。名不正則言不順。言不順則事不成。今來制置一司。上既不關政府。下又不委有司。是以從初置局。人心莫不疑駭。及見分行事物。論日益騰沸。蓋朝廷大事。無不出於二府。惟是今來制置條例。實係國家安危。生民休戚。而宰相不得與聞。若宰相以為可自宜與之共論。以為不可。亦不當坐觀成敗。但事書敕尾而已。至於倉場庫務。瑣細利害。又恐不必執政大臣。然後能集。臣又聞聖人之政。貴乎顧仁藏用。管仲霸者之佐耳。及其為令猶曰法成而鄰國不知。今朝廷處置實未能有利及民。然而先置一司。使天下疑惑。愁怨至今不定。恐非策之得者也。乞檢會臣前奏施行。

公著又奏曰。臣近為降下司馬光等告敕到封駁司。尋以為不便。遂具封駁聞奏。切知已直降光等告敕付閤門。臣伏以祖宗置封駁之職。蓋以朝廷政令不能一一盡當。故使有司得各竭其意。以補闕遺。臣既忝當官守。苟有愚見。誠不敢自默。以失祖宗置司之意。是以即有論列。今來朝廷既以臣言不當。自當顯行黜責。其所降敕告亦須經由本司。蓋臣雖可罷。而此職終不可廢。若因臣一旦不當。遂使今後封駁之司不復能舉正職事。則是祖宗法度由臣而壞。伏望聖慈正臣封駁不當之罪。特加顯黜。以振綱紀。

熙寧三年。右正言李常上奏曰。臣伏聞近差諸路提舉常平廣惠倉

條敕旨不由封駁司。中書以為係是舉差。臣切以為過矣。國朝因唐故事。置門下封駁司。自是非機密宣敕。皆使詳讀。然後頒下。其或失當。得以釐正。所以謹出制命之意亦已至矣。故祖宗以來。多選方正望重之臣典領是職。緣於朝廷所補非輕。其為責任甚重。今遣使四出。得興利除害。舉察州縣。使事之重。與監司略等。而不付之有司參考能否。隳廢綱條。理實未順。兼封駁之任。雖人主親所選任。皆得以其職言。今曰舉差。臣所未諭。臣恐朝廷典則寖得緣事廢紊。伏望聖慈特賜指揮。並依舊制。庶命令所加。務於詳審。有司職業。責以備舉。

元豐中。判三班院曾鞏上言曰。右臣伏見聖恩以新雕印唐六典。頒賜近臣。以及館閣。竊以唐初以尚書中書門下三省參領天下之事。以今僕射侍中為宰相之任。然選士用人。出兵授田。刑罰禮樂。至於工官所主。則一一本於尚書。尚書侍郎分為六寮。郎員外郎各有攸司

又分為二十有四。所以弥綸庶務至徵至密。其大則以永業口分之
田制民之產。以租庸調制民之賦。以諸府十二衛制民之兵。三代以
来其政最為近古。太宗所以致治者蓋出於此。其事至衆而舉之有
條。其體至大而統之有要。可謂得建官制理之方。明皇之世。迺考尋
舊章著之簡册。以六卿所總領則象周官。名其書曰六典。而開元十
四年。張說罷中書令為尚書右丞相。不知政事。自此政事歸中書。而
尚書但受成事而已。亦其書之所記也。則當是之時尚書已不得其
職。其所著者蓋先代之遺法也。其本原設官因革之詳。上及唐虞以
至開元。其文不煩。其實甚備。信可謂善於述作者也。臣向在館閣。嘗
見此書。其前有序。明皇自撰者。而其篇首皆曰御撰。李林甫注。及近
得此書不全本。其前所載序同。然其篇首不曰御撰。其第四一篇則
曰集賢院學士知院事中書令脩國史上柱國始興縣開國子臣張

等奉勅撰。蓋開元二十二年張九齡實任此官。然則此書或九齡等
所為歟。不敢以疑說定也。伏惟皇帝陛下神智聖性夙成。自天方華
斂興壞以脩太平之業。繼唐虞之跡。而稽古不倦。旁及此書。迺自禁
中鏤版。傳之以賜在位。豈不以其官儀品式去今未遠。而行於今者
尚多。將使學士大夫得而求之。其於就列皆知其任。其於治體開益
至多。非聖慮所存規模宏遠。則何以訓勵群臣委曲至此。臣備數內
閣。以文學為職。宜略知典故。不可以衰退駑鈍怠惰苟止。故敢昧冒
以請。伏望聖慈依例賜臣一部。使得伏玩思索。萬一得奉清閒。尚可
牽強以備訪問。不勝犬馬區區之誠。貪冀恩私。不知僭越。其於罪戾。
所不敢逃。干冒宸嚴。臣不任戰慄之至。
鞏又上言曰。臣伏以陛下稽古正名。脩定官制。令百工庶務類別以
明。其於講求經畫。皆出聖慮。弥綸之體固已詳盡。然推行之始。去故

取新。竊恐百執事之人。素未諭於其心。習於其耳目。一日之間。或未
盡知其任。群吏萬民聽治於上者。或未盡知所趨。待夫問而後辨。推
而後通。則必有煩阻之患。留滯之虞。若圖之於早。定之於素。則一日
之間官號法制一新於上。而彝倫庶政叙行於下。內外遠近雖易視
改聽。而持循安習無異於常。此臣所以區區之愚。庶有補於萬一也。
今百司庶務既已類別。若以所分之職。所總之務。因今日之有司擇
可屬以事者。使之區處。自位叙名分憲令版圖文移案牘訟訴期會。
總領循行舉明鉤考。有革有因。有損有益。有舉諸此而施諸彼。有捨
諸彼而受諸此。有當警於官。有當布於衆者。自一事已上本末次第
使更制之前習勤已定。則命出之日。但在奉行。內已蓋吏部於尚書
為六官之首。試即而言之。其所總者選事也。流內銓三班東西審官
之任。皆當歸之。誠因今日之有司擇可屬以事者使之區處。自今僕

射尚書侍郎員外郎。以其位之升降為其任之煩簡。使省書審決。其
當屬郎員外郎。其當屬尚書侍郎。其當屬令僕射。各預其所屬預為
科別。如此則新命之官不煩而知其任矣。曹局吏員。如三班諸房十
有六。諸吏六十有四。其所別之司。所隸之人。不必盡易。惟當合者合
之。當析者析之。當損者損之。當益者益之。使諸曹所主因其舊習。如
此則新補之吏不諭而知其守矣。憲令版圖。文移案牘。訟訴期會。總
領循行舉明鉤考。其因革損益之不同。與其舉諸此而施諸彼。有捨
諸彼而受諸此。有當警於官布於衆者。皆前事之期。莫不考定。如此
則新出之政不戒而知其敘矣。夫新命之官不煩而知其任。新補之
吏不諭而知其守。新出之政不戒而知其敘。則推行之始。去故取新。
所以待之者備矣。其於選事如此。勞至於司封司勳考功當隸之者。
內服外服庶工萬事當歸之者。皆推此以通彼。則禮部之任。不待政

出之日。問而後辨。推而後通也。推吏部之事以通於百工庶職。如此則體雖至大。而操之有要。事雖一變。而處之有素。一日之間。官號法制鼎新於上。而彝倫庶政敘行於下。內外遠近雖改視易聽。而持循安習無異於常。區區之愚。庶有補於萬一者在此。而臣愚淺薄。不知治體。貪於傾盡而不知其言之妄。採掇增損。實待聖斷。惟陛下之所財幸。

肇又言曰。臣竊以周制六卿各率其屬。皆有分職。見於禮經。至唐自三省而下分命庶官。亦各以其職事。見於六典。今陛下講求化原。更定官制。蓋作憲垂法。緣古以來其於大體有不可易者。雖唐虞三代未嘗易也。至於緣人情因世故。斟酌損益有不可不易者。故雖唐虞之際極盛之時。凡巡狩四方。則皆脩五禮。而周人治象之法。亦歲有更革。況於時異事殊。而可以膠於一方之說。泥於一篇之跡哉。故陛

下更制改作。其彌綸大意。則遠體周官。而近因唐制。此所謂於其大體有不可易者也。至於從宜應變。則解縱拘攣。獨出聖謀。不牽常筭。此謂斟酌損益有不可不易者也。夫能審其不可易者而因之。斷其不可不易者而更之。惟當而已。然後可以明制作之體。惟陛下聖性之卓。故能處之無疑。此非群臣之所能望也。今更定官制。其所先者。在於使群臣庶位皆明知其職分。職分既明。然後在事者得各因其名以效其實。而考察者欲覈其實。則必推其名。此作法之大要。所謂不可易者也。今庶尹百工。分位既定。宜有新書。如周官六典明白之文。使內外上下曉然究悉。以熙庶績而康萬事。臣適典明命。亦得各以百執事所分之職。載於訓詞。以飭戒在列。以稱陛下董正治官脩名責實之意。其書宜以時頒布。以率天下。如體更事鉅。其不可不易者。文字論次。尚有未周。則百司所守小大之務。亦宜先有條具。委曲章明。施於列位。使人人皆知其任。勸於赴功。而臣亦得討論演暢。見於王者之訓。以副聖君勵精求治為世作則之心。

肇又言曰。臣伏以陛下發德音。正官號。法制度數。皆易以新書。太平之原。實在於此。今論次已定。宣布有期。四方顒顒。跂足而望。臣切恐施行之際。新舊代易之初。庶工之間。或吏屬因循。或簿書緣絕。其於稽察漏略。檢防散逸。彌綸之體。不可不早有飭戒。欲乞明諭有司。架閣有未備者備之。版籍有未正者正之。凡憲令圖牒簿書案牘。皆當次比整齊。斂藏識別。以至於官寺什器。凡物之屬公上者。亦皆當鉤考詳於簿錄。庶於新舊更易之間。得無漏略散逸之敝。非獨徼當今典領之懈。且以絕異時追究之煩。

戶部尚書韓忠彥、侍郎蘇轍、韓宗道言。文武百官宗室之奉。一倍皇祐。四倍景德。班行選人胥吏率皆增益。而兩稅征榷山澤之利。與舊

無以相過。治平熙寧之間。因時立政。凡改官者自三歲而為四歲。任子者自一歲一人而為三歲一人。自三歲一人而為六歲一人。宗室自祖免以上漸殺恩禮。此則今日之成法。乞檢會寶元慶曆嘉祐故事。置司選官共議。詔戶部取應干財用除諸班諸軍料錢衣賜賞給特支如舊外。餘費並裁省。

神宗時。鄭獬上奏曰。臣竊見言者患官入之冗。故有省任子之議。臣輒條其一二者。昔之兩制至宰相。正刺史至節度使。歲補一人出仕。特恩不預焉。今二府郊祀則補二人。兩制及正刺史而上一人。是省於舊三之二矣。帶職員外郎至諸司使已上。舊郊祀一人。今兩郊祀一人。是省於舊已半矣。昔之選官以三年。今選以四年。及其至可以任子之時。已六七十矣。人而至六七十。其心覬一子承家。豈不惓惓可憐哉。今誠再省之。恐太刻薄。有以傷陛下仁愛之心。其猶有可省者。

嬪御而已，或有一二而不在此也。雖然，患入官之冗者，奚不擇焉而後仕，今無黑白一槩以入官。雖有司試以格詩類，皆倩人，茲與不試同。如欲省任子，則莫若有擇焉。凡任子已補欲出身仕者，從其所能而試之，或以一經，或以禮學，或以法律，或以文辭。武臣則試武伎，或以策略。每歲二月集于有司，如試進士武舉法，差官糊名，較實中程乃得仕。如此則得仕者必少，而所取者材。子弟各相勉強於學，又有勸焉。如有不能文墨而獨可以才幹者，則請家一人不試而得入官。此所以盡人之能，而且不絕其世祿也。至於俱無能焉，則終身不得仕，是不才而已。又何慽焉。臣又以臣下至病耗不欲去者，顧祿而已。至不得已乃求宫觀、留臺、監檽，是終無去意。臣欲乞分司致仕官其俸錢皆勿奪，俾終其身。病耗者有所養，則必有相引而去，彼居閭里待次累年，俸錢亦不絕也。縣官何惜一二千錢，俾之得以禮而引退，

且有優遇老臣之恩。至於貪贓酷吏亡有所犯，此可終身勿令仕，茲亦有省官之術焉。臣誠不欲陛下初即位德澤未及宣究，而遽有刻薄之吏制，此臣所惜也。如臣議可采，欲乞付中書與衆人之奏論定其可者焉。

辯又上奏曰：臣近蒙降到劄頭，除東上閤門使、果州團練使李定為遙郡防禦使，臣雖已進草，竊惟議者籍籍不已，熟究其然，誠為濫寵。何則？諸司使副在祖宗朝例無磨勘，天聖中方許四年一遷，至昭宣使止，閤門使副四年一遷，至客省使止。皇祐中，横行始有定員，不得遙數近時横行遷者，以謂員既有定，則更授以遙郡，及諸司使遷至皇城使者，又惜昭宣使不除，亦授以遙郡。但恐數十年間帶遙郡防禦、觀察者比比皆是，則所顧者小，而所失者更大。正任團防有十餘年不遷者，觀察使有終身不遷者，心覬其遷，則謂非有戰功則不可，平時息兵，徒何而求戰功哉。朝廷愛惜名器如此之重，何為遙郡則棲踵而授人。計之自刺史累十二年便可至觀察使，一日有横恩解其使名，即為真拜，豈重於彼而獨輕於此耶。屬者劉永年為團練使十餘年，以邊任方除防禦使，既除而言者指為非是，於時即行追罷。今定為團練使纔四年，以磨勘轉遙郡防禦使，又四年則遂為觀察使。非濫寵而何。宜議者之不已也。此弊不可遂長，於此猶可以為救。宜詔兩府更定武臣遷官條例，使淹速各得其敘，以革前失。如欲定之，此授亦宜追還，庶幾清朝官無幸位。

知諫院陳襄上奏曰：臣近有劄子，以銓選吏員冗雜，縣令最為親民之官，欲乞稍加銓擇，以手實之優劣、縣政之繁簡，各分為兩等選循良幹敏之吏，使治其劇，其次等縣亦並以奏舉人及常調縣令歷任有三人舉主者充，法嚴其保任之責，而優其獎待之數，使賢能者有

所勸激，而勉充其選，亦銓衡選任之先務也。留中多日，未蒙頒降施行。竊意陛下重其更張，不欲使常調入令之人別無差遣，因茲濡滯注擬不行。臣竊以為不然。契勘銓司常調令録大率不過九百人，除見任録參或監臨場務及自該入等差注人，固已三分之二矣。其餘得替守選注官待闕，又已過半，則逐時在銓守候差遣常無一二百員，今所汰去者，盡是舉官不足，或無勞効，莫非貪耄不職之人，雖由此罷之，其害猶小。或付之百里之命，使民倒植，其為患豈不大哉。臣今相度，欲乞將諸路州軍條主戶三萬已上縣，分主簿及節鎮判司員闕，旋理令録資序，許常調令録不該入等人注填，如願析資差遣，亦從其便，則員闕足以相當，而無留滯之患矣。臣又觀天下京朝官知縣員闕，其間甚有戶口浩穰、獄訟繁劇，號為難治之處，省累政而以事去官，或曠歲而人無授者，如南劍州之尤溪、邵武軍之邵武、建

之浦城。信之上饒。洪之分寧。虔之雩都。如此之類。天下甚多。審官院雖有指定繁劇兩等選差條貫。然多該說未盡。如前數邑。率皆不預其數。欲乞下諸路轉運司別令體訪定等。轄下自來最為煩難不治之邑。凡有若干將合入本路分入揀選腳色。舉主多有勞績或曾係臣寮奉勑奏舉。素有才望之人。不依名次保明超授。謂之繁劇選差。其次雖有難治之邑。但封疆闊遠。主戶及三萬以上者。並於以次腳色內銓擇。謂之選差。內有圭田優厚。號為善闕。如秀之華亭。明之鄞縣。常之無錫之類。凡有若干。並升為通判差遣。謂之優選。其係繁劇選差人。候任滿日別無遺曠。許先次指射更與優選一次。仍與通判合入人相兼選擇。合闕升通判者與理通判資序。其係選差者。除兼兵與中等已上圭田處依舊條無酬獎外。其餘不以路分遠近。但能振職量其績効。亦並與先次或優選一次。已上如遂任內治迹稱最。

當與優加獎擢。其有繆濫不職者。主判官稍涉私徇情。亦乞特行黜降。如此。則高才良吏知有懲勸。而樂親民政。天下繁難不治之邑。莫不均被仁澤矣。如有可采。伏望并臣前狀降付中書將賜詳酌施行。

襄又上奏曰。臣竊謂縣有知令。最為親民之官。不可一日虛其位。而或任非其人也。臣所領審官東院契勘近日合入親民資序官七十餘員。知縣闕次八十餘處。今縱差注不行。自新法已來。縣道事繁。嘗責嚴察。被累者多。故雖有廉良之才。稍知自重。則莫不畏罪規避。無敢就者。至有折資願就閑局。此人情可知也。今來任知縣人不減五十餘員。并正任監當人。又自有九十餘員。其監當闕次只有十處。不惟縣道闕人。兼監當待次人無由發遣。臣愚欲乞詔諸路監司長吏。今後縣道官員除庸繆不職及委是故違新法合行衝降外。自餘若非違越不職。偶因過不逮之人。少加容貸。原情薄責。使不至於黜降。則人人樂居其職。無或規避也。仍乞今後於元係親民降充監當人內選擇腳色。如公罪及私罪杖已下情理不至深重。歷任曾有舉主十人以上者。許申中書審察。與依合入遠近權指射知縣硬闕。并兼人願就過滿見闕理監當人資任請受。仍不許不依常制奏辟。如此。則縣道不至闕員。而僥累之人免於留滯。可以責其後効矣。

襄又奏曰。臣竊以諫臣司袞職之闕。格君心之非。臺官糾正朝綱。繩百官之失。明其職之各異也。伏覩近年臺官侵諫諍之職。諫臣言風憲之事。此孔子所謂名不正而言不順也。臣今欲乞諫臣惟司人君言動之過。補時政闕失之事。若夫百寮之愆繆。臺綱之不振。則有御史在焉。庶幾臺諫之任。皆得專職而言責不紊矣。

襄又奏曰。臣竊以封駮一司。乃朝廷慎出命令之關防也。故凡宣勑之出。莫不由於門下者。蓋慮政令有所未便。刑賞有所未中。差除有

所未當。則有司得以看詳而舉駮是非。亦補朝政之一也。近者翰林學士知通進銀臺司兼門下封駮事范鎮奏為差提舉廣惠倉官員勑不下封駮司事。中書檢會為係舉官更不下封駮司。以臣觀之。夫舉官任人。國之大典。萬一有不當。義當駮奏。豈可與閑慢文字一例直降。不由所司。上廢朝綱。下失官守。此近年已失之事。豈可按以為法哉。臣欲乞今後中書樞密院除閑慢機密事依例直發外。自餘事關朝政有所可否者。其宣勑並令降付封駮施行。庶不失祖宗之成憲也。

襄又奏曰。臣竊以審官東院之職。自少卿監知州軍至京朝官而下。不減三千餘員。詮擬陞改。所繫非輕。事自尤衆。宜其法式詳備。乃可遵行而見用一司編勑。自熙寧八年頒行以來。中間續降節文。屢有衝改。已非舊文。蓋立法之初。失於簡略。吏員既衆。並發遣不行。動多窒

礙條約事理。不能周盡。或輕重失當。於義未安。有司動須申明。士人時有訴述。裁決辨理。上煩朝廷。臣自蒙恩領職。歲月頗久。考求利害粗有條理。臣今欲乞將審官東院一司。勑依國子司天監例。許從本院看詳。刪去煩文。補其闕略。凡前後申明。所得朝旨可立以為法者。並行編定。其事理未盡未便者。並具奏陳。或申中書詳酌。刪成審官東院令勑式。庶幾著為定法。可以久遠施行。

起居舍人同知諫院范純仁上奏曰。臣聞古者天子有諍臣七人。所以廣聰明而益治道也。昔在章聖之朝。開廣言路。置諫官六員。仁皇慶曆之初。亦嘗增置員數。近年以來。止及三員。又自呂誨改御史中丞。其闕至今未補。當陛下求治之際。耳目之官。正宜多設。伏望聖慈檢會慶曆故事。增補諫官員數。庶使言路得人。上裨聖政。

純仁又上奏曰。臣近曾上言。乞添置諫官員數。未蒙朝廷施行。伏緣諫官乃天子耳目之臣。設之不可不備。當陛下明目達聰之際。尤藉群才協力。況有呂誨員闕。久而未補。陳襄至今未到。惟臣獨員。當此責重。進無同寅協恭之助。退無商議講求之益。以臣暗拙。實懼曠闕。伏望聖慈指揮檢會臣前來劄子。早賜施行。

歷代名臣奏議卷之一百六十

歷代名臣奏議卷之一百六十一

建官

宋哲宗元祐元年。門下侍郎司馬光上疏曰。臣等聞三王不相襲禮。五帝不相沿樂。況國家設官分職。張立治具。上下相維。備飾明備。何所愧於漢唐。何必事事循其陳迹。而失當今之宜也。謹按西漢以丞相總百官。而九卿分治天下之事。光武中興。身親庶務。事歸臺閣。尚書始重。而公卿稍已失職矣。及魏武佐漢。初建魏國。置祕書令典尚書奏事。文帝受禪。改祕書為中書。有令有監。而亦不廢尚書。然中書親近。而尚書疏外矣。東晉以後。天子以侍中常在左右。多與之議政事。不得任中書。於是又有門下。而中書權始分矣。降及南北朝。大抵皆循此制。唐初始合中書門下之職。故有同中書門下三品。同中書門下平章事。其後又置政事堂。蓋以中書出詔令。門下掌封駁。日有爭論紛紜不決。故使兩省先於政事堂議定。然後奏聞。開元中。張說奏改政事堂為中書門下。自是相承。至于國朝莫之能改。非不欲分也。理勢不可復分也。鄉日所謂中書者。乃中書門下政事堂也。唐末諸司使皆內臣領之。樞密使參預朝政。始與宰相分權矣。降及五代。改用士人。樞密使皆天子腹心之臣。日與議軍國大事。其權重於宰相。太祖受命。以宰相專主文事。參知政事佐之。樞密使專掌武事。副使佐之。自是以來百有餘年。官師相承。中外安帖。百司長官及諸路監司。諸州長吏。皆得專達。或申奏朝廷。或止申中書樞密院。事大則中書樞密院進呈取旨。降勑劄宣命指揮。事小則批狀直下本司本路本州本人。故文書簡徑。事無留滯。神宗皇帝以唐自中葉以後。官職繫冗。名器紊亂。欲革而正之。誠為至當。然但當據今日之事實。考前世之訛謬。刪去重複。去其冗長。必有此事乃置此官。不必一依唐之六典分中書為三省令中書取旨門下覆奏尚書施行凡內降文書及諸處所上奏狀申狀至門下中書省者大率皆送尚書省尚書省下六曹六曹付諸按勘當檢尋文書會問事節近則寺監遠則州縣一切齊足然後相度事理定奪歸著申尚書省尚書省送中書取旨中書既得旨送門下省覆奏畫可然後翻錄下尚書省尚書省復下六曹方符下諸處以此文字繁冗行遣迂迴近者數月遠者踰年未能結絕或四方急奏待報或吏民辭訟求決皆困於留滯又本置門下省欲以封駁中書省錄黃樞密院錄白恐有未當若令舉職則須日有駁正爭論紛紜執政大臣遂成不協故自置門下省以來駁議甚少又門下不得直取旨行下雖有駁議必須却送中書取旨中書或不捨前見復行改易又內批文字及諸處奏請多降付三省同共進呈則門下之官已經商量奏決若復有駁正則為反復迂日中

書文字有急速者往往更不送門下省然則門下一官殆為虛設徒使吏員倍多文書繁冗無益於事臣等今衆共商量欲乞依舊令中書門下通同職業以都堂為政事堂每有政事差除及臺諫官章奏已有聖旨三省同進呈外其餘並令中書門下官同商議簽書施行事大則進呈取旨降勅劄事小則直批狀指揮一如舊日中書門下故事併兩省十二房吏人為六房同共點檢鈔狀行遣文書若有溢員除揀選留住外並特與減三年出職不及三年應出職者與減磨勘年限若政事有差失委給事中封駁差除有不當委中書舍人封還詞頭又兩省諫官皆得論列則號令之出亦不為不審慎矣如此則政事歸一吏員不冗文書不繁行遣徑直於先帝所建之官並無所變更但於職業微有修改欲令於事務時宜差為簡便其委曲條目並候得旨允許續議修立

光又上疏曰臣等聞王者設官分職居上者所總多故治其大要居下者所分少故治其詳細此理勢之自然紀綱所由立也是以周官小宰以官府之六屬舉邦治大事則從其長小事則專達凡宰相上則啓沃人主論道經邦中則選用百官賞功罰罪下則阜安百姓興除利害此其職也至於簿領之差失期會之稽違獄訟之曲直胥吏之遷補皆郎吏之任非宰相所宜親也古人有言察目睫者不能見百步察百步者亦不能見目睫言詳於近者必略於遠謹於細者必遺於大也今尚書省事無大小皆決於僕射自朝至暮省覽文書受接辭狀未嘗暫息精力疲弊於米鹽細故其於經國之大體安民之遠猷不暇復精思而熟慮恐非朝廷所以責宰相之事業也竊以六曹長官古之六卿事之小者豈可不令專達臣等商量欲乞今後凡有詔令降付尚書省者僕射左右丞簽訖分付六曹謄印符下諸司

及諸路諸州施行其臣民所上文字降付尚書省僕射左右丞簽訖亦分付六曹本曹尚書侍郎及本廳郎官次第訖委本廳郎官討尋公案會問事節相度理道檢詳條貫下筆判云今欲如何施行次第通呈侍郎尚書若郎官所判已得允當則侍郎簽過尚書判准應奏上者直奏上應行下者直行下即未得允當者委侍郎尚書改判事之可否皆決於本曹長官其文字分付本廳郎官之時委本曹長官隨事大小鑿限若有稽違即行糾劾郎委的有事故結絕未得者申長官更不經由僕射左右丞即更改條法或奏請特旨或事體稍大或理有可疑非六曹所能專決者聽詣僕射左右丞咨白或具狀申都省委僕射左右丞商議或上殿取旨或頭簽劄子奏聞或入熟狀或直批判指揮其諸色人辭狀並只令經本曹長官陳過尚書侍郎本廳郎官次第簽押判決一如朝廷降下臣民所上文字次第施行

若六曹不為收接又久不結絶或判斷不當即令經登聞鼓院進狀降下尚書省委僕射左右丞判付本省不干礙官再看詳定奪若本曹顯有不當即行糾劾所貴上下相承各有職分行遣簡徑事務易集

光又疏曰臣於去年曾上言州縣者百姓之根本長吏者州縣之根本根本危則枝葉何以得安故自古以來置州郡必嚴其武備設長吏必盛其侍衛所以安百姓衛朝廷也秦滅六國以為兵不復用雖置郡守而以御史監之隳名城銷鋒鏑故陳勝吳廣起而郡縣不能制國隨以亡晉武帝平吳悉罷州郡武備山濤皆言州郡武備不可廢及永寧以後盜賊羣起州郡無備天下遂大亂國朝置總管鈐轄都監監押為將帥之官凡州縣兵馬其長吏未嘗不同管轄蓋知州則一州之將知縣則一縣之將也熙寧中議臣建議分天下禁軍每

數千為一將別置將官以領之訓練差使抽那一出其手其逐州總管以下及知州知縣皆不得關預量留羸弱下軍及剩員以充本州白直及諸般差使而已凡設官分職當上下相維如身之使臂臂之使指紀綱乃立今為州縣長吏及總管等官而於所部士卒有不相統攝殆如路人者至於倉庫守宿街市巡邏亦皆乏人雖於條有許差將下兵士者而州縣不得直差須牒將官將官往往占護不肯差撥萬一有非常之變州縣長吏何以號令其衆制禦姦宄哉臣目覩前年西京留守韓絳謁嵩山起建道場其將下禁軍充白直者於條不得出城經宿所敢留者剩員七八人而已況僻小州縣其守禦之備侍衛之衆可知矣臣當時乞悉罷將官其逐州縣禁軍並委長吏與總管等官同共提舉教閱及諸處差使其州縣長吏所給白直皆如嘉祐編敕以前之數臣自上此文字後來不聞朝廷有所施行竊見近歲諸處多聞兩浙盜賊頗多州縣全無武備長吏侍衛單寡禁軍盡屬將官將官多與長吏爭衡長吏勢力遠出其下萬一有如李順王倫攻城陷邑之寇或如王均王則竊發肘腋之變豈不為朝廷旰食之憂邪王者制治於未亂保安於未危豈可自恃太平之久謂必無此等事邪又自祖宗以來諸軍少曾在營常分番往緣邊及諸路屯駐駐泊蓋欲使之均勞逸知艱難識戰鬭習山川自置將官以來苟非有所征討全將起發與將官偕行外其餘常在本營未復分番屯駐駐泊飽食安坐養成驕惰之性歲月滋久恐不可復用又每將下各有部隊將准備差遣指使之類一二十人而諸州總管鈐轄都監監押員數亦如舊設官重復虛費廩祿凡將官之設有害無利天下曉軍政者莫不知之臣愚伏望朝廷如臣前奏盡罷諸路將官其禁軍各委本州縣長吏與總管鈐轄都監監押等管轄一如未置

將官已前之法其諸州軍兵馬全少不足守禦之處量與立額招添其守禦有備而寇賊之發不能式遏或棄城逃避或率吏民迎賊或斂民財賂賊雖責之以死彼亦甘心今平居驕從直不能備一旦寇至責以死節不亦難哉

光為左僕射時上疏曰臣聞書稱明王立政不惟其官惟其人臣竊時見天聖中諸路止各有轉運使一員亦無提點刑獄惟河北陝西以地重事多置轉運使兩員然朝廷必擇朝士專任知州有聲迹曉錢穀者乃得為之未嘗輕以授人凡一路之事無所不總使按察官吏薦賢發姦愛養百姓興利除害或朝廷有本路事務未能細知利害者則委之相度措置當是之時官少民安事無不舉公私饒樂海內晏清景祐初始復置提點刑獄其後或時置轉運判官以其冗長害事尋復廢罷自王安石執政以來欲力成新法諸路始置提舉常

平廣惠農田水利官，其後每事各置提舉官，皆得按察官吏，事權一如監司。又增轉運副使、判官等員數，皆選年少資淺輕俊之士為之。或通判、知縣、監當資序及選人以權發遣處之。有未嘗歷親民，即為監司者，能順己意，則不次遷擢；小有乖違，則送審官院與合入差遣，更加責降。彼年少則歷事未多，資淺則衆所不服，輕俊則舉措率易。歷事未多，故憲事不熟，壞法害民，又利祿誘於前，罪戾俟於後，由是舉措率易，故措置百事往往乖方；衆所不服，故依勢立威，以行號令。往往上不顧國家事體，下不恤百姓怨咨，止務希合，以圖進取。致今日天下籍籍如此，皆由此來也。陛下幸念民惟邦本，本固邦寧，知元元困窮於國家非便，欲救而安之，詔青苗錢不得抑配，免役錢寬剩不得過二分。竊聞諸路提舉官猶有於春首抑配青苗錢，勸百姓供情願狀，别作名目占免役寬剩錢，但取文具而已。如此，則朝廷號令廢格，不行於臣下；恩澤壅塞，不被於黎民，徒存空文，何以為政？臣聞去草者絶其本，救水者回其原。提舉官者，乃病民之本原也。陛下必欲蘇息疲瘵，乞盡罷諸路提舉官，其轉運使除河北、陝西、河東外，餘路只置使一員、判官一員，提點刑獄分兩路者合為一路，共差文臣兩員。凡本路錢穀財用事，悉委轉運司；刑獄、常平、兵甲、賊盗事，悉委提點刑獄管勾。仍選知州已上資序，累歷差遣，所至有政迹，聰明公正之人，方得為監司。聰明則知官吏賢不肖，公正則黜陟無私，部下官吏既皆得人，事務安有不幹集，百姓安有不富庶？此乃國家鎮撫四方之本也。若以提舉官累年積蓄錢穀財物不少，恐轉運司一旦得之妄有耗散，即乞盡撥作常平倉錢物，委提點刑獄一面交割主管，依常平倉法，謹伺穀價賤糴貴糶，及准備災傷賑貸，其餘不得支用。若轉運司委的窘乏，須至兑那常平錢物者，必須具數先奏朝廷，

得旨，乃得移牒支撥。若以監司數少，路分闊遠，處巡歷不及，管勾不辦，即乞只依舊法，每歲偏巡諸州，更不偏巡諸縣，自非要切大事，朝廷不令監司親往勾當，只令選差本部官。除司理、司法、縣尉、獨員監當之類，舊條不許差出外，其舊條不得隔州差選人勾當，若及被差之人皆有罪；新條諸州管勾官及主簿當給散月分不得差出之類，指揮乞更不施行。所貴監司有官可差，幹得事務。若遇有賊盗，乞朝廷只委提點刑獄差官，或行移文字，監督捕盗官捉殺，察其不稱職及有可以代之者，先令權攝，仍奏乞替換，許一面相度賊盗強弱，立賞錢數目。其捕盗官若立功，許隨功大小保明，乞轉官及升差遣，或減年磨勘。朝廷更不下刑部磨勘詰難，住滯臨時，詳酌恩澤，直賜指揮。賊盗自然無不敗獲，不須令親出入監逐捉殺，於事無益。如此，則監司巡歷、管勾職事簡要，易為辦集。

右正言朱光庭上奏曰：臣等伏覩三月十八日聖旨，職事官許帶職内，尚書候二年加直學士，中丞、侍郎、給事、諫議通及一年加待制。臣踰月于茲，及復思之，不得其義。多士紛紛之説，不可勝紀，聊捺十説以陳於前，惟陛下垂聽，幸甚。説者曰：立為此法，庶職事官罷日，不煩商量，便可令帶出。臣以謂為中書自便則可，於朝廷體要則未安也。不若因其除外，易以職名，在人主恩意則新，於臣下寵光亦異。今既平居無事，先以與之，則一日補外，何以示恩？更進則太優，不加則近薄。雖曰善遷，廼如少貶，此不可一也。借如自尚書一年餘罷，則當與之直學士耶？與之待制耶？與待制，則無以别於侍郎；與之直學士，則不應今日所立新制，此不可二也。或尚書、侍郎而下以罪被謫，於尋常例當落職者，不知止落職事官之職耶？并落職名耶？不落職名，則與平遷善罷無以異矣；落則是不問過之輕重，皆當奪兩重職矣。此

不可三也官制以来由諫議大夫中書舍人方為給事中由給事中方為侍郎而御史中丞又在侍郎之上其為等差如此今一年之後合為待制則等差紛紛然莫可辨矣此不可四也昨有自尚書除御史中丞者豈可一年之後亦止於加待制則為降官與直學士則為亂法舊制知雜御史乃令侍御史其於中丞相去甚遠猶有不歷月踰時或纔滿歲遂轉待制者今為中丞一年方得待制是令中丞反輕於前日之雜御史也舊制知制誥乃令中書舍人自居待制之上次遷當為翰林學士其或遷雜學士雖至於侍讀學士若不與權三司使及權知開封府皆不為美遷今一年之後乃得加待制是令日中書舍人亦輕於前日之制誥也又既為中書舍人以與制誥為職事其於侍從最為親近豈須更帶待制此不可五也六曹之官容以衆材丞進或以錢穀稱或以刑法用使為尚書侍郎則可使兼學士

待制則不可不然名品混殽而清濁一流矣此不可六也從来以寄禄官為行守試則試者多而行守少加職之後以職為行守試則試者少而行守多暗陞資格陰益俸錢而陛下不知此不可七也官制以前侍郎尚書類為叙遷之官故更以帶職為寵官制以後以階為寄禄而尚書以下實行其職故自以職事官為重恩數之優非昔日比無更稍加職之例豈可以專官制之重職又兼舊制之寵名此不可八也人主之所以厲世磨鈍屈天下英雄之心俱入於術中者唯名與器而已故美官重器必使有難得之勢則人以得為榮為勸若予之不加重不予不加輕歲月所積例以授之則鄙夫以苟得自矜而高材以同受為耻矣此不可九也待制職備顧問非學術該通議論雅正誰宜為之祖宗之世其選最精出入朝廷纔一二人而已故當世人人皆以為貴今乃立法無有定員將一年之後待制滿朝必有斗量車載之謡以玩陛下名器此不可十也方陛下脩明法度齊正典章之時而官制職名參錯如此臣謂終不可以並行伏望聖慈特詔輔臣别加講議裁定歸一適於至當庶行之當世而無礙垂之將来而可久

監察御史上官均上奏曰臣聞朝廷設官分職所以治事才者並用則職脩而事治才者不用則事紊而職廢才否並用則政事之不治者常半今之士大夫列于版籍者可謂至冗矣京官自承務郎至朝議大夫凡二千八百餘人選人一萬餘人大使臣二千五百餘人小使臣一萬三千餘人舉天下之員闕不足以充入仕之人故吏部左右選用闕京朝官及大小使臣大率一年以上選人須及二年以上或二年而闕次之遠者莫如選人大抵一官之闕在任與夫已授而又擬之者凡三人故自得替如不該移令待試法之中否須近一年

而後擬呈已擬差必待闕三年而後就職七年之間方成一任京朝官待次幾一年而後得差遣待闕一年然後就職五年之間方成一任以常人言之三十而仕又十五而改官至七十而致政共成七任耳又况二十未必仕仕者未必皆至七十而又有不幸私故陷於吏議年雖及之未必滿七任也故舉天下之士大夫其才可以治事不至曠職者未必及半就令及半居閒之日常多而治事之日常少此天下之郡縣所以不治閭井之民未純被朝廷之德澤者良以此也臣以為欲郡縣之治在夫才者居職欲才者居職在乎使其居閒之日少欲其居閒之日少在乎清入仕之源切觀今之自文職入流者凡四進士補蔭與夫納粟得官百司胥史是也自武職入流者凡三武舉補蔭與夫百司胥史是也計其才行可以居官治事者納粟胥史不如補蔭補蔭不如進士武舉何以言之為進士者自十年就學

加之十年而後能治經閱史綴緝文詞。又加之十年而後能問學通博。成就其志。其學可謂勞矣。及夫有司試之。必擇其明達義理而稍工文詞者方得薦送。又求其尤者始預禮部之選。又加廷試而後賜第。擇之可謂至詳矣。三年一取士。舉天下學者群試于有司。亡慮數萬人。而賜第者僅五百人。取之可謂至艱矣。彼貴遊子弟恃其父兄之蔭補。類多驕墮不學。僅通經義稍成文詞者。則必中選。就令屢試不中。年及三十亦得出仕。其賜進士篤志講學勵操自立。宜有間矣。百司胥史。主行文書。積年寡過例該祿仕。又豪右之家以貲授官。其才品庸下。素不知義。又外臺郡守奬薦之所不及。彼固分甘自處於卑賤之地。豈復有奮勵之意。其賜補蔭子弟聞父兄之教。少壯就官有向進之心。宜有間矣。由此觀之。計才量行可居官治事者。納粟胥史不如補蔭。補蔭不如進士。理之必然也。又進士科所謂特奏名者凡五等。其最濫者。但曾一次預薦。僅及三十年即該推恩。其就廷試。則試題平易。字數減少。有司考校又加寬假。但粗成文理。不至甚紕繆者。皆置第四等以上。未滿七十者。即更不須保任。便許出官。昨元豐八年。特奏名係第四等以上者四百餘人。可謂冗矣。夫進士自秋試至省殿二處考校僅取五百。其間尚容幸得。又況偶獲一薦。累試見黜。年高才耗。學術忘廢。其比進士實固相遠。而又五路學者鮮少。取人數寬。但獲一薦。雖不事學。坐待及三十年。便該仕祿。大率多年五六十以上。既就仕官。誰肯舉薦。夫以血氣衰耗有苟得之心。薦舉不及。無向進之意。其能精明治事廉潔自守者。十無一二。智識才力方之進士。固有間矣。夫以特奏得官與夫補蔭流外之人。學術才行皆不足以方進士。而又仕之數常多於賜第之人。並趨吏部。吏部按格不計入流清濁。才行高下。但以到部先後注擬授差遣。以此待次者常至七八百人。注擬二年以上員闕。故負才可用之人。率為特奏名得官。與夫資蔭胥史之流。冗占壅滯。比肩待闕。居閑之日多。而治事之日少者。常以此也。不清其源。欲官之不濫。才者之獲進。不可得也。臣以為四者之冗有可罷者。納粟得官是也。有可以裁抑者。特奏名資蔭胥史是也。竊聞嘉祐四年以後。係特奏名者纔數十人。自治平至熙寧三年。止有百餘人。自熙寧六年至今。每次推恩入仕。不減四五百人。臣欲乞參酌祖宗故事。須曾取到文解或經殿試若干舉方許就省試。實得文解及經殿試若干舉方許就殿試。其就殿試文理稍優者方得充四等以上。每等限定人數。不過若干人。其在四等外者不理選限。其曾預一薦雖及三十年不在推恩之限。蓋累曾取到文解或經殿試。即須稍有文學。不至空疎。四等以上限以人數。則有司所取不至冗濫。如此則稍可以革特奏之弊矣。臣又見廣南攝官取本路曾預兩薦者權攝簿尉。一任無過遂行正授。雖曰優假遠方士人。然僥倖太過。若量加舉數。即可以損入流之冗矣。臣以為古人之仕者世祿。蓋使為之後者一人世焉。祿廩之而已矣。詩人之所譏謂棄賢者之後。絕功臣之世。今之寄祿官。自大夫以上。初升大夫即奏補子弟一人。其後兩經郊恩與致仕之日。皆許奏蔭。其為大夫以上歲月深久。往往奏薦多至數人。夫廉謹無過。積日敘遷而為大夫者。未必有功而賢者也。官其子弟一二人以寵其後。固已厚矣。臣欲乞自兩省兩制以下至大夫奏補之數。宜加裁減。限以多少。則可以革資蔭之濫矣。有司胥史積勤累日。大率須及二十餘年方得出仕。唯三省人吏最為優幸。每以點檢諸處文書酬獎減年出官最速。其不願出官者亦理資序至為郡守。宜加裁抑。使無過厚。則可以損雜流之弊矣。四弊既損。則入仕之源清。而才行可用者不久於待闕。不久於待闕則治事之日多而職業無不舉矣臣聞張官置吏所以為民今若指虛授之祿必養害民之吏姑息不才之士以妨有才之進豈為民設官之意耶願陛下明詔有司講求官冗之弊澄清入仕之源以幸天下實非小補

知慶州范純仁上奏曰臣昨准兵部相度欲乞應蕃漢官非相統轄者並依官序相壓其城寨等管轄蕃官即依舊在本轄漢官之下詔依兵部所乞契勘諸路蕃官不繫官職高卑久例並在漢官之下此所以尊中國而制夷狄也行之永久人情安熟雖蕃官之甚黠技者亦不敢有覬望等輩之心蓋分義體勢不得不然上下遵承自無爭較況蕃官職名雖高只是管幹部族人馬凡部族應有公事並須從漢官彈壓理斷及戰鬬亦並用漢官使臣統制驅策故於平日必使名分相殊體勢相異則緩急之際不失統御今若無故忽更舊制悉依漢官之法使與不相統轄之官依品序位即遂上使臣及京職官當在蕃官之下者十有八九而沿邊將副使臣繼遇替移或於它處出入相值坐席相同便合在蕃官之下人情之間豈能堪此況夷狄之性兇狡尚氣當務裁抑驕慢之心豈可輒啟契勘緣邊使臣任满多是就擬鄰近城寨差遣它日或再相統攝即漢官使臣中必有懷憤報怨之人而蕃酋之徒既以等輩自處必生嫌恨致統制官司煩于處置開端生事為害不小防微杜漸實在于此伏望朝廷詳酌特賜指揮諸路蕃官各依久例不得與漢官叙班並在漢官之下所貴不失中國夷狄尊卑之限絕蕃酋驕慢覬望之心統制有常不為後患

二年平章軍國重事文彥博奏曰臣伏覩先朝復尚書省六部二十四司復其分治職事悉如唐制臣竊以尚書省吏部與選戶部掌邦計刑部主國法此三部最為重而侍郎郎中員外多不久任遷轉頻數未熟本部職事已見遷改必致胥吏乘間作弊行遣透滯臣欲乞三部郎中員外須令並滿四年理為兩任遂任與升資序立為定制經久遵行內吏部戶部司封司勳考功度支金倉部亦須再任與遂任升資上件三部郎官佐本部長官主判遂曹任官材掌邦計主國法皆是國之重事伏望聖慈詳察早賜施行

開封府推官畢仲游上言曰國家承五季之後典章制度號令文采雖未純於三代蓋皆有三代之意而髣髴焉至於慎刑罰息兵革寬仁盡下愛養元元得天下之心則有與三代比者獨官名自宰相而下至於百執事循用五季之舊而不知改天子臨朝太息於上而公卿大夫咨嗟悼歎發憤於下者不知幾十年矣及神宗皇帝同人心決大策以階寄祿而循復漢唐三省之制宜其歡呼鼓舞以慶朝廷之盛德而行之五年公卿大夫猶有不懌於官制者豈未改之前輩厭五代之無法既改之後復云漢唐之非是則官名之所失如何而可蓋國朝雖循三省之舊而二十四司之名皆第之以待百官當選者在省之官及假他官以制之如兵部為樞密吏部為銓審庫部金部為三司水部為都水刑部為大理名隸尚書而事在他局者不可以為後世法則先帝之改制無可議者而改制之中有非漢唐之舊而未合於今日之務舊平章事遷中書令國朝以來未有遷至中書令者而今儀同三司一階蓋昔日宰相累遷之官舊禮部尚書遷戶部戶部遷刑部刑部遷兵部而今銀青光祿大夫一階蓋昔日尚書累遷之官舊禮部侍郎遷戶部戶部遷吏部工部侍郎遷刑部刑部遷兵部而今正議大夫一階蓋昔日侍郎累遷之官卿寺亦然昔之官品難於進今之階秩易為高而又降七品為八品降五品為六品

降三品為四品。至其不可用也，則議請減蔭，及以舊品為定而章服之令。徒降五為六，降三為四，以遷就新品之失，而不知義理之所在，則所謂非漢唐之舊，而不合今日之務者，可驗於此。然猶未有害也。舊尚書省不總天下之政，而中書門下合而為一，則其治遂。今尚書省總天下之政，而中書門下析而為二，則其治緩。此理之固然者。至所謂畫黃錄符繳關刺，由上而下，復由下而上，近者浹旬，遠者累月。有夜半傳印待報，而其務乃比於竹茹木屑之細，或者補衣貸食，未得其決，而事久失於期會，則非惟不合今日之務，而良有害。公卿大夫所以不憚於官制者以此，亦在上之人損益之而已矣。蓋隋唐二十有九，而今寄祿階二十有五。如益其階使與舊日之官品相對，無併三遷而遷而為一階，則階正矣。還舊日之品秩，凡議請減蔭、服章之名，必合三五七九之數，無易前古之常，以就新品之失，則品正矣。

事大而緩，則由寺監而上臺省；或由臺省而下寺監，事速而小者，則許之專決；或專達而不為次第上下之道，久則事正矣。階正，則朝廷尊，名器重；品正，則義理安，民志定；事正，則三省無滯務，而遠近之人皆不失於期會。備此三者，而官制立矣，豈以漢唐之官名不當復，而五代之季為可循也。

仲游又上言曰：道不足以通庶事，未謂之道；法不足以行萬世，不謂之法。舜之德，賞延於世，可延之賞也。文王之政，仕者世祿，可世之祿也。賞可延而延之，則無辜賞之心；祿可世而世之，則無猥多之患。自漢以來，捨其賞延世祿之說，而不達其旨，是以官吏浮冗，最為天下之大患。昔唐太宗省內外官，定制為七百叁拾員，曰：吾以此待天下賢才足矣。後世有特置同正員，至於檢校、兼、守、判、知之類，皆非本制。中世之後，遂不勝其濫。然而蔭補之格，猶未若本朝之濫也。蓋太祖太宗之時，天下初定，萬事草創，有司傳闕待注，而無人，故多為取士之門。蔭補之法，以應用，至今百餘年間，天下以補蔭入流者甚衆。一歲之選，至千萬計，豈特賞延世祿而已邪。舊日之制，歲得任其子弟者，易而為三歲；三歲之制，復易而為六歲。而猶患其濫，則殆非歲數之近，蔭補人之多故也。今若於定制之外，復增歲數，則士大夫絕望於蔭補，追事之議，將不可止，非所以順人心助和氣，而官冗之弊，又未必能去。為今之策，莫若因仍歲數遠近，而漸實其試法。試而中於法者，然後入仕，則是第存蔭補之舊名而已，無入仕之漸患。順於人心，所利有五：不增蔭補之期，無所觖望，一利也。公卿之子弟患於不學，而今實其試法，則自勸於學，二利也。得好學之人以為政，不病於民，三利也。一不中選者，猶欲再而中，再不中選者，猶望三而中，不絕其望，四利也。官冗之弊可以漸省，五利也。豈惟蔭補，凡天下之入仕

者，皆為試法以考之，使人人勇於自試，而止取一百人而已。數百人，則數百人而已，終無意外之濫。雖行之萬世，未見其弊，又不失虞舜賞延、文王世祿之旨矣。

仲游又言曰：事不於無弊之時為有弊之慮，知有弊矣，復不早為之所，既有猥幷難治，而欲發一詔，下一令，使天下歡呼鼓舞，遂返於無弊，則雖稷契復生，未易能也。或者以其弊為不可以救，聽而任之，則亦非治天下之術也。昔周制六官，其屬三百有六十，而漢官之在內一千五十五，在外之官猶不與。唐太宗省內外官，定制為七百三十員，而開元、天寶之間，至萬有八千，則漢唐之間，官冗可謂弊矣，而本朝之弊則尤甚於漢唐。昔太祖太宗之定天下，萬事草創，中外之官不足以更代，故多為入仕之選，以應用，而後世不知改作以達時變，返有增而無損，故治詞賦者舉進士，誦書者為明經，五品已上歲得任子。

而流外雜色之進。蓋不可勝計。至於今日尚書侍郎左右之選多至數千。居家未仕與祿食於四方者。倍乎在選之數。被代赴選與已選待次。又與居家未仕食祿者比。而科舉任子益未而不已。不知數十年外官冗之弊將何如邪。則救之之方。正在探其情而理勝之耳。夫予之則喜。奪之則怨。雖人所不免。苟奪之以理。亦無可怨者。故管仲奪伯氏駢邑三百。沒齒無怨言。則能探其情而理勝之故也。今科舉之士雖以文章為業。而所習皆治民之說。選於十萬人之中。而取其三二百。使之治民。理或可也。而公卿大夫所任之子弟雖有賢者。而驕驁愚懵。未知字書之如何。而從政者亦甚衆。雖其父兄不自言。以情占之。豈能不以為愧而且幸哉。然則損任子之恩。而嚴入仕之選者。正今日救冗官之道。夫任子者。朝廷所以厚公卿大夫之家。而嚴其選者。乃將治民而不可忽。選之之法。宜比進士加寬。而所謂銓試

者則加密。或十而取其一。或以二十而取其三。唯朝廷之所進退。中選者遂比進士而治民。不中選者亦足保妻孥而免於皁隸。順於人心其利有五。公卿大夫之學皆勸於子弟。其利一也。得選士以治民民不告病。二也。中選者遂比進士。彼之所願。三也。不中選者少沮而益勸。無甚觖望。四也。官冗之弊。從而可救。五也。蓋事不於無弊之時為有弊之慮。知有弊矣。復不早為之所。既已猥并難治。而欲發一詔下一令。使天下歡呼鼓舞。卻返於無弊。則雖稷契復生。未易能也。而以其弊為不可救。聽而任之。則又非所以憂天下慮後世。然則欲治猥并之患為一世之慮。奪天下之所喜。而要使無甚觖望。非仍任子之恩。而嚴入仕之選無可為者。若明經流外雜色之進。則在朝廷斟而黜之。勢有不可罷者。則十省其五六。不繫今日之輕重也。

中書侍郎呂大防上奏曰。臣竊觀自古設官之意。必先置貳立副。不以名位為限者。所以紓艱危而適順用。聚聰明而濟不及也。總兵命將尤重其選。以漢唐事言之。大將軍有長史司馬從事。節度使有副使判官參謀。其自小官而登寄任立功效者。不可勝數。本朝祖宗以來實用此法。故名臣不絕。而夷狄畏服。竊見今緣邊經略使獨任一人。而無僚佐謀議之助。雖有副總管鈐轄之屬。皆奉節制。備行陣。非有折衝決勝之略。預於其間。朝廷每除一帥。幸而得能者。則一路兵民實受其賜。不幸而不才者得與焉。則是以三軍之衆。一聽庸人之所為。豈不可懼哉。其弊蓋由朝廷不素養其材。而取人之途又常太狹。方今戎人旅拒。邊患漸生。若不早為准備。閱試其能。誠慮臨事用人。不暇精選。因而敗事。所繫不細。以臣愚見。經略使各置副使或判官一人。朝廷選差素有才略職司以上人充。參謀一人。委經略使奏辟知邊事有謀略知縣以上充。如此。則可用之才。不以位下而見遺。

中材之帥。又以人謀而獲濟。兼得以博觀已試之效。以備緩急之用。講緝邊要。莫先於此。

三年右正言劉安世上奏曰。臣伏見祖宗初定天下。首闢儒館。以育人材。累聖遵業。益加崇獎。廣於英俊之地。而厲其名節。觀以古今之書。而開其聰明。廩食太官。不任吏責。所以成就德器。推擇豪傑。名卿賢相多出此途。得人之盛。無愧前古。然自近歲以來。寖輕其選。或緣世賞。或以軍功。或酬聚斂之能。或徇權貴之薦。未嘗較試。遂貼職名。漸開僥倖之門。恐非祖宗之意。伏望陛下明詔執政。今後館職毋俾輕授。必求文學行誼有聞於時。審察其才實可長育。然後一依近降條制。召試而命。庶使名器漸重。不容幸得。循致賢能以備官使。

安世又上奏曰。臣近嘗奏請。今後館職欲乞並依元立條制。召試而授。已奉聖旨施行。然臣伏覩所降指揮。尚有未盡。輒復論列。庶幾小

補。臣嘗謂祖宗以來新進入館之人鮮有不試而命者。惟是縉紳宿望治效顯著或累持使節或移鎮大藩。欲示優恩方令貼職。今陛下過聽臣言。追復舊制。雖云大臣奏舉到館職並依條召試。方得除授而繼云其朝廷特除者。不在此限。則是不問人才之如何資歷之深淺。但非奏舉。皆可直除。名為更張弊源尚在。臣愚欲乞特降指揮。依倣故事。約自轉運使以上資序特除者。方得不用此制。庶能塞僥倖之門重館閣之選。

安世為左諫議大夫時。上奏曰。臣聞非至簡不足以待天下之煩。非至靜不足以制天下之動。故荀卿有言曰。論一相以兼率人主之職也。又曰。相者。論列百官之長。要百事之聽。歲終奉其成功以效於君。推此言之則人主擇輔臣輔臣擇庶長。庶長擇僚佐。以次選掄不容虗受。是以所受愈隆而所擇愈簡所擇愈簡而所得愈多。此堯舜三

代之君。所以垂衣拱手。不煩事詔而天下晏然以治者用此道也。秦漢以來。官失其守。居宰相之位者。或不知其任。在庶長之列者或不守其職。因循至今流弊日積。臣請為陛下詳言之。昔魏晉以後。採擇庶官多由選部。故晉之山濤為吏部尚書。中外員品。往往啓授。宋以蔡廓為吏部尚書。黃散以下。皆得自用。廓猶以為薄己。遂不之官。唐制五品以上。宰相商議。奏可以除拜者則以制敕命之。六品以下。則吏部銓材授職。然後上言。詔旨畫聞無所可否謂之旨授。開元中吏部置循資格限。自起居遺補及御史等官猶並列於選曹。其後倖臣專朝舊典失序。故陸贄抗論以為捨朝僉而重己權。廢公舉而行私惠。是使周行庶品苟不出於時宰之意者則莫致焉。此乃唐之弊風不可不革也。臣伏見近來堂除差遣多取吏部之闕。不問職司之輕重才品之優劣。為人擇官殊失大體。如承議王纘堂除管勾左廂軍

事。奉議郎劉敦夫堂差權河南知錄若此之類。名品至卑。吏部選差固不乏使。何煩廊廟。一一東求。臣恐三省之事日益紛紜。執政大臣汩於細務。則朝廷安危之至計禮樂教化之大原使天下回心而嚮道者將何暇以及之矣。然則豈所以稱陛下圖任老成委注輔弼之意哉。伏望聖慈明敕三省。別議立法。今後除兩制臺省寺監長貳以上並諸路監司。瀕河並邊郡守之類所係稍重者令依舊堂除外。其餘一切歸之吏部。所貴執事簡得以留心於遠業而選部不至於失職。以漸復舊制也。

安世又奏曰。臣前月十二日上殿具劄子論列堂除之弊乞詔三省別議立法。近日雖降指揮以在京寺監主簿等數十處送下吏部。而外路知州等闕尚未盡還。臣竊謂朝廷之上宜選大吏。其餘小者盡可付之有司。今堂除之人。日益加多。差除不行。其勢必取於吏部。吏

部之闕日益加少。則孤寒之士所得愈艱。羈旅留滯動踰歲月。此最更張之所宜先也。臣愚欲望陛下特降睿旨稍議堂除之選。仍以元豐八年後來取過外路知州等闕擇其地望之重者依舊朝廷差除外其餘付之有司。如此則堂中占闕既已不多。吏部差注得行。必無淹滯。伏望聖慈詳酌早賜施行。

曾肇上奏曰。臣伏見神宗皇帝大正官名。始于三省。詔令所出則自中書審覆駁正則繇門下。受而行之則在尚書三省相成不可闕一。中書則有舍人主行。門下則給事主讀。尚書則有左右司郎官受付。使之更相彌縫更相可否。然後發號施令罔有不臧。立政官人舉無過事。此祖宗設官分職之本意也。蓋三省各有分守不相侵踰。而門下一職。近取諸身則為咽喉。遠取諸物則為門戶。所以駁正中書違失。故自來舍人不兼給事之職。伏見近日給事中封駁中書錄黃三

省進呈。却令舍人書讀行下。臣愚竊恐因此隳壞官制。有損治體。寖漸不已。遂成大弊。此臣夙夜熟慮。不得不為陛下言之也。伏望聖慈戒飭執政大臣。謹守神宗所定官制。勿使三省屬官得相踰越。而中書詔令必由門下方得行出。以明職分。以正紀綱。以為天下後世之法。陛下留意毋忽。

紹聖元年。監察御史蔡蹈上奏曰。臣伏覩近降聖旨。內藏庫見催索戶部太府寺借欠出豁錢物不少。依舊吏不統轄者。臣竊見國家分職設局。所以舉官治。而府藏出納。尤宜參互鉤考。以檢吏姦。臣契勘元豐詳定官制事目格子。太府寺掌庫藏貨內有內庫拘催交納。逐季點筭內庫申到納訖官物帳狀。抄上勾銷內庫納訖名件之類。凡八件。格目甚明。又太府寺案名稱內藏庫隸右藏案。卽是舊隸太府非無文據。臣嘗聞真宗皇帝謂王旦曰。內藏庫所貯金帛。備軍國之用。非自奉也。顧外廷不知爾。臣竊謂既通軍國之用。則隸戶部太府寺正其宜也。惟禁漏泄見在物數。其餘雜務事件如官制格子該載者。委有關防不可畧去。欲望聖慈省察元豐官制格子等。特賜睿旨。令內藏庫復隸戶部太府寺。所貴百官庶府皆有統帥。事歸一體。

監察御史龔夬上疏曰。臣聞唐虞稽古建官惟百。夏商官倍亦克用乂。然則先王建官因革不常。其來尚矣。臣伏見言事御史自皇祐以來。員數不常。昨置六察官。方推行之初。事務繁劇。故令專領察事。今來按察之法久已就緒。在京官司無敢如日前遲違者。則治察御史其職太簡。臣備員臺屬。適值兩院闕官。兼領六察。未見廢闕。然則人治兩案。俾兼言職。自不相廢。況元豐三年八年。幷紹聖令察官各兼言事。伏望聖慈特賜詳酌。令監察御史三員兼掌論議。庶幾益廣言路。以稱朝廷明目達聰之意。

哲宗時。尚書右丞呂公著上奏曰。臣伏覩周官三公三孤。學論道經邦。寅亮天地。然皆分治卿職。蓋進則坐而論道。退則作而行之。此二代之明法也。唐太宗用隋制。以三省長官共職國政。事無不總。不專治省事。國朝之制。每便殿奏事。止是中書樞密院兩班。昨來先帝脩定官制。凡除授臣僚。及興革廢置。先中書省取旨。次門下省審覆。次尚書省施行。每省各為一班。雖有三省同上進呈者。蓋亦鮮矣。蓋先帝臨御歲久。事多親決。執政之臣大率奉行成命。故其制在當時為可行。今來陛下始初聽政。理須責成輔弼。況執政之臣。皆是朝廷遴選。安危治亂均任其責。正當一心同力。集衆人之智。以輔惟新之政。譬如共輿而馳。同舟而濟。人無異心。則何求而不得。何為而不成。伏望聖慈留神省察

劉摯上言曰。臣伏覩近降指揮。增復館職。及職事官並許帶職。給諫以上一年帶待制。尚書二年帶雜學士。臣竊謂國朝舊制。庶官之外。別加職名。所以厲行誼文學之士。高以備顧問。其次與論議。典校讎。得之為榮。選擇尤慎。自元豐中脩三省寺監之制。其職並罷。滿歲補外。然後加恩兼職。常視治行優劣以為厚薄。除三館並歸祕書省為職事官外。有直龍圖閣省郎寺監長貳補外。或領監司帥臣則除之。待制雜學士職。給諫以上補外則除之。亦繫一時恩旨。非有必得之理。今盡復館閣。而薦試之法未立。校讎之職無與。則是所復虛名而已。朝廷必不甚惜。人亦不以為重。近日得之者固已衆矣。臣考之命言。以謂脩廢官耶。則實無職事。養人才耶。則未加選擇。反復不見其便。至於給諫以上。限年帶職。尤所未諭。且待制學士。以侍從顧問為職。自祖宗以來。極天下之選。不為定員。今不考治行。不察流品。幸而至給諫以上。則計日而得之。人才不同。一槩除授。臣恐自此員品猥

衆無復澄汰。其有行能高妙治最尤異者。又將何以益之。臣愚欲乞且依元豐官制施行。或詔選臣僚講究本末別行裁定使名器增重人不虛授。以稱朝廷勸涖多士之意。

御史中丞蘇轍上奏曰臣以空踈備位執法當得僚佐以助不逮。竊見兩院御史見止三人。而兩人辭免未入。不獨言者寡少。於朝廷得失有所不盡。而六察所治事務亦煩。凡有不及。則百司怠廢。頃者員缺不補。動經歲月。衆論莫不疑怪。臣竊見唐制臺官皆大夫中丞自辟。有不由此除授。勑命雖行皆非而不納。至本朝雖稍損其舊。然亦必合本臺與兩制分舉。而人主自擇其可者用之。初無執政用人之法也。然人才之難非獨今日。故自唐太宗以來。兼設監察裏行以待資淺之士。而祖宗舊制。亦許用京朝官知縣以上。立法稍寬易於應格。近日舉法須得實歷通判一考。人物衰少莫甚於今。而獨於言事官重為艱限實未允當。臣頃在內外制。見每有詔下。同列相視患無合格可舉之人。所舉既上又多不用。卻於前任臺官中推擇任使。雖云舊人。不免出自執政所可。殊失祖宗博舉之意。臣今欲乞並詔本臺及兩制。依放舊制舉升朝官初任通判以上。或第二任知縣。從聖意選擇補足見闕。仍依舊置監察裏行。所貴祖宗選任臺官舊法不至隳壞。而綱紀之地易於得人。亦免遺曠。

轍又上奏曰臣聞宰相之任。所以鎮安中外安靖朝廷使百官皆得任職。賞罰各當其實。人主垂拱無為。以享承平之福。此真宰相職也。臣竊見近者執政進擬鄧溫伯為翰林學士承旨。除命一下。而中書舍人不肯撰詞。給事中封還詔書。御史全臺兩省諫議皆力言其不可。議論洶洶。經月不定。而執政之意確然不回。溫伯既仍舊就職。而言者並蒙遷貿之公議皆不曉其故。若謂執政誠是耶。則給舍臺

諫並係所選。宜其皆非。若以論者誠非耶。則一不加黜責。並獲優寵。進退無據。是以公議皆謂朝廷自知其非。但重於改作而已。今者謗議未息。又復進擬禮部侍郎陸佃。兵部侍郎趙彥若權本部尚書。中書舍人二人復相次封還陸佃之命。臣竊惟此二事。本非朝廷急切之務。勢須必行者也。上既不出於人主。下又不起於有司。皆由執政出意用人。致此紛爭。內則皇帝陛下。太皇太后陛下厭於煩言。焦勞彌月。下則侍從要司失其舊職。綱紀廢壞。至於賞罰顛倒。頃所未聞。臣不知為政如此。得為鎮安中外安靖朝廷者乎。頃者諸曹侍郎闕人。朝廷始權用諸卿監為權侍郎。蓋以不權侍郎。則本曹公事闕官發遣。如禮兵諸部事至簡少。雖無尚書。但責侍郎亦自可辦。況侍郎既具。而復權尚書。此何說也。若謂侍郎久次當遷進尚書。臣不知尚書久次當遂遷執政乎。此則為人擇官。而非為官擇人之意也。臣待罪執法。竊慮聖意未經究察。但見執政感誑有司。而自伸其意。使群臣無由自明。今後再有如此等事。無敢守法為陛下明白是非者。是以區區獻言。不覺煩瀆。罪當萬死。

轍又奏曰。臣等近准勑舉臺察。象求趙屼充臺官。已蒙聖恩除象求殿中侍御史。竊見本臺兩院官共六員。分領六察。皆得言事。元祐之初。朝廷急於求治。臺中員闕略無一二。四方觀望。皆知陛下勤於聽納。爭效悃愊以補萬一。今日監察御史併闕四員。雖聖明開納之意無損於前。而員闕不補。中外疑惑。今六曹寺監雖復閑地。每遇有闕猶未嘗不補。況於人主耳目所係至重。自非諱聞直言。及有所壅蔽。而聽其久闕。實非治世之事也。況六察所治事務不少。若稍有弛廢。則冤抑者必衆。亦非先帝設官之本意也。伏乞特出聖旨。下本臺及兩制分舉八員。陛下擇取四人用之。使天下曉然知朝廷招求忠言與

昔無異，不勝幸甚。

校書郎李昭玘進策曰：昔先王自勤厥德，夙夜不怠，惟前代時若，然後訓迪厥官，而作周官。立三公以論道，分三孤以弘化。公則燮理陰陽，孤則寅亮天地，皆所以成王道也。道則一，事則異，故設六官各率其屬，以象天地四時，皆所以成王事也。治則簡而嚴，故冢宰爲天；教則辯而親，故司徒爲地；禮和君親以體仁也，故宗伯爲春；政正上下以合禮也，故司馬爲夏；刑主制殺以象義也，故司寇爲秋；事主應變以藏知也，故司空爲冬。上則天地陰陽日時之變，中則君臣父子之常，下則山林川澤土壤之化，繁至於宮室器械飲食衣服之節，微至於虫魚鳥獸草木之性，莫不有官以治之，有職以辨之，增一則有餘，損一則不足。內外相屬，小大相聯，故能國體完，兵政無小大，而阜成兆民者也。自周之衰，其制變於戰國，而大壞於秦，漢承秦之後，獨用其故

號。其位無統，其事無聯。至唐始爲省寺臺監以分處百官，使各宿業，事事無曠，問其名則以職對，下其令則以官議，司有常守，位有定員。唐之治績號爲甚盛者，其致然也。謂之省，有曰尚書，有曰門下，有曰中書。尚書典領百官，庶事所會決者也。其屬則六，其聯則二十四。其位則各以其序，如百官之功過，然後與之以勳級，勳級未足以勸賢也，又加之以封命。此三者未始不先選天下之材而用之也。故攷課勳封之職，則主之以吏部。倉廩有所積，然後爲權衡度量之制，既爲權衡度量，則量歲計所出而支調之。此三者皆出於戶口田賦之所入也。故錢穀土地人民之職，則主之以戶部。先王之爲禮，未嘗不謹於賓主之際。外則謹於賓主，內則嚴於鬼神，而爲之牢禮膳羞之數，爲之祠祭祀享之節。三者皆禮之事也。故賓客宴飲祠祭之職，則主之以禮部。戎器既有藏，車馬既有備，必周知天下土地之籍、鎮戍烽候之遠近者，皆兵之事也。故武庫輿輦方域之職，則主之以兵部。謹門關出入之籍，以防姦；督財物期會之責，以防僞；以此防人，猶有犯上違令者，則戮辱隨之。此三者皆刑之所治也。故門關勾會禁隸之職，則主之以刑部。津梁溝洫以時脩，苑囿山澤以時取，屯營之事以時耕，此三者皆工徒之所興作也。故水利虞衡田作之職，則主之以工部。門下之治，掌出納帝命而相禮儀者也。中書之治，掌佐天子而執大政者也。侍從顧問規諭諷諫之左右分，吏焉故記動，史書其起居，法度執大政則道揆者也。參議表章畫制命之職在焉，故記言史書其詔誥德音，儒學皆有選也，圖籍皆有藏也，議法制沿革者，其事小，故屬之門下。求賢才，隱滯者，其事大，故屬之中書。此三省之制也。監則監其所守，寺則法度之所出。其事則同，其主則異。若禮樂飲膳、宗室蓄夷之所掌，圖籍天文學校服御之所司，則又禮之別也。宿衛工

作、僕御、軍械，則又兵之別也。治水則工之別也。此監寺之制也。庶事既有別矣，帝命既有掌矣，大政既有議矣，有守者付之監，有法者付之寺，朝廷之治略已具矣。然而百官之所領、萬事之所總，必有責也，故特置一職，謂之宰相。百官之罪惡，朝會之儀典，必有所糾也，故特置一官，謂之御史，則內外各有所察也。或不以一名其職，唐之致其盛，幾與古比隆者，任官得其序而已。國家設官分職，一切用唐制，或有職而非其官，或有官而非其職，或一職而治以數官，或一官而兼以數職，名分不正而已。名分既不正，則無能罔上之人盜名而自安，喜功勇利之臣犯分而爭進。今先正其名分，而各以所能任職，則賢不肖之實易察，而功罪之迹易知，又何患官不得其人，人不能行法者哉。

侍御史王巖叟上疏曰：臣聞維天下之勢者存乎法，持天下之法者

存乎平權之而後行議之而後用使不失其平者存乎其人當張釋之為廷尉。人有盜高廟坐前玉環者釋當棄市文帝大怒曰吾屬廷尉者致之族而以法奏之。釋之謝曰今盜高廟器而族之有如萬分一假令愚民取長陵一抔土陛下且何以加其法乎。文帝乃許廷尉。臣以謂此不出於法之文而出於一時論議能推明輕重之意以釋上心而使天下後世莫不稱其當。由是言之。廷尉之選其當忽哉臣伏覩祖宗時審刑大理長官及其僚屬皆擇天下君子長者通物情知義理者以為之。其用心平。其持議不阿其知思足以講明法之微意而必與情稱故天下號無冤民以今望之其遺風餘德猶釋之在漢也後專尚刑名法術之學而慘刻之吏多在此選議事不原於法意論刑不本於人情執文以致罪順旨以成獄。不知先王明慎欽恤之心。而復輔之以經術申之以道德故愈務而愈遠愈嚴而愈戾試以斷案巧則巧矣然不足以得正人。而足以得狡吏。委理卿獨舉尊則專矣。然不足以任至公。而足以得偏見。臣愚伏乞檢會舊大理舉官法及講祖宗置審刑院大理相持並行之初意。今後罷試斷案令則釋之之徒將自為陛下用稍復刑措之治。天下幸甚。

時兩省正言官久闕。嚴叟又上疏曰。國朝倣近古之制諫臣纔至六員方之先王已為至少。今復虛而不除臣所未諭。豈以為治道已清而無事於此邪。人材難稱不若虛其位邪。二者皆非臣所望於今日也。願趣補其闕。多進正人以壯本朝。正人進則小人自消矣。

諫議大夫王覿上奏曰。臣聞利不百不變法。凡法之所變非得已也。使利害等均而徒有變更之勞則不待明智不惑之士而後知其不足為矣彼中才之憚煩者皆不為也。況利少害多而可輕變成法哉。臣竊見今年九月九日朝旨節文內外馬事並隸太僕寺直達尚書省更不經由駕部。車營致遠務鞍轡庫駝坊皮剝所養象所並專隸駕部。臣竊謂此獨可以敗壞官制而未見為利之實也。式自李唐失政官制紊亂久矣聖朝祖宗以來初則有東征西討之憂既混一區宇之後。方務休養元元。故於脩完官制有所未暇也。至神宗慨然憫之。於是講求歷世之墜典造新一代之成憲正名百職建復六聯。上下相維各有分守。此真得唐虞三代建官之美意也。後世所當謹守而勿失。今朝廷以馬政久廢而推行牧養之法固太僕駕部之職矣。若使太僕仍舊隸駕部而共脩職事於牧養之法未見其害也。使車營致遠等務不隸太僕而領於省曹於牧養之法未見其利也。利害未分而徒使本末失敘官制復隳。臣不知其可也。且場務惡屬寺監。寺監惡屬省曹。乃官吏不恤法度者之常情顧朝廷處之如何耳。伏望聖慈宣諭執政大臣無以牧馬一事而輕壞官制追還九月九日朝旨別降旨揮施行。

覿又上奏曰。先朝造新官制於古義皆有按據。若推行之際見其未盡乃當脩完何可無故廢壞。臣伏見今年八月二十日勑節文高麗貢奉事節皆係管勾所檢勘依條格申所轄鴻臚寺其本寺不以事體大小皆不與奪勘會處分。但牒申主客取候旨揮。今後高麗夏國遇入貢應干排備所須之事並令管勾同文館所都亭西驛所徑申所屬曹部施行。更不經由鴻臚寺臣竊謂鴻臚寺不與奪處分誠為非是然若非省曹不稍假以權而致其不敢與奪即是鴻臚寺不任職也。此皆罪在官吏乃非官制之過。豈可因官吏之罪而廢省曹寺監上下相維之序哉。夫蕃夷入貢合責辦鴻臚寺今奪而專之於省曹。是省之辦事敏於寺也。馬事措置合經由省曹者今析而擅之於太僕是寺之辦事敏於省曹也。名實則同而緩急工拙之間何其異也。故論者以謂均是省曹。一則奪寺事而專之。一則雖其所屬之寺事不得預焉。均是寺也。一則并省曹之事而專之。一則雖其本寺之事不得預焉。果何義也。若謂減去經歷之處。然后事可以速集而無害。則非獨鴻臚太僕而省曹寺監上下維持之序可存者少矣。法度如此。豈經遠之道。惟聖慈詳酌。

胡宗愈上疏曰。臣檢會今年三月二十八日三省同奉聖旨。今來內外官並許帶職食錢并理任。外其餘恩數。並依官制以前條貫。又准五月三日聖旨指揮勘會秘書省自有職事官。其舊帶館職并今後除授校理以上職名。並不供職。臣愚切謂不知朝廷之治體則不足以立朝。不習國家之故事則不足以應務。唐李德裕謂用寒士不如用公卿之世。議者以為偏論。臣乃謂之知言。蓋公卿之世。耳目習朝廷之治體。練熟國家之故事。遠方寒士。有不知其始末者。裕之言未

為過論。太宗皇帝深達此意。始置崇文院。建秘閣。集四庫書。選天下名能文學之士。以為校讐官。給以見俸。食於太官。優其資秩。自選人京官入者。始除館閣校勘。或崇文院校書。及升朝籍。乃為秘閣集賢校理。或優之則為直館直院直閣。其始入而官位卑者。未得主判。且令在館供職。改京官升朝籍。方得主判登聞鼓檢院。同知禮院之類。資任漸高。則為吏部南曹郡牧判官。又高則為省府推判官。或出知藩鎮。任轉運提刑。又選其久任者。或遷知諫院預講讀。或為左右史。遂典詞誥。或待制內閣。由此而為公卿執政。以躋台輔。遠器大節。方重深厚。事業磊落。載在史冊者。前後相望。外至於守土奉使。藹然皆有風績可觀。間有不才蹋茸者。叨預於其間。則指目鄙笑。不容於清議。故累朝得人。方古為盛。此實太宗皇帝憂深慮遠養育之功也。熙寧執政。務欲速援親黨。假此為進人之階。浮躁狂妄者爭趨之。故有朝除校理而夕拜詞掖。夕為直院而朝作輔臣。館閣涵養之風遂並委地。士人廉恥之節靡有孑遺。既無素養之才。悉是苟合之士。臨時選用。或非其人。左右史才闕。用俗吏以致朝廷厭薄館閣。遂行寢罷。陛下即位以來。招賢樂善。追復太宗皇帝之政。繼承列聖之業。俾復三館職名。又詔執政大臣各舉所知。召試以充其選。獨不許其供職。臣愚莫知其意。切計議者必謂崇文院已改為秘書省。已有官屬。則帶館職名者。未可供職。臣愚以謂崇文院之名雖改。而秘閣集賢昭文館四庫之書猶存。既選英才。除職名而不令供職。不法太宗皇帝養才育士之深意。而徒以虛名為士大夫進取之階。不惟義理未安。兼亦於事無補。臣愚望朝廷稽考祖宗館閣之制。選人京官除者。且授秘省正字校書。以比昔日之校勘。選人已有改官并供職四年。除校理指揮外。有自京官除者。亦自校書郎二年方授校理。已升朝者

得兼寺監職事。以比昔日之主判。由此漸進以歷省府與帶職之人並令入館供職。依舊食於太官。磨以歲月。使多士知陛下育才之意庶幾優游議論。漸知朝廷之治體。群居講習。以議國家之故事。廉恥濟讓。去而復還。館閣素風。墜而復振。朝廷自後用人。不乏實才。將以成太平之業。臣愚以為自此為始。惓惓之意。惟陛下采擇。

陳次升上奏曰。臣伏覩官制格。尚書省總判六曹事務。勘當若否。中書省取旨。門下省封駁。法行之初。先帝特降詔書。云。人各有分。然後安。官各有守。然後治。仍申諭中外。違是令者。執政官委御史臺彈奏。尚書以下聽長官糾劾以聞。當是時。人循分守。無敢僭紊。元豐末。以垂簾聽政。令二省權同取旨。今陛下獨攬乾剛。躬臨庶政。孜孜究心。以復先朝政事。而三省者政事之本也。尚未如官制格。夫本既不正。而齊其末。是緩其所當先。急其所當後也。況先帝以三省分蒞庶務

其寓意豈徒然哉蓋欲上下相維以防偏蔽故也謂如尚書省勘當或未中理中書省取旨必有去取中書省取旨或有未當門下省必須封駁今三省長官既同取旨門下省屬官雖欲封駁終難其議以此遂失上下相維之道非立法本意也若謂門下中書省見今獨員難以專委即當選任人才以補員闕安可以闕官而廢法哉伏願陛下留神先帝官制分鼇之格詔書丁寧之意斷自聖衷行之必果庶使政事之本立而良法美意得以推行天下之治可立而待不勝幸甚

劉涇上奏曰臣聞外重之勢莫如監司蓋其勢與朝廷相為低昂則處討分憂可不無慎乎朝廷尚察嚴則此屬日夜淬汰喜為健人朝廷尚寬闊則此屬因緣苟偷勸為循吏方法新俗惡之初朝廷所以遇此屬者往往旦從常僚暮擢權路不愛爵賞以與此屬開富貴之門而其間以法意人情自責任者皆是也方斯時論者固有躐等踰防之譏而朝廷藉此屬以枝梧四方者亦豈少哉法寖行矣俗寖變矣此屬亦遂廢以貌相誨無復常故蓋未有如此日之優也方法新俗惡之初將一天下而首尾之則喜健力惡孱弱以集成為急法既行俗既變則尤當謹守而挾持使無倦焉可也遂以健力者為豺狼之人厭之以近厚相煦濡可乎曩惟朝廷有憾於百年者正以此屬無守法任事之人而志靡廩祿坐視塗炭力回已去不返之風波而作新焉曾未久也而已輒解體是使荏苒歲月復如前日而又復更張之也觀今之法謂之已行則緝熙之人尚多今之俗謂之已變則頑梗之害尚在奈何使此屬無故而罷休也且如去冬造簿法行此朝寺既稔講之矣其升降虛實固大事也而守令往往習為常程至有以前日手實中廢為驗者苟如此則臣深知此法未可以全成望郡縣也其所由來監司以苟簡敗之爾前日上下之勢如東濕而朝廷法令十有九不如意況如今日已放繩墨之後乎借令文具然其縣大夫懦懦不力鄉書手之因仍為姦以害齊民者已深矣此非獨臣憂臣所聞於老世務者皆如臣憂無異也朝廷亦豈惜片言之戒為監司之勸沮乎非特此也其於法令之間見如不見聞如不聞按郡未再三則以勞苦為辭在官未滿歲則以久淹為嘆者皆是也郡縣亦曰某監司接人無苛禮某監司臨事有大體皆姑息因循之實也然亦朝廷有以致之耳或曰造新法用新進如前所升拔是也守新法用舊人如比日用鞏彥輔高秉孔宗翰林積趙約之類是也朝廷之行往往與世俗之疑合則亦何怪乎監司之不勸為近厚以致於苟簡而無畏哉此最當今急務不可緩圖者願陛下乘士氣竭歸之時為一鼓焉如曰天下無事何用使此屬擾擾哉此非臣所敢知也

歷代名臣奏議卷之一百六十一

歷代名臣奏議卷之一百六十二

建官

宋徽宗宣和中，殿中侍御史許景衡上奏曰：臣仰惟神考肇新官制，凡省臺寺監之官，無有小大閑劇，皆極一時之選。比年以來，其選寖輕，間有躐等濫進，未足以副仁聖繼述之意者，此不可不論也。伏覩近降指揮，迪功郎李景雲、孫愬、江大一，或以應奉有勞，或以擬進御題試策，各與改合入官，除寺監丞、主簿。驟從初等選人，入為寺監之屬，命下之日，聞者惑焉。今士大夫服勤州縣，積累考任，無慮二三十年，僅得為郡守貳，然而睥睨寺監丞、佐，有終身不可得者。孰為初等選人，姓名藝能素未有聞，考第薦舉猶未應格，而遽得為之哉？且應奉有勞，近例止於改秩，未嘗為職事官者；而擬試御題，乃是在外著撰，就使文字稍工，亦非多士造庭親奉清問之比也。而改官除職，度越累朝牓首恩例，其寅緣僥倖、遷進之速，皆前此所未有也。乃者卿監尚書郎，或出於戚里勢家，或係監當資序，皆自宸筆簡汰冗濫，且詔繼自今非歷寺監丞以上，不除郎官、少監，名器增重，士論悅服。夫省曹監貳選格之嚴如彼，而寺監丞簿冒進之易如此，則是今日之冒進，又將為他日之當得者矣。澄源正本，實在今日。其李景雲、孫愬、江大一為寺監丞簿指揮，伏望聖明詳酌，特賜詔罷，改用真才，以待卿監省郎之選，且契前日手詔丁寧之意。

景衡又上奏曰：臣竊惟州置通判，雖曰佐貳守臣，然自祖宗以來，選擇畀付，自為監郡，使州將有所畏憚，則任屬之意深矣。故雖選方小壘，皆自朝廷命之。伏自近年帥臣監司偶緣一時申請，例得辟置。陛下獨智遠覽，以為寖失祖宗之意，乃於政和丁酉特降御筆，以戒在服。今纔幾何時，而冒法觸禁者復作矣。若河北轉運司奏辟張愬通判莫州，河東經略使乞辟彭作通判平陽府是也。然此特其所部之支郡耳。至若知河間府詹度奏辟張公濟通判本府，則又其甚者也。夫漕臣許辟其屬，三路帥臣許辟幕府，若州縣城寨之官，則各有著令，至於通判則無明文。若為守臣而得辟置，則是門下私恩之士也，尚能舉監郡之職乎？且為奏辟之言者，必曰選才集事，乃若他州通判拘於吏部資格，容有老病昏懦者。今三路並邊之倅，悉自朝廷選除，豈有朝廷選除之人皆以為不可用，而己之親昵黨友乃以為才耶？夫徇私引類，侵紊祖宗成憲，且違專降詔旨，皆近年發習之弊，不可不懲也。所有張愬、彭作、張公濟，伏望睿斷特賜改正施行，其詹度等亦乞戒飭，以警慢令之吏。

御史中丞王安中奏曰：臣竊觀棫樸之詩，言文王能官人，有曰「勉勉我王，綱紀四方」，蓋王者作人而官使之，所以立政立事，而綱紀之正，實自任官始。恭惟神考董正治官，法完令具，陛下以聖德在御，亦惟先志之承，則綱紀之立久矣。然人懷自便之計，事徇一時之求，則紊陛下之綱紀者，蓋未能無也。官有定職，職有定員，名位不同，命數亦異，此先王之法，元豐之制也。今有視秩之例，非待制而視待制，非卿而視卿，凡此之類，無乃非所謂嚴分守、正名實者哉？此紊綱紀之一也。因勞積賞，賞有重輕，因事遷官，官有大小，故寄祿有止法而許回授，選人有比類而許循資。今乃礙止法者多特轉行，合比類者多特轉改，故奉直以上可循月取，而比比皆是，銓曹一命不須保任，進而人人妄求，名器寖輕，歧轍益衆，此紊綱紀之二也。朝廷之上見闕而除官，居官之吏俟期而受代，此事之常然者。今乃除吏之際有直替見任令別與差遣者。有衝改已差下者。有新闕未到且在任待闕者。彼或到官日月未幾。或受命待闕已久。遽遭攘奪。有至於淹回流離飢餓失所者。故稍優之闕。勢孤者睥睨而不敢受。可進之地。援寡者惴恐而不敢安。噫。才不才不能相遠。特相與干祿耳。何至紛紛若是哉。若乃在任待闕。則亦妨後人。此紊綱紀之三也。祖宗創業。鑒唐末五季藩鎮擅命之弊。乃廷授通判。外察守臣。此萬世之法也。今方面之臣有辟置本處。或屬部通判者。殆失所謂監郡之意。借曰選才辦事。且猶廢法亂常。況亦不過于徇干請恩親舊而已耳。陛下比降御筆。罷諸路帥辟支郡守矣。獨此未之戒。何邪。此紊綱紀之四也。凡茲數事。臣願陛下深燭其原。斷自宸衷。親御翰墨。大正綱紀。往者縱不可追。來者猶可止也。如此。則人安其職。事適于理。覬覦之望。奔競之風。庶幾少息矣。惟陛下財擇。

欽宗時。御史中丞許翰上言曰。臣聞成周以來。官不必備。故唐建六曹。三百年間。尚書之見於史者不過數人。國家凡中都官亦多闕而不補。至崇寧間蔡京用事。乃始盡補臺察之闕。當時佞臣稱賀。以謂賢才衆多。自是省寺之間始備官矣。方今當且罷不急之務。闕可省之官。至於諸道郡縣之吏。祖宗所無者。皆宜量事定制。裁去冗濫。庶幾安民豐財。以濟武事。且多故時。振興蠱壞。則有隨事之宜。又當增官置吏者非一。若不整損所緩以赴所急。素食猥衆。則國將何以給之。

侍御史李光上奏曰。臣等伏見諫官劄子。稱臺諫官均為人主耳目。至於正救闕失。防微杜漸。又非臺官之比。緣閤門之班。自來先臺而後諫。兼近來又有得旨及指日引見上殿人。致諫官求對有三五日始得班次。乞今後宰執班退。特留諫官一班。閤門遂取旨定諫官班在臺官之上。臣等竊詳諫官申請。止乞宰執班退。特留一班。未嘗乞引班在臺臣之上。兼上殿班次。先臺而後諫。係是祖宗法。而臺臣令著止稱言者。則正救闕奏防微杜漸。與諫官事體一同。所以均為耳目之官。叅來閤門引班上殿。卻以臺臣在諫官之下。顯見有違祖宗以來一定之法。兼亦非諫官申請之意。欲乞今後臺諫同日上殿。以臺諫雜壓為先後。況今三院御史並言事。則上殿者多。仍乞依諫官已得旨揮。宰執班退。特留臺臣一班在指日班前。庶使臺諫一體。仰稱陛下崇獎之美意。

高宗建炎間。尚書右僕射李綱上言曰。臣竊以承平之際。雖無事。當備官以張朝廷之容。艱難之際。雖多故。當省官以責事功之實。至於祿廩。亦當隨宜裁節。以濟一時之急。蓋世方多難。財用之入。不比於治安之時。而用度之廣。有過於無事之日。非加裁節以協厥中。則何以為經久之制。用過乎儉。非得已也。文臣六曹尚書侍郎。事簡者不兼置。給事中中書舍人之類。可闕其半。寺監長貳六曹郎官。以繁簡相兼。學官館職之類。比舊制減半。開封府曹掾。依舊改為推判官。武臣除具員額。除見領軍職及團結新軍置正副統制部隊將外。餘並量事減員。如此。則中都之官省矣。監司發運使副以兩員為額。屬官減半。提舉香鹽茶礬司併歸提舉常平司。提舉市舶除廣南外。餘路併歸轉運司。提舉保甲司併歸提點刑獄司。屬官不得過一員。如此。則外路之官省矣。通判兩員處止置一員。以司錄依舊為簽書節度判官廳公事。曹掾官依舊為節度觀察軍事推判官。錄事司戶。

司理參軍。添差監當官。並罷。縣萬戶以上置丞。不滿萬戶者不置。如此。則州縣之官省矣。三省樞密院人吏員額。及轉官上法並依祖宗舊制。監司州縣吏員三分減一。如此。則吏員省矣。應宰執子弟帶貼職。及待制以上並罷。如此。則職名省矣。宰執俸祿及見任宮觀。未有差遣待闕京朝官以上俸錢。並減三分之一。如此。則廩祿節矣。省冗員。節廩祿。以濟一時之艱難。俟將來恢復天下再安。自當依舊。則官吏亦豈可厲己哉。此今日不得已之務也。如合聖意。乞降旨三省措置施行。

御史中丞許景衡上奏曰。臣訪聞京西州縣累經殘破。所在多闕正官。並是權攝。類非其人。瘡痍之民。寃抑無所訴。且日虞鈔奪。誠可憐憫。契勘鄧州守臣兼帥京西南路。近蒙朝廷就差劉汲。議者以為得人。正可委以經理一路。選辟官吏。撫循兵民。殲除盜賊。且遏虜騎。況今已是防秋之時。若候本官到任申請。則文書往返。靡費日月。不足以濟緩急。臣愚欲望聖慈詳酌。速賜行下。就委本官前件職事。庶幾存撫一方。不致稽緩闕誤。

景衡又奏曰。臣伏見祖宗之制。選人改承務郎以上官者。歲以一百員為限。仍逐月均定人數引見。至元豐中。稍加至一百三十五員。方是時承平滋久。人材日盛。而改官之數止於此者。蓋吏部闕次有定限故也。又承務郎以上。一歲之內致仕罷廢死亡。大略須減百餘員。故以新改官人補之。是以吏員不至甚冗。而銓部差注不至壅滯。俸祿給賜不至闕絕。歷百餘年間。上無乏職久闕之吏。而下無被擾受弊之民。此法度維持之効也。伏自崇寧以來。用事者徇私市恩。始壞祖宗之法。選人改官吏。不立限。一歲有至數百員。籍名吏部者多至不可勝數。計一闕率四五人共之。自古官冗之弊。未之有也。其源皆出於入流太雜及改官不限人數之故。方陛下紹復祖宗之制。以成中興之業。則官冗之弊。所當首加澄革也。其限數改官。伏乞睿旨下有司遵依舊法施行。

秘書省正字洪邁上奏曰。臣聞古之盛時。文德懷遠。凡四方萬里之外。罔不慕義賓服。行李往來。殆無虛歲。中國所以待之之禮。則亦有加。既為之郵傳供張以舍之。又設官以擯相之。故行人典客。闡于周秦。自漢以來。始置大鴻臚兼治祭祀朝會封襲道釋之事。有國者所不可廢也。恭惟陛下以不世之資。光啓中興。思與生靈休息。而清疆場之虞。英斷剛明。排斥異議。獨任一德之臣。結驩北國。以達萬世長久之策。使南北元元。仰父俯子。而知有生之樂。然其使車脩聘結轍於道。雖屢之有郵。其至如歸。而司賓之官猶未及建。誠為闕文。臣愚欲望聖慈討論舊制。復建鴻臚。若使人至止。則率其屬以主擯贊之事。間平時自可脩舉本職。庶幾遠方知朝廷所以尊崇之意。亦今日之先務也

胡寅上奏曰。臣聞設官分職。凡以為民。受官莅職。非以為身。兵興以來。衣冠失所者衆。於是開奏辟之路。置添差之闕。廣宮廟之任。增待次之除。所以恵恤之者亦厚矣。而奔競自昌。不安義命。方在責籍。則乞叙雪。已得叙雪。則乞祠祿。已得祠祿。則乞差遣。已得差遣。則乞改替。已得改替。則乞近闕。已得近闕。則乞見闕。已在見任。則乞超擢。攀緣進取。有靡輦下。士風之弊。莫甚此時。人人以私計不便為言。豈有體國在公之念。曲徇其意。則闕少員多。勢難均及。漠然弗顧。則造為譏謗。有害治道。伏見舊法。已有差遣不滿任。及方在貶謫者。不得輒入國門。所以杜貪躁。清仕路。存綱紀也。臣愚伏望陛下明詔宰執舉行

成憲。有馳騖不悛者。仍委御史臺覺察彈奏。重懲治之。庶幾澄清選授。興崇廉恥。合傅說惟治亂在庶官之戒。無子產患而不知為政之失。誠中興急務也。

寅又上奏曰。臣聞昔冉有退朝。孔子問其何晏也。對曰。有政。孔子曰。其事而已。如有政。雖不吾用。吾必與聞之。既識冉有之以事為政。又以明大夫之職當興政而不與事也。列國之大夫尚以與政為先務。而況天子之大臣乎。夫審於奇者聾於官。明於小者暗於大。而以庶事不舉。必躬視而行之。則於大政必有偏而不起之處矣。聖人之言。後世法也。今左右大臣。陛下之所委任。以圖中興之丕烈。而兼總六曹有司之事。至於受詞訴。閱案牘。走卒賤史一有所求。皆得自達。窮日之力不得少息。皆細故也。而政事堂與州縣無以異矣。自頃刀筆之吏。偷安之人。竊據此地。勞心畢智於簿書期會之間。以為稱當。無

奏議卷之一百六十二　七

足深怪。而餘風尚在。又弊未革。此天下所以疑中興之無効也。臣愚欲望陛下詔宰相大臣選補六部長吏。凡有格法者一切付之。使得各舉其職。則大小詳要不相奪倫。中書之務清。有司之事治。吏務奏報。各從簡省。廟堂之上可以志其遠者大者。久長之業。恢復之功。庶乎可冀矣。

寅又奏曰。臣竊謂無功而受祿。則有功者不服。故曰士無事而食。不可也。今日有之。宮觀嶽廟是也。臣嘗論之矣。夫既以祿養無事之人。而磨勘轉官。暗理資任。與服勤職事積日累勞者無以異。是以官爵益濫。任子益衆。賢事不勤。而用人之資格廢矣。是弊政之大者。豈可不為之限制哉。臣愚伏望睿斷。詔大臣立法。應宮觀嶽廟人並不許理磨勘月日入官資任。庶幾名器稍重。勞逸殊科。於今日興事建功之政。所補不小。大臣侍從以身率之。則人知僥冒之不可為。而心自帖服矣。所有臣前來奏論未蒙采用。亦望聖慈指揮檢會。特賜施行。

寅又奏曰。臣竊見近歲帥臣監司更易頻數。雖使絕人之才居之。號令未及信於民而已報除代矣。遷官分職。皆以為民。今二年成資。徒欲為人擇官。速於使闕。非為民也。為政而不為民。苟循士大夫養祿營私之計。則非政矣。臣愚欲望陛下明詔大臣。凡前宰執侍從官為州郡。未滿三年不許除代。其庶官知州。及轉運副使判官提點刑獄。俟到任一年方差替人。其餘凡係堂除者。除代以兩人而止。仍皆以三年為任。如此。則官有宿業之志。功緒可稽。士息競奔之風。廉恥可立。乃中興急務也。

寅又奏曰。臣竊以州置通判。佐守而治。巡行屬縣。號按察官。其任重矣。祖宗舊制。必兩任知縣無罪犯。有保舉。然後關陞通判。其難其慎如此。近來由判司簿尉初改官人。雖為京朝官。而實不曾歷親民差

奏議卷之一百六十二　八

遣者。例皆不肯參部。便欲直為通判。其意以謂一經堂除。即是資歷。他時可以攀緣越次差遣。其人既不安於小吏之分。而有驟升半刺之心。則必作勢威。黷貨賄。為民之害無所不至。苟循其欲。豈所以為治也。伏望睿斷。詔大臣嚴守格法。不輕除授。其已除未赴者。亦乞別作施行。庶幾息僥倖之風。勵人材之操。以稱陛下奉若成憲擇吏而愛民之意。

寅又奏曰。臣竊見比來歲旱。民力已竭。而國用方滋。縣令近民之官。尤宜慎擇。而賢才可用合入知縣之人。往往祿隱於宮廟。而自以為能者則未必不為民害。此國用之所以日屈。而民力之所以重困也。臣愚謂宜籍中外已為臺省寺監官。倣漢制分宰百里。俟有治績。不次升擢。則又增重事權。優假其禮。借以服色。厚給餘廩。凡軍馬屯駐本縣者許其節制。其經由者悉從階級。則又據今諸路縣分戶口

一。自三衙至蜀漢軍屯十餘處。合置官屬四十餘人。固不易得。又緣東南士大夫憚於遠涉。未必肯入蜀。而蜀士之能否。朝廷又未必深知。萬一選用非才。地遠尤為非便。臣愚竊謂今來所降指揮。固當遠近一體。至於除用之際。且乞就近差置。候三兩處措畫稍成次第。又逐旋搜選得人。然後遞遷。自近及遠。非惟人物選擇得精。亦使遠方知所視傚。不至一時生疎。所在紛擾。如臣言可採。即乞出自聖意指揮施行。

衛涇上奏曰。臣聞賞以勸功。國家之所不可廢也。然賞當其功。則人知所勸。倘無功受賞。或賞幸而功不稱。則人有僥心。而不知貴矣。此不可不察也。臣近者伏見錄黃。大理少卿陳景俊以招撫使郭倪保舉隨軍轉漕有勞。與轉一官。臣觀其薦詞簡率。若因請囑。黽勉不獲已而為之言者。臣固已疑之。已而吏房送至詞頭。稱合轉奉直大夫。

准令諸朝請大夫止法。若以恩賞轉官者。以四年為法。各計所得磨勘收使。緣景俊係一時特恩。臣已與撰述詞命。繼有詞黃。亦止是轉奉直大夫。臣亦已書過。昨日忽有告院人吏賫告一道。令臣書名。及取視之。乃與詞黃不同。徑自書寫朝議大夫。遂取索詞黃。及點對所寫告。皆是旋行指改。字跡甚明。迨晚又有前項錄黃。臣實大駭。夫國家所恃者。紀綱法度。張官置吏。亦相與維持此物而已。若棄法度而自便。挾紀綱而壞之。其害可勝言哉。景俊見任朝散大夫。所得轉官賞。若用本法。自不當轉。設有特旨與轉奉直大夫足矣。今又超轉。無乃不可乎。且景俊將漕淮東。僅五閱月。歸行無功。雖非其過。然軺車未嘗出境。不過蹔至盱眙督趣諸縣官吏。有何勞能。一旦冒轉所不當得之官。此不可一也。在法有出身人。雖許自朝請大夫超轉朝議大夫。然須用七年磨勘。景俊無出身。止合先轉奉直大夫。亦須用七年磨勘。又七年而后得轉朝議。又拘以員數。遇闕額方補。若因特恩。始不拘員闕。許之改轉。景俊以合得四年磨勘之賞。與之轉七年之官。已為叨竊。今徒以數月之勞。而超轉十四年之官。毋乃太甚乎。此不可二也。在法除有出身人許超轉外。雖有帶職人。亦許超轉之文。蓋得此者殊少。臣度景俊今不過援此為說。臣又以不然。凡帶職者必是外任。若見帶職外任。與之轉行。猶之可也。景俊任淮漕日常帶直寶謨閣。今既歸班。謂之寄職。不悉元法亦有寄職並許超轉之文乎。且重內輕外。人之常情。在今為尤甚。景俊身則欲居朝列以幸速化。至於轉官則引用外任帶職條法。何其巧於擇利而行乎。此不可三也。又有甚不可者。景俊久任法官。固當守法。縱使有寄職亦許超轉之文。兼有已行之例。亦合伺候吏部申明。朝廷追聽可否。儻可得之。豈不明白。何至徇私舞文。貪吝營求。別降特與轉行指揮。影帶引

用破壞成法。自以為得策。不思人之視己。如見肺肝。殆類掩耳盜鍾白晝攫金。亦何異登壟斷以罔市利之賤丈夫乎。且前後朝列寄職者蓋多矣。未聞因賞典轉官。引用帶職之文超轉官資者。今使景俊巧計而得。則此一倖門實自景俊啓之。源源而來。夫孰能禦。此臣所謂甚不可者也。且景俊身居九卿班列。不為不高。固未暇責以體國之誼。廉靖之節。使其稍自愛重。循次而進。亦奚患不達。顧乃因職任諂事軍帥。請囑薦進。又覬望超轉官資。僥求苟得。寡廉鮮恥。欺罔衆聽撓亂朝綱。具此四惡。非小過也。夫以區區循轉一官。而所為繆戾至是。脫若利害有大於此者。其躁競無忌憚。亦何所不為乎。此非臣之所得盡言也。臣與景俊同朝。初無纖芥。亦非為一官惜。所惜者朝廷紀綱法度所繫。士大夫風俗所關。迨於職守。不容緘默。欲望聖慈特發英斷。令陳景俊且依法轉行奉直大夫。在景俊初無毫髮之損。庶

於事體稍安，臣亦免失職之譏。所有錄黃，臣未敢書行。

涇又奏曰：臣聞武階以横行為重，非有功不遷。迺領至戎團二級，在右列為寵。平居無事，猶當謹惜，以重名器。若建功立業之際，正所恃以為奔走激勸之具，尤不可授非其人也。臣近者伏見劉伯震奉聖旨與换武，除環衛官，繼而授右武大夫、遥郡團練使。臣初謂中興諸將之家，例許换武，已嘗書行。退而詢之公論，稽之令甲，則有甚不然者。伯震為劉光世親孫，不可謂非名將之後，但其人姿禀輕浮，趣向凡下，不紹前烈，習成驕騃，識與不識，目為劉俵，此非美名也。伯震俚然居之，曾無愧悔。嘗得湖州倅，即為臣寮繳駁。自是由祠禄倅嚴陵，寅緣再任，前後别無履歷。儻其有志事功，與之换武，使宣勞効，亦何不可。臣竊攷乾道中重脩中書門下省文臣换官格，朝奉大夫、遥郡刺史。據伯震自稱，見該磨勘，亦不過得武德大夫。帶職朝請大夫以下三階，方許换左右武大夫，亦止於遥郡刺史；即無朝散大夫换右武大夫、遥郡團練使條格。兼武臣官至武功大夫，自有正法，有終身不得轉行者。伯震何人，輙亦超躐，意猶未滿，乃援楊文昌為比，多見其不知量。伯震視文昌階官雖不遠，文昌為三丞、為郎，曾經朝廷擢用，玉音嘉奬，優示褒除正任刺史，是為特恩，安得為例。至於韓蕃，亦有聖語褒拂，猶正依格换授。伯震固不應與二人比。切陛下規恢遠略，旌拔人才，正功名之士踊躍思奮之秋，方將以是官賞邊功，勵將帥。顧如伯震者得之非分，恐聞之者不以朝廷恩命為重，而臨事或解體矣。或言伯震近時稍加收斂，然其市井儇薄之稱，喧傳中外之久，未聞有所植立以自表見。一旦加諸右班之上，庸人孺子皆得易而侮之，亦何以聳動觀聽，重環尹之寄哉。臣用是不避仇怨，爲陛下别白言之。欲望聖慈將劉伯震换官旨揮，止與依條格换授，允叶公論，增重横列戎團之選，使遥法徼求者有所不容，庶幾朝廷益以尊嚴，紀綱益以振肅，誠非小補。所有詞頭，臣未敢撰述。

太子詹事王十朋上疏曰：臣嘗謂官冗之患，莫如今日。漢唐之時，部刺史之職，於今為甚簡，而事無有不舉者。今之監司，有漕，有憲，常平茶鹽則有提舉，坑冶鑄錢則有提點，其職甚備，而治不加於昔，何也？監司之職愈多，而州縣之擾愈甚，於治無益也。近者提點刑獄增置武臣，臣竊以為贅矣。且是官之設，臣不知其所為者何事也。以詳刑之任耶？則一道之使固有其職，未見其廢事。曰訓練士卒，則總管、鈐轄、路分、都監者，即武臣之監司也，置之而無用，廢之而不為闕。是官之設，豈不為冗哉？一監司之建，增州縣之大擾也。臣竊攷之祖宗，雖嘗有武臣同提點刑獄矣，至嘉祐則罷之。其詔之大略，以謂武臣或出將閫，或由軍功，文墨期會未必深究，監司項皆遴以為煩矣。既置之矣，而繼罷之，知其無益也。昔罷之，今復置之，在朝廷則冗於官，在州縣則擾於民，則其置之也甚無謂矣。臣愚欲望聖慈斷然察其無用，罷去勿置，庶幾官不虚設，事得其當，而人各安其職矣。

袁說友上言曰：臣嘗觀漢制，凡遣丞相史，必分刺諸州，未聞遽以部刺史任也。夫親民之官，莫先郡守，其視部刺史之職，於民事為尤詳。蓋吏治民以考功，當自二千石始。臣竊見近歲卿監郎曹凡未典郡而補外者，往往以監司之職權重而事簡，郡守之任責重而事繁。人之情莫不遠責而就權，畏繁而嗜簡，故自内而乞外者，必以監司為首。臣竊以為不然。監司，察人者也；郡守，受察者也。夫受察者，然後可以察人。今使之一日得外，未歷郡守，即居澄察之職，所察郡縣，略無能以制其心，志併氣驕，未有不流於苛薄者。臣愚欲望睿旨明詔大臣，應在内職事官未曾典郡而乞外者，未得遽除監司，且只與除郡守。豈特吏廢於職任。爲不輕。亦使在外之職當以次第而進。其於成就人材。似非小補。

兵部侍郎胡銓上奏曰。臣聞官冗者國用之大蠹也。臣江西人也。且以江西諸州言之。如吉州小郡。而兵官七八人。幕職郡掾六七人。酒官稅官四五人。贛州雖號劇郡。兵官至十餘人。幕職郡掾八九人。酒官稅官六七人。如筠如袁又非贛吉比。而兵官亦不下三四人。幕職郡掾四五人。稅官三四人。隆興大府。兵官宜倍於他州。而幕職郡掾酒官稅官亦復稱是。繁然淆亂。徒費廩給。今縱未能頓罷。宜稍損其數。大郡止存二員。小郡一員。此省官冗之一也。如臣言可採。乞令給舍更加商搉。倘以爲可行。望賜行下諸路。庶國用稍寬。少紓民力。天下幸甚。

寧宗嘉定元年。太學博士真德秀上奏曰。臣恭惟陛下天姿仁慈。矜

謹庶獄。藹然有祖宗之風。眞祈天永命之本也。然臣竊觀四方郡國之間。猶有訟冤而致死者。幸而逭刑者。推原其故。豈非典獄之官未盡得其人乎。蓋天下之獄。起於縣而成於州。審訂其情而研覈其實。皆州郡獄官之責也。獄官而非其人。則委成於吏手。變亂於賕賂。何所不有。郡守不能盡知也。提點刑獄不能徧察也。繇是而上之朝。雖刑寺審詳之。憲部讞決之。澈閱如皋陶。亦不過憑已成之案牘。少加改閱焉耳。本源既失。救之末流。何益哉。臣愚竊惟獄官之任雖卑。而獄官之選未重。有如特奏之授官。胥史之補官。入粟之拜官。其間非亡材且能者。然榮進之路既窮。苟且之念易啓。精明廉潔者常少。冒昧貪黷者常多。俾使居典獄之官。任民命之寄。臣未見其可也。且一尉之職。近制猶不容以特恩授。而百里之寄。胥史入貲之流。未嘗得預其間。蓋以近民之官。當重其選也。何獨於獄官而輕之哉。臣願陛下

念仁政之首。先軫民命之至重。明詔銓曹。自今差注獄官。非進士任子。應官無過與關陞及格之人。不許充選。其特恩雜流之見爲獄官者。委監司守臣擇人保奏。而易其任。待闕未上者。改注他官。治獄有稱者。監司守臣條其實狀以聞。與量減舉主之數。其贓污不法者。坐所屬按劾。重寘典憲。蓋注授不輕。則人知自重。激勸有方。則人知自勉。庶幾小大之獄。必察以情。所以惠民生而召和氣。非小補也。倘臣言可採。乞付有司詳議施行。

九年。袁燮上奏曰。臣聞人主不能躬親庶政。故必擇忠賢以爲之相。宰相亦不能盡親庶政。故必擇忠賢以爲之屬。然則宰屬者。朝廷政事靡不關焉。顧不重哉。故神宗皇帝嘗謂左右司所以學爲宰相。洋洋乎眞帝王之格言大訓也。臣嘗觀周禮天官冢宰之職。雖百官群有司無所不統。而獨於其爲宰屬者表而出之。故其序官曰。太宰卿

一人。小宰中大夫二人。宰夫下大夫四人。上士八人。中士十有六人。旅下士三十有二人。自小宰以至旅下士。合六十有二人。皆宰屬也。其品秩雖不侔。然與聞國政。是以裨大宰之所不逮者均焉爾。大宰以輔佐人主爲職。而爲屬者又以彌縫大宰爲職。合衆多之謀智。講國家之利害。豈復有所闕失哉。今之宰相。古太宰之職也。大宰之屬至於六十二人。而今之爲宰屬者不過數人而止。何其多寡之甚相遠哉。蓋自漢而下。寖不如古。所謂宰屬者。惟曰長史。曰司直。曰公府掾而已。去古益遠。法制益隳。而堂後官始得以用事。我藝祖皇帝。知堂吏之多姦贓也。開寶五年。詔選令錄簿尉爲堂後官。以士人代之。取其究心儒學。通知古今。足以爲宰屬之助。與胥吏固不侔也。自時厥後。任吏如故。蔡京秉政。陰與交結。吏相表裏。而紀綱日隳矣。今陛下更化以來。垂意宰屬。精選材能之士。以戢堂後官之姦。可謂盛舉

矣。然政事不勝其多，而宰屬不過數人，耳目不能偏察，思慮不能周知，速則鹵莽，緩則壅滯，甚非所以弥縫宰輔也。而況邊境未寧，干戈未息，正國家多事之秋，有大議論，有大更張，必得人以共圖之。自從臣以下，謁見宰輔，月不過一再爾，豈能如宰屬之無時不見，款密無間哉。當世所切，不容少緩。伏惟陛下明詔二三大臣，增置宰屬。雖未能復成周之制，亦宜求賢俊，秉心公正者，共濟國事，則所補者多矣。惟聖主亟圖之。

寧宗時，彭龜年上奏曰：臣竊考監司之官，蓋源流於秦以御史監郡。然漢初猶罷其弊，遂以丞相長史分刺諸州，不立常員。逮世宗時，始置十二部刺史，亦不過一部一人而已。本朝遵之，其始逐路止置轉運使一人，唯京東西、河東北、淮南、兩浙乃有使副，若糾察刑獄，則命轉運司一常叅官掌之。自淳化而後，逐路置提刑之官，然或置或罷，猶不為常。熙豐以來，朝廷命使始紛紛矣。蘇軾常論其弊，譬之五鹿長而馬益癯，蓋善諭也。紹興初間雖未嘗大有所更革，然所在監司多不備置，或以一員而兼領，亦不聞有所闕敗，然則天下之治亂，繫乎監司之賢否，不繫乎多寡也，縣可見矣。臣竊觀近日監司皆無關員，間有一事而分為兩司，一司而轄以二人者，其間職掌不同，好惡亦異，外假舉刺，内示趣向，同一訟也，而有是非焉；同一吏也，而有能否焉。號令難於奉行，往來疲於迎送，蓋不止如蘇軾之所論。其為害豈細也哉。臣愚欲望陛下考祖宗創立之規，監紹興權宜之意，將所在監司或省或併，間總於一員，或文或武，不必於並置，庶幾州縣之吏易於趨向，朝廷政令有所總一，而員數不多，亦易選賢，如姚崇所謂令止擇十使，猶患未盡得人，此尤當深察也。

龜年又上奏曰：臣照對湖北州軍，朝廷向來以經兵火之後，土曠人稀，民淳事簡，縣道佐官多不備置，而以縣尉兼主簿，又以江湖盗賊出沒不常，而差武臣為縣尉，蓋亦因時施宜，初非以為經久可行不可改之制也。近年以來，戶口寖盛，事亦向繁，而一縣之間，自知縣而下，別無文臣為佐官，若知縣或有事故，即簿尉監務以次攝事，而小使臣少知自愛，不甚循謹，吏民玩狎，多致敗闕。如本府近日監利縣酒稅姚師言因攝縣日，侵夜行刑，杖死坊戶，為提刑司按罷。又有監利縣簿尉劉汝翼因攝縣事，盜用官錢，見具案聞奏。此皆跡不可揜，不容闊略者也。其它生事擾人，往往而是。其弊至此，豈容不解而更張之哉。臣照得諸縣各有監務一員，雖去酒稅當置專官，然一縣酒稅，知縣鮮有不任責者，酒稅若非知縣任責，亦未必能趂辦。故所至外縣多令知縣檢察酒稅，政謂是爾。臣愚以謂若使省罷稅官，而以知縣兼酒稅，復置主簿，差注文臣，而以佐知縣，則一邑之事宜無不舉。倘蒙聖慈以為可行，即乞從臣所請，下吏部將湖北縣道有未置主簿去處，復置主簿一員，依格差注文臣，却於本縣省罷稅官一員，令知縣兼管酒稅。其見任人令滿今任，已授未上人別令改注，不勝幸甚。

理宗時，許應龍進故事曰：淳化中，王化基論冗官之弊，曰：唐虞建官惟百，庶政惟和；夏商官倍，亦克用乂。蓋官不必備，而惟其人。今國家庶官實倍常數，蠹國耗財，乞相度廢省。慶曆中，歐陽脩言方今凋殘，公私困急，由官吏冗濫，乞行澄汰。若冗官去，則科率減，吏員清，不過朞月，民必受賜。臣聞為官擇人，則官雖簡而常若有餘；為人擇官，則官雖繁而常若不足。夫張官置吏，所以為民，豈使之無功受祿，而反以病民哉。量能而後授，則居其職，必任其事，而不才者不敢安覰。故官不濫而財不耗。徇情而輕予，則奔競者必至於僥求，故官愈多而費愈廣。自漢以來莫不以官冗為病。皆由為人擇官而不為官擇人耳。今日之官其冗尤甚。倖貳添差。大藩方置。今則或創於列郡。議幕優閑。絶無職掌。今則或增一為兩員。諸司之屬。添辟無已。制領之官。同正並置。不釐務者。或給以正官之俸。創窠闕者多徇其親故之私。至若軍功尤為泛濫。不應行陣。或議事為名而推賞。初無寸功乃僥冒得官而注闕。乃若左選入仕。自有成式。不應陞等者妄冀陞等。法當待鄰者求免待鄰。試銓不中。則增年而注授。京官尚欠。則減員而改秩。自陳勞績。未經覈實。而濫叨遷秩。牽合弊例。巧於經營而亦獲循資。僥倖之門既開。奔競之風滋熾。求而不予。則恐咈人情。從而不行。則必犯衆怒。夫貪位慕祿。誰無倖得之心。毀法為通。遂啓無厭之請。為政者安得每人而悦之。斷之以至公。律之以定法。則究轉營求者自然息念。况州縣之吏。率於從事而廩給微薄。無用之官反安坐而

享厚祿。此又所當察者。伏讀開寶詔書有曰。吏員冗多。而求其治。誠難也。俸祿鮮薄而責以廉。無謂也。與其員冗而重費。不若省官而益俸。州縣以戶口為率。差減其員。而舊俸之外。悉與增給。大哉王言。今日所當取法也。然今之弊。帶折閑已甚。以鑑計之。采及元俸三分之一。何以養廉。若閑曹冗局可併者併之。添差創闕可省者省之。冒濫得官者澄汰之。扳援妄求者杜絶之。一遵公法。不徇私情。則當得者免需久次。媮巧者莫敢攙奪。是非之心。人皆有之。則悦者衆而不悦者寡。尚何舊弊之難革哉。逆者遣功。皆俾從軍冒授功賞。嚴行追究。欺偽轉官者。繳而不行。妄求陞等者。抑而不予。固足以明示意向。息絶僥倖。尤須守之以堅。行之以必。為官擇人。而不為人擇官。則各歸其職。事罔不舉。冗濫之弊既除。俸給之費可省。此乃王化基歐陽脩之所已陳。而祖宗之所已行也。輒敢援此以為獻。惟陛下與大臣亟圖之。

福建安撫使李鳴復上奏曰。臣誤蒙聖恩。分界越閩。逮當去歲冰滌之後。庫廩空虚。財計耗竭。賦入有限。支吾不行。原其所由。多緣近年以來官員添差數多。蠹耗甚夥。俸給歲以數萬計。米以千計。他費不與焉。近嘗具劄奏陳。乞止差正任。免放行添差。庶幾郡無橫費。民得少蘇。朝夕俟命。今月十九日準省劄。添差浙西提刑司幹辦公事黄元直改差浙東安撫司主管機宜文字。仍釐務填見闕。臣照得帥臣事務最簡。舊管正任參議機宜撫幹三員。事未嘗不辦。今添差參議則有蘭德。添差幹辦公事。仍釐務則有趙與薇。添差幹辦公事不釐務。又有趙希譓。添差準備差遣仍釐務。則又有史松卿。熊燕備差遣監贍軍酒庫則又有佘紹祖。正員居其三。而創員居其五。已不勝其多矣。若更添差機宜一員。則是兩倍其數。非惟重費俸給。又且徒見

冗員。聞黄元直世居紹興。以本郡人任本郡差遣。悉於祖宗成法不能無妨。朝廷亦何使於此。臣愚欲望聖慈特降睿旨。照臣前請。與免放行添差。黄元直改畀別郡差遣。庶祖宗之法。不至廢壞。而州郡之力亦得少寬。不勝莫大之幸。

元世祖時。朝廷録平宋功。遷至宰相執政者二十餘人。因議更定官制。太常少卿王磐奏疏曰。歷代制度。有官品。有爵號。有職位。官爵所以示榮寵。職位所以委事權。臣下有功有勞。隨其大小。酬以官爵。有才有能。稱其所堪處以職位。此人君御下之術也。臣以為有功者宜加遷散官。或賜五等爵號。如漢唐封侯之制可也。不宜任以職位。

中統時朝議汰冗官。權近私以按察司不便。欲併省之。磐又上疏曰。各路州郡去京師遥遠。貪官汙吏侵害小民。無所控告。惟賴按察司為之申理。若指為冗官。一例罷去。則小民冤死而無所訴矣。若曰京

師有御史臺糾察四方之事。是大不然。夫御史臺糾察朝是百官，京畿州縣尚有弗及，況能周遍外路千百城之事乎。若欲併入運司，運司專以管刹增課為職，與管民官當分彼此，豈暇顧卹民之寬抑哉？由是按察司得不罷。

至元七年，議立三省，侍御史高鳴上封事曰：臣聞三省設自近古，其法由中書出政，移門下議，不合則有駁正或封還詔書，議合則還移中書，中書移尚書，尚書乃下六部、郡國。方今天下大於古，而事益繁，取決一省猶曰有壅，況三省乎？且多置官者，求免失政也。但使賢儁萃于一堂，連署參決，自免失政，豈必別官異坐而後無失政乎？故曰政貴得人，不貴多官，不如一省便。世祖深然之。

十三年，中書左丞許衡上疏曰：國家能汰省冗官，則可以重名器，抑僥倖，厲廉能，其為善政無疑也。然言之甚易，為之甚難。蓋人之情夫怵患於得失，故凡得則喜，凡失則怨。此所謂已奪者猶可與，已與者不可奪，正謂此也。方其用之之初，正當甄別審察，不以私親，不以賄賂，不以權貴，量其限而簡用之，自無冗長。今既濫之於前，遽欲黜之於後，是恩之在私門者固無憂，而怨則歸於上矣。其可哉？往者既不可復追，繼自今後當盡改前失，使天下之官有定員，歲取之人有定數。其科舉薦舉考課之法，具見前史，可考而知也。然又必重風憲之權，任廉能之士，使巡行天下，糾彈黜陟，無一不當，則前所謂冗官者日減，而新進者無精濫乎，可補前日之失也。

衛孚上疏曰：兵之於國，在古已重，在後世為尤重。故樞密之設，特與中書對持，號為二府。兵興則宰相主之，事寧則樞密任事。蓋宰相平章軍國，兵事可知也，而兵之籍則不與；樞密兼總兵馬，兵籍可掌，將而兵之將則不在。體統相維，無有偏失，制雖近代，而意實倣古。議者

謂樞密併於中書，為合古冢宰總百官之意，殊不知古者冢宰止一人，而今之為宰輔者動輒數十人，此而不古，而謂樞密者獨可以古耶？國家切務，止在得人，人苟未得，徒紛更於此無益也。

趙天麟上策曰：臣聞車輿之樞要在於管轄，衣裳之提綱係於要領。要領不可以兼衽袂之資，管轄不可以兼轅衡之用，蓋器殊綫急，則一無為萬有之宗，名限重輕，則一貴乃群卑之仰。軒轅置六相而以風后等為之，天乙立二相而以伊尹等充之。是時爵分萬國，國建諸侯，及嬴秦罷侯，而丞相號起，自是以來，累朝相倣，其增損之制，難以勝言，其高下之秩，例皆極品，儀刑端揆，總領紀綱，掌一人家事之張皇，作四海士民之倡率，金章紫綬，黃閣沙堤，非惟詭殊異之丰儀，所以示尊榮而委重也。既資厚望，當振清風。我國家內立中書，外立行省，行省以華藩鎮諸侯之專，中書以為公卿大臣之任，防微之理亦已至矣，樹治之法可謂盛矣。然猶有未盡，輒敢妄陳愚言。竊見中書內省密邇皇宮，統餘省於上游，弼聖君於中域，但當坐而論道，據槐府以秉鈞，寬以宅心，守台司而助化。今也汴梁以北，北京以南，西界長安，東窮遼海，毫釐細務，靡不相煩，升斗微官，亦來取決，豈非管轄兼轅衡之用，要領兼衽袂之資乎？伏望陛下截省都省，申以大名，隸院隸焉，六部隸焉，除爲臺樞府所統之外，隨朝九品以上亦皆隸焉。選德才無玷、地望極清者為大中書令，其丞相、平章、丞轄、參政以至府之參議、院之諫臣，暨郎官都事之司，咸冠以左右之號。凡宰執朝會商確萬機，常以諫臣班于厥次，有闕斯補，有遺斯拾。如此，而聖德加明，治具張矣。凡都省移文於行省，以咨付付之；行省移文於都省，以咨呈呈之。凡都省事關行省及行省一切合稟事務，咨呈於都省，都省判送六部，六部擬而呈之，轉咨行省以行。凡隨朝九品以上及外

路受宣命以上官都省注之。如此而案執益崇，政事簡美。更望陛下於腹內取中，別立一省，謂之燕南等處行中書省，以開汴梁、北京、遼陽、安西四省之間。凡外路受勅牒以下官，行省注之，然後咨呈都省，乞頒勅牒可也。凡隨朝諸有司當受付身者，委都省出之。凡外路諸有司當受付身者，行省出之。如此則上廉遠地而堂陛愈高，都省增崇而天王益重矣。或者以為國家因四遠及藩荊之新附，故立行省以鎮之，腹內不須立也。殊不知汴梁有省，豈汴梁亦新附之域哉？事在不疑，惟陛下察其可否而行之。

天麟又策曰：臣聞視乎冥冥，冥冥之中獨見曉焉者，眼之神也；聽乎無聲，無聲之中獨聞和焉者，耳之精也。用此道以脩身，則收視反聽而六通四闢矣；移此理於御下，則官賢委能而聰明睿智矣。故聖王不窺望而視已明，不殫耳而聽已聰，言責委人之周也。方今御史臺

官內有監察院以隸之，外有廉訪司以承之，所以激濁百僚，風憲萬姓，張理上下，整齊人道也。由此觀之，御史之職，非天子視聽之官而何哉？是以霜簡驚車，栢林石室，昭其清也；援以立秋，象以熒惑，昭其嚴也；鷹擊之論，豸冠之服，昭其威也；千步清道，王公遜避，昭其重也；中書門下並為三司，昭其貴也。五者備矣，然後能指佞觸邪，彰善癉惡，使雄奸巨蠹膽破聲消，封豕長蛇骨寒心顫，則狐狸眇穹遠臺微毒特不治而自息矣。今國家命御史臺凡百官之非違，諸司之案牘，親會祭祀之事，理斷失宜之類，以至於該載不盡，應合糾察者，並行糾察之。其制可謂恢恢而不漏矣。然則朱帷峻位偏小節以為先務，佩紫班複大端而難顧。臣請以晴昔驗之：阿合馬擅政於前，雖鄙齪之童亦知切齒而恨也；王桑哥弄權於後，雖牛馬之走亦知側耳而聽也。於是臺官以下監察院之屬，閉口吞聲，見如不見，寬居高坐，聞若不聞。賴社稷福添，曦朗照，太原俠客揖聶政之長風，大理名卿致皐陶之淑問，究渠遂翦，恭子更生，美則美矣，未盡善也。且我國家建茲御史，豈惟計典憲之末儀，顧行文之小事哉？然而憲臺之不言，本匪憲臺之所欲，由其省府之職秩懸隔而不敢抗衡故也。況權臣之計，百網千機，以崔公並職，尚且繩之以極刑；以楊子同僚，猶且陷之於死地。進而極正，則徒遭刑戮，而含清朝有殺直之名；退而引病，則誣以不忠，而謂不肯出皇家之力。睚眦以禁之，叉頂以脇之。所以霍光忠厚，乃能容延年於宣帝之朝；梁冀豺狼，終亦致文紀於廣陵之賊窟。方今百官公正，庶務丕平，然而弊習不可不防，憲臺不可不重。伏望陛下屬憲臺之風采，俾行省以齊階，首之以御史大夫一員，使與行省首官品秩相同，其餘負位以次升之。又宜命監察御史與六部侍郎品秩相同。又宜立繡衣使者八員於中丞之下，秩同侍御史，

使之分使天下，專糾行臺及廉訪司之不如法者。又內臺或有愆違宣命，天下皆得舉發。如罪狀明白，委為故犯，重則投諸四裔以禦魑魅，輕則免官禁錮，放歸里閭。如或妄舉，反坐其人。故聖王之御下也，用而不疑，疑而不用，委任之，體貌之，及其得罪，則是臣下自以罪加乎身也。幸從臣言，則奸邪難蔽而中外永清矣。

天麟又策曰：臣聞設計張網，莫如清簡；建官置吏，切戒繁多。夫爵者，官之尊也；階者，官之次也；品者，官之序也；職者，官之掌也；位者，官之居也；祿者，官之給也；吏者，官之佐也。雖則事非位立而不辦，亦有事因位多而益生。此聖王所以貴寡而不貴衆，欲靜而不欲躁也。唐虞稽古，建官惟百；夏商官倍，亦克用乂；周卿分職，各率其屬。厥後職負愈多，而治愈不及古矣。是以漢光廢四百縣而下民業定，隋文廢五百郡而天下政行，皆以官不用多而在乎得賢，不在煩而貴乎省事也。

賦入分為三等。上等自朝廷除授。中等自吏部注擬。下等命帥臣辟司同共辟奏。立為定格。不得差互。則又用宋元嘉致治之法。以六朞為斷。革去三年成任。兩考成資。與堂選數易之弊。則又立四條為三等縣令考課之法。曰糾正稅籍。曰團結民兵。曰勸課農桑。曰敦勉孝弟。俟及三年。考其績効。已就緒者就加旌賞。未有倫者嚴行程督。皆無善狀。則黜汰之。則又命從臣各舉二人之能任。亦剩舉二人之姦贓者。皆籍於中書。俟攷按功實以次施行。如是。則縣令之選重。仁人君子有愛民利物之心者肯為之。安民固本為中興下技之基。其與用才取辦斲喪元氣以成膏肓之疾者。相去遠矣。臣言或有可采。伏望睿斷。詔大臣詳酌而行之。

章誼上奏曰。臣契勘尚書六部。寔朝廷典則制度之所在。其人吏掌行文書。奉循法令。尤當謹關防明約束。不與他司交通。然後人人孤立一意。以守職業。是以不許諸處抽差。雖奉特旨聽奏知。不遵著為定令。蓋有年矣。近者官司凡有建請。率稱如有一切拘礙。且依今來指揮發遣。以是省曹人吏不復安職。造請干求。唯利是視。身在他司而籍居本部。當劇曹重案之日。則亟去不顧。在祿優事簡之地。則應年不還。然猶請給自隨。轉遷如故。來往紛紜。有同傳舍。豈朝廷設官置司之本指哉。欲望聖明推嚴舊制。一切禁絕。設有選委特差。即乞劄移元籍。徹去舊請。庶塞僥倖之門。不勝幸甚。如臣所言或有可採。乞賜詳酌立法施行。

孝宗時。趙汝愚上奏曰。臣竊聞近降旨揮。令檢正檢詳都司官同議諸軍司馬兵曹參軍胄曹參軍記室參軍資任等事。臣輒有區區管見。恐或可備採擇之萬一。謹條畫如後。

一。臣伏聞所置官屬。各有分領職任。議者蓋謂古者建官分職。皆不徒設。今既並建衆寮。因欲使之分理庶務。幸甚幸甚。然臣思之天下之事。亦當為之有漸。使國家蒙實利。而令上下不驚不疑。故能持久不壞。彼諸軍自和好以來。四十餘年。不復置參佐。軍中庶務。惟決於主帥。固難以盡拘繩墨。今一旦錢穀器械之類。朝廷盡責成於參佐。主帥束手無復少肆。揆之人情。固自不堪。加之所置官屬。人人既有職務。則自當盡心守職。以仰稱使令。然於職事之間。必至互有爭占。賓主乖異。易至紛紜。將使一夫受疑。群職盡廢。究觀事理。恐或至此。臣愚欲望聖慈且令所置官屬遂日祗赴本軍供職。通僉書本軍文字。如諸州幕官體例。若遇軍中有大政令及更革事件。亦許與主帥公共商量。但使賓主叶和。其間自多裨益。故臣謂今日朝廷設官大意。本謂長養人材。宜且令優游在軍中。使習知諸軍事體。未須驟然責以職事。使一二年間。人情上下漸漸相安。至時朝廷別有委任事件。卻乞徐議指揮未晚。

一。沿江諸帥驟聞朝廷建置官屬。而初未知朝廷之意。將謂別有關防。竊恐妄相傳播。人情不安。臣愚欲望聖慈特降詔書。訓諭諸將。使知朝廷本意。蓋祗欲文武並用。如比年武臣既為監司守臣。選任非一。文臣卻欲使之習知軍中事務。庶幾緩急必能協濟。諸將亦當深體朝廷之意。務在協和。相與同心共濟國事。

一。臣昨嘗面奏諸軍官屬。全在選擇得人。若用一種剛正有守之人。則恐意氣不能相下。若用一種和柔易制之人。又恐依隨不能自立。須是得持己公廉。接物寬厚。知事體有識慮之人。方能稱職。然則朝廷一時選任。誠未易多得也。臣愚竊謂今來所議官屬資格。宜令稍寬。庶幾人材合格者多。易於選擇。

今國家立制自王及國王郡王國公以下為爵自特進崇進至將軍大夫校尉郎為階自正一至從九為品掌典當行為職各職所居為位各位養廉之資為祿各司贊佐行文之吏為吏其制亦以詳矣然而文武二等分布中外本欲圖寧而似乎難寧也臣伏見京師不急之司院無用之局寺及隨朝臺省院部以下諸有司官吏可兼不兼可併不併亦已有之矣畿外行省與省諸有司暨廉訪等司路府州縣倉庫局監等諸衙門及各衙門內官吏亦有冗者矣武臣萬戶所管不滿萬人千戶所管不滿千人之類亦已有之矣臣竊以冗官之大弊有三一曰選法之弊二曰政事之弊三曰軍民之弊夫文武官吏員數既多當考滿之時近春秋之選資格之簿擾擾紛紜保薦之來交錯旁午有司行文猶且未暇奚暇顧孰果有才孰果有德而考校之也哉既不遑考校則取準於籍文薦書之所陳布者矣如此

而欲雜流之人不進貨賄之陳不開豈可得乎雜流行賄者得志則人皆可以仕矣以致員多闕少無如之何經營者早得遷除養高者坐淹歲月此選法之弊也夫文武官吏員數既多有當決之事而不決有當行之事而不行問其職則曰我此職也問其施為則曰僚屬非一豈我之所能獨主哉混齊等而難辨受王命而自安及乎朝廷聞之遂立稽遲期限之罰不亦甚歟此政事之弊也夫文武官吏員數既多國家用人路廣浮濫亦升遂使臨蒞在下豈能敷政化哉政化不敷而刻剥之者役使之煩為害良多此軍民之弊也三弊不絕而立法以防之主法者不能守照員益增矣員增而弊亦自有矣況法立而懼法之人姦欺之計愈生乎故須二弊盡絕而後法方可立也伏望陛下凡京師不急之司院無用之局寺及天下諸衙門可罷者罷之凡行省隨省諸有司暨廉訪等司路府州縣二一切諸衙門及萬戶千戶所管不及數之類可併者併之凡省臺院部以下有諸司之官吏及天下諸衙門之官吏可減者減之然後以慎名器之法擇人而用之又以考幽明之法順理而考之則與選者易見其人易程其效而選法清矣臨政者事有所歸職有所主而政績成矣在下者省於煩役免於苦刻而民業定矣民者天下之本也民業定而天下太平矣

文宗至順二年監察御史陳思謙上言銓衡之弊入仕之門太多黜陟之法太簡州郡之任太淹朝省之除太速欲設三策以救四弊一曰至元三十年以後增設衙門冗濫不急者從實減并其外有選法者并入中書二曰宜參酌古制設辟舉之科令三品以下各舉所知得才則受賞失實則受罰三曰古者刺史入為三公郎官出宰百里蓋使外職識朝廷治體內官知民間利病今後歷縣尹有能聲善政者

授郎官御史歷郡守有奇才異績者任憲使尚書其餘各驗資品通遷在內者不得三考連任京官在外者須歷兩任乃遷內職績非出類守不敗官者則循以年勞覆以常調凡朝闕官員須二十月之上方許遷除帝可其奏

順帝時議罷先朝所置奎章閣學士院藝文監等官學士康里山奏曰民有千金之產猶設家塾延館客豈有堂堂天朝富有四海一學房乃不能容耶帝深然之

歷代名臣奏議卷之一百六十二

選舉

晉大夫祁奚老，晉君(悼公)問曰：孰可使嗣？祁奚對曰：解狐可。君曰：非子之讎耶？對曰：君問可，非問讎也。晉遂舉解狐。後又問孰可為國尉，祁奚對曰：午也可。君曰：非子之子耶？對曰：君問可，非問子也。君子謂祁奚能舉善矣，稱其讎不為諂，立其子不為比。書曰：不偏不黨，王道蕩蕩。祁奚之謂也。外舉不避仇讎，內舉不回親戚，可謂至公矣。惟善，故能舉其類。詩曰：惟其有之，是以似之。祁奚有焉。

漢武帝元光六年冬十一月，有司奏議曰：古者諸侯貢士，壹適謂之好德，再適謂之賢賢，三適謂之有功，乃加九錫；不貢士，一則黜爵，再則黜地，三而黜爵地畢矣。夫附下罔上者死，附上罔下者刑，與聞國政而無益於民者斥，在上位而不能進賢者退，此所以勸善黜惡也。今詔書昭先帝聖緒，令二千石舉孝廉，所以化元元，移風易俗也。不舉孝廉，不奉詔，當以不敬論；不察廉，不勝任也，當免。奏可。

元帝竟寧元年，御史大夫(缺)，在位者多舉馮昭儀兄大鴻臚野王。上使尚書選第中二千石，而野王行能第一。上以問中書令石顯，顯對曰：九卿無出野王者，然親昭儀兄，臣恐後世必以陛下度越眾賢，私後宮親以為三公也。上曰：善。

東漢章帝建初中，陳事者多言郡國貢舉率非功次，故守職易懈，而吏事寖疏，咎在州郡。有詔下公卿朝臣議。大鴻臚韋彪上議曰：伏惟明詔，憂勞百姓，垂恩選舉，務得其人。夫國以簡賢為務，賢以孝行為首。孔子曰：事親孝，則忠可移於君，是以求忠臣於孝子之門。夫人才行少能相兼，是以孟公綽優於趙魏老，不可以為滕薛大夫。忠孝之人，持心近厚；鍛鍊之吏，持心近薄。三代之所以直道而行者，在其所以磨之故也。士宜以才行為先，不可純以閥閱。然其歸要在於選二千石，二千石賢，則貢舉皆得其人矣。帝深納之。

和帝永元十四年，司空徐防上疏曰：漢立博士十有四家，設甲乙科以勉學者。今太學試博士弟子，皆以意說，不修家法，不依章句，妄生穿鑿，輕侮道術，寖以成俗，誠非詔書實選本意。改薄從忠，三代常道；專精務本，儒學所先。臣以為博士策試，宜從其家章句，開五十難以試之，解釋多者為上第，引文明者為高說；若不依先師，義有相伐，皆正以為非。上從之。

順帝時，尚書令左雄議改察舉之制，限年四十以上，儒者試經學，文吏試章奏。尚書僕射胡廣上書駮之曰：臣聞君以兼覽博照為德，臣以獻可替否為忠。書載稽疑，謀及卿士；詩美先人，詢于芻蕘。國有大政，必議之於前訓，諮之於故老，是以慮無失策，舉無過事。竊見尚書令左雄議郡舉孝廉，皆限年四十以上，諸生試章句，文吏試牋奏。明詔既許，復令臣等得與相參。竊惟王命之重，載在篇典，當令縣於日月，固於金石，遺則百王，施之萬世。詩云：天難諶，斯不易，惟王。可不慎歟？蓋選舉因才，無拘定制。六奇之策，不出經學；鄭阿之政，非必章奏。甘奇顯用，年乖彊仕；終賈揚聲，亦在弱冠。漢承周秦，兼覽殷夏，祖德師經，參雜霸軌，聖主賢臣，世以致理，貢舉之制，莫或回革。今以一臣之言，剗戾舊章，便利未明，眾心不厭。矯枉變常，政之所重，而不訪台司，不謀卿士。若事下之後，議者剗異，異之則朝失其便，同之則王言已行。臣愚以為可宣下百

官參其同異然後覽擇勝否詳採厥衷敢以瞽言冒干天禁惟陛下納焉

靈帝時中常侍呂強上言舊典選舉委任三府三府有選參議掾屬咨其行狀度其器能受試任用責以成功若無可察然後討之尚書尚書舉劾請下廷尉覆案虛實行其誅罰今但任尚書或復敕用如是三公得免選舉之負尚書亦復不坐責賞無歸豈肯空自勞苦乎夫立言無顯過之咎明鏡無見玼之尤如惡立言以記過則不當學也不欲明鏡之見玼則不當照也願陛下詳思臣言不以記過見玼為責書奏不省

議郎蔡邕上疏曰伏見幽冀舊壤鎧馬所出比年兵飢漸至空耗今者百姓虛縣萬里蕭條闕職經時吏人掾屬而三府選舉踰月不定臣經怪其事而論者云避三互十一州有禁當取二州而已又二州之士或復限以歲月狐疑遲淹以失事會愚以為三互之禁禁之薄者今但申以威靈明其憲令在任之人豈不戒懼而當坐設三互自生留閡邪昔韓安國起自徒中朱買臣出於幽賤並以才宜還守本郡又張敞亡命擢授劇州豈復顧循三互繫以末制乎三公明知二州之要所宜速定當越禁取能以救時敝而不顧爭臣之義苟避輕微之科選用稽滯以失其人臣願陛下上則先帝蠲除近禁其諸州刺史器用可換者無拘日月三互以差厥中書奏不省

魏明帝時曹植陳審舉之義疏曰臣聞天地協氣而萬物生君臣合德而庶政成五帝之世非皆智三季之末非皆愚用與不用知與不知也既時有舉賢之名而無得賢之實必各援其類而進矣諺曰相門有相將門有將夫相者文德昭者也將者武功烈者也文德昭則可以匡國朝致雍熙稷契夔龍是也武功烈則可以征不庭威四夷南仲方叔是也昔伊尹之為媵臣至賤也呂尚之處屠釣至陋也及其見舉於湯武周文誠道合志同玄謨神通豈復假近習之薦因左右之介哉書曰有不世之君必能用不世之臣用不世之臣必能立不世之功殷周二王是也若夫齷齪近步遵常守故安足為陛下言哉故陰陽不和三光不暢官曠無人庶政不整者三司之責也疆埸騷動方隅內侵沒軍喪眾干戈不息者邊將之憂也豈可虛荷國寵而不稱其任哉故任益隆者負益重位益高者責益深書稱無曠庶官詩有職思其憂此其義也陛下體天真之淑聖登神機以繼統冀聞康哉之謌偃武行文之美而數年以來水旱不時民困衣食師徒之發歲歲增調加東有覆敗之軍西有殪沒之將至使蚌蛤浮翔於淮泗鼲鼬讙譁於林木臣每念之未嘗不輟食而揮餐臨觴而搤腕矣昔漢文發代疑朝有變宋昌曰內有朱虛東牟之親外有齊楚淮南琅邪此則磐石之宗願王勿疑臣伏惟陛下遠覽姬文二號之援中慮周成召畢之輔下存宋昌磐石之固昔騏驥之於吳阪可謂困矣及其伯樂相之孫郵御之形體不勞而坐取千里蓋伯樂善御馬明君善御臣伯樂馳千里明君致太平誠任賢使能之明效也若朝司惟良萬機內理武將行師方難克弭陛下可得雍容都城何事勞動鑾駕暴露於邊境哉臣聞羊質虎皮見草則悅見豺則戰忘其皮之虎也今置將不良有似於此故語曰患為之者不知知之者不得為也昔樂毅奔趙心不忘燕廉頗在楚思為趙將臣生乎亂長乎軍又數承教于武皇帝伏見行師用兵之要不必取孫吳而闇與之合竊揆之於心常願得一奉朝覲排金門蹈玉陛列有職之臣賜須

史之問使臣得一散所懷攄舒蘊積死不恨矣被鴻臚所下發士息書期會甚急又聞豹尾已建戎軒騖駕陛下將復勞玉躬擾挂神思臣誠悚息不遑寧處願得策馬執鞭首當塵露撮風后之奇接孫吳之要追慕卜商起予左右效命先軀畢輪轂雖無大益冀有小補然天高聽遠情不上通徒獨望青雲而拊心仰高天而歎息耳屈平曰國有驥而不知乘焉皇皇而更索昔管蔡放誅周召作弼叔魚陷刑叔向匡國三監之釁臣自當之二南之輔求必不遠華宗貴族藩王之中必有應斯舉者故傳曰無周公之親不得行周公之事唯陛下少留意焉近者漢氏廣建藩王豐則連城數十約則饗食祖祭而已未若姬周之樹國五等之品制也若夫蘇之諫始皇淳于越之難周青臣可謂知時變矣夫能使天下傾耳注目者當權者是矣故謀能移主威能懾下豪右執政不在親戚

權之所在雖疏必重勢之所去雖親必輕蓋取齊者田族非呂宗也分晉者趙魏非姬姓也惟陛下察之苟吉專其位凶離其患者異姓之臣也欲國之安祈家之貴存共其榮沒同其禍者公族之臣也今反公族疏而異姓親臣竊惑焉臣聞孟子曰君子窮則獨善其身達則兼善天下今臣與陛下踐冰履炭登山浮澗寒溫燥濕高下共之豈得離陛下哉不勝憤懣拜表陳情若有不合乞且藏之書府不便滅棄臣死之後事或可思若有豪氂少挂聖意者乞出之朝堂使夫博古之士糾臣表之不合義者如是則臣願足矣帝輒優文答報

青龍中諸葛誕鄧颺等馳名譽有四窗八達之誚帝疾之時舉中書郎詔曰得其人與否在盧生耳選舉莫取有名名如畫地作餅不可啖也吏部尚書盧毓對曰名不足以致異人而可以得常士常士畏教慕善然後有名非所當疾也愚臣既不足以識異人又主者正以循名案常為職但當有以驗其後故古者敷奏以言明試以功今考績之法廢而以毀譽相進退故真偽渾雜虛實相蒙帝納其言

晉武帝咸寧初司隸校尉劉毅以魏立九品權時之制未見得人而有八損乃上疏曰臣聞立政者以官才為本官才有三難而興替之所由也人物難知一也愛憎難防二也情偽難明三也今立中正定九品高下任意榮辱在手操人主之威福奪天朝之權勢愛憎決於心情偽由於己公無考校之負私無告訐之忌用心百態求者萬端廉讓之風滅苟且之俗成天下訩訩但爭品位不聞推讓竊為聖朝恥之夫名狀以當才為清品輩以得實為平安危之要不可不明清平者政化之美也枉濫者亂敗之惡也不可不察然人才異能備體者寡器有大小達有早晚前鄙後脩宜受日新之報抱正違時宜有

質直之稱度遠闕小宜得殊俗之狀任直不飾宜得清實之譽行寡才優宜獲器任之用是以三仁殊塗而同歸四子異行而均義陳平韓信笑侮於邑里而收功於帝王屈原伍胥不容於人主而顯名於竹帛是篤論之所明也今之中正不精才實務依黨利不均稱尺務隨愛憎所欲與者獲虛以成譽所欲下者吹毛以求疵高下逐強弱是非由愛憎隨世興衰不顧才實衰則削下興則扶上一人之身旬日異狀或以貨賂自通或以計協登進附託者必達守道者困悴無報於身必見割奪有私於己必得其欲是以上品無寒門下品無勢族暨時有之皆曲有故慢主罔時實為亂源損政之道一也置州都者取州里清議咸所歸服將以鎮異同一言議不謂一人之身了一州之才一人不審便坐之若然自仲尼以上至于庖犧莫不有失則皆不堪何獨責於中人者哉若殊不修自可更選今重其任而輕其

人所立品格還訪刁攸攸非州里之所歸非職分之所置今訪之歸
正於所不服決事於所不職以長讒構之源以生乖爭之兆似非立
都之本旨理俗之深防也主者既善刁攸攸之所下而復選以二千
石已有數人劉良上攸之所下石公罪攸之所行駮違之論橫於州
里嫌讎之隙結於大臣夫桑妾之訟禍及吳楚鬪雞之變難興魯邦
況乃人倫交爭而部黨興刑獄滋生而禍根結損政之道二也本立
格之體將謂人倫有序若貫魚成次也為九品者取下者為格謂才
德有優劣倫輩有首尾今之中正務自遠者則抑割一國使無上人
穢劣下比則拔舉非次并容其身公以為格坐成其私君子無大小
之怨官政無繩姦之防使得上欺明主下亂人倫乃使優劣異地首
尾倒錯貞異之器使在九品之下負戴不肖越在成人之首損政
之道三也陛下踐阼開天地之德弘不諱之詔納忠直之言以覽天

下之情太平之基不世之法也然賞罰自王公以至于庶人無不加
法置中正委以一國之重無賞罰之防人心多故清平者寡故怨訟
者衆聽之則告訐無已禁絕則侵枉無極與其理訟之煩猶愈侵枉
之害今禁訟訴則杜一國之口培一人之勢使得縱橫無所顧憚諸
受枉者抱怨積直獨不蒙天地無私之德而長壅蔽於邪人之銓使
上明不下照下情不上聞損政之道四也昔在前聖之世欲敦風俗
鎮靜百姓隆鄉黨之義崇六親之行禮教庠序以相率賢不肖於是
見矣然鄉老書其善以獻天子司馬論其能以官其職有司考績以
明黜陟故天下之人退而脩本州黨有德義朝廷有公正浮華邪佞
無所容厝今一國之士多者千數或流徙異邦或取給殊方面猶不
識況盡其才力而中正知與不知其當品狀采譽於臺府納毀於流
言任己則有不識之蔽聽受則有彼此之偏所知者以愛憎奪其平

所不知者以人事亂其度既無鄉老紀行之譽又非朝廷考績之課
遂使進官之人棄近求遠背本逐末位以求成不由行立品不校功
黨譽虛妄損政五也凡所以立品設狀者求人才以理物也非虛飾
名譽相為好醜雖孝悌之行不施朝廷故門外之事以義斷恩既以
在官職有大小事有劇易各有功報此人才之實效功分之所得也
今則反之於限當報雖職之高還附卑品無績於官而獲高叙是為
抑功實而隆虛名也上奪天朝考績之分下長浮華朋黨之士損政
六也九官不同事人不同能得其能則成失其能則敗今品不狀才
能之所宜而以九等為例以品取人或非才能之所長以狀取人則
為本品之所限若狀得其實猶品狀相妨繫縶選舉不得精於才
宜況今九品所疏則削其長所親則飾其短徒結白論以為虛譽則
品不料能百揆何以得理萬機何以得修損政七也前九品詔書善

惡必書以為褒貶當時天下少有所忌今之九品所下不彰其罪所
上不列其善廢褒貶之義任愛憎之斷清濁同流以植其私故反違
前品大其形勢以驅動衆人使必歸己進者無功以表勸退者無惡
以成懲懲勸不明則風俗汙濁天下人焉得不解德行而銳人事損
政八也由此論之選中正而非其人授權勢而無賞罰或缺中正而
無禁檢故邪黨得肆枉濫縱橫雖職名中正實為姦府事名九品而
有八損或恨結於親親猜生於骨肉當身困於敵讎子孫離其殃咎
斯乃歷世之患非徒當今之害也是以時主觀時立法防姦消亂靡
有常制故周因於殷有所損益至於中正九品上聖古賢皆所不為
豈蔽於此事而有不周哉將以政化之宜無取於此也自魏立以來
未見其得人之功而生讎薄之累毀風敗俗無益於化古今之失莫
大於此愚臣以為宜罷中正除九品棄魏氏之弊法立一代之美制

疏奏優詔答之

太康中太子少傅衛瓘以魏立九品自權時之制非經通之道宜復古鄉舉里選與太尉王亮等上疏曰昔聖王崇賢舉善而教用使朝廷德讓野無邪行誠以閭伍之政足以相檢詢事考言必得其善人知名不可虛求故還脩其身是以崇賢而俗益穆黜惡而行彌篤斯則鄉舉里選者先王之令典也自茲以降此法陵遲魏氏承顛覆之運起喪亂之後人士流移考詳無地故立九品之制粗具一時選用之本耳其始造也鄉邑清議不拘爵位褒貶所加足為勸勵猶有鄉論餘風中間漸染遂計資定品使天下觀望唯以居位為貴人棄德而忽道業爭多少於錐刀之末傷損風俗其弊不細今九域同規大化方始臣等以為宜皆蕩除末法一擬古制以土斷定自公卿以下皆以所居為正無復懸客遠屬異土者如此則同鄉鄰伍皆為邑里

郡縣之宰即以居長盡除中正九品之制使舉善進才各由鄉論然則下敬其上人安其教俗與政俱績化與法並濟人知善否之教不在交遊即華競自息各求於己矣今除九品則宜準古制使朝臣共相舉任於出才之路既博且可以厲進賢之公心覈在位之明闇誠令典也武帝善之而卒不能改

太熙中時燕國中正劉沈舉霍原為寒素司徒府不從沈又抗詣中書奏原而中書復下司徒參論司徒左長史荀組以為寒素者當謂門寒身素無世祚之資原為列侯顯佩金紫先為人間流通之事晚乃務學少長異業年踰始立草野之譽未洽德禮無聞不應寒素之目李重曰案如癸酉詔書廉讓宜崇浮競宜黜其有履謙寒素靖恭求己者應有以先之如詔書之旨以二品繫資或失廉退之士故開寒素以明尚德之舉司徒總御人倫實掌邦教當務峻準評以一風流然古之厲行高尚之士或棲身巖穴或隱跡丘園或克己復禮或耄期稱道出處默語唯義所在未可以少長異操疑其所守之美而遠同終始之責非所謂擬人必於其倫之義也誠當考之於邦黨之倫審之於任舉之主沈為中正親執銓衡陳原隱居求志篤古好學不為利行不要名絕迹窮山韞韣道藝外無希世之容內全遁逸之節行成名立搢紳慕之委質受業者千里而應有孫孟之風嚴鄭之操始舉原先諮侍中領中書監華前州大中正後將軍嬰河南尹軫去三年諸州還朝幽州刺史許猛特以原名聞擬之西河求加徵聘如沈所列州黨之議既舉又刺史班詔表薦如此而猶謂草野之譽未洽德禮無聞舍所徵驗之實而無明理正辭以奪沈所執且應二品非所求備但原定志窮山脩述儒道義在可嘉若遂抑替將負幽邦之望傷敦德之教如詔書所求之旨應為二品詔從之

武帝時重為始平王文學上疏陳九品曰先王議制以時因革因革之理唯變所適九品始於喪亂軍中之政誠非經國不刊之法也且其檢防轉碎徵刑失實故朝野之論僉謂驅動風俗為弊已甚而至於議改又以為疑臣以革法創制當先盡開塞利害之理舉而錯之使體例大通而無否滯亦未易故也古者諸侯之治分土有常國有定主人無異望卿大夫世祿仕無出位之思臣無越境之交上下體固人德歸厚秦反斯道罷侯置守風俗淺薄自此來矣漢革其弊斟酌周秦並建侯守亦使分土有定而牧司必各舉賢貢士任之鄉議事合聖典比蹤三代方今聖德之隆光被四表兆庶顒顒欣覩太平然承魏氏彫弊之跡人物播越仕無常朝人無定處郎吏蓄於軍府豪右聚於都邑事體駁雜與古不同謂九品既除宜先開移徙聽相幷就且明貢舉之法不濫於境外則冠帶之倫將不分而自均即土

斷之實行矣。又建樹官司，功在簡久，階級少則人心定，久其事則政化成，而能否著。在三代所以直道而行也。以為選例九等，當今之要所宜施用也。聖王知天下之難，常從事於其易，故寄隱括於閭伍，則邑屋皆為有司；若任非所由，事非所職，則雖竭聖智，猶不足以贍其事。由此而觀，誠令二者既行，即人心反本，脩之於鄉，華競自息，而禮讓日隆矣。

惠帝時，重為尚書吏部郎，上疏曰：凡山林避寵之士，雖遁世背時，出處殊軌，而先王許之者，嘉其服膺高義也。昔先帝患風流之弊，而思反純朴，乃詔詢朝衆，博求隱逸。咸寧二年，始以太子中庶子徵安定皇甫謐；四年，又以博士徵安南朱沖；太康元年，復以太子庶子徵沖。雖皆以病疾不至，而朝野悅服。陛下遠遵先帝禮賢之旨，臣訪沖州邑，言其雖年近耋耄，而志氣克壯，耽道窮藝，老而彌新，操尚貞純，所居成化。誠山栖耆德，足以表世篤俗者也。臣以為宜垂聖恩，及其未沒，顯加優命。時朝廷政亂，竟不能從。

懷帝永嘉初，尚書左僕射領吏部山簡上疏曰：臣以為自古興替，實在官人，苟得其才，則無物不理。書言知人則哲，惟帝難之。唐虞之盛，元愷登庸；周室之隆，濟濟多士。秦漢已來，風雅漸喪，至於後漢，女君臨朝，尊官大位出於阿保，斯亂之始也。是以郭泰、許劭之倫，明清議於草野；陳蕃、李固之徒，守忠節於朝廷。然後君臣名節，古今遺典，可得而言。自初平之元，訖於建安之末，三十年中，萬姓流散，死亡略盡，斯亂之極也。世祖武皇帝應天順人，受禪于魏，泰始之初，躬親萬機，佐命之臣，咸皆率職。時黃門侍郎王恂、庾純，始於太極東堂聽政，評尚書奏事，多論刑獄，不論選舉。臣以為不先所難，而辨其所易。陛下初臨萬國，人思盡誠，每於聽政之日，命公卿大臣先議選舉，各言所見後進儁才、鄉邑尤異、才堪任用者，皆以名奏，主者隨缺先敘，是爵人於朝，與衆共之之義也。朝廷從之。

東晉元帝太興初，尚書陳頵上陳時務，以為昔江外初平，中州荒亂，故貢舉不試。宜漸循舊，搜揚隱逸，試以經策。又馬隆、孟觀雖出貧賤，勳濟甚大，以所不習而統戎事，鮮能以濟。宜開舉武略任將率者，言問核試，盡其所能，然後隨才授任，舉十得一，猶勝不舉，況或十得二三。日磾降虜，七世內侍；由余戎狄，入為秦相，豈藉華宗之族，見齒於奔競之流乎？宜引幽滯之儁，抑華校實，則天清地平，人神感應。

元帝時，以兵亂之後，務存慰悅，遠方秀孝，到不策試，普皆除署。至是申明舊制，皆令試經，有不中科，刺史、太守免官。太興三年，秀孝多不敢行，其有到者，並託疾。帝欲除署孝廉，而秀才如前制。尚書郎孔坦奏議曰：臣聞經邦建國，教學為先，移風崇化，莫尚斯矣。古者且耕且學，三年而通一經，以平康之世，猶假漸漬，積以歲月。自喪亂以來，十有餘年，干戈載揚，俎豆禮戢，家廢講誦，國闕庠序，率爾責試，竊以為疑。然宣下以來，涉歷三載，累遇慶會，遂未一試。揚州諸郡，接近京都，懼累及君父，多不敢行。其遠州邊郡，掩誣朝廷，冀於不試，冒昧來赴，既到審試，遂不敢會。臣愚以不會與不行，其為闕也同。若當偏加除署，是為肅法奉憲者失分，僥倖投射者得官，頹風傷教，懼於是始。夫王言如絲，其出如綸，臨事改制，示短天下，人聽有惑，臣竊惜之。愚以謂王命無貳，憲制宜信。去年察舉，一皆策試，如不能試，可不拘到，遣歸不署。又秀才雖以事策，亦記問經義，苟所未學，實難闇通，不足復曲碎乖例，違舊造。謂宜因其不會，徐更革制，可申明前下，崇脩學校，普延五年，以展講習，鈞法齊訓，示人軌則。夫信之與法，為政之綱，施之家室，猶弗可貳，況經國之典，而可翫黷乎？帝納焉。

後魏孝文帝時秘書令高佑上疏曰今之選舉不採識治之優劣專簡年勞之多少斯非盡才之謂宜停此薄藝棄彼朽勞唯才是舉則官方斯穆又勳舊之臣雖年勤可錄而才非撫人者則可加之以爵賞不宜委之以方任所謂王者可私人以財不私人以官者也高祖皆善之

帝雅重門族以范陽盧敏清河崔宗伯滎陽鄭羲太原王瓊四姓衣冠所推咸納其女以充後宮又為六弟聘室而以前所納者為妾媵又詔以代人穆陸賀劉樓于嵇尉八姓勳著當世位盡王公勿充猥官一同四姓其舊為部落大人而三世官在給事已上者本非大人而二世官在尚書已上者皆為姓其大人之後而官不顯者本非大人而官顯者皆為族帝與羣臣論選調李沖曰未審張官列位為膏粱子弟乎為致治乎帝曰欲為治耳沖曰然則今日何為專取門品不拔才能乎帝曰君子之門借使無當世之用要自德行純篤朕故用之沖曰傅說呂望豈可以門地得之帝曰非常之人曠世乃有一二耳李彪曰魯之三卿孰與四科韓顯宗曰陛下豈可以貴襲貴以賤襲賤帝曰必有高明卓然出類拔萃者朕亦不拘此制

孝明帝時崔亮奏立停年之格不簡人才專問勞舊吏部尚書薛琡上書言黎元之命繫於長吏若得其人則蘇息任非其器為患更深若徒選曹唯取年勞不簡賢否便義均行鴈次若貫魚執簿呼名一吏足矣數人而用何謂銓衡請不依此書奏不報後因引見復諫曰共治天下本屬百官是以漢朝常令三公大臣舉賢良方正有道直言之士以為長吏監撫黎元自晉末以來此風遂替今四方初定務在養民臣請依漢氏更立四科令三公貴臣各薦時賢以補郡縣明立條格防其阿黨之端詔下公卿議之事亦寢

時任城王澄以北邊鎮將選舉彌輕恐賊虜闚邊山陵危迫奏請重鎮將之選修警備之嚴詔公卿議之廷尉少卿袁翻議曰比緣邊州郡官不擇人唯論資級或值貪汙之人廣開戍邏多置帥領或用其左右姻親或受人貨財請屬皆無防寇之心唯有聚斂之意勇力之兵驅令抄掠奪為己富羸弱老小微解工作苦役百端伐木芸草販貿往還窮其力薄其衣用其功節其食綿冬歷夏加之疾苦死於溝瀆者什常七八是以鄰敵伺間擾我疆場皆由邊任不得其人故也愚謂今後邊鎮郡縣府佐統軍至于戍主皆令王公以下各舉所知必選其才不拘階級稱職敗官所舉之人隨事賞罰時不能用及正光之末北邊盜賊羣起遂迫舊都犯山陵如澄所慮

唐太宗貞觀初上謂右僕射封德彝曰致安之本惟在得人比來命卿舉賢未嘗有所推薦天下事重卿宜分朕憂勞卿既不言朕將安寄對曰臣愚豈敢不盡情但今所見未有奇才異能上曰前代明王使人如器不借才於異代皆取士於當時豈得待夢傅說逢呂尚然後為政乎且何代無賢但患遺而不知耳德彝慚赧而退上又謂侍臣曰朕今孜孜求士欲專心政道聞有好人則抽擢驅使而議者多稱彼者皆宰臣親故但公等至公行事勿避此言便為形跡古人內舉不避親外舉不避讎而為舉得其真賢故也但能舉用得才雖是子弟及有讎嫌不得不舉

二年上謂吏部尚書杜如晦曰比見吏部擇人惟取其言詞刀筆不悉其景行數年之後惡跡始彰雖加刑戮而百姓已受其弊如何可獲善人如晦對曰兩漢取人皆行著鄉閭州郡貢之然後入用故當時號為多士今每年選集向數千人厚貌飾詞不可知悉選司但配其階品而已銓簡之理實所未精所以不能得才

十三年太宗謂侍臣曰朕聞太平後有大亂大亂後必有太平承大亂之後即是太平之運也能安天下者惟在用得賢才公等既不能知賢朕又

不可遍識。日復一日。無得人之理。今欲令人自舉於事何如。魏徵曰。知人者智。自知者明。知人既以為難。自知誠亦不易。且愚暗之人。皆矜能伐善。恐長澆競之風。不可令其自舉。

太宗時。冀州進士張昌齡與王公治皆有文名。考功員外郎王師旦知貢舉黜之。上問其故。師旦曰。二人文體輕薄。終非令器。若置之高第。恐後進效之。傷陛下雅道。上善其言。

高宗即位。屢責侍臣以不能進賢。衆不敢對。中書舍人李安期進曰。十室之邑。且有忠信。天下至廣。不為無賢。比見公卿有所薦進。皆劾為朋黨。滯抑者未申。而主薦者已訾。所以人人爭噤默以避罪謗。若陛下忘其親讎曠然受之。惟才是用。塞讒毀路。其誰敢不竭忠以聞上乎。帝納之。

顯慶中。吏部黃門侍郎劉祥道知選事。乃釐補救闕。上疏陳六事。一曰。今取士多且濫。入流歲千四百。多也。雜色入流未始銓汰。濫也。故共務

者善人少惡人多。臣謂應雜色進者。切責有司試判為四等。第一付吏部。二付兵部。三付主爵。四付司勳。若坐負當責雖經赦仍配三司。不者還本貫。則官不雜矣。二曰。內外官一品至九品。萬三千四百六十五員。大抵三十而仕。六十而退。取其中數。不三十年。存者略盡。若歲入流五百人。則三十年自相充補。況三十年外在官猶多。不慮其少。今入流歲千四百。其倍兩之。又停選六七千人。復年別新加。其類寖廣。殆非經久之制。古者為官擇人。不聞取人多而官少也。三曰。永徽以來。在官者或以善政擢。論事者或以單言進。而庠序諸生未聞甄異。是獎勸之未周也。四曰。唐有天下四十年。未有舉秀才者。請自六品以下至草野審加搜訪。無令赫赫之辰。斯學遂絕。五曰。唐虞三載考績。黜陟幽明。二漢用人。亦久其職。今任官率四考罷。官知秩滿則懷去就。民知遷徙則懷苟且。以去就之官。臨苟且之民。欲移風振俗。烏可得乎。請四考進階。八考聽選。以息迎新送故之弊。六曰。三省都事主事主書。比選補皆取流外有刀筆者。欲參用士流。率以儔類為恥。前後相沿。遂成故事。上掖省崇峻。王言秘密。尚書政本。人物所歸。專責曹史。理有未盡。宜稍革之。以清其選。

乾封中。時承平既久。選人益多。司列少常伯裴行儉始與員外郎張仁禕設長名姓歷牓。引銓注之法。又定州縣升降官資高下。其後遂為永制。無能革之者。劉曉上疏論之曰。今選曹以檢勘為公道。書判為得人。殊不知考其德行才能。況書判借人者衆矣。又禮部取士專用文章為甲乙。故天下之士皆捨德行而趨文藝。有朝登甲科而夕陷刑辟者。雖日誦萬言。何關理體。文成七步。未足化人。誠使取士以德行為先。文藝為末。則多士雷奔。四方風動矣。

永淳元年。中書門下同平章事魏玄同言選舉法弊。上疏曰。方今人不加富。盜賊未衰。禮誼寖薄者。下吏不稱職。庶官非其才。取人之道有

所未盡也。武德貞觀。庶事草創。人物固乏。天作之。聖皇國求賢。與人間出。諸色入流。歲以千計。官有常員。人無定限。遂集猥眾十不取一。取舍諸秦夏商以前。制度多闕。至周煥然可觀。諸侯之臣不皆命於天子。王朝庶官不專一職。穆王以伯冏為太僕正。命曰。慎簡乃僚。此乃自擇下吏之言也。太僕正特中大夫耳。尚以僚屬委之。則三公九卿亦當然也。故太宰內史並掌爵祿廢置。司徒司馬別掌興賢詔事。是分任羣司。而統以數職。王命其大者。而自擇其小者。漢制諸侯自置吏四百石以下。其傅相大臣則漢為置之。州郡掾史督郵從事。悉任之牧守。自魏晉以後始歸吏部。而迄于今。以刀筆量才。簿書察行。法與世弊。其來久矣。尺丈之量。鍾庾之器。非所及則不能度。非所受則無以容。況天下之大。士類之衆。可委數人乎。又尸厥任者。間非其選。至為人擇官。為身擇利。下筆繫親疏。措情觀勢要。悠悠風塵。此焉奔競。使百行折之一面。九能斷

之數言未亦難乎且臣聞莅官者不可以無學仕以學以從政未聞以政入學今貴戚子弟皆早仕弘文崇賢千牛輦脚之類程較既淺技能亦薄而門閥有素資望自高夫所謂胄子者必裁諸學少則受業長而入官然後移家事國譜之德進夫少仕則不務學輕試則無才更熟官三衛流外之屬不待州縣之舉直取書判非先德後言之誼臣聞國之用人如人用財貧者止糟糠富者餘粱肉故當衰弊之世則磨策朽鈍以馭之太平多士則遴柬髦俊而使之今選者猥多詎以簡練為急竊見制書三品至九品並得薦士此誠仄席旁求之意也但褒貶不明故上不憂黜責下不盡搜揚莫慎所舉而苟以應命且惟賢知賢聖人篤論皋陶既舉不仁者遠身苟濫進庸及知人不擇舉者之賢而責所舉之濫不可得已以陛下聖明國家德業而不建經久之策但顧望魏晉遺風臣竊惑之顧少遵周漢之規以分吏部選則所用詳所失鮮矣

武后天授中選舉多濫左補闕薛登上疏曰臣聞國以得賢為寶臣以舉士為忠是以子皮之讓國僑鮑叔之推管仲燕昭王委兵於樂毅苻堅托政於王猛子產受國人之謗夷吾貪共賈之財昭王錫路馬以止讒永固戮樊世以除譖處猜疑而益信行間毀而無疑此由默而識之委而察之深也至若宰我見愚於宣尼逢萌被知於文叔韓信無聞於項氏毛遂不齒於平原此失之故也是以人主受不肖之士則政乖得賢良之士則時泰故堯資八元而庶績其理周任十亂而天下和平由是言之則知士不可不察而官不可妄授也何者比來取士多不以才馳聲假譽互相推獎希潤身之小計忘臣子之大猷非所以報國求賢副陛下翹翹之望者也臣切觀古之取士實異於今先觀名行之源考其鄉邑之譽崇禮讓以勵己明節義以標信以敦朴為先最以雕蟲為後科故人崇勸讓之風士去輕浮之行希仕者必脩貞確不拔之操行

難進易退之規衆議以定其高下郡將難誣於曲直故計貢之賢愚即州將之榮辱穢行之彰露亦鄉人之厚顏是以李陵降而隴西慙千木隱而西河美故名勝於利則小人之道消利勝於名則貪暴之風扇是知化俗之本須擯輕浮昔冀缺以禮讓升朝則晉人知禮文翁以儒林獎俗則蜀士多儒燕昭好馬則駿馬來庭葉公好龍則真龍入室由是言之未有上之所好而下不從其化者也自七國之季雖雜縱橫而漢代求才猶徵百行是以禮節之士敏德自脩閭里推高然後為府寺所辟魏氏取人尤愛放達晉宋之後祇重門資獎人求官之風乖授職惟才之義有梁薦士雅愛屬辭陳氏簡賢特珍賦詠故其俗以詩酒為重未以脩身為務逮至隋室餘風尚存開皇中李諤論之於文帝曰魏之三祖更尚文辭忽君人之大道好雕蟲之小藝連篇累牘不出月露之形積案盈箱唯是風雲之狀代俗以此相高朝廷以茲擢士故文章日煩其政日亂帝納李諤之策由是下制禁斷文筆浮詞其年泗州刺史司馬幼之以表不典實得罪於是風俗改勵政化大行煬帝嗣興又變前法置進士等科於是後生之徒復相放效因陋就寡赴速邀時緝綴小文名之策學不以指實為本而以浮虛為貴有唐纂曆雖漸革於前非陛下君臨思察才於共理樹本崇化唯在旌賢今之舉人有乖事實鄉議決小人之筆行脩無長者之論策第喧競於州府祈恩不勝於拜伏或明制纔出試遣搜敭驅馳府寺之門出入王公之第上啓陳詩唯希咳唾之澤摩頂至足冀荷提攜之恩故俗號舉人皆稱覓舉覓為自求之稱非是人知之辭察其行而度其材則人品於茲見矣徇己之心切則至公之理乖貪仕之性彰則廉潔之風薄是知府命雖高異叔度勤勤之讓黃門已貴無秦嘉耿耿之辭縱不能抱己推賢亦不肯待於三命豈與夫白駒皎皎不雜風塵束帛戔戔榮高物表較其優狹也

是以耿介之士羞自拔而致其辭，偕黨之人會其跡而取其附。故選司補署，喧然於禮闈；州貢賓王，紛爭於階闥。謗議雜合，浸以成風。夫競榮者必有競利之心，謙遜者亦無貪賄之累。自非上智，焉能不移。在於中人，理由習俗。若重謹厚之士，則懷祿者必崇德以潔己；若開趨競之門，則邀仕者皆戚施而附會。附會則百姓罹其弊，潔己則兆庶蒙其福。故風化之漸，靡不由茲。今訪鄉閭之談，唯祗歸於里正。縱使名虧禮法，罪挂刑章，或冒籍以偷資，或邀勳而竊級，假其不義之賂，則是無犯鄉閭。豈得比郭有道之銓量，茅容望重；裴逸人之賞拔，夏少名高。語其優劣，也。祗如才應經邦之流，唯令試策；武能制敵之例，祗驗彎弧。若其文擅清奇，便充甲第；藻思微減，旋即告歸。以此收人，恐乖事實。何者？樂廣假筆於潘岳，靈運辭高於穆之，平津文劣於長卿，子建筆麗於荀彧。若以射策為最，則潘謝曹馬必居孫樂之右；若使協贊機猷，則安仁、靈運亦無裨附之益。由此言之，不可一概而取也。至於武藝，則趙雲雖勇，資諸葛之指撝；周勃雖雄，乏陳平之計畧。使樊噲居蕭何之任，必無指蹤之機；使蕭何入麾下之軍，亦無免主之效。鬬將長於摧鋒，謀將審於料事。是以文淵聚米，知隗囂之可圖；陳湯屈指，識烏孫之自解。八難之謀諒，高祖追悔於酈生；九拒之計窮，公輸息心於伐宋。謀將不長於弓馬，良相寧資於射策。豈與夫元長自表，妄飾辭鋒；曹植題章，虛飛麗藻，較量其可否也。伏願陛下降明制，頒峻科，千里一賢，尚不為少；儻偉冒進，須立隄防。斷浮虛之飾辭，收實用之良策，不取無稽之說，必求忠讜之言。文則試其効官，武則令其守禦，始既察言觀行，中亦循名責實，自然僥倖濫吹之伍，無所藏其妄庸。故晏嬰云：舉之以語，考之以事，寡其言而多其行，拙於文而工於事。此取人得賢之道也。其有武藝超絶，文鋒挺秀，有効技之偏用，無經國之大才，為軍鋒之爪牙，作辭賦之標準，自可試凌雲

之策，練穿札之工，承上命而賦甘泉，稟中軍而令赴敵。既有隨才之任，必無負乘之憂。臣謹按：吳起臨戰，左右進劍，吳子曰：夫提鼓揮桴，臨難決疑，此將軍事也；一劍之任，非將事也。謹按：諸葛亮臨戎不親戎服，頓蜀兵於渭南，宣王持勁卒不敢當，此豈弓矢之用也。謹按：揚得意誦長卿之文，武帝曰：恨不得與此人同時。及相如至，終於文園令，不以公卿之位處之者，蓋非其所任故也。謹按：漢法所舉之主，終身保任。揚雄之坐田儀，責其冒薦；成子之居魏，相酬於得賢。賞罰之令行，則請謁之私絶；退讓之義著，則貪競之路銷。自然朝廷無爭祿之人，選司有摒議之士。仍取寬立年限，容其採訪簡汰，堪用者令其試守，自然見賢不隱，食祿不專，則荀彧進鍾繇、郭嘉，劉隱薦李邕、朱穆，勢不云遠。有稱職者受薦賢之賞，濫舉者抵欺罔之罪。自然舉得賢行，則君子之道長矣。

長安中，太后嘗與宰相議及刺史縣令，李嶠、唐休璟等奏：竊見朝廷物議，遠近人情，莫不重內官，輕外職。除授牧伯，多是貶累之人，風俗不澄，實由於此。望於臺閣寺監妙簡賢良，分典大州，共康庶績。臣等請輟近侍，率先具僚。從之。

玄宗開元中，國子祭酒楊瑒奏：流外出身，每歲二千餘人，而明經進士不能居其什一，則是服勤道業之士不如胥史之得仕也。臣恐儒風浸墜，廉恥日衰。若以出身人太多，則應諸色裁損。又奏主司帖試明經，不求大指，專取難知，問以孤經絶句，或年月日，請自今並帖平文。上甚然之。

肅宗寶應二年，禮部侍郎楊綰條奏貢舉疏曰：國之選士，必藉賢良，蓋取孝友純備，言行敦實，居常育德，動不違仁，體忠信之資，履謙恭之操，藏器則未嘗自伐，虛心而所應必誠。夫如是，故能率已從政，化人鎮俗者也。自叔世澆詐，茲道寖微，爭尚文辭，互相矜衒，馬卿浮薄，竟不偶於任用；趙壹虛誕，終取擯於鄉閭。自時厥後，其道彌盛，不思

實行皆徇空名敗俗傷教備載前史古人比文章於鄭衛蓋有由也近煬帝始置進士之科當時猶試策而已至高祖朝劉思立為考功員外郎又奏進士加雜文明經加帖經從此積弊寖而成俗幼能就學皆誦當代之詩長而博文不越諸家之集遞相黨與用致虛聲六經則未嘗開卷三史則皆同挂壁況復徵以孔門之道責其君子之儒者哉祖習既深奔競為務矜藝者曾無愧色勇進者但欲凌人以毀讟為常談以向背為已任投刺干謁驅馳於要津露才揚己喧騰於當代古之賢良方正豈有如此者乎朝之公卿以此待士家之長老以此垂訓欲其返淳朴懷禮讓守忠信識廉隅何可得也譬之於水其流已濁若不澄本何當復清方今聖德御天再寧寰宇四海之內顒顒向化皆延頸舉踵思聖朝之理也不以此時而理之則太平之政又乖矣凡國之大柄莫不先擇下臣古先哲后皆側席待賢今

之取人令將牒自舉非經國之體也望請依古制縣令察孝廉審知在鄉閭有孝悌及信義廉恥之行加以經業才堪策試者以孝廉為名薦之於州刺史當以禮待之試其所通之學其通者送名於省自縣至省不得令舉人輒自陳牒比來有到狀保辨識牒等一切並停其所習經左傳公羊穀梁禮記周禮儀禮尚書毛詩周易任通一經務取深義奧旨通諸家之義試日差諸司官有儒學者對問每經問義十條問畢對策三道其策皆問古今理體及當時要務取堪行用者其經義并策全通為上第望付吏部便與官其經義通八策通二為中第與出身下第罷歸其明經比試帖經例非古義皆誦帖括冀圖僥倖并近有道舉亦非理國之體望請與明經進士並停其國子監舉人亦請准此如有行業不著所由妄相推薦請量加貶黜所冀數年之間人倫一變既歸實學當識大猷居家者自修德業從政者

皆知廉恥浮競自止敦龐自勸教人之本實在茲焉事若施行即別立條例詔左右丞諸司侍郎御史大夫中丞給舍同議聞奏

尚書左丞賈至議楊綰條奏貢舉疏曰謹按夏之政尚忠殷之政尚敬周之政尚文然則文與忠敬皆統人之行也且夫述行美極人文人文興則忠敬存焉是故前代以文取士本文行也由辭以觀行則及辭也宣父稱顏子不遷怒不貳過謂之好學至乎修春秋則游夏之徒不能措一辭不亦明乎間者禮部取人有乖斯義易曰觀乎人文以化成天下關雎之義曰先王以是經夫婦成孝敬厚人倫美教化移風俗蓋王政之所由廢興也故延陵聽樂知諸侯之存亡今試學者以帖字為精通而不窮旨義豈能知遷怒貳過之道乎考文者以聲病為是非而惟擇浮豔豈能知移風易俗化天下之事乎是以上失其源而下襲其流乘流波蕩不知所止先王之道莫能行也夫

先王之道消則小人之道長小人之道長則亂臣賊子由是生焉臣弑其君子弑其父非一朝一夕之故其所來者漸矣漸者何謂忠信之陵頹恥尚之失所末學之馳騁儒道之不舉四者皆由取士之失也夫一國之事繫一人之本謂之風贊揚其風繫卿大夫也卿大夫何常不出於士乎今取士試之小道而不以遠者大者使干祿之徒趨馳末術是誘道之差也夫以蝸蚓之餌雜垂滄海而望吞舟之魚至不亦難乎所以食垂餌者皆小魚就科目者皆小藝四人之業士最關於風化近代趨仕靡然向風致使祿山一呼而四海震蕩思明再亂而十年不復尚使禮讓之道弘仁義之風著則忠臣孝子比屋可封逆節不得而萌也人心不得而搖也且夏有天下四百載禹之道喪而殷始興焉殷有天下六百祀湯之法棄而周始興焉周有天下八百年文武之政廢而秦始并焉觀三代之選士任賢皆考實行

故能風俗淳一。運祚長遠。秦坑儒士。二代而亡。漢興雜三代之政。弘四科之舉。西京始振經術之學。東都終持名節之行。至有近戚竊位強臣擅權。弱主孤立。母后專政。而杜稷不隕。繇彼四百。豈非學行扇化於鄉里哉。厥後文章道弊。尚於浮侈。取士術異。苟濟一時。自魏至隋僅四百載。三光分景。九州阻域。竊號僭位。德義不脩。是以子孫速顛。享國咸促。國家革魏晉梁隋之弊。承夏殷周漢之業。四隩既宅。九州攸同。覆燾亭育。合德天地。安有捨皇王舉士之道。縱亂代取人之術。此公卿大夫之辱也。楊綰所奏。實為正論。然自典午覆敗。中原版蕩。戎狄亂華。衣冠遷徙。南北分裂。人多僑處。聖朝一平區宇。尚復因循。版圖則張。閭井未設。士居鄉土。百無一二。因緣官族。所在耕築。地望繫之數百年之外。而身皆東西南北之人焉。今欲依古制。鄉舉里選。猶恐取士之未盡也。請兼廣學校以弘訓誘。今兩京有太學。州縣有小學。兵革一動。生徒流離。儒臣師氏。祿廩無向。貢士不稱行實。胄子何嘗講習。獨禮部每歲擢甲乙之第。謂弘獎擢。不甚謬哉。秪足長浮薄之風。啓僥倖之路。其國子博士等。望加員數。厚其祿秩。選通儒碩生。閒居其職。十道大郡。量置太學館。令博士出外。兼領郡官。召置生徒。依乎故事。保桑梓者。鄉里舉焉。在流寓者。庠序推焉。朝而行之。夕見其利。如此則青青不復興刺。擾擾由其歸本矣。人倫之始。王化之先。不是過也。

德宗時。試太常寺協律郎沈既濟以爾代兵興。天下多故。官員益濫。而銓法無可道者。至是極言其敝曰。近世爵祿失之者。必其失非他。四太而已。入仕之門太多。世冑之家太優。祿利之資太厚。督責之令太薄。臣以為當輕其祿利。重其督責。夫古今選用之法。九流常敘。有三科而已。曰德也。才也。勞也。而今選曹皆不及焉。且吏部甲令雖曰度德居任。量才授職。計勞升敘。然考校之法。皆在書判簿曆言辭俯仰之間。侍郎非通神。不可得而知。則安行徐言。非德也。空文善書。非才也。累資積考。非勞也。苟執不失。猶乖得人。況衆流茫茫。耳目有不足者乎。蓋非鑒之不明。非擇之不精。法使然也。王者觀變以制法。察時而立政。按前代選用。皆州府察舉。至于齊隋。署置多由請託。故當時議者。以為與其率私。不若自舉。與其外濫。不若內收。是以罷州府之權而歸於吏部。此矯時懲弊之權法。非經國不刊之常典。今吏部之法。蔽矣。不可以坐守刓弊。臣請五品以上。及羣司長官。宰臣進敘。吏部兵部得參議焉。六品以下。或僚佐之屬。聽州府辟用。則銓擇之任。委於四方。結奏之成。歸於二部。必先擇牧守。然後授其權。高者先署而後聞。卑者聽版而不命。其牧守將帥或選用非公。則吏部兵部得察而舉之。聖主明目達聰。逖聽遐視。罪其私冒。不慎舉者。小加譴黜。

大正刑典。責成授任。誰敢不勉。夫如是則竊名偽命之徒。菲才薄行之人。貪叨賄貸。懦弱姦宄。下詔之日。隨聲而廢。適大數十去八九矣。如是人少而員寬。事繁而官省。賢者不獎而自進。不肖者不抑而自退。或曰。開元天寶中。不易吏部之法。而天下砥平。尚必外辟方臻于理。臣以為不然。夫選舉者。經邦之一端。雖制之有美惡。而行之由法令。是以州郡察舉。在兩漢則理。在魏齊則亂。吏部選集。在神龍景龍則紊。在開元天寶則理。當其時久承升平。御以法術。慶賞不轢。威刑必齊。由是而理。匪用吏部而臻此也。況以此時用辟召之法。則理不益久乎。天子雖嘉其言。而重於改作。訖不能用。

貞元中。中書侍郎同中書門下平章事陸贄上奏曰。今月十七日。顧少連延英對。迴奉宣旨。卿先奏令臺省長官各舉屬吏。近聞外議云。諸司所舉。皆有情故。兼受賄賂。不得實才。此法甚非穩便。已後除陟卿宜並自揀擇不可信任諸司者臣以闇劣謬當大任果速官謗上貽聖憂過蒙恩私曲降慈誨感戴循省寢興不寧緣是密旨特宣不敢對衆陳謝祗稟成命所宜必行恭惟聖規又合無隱苟有未達安敢勿言雖知塵煩固不可已夫理道之急在於得人而知人之難聖哲所病聽其言則未保其行求其行則或遺其才校勞考則巧僞繁興而貞方之人罕進徇聲華則趨競彌長而沉退之士莫勝自非素與交親備詳本末探其志行閱其器能然後守道藏用者可得而知沽名飾貌者不容其僞故孔子云視其所以觀其所由察其所安人焉廋哉夫欲觀視而察之固非一朝一夕之所能也是以前代有鄉里舉選之法長吏辟署之制所以明歷試廣旁求敦行能息馳騖也昔周以伯冏爲太僕命之曰愼柬乃僚罔以巧言令色便僻側媚其惟吉士是則古之王朝但命其大官而大官得自柬僚屬之明驗

也漢朝務求多士其選不唯公府辟召而已又有父任兄任皆得爲郎選入之初雜居三署臺省有闕即用補之是則古之郎官皆以任舉充選此其明驗也魏晉已後暨于國初採擇庶官多由選部唯高位重職乃由宰相考庶官之有成效者請而命焉故晉代山濤爲吏部尚書中外品員多所啟擢宋朝以蔡廓爲吏部尚書郎先使人謂宰相徐羨之曰若得行吏部之職則拜不然則否羨之答云黄散已下悉委蔡廓猶憤恚以爲失職遂不之官是則黄門散騎侍郎皆由吏部選擢不必朝廷列位盡合柬在台司此其明驗也國朝之制庶官五品已上制勑命之六品已下則並旨授制勑所命者盖宰相商議奏可而除拜之也旨授者盖吏部銓材署職然後上言詔旨但畫聞以從之而不可否者也開元中吏部注擬選人奏置循資格限自起居遺補及御史等官猶並列於選曹銓綜之例著在格令至今不

刊求聞常參之官悉委宰臣選擇此又近事之明驗也其後舊典失序倖臣專朝捨僉議而重己權廢公舉而行私惠是使周行庶品苟不出時宰之意者則莫致焉任衆之道益微進善之途漸隘近者每須任使常苦乏人臨事選求動淹旬朔姑務應用難盡當才豈不以薦舉浸遲人物衰少居常則求精太過有急則備位不充欲令庶績咸熙固亦難矣臣實駑鈍一無所堪猥蒙任使待罪宰相雖懷竊位之懼且乏知人之明自揣庸虛終難上報唯廣求才之路使賢者各以彙征啟至公之門令職司皆得自達臣當謹守法度考課百官奉揚聰明信賞必罰庶乎人無滯用朝不乏才以此爲酬恩之資以此爲致理之具爰初受命即以上陳求賢審官祖立綱制凡是百司之長兼副貳等官及兩省供奉之職并因察舉多效須加獎任者並宰臣叙擬以聞其餘臺省屬僚請委長官選擢指陳才實以狀上聞一

經薦揚終身保任各於除書之內具標舉授之由示衆以公明章得失得賢則進考增秩失實則奪俸贖金亟得則褒升亟失則黜免非止搜揚下位亦可閱試大官前志所謂達觀其所舉即此義也自蒙允許即以宣行南宮舉人纔至十數或非臺省舊吏則是使府佐僚累經薦延多歷事任議其資望既不愧於班行考其行能又未聞於闕敗而議者遽以騰口上煩聖聰道之難行亦可知矣陛下勤求理道務徇物情因謂舉薦非宜復委宰臣揀擇其爲崇任輔弼博採輿詞可謂聖德之盛者然於委任責成之道聽言考實之方閑邪存誠猶恐有闕所謂委任責成者將立其事先擇其人既得其人愼謀其始既謀其始詳慮其終終始之間事必前定有疑則勿果於用既用則不復有疑待終其謀乃考其課違于素者革其弊而黜其人事協于初者賞其人而成其美[illegible]所與之議見疑者莫得爲離

矣。如是則苟無其才。孰敢當任。苟當其任。必得竭才。此古之聖王委任責成。無為而理之道也。所謂聽言考實。虛受廣納。弘接下之規。明目達聰。廣濟人之道。欲知事之得失。不可不聽之於言。欲辯言之真虛。不可不考之於實。言事之得者。勿即謂是。必原其所得之由。言事之失者。勿即謂非。必窮其所失之由。稱人之善者。必詳徵行善之跡。論人之惡者。必明辯為惡之端。況聽其言。皆考其實。既得其實。又察以情。既盡其情。復稽於眾。眾議情實相得。然後信其說。獎其誠。如或矯誣。亦寘明罰。夫如是。則言者不繁。聽之不勞。無浮妄亂教之談。無陰邪傷善之說。無輕信見欺之失。無潛慎不辯之寬。此古之聖王聽言考實。不出戶而知天下之方也。陛下既納臣言而用之。茲聞橫議而止之。於臣謀不責成。於橫議不考實。此乃謀失者得以辭其罪。議曲者得以肆其誣。是以行鶻類而長固無必定之計。亦無必

實之言。計不定則理道難成。言不實則小人得志。國家所病。恆必由之。昔齊桓公將啟霸圖。問管仲以害霸之事。管仲對曰。得賢不能任。害霸也。任賢不能固。害霸也。固始而不能終。害霸也。與賢人謀事而與小人議之。害霸也。所謂小人者。不必悉懷險詖。故覆邦家。蓋以其意性憸邪。趣向狹促。以沮議為出眾。以自異為不群。趨近利而昧遠圖。効小信而傷大道。故論語曰。言必信。行必果。硜硜然小人也。夫以能信於言。能果於行。唯以硜硜淺近。不克弘通。宣尼猶謂其小人。管仲尚憂其害霸。況又有言行難保。而恣其非心者乎。此皆任不責成。言不考實之弊也。聖旨以謂外議云。諸司所舉。皆有情故。兼受賄賂。不得實才者。臣請陛下。當使所言之人。詳陳所犯之狀。某人受賄。某舉有情。陛下然後以事質於臣。臣復以事質於舉主。若便首伏。則據罪抵刑。如或有詞。則付法閱實。謬舉者必行其罰。誣善者亦反其辜。

自然憲典克明。邪慝不作。縱一沮百。理之善經。何必貸其姦贓。不加辯詰。私其公議。不出主名。使無辜見疑。有罪獲縱。枉直同貫。人何賴焉。聖旨又以官長舉人。法非穩便。令臣並自揀擇。不可信任諸司者。臣以宰輔常制。不過數人。人之所知。固有限極。必不能遍諳多士。備閱群才。若令悉命羣官。理須展轉詢訪。是則變公舉為私薦。易明敭以暗投。儻如議者之言。所舉多有情故。舉於君上。且未絕私。薦於宰臣。安肯無詐。失人之弊。必又甚焉。所以承前命官。罕有不涉私謗。雖則秉鈞不一。或自行情。亦由私訪所親。轉為所賣。其弊非遠。聖鑒明知。今人將徇浮言。專任宰臣。除吏宰臣不徧諳識。踵前須訪於人。若訪於親朋。則是悔其覆車。不易前轍之失也。若訪於朝列。則是求其私薦。必不如公舉之愈也。二者利害。惟陛下更詳擇焉。恐不如委任長官。慎柬僚屬。所柬既少。所求亦精。得賢有鑒識之名。失實當闇謬

之責。人之常性。莫不愛身。況於臺省長官。皆是久當朝選。孰肯徇私妄舉。以傷名取責者乎。所謂臺省長官。即僕射尚書左右丞侍郎及侍御史大夫中丞是也。陛下比擇輔相。多亦不出其中。今之宰相。則往日臺省長官也。今之臺省長官。乃將來之宰臣也。但是職名暫異。固非行業頓殊。豈有為長官之時。則不能舉一二屬吏。居宰臣之位。則可擇千百具寮。物議悠悠。其惑斯甚。聖人制事。必度物宜。無求備於一人。無責人於不逮。尊者領其要。卑者任其詳。是以人主擇輔臣。輔臣擇庶長。庶長擇佐僚。所任愈崇。故所擇愈少。所試漸下。故所舉漸輕。選不失倫。遷不失序。以類則詳知實行。有倫則杜絕徼求。將務得人。無易於此。是故選自卑遠。始升於朝者。各委長吏任舉之。則下無遺賢矣。其於周行既試以事者。於是宰臣序進之。則朝無曠職矣。才德兼茂。歷試不渝者。然後人主倚任之。則海內無遺士矣。夫求才

畧廣考課貴精求廣在於各舉所知長吏之薦擇是也考精在於按名責實宰臣之序進是也求不廣則下位罕進下位罕進則用常之人用常之人則懼曠庶職懼曠庶職則苟取備員是以考課之法不暇精也考不精則能否無别能否無别則砥礪漸衰砥礪漸衰則職業不舉職業不舉則品格浸微是以賢能之功不克彰也皆失於不廣求人之道而務選士之精不思考課之行而望得人之義是以望得彌失務精益麤塞源浚流未見其可臣欲詳徵舊說伏恐聽覽為煩粗舉一端以明其理往者則天太后踐祚臨朝欲收人心尤務拔擢弘委任之意開汲引之門進用不疑求訪無倦非但人得薦士亦得自舉其才所薦必行所舉輒試其於進士之道豈不傷於容易哉然而課責既嚴進退皆速不肖者旋黜才能者驟升是以當代謂知人之明累朝頼多士之用此乃近於求才貴廣考課貴精之効也陛下

誕膺寶曆思致理平雖好賢之心有踰前哲而得人之盛未逮往時蓋由鑒賞獨任於聖聰搜擇頗難於公舉但速登延之路罕施練覈之方遂使先進者漸益凋訛後來者不相接續施一令則謗沮互起用一人則瘡痏立成此乃失於選才太精制法不一之患也則天舉用之法傷易而得人陛下慎柬之規太精而失士是知雖易於舉用而不易於苟容則所易者適足廣得人之資不為害也不精於法制而務精於選才則所精者適足梗進賢之途不為利也人之才行自昔罕全苟有所長必有所短若録長補短則天下無不用之人責短捨長則天下無不棄之士加以情有憎愛遽有異同假使聖如伊周賢如楊墨求諸物議孰免譏嫌昔子貢問於孔子曰鄉人皆好之何如子曰未可也鄉人皆惡之何如子曰未可也不如鄉人之善者好之其不善者惡之蓋以小人君子意必相反其在小人之惡君子亦如君子之惡小人將察其情在審其聽聽君子則小人道廢聽小人則君子道消今陛下慎選宰臣必以為重於庶品精擇長吏必以為愈於末流及至宰臣獻規長吏薦士陛下則但納横議不稽始謀是乃任以重者輕其言待以輕者重其事且又不辯所毁之虚實不校所議之短長人之多言何所不至是將使人無所措其手足豈獨選任之道失其端而已乎臣之切言固非為己所惜者致理之道所感者見過之恩輒因除謝布露以聞惟陛下幸察

韓愈上奏曰右臣伏見今月十日勅以年諸色選舉宜權停者道路相傳皆云以歲之旱陛下憐憫京師之人慮其乏食故權停舉選以絶其來者所以省費而足食也臣伏思之竊以為十口之家益之以一二人於食未有所費今京師之人不啻百萬都計舉者不過五七千人并其僮僕畜馬不當京師百萬分之一以十口之家計之誠未

為有所損益又今年雖旱去歲大豐商賈之家必有儲蓄舉選者皆齎持資用以有易無未見其弊今若暫停舉選或恐所害實深一則遠近驚惶二則人事失業臣聞古之求雨之詞曰人失職歟然則人之失職足以致旱今縁旱而停舉選是使人失職而召災也臣又聞君者陽也臣者陰也獨陽為旱獨陰為水今者陛下聖明在上雖堯舜無以加之而羣臣之賢不及於古又不能盡心於國與陛下同心助陛下為理有君無臣是以久旱以臣之愚以為宜求純信之士骨鯁之臣憂國如家忘身奉上者超其爵位置在左右如殷高宗之用傅說周文王之舉太公齊桓公之拔甯戚漢武帝之取公孫弘清閑之餘時賜召問必能輔宣王化銷殄旱災臣雖非朝官月受俸錢歲受禄粟苟有所知不敢不言謹詣光順門奉狀以聞

憲宗元和中舒元輿上疏曰聖德修三代之教盡善矣唯貢士一門

闕焉不脩。臣竊以為有司過矣。臣為童子時。學讀書。見禮經有鄉舉里選。必得其人。而貢於上。上然後以弓旌束帛招之。臣年十五。既通經無何。心中有文竅開。則又學之。徧觀羣籍。見古人有片善可稱。聞於天子。有司。天子有司亦脩禮待之。不肖臣既學文於古聖人言。皆信之。謂肖貨待問上國。必見上國禮無幾。前年。臣年二十三。學文立成。為州縣察臣。臣得備下士貢士之數。到闕下月餘。待命有司。始見貢院懸板。條立束縛檢柬之。自勘磨狀書。別責與吏胥等倫。臣幸狀書備不被駮放。得引到尚書試。試之日。見八百人盡手攜脂燭水炭洎朝晡餐器。或荷於肩。或提於席。為吏胥縱慢聲大呼其名氏。試者突入棘圍重重。乃分坐廡下。寒餘雪飛。單席在地。嗚呼。唐虞闢門。三代貢士。未有此慢易者也。臣見今天下之貢士既如此。有司待之又如此。乃益大不信古聖人言。及觀今之甲賦律詩。皆是偷折經誥。侮

聖人之言者。乃如非聖人之徒也。臣伏見國朝開進士一門。苟有登升者。皆資之為宰相公侯卿大夫。則此門固不輕矣。凡將為公侯卿相者。非賢人君子不可。有司坐舉子於寒廡冷地。是比僕隸以下。非所以見徵賢之意也。施棘圍以截遮。是疑之賊姦徒黨。非所以示忠直之節也。試甲賦律詩。是待之以雕蟲微藝。非所以觀人文化成之道也。有司之不知其為弊若此。臣恐賢人君子遠去。不肯汚辱為陛下用。且指近陳之。今四方貢珠玉金銀。有司則以篋篚皮幣承之。貢賢才俊乂。有司以單席冷地承之。是彰陛下輕賢才而重金玉也。賢才恥之。臣亦恥之。臣又見每歲禮部格下天下。未有不言察訪行實無類邪。然後工貢。苟不如格。抵罪舉主。臣初見之。竊獨心賀。謂三代之風。必作於今日。及格既下。而法不下。是以歲有無藝朋黨。譁然竊笑。不可絕此。又徒用格為徒亂人耳。又於格中程之人數。每歲多者

固不出三十。少或不滿二十。此又天子納士之心也。何以言之。今日月出滄。皆為陛下內地。自漸海流沙。朔南周環綿億萬千里。其間異氣所鍾。生英豪俊彥。固不少矣。若陛下明詔。必以禮舉之。忽一歲之內。有百數元凱揚馬之才德者來之。則有司必曰。吾格取二十而黜八十。是為求賢耶。遺賢耶。若有司以僕隸待之。忽一歲之內。負才德來者無十數輩。則有司必曰。吾拔二十。是繆收其半。徒足滿人數。是為取才耶。取合格耶。其不可先定人數亦昭昭矣。向之數事。臣久為陛下疾有司不供職。使聖朝取士首科。委就地矣。臣寒微若此。出言不足以定貢士之得失。然百慮之中。或幾一得之。臣竊欲陛下詔有司。按三代故事。明修格文。使天下入貢者。皆茂行實。不拘人數。其不茂行實。法與之隨。此為澄源。源既澄。則來者皆向方矣。俾有司加嚴禮待

之。舉六義試之。試之時。免自擔荷。廊廡之下。特設茵褥陳爐火脂燭。設朝晡飯饌。則前日之病庶幾其有瘳矣。人人知天子重賢。奬士之道勝氣淫漫如此。士之立身無不由正以成之者。為士身正。則公卿正。公卿正。未有天下不治者。天下治而陛下求不垂拱以高揖羲軒。不可得也。苟不如此。則士之求名無不由邪以成者。為士邪。未有公卿不邪者。公卿邪。未有天下而治者。天下不治。而陛下欲不役聖慮而憂黔首。不可得也。臣雖至愚。以此觀之。知貢士之道。所繫尤重。是以願輸血誠。以正此門。陛下無以臣跡在貢士中。疑臣自謂。臣雖不敏。竊窺太常一第。不為難得。何以明之。若使臣為今日貢士之體事便僻巧佞。馳騖關鍵。固非臣之所不能也。恥不為也。故臣以頑才干有司。得之固無忝。不得則納履而去。蹤跡業由。以樂陛下熙

熙之化。何往而無泉石之怏哉。伏惟。陛下留神獨聽。天下之幸也。於

臣何幸。

歷代名臣奏議卷之一百六十三

歷代名臣奏議卷之一百六十四

選舉

宋太宗時。梁顥初舉進士不中第留闕下獻疏曰。臣歷觀史籍。唐氏之御天下也。列聖間出。人文闡燿。尚且渴於共治。旁求多彥。設科之選。逾四十等。當時秉筆之士。彬彬翔示表著所以左右前後。有忠有良。導化源。樹治本者。尊三百年得人之由也。五代不競。茲制日淪。國家興儒。追風三代。方今科名之設。俊造畢臻。秉筆者如林。趨選者如雲。貢於諸侯。考於春官。陛下躬臨慎擇。必盡至公。奈何所取不出於詩賦策論。簡於心者援而陟之。咈於心者推而黜之。寧無濫陟枉黜之失耶。其間闒茸妄進。濫廁科場者。間亦有之。若曰。陛下嘉惠孤寒沉滯之士。罔計賢否。悉拔而登之。一視同仁。臣竊謂此非確論。蓋聖人在上。則內君子而外小人。若薰蕕同器。甚非所以正人倫。厚風俗也。況丘園之下。豈無宏才茂德之士。陛下誠能設科以擢異等之士。俾陳古今之治亂。君臣之得失。生民之休戚。賢愚之用舍。庶幾有益於治。不特詩賦論策之小技。以應有司之求而已。疏上不報。

真宗咸平元年。右司諫孫何上奏曰。臣聞王化基乎儒學。而治本根于文章。故歷代取人。必先文學之士。賢輔名將。良二千石。皆由此途出。所謂學。非解詁句讀之學也。必可以財成制度。彌厥治。助厥化者焉。所謂文。非聲病偶對之文也。必可以寅亮經綸。書吾民。致吾君者焉。唐虞夏商簡畧難嗣。炳煥可法。時唯宗周。始之以鄉舉里選。終之以察言觀行。多士之脈。由茲而興。秉之百王。宜無愧色。漢懲戰國亡秦之弊。追用周制。旌表孝悌。簡拔茂異。咸待之不次。或歸之常調。苟不以納粟拜爵。入貲為郎。凜然古風。庶幾而後。由魏而下。迄于陳隋。視漢齷齪。無足比數。唐五代之季。斟酌沿革。參用古今。紀綱四方。牢

寵俊合失在禮部。得於制舉。禮部之失。進士明經等科是也。制舉所得。賢良方正等科是也。凡進士明經等科。前所謂解詁句讀聲病偶對者也。非失而何。凡賢良方正等科。前所謂財成制度寅亮經綸者也。非得而何。然是時流品洞分。除授有別。禮部所第。不過典校辟置。郡掾縣佐。曠日持久。未出平遷。制舉所得。必皆遺補舘殿臺郎御史。匪朝伊夕。奮為公輔。故所失無大害。所得必大利。事在前史。可覆而驗。李唐將季。干戈日尋。無用之詞勝。化成之文廢。始罷制舉。專取禮部。五代執守以為故事。雖復朝野多故。戎馬荐生。至於文物寂寥。治道蕪雜。衣冠千計。無一赫赫之稱者。未必不由於此。國家有天下四十年矣。鄉土闕宗。芟逆夷亂。高視百代。並稱為太平。寤寐雋賢。勵精貢舉。樂才嗜善。憂無興隣。然猶未復賢良方正等科。清途華貫。唯以進士明經遞資而升。豈不念林壑非常之士。或有遺棄者乎。豈不念臺

閣所進之人。或有僭濫者乎。豈不念群官庶尹。或有才畧無以自發者乎。豈不念一日萬機。或有遺闕無以上達者乎。豈不念取士之制因循近例。不可為子孫法者乎。意者群有司百執事未之思耶。將茲事體大。非賤臣之所知耶。不然何當置而未置。當復而未復如此之久耶。是則士傳言。庶人竊議。不為僭矣。

何又上奏曰。臣聞書稱教胄子。有虞庠辟雍之文。易載賓王。有鄉舉里選之制。皆所以導王化。育官材。牢籠英雄。陶冶風俗。必見推於太學。方獲譽於公朝。從古洎今。斯道不易。西漢則諸生三萬。李唐則學生八千。上所東求。必由此出。亦有定茲歲貢。擇彼時英。或州舉謂之茂才。或公車宣為有道。縣次給食。俾與計偕。下詔雖頻。申選尤寡。及乎孝廉立格。進士設科。尚皆聘自高年。登從太守。上中下郡。人數有差。餘皆附學讀書。方得上名禮部。其後上風澆薄。世態銷刓。賤古道於儒宮。慕他岐於天府。闒茸之士。始入泮林。英豪之流。例趨京兆。而又兵戈繼起。經術莫存。絃誦之義皆亡。郡縣之學盡廢。原乎所以。抑有其由。蓋以定令之初。綱條疎闊。兵館升降。縱限門蔭之高。畢兩京薦論。曾無科禁以整葺。遂令浅俗扇以成風。外地絕無學生。神州悉號鄉貢。下至工商雜類。方遊太學廣文。伏見近降明制。懲科場之積弊。立貢士之新規。申命有司。十取其二。違則有辟。令在必行。斯實聖哲教導之方。朝廷畫一之法。然臣以為尚有未盡者。請為陛下陳之。夫理歸宗極。事有根源。將陳救弊之謀。須有從長之論。且生徒棄本為日斯多。庠序不修。其來自久。國家必欲開孤進之路。闢至公之門。莫若再舉令文。復嚴經術。使寒畯之士。由鄉里以升。閥世祿之家。自成均而出。仕太學不得補庶人之子。神州不得貢鄉士之門。貴介綺羅。府造者有罪。華夷帛布。監牧者黜官。其外郡或駢繁縣之富庶者。

按舊典。重立學官。謹選耆儒碩生。為之博士助教。精加課試。公與薦延。歲終仍依新條。限以人數發解。必有軼羣之異行。拔俗之英才。匪由鄉庠。亦許公議。得其士受薦賢之賞。非其人坐謬舉之刑。壽常之流。一準上法。易貴變而能久。政在改而更張。臣謂此令既行。可使斯文復振。豈直四科取士。自當三代同風。難者或曰。今古異宜。質文迭用。但求至藝。勿繫前言。此又委巷之談。陋儒之見。夫以文取士。既已失之。取之乖方。弊將安救。今士子目為鄉舉。其實自媒。贄投於郡府之門。關節於公卿之第。屬詞比事。合格者不過彫蟲。任傳棄經。入流者未遵章句。若不故之學校。選自州閭。續慮他時。益成薄俗。茲事體大。惟陛下持達而行之。臣出身之初。亦自府解。豈敢忘本。遽陳此謀。蓋目擊輕浮。心知變濫。是以冒不測之罪。罄狂夫之言。

三年。知泰州田錫上奏曰。臣竊惟唐設制科。有道侔伊呂科。有識洞

韜畧堪任將帥科有賢良方正直言極諫科自太祖朝兵部尚書張照奏請興制舉于時據所奏前代制舉內選置三科一賢良方正能直言極諫科一經學優深可爲師法科一詳閑吏理達於教化科勅文畧曰應天下諸色人中不限前資任職官黃衣草澤等並可應詔從吏部試策論三道共三千言以當日內取文理俱優人物爽秀者方得解送其登朝官亦許上表自舉雖設制科之名未盡取人之理何以明之夫漢詔取人不限對策字數隨其所對盡其所見故孝文時晁錯對策不過二千字孝武時董仲舒對策不過二千餘字然上覽之而異焉乃復策之凡詔策三問而所對皆不及二千餘字洎公孫弘答策纔五百餘字然漢之得賢良斯爲盛矣觀董仲舒所對策三道亦非以當日內成今但依漢之取人則董晁公孫輩不獨漢有也

天禧元年禮部員外郎直集賢院李諮上奏曰臣伏覩近降詔書應內職三司副使諸司使升朝官正言監察已上各於見任知州通判知縣縣令內奏舉一員者此蓋陛下順考古道啓迪鴻猷顧萬務之至繁思衆才之共理遂申命於執事俾各舉於所知冀英俊無沉陸之嗟而朝廷有得人之盛斯實治國掄材之要道也若乃舉不失德式副於明揚如或稱匪其人曷資於委用恭以詔旨云升朝官正言監察已上即是南宮員外郎已上皆得舉官也伏以國家荷錫祚之珍符悟開先之寶系喬丘檢玉脽壤瘞牲修曠絕之上儀沛厖鴻之渥澤注識有同於雲露涵濡靡間於蓼蕭絲綸併示於均禧簪紱盡令於進秩垂紳文陛雖謂於才升應宿仙曹或由於恩授亦有身居散地職異親民若令一槩舉官實恐未能作哲臣以謂舉官之道不如精擇舉主若得其人則所舉之官自然不謬矣昔鮑叔之爲管仲子桑之知孟明祁奚之稱解狐胥臣之任郤缺舉皆成功立事垂範作則傳稱唯其善故能舉其類者蓋謂此也臣欲乞自職諸司使及正言監察已上須歷任已來別無贓污及不是見監臨場務者方得依所降詔勅舉官然後據其所舉之人載詢淑慝董覈幽明儻肆欺誣嚴行黜削如此則圭符之吏必獲於循良銅墨之官免貽於貪冒選衆責實或近於斯臣早以庸材遭逢亨會仰荷生成之施敢忘補報之心雖芻蕘之至微亦睿聖之攸擇

仁宗寶元二年知諫院富弼上奏曰臣伏覩載籍自古取士無如本朝路狹三代以往不復紀列兩漢而下歷南北朝及隋唐十餘代取士之法各有科條大率如賢良孝廉孝弟力田明經秀才進士唐又添制舉五十餘科此外又許藩鎮辟召及諸色人薦舉亦許自薦拜官歷代求人唯務廣博所以天下懷才抱器之士無不牢籠收攬盡

爲朝廷之所用也國家取人唯有進士明經二科雖近設制舉亦又取人不多是三者大抵只考文辭念誦而已天下之士有大才大行而賦性不能爲文辭就舉試者率皆遺之臣切思近年數牓以來放及第者如河北河東陝西此三路之人所得絕少者何蓋此處人物禀性質魯不能爲文辭中程試故皆老於科場至死不能得一官豈三路之人獨不樂富貴哉蓋求之而不得也今縱有稍在顯官者亦不過三五人而已此數路之人雖不能爲文辭若其大才大行及強悍奸雄則諸路不及向時天下無事則此等人或在場屋或在農畝或爲商賈或爲僧道屈伏不能有所爲但怨望思亂而已今昊賊寇邊西陲用武覆軍殺將中外震恐兵寡粮匱調發無所當是之時乃此等人踴躍快意皆欲助賊爲患或更有盜賊屯聚則爲之倡首驚劫州縣自圖富貴之時也其間忠義者尚思因時騁也而願爲朝廷

之用者。然朝廷至今未悟。不加搜訪。臣恐為他人所得。則中國處處皆為敵國也。臣伏見漢高祖作歌曰。安得猛士兮守四方。武帝又親作詔。令州郡察吏民。舉可為將相及使絕域者。唐高祖亦勅關內河東諸州召募勇敢。以討吐蕃。此皆前王所行而有濟時用者也。臣又見朝廷向來所用之人。多至敗事。雖切求人。未見可者。陛下勿謂在官皆人傑。而民間無復有人。臣欲乞條列名目。如臨難不顧。勇敢絕倫。武足安邊。才任將帥。武藝超衆。智謀宏遠。并可使絕域之類。列十餘條。特降手詔。下陝西河北河東京東京西路轉運使副。提點刑獄及諸州長吏。仰依上項名目。察訪舉奏。不拘人物。不限人類。能作文字者。即試以策問。勿限字數。不能為文者。但令直說事狀。或口陳方畧。亦許詣闕自薦。仍各量給裝錢。如審知可用。即文武資中隨其所欲。量高下補授。如此必然得人。伏緣太平已久。武人在顯位者。或以

恩澤進。或以年勞陞。自餘門蔭雜調。皆是常人。不聞自孤寒中才武擢用。臣所以謂非常人多在民間。自是不求。或求之不至。若果行此。必非虛設。今歲或有貢舉。兼之不妨。若貢舉權罷。獨行此詔。亦不失人。

慶曆元年。弼為右正言知制誥。上奏曰。臣伏以取士之道。為國家之大務也。三代兩漢。專求行實。是以風俗淳厚。百職修舉。隋唐之際。純用文辭。以篇賦相高。以聲譽相尚。公卿將相。於是乎出。國朝沿隋唐之制。以進士取人。祇採辭華。不求行實。雖間設制舉。然大率亦以章句為務。是以擇之彌謹。而失之愈踈。且以陛下臨御以來計之。積二十年。所得不减三千餘人。其間確然為名公巨賢者無幾。近日竊見朝廷欲選一二良吏。而終未能得。其故何哉。蓋入仕之初。但取空文。不求實才實行之所致也。今天下多事。邊鄙未寧。若不求人。將何以

濟。求人之本。唯科場最大。科場之法。行之已久。盡革則駭衆。不革則乏人。臣欲今後科場考試。以策論為先。較慶所放人數。且取其半。餘半詔天下諸州於境內搜訪土著之人。自來為鄉黨所推。或德行純備。或志節方勁。或學識該敏。或智畧詳明。或有才可以治民。或知兵可以禦敵。如此之類者。仰逐州官吏同共察訪。委實應得上項條目。即具名聞奏。仍以州郡大小限其人數。令長吏以禮津遣。年終集于都下。朝廷再加較試。量高下擢用。若舉薦不當。明行降黜。或所舉得人。則優與酬賞。昔漢尚書令左雄建明孝廉之法。須下郡國。是時濟陰太守胡廣等十餘人。皆坐謬舉黜免。唯汝南陳蕃潁川李膺下邳陳球等三十餘人得拜郎中。自是牧守畏慄。莫敢輕舉。東漢得人之盛。唯此為最。伏惟陛下勉而行之。不數年當盡得天下實才實行之士萃於朝廷。緩急應用。百務俱理。又何患乏人哉。必若行此取士之

數不加。而得人之實則多矣。至於明經選試。尤為無法。乞今後不較字數。專以經中否為格。仍試時務策三道。以定高下。每慶所放人數。祇取其半。自然得人而不至冗矣。

吏部尚書夏竦論制貢舉疏曰。伏以隋設進士之科。唐氏特隆其選。歲登牓帖。不遠三十。賢儁之器。將相之具。在其選中。諒不虛語。然主司慎選。斡於回撓。豪右角逐之衢。是非鋒起之場。進孤寒則道直而有悔。私權貴則道枉而無咎。貢舉之間。因循滋弊。國家大設場屋。旁求髦儁。雖搜賢之禮。博於虞夏。而登科之士。冗於隋唐。濫者或輩堪材者或旅退。薦書未達於冕旒。馳聲已徧於塗路。求夫厥由。其弊斯在。始則天下州郡薦送冗雜。稅詔已先。秋賦里選。何有至公。擇官一郡。選賢數縣。錚錚佼佼。推為翹楚。故大藩動盈百數。支郡不遠百里。一賢無乃多矣。次則省試有司優容過當。或以三應五上。華顛鮐背。

嘗對揚金殿，授薦邊城，皆蒙姑息，取預科級。明試之道，無乃遠乎。若萬方上計，扃鍵貢闈，衣冠鱗萃而萬數，卷軸山積而億計，良若相雜，精粗交半，銓品之官不踰五員，考試之限不越三旬，雖周孔無以施其鑒，荀孟無以展其材。況主司不一，好尚差殊，學古者注意於策論，脩辭者宅心於詩賦，簡畧者鄙其閎衍，綺麗者輕其質直，鑒裁既紛，品題乃惑，緇素無常色，金土無定價，燕雀遇便風則高翔千仞，蛟龍無尺水則困於泥塗，故工拙之狀多乖，外望致躁競之言，騰口謗議。為朝廷計者，莫若改立制度，頒下郡國，自今本道舉人，各於都會取解，專委輸運之使，慎擇秋賦之官，選采良士，上名禮部，朝廷於是選官十員，立限一季，先則品題所業，次乃詳考呈試，不得以場籍年齒，御試遠人，妄分條目，濫居等級。但詩賦策論俱善為上等，詩賦優而策論劣，策論優而詩賦劣者為中第，自餘不逮，皆從駮放，擇材而升，不限其數。奏名之日，則牓列程試合格者，自省門而右，冊筆題注，明下臧否，摽其警策之辭，識其疵纇之語。凡於卷末統論得失，合送合落，各令知悉。如有不當，並聽言上。是則主司無啓倖之門，薦徒有知過之心，進人以禮，退人以禮，必也是乎。

右正言孫沔乞定蔭補奏曰：臣伏覩國朝自景德祥符間，屢行大禮，旁流慶澤，凡文資自帶職員外郎、武職自諸司副使已上，每遇南郊，及知雜御史已上遇年聖節，並許奏蔭子孫弟姪，雖推恩至深，而永式未立。今臣寮之家，皇親、母后外族，皆得奏薦，略無定數，多至一二十人，少不下五七人，不限才愚，驟居禄仕，未離襁褓，已列簪紳，或自田畝而來，或從市井而起，官常之位已著，而僕隸之態猶存。是則將國家有數之品名，給人臣無厭之私惠，故使父兄不知教訓，子弟不修藝業，俾之從政，只以害民。若不急為更張，已見積成弊倖。欲乞今後帶職員外郎、正郎只許蔭敘一名子弟，少卿、給諫二人，丞郎三人，尚書四人，僕射已上五人，致仕及物故各更與一名，武職等次比類。官品、皇親、母后之族及兩府大臣，亦乞約立人數，用分等級。臣叨司遺事，合舉大綱，伏望聖慈特差近上臣寮定其久制，以為萬世之法。

三年，知諫院歐陽脩上疏曰：臣伏見朝廷選任百官，文武參用。文官在選者各以舉主遷京朝官，其間雖容時有濫冒，然孤寒有才行之人，亦往往獲進。惟有武官中近下班行，並無賢愚之分別，一例以年歲遞遷，自借職得至供奉官，須是三十餘年，使賢愚同滯。而國家緩急要人使用，無由知其能否，或要人使，則臨時只看腳色點差，多是不副所選。臣謂班行入仕之人雖多端，然其中亦極有才能可任用者，但國家舉選之法全未精博。臣欲乞將近下班行比類選人，別立舉官之法。凡無人舉者，官有所止，更不例遷，有舉主者方與遷轉。或且令無舉主者依舊年限遷轉，將有舉主者別作任使，仍乞嚴為約束，重其連坐之法，使舉者不容冒濫，則才與不才漸可分別，而用人不濫。況今四方多事，天下都監、巡檢、監當之類，盡要得人，方能集事，不必邊任并閤職方用舉薦，其他要切使喚處多。如允臣所請，乞付樞密院商量，立定法制頒行。

脩論臺官資考劄子曰：臣伏見御史臺闕官，近制令兩制并中丞輪次舉人，遂致所舉多非其才，罕能稱職。如昨來蘇紳舉馬端，却煩朝廷別有行遣。臣謂令兩制之中，姦邪者未能盡去，若不更近制，則輪次所及，須為舉人。近聞梁適舉王礪、燕度充臺官，其人以適在姦邪之目，各懷愧醜，懼其汙染風聞，皆欲不就。以此言之，舉官當先擇舉主。臣欲乞今後只令中丞舉人，或特選舉主，仍見官班中雖有好人，多以資考未及，遂致所舉非人者，皆為且就資例可入。仍乞不限資考惟擇材堪者為之。況臺中自有裏行之職，以待資淺之人。仍乞重定舉官之法，有不稱職，連坐舉主，重為約束，以防偽濫，庶幾稱職可振綱紀。

脩又上劄子曰：臣近曾上言，為臺官闕人，乞不依資限選舉，仍乞添置裏行。所貴得材，可以稱職。竊聞近詔，宋祁舉人，令依前只用資例，又未見議復裏行。臣竊嘆方今事無大小，皆知其弊，不肯更改。凡臺官舉人，須得三丞已上成資通判，此例起自近年。然近年臺官無一人可稱者，近日臺官至有彈教坊倭子鄭州來者，朝中傳以為笑。其臺憲非才，近歲尤甚，是此例不可用明矣。然而寧用不材以曠職，不肯變例以求人。今限以資例，則取人之路狹；不限資例，則取人之路廣。廣之猶恐無人，何況專守其狹。若使資例及者入三院，未及者為裏行，又於差除都不妨礙。況今四方多事之際，揚威出使，正要得人。臣今欲乞特降指揮，令舉官自京官已上，不問差遣次第，惟材是舉。使資淺者為裏行，資深者入三院。臣見前後舉臺官者，多狥親戚，舉既非材，人或問之，則曰：朝廷用資限致然，別無人可舉。今若革此繆例，責其惟材是舉，則不敢不舉好人，所冀漸振臺綱，免取非笑。

四年，脩論貢舉劄子曰：臣竊聞近有臣寮上言，請改更貢舉進士所試詩賦策論先後事，已下兩制詳議。伏以貢舉之法，用之已久，則弊當變更。然臣謂必先知致弊之因，方可言變法之利。今貢舉之失者，患在有司取人，先詩賦而後策論，使學者不根經術，不本道理，但能誦詩賦，節抄六帖、初學記之類者，便可剽盜偶儷，以應試格，而童年新學全不曉事之人，往往幸而中選，此舉子之弊也。今為考官者，非不欲精較能否，務得賢材，而常恨不能如意，太半容於繆濫者，患在詩賦策論通同雜考，人數既衆，而文卷又多，使考者心識勞而愈昬，是非紛而益惑，故於取捨往往失之者，此有司之弊也。故臣謂先宜知此二弊之源，方可言變法之利。今之可變者，知先詩賦為舉子之弊，則當重策論；知通考紛多為有司之弊，則當隨場去留，而後可使學者不能濫選，考者不至疲勞。今若不改通考之法，而但更其試日之先後，則於革弊未盡其方。凡臣所請者，若漫然泛言之，恐不能盡其利害，請借二千人為率，以明變法之便，謹條于左。

凡貢舉舊法，若二千人就試，常額不過選五百人，是於詩賦策論六千卷中選五百人，而日限又迫，使考試之官，廢寢食，疲心竭慮，因勞致昬，故雖有公心，而所選多濫，此舊法之弊也。今臣所請者，寬其日限，而先試以策而考之，擇其文辭鄙惡者，文意顛倒重雜者，不識題者，不知故實略而不對所問者，誤引事迹者，雖能成文而理識乖誕者，雜犯舊格不考式者，凡此七等之人先去之。計於二千人可去五六百，以其留者次試以論，又如前法而考之，又可去其二三百，其留而試詩賦者，不過千人矣。於千人而選五百，則少而易考，不至勞昬，考而精當，則盡善矣。縱使考之不精，亦選者不至大濫，蓋其節抄剽盜之人，皆以先經策論去之矣。比及詩賦，皆是已經策論粗有學問理識不至乖誕之人，縱使詩賦不工，亦足以中選矣。如此，可使童年新學全不曉事之人，無由而進。此臣所謂變法必須隨場去留，然後能革舊弊者也。其外州解送到人，自當博採柢可盡令試策，要在南省精選。若省牓奏人至精，則殿試易為之考矣。故臣但言南省之法。此其大槩中，其高下之等，仍乞細加詳定，大率當以策論為先。

右臣所陳，伏乞特加詳覽，苟有可採，即乞降付有司，與前所上言參同詳議，著于令式。

脩又上《詳定貢舉條狀》曰：臣等準勑差詳定貢舉條制者，伏以取士之方，必求其實；用人之術，當盡其材。今教不本於學校，士不察於鄉里，則不能覈名實；有司束以聲病，學者專於記誦，則不足盡人材。此獻議者所共以為言也。臣等參考衆說，擇其便於今者，莫若使士皆土著而教之於學校，然後州縣察其履行，則學者修飭矣。故為學制合保薦送之法。夫上之所好，下之所趨也。今先策論，則文辭者留心於治亂矣；簡其程式，則閎博者得以馳騁矣；問以大義，則執經者不專於記誦矣。故為先策論過落、簡詩賦考式、問諸科大義之法。此數者其大要也。其詩賦之未能自肆者，雜用今體；經術之未能亟通者，尚依舊科，則中常之人皆可勉及矣。此所謂盡人之材者也。其通禮一有司之所習，及州郡封彌謄錄、進士諸科帖經之類，皆細碎而無

益者，一切罷之。凡其所為，皆中之以賞罰而勸焉。如此，則養士有素，取材不遺，苟可施行，望賜裁擇。

五年，脩上《論學士差除疏》曰：臣近見翰林學士蘇紳、葉清臣等相繼解職，風聞侍從之臣，內有奸險小人，頗急經營，爭先進用，至有喧忿之語傳聞中外，既虧廉遜之風，又損朝廷之體。臣伏思翰林學士職重於唐世，乃是天子親信，朝夕謀議，內助之臣，當時號為內相。故其進用尤極精選，只取材識，不限資品，往往自州縣官擢而拜者。國朝近歲於此一職頗非其人，既其材識愚下，亦不足以備訪問，人主因之薄其待遇，亦漸疎外，同於冗官，遂容小人得以濫進。臣思其弊，蓋由不合令中書依資差除。且學士之職，本要內助天子，講論外朝闕失，今若卻令中書除人，置於內制，則是恩出中書之人，雖在天子左右，與無同也。伏乞自今後翰林學士，不必足員，用人不限資品，但擇有才望正人堪充者，出自聖意擢用，以杜小人爭進之端，而天子左右更無奸邪之人，庶清侍臣之列。

脩為龍圖直閣學士、河北轉運使，上奏曰：臣近准御史臺牒，為臣寮上言待制以上舉省府推判官、轉運使副等事，奉聖旨去年勑命更不行用。今臣知悉者。臣竊詳臣僚上言，悉涉虛妄，蓋因近日陛下進退大臣，改更庶事，小人希合，欺罔天聰，臣試請辨之。據上言者，云若令兩制以上保舉，則下長奔競之路。方今上自朝廷，下至州縣，保舉之法多矣，只如臺官亦是兩制以上舉，以至大理詳斷、審刑詳議、刑部詳覆等官，三路知州、知縣、通判，選人改京官，學官入國學，班行遷閤職，武臣充將領，選人入縣令，下至天下茶鹽場務、榷場及課利多處酒務，凡要切差遣，無大小盡用保舉之法，皆不聞以奔競而廢之。豈可獨於省府等官，獨長奔競而可廢？此其欺妄可知也。上言者又

云：遂令端士並起馳騖，且馳騖盡係小人，豈名端士？至如自來舉官之法多矣，豈能盡絕小人干求？況自頒新勑以來，何人舊是端士，頓然改節馳騖？於何門而得舉？乞賜推究姓名，若果無之，則見其欺妄可知也。上言者又云：不因請託，人莫肯言。此又厚誣之甚也。今內外臣寮無大小，曾受人舉者十八九，豈可盡因請託而得？自兩府大臣而下至外處通判以上，人人各曾舉官，豈可盡因請託而舉？若云其他舉官不因請託，只此數舉官須請託，即非臣所知也。今兩制之中好人不少，繁難要切之地，皆已委信任用，豈可不如外郡通判等，不堪委任舉官？況兩制之臣，除此勑外，亦更別許舉官，豈可舉他官則盡公，唯此數則須徇私請？此其欺妄可知也。又云每歲舉一百五十人，致人多而爭差遣。臣算一人有三人舉主，方敢望差遣，一百五十人，須一歲內有四百五十員兩制為舉主。今兩制不及五十人，使人

人歲舉三人。即纔是一人舉主。貴敢便爭差遣。況有不曾舉人者或舉不及三人者。乞賜檢會去年終兩制以上舉到人數。便可知其恣情欺妄也。近日改更政令甚多。唯此一事尤易辨明。故臣不避煩言而辨者。伏冀陛下因此深悟小人希合而欺妄也。緣自去年陛下用范仲淹富弼在兩府。值累年盜賊頻起。天下官吏多不得力。因此屢建舉官之議。然亦不是自出意見。皆先檢祖宗故事。請陛下擇而行之。所以元降敕文。首引國書為言是也。當時臣僚並不論議。近因仲淹等出外。與朝廷經畫邊事。讒嫉之人。見其不在左右。百端攻擊不已。此事朝廷不暇審察。便與施行。臣昨見富弼自至河北。緣山傍海。經畫勤勞。河北人皆云自來未有大臣如此。其經畫所得事亦不少。歸至國門。臨入而出。使河北官吏軍民見其盡忠。而不知其罪狀。小人惟務希合。又不為朝廷惜事體。凡事攻擊。至今未已。況朝廷用

人屢有進退。豈有一人纔出。便不問是非。盡改所行之事。若大臣一度進退。政令一度改更。如此紛紜。豈有定制。伏望陛下重察愛憎之私。辨其虛實之說。凡於政令。更審改張。臣檢察元降舉官敕。意亦是於國書檢用祖宗所行之法。今上言者。却云因諫官論列。致差遣不定。而有更張。事涉臣身。不敢自辨。然臣在諫省日。言事無狀。致令來臣寮皆以為辭。豈可尚冒寵榮。不能自劾。請從黜罰。以弭人言。臣伏見陛下聖德仁慈。保全忠正之士。進退之際。各有恩意。此所以能使忠臣義士。忘身報國。至死而不已也。其今後臣寮希附上言。攻擊前兩府所行之事。乞賜辨明。擇其實有不便者。方與改更。庶全大體。則天下幸甚。臣伏見去年八月二日元降勑命節文云。比於國書擇諸治要。見其官人之際。尤重外臺之選。又云。然其進任。必屬近臣。又云告示賞罰之命。皆三朝之攸行。此是元議舉官因依。乞賜詳酌。

至和中。倩為翰林學士。又上奏曰。臣近准勑為見闕臺官。下學士院令臣與孫抃等同共保舉兩人聞奏者。伏以學士之職。置自有唐。初以文辭供奉人主。其後漸見親信。至於朝廷機密。及大除拜。無不被詢訪。皆與參決。當時居是職者。選擇既精。信任亦重。下至五代。莫不皆然。國朝遂用唐制。尤重其任。自比年以來。選用之際。時容謬濫。職以人廢。官以人輕。往時臺官闕人。只命學士一員獨舉。今乃令三人共舉。若以為俱可信。則一員只以公舉。若以為俱不可信。則雖衆舉亦豈為得人。若以為有可信有不可信。則自宜捨不可信者。專委可信者。其不可信者。既不稱職。罷黜之可也。以臣思之。朝廷所以遽改舊制。而學士不足取信。皆由用非其人。如臣是也。今在院學士三員。孫抃胡宿各曾獨舉臺官。朝廷嘗所取信。唯臣未曾舉人。伏念臣才識庸暗不能知之。使臣隨衆書名。則臣為恥。欲三人所見皆一。則理必

不能。欲望聖慈免臣共舉。却依舊例。只命學士一員專舉。況孫抃胡宿皆曾舉官。可以不疑。如以臣為不可獨任。乞候將來續有臺官員闕。更不差臣專舉。非敢避事。直以任非其才。不足取信。致煩朝廷改更舊制。以此不敢不言。

倩判流內銓。又上奏曰。臣勘會銓司近年選人倍多。員闕常少。待闕者多是孤寒貧乏之人。得替住京。動經年歲。遇有合入闕次。多被權貴之家將子弟親戚陳乞。使行衝改。或已注授者。且合待闕。或纔到任者。即被對移。只就權貴。所當家私。不問孤寒便與不便。蓋臣所見臣寮陳乞。多非急切事故。或云近便鄉里。或云看覷墳塋。僥倖希求。妄託名目。孤寒阻滯。徒益怨嗟。臣欲乞今後臣寮須有急切事故。如委任遠寄。不許般家。及致仕分司。丁憂病患之類。方許陳乞子弟差遣。其餘雖無事故。自將恩澤陳乞。昔許銓司勘會。如已注人者。更不

改注。已到任者更不衝移。並令別具陳乞。仍不許連併陳乞而任。如允臣所請。乞下銓司遵守施行。

脩兼三班院又上奏曰。臣勘會本班見管使臣至八千餘員。其入仕之源既已冗濫。及差遣之際。又多有因緣附權貴者僥倖多門。致孤寒者怨嗟不已。伏見近年文武臣寮出外任者。多帶指使隨行。不久便奏乞監押巡檢差遣。仍多指定去處陳乞。亦有元只是諸司職掌人奏帶隨行。後來改轉班行。並不曾歷短使監當差遣。便入監押巡檢親民。亦無合入遠近路分。取便指射有職田處。朝廷以重違臣寮奏請。更不勘會差遣資序路分遠近合與不合入。得便行差除。相繼成例。近日漸多。合行釐革。臣今欲乞今後臣寮奏帶隨行指使之人。及三年以上。並只與理為一任。候歸班依例差遣外。更不得陳乞差遣。所貴止絶僥倖。

慶曆六年六月。吳育上奏曰。臣伏以三代以來。取士之盛。莫若漢唐。惟漢之興。高惠所未遑暇。至文帝十五年九月。詔舉賢良文學之士。上親策之。則有若晁錯者出焉。是時無災異而舉也。至武帝建元元年冬十月。詔舉賢良對策。則有若董仲舒公孫弘者出焉。所學亦不因災異。但策中語或及者。亦陳事之一端耳。非專主災異而舉也。唐開元元年六月甲子。制其茂才異等。咸令自舉。是年設直言極諫科。追憲宗元和間。制科尤盛。有元稹白居易皆特出之才。觀當時策目所訪者。皇王之要道。邦家之大務。可以覆視。固不專於災異也。此漢唐故事有足據者。其間不因天變。又非時親策者。則亦有之。厥後時君或常自逸。謂無闕政。及天災已著。時蠹已形。然後下詔舉之。欲救於臨事。此則取士之弊風。而後王之未遠也。豈足以師為高矩哉。陛下自復制科。于今累年。隨貢舉而開。疏數適中。忽以一人之言。欲議變常之制。若必俟災譴然後詔舉。非唯失設科之本意。且尤不可者三。一則天下賢儁滯淹之士。待災異而致身。非所以養廉恥也。二則平居不詢。變形乃問。非所以懼無災也。三則輕改信令。示天下無渴士之心。非所以廣賢路也。且漢唐所立孝廉及進士等科。皆每歲常選。故制舉不隨而開。今禮闈凡數年一啓。以制舉隨之。則事適其宜。何害於事。況災異之出不常。厥期或彌年所無。則此舉奚設。或比歲而有。則於事太煩。既不因乎天災。又不隨乎貢舉。而曰非時詔舉。浩無端倪。乃是遂廢此科。芻蕘稍詢。則言路有開。餼羊一去。則禮制都亡。令無故而更張。使遺才絶望。其傷國體。不亦大乎。乞并下臣奏。令兩制詳定。若漢唐故事。非專為災異而設。則宜當執守。毋令輕變以惑羣心。臣甞膺制舉。毋容不知。知而不言。於罪為大。

八年。御史何郯上奏曰。臣伏見近日臣寮累有舉奏近上內臣。乞陞進職任差遣。朝廷亦多從其請。酌其事體。於理非便。緣內臣雖在外任。遇赴闕奏請公事。非時出入禁中。於陛下左右最為親近。或有干請。易為通達。不宜外臣與之交結。以長弊倖。況外臣薦舉內臣。本亦不為朝廷擇人。皆是希附恩倖。為因緣進取之階。此風不除。必敗綱紀。伏望聖慈特降指揮。戒約內外文武臣寮。自今更不許舉薦近上內臣。若奏狀下中書樞密院。亦望不行。其間或有不可任使之人。則乞從朝廷選擇。如此則使中外之臣各有分守。可以杜苞苴請托之弊。

右司諫錢彥遠上奏曰。臣伏以生民休戚。繫於牧宰。當國家無事。非有才識學術。則為政疏矣。朝廷授受之際。固小文常事。而千里取咎。倚辦斯人。故漢宣帝云。與我共此者。唯良二千石。本朝太祖皇帝嘗曰。下民雖不分蔽。奏藩侯不為畜養。朕斷不容之。誠聖人之深見遠慮。知治天下之本在此。而近歲審官院推擇知州。並不以賢愚器識而選。止用資考與本院。後令自占員闕。差定其間或面牆經術。庸很冗瑣老耄罷癃殘虐貪暴混淆雜進。不敢裁黜。暨拜吏而出。豈復究心政事。惟計圭田多少。市估重輕。苞苴稇載。以濟所欲。不然。酷刑罰以快怒心。飾廚傳以邀妄譽。雖有循理君子。苟身遠譽寡。無階朝廷。則汩沒下流。不能自振。監司薦舉。亦為虛名。而庸鄙淺人坐享厚祿。通都會府積日可至。況今諸道水沴。蝗害荐臻。民之性命責在長吏。若圖朝夕近効。誠亦未可。願少革弊事。漸期蘇息。具管見如左。

一欲乞天下知州。除藩方舊除兩省以上及節將判知沿邊武臣外。其餘州軍民並依故事。量大小要劇。分緊望上中下五等。其緊望州送中書門下除。上中下送審官院。

一乞先命兩省官以上。於曾任知州成資人內各舉一人。須是履行絜白。才識政事優長者。送中書門下。更令咨訪銓擇。才器名實委能相副。令分知緊州。如任內政績有聞。特行超擢。其所舉官亦乞獎拔。如不稱職業。貪猥阿枉。并坐所舉官。重行黜責。

一上州。乞令審官院不以先次名目差定。揀選合入知州人。歷任內曾有兩省已上臣寮。轉運使副。提刑。朝臣共七人保舉。及曾知中州成資有勞績人除授。仍委中書門下於都堂呈引。與相見。訪其學蘊。測其器度。堪任牧長者。方許降敕。如知上州任內政績殊絕。即令審官院磨勘引見。送名中書門下。亦與緊望州。其勞績即不得以催驅省稅。理欠負。除破。應在課利增溢為數。須是的為生民興利除害。衆所共知者。應如元因舉主擢用知上州。其賞罰並依與緊望例。所貴舉者不妄。

一中州。即委審官院依名次先後差除。候差定。申中書門下。依上州例訪問才術。如堪任牧長。方得降敕。其初任者入下州。次任者無遺曠方與中州。遠近資序並依舊敕。如歷任內有贓罪及七十以上。不得差注。只與通判。則貪夫息心。懦夫自厲。

一武臣。除主兵沿邊差使外。如合入內地知州。即委樞密院具歷任勞績資序。送中書門下施行。

一緊望知州。添支俸料圭田從兵。並乞比舊當路節鎮例。稍增名數。其合增俸料。即以本州贓罰錢充。每州所增不過數十千。而可以養廉恥。慰清節。上州亦乞優立則例。中下州即依舊。

一廣南西川有知州當知縣者。自來例用新轉京官。或移人充。皆是新學小生。未練政事。雖地極僻左。人民乃亦陛下赤子。更賦輸入。刑罰用捨。與內地不殊。何苦輕委其人。加以去闕庭迂遠。萬一不幸為庸人所擾。嗷嗷無告。況受命之日。優賜頗多。俸料加厚。欲乞旁台入遠地通判人充。

一內外文武臣寮。不得以恩澤陳乞子弟親戚。陞陟差遣資序。委御史臺彈奏黜責。

一今既分列州郡地望。以為資序遷揀。惟人。即望朝廷少假權任。寬其銜策。不為小人脇持。盡所蘊蓄。

一通判知縣縣令。乞委所司依知州例銓量條奏。

右具于前。臣所陳列事節。皆臣愚者之慮。大體如此。且今天下郡國四百有餘。以朝廷濟濟多士。歲取英髦動百千計。入流雜色亦以倍增。求四百之才。分守郡國。不為艱矣。使生民怗泰。長充食給。則太平之效。如指諸掌。願皇帝陛下特留睿覽。如允臣所奏。乞送中書門下詳酌施行。

皇祐元年彥遠又上奏曰。臣伏以祖宗以來。慮天下人物沉滯。孜孜蒐訪。雖左右侍從，亦許延拔俊良。所以達幽隱而勸能否。故敕命在朝文臣自知雜御史以上。武臣自觀察使已上。皆歲得舉外任州縣官二人為京官。而近年往往緣所舉之人。或有敗節踰矩。刑罰并坐。一切皆不論薦。甚非詔書本意。且唯賢知賢。求士報國。此古人勇為之事也。苟不為權勢脅奪。不為財貨遷移。竭至公之心。達天下之才。彼當立效成功。何由譴累能至。皆因已不明。乃謂無善可引。致陛下恩澤之詔。鬱而未宣。為羣臣私計則精。在國家遠圖甚失。伏望聖慈令中書檢會元勑。自文臣知雜御史、武臣觀察使以上。應合舉官臣寮職位姓名。每季行牒移謎。候舉奏訖。即關報御史臺。如至歲終不曾舉官。並仰彈劾。所貴英彥聚在本朝。少廣得人之路。

嘉祐五年。殿中侍御史呂誨上奏曰。臣竊以科場自開歲以來。人數滋半。取之至艱。來者愈濫。其間實有才行遺者甚多。先朝詔諸路津遣行實之士。當時被薦。雖有濫名者一二。終是比之常調得人稍優。若此科不廢。誠有所勸。臣欲乞詔天下郡守常切搜訪有學識通明、履行清潔。以名薦于監司。委提刑、轉運使司同共覈察。實可取者津遣赴闕。其策試且循舊式。入官不必優異。止賜出身可也。如舉薦妄繆。亦當重責。行之若久。得人必多矣。

六年。右司諫趙抃上言曰。臣竊以國家遵祖宗取士之法。每下科詔。其用舉數推恩賜第者。所以振郵淹滯。惜其老將至而無成也。伏見近歲行限年之制。進士累舉到御前。并到南省。年及五十者。始預恩例。竊緣進士應到累舉。太半是未開。間歲科場之前。經隔數歲。始得一舉。緣歷場屋及五六舉。至有三二十年者。艱阻不少。今來舉數雖足。及有踰數者。其間多是年未及格。所以不該恩澤。四方孤寒。深可憫惻。臣愚伏望聖慈體其久在科場。抱負文藝。始能累此舉數。特降指揮。天下免解舉人舉數已足、年未及五十。今來不預南省奏名者。許減五十年之限。俾就廷試。而霑一命。則寒儒無沉淪之嗟。聖朝廣搜揚之路。亦忠厚之大端也。

仁宗時。起居舍人同知諫院司馬光論舉選狀曰。若臣竊以取士之道。當以德行為先。其次經術。其次政事。其次藝能。近世以來。專尚文辭。夫文辭者。乃藝能之一端耳。未足以盡天下之士也。國家雖設賢良方正等科。其實皆取文辭而已。近以祫享赦節文。應天下士人有素敦節行、兼通學術。久為鄉里所推者。委轉運使、提點刑獄同加搜訪。每路各三兩人。仍與本處長吏連署結罪保舉聞奏。所舉之人。朝廷命本州敦遣至闕。則館於太學。待遇甚厚。考試之際。不糊名謄錄。既而畧等補官。皆過所望。此誠合先王取士之道。臣謂國家將除積久之弊。立太平之基。天下士大夫皆靡然嚮風矣。行之未幾。忽聞朝廷一切罷之。無不悵然失望。臣誠蠢愚。不識所謂。若以所舉之人多非實有材行。則當治舉將之罪。別加搜訪。豈可以一二人謬濫。廢天下之舉賢。是猶因溺而廢天下之舟。因噎而廢天下之食也。且人之毀譽。或出愛憎。雖復聖賢不能自免。孔子曰。衆好之。必察焉。衆惡之。必察焉。恐國家亦未可以此遽辨否臧。遽行黜陟也。就使其人平昔所行誠有闕虧。古之人或舉於漁葦。或舉於盜賊。豈可不容其改行自新。而終身棄之乎。且人之行能迭有短長。若不棄瑕錄用。而以一節廢之。則失人多矣。臣愚以為天子撫有四海。海內之士未可以身察之也。必資舉者。然後能盡天下之才。既用舉者之言。授之爵祿。苟不嚴為禁約以防其私。則請託欺罔無不至矣。竊以孝者士之首行。廉者吏之首務。設漢世舉士。皆用孝廉。行之最久。得人為多。臣欲乞應天下知州府軍監任內聽舉孝廉一人。大藩聽舉一人。轉運使提點刑獄任內聽舉三人。並須到任及一年以上方得奏舉。夫鄉舉里選雖為古法。今之為吏者不得久於其任。士之素行或不能盡知。若本郡無人可舉。即聽舉別部之人素所知者。以充其數。其在京兩制以上聽歲舉一人。其舉狀逐時送貢院置籍收掌。每遇科場詔下。即委貢院選擇其日以前舉主最多者取三十人申奏。降指揮下本貫敦遣赴闕。若舉主數同者。即以發狀先後為次。謂若共有三人舉主同則以第三狀日月在前者仍於進士奏名額內減三十人。候到闕日。或陛下臨軒親試。或委中書門下試經義策一道。時務策一道。但以義理優長為上。不取文辭華美。若所對經義乖戾聖意及時務全不通曉。方行黜落。其及第授官並與進士第一甲同。在明經之上。仍於告身前列坐舉主姓名。其所舉之人。若犯私罪情理重及正入己贓。未及第者舉主減三等。已及第者減一等坐之。並不以赦原。其公罪及私罪情理輕者舉主不

坐。其未舉以前若曾犯罪。除公案見在證驗明白外。舉主亦不坐。即因勢要屬請求舉及為人屬請并受屬請而舉之者。並科違制之罪。受贓者並以枉法論。即敦遣不至者。更不施行。除官若累經敦遣不至。即乞朝廷臨時裁處。特加聘召。不為定制。又國家置明經一科。少有應者。及諸科所試大義。有司不以定去留。蓋由始者立格太高。致舉人合格者少。臣欲乞今後明經所試墨義。止問正文。不問注疏。其所試大義。不以明經諸科。但能具注疏本意講解稍詳者為通。雖不失本意而講解疏略者為粗。餘並為不通。若能究其注疏本意。次引諸家雜說。更以己意裁定。援據該贍。義理高遠。雖文辭質直。皆為優等。與折一通。若不能記注疏本意。但以己見穿鑿。不合正道。雖文辭辯給。亦降為不通。其明經以六通。諸科以四通以上為合格。若合格人少。即并取粗多者。合格人多。即除去通少者。委試官臨時相度。令合

元額。又舊制明經以周易尚書為小經。今欲乞以周易尚書毛詩為一科。三禮為一科。春秋三傳為一科。皆習孝經論語為帖經。又說書一科議者多以為不當廢。欲乞與明經並置。但每次科場止取十人奏名。在諸科額內試中。受官並與諸科同。若自以本科及第或出身者。更不得就試說書。如此則求賢之路廣。請託之源絕。澆偽之風息。得人之頌興矣。

光又論制策等第狀曰。右臣近蒙差赴崇政殿後覆考應制舉人試卷。以圓號所對策辭理俱高。絕出倫輩。然所對命秩之差。虛實之相養者一兩事。與所出差舛。臣遂與范鎮同議。以圓為第三等。轍為第四等。詳定官已定從覆考。竊知初考官以為不當。朝廷更為之差官重定。復從初考。以為不入等。臣竊以國家置此六科。本欲取材識高遠之士。固不以文辭華靡記誦雜傳為賢。所試文辭臣

不敢復言。但見其指陳朝廷得失。無所顧慮。於四人之中。最為切直。今若以此不蒙甄收。則臣恐天下之人皆以為朝廷虛設直言極諫之科。而以直言被黜。從此四方以言為諱。其於聖主寬明之德。虧損不細。臣區區所憂。正在於此。非為臣已考為高等。苟欲遂非取勝而已也。伏望陛下察臣愚心。特收以入等。使天下之人皆曰以所對事目雖有漏落。陛下特以其切直收之。豈不美哉。

張方平上選舉論曰。臣聞設官所以共理。擇才所以任官。夫位職祿三者官之紀也。德才勞三者人之分也。度德居位。量才賦職。計勞詔祿。興王所以治。德不稱位。才不任職。勞微祿重。衰世所以亂。惟君司牧。兆庶惟理。亂在庶官。惟賢惟能。其難其慎。昔先明王育才考德之道至矣。周之取士。家始庠塾。鄉老舉秀茂而賓其禮。司徒教行藝而升諸學。樂正品俊造而進其名。司馬辨官材而定其論。而後天官執

其柄而詔其爵。內史書其貳而制其祿。司士掌其版而知其數。小宰平其計而弊其治。蓋其官人之法如是之詳。漢之取士亦始鄉邑。自幹佐曹吏見拔州郡。復辟公府。吏舉高第始出除吏。其郡國所送孝廉。或公車延召。諸罷職待詔者悉居三署。光祿歲察四行。能吏廉吏。方補用焉。至于魏氏疆宇分蹙。兵戎擾亂。衣冠僑寓。陳群立九品之法而選舉始濫。中正定高下以羣品。吏部據升降而授任。後其法雖益壞。議者紛起。而終不能革。歷六代而至隋。中正始罷。然進士科者設自隋煬。緜于唐而我朝循之。可謂浸淫而蕃大矣。爲業益得入仕益易。唐考貢士之制。尊委有司。歲第殊鮮。雖升名王府。而未階仕版。再試于吏部。有屢斥焉。其中格者。補畿赤丞尉。爾其不中格者。或例赴選曹之集。從事藩侯之府。必外效有著。而真命始加。我太祖之初受命也。王略猶梗。人物蓋希。進士登科。歲無十數。抑于時文法闊略。吏員簡踈。嘗聞郡自牧長而下。或數員而已。爰及太宗。治致泰平。敎風寖盛。丕冒出日。一統無外。且喜天下英俊盡入彀中。始親御便殿以臨試貢士。博於采擾。務盡乎人材。待以不次。驟升乎美仕。國初進士甲科授司寇。或幕職官。興國之初。始授第甲。京朝官倅大郡。或即授直館者。進士中第多至七百人。後遂爲例。至今。興國已降。遂爲常規。然凡諸爲士之民。惟此爲干祿之路。儒術治國。誠王道之大經。文藝起家。固儒林之盛選。是以天下學士。靡然嚮風。非惟道化所陶。抑由寵利所誘也。夫子曰。以言取人。必極其言而考言。彌華於道所以紳衍乏稽古之識。端甫鮮經時之論。從官少稱職之吏。臨事無仗義之節。風俗有流薄之損。朝廷成掄選之濫。豈不由乎易取而驟用之乎。此張衡所以深憤嫉於漢日。楊綰所以議革廢於唐年。且三王之道不能無敝。故董仲舒譬之琴瑟不調。甚者必解而更張之。夫周之

造士論材。始乎庠序。至漢而興廉舉孝。自諸鄉里。至順帝凡三百年。而左雄建議。諸生試章句。文吏課牋奏。而爲限年之格。又百年而魏陳群設九品官人之制。又三百年而隋文立志行脩謹清平幹濟之目。次及煬帝更制進士詞賦之科。此皆歷代舉選之道。因時之宜。更救其失。猶三代忠質文之政。以革敝易化者也。伏惟朝廷取賢斂才之方。故亦並闢數路。惟是進士最廣而甚貴。鼎司台席之崇。王署金閨之秀。吏遊乎館殿。參布乎臺省。國之綱紀。民之君師。百辟衆官。其清塗要地者。尙莫由斯而起歟。雖名臣輩出而淆濫爲多。其故由乎取之泛。以周漢育士之詳。而不能盡善良。又況採一日之伎。昧素定之價。若之何責以無濫也歟。夫以唐氏之制。專委有司者。則利在乎才者必不遺。弊在乎啓奔馳之徑。而平素者絀焉。以今日之法。則利在乎使人循道以求已。弊在乎得者不必才。才者不必得。而勸勵之敎怠焉。其利害相形之理。思所以折之。必有短長矣。至如儒術之微削。思所以振重之。士節之陵遲。思所以興起之。皆國家敎化之端。王政之本。聊用窺測。以著于篇。

方平上孝廉論曰。臣聞善論士者。先行而後藝。善官才者。先本而後末。故有子曰。孝弟也者。其爲仁之本歟。先王之臨天下也。正其大倫。長其義節。務隆道化。使民歸厚。故周官司徒以鄉三物教萬民而賓興之。其一曰六行。實先孝友。漢制始復孝悌而得拜官。武帝遂以孝廉名科。郡國不舉孝以不恭論。不察廉者免。漢之得人。雖稱數路。最近王道。茲制爲篤。歷世而下。風教寖微。豈古今之俗殊。蓋勸導之方淺。且人才行鮮克相兼。以慶建之謹厚。不通舒誼之經術。以顯式之質直。又乏遷向之文雅。而今官人之格。蓋進士明經世家而已。孝如曾閔之流。勸駕之道靡若蔑範。不入辨材之論。臣愚以爲宜復孝廉之

科。自兩府大臣各歲舉一人。而天下歲貢。委于外臺。其有持身端。事親孝。生養以禮。沒喪有聞。友于兄弟。睦於族親。為姻黨所宗慕。為里閭之歸仰者。可許鄉人署行列狀于縣。縣大夫詢于衆而實升之于州。州長審訪如所署。以聞外臺。外臺會部郡所上。各考次其行。陟其尤異者一道歲取三人。猶獻于天子。不必備。惟其人。其涉知文義。頗通經業者。命有司量策以時務。隨才而叙官之。其行實識著。而殊眛于學藝者。可寵以上佐助教冗散之秩。復其家。勿徭。臣聞動人以行不以言。教人以厚不以薄。蓋經術者。仁義之糟粕。文章者。經術之駕說。夫躬行其道而不見顯異。顧獨駕說之。當臣疑旌勸之術未為盡也。且世家廕補歲以百數。二科取士。一開貢闈而第者以千計。雜流冗仕不在焉。識。參以孝廉之舉。則勸善勵俗之方不益備乎。記曰。上舉孝則民不遺其親。上察廉則民不黷於行。邑取一人焉。一邑之人

勸勤矣。州舉一人焉。一州之人聳礪矣。天下之為人父兄者莫不勖其子弟。天下之為人子弟者莫不勉其行之在其身也。故夫厚人倫移風俗。美教化。其惟進孝廉之士乎。

方平又上選格論曰。臣聞選舉之法。自周漢至隋凡六革。夫惟更張以救其弊。立制以宜其時。得政之體也。且人情安於久習。時論重乎改作。通者寡而泥者衆。倡者孤而沮者群。是故因循之患。政之大病古今所同也。昔後漢左雄。以廉茂之陵遲。郡國因緣多濫。始建議。諸察舉者皆先詣公府。諸生試經業。文吏課牋奏。副之端門。練其虛實而拘以限年之法。于時胡廣郭虔駁於前。張衡黃瓊非於後。上獨信雄議。得行。自雄在尚書歷十餘年。天下無敢妄舉。朝廷稱為得人後世識者方善其制。故知昧時之經。首必循名以遺實。達政之方者乃收實而後名。駁於前者。是疑其冒濫之說。善于後者。是見其年已之效也。唐代宗時。楊綰以貢舉之弊。建議請廢明經進士之科。而復鄉舉里選之法。詔下其議。而在廷名臣多同於綰。遂行其制。後近臣淺滯者或論其不便。上不能持。旋以復舊。今二科之弊。獨在乎泛濫猥多而取之不能精。或實學而見遺。或下材而高第。然天下所以未厭者。以國家處之以至公。而有司不得措其私。此所以人自循己。反之於命。不復咎於法也。且二帝之廷。疇咨及陋。三王之盛。感發夢卜。至于兩漢。士束脩於衡蓽。而辟書在門。魏晉之際。操行內著。清議外同。夫使士以謹身篤行為無益。寵名爵祿為儻來。成苟然之俗。敗奮勵之節。是於政體不已虧乎。今一啓禮闈。仕途千數。銓衡依等以注授。郡縣無員以除遣。乃復過期停罷。遷延歲月。則是賢愚同滯。涇渭一波。不審源而塞其流。不計本而抑其末也。臣愚以為宜略比唐制。依其甲品。設為選限。其在殊等特承優恩。請循舊即除。以旌高第。餘

當入選。卒從限格。其能別決科目。自當更蒙賞擢。且唐以明經進士為及第。宏詞拔萃為出身。及第者雖有籍王府。而未階仕。牒乃辯材定論之名。出身者。始著錄官板。而莅行公政。有為臣事主之義。誠夫以二科羅衆士。以詔舉擢異材。以選限難濫進。數路而取。為制亦備。若國行盛禮。覃慶四方。凡名選人。復當晉叙。伏請初入選者稍宜異其節文。可委自剩守察其鄉論。有一介之節。一善之長。令以名聞。即為注擬。其不預舉。必滿選期。凡今之士流。鮮自敦飭。學業務乎苟就仕進覬乎速至。且民之情偽。動息亭之險阻艱難。古為政者必周知之。自非賈生終軍之妙齡。甘奇辟疆之神敏。則雖有明悟之性。或多輕簡之失。今夫立選以重其進。設舉以勉其立。則必人自磨勵。家自敦勗。終始修整。務為鎡基。自然人知謹身之勸。士免去業之速。鄉里有恭讓之義。場屋息爭競之末。官局得才良之吏。銓調省煩積之勞

屬其風聲，端其教節，不亦優乎。

方平又上川嶺舉人便宜論曰：臣聞唐因隋制，以二科取士。然諸侯得自辟署，仕進路廣，不專科第，多由藩幕入登王朝。又閩嶺黔峽之士人殊鮮，兩河之外，後為寇境，帝都關中，近乎巴蜀，故禮闈可以歲貢，選第不逾十人。（開元下貢舉人歲踰二千人。然登第者百才收一。）我太祖朝，其風猶在。抑亦王度草創，人物希少。及舉荊蜀，下江廣，收閩越，定太原，武事偃，罷文物寖昌，興國以來，取士益廣，風數遐被，海寓大同。曳博帶於文身，誦聖言於鴂舌。甌閩之俗，編戶侍乎賓興；邛髳之鄉，比閭思乎隨計。踰劍者崎嶇萬里，度嶺者往復一年。故禮闈不可歲開，而賢者能者同時而滯塞。貢士必當廣取，而猥者濫者一槩而混淆。且其遠方之人，顧有可信之節，雖蒙續食，莫拔窮巷之身，弗預充庭，遂斷亨衢之望。託於遐陋，誠有可嗟。臣伏請凡當秋賦之年，禮部既以三月上請，即頒下遠方，其嶺南、兩川，即於中夏發薦。其預薦名者，嶺南諸郡送廣州，兩川諸郡送益州，委二府如禮部式考試。當試時，本路轉運使及州長吏監考於部郡，選差文學才望有聞者為試官。朝廷特遣臺閣臣寮一人，傳詣監試。比歲之杪，取令畢事，其當解人，即遣至都附南省牓送，預廷試。其不預解人，即依到省叙舉，其廷試下第者，既還本貫，許本路計使差充攝官。如此，則遠人免崎嶇之勞，寒士無棄廢之歎。土俗以鄉舉而民勸，禮闈待人省而考精矣。難者曰：今禮部考試，選委大臣，遍擇館殿，傳用才良，以司考覈，又糊名轉錄以防私濫，誠重難其事矣。捨是而委二府，其可乎？臣對曰：彼岷嶺雖狹，然各踰百城，官吏數百，討皆王朝任用，銓衡選補。二府長吏，國之重寄；兩臺使者，朝必慎擇。誠從遣臺閣才臣，就而監之，嚴其法制，明其條約，重其委付，信其命令，可遙御矣。如唐時分選于洛邑，放第于東都，其制

近之矣。況此試時官集諸州，匪容私請，權分衆手，當由公共。且方為薦發之地，豈預名器之柄？理無疑者，於何不安？難者曰：夫變常危事，改作惡名。今夫二府之選，多則長濫，鮮則起怨，且衆聚焉，非國家綏遠之術也。臣對曰：夫變常之事，危改作之名，惡為其乖民情而動也。變之順衆，改之就利，何危而惡乎？臣嘗見禮闈川廣之貢士，各纔百人矣，豈衆之謂乎？且二方之士，趨赴試集，往復幾年，驅涉萬里，與四海之衆，多角無涯之得失，或數罷退，鮮不告勞。今使不出鄉閭，坐而就舉，藝學相委，名稱相聞，就有取捨，皆其土人。擇一方之官吏，考百人之所試，取之必精，又何濫之長？退之以禮，復何怨之召？故臣謂之便，理可詳矣。

方平知貢舉，又上劄子曰：臣聞文章之變，蓋與政通，風俗所形，斯為教本。國體攸繫，理道存焉。況今官才專取辭藝，士惟性資之敏，而學問以充之。故道義積乎中，而英華發於外，以文取士，所以叩諸外而質其中之蘊者也。言而不度，則何觀焉？伏以禮部條例，定自先朝，考較升黜，悉有程式。自景祐元年，有以變體而擢高第者，後進傳效，因是以習。爾來文格日失其舊，各出新意，相勝為奇。至太學之建，直講石介課諸生試所業，因其好尚，而遂成風。以怪誕詆訕為高，以流蕩猥煩為贍，逾越規矩，或誤後學。朝廷惡其然也，故下詔書，丁寧誠勵，而學者樂於放逸，罕能自還。今貢院考試諸進士，太學新體，間復有之。其賦至八百字已上，而每句有十六、十八字者；論有一千二百字以上；策有置所問而妄肆胸臆，條陳他事者，以為不合格，則辭理粗通。如是而取之，則上違詔書之意，輕亂舊章，重虧雅俗，驅扇浮薄，忽上所令，豈國家取賢斂材以備治具之意耶？其舉人程式，有擅習新體而尤誕漫不合程式者，已准格考落外，竊慮遠人未盡詳之，伏乞

朝廷申明前詔更於貢院前牓示使天下之士知循常道臣典司憲
度後預文衡敢此數聞伏候進止

歷代名臣奏議卷之一百六十四

歷代名臣奏議卷之一百六十五

選舉

宋仁宗時知諫院包拯上取士疏曰臣以孤遠之迹猥荷聖選擢陛
憲府退思所以為報則智識蒙淺無以副上旨之萬一敢竭愚見唯
明主裁之臣伏覩近降詔勅以官吏陞陟賢否相澗世族補蔭愚智
不分並立新條以革舊弊有以見陛下求治垂訓之深旨也臣聞天
下大器也群生重畜也古之聖王御大器保重畜各有其道焉以
萬務之無極也一統於上豈可以思慮盡之耶故立三公設九卿百
執事以維持之俾群材盡力而百工無曠則王者正其本執其要而
天下之大務舉矣故治亂之原在求賢取士得其人而已漢書曰帝
王之德莫大於知人大抵斯人之情皆希舉進莫不飾正於外藏邪
於內邪正所蘊淵密難辨而審之必有術焉以賢知賢以能知能知

而用之之謂也且知人與不知人而任之乃得失所繫而安危從之
宜乎取士之際不可不慎焉夫三代取士之法闊略難議兩漢而下
莫若唐天寶之制自京師遠郡縣皆有學焉每歲仲冬館學課試乃
與計偕其不在館學而舉者謂之鄉貢並責成有司惟以得之與否
以為榮辱得士者陞失士者黜孰不公其心以進退乎其得第者但
謂之選人有格限未至而能試文三道者謂之宏詞試判三道者謂
之拔萃中是選者得不限年而授職復有賢良之科焉所以區別才
行慎重名器如是之審也故當時文物尤盛比隆三代基搆綿遠垂
三百年其有繇矣今之取士則異於是鄉曲不議其行禮部不專其
任但糊名謄本煩以繩檢復於軒陛躬臨程試三題競作首篇來上
不逾三數日升降天下士其考較去留可謂之精且詳矣臣亦恐非
進賢退不肖之長策也周禮升秀辨官司徒司馬大樂正之職不聞

王者躬其事也。議者謂不若近約唐制，歸諸有司。或曰取捨之柄當歸人主。曰盍使禮部考試，定其可否高下，混於奏籍，賜第上前，綽亦無失於國體矣。然後復宏詞拔萃之科，明立條目，寬限人數，歲一設之。其與選者比類奏舉之人，以次甄擢而任之，有以得其實才矣。頃年雖復賢良拔萃之科，得人幾一二而已。又罷拔萃之舉，恐未足盡賢路之選也。且今之仕者，非保任則無以自進，若參以二科而精求之，則取人之路豈不裕乎。而又念舉之敝漸不可長，其間或昵於愛私，或逼於勢要，不得已因而舉之者衆，緣濫無別，宜一警革。若至其甚，何所及焉。方今天下多事，邊鄙未寧，政失於寬而弊於姑息，士弛於務而幸於因循，固宜推擇真賢，講求治道。外則黜郡守縣令不才貪懦苛虐之輩，以利於民；內則辨公卿大夫無狀諂佞朋比之者，以肅於朝。杜絶回邪，振張紀律，可使教敦于上，民悅于下，足以導迎和氣，馴致太寧，不亦盛哉。伏望陛下稽前代之成敗，驗當今之得失，政有未順，理有未安，則思而圖之，圖而行之，行而終之，則主靈受其福，而宗社享無疆之休矣。惟陛下鑒其愚忠，恕其狂直，一賜觀焉。

拯又上疏曰：臣伏覩新定貢舉條制節文，諸州發解，令知州、通判、職官、令録等保明行實，吏不封彌謄録者，此乃三代里選之法。蓋朝廷欲先德行而後詞學，責成有司，不欲煩以繩檢，庶取士有以得其實才矣。緣天下郡學自罷聽讀之後，生徒各以散去，一旦詔下，投牒求試者比比皆是，長吏等又安能一一練悉行實哉，不免祇憑選人遞相保委。然而詐僞猥雜者亦無由辨明。況每州開試官一員，是天下試官逾三百餘員，必恐未能盡得其人而悉心於公取也。或緣其雅素，或牽於愛憎，或迫於勢要，或通於賄賂，勢不得已，因而陞黜。若有失，又何暇論材藝、較履行哉。洎取捨一謬，則是非紛作，不惟抑絶寒素，竊慮天下因此搆起訟端多矣。況封彌謄録行之且久，雖非取士之制，精協蓋公之道。若今來諸州解發舉人，且令仍舊封彌謄録者，校於理甚便。若以勅命方行，難於遽改，即乞特降約束，其逐處試官如稍涉徇私及請託不公，並於常法外重行處置。不然，合別定刑。庶使官吏各知警懼。

拯又上疏曰：臣竊見審官院差京朝官，並循舊例，以到院先後爲限，未嘗較辨賢否，論次殿最，清濁一概，流品不分，但以名次補闕而已，甚非委重近臣審擇之意。況國家設提刑按察之職，察郡吏廉織之狀，其治績尤著者則必慰薦稱奏，貪懦不治者則必體量按劾，別白善惡，悉以上聞，而審官院置名于籍，以爲沮勸之本。今則不然，當除擬之時，但以月日次第差而授之，則向來黜陟之狀委而不顧，乃同虛設，豈不惜哉。且黎元之命繫于長人，今郡守縣令鮮或得人，盜賊間起，生民重困，天下受敝，職此之由，可不慎哉。臣欲乞今後審官院應京朝官初任，即令勘會在任有舉主五人、無私罪者陞爲上；有舉主三人已下或無舉主及私罪者以爲次；其有私罪及體量者降爲下。凡差授以爲定制，如此則進者知勸，退者知懼，茲亦激勵無大於此。

拯又上疏曰：臣伏覩近降勅命，以樞密直學士知益州蔣堂爲奏舉前保州通判秘書丞石待舉不當，罰銅四十斤。竊案石待舉殘虐屯兵，剋削廩食，摯洸相扇，因守城壁，殺害民吏，幾成大患。原其情狀，免死猶未塞責，而保任之者止從輕典，竊恐不足以誡其濫舉也。緣河朔三路軍民財賦事務繁劇，長吏僚佐尤在得人，所以申命近臣同罪保舉，蓋國家慎重選擢如是之至也。而論薦之人不能體認朝廷求實才備急用之意，但緣其雅素，或暱於愛私，或迫於勢要，或通於賄賂。勢不得已。因而舉之。又何暇論材器。較治行之詳悉哉。欲一旦用之。為國生事。不可不深慮也。臣欲乞今後應河北陝西河東知州軍通判兵馬都監已下。依舊令兩制已上臣寮舉曾歷三路差遣諸處邊事京朝官及武職等。委是精當方得以次選用。如擢用後稍不如舉狀。並乞同坐。重行朝典。

侍御史裏行傅堯俞上奏曰。臣伏覩兩制至僚與御史、臺審刑院大理寺等處。更互舉透司屬官。頗為不便。臣不敢委曲敘陳。久煩天聽。粗條一兩事。伏乞詳擇。頃者御史闕員。凡一年半方得韓縝、呂誨出臺。又當學士院舉官填補。逮今幾歲。而薦章未上。蓋緣人衆議論難合。一介之士。須數人皆熟其材行。其為留滯。固無足怪。使元勑日限遂為空文。去年舍人院舉太常博士李球充詳議官。而審刑院乞選嘗歷法官者。既而飛章論辨。卒不復舉。去就之間。頗傷事體。且諸

司長官朝廷慎選。其所付與固已非輕。至於擇人。獨不倚辦。臣竊謂未為得也。欲乞今後應諸司寮屬合舉充者。一切委長吏自薦。苟非其人。及稍涉朋比。重坐舉主。則孰敢不盡其心。況此事唐相陸贄論之詳矣。儻蒙施行。深允公議。

宋庠上奏曰。竊見近者召試制策并武舉人于崇政殿。皇帝陛下親迂詔蹕。留神永晝。嚴門異席。程其才蓺。誠見聖心嚴眞。備進英豪之審也。然臣以謂有司祇事失於奏請。苟從便易。乖戾舊章。措置之閒。甚不稱陛下求賢之意。伏覩賢良方正蘇紳等就試之日。並與武舉人雜坐廡下。消搞辭寫卷。皆俯伏鐀上。自晨至晡。訖無餘食。飢虛勞悴。形于歎嗟。雖僅能成文。可謂薄其禮矣。又況武舉人等才術膚淺。流品混淆。挽弩試射。與兵卒無異。而天子制策之士。並日較能。此又國體之深識者也。臣竊為朝廷惜之。臣不敢上引漢唐以煩省覽。仰惟先帝故事。布在耳目。搢紳列位。孰不知之。謹按眞宗皇帝凡五策賢良。皆躬御便坐。其舉人就試。並于殿廊。張幕為次。垂簾設几。太官賜膳酒醪茶菽。無不畢供。聖人之心。以謂張不次之科。待非常之士。所咨者天人之際。所質者古今之宜。言若可行。高者足以和陰陽。仁壽。下者足以明利害、觀學術。是則所責於人者。若是之重矣。所設之禮也。又可以輕乎。勢當自然。非苟而已。臣恐有司自今以往待士之禮。因循亡棄。則國家雖設此舉。必無異人。何者。夫士有高才。必有高節。節高禮薄。將恥而不就。其就者皆輕躁徼幸。先身後義之徒。適足啓偷競之風。玷詳延之詔。若執事者以為人不逮古。文罕中程。屢屈至尊。行不急之務。則因而罷之可也。或惜其歷代盛王之所重。當世奇才之未乏。則先朝舊禮。庸可廢乎。伏願申詔近臣。檢詳舊典。作為定式。付于攸司。今後每試此科。即備陳條件。凡殿供擬。關報所由。

仍乞或有武舉雜科。不令同日就試。庶使人於類有協禮經。仍貫而行。嗣恢世烈。狂言聖擇。或補大猷。如允所陳。乞降付中書詳議。干黷旒扆。臣無任省循狂瞽惕懼屏營之至。

蘇舜欽上疏曰。臣昨伏覩陛下發德音下明詔。廣延天下博習之士。以大治本。詔降之日。識者讙然。咸謂陛下張祖宗之基。致億兆之福。慮意有所不逮。政有所未數。雖碩輔盈廷。諫臣論著。詢訪前王之陳迹。多講先朝之故事。尚欲親聞芻蕘、廣采髦哲。此非惟蘊才抱器者幸甚。實亦天下之幸甚也。臣竊見分四制限十一科。使官京司者得應賢良體用之目。潛白屋者出赴沈淪高蹈之制。州縣判等限以字數。武舉策試兼之騎射。臣敢謂陛下之詔體則正矣。而綱條未至。輙有管穴。願鋪白而言之。夫賢良之科。肇於漢世。故公孫丞相之徒。多以褐衣射策而解巾入仕。其已居位者。日適帝光。出入禁掖。志或未發。

則可囊奏而建言政有未安則可排闥而請見況其身掄命勑已得為朝中官則口鉗舌卷辭肯言天下事惟是常帶繩樞之士義踈禮隔趨走塵土間未嘗咫尺人主之顏面加以天閽九重交戟數里雖齊文陸離筆語滂霈而豈得一達旒纊之下哉脫欲聲鼓叩闕則有司必以狂妄之罪罪之且身無一命志氣自得邦家闕政寧亦敢言漢世無采庶士者深有意於此也下至李唐穿鑿前軌以謂民間不知帝王之動靜俗儒不講朝廷之經法專以官士者得應直言科及我炎統勃興不血刃而得天下太祖太宗拓樹基扃誕布鴻文而大變污俗真宗嗣二后教信刷漢法笑卻唐弊追還古風故詔賢良而草莽之士無棄焉今陛下之詔有異於上是未至者一也況則高蹈丘園沉淪草澤臣亦謂未至者何嘗聞帝者慎器與名不務虛假且遁逸之士不示見聞今陛下垂詔而雜舉之是欲使之自見聞也若

出而赴陛下之詔是其人非沉淪者若出而求陛下之試是其人非高蹈者則皆露已揚才于時謁進者也非惟失彼之行恐使人謂陛下設虛名無精求之意州縣判等亦未折衷矣錄人罪失務在淺要不過數字以見意數句以成文今限字二百未之對稱則皆漫誕而無功繁博而寡要不可施用卒為空言至如武舉策試兼之騎射藝觀詔旨既令先進軍機後即陛試是陛下取將帥材者也反使張一拳發數矢是陛下校一夫藝取一人之敵也夫欲練將材而取一夫之技又何異考編鐘堵磬而求鄭衛之音伏願賢良之科使復兩漢真宗之制不以官士為之限則國家之得失可聞也況淪高蹈者則令諸郡守宰根索其名而籍奏之然後給傳續食達輦會試以文故蓄響埋照之流不遠而至矣書判者削其字限各聲其才而為之則文識高下盡可見矣武舉者去騎射之末而訪以機略之本則將帥之具鱗集矣若然則陛下之詔不虛下天下之人無異議四條而十一科正矣臣錄錄者豈當輒述國家大事上干天子聽覽蓋以陛下開言路塞諱門采芻說納愚慮是以臣析肝瀝懇而具述之其若陛下責其犯上罪其錯議臣雖膏鉞轉壑不為之怨伏願俯而察之

知制誥王珪上奏曰右臣竊惟貢舉之法盛于有唐自正觀訖於開元文章最隆其較藝者千餘人而所收者無幾咸亨上元中嘗增其數然無及百人者國初取士之科大抵皆襲唐制暨興國中始大擢貢士其後寖以益廣無有定數故自近年以來官吏猥濫溢於常員甚非國家所以取人之意前詔禮部應進士諸科奏名皆以四百人為額蓋議聖慮所欲革仕進之弊而敦治原之要也臣愚伏慮將來群士至闕下之有肩搖而言者輒議衝改伏望宸指申飭有司固令遵守為定式

珪又上奏曰右臣竊以有唐取士之法雖有數科然當時士選之盛者惟明經進士而已蓋明經先問義而後策試三試而皆通者為得第其大略與進士等國家比試諸科既不明義又無策試之式但能精於誦數者則舉以中選是豈朝廷設科取士之意哉前詔禮部令諸科終場日於本經問大義一十道九經五經只問大義蓋識國家推廣教導將令士者悉以明六經之法之歸固不專於記誦之工也臣已著之于條然慮議者以謂難於猝更猶欲安習前弊伏望朝廷預戒有司永以遵守

珪又上奏曰右臣得御史臺牒奉詔令議貢舉庠序之法夫以古之取士莫不即之以鄉里考之以行藝然後賓興之故得純明樸茂之材咸爵之於朝今天下雖有學人率多游放未嘗得土著之士教授者又無訓導之科指每詔下京師增補監員不可勝數使飭身厲行

者與夫不肖糞然而並趨將何以別焉請選置天下學官罷京師增補監員盡命歸就本貫凡薦送俟有司考定命長吏發其名氏參以行實而高下之若素無檢者皆得以斥去今既三歲設科以大較群士亦當聞令諸道搜訪高行之人庶幾遠近無遺材又諸科徒專誦數之學無補於時請自今新人毋得應諸科皆令習明經不數舉間可以盡革其弊若乃貢舉以詩賦策論取人蓋自祖宗以來收攬天下豪俊莫不用此臣不敢輕議

知制誥范鎮議取士狀曰竊以取士之敝患於以文而不以行非一日之積也其勢然也自井田廢黨遂州鄉教訓之官不育而士不素養所以道化不稱於古也中間號稱得人而歷世之久如漢唐者雖不盡由於學盡材之於位試之以事使賢者能者進而愚者不肖者退是亦古之道也方堯之時皐陶稷契進而靜言庸違方命圮族者

退材諸位而考之以事也今取士不由於學以文而不以行及其官之也又不材諸位不考之事簿書期會而已是本末皆失也學者士之本也慶曆中嘗興學矣有貧不能入學者親老不能入學者至其親請而免入學者是士之不盡由於學也古之士雖云取之於鄉其實皆出於學今之士既不能盡由於學欲盡知其行豈可得哉貢舉之法不孝不悌不得舉舉者罰是亦責行之本也然而每一下詔應書而起以數萬計不可以人人知也故必考之以文也今之詩賦論策是也周之制行同能耦則決之以射其所謂詩賦論策不尚愈於射乎故取之以文不可廢者其勢然也今天下非無學也無良師也待之不以禮也世之所謂糊名者待盜跖可也以待盜跖之法而欲求顏閔之人其為顏閔者不化為盜跖幾希矣而議者以為糊名不可廢糊名不可廢而欲責士之行誼難矣哉臣請擇良師而教之於學以觀其素弛糊名之禁而待之以禮以養其誠以謹士之初也官而使之也行之以位考之以事在朝廷者朝廷推之在州縣者州縣推之推其尤善者而進之曰某人嘗為某事為有行推其不善者而退之曰某人嘗為某事為無行以謹士之終也如是而本末俱得則天下之士相率而入於善矣其於詩賦策論雖無更之可也

李淑侍經筵仁宗訪以進士詩賦策論先後俾以故事對淑對曰唐調露二年劉思立為考功員外郎以進士試策滅裂請帖經以觀其學試雜文以觀其才自此沿以為常至永隆二年進士試雜文二篇通文律始試策天寶十一年進士試一經能通試文賦又通而後試策五條皆通中第建中二年趙贊請試以時務策五篇箴論表贊各一篇以代詩賦太和三年試帖經略問大義取精通者次試議論各一篇八年禮部試以帖經口義次試策五篇問經義者三問時務者

二厥後變易遂以詩賦為第一場論第二場策第三場帖經第四場今陛下欲求理道而不以雕琢為貴得取士之實矣然考官以所試分考不能通加評校而每場輙退落士之中否殆繫於幸不幸願約舊制先策次論次賦及詩次帖經墨義而教有司併試四場通校工拙毋以一場得失為去留詔有司議稍施行焉

蔡襄上奏曰臣伏見隋唐以來以進士明經二科取士迄今以為永制進士雖通試詩賦策論其實去留專在詩賦糊名謄紙以示至公點抹細碎條約纖悉所司奉之便於考校明經逐場對義鈔節注疏記誦字數至有一字旁寫聲形類者三兩字如有一中亦是通義字猶不識經旨何從而知取士之方一至于此臣聞有國家者取天下之士將以治民而經國耳故敦其行欲以表風俗試其才欲以濟成務今進士之詩賦明經之帖義於治民經國之術了不相關及其間

或有長材異節之士幸而有之或官而後習非因設科而得也今有善射者或使之御其人必自以為不能世之人亦曰彼射也責之以御強人之所不習不可也而以詩賦帖義取士偶與科合者即為甲第一日使之臨民謀國其人必自以為能而世之人亦習而不恠茲大可異也或曰取士在於得人豈繫詩賦策論乎皇甫鎛以賢良方正中科而姦邪過人豈不專試策乎裴度以進士中第而功德尤著者豈不由詩賦而得之臣竊謂不然取之以其道任之以其術而陷於姦邪其人自贖也取之不以其道任之不以其術而能功德著聞其人自立也豈可以自贖與自立之人而害經久之制乎三代之道鄉舉里選專取德業漢察孝廉加之策問取士有經術隋唐以來盡久之矣行之既久難於卒更今就其所試之業而裁之以試策為去留進士之術以大義為去留明經之術庶幾可行也一天下之州軍

盡許立學選擇鄉里有年德通經義者補為教授講說經書教勗生徒不應舉者三年後乞與助教名目且令講說應舉之人須經本州學聽書其日限以國子監新立條約為例一請試策三道為一場考校驗落外次試論為一場又考校驗落外次試詩賦為一場以三場皆善者為優或策論詩賦互有所長則互取之其業仍請一道問經義異同以觀其識一道問古今沿革以觀其學一道問當世之務以觀其才此其大略也一明經只問所習經書異同大義所對之義只合注疏大意不須文字盡同或自有意見即依注疏解釋外任自陳述可以明其識慮若以經科文人所習已久未能變革即難其取而薄其恩取能對大義者頗優獎之則有稍有智識之人合去彼取此矣策又上奏曰臣聞人主擇宰相宰輔擇長官長官擇僚佐此至治之要至簡之術也周命大僕則曰慎柬乃僚漢之公府令自辟召唐陸贄作相奏請諸司長官各擇屬吏後因讒謗觖望變更陸贄論之詳矣又高元裕為御史中丞上言御史綱紀之地官屬選用宜得實才其不稱者臣請黜之監察御史杜宣猷李瓌等並出為府縣之職此皆前世專任長官之明驗也國朝諸司省監悉非本官惟御史臺職不殊古制方今臺中條制如臺官不稱職者亦許糾舉近年臺官宰輔避嫌例不中除多令兩制參舉又限資考苛細多不得人蓋由不寬資限不責長官之弊也近見御史中丞王拱辰奏舉楊紘等充臺官朝廷循執舊規下兩制參舉臣謂朝廷既任拱辰為中丞若實非才則當別擇才者而任之若才堪其任則所請屬官可悉委之未為過也況拱辰於官屬請去不才者而更擇才者是盡心於朝廷不避衆怨也今御史席平已出潤州若參舉之人又得軟懦傾險之士則何以勵之臣故謂莫若專任長官寬其資限則責有所歸也臣乞御

史臺官屬只下御史中丞薦舉常免其資限之格資深者為御史卑者為裏行若能稱職亦是官守之常未必過有陞陟或不稱職可并舉者坐之在朝廷有責任之方風憲有得人之美矣

知揚州劉敞上奏曰臣伏見近勅更張貢舉條約欲令四方游士各歸其鄉里而有司得以觀行聽言絕濫進之敝此誠上近古制下適時宜然臣猶謂必欲人人安其居皆有常心漸之於仁摩之於義化民成俗則莫若開庠序以收養之設師弟子以教誨之月考時試以勸勉之教定俗成然後賢不肖立見而真偽不雜矣今州郡幸皆有學學皆有生徒而終患無師以教之但令掾曹雜領非專職既不專教用不明自古儒學之官未兼治民蓋為此也臣欲乞州郡有學處聽長吏各奏辟教授一員於前任判司簿尉中選有文行堪為人師者充仍令以四年為一任與理考數資俸祿同之掾曹則學有常師

教有常業。士子競勸矣。於朝廷長育人材之意。誠未失也。今欲游士歸鄉。而不爲設學。則無以收之。設學而不爲置師。則無以率之。置師而不立課式講習之法。則無以成之。三者名存實亡。則學者不歸。雖欲別賢不肖。興廉遜。崇鄉黨之化。不可得矣。惟陛下裁許。

敞又上奏曰。臣伏見勑命諸路經畧安撫轉運提刑司。舉政績尤異可備任用者各三人。此誠朝廷求賢審官。疇咨僉謀之道。然臣愚竊計之。疑於待天下之士者。多有寡而未能均。苟未能均。則必有幸不幸之蔽矣。何以言之。陝西河北皆三十餘州軍。各有經畧安撫四五人。并提刑轉運共舉二十餘人。若所舉皆賢才。固不爲少。儻賢才不能若此之多。必以中人常士之偶無過者而充數。則亦有幸而得舉者矣。京西淮南亦皆二十餘州軍。唯有提刑轉運兩司。而所舉不過六人。如令二十餘州軍誠寡賢才矣。固不爲忮。如賢才衆多。而限以

六人之數。則亦必有不幸而見遺者矣。幸而得舉者。朝廷無由知且信以爲賢而用之。不幸而見遺者。朝廷亦無由知且信以爲不肖而棄之。則設法之蔽也。至於江南東西福建官吏之衆。不能半淮南。二廣夔利福建徼外吏。或以謫徙。或以攝補。員常不足。今亦與內地等。皆不可均者也。恐未能慰士大夫之望。伏乞更賜詳察。損所有餘。而增所不足。使常人無或以幸而進。賢才無或以不幸而遺。則於治體爲允。

敞又上奏曰。臣伏以朝廷設保薦之令者。欲振拔幽滯。甄錄才實也。士大夫所以報國恩。無過於此矣。然猶閑其聽請濫進之階。故限以定員。結以同罪。防禁既詳。責望又重。不可復加。而頃來奏章之令。或文字小不應式。或筆畫偶有所遺。於義無害。皆見退却。甚失朝廷求才實之本。亦非士大夫舉所知之意也。臣謂中外舉狀除員數須要照會。不可不言及同罪。所以立法。不可不謹。其他雖小小差悮。並許收使。不須曲難。如此足以開廣薦引之路。亦杜絕所由巧文要市之敝。庶幾簡而易行矣。

敞又上奏曰。臣伏見今歲制舉中選者三人耳。其間猶有以薄於行誼而被黜者。此非有司校試之不精。蓋在於聽言而不察行。玩文而不計實之蔽也。選舉若此。豈可爲永法哉。臣前歲嘗言州郡有學。學皆有生徒。而患無講授之師。以專領之。乞令州郡自辟選人爲教授。仍理四考爲一任。未蒙施行。臣以謂朝廷大務。莫重於選舉。常患游士不安其鄉里。則有司無由考其行實。是以專取詞藻。賢不肖混淆。至於廉耻之節壞。而浮僞之俗成。皆從此塗出也。今使州郡有學。學皆有師。師皆有課試之法。居常則勉其學而矯其失。當貢士則訂其行而稽其言。一郡之士。往之若否。習之邪正。能之多少。皆可預見

而要定也。於是上其名。與言行則選舉精矣。人知爲善於其身。然後乃能信於鄉里。信於鄉里。然後乃得聞於朝也。則皆勸於爲善矣。一紀之外。三十年之內。教成俗定。則士各安其土。相厲以義。相尚以節。何患賢士之難得哉。誠如此。治古之風庶幾可復也。事固有言之似迂而理甚切。行之似近而功甚遠者。教化之謂也。伏乞檢會臣前奏事理。特賜詳擇。

知制誥胡宿上奏曰。臣等竊以六經傳先王之道。教化根本。舊制。課試進士。止以詩賦策論。簡拔才俊。其間少有專門名學之人。諸科雖能誦記章句。復又不通大義。施於有政。則又牆面。所以前後論取士者。常以此爲言。景祐制舉節次。始令禮部貢院舉人通三經已上。進士諸科過落外。許自陳。嘗於某處講授某經。貢院別試經義十道。直取聖賢意義。解釋對答。或以詩書引證。不須全具注疏。以六通爲合格。

講誦精通，具名聞奏，乞差學官或御試覆試，得中，具對義粗通取旨。此則聖朝扶進經術，漸復兩漢射策之舉也。慶曆六年，應詔者十四人，合格者八人，進士、諸科各四人。皇祐元年，應詔者八十二人，合格者二人，進士五人，諸科二人。今年投牒進士七十七人，諸科五十人，合凡一百二十七人，比之嚮來數目倍多，豈非詔書開勸使然，而利祿誘導之至也。條制每科不得過五人，比再經覆試，又須通落，獎進之路似未開廣，恐學者稍怠，辦業中止。臣等欲望聖慈稍增人數，以勸來者，四方聞朝廷參用此科取士，莫不靡然向風，潛心經術，則彬彬之舉無成於前代矣。

宿又上奏曰：臣聞漢制刺史奉詔條察州，秩六百石，至卑也，委之察一部，眷意在秩卑無所顧惜，敢剌舉耳。某年初置刺史部十三州，文武名臣欲盡委察。今之轉運使，大抵漢刺史之職也。陟黜臧否，興利除害，莫不係之。國初用官亦輕，選才則專其閫外，計多著能名。古人有言：引一代之人，理一代之務，不借才於異代，若謂方今乏人，是誣一代之人也。顧朝廷所選用何如耳。若欲天下轉運使盡得其人，莫若慎選省府推判官、提點刑獄。此三道者，取才之要。比來實緣用人忽略，此職一槩置觀厚之吏，或假借權勢之家，故外計之任，有以貲敘而入。往年兼清臣任三司判官，不才者奏罷數人，當時物論是之。今稍稍復用矣。天聖、景祐之間，屢降大勅，舉提點刑獄，頗亦得人。近年多沿差遣勅上帶入，選舉之渚格而不行，又罕見顯擢循吏為之省府。陛下惠綏元元，勵精政治，近制川廣知州、通判、知縣，並須選差，所以重遐方而矜遠俗也。況轉運使、提點刑獄，表率部吏，宣明風化，可不慎擇哉？宜得通知民事、緯有才望者居之。若被舉得職，風績較然，或增秩再留，或移涖劇部，俾久其任，以伸厥能。諸積久累官秩高

而才下，素望不著者，不可使居其任，恐曠職事，且非陛下求治之意。

宿為翰林學士，又上奏曰：臣竊以殿前馬步軍等帥臣，統陛下爪牙之兵，為陛下心腹之佐，宿衛宮省，扶扈宸極，凡所進任，固先出於聖意，然後參訪大臣公議，既同，方可除授。近來內外臣僚多舉武臣管軍，此非臣下輕可論薦。漢宣帝時，丞相黃霸薦侍中樂陵侯史高為太尉，帝使尚書召霸曰：樂陵侯高帷幄近臣，朕之所自親，君何越職而舉之？尚書令丞相對，霸免冠謝罪數日乃決。霸為丞相薦高為太尉，以職事言之，未為過舉，猶見詰責如此，豈非以太尉掌武之官也。陸賈有言：將相和則權不分，權不分則士豫附，士豫附則國家安。以此而言，宿衛帥臣當選謹厚朴忠之人，以總禁旅，不宜輕用論薦，以收私恩。或任非其才，則開隙生事，國之利器，所宜慎重。

尚書度支郎中全君卿上奏曰：臣不避誅罰，敢以愚見謹條貢舉事切於時宜，較然易行者有三，析于章左，伏望聖聰俯加財擇，發於宸斷，早賜施行。臣人賤言鄙，輕瀆宸旒，無任俯伏待罪戰汗屏營之至。

一事：臣伏覩皇祐二年明堂赦書節文，貢舉人曾經先朝省試下特免將來文解，如省試不合格者，別具名聞奏。臣妄測聖心，蓋謂其人嘗蒙先帝樂育之恩，又恤其久於場屋，而特加優異也。臣竊觀先朝舉人，類多年耆艾，氣體衰朽，或素無生業，迫於貲費，而天下州郡遠者動萬千里，夫以貧病衰老，至甚之人，驟為萬千里之行，則其為勞亦甚矣。至如前歲詔下，先朝舉人希覬恩澤，望風而至，都下者甚衆。是時朝廷別無恩旨，例賜錢二千俾為歸計，而屬歲厲疫，在道或病，以死者不少，誠可憫傷。今而詔下，臣竊思其人力能往者十無三四，其三四中勞其筋力苦

於道途不幸而病且死者抑又可料則是得以名聞者十才一二矣伏惟陛下躬祀明堂使民知孝有生之類莫不涵被恩澤故人人鼓舞歌詠善逢盛明在先朝學校之人蒙陛下預閑優恤之意特異於常今其間力不能往者獨不蒙恵澤之流均及其身此人可憫也臣今欲望聖慈特詔天下州郡先朝舉人有願赴省試者聽之其間有貧病衰老就試不得者委本州郡勘會得解後來但不曾犯真刑者具名聞奏乞朝廷就賜一上佐之官以畢餘年臣觀此等人雖材器或有短長然自束髮從學至老而志操不變是亦有意於善也今若朝廷惻然憫其夙心使至暮年卒被恩命少酬願望庶不辜生平嗜學之志上以廣先帝樂育之恩次以彰陛下優老好善之實而又使天下之人曉然知為學之利也

二事臣聞漢世學者皆以專經補吏故士者治身從政罔悖于理當時所得類多有道之士而後世不克循之故所進之人未有如兩漢之盛也國家因近代之制用詞科以取士向者有司命題發策多不專於經典往往雜取諸家小說故朝廷患其如此亦嘗頒示條約須得於國子監經史中出題目近歲已來遂於注疏及但係監本諸雜文字中摘裂句讀以為題目況本朝文物寖盛國庠典籍部類寔繁學者苟專志於經則不足以備科試將遍而治之則力有所不逮由是靡靡然秪務馳騁涉獵破碎文義以絢飾辭章而已求其內可以美其身外可以謀王體斷國論者蓋幾希矣凡此之出處語默鮮能及於古者亦由不專於經術而然也臣今欲乞申敕內外主司凡試進士詩賦只於九經正文中出題目其策論亦詳於三史及荀孟揚雄書中通用如此行之則學者皆務深於經術而有道之士出矣

三事臣竊見向來開封府國子監兩處應舉者常至數千人其間雖有奇才異士然亦類多託籍冒名浮薄不逞者雜于其中或紛撓禮闈動致喧爭或輕議國體妄生誇讟是非雜揉玷我士風朝廷近年亦患其然故嘗詔立賞格許人告訐徒使狡詐之人夤緣為姦興構獄訟殊虧事體道長澆風以至于引試之際則士人洶湧讙譟不可止禦至有毆撃吏卒肝腦塗地者況天府國庠乃朝家觀禮示化之地而萃集浮薄不逞之徒為弊至此甚可怪也今年自聞詔下四方之往者不絕於道臣恐前歲之弊未能遽已也竊原士之所以輕去州郡而繼趨府監者大抵以近年州郡立定解額多不均一及開封府國子監素無定額比之外郡稍寬故外郡解額少處競奔湊京師及府監舉人

保明行實約束未盡致有冒名之弊臣今以諸郡應舉人數計之有十人解一名處有二十人三十人已上解一名處又況每歲人數多少不定若只限以舊額實見不均臣今欲乞申敕開封府國子監及天下州郡例皆以分數取人二十人中與解一名則不惟取士之均又使人皆樂就於鄉舉矣其開封府進士須得在京戶貫委實居止去處不實者論違制之罪雖去官經赦見任官委保不得原免其衣冠子弟今後就學上庠者須得本貫見任官與發保明文牒方許入學類試則府監無偽濫之弊矣

英宗治平元年參知政事歐陽脩上奏曰臣伏見近有臣寮上言乞將南省考試舉人各以路分糊名於逐路每十人解一人等事雖已奉聖旨送兩制詳定臣亦有愚見合具敷陳竊以國家取士之制比

於前世。最號至公。蓋累聖留心。講求曲盡。以謂王者無外。天下一家。故不問東西南北之人。盡聚諸路貢士。混合為一。而惟材是擇。又糊名謄録而考之。使主司莫知為何方之人。誰氏之子。不得有所憎愛薄厚於其間。故議者謂國家科場之制。雖未復古法。而便於今世。其無情如造化。至公如權衡。祖宗以來不可易之制也。傳曰。無作聰明亂舊章。又曰。利不百者不變法。今言事之臣。偶見一端。即議更改。此臣所區區欲為陛下守祖宗之法也。臣所謂偶見一端者。蓋言事之人。但見每次科場。東南進士得多。而西北進士得少。故欲改法。使多取西北進士爾。殊不知天下至廣。四方風俗異宜。而人性各有利鈍。東南之俗好文。故進士多而經學少。西北之人尚質。故進士少而經學多。所以科場取士。東南多取進士。西北多取經學者。各因其材性所長。而各隨其多少取之。今以進士經學合而較之。則其數均。若必

論進士。則多少不等。此臣所謂偏見之一端。其不可者一也。國家方以官濫為患。取士數必難增。若欲多取西北之人。則却須多減東南之數。今東南州軍進士取解者。二三千人處。只解二三十人。是百人取一人。蓋已痛裁抑之矣。西北州軍取解至多處。不過百人。而所解至十餘人。是十人取一人。比之東南十倍假借之矣。若至南省。又減東南而增西北。則是已裁抑者又裁抑之。已假借者又假借之。此其不可者二也。東南之士於千人中解十人。其初選已精矣。故至南省所試合格者多。西北之士學業不及東南。當發解時。又十倍優假之。蓋其初選已濫矣。故至南省所試不合格者多。今若一例以十人取一人。則東南之人合格而落者多矣。西北之人不合格而得者多矣。至於他路。理不可齊。偶有一路合格人多。亦限以十一落之。偶有一路合格人少。亦須充足十一之數。使合落者得。合得者落。取捨顛倒。能否混淆。其不可者三也。且朝廷較藝取人。而使有藝者屈落。無藝者濫得。不問繆濫。只要諸路數停。此其不可者四也。且言事者本欲多取諸路土著之人。若此法一行。則寄應者爭趨而往。今開封府寄應之弊可驗矣。此所謂法出而姦生。其不可者五也。今廣南東西路進士。例各絕無舉業。諸州但據數解發。其人亦自知無藝。只來一就省試。而歸。冀作攝官爾。朝廷以嶺外煙瘴。北人不便。須藉攝官。亦許其如此。今若一例與諸路十人取一人。此為繆濫。又非西北之比。此其不可者六也。凡此六者。乃大槩爾。若舊法一壞。新議必行。則弊濫隨生。何可勝數。故臣以謂且遵舊制。但務擇人。推朝廷至公。待四方如一。惟能是選。人自無言。此乃當今可行之法爾。若謂士習浮華。當先考行。就如新議。亦須只考程試。安能必取行實之人。議者又謂西北近虜。士要牢籠。此甚不然之論也。使不逞之人不能為患則已。

苟可為患。則何方無之。前世賊亂之臣。起於東南者甚衆。其大者如項羽、蕭銑之徒是已。至如黃巢、王仙芝之輩。又皆起亂中州者爾。不逞之人。豈專西北。矧貢舉所設。本待材賢。牢籠不逞。當別有術。不在科場也。惟事久不能無弊。有當留意者。然不須更改法制。止在振舉綱條爾。近年以來。舉人盛行懷挾。排門大譟。免冠突入。虧損士風。傷敗善類。此由舉人既多。而君子小人雜聚。所司力不能制。雖朝廷素有禁約。條制甚嚴。而上下因循不復申舉。惟此一事為科場大患。而言事者獨不及之。願下有司。議革其弊。此當今科場之患也。臣忝貳宰司。預聞國論。苟不能為陛下守祖宗之法。而言又不足取於人。則厚顏尸禄。豈敢偷安而久處乎。故猶此彊言。乞賜裁擇。

三年。命宰執舉館職各五人。先是。英宗謂中書曰。水潦為災。言事者云。咎在不能進賢。何也。脩對曰。近年進賢路狹。往時入館有三路。今

塞其二矣。進士高科一路也。大臣薦舉一路也。因差遣例除一路也。往年五人以上。皆得試第一人及第。不十年有至輔相者。今第一人兩任方得試。而第二人以下不復試。是高科路塞矣。往時大臣薦舉即召試。今只令上簿。俟缺人乃試。是薦舉路塞矣。惟有因差遣例除者。半是年勞老病之人。此臣所謂薦舉路狹也。帝納之。故有是命。

英宗時。知諫院司馬光上奏曰。伏見國家間歲一開科場。詔下州郡使之鄉舉里選。遣詣京師。覆試於禮部。雖幽遠之士咸與其進。然而天下發解進士到省常不下二千餘人。南省取者纔及二百。而開封國學鏁廳預奏名者殆將太半。其諸路州軍所得者僅百餘人爾。惟陜西河東河北荊湖北廣南東西等路州軍舉人近年中第者或一二。竊以科舉既頻。天下之士競奔走之不易。而嶺外尤為遐僻。每隨計動經五七千里。往來不啻百餘程。跋履道塗。蒙犯風雪。比至京師。扶持困躓之不暇。使與鄰圻安燕之士角其藝能。固不可得也。既而不第。孤寒之路最為蹭蹬。乎進且難。往往廢學。於臣愚見。似有未均。欲乞今後南省考試進士。將開封國學鏁廳舉人試卷家同糊名。其諸道州府舉人試卷各以逐路糊名。委封彌官於試卷上題以在京逐路字。用印送考試官。其南省所放合格進士。乞於在京逐路以分數裁定取人。所貴國家科第均及中外。如允所請。伏乞下兩制詳定。

者若謹具如前當院今將簿籍勘會近歲三次科場內嘉祐三年國子監得解及免解進士共一百一十八人。及第者二十二人。約五人中取一人。開封府得解及免解進士共二百七十八人。及第者四十四人。約六人中取一人。河北路得解及免解進士共一百五十二人。及第者五人。約三十人中取一人。京東路得解及免解進士共一百五十七人。及第者五人。梓州路得解及免解進士共六十三人。及第

者二人。並約三十人中取一人。廣南東路得解及免解進士共九十七人。及第者三人。約三十二人中取一人。荊湖南路得解及免解進士共六十九人。及第者二人。約三十四人中取一人。廣南西路得解及免解進士共三十八人。利州路得解及免解進士共二十八人。及第者各共一人。河東路得解及免解進士共三十六人。夔州路得解及免解進士共四十四人。全無人及第。嘉祐五年。國子監得解及免解進士共一百八人。及第者二十八人。開封府得解及免解進士共二百六十六人。及第者六十九人。並約四人中取一人。京東路得解及免解進士共一百五十人。及第者五人。約三十人中取一人。荊湖南路得解及免解進士共六十九人。及第者二人。約三十四人中取一人。廣南東路得解及免解進士共八十四人。及第者二人。約四十二人中取一人。河東路得解及免解進士共四十一人。陜西路得解及免解進士共一百二十三人。及第者各只一人。荊湖北路得解及免解進士共二十四人。廣南西路得解及免解進士共六十三人。夔州路得解及免解進士共三十二人。並全無人及第。嘉祐七年。國子監得解及免解進士共一百一十一人。及第者三十人。約四人中取一人。開封府得解及免解進士共三百七人。及第者六十六人。約五人中取一人。荊湖南路得解及免解進士共六十八人。及第者二人。約三十四人中取一人。陜西路得解及免解進士共一百二十四人。及第者二人。約六十二人中取一人。河北路得解及免解進士共一百五十四人。河東路得解及免解進士共四十五人。荊湖北路得解及免解進士共二十三人。及第者各一人。廣南東路得解及免解進士共七十七人。廣南西路得解及免解進士共六十三人。利州路得解及免解進士共二十八人。並全無人及第。以此比較在京及諸路舉人。

得失多少之數。顧然大既不均。蓋以朝廷每次科場所差試官率皆
兩制三館之人。其所好尚即成風俗。在京舉人追趨時好。易知體面。
淵源漸染。文采自工。使僻遠孤陋之人與之為敵。混同封彌。考較長
短。勢不侔矣。孔子曰。十室之邑。必有忠信如丘者焉。言雖微陋之處。
必有賢才。不可誣也。是以古之取士。以郡國戶口多少為率。或以德
行。或以材能。隨其所長。各有所取。近自族姻。遠及夷狄。無小無大。不
可遺也。今或數路之中全無一人及第。則所遺多矣。國家用人之法。
非進士及第者不得美官。非善為賦詩論策者不得及第。非遊學京
師者不善為賦詩論策。以此之故。使四方學士皆棄背鄉里。違去二
親。老於京師。不復更歸。其間亦有身負過惡。或隱憂匿服。不敢於鄉
里取解者。往往私買監牒。妄冒戶貫。於京師取解。自閒歲開科場以
來。遠方舉人憚於往還。只在京師寄應者比舊尤多。國家雖重為科
禁。至於不用蔭贖。然曾犯之人。歲歲滋甚。所以然者。蓋由每次科場
及第進士大率是國子監開封府解送之人。則人之常情。誰肯去此
而就彼哉。夫設美言厚利進取之塗以誘人於前。而以苛法空文禁
之於後。是猶決洪河之尾而捧土以塞之。其勢必不行矣。書曰。無偏
無黨。王道蕩蕩。國家設賢能之科。以俟四方之士。豈可使京師詐妄
之人獨得取之。今來柳材所起請科場事件。若依而行之。委得中外
均平。事理允當。可使孤遠者有望進達。僑寓者各思還本土矣。難者
必曰。國家比設封彌謄錄。以盡至公。其諸路舉人所以及第少於在
京者。自以文藝疏拙。長短相形。理宜黜退。今若於封彌試卷上題在
京逐路字號。必慮試官挾私。因此得以用情。是大不然。國家設官分
職。以待賢能。大者道德器識。以弼諧教化。其次明察惠和。以拊循州
縣。其次方略勇果。以扞禦外侮。小者刑獄錢穀。以供給役使。豈可專

取文藝之人。欲以備百官濟萬事邪。然則四方之人雖於文藝或有
所短。而其餘所長有益於公家之用者。蓋亦多矣。安可盡加棄斥。使
終身不仕耶。凡試官挾私者。不過徇其親知鄉黨。今雖題逐路字號。
若試官欲徇其親知。則一路之人共聚一處。不知何者為其親知。若
欲徇其鄉黨。則一路之中所取自有分數。豈敢偏於本路剩取一人。
以此言之。雖題逐路字號。試官亦無所容其私也。今欲乞依柳材起
請。今後南省考試云云。裁定取人。若朝廷尚以為有嫌疑。即乞令封
彌官將國子監開封府及十八路臨時各以一字為偏傍立號。假若
國子監盡用乾字。開封府盡用坤字。京東路盡用離字。京西路盡用
坎字為偏傍。其餘路並依此例。委知貢舉官於逐號考校。文理善惡。
各隨其短長。每十人中取一人奏名。其不滿十人者。六人以上亦取
一人。五人以下更不取人。其親戚舉人別試者。緣人數至少。更不分
別立號。只依舊條。衮同封彌分數取人。其合該奏名者。更不入南省
奏名數內。如允所奏。乞降指揮下貢院遵守施行。
光又上奏曰。臣聞致治之本在於得賢。天下至廣。群臣至衆。人主不
能偏知。必資薦舉。不得其實。則邪巧並進。官職耗廢。是故設連坐之
法以懲之。此百王不易之道也。伏見近降詔書。令中外臣寮於文資
官內不以職位高下。舉行實素著。官政尤異。可備陞擢任使之人。又
於諸司使以下至三班使臣內。舉堪充將領及行陳任使之人。此乃
前世之令典。當今之切務。臣始聞之。不勝慶抃。既而議者皆言數年
之前。亦曾有此詔書。所舉甚衆。未聞朝廷曾有所陞擢。今茲蓋亦修
故事。飾虛名而已。非有求賢之實也。若果如此。誠有何益。臣愚欲望
陛下盡將今來臣寮所舉之人。隨逐人資叙。各置一簿。編其姓名。留
之禁中。其副本降付中書樞密院。若遇文臣轉運使提點刑獄轉運

判官知大藩府及武臣總管鈐轄路分都監知州軍等有闕除用舊資敘人外應係陟入上件差遣者並乞於今來舉官簿內次等資敘人中陛下親加選擇點定一人其不係今來薦舉之人不得差充上件差遣若陛陟以後他日職事敗闕不如所舉及犯贓私罪其舉主並依法施行雖見任兩府亦乞不以恩例特放凡係舉官不當降官及降差遣者未滿三年雖遇恩赦不得牽復如此則羣臣莫敢不盡公擇人天下賢才皆可得而官使矣

先又上奏曰臣竊見國家舊制資蔭出身人初授差遣者並令審官院流內銓試省格詩或賦或論一首或五經墨義十道各從其便其賦論墨義徒有其名無人願試大率皆乞試詩其間甚有假手於人真偽難辨就使自能作詩辭采高妙施於治民亦無所用不可以此便為殿最臣欲乞今後應資蔭出身人初授差遣者並委審官院流

內銓試孝經論語大義共三道仍令主判臣寮更將所對義面加詢問使之口說若義理精通者特為一等并所試大義卷子保明聞奏京官與減一任監當選人並與家便差遣合入家便者與先次其義理稍通者依常調不通者且令修學候一周年外再試必須試中方得出官若年四十以上者即聽依舊制只寫家狀讀律如此則公卿大夫子弟皆嚮學知道亦近於先王教胄子之術也

孫洙上疏曰三代而下選舉之法何紛紛乎其法始得者終必失也故孝廉之始得也人務本行也其終失也計口繆舉也辟署之始得也人樂自脩也其終失也流競成俗也限年之始得也敦德養器也其終失也少成不貴也九品之始得也衆舉人興也其終失也愛憎在吏也清議之始得也名實相尚也其終失也浮偽相沮也銓選之始得也權不外假也其終失也叢惡同流也故孝廉失之繆辟舉失之詭限年失之同九品失之徇清議失之偽銓選失之雜是六者之法皆足以救一時而不足以通百世也故始終而各有得失焉今始終一切皆失者其國家資格之法乎臣請言其弊今賢材之伏於下者資格閡之也職業之廢於官者資格牽之也士之寡廉無恥者爭於資格也民之困於虐政暴吏資格之人衆也萬事之所以抗弊百吏之所以廢弛法制之所以頹爛決潰而不之救者皆資格之失也惟天之生大賢大德也非以私厚其人將使之輔生民之治者也惟人之有大材大智者非以獨樂其身將以振生民之窮者也今小人累日而取貴仕君子側身而困卑位賢者戴不肖於上而愚者役智者於下爵不考德祿不授能故曰賢材之伏於下者資格閡之也才足以堪其任小拘歲月而妨之矣力不足以稱其位增累歲級而得之矣所得非所求也所求非所任也位不度才功不索實故曰職業

之廢於官者資格牽之也今夫計歲閥而爭年勞者日夜相鬬也有司躐一名差一級則攝衣而羣爭怨矣其甚者或懷黃敕而詈于丞相之前也其行義去市賈者亡幾耳故曰士之寡廉鮮恥者爭於資格也來而暴一邑既歲滿矣又去而虐一州也非以贓賂至死不黜虎吏劘牙而食於民賢者斃死於巖穴而赤子不得愛其父母也故曰民之困於虐政暴吏者資格之人衆也夫資格之法起於後魏崔亮而復行之於唐之裴光庭是二子者其當世固以罪之不待後世之譏矣然而行之前世不過數十年者也後得稱職者矯而更之故其患不大今資格之弊流漫根結踵為常法方且世世而遵行之矣往者不知非來者不知矯故曰萬事抗弊百吏廢弛法制頹爛決潰而不之救也雖然不無小補也小便也利之者惷愚而廢滯者也便之者耋老而庸昏者也而於天下國家焉則大失也大害也然而提

選部者亦以是法為簡而易守也。百品千群不復銓叙人物，而綜覈功實，一吏在前勘簿呼名而授之矣。坐廟堂者亦以是法為要而易行也。大官大職，列籍按氏，差第日月，遝然而登之矣。上下相冒，而賢材去愈遠，可為太息也。為今之急，誠宜大矯弊法，簡拔異能，爵以功為先後，用才為序次，無以積勤累勞者為高叙，無以深資久考者為優選，賢愚以別，善否陳前，而萬事不治，庶功不熙者，臣愚未嘗聞也。

知通進銀臺司韓維上言曰：臣竊思自古致治之術，莫不以守令為急，誠知務也。縣令今已舉之矣，唯知州但用資序名次充補，略無選用之法。一非其人，數萬之生聚便受其弊，甚可痛也。伏望聖慈特詔諸路轉運、提刑，除藩鎮及堂選知州外，其久積姦弊號為難理及累被災傷、盜賊數發處所，悉以上聞，朝廷慎擇有識向公臣寮舉才任治民者往臨其處，候見實有政理，即隨其迹狀大小陞入堂選州郡，或擢升省府及監司任使，其間增秩賜金錫詔襃勸之法繫自朝廷臨事裁處。所冀中庸常調之人知有自奮之路，各加厲勉，疲瘵之俗漸被聖澤。

御史中丞賈黯言：今京朝官至卿監凡二千八百餘員，而吏部奏舉磨勘選人未引見者至二百五十餘人。且以先朝事較之，方天聖中，法尚簡，選人以四考改官，而諸路使者薦部吏未有限數，而在京臺閣及常參官嘗任知州、通判者，雖非部吏皆得薦，時磨勘改官者歲才數十人。後資考頗增，而知州薦吏視屬邑多少裁定其數，常參官不許薦士，其條約漸繁，而改官者固已衆矣，然引對猶未有待次者也。皇祐中始限監司奏舉之數，其法益密，而磨勘待次者已不減六七十人。皇祐及今纔十年矣，而猥多至於三倍。向也法疏而其數省，今也法密而其數增，此何故哉？正在薦吏者歲限定員，務充數而已。如郡守歲許薦五人，而歲終不滿其數，則人人以為遺已，當舉者避謗畏譏，欲止不敢，此所以多，而真才實廉未免混於無能也。宜明詔天下，使有人則薦，不必滿所限之數。天子納其言。

歷代名臣奏議卷之一百六十五

歷代名臣奏議卷之一百六十六

選舉

宋神宗熙寧元年。右正言孫覺上奏曰臣竊見朝廷設科以取天下之士。而所謂進士明經者乃因隋唐五代之弊。行之百有餘年。其法愈密得人愈疎其間雖有勞烈之臣。建立功業。謀謨卓犖有紀於世。必皆其人不因循於流俗。能自奮拔於朕漏濁淖之中。類非科試之方有以得之也。臣以謂天下之生才。非於古今偏有厚薄在上所以驅之耳。今誠有道德之儁。經綸之彥。不由科舉。則無以進仕於朝廷。是使天下皆汩沒於彫蟲篆刻之技。棄置於章句括帖之學也。古者少而學之。壯而行之。今也學非所以從仕。仕無用其素學。天下人才日少。而士常不足於用。其不自於此歟。祖宗之時。其法蓋變矣。然一時議者亦多率其私意。以傅合當世之宜。故其法雖更。而其弊猶在也。臣竊計來年之春。當下詔選士。以陛下聰明睿智。將大有為於時。而取士之法。不蚤有所更定。則不足以盡得天下之才。不盡得天下之才。則不足以新天下之化。臣謹條取士之弊并所當改定者具列如後。

一文章之於國家。固已末矣。詩賦又文章之末歟。今乃拘以聲勢之逆順。音韻之上下。配合綴緝。甚於俳優之辭。近歲以來。朝廷務以經術材識收攬天下之士。有司往往陰若論策以定去留。不專決於詩賦。學者亦多治經好古。脩身謹行。至於詩賦之纂類。不精於往時矣。臣謂人情之所共廢者。聖人不能強使之興。今上下厭棄。人人知其無用。朝廷因而去之。使天下學者學其所可用。仕者用其所嘗學。顧不美歟。願下羣臣講求所當考議。以代去詩賦之法

學究諸科。多不通經義。而猥以記誦為工。記誦不能。則或務為節抄。至斷裂句讀。錯謬文辭。甚可閔笑。仁宗患其如此。始立明經科。將以變學究諸科之習。今西北諸州。頗願習為明經矣。然變法之初。為法太密。類非中材可以勉強。往者嘗設說書一科。亦多通經之士。臣願更賜參酌明經新法。稍依說書之制。其逐州解發并登第人數。並減諸科額以勵之。如此。則人數不增於舊。而學究諸科習通經術矣。

一國家所取天下之士。專用進士明經數科。然東南之進士。西北之諸科。則數略相埒。至於被邊州郡。或更十數歲。乃無一人見收取者。雖由其業不精。無以應有司之格。然人情不能無望也。取士之意。務在得人。而臣願朝廷別設科格。或以邊臣保任。若漢六郡良家專以取邊州材武策略之士。所得人數。即以逐州

充進士明經學究之額。

一進士明經諸科。舊各以三百人為額。治平中。更增五十員。三歲一取士。凡六百五十人。亦不為少。然不足以盡得天下之士。何也。所以取之之途狹耳。士苟可用。亦何必進士明經哉。臣願以治平新增五十人。每遇下詔取士時。許諸路轉運使提點刑獄知州通判薦文行殊異經術政事或有兵謀材略之人。若往時之遺逸。并許兩制侍從官。不以內外各得推薦為一人。若二人。類所薦之士。別於試格足收五十人而止。所舉非其人。若已仕而坐法者如律。亦因以觀臣下薦賢之能。

一朝廷自慶曆以來。詔天下立學。郡縣往往有學。舍官田房廊之利。京師亦自析國子監之半。以為太學。太學諸生常數百人。州學舍多亦或至百人。學校之盛。侔於漢唐矣。然國家未有學校

選士之法。臣願詔天下州郡守臣到任一年以上。得舉所學者才行充異升之太學。無其人則闕。既至官。為廪給。更以日月詳觀而屢試之。每歲判國子監至直講共薦十人。朝廷更以策試。然後推恩。所得人數。即以充進士之額。其公卿大夫之子弟及舊在生員。即乞別定入學之法。

右臣所請改定取士凡五條。皆博採羣言。以為有補天下。而便於舊格。其後三條。稍用保任薦舉法。薦取材畧文行之士。以廣朝廷搜擇之路。比之科場汎然收舉者。利害不相侔矣。然臣不敢具為科格。伏望聖慈下兩制雜學士待制以上。臺諫官三館秘閣臣寮。博加論議。必有良法可以行之。有論議不同者。聽為別狀。朝廷取其最優者施行之。

翰林學士司馬光上奏曰。臣聞國之政治。在於審官。官之得人。在於選士。士之獨道。在於立教。教之歸正。在於擇術。是知選士者治亂之樞機。風俗之根原也。竊見近歲公卿大夫。務為高奇之論。喜誦老莊之言。流及科場。亦相習尚。新進後生。未知臧否。口傳耳剽。翕然成風。至有讀易未識卦爻。已謂十翼非孔子之言。讀禮未知篇數。已謂周官為戰國之書。讀詩未盡周南召南。已謂毛鄭為章句之學。讀春秋未知十二公。已謂三傳可束之高閣。循守注疏者。謂之腐儒。穿鑿臆說者。謂之精義。且性者子貢之所不及。命者孔子之所罕言。今之舉人。發口秉筆。先論性命。乃至流蕩忘返。遂入老莊。縱虛無之談。騁荒唐之辭。以此欺惑考官。獵取名第。祿利所在。眾心所趨。如水赴壑。不可禁遏。彼老莊棄仁義而絕禮學。非堯舜而薄周孔。死生不以為憂。存亡不以為患。乃匹夫獨行之私言。非國家教人之正術也。魏之何晏。晉之王衍。相與祖述其道。宅心事外。選舉者以此為賢。任官者以此為榮。遂使紀綱大壞。胡夷並興。生民塗炭。神州陸沉。今若於選士之際。用此為術。臣懼向去仕宦之士。皆何晏王衍之徒。則政事安得不隳。風俗安得不壞乎。始永嘉之弊。將復見於今矣。伏望朝廷特下詔書。以此戒勵內外公卿大夫。仍指揮禮部貢院。豫先曉示進士。將來程試。若有僻經妄說。其言涉老莊者。雖復文辭高妙。亦行黜落。庶幾不至疑誤後學。敗亂風俗。

二年。光又上論貢舉狀曰。臣准御史臺牒。准勑節文。天下學校貢舉之法。宜令兩府兩省待制以上。御史臺三司三館臣寮各限一月具議狀聞奏者。臣聞詩云。無競維人。四方其訓之。言欲強於天下者。無如得人。得人而任之以事。則四方斯順之矣。臣竊惟取士之弊。自古始以來。未有若近世之甚者也。何以言之。三代以前。其取士無不以德行為本。而未嘗專貴文辭也。漢氏始置茂才孝廉等科。皆命公卿

大夫州郡舉有經術德行者。策試以治道。然後官之。故其風俗敦尚名節。降及末世。雖政衰於上。而俗清於下。由取士之術。素加獎厲故也。魏晉以降。貴通才而賤守節。習尚浮華。舊俗益敗。然所舉秀孝。猶以經術取之。州郡皆置中正。以品其才行。一言一動之失。或終身為累。士猶兢兢不敢自放。隋始置進士。唐益以明經等科。而秀孝遂絕。止有進士明經二科。皆自投牒求試。不復使人察舉矣。進士初但試策。及長安神龍之際。加試詩賦。於是進士專尚屬辭。不本經術。而明經止於誦書。不識義理。至於德行。則不復誰何。自是以來。儒雅之風日益頹壞。為士者狂躁險薄。無所不為。積日既久。不勝其弊。於是又設謄錄封彌之法。蓋朝廷苦其難制。而有司急於自營也。夫欲搜羅海內之賢俊。而掩其姓名以考之。雖有顏閔之德。苟不能為賦詩論策。則不免於遺擯棄為窮人。雖有跖蹻之行。苟善為賦詩論策。則不害

於取高第爲美官臣故曰取士之弊自古始以來未有若近世之甚者非虛言也今幸遇陛下聖明心知貢舉之極弊慨然發憤詔羣臣使得博議利病更立新規是千載一時也議者或曰古人鄉舉里選今欲知士之德行宜委知州知縣者采察其實保而薦之臣獨以爲不然古者分地建國自卿大夫士皆以其國人爲之猶患處士之德行不可得而詳也故又擇其鄉之賢者使爲閭胥比長自幼及長朝夕察其所爲然後士之德行美惡莫得而隱也今夫知州知縣雜四海九州之人遠者三歲而更近者數月而更或初到官即遇科場遽責之知所部士人德行誠亦難矣又應開封府舉者常不減數千人而開封府獄訟之繁知府者自旦至暮耳不暇聽目不暇視又安有餘裕可使之察數千人之德行乎識者又曰宜去封彌謄錄委有司考其文辭參以行實而取之臣獨以爲不然夫士之德行知州縣

者尚不能知而有司居京師一旦集天下之士獨以何術知之其術不過以衆人之毀譽決之孔子曰衆好之必察焉衆惡之必察焉夫衆之毀譽庸詎足以盡其實乎必如是行之臣見其愛憎互起毀譽交作請託公行賄賂上流誇謗並興獄訟不息將紛然殽亂朝廷必厭苦之而復用封彌謄錄矣夫封彌謄錄固爲此數者而設之也譬猶築防以障洚水也今不絕其源而徒去其防則橫流之患愈不可救矣臣雖至愚平生固嘗竭其思慮欲以少救其弊今敢陳二策乞陛下俯加裁擇臣聞上之所爲下之所歸也國家從來以詩賦論策取人不問德行故士之求仕進者日夜孜孜專以習詩賦論策爲事唯恐不能勝人父教其子兄勉其弟不是過也今若更以德行取人則士之力於德行亦猶是也識風化清濁之源歷代訓謨而不悟必待聖朝然後正之者也夫德行脩之於心藏之於身雖家人有所不知況於州縣況於朝廷將何從知之故必待明哲公正之臣知而舉之然後四海之士皆可得而官使也然舉薦之法既行則干求屬請識所不能無也要在所舉非其人者國家以嚴法繩之勿加恩貸則苟且徇私之人皆知懼矣且國家既以德行取士則彼貪猾輕躁之人依附權要枉道求進者皆爲清議所貶見棄於時雖有舉者必不多矣臣愚欲乞今後應係舉人令升朝官以上歲舉一人提點刑獄以上差遣者歲舉二人諫議大夫或待制以上歲舉二人不以所部非所部鄉里除自己親戚及曾犯真刑或私罪情理重曾經罰贖及不孝不友盜竊淫亂明有迹狀者不得舉外其餘皆得舉之仍於舉狀內明言臣今保舉某州某科某人有學術節行乞賜召試若舉狀既上之後卻有前後諸般違礙事發其舉主並依律文貢舉非其人分故失從公私罪定斷受贓而舉者以枉法論其舉狀逐時送下禮

部貢院置簿記錄若應舉人而不舉者歲終委貢院勘會姓名聞奏乞嚴加懲罰朝廷每遇三年一開貢舉委貢院檢自詔下之日勘會選擇舉主最多者從上取之倍於每次科場南省奏名人數具姓名聞奏乞下本貫發遣赴闕其本貫更不考試即具狀申解送赴貢院仍出公憑給付逐人令赴貢院照會限十一月內取齊十二月內引見正月內委貢院內考試進士試經義三道子史策三道時務策三道更不試詩賦及論明經及九經等諸科試本經及論語孝經大義共四十道明經加試時務策三道其帖經墨義一切皆不試對策及大義但取義理優長不取文辭華巧唯所對經史乖僻時務疏闊者即行黜落其奏名人數並依科場舊制至御試時進士明經各試時務策一道九經等諸科試本經大義十道所有名字高下並只以舉主多者爲上舉主數同則以舉狀到省月日先後爲次其舉人所納

家狀。及授官後吏部所給告身。並須開坐元初舉主人數姓名。若及第後犯私罪情理重。及贓罪。其舉主並減一等坐之。未及第者減三等。皆不以去官及赦原。如此。則群臣不敢挾私妄舉。士人皆崇尚經術。重惜操履。士風丕變矣。朝廷若不能行此保舉之法。其次莫若修學校之法以取之。臣伏見慶曆以來。天下諸州雖立學校。大抵多取丁憂及停閑官員以為師長。藉其供給。以便私惠。衆在任官員及市井豪民子弟十數人。遊戲其間。坐耗糧食。未嘗講習。修謹之士多恥而不入。間有二千石自謂能興學者。不過盛修室屋。增置莊產。廣積糧儲。多聚生徒。以采虛名。師長之人自謂能立教者。不過謹其出入。節其遊戲。教以鈔節經史。剽竊時文。以夜繼晝。習詩賦論策。以取科名而已。此豈先王立學之意耶。於以脩明聖道。長育人材。化民成俗。固以疎矣。臣欲乞自今天下州學。只許置教授一人。委本州長吏於

本處命官中選擇無過犯。有節行。能講說。為衆所服者。舉奏補充。若本州無人。則奏乞下銓司選差。委銓司於見在銓選人內。揀選進士明經諸科出身人。歷任無贓私罪。能講說經書者。奏補充逐州教授。應舉人初入學者。並為外舍生。唯赴聽講。及公試外。不得於學中宿食。其教授每日講書畢。取在學諸生姓名。書於籤上。雜置筩中。抽取三人。問以聽過書中疑義三條。使對衆解說。通者置簿記錄。粗者不問。不通者有罰。每月中兩次公試。各試所習舉業。委教授考定優劣等第。具姓名出榜示訖。亦置簿記錄。其有過犯者。小過則罰錢。中過則降等。大過則斥出學。亦置簿記錄。每遇春秋釋奠畢。委教授選擇外舍生到學及半年以上。自前釋奠以來說書多通。公試多在優等。過犯情輕少。即升入內舍為初等生。始聽於學中宿食。又選擇初等生升為中等生。中等生升為高等生。皆如外舍生之法。其有二人以

上比較難決者。即特令說書及試所業以決之。皆須具狀申於州。委知州通判更加審覆。委得公當。然後給牒補之。如後來有過降等。皆其牒即毀抹。其教授選擇糾舉升降等第。若有不公。委知州通判覺察取勘聞奏。乞行衝替。其開封府舉人舊無府學。並令寓教於國子監。其國子監學人。須實是品官子弟。方得依條入學。其教試選升之法。並與外州同。以直講比教授。判監同判監比知州通判。凡國子監開封府及諸州軍內舍高等生額。並用本處解額之半。其中等倍高等。初等倍中等。若人數未足則闕之。不得濫額補人。若遇詔下開貢舉。委本處判監同判監知州通判。截自其日。勘會高等生補及半年以上者。具姓名結罪保明聞奏。仍與給公憑。許令免解。直就省試。其高等生占不盡解額。方許本處其除舉人取解。其中等初等生於取解時。仍別立號。每七人中取一人奏名。如此。則舉人亦稍向經術。崇行

義矣。夫經術深淺。非程試所能知。行義美惡。非朝夕所能察。今使之處於學校。經二三年。累經選擇。升至高等。又占解額。妨衆人進取之路。若其高等生經術則講說常通。文藝則屢入優等。過犯則全然輕少。行義則為衆所服。比之糊名謄錄。考其一日所試賦詩論策。偶有所長而取之者。相去遠矣。況近年舉人。或一無行能。攢遇恩澤。幸得免解者。不可勝數。今高等生行能如此。裁免一解。豈足惜哉。此學校之法也。若朝廷又不能如此。只於舊條之中。毛舉數事。微有更張。則於取士之道。並無所益。徒更煩苛。不若悉循舊貫之為愈也。

光為樞密副使。又上奏曰。臣先嘗起請應資蔭出身人。初授差遣者。更不試詩。只委審官院流內銓試孝經論語大義共三道。仍令主判臣僚更將所對義面加詢問。若義理精通者。特保明聞奏。優與差遣。稍通者。依常調。不通者。且令修學。候一周年外乘試。必須試中方得

出官若年四十以上。聽依舊制只寫家狀讀律。自後不蒙朝廷施行

臣今復差知審官院。竊見資蔭人初授差遣者。令試詩一首。實爲無益。不惟其間有牆面者假手於人。徒長姦僞。就使自作詩得如曹劉沈宋。其於立身治民有何所用。古者二帝三王皆立大學之官以敎公卿大夫子弟。其故何哉。蓋以其人將嗣守官業。苟無德行道藝。則必害及於民故也。今者欲使公卿大夫子弟盡肄業於大學。則其父兄不常在京師。固難齊壹。若但使之習業於家。而考校於初授差遣之際。素不習者不得出官。則不煩勸督。而人人自勉於學矣。此乃事之易行者也。嚮若使之盡通詩書禮樂。則中材以下或有所不及。今但使之習孝經論語。儻能盡朞年之功。則無不精熟矣。此乃業之易習者也。然孝經論語其文雖不多。而立身治國之道盡在其中。就使學者不能踐履。亦知天下有周公孔子仁義禮樂。其爲益也。豈可與一首律詩爲比哉。臣竊以爲此事用力不勤。更張甚易。而爲益稍大。別無所損。伏望聖慈詳察。或有可取。乞檢臣前奏。特賜施行。

翰林學士呂公著上奏曰。臣先准中書批狀。送兩制議選知州以下條制內一項。王珪等議。未曾歷知州人。不得擢入轉運判官以上差遣。臣愚以爲未便。竊以國家承平雖久。於人材素養之法。有所未備。緩急求才。猶恐難得。若資格愈密。則簡拔愈難。今知州以下從審官院差遣。則嚴其條式可也。轉運判官以上。自朝廷推擢。則不當更增以資格。昔荀況稱賢與能不待次而舉。罷不能不待須而廢。董仲舒亦稱小才雖累日不離於小官。賢才雖未久不害爲輔佐。且漢之部刺史。今之監司。如雋不疑乃自布衣以拔爲青州刺史。當時號爲稱職。方今豪俊之士。多伏在下位。若必待其已歷知州。然後使。則或至白首而不見旌用。臣愚以謂知州有治迹者。固當升入監司。自餘果有才能爲衆所推。雖資歷尚淺。亦繫自朝廷不次選擇。充轉運判官權發遣。省府推判官及權充知州差遣。若試用無效。自可退從常調。如此。則勸沮兼行。賢愚無濫。

公著又上奏曰。臣謹按學記。古之敎者。家有塾。黨有庠。遂有序。國有學。王制。命鄉論秀士。升之司徒。曰選士。司徒論選士之秀者而升之學。曰俊士。樂正崇四術。立四敎。順先王詩書禮樂以造士。大樂正論造士之秀者以告于王而升諸司馬。曰進士。司馬辨論官材。論進士之賢者以告于王而定其論。論定然後官之。周禮。鄉大夫三年則大比。攷其德行道藝。而興賢者能者。鄉老及鄉大夫帥其吏與其衆寡以其禮禮賓之。厥明。鄉老及鄉大夫羣吏獻賢能之書于王。王再拜受之。登于天府。自堯舜三代以來。其養士取人之法。雖隨時損益不同。然敎必本於學校。進必由於鄉里。此六七聖人所不易也。逮乎秦

漢而下。聖王之迹既息。凡所謂禮樂敎化之官。皆以廢絕。至於設科取士。則各出於一時之苟且。國家承其極弊之後。而因循未暇制作。雖天下學校頗嘗修建。然取士之路不出於此。而欲人之就學也。不亦難乎。其爲科之法。則專以進士經學。大抵皆襲唐制而已。夫上之取士者。將以治事而長民。而所以取之者。乃不過試之以辭章記誦之學。蓋亦乖矣。今誠不能革苟且之弊。興廢絕之法。而望賢才之加多。風俗之漸變。終亦不可得也。故臣竊以謂貢舉之弊。不可不革。而學校之制。所宜漸復。雖進士經學行之既久。爲有司者安於課試之格。爲士人者狃於進取之術。可以漸去而未可以遽廢。莫若先建學校。兼而行之。學校所進者歲增。則科舉所取者歲減。如此不十數年間。士皆以學校進矣。所謂學校之法者。天子自立太學於京師。取道德足以爲天下師法者主之。自開封府及天下州縣皆立學。取道德

足以爲人師者主之。然學校教化。所以一道德同風俗之原。今若人自爲教。則師異說。人異習。故宜博選天下所謂有道德可以爲人師先集于大學。使講議所以教育之法。而朝廷以道揆其得失。講議既定。然後取其得者置之要會州府。使主其學。其餘州郡。即委轉運司與知州通判。於本州及屬縣内選經術通明。行誼素著者一人。使主州學。如本州無人。即轉運司於同路州縣選差。並令就見朝廷所置學官於本路會府。而受朝廷教育之法。或本州士人道德可以爲人師而不仕者。委本州與轉運司發遣赴闕。當處其可否。特與注官。就差本處主學。以於太學受所以教育之法。所謂貢舉之法者。應天下士人並須本縣公吏等結罪保明鄉貢素行。方得入於州學。州學每歲貢士量州府大小。大郡貢二人。其小郡士人絕少。聽二歲若三歲貢一人。並知州通判與主學官。於學生内選入學一年以上經明行修者。貢于朝廷而升于太學者。官爲給食。太學每歲於學生内選到住太學一年以上。經明行修通世務可以治人者七十人。進於朝廷。其在上等者。委中書門下量才官使。其在次等者。送流内銓依名次注官。計一歲所貢者七十人。三歲所貢者二百人。則後次科場進士經學南省奏名之數内。可各減一百人。二歲之後。就學者衆。諸州所貢人數可以倍增。而太學三歲可增置四百人。則進士經學奏名内更各減一百人。又行之三歲。科舉可盡罷。而士之進者皆出於學校矣。其到太學及一年以上。經術行誼入下等。及經雖稍通行有毀玷者。並罷歸本州。一不與選。願歸者亦聽。其自太學罷歸。非行有毀玷者。並不礙後舉選貢。應天下知州通判及掌學官所貢士人上等者爲最。在任皆最者。特與旌賞。入下等爲殿。在任皆殿者。當行重罰。其本郡士人實有經行蔽而不舉者。委安撫轉運使提點刑獄及御史臺覺察以聞。當行重罰。又按舜典命夔典樂教胄子。王制樂正崇四術立四教。王太子王子羣后之大子。卿大夫元士之適子皆造焉。周禮大司樂掌成均之法。以治建國之子弟焉。古者四民各有業而不雜。故士之子常爲士。蓋於治事長民皆其世業。則所學所行習見而易入。是以王者之於教學。莫不以國子爲先務。蓋庶人非秀異絕倫。不得爲士。士之子非教養有素。亦不得在官。臣以謂應已有官者。並須入國子學。取道德足以爲人師者。主國子監。歲選學生十人。或十五人。聞于朝廷。而升于太學。如諸州貢士之法。既至太學。及一歲以上。委太學官選經明行修通於世務可以治人者。天下士衆同進于朝廷。如到國子監一年以上。不與選。願出官者。即學官委保經義稍通。行無毀玷。年及格者。聞于朝廷。而關送審官院流内銓。依無出身人例差注。又今年科舉之法。既未可遽罷。而須權作處置。按進士

之科。始於隋而盛於唐。初猶專策試。至唐中宗乃加以詩賦。後世遂不能易。取人以言。固未足見其實。至於詩賦。又不足以觀言。是以昔人以鴻都篇賦。比之尚方技巧之作。此有識者皆知其無用於世也。臣以謂自後次科場進士可罷詩賦。而代以經。先試本經大義十道。然後試以論策。夫試於有司。固未能得人之寔材。然此法既設。則人稍宗經。今建立學校。時以經術教養。則代賦以經。亦變法之漸也。又經學一科。雖其來蓋遠。然自唐以後。始加填帖。由是應此科者。專務記誦。比於章句音切。尚不能辨。然而舉用之曰。此可以治人。不待有識者然後知其非也。臣以謂自後次科場明經止用正文填帖。更不以注。而增試大義。如此。應明經者漸多。而諸科之弊自消矣。

公著又乞寬假長民官狀曰。臣伏見審官院流内銓。以知縣縣令闕多。凡選人被舉充職官及轉京官者。例差知縣。已被差者。不通舉辟

不許避免。臣竊以為當國家有道之時，付之以百里之地，有民人社稷之重，則士子所宜願為。今乃設一切之令，強所不欲，與坐贓負犯者亡異。此殆郡縣法網太密，而勸別之道不明，吏有盡心奉法治行明白者，未聞有所褒異；一罹微文，則不能自免於譴斥。加以近歲朝廷以吏改法度，郡縣之吏或不能奉行，故其常法之外，峻其黜典。經赦去官，多不原免。積累歲月，坐此廢累者甚衆。臣愚以為長民之官，朝廷宜少寬假，非有贓私顯狀及罷軟尤不勝任者，雖坐小法，無輕替易。仍詔諸路監司、牧守，其所屬令長有奉公愛民治效尤異者，每歲別薦三二人。間或獎拔，待以不次。其次如職事脩舉，有舉主合轉京官者，特與依諸州教授例，就任改官，許令再任。如此則勤廉者得以自保，勞能者有所激勸，中才之以強勉異效，不至滯留。

御史中丞呂誨上奏曰：臣竊以用人不考其素，舉類不責其實，欲官

清而事舉，未亦難乎。且如三院御史闕員，例以本臺丞雜、翰林學士連狀薦舉，務在盡公。其如類各不同，議亦難合，二有情弊，害公尤甚。臣欲乞朝廷委內外兩省官歲舉五人，錄其所長，隨而器使，如風節可以充御史，詞學可以備館職，明敏可以剸繁劇，循良可以為牧守，武略可以任將領，章上，公車籍於二簿。遇有員闕，閱其所籍，循名責實，進擬數人，御筆親點一名用之。敢以匪人充薦者，委有司彈糾，重行黜責。如不稱職，止其保任之罪。若此，掄材有素，官闕則預擇之，擇之詳矣，而又絕其私徇之路，進擢之恩一出於上，宜其有補公朝任官舉能之術也。

誨改諫議大夫、知鄧州，上奏曰：臣准學士院關報中書劄子，奉聖旨舉諫官二人者。仰承詔令，備及外臣，有以見宸衷虛佇，樂聞過失，中外均慶。臣所以懽忻而不已也。臣向以言事得罪，雖居外補，尚忝諫垣之任，乃預舉官之數，輙有誠言，上裨衮闕。惟其僭越之罪，敢避死亡之誅。臣聞國朝故事，諫官除授一出於聖選，蓋耳目機密之任，不可繇他岐而進，示至公於天下也。御史乃付學士、中丞保舉，比來任人不次，政府甄擇賢能，除授或闕，除選人李定御史，定不持母服，為有司劾奏，舍人封還詞頭，例皆奪職，乃付禮官議定之，罪矣。行不為人所信，已不足取。如或有罪，禮法固無容焉。然求忠臣必於孝子之門者，以其孝於親，則忠可移於事君也。以定充選，其甄錄之意可知矣。既而公論不與，遂以諫官、御史並委兩省官保任。臣竊以臺諫官所責甚重，數年以來，稱職者甚衆。大言入則大罪之，小言入則小罪之。去者相望於道路，來者遲疑不願就職，以至諫院、御史臺闕官日久。中丞不補者半年，三院為之一空。言路梗塞，一至於此。朝政或闕，下情不通，則有所蔽焉。用事者豈徒然哉？臣竊計自詔降以來，在京

近臣所舉員數已多，而未聞除授。必候自外舉官畢集，然後掄選。或見任遠方，比追還則曠日遲久。言職幾廢，徒有擇官之名，而非開言路之實也。茲所以未見至公，副陛下虛求之意焉。書云：朝夕納誨，以輔台德。是不可一日而虛也。唐太宗三日不聞諫官言，必責輔臣。其聽納忘倦，寤寐思之，書於簡策，後世為美。陛下推廣是心，非夙夕渴於正論，嚮臣以謂求之之博，不若用之之速。既用之，則信任而必堅，與之圖回於正道。斯誠為治之術也。如博求其人，而信任不固，言者既衆而黜之不已，臣將恐來者難阻，鉗結自安，忠臣義士，避逃巖穴，公議消薄，國家之大患也。刳胎毁卵，損傷至微，其類猶或不棄，聖人所以為之深識。漢文帝受郎官之書，其言是則用之，非則置之，乃除誹謗妖言之罪，所以通治道而來諫者。臣伏願陛下恢廣此度，力行之，則天下之福也。仍乞於中外兩禁臣寮已舉官數內，先擇三五人

充諫官餘補御史闕員庶幾言職不為虛設副天下觀聽宜有益於聖德也臣待罪謹諭之中不當有言然愛君之義與日積深身雖補外而心在王室因被旨舉官輒以上陳瀝懇輸忠亦區區自信之效矣伏冀高明特賜省納臣所舉諫官二員已具別狀

四年殿中丞直史館蘇軾狀奏准敕講求學校貢舉利害令臣等各具議狀聞奏者右臣伏以得人之道在於知人知人之法在於責實使君相有知人之才朝廷有責實之政則胥史皁隸未嘗無人而況於學校貢舉乎雖因今之法臣以為有餘使君相無知人之才朝廷無責實之政則公卿侍從常患無人況學校貢舉乎雖復古之制臣以為不足矣夫時有可否物有廢興方其所安雖暴君不能廢及其既厭雖聖人不能復故風俗之變法制隨之譬如江河之徙移順其所欲行而治之則易為功强其所不欲而復之則難為力使三代聖人復生於今其選舉養才亦必有道矣何必由學且天下固嘗立學矣慶曆之間以為太平可待至於今日惟有空名僅存今陛下必欲求德行道藝之士責九年大成之業則將變今之禮易今之俗又當發民力以治宮室斂民財以食游士百里之內置官立師獄訟聽于是軍旅謀于是又當以時簡不率教者屏之遠方終身不齒則無乃徒為紛亂以患苦天下耶若乃無大變改而望有益于時則與慶曆之際何異故臣以謂今之學校特可因循舊制使先王之舊物不廢於吾世足矣至於貢舉之法行之百年治亂盛衰初不由此陛下視祖宗之世貢舉之法與今為孰精言語文章與今為孰優所得文武長才與今為孰多天下之士與今為孰辯較此四者而短長之議決矣今議者所欲變改不過數端或曰鄉舉德行而略文章或曰專取策論而罷詩賦或欲舉唐室故事兼採譽望而罷封彌或欲罷經生

朴學不用貼墨而考大義此數者皆知其一不知其二者也臣請歷言之夫欲興德行在於君人者修身以格物審好惡以表俗孟子所謂君仁莫不仁君義莫不義君之所向天下趨焉若欲設科立名以取之則是教天下相率而為偽也上以孝取人則勇者割股怯者廬墓上以廉取人則弊車羸馬惡衣菲食凡可以中上意無所不至矣德行之弊一至於此乎自文章而言之則策論為有用詩賦為無益自政事言之則詩賦策論均為無用矣雖知其無用然自祖宗以來莫之廢者以為設科取士不過如此也豈獨吾祖宗自古堯舜亦然書曰敷奏以言明試以功自古堯舜以來進人何嘗不以言試人何嘗不以功乎議者必欲以策論定賢愚能否臣請有以質之近世士大夫文章華靡者莫如楊億使楊億尚在則忠清鯁亮之士也豈得以華靡少之通經學古者莫如孫復石介使孫復石介尚在則迂闊矯誕之士也又可施之於政事之間乎自唐至今以詩賦為名臣者不可勝數何負於天下而必欲廢之近世士人纂類經史綴緝時務謂之策括待問條目搜抉略盡臨時剽竊竄易首尾以眩有司有司莫能辨也且其為文也無規矩準繩故學之易成無聲病對偶故考之難精以易學之士付難考之吏其弊有甚於詩賦者矣唐之通牓故是弊法雖有以名取人厭伏眾論之美亦有賄賂公行權要請託之害至使恩去王室權歸私門降及中葉結為朋黨之論通牓取人又豈是尚哉諸科舉人多出三路能文者既已變而為進士曉義者又皆去以為明經其餘皆朴魯不化者也至於人材則有定分施之有政能否自彰今進士日夜治經傳子史貫穿馳騖可謂博矣至於臨政曷嘗用其一二顧視舊學已為虛器而欲使此等分別注疏粗識大義而望其才能增長亦已疏矣臣故曰此數者皆知其一而不

知其二也。特願陛下留意其遠者大者。必欲登俊良。黜庸回。總覽衆才。經畧世務。則在陛下與二三大臣。下至諸路職司與良二千石耳。區區之法何預焉。然臣竊有私憂過計者。敢不以告。昔王衍好老莊。天下皆師之。風俗陵夷。以至南渡。王縉好佛。捨人事而修異教。大曆之政。至今為笑。故孔子罕言命。以為知者少也。子貢曰。夫子之文章。可得而聞也。夫子之言性與天道。不可得而聞也。夫性命之說。自子貢不得聞。而今之學者。恥不言性命。此可信也哉。今士大夫至以佛老為聖人。鬻書於市者。非莊老之書不售也。讀其文。浩然無當而不可窮。觀其貌。超然無著而不可挹。此豈真能然哉。蓋中人之性。安於放而樂於誕耳。使天下之士能如莊周齊死生。一毀譽。輕富貴。安貧賤。則人主之名器爵祿所以礪世摩鈍者廢矣。陛下亦安用之。而況其實不能。而竊取其言以欺世者哉。臣願陛下明勅有司。試之以法

言。取之以實學。博通經術者雖朴不廢。稍涉浮誕者雖工必黜。則風俗稍厚。學術近正。庶幾得忠實之士。不至蹈衰季之風。則天下幸甚。

神宗時同知禮院劉攽上奏曰。臣准御史臺告報。進詔書天下學校貢舉之法。博訪臣等。令得詳議者。臣愚以謂人主之舉事與人臣之獻議不同。人臣之議者。盛言古事以為高。侈言已忠以為博。迂遠而不切事情。漫汗而不濟世務。雖已自知其無益於治矣。而猶為之。何也。其言之有理。其持之有故。其名之所存。是以夸衆眩俗。故敢為而不疑耳。人主之舉事則不然。度時之所宜。因俗之所安。不以虛名而棄實效。不慕遠業而捐近功。使令出而下必信。事舉而俗必定。故與其出令不當而亟改之。不若謀事於始而慎慮也。今陛下患選舉之法不明。教育之方未善。此必有以前古久遠之事感動上聽者。不可不察也。本朝承百王之末。創起律令。雖未及三代。其隨時因俗。從宜應變。增損不常。亦自一朝之制。而選舉之法。行之百有餘歲。累朝將相名卿。及今之所謂賢材。與共天下之論議者。皆非以他塗進者也。而誣以謂未嘗得人。臣竊以為過矣。且臣論之。今時選舉之患。不在創法之未善。而在有司之弗良。不患試言之非要。而患聽者之不察。何以言之。今國家求賢良異材之人。則使公卿薦舉。求文學經術之士則使郡縣推擇。此雖三代取士何以過此。帝典之言曰。敷納以言。孔子曰。不知言無以知人也。然則未知人莫如聽言。故國家試士以文詞。亦二帝敷納之比也。誠使有司兼仲山將明之才。懷孟子知言之術。精聽慎擇。則賢不肖豈不較然。由是觀之。取士之法未嘗失。而有司之聽或不能盡。今以有司之不能盡而變法。法雖亟變而不擇人付之。雖法如三代。猶將終無益也。議者或謂文詞之為藝薄陋不

足以待天下之士。臣愚以謂今進士之初仕者。不過得為吏部選人。國家待門蔭恩澤者亦為選人。流外小吏亦為選人。選人如此之卑也。而天下之士以文詞應此選。豈不固有餘裕哉。朝廷設置何等爵祿。而更艱難其選乎。且進士成名者。國家亦何嘗使以為才傑而任用之哉。或以文章顯。或以法律用。或以善政事稱。或以治財賦進。皆待其來日成效。而後有取。則夫取士之始。亦何用靳靳遴惜若不得已哉。臣朝廷果選舉之法。將以想望高材豪傑之士也。今天下之士至於禮部者歲不下二千人。朝廷豈能以玉帛之聘。弓旌之招。而遍得此乎。必亦使之投牒自進耳。士之投牒自進。必非豪傑之士。伊尹管仲之儔。雖更其科試而取之。徒小異其名目。然其得士未有以異於前也。更恐好利衒鬻之人。崇虛名以亂真。則取士之弊又甚於往日矣。議者又謂不如一用鄉舉里選者。此又知其一未知其二也。夫二

漢之用鄉舉里選所以得人者其時郡縣之吏自廷掾諸曹卒史馭吏亭長游徼皆賢士為之故其臨財不苟則知其廉債事能斷則知其智吏武才略莫不畢效故其譽之有實舉之不難自流品分別郡縣吏卒棄絕為賤不齒於縉紳賢士不復從此役士之居鄉里者何由察知茍憑虛名以進人後有不稱將復相與蔽護其短而謂之材終亦不得真賢實廉矣是鄉舉里選又不可盡用也凡此數端皆臣所以深疑者也不知臣之愚陋至此耶抑亦千慮將有一得也然愚者之志專則難移故臣願朝廷且毋庸輕變選舉之法不如因舊法而慎選有司之為愈也雖然尚有一說今有人於此明辯足以判獄訟智略足以治財賦而文詞不足以自發經藝不至于浹洽則將指棄終身無仕進之望其材豈不可惜哉臣願陛下爲設從政科使公卿及監司舉如此人以充選必有舉者三人乃召而用之且毋以為

真試之三年才任其事然後命之以官即不可使復還為民而坐其舉者如此則天下之材士殆無遺逸矣臣聞教育之法所以治性也性脩則智明智明則應物不惑不惑則盛德之士也自兩漢以來學者未嘗不以利祿為心夫可誘以利祿而勉強為善則德性離矣是故造士不及三代者由此也今陛下建學校為置明師而誨道之毋問其所學毋限其所能則賢材莫不養育矣若惡文章之敝而以經藝勸之學者之志未出於為祿利也則文章之士棄而為經藝雖曰不同其離於德性也均矣天之生材有昏有明智明材大者非小智小識之所能掩也及其淺晦下材雖日撻之亦終不能以致高大士脩之於家是以成材亦何待學官程課督趣之哉臣愚不足以知遠略惟陛下裁幸

起居舍人同知諫院范純仁論貢舉疏曰臣近奉德音以朝廷不能均取四方之士慮有遺才令臣具合設科制及取人之法進呈臣智識淺昧不能盡遠大之策上副詔旨輙以所見粗陳一二竊以自祖宗以來取人唯進士科為盛凡舉擇公卿近侍多取進士出身之人故天下之士競務此科而進然進士舉業文賦唯閩蜀江浙之人所長至南省則與西北之人一處糊名通考故西北之人得進者少今若明行分別則必東南之人與難進之數而寄貫巧僞者蓋多不若用臣前來所上貢舉之策先於天下郡縣各立學校養士之法仍擇明師以教之每科詔之下委州郡長吏及學官於進士明經中唯取土著之人先曾入州縣學各及三百日已上才行優於衆人者許用解額中人數三分之一特為薦送至南省謂之特舉之科南省只試策論經義仍各分路分考校逐路各與優立分數取人至御前亦依分數與放及第則諸路得人無不均一朝廷遂於貢舉優立五路之

法又乞詔政府今後舉臺省館閣經筵職司並於明經進士或無出身人中數路參取但擇才行優長不必限以科第如此則四方賢士可以俱進矣更望聖慈詳酌施行

純仁又論薦舉疏曰臣聞唐虞之際俊乂在官成湯亦曰旁求俊彥詩稱濟濟多士文王以寧孔子論政則曰赦小過舉賢才是皆以舉擇人材為治道之先務也方今天下之廣士民之衆不減古昔而庶官得人不及前代良以舉用之道未能開廣選任既由政府多以資任叙擇執政不過數人豈能遍知天下之士雖展轉詢訪亦得之私言未如公舉之審實也唐則天以僭竊之政務求多士以收人心廣令臣寮舉薦兼亦人得自舉選任之道固為太冗然猶多得賢俊下無遺材故姚崇宋璟之徒相繼而出開元之治實有賴焉況當陛下銳意勞心興治補弊之際若不數求賢才與之共政則何以致百

揆時叙庶政惟熙者乎。求才之術莫若特詔内外之臣各舉所知其大兩省已上。於省府諸路職司人中舉堪充職司知州等人。及諸路監司臺諫省府舉堪充轉運判官知州等人。亦許舉堪充清要之人。每舉三員並於舉章之中。終身保全。有不職與之同罪。及前來應詔舉到未曾進用及臣僚所舉自代之人。一處參較。凡是庶官有闕便可選擇進用。如此。則俊傑彙進。官無曠職。上可以輔成聖政。下可以激勸多士。

知諫院陳襄上奏曰。臣伏見今歲科場開封府就試進士三千二百七十餘人。合解三百十人為額。國子監一千六百餘人。合解百人為額。皆是十分之中未取其一。英俊既多。而剗辭挾書眞偽殺雜。若不精加考校。去留之際。不無差誤。孤寒得失。所繫不輕。貢舉條制。雖令考試官通考。緣三場卷子數目稍多。自來承例分定。方始考校得失。其間好惡不同。未必取捨皆是。洎至考到合格人數。便即類聚奏號。更不將退落卷子。令衆官一處衮同再考。輕易漏略。非惟不恤舉人進取之艱難。殊不體認朝廷取士之意。臣今擘畫欲乞今來考試官初考校時。權令分定卷子。除考到詞理優長已合格者及辭理紕繆與犯不考式者已係黜落外。將逐官退下中等卷子。在去留之間者令衆官一處公共看詳。與近下合格卷子比校優劣。然後升黜。仍將三場卷子連粘通考。所貴得士之實。不至差繆。所有考校雖無日限。校量一月之内。以詩賦策論通考每人一日考得一十五副至二十副已來。如將退落下等卷子。更令衆官參考。須至更展日限。方得了當。今乞將就試舉人卷子與考試官員數均定。日以二十副為準。自引試初場通計人數。與五七日限通考退落卷子以引試日為始。計其日限。如更日限未足。未得奏名。所貴考校精詳。不失斷棄之士

襄又上奏曰。臣竊見外州軍不係免解舉人。近日甚有經中書待漏院及攔截宰相投狀陳乞免解。未蒙指揮施行。其間多是遠方孤貧羸老之人。徒步入京。羈旅困窮。深可憐憫。訪聞有經三四十年已前曾與鄉薦。潦倒場屋。今來為見陛下龍飛初牓嘉祐二年已前府監一舉進士。尚許免解。以此扶羸戴白。奔走遠來。有覬望一例推恩之意。若令白首空歸。苦人所歎。欲望陛下憫其衰暮之年無所成立。因茲首牓。特與推恩。應進士經三十年。諸科四十年已前曾與鄉薦。不以舉數場第。見在京師者。許依府監免解人例。與南省就試。如不願就試者。並賜一本州文學助教之名。不理選限。使歸田里。露朝廷一命之榮。必知上戴聖仁。死無遺恨。抑以見陛下隆儒優老之意。不為無勸也。

元豐三年。判三班院曾鞏請令長貳自舉屬官奏曰。臣伏以陛下本原周禮參之以有唐六典之書。考諸當世之宜。裁以聖慮。更定官制。以幸天下。臣誠不自揆。欲少助萬一。今無足取者。亦是以致區區愛君之心。竊觀於書。其在堯典稱堯之德。曰平章百姓。百姓昭明。則平其賢不肖功罪之分。而章之以爵賞。使百官莫不昭明者。此人主之事也。其在說命曰。惟說式克欽承。旁招俊乂。列于庶位。則承人主之志。廣引人材。進諸朝廷者。此宰相之事也。其在冏命。穆王命伯冏為周太僕正。其戒之曰。慎簡乃僚。無以巧言令色便僻側媚。其惟吉士。則使得自簡屬僚。以共成其任者。此諸司長官之事也。其上下之體相承如此。所以周天下之務。蓋先王之成法也。故陸贄相唐。陳致理之具。以謂百司之長至於副貳之實。與夫兩省供奉之職。請委宰臣叙擬。以聞其餘臺省屬僚。請委長官選擇。指陳材實。終身保任。其以舉授之跡。各載除書之內。得賢則有進考增秩褒升之賞。失實則有

奪俸贖金黜免之罰。非特搜揚下位而已。亦以閱試大官。其所取之士。既責行能。亦計資望。此贄之大指也。贄於經畫之材。近世未見其比。其在相位。所陳先務如此。質之於古。實應先王之法。施之後世。可以推行。誠古今之通議也。陛下隆至道。開大明。配天地。立人極。循名定倍。以董正治官。千載以來盛德之事也。創制之始。新命之官。任之以彌綸衆職。所繫尤重。其所更革。著於甲令。或差若毫髮。四方受其敝。或誤於須臾。累歲不能救。則於選用之體。尤不可假非其人。且臺省長官僕射尚書左右丞侍郎御史中丞。皆國之重任。陛下所選擇而授。今尚書既領天下之事。郎員外郎凡二十四司。用吏幾百員。其餘屬佐尚不在數中。若使本司長貳之官。自郎以下員有未備。皆舉二人以聞。以陛下之明。其於羣臣材分無不周知。取其所舉擇用其一。其餘書之於籍。以為內外之官選用之備。庶幾為官得人。足以上副陛下作則垂憲非常之大志。且本朝著例。御史中丞知雜至於省府之長。固得自舉其屬。而館閣監司牧守之官。亦嘗屢詔近位皆得薦用所知。名臣偉人。往往由此而出。則推而廣之。求於故事。實有已試之効。其所薦之士。采用其一。其餘書之於籍。以備選擇。循舊闕御史一員。聽舉二人。其不中選者。亦以次黜進。則稽諸累朝。亦故事也。伏惟陛下本問命太僕慎簡乃僚之意。采陸贄臺省長官舉吏懇懇之論。推本朝已試之法。使先王之迹。自陛下追而踐之。如此。則任舉之道隆。進賢之路廣。踈遠之士。懷材者皆得彙征。要近之臣。將善者皆得自達。以陛下之臨照。誰敢不應之以公。以陛下之考覈。誰敢不赴之以實。既得其人。授之以位。然後陛下以公聽並觀。分別淑慝。以執中主要。信行其賞罰。如此。則允釐百工。庶績咸熙。可無為而致。堯之平章百姓。百姓昭明。如是而已。如臣之說為可采者。其推行之法。

陸贄所陳。惟陛下察其踈密。詳加損益。

鞏又請令州縣特舉士奏曰。臣聞三代之道。鄉里有學。士之秀者。自鄉升諸司徒。自司徒升諸學。大樂正論其秀者。升諸司馬。司馬論其賢者。以告于王。論定然後官之。任官然後爵之。位定然後祿之。論定然後官之者。鄭康成云謂使試守。任官然後爵之者。蓋試守而能任其官。然後命之以位也。其取士之詳如此。然此特於王畿之內。論其鄉之秀士耳。故在周禮。則稱鄉老獻賢能之書于王也。至於諸侯貢士。則有一適再適三適之賞。黜爵削地之罰。而其法之詳。莫得而考。此三代之事也。漢興。采董生之議。始令郡國舉孝廉一人。其後又以口為率。口百二十萬至不滿十萬。自一歲至三歲。自六人至一人。察舉各有差。至用丞相公孫弘太常孔臧議。則又置太常博士弟子員。郡國縣官有好文學孝悌謹順出入無悖者。所聞令相長丞上屬所二千石。二千石謹察可者。令詣太常受業如弟子。一歲皆課試。通一藝以上。補文學掌故。其高第可為郎中者。太常籍奏。即有秀才異等。輒以名聞。又請以治禮掌故比二百石及百石吏。選擇為左右內史。大行下郡太守卒史皆各二人。邊郡一人。不足擇掌故以補中二千石屬。文學掌故補郡屬備員。其郡國貢士太常試選之法詳矣。此漢之事也。今陛下隆至德。昭大道。參天地。本人倫。興學崇化。以風天下。唐虞用心。何以加此。然患今之學校非先王教養之法。今之科舉非先王選士之制。聖意卓然。自三代以後當塗之君。未有能及此者也。臣以謂三代學校勸教之具。漢氏郡國太常察舉之目。揆今之宜。理可參用。今州郡京師有學。同於三代。而教養選舉非先王之法者。豈不以其遺素厲之實。行課無用之空文。非陛下隆世教育人材之本意歟。誠令州縣有好文學厲名節孝悌謹順出入無悖者。所聞。

令佐升諸州學州謹察其可者上太學以州大小為歲及人數之差太學一歲謹察其可者上禮部禮部謹察其可者籍奏自州學至禮部皆取課試通一藝以上御試與否取自聖裁今既正三省諸寺之任其都事主事掌故之屬舊品不卑宜清其選更用士人以應古義遂取禮部所選之士中第或高第者以次使試守滿再歲或三歲選擇以為州屬及縣令丞即有秀才異等皆以名聞不拘此制如此者謂之特舉其課試不用糊名謄錄之法使之通一藝以上者非獨采用漢制而已周禮大司徒以鄉三物教萬民而賓興之亦以禮樂射御書數也如臣之議為可取者其教養選用之意願降明詔以諭之得人失士之效當信賞罰以厲之以陛下之所嚮孰敢不虔於奉承以陛下之至明孰敢不公於考擇行之以漸循之以久如是而俗化不美人材不盛官守不修政事不舉者未之聞也其舊制科舉以習

者既久難一日廢之請且如故事惟貢舉踈數一以特舉為準而入官試守選用之叙皆出特舉之下至夫教化已洽風俗既成之後則一切罷之如聖意以謂可行其立法弥綸之詳願詔有司而定議焉

神宗時知審官院蘇頌上貢舉議曰臣竊謂以今之科試取士比之往年至為詳密往年專以詞賦為考試而學古者或詘於聲病今則詩賦策論通考求專於一場取捨往年雖通考三場而學經術者或困於無文今則有明經之舉往年敦樸之士或不習科舉無由自達今則有遺逸之薦是則詩賦所遺者取之於策論策論所失者選之於明經二者又不能盡則擢之於遺逸天下苟有懷才負藝之人靡不畢為朝廷收擢而任用之矣今明詔猶以為不足者臣竊謂其弊不在法制之未而在於措置之未盡耳夫措置之未盡其說有四一曰考試關防大密二曰士子不事所業三曰詐冒戶貫取應四曰取人多少不均所謂考試關防太密封彌謄錄是也夫封彌謄錄本欲示至公於天下然則徒置疑於士大夫而未必盡至公之道又因而失士者亦有之何則國家取士行實為先今既封彌謄錄考官但校文詞何由知其行實故雖有瓌異之士所試小戾程式或致退落平時嘗負玷累苟一日之長可取便預收采士之賢否而進退之間繫乎幸與不幸往往是矣是豈朝廷之本意耶臣竊覩天聖四年仁宗皇帝詔書曰如聞舉送之士操履罕修黜於有司則紛然起謗升于科選又多以敗官由習尚於虛浮宜特行於敦戒自今諸州發解諸舉人並須考訪履行或有乖僻彰暴雖所試可取不得一例解送以此見朝廷之意先士行而後文藝也若封彌謄錄則何由辨其賢否而得如詔書之敦戒乎為今之便則莫若去封彌謄錄之法使有司得專考

詳考察一則主司知朝廷委任不疑益務盡心二則召實學者得以自明程文小疵不廢見棄三則淺陋之人圖無僥倖之望至公之道無大於此議者或曰此法行之已久今多士競進一旦改之必致諠訟何以弭之臣以為士子之行莫若鄉曲最知其詳儻或素[illegible]無聞因而黜落曰厭群議復何異乎多言邪若其行完學富之人偶不預薦既知朝廷所以取之之意則人人自重不敢輕發養其廉恥異日足為嘉士其所勸蓋多矣若曰南省聚天下之士不下數千人主司無由一一知其賢否雖見姓名亦何益於公選臣以謂此法宜先施之州郡亦庶幾存鄉舉里選之遺範也望自今並委知州通判職官常加察訪本州行能之士記其姓名更相論辨遇詔下轉運司為精擇試官依常赴院鏁宿其舉人試卷更不封彌謄錄仍別差官點檢收納應有塗注乙勲並印記訖遂旋發送試院不得稽留令試官依公考校文藝除雜

犯不考式者，先行黜落外，其餘悉定高下訖，報州，令知州、通判、職官同入試院，共加審覆。以素有聲稱著於鄉里者為先，然後定其去留，依額解送。試官及州官若有偏曲私徇，令監司嚴加按察，具奏其事，重行黜降。如此詮擇，必無幸進之人。比至南省，則是已經鄉里察訪，設令依舊封彌謄錄，只考文藝，亦不容無狀之人得預奏名也。其殿試考式繫之朝廷，非有司所當措議也。所謂士子不事所業者，舉人不納公卷是也。舊制秋賦先納公卷一副，古律詩賦文論共五卷，預薦者仍親赴貢院投納，及於試卷頭自寫家狀，其知舉官去試期一月前差入貢院，先行考校，內事業殊異者，至日更精加試驗，如程試與公卷全異，及書體與家狀不同者，並行駁放，或假借他人文字，辨認彰露，亦便扶出，永不得赴舉。是舉人先納公卷，所以預見其學業趣向如何，亦有助於選擇也。景祐已前，學者平居必課試雜文古律

詩賦，以備秋卷，頗有用心於著述者。自慶曆初罷去公卷，舉人唯習舉業外，以雜文古律賦詩為無用之言，而不留心者多矣。此豈所以激勸士之篤學業文之意邪。臣欲望自今舉人請應，依前令投納公卷一副，不得假借他人文字，並親書試卷頭家狀，一准舊制，委知舉考試官預先看詳，以備將來與試卷參驗是非而升黜焉。如此，庶幾人知向學，不為苟且之事矣。所謂詐冒戶貫請應者，今外郡舉人赴開封府取應是也。天下州郡舉子既以本處人多解額少，往往競赴京師，旋求戶貫，鄉舉之弊，無甚於此，雖朝廷加以峻文，而終不能禁止者，蓋以開封府舉人不多，解額動以數百人，適所以招徠之，而使其冒法。欲革其弊，莫若預為之防，於罷舉之歲，令本府下諸縣察訪見今土著實有多少舉人，候見得的實數目，關送貢院，比校外郡人數，酌中解名，勘量其分數，別立定額。外方舉人知其如此，豈肯不遠

數千里冒峻文而求寄貫乎？其府中減下人數，却乞移與國子監添起名額。既已革寄貫詐冒之弊，又足廣庠序樂育之風。如此行之，誠兩有所便也。或曰：府中減下人，國子監又復添額，則人人競赴庠序投狀，其於冒妄，不亦均乎？是不然也。在開封府則有詐名冒貫之弊，於國子監自是四方俊造進取之所，事體固不相類，容其趨進，復何害焉。所謂取士多少不均者，進士與制科遺逸是也。臣竊以往年放進士每榜不下四五百人，自間年放榜，亦常近二百人。諸科大約依進士人數，而制科入等者不過兩三人，明經不過三五人，遺逸之薦復未有定制。竊以謂舉制科者博通古今，貫穿經史，顧其積學勤亦至矣。明經者雖誦數或闕，而大義多通，遺逸之薦，縱不能盡如詔書之所求，要之皆鄉里推許之人。此數科比之進士諸科初學幸中者，多取之亦未為謬濫也。臣伏覩新制，三歲一科，詔每榜以三百人為限。

是進士諸科之路已廣，而制舉遺逸議論猶未及之。況近制明經已許均減諸科之數，雖取人未多，是已有定制，臨時可以通融損彼而益此也。臣愚欲望自今年科舉進士每榜且以二百五十人為限，留其餘五十人以待制舉及遺逸之類。其制舉策入優等者，自依常例。在下等者，望量添人數，比類賜以出身，以酬其積學之勤。其舉遺逸，仍望立為定制，每放榜而後，下詔諸路州郡及轉運司共察訪，如士人中顯有履行純固、經術文藝優贍，為眾人推許者，或場屋黜落，或丘園高蹈，咸許保薦，每路限以五人，並敦遣赴京師，依例試以策論，考定高下，優者賜以科名，與制舉所增人共足所留進士五十人之數，下等亦望量推恩澤，或與免將來文解。如此，則取士之路益廣，而伃藝之人無有棄遺，獎育人材，敦激偷薄，上助風教，不為無益也。

判太常寺韓維議貢舉狀曰。右臣伏奉勑命。議考校貢舉之法者。臣
謹按周禮大司徒之職。以鄉三物教萬民而賓興之。曰六德。曰六行。
曰六藝。所以脩身事君事父母接兄弟親戚朋友鄉黨之道。無不教
也。至于射御書數。亦皆時所資用。無非事而為之者。故起而仕之。則
其所施設皆素業也。今之士固未嘗教也。而又誘之以華靡無用之
文。程之以誦記不講之言。至于行能。則蕩然不省矣。故及其仕也。卒
居之所先務者。今則無所施矣。前日之所方習者。今則不足用矣。其
所以時得賢俊之士而官之者。幸也。今欲講圖善法。以變其習俗。則
當先去其無益者。而使就其益者。臣請以五事言之。一罷詩賦。更令
於所習一大經中。（今人通習某經）問大義十道。但以文辭解釋。未必全記注
疏。取其言典雅。得聖人之意者。通七以上為合格。一本設明經舉。其
所取人數與諸科相通者。亦欲漸誘經生使習義理之學。而比來甲

選尚少。蓋進士患於不能記誦。諸科患於不能解釋。今請少損貼墨
之數。以來進士。所放諸科既少。則其翹然者。必須力學以趍此舉。又
諸科試大義。常在末場。多是合格人數已定。雖有大義不中程。亦難
復黜落。（今試大義條中者不指義理。而但引注疏。備為通。及六分為粗。當更議。）今請稍移大義在前。黜
其不通者。則記誦者不得專進。此皆所以微厲諸科。使漸就明經也。
一州府軍監諸學。每生徒百人以上（生徒數以秋賦就試人為準）特置教授官一
員。不及百人。以職官若曹官兼領。（教授官。委兩制三館國子監官稱舉。籍其名。遇其闕則授之）一
每當解發。自知州至凡當職官吏。及雖非當職而仕者。及雖不仕而
以道藝處鄉里者。并應舉人。大會州之聽事。或學之講堂。令眾評行
義尤異者。以品目高下書為一狀。（無尤異者聽勿舉）俟程試定合格人數。如
所舉人在得中者。升其名於上列。仍以名移南省。試日稍加優異。（優異
法別當議）殿試亦如之。一於常科之外。別開數路。如近歲較遣之比。其人
材藝自朝廷所欲得者。臨時命科。凡此皆變舊法之尤無益者。而稍
加獎厲之道也。若夫道德貴於朝廷。則下知所慕矣。教化明於太學。
則四方有所成矣。惟在陛下與一二執政之臣力行而詳處之。則明
詔所謂一道德而獎進人材。斯無難矣。

歷代名臣奏議卷之一百六十六

選舉

宋哲宗元祐元年平章軍國重事文彥博上奏曰臣聞於詩思皇多士生此王國濟濟多士文王以寧。從古來為國治民者多士則興乏賢則衰此理之必然也。士所以多由養育有素故有秀選俊造之目。等級升之漸至於官得其人國無不治臣以朝廷育才取士之法數十年來有所未至向時應進士舉者自執卷為儒便知自重謂之應將相科亦曰白衣公卿登科之後其在高等者知朝廷必將不次進用華皆益自奮勵進修德業以副時望所以至於公卿將相為名臣者多是其人。近歲以來稍異於是登甲科者搢紳罕聞其名朝廷罕得其用蓋由士子偷惰無素朝廷勸獎未周臣亦聞禮部別定貢舉條貫然慮於激勸士行儒風猶有未至臣欲乞先時降詔開諭使人人知朝廷育才取士之道使各自勉勵尚去科選得士必多濟濟以寧當由於此。

彥博又上奏曰臣觀六典三銓之法以三類觀其異優者擢而升之否者量而退之所以正權衡明賞罰抑貪冒進賢能今之典選一守定格選格中有以多舉主有軍功者為上多以者或善請求有軍功者或容妄冒如近時買人頭得賞官者極多有同配官故多失才亦容濫進臣欲乞委吏部尚書侍郎長貳依三類之法定本選之人合入知州通判知縣縣令考其才德功效為上中下三品送中書門下覆驗可否定訖判銓宗引對一經聖鑒物無遁形更有去留孰不激勸又判銓之官亦當上體朝廷委付之重以銜鑑自任庶之不發間或以人才高下絕異者特以名聞而進退之乃為稱職

尚書左僕射司馬光上疏曰臣竊惟為政之要莫如得人百官稱職則萬務咸治然人之才性各有所能或優於德而嗇於才或長於此而短於彼雖皐夔稷契止能各守一官況於中人安可求備是故孔門以四科論士漢室以數路得人若指瑕掩善則朝無可用之人苟隨器授任則世無可棄之士臣誤蒙甄擢備位宰相遴選百官乃其職業而知識淺短見聞褊狹知人之難聖賢所重家宇至廣俊彥如林或以孤寒遺逸被褐懷玉豈能周知若專引知識則嫌於挾私難服眾心若止循資序則官非其人何以致治莫若使在位達官人舉所知則克協至公野無遺賢矣臣不勝狂愚欲乞朝廷設十科舉士一曰行義純固可為師表科（有官無官人皆可舉）二曰節操方正可備獻納科（舉有官人）三曰智勇過人可備將帥科（舉文武有官人此科亦許鈐轄已上武臣舉）四曰公正聰明可備監司科（舉知州以上資序人）五曰經術精通可備講讀科（有官無官人皆可舉）六曰學問該博可備顧問科（有官無官人皆可舉）七曰文章典麗可備著述科（有官無官人皆可舉）

八曰善聽獄訟盡公得實科（舉有官人）九曰善治財賦公私俱便科（舉有官人）十曰練習法令能斷情讞科（舉有官人）應職事官自尚書至給舍諫議寄祿官自開府儀同三司至太中大夫職自觀文殿大學士至待制每歲須得於十科內舉三人（非謂每科各舉三人謂各隨所知其人充某科舉者許三人）狀云臣竊見其人有何行能（並須指陳事實不得挾飾虛辭在上者得舉在下之人在下者不得舉在上之人）臣今保舉堪充某科如蒙朝廷擢用後不如所舉（謂如舉行義而身犯名教節操方正而依邪諂徇智勇過人而畏懦敗事公正聰明而私曲昏闇經術精通而不能講說學問該博而空疏無聞文章典麗而鄙拙善聽獄訟而冤濫失實善治財賦而病民蠹國練習法令而舉措乖謬致出入）及犯正入己贓臣甘伏朝典不辭候奏狀到日侍中書省擇勤謹吏人專切收掌仍每科各置簿書時抄錄年月日某官姓名別致合舉官臣寮薄歲終不舉及人數不足按劾施行或遇在京外方有事須合差官體量相度點檢磨勘刑獄催促推勘定奪則委執政親檢逐簿各隨所舉之科選差令

試管幹上件差使若能辦集即時別置簿記其勞績遇本科職任有闕（謂若經筵武學官有闕即用行義純固經術精通學問該博等科人臺諫有闕即用節操方正科人之類）則委執政親檢逐簿選名實相稱或舉主多或有勞績之人補充仍於本人除官敕告前盡開坐舉主姓名於後或不如所舉其舉主從貢舉非其人律科罪犯人正入己贓舉主減三等科罪若因受賄徇私而舉之罪名重者自從重法期在必行不可寬宥雖見為執政官朝廷所不可輟者亦須降官示罰即朝廷臨時因事特詔舉官（謂若舉知河渠馬牧等之類）不在十科之內者有不如所舉亦同此法所貴人人重惜所舉官皆得人

先又上科場劄子曰臣伏覩朝廷改科場制度第一場試本經義第二場試詩賦第三場試論第四場試策試新科明法除斷案外試論語孝經義奉聖旨令禮部與兩省學士待制御史臺國子監司業集

議聞奏臣竊有所見不敢不以聞凡取士之道當以德行為先文學為後就文學之中又當以經術為先辭采為後是故周禮大司徒以六德六行賓興萬民漢以賢良方正孝廉質樸敦厚取士中興以後取士尤為精慎至於公府掾屬州從事郡國計吏丞史縣功曹鄉嗇夫皆擇賢者為之苟非其人則為世所譏貶是以人人思自砥礪敦化興行風俗純厚乃至後世陵夷雖政刑紊於上而節義立於下有以奸回巧偽致富貴者不為清議所容此乃德化之本原王者所先務不可忽也熹平中詔引諸生能文賦者待制鴻都門下蔡邕力爭以為辭賦小才無益於治不如經術自魏晉以降始貴文章而賤經術以詞人為英俊以儒生為鄙樸下至隋唐雖設明經進士兩科進士日隆而明經日替矣所以然者有司以帖經墨義試明經專取記誦不詢義理其弊至於離經析注務隱爭難多方以誤之是致舉人自幼至老以夜繼晝腐脣爛舌虛費勤勞以求應格詰之以聖人之道曾若面牆或不知句讀或音字乖訛乃有司之咎非舉人之罪也至於以賦詩論策試進士及其末流專用律賦格詩取捨過落摘其落韻失平側偏枯不對蜂腰鶴膝以進退天下士不問其賢不肖雖頑如跖蹻苟程試合格不廢高第行如淵騫程試不合格不免黜落老死衡茅是致舉人專尚辭華不根道德涉獵鈔節懷挾剿剽以取科名詰之以聖人之道未必皆知其中或游處放蕩容止輕儇言行醜惡靡所不至者不能無之其為弊亦極矣神宗皇帝深鑒其失於是悉罷賦詩及經學諸科專以經義論策試進士此乃革歷代之積弊復先王之本典百世不易之法也但王安石不當以一家私學欲蓋掩先儒令天下學官講解及科場程試同己者取異己者黜使聖人坦明之言轉而陷於奇僻先王中正之道流而入於異端若己論果是先

儒果非何患學者不棄彼而從此何必以利害誘脅如此其急也又黜春秋而進孟子廢六藝而尊百家加之但考校文學未勉勵德行此其失也凡謀度國事當守公論未可希時又不可徇俗宜校是非之小大利害之多少使質諸聖人而不謬酌於人情而皆通稽於上古而克合施之當世而可行然後為善也今國家大議科場之法欲盡善盡美以臣所見莫若依先朝成法合明經進士為一科立周易尚書詩周禮儀禮禮記春秋孝經論語為九經令天下學官依注疏講說學士博觀諸家自擇短長各從所好春秋止用左氏傳其公羊穀梁陸淳等說並為諸家孟子止為諸子更不試大義應舉者聽自占習三經以上多少隨意皆須習孝經論語於家狀前開坐習某經某經又每歲委升朝文官保舉一人不拘見在任不在任是本部各舉所知若係親戚亦於舉狀內聲說其舉狀稱臣竊見某州某縣人某甲

有何行能臣今保舉堪應經明行脩科於後不如所舉臣甘當連坐不辭候奏狀到朝廷下禮部貢院置簿各分逐路抄録本人姓名注舉主官位姓名於其下仍下本州出給公據付本人收執及令本州亦如貢院置簿抄録準備開科場日考驗公據其舉狀既上之後若所舉之人犯贓私罪至徒已上情理重及違犯名教候斷訖仍收坐舉主奏乞朝廷取勘施行其人未及第者減五等已及第者減三等坐之一如舉選人充京官法臣竊料此法初行其奔競屬請固不能免若朝廷必坐舉主毋有所赦行三五人後自皆慎擇其人不敢妄舉如此則士之居鄉居家獨處闇室亦立身行已不敢不慎惟懼玷缺有聞於外矣所謂不言之教不肅而成不待學官日訓月察立賞告訐而士行自美矣每遇開科場其有舉主者自稱應經明行脩舉仍於所投家狀前開坐舉主官位姓名有司檢會簿上合同方許收

接其無舉主者只稱應鄉貢進士舉如常法每舉人三人以上自相結為一保止保委是正身及是本貫不曾犯真刑無隱憂匿服此外皆不保其本州及貢院考試並依舊法差封彌謄録監門巡鋪官程試之日嚴加檢察如舊試經學諸科法各令求已毋得移坐位相從託商量相聚傳義傳本懷挾代筆違者扶出第一場先試孝經論語大義五道內孝經一道論語四道先須備載正文次述注疏大意次引諸家異義次以己見評其是非以援據精詳理長文優者為通其次為粗援據疎略理短文拙者為否三通以上為合格不合格者先次駮放合格者榜引次場就試如舊試經學諸科法試合格人數太少則委試官臨時短中求長詳酌放過次場試尚書次場試周禮次場試儀禮次場試禮記次場試春秋次場試周易大義各五道令舉人各隨所習經書就試考校過落如孝經論語法次場論二道一道於

儒家諸子書內出題一道於歷代正史內出題次場試策三道皆問時務考策之日方依解額及奏名人數定去留編排高下以經數多者在上經數均以策論理長文優在上其經明行脩舉人並於進士前別作一項出榜解發及奏名至御前試時務策一道千字以上封彌官於號上題所明經及舉主人數候考校詳定畢編排之時亦以經數多者在上經數均以策理長文優者在上文理均以舉主多者在上其經明行脩舉人亦於進士前別作一項編排先放及第其推恩注官比進士特加優異他時選擇清要官館閣臺諫等並須先取經明行脩人其舉主姓名常於官告前聲說如此則舉人皆務尊尚經術窮聖人指趣不敢不精旁覽子史不敢不博又不流放入於異端小說講求時務亦不敢不知所得之士既有行義又能明道又能博學又知從政其為國家之用豈不賢於今日之所取所有今來乞

復詩賦者皆向日老舉人止習詩賦不習經義應舉不得故為此說欲以動搖科場制度為己私便朝廷若不欲棄捐舊人候將來科場進士有特奏名者令試詩賦隨其優劣等第推恩亦無傷也不可以此輕改成法復從弊俗誤惑後生若以為文章之士國家所不可無即乞許人於試本經合格日投狀乞試雜文於試論次場引試或古詩或律詩或歌行或古賦或頌或銘或讚或四六表啓臨時委試官出題日試其文定篇數字數共須及五百字以上取辭采高者為合格候得解及奏名及第日編排姓名高下各在經數同等人之上如此則文章之士亦不乏矣至於律令勅式皆當官者所須何必置明法一科使為士者豫習之夫禮之所去刑之所取為士者果能知道義自與法律冥合若其不知但日誦徒流絞斬之書習鍜鍊文致之事為士已成刻薄從政豈有循良非所以長育人材敦厚風俗也朝

廷若不欲廢棄已習之人，其明法曾得解者依舊應舉，未曾得解者不得更應，則收拾無遺矣。臣愚所見如此。伏乞以臣所奏，及禮部等官所議，榜國子監門及編下諸州，有州學處榜州學門，令舉人限一月內投狀，指定何法為善，仰本州附遞以聞，候到京齊足，更委其他執政看詳參酌，從長施行。

光為門下侍郎，又上奏曰：臣先上言乞每歲委陞朝文官保舉一人，應經明行修科，與進士並置，程試一如進士，惟於及第後推恩優異，以勸勉天下舉人，使敦修士行。昨已有朝旨，來年科場且依舊法施行。竊聞近有聖旨，其進士經義並兼用注疏及諸家之說，或己見，仍罷律義，先次施行。臣竊詳朝廷之意，蓋為舉人經義文體專習王氏新學，為日已久，來年科場欲兼取舊學，故有此指揮，令舉人預知。如習之臣所乞置經明行修科者，欲使舉人知向去科場朝廷敦尚行

義，不專取文學，所以義教化厚風俗，比於經義文體尤為要切，宜使舉人豫知。欲乞亦降朝旨先次施行。況與進士舊法兩不相妨。

光又上奏曰：臣竊見御史韓川上言，諸路監司不當拘限資格，專任舉主，當令宰相自加選擇。竊緣常調之人，不可不為之立資格，以抑躁進塞倖門。若果有賢才，朝廷自當不次遷擢，豈拘此例。凡年高資深之人，雖未必盡賢，然累任親民，歷事頗多，知在下艱難，比於元不歷親民便任監司者，必少勝矣。朝廷執政止八九人，若非交舊無以知其行能，不惟涉徇私之嫌，兼所取至狹，豈足以盡天下之賢才。若采訪毀譽，則愛憎毀譽，情偽萬端，與其聽遊談之言，曷若使之結罪保舉。故臣奏設十科以舉士，其中一科行公正聰明可備監司，誠知請屬挾私所不能無，但有不如所舉者，嚴加譴責，無所寬宥，則今後自然慎擇，不敢妄舉矣。至如楚潛等雖無聲名，安知其無實用，俟其到

官無狀廢職，并舉主坐之，亦未為晚。

大學博士呂大臨論選舉六事疏曰：臣竊惟古之長育人才者，以士眾多為樂；今之主選舉者，以士眾多為患。古之以禮聘士，常恐士之不至；今之以法抑士，常恐士之競進。古今豈有異哉，蓋未之思爾。夫為國之要，不越得人以治其事而已。如為治必欲得人，則惟恐人才之不足，不患乎眾多也。如治事皆任其責，則惟恐士之不至，不憂乎競進也。今也取人而用，不問其可任何事；任人以事，不問其才之所堪。故入流之路不勝其多，然為官擇士則常患乏才；待次之吏歷歲不調，然考其職事則常患不治。此所謂名實不稱，本末交戾。如此而欲得人而事治，未之有也。今欲立士規以養德厲行，更學制以量才進藝，立貢法以取賢歛才，立試法以試用養才，立辟法以興能備用，立舉法以覆實得人，立考法以責任考功，其事目之詳具于後。

一士規。州縣皆立學，皆立士籍，學官正錄掌之。凡士人不以僑寓土著，已仕未仕（已仕至升朝官，未冠及年及七十，皆不籍），并居學不居學，應舉不應舉，皆委自鄉郭鄰里博訪，以姓名申州縣，長吏再加審覈無遺，與學官參考行實無濫，然後書于籍（皆保本貫三代年齒，其在學及應舉者皆保所習舉業，已任者保出身歷任）。除居學者自有學制外，別立士規，略如學規，禁過條目（其大過如棄為工商，邪非辟，傳賭鬪訟之類；其小過如遊非其人，非義干求之類，皆禁之），簿二道，一道記善（凡有善可記，皆記之），一道書過（凡犯士規者皆書之）。委州縣學正於學外士人中推擇為眾所服者為外學正（州城內量郡大小，自二人至六人，分坊糾之；自一人至三人，分坊及鄉總之）。凡預籍者又月輪一人主書善記過，謂之直月。每月約日群集于學，釋菜于先聖，退而食于堂。直月以所記過之狀白于外學正，外學正與眾評其可否而書之，而告其人（凡善行許眾推之，告于直月，直月審其實而記之；有過惟許直月察之，至會日告于學正，過亦立罰，如）犯大過既書

許其改過。不願改及終不悛者。去其籍。不得與士齒。不得服士衣冠。（先守工及庶人衣冠以别之。）朝廷考察德行。皆舊于此。其學行素高。為衆所推者。別加尊禮。不與衆同。如出遊它所。皆共所以遊之事告。

古者四民不雜處。士所習皆有業。今也農工商賈尚各有事。惟士一職。多容遊手罷惰之流。士風淪喪。人才不興。皆原於此。自祖宗以來州縣立學。惟守令留意者。僅能勸督應舉課業而已。鄉里服士衣冠。而與士大夫遊。皆名為士。而賢不肖混淆。莫之能辨。德學之進者。既無以旌別。無行之人。又無忌憚。欲望美風俗育人才難矣。然比見所立學制。多欲士人居學日久。此極有害。夫祗為士者。莫不有家。仰事父母。俯育妻子。皆人之大倫。養道安有可闕。今必使捨此而居學。先廢人之大倫。縱博聞多識。將安用之。此失其本。不可不革。況古之至學。亦不在乎朝夕羣聚。課試誦讀。然後為學。蓋必立明師使時往請教。有所矜式可矣。今之議立七規。所以防其失。月書善惡。所以進善改過。非其人者不得與士齒。所以清士流。此為之兆矣。兆足以行。則潤澤之方。更繫善治者措置如何耳。

二學制。凡學之制。皆立大學小學。課讀誦訓詁。習少儀。十年以上至于十九。皆入小學。二十以上。擇業成者。前一試之。十試中格者。始得入大學。方許應舉。（未中格者。且居小學。未得應舉。）大學分四科。一曰德行。二曰學術。三曰文辭。四曰政事。德行之科。居縣者縣之令佐與學官。令衆推擇察得其實。次其名薦于州。（其學行。道其故。）州之長吏與學官。再加審察。得其實。以禮聘之。縣令津遣赴州學。命學官館之。數與議論。以察其學識。旬月而歸。以薄籍其姓名。俟科場。州長吏及學官以參求可以應者貢于朝。（如居州學者。惟州長學官薦之。州長吏察之。）曰學術之科。以多聞博識明義理辨節。考典故為業。曰明經。（經無多少。自一經至于六經。以經為易。詩。書。春秋。禮樂。如禮兼明三禮。如樂雖無經。亦參取六經所言而求之。凡明經必兼治孝經論語孟子。）二曰習史。（究量歷代治體安危成敗及典故沿革。）文辭之科。皆習雜文為業。如制誥章奏文檄書問碑銘詩賦之類。如唐制政事。皆務究知利害本末及措置之法。如吏文條陳利害。如法令條立條約。不必文辭。惟取措置議論優長為善。已上惟德行一科。皆從推擇禮聘。外自學術文辭政事三科。並依科場法。許人應舉。亦自逐縣。以格陞之州學。學官又選其能者籍之。每有科場學官以其名聞于州。州申轉運司。轉運司選官考試。如舊法。額定中選人數貢于尚書禮部。其課試高下之法。以所習之高下多少為等。凡學術文辭之科。皆兼習史及文辭。為上。所兼習或史或文辭者次之。止習三經者又次之。止習二經者又次之。止習一經或習史者又次之。習文辭者次之。習政事者為下。明經者一經為一場。試義三道。習史者試策三道。文辭者試雜文二場。每場問目五道。（如兼習文辭政事。止各試一場。）已上德行科比制舉。學術文辭科比進士。政事科比諸科。

古者四十始仕。今則成童以上皆得應舉。故人之子弟不務積學蓄德。自稍有知。已奔馳仕進之門。又為學之序未嘗分別。大小往往躐等以進。羣應有司。其藝稍中有司之格者。十無二三。使人才不成。實原於此。故今立學制。分大小學之法。自十九以下皆居小學。二十以上其藝可升大學者。方升之大學。始得應舉。則童子必能安業。所習有序。不致有躐越之心庶幾成才可得而取。又或以德進。或以事舉。或以言揚。未嘗一科取之。自漢唐之盛。雖未能方古。亦數路設科以收人才。今專以進士一科取之。其所試者止於經義策論而已。及其中選。則百官之事皆得而任之。就其素學而論。蓋欲明義理而習文辭也。當官決事。則所知義理莫知所以施為。一有辭命。則所習之文不足以應用。謂之賢歟。而不知其德之可任。謂之能歟。而不知其才之可使。蓋所養非所求。所求非所用。養才取人之弊無甚於此。議更改科舉。後用詩賦。此特少濟有司考校之弊。無益朝廷育才用人之實。若明立四科以羅人才。則庶幾有得。又古之仕者。莫非上之人取之。非下有求而後予也。故上有下賢之義。士無失己之恥。今一切使之投牒自進。無以異於市井臣僕。非所以養士之廉。其本已喪。則

為士有輕。為士者輕。則雖有美才令德。亦不足任也。今欲悉命學官採擇。然後州長吏召而試之。少厲士風。不為無補。

三試法。　試法者。凡初入仕人。如初及第人奏蔭未出官之類在京委開封府及府界提點司。在外委監司郡守。審察人才可當何等職事。先令權攝管局。或差委定奪公事。以識其才。論斷考定分為四等。政迹可觀為上等。職事粗舉為中等。職事不廢為下等。職事曠廢為劣等。除劣等且令守選習學外。餘皆保明。即依所定等所任官差遣。所定等為各次高下所任官各分差註　其第一任謂之試官。於銜中帶試字。任滿如前法。監司郡守考定四等。上等者注優便官。中等者注合入官。下等者再試一任。劣等者勒令守選習學。凡守選習學者習論二年方令再試一年比任上等遷一資中等不遷以優便官下等如故劣等降一資除官亦令守選不給俸錢次任依此考定優劣遷降。

四辟法。　辟法者。官長皆許辟屬官一員以自助。內則尚書侍郎。卿監。尚書侍郎許辟郎中員外卿監許辟丞簿各一員外則帥臣監司郡守。帥臣監司各舉二員郡守舉職官或曹官一員各辟所知。所辟者去官則從而罷。所辟非其人。許御史録奏。[illegible]

五舉法。　舉法者。內則諫官御史郎中秘書博士。外則監司郡守縣令學官監局。皆得舉受。內官及監司許侍制以上舉郡守許監司及侍制以上舉縣令許監司郡守舉外學官許監司及兩省官御史郎中司業侍制以上舉外監局許監司舉係課利及論書凡內官及監司郡守學官。皆云舉者籍其名。有闕則擇而用之。縣令及監局許監司指名指闕奏舉。政迹在優劣等者。舉主皆有賞罰。

六考法。　考法者。先立所蒞職事主意所在。以為責任之詞。如守令則曰政平訟理。民足士勸。恤困窮。止姦盜。辨賦役之類。如監司則曰察舉懲違而不入苛細。長財足用而不涉掊克。薦滯才。

舉廢事。申無告。去積弊之類。獄官則曰必得情。無久繫。寬者得伸。有罪者不可苟免。學官則曰足育人才。必有成就。激厲風俗。無使偷薄。如此類例。備立百官殿最之目。而有司條格略立大法。餘皆聽其自為。歲終一考。則定其殿最而升黜之。雖無顯過。但不如所責者。皆在所黜。凡授官者。如自度不足以當責任。許自陳改授他官。

此四法於選官庶幾盡知。蓋試法之立。足以區別能否。不致多容濫進。辟法之立。使官長自擇僚佐。足以深任其責。舉法之立。使在上者多知人才。緩急之用不患乏人。考法之立。使非才者不敢幸進。無功者不可苟容。仕路之清。無越於是。今之入仕亦有試法。止於經義斷案而已。所試經義。方欲酬對有司。非能究達義理。固未適於實用。如律義斷案。但可粗施

於法官然亦泥文執法不可常行不若實試以事自見其才舊格惟帥臣監司及朝廷專使許辟一二屬官而已近制復亦罷去大抵關防朋比私謁之獘然自漢唐以來僚屬皆官長辟除所以深責治効雖不能無請求私徇之患苟朝廷責任之嚴人人欲得僚吏以為己助亦安肯多取不才之人如果得其人雖舉子夫復何恤此法不行止可革其小害而失其大利非計之得也舉非其人既立彈奏之法又孰敢以非才充選乎竊見朝廷每有除授常患乏才此蓋未嘗素求人物以備一旦之用緩急之際選擇不審則授任失當殊非用人之法莫若立法使各舉所知而籍之又命執政大臣及吏部吏審訪其才應與不應所舉一官有闕擇而用之以其人之殿最為舉者之賞罰則濫進者寡矣今之選曹所患者員

多闕少按其治行則舉職者寡而不職者衆此乃全無考法責任不精之所致夫樂貴而惡賤樂富而惡貧人之情也如使居高位者責重居下位者責輕則才薄之人必不敢冀其高位矣有祿者有責無祿者無責則無才之人亦不敢徼幸於寵祿矣無他責之以實之効也

監察御史上官均上奏曰臣聞為國之道莫急於任賢求賢之術必資於薦舉所薦既博則所得者多而四方之英才皆為國家之用天下豈憂不治哉自陛下臨御講修百度夙夜求賢以康庶務始詔侍從舉堪為諫官者各二人繼又詔薦中外之臣以充監司之選詔命始下從官人人皆務蒐擇端方謹厚之士以副朝廷旁求之意中外翕然號為得人近又詔侍從兩省左右司內外臺薦公明廉幹才堪理劇者俾治多盜縣邑其於求才可謂博而詳矣然而愛憎好惡者天下之常情也好則相譽而忘其不善惡則相毀而忘其所可稱人情之所同也自侍從以及外臺固朝廷一時之選然捐私而公以薦賢報國為己任者未必皆然也方陛下臨御之初人情未敢營私緣薦以取咎戾切恐法久弊生背公徇己之意作故情則以情相望權勢則以力相軋薦舉之人唯權與舊則公路塞而真才棄矣昔仁宗嘗興孝廉之舉未幾薦者牽於私徇多非其人遽詔寢罷議者惜之檢會元豐令受勑特舉官者奏訖具以所舉官報御史臺近來報者絕少臣等不盡聞之考薦不實無由彈奏臣欲乞今後命章奏房及內外舉者奏狀到發限三日內關報本臺庶幾臣等得以盡知薦舉非才職事曠廢與本臺監司考核有實者從中書籍記顯加譴罰每人三薦不實者特勑舉官才得參預如此則人人顧義畏法以妄薦為恥真才實行可坐而得而疏遠寒畯之士無不用之歎庶幾弁謀

合智以成太平之治實非小補

均又上奏曰臣竊見前日勑令太中大夫諫議待制以上每歲以十科薦士茲見陛下博收群才因能任官之意自三代以來設官分職雖多寡不同然取人大要不過或以德行言語政事文學而已今以十科取人其於德行言語政事文學之選固已兼取然論政事止於治財賦聽獄訟斷請讞三事而已切恐政事之目有所未盡何則能治財賦者未必長於聽獄能聽獄者未必長於斷讞能行三者未必寬信敏惠足以長人今之所謂長人之官者守令是也今之守令雖有累歲月用薦舉關陞之法然至於劇郡大邑若止循資序不加選擇恐未必得人有傷士敗材之弊不獨如是自比年以來郡縣考課之法文具而不行未聞擢一良守進一賢令以聳動天下故郡縣之吏亦務為碌碌細謹守繩墨治簿書督租賦而已未聞諄諄慈良以

治人為務蓋自非豪傑自信之士未有不待賞而後勸也若褒賞不加薦舉不及天下守令長於理劇者豈復有亹亹嚮進之心哉臣欲乞於十科外更益以才堪治人能撥煩者別為一科劇郡大邑有闕因以除授如此則人無遺才而天下之守令莫不勸矣守令勸則郡縣之政理天下之民被朝廷之德澤而太平之功立矣

均又上奏曰臣昨於七月二十二日嘗具奏論太中大夫諫議待制以上每歲以十科薦士外更益以才堪治人能撥煩者別為一科至今未蒙施行臣竊以為治天下之道以民為本朝廷之政令法度加於四方者莫不在民而治民之親者實在守令守令之能否實係政令之廢舉生民之休戚自漢及唐號為至治者如孝宣太宗明皇未嘗不孜孜選任以守令為急當是之時德澤流暢遠近乂安無疾苦愁嘆之聲者誠郡縣得人之助也今天下列郡三百為縣千餘

其守令治績章章可稱者罕見其人則朝廷德澤之壅閼遠近民庶之未安蓋有由矣茲豈人材之不逮曩昔耶由獎勸選任之術未至耳獎勸之術無他在夫使貴臣薦之而朝廷旌用之而已天下之士大夫雖均為守令有以才見稱為達官之薦使治劇郡大邑則才者樂於在上之見知而四方之守令莫不觀望而勸進故薦舉按用不過數十而天下郡縣之吏靡然鄉風矣不過數十年而天下之良守賢令彬彬布於州邑遠近之民豈憂不治哉又郡縣之政訟有聽斷聽斷有得失民有賦役賦役有當否至於政有寬猛獄有繁簡民有喜怒守令之能否較然彼薦舉之官恐有不稱之責且不敢妄薦則薦舉不得人非所患也今以十科薦士下至理財斷獄請讞皆得預選彼寬厚明敏長於治人者獨不備數郡縣之吏必以為朝廷輕守令之選而不以民事為重也夫賞之則勸沮之則惰者人之常情也薦舉不及獎勸不加而責天下之守令銳意於治民而參朝廷之法令臣愚竊恐其未能也夫守令之職以愛養安治為本清心治己為要自非寬厚明敏學道愛人者鮮能及之蓋春秋長於治人由求孔門之高弟僅能宰千室之邑治千乘之賦況其下者乎今十科薦士下至理財讞獄之細皆得被選至於寬厚明敏善於民事者獨不及之是取小而遺大略本而詳末天下郡縣之吏將且怠惰苟且不復勸勵朝廷之德澤志慮誰與宣而奉行歟蓋朝廷出一令立一法實繫四方之觀聽百官之趨向不可不審其發也願陛下詳覽臣之愚言若粗關治體不為無益乞增薦條以備遺缺

中書舍人曾肇上奏曰臣奉詔詳議三省所定科舉條制其經義詩賦等科已與吏部尚書孫永等連狀詳定奏聞外有經明行修舉人一項臣竊有愚見須至別議臣伏以國家取士之制人材之盛衰風

俗之美惡繫焉今設經義詩賦等科施之一時則可矣然皆取人以言而不本其行方之於古臣竊以為未也至於詔內外官舉經明行修之士中第之日稍優其禮則不獨取之以言又本其行其意庶乎近古然徒使舉之而不繫鄉里之選又無考察之實與斯舉者隨衆投牒試於有司糊名謄錄校一日之長則不唯士失自重之誼且於課試之際無以別異於衆人則所謂本其行者亦徒為虛文而已恐未稱所以命官薦舉優其恩典之意也竊觀三代兩漢人材之盛風俗之美後世所以不能及者取士以行不專以言故也今雖未能盡復古制故經義詩賦等科未可盡廢然馴致先王之治亦宜有漸則經明行修謂宜別立一科稍倣三代兩漢取士官人之法因今之宜斟酌損益要之無失古意而已至於投牒乞試糊名謄錄之類非古制者一切罷之以待過恩數盡居經義詩賦等科之上庶使學者知尊

經術篤行誼人人勉於自脩自一鄉推之以至一縣一縣推之以至一州一州推之以至一路一路推之以至天下則四方之士莫不知尊經術篤行誼以待上之求應上之用如是而人材不盛風俗不善未之有也人材既盛風俗既善則所謂經義詩賦等科非以行誼進者人將恥為之矣不期於廢而自廢矣如此則經明行修之舉有得士之實未為虛文而已也或謂以行取人則有浮偽矯詐之敝盡去防檢則有交通請謁之私臣以謂此殆論者之私憂過計也夫左道亂衆色取仁而行違者固聖人之所深惡然必有以察之試之於利害得喪之地則可見矣凡人之情孰不好善朝廷誠能正心誠意進任正人明義利之分辨榮辱之境以示天下則雖蚩蚩之民莫不用情以應上況於士哉然則所謂浮偽矯詐之敝非所憂也明考察之方公進退之法以任人之得失為舉者之賞罰行之以信持之以久風

俗日入於厚則交通請謁之私又非所憂也三代兩漢之治去今遠矣然臣猶惓惓以此為言者幸遇朝廷欲得經明行修之士故臣欲錄此而充之以至於復先王之制以成朝廷之美意其言雖迂其効雖遠然有志於古者恐不能以彼而易此也伏望聖慈特加詳察如臣言萬一可採其設科舉士之制願詔有司取三代兩漢之法見於今者參時之宜裁定其當

樞密直學士王存上奏曰臣准尚書禮部牒准勑尚書侍郎學士侍制兩省御史臺官國子監長貳詳議科舉事臣已與孫永等所議外有制科一項云依舊制此為未安臣竊見近世制科所試論策題目務出於僻隱難知是以應此科者競為記誦名數之學非所以擇方正之舉先朝深知其弊遂行廢罷今議復置儻蒙允降若並依舊制即不免襲前日之弊無補治道欲乞下有司重行詳定制科考格所取務在識略不專責以記誦名數之學至於取人多寡推恩厚薄並乞裁定

二年吏部尚書蘇頌論制科取士疏曰臣伏覩今年四月戊申及七月乙卯詔書復置賢良方正能直言極諫科并立定策入三等四等次推恩條制有以見陛下勤求俊良樂聞讜論士之抱術略懷[illegible]蘊者當繼踵而赴詔矣然臣竊觀本朝故事制科程式太嚴取人太窄自真宗以來每舉中第者多不過三人少或一人至有全不放者使豪傑之士有老於科舉而不預甄擢恐非朝廷聽言求士之意臣謹按漢文二年始詔舉賢良時對策者百人而晁錯為上第武帝元光五年詔舉對策者亦百人而公孫弘為第一歷代沿襲廢置不常至唐而特盛每過親策賢良等科中等者常不下一二十人建中元年姜公輔等二十五人正元元年韋執誼等一十七人四年崔元翰等

一十七人十年裴垍等一十七人元和三年牛僧孺等一十五人長慶元年龐嚴等一十五人寶歷元年唐伸等一十九人大和二年裴休等二十二人自餘幽素將相等數十科取人亦衆其得士若蘇瓌蘇頲父子張說張九齡韓休裴垍楊綰崔群常處厚姜公輔牛僧孺元稹裴休輩皆出此選卒為輔弼名臣此外奇才傳識之士垂名于後者不可勝數信乎制科親策可以收攬英俊有補於治道也而當時應詔之人或命州郡薦舉或許上書自陳被召者程赴御試其推恩等第則第三等中書門下超資與處分第四優與處分第五等即與處分由是言之程式蓋不甚嚴而推恩亦不甚厚至周顯德四年始詔逐處州郡依貢舉人式例別試解送尚書吏部量試策論三道共三千字內取文理俱優者方得解送上都本朝之制又加以六論或試於中書或試於秘閣合格方得赴御試其所試論題務求深

具等畏轉加艱難。致合格者少。蓋以推恩過厚。故取人益艱。況國家承平日久矣。天下學士陶染風教。競習藝文。而應此科者。尤號該洽。其經文縱非優長。未合上等。亦皆於古今義理。潛心有素。若蒙采收。施之為政。必須優於專經之人。不為無益於朝廷也。臣竊謂今來既立定等第。推恩有厚薄。則所取亦宜稍加人數。臣愚欲望將來或請應人稍多。即乞優加分數。如合格人少。即乞更加第五等。分為上下。入此等者。只依進士第二甲第三甲注官。亦不為徼倖。若恐更添入流之人。即乞以進士諸科御試不合格人數。留充制科數目。彼此通融俱無所礙。如此。則四方特起之人。咸有榮進之望。聖世搜揚之路。免有壅蔽之嗟矣。

三年。翰林學士朝奉郎知制誥蘇軾等上奏曰。臣等伏見從來天下之患。無過官冗。人人能言其弊。而不能去其害。惟往年韓琦富弼等

獨能裁減任子。及展年磨勘。發議之初。士大夫相顧莫敢以身當之者。以為必致謗議。而琦等不顧。既立成法。天下肅然。無一人非之者。何則。私欲不可以勝公議故也。流弊之極。至於今日。一官之闕。率四五人守之。爭奪紛紜。廉恥道盡。中材小官。闕遠食貧。到官之後。求取漁利。靡所不為。而民病矣。今日之弊。譬如羸病之人。負千鈞之重。縱未能分減。豈忍更添。臣等自入貢院。四方免解舉人投狀。稱本來是龍飛榜。乞為數奏法外推恩者不可勝數。臣等一切不行。無不往有經朝省下狀。蒙送下本院。只是坐條告示。近准聖旨依逐舉體例。下第舉人。各以舉數持奏名。已約計四百五十人。今日又准尚書省劄子。取前來聖旨特奏名外。各遞減一舉人數。若依此數。則又添數百人。雖未知朝廷作何行遣。不當先事建言。但恐朝命已行。即論奏不及。臣等伏見恩榜得官之人。布在州縣。例皆垂老。別無進望。惟務黷貨以為歸計。貪冒不職。十人而九。朝廷所放恩幾千人矣。何曾見一人能自奮勵。有聞於時。而殘民敗官者。不可勝數。以此知其無益有損。不言可知。今之議者。不過謂即位之初。宜廣恩澤。苟以悅此僥倖無厭數百人者。而不知吏部以有限之官。待無窮之吏。戶部以有限之財祿。無用之人。而所至州縣。舉罹其害。乃即位之初。有此過舉。謂之恩澤。非臣所識也。伏乞斷自聖意。明勑大臣。特奏名舉人。只依近日聖旨指揮。仍詔殿試考官精加考較。量取一二十人。委有學問詞理優長者。即許出官。其餘皆補文學長史之類。不理選限。免使積弊之極。增重不已。臣等非不知言出怨生。既忝近臣。理難緘默。

四年。御史中丞傅堯俞上奏曰。臣等伏以天子親策貢士。自漢以來。未之有改。唐之進士。雖試詩賦。然有司奉行而已。國朝開寶六年。太祖始召進士親試於殿。當時公卿不知建明。易以策問。而唯詩賦之

用。因沿著令。莫之能改。神宗皇帝以為非天子臨軒所以延見貢士詢求治道之體。熙寧三年。始改問策。迄于元豐。五賜策矣。逮者陛下遵先帝之舊。親策進士。所問災異夷狄官冗財費之類。皆今日急務不可以已。而議者獨疑以為定例之可預造。且常布草野之士。備於家肄於學。日夜講說之道。固所以待問於上也。誠能攄其蘊蓄。應問如響。不失所對。雖預備而貫穿之。何害於得士。若夫知摭擬陳說。充以蕪語。無當於對問。而弗加汰擇。荒唐濫中。佞諛希合以異為瑞之類。而弗加糾黜。皆考官之過。非策之咎也。議者徒知對策之宿造預作。不知辭律之學。亦有記誦編集之患。知進士之能備問。不知賢良茂材之備問尤詳也。臣等以謂學校教諸生。州郡發解。禮部考貢士。今只憑用詩賦。足審其辭。所有御前進士宜一依先帝故事試策。合於古義。於體為允。其御試對策。雖有文采。而於問義不相當。若詞涉

說婚及文理踈淺者。宜約舊制量定分數。取旨黜落。未得畱同入等
如此則士無濫中。而考官不敢率意升降矣。
貼黄糊制策所問。安有定制。或古今政務。或天下名數疑難之類。
如漢董仲舒對符命性情文質之異。杜欽以經對六事。繫自臨
時取旨。非踈遠所能一一預度。不當偶以前日陰雪衆人所知
而謂皆可宿進也。

殿中御史孫升上奏曰。臣聞太平之基。必在得賢。人臣之功。莫如薦
士。天下未嘗無材。搢紳之士如林。而朝廷每以人材之用為患。大臣
有志於天下者。必以人材為先。人主有意於太平者。當以養士為急。
古人謂士不素養而欲求賢。譬如不琢玉而求文采也。祖宗置三館
圖書之府。聚四海英俊之材。優其禄賜。異其資任。試以內外要劇之
務。觀其進退去就之節。待其器業之成。以為廊廟之用。此實致太平

之本也。世固有知道不苟之士。懷難進自重之節。知之匪易。薦之甚
難。若僕僕然自鬻於權門。惟恐其不售者。雖得千百。何補於國哉。祖
宗登用大臣。必俾之薦一二名士。朝廷內外由是以知大臣之賢否。
而下及後世。推此可考其人知識之淺深。富弼、韓琦功在社稷。名光
後世者。薦士之力也。陳執中、王珪身死名滅為天下戮者。蔽賢之罪
也。蓋不以天下為心。專為持禄固位之計。自待不厚。則以薦士為嫌
恭惟陛下臨御之初。首詔大臣各薦異材。以試館閣。可謂急所先務
矣。此舉寂寥。今復已久。為國者徒知人材之用為患。不以薦賢養士
為急。願陛下明詔大臣。各依近制。首薦名士。既觀今日之所舉。可考
平日之所存。則濟濟多士。不獨見於周也。
八年。侍御史楊畏上言曰。風憲之任。人主寄耳目焉。御史進用。宰執
不得預。顧命兩省屬官舉之。非是。遂寢前命。武臣薦舉立格。有枚別

職任而舉之者。有緊名材武而入之銓格者。又其上則謀略膽勇可
備統衆。諳練兵事。可任邊寄之類。惟邊要任使。隸樞密院。餘則審官
西院、三班院按格注之。其後雖時有更易。而薦舉之所重輕。選用之
所隸屬。多規此立制。

哲宗時。劉摯上言曰。臣伏覩近制。升朝官各舉進士經明行修一
人。及升等推恩。理為舉主。過犯同罪等事。臣竊原朝廷之意。思程試
考校徒得文詞。故更立此制。以進行實。天下幸甚。臣退而熟計。及考
學士大夫之議。以謂法則善矣。然使常朝官舉之。不若使郡守以上
舉之便。臣謹條上利害。按國家舊制。臣寮任通判、知州。乃得舉官。蓋
知人實難。非行己慎閱事久。誠未可責以保任。今升朝官無贓罪若
私罪重。此外不計資任。不察能否。門調諸科刀筆之吏。一切得薦士。
此不可一也。經術深淺。問而可知也。至於行義汙潔。非鄉里庠序群

居久處。毀譽素著。誰能知之。今不拘路分。但非有服親。皆得奏舉。臣
恐流離之人。虛偽見售。此不可二也。天下升朝官無慮幾二千人。則
所薦士亦如之。積累歲月。未被薦者無幾矣。人人升等推恩。無以示
勸。此不可三也。議者謂朝士固皆選擇可任使之人。然入流不一。員
品猥衆。今勢利相市。必有受賕構訟以撓陛下之法者。臣誠淺薄。不
敢億度朝士大夫以為必然。亦不敢以為不然。然則舉選之利未見。
而奔競之俗先成。此不可四也。傳曰。十室之邑。必有忠信。計今天下
之士。一郡一邑。隨其衆寡。必有善士。考鄉里之行。詢庠序之論。其勢
觀其事察。無如州郡之吏。至於監司。則朝廷所任以按察。臺諫侍從。
亦朝廷所倚以議論。故臣願每遇科場詔下。委逐州長吏奏舉經明
行修進士一名。仍以應舉實二百人為率。不滿二百聽舉一名。每二
百人加一人。至三人止。監司轉運判官以上於本路。在京臺諫以上

於開封國子監各許奏舉一名非鄉貫及不經學校或無可應詔並聽勿舉自餘升等推恩理舉主同罪犯等事並依元降朝旨臣愚以謂三代鄉舉之制未易遽復欲少放古則諸侯歲貢之法莫此為近伏望詳酌施行

摯又建明貢舉條制其一曰臣伏見國朝以來取士設科循用唐制進士所試詩賦論策行之百餘歲號為得人熙寧初神宗皇帝崇尚儒術訓發義理以新人才謂章句破碎大道乃罷詩賦試以經義士儒一變皆至於道夫取士以經可謂知本然古人治經無慕乎外故其所自得者內足以美已而外足以為政今之治經以應科舉則與古異矣以陰陽性命為之說以泛濫荒誕為之辭專誦熙寧所頒新經字說而佐以莊列佛氏之書不可詰之論爭相夸高場屋之間雖羣輩百千而混用一律主司臨之珉玉朱紫困於眩惑其中雖有真

知聖人本指該通先儒舊說苟不合於所謂新經字說之學者一切在所棄之而已至於蹈襲它人剽竊舊作主司猝然亦莫可辨蓋其無所統紀無所隱括非若詩賦之有聲律法度其是非工拙一披卷而盡得之也詩賦命題雜出於六經諸子歷代史記故重復者寡經義之題出於所治一經一經之中可為題者舉子皆能類集裒括其數預為義說左右逢之纔十餘年數牓之間所在義題往往相犯然則文章之體貢舉之法於此其敝極矣詩賦之與經義要之其實皆曰取人以言而已也人之賢與不肖正之與邪終不在詩賦經義之異取於詩賦不害其為賢取於經義不害其為邪自唐以來至於今日名臣鉅人致君安民功業軒天地者磊落相望不可一二數而皆出於詩賦則詩賦亦何負於天下哉取一詩賦或取一經義無異道也但有司考言之法有難有易有難易故有利害有利害故去取或失其實而所繫者大矣然則法不可以不改也臣愚欲乞試法復詩賦與經義兼用之進士第一場試經義第二場試詩賦第三場試論第四場試策經義以觀其學詩賦以觀其文論以觀其識策以觀其材前二場為去留後二場為名次其解經仍許通用先儒傳注或已之說而禁不得引用字解及釋典庶可以救文章之敝而適乎用革貢舉之敝而得其人亦使學者兼通他書稍至博洽其二曰臣伏見漢唐之制因天見災異或政有闕失則詔郡國及在位舉賢良文學之士天子親策以求其言至於國朝沿襲故事於是置為賢良茂材科目隨貢舉召試其於得人視古為盛近時之制遂罷此科臣竊以為國之道得士欲廣故取之非一塗謂常選不足以致異人故設制科以收超絕之才而每舉中等不過一二人而已今夫官人之法入流門戶日益增多未有澄汰而於三年取一二非常之人則廢其科不用此

何謂也臣愚欲乞復置賢良方正及茂材異等科每遇貢舉詔近臣依舊制舉試所以廣言路求人材繼祖宗之制也其三曰臣伏見近制明法舉人試以律令刑統大義及斷案謂之新科明法登科者吏部將司法員闕先次差注在進士及第人之上臣竊以先王之治天下以禮義為本而刑法所以助之者也唯君子用法必傳之以經術法之所治理之所在也故惡有所懲而常不失忠恕之道舊制明法最為下科然其所試必有兼經雖不知其義止於誦數而先王之意猶在也今新科罷其兼經專於刑書則意若止欲得淺陋刻害之人固滯深險之士而已又所取之數比舊猥多調擬之法失其次序臣以謂宜有更張欲乞新科明法並加論語孝經大義登科之額裁減其半及注官之日並依科目資次所貴從事於法者稍不遠義而士之流品不失其分伏望聖慈裁酌以賜開允即乞今年降詔並自元

祐五年秋賦為始。

御史中丞蘇轍上疏曰。臣近准勑與孫升同舉監察御史二人。尋准尚書省劄子。以一員不曾實歷通判。令別舉官聞奏。臣檢會元祐三年六月八日聖旨。左右司諫、左右正言、殿中侍御史、監察御史並用升朝官通判資敘實歷一年以上人舉官。准此臣竊詳上條。本為朝廷除授而設。後來朝廷所除諫官。如吳安詩、劉唐老、司馬康三人。皆未曾實歷。遂再奏乞比附施行。尋又蒙尚書省劄子。令依條別舉。臣退復思念。豈以除諫官皆出聖意。故得不依條法。舉臺官出於有司。故不得援例耶。竊惟前件三人。惟司馬康故相光之子。光被眷任最深。康亦素有清譽。或為二聖所知。至於吳安詩、劉唐老。此二人者何緣得被聖眷。若非大臣進擬。或容有薦導。陛下何緣知之。竊謂本臺所舉。亦合依例施行。況朝廷前後所用百官。亦多不應格。豈固違法

蓋不得已也。若獨於臺官固執近法。中外必以為疑。伏乞檢會前奏早賜施行。

轍又上疏曰。臣頃權吏部尚書。竊見京朝官以上。皆使一年以上闕。大小使臣及選人。皆使二年以上闕。雖闕少員多。事不得已。而待闕之人。已不免咨怨。近者復見堂除人。亦有待闕及一年以上者。人情驚駭。昔所未見。蓋祖宗朝堂除舊例。皆見闕。然後差除。因事然後超擢。所除既有限量。故用闕不至久遠。近歲監司以上。員數至多。而猥更擢人。以至衍溢。所擢未必勝舊。徒使監司闕額不足以應副。來者而已。至於知州以下。舊人未減。新人日增。蓋由干謁成風。除授無法。雖稱以才擢用。其實未免緣故。至於待闕久近。所任閑劇。衆口譏訐。皆為之說。只如開封司錄舊用歷知州人。頃自郭晙之後。未及三年而迭用陳該、張淳、陳元直三人。率皆資望輕淺。政績未聞。新故相代。輕用堂除。於此可見。及諸寺丞例亦如此。臣欲乞今後謹守祖宗故事。凡堂除皆俟有闕方差。且將見今堂除人輪環充補。其新擢用者皆須功譽顯著。然後得差。蓋用人之法。要須員闕相當。未聞無闕添人謂之擢才濟用者也。如此數歲。若見闕稍多。然後量闕選才。理無不可。庶使堂除官吏。不復待闕。與四選稍異。亦旌勸之義也。

轍乞改舉臺官法劄子曰。臣伏見唐制。御史屬官皆大夫中丞自舉。及本朝舊法。亦皆丞雜及兩制舉人。蓋以人主耳目之官。不欲令執政用其私人。以防壅蔽。近自元祐三年六月八日聖旨指揮。殿中侍御史、監察御史並用陞朝官通判資序實歷一年以上人。自是以來。雖時復令本臺及兩制舉官。而終無一人應格可用。何者。古自選人改官。經兩任知縣。一年通判。若稍有才名。多為朝廷擢用。其餘碌碌無取。難以復堪臺官。雖或間有沉淪未見知賞。然蓋亦已少矣。今法

限取此人。已傷苛細。而又緣此祖宗舉臺舊法又廢不用。而執政以意選用舊人之例。遂以成風。近日雖聖意開悟。復令臣等舉官。然弊法尚存。方人物衰少之時。實患難以應法。伏乞檢臣前奏稍改近制。令臺官得舉陞朝第二任知縣及通判以上。各半。若謂知縣資淺。乞依尚書侍郎例。許權監察御史。所貴稍存祖宗故事。不至執政自用臺官。雖方今君臣相信。法度可略。而朝廷紀綱。不可不思久遠。臣職在臺長。臺中典章。義當固守。

轍為右司諫。又言科場事狀曰。臣伏見尚書禮部會議科場欲復詩賦議上。未報。而左僕射司馬光上言乞以九經取士。及令朝官以上保任舉人。為經明行修之科。至今多日。二議並未施行。臣竊惟來年秋賦自今以往。歲月無幾。而議不時決。傳聞四方。學者知朝廷有此異議。無所適從。不免惶惑憂亂。蓋緣詩賦雖號小技。而比次聲律用

功不淺。至於兼治它經。誦讀講解。尤不可輕易。要之來年皆未可施行。臣欲乞先降指揮。明言來年科場一切如舊。但所對經義。兼取注疏及諸家議論。或出己見。不專用王氏之學。仍罷律義。令天下舉人知有定論。一意為學。以待選試。然後徐議元祐五年以後科舉格式。未為晚也。

彭汝礪上奏曰。右臣頃以不肖任中書舍人。嘗論列用詩賦之弊。前後累經臣僚議論。用四場通考六經。雖絀猶有存焉者。始今所議。盡廢矣。竊緣詩賦科久不用。學者實未之習。今或以一聯一句可取。即超躐並進。而治經之人。竭精竭力。窮深極遠。有至於皓首。而偶遇不習聲律。遂取屏廢。不得與浮靡之士。望分寸之祿。此議者所以紛紛。而有志之士。或至於太息流涕而不知止也。臣竊以為聖人不為已甚。今朝廷隆尚詩賦。詩賦既尊矣。通經之士雖未能皆是。然其口之所誦。心之所懷。皆所以治心治身治國治天下。而議者過計。欲一切掃除屏棄。而獨以無益之辭。未成之文理。超拔而尊寵之。臣不知所謂也。臣以謂國家取士。將欲得人才也。經義策論可以得人才。詩賦亦可以得人才。何必紛紛為此異同也。臣今起請。且欲如元祐敕施行。如詩賦在優等。經義策論雖不善。亦取之。所以示朝廷以文詞為貴也。經論在優等。詩賦雖不善。亦取之。所以示朝廷以儒術為貴也。如策在優等。詩賦雖不及。亦取之。所以示朝廷以知時務者為貴也。如此。則有文詞者得騁其辭。有學者得盡其蘊。有知識者得竭其慮。上無損國體。下不失士心。今開試日迫。未敢深盡本末。欲望聖慈特賜詳酌施行。

汝礪又上奏曰。右臣伏念自井田之制壞。學校之教廢。鄉舉里選之法不行。朝廷取士一切非古。其弊至於用賦極矣。先皇帝受天明

命。悼道之鬱滯。奮於獨斷。初用經術造士。以革數百千載之弊。中自京師。外薄四海。無有遠近貴賤小大。莫不變易思慮。奉承至教。士既知本。人且向方。而議者獨病辭說之不工。欲踵隋唐之弊法。卑玩經文。耗蠹道真。庸知所舍。夫六經之說。更伏羲堯舜禹湯文武周公孔子數十聖人而後備。大窮天地之變。微盡萬物之理。其要則在人心而已。古之君子所以治身。所以治天下國家。未有出不由戶。何莫由斯道也。周衰。典籍不用。漢興。始求遺書。立博士。置弟子員。策賢良。求經術。以究當世得失。公卿大夫以儒雅飾吏事。是時文章溫厚。號令爾雅。最為近古。其流至于東漢。微矣。所餘風遺烈。猶足以動當世。士以節義自高。不為死生禍福屈折。漢亡而存。猶更數世。自晉訖唐。文不能及漢。治亂厚薄。推源可知。詩賦不經。可以無辯。是猶滑稽俳優之戲而已。是猶閭里嘔唱之辭而已。而議者欲以此教人。欲以此取士。欲以此致太平。臣考之于心。驗之于人。稽之於古。合之於今。反覆曲折。終未見其可。天之生夫斯人也。其聰明智慮。皆可以有為也。惟上之所養而已。昔者以詩賦取人。故人應之以言辭。其文浮而無實。以經術取人。故人應之以義理。其言辯而在道。使取之以德行。亦將為德行矣。姑罷詩賦。從經術。是將引而高之以至於德行也。如復用詩賦。是所謂下喬木而入幽谷也。先皇帝聰明博文。所以造士立政。固非臣下所能窺測淺深高下。如罷詩賦。孰不知其為甚善。法之未完。或久有弊。變而通之。推而行之。繼志述事。實待陛下。豈易於啟負謗議於天下後世。臣恐以謂今學校選舉。宜一用先帝故事。因今經明行脩賢良方正之科。而稍加損益焉。雖未能復古。蓋亦庶幾矣。始詩賦決不當復用。臣淺陋。信不足以單辭獨見。咈衆人之所同好。議朝廷已行之法。審必未能齊一。伏乞下學士大夫詳議可否。使臣得

上下反復。庶幾是非好惡有所歸宿。

貼黄臣伏自朝廷有復詩賦議論。學士大夫知其不可者。難遂施行。比見指揮催督太學。即用此考校。又有乞試用三題者。朝廷亦不為罪。乃知復詩賦不疑矣。天下之所待者人材。人材惟上之所養而已。天下治亂廢興是繫風俗。成壞盛衰是繫今制。為名聲。列為章句。引之以雕蟲篆刻無用之空。其所以敗壞人材為甚。臣以事所係者大。故不敢隱默不言。庶幾救止萬一也。

惟陛下裁幸。

歷代名臣奏議卷之一百六十七

歷代名臣奏議卷之一百六十八

選舉

宋哲宗時。殿中侍御史呂陶上奏曰。臣竊以今日任官之弊。其輕且濫者惟郡守為甚也。封疆千里。生聚萬衆。休戚所繫。而不問能否。一以資格用之。為半刺兩任有給者二人。則得之矣。循法慢令。戕民害物。十郡之中常有二三。暗懦治之。又有一二。舉天下億兆之衆。十分而言矣。其惠養者將半矣。承流宣化。又何望焉。方今朝廷清明。百度講舉。優勞元元。以固邦本。惟恐一夫不獲。而牧守之弊紛繆至此。甚可痛也。昔兩漢盛時。政平訟理。居安其業者。皆循吏之効。唐之貞觀開元號為善治。太宗亦嘗自擇刺史。志其姓名於屏風。而用之當時名臣如馬周張九齡輩。皆極言刺史不可輕任。載在史册。足為龜鑑。前日朝廷患監司不得其人。乃詔近臣舉用。而監司之選。稍稍清矣。至於郡守尤為親民。略而未議。是棄民也。臣伏請詔內外侍制太中大夫已上。於通判資序人內。歲舉堪知州二人。朝廷吏加審察。送吏部籍記名氏。凡遇有闕。先差有舉主者。如資任未及。即差權知。其次方差資序合入人。庶幾牧守之職。有以庇民。循吏之風。無愧前古。

陶又上奏曰。臣伏謂朝廷差除之法大別有三。自兩府而下至侍從官。悉稟聖旨。然後除授。此中書不敢專也。自卿監而下。及已經進擢。或寄祿至中散大夫者。皆由堂除。此吏部不敢預也。自朝議大夫而下受常調差遣者。皆歸吏部。此中書不可侵也。法度之設。至詳至密。所以防大臣之專恣。革小人之僥倖也。恭惟神宗在御。深究其弊。凡堂選奏舉之類。並悉罷去。以示大公之道。始因去年八月中執政申請。以繁劇去處重法地分為詞。收占吏部所闕知州通判知縣并在京庫務寺監丞闕六十餘處。並歸中書取旨。選差之後。除吏之弊。私徇寖多。今天下州郡。除別京大府并元係堂除處。及取旨選差并元屬八路指射外。其存於吏部以待常調者數極少。而員極多。待次之士遠至二三年。近須一歲。或有一闕可就。則中書取而差他人矣。或受一闕而去。則中書又奪而與他人矣。處州之胡宗質。睦州之李孝廣。滁州之陳知新。光州之蕭介。均州之劉斐。永州之吳潛。此六郡者皆非元係堂除去處。而中書取以差也。吏部差王照知海州。欒子元通判瀛州。方蒙知咸平縣。皆數月矣。中書乃以石麟之知海州。胡及通判瀛州。孫純知咸平縣。是皆奪而與之也。若謂胡宗質李孝廣陳知新。自提舉得替。蕭介係中散大夫。石麟之曾任太常官。皆非吏部可差之人。則當契勘堂除州郡。而差不當取吏部見使之闕。及奪他人之已受者與也。若謂朝廷慎擇庶官。執政惟才是用。則劉斐曾任知州以失入死罪責降。吳潛曾為運判。以刻剝苛細罷。官皆非所謂才者。而近方牽復。並先除郡。士論諠沸。已謂不平。然又有甚於此者。蓋胡及嘗為開封判官。以不能檢慎去職。纔送吏部。便得堂除。孫純以受贓致罪。止緣宰相之妻族。乃受畿邑。而皆奪他人之有而與之。胡及衝欒子元。孫純衝方蒙。王說前知徐州。附會吳居厚。掊歛害物。得替歸部。忽除省郎。為人所彈。乃罷其職。今則差知密州。陸師淵前知開封縣。稅入中限。猶未造簿。以弛慢衝替。今則差知宿州。且胡及送吏部王說罷省郎。皆是朝廷顯責。詔墨未乾。而中書已有選授告命之出。不述所因。陸師淵與劉斐吳潛均是衝替。而師淵又得元係堂除大郡。謂知宿州。私曲縱橫。莫甚於此。是陛下黜之。則執政升之。陛下退之。則執政進之。怨歸於上。而恩出於下。非今日之所宜有也。夫威福者。天子之所得專。法度者。大臣之所當守。今大臣進退群吏。一出己意。蓋不守

法度。而欲專威福矣。臣恐朝廷不尊。而紀綱紊亂。當此之時。宜戒其漸也。伏願聖慈將合係堂除闕。編為一等。今後如有合得堂除之人。只於前項去處定差。其曾經擢用。而非次差替罷。或責降牽復。不送吏部者。於合得堂除人之下。別為一等。依名次先後與前項差遣。並不得於吏部取闕差授。及衝已授之人。所有元豐八年八月取旨選差條貫。乞賜刪改。

刑部侍郎王覿上疏曰。臣伏見吏部四選吏員之冗。莫甚今日。而任使之際。欲求乎秉德守義。赴功稱職之人。則常患其少。論者惑之。夫十室之邑。必有忠信。況今承平之久。陳力就列者以數萬計。其間蘊道義。負才能。富學術者。宜亦多矣。然猶以少為患者何耶。蓋內不足者急於人知。彼其賢廉既不汲汲於求知。則朝廷之上知之豈易哉。孔子曰。舉爾所知。雖使孔子為政。而欲得賢才之多。亦不過使在位之人各舉其所知而已。今夫舉陞陟改官者。徒以應格。近歲十科之薦。所薦既衆。而朝廷難於必用。其科遂輕。而縉紳視以為空文。其勢然也。臣竊謂科格固不可廢。若於科格之外。間詔中外臣僚素有才望。其言可信者。使特薦其所知一二人。而試以事。夫人臣既以特旨薦士為寵。而不敢忽。又以其所上而觀其所為。主者之能否而賞黜之。則應詔者孰不任責。庶幾人才之出也。

覿為右司諫時。又上疏曰。臣伏覩今年正月十七日勑節文。舉經明行修人。委州縣當職官同狀保任。申監司。再加考察。仍於發解前牒報本州。與充本州解額。臣竊以朝廷設經明行修之舉。非徒欲以得其人而任使。又將勸後進之士篤於學行也。今若以州縣所舉之人充本州解額。則臣恐未足以勸學行。而先有以敗風俗矣。夫古之所謂士者。莫不以廉退自重也。自以科舉取士。而士之不能以廉退自

重亦已久矣。今天下州郡應舉者甚多。而解額至狹。凡挾筴讀書而未免於干禄者。莫不有競進之心也。使經明行脩而被舉者不在解額之中。則後進之士視其鄉之經明行脩者其勢必須出力推薦。而人人有君子長者之風矣。使經明行脩而被舉者遂奪其解額。則後進之士視其鄉之經明行脩者。其勢必有内懷忌疾。而謗讟詆訐無不爲者矣。如此。則學者之完人益少。而經明行脩之舉不幾於廢乎。蓋必然之理也。臣故曰若以州縣所舉之人充本州解額。則臣恐未足以勸學行。而先有以敗風俗也。夫天下之風俗澆薄淳厚不同。豈皆其天性哉。顧所以道之如何爾。臣伏望聖慈指揮於前項勅内改與充本州解額六字。作於本州解額外解發。庶可以久行而無弊也。

貼黄。臣兼看詳前項勅内逐路所舉各有人數。惟不及畿内。恐是漏落。不可謂王畿之内而無經明行脩之人也。亦乞指揮添入。

觀又上奏曰。臣竊以祖宗來臺諫闕一員。詔近臣薦二員。召對便殿。去取選任。一出上意。執政大臣不得干預。蓋臺諫所以司察大臣過失。若出大臣。則朋附之人至。忠讜之路塞矣。人主雖欲明目達聰。虛心聽納嘉謀嘉猷。何緣而至哉。近者監察御史闕二員。命翰林學士御史中丞共薦六人。今聞所召者二人而已。未審出於陛下之意。爲復出宰執之意邪。若出陛下之意。則可。然未應祖宗故事。若出宰執進擬。則權歸大臣。朝政闕失。誰復擬議。此源既開。臣恐異日臺諫皆出大臣之門。而陛下孤立矣。書曰惟辟作福。惟辟作威。傳曰慶賞刑威曰君。願陛下念茲在茲。今後近臣奉詔薦舉臺諫官。並須召對。親閲人才。去取獨出聖斷。庶使祖宗故事不廢。臺諫得人爲多。

畢仲游上言曰。右臣今年三月准宣命。入内充進士覆考官。及臣自守官以來累蒙差入試院。對讀考校。熟見舉人科場文字。頗知詩賦經義取士利害之實。自朝廷議改科舉。欲具奏陳。而臣備員府僚。事務繁併。猝猝無須臾之暇。得盡愚見。今臣獲解府事。待罪儒館。而竊聞士大夫所論科舉之利害。猶未有定說。尚詩賦者則指經義爲易習難考。而不言詩賦之名卑於經義。尊經義者則指詩賦爲雕刻無用。而不思經義於取士其實如何。詩賦經義之利害固以未決。而又匿其所短。暴其所長。此所以更相不信而無定說也。夫詩賦非經義之比。易見也。使舉子爲聲病偶儷之文章。以應有司之求。而與讀聖人之經。原聖人之意而立其說。則道之尊卑。志之遠近。不待言而可明矣。然詩賦之行幾五六百歲而未厭。自隋唐以來高才達識。立功名有道藝者往往出於其間。經義之行無二十年。天下已有倦色。而亟復詩賦。豈尊且遠者不足以濟務。而卑且近者返宜於世耶。蓋亦要其本不終始而論之。蓋經術者古學也。可以謀道。而不可以爲科

舉之用。詩賦者今學也。可以爲科舉之用。而不足以謀道。今若使天下之士不爲科舉而治經。且如輔嗣之治易。康成之治禮。安國之治書。杜預之治春秋。則雖舉隋唐以來詩賦。豈能及四人之所治。如納四人於今日科舉之間。則亦化爲舉子之文章矣。詩賦經義之利害至此而見。臣請明言之。揚子曰。天俄而可度。則其覆物也淺矣。地俄而可測。則其載物也薄矣。蓋言聖人之經幽深闊遠。如天地之高厚。非可以小道治也。孔子曰。加我數年。五十以學易。可以無大過矣。而漢唐諸儒亦多抱經白首。然後名家。近世如孫復治春秋。居太山者四十年。始能貫穿。自成一說。人猶以爲未盡春秋之旨意。而熙寧元豐之進士今年治經。明年則用以應舉。謂傳注之學不足決得失。則益以新說。新說不足決得失。則益以佛老之書。至於分章析字。旁引曲取。以求合於有司。聖人之經術遂但爲卜利禄之具。要之應舉得

第而已。豈有正心誠意治經術謀聖人之道者。為科舉者欲尊經術耶。欲卑經術耶。欲卑經術。固無此理。然使舉子分章析字旁引曲取以求合有司而為卜利祿之具。則是欲尊經術而反卑之。詩賦之學固無益於聖人之經。而聖人之經術不為舉子之所亂。尚自若也。士之有志者不害於科舉之外正心誠意治經謀道。若曰治經為佛老之學與分章析字旁引曲收者皆前在位者之所使。今而不為。何損於經。則既以經術為卜利祿之具。使求合於有司。得失之慮交於目前。臣恐後日在位者之所使有甚於前日者矣。要之為術不善則已矣。豈可逆知其無損。此詩賦經義之利害可得論者一也。夫舉子之取名第止問得失而已。既問得失則不得不趣時所尚。故王安石在位則經義欲合王安石。司馬光在位則經義欲合司馬光。其小者不可勝論。臣請論其大者。王安石不治春秋。熙寧

元豐之間。經義遂廢春秋一科。而學者亦諱春秋不言。司馬光治春秋。元祐之間經義皆𨚫班傳會春秋以為說。此可謂正心誠意治經謀道之人乎。於聖人之道有損乎有益乎。雖然未可以責舉子也。彼應舉則必有得失之慮。既慮得失則不得不以經義取合於在位之人。王安石在位。而經義不合安石。則有司不敢取。知有司不取而應舉。則不若勿應而已矣。天下應舉者無慮數十萬人。而人人皆以經義苟合於在位以卜利祿。則風俗傷敗。操行陵夷。未必不由科舉之致。故詩賦雖為無用。然作圜丘象天賦。則止賦圜丘象天而已矣。作堯舜性仁賦。則止賦堯舜性仁而已矣。雖欲取合於在位之人。其路無由而取合。固亦無尊所以不為難。臣若曰廢經義而用詩賦。詩賦不可以取合。若以策論合於在位則如之何。臣應曰以策論合於在位。固所不幸。而又益以經義使為合。豈嫌取合之少乎。然科舉之體

常以詩賦經義定去留。策論定高下。彼於去留之間無以取合。則為高下而取合者必少。故治平之前以策論合在位者。未有如熙寧之後以經義合在位者甚衆也。此詩賦經義之利害可得而論者二也。夫取士之道古必有之。鄉舉里選是也。今朝廷若復鄉舉里選。方得取士之正。是求賢也。是求能也。如謂鄉舉里選未可猝行。則今日之取士非敢必曰求賢。亦非敢必曰求能。特為科舉不可廢而立法耳。若曰求賢。則詩賦經義均不知人之賢否。若曰求能。則詩賦經義均不知人之能不能。既賢能不可以科舉得。則詩賦經義姑問其為科舉之後便與不便耳。蓋詩賦雖若無足為者。而題目或出於經。或出於史。或出於諸子百家。而習詩賦者必須涉獵九經。汎觀子史。知其節目精華。始可從事。而策論之中又自有經義。試取舉人未罷詩賦之前策論之中所說經義。與既罷詩賦之後專治經義者校之。相去

幾何。而涉獵汎觀。必粗知前言往行治亂得失。而聰明特起之士因此自見於世者甚衆。由是觀之。詩賦雖若無用。而其術能使舉人粗知前言往行治亂得失。而通於事。是其名則卑。而施於科舉偶得其術而便耳。至於經義則不然。為書者不為詩。為詩者不為易。為易者不為禮。為禮者不為春秋。是知一經而四經不知也。雖有策論。而科舉之下。論題自見所出。易於為文。策則人人皆挾策括以待有司。不出掌握。舉可聞者具在其中。非所以廣學問也。雖多聞博識之吉世自不乏。而所治之書粗通。策問有備。遂可以得名第。其勢不假留意於其他書史。若非常從舊日科舉之人。則所謂前言往行治亂得失。雖衆所共知者亦或不知。至有謂賈山為賈誼。以建武為武帝年號者。由是觀之。經義雖如近古。而用經義應舉之人。迷昧於前言往行治亂得失。殆無以自見於世。是經義之名則尊。而施之科舉偶非其

術而不便耳。而又自隋唐以來，高才達識、立功名、有道藝者，往往出於詩賦之科。似有成效。今朝廷必欲倣古以興賢能，則請俟復鄉舉里選。如止爲科舉，不可廢而立法，則異日設官分職，凡所與天下之治者，必多由科舉而進，非細事也。則詩賦經義之學，不識當取施之科舉已見成效，與知其術偶取者爲之耶？當取施之科舉未見成效，與知其術之不便者爲之耶？詩賦經義之利害可得而論者三也。至於詩賦則有聲律而易見，經義則是散文而難考。詩賦所出之題取於諸書而無窮，經義所問之目各從本經而有盡。詩賦則題目百變，必是自作之文；經義則理趣相關，可使他人之作。詩賦則雖爲預備，是見舉人倉猝之才；經義則易爲牢籠，多是舉人在外所撰文字。詩賦則惟校工拙，有司無適莫之心；經義則各尚專門，試官多用偏見而去取。如此小小利害，難以究述。今朝廷雖復詩賦以取士，而詩

賦之上猶存經義，是詩賦經義之利害均也。若以經義爲可行，則無事復詩賦；若以經義爲不可行，則既復詩賦而又略存經義，不過欲舉人詞賦之外更知經耳。雖然，又非術也。昔科舉之未變也，詩賦以觀其詞彩，策論以觀其經術與時務。論題出於六經，是經術也；策問而及經旨，是亦經術也。豈必名爲大義則謂之經術，不名爲大義則不謂之經術？蓋昔之策論，雖非大義，而策問論題或出於易，或出於禮，或出於詩書，或出於春秋，無所不出，則舉人亦無所不留意。雖非純於經者，而詩書禮易春秋必泛達也。今既詩賦之外，人治一經而爲大義，則策問論題必須避舉人專治而不敢出於五經之中。舉人知策問論題不出於五經所以備有司者約矣，則亦將爲書者不爲詩，爲詩者不爲易，爲易者不爲禮，爲禮者不爲春秋，是亦知一而四經不知也。雖有詩賦，而舉人爲詩賦留意與爲經旨而留意五經者

取舍不同，是誘之使淺，驅之令狹也。爲今之策，莫若專復詩賦以取士，而不累於科舉以進治經之人。專復詩賦以取士，則隋唐以來高才達識、功名道藝或可以兼至；不累於科舉以進治經之人，則聖人之經旨庶不爲科舉之所亂。若論今之舉子已習經義，雖復詩賦而有不能爲者，則願設嘉祐明經之科，以待不能爲詩賦之人。所取之數，與惟恩薄厚少增損於嘉祐之制，則人無難色。蓋明經近於經義而術與今日經義利害不同。取明經常少，取進士常多，則天下之應舉者將自化而爲詩賦，不以法制而漸復其舊術之善者也。以經義取士，實雖不至而名近於古；以詩賦取士，實則幾矣而名不及於經義。今區區者徒見朝廷罷經義、復詩賦，則以爲好古而已矣，而不知經義之不可累以科舉也。既罷之後，當詔天下求窮經謀道，宜如胡瑗、孫復、石介者，置以爲博士教官，使傳道於諸生，則今日之所尚饒

得經術之正而無科舉之累，道之義者也。蓋舊政已廢而復之者，戒其於慕名近古而改，則民喜然。則專復詩賦以取士，設嘉祐明經之科以待不能爲詩賦之人，而又詔天下求窮經謀道不累科舉者，使傳道諸生，雖理之所在，亦以爲不慕而釋民疑也。惓惓之忠，唯朝廷裁擇。

貼黃：臣竊見朝廷平日舉事，雖事體不大，猶多循用故常，慎於更改。蓋慮更改之後，恐有意外利害，非目前思慮之所能盡，不若循用故常之爲便也。今以詩賦取士，所從來遠，且以本朝言之，如呂端、李沆、王旦、曾宗道、王曾、韓琦之徒，百十年之間，凡所與安社稷、治天下者，多出於昔日進士之科，其爲故常亦大矣。然則凡今之所以論科舉者，非止爲科舉而已，蓋知異日亦將求柱石股肱於其間，非細事也。如廢用經義，決能取士過於詩賦

之所取則今日所論詩賦經義皆是餘事勿恤可也若理難聽慶恐誤朝廷久遠用人之計即乞更加審諦以平日舉事愼於更改為意詩賦策論四事之中詩賦最難修習自非超異絕出之才作詩賦兼策論以從科舉未見其有餘力也今既為詩賦策論而又於詩賦之前增大義一場深慮舉人力所不逮兼自來科場逼試之時皆息力養銳入試第一場詩賦至次日入論文字不多方可第三日却試策今於詩賦之前先以大義一場困之至次日繞試詩賦不唯場第太多考校增冗兼舉人就試必所患若然朝廷復詩賦又試大義者必以大義為經術之故但舉人習詩賦止欲得名第習大義亦止欲得名第皆借以為干利祿之具非真所謂經術也與詩賦何異

殿中侍御史陳次升上奏曰臣竊以朝廷之事宰執得以行之臺諫得以言之上下相維彼此相制以防私徇以杜奸惑祖宗以來選任臺諫官宰執不得干預若有妨嫌必須回避所以存大公之道立太平之基矣近來除授多出於大臣去取不緣於聖選切恐相為朋黨相為比周蔽人主之聰明為權臣之肘腋茲事最大實繫治體國家安危之機其要在此臣欲乞今後臺諫官若有除授罷者三省不得進擬悉出宸衷批降指揮所貴言路得人消阿附之風開忠讜之路不勝幸甚

李廌上論曰臣聞薦得其人則受賞薦非其人則被罰古之道也必有賞以勸之然後可使舉善必有罰以威之然後可禁朋邪獨賞而已則競獵虛名冀僥倖以自進獨罰而已則雖有真賢皆疑畏而不敢進之鄂秋之於蕭何一言而爵通侯驩兜之於共工一言而放崇山何勸沮之較著也夫人之情喜賞而惡罰國之格難賞而易罰人之所喜國之所難也人之所惡國之所易也可以賞而賞之緩則人必相謂曰愼無舉賢徒勞人爾賢則欲我舉而恩則吝也況無賞乎苟可罰而必罰之則人必相謂曰愼無舉賢徒多累耳賞則未必爭人而罰則信也況專用罰乎且古者進賢受上賞蔽賢蒙顯戮貢士之諸侯則至于加九錫不貢士之諸侯至于黜爵地以是推之惟恐有賢而不進也堯求若采而啓明之嚚訟乃被薦於放齊堯求治洪水而伯鯀之方命乃被薦於四嶽即其昧於知人則宜若驩兜之放可也堯則治而不問舜則不復罪之何也蓋人實不易知而嚚訟方命其惡在外而易辨靜言象恭其惡在心而難知以堯舜之聖猶且憂而畏之則放齊四嶽之過舉豈與驩兜同科以是推之雖或有罰猶當恕之有賢而或進退之未嘗恕之勿責則是聖人之於天下求賢之意深罪不肖之意淺用賞之意多用罰之意簡顧治之意詳施

刑之意略故忠厚之化格於民心而天下無遺賢今也於薦舉之制疑若罪不肖之意深求賢之意淺用罰之意嚴用賞之意簡施刑之意詳求治之意略如之何致天下之賢以為吾用哉故有司妄測朝廷之意例以進賢為末發有罪為本發有罪為有功無過進賢為有過無功朝廷授我黜陟之權者本以我為徒吏耳不若峻法以寡恩朝廷俾我薦舉之職者特循故事耳今又無賞而有罰故雖有薦舉之名而無薦舉之實非徒無賞而又市之何哉借若甲為長吏於此乙為長吏於彼甲舉乙之所私然後乙舉甲之所私非有意於所舉之人也甲乙自為施報也惟其自施報乃假手自舉其所私非謂市之歟夫薦舉之意豈不欲得有道之士乎有道之士安能容悅以自鬻豈不欲得孤寒之士乎孤寒之士其誰憐卹而為援故凡所充舉類皆肉食者締交黨與彌縫倡和之人未嘗聞拔一滯淹擢一豪傑真

可用者。如是欲群賢連茹而升，有是理乎。陛下聰明灼知邪正，如別白黑，則古之人所謂達視其所舉，又曰觀近臣以其所爲主者，不待臣言而後喻也。爲今之計，莫若先詔大臣議保薦賢之賞，使天下無咎恩之議，庶幾勸沮之道。人皆信之，然後使凡薦舉者，必如摘發之詳，得以攷稽焉。蓋今天下之長吏，凡所摘發者，必鋪陳其罪，以聞于上曰：某人嘗爲某事，可以抵罪，期必抵罪而後已。其所薦舉者，則含糊其言，假借其實，文具而已，未嘗鋪陳其事以聞于上曰：某人嘗爲某事，可以任使，期必任使而後已。雖然，固亦有鋪陳以聞上者，必曰某人有幹才，嘗於某處生財幾十萬；某有機略，嘗於某處鞫獄幾十次矣。苟使薦舉之奏，如摘發之奏，則下臣之善，安有不聞達者。朝廷聞而試之，試之後更器使，或華要，必使自言曰：非某所薦，安能至此。陳平封侯而魏無知因以受賞者，旌薦之人無忘其功，則其德厚矣。彼周

行而封列侯，自諸侯而加九錫，固不可指以爲格。願視其舉者之高卑，量爲舉主之酬獎可也。以今之法，所舉之人，一陷有罪，則凡爲舉主者坐之。至有削品秩、上印綬，不少貸。令舉主以所舉酬獎，又何勸焉。臣又竊以一郡論之，夫一郡之內，文武僚案不啻百人，而部刺史所舉之法，歲才二三，而許之摘發者則無員數。謂凡可摘發者必摘發也。至于薦舉，奚獨不然。豈使員足矣，爾後雖有可舉，置而勿恤。嗚呼！是朝廷許其蔽賢矣。故坐席未溫，已舉所私，所私皆畢，餘見真可舉者，則謂之曰：非不知君，奈何舉之人數已足矣。臣願陛下既下薦賢之賞，乃詔天下長吏見可舉者舉之，不必限之以數；或無可舉，則已之，又不必充數，則庶幾無憾焉。古昔逮今，長吏以薦舉爲恩，下吏以犇競爲俗，或責交以進己，或賂人以借譽，或飲食玩好以豢其親信，或姑息俯傴以媚其僕御，或卑詞以足恭，或面柔以求悅，吮癰舐痔，曾不以爲羞，指天誓心，曾不以爲愧。自非宣哲見幾之士，未有不墮其彀中而謬舉矣。願詔長吏以阿大夫之所以烹，即墨大夫之所以封者爲之龜鑑，勿妄許人以爲國士也。必欲公舉，則使下吏明具功過於考績之書，無崇虛文，歲終則取諸考課之書稽攷而優劣之。可舉者書其可舉之行能，可黜者書其可黜之過惡，揭於公堂，使吏民得以議之，以爲可舉也，然後舉之；可黜也，然後黜之，則無憎無避。臣之說無遺慮矣。然亦不可不防者，天下被薦或多，吏部病其難選也。臣願以四科第之，行同能偶也，復以被薦多寡爲差，況朝廷必使真得其賢，則又何多矣。或多賢而多薦之，無憚其勞。此太平之先也。

王巖叟上言曰：臣切以人得於衆，衆不疑，則可信；事出於上下相應，則易成。此諸府之辟召，群司之保舉，所以不可廢也。自辟舉之法罷

而用選格，可以見功過，而不可以見人才。中材患之，於是不得已而有踏逐奏差、申差之格。踏逐者，陰用舉官之實，而明削同罪，非善法也。選才薦能而曰踏逐，非雅名也。必當擇人之地，而不重用之之道，非深計也。委人以權而不容舉其所知，非通術也。臣伏願聖慈特賜指揮，復內官司舉官法，以暢公議。

校書郎李昭玘進策曰：璆琳琅玕，皆美質也，彫之琢之，至於成器而後可施。楩楠豫章，皆良榦也，長之養之，至於成材而後可用。人受天地之中以生，性無不善也，充其性以至於成人，然後可以治人。未能成人也，雖公綽之不欲，冉求之藝，聖人猶不取者，禮樂不足故也。先王能使人必至於成人，固有術焉，謹學校以教之而已。先王之學，皆所以明人倫也，能明人倫，然後可以盡人道；盡人道，然後可以治人事，故入使長之，出使治之者，還以同民之善而已。方其教之也，或三

歲賓興或終身不齒雖庶人之子孫積問學正身行屬於禮義則歸之卿士大夫雖卿士大夫之子孫不能積問學正身行屬於禮義則歸之庶人此所以責人之必成俟人之必至也自離經辨志至於敬業樂群自敬業樂群至於博習親師自博習親師至於論學取友自論學取友至於知類通達彊立而不反謂之大成未能通達則知不足以應物未能彊立則仁不足以守身先王之養人必至於如此之詳者蓋人之行已也自非四十而不惑則是非之理去就之義猶不保其往也升於鄉則升於司徒升於司徒則升於學升於學則升於司馬由秀而選由選而俊由俊而造由造而進不躐等不陵節論定然後官任官然後爵位定然後祿先王之取人必至於如此之久者蓋聽其言觀其行非一日之察也故士知學之可樂不知學之可已知仕之可欲不知仕之可求進取退捨以俟天命人人安於為學而樂於脩理考之則有成德任之則

有成效三代所以成王業者此道素行也自漢武帝開設學校增置博士廣弟子員射策決科勸以官祿學者寖盛異端日滋六經之說人自獻於其君而操以為僉櫝性命之理喪於破道之言聖賢之迹滅於浮名之行利祿使然也陛下嘗詔命儒開廣學校修正經義發古人精微之蘊袪百年陳腐之說道德之奧性命之理著見簡策使天下學者一其析總會其歸宿是以見天地之純古人之大體不溺於支離穿鑿之學而又慎選講官開析餘義使疑斯明塞斯通虛而往實而歸其於教人可謂至矣陛下聰明淵懿出於德性問學智慮發於天縱萬機之暇周覽墳籍始稽之以驗物又操之以決事天人之道帝王之業固已自得於成心矣間諭大臣尊意學校慨然思得豪傑之士與之都俞經畫以躋時於三代之隆凡試言博士上書公車者躬自考覈或擢之以高第或官之以不次其於好士可謂篤矣然而承學之士經術未甚明德行未甚厚志意不修風義不爾未足以應陛下寤寐虛已之求以其好學之志不能勝其祿利之心故也夫軒冕在前斧鉞在後雖子夏不能忘交戰之患利動其心故也子張學干祿孔子告之以言寡尤行寡悔祿在其中矣使漆雕開仕曰吾斯之未能信孔子說蓋有志於學無志於仕然後可以盡心於聖人之道而成士君子之器今之學者弊在利祿之欲遠其為道也苟於日月至焉而已矣故經術未甚明德行未甚厚志意不修風義不爾良以此也夫聖人之言非如天地之高遠非如鬼神之不測凡所以明天道治人事者不外吾所性而已故秦焚六經殺學士聖人之言雖焚而復明者性之在人不可滅故也今之經術皆出於師儒致一之論剗華俗學發明至賾蓋天為陛下生其人人為陛下篤其說此士之去聖人千載之遠生於今而幸見者也然而有論然後能議有議然後能辨見近而不及遠聞一而不

知二適人之適而不自適其適得人之得而不自得其得由是思索不精爾昔有梓人為鐻者其技甚賤然猶三日而不敢懷慶賞爵祿五日而不敢懷非譽巧拙者致其精也乃若萬物之理萬理之變可以坐觀可以意得必曰思之而已思之所入與神為一非神之使然也精之至也苟能如此利祿不足動也陛下欲取士得人莫若待其教養之久抑其進取之速使人盡心致志深造而自得然後敷奏以言明試以功庶幾作人與古無愧矣

潁昌教授鄒浩上疏曰臣愚伏覩近降貢舉勅凡考進士試卷其習經術者以經術為去留其兼詞賦者以詞賦為去留其餘數場只以品定高下所有以四場工拙通定去留高下指揮更不施行臣竊惑之自先王賓興之法掃蕩不行而後世所以取天下之士一以空言而已德行道藝不復誰何以迄于今莫之能改就令此法不行士之

所務猶在言而不在實。况既行者。臣見天下之士。不惟有愧於其實。又將有愧於其言矣。何則。法行之利不勝其害。其弊必至於此。何謂利。兩科之試。各以四場。故習經術者不敢忽策論。習詞賦者不敢忽大義。方其群居。欲無所不工。則亦無所不知。欲無所不知。則亦無所不讀。今也專以其科之所主者爲去留。則士止務其所知者。不必雜然並習。如前日之擾擾。一利也。士之取舍一係有司。而有司之好惡又各係其所習之如何。故尚經術者斥詞賦。尚詞賦者斥經術。尚策論者又并二者斥之。交相毀譽。迄無定論。而士之取中。直以幸不幸爾。今也嚴之以法。使有適從。則有司雖欲奮私意。執偏見。以自勝。蓋勢有不可。二利也。何謂害。惟知經。然後工於義。惟知子史。然後工於策論。至於詞賦。則往往裒諸家之集。纂六帖之類。左據右竊。以速名第。而一時有司固莫之能辨也。且以學校兩科取士。初無輕重。然而

不以經術應詔者已十有八九。今也重以去留之法導之。臣知天下之士自是以六經子史爲棄物矣。蓋士之所急者在去留。而高下非所恤故也。一害也。士之品有二。不待教者上智也。不足教者下愚也。教之則成。不教之則廢。中人也。而中人之才滿天下。今也使之一趨於不該不徧之習。則是天下之士將淪胥以廢。而莫之振。二害也。國家自慶曆以來。天下州縣遍置學校。自熙寧以來。天下州學始命教官。誠有意於以義理養天下之才者也。今一以去留搖蕩其心。雖力以義理強之。亦安能勝其所習。然則所置學校徒爲虛器。所命教官徒耗廪禄。顧欲化民成俗。如古盛時。不亦難乎。三害也。上自輔弼之大臣。下迨州縣之小吏。皆佐陛下行道者也。非欲其若司馬相如、枚乘、沈佺期、宋之問之屬。以文詞供奉諂頌功德而已。而乃養之不以其道。用之不以其實。誰恃以成天下之務哉。四害也。臣愚伏覩陛下

南渡以來。以天地之德。亭育萬物。以日月之光。別白萬微。黜陟群臣。因革政令。斟酌人心。若合符節。至取士之法最急之務者。甲以爲可。乙以爲否。五六年間。不知幾變。今又變焉。曾未足以厭天下之望。臣切惜之。陛下誠以其法爲善。胡不盡罷科場之文。只以經術詞賦試之。然而不爲者。臣知建言之臣慮失天下之士。不知有其名而失其實。其失猶在也。夫舉事有名而無實。非朝廷之義也。萬一所舉或有與是比者。無乃重爲聖政之累乎。傳曰。設教於本。其弊且末。設教於末。其敝若何。又曰。爲君人者。謹其所好惡而已。是君好之。則臣爲之。上行之。則民從之。偏於去留。不可謂本。已著之令。不可謂非所好。陛下少察臣之二利四害。則得失判矣。且四害之中。如人才不振。無以成天下之務。尤爲所當慮者。陛下視今日之人才。果有餘耶。果不足耶。以爲不足。則巖廊未嘗無輔弼。左右未嘗無侍從。諸路未嘗無監

司。州縣未嘗無守令。凡中外之百執事。亦未嘗不備。其待選次去來吏部者。又嘗倍蓰見任之數。以爲有餘。則自任以天下之重。輔導陛下與二帝三王比隆爭治者幾人。進退賢否。惟其實。而不汲引親舊。不遺棄疏遠。以誤陛下器使者幾人。正色昌言。列百官之功罪。論庶事之得失。務存大體。而不承風旨以自媒者幾人。持舉刺之權。以肅清所部。而不結權貴以植私。不惜孤寒以示公者幾人。承宣詔條。勸課農桑。使民各安其所。而不飲泣於猾胥黠吏之手者幾人。夙夜修職。不敢苟且。冀指摘之不吾及者幾人。民貧。所當富也。則曰水旱如之何。官冗。所當澄也。則曰人情不可擾。人物所當求也。則曰從古不乏才。國用所當裕也。則曰治世恥言利。風俗所當厚也。則曰不切於時變。邊備所當嚴也。則曰在德不在兵。其他覼縷。臣不暇悉知。要之爲國謀不如謀其身。爲百姓慮不如慮其子孫者衆也。陛下端拱一

堂之上。方以覆載為度。固不規規然察臣之私。然視朝之餘。省奏疏聽講讀之暇。亦嘗念其所以然之故乎。此不明義理之斷也。夫以義理養天下之士。士方平時。師聖賢。談道德。其取舍去就之際。若無以易其操者。一旦用焉。猶或懼然無以副朝廷承庸之意。況不知所以養之耶。董仲舒曰。不素養士而求賢。猶不琢玉而求文采。臣嘗以為知言。臣願陛下詔有司追用舊物。以四場工拙定去留高下。庶幾經術策論之試不為虛名。而士亦知陛下所以期之甚厚。相與精白以承休德。而人才有餘。豈甚難哉。孔子不欲去餼羊者。非為餼羊也。為告朔之禮也。孟子不欲毀明堂者。非為明堂也。為王者之政也。餼羊不去。則告朔之禮猶可以意推。明堂不毀。則王者之政猶可以迹考。臣之區區。實在於此。臣寒鄉一鄙人也。生長和氣之中。沐浴仁厚之澤。備員學校。為日久矣。重念古者工執藝事以諫之義。用敢因輒事所及。輕犯天威。冒獻瞽說。惟陛下采其一得。而赦其萬死。則天下幸甚。

朱充庭上言曰。臣切以聖朝用經術取士。冠越前代。止是不當用王安石之學。使後生習為一律。不復窮究聖人之蘊。此為失矣。若謂學經術不能為文。須學詩賦而後能文。臣以為不然。夫六經之文。可謂純粹溫厚。經緯天地。輝光日新者也。今使學者不學純粹溫厚輝光六經之文。而反學彫蟲篆刻童子之技。豈不陋哉。甚非聖朝之美事。臣已上封事論列。今再以經術取士之法。約歸義理之文。條列于左。

一第一場試諸經大義六道。乞令每人各治二經。每經各試大義二道。仍須先本注疏之說。或注疏違聖人之意。則先具注疏所以違之之說。然後斷以己見及諸家之說。以義理通文采優者為上。義理通文采粗者為次。義理不通雖有虛文。不合格。

一第二場。試論語孟子大義四道。論孟各兩道。考試之法。與經同義。

一第三場試論一道。乞於荀子揚子文中子韓吏部文中出題。

一第四場試策三道。內兩道乞問歷代史。一道時務。省試五道。三道乞問歷代史。兩道問時務。

右臣之所陳。欲令天下學者不失宗經。知根本之學。不專用王安石之鑿說。各以己見諸家之說。窮聖人之蘊。發之為事業。發之為文章。下之所以脩身見於世。上之所以飭材置之用。皆不失道。此臣所以區區為朝廷力言也。伏望聖慈察臣管見。如或可採。特賜主張施行。

徽宗大觀二年。翰林學士葉夢得上奏曰。臣伏以陛下自親政以來。凡擇士皆不以次。用人之速。古所未有。將必得遠業大器。以為社稷無窮之計。士大夫蒙識擢。初何嘗盡知此意。其朝夕趨走大臣之門者。僅志於得而已。夫高爵厚祿。人之所欲得。而陛下之所有也。一介匹夫。崛起畎畝。陛下不愛所有而與之。人人皆得所欲。反自認以為己物。爭奪傾覆。唯恐其失。視國家事。曾不一槩於心。陛下不負羣臣。而羣臣負陛下者如此。殆為朋黨者勝也。朋黨之患。世孰無之。而近日為尤甚者。其原本於重內而輕外。且今自外召入者。苟有寸長。計日可取貴顯。況阿附趨佞。別以智巧得之。一居要位。非譴謫則不去。而居外任者。非被罪廢黜。則孤寒無援之人也。雖嘗為宰相執政者亦然。夫以內為榮進之塗。則苟可以安于內者。人誰不營。以外為譴黜之所。則苟可以免於外者。人誰不避。此所以根株連結。卒不可破。祖宗時。宰相罷歸班。或補外。未幾皆復召用。中世以後。乃各帶節鈸崇職。至於執政從官。更出迭入。未嘗有間。夫使不慕居內。不畏處外。內外去來各適其志。士大夫苟知門闌則亦何必捨彼而趨此。謂之朋黨作大奸邪。勢亦不得不自離。今欲救之。莫先於此。然臣既為此言。不可不以身先眾人。願乞為郡。

大觀中。侍讀兼議禮武選詳議官慕容彥逢上奏曰。臣伏覩神宗皇帝聖謨淵遠。思患豫防。雖天下治安。不忘武備。自熙寧中特建西學。拊徠群材。訓以武志。凡考選升補之法。皆出宸斷。士之游於斯者。以程文觀其器識。以弓馬閱其藝能。以規式察其行義。其自上舍免省試者。積累歲月。遠不下十年。須程文弓馬數在優等。又其行義可稱。乃為應格。雖應免省試格。又從上共不得過三人。其教之如此其備。養之如此其久。擇之如此其精。遠其授官歷任。與夫取一日之長者無甚輕重。其非次進拔。缺然不聞。甚未副建學造士之意。伏望聖慈因殿試武舉進士唱名內。該上舍免省試以上恩例者。命執政審其人材。稍加獎擢。庶幾學者嚮風。罔不激勸。因以作成其材。上稱任使。

政和中。彥逢知貢舉。上奏曰。臣伏見神宗皇帝既廢明經學究科。特設新科明法。優為恩例。至黃甲擬官。俾先進士注諸州司法。蓋將以變革舊習。故其初不得不然。紹聖四年。朝議以此法行之既久。昔人之為新科者。十消八九矣。恩例之優。宜亦少損。乃以司法及其餘判司闕。衮同從上差注。元符三年十二月中。因省部勘當。遂罷紹聖指揮。更不施行。臣契勘新科明法等人。徒誦其書。未必曉其義。若以進士素不習法。難以輕授司法職任。則其餘判司等官。或以治獄。或以聽訟。亦未嘗待其學而後授之也。朝廷取士。患不得實材。果得實材何施而不可。伏望聖慈特降睿旨。將來吏部注新賜及第。進士出身等人。並依紹聖四年四月二十三日指揮施行。所貴德澤均被。上稱陛下造士之意。

宣和中。監察御史許景衡上奏曰。臣伏覩瓊臺郎黃宗源奏乞與文士衮同殿試。已降指揮者。臣竊惟國家取士。雖有數路。唯進士一科。最為清選。每三年一詔天下之士。試于有司。比至春官奏名來上。然後陛下親策于庭。賜第錫服。而使之異時為名臣磊落相望。皆由此出。今宗源迺道家者流。雖以程文擢為上舍。實應前日道學之格耳。今既罷道學。則與其科目併廢之矣。尚何殿試之有哉。況進士之所學。而陛下之所策者。乃當世之務。禮樂刑政。治天下國家之大方。非宗源之所習也。蓋道家以清虛澹泊為宗。以無為寡欲為教。宜其孤高自持。不與世接。今若使之操觚試藝。競科甲之高下。以徼榮利。則非所謂不見可欲。使心不亂者也。亦何取其為孤高絕俗者乎。且為黃冠師而與多士同趨大庭。不知所服何服。既中科目。則又不知所賜者何服耶。若賜以進士之袍笏。則非道官所應服也。若止於羽衣。則命士森列。而衣冠獨異。實駭眾目。必有竊笑於班綴者矣。易之同人曰。君子以類族辨物。夫以宗源之藝業。一旦輒與進士同科。聯名桂籍而叙同年。似非以類辨物之意也。孔子曰。必也正名乎。臣觀陛下稽古建極。親御翰墨。是正百度。復公少宰相之官。易武選之稱。辨內省六司之職。立命婦八等之封。名實相當。典章一新。誠萬世法也。今獨以進士科目雜以道家流。故議者紛然。以為未稱陛下前日制作之意。而臣區區之愚。亦竊為朝廷惜之。其黃宗源許令殿試指揮。伏乞睿明詳酌。特賜寢罷。

徽宗時。陳次升上奏曰。臣恭惟神宗皇帝待大臣有禮。相與以誠。至於進用人材。選推士類。其權必常在己。而不輕付與。自監司以上。若闕一員宰執具人才資任合充其選者數人取自聖擇若未當聖意則膺旨别行除授德音涣發三省奉行而已又寺監丞而下一切付之吏部用選格差注如有不當臺察彈治當是之時威福專在乎上差除至公人無間言寒俊之士激昂自奮得人為多自後宰執欲任自已之私專竊威福之柄若有進擬指定一名除授去取不出聖意至於寺監丞而下州郡員闕多歸於堂除大公至正之道罕聞私謁奔競之風寖熾攀附宰執者有進擢之速特立自守者有留滯之嘆除目一下士論沸騰此弊不可不革也伏望聖慈紹述神考之志監司已上差除並取聖擇寺監丞而下一切付之吏部用選格差注如此則大公至正之道開私謁奔競之風息實社稷無窮之福也

次升又上奏曰臣伏覩先帝修立官制凡釐百工除監司省郎府推判官大藩知州已上係朝廷選差自寺監丞而下以至州縣差除一

切付之吏部又有選格次第其等差有注授優便者必以功能進而不為勢要得已授命者必可之官不為堂除易孤寒之士不附麗之人緣此皆得以自奮差除一出於至公而不緣於私徇元祐以來執政大臣欲擅國權紊亂官制自寺監丞以至主簿既出堂除吏部注授州縣員闕職位又為朝廷取闕其有已授命之人待闕有及一二年又為堂除别差官改易甚為狼狽當是之時被命公朝拜謝私庭其職任之美者無寒門悉歸於勢要縉紳咸有不均之歎今日朝廷修復先帝政事差除尚乃因循前日之弊未足以成先帝之良法美意也伏望聖慈特降指揮自寺監丞而下一如元豐官制之初不係堂差州縣差注朝廷更不取闕庶使功能不遺於寒微職任不移於權要

次升又上奏曰臣近論列乞寺監丞而下除授依官制格一切付之吏部以選格差注至今不蒙施行者臣竊惟神宗皇帝立事必有法立法必有意非苟然而已經畫官制之初必先會計昔日官吏俸給所費幾何既行官制則制禄高下必以昔日為准故省郎而上出於堂除則支全俸寺監丞而下付於吏部則支折俸今寺監丞而下既係朝廷注授皆給全俸所支既多國用益匱京師財賦窘乏其亦以此侵耗之一端况立法非特如此而已蓋將以分宰執之權摧奔競之風而使寒俊之士各得以自奮吏部員闕既當則人人無留滯之嘆至公之道由是開矣今三省曾不以是為意其員闕收歸朝廷惟欲增重其權柄而已其為官擇人誠未見其實也伏望聖慈特降睿旨令寺監丞而下差注一切送吏部以存官制良法

左司諫江公望上疏曰廉非士之高行也衆人好汙而廉有時而為高退非士之清節也衆人好譟而退有時而為清人君砥礪名教敦

厚風俗豈有他塗哉狃衆所好而好之咈衆所惡而惡之好惡不出於在位之私而以在位為之媒故天下翕然觀化而無東漢激揚提拂之弊清議歸于厚德在下矣臣在鄉曲及出試吏行三十年嘗所見聞於仕宦不言財利不私貨賂不侵蝨百姓者無一二焉監司郡守有歲薦常員三省樞密有不次用內外紛騖門牆如市袖書自媒背語相剸甘言諛語自陳于前貴公心知其非亦重於謝絕既退鶩立廡下折腰俛首呈露肺肝盱盱睢睢為可憐之態士節雕喪風俗薄惡干分犯義辱名敗教有至於此今日天下所當先慮者也然由士類汙染當以士類澣濯是猶解酲必以酒也欲望朝廷應中外任仕乃未該引年謝事者學行卓然可觀尤於廉退為多若廉退不足而文采勝者不在選焉許侍從臺省監司各薦所知一人保任終身以備選擢所舉或謬不以自首原免一人為之媒衆人知所嚮

矣此激濁鎮浮之要術也伏惟陛下少留神天下幸甚

通判李新乞令部使者薦進人才劄子曰臣嘗觀皇華遣使之詩而曰周爰咨諏周爰咨謀周爰咨度周爰咨詢且訪問於善為咨所咨必於忠信使事以忠信為本故也咨諸事為諏既諏矣於是謀之既謀矣度其所宜而言之咨度者以義度之也猶以為未也又徧咨而擇所從焉詢者徧咨之也陛下總章聞道游心巖廊以天下四方之遠上情有未通於下下情有未能達於上故每道遣廉訪使者二人分詣郡縣觀察風謠廣求民瘼凡事上不虔犯法干禁雖遐徼異域有寃抑杜塞及吏之暴横得以直通陛下遣使臣所以寵遇者至厚矣臣愚無知叨遇將明之列奔走盡瘁靡敢遑處日夜焦心勞思所以報陛下者無非忠信之事且州郡薦士各有常格而奇才文士素為一路推稱孤寒無援沉於下僚亦有甘自晦縮不求聞知或不遇知己論薦不及士安義命恥肯競進蘊藉博洽難以自暴臣欲望陛下因其奏計願賜聖訓令廣取時譽察以名聞即乞下所部取其文藝孜察選學士院詳校有可採者陛下自擢而試之菁莪樂育教養而後用之則真材輩出矣凡使臣巡歷所至許令投獻文字仍不得諷諭州縣沽激薦士之名庶幾上副陛下旁求俊乂之意而萬里之遠無遺賢之歎天下幸甚

歷代名臣奏議卷之一百六十八

歷代名臣奏議卷之一百六十九

選舉

宋高宗建炎四年趙元鎮上奏曰臣訪聞湖南北及江東西諸路帥守往往闕人行在侍從除臺諫外止有綦密禮汪藻兩人近汪藻在假不出而郎官百司局務多差外官權攝昨雖有旨召謝克家等又皆散在四方未能即至亦不聞再行催促不唯國體卑弱無以示天下緩急大事尚所諮訪邦家以得賢為基而人主以任賢使能為職固不可緩也今帥守有闕欲自外除授則多以事不行或不知居止所在欲自行在遣行而又闕人如此遠方憔悴之民何所赴愬若歲渡江之初首須明詔許左右司郎官已上各薦二人其間以才能擢用者固多有之臣愚欲乞依去年體例詔臺諫及左右司郎官已上各薦二人令所在州差人給券限三日發赴行在審察賜對隨才任使仍令執政大臣同共採擇在外侍從雖在謫籍別無大過而政事才學實可用者廣行召擢庶幾間有來者以備獻納論思之職

元鎮又上奏曰臣竊惟士之失職責在朝廷比緣國步艱難例不得調有勢援者堂中擇闕而寒遠坐受困弊陛下灼見其事已令措置盡還部闕士大夫方有赴調之期無不忻快然臣聞參選之人多被沮抑既無案籍稽考則法令隨事變更吏得因緣為姦而以書鋪為假手之地故一人參選謂之鋪例者不下數十千至如召保官之類費尤不貲參選已如此況注擬邪臣以謂宜令吏部裁定保官之數如行在職事官一員用本司印狀許保盡參選注擬諸事仍飭吏部長貳戒勵書鋪毋得妄生沮抑過為僥求倘致士人詞訟即送所司究治如此則參選之士稍無留難以稱陛下優卹寒遠之意其他常行禁飭條法更宜明加申戒牓示施行

紹興二十二年。右諫議大夫林大鼐言。國初常參官皆得舉人。不限內外。亦無員數。南渡之初。恩或非泛。人得僥倖。有從軍而改秩者。有捕盜而改秩者。有以登對而改秩者。今朝廷無事。謹惜名器。惟薦舉一路。貪躁者速化。廉靜者陸沉。今欲取考第員數增減以便之。增一任者減一員。十考者用四。十二考者用三。十五考者用二。如減舉法。須實歷縣令。不得仍請嶽祠。其或負犯。殿選自如常。坐士有應此格者。得無玷缺。年亦蹉跎。無非孤寒練習安義分之士。望付有司條上。以弭奔競。

二十九年。閩人滋奏。請凡在官歷任及十考以上。無公私罪。雖舉削不及格。許降等升改。或疑其太濫。則取吏部累年改官酌中之數立為限隔。舉狀年勞參酌並用。於是下其議。中書舍人洪遵。給事中王晞亮等上議曰。本朝立薦舉之法。必使歷任六考。所以遲其歲月而責其赴功。必使之舉官五員。所以多其保任而必其可用。今如議臣所請。則有力者惟圖見次。無材者苟冀終吏。出官十餘年。可以坐待京秩。此不可一也。今欲減改官分數。以待無舉削者。則當被舉之人。必有失職淹滯之嘆。此不可二也。京官易得。驟至郎位。任子之恩愈不可減。非所以救入流之弊。此不可三也。夫祖宗之法。非有大害。未易輕議。今一旦取二百年成法而易之。此不可四也。臣以為如故便。

三十一年。禮部侍郎金安節奏言。熙寧元豐以來。經義詩賦。廢興離合。隨時更革。初無定制。近合科以來。通經者苦賦體雕刻。習賦者病經旨淵微。心有弗精。智難兼濟。又其甚者。論既併場。策問太寡。議論器識。無以盡人。士守傳注。史學盡廢。此後進往往得志。而老生宿儒多困也。請復立兩科。永為成憲。從之。

紹興間。張浚上議曰。設官分職。本以為民。故聖人視勤勞之大小。命品秩之高下。非有功於民。不在選也。監司守令。於民最親者也。今皆號為冗官。及瓜而去。則乞憐於人。莫有顧者。彼文詞巧麗。親舊推薦。期歲之間。可致清要。豈不倒置已甚乎。嗚呼。求天下之士於言語文采之間。臣知其無以得真賢矣。況未推薦者之不公耶。後世坐廟堂秉樞要。而於安危之機。治亂之理。百姓之情。財用之源。甲兵之事。瞢然不曉者。無他。用之無其道也。繼自今以往。可不知所戒哉。

江西安撫制置大使李綱上言曰。臣伏覩二月九日手詔。以太陽有異。氛氣四合。令中外侍從之臣。遵前後詔書。各舉能直言極諫之士一人。將詢以過失。次第施行。用承天意。有以見陛下克謹天戒。思聞讜言。銷弭變故。以助中興之運。甚盛德也。臣竊考西漢舉賢良文學之士。詳延于庭。如董仲舒公孫弘晁錯之徒。不過對策一篇。指明時政得失。至本朝設賢良方正能直言極諫科。始有進卷。及試六論。乃對廷策。其六論題。雜出於經子史注疏之間。所以求卓識洽聞之士。號為制科。其得人如富弼。張方平。夏竦。皆致宰輔。其次如錢易錢明逸。孔文仲武仲。蘇軾蘇轍兄弟之流。皆為名士。論議有補於國家。然制科之舉。貫穿古今。注洋浩渺。非強記博識。積以歲時。未易能究其業。所以朝廷近年復置此科。未有應令者。無足怪也。今者陛下以天變之故。詔中外侍從之臣。遵前後詔書。各舉能直言極諫之士。臣深慮有司拘以進卷六論。事制舉者難於得人。無以仰副陛下咨訪闕失。寅畏天戒之意。臣愚欲望聖慈特降睿旨。將今來所舉直言極諫之士。與免進卷六論。祇令對策于廷。仍於制策內許其展盡無隱。庶幾忠言嘉謨。得以上聞。其進卷六論。自以待應科目之士。天下不勝幸甚。

翰林學士周麟之上奏曰。臣聞文章經國之大業。體尚不一。從古而然故論世者以是識風俗之盛衰，觀人者以此別材智之遠近，猶所謂見禮聞樂而知德政，不可不察也。西漢二百年，名儒鴻生，鋒起間作，雍容揄揚，著録于後，則炳然與三代同風。唐有天下，文亦三變，至於美才輩出，嚅嚌道真，反刓劉偽，薰釀涵浸，然後天下化之，粹然一出於正，何其盛哉！我國家恢儒右文，列聖一揆，取士之制，不過曰經義、詩賦。然或偏廢而獨舉，或兩存而並行，或兼用而通試，三者所向雖異，及夫得人，則奏賦擅場者無不精，其能談經措理者靡不臻於奥。累朝名臣悉繇此出，致治之美，固已逺邁前世。仰惟皇帝陛下，躬天縱之資，恢復古道，優入聖域，猶且博覽經史，左右藝文，孜孜不倦。至其躬御翰墨，發為宸章，雲漢昭回，光被萬物，古帝王莫能跂及。裁詩樂以侑禋祀，則十三篇極風雅之妙；記擯齋以明鑒戒，則數百言皆道德之辭。若此之類，殆不可殫舉。士生斯時，親得聖王為之師，此千載一逢也。臣伏見昨降明詔，用經義兼詩賦，合二者之長，以作成多士，永為定制，可謂善矣。今肄業之士，服勤有年，秋試不遠。臣愚欲望聖慈申飭儒官，奬勸士類，戒志尚之不一，華文體之未純。毋好高以異論相矜，毋因陋以陳言自蔽，毋泥迂僻之習而失其正，毋縱浮靡之説而溺於夸。丕冶一陶，聖風雲靡，將見四方俊茂試于有司者，無不丕應徯志，咸知以體要為宗，文弊既除，而文格益勝，用之以黼黻一代，羽翼六經，實斯文之幸也。

高宗時，李光乞薦舉武臣狀曰：臣伏準紹興五年三月六日勑中書門下省：依臣僚奏請，銓量郡守、監司遴選縣令，及檢會紹興元年十一月十九日手詔，令内外侍從官以上、監司帥臣各舉所知，限半月具奏，有以見陛下虚心求助之意，可謂切矣。然臣頃任行朝職事，官已嘗應詔，今陛下所求益廣，中外薦者紛紛，而文學之士峩冠博帶布列中外者固已足用，初無乏材之患。昔叔孫通之歸漢，從弟子百餘人，乃專言諸壯士進之，或以為言，通曰：漢王方蒙矢石爭天下，諸生寧能鬭乎？故先言斬將搴旗之士。若通知時務矣。今夷偽憑陵，中原版蕩，此陛下馭雄材虎將以制天下之時，臣之所薦，不敢復言文士。臣累任守臣，竊見諸路武士多流落失所，其間人材少壯，弓馬趫捷，武藝絶倫者甚衆，朝廷既未嘗録，往往散在諸軍，無以自拔，或委盗賊，不能自新，其可惜也。臣愚不敢指名論薦，欲望聖慈特降睿旨，令諸路州軍廣行招收，其間雖無武藝而通曉兵機，能料敵制勝，或造作攻守之具，各為一科，令監司帥守按試保明，發赴樞密院，量才擢用，庶幾韓、彭之徒或為時而出，不勝幸甚。

監察御史劉行簡上劄子曰：臣竊惟陛下側身脩行，克自抑畏，布德行惠，賴及四方。自即位至今，星紀一周，昊始悔禍，夷虜革心，歸我輿圖，休兵息民，既有成約，中興之功，未有高焉者也。然而智者於此竊有懼焉，何也？懼朝廷有一朝之喜，而忘憂畏也。而況經理之初，事亦多種，未易槩舉。若軍儲民食之有無，河防邊境之備禦，既不可預計而逆度，亦未可悉舉而並行，是必知其所謂而後圖之。傳曰：廊廟之材，非一木之枝；帝王之功，非一士之略。則儲蓄人才，以備任用，豈得不為先務？矧陛下已降赦令，加恵新復郡縣之民，將有以大慰其心，蠲税租，寛戎役，固理之所不免，然則經費所出，實在牧民御衆之官，顧安得不擇？使智使愚，使功使過，在兹時矣。臣愚欲望聖慈特降明詔，令内外侍從、監司、守臣各舉所知才堪任劇、忠不辭難者，不限員數，咸以名聞，命有司籍記之，以次除用。其有以瑕纇坐廢，與異時僥幸冒進之徒，苟有才能，亦在所舉，觀其後效，如有顯勞，隨事旌擢。若不改悔，復為姦利，則終身廢之。庶幾人人知勸，以赴事功，有以助成經理之政。

行簡又上奏曰。臣竊惟在外之官賦政煩劇。深察民隱莫急於縣令。總按群吏風動列城莫要於監司。二者不可不擇明矣。臣謂朝廷有選擇之名。無選擇之實。何也。陛下聖德寬隆。憂民深切。頃降詔旨。令內外侍從官多舉材堪縣令者二人。謂縣令不可不擇也。然臣嘗得其所舉之目而詢求之。十不得一二。又除用監司。率以他才有殊不曉政事者。如此尚可恃以為治乎。臣故曰有選擇之名。無選擇之實也。臣愚欲望出自聖斷。令諸路監司列郡守臣各舉所知曾任縣令民所便安有顯効者一二人。條具以聞。無其人則闕之。遇監司有闕。首擇所舉之人於而用之。以示褒寵。其謬者坐以欺君罔上之罰。天下豈有能為縣令而不能為監司者乎。審如此。可謂兩得之矣。陛下垂意人材。自小官識擢任用者多矣。獨未聞拔一循吏而驟用之。此疎遠之臣所以不加勸也。黄霸以治郡有稱。入為三公。今以良縣令為監司。不亦可乎。伏惟聖慈特賜詳酌施行。

行簡又奏曰。臣竊謂州縣之官莫難於縣令。而治獄次之。此兩者蓋不可不擇。而朝廷求所以選擇之名而未得者有年于茲矣。銓曹注擬按格而授。初無予奪之法。又員額至多。雖欲選擇。有所不能。恭惟陛下自即位以來。為民擇吏之詔固已屢下。而司政典獄或非其人。未有以仰副憂勤惻怛之意。臣竊怪之。伏見知温州章誼奏請於所屬官吏擇其能者易實縣令。已蒙俞允。臣謂此舉誠得選擇之道。且要而易行。唯是典獄之官未聞有以移易為請者。刑憲所加。非所宜忽。臣愚欲望聖慈更賜詳酌。明降指揮。令列郡通知。應縣令治獄之官並許以所屬幕職州縣官以下選擇移易。不理為進闕。其請俸自有養著州郡所謂供給。應移易之人聽從多給。如或郡守有挾私憙妄加移易者。聽監司糾察以聞。庶幾吏知綰方民受實德。無失政濫刑之患。

章誼上奏曰。臣聞古之任吏部也以人。今之任吏部也以法。其任在人。故銓量品藻引黜進退在提衡者而已。有司無可執之文也。其任在法。則功罪能否賞罰殿最各有程度。有司便文守據。毫釐不敢差也。夫以便文守據之有司。當四選並進之文武。而典籍散亡。法令不立。省門旦闢。訴牒盈几。長貳郎曹據案詤視。茫無法令可以析中。於是胥吏序進。各售其私。廢置在其筆端。可否出其唇吻。搢紳士大夫弱者俛首而不敢辯。强者忿詈而不能屈。富者苞苴賂遺。造請囑託。而喪其廉恥。貧者困辱摧折。飢寒留滯。而無以自達。官以賄遷。政以賄成。非所以尊朝廷而風天下也。吏部既已難進如此。是以文士輻輳於宰司。武人接跡於樞府。下至冗庳游徼之微。率右朝廷除授之目。豈天下之士不樂乎進。而固為此紛紛哉。誠有以敺之也。頃詔有司編類四選通知之條。與夫一司專用之法。蓋以前後續降指揮分為敕令格式。自成一書。委官雕印。立直給售。如此則士子有進身之階。銓曹有可守之法。姦吏無舞文之弊。四方萬里百執事之人。知陛下待遇之意。聞風自勵矣。

誼又上奏曰。臣近者曾奏乞編類吏部四選勅令格式。以幸多士。伏蒙睿斷。特賜施行。中外搢紳無不欣戴。今聞書成有日。將遂頒印。臣復體問得自來吏部雖有法案。止是承受續降指揮與夫劄勅之類。其於本部職事鋪引條例。蓋無與也。尚書侍郎郎官未必盡習法令。當其可否與奪之際。唯本選主令是聽。一有疑似。法案辭非其任。無所稽考。今欲乞專置法司。優其廩給。嚴其罪賞。使掌四選之法。本選所不能決者。聽委法司鋪敘條格。然後長貳據法與奪。如此則本選人吏不得專為輕重矣。所謂許首原之弊者。吏部注官出闕。闕陞磨勘給據告示行遣非一。雖今來法令明具。而人吏情有好惡。疵眦之間。動輒沮格。搢紳之士不免投牒自訴。長貳方將繩按。而首狀出於懷袖矣。今欲乞有過自首者。雖原其罰金受杖之責。而書其罪也。計為一犯。異時名次補授。皆視罪罰之多寡。以為仕事之殿最。十罰以上重者停替。降名輕者展年出給。如此則人人自愛。無敢玩法矣。如臣所陳。仰當聖意。即乞降付有司。詳論立法。不勝天下之幸。

誼又上奏曰。臣竊見越州奏觀察判官楊愿。未有替人。本州踏逐到迪功郎張嚴光。充前件差遣。奉聖旨特令吏部與差。臣伏詳選人階官有七。其注擬各有等差。迪功郎到部止許就判司簿尉。自脩職郎而上。許就知令錄。自從事郎而上。許就推判官。仰惟祖宗銓曹之法不可易也。其於積日累月。紀事計功。使朝廷名位不可驟取。士子致

奏議卷之一百六十九　八

身不容冒進。等級分明。而堂陛增峻矣。政和執政用事之臣敗亂法度。分曹建掾。以朝議朝請大夫為工兵曹。而以迪功郎為士戶曹。直居其上。官制繁紊。位著蕪雜。士人越法犯分。干請無已。今方痛革前日之弊。豈容特徇越州所請而亂祖宗銓曹之法哉。如張嚴光才能學行識有過人。則朝廷別加任擢。無所不可。如越州許辟幕屬。則當求應格官吏以充此選。至於吏部格法州郡官吏。臣伏望聖斷。申嚴舊制。共加遵守。不勝天下之幸。

誼又上奏曰。臣伏見朝廷近者多收吏部員闕以充堂除之選。凡知通僉判知縣縣尉。無非三省除授。其在吏部者。判司丞簿而已。諸路帥司又復辟舉。吏部員闕幾盡矣。士大夫積資累考。闕陞知通與夫京朝官之任知縣者。無執政侍從之援。則唯縣丞是任。國家全盛時。府郡知通之堂除者。共不過百員。而寺監丞簿悉由吏部注擬。士人循守分義。自度材力所堪。按格而求之吏部。其應選者自益自勵。礙格者無所怨尤。其文學行義材能政事卓然有聞。則朝廷拔其尤異者。乃在堂除之列。今則不然。而非堂除外非辟舉。則職任無從而得。賢否混并。資格盡廢。長奔競之風。抑廉退之節。寒畯之士類就銓曹求一遠闕而不可得。巧宦之人已有除授未厭。所懷而不肯之官。監當者悉為親民。親民者必求知通。朝廷幾務方多。自不暇給。安得人人厭其欲哉。願詔執政。稍稽舊制。盡會諸路員闕若干為堂除。若干歸之吏部。嚴辟舉之科。重除授之選。庶幾養成士子靖恭之操。以副陛下仄席之求。

誼又上奏曰。臣聞堯舜以知人為難。孔子以方人為不暇。是以義易之設六辭。莊周之論九證。蓋難之也。仰惟祖宗以來。取材拔士。慎重其選。其於有官君子。不敢定賢否於俄頃之間。而必考之以歲月之

奏議卷之一百六十九　九

久。一郡委之守倅。一路委之監司。隨材薦舉。改官縣令。率有常格。上之趨事赴功。涵養淵源。暗然而日彰。與夫浮躁貪偽。有人則作。無人則輟者。皆不得而隱。規模宏遠矣。近自江淮九路發運之罷。而薦舉之格移之於都運。都運復罷。而移之於淮南提點官。士之得薦者十去七八矣。自武臣提刑之罷。而薦舉之格移之於文臣。文臣提刑不敢專用薦格。而士之得舉者十去五六矣。陛下當此艱難之時。求賢如不及。而士之脩其職業行義以履平進之塗者。難於昔日。是豈本朝貪賢之意哉。臣因此詳定吏部薦舉格法。得此二事。伏望睿慈付之外廷。俾均其數。以委郡守監司。各許薦舉。則得人之路自茲廣矣。

誼又上奏曰。臣伏觀今日多故之時。非得人材。無與共成事功。而搢紳介胄之間。懷抱器能之士。不因薦舉。則無路自達。祖宗全盛時。間求賢良方正直言極諫之士。天子常稱制詔策問于廷。號為制舉。其

未仕者有文武兩科進士生徒之選其入仕之後亦有薦對宏辭學官之召人可自奮今唯進士一科其餘未及條舉方知前日求才之路殆恐未廣漢以數路得人唐以科目取士具載方册處今可行如博通墳典達於教化軍謀宏遠堪任將帥詳明政術可以理人與夫洞明韜略翹關負重言辭辨正書判拔萃之科皆可以網羅俊乂共濟艱難如蒙明詔有司設為程度傳示四方歲一為舉使有為之士曉然知聖主招徠奬進之意則傑才偉人咸萃大朝恢復之效可坐而致臣愚無知冒昧自竭不勝惶懼之至謹録奏聞

殿中侍御史鄭剛中上奏曰檢准貢舉法試院官考試進士不滿三百人二員五百人四員每增五百人添一員至七員止伏見兩浙轉運司見置院差官引試進士取到本司狀稱今歲合赴試約計一千餘人又取到本司前舉赴試人數計六百五十四人差過考試官四

員點檢試卷官二員今舉且作一千二百人赴試比之前舉計添七百餘人若差官至七員止則可添試官一員是以一人之力增前舉二千卷之多也竊詳士子三歲一試全在有司精明去留詳允故績學能文者不至有淹冒之嘆苟考官目力不逮試卷沓來心志既疲工拙交進眩然不知朱墨之可施如是而曰不遺士者未之有也欲望朝廷下本司契勘如就試委及千人以上許通差試官一十員仍精選文藝有稱者充場屋費用必不困三人而大有增損庶幾考校得人上副朝廷興育成就之意

吏部尚書劉才邵上劄子曰虞舜躬濬哲之資明黜陟之法以臨照百官小大之才宜無不察至於命九官咨詢于下當時之臣更相稱舉帝舉而用之遂能代天工熙庶績垂衣拱手坐收無為之功則求賢之效豈不盛哉恭惟陛下聰明睿智出於天縱群臣能否灼見不疑然睿意勤勤懇懇所以廣求賢之路凡侍從之臣受命之初各得舉所知以自代虞舜用心無以復加臣愚欲望聖慈特降睿旨凡所舉之人已經試用者時加考覈其有績效顯著或不如所舉因加勸沮庶進賢者有以顯其能謬舉者無所逃其責以仰稱求賢如不及之意不勝至願

才邵又上劄子曰臣竊惟朝廷設銓試之法以待出官之人各隨所長場數不一其間試之以刑統義欲以觀其知法律之意試之以時議欲以觀其通古今之變皆學以從政者所以盡心故以是待之蓋將求實用之才非徒較工拙於文詞之間也然自來試題往往於刑統則專取詞句分明而未嘗及於罪法之輕重於時議則泛用經史事迹而未嘗近於時務之利害誠皆如此則後來者惟文詞之習其何以仰稱設科選材之意乎臣區區愚見欲望聖慈申命攸司並為

定式凡銓試出題於刑統義必兼以罪法之疑似於時議必參以時務之因革使之各隨所見得售所長則其從政也將見有以允協獄情通曉世變其為益也豈小補哉

虞允文上言曰臣竊謂士以多才起當世之名亦以虛名起斯民之疑不可不察也蓋士倚其才發而為文章為語言為政事莫不粲然可觀犁然可聽井井然皆可用而學之不深養之不厚以文章名者流而為輕浮以言語名者流而為巧偽以政事名者流而為苛刻朋比狎習知實其道而不知所以守道知充其欲而不知所以窒欲凡一云為務在求合希進而上之人亦循其文章語言政事之名薦之用之而不察輕浮巧偽苛刻之跡其民者至深至隱也臣嘗觀太宗皇帝詔書有云士大夫淳薄者多宜行戒勵又云如斯巧偽必寘嚴刑又云憂愛臨民乃可書為勞績丁寧訓告之意皆所以救其敝而作

成之。故端拱淳化之間，士皆以敦重誠愨仁厚為本，胥效胥勸，靖時雍和，幾與唐虞三代同風。臣愚欲望陛下明詔中外，大有以清其源。自監司守臣一章之薦，一闕之辟，推而上之，至於朝廷，凡士以文章進者，必抑其輕浮；以言語進者，必黜其巧偽；以政事進者，必去其苛刻。而陛下於陟降之際，時出動化之方而用之，臣以為不數年間，士皆去其惡習以就成材，可以任重而致遠，遂得時得位，必流為百姓盛福。祖宗基圖所以深根固蒂者，無切於此。惟陛下留神省察。

允文又言曰：臣竊惟陛下以濬哲上聖之姿，撫太平中興之運，伏自親攬權綱以來，用一公道頓八紘而奄有之。臣以為公道之在天下，猶人身之有元氣也。元氣固於內，而使一手足或廢折於外，豈不亦甚可惜哉。蜀去朝廷萬里，陛下憂其民之失業，而人材之或遺也。凡郡守之有治效，既詔帥臣監司薦之，因其薦而遷秩得貼職擢為監司者有矣。縣令之有治效，又詔帥臣監司郡守薦之，因其薦而為大藩通判、諸臺幕屬者有矣。尚慮德意之未孚，天下之材未衆建也，併詔諸路帥臣監司明薦之，為郡太守，而不次擢用者有矣。是三者，陛下之心一於民也。然而被薦之人，或狃於勢力而得之，或牽於私昵而得之，或變於親朋僚屬而得之。故昏耄者、廢事貪鄙者、黷貨殘暴不恤者、虐刑偃然恃其知己當本道之權，無復忌憚，而民益病矣。善論議者謂陛下以公道付帥臣監司郡守，而帥臣監司郡守不以公道報陛下也。臣實憤之。臣愚欲望睿慈下臣章有司，參立定制，以華其弊。凡人材之預歲薦者，必使隨奏赴都堂審察，如所薦得人，然後以今所立之格，自監司至幕府，隨其才而用之。除有卓異之才，大臣又因得以聞於陛下而顯擢之。苟所薦非人，坐其同上之罰。如此，則授受之間不敢有所私，而公道行於四方，真才實能在位在服，元元赤子咸得以被仁天子愛育惠懷之意矣。

龍圖閣直學士知湖州汪藻上奏曰：臣聞鮑宣言於漢曰：昔堯放四罪而天下服，今除一吏而衆皆惑。古刑人尚服，今賞人反惑。言當時為政者其心不公，其法不一，而無以厭塞天下之望也。陛下以前者仕塗猥冗，濫進者多，其取名器類皆斷役之流，故慨然詔有司立討論之目。凡以不道而補官遷秩者，皆論如律，天下孰不以為宜。然此法止行於吏部，而堂除之人則一切置而不問，是使孤寒椎鈍者獨廢其終身，凡稍黠而有援者，巧騰捷出於法度之外，而傲冒自如也。此豈聖朝行於天下畫一之公法乎。臣愚欲乞應今後堂除，又並先取會吏部有無干礙討論事件，如涉討論，即依條改正，合除官則除官。庶幾法令不偏，小人退聽，無使天下紛紛謂朝廷私。

御史中丞廖剛上奏曰：臣近具奏，願陛下兼收天下之才而並用之，無內外彼此之間，自然朋黨之名泯，而異同之論熄。人知尊君親上，而風俗以厚，誠治道之本也。然天下之才，陛下深居九重，亦安得而盡知之。雖執政大臣容有所不知，而況陛下乎。臣竊考祖宗之時，嘗數詔近臣尚書翰林學士至給舍等各薦舉人材，省部諸郎亦間許二人共舉一人，節度使留後觀察使每各舉二人，防禦團練使刺史亦許舉一人，則知所搜訪廣矣。淳化五年，蓋嘗詔宰相呂蒙正等各舉有器業可任以事者一人。至道二年，又詔宰相張齊賢等各舉曉錢穀朝官二人。蒙正嘗奏曰：臣備位宰相，可以進退百官，今獨一二人，是天下隘也。太宗不聽，遽詔史館檢討故實，謂蒙正曰：虞丘子舉孫叔敖，狄仁傑自薦其子光嗣，何謂無此。蒙正於是奉詔。臣竊以謂太宗豈不知人主論一相，宰相進退百官之說，殆欲示至公於天下，消黨與之疑於冥冥之中，是故所以愛護大臣之意也。陛下倘以臣言為可採。願遵祖宗故事。詔中外各舉所知。時加親擢。則庶察無附下之嫌。大臣免招擢之謗。而海內亦莫不歸心於陛下矣。豈不盛歟。

吏部侍郎洪遵上奏曰。臣竊見川蜀士人。水陸萬里來奉廷對。其意皆欲即日霑恩。歸榮鄉黨。而科第在五甲者。法當守選。必俟銓試中格。乃許調官。一復蹉跌。則有踰歲旅食之憂。臣視諸銓曹。有川闕百五十餘。而留待黃甲者。不過數十。累舉以來。川人賜同進士出身者例控告朝廷。皆得免試擬注。實惠及人。士子感泣。唯是二廣士人。經涉炎瘴。遠者數千里。群試南宮。每舉登第率不過三兩人。其入五甲者。亦須候銓試注授。獨不得與蜀士為比。情實可矜。至於海南四州遠涉鯨波。遐陬聞見不廣。類多下第。及其垂老。將恩幸而得文學以上。又必俟郊霈方許入官。空行空反。尤為可念。臣愚欲望聖慈。令有司看詳著為定令。自今舉為始。川廣進士中第法當銓試者。並候黃甲

集注畢。以餘闕差擬。其海南特奏名人當銓試者與免試。當候敘者與放選。入五等者亦乞特與出官一次。庶幾遠方寒士皆獲寸進。無有留滯棲遲之嘆。以副陛下不忘遠之意。

遵又上奏曰。臣竊惟薦舉之制。祖宗所以均齊天下之至權。行之百年。講若畫一。雖不能免於賢愚同升之弊。然薦員有五人之限。考績有六年之拘。有力者不得亟進而驟遷。而中庸寒人亦可指日以望進。至公至平。萬世不可易也。而比年以來。監司郡守不能皆以體國省公為心。懦者迫闕請。貪者通賕賂。閔於定員無以塞責。章交公車。敢為誕謾。而書吏又以謝錢多寡。陰竊姦蠹。不惟愆期生事。有悞選人。而銓曹文書。渺若煙海。偽謬百出。無所稽據。實為有司大患。臣恭覩近降指揮。今後如有重疊奏舉。令吏部具名劾奏。有以見陛下仁明天日照臨。灼見其弊。臣濫貳天官。恭承睿訓。晨興晏寐。惟以察姦挑剔為急。期使士大夫少迫滯淹之歎。然則舉削之弊。其可置而不問乎。請以近事為陛下別白言之。有同時一章而巧為兩牘並至而不疑者。有歲薦五人而發奏削至以十數而不止者。有嘗犯職官而詐為京狀者。有只係常調而詭稱職司者。有轉運雙員交承各異而南廳北廳妄行攙補者。有上下半年月日有限而先時後時了無忌憚者。有被舉之人見存而假稱事故奪而之他者。有經隔數年而冒作交代即行補發者。若此之類。不可縷舉。臣愚欲望聖慈特賜睿旨。今後奏舉輒有冒偽不實如前所陳。許令本部具姓名事由劾奏。乞從朝廷取旨懲責。書奏之吏。亦各隨所犯斷罪勒罷。庶幾選人到部。不至臨期失望。官吏知有所畏。無敢飾偽以罔公上。亦可以助陛下謹守祖宗成憲之一端也。

孝宗乾道六年。周必大上言曰。臣竊見在法選人曾歷一任。方注縣

丞。有舉主關陞改官。方得為邑。重民事也。今初官為尉偶獲強盜七人。不待滿考。便可改秩。其間未經任者。雖注監當亦理親民資序。又有徑為邑者。則是擇令輕於擇丞。臣竊以為過矣。異時以東河北之盜。類皆桀黠驍果。其徒不繁而能橫行於州縣。賞格之重。或以示勸。今江湖閩廣。山長谷荒。無知之民。春夏歸農。秋冬散剽。所在有之。藉令為尉者勇能執縛。藝可奪矟。猶於邑政未遑習也。況弓兵格鬭而獲。司獄傅會而奏。其弊尚多。若不稍加釐正。臣懼子產有傷割學製之譏也。願詔有司具為令。應縣尉獲賊當改官者。吏部先給公據。候歷任及六考以上。方許收使。彼既無僥求舉將之勞。為考第稍多。免初等細轉之迂。名緩其期。實厚其賞。亦貴稍更民事。不至政學。

七年。必大權禮部侍郎上言曰。臣聞政有似緩而實急者。科舉是也。夫以士子一日之長。而欲驗其終身之事業。懸若迂闊矣。然昔人賦

有物混成。及金在鎔。而識者遂以公輔期之。蓋有學有文。形於筆端決非闒茸之士。而骫骳剽竊者。必常才也。本朝取人雖曰數路。然大要以進士爲先。陛下篤意人才。士之求試于有司者日益衆。惟是三歲發解。凡州縣官苟有出身。不問才否。例差考試。其間富於學識固不乏人。亦有工聲律者未必通經。習經術者未必能賦。或學殖不豐憎於文體。或久去場屋。忘其舊業。命題發策。往往顛倒。事實背違義理。故當校藝之際。則平凡者得優異者斥。至使真才實學。壹鬱而不伸。庸人假儒僥倖而濫中。非所以崇雅黜浮。勸勤抑惰。羅英俊育人材也。茲事體大。臣心知其弊。而未敢輕爲之說。願下此章。於學官俾之博詢諸生。條上利害。然後命廷臣雜議。而詳處其當。斷自後舉行之。非特於學者甚恩。抑庶幾名臣輩出。如祖宗盛時。於以助陛下之大有爲。不亦善乎。

必大又上言曰。臣聞知人則哲。帝猶難之。然所以能官人者。舉得其要故也。舜問疇若予工。滿朝專以垂對。又問疇作朕虞。滿朝皆曰益可。上不徒問。下不徒應。是故所取必合衆論。所用必稱厥職。不亦簡而易行。徹而有功也歟。本朝太平興國六年。特命翰林學士承旨李昉等十一人。於常參官內各舉堪任三司判官及轉運使者一人。淳化三年。又命宰執翰林學士御史中丞尚書丞郎兩省給諫以上。各舉一人。是亦唐虞之遺法也。仰惟陛下急於圖治。勞於求賢。乃者嘗詔監司帥守令矣。略計諸路所薦無慮數百。繼命侍從臺諫設四條薦士矣。合在廷所舉又百餘人。既不可以悉褒而盡用。不過召見一一隨才獎擢。其餘則籍記姓名於中書而已。後有任使。又將他求。焉足以副陛下爲官擇人之意哉。臣愚欲望聖慈遠稽前代。近法祖宗。而近以外要劇官闕。復行雜舉之制。假令辨其事。須某才則詔公卿各舉資任相當堪此委寄者一人。然後取衆所共稱者而用之。其利將有四焉。合廷臣之意。不患於不公。一也。採衆人之論。不患於不精。二也。遇闕而亟求。則屬託之私絕。三也。既舉而必用。則虛文之弊革。四也。惟陛下留神財幸。

淳熙三年。必大爲兵部侍郎。上奏曰。伏準御筆。凡監司郡守欲盡加精選。但恐才能應選者少。而資格合入者多。如此。則又有淹滯之歎。二者當如何哉。卿等可議來上。臣等聞古者爲民設官。爲官擇人。故凡監司郡守皆當選才能而任之。不當專以資格爲限也。然知人之難。今昔通患。非親非舊。遺佚者多。於是設爲資格。將以杜私門而開公道。若在上者推而行之。不膠於迹。則可以得更練民事。習知政體之人。布在諸道。而僥求躁進。資淺望輕者。不可得而至矣。及其弊也。中下之才。積日累月。歷階而進。至於姦利暴著。不可掩覆。乃遭按治。

其他庸鄙貪冒之人。往往幸免。是以朝廷而行銓部之法。且取蠢賊布之郡國也。其可乎。竊觀本朝舊法。改官後兩任關陞通判。通判兩任關陞知州。知州兩任即理提刑資序。此一定之格也。及除授之際。則有以知縣資序人隔兩等而作州者。所謂權發遣者是也。有以通判資序人隔一等爲之者。所謂權知是也。上而提轉亦皆如此。蓋隔等而授。是擇才能也。結銜有差。是參用資格也。今誠得才能資格俱應者而用之。固無以加。其次則擇第二任知縣以上。有課績著。許其作郡。又擇初任通判以上。許其作監司。第二任通判以上。許其作職司。於資格則稍寬。於才能則加詳。庶幾人法並用。民被實惠。其或資任雖高。才能無取者。自依近制。或畀祠祿。或處以參議通判。尚何淹滯之歎哉。雖然。人主深居九重。輔相勤理萬機。耳目所及。或未能周知天下之才。故姚崇謂擇十道按察使。猶未盡得人。況三百餘州。安得刺史皆稱其職。此薦舉之法。所以自古不可廢。而陛下所以有臺省長官各舉其屬。著名詔書。異日考其殿最。并以升黜舉者之論也。今侍從臺諫兩省。皆天子之所識擢以自助者也。不助人主求才。安所事乎。若今於知縣資序以上。歲薦堪充郡守者若干人。於通判資序以上。歲薦堪充監司者若干人。仍用漢朝雜舉之制。明言有何政績有何才術。或共為一奏。或各為之。三省詳加察焉。除朝廷自用人外。所舉果才也。果能也。有闕則以次除授。否則置之。縱未盡善。蓋亦十得六七矣。或曰。今薦舉之法弊矣。有請託。有奔競焉。在其得才能乎。曰。天子之於侍從臺諫兩省。不薄矣。使其不自愛。至於容私。何所逃罪。故臣等復欲檢照前後薦舉條令。嚴為之法。惟陛下留神采擇。

四年。必大又上奏曰。臣聞舉尓所知。仲尼明訓。以其為主。孟子格言。夫以監司郡守五人而薦一士。則其可信固亦無疑。其如閲時浸多。

流弊非一。賢愚同滯。取舍不公。方當總覈之朝。所宜留意於此。故比者載嚴實跡之令。期革虛文之弊。然非在上位者。以體國為念。以引類為心。則杞梓良材。或沈淪壑。駑駘下駟。反被服乘。豈惟無益。為害大矣。臣愚欲望聖慈申飭監司郡守。凡舉所部官。必精加選擇。得其人。則被以上賞。非其人。則坐以謬舉。使濟濟多士。列于王官。備異時之器使。不亦善乎。

必大改吏部侍郎。又上奏曰。臣聞法本無弊。推而行之。非其人。弊則隨之。自堯舜以來。蓋莫難於知人。既非聲音笑貌所能求。又非閥閱課試所能盡。其可常行者。不過薦舉而已。今夫選人改秩之後。外可以馴致守倅監司。內可以躐登臺省寺監。此本朝之所遴擇。陛下之所留意者也。今每歲雖有定員。而賢否未免雜進。舉詞雖用實迹。而是非亦或難辨。其間營求屬託。巧奪力取。固亦有之。比歲事為之制。曲為之防。非不詳矣。而法出姦生。令下詐起者。衆人之所趨。勢不能遏也。上下通知其弊。顧未有以易之。臣謂法令中明有連坐之文。而其奏牘亦云甘當同罪。然曠歲踰時。未聞有所懲治也。今莫若申嚴此制。務在必行。其制既嚴。其選必遴。縱未能盡得俊傑之士。比之泛然而取。則有間矣。昔治平間英宗方倚樞密直學士李參知秦州。會所舉人坐贓。特命奪官。夫以守邊之臣。宣勞於國。猶且不廢紏罰。況餘人乎。此亦捄弊之要道也。

淳熙中。袁說友上言曰。臣仰惟陛下踐祚以來。留意人物。急賢選能惟恐不及。或命侍從之臣。隨才公舉。或命監司郡守。歲舉所知。一有上聞。以次收用。蓋欲多士濟濟。輔成治功。四海之士。皆知砥厲激昂。求以上副公朝崇獎之寵。惟是未聞詔訪郡國搜舉逸民。示國之表儀。新天下之觀聽。如前代故事者。要亦似為闕文也。臣茲者恭遇陛

下祗適舊章。肇稱毖祀。對越天地。均釐寰海。旁流祭澤。行慶大賚。於是乎渙發明詔。訪舉逸民。使天下歸心。野無遺逸。厥今實其時也。臣恭惟藝祖皇帝之召王昭素。真宗皇帝之召种放。二人者。皆時逸民一登周行。士所歆慕。而化民成俗。興治起功。賢才寔係基於此。蓋已然之明驗也。方今天下乂安。文物隆盛。山林巖谷之下。殖學蘊德懷才抱智。而不求聞達。不事科目者。固豈乏人哉。臣愚欲望聖慈遵祖宗之舊憲。念逸民之見晚。如所謂淹貫經史。學業有用。博通今古明達世務。節行峻潔。識量高遠。負才宏大。有志經綸。凡是四目。皆推重鄉里。不求聞達。不事科目者。願於大禮慶成之日。明降德音。命帥臣監司同加搜訪。詳為考察。照所立四目。每路共舉一人。仍具所舉人事實連銜結罪。保明。限一季具有無聞奏。即不得以常才非隱逸者備數。然後下之三省。再加審究。如所舉不妄。即賜召用。以風厲四

方鼓舞人物，仰當陛下對天交神之初，斂福錫民之意，實天下厚幸。

説友又上言曰：臣竊惟今日之法，其弊雖當於人心，不可一日而易者，銓試是已。苟非已銓而中，雖有以恩例而進，以特旨而免，然朝廷必不敢除，給舍必不敢書，吏部必不敢擬，行之甚公，持之甚力，無有一幸免者，誠可謂良法矣。而近年以來，法出姦生，弊倖紛起，徒知銓試之法可以律任子，而不知試闈之弊，反有甚於不銓而仕者。歲復一歲，姦計百出。臣請得而詳言之。今一歲則一銓，銓者不下三百人。自試闈法嚴之初，子弟來試，其才否雖不同，同於自試其文，無它説也。試闈浸寬，乃始有以賄賂預結同試之能文者，約以酬勞之直，定以綴榜之數，復囑巡察之吏，使之場中寬其伺察，然後能者以代不能，小則口傳，大則授草，甚則易卷，此固已可嫉矣。今大不然，則又甚於此者。自數年來，專以厚賂內外囑託，異鄉無圖之士，則預謀攬撰，如罔市利。諸郡報榜之徒，則與之尋囑，有同置局。內則試題甫出，密傳於外，急如星馳。外則同謀士人，得題共作，尋復傳入。出入之路，或由金口門，或自墻穴入，或由水筒進，或雜於食物之內，或隱於瓶盎之下。姦計萬狀，未易殫舉矣。能使試題之出於外，與文字之復于內者，此非上下相交受賂，脈絡貫穿彼此，律安能往來蒙蔽，如風雨鬼神之迅速哉？且場屋所恃者，門有監官，官有巡察，巡有邏卒，又皆各有兵吏互相察視，惟其一以賄賂，悉美衆呂交傳往復，如臂使指，歲歲為例，各有定價，率一人之銓而幸中者，凡指金千緡，使朝廷良法美意，無復可恃，而子弟之果於惰學者，不得而自見其庸繆，多貲者不復惰習，惟以賄賂而冒前列，珉玉弗辨，才否混殽，大非國家程能審官之意。今來已引銓試，所有關防禁戢之策，目即已是不及。臣愚欲望睿斷，深鑒上件情弊，候今來銓試牓出，如試中人應參部，日

先於吏部尚書廳簾試一次，經義人試小經一道，詩賦人試省題詩一首，長貳臨時於六部郎官內不測輪點，有出身人一員，赴尚書廳出題簾試，仍以簾試卷與銓試卷辨驗字跡有無同異，其紕繆全不成文與字畫兩體者，取旨黜落，庶幾今歲先革代筆冒濫之弊。

貼黃：臣所陳上件銓闈情弊，今雖銓試已畢，它日豈宜不行措置。欲望朝廷下吏部長貳，俾之共議關防禁戢之策，倚前日易於約束，而今日乃略不敗露，須究其由，得其要領，務責詳盡，期於大革前弊，開具聞奏施行，庶幾自來歲以往，便能劃剔姦弊。一新觀聽，亦教化習俗之所繫也。併乞施行，寔天下幸甚。

説友又上言曰：臣竊惟國家取士之道，條約最密，沿隋唐之舊制，以進士為首，迄于今日，大抵先辭華而略行實，要未能盡無遺材之歎。臣嘗觀三代兩漢，其取士之法甚要，而得人之効，後世莫及，蓋其專求行實而務於可用。故凡任君之事者，皆純厚而堅正，洪毅而該敏，足以任重致遠，振舉百職，風俗渾厚，治道粹美。較之隋唐，雖法之詳略不同，而所得之才，固異矣。今朝廷取士，惟進士之科最大。自進士外，雖有賢良一科，又不可以數致，率皆純用文辭為去取，而於行實則所不問。若陛下求用實材實行之時，若取士之路，祗專於文辭，而不兼求行實，臣恐未免遐遺也。今天下巖穴草茅間，固有孝為鄉里所推，懷才抱德，行實純懋，或志節慷慨，操履剛正，或學識該洽，智略詳敏，或其才可以治民，或知兵可以御敵，凡此類者，往往多以場屋一日之程，少乖時好，蹭蹬弗偶，進士之外，它無可進之路，而賢良之科，又非人人所能應，選遂至老於場屋，有終身泯沒而不少露者，因噎廢食，可不為聖時惜哉？臣愚欲望睿斷，以實才實行為急務，特眆明詔，令諸郡詳加搜訪，嚴為取予，各薦如前所陳實材一人，大郡二人。

循本州鄉黨衆所推信知通保明申監司監司盡公體國不得少徇私意廣行物色見得其人實應上項條目然後以名來上命宰執臺諫侍省視其所以衆見可用令召試學士院量人材以授官爵漸次擢用若所舉不當並行黜罰或衆得人優與推賞若一郡得一實材則終歲之間可得數百人或僻遠小郡無人可薦及它郡偶未有人皆毋强以必舉將見實才輩出萃於朝廷緩急之時足以立事誠為國之大務也惟陛下深切留意而亟行之天下幸甚

貼黃議者或以方此官冗恐難更立表薦之目臣竊見進納入流官多是無所知識之人又皆不曾銓試秪為州縣之累乞降睿旨權罷進納其進納已未出官人並要銓試中選訖方許注授其已到任者候滿罷日亦俟銓試中選方許參部其已注授而未到任者亦先赴銓試中選訖方許到任若闕到一年而試未中選者並以違年法廉纖澄此雜流以容實材之薦其得失相去萬萬矣併乞睿照

知信州趙汝愚上奏曰臣聞古者諸侯貢士一適謂之好德再適謂之賢賢三適謂之有功天子賜之車服弓矢以彰異數國家之制監司郡守以郡縣多寡歲得各舉所部吏古之制也其法縣令若職官須三人以上同舉舉京官者又加二人所以絕阿私示公路也然大音不合於衆耳至味難調於衆口必待一時監司郡守皆知其賢其聞又不為權勢所奪每患其不齊矣於是守道自信不求聞達之士陸沉於下僥露才揚己汲汲於仕進者干託請謁無所不至風俗大弊莫可救藥臣愚欲望聖慈詔許監司郡守謹擇所部奇才異行之人聽以任滿合舉五人之數併舉京官一人不滿五人者任滿亦聽舉一人舉縣令職官亦如之苟無其人則從舊法如此則所謂守道自信不求聞達之士或為知己用而舉不以實之罪可行也庶幾崇尚廉隅俗日歸厚天下幸甚

汝愚又上奏曰臣聞取才貴廣用才貴精譬夫取牛山之木以供匠石之求則方圓曲直不勝其用乃若執東門之式用以求馬則雖空冀北之野蓋無馬矣臣伏覩國家內外須才而每有不足之歎者豈非蓄養之無素而選用之際容有未精邪然其致弊之由要非一旦之積為今之計則莫若稍嚴職事官之選蓋數年之後外而郡守監司內而卿監侍從率皆取諸此也至於廣招徠之路絕朋比之嫌則莫若用故事令侍從兩省臺諫各舉所知若干人須才行兼備而未經擢用者陛下以其姓名悉付中書籍記候職事官有闕則選諸所表以次用之其有不如所舉則坐以謬舉之罪庶幾寒畯並用官得其人若夫作成之道勸獎之方則惟陛下留神幸甚

汝愚又上奏曰臣伏覩近降指揮應薦舉官並須指陳事實不得徒飾虛詞如或違戾令吏部不得放行此誠陛下責實之先務不可不致嚴者也然而號令之初體式未具上下疑慮不知所承或謂察以所居之官或謂考其平生之行人之情性靜躁不同至於職業繁簡亦異所患士無常守咸事作為務悅見聞逓相夸尚譎詐矯激無所不至矣臣愚欲望明詔有司詳定格式頒示四方或止依倣司馬光十科之制各以所長論薦朝廷隨才任使自無虛詞溢美之弊如蒙聖慈俯賜俞允仍乞自今年下半年為始

汝愚由集英殿脩撰帥福建又上疏曰臣照對今日員多闕少一官至數人共之如海口鎮係京官窠闕見任人汪攕今過滿一年餘尚無人頓受以此可見歲額難辦事理灼然伏乞睿照

一照對本州今次科場所納家保狀計一萬六千餘人他州軍未

有其比而解額只六十二人，係二百七十方解一人。場屋之內，寧免遺才。緣此士人遇大比年，分流溢散漫，或聚都城，或趣他路，陳乞附試，干冒漕牒，甚者久棄親養，抵冒鄉貫，僞濫之事，種種有之。朝廷前後約束非不諄切，而習俗相承，未能自反。臣詢究士風，大抵地陋人衆，戶多業儒，進身之途既難，奔競之心愈切，雖誠可罪，亦在可憐。臣竊見本州自崇寧三舍法行，歲貢士二十七人，即係三年共貢八十一人。及罷舍法，行科舉，本州始定解名六十人。至紹興二十六年，因罷流寓試，續添二名，共成六十二名。然罷舍法之初，當時就試人數，大率不過三四千人。今六十年間，累舉增加，人數已逾五倍，而解名尚仍舊貫。竊聞今來又不放行附試，即臨時奔還本貫就試，人數轉多。欲乞朝廷特賜矜念一方士子之衆，與依崇寧貢額，定取八十一人。雖近日官冗之患，正務撙節，然約所增解額，將來省試只添得一名。設使其中收羅得一二究心學業之人，上可不負朝廷設科之意，下可以慰邦人父老之心。其平日困於馳騖者，因今增添解名之後，或能安分鄉閭，以待至公之舉，風俗漸可歸厚，所補多矣。

一、契勘本州科舉之盛，實為天下之冠，然緣人數太多，考校不精，亦甚為害。臣嘗以前舉終場人數計之，一萬五千餘人，通三場共為四萬五千餘卷，試官十員，正使窮日之力，豈容銖錙比較。臣詢之父老，數十年前就試者人數未多，當時場屋甚為整肅，考官得以盡心，士苟負才學馳月旦之評者，無不預薦名，故人知力學自重。比年以來，人數不啻數倍，而所取之人反不如舊。蓋緣玉石相眩，長才實學往往為庸流所混，且有程步不曾經考官之目而例被沉淪者，誠為可惜。竊惟國家設三歲大比之科，將以網羅賢才，為異日選用之儲也。今乃以人數之多，致去取之際，復不能盡厭士論，豈足以仰副明詔丁寧郡國之本意哉。兼本州舊有試院，今緣士子衆多，屢行改闢，猶自狹隘，以至通併轉運行司，展移曹職官廨舍。每遇科舉年分，動是數月，上下勞擾。至入場之際，葦布紛然，競欲爭先，深有奔突蹂踐之患。每引試三日，官吏惴惴然，常恐別有疎虞。如所差謄錄人，率用七八百人，併在舊屋數間之中，夜以繼日，未容休息，每舉常有疾病以至死者。其間利害，不容殫舉。臣伏見朝廷前此患太學補試之冗，嘗創諸州待補之法，行之兩舉，天下甚以為便。臣今來欲乞於本州每舉科場年分，預於二月中通定一日，從本州互差官下逐縣，如武舉法，先行比試一次，率兩人取一名赴秋舉。謂如一縣千人比試，今先取五百人，則冗雜之流既以沙汰，而英雋之士不致漏遺。將來秋試，易為考校。其所取待補人，即乞照累舉體例，通以赴比試終場人數為額，更不裁減。如蒙朝廷施行，一則可以收拾人才，而真僞不至於混淆；二則可以革去宿弊，而場屋不至於喧雜；三則可以省減有司之費，為一方永久之利。

汝愚制置四川兼知成都府，又上奏曰：臣伏蒙聖恩，不以臣愚不肖，付以全蜀軍民之寄。臣自入境，所過夔、梓兩路，已備見閭閻窮苦之狀。比至成都，日與士大夫相接，及受接人戶詞狀，又見得利州一路物輕錢重，民間愈覺艱難，至於沿邊數州之民，又苦差使繁重。惟成都一路，素號繁華，緣自軍興以來，困於支移折變，日朘月削，浸不可支，全賴為守為令者各以體國愛民為念，服勤職守，加意撫摩。如臣所見所聞蓋有尚可議者臣伏見陛下自即位以來勤恤民隱東南諸路凡守令有政績者皆許諸司薦舉省郎臺諫多出此途惟西蜀去朝廷最遠雖名卿才士揚歷清要固不乏人蓋未聞顯然有以治績蒙薦進者是以蜀士大夫類以文藝相高而於法令最為疎略雖風俗好尚容有不同亦由朝廷所以勸奬作成之道或有所未至也臣愚伏望聖慈下臣此章戒諭州縣各使盡心職業賞奉詔條如能學道愛人興隆政化或奉公潔己省節財用或興利除害可為後法並許監司論薦具以實聞若乃阿黨徇私所奏不實者仍許臣覺察或有贓汙不法為害一方而監司守臣互相容庇不行舉按者亦許臣具事狀聞奏庶幾上下相維小大咸勸萬里遠民俱受大賜

歷代名臣奏議卷之一百六十九

歷代名臣奏議卷之一百七十

選舉

宋孝宗時王師愈上奏曰臣恭惟皇帝陛下知人之明得於天縱文武之臣固已並用而無偏淮北歸正之人亦加器使或為將帥或為臺諫或為丞郎館職或為監司郡守各有攸當雖漢高祖之善用人殆遠過之矣然而臣竊見歸正不羇務人散在諸州軍其間朴實可倚仗者疏通有材術者尚多有之逸居素餐每懷鬱鬱以不見信任為恥又且輕於犯法以擾州縣之政甚違陛下兼用南北人材之意臣愚欲望聖慈許令諸州軍於歸正不羇務人令隨其材而試之請民事則使之治民事曉財賦則使之治財賦知軍旅則使之治軍旅其它有技藝者亦若是俟其果有成效令監司郡守從實奏舉俾之羇務或有卓然異傑之資則別加拔擢豈不愈於坐耗廩粟乎不惟見今歸正人雜展其所長是亦招徠中原人材之一端也其不能體陛下之優䘏敢為暴横以擾民則令州軍依公以法繩治庶幾歸正人凡抱寸長者無遺佚之怨惡而不肖者亦知所畏憚矣

楊萬里上疏曰臣聞選法之弊其弊在於信吏而不信官信吏而不信官是故吏部之權不在官而在吏三尺之法適足以為吏䇿取富之源而不足以為朝廷爲官擇人之具所謂尚書侍郎官者據按執筆閉目以書紙尾而已且夫吏之犯法者必治而受賕者必不赦朝廷之意豈真信吏而不信官者耶非朝廷之意也法也意則信官也法則未嘗信官也非惟不信官也朝廷亦不自信也朝廷不自信則法之可否孰决之决之吏而已矣夫朝廷之立法本以防吏之為姦而其用法也則取於吏而為決則是吏之言勝於法而朝廷之權輕於吏也其言至於勝法而其權至重於朝廷則吏部長貳安得而不奉吏之言哉長貳非曰奉吏也吾奉法也然而法不決於官而決

於吏非奉吏而何夫是之謂信吏而不信官蓋世之家主有以家政聽於子弟而其權卒歸於臧獲者彼其心非疑子弟而信臧獲也蓋子弟之於家政也務知其大而不務知其細臧獲則不然其大者不知也至其細者則往往知之它日主人者偶舉其細以問焉於子弟子弟未對也而臧獲者奮而前曰我知之於是有以中其主人而取其信已其始信其細其終將不復疑其大矣於是子弟為偶倍而臧獲為腹心今之吏部何以異此法曰如是而可如是而不可士大夫之有求於吏部有持牒而請曰我應夫法之所可而吏部之長貳亦曰可宜其為可無疑也退而吏部出寸紙以告之曰不可既曰不可矣宜其為不可無改也未幾而又出寸紙以告之曰可且夫可不可者有一定之法而用可不可之法者無一定之論何為其然也吏也士大夫之始至待法之所可亦待吏部長貳之賢而不謟之吏故長

貳面可之退而問之吏吏曰法不可也長貳無以詰則亦曰然士大夫於是不即之法不請之長貳而以市於吏吏曰可也而勿亟也伺長貳之遺忘而晝取其諾昨奪而今與朝然而夕不然長貳不知也朝廷不訶也吏部之權不歸之吏而誰歸夫其所以至此者其蔓也有端其積也有漸而其成也植根固而流波漫矣然則曷為端其罪在於忽大體謹小法而已矣吏者從其所謹者而中之並與其所忽者而竊之此其為不可破也且朝廷何不思之曰吾之銓選果止於謹小法而已則一吏執筆而有餘也又焉用擇天下之賢者以為尚書侍郎也哉則吾之所以任尚書侍郎者殆不止於謹小法而已是故莫若略小法而責大體使夫小法之有所可否而無繫於大體之利害則吏部長貳得以出意而自決之要以不失夫銓選之大體而不害夫法之大意夫之春溫而秋凜也春豈無一日之寒而秋豈無一日之熱哉亦不失四時之大體而已責大體而略小法則不決於吏而吏之權漸輕吏權漸輕然後長貳之賢者得以有為而選法之弊可以漸革也

萬里又上疏曰臣聞吏部之權不異於宰相亦不異於一吏夫宰相之與一吏不待智者而知其遠也既曰吏部之權不異於宰相又曰亦不異於一吏者何也今夫進退朝廷之百官賢者得以用而不肖者得以黜此宰相之權也注擬州縣之百官下至於簿尉上至於守貳此吏部之權也朝廷之百官自非大科異等與夫進士甲科之首者未由於吏部它未有不由於吏部而官者今日之簿尉未必非它日之宰相而況今日宰相之所進退者臺閣之所布列者皆前日之升階揖侍郎者也故曰吏部之權不異於宰相雖然吏部之所謂注擬者何也始入官者則得簿尉自簿尉來者則得令丞推而上之至

於舂職由是法也又上之至於守貳由是法也其宜得者則曰應格其不宜得者則曰不應格曰應格矣雖貪闒者疲懦者耄耋者乳臭者愚無知者庸無能者皆得之得者不之媿與者不之難也曰不應格矣雖真賢實能潔廉才智之士皆不得也不得者莫之怨不與者莫之恤也吏部者曰彼不媿不怨吾事畢矣如聚從焉書其產之高下而甲乙之按其役之久近而勞逸之呼一吏而閱之簿盡矣此縣令之所以止小民之爭也夫吏部注擬百官而寄之以天下之民命乃亦止於止爭而已乎故曰亦不異於一吏今吏部亦有所謂銓量者矣擇之使書以觀其能書與否也召醫而視之以探其有疾與否也贊之使拜以試其視聽之明暗筋力之老壯也曰銓量者如是而已矣而賢不肖智愚何別焉昔晉用山濤為吏部尚書而中外品員多所啓援宋以蔡廓為吏部尚書郎先使人謂宰相徐羨之曰若得

行吏部之職則拜不然則否羲之答云黄散已下悉委卿廓猶以爲
失職遂不拜蓋古之吏部雖黄門散騎皆由吏部之選授則當時之
爲吏部者豈亦止取夫若今之所謂應格者而爲黄散耶抑將止取
夫今之所謂銓量者而爲黄散耶臣願朝廷稍增重尚書之權使之
得以察百官之能否而與奪之如丞簿以下官小而任輕者固未能
人人而察之也至於縣宰之寄以百里之民者守貳之寄以一郡之
民者豈不重哉且天下幾州一州幾縣一歲之中居者待者之外到
部而注擬縣宰者幾人守貳又幾人則亦不過三數百而已以一歲
三數百之守貳縣宰而散之於三百六旬之日月則一日之注擬者
絶多補寡亦無幾爾一日之間而不能察三數人之能否則其爲尚
書者亦偶人而已矣日計之而不得歲計之而精則其州縣之得人
豈不十而五六哉雖不五六豈不十而三四哉以此校彼不猶愈乎

或曰尚書之權重則將得以行其私柰何是不然昔陸贄請令臺省
長官各舉其屬而德宗疑諸司所舉皆有情故或受賂者贄諫之曰
陛下擇相亦不出臺省長官之中豈有爲長官則不能舉一二屬吏
居宰相則可擇千百具寮其要在於精擇長吏贄之說盡矣今朝廷
百官孰非宰相進擬者而不疑也至於吏部尚書之注擬而獨疑其
私乎精擇尚書而假之以與奪之權使得以精擇守貳縣宰而無專
拘之以文法庶乎天下不才之吏可以汰而天下之治猶可以復起
也歟

太學博士虞儔上言曰臣嘗怪今日内外人材習爲軟熟其勢久而
必至於委靡不振夫國家之有人材猶人一身之有精神也精神去
軀則人何以生人材委靡則國無以立良由始進之日上之人失其
所以風厲之也夫科目高下士子所視以爲趨嚮者也大抵變君憂

國者必有切直之論而嗜進苟得者必多諂諛之辭然則因言以求
人今有司取捨烏可不審故切直之論勝則人材日盛國勢日彊諂諛
之言行則人材日衰國勢日弱理之必然無足怪者臣於前舉備員
殿試對讀官見士人答策其間頗尚切直既而唱第之日在前名者
蓋有諂諛之人而切直之士往往或居下列豈非有司顧望畏忌考
校之過乎國家三歲一舉親屈帝尊策士於庭豈直遵故事而已哉
蓋欲收拾人材以爲它日之用也臣嘗觀高宗皇帝紹興更化之初
御筆宣示殿試官曰對策中有指陳時事鯁亮切直者並寘上列考
試官精加詳定無失忠讜無尚諂諛用稱朕取士之意又宣諭宰臣
沈該等曰今次殿試舉人程文議論純正仍多切直自此人材極有
可用是年在前列者皆正直之士其後多爲名臣然則以切直之言
而取人思過半矣仰惟陛下以上聖之資膺壽皇聖帝付托之重所

以示大始而正本者莫急於求直言以網羅人材今次殿試實爲龍
飛榜天下之士輻湊誠千載一遇也臣私憂過計恐有司考校之間
不能深識乎聖明之意抑切直之言以避忌諱進諂諛之論以求容
悦則非所以示風厲多士之意也臣愚欲望陛下特降睿旨戒勅攸
司考校對策須求切直當理之言毋取諂諛不根之論庶幾作新人
材增重國勢

知南劍州羅願上奏曰臣恭惟陛下寤寐英傑慮内外薦舉改官或
遺實才俯立薦式使開具事迹月日過一季不復收受將因事擇人
以起治功望於臣子厚甚小大之臣宜何以稱然臣愚輙有管見竊
以爲内外小吏職有繁簡舊來大吏察其屬有奉法循理意趣向公
愈於輩類者即當援引不能一一皆有卓然可書之迹其有操履可
稱議論可採器局可望者亦皆多方收羅以待上之選用誠以天下

至於職業繁夥。所資才器不一而足。此亦古者德進事舉言揚之遺意。今欲專取官業。誠欲勸之趨事赴功。第恐奉行者迫於應令。卻不暇考其素行。臣又見昨者推行實迹以來。夫吏欲有所舉。或不得其詞。往往就委求舉之人。令自供具。雖名實迹。恐未能盡副上意。今來雖只要在任及差出事件。假令本任偶有一事疑在可取之域。要須徐察其用心。與此事久遠果利果害。倘數人皆有可録。又當較短量長。擇其尤者。今立限既逼。恐不得詳盡。其差出者。或隔州隔路。事畢還任。各言功狀。尤難得實。聞昔神宗皇帝時。監司登對。有問參價。而對稱不知者。帝以為參價可撰。而能闕所不知。嘉其忠信。他日擇按察首用之。前朝名士鄭俠見應舉不以實年者。猶不忍欺之。曰方謀入仕。已有欺君之心可乎。凡此皆懲便文之為害也。國家設改官之法。拘以六考。限以五員。纖毫不備。有司得以難問。蓋已詳矣。今舉官大吏。

內則六部寺監之長貳。外則監司帥守。其責而不在職者。則前宰相執政。皆上所委信。使其果賢。必不私一小吏以欺陛下。不然。亦何詞而不可飾。臣願陛下特賜詳酌。少寬起發之限。其有操履識論器局一長可取者。於今薦式之外。稍斟酌舊法。通許薦引。以養臣子忠信誠慤之心。至於薦舉不當。甚者自有謬舉之罰。亦足以懲。如此庶幾抱一長者皆得自見於明時。且不失今日責實之意。

蔡戡上奏曰。臣聞漢宣帝拜刺史守相。輒親見問。觀其所由。考察其所行。唐宣宗詔刺史無得外徙。令至京師。面察其能否。然後除授。二宣之時。良吏最多。號為中興。職由此也。恭惟陛下。誕作以來。每除郡守。必使陛辭。此制一行。不待汰斥。而老者病者愚懦無能者。莫不望風引退。州郡長吏。往往得人。天下陰受大賜。甚盛典也。臣反聞近制。凡吏部注授州軍人。令赴都堂審察。前去之任。候任滿奏事。臣竊疑焉。夫銓曹法守之地。人人執成法以取必於有司。積資累考。法所當得。無詞以卻之。況吏部闕類皆川廣遠郡。去朝廷二千里。今或付之老病無能之人。一郡之權。若不假之子弟。則委之胥史。或者自知日暮途遠。不復顧藉。取給於二年之間。則靡所不至。遠方何辜焉。臣謂江湖淮浙州郡。朝廷所重。非衰耄妙簡。則廟堂遴選。必不輕畀。其所得人可知矣。至如遠郡。人心固已薄之。其間以才自奮者。未必肯就銓選。而資歷深者。又多高年之人。若據吏部成法而與之。不加考察。臣恐遠方之民。必有罹其害者。臣愚欲望聖慈特仍舊制。許之陛辭。或臨時具名取旨。間令引對。示以不測。則凡老病無能者。自度不堪為郡。必豪罷遣。勢須改授它職。不敢輒當郡寄。庶幾遠方皆得良二千石。斯民或安田里。而無愁恨歎息之聲。則二宣之治。蓋不足過。

戡又上奏曰。臣竊惟襄陽據荊楚之會。可以控扼上流。捍蔽吳蜀。臨

究洛之衝。可以長驅中原。恢復關陝。欲進取則利。欲退守則固。自古號為重地。故楚莊王以此臨上雒。霸諸侯。漢世祖以此破尋邑。復天下。桓溫自此而入關。柳元景自此而克陝。齊威公以諸侯之師伐楚。屈完對以楚國方城以為城。漢水以為池。雖眾無所用之。齊師乃盟而還。魏孝文以十萬眾圍樊城。經月不下。魏主臨沔水。望襄陽岸乃去。豈非形勝之地。以戰則利。以守則固。自古所重歟。宋文帝經營中原。首謂襄陽外接關河。欲廣其資力。以江州之文武配雍州。湘州之租賦給襄陽。蓋欲用之。必先有以重之也。晉永和初。朝議欲以庾爰之代庾翼鎮襄陽。何充曰。荊楚國之西門。戶口百萬。北帶強胡。西鄰勁蜀。地勢險阻。周旋萬里。得人則中原可定。失人則社稷可憂。陸抗所謂存則吳存。亡則吳亡者也。豈可以白面少年當之哉。蓋欲重之。必先得人以為重也。今有其地而不以為重。重其地而不擇其人。臣

竊惜之。蓋朝廷除授既重內地。士大夫宦游又欲便鄉遠。塞窮邊之人謂不樂往。往付之資淺望輕。非所當得之人。故帥臣監司。多不勝任。以至吏部注擬有舉辟恩例者。必得內地。老耄庸謬過犯之人。不得已而就焉。故州縣官吏多不稱職。用人如此。恐非所以重遠。一旦有警。責其趨事赴功。伏節死義難矣。臣愚欲望陛下遴選本路帥守監司。仍詔吏部凡注授沿邊職官縣令兵官巡尉銓量人材。以畀能者。庶幾形勝之地得人。以重之緩急賴以為用。所補不細。

王質上舉賢能二論。其一寬大臣曰。夫所謂寬大臣者何也。臣嘗論之。古之大臣其操心也不危。其臨事也不忌。是以優游閒暇。而能有所建立。夫使大臣而下比小吏。瑟縮踧踖。常若有所掣其肘而履其足者。左顧右盼。惟恐他人得以短長是非而議其後。坐于廟堂。凜然燕之巢幕也。當是之時。惟夫無能不才藉恩寵保爵位之人。然後能覥顏安據乎其上。而奇傑大度之士。以有為之才。而束之小吏之律。則亦掌裳而去。有所不顧者。故夫天子之大臣。使其施為注措。不盡拘於繩墨規矩之內。間有所斡旋拱摯以讋天下之情。夫既為天子之大臣。則當開肯露臆以與天子共推無疑之心。不可為曲廉細謹。以自免於眾人之議。而僥倖於久安而不奪。夫曲廉細謹非所以為大臣體也。其賢不過為張禹孔光。而不肖者乃至於蘇循趙涉。夫其開肯露臆而無所疑其上者。遂為伊尹周公。而下亦不失為杜黃裳李德裕。天下徒見夫王莽楊堅之流。盜權而取國。以謂凡為大臣者舉不可以有所為。而不知王莽楊堅之流。固不世世有也。如是則拱手寒舌而已矣。蓋昔者堯舜之咨四岳。曰孰能乂水也。四岳曰鯀可。曰孰能巽朕位也。四岳曰舜可。夫鯀之方命圮族。然雖堯舜亦慶其不可用。而四岳乃以甚不肖之人。而猥先至重之責。自今視之。必曰是

誤國也。舉天下而予人。豈細事哉。而四岳遽以天下匹夫而上居天子之位。倖自今觀之。必曰是非所當言也。蓋古之君臣相與忘機於形迹之外。小過不責。夫言不怒。然後能濟天下之功。今之大臣何其甚謹也。平日之論薦者。才氣雄渾。是以任重而致遠者。何人也。議論慷慨。足以籌安而慮危者。何人也。幹局明練。足以剸繁解紛者。何人也。以臣觀之。非彫章繪句而取科第。則守己畏事而省過失者也。夫彫章繪句而取科第。君子謂之陋儒。守己畏事而省過失。君子謂之庸夫。非天子大臣所宜論薦也。然此二流者。雖不足以立事。亦不足以累人。大臣論薦而出此。無乃取其不足以累人。而不恤其不足以立事歟。懼馬之奔蹶。而求其無奔蹶者可矣。取偶馬乘之。曰吾懼其奔蹶也。不亦太過矣乎。臣非敢妄詆大臣之論薦也。然慮其操心不危。臨事不忌。則莫若陛下少寬假之。略其小失。而責之以大綱。使大臣稍稍釋去負背之芒刺。從容洋肆。措意於法律之外。而專搜天下英偉豪傑之才。必不敢徒為論薦以虛文而塞上意。臣愚以謂小有所肆者。乃大有所畏也。其二制私情曰。夫所謂制私情者何也。臣嘗論之。古者才則進。不才則退。舉天下之才。而其進退舉不出於此兩者。而今之進退才與不才。俱無與乎其間。古者士大夫皆涵養醞釀於學校之中。司徒之所謂選士。則士之秀者也。學之所謂進士。則造士之秀者也。司馬之所謂辨論官材。則又進士之賢者也。天下之士舉而奔走於天子之爵祿。惟其秀且賢者得之。秀者異於人。賢者過於人之謂也。至於東寄而西棘。不得被中華之衣冠。而與魑魅夷貊為伍。則皆怙於為惡而不變者也。夫是之謂有才者進。不才者退。自後世才與不才混并為一。而所為進退者。惟其有力無力而已。有力者不患其不才。而無力者雖有才而不濟。是故爵祿之公器。而集乎

權勢之私門此其勢然也蓋制私者不强其勢而反之正而使平其勢而不趨乎偏故祖宗所為舉薦之格者所以均天下進退之勢也今之法大畧自迪功推而上之必三削而後遷謂之關陞自從政推而上之必五削而後遷謂之改官而其上所當舉薦之人以章計之歲有定數以人計之歲有定員如是而後有力者有所格而不得騁而無力者亦得以副致而序進臣故曰祖宗所以均天下進退之勢也自今觀之進退之勢初未嘗均非法之有弊也法為人所勝也非人之能勝法也人為情所勝也凡人之情有所畏則有所迫有所愛則有所牽迫者牽者交勝則天下之公法徇於一人之情有不得不然者今夫某人操某人之書而謁於某人此必有所挾也挾之愈重則應之愈速謂之應副其求者有如執券之取償其應之也如取諸懷而予之也有某章而不敢用有某人而不敢舉曰後將無以應權

勢之儲也謂之準備寧不忍而不發以俟夫急而應也某人禱某人而求薦某人則某人亦禱某人而求薦某人謂之換易內有不酬從而為辭曰某人債未償也或委某人而治某事則先令之曰某事集則以某章薦或以某人營某物則陰囑之曰某物至則以某章薦謂之酬勞有不如其所欲不特不薦而已又加以罪焉夫是四弊者舉內外流之也臣嘗謂應副之弊準備之弊是生於畏而有所迫換易之弊酬勞之弊是生於愛而有所牽臣愚欲望陛下明諭當薦舉之人舉某人則列其實曰臣以某事而舉某人也既以名聞則京秩而上付之給舍京秩而下則付之御史以按其奸此其事雖繁然可以制人畏愛之私情庶幾有所憚而不至於大縱今某之論曰是無益也植藩籬固扃鑰雖未足以禦盜不猶愈於撤藩籬而啓扃鑰以聽其自至者哉是謂之無益不可也

吏部侍郎李椿上奏曰臣竊見吏部遵依聖旨指揮措置薦舉改官畫一本職實跡可謂詳備苟舉主非其人則雖有良法美意亦為虛文蓋求進之士惟務一得無所不用其至監司郡守寧於勢利罕有得其實材薦舉求才之本意失之久矣欲革其弊當澄其源精擇職司足矣在法舉改官合用舉主五員內職司一員如職司有知人之明非勢利可動公心舉人庶幾得真才實能上副君父求才願治之意臣愚欲望陛下委大臣精擇職司使之薦士郡守止許薦之于職司不必拘五員之數止用職司一員其被薦者凡申省部狀終身稱係職司某人舉改官舉主到闕及差除磨勘並具所舉過人考較賢否以為陞黜之端庶使薦人及受薦者皆知自重不在繁文其弊自革如臣狂言可採伏乞出自聖意特降處分

椿又上奏曰臣竊見薦舉改官之令數有申明更改本欲革奔競求

實才用意非不善而實才未效奔競愈甚士夫惟知求進法出奸生營求百方無所不用其至但知求得而後已今來吏部遵依聖旨指揮畫一措置今舉本職可謂詳備若舉主非其人雖有良法美意徒為虛文無益於事臣愚願陛下精擇職司裁損員數戒飭臣僚當使薦士及被薦者皆自重而擇人則庶幾奔競之風少戢而實才出焉臣有二說其一禁關節其二減薦員禁關節者夫抵薦舉員數以十分言之勢力取之八九非出己意牢稱其職欲乞降詔戒飭今後不得究轉求囑為人覓薦舉如有違犯並坐違制之罪不以赦原其薦舉奏內各稱不係受人求囑實出自己所見違者亦同上科罪其有公心推薦分明移文於所舉官者即於奏內稱說係某人稱道實跡可據其後犯入己贓自依舊法監司薦人令先取本州保明狀於奏狀內聲說州郡薦人申轉運司照會體量保明申部然後收使所謂

葉關節者如此。減薦員者。在法用舉主五員。然後改官。委是員多。所以求之者奔競干求。無所不用其至。舉之者率不自由。牽於勢力。求舉者惟務其得。甘心稱門生。不復顧何等人。其於薦舉求賢之本意失之遠矣。臣愚欲乞今後改官止用二員舉者。其應舉五員改官者止聽舉二員。如當年不及五員之數。即併次年計數奏舉。若任滿不及五員之數。聽後官通計其數奏舉。其被舉人應有申朝省狀。並具舉過改官人姓名。以考所舉之人。如得真才則賞之。如得奸邪謟妄則罰之。庶幾薦士及被薦者皆知自重擇人。以息奔競之風。

椿爲司農卿。又上奏曰。臣竊聞陛下軫念四方萬里。留聖意於監司郡守。使臣僚講究才能資格之所精選之。誠爲盛德事要切之當者也。臣雖未聞臣僚精選之議。而臣輙有管見。一語可以盡之。曰。公選而已。監司數十人猶且難之。郡守數百人。其可以容易而選耶。若求

於片文隻字。或求於利口辯捷。或出於左右先容。或出於親黨引援。或出於迎合諛佞。不可謂之公選。決非陛下之意也。臣愚願陛下責大臣公選之。然則不用資格則干求僥冒之風愈難革。當於應資格中選才能之士。然後盡善。凡乞知州郡已上差遣。具公狀申部。州郡當分大小。小郡有闕。則令吏部具資格功過於尚書省。大臣按資格於都堂差注。呼請至都堂審察銓選。部具鈔。監司大郡有闕。則集侍從官赴都堂各舉所知。不限內外宰執。取其善最者。公共選差。所知之官爲狀首。保薦衆官連書。具奏。各盡所見。不得隱默。所差人稱職則旌賞爲首保薦者。不稱則罰之。其大賢大姦。則連書官並罪賞之。宰執所知之人。聽獨具奏保薦。賞罰如前。私第謁見宰執者。但許啓公事。其干求差遣者。令榜於客位。以絕之。庶稍革僥進之風。

光宗紹熙元年。彭龜年上審材辨官疏曰。臣聞古者三年大比而興賢者能者。其選舉之途已異。及其論辨而後使之。則亦辨其賢與能而已。漢王嘉薦儒者公孫光、滿昌及能吏蕭咸等。尚有分別。未有混天下之材納之一區。不擇材之短長。不計職之劇易。爲人擇官。而不爲官擇人。如近世者也。大抵天下未嘗有不可用之材。而亦鮮有無所不能之人。能於此者。或不能於彼。可任繁劇者。於坐鎮雅俗未必優也。使處之各當其任。用之各盡其材。則不惟官各舉其職。而人亦無遺才易務之恨。倘德足以鎮雅俗。而使之任繁劇。則必暴其短。才足以任繁劇。而使之坐鎮雅俗。則必不勝其官矣。故天下之事多敗於官之不得其人。而天下之才亦敗於用之不稱其宜。如斲梁爲杙。以金代土。甚非后王所以輔相裁成天地之道也。臣愚欲望聖慈明詔大臣於選任之際。審材辨官。可大受者。不使之親小務。事一節者不使之受繁劇。工文學者。卒任之以文學。精政事者。專責之以政事。

而且量其職任之輕重。以爲進用之等級。使官各稱其才而無觖望。人各安其官而無倖心。實天下幸甚。

龜年又乞寢罷版行時文疏曰。右臣待罪太學博士。昨准國子監關備准尚書省劄子。臣寮上言士子不閱經史子集之文。而專意於時文。不閱舊來典實之文。而專意近日浮虛之文。朝廷方以程試取士欲其不習時文。固不可得。如舊來之典實足矣。今欲一洗其敝。當自成均始。乞命監學官公共精擇舊來時文。謹嚴而有法度。精粹而有實學者。經義詞賦論策各若干篇。許之版行。以爲程式。奉聖旨依劄付本監。本監關臣及監學官。詳臣寮劄子內事理將新舊時文分官精擇去取。臣竊詳臣寮申請。乃是父兄教子弟之法。而非太學教天下士之法。雖曰救文之敝。而臣恐滋文之敝。蓋自此始。不可不慮也。請爲陛下畫一陳之。臣聞三代取士。皆本德行。隋唐而降。始尚文詞。

至于本朝猶而不改矣以德行取士猶閉目取物既能識其大小又可辨其美惡以文詞取士猶開目取物大小美惡無所不收左來右藝藤幾二中所以忠厚浮薄色色有之蓋為是也先正有識之臣舉以為病故司馬光謂取士之道當以德行為先其次經術其次政事其次藝能近歲以來專尚文詞文詞乃藝能之一耳未足以盡天下士也鄭浩嘗論科舉謂上自輔弼之大臣下至州縣之小吏皆佐陛下行道者也非欲其若司馬相如枚乘沈佺期宋之問之屬以文詞供奉而已而乃取之不以道用之不以實誰與成天下之務哉然則取士以文臣愧於古況教以時文乎此不可一也自古文士多出東南東南之士未患乏詞藻唯患不篤實今居東南之地用東南之人猶病其不多可不深究其所以然哉臣察所謂不閱經史子集之書而專意於時文是也夫舊日典實之文乃根本乎經史子集今日虛

浮之文乃自時文壞之今不教之研窮今古依據義理以涵養根本而復教以時文是惡其偏而使居下流此不可二也上謂之時文政以與時高下初無定制也前或以為是後或以為非今或出於此後或出於彼止隨一時之去取以為能否今求其義理精深文字渾厚者雖有幾何縱得一二十篇其格又多不與今同捨之則失簡別之本意存之則破文字之近體此不可三也或者必曰朝廷方以時文取士今以時文為不足學則是當併廢之而後可為足為通論臣謂不然天下之材不可一律取也朝廷設科止為中材地亦欲使高者可以俯而就卑者可以企而及豈謂天下士盡可以科舉之文得之唐韓愈謂來京師見有舉進士者人多貴之亦就求其術或出禮部所試詩賦策等以相示以為可無學而能由此觀之有司所取之文天下固有以為不足學者也天下雖不能皆韓愈然豈可輕天下無韓

愈哉朝廷取人固欲其如愈不欲其不如愈也今也乃一切以時文雜之編類成秩以私刋行凡應進士者家家售之父詔其子兄語其弟以為朝廷取士不過如此朝讀夕思唯此是習經史子集將覆甕瓿臣恐天下文章益見凋敝必又甚於今日也先朝諸臣皆欲尚德行以救文敝而今乃欲擇時文以教舉子其於本末毋乃甚舛歟此臣所以知其不可也臣嘗聞先朝常欲更定四場去留指揮時鄭浩為穎昌府教授乃沿工執藝事以諫之義抗疏論列今臣為學官職分所存明知不可而以緘命既頒忍口不言詭隨苟從是不忠也實孤臣志是以不避斧鑕之誅肆其狂愚欲望聖慈下臣此章與臣寮之言參訂得失如臣言可採將近日精擇時文指揮特賜寢罷止令學官於公私試文字精加考校以義理明正者為上學問淹博者次之文采華贍者為下苟不入格雖是中選不許刋行去取既明趨向

自正舉子之文將不求典實而自典實矣干冒宸嚴臣下情無任俯伏俟命之至謹錄奏聞

吏部尚書趙汝愚上奏曰臣等竊惟今之吏部古之天官也成周之時掌聽百官府之事而詔王廢置晉宋以來其選猶重故山濤為尚書甄拔人物多所啓擬景平間以蔡廓為尚書時自黃散以下悉以委蔡廓猶不拜至唐盛時率以宰相領選事其選注之法惟視其人之能否或不次超遷或老於下位未為定制逮開元中裴光庭始奏用循資格無問能否選滿則注限年躡級毋得踰越非負譴責者皆有升無降其庸愚沉滯者皆喜謂之聖書而才俊之士無不怨歎遂有賢愚同滯之譏而吏部之權廢矣惟我國家銓法甚備而循資歷考尚由唐舊苟法之所當得則雖行如桀跖爲長貳者心知其不可而一拘於法不敢不與苟於法微有拘礙則雖有淵騫之行龔黃

之才為長貳者亦不得稍致力於其間倒持太阿更執其柄是則朝野所共知。縉紳所共歎也。況今員多闕少。士流壅滯。安可不因時救弊稍議甄別。臣等伏思惟今銓量之法。猶有古意。而有退無進。未可偏舉。欲望聖慈特降睿旨。今後四選官吏如衰病昏謬及曾有負犯者。許令長貳照見行條法。依公銓量外。或有真才實能陸沈未用。或恬靜守道。不求聞達。或名節素高。偶有微累。並許長貳各具功狀申尚書省取旨。陛擢。若所舉非才。徇情阿黨。或挾私報怨。任意自肆者並許臺諫彈劾。庶幾銓部得人。仰稱陛下選賢圖治之意。

汝愚又上奏曰。某等竊惟太學待補之法。其弊已多。因仍歲時。弊將益甚。今欲易之混試。固足取快一時。然多士沓來。以數萬計。非惟有司重有勞費。日力有限。較閱難精。亦恐道路奔衝。不無寒暑之患。場屋湫隘。更多蹂踐之虞。彼此相形。得失居半。蓋有根本之論。稽師古

始而言。夫三代鄉舉里選之法。雖世遠事異。不可遽復。然其教育作成之意。本諸天地。而合乎人情者。則雖百世不能改也。惟我國家內自京師。外而郡縣。皆置學校。慶曆以後。文物彬彬。幾與三代同風矣逮至崇觀。創行舍法。所在養士。誠得黨庠遂序之遺意。故一時學者粗知防檢。非冠帶不敢行於道路。遇鄉曲之長上。及學校之職事。則斂容而避之。其風俗亦誠美矣。然其失也。在於專習新義。崇尚老莊廢黜春秋。絕滅史學。又罷去科舉。使寒畯之士捨此無以為進身之路。事理俱礙。旋以廢革。此非舍法之罪。其時弊則然也。中興以來。投戈講藝。行都重建太學。諸郡復行貢舉。士生斯時。可謂幸矣。然浮偽之風勝。忠信之俗微。有司頗以為病者。亦由州縣之間。士之榮辱進退。皆不由乎學校。至論德行道藝。則惟取決於糊名。苟為雕篆之文無復進脩之志。其視庠序。有同傳舍。視師儒幾若路人。月書季考。為文具。殊失朝廷教養之意。某等擬欲遠稽古制。近酌時宜。未煩朝廷建官。不勞有司增費。惟重教官之選。優守貳之權。做舍法以育才因大比而貢士。殺終場之數。定所貢之員。期以次舉試于太學。庶幾士脩實行。不事虛文。漸復淳風。仰裨大化。有三舍之利。無三舍之害。其法頗為近古。如蒙朝廷采錄。所有諸州教養課試升貢之法。乞下有司詳議施行。然科舉事嚴。試期甫近。其今歲待補試。欲乞且與依舊放行一次。

寧宗時。袁說友上言曰。臣聞為治之道。莫先於用人。而用人之難。尤貴乎審擇。世未嘗無材也。然一見於用。則有心術有好尚。違於平正者。則為公為賢。而溺於偏黨者。則為私為詖。要其終而成敗可見。此無它。中庸之為德。民鮮能久矣。夫師也過。商也不及。非中也。夫子無取焉。蓋智者過之。愚者不及。皆足以害道也。狂者進取。狷者不為。非

中也。孟子無取焉。蓋狂者失己。狷者失人。皆足以害道也。害道則害治矣。惟夫中者有平正之德。無黨偏之蔽。觀之欹器。中則必正。貴中也。不平不正。則覆矣。攷之洪範。會其有極。貴中也。無黨無偏。則中矣。自古人材。非材之難也。一得其中。則有平正無黨偏。中一失。則失人。人主用人之際。是豈不難哉。仰惟陛下以人材為急務。以中道律人材。盡捐偏黨之私。力扶平正之論。還泰和之盛治。享安靜之美福者。誠非細事也。近者陛下親頒御筆。且為資格以嚴職事官。蓋將垂意人材。不輕除授。然欲絕濫進。則當嚴其資格。若更考其人。則尤貴於預擇爾。臣竊觀孝宗皇帝淳熙九年。令侍從臺諫各舉所知。淳熙十五年復令侍從臺諫各舉職事官。太上皇帝紹熙二年。令侍從臺諫各舉御郎職事官。此皆預加審擇也。今周行闕員。朝廷或難於選授。緩急之時。歎於乏才。欲圖得人。預擇閒暇。上法淳熙紹熙故事。以詔

論思獻納之臣。實今日所當先者。臣愚望聖慈特發宸斷。命六曹侍從、翰苑、臺諫、兩省給舍各舉堪充職事官者四五人。或學爲有用。而不事於空言。或材有過人。而可堪於任劇。皆須心術本於公正。好惡不溺於黨偏。除見充職事官外。不拘資格。不間寒遠。平心審舉。具名奏聞。留寘御前。以備審擇。仍令録申朝廷。遇闕審用。則王多吉士。國無儉人。進退盡出於聖明。人物悉趨於中道。昭明國是。宏濟治功。天下幸甚。

中書舍人虞儔上劄子曰。臣聞天下之至平者莫如衡。故能權物之重輕。天下之至明者莫如鑑。故能別物之妍醜。苟惟衡之不平。鑑之不明。則輕重倒置。妍醜不分。理之必然。無足怪者。夫場屋考校之官。士子所恃以爲衡鑑者也。去取高下。無不繫焉。國家取士之制。有經義。有詩賦。自紹興分科以來。士子不過各專習其一。以應上之科目。

今之所謂考官者。其向之進取。蓋不過工於一而已矣。若以經義之人而考詩賦。則恐於聲律未能細評。以詩賦之人而考經義。則恐於旨趣未能深究。又六經之中。率是互考。其春秋之凡例。二禮之制度。易之象數。倘非素習。未免有所牴牾。往往去取高下。顛倒謬誤。不厭士論。何所不有。是猶衡不平而欲權物之輕重。鑑不明而欲別物之妍醜。雖欲勿失其可得乎。臣竊見省闈體例。士人卷子。先經點檢官批鑿分數。然後參詳官審訂其當否而上之。知舉從而決其去取。高下則參詳點檢最爲緊要。伏望聖慈明詔大臣。將來省試參詳點檢等官。凡六經詩賦。於朝士中選其所素習者。使各有其人。仍詔知舉隨其所習分隸考校。庶幾士子所業。衡鑑不差。去取高下。咸得其當。以副國家取士之意。天下幸甚。

江東轉運副使真德秀上奏曰。臣恭聞太平興國中。嘗詔諸道轉運司、察訪部下官吏。凡罷軟不勝任。及顯于貪賄者。俾條上其事狀。其請白自守。幹局不苟者。亦許其明揚。臣仰見祖宗盛時。選用監司。付以事權者。蓋欲其公於刺舉。使貪懦者無所容。而廉能者有以勸。責任之意。蓋不輕也。自嘉泰開禧以來。公道不行。請囑日盛。郡縣之官。有罪狀彰灼。爲監司者甫欲案劾。已求要路之援以自脫。甚者得以施其反噬之計。於是刺之權有所不行矣。歲舉之。往往奪於權貴之命。孤寒無援者。雖盡心職業。不免陸沉之歎。膏粱庸騃。苟有所挾。則若執券以取償焉。於是舉之權又有所不行矣。是以州縣之間。賢否不分。民受其病。今陛下更新大化。公道昭明。寖還乾道淳熙之舊矣。獨薦紳間親故請託之弊。未能盡革。臣愚欲望聖慈戒諭中外士大夫。相與維持公道。使將指承命者。得以展澄清之志。而賢不肖有所甄別。於治道豈小補哉。

司令許應龍上奏曰。臣聞薦舉而不拘其數。此朝廷之美意也。薦舉而或失其實。此士大夫之私心也。因士大夫之私心。而失朝廷之美意。豈可不思所以處之乎。臣請先原其弊。而後借陳其所以變革之術。夫一郡之吏察於太守。一路之吏察於諸司。滿一考則有關陞之薦。逾三考則有京削之薦。歲有常員。截然一定。固不患其濫也。至若政績則聽其剡上。初無定數。豈固縱其猥濫而無所紀極哉。蓋以致績顯著。固未易得。若拘以歲薦。苟未有其人。必以庸常之流。勉強充數。其謹重之意。蓋可見矣。是以剡牘來上。悉從其請。或與陞擢。或令審察。或付中書籍記。使賢者知所勸。而不賢者亦知自勉。進者以爲榮。而未進者亦有所慕。得人之效。大率由此。豈非朝廷之美意乎。奈何人情貪榮。競欲速化。不顧職事之修否。而惟欲露章之薦引。頭鑽附刺。求得不已。以公道自任者。雖剛毅屢固不肯曲徇其請。而樂於周旋者。見其既無定數。求者必與。追其甚也。一章所薦。或五六人。或十數人。載於邸報。殆無虛日。合一歲而論。不知其幾。非親故之夤緣。則勢要之囑托。非闕陛之所不及。則京削之所未備。譽過其情。則以鉛刀而為銛。舉非其類。則以薰蕕而同器。此豈非士大夫之私心乎。夫惟其出於私。則賢否混淆。真偽雜揉。形於薦牘者。未可盡信。未免視為具文。而一切不復用矣。吁。不惠求才之美意。而為士大夫私心壞之也。雖然。變而通之。夫豈無術。一曰定剡薦之數。二曰嚴保任之法。昔皇祐初詔舉縣令。而張易於逼替之際。併薦一十六人。上謂輔臣曰。所舉猥多。豈無干請。可令裁定。此定剡薦之數者也。馮拯請諸司四品以上。具表舉人。若效績著明。當特酬賞。不如所舉。依法加罪。此嚴保任之法者也。數既一定。則不容妄舉以徇泛應之私。法既加嚴。則誰敢失實。以干謬舉之罰。如此。則公論大明。群賢並進。得以隨

才而器使之。百工允釐。庶績咸熙。蓋有不難致者。抑又有當察者。昔歐陽脩有云。善惡之人。各以類舉。廉謹者舉清幹。贓汙者舉貪濁。徇私者舉請求。苟任是責者。或非其人。亦安能無妄舉哉。太宗皇帝親閱班簿。常曰。不擇舉主。何由得人。此清源正本之論。真萬世龜鑑也。惟陛下與大臣亟圖之。臣不勝拳拳。

知江州袁燮上便民策曰。臣聞人才之生。殆非偶然。凡堪為時用者皆不可廢。彼其稟英秀之質。固超然異於凡民。因其資而培植之。將有不可勝用者。厥今天下常苦於乏才。以臣觀之。惟見其衆多爾。十步之內。必有茂草。秀傑之士。何時不生。臣承乏偏州。適當旱歉之餘。爰俾僚屬條陳救荒之策。每都必為一圖。地名山川。橋道寺觀之屬咸具。而列飢民居處。及戶口之數於其間。歷歷明白。按圖而視。無得隱者。所以隄防奸弊。責其實也。區處既定。分遣官僚。遍走阡陌。而其人皆不憚勞苦。不避塗潦。平時官吏不至之處。一一躬往而覈其實。如是者再焉。其愛民之篤如此。臣又因民間詞訟委之剖決。以觀其能。亦皆裕若。厥職本於此。意參以人情。而斷之以理。靡不精當。才之可用又如此。其他如監局端重者。廉潔守正者。詞采絢發者。留意獄事者。宰邑著稱者。敏於治財者。嚴於捕盜者。亦不乏人。區區支郡。一時為僚。可觀如此。豈可謂海內無人乎。古者寸長必錄。故人才不至淪棄。後世不能如古。故天下常多遺才。然則其榮其枯。其興其仆。皆繫乎居上者何如爾。善夫陸贄之言曰。如玉之在璞。抵擲則瓦石。追琢則圭璋。如水之發源。壅閼則汙泥。疏濬則沼沚。由此觀之。人才豈有常哉。今聖主求賢如渴。監司牧守。形於薦牘者。亦時有之。而朝廷視為故常。少所拔擢。未免有陸沉之嘆。臣竊以為監司牧守。皆陛下所擇。果賢乎。當信任之。其所論薦。當收用之。周書曰。舉能其官。惟爾

之能。稱匪其人。惟爾不任。董仲舒亦云。所貢賢者有賞。不肖者有罰。殿最昭然。誰敢謬舉。惟陛下亟行之。

理宗時。禮部侍郎曹彥約上奏曰。臣竊見科舉之弊。莫甚於牒試。而牒試之弊。莫甚於作偽。蓋解額之有廣狹。士子之有衆寡。廣而寡者。固已安其分。則狹而衆者。必思所以為之計。朝廷以承平日久。士子日盛。為牒試之法。寬其進取之門。未節細故。未暇深察。於是改鄉里以就它人之貫。改三族以認它人之親。甚者改其父祖。改其姓氏。若得若喪。未可知。而欺君之迹。已昭昭不可掩矣。今國子監牒試。其弊尚少。臣不知其本末。未敢遽議。惟是漕試之弊。積習既久。士大夫互相欺詐。恬不為怪。壞士子心術。莫甚於此。臣嘗反其本而思之。立法之初。其意甚愛戶貢之公。欲士自結保之。必用三姓。慮其居鄉之無行也。慮其家世之冒濫也。慮其科舉之有殿罰也。慮其期以上親之有喪服也。今乃改其

戶貫改其親戚改其父祖改其姓氏。任意所欲。不定員數。時舉摘一
二尤者而懲戒之。於事無補。律以科舉之法。無一可者。則解而更張
之。不可緩也。好事者深知其不便。求其說而不得。欲增解額。則難立
限制。欲均解額。則侵及它郡。欲廢漕額以益諸郡。不特舊額不等。極
費區處。而所部之親戚故舊有決不可不避者。變舊法以起爭端。終
不可久。無已。則有一焉。在內有職事官。朝廷之所選用也。在外有監
司帥守。朝廷之所責任也。大郡之有通判。小郡之有簽判。轉運司之
有主管文字。諸路之有川廣福建又遠地之。士子處也。與其詐僞
避親。而使之冒試。孰若嚴其保任。而許其牒試。隨其官職。分其等差
若監司帥守。可舉十五人。則大郡可舉十人。中下郡可舉七八人。通
判可舉五人。主管文字與簽判可舉三人。川廣福建不在此位者。不
過一二人。職事官之牒門客者。當如其舊。其以川廣福建牒者。郎官

奏議卷之二百七十　二十二

以上不得過下郡之數。寺監丞以下不得過通判之數。明載之於公
牘。參之以法令。曰。此某人者。乃某之子若弟也。某之親若故也。或
曰。雖非某之子弟。某之親故。而某前知其為人也。其居鄉無失行也。
其家世非逆惡也。其場屋無殿舉也。其親屬無喪服也。後有異同。甘
朝典不辭也。如是而行之。與今時牒試之法。無以大相過。不增發解
不拂人情。而解額之狹處與士子之衆處。受其利如前日也。但前之
為法。不許其保任。而容其詐僞。後之為法。不容其詐僞。而許其保任
其利害相去如何哉。然州縣官之牒本路。可以稽考。而監司帥守之
牒隣路者有泛濫。且如兩浙路與江東福建為隣。而又與淮東為隣
湖北一路與湖南江西為隣。而又與淮西京西夔路為隣。若只許一
處。則地里有不便。或分之數路。則渙散而無統。須合與之關防。立為
限制。應監司帥守牒過員數。並限七月三十日以前。具申禮部。禮部

總其名數。並限九月三十日。具申都省。備牒御史臺諫院。則其弊可
革矣。至如四川解試日分不同。又須比附日限別作行下。但今歲科
舉在近。難以驟變舊規。亦不敢以鄙陋愚見。以為盡得天下士子之
情。欲望聖慈下臣此說。付禮部監學。熟議之與大臣圖回之。如或可
行。以備戊子歲漕試科舉之用。恐於名教亦有萬一之補。臣不勝大
願。

李鳴復上奏曰。臣竊惟國家設科以取士。公卿大夫由此其選。所以
正國致君者在是。所以濟時拯世者在是。所以美教化移風俗者亦
在是。一時之去取。異日之理亂繫焉。可不謹哉。陛下憤累歲公道之
不明。載濯宸翰。以崇雅黜浮。參觀器識之說。訓諭知舉。以易卷假手
懷挾傳義之弊。戒約多士。使真才實能。得以自見。德至渥也。而有司
奉行不謹。繩墨解縱。弊倖繁滋。遂者覆試。而中選之士不入程度者

奏議卷之二百七十　二十三

尚多有之。所以虛陛下責成之意。亦已甚矣。雖然。往者不必責。來者
猶可勉也。高宗皇帝於紹興二年嘗批賜考校官。以今次殿試對策
直言之人。擢在高等。諂佞者置之下等。辭語尤諂佞人。與諸州文學
是歲得張九成為第一。上曰。凡士人當自初進。便須別其忠佞。庶可
冀其有立。始張九成對策上自朕躬。下逮百執。言之無所迴避。擢在
首選。其誰曰不然。至二十七年。又嘗以御筆宣示殿試官曰。對策中
有指陳時事鯁亮切直者並寘上列。無失忠讜。無尚諂諛。以稱朕取
士之意。是歲得王十朋為第一。上宣諭宰臣曰。殿試卷子。其間極有
直言者。前後廷對。未見有此。又曰。自此人才極有可用。聖謨洋洋。真
萬世取士之龜鑑也。何代不生才。顧上之人所以拔擢委任者何如
耳。陛下蓋討借之。輒重司衡之選。嚴覺察之禁。下覆試之令。無非為
覈才設也。而真僞混殽。闒然不滿人意。今群天下之士。悉試于天

子之庭。倘復因仍故態，忠佞不分，是非倒置，或有學術淺暗、議論乖繆，如葉祖洽者竊據上等，則士氣摧沮，人才委靡。陛下異日將誰與治天下哉。高宗皇帝家法具在，願陛下舉而行之，使天下咸知更化之後，鯁直者必用，諛佞者必黜，果有以異於前日，宗社之幸。

貼黃。臣生長萬里外，素不知朝廷事體，但見數十年來大庭策士貴要之子，權勢之家，多竊據前列，如毛自知之乳臭，劉渭之多貲，至今議者猶竊非之。歲在己丑，臣始至京，蜀士有該特奏恩者，先一日知問目，後遂試中甲科，莫曉其故。近見學士院宣鎖，乃在於引試數日之前，機事不密，或者其在此乎。臣嘗觀周必大序掖垣類藁，謂國朝知制誥掌外制，必召試中書而後除，所以試者，觀其敏也。若代言之官，止預一日宣鎖，授以旨意，俾之撰述，不過頃刻可辦，候進士入，當制者始出矣。如是則造庭之士各展盡一日之長，僥倖者不容以行其私，而真才實能始得以自見，其於聖治實非小補。如臣言可采，乞斷自聖意，降付中書省，自今而後，檢舉施行。伏乞睿照。

洪舜俞上言曰：謹按熙寧三年知貢舉呂公著在貢院中密奏言：天子臨軒策士，而用詩賦，非舉賢求治之意。乞出自宸衷，以諮訪治道為是。上御集英殿，進士初就席，有司猶給禮部韻。及試題出，乃策問也。既而賜葉祖洽已下及第。時韓維、呂惠卿初考策，阿時者多在高等，訐直者多在下等。臣伏思自鄉舉里選之法壞，而取士惟虛文是尚。漢策賢良，雖未免以利祿入其心，科別或有未當，猶不失言揚之意。唐進士得人為盛，特絺章繪句之習工。如日五色，何益世用。國朝策士，初襲唐人詞章之舊，至此始以策諮訪治道，與漢制科等，其意美矣。然草茅言事，豈能皆若素官于朝，而効忠獻直，悉出於愛君憂國之真情。言之當，固不以人廢言；言之過，亦責於能容人。君能容過直之言，帝駿骨撐，怒蛙感發，作興之下，孰不以安危治忽之實來告。苟有司喜阿逢而惡訐直，以行上下其手之私，如呂惠卿輩，美意一失，奚以臨軒發策為哉。維我仁宗之策蘇轍，其言宮中事過於直，上曰：以直言求人，而以直棄之，天下謂我何。可謂有大舜之大矣。

度宗時，太常寺丞牟濚上奏曰：臣既以知行之說告陛下，臣螻蟻微忱，有不能自已者。臣猶記去夏輪當陛對，首以正人心之說獻之。先皇帝玉音加奬，因及近世士大夫風俗，先皇帝天顏不樂，諭臣曰：此曹無忌憚之甚。蓋嘆士習之不美也。臣嘗因是而推求其故，所以陷溺其良心者，抑有由焉。禮義廉恥，國之四維。士大夫當以此自維其身，不當使上之人執此以為維之之具也。士方其未得也，奔競苟且，不知有義命。故其既仕也，攫拏貪黷，但知其有利祿。未仕則有科舉之累，既仕則有薦舉之累。人才所以日不逮古，而或者遂謂士習不正，由二者陷溺其心也。臣獨以為不然。先朝范鎮以奏名第一，唱第殿庭，自來唱過三名，則奏名之首者必抗聲自陳，考校雖在下，天子亦擢寘上列。鎮獨恥於自陳，唱至七十九名，然後出而就列。其後進退出處，有古人風，遂為國朝名臣。科舉而得若人，則浮薄者知愧矣。張忠定詠，凡所薦舉，皆方廉恬退之士，且曰：奔競者將自得之，何假吾舉。薦舉而得若人，則奔競者革心矣。然則科舉何嘗壞人，士實自壞耳；薦舉何嘗累人，士實自累耳。故臣謂奬恬退，抑奔競，正人心之第一義也。昔孟子欲闢楊墨，以明孔子之道，首以正人心為本。今士習如此，不自其心而正之，恐愈趨愈下，於世道關係甚不細也。惟陛下不以人廢言。

金世宗初，近侍有欲罷科舉者，上曰：吾見太師議之。張浩入見，上曰：

自古帝王有不用文學者乎。浩對曰。有曰。誰歟。浩曰。秦始皇。上顧左右曰。豈可使我為始皇乎。事遂寢。

元世祖時監察御史魏初上疏曰。舊制常參官諸州刺史上任三日舉一人自代。況風紀之職。與常員異。請自今監察御史按察司官在任一歲。各舉一人自代。所舉不當。有罰。不惟砥礪風節。亦可為國得人。

趙天麟上策曰。臣聞君子達上。則思進賢。小人乘時則能汲善。君子之人君子朋之。小人之人。小人黨之。同聲相應。同氣相求。德不孤。決有鄰。自然之理也。夫賢者知有國而不知有其身。嘗喻義。而未嘗喻於利。是以內舉不避親。外舉不避讎。公舉而不恐妨其位。古之君子有行之者。若祁奚舉祁午於晉侯而以為中軍之尉。蕭何舉曹參於漢祖而以嗣相國之位。以至子皮薦子產於鄭。而民謂之毋國賴其賢。鮑叔達管仲於齊。而九合諸侯。一匡天下。者皆是也。小人則不然。懷私挾詐。以濫天官。飾智屈心。以固權寵。親同類如就芝蘭。憎君子如惡蛇蝎。又嘗欲使後進皆出己下。而恐其踰於己也。古之小人有行之者。若驩兜美共工於堯朝。而象共滔天。上官誣靈均於楚王。而人亡國瘁。以至臧文仲不顯展禽。聖人謂之竊位。公孫弘不引董生。劉子謂其妬賢者。皆是也。易嘉拔茅。春秋述惟善能舉其類。豈輕乎哉。今國家求賢之心極重。取士之路未優。且內外官僚。所食者國家所錫之田也。所衣者國家所給之祿也。脫氓編之賤。而得享尊榮。溢宗祖之光。而獲班聯祭。女不知織。男不知耕。如此而不思報國家之厚祉。其可乎哉。且食苹之鹿。尚呦呦以呼羣。出谷之鶯。猶嚶嚶而求友。此皆物也。況於人乎。故伊人之將逍遙也。當思縶白駒。而恐有遐心。嘉賓之未至止也。曾念汕嘉魚。而與同宴樂。此人臣之大節盛德

之良心也。伏見方今雖有貢儒貢吏之格。尚未通行。或闔郡而不薦一賢。或終考而不舉一士。因循為務。苟且為心。不幾乎杜悰劉賾之徒乎。臣竊以任職立功。治民興譽。未若舉賢之為美也。何以言之。舉一賢。則賢者復舉衆賢。而報國之績為多。不舉賢。則止一身而已故也。伏望陛下載宣天旨。昭諭中外。凡郡縣臨民正官七品以上。及諸衙門官三品以上。每三考之中。各薦一人。凡薦之士。須稱其人籍貫性行委係何德何才。可充何職。凡薦書達上。委於都省判送吏禮部以三德八才之法。照薦書考擬其人。果為應否。然後申省。乞隨選奏而用之。凡以後其人稱職。則初薦官至考滿之日。優加爵級。凡其人不稱職。則初薦官至考滿之日。隨輕重以黜其爵級。凡其人臨官有非常之罪。則初薦官亦放歸田里可也。使方方士子。咸慕貞淳。在在官僚。共求賢者。而賢者知國家之尚賢。莫不出矣。又奚須審戚悲歌五羖飯牛而自進之哉。又奚須成湯幣聘。高宗圖形而自求之哉。野無遺賢。此亦一助也。

至元二十三年。中書奏擬漕司諸官姓名。帝曰。如平章右丞等。朕當親擇。餘皆卿等職也。中書右丞相安童奏曰。比聞聖意欲倚近侍為耳目。臣猥承任使。若所行非法。從其舉奏。罪之輕重。惟陛下裁處。今近臣乃伺隙援引非類。曰某居某官。某居某職。以所署奏目付中書施行。臣謂銓選之法。自有定制。其尤無事例者。臣常廢格不行。慮其黨有短臣者。幸陛下詳察。帝曰。卿言是也。今後若此者勿行。其妄奏者即入言之。

成宗時翰林學士王惲上奏曰。貢舉人材。肇自唐虞。而法備於周。漢興廼用孝廉秀才等科。策以經術時務。以州郡大小。限其歲貢之數。以賞罰責長吏。極其人材之精。蓋古貢士法也。歷魏至於後周。中間

因時變革固為不一要之不出漢制之舊迨隋始設進士科目試以程文時勢好尚有不得不然者至唐有明經進士等科既明一經復試帖文對策中者雖鮮號稱得人矣有龍虎榜相之目其明經立法敦淺易於取中當時亦不甚重又別設制科以待天下非常之士歟前宋易明經為經義其賦義法度嚴備殺較公當至亡金極矣後世有不可廢者然論程文者謂學出剽竊不根經史又士子挾冊自售行誼蔑聞廉恥道喪甚非三代貢士之法伏遇聖天子臨御之初方繼體守文以設科取士為切若止用先皇帝已定格法與時遷宜可舉而行如邁隆前代創為新制可不詳思揣其本末酌古今而論之惟古貢士率從學而出後世不論經行徒採虛譽因循薦舉獨為私恩不顧公道此最不可者也莫若取唐楊綰宋朱熹等議參而用之可行於今綰之法曰令州郡察其孝友信義而通經學者州府試通

所習經業責於禮部問經義十條對時務策三道皆通為上第其經義通八策道二為中第其論語孝經孟子兼為一經熹之議曰分諸經史如易詩書周禮三戴禮經春秋三傳各為一科將大學中庸論孟分為四科並附已上大經逐年通試及廷試對策兼用經史斷以己意以明時務得失愚謂為今之計宜先選教官定以明經史為所習科目以州郡大小限其生徒揀俊秀無玷污者充貢數以生徒貢數限歲貢人數期以歲月使盡脩習之道然後州郡官察行攷學拔其精當貢於禮部經試經義作一場史試議論作一場題目止於史內出廷試策兼用經史斷以己意以明時務如是則士無不通之經不習之史進退用舍一出於學既復古道且革累世虛文妄舉之弊必收實學適用之效豈不偉哉外據詩賦立科既久習之者眾亦不宜驟停經史實學既盛彼自絀矣

歷代名臣奏議卷之七十

考課

漢元帝建昭中。京房以精於用易。天子悅之。數召見問。房對曰。古帝王以功舉賢。則萬化成。瑞應著。末世以毀譽取人。故功業廢而致災異。宜令百官各試其功。災害可息。詔使房作其事。房奏考功課吏法。上令公卿議於溫室。咸病其煩碎。且令上下相司。不可行。然上意嚮之。

東漢順帝時。尚書令左雄上疏曰。臣聞柔遠能邇。莫大寧人。寧人之務。莫重用賢。用賢之道。必存考黜。是以皋陶對禹。貴在知人。安民則惠。黎民懷之。分伯建侯。代位親民。民用和睦。禮讓以興。故詩云。有渰淒淒。興雨祁祁。雨我公田。遂及我私。及幽厲昏亂。不自為政。褒豔用權。七子黨進。賢愚錯緒。山谷為陵。故其為詩云。四國無政。不用其良。

又以哀今之人。胡為虺蜴。言人畏吏如虺蜴也。宗周既滅。六國并秦。阬儒泯典。剗革五等。更立郡縣。縣設令長。郡置守尉。什伍相司。封豕其民。大漢受命。雖未復古。然克慎庶官。蠲苛救敝。悅以濟難。撫而循之。至於文景。天下康乂。誠由玄靖寬柔。克慎官人故也。降及宣帝。興於仄陋。綜練名實。知時所病。刺史守相。輒親引見。考察言行。信賞必罰。帝乃歎曰。民所以安而無怨者。政平吏良也。與我共此者。其唯良二千石乎。以為吏數變易。則下不安業。久於其事。則民服教化。其有政理者。輒以璽書勉勵。增秩賜金。或爵至關內侯。公卿缺。則以次用之。是以吏稱其職。人安其業。漢世良吏。於茲為盛。故能降來儀之瑞。建中興之功。漢初至今。三百餘載。俗浸彫敝。巧偽滋萌。下飾其詐。上肆其殘。典城百里。轉動無常。各懷一切。莫慮長久。謂殺害不辜為威風。聚斂整辦為賢能。以理己安民為劣弱。以奉法循理為不化。髡鉗之戮。生於睚眥。覆尸之禍。成於喜怒。視民如寇讎。稅之如豺虎。監司項背相望。與同疾疢。見非不舉。聞惡不察。觀政於亭傳。責成於朞月。言善不稱德。論功不據實。虛誕者獲譽。拘檢者離毀。或因罪而引高。或色斯以求仁。州宰不覆。競共辟召。踊躍升騰。超等踰匹。或考奏捕案。而亡不受罪。會赦行賂。復見洗滌。朱紫同色。清濁不分。故使奸猾枉濫。輕忽去就。拜除如流。缺動百數。鄉官部吏。職斯賤祿薄。車馬衣服。一出於民。廉者取足。貪者充家。特選橫調。紛紛不絕。送迎煩費。損政傷民。和氣未洽。災眚不消。咎皆在此。今之墨綬。猶古之諸侯。拜爵王庭。輿服有庸。而齊於匹豎。叛命避負。非所以崇憲明理。惠育元元也。臣愚以為守相長吏。惠和有顯效者。可就增秩。勿使移徙。非父母喪。不得去官。其不從法禁。不式王命。錮之終身。雖會赦令。不得齒列。若被劾奏。亡不就法者。徙家邊郡。以懲其後。鄉部親民之吏。皆用儒生。清白任從政者。寬其負算。增其秩祿。吏職滿歲。宰府州郡乃得辟舉。如此。威福之路塞。虛偽之端絕。送迎之役損。賦斂之源息。循理之吏。得成其化。率土之民。各寧其所。追配文宣中興之軌。流光垂祚。永世不刊。

魏武帝初。署倉曹屬劉廙上表曰。昔周有亂臣十人。有婦人焉。九人而已。孔子稱才難。不其然乎。明賢者難得也。況亂弊之後。百姓凋盡。士之存者。蓋亦無幾。股肱大職。及州郡督司。邊方重任。雖備其官。亦未得人也。此非選者之不用意。蓋才匱使之然耳。況於長吏以下。群職小任。能皆簡練備得其人也。其計莫如督之以法。不爾。而數轉易往來不已。送迎之煩。不可勝計。轉易之間。輒有奸巧。既於其事不省。而為政者亦以其不得久安之故。知惠益不得成於己。而苟且之可免於患。皆將不念盡心於卹民。而夢想於聲譽。此非所以為政之本意也。今之所以為黜陟者。近頗以州郡之毀譽聽往來之浮言耳。亦皆得其事實而課其能否乎。長吏之所以為佳者。奉法也。憂公也。䘏民也。此三事者。或州郡有所不便。往來者有所不安。而長吏執之不已。於治雖得計。其聲譽未有美聞而從人。於治雖失計。其聲譽必集也。長吏皆知黜陟之在於此也。亦何能不去本而就末哉。以為長吏皆宜使小人。足使自展。歲課之能。三年總計乃加黜陟。課之皆當以事。不得依名。事者皆以戶口率其墾田之多少。及盜賊發興。民之亡叛者。為得負之計。如此行之。則不能之吏。脩名無益。有能之人。無名無損。法之一行。雖無部司之監。姦譽妄毀可得而盡。事上。太祖甚善之。

明帝太和中。大議考課之制。以考內外衆官。散騎黃門侍郎杜恕以為用不盡其人。雖才且無益。所存非所務。所務非世要。上疏曰。書稱明試以功。三考黜陟。誠帝王之盛制。使有能者當其官。有功者受其祿。譬猶烏獲之舉千鈞。良樂之選驥足也。雖歷六代而考績之法不著。關七聖而課試之文不垂。臣誠以為其法可粗依。其詳難備舉故也。語曰。世有亂人而無亂法。若使法可專任。則唐虞可不須稷契之佐。殷周無貴伊呂之輔矣。今奏考功者。陳周漢之法為。綴京房之本旨。可謂明考課之要矣。於以崇揖讓之風。興濟濟之治。世以為未盡善也。其欲使州郡考士必由四科。皆有事效。然後察舉。試辟公府。為親民長吏。轉以功次。補郡守者。或就增秩賜爵。此最考課之急務也。臣以為便當顯其身。用其言。使具為課州郡之法。法具施行。立必信之賞。施必行之罰。至於公卿及內職大臣。亦當俱以其職考課之也。古之三公坐而論道。內職大臣。納言補闕。無善不紀。無過不舉。且天下至大。萬機至衆。誠非一明所能徧照。故君為元首。臣為股肱。明其一體相須而成也。是以古人稱廊廟之材非一木之枝。帝王之業非一士之畧。由是言之。焉有大臣守職辦課可以致雍熙者哉。且布衣之交。猶有務信誓而蹈水火。感知己而披肝膽。徇聲名而立節義者。況於束帶立朝。致位卿相。所務者非特匹夫之信。所感者非徒知己之惠。所徇者豈聲名而已乎。諸蒙寵祿受重任者。不徒欲舉明主於唐虞之上。而已身亦欲厠稷契之列。是以古人不患於念治之心不盡。患於自任之意不足。此誠人主使之然也。唐虞之君。委任稷契夔龍而責成功。及其罪也。殛鯀而放四凶。今大臣親奉明詔給事目下。其有夙夜在公。恪勤特立。當官不撓貴勢。執平不阿所私。危言危行以處朝廷者。自明主所察也。若尸祿以為高。拱嘿以為智。當官苟在於免負。立朝不忘於容身。絜行遜言以處朝廷者。亦明主所察也。誠使容身保位無放退之辜。而盡節在公抱見疑之勢。公義不脩而私

議成俗。雖仲尼為謀。猶不能盡一才。又況於世俗之人乎。今之學者。師商韓而上法術。競以儒家為迂闊不周世用。此最風俗之流弊。創業者之所致慎也。

景初中。詔劉劭作都官考課。劭上疏曰。百官考課。王政之大較。然而歷代弗務。是以治典闕而未補。能否混而相蒙。陛下以上聖之宏畧。愍王綱之弛頹。神慮內鑒。明詔外發。臣奉恩曠然。得以啓矇。輒作都官考七十二條。司隸校尉崔林議曰。案周官考課。其文備矣。自康王以下。遂以陵遲。此即考課之法存乎其人也。及漢之季。其失豈在乎佐吏之職不密哉。方今軍旅或猥或卒。備之以科條。申之以內外。增減無常。固難一矣。且萬目不張舉其綱。衆毛不整振其領。臯陶仕虞。伊尹臣殷。不仁者遠。五帝三王未必如一。而各以治亂。易曰。易簡而天下之理得矣。太祖隨宜設辟以遺來今。不患不法古也。以為今之

制度不為疏闊。惟在守一勿失而已。若朝臣能任仲山甫之重。式是百辟。則孰敢不肅。於是傅嘏難劭曰。蓋聞帝制宏深。聖道奥遠。苟非其才。則道不虛行。神而明之。存乎其人。暨乎王略虧頹。而曠載罔綴。微言既沒。六籍泯玷。何則。道弘致遠。而衆才莫晞也。案劭考課論。雖欲尋前代黜陟之文。然其制度略以闕亡。禮之存者。惟有周典。外建侯伯藩屏九服。內立列司筦齊六職。土有恒貢。官有定則。百揆均任。四民殊業。故考績可理而黜陟易通也。大魏繼百王之末。承秦漢之烈。制度之流。靡所脩采。自建安以來至于青龍。神武撥亂。肇基皇祚。埽除凶逆。芟夷遺寇。旌旗卷舒。日不暇給。及經邦治戎。權法並用。百官群司。軍國通任。隨時之宜。以應政機。以古施今。事雜義殊。難得而通也。所以然者。制宜經遠。或不切近。法應時務。不足垂後。夫建官均職。清理民物。所以立本也。循名考實。糾勵成規。所以治末也。本綱未舉而造制未呈。國略不崇而考課是先。懼不足以料賢愚之分。精幽明之理也。昔先王之擇才。必本行於州閭。講道於庠序。行具而謂之賢。道脩則謂之能。鄉老獻賢能于王。王拜受之。舉其賢者出使長之。科其能者入使治之。此先王收才之義也。方今九州之民。爰及京城。未有六鄉之舉。其選才之職。專任吏部。案品狀則實才未必當。任薄伐則德行未為敘。如此則殿最之課。未盡人才。述綜王度。敷贊國式。體深義廣。難得而詳也

晉武帝泰始中。河南尹杜預受詔為黜陟之課。其略曰。臣聞上古之政。因循自然。虛己委誠。而信順之道應。神感心通。而天下之理得。逮至淳樸漸散。彰美顯惡。設官分職。以頒爵祿。弘宣六典。以詳考察。然猶倚明哲之輔。建忠貞之司。使名不得越功而獨美。功不得後名而獨隱。皆疇咨博詢。敷納以言。及至末世。不能紀遠而求於密微。疑諸心而信耳目。疑耳目而信簡書。簡書愈繁。官方愈偽。法令滋章。巧飾彌多。昔漢之刺史。亦歲終奏事。不制算課。而清濁粗舉。魏氏考課。即京房之遺意。其文可謂至密。然由於累細以違其體。故歷代不能通也。豈若申唐堯之舊。去密就簡。則簡而易從也。夫宣盡物理。神而明之。存乎其人。去人而任法。則以傷理。今科舉優劣。莫若委任達官。各考所統。在官一年以後。每歲言優者一人為上第。劣者一人為下第。因計偕以名聞。如此六載。主者總集採案。其六歲處優舉者超用之。六歲處劣舉者奏免之。其優多劣少者敘用之。劣多優少者左遷之。今考課之品。所對不鈞。誠有難易。若以難取優。以易而否。主者固當準量輕重。微加降殺。不足復曲以法盡也。己丑以詔書考課難成。聽通薦例。薦例之理。即亦取於風聲。六年頓薦黜陟無漸。又非古者三考之意也。今每歲一考。則積優以成陟。累劣以取黜。以士君子之心相處。

未有官故六年六黜清能。六進否劣者也。監司將亦隨而彈之。若令上下公相容過。此為清議大頹。亦無取於黜陟也

穆帝時。衆官漸多。而遷徙每速。廷尉王彪之上議曰。為政之道。以得賢為急。非謂雍容廊廟。標的而已。固將莅任贊時。職思其憂也。得賢之道。在於莅任。莅仕之道。在於能久。久於其道。而天下化成。是以三載考績。三考黜陟。不收一切之功。不採速成之譽。故勳格辰極。道融四海。風流遐邈。聲冠百代。凡庸之族衆。賢能之才寡。才寡於世。而官多於朝。焉得不賢鄙共貫。清濁同官。官衆則闕多。闕多則遷速。前後去來。更相代補。非為故然。理固然耳。所以職事未脩。朝風未澄者也。職事之脩。在於省官。朝風之澄。在於并職。官省則選清而得久。職并則吏簡而俗靜。選清則勝人久於其事。事久則中才猶足有成。今內外百官。較而計之。固應有并省者矣。六卿之任。太常望雅而職重。然

其所司，義高務約，宗正所統，蓋勘司以并太常，宿衛之重，二衛任之。其太驍騎左軍，各有所領，無兵軍校，皆應罷廢，四軍皆罷，則左軍之名不宜獨立，宜改游擊以對驍騎，內官自侍中以下，舊員皆四，中興之初，二人而已，二人對直，或有不周，愚謂三人，於事則無闕也。凡餘諸官無綜事實者，可令大官隨才位所帖而領之，若未能頓廢，自可因闕而省之，委之以職分，責之以有成，能否因考績而著，清濁隨黜陟而彰，雖緝熙之隆，康哉之歌，未能猝致，可使庶官之選，差清蒞職之日，差久，無倖祿之虛費，簡吏寺之煩役矣。

後魏宣武帝行考陟之法，高陽王雍表曰：竊惟三載考績，百王通典。今任事上中者三年升一階，散官上第者四載登一級，閑冗之官，本非虛置，或以賢能而進，或因累勤而舉，如其無能，不應忝茲高選，既其以能進之，同伍，或任官外戍，遠使絕域，催督逋懸，察檢州鎮，皆是散官以充劇使，及於考陟，排同閑伍，檢散官之人，非才皆劣，稱事之輩，未必悉賢，而考閑以多年，課煩以少歲，上乖天澤之均，下生不等之苦。又尋景明之格，無折考之文，正始之奏，有與奪之級，明參差之兆，非聖慈之心，改典易常，乃有司之意。又尋考級之奏，委於任事之手，涉議科勤，絕於散官之筆，遂使在事者得展自勤之能，散輩者獨絕披訴之所，抑以上下之閑，限以首格之判，致使近侍禁職，抱樂屈之辭，禁衛武夫，懷不申之恨，欲赴平四海，何以獲諸。又散官在直，一玷成尤，銜使從戎，差毫即坐，微纆所逮，未以事閑優之，節慶之賚，未以祿微加賞，罪殿之犯，未殊任事，考陟之機，推年不等，臣聞君舉必書，書而不法，後代何觀，詩云：王事靡盬，不遑啓處。又曰：豈不懷歸，畏此簡書，依依楊柳，以敘治兵之役，霏霏雨雪，又申振旅之勤，若析拄來日月，使是採薇之詩，廢杕杜之歌，罷。又任事之官，吉凶請假，定省掃拜，動歷十旬，或因患重請，動輒經歲，征役在途，勤勞百倍，苦樂之勢，非任事之倫，在家私閑，非理務之日，論優語劇，先宜折之。武人本挽上格者為羽林，次格者為虎賁，下格者為直從，或累紀征戍，靡所不涉，或帶甲連年，負重千里，或經戰損傷，或年老衰竭，今試以本格，責其如初，有爽於先，退階奪級，此使責以不衰，理未通也。又蕃使之人，必抽朝彥，或歷嶮千餘，或履危萬里，登有死亡之憂，咸懷不返之感，魂骨奉忠，以尸將命，先朝賞格，酬以爵品，今朝改式，止及階勞，析以代考，有乖使望，非所以獎勵皇華而敦崇四牡者也。復尋正始之格，汎後任事上中者三年升一階，汎前任事上中者六年進一級，三年一考，自古通經，今以汎前六年升一階，檢無從犯倍年成級，以此推之，明以汎代考，新除一日，同霑階榮，下第之人，因汎上陟，上第之士，由汎而退。臣又見部尉資品本居流外，刊諸明令，行之已久，然近

為里巷多盜，以其威輕不肅，欲進品清流，以壓姦宄，甄深啓云，為法者施而觀之，不便則改，竊謂斯言有可採用，聖慈昭覽，更高宰尉之秩。今考格始宣，懷怨者眾，臣竊觀之，亦謂不可。有光國典，改之何難。

延昌二年，將大考百寮，郎中崔鴻以考令於體例不通，乃建議曰：竊惟王者為官求才，使人以器，黜陟幽明，揚清激濁，故績效能官，才必稱位者，朝昇夕進，年歲數遷，豈拘一階半級，閡以官寮等位者哉。二漢以降，太和已前，苟必官須此人，人稱此職，或超騰昇陟，數歲而至公卿，或長兼試守，稱允而遷進者，披卷則人人而是，舉目則朝貴皆然。故能時收多士之譽，國號豐賢之美，竊見景明以來考格，三年成一考，一考轉一階，貴賤內外萬有餘人，自非犯罪，不問賢愚，莫不上中，才與不肖，比肩同轉，雖有善政如黃龔，儒學如王鄭，史才如班馬，文章如張蔡，得一分一寸，必為常流所擊，選曹亦抑為一限，不曾甄別

舉懸不調，改而更張。雖明旨已行，猶宜消息。世宗不從。

孝明帝時，尚書左僕射攝吏部選事拓跋暉上疏曰：臣聞治人之本，實委牧守之官。得其才則政平物理，失其人則訟興怨結。自非察訪善惡，明加貶賞，將何以黜彼貪怠，陟此清勤也。竊以大使巡省，必廣迎送之費；御史馳糾，頗回威濫之刑。且暫爾往還，理不委悉，縱有簡舉，良未平當。愚謂宜令三司、八座、侍中、黃門各布耳目，外訪州鎮牧將治人守令能否。若德教有方，清白獨著，宜以名聞，即加褒陟。若治績無效，貪暴遠聞，亦便示黜，登加疑退。如此，則不出庭戶，坐知四方，端委垂拱，明賞審罰矣。

正光四年，尚書左僕射蕭寶夤上表曰：臣聞堯典有黜陟之文，周書有考績之法。雖其源難得而尋，然條流抑亦可知矣。大較在于官人用才審於所蒞，練迹校名驗於虛實。豈不以臧否得之餘論，優劣著於歷試者乎。既聲窮於月旦，品定於黃紙，故於名輩，事彰於臺閣，則賞罰之途，差有商榷。用捨之宜，非無依據。雖復勇進忘退之儔，奔競於市里；過分亡涯之請，馳騖於多門。猶且顧其聲第，慎其與奪，器分定於下，爵位懸於上，不可妄叨故也。今竊見考功之典，所懷未喻。敢竭無隱，試陳萬一。何者？竊惟文武之名，在人之極地；德行之稱，爲生之最首；忠貞之美，立朝之譽；仁義之號，處身之端。自非職惟九官，任當四岳，授曰俞諧，讓稱俞往，將何以克厭太名，允茲令問。自比已來，官罔高卑，人無貴賤，皆飾辭假說，用相保舉。涇渭同波，薰蕕共器。求者不能量其多少，與者不復覈其是非，遂使冠履相貿，名與實爽。謂之考功，事同汎陟。紛紛漫漫，焉可勝言。又在京之官，積年一考，其中或所事之主，還移數四；或所奉之君，身名廢絕；或具寮離索；或同事凋零。雖當時文簿記其殿最，日久月深，駮落都盡，人有去留，誰復掌其勤墮。或停休積稔，或分隔數千，累年之後，方求追訪，聲迹並其考第，無不苟相悅附，共爲脣齒，飾垢掩疵，妄加丹素，趣令得階而已，無所顧惜，賢達君子未免斯患。中庸已降，夫復何論。官以求成，身以請立，上下相蒙，莫斯爲甚。又勤恤人隱，咸歸守令，厥任非輕，所責實重。然及其考課，悉以六載爲程，既而限滿代還，復經六年而敘。是則歲周十二，始得一階。於東西兩省、文武閑職、公府散佐、無事冗官，或數旬方應一直，或朔望止於暫朝，及其考日，更得四年爲限。是則一紀之中，便登三級。彼以實勞劇任而遷貴之路至難，此以散位虛名而升陟之方甚易。何內外之相懸，令厚薄之如是。又聞之，聖人大寶曰位，何以守位曰仁。孟子亦曰：仁義忠信，天爵也；公卿大夫，人爵也。古人先脩其天爵而人爵從之。故雖文質異時，污隆殊世，莫不寶茲名器，不以假人，是以賞罰之柄，恒自持也。至乃周之蕩蕩，五叔無官；漢之察察，館陶徒請。豈不重骨肉，私親親，誠以賞罰一差，則無以懲勸。至公暫替，則覬覦相欺。故至慎至惜，殷勤若此。況乎親非肺腑，才乖秀逸，或充單介之使，始無汗馬之勞，或說興利之規，終慙十一之潤，皆虛張無實，妄指贏益，坐獲數階之官，藉成通顯之貴。於是巧詐萌生，偽辯鋒出，役萬慮以求榮，開百方而逐利。握樞秉鈞者亦知其若斯，但抑之則其流已註，引之則有何紀極。夫琴瑟在於必和，更張求其適調，去者既不可追，來者猶或宜改。按周官太宰之職，歲終則令官府各正所司，受其會計，聽其致事而詔於王；三歲則大計羣吏之治而誅賞之。愚謂今可粗依其準，見居官者每歲終本曹皆明辨在官日月，具覈才行能否，審其實用而注其上下。游辭宕說，一無取焉。列上尚書，覆其合否。如有紕繆，即正而罰之，不得方復推詰委否，容其進退。既定其優劣，善惡交分，庸短下第，黜凡以明法，幹務忠清，甄能以記賞。總而奏之。經奏之後，考功曹別書於黃紙、油帛。一通則本曹尚書與令僕印署，留於門下；一通則以侍中黃門印署，掌在尚書，嚴加緘密，不得開視。考績之日，然後對共裁量。如此，則少存實錄，薄止姦回。其內外考格，裁非庸管，乞求博識，以爲畫一。若殊謀異策，事關復畢還返所缺物無異議者。自可臨時斟酌。匪拘恒例。至如提流引比之訴。貪榮求級之請。如不限以關鍵。肆其僥倖。則蔓草難除。涓流遂積。職裁科章。撓紊大典。謂宜明加禁斷。以全至治。開返本之路。杜澆弊之門。如斯。則吉士盈朝。新規載煥矣。詔付外博議。以為永式

唐太宗貞觀三年。僕射房玄齡與侍中王珪掌內外官考。侍御史權萬紀奏其不平。守秘書監魏徵諫曰。二人素以忠直被委任。所考既多。其間能無一二不當。然察其情。終非阿私。且萬紀比在考堂。曾無駁正。及身不得考。乃始陳論。此非竭誠徇國也。今推之未足裨益朝廷。徒失委任大臣之意。臣所愛者治體。非敢私二臣也。上乃釋不問。

太宗考三品已上。令魏徵留其當否。有所疑者。輒於狀傍注帖。西行諸將並不得考。徵乃諫曰。臣聞摭赤璧者棄其微瑕。錄大功者不論細過。西行諸將雖無尺功。君集萬均克平寇亂。不辱國命。跋涉艱阻

奏議卷之一百七十一　十一

來往二年。考其勤勞。與在家者不異。若使人無怨讟。亦不可勸勉將來。臣愚以謂西行諸將君集萬均以外五品以上有功勳無罪愆者其考請更斟酌。匪唯一事得所。足以勸後人。太宗從之。

武后時。初置右御史臺。察州縣吏善惡風俗得失。鳳閣舍人李嶠上疏曰。禁綱尚疏。法象宜簡。簡則法易行而不煩雜。疏則所羅廣而不苛碎。伏見垂拱時。諸道巡察使科條四十有四。至別敕令又三十。而使以三月出。盡十一月奏事。每道所察吏多者二千。少亦千計。要在品覈才行而褒貶之。今期會迫促。奔逐不暇。欲望詳究所能。不亦艱哉。此非隳於職。才有限。力不逮耳。臣願量其功程。以為節制。使器周於用。力濟於時。然後得失可以精覈矣。又言。今之所察。宜準漢六條而推廣之。則無不包矣。烏在多張事目也。且朝廷萬機非無事。而機事之動常在四方。故出使者冠蓋相望。今已置使。則外州之事悉得專之。傳驛減矣。請率十州置一御史。以期歲為之限。容其身到屬縣過閭里。督察姦訛。采訪風俗。然後可課其成功。且御史出入天禁。厲己自脩。比他吏相百也。按劾回庸。糾擿隱欺。比他吏相十也。陛下誠用臣言。妙擇賢能委之心膂。假溫言以制之。陳賞罰以勸之。則莫不盡力而効死矣。何政事之不理。何禁令之不行。何妖孽之敢興哉。

中宗時。右御史臺中丞盧懷慎上疏陳時政曰。臣聞善人為邦百年。可以勝殘去殺。孔子稱苟有用我者。期月而已。三年有成。故書三載考績。三考黜陟幽明。昔子產相鄭。更法令。布刑書。一年人怨思殺之。三年人德而歌之。子產賢者也。其為政尚累年而後成。況常材乎。比州牧上佐兩畿令。或一二歲。或三五月即遷。曾不論以課最。使未遷者傾耳以聽。企踵以望。冒進亡廉。亦何暇為陛下宣風恤人哉。禮義不能興。戶口益以流。倉庫愈匱。百姓日敝。職為此耳。人知吏之不久

奏議卷之一百七十一　十二

不率其教。吏知遷之不遙。不究其力。媮處爵位。以養資望。雖明主有勤勞天下之志。然僥倖路啓。上下相蒙。寧盡至公乎。此國病也。賈誼所謂蹠盭。乃小小者耳。此而不革。雖和緩將不能為。漢宣帝綜覈名實。興治致化。黃霸良二千石也。加秩賜金。就旌其能。終不肯遷。故古之為吏至長子孫。臣請都督刺史上佐畿令任未四考不得遷。若治有尤異。或加賜車裘祿秩。降使臨問。璽書慰勉。須公卿闕。則擢之。以勵能者。其不職或貪暴。免歸田里。以明賞罰之信。昔唐虞稽古建官惟百。夏商官倍。亦克用乂。此省官也。故曰官不必備。惟其才。無曠庶官。天工人其代之。此擇人也。今京諸司員外官數十倍。近古未有。謂不必備。則為有餘。求其代工。乃多不釐務。而奉稟之費歲巨億萬。徒竭府藏。豈致治意哉。今民力敝極。河渭廣漕。不給京師。公私耗損。邊隅未靜。儻炎暵成沴。租稅減入。疆埸有警。賑救無年。何以濟之。毋輕

人事惟艱毋安厥位惟危此慎微也原負外之官皆一時良幹擢以
才不中其用尊以名不任其力自昔用人豈其然歟臣請才堪牧宰
上佐並以還授使宣力四方責以治狀有老病若不任職者一廢省
之使賢不肖確然殊貫此切務也夫冒于寵賂侮于鰥寡為政之蠹
也竊見內外官有贓餉狼藉剝割蒸人雖坐流黜俄而還復還為牧
宰任以江淮嶺磧粗示懲貶內懷自棄徇貨掊貲訖無悛心明主之
於萬物平分而無偏施以罪吏牧遐方是謂惠姦而遺遠遠州陬邑
何負聖化而獨受其惡政乎邊徼之地夷夏雜處憑險恃遠誘易擾
而難安官非其才則黎庶流亡起為盜賊由此言之不可用凡才況
猾吏乎臣請以贓論廢者削迹不數十年不賜收齒書曰旌別淑慝
即其誼也疏奏不報

宋太祖乾德二年門下侍郎平章事趙普上奏曰臣近者叨承聖造

備位台司任重才輕以禁為懼臣伏聞宰相者上符乾象下代天工
調六氣則品物咸亨舉百職則彝倫式敘佐君垂拱致時太平苟非
此才焉用彼相臣自膺寵命如履薄冰虔思俊古施令少裨廣視遠
聽伏自陛下天命攸屬人情有歸西伐壺關東平淮甸馳驅虎旅霜
露翠華開創之初實艱難于王業平定之後思整頓于皇綱六十年
驕倨荊湖咸歸至化五千里混同書軌盡革澆風是知惟德動天惟
天佑德惟至公而超百代念不驕而為永圖可以肩拍唐虞聲驅晉
魏立太平之基已固致雍熙之化方隆臣幸遇昌期忝當重委尸祿
徒久立事無聞固無宰相之才謬居宰相之位寵澤斯厚循省何安
所願夜思晝行獻可替否精求古道上副天心臣以謂治國莫如用
賢用賢莫如歷試歷試莫如責功責功莫如較考況三考之典出自
唐虞四善之科垂于令式當治世之激勸不間公卿由近代以因循

止及州縣遂使居官食祿賢愚無分別之因冒寵挾私陞黜有泛濫
之弊厥官徒設其器若虛凡庭構以庭趨但旅進而旅退由是職皆
不舉人盡偷安若不法于舊章恐轉隳于庶務臣欲起請今後除節
察防禦團練刺史及武臣等蓋必戰伐立効祿位酬勳凡公事仰委
官吏振舉外伏請先自宰相次百執事至于賓客寮佐等皆請逐歲
書考所冀事皆師古理得從長退不肖而進賢不更無疑應勸奉公
而脩職業各盡器能倘書考之請遂行則太平之期可待應有合閑
考課事件伏請下考功按令式詳定條奏

太宗淳化三年秘書丞直史館陳靖上奏曰臣今日內殿起居次當
轉對自量荒昧莫識變通當求理之期唯思進說顧把顔之罪未敢
避誅庶同千慮之愚少助萬機之智伏以皇帝陛下應乾御宇十六
七年拓土開疆萬數千里尊師問道期庶績以咸熙審官求賢欲百

揆而時序每日臨軒決政隨事制宜小大之權悉于進止以至中夜
忘寐未明求衣惕厲恭勤何嘗暫捨臣誠不佞以臣所觀由堯舜已
還君天下者未有若陛下之焦勞也然則焦思勞神陛下之所已至
守官供職羣臣之所未專頹壞紀綱虧損政教者誠以考課之法尚
闕升降之資不常得之者未必賢才失之者未盡不肖舜典曰三載
考績三考黜陟幽明夫子曰苟有用我者三年有成蓋聖人因其國
而設其官久其官以行其政官不久何以明其術政不行何以觀其
化明術則美惡難逃觀化則治亂可審然後考課之法不得不精黜
陟之方不得不當既精且當雖元凱在下致之於股肱四凶居高投
之於荒服乃其分也夫何慾焉語云舜有天下舉皋陶不仁者遠矣
湯有天下舉伊尹不仁者遠矣靜而思之由此道也伏見前制有考
課官人之法先在有司定其優劣六品而下尚書覆問五品已上天

予與公卿評其善惡。上上者遷之，下下者黜之，中中者常調之。能否各當，賞罰大行。方今幕職州縣官雖流內銓考其資歷，京朝監司之任審官院較彼幽明。然且察屬至繁，寰宇至廣，不可遠視遐聽，究極是非，徒能按式准文，聊爲陞殺，往往假聲竊譽，驟越階資，課實責虛，不拘殿最。且人心猶水，法制猶防，或御得其宜，則澄徹之姿至矣；苟限非其要，則懷襄之勢起焉。又況州縣之官，乃京朝之基本；京朝之任，亦卿相之椎輪。必須先正其初，然後不撓其末。今考功之職，雖有其名，綿歷歲時，莫聞振舉，是致有自州縣幕職遽升京秩贊洗三丞者，緣及京官秩贊洗三丞，便望正言司諫、郎中御史者；洎至正言司諫、郎中御史，又圖給舍丞郎；既得給舍丞郎，即希公卿宰輔者。爭馳互競，厚援廣交，接聲勢以相毀稱，伺釁隙而相攻擊，貪名冒進，棄禮讓以如遺，揣己循涯，豈滿盈而知戒？如此，則下位者唯用心而圖上，在上者誠自固而不遷，雖有臯夔稷契之能，龔黃魯卓之術，亦何暇卹民憂國，而成功著業者哉！臣按于傳品士之科：一曰德行，以立道本；二曰理才，以詳事機；三曰政才，以經國體；四曰學才，以綜典文；五曰武才，以禦軍旅；六曰農才，以教耕稼；七曰工才，以作器用；八曰商才，以興利源；九曰雜才，以長諷諫。凡此九等，委在百司，合而論之，則邦國之政斯備；分而考之，則小大之職各揚。又李唐考課有德義清謹、公平廉恪之科，由近侍至于鎮防，並據職事自之為最，各有等級，元屬考功。以臣所觀，自古黜陟之制，其遠者逮至九載，其近者六年，四十擬之於今，未可全用。臣欲乞天下諸色官屬，依舊三年替移，仍一年一考，是非三考，然後升降。有績者賞，無勞者罰，善最特異者錫以殊勞，累任無狀者置之散地，不能致功，雖有善名者不與之陟，不廢其職，雖有惡名者不録其尤。黜陟審於實，不信於虛，幽明察於真，

不憑於詐。其在京百司及臺省已上官，逐年乞選任公直御史一人採察能否虛實之狀，職事者以功勤爲效，廢官者以才行爲程，必在周詳，無許闕略。其外地長吏，使臣察屬已下，乞委逐路轉運使副亦如御史所行，並至年終，具逐人功過事狀，開析申奏。乞下考功，從考功依準格條，比附優劣，一如往制。先定考辭，量等級而褒譏，體幽明而黜陟，必取允當，無涉黨偏。然後申入中書及闕報流內銓并審官院再加詳酌，的是公平，即具等第奏聞，取候聖旨除授。其中或有奇才異略，蘊蓄經綸，碩學雄文，服勤筆硯，可以整齊綱紀，羽翼朝廷，師傅帝王，扶持社稷者，不在此限，并內外官屬或有過惡之跡，不預品較之文，別致昭彰，會得確實，若採訪有漏，即罪採訪之官；如考課不明，即罪考課之職。按其輕重，斷在必行，庶使各勵恭勤，無敢弛慢。如此，則官有常序，事有彝倫，姦宄不能任其邪，忠良不可奪其正，名器各有分，賢愚各有途，猶不績貂若不參玉。欲使職事不治，政教不行，民不康，俗不阜，爭訟不息，廉遜不興者，未之有也。臣誠以能致民康俗阜，訟息遜興，其要者不出牧宰之任也。而使牧宰得其人，則郡邑政行，僚吏事肅，編民不殆，外姦不生。又以能致郡邑政行，僚吏事肅者，莫出於轉運使副也。由是而言，則國家任官擇吏，其謹重者在於此焉。且方今天下知州軍僅及四百，縣不減數千，若令一一選於朝廷，人人欲其稱職，深恐闊略，未得精專。臣愚以謂擇縣令、知縣莫若於知州知軍，取知州知軍莫若於轉運使副，制轉運使副乃繫於朝廷。又且轉運使副不過三十來員，況當文物盛明，士之衆庶，倘或推公遴選，何憂不得其材？既朝廷選任至公，則轉運使副安得不公？轉運使副既公，則知州知軍孰敢不公？知州知軍既公，則掾佐之吏盡公。而況縣令知縣敢有不公者乎？夫如是，則赤子有歸，蒼生受賜，遷

迹之俗。小大攸同。吕所謂形直影端。上行下法。其理要而其效速。其功倍而其勢神者。此其略也。但臣忝居通藉。無補聖朝。次當上言。不敢避罪。所有加減考課之制。詳酌今古之宜。尚有科條難盡披述。設或陛下賜之睿鑒。朝廷許其必行。則臣願竭狂愚。乞與有司評議。

淳化中。知吉州梁鼎上言曰。書云三載考績。三考黜陟幽明。此乃堯舜氏所以得賢人治天下也。三代而下。典章尚存。兩漢以還。沿革可見。至於唐室。此道尤精。有考功之司。明考課之令。下自簿尉。上至宰臣。皆歲計功過。較定優劣。故人思激厲。績効著聞。五代兵革相繼。禮法陵夷。顧惟考課之文。祇拘州縣之輩。黜陟既異。名存實亡。且夫今之知州。即古之刺史。治狀顯著者。朝廷不知。方略蔑聞者。任用如故。大失勸懲之理。寖成苟且之風。是致水旱荐臻。獄訟塡溢。欲望天下承平。豈可得也。伏惟陛下繼二聖之丕圖。爲億兆之司牧。念百官之

未乂。患四海之未康。將詔有司申明考績之法。庶幾官得其人。民受其賜矣。

仁宗慶曆三年。知諫院歐陽脩上奏曰。臣伏見天下官吏員數極多。朝廷無由徧知其賢愚善惡。審官三班二部等處。又只具差除月日。其人能否。都不可知。諸路轉運使等除有職吏自敗者。臨時舉行外。亦別無按察官吏之術。致使年老病患者。或懦弱不才者。或貪殘害物者。此等之人。布在州縣。並無黜陟。因循積弊。官濫者多。使天下州縣不治者十有八九。今兵戎未息。賦役方煩。百姓嗸嗸。瘡痍未復。救其疾苦。擇吏爲先。臣今欲乞特立按察之法。於内外朝官。自三丞以上至郎官中。選強幹廉明者。爲諸路按察使。請令進奏官各錄一州官吏姓名。爲空行簿以授之。使至州縣。徧見官吏。其公廉勤幹明著實狀。及老病不才顯有不治之迹。皆以朱書之。又有中材之人。別無奇効。亦不至曠敗者。以墨書之。又有雖無常材。能專長於一事。亦以朱書別之。使還具奏。則朝廷可以坐見官吏賢愚善惡。不遺一人。從別議黜陟之法。如此。足以澄清天下。半歲之間。可望致治。只勞朝廷精選二十許人充使。別無難行之事。

侍讀學士宋祁上奏曰。臣伏見比來知州轉運使。未嘗在任得滿三年。民間利害。簿書文移。未知次第。已却遷換。迎新送故。上下告勞。臣不知朝廷設官欲爲理邪。如不爲理。臣故無可言者。若欲爲理。安得用此敝法。守而不改。今審官院差遣不行。便奏請京朝官情願二年一替。且差遣得行。二司之暫利也。遷換不定。天下之大害也。故敗國家大計。使吏奸得行。生民無告。然出於長吏數易也。臣愚以爲方用兵時。財用調度。多出於民。知州轉運使不得人。不能集事。伏望晉令臺省近臣舉知州轉運使五人。轉運使知州三人。有材幹者。以上識已在任亦許說舉充數。理三周年爲一任。不得只理三十箇月。每歲轉運使索取知州功過。并自具功過。申尚書考功。考功逐旋聞奏。請別差近臣爲考課。俾精加考較。若三考俱優。陞一官。知州升大州。轉運使升上路。三考俱劣。黜一官。知州降小州。轉運使降下路。二優一劣。陞一官。二劣一優。奪半年俸。大約以此爲率。已上賞罰。并舉主同坐。減舉主得以數人賞罰相除。其提點刑獄使者通判。並比類此年考。只令中書門下及審官院揀選充職。取進止。

歷代名臣奏議卷之一百七十一

歷代名臣奏議卷之一百七十二

考課

宋仁宗時張方平上論考功之法。狀奏曰臣聞三考黜陟著于虞書。三年比校具于周官。在漢則京房創考功之法在魏則劉劭立都官之制杜預泰始之格則委乎達官以考所統崔鴻延昌之議盡病乎選曹之無甄擇。論雖略著于後事各不行於時。南北下衰。無復議者。若夫考歷代官人之得失。酌一時風俗之厚薄為政之迹良可槩知。漢之察舉辨論已詳。取九卿于刺守。取刺守于四府三署丞令之高課者。而外以六條督郡國之治朝廷時遣詔使傳行四方以察吏考俗。而公府聽採長吏臧否。以謠言舉按輒被黜免。不在考功之法。而善惡彰矣。魏晉之時九品之制中正之職。方為循舉。未至陵遲。中正第其才行。吏部據以除授。故雖不行都官考課之制而物議定矣。永嘉之亂。天下幅裂時政衰亂偷日偷安固無暇宏遠之謀猷。以經時立政者也。爰及有隋事不師古罷州郡辟署以收擊下權。末品微資悉銓衡除擬官紀紊而人材雜矣。唐氏以兵吏掌文武選事。各分為二銓而考功掌校定中外官考類為九等。雖制存著令而人鮮克舉。凡二部所領六品而下赴期冬集。服唱注補而已。夫停年之制崔亮設於神龜。循資之格光庭立於開元。積歲以為勞。歷級以為限。無賢不肖混然一律。自是天官之任但行令史之職。考課之制徒垂虛文。令朝廷官人之式。以貴任卑。以衆任寡賢從類舉。罪使連坐。其道至公。其法至平。無偏重之權。無專蔽之譏。所謂詢于衆與天下共爵人之義也。然選曹所以蔽羣吏之治者其功過之迹始于州郡書之。而州郡所書限於條式。徒舖列其條文很及毛細之事。遂于筐釜盆老婦之用悉籍之有同乎劑約。能否之用良惡之迹昧昧不可得而知也。及滿歲求調銓衡驗覈第能駁其文字小訛日月微舛勘結細故邀賄引賂吹毛掩瑜去小州入大州解遠縣得近縣叙遷次補如魚貫鴈行去此取彼若探囊發篋。以故惡吏無所畏避民政多至紕錯臣謂宜令天下州郡歲結群吏之課。必先疏其功過之狀則又以善惡深淺而相補除第為三等直云某人居某職事能舉其職嘗建立某功事有利于民嘗管幹某事能辦成。或覆獄能得隱濫或能發大姦猾去民蠹害其書過罰約此。凡郡縣衆吏長吏親書其守倅之成。則轉運使提點刑獄分校定之。逐部州郡設月日期會集上于二司。二司之官以其集時咸會治所。受部郡之考籍而參議之類其殿最。歲上于三府移副于考功。伏望朝廷慎選材識之士。以授考功之職益增其員。分總諸道受外臺所上部郡考績之狀使得博采乎清議訪察乎風謠。有貪暴而居優課循良而處劣第得以論糾參實其功過之事。既合補除之法。各以其秩叙。或上于宰司或列于審官或報于選曹各依等而行升黜陟焉。凡吏涖職三年繼考三上者遷陟之。三下罷免之。二上而一下優叙之。二下而一上殿留之。其餘以是為差也。此其約而易守簡而易辨。有稽於古。可繼於後。吏知乎苟且非于時之術。必勤於展用。士知乎名節為取重之道。必勵於道德。則是為善之士益勉。舉職之吏咸勸。郡縣之政。不肅而成矣。比夫房劭之苛制。崔裴之弊迹。不少善乎。謹論。

方平又上論曰。臣聞周典小宰以六計弊群吏之治。曰廉善廉能廉恭廉正廉法廉辨。治行雖異同主於廉。惟廉而後能平。平則公矣。不廉必有所私。私則法廢。民無所措手足矣。不才而能廉。止乎聽理不能盡情枉直不能存徽然其身正下不容大奸為害差小才而不廉故必立威懾下貪殘流虐舞文倚法舉枉措直其身不正其下因緣為市困窮孤弱無告為害大矣不才而能廉雖於事不明其自持必善有明察之上提其綱領其尤昏者抑為易去才而不廉必顯立幹辦之效陰搆自固之術行偽而堅順非而澤諂諛承望善事上官腹心爪牙各有施設非貫盈天敗則國誅莫及故歷代之法吏為奸贓其罪特重非赦宥所及無洗滌之理然諸犯者相繼有焉得非由上下相蔽匿以苟安自全為事廉刺尚因循無糾姦擿伏之效且今保任之法贓罪同坐所以累其心使知顧重然中人之情易以蠱遷一為利欲所移鮮全始終之節積累年紀屢更官秩舉官坐累終不得免今其州縣之吏地居綜攝提轉之任職在澄清而又綱目相維脅指相用耳目相接政事相成與夫保任於累歲之前遠隔乎千里之

外較其疎密勢不同言今夫令宰有酷贖之迹而守倅縱不考驗守倅有貪虐之政而廉刺隱不上聞及其事暴遠流貫盈自敗罪止不察蔽罰至輕且州縣之有惡吏為民蠹之所厭苦雖謠言大播而實狀無彰欲證其成必詢于衆故榜署集民使得告發然庸人畏縮過其辦嚴甘心侵枉猶不自明而頃年詔書復加禁止此誠朝旨寬大不欲操急群下發揚陰私然臣竊有惑焉閻畧手一人而恣之暴害手一縣一州之衆使鰥寡孤獨困窮冤横者無告此臣所以惑也縣吏抵罪而州受不察之罰州吏犯法而廉刺得不督之誅夫其敗則有相及之譴罪有迹而不聽其糾發此臣所以惑也而詔旨更訓以必告乃下之言矣爵賞在前罪誅在後而不知勸何告之從此臣所以惑也臣伏願更降明旨追前詔勿行使廉刺得舉其職以考群吏之治益覆督勵務絶姦貪以清民政以恤疲瘵凡統攝之司猶保任之法贓罪同坐以重其累以令宰及守倅以守倅及廉刺其餘職事之職以是為準也夫去惡者猶農之去草芟夷蘊崇之絶其本根所以蕃良稼也國之去惡吏檢察棄逐之所以顯良士育良民也又臣比見敗吏率以其惡子弟外交匪人引入賕遺夫父有爭子則身不陷於不義父為不義子當爭之又況陷父於惡者哉父為時棄子與士齒殆非勸勵之道也臣伏請應以贓暴廢者其子弟初或預聞宜錮終身勿聽仕進如此則父愛其子子諫其父其心益累所顧重矣古所謂以刑止刑為此道也昔漢丞相邴吉恥以姦私按吏後漢司徒袁安不以贓罪錮人夫二漢之時朝尚清議士貴名節贓吏不錮固自淪棄故二公得以寬德自裕也今風俗流濫共務奢汰閭巷無守志之士紳行之循道之人不嚴官制何以立法猶乎御駻突而不厲乎銜策且奔踶而銜蹶矣故抑强扶弱自合仁義之道損上益下乃

為施行之理救時之弊安人之本其惟誅鋤惡吏也歟謹論

知諫院陳升之上言天下州縣治否朝廷不能周知悉付之轉運使今選用不精又無考課非闒滯罷懦則凌肆刻薄所以疾苦愁歎壅於上聞必欲垂意元元宜從此始

同知諫院司馬光乞分十二等以進退群臣上殿劄子曰臣竊以國家張官置吏任事久則能否著能否著則黜陟明黜陟明則職業脩職業脩則萬事理此古今致治之要術也今朝廷明知任官不久之弊然不能變更者其患有二一者仕進資途等級太繁若不踐歷無由擢用二者歲月敘遷有增無減員少人多無地可處此所以熟視日久而無如之何者也臣竊不自知其愚賤私為陛下慮之竊以今之所謂官者古之爵也所謂差遣者古之官也官以任能爵以酬功今官爵渾殽品秩紊亂名實不副員數濫溢是以官吏愈多而

萬事益廢欲治而清之莫若於舊官九品之外別分職任差遣為十二等之制以進退羣臣謹具條列如左

一十二等之制宰相第一兩府第二兩制以上第三三司副使知雜御史第四三司判官轉運使第五提點刑獄第六知州第七通判第八知縣第九幕職第十令錄第十一判司簿尉第十二其餘文武職任差遣並以此比類為十二等若上等有闕即於次等之中擇才以補之

一十二等之中舊無員數者並乞以即今人數為定員自今有闕則補不可更增

一十二等之人德行學術政事勇略錢穀刑獄文辭各隨才授任其提點刑獄以上皆無滿歲之期知州知縣縣令四年餘皆三年為滿求滿之間稱職有功則改官益祿賞賜獎諭仍居舊任必須上等有闕然後選擇遷補其不能稱職者則移易黜廢有罪者貶竄刑誅

一同等之人雖名有尊卑事有閑劇地有遠近治有小大遇遷補之時不復以資任相壓皆合為一等槩擇進用

一提點刑獄以上伏乞陛下與執政大臣親加詳擇其知州以下委之審官院幕職以下委之流內銓遇上等有闕即於次等之中取職業修舉功利及民累經褒賞或有舉主數多者次取常調無過者以次遷補

一應磨勘合改京官人且依常調差遣須候上等有闕即取有功或舉主最多者以次遷補其自幕職入知縣者並改京官

一因資蔭得京官者分監當為三等初任皆入下等監當候中等上等有闕亦依簿尉令錄之制取有功或舉主多者以次遷補若知縣有闕則與幕職混同遷補但不改官而已仍自今後以資蔭授官者須歷簿尉不得直除京官

一應因貪虐不公或昏懦廢職並除免停替之人永不得復舊等差遣內別無入己贓者經敘理得差遣或降充監當者五年之外有舉主五人以上聽復舊等差遣

右十二等之制伏望裁擇或有可采乞下公卿大臣詳議然後施行

先又論兩府遷官狀曰右臣伏見朝廷因進用宰臣韓琦等凡兩府之臣盡遷一官臣愚不明大體未識所謂竊恐從此相承遂為故事凡公卿者百吏之表率今國家方以官吏繁冗思革其弊而公卿無故一切遷官將何以使三百赤芾受爵不讓者有所愧心哉況慶曆中陛下以數月不雨執政之臣皆降一官以答天戒今歲日食地震河及江淮汎溢橫流烈風淫雨賊傷五穀四方之民墊溺流餓不可勝紀此於慶曆災害尤眾而兩府大臣無問新舊皆被褒遷殆非所以仰承天心一一慰眾庶之意也竊計大臣當此之際亦必不敢受無名之賞伏望陛下因其辭讓內惟樞密使副使不可以給諫及郎中為之者依舊制外其餘皆不遷官以養大臣廉讓之節兼使之負謗於海內則其為德澤愈厚矣

兩浙京東西轉運使王益柔上言曰今考課法區別長吏能否必明有顯狀顯狀必取其更置興作大利矣小政小善積而不已然後能成其大取其大而遺其細將競利圖功恐事之不舉者日多而虛名無實之風日起願參以唐四善兼取行實列為三等

神宗熙寧五年翰林學士范百祿奏曰臣竊以天下之治先在安民安民之本在重守長今守長不重極矣有列於朝善最不聞而譏謗及之者出為之養負引老而求便其私者出為之其

次則所謂常調吏逾年而受代及待二年之闕者比比皆是所謂朝廷之詔意何可得也哉其間選差或以勞闕堂除或以薦舉纔十分之一爾亦不過辦職亡過而已然率不逾三歲而更三歲而去矣然而又有甚焉今州縣守長一歲之間有再易者有三易者或至於四易者將迎道途之不暇彼雖懷奇抱異何暇施設此不獨守長之罪其理勢然也不稱其任使不平其賞罰故於令欲以考之上中下而別其善惡示之以懲勸焉凡守長有能為民興利除害其政和平而民安之一境之內農桑勸逃亡復盜賊息鰥寡孤獨各得其所如是者為上考反是者為下考其考在上下之間一得焉一失焉而善惡相半者為中考中考者代還本等差遣下考之下者與監當下考之中者與通判上考之上者朝廷擢用唯所置焉上考之中者為監司郎吏上考之下者與一次堂除大郡或先增秩或減年或賜金各有差而使之再任再任滿日審如前考雖更加優而褒進亦唯詔令耳如此則口才庶士皆知勉勵況賢者乎昔漢宣帝興于閭閻知民疾苦及即位每拜二千石皆親審之又考察其行以質其言常稱曰民安田里而亡歎息愁恨之聲者政平訟理也與我共此者其唯良二千石乎使久其任無數變易常以璽書勉其治效公卿闕則選諸所表者以補之是以黃霸朱邑光于史冊古不難及惟陛下加意焉

神宗時知審官院蘇頌上奏曰臣竊以國家恃以為治者民也使民敦本而趣善者縣令也是以前世論政者莫不以此為首務曩者仁宗皇帝深知其故始詔保任縣令歲復增考課之法其所以責任求治之意至矣然而縣邑之間卓然以治理之效聞者猶寡臣竊思之蓋以殿最之格不過校簿書案文法而已故簿書益密而編戶益擾文法彌具而治效彌遠豈朝廷任官責效之本意邪且古治民勸導教率無所不至故孝悌力田有優異之科三老廉吏有表率之義由是農民眾而土田闢風俗厚而獄訟稀今則不然民勤於力者致贍足則懼升遷等第遂有因循不耕之患是力田者有累而惰游者無罰也父兄聚居丁產稍多則懼差徭配率遂有離析異居之弊是孝悌無所勸而姦惡未得止也鄉村但有耆壯巡察吏卒追捕不聞以善道諭之者是教化無由至而獄訟不得息也然則欲變其俗使稍敦本者亦在朝廷勸勉之而已臣欲望明詔戒勅自今考課以令長能用善道諭民勉末游而歸本業致獄訟稀簡而盜賊衰息者為優等其能校簿書均移稅賦發姦捕盜興利除害者為次等二者咸無為下等優等望賜超擢次等再加激厲末等自當降黜其田里之民亦許令長舉察州郡案覆立為科條有能盡力畎畝開墾陂澤久遠為利於眾者或群居孝友宗族敦睦為鄉黨所推者如此之類特與蠲除戶下差役其復有明於義理年高行著者即少加旌異或立鄉官之號以賜之使人諭教化於下相率而歸於善道如此則廉平之吏思盡所長禮義之風庶幾可致

頌又奏曰臣伏覩條制約束捕盜官吏至為嚴密而鄉村盜賊未甚衰息及不盡敗獲者蓋由賞罰止於巡檢縣尉而不及知縣縣令故也臣以謂巡檢縣尉但能捕盜而不能使民不為盜若知縣縣令則其職在按察所部無所不統使之肅清一境勢不難也竊觀今天下縣邑有得人處往往預為條教暗設方略既備之有素則姦宄無從措手縱有竊發終亦為之擒捕其因循之人則不然見責任所不及至有以盜賊為非己職事而不留意故姦黨得以容隱重為鄉村之

患者良為此爾。臣謹按考課令每年尚書省諸司得州牧刺史縣令盜賊多少並送考司是古之長吏有考校盜賊之明文近世遂廢其法甚無謂也。況今州縣場務課額稍虧官佐猶不免累豈急民罹剽劫之害而親民之吏獨不任其責乎臣欲乞朝廷下審官院流內銓共加詳定自今知縣縣令任內遇有強惡賊盜并獲與未獲並即時批上印紙曆子候成考或罷任日校其殿最量立賞罰。如此。則當官之人。各知儆勸。制盜之本斯亦一端。

哲宗元祐元年監察御史上官均奏曰臣聞治天下之術莫重於牧民。牧民之任莫親於守令。守令不賢。人君雖有良法美意不能布宣而朝廷之德澤終不能被於天下。然人之才氣用之則奮賞之則勸。抑之則沮。兩漢而下守令之効班班尤著者莫盛於漢宣一時豈其人材獨賢於後世誠由綜覈有法獎厲有術故也。故其小者增秩賜

金其大者入為公卿當是之時。人人自奮唯恐居後此所以竭知盡謀以成中興之治也。比年以來外臺以財利督郡縣未責守令以治民之効郡縣以財利責民。不暇及撫循安養之術其甚者峕榜刻剝窮耗財力。以免一時之責朝廷雖有守令考課之法文具而無實未聞擢一良守進一賢令以獎勸群吏此士之才氣所以委靡沮喪而不振。故獄訟繁多盜賊充斥田里有愁歎之聲四方嗷嗷。不被朝廷之德澤者良以此也。自陛下臨御罷吏局寬民力釋逋負黜暴吏斯民欣然有更生之意。且及此時定州縣考課之法。以勸守令庶幾有以宣布朝廷愛民之澤。今以一路言之其為郡少者不下七八。為縣不下數十豈無一二循吏可以褒進然黜陟不明。能否雜任賢者低回儔衆無以自表。庸者齷齪無大過不失敘遷此能吏所以不勸治効之所以不著也。臣願敕有司明定考課之法太守考校縣令第其優劣之著者各一人。歲終以上外臺轉運使會諸邑之課。又擇其一路之尤者令之優劣各二人守之優劣各一人以上于朝廷其守令至官未成考者不預殿最。然後委本臺會議參考名實其優劣尤著者。顯行黜陟。如轉運使挾私昧識考次不實者亦加責罰。如是則每路守令黜不過一二人。而天下之吏已肅然獎動矣臣又見諸劇縣不過數十。民頑訟多或十倍它邑忠勞責重為令者多不樂未過部以闕官日久。須至硬注。被差者黽勉就任。未必得人。至於計日待替苟免畏避事愈不治。臣以為劇縣有闕乞令兩制以上舉官滿秩無大過者與堂除優便之地在本等之上。其治効優異者別加賞擢。如此則才者樂於獎用。不憚煩勞。劇邑又且得人。無前日之弊臣竊觀陛下臨御以來發詔布政未嘗不以愛養元元為意而守令牧民之任未有黜陟之法。其貪邪大吏中外所嫉者雖加棄逐猶不失為郡竊

意朝廷未以郡守為重也。陛下雖有愛民之心而為之牧養者恐不足以副朝廷布德行惠之意願陛下斟酌愚言留神而詳擇焉。

均為殿中侍御史又上奏曰臣聞治天下莫急於政事政事之廢舉既繫在官之能否。又繫任用之久近任久則於政事能詳知得失以盡其才而無滅裂之患遷易則路於職事未足騁其智術而有苟簡之弊此人情之所同也臣竊觀今日之內外百官唯常調之人。在吏部差除或係堂除閑慢差遣方及二三年替罷其內任則六曹侍郎寺監長貳其在外則諸路監司及輔郡藩方率多屢易夫政事綱紀出於六曹寺監自六曹言之吏部戶部職事最煩所繫尤重。而監司大郡係一路千里之休戚。其選重而不輕也明矣。今既屢易則職事不及詳知才術不暇施設。則為吏部者尤必滅裂於條令為戶部者必滅裂於國計。為刑部者必滅裂於奏讞轉運使之於財賦提點刑獄

之於刑兵常平，藩郡之於民事，必類皆苟簡，不爲三年之計，況於久遠之利乎？天下政事莫大於數者，而多爲滅裂苟簡之政，欲求法令振舉，民被其利，不可得也。臣竊原數者屢易之意，或出於職任之遷還，或出於人情之私。出於遷還，如禮部之除戶部，戶部之除吏部，是也。出於私情，若從官之乞藩郡，監司之自遠求近之類是也。臣以爲數者之弊，去之無難。夫六曹侍郎不過數人，實繫朝廷之清選，既爲侍郎，視其稱職，而望重資久者，自可進爲尚書，不必以敘遷爲進擢也。夫設官分職，所以爲民，不當緣人情私便而屢易其任，則從官之於藩郡，監司之求近地，自當契勘其路，到任如及二年，則方與遷移。則上下安便，政事不至弛紊。臣切見陳、潁近京數郡，太守多止及半年即易他處，太守以一郡爲傳舍，吏民以太守爲使客，送故迎新，紛紛道路，太守不暇整治其綱紀，吏民豈有信服其政事耶？臣以爲奉行朝廷之法令而利澤天下者，內則繫百官長貳，外則繫監司郡守。內外不得人，則不足以稱職；得人而屢易，則不足以舉職。職不舉，則政事廢弛，而下受其弊。雖有才吏，與不才者相去無幾。朝廷雖有良法美意，是爲徒法而已矣。伏望陛下詔大臣講求久任之法，使官宿其業，責以治效，庶幾人人悉心，不敢懷苟且之意，則天下之事豈有不治哉。

御史中丞劉摯上言曰：臣自待罪風憲，屢嘗以天下監司爲言，乞澄汰選擇，誠以朝廷政令，使監司得其人，則推行布宣，可以諭上指而究惠澤；苟非其人，則所謂徒善而已，終於民不得被其利。夫上之所好，下必有甚。朝廷以名實爲事，行綜覈之政，而下乃爲刻急淺迫之行；朝廷以教化爲意，行寬厚之政，而下乃爲舒緩苟簡之事，皆習俗懷利，迎意而作，故所爲近似，而非上之意本然也。今雖因革之政有

殊，而觀望之俗故在，但所迎之意有不同耳。其爲患一也。昨差役之法初行，監司已有迎合爭先，不量可否，不校利害，一槩定年，騷動一路者，朝廷察其意，固已黜之矣。推此以觀人情，大約類此。且天下之事，散在諸路，總制于監司，其大者治財賦，察官吏，平獄訟，考疾苦。苟使者皆務爲和緩寬縱，苟於安靜，則事之委靡不振，世之受弊，不勝言也。向者黜責數人者，皆以其非法掊斂，意在市進，害民甚者，亦非欲使之漫然不省其職，廢所宜治之事，謂之寬厚也。昧者不達，故矯枉或過其正。臣謂此俗不可滋長，要須大爲之禁。伏乞聖慈詔執事申立監司考績之制，以常賦之登耗，郡縣之勤惰，刑獄之當否，民俗之休戚，爲之殿最，每歲終以詔誅賞，仍自今歲始，庶幾有所隱括裁制之，使循良者不入于弛，肅給者不入于薄，然後上副聖明御治用中之意。夫察時之寬猛緩急，觀俗之過與不及，而張弛其政，正今日事也。

太常博士顏復上奏曰：臣伏觀陛下求治之意，安遠甚于綏近。今人臣事君之心，治外懈于治內。如此，上下相戾，欲治登休實，而民無失所，不可得矣。何哉？自二聖臨御以來，設有小遠民情而寡利于國家者，撤而去之，唯恐不遠。銷譸伊之氣，召和順之祥，指日以期太平之政，由是知陛下視遠如邇，夙夜軫懷，則尤重于遐遠耳目之外也。中都省臺寺監之屬，洎歷代之名，皆命以員。四方之官，監司守令、郡縣官至筦榷邏徼之職，鮮有無實而置者。是以人情輕外而樂內，居內之官，疲者可以逭過，才者可以育聲，而求徼進，往往有踰分之得，非自重而信道，信道而安命，安命而行志，行志而愛民者，不免有外官勤勞寡效之厭矣。此而不革，則將如唐之中世，忝入都之官爲登仙之勝。如是，則上違陛下欲治之心，下有遠民無告之弊。陛下孳孳益

勤而治功益達。況上恩不孚而民志不申。天下之患無大於此。今天下最切于治人之官。莫若監司守令。監司之權乃古州牧之比。而令人望而言曰此中都汰而至耶。或不足取以在內。耶望者不信其爲。而居者不勵其實。如一身首莊心忻而手足不運。將安用之。救今之弊。願陛下覈天下監司守令。公正愛民衆所共知。小者勉以手札。大者擢而躐進之。充中都之美官。則退遯之臣。知陛下以治民爲重。孰不崇勸。本豐末美。上下志通。施德于民。如置郵之速。而雨露之溥。不勞而治天下矣。

哲宗時。右正言劉安世上奏曰。臣伏觀先王之治。在於官率其屬。使上下足以相維。內外足以相制。故人各任責而無苟簡之患。吏不難易而見誅賞之實。此堯舜三代之所共由而不可廢者也。今親民之任在郡縣。朝廷既爲之置守令矣。衆守令而無統率。則民或受其弊。又爲之設監司。彖監司之官。坐制一道。多者至三十餘州。少者亦不減十餘郡。然其所以班道風化。按舉紀綱。舒慘百城。廢置群吏。調發兵食。均節財賦。朝廷一聽其所爲。可謂任之重矣。既付之以如此之權。而無法以糾其謬。豈非責小官者爲太密。而馭大吏者爲太略乎。臣聞祖宗之朝。所以擇監司之意甚慎。而考績之制甚詳。近世因循。寖以不講。授任之際。未嘗察其行實。遂容非才冒處其間。既將指使。鮮能稱職。或出於私喜而褒薦過其情。或發於暴怒而誣㨿非其罪。或優游苟且。計日待遷。或承望風指。以非爲是。急功利者有至於妄作。務寬大者有至於容姦。不惟無補於朝廷。抑亦有害於政事。臣嘗攷唐六典監察御史之職。掌分察百僚。巡按郡縣。每請十道。則選判官二人以爲之佐。是御史非特糾尚書六司之過失。

而亦按治外路也。臣愚欲望聖慈詔執政。如諸路監司闕官。並以兩制等所舉本科之人。更加掄擇。須協公議。方可除用。若未滿任。不許遷易。講求祖宗課責轉運使副之詔。著爲定法。然後以天下諸路分隸六察。間遣巡行。按其功罪。若治行尤異。則元舉之官宜推進賢之賞。職業亡狀者。必行謬舉之罰。庶幾吏久其任。不敢偷墮。上下交儆。百職脩舉。

高宗建炎元年。尚書右僕射李綱上言曰。臣竊以廢殿實之政。捨久任之法。而欲事功之成。雖堯舜有所不能。故唐虞之際。三載考績。三考黜陟幽明。以鯀治水。至於九載績用弗成。然後竄殛加焉。此所以允釐百工而庶績咸熙也。今以州縣之間。任一官效一職者。數改易之。猶不足以爲治。乃於朝廷之上。艱難多故之秋。而欲收功於旬月之間哉。以靖康一歲中考之。宰相易者七人。自知樞密院事至簽書樞密院易者二十餘人。宣撫制置使副易者十五人。進退將帥大臣。未有如是之速者。是以措置施設議論取捨。人各不同。先後舛逆。首尾衡決。紛然無所適從。至其甚也。大臣莫肯用事。而坐觀勝負者攘臂於其間。反爲得策。故其禍變不可勝道。且以金人觀之。自用兵以來。其謀識任用之人。亦嘗有所改易否乎。所謂黏罕幹离不者。皆握兵十餘年。其威信足以用其衆。而吾以驟進亟罷之將帥大臣當之。宜乎不能取勝也。譬猶奕者置棋不定。不足以勝敵。況於用人不知信任之道。而欲撥亂反正。以捍大患。以圖中興。豈可得哉。伏望陛下於選任將帥大臣之際。精加考擇。得其人則久任而責成功。勿爲細故之所搖。勿爲小人之所間。則天下之事庶乎可爲也。

高宗時，樞密院編修官鄭剛中上奏曰：臣聞人君之道，內在於盡誠，外在於責實。誠實備至，而天下不治者，未之有也。陛下比年寬刑罰，省科徭，戒貪贓，嚴警備，恤饑窮，每一詔下，丁寧懇惻，其忠治望道之心，計亦切矣。然而百姓不盡知，德澤不徧及者，何哉？責實有所未至爾。天下君子少，小人多，臣子效職者少，欺陛下者多。朝廷施行一事，付之監司，監司付郡守，郡守付縣令，各了一司文移之具，不問其有無實惠及民，是則雖堯禹在上，功效何由而著乎？故民間往年聞寬厚之詔，猶咨嗟怨恨曰：吾君愛民如此，而官吏弗之行也。今則不然，美意一頒，天下知其為虛設，彌蓋欺罔誕謾之弊，至今不革，廣設文具，應辦目前，髣髴近似，以報其上。故視其已具之文，雖陛下不能無疑。吾法既美矣，吾官吏亦奉行如此矣，一何治道之難成，曾不知有名無實，受陛下之惠者，百不一二有也。陛下以誠意鼓衆，動化立中興之治，而官吏乃至變移之，豈不痛乎？嘗觀漢宣帝之所行，成帝亦行之，而治功為不及者，蓋綜核名實，孝宣帝之所長故也。元康二年，孝宣即位十載矣，方下詔與士大夫厲精更始矣。今陛下臨御亦十年，而天下有虛文之弊。臣願為士大夫下厲精之詔，許自今宣布實德，視斯民利害，如在其家，如在其身，不得虛名文具，欺罔朝廷，使陛下之誠意被覆赤子之身，而不在於官府文書之上，則樞機周密，可以不媿漢宣帝之時。苟為不然，因循苟且，日復一日，必累陛下責實之政也。

剛中又上奏曰：臣聞內外之臣，共持法度，今雖未治，積久必安；內外之臣，共懷苟且，今雖少安，積久必亂。監司郡守，朝廷委以治外者也。今付授之際，曾不審擇，出而為政，率多苟且之人。臣頃於州縣間見大而獄訟，小而筦庫，姦贓不法，庸繆昏老者，在處有之，而監司郡守

熟視不顧，以不按治為長者，以能容忍為得體。百姓號呼怨詈，以日為歲，作過小吏，方偃然自安。朝廷幸而廉得一人，時有竄謫，大率去不三二程，州郡又復容庇於所在，私酤過稅，請囑公事，愈更擾人。究其原，皆初不審擇監司郡守之過，而又屬吏犯法，朝廷未嘗問所屬以容庇之罪。彼苟且者謂吾終更之日，能幾何時，倘用拂人情而斂怨哉？坐閱吏姦，漫不加省。嗚呼！為陛下赤子者何辜哉？臣願陛下詔大臣，使先重監司郡守之選，無狀者勿以輕授；次嚴監司郡守之法，容庇者輒坐之。圖積久之安，去苟且之弊，則天下治矣。

孝宗淳熙六年，禮部尚書兼翰林學士周必大奏曰：臣聞立國必有制度。如三代之時，夏尚忠，商尚質，周尚文，子孫守之，皆歷數百年。雖舉偏補弊，有所不免，而規模一定，未嘗易也。恭惟本朝聖聖相授，至于陛下，厚德加乎民，至治高於古，其間政事設施，雖時有損益，至於立國之要，則專在乎仁。故兵未嘗不用也，而以禁暴安人為本；刑未嘗輕貸也，而以遷善遠罪為意。此所以上天佑之，下民歸之，億萬斯年，方興而未艾也。臣久侍左右，竊仰陛下發於言者無非仁言，施於政者無非仁路。苟有利於人，事至難而必為；苟未便於物，令縱下而必改。推是以往，增光祖宗，混一夷夏，蓋可指期以俟矣。雖然，人主至尊，萬民至卑，九重至深，四海至遠。陛下有是言也，非賢守令則無以宣之于外；陛下有是政也，非賢守令則無以達之於民。縣令衆矣，勢難徧擇，蓋亦注意於郡守乎？自陛下即位以來，凡除守臣，必延見詢問，間有疲癃疾病、鄙拙庸繆者，往往改授他官，不可不謂注意矣。然臣尚以為言者，蓋諸道以簿書期會為能者多，知有教化者少，便文自營、欺謾為課者多，實惠及民者小，是以聖心焦勞于上，而黎庶未康于下，抑有由也。臣願陛下法虞舜三載考績、三考黜陟幽明之遺

臺諫事考言取郡守治效著聞者峻擢三二人以風曉四方又取治狀不進者顯黜三二人以策勵其餘。自然豈弟之詠可繼於成周循良之盛不減於西漢。此似迂而實切。似緩而實急。惟聖明裁幸。

金宣宗時。御史中丞李英言兵興以來。百務皆弛其要在於激濁揚清奬進人才耳。近年改定四善二十七最之法。徒為虛文。大定間。數遣使者分道考察廉能當時號為得人。願改前日徒設之文遵大定已試之效。庶幾人人自勵。為國家用矣。宣宗嘉納之。

元世祖至元中集賢直學士兼秘書少監程鉅夫奏曰。國朝建御史臺雖有考課之目。而未得其要莫可致詰欲乞照前朝體例。應諸道府州司縣下至曹掾等各給出身印紙曆子一卷書本人姓名出身於其前。俾各處長吏聯銜結罪保明書其歷任月日。在任功過于後。秩滿有司詳視而差其殿最則人之賢否一覽而知考核得實庶無僥倖。

歷代名臣奏議卷之一百七十二

歷代名臣奏議卷之一百七十三

去邪

魯文公十八年。莒紀公生太子僕。又生季佗。愛季佗而黜僕。且多行無禮於國。僕因國人以弒紀公。以其寶玉來奔。納諸宣公。公命與之邑。曰。今日必授。季文子使司寇出諸竟。曰。今日必達。公問其故。季文子使太史克對曰。先大夫臧文仲教行父事君之禮。行父奉以周旋。弗敢失隊。曰。見有禮於其君者事之。如孝子之養父母也。見無禮於其君者誅之。如鷹鸇之逐鳥雀也。先君周公制周禮曰。則以觀德。德以處事。事以度功。功以食民。作誓命曰。毀則為賊。掩賊為藏。竊賄為盜。盜器為姦。主藏之名。賴姦之用。為大凶德。有常無赦。在九刑不忘。行父還觀莒僕。莫可則也。孝敬忠信為吉德。盜賊藏姦為凶德。夫莒僕。則其孝敬。則弒君父矣。則其忠信。則竊寶玉矣。其人則盜賊也。其器則姦兆也。保而利之。則主藏也。以訓則昏。民無則焉。不度於善。而皆在於凶德。是以去之。昔高陽氏有才子八人。蒼舒。隤敳。檮戭。大臨。尨降。庭堅。仲容。叔達。齊聖廣淵。明允篤誠。天下之民謂之八愷。高辛氏有才子八人。伯奮。仲堪。叔獻。季仲。伯虎。仲熊。叔豹。季貍。忠肅共懿。宣慈惠和。天下之民謂之八元。此十六族也。世濟其美。不隕其名。以至於堯。堯不能舉。舜臣堯。舉八愷。使主后土。以揆百事。莫不時序。地平天成。舉八元。使布五教於四方。父義。母慈。兄友。弟共。子孝。內平外成。昔帝鴻氏有不才子。掩義隱賊。好行凶德。醜類惡物。頑嚚不友。是與比周。天下之民謂之渾敦。少皞氏有不才子。毀信廢忠。崇飾惡言。靖譖庸回。服讒蒐慝。以誣盛德。天下之民謂之窮奇。顓頊氏有不才子。不可教訓。不知話言。告之則頑。舍之則嚚。傲很明德。以亂天常。天下之民謂之檮杌。此三族也。世濟其凶。增其惡名。以至于堯。堯不能告。縉雲氏有不才子。貪于飲食。冒于貨賄。侵欲崇侈。不可盈厭。聚歛積實。不知紀極。不分孤寡。不恤窮匱。天下之民以比三凶。謂之饕餮。舜臣堯。賓于四門。流四凶族。渾敦、窮奇、檮杌、饕餮。投諸四裔。以禦螭魅。是以堯崩而天下如一。同心戴舜。以為天子。以其舉十六相去四凶也。故虞書數舜之功曰。慎徽五典。五典克從。無違教也。曰納于百揆。百揆時敘。無廢事也。曰賓于四門。四門穆穆。無凶人也。舜有大功二十而為天子。今行父雖未獲一吉人。去一凶矣。於舜之功。二十之一也。庶幾免於戾乎。

定公九年。陽虎歸寶玉大弓。公伐陽虎。陽虎使焚萊門。師驚。犯之而出。奔齊。請師以伐魯。曰。三加。必取之。齊侯將許之。鮑文子諫曰。臣嘗為隸於施氏矣。魯未可取也。上下猶和。眾庶猶睦。能事大國。而無天菑。若之何取之。陽虎欲勤齊師也。齊師罷。大臣必多死亡。己於是乎

奮其詐謀。夫陽虎有寵於季氏。而將殺季孫。以不利魯國。而求容焉。親富不親仁。君焉用之。君富於季氏。而大於魯國。茲陽虎所欲傾覆也。魯免其疾。而君又收之。無乃害乎。齊侯執陽虎。將東之。遂適趙氏。仲尼曰。趙氏其世有亂乎。

秦昭襄王以范睢為客卿。睢日益親用事。因說秦王曰。臣居山東時。聞齊之有孟嘗君。不聞有王。聞秦有太后穰侯。不聞有王。夫擅國之謂王。能利害之謂王。制殺生之謂王。今太后擅行不顧。穰侯出使不報。華陽涇陽擊斷無諱。高陵進退不請。四貴備而國不危者。未之有也。為此四貴者下。乃所謂無王也。穰侯使者操王之重。決制於諸侯。剖符於天下。征敵伐國。莫敢不聽。戰勝攻取。則利歸於相。戰敗則怨結於百姓。而禍歸於社稷。臣又聞之。木實繁者披其枝。披其枝者傷其心。大其都者危其國。尊其臣者卑其主。淖齒管齊而弒湣王。李兌管趙而囚主父。今臣觀四貴之用事。此亦齒兌之類也。且三代之所以亡國者。君專授政於臣。縱酒弋獵。其所授者妬賢嫉能。御下蔽上以成其私。不為主計。而主不覺悟。故失其國。今自有秩以上至諸大吏。下及王左右。無非相國之人者。臣見王獨立於朝。竊恐萬世之後有秦國者。非王子孫也。王以為然。於是廢太后。逐穰侯。魏冉華陽君芈戎。高陵君市。涇陽君悝於關外。以睢為丞相。封應侯。

秦二世時。丞相李斯上書言趙高之短曰。臣聞之。臣疑其君。無不危國。妾疑其夫。無不危家。今有大臣於陛下擅利擅害。與陛下無異。此甚不便。昔者司城子罕相宋。身行刑罰。以威行之。朞年遂劫其君。田常為簡公臣。爵列無敵於國。私家之富。與公家均。布惠施德。下得百姓。上得羣臣。陰取齊國。殺宰予於庭。即弒簡公於朝。遂有齊國。此天下所明知也。今高有邪佚之志。危反之行。如子罕相宋也。私家之富。

若田氏之於齊也。兼行田常子罕之逆道。而劫陛下之威信。其志若韓玘為韓安相也。陛下不圖。臣恐其為變也。

漢武帝時。田千秋上言曰。方士言神仙者甚眾。而無顯功。請皆罷斥遣之。上曰。大鴻臚言是也。於是悉罷諸方士候神人者。是後上每對羣臣自歎。曏時愚惑。為方士所欺。天下豈有仙人。盡妖妄耳。節食服藥。差可少病而已。

元帝時。京房以孝廉為郎。是時中書令石顯顓權。房嘗宴見。以閒宴時入見天子問上曰。幽厲之君何以危。所任者何人也。上曰。君不明而所任者巧佞。房曰。知其巧佞而用之邪。將以為賢也。上曰。賢之。房曰。然則今何以知其不賢也。上曰。以其時亂而君危知之。房曰。若是。任賢必治。任不肖必亂。必然之道也。幽厲何不覺悟而更求賢。曷為卒任不肖以至於是。上曰。臨亂之君各賢其臣。令皆覺寤。天下安得危亡之君。

房曰齊桓公秦二世亦嘗聞此君而非笑之然則任豎刁趙高政治日亂盗賊滿山何不以幽厲卜之而覺悟乎上曰唯有道者能以往知來耳房因免冠頓首曰春秋紀二百四十二年災異以視萬世之君（視讀曰示）今陛下即位以來日月失明星辰逆行山崩泉涌地震石隕夏霜冬雷春凋秋榮隕霜不殺水旱螟蟲民人飢疫盗賊不禁刑人滿市春秋所記災異盡備陛下視今為治邪亂邪上曰亦極亂耳尚何道房曰今所任用者誰與上曰然幸其癒（癒與愈同愈勝也）於彼又以為不在此人也房曰夫前世之君亦皆然矣臣恐後之視今猶今之視前也上良久乃曰今為亂者誰哉房曰明主宜自知之上曰不知也如知之何故用之房曰上最所信任與圖事帷幄之中進退天下之士者是矣房指謂石顯上亦知之謂房曰已諭

諸葛豐上書謝曰臣豐駑怯文不足以勸善武不足以執邪陛下不

量臣能否拜為司隸校尉未有以自效復秩臣為光祿大夫官尊貴重非臣所當處也又迫年歲衰暮常恐卒塡溝渠無以報厚德使論議士譏臣無補長獲素餐之名故常願捐一旦之命不待時而斷姦臣之首縣於都市編書其罪使四方明知為惡之罰然後却就斧鉞之誅誠臣所甘心也夫以布衣之士尚猶有刎頸之交今以四海之大曾無伏節死誼之臣率盡苟合取容阿黨相為念私門之利忘國家之政邪穢濁溷之氣上感于天是以災變數見百姓困乏此臣下不忠之效也臣誠恥之亡已凡人情莫不欲安存而惡危亡然忠臣直士不避患害者誠為君也今陛下天覆地載物無不容使尚書令堯賜臣豐書曰夫司隸者刺舉不法善善惡惡非得顓之也勉處中和順經術意恩深德厚臣豐頓首幸甚臣竊不勝憤懣願賜清宴唯陛下裁幸

成帝建始元年丞相御史奏石顯舊惡免官徙歸故郡王鹿充宗左遷玄菟太守司隸校尉王尊劾奏丞相衡御史大夫譚知顯等顓權擅埶大作威福為海內患害不以時白奏行罰而阿諛曲從附下罔上懷邪迷國無大臣輔政之義皆不道在赦令前赦後衡譚舉奏顯不自陳不忠之罪而反揚著先帝任用傾覆之徒妄言百官畏之甚於主上卑君尊臣非所宜稱失大臣體於是衡慙懼免冠謝罪上丞相侯印綬

成帝時定陵侯淳于長有罪遣就國長以金錢與紅陽侯王立為長求留丞相翟方進劾立懷邪亂政請下獄上曰紅陽侯朕之舅不忍致法遣就國於是方進復奏立黨友曰立素行積為不善衆人所共知邪臣自結附託為黨庶幾立與政事欲獲其利今立斥逐就國所交結尤著者不宜備大臣為郡守案後將軍朱博鉅鹿太守孫閎故

光祿大夫陳咸與立交通厚善相與為腹心有背公死黨之信欲相攀援死而後已皆內有不仁之性而外有俊材過絕於人倫勇猛果敢處事不疑所居皆尚殘賊酷虐苛刻慘毒以立威而亡纖介愛利之風天下所共知愚者猶惑孔子曰人而不仁如禮何人而不仁如樂何言不仁之人亡所施用不仁而多材國之患也此三人皆內懷姦猾國之所患而深相與結信於貴戚姦臣此國家大憂大臣所宜從身而爭也昔季孫行父有言曰見有善於君者愛之若孝子之養父母也見不善者誅之若鷹鸇之逐鳥爵也翅翼雖傷不避也貴戚強黨之衆誠難犯犯之衆敵並怨善惡相冒臣幸得備宰相不敢不盡死請免博閎咸歸故郡以銷姦雄之黨絕羣邪之望奏可

後漢光武為大司馬時舍中兒犯法軍市令祭遵格殺之大司馬怒命收遵主簿陳副諫曰明公常欲衆軍整齊今遵奉法不避是教令

所姦也。乃以遵為刺姦將軍。謂諸將曰。當備　遵。吾舍中兒犯法尚殺之。必不私諸卿也。

和帝時。諸竇雖誅。而夏陽侯瓌猶尚在朝。御史中丞周紆疾之。乃上疏曰。臣聞臧文仲之事君也。見有禮於君者事之。如孝子之養父母。見無禮於君者誅之。如鷹鸇之逐鳥雀。竊見夏陽侯瓌本出輕薄。志在邪僻。學無經術。而妄構講舍。外招儒徒。實會奸桀。輕忽天威。侮慢王室。又造作巡守封禪之書。惑衆不道。當伏誅戮。而主者營私。不為國計。夫涓流雖寡。浸成江河。爝火雖微。卒能燎野。履霜有漸。可不懲革。宜尋呂產專竊之亂。永惟王莽篡逆之禍。上安社稷之計。下解萬夫之惑。會瓌歸國。紆遷司隸校尉

順帝時。邵陵令任嘉在職貪穢。因遷武威太守。後有司奏嘉臧罪千萬。徵考廷尉。其所牽染將相大臣百有餘人。侍中楊倫乃上書曰。臣聞春秋誅惡及本。本誅則惡消。振裘提領。領正則毛理。今任嘉所坐狼籍。未受辜戮。猥以垢身。改典大郡。自非案坐舉者。無以禁絕奸萌。往者湖陸令張疊。蕭令駟賢。徐州刺史劉福等。釁穢既章。咸伏其誅。而豺狼之吏。至今不絕者。豈非本舉之主。不加之罪乎。昔齊威之霸。殺奸臣五人。并及舉者。以弭謗讟。當斷不斷。黃石所戒。夫聖王所以聽僮夫匹婦之言者。猶塵加嵩岱。霧集淮海。雖未有益。不為損也。惟陛下留神省察。奏御。有司以倫言切直。辭不遜順。下之。尚書奏倫探知密事。激以求直。坐不敬。結鬼薪。詔書以倫數進忠言。特原之。免歸田里。

時選遣八使。徇行風俗。皆耆儒知名。多歷顯位。唯御史張綱年少官次最微。餘人受命之部。而綱獨埋其車輪於洛陽都亭。曰。豺狼當路。安問狐狸。遂奏曰。大將軍梁冀河南尹梁不疑。蒙外戚之援。荷國厚

恩。以芻蕘之資。居阿衡之任。不能敷揚五教。翼贊日月。而專為封豕長蛇。肆其貪叨。甘心好貨。縱恣無底。多樹諂諛。以害忠良。誠天威所不赦。大辟所宜加也。謹條其無君之心十五事。斯皆臣子所切齒者也。書御（注。御。進也。）詣京師震竦。時冀妹為皇后。內寵方盛。諸梁姻族滿朝。帝雖知綱言直。終不忍用。

桓帝時。宦官方熾。任人及子弟為官。布滿天下。競為貪淫。朝野嗟怨。太尉楊秉與司空周景上言。內外吏職。多非其人。自頃所徵。皆特拜不試。致盜竊縱恣。怨訟紛錯。舊典。中臣子弟不得位秉勢。而今枝葉賓客布列職署。或年少庸人。典據守宰。上下忿患。四方愁毒。可遵用舊章。退貪殘。塞災謗。請下司隸校尉。中二千石城門五營校尉。北軍中候。各實覈所部。應當斥罷。自以狀言。三府廉察有遺漏。續上。帝從之。於是秉條奏牧守以下匈奴中郎將燕瑗青州刺史羊亮遼東太守孫宣等五十餘人。或死或免。天下莫不肅然。

司空黃瓊上疏曰。臣聞天者務剛其氣。君者務強其政。是以王者處高自持。不可不安。履危任力。不可不據。夫自持不安則顛。任力不據則危。故聖人升高據上。則以德義為首。涉危蹈傾。則以賢者為力。唐堯以德化為冠冕。以稷契為筋力。高而益崇。動而愈據。此先聖所以長守萬國。保其社稷者也。昔高皇帝應天順民。奮劍而王。掃除秦項。革命創制。降德流祚。至於哀平。而帝道不綱。秕政日亂。遂使奸佞擅朝。外戚專恣。所冠不以仁義為冕。所蹈不以賢佐為力。終至顛覆。滅絕漢祚。天維陵弛。民鬼慘愴。賴皇乾眷命。炎德復輝。光武以聖武天挺。繼統興業。創基冰泮之上。立足枳棘之林。擢賢於衆愚之中。畫功於無形之世。崇禮義於交爭。循道化於亂離。是自歷高而不傾。任力厄而不跌。興復洪祚。開建中興。光被八極。垂名無窮。至於中葉。盛業

寖衰。陛下初從藩國爰升帝位。天下拭目。謂見太平。而即位以來。未有勝政。諸梁秉權。豎宦充朝。重封累職。傾動朝廷。卿校牧守之選。皆出其門。羽毛齒革明珠南金之寶。殷滿其室。富擬王府。勢回天地。言之者必族。附之者必榮。忠臣懼死而杜口。萬夫怖禍而木舌。塞陛下耳目之明。更為聾瞽之主。故太尉李固杜喬。忠以直言。德以輔政。念國亡身。隕歿為報。而坐陳國議。遂見殘賊。賢愚切痛。海內傷懼。又前白馬令李雲。指言宦官罪穢宜誅。皆因衆人之心。以救積薪之敝。弘農杜衆知雲所言宜行。懼雲以忠獲罪。故上書陳理之。乞同日而死。所以感悟國家。庶雲獲免。而雲既不辜。衆又并坐。天下尤痛。益以怨結。故朝野之人。以忠為諱。昔趙殺鳴犢。孔子臨河而反。夫覆巢破卵。則鳳凰不翔。刳牲夭胎。則麒麟不臻。誠物類相感。理使其然。尚書周永。昔為沛令。素事梁冀。幸其威勢。坐事當罪。越拜令職。見冀將衰。乃陽毀示忠。遂因姦計。亦取封侯。又黃門協邪。羣輩相黨。自冀興盛。腹背相親。朝夕圖謀。共構姦軌。臨冀當誅。無可設巧。復記其惡。以要爵賞。陛下不加清澂。審別真偽。復與忠臣並時顯封。使朱紫共色。粉墨雜糅。所謂抵金玉於沙礫。碎珪璧於泥塗。四方聞之。莫不憤歎。昔曹子大孝。慈母投杼。伯奇至賢。終於流放。夫讒諛所舉。無高而不可升。所抑。無深而不可淪。可不察歟。臣至頑駑。世荷國恩。身輕位重。勤不補過。然懼於永歿。負釁益深。敢以垂絕之日。陳不諱之言。庶有萬分。無恨三泉。

時詔三府掾屬舉謠言。太尉掾范滂奏刺史二千石權豪之黨二十餘人。尚書責滂所劾猥多。疑有私故。滂對曰。臣之所舉。自非叨穢姦暴。深為民害。豈以污簡札哉。間以會日迫促。故先舉所急。其未審者。方更參實。臣聞農夫去草。嘉穀必茂。忠臣除姦。王道以清。若臣言有貳。甘受顯戮。吏不能詰。

靈帝中平元年。朱儁護軍司馬傅燮上疏曰。臣聞天下之禍。不由於外。皆興於內。是故虞舜先除四凶。然後用十六相。明惡人不去。則善人無由進也。今張角起於趙魏。黃巾亂於六州。此皆釁發蕭牆。而禍延四海者也。臣奉辭伐罪。戰無不克。黃巾雖盛。不足為廟堂憂也。臣之所懼。在於治水不自其源。末流彌增其廣。誠使張角梟夷。黃巾變服。臣之所憂。甫益深耳。何者。夫邪正不宜共國。亦猶冰炭不可同器。彼知正人之功顯而危亡之兆見。皆將巧辭飾說。共長虛偽。若不詳察。忠臣將復有杜郵之戮矣。陛下宜思四罪之舉。速行讒佞之誅。則善人思進。姦凶自息。常侍趙忠惡之。

獻帝時。太尉公孫瓚奏論袁紹罪狀曰。臣聞皇羲以來。始有君臣上下之事。張化以導民。刑罰以禁暴。今行車騎將軍袁紹。託其先軌。寇竊人爵。既性暴亂。厥行淫穢。昔為司隸校尉。會值國家喪禍之際。太后承攝。何氏輔政。紹專為邪媚。不能舉直。至令丁原焚燒孟津。招來董卓。造為亂根。紹罪一也。卓既入洛。而主見質。紹不能權譎以濟君父。而棄置節傳。迸竄逃亡。忝辱爵命。背上不忠。紹罪二也。紹為渤海太守。默選戎馬。當攻董卓。不告父兄。至使太傅門戶太僕母子。一旦而斃。不仁不孝。紹罪三也。紹既興兵。涉歷二年。不恤國難。廣自封殖。乃多以資糧。專為不急。割剝富室。收考責錢。百姓吁嗟。莫不痛怨。紹罪四也。韓馥之迫。竊其虛位。矯命詔恩。刻金印玉璽。每下文書。皂囊施檢。文曰。詔書一封。邟（口浪反）鄉侯印。昔新室之亂。漸以即真。今紹所施。擬而方之。紹罪五也。紹令崔巨業候視星日。財貨賂遺。與共飲食。克期會合。攻鈔郡縣。此豈大臣所當宜為。紹罪六也。紹與故虎牙都尉劉勳首共造兵。勳仍有效。又降服張楊。而以小忿枉害於勳。信用讒應殺害有功。紹罪七也。紹又上故上谷太守高焉、故甘陵相姚貢，橫責其錢，錢不備畢，二人并命。紹罪八也。春秋之義，子以母貴。紹母親為婢使，紹實微賤，不可以為人後，以義不宜，乃據豐隆之重任，忝污王爵，損辱袁宗。紹罪九也。又長沙太守孫堅前領豫州刺史，驅走董卓，埽除陵廟，其功莫大。紹令周昂盜居其位，斷絕堅糧，令不得入，使卓不被誅。紹罪十也。臣又每得後將軍袁術書云：紹非術類也。紹之罪戾，雖南山之竹不能載。昔姬周政弱，王道陵遲，天子遷都，諸侯背叛，於是齊桓立柯亭之盟，晉文為踐土之會，伐荆楚以致菁茅，誅曹衛以彰無禮。臣雖闒茸，名非先賢，蒙被朝恩，當此重任，職在鈇鉞，奉辭伐罪，輒與諸將州郡兵討紹等。若事克捷，罪人斯得，庶續桓文忠誠之效。攻戰形狀，前後續上。遂舉兵與紹對戰，紹不勝。

魏明帝即位時，中書監令號為專任，關內侯蔣濟上疏曰：大臣太重者國危，左右太親者身蔽，古之至戒也。往者大臣秉事，內外扇動。陛下卓然自覽萬機，莫不祗肅。夫大臣非不忠也，然威權在下，則衆心慢上，勢之常也。陛下既已察之於大臣，願無忘於左右。左右忠正遠慮，未必賢於大臣，至於便辟取合，或能工之。今外所言，輒云中書，雖使恭慎，不敢外交，但有此名，猶惑世俗。況實握事要，日在目前，儻因疲倦之間，有所割制，衆臣見其能推移於事，即亦因時而向之。一有此端，因當內設自完，以此衆語，私招所交，為之內援。若此，臧否毀譽，必有所興，功負賞罰，必有所易。直道而上者或壅，曲附左右者反達。因微而入，緣形而出，意所狎信，不復猜覺。此宜聖智所當早聞，外以經意，則形際自見。或恐朝臣畏言不合，而受左右之怨，莫適以聞。臣竊亮陛下潛神默思，公聽並觀，若事有未盡於理而物有未周於用，將改曲易調，遠與黃唐角功，近昭武文之迹，豈近習而已哉。然人君猶不可悉天下事以適己，明當有所付。三官任一臣，非周公旦之忠，又非管夷吾之公，則有弄機敗官之弊。當今柱石之士雖少，至於行稱一州，智效一官，忠信竭命，各奉其職，可並驅策，不使聖明之朝有專吏之名也。

齊王嘉平間，司馬宣王懿上疏劾曹爽曰：臣從遼東還，先帝詔陛下、秦王及臣升御牀，把臣臂，深以後事為念。臣言二祖亦屬臣以後事為念，此陛下所見，無所憂苦，萬一有不如意，臣當以死奉明詔。黃門令董箕等才人侍疾者皆所聞知。今大將軍爽背棄顧命，敗亂國典，內則僭擬，外專威權，破壞諸營，盡據禁兵，羣官要職，皆置所親，殿中宿衛，歷世舊人，皆復斥出，欲置所親以樹私計，根據槃互，縱恣日甚。外既如此，又以黃門張當為都監，專共交關，看察至尊，伺候神器，離間二宮，傷害骨肉，天下洶洶，人懷危懼。陛下但為寄坐，豈得久安。此非先帝詔陛下及臣升御牀之本意也。臣雖朽邁，敢忘往言。昔趙高極意，秦氏以滅；呂霍早斷，漢祚永世。此乃陛下之大鑒，臣受命之時也。太尉臣濟、尚書令臣孚等，皆以爽為有無君之心，兄弟不宜典兵宿衛。奏永寧宮，皇太后令敕臣如奏施行。臣輒敕主者及黃門令罷爽義訓吏兵，以侯就第，不得逗留，以稽車駕。敢有稽留，便以軍法從事。臣輒力疾將兵屯洛水浮橋，伺察非常。爽得宣王奏事，不通，迫窘不知所為。

晉元帝時，祖約與陳留阮孚齊名，後轉從事中郎，典選舉。約妻無男而性妒，約亦不敢違忤。嘗夜寢於外，忽為人所傷，疑其妻所為。約求去職，帝不聽。約便從右司馬營東門私出。司直劉隗劾之曰：約幸荷殊寵，顯官選曹，銓衡人物，衆所具瞻，當敬以直內，義以方外，杜漸防萌，式遏寇害。而乃變起蕭牆，患生婢妾，身被刑傷，虧其膚髮。羣小噂嗜欲，脅遠極。塵穢清化，垢累明時。天恩含垢，猶復慰喻，而約遠命，輕出。既無明智以保其身，又不思荷命，宜加貶黜，以塞衆謗。帝不之罪。

簡文帝時，博平吳興聞人奭上疏曰：驃騎諮議參軍茹千秋，協附宰相，起自微賤，竊弄威權，衒賣天官。其子壽齡為樂安令，贓私狼藉，畏法奔逃，竟無罪罰，傲然還縣。又尼姏屬類，傾動亂時，穀賤人饑，流殣不絕。由百姓單貧，役調深刻。又振武將軍庾恒，鳴角京邑。主簿戴良夫苦諫被囚，殆至殞命。而恒以醉酒見怒，良夫以執忠廢棄。又權寵之臣，各開小府，施置吏佐，無益於官，有損於國。疏奏，帝益不平。

孝武帝時，范甯出補豫章太守。甯在郡大設庠序，遣人往交州採磬石以供學用。改革舊制，不拘常憲。遠近至者千餘人，資給衆費，一出私祿。并取郡四姓子弟，皆充學生，課讀五經。又起學臺，功用彌廣。江州刺史王凝之上言曰：豫章郡居此州之半。太守臣甯入參機省，出

守名郡，而肆其奢濁，所為狼籍。郡城先有六門，甯悉改作重樓，復更開二門，合前為八。私立下舍七所。臣伏尋宗廟之設，各有品秩，而甯自置家廟。又下十五縣，皆使左宗廟右社稷，準之太廟，皆資人力。又奪人居宅，工夫萬計。甯若以古制宜崇，自當列上，而敢專輒，惟在任心。州既聞知，即符從事，制不復聽，而甯嚴威屬縣，惟令速立。願出臣表，下太常議之典禮。於是甯以此抵罪。

宋高祖初，尚書僕射王弘奏彈謝靈運曰：臣聞閑厥有家，垂訓大易；作威專戮，致誡周書。斯典或違，刑茲無赦。世子左衛率康樂縣公謝靈運，力人桂興，淫其嬖妾，殺興江涘，棄尸洪流。事發京畿，播聞遐邇。宜加重劾，肅正朝風。案世子左衛率康樂縣公謝靈運過蒙恩獎，頻叨榮授，聞禮知禁，為日已久，而不能防閑閫闈，致茲紛穢，罔顧憲軌，忿殺自由。此而勿治，典刑將替。請以見事免靈運所居官，上臺削爵土，收付大理治罪。御史中丞都亭侯王准之，顯居要任，邦之司直，風聲噂嗜，曾不彈舉。若知而弗糾，則情法斯撓；如其不知，則尸昧已甚。豈可復預班清階，式是國憲。請免所居官，以侯還散輩中。內臺舊體，不得用風聲舉彈。此事彰赫，曝之朝野，執憲蔑聞，在司闕糾。國典既頹，所虧者重。臣弘忝承人乏，位副朝端，若復謹守常科，則終莫之糾正。所以不敢拱默，自同秉彝，違舊之愆，伏須準裁。高祖令曰：靈運免官而已，餘如奏。端右簡正風軌，誠副所期，豈拘常儀，自今以為永制。

文帝時，尚書吏部郎庾炳之為有司所奏，上於炳之素厚，將恕之，召問尚書右僕射何尚之。尚之具陳炳之得失，密奏曰：為國為家，何嘗不謹用前典。今苟欲通一人，慮非哲王御世之長術。炳之所行，非曖昧而已。臣所聞既非一旦，又往往眼見，事如丘山，彰彰若此，遂縱而

不糾，不知復何以為治。晉武不曰明主，斷鬲令事，遂能奮義，華廙見待不輕，廢錮累年，後起止作城門校尉耳。若言炳之有誠於國，未知的是何事。政當云與殷景仁不失其舊，與劉湛亦復不疎。且景仁當時事意，豈復可蔑，朝士兩邊相推，亦復何限。縱有微誠，復何足掩其惡。今賈充勳烈，晉之重臣，雖事業不勝，不聞有大罪，諸臣進說，便遠出之。陛下聖叡，反更遲遲於此。炳之身上之釁，既自藉藉，交結朋黨，構扇是非，實足亂俗傷風。諸惡紛紜，過於范曄，所少賊一事耳。伏願深加三思，試以諸聲傳普訪諸可顧問者。群下見陛下顧遇既重，恐不敢苦相侵傷，頃聞之日，亢布嬌責之旨。若不如此，亦當不難。有所得失，臣豈既有所啟，要欲盡其心。如無可納，伏願宥其觸忤之罪。時炳之自理，不諳臺制，令史並言停外非嫌。太祖以炳之信受失所，小事不足傷大臣。尚之又陳曰：炳之呼二令史出宿，令史諮都令史駱

寀牢王不遇吏部曹尚蔵知不可。令吏具向炳之說不得停之意。炳之了不聽納之。非為不解，直是苟相留耳。由外悉知此而誣於信受。尋情其了陛下不假為之辭。雖是令史出，乃達聞朔與。又不得謂之小事。謝晦望實非今者之儔，一事錯誤，免侍中官。王珣時賢小失，桓胤春蒐之謬，皆白衣領職。況公犯憲制者邪。不審可容同王、桓白衣例不。於任使無損，蕭可得以為肅戒。孔萬祀居左丞之局，不念相當語，駱宰云：炳之貴要，異它尚書，身政可得無言耶。又云：不癡不聾，不成姑公。敢作此言，亦為異也。太祖猶優游之，使尚之更陳其意。尚之乃備言炳之愆過曰：尚書舊有遣置幹二十人，以元凱丞郎幹之假疾病。炳之之常取十人私使。詢處幹，時不得時補。近得王師彌不違遂，臣令人語之。先取人於意當未笑。今既有手力，不宜復留。得臣此信，方復遣耳。大都為人好率懷行事，有諸紕紊，不悉可曉。臣思張遼之

言。關羽雖兄事曹公，父子豈得不言。觀今人憂國實寡。臣復結舌，日月之明，或有所蔽。然不知臣者豈不謂臣有爭競之迹，追以悵恨。臣與炳之周旋，俱被恩接，不宜復生厚薄。太尉昨與臣言，說炳之有諸不可，非唯一條。遠近相崇畏，震動四海。凡短人辨得致此，更復可嘉。虞秀之門生事之，累味珍肴未嘗有乏。其外別有鼻豈可具論。炳之門中不問大小賤，求張幼緒。幼緒轉無以堪命。炳之先與劉德願殊惡，德願自持琵琶甚精麗，遺之，便復款然。市令盛馥進數百口材助營宅，恐人知，作虛買券。劉道錫驟有所輸，傾南俾之半。劉雍自謂得其力助，事之如父。夏中送甘蔗，若新發於州，國吏運載樵荻無輟於道。諸見人有物，鮮或不求。聞劉遵考有材，便乞材；見好燭盤，便復乞之。選用不平，不可一二。太尉又云，炳之都無共事之體。凡所選舉，悉是其意，政令太尉知耳。論虞秀之作黃門，太不政，若和故得停。大尉近與炳之疏。欲用德願兒作州西曹，炳之乃啟用為主簿，即語德願，德願謝太尉，前後漏泄賣恩，亦復何極。縱不加罪，故宜出之。士庶怨疾之，非直項羽楚歌而已也。自從裴劉刑罰以來，諸將陳力百倍。今日事實好惡可問，若共發憤，顯明法憲。陛下便可閉卧紫闥，無復一事也。太祖欲出炳之為丹楊，又以問尚之，尚之答曰：臣既乏賈生應對之才，又謝汲公犯顏之直，至於侍坐仰酬，每不能盡。昨出伏復深思。祇有愚滯，今之事跡，異口同音，便是彰著，政未測得物之數耳。可為蹈罪負恩，無所復少。且居官失和，未有此比。陛下遲遲舊恩，未忍窮法，為和之大，莫復過此。方復有尹京赫赫之號，恐愚心卒國之人於此而息。貪狼恣意，歲月滋甚。非但虧點王化，乃治亂所由。如臣所聞，天下論議，炳之常塵累日月，未見一毫增輝。今申何在，而惠思寵無異，而協首鄉之榮，乃更成其形勢，使是菁王雅也。古人云：無賞

罰，雖堯舜不能為治也。陛下豈可坐損皇家之重，迷一凡人。事若復在可否之間，亦不敢苟陳穴管。今之枉直，明白灼然，而猶主令王反更不悟。今賈誼、劉向重生，豈不慷慨流涕於聖世邪。臣昔啟范曄，當時亦懼犯觸之尤，苟是愚懷所挹，政自不能舒遠。所謂雖九死而不悔者也。謂炳之且出外，若能修路在職，著稱遂亦不難，而可得少明國典，粗酬四海之誚。今愆畳如山，榮任不損，炳之若復有彰大之罪，誰復敢以聞述。且自非殊勳異績，亦何足塞今日之尤。歷觀古今，未有眾過藉藉，受貨數百萬，更得高官厚祿如今者也。臣每念聖化中有此事，未嘗不痛心疾首。設令臣等數人縱橫狼藉，復如此，不審當復云何處之。近啟賈充遠鎮，今亦何足分外出。恐是蒙之良者。臣知陛下不能採臣言，故臣不能盡己之愚，至耳。今蒙恩榮者不少，臣何為獨戀戀於斯，實是尊主樂治之意。伏願試更垂察。

孝武帝大明中。王僧達被誅。謂爲竣所讒構。臨死。陳竣前後忿懟每懷言不見從。僧達所言。頗有相符。詔御史中丞庾徽之奏竣罪狀曰。臣聞人臣之奉主。毀家光國。竭情無私。竣乃無禮陵人。怙寵罔上。是以王林作戚。季子習爲戕。未有背本塞源。好利忘義。而得自容盛世涵亂清流者也。右將軍東揚州刺史建城縣開國侯竣。頃藉曰附風雲。謬蒙翼長。天地更造。拔以非次。聖朝親攬萬務一歸。而竣窺覘國柄。潛圖秉執。受任選曹。驅扇滋甚。出尹京輦。形勢彌放。傳詔犯憲。舊須啓聞。而竣以通辭忤己。輒加鞭辱。周顧威靈。莫此爲甚。嚴詔屢發。當官責效。竣權恣不行。怨懟彌起。懷挾奸數。苞藏陰慝。預聞中旨。罔不宣露。罰則委上。恩必歸己。僭過之門。即加誘辱。受謹之家。由相褒撫。翻戾朝紀。狡惑視聽。脅懼上宰。擾動閭閻。未上廳閣。內懷猜懼。僞請東牧。以卜天旨。既獲出藩。怨詈方肆。反脣腓謗。方之已輕。且時有啓奏。

必協奸私。宣示親用。動作尊小。前冬母亡。詔賜還葬。事畢不去。盤桓經時。方攜間勳貴。造立同異。又表示危懼。深營身計。曲訪大臣。慮不全立。遂以己被斥外。國道將顛。妄積憾抱怨。窮謗已甚。行闕於家。早負世譏。遠身居崇寵。萃兼萬金。榮以奉親。祿不充養。宿誠母愚。侍眞鞭殺。天倫怨毒。親交震駭。凡所莅任。皆闕政刑。輒開丹陽庫物。貸借吏下。多假資禮。解爲門生。充朝滿野。殆將千計。驕放自下。妨公害私。取監僻見錄。以供帳下。賓旅酣歌。不異平日。街談道說。非復風聲。竣代都文史。特荷天私。棄瑕錄用。豫參要重。勞無汗馬。賞班河山。出內寵靈。踰越倫伍。山川之性。日月彌滋。溪壑之心。在盈彌廣。虎冠狼貪。未之爲譬。今皇明開耀。品物咸亨。傷俗點化。寔唯害焉。宜加顯戮。以彰威化。請以見事免竣所居官。下太常削爵土。須事御收付廷尉法獄罪。上未欲便加大戮。且止免官。

南齊高帝建元四年。太祖崩。掌吏部江謐稱疾不入。衆頗疑其怨不豫顧命也。及世祖即位。謐又不遷官。以此怨望。時世祖不豫。謐詣豫章王嶷請間曰。至尊非起疾。東宮又非才。公今欲作何計。世祖知之。出謐爲征虜將軍鎮北長史南東海太守。未發。上使御史中丞沈沖奏謐前後罪狀曰。謐少懷輕躁。長習諂薄。交無義合。行必利動。特以奕世更局。見擢宋朝。而阿諛內外。貨賂公行。咎盈惡積。廢棄彰朝聽。輿金華寶。取容近習。以沈伮之地。勝兵強。終當得志。委心託身。歲暮相結。以劉景素親屬望重。物應樂推。獻誠薦子。窺窬非望。時艱綱漏。得全首領。太祖匡飭天地。方知遂圖。薄其難洗之瑕。許其革音之効。加以非分之寵。推以不次之榮。列跡勳良。比肩朝德。以往者微動。刀筆小用。賞預河山。任參出入。輕險之性。在貴彌彰。貪昧之情。雖富無滿。重莅淵部。顧行斷盜。及居銓衡。肆意受納。連席同衆。皆故舊侶。密延閹豎。必貨賄常客。理合升進者。以爲己恩。事宜貶退者。並稱中旨。謂販鬻威權。奸自不露。欺主罔上。奸跡可擒。先帝寢疾彌留。人神憂震。謐稱病私舍。曾無變容。國諱經旬。甫暫入殿。參訪遺詔。覘忖時旨。以身列朝流。宜參兼帶。先顧不逮。昔位無加。遂崇飾惡言。肆醜縱悖。譏誹朝政。訕毀皇猷。遍嗤忠賢。歷詆台相。至於蕃岳入覲。列代恒規。勳戚出撫。前王彝則。而謐妄發樞機。坐搆淵論。復敢貶謗儲后。不顧聲猶。毀折宗王。每窮舌杪。皆云諂奪乖禮。崇樹失宜。仰指天。俯畫地。希幸史故。以申積憤。犯上之跡既彰。戾嗟之情已著。請免官削爵土。收送廷尉獄治罪。詔賜死。

武帝疾篤暫絕。竟陵王子良在殿內。太孫未入。丹陽令中書郎王融戎服絳衫。於中書省閤口。斷東宮仗不得進。欲立子良。上既蘇。太孫入殿。朝事委高宗。融知子良不得立。乃釋服還省。歎曰。公誤我。鬱林深忿疾融。即位十餘日。收下廷尉獄。然後使中丞孔稚珪等爲奏曰。融姿性剛險。立身浮競。動迹驚群。抗言異類。近塞外微塵。若求將領。遂招納不逞。扇誘荒傖。狡弄聲勢。專行權利。反覆脣齒之間。傾動頰舌之内。威福自己。無所忌憚。誹謗朝政。歷毁王公。謂己才流。無所推下。事曝遠近。使融依源據答。詔賜死。

梁武帝天監四年。讌於華光殿。謂羣臣曰。朕日昃聽政。思聞得失。卿等可謂多士。宜各盡獻替。尚書左丞范縝起曰。司徒謝朏本有虚名。陛下擢之如此。前尚書令王亮頗有治實。陛下棄之如彼。是愚臣所不知。高祖變色曰。卿可更餘言。縝固執不已。高祖不悅。御史中丞任昉因奏曰。臣聞息夫歷詆。漢有正刑。白簡一奏。晉以明罰。况乎附下訕上。毁譽自口者哉。風聞尚書左丞臣范縝自晉安還。語人云。我不諂餘人。惟諂王亮。不餉餘人。惟餉王亮。輒收縝白。從左右萬休到臺辨問。與風聞符同。又今月十日。御餞梁州刺史臣珍國。宴私既洽。群臣並已謁退。時詔留侍中。臣昂等十人。訪以政道。縝不答所問。而橫議沸騰。遂貶裁司徒臣朏。褒舉庶人王亮。臣于時預奉恩留。肩隨並立。耳目所接。差非風聞。竊尋王有遊豫。親御軒陛。義深推轂。情均湛露。酒闌宴罷。當扆正立。記事在前。記言在後。軫早朝之念。深求瘼之情。而縝言不遜。妄陳褒貶。傷濟濟之風。缺側席之望。不有嚴裁。憲准將頹。縝即主臣。謹案尚書左丞臣范縝。衣冠緒餘。言行舛駁。誇諧里落。喧詬闈行。曲學諓聞。未知去代。弄口鳴舌。祗足飾非。乃者義師近次。縝丁罹艱棘。曾不呼門。墨絰景附。師同先覺。實奉龍顔。而今黨協釁餘。翻爲矛楯。人而無恒。成茲姦詖。日者飲至策勳。功微賞厚。出守名邦。入司管轄。苞藏悶遺。而假稱折轅。衣裾所弊。讒激失所。許與疵廢。廷辱民宗。自居猶寶。糾奏寂寞。顧望縱容。無至公之議。惡直醜正。有私訐之談。宜寘之徽纆。肅正國典。臣等參議。請以見事免縝所居官。輒勒外收付廷尉法獄治罪。應諸連逮。委之獄官。以法制從事。

太清二年。東魏慕容紹宗擊侯景。景敗。潰走。襲據壽春。詔以爲南豫州牧。光祿大夫蕭介諫曰。臣聞凶人之性不移。天下之惡一也。侯景以兇狡之才。荷高歡卵翼之遇。歡墳未乾。即還反噬。逆力不逮。乃復逃死關西。宇文不容。故復投身於我。陛下前者受之。正欲比屬國降胡冀獲一戰之效耳。今既亡師失地。直是境上之匹夫。陛下愛匹夫而失與國。臣竊不取。若循待其歲暮之效。則彼棄鄉國如脫屣。背君親如遺芥。豈知遠慕聖德爲江淮之純臣乎。梁主不能用。

後魏宣武帝時。侍中甄琛以朋黨被黜。詔尚書司徒公錄尚書北海王詳等奏曰。臣聞黨人爲患。自古所疾。政之所忌。雖寵必誅。皆所以存天下之至公。保靈基於永業者也。伏惟陛下。纂聖前暉。淵鑒幽慝。斷近習。憲軌唯新。大政蔚以增光。鴻猷於焉永泰。謹案侍中領御史中尉甄琛。身居直法。糾擿是司。風邪響黷。猶宜劾糾。況趙脩奢暴。聲著内外。侵公害私。朝野切齒。而琛嘗不陳奏。方更往來。綢繆結納。以爲朋黨。中外影響。致其談譽。令布衣之父。超登正四之官。七品之弟越陟三階之禄。虧先皇之選典。塵聖明之官人。又與武衛將軍黄門郎李憑相爲表裏。憑兄以封。知而不言。及脩釁彰。方加彈奏。生則附其形。死則就地排之。竊天之功。以爲己力。仰欺明廷。俯罔百司。其爲鄙詐。於茲甚矣。不實不忠。寔合貶黜。謹依律科。徒請以贓除。其父中散。實爲叨越。雖皇族帝孫。未有此例。既得不以倫。請下收奪。李憑朋附趙脩。是親是仗。交遊之道。不依恒度。或晨昏從就。或吉凶往來。至乃身拜其親。妻見其子。每有家事。必先請託。緇黷皇風。塵鄙正化。此而不糾。將何以肅整阿諛。獎厲忠槩。請免所居官。以肅風軌。奏可。

孝明帝正光四年，蕭衍弟子西豐侯正德來降。尚書左僕射蕭寶夤表曰：伏見揚州表，蕭正德自云避禍，遠投宸掖，背父叛君，駭議衆口。深心指趣，厥情難測。臣聞立身行道，始於事親，終於事君。故君親盡之以恒敬，嚴父兼之以博愛。斯人倫之所先，王教之盛典。三千之罪莫大於不孝。毀則藏奸，常刑靡赦。所以晉恭獲謗，無所逃死；衛汲受誣，二子繼沒。親命匪棄，國孰無父？況今封豕尚存，長蛇未滅，偷生江表，自安毒亂。而正德居猶子之親，竊通侯之貴，父榮於國，子貴於家。履霜弗聞，去就先結。隔絕山淮，溫清永盡，定省長違，報復何日？以此爲心，心可知矣。皇朝綿基累業，恩均四海，自北徂南，要荒仰澤。能言華化，無思不適。貢玉帛於丘園，標忠孝以納賞；築藁街于伊洛，集垂裔其歸心。被髮鑽身之酋，屈膝而請吏；交趾文身之渠，款關而效質。至如正德，宜甄義以致貶。昔越棲會稽，賴宰嚭以獲立；漢圍彭寋，丁公而獲免。吳項已平，二臣即法。豈不錄其情哉？欲明責以示後。況遺君忽父，狼子是心，既不親親，安能親人？中間變詐，或有萬等。伏惟陛下聖敬自天，欽光纂歷，昭德塞違，以臨群后。脫苞此凶醜，寘之列位，百官是象，其何誅焉？臣釁結禍深，痛纏肝髓，日暮途遙，復報何日。豈區區於一豎哉？但才雖庸近，職居獻替，愚衷寸抱，敢不申陳？伏願聖慈少垂察覽，訪議槐棘，論其是非，使秋霜春露，施之有在。相鼠啟刺，遄死有歸。無令申伋受笑於前，參曾閔淪名於盛世。

孝明帝時，靈太后返政，以元乂爲尚書令，解其領軍。韓子熙與清河王懌中大夫劉定興、學官令傅靈檦、賓客張子慎伏闕上書曰：竊惟故主太傅清河王，職綜樞衡，位居論道，盡忠貞以奉公，竭心膂以事國。自先皇崩殂，陛下沖幼，負扆當朝，義同分陝。宋維反常小子，性若青蠅，汙白點黑，讒佞是務。以元乂皇姨之壻，權勢攸歸，遂相附託，規求榮利，共結圖讎。坐生眉眼，誣告國王，枉以大逆。賴明明在上，燕燕陛下，泥漬自消，玉質逾潔。謹案律文，誣告事不實，以其罪罪之。維遂無罪，出爲大郡。刑賞僭差，朝野怪愕，若非宋維與乂爲計，豈得全其身命，方撫千里？王以權在寵家，塵謗紛雜，恭慎之心，逾深逾厲。去其本宅，移住殿西，閨門靜守，親賓阻絕。于時吏部諮稟劉騰奏其弟官，郡戍兼補，及經內呈，爲王駁退。騰由此生嫌，私深怨怒，遂乃擅廢太后，離隔二宮，掠拷胡定，誣王行毒，含齒戴髮，莫不悲惋。及會公卿議王之罪，莫不俛眉飲氣，唯諾是從。僕射游肇，亢言厲氣，發憤成疾，爲王致死。王之忠誠款篤，節義純貞，非但蘊蓄胸襟，實乃形於文翰。搃括丈傳，撰顯忠錄，區目十篇，分卷二十。既欲彰忠心於萬代，豈可爲逆亂於一朝？乞追遺志，足明丹款。乂籍寵姻戚，恃握兵馬，無君之心，實懷梟鏡，擅廢太后，枉害國王，生殺之柄，不由陛下，賞罰之詔，一出於乂。名藩重地，皆其親黨；京官要任，必其心腹。中山王熙，本興義兵，不圖神器，戮其大逆，合門誅盡。遂令元略南奔，爲國巨患；奚康生國之猛將，盡忠棄市。其餘枉被屠戮者，不可稱數。緣此普天喪氣，匝地憤傷，致使朔隴猖狂，歷歲爲亂，荊徐蠢動，職此之由。昔趙高秉秦，令關東鼎沸；今元乂執權，使四海雲擾。自古及今，竹帛所載，賊子亂臣莫此爲甚。開逆之始，起自宋維；成禍之末，良由騰矣。而令凶徒奸黨，逆相樹置，高官厚祿，任情自取。非但臣等痛恨終身，抑爲聖朝懷慙負愧。以臣赤心懍懍之見，宜梟諸兩觀，汙其舍廬；騰合斲棺斬骸，沉其五族，上謝天人幽隔之憤，下報忠臣冤酷之痛。方乃崇亞三事，委以樞端，所謂虎也更傅其翼。朝野切齒，遐邇扼腕，蔓草難除，去之宜蚤。臣歷觀曠代，緬追振古，當斷不斷，其禍更生。況又猜忍，更居衡要。臣中宵九歎，竊以寒心。實願宸鑒早爲之所。臣等潛伏閭閻，於茲六戴。呈號白日。夕泣星辰。呼地寄寃。呼天無響。衛野納肝。秦庭夜天。千古之痛。何足相比。今幸遇陛下叡聖。親覽萬幾。太后仁明。更撫四海。臣等敢詣闕披陳。乞報寃毒。書奏。靈太后義之。乃引子熙為中書舍人。後遂剖騰棺賜死。

歷代名臣奏議卷之一百七十三

歷代名臣奏議卷之一百七十四

去邪

唐太宗貞觀初。上謂侍臣曰。朕觀前代讒佞之徒。皆國之蟊賊也。或巧言令色。朋黨比周。若暗主庸君。莫不以之迷惑。忠臣孝子所以泣血銜寃。故叢蘭欲茂。秋風敗之。王者欲明。讒人蔽之。此事著於史籍。不能具道。至如齊隋間讒譖事。耳目所接者。略與公等言之。斛律明月。齊朝良將。威震敵國。周家每歲斲汾河冰。慮齊兵之西渡。及明月被祖孝徵讒構伏誅。周人始有吞齊之心。高熲有經國大才。為隋文帝贊成霸業。知國政者二十餘載。天下賴以康寧。文帝唯婦言是聽。特令擯斥。及為煬帝所殺。刑政由是衰壞。又隋太子勇撫軍監國。凡二十年。固亦早有定分。楊素欺主罔上。賊害良善。使父子之道一朝滅於天性。逆亂之源。自此開矣。隋文既淆混嫡庶。竟禍及其身。社稷尋亦覆敗。古人云。世亂則讒勝。誠非妄言。朕每防微杜漸。用絕讒構之端。猶恐心力所不至。或不能覺悟。前史云。猛獸處山林。藜藿為之不採。直臣立朝廷。奸邪為之寢謀。此實朕所望於羣公也。魏徵曰。禮云。戒慎乎其所不睹。恐懼乎其所不聞。詩云。愷悌君子。無信讒言。讒言罔極。交亂四國。又孔子惡利口之覆邦家。蓋為此也。臣嘗觀自古有國有家者。若曲受讒譖。妄害忠良。必宗廟丘墟。市朝霜露矣。願陛下深慎之。

自貞觀五年。治書侍御史權萬紀、侍御史李仁發俱以告訐譖毀。數蒙引見。遂任心彈射。肆其欺罔。令在上震怒。臣下無以自安。外知其不可。而莫能論爭。給事中魏徵正色而奏之曰。權萬紀、李仁發並是小人。不識大體。以譖毀為是。告訐為直。凡所彈射。皆非有罪。陛下掩其所短。收其一切。乃騁其奸計。附下罔上。多行無禮。以取強直之名。誣房玄齡并逐張亮。無所爾屬。徒損皇明。道路之人。皆與防議。臣伏度聖心。必不以為誅戮深長。可委以腹心之任。特以言無所避忌。欲以警勵群臣。若信抑回邪。猶不可以小誅大。群臣素無矯偽。空使臣下離心。以其齡亮之徒。猶不可得伸其枉直。其餘疏賤。孰能免其欺罔。伏願陛下留意再思。自驅使二人以來。有一紙奏。臣即甘心斧鉞。受不忠之罪。陛下縱未能舉善以崇德。豈可進奸而自由乎。太宗欣然納之。賜絹五百匹。其萬紀奸狀漸露。仁發亦解出。萬紀貶連州司馬。朝廷咸相慶賀焉。

太宗時。濮州刺史龐相壽貪濁有聞。追還解任。自陳秦府之舊。太宗深矜之。使人謂之曰。爾是我舊左右。今取它物。祇應為貧。賜爾絹百匹。即還向任。更莫作罪過。魏徵進諫曰。相壽猥濫。遠近所知。今以故舊私情。赦其貪濁。更加以厚賞。還令復任。然相壽性識。未知愧恥。幕

府左右。其數甚多。人皆恃恩私。足使為善者懼。太宗欣然納之。引相壽於前謂之曰。我昔為王。與一府作主。今為天子。為四海作主。既為四海作主。不可偏與一府恩澤。向欲令爾重任。侍臣云爾若任。必使為善者皆不用心。侍臣所執既是。使不得申我私意。乃賜物而遣之。相壽默然。流涕而去。

時傅奕為太史令。有僧自西域來。能咒人使立死。復咒即蘇。上試之驗。以告奕。奕曰此邪術也。臣聞邪不干正。請使咒臣。必不能行。上命僧咒奕。奕初無所覺。須臾僧復僵仆。遂不復蘇。

高宗顯慶元年。王義方擢侍御史。不再旬。會李義府挾大理囚婦淳于。追其從畢正義縊死。無敢白其奸。義方自以興縣尉。為不三時拜御史。且蔑當世附離匪人以欺朝廷。內決劾奏。意必得一罪。即問計於母。母曰。昔王陵母伏劍成陵之誼。汝能盡忠者。顧之死不恨。義方即上言

天子置公卿大夫。古欲求又相濟。益相成。不得獨是獨非也。昔堯失之四凶。漢高祖失之陳豨。光武失之龐萌。魏武失之張邈。彼聖傑無之主。然皆失於前而得於後。今陛下撫萬邦而有之。豈臣失譽罪無遺。罰既輦轂下奸臣肆虐乎。殺人滅口。此生殺之柄。不自主出而下移佞臣。履霜堅冰。猶不可長。請下有司雜治正義死狀。即具法冠對仗。叱義府下。跪讀所言。帝方安義府狡佞。恨義方以孤士觸宰相。貶萊州司戶參軍。

調露元年。上幸東都。司農卿韋弘機作上陽宮。制度壯麗。侍御史狄仁傑劾奏弘機導上為奢泰。免其官。左司郎中王本立恃恩用事。朝廷畏之。仁傑奏其奸。上特原之。仁傑曰。陛下何惜罪人以虧王法。必欲曲赦本立。請棄臣於無人之境。為忠貞之戒。本立竟得罪。由是朝廷肅然。

武后神功元年。來俊臣倚勢貪淫。前後羅織誅人。不可勝計。諸武共發其罪。繫獄。有司處以極刑。奏上三日不出。王及善上言曰。俊臣國之元惡。不去之。必動搖朝廷。吉頊曰。俊臣結聚不逞。誣構良善。贓賄如山。冤魂塞路。國之賊也。太后下其奏。俊臣棄市。仇家爭噉其肉。

聖曆二年。太后幸三陽宮。有胡僧邀車駕觀葬舍利。太后許之。仁傑跪於馬前曰。佛者。戎狄之神。不足以屈天下之主。彼胡僧詭譎。直欲邀致萬乘。以惑遠近之人耳。太后中道而還。曰。以成吾直臣之氣。

久視元年。以張易之為奉宸令。每內殿曲宴。輒引易之昌宗飲博嘲戲。昌宗衣羽衣吹笙。乘木鶴於庭中。太后選美少年為奉宸內供奉。右補闕朱敬則諫曰。陛下內寵易之昌宗足矣。而侯祥等明自媒衒求入供奉。醜慢無恥。臣職諫爭。不敢不奏。太后勞之。

武后時。魏元忠為洛州長史。張易之暴奴亂都市。元忠杖殺之。及為

相嘗面奏臣承先帝不能盡忠死節。使小人在側。臣之罪也。太后不悅。由是諸張深怨之。乃譖元忠嘗言太后年老。不若挾太子為久長。太后怒元忠。誅反。下元忠獄。竟坐貶元忠高要尉。元忠入辭。上言曰。臣老向嶺南。十死一生。但陛下必思臣言。因指易之昌宗曰。此二小兒。終為亂階。

時桓彥範為司刑少卿。張昌宗引妖人迎占言計不軌。宋璟請窮治其奸。武后以昌宗嘗自歸不許。彥範諫曰。昌宗謬擴恩苞禍心。憑測天命。皇神降怒。自遘其咎。推原厥情。盡防事暴之日。得引首以免。不發則俟時為逆。此凶詭之臣。熒惑聖心。既自歸款。而尚與妖人祈福禳災。則果於必成。初無悔意。今而宥之。誠恐昌宗自謂應運。天下諸惑疑之。又在子稱尊為逆于君。在臣圖位為逆臣。逆而不誅。社稷懼亡。請付三司考竟。

時來俊臣侯思止等舞文法。數誅陷大臣。人皆懾懼。李昭德每奏其誣罔不道狀。卒榜殺思止。其黨稍摧沮。然昭德頗怙權。為衆指目。魯王府功曹參軍丘愔上疏曰。臣聞魏冉誅秦族以安秦忠也。然穰侯以強國功多。出入自專。擅斷無忌。威震人主。不聞有吾。張祿一言。而卒用憂死。向使昭王不即覺悟。則秦之霸業。或不傳于孫。陛下天授以前。萬機獨斷。公卿百執。具職而已。自長壽以來。厭怠細政。擢李昭德秉機權綱。而才小任重。負氣強愎。群官下民募狗同列。劉濬慶禁多所矯慶。貧威翕習。天下杜口。臣伏見南臺敕目。群臣奏請。陛下制已曰可。而昭德建言不可。則又從之。且人臣參奉機密。獻可替否。事或便利。不預咨謀。而盡可已行。方興駮異。是陽露擅命以示於人。歸美引咎。蹐不類此。一切奏讞。皆承風指。陰相傳會。臣觀其膽乃大於身。鼻息所衝。上拂雲漢。夫小家治生。千百之貨。將以託人。尚憂失枝。況天下之事。可輕奉寄乎。伏願聖察。須防其漸。大權一去。收之良難。願陛下察臣之言。

時李嶠為內史。與監察御史張廷珪薦李邕文高氣方直。才任諫諍。乃召拜左拾遺。御史中丞宋璟劾張昌宗等反狀。武后不應。邕立階下大言曰。璟所陳社稷大計。陛下當聽。后色解。即可璟奏。邕出。或讓曰。子位卑。一忤旨。禍不測。邕曰。不如是。名亦不傳。中宗立。鄭普思以方技幸。擢秘書監。邕諫曰。陛下躬政日淺。有九重之嚴。未聞道路横議。今籍籍言普思憑詭惑號妖祥。陛下不知。猥見驅使。孔子曰。詩三百。一言以蔽之。曰思無邪。陛下誠以普思術可致長生。則爽鳩氏且因之永有天下。非陛下乃今可得。能致神人邪。秦漢且因之永有天下。非陛下乃今可得。能致佛法邪。梁武帝且因之永有天下。非陛下乃今可得。能鬼道邪。墨翟干寶且本獻其言。永有天下。非陛下乃今可得。自古堯舜稱聖者。臣觀所以行。皆在人事。敦睦九族。平章百姓。不聞以鬼神道治天下。唯陛下省察。

中宗復位時。侍中桓彥範上書諫帝曰。道路籍籍。皆云胡僧慧範。託浮屠詐誕。惑后妃。出入禁奧。讀撓朝政。陛下宜輕騎微服。數幸其居。上下汙慢。君臣虧替。臣謂興化致治。必康乂國家者。臻進善而棄惡。孔子曰。執左道以亂政者殺。假鬼神以危人者殺。今慧範亂政危人者也。不急誅。且有變。除惡務本。願早裁之。帝屬昏狃左右。不能有所省納。

神龍元年。鄭普思聚黨於雍岐二州。謀作亂。事覺。西京留守蘇瓌收繫窮治之。上御瓌而佑普思。侍御史范獻忠進曰。請斬蘇瓌。上曰。何故。對曰。瓌為留守大臣。不能先斬普思。然後奏聞。使之熒惑聖聽。其罪大矣。且普思反狀明白。而陛下曲為申理。王者不死。殆謂是乎。[illegible]

元忠奏曰。蘇瓌長者。用刑不枉。晉思法當死。上流晉思於儋州。餘當伏誅。

景龍元年。僧慧範爲銀青光祿大夫上庸公。於東都作大像。府庫爲之虛耗。上及韋后皆重之。無敢指目者。侍御史魏傳弓奏曰。刑賞國之大事。陛下賞已妄加。豈宜刑所不及。上乃削黜慧範放于家。

四年。以鍾紹京爲中書令。典朝政。紹京縱情賞罰。衆皆惡之。太常少卿薛稷言於上曰。紹京雖有勳勞。素無才德。出自胥徒。起居元宰。恐失聖朝具瞻之美。出爲蜀州刺史。

中宗時。崔日用與薛稷爭於上前。稷曰。日用傾側。附武三思。非忠臣。賣友邀功。非義士。日用曰。稷附張易之、宗楚客。非傾側而何。上兩罷之。

睿宗即位時。宰相多太平公主之黨。劉幽求與羽林將軍張暐謀使中書侍郎王琚言於上曰。竇懷貞、崔湜、岑羲皆因公主得進。日夜爲謀不輕。若不早圖。一旦事起。太上皇何以得安。請速誅之。上以爲然。暐洩其謀。上流幽求於封州。

玄宗開元元年。詔周利貞及滑州刺史裴談等皆酷吏。宜終身勿齒。後利貞復授珍州司馬。明年。授陝州刺史。黃門侍郎張廷珪執奏曰。陛下英斷聖明。四海心服。所謂英斷。殄凶逆。正朝廷是也。所謂聖明。辨忠邪。信賞罰是也。利貞宗武舊黨。鉏僇植敵。自陛下登宸極。布新政。奪其班級。遷之遐荒。以允天下之望。義士猶以罰輕爲望。今錫以朱紱。委以藩維。是姦奸不必行也。疏入。遂寢。

四年。京兆尹崔日知貪暴不法。李傑將糾之。日知反構傑罪。侍御史楊瑒廷奏曰。若糾彈之司。使奸人得而恐喝。則御史臺可廢矣。上遽命傑視事。貶日知歙縣丞。

二十四年。張守珪使平盧討擊使安祿山討奚、契丹。敗績。守珪奏請斬之。祿山臨刑呼曰。大夫不欲滅奚、契丹耶。奈何殺祿山。乃更執送京師。上惜其才。敕之。張九齡固爭曰。失律喪師。不可不誅。且其貌有反相。不殺必爲後患。上曰。卿勿以王夷甫識石勒。枉害忠良。竟赦之。

德宗時。起盧杞爲饒州刺史。給事中袁高當草詔。見宰相盧翰、劉從一曰。杞當國。矯誣陰賊。斥忠讜。傲明德。反易天常。使宗祏失守。天下瘡痍。朝廷不寘以法。才示貶黜。今遂授大州。天下其謂何。翰等不挽。命舍人作詔。詔出。高執不下。奏曰。陛下用杞爲相。出入三年。附下罔上。使陛下越在草莽。群臣願食其肉且不厭。漢法三光不明。雨旱不時。皆宰相請罪。小者免。大者戮。杞罪萬誅。陛下赦不誅。止貶新州。儀又內移。今復拜刺史。誠失天下望。帝曰。杞不逮。是朕之過。朕已再赦。奏曰。杞天資佻險。非不逮。彼固所餘。赦者止赦其罪。不宜授刺史。願聞外廷。并敕中人聽於民。若億兆異臣之言。臣請前死。諫官亦力爭。帝前。帝曰。與上佐可乎。群臣奉詔。翌日。遣使慰高曰。朕惟卿言切至。已如奏。太子少保韋倫曰。高言勁挺。自是陛下一良臣。宜加優賞。

時判度支班宏卒官。中書侍郎同中書門下平章事陸贄薦李巽。帝漫許之。而自用裴延齡。贄奏曰。臣聞君子小人。用舍不並。國家否泰。恒必由之。君子道長。小人道消。於是上下交而萬物通。此所以爲泰也。小人道長。君子道消。於是上下不交。而萬物不通。此所以爲否也。夫小人於蔽明害理。如目之有眯。耳之有充。嘉穀之有蟊。梁木之有蠹也。眯離婁之目。則天地四方之位不分矣。充子野之耳。則雷霆蠅黽之聲莫辨矣。雖后稷之穡。禾易長嗇。而蟊傷其本。則零瘁而不植矣。雖公輸之巧。臺成九層。而蠹空其中。則圮折而不支矣。是以古先聖哲之立言垂制。必殷勤切至。以小人爲戒者。豈特有意離而沮之哉。識以其蔽主之明。害詩之理。致禍之源。傳僞善之疊派。所以在國有家者不得不去耳。其在周易則曰。大君有命。開國承家。小人勿用。必亂邦也。在尚書則曰。除惡務本。去邪勿疑。在毛詩則曰。無縱詭隨以謹無良。曾是掊克。斂怨以爲德。盜言孔甘。亂是用餤。讒人罔極。交亂四國。在論語則曰惡利口之覆邦家者。在春秋則曰。聚斂積實。不知紀極。毀信廢忠。崇飾惡言。靖譖庸回。服讒蒐慝。天下之人。謂之四凶。在禮記則曰小人行險以徼幸。長國家而務財用者。必自小人矣。小人使爲國家。而災害並至。雖有善人。無如之何。臣頃因讀書。常憤此類。不圖聖代目覩斯人。戶部侍郎裴延齡者。其性邪。其行險。其口利。其志凶。其矯妄不疑。其敗亂無恥。以聚斂爲長策。以詭妄爲嘉謀。以掊克斂怨爲匪躬。以靖譖服讒爲盡節。總典籍之所惡以爲智術。冒聖哲之所戒以爲行能。可謂堯代之共工。魯邦之少卯。伏惟陛下

協放勛文思之德。而鑒其方鳩僝功。體仲尼天縱之明。而辨其順非堅僞。則天討斯得。聖化允孚。小往大來。孰不欣幸。跡其奸蠹。日長月滋。陰祕者固未盡彰。敗露者猶難悉數。今請粗舉數事。用明狀同大端。悉非隱微。皆可覆驗。陛下若意其負謗。則誠宜亟爲辨明。陛下若知其無良。又安可曲加容掩。願擇左右親信兼與舉朝公卿儒臣所言。閱實其事。倘延齡罪惡無狀。即臣之奏議是誣。宜申典刑。以懲虛妄。俾四海法朝廷之理。兆人戴陛下之明。得失之間。其體甚大。不當復有疑慮。使辨之不早。以竟失天下之望也。前歲秋首。班宏喪亡。特詔延齡繼司邦賦。數月之內。遽衒功能。奏稱勾獲隱欺。計錢二十萬貫。請貯別庫。以爲羨財。供御所須。永無匱乏。陛下欣然信納。因謂委任得人。既賴羸餘之資。稍弘心意之欲。興作浸廣。宣索漸多。延齡務實前言。且希睿旨。不敢告闕。不敢辭難。勾獲既是虛言。無以應命。供

辦皆承嚴約。苟在及期。遂乃搜求市鄽。豪奪入獻。追捕夫匠。迫脅就功。以勅索爲名。而不酬其直。以和雇爲稱。而不償其傭。都城之中。列肆爲之晝閉。興役之所。百工比於幽囚。聚詛連群。遮訴盈路。持綱者莫敢致詰。巡察者莫敢爲言。時有致詰爲言。輒謂黨邪醜直。天子斂下。囂聲沸騰。四方觀瞻。何所取則。蕩心於上。斂怨於人。欺天陷君。遠近危懼。此其罪之大者也。總制邦用。度支是司。出納貨財。太府攸職。凡是太府出納。皆稟度支文符。太府依符以奉行。度支憑按以勘覆。互相關鍵。用絕奸欺。其出納之數。則每旬申聞。其見在之數。則每月計奏。皆經度支勾覆。又有御史監臨。旬旬相承。月月相繼。明若指掌。端如貫珠。財貨少多。無容隱漏。延齡務行邪諂。公肆誣欺。遂奏云左藏庫司多有失落。近因檢閱。使置簿書。乃於糞土之中。收得銀十三萬兩。其疋段雜貨百萬有餘。皆是文帳脫遺。並同已棄之物。今所收

獲。即是羨餘。悉合移入雜庫。以供別勅支用者。其時特宣進止。悉依所奏施行。太府少卿韋少華抗表上陳。殊不引伏。確稱每月申奏。皆是見在數中。請令推尋。足驗奸詐。兩司既相論執。理須辨覈是非。臣等具以奏聞。請定三司詳覆。若左藏庫遺漏不謬。隱僞固合抵刑。如度支舉奏是虛。誣詐亦宜得罪。陛下既不詳差三司按問。又不令撿奏辨明。度支言太府隱漏至多。而少華所任如舊。太府論度支奸欺頗甚。而延齡見信不渝。枉直兩存。法度都弛。以在庫之物。爲收獲之功。以常賦之財。爲羨餘之實。罔上無畏。示人不慚。此又罪之大者也。國之府庫。用寘貨財。物合入官。則納于其內。事合給用。則出乎其中。所納無非法之財。所出無不道之用。坦然明白。何曲何私。而延齡險猾售奸。詭橘求媚。遂於左藏之內。分建六庫之名。意在別貯贏餘。以奉人主私欲。曾不知王者之體。天下爲家。國不足。則取之於人。人不

是乃資之於國，在國爲官物，在人爲私財。何謂贏餘，須別有財。是必巧詐以變移官物，暴法以刻斂私財。捨此二塗，其將焉取。陛下方務崇信，不加檢裁，延齡既怙寵矜能，益復放肆。遂錄積久逋欠，妄云察獲姦贓，總計緡錢八百餘萬。聽其言則利益雖大，考其事則虛誕自彰。或是水火漂焚，或緣旱澇傷敗，或因兵亂散失，或遭寇賊敓攘，或唯准法免徵，或經恩合放，或人戶逃逝，無處追尋，或綱典拘囚，不免填納，或沒入居宅，歲久摧殘，或收獲資產，年深破壞，類皆如此，難以準論。在人者蓋無可科徵，爲官者悉不任貨賣。但存名額，虛掛簿書。大抵錢穀之司，皆恥財物減少，所以相承積累，不肯蠲除。每當計奏之時，常充應在之數。延齡苟稱蒐獲，遂請徵收，恢張利門，誘動天聽，貽誚侮於方岳，賈怨恚於蒸黎。于茲累年，一無所得。其爲昧妄，如日昭哉。陛下姑欲保持，曾無詰問，延齡謂能蔽惑，不復懼思。奸威既沮於四

方，檢態復行於內府。由是蹂躪官屬，傾倒貨財，移東就西，便爲課績，取此適彼，遂號羨餘。愚弄朝廷，有同兒戲。諸州輸送布帛，度支不務准平，抑制市令，賤通估價，於其所折，即便下徵，重困疲甿，展轉流弊。既彰忌害，且示不誠。及其支送邊州，用充和糴，則於本價之外，例增一倍有餘。布帛不殊，貴賤有異。剝徵困下，既以折估爲名，抑配傷人，又以出估爲利。事多矛盾，交駭物情。窮邊穡夫，痛憤切於骨髓，下至編戶，冤呼徹於蒼旻。而延齡以買取折估爲公忠，苟得出估爲贏利。所謂失人心而聚財賄，亦何異割支體以徇口腹哉。殊不寤支體分披，口安能食，人心離析，財豈能存。此又罪之大者也。平原遠鎮，扼制蕃戎，五原要衝，控帶靈夏，芟夷榛薉，翦逐豺狼，崎嶇繕完，功力纔畢。地猶負絕，勢頗孤危，新集之眾，志猶未固，尤資贍恤，俾漸安居。頻勅度支，令貯軍糧，常使平原有一年之蓄，鹽州積半年之儲，循環轉輸，

不得缺數。近者二鎮告急，俱稱絕糧。陛下召延齡令赴中書，遣希顏寔有質問。延齡確言儲餉不絕，諸蓄殊多，歲內以來，必無缺乏。希顏懼其推互，遂令草狀自陳，狀右如言，咨無疑畏。陛下鑒其所奏，翻謂軍吏不誠，遂違中書，馳往檢覆，道路無轉運之跡，軍城無旬日之儲。將卒嗷嗷，幾將不守。有如是之顛沛，有如是之欺謾，按驗既明，恩榮靡替。其爲蠹損，曠代罕聞。此又罪之大者也。國之憲章，會府是司。位列諸郎，猶應辰象，任居六事，實代天工。內總轄於庶官，外敷化於列郡。舉措係生靈之命，得失關理亂之源。爲人軌儀，安可容易。未有大官弛縱而能使群吏服從，朝典隳遷而欲禁天下暴慢。是以天寶將季，楊國忠爲吏部尚書，丞於私庭詮集選士。果令違墜，得以爲詞。史策書之，是爲國恥。而延齡放情亂紀，又甚國忠，懈於夙興，多缺會朝之禮，徇其鄙吝，大廢省署之儀。使郎曹於里閭，視公事於私第，盡室

飲官廚之膳，填街持簿領之書。復有諸部參辭，四方申請，妄違資其判署，去就候其指撝。延齡或聚客大醵，不令白事，或縱酒恣樂，莫敢入言。至有迫切而來，逢情未肯，輸納之後，累月不歸，資粮罄於滯淹，窮力困於朝集。晨趨夕散，十百爲群，里中填閭，常若闤闠，衢巷列肆，淤又肆。邑居成逆旅之律，雖欲慢官虐人，毀法求之今古，鮮有其倫。此又罪之大者也。總領財賦，號爲殷繁，自非識究變通，智權輕重，大不失體，細能析微，濟之以均平，蒞之以勤肅，近無滯事，遠無壅情，綱條之下無亂繩，鑒照之下無隱匿，然後人不困而公用足，威不厲而奸吏懲。苟或未然，則非稱職。況延齡以素所愎戾之質，而加之狂躁滿盈，既慣且驕，事何由理。遂以國家大計，委於胥吏末流。當路者無睹而不察，應徵者受賕而縱免。紀綱大壞，貨賂公行，苟務剝權貨，發柄。道者度支小吏，屢爲府縣所繩，糾其奸贓，無不狼藉。通結動連

於節將交私。匪止於苞苴。盛福潛移乃至於是。職司失序。固亦可知。此又罪之大者也。風教之大。禮讓為先。禮讓之行。朝廷為首。朝廷者萬方之所宗仰。群士之所楷模。觀而效焉。必有甚者。是以朝廷好禮。則俗尚敦恭。朝廷尊讓。則時恥貪競。朝廷有失容之慢。則陵暴之弊播於人。朝廷有動色之爭。則攻鬭之禍流於下。聖主知其然也。故選建賢德。以為公卿。使人具瞻。不諭而化。昔周之方盛。多士盈朝。時靡有爭。用能俾乂。故其詩曰。慎爾出話。敬爾威儀。無不柔嘉。又曰。有來雍雍。至止肅肅。相維辟公。天子穆穆。言群臣相與事上。敬而能和。言語動作。靡有不善也。周德既衰。小人在位。務相侵侮。以至危亡。故其詩曰。方茂爾惡。相爾矛矣。又曰。既之陰女。反予來赫。又曰。涼曰不可。覆背善詈。言小人得志。惡怒是憑。肆其褊心。以相詐病也。陛下勤脩儀式。以靖四方。慎選庶官。以貞百度。內選則股肱耳目。外選則垣翰藩維。濟濟師師。咸欽至化。庶相感率。馴致太和。而度支憑寵作威。恃權縱暴。侵刻軍鎮。匱缺糧資。將帥每使中論延齡。率皆毀訾。或指誣隱盜。或謗訐陰私。或數其出處賤微。或憶其心志邪悖。詞皆醜謗。事悉加諸。匹夫見陵。猶或生患。況將帥素加委遇。多著勳庸。縱有踰分取求。但宜執理裁處。苟當其所執。敢不從。豈可對彼偏裨。恣行侵辱。使其慚見於麾下。憤恥於朝廷。唯口起羞。諒非細故。為國聚釁。實由斯人。而又詹害群司。幸其缺敗。蔑棄典憲。逞於兇懷。氣吞等夷。肆蓄郎吏。時有履道而不為屈撓。守官而莫肯由從。遣其詆訶。事則尤劇。或辱蔑祖父。或毀及家門。皆名教所不忍聞。叙述所不堪紀。其為構陷。抑復多端。故示兇威。使人懾憚。人之狂險。乃至於斯。上虧大猷。下扇流俗。梟然禮義之府。蛾汚清明之朝。此又罪之大者也。度支舊管牛騾三千餘頭。車八百餘乘。循環載負。供饋邊軍。既有番遞之備。永

無科配之擾。延齡苟逞近功。不務遠圖。廢其舊備。減其芻秣。車破畜耗。略無孑遺。每須載運軍資。則令府縣差雇。或有奉承別旨。須趣促期。遂於街市之間。虜奪公私雜畜。被掠頗甚。資損尤多。吏因生姦。人不堪命。所賦者則豢以為利。所貴者則隱而不論。破實徇虛。多如此類。度支應給宮內及諸司并芻藁柴薪炭等。除稅草之外。餘悉市供。所用既多。恒須貯備。舊例每至秋穫之後。冬收之時。散開諸場。遂便和市。免貴高價。復資人。公私之間。頗謂兼濟。延齡忽隳舊制。但飾奸情。旋計芻薪價錢。以為節減剩利。及至春夏之際。蘩秸已殫。霖潦之中。樵蘇不繼。軍廄輟㭊。官廚待然。告闕頻煩於聖聰。徵催絡繹於有署。崎嶇求買。伺暇計量。縻耗官錢。不啻累倍。睽蹇狼狽。率以為常。此則睿鑒之所明知。物情之所深駭。事之舛謬。觸緒皆然。臣愚以謂君斷之流。不過歲費國家百萬緡錢。及事體非宜耳。其為罪惡。未足傾危。事之可憂。不在於此。是以不復詳舉。以煩聽覽也。至如矯詭之態。誣罔之辭。遇事輒行。應口便發。靡日不有。靡時不為。自非叩逆尤彰。足致其禍者。又難以備陳也。延齡有詐偽亂邦之罪。亡而重之以耗斁闕遺。愚智共知。士庶同憤。以陛下英明鑒照。物無遁情。固非延齡所能蔽虧。而莫之辨也。或者聖旨以其甚招嫉怨。而謂之孤貞可託腹心。以其好進讒諛。而謂之盡誠可寄耳目。以其縱暴無畏。而謂之強直可肅奸欺。以其大言不疑。而謂之智能可富財用。將欲排眾議而收其獨行。假殊寵而冀其大成。倘陛下誠有意乎在茲。臣竊以為過矣。夫君天下者。必以天下之心為心。而不私其心。以天下之耳目為耳目。而不私其耳目。故能通天下之志。盡天下之情。夫以天下之心為心。則我之好惡。乃天下之好惡也。是以惡者無謬。好者不邪。安在私託腹心。以售其側媚也。以天下之耳目為耳目。則天下之聰明

皆我之聰明也。是以明無不鑒。聰無不聞。安在偏寄耳目。以招其蔽惑也。夫布腹心而用耳目。舜與紂俱用之矣。舜之意。務求己之過。以與天下同欲。而無所偏私。由是天下臣庶。莫不歸心。忠讜既開。姦慝遁逃。故虞書云。臣作朕股肱耳目。又云。明四目。達四聰。言廣大也。紂之意。務求人之過。以與天下違欲。而溺於偏私。由是天下臣庶。莫不離心。讒佞既行。昏德彌熾。故商書云。崇信姦回。大雅云。流言以對。寇攘式內。言邪僻也。與天下同欲者。謂之聖帝。與天下違欲者。謂之獨夫。其所以布腹心而任耳目之意不殊。然於美惡成敗。若此相遠。豈不求過之情有異。任人之道不同哉。太宗嘗問侍臣何者為明君。何者為暗主。魏徵對曰。君之所以明者兼聽也。其所以暗者偏信也。又曰。秦之胡亥偏信趙高。肆其奸欺。卒至顛覆。徵之此說。理致甚明。簡冊備書。足為鑒戒。趙高指鹿為馬。愚弄厥君。歷代流傳。莫不痛憤。陛

下每覽前志。詳考興亡。固知切齒扼腕。傷心於其主。臣謂鹿之與馬。物類猶同。豈若延齡指有而為無。指無而為有。陛下若不以時省察。得無使後代嗟誚。又甚趙高者乎。斯愚臣所以焦慮疾懷。以陛下為過者良有所以也。夫理天下者。以義為本。以利為末。以人為本。以財為末。本盛則其末自舉。末大則其本必傾。自古及今。德義立而利用不豐。人庶安而財貨不給。因以喪邦失位者。未之有也。故曰。不患寡而患不均。不患貧而患不安。有德必有人。有人必有土。有土必有財。百姓足。君孰與不足。蓋謂此也。自古及今。德義不立而利用克寧。人庶不安而財貨可保。因以興邦固位者。亦未之有焉。故以財散則人聚。財聚則人散。與其有聚斂之臣。寧有盜臣。無令侵削兆庶。以為天子取怨于下。其有若此者。行罰無赦。蓋為此也。殷紂以貪冒失人而亡。周武以散發得人而昌。則紂之多藏。適所以為害己者之資耳。

尚何賴於財賄哉。太宗亦云。務蓄積而不恤人。甚非國家之計。隋氏不道。聚斂無厭。所實洛口諸倉。卒為李密所利。此則前代已行之明效。聖祖垂裕之格言。是而不懲。何以為理。陛下初膺寶曆。志翦群兇。師旅繁興。徵求寖廣。權算侵剝。下無聊生。是以涇原叛徒。乘人怨咨。白晝犯闕。都邑甿庶。恬然不驚。反與賊眾相從。比肩而入宮殿。雖蚩蚩之性。靡所不為。然亦由德澤未浹於人。而暴令驅迫以至於是也。于時內府之積。尚如丘山。竟資兇渠。以餌貪卒。此時陛下所覩之矣。而乃失人而聚貨。夫何利之有焉。車駕既幸奉天。逆泚旋肆圍逼。一壘之內。萬衆所仰。窮如涸流。庶物空匱。嘗欲發一健步。出視賊軍。其人懇以苦寒為辭。跪奏乞一襦袴。陛下為之求覓不致。竟憫然而遣之。又宮壺之中。服用有缺。聖旨方以戎事之急。不忍重煩於人。乃剥親王飾帶之金。貨以給直。是時行從將吏。赴難師徒。倉黃奔馳。咸

未冬服。漸屬凝沍。且無薪烝。飢凍內攻。矢石外迫。晝則荷戈奮迅。夜則映堞呻吟。凌風颷。冒霜霰。踰旬而衆無攜貳。卒能走彊賊全危城者。陛下豈有嚴刑重賞使之然邪。唯以不厚其身。不藏其貨。與衆庶同其憂患。與士伍共其有無。乃能使捐軀命而扞寇讎。餒之不離。凍之不憾。臨危而不易其守。見死而不去其君。所謂聖人感人心而天下和平。此其效也。及乎重圍既解。諸道稍通。賦稅漸臻。貢獻繼至。乃於行宮外廡之下。復列瓊林大盈之司。未賞功勞。遽私賄玩。甚沮惟新之望。頗攜死義之心。於是輿誦興譏。而軍士始怨矣。財聚人散。不其然歟。旋屬逆賊內攻。翠華南狩。奉天所積財貨。悉復殲於亂軍。既還帳暴白不暇給。獨憑大順。遂復皇都。是知天子者。以得人為資。以蓄義為富。人苟歸附。何患蔑資。義苟修崇。何憂不富。豈在貯之內府方為己有哉。故藏於天下者。天子之富也。藏於境內者。諸侯之富也。

藏於囷倉箧匱者，農夫商賈之富也。奈何以天子之貴，海內之富，而猥行諸侯之棄德，蹙守農商之鄙業哉。陛下若謂厚取可以恢武功，則建中之取既無成矣。若謂多積可以爲已有，則建中之積又不在矣。若謂徇欲不足傷理化，則建中之失傷已甚矣。若謂斂怨不足致危亡，則建中之亂危亦至矣。然而遽能靖滔天之禍，成中興之功者，良以陛下有側身脩勵之志，有罪己悔懼之詞，罷息誅求，敦尚節儉，渙發大號，與人更新，故靈祇嘉陛下之誠，臣庶感陛下之意，釋憾迴慮，化危爲安。陛下亦當爲宗廟社稷建不傾不拔之永圖，爲子孫黎元垂可久可大之休業，懲前事徇欲之失，復日新盛德之言，豈宜更縱檢邪，復行刻暴，事之追悔，其可再乎。臣又竊慮陛下納彼盜言，墜其奸計，以爲搏噬寡擾，怨集有司，積聚豐盈，利歸君上。是又大繆，所宜慎思。夫人主昏明，係於所任。咎繇、夔、契之道著，而虞舜享濬哲之

名。皇甫鎛之徒行，而周厲嬰顛覆之禍。自古何嘗有小人柄用而不及邦國者乎。肆諸操兵以刃人，天下不委罪於兵而委罪於所操之主。畜蠱以殃物，天下不歸咎於蠱而歸咎於所畜之家。理有必然，不可不察。臣竊慮陛下以延齡之進，獨出聖衷，延齡之言，多順宸旨。今若以罪貴斥，則以爲衆所擠，故欲保持，用彰堅斷。若然者，陛下與人終始之意則善矣，其於改過不吝，去邪勿疑之道，或未盡善焉。夫人之難知，著自淳古，試可乃已，載於典謨。陛下意其賢而任之，知其惡而棄之，此理之常，于何不可。儻陛下猶未知惡，但疑見擠，固有象恭挾詐之人，亦有黨邪害直之主，所貴考覈而絕欺誣。陛下以延齡爲能，愚臣以延齡爲罪。能必有迹，罪必有端。陛下胡不指明其所効之能，以表忠賢，按驗其所論之罪，以考虛實，與衆同辨，示人不私。若能迹可稱而罪端無據，則是黨邪害直之驗也。陛下當絀其傷善以勵事君。罪端有徵，而能迹無實，則是象恭挾詐之驗也。陛下當糾其包禍，以戒亂邦。如此，則上之於下，釋嫌構之疑；下之於上，絕偏惑之議。何必忠邪無辨，枉直莫分，薰蕕同藏，其臭終勝。此則小人道長之勢也。實時運否泰，安危之所係，豈但有虧聖德，不利善人而已乎。陛下若以必與己同者爲忠良，自我作者無改變，如此，則上之所欲莫不諂，上之所失莫不從，水火相濟不爲非，金礪相須不爲是，恥過作非不足戒，捨己從人不足稱。惟意是行，則違輔幾乎息矣。違輔息，則理不可致。仲尼所謂一言喪邦者，在於予之言而莫予違也。事關興亡，固不可忽。希旨順默，浸已成風。獎之使言，猶懼不既，若又阻抑，誰當貢誠。伏恐未亮斯言，請以一事爲證。只如延齡凶妄，流布寰區，上自公卿近臣，下逮輿臺賤品，諠譁談議，億萬爲徒。能以上言，其人有幾。陛下誠令親信博採輿詞，參校比來所聞，足鑒人間情僞。

臣以卑鄙，任當台衡，既極崇高，又承渥澤，豈不知觀時附會，足保舊恩，隨衆沉浮，免貽厚責，謝病黜退，獲知幾之名，黨奸苟容，無見嫉之患。何急自苦，獨當豺狼，上遠憸情，下餌讒口。良由內顧庸昧，一無所堪。夙蒙眷知，唯在誠直，綢繆帳扆，一紀于茲。聖慈既以此見容，愚臣亦以此自負。從陛下歷播遷之艱危，覩陛下致興復之艱難，至今追思，猶爲心悸。所以畏覆車而駭慮，懼燬室而悲鳴，盡情激于衷，雖欲罷而不能自默也。因事陳執，雖已頻繁，天聽尚高，未垂諒察。輒申悃款，以極愚誠。憂深故語煩，懇迫故詞切，以微臣自固之謀則過，爲陛下憂患之計則忠。糜軀奉君，非所敢避，沽名衒直，亦不忍爲。願迴睿聽，爲國熟慮，社稷是賴，豈唯微臣。不勝苟懇報德之誠，謹昧死奉書以聞。臣誠惶誠恐，頓首再拜。

時裴延齡誣逐陸贄、張滂、李充等，帝怒甚，無敢言。右諫議大夫陽城

閒曰。吾諫官。不可令天子殺無罪大臣。乃約拾遺王仲舒守延英閤上疏。極論延齡罪。慷慨引誼。申直贄等。累日不止。聞者寒懼。城愈厲。帝大怒。召宰相抵城罪。順宗方爲皇太子。爲開救。良久得免。敕宰相諭遣。然帝意不已。欲遂相延齡。城顧語曰。延齡爲相。吾當取白麻壞之。哭於廷。帝不相延齡。城力也。

憲宗時。左神策軍吏李昱貸長安富人錢不償。京兆尹許孟容收捕械繫。立期使償。曰。期滿不足當死。中尉訴於上。上遣中使宣旨送本軍。孟容曰。臣不奉詔當死。然臣爲陛下尹京畿。非抑制豪强。何以肅清輦下。錢未償。李昱不可得。上嘉其剛直而許之。京城震慄。

時以柳公綽爲京兆尹。公綽初赴府。有神策小將躍馬衝其前導。公綽駐馬杖殺之。明日入對。上怒詰之。對曰。京兆爲輦轂師表。今視事之初。而小將敢尔唐突。乃輕陛下詔命。非獨慢臣也。臣知杖無禮之人。

不知其爲神策軍將也。上曰。何不奏。對曰。臣職當杖之。不當奏。上退謂左右曰。汝曹須作意此人。朕亦畏之。

時五坊使楊朝汶妄捕繫人。責其息錢。轉相誣引。近千人。中丞蕭俛劾之。裴度以爲言。上曰。姑與卿論兵事。此小事。朕自處之。度曰。用兵事小。所憂不過山東耳。五坊使暴横。恐亂京輦。上召朝汶責之曰。以汝故。令吾羞見宰相。遂賜之死。盡釋繫者。

時翰林學士元稹與知樞密魏弘簡深相結。求爲宰相。稹以裴度先達重望。恐其復有功大用。妨己進取。故度所奏軍事。多與弘簡從中沮之。度上表曰。逆豎構亂。震驚山東。奸臣作用。撓敗軍政。陛下欲掃蕩幽鎮。先宜肅清朝廷。河朔逆賊。秖亂山東。禁闈奸臣。必亂天下。是則河朔患小。禁闈患大。小者臣與諸將必能翦滅。大者非陛下覺悟斷制。無以驅除。臣蒙陛下委付之意不輕。遭奸臣抑損之事不少。但欲令臣失所。而於天下理亂。山東勝負。悉不之顧。若朝中奸臣盡去。則河朔逆賊不討自平。若奸臣尚存。則逆賊縱平無益。上不得已。罷弘簡。稹爲解翰林。而恩遇如故。

時昭義軍監軍劉承偕太后養子。恃恩陵轢節度使劉悟。悟執承偕囚之。上詔悟送承偕。悟不奉詔。會裴度入朝。上問度宜何如處置。對曰。承偕驕縱不法。臣盡知之。陛下必欲收天下心。止應下半紙詔書。具陳其罪。令悟集將士斬之。則藩鎮之臣孰不思爲陛下致死。非獨悟也。上不得已。流承偕於遠州。

文宗暴感風。害語言。鄭注始因王守澄以藥進。帝少間。又爲李訓使待詔。帝欲授諫官。中書侍郎李德裕曰。昔諸葛亮有言。親賢臣。遠小人。先漢所以興隆也。親小人。遠賢士。後漢所以傾頽也。今訓小人。頃咎惡暴天下。不宜引致左右。帝曰。人誰無過。當容其改。且逢吉嘗言

之。對曰。聖賢則有改過。若訓天資奸邪。尚何能改。逢吉位宰相而顧愛兇回以累陛下。亦罪人也。帝語王涯別與官。德裕摇手止涯。帝適見不懌。訓注皆怨。即復召宗閔輔政。拜德裕爲興元節度使。

武宗會昌四年。以趙歸眞爲道門教授先生。得幸。李德裕諫曰。歸眞敬宗朝罪人。不宜親近。上曰。朕宫中無事時。與之談道滌煩耳。至於政事。朕必問卿等與次對官。雖百歸眞。不能惑也。德裕曰。小人見勢所在。則奔趣之。旬日以來。歸眞之門。車馬輻湊。願陛下深戒之。

時邢洺磁三州既降。郭誼懼。謀斬劉稹以降。宰相入賀。上曰。郭誼宜如何處之。李德裕對曰。劉稹年少懦弱。騃孺子耳。阻兵拒命。皆誼爲之謀主。及勢孤力屈。又賣稹以求賞。此而不誅。何以懲惡。宜及諸軍在境。并誼等誅之。上曰。朕意亦以爲然。乃斬之。

宣宗時。京兆尹韋澳既視事。豪貴歛手。鄭光莊吏恣横。積年租税不

入。與執而械之。具奏其狀。欲寘於法。上曰。鄭光甚愛之。如何。對曰。如此。則是陛下之法獨行於貧戶耳。臣不敢奉詔。上曰。然則痛杖而貸其死。可乎。澳歸。即杖之。督租數百斛。足。乃釋。

後晉高祖天福間。楊昭儉爲翰林學士。時驕將張彥澤鎮涇原。暴殺從事張式。朝廷不加罪。昭儉與刑部郎中李濤、諫議大夫鄭受益抗疏論列。請寘之法。疏奏不報。會有詔令朝臣轉對。或有封事。亦許以不時條奏。昭儉復上疏曰。天子君臨四海。日有萬機。懋建諍臣。備繼其闕。今則諍臣雖設。言路不通。藥石之論。不達於聖聰。而邪佞之徒。取容於左右。御史臺紀綱之府。彈糾之司。銜冤者固當昭雪。爲姦者難免於流。陛下臨御以來。寬仁太甚。徒置兩司。殆如虛器。遂令節使慢侮朝章。屠害幕吏。始訴冤於丹闕。反執送於本藩。苟安跋扈之心。莫恤冤抑之苦。願回睿斷。誅彥澤以謝軍吏。由是權臣忌之。

宋仁宗天聖五年。祀南郊。中外以爲丁謂須還。殿中侍御史陳琰上疏曰。亂常肆逆。將而必誅。左道懷奸。有殺無赦。丁謂因緣險佞。據竊公台。賄賂包苴。盈於私室。威權請謁。行彼公朝。引巫師妖術。厭魅宮闈。動神寢龍岡。冀消王氣。今禋崇展禮。渙汗推恩。必慮謫潛輸珠貨。私結要權。假息遐荒。冀移善地。李德裕止因用黨。不獲生還。盧多遜曲事王藩。卒無寧復。請不原赦。帝然之。

景祐元年。監察御史裏行孫沔奏論許申妄薦狂人。疏曰。臣聞左道亂政。大奸不可迸刑。附邪存誠明哲故能早辨。言僞既誅於兩觀。德凶必屏於四方。俾諸諂佞之臣。以絕僥求之路。竊見三司判官工部郎中許申。久塵寵榮。莫著功名。昔居刑獄之司。劾無狀而寢命。後列尹京之著。起公議以歸班。既已黜而復升。見多岐而挾詐。近者風聞羅官漕運。入覲闕庭。擬判計司。累膺殊用。不思展效。唯急趨時。乃妄薦於狂人。妄言精氣。俾先窖於內寺。上瀆威顏。而吮氣行無間。豫不在大章。甚之失。爲害必深。呼吸之中。其慮安測。古人謂服藥有害。微臣謂行氣亦然。豈可肆行幻惑。抑泥以合煉丹藥。終不免誅。杜景之求訪異人。盡爲怪誕。苟久習於左右。必貽患於君親。裴寅有言。罪當無赦。又聞錫以白金五百兩。無名受寵。亦駭聽聞。忝爲人臣。不知忠孝。援引詭道。狂冒天聽。盜竊厚恩。益長奸黠。將巧圖於進用。必有玷於觀瞻。大紊國網。宜除君側。伏望追還所賜。免摽謚賞之名。黜去匪人。以杜傾邪之漸。

景祐中。宰相呂夷簡求罷。仁宗優詔弗許。孫沔爲陝西轉運使。上書言自夷簡當國。黜忠言。廢直道。及以使相出鎮許昌。乃薦王隨、陳堯叟代己。才庸負重。謀議不協。忿爭中堂。取笑多士。政事寢廢。又以張士遜冠台席。士遜本乏遠識。致隳國事。蓋夷簡不進賢爲社稷遠圖。但

引不若己者爲自固之計。欲使陛下知輔相之位非己不可冀。復思己而召用也。陛下果召夷簡還自大名。入秉朝政。于茲三年。不更一事。以姑息爲安。以避謗爲智。西州將帥累以敗聞。契丹無厭。乘此求賂。兵殲貨悖。天下空竭。刺史牧守。十不得一。法令變易。士民愁咨。隆盛之基。忽至於此。今夷簡以病求退。陛下手和御藥。親寫德音。乃謂恨不移卿之疾在于朕躬。四方義士。傳聞詔語。有泣下者。夷簡在中書二十年。三冠輔相。所言無不聽。所請無不行。有宋得君。一人而已。未知何以爲陛下報。天下皆稱賢而陛下不用者。左右毀之也。皆謂憸邪而陛下不知者。朋黨蔽之也。契丹復盟。西夏款塞。公卿忻忻。日望和平。若因此振紀綱。修廢墜。選賢任能。節用養兵。則景德、祥符之風。復見於今矣。若恬然不顧。遂以爲安。臣恐土崩瓦解。不可復救。而夷簡意謂四方已寧。百度已正。欲因病默默而去。無一言啓沃上

心。則白賢不肖。雖盡南山之竹。不足書其罪也。書聞帝不之罪。

慶曆三年。侍讀學士歐陽脩上奏曰。臣昨日因奏事於延和殿。已曾面論李淑在開封府。猶爲疎外。今拜學士。是禁中親近之職。竊緣此人不宜在侍從之列。其奸邪陰險之迹。陛下素已知之。今外邊臣寮骨肉同坐者。不敢道李淑姓名。蓋其纖惡醜不可當。撅外人如此惡之。豈合却在人主左右。淑自來朋附夷簡。在三尸五鬼之數。蓋夷簡要爲肘腋。所以援引至此。不知今日朝廷如此清明。更要此人何用。若欲藉其詞華。則臣謂才行者。人臣之本。文章者。乃其外飾耳。既今文章之士。爲學士者得一兩人足矣。假如全無文士。朝廷詔勑之詞。直書王言。以示天下。尤足以敦復古朴之義。不必雕刻之華。自古有文無行之人。多爲明主所棄。只如徐鉉胡旦皆是先朝以文章著名於天下。二人皆以過惡廢棄。終身不齒。當時朝廷。之不主之人。淑

居開封。過失極多。然止是一府之害。今在朝廷。若有所爲。少肆其志。則害及忠良。沮壞政治。是爲天下之害。故臣不可不言。今雖陛下主張正人。不信讒巧。然淑之爲惡。出於天性。恐不能悛改。竊慮依舊譖毀好人。伏望聖慈一切不納。早與一外任差遣。使正人端士安心作事。無讒毀之避。

脩又奏曰。臣近日竊聞李淑已有聖旨令與壽州。却知中書不肯便行。須得淑自上奏求出。方敢差除。臣謂李淑奸邪之迹。陛下既已盡知。若得斷自宸衷。則使天下之人皆知陛下聰明神聖。辨別忠邪。黜去小人。自出聖斷。如此。則令後奸邪陰惡之人。可使知懼而不敢爲害。今若知中書之意。須待其自求退。則是賞罰之柄。不由人主自行。去住之謀。一任臣下取便。如此。則今後小人皆知雖爲奸邪陰惡。天子欲力去。而中書必未肯行。若不自退。則無人敢差。臣恐自此小人

轉爲得計。不肯悛心。進賢退不肖者。宰相之職也。今大臣既自避怨。不肯爲陛下除去奸邪。賴陛下聖明。洞分邪正。又不能便依聖旨。直與差除。更須曲收人情。優假群小。三四日來。外邊聞陛下欲除李淑壽州。人人鼓舞。皆賀聖德。蓋淑二三十年。出入朝廷。奸險傾邪。害人不少。一旦見人主斥去。左右莫不欣忭。却聞中書如此迂迴。自相顧避。可惜聖明之斷。不盡施行。臣欲望更不須候其請郡。因兩府奏事之時。特出聖旨處分。直除一外郡。使天下皆知此奸邪穢惡之人。是人主力自除去。以彰聖明之德。

脩知諫院又上奏曰。臣竊見去年五月詔勑節文。諸路轉運並兼案察使。或貪殘老昧。委是不治者。逐處具狀聞奏。若因循不切案察。致官吏貪殘。刑獄枉濫。民庶無告。朝廷察訪得知。並當勘罪。重行黜降。竊見近日賊人張海等入金州。劫却軍資甲仗庫。蓋爲知州王茂先

年老昏昧。所以放賊入城。及張海等到鄧州順陽縣。令李正己用鼓樂迎賊入縣。飲宴。留賊宿于縣廨。恣其劫掠。其李正己亦是年老昏昧之人。京西按察使陳洎張昪自五月受却朝廷詔書後半年內。並不按察一人。如王茂先李正己並顯然容庇。不早移換。致得一旦賊至不能捍禦。及光化軍韓綱在彼殘酷。致兵士作亂。亦不能早行覺察。其陳洎等故違詔書。致興盜賊。並合依元降詔勑重行黜降。中書又不舉行。使國家號令。棄作空文。天下禍亂。貽憂君父。蓋由上下互相蒙庇之罪也。其陳洎張昪伏乞依詔勑施行。重與黜降。若明降詔勑。顯有違者。並不舉行。則今後朝廷號令。徒煩虛出。伏望出於聖斷。以警後來。

脩又上奏曰。臣近曾上言爲京西轉運使陳洎張昪違廢詔書。並不案察部下官吏。致使盜賊縱橫。貽憂君父。其陳洎等合坐此罪名。重

行黜降。此事非是臣自生狂見。敢有妄言。乃是朝廷元降詔書內指揮。自合行遣。令諸路轉運使不案察官吏者甚衆。然別不至大段生事。及部內官吏不甚昏老者。亦可且示優容。如陳洎等部內顯然官吏昏老貪殘。並不舉劾。致得盜賊並起。事勢可憂。此若不行。則國家詔敕。乃是空文。今後號令。有誰肯聽。臣伏見近日頻易諸路轉運。方思改作。欲除舊弊。朝廷此後政令。須要必行。令若自廢詔書。小人無信。則新轉運見朝廷先自弛廢。言不足聽。則更無稟畏。必效因循。廢墮更張。必不濟事。古人於作事之初。尚或借人行法。況洎等首自違犯。理合舉行。宜於革弊之初。先行勵衆之事。或謂洎等於少人之際。且要任使。即乞各與降官依舊差遣。以責後效。徐議復資。亦使過之術也。而處議者謂淮南王倫賊後。不曾行遣轉運。蓋淮南新授詔書。未及按察。而賊已奔至。又部內官吏如晁仲約等。本非昏老。不比京

西慢賊。經年不能剪滅。直至養成兇勢。又其部內官吏。顯是昏老誤事之人。授詔半年。故違不舉。較其事體。與淮南不同。今若以淮南不曾行遣。便捨洎等不問。則今後犯者又指洎等以為例。是則朝廷命令。永廢不行。伏惟陛下聰明睿斷。惟是則從。尚恐大臣務收私恩。不顧國體。若能不惜。暫降洎等一兩資官。存取朝廷綱紀。以勵中外。則庶幾國威復振。患難可平。

慶曆四年。脩又上奏曰。臣伏覩朝廷近為王堯臣吳育等爭陳留橋事。至說是非。陛下欲盡至公。特差臺官定奪。而王礪小人。不能上副聖意。挾公徇私。妄將小事張皇。稱王堯臣與豪民有情弊。誣奏慎鉞令堯吏潛行殺害。及妄稱真宗皇帝朝移橋不便。致民切齒等事。及勘出事狀。王堯臣元不曾受豪民請囑。慎鉞亦不曾令小吏潛行殺害。及據先朝日曆內。真宗皇帝親諭王旦為陳留損害舟船。特令脩換。證驗得王礪所言悉是虛妄。上惑聖聰。賴陛下聖明。慎於聽斷。不便輕信其言。別令呂覺根勘。今既勘出事狀。方明王礪不公。伏以臺憲之職。本要糾正紀綱。而礪但務挾私。欺罔天聽。合行黜責。其罪有四。一曰。謗黷先朝聖政。謹案日曆書真宗皇帝親諭王旦移橋一事。乃是先帝知民間利病。移得此橋為便。故史官書之。以彰聖政為後世法。今王礪却稱是真宗朝權臣受豪民獻賂。移得此橋不便民間。至今切齒。若如王礪所說。即是真宗誤信權臣移橋。致民怨怒。乃是當時闕政。今國史書橋便利。彰先帝聖政。王礪言移橋不便。是先朝闕政。臣不知國朝舊史可信。為復王礪之言可憑。其虛妄謗黷之罪可誅一也。二曰。中傷平人。使今後勞臣不勸。臣見向前三司使不能擘畫錢穀。至有強借豪民錢二十萬貫。買天下官私物貨。至稅果菜之類。細碎刻剝。自堯臣在三司。不聞過外誅求。而即今財用不至大

闕。亦聞南郊漸近。諸事亦稍有備。當此窘迫乏用之時。而能使民不加賦。而國用粗足。亦可謂勞能之臣。方當責其辦事。今因移一橋小事。而王礪誣其與豪民有情致興大獄。及至勘出。並無情弊。是王礪不卹朝廷事體。當此乏用之際。將能幹事之臣因小事妄加傷害。其罪二也。三曰。誣奏平人為殺人賊。凡臺官言事許風聞者。謂耳目不及之事。即許風聞。今王礪目見慎鉞所遣小吏。別無武勇。又無器仗。而稱其有殺害之心。及至勘出。並無迹狀。其罪三也。四曰。挾私希旨。初朝廷本為省府互爭。別選不干礙官定奪。王礪既知吳育是舉主。即合自陳。乞別差官。豈可謗黷先朝希合舉主。且礪言慎鉞是堯臣所舉。感恩必深。今礪是吳育舉。豈不懷感。且吳育與王堯臣本無怨恨。各為論列。本司公事。所見異同。乃是常事。但王礪小人。妄思迎合。張皇欺誑。其罪四也。且王礪謗黷先朝聖政之罪。若不重責。則無以彰

陛下尊治之明。中傷堯臣。若不重責。則使勞能之臣。不能安心展效。其誣奏慎鉞遣吏毂官及挾私迎合辜主之罪。若不重責。則今後小人恣情妄作。獄訟必多。事繫朝廷之體。臣忝諫諍。不可不言。其王礪伏乞重行貶黜。

脩又上奏曰。臣近有劄子并曾面奏。為臺官王礪特被差委。輒敢徇私。妄言王堯臣因移橋別有情弊等事。欺誑朝廷。上賴陛下聖明。再命推究。勘得堯臣並無私曲。已蒙聖恩釋放。自王礪妄行彈奏。羅織無事之人。欲借國威。以報私忿。立朝之列。人各自危。及聞堯臣不陷枉刑。重蒙陛下恩釋。中外之言。稍復安心。然小人在朝。非國之利。如礪善惡未辨。尚可含容。今既試之以事。見其傾險之迹。則豈可更令濫廁臺憲。中傷善人。伏望聖慈早行黜責。以戒在位傾邪之輩。兼乞使今後選用之人。不敢尚事委任。別造過愆。若礪不黜。竊慮今後被差委者動皆作過。則陛下無由使人。此事所繫不細。

脩又上奏曰。臣近日伏覩差郭承祐知邢州。臣自蒙朝廷差充轉運按察使已來。前後累準密降不下司宣頭劄子。令常用心躰量轄下官吏。臣細詳朝自本為河北於天下諸路。最為用武之地。曩因北虜通和之後。施循多年。一旦恐有事宜。首事壞廢。朝廷悔鑒前弊。故先慎擇官吏。務欲脩整頹綱。昨準宣頭節文。一十九州軍擇人久任外。其餘州軍長吏。令中書門下樞密院選差。并下轉運司躰量大小文武官不堪其任者。不得容庇不才。因循不切糾舉。却致臨事闕悮。朝廷留意河北。丁寧切至如此。加以近自保州兵亂之後。至今民尚虛驚。軍情未帖。相州順安軍瀛州安肅軍衛州通利軍等諸處。不住驕兵扇搖結構。當此之際。臣實不意選差郭承祐為河北長吏。承祐頃知澶州。引惹腈城兵士殺至作鬧。去年差來河北將兵。臣在諫院曾極論列。尋罷知相州。貪穢之狀狼藉多端。又為按察使張昷之奏論罷為北京部署。今者移陝西。遷延不去。又以邢臺委之。當河朔多事。朝廷丁寧留意之時。承祐累任不離河北。不審其人果以何能當此慎選。承祐庸劣貪穢奴廝之材。若以曾効僕使之勞。不忍廢棄。豈無閑處可畜養之。況邢州北連鎮定。控扼西山。軍馬所屯。人民繁富。樂我鎮依。尤須擇吏。萬一之人選差。止得中常之材。尚勝承祐。伏望朝廷顧惜河朔名藩重地。不使庸劣小人壞之。其郭承祐伏乞特賜指揮罷去邢州。別選差人。

歷代名臣奏議卷之一百七十四

歷代名臣奏議卷之一百七十五

去邪

宋仁宗至和元年。殿中侍御史趙抃論道士傳授符籙惑衆疏曰。臣竊聞有信州龍虎山道士王守和見在壽星觀內寄居。昨秋中曾糾集京師官員百姓婦女等一二百人。以授符籙神兵為名。夜聚曉散。漸知近日。此法浸盛。傳衆作法。希賸街坊。又欲取今月十五日夜於本觀登壇。聚衆作法。希求金帛。惑亂風俗。豈宜輦轂之下。容庇妖妄之人。深屬不便。臣欲乞特降指揮。下開封府捉搦勘斷。押回本鄉。免致動民生事。

二年二月。抃再乞追寢王拱辰宣徽使新命劄子曰。臣等官忝御史。當得言之地。覩朝廷有大除拜。倒置失宜。前後彈奏。未蒙允從。臣等若因而默默。實朝廷於聞失。則辜負陛下任使之意。宜得失職之罪。今是以不避斧鑕。而三瀆宸聽也。夫賞善刑惡。國家之重權。陟明黜幽。人主之大柄。如王拱辰凡百趨向。莫非奸邪。自虜庭使回。罪狀居首。吳奎輩例皆貶降。惟拱辰不動如山。外議以謂陛下至公。必不庇拱辰。而執政臣寮極力庇之。拱辰惡不被刑。幽不被黜。人心悒悒。至今未平。奈何紛紜之際。忽除宣徽使判并州。臺諫極言非宜。朝廷止為易地。宣徽使名仍舊。拱辰不避羞恥而當之。陰竊營求冒忝辭謝。章疏論列不已。政府視之如無。外議皆以謂陛下至公。必不私拱辰。而執政臣寮極力私之。拱辰無善授賞。不明而陟。萬口一語。皆云不當。緣宣徽使職名太重。非曾任兩府有勳績者。不宜輕付。何況拱辰轉尚書左丞。充三司使。才及半年。無勞効。有罪惡。輒敢當此謬恩乎。破祖宗之例。不可一也。損朝廷之體。不可二也。開僥倖之路。不可三也。拱辰授一宣徽使。犯三不可。陛下何惜不追拱辰之職。而使國家之重權。人主之大柄。不為執政臣寮所竊弄也。臣等為陛下惜之。伏望聖斷早賜指揮追寢拱辰所授宣徽使新命。中外幸甚。

抃又論李淑疏曰。臣等三次具狀彈奏李淑再充翰林學士不當。未蒙施行。伏慮朝廷以臣等所言李淑不忠不孝為行乖惡。未足以取信。或者執政之臣。不察中外公議。曲為蓋庇。不即明白於陛下之前。使淑之恩命。遂非而不改。只如知開封府時。醜穢事迹。播於聞聽。在鄭州作詩諷詠前朝。語涉烈祖。以覆視為名。辭避外官。却居內職。此前來諫官及臣等今來累次論列分明。若此等事。罪不容誅。陛下寬仁忍恕。未加竄殛。尚居經筵。猶未允清議。豈可更復翰林學士之命。如淑自茲進用。竊恐奸邪路開。小人類進。賊賢害政。不為朝廷之福。伏乞特降聖旨。早賜寢罷淑所授恩命。

抃又奏曰。臣近累次彈奏陳執中家杖殺女使迎兒。并海棠自縊別有痕傷不明。及家臂狼籍。屢在假告。占據奴隸。詭拒詔獄等。未蒙指揮施行。今竊聞制勘院吏不依條追攝。合要照證人。使乃只據草詞。隱忍而罷。不顧公議。但酬私恩。遂使衆口沸騰。假司舉駁。且法者。祖宗之所繼承。朝廷之所遵守。小足以律從僭。大足以摧奸邪。用是以澄天下者久矣。伏惟陛下以仁聖臨御。不宜不慎惜之也。今執中身為輔弼。手持權衡。很愎任情。頑虐無識。始則得請制獄。即差近臣。終則黨占厮徒。遂爾中輟。奈何執中以一身之私。恃陛下之寵。負陛下之寄。壓祖宗繼承朝廷遵守之法。可不念哉。可不痛哉。萬一此後。權臣復有犯法者。雖欲窮究推勘之。設若引以為例。則臨時如何處置。法不得行自今日始矣。臣愚伏望陛下發乾剛。出聖斷。正執中之罪。決中外之疑。示天下之法。不為柄用之臣所屈撓也。至如執中不學已術。措置顛倒。引用邪佞。招延卜祝。私徇嬖嬖。排斥良善。此等事則天下之所共聞。陛下之所洞曉。臣故不敢一一條奏。慮煩宸聽。臣孤危之迹。待罪憲府。　權要之難犯。不知刑網之易掛。唯思乃心報陛下之恩。一有補于朝。雖死無悔。臣無任懇迫屏營之至。

抃又奏乞罷免陳執中狀曰。臣近累次彈奏宰臣陳執中興廢刑獄乞正其罪。嘗言執中不學亡術。措置顛倒。引用邪佞。招延卜祝。私雠嫌隙。排斥良善。很愎任情。家聲狼籍之事。伏恐陛下猶以臣言為虛。至今多日。未賜省納。臣若不槩舉一二明白條陳。即是臣自為安全苟且之計。既負陛下耳目澄察之任。又得憲臺瘝官失職之罪。故臣偷生惜死。不忍為也。臣嘗謂執中不學亡術者。輔弼之任。須通古今。寡識少文。則取誚中外。至如去年春正以後。制度禮法。事多非宜。蓋執中不知典故。惟務阿諛。熒惑宸聽。敗壞國體。又祖宗朝除翰林學士。素有定制。豈宜過多。今執中既不師古。又不詢訪博識之士。唯恩嫡自用。遂陳除至七員。此執中空疎宜罷免者一也。臣嘗謂執中措置顛倒者。朝廷差除。動守規範。執中賞罰在手。率意卷舒。至如劉湜自江寧府移知廣州。最處烟瘴重難之地。而湜被命遂行。待制之職仍舊。及向傳式自南京移知江寧府。既是優安近便之任。乃轉傳式龍圖閣直學士。又吳充鞠真卿摘發禮院禮生代署文字等事。人吏則贖金免決。吳充鞠真卿並降軍壘。此執中謬戾宜罷免者二也。臣嘗謂執中引用邪佞者。中外委寄。當擇賢才。館閣清官。豈容憸巧。而執中樹恩私黨。不顧公議。至如崔嶧非次除給事中。移知鄭州。鄭州尋罷。而給事中不奪。所以今來嶧治執中之獄。依違中罷。以酬私恩。又執中嘗出嬖人於周豫之家。而豫奸諂。受知執中。遂舉豫召試館職。此執中朋附宜罷免者三也。臣嘗謂執中招延卜祝者。宰輔事業望弟倚毗。宜為國家廣納賢善。而執中之門。未嘗待一俊殊禮一

才能。所與語者。富達劉升劉希叟之徒。所與坐者。普元李寧程惟象之輩。奈何厥台鼎之重。測候災變。窮占吉凶。意將奚為。衆所共駭。此執中頗僻宜罷免者四也。臣嘗謂執中私雠嫌隙者。假司之法。天下公共。執中輕重出己。喜怒任權。至知邵必知常州日。註誤決人徒刑。既自舉覺。復會赦宥。又該去官。還官執中素所惡必。乃罷必開封府推官。落館職。降充邵武軍監當。後來有汀州石民英勘入使臣犯贓杖背黥面配廣南牢城。本家訴雪。悉是虛枉。却只降民英差遣以郡必比之。民英則所犯絕重。而斷罪遂輕。邵必所犯絕輕。而斷罪反重。縉紳議論。至此無不嗟憤扼腕。此執中舞法宜罷免者五也。臣嘗謂執中排斥良善者。夫正人讜議。邦家之光。執中陰險。中傷欲人杜口結舌。呂景初馬遵吳中復彈奏梁適。適既得罪。出知鄭州。呂景初輩。隨又遂去。有行行及我之語。馮京疏言吳充鞠真卿刁約不當。以無罪外黜。充等尋押出門。又落馮京備起居注。使朝廷有罪忠拒諫之名者。由執中也。士夫唱譁。于今未息。此執中嫉賢宜罷免者六也。臣嘗謂執中很愎任情者。夫仁澤之及。昆虫不遺。自陛下仁聖臨御。三十餘年。常恐一物失所。而執中人臣之務。恣行虐害。雖臧獲甚賤。亦性命不輕。如女奴迎兒財十三歲。既累行箠撻。從嬖人阿張之言。窮冬躶凍。封縛手腕。絕其飲食。幽囚扃鎖。遂致斃踣。又海棠一名。因阿張打決過脅遍身痕傷。既而自縊身死。後來又女使一名。髡髮杖背。自經不殊。亦係開封府施行。凡一月之內。殘忍事義者三名。前後幽冤。聞固不少。因而興獄。尋自罷之。厚顏復來。無所畏憚。三尺童子。亦恣鄙誚。此執中酷虐宜罷免者七也。臣嘗謂執中家聲狼籍者。夫正家刑國。明哲所為。非禮之言。古今共恥。執中帷簿醜穢。門梱混淆。放縱嬖人。信任胥吏。而又身貴室富。藏鏹巨萬。視姻族輩。如行路

人。雖甚貧窮。不一毫賑卹。縉紳語及。共所靦愧。道塗喧傳。相與嗟嘆。此執中鄙吝。宜罷免者八也。今執中有是可罷免八者。柰何不識廉恥。復欲居廟堂之上。其意非它。是欲見所未見。爲所未爲。上損仁明。下快私忿而然爾。方天文謫見未退。朝廷紀綱未立。財用匱乏。官師衆多。將驕無厭。河決未復。兵伍冗惰。民力疲敝。當此之時。正是陛下進賢退不肖之時也。臣不勝大願。願陛下留神。爲祖宗社稷計。爲率土生靈計。正執中之罪。早賜降黜。取中外公議。天下之所謂賢而有德業者。陟在公台之位。委以股肱心腹之寄。同德一體。謨猷出納。布號令。宣風化。俾四方元元。洗耳拭目。聞見太平之政。豈不善哉。豈不盛哉。臣非不知循默顧避。諛佞迎合者。遂致富貴。危言犯顏。干忤權要者。立被投竄。臣所念者。爲身計則狂。爲國計則忠。不愧古人之所用心。不辜陛下之所任使。干冒旒冕。甘俟誅戮。臣無任待罪激切屏營之至。

并又引詔書再論陳執中狀曰。臣伏覩近降詔書有尸言責者多失於至當之語。臣以謂自朝廷至舉天下。自輔相至百執事。孰爲忠義。孰爲奸邪。孰爲賢正。孰爲欺詐。陛下念堯舜知人之難。欲判白真僞而進退之。莫若取中外之公議。欲聞中外之公議。莫若信風憲之直言。故德音丁寧。遽然下詔。令御史臺。陛下耳目之司。當是職者。既能言之。又不失其當。則陛下固宜聽之不疑。斷之不惑。聽斷之必行焉。雖朝廷至舉天下。雖輔相至百執事。忠義某某。奸邪某某。賢正某某。欺詐無所逃遁。莫不悉知之矣。知忠義賢正。既進任之。知奸邪欺詐。既退黜之矣。知是。則天子尊而天下安矣。伏惟聖宋基業僅百年。祖宗繼承。使綱紀不破壞者。有禮法而已。夫樹禮法而不破壞者。有宰相而已。今宰臣陳執中居廟堂之上。自去年春正以來。廢置大事。違越典故。先意希旨。動是乖繆。身爲大臣。既破朝廷之禮。而私門之內。信縱嬖人。殺虐無罪。陳乞置獄。復自廢之。情涉誣罔。託疾歸第。不赴大宴。不赴聖節上壽。一旦昂然復入中書。殊無忸怩。不卹人言。身爲大臣而又壞朝廷之法。宰相既破禮又壞法。御史不言之不可也。御史之言。既無不當。陛下不斷之不可也。臣昨二月中。已曾疏奏執中可罷免者八事。臣自省臣之言無不當也。陛下前日之詔。謂言之失當者。固已勅戒之矣。若言之無不當者。願陛下聽之於不疑。斷之於不惑。其朋附執中之人。掠解熒惑之論說。不足信也。臣愚伏望早賜宸斷。正執中之罪。復朝廷之禮法。振中外之紀綱。念祖宗繼承之艱難。廣社稷百年之基業。天子得以尊。天下得以安。亦以示詔書之必不徒然也。臣無任懇切屏營之至。

嘉祐五年十二月。時爲右司諫。同唐介、王陶乞寢罷陳旭除命劄子

曰。臣等伏見除樞密直學士陳旭充樞密副使。制命之下。深駭人情。伏緣旭先爲諫官日。有張彥方者。依託越國夫人宅。詐爲官誥。賣與富民。廣受贓賄。是時京師洶洶。以其事連越國。開封府勘劾不盡。朝廷差朝官杜樞錄問。方行舉駮。未及施行。漏洩于外。遂改差旭同入內都知代樞錄問。旭得此獄。以爲奇貨。瓶裂竹節。便爲了當。旭身爲諫官。奸邪佞媚如此。陛下觀旭此節。可謂正直之臣乎。復自天章閣待制、河北都轉運使除知瀛州。與內臣閻士良妓妾飲宴。交相結託。遷龍圖閣直學士、知成德軍。其時文彥博當國。賈昌朝爲樞密使。兩人方相傾立敵。彥博以旭舊相朋比。遂引知諫院。使爲鷹犬。旭明知龍圖閣直學士自是因移成德軍恩典。既辭前命。即合辭避。貪竊僥倖。嘿無一言。且旭職爲侍從。而附會權臣。而取名位如此。陛下觀旭此節。可謂潔廉之士乎。昨知開封府。唯務姑息小人。以干虛譽。

經年狂癘。殊無治狀。有百姓訴爲内臣史昭錫欠錢僅千環。旭以昭錫是入内都知史志聰管句内東門史昭錫親屬。並不理處施行。又皇城司親從官孟乂入延福宫捕獲送府。臣僴時有奏狀。言宫禁之内。理絶非常。而宿衛之人。自爲奸宄。易衣持仗。夜入宫禁。情狀深重。乞下開封府根究本情。重加刑戮。管句皇城司臣僚。重行降黜。旭專爲身謀。畏避權幸。却將孟乂作竊盗衣物。計贓定罪。只收坐勾保地分人員孟引倈赦釋放取旨。皇城司官員全不收坐。臣僴當時累有論列。其孟乂處樞密院進呈。決配海島。皇城司官員。中書行遣罰銅誡勵。旭意在庇蓋皇城官員。殊不以陛下禁衛中奸盗爲意。且旭職司輦轂。壞法市私。輕縱奸宄。婣結權幸如此。陛下觀此。豈可謂公忠淳實之人乎。一旦忽用旭爲樞密副使。不知在陛下聖意以旭爲正直耶。爲賢廉耶。爲公忠淳實耶。且宋庠之過。不過昏謬無狀耳。尚未有如旭前所爲奸佞之罪。今罷庠而用旭也。謂之廢罪。則庶乎其可。謂之進賢。則恐貽陛下知人之失矣。兼外議喧沸。皆謂旭與管句御藥院王世寧通家往復。與史志聰素相交結。力爲主張。致此超擢。伏望聖慈察樞機之府。非容奸佞之地。速賜指揮寢罷旭之除命。以副公議。所是樞密院已有三員。不至闕事。伏乞更不差填。臣等職有言責。不敢嘿嘿。唯陛下裁擇。

非再論陳旭乞黜守遠藩劄子曰。臣等伏見近日除陳旭爲樞密副使。物議喧沸。以爲不當。臣等已具連署劄子并奏狀論列旭奸佞不公事狀甚衆。乞行罷寢。未蒙施行。竊緣旭有傾邪之才。由逕干進。自須爲諫官。代杜樞錄問張彥方公事。謟諛貴幸。滅裂情節。便爲了當。已爲天下正人之所鄙薄。厥後附會準相。結訐中官。苟取祿位。曾不羞愧。昨知開封府日。意在庇蓋皇城司内侍。將夜踰禁垣親從官孟乂引赦釋放取旨。其皇城司官員。案後並不收坐。及以内臣史昭鎬是入内都知史志聰親屬。句當内東門史昭錫之弟。欠負進士趙烈屋業錢七八百貫。旭結婣諸史。將詞狀判收不行。有冀州進納官民李士安者。京師號爲豪右之首。與下中書吏人偷公用銀器事發。其銀器上有中書字號。士安託旭同居表弟甄昂傳達意旨。不行勾追勘斷。其甄昂納士安錢二百貫文。其後更爲士安理索私債不當。旭於輦轂之下。作如此等事。欺君罔民。貪濁不公。專務謟悅陛下左右。越次干進。其不被罪廢。已爲天幸。又況超越流輩。驟入樞府。手自制命之出。縉紳相顧失色於朝。士林族談。竊嗟乎外。下至胥吏。莫不笑憔。以旭之命頒出史志聰等主張。以至傳爲俚諺。謂旭有二史之力。此言傳著。不唯有污於公朝。實恐上玷於聖德。伏望聖慈下察公議。早賜指揮罷旭樞密副使之命。黜守遠藩。所貴朝廷清明。奸倖屏竄。

非三乞黜陳旭以革交結權倖之風劄子曰。臣等近累有連署劄子并奏狀論列新除陳旭樞密副使。公議不允。乞行罷黜。未蒙施行。伏緣臣等所論列旭奸佞不公事狀甚衆。且旭爲諫官。錄問張彥方公事。有所庇蓋。而不疏駁。罪一也。知諫院日受成德軍轉官恩命而不辭。爲宰相文彥博鷹犬。罪二也。知開封府寬釋夜踰禁垣親從官。而故出皇城司官員不收坐。罪三也。屈抑進士趙烈索史昭鎬屋業錢七八百貫。詞狀不行。以謟媚都知史志聰管句内東門史昭錫。罪四也。故縱冀州進納豪民李士安之罪。而同居親情甄昂取錢二百貫。罪五也。交結句當御藥院王世寧。託爲親屬。而通家往還。罪六也。自制命之出。縉紳而下。至胥吏輩。傳爲俚諺。云旭得樞密副使者。二史之力。罪七也。旭之曲媚貴倖交通宦官。私邪不公。干取柄用。罪惡如此。陛下縱不惜一樞密副使以幸旭。其如朝廷何。其如天下公議何。

伏望聖慈革奸邪交結權倖之風。杜中人引進柄臣之弊。繫政府重任。非倖人由徑進取之官。黜旭遠方。稍正邦典。

抃四乞早賜寢斷屛黜陳旭劄子曰。臣近以除陳旭充樞密副使不當。曾具狀并三次同唐介王陶連署劄子論列旭私邪事迹。乞行追寢。已是多日。未蒙施行。夫天下治亂繫時政得失。而然。朝廷安危。由柄臣邪正之致。故曰。正臣進者治之表。佞臣進者亂之基。古人極言不可不慎。伏惟陛下臨御以來。用人固多。其得失邪正。豈逃聖覽。凡進一人。公議允叶人言息矣。斯可謂之得人矣。凡用一人。公議不平矣。人言為不可。若斯可謂之失人矣。有言責者豈常好辯哉。是必逼天下公議。為朝廷斥邪倖之黨。杜奸慝之門。職當然而不得默也。如旭之為諫官。希旨錄問張彥方公事。及冒受諫院恩命。附麗大臣。知開封府。寬釋踰禁垣親從官之罪。以庇蓋皇城司內官。抑塞趙烈訴史昭錫穴屋業錢詞狀。而陰結史志聰史昭錫之援。故京師俚諺謂旭有二史之力。故縱有罪豪民李士安。廢屈邦法。而同居親情甄昂納士安賄賂不少。因緣御藥院王世寧聯親通家。來往旭作如此等事。一旦驟進樞府。欲使公議允而人言息。其可得乎。易無妄曰。其匪正有眚。不利有攸往。天命不祐。行矣哉。言居不可妄之世。獨用不正之道以求進。倖天不之祐。在時未見其為利也。傳曰。見惡如農夫之務去草焉。言其勿使滋蔓為稼穡之害也。詩云。式夷式已。無小人殆。言人君當用平正之人。無小人近以取危殆也。語曰。遠佞人。言為國者近便佞之臣。則非其福也。臣懇伏望陛下察視旭之所為。鑒詩易聖賢之訓。救朝廷用人之失。早賜寢斷罷旭樞密副使之命而屛黜之。庶使後來懷私挾詐無所不至之人。得以為誡。臣無任為國納忠之至。

嘉祐六年正月。抃五論陳旭自乞遠貶劄子曰。臣竊以帝王之德。莫盛於知人。其次無大乎納諫。故知人則忠邪判而委寄審。納諫則聖聰開而善惡分。恭惟陛下臨御已來。悉以二者為急。間或用人有失。必採臺諫封章。天下議論。隨即罷去。故禍却於將兆。福來於無形。中外以之欣歡。國家以之鞏固。而陛下知人納諫之德。超邁三五。動植咸知。伏自權陳旭為樞密副使。制命之下。中外駭然。既玷陛下知人之明。臺諫博採公議。按旭有奸佞之實。附麗權貴。交結宦官。在天府則唯務貪私。居諫垣則但聞阿倚。屢條事狀。連奏封章。迄今兩月而陛下尚容回邪。未行竄逐。有玷陛下納諫之德。夫旭身為人臣。智慮百端。巧取富貴。而玷陛下臨御已來知人納諫之二德。使天下有以譏議。則旭之罪。庶又可追誅。而況機密要地。兵柄所歸。雖當平時。焉可輕授。一旦苟有緩急。如旭豈堪與謀。臣是以憂患未萌。為國遠慮。每有論奏。不覺繁多。伏料陛下天地至信。日月至照。念祖宗創業之重。治亂在官之由。察臣論列之不私。辨旭罪狀之甚白。早黜旭於散地。以快天下也。陛下知人納諫之二德。庶復煥於今日。而垂光於史冊矣。況臣與旭素無讎隙。與臣又是同年及第。臣不敢惜事契風義之末。實可憂朝廷公論之去。若陛下尚以旭為忠正可任。以臣之諫諍為誣。則乞貶臣遠方。以謝於旭。在臣誅殛流放。於身不計重輕。唯陛下裁斷。

抃論陳旭乞待罪劄子曰。臣伏以天子至尊。百辟至眾。賢邪盡在。真偽雜然。不用忠言。何以早辨。恭惟皇朝。繼承四聖。昌明百年。從諫任人。罔不由此。太祖自建隆下詔。命百官轉對。故下情上通。公議得進。太宗雍熙中。勵精求治。以拾遺補闕為左右司諫正言。切責丁寧。極言得失。一日謂呂端曰。宰相進賢退不肖。便為稱職。真宗祥符中詔置諫官六員。其畧曰。或詔令非當。官曹涉私。措置失宜。刑賞踰制。並許諫官論奏。陛下以聖明寬仁之至德。體祖宗諮謀衆正之大猷。臨御以來。開納諫諍。綱目振舉。雖古之興王治世。未有逮今日之盛。故左右疑丞。中外臣庶。其賢否邪正。忠佞淸濁。無能逃聖鑒者。聽正論。採公言。示天下以不私而致然也。從自去歲罷宋庠樞密使。二府兩制同時除拜十三四員。其不叶公議。而人言喧甚者。獨樞密副使陳旭而已。臣與諫官唐介王陶洎臺官范師道呂誨等。各言旭罪狀章奏紛委。至今兩月餘日。未蒙降黜施行。臣不避重煩天聽。復用條件開陳。謹按旭早為諫官日。同與入內都知錄問張彥方偽印官告事。戚衆情郎。附會權貴。知瀛州日。數與鈐轄內臣閻士良妓妾飲宴遊相結換。遷龍圖閣直學士知成德軍。已授賜賚。未到任間。即召知諫院。用附宰相。指蹤擊搏。其移成德軍。增秩賜金。一切恩典。更不辭避。

貪竊觀望。為世取笑。及知開封府。輒縱諭禁垣親從官蓋又重罪。蓋庇皇城司官員不行收堅。以陰結本司宦官。殊不以陛下禁衛中奸盜為意。有進士趙烈訴史昭鎬欠屋業錢僅七百貫。以昭鎬是內東門史昭錫兄弟。前後經半年。只理還三十餘貫。其間又判收不行。案牘具存。又司當御藥院王世寧與旭并呂誨同是親戚。呂誨與世寧未嘗來往。旭與世寧深相結託。張茂實王世寧俱是旭聯親。旭拜命之後。乞回避茂實。而不言世寧。隱情欺公。可驗深狡。懷護速圖見利徇私。巧進百端。無所不至。臣伏思陛下尊居巖廊之上。其臣寮進用有尖躁。外議喧沸。人心不平。設非臺諫耳目詢訪。無所顧避。論列以聞。則陛下何從得知。旭所為蹤跡如此乖舛。而未即罷免。是臺諫之言不足聽也。大抵近輔樞衡。與國論得正人。則天下之幸。用奸邪。則非朝廷之福。伏望聖慈早賜罷旭樞府之命。以副衆望。若以旭為正人。可任機要。謂臣之言不足聽。即乞竄臣遠方。以誡後之言者。臣更不敢赴朝及國子監等處供職。謹歸私家待罪。唯聖心財察。

抃又乞速行退罷陳旭劄子曰。臣等聞明主不惡切諫以博觀。忠臣不避重誅以直諫。故能叶熙帝載。助正天綱。況臣等職名諫官。實有言責。抱愛君之志。則惟恐朝廷施政繆盭。未濟三代之隆。負憂國之心。則惟恐朝廷任人乖失。未臻衆正之路。固不求隱忠避死。自固身謀。偷合苟容。上孤聖寄。所以退嘗待罪。而復起就職。言已忤意而尚欲極論。惟陛下察其至愚。憐其盡節。究極事理。垂恩聽之。則臣等生死幸甚。臣等昨見差除陳旭樞密副使。不當中外議。朝廷用人之失。臣等尋具旭奸邪迹狀論奏。乞行罷免。百有餘日。章十數上。而天慈過仁。未賜省納。臣等竊以本朝樞密院與中書謂之兩府。均公宰之任。未嘗有與中人宦官連姻之人處其任者。豈非本兵之府。職事

機密。外司遏要。內總武臣。不可使帷幄之內。交通知聞。陰窺人主起居密伺禁中動靜者耶。今王世寧見充御藥。居中處要。密近左右。陳旭素號奸邪。貪利忘義。與王世寧是要家姻戚。居常往還。而陛下開此一端。進用宦官姻戚之人。參領樞柄。使得內外響應相為表裏。臣等恐不唯今日稔養奸惡。可慮非細。亦恐異時遂為本朝弊政者在方冊。非所以垂永久示萬世之法也。今陳旭詭譎萬計。營構黨類。陰進邪說。力拒公論。必謂若罷陳旭。則是與前日中外所傳宦官進用之說相合。如此。則上玷聖政。不若堅留陳旭。庶息人疑。夫邪人之言。熒惑天聽。但務封殖奸邪。行其私計。不顧蔑穢朝綱。虧損上德。自古至今使人主不能分別君子小人邪正之論者。率由於此也。臣等伏聞聖人不以智治國。惟至誠可以化萬物。王者不以言動民。唯實行可以感群心。陛下欲弭人疑而不徇公議。則人疑愈深矣。陛下忍

玷聖政。而堅留憸人，則亂政愈傷矣。且今天下之人，誰不知陳旭佞邪交結中貴之迹邪？天下之人誰不知陳旭是御藥王世寧通家親戚邪？天下之人誰不知自太祖開國、太宗真宗三聖以來，迨陛下臨御，百有餘年，未嘗有御藥中貴人親戚入兩府之人。然今陛下外不安陳旭，內不厭世事。以風憲之司、繩糾之任為不足用，以諫諍之臣獻替之言為不足聽，以歷代垂選、本朝舊規為不足法。天下之人不可家至而戶曉，臣等伏恐四海之內，莫不疾首上疑公朝，切議聖德者矣。伏惟陛下濬哲聰明，聖合堯舜，輝光篤實，性與天通。在宥天下垂四十年，鑒燭萬變，幽隱必達，雖堯之美甚盛之德，際天接地，巍巍無窮，而猶兢慎庶政，聽言納諫，如恐不及。此非下臣無知所敢擬議者也。然臣等更願陛下馭下之際，慎惜朝綱，用人之方，深存國體。不輕歷代垂重之名器，不違三聖五公之成規，不開奸人內外交通之弊政。取疑四海，貽譏後世。速行退罷旭之新命，以解天下之惑，則朝廷清明，而聖政日新，天下不勝大幸。臣等冒黷，惟知事君之義，當盡愚忠。其所以觸忌諱、犯威怒，以取罪戾而不敢避者，乃臣等之職焉。唯陛下察公私，辨邪正，惜朝廷體，絕萬世弊，則臣等生死幸甚。

朴上奏曰：臣等風聞散直劉貞兵士董吉以燒煉之術為名，因緣入內，副都知鄧保信援引入宿禁中，外議藉藉，以為不便。臣等伏以自古亂臣賊子，興妖進奸，必偽稱化金、寶益年壽之術，以取媚人主。外託愛君之迹，內為亂亂之階。漢之文成、五利，唐之普思、靜能，鑒患既深，殺戮旋被。至其甚者，權移宰相，勢傾朝廷，終成禍殃，延及宮禁。唐太宗、憲宗二帝，號為英主，亦以服餌貽疾，取笑四方。文宗之時，中尉王守澄引薦李訓、鄭注，遂成甘露之亂，皆由依恃宦官而結托假藥術以市奸故也。或謂燒變金銀，則天子以恭儉為寶，不當務此。或謂合煉丹藥，則前世為藥餌所誤，可以為監。左道無赦，古制有刑。今保信復引董吉禁中，蓋當事之初，理如無害，浸為弊之末，禍或從生。其董吉伏望聖慈早賜斥逐，免致熒惑聖聽。鄧保信乞賜施行。

慶曆八年，右正言錢彥遠請焚瘞物故妖僧疏曰：臣風聞在京景德寺僧令侁謂之言法華者，因病物故，而道路皆傳內降使臣令用布漆其骨，留於本院供養。謹按其僧本由病狀，後言語乖越，其徒轉相誑惑，小人從而唱之，意在希求齋施財物。今既自化，別無異迹，忽令漆其殘骨，留于寺中，切恐不逞之徒妄傳神變，別起妖幻。伏緣昨來恩州叛卒，始皆假託此術，以脅多眾，乃至朝廷臨遣大臣督戰，方能擒戮，不爾，為國生事。今此僧近在輦轂，尤動人心，萬一之間，不可不慮。五代時，定州狼山寨有尼姓孫，名曰深意，及死坐而不壞，寨民孫方諫者奉之，遂詭神其事，聚眾頗盛。遂因為定州節度使，仍自立弟行友為兵馬留後。至太祖時，遣兵擒行友至京，及訪狼山，輦其尼屍焚於京城西北隅。自此定州方始朝廷除節度使。蓋深達情偽，建威銷萌之至。況釋氏本教，亦不許其示相於外，徼福於無。況此朽穢之骨，復何所為？伏望聖慈詳察邪正本末，上法祖宗英斷，特降指揮令開封府監勒本院僧徒，將所謂言法華者於城外依本教焚化，如有燼餘之骨，即於城外瘞藏，即不得放入京城諸門及於寺院聚人供養，所貴不至有惑民聽。

仁宗時，知諫院司馬光論王達劄子曰：臣竊聞監兗州景靈宮王達近降勅差知萊州。達暴戾凶狡，陵上虐下，所至為害，朝野具知。今年齒已衰，猶污仕籍。若復授以一州，使為長吏，必恣行不法，殘害民物。監司畏之，莫敢詰問，使一境之人何所控告。伏望朝廷檢會達年紀，及察達平生事迹，勅令致仕。或只與監當差遣，亦不得令親民。

光又論張田狀曰。右臣竊聞朝廷差屯田員外郎張田充荆湖南路提點刑獄。田之為人。傾邪險薄。前知諫院唐介言之甚詳。伏計朝廷已熟知之。提點刑獄。專按察之柄。繫一方休戚。今以傾邪險薄之人為之。誠未見其可。況田嚮者止自通判資序擢發遣三司判官。因罪左遷知蘄州。議者已謂之大優。今到任未及三年。遽作監司。臣竊恐士大夫爭欲效田所為。以為進取之捷徑。不惟任使失人。抑亦敗壞風俗。伏望朝廷寢田新命。更擇端士以代之。實遠方吏民之幸。

光又論張田狀曰。右臣近曾上言張田不可充荆湖南路提點刑獄。未蒙朝廷施行。臣竊以吏者民之紀綱。提點刑獄吏之師帥。苟不得其人。則一方咸受其弊。又凡今之朝士自常調進用者。皆自此官為始。國家尤宜審擇其人。田資性險薄。色厲內荏。毀譽出其愛憎。威福發於喜怒。陵其可陵。佞其可佞。真小人之雄傑。而時俗以為賢才。夫不善之人。天下皆知其不善。斯不足疾也。惟衆人謂之賢。而實不肖者。君子疾之。昔漢文帝欲以嗇夫為上林令。張釋之以為嗇夫利口捷給。恐天下隨風而靡。唐太宗見進士等第惟其無張昌齡、王公謹名。王師旦曰。二人有文無行。恐變陛下風雅。今提點刑獄其為輕重。非特上林令與入等進士之比也。臣願陛下必選忠厚方正實有治行者為之。其飾偽行險躁於進取如田比者。皆不可用也。臣今所言非專為湖南之吏民。亦為國家重惜風俗。伏惟陛下察其愚忠。其荆湖南路提點刑獄。乞別賜擇人。

知諫院蔡襄論李淑梁適奸邪狀曰。臣伏見李淑罷開封府中書舍人。充翰林學士。諫官已有論列。李淑行迹奸邪。醜惡不宜在天子左右。皆陛下素所知者。而天下之人未知朝廷如何處之。臣聞至聖之主。至治之世。邪人不能為患。猶必去之。舜有功二十。登八元八凱。去

四凶也。以舜之明。雖有四凶在朝。豈能害舜之治。然必去之者。不可使邪人在側。使天下之人皆曰為行如此。猶在天子之側。誰肯脩身潔行以為忠良。以此知邪人雖不為害。猶當去之。況能必為害乎。自古帝王非不知邪人不去終為大患。然有因循不去者。亦有以也。一曰不明。雖知心惡邪人而不能辨邪人之謂也。二曰不忍。邪人善為巧佞。君雖知之而不忍去之之謂也。今李淑奸邪用附。有尸鬼之名聞於天下。伏況陛下智照明了。纖毫盡見。淑之為行。無不諳悉。非不辨邪人也。臣每進對之時。陛下嘗謂臣曰。奸邪者則朝廷之福以此定之。又非陛下樂聞巧佞之言而不忍出之也。所以不出者。必以無實罪故也。臣請論之。有實功。有實罪。而賞罰不疑者。有司奉行也。無實功而賞。無實惡而誅。唯聖人自能別之。有實功而賞者。戰獲多少財利豐寡是也。有實罪而罰者。殺人受賊之類是也。無實功而賞者。節行是也。無實罪而罰者。奸邪是也。是故聖人之議賞罰也。賞節行在實功之先。罰奸邪在實罪之上。故舜登八元八凱。去四凶。而曰大功。非聖人不能為也。臣力詆奸邪。世人以臣不思後患。為臣寒心。笑臣愚魯。臣自知甚明。苟利國家。豈顧後患哉。臣不愛身。惟憂朝廷不即施行耳。奸邪不去。正人退縮。此正可痛心也。李淑梁適皆有實罪。而臣輩所請者。只乞與外郡。有何難行。若大臣者有專權之嫌。有後患之畏。不敢明言去之。陛下何所憚而不為。願陛下為社稷為生靈留意幸甚。

襄又乞罷晏殊宰相狀曰。臣等切以宰相之職。代天工。斷國論。鎮撫夷夏。表則官師。非有經綸之才。廉正之德。而居之者。是謂失其所任。然當中外多事之時。苟能盡心竭力以濟公家之急。縱有不逮。人或恕之。而敢不恤物議。務營私產。與細民爭利。推其為心。豈可相天子

而率百寮也。臣切見宰臣晏殊自登樞府及爲宰相。首尾數年。不聞奇謀異畧。以了國事。唯務私家營置資產。見於蔡河岸占託借名目射占官地。蓋屋僦賃。以宣借兵匠、外多占外州軍人。日夕苦役。怨讟之言。聞於道路。臣等謂今年以來。災孽相仍。盜賊繼作。內有百萬驕冗之卒。而不能更其法。下有億兆愁苦之人。而不能寬其力。盜賊屢動。延及嶺南。虜使交來。事緒未已。河決於北地。兵叛於邊城。觀此事勢。大臣之責。其過均矣。然晏殊當此憂危之時。恬然自安。竊圖小利。此於大臣中尤見其所爲之謬也。臣等聞唐高宗朝。中書令褚遂良賤買中書譯語官地。爲御史彈奏。貶同州刺史。又聞太平興國中。宰相宋諆與宣徽使張禹錫互請官中邸第。太宗皇帝鄙其不識廉恥。宋諆以本官罷免。二人當朝廷無事。於官私有所營取。尚行貶降。今日中外人心憂危。殊爲輔相。既不能了得大計。又占射官地。役苦軍人。日趂數十錢之資。情狀如此。豈可尚容於廟堂也。伏惟陛下以祖宗社稷之大。天下生靈之重。久付已爲失任。加之營私忘公。無所愧畏。臣等伏乞陛下特出英斷。罷免晏殊。別求賢才。以救時弊。

襄又乞責降馮承用狀曰。右臣伏見句當御藥馮承用。爲御史臺彈奏安作坊副使句當北園者臣切以承用小人。憑威恃勢。久招物論。致有抨彈。固宜竄逐。以示勸戒。今乃優與使名。兼管園囿。是以罪責而遷官任。使與無罪同。何以示朝廷賞罰至公之道。兼恐依舊出入宮禁。事體不便。伏乞睿旨。特與降近下官資。向外監當。庶協公議。

襄再論馮承用王守琪狀曰。臣今月初一日狀。爲入內供奉官句當御藥院馮承用。轉西京作坊副使句當北園。臣謂承用倚威恃勢。久招物論。乞降近下官資向外監當。至今承用尚在京師。且承用既以事覺。却自入內供奉官轉一資。何以明勸戒之道。臣切聞馮承用曾受供備庫使知磁州王守琪青馬一匹。却安排侍御郭氏姊與守琪爲妻。且郭氏在內中執侍之人。雖得出適。承用出入宮禁。豈可受守琪送馬。後以郭氏姊與爲妻。守琪陛下之廷臣。豈可交結承用。敢娶郭氏。瀆紊彝章。中外傳聞。虧損國體。其王守琪、馮承用各無恭畏之釁。罪當誅戮。乞送馮承用王守琪下御史臺根勘因依。以正刑典。臣備位諫官。庶事之有所損益者。乃敢論列。期於必行。今承用未寘刑書。臣不得默默而已也。

襄又乞罷陳執中參政狀曰。臣伏聞制命以陳執中參知政事。雖衆議喧然。咸謂不當。臣慮傳聞未審。未敢指名奏論。尋於今月二十六日夜入劄子乞稍緩其命。容臣等上殿奏論。次日不蒙指揮。是陛下以所命得人。不容論列。臣切聞聖意以執中建皇儲之議。以爲有功。故援大任也。臣見前代以來。人臣建皇儲之義者。誠爲難事。或因後宮爭寵。次序未分。或因皇子衆多。材德相遂。人臣逢此時。建大策。力排群議者。誠爲有功也。真宗皇帝獨有陛下一子。天下之心。固自歸望。皇儲之立。非陛下而誰。但以幼年未行冊命。又豈待人臣建言而後定也。執中於當年上言。正是窺先帝之意。自圖富貴。又豈爲功也。伏況陛下寵遇執中。擢居樞府。西事之始。處置乖方。如委排墻。殺元昊使人。又明降宣命。令邊臣入界。討虜致得元昊來攻延州。覆軍殺將。爲國大恥。皆執中之過也。兼執中賦性强狠。不容同列商議。遂致如此敗事。陛下明其有過。尋已斥去。及任陝西。又以無功而罷。自青州專務嚴刻科歛。一向殘暴。此固衆人共傳也。才性如此。豈可置之廟堂。況今天下多事。生民困苦。天地災異。中外憂惶。正要任用才能之時。陛下但以執中留有建儲之言。不念强狠害事。任之政府。此乃牽私之意。安可副天下之望。臣伏乞陛下追罷執中前命。別用才能。以臣言為非乞行竄逐。

襄論呂公綽狀曰。臣近為呂公綽同判太常寺妄失樂鍾去處並不聞罪。却除糾察在京刑獄。臣乞劾正其罪。依趙良規例施行。所有糾察勅書。亦乞追寢。未蒙朝廷施行。臣待罪諫官。所言悉皆公論。如呂公綽其父夷簡執政之日。公綽倚勢賣權。欲施一恩。則預作因緣。欲行一事。則先露風旨。若以外人所議。直是貨賂交通。為宰相之子而賭擅威福之名。有貪婪之迹。為陛下之臣。豈復有恭畏之心乎。操履若斯。豈臣過論。況夷簡作相日久。舊恩遍滿朝中。或欲屈法以芘公綽之惡。或欲遷官以酬夷簡之恩。伏惟陛下持大公之柄。宰天下之平。示公綽均於百官。何必悉其僥倖。若朝廷以公綽失鍾之罪為輕。其糾察在京刑獄之任。即乞追寢。別與閑慢差遣。若公綽不合陳論。乞加妄言之罪。使天下知是非有歸。不可空已也。

襄又論魏兼狀曰。臣風聞前淮南轉運使魏兼先自兩浙安撫回奏。有旨候命任滿日與直史館者。臣切見前來遍遣安撫使諸路體察。惟魏兼家為狼藉。是時杭越蘇秀諸州旱澇連年。疫癘相屬。富者疾瘵。貧者流亡。哭聲遍野。餓殍橫路。魏兼寧銜恩命。往布德音。不能悉心竭慮。以副陛下焦勞之念。輒敢恣情宴樂。以歛百姓之怨。至蘇州留止三日。窮徹晝夜歌樂。娛遊本州。盡驅飢民。藏於祠廟。三日拘束。飲食無得。殍死甚多。隔年論旱詞狀一程至吳江。方得收覽。諸州望風悉遣妓樂。隔州迎候。睦州送至桐廬。至有樂人溺死。蘇州民謗刊板傳誦。臣略得兩句云。繞梁歌妓唱。動地飢民哭。杭州刻安撫夜飲圖賣於鄰市。醜聲惡語。傳於道路。緣魏兼與宰臣章得象晏殊並是親戚。當時無人疏兼罪狀。請加誅責。以謝吳人。不惟苟免過尤。仍有館職之命。伏以賞罰之柄。國之大經。今無功而行賞。已可痛心。況有罪惡而加賞乎。上下蔽蒙。紀綱隳壞。靡不由此。其魏兼上無畏法之心。下無恤民之意。縱有任使。焉肯盡忠。所有館職之命。伏乞寢罷。或降與小郡。以厲後人。

襄又論中書吏人劉式狀曰。臣伏見中書提點五房公事金部員外郎劉式。年滿合該例轉官。賜紫。入轉運資序知州者。切以劉式本自賤微。因緣入仕。頗倚事勢。竊弄威權。臣略條一二事。以明劉式奸狡之狀。明道初。脩著內廢。固無勞效。僥求名目。改轉朝官。景祐之間。輒求外補。宰臣留而不遣。姪男特授齋郎。非例推恩。事權愈重。慶曆二年。守當官周卞偷竊空字勅黃。偽作祠部。流散諸處。貨賣極多。周卞事發之後。劉式與本房堂後官張用和方始陳首。舉覺及開封府按成之日。纔見錄問。別有干連。上下通情。奏請周卞更不錄問。直令棄市。豈有中書吏人。陰結大臣。誣罔聖聰。回換刑獄。又有守當官荊杞

為婺州客人徐昞進狀。乞分家產。荊杞偽作內降劄子。取受昞錢一千餘貫。事時覺發。荊杞殺徐昞父子三人。切見天聖中。守闕人吏馬宗壽寫造偽勅下禮部。補蘇上達充齋郎。事發。提點五房公事張仁惠有不覺察罪。降知光化軍。堂後官李昭度降授齊州監當。本房手分並皆除出。去年劉式不覺察周卞荊杞偽造殺人。其罪甚重。蓋緣當政大臣。曲為芘護。並只罰贖。仍舊守職。不隔磨勘。依例轉官。伏見轉運提點刑獄不覺察部下官吏取受。並降移差遣。今來人吏纔八十員。劉式不覺察。苟免過愆。若更例與優恩。出典大郡。不惟小人僥倖。何以激勸將來。其劉式伏乞朝廷更不轉官。特責降監當。以肅朝廷清明。不容憸人干託之罪。

吏部尚書夏竦上奏曰。臣聞易曰。王臣蹇蹇。匪躬之故。誠以君子脩身識言。策名委質。垂紳佩玉。樣廉所豐。雖夙夜憂勤。盡瘁事國。犯顏

色厲忌諱。致君濟俗，猶恨無補。況季世澆薄，忠信寖遷，以巧詐為良圖，以縉紳為養利。司馬遷四至九卿，漢君子恥其巧宦。蓋官業固殊商販，公朝豈尚諂諛。直道事君，三仕三黜。與夫蘊蓄巧心，陰射上指，致位卿相者，豈同日道哉。國家選用忠純，精求黎獻，中外輯睦，遠邇肅雍。奈人心如面，不能咸一。或用取冗效，而弃大體；謀私室而忘公家。至有起自賤微，驟登官路，強為明敏，剖析秋毫，事至細微，動煩旒扆。謀身干討，媚衆多塗。觀古良臣，頗殊於是。雖陛下法象天道，恢大皇綱，拯卹齊民，招延諫諍，而上下之吏，巧宦尚多。或濫施刑罰，張皇威望；備飾虛傳，沽買名譽；或妄獻謀畫，炫耀心計；陰行寵賂，規求薦舉。上負國恩，下速民謗。誠當廣示詢問，深究弊訛，抑退纖邪，優用蹇諤。稽復西漢之制，歲馳八使之輪，特選英賢，專任剛毅，按行方國，分驗治狀。明賞信罰，以儆其下；去邪決壅，以蘇其民。使清濁派分，遠邇總直。則公家之惠，膏潤四海。陛下聰明，無遠弗屆。

宋庠上奏曰：頃因叛羌擾境，加以歲初日食，風災之變，陛下宵躬念咎，勤勞日昃。思所以銷伏衆異，詢逮下情，荐敕攸司，廣開言路。故自春夏以後，或詣吏，或投匭，或遣近臣臨問，或於便坐引對。公私草澤上封言事者，以千百數。大抵論兵料敵，不越攻守之策；虛談謬語，衆所共知。道采謹聞，互相求丐。然覈其實效，可施于用者，卒無得焉。其間尤可怪者，王建中以通籍之臣，乃言今之天下，非陛下之有。李元振不逞狂竪，而獻封削牘，字皆方寸，肆意悖慢，侮蔑朝儀。丁腆卜祝之家，濫名貢士，雜引星變，示京師且有大火。王翊胥徒賤品，因緣薦導，累求上殿，縉紳嗤笑。李可久原州酒戶，矯詐奸邪，無功授官，正人切齒。若斯之類，皆當伏誅都市，投棄遐荒，布告天下，以清風俗。其餘或恣祠毀黷，或輕議災祥，述閭閻猥濫之辭，陳錐刀瑣末之利，妄希器械，意度山川，薦達親聯，援引用黨，冒恩徼倖，情無不至。遂使天下幸災好亂之輩，負忿失職之人，群吠京師，雀躍朝著，盱衡鼓舌，略無嫌忌。陛下業已披訪，務存包納，隨材第賞，皆過所期。矜恩含垢，未嘗加罪。恭惟天地江海之量，非名言所能及已。然人道有上下，國體有重輕。下而犯上，則堂陛寢隳；重而可輕，則宮鼠無忌。今使小臣末吏，豎儒黔首，皆得攘臂奮筆，譏朝廷大事，凌轢卿相，以為俊偉進取之資。臣恐乘風隨流，蕩而不反，摧削威砥，非國家之福。臣竊聞真宗咸平初，亦有求直言之詔。尋以上書者類多誣謗，特詔登聞鼓院，更不收接。臣欲望聖慈下有司，檢會先朝故事，明行止絕。其今日以前上書已在有司者，委看詳官精加研考，奏聽朝旨。今後應內外臣僚，唯許究告密，及通封言事並如常式外，其餘一切罷之。若復妄陳軍機，言涉斥讟，或外封上別題事目，并因請託封進入內者，並乞收送開封府，紬勘依法施行。應遵舊章，以協公議。

宋祁劾李孝友劄子曰：朔州司理參軍李孝友陳首冒用鄉貢，因此及第，法寺斷徒，自首原免，詳行改正。臣伏詳李孝友，身為儒士，素習詩書，宜於大義，略有知識。今乃冒貫三代，明認虔州錄事參軍李徽為父，改易名字，苟求薦論。按春秋時婦人尚知曰：父一而已。而孝友見利忘義，首亂大倫，棄已死之親，事假立之父。親疏交亂，昭穆外移。且不恭其親而恭它人，謂之悖禮。況自犯名教，略無畏憚，此而可容，誰不可赦。伏望朝廷據其狂悖，投竄遠方，使終身不得更玷仕籍，敦誡偷薄，俗識義方。

監察御史包拯論張堯佐疏曰：臣伏見張堯佐除宣徽南院使、淮康軍節度使、兼景靈宮使，又同群牧制置使。制命一出，中外驚駭。緣張堯佐久以非才，濫司大計，利權反覆，物論沸騰。臣等累次論列，陛下欲務保全。乃曲假寵榮。并領要職。求之前代則無例。訪以人情則不安。臣嘗憂危。罔知所措。竊惟陛下臨御以來。凡所行事。悉遵守祖宗舊制。未嘗踰越。若乃進用臣寮。於先朝則李至、丁謂自尚書參知政事授節度使。錢若水舊任樞密副使。由工部侍郎只得觀察使。於今朝則錢惟演以樞密使兵部尚書授節度使。李士衡以三司使兼尚書右丞。李維以翰林學士承旨兼刑部尚書。陳堯咨以翰林學士兼工部侍郎。並授觀察使。鄭戩以資政殿大學士戶部侍郎知并州二年。只授宣徽使。踰年方加節度使。此皆國朝之舊典也。自非德望兼著。亦不輕授。今堯佐何者。而兼是四職乎。況執政大臣。與國休戚。不能執守建明。曲有阿徇。成此過舉。俾天下竊議陛下私於後宮。不獨於聖德有損。抑又事體不可之甚者也。伏望陛下以祖宗舊典為重。以天下為意。免使奸倖有所窺伺。特出宸斷。罷堯佐宣徽使之命。任以外鎮。庶可稍息天下之議。

按又論李淑疏曰。臣等伏覩除授李淑充翰林學士兼端明殿學士侍讀學士者。竊以李淑未丁憂間。只帶侍讀、端明兩職。嘗坐作咏嘲斥前朝。語涉怨尤。事干列祖。以此差知南京。自陳親老。遂乞侍養相次。又却充職。當時物議以謂規乞養親。遂乃求仕。無致養之實。有孫身之端。又以其前過至深。不可處之親近。群言未息。旋即居憂。今來服除。始遂舊貫。仍居學士之日。乃處禁林之重。何故崇寵之至如此哉。臣等所未諭也。且李淑素行。前後言者多矣。陛下亦具悉矣。臣等不復一一陳數。但指其甚不可者。陛下裁處。無使萬世之下。致譏於朝廷。則臣等之責塞矣。非於李淑有嫌隙也。臣等讀淑書。見轅固與黃生爭論於景帝前。及湯武受命事。當時猶為隱避。不終其說。漢景帝與湯武相去千餘年。非其祖宗。尚乃置而弗論。何則。嫌其類也。以仲尼之將聖。於區區魯國。且為之諱。蓋禮則然矣。李淑父子蒙國厚恩。其身久處清華。官職俱顯。積以累守外郡。未獲大用。意懷怨憤。遂假前代為名。譏切本朝。迹其用心。誠罪不容誅者也。暨揚群議。稍示薄責。淑乃曲辯。益肆妄端。欲遂一己之非。以易大典之序。此而可恕。孰不可恕哉。又於呂夷簡墓誌。有遇猜鷄晨之語。臣等伏以陛下奉事章獻太后。於母子之際。無纖毫之間。烝烝孝治。格於群黎。謂之鷄晨。實累上德。其中更有甚不可者。臣等不忍言也。淑之所為。最為悖慢。陛下仁惻。篤顧舊物。雖隱其甚惡。不賜顯誅。在乎物情。已為寬貸。今又增一學士職之榮。護衆議諠譁。實甚不平。況母年八十。別無侍子。臣等伏望陛下宸斷。落其翰林學士。與一外任。或令侍養。如此。則懷奸隱慝之臣。有所戒懼。不敢誹謗矣。

按又論郭承祐疏曰。臣等近曾再具論列郭承祐。以其上僭不法等

事。乞朝廷重行降黜。今聞改差許州部署兼知州之權。然緣前為節度使。在承祐所損無幾。於朝廷成命所損至重至深也。何則。承祐以親以舊。曲被優恩。有大罪而蒙生全。無微功而叨將領。使蒙富貴。出入寵禁。假使殺身。未能報德。而乃恣逞奸惡。瀆亂國經。身據節旄。而姑息士卒。職隣樞近。而僭越典常。命之撫俗。而殘民。委之留務。而生事。喧然衆口。謂之蓄謀。迹其用心。實亦不順。此其可惡。則天下之惡。無不可容者矣。雖人主曲全。臣下過示優矜。而小人不顧君親。朋為傷厲。況當熙洽之際。敢萌跋扈之爲。是謗藩臣。非曰戒首。若不痛繩以法。斷則漏網吞舟。使包藏禍亂之人。何以戒懼而自戢哉。兼臣等仍聞承祐在南京。非理決配過人。及一二百數。昨據役分析。裁四十五人而已。實有未盡。意其謂何。臣等乞再下南京。令子細分析承祐在任日。決配過軍人百姓。依法不依法。作兩項聲說的實數目

聞奏。候文字到日。乞朝廷別賜裁處。

叔知諫院請安置鹿皮道者疏曰。臣聞善為國者必務去民之害。則俗阜而財豐。若蠹原不除。治道從何而興哉。竊見興國寺僧鹿皮道者紹宗。自殘支體。務懷奸詐。扇誘鄙俗。衆集院宇。剎脩寺宇鑄佛像。糜費貨寶。不知紀極。方國家多事。財用窘急。豈容此輩恣行誑刻耳。佛者覺也。在乎方寸。假有萬像之廣。不出五蘊之中。但平等慈悲即成正道。有為功果。非所崇尚。昔唐朝欲造大像。狄仁傑上疏論列即時罷役。伏望皇帝陛下俯矜庶品。博採羣議。凡所興造。速為禁止。其僧紹宗。乞於外處安置。庶免惑衆。

右司諫韓琦論僧紹宗妖妄惑衆奏曰。臣伏見興國寺有外來僧紹宗。自今月十四日。於本寺後三門上。燃燈穿臂。出榜行疏。驚惑民庶。意在規求。易動之徒。觀施相屬。臣切見天聖編勑節文。僧道俗人。有

捨身燒臂煉指截手足繫鈴掛燈毀壞身體之類。並科斷。其僧道勒還俗。配遠惡州軍編管。居停主人及本院三綱知事僧尼鄰鎮所由容縱者。亦行科斷。天下遵守。有犯無赦。豈謂皇居之側。都市所會。恣令妖妄曾無止絕。此乃本寺庸猾之輩。誘命至京。將欺惑於朝廷。欲經營於建立。責其奸詐。固匪容誅。臣又慮佞佛之徒。曲聞上聽。以至宮闈之內。戚里之間。冀有須需。益其夸大。苟損財而為助。因傷化之實深。臣欲乞特降聖旨。指揮捻會元敕。早賜施行。如或國家最重天戒。已停興葺。擯節邪用。惜其耗費。少寬犯令。特許行權。則當往彼化導俾從人願。固不可因而崇奉。有害政猷。輒論列於未萌。幸矜裁於睿聽。

端明殿學士宋綬上言曰。帝王御天下。在總攬威柄。而一紀以來。今出簾帷。陛下躬親萬務。內外延首。思見聖政。得寫德達革新。以新百辟之耳目。而賞罰號令。未餘有適於前日。豈非二事大臣不能推心。悉力以輔陛下之治。猶須太后朝多吝除拜。而邪幸或任取陛擢。識者為恩出太后。今恩賞雖行。又謂自大臣出。非大臣用黨固上。何以得此。用黨之為朝廷患。古今同之。或窺測帝旨。密令陳奏。或附會己意。以進退人。或大官市恩以招權。小人趨利以售進。此風寢長。有蠹邪政。太宗嘗曰。國家無外憂。必有內患。外憂不過邊事。皆可預防。奸邪共濟為內患。深可懼也。真宗亦曰。唐用黨尤盛。王室遂卑。願陛下思祖宗之訓。念王業艱難。整齊綱紀。正在今日。

歷代名臣奏議卷之一百七十五

去邪

宋英宗即位，殿中侍御史司馬光論程戡劄子曰：臣伏覩制書，宣徽南院使、鄜延路經略安撫使程戡加安武軍節度使，令再任。臣聞官以待賢才，爵以勸有功。官非其人，則職事廢缺；賞不當功，則群臣解體。程戡素無才術，少壯之時，歷職中外，猶無名迹為人所稱。況今老病昏懦尤甚，在鄜延苟且偷安，以度日月，為吏兵所慢，戎狄所輕。臣謂朝廷當因其歲滿，授以冗秩，別擇能臣以代其任。今乃寵以節鉞，使居舊任，外廷聞者無不駭愕。臣竊以兩府之外，官尊祿厚，無若節度使者，群臣非有大功，豈可輕授？臣不知程戡在鄜延，曾有何功，遽摽此官？萬一邊臣有能立大功者，朝廷當復以何官處之？況陛下踐祚之初，四方之人拭目傾耳，觀聽朝廷之賞刑，以占聖政，而戡首蒙濫賞，臣竊為陛下惜之。伏望聖慈追還前命，別選賢才使守鄜延，庶合中外之望。

光又言曰：臣近曾上言鄜延路經略使程戡建節再任，不合衆望，乞追還前命，事至今不聞施行。臣竊以方今國家外患，唯在西北二邊，所以捍禦一方，唯在諸路經略安撫使，居此任者，豈可不精擇其人？程戡在鄜延，日以衰老，畏人指目，專務姑息，取媚群小，眷屬軍伍，尚無稟畏，況於外夷？固所輕侮。比年以來，趙諒祚數違舊制，易姓建宮，妄有邀求，不遵朝命，戡不能式遏，而容納其使，事之可否，盡諉於朝廷。則禦侮之臣，將何所用？事君不忠，孰甚於此？臣愚以為凡御群臣之道，若居官稱職，衆所不及，則當使之再任；若立功立事，為人所知，則當加之品秩。今語其稱職，則軍政不脩；語其立功，則戎狄驕慢。而朝廷寵命益優，委任益厚，臣恐將帥之臣宣力者無所勸，而懷奸者得其志。如此而望疆場安寧，四夷賓服，臣竊以為難矣。所以程戡新受恩命，伏乞早賜追還。

治平二年，光論陳述古劄子曰：臣竊聞陝西都轉運使陳述古昨因延邊妄奏，朝廷稱邊鄙寧靜，不足為慮。後因權涇原路經略司事，聞副總管劉几稱西人漸集，將謀入寇，請出兵防邊。述古怒與前奏相違，因此怒几，奏稱不協軍情，張皇生事，擅移几知鳳翔府。數日之間，西人果大舉犯邊，殺掠弓箭手及熟戶蕃部。述古亦不即時發兵救援，致陷沒數千戶。近者雖知朝廷已差臺官劾述古罪狀，然竊聞所坐止於擅移劉几及奏狀有不實之處。若以文吏議之，罪不至重；若以國計言之，為害實深。何則？國家承平日久，人不習戰，雖屯戍之兵亦難敵用，唯弓箭手及熟戶蕃部皆生長邊陲，習山川道路，知西人情偽，材氣勇悍，不懼戰鬭，從來國家賴之以為藩蔽。今述古知西

人欲來侵擾，而自避謀覆之辜，順成欺罔之誅，抑遏將官，不許救護，遂以數千戶生民委於虎口，使父子流離，骨肉塗炭，豈惟已陷沒者深可哀痛？臣恐自今以後，諸路弓箭手皆不敢於極邊居止，熟戶蕃部皆有叛國從賊之心。以此觀之，其害豈小哉？況述古出於門蔭，材氣庸鄙，自歷官以來，所至之處，縱恣胸臆，殘虐吏民，不顧憲典，輕侮王命，驕暴狠狡，天下共知。屢曾坐事黜降，旋復收用，叨竊名位，一朝至此，誠過其分量，故天奪之魄，舉措乖繆，駭人視聽，陷敗民命，挫辱國威。內外之人，無不憤疾。臣聞舜誅四凶而天下服。如述古平生所為，亦可以謂之凶人矣。陛下縱不欲明加斧鉞，以謝邊民，亦當投之荒裔，以禦魑魅，庶使封疆之臣少知警懼。

光又論皮公弼劄子曰：臣伏覩近降詔書，於初任第二任通判人中選人權發遣三司判官公事。九年之後，擢為職司。既使之久於其事，

又待以不次之位。此誠用人之要術。為政之首務也。然當謹選擢之初。天下士大夫莫不延頸而望。拭目而覘。若得清脩孤直之人。則皆勸慕為善。砥節礪行。不肖者亦化為賢矣。若得貪污諂偽之人。則皆傾巧干進。飾詐盜名。安恬者亦變而為躁矣。此乃風俗之本原。政治之樞機。不可以不審。自非有奇材異績為天下所知。未可容易當此舉也。竊見尚書都官員外郎皮公弼為吏之處。以貪饕致富。資性姦猾。善為進取。在京師追請不倦。在外則書啟相尋。專用此術。致舉主三十餘人。一旦首膺謹選。天下之人苟有知公弼所為者。但私議竊歎。憤懣嗟嗚。莫敢發言。此豈可以稱陛下求賢之意。副四方跂竦之望哉。若所選之人皆如公弼之類。乃是開此徼倖之門。以為姦邪躁進之塗。恐非朝廷之福也。所有皮公弼。伏望聖慈追還前命。勒歸本任。況今中外之官。本資序合入三司判官者。尚不啻數十人。豈得其中全無可選擇者。願且選以補即目三司判官之闕。俟果有奇材異績為衆所知者。然後依近降詔書舉而用之。天下幸甚。

先又論王廣淵劄子曰。臣伏見新除王廣淵直集賢院。外廷之人。無不惋惑。偶語族談。莫知其故。或云廣淵以脣舌便佞遊走於公卿之門。蓋執政所為也。或云陛下龍潛之時。廣淵以文章因陛下故人自為達。素蒙知賞。故特加拔擢。此二者莫知其虛實。若果有其一。皆非朝廷之美也。夫端士進者治之表也。憸人進者亂之階也。臣竊聞廣淵雖薄有文藝。其餘更無所長。於士大夫之間。好奔競。善進取。稱為第一。若以此獲公卿之知。則其人固非端士矣。豈以初任通判。編排中書文字。二年之間。堂除知舒州。縉紳已皆相與指目以為僥倖。今又驟加美職。安得不取外廷之惋惑乎。陛下方蒞政之初。欲簡拔天下賢材。寘諸不次之位。以率厲群臣。而執事之臣。不能稱陛下之意。前此用皮公弼權發遣三司判官。今又用王廣淵直集賢院。將何以使天下之人尚廉恥之節。崇敦厚之風乎。若陛下龍潛之時。廣淵果曾以文章自達於左右。此尤不可。昔漢文帝時景帝為太子。嘗召上左右飲。中郎將衛綰獨稱疾不往。及即位。寵待綰過於它臣。周太祖時。世宗鎮澶州。張美為三司吏。掌州之錢穀。世宗私有求假。美悉力應奉。及即位。衆皆稱美材敏。而世宗終薄其為人。廣淵若當仁宗之世。私以文章獻於陛下。為臣忠謹者。肯如是乎。陛下今日當治其罪而又賞之。將何以厲人臣之節也。所有王廣淵新授直集賢院勅。伏乞追還。

英宗時。殿中侍御史傅堯俞論王臨疏曰。臣伏見殿中丞王臨為任莫州推官日。移雄州推官。因緣差遣拖延月日。就成考第。冒轉京官。後因魏景攀援心跡皆露。御史中丞張昪包拯韓絳。知雜事范師道

等。相繼論列。朝廷更不根究。特追事發後所轉一官。猶與知縣差遣。人言不已。始降監當。公議紛然。迄今未定。而臨敢為欺罔。妄引劉庠王淵例。欲從辯議。書罪都不理為過犯。臣雖累牘殊用震駭。臣竊見王臨事狀。備於案牘。非有隱深廋匿。不可窺而索者。取而一閱。則妄冒之情畢得。公私之坐已明。乃能使李象賢曲庇其罪。更防獨當其責。歷三中丞而不能正其事。終諸有司而不敢斥其過。不知王臨挾何術而至於斯也。急進則交結以圖僥倖。既敗則文飾以自解免。固巧宦之傑。而奸人之雄。此而可容。孰為不可容者。朝廷既不令窮勘。但加輕罰。有司以元無案駁便為無過。臣恐刑典自此壞矣。王臨之事案中皆具。而人所共聞。臣今不復備論。惟陛下察臣專愚之懇。誅臨狷巧之心。一以奪官衝追官免勒停人定法從事。則懷援圖上者不得肆其志。而舞文附下者可以懲其後。臣不勝懇懇之至。

英宗有疾。既平。堯俞為起居舍人。上書皇太后請還政。久之。閤內侍任守忠有讒間語。堯俞諫皇太后曰。外間物論紛惑。兩宮之情未通。臣謂天下之可信者。無大於以天下與人。亦無大於受天下以公。況皇帝以明睿之資。貫通古今。而受人之天下乎。如誅竄讒人。則慈孝之聲益隆矣。

堯俞知諫院。又論薛向疏曰。臣近有狀論列除薛向不當。以向職險多機。用權甚衆。自徒被責。肯塗經營。未離故居。遽此牽復。壞陛下賞罰之權。無以取信天下。且謂邊防之間。縱有小勞。不當藉以為牽復罪人之資。及論薛向材質事狀。乞寢新命。皆悃愊公議。未蒙指揮降出。臣雖甚愚。深所未諭。謹條事體。重煩天聽。伏惟少賜詳擇。夫設官吏。責以言天下之事。其所論奏。當辨別是非當否。苟涉阿私。罷黜可也。若言入則留中不下。面奏則置而不聽。殆非所以開廣聰明者也。

朝廷初政。首欲梗言路。臣竊為陛下惜之。陛下天資英斷。當斷於是者。斷於非是。害政非輕。陛下視從諫如轉圜者為何等主哉。夫扶萬乘之勢。執生殺之柄以臨臣下。是豈難哉。顧道理如何耳。陛下儻不深思。謂事以不務為得。臣恐自此以往。必有倚聖斷以售其智巧者。況二府各有常職。詎容相侵。今樞密院專除文吏。不幸中書又專行樞密院事。報復往還。積為私隙。將何以帥正百官。共成天下之務者。曰出自聖心。俾樞密院行之者。尤為不可。陛下總攬紀而自紛之。誰為此謀。將誤陛下。審如是。執政者亦當以職分自陳。姑務救正。以順成美德。不當苟且依違奉行。況薛向小人。惡足留神。如是謂令天下無如向之材者。斯固不已甚乎。儻此事不改。非獨刑賞失當。是祖宗之舊法皆可壞。而言職可以廢也。且薛向兩經樞密院除官。輒復追奪。何先帝謂之非。而陛下必以為是。此臣重為陛下不取也。伏望併以臣章前狀付外。必賜施行。臣無任忠憤激切之至。

堯俞再論薛向劄子曰。伏為牽復薛向陝西轉運副使。不當。累曾論列。至今未見指揮。竊緣賞罰紀綱。朝廷重輕所繫。臣之諸言。亦已詳盡。與尋常風聞之說事體不同。伏望陛下早加詳擇。如臣言是。乞賜施行。臣言苟非。乞黜臣以誡狂易。循默觀望。既非臣所能。苟免取容。亦非臣所喜。干冒天聽。伏俟鈇鉞。

堯俞又論薛向疏曰。臣嘗有狀論列陝西轉運使薛向爭奪館驛。致前滎州應靈縣令崔令孫身死公事。今來再勘奏案已到。風聞其間事節與前勘畧同。輒復有言。惟陛下詳擇。伏以薛向倚恃權勢。作威作福。使天子之命吏。無事須身。都不避嫌。自判本家詞狀。以送靈寶縣。所以縣吏奉行。不復檢驗。其死狀殊不分明。及趙約之取勘案。處所招情款甚略。自處非便。乃翻訴以疑衆。欺侮上下。機械無窮。若謂

向志在殺人。固為非允。然令孫之死。本由薛向。今則南寄張曄張奕等。各陷深刑。罪首乃從輕典。此臣前狀所謂未當舊究。更生斷枉者也。尚不原情議罰。何以粗厭人情。向若偶為此事。猶或庶幾。緣向任性為虐。其來有素。鄜州三川縣令嚴寅。只因迎候差近。叱罵摧辱。所不能堪。即時發病。既歸而死。位在巳下者。縱意陵轢。官居巳上者。伺隙擒制。苟能附會。則曲法維持。自陝以西。幾乎道路以目。又其所領皆是要司。部中舉官其數且百。專以應副有任。故為游說者多。且又應朝廷牽於用度。謂解鹽等事非向不能辦了。須少假借以責其功。是大不然。其薛向敢為詭激。狙詐百端。移東就西。改頭換尾。以惑朝廷者甚衆。借令頗有實效。乃是聚斂之臣。不過能為裴延齡皇甫鎛之罪人耳。夫與其有聚斂之臣。寧有盜臣。其疾之如何哉。方今經費猥多。民力屈竭。非陛下痛自儉約。窮其本原。固不能為已。如欲崇獎

聚斂之臣。賴以取濟。臣恐失之逾遠。今薛向高自誇大。以爲它人無能及之。臣謂朝廷求忠藎悃愊愷悌以濟務者。或恐不多。如向之比。不患無人。大凡君上之馭臣下也。有勞則必勸之以賞。犯法則必繩之以刑。使猾奸者破膽知懼。苟畜其用。敢不盡心求慣。有恩無威。獨事姑息。其志得氣盛。則負擁固位。尚肯爲國家盡瘁者哉。況向智數狡獪。或得親近左右。是以熒惑天聽。其才識雖不逮裴延齡、皇甫鎛。若懷讒罔上。争進害人。臣知其過之遠甚。伏乞深察其情。特加黜免。不獨使幽冤有訴。刑賞並行。亦使奸豪少沮。不敢縱其技巧而以爲一道之患也。

殿中侍御史范純仁奏乞罷執政邪議尊崇濮邸。疏曰。臣伏見執政首開邪議。妄引經據。以枉道悅人主。以近利負先帝。欲累濮王以不正之號。將陷陛下於過舉之譏。朝論駭聞。天下失望。政典之所不赦。

人臣之所共棄。臣地居言職。勢不緘默。請尚方之劍。雖古人所難。舉有國之刑。典章猶在。且議既不合。理難並立。昔師丹之說行。則董宏坐其罪。董宏之論勝。則師丹廢于家。臣等言不足用。願從竄謫。上不辜陛下之任使。下不廢朝廷之職業。臣等之志足矣。竊以自古人君之御天下。未嘗不以人心爲本。得之則中才可以免危亂。失之則賢智不能保治安。故曰。民猶水也。可以載舟。可以覆舟。人心之得失。可不慎哉。豈有身備大臣。與國同體。希合上意。内營已私。務過於人君。失望于天下。爲臣之惡。莫重於斯。伏惟陛下紹膺大統。稱尊御極。生育之恩。禮宜追厚。然當俟先帝祥禫之既畢。陛下德澤之已行。然後講求典禮。以崇本親。況仁宗虞主始祔。陵土未乾。而遽開越禮之言。欲遵衰世之迹。致陛下外失四海臣庶之心。内違左右卿士之議。陛下自臨御以來。厲精爲治。遇災而懼。則有周宣之風。至誠感神。則蹈

虞舜之德。至於徽稱所加。卻而不受。皆前代難行之節。治朝可紀之政。拊而行之。和氣可致。然而中外人情囂然不安者。良由邪說震驚。大議未定。今不正濮王之禮。則無以慰羣心。不罪首惡之臣。則無以清朝政。伏望聖慈早出臣前後章奏付外施行。

純仁又奏乞責首啓濮邸邪議之臣。疏曰。臣等近准閤門告報。奉聖旨令赴臺供職。臣等尋爲所論濮王典禮未正。具狀奏陳。不敢奉詔。復准御批。令依已得指揮。臣等伏緣近以彈奏輔臣。乞正大議。以雪君父之謗。欲清左右之奸。愚忠憤懣。陷於僭越。乃至封還詞誥。擅離官次。情雖愛君。罪實違法。伏蒙陛下深察其意。貸其所犯。朝命再行。爾令就職。臣等徒荷陛下含度之恩。未見朝廷法制之正。今濮王典禮雖去殊號。而首啓邪議之臣。未加顯責之命。中外猶以爲惑。臣等何敢自止。伏望檢會臣等前奏施行。所有本職。未敢祗赴。依前居家

待罪。伏望聖慈。俯賜睿斷。

純仁又奏乞罷邪議尊崇濮邸。疏曰。臣近兩次全臺列章彈奏執政官。不合首建邪議。欺惑聖聰。上損君德。下驚民聽。伏惟陛下即位已來。兢兢業業。以釐萬幾。四方翹首。已望太平。而執政不能以古先哲王致治之術。開廣上意。發號施令。動合人心。使億兆之民。鼓舞神化。而乃希意要寵。從爲邪說。違越禮法。不顧大義。將陷陛下於有過之地。及爭近臣集奏。禮官討論。遷延經時。大議不決。而又欲牽合前代衰晦之世所行謬迹。以飾奸言。距塞正論。挾邪罔上。心實不忠。伏望聖慈。奮然獨斷。將臣等前奏付外施行。庶分邪正。以服天下。臣自去秋以來。相繼論列。中書門下不合建議。欲加濮王非正之號。不蒙開納。又於近日臣等三次全臺列狀奏彈。未蒙施行。蓋由臣等才識淺陋。不能開悟聖心。早正典禮。又不能擊去奸惡。肅清朝廷。遂使大議

人而不咲。中外之人。謗議洶洶。若安然尸祿。不自引罪。則上成陛下之失德。下虧臣等之職業。臣等已將元授御史告身隨狀繳納。自今月二十二日更不赴臺供職。居家待罪。伏望聖慈早賜黜責。

神宗即位初。御史中丞司馬光論王廣淵劄子曰。臣聞明君之務。莫大於去奸。忠臣之志。莫先於嫉邪。陛下不知臣無似。使待罪憲府。充任以來。於今踰月。而都無所糾。誠負大恩。伏見直龍圖閣兼侍讀王廣淵。以小人之質。有傾巧之材。苟求進身。無所不至。外依政府。內結近習。數年之間。致位清顯。國家本以龍圖閣寵賢彥。通英侍儒雅。皆非廣淵所宜監臨。陛下即位以來。未聞放黜奸邪。以警羣臣。廣淵於朝列之中。爲奸邪之尤者。伏望陛下奮發乾剛。首加斥逐。奪去職名。除一遠地監當。亦足以一新天下之耳目。

光又論王廣淵第二劄子曰。臣近曾上言直龍圖閣兼侍讀王廣淵傾巧奸邪。乞盡奪去職名。除一遠地監當差遣。至今未聞指揮。臣竊惟廣淵所爲。布聞海內。陛下昔在宮邸。豈不備知。何假微臣更有評述。書曰。任賢勿貳。去邪勿疑。此大舜所以成天功也。陛下若未知廣淵之爲賢與不肖。尚容致疑。若果知廣淵奸邪之狀。則豈可復置之左右而不速去之哉。夫佞人者巧於求合。變故萬端。雖聖賢所不能察。是以帝堯畏巧言令色孔壬。而孔子教顏淵以遠佞人。夫堯與顏淵非不明也。苟不畏而遠之。則有時而惑之矣。伏望陛下依臣前奏。其王廣淵早賜黜逐。

光又論郭昭選除閤職狀曰。臣竊聞陛下鄉時直省官郭昭選等四人。近有特旨並除閤門祗候。衆言藉藉。頗謂僥忝。國初草創。天步尚艱。故祖宗即位之初。必拔擢左右之人以爲腹心羽翼。豈以爲永世之法哉。乃遭時不得已而然也。自後嗣君守承平之業。繼聖考之位。亮陰未言之間。有司因循踵爲故事。凡東宮寮吏。一一槩超遷。謂之隨龍。以此昭選之徒。得自厮役直除班行。其爲幸已多矣。乃敢妄有攀援。邀求無已。曾不自省有何功勳。小人之心。終無厭極。不可縱也。且閤門祗候祖宗所以蓄養賢才。以待仕使之地也。其與班序差遣事體不同。辭諸史臣。則節闕之流也。豈可使厮役之人爲之哉。況東宮其餘吏卒甚衆。苟一人得之。則皆有覬望之心。此書所謂啓寵納侮者也。陛下既承大統。則率土之濱。誰不爲臣。而獨私於東宮之人。則所與親者至狹矣。臣昨除御史中丞。初上殿之日。首以官人賞罰爲言。誠以三者致治之本。自上世以來。不易之道也。今昭選等以厮隸而叨美職。是官不擇也。纔積草之勞。而數月之間。叠命相繼。是無功受賞也。奸慝明著如高居簡等。尚保而庇之。是有罪不罰也。陛下始初清明。方勵精求治。而乃輕其官爵。慢其賞罰。如此。將以興太平之功。猶適楚而北轅也。今臣所以區區進言者。但爲陛下惜此而已。所有昭選等新除閤門祗候。乞賜追寢。

熙寧三年。光任御史中丞。論王安石疏曰。參知政事王安石。不合妄生奸詐。熒惑聖聰。及公亮等各務依違。未肯辨正。乞明其罪。不蒙施行。竊以易履霜之戒。爲君制臣之術。書戒作福。明山國害家之常。易書之義。其知幾矣。君子見幾。不俟終日。是以自古君無過失。而臣不奸欺。蓋知其幾而遏其端也。伏遇陛下即位以來。日慎一日。聞過則喜。從諫如流。四方翹企。以望太平。萬俗謳謠。而陶美化。其以用安石爲相。斯見陛下焦中心而求治。急先務以濟時者也。而安石備府政。必當輔國以伊周之道。致時爲堯舜之民。發政施仁。俾合輿意。而安石首倡邪術。欲生亂階。違法易常。輕革朝典。學非言僞。王制所誅。非曰良臣。是爲民賊。而又牽合衰世。文飾奸言。徒有嗇夫之辯談。拒塞事臣之正論。加以朋黨輻集。觀舊星攢。或倫近識。或居重任。窺伺神器。專制福威。人心動搖。天下驚駭。苟陛下不過其端。則安石為禍不小。夫書易之戒。正急於斯。且陛下以安石有師保之尊。故舊之恩。俾為相臣。使預政事。昔漢尊桓榮。徒開設几。燕貴鄒衍。惟見築宮。豈有俾居顯重。而妄使改為。若不正其罪惡。必難以順乎衆意。臣職居御史。身為諫官。非不能希意苟合。以求寵榮。蓋以立君朝者。當勵己以忠邪。食君祿者。必輕身而為國。臣之與安石。猶冰炭之不可共器。若寒暑之不可同時。是以屢犯天顏。輒陳狂瞽。心既為國。寧復虞身。苟令日蒙鈇鉞之誅。勝異日死賊臣之手。伏願陛下獨奮乾剛。專行英決。一遵祖憲。無用邪謀。誅逆亂臣。延納正士。上以慎皇太后之意。下以慰億兆人之心。則臣等退就誅戮。亦所甘心。

四年二月。光知許州。論王安石疏曰。臣之不才。最出羣臣之下。先見

不如呂誨。公直不如范純仁。程顥。敢言不如蘇軾。孔文仲。勇決不如范鎮。誨於安石始知政事之時。已言安石為姦邪。謂其必敗亂天下。臣以謂安石止於不曉事與很愎爾。不至如誨所言。今觀安石引援親黨。盤據津要。擯排異己。占固權寵。常自以己意陰贊陛下。內出手詔。以決外廷之事。使天下之威福在己。而謗議悉歸於陛下。臣乃自知先見不如誨遠矣。純仁與顥皆與安石素厚。安石拔於庶寮之中。超處清要。純仁與顥觀安石所為。不敢顧私恩。廢公議。極言其短。臣與安石南北異鄉。取舍異道。臣接安石素疎。安石待臣素薄。徒以屢嘗同寮之故。私心眷眷。不忍輕絕而預言之。因循以至今日。是臣不負安石而負陛下甚多。此其不如純仁與顥遠矣。臣承乏兩制。逮事三朝。於國家義則君臣。恩猶骨肉。覩安石專逞其狂愚。使天下生民被荼毒之苦。宗廟社稷有累卵之危。臣畏懦惜身。不早為陛下別白言之。軾與文仲皆疏遠小臣。乃敢不避陛下雷霆之威。安石虎狼之怒。上書對策。指陳其失。隳官獲譴。無所顧慮。此臣不如軾與文仲遠矣。人情誰不貪富貴。戀俸祿。鎮覩安石熒惑陛下。以佞為忠。以忠為佞。以是為非。以非為是。不勝憤懣。抗章極言。自乞致仕。甘受醜詆。杜門家居。臣顧惜祿位。為妻子計。包羞忍恥。尚居方鎮。此臣不如鎮遠矣。臣聞居其位者必憂其事。食其祿者必任其患。苟或不然。是為盜竊。臣雖無似。嘗受教於君子。不忍以身為盜竊之行。今陛下惟安石之言是信。安石以為賢則賢。以為愚則愚。以為是則是。以為非則非。諂附安石者。謂之忠良。攻難安石者。謂之讒慝。臣之才識。固安石之所愚。臣之議論。固安石之所非。今日所言。陛下之所謂讒慝者也。伏望陛下聖恩裁處其罪。若臣罪與范鎮同。即乞依范鎮例致仕。若罪重於鎮。或竄或誅。所不敢逃。

熙寧二年。侍御史范純仁論新法乞責降狀曰。臣自僭位諫垣。殫竭愚衷。實欲少裨聖治。仰荅天恩。但其才不逮人。技有所止。多言煩瀆。一無可收。加以執政之臣。遂非強愎。自謂人莫己若。惟欲衆不我違。率意而行。略無顧忌。至於元臣舊老。皆務泯嘿。雷同漸恐欲事必行。蔽立法制。深嫉異同之論。急絕違忤之人。以致忠賢日疎。諛佞得志。陛下無納諫之美。百官懷苟且之心。衆怨潛興。無敢言者。此事持有斷。固非臣力可回。則其疲懦無謀。罪在難赦。伏望聖慈早行黜責。別擇爭臣。庶幾取信朝廷。可救時弊。大臣有所警懼。小人不能為姦。惟在睿斷行之不疑。臣無任激切之至。

純仁又論薛向疏曰。臣累言薛向有罪。不宜獲賞。又其性貪狡。不可付以六路之權。不蒙聽納。臣聞傳曰。德惟善政。政在養民。又曰。春省耕而補不足。秋省斂而助不給。是聖王之政在乎愛養百姓而補助

其不足。使之本富有餘。然後供給公上。猶先培其根本而待華實之茂。理之必然也。陛下方以公私匱乏。故務先於理財。蓋欲厚本抑末。補助百姓。將使富而後教。冀三代之政耳。非有意於損下奉上。廣殖貨利。增大傷心而已也。然則付其任者宜得仁愛有德之士。視人如己。方能知民飢渴。蘐獻以時。庶可副陛下愛養元元之意。固非如薛向急進希功。貪狡刻薄之人所能為也。方今多士盈庭。必有賢才可副選任。在陛下擇之而已。今乃付以薛向而欲使黎民不飢不寒。知陛下愛養之意。是猶愛其赤子而付之狼戾貪狡之乳母。欲其子無飢渴之患。而知其父母之慈。固亦難矣。今陛下成命已行。聖意莫回。而臣區區言之不已者。是臣之職也。天下之士未至絕無君子。而致陛下屈法。登用小人。是執政之罪也。陛下聰明聖智。有納諫之資。而臣言無可取。則臣不肖失職之罪也。執政之罪在聖恩得以含容。而臣之罪。又安得不治哉。臣不勝待罪之至。

純仁又論薛向疏曰。臣前來累言薛向在陝西違條罔上。罪狀顯明。不當曲加恩貸。仍蒙獎用。及張靖不當先於罪人責降。皆是朝廷賞罰之失。將使奸邪得志。盡謂憲典可欺。中人之性易移。悉以張靖為戒。遇事必皆希旨。蔽惑人主聰明。蓋是中書不合差除。致累陛下聖政。臣雖累曾陳奏。不蒙聽納施行。今又委以六路生靈。使之專治財賦。則薛向奸詐。必更甚於陝西。緣陝西有都轉運使。諸路帥臣。走馬承受。皆是朝廷信臣。不為向所統攝。又有非時使命。往還訪察。若是臣察善惡。朝廷易為得聞。而向以巧能彌縫。尚敢肆為欺惑。今來東南六路官吏。皆是向所統臨。又無非次使命採訪。加以吏民懦弱。被吾不能伸陳。即向奸欺足以自恣。又聞東南諸郡民力多困窮。近復連被水災。正要朝廷優恤。陛下當遣賢厚仁愛之使。惟令撫養瘡痍。俾得漸就富完。以厚根本。豈宜更命纖巧刻薄之吏。別肆誅求。或致民心困窮。必別生事變。則於治亂所繫非輕。臣居諫垣。豈敢緘默。陛下度臣於向素無嫌隙。又非強愎。欲遂己言。何必區區頻瀆天聽。蓋以朝廷賞罰為重。六路生民可憂。復遇陛下聖明。其言不可不盡。惟望早垂睿斷。勿憚改為。從諫黜邪。二美兼舉。使天下風俗一變。奸人革心。豈不盛哉。如或以掩善嫉能。其說無取。則乞宣示外廷。早行責降。

純仁又論薛向疏曰。臣准中書劄子。以臣乞補小郡。奉聖旨不允所乞者。竊以臣叨預諫垣。稗補無狀。遂使奸人壞法。朝廷賞罰不平。固當竭力陳論。死而後已。乃敢妄求責降。輒請郡符。疲懦無堪。罪宜不赦。而蒙尚加容貸。未賜允俞。在君父保全之恩。極於仁厚。而臣子補報之義。愈宜竭忠。然有未盡之誠。不避頻瀆天聽。緣薛向詐佞貪殘。

衆所共聞。陛下但愛其小才可備器。而不言。負陛下之罪不容誅矣。

純仁又論王安石疏曰。臣昨日上殿劄子。蒙聖恩令送中書。臣恐執政遂非。不以臣言為是。進呈之際。不蒙施行。伏緣臣自到諫垣。方見陛下進用富弼王安石。臣與士大夫私相慶抃。以為儒者得用。必贊陛下行堯舜三代之政。以脩己安人為務。敦舉直錯枉之風。先道德而後事為。先教化而後法制。變俗易於偃草。施仁速於置郵。是將拱手垂衣。而天下晏然矣。今則安石乃以五霸富國強兵之術。啓迪上心。忘其舊聞。以希速效。甚異孔子不言軍旅。孟軻恥道桓文之意也。又復任用小人。專興財利。將使上玷聖德。侵刻生民。臣雖屢有奏陳。不蒙聽納。而執政之意。持之益堅。故臣太息失望。不能自已。觀其舉事倉卒。知人不明。必恐別生事端。上負陛下任倚。此臣深憂過計。愛君行己。區區莫奪之志也。今執政之臣。既謂臣言無狀。而臣亦恐執敢不能致君。若使尚忝諫垣，議論無由協濟，豈惟職事闕廢，實亦不可同寅。伏望陛下察臣狂愚，早行降責，然盡犬馬之力，别圖報効，則臣雖死之日，猶生之年。

純仁又彈吳安持李偉疏曰：臣伏覩都水使者吳安持、李偉等決大名第三鋪口，欲因漲水回大河，入孫村口，使還故道，暴集薪芻，優差夫力。滄河之民，殆不堪命，訖無成績，虛費不可貲計。若知不可而強爲，是負賞欺天；若果可爲而不效，是不廣敗事。斯天政事果嘗議刑，奸憸之人，既無所懲艾，故今又欲興作大役，數十倍於前日。假託是朝廷賞罰之失，實係治長安危。事理甚明，不蒙聽納。臣若偷安苟具，徇俗好名，則必謂此事已曾力言，自是朝廷不聽，足以卸塞責任，遂可竊位保身，何必違忤君親，以取擯逐之辱。蓋以人臣之罪莫大於容養小人，下使侵刻生民，上使虧損聖政。況臣謬居諫列，職當指佞嫉邪，又以連任陝西，親見安持奸迹。今若言而苟止，則是輕職愛身，不惟非臣素心，陛下亦何所賴。是以區區不已，上瀆睿聰。伏望更將臣前後所陳，反復詳究。如臣言非誣罔，則陛下何惜施行，不惟使奸吏悛心，亦可正朝廷綱紀。如或謂人材難得，須當委任小人，而臣敢遂已言，務隨流俗，不思體國，意在嫉能，則臣之不忠，罪亦難逃。豈可尚叨任使，猶忝諫垣。雖蒙聖恩含容，於臣何施顔面。唯望早行黜責，以誡百官。

純仁又乞戒約妄陳邊事疏曰：臣聞舜雖任人，而蠻夷率服；詩稱讒人罔極，交亂四國；易曰小人勿用，必亂邦也。以見小人用之，則交亂邦國；遠之，則能服蠻夷，皆前世之明效，而聖人之深誡也。伏見近日因陛下求治之切，延訪之勤，時有小人之言，上惑聖聽。聞之似若可采，行之必累至明。蓋其天性憸邪，茂佚致小忠而忘大體，貪近利而

昧遠圖。急於營身，不思害國，皆以己之所好，便爲致主之術。行之，其身尚爲衆人所惡；來而治國，豈能有補大猷？如昨來某人等起橫山之謀，西陲至今受弊；及河北某人好奏邊事，亦多細瑣不實，自謂朝廷委信，帥臣難爲節制；并諸路走馬承受之有不遵條約，輒妄奏論，搖動邊臣，過索承奉，朝廷每有升黜，適足助其成勢。若不早加禁約，實恐深蠹紀綱。伏望陛下法宣尼遠佞之言，體虞舜疾讒之道。凡是憸人近習，其言不可輕信。及乞宣諭二府，如有妄陳邊事，及曾引惹生事之人，不得令在邊任。儻有急難，方得用之。及委轉運使提點刑獄等體量諸路走馬承受，不得於元降條約外妄陳邊事，及言人長短。其所奏文字，亦乞降樞密院，方行。如此，則小人道消，太平可致。

右諫議大夫兼御史中丞呂誨論王安石奸詐十事疏曰：臣切以大奸似忠，大詐似信，惟其用捨繫時之休否也。至如少正卯之才，言僞而辯，行僞而堅，順非而澤，強記而博，非宣父聖明，孰能去之？唐盧杞，天下謂之奸邪，惟德宗不知，終成大患。所以言知人之難，堯舜其猶病諸。陛下即位之初，起王安石，就除知江寧府，未幾召爲學士，搢紳皆慶陛下之明，擢有文之人，得以適其用也。及進貳台席，僉論未允，衡石之下，果不能欺其輕重也。臣伏覩參知政事王安石，外示樸野，中藏巧詐，驕蹇慢上，陰賊害物，斯衆所共知者。臣略疏十事，皆目覩之實迹，冀上寤於宸鑒。一言近誣，萬死無避。安石向在嘉祐中，判糾察刑獄司，因開封府爭鵪鶉公事，舉駁不當。御史臺累移文催促謝恩，倨傲不恭，稍次仁宗皇帝上仙，未幾，安石丁憂，其事遂已。安石服滿，託疾堅臥，累詔不起，終英宗朝不臣。就如有疾，陛下即位，亦合赴闕一見，稍存人臣之禮。及就除知江寧府，於私計安便，然後從命，慢上無禮，其事一也。安石任小官，每一遷轉，遜避不已；自知江寧府，除翰

林學士不聞固辭。先帝臨朝。則有山林獨往之思。陛下即位。乃有金鑾侍從之樂。何慢於前而恭於後。見利忘義。豈其心乎。好名欲進。其事二也。人主延對經術之士。講解先王之道。設侍講侍讀。常一員執經在前。及進說以傳道也。安石居是職。遂請坐而講說。將屈萬乘之重。自取師氏之尊。真不識上下之儀。君臣之分。況明道德以輔益聰明者乎。但要君取名而已。其事三也。安石自居政府。事無大小。與同列異議。或因奏對留身進說。多乞御批。自中而下。以塞同列之公論。是則掠美於己。非則斂怨於君。用情罔公。其事四也。安石自糾察司舉駁。多不中理。與法官爭論刑名不一。常懷忿隙。昨許遵誤斷謀殺公事。力為主張。妻謀殺夫。按問欲舉。減等科罪。挾情壞法。外報私怨。而制定奪。但聞未詳。亦皆畏避。挾私報怨。其事五也。安石初入翰林。未聞進一士之善。首率同列。稱弟安國之才。朝廷與狀元恩例。猶謂之薄。主試者定文卷。不優其人。遂罹中傷。小惠必報。纖仇必復。及居政府。纔及半年。賣弄威福。無所不至。自是畏之者勉意俯從。附之者自圖希進。奔走門下。惟恐其後。育公死黨今已盛矣。怙勢招權。其事六也。宰相不視事旬日。差除自專。逆近臣補外。皆不附己者。妄言盡出聖衷。若然。不應是安石報怨之人。丞相不書敕。本朝故事。未之聞也。意示作威。聳動朝著。然今政府同列依違。宰相避忌。遂專恣而何施不可。專威害政。其事七也。凡奏對龍座之前。惟肆強辯。向與唐介爭論謀殺刑名。遂致喧譁。衆非安石而是介。忠勁之人。務守大體。不能以口舌勝。不幸憤懣發疽而死。自是同列尤甚畏憚。雖丞相亦退縮不敢較其是非。任性陵轢同列。其事八也。陛下方稽法唐堯。敦睦九族。奉親愛弟。以風天下。而小人章辟光獻言。俾岐王遷居于外。離間之罪。固不容誅。上竟有旨送中書。欲正其罪。安石堅拒不從。仍

進危言以惑聖聽。意在離間。遂成其事。朋奸之迹甚明。其事九也。今邦國經費要會。在於三司。安石居政府。與知樞密者。同制置三司條例。兵與財兼領之。其掌握重輕可知矣。又舉三人者。管當。八人者巡行諸路。雖名之曰商榷重利。其實動搖於天下也。臣未見其利。先見其害。其事十也。臣指陳猥瑣。煩黷高明。誠恐陛下悅其才辯。久而倚毗。情偽不得知。邪正無復辨。大奸得路。則賢者漸去。亂繇是生。臣究安石之迹。固無遠略。惟務改作。立異於人。徒文言而飾非。將罔上而欺下。臣切憂之。誤天下蒼生。必斯人矣。伏望陛下圖之。宜當稽于衆。方天災屢見。人情未知。惟在澄清。不宜撓濁。如安石久居廟堂。必無安靜之理。臣所以瀝懇而言。不虞橫禍。期感動於聰明。庶判別於真偽。況陛下志在剛決。察於隱伏。當質於士論。然後知臣言之中否。然誣訐大臣之罪。不敢苟逭。忝危若寄。職分難安。當伺斥竄。請避愆敵。

熙寧二年六月。呂誨時為右諫議大夫兼御史中丞。先是安石見上曰。此非卿不能為朕推行。須至以政事煩卿。料卿學問如此。必欲緣經說。必不固辭也。安石對曰。臣所以來事陛下。固願助陛下有所為。然天下風俗法度。一切頹壞。在廷少善人君子。庸人則安常習故。而無所知。奸人則惡直醜正。而有所忌。有所忌者。倡之於前。無所知者。和之於後。雖有昭然獨見。恐未及成功。而為異論所勝。陛下誠欲用臣。宜先講學。使於臣所學本末不疑。然後用之。庶幾粗有成。上曰。朕知卿久。非適今日也。然須勿為壞尊。督責朕。使大有為。不知卿所施設。以何為先。安石曰。變風俗。立法度。最方今所急也。一日。上欲用安石。衆恐。曾公亮因薦之。唐介曰。安石恐難大任。上曰。卿謂文學不可任耶。經術吏事不可任耶。介曰。非謂此也。安石好學而泥古。論議迂闊。若使為政。恐多所變更。必擾天下。退至中書。謂公亮等曰。異日安石之言果用。天下困擾。諸公當自知之耳。安石既秉政。上問安石何以得陝西錢重。可積邊餉。安石對。欲裁重。當備天下開闔斂散之法。因言泉府一官。先王所以摧制兼并。均濟貧弱。變通天下之財。而使利出於一孔者。以有此也。其事曰。國事於財用取具焉。蓋經費。則有常賦以待之。至國有事。則財用取於泉府。後世桑弘羊劉晏粗合此意。然自漢以來。學者不能推明先王之法。更以為人主不當與百姓爭利。今欲理財。則當修泉府之法。以收利權。既修法則。如與流俗所見不同。而異論紛紛。必在陛下先有以斷之。然後可為。此須藉人稱。然人才難得。亦難知。今使能者理財。則十人之中。容有一二人敗事。從來但以有敗事者。則異論衆之。以紛擾。臣以謂先與群臣共擇一事。人治水。尚不能無敗事。況所擇而使者非一人。豈能無此矣。要當計利害多少作前日。而不為異論所惑。其有敗事之人。即根而行法。乃

更請求所以敗事之由。以增脩法制。則事無不成。已自來有一人敗事。則遂廢所尚。此所以少成事也。必命知樞密院陳升之與安石取索三司應干條例文字。看詳其合行事件聞奏。別為一司。名曰制置三司條例。并之安石因請以著作佐郎編校集賢書籍呂惠卿同為制置司檢詳文字。前權大名府留守推官蘇轍同檢詳文字。權大湖北路轉運判官都官員外郎劉彝。比部員外郎通判檢州謝卿材。常導士河北轉運司管當公事王廣廉。秘書丞知安遂縣侯叔獻。著作佐郎陳顥。大理寺丞知開封府倉曹參軍盧秉。許州司理參軍圖子監直講王汝翼。權興化軍判官監建州買納茶場曾伉。九八人分往諸路。相度農田水利稅賦科率徭役利害於天下紛擾。論上此奏。上得論疏。即批送論。乃遣內侍李舜舉諭意。

侍御史劉琦論王安石狀曰。臣等歷觀自古以來為人君者。未有不以偏聽失德。為人臣者未有不以專權致亂。志曰。聽之不聰。是為不謀。蓋以其不能廣覽遠聽。擇所長而用之。而溺於私寵。甘於諛佞。忘義理之是非。惟辯給之嘉尚。洪範曰。聰作謀。若其聽受之偏。其能謀乎。書曰。臣之作福作威。害于而家。凶于而國。易曰。或從王事。無成有終。蓋言臣之事君。將順其美。正救其惡。有功而不敢尸。有善則歸于上。故人雖知其賢。而不得見其迹。苟異於是。已非臣道。矧威福在已乎。臣等切見陛下擢用王安石為參知政事。未踰半年。中外人情囂然不安。蓋以其專肆胷臆。輕易憲度。而全無忌憚之心也。臣等請言其畧。伏自陛下即位以來。精心萬機。任賢求治。常若飢渴。故置安石在政府。必欲致時如唐虞。躋俗如成康。今安石反以管商權詐之術。戰國縱橫之論。取媚于陛下。陛下遽信其言。遂與陳升之同謀。侵奪三司之利。收為已功。開局置官。引三人者於本司議事。用八人者分行天下。驚駭物聽。動搖人心。其所辟用。皆門下親舊之人。如呂惠卿王子韶。盧秉。王汝翼之徒。豈能通曉錢穀。周知天下之利源乎。復用薛向為發運使。兼領均輸之職。信如詔書之言。從貴就賤。用近易遠。固亦無害。然使小人為之。假以貨泉。任其變易。縱有所入。則不免爭奪商賈之利。商賈既不行。則諸路稅課自然虧失。是先喪其歲時之常入。則國之經費何以仰給。官司販易物有難售者。須至均配在民。以取其直。物既積壅。難於速貿。則必有鬻田宅。破家業以應期會者。不然。則濫刑濫罰。侵而加之矣。古人有言曰。財盡則怨。力盡則叛。民既怨叛。則恐奸雄之人。得以攘臂於其間矣。不識朝廷之意。果以是為便乎。而況薛向之為人也。所至之處。多用耳目刺探州縣長短。從而脅持之。即以衰斂非道之事。俾之承稟。其貪賦貪鄙儒之人。莫不詭首曲從。其公正持守之者。須至違戾。則必為其中傷矣。朝廷方委之興事。萬一有勉而聽之者。則搢紳之徒。離心解體。將自竄於岩穴之中矣。不識朝廷之意。復以為便乎。去年用許遵文過飾非。妄議謀殺自首按問之法。朝廷遂差王安石與司馬光定奪。二人者所見不同。司馬光則持至公之論。請依舊法。不可以謀為因。王安石則任一偏之見。改舊法而立新議。以害天下之大公。臣等抗章論辨。指安石之議為非。復差呂公著韓維。錢公輔再定。而皆附從其說。不思法制之難行。但務人情之苟合。後來言者不已。又令審院同議可否。文彥博等所定。既協公道。陛下即以衆人所議文字。委富弼看詳。弼在病告。不俟其出。朝廷又却行安石所定。晢然指揮。良由同列畏其孫愎。陛下惑其浮辨。乃至此爾。小人章辟光妄獻岐邸遷外之議。賕間陛下友愛之德。罪不容誅。御史中丞呂誨及臣等連章奏乞加竄殛。以絕疑萌。陛下雖屢許其請。獨安石百端沮格。且熒惑聖聰。而陛下以為愛己。遂隱忍而不行。是以呂誨指陳安石黨庇小人之迹。而誨復降黜。中外之議。喧然不平。及呂公著一言辟光之罪。即時貶責。誨與公著。均中丞也。何誨言之而獲戾。公著言之而遽行。非公著與安石生平相知。表裏相應。亦恐言之未必從也。豈非威福之柄不出於陛下。而盡由於安石乎。且如近用呂公著為御史中丞。與韓公弼職任相妨。臣等亦當論列。陛下不以為聽也。切聞陛下始欲用司馬光為中執法。安石力為公著。而欲罷公著樞府之任。公著以人言不協。又於光弟之義難安也。遂亦辭免。陛下乃聽安石之言。遂兩用之。此得為允當乎。近又觀中書劄子。令後御史中丞獨舉臺官。不拘官職高下。此亦安石之謀也。不過欲引用門下之人。置在臺中為己之助耳。己之有過。彼則不言。此得為朝廷之福乎。況祖宗以來。未嘗有兄在樞府而弟為中丞者。亦未有舉臺官不拘官職高下而知雜御史不同議也。亦未嘗有不與學士院輪舉也。先朝所立制度。乃陛下家法。自宜世世子孫守而勿失。今一旦信安石之言。乃欲事事更張。廢而不用。良可惜也。如上所條之事。豈非安石之專權。而陛下之偏聽乎。切見安石故人團練副使陸仲叔。復著作郎。頗喧物議。緣陸仲昨知柳州日。於治平亮陰中。使妓樂飲宴。以至吏民因虞候兵士作鬧。仲遂決撻虞候至於身死。情理至重。朝廷明有指揮。終身不得敘用。仍不與親民差遣。前福建路提刑王陶因不覺察其子販鹽。一般責降團練副使。況之陸仲所犯差輕。尚未與敘。況陸仲身為郡守。官到朝行。不存臣子之禮。全無忠孝之義。將何面顏。更求仕進。若非與安石相知。豈能使得復官。又安石舉親情王無咎充國子監直講。無咎昨自亳州衛真主簿。移台州天台縣令。係次遠不赴。侍尋醫。卻於常州掌學。一年後。復授南康軍南康縣主簿。避見遠官。又乞尋醫。遂來京師。以聚徒教學為名。出入權門。營求直講。御史孫昌齡迎合安石之意。奏無咎不候尋醫年滿。先次差充直講。況流內銓尋醫人。未嘗有預先舉授差遣體例。兼無咎尋醫條自係遣擬選人。即合入元初次遠路分。今有此優命。若非安石力加薦引。曲為主張。豈能冒寵僥倖。異於衆人乎。如此之事。皆安石欺罔不公之罪也。謹按安石自應舉歷官以

來。凡著書立言。莫不知尊尚堯舜之道。以倡率學者。故天下士人之心。無不歸嚮。謂之為賢。以至陛下亦聞而愛之。遂致位公府。今遭時得君。如此之專。當以平時所學仁義之道。啓沃上心。以廣聖德。今乃首以財利之議。務為容悅。言行乖戾。一至於此。剛狠自任。則又甚焉。不知安石之心。待陛下為何如主也。陛下天資穎悟。不世而出。堯舜之治。指日可復。今反以覇國譎詐之術。唐室衰主之事。誘惑上聽。何不恭之甚也。孟子曰。齊人莫如我之敬王也。我非堯舜之道。不敢陳於王前。而安石則異於是。其意無它。只是欲持祿保位。覬覦宰相耳。其奸詐之迹。顧不明耶。奸詐專權之人。豈宜任在廟堂。以亂國紀。臣等伏願陛下奮乾剛之斷。早罷安石重任。以慰天下元元之心。其曾公亮位居承弼。被遇三朝。自宜悉慮竭忠。奮身許國。而反有畏避安石之意。陰自結援。更相稱譽。以固寵榮。致安石奏對之際。惟肆强辯。多生橫議。豈執政大臣體。宋祖宗以來宰相故事。若昭文在假。集賢尚不敢專行聖旨。豈如今日安石作參知政事。傲視同列。旁若無人。愛憎與奪。一出於己。敗壞中書故事。皆公亮之罪也。況公亮久妨賢路。無補時政。亦堪罷免。趙抃則括囊拱手。但務依違。大臣事君。固若是耶。方今河北地震。連年不已。加之星文謫見。天下水災。漂溺人民。不可勝數。變異之來。無甚於此。廟堂視之。恬不為怪。臣等但恐漸更多事。使陛下不得安枕而卧。皆大臣之罪也。伏望陛下思宗社之長計。措生靈於久安。委任老成有德之人。疏遠迂闊生事之輩。臣等不勝愛君憂國之至。

熙寧間。管幹北京國子監王巖叟論王安石疏曰。臣聞事之急者無徐行。心之痛者無緩聲。今天下事急。而臣已痛矣。尚忍徐行緩聲以忍君親之憂哉。臣為此言。唯恐人知。臣不盜名。今日之事。唯恐君

父不知。臣不避禍。使陛下自無心於生靈。臣雖抱忠。姑亦已矣。並消聽天下深識之士。相與而言曰。夫畋遊之快心。聲色之悅意。浮華之玩。情善有溢賞。怒有過刑。雖古之歷嘗艱難而老於為國者之所難免。而吾君以鼎盛之春秋。臨無事之天下。乃能不快心於畋遊。不耽意於聲色。不玩情於浮華。賞不以喜。刑不以怒。憂勤恭儉。唯以治道未舉於堯舜三代之隆為急。此可謂盛德矣。然而有人焉。有違常理蠱壞萬事。以蔽陛下盛德。而使四海內外。不得覩日新之光輝而同登於堯舜三代之域。此忠臣義士之所以拊膺而切齒也。臣謹按王安石。性非忠良。心不造道。徒能著空文而欺世。談高說以要君。可謂借鳳羽翰以文梟音者矣。人以為鳳。臣以為梟。天下皆知陛下所存則是求治之心。而安石所為。乃召亂之本。陛下以腹心委安石。而安石不以腹心事陛下。自求死黨。援濡要津。司農曰布。猾悍而陰刻。中

丞曰綰。善柔而陰鷙。曰向。剝下附上。曰起。狠愎。曰絳。苛倖。曰繹。曰惠卿。回伎忌。曰定曰秩。藏奸包慝。曰坰曰確。狂誕輕狡。曰子厚曰將。阿諛辯巧。曰宦官昉。暴橫山谷荼毒一方。威焰所向。人莫敢指。曰惟惠卿。奸邪之才。又冠其黨。雖持衰家居。而中外畏之。猶其在朝。其下蜮狐山鬼。夜號窟居。以惑動人者。屢屢皆是。不足一一為陛下道也。蓋未嘗公心求一言也。以為私遂。故天下謂之不以腹心事陛下者。非安也。陛下知以權與之。而不知與之之過。知以誠信之。而不知信之之蔽。與之過。故難制。信之蔽。故易欺。三四年來。天下不知有朝廷。而只知有安石。福隨其喜。禍逆其怒。四方之人。如瘖如啞。不敢吐氣。以至青天白日。舞奸擅權。以斷王室。而曾不畏人。此臣所以不能徐行緩聲而告也。臣知王室作之甚苦。成之甚艱。陛下豈不為祖宗愛惜之。而容亡人壞之耶。臣請為陛下疏其大者。至於紛紛交舉。以撓為

類者。未暇種種而數也。夫王室之所以重者。雖以人主之尊。不敢以名器授人也。而今也。遍巷之人。朝遊私門。則暮紆金朱矣。取名器於萬眾之旁。而曾不少顧。安石可謂陵王室矣。王室之所以尊者。以老成在側。忠鯁在庭也。而今也離間老成。棄逐忠鯁。獨為陛下引領童騃未悟。安石可謂卑王室矣。王室之所以存者。以綱紀法度脩賞罰正也。而今也綱紀則亂之。法度則毀之。賞罰則倒之。安石可謂弱王室矣。王室之所以安者。以能使百姓有餘力。而樂其生矣。而今也斂於民者煩。責於民者急。奪於民者盡。而人人救死恐不暇。安石可謂危王室矣。王室之所以明者。以人情不壅於上聞。而萬里兼聽也。而今也用邪壅之。或近在輦轂之下。國門之外。而君父不知。赤子嗷嗷。控告無路。安石可謂翳王室矣。忠臣義士言之及此。往往發淚俱發。臣知陛下方倚望太平。必以臣言為非是。然願陛下審擇一二

正人以它事使於四方。使潛採公議。及遴選一二親信出於都城。使盡錄衆說。則必有甚於臣所陳者矣。臣猶恐未必敢以其實告陛下也。其為忠嫉。億兆所同。惟陛下穆然凝遠。獨不得聞。臣每思奉天之變。盧杞姦成。未嘗不為陛下寒心。故人惑而不知。天下之深忌也。以危為安。天下之深禍也。惟陛下念之無忽。臣嘗讀易至於孔子之雜卦曰。親寡旅也。不覺為君父掩卷而泣。夫惟天下之忠信為可親。陛下試察今左右前後之臣。皆忠信耶非耶。為權臣用耶。為陛下用耶。彼其唯相以逢迎陛下。以窺伺陛下。以蒙蔽陛下。為權臣地爾。而君父獨立於群邪之中。可謂所親者寡矣。奈何以南面之尊。天下之勢。多士之衆而自謂旅人也。陛下學備古今。獨不見朱溫之事乎。先使昭宗孤然寄身於汴人之間。而後為亂。唯天下之至明。為能見之於至微。而破之於未大。願陛下少回天鑒以照之。社稷幸甚。陛下若惓惓於其賢

以為用之未盡。則何不靜心潛思自用之已來四年于今。其益于陛下者何事。成於天下者何功。施於生民者何惠。可垂後來者何德。進於列位者何賢。投於四荒者何佞。陛下心通目明。能不昭覺。豈待臣一一指其人而條其事也。憲者陛下數年以來。力排天下之議。主張新令。而刷於卒不效不果害之耶。此又臣以為固無傷陛下之明。而適足示陛下之聖也。前日聞天下譽之。則用。今日見天下怨之。則舍。是用以天下。舍以天下也。陛下何私哉。不出反掌之間。而取泰於否。轉危為安。聖人之能孰過此者。陛下幸思臣言。勿復以為疑。且歷古以來。賢王英主。所與取天下守天下者。莫非中原儒人。今陛下全棄中原。不與中原端厚之士共之。而獨引遠荒齊邪輕浅之人。與議大計。臣切恐中原豪傑有傷笑陛下於林間者矣。以陛下天資知此。自勵又如此。真得忠賢而用之。堯舜三代不難到。天下何時無真賢。今日

取之者非其道爾。彼真賢不以辯給為能。不以文采為高。不以聚斂為智。獨能平心正意。深思遠謀。為社稷久計爾。顧肯屑屑圖近利以誤蒼生哉。欲其人誰不欲為君父用者。但恥其身出於權臣之門。故遠避晦縮而不肯進。豈嘗須臾忘陛下。陛下曠然奮英斷。自致主權。誅天奸而寬羣惡。以一清中外。而下半紙詔書以謝天下。且聽任之際。大事幾去。天啓朕明。洞掃疑蔽。今願復與士民相親也。則可以激忠義於已闌。消禍亂於欲起。堯舜之治。咫尺在前。可不為陛下賀也。如不留意於斯。為後日之事。臣不忍言矣。惟陛下察之。

嚴叟又請詔執政裁抑三省人吏僥倖疏曰。臣伏以朝廷之弊莫甚於容僥倖以養蠹。尚姑息以忍奸。不治其源。而立法於下流。法愈煩而愈多。非計之得也。今天下皆曰。僥倖之甚者。莫如三省之胥吏。歲累優轉。月享厚祿。日給肉食。春冬有賞。寒暑有服。出入乘官馬。使令得營幸。郊禮霈賜賚。又許有服親入為吏。如士大夫任子無以異。而曾不限年。得祿尤豐。其為恩幸可謂厚矣。言其供職事。則一月之間。或但踰兩旬。一日之間。常不滿半日。其為勤勞可謂薄矣。然檢諸司文字爭錯。乃是職分當然。何至字字論功。日日計賞。或并名次。或減磨勘。或添料錢。或支銀絹。以彼易此。有如己物。又無過。朝廷舉動一事。嘗行過一紙文書。則復妄叙勞能。別希恩澤。如近日二王出居外第。省吏有何辛苦。而亦無功以冒賞。推此一端。餘皆可見。臣不知平居祿賜優厚。將焉用之。其為僥倖可謂甚矣。此蓋前來宰執以姑息相承。養之至此。貴朝廷之恩以買譽。結左右之權以固寵。何嘗以嚴謹紀綱為事。澄清根本為心哉。故議者以為廟堂之上為天下百姓理會弊事則少。與省中吏人行遣濫恩則多。靜而察之。誠虛語也。伏望聖慈特賜敕屬執政大臣。裁抑僥倖以除蠹。杜絕姑息以戢奸。無

近例。禁換法。復講治平以前條格循用之。庶可以肅百司而正四方。

熙寧中。唐坰除太子中允數月。將用為諫官。安石疑其輕脫。將背己立名。不除職。以本官同知諫院。非故事也。坰果怨安石易己。凡奏二十疏論時事。皆留中不出。乃因百官起居日扣陛請對。上命諭以它日。坰伏地不起。遂召升殿。坰至御坐前進曰。臣所言皆大臣不法。請對陛下一一陳之。乃搢笏展疏目安石曰。王安石近御坐聽劄子。安石遲遲。坰訶曰。陛下前猶敢如此。在外可知。安石悚然而進。坰大聲宣讀凡六十條。大略以安石專作威福。曾布等表裏擅權。天下但知憚安石威權。不復知有陛下。文彥博馮京知而不敢言。王珪曲事安石。無異廝僕。且讀且目珪。珪慚懼俯首。元絳薛向陳繹安石顧指氣使。無異家奴。張琥李定為安石爪牙。臺官張商英乃安石鷹犬。逆意者雖賢為不肖。附己者雖不肖為賢。至詆為李林甫盧杞。上屢止之。

坰懷慨自若，畧不退懾。讀畢，下殿，再拜而退。侍臣、衛士相顧失色。安石為之請去。閤門糾其瀆亂朝儀，貶潮州別駕。

龍圖閣直學士韓維上奏曰：右臣竊聞御史中丞王陶等言宰相跋扈，及除用不當。昨日傳聞罷陶中丞，還舊職，竟，續又聞除翰林學士。今早又聞參知政事吳奎待罪，臺諫官請對論事相繼不絕。中外喧傳，憂疑震駭。而風霾日興，旱暵滋甚，淫災數發，寒燠不常，天人之情可謂至不和矣。臣伏思天下所以君君、臣臣、父父、子子而莫敢亂者，以義理存也。義理者，非它，是是而非非也。人君者，明義理，別是非，以治天下者也。宰相，天子所信任；御史中丞，天子所咨決。今御史中丞言宰相跋扈，即有是事，則是王法之所誅也。陛下若以御史中丞言為信，則宰相安得不罷？若其不然，則是御史中丞構造邪說，離間陛下君臣，其罪豈止罷去而已。若又除翰林學士，是遷之也。

奏議卷之一百七十六　二十七

陛下既不能明辨大臣，示信任不疑之意，以盡其心；又使言者無名罷去，疑惑遠方。謂陛下不能納諫，頻黜憲官。臣雖忝備近侍，尚不知陛下之罷王陶所言為是耶，為非耶？若以為是，則陶乃稱職，不可輕罷。若其非也，豈當更遷其官？此臣不得不惑也。臣且惑之，欲令四方不疑難矣。兩朝顧命大臣，陛下不能主張辨明，使負惡名，有不自安之意，則其下者豈肯為陛下盡心？中丞在天子左右，言之是非，陛下不能裁審，則遠者豈肯為陛下盡言？陛下即位之初，將收天下之心，盡眾人之言，別白邪正，協和上下，以舉大治。而今者是非雜揉，賢不肖淆亂，群情睽乖，百益偷惰，凡事尚且如此，望欲天道之順序，豈不甚難哉？臣願陛下廷對群臣，面問宰相跋扈之狀，及御史中丞所言如何，使是非一判，邪正兩辨。然後斷自宸衷，大行顯黜，以開天下之耳目。此事若不明辨，臣恐朝廷刑政自此衰敝，不復振矣。若臣所言幸蒙施用，則事辨之後，乞罷臣職任，授一小州或留臺閑官，以明臣一心為陛下忠討，非有愛憎向背於其間也。臣竊聞眾人憚陶，及以用附入臣為嫌，莫肯正言。臣幸得以宫府舊寮蒙被知遇，不敢愛身以廢公議。惟陛下特留聖意。干冒宸嚴，臣無任戰汗隕越忠憤之至。謹具狀奏聞。

歷代名臣奏議卷之一百七十六

奏議卷之一百七十六　二十八

歷代名臣奏議卷之一百七十七

去邪

宋神宗時。劉述爲判刑部。王安石爭謀殺刑名。述不以爲是。及敕下。述封還中書奏執不已。安石白帝。詔開封府推官王克臣劾述罪。於是述率御史劉琦錢顗共上疏曰。安石執政以來。未踰數月。中外人情囂然胥動。蓋以專肆胸臆。輕易憲度。無忌憚之心故也。陛下任賢求治。常若飢渴。故置安石政府。必欲致時如唐虞。而反操管商權詐之術。規以取媚。遂與陳升之合謀。侵三司利柄。取爲己功。開局設官用八人者。分行天下。驚駭物聽。動搖人心。去年因許遵文過飾非。妄議自首按問之法。安石任一偏之見。改立新議。以害天下大公。章辟光獻岐邸遷外之說。離間骨肉。罪不容誅。呂誨等連章論奏。乞加竄逐。陛下雖許其請。安石獨進讒言。熒惑聖聽。陛下以爲變己。隱忍不行。先朝所立制度。自宜世世子孫守而勿失。乃欲事事更張。廢而不用。安石自應舉歷官。尊尚堯舜之道。以倡率學者。故士人之心靡不歸向。謂之爲賢。陛下亦聞而知之。遂正位公府。遭時得君。如此之專。首建財利之議。務爲容悅。言行乖戾。一至於此。剛狠自任。則又甚焉。奸詐專權之人。豈宜處之廟堂。以亂國紀。願早罷逐。以慰安天下元元之心。曾公亮位居丞弼。不能竭忠許國。反有畏避之意。陰自結援以固寵。久妨賢路。亦宜斥免。趙抃則括囊拱手。但務依違。大臣事君豈當如是。疏上。安石奏先貶琦顗監處衢州鹽務。公亮疑太重。安石曰。蔣之奇亦降監當。徒之。司馬光乃上疏曰。臣聞孔子曰。守道不如守官。孟子曰。有言責者。不得其言則去。此古今通議。人臣之大節也。彼謀殺已傷自首刑名。天下皆知其非。朝廷既違衆議而行之。又以守官之臣而罪之。臣恐失天下之心也。夫食鷹鸇者。求其鷙也。鷙而

烹之。將安用哉。今琦顗所言不過疏直。乃以迕犯大臣。必加譴謫。恐臣下自此以言爲諱。乞還其本資。以靖羣聽。

監察御史裏行劉摯劾趙子幾疏曰。臣伏見五月中有開封府東明縣人戶詣宰臣私第。或隨馬披告助法不便。幷升起戶等。及詣御史臺陳訴。臣尋曾具狀及上殿劄子奏陳利害。陛下令府界提點司體量升降等第因依。今竊見趙子幾別舉發到知縣賈蕃在任日。貸借官錢與手力。因同天節沽市村酒。創買部夫席屋等事。朝廷以其狀下本司取勘者。臣竊以爲過矣。朝廷變更役法。意欲均民。民苟以爲有利害也。安可禁其所欲言者。且畿甸人戶。幸以居近輦轂。故可以自陳。以近推遠。以一求萬。則天下之情可知也。然四方之人。限在遐遠。上雖有州縣。而安敢主之。又有監司提舉司之隔閡。其欲赴愬。勢固難矣。今又因畿民有訴。而汗劾之人反怨縣官。意謂不能禁遏。故

摘拾它事。期寘于法。不意朝廷不辨。付之施行。臣恐四遠人情。必疑朝廷以謂欲鈐天下之口。而職在主民者。必皆視蕃以爲戒。事務拘民而杜其言。然則天下休戚。陛下無時而知矣。臣伏覩編敕節文。按察之司所部官屬有犯。不得於官屬離任後。始行發擿。雖實不復受理。若犯贓私。雖離任。有人論告。或因事彰露。即依法施行。方子幾之體量於其縣也。蕃已得替離任矣。子幾初求其事於寮佐。又誘而鉤之於吏史。借令蕃有贓私邪。則亦不得謂之論告與因事明矣。法之所不當理。而子幾肆志敢爲者。子幾方以諂僞怙寵用事。務在力行司農新政。而不復顧陛下之法。與陛下之民。但驅使就令。冀自以收功。恐因民不服。撓動其事。是故作威以聳衆。違法以挾吏。欲使畿內屯邑。與天下官吏畏罪避禍。閉遏其人民。使不得有言以聞于朝廷爾。如蕃以司農牓內擬定人戶數目使出助錢。遂將縣籍下等次第

并起者九一十戶以就是牓内之數。此其為罪。固不可赦。是以前日
聖旨指命體量此事。臣願陛下治著此罪而已。自餘皆後所按。乞依
條不問。蓋借著今日所以解四方人情之疑。使知陛下不禁民言之
意。臣所以區區論之。冀少補治體。非為著計也。如子駿領按察之任
已久。當平日不聞舉擿著事。乃今挾情逞忿。初無原心考察。可見險
薄。伏請付吏施行。

摯又劾韓縝疏曰。臣竊以聖人之於天下。有一物不安其性命之分。
則盡然傷之。以謂已使然也。一物失所。猶引以自任。況夫民命之重
哉。是故。先之以仁。後之以政。彼其有罪而入吾法。猶哀矜惻怛不得
已而刑用之。夫以人君之勢。其重於天下猶若此。況人臣分憂共治。
而敢有專殺者哉。祖宗仁愛萬方。官吏之入人罪者皆有法。以故入
者特深。夫意雖有故。然猶假文法而致之也。而已為祖宗之所不容。

又況專殺亡辜者哉。臣謹按前知秦州韓縝因飲宴至中夜而罷。指
使傅勍持燭侍縝入于門。縝見之怒。明日杖勍背一百。三日而死。其
家持血衣以訴于朝廷。始者下本路按劾。而縝輒自有論述。緣其大
要雖過為詞說。然不能文殺人之罪。其後但聞朝廷數數有體量之
旨。至于今數月。臣竊以縝之與勍。雖貴賤有間。要之分職。其實皆陛
下之臣也。勍有罪耶。則有陛下之法在。當寘有司。閱實而斃之。今乃
肆一時忿怒。捽首鞭背。非理論詰。杖至一百而死之。方太平之世。内
外莫不畏法令。蹈繩檢。而縝以帥守快私忿。蔑侮典憲。專殺官吏。
意輕朝廷。不識朝廷尚何所疑。而體量委曲如此徐徐耶。議者以縝
家世。其親戚交游多在勢要。根株表裏。誰不為力。使孤寒平無援
助者。敢殺一無罪。必不優游遲久。至于如此。時使地及明堂之宥也。
臣又聞王詔之來。頗聲縝冤。飾詐以邊地取朝廷。坐降一官。而縝乃

保蔽以實其事。故能極力游說。以惑朝廷。好利捐市意在報縝。若朝
廷萬有一信。則恐死冤不伸。國法不正。非陛下為人父母之意。況縝
所至暴戾。肆為不法。殘人害物。前後非一。今邊隅未靖。不重縝責。不
伸勍枉。恐無以感士心而得其死力。伏望速賜施行。

知諫院陳襄彈秀州軍事判官李定狀曰。臣竊以任人之術。莫大於
分別邪正。而知君子小人之道也。君子之道。好義而不顧其利。故其
言也忠。小人之道。好利而不顧其義。故其言也佞。此君人者不可不
察也。伏見秀州軍事判官李定近為右正言孫覺所薦。被召赴闕。定
知天下之人。皆以青苗之法為非。而獨王安石之徒。主以為是。每游
安石之門。及與士大夫言。莫不盛稱青苗之法以為仁政。欲以迎合
安石之意。前日竊聞已被召對。定之口才辨佞。必能為甘言以悅陛
下之心。仍慮制置司臣寮喜其附己。陰相引為置之要路。以亂大政。

如聞定與人言。陛下已留面許臺諫任使。事雖未然。或慮陛下知之
未深。誤有進用似此諛佞之人。非朝廷之福也。孔子曰。遠佞人。荀卿
曰。諂諛我者吾賊。斯至論也。所有臣近嘗彈奏太常博士李南公貲
序至淺。小才善佞。乞追還轉運判官之命。又言監察御史王子韶回
邪反覆。難與議事。及定阿諛不正。並望別與外任。合入差遣。庶絕佞
人僥倖之路。而不誤陛下任使之明也。

襄又彈監察御史裏行王子韶狀曰。臣伏見監察御史裏行王子韶
素非端士。濫處法官。陰附大臣。密通簡札。訪聞其兄子琦預宮官之
薦。子淵被提舉之辟。盡由子韶私謁得之。臣以大臣之責。專以保任
賢能。御史之職。存於糾繩非法。而乃貪忍請謁。同於市道。上下蒙蔽。
公義安在。欲乞取問制置司臣寮子淵既是御史之兄。不知何人引
薦。特宜推劾。以正罔上之刑。使今後近臣。不敢妄有奏辟。所有子韶

四郡反覆。臺中難與議事。伏望出自宸衷。別與差遣。庶清臺憲。以塞人言。

襄又彈劉攽王介狀曰。臣竊以劉攽王介在試院託事爲臺官發藏昔彈奏。已奉聖旨免勘贖金。朝廷雖示寬恩。物論未以爲允。攽介皆以文學被選。置之館閣。不思修飾器業。以爲名臣。攽惟尚氣陵人。動爲朝侮。介特褊心好競。所至喧悖。率行若此。人何以觀。增長澆詐。損壞風教。無甚於茲。欲乞深示戒懲。特行貶斥。俾居于外。改過自新。不惟攽介之福。抑朝廷忠厚之舉也。

襄又彈步軍副都指揮使宋守約狀曰。臣訪聞侍衛親軍步軍副都指揮使威武軍節度觀察留後管勾都指揮使公事宋守約爲性貪暴。違越不公。陵虐軍人。非理鞭配。前後私役兵士。脩蓋第宅物業。日不減一二百人。及分布東西窯窰變造壇甓。津般土木。以至脫擊打

草之類。莫非軍人。道塗怨嗟。無敢言者。居陛下手足下。而敢恣横如此。其可容乎。伏望陛下以臣之言。取責諸軍人負。即見逐件事實。根職詔獄以正典刑。庶使今後管軍臣寮不敢違越。

哲宗元祐元年。朝奉郎試中書舍人蘇軾狀奏曰。今月二十二日准刑房送到詞頭一道。三省同奉聖旨。沈起與敘朝散郎監嶽廟者。右臣伏見熙寧以來。王安石用事。始求邊功。構隙四夷。王韶以熙河進。章惇以五溪用。熊本以瀘夷奮。沈起劉彝聞而效之。結怨交蠻。兵連禍結。死者數十萬人。蘇緘一家坐受屠戮。至今二廣創痍未復。先帝始欲戮此二人以謝天下。而王安石等曲加庇護。得全首領。已爲至幸。元豐六年三月二十四日聖旨。沈起所犯深重。永不敘用。天下傳誦以爲至當。此乃先帝不刊之語。非今日以即位之恩所得赦也。況起與彝各負天下生靈數十萬性命。雖廢錮終身。猶未塞責。近者只因稍用劉彝。起不自量。輒敢披訴。妄以罪釁。併歸於彝。攀援把持。期於必得。臣謂安南之役。起實造端。而彝繼之。法有首從。而彝史幹學術。猶有可取。而起人材猥下。素行險詖。慶州兵叛。起守永興。流言始聞。被甲乘城。驚動三輔。幾致大變。所至治狀。人以爲笑。知杭州日。措置尤爲乖方。致灾傷之民。死倍它郡。與張靚等違法燕飲。交私靡所不至。朝廷用彝。既不允公議。而況於起。萬無可赦之理。今以一朝散郎監嶽廟。誠不足計較。竊恐先帝至明至當不刊之語。輕就改易。誠不忍下筆草詞。遂使四方羣小。陰相慶幸。呂惠卿沈括之流。亦有可起之漸。爲害不細。伏望聖明。深念先帝永不敘用之語。未可改易。而數十萬人性命之冤。亦未可忽忘。明詔有司。今後有敢爲起等華乞敘用者。坐之。所有告詞。臣未敢撰。謹錄奏聞。

軾又同朝請大夫試中書舍人范百祿狀奏曰。今月二十三日准吏

房送到詞頭內知建昌軍陳繹奉聖旨差知兗州者。右臣等勘會陳繹知廣州日。私自取索。燒用市舶庫乳香斤兩至多。本犯極重。以元勘不盡。至薄其罪。外買生羊寄屠行。令供肉。計虧價錢三十七貫有餘。州宅元供養檀木觀音一尊。繹別造紗木胎者貿易入己。計虧官錢二貫文。係自盜贓一疋二丈。合准例除名。縱男役將下禁軍織造坐褥。不令赴教。縱男與道士何德順游從。繹曲庇何德順弟何迪偷稅金四百兩事。不斷抽罰。不覺察。公使庫破男弁隨行助教供給食錢。以公使教養白鷴。係竊盜自首不盡贓罪杖。其餘罪犯。難以悉陳。奉敕陳繹落職降官。知建昌軍。其詞畧曰。蔽罪至於除名。論贓至於自盜。臣等謹按繹資性傾險。士行鄙惡。當時所犯。自合除名。建昌之命。已犯公議。豈宜收錄。復典大邦。非惟必致人言。亦恐奸邪復用。其漸可畏。所有告命。不敢依例撰詞。

軾同范百祿狀奏今月十八日准本省刑房送到詞頭一道奉聖旨
張誠一邪險害政有虧孝行追觀察使通郡防禦團練使刺史依舊
客省使提舉江州太平觀發赴本任者右臣等看詳張誠一無故多
年不葬親母既非身在遠官又非事力不及冒寵忘親清議所棄猶
務題舉宮觀已駭物聽況諫官本言誠一開父棺槨掠取財物使誠
有之雖肆諸市朝猶不為過使誠無之亦當為誠一辨明緣事係惡
逆不道非同尋常罪犯可以不盡根究今既體量未見歸着即合置
司推鞫盡理施行所有告命臣等未敢撰詞

軾又同范百祿狀奏今月十八日准本省刑房送到詞頭一道奉聖
旨李定偷位侍從終不言母為誰氏強顏匿志冒榮自欺落龍圖閣
直學士守本官分司南京許於揚州居住者右臣等看詳李定所犯
若初無人言即止是身負大惡今既言者如此朝廷勘會得實而使

無母不孝之人猶得以通議大夫分司南京即亦朝廷亦許如此等
類得據高位傷敗風教為害不淺兼勘會定乞侍養時父年八十九
歲於禮自不當從定若不乞必致人言獲罪不輕豈可便將侍養折
當心喪考之禮法須合勒令追服所有告命臣等未敢撰詞

軾又狀奏今月二十八日准中書吏房送到詞頭一道正議大夫充
天章閣待制致仕楚建中可戶部侍郎者右臣竊惟七十致政古今
通義非獨人臣有始終進退之分亦在朝廷為禮義廉恥之風若起
之於既謝之年待之以不次之任即須國家有非常之政而其人有
絕俗之資才望既隆中外自服近者起文彥博天下屬目四夷革心
豈有凡材之流亦擬盛德之舉如建中輩決非其人竊料除目一傳
必致羣言交上幸其未布可以追回所有貴件告詞臣未敢撰謹錄
奏聞

軾又論呂惠卿疏曰臣聞漢武帝世御史大夫張湯挾持巧詐以迎
合上意變亂貨幣崇長犴獄使天下重足而立幾至於亂武帝覺悟
誅湯而後天下安唐德宗世宰相盧杞妒賢嫉能戕害善類勸征
伐助成暴斂使天下相率叛上至於流播德宗覺悟逐杞而後社稷
復存蓋小人天賦傾邪安於不義性本陰賊尤喜害人若不死亡終
必為患臣伏見前參知政事呂惠卿懷張湯之辯詐兼盧杞之奸凶
詭變多端敢行非度見利忘義黷貨無厭王安石初任執政用之為
腹心安石山野之人強狠傲誕其於吏事冥無所知惠卿指擿教導
以濟其惡青苗助役議出其手韓琦始言青苗之害先帝知琦朴忠
翻然感悟欲退安石而行琦言當時執政皆聞德音安石惶遽自失
亦累表乞退天下欣然有息肩之望矣惠卿方為小官自知失勢上
章乞對力進邪說熒惑聖聰巧回天意身為館殿攝行內侍之職親

往傳宣以起安石肆為偽辭以難琦說仍為安石畫劫持上下之策
大率多用刑獄以震動天下自是諍臣吞聲有識喪氣而天下靡然
矣至於排擊忠良引用邪黨惠卿之力十居八九其後又建手實簿
法尺椽寸土檢括無遺雞豚狗彘抄劄殆遍專用告訐推析毫毛鞭
箠交下紙筆翔貴小民愁苦甚於苗役又因保甲正長給散青苗結
甲赴官不遺一戶上下騷動不安其生遂致河北人戶流移雖上等
富家有驅領車牛懷挾金銀流入東鄰者旋又興起大獄以恐脅士
人如鄭俠王安國之徒僅保首領而去原其害心本欲株連曼引塗
污公卿不止如此獨賴先帝天姿仁聖每事裁抑故惠卿不得窮極
其惡不然安常守道之士無噍類矣既而惠卿自以贓罪被黜於是
力陳邊事以中上心其在延安始變軍制雜用番漢上與馮京異論
下與蔡延慶等力爭惟黨人徐禧助之遂行其說違背物情壞亂邊

敗至今為患西戎無變矣奏贊慈擅領大衆涉入虜境竟不見敵還延而歸糜費貲糧棄捐戈甲以巨萬計恣行欺罔恒若無人文石紀功使西戎曉然知朝廷有忝臧窺夏之意自是戎人怨畔邊鄙騷動河隴困竭海內疲勞宋洛之敗大將徐禧木惠卿自布衣中保薦擢任始終協議遂付邊政敗聲始聞震動宸極循致不豫初實由此邊釁一生至今為梗及其移領河東大發人牛耕葭蘆吳堡兩寨生地託以重兵方敢布種援種而歸不敢復視及至秋成復以重兵防託收刈所得率皆粃稗雨中收穫即時腐爛惠卿張皇其數牒轉運司交割妄言可罷饋運其實所費不貲而無絲毫之利邊臣畏懼皆不敢言此則惠卿立朝事迹一二雖復肆諸市朝不為過矣若其私行險薄非人所為閭閻下賤有不食其餘者安石之於惠卿有卵翼之恩有父師之義方其求進則膠固為一更相汲引以欺朝廷及其權

位既均勢力相軋反眼相噬化為讎敵始安石罷相以執政薦惠卿既已得位恐安石復用遂起王安國李士寧之獄以阻其歸安石覺之被召即起迭相攻擊期致死地安石之黨言惠卿使華亭知縣張若濟借豪民朱華等錢買田產使舅鄭膺請奪民田使僧文捷請奪天竺僧舍朝廷遣蹇周輔推鞫其事獄將具而安石罷去故事不復究案在御史可覆視也惠卿言安石相與為奸發其私書其一曰無使齊年知齊年者謂馮京也京安石皆生於辛酉故謂之齊年先帝猶薄其罪惠卿復發其一曰無使上知安石由是得罪夫惠卿與安石出肝肺託妻子平居相結惟恐不深故雖欺君之言見於尺牘不復疑間惠卿方其無事已一一收錄以備緩急之用一旦爭利遂相抉擿不遺餘力必致之死此犬彘之所不為而惠卿為之曾不愧恥天下之士見其在侍側目畏之夫人君用人欲其忠信於己必取仁

於父兄信於師友然後付之以事故放麑違命也而推其仁則可以託國食子徇君也而推其忍則至於弒君樂布惟不廢彭城之命故高祖知其賢李勣惟不利李密之地故太宗許其義二人終事二主俱為名臣者仁心所存無施不可雖公私有異而忠厚不殊至於呂布事丁原則殺丁原事董卓則殺董卓劉牢之事王恭則反王恭事司馬元顯則反元顯背逆人理世所共疑故呂布見誅於曹公而牢之見殺於桓氏皆以平生反覆勢不可存夫曹桓古之奸雄蔫御奕容何所不有然推究利害終畏此人今朝廷選用忠信惟恐不及而置惠卿於其間譬如薰蕕雜處梟鸞並棲不惟勢不兩立兼亦惡者必勝況自去歲以來朝廷嚴吳居厚呂嘉問蹇周輔宋用臣李憲王中正等或以牟利或以黷兵一事害民皆不得逃譴今惠卿身兼衆惡自知罪大而欲以閑地自免天下公議未肯赦之然近日言事之

官論奏奸邪至於鄧綰李定之徒微細必舉而不及惠卿者蓋其凶悍猜忍如蝮蝎萬一復用睚眦必報是以言者未肯輕發臣愚蠢寡慮以為備位言責與元惡同時而畏避隱忍辜負朝廷是以不憚死亡敢此愚直伏乞陛下斷自聖意略正典刑縱未以污鈇鑕猶當追削官職投畀四裔以禦魑魅

殿中侍御史呂陶論蔡確等觀望不肯協心改法疏曰臣聞君子小人之分辨則王道有成邪正雜處於朝則政體不能純一此天下安危治亂所繫甚大世主當審其取捨也恭惟太皇太后陛下臨御以來念祖宗積累之難思先帝付託之重保祐聖嗣安養生民剗除敝事覃布惠恩召用一二舊老與之裁正法度緝全紀綱以導萬世欲皇帝陛下他日循而守之則宗社又安如泰山之四維聖心所存豈不善哉豈不遠哉然大臣之異議者則不能盡誠竭力以稱太皇太后

之意尚且依違偷惰。務習故態。觀望反覆。互持兩端。推原其情。蓋有三說。一曰。先帝之法豈可遽改。它日嗣皇親決萬機。則吾屬皆有罪。二曰。國家用度至廣。非取於民。何以能足。今一切蠲除。餘利則遂見闕乏。三曰。司馬光老且病。將不能終其事。萌此心者。蔡確、韓縝、章子厚、張璪是也。安燾、李清臣則依阿其間。俯仰俳佪。以伺勢之所在而歸之爾。謂先帝之法不可遽改乎。三王之政。不免有敝。為其有敝而改之。所以宜民利物而全其治體。臣嘗觀去年正月詔書。乃曰嘉與四海洗心自新。則先帝彼時已知法之為敝。有欲改之意矣。今太皇太后以母道臨制天下。順元元之所欲而與時損益。蓋以成先帝之志也。且君子愛人以德。小人愛人以姑息。責難於君謂之恭。謂吾君不能謂之賊。今之大臣欲改法者。使天下無憾於先帝。是待其君甚厚而愛之以德也。於先帝為忠也。其不欲改者。使天下憾於先帝。是待其君甚薄而愛以姑息也。恭惟皇帝陛下端重仁孝。出自天縱。它時親總萬機。而見天下有太平之實。追觀今日之事。是非得失。洞鑒其端。則必以厚於先帝而愛之以德者為是。薄於先帝而愛之以姑息者為非。忠於其君者為得。賊於其君者為失矣。然則欲改法者。它日將至於無罪。不欲改者。它日將至於有罪。不當私憂而過計也。謂國家用度非取於民不能足乎。則今日之議法。非不取也。唯患小人倚法削民而取之多。故參酌中道而除去煩苛。乃百姓足君孰與不足之之義也。伏惟太皇太后皇帝陛下慈愛恭儉。息與性成。內無土木遊玩華靡之費。外無干戈攻戰過濫之賞。節用裕民。既得其道。何俟過取而後給哉。謂司馬光且病。將不能終其事。則修講法度。本於宗社萬世之計。不問光之存亡。假使光雖物故。則朝廷圖治之意豈肯中輟哉。亦何必望望然幸光之死也。謀人之國而措意如此。是昔日負先帝。今日負陛下也。當熙寧元豐之際。小人之黨。棊布於天下。急利者爭取財。急功者爭用兵。結民怨。起邊禍。日甚一日。歲甚一歲。彼數人者。當此之時。或領大農。或處近侍。或總計省。或居二府。然而未嘗獻告一言。建明一事。唯持祿固位。苟度歲月。以民事驗之。其極也。則有市易之患。有堆垛之虐。有江湖之鹽法。有京師之茶禁。以軍政驗之。其極也。則有乞弟之役。有蘭州之取。有靈武之覆。有永洛之陷。凡此數者。結民怨則深。起邊禍則大。然皆非先帝之本意。乃大臣無所補報而有以成之。臣故曰昔日負先帝也。今太皇太后惻然念生民之困窮。思有以安固邦本。乃講求治道。舉偏補敝。改正法度。以付嗣君。為萬世之福。天下之人。傾耳側目。日望太平。數人者當此之時。不能引咎改過。猶懷向之三說。觀望而不欲為。或為之而不欲盡其事。是以罷市易則尚存抵當。放保甲則須俟歲首。馳江淮運鹽之自。則還延累月而後乃行。遣川蜀按察之使。則巧為之詞而不欲盡。至於邊鄙之大患。存舍之長策。皆置而不議。及司馬光一獻差役之法。則昌言其疎。切笑其速。其徒從而和之。妄傳章子厚有五利七難之說。宣播於外。士民聞者莫不駭歎。臣故曰今日負陛下也。此數人者。其設心積慮。大略如此。當此之時。決不可鎮社稷矣。若乃居家之隱慝。在朝之細過。聞望之素輕。踐歷之太淺。則言者陳之已詳。陛下知之已久。臣近領臺職。不敢復道。今蔡確、章子厚已罷免。人皆快之。縝、璪輩猶偷倖。實未厭天下公論也。伏望陛下特出聖斷。以辨君子小人之分。無使邪正雜處於朝。罷黜縝等。以謝天下。則王道之成。政體之純。亦易如反掌耳。

陶又奏為乞早賜聖斷罷免韓縝、張璪事狀曰。臣嘗論奏執政大臣。昔日負先帝。今日負陛下。乞行罷黜。以謝天下。臣位卑言輕。不能感動聖聽。尚賴陛下赦其狂妄。未加鈇鉞之誅。臣仰戴恩遇。不敢自默。願竭愚慮。爲陛下喋喋陳之。蓋以今日之事。實繫朝廷之輕重。政教之純駁。天下之安危。伏望太皇太后以祖宗積累爲憂。以先帝顧託爲念。以嗣君沖幼爲計。博采公議。斷自聖心而力行之。則天下幸甚。夫所謂執政大臣者。輔人主以道。庇生民以惠。格天地以誠。和陰陽以政。鎮四夷。遂萬物。乃其職也。得其人。舉其職。則朝廷重。政令純。天下安。非其人。廢其職。則朝廷輕。政令駁。天下危。自古至今。莫不如此。臣不敢遠迹曠世。輒舉唐室之事以證其一二。在明皇時任姚崇宋璟。則致開元之治。用李林甫楊國忠。則有天寶之亂。裴度在位。則宿奸巨盜。爲之褫氣。名聞外夷。元稹入輔。則詔下之日。朝野莫不輕笑。崔祐甫除吏。人稱允當。李義府賣官。則其門如市。進楊綰。則人心自化。拜程异。則物情深駭。其它邪正之情。治亂之由。載在簡策。蓋不可悉數。聖宋臨御百有餘年。元勳重德。高才偉望。爲天下觀。多以居之。在太祖時。則有趙普王溥呂餘慶劉熙古。在太宗時。則有呂端呂蒙正李昉李至李沆寇準。在真宗時。則有王旦李迪向敏中張知白王曾王曉。在仁宗時。則有呂夷簡晏殊杜衍韓琦富弼蔡齊薛奎范仲淹吳育歐陽脩明鎬吳奎張昪王舉正包拯姜遵魯宗道田況。如此等人。或以經綸成務。或以獻告極忠。或陳臺諫之規模。或知風化之根本。或通古今之變。或盡出處之義。或可潤色皇猷。或能裁決大事。是故三朝之治。號爲太平。卓冠前古。蓋輔相得人而朝廷重。政令純。生民安故也。今日之執政。大異於此。無元勳重德。不足以服人。無高才偉望。不足以謀國。在先朝則括囊苟祿。未嘗有分毫補助。惟與小人表裏結固。爲賊民害物之政。使神宗皇帝德澤不能下流。愁歎之聲聞于四海。在今日則陰懷觀望。面從竊議。招權立黨。求異時家族

子孫之計。使陛下法度未能完正。而安養元元之具。有未盡善。然則社稷何賴焉。生民何望焉。陛下不於此時擇其尤無狀者而去之。臣恐始則欺。中則慢。終則干犯撓權而不可制矣。臣雖賤。亦夜爲陛下憂之。蓋謂陛下富有春秋。方在諒闇。豈可使大臣強梗而不早照之。伏見韓縝自備位宰府已來。內外文武百執事至於閭閻衆落之人。無不竊議交毀。以爲非據。蓋其人自爲小官以至大吏。行於乖僻。譽望衰輕。有所欲爲。則任其很愎而繼之以無恥。任秦州路經略使日。酣醉歸室。誤謂因指使使臣窺其私而笞殺之。奉使河東日。肆爲醜行。形於翰墨。爲邊臣無復所忌憚。乃至呼復爲兄而求庇其過。在密院則諂事張誠一。待以家人禮。非劇飲大笑。款密無間。欲因誠一以結宦官。此最爲士論所深疾者也。其使河東日。嘗與北使梁允同定地界。不能援引聲書。剖析曲直。大爲梁允同所屈。遂割吾境土形勝之地數百里。以啗犬羊。使吾沿邊弓箭手熟戶等去墳壟桑棗之日。哀號怨憤。所不忍聞。乃尊官貴職田。并五臺寺家田以厭之。其樸要控扼去處。多爲彼有。辱命虧國。罪當萬死。先帝志存收復幽燕。不欲聖機漏露。一切包忍。既而梁允同以拓土之功。歸其國爲兩府。吾亦用韓縝以示不疑爾。其實非以縝之才器可以大用也。自陛下即位以來。乃敢竊弄威福。廣植親黨。差除一人。行遣一事。多不協於至公。郭茂恂王欽臣在陝西爲監司。皆有醜迹。飛聲惡聞一道。其事連及。縝姪宗儒。今爲縝主張。差茂恂庫部郎中。欽臣工部郎中。詬辱清選。莫此爲甚。王說前知徐州。附會吳居厚。極力掊斂。得替刺部。緣縝之舊。忽除省郎。言者彈劾。遂罷其職。仍差知寧州。穎昌人辛離係知縣貧序與縝同鄉。遂於吏部取知州通判合得之闕。差郎爲光祿寺丞。宣義郎李根者素無長才異効。未嘗歷繁要任使。止緣其父評曾

與縝同定地界。遂用振可治繁劇去處。作取旨選差之闕。差振知雍丘縣。是以一邑之民。棄於孺子之手。此皆徇私懷詐無復畏避也。翟思所以除知南康軍者。蓋思為御史日。嘗言縝定燕復馬。不償其價故也。黃履所以落侍講知越州者。蓋履為中丞日。言縝之姪宗道宗古避親遷換不當。奉聖旨今後差除三省同進呈故也。此皆報怨復仇。無所忌憚也。張璪之為人。柔邪畏懦。善能窺人主之意。隨勢所在而依附之。往往以危機中人。熙寧初。擢在條例司講議。從浩遂置儒館。預諫列。唯謀備位。無所發明。常持兩端。先帝聖慮高遠。察見反覆。斥逐于外。後為王珪出力援引。試知制誥兼知諫院。珪實欲使之在言路。以杜塞內外耳目。天下有志之士。無不扼腕憤疾。後為翰林學士。同舒亶判國子監。深交於亶。以至株連大獄。璪有力焉。尋判司農寺詳定官制。遂忝執政。及先帝升遐。陛下即位。太母垂簾保佑。而璪

貪天之功。自謂顧託之重。立黨布恩。為持寵固祿之計。每差一官除一局。則以簡札諭人。掠美收恩。而後降其命。有成都路提舉司勾當公事張同者。乃隨州簽判王經臣之甥也。同之姊常嫁故益王向經。而璪之姊乃嫁經臣。璪之與張同。固非近親。今乃與同書問往還甚於骨肉。交通問遺。財賄公行。原其所以結張同之心。則奸邪可知矣。璪事先帝未為不久。謂天下利害不知耶。則兩次在言路矣。謂土木之役不知耶。則嘗判將作監矣。謂苗役之法不干預耶。則嘗判司農寺矣。謂官制迂滯不見本末耶。則嘗充詳定官矣。謂刑獄羅織非其責耶。則嘗以蘇軾事欲置於死。連張方平、韓維、范鎮、司馬光矣。此二人者。其操行則如彼。其歷事則如此。誠不足鎮四夷、安宗社。伏望陛下。博詢衆議。俯聽臣言。早賜黜斥。天下幸甚。

陶又奏乞罷國子司業黃隱職任。疏曰。臣竊以士之大患在於隨時俯仰而好惡不公。近則隳喪廉恥。遠則敗壞風俗。此禮義之罪人。治世之所不容也。太學者。教化之淵源。所以風勸四方。而示之表則。一有不令。何以誨人。臣伏見國子司業黃隱。素寡問學。薄於操行。久任言責。殊無獻告。惟附會當時執政。苟安其位。及遷庠序。則又無以訓導諸生。注措語言。皆逐勢利。且經義之說。蓋無古今新舊。惟貴其當。先儒之傳注既未全是。王氏之解亦未必盡非。善學者審擇而已。何必是古非今。賤彼貴我。務求合於世哉。方安石之用事。其書立於學官。布於天下。則膚淺之士莫不推尊信嚮。以為介於孔孟。及其去位而死。則遂從而詆毀之。以為無足可考。蓋未嘗聞道而獨理不明故也。隱亦能誦記安石新義。推尊而信嚮之久矣。一旦聞朝廷欲議科舉。以救學者浮薄不根之弊。則諷諭太學諸生。凡程試文字。不可復從王氏新說。或引用者類多黜降。何取捨之不一哉。諸生有聞安石

之死。而欲設齋致奠以伸師資之報者。隱輒形忿怒。將繩以率斂之法。此尤可鄙也。夫所謂師弟子者。於禮有心喪。古人或為其師解官行服。與負土成墳者。前史書以為美。後世仰以為高。此固不論其學之是非。而特貴其風誼爾。昔彭越以大惡夷三族。詔捕收視者。欒布一勇士。敢祠而哭之。漢祖猶赦而不殺。班固亦以為能知所處。蓋氣節之可尚也。今安石之罪雖暴於天下。惟其師弟子之分。則亦不可輒廢。而諸生為之設齋致奠。又非彭越欒布之比。隱何必忿怒而遽欲繩之以法乎。抑可見其不知義也。向者有司欲復詩賦律。朝廷方下其事集群臣而議之。隱乃不詳本末。奏為定令。揭牓學舍。謂朝廷已復詩賦。使學者知悉。傳播四方。人皆疑惑。此又見其躁妄趨時之甚也。夫道德所出之地。長育多士而庶幾成材。乃以斯人為之貳。則何以養廉恥厚風俗哉。伏請早行罷黜以示勸戒。無使邪險之士久累

敎化之職。

貼黄。大率隱好自傳凡考校生員文字。多不與祭酒博士共議。意欲徇私。向者違條差補經諭不當。鄭穆自舉覺。申禮部。近日定王適程試高下異論。隱輒有申請。上煩朝廷與奪。亦見其取與不協公論。不能稱職也。

陶又奏乞察小人邪妄之言跡曰。臣竊謂人君深居九重。尊高如天。雖有聖智。亦未能周知天下之事。必以納諫爲先。既能納諫。則臣子可盡下情以陳治亂之要。今陛下聽政之初。臣備位侍從。朝廷之事。得以論思。敢竭愚鄙少報萬分之一。顧陛下特加省覽。臣伏以太皇太后保佑聖躬。于今九年。垂簾聽政。天下安治。一旦弃四海之養。凡在臣庶。痛心泣血。無所追及。方其得疾之初。陛下憂形于色。躬侍藥食。衣不解帶。告于天地社稷。禱于宗廟山川。薄刑赦罪。釋逋輕賦。凡

可以祈福禳災之事。靡或備至。及其疾勢大漸。則召高族子弟入于禁中。丁寧撫慰。有安心免憂之言。既已大殮。內侍有須索酒食者。禮部臣寮謂方當哀毁。不可爲閭閻鄙俚之事。恐累聖德。陛下即從批奏。遂罷其請。繼有手詔稱揚太皇太后臨朝累年。抑損外戚。未嘗假借。無以報稱盛德。議與高族子弟推恩。又慮諸處應奉山陵過有勞費。遂令降詔有司。並須遵依遺詔指揮。遠近臣子聞此号令。無不感嘆。皆謂太皇太后於陛下有天地之功。於社稷有萬世之力。陛下深知本末。尊而報之。一言一事。不敢違戾太皇太后之意。上合天心。足以享萬壽。下副人望。是以保四海。宗社幸甚。天下幸甚。然臣於此時以無可疑而爲疑。以不必言而爲言。則其罪不勝誅矣。所恃者陛下仁而好諫。明而察物。必能赦臣私憂過計之罪爾。蓋自太皇太后垂簾以來。屏黜兇邪。裁抑僥倖。橫恩濫賞。一切革去。小人之心。不無怨憾。萬一或有奸邪不正之言。上惑聖聽。謂太皇太后斥逐舊臣。更改政事。今日陛下既親萬幾。則某人宜復用。某事宜復行。此乃治亂之端。安危之機。君子小人消長之兆。在陛下察與不察也。辨與不辨也。陛下察其是非。辨其邪正。使非不敢勝是。邪不能害正。則君子進。小人退。天下治而安矣。昔元祐之初。臣任臺官。嘗因奏事簾前。恭聞德音宣諭云。朝廷政事。若果於民有害。即當更改。其它不繫利害者亦不須改。每改一事。必說與太后。恐外人不知。臣深思此語。則太皇太后凡有改更。固非出於私意。蓋不得已而後改也。至如章惇悖慢無禮。呂惠卿奸回害物。蔡確謗毁大不敬。李定不持母喪。張誠一盜父墓中物。宋用臣掊歛過當。李憲王中正邀功生邊事。皆是積惡已久。罪不容誅。若敗露於先帝之朝。必須不免竄逐。若暴揚於陛下之手。亦合正以典刑。以此而言。則太皇太后所改之事。皆欲生民之便。所

逐之臣。盡是天下之惡。豈可以爲非乎。恭惟陛下聰明聖智。出於天縱。是非邪正。進退可否。必已了然於心。豈待人言而後辨。臣乃不避斧鉞之誅。喋喋以告陛下者。然嫠不恤緯而憂宗周之意也。夫嫠婦以組織爲事。惟經緯是恤。今乃不恤其緯。而以周亡爲憂。固可怪矣。愚者千慮。亦有一得。狂夫言之。明主擇焉。臣又聞昔者明肅太后稱制之日。多以私恩。偏及親黨。聽斷庶務。或致過差。及至仁宗皇帝親政之初。臣下遂有希合上意。言其闕失。仁宗察見情僞。降詔止絶。其略曰。明肅太后。夙承先顧。保佑沖人。勤約之風。化流四海。或號令之所出。或聽斷之從宜。蓋機務之實繁。雖旰昃之無暇。賞善罰惡。惟命令之已行。革故鼎新。非素思之所至。易月方臨於庶政。虛懷覬納於讜言。其有罔識遠圖。靡循理體。逞于聞聽。姑務寬容。多形瑣碎之言。復有迎合之意。宜申誡勵。以警奸回。應明肅太后垂簾日。所行詔命

已經施行過誤般公事，更不得輒有上言。於是天下之人，皆謂仁宗深念社稷之功，能全子母之愛。聖慮廣大，超越今古，載在史冊，垂範後世。陛下所宜法而行之。臣愚竊謂明肅太后之政，時有過闕。仁宗念其保護，尚降詔書不容小人輒有議論。而況太皇太后垂簾九年。所行之政，皆以便民。所逐之臣，各已當罪，而無可擬議。萬一有小人狂妄獻言，豈可容哉。豈可信哉。願陛下明示黜罰，杜塞其端，以副天下之望，以隆宗社之福。

八年。翰林學士兼侍講范祖禹論邪正劄子曰，臣伏見熙寧之初，王安石呂惠卿等造立新法。先言天不足畏，衆不足從，祖宗不足法。使朝廷不懼災異，不恤衆言。悉變更祖宗舊政，多引小人，以誤先帝。黜舊之臣，擯棄不用。忠正之士，相繼引去。又啓導先帝用兵開邊，結怨夷狄。至熙寧七八年間，天下愁苦，百姓流離。幸賴先帝聖明覺悟，再

罷安石，兩逐惠卿。終元豐之世，不復召用。而所引小人，已布滿中外，不可復去。如蔡確連起大獄。王韶開邊熙河。章惇開邊湖南，沈起引惹交賊，寇陷三州。朝廷討伐，前後死傷二十萬。呂惠卿沈括俞充李稷种諤等興造西事，死傷者又二十萬。先帝悔悼，親諭輔臣曰，安南西師死傷皆不下二十萬。朝廷不得不任其咎。又言呂惠卿可誅。元豐之末，吳居厚行鐵冶之法於京東，王子京行茶法於福建，蹇周輔行鹽法於江西，李稷陸師閔李元輔行茶法市易於西川，劉定教保甲於河北。此諸路之民，皆愁苦嗟怨，比屋思亂。當此之時，人心懍懍，朝夕不保。幸賴陛下與先太皇太后發德衆言，悉罷新法，脩復舊政。天下之民，如解倒懸。九年之中，海內晏安。事理無疑，明如日月。外至戎狄，無不咸賴。唯是向來所逐小人，日夜伺候今日事變，妄意陛下不以修改法度為是。如使小人得至朝廷，必進姧言，上以惑誤陛下，次以傾害善人，下以脅持羣臣。萬一陛下過聽而小人復用，豈惟正人不敢立朝，臣恐宋室自此陵遲，不復振矣。臣每思元豐之末，人心已離。不意朝廷復有今日。所以不避萬死為陛下明言之。伏望陛下常以社稷為念，深懲小人傾危國家。明諭執政大臣，凡向來所逐除已死亡外，存者屏棄永不復用，則海內無不安枕矣。

祖禹又論召內臣劄子曰，臣近聞陛下召內臣十人，而李憲之子亦在其中。又召數人，而王中正之子亦預其數。中外之人，以至民庶，無不籍籍私議，深以為憂。皆言執政大臣不能固執，置陛下於有過之地。自今更有大於此者，驟加召用，必駭衆聽。若大臣又不能固執，則是朝廷全無綱紀，公議遂廢。其於聖德，為損不細。何者。陛下初親庶政，今方踰月。四海之人，傾耳屬目，未嘗聞行一美政，訪一賢臣。先進用內臣，如此衆多。必謂陛下私於近習。人心一失，不可復收。雖家至

戶說，無以自解。臣竊為陛下惜之。伏望聖慈更加審慮，特賜追改，以安中外之心。

祖禹又奏曰。漢唐之亡，皆由宦官。自熙寧元豐間，李憲王中正宋用臣輩用事總兵，權勢震灼。中正兼幹四路，口敕募兵，州郡不敢違。師徒凍餒，死亡最多。憲陳再舉之策，致永洛摧陷。用臣興土木之工，無時休息。圍市井之微利，為國斂怨。此三人者，雖加誅戮，未足以謝百姓。憲雖已亡，而中正用臣尚在。今召內臣十人，而憲中正之子皆在其中。二人既入，則中正用臣必將復用。願陛下念之

宣仁太后崩。中外議論洶洶。人懷顧望，在位者畏懼，莫敢發言。祖禹慮小人乘間害政，又上奏曰。陛下方攬庶政，延見羣臣。此國家隆替之本，社稷安危之機，生民休戚之端，君子小人進退消長之際，天命人心去就離合之時也。可不畏哉。先后有大功於宗社，有大德於生靈。

九年之間。始終如一。然羣小怨恨。亦為不少。必將以改先帝之政。逐先帝之臣為言。以事雖間。不可不察也。先后因天下人心變而更化。既改其法。則作法之人有罪當逐。亦順衆言而逐之。是皆上負先帝。下負萬民。天下之所讎疾而欲去之者也。豈有憎惡於其間哉。惟辨析是非。深拒邪說。有以奸言惑聽者。付之典刑。痛懲一人。以警羣慝。則帖然無事矣。此等既誤先帝。又欲誤陛下。天下之事。豈堪小人再破壞耶。

祖禹又論李之純蔡京劄子曰。臣伏聞知成都府李之純除戶部侍郎。知瀛州蔡京除寶文閣直學士知成都府。臣竊以成都兼兩路鈐轄。方面之任。實為要重。祖宗以來。尤慎付與。聞之純寬厚簡靜。蜀人安之。宜且令終任。或增秩再任。今戶部雖欲得人。而遠方數千里休戚安危。所繫亦不為輕。蔡京素附會奸臣蔡確。衆所共知。雖有才能。而年少輕銳。非端厚之士。又故事自成都回者。多為執政。其次猶為三司使。知開封府。朝廷方當分別邪正。知京者在所裁抑。不宜崇長。今進職遠帥。則資任愈隆。為它日大用之漸。實未允愜。伏望且令依舊。如必欲召用之純。乞別擇人。付以遠方。

哲宗時。右司諫蘇轍論責降官不當帶觀察團練狀曰。臣伏以朝廷典章。百世所守。因事變法。為患常多。祖宗之世。使相節度。不領京師官局。其奉朝請。必改它官。或為東宮三師。或為諸衛將軍。太平興國中。以趙普之勳。自河陽還朝。止為太子少保。以向拱張永德之舊。並為環衛。至今諸道鈐轄總管。以防團老帰者。亦以諸衛處之。蓋其遺法也。至明道中。錢惟演以章獻皇后親嫕。罷樞密使。始以保大節度為景靈宮使。治平中。李端愨以長公主子。亦以武康節度為醴泉觀使。恩倖一啟。自是戚里以節察居京邑不治事者肩相摩也。然猶未見以罪降黜。而以觀察團練享厚祿居謫籍者。近日李憲以宣州觀察使提舉明道宮。王中正以嘉州團練使提舉太極觀。二人貪墨驕橫。敗軍失律。罪惡山積。雖死有餘責。聖恩寬貸。皆置之善地。而又首亂國憲。假以使名。臣恐後世指壞法之始。歸咎今日。謂宜考修制度。追還誤恩。以存舊典。且使罪人知有懲艾。

轍為御史中丞。再乞責降李偉劄子曰。臣近奏乞罷修河司。并責降李偉等。尋准九月二十六日聖旨。李偉權發遣北外監丞提舉東流。又准十月二日聖旨。罷提舉修河司。以為河司雖罷。而李偉不去。與不行臣言無異。謹按李偉屢以奸言動搖朝廷。興起大役。於去年八月中。獨銜奏稱大河見今已為二股分行。然須當於第四鋪地分。更行開廣河漕。只得兵夫二萬。於九月興功。至十月寒凍時畢功。因而引導河勢。豈止二股通行而已。亦將遂為回奪大河之計。凡偉所言。大率狂妄不疑如此。由此朝廷信以為實。為之發兵調夫。差官吏。聚梢芟。搔擾河北京東西三路。吏民為之不聊生者。歲年。朝廷中覺其妄。遂罷其役。是時中外公議。皆望朝廷正行誅竄。明其欺罔。以謝天下。而罔循不決。任偉如故。既而給事中范祖禹封還制書。乞罷偉差遣。朝廷猶復隱忍。於四月五日降聖旨。李偉差遣。候過漲水取旨。今漲水已過。中外又謂陛下必責降偉以信前命。而反擢授監丞。仍提舉東流。曾未數日。復罷修河司。蓋朝廷之所以罷修河司者。謂回河不可復行故也。回河既不可復行。則偉罔上誤國之罪審矣。今乃以初任知縣。權發遣都水監丞。則是有罪之人。更得違法進擢。此公議所以不伏也。且修河司雖罷。而李偉不去。奸言時至。河事變更不定。河朔生靈。無時得安。此又公議之所深憂也。且朝廷號令。貴在必信。四月五日聖旨指揮。者在有司。今棄而不用。使天下皆得竊議。以謂朝廷虛說此言。如使給事中未行制命。及制命已行。則棄爲虛語。曾不顧郎大臣。何啻一倍而輕犯此謗哉。臣不勝區區。伏乞檢會前奏。速賜流竄。倘若不聽。公議終不止也。

右正言劉安世論御藥李倬不合用内降請地乞付有司根治狀曰。臣伏聞勾當内東門李倬得内降旨揮。欲買落聖院常住白地以爲墳塋。朝廷既下所司施行。而寺僧逾詣執政臺省次第陳訴。以謂倬之所請。乃是竹木園圃。栽植有年。數踰萬本。其中房舍。僅三十間。而敢欺罔天聰。指爲白地。誣謾暴橫。一至於此。臣伏覩陛下即政以來。崇尚公道。凡百内降。一切禁止。四海之内。拭目改觀。倬以小臣。給事宫掖。乃敢挾私罔上。干紊綱紀。此而不懲。將亂政事。伏望陛下深賜詳察。斷以至公。付之有司。明正倬罪。庶能杜漸。不累盛德。

安世又論曰。右臣近以勾當内東門李倬得内降旨揮欲買落聖下院常住白地以爲墳塋。而衆僧列狀陳訴。以謂倬之所請皆非白地。事屬欺罔。不可滋蔓。遂具論奏。乞行案劾。比聞已有朝旨前降旨揮更不施行。而倬挾私罔上之罪。未覩推治。竊緣賞罰之柄。實繫國體。欲使信於天下。要在行以至公。義有未安。固難緘默。再瀆宸聽。必冀開納。臣竊謂倬陳請之日。若使陛下知其竹林園舍。與數浩瀚。生者有居室。死者有墳墓。必不至徇其私謁。輕降玉音。良以倬志在苟得。熒惑天聽。致朝廷命下之日。遠邇人情。存者不得寧其居。葬者不得安其地。玷累盛德。皆自倬。書曰。宥過無大。刑故無小。蓋偶然詿誤。情在可矜。雖曰大過。亦可全宥。其或心無忌憚。故犯典刑。事雖細微。必寘於法。此乃三代堯舜以來。不易之道也。今倬妄干中旨。飾詐欺君。罪實故爲。情無足恕。萬一聖度赦而不誅。臣恐異時更有甚於此者。然則何以詰之。伏望陛下心存去惡。事戒履霜。無狥近習之私。不

惑衆多之口。罷倬近職。付之有司。劾其誣謾。重行降黜。庶使綱紀修舉。奸邪知畏。

安世又論曰。右臣近嘗論奏李倬挾私罔上。僥求中旨。奏乞有司按治其罪。今已累日。未覩施行。檢准元祐編敕節文。傳宣或内降若須索及官司奏請雖得旨。係元無條制者。並隨事申中書省樞密院覆奏取旨。臣竊謂倬之所請。出於一時僥分。固非常法。若執政承受上件聖旨。自合依條覆奏。或再得旨揮。許令施行。亦合子細契勘有無違礙。今倬志在苟得。罪實欺君。三省奉行。初不勘當。使國家命令之下。遠邇人情。生者不得寧其居。葬者不得安其地。原倬之犯。雖無足赦。亦大臣奉法不謹之過也。臣聞祖宗以來。亦有内降之事。苟人情有所未便。公議有所未安。當時輔弼。往往執而不下。著之信史。皆可稽考。臣竊謂人主之患。多尚仁恩。或有請求。難於面折。但以其奏。付之外廷。若大臣守法而不回。則私謁雖多而無患。蓋不違其請。足以示聖主之仁。斷之於公。足以嚴朝廷之政。如此。則恩歸於上。而法行於下矣。臣愚欲望陛下威克厥愛。治遠自近。先正倬罪。以示無私。然後明敕三省樞密院。今後内降旨揮。並令勘當。若於法無違。於民無害。乃須覆奏。方得施行。所貴紀綱完密。杜絕僥倖。

安世又論胡宗愈除右丞不當劄子曰。右臣今月初八日延和殿嘗奏胡宗愈新除尚書右丞不協公議。陛下仁恩天覆。重廢已行之命。尚欲遷延。徐觀所爲。仰承聖諭。固當遵奉。退而熟慮。終有未安。是以不避嚴誅。再瀆天聽。伏惟陛下留神省覽。臣聞執政之任。天下極選。惟是當世之賢傑。乃可不次而登用。至於德行不足以出羣臣之右。才智不足以服多士之心。則必假之以歲月。進之以階漸。非惟養其聞望。亦所以抑僥倖而止奔競也。臣伏見宗愈。頃在先朝。粗能修飾。

陛下踐祚之始，首加任使，再朞之內，致位中司。然而[illegible]本奸回，才識暗陋。自居風憲，尤務迎合，既不聞有所啓沃，進賢退奸，亦未嘗有所建明，興利除害，開邪罔上。中外側目，忽聞制命，擢居法轄，輿議喧然，莫不驚駭。臣竊謂人君命令雖在必行，苟廢之得其理，則執之不可變。惟其不合衆望，逆咈人情，關天下之盛衰，繫朝廷之輕重，所宜擇善何憚改為。而況輔弼之臣，與國同體，豈容偷倖，雜處其間。臣於宗愈，固無一日之雅，亦無纖芥之怨，惟是公論有所未安。是以前日陽對，罄盡悃愊，而拳拳之忠不能自已。故復論列以報陛下用臣之意。伏望聖慈更加詢考。若臣言不謬，則乞收還宗愈新命，授以外官，庶使邪正有辨，不失天下忠賢之望。

安世又論曰：右臣前月中嘗具奏陳胡宗愈除尚書右丞不協公議狀，乞更加考察，特行罷免。今已踰月，未覩施行。臣雖甚愚，豈不知違

咈聖意，彈擊大臣，力薄言輕，難免罪戾。然陛下不以臣不肖，使備言路。今識者喧然以為奸邪，而臣鉗默依違，不告陛下，雖苟免一時忤旨之誅，而天下將責臣以失職之罪，臣亦何敢為自安之計，而負陛下圖任之意哉。臣聞自昔臺諫之論，常以天下公議為主。因公議之所是而後與之，因公議之所非而後擊之。人君所以垂衣高拱，不出戶庭，而周知天下之情，可否予奪，必合義理，以辨邪正，以決疑似，如權衡之不可欺以重輕，規矩之不可誣以方圓者，用此道也。臣考之輿論，皆謂宗愈才識淺近，趨向反覆，貪得患失，背公徇私，不敢悉數其詳，以瀆天聽。猶可粗陳其畧，冀[illegible]哀衷。一言涉欺，不敢逃死。按宗愈起於貴閥，偶中高科。數年之間，漸階顯列。昔事先帝，頗有可稱。及陛下即政之初，首加進用，再朞之內，遂至中司。未聞深慮遠圖，報朝廷之厚恩，惟以巧言邪說，為進身之私謀。如永興軍路提刑竭知晦

欲命舊不充役貧下之人出錢，以助合役之上戶，不量緩急，開剏色役之例，雇募游手充代。其議論乖繆，實害役法。如聞蘇轍頗主其言，丞為公移，欲頒諸路。戶部尚書李常曾不講究，遂令施行。而員外郎劉昱乃能力辨是非，不為押檢。議既難合，爭亦中輟，搢紳傳播，莫不嘉昱能守其職。而宗愈因上崔募倚前之論，遂誣劉昱以謂戶部郎官有近來參詳立法之人，護短遂非，不肯公心，捨己從長，以救鄉戶之患。意在附會，不顧義理。其罪一也。按宗愈實娶丁氏，今禮部員外郎丁騭乃其妻族。宗愈既備從官，未見引天下之賢，而首薦私親，乞不次擢用。古之人固有內舉者矣，然必以誠告其君曰：臣之子也。今宗愈特薦丁騭，而不以實奏，幸朝廷之不察，以盜寵祿，而歸惠於己。其罪二也。方陛下嗣位，太皇太后同覽庶政，而蘇軾發試館職策題，乃引王莽依附元后、取漢室之事以為問目。士大夫皆謂非所宜言。

臺諫官數嘗論奏，而宗愈不惟無所彈劾，反又勸止同列，不令上疏。其罪三也。李慎由乃文彥博之孫壻，方嘗在京差遣，而宗愈遽薦為本臺主簿，偶以避嫌，遂開報罷，苟徇權貴，不恤人言。其罪四也。昔熙寧中，嘗知諫院，神宗皇帝深知其奸，乃手詔中書曰：宗愈自領言職，未嘗存心朝廷治道，凡進對論事，必潛伏奸意，含其事情，旁為邪說，以私託公。坐是落職，與通判差遣。御批具在，天下共知。臣竊謂熙寧政事與今雖異，而宗愈觀望迎合之迹固同。陛下用此數者平心正慮而察其本末，則奸回罔上、徇私趨利之實，灼然可見，誠不足以當大臣之任，重朝廷之勢。伏望聖慈察臣惓惓之忠，盡為天下之計，萬機之暇，詳覽瞽言。若臣所論皆有按據，不至繆盩，即乞特出聖斷，付外施行。

安世又論曰：右臣近以胡宗愈除尚書右丞不協公議，臣於延和殿

賜對之日。已嘗面奏。繼又兩具奸惡條例以聞。臣之所言。莫非實狀。累瀆天聽。涉歷兩月。竊惟宗愈之罪惡。固不能逃於聖鑒。而陛下體貌大臣。務全進退之禮。是以特降荅詔。俾安厥位。宗愈承命遽出。無復遜避。搢紳傳播。莫不駭笑。臣伏覩自昔執政之臣。或為言者所擊。率皆歸第闔門待罪。雖朝廷遣使宣召。往往遵奉君命。暫至官者。不敢治事。亟復歸第。原其處心。固非畏縮。實以輔弼之任。與國同體。舉措出處。天下具瞻。苟有過尤。挂于清議。自當上還印綬。遜避賢路。豈俟斥逐。方為去計。盖待之之禮既厚。則責之之意愈深。此所以君臣之間。禮體兩得。而廉恥之風。足以矯厲天下者也。賈誼有言曰。上設廉恥禮義以遇其臣。而臣不以節行報其上者。則非人類也。臣竊觀陛下之所以待宗愈。可謂盡廉恥禮義之道矣。按宗愈之所以報陛下。則非惟不以節行。而又貪墨急進。違棄義理。明知臺諫皆有彈劾。

而尚起視事。一如平日。近世以來。公卿大臣操行汙下。毀滅廉恥。未有若此之甚也。孔子曰。鄙夫可與事君也哉。其未得之也。患得之。既得之。患失之。苟患失之。無所不至矣。陛下察宗愈之行義如此。苟充其無恥之心。則奸邪趨利。何所不為。尚安足以輔佐人主。參斷國論。委之以綱轄。寘之於廟堂乎。又聞御史中丞孫覺乃宗愈之故舊。見其敗節。今已彈奏。監察御史趙挺之楊康國皆宗愈之所薦。二人者雖顧惜小節。未見明言其罪。而風聞各有章疏。申救王覿。臣竊謂是非之理。固不兩立。苟知此之為直。則曲之在彼。不辨而自見。今上則朝廷士大夫之論。莫不鄙惡宗愈。下至閭閻一介之賤。尚或詬之。無有心腹而識眼者。盖天下之民。別而聽之則愚。合而聽之則神。以此卜之。可知公論之不與矣。伏望陛下考合僉言。明辨邪正。罷免宗愈。斷之不疑。實天下之幸。

安世又論曰。右臣昨自四月後來。三次論奏胡宗愈操行汙下。毀滅廉恥。貪得患失。背公徇私。誠不足以輔佐人主。參預國論。欲乞出自聖斷。特行罷免。今已兩月。未蒙指揮。臣風聞宗愈任御史中丞。稅周氏之第以居。每月僦直一十八千。自去年七月二十一日後。至今年二月終。止償兩月之直。其業主三班奉職周知哲累次令人乞請餘緡。而宗愈每加詈辱。並不支給。遂於三月一日經官申訴。乞差人追索。及發遣起離。開封官吏畏避權勢。不為依公施行。而遂寢其事。中外傳播。實駭耳目。臣聞中丞之任。紀綱所繫。檢察非違。糾正百辟。官之雄峻。莫與為比。宗愈既長憲臺。不能正身以率下。而恃權貪利。罔顧義理。僦人之居。不給其直。行已無恥。辱國已甚。況宗愈出踐華要。月俸至優。近嘗奉使大遼。又經押賜親王禮物。所獲甚厚。加之鄉里有高貲之名。固非不足於財。乃敢挾風憲之威。肆貪鄙之行。輦轂之

下。暴横自若。將何以表率在位。風化四方。此而可捨。國法廢矣。伏望陛下特降睿旨。以周知哲所陳文狀。付法司推究。明正典刑。其開封官吏挾情違法之罪。亦乞特賜指揮施行。

安世又論曰。右臣近聞胡宗愈任御史中丞日。稅周氏之第以居。自去年七月後來。至今年二月終。止償兩月之直。其業主屢請餘緡。而宗愈每加詈辱。並不支給。以致周知哲經官論訴。臣竊謂中丞之任。紀綱所繫。今宗愈恃風憲之威。肆貪鄙之行。輦轂之下。暴横自若。將何以表率在位。風化四方。遂具論奏。乞以周知哲所陳文狀付所司推究。其開封官吏受知哲之訴。而畏避權勢。不治其事。挾情違法之罪。亦乞施行。今已累日。未聞指揮。臣蒙陛下拔於衆人之中。而付以耳目之任。夙夜思念。未能上報聖恩之萬一。而輔弼之間。乃有貪濁暴戾毀滅廉恥之人。黷犯朝綱。玷辱國體。臣雖愚陋。實深恥之。所以

不避忤旨之誅而累煩天聽也且宗愈起於冗散不三年而至執政陛下之所以待宗愈可謂厚矣然自為中司風節掃地貪得患失背公徇私朋邪罔上中外側目今又饑人之居不給其直乃致三班使臣投牒起遣操行汙下為人鄙厭一至於此陛下雖務包容亦加按治其如朝廷何其如天下何臣忝列諫垣苟不能以公議上達聖聰則雖萬死猶不足以塞責深慮同列大臣惡傷其類巧為邪說陰欲援救則長奸養惡異日將有滋蔓難圖之悔伏望陛下斷自宸衷早出臣章付外施行不勝至願

安世又論曰右臣伏自四月後來累曾論奏胡宗愈罪惡之狀誠不足以當輔弼之任乞行罷免前月中又聞宗愈為御史中丞日稅人之居不給其直以致三班使臣經官論訴乞令起遣而開封官吏畏避權勢不為依公施行臣兩嘗奏請乞治其罪尋御史臺亦已彈劾

遠今多日未蒙指揮中間伏遇荊王奄忽薨謝仰應聖慈方深哀念是以不敢繼進章疏重煩天聽徬徨踧踖今復半月竊惟陛下聖明之性洞照物理必能抑割無益之悲上為宗社長久之計臣是敢再申前論以冀開允惟陛下察焉臣聞天下之治亂在朝廷朝廷輕重在執政論執政才否而進退之者人主之職也使廟堂之上皆得當時之賢而都俞戒敕以圖天下之治則善日進而君子道長此易之卦所以為泰也使公卿輔相非其人而奸邪朋黨更相比周以蔽人君之聰明則惡日滋而小人道長此易之卦所以為否也自古雖至聖之君不能無惡人立朝堯之四凶是已雖甚衰之世未嘗無君子在位商之三仁是已聖人之興賢者衆則惡人不能勝其善故雖有四凶而或竄或殛卒無幸免暴君在上讒諂並進則善人不能勝其惡故雖有三仁而或去或死終莫能用此乃治亂盛衰之機不可不

察也今皇帝陛下富於春秋太皇太后陛下不出房闈政事之柄方在大臣所宜推擇天下之賢以重天下之勢而忽聞誤與擢用宗愈除目初傳中外駭異議者以謂陛下臨御之初首能用司馬光於閒退之中而授以柄任天下欣然咸若更生者以其合四海之素望也今宗愈自為侍從旋長憲臺不能進賢退奸興利除害而怙勢作威貪贓徇私公犯義分毀滅廉恥同當黨類以徼官邪而遽此升遷使備丞轄忠臣義士無不失望臣所以屢冒嚴誅力陳公議而章皆留中累月不下邪正並立枉直兩存雖陛下務全大體欲保初終其於改過不吝去邪勿疑臣恐未能至於盡善也故事執政被劾例須居家待罪今御史臺以宗愈不償房緡公事方申三省而宗愈氣象軒驁若無所睹陵蔑風憲不畏人言近世大臣貪冒無恥未見如此之甚者臣聞閭閻鄙夫臺省老吏見其舉措猶能竊笑況天下有識之士

哉臣恐奸邪得志忠賢解體隳紊綱紀污辱朝廷累陛下知人之明犯大雅鮮終之戒臣愚瞎不勝憤懣伏望聖慈特垂省察早以臣前後章奏付外施行

安世又論曰右臣伏見御史臺彈奏尚書右丞胡宗愈任中丞日不償房緡及開封官吏受周知損之訴而挾情違法不治其事臣亦嘗與左司諫韓川累具論列乞正其罪而章留中未蒙付外中間御史臺又申三省催促前奏已閱已得指揮更不施行臣竊謂陛下優容執政務全大體則可矣要之以天下公議而為朝廷之遠慮則非也臣職在諫列義難緘默輒冒誅譴再伸前論惟陛下察焉臣聞御史之任紀綱所繫而中丞者又為肅政之長固宜正身率下以厲風俗而宗愈貪冒不法以至興訟奸邪之人方為之遊說曰此非大惡何足以罷執政是乃朋黨之論不可不察也今上自公卿下至匹夫粗

能以廉節自好者。豈肯犯人之居。不給其直。況宗愈身備從官。職任憲長。而貪鄙之行。過於閭巷之人。玷辱國體。無大於此。錢勰乃在開封。常以不畏强禦為己任。及周知哲陳訴。則抑而不行。苟非憚宗愈之權勢。忽知哲之柔弱。豈容戚衆如此之甚。臣竊謂以常人觀之。則未至大惡。以禮義廉恥而責大臣。則宗愈之貪濁錢勰之徇私。何可逃於吏議。臣既在言路。目覩大臣之不法。而不加彈劾。則是曠職以負陛下。今宗愈所犯。事狀明著。臺諫交章。置而不問。若臣等所言出於誣捏。則宜竄黜以明宗愈之無罪。苟臣等所論。既有實迹。朝廷安可曲為容貸。以沮天下之公議乎。國家設置御史六察。本以彈劾有罪。今御史舉職事而不得行。臣等合論列而不蒙聽。如此。則諫官御史。遂可廢矣。諫官御史廢。則祖宗之法度。朝廷之綱紀。復何望哉。臣固知論斥大臣。非全身保祿之計。然自念孤遠小官。蒙陛下不次擢

用。每思自竭。圖報萬分。豈謂廟堂之間。乃有如宗愈者。其奸佞無恥。朋邪罔上。臣前後章疏言之已詳。非特此不廉之一節而已也。況宗愈竊位以來。涉歷半載。第聞昏謬無所建明。誠不足以當輔弼之任。重朝廷之勢。今則邪正並立。枉直兩存。臣恐忠良解體。天下失望。惟陛下留神省察。為宗社之大計。罷免宗愈。按劾開封官吏。使法之所行。自貴者始。豈惟臣區區之望。寔天下之幸也。

安世又論曰。右臣伏自四月初。胡宗愈除尚書右丞。臣尋與左司諫韓川於延和殿賜對之日。陛下詢問近日差除如何。臣與韓川同共奏陳朝廷用人。皆協輿望。惟是胡宗愈公論以為不當。臣又條陳宗愈前後罪狀。固已詳悉。蒙陛下宣諭令且試其所為。臣尋復奏以謂朝廷設官。從微至著。尚有等級。要須歷試灼見其賢。然後舉而加於衆人之上。則人無異論。宗愈頃在先朝。寔有可取。但自為中丞以後。風憲頓減。一向阿徇。以希大用。忽聞除目。衆皆驚愕。蓋執政之官。陛下所與朝夕圖議天下之事。若謀謨獻替。動皆中理。固為盡善。有一差失。天下猶將有受其弊者。以此論之。執政豈是試人之地。陛下雖以臣言為然。重廢已行之命。未賜俞允。自後臣等累進章疏。皆未覩指揮施行。臣非不知進退大臣務全禮體。而宗愈登用以來。醜迹日著。人言沸騰。不可彌塞。皆謂德性傾邪。為行險薄。利口足以飾詐。無恥足以為惡。臣請略舉其近事之顯著者而極論之。惟陛下留神而詳覽焉。臣聞御史之職。號為雄峻。上自宰相。下及百僚。苟有非違。皆得糾劾。是以祖宗之制。凡見任執政曾經薦舉之人。皆不許用為臺官。蓋欲其彈擊之際。無所顧避。而得盡公議也。且被舉之人。猶不得任以御史。況於姻戚而可為之乎。臣聞宗愈之姪女適呂公著之親孫。昨除御史中丞。乃是公著秉政之日。自合援據故事。以祈引避。而

宗愈苟悅權勢。而無一語自陳。罔上貪榮。隳廢祖宗之法。其事一也。宗愈向緣蔡確引用為都司郎官。曾未席煖。驟遷要近。確與章惇後以罪黜。今春遽用常例。復其職名。臺諫交章。疏其巨惡。遂得追寢。而宗愈備位憲長。坐無一言。陰結奸豪。徼幸異日。懷心不忠。阿私下比。其事二也。宗愈既備從官。未嘗進賢以報國。而首薦其妻族丁騭乞充臺省之選。臣在諫垣。備相採覈。其議論膚淺。無可稱者。而宗愈匿其私親。輒形公薦。幸朝廷之不察。以盜寵祿。而自為恩惠。挾詐欺君。無所畏憚。其事三也。宗愈嘗薦布衣方坰可應制科。臣聞坰素無士行。而進卷文理荒疎。最為下狀。宗愈權翰林學士日。適當詳定。曲欲成就。不復避嫌。妄以坰文置在第二。中書舍人劉攽等。不敢異論。但聞退有後言。輕忽同寮。徇私自任。其事四也。李慎由乃文彥博之孫婿方以權貴。欲求在京差遣。而宗愈遽薦為御史臺主簿。奏章再上。偶

以破拾報賑。自來本臺肆擧。未有敢私執政之親者。而宗愈意在附會。陳秦臺綱。其事五也。陛下踐祚之初。太皇太后陛下同聽朝政。而蘇軾撰試館職策題。乃引王莽依附元后傾覆漢室之事以為問目。議者莫不罪軾非所宜言。臺諫官亦嘗論奏。而宗愈不惟無所彈劾。又止同列使勿上疏。背公死黨。其事六也。宗愈統周知雄之弟每月就直一十八千。自去年七月終至今年二月終止。償兩月之直。遂至本主經官陳訴。乞差人追索。及發遣起離。宗愈居風憲之長。素稱高貲。固非不足於財。而抵人之質不給其直。其挾勢負贖。不循廉節。其事七也。永興軍路提刑馮如晦欲令舊不充役貧下之家出錢以助合役之上戶。不以緩急。附劉色役。一例雇募游手充代。其論議乖繆。最害役法。而蘇轍頗主其言。立為必行。欲頒諸路。戶部尚書李常魯不講究。遽欲行下。而員外郎劉昱乃能力辨是非。不為押檢議。既不

合。事遂中輟。縉紳之間。莫不嘉昱能守其職。而宗愈因上雇募衙前之議。遂抵劉昱以謂戶部郎官有近來參詳立法之人。議短遂非。不肯公心捨己從長。以救鄉戶之患。意在阿黨。不顧義理。其事八也。臣伏覩治平以前。執政子弟未嘗敢授在京華要之職。雖有合得陳乞差遣。亦止是數處閑慢監當局務。惟自近歲以來。大臣營私害公。子弟親戚布滿要津。與孤寒之士馳騖爭進。而宗愈久為執法。既不能糾核開陳。及家大用。首擢其弟宗炎為開封推官。貪權怙勢。不卹人言。其事九也。宗愈姊妹三人。並適富民。皆以孀婦。宗愈繳令析夫之產。既而誘說厥姊。陰取貲貨。遂作己戶。廣置田業。欺詐孤幼。終不償還。因致高貲。雄視閭里。殖利無親。其事十也。仁宗朝宰相富弼方正謹厚。能守法度。而御史中丞韓絳言衛與張茂實皆有異謀。韓琦嘗國。而膺顧命。忠義亮直聞於天下。而王陶奏其跋扈。士無賢愚皆知決無是事。而二人者不復自辨。即日歸第。抗章待罪。蓋事之虛實自有公議。而大臣之體不得不然也。今宗愈以不償房緡事為御史臺所劾。皆有實迹。而意氣軒驁若無所睹。陵蔑風憲。不畏國法。近世公卿大臣。識威廉恥。不知檢義。無甚於此。其事十一也。熙寧中方變法令。宗愈時為諫垣。不能別白是非。開悟明主。而窺望迎合。多持兩可之論。神宗皇帝深照其奸。乃手詔中書曰。宗愈自領言職。未嘗存心裨補朝廷治道。凡進對論事。必潛伏奸意。含其事情。旁為邪說。以私託公。坐是落職。與外任差遣。臣竊謂先帝察見宗愈之本心。是以詔辭盡其情狀。乃今觀之。無不切中。其事十二也。臣之所懷。皆可覆驗。伏乞陛下出臣此章。宣示百官。若宗愈委無如此罪惡。則臣之所奏。是為欺天。宜伏重誅以戒誣罔。臣自鞫舌不敢有辭。若宗愈所為如臣之論。則是奸邪朋黨。貪鄙庸淺。豈可塵汙廊廟。與聞機政。臣竊計

陛下所以依違不決者。得非謂人言其奸邪而未嘗覩見其實狀乎。夫小人之事君。豈肯自謂奸邪者哉。言必假公忠。行必託廉潔。多為可信以惑人主之聰明。及其歲月滋深。權勢在己。上下膠固。羽翼已成。於是肆志窮奸。靡所不至。方此之時。雖欲除之。亦無及矣。唐憲宗嘗曰。衆人皆知盧杞奸邪。朕何不知。李勉對曰。盧杞奸邪。天下皆知。獨陛下不知。此所以為奸邪也。今之宗愈。何以異此。臣聞知人之道。自古為難。方堯之時。四凶與衆賢雜處於朝。而終無累於堯之明者。蓋聞其才則用之。不敢遺。見其罪則去之。不敢庇。進退用捨。一本於至公而無私於其間。此堯所以享無窮之名。而後世為不可及也。願陛下以帝堯之去四凶為法。以憲宗之信盧杞為戒。改過不吝。去邪勿疑。罷免宗愈。以慰天下忠臣義士之望。臣言雖拙直。義在憂君。惟陛下恕其狂愚。察其誠懇。早賜睿斷。不勝幸甚。

歷代名臣奏議卷之一百七十七

歷代名臣奏議卷之一百七十八

去邪

宋哲宗時，劉安世論曰：右臣今月十二日與左司諫韓川於延和殿賜對，進呈劄子畢，遂論胡宗愈事，伏蒙宣諭，以謂進退大臣，須存體貌。有以見陛下優禮輔弼，慎重舉措之意。臣雖愚暗，豈不體悉？然宗愈歷宰相之姻嫌，盜中司之要任，蒙蔽人主之德，隳廢祖宗之法，陰結惇確之奸，徼幸異日，顯主軾轍之黨，公肆詆欺，未嘗談舉紀綱，但聞多所朋附。是以朞月之內，致位丞弼，公議駭愕，罪狀日著，豈可塵汙廊廟，與聞機政？臣忝在諫列，目覩巨惡，安敢自曠職事，泯默不言？臣聞賈誼之論，以謂群下至衆，而主上至少，所託財器職業者，粹於群下也。俱亡恥，俱苟妄，則主上最病。所以體貌大臣而厲其節。又曰：上設廉恥禮義以遇其臣，而臣不以節行報其上者，則非人類也。朝廷之進用宗愈，臣等即時論列，前後臺諫章疏，不可勝計。陛下一切抑而不出，優容於此，已踰半年，則陛下之所以待遇大臣，可謂隆厚矣。宗愈明知諫官之交章，目覩臺文之糾劾，而偃然居位，如不聞知，則宗愈可謂不以節行報上，而頑頓無恥之甚者也。將何以副陛下體貌之意，慰四海具瞻之望哉？臣已於十三日奏疏，極言宗愈之罪，伏望聖慈以天下公議為念，早出臣章，付外施行。

安世又論曰：右臣近嘗奏論胡宗愈係呂公著之姻家，昨除御史中丞，乃是公著秉政之日，歷宰相之私親，廢祖宗之舊制，并其餘背公徇私，毀滅廉恥，共十二事，皆有實狀，可以按覆。竊惟奏章已塵聖覽，夙夕延頸，以俟嚴誅。逮今半月，不聞威命，則是陛下既恕之矣。臣論斥執政之專，雖已蒙釋，而宗愈欺君敗法之罪，尚未必行，枉直兩存，邪正莫辨。臣雖愚陋，豈敢苟避忤旨之譴，而不以天下之情達於陛下乎。昔之聖人深居九重，以謂竭其聰明猶不足以盡天下之聞見，遂以耳目之任付之臺諫之官，而臺諫之論每以天下公議為主。公議之所是，臺諫必是之；公議之所非，臺諫必非之。人君所以不出戶庭而四海九州之遠物無遁情者，用此道也。臣伏見陛下即政之初，首召司馬光於閒退之中，授以柄任，天下臣民識與不識莫不鼓舞以慶朝廷之得人。及宗愈初除尚書右丞，惟其朋黨之外，無一人以為可者。臣與韓川於四月初八日延和殿首論其奸邪之狀，不足以辱輔弼之任。其後孫覺為御史中丞，與諫議大夫王覿繼言其事，侍御史盛陶亦累彈奏，而監察御史楊康國、趙挺之亦皆宗愈薦舉之人，猶不免一言其罪。陛下以此觀之，亦可知公議之所惡矣。今人言雖多，而未聞朝廷施行者，豈陛下以謂既用宗愈，難以遽罷，是以排言者之論而決欲主之乎？若然者，陛下眷待輔臣始終之意則美矣，以

聖人改過不吝、去邪勿疑之道論之，臣恐未能盡善也。宗愈罪惡，臣前疏言之已詳，此不復論，而臣竊有惓惓之誠以告陛下。自四月後來，臺諫官之言宗愈者章累數十，陛下一切留中，無所可否。日近孫覺以病免，楊康國以執政瓜葛之戚移開封推官，盛陶又乞與李常避親，而韓川累求去職，趙挺之亦以親老而乞外補。蓋覺等見陛下力主宗愈，不敢極言，是以紛紛引避，務為自全之計。臣起於小官，誤蒙擢任，非不知隨時附會、與衆浮沉，苟祿容身，足以無病，何獨自苦力詆大奸，上瀆聖聽，下犯邪黨？蓋臣內顧涼薄，了無他長，報國之心惟知直道。為臣私計則拙，為朝廷慮則忠。仰冀睿明洞鑒誠懇。所有臣今月十三日言胡宗愈疏，伏乞早賜指揮付外施行。

安世又論曰：右臣昨於十月十二日上殿奏陳胡宗愈匿宰相之私親，盜中司之要任，欺罔人主之聽，墮廢祖宗之法，加以徇私立黨，毀滅廉恥，誠不足以副陛下體貌之意，慰四海具瞻之望。自後繼進三疏，極言其罪，至今未蒙施行。臣雖至愚，不能窺測聖慈，然竊嘗深慮陛下所以力遏衆論未賜施行者，豈非謂宗愈進用方踰半年，今若遽罷，恐人譏議，以謂自信不篤、用人不終者乎？若清衷所存篤一如此，臣竊以為過矣。祖宗以來，登用大臣，何嘗不考合僉言，採察人望？苟衆心未服，公議不與，寧使詔令有反汗之嫌，不容小人乘君子之器者，之信史可以稽考。至於神宗皇帝時，尚書左丞蒲宗孟止坐公字擅有修完，為御史中丞黃履所劾，亟令罷免；王安禮以閨門私醜，為侍御史張汝賢彈奏，尋亦去位。陛下踐祚之後，優禮輔弼，去年李清臣以不甚治事，為御史中丞傅堯俞等一言，亦使外補。豈若宗愈上則欺君亂法，下則背公成朋，不恥不廉，無禮無義，置之廊廟，實累聖明。臣聞自古及今，未有任君子而不治，用小人而不亂者。蓋甘言

美辭足以惑移人意，小節偽行足以欺惑世俗。及其得志，前意失之，陰引奸邪，廣布心腹，根深蒂固，牢莫可破，則其為國家之害，將有不可勝言者矣。故陸贄之論以為操兵以刃人，天下不委罪於兵而委罪於所操之手；蓄蠱以殃物，天下不歸咎於蠱而歸咎於所蓄之家。此言雖小，可以喻大。伏望陛下曲回天聽，詳覽衆言，進有德以尊朝廷，黜有罪以服天下，早以臣前言宗愈事章疏付外施行，不勝至願。

安世又論曰：右臣昨於十月十三日曾具奏陳胡宗愈罪狀十二事，自後復進三疏，委曲論列，今已踰月，未蒙施行。臣之所言，非敢捃摭，皆有實狀，可以按覆。凡在廷之臣有一於此，已可斥逐，而宗愈積累臣惡至於十數，言者交攻，半年不止，偃然居位，略無畏心，陵蔑風憲，戮辱廉恥，曾不負朝廷體貌之意，累二聖知人之明。臣伏見宗愈之除中丞，在呂公著秉政之日，雖是姻戚，隱而不言，外託用才之名，中

爲之黨之實。使宗愈負權懷惠。不復糾繆繩愆。以此營私。偷所不可。蒙蔽人主之聽。隳廢祖宗之法。人臣之罪。莫大於此。今公卿士民。羣知二人之欺罔。而臺諫官多出公著之門。終無一語敢及此事。陛下試取衆人言宗愈之疏。一一省閱。則知臣今日所奏爲不妄矣。公道陵替。昔賢所憂。豈謂聖朝。目覩斯弊。歲月浸久。恐非國家之福。此臣所以夙夜憤懣。痛心疾首。而不能自已也。伏望陛下審察羣情。詳觀事理。若原心定罪。則公著宗愈均是欺君。宜正典刑。以示中外。或聖意未欲以一言遽廢老臣。即宗愈亦罪尚多。伏乞特行罷免。以慰人望。

安世十一論曰。右臣自四月已後凡十二次奏疏論列胡宗愈罪惡。至今未蒙付外施行。臣夙夜思念。不遑寧處。竊謂祖宗以來。臺諫官之論執政者多矣。若果中其罪。則大臣無不罷免。或所言失實。則臺諫官亦須降黜。蓋進退之義。不可不正。是非之理。不可不明。未有君子小人并容於朝廷者也。宗愈以奸邪之才。據綱紀之任。欺君亂法。背公成朋。肆行貪婪。毀弃廉恥。臣等前後章奏至於數十。陛下一切留中。無所可否。邪正並立。枉直兩存。上違累聖之舊章。下失萬邦之屬望。臣於此際何以爲心。見惡不擊則非忠。畏禍中輟則非義。使邪黨漸登於要路。大奸久處於廟堂。寖生厲階。禍及天下。臣恐異時之公議。追咎今日之言官。雖伏重誅。豈能塞責。臣所以不避煩瀆之罪。屢陳迫切之言。伏望聖慈。特垂省察。若宗愈之罪惡既皆得實。即乞早行罷免。以慰中外之望。若臣之所奏稍涉誣罔。亦乞重行降黜。以爲妄言之戒。惟冀早施睿斷。明示天下。不勝幸甚。

安世又論曰。右臣自四月已後凡十三次論列胡宗愈罪惡。乞行罷黜。至今未蒙施行。臣竊惟自昔臺諫官彈擊執政。未見是非不明如此之人。伏尋故事。蓋嘗有留百官班廷諍。及閤門待罪。自求貶降之例。臣所以包羞忍恥。涉歷九月而不敢輕爲去就者。誠欲廣陛下納諫之盛德。致賤臣愛君之孤忠。與其速去以潔身。不若盡言而報國。是以剖析義理。援引古今。凡可以上助聰明之萬一者。臣皆披瀝肝膽而盡言之矣。陛下雖未加臣狂瞽之誅。而公議已及臣失職之罪。循省微陋。實不足以勝天下之責。恭惟祖宗以來。躰貌輔弼。雖用捨之道。主於至公。而登拜罷免。亦有特會。今興龍之後。正當進退大臣之機。伏望特奮剛斷。早去宗愈。使中外知陛下聖意之日新。而朝廷君子之道長。非臣一人之幸。實天下之幸也。失今不圖。養虎遺患。則臣所謂留班廷諍。合門待罪之下策。將不得已而爲之矣。惟冀聖慈審察公議。出臣前後章疏付外施行。

安世又論曰。右臣伏自四月已後凡十四次奏疏論列胡宗愈罪狀。至今未蒙付外施行。臣竊謂二聖臨御以來。勵精求治。遵守法度。曾無過舉。諍臣之職。是以優爲。惟是君子小人消長之機。實繫天下國家治亂之本。要在分別真僞。判白忠邪。使上心明辨而無疑。則羣小不攻而自破。今之急務。獨此爲先。臣伏見宗愈以奸回之資。挾宰相之援。欺君亂法。盜取名器。更相朋比。無復畏憚。中外之論。皆謂宗愈之進。非陛下之本意。爲大臣之所誤。臣是以採摭衆議。稽參實迹。屢指宗愈之罪九十二事。皆有按據。昭如日星。雖陛下意在兼容。未加考驗。而微臣官有言責。豈敢遑寧。伏望聖慈。特垂省察。若臣之所言稍涉誣罔。則乞重行降黜。以戒虛妄。若宗愈罪惡如臣所奏。亦乞速賜罷免。以懲奸慝。臣及宗愈義難兩立。惟冀早施睿斷。以決是非。使諫官職業。不自臣廢。豈勝幸甚。

安世又論曰。右臣伏爲累留奏疏論列宗愈罪狀。乞行罷免。至今未年指揮。竊惟二聖臨御以來。開廣言路。天下之情。幽遠必達。顧臣愚陋。獲塵諫列。實千載一時不可逢之嘉會。豈不貪戀聖德。願効萬一。然而數月之間。止以宗愈一事。章十五上。未蒙聽納。夙夜憂懼。若在塗炭。豈臣精誠不至。無以感動天心。論議不切。莫能開悟聖意。何所言之久不効也。自昔臺諫官論列執政。未嘗有兩全之理。今朝廷未加臣以妄言之誅。則是陛下精以臣言為信。而乃依違累月。未覩施行。縉紳之間不知諫疏之留中。往往指目譏誚臣等。以謂容身保祿隳廢職事。遂使小人久汙廊廟。公議若此。安可不畏。臣聞天下之理。惟是與非。為人君者。酌當正心誠意以審其是而已。顧陛下博考僉言。詳為遠慮。以臣所言宗愈十二事反覆細繹。若非誣罔。即乞罷宗愈以從人望。進有惪以尊朝廷。或宸衷以為不然。亦乞出臣章疏。明正其罪。使臣上不負陛下之拔擢。下不失諫官之職業。惓惓之忠。蓋

畫於此。

安世又論曰。右臣自四月後來凡十六次奏疏論列胡宗愈罪狀。乞行罷免。至今未奉指揮。臣迫於公議。不敢中輟。瀆煩天聽。宜被譴逐。陛下曲示兼容。未加竄斥。臣若知難而止。不復盡言。則上以結執政之驩。下以圖一身之利。何獨自苦。力犯大奸。臣雖甚愚。竊亦有說。輒傾丹懇。再冒聖聰。仰冀睿慈。留神聽納。臣聞聖人之治天下。有禮義廉恥之教。有刑罰誅殛之威。禮義廉恥所以待天下之君子。刑罰誅殛所以待天下之小人。非聖人有厚薄之私。蓋禮義廉恥由賢者出。則不得以治小人者待之也。伏惟陛下恭己於巖廊之上。而賦政於萬里之外。所與朝夕圖議天下之事者。執政數人而已。若得當世之賢者而任之。則朝廷尊嚴。四方率服。苟非其人。則堂陛陵夷。取輕中外。不可不慎也。今宗愈匿牢相之親嫌。盜中司之要任。欺罔人主之聽。隳廢祖宗之法。立朝有朋黨之實。行已多貪濁之惡。自叨大任。臺諫官前後論列。不知其數。而宗愈偃然自若。殊無愧心。禮義廉恥。固已掃地。陛下猶以待君子之道待之。而望宗愈之自引以全體貌。臣竊以為過矣。管仲有言曰。禮義廉恥。是謂四維。四維不張。國乃滅亡。古之善觀人國者。惟以此道而逆知其盛衰。今宗愈犯義如此。豈能為陛下設張四維以致天下之治乎。臣聞。十人之衆議。無不公。蓋以其好惡是非。難蔽於一偏之說。而衆心所服者。惟理而已。臣向者嘗言宗愈十二事。皆縉紳士大夫之公言。明有按據。非特十人之衆也。陛下一切留中。不加考質。則天下之公議。將無所伸。小人之奸謀。益有所恃。臣獨憂之。陛下勿謂人言宗愈之奸邪而未嘗親見其實狀。遂以宗愈為可用也。唐李勉嘗對德宗曰。天下皆知盧杞之奸邪。而獨陛下不知。此所以為奸邪也。蓋大奸之人。行僞而堅。言僞而辯。順

非而澤。陽為可信。熒惑世主之聰明。故能盜竊名位。終亂天下也。若及其未用之前。見其可疑之迹。則不得謂之奸邪矣。惟陛下虛心澄慮。詳繹庶言。以臣章疏。付之有司。特令推究。如稍涉虛誣。臣甘受罔上之戮。或皆有實狀。即乞早罷宗愈。以慰天下之望。臣無任跼蹐俟命之至。

安世又論曰。右臣伏自去年四月後來凡十七次奏疏論列胡宗愈罪狀。乞行罷免。至今未蒙施行。臣聞齊桓公之郭。問其父老曰。郭何故亡。父老曰。以其善善而惡惡也。桓公曰。若子之言。乃賢君也。何至於亡。父老曰。不然。郭君善善而不能用。惡惡而不能去。所以亡也。臣每讀至此。未嘗不掩卷太息。以謂鄙夫固陋。燭理不明。人之所非。反以為是。衆之所惡。覆以為美。此乃愚者偏暗之常態。固不足論。若夫能知天下之善惡。如辨白黑。而無疑惑之心。蓋非智者有所不及。然

而郭君反以此而亡國。其故何也。夫郭君能知善之為善。惡之為惡。則不可謂之不智。特以其見善而不能用。使君子無以自立。知惡而不能去。使小人得以成朋。因循積累。其害遂至於亡國。然則有天下者。可不視此以為戒乎。臣竊惟宗愈欺君亂法。毀滅廉恥。其罪惡顯著。為中外共知者十有二事。臣固已極言之矣。自後相繼奏章。中執前論。惓惓之懇。必已盡關聖覽。若臣言為妄。則是熒惑天聽。誣陷大臣。宜正典刑。以戒天下。若宗愈之罪如臣所奏。則是陛下知其惡矣。知惡而不去。此古人之所戒也。臣官有言責。畏公議。苟不能排斥奸慝。振舉紀綱。使羣小寖盛。壞亂政事。則臣雖安異日之戮。亦無補國家之患。惟陛下辨之以早。斷之以獨。出臣前後章疏付外施行。不勝願望。

安世又論曰。右臣伏自去年以後九十八次奏疏論列胡宗愈罪咎

乞行罷免。至今未覩施行。夙夕慚懼。如負芒刺。臣自領職以迄于今知無不言。每蒙聽納。獨是宗愈累章未出。竊惟聖慮所以兼容。必謂日月已深。艱於追擬。是以特屈公議。使之兩全。萬一如此。臣竊以為過矣。臣嘗觀仁宗皇帝用陳升之為樞密副使。是時呂誨方在言路。指其私行。極力彈劾。仁宗皇帝初亦難之。而誨論奏不已。章至於十八上。涉歷數月。卒罷升之而後已。宗愈自始進用。不愜物望。與升之無異。臣言宗愈之跡。其煩多與誨略同。而宗愈冒昧居位。又與升之時月不甚相遠。豈仁祖能受盡言於昔。而陛下不能聽之於今。呂誨能逐奸人於前。而臣不能去之於後。以徵臣之譾薄。猶見賢而思齊。知陛下之聖明。豈知惡而不去。若謂進退執政。必有迹狀。則臣按宗愈不無顯罪。初除御史中丞。與見任宰相明是姻家。隱而不言。監取要任。當時幸人之不知而知者亦不以告陛下。欺君亂法。孰甚於此。以至身任風憲。不修廉節。負所居房緡。不肯償還。遂致開封尹訟。御史彈糾。朝廷一切置而不問。玷辱國體。隳廢臺綱。宗愈坐此二罪。自合明行貶黜。而況其餘奸慝事狀尚多。陛下何故優容如此之久。臣又嘗考尋呂誨所論陳升之章疏。不過以謂揚歷甚淺。聞望素輕。尹京無狀。遽叨大用。疑其陰有趨附。由徑而進。及升之事有東長咏邃之妹。嫁於中官。嘗與往還。不避嫌疑。若此之類。止於數事。蓋亦有奸邪貪狠如今日宗愈之甚者也。臣忝備耳目之寄。而使陛下股肱心膂之任。容有此人。叨據經年。不能排斥。尚何面顏出入朝廷。而以諫官自名乎。臣若未至竄逐。終不敢緘默。以負陛下拔擢之意。伏望聖慈。早出臣前後章奏付外施行。

安世又論曰。右臣輒瀝血誠。仰瀆天聽。事出迫切。無須文飾。惟冀聖慈。留意省覽。臣自去年四月初八日延和殿與左司諫韓川同奏胡

宗愈姦邪朋黨。不堪大任。自後十九次上疏。條陳罪狀。而五月中臺臣亦有彈劾。遷延至此。未蒙施行。向者孫覺楊康國相繼辭職而去。獨臣與川始終論列。亦嘗致貫。自十一月後。川見陛下未賜聽納。堅乞外補。臣本欲截前上殿更以公論開陳。而川別有除命。不復供職。臣以左右皆無諫官。拘礙之法。不敢獨員乞對。同時言事之人。去之殆盡。臣若更顧身計。不為陛下極辨邪正。則臺諫之風日益衰替。奸慝之勢日益盛強。實於聖朝所損不細。此臣所以憤懣感激而不能自已也。臣歷觀祖宗以來。言者彈擊執政。亦嘗有是非不察枉直兩存之理。今御史中丞李常侍御史盛陶。迫於衆議。亦嘗以宗愈為言。而依違觀望。不敢深論。臣竊料其意。不過以謂陛下若逐宗愈。則常輩將欺罔縉紳曰。朝廷用我之言。已罷執政矣。若臣所論太過。亦自獲譴。則常輩初無切直之言。又可免責。進退無患。是以竊位。陛下

用此等人。持綱紀耳目之任。亦何補於聖德乎。臣非特忠宗愈之污廟堂。又憂常等之壞風憲也。臣伏覩陛下即政之初。首開言路。擢用忠良。使在臺諫。如劉摯、王巖叟等論蔡確、章惇之罪。則陛下爲之罷確宰相。罷惇知樞密院。又論張璪奸邪。則璪罷中書侍郎。孫覺等論韓縝不協人望。陛下用縝爲右僕射。纔方數月。遽令外補。傅堯俞等論李清臣無狀。則清臣罷尚書左丞。自是四海之内。莫不歌頌歎服。以謂陛下用人納諫。有祖宗之風。故三數年間。公議得行。大臣知畏。奸人斂迹。君子道長。豈非用此道歟。今宗愈自進用以來。惟其朋黨之外。無一人以爲可者。其懷奸爲利。與璪章何遠。其昏謬無補。則又甚於縝與清臣。豈陛下前日去此數人之易。而今日去一宗愈爲難哉。臣讀魏鄭公之諫唐太宗曰。貞觀之初。恐人不言。導之使諫。三年以後。見人諫諍。悅而從之。一二年來。不悅人諫。雖勉聽受。終有難色。

臣竊謂太宗之烈。足以比迹湯武。庶幾成康。然責之以備。則有愧於三代之隆者。特在於不能慎終如始而已。詩曰。靡不有初。鮮克有終。易曰。有始有卒者。其惟聖人乎。願陛下以詩易之言爲法。以唐太宗之事爲戒。無使後之視今。猶今之視昔也。書曰。有言逆于汝心。必求諸道。有言遜於汝志。必求諸非道。臣之狂愚。逆陛下之心多矣。惟求諸道。則或有萬一之補。伏望陛下以宗廟社稷爲計。早罷宗愈。斷之不疑。更擇忠厚端正之人。置於言路。以代常等。庶幾協力上裨聖治。天下幸甚。

貼黃。臣叨被上恩。不次擢用。未能報塞萬一。豈敢輕爲去就。然自來論列執政。是非固難並立。臣之悃愊。盡於此章。若聖意確然不回。則是臣言無補。須至援引故事。自求貶黜。況宗愈固惜名位。不知廉恥。儻陛下務爲優容。俟其自請。以理處之。必無是事。又慮聖慈不欲出臣之奏。恐傷體貌。臣已一面申三省乞奏請前後章疏付外施行去訖。伏乞早賜睿斷。去邪勿疑。以慰天下之望。

安世又論曰。右臣伏爲前後二十次論奏胡宗愈罪狀。乞行罷免。而聖德寬厚。務全體貌。章皆留中。未蒙施行。宗愈卑累迹之不出。盜據丞轄。包羞暮年。辱國已甚。臣忝居言路。職在繩糾。遂舉彈文之大略。以申三省。宗愈並不避位。視事自如。中外指目。近世輔弼。殘賊廉恥。未見如此之極也。臣竊伏思。人情之所以共惡者。不過責其無恥之一節。而臣之所以深疾者。特誅宗愈之意尔。臣聞國家設諫官御史之職。本欲肅正綱紀。防察奸邪。故風采所繫。貴戚震恐。非一二小臣。敢作威福。蓋朝廷上下之體。特此而後嚴也。今宗愈既知臺諫之彈劾。而力戰公議。若無所睹。惟其以言者爲不足卹。是乃陵蔑陛下

之風憲。爲大臣而有輕視人主之心。陛下縱欲赦之。其如朝廷何。其如天下何。使宗愈實無它罪。止此一事。猶在譴訶之域。而況欺君亂法。奸邪貪猥。罪狀顯著。至於數十。安足以預廟堂之論。處具瞻之地乎。伏望聖慈深加省察。以臣前後章疏付之有司。公行推究。若宗愈之罪如臣所言。即乞特賜睿斷。早令罷黜。若臣所論無實。亦乞重行竄逐。庶分邪正。以服天下。

安世又論蔡確作詩譏訕事狀曰。右臣伏見知漢陽軍朝散郎吳處厚繳進蔡確知安州日所製車蓋亭詩十篇。多涉譏訕。而二篇尤甚。非所宜言。犯大不敬者。臣按確稟性陰險。立朝奸邪。象恭滔天。有共工之惡。言辯行僞。挾少卯之才。遭遇幸會。致位宰相。不能正身率下。宣明教化。而縱其弟碩交結群小。公納賄賂。濫用官物。不知紀極。閨門之內。奉養豪侈。飲食聲色。衣服器玩。洋爲奢僭。制踰公王。是時碩

為軍器少監。倖入有限。而用度如此。確實同居。豈不知其所來。朝廷既不窮治。又貸其弟之死。止以失教為名。黜守安陸。天下公議。謂罰不能當其罪。固宜痛自懲艾。圖報大恩。而乃不自循省。輒懷怨望。借唐為喻。謗訕君親。至於滄海揚波之語。其所包藏。尤為悖逆。蓋確自謂齒髮方盛。足以有為。意在他日時事變易。徼幸復用。攄泄禍心。跋扈懷梁冀之奸。睥睨蓄魏其之志。此而可捨。國法廢矣。伏望陛下察其情理。斷以至公。出處厚之奏。付之有司。特行按治。明示其罪。以謝天下。

安世又論曰。右臣近以知漢陽軍吳處厚繳進蔡確知安州日。所製車蓋亭詩。怨謗君親。情理切害。遂具論列。乞正其罪。未覩旨揮施行。臣聞確之朋黨。太半在朝。造播巧言。多方救解。且謂處厚事非干己。輒尔訐奏。近於刻薄。此風浸長。恐開告訐之路。臣竊以為過矣。西漢

鄭寄天下謂之賣友。然而摧呂祿以安社稷。前史謂誼存君親。不以為貶。確之罪惡。固已貫盈。不自省循。肆為訕斥。人神之所共怒。覆載之所不容。處厚外官。雖無言責。見確悖逆不道。義於忠憤。名則出位。情實愛君。取捨重輕。未為無理。惟陛下勿恤浮議。早正典刑。使大奸無幸免之門。朝廷無異日之患。天下幸甚。

安世又論曰。右臣等早來臣燾臣安詩延和殿進對。具陳蔡確怨謗君親。情理切害。因旨上稟言路。更有何人論列。伏蒙宣諭。惟卿等及劉安世外。它人別無章疏。臣等竊伏思念國家設御史。本欲肅正綱紀。糾察百寮。雖小犯朝廷之儀。猶俾彈治。今來蔡確悖逆不道。指斥乘輿。而御史臺職在按舉。曾無一言。挾邪不忠。黨惡無憚。未見如此之甚者。臣等前章。固嘗以確之朋黨。太半在朝。慮其造播巧言。多方營救。不謂御史當可言之地。並不糾劾。又慮奸黨變亂公議。別有奏陳。恐開告訐之路。臣等竊謂古人。見無禮於君者。如鷹鸇之逐鳥雀。豈有目覩奸豪。陵蔑朝廷。謗訕君上。乃欲置而不問。苟非今日確之事發。則其黨與未易彰敗。臣等尚慮御史臺知臣已有論奏。備禮一言。以塞外議。若果如此。則其包藏奸狀。益更明白。伏望陛下留臣等此奏。俟蔡確事畢。明正其罪。特行竄逐。庶使邪正有辨。不敗國事。

安世又論曰。右臣近以蔡確指斥乘輿。情理切害。尋具論奏。乞正其罪。雖已聞降旨揮下安州取索元本。及令確開具因依。至今未見回報。臣聞上自執政。下至堂吏。確之黨與。殆居其半。百端營救。齊奮死力。若使邪說得行。搖動正論。則朝廷之事。極有可憂。此臣所以夙夜寒心。而過為陛下之計。臣竊觀二聖臨御以來。日新聖政。蔡確之徒。不得逞其奸志。陰懷怨望。窺伺頗急。然而深情厚貌。未嘗形見。今乃無故作為此詩。臣恐祖宗神靈。天地眷祐。疾惡貫盈。而以此機授陛

下也。臣伏見李常盛陶居風憲之地。目覩蔡確無禮於君親。而依違觀望。曾不糾劾。及朝廷已有行遣。方始備禮一言。而又是非交錯。皆無定論。翟思已下。仍更不見章疏。御史如此。綱紀何賴焉。彭汝礪在侍從論思之列。不以疾惡為心。反用開告訐之路為解。其餘進說之人。臣雖不能知其名氏。然其所主之論。計與汝礪不甚異也。臣竊謂李常等。居可言之地而不言。雖言而陰持兩端。彭汝礪等不任言責。輒敢進疏。宜有高遠之慮。出於世俗之表。而義存君親者。反責其告訐。悖逆不道者。欲置而不問。夫告訐之不可長。則是矣。至於睥睨兩宮。包藏禍心者。乃為可長乎。朋邪罔上。孰甚於此。若非確之事發。則羣小比周。無由彰敗。惟望聖心先定。勿疑流言。誅鋤奸慝。決行威斷。庶幾朝綱振舉。邪正明辨。天下幸甚。

安世又論曰。右臣近以四具狀論列蔡確指斥乘輿。情理切害。乞付

有司按治其罪。陛下聖慈寬厚。體貌大臣。不欲輕信人言。遽行竄殛。遂降睿旨。令確開具因依。及下安州取索元本。日近竊聞確及安州皆有回奏。訕上之迹。盡如臣章。雖文過飾非。妄意幸免。而情狀明著。可以無疑。臣聞確昨移南陽。既離安陸。復遣親吏取去詩牌。洗滌刮劘。靡有存者。使確詩意別無詆斥。雖刻之金石。固自可信。惟其內懷觖望。志在謗訕。有慊於此。懼復流播。故令毀撤。欲以滅口。推此言之則確之罪惡。何可掩也。伏望陛下特徇公議。毋恤浮言。明正典刑。以謝天下。其御史臺官吏並不糾劾。及伺候朝廷已行遣後。雖有言者。亦持兩端。并自餘臣寮進說營救。皆確朋黨。不顧君親。苟尚兼容。必為後患。伏乞聲言其罪。重行貶黜。庶分邪正。以肅中外。

安世又論曰。臣等近以蔡確怨望作詩。無人臣敬順之禮。累曾奏論乞正典刑。朝廷旨揮下確開具。仍令安州知州取索確詩元本。竊聞

安州取索與確開具。皆已奏到。確之開具。本無所用。徒為遷延行遣。令確知其事因。徒容造說。交通求救。詞皆虛妄。必不可信。今安州根究得確詩元書在粉板。後來削去墨跡。其板見在。書之。其狀已著。削去。其罪轉明。更使確巧詐辯給。此亦不能文也。詩版是明白已驗之跡。便可為據。開具乃委曲苟免之詞。不足為憑。罪在不赦。合寘誅竄。恭以太皇太后以先帝遺詔用故事。請權同聽政。當日確備位次相。親見本末。豈不知此事不是太皇太后本意。蓋為皇帝年在沖幼。以保護聖躬為功。事不得已。乃從權宜。竊以前日適值先帝大變之際。設或不依本朝典禮上尊兩宮。則宗社大計。將如何哉。觀確之意。以為不然。蓋竊幸皇帝富於春秋。欲以大臣專權。自作威福。包藏禍心。深不可測。此不可不誅也。大臣之義。當歸美報上。善以福祿壽考稱誦其君。確不能庶幾於此。乃引蝸海變田之事。肆為悲讟。密懷大惡之志。發為不祥之語。此不可不誅也。賞刑者。人主之權也。祖宗所以行威福而公天下。服人心。傳之子孫。為萬世法也。兩宮亦不得而私之矣。如確之罪。天下所共怒。天下所共棄。與天下共怒共棄之者。在皇帝陛下與大臣也。陛下崇養聖慈。未專明斷。所與議者在大臣。如少欲寬確。則天下疑而不服。傷陛下之聖孝矣。大臣者敢為開陳求貸。則是朋奸養交。面謾不忠。視確之罪。無所重輕。必不見容於天下矣。臣等願盡行公議。無屈祖宗之法。以失威柄。威柄一失。則奸邪强驁。無所忌憚。後時有不可制之憂。於此不得不慎以防微杜漸也。伏望聖慈。以其事下有司。議正其罪。為今日戒。為後世訓。

安世又論曰。准名例律十惡。六曰大不恭。注謂指斥乘輿。情理切害者。　准職制律指斥乘輿。情理切害者斬。　准名例律議請減贖章。犯十惡者。不用此律。　一。宰相丁謂貶崖州司戶參軍。

一。前樞密副使孫沔貶節度副使宿州安置。　一。前參知政事呂惠卿貶節度副使建州安置。

右臣等早來延和殿。伏蒙宣諭令具行遣。比附條例密奏。臣等略具合用律法及責降大臣故事。備錄如右。臣等竊謂三人之間。丁謂之責最重。然其所犯。亦非蔡確之比。伏乞聖明更賜參酌。

安世又論曰。右臣昨日延和殿進對。密論彭汝礪營救蔡確事。伏蒙宣諭以謂卿等錯會汝礪所言。與卿等一般者。臣雖已具汝礪朋附之實。面奏其略。尚恐陛下未知羣邪交結之詳。緣此事正繫是非邪正之機。不可不察。須至辨析。上煩聖聽。臣伏見彭汝礪與曾肇同為中書舍人。公然結黨。范純仁既是本省官長。日得相見。朝廷密命。無不關預。而又汝礪親弟娶李常之姨女。廟堂之論。悉使傳播。故御史臺表裏通同。殊無公道。窺伺執政之意。旋立議論。純仁所欲。雖違法

害義。無敢糾駁。稍異己者。則必承望風旨。連章繩治。皆有實迹。未敢盡舉。姑以蔡確之一事試為陛下陳之。向者吳處厚繳進確詩。其徒大懼。巧言救解。情態萬狀。純仁備位宰相。見確無禮於君親。不以疾惡為心。乃諭汝礪及曾肇。以為告訐之風漸不可長。汝礪等既聞其語。即時傳報李常。是以御史臺依違觀望。不復按劾。及見朝廷已有行遣。方始備禮一言。而汝礪輒奮強很。妄進邪說。雖其大罪不敢主確。然而深意全罪處厚。臣竊謂以確詩為可罪邪。則自有臺諫官論列。若以確詩為不足治邪。則臣等豈敢違犯公議。輒形詆奏。進退之間。皆不預中書舍人之事。今汝礪出位進疏。惟以長告訐為說。至今睥睨兩宮。悖逆不道。則欲置而不問。是汝礪實與蔡確為地。而不顧君親之大倫。僭亂之基漸。此乃朋奸罔上。徇私立黨。而陛下謂之與臣言一般。竊恐聖心未之察也。臣聞汝礪與曾肇同授純仁之指。而

肇陰險奸賊。不肯自發。故使汝礪先次進言。繼聞臣等極力攻擊。陛下已賜聽納。遂不復言。然而交搆之迹。縉紳無不知者。獨其黨人為之諱耳。願陛下以臣之論。詳覽汝礪之疏。則奸人之情狀。必不能逃於聖明之鑒。臣伺候斷遣蔡確了日。當節次具狀劾奏奸黨。乞行竄逐。惟陛下乘不可失之機。特行英斷。使邪正分別。朝廷清明。臣雖須首。亦無所恨。

安世又論曰。右臣等竊聞蔡確已有責命。舍人彭汝礪封還詞頭。不肯草制者。臣等竊謂確之罪惡。本天下之所共疾。不容更有異議。汝礪居侍從論思之列。不以君親為念。沮格詔旨。奮力營救。臣等前日進對之際。固已言其朋黨之狀。觀今日之舉。可驗有實。伏望陛下誅其奸惡。重行貶黜。庶分邪正。以肅中外。

貼黃。臣等伏見治平中。命王疇為樞密副使。是時錢公輔當制。繳還詞頭。朝廷以為不當。遂責授滁州團練副使。今來蔡確責命。與王疇事理不同。汝礪挾奸不肯草詞。伏望詳酌。重賜施行。仍乞速降旨揮。免致惑亂衆聽。

安世又論曰。臣竊聞朝廷以蔡確為光祿卿分司南京者。臣按確嘗位宰相。輔政亡狀。弟碩贓污。罪惡貫盈。確亦同居。衆謂預聞其事。陛下既不窮治。又貸碩死。仍免決配。惟令編管。確以失教為名。止從薄責。朝廷之恩。亦以極矣。而確不知圖報。猶懷怨望。作為詩什。輒敢謗訕。罪狀顯著。法所不赦。陛下以天地父母之恩。不忍加誅。俾令分領。已出再生之賜。謂宜投諸四裔。以禦螭魅。而尚玷卿列。仍居善地。中外之論。皆謂失刑。臣嘗謂賞罰者。人君之大柄。祖宗所以公天下而立之。聖子神孫亦必以至公守之。不可失也。伏惟太皇太后陛下保佑聖躬。恩意隆厚。而確悖逆不道。妄有詆斥。人神之所共憤。覆載之

所不容。今來責命太輕。未厭輿議。非惟失祖宗立法之意。亦恐傷陛下孝治之風。伏望聖明。更加詳慮。早行竄殛。以慰人望。

安世又論曰。右臣近以蔡確責命太輕。嘗具論列。今已累日。未奉旨揮。臣伏見確之朋黨。太半在朝。大臣之間。亦有陰懷向背。假託義理。巧進邪說。協力營救者。雖聖心先定。必不為流言之所惑。而後命淹留。未快公議。再瀆天聽。仰冀采納。臣聞自古亂臣賊子之為害。皆非一朝一夕之故。良由上下怠忽。辨之不早。日復一日。養成禍胎。是以先王制禮。雖齒路馬。與蹙其芻者。莫不有誅。非獨為可貴而馬不可齒。蓋君臣上下之分。所當致嚴。而將折天下奸雄桀驁之氣於未然之前也。今確無禮於君親。非可宥之過。雖悖逆不道。自取罪戾。亦朝廷威令不行。政尚姑息。容養確輩。使至於此。而輔弼大臣。猶為救解。欲望朝廷尊嚴。朋邪斂迹。何可得也。願陛下深察奸黨。慎無輕聽。早

行四凶之竄。以慰天下之望。

安世又論曰。右臣今月二十四日延和殿進對。嘗論蔡確朋黨事。雖粗陳大槩。而臣內有誠懇。未能盡達天聽。事體至重。不可不憂。惟陛下無憚煩而詳覽焉。臣聞蔡確、章惇、黃履、邢恕四人者。在元豐之末相與交結。號爲死黨。惇確執政。倡於內。履爲中丞。與其察而和之於外。恕立其間。往來傳送。天下之事。在其掌握。公然朋比。傍若無人。以至先帝厭代。聖上嗣統。四人者以謂有定策之功。眩惑中外。無敢與議。及司馬光被用。奸人恨其爲己之害。乃使惇於上前。極口詆毀。陛下以惇爲人臣之體。逐之於外。確又以弟碩犯汚事發。亦罷宰相。履恕坐事相繼外補。既而惇在蘇州。肆爲不法。强以賤價奪民之產。確在安州。不自循省。作爲詩什。謗訕君親。臣竊謂惇確所以桀驁很愎。無所畏憚者。蓋四人從來更相稱譽。自謂社稷之臣。心有所恃。故敢如此。若不早爲辨正。以解天下之惑。臣恐異日必爲朝廷之患。臣迹雖疏遠。不知先帝傳位之詳。然縉紳士大夫間。亦嘗講聞其略。今試條析爲陛下言之。臣聞元豐七年秋宴之日。今上皇帝出見羣臣。都下謹傳。以爲盛事。明年三月。神考寢疾。衆謂前日之出。已示與子之意。其事一也。自先帝違豫。岐嘉二王日詣寢殿。候問起居。及疾勢稍增。太皇太后即時面諭。並令還宮。非遇宣召。不得輒入。有以見聖心無私。保祐慎重。其事二也。建儲之際。大臣未嘗啓沃。而太皇太后內出皇帝爲神考祈福手書佛經。宣示執政。稱美仁孝。發於天性。遂令草詔。誕告外庭。蓋事已先定。不假外助。其事三也。陛下聽政之初。首建親賢之宅。才告畢功。二王即日還就外第。天下之人。莫不服陛下之聖明。深得遠嫌之理。其事四也。臣之所聞。大略如此。實太皇太后聖慮深遠。爲宗廟社稷無窮之計。彼四人者。乃敢貪天之功。以爲己

力。臣雖愚陋。心常疾之。近司馬康赴闕。邢恕邀至河陽。燕語之次。辭贊確等不已。頗其微意。類皆揮闡。蓋欲康來京師。傳達在位。陰爲確等謀爲復用之計。朋黨害正。一至於此。臣竊謂惇確用事十年。小人黨與。內外結固。造作奸言。欺惑愚衆。臣恐歲月浸久。邪說得行。離間兩宮。有傷慈孝。則確輩萬死。何補於事。伏望陛下起福於無形。防患於未兆。明詔執政。及當時受遺之臣。同以親見策立今上事迹。作爲金縢之書。藏之禁中。又以其事之本末。著之實錄。然後明正四凶之罪。布告天下。除蔡確近以貶竄外。所有章惇、黃履、邢恕。乞並行廢斥。屛之遠方。終身不齒。所貴奸豪弭息。臣日無患。惟陛下取臣千慮之一得。少賜留聽。不勝幸甚。

安世又論蔡確不合陳乞潁昌府狀曰。右臣伏聞知鄧州蔡確上章陳乞潁昌府以便私計。雖未知可否之報。而縉紳之議。率皆不平。敢具僉言。上達天聽。按確奸邪陰險。盜據宰席。不能正身率下。宣明教化。而縱其弟碩。招權納賄。贓汚狼藉。有司論罪。當以大辟。陛下特加寬貸。止送韶州編管。確本同居。衆謂預聞其事。朝廷既不窮治。惟以失教責之。削其職名。出臨偏郡。僅能周歲。易守南陽。當時議者已謂牽復太速。碩至貶所。亦止踰年。確遽上言。乞令內徙。陛下屈天下之法。移置黃州。曾不旋踵。自請近鎮。臣竊謂確所以敢萌意外之望。益肆無厭之求者。蓋見近日政事多尚姑息。是以先用其弟量移之請。嘗試朝廷。既不能沮止奸謀。遂可其奏。確知執政莫不畏己。遂敢陵蔑公議。輕侮朝綱。雖屢蒙非常之恩。猶不能滿確之意。復託親老。願移大藩。蓋有以啓之也。臣恐小人僥倖之心。貪猾未已。往往再乞放碩還便。或自求京師宮觀差遣。以就醫爲名。然則陛下又將許之乎。確之朋黨。太半在朝。夙夕引領。以俟復用。若使漸得親近。廣爲路岐。

興口齒權亂政。無不由此而始。况輔弼大臣旣以罪黜。雖領郎曹。未復職名。考之典故。猶是謫籍。豈有不因詔除。輒求自便。此風寖長。則陛下賞慶刑威之柄。遂為虛名。國家綱紀。必至隳紊。不可不慎也。伏望聖慈明敕三省。報罷確奏。以正國體。

安世又論沈括吳居厚等牽復不當狀曰。臣等伏見近日除沈括。吳居厚。賈青。呂孝廉。王子京。差遣不合公議。門下省已行封駁。竊謂朝廷必以大禮之後。過惡例隨滌蕩。臣等以謂不然。括首議再興邊事。喪師辱國。為先帝遺恨。罪不容誅。而得全首領。無復可以推恩。居厚欺君害民。誅求暴虐。掊為己功。歸怨於上。罪當放斥。而得列縉紳。無復可以推恩矣。青與孝廉。子京。苛刻聚斂。流毒一方。附會誕謾。廢失使指。重謫遠貶。才當其罪。如此數人者。蹈犯凶慝。著於文墨。旣不可以常法治之。必不可以常赦寬之也。若使僥倖復起。贊緣再用。則羣

小振奮。躡踵求伸。甚非朝廷之福。生靈之幸也。長奸之漸。所宜杜絕。伏望聖慈面飭大臣。諸不以法治而貶降者。不得以赦議。如天度兼容。未忍盡棄。即於為惡之間。略加殊別。將移青等一內地監當。括與居厚且令依舊。庶協大公。以懲群枉。

安世又論盧秉責命不當事狀曰。右臣伏聞累有臣寮論列盧秉昨在兩浙。推行榷鹽之法。務為慘刻。殘虐一路。比蒙朝廷下本道根究。皆有實狀。而害民之甚者。自行法以來。其所配流一萬二千餘人。如聞寬恩。止落學士。猶以待制提舉宮觀。中外之議。皆謂未當。伏惟聖朝愛養元元。不欲一物失所。而秉出將使指。擅按一道。未聞宣布惠澤。興利除害。而專為身謀。不顧義理。罔上以虛課。虐下以苛法。毒苦之聲。溢於道路。議者皆謂誅剝掊克。與吳居厚略同。而峻刑害物。則又過之。雖降一官。尚帶侍從。恐無以戒戕姦暴。慰塞民情。伏望聖慈詳此事理。比附吳居厚例。重行黜責。以合公議。

安世又論曰。右臣近嘗奏論盧秉昨在兩浙專主鹽事。殘民害物。遺毒累年。近者朝廷體量得實。稍宜重貶。而止落學士。猶以待制提舉宮觀。竊恐無以戒戕姦暴。慰塞民情。乞依吳居厚例。特行竄黜。伏聞續有指揮。令展二年磨勘。罰不當罪。士論未平。是敢冒避再三塵瀆天聽。按秉榷賣鹽貨。峻刑虐民。無辜流死。以數萬計。老稚轉徙。號呼盈路。比屋憤怨。思食其肉。上賴累聖德澤深厚。是以人心卒無異志。昔吳居厚之在京東。掊克太甚。歛怨於民。陛下踐阼之初。責授散官遠郡安置。天下傳播。莫不欣喜。秉之刻剝。無異居厚。而猛暴殺人。實又過之。不伏重誅。已為寬典。尚帶侍從。何以示懲。臣伏觀祖宗以來尤以失入為重。彼執法之吏。不明徽意。誤寘一人。入於深文。大則追停。小則降免。今秉奉使。故設苛法。多殺平民。非特失入一人之比也。

而朝廷責命太輕。未厭公議。非所以示陛下愛元元之意。伏望聖慈檢會臣前奏。重行貶竄。以慰民望。

安世又論曰。右臣近為體量到盧秉向在兩浙專主鹽事。設法苛虐。流毒一方。而朝廷責命太輕。未厭公議。臣已兩具論列。未聞指揮施行。切緣盧秉奉將使指。專為掊克。使無辜之民。流離轉死。冤號之聲盈於道路。蓋有甚於吳居厚者矣。且兩浙京東。皆陛下之民。而秉與居厚酷暴之狀相若。一則貶為散官安置遠郡。一則尚列侍從提舉宮觀。同罪異罰。恐非至公之道。伏望聖慈。檢會臣前奏。比附吳居厚例。重行竄黜。以慰遠民之望。

安世又論曰。右臣近為盧秉責命太輕。未厭輿議。臣已三具論列。未蒙朝廷施行。如秉苛虐酷烈之實。遠民愁苦冤憤之情。前奏言之已詳。不復條列。而臣尚有未盡之意。更為陛下陳之。臣聞人君之柄。莫

大於賞罰。而所以行之者。必主於公平。傳曰。功同賞異。則勞臣疑。罪鈞刑殊。則百姓惑。蓋不能服之以至公。則天下不得無疑惑之心也。今秉之罪狀。顯著非在重輕疑似之間。考之近例。又有若居厚散官安置之比。而諫官御史交章彈劾。未見盡行其言。朝廷忖憚而不正典刑。以謝東南之民乎。臣之所論。非苟欲奪秉寄祿官而已。蓋秉之殘民害物。甚於居厚。而尚為待制提舉宮觀。罪鈞刑殊。臣恐無以解天下之惑也。伏望陛下檢會臣累奏事理。削秉侍從之職。以慰人望。

安世又論周穜不當乞王安石配享事狀曰。右臣伏見鄆州州教授周穜上書乞以故相王安石配享神宗皇帝廟廷。中外諠傳。頗駭聽聞。臣聞天聖中。錢惟演嘗請以莊獻明肅太后莊懿太后並配真宗廟室。以希帝意。是時御史中丞范諷劾惟演擅議。遂落平章事。罷歸本鎮。臣竊謂惟演位兼將相。言之未為太過。而責之如此之重者。所以

嚴宗廟也。今穜以疏遠微賤之臣。懷奸邪觀望之志。陵蔑公議。妄論典禮。使安石功德茂著。實可從享。在穜之分。猶不當言。而況輔政累年。曾無善狀。殘民蠹國。流弊至今。安可侑食清廟。傳之萬世。知穜狂僭。豈宜輕貸。伏望陛下以春秋之法。誅其始意。重行竄殛。以明好惡。

安世又乞罷李常盛陶中丞侍御史之職狀曰。右臣伏自去年胡宗愈竊據丞轄。不協人望。臣忝言路。累具彈劾。而聖德寬大。務全體貌。遷延經歲。未賜指揮。臣以公議不平。難於中輟。近者上章極言論奏。乃申二省乞請留中之疏。付外廷明辨曲直。雖激於忠憤。不敢愛身。而退循率易。方俟誅譴。今既半月。威命不至。繼聞宗愈已罷政事。乃知陛下不特赦臣之罪。又能聽臣之言。恩出望外。感極以泣。陛下仁厚容諫如此。而臣內懷區區未盡之意。若不披瀝肝膽。上達天聽。則於職事猶為有愧。是以願終言之。臣伏見御史中丞李常侍御史盛陶。處性柔邪。秉心不一。昔蔡確用事之日。陰相交結。故常自太常少卿擢為禮部侍郎。旋遷天官。遂拜戶部尚書。陶自瀛州得替。用為太常博士。尋權考功郎中。皆由閒冗之中。冀諸要劇之任。才能政事無足稱者。與確主張。人不敢論。以至今日。並居丞雜。而又相與連親。不使迴避。阿諛朋黨。殊無公道。臣不敢廣引細瑣。上煩聰覽。止以近事之尤顯著者。試為陛下陳之。臣聞蔡碩盜用官錢。事發下獄。罪當大辟。陛下以天地父母之德。赦而不誅。又免真刑刺配。止送韶州編管。僅能周歲。確乞內徙。朝廷曲法申恩。移置黃州。曾不旋踵。確又陳乞潁昌。緣國朝故事。應降官。雖曾任宰臣。而未復職名。猶是謫籍。既係有罪之人。固無自便之理。確之冒昧陳請。御史即合糾彈。而常陶身任臺綱。陰借奸慝。目覩亂法。終無一言。其事一也。按謝景溫係王安禮之妻兄。昨除刑部尚書。衆議以為不可。而常素與安石兄弟親

善。陶及安禮昔嘗同官於大名。交契甚厚。是以見景溫之誤。懇蓋不論列。其事二也。章惇在蘇州。公違條法。强市田產。使無辜之民被刑失業。故朱迎等四人不遠數千里赴愬省部。御史臺明知上件事實。亦不糾治。假借奸豪。徼幸異日。其事三也。王安石輔政累年。曾無善狀。害民蠹國。未見其比。向者病卒。人皆相賀。王汾雖無言責。而能上書陳述義理。乞賜惡謚。以為後人之戒。縉紳之論。莫不多汾有憤世疾邪之意。而常等惡傷王氏。疾之若讎。及汾除諫議大夫。遂率全臺肆為醜詆。然汾從來別無過惡。止言其口吃滑稽之類。一二小事。乃令報罷。中外之論。至今不以為直。臣日近方聞常等所以擊汾之由。主於請安石之謚。操心如此。豈復至公。其事四也。陛下即政之初。知免役出錢為民之患。故復用祖宗差役之制。常在戶部。不能講究補完。而協助邪說。請復顧募。及為中丞。猶聞屢乞施行。懷奸徇私。大害

聖政。其事五也。先帝已知經術取士之久而有弊。並欲復用詞律。故昨者有司請於經義之外。加以詩賦。朝廷採納。已為定制。而安石之黨必欲沮撓。常乃舉乞改用經義。其徒翕然譽之。賴陛下聖明。主執不輕變易。而常等言之不已。背公死黨。其事六也。保甲之害。衆所共知。陛下變法以來。農民方遂休息。而陶乃倡言乞重編排。朝廷若行其說。天下豈不大駭。率情妄作。其事七也。臣起於小官。誤蒙擢用。非不知雷同鉗默之以取容。然而朞年之中。屢犯權貴。旁人為之憂恐。而臣處之自如者。實以陛下推至誠樂善之心。有捨己從人之德。是以不量力淺。思効涓埃。而況二聖臨御以來。逮今五載。遵守祖宗之法。曾無毫髮之累。諫臣之職。是以優為。惟是君子小人消長之機。實繫天下國家治亂之本。故臣自拜命以迄于今。獻納之間。尤以人物為務。蓋朝廷之有君子。如人體之有元氣。元氣盛實。則膚革充盈。血脉

流暢。寒暑疾癘。不能投間以干陰陽之和。則為安彊之人。至於真守不固。氣血將敗。內無以養根本。外不能慎起居。一旦遘疹。雖和扁再生。莫知所救。天下之勢。何以異此。使君子衆多。小人勿用。然後綱紀振舉。政教脩明。奸邪陰賊。不能伺隙以亂聖人之治。則成天下太平之功。其或聽納少間。不辨枉直。任用之際。不察忠邪。黑白混淆。是非雜揉。日復一日。浸生亂階。雖克嗣復起。亦不能治。臣竊聞近者執政奏事之次。親奉德音。思與大臣共為廟社長久之計。每患異日小人在側。眩惑人主。敗亂國政。憂深慮遠。固非愚臣所能跂及。然臣夙夜寒心而不敢以為無事者。正以風憲之地乃有常等皆王安石蔡確之黨人。陰持兩端。浸害正論。使漸引其類。並據要津。則陛下累年憂勤所立之政事。必將復壞於羣小之手。可不痛哉。臣恐陛下之所憂不在異時。而其兆已見於今日也。況二人挾邪不忠之迹。固已著明。久而不去。必有後悔。惟陛下以臣所陳七事。特賜詳覽。若非誣罔。皆有實狀。即乞慎擇忠厚端正之人。以代常等。不勝幸甚。

安世又論時孝孫差除不當狀曰。臣伏見朝廷除時孝孫充梓州路轉運判官。按孝孫資稟傾邪。巧於仕進。昔王安石曾布鄧綰變法之際。曲意附會。遂爲充司農寺屬官。推行新法於河北。吏民苦之。視若鷹犬。其後蔡確用事。傾心交結。又得御史臺主簿。及何正臣鞫灃南之獄。舉以自隨。使正臣罔欺先朝。肆行酷烈。孝孫贊助。其力居多。獄決遂朝。擢使一道。元祐之初。罷諸路提舉官。隨例得郡。縉紳之議。固已不平。今正臣既行黜責。而孝孫尚冒監司。陟降頓殊。公議未允。伏望聖慈考其素履。灼見奸狀。追還新命。以折羣枉。

安世又論曾肇知鄆州不當事狀曰。臣竊聞朝廷除曾肇知鄆州兼西京南路安撫使。按肇資稟奸回。趣向頗僻。昨來蔡確謗訕君親。天

下臣民。所共疾怒。而肇倡為邪說。惑亂衆聽。以王珪闔執政。欺罔同列。苟有可以救確者。靡所不為。上賴聖明。得正刑典。肇不自安。遂乞外補。陛下敦尚寬厚。貸而不誅。猶假從官出守近郡。縉紳之論。固已不平。到頴半年。遽易帥路。非惟無以示好惡於天下。亦恐氣燄凶暑小人寖長。伏望聖慈。審度事理。收還新命。以允公議。

歷代名臣奏議卷之一百七十九

去邪

宋哲宗時。劉安世論王子韶差除不當疏曰。臣伏聞。朝廷以王子韶爲太常少卿。搢紳之論。咸謂未允。輒採公議。上達天聽。按子韶資性險佞。行己無恥。熙寧初。士大夫有十鑽之號。目子韶爲衙內鑽。蓋以其造請公卿之門。不憚寒暑。交結權要子弟。巧於自媒。如刀錐之銛銳也。及呂公著爲御史中丞。遂薦子韶以備臺官。陰持兩端。見利忘義。是時王安石用事。方行青苗之法。子韶每進對之際。則迎合上意。未嘗有一語敢指政事之失。及對公著。則復肆詆謾以罔要。嘗奏疏言新法之非便。蓋欲上下欺罔。兩獲其利。先皇帝聖鑒明哲。洞照姦心。乃詔詰窮情得。遂被黜責。其後復除荊湖南路轉運判官。爲言者疏其前後過犯。及不葬父母之事。因而報罷。元祐初。權領祠曹。又爲御史論其亡狀。尋令外補。今少常之任。素號清選。前日之居此官者。或遂遷侍郎。或就拜給諫。大用之漸。多假此途。豈容匪人。輒冒濫處。伏望陛下慎重名器。斥遠佞邪。收還子韶誤恩。別擇賢者。庶無虛授。與議厭服。

安世又論王子韶疏曰。右臣嘗論奏王子韶除太常少卿不當。今已累日。未奉旨揮。臣聞子韶熙寧中。嘗按錢塘祖無擇事。承望王安石風旨。巧爲構陷。縉紳之間。至今以爲恥。及任御史。苟務容悅。上誣人主。下欺官長。先皇帝察其頗僻。黜爲上元知縣。清議不齒。于茲有年。中間雖移湖南運判。及遷吏部郎中。尚爲言者所劾。皆即報罷。今少常之任。資望愈重。一應此地。遂陞要津。豈容匪人。可冒優選。議者謂子韶頗有文學。不忝新命。此亦姑息之論。非公言也。國家設官分職。本以待天下之才。如子韶者反覆姦邪。見於已試。人物汙下。衆所鄙薄。既不能納忠於先朝。豈復能盡節於陛下。雖區區之記聞。或有可稱。而大義已虧。餘何足道。今若不究本末。妄寘清途。臣恐倖門遂開。小人道長。甚非朝廷之福。惟陛下重惜名器。爲官擇人。檢會臣前奏事理。特降指揮。收還子韶之命。別授賢者。以慰輿議。

安世又論王子韶疏曰。右臣近已兩具狀論奏王子韶除太常少卿不當。至今未奉旨揮。按子韶人品凡末。性復險邪。熙寧中。爲御史之日。見利忘義。反覆迎合。其後呂公著陳襄薦於上前。矯詐悉露。先帝疾其詆謾。乃詔之曰。外要黨正之名。內懷朋姦之實。遂奪言職。遠貶江左。止此一節。已見棄於清議。而況交結權勢子弟。不恥自媒。挾持私恣。搆祖無擇之大獄。諂事呂嘉問。復街提舉折納差遣。操行卑汙。實鮮倫比。昨除湖南運判。及遷吏部郎中。當時御史。猶以爲非慶子韶之宜。劾奏而罷。豈惟少常之任。反可輕授。除目傳播。喜駭物聽。臺諫論列。方俟進止。子韶略無忌憚。遂已視事。其處心積慮。不過以謂朝廷善用言者之論。則已嘗試職。縱使罷去。恩例尚優。機巧徼幸。一至於此。方陛下厲精求治。辨別邪正之際。尤不可使此輩穢汙清途。伏望聖慈特垂省察。收還子韶之命。以爲姦人之戒。不勝幸甚。

安世又論王子韶曰。右臣近以三具狀論奏王子韶除太常少卿不當。至今未覩施行。近者風聞三省奏事之際。嘗蒙宣諭以辨別君子小人爲戒。輔弼大臣。既被聖訓。謂宜夙夜交儆。慎爾庶寮。而謬引姦黨塵汙清選。考之衆論。皆謂執政之間與子韶之舊者。憐其猶未顯達。是以力爲主張。臣竊謂大臣不遺故舊之心則善矣。至於屈天下之公議。而伸一己之私恩。則非所以爲朝廷之計也。昨者王汾除諫議大夫。御史上言其詼諧口吃之類。一二小事。猶且報罷。豈若子韶姦邪反覆。見於已試。貪冒不恥。老而益甚。遂躋華貫。實辱簪紳。況汾以小過而棄捐，子韶負六罪而拔擢。用捨之道，顯非至公。伏望聖慈檢會臣三奏事理，追還子韶誤恩，別改關陞差遣，庶無虛授，以服天下。

安世又論王子韶疏曰：右臣近四具狀論列王子韶差除不當，比聞已有指揮，別與差遣。今乃伏覩除目，授衛尉卿，反覆思之，不得其說。須至辨析，上煩天聽。臣累奏子韶罪狀，皆天下之所共知，未嘗有一語輒涉疑似。朝廷使之追改，則是不以臣言爲妄。前日太常之命既非所宜，今七寺正卿又在太常少卿之上，豈可因入彈劾，更得超遷？予奪重輕，悉皆倒置，是非好惡，衆且何觀？開羣小僥倖之門，啓大奸窺伺之隙，政事如此，臣竊憂之。伏望陛下總覽權綱，慎重名器，鐫子韶之朋附，亟命外補。或謂即今吾無顯過，則乞依舊以衛尉少卿處之。惟斷自宸衷，無惑衆口，庶幾公道不至淪廢。

安世又論王子韶疏曰：右臣近嘗再論王子韶本因人言，遂罷少卿之任，却除衛尉正卿，理有未允，乞行追寢，以厭公議。今既累日，不蒙指揮。臣聞王子韶者，以謂官制後來太常少卿最爲清選，今若不容子韶冒處，而七寺卿列，乃是攏官，俾彼予此，別無僥倖。臣請有以析之。勘會太常少卿之美遷者，或爲侍郎，或爲給諫，前日之李常、趙瞻、梁燾、鮮于侁、趙君錫是也。七寺卿則不然，惟台符、楊汲自大理，孔宗翰由鴻臚，韓宗道自太府，不作給諫，便拜侍郎。安得謂之攏官，而少貶於太常也？況太常少卿，係從五品；諸寺正卿，乃從四品。子韶自到衛尉，方及一年，才據少卿，又正卿列，平日不掛貶議之人，尚有驟遷之避，以子韶之罪惡顯著，而力排公議，必欲超擢，朝廷政事，豈宜如此？臣自忝諫列，進言多矣，然未嘗以明不可行之事要君近名。惟是公道陵虧，小人浸盛，是以不避煩瀆天聽，頃至再三論辨。既陛下屬

精求治，長育人才。苟一差好，無損於國。惟祈睿斷，早賜施行。

安世又論路昌衡狀曰：右臣伏見朝廷以路昌衡爲直祕閣、權知廣州。竊惟南海之地，控制蠻獠，風俗輕悍，易動難安。祖宗以來，擇帥尤重，必有綏懷之惠，濟以肅服之威，使之統臨，乃能鎮靜。臣按昌衡人品鄙下，資性殘刻，昔爲安陽知縣，以陰事斷獄而奪官。昨任陝西監司，以舊怨劾吏而無實，治念行之獄，則爲酷烈之名；居親母之喪，則有非禮之行。清議不齒，爲日已久。方陛下嗣膺大寶，驅逐羣邪，昌衡與蹇周輔輩，均號酷吏，在所廢斥，而素爲蔡確鷹犬，極力主張，屢竊要官。衆謂幸免，今嶺表之寄，事任非輕，豈茲小人，可得簡拔？臣聞見昌衡罪惡事狀甚多，姑欲追上誤恩，未敢悉塵天聽。伏望陛下深詔輔弼，別議掄材，非惟交廣之人免被虐政，又俾幽濫之吏少沮凶威。仰冀睿明，特賜採納，不勝幸甚。

安世又論路昌衡疏曰：右臣近嘗論列路昌衡除知廣州不當，初聞而書省勾收告命，縉紳莫不欣悦。今日乃知却有指揮，令進奏院依例發下。三數日內，予奪反覆，中外疑惑，實損國體。臣按昌衡天資削刻，狡獪詭譎，昔熙寧中，知相州安陽縣，不備士檢，醜聲流聞。本路監司時行按發，昌衡遂乞尋醫，因得幸免。然而內疑指使劉龜年暴揚其事。後來陝西用兵，龜年適在秦州夕陽鎮爲監押，昌衡乃指名抽差部押糧草，欲緣軍興，中以危法，而泄其私怨。是時龜年具此因依，訴於趙濟，遂留而不遣。其事喧騰，無不知者。臣又聞昌衡執親之喪，寓居南京，曾無哀戚之容，反爲非禮之行。有武人劉振孫者，族其徽服，出入倡家，遂爲毆之，幾爲人所救，僅得逃逸。及昌衡爲陝西轉運副使，振孫又知寧州，挾其舊怨，務於報復，乃用匿名之書，移振孫爲原州都監。且匿名文字，於法不當受理，而昌衡違法受之。振孫事狀甚

雖曾無免所居官之罪。借令當移。亦無降等之理。昌衡任情剌舉。不畏公議。一路澄清之寄。將何賴焉。臣又聞昌衡治余行之獄。鞫劾鍛問。違經亂法。天下以為酷吏。然而行之舊游王珪之門。昌衡既於案牘之間。隱落其事。又密告於珪。以市私恩。仍與蔡確傾相交結。故珪雖用事之日。浸盜華要。陛下即政之初。澄汰奸慝。昌衡以死黨在朝獨免廢放。歲月未幾。頻易劇任。當時士論固已上議廊廟。下責臺諫。今海南之地。控制百蠻。推擇帥守。尤宜慎重。以昌衡之罪惡如彼而朝廷委付若此。臣恐豺狼之性毒烈貪暴。必不能為陛下布宣惠澤鎮安遠民。異日生事。悔將無及。伏望聖慈速降睿旨。收還昌衡誤恩別擇良守。以式南國。豈勝幸甚。

安世又論路昌衡疏曰。右臣近兩曾具狀論列路昌衡除知廣州不當。今日雖聞已有旨揮易守潭州而貼職誤恩尚未追改。考之公議

咸謂未安。須至開陳。上瀆聰覽。臣前章所奏昌衡罪惡固已詳悉。而情理之尤不堪者莫甚於執親之喪。而為非僻之行。昔陳壽居父喪之日。使婢和藥。當時士論尚且鄙棄。豈若昌衡不念顧復之德。肆行奸穢之事。臣聞父子之道。天性也。事親孝。則忠可移於君。今昌衡違犯名教。絕滅人理。於所厚者其薄如此。陛下亦安用之。況所貼職名本為南海重寄。欲寵其行。前命既罷。即合追寢。兼長沙守臣從來亦無盡帶館職之例。使昌衡捨炎瘴之遠。得湘潭之便。又貼直閣。坐制一方。天下奸慝何所懲沮。惟陛下留神省察。速降睿旨。追還昌衡新命。別與閑慢差遣。庶幾善惡明辨。少厲薄俗。

安世又論路昌衡疏曰。右臣近累具論奏路昌衡前後罪狀。不堪擢用。及已罷廣州。當追貼職。至今未奉旨揮。臣之所言。得於公議。章累十數。遷延五月。是非可否。終無定論。內外疑惑。實害政躰。況潭州守臣自來亦無必帶館職之例。豈可因緣差誤。輕授小人。伏望聖慈審察事理。明詔執政。早令追改。使朝廷判別邪正之道。信於天下。如昌衡輩。識何足惜。惟陛下斷之不疑。豈勝幸甚。

安世又併論王子韶路昌衡疏曰。右臣近已累狀論列王子韶路昌衡差除不當。至今未蒙施行。議者謂子韶記問該博。昌衡吏事強敏。其才可用。不欲終廢。臣竊惑焉。朝廷取人。固必有道。若大節已虧。或有小疵。才雖求全。理當掄擇。傳所謂不以一眚掩大德者是也。其或素行邪僻。大義已虧。雖有小才。固無足取。此少正卯之行偽而堅。言偽而辯。學非而博。順非而澤。所以不能逃孔子之誅也。按子韶上罔先帝。下欺長貳。為臣不忠。清議所棄。昌衡執親之喪。曾無哀戚。肆行邪穢。絕滅天性。為子不孝。典法所誅。豈謂斯人。反蒙褒進。再三惟慮不得其說。臣竊謂朝廷差除。固有當否。言者議論。不無是非。既不以

子韶為太常少卿。又追還昌衡廣州之命。則前日所差為不當。臣之言為是矣。繼而罷少常者更遷衛尉正卿。免南海者依舊貼職以為潭帥。則臣之議論。孰是孰非。朝廷差除。孰當孰否。數日之間。反覆如此。傳播天下。豈不疑惑。昔魏太祖有言曰。荀令君之進善。不進不休。荀軍師之去惡。不去不止。今昌衡子韶可進之善少。可去之惡大。然之有厲於薄俗。用之無補於聖時。何為遂非憚於追改。臣聞三軍可以奪帥。匹夫不可以奪志。臣雖愚陋。敢忘素守。惟陛下無恤反汗之嫌。自遺養虎之患。檢會臣累奏事理。早賜旨揮。

安世又論王子韶路昌衡疏曰。臣近以王子韶路昌衡差除不當。前後共十一次論列。未蒙施行。議者謂君命已行。難於反汗。臣竊以謂不然。國家良法善政。天下以為便者。大臣當為陛下協力守之。不可變也。至於進退人物。間有差失。但不吝於改過。猶無害於得人。今朝

廷政事之可守者往往不能固執。初議少有變更以惑亂天下之視聽。至於引用奸惡以致人言。則反遂非自用不恤公議。而徒以不欲反汗為説。臣所未諭。議者又謂言者好求人之過。而執政惟用人之才。臣亦以為不然。古今用人誠難求備。要當録其大而略其細則無棄人矣。今子韶之為臣不忠昌衡之為子不孝。清議之所共廢典法之所不赦。雖區區之所記問吏事有足稱者。然而可取之善小可棄之惡大。用之有害於名教。黜之無損於聖朝。而大臣謂之用者亦已過矣。臣聞近日除吏之際每患言者彈駮。以謂數有追改。則恐差除不行。臣竊謂朝廷不知其不可而使之。則罪在耳目之官。苟知其惡而不去。則咎將誰執。與其用人之後惡臺諫之多言。曷若未用之前少加審慎而使人無可言者乎。臣非敢以所論未行忿而求勝。直欲以天下之公議上達聖聰。庶幾退斥奸邪。獎進良善。為國家開展正

之路。立太平之基而已。惟陛下察臣之志。力主公道。罷子韶昌衡之命。以為天下臣子之戒。

安世又論王子韶路昌衡疏曰。右臣近以王子韶路昌衡差除不當。前後共十二次論列。未蒙施行。臣條奏二人罪狀。固已詳悉。皆中外之所共知。非敢以疑似難明之事而妄加之也。朝廷取其小才。而遺其大惡。苟無私意。何以至此。臣所以反復論奏不能自屈者。特以聖明在上。與天下之公論為可恃爾。伏望陛下力主正道。更加詳察。以臣所言子韶昌衡事狀下御史臺覈實。如皆有實。非臣厚誣。即乞特降睿旨。疏其罪惡而顯黜之。以戒天下之為臣不忠為子不孝者。若有一事稍涉虛妄。臣亦不敢苟避罔上之誅。惟祈聖鑒。早決是非。使枉直不至於兩存。奸邪不容於幸進。愚臣願望實在於此。

安世又論王子韶路昌衡疏曰。右臣昨以王子韶路昌衡差除不當前後共十三次論列。日近雖蒙朝廷以子韶出守滄州。而昌衡之命猶未追改。臣既任言責。實畏公議。累煩天聽。蓋非獲已。竊謂二廣之地。控制百蠻。祖宗以來選委尤重。然而嶺南瘴毒。人所憚行。故凡命帥。恩例特厚。或貼以職。或進其官。悉有舊章。可以推考。今昌衡為子不孝。為吏酷虐。附會王珪蔡確。奧與大獄。違經亂法。天下怨疾。得免廢棄。已為幸事。比叨擢用。尋玷入言。既罷五羊之行。猶冒直閣之寵。捨炎瘴之遠。得湘潭之便。使昌衡自為之計。不過如此。況因彈劾。而所授反優於前日。輕重倒置。何所懲勸。臣聞惟名與器。不可以假人。今館職帥權。世謂高選。若容邪黨輙尔濫處。臣恐朋邪羣小以苟得相矜。而正人端士以同處為恥。陛下為世磨鈍之具。遂為虛名。此尤不可以不慎也。伏望聖慈檢會臣累奏事理。追寢昌衡過嶺貼職處之敕。非惟使不肖黠虐之類無以覬幸誤恩。亦是示朝廷之好惡

風化天下。

安世為左諫議大夫。又論鄧溫伯差除不當疏曰。臣伏見朝廷除鄧溫伯為翰林學士承旨。初則中書舍人繳還詞頭。繼又給事中兩次封駁。臣竊謂至公之朝。必無遂非之理。遷延累日。未敢論列。比聞傳報。前命復下。縉紳相顧。莫不失色。何者。陛下即位以來。未嘗沮抑公論。今兩省給舍舉職如此。蓋是僉議以為失當。朝廷略不聽納。持之益堅。臣再三思之。不得其說。及觀告詞。乃知陛下以攀附之故。遂加恩寵。臣獨疑其不然。須至辨正。前代創業之主。經綸草昧。乃有豪傑之士用為佐命之臣。謂之攀附可也。繼體之君。或由儲貳。或自藩邸。春宮王府。咸備寮屬。以其有保傅之恩。調護之効。謂之攀附亦可也。恭惟陛下初自妙齡。未違出閤。誕膺天命。遽踐宸極。中間溫伯雖曾暫掌牋記。何嘗得望清光。而遂以攀附加之。循名考實。顯為非據。況

温伯奸邪反覆，天下所知。陰假王言，内交蔡確，此實有罪。苟宣典刑，更被誤恩，尤駭物聽。伏冀陛下審察清議，斥逐佞人，收還詔除，以慰衆望。

安世又論鄧温伯差除不當疏曰：臣近嘗論奏鄧温伯除翰林學士承旨不當，至今未奉行遣。臣謹按温伯資稟奸邪，貪附權利，無事中王安石、呂惠卿，勢均力敵，更相傾陷，温伯始終反覆，出入兩黨，巧邪側媚，情態萬狀。元豐間蔡確用事，悉心附託，召自成都，置之翰苑。及陛下纂承天極，襃賞輔弼，温伯草王珪麻制，則曰預定議於禁達，為確命詞，則曰元嘉定議之功。臣聞太皇太后之立孫，神宗皇帝之與子，上當天意，下符人望，聖心先定，不假外謀，考經稽古，無一不合。確實何力，敢貪天功？就如奸人之言，出於大臣之策，亦當先推上相，方及次輔。而温伯除史邪說，稍紬王珪，乃於確制，特為溢美，重輕顛倒，欺惑天下。蓋小人之深計，將徼幸於異日。温伯預聞其事，故敢以此張本。原心定罪，宜蒙顯戮。苟逃誅竄，已出大恩，豈可塵污玉堂，兼承密旨？況中書舍人繳納詞頭，給事中再當封駮，成命之下，則御史全臺、兩省諫官並有論列。陛下即位以來，用人多矣，至於衆論沸騰，物情駭動，未見如今日之甚者。以此卜之，則公議所棄，不可不去也。伏望聖慈察君子小人消長之機，為宗廟社稷永遠之慮，早出臣奏付外施行，不勝惓惓之懇。

安世又論鄧温伯差除不當疏曰：臣近已兩次論奏鄧温伯差除不當，至今未奉旨揮。臣聞朝廷之務，莫先於用人。君子進，則治之本也；小人用，則亂之階也。王者深居於九重，不能盡知臣下之邪正，此以設諫官御史之職，俾司耳目之任，而採中外之公議，是非可否，惟衆之從。故蔽賢之言，不能害君子；黨奸之論，無以助小人。明君無所用

心，而賢不肖自辨。知人則哲，其道亦適於此。今温伯奸邪反覆，惟利是視，交結蔡確，臣即不忠。自聞詔除，甚駭物聽，臺諫論列，乞寢成命，今已累日，未聽俞旨。事繫消長，不避誅譴。伏望陛下以臣累奏付外施行，勿以奸人先入之語，而廢天下至公之論，豈勝幸甚。

安世又論鄧温伯差除不當疏曰：臣前日以職事進對，因及治亂安危之大計，伏蒙聖慈特賜開納，感激非躬，莫能自勝。最後論鄧温伯差除不當，陛下諭臣曰：卿等須體朝廷之意，天下事豈可盡由臺諫，亦當出自宸衷。臣雖已具義理開陳，退而深思，猶有未盡，敷布悃愊，上瀆天聽，惟陛下不憚煩而試聽之。臣嘗讀國語，以謂天子聽政，使公卿至於列士獻詩，瞽獻曲，史獻書，師箴，瞍賦，矇誦，百工諫，庶人傳語，近臣盡規，親戚補察，瞽史教誨，耆艾修之，而後王斟酌焉。是三代之前，上則公卿大夫，朝夕得以納忠；下則百工庶民，猶執藝事以諫。故忠言嘉謀，日聞於上，而天下之情，無幽不燭，無遠不通，所為必成，所舉必當者，諫諍之效也。後世之士，不務獻納於君，而多為自全之謀，正論遠猷，鮮有入告，於是設官置職，而責之以諫矣。夫進言者日益少，而聽言者不加勤，此天下之治所以終愧於先王之盛時也。神宗皇帝考古揆今，更新官制，以朝廷者政事之所自出，乃用唐六典之法，置舍人於中書省，凡詔令之未安，法度之未便，皆得抗議，庶協厥中。萬一差失，則設給事中於門下省，委之封駮。猶恐人之謀慮不能盡善，則又命諫官議論，御史糾彈，上下維持，綱紀完密。誠使必地率皆得人，交脩職業，而朝廷不治者，未之有也。今天下方制萬里，獲覩陛下之清光者，億兆之中，僅有一二。既獲覩之中，得接言議者，又千萬無一焉。自二聖臨御以來，羣臣無非次之對，上則六七執政，下則四五言官而已。陛下所與詳議者，其寡少如此。臣若更以體朝

廷爲事。知公議之不可而不以告於陛下。則科民疾苦萬務闕失、邪正之消長。中外之清僞。何以盡達於聖聽乎。昔唐太宗之朝、三日不諫。則責侍臣。蓋高卑之勢既已邈絶。上下之情常苦不通。虛己招來。猶或不至。儻示厭薄人誰盡忠。昔稱堯之德。則曰稽于衆舍己從人。語舜之功則曰。明四目達四聰。序禹之所以興。則曰益贊于禹禹拜昌言。述湯之所以王。則曰用人惟己改過不吝。惟其諫而能聽聽而能改。此堯舜禹湯之所以聖也。伏望陛下開廣聰明。延納忠讜。言或逆耳。則求諸道。語或遜志。則知其惡。任賢勿貳去邪勿疑。使懷奸者無隙可乘。履正者勸之以善。陛下廣覽兼聽。日新聖德。與堯舜禹湯並驅爭先。不其偉歟。臣待罪諫垣曾乏善狀。惟是盡誠無隱。庶幾報塞。大恩。更願陛下察其愛君之心。恕其狂妄之罪。少賜採擇。不勝幸甚。

安世又論鄧溫伯差除不當疏曰臣近以四次論奏鄧溫伯差除不當至今未奉旨揮臣不敢遠引前古。上煩天聽。止以祖宗故事更瀆陛下聞聽庶幾悉底蒙採納。臣伏覩太祖以和峴貴家子能業咨甚寵待之。欲詔入翰林。謂近臣曰。峴胖子胚腪然胸中必不正。不可以居近侍。其命遂寢。景德三年樞密院議次補禁軍列校。王繼英奏曰。藩邸給事之人。尚在外職者。皆聚議騰謗。謂臣蒙蔽不言於上。致其留滯。真宗曰。此等皆不自循修。苟求僥倖。本以因緣際會。傺加陞擢。必須有名。方塞衆議。先朝時有一散從官李榮在藩日。曾預給使。後十餘年。但隸名尚食爲當隨流輩預選。先帝見而詢之。乃知榮也。止遷隊長。歲餘漸擢爲小校。蓋國家爵位。不可輕授也。臣每讀至此輒廢書歎息。何者。祖宗不吝爵位。惟以待天下之賢。苟非其人。未嘗輕假名器。豈特畏下之議已。蓋將貽謀於後世也。且藩邸之吏。預有執事之勤。雖軍校之微。猶不欲無名與之。況玉堂禁近鵷鷺於此若是。祖宗之朝尤重學士每欲命人。必審其才器之邪正。蓋將求賢以自輔。非專取其文藝而已。如和峴者。固未見過惡之迹。但觀其胖子疑非端士。遂不復用。則選掄之意。豈欲以小人在側耶。今溫伯奸邪反覆。皆有顯狀。出入安石惠卿之黨。盜取榮寵。晚附蔡確輕用王言。貪天之功。徼幸異日。非特和峴之比也。但以暫掌成記遂竊攀附之名。俾長禁林。奉承密旨。又非小校之類也。臣竊謂太祖雖愛和峴之才。忌非正人。乃輒寢翰苑之命。陛下知溫伯之奸慝。而寘於論思之地。太宗真宗於合推恩人。猶不輕授。陛下未嘗出閣。溫伯本非宮寮今乃無名假寵如此。臣竊爲陛下惜之。陛下亦當爲祖宗惜之也。況詞頭初下。中書舍人已嘗繳納。成命既降。給事中再具封還。朝廷皆不聽從。後御史全臺兩省諫官相繼論列。蓋祖合於公議。豈至於

此紛紜。伏望陛下上體三聖之心。下爲萬世之法。因溫伯之辭免。收還新命。使小人之道。不能寖長。以爲朝廷異時之患。天下幸甚。

安世又論鄧溫伯差除不當疏曰。臣向者。累具論列鄧溫伯差除不當。乞行追寢。未奉旨揮。間臣以疾在告。不復再進章疏。日近竊聞溫伯將受新命。臣雖伏枕危殆。日夕憂懣。何者。陛下即位以來。振起正道。登用賢俊。天下之情。翕然歆頌。今溫伯之奸邪反覆。中外所知。據奪太皇太后社稷之功。以歸蔡確。此戴天履地者之所共疾。況臣誤被恩擢。列職諫省。豈敢容縱奸慝。以爲朝廷異日之患乎。自唐以來爲翰林學士承旨。鮮有不登宰輔。日近蘇頌是也。今溫伯既至此地。異日豈敢保其不秉執政耶。臣大病之餘。三次勞復。自度疾勢。恐不得再望清光。若奸人不去朝廷。臣雖死目不瞑矣。臣不能自書。謹口授臣男具錄上進。惟陛下裁而聽之

黜黄。臣聞温伯差除。本不出聖意。止由大防留身薦引。故有是命。然大防之意。非特欲成就温伯以自結於羣奸而已。蓋昨來都司擬定任永壽酬賞不當。臺諫官屢有彈奏劾大防切齒惡之。無以泄其忿怒。是以明知温伯之罪。公然提拔。意謂言者必須力爭。則欲假此爲名。以逐臣等。皆是宰相之陰謀。願陛下聖明深賜省察。又若謂温伯嘗掌機記。欲示恩禮。即乞朝廷優與職名。處之藩鎮。則陛下所以待温伯者。不爲不厚。而小人寖長之勢可消。惟乞出聖斷。早賜施行。

安世又論章惇強買朱迎等田產事狀曰。右臣近以章惇用賤價買百姓抵當田產。致朱迎等經戶部陳訴。尋具論列。乞行按劾。比蒙朝廷下江淮發運司考驗虛實。竊聞本司所委躰量官。止於崑山縣取索公案看詳。遂具回奏。以謂買田之事。雖有實狀。而於條法別無違

礙。臣竊謂奸吏附會權勢。豪虐良民。必不肯於案牘之間。明着逼脅之迹。往往假託公道。捃摭它故。使無辜之民。不勝刑禁。然後命投牒之吏。取責情願出賣之狀。則是外無違法之形。而內有奪民之實也。今若信其文具。而不原其本意。則遠民屈抑。終無所伸。須至辨明。以破其姦。檢准編敕節文。侍從官待制以上。不得廣置產業。與民爭利。臣前章所言者。止據朱迎等四戶爾。訪聞發運司躰量到乃有二十一戶。是舉蘇州之內。官賣田產。皆惇所有也。自來州縣估計抵當物業。止約一半之直。蓋官司防異日失陷之弊。不敢盡用本價。今惇利其甚賤。公違條制。劫持州縣。侵害細民。爭利之罪。孰大於此。臣又檢准律文。祖父母父母在。而子孫別籍異財者。徒三年。若祖父母父母令別籍者。徒二年。子孫不坐。臣謂惇用其子承事郎援之名投狀承買。使惇初不預聞。則援宜得罪。將惇自爲之。則咎將誰執。況朱迎等狀內陳其矯妄之事。條目甚多。此四人者。粗有畏忌。故不遠數千里求直於省部。其餘貧病之徒。不能自給。飲氣去業。遂至流亡。陛下可不念之哉。臣聞西漢軹有儒生侍使者坐。客譽郭解。生曰。解專以奸犯公法。何謂賢。解客殺此生。吏以責解。解實不知殺者。殺者亦竟莫知爲誰。吏奏解無辜。御史大夫公孫弘議曰。解布衣爲任俠行權。以睚眦殺人。解不知。此辜甚於解知殺之。當大逆無道。遂族解。臣竊謂惇嘗爲執政。非特郭解匹夫之比也。州縣畏惇之勢。迫逐平民。使之失職。而惇不顧國法。並以賤價易其田宅。又非郭解之不知也。今若以奸吏弊文。粗能應法。害民之實。略而不問。恐非春秋誅意不誅事之義。狀望陛下詳閱朱迎等四狀事理。特降指揮。劾本縣官吏挾情不公之狀。按惇矯詐亂政之罪。明正典刑。以戒天下。其蘇州及本路監司不受朱迎等辭訴。亦乞並行黜責。所貴權豪知畏。遠民安堵。

安世又論曰。右臣伏見去年十二月內。蘇州崑山縣人戶朱迎等經戶部論訴章惇強以賤價買百姓抵當產業。遂具論列。乞正其罪。自後蒙朝廷委發運司考驗虛實。今年正月間。本司躰量奏到事狀。雖似遮藏裂。不盡本情。然其大槩已見朱迎等所訴。不至誣罔。如惇用其子承事郎援之名投狀承買官賣田產。共二十一戶。皆有按據。最爲要切。臣以謂章援不告其父。私成交易。則當得別籍異財之罪。若惇假託名目。則自有降等之法。兼諸育狀內亦指定下狀之日。援方在京就試。則惇之矯詐。又甚明白。遂以合用敕律奏聞。必謂便可議罪。今已累月。未蒙施行。上下畏惇。一至於此。按惇閑居里閈。不與政事。而氣焰凶暴。官司嚴憚。寧屈陛下之法。不敢逆惇之意。使惇有權得行其志。則天下之弊。將如何哉。今躰量到事迹。既皆有實。無可疑緩。而故爲留滯。臣恐有與惇陰爲地者。更相搜摘細故。會問往復。則

明堂赦恩。必遂原免。然則大奸何幸。而平民何不幸也。伏望聖慈。詳此事理。明敕三省。早令結斷。其州縣監司不受朱迎等訴狀。各乞特行降黜。所貴亂政蠹邑之臣。屈法阿私之吏。知有典刑。易為制御。遠民屈抑。有所伸雪。

安世又論曰。右臣伏自去年十二月後以來。累曾劾奏章惇劫持州縣。不顧國法。強以賤價買百姓抵當物業。遂致朱迎等四人不遠數千里赴愬省部。後來蒙朝廷下發運司體量。已有實狀。而遷延半載。未蒙施行。臣前月二十二日延和殿再具奏列。伏蒙宣諭。便令結斷。又今踰月。未覩指揮。臣竊以惇氣誕凶悖。陵暴寡弱。詐以別名。廣置田產。公然別籍。殊無忌憚。罪狀顯著。曾非隱伏。而尚書省曲為留滯。以幸赦宥。甚非所以稱陛下仁愛元元之意。伏望特降睿旨。早正典刑。庶幾亂政蠹邑之臣。不至幸免。遠民屈抑。有所伸雪。

安世又與諫議大夫梁燾左司諫吳安詩同論章惇疏曰。右臣等伏見章惇在蘇州日。強以賤價買朱迎等抵當田產。自去年十一月後來。右正言臣安世累曾論列。蒙朝廷下江淮發運司體量。皆有實狀。日近竊見敕斷。罰銅十斤。臣等按惇嘗備執政。固宜奉法循理。導君愛民。而氣誕凶暴。劫持州縣。貪利無厭。使人失職。原其不畏國法之意。蓋有陵蔑朝廷之心。而所責太輕。未厭公議。況惇與蔡確黃履邢恕素相交結。自謂社稷之臣。天下之人指為四凶。若不因其自致人言。遂正典刑。異日郤欲竄逐。深恐無名。伏望聖慈特賜詳察。明降指揮。候惇服闋。特行廢置。所貴奸豪屏息。永絕後患。

安世又同論章惇疏曰。右臣等昨以劾奏章惇強用賤價。奪民之產。朝廷體量得實。止斷贖銅十斤。罰不當罪。尋具論列。今已踰月。未蒙施行。臣等按惇用其子承事郎援之名。承買朱迎等田產。而下狀之日。惇父尚在。檢准名例律疏。謂祖父母父母在。子孫無自專之道。而有異財別籍。情無至孝之心。名義以之俱淪。情節於茲並棄。稽之典禮。罪惡難容。二事既不相須。違者並當十惡。推原法意。正為惇設。為子事父。而用意如此。不孝孰大焉。至於悖慢帷幄之前。殊無人臣之禮。交結蔡確。造播奸言。負天之功。儌幸與日。為臣事君。而處心如此。不忠莫甚焉。臣等按惇之罪。寔人倫之所共棄。王法之所必誅。投之四裔。始能塞責。贖金輕典。殊謂失刑。伏望聖慈。深賜省察。依日近邢恕例。不候服闋。預降責命。所貴邪正明辨。奸惡知畏。

安世又同論章惇疏曰。右臣等近已累具論奏章惇罪名未正。欲乞別議竄黜。至今未蒙施行。臣等伏見監司郡守以下。不受朱迎訴狀。並行責降。令丞違法援給田產。各已衝替。檢准編敕節文。衝替比徒一年。臣等竊謂原心定罪。蓋有重輕。據事約法。各分首從。今干繫官

吏。皆因惇而致罪。而反處徒坐。惇係首惡之人。乃止贖銅十斤。事理顛錯。亦已太甚。況下狀之日。惇父尚在。而別籍異財。事狀著明。考按律文。罪入十惡。愚民冒犯。猶有常刑。惇為大臣。天下所望。而虧損名教。絕滅義理。止從薄罰。何以示懲。臣等竊謂聖人制法。惟務至公。若行於匹夫。而廢於公卿。伸於庶民。而屈於貴近。此乃姑息之弊。豈能清朝之所宜行也。按惇父在而別籍。合徒三年。既犯十惡。即議請減贖。一切不用。未委前日所斷援引是何律令。伏望陛下。深賜省察。出臣等此章。詢問執政。如律文別有衝改。臣等妄言。即乞明行罔上之罪。若大臣別無異說。即乞坐臣等章疏。以正惇罪。仍依近降聖旨。不用赦原。但能稍正典刑。庶幾不屈清議。惟裏出於宸斷。早賜指揮。

安世又同論章惇疏曰。臣等向者數曾論奏章惇罪名未正。今已累月。未蒙施行。臣等按惇於元祐三年二月十四日。用其子援之名。承

買諸育抵當田產。至五月十六日。方丁父憂。即是投狀之日。惇父見在。推考事實。別籍甚明。據律定刑。罪入十惡。則議請減贖一切不用。詳經敕。宥無得原者。庶人之惡焉。有抵冒。朝廷行法。未始少私。惇位大臣。為民所望。而絕滅義理。貪利無厭。上命贖金。是亂典憲。臣等竊謂君子犯義。小人犯刑。古之聖賢以為深戒。若謂惇為君子耶。今則犯義矣。以惇為小人耶。今又犯刑矣。二者均不能逃聖人之誅。則朝廷何憚於惇而廢祖宗之法。伏望陛下出臣等此章。送刑部定奪。若律文曾經衝改。引用不當。即乞正臣等妄言之責。如勘會惇投狀月日係丁憂之前。委是父在。別籍異財。即乞依律斷罪。所貴法令畫一。天下信服。

安世又論章惇跡曰。右臣伏自去年十二月後。來十次論奏章惇買田不法等事。雖蒙朝廷節次施行。而惇之罪名。今猶未正。遷延周歲。

竟至經恩。公論難安。須煩天聽。臣聞議者以謂從來大臣。不欲與衆庶交易。故託子弟。以立文契。臣以為不然。祖宗之制。惟戎從官以上不得廣營產業。與民爭利。苟非殖貨太甚。則是法所不禁。若身為大臣。欲避好利之名。而使子弟侵刻下民。乃是陽為應法。而陰縱貪饕欺君犯義。無大於此。借如或者之說。須無父兄。方可別立名目。今惇父尚在。而下狀之日。乃用其子。上虧孝敬。下失義方。庶人之惡。猶不至此。大臣之體。固若是乎。議者又謂惇已不帶職。另有旨候服闋日與宮觀差遣。足以示懲。不必深責。臣亦以為不然。惇之不得職名。自是朝廷以其無禮於兩宮。黜之外補。故不用執政善去之例。後來惇以便親為請。遂得提舉洞霄宮。方陛下聖政日新。奸邪屏息。如惇等輩。固知罪惡貫盈。必求退縮。將來終制。方且自陳。而乃以宮觀授之。正是中惇之意。殊不足以當今狀所犯之典刑也。臣伏見兩浙監司

及蘇州崑山縣官吏。以畏惇之威。奉法不謹。朝廷雖重行責。已斷遣。輕者贖金。重者衝替。檢准編敕節文。衝替比徒一年。臣竊謂原心定罪。固有鉅細。據事約法。亦分首從。今有司依阿屈撓。誠不可赦。然皆因惇以致罪。而反變徒坐。又元降聖旨。不許原赦。即是干繫官吏。獲譴反重於惇矣。惇以前執政之勢。劫持州縣。殘害平民。貪利無厭。不畏國法。既係首惡之人。乃止罰銅十斤。即是惇所得之罪。反輕於干繫官吏矣。倒置如此。公議謂何。臣聞自責罰本路監司後。至今訟者不已。蓋惇平日恃權暴橫。人不敢校。既知朝廷特為伸理。是以競來赴愬。為民之害。如此之極。何可貸也。伏望聖慈。以臣劾奏者之責肆。或令降官。或俾分務。但能不失有罪。足以稍正國體。惟與出於宸斷。早賜指揮。

安世為寶文閣待制樞密都承旨。又應詔言事曰。臣伏自去歲疾病。

得請祠祿。曾未數月。復蒙召用。雖聖恩博大。不遺小才。而臣樸拙愚暗。未有以報塞萬一。坐耗厚祿。日負憂愧。至於當今之要務。朝廷之闕政。每有聞見。屢欲論列。而既去言路。不敢出位。伏覩今年四月七日尚書省劄子。勘會近臣自許言事。三省同奉聖旨。命御史臺行下。臣忝備從官。親承詔命。事繫國體。義當盡規。願陛下留神而聽之。臣聞朝廷除呂惠卿中散大夫光祿卿。分司南京。物議沸騰。輿情震駭。伏惟陛下。初繼宸極。務從人欲。以惠卿蔡確之徒。殘民蠹國。罪負任使。為四海所疾。是以相繼貶逐。屏之遠方。雖匹夫匹婦之愚。莫不曉然知一時之咎。本為天下生靈驅除患害。非有好惡之私也。謂宜永投荒裔。終身不齒。而惠卿自移宣城。方逾再歲。考之常法。猶未當敘。不識何名。遽復卿列。議者謂蔡確之母見在京師。干訴朝廷。願還其子。大臣未敢直從其請。故以惠卿嘗試兩宮。若惠卿之命遂行。則將

藉以及權。權既復用，則章惇之類如蝟毛而起。為天下國家計者，其得安乎。臣伏觀國朝會要第二百三十七卷，太宗皇帝雍熙二年五月二十四日，中書門下言有嘗任職官遺謫在外者，昨經赦宥，望令歸闕，責其後効。帝不許，謂宰相曰：朝廷致理，當任賢良。君子小人，宜在明辨。大抵人君宜先自正其身，亦如治家，家長不正，家亦亂矣。故聽讒邪之言，則骨肉至親，坐成離間，豈能致肥家睦族之道歟。大小雖殊，其致一也。今海島瓊崖遠處，甚有竄謫之人，郊禋以來，豈不在念。蓋此等為行巇嶮，若小得志，則復結朋黨，恣其毀譽，如害群之馬，豈宜輕議哉。臣竊謂祖宗仁惠，均被動植，及其制馭小人，則一切斷之以義。惟陛下善繼善述，不懲不忌，保守初政，堅如金石，萬機之暇，屢省先訓，異日或有大臣尚持姑息之論，巧為道地，假借大奸，伏望陛下以太宗之至言面折其妄，使中外群小不能窺伺朝廷之間隙，搖動正道，天下幸甚。

御史中丞劉摯彈四凶疏曰：臣竊伏以陛下臨御以來，還當改弊，以時施張，述成先帝制治立法之意，使光昭于天下，利興害除，四方鼓舞，至於清明，朝廷分別邪正，斥遠奸佞，鋤去殭梗，皆妙應神識，優游閑暇，不出於喜怒，不見於言色，而天下之善惡已辨，是非已正矣，何其盛歟。然於此時，臣竊怪天地之和氣尚或未應，忠臣義士之論尚或未平，此其故何也。臣嘗究之，蓋天下之元惡猶有稽誅，天下之大奸猶有漏網，而國法猶有未正，此中外所以猶未厭也。國之失政，莫大於使奸惡幸而免。今論其大指，則前日之四三宦官是也。臣待罪風憲，雖知觸權幸言出而患入，然臣有言責，食報恩遇，則何卹守身之危哉。謹為陛下言之。王中正元豐四年將王師二十萬由河東入界，計其隨軍齎運役兵民夫，通數十百萬眾矣。中正徘徊於境上，殆半月而後出。翱翔乎疆外，頓沙漠而不進。公違詔書，不赴興靈會師之約。天寒大雪，士卒飢凍，坐使物故十之七八。古之將帥固有無功而還者，然猶當保完師旅，歸報於國。今精兵勁騎，一無所施，自取狼狽，死亡殆盡。按之軍法，宜即顯誅。中正畏不自劾，請罪而先帝以天地之量，無所譴訶，又遣使賜予問勞，然後中正徐徐求閑局，厚俸自佚而去。此國法未正者一也。李憲之於熙河，貪功生事，一出欺罔。朝廷之威福柄令，持於其手，官吏之廢置用舍，出於其口，監司帥守而下事憲也，如父兄，而憲之頤指氣役之也，如奴隸，縣官財用，聽其取與，內之府庫金帛，轉輸萬里，外之生靈膏血，漁斂百端，傾之於憲。如委諸壑，出沒吞吐，神鬼莫見，而一切不會于有司。興靈之役，憲首違戒約，避會師之期，乃頓兵以城蘭州，遺患今日，及永洛之圍，憲又逗留不急赴援，使數十萬衆肝腦塗地，罪盈惡貫，不失於總

兵一路。此國法不正者二也。宋用臣奮其私智，以事誅求，榷奪小民衣食之路，瑣細毫末，無所不為，使盛朝之政，幾甚於衰唐，除陌間架掃地之事，傷汙國體，不卹怨讟。其出入將命，捷若風火，務以巧中敢悅，事無不諧，動畫密旨，故擅作威福，侵凌官司，冒昧貨財，更無案籍，都城為之憔悴，商旅所以不行，瘡痍蠹害，至今粲然，而莫能理。然亦不失享樂于善地。此國法不正者三也。石得一領皇城司，夫皇城司之有探邏也，本欲知軍事之機密，與夫人奸惡之隱匿者，而得一以殘刻之資，為羅織之事，縱遣伺察者，所在棊布，張穽而設網，家至而戶到，以無為有，以虛為實。上之朝士大夫，下之富家小人，飛語朝上而暮入於狴犴矣。有司無古人持平守正之心，以謂是詔獄也，威之則有功，反之則有罪，故凌辱鍛訊，慘毒備至，無所求而不得，無所關而不承，被其陰害，不可勝數，於是上下之人，其情惴惴，朝夕不敢自

保而相顧以目者殆十年皆得一蔑之令不失厚俸安坐此國法不正者四也是四人者權勢鋒焰震灼中外毒流于民怨歸於國宰相執政知而不以告于上諫官御史懼而不敢論其非幸而出於聖人在上之時以先帝神武英氣鎮壓其奸不然其為禍患豈不若漢唐之宦官哉以堯之聖不免四凶之在朝至舜起而後誅投之孔子為魯司寇七日而誅少正卯先帝未及肆其誅于市朝而以遺陛下陛下所宜以舜之事自任今閱歲時尚未聞以典刑詔有司臣未諭也伏乞聖慈以臣章付外議正四罪暴之天下而竄殛之以明國憲以服天下謹具彈劾以聞

擊又劾太原擅興疏曰右臣竊以國家之患莫大於廢政行令而人敢違人臣之罪莫大於邀功罔上而為國生事記曰不從令者死於律擅興千人者誅蓋自古失御臣之道使其凌上犯亂而後患有不

勝言者多必緣此然則法令不可不嚴而人主不可不察也臣伏覩去年三月六日陛下登極赦書節文應緣邊州郡仰長吏巡檢使臣鈐轄兵士及邊上人戶不得侵擾外界靜守疆埸勿令搔擾命令既下邊境之上風塵頓息蕃夷之情感服內面當此之時知太原府呂惠卿輒於四月中旬被受赦勅之後違遣部將折克行訾虎相次以數萬人入西界討蕩所得首級皆是沿邊老弱盡奪以為功而官軍人騎死傷甚衆未幾西人復仇以五月犯塞疆臣戰沒士卒陷亡臣以謂勞師勤衆奏功不實以至構怨夷狄猶皆未足論也而其公違詔勅擅出師旅實無人臣之禮則其罪不可以不治臣謹按惠卿遭遇暴起初不以道幸嘗備位執政不深惟大義報國乃欲造非常之功圖再進用且邊陲本自無事又陛下新即位衍恤慎始豈邊用武故上循祖宗以來踐祚故事加惠邊鄙禁相侵擾丁寧戒諭所以休息軍民綏安夷夏詔號宣布明若日月可謂至恩盛惠人情孰不欣戴而惠卿以前兩府居帥守之任所宜與國家同休戚將順聖意以鎮方面乃敢用貪功幸進之志為此亂階夫違棄制詔虧臣子之道其罪一也當陛下諒陰之中謀動干戈其罪二也受神宗遺詔未逾月而忘哀疚之情覬幸功賞為大不忠其罪三也致新天子命令失信於四夷其罪四也開夷狄之隙至今警備未得安靖其罪五也夫惠卿天下知其為奸人也方命擅兵天下之大惡臣恐防微杜漸朝廷不當涵養而不慮也昔漢之王恢欲徼一時之幸於匈奴故建馬邑之役孝武許之是恢舉詔以從事也然終以謀出於恢故下恢吏不赦使自殺馮奉世使外域以便宜擊莎車立功萬里終以擅命不侯蓋古之御人慎兵法義如此若惠卿則非如恢之請命也又非如奉世之止於擅命也被新詔後勅禁約甚明而廢格不顧是狂命者

也方陛下嗣政之始以威福信義懷寧天下之時而第一命令為强悍之臣叛違而不從若朝廷無所誅詰上下不敢誰何臣知陛下異日有大政號將不足以令天下而信四夷奸臣之逆命忽輕國憲者將接迹而動矣臣位中執法職在糾治奸慝伏請以臣章付外議正惠卿罪狀考古之義依律處分以伸大公之法為奸雄之戒謹具彈劾以聞

擊再劾蔡確疏曰臣聞周書君陳曰爾有嘉謀嘉猷則入告爾后于內爾乃順之于外曰斯謀斯猷惟我后之德此言人臣之義有善則稱其君雖謀出於己亦必曰吾君之德者上下相成忠厚之至也伏見宰臣蔡確辭位求退其所上表無引咎之意有論功之言自陛下臨御以來美政盛事民所歌誦者確皆鋪列條敘以為己功中外傳之靡不怪笑夫收拔耆舊之臣置諸左右乃陛下至明獨見以天下

公望用之。而確乃以為己之所引。罷去有司漁利剝下苛細之法。而紬逐汚吏。乃陛下仁心惠德。以蘇疲民。而確又以為己之所請。事於申戒邊塲。不使生事。分遣使者。求民疾苦。修法令以完先朝之政。包同異以行大公之道。此中外皆知出於陛下聖謨睿慮。實新政之甚善者。而確乃一切認之。掠為己事。貪天之功。欺示天下。其意謂此數者。陛下不能知之。因己請而知之。陛下不能行之。因己請而行之。其於輕慢君父。欺罔臣庶。違道干譽。至於如此。凡確之所引數事者。確果曾有所建請乎。蓋不可知也。確在言路為執政。前後久矣。不言之于先朝。而言之于今日。此何意也。果有建請。固大臣職爾。如君陳之歸美于上可也。而叙于求退之表。又何意也。夫不言之于先帝。此不忠之罪也。言之于今日。此取容之計也。叙之於表。謂我有功。則是陽為求去。實欲陛下疑以為功而留之。因歆求免於公議。此持上罔下

之謀也。古之人有意於上。退則削其藁。不欲使人知善之出於己。所以推遠權寵。避掠美干名之譏。不知此則何足以為大臣乎。確無禮不恭。朋邪懷貳。無廉恥之節。昧進退之義。又自去冬大旱。至今確為上相。身任其責。其罪惡之著。無補朝廷。今既逼於公論。不得已而求去。正當痛自咎責。蹤蹐傴僂。為懇切必退之詞。乃大臣去就之體。今確誇功揚己。露行行不平之氣。為臣如此。不謂之大奸大邪則可乎。伏望以確表并臣此章。付之三省。議確之惡。重行竄逐。以正典憲。使天下為人臣者。知事上之道。

擊又論蔡確十罪疏曰。右臣近具狀乞罷宰臣蔡確。至今未蒙施行。緣臣備員御史。以觸邪指佞為職。今宰臣奸險有犯公議。臣若失職。誰敢言者。伏見祖宗以來。所用相臣。考慎選擇。必取天下有德有望之人。故內則廟社安。外則夷夏畏。下則衆庶伏其勳名。事業照于天下。至今稱之。未嘗有法獄之吏。聚斂之人。詭譎之才。陰賊之行。天下所嫉。而使在相位如確者也。臣所以不避再三干冒天聽。確之當去。其罪非一。公違陛下勅命。不赴神宗發引。內宿。為大不恭。其當去一也。山陵使回。明有歷代及國朝故事。確畧不引罷。廢禮貪位。其當去者二也。皇帝陛下之立。乃天人之所助。而太皇太后之德也。確輙自稱定策。貪天之功。其當去者三也。在中書二年。不將差除與三省合奏。及身遷門下。陰使言者申請。招權營私。其當去者四也。其弟犯法蹇周輔承勘。兩浙皆減裂平治其事。故今日周輔父子有罪。言路累有彈奏。而確力主之。不罷其任。屈公法。報私恩。其當去者五也。執政臣僚已經覃恩遷轉。無故又進一官。妄引嘉祐治平不可用之故事。欺謾聖聽。不顧廉恥。其當去者六也。與章惇死黨相結。一柔一剛。一合一離。歆以銷磨同列。牽制善政。中外皆知其術。其當去者七也。自

去年十月至今。並無雨雪。驕陽肆虐。天下大旱。民情惶惶。實由確奸邪所召。況位居上相。正任其責。其當去者八也。確在熙寧元豐間。鍛鍊冤獄。排逐善良。引薦奸偽。變更祖宗政令。以誅求民財。確在言路。在司農。在執政。首尾身任其事。見法令未便。何嘗聞有一言論列裨補。惟是阿諛護持。以討進用。及至今日。自見其非。乃稍稍語於人曰。在當時豈敢言也。此確之意欲於今日固其名位。故反將歸曲先帝。是可謂大不忠矣。朝廷以高爵重祿尊養輔臣。欲何用哉。豈有可言而不言也。假如言之而不聽。當以死繼之。假如畏懼而不敢言。則當辭事而去。乃臣子之常分也。當時詭隨。及時移事改。方為自全之計哉。此其罪惡尤大。其當去者九也。近者奉使山陵回。隨行屬官故事。自皆推恩。而確乃特薦高遵惠張璪韓宗文。乞從優恩。上欲以悅聖

惡旁欲以餌同列，賴陛下至聖至公，照其狡計，而議遂不行。中外聞之，莫不欣快。陛下觀此用心，則確之邪正不難知也。此一事尤喧惑論，而罪尤大者。其當去者十也。確之罪惡如此，衆議沸騰。臣愚區區之言，畧已自竭，而聖度包容，一切不以爲意。在聖意不失恩於確則可也，其如朝廷之輕重，天下之安危，生民之禍福，人情之去就，在確之罷不罷爾，則所繫豈不大也。今忠臣義士當盛明之時，人人皆願自効，而確猶在位，雖敢明目張膽，盡心於朝廷，然正人不得立，則陛下之善政不得行，天下之敝法不得改。今大旱累月，陰風慘日，自冬入春，宿麥已槁，疾疫將作，內外之情驚惶不安，皆由大奸在朝廷，天示譴告。伏望聖慈深察事勢，以天下爲念，早發聖斷，罷確職任，使之外補，以答天變，以召和氣，以慰公議，以新改元之政。天下幸甚。

摯又劾河北漕臣論河事反覆疏曰：臣竊以天下至廣，非朝廷聰聽

之所能及。故分建監司，以寄耳目。凡一方利害休戚，唯監司之言是聽也。使監司皆忠慎不欺，則其言可信。一有誕謾輕易邀功徇私之論，則朝廷將受其罔，而下將有受其禍者矣。伏見河北轉運司昨者妄建河議，欲爲迎陽故道之役，以奪大吳新河之勢，乞許一面經畫。謂如此則新河下流數十州縣盡免水患。叙述果敢，其言藹如也。及聞朝廷遣使按視，而本司遷復變而爲孫村之說，欲便施工。今春了畢。既而使者到部，情見理得，於是李南公、范子奇翻然又盡以前所議爲非，其畧曰：故道隄岸盡已圻去，墮平埽岸，濼占河身，上下玩束，必爲大患。又曰：迎陽下瞰京師，孫村水勢不順，而慶迴河事節委實不便。臣按南公等正月十八日狀稱：今來躬親相視，乃是前此累作奏請之時，都未嘗親至河上，而遽以非常之利害，不貲之勞費，輙爾上聞，欲以僥倖有成，設使萬一朝廷以監司之言爲可信而遍聽其

計，豈不誤大事歟。夫臣子之分，建條進說，當其志在陳獻利便，則後遂有當否，固無足深咎者。然如南公等身任職司，其言爲朝廷所信，今日河事，又在所部咫尺之近，固宜考見底裏，然後爲言。而乃慣習欺罔，妄圖功利，及見朝廷選遣近臣，知其必究事實，自以前議有罔，恐得罪咎，故不待使者同行閱視之畢，本司已自奏陳，公然反覆輕侮君父，轉大議是非如反掌，視一方安危如兒戲。夫事上之道，唯恭與誠，故書焉不足，古人猶憂其詭况。上書不實，務律明坐以大罪，南公等前之言乃出於輕易妄作，非恭慎也；後之奏乃欲以奸計求免，非忠實也。不有顯紲，何以中明典憲，少戒欺謾反覆奸僞之人。伏望指揮正南公等罪狀，特賜竄謫，庶協羣議。謹具狀，劾以聞。

摯又劾章惇疏曰：臣竊以傳曰：有德進則朝廷尊。又曰：仁者宜在高位。不仁而在高位，是播其惡於衆也。伏見知樞密院事章惇資性

佻薄，素無行檢，廟堂議政，無大臣之體，專以驕孫輕肆作俳諧之語，以凌侮同列，誇示左右，其語播于都下，散及四遠，傳以爲笑。況聚聖旨增損政令之未完，善者惇則必出異意，沮持其事。方宋用臣驕橫不法，惇在政府，而與之厚善，納其所遺酒醪，雖更恩宥，臣以謂大臣不廉，犯大義之責，不當如小臣論赦令前後也。謹按惇貪緣遭遇，幸得備位近輔，不深惟朝廷高爵厚祿稍自矜重，以忠義圖報，而凌轢諂戲，不可謂德；聞善害政，不可謂仁，而交非其人，又從而以貨取之，可謂無廉隅矣；可謂播其惡於衆矣。方且揚揚高位，人皆指而議之，殆非所以尊朝廷厲庶下也。伏請聖斷罷惇政事，亦見公論。

摯又劾黃隱疏曰：臣伏以國之教化，出于學校，學之廢興，蓋繫師長。故聖人既建庠序，必立之官，苟非博通經術而有惪行者，則不能使學士誠服而心悅之。祖宗以來，莫不慎其選任。而仁宗慶曆中，最號

得人，如胡瑗、孫復、石介等爲之首，有掄材之効。後世有考焉。神宗崇儒重道，大建學制，訓發經典，以幸多士，恩施甚厚。今在學學者衆多，與古爭盛，而師儒之任，豈可以非其人。伏見國子司業黄隱，學不足以教人，行不足以服衆，於學之政令，唯考校課試，遷補職掌，冗繁莫觀，不可不公。而隱違法徇私，事皆有狀，以致天下宣物論，多於生員試卷之末，立詞貌出勝，以一衆變，棄義理，疑惑學者，陰附權要，獎進浮薄改，使學衆不伏，怨情洶洶，至有騰爲嘲誚之詞者。議者謂近時學官之肆爲私枉，無若隱之甚者。按隱本無術業，使在此官，非其所長，恐不足以表率士類，兼宣教法，無以稱陛下首善造士之意。伏請罷隱職任，除一外官，以安學者。

故相王安石經訓經旨，視諸家義說得先儒之意爲多，故先帝以其書立之於學，以啓迪多士。而安石晚年溺於字說釋典，是以近制禁學者毋習此二者而已。至於所頒經義，蓋與先儒之說並行而兼存，未嘗禁也。隱猥見安石政事多已更改，輒爾妄意迎合傅會，欲盡廢安石之學，每見生員試卷引用，隱輒排斥其說。此學者所以疑惑而怨之深也。夫安石相業雖有間然，至於經術學誼，有天下公論在，豈隱之所能知也。朝廷既立其書，又禁學者之習，此何理哉。伏望速賜罷隱，以允清議，以一風俗。

右司諫王覿奏乞責降蔡確，疏曰：臣等伏見軍器少監蔡碩盜用官錢，乞取貨賂，計贓共多萬緡，論法當坐極典。碩乃前宰相確之親弟也。初，碩奏以錢二十萬緡，計置軍器物料，仍乞從本監舉官分領其事，乃是碩之指意，本欲與其私黨共爲奸利。事下工部，勘當工部乞吏部選官。確方執國政，不用工部之議，而徇碩之本謀，欺罔聖聰，須降朝旨，特依本監所請舉官。碩乃得引用賓長裕、劉仲昕，付之官錢，同爲侵盜，遂至贓污狼籍。夫宰相者，正身齊家以表儀百官，進善退惡以佐佑天子者也。確不能防閑其弟，使不犯法，已是罪人，而況褒若部之申陳，假朝廷之號令，使碩得自引私黨，濟其奸謀。此而忍之，孰不可忍。確今以觀文殿大學士守輔郡，有玷名器。伏望聖慈特行貶黜，以慰公議。

貼黄：臣等本欲俟朝廷斷蔡碩之後，論確罪狀。今竊聞蔡碩案已具，多日。確不從工部之議，而使碩得引用私黨，以成其奸，見於奏牘，事理已明，則確之罪狀，不待斷碩之後而可見也。伏望聖慈詳酌，早賜施行。

覿又風聞朝廷欲下詔書以安邪黨，乞行寢罷，疏曰：臣風聞外議謂朝廷以近者放黜一二大奸，十數巨蠹，恐人情之不安，將降詔書以安之。又將戒言事官凡臣寮舊惡不得復言。臣固未詳虛實，議出於此。恐四方有識之士輕議朝廷也。夫人君之聖，得如虞舜，則無以過矣。然舜之御群臣，乃在於黜陟幽明而天下咸服。當是時，不聞人情不安，而亦不聞有詔書以安其黨類也。人臣之賢，得如孔子，則亦無以過矣。然孔子之爲魯司寇，攝行相事七日，誅少正卯而魯國治。當是時，不聞人情不安，而亦不聞有命令以慰其朋黨也。蓋人君之所以御下者，黜陟二柄而已。陟一善而天下之爲善者勸，黜一惡而天下之爲惡者懼，則是黜陟之效也。豈以其爲惡者懼，而朝廷亦爲之懼哉。惟其於誅叛臣，伐叛國，而以其脅從者多，汙俗既衆，則必下惟新之詔，施曠蕩之恩，而一洗之。苟不至於此，則何疑而降詔乎。伏自陛下臨政以來，開廣言路，黜幽陟明，公議莫不以爲宜，人情莫不以爲悅。所逐一二大奸，十數巨蠹，其門人故吏，皆與其人比肩事主者，誰肯甘心以黨與自名，不過中心愧懼而不敢襲故態以爲惡而已。

是乃朝廷黜陟之效。實見於此矣。遽然下詔。臣切駭之。若臣寮之舊惡使言事者皆不得言。尤非臣之所諭也。且惡有顯晦。罪有輕重。若陛下聖意必欲安邪黨之心。則凡人之暧昧之惡。詿誤之罪。言事者及之。則寢而不報可也。如惡之昔晦者。由衆言而既明。罪之甚大者。因進用而已著。置於君側。則欺君。委以事權則敗事。彼言事者方且遵奉詔旨。默而不言。則累朝廷之福矣。居言責而稍知職分者。尚可以安其職乎。臣伏望陛下斷自聖心。如大臣之論果有以詔書為請。使熟議焉可止也。或詔書已成。願陛下留中而勿出。乃天下之幸也。干冒睿聽。臣無任戰汗之至。

貼黄。言事臣寮言人之不善。小則結怨於終身。大則為仇於累世。豈所欲哉。但以既居其職。不敢上負朝廷以廢職事。如果有詔書杜言者之口。則以不得言責為恥者。漸當引去。緘默不言者。

充位而已。則臣恐陛下之憂。不在邪黨之不安。而在邪黨之日熾也。臣竊為朝廷惜之。惟聖慈詳酌。

覿又論執政張璪䟽曰。臣伏覩今月八日詔書蕩滌隱疵。闊略細故。以開詿誤自新之路。天下幸甚。然臣竊覩自古仁聖之君。莫過於堯舜。而堯之為治。其大要乃在於哲而惠也。舜之為治。其先務乃在於難任人也。惟其哲而惠。故巧言令色不得騁其私。惟其難任人。故懷奸挾詐者不得遂其惡。於是堯乃得以致黎民懷之。而舜乃得以致蠻夷率服也。伏惟皇帝陛下太皇太后陛下臨政以來。登進忠賢。放黜奸惡。可謂哲而惠矣。可謂難任人矣。惟能不倦以終之。則黎民懷之。豈減於堯。而蠻夷率服。何愧於舜哉。今者下寬大之詔。推曠蕩之恩。凡有誤先帝任使之人一切不問者。聖意蓋以謂罪顯惡鉅者皆已去矣。彼隱疵細故猶治焉。則非所以包荒含垢之義也。故渙然施惠。而一洗之。以慰安羣衆之心。臣雖至愚。尚復何疑。而過計議論以蹈羣衆共怒之機乎。臣但見詔與事違。名與實異。人情之所共駭。故不敢黙黙為取容之計。今復為陛下一論之。詔曰。罪顯者已正。惡鉅者已斥。陛下亦嘗深察乎罪顯者果已皆正耶。惡鉅者果已皆斥耶。若猶未也。則民之具瞻何可欺。世之公論何可誣也。彼碌碌一官不當權要。罪顯而未正。惡鉅而未斥者。固不足算。而廟堂之上。執政之間。陛下日與之謀咈可否天下之幾政者。猶有其人焉。張璪是也。故詔下以來。稍識之士莫不惋憤嘆息。以謂罪顯惡鉅之人。方在君側。而謂之罪已正。惡已斥。則欺罔蔽惑之患可從而知矣。雖在畎畝。猶當疾首蹙頞而為朝廷憂。況如臣者。待罪言責。為陛下耳目之官。乃忍鉗口結舌而安處乎。彼張璪之奸邪欺罔。臣自今年二月以來。累有封事具陳其狀矣。竊聞言事臣寮論列者非一。陛下不惟留而不

察。方且明詔中外。以既無罪顯惡鉅之人。而餘皆一切不問矣。璪得乘此以自負。而膠固其邪黨。臣恐自今以往。邪黨無射隼之憂。而朝廷有養虎之患也。不唯如是而已。且使天下有以窺盡朝廷。以謂左右大臣罪顯惡鉅如張璪。而陛下猶不知之。則四方萬里之遠。百官羣吏之衆。何以廣覽兼聽而坐照其奸邪。臣竊以謂陛下不去璪。無以解天下之惑。無以破羣邪之黨。無以隆朝廷之勢也。惟聖慈深察而詳擇焉。天下幸甚。冒瀆睿聽。臣無任戰汗之至。

覿又論郭雍韓縝等居中國上劄子曰。臣向者嘗有封事論呂惠卿在太原違赦出兵等事。已蒙朝廷施行。在惠卿罪惡。固自不一。然惟是違赦出兵。於國家安危治亂。所繫尤重。臣於前疏。已書乞兼治經略官司之罪。是時臣以所聞出兵本末。未甚詳悉。故未敢繼有論列。今竊聞去年二月二十七日劄子三省樞密院同奉聖旨。令陝西河

東經畧制置使司。各選差近上名官統制沿邊將副兵馬。著賊馬過
邊屯聚。審度賊勢。擇利施行。臣契勘去年二月二十七日。正是神宗
違豫多日。人情憂恐之時。不審三省樞密院如何得同奉聖旨。擇利
用兵。三月十六日劄子檢會去年二月旨揮春耕是時。令陝西河東
逐路經畧司選擇將官。差兵馬三五千人。忽往倏奔。見便討殺。三省
樞密院同奉聖旨。所有將兵使臣兵馬。並須斟酌賊衆數目。不須拘
以三五千人相度多少。將帶前去。願行討殺。臣今契勘。三月十六日
正是神宗上仙。二十七日。聖情悲哀之時。不審三省樞密院如何同
奉聖旨用兵討殺。伏緣其時三省樞密院臣寮七人。內蔡確韓縝章
惇張璪四人皆惠卿之死黨。惠卿雖在外。欲有所為。則四人者合謀
一意而莫之逆也。其餘備員固寵之人。安能獨正其事哉。蓋去年春
間。四人者專東國政。惠卿乘此時陰有所求。無不如欲。於二月二十

七日。既降擇利用兵旨揮。又於三月十六日。復降不拘三五千人旨
揮。惠卿乃得出兵二萬餘衆。深入西界。其意不過欲偶有微功。則黨
人可以援引。而庶幾復至於大用而已。非四人者居中用事。敢為欺
罔。同惡相濟。則其肆意妄為。豈至於是哉。故前項兩次朝旨。遍下河
東陝西諸帥。而惟惠卿敢於此時大出師旅者。恃其與執政大臣陰
相為謀而無所畏忌也。若確縝惇璪至今尚在廟堂。與璪盡得騁其
凶德。則何所為而不可哉。賴宗廟社稷之靈。陛下舊歲黜罷確縝
惇政事而置之外郡矣。惟璪尚當重任。陛下若不遠去璪。使得漸為
奸黨之地。則臣恐確縝惇璪內外交構之患。不止如前日與惠卿廢
敕用兵之事而已。惟聖慈詳酌。

貼黃。去年二月二十七日。三月十六日。三省樞密院假聖旨因依。
陛下必能記憶也。大凡旨揮邊帥用兵。國之大事。安危所係也。
奏陳之。陛豈容草草。元豐七年。神考當國家無事之時。其時耕擾
之兵。尚限以三五千人。今更不拘以數。着蓋惠卿欲之而已。彼
確縝惇璪。委天下安危之計。而徇其私黨。豈以國事為恤哉。況
計其出兵既多。則其為大事又可知矣。若其時三省樞密院奏
陳之際。不為大事。而僅同細務。則璪等欺罔之情。狀可見也。

覿又乞再誅竄呂惠卿疏曰。臣等伏見近降朝旨。以臣寮上言呂惠
卿罪惡。責授惠卿中散大夫守光祿卿分司南京。竊以執鯨鯢於漏
網。稍正邦刑。薦虎豹於近郊。終貽後患。謹按惠卿在熙寧中。悉行不
義。創立弊法。上以誑誤朝廷。下以賊害海內。詐窮力詘。雖居藩郡。猶
復妄希功賞。輒用甲兵。結怨西戎。貽憂先帝。罪狀顯白。已不容誅。至
於私行。僉諛人所不為。始與安石結刎頸之義。終與王氏為尋戈之
仇。忘信蔑然。詭變難測。今雖自知罪大。不容於世。然猶詐稱疾病請

伺間際。譬如蝮蛇猛獸。雖暫爾弭伏。而凶性終存。遇便即發。若不深
為圈檻。投畀無人之境。臣等恐其防閑稍緩。竊出害人。不然。臣等豈
不知降四官落一職為分司官。在於常人豈為輕典乎。蓋以堯之四
凶。魯之少卯。既非常人。不當復用常法治也。況復皇帝陛下即位之
初。明降赦書。戒敕邊吏。不得侵擾外界。務要靜守疆埸。是時惠卿任
河東帥。被遇先帝恩德最深。自聞遺詔。略無哀戚。日夜點集兵馬。為
入界討蕩之計。及兵還延未發。恐三省所覺知。遂令兵馬司借敕書
不得侵擾之文。曉諭將佐以款賊計。仍於四月十五日具奏上件事
由。於二十一日出界。夫登極赦書。國之大信。所以綏靖中國。懷來四
夷。人臣奉行。敢有輕議。今惠卿公然違戾。出師伐國。而又借用其文。
設詐欺敵。侮玩朝廷。殊無忌憚。推其心則出於無君。論其罪則入於
大不敬。積其前後所犯。皆在不赦。朝廷縱欲貸而不誅。只乞檢臣等

爾耆投之四裔。以禦魑魅。臣寺與惠卿初無仇怨。但以爲國法所義不可已。惟陛下特賜裁斷。

觀又論責授武昌軍節度副使潭州安置章惇陰邪慘酷。竊弄威柄。乞行顯戮疏曰。臣聞滔天叩族。治世之所必誅。亂政虐威。聖人之所不赦。豈容凶德。久污明時。近者特進章惇責授武昌軍節度副使潭州安置。臣伏讀錄黃臣寮上言及制命。大槩謂惇爲性殘刻。每最朝奏事。凡陳開道之言。無非殺伐之事。公然不顧勅牒。以己之平昔仇怨。故託謗訕宗廟。或稱謀危上躬。竄斥南荒。投之死地。編類章疏。看詳訴理。受禍者一千餘家。援擢門下小人。布列內外。以陰邪慘酷。更相唱和。造作危獄。竊弄威柄。由惇凶殘。有司觀望。凡士民曖昧語言。加以釘手足。剝皮膚。斬頸拔舌之刑。至於道路以目。不敢偶語並行。有悞聖時。有傷和氣。遂致連年水旱災變。百姓飢死者數十萬計。自古奸臣。少惇比者。臣竊謂惇之罪狀。固難具述。但以錄黃所列。豈在驩鯀之下。夫盜天刑而報私怨。是欺天也。凡陳開道之言。無非殺伐之事。是逆國也。造作危獄。竊弄威柄。是無君也。公然不顧勅牒。是不臣也。凡士民曖昧之言。加以釘手足。剝皮膚。斬頸拔舌之刑。是豺狼也。安有欺天逆國無君不臣豺狼之人。而可以猶屈常刑。待以輕典。何以謝銜冤而死者。何以慰天下之望。昔堯以四凶遺舜。所以成帝舜之大功。先朝以凶惇遺陛下之英斷。陛下聖德寬大。每務含容。雖欲總其顯戮。亦當投之四裔。以爲萬世之戒。豈宜寘之善地。以厭群情。伏望聖慈早賜詳酌施行。

觀又奏爲乞出林希外任事疏曰。臣竊聞起居郎林希召試中書。希雖薄有文藝。素號憸巧。當王珪用事之際。希論奏之。無所不至。與其不肖子弟。日相親昵。及確續作相。希復爲其鷹犬。今中書侍郎張璪傾邪。著聞士人之稍重者。莫不恥遊其門。而希與之深相交結。不畏譏議。何可使代言禁掖。入侍邇班。兼聞希已有乞免召試。伏望聖慈指揮。除希一外任差遣。所貴朝廷名器不濫。邪正有別。

觀又乞與刑部郎中王振遠小差遣倂劾奏事疏曰。臣近有封事言刑部郎中大理少卿王振憸巧刻深。最爲楊汲蔡確所愛信。汲台符鍛鍊之獄。多振力也。當與汲台符同黜。安可復用。尋又聞言事臣寮彈振者頗多。朝廷雖已罷振少卿。而仍舊以振爲刑部郎中。臣竊謂郎官當選才望。刑部須用明慎之人。振何足以當此。方其初入刑曹。朝廷既不知其宿奸。言者亦未暴其隱慝。振得僥倖少害無足深駭。今衆論交攻。大惡已著。尚安可污辱文昌華職憲部。伏望聖慈特降指揮。出振外任一遠小差遣。以慰物論。

歷代名臣奏議卷之一百七十九

去邪

宋哲宗時監察御史龔夬彈章惇疏曰。切以宰相之任。代天理物。佐人主出令。苟非其人。害及天下。臣伏見左僕射章惇性質凶邪。敢為姦暴。令則罪狀顯著。天下共聞。臣特撮其大者言之。蓋舜之罪驩兜也。以其誣人罪。故放之崇山。號為凶人。按惇昨在元祐間。廢黜不用。及紹聖初。擢任元輔。不思竭忠以圖報稱。而乃陰懷私忿。專報仇怨。及其甚也。誣人以悖逆之罪。俾其朽骨銜冤於地下。子孫禁錮於炎荒。天下忠臣誼士憤悶而不敢言。是以陰陽疵癘。凶飢相仍。皆有以致之也。乃者先帝大漸。而惇不思社稷大計。輒進姦説。意在傾搖。此其為罪。死有餘責矣。恭惟先皇帝委任輔弼。推誠不疑。度越前古。而惇乃肆為姦暴。以快私意。則負先帝也多矣。若其它姦賊萬狀。人言紛紛。於他人以為大惡。其於惇之身。則罪尚為細。未易遍論。伏望聖慈。特賜詳酌。審正刑典。

夬再論章惇疏曰。臣伏覩朝旨下御史臺根勘道路官吏節次施行外。臣謂管幹道路等官吏信有罪矣。然全由山陵使司措置無術。以至於此。臣切見章惇奉使裁處一行事務。唯是妄作威怒。致上下人情怨咨。無肯究心出力以奉上者。至輦泥之間。因泥雨過常。遂至墊陷。臣又聞昨來靈駕離汜水頓。其力士等止給蒸餅四枚而已。自二十七日夜至二十九日天明。雖使不至泥濘。亦有飢乏不能舉重。兼惇既領使事。親見泥濘。自當從靈駕遂始終措置。而自申未間先到幄次。既聞靈駕過期不至。亦合前去照管。直至一更已來。方始往泥陷處。又無規畫。止用枋木薦動大昇轝。顛危前後。高下不平。靈駕自來早入幄殿。百官朝晡入臨。官中亦當早晚上食。是日悉皆廢闕。人情惶駭。不可具道。又元祐皇后扈從不敢少去靈轝之側。而惇乃請歸幄次。則是已不能竭力。又欲陷元祐宮於不義。其罪可勝言哉。臣謂道路應干官吏。已送有司施行。而惇為罪首。伏望聖慈特賜詳酌施行。

夬又論章惇疏曰。臣伏聞今月初八日宣制。章惇落尚書左僕射兼門下侍郎。依前官知越州。命下之日。士論皆云少慰而未快。按惇凶德暴著。人神共怒。今纔奉使失職而去。除罷政外。不聞褫奪。雖朝廷優禮輔弼。以勸來者。然罪止於此。則人情不能無惑。蓋惇受先帝之厚眷。委信不疑。雖古君臣相與之盛。未之有也。義當虛心一意。旁求俊傑。以助聖治。而乃陰懷宿憤。專報恩讎。引姦凶並據要路。睚眦之怨。黨弁無餘。竊聞昔日丁謂執政。號為恣睢。然不過能陷寇準而已。紹聖四年之春。廟堂之論方一。於是國之故老元輔侍從臺省之

臣。凡天下所謂賢者。不問存殁。並從貶斥。一日之間。布滿湖嶺。自宋有天下以來。未之聞也。當是時。惇之凶威震於海內。陛下之所親見。固不待臣言而後知。蓋其立造不根之語。文致悖逆之罪。是以人人危懼。莫能自保。天下忠臣誼士為國家寒心者多矣。使惇之所為出於誠心。猶且不可。其於貶降之人。不廢私禮。但云獲罪於天。則是使人歸怨先帝。而快己之私意。罪不容於誅矣。今惇罷相。近同無罪而去。此公議之所以未平也。伏望聖慈俯徇中外之情。速正姦惡之罪。非獨臣之願。乃天下之所望於朝廷也。

御史中丞傅堯俞彈安燾疏曰。臣近見諫官臺臣論列知樞密院事安燾孝聲不聞等事。燾抗章避位。而陛下留之頗堅。臣竊以為陛下未之思也。衆人所言。臣不敢重煩天聽。臣有所見。不敢不以聞。惟陛下留神省察。臣伏以安燾天資回僻。無大臣風操。自陛下聽政以來。

天下事可行即行可改即改惟以便民為務固一歸於公議而壽方執政柄其可改者未嘗奮然肯行有迫於公議不得已而行者行之未嘗肯盡必留根株為異日可以翻移之計如保甲及渠陽軍之類是也其多不可遍舉專務謀身徼福未嘗有首公利社稷之心此皆無逃聖鑒若陛下於清閒之宴追記而詳察之其議論事為歷歷可見久居機密為害已深今又顧慕以覬冀宰相而方固留之臣實未諭陛下念壽久侍左右聽其罷去陛下終始之恩已不貲矣若欲決留遂躋樞路臣雖無狀敢以死爭臣無任懇激之至

堯俞又論蔡確䟽曰臣竊聞知鄧州蔡確近以怨誹上聞陛下不忍加誅降為光祿卿分司南京士大夫轉相慶抃仰陛下全生育之恩顧確之狂悖豈足以塵點太清惟陛下盛德之光益輝映於古今矣然確之自絕於天陛下既屈典刑矣無足復道臣獨念陛下克己敦仁盡至公以臨下有生之類莫不蒙被盛德而歌頌盛美乃得此於確雖聖度如天莫可窺測誠恐有不能平者願陛下聽之如蚊蝱過耳不使有纖微之忤以干太和之氣則天下幸甚初確詩之傳議論之間是非殆相半蓋足以見確黨之盛矣惟此不可不察是固難逃神鑒願陛下深思而留意焉邪正之辨定與不定是此一舉臣不勝區區之至

貼黃風聞中書舍人彭汝礪緣蔡確事亦嘗抗章論列及其降黜

又不草制詞外廷不知端倪未敢彈奏乞勘會若稍涉救解不能與衆共疾姦惡當明加黜責苟無行遣則是賞罰不明無以鎮服天下

堯俞又論蔡確䟽曰臣竊聞蔡確分司南京尚帶左中散大夫臣再三思之其官既崇又分司者叙復皆有常法陛下過屈典刑雖深仁盛德超絕古昔然於是事殊為未便緣確之用本無德望徒以數興大獄遂躋相位纔罷政柄怨誹已及君親其憎疾善人固可知矣萬一復進上必為解構之姦乎必有排陷之酷臣謂宜投竄荒僻使還路迂遠而不可必則善人安而小人革矣如此則向背之風自然寢息確之深狡衆所共知若不如此其懷毒伺隙殆無術以止其來士大夫所以多觀望而持兩端者以此今天奪其魄自為狂悖之語以發露其心不因此時去之將貽後悔願陛下奮然必行斷在無惑至其黨與雖不可窮治當取其尤親善者併逐之以懲邪慝自昔忤大臣者皆然固可考而知也臣無任懇款之至

堯俞又奏曰自古端人正士誰不欲盡忠於人主人主亦豈不欲聞盡忠之言常患執政大臣離間於中使明主之初心遂移忠臣之雅懷不盡以為痛恨爾

時多有元豐舊黨分布中外多起邪說以搖撼在位呂大防劉摯患之欲稍引用以平夙怨謂之調亭宣仁后疑不決侍御史蘇轍面斥其非復上䟽曰臣近面論君子小人不可並處聖意似不以臣言為非者然天威咫尺言詞迫遽有所不盡臣而不言誰當救其失者竊觀君子進小人則主尊國安踈君子任小人則主憂國殆此理之必然未聞以小人在外憂其不悅而引之於內以自遺患也故臣謂小人雖不可任以腹心至於牧守四方奔走庶務無所偏廢可也若遂引之於內是猶患盜賊之欲得財而導之於寢室知虎豹之欲食肉而開之以坰牧無是理也且君子小人勢同冰炭同處必爭一爭之後小人必勝君子必敗何者小人貪利忍恥擊之則難去君子潔身重義沮之則引退古語曰一薰一蕕十年尚猶有臭蓋謂此矣先帝聰明聖智疾頹靡之俗將以綱紀四方比隆三代而臣下不能將順

作諸法。上逆天意。下失民心。二聖因民所願。取而更之。上下忻慰。則前者用事之臣。今朝廷雖不加斥逐。其勢亦不能復留矣。尚賴二聖慈仁。宥之於外。蓋已厚矣。而議者惑於說。乃欲招而納之。與之共事。謂之調亭。此輩若返。豈肯但已哉。必將戕害正人。漸復舊事。以快私忿。人臣被禍。蓋不足言。臣所惜者祖宗朝廷也。惟陛下斷自聖心。勿為流言所惑。勿使小人一進。後有噬臍之悔。則天下幸甚。疏入。宣仁后命宰執讀於簾前。曰。轍疑吾君臣兼用邪正。其言極中理。諸臣從而和之。調亭之說遂已。

時中官裴彥臣建慈雲院。戶部尚書蔡京深結之。強毀人居室。人許於朝。詔御史劾治。常安民言。事有情重而法輕者。中官[illegible]積與侍從官相交結。同為欺罔。此之姦狀。恐非法之所能盡。願重為降責。以肅百官。獄具。章惇主之甚力。止罰金。安民因論京姦。凡以惑衆辨言以飾非。巧足以移奪人主之視聽。力足以顛倒天下之是否。内結中宮。外連朝士。一不附己。則誣以黨於元祐。非先帝法。必擠之而後已。今在朝之臣。京黨過半。陛下不可不早覺悟而逐去之。他日羽翼成就。悔無及矣。是時京之姦始萌芽。人多未測。獨安民首發之。

蔡確為裕陵復土使。還朝。以定策自居。監察御史王巖叟言。陛下之立。以子繼父。百王不易之道。且太皇太后先定於中。而確敢貪天自伐。章惇詭賊狼戾。尚上敵明。不忠之罪。蓋與確等。近簾前爭役法。詞氣不遜。無事上之禮。今聖政不出房闥。豈宜容此大姦猶在廊廟。

徽宗即位。殿中侍御史陳師錫上疏曰。元豐之末。中外洶洶矣。宣仁聖后再安天下。委國而治者司馬光呂公著爾。章惇誣其包藏禍心。至於追貶。天相陛下發潛繼統。而惇猶據高位。光等贈謚未還。墓碑未復。願早據衰略。以慰中外之望。蔡京為翰林學士。師錫又言京與

弟卞同惡。迷國誤朝。而京好大喜功。銳於改作。日夜交結内侍戚里以覬大用。若果用之。天下治亂自是而分。祖宗基業自是而隳矣。京援引死黨至數百人。鄧洵武内行汙惡。搢紳不齒。豈可滓穢史筆。向宗回宗良亦陰為京助。是皆國之深患。為陛下憂。為宗廟憂。為賢人君子憂。若出之于外。社稷之福也。帝曰。此於東朝有礙。卿為我處之。對曰。審爾。臣當具白太后。遂上封事言。自昔母后臨朝。危亂天下。載在史冊。可考而知。至於手書還政。未有如聖母退抑謙遜。真可為萬世法。而蔡京陰通二向。妄言嘗禁預政。以誣聖德。不可不察也。

殿中侍御史龔夬乞示好惡明忠邪疏曰。臣聞好惡未明。人之所嚮。忠邪未判。衆聽必疑。臣頃在外服。側聞朝廷聖政日新。遠邇忻戴。及被命詣闕。又聞進退人材。皆出睿斷。此固甚盛之舉也。然而姦黨既破。則彼將早夜為計以謀自安。不可不察。或遁於章面以求自全。或申執邪說。以拒正論。或妄稱禍亂以動朝廷。或託言祖宗以惑人主。或巧事貴戚。或陰結左右。大抵姦人之情。其計百出。不可盡舉。其要則欲變亂是非。渾殽曲直。以疑誤朝廷。將幸其既敗復用。已去復留而已矣。君子直道而行。不為機變。則必墮姦人之術内。若然。則天下之治。殆未可知也。故必在朝廷洞判忠邪。斷而行之。若小不忍。則害大政。恭惟先皇帝聰明聖神。臨政願治。臣昔蒙賜對。親被聖訓。勿為阿附。以期自守。今臣不言。則為上負厚恩。下廢所守。朋姦罔上。自取犯義之罪。惟陛下深察臣言。以示好惡。以明忠邪。而陟降多士。使遠近皆知進賢退姦之意。將見天下鼓舞聖化。太平之治。不難致也。

夬又彈蔡京疏曰。臣伏覩朝廷罷黜方天若事。命下之日。士論忻快。蓋天若之凶邪。人情共惡。衆見其已廢復用。竊疑之。忽聞新命。天若輿望。然臣切聞翰林學士承旨蔡京自天若為台袞收寘門下。賴其

傾險。以為腹心。蹤跡詭秘。未可遽論。而其稍可見者。昨因周穜與天若私論鄒浩事。穜以為難。天若非之。遂以語京。京遽以聞。由是穜等得罪。自爾附會之人。肆為攻訐。立起犴獄。多斥善士。天下冤之。皆京與天若為之也。且浩之言事。既為衆所取。而京職在獻替。自當採摭公言。聞於朝廷。請貸其罪。既不能然。反與天若互為表裏。力肆傾陷以快私意。蓋穜初與京善。其後稍異。故私欲報之。臣竊謂京之為人嘗如此。今乃職據要近。寄於從官。此忠邪之所未判。清論之所未平也。按京外寬內深。邪謟以合小人之情。今其黨與。助為遊說。欲掩其罪。最為難察。臣驟蒙朝廷擢居言路。聞於輿議。參考得實。不敢循默。以避怨謗。伏望朝廷洞察京之姦邪。不可尚留左右。早賜斥逐。以慰中外天下之望。不勝幸甚。

夬又論蔡京事。雖得於風聞。未究實狀。然訪之

外議。人人皆同。久而彌彰。按京之傾邪與卞不殊。臣今所言。為兆而已。然已見其難行。若朝廷國史大典。欲使成書。非臣所預。而臣特論其人物邪正。不可先差擾數日而辨。及紹聖講復免役。復預討論。又昨卞在朝。與京表裏相濟。而今或謂趨向不同。此尤可怪。蓋其為人反復趨利。頗為難察。復善權數。以傾陷言官。向須議者敢有論列。即被排逐。此天下之所共知也。一起犴獄。誣陷非辜。其事不一。伏望聖慈。博加採訪。以辨忠邪。天下幸甚。

夬又論三省不疾速進呈言蔡京章疏狀曰。臣自今夏以來。彈奏蔡京姦惡。更涉寒暑。章疏累上。又聞臺諫臣寮相繼各有彈劾文字。今蒙陛下洞察其情。以章付外。而三省大臣。或陰相交結。或私懷畏避。並不疾速進呈取旨。謫降使國之典刑。幾廢不用。外議訩訩。不可具述。伏望聖慈特賜詔問二省顧望之意。仍乞以臣前後所奏速賜施行。

夬又彈蔡京疏曰。臣伏見新除端明殿學士知永興軍蔡京。性資凶邪。心術傾險。多罪著聞。中外諠沸。而況私交宮省之臣。密伺人主動靜。與古姦臣異世同惡。今朝廷寵以秘殿之華資。付以咸秦之方面。尚敢不體至恩。偃然自肆。遽請祠宮。情涉怨望。臣凶橫有至於此。理無可恕。伏望聖慈。特賜睿斷。檢臣前後所奏施行。

貼黃。臣自夏以來。累具彈奏蔡京姦惡。兼前後臣寮皆有彈劾。今來京以無罪而去。則是朝廷全廢典刑。未唯士論未快。而使天下姦惡無所忌憚。非國之福。伏望聖慈詳酌。速賜施行。

夬又論蔡京疏曰。臣勘會蔡京姦惡。不可具述。除前後彈奏外。伏覩先朝降旨於資善堂書寫五朝寶訓。所降旨揮止令差使臣二人。而京却請乞殿閣內臣一員。又差入內供奉官等二人。

後來朝旨已罷所指差文臣。而所差內臣不罷。蓋京自來密交近侍之臣。使之刺探起居。為臣之姦。無大於此。京以侍從之貴。而於內臣雖高品黃門之類。無不曲加禮敬。卑汙庸俗。不可具道。素喜翰墨。婢攄予。無問高下。多以書禮問遺。結其驩心。積有年矣。玆事中外之所共聞。尤為清論所鄙。而京不顧廉恥。安而行之。尤善秘其迹。故議者不能斥論。然臣有說於此。按京姦邪陰險。衆所同惡。而左右之臣。輒有譽其所長。諱其所短者。則其交結無疑。不必得其迹而後可知也。又京之徒每揚言於人云。彼善結宮貴之歡。外庭論議。必不能動。蓋自恃左右之助以恐動言者。玆尤可鄙。今雖開已補外。而不緣罪去。輿論甚鬱。伏望聖慈特降睿旨。檢會臣累奏前後臣寮所上章疏。及今來事理重行貶竄。以為天下後世姦臣之戒。

夫又論蔡京疏曰。臣近嘗具奏言文及甫書。又究問所獄事。今聞陳瓘辭免恩命文字。所言蔡京罪惡數內一事。京不親寫奏狀乞誅滅劉摯等宗族。賴哲宗仁聖。不行其請。臣竊惟哲宗皇帝臨御天下十有六年。自即祚以來。赦過宥罪。與民更始。而有朝士之子語言不順。有司用法。將寘極典。而哲宗親為辨明。貸其罪。一方水旱憂形玉色。遣使顧恤。倒廩而鋪之。然則聖德深厚寬仁愛人。得於天縱。而京以私忿。輒欲族滅無辜。以希進取。又欲厚誣宣仁聖烈。以合悖卞之意。是故上天譴告。沉陰不解。星變元異。既而先帝感悟。竟從寬貸。天下方且仰頌聖明。美并萬口。而京輒自有平反之功。使人歸怨於上。此天下忠臣義士所以含憤扼腕而不能自已也。臣前後所言京事。獨患不得其跡。今陳瓘所言如此。則是京自有所上文字事狀甚著。始則上誣宣仁

終則歸咎先帝。人臣之惡。有甚於此者乎。若瓘所論謬妄失實。則朝廷自當重行貶逐。以戒狂誕。而臣愚亦誤。敢復論奏。亦當與瓘同責。若其言不妄。豈得以無罪而去。朝廷之論。必當居一於此。臣以上殿劄子恐不能盡所欲言。須至先具奏陳。伏望聖慈詳酌。檢會臣寮前後所奏。速賜施行。

夫又奏乞檢尋文及甫究問獄案狀曰。臣竊聞自古姦臣戕敗善類。以防後患。必置之死地。而善人脩身無大過失。欲求其罪惡之實而不可得。故託以悖逆無驗之罪。又慮其異時子孫訴理於朝。故必欲族滅而後已。此古姦邪之常態也。臣近觀前日及甫之書。究問之獄不意茲事出於朝廷。使愚臣痛心疾首。感憤流涕。臣竊惟宣仁聖烈擁佑先帝。慎擇眾朝重望之臣。寘之左右。輔道聖德。彌綸朝政。九年之間。中外安靜。此天下之所共聞也。前日止緣一二姦邪嘗被斥逐毀欺罔朝廷。成此大獄。以報私仇。必欲族滅無辜。以快其意。當爾之時。天地變色。日月無光。積陰踰時。中外詢懼。以至彗出西方。譴告甚著。先帝為之肆赦求言。以答天戒。而姦臣之忿不已。持之益堅。由是逐臣死於瘴海。家族不許生還。至有一門二十餘喪者。然則雖無刀鋸。其實族滅也。朽骨銜冤。沈冤為厲。以及於斯。痛不忍言。今及甫等罪上賴聖斷。已行竄斥。而當時秘獄。必有案牘章疏。可以見其鍛鍊文致。附會欺罔之人。若不早行根究。必慮藏匿焚滅。無所歸咎。則天下何以知其非先帝之本意。伏望聖慈特賜指揮。須管檢尋當時照證文書。以正姦臣之罪。以慰天下之望。

夫又彈蔡卞疏曰。臣聞為國之要。必辨忠邪。忠邪既分。當明黜陟。臣伏見尚書左丞蔡卞操心深險。賦性陰邪。始緣阿附權臣。致位二府。既而漸盜威福。中分國柄。暴怨宿仇。陰加報復。不附己者。萋斥無餘。

止緣為王安石之壻。妄謂盡傳安石之學。以欺惑朝廷。於是一時嗜利之人。翕然附之。以助成其說。使天下不覩是非之實。恭惟先皇帝體貌大臣。極於恩禮。而卞之事君如此。則不忠之罪大矣。彼既不忠於先皇帝。豈能忠於陛下。今乃尚居二府。參預機政。是以清議沸騰。中外一口。伏望聖慈察其姦邪。斷自宸衷。特行罷黜。以慰天下之望。

夫又論蔡卞疏曰。臣近嘗論奏尚書左丞蔡卞姦邪。不可尚留二府。未蒙付外施行。中外之情。殊為未允。臣謹按卞事上不忠。眾所共惡。而懷姦深阻。最為難知。頃在先朝。受國厚恩。不思補報。專為邪說。迷誤朝廷。凡天下公論之所同者。反指以為流俗。使正人端士。不容於朝。前則有陳次升因事被逐。後則有鄒浩以言。何罪。皆竄之蠻荒。期於必死。由是言事之臣。眾為阿附。中外士庶。執[illegible]敢吐氣。雖同時執政亦類是事。而皆由卞發之。為力居多。恭惟先皇帝聰明神聖。比德祖

宗臣頃以九膺誤蒙賜對隨事歛言無不開納臣又風聞前此憲臣進諫其言苦切先帝容其讜直御坐為起然則聖德之盛雖自古納諫之主方之蔑矣卞為大臣不務將順聖意而乃務為邪說以便其私則其不忠之罪可勝道哉陛下聖度優容未忍加罪而彼不忠於先朝陛下安得而赦之伏望聖慈察臣言之懇惻採輿議之至公特賜施行以慰士論天下幸甚

夬又論蔡卞疏曰臣伏聞蔡卞落職提舉宮觀太平州居住天下之士恭仰聖斷孰不忻躍然臣竊見蔡京與卞表裏相濟天下共知其惡播於民謠號二蔡又曰大蔡小蔡者是也而議者患其無跡可考不敢斥論蓋未深思耳臣按君子為善小人為惡若其跡暴於天下者皆非善惡之至也苟臻其極二俱無迹房杜姚宋成貞觀開元之治考其施設殊不聞於後世又況稷禹皐陶之盛宜乎人無能名焉惟惡亦然昔人嘗論少正卯盜跖其惡孰深或曰正卯雖姦不至劌人充膳則盜跖為甚答者曰為惡彰露人思加戮隱伏之姦非聖不誅是故正卯一國之聞人而仲尼戮之者蓋察其無跡之惡耳夫是之謂聖人按京服饞瘦悪外寬內深與其弟卞陽蹐陰含密忝國論附麗者亟躋顯要異議者立見排逐迷誤朝廷誣宮忠良多出其謀而身不在二府故跡不暴著是姦邪之尤者非陛下之睿聖何以破此無跡之姦是以天下忠義之臣方正之士顒顒然日有望於英斷臣以愚陋實有言責既聞輿議如此不敢私畏強禦苟避禍患故敢陳其一二伏望聖慈特賜詳酌施行以慰天下之望

貼黃臣按民謠云二蔡二惇必定沙門籍沒家財禁錮子孫又云大惇小惇入地無門大蔡小蔡還他命債竊謂民至愚而神其不可欺如此

夬又上疏曰臣聞牧羊者不去毀群則羊不蕃養穀者不鋤莨莠則

穀不植聖人之治以去邪勿疑為深訓容姦納邪雖堯舜之君不能成政臣伏見陛下即位以來宵旰求治然尚疑於去邪欲望政成是猶却行而求前也臣謹按翰林學士承旨蔡京資政殿學士知江寧府蔡卞姦詐狠愎兄弟同惡迷國誤朝為害甚大卞雖去位尚竊峻職玷名邪京偃然在職謂朝廷無識其姦日夜交結內侍戚里以覬大用中外見陛下容忍留京咸謂果有大用京之意諫官御史自四月以後彈奏京罪並未蒙施行今京內侍郝隨劉佶輩為之頰舌外結宗回宗良等為之肘腋以成自安之計使京果賢無覬位之心知臺諫論列如此豈不引嫌畧為去就乃敢徼慢自若不顧公議曾何面顏況京好大喜功銳於改作若果大用必須妄作變亂國政天下治亂自此分矣祖宗基業自此隳矣自京卞在朝援引天下之士居要塗躐美官者何啻數百人皆死黨附麗若更大用則貪爵祿無執操之徒盡附之矣其不附者京必以惡名加之不誅則廢當是之時京卞之門政令所從出陛下孤矣雖欲去之不可得也臣以謂京之敢爾者緣陛下去卞不早既去又不能正典刑以明罪惡京以此窺陛下故敢愚弄朝廷玩侮國章陛下作新初政而姦人窺伺如此臣恐天下有識之人豪傑之士皆解體矣伏望聖慈特降前後臺諫彈劾蔡京蔡卞文字速賜施行

夬又論章惇疏曰臣伏覩本朝法制寬平過於歷代民之所欲者因而循之民之所病者革而化之祖宗德澤所以入人深而海內久安民氣和樂建隆初編勅四卷百有六條太平興國中增至十五卷淳化中倍之咸平中增至萬八千五百五條芟其煩亂可為勅者二百八十有六條總十二卷當時便其簡易大中祥符七年又增至二十卷千二百七十四條至天聖中有司言勅復增至六十餘條命官刪

定仁宗皇帝開諭臣曰。或謂先朝詔令。不可輕改。信然乎。王曾曰。此憸人惑上之言也。咸平中刪太宗詔令。十存一二。去繁密之文。以便於民。何為不可。仁宗然之。於是下詔中外。使言勑之得失。由是觀之。朝廷之法。消息盈虛。與時偕行。何常之有。神宗皇帝窮天下之至神語聖人之妙道。其緒餘為法於天下。新於熙寧。成於元豐。及其久也。如天四時。春夏雖仁。不可常行。秋冬代之。秋冬雖義。不可常用。春夏更之。元祐上封事者。言法度於民不便。因而更張之。如太宗之於太祖。章聖之於太宗。仁宗之於真廟。神考之於仁英。朝刪法度。務從民便。所以垂簾九年。朝廷無事。夷夏乂安。哲宗皇帝親政。召章惇為宰相。不能以道事君。用群小合謀。害元祐忠賢司馬光呂公著等。變亂神考法度。謂之不忠。不能紹述。謂之不孝。以此激怒先朝。此王曾所謂憸人惑上之言也。惇以光等變亂神考法度。不足為深罪。又編類

臣寮章疏。擇其切直不諱之言。與夫陳亂世以諷今者。謂之訕上。謂之指斥。臣竊觀書。見禹戒舜曰。無若丹朱傲。惟慢遊是好。周公戒成王曰。無若商王紂。丹朱堯不肖子。紂商之無道君。禹以堯不肖子戒舜。周公以商無道君戒成王。亦可謂之訕上。豈亦可謂之指斥乎。惇又以章疏語言不足為大惡。乃持文及甫私怨之私言。輒誣光等謀廢立。為不軌。無狀可按。無迹可尋。無證佐可明。惇一切以意為之。臣聞章獻時。程琳上武后臨朝圖。終仁祖世為將相。光等有程琳之事乎。惇輒誣光等為不軌。是誠何心哉。永興軍流人上官準變事。呂夷簡曰。準治下急。是欲中傷準耳。宜勿治。並從之遠方。元祐間。有曾告光等變者乎。今輒誣光等為不軌。是誠何心哉。徐鉉於江南錄云。宋齊丘將圖不軌。太宗皇帝覽書。謂左右曰。齊丘盡節於李氏。鉉以私憾加讒。豈得為直筆乎。齊丘江南李氏之臣。鉉以不軌之罪加之。太宗

猶惡焉。況惇輒誣本朝忠賢司馬光等。謀廢立為不軌。陛下可優容之乎。臣謹按惇當國七年。竊持威柄。禍福天下。勇於害賢。敢於殺人。臨大變。訂大事。包藏陰謀。發為異議。陛下尚優容之乎。祖宗怒惇久矣。今付陛下處之。上帝怒惇久矣。今命陛下誅之。陛下何憚而不果耶。伏乞睿斷。早賜施行。

大觀三年。何執中為尚書左丞加特進。制下。太學諸生陳朝老詣闕上書曰。陛下知蔡京之姦。解其相印。天下之人。鼓舞有若更生。及相執中。中外黯然失望。執中雖不敢肆為非法。若京之蠹國害民。然碌碌常質。初無過人。天下敗壞至此。如人一身。臟腑受沴已深。豈庸庸之醫所能起乎。執中夤緣攀附。致位二府。亦已大幸。遽俾之經體贊元。是猶以蚉負山。多見其不勝任也。疏奏不省。而眷注益異。

御史中丞石公弼上奏曰。臣伏覩近降指揮。內東門司。自今後應使

臣醫官等。並不得將帶經火製煉毒藥。如伏火砒硫黃朱砂之類。入會通門入內。許諸色人陳告酬賞。臣有以見陛下造道深妙。聖慮獨高。凡挾方技進者。所不能欺也。蓋丹藥出於方士之說。事不經見。率是誑誕。凡人尚當審謹。豈可供進宮禁。固宜重為關防。以塞妖妄之源。臣愚以為皇城諸門禁令。尤不可不嚴。亦宜以此施行。如臣寮以此陳獻。或援引製煉之人。亦乞立法止絕。所有見令燒製道士挾持惑眾。臣訪聞稍稍招權作過。修蓋葆真宮。約費錢十二萬餘貫。今既不用其術。臣以為其人不宜留置京師。欲乞特降睿旨。奪去師名。押歸本貫。葆真宮修造。如可減節。即乞減節施行。

四年。彗再見。侍御史毛注言。臣累論蔡京罪積惡大。天人交譴。雖罷相致政。猶怙恩恃寵。僭居賜第。以致上天威怒。推原其咎。實在於京。考京之罪。蓋不可以縷數。陛下去黨碑以開自新之路。京疾其異己

不別為防禁。陛下頒明詔以來天下之言。京恐其議己。而重致於法以嚴刑峻罰脅持海內。以美官重祿交結人心。錢鈔屢更。而商賈不行。邊事數興。而國力大匱。聲焰所熏。中外憤疾。宜早令去國。消弭災咎。奏上。京始出居錢塘。

洪彥昇為殿中侍御史。任言責。閱五年。論蔡京再居元宰。假紹述之名。一切更張敗壞先朝法度。朋姦誤國。公私困弊。既已上印。而偃蹇都城。上憑眷顧之恩。中懷跋扈之志。願早賜英斷。遣之出京。何執中緣潛邸之舊。德薄位尊。當軸處中。殊不事事。見利忘義。惟貨殖是圖。願解其機政。以全晚節。

政和中。尚書右丞許翰上奏曰。今月日承中書省刑房送到詞頭一道。盛章落職差提舉南京鴻慶宮襄州居住。何訢落職差提舉亳州明道宮本處居住者。按章姦慝之迹。又已不逃聖鑒。幸蒙陛下天地

涵容。湔濯獎慶。冀收其報。而章之兇險。根于天資。孤負明恩。終不思革。顧謫既行。公議交慶。然臣尚有所未喻者。襄陽乃章墳墓之國。章於州城比營大第。雲屋潭潭。甲於諸路。功役資費。不出其家。徒以威聲氣焰。劫使郡縣。役率百姓。騷動一方。至今冤痛之音未絕也。而又使以其身往彼。其貪忍之資。蓋不待親執州權。民必重被其患。襄陽之人。亦何負哉。今何訢坐與交通。已徙宂州。而盛章重有姦邪倨傲不恭之罪。乃獨歸安其第。均為斥逐。重輕不倫。且使為人臣者姦慝未彰。則要職美官。揚厲於公朝。罪惡既暴。則負其詞學。祿優游於私室。小人夫亦何憚而不為。此雖一盛章之休戚。何足以言。而繫廷臣之勸沮。不得不慮。所有詞頭。臣未敢具草。謹錄奏聞。

宣和元年。翰為中書舍人。又上奏曰。右臣今月日承中書省兵房送到詞頭一道。為趙鐵化諭夷人。并趙隆趙吉頓習禮義等。各特與轉官事。臣聞大而化之者聖人之事也。是以聖王在上。則詩無諸侯之風。盛德所格。殊俗惟新。並邊蠻夷。曠然服化。此皆陛下神明威武之所感移。不得不爾。一趙鐵者何人。乃敢以為己力。臣竊觀鐵所申狀。輒言以副知郡丁寧教戒之心。又有自知郡到任。除去夷風等語。使人誠有此意。而鐵恬有其言。以聞朝廷。則是不專歸德於上。臣禮不恭。使人本無此意。而鐵詐使之言。則是便文為姦。欺罔朝廷。罪益大矣。二者無一可。夫人君體道以兼容。人臣守法而盡察。古之義也。今朝廷示以德信。覽其奏則損一官而與之。其事至微。然臣竊恐夔峽一路靡然効鐵所為。謂國賞之可徼。忘天功之難僭。則陶化殊俗之美。不在陛下。而在守臣。此非所以聞四夷。載史冊也。非諸侯無風之義也。是以不可不論。且使今日鐵已受賞。則它日身至朝廷。必將援以為功。干祈擢用。叨取恩榮。人臣不得而追論矣。至此則四方聞之。

必有動心者。長鄙俗之風。害誠信之化。所慮豈止夔峽一路而已。其消易防。其萌易折。誠使幾微必察。自然國體皆正。除趙隆等轉官臣已草詞外。所有趙鐵轉官詞頭。未敢具草。

宣和中。殿中侍御史許景衡論罷童貫宣撫河東疏曰。臣聞天下之事。言之未然。則若狂率而無根。言之已然。則又緩後而無及矣。近者中外喧傳。皆言朝廷將起童貫宣撫河東。若果無此議。則是傳者之妄。而臣有誤聽不審之罪。若果有此議。則臣願言之於未然也。謹案貫頃在陝西。專務誕謾。以為事功。夤緣軍須。擅竊邊計。重以賄賂至千萬億。奏功第賞。皆由請屬。胥吏廝僕。皆位侯伯。狎昵士卒。隳壞軍政。凡此皆陛下所洞知。固不待臣之縷數者也。前日燕山之役。不能上遵宸畫。浸無紀律。以至敗衄。徘徊境上。師老氣索。遂使遠夷小醜。妄為己功。邀求無厭。傷威倍費。貫之誤國。豈不灼然。臣昨論列劉延慶

不當重移事。親奉德音。以為皆由宣撫司號令不一。以致白溝之敗。為其引年謝事。故議者不復及之。今若起自廢閑。重領兵柄。則不獨詿誤貪墨者有甚於前日也。且貫既無功於河朔。尚能有為於河東乎。方其壯時。罪惡固已貫盈。今老且病矣。尚能革心自新乎。古者國有大議。謀及卿士。謀及庶人。今陛下命將興師。以靖疆埸。此政事之大者。亦當謀之衆人乎。士民駭惑。論議紛然。夫豈妄意以為不可哉。誠見其已試而無效也。臣累被聖訓。彈擊官邪。毋憚大吏。然則今之官邪。亦有甚於貫者乎。今之為吏。亦有大於貫者乎。故敢昧死獻先甲之言。庶幾不貽朝廷後日之悔也。伏望睿斷亟罷所以命貫者。別謀良帥。以濟萬全之舉。實天下之幸。

景衡又奏核劉喜張士英強勸人投軍劄子曰。臣訪聞開封府祥符縣百姓朱謹。被京西同巡檢司兵士劉喜等四人擒拽。強令投軍。朱謹

不從。而四人雜毆之。既而巡檢張士英仍令執縛拷掠。至累百。且誣以嘗買賊人衣物。於是刺隸軍籍。其母阿王訴其事。而祥符縣推治證佐甚明。臣竊惟招軍著令。一切取人情願。昨者有司奉行失指。市井騷然。陛下亟賜戒飭矣。故近日不聞抑刺之擾。今阿王年六十九歲。朱謹無兼侍。此正母子相為命者。豈樂應募充軍哉。而張士英乃敢違法箠掠而強刺之。其困窘無告亦甚矣。近在赤邑耳目所及。若不懲戒。則四方之遠。僈令之吏。可勝治耶。臣愚伏望睿斷特賜施行。

左司諫江公望上奏曰。臣竊以君臣一體。人君。元首也。左右大臣。股肱也。諫官御史耳目也。股肱不力。則百事隳。耳目不明。則四方塞。一體病則元首為之不康。是職也。曷可輕付哉。人君賴以知時政之利病。人臣之忠邪。無若諫官御史之為可信。患聞知之不博也。故聽以風聞事。雖有不實。闕然不言。乃言者之職。故未嘗加罪也。至若挾情肆誣。務快私忿。欺罔聖聽。排陷善類。耳目如是。元首何賴焉。御史中丞趙挺之疏王古陰與胥吏為姦。臣兩上封章。乞明治罪狀。未蒙朝廷施行。古與挺之等四人同治放欠所。若以古一人獨與胥吏為姦。務在放官欠。三人何為允從。三人者既已允從。則必同書奏議。何獨挺之一人。退有後言。知而不言。則是容姦。容而為請。則是同姦。又云。古欲盡傾天下之財。且天下之財雖隸戶部。古為計貳。操何權術乃敢盡傾天下之財以為私惠。古與挺之等執奏以礙官本者。未敢盡放。蒙朝廷以陛下登極大赦。欲與天下更始。一切蠲免。豈容古以私意能傾天下之財也。若以私意能盡傾天下之財。則挺之三人者亦預焉。何獨指古而言之也。臣訪聞挺之與古昔在國子監日論事類皆不合。屢見辭氣。懷不平之心。有待而發。俚語有之。官事私讐。正小人所不為。而挺之安為之。曷不思御史中丞天下風憲之地。糾正官邪

開闢公道。乃敢挾情肆誣。務快私忿。萬一悞陛下聽擇姦計得行。浸淫不已。善類引去。朝廷一空。蓋爵祿者。止能砥礪鈍頑之人。不能籠絡富貴安貧賤有道之士。古人去就。豈為爵祿而已。正以觀朝廷忠邪之判。如是無罪而去。有罪而留。刑賞混濫。天下治亂自此分矣。比聞在言職者。不以職之得失。暗遷易者數人。王覿。豐稷。張舜民。賈易。朱紱。張庭堅等是也。以為遷則無功。以為謫則無過。功過不明。去就不白。何以養君子之直氣。何以沮小人之姦心。陛下遭此機會。正宜清心遠覽。明判忠邪。攬威福之柄以馭天下。無使移於人臣之手。而為姦人快忿。菁菁不翦。蔓蔓奈何。不可不察也。

徽宗時。諫議大夫陳次升奏彈曾布疏曰。臣竊以正而不撓。乃可以任天下之重。公而不私。然後服天下之心。苟為反是。曷副具瞻。伏見右僕射曾布。性稟姦邪。心懷凶險。頃居樞府。阿順宰臣。進用匪人。大

閑邊隙，費財用，如糞壤；輕人命，如草芥。今獨歸罪章惇，未知布之所職何事？玉毀櫝中，則誰之過？陛下矜容曲貸，仍有進擢，倚天地不貲之恩。臣子之心，義當如何？而布不圖補報，惟務徇私。自登宰席，獨擅國權，輕視同寮，威福由己。進拔親故，羅列京局，以為耳目；任用門人，寘之臺諫，以為腹心。不以人材為國用，惟以爵賞為私恩。所親者進，所疎者退；愛之者則留京師，惡之者則令補外。書疾比德，詩刺不平，其布之謂乎？布既以此自任，其子弟亦甚招權，交通賓客，其門如市。且附託既大，必賊本心；私家既盛，必危公室。古人以為戒，陛下其可不念之？蓋布在紹聖初，實與蔡卞交結，遂申請乞用王安石日錄修神宗皇帝國史，致史官觀望，變亂事實，多譽安石之善，掩蔽神考之美。近者諫官論列，陛下已令看詳，經涉春冬，未見行遣。訪聞布欲自掩其過，又欲為史官之地，揚搢葉濤，倒皆得罪，是以稽緩，未肯進呈。專擅如此，頗駭群聽。況布之登用，方且彌月，凶燄氣燄，薰炙中外。若更遷延日久，盤根固蔕，必貽國患，其將柰何？易著履霜堅冰，詩戒桃蟲維鳥，辨之於早，正在今日。伏望聖慈特正布之典刑，以謝天下，以為社稷無窮之計。

次升又上疏曰：臣伏見右僕射曾布姦凶擅國，臣已具詳疏，退而思之，專輒移易臺諫官二事，頗為寒心，夙夜不皇，須至再瀆天聽。竊以御史中丞、諫議大夫，天子耳目之官，朝廷委寄之權，最為親切，選任除授，繫國重輕。祖宗以來，每有差除，執政不得干預，豈敢專擅進退之者乎？況君者制命者也，臣者行君之命者也。君唱臣和，則名分乃正；臣強上陵，則主威不立。今布之所忌則移之，苟之所親則用之，去取惟己，不出聖意，進彼退此，易於反掌，作福作威，莫大乎是。尚賴宗廟之威靈，陛下之神聖，照見底裏，比因人言，即行改命，而布猶偃然當國，不恤乎人，揚揚自若，曾匪引咎。豈惟不足以儀刑百辟，表正四方，而凶悍之心已明，跋扈之萌可見。今日不圖於始，異日難制其終。國家安危之基，實在此舉。伏望聖慈斷而行之，特正布罪，以儆有位，天下之幸。

次升又上疏曰：臣竊以避親之法著于甲令，有官守者悉皆遵稟，而況貴近臣乎？今曾布、曾肇乃親兄弟也。布為右僕射，肇為翰林學士，不行迴避，豈得為允？蓋宰相任天下之重，握威福之柄，而行命令者也。翰林學士職親地近，朝廷命令皆所自出，苟不中度，理當執議。捨親而議之，則傷私恩；以親而不言，則害公議。祖宗所以主避親之法，蓋謂此也。陛下方當持盈守成之時，宜守而勿失，以為太平基業、社稷無疆之福也。伏望聖慈特令迴避，以遵祖宗之法。

次升又奏彈蔡京疏曰：臣伏見蔡京姦邪凶險，陰害善良，呼吸群小，

交通內外。臣寮章疏累上，朝廷已罷京翰林承旨，輿議以謂京之過惡甚多，而交結近習之罪最大，安可以赦？今猶寵之以端殿之職，委之以帥府之權，顯是失刑，須至彈奏者。謹按京職居翰長，身為從官，委蛇經幄，日侍清光，可謂貴臣矣。而乃卑恭屈己，親昵閹宦，或以貨財相結，或以書劄往來，污辱縉紳，清議所鄙，京揚揚然有自得之色。原其設心，豈徒然哉？實欲令其伺陛下之起居，漏宮禁之事，而又使之周旋庇蓋。前日與章惇、蔡卞相濟之惡，虛稱其美，以僥倖進用。陛下既察見底裏，議罪如彼其輕，何足以厭天下之公議？況宮禁之中，自古以來漏泄之法極為嚴密，所以防姦人之窺伺，慮患生於不測。今京交通如此，禁中之事必無不知，苟有姦謀，何所為而不可？思患豫防，古人所戒。伏望聖慈原京之罪，重行貶黜，以警官邪，以清宮禁，以為國家社稷之福。不勝幸甚。

次升又上疏曰。臣伏見新除端明殿學士知永興軍蔡京。凶邪肆害。罪狀著聞。中外交通。蹤跡可驗。言章屢上。天鑒難逃。宜鳴鼓而顯攻。彰大佞之已辨。陛下特優禁從。未即譴訶。畀之以端殿之華。付之以帥權之重。詔命初下。物論尤喧。謂姦惡之免誅。有典刑而何賴。臣聞斯議。嘗具奏彈。今已彌旬。未蒙顯責。如聞京尚懷偃蹇。不體恩私。傲君命而弗勉。丐祠宮而自若。肆行忿忮。愚弄朝廷。如此可容。孰不可忍。伏望聖慈。檢會臣寮前後章疏付外。重行黜責。以副朝望。

次升又上疏曰。臣恭惟哲宗皇帝仁民愛物。出於天性。紹聖以來。垂拱仰成。責任宰執。是時降授中大夫行少府監分司南京蔡卞備位政府。陰肆姦謀。造朝奏對。專務殘忍。殺害巧計。既行。凶燄日熾。竊弄賞罰。私報恩讐。人有譽其妻文之美者。極力主張。寘之顯要。有議其妻父之短者。指為誹謗宗廟。置之深罪。其所進用。若非妻黨之小人。即是門下之姦吏。吏唱迭和。相倚為重。造作事端。屢成冤獄。看詳理訴。編類章疏。洗垢索瘢。中傷事類。或輕或重。皆出己意。或投之遠方。或陷之深僻。毒流天下。實不忍聞。其事主行。雖在章惇。卞實啟之。時人目之為笑面夜叉。天下之所共知也。陛下入承大統。判別忠邪。灼見姦凶。率先竄逐。近雖責降。未厭人心。咸謂卞之過惡。實與惇等。置散投荒。尚為寬典。今猶分務。仍居善地。何以懲姦。伏望聖慈。重行竄責。以謝天下。

歷代名臣奏議卷之一百八十一

去邪

宋徽宗時左正言任伯雨論國是劄子曰。臣竊惟是非之心。人皆有之。古之聖王以百姓心為心。故朝廷之所謂是非者。乃天下之公是非也。至於國是之說。其文不載於二典。其事不出於三代。乃孫叔敖之所以告楚莊王者也。此雖霸者之事。而後之君子亦有取焉。為其能以一是而折衆非也。若夫以合其取捨者為是。以不合其取捨者為非。此孫叔敖之所不取。而楚莊王之所不用也。彼一國之事猶去其取捨之私。然後為是。況天下之事而可以私意為是乎。臣復觀初八日章惇麻制曰。參陪國是之論。此翰林學士承旨蔡京之詞也。京與章惇初無異意。自蔡卞為執政。而京有觖望。於是與惇睽矣。自林希為執政。而京始大怨。於是與惇絕矣。睽絕之後。京豈以惇之所行尚是乎。今於麻制之文。特申國是之說。京之設辭。豈特為惇而已哉。夫國是一定。不可改也。既改其事。又謂之是。傳之天下。人必惑矣。昔者瑤華之事。京為廢詔。今則廢者復矣。京前日之所為。猶自以為是乎。究治之事。京親為奏劄。請滅劉摯等家族。今則摯等皆復其官矣。京前日之所為。猶自以為是乎。言官常安民。董敦逸。陳次升。孫諤。鄒浩。皆京之所惡而陷害之者也。今則敦逸而次皆召還矣。前日之所為。猶自以為是乎。神考有為之初。超絕前古。高厚如天地。光明如日月。京與弟卞諂瀆王氏。過於先烈。知有安石。不知有神考。纂修日錄。如嗣考事。今陛下親批言章付于三省。雖未行遣。而卞之用意。陛下已灼知其非矣。京前日之所為。猶自以為是乎。假託制書之言。含藏自便之計。以己好惡。達于天下。巍巍乎蔡氏之門。國是之所從出也。敢有以為非者。則禍必及矣。此京所以申明國是之本意也。今朝廷大路無不委曲遷就以為一京之地。而京又因朝廷制命。託辭寓意。以罔惑上下。臣在言職。安敢心知其事而口不言乎。伏望陛下以臣此言察京之行事。併示威斷。以警天下。

伯雨又言。蔡京劄子曰。臣聞事有大小。言有先後。事之大者言之所當先也。臣伏見翰林學士承旨蔡京小人在朝廷為害甚大。今所當言無先於此。紹聖之初。常安民為御史。司京為安民所擊。得罪贖銅。因與安民有隙。離間譖訴。無所不至。自逐去安民。而朝廷耳目。於是蔽矣。去年鄒浩之獄。天下震駭。人皆歸罪於兩惇。孰知其事始於京之去安民也。今朝廷大政。又皆委曲遷就。而為一京之地。公議鉗諂人不敢言。臣若畏禍緘默。恐負陛下。今所當言。其有先於此乎。夫國之大事無過宗廟。可傳萬世無過信史。今京以矯誣之言。謂西宮之事。妄託先訓。以脅上下。自改裕錄以實其說。朝廷遂信其說。欲遷神考于西宮。豈非以朝廷大政委曲遷就而為一京之地乎。京在紹聖中。親入文字。請滅劉摯等家族。其言所以不行者。哲宗之大惠也。今哲宗之大惠不聞于天下。而京復自謂有究治平反之力。欲使天下皆謂哲宗有濫誅之意。而京有及物之仁。始則為國生事。以復私讐。今則歸過先朝。自圖身利。前言既効。今計亦行。豈非以朝廷大政委曲遷就而為一京之地乎。陛下善述神考。欽承哲宗。至德美意。逮于天下。而京乃矯誣兩朝。上累聖政。如此二事。未免委曲遷就。以為京地。況其它乎。前日緘口之人。今欲有言於陛下。京在朝廷。則莫不以言為戒矣。前日沮隔之士。今欲有望於陛下。京在朝廷。則莫不以進為懼矣。以言為戒。則依舊箝默。以進為懼。則日於沉廢。天下公議與陛下即政之初。漸不併矣。京之計策漸行。人情之向背漸一。為京之羽翼者漸張。為陛下之耳目者漸沮。朝廷之威。自此而漸弱。蒙蔽之患。自

此而漸成。安危治亂。漸可卜矣。臣謂方今之患無大於此。臣雖不肖而所言皆得於公議。陛下黜臣不肖之身可也。因廢臣言則為不可。臣願陛下俯察芻蕘之忠。速去腹心之患。獨出睿斷。正京罪惡。以警天下。

伯雨又論蔡京劄子曰。臣聞盡言招禍。古人所戒。言路之臣豈能免此。臣伏見翰林學士承旨蔡京當紹聖之初。與其弟卞俱在朝廷。導贊章惇共作威福。卞則陰為謀畫。惇則果斷力行。且謀且行者京也。哲宗篤於繼述。一於委任。事無大小。信惇不疑。卞於此時假繼述之說。以主私史。惇於此時因委任之篤。自明己功。京則盛推安石之聖過於神考。以合其弟。又推定策之功毀蔑宣仁。以合章惇。惇之矜伐京為有助。卞之乖悖京實贊之。當此之時。言官常安民屢攻其罪。京與惇卞共怒安民。協力排陷。斥為姦黨。而孫諤董敦逸陳次升亦因論京相繼黜逐。哲宗晚得鄒浩。不由進擬。寘之言路。浩能亡身徇節上副聖知。京又因其得罪。從而擠毀。是以七年之間五害言者。蔽朝廷之耳目。成私門之利勢。言路既絕。人皆箝默。凡所施行。得以自恣。遂使當時之所行。皆為今日之所改。臣請略指四事。皆天下之所以議京者也。蔡卞之薄神考。陛下既明其罪矣。兄弟同朝。塤篪相應。事無異議。罪豈殊科。一出一留。人所未喻。此天下之所以議京者一也。邢恕之累宣仁。陛下既明其罪矣。宣訓之語。究治之臺。陛下既察其誣造。於是司馬光劉摯梁燾等皆蒙敘復。京嘗奏疏請誅滅摯等家族。嘗如京言。則所以累宣仁者。豈特邢恕一人而已哉。在恕則逐之。在京則留之。其何以塞邢恕不平之口。而慰宣仁在天之靈乎。此天下之所以議京者二也。章惇自明定策之功。追貶王珪。京亦自謂元豐末。命京帶開封府劄子。携劍入內。欲斬王珪。京之門人皆謂京於

此時禁制宣仁。京亦有社稷之功。今陛下雪珪之罪。送其舊官。則是以惇之貶珪為非也。在惇則非之。在京則留之。如是則惇有詞矣。珪有憾矣。此天下之所以議京者三也。章惇之初篤信京卞。傾心竭意。隨此二人。假繼述之說以行其私。三人議論如出一口。自紹聖三年九月。卞為執政。於是京有觖望。而與惇睽矣。四年三月。林希為執政。於是京始大怒。而與惇絕矣。自今觀之。京之所以與惇睽絕者。為國事乎。為己事乎。然京之所以語人者曰。我助惇而惇不聽也。我故絕之。我教卞而卞不從也。我故怒之。我與弟卞不相往來久矣。我緣國事。今與愛弟不相往來。而況於惇乎。臣竊料京之所以欺陛下者。亦必以此言也。何以驗之。卞之赴江寧也。京往餞之。朔觀遠行法當賜告。而京之所以牒閤門者。初以姊行為請。法不許也。遂請朔假。終不敢以弟卞為言。雖在朝假。而日至國門之外。京之動靜如此。即不知陛下皆得其實乎。此明主之所宜察也。且兄弟同朝共議國事。自然不相往還之理。假使不相往還。豈人倫之美事乎。此天下之所以議京者四也。陛下即位之初。以用賢去邪為先。而京之蒙蔽欺罔。曾無忌憚。陛下必欲留京於朝者。其故何哉。臣知陛下聖意本無適莫。而京所以據位希進。牢不可拔者。蓋以歸忠彥曾布不能為國遠慮。輕率自用。激成其勢故也。京卞同惡。天下所知。若用天下之言以合公議。則顯正二人之罪。何難之有。忠彥等不務出此。而果於自用。於是託於謀帥而出之太原。雖加以兩學士之職。而實以詭計除之。想當進擬之時。必有不情之奏。用奇設策。不由誠心。二聖安得而無疑。公議亦以為未允。及京之留。希復爭辨再三之瀆。無以取信。相激之勢。因此而成。唐明皇欲用牛仙客為尚書。張九齡以為不可。明皇曰。但加實封可乎。九齡又以為不可。明皇變色曰。事皆由卿耶。李林甫曰。

仙客宰相材也。何有於尚書。九齡書生。不達大體。由是明皇悅林甫之言。卒相仙客。而九齡自此浸疎。終見黜罷。今忠彥及布無九齡之望。而京之氣燄過於仙客。因勢覦望。而為林甫之言者。不知幾何人也。陛下進賢退邪。法則堯舜。明皇之事。固不足道。然而天下之心。皆疑陛下有大用京之意者。以京之復留故也。京之所以復留者。以忠彥等去之不以其道故也。去之不以其道。則留之者生於相激。萬一京果大用。則天下治亂自此分矣。崔群謂唐之治亂在李林甫張九齡進退之時。今京輕欺先帝。與卞無異。而又歸過於先烈。貫禍於惇卞。曲為自安之計。而陛下果留之也。今既可以復留。後亦可以大用。天下治亂之勢。繫於一京。崔群之言。可不念耶。臣恐後之視今。亦猶今之視昔。禍亂之機。不可以不早辨也。陛下嗣位之初。首開言路。可謂知所先務矣。臣愚首預茲選。明知京在朝廷。必為大患。而不能以時建言。萬一有意外不虞之變。陛下翻然悔悟。誅責當時言事之臣。則臣雖碎首陷胸。何補於事。此臣所以憤悶而不敢默也。臣嘗為卞所薦。與京無纖介之隙。所以言者。為國事耳。非特為國。亦為蔡氏也。自古不忠之臣。以私害公。初因自利。終必累國。國有迍邅。家將安歸乎。卞之尊紹王氏。知有安石。豈知有神考。知有金陵。豈知有京師。絕滅史學。一似王衍。重南輕北。分裂有萌。臣之痛心。默憂非一日也。真宗景德中。北虜至澶淵。王欽若請駕幸金陵。當時若用此計。則天下分為南北久矣。賴真宗用寇準之言。所以四方混同。得至今日。天錫陛下聰明仁勇。融會南北。去卞不疑。然而京尚未去。人實憂之。兄弟一心。皆為國害。一去一留。失政刑矣。唐會昌中。工部尚書薛元賞與其弟京兆少尹權知府事元龜。皆宰相李德裕之黨。及德裕既貶。貶元龜為崖州司戶。元賞為忠州刺史。貶者蘇軾及轍。亦兄弟也。古令故事非不明白何獨一京獲以計免枉朝廷之法令以徇一京不知祖宗基業何負於蔡氏乎且自京卞用事以來牢籠薦引天下之士處要路得美官者不下數百千人其間才智藝能之士可用之人誠不為少彼皆明知京卞負國欲洗心自新捨去私門顧朝廷未有以招之耳臣謂京在朝廷則此數百千人者皆指為蔡氏之黨若京去朝廷則此數百千人者皆為朝廷之用所以消合朋黨廣收人才正在陛下果於去京而已此非臣之臆說乃神考已用之術也熙寧之末王安石呂惠卿紛爭以後天下之士分為兩黨神考患之於是自安石既退惠卿既出之後不復用此兩人而兩門之士則皆兼取而並用之也當時天下之士粗有王黨呂黨而朋黨之禍終不及於朝廷者用此術耳今陛下留京於朝廷而欲收私門之士是猶不去李昱錢鏐而欲收江浙之士也不亦難乎然則消黨之術唯在去京

而已今京闒通交結其勢益牢廣布腹心共謀私計羽翼成就可以高飛愚弄朝廷有同兒戲陛下若不早寤漸成孤立後雖悔之亦無及矣自古為人臣者倘無高下干犯人主未必得禍一觸權臣則破碎必矣或以為離間君臣或以為買直歸怨或託以他事陰中傷之或於已黜之後責其怨望此古人之所不免也臣豈敢自愛其身乎若使臣自愛其身則陛下不得聞京之罪矣國家內外無事一百四十一年矣太平之久古所無有甚可畏也譬如年老之人康寧無疾日服溫煖猶恐氣衰至於保養陰邪必成心腹之患京在朝廷何以異此伏望陛下慎保祖宗之業獨持威福之柄斷自宸衷果於去惡天下幸甚

伯雨又上奏曰臣近為言事不根謫授監揚州糧料院受告方得數日便蒙放差知無為軍聞命皇惑唯知感激臣聞聖人之過也如日月之食焉人皆見之及其更也人皆仰之朝廷以一時之怒黜忠諫之臣此如日月之食也今茲改命可見聖人之心矣天下有識之人誰不歎仰豈獨賤臣一身之私幸乎臣雖上感聖恩而未敢便受新命者誠有說也明道中仁祖欲率群臣為皇太后上壽范仲淹諫曰人主無北面之禮明肅大怒而仲淹得罪元祐中蔡確之貶范純仁以為不可宣仁大怒而純仁得罪此二臣者可黜可逐而尊主不貳之心不可以威勢奪也方劉氏甚危之日極力救護却是仲淹是以宣仁晚年翻然遠慮復思純仁知忠言之有益於國家也大抵忠臣之心唯欲保全國體為千萬年久長之慮豈忍使天下議論及於慈闈今宗良等內外交通迹狀甚明蔡京交結之迹天下之所共知也京作向縡墓誌曰吾平生與士大夫游無如承旨蔡公與我厚者京為從官而與外戚相厚書于碑刻以自矜夸如此之類非止一事而

已又京與弟卞久在朝廷同惡相濟卞則出矣京則牢不可拔自謂勳政可以決取人皆謂京因慈雲寺事得裴彥臣交結之助外議詾詾眾所知也又京作向宗良府詞云元豐末命嘗有嘉言嘉言若出於宗良則大諛必歸於宣仁矣京亦自謂嘗帶開封府劄子携入內欲斬王珪以沮宣仁懷異之謀京以禁中疑似之傳書于制命揚于天庭自謂與宗良皆社稷之功而使宣仁負無窮之謗京之論事外戚不畏上天一至如此豈唯有害於朝廷實亦無益於外家臣盡忠於陛下盡忠於皇太后所以言也皇太后聖德大功冠絕今古陛下承頤養志方以大舜武王為法入修家人之禮則恭順無闕出治朝廷之事則威柄不分大舜武王之孝何以加於此乎京所謂孝則不然但欲陛下授柄於外家而已此蔡氏之利非宗社之福也陛下以聖德嗣位春秋方富如漢文帝宣帝即位之年矣盡孝於東朝勵精於

政事，獨擅大柄，是以有爲。而京之所以脅持陛下者，京其用意謂陛下未可以獨爲也。哲宗躬攬之初，聖意本無適莫，章惇雖挾功自恣，然其初猶有兼取元祐之意。自京卞首發邪論，盜攘國柄，凡有所請，必以繼述爲說，稍違其意，則欲以不孝不忠之名加于上下。假朝廷之誅賞，示私門之好惡，輕君誤國，首尾八年，至于今日，狃於故態，尚以此意脅持陛下，傅會繼述之論，假託報功之說，密持離間之謀，伺察陛下，包藏禍心，若有所待。京之出言用意，諒無逃陛下之聖察也。且陛下述神考之聖德，報太母之大功，豈獨陛下之私心，是亦臣子之所願。合臣子之所願，盡四海之歡心，然後陛下有慶，兆民賴之。天子之孝，孰大於此。今京所願，非兆民之所同願也。陛下一違京意，則京必以不孝之名責陛下矣。陛下徇一京脅持之私名，而不畏天下至公之大義乎？畏天下至公之大義，當流竄蔡京以安國家而已。臣前日之言，不負天下，不負宗廟，不負陛下，不負皇太后。果蒙陛下移臣差遣，若非皇太后察臣之忠，陛下必不欲如此指揮也。然而京在朝廷，則國家未安，臣雖移得差遣，有何安乎。臣之不敢受命者，其說如是。臣曩章所言，未甚子細，復以此章干瀆聖聽，所以盡惓惓之誠也。皇太后以無我之德，至明之照，既已察臣之忠矣。臣今日之言，必是亦蒙照察，今雖未察，終無不察之理。臣雖遠去朝廷，仰賴慈庇，縱未牽復，於臣無損。臣所望者，當以流竄蔡京爲急，不當以移臣差遣爲先也。蓋恐京在朝廷，則煩言日進，煩言日進，則聖慮日疑，朝廷雖嚴示威刑，而天下公議終不可遏。蓋公議若必以威勢奪之，則人心離矣。人心既離，則主勢孤，主勢孤弱，則外凌內侮，何所不至。非所以奉承宗廟而慰安東朝也。然則蔡京之所謂孝者，果天子之孝乎。願陛下勿愛一京，而深爲國家之慮也。臣愚不勝惓惓愛君憂國之心，惟陛下裁赦幸甚。

怕雨又上奏曰：臣孤遠不肖，誤蒙拔擢，竊謂陛下既開言路，以防壅蔽，臣職在獻替，義當如何，乃不能慎默，輒貢不根之言。陛下原其用心，止爲憂國，雖行貶黜，尋復改命。臣螻蟻之身，將何以上報聖主涵容之私乎。臣昨者自聞倡對已後，曾將上殿劄子具狀繳進，爲言京在紹聖中親寫奏劄，乞誅滅劉摯等家族，賴哲宗仁聖，不行其請。今京自謂有究治平反之功，欲歸過於哲宗。又言京自謂當元豐末，命帶開封府劄子，挈劍入內，欲斬王珪，以沮宣仁懷異之謀。京自言已有社稷之功，而使宣仁大謗，終未辨明。又言京因不得爲執政，與章惇睽絕，今乃欺陛下與惇睽絕者爲國事也。又言京爲弟卞執政，無狀自來不相往來，以欺陛下。又言京欲獨擅史局，妄有奏請，以致哲宗實録不差正官修撰，輕一朝大典，違祖宗故事。又言京所薦引得美官在要路者，不下數百千人，其間多有才智藝能之士。若京在朝廷，則此數百千人者皆指爲蔡氏之黨；京去朝廷，則此數百千人者皆爲朝廷之用。然則廣收人才，消合朋黨，唯在去京而已。又言京關通交結，其勢益牢，廣布腹心，羽翼成就，愚弄朝廷，有同兒戲。陛下若不早悟，漸成孤立，後雖悔之，亦無及矣。臣上件劄子所言，在既責揚州糧料院以後。陛下若以臣言爲是，則當如臣所請，按京之罪，明正典刑，然後改差遣以示聽納。若以臣言爲非，則是臣事發更爲其罪益大，重加貶竄，乃得允當。今京桀驁自肆，無所畏憚，而臣章屢上，未蒙降出，則是陛下不以臣言爲信矣。不信其言而輕於改命，傳之天下，人必駭惑，其爲初政之累，莫大於此。且京久在朝廷，專以輕君罔上爲能，以植黨任姦爲術，挾繼述之說，爲自便之計。稍違其意，則以不孝不忠之名脅持上下，決欲取勝而後已。主威不行，士論憂恐。今京不出，必爲心腹之患，宗社安危，未可知也。臣一身遷貶，危辱何足道哉。

伯雨又論蔡卞疏曰。臣竊謂朝廷之事。當行者不可猶豫。未行者不可漏泄。當行而猶豫。謂之不斷。未行而漏泄。謂之不密。意外不測之變。常生於此。古人既往之事。可考而知也。陛下改用大臣。明示好惡。前日之所謂國是者。陛下既察其非矣。章惇以社稷自任。蔡卞以經義教之。當此之時。共憂國事。必不以二聖之所行為是也。彼皆以王安石自比。固宜以進退為心。卞則安坐而不動。惇則備禮而求去。其於上聖之所行。能無正救之心乎。皇太后不宰之功。發於至慈。陛下無已之根。方在舜心。天佑命之。俾我元嗣。慈孝之治。實冠前古。我家之慶。不求而至。此內外之所以歡欣。而和氣之所以充溢也。然而天道難諶。事當儆戒。卞等立其私說。變禮名實。為國政之害者。其大有三。一則以繼述神考為名。遂其說者。謂之不孝。而實有負經之心。二則以厚於先帝為名。遂其說者。謂之至薄。而實有輕欺之意。三則假經義之糟粕。竊安石之緒餘。依語而行。厳惑上下。違其說者。謂之非聖人。加人以至惡之名。陷人以難名之罪。謀發於蔡卞之心。事成於章惇之手。脅持上下。果斷必行。此二人者。外示睽間。而心丁相資。無事則相忘。有急則相應。自然必致之理也。臣十四日密章所論。深思熟慮。然後敢發。在陛下斷之而已。猶豫不決。理必生事。又況今日所行之命。已有可密而不密者矣。機既不密。又不時斷。執中無權。必有後悔。所以念難諶之道。而儆無虞之時者。其可忽乎。願陛下上稟慈闈。熟議而速斷之也。臣愚不勝惓惓愛君之心。

伯雨又論蔡卞疏曰。臣近具劄子言尚書左丞蔡卞持不合之意。處宜去之時。遲徊顧望。復何所待。願以臣章示卞。使卞自為去就。未蒙施行。續具奏狀言先帝嗣位之初。事有更改。大臣之預議論者。卞皆笑其阿隨。疾其姦罔。至于太學之士嘗習詩賦者。卞皆擯之。目為元祐進士。為其徇時而改所習也。今陛下繼志述事。光續前烈。好平惡偏。棄彼取此。凡卞之所謂是者。浸已更改。卞亦懦然而從。不復固執。此與元祐阿隨之臣。殆無以異。躬不自厚。用違其言。動靜失時。因累國體。臣之所論。安可已哉。乞并臣前章。皆以示卞。未蒙施行。續又具劄子言。卞以安石自任。術親倚輩。朝廷誅賞繫其愛憎。人材廢興唯所取捨。矜其執守。堅若金石。時異事變。則隨而不執。默據高位。恬不知動。伏望聖慈特降睿旨。檢會前件劄子奏狀。允臣所請。皆以付卞。使卞自為去就。未蒙施行。續又具奏狀言臣恭惟哲宗皇帝念神考有為之艱。懲元祐紛更之速。篤於繼述。一於委任。七年之間。專用一相。虛心注意。可謂至矣。誤朝迷國。罪在臣下。而議論之人。推考往事。不知先帝聖意。所起詾詾之言。或干陵廟。愛君之士。追痛不已。憤疾章惇欲正其罪。臣謂惇為宰相。既專且久。怨懟所叢。故責固大。此天下之所共喻也。然而惇迹易明。卞心難見。用春秋責意之法。則難見之罪安所逃乎。蓋自紹聖以來。卞以經術自任。以安石自比。託繼述於詔令。寓好惡於刑賞。痛斥流俗。則至於誅絕言路。深嫉元祐。則至於詆毀宣仁。體之大者。唯此二事。末流之禍。不可勝言。凡惇之所行。其謀皆發於卞。立為成說。脅持上下。自謂出於安石。孰敢不信。名曰國是。孰敢不從。惇雖強狠。在其術內。奉行其說。唯恐不及。見責而不知。受紿而不悔。雖窮力極。而尚未改也。昔者王安石嘗謂神考曰。流俗權重。則天下之人歸流俗。陛下權重。則天下之人歸陛下。神考用其說者。所以收天下之權也。自熙寧之末。安石去位。神考操馭臣之柄。不間彼此。用人惟己。立賢無方。熙寧流俗。稍復收召。當此之時。四海之士。皆洗心而自新。願受知於君父。是以天下之權常在神考。然則流俗之所以爲流俗者。神考既赦其往愆而不復罪矣。卞亦何心追咎不已。違神考日新之德。膠熙寧趣變之迹。守此意者謂之守正。立此說者謂之特立。非其類者指爲邦朋。議其失者指爲邦誣。於是用其所謂守正特立之士。去其所謂邦朋邦誣之人。合乎此者我所謂是。不合乎此者我所謂非。總其所謂是。名之曰國是。總其所謂非。名之曰流俗。是以天下之士以流俗見惡者十有六七。既惡其人。因廢其言。持平者謂之兩可。獻忠者謂之誹謗。遂使天下之士箝口結舌。朝廷之所見聞者。不過三數人耳。人人畏禍。誰復敢語。自去年鄒浩既貶。御史所劾。巧於詆旨之外。文致深罪。近自侍臣。遠及寒士。流離竄斥。朝野震傷。以言爲諱。至於如是。安惇之罪。人所切齒。然而見微之士尋考根源。則痛斥流俗本出於卞。及其末流。勢自如此。然則鄒浩之貶有自來矣。故春秋責意之法。不可以不明也。宣仁聖烈皇后有大功德于天下。哲宗皇帝嘗語近臣曰。宣仁婦人之堯舜也。崇報之心。豈有極乎。然以失職之臣不加將順。恨姦黨之得用。憤流俗之見與。章疏密補之言。請降於外。理訴自私之語。深摘其過。設負寃抑。亦不得伸。意識忠義蓋不坐重譴。凡元祐之所行。必掃蕩而後已。如刈草而去其根焉。則宣仁所厚如瑤華者。安得而不廢乎。奉行其事雖在惇等。然而見微之士尋考根源。則深嫉元祐本出於卞。及其末流。勢自如此。然則瑤華之廢有自來矣。故春秋責意之法。不可以不明也。卞以經術自任。以安石自比。而誤朝迷國。乃至如此。禍根罪首。實出其心。公議沸騰。罪不可掩。陛下以天地之度。無所不容。優假大臣。務在體貌。卞於進退。禮當如何。而乃用違其言。恬不知動。是以臣之前章粘請示卞。欲以觀其去就。屢瀆天聽。未賜允從。聖德寬大。非臣淺陋所能窺測。然臣之職事。義不可已。乞以臣章降付三省。未蒙

施行。臣竊惟痛斥流俗。而至於誅絕言路。深嫉元祐。而至於譬毀宣仁。卞唱此說。立爲國是。脅持上下。違天逆人。致使海內有詾詾之言。我家有難處之事。若謂所行皆當。亦宜固守不移。今復安位。隨而不執。大臣如此。尚可與之謀國事乎。臣職在諫省。忝司耳目。凡今日之所極論。皆曩時之所親見。爲國寒心。非一日也。雖聖德寬大。容貸如天。而渠魁脅從。亦當區辨。豈可並赦而俱釋乎。伏望聖慈採恤公議。速示威斷。以警列位。

伯雨再言蔡卞狀曰。臣嘗謂紹聖大臣負誣神考。輕欺先帝。皆託於繼述之說。而唱此說者。尚書左丞蔡卞也。傅會經義。變亂名實。以繼述神考爲名。以纂紹安石爲主。謂熙寧所棄之士皆是流俗。謂神考不能知人。後復收用。致使老姦之類共成元祐之惡。故於元祐之事。如刈草然。然鋤其根。然後王氏之志得盡行矣。此其所以立說之本意也。計畫安排。自有次敘。不動聲色。而其事皆行。則以章惇愚闇。在其術內而不知故也。視其所以。觀其所由。察其所安。則負誣輕欺之迹。皆可見矣。卞當元豐之時。與王震之徒皆自小官驟見超擢。被遇之恩。可謂厚矣。所以報神考者。宜如何哉。元祐之初。國政大改。卞於此時身爲侍從。若使不忘神考。亦當畧吐一言。坐視紛更。曾無獻替。周旋數郡。安佚八年。至先帝躬攬之初。乃政事必更之日。復裕陵之大美。合天下之至公。千載難逢之會。在此時也。卞乃乘時射利。先植其私。薄神考而厚安石。欺先帝而罔天下。元豐舊臣有如此者。不謂之負神考乎。臣竊觀神考有爲之初。王安石呂惠卿相與謀國。共進人材。非安石之所與。朝廷不用也。非惠卿之所取。安石不薦也。此兩人者食息雖異。其心則同。發乎議論。如出一口。及其事久變生。情移意改。勝殊之交。化爲仇讎。一門之士。分爲兩黨。國論爲之詾詾。神考

厭其紛紛。安石一退於鍾山。不復收齒。惠卿宣力于外郡。絶迹廟堂。二人一例見踈。兩黨未嘗偏廢。威福既歸於公上。名器不假於私門。當此之時。四海之士。無彼無此。孰親孰踈。皆洗心而自新。願受知於君父。卞之初進。適在此時。神考自擢而試之。非必私厚於安石。以何窺之審觀之。安石有過。尚不假借。卞若有罪。豈以安石之婿而不敢治乎。神考之所以服天下者公平如此。後嗣之所當述也。卞欲自媒其身。敢為欺蔽。安石際會遭逢之美。挾之而備論。神考抑揚始終之意。掩之而不言。惠卿之所以負安石者。講之詳矣。神考之所以沮安石者。當論之乎。孔子曰。愛而知其惡。憎而知其善。蓋雖聖人不免有過。雖小人未必無善。不以愛憎之私。而變善惡之公者。孔子之心也。神考之與孔子豈異哉。而卞之自立。愛憎誑惑士類。其所愛也。雖惡必取。其所憎也。雖善必棄。愛憎喰徇於安石。取舍顯違於神考。而其

所以上罔先帝而下欺天下者。皆以為神考之心也。不謂之誣神考乎。且神考之志。欲遠繼三代。神考之事。欲永利生民。十九年之間。念念緝熙。日日變通。至于元豐之末。而天下之事異於熙寧者多矣。雖當時奉法之臣。時有誤謬。而聖人救弊之意。未欲日新。先帝繼述之初。但以寬平為務。卞為不道。力沮聖謨。用安石過時之說。改神考日新之緒。凡神考之所以膏潤斯民者。皆以為安石之澤也。神考之所以作新多士者。皆以為安石之教也。立私門之所好以為國是。奪宗廟之大美以歸私史。其意以謂深得安石之道者唯我一人。可以為先帝不召之臣者。亦莫如我。同我者是。異我者非。其所是也。謂之國是。其所非也。謂之流俗。所陳於先帝之前者其道如此。不敬其君。可謂甚矣。不謂之輕先帝乎。神考有言曰。朕惟君子多識前言往行。故能剛健篤實。光輝日新。大哉聖考之訓。後嗣之所宜法也。蓋古之聖賢

非止一人。前言往行。貴乎多識。豈當獨識一安石而已乎。自紹聖以來。王氏之好惡。達于天下。公家之名器。用於私門。以臣敢君。卞變上守。託繼述於詔令。嫁怨怒於同列。以平論為兩可。以稽古為俗學。以直詞為誹謗。以深計為妖言。作於其心。害我國政。自謂經義之大旨他人莫曉。日録之本意。唯我獨知。而所以告乎先帝者。以為繼述之道不得不然。不謂之欺先帝乎。凡此四者。其事皆託於繼述。其說皆唱於蔡卞。上動天變。下失人心。恭惟陛下繼神考之志。述哲宗之事。奉先追遠。不敢少懈。而大臣之中負孤輕欺有如卞者。赦而不治。不是為寬。伏望議正典刑。以厭公議。

伯雨又言曰。臣近聞王安石家乞納所賜第宅。或云是安石妻吳氏之請。或云是蔡卞之請。得於傳聞。未知孰是。以事驗之。皆蔡卞之謀也。頃者賜第之時。人已竊議非朝廷之所當與也。非王氏之所當受

也。又王珪故第。亦蔡卞之所當惡也。卞於受賜之初。見得忘義。既享其利。又何辭焉。無乃去位不平。而有怨懟之心乎。昔熙寧末。王安石辭位。御史中丞鄧綰上章乞留安石。其說有三。一曰請賜第。二曰擢其壻蔡卞經筵。三曰除其子雱館職。以謂行此三事。則安石必留眷。神考曰。有是哉。安石之意。卿何以知之。綰曰。安石門人為臣言。神考曰。門人謂誰。綰初不言其姓名。神考再三詰之。綰乃以實告曰。練亨甫。明日兩府奏事退。神考留宰相吳充具言其事。且謂充曰。只非端意。使安石知之。充見安石。如上旨。安石大駭。即上奏其略曰。伏聞御史中丞鄧綰為臣求賜第。及為臣子雱及臣壻蔡卞營差除事。若綰如此。則是臣臥病於家。而使綰為臣遊說也。神考批其奏曰。鄧綰練心傾僻。賦性姦回。論事薦人。不循分守。可落御史中丞。差知虢州。練亨甫罷為漳州軍事判官。聖訓如此。天下傳誦。紹聖中。卞為執政。光

除滂秘書省正字，然後以王珪故第賜安石之家。縮所請三事無不行者，卞之私意可謂得矣。然而臣謂非朝廷之所當與者，以神宗無欲與之意也；非王氏之所當受者，以安石無敢受之心也。又況王珪故第，本以罪奪，奪彼與此，皆出於卞。雍熙中，盧多遜既貶崖州，樞密副使柴禹錫為宋琪請多遜故第。太宗曰：多遜犯罪籍沒，琪為宰相，曾不避惡，豈大臣之體乎。於是太宗雖以宅賜宋琪，而薄此兩人，同時黜罷。先帝以王珪之故第賜卞妻家，與而不吝，得太宗之心矣。卞亦何顏無所避惡。況在先朝，則安享無故之利；至于今日，則又無故而辭。既受忽辭，不為無意。願下臣章三省，併議典刑，庶使輕君自恣之臣，知所懲艾。

伯雨又言曰：臣近者五具奏狀劄子，為言蔡卞事，皆未蒙施行。按卞迷國不道，以私滅公，知有王安石，不知有神考。陰謀密計，迹不可見，

而國家大患，皆生於卞。神考在位十九年，凡潤澤生民之事，卞皆掠為安石之美，其理乖倒，不可以訓示天下。然而所行之事，皆以繼述神考為名，故天下之人無敢議者。且如元祐章疏，皆是當日臣僚納忠之言，卞以私意諷諭，請降于外，取捨簡擇，專任己見，以言為罪，公然行遣，以戒天下敢言之士。遂使進言之人所入文字，惟乞留中，不敢深說，此豈一朝一夕之患哉。初元豐得罪之人，元祐許其理訴，所以通冤抑而盡下情也。進狀之人，各求辨雪。既是詞訟之處，語豈有先王之法言。卞以私意諷諭，字字點檢，一語不當，便加黜罰，非獨杜絕訴冤之士，亦以羅織無罪之人。卞雖快意於一時，而深為朝廷之後患。然其立說，以謂章疏之言，譏毀神考；理訴之事，形迹先朝，必須如此施行，方名繼述之義。既以此說脅持上下，於是人皆杜口，而逆其所行，左遮右防，不犯其手。故臣前章以謂惇迹易明，卞心難見。堯舜黜幽之典，必黜難見之罪；春秋誅意之法，必罪造意之人。陛下聖學高明，洞照今古。堯舜之所不赦，春秋之所必罪者，亦聖時之所宜行也。且卞之自比安石，似是而非，欺惑上下，人所切齒。故臣之前章先論其所以似是而非者，然後因流俗元祐之說，以明其罪。蓋救其末流，不若先塞其源；剪其枝葉，不若先鋤其根。卞之所以自托於安石者，蠹國害政之根源也。臣安敢舍此而論其末乎。伏望檢會前章，皆付三省，特降指揮施行。

徽宗即政，納用讜論。伯雨首擊章惇曰：惇久竊朝柄，迷國罔上，毒流縉紳，乘先帝變故倉卒，輒逞異意，睥睨萬乘，不復有臣子之恭。向使其計得行，將寘陛下與皇太后於何地。若貸而不誅，則天下大義不明，大法不立矣。臣聞北使言：去年遼主方食，聞中國黜惇，放箸而起，稱甚善者再，謂南朝錯用此人。北使又問何為只若是行遣。以此觀

之，不獨孟子所謂國人皆曰可殺，雖蠻貊之邦，莫不以為可殺也。章入上，貶惇雷州。

伯雨又論章惇劄子曰：臣聞道合則從，不合則去。非特君子保身之義，是亦人臣事君之禮。義所以明可否，禮所以別嫌疑。見可則行，有嫌則避，此大臣之所當知也。臣伏見左僕射章惇獨宰政柄，首尾八年，迷國誤朝，罪不可掩。天下怨怒，叢歸一身。自陛下臨御以來，海內之人，欲甘心於惇者，如蝟毛而起。賴聖度包容，愛惜事體，故惇雖求去，而聖恩不許。臣竊以謂惇之求去，是也；陛下之不許，非也。先皇帝奄棄天下，海內謳歌歸于有德，皇太后順自然之敘，合天下之公，倚成于天，躬定大策。惇於此時，意語乖倒。陛下以天地之量，置其言於度外，益加禮貌，如恐不及。自古人君寬仁大度，未有如陛下今日者也。然而惇處可嫌之地，持不合之意，察其愧謬，無以自容。故先帝之

陵土未復而惇欲委使事而去也夫泰陵命使朝廷之大典送往慎終臣子之厚意惇於泰陵豈不欲致其厚哉勢不可留知難而去苟之公議可許無疑但令使事不乏則朝廷之大典舉矣然則惇之去留國體所繫臣願陛下速發德音允其所請

伯雨又論章惇疏曰臣竊以姦邪所為始終可見平居無事則賊害忠良倉卒遭變則輕亂名分蓋輕亂名分之心素包蓄於賊害忠良之日幸時有故莫不我制則據袂向前殊無顧忌原情定罪法當誅戮謹按武昌軍節度副使潭州安置章惇身為上宰久擅國柄迷國罔上毒流搢紳自哲宗疾勢彌留中外洶懼惇為宰相自當引天下大義乞立陛下為皇太弟以繫人心以安國勢持危扶顛輔弼之任惇懷異意謾不恤此及至陛下即位尚敢簾前公肆異議逆天咈人輕亂名分眦睨萬乘不復有臣子之恭驕蹇固位久不忍去人言交

攻僅乞外補雖陛下聖度天覆置而不問然名分二字萬世大法行道之人知不可犯豈容姦凶輒爾輕亂陛下安得曲貸以失典刑哉臣伏願陛下早正惇兩觀之誅或從矜容乞投海外以正紀綱以慰人望以示萬世姦邪之戒天下幸甚

伯雨又論章惇疏曰臣聞古人有言曰慮善以動動惟厥時時至不行反受其殃此忠臣之所當行而明主之所宜慮也章惇罪惡既大陛下不復聽信猶在相位豈所宜哉且惇嘗求去而陛下不許此固是以彰聖人寬大之德然而疑則不用用則勿疑乃聖主任臣之法疑而用之實為不可陛下之所以未從其請者不過以先帝山陵在近不欲以使事改付他人而已若審如此所謂執一而廢百也祖宗故事山陵命使必以先朝宰相是以丁謂既去則改命馮拯王珪既死而蔡確代之拯之與確皆是舊相當時若無舊相亦須改命他人執一守株非所以權大事也今自惇之外先朝舊相未致仕者更有一人范純仁是也雖以姦黨得罪而天下皆以為賢雖有目疾而其心不盲陛下若舉而相之可以收天下之心昔先帝起惇於謫籍之中欲用純仁自有此例若純仁以疾不來則是去就在純仁者也擢任輔相事出獨斷自唐以來雖見任宰相不得預聞臣以孤外之蹤遽敢及此者臣非敢薦純仁也為陛下思所以去惇之策無出於此也臣請縷縷言之蓋自紹聖以來蔡卞造作姦言假託經義負誣神考輕欺先帝唱為國是以行其私凡惇之所行為天下之害者其謀皆發於卞干紀紊政其事不一然原其乖背之始則不過妄論繼述兩字而已用孟莊子之小孝違武王之大孝務以惡名脅持上下二聖已察其欺偽而卞等不悛持此益固論夫婦之終始語兄弟之厚薄陰謀密計何所不至當此之時陛下若斥逐章惇而不以宰相為

山陵使彼必以謂陛下不厚於泰陵矣然則惇未可以斥逐也今其請去則不可不從也永泰陵使未可以他人為也然必先朝宰相為之然後可也設使惇未肯求退則在陛下似亦難處今惇自請則不過許之而已矣何所疑哉然而欲命先朝宰相以代山陵使則捨范純仁其誰乎臣謂陛下若相純仁則可以慰天下思賢之心可以示二聖用平之意可使有罪之人必無反側則是一舉而眾美具也出命之日永泰使事權付先朝執政以待純仁之來若純仁不來則權付之人自可行矣非是不使舊相蓋由舊相辭免則次官將命於理為順又況純仁目疾自不妨陛下他日別命宜相之人也臣愚不避小嫌竭忠盡慮若蒙省察速使惇去左右則忘身徇國之人始敢安枕而臥矣時不可失機不可玩願陛下深念而決行之也天下之故反覆無常當以人事輔成天意古人既往之迹可證可驗非臣筆端

所可具述。臣不勝拳拳愛君之心。惟陛下赦其僭易。采其所言。斷而行之。天下幸甚。

貼黄。臣十一日劄子云。祔廟以前。且當明辨邪正。躬攬以後。乃可大明黜陟。誠恐惇等未去之時。機事不密。為害不細。伏望陛下用臣前章。且以職名出惇于外。然後合集衆智。共議典刑。緩而不迫。舉事必當。先朝宰相蘇頌致仕。命為中太一宮使。純仁若以疾不來。則此例似可行也。若得純仁居京。則有事可以訪問。養老乞言。無大於此。何必過示優假。如司空重事之類。使其處此而不安乎。范純仁乃臣妻黨之親。臣雖未識純仁之面。而今日之言。不能無嫌。臣不敢以小嫌而廢公議也。

伯雨又論章惇狀曰。臣聞人臣之功罪。未論則不明。朝廷之威罰。未斷則不行。陛下臨御以來。於群臣之功罪。論之明矣。然於有罪之人

未行誅罰者。所以順太母之慈。而成坤德之靜也。今躬攬之初。當示威斷。雷霆之擊。宜自近始。臣伏見左僕射章惇罪惡顯著。久稽天誅。方哲宗大漸之時。太母定策之際。惇為宰相。首發異議。一語乖倒。毒含誅殛。陛下以天地之量。置其言於度外。勉加優禮。如待功臣。容德之大。古無有也。按惇獨宰政柄。首尾七年。隨其喜怒。恣作威福。助尊私史。則至於薄神考。矜伐己功。則至於累宣仁。幾於用兵。大開邊隙。陝西之民愁矣。而進築不已。內府之財竭矣。而輦運不休。忘祖宗積累之艱。輕朝廷根本之地。謂人之怨怒為當爾。謂天之譴戒為偶然。斥公論為流俗。以獻忠為誹謗。縱張天悅之徒。以箝衆口。廣鄧浩之獄。以絕言路。天下震駭。人多自危。賴宗廟之靈。不廷不虞之變。幸未發耳。哲宗一於委任。何負於惇。惇負哲宗。乃至於此。雖陰謀密計發於蔡卞。而力行果斷。惇實主之。用春秋誅意之法。則罪卞可也。任扶危持顛之責。則非惇而誰。然則卞為謀主。惇乃罪魁。殲厥渠魁。理不可赦。今惇仰恃容貸。謀脫身禍。自謂前日之事。皆稟命於哲宗。職當奉行非惇罪也。嗚呼。罪不在惇。其在誰乎。忍為此言。重可傷歎。孔子曰。善則稱君。過則稱己。則民作忠。前日之事。獻可替否。假有不售。忠臣之義。猶當歸過於己。又況哲宗本意。不為已甚。故惇之所謀。多不見從。臣請以二事驗之。可以考其餘矣。乃者宣訓之謗。究治之事。喧播中外。上干宣仁。高氏一門。幾不獲免。主張保全。力沮其說者。以哲宗本意不為已甚故也。元祐大臣。初議誅滅。及其流竄。尚欲勦除。然而臣下之意。竟不得行。梅嶺以南。猶有全活而北歸者。以哲宗本意不為已甚故也。今事出哲宗者。則託於密贊。而掠為已功。己之所行。則託於稟命。而歸之先烈。所可痛心。孰大於是。漢之匡衡事成帝為丞相。畏顯用事。不能正救。乃於成帝既沒之後。論顯不忠之罪。揚著

成帝之失。王尊劾衡。以為卑君尊臣。非所宜言。天下後世。以尊為是。又哀帝之初。臣下謗議多及成帝。獨議郎耿育以謂事不當時固爭。防禍於未然。各隨指阿從。以求容媚。晏駕之後。尊號已定。萬事已訖。乃追探不及之事。訐揚幽昧之過。此臣所深痛也。今惇於往事。每有匡衡歸過之心。而獻言之人。未聞耿育深痛之議。其何以稱陛下欽承繼述之意乎。臣每因奏事。屢奉德音。陛下語及哲宗。則聖顏慘動。感戚之意。形于稅章。篤於天倫。實出聖性。厚天下之俗。正賴乎此。然而惇猶充位。威斷未行。故廉讓之風。尚未消沮。而仁厚之化。所以未孚于天下也。宗廟之輕重。主威之強弱。皆繫陛下所以處惇者如何而已。安危之機。不可不慮。且陛下初去蔡卞。為其薄神考也。次責邢恕。為其累宣仁也。惇負哲宗。其惡尤大。今若正此之罪。則君道永正。母道永尊。而繼述之義。永無憾矣。伏望陛下躬攬之初。先正惇罪。雖

用祖宗之意，不殺大臣，而流竄之刑亦有近例。惟速示威斷，以協公議，天下幸甚。

伯雨又論章惇疏曰：臣聞國體無安，不宜輕動；公論可畏，在所當恤。今章惇求去而陛下不許，豈非以先帝山陵未畢，先朝宰相不可遽罷，所以卹公議而戒輕動耶？聖慮如此，真得堯舜之用心矣。然而惇自求去，非我先動者之公論，必無閒言。若徇區區之小嫌，而玩機不察，臣恐執中無權，而後必悔也。且王珪子孫既許叙復，則元豐定策之事，邪怨鑿空之言，所干連者豈特一人而已哉？且前年彗星之變，過九月三日而後沒者，天之垂象，豈無意乎？宣仁功德甚大，自三代以後無有倫比，而用事之臣譬毀侵陵，無所不至，乃以優贈厚賞追報邅裕，彼邅裕小言何益於國？念小忘大，理實乖倒。宣仁之功德未明，則人心不順，天怒不息。王珪一門之寬，何足道哉？臣恐鑿空矜誕之徒，隱心日慮，用奇救過，為國生事，方且憂之。又聞何大正被賞，而外議洶洶，皆有瑶華復位之言。臣實過慮，方寢方食，未嘗頃刻而忘此也。夫下之從上，不從其令而從其風旨。是以宣帝先求故劍，而人知許后之得立；高祖先封雍齒，而能使仇怨皆喜。古之明君，凡作一事，先示一意，意行而天下安之，然後出令。若命令未出，而所示之意先使人疑，臣以為過矣。易曰：無咎者，善補過也。臣謂今日補過之術，莫若早出蔡卞，而遠逐章惇之請，無使玩機而起悔，養姦而生事也。且二人雖留，陛下既已疑而外之矣，豈有疑外大臣而可以為朝廷之體乎？唐德宗時，陸贄、趙憬皆為宰相，德宗使人謂陸贄曰：重要之事，勿對趙憬陳論，當密封手疏以聞。陸贄不以為然，上疏諫曰：是於心膂之內而有形迹之拘，職同事殊，鮮克以濟，恐乖無私之德，且傷不吝之明。蓋堯舜之治，左右大臣，都俞吁咈，無不僉同。祖宗任人，以

此為法。疑則不用，用則不疑，是以上意不偏，下不為黨。我太宗之識靈州也，張洎請別為一疏陳利害，而呂端執奏以為不可。蓋德宗之所以語陸贄者，有形迹之拘；而呂端之所以告太宗者，則僉同之義也。蓋謀及腹心，則貴於當密；而股肱之運，則不可偏舉。今陛下既用大臣，而使與惇等共評國事，一信一疑，能無彼此厚薄之間乎？是則去邪不果，反累國體，所全者小，所傷者大。擘若可去者，使之速去；華其乖爭之風，可用者信而後用，乃有僉同之望矣。如此，則事無兩可，下必同心。又陛下即政之初，人有向背，聖意之所欲行，大臣莫肯至應，不免從中批出，庶可不敢異同。此足以濟一時之權，未可為永久之法。臣願陛下速示睿斷，早去惇、卞，然後慎擇可信之人，共講日新之政，勿求近效，示乃遠猷，不過數年，天下治矣。伏望上稟慈闈，議其當否。臣愚妄論事幾，惟陛下裁赦，幸甚。

伯雨又論章惇、蔡卞疏曰：臣先累有奏狀，言章惇、蔡卞迷國罔上，脇持哲宗以不孝之名，迫懼哲宗以不刹之實，激哲宗使怨惑，哲宗使疑。謗毀宣仁聖烈保祐之功，傳致元祐皇后疑似之罪，引功自處，歸過哲宗，挾天子賊害忠良，肆譏訕覬危神器。自古姦臣為害，無甚於此。去年上封事數千人，人乞斬惇、卞，天下公議只此可見。蓋卞謀之，惇行之，蔡卞之惡有過章惇。臣前來奏狀已言之，今更詳具大事六件如後。

一、元祐六年，哲宗皇帝始納元祐皇后，前此未納后時，禁中嘗求乳婢。諫官劉安世等連上章論列，皇帝既未納后，不知宮中求乳婢何用。宣仁聖烈令兩府宣諭，是外家高氏所覓，安世乃止。紹聖初蔡卞還朝，論及此事，以為宣仁有廢立之意，乞追廢為庶人。

一。自紹聖已來竄逐臣僚，應哲宗皇帝批出行遣者，並是蔡卞誣罔先於哲宗前密啓進入劄子，哲宗依劄子上語言批出，至今劄子見在。

一。紹聖三年，宮中厭勝事作，哲宗方疑，未知所處，章惇欲召禮官法官共議，蔡卞云：既是犯法，何用禮官，乃建議乞掖庭置獄，只差內臣推治，更不差有司同勘。若非蔡卞建議，哲宗必未廢元祐皇后。

一。編排元祐中臣寮章疏，乃蔡卞建議，卞與蹇序辰自編排，惇不曾與。及卞具姓名乞行遣，惇即奉行。

一。鄒浩以言事忤旨，蔡卞即首先奏云：呂公著曾薦浩，浩以此誣譏，故哲宗愈怒，遂編管浩。卞又執奏乞治浩親故送別之罪，哲宗不從，三次堅請，乃許置獄。

一。蹇序辰乃卞死黨，首建看詳理訴之議，安惇助之，章惇遲疑未許，卞即以拆公二心之言迫之，以此惇即日差官置局，凡此皆蔡卞謀之，章惇行之也。蔡卞陰狡險賊，惡襟滔天，惇雖凶狠，每為制伏，執政七年，門生故吏，徧滿天下，今雖薄責，如卞在朝，人人惴恐，不敢回心向善，朝廷邪正是非，不得分別，馴致不已，姦人復進，天下安危，殆未可保，只如去年臣僚上言蔡卞之惡過於章惇，乃自太平州移池州，流順三程，一日可到，愚弄朝廷，僅同兒戲，蓋人人畏附惇卞，至今未已，故寧負陛下，不負惇卞。大姦元惡，未正典刑，人情憤歎，天象示戒，故自今年正月至今兩月陰雨，蓋蒙氣之證，於此可見。昔周饑，克商而年豐；衛旱，伐邢而得雨。今惇自以異議當受大戮，所有卞惡伏乞陛下早賜宸斷，明正典刑，以答上天，蒙氣之證，俟正惇卞典刑之日，乞陛下差人於朝堂道路間采聽，若人人不相賀，臣甘伏罔上之罪。

伯雨又論郝隨特許復官狀曰：臣伏見進奏院報，郝隨特許復官，中外聞之，莫不駭歎。竊以郝隨當哲宗盛德，起哲宗侈心者隨也，月臺玉虛之作，窮奢極侈，殫工盡巧，以冀土用邦財，以冠警用民力，不經有司，擅自支費，因緣為姦，乾沒無限，以至內帑珠金，率意取之，並無歸著，此天下之所知，陛下在潛邸之所目擊也。陛下即位，灼見時事，罷繕修之役，毀侈靡之觀，天下聞之，莫不鼓舞，方且薄責，未正典刑，命有司驗磨支用之費，珠金之數，而有司小人，不能上體陛下恭儉恤物之意，一切觀望，略不根究，人人聞之，莫不扼腕。今日郝隨叙用，是國家帑藏可以私取，朝廷典刑可以人廢。昔仁宗皇帝即位之初，見真宗末年修蓋宮觀窮極土木，顧謂輔臣曰：當時何人執政，何人監修造，誠可罪也。宰相呂夷簡曰：當時修費，至今帑藏一空。仁宗曰：朕當以此為戒。夫侈靡溺心，古今所患，苟有斯人，誠為國賊。昔太宗時姜確有巧思，善於營造，魏元成作相，顧斥遠之，恐起侈心，以興工役，則自古君臣所為，及祖宗所行，亦可見其遠慮矣。臣願陛下深思遠慮，屏絕倖人，亦足以使左右近習不敢以親近竊威權，不敢以非道誑聖意，恭儉之德，自此日新矣。

左司諫陳瓘論章惇罪大責輕乞行流竄狀曰：臣伏覩初八日制書，章惇落左僕射，知越州，臣竊惟惇之大罪多矣，陛下以天地之量，含容假借，累月于此，竟緣奉使亡狀，黜而去之，事干泰陵，則不敢赦，威斷如此，可謂是矣。按惇初唱異議，欲援大策，久稽天討，公論沸騰，臣亦屢以為言，而陛下諭臣曰：惇負哲宗，其罪固多，朕之初政，方以百姓為心，豈欲以己事責人，愚臣仰奉聖訓，退而歎息，知孔子之無我，毛氏之外其身，惟博大聖人乃能與此，彼漢唐自私之君，計功論罪取快一時。先一身而後天下者。有愧於今日矣。孟子曰。民爲貴。社稷次之。君爲輕。古之明王。後其身而先天下者。其說蓋本於此。陛下不欲以己事謫惇。而以百姓爲重。得孟子之心矣。若非聖學高妙。自臻于此。豈臣下之所敢言乎。然方陛下踐阼之始。四海之安危治亂在此一時。是乃宗社之所繫。豈獨陛下之己事。天下神器。非私物也。不以己事。豈足以爲公乎。然則以道制情。公而不私者。在

陛下用刑而已。開成之責李珏。紹聖之貶王珪。古事可考。近例甚明。然李珏所言猶是文宗素定之意。武宗怒之。遂有昭州之命。王珪所言。非是議前親奏之語。言者誣之。猶有萬安之貶。今惇心造其謀。非珪意也。躬奏其語。非珪言也。然則惇罪之大。異乎珪珏。但奪相印。安可已乎。況惇將命不敬。露宿著一夕。爲相無狀。誤朝者七年。所以負哲宗者非一事也。越州之命。指其一事而已。執一廢百。加以私宥。用刑如此。其何

以服天下乎。臣願陛下斷自宸衷。降出臣僚前後章疏。特行流竄。以厭公議。謹錄奏聞。伏候敕旨。

翟又言。邢恕以反覆詭詐。得罪先朝。乞原情定罪。狀曰。臣伏見龍圖閣待制新差知荊南府事邢恕。昨者自謂親聞司馬光所說北齊宣訓事。謂光等有凶悖之意。遂以其語告于章惇。而光及范祖禹等緣此貶竄。又以文及甫私書達于蔡確。母明氏。謂劉摯梁燾王岩叟皆有姦謀。而摯等家族幾至覆滅。今朝廷赦宥光等。盡復其官。矜恤之恩。徧及存沒。則是恕前日之所行。不爲陛下之所信也。按恕常以反覆詭詐得罪先朝。昔滑說跪自列之言。今可考也。恕之得罪於公議固亦久矣。今寵以華職。付以大藩。中外沸騰。不以爲允。伏望聖慈。特降睿旨。原情定罪。以協公議。謹錄奏聞。伏候敕旨。

歷代名臣奏議卷之一百八十一

歷代名臣奏議卷之一百八十二

去邪

宋欽宗靖康元年。左正言崔鷗上奏曰。臣伏覩詔書。詔諫臣直論得失。以求實是。此見陛下求治之切也。然數十年來。王公卿相皆自蔡京出。其餘擢居要路。以待相繼而用者。又充塞乎臺省。要使一門生死。則一門生生。一故吏逐。則一故吏來。更持政柄。互秉鈞軸。歷千百年無一人立異。雖萬世子孫。無一人害己。此蔡京之本謀也。安得實是之言聞於陛下。且如馮澥近日上章。其言曰。熙寧元豐之間。士無異論。太學之盛也。此姦言也。昔王安石用事。除異己之人。當時名臣如富弼韓琦司馬光呂公著呂誨呂大防范純仁等。咸以異論斥逐。布衣之士。誰敢爲異乎。士攜策負笈。不遠千里。游乎學校。其意不過求仕官耳。安石著三經之說。用其說者入官。不用其說者黜落。於是

天下翕然雷同。不敢可否。陵夷至于今大亂。此無異論之大效也。而尚敢爲此說以熒惑人主乎。又崇寧以來。博士先生狃於黨與。各自爲說。附王氏之學。則詆毀元祐之文。服元祐之學。則詆誚王氏之說。尤爲欺罔。豈有博士先生敢有爲元祐之學。而詆誚王氏之說乎。自崇寧以來。京賊用事。以學校之法馭士人。如軍法之馭卒伍。大小相制。內外相轄。一有異論居其間。則累及上下學官。以黜免廢錮之刑待之。其意以爲一有異論。則己之罪必暴於天下。聞於人主故耳。博士先生有敢詆誚王氏者乎。欲乞下太學取博士講解覆視。則澥之說誣見矣。至如蘇軾黃庭堅之文集。范鎮沈括之雜說。畏其或記祖宗之事。或記名臣之說。於己不便。故一切禁之。坐以嚴刑。示以重賞。不得藏匿。則禁士異論。其法亦已密矣。澥言爲元祐之學。詆誚王氏之說。其欺罔不亦甚乎。欺罔之言公行。則實是何從而見也。然先王

之求實是亦有道矣皇帝清問下民周官詢于衆庶孟子不以左右卿大夫之言為然必詢于國人則實是見矣臣乞以澥所上言章并臣之章垂于象魏揭于通衢以驗國人之論而賞罰之以戒小人欺罔君父者此陛下之福天下之幸也

鶡又論馮澥狀曰臣近上章論諫未蒙施行澥復遷吏部侍郎此士論之所共憂臣適當言責不得而已也觀澥之意不過於拘以熙寧元豐之法為治緣澥乃熙寧元豐人材之一也已之説行則身安已之職廢則身危非為國家忠計此天地否泰所係國家治亂之所自分不可忽也昔在仁宗英宗時選天下敦朴敢言之士以遺子孫而王安石用事皆目為流俗之人盡逐去之乃自為新說以造士號為新美之材充塞于朝廷而人主不聞天下之安危矣元祐之初相司馬光收仁宗英宗時人才用之故宣仁聖烈皇后擁少主不出簾帷而天下治問其四夷則率服矣問其盜賊則消弭矣問其軍士則豫附矣問其百姓則富樂矣當是時天下之勢安於泰山及章惇用事斥之於炎荒瘴海之外蔡京陰蓄異圖兇謀益熾於是盡收熙寧元豐時人材用之誘以美官餌以厚祿於是海內小人波蕩而從之萬口一詞迭相唱和為紹述之論以誑惑人主紹述一道德而天下一於諂佞矣紹述同風俗而天下同於欺罔矣紹述理財而公私竭矣此用熙寧元豐人材之效也譬之治疾一醫治病而病愈一醫治病而病壞此賢否不待較而明也且元符末以連年四月朔日食四月者正陽之月古人所忌詔求直言應詔上書者數千人蔡京因此以除去異己者乃遣腹心之黨考定之分邪正二等同己者為正異己者為邪澥與京同者也故列於正等擢以不次而異於京者京皆指以為邪陷於罪戾凡數千人近者上皇下責躬之詔其言以求直言奪於

權臣及歸咎建議臣僚然則前日附會蔡京遡為上書正等之人皆今日之罪人也陛下嗣服之初天下覩陛下好惡是非以卜世之盛衰今用蔡京正等之人非上皇悔過之意天下之士聞之解體矣同已為正異己為邪澥與京同者也故列於正京之術破壞天下於茲極矣尚忍使其餘蠹再破壞耶京姦邪之計大類王莽而朋黨之惡則又過之願斬之以謝天下累章極論時議歸重

諫議大夫楊時論王安石學術之謬奏曰臣伏見蔡京用事二十餘年蠹國害民幾危宗社人所切齒而論其罪者曾莫知其所本也蓋京以繼述神宗為名實挾王安石以圖身利故推尊安石以王爵配享孔子廟廷而京之所為自謂得安石之意使人無得而議其小有異者則以不忠不孝之名目之痛加竄黜人皆結舌莫敢為言而京得以肆意矣然則致今日之禍者實安石有以啓之也謹按安石挾管商之術飾六藝以文姦言變亂祖宗法度當時司馬光已言其為害當見於數十年之後今日之事若合符契其著為邪說以塗學者耳目敗壞其心術者不可縷數姑即其為今日之害尤甚者一二事以明之則其為邪說可見矣神宗皇帝常稱美漢文惜百金以罷露臺曰朕為天下守財耳此謹乃儉德惟懷永圖正宜將順安石乃言陛下能以堯舜之道治天下雖竭天下以自奉不為過守財之言非正理曾不知堯舜茅茨土階未嘗竭天下自奉其稱禹曰克儉于家則竭天下以自奉者必非堯舜之道其後王黼朱勔祖其說以應奉花石之事竭天下之力號為享上實安石竭天下自奉之說有以唱之也其釋鳧鷖守成之詩於末章則謂以道守成者役使群動泰而不為驕宰制萬物費而不為侈夫鳧鷖之五章特曰鳧鷖在亹公尸來止熏熏旨酒欣欣燔炙芬芬公尸燕飲無有後艱詩之所言正謂能持盈則神祇祖

考安樂之。而無艱難耳。自古釋之者。未有為泰而不為驕費而不為侈之說也。安石獨倡為此說以啓人主之侈心。其後蔡京輩輕費妄用。專以侈靡為事。蓋祖此說耳。則安石邪說之害。豈不甚哉。臣伏望睿斷王安石學術之謬。追奪王爵。明詔中外。毀去配享之像。使邪說淫辭不為學者之惑。實天下萬世之幸。疏上。安石遂降從祀之列。

監察御史范宗尹乞革欺罔之風。上奏曰。臣竊謂方今天下之事可革者甚衆。而欺罔之風革之尤不可緩。夫鹿之與馬。相去遠矣。然高謂鹿為馬。而二世惑焉者。蓋以天下而欺一人故也。以天下而欺一人。其禍可勝言哉。臣觀國家自崇寧以來。上自宰輔大臣。下至州縣賤吏。莫不以欺罔相尚。是以財用匱竭。生靈愁痛。災異數見。盜賊群起。而道君不知也。前日之禍職此之由。今陛下纘紹之初。國步艱難之際。正當明四目達四聰之時。而臣下尚有肆為欺罔者。使此風復

熾。則天下之禍將有甚於前日者矣。願明詔臺諫。自陛下即位以來。中外之臣。有曾為欺罔者。事無巨細。已敗未敗。悉仰搜舉彈奏以聞。然後聲其罪於天下。而重加誅責。使天下曉然知欺罔不可復為。則陛下深仁厚澤得以究矣。

欽宗時。侍御史李光論王雲等劄子曰。臣近合臺諫官論列童貫開邊生事。擁兵南壽。罪積惡大。黨類實繁。雖難以盡行究治。亦當擇其蹤跡暴著助成姦惡者。顯戮一二。以為搢紳之戒。如同簽書樞密院事宇文虛中。給事中王雲是也。燕雲之役。二人參議幕中。實為謀主。貫固未嘗知書。每奏報朝廷。一時欺謾誇誕之言。皆出其手。虜騎入寇。隨貫馳入都城。張大聲勢。決東幸之策。朝廷震驚。進虛中為資政殿學士。充撫諭使。雲為給事中。奉使募兵。當危急之時。四方勤王之師未有至者。陛下躬宵旰之憂。大臣竭日夜之慮。二人既以計脫。擁兵自衛。徘徊近畿。陰拱以觀成敗。及聞西兵稍集。和議已定。單身入城。復援要近之士諭詔諛臾不憤歎。樞密本兵之地。瑣闥清近之班。儻使此流冒居。將何以責士大夫守臣節者乎。恭惟陛下嗣位之初。四方之人延頸跂踵以望新政。所與謀議獻納者。不過二三執政大臣與兩省侍從。尤當選忠賢以副人望。治亂安危之機。實在于此。如虛中等姦欺詭詐。為臣不忠。乃復崇獎進用。如此。臣恐遠方聞之。人人解體。伏節死義之士。亦不復為陛下用矣。伏望斷自宸衷。重行竄斥。以解天下之疑。不勝幸甚。

光再論王雲等劄子曰。臣近嘗論列同簽書樞密院事宇文虛中給事中王雲。身為士大夫。職列侍從。朋附童貫。贊助開邊。使兵連禍結及虜騎內寇。朝廷憂危。將命募兵。逗撓不進。前後臣寮交章。虛中雲罷。與王蕃等。蕃已責授散官安置。議者猶謂輕典。獨此二人敖而

不誅。已駭物論。今乃反寘近列。居密勿獻納之地。急則用計而脫禍。緩則詭辭而冒榮寵。專為身謀。無復人臣之節。蓋近年以來。士大夫交結宦官。浸以成俗。虛中為翰林學士。雲為中書舍人。皆朝廷華選。貫皆倚為腹心。每用兵行師。皆有將帶。前去之語。靦顏就道。曾無愧恥。陛下初即大位。拔用人材。宜以禮義廉恥風厲士類。若不痛加懲艾。則後來者更相倣傚。廉恥之道愈喪。而禮義之俗浸隳矣。夫人君養士之廉恥。所以重其國。士之有廉恥。亦所以重朝廷。唐李鄘恥為吐突承璀所引。卒辭相位。史氏書之以為美談。今虛中輩姦纖趨利。庸近允鄙。交結近習。迹狀明白。辱國甚矣。伏望檢臣前奏付外施行。早賜罷黜。以厭公論。不勝幸甚。

光又論曾紆等劄子曰。臣惟國家之興。神聖相授。專務愛育元元。以固邦本。而四海之廣。所與共治以惠養斯民者。尤在於守令監司之

職。委以刺舉。實外臺耳目之寄。專以按察州縣者也。其任顧不重哉。伏自陛下即位以來。號召天下豪傑之士。聚之朝廷。而貪汙不法之吏。多在外服。或倚勢作威。或倚法害下。誅求掊斂。靡有藝極。使遠方之民。無所申訴。朝廷何賴焉。臣伏見江西轉運曾紓。福建轉運趙岍。唐績。提舉市舶張佑。提舉廣東香鹽黃昌衡。府界提舉常平陸棠。皆緣交結權倖。以職取名位。邪佞凶狡。素無廉聲。皆不足以當一道之寄。岍續遠任福建漕臣。朝廷近差陳璘等為代。遂通賄賂於梁師成。以造茶為名。不肯離任。佑本泉州大商。今市舶廨治乃在泉州。背公營私。何往不可。近聞營造第宅。盡令屬邑科買材木。贓汙不法。一方之民。咸受其弊。昌衡棠皆奴事朱勔。昌衡頃知秀州華亭縣。抑勒人戶依等第科買白鶴。每隻至有百餘千者。自秀至蘇。花石舟舫絡繹不絕。遂就除本州通判。益肆掊取。東南之民。莫不憤怨。棠知平江府長洲縣。專一勾當朱勔家事。民間訟牒。悉委佐官。平江地瀕太湖。勔田產盡在長洲縣。多被水患。民間不肯承佃。棠既為抑勒上戶佃種。稍不承認。即枷項送獄。承認之後。永無脫期。至破家蕩產。賣妻鬻子。猶監錮不已。良民妻女。稍有姿色者。必多方鉤致。百姓田園。號為膏腴者。必竭力攘取。以搜尋奇玩而發人壠墓者有之。以訪求古物而掘人冢墓者有之。紆故細布之子。因謟事官進職。賜帶。頃任楚州及鎮江府通判。皆以本州娼女自隨。暫罷舉之而去。惟薄荒穢。父子聚麀。尤為清議之所不容。伏望聖慈特降睿旨。盡行竄斥。以正刑書。仍乞精擇廉幹修潔素有風力之人。以充監司之選。庶幾朝廷惠澤得以下究。細民疾苦得以上聞。仰副陛下勤恤民隱之意。天下幸甚。

先又論朱勔等劄子曰。臣恭覩陛下自膺受大位。獨奮乾剛。誅流姦凶。四方之人。莫不鼓舞。獨朱勔父子未就殲夷。士論猶鬱。勔肆姦惡

踰二十年。專以奇技淫巧。熒惑朝廷。花石之供。毒流海寓。竭百姓膏血。凡州縣帑藏。一門之內。建節正任。廝役姻親。悉補官爵。權傾中外。濁亂朝綱。名為應奉御前。其實盡入私室。錢穀出入。不許驅磨。計其姦贓。擢髮莫數。臣近嘗論奏方兵興之際。上下遑遑。宜修理財之政。當自東南始。雖諸局支用難以幾察。而有司帳籍尚可驅磨。欲望陛下擇有風力清強官。就兩浙近便處置司。追攝勔父子并其姪汝翼汝賢等。及自來專一應副嘗為監司守令。力能刻剝生民。助其凶燄。除徐鑄王汝明蔣㙻已死亡外。今新除工部尚書胡直孺。前發運使盧宗原。陸寘。前兩浙提刑王仲閎。胡遂。前兩浙提舉常平趙霖。前知平江府應安道。通判陸棠。許操。司錄周杞。前知常熟縣宋晦。前知秀州華亭縣黃昌衡。淮南運使余暚。前知秀州朱審言。并諸司吏人。已未出職。並乞勾赴所司。一就根勘驅磨。自來應副過錢物。計其家貲。盡行籍沒。內有百姓田產元係強奪侵占者。據契撥還。勔父子罪惡滔天。非明正典刑。戮之市朝。不足以快東南士民怨憤之氣。上項官吏。各具罪犯取旨。以次黜責施行。庶幾士大夫冒犯廉隅為臣不忠者。有以警懼。實天下幸甚。

先再論朱勔劄子曰。臣嘗論列朱勔將東南財用。假託應奉。脅制州縣。盡入私家。合依祖宗故事置司驅磨。未蒙施行。此必朝廷見官吏人數頗衆。恐致生事。遂降指揮特免驅磨。近亦報勔止從竄斥。此於公議實為未厭。臣按勔在東南為害日久。田園第宅富擬王室。房緡日掠數百貫。租課歲收百萬斛。曳綺羅者列屋。衣金紫者充庭。展南宅以奪司理院。拆北倉以為養種園。監司經由。郡官朔望倒於門外下馬。謁之朝謁。其葬汝翼母福國夫人。通判許操權府率郡官朝服步從三十餘里。衆所駭聞。近者上皇南巡。勔自知罪惡貫盈。與童貫

合謀邀請百端私造乘輿服御之物掃除室宇潛謀異圖與欲豪㬥幾至生變幸賴上皇念宗廟社稷之重車駕還歸迹其姦萌理難容貸伏望陛下斷自淵衷將勔并其子孫姪付之有司籍其家貲明正典刑仍乞委本臺官吏取索東南應奉司及杭溫明州平江府等置局去處并應副官吏依近降京東西兩路李彥指揮施行

光又論鄧雍劄子曰臣伏覩近降指揮令之尚書侍郎異日宰執之選也都省所接詞訴分送六曹與決施行陛下責任之意可謂重且專矣則居是職者非得天下英偉豪傑之士智識材器可當異時輔弼之選者曷宜任此職臣謹按吏部侍郎鄧雍不學無術世濟姦邪其父洵武任樞密使因緣請託特許赴殿試關通近倖獲中科目濫廁從列帷薄荒穢士大夫目為鹽甖兼雍不曉吏事又欲廢法任情專受請託選人闕陞改官意所欲與雖郎官執條例以進輒遭詬詈

人材猥下趣操頗僻不足汙天官之選伏望聖慈特賜罷黜施行庶厭公議

光又論鄧雍劄子曰臣伏見近年以來孽倖用事姦邪擅權賢否混淆是非顛倒世家之子希滿要塗瀆亂朝綱莫斯為甚臣謹按前吏部侍郎鄧雍專以便僻側媚躐取要官初無術學而使之特赴殿試不知古今而使之猥廁經筵帷薄不修蹤迹醜穢士傳播以為笑談今雖罷遣尚仍舊職玷高華之選實於公議有所未允伏望特出睿斷早賜褫奪職名投置閑散庶幾清朝名器不以假人且絕姦邪覬覦之路實天下幸甚

光又論李會李擢劄子曰臣伏覩除目以李會李擢為左右司諫訓詞褒諭以首論蔡京有功特被召用外庭之議無不駭愕臣之區區亦所未諭夫首論蔡京者陳瓘也其次則有石公弼張克公毛注之流相繼彈擊上皇覺悟既罷而復用者數矣京與王黼前後用事擅傾天下言路壅絕多士盈庭莫敢開說方是時也忠義奮發不避死亡之誅慷慨言事不過曹輔等三五人爾下逮韋布之士廷對大問進藥石之言則有若范宗尹投匭獻計箴時政之失則有若朱夢說而會擢在當時迭為臺官身任言責保寵固位被阿諛之譏自覩時事曾無一言逮陛下龍飛灼見姦慝太學諸生伏闕上書首論六賊之害蔡京之惡夫人而能言之矣諫官御史能於此時明目張膽擊姦指佞實恃陛下聖明不啻摧枯拉朽之易何足為功況會擢當金寇圍逼都城力附白時中李邦彥專主避狄割地之謀方肅王之北渡也不罪金人之渝盟乃敢奮筆橫議以上皇還宮問肅王所在劫持上下必欲以祖宗基業委之外夷至有三鎮與王室孰重之語章疏具存可以考按今時中邦彥坐是落職議者猶謂輕典而會擢反

被召用復預諫爭之列不知誰為陛下薦此二人者陛下好惡取捨如此廟堂之論何時而定百官有司之衆何所適從乎臣愚伏望陛下深思熟察辨邪正之歸無為詭辭偏說之所傾奪庶以仰稱陛下艱難求助之意副四方跂竦之情所有會擢等召命伏乞特賜寢罷以安衆情

光又論楊違吕嚞劄子曰臣竊謂文昌諸郎皆異時侍從之選非有素望安可冒居臣伏見新除刑部員外郎楊違度支員外郎吕嚞命下之日士有異議違浮薄無行因妻父徐鐸夤緣交結朱勔及梁師成以為進身自選調任京東提刑司檢法冒賞官勔方用事權勢赫奕薦違賜第遂被超擢嚞闒茸凡下素無士檢頃知河南府伊陽縣在任與宦官康份關通憑恃權要恣為贓汙監司郡守不敢按發今乃自筦庫之冗徑躋郎曹實於公議有所未厭伏望聖明特賜罷遣

使士大夫稍知郎選之優不勝幸甚
光又論王子獻等劄子曰臣近準尚書省劄子專委臣取索點檢京
東京西兩路西城所創置擾民等一切並罷元係西城所辟置及曾
應副害民之官先次放罷具名聞奏臣除已一面令吏部供具本路
州縣官外臣今所聞兩路最為李彥信任陳獻利便創立租稅怨於
害民為國斂怨僥冒賞典轉官除職之人其尤甚者京東則有王子
獻呂崿毛孝立京西則有劉寄任徽彥李端愿子獻為京東轉運使
將梁山濼城田租收入西城所辟置孝立崿為屬官徧詣州縣自濟
兗鄆濮與仁廣濟等處為之騷然迫脅官吏抑勒細民有不承佃者
便枷項送獄人人惴恐莫保性命蒲魚荷芡之利皆日計月課纖悉
無遺遂致濼傍之人無所衣食強者結集為寇盜弱者轉徙乎溝壑
崿孝立皆驟被拔擢自文林郎不二三年轉至朝散朝請大夫自曹

官為通判自通判為郡守監司又孝立任濟州日母死其父欲只作
所生覬免解官未幾父又死遂干求李彥請御筆候葬畢起復孝立
家本三衢憚往返迂遠不復挈喪歸鄉只就濟州營葬近緣廉訪奏
劾國忌日就司錄廳用妓樂深夜飲燕為臣不忠為子不孝敗壞風
俗莫此為甚寄徽彥端愿或自白身或由小官為李彥汲引將唐鄧
汝蔡四州九縣取民間稅地謂之公田斂取無藝百姓失業流丐者
衆風諭諸邑催索租逋急於星火礦山令劉愿前後杖下決死良民
千餘人徽彥近緣金人內寇添差京西運判遂分遣屬官四出有甚
寇盜襄城一邑科率至十七萬謂之助國錢更不抄上赤曆此數人
者朝廷雖已放罷而罪惡貫盈公議未允伏望陛下洞照姦宄久為
民害特發睿斷重寘典刑或竄流嶺表以謝兩路生靈不勝幸甚
光又上論王子獻等劄子曰臣近準詔旨姦貪之吏蠹國害民者尚

未竄逐所以好惡未孚贓吏未懲民未被澤臣職在臺端仰煩聖訓
宣諭使之彈劾在臣愚忝識為失職臣伏自供職首尾半年前後論
列姦貪之吏多矣陛下雖有聽納之明而未見力行之果臣輒再具
已嘗論奏而未蒙施行者如京東轉運使王子獻前知淄州毛孝立
前東平府通判呂崿前京西轉運使杜徽彥提舉常平李端愿劉寄
此六人者皆奴事李彥竭兩路膏血以奉彥者假借事權勢力氣燄
足以制百姓生死之命彥非得此六人亦不能成其姦宄如此其暴
也臣聞此一等人其類尚多自陛下初政灼見姦惡雖已落職送部
止是退居鄉里復帶前銜金章紫綬所在州郡皆以嘗任郡守監司
往往差破人從日陪燕游無復省躬念咎之意亦莫有依元降旨揮
赴吏部受差遣者是陛下賞罰號令止行於小臣而不行於大吏伏
望檢臣前奏重賜竄逐仍乞行下吏部取責前後送部臣寮如有儌

覬倖寮不肯赴吏部之人即與直注遠地或河北河東合入見闕差
遣庶幾方命慢上者知所警懼不勝中外之幸
光又繳馮澥牓朝堂疏狀曰臣愚暗朴拙當陛下初政偶承人乏擢
寘言路每因進對備聞德音未嘗不以紹復祖宗法度為說忠臣義
士莫不懽忻鼓舞日須德化之成也臣今月十七日入臺伏覩三省
降到黃榜一道臣寮上言以王安石為名世之學發明要妙著為新
經天下學者翕然宗仰又言熙寧元豐間內外安平公私充實法令
備具賦役均平其意專以王安石之說為是公肆詆譏無復忌憚特
以陛下聖明未可遽欺既以司馬光與安石俱為天下之大賢又去
優劣差自有公論觀言者之意必不肯以光為優以安石為劣夫
光與安石行事之是非議論之邪正皎然黑白雖兒童走卒粗有知
識者莫不知之當熙寧元豐間如韓琦富弼歐陽脩之屬尚皆無恙

安石惡其議己。皆指為因循之人。擯斥不用。亟以憤死。恭惟太祖太
宗創業之艱難。真宗仁宗守成之不易。規摹宏遠矣。安石欲盡廢祖
宗法度。則為說曰。陛下當制法而不當制於法。欲盡逐元老大臣。則
為說曰。陛下當化俗而不當化於俗。蔡京兄弟祖述其說。五十年間。
搢紳受禍。生靈被害。海內流毒。而祖宗法度。元老大臣掃蕩禁錮。幾
無餘藴矣。幸賴宗廟社稷之靈。上皇悔悟。以祖宗不拔之基。全付陛
下。今言者又創為熙豐之說。以安石為大賢。臣恐此牓一出。流聞四
方。鼓惑民聽。人心十失。不可復收。此非朝廷之福也。所有降到勅牓
臣未敢簽押行出。謹録奏聞。伏候勅旨。

六月十五日上召翰林學士吳幵至內東門。付以御封侍御史李
光劄子於光劄子後。御批祖宗之法子孫當守之。如蔡京首唱紹
述變亂舊章。貽患至于今日。可作一詔。於是降詔曰。朕以薄陋。紹

休聖緒。惟祖宗肇造區宇。垂休累洽。至于今。其法度條章。雖隨時
損益。凡以惠遺天下者。咸根柢於仁義。施於民。淪入骨髓。在於後
人。奉承之不敢有渝。迩者蔡京懷諼蓄慝。妄作不靖。紊舊章彝憲
肆行變亂。挾紹述之言。為劫持之計。內外騷動。公私匱困。比歲上
皇深灼其姦。親御翰墨。攘剔蠹弊。咸所釐正。逮朕纘紹。夙夜祗懼。
嘉與公卿大夫。圖惟故實。務遵二帝三王之道。以協我列聖之心。
以為萬世之賴。尚慮邪說詖行。習熟見聞。搖動衆心。害於國體。明
示朕指。罔或不寧。有一於斯。必罰必殺

光又論胡直孺劄子曰。臣伏近除胡直孺為工部尚書。命下之日。上
論沸騰。莫不疑駭。蓋直孺素結朱勔。為發運使。為待制知平江府。為戶
部侍郎。皆勔力也。臣近論朱勔及言東南財用為群小侵耗。直孺其
一也。老而無恥。素節凋喪。不足汙八座之選。靦顏朝列。不自引退。伏
望陛下斷自宸衷。亟行竄黜。以為士大夫不顧廉隅者之戒。取進止

光又論胡直孺劄子曰。臣近再上章論列工部尚書胡直孺罪惡。已
蒙陛下開納。許以必行。亦既累日。未見降黜。此必大臣以直孺為賢
曲加覆護。以臣言為妄。未肯施行。夫大臣以進退人材為職。所進忠
賢。則國家享其利。所進憸佞。則人主受其欺。陛下不以臣不肖。使得
待罪言路。若大臣用人失當。臣得而論之。朝廷行之。則陛下威權立
矣。今臣力言之。陛下虛己而聽之。大臣沮抑之。則是陛下威福之柄
反制於大臣。而臣區區不能但已者也。况直孺佞邪。天下所聞。與應
安道盧宗原相繼為轉運使。及發運使。欺罔朝廷。如循一轍。將上供
物斛及糧綱船盡充花石之供。號為應奉州縣帑藏為一空。起發封
椿妄糴均糴。歲計不足。補進羨餘。緣此進職。溢廁從班。遂知平江府
縱朱氏請求。益肆掊斂。不復知有朝廷矣。直孺素畜聲妓。每勸就朱

氏園亭與倡優雜處。唱其子姪。與人怨憤。目為朱家奴。勔入京師。凶
燄益熾。至與宰執爭權。竊弄國柄。首引直孺為戶部侍郎。搢紳側目。
莫不駭嘆。伏自陛下即位。灼見姦宄。以次流放。黨類屏息。獨直孺反
被褒擢。聯八座之選。命下之日。士論沸騰。前後臣寮論列不一。伏望
陛下斷自淵衷。速賜竄黜。以為多士之戒。如臣所奏失實。欺罔聰聽
亦望解臣言職。重寘典憲。臣與直孺理難兩存。臣不勝激切待命之
至。

光又論燕瑛胡直孺劄子曰。臣伏見燕瑛胡直孺二人。以姦佞相濟
傅會匪人。方權倖用事。恣為不法。盜用官錢。如同己物。刻剝細民。甚
於豺虎。前後臣寮跡列罪惡非一。瑛頃任廣南市舶。專以貨賄交結
近倖。目為香燕。及為開封尹。專任猾胥。政事紕繆。輦轂之下。寇盜縱
橫熾。居外曾未旬月。首計經營。由散官徑為戶部尚書。直孺任兩

浙漕臣假託應奉。兢竭帑藏。醜穢之迹。中外所聞。知平江府。謟事朱勔。曰三造其門。勔所欲爲。無求不獲。家畜聲妓。專事媚悦。以圖進用。名教所弃。清議不容。陛下灼見姦惡。亟議誅竄。今二人皆帶龍圖閣直學士。名曰罷斥。其實升遷。自祖宗以來。非名德重望爲士類所推者。未易得此。陛下始即大位。慎重名器。愛惜生靈之時。如使此流列顯職。當郡寄。臣恐四方志義之士。不以聖朝爵禄爲榮。人人解體。羞與比肩。恐非朝廷之福。臣與燕瑛、直孺實昧平生。所以拳拳不已者。誠見陛下慨然思治。乃於賞罰功罪。輕重失當。未能厭服人心。實累聖治。伏望陛下奮發乾剛。大明黜陟。將此二人鐫職投閑。庶協公論。臣不勝憤激之至。

先又論燕瑛胡直孺劄子曰。臣竊謂監司郡守號爲近民之官。勢力氣燄。足以制百姓死生之命。頃者姦倖當權。奢淫無度。竭生靈之膏

血。不足供谿壑之欲。於是分遣親戚之人。恣於殘賊。敢爲姦贓。旹布滿州縣。夤緣假借。上下相蒙。其剥民愈甚。則獲賞愈多。如應安道、徐鑄之儔。死亡略盡。今其在者。蹤跡顯露。莫如燕瑛、胡直孺二人。皆自郡守監司以贓汙致身。臣累具彈奏。必蒙陛下委曲開納。臣亦委曲爲陛下言之。若以朝廷多事之際。以爲有才。亦當置在三邊。財穀之地。不當秩以宫祠。優以便郡也。臣之此言。若出畏懦。今乃反得輔郡地。望愈隆。沮天下至公之論。成憸人怙寵之私。成命既頒。物議騰沸。此必大臣有陰爲之地者。二人平昔止能以奇貨厚賂交結權倖。餙殽饌聲妓。以媚悦要人。身雖去國。各留子弟見在京師。日造大臣之門。對衆附耳。營求百端。稔惡弗悛。無復忌憚。伏望陛下奮發威斷。直批付三省。褫奪職名。重行竄殛。以解四方之疑。不勝幸甚

欽宗命李綱爲河東北宣撫使。援太原。綱言吳元濟以區區環蔡之地。抗唐室。與金人强弱固不相侔。而臣曾不足以望裴度萬分之一。然寇攘外患。可以掃除。小人在朝。蠹害難去。使朝廷既正。君子道長。則所以扞禦外患者有不難也。因書裴度論元稹、魏洪簡章疏要語以進。上優詔荅之。

晁説之上達言曰。臣聞唐虞之世。豈有蠻夷猾夏之事。乃以蠻夷猾夏命皋陶作士何也。曰是事之有無與策久矣。孰詰也。蓋有猾夏之蠻夷。不害爲唐虞之至治。而或命官於無事之時。以爲天下萬世之戒。是所以稱唐虞之聖者也。雖然。又言寇賊姦宄何也。曰天下治亂必原其所自。彼蠻夷猾夏。實自乎寇賊姦宄也。以故古昔天下禍亂之機。與夫存亡之徵。折猶豫而果決。存百世於一朝者。皆自吾内以制乎外也。項羽之勇。范增之智。不能執沛公於坐上者。項伯舞劍以身衛沛公也。曹公袁紹相拒官渡。無異兩虎鬭吼。果誰勇怯。而曹公

卒走袁紹。坑其衆八萬者。紹將高覽、張郃輩率衆來降。而曹公知紹虚實。得以奮擊也。苻堅以百勝之威。百倍東晉之衆。有姚萇、慕容垂爲將。視晉君若浮苴孤鶩。然乃絶肥水未半。而潰于謝石五千之兵。秦帝僅以身免者。萇、垂懷亡國之禍心。其尚書朱序降晉而爲之謀曰。大兵未集而擊之易也。魏叛臣侯景逐兔犬狼之衆。何足以當梁氏江海富庶太平之久。乃一日入石頭。據金陵。如戲劇者。梁臨賀王正德導乎景。而丞相朱异先與景交通也。唐代宗朝。雖有郭子儀在朝。而吐蕃、回紇頻年入長安。踐京畿者。李輔國、程元振二閹無君於内。而僕固懷恩於外爲蕃寇之盟主也。昭宗時。李克用、朱全忠相讐不滅袁曹。而唐室之危。甚於官渡。未知二孽。誰先得之。一旦全忠先滅唐爲梁者。唐宰相崔淄郎陰爲梁之佐命也。嗚呼。蠻夷猾夏寇賊姦宄實同機並符之敏也。今河東河北之人。十餘年來。不辨蕃漢之

兵皆曰童家之兵也。不辨蕃漢之旌旗甲馬，皆曰童家之旌旗甲馬也。至於金穀貨幣，不知為朝廷之有，皆曰童家之金穀貨幣也。洎金賊日大軍入河北，分軍入河東，遂而石嶺關不得以為固，近而大河不得以為險，談笑以抵京師城下者，官吏之疲懦，人民之愚蠢，以金賊之兵甲旌旗久無辨於華戎也。然何而不開門灑道以迎之也？式金賊於京師城下，有德色，肆言曰：童王招我來。聞者寒心之。關方平既以太河之橋延金賊，又欲以京師城門納金賊，益可懼乎。京師百姓於是上念社稷宗廟之危，下顧父母子孫之酷，不勝其忿，不約而起，大呼於道，取閹豎數十人於馬上拉而碎之，則人情大可見已。夫其或者必以閹豎侍司冠蓋衛之誅，未使戕於市人之手，與執事，有其可恕乎？或者不敢改興議，而私懷群閹之悲，則假之於市人，指詬宰相，以高歡憤張彝為言。何其不知類耶。東魏征西將軍張彝子仲瑀乞銓削武人品秩，羽

林千餘人乃殺彝父子，甚慘。于時懷朔鎮使高歡在洛，見之，歸而傾產結客，得司馬子如、孫騰、侯景輩，遂其樂禍之心。豈今日比耶？魏羽林千人實雜以羌渾之醜，報其一身之事爾。今京師巨萬齊民，世世尚皇家亭毒煦育之恩，相與念虜寇無名，一日蟻結於嚴城之下，天子將不得一日之善，京師將不得一日之大。深究禍亂之原，實在群閹則取戕之，以義之公情諭彼之私讎，相去萬里而遠也。彼高歡異類久以胡后臨朝淫亂，元乂、劉騰輩寵任驕恣，流毒國中，魏室將亡，雖先有心，則因彝事而作亂。國家累聖洽光，四海澄清，陛下遵養青宮者十年，其傳祚之數曰皇天以此，狂虜警懼增德，豈魏齊之妖可並世而言耶？若乃宰相為都人指詬毆辱者，昔亦有之，唐憲宗明君也，相皇甫鎛之日，殿廷班列，相與驚駭，街衢市肆，相與大呼，裴度率衆情而上疏曰：怱取微人，列於重地，遠近流聞，與京師無異，度之言可信不誣也。未聞當時責驚駭者何去，刑笑呼者何民，豈不謂此邦家之羞也。唯當自治於上，而一切無怒於下也。或者不以皇甫鎛為言，而言高歡以垢聖世，何也？孰知天地之陰陽消息，見於君子小人之進退。君子小人，迭為進退，而各從其類，不可須臾並列也。其為宮嬪、為財賂、為閹宦、為兵革、為賊寇、為夷狄，皆陰也，從小人而類進也。若夫朝廷有道，絕女謁，薄閹宦，不私財賂，不黷兵革，盜賊不起，夷狄賓服，斯皆陽也，君子以類進者也。唯小人盛於朝廷則夷狄盛於邊，在廷無一小人，則在邊無一夷狄，錙銖低昂不欺也。小人盛而盜軒冕，則夷狄亦盛而寇疆埸；小人熾盛而僭公卿，則夷狄亦大盛而害主棲。一日小人退，則夷狄退，不勞干戈鼓鞞之武也。若小人與君子雜進，則夷狄與華夏亦雜居。小人未盡退而夷狄未盡退也。今日之事可觀也已。

許翰上言曰：臣近論宰相白時中、李邦彥，執政王孝迪等去位不出都城，非祖宗法令。時中、孝迪已詔赴鎮，而邦彥未去。臣竊計陛下祗以邦彥前日嘗有節損一言之善，故未遽遣。臣若不為陛下盡言，陛下無由悉其本末。按邦彥之心，雖無深阻，但材質浮薄，學術寡陋。初附梁師成、王黼，位執政，而蔡攸薦之為宰相。童貫、蔡攸之行也，身見河朔流離將亂，幕中賓客多勸攸、貫說上皇以節損，而攸、貫等自知富貴已極，但乏衆庶之譽，故其還朝以賓客言，時時從容為太上道。久之，太上慨然思一大變時事，而邦彥適為宰相，遂與攸、貫協力。然邦彥材術不足以果斷，必固不足以持守，故徒紛紛卒無所補。論邦彥心止於如此。若數其罪，不勝誅矣。何者？當取燕山之時，邦彥身為執政，坐視禍變，不為一言。去歲復起雲中之役，人益寒心，邦彥身為宰相，阿意曉隨，又不救正。若邦彥當此之時，不知事勢必亂，是無識

也。知而不言。養交持祿。是不忠也。無一可者。逮至倉卒胡馬渡河。邦彥但謀寵身。不急召兵保城。遂至失備。幾危社稷。昔漢家盛時。水旱薄蝕。皆以天災策免丞相。今邦彥執政六年於此。而大位內禪。萬方外騷。宮闈播越。宗廟震驚。畿甸殘破。生靈屠戮。此豈止水旱之災。薄蝕之變也哉。在昔法義。主辱臣死。尚復何道。陛下仁聖奉赦不誅。謂宜以禮自圖進退。乃復遵用蔡京王黼故事。身為宮使。留居都城。禮視見任執政。耽寵昧利。無大臣體。夫大臣罷政。而猶留都城者。必為其人時可咨訪。有補國家也。臣考邦彥相道君於安平之時。則忠益未見。輔陛下於艱難之際。則知謀不聞。留連趑趄。亦復何為。且邦彥素擅朝政。進退在位。故今廷臣二三顧望。疑將復用。莫敢公言。願陛下遂出邦彥。使士大夫壞植散群。一意首公為朝廷用。則法義昭明於上。而輿衆慰釋於下。其於邦彥恩已厚矣。

起居郎胡安國繳王安中隨州安置晁說之許景衡落職宮觀詞頭。

疏曰。准中書省刑房送到詞頭一道。朝議大夫王安中可責授單州團練副使。隨州安置。中書舍人晁說之許景衡可落職宮祠。令臣命詞者。右臣謹按王安中昨自尚書左丞。建節知燕山府。委任之意重矣。借令無才可辦邊事。至如賊勢強弱。虜態情偽。與沿邊兵食之闕。饋運艱阻。民戶殘弊。師徒失律。衆所共知者。自合條具實狀。逐項奏聞。使朝廷灼見利害。審定取捨。早為備禦之策。而安中畏避壅蔽。專務蔽蒙。終不端言其事。數奏祥瑞。誕罔謟諛。以固寵祿。養成邊患。一旦虜騎長驅燕薊。覆沒深入畿甸。社稷幾危。推原本因。其罪與蔡攸等耳。今臣寮論列。以謂行法未盡。乞斥諸遠方。少為誤國者之戒。雖責授散官。復處漢東近地。竊恐公論不以為允。矧今太原被圍。師屯未解。強虜壓境。朔部戒嚴。飛輓芻粟。郡邑騷動。若不恃賞罰之公。厭服物論。何以壞卻夷狄乎。伏望特依臣寮所請。斥諸遠方。以正其蒙蔽欺君之罪。又按中書舍人晁說之許景衡責降元文。為視大臣升黜以為去就。懷姦徇私。失事君之義。即未見得說之等以何陳奏。至今不知各人去就。懷姦徇私之迹。雖以命詞。欲乞檢會說之等元初陳乞事。因降付本省。以憑按據實狀。載諸詞命。為臣子之戒。所有前件詞頭。臣未敢具草。

安國又繳內侍王仍等錄黃疏曰。伏覩臣寮上言內侍王仍張見道鄧文誥輒懷詭計。圖欲離間兩宮。譖防動靜。妄意傳播。轉相聳動。將以遂其姦志。此而不除。後必貽患。而陛下未欲施行。止令覺察。臣愚竊謂圖欲離間兩宮。則罪不可赦。將以遂其姦志。則惡不可留。伏望陛下深察衆言。及時裁處。討罪除惡。斷在不疑。將此三人者依臣寮所論。編置遠方。於以全兩宮慈孝之情。不勝大願。所有錄黃。臣未敢

書行。

高宗即位。馬伸上疏曰。陛下得黃潛善汪伯彥以為輔相。委任不復疑。然自入相以來。處事未嘗愜當物情。遂使女真日強。盜賊日熾。國本日蹙。威權日削。且三鎮未服。汴都方危。前日遽下還都之詔。至今鑾輿未能順動。其不謹詔命如此。草茅對策不如式。考官罰金可矣。一日黜三舍人。乃取沈晦孫覿黃哲輩諸群小以掌誥命。其黜陟不公如此。吳給張闡以言事被逐。部成章緣以上言遠竄。其壅塞言路如此。祖宗舊制。諫官御史有闕。御史中丞翰林學士具名以進。三省不敢預。厥有深旨。近擬用臺諫。多取親舊。不過欲為己助。其毀法自恣如此。張慤宗澤許景衡公忠有材。皆可任重。潛善伯彥忌之。沮抑至死。其妨功害能如此。或責以救焚拯溺之事。則曰難言。蓋謂陛下制之。不得施設也。或問陳東之死。則曰不知。蓋謂其事繇於陛下也。

其過則稱君善則稱己如此呂源狂横陛下遐去不數月由郡守升發運其彊狠自專如此御營使雖主兵權凡行在諸軍皆其所統潛善伯彥別置親兵一千人請給居處優於衆兵其務收軍情如此廣市私恩則多獲祠官之闕同惡相濟則力庇王安中之罪據其所爲豈不辜陛下倚任之重哉陛下隱忍未肯斥逐塗炭遺民固已絶望二聖還期在何時邪臣每念此不如無生歲月如流時幾易失望速罷潛善伯彥政柄別選賢者共圖大事疏入留中明日改衛尉少卿伸以論事不行辭不拜

建炎元年尚書右僕射李綱上言曰臣聞節義者天下之大閑僭逆者臣子之極惡春秋之義人臣無將將則必誅況以僭竊位號爲天下所共憤怒者哉謹按張邦昌被遇道君之朝久與機政際會靖康之日擢冠宰司質其重臣奉使虜帳初無忠義徇國之意但爲詭佞保身之謀去中國者踰年從胡騎以偕至方二聖播遷之日無一言營救之忠憑恃金人盗據神器國破而資之以爲利君辱而攘之以爲榮竊有乘輿安處宮禁降旨以行其僭命南面以朝其偽臣易姓建邦四十餘日逮金人之既退方降赦以收恩考其四日之手書猶援周朝之故事而陛下總師于外天人所歸勤王之兵四面雲集乃始退還舊班遣使迎奉今乃冒處王爵極其寵崇不聞泥首以自拘方且偃然爲得計人之干紀一至於斯儻或逃誅何以立國或謂陛下嗣登大寶乃邦昌揖遜之謀以罪爲功臣所不喻夫英宗之曾孫神宗之孫道君之子淵聖之弟惟有陛下一人而已天佑我宋必將有主主宋祀者非陛下而誰四海臣民所共欣戴邦昌何力之有哉今其黨與尚布朝列秋高馬肥虜騎猖獗挾借其勢陛下不得而制之矣中夜以思不寒而慄伏望陛下斷以英哲而察其罪惡特正典刑而肆諸市朝以慰四方忠臣義士之心以垂萬世亂臣賊子之戒天下幸甚

三年以久雨多寒召郎官以上赴都堂條具時政得失可以救人心召和氣弭天變者呂頤浩奏之令實封以聞趙元鎮上奏曰臣聞雨暘寒暑過差之節繫之陰陽逆順盛衰之理春秋洪範之所紀漢諸儒之論載之詳矣臣不暇推證有勤聖覽臣竊謂久雨多寒陰沴之候其應則兵禍不解民心離散小人道長也臣嘗求其致之之說敢獻於陛下竊惟祖宗之有天下也歷[illegible][illegible]兵火之餘險阻艱難皆目擊而身蹈之故其建立足以垂法萬世以聖繼聖至於仁宗四十餘年號稱極治子孫守而勿失復何加焉厄運所鍾社稷不幸乃有王安石者用事於熙寧之間以一己之私拂中外之意巧增緣飾肆爲紛更祖宗之法掃地殆盡於是天下始多事而生民病矣假闢國之謀造作邊患興理財之政困窮民力設虛無之學敗壞人材獎小人抑君子塞言路喜諂諛爲刻薄輕浮之俗日入於亂賴宣仁垂簾深鑒其害首因改元昭著至意所行者仁宗之法所用者仁宗之人涵養十年民瘼小愈夫何治世之日少亂世之日多復有蔡京者崛起於崇寧之初竊堯舜孝悌之說託紹述熙豐之名畢力一心祖述安石以安石之政數演枝蔓浩然無涯至於不可限極而後已兵連禍結西夷交侵二聖北轅朝廷南渡則安石闢國之謀而蔡京祖述瀆武之患也繁文酷吏上下相繩鞭撻追呼農畝失業則安石理財之政而蔡京祖述厚斂之患也僥冒躐進依阿取容當官有營私之心而臨難無伏節之義此又安石敗壞人材之科而蔡京祖述賓興賢能之患也瀆武而兵禍不解厚斂而民心離散至於賓興賢能之弊則習爲軟熟柔佞之姿無復禮義廉恥之節士風彫喪君子道消

矣故凡今日之患始於安石成於蔡京目餘童貫王黼輩曾何足道今貫黼已誅而安石未貶猶得配享廟廷蔡京未族而子孫飽食安坐臣謂時政闕失無大於此者其欲救人心召和氣焉可得哉故於陛下播越之中示此陰沴之戒天之警悟未啻諄諄之告冀陛下知其所自痛懲而亟革之也伏覩近降赦文遵用嘉祐勑令周鄉黨臣之家是將以元祐爲法而有意乎仁宗之治矣嗚呼無聊憔悴之民茲亦有少安之漸乎然而德意未敷天災未弭者以政令未歸於一致風俗猶裂於多岐讀詩書陳治亂者非安石之學則蔡京之人也遺意流毒浸淫人間牢不可破甚於膠漆徒使陛下焦心勞思孜孜訪問雖日下求言之詔是誠何補風俗之難移從古所患唯陛下明於聽覽果於取捨其或中外臣寮因事奏請有涉於安石蔡京之遺意者皆不利社稷之人願明正典刑播告天下使四方萬里之遠皆知陛下用心所向庶幾變之有漸此風一變然後可以言治其他細故不足爲陛下陳之

建炎中御史中丞許景衡乞罷黜張公庠劄子曰臣訪聞通判福州張公庠在任貪汙不法自知公議不容乃扇搖軍情歸怨監司帥臣監司帥臣日不自安而提點刑獄司已具劾奏即未聞朝廷施行契勘福州去年兵變擊殺帥臣柳廷俊朝廷失於究治今餘黨尚存而公庠職爲倅貳不能撫循乃緣己私扇惑諸軍竊慮禍變近在旦暮去年已是覆轍而近日虔州軍賊猶未就擒不可不戒也其張公庠欲望聖慈檢會福建提刑司所奏速賜罷黜施行以解一方危急仍乞下本路牒鄰州鞫治罪狀明正典憲

景衡爲尚書右丞又論王安中自便劄子曰臣伏覩近降指揮象州安置王安中放令逐便臣僚累有章疏論列安中罪狀若令自便公論未允至今未蒙施行謹按安中昔帥燕山親見郭藥師之跋扈常勝軍之糜費金寇之侵侮邀索並不曾奏報朝廷措置守禦固寵畏禍左右彌縫以苟歲月故議者咸謂緣燕山之役成中原之禍者童貫等唱之而安中實成之也貫等已正典刑而安中止竄遐裔已爲寬恩今若引赦例得逐便則當用武之時無以懲守邊之吏矣或者以爲曠蕩之恩罪垢咸滌而安中前執政獨不得預霈澤乎是大不然赦書明載蔡京童貫梁師成誤國之罪雖其子孫猶不得預收敍之例孰謂安中與之同罪乃遽得自便哉伏望睿明檢會臣僚章疏特出宸斷所有放令逐便指揮更不施行

景衡又乞罷詹度赴行在劄子曰伏覩昨降指揮前資政殿學士詹度發來赴行在中外聞之莫不駭愕謹按度自爲小官交結近習貪緣僥倖馴致顯塗假應奉享上之名爲竊攘豐己之事違法犨犨士民類能言之一昨附會姦魁首開邊隙既帥定武尋易燕山當新邊草創之時殘虐燕人搜求寶玉纖組練帛以爲苞苴車馳肩負絡繹道路既而新軍暴橫糜費不貲番將跋扈已有異意而度恬然若不聞知帥閫乃朝廷之重寄而所任如此安得無禍哉未幾金人入寇藥師叛命中原擾攘生靈塗炭皆度輩所致也言之可爲流涕雖元惡已就誅夷而度輩祇從竄逐永投魑魅已爲寬恩今若入覲行在稍加任使則傳聞四方孰不憤嘆恭惟陛下始初清明賞罰升黜蓋欲上全國體下當民心以成中興之業今度何人獨蒙召還是開邪枉之門而植憸佞之望也伏望陛下正心誠意斥遠姦欺以示好惡於天下請自度始則海內莫不欣然稱頌聖德矣所有詹度赴行在指揮伏乞特賜寢罷

紹興元年太宗丞常同乞郡得柳州三年召還首論朋黨之禍自元

豐新法之行。始分黨與。邪正相攻。五十餘年。章惇唱於紹聖之初。蔡京和於崇寧之後。元祐臣僚竄逐貶死。上下蔽蒙。豢成夷虜之禍。今國步艱難。而分朋締交。背公死黨者。固自若也。恩歸私門。不知朝廷之尊。重報私怨。不復公議之顧。臣以為欲破朋黨。先明是非。欲辨邪正。則公道開而姦邪息矣。上曰。朋黨亦難破。同對。朋黨之結。蓋緣邪正不分。但觀其言行之實。察其朋附之私。則邪正分而朋黨破矣。上曰。君子小人皆有黨。同又對曰。君子之黨協心濟國。小人之黨挾私害公。為黨則同。而所以為黨則異。且如元祐臣僚中遭讒譖竄殛流死。而後禍亂成。今在朝之士。猶謂元祐之政不可行。元祐子孫不可用。上曰。聞有此論。同對以禍亂未成。元祐臣僚固不能以自明。今可謂是非定矣。尚猶如此。蓋今日士大夫大願陛下始終主張善類。勿為小人所惑。

高宗時。中書舍人胡寅論朱勝非疏曰。臣伏見故相朱勝非以服闋除觀文殿大學士提舉臨安府洞霄宮。臣以臣父任給事中日。嘗論列勝非。臣適當詞掖。不敢書行。已具奏外。臣謹按朱勝非與張邦昌皆是鄧洵武家壻。王黼之客。苗傅劉正彥之除黨也。自其為小官時文學行治。皆為人所傳笑。在宣和中。仕流混濁。猶取庸陋之誚。時相主之。雖力猶且提携不行。出為南京副總管。值虜兵入寇。自是而後勝非之志操能否著矣。臣欲不言。恐負陛下。欲詳言之。又懼煩瀆。請略言之。南京胡直孺勤王被虜。勝非為副總管。值張邦昌僭位。遣快行親事至汝母家。淮南發運使向子諲拘留送獄。驗其文移。則經由南京。勝非厚與。批請以資其行。子諲疑勝非與邦昌交私。為之羽翼。遂急繳勝非勤王。且去。不可汙張巡許遠之地。是時天下共知陛下為大元帥。二帝北狩。主宗祀者非陛下而誰。勝非身在南京。去元帥府不遠。而於邦昌蹤跡如此。若謂是時勝非心不在邦昌。而在陛下。臣不信也。繼而諂事黃潛善。叨與政事。戊申之冬。虜騎已破澶濮。犯大名。掠齊鄆。駸駸南嚮。勝非不恤國步之將危。方且宴安於寵祿。略無一語上動天聽。寧致狼狽。忍忤潛善。若謂是時勝非心不畏潛善而畏陛下。臣不信也。苗劉造逆。為大臣者當正色立朝。死生以之。此宋督所以憚孔父。劉安所以憚汲直。曹操所以憚文舉也。勝非乃依從其間。顯然援唐襄王晉太后事。其意以苟劉事成則已收佐命之功。不成則已託調護之說。然則何所往而不可哉。若謂是時勝非心不操二端而一於陛下。臣不信也。逮陛下返正。大明典刑。取一時宰執勝非類嗾張浚。擊罪致討戮之。觀詔謂不如歐陽脩所稱斷臂之婦人。天下傳誦以為舜誅四凶。不是過也。為勝非計。尚以何顏面立於人間哉。未幾又蒙拔擢。付以宣撫之權。於江州置司。勝非嘗為宰

臣。義當即日受命。趨赴治所。而乃逡巡退匿。謬為辭遜。坐使李成馬進毒流數郡。江州既破。即請移治。但欲偷安。無意討賊。忠義徇國者顧若是乎。吕頤浩以都督還朝。再逐異己。意謂勝非庸謬易制。力加援引。再汚揆席。上天震怒。星文示變。勝非偃然不懼。以調護自處。外示優柔。於事無所決。內而實則姦險。私事俱辦。惟陛下少寬臣喋喋之罪。使陳梗概。一言有數罪。當萬死。李綱於勝非本無仇怨。止緣綱在相位日。嘗行遣偽命臣僚。又為黃潛善中傷邦昌之死。潛善所行也。乃嫁其事於綱。勝非瞎昧。惟綱之怨。及再入相。首諷臺諫官論綱舊惡。時綱為湖廣四路宣撫。潛善狀方著。並無過舉。勝非不恤國事。以私憾而罷之。向子諲才氣忠義。人所推許。止緣南京之事。勝非銜之刺骨。常謂人曰。李綱向子諲皆是凶人。不殺不靜。其所存險毒如此。自其再相。子諲深懼遭其毒戮。即日引疾掛冠而去。吕頤浩既為

勝非斥逐賢才。關其入相之路。勝非即以黄唐傳掌瑣闥。黄龜年司
制命。劉棐為諫官。王詳為左史。汲引親黨。廣灑陳楠輩分據要津。其
人皆九下。不為時議所與。乃用劉棐黄龜年章疏。謂秦檜大植朋黨。
有龍戰于野之象。考其章疏所稱事實。又只緣除楊愿為審院計議
王鈇為提舉茶鹽。宋暰為提舉坑冶而已。以勝非所為方之秦檜。其
為龍戰不亦大乎。蓋勝非外寬内忌。陽為敦厚長者之狀。而耳聞目
見。習成宣和之風。乃心疾狠。能為人禍。至於非義之事。人所不敢為
者。則肆意行之。李擢為京城南壁守禦官。恨孝慈皇帝不用耿南仲
和議。以召虜寇。乃傲然端坐。視城垂破而不救。又為邦昌翰林學士。
罪當伏法。而勝非所深喜也。再相之初。首復擢職名。因席益與擢善。
則導益使薦之。擢竟叨竊八座而去。黄潛厚是聚斂亂政偷盗府庫
之人。李邴是行苗傳劉正彦建節白麻極意稱奬之人。顏岐是同黨

潛善阿諛誤國之人。張徽是覬望苗劉詔書所謂情理尤重之人。王
安中是諂事梁師成隨逐童貫收復燕雲為國產禍之人。王孝迪薛
昂宇文粹中蔡懋是崇觀宣和戕毀帝業使戎馬在郊之人。放投永
棄。誰曰不宜。勝非乃以為失職之士。星象所繇著也。盡復職名。意將
引用。天下聞之。莫不大駭。賴徐俯初作諫官。未至謬妄。力疏寢罷。人
心乃安。豈非人所不敢為而勝非敢為者乎。康執權閹茸污賤。廢置
累年。勝非以其曾擊異己者。必欲收召。再召三召。迫於衆情不可而
後已。自謂謙慎不敢專權。而布列内外。皆其親厚。陳讜者不肖人
也。所生母死。紿謂人乳母而不持服。兄死嫂弱。遂奪其兄致仕恩澤
以自蔭。既得之後。凌辱其嫂。困苦至死。又以陰計陷害其姪。此讜為
人大槩。勝非與之下表姻婭。故自為宣撫使。即辟為幕屬。尤江西緫
政。多讜之謀。及再為相。遂差讜監吉州權貨務。偷盗官錢。成賄賂。遺

入於相府。超越資格差為湖北提刑。遂言章論列。勝非猶諷吏部詠
供讜曾任提舉鼎澧刀弩手。讜雖曾有此差遣。從即廢罷。未嘗到官。
勝非乃改除字為任字。欺罔陛下。以濟其私。張銖者為静江通判。偵
勝非遣子迎母自賓州過桂府。銖以別乘之尊。不顧廉耻。出城數十
里。執杖聲喏於國太夫人轎前。重覆起居。行數百步。然後退。廣西人
莫不耻笑。比至府城。竭力應辦。勝非德之。先除銖為湖北鹽香。以為
未足。又薦之對。又降指揮與陞擢差遣。遂除郎官。仍攝奉常。劉式者。
大贓吏也。勝非以妹嫁之。遂詐改官。除邵州通判。比為言章論列。見
在湖南置獄取勘。勝非門客劉澤者為衡陽簿。傳道勝非之意。與提
刑為居中。仍厚賂居中。遂使劉式飜異。殃害千連良善百姓。至今未
畢。式嘗以三千緡就勝非買門客恩澤。奏其子劉師心。又為湖南士
豪姓胡人以八十緡買給使恩澤。奏承信郎。韓京者屯兵衡州茶陵

縣。陰與郴寇交通。據有數縣民田。奪百姓牛以耕之。名為贍軍。實則
入己。以充賄賂之費。大為湖南之害。紹興二年十一月。勝非母由茶
陵而東。韓京詐稱前路有警。邀留數日。極其供待。然後以兵衛送至
吉州境上。勝非以為誠然。湖南帥臣累奏韓京過犯。勝非一切蒙蔽。
反以廣東鈐轄與之。程昌寓者。鄧洵武使臣也。自蔡州擅興程趙剝
南。朝廷就除荆南鎮撫。不肯受命。移兵至鼎州。罪當誅戮。范宗尹即以
鼎守付之。昌寓兇殘。不能綏撫。竭取民之膏血以贍所部。及厚遺過
客。凡由鼎而東者。人人滿意。為之延譽。而嚴刑峻法。誅剝日甚。激民
從賊。牢不可破。致煩陛下宵旰者。無人肯以上聞也。勝非與昌寓以
同出鄧門之故。超加職名。改授静江。遂除待制。明降指揮。俟楊么已
就招安。然後付以告命。而密諷李堯使一面送告與之。視陛下官爵
私物不如也。李大有者。居臨江軍。為勝非子夏卿行媒。議王義叔家

姻連既成。以都司處之。張顏術者嘗以弓刀奇技獻於夏卿。仍為之轉販米糧。遂為江西宣撫屬官。後值湖南擾攘。權知道州。狼藉不法。為提刑呂祉所按。勝非不行。反令作武岡軍通判。郭千里者。嘗勸勝非奔避馬進。勝非以其忠愛於己。求為宣撫屬官。千里受降賊賂遺。引為宣司使臣。廣以金帛結納夏卿。勝非再相。遂除千里為監丞。盧宗訓者。以盧益累薦。堂吏之族也。其人汙穢苟賤。不為士人所齒。得淮西提舉為臺章言罷。勝非必欲主持之。遂送與岳飛。使辟為官屬意藉外兵權。脅制眾口。使不敢言。飛大鄙宗訓之為人。不得已受之。俾權德安府。果以贓盜自敗。呂延嗣者。曾任賓州通判。照管勝非家屬。遂擢為桂陽知監。好貨受賄。監事不治。百姓嗟怨。張斅者。嘗為郴州司户。與勝非子唐卿同官。勝非嘗居郴州。每請俸米。斅必令高帶斗面以給之。郭斅復者嘗任道州營道縣尉。贓汙不法。曾以妄奏唐

卿二人。皆蒙勝非封送姓名與吏部。不循資格。皆注湖南漕司見闕屬官。其長子唐卿建炎四年。任郴州録事參軍。沿幹差出。其實避賊。一去兩年。不曾還任。監司州郡不敢罷去。至紹興三年。還自賓州。過郴州。懇太守趙不群批書四考關陞。又因江州軍中繫名冒賞。循承直郎。再任嶽廟。尚恐三十箇月不能成任。乃諷吏部侍郎建明選人嶽廟許以三年為任。改官。凡勝非除授不公。變亂法制。大抵如此。臣在湖南所知已如此。其在行朝及他路所未知者。又不知其尚幾百條也。自庚戌年。虜騎退後。朝廷一向謝絕。不以與交通。三四年間。虜不我測。不敢輕舉。及勝非再相。復議遣使。誤陛下於忘恩釋怨之地。且俾使人受劉豫餽送。啓寵納侮。果致去冬犯蹕之事。其經邦斷國。一至是哉。臣竊謂宰相之任。佐天子。治天下。治亂之所本。其任至重。不可冒居。勝非負彌天之罪。陛下寬大赦而不誅。再付相權。責以功效。

非為賜也。勝非宜革心改悔。以報大恩。而其所為如前所奏。剰又闌通內侍。諂奉將帥。牢籠堂吏。德譽群小。專以軟熟無忤持禄取容。所謂怙終長惡。迷復不悛。國家之大賊。人理之巨蠹。方邊報稍息。前冒哀當軸而不辭。及淮上有警。則力懇去位而不顧。謹按春秋之法。任大者責重。勝非獨相逾年。可謂專矣。寸功不立。百度廢弛。天下目為勸當相公。無責可乎。今其喪制已除。是古諸侯免喪以士服入見天子之日。命德討罪。稱出大君。如勝非者。豈宜寵以秘殿之名。資食以真祠之厚祿。賞刑失當。以乖天下之望。夫恩章寵數。體貌大臣。國之令典。固不可廢。然施之稱愜。則國體尊重。人以為榮。施之非宜。則彼當得者。不以為貴。而名器輕賤。人主之權替矣。麒驥騄騮。一日而馳千里。是故潔其廄櫪。豐其芻豆。緩急之際。與人一心。若夫駑駘下乘。既無絕足。仍復詭銜竊轡。以智為盜之患。則凡馬畜之而已矣。人

君駕馭人材。何以異此。伏望陛下奮發威斷。奉將天討。出臣此章。涣詔宰執。正名定罪。以為大臣二心誤國之戒。以慰四方積年憤懣不平之心。刑辟既昭。叛賊自懾。事干大政。所係不輕。臣是以竭忠節冒聰聽。苟利於國。九殞不辭。臣不任犯顏惶懼之至。

歷代名臣奏議卷之一百八十二

去邪

宋高宗時，胡寅繳劉倜復秘閣修撰疏曰：臣謹按劉倜服事蔡攸，以叨官爵，天下共知。其所歷差遣，則為大晟府按協聲律，則為提舉道籙院管幹文字，而非士大夫之所肯為也。其所轉官，則緣按樂精熟，及修光籙院，與管幹明節皇后園陵，而非年勞之所當得也。其所賜帶，則因撰祥應記，而非品職之所當賜也。其所被謫，則以臣寮論其諂事蔡攸，交結童貫而貶降，則以臣寮論其詭計秘謀，附會姦惡而褫職，至於勒停廢棄，不與士齒，而非過誤不幸，情可矜宥之人比也。今已累緣赦恩，盡還官秩，食祠宮之祿，僥倖甚矣，乃敢陳狀，訴求復職，無恥之心，未嘗悛改。若使參華中秘，與論撰之列，則名儒碩學寓躬其間者，心將謂何？臣恐非勸懲之道也。伏望聖慈別降指揮，所有録黄，臣未敢書行。

寅又繳湖北漕司辟許宜卿為桃源令疏曰：臣竊以湖北昨來民聚為盜，止緣守宰貪虐，政煩賦重所致。今平定之初，縣令尤宜再三慎擇。如人以酒色伐身，幾致危殆，藥攻之後，氣血乍復，凡昔日所以生疾者，一切屏遠，輔以良劑，養以珍羞，加以歲時，庶幾復舊。若仍以嗜欲戕賊之，則不可復救矣。謹按許宜卿者，建炎二年曾知湘陰縣，到任未幾，即取祗應弟子為妻，就本縣創造大第，窮土木之役，百姓交訴，為潭州帥臣所劾。值番賊破城，獄事不究。後權湘潭縣，纔四十日，比其解去，滿邑胥吏攀船號送，又相與裒集賄賂於上司借留。而百姓重足一迹，良見其面。去年宜卿有族人客死於潭州境內，宜卿託名經理其家，乃盜發其橐囊，及私其婢女，為族人之子訴於潭州，又訴於監司，尚未結絶也。宜卿往潭州九年，睥睨富實縣分，密結胥吏，搖動見任人，常有奪據之意，賴其惡聲已著，上下共知，計不得發。其人材大槩如此，而可以牧民乎？今乃投名湖北漕司，僥倖奏辟知桃源縣。契勘桃源是鍾相所起之地，其疾視令宰，虐已為甚，故倡亂之日，首殺縣官。今當委付何等循良，庶弭後日之患。乃用宜卿輩，此何異於以嗜欲戕賊大病初愈之人，欲其久生，不可得也。漕臣以刺舉為職，而所薦如此，知而舉之，是不忠也；不知而舉之，是不明也。一路何賴焉？桃源赤子，何其重不幸哉！今宜卿先次赴任，已是踰月，想見遺民已在鼎鑊。伏望聖慈速降指揮罷斥，仍戒約本路監司帥臣，每有奏辟，必加審詳。如所舉繆妄，并致臣寮論列，重賜黜罰施行，庶幾一路官吏，上下得人，以慰惟新之望。所有録黄，臣不敢書行。

寅又論吳幵莫儔徐秉哲疏曰：臣謹按吳幵、莫儔、徐秉哲等，致身侍從，偷生惜死，奉女真之意，將祖宗一伯六十年神器，泣涕來往，交割

與叛臣張邦昌，為邦昌之臣，行邦昌之政，施施然自肆，非不得已也。怨在七廟，天下仇之，貸死投荒，失刑甚矣。猶冀萬一少紓公議者，謂無滌洗之理耳。今乃節次用赦，許令自便，是教人使反覆賣國，戕毀三綱，豈撥亂反正之道乎？昔者世衰道微，暴行有作，臣弒其君，子弒其父，孔子為此大懼而作春秋，以俟後世有能舉行其法者。其法謂何？莫嚴於討賊矣。陛下志在春秋，固將見諸行事，深切著明，況當艱難之時，逆臣僭竊，反面事之者，皆我臣屬，天下大變也。若不申著君臣之義，以立國路，則乾綱解紐，賊亂接迹，人欲放肆，天理淪滅，亦何所不至哉！所有吳幵逐便指揮下，臣皇恐，未敢書行。

寅又繳傅雱用赦量移疏曰：臣謹按傅雱於建炎三年為宣撫處置使司主管機宜文字，徑至荆南，自稱湖北路制置使，以撫定孔彥舟為名，入其軍中，相與渡江過澧州，與澧州通判任詛竭取民之膏血

以啗彥舟。曰以自潤。百姓愁苦。乃從鍾相為寇。彥舟不敢安處。遂破鼎州。遣兵擊敗鍾相。又以押送為名。直犯湖南。入據潭州。已而大掠潭衡等及永郡三湘。千里之內。公私舟船。爲之一空。最後自衡順流下岳鄂。爲蘄黃路鎮撫使。等皆與之終始其事。彥舟凶狡。初不識知文法。凡奏請文移。熒惑朝聽。侮弄三省。詭詐百端。皆等教之。至於州縣應副錢糧。不知紀極。等則公然乞於彥舟。動以萬計。營置田產。皆有實狀。李成江西之敗。張用已就招安。彥舟其時行次武昌。兵勢窮蹙。若乘機會。一掃無餘。等又教之厚行賂遺。躬自押送。乞之緩頰。非獨免討。且得兩州。遂使彥舟自是北遁。投於逆黨。未即授首。推究本末。皆自一等。人但知彥舟作賊之披猖。而不知等畫謀之姦祕。原情定罪。豈可赦原。謹按春秋誅討亂賊之法。尤嚴於與惡者。夫欲為賊亂之事。而人皆莫之與。則無以自立於世。其謀尚得施乎。惟有與之

者而法不加焉。是以無所畏憚。浸淫滔天。雖陳旅誓師。加以征討。或有所不勝矣。況等身為郎官。職在省戶。所為如此。上干國體。按據其罪狀。以春秋之法。誅死司寇。方為稱當。得從竄置。已是寬恩。若遇赦各便許內徙。使懷姦黨賊者。安心自肆。指日貸宥。不懼放流。恐非式遏亂略。備明軍政之道。一等雖小。所繫則大。伏望聖明深察。別降指揮。將等永不量移。以為後來羽翼亂賊之戒。所有錄黃。臣未敢書行。

御史中丞章誼上奏曰。臣今月二十二日。本臺據檢校少師武成感德軍節度使神武左軍都統制韓世忠狀。繳到進呈劄子一本。連粘在前。臣初見關報。給事中陳戩累乞宮祠。遂蒙恩除職與郡。其後頗聞因論執政樞機之臣於都堂樞府。便衣燕服。接見將帥。坐此補外。今據韓世忠劄子所論。則又可驗。無而言之。則世忠所聞之誤也。陛下當召至便殿。或諭以溫詔。開釋其疑。有而言之。則世忠所謂乞行根治嫁禍之人者。安可但已也。夫敢於陛下之前。造為世忠之語。因以進退從官者。陛下固知其人矣。乞降姓名於外廷。俾付有司。密行推究。大正典刑。以絕後來誣譖之路。孔子曰。浸潤之譖。膚受之愬。不行焉。可謂明也已矣。可謂遠也已矣。今將帥之臣。人敢誣譖。以誤陛下之賞罰。其間如韓世忠能自陳其區區。以昭雪其誣謗者。能有幾人哉。若懷疑不釋。不能自言於君父之前。而與士大夫結為仇怨。或與造言之人。私相報復。則禍亂之萌。有不可勝言者。今世忠能言之。陛下又爲別白其是非之所在。則君臣之情。固已無間。文武兩班。誠好相接。譖愬之言。非特不行。又將陳露矣。豈非社稷之福哉。伏望睿明下臣此章與世忠所陳。密與大臣措置施行。不勝大幸。

誼又論贓吏罪狀疏曰。臣伏讀近降手詔。以縣令之官。於民為最近。且歎比年以來。其選太輕。貪汙殘暴。靡所不有。自京朝至于選人。各

令內外侍從官薦舉。其關陞令。三省選擇。詔旨再下。訓辭深厚。中外傳聞。士庶感悅。有以見陛下惻怛愛民之意。德至渥也。臣愚以謂選用循良。而不去貪汙殘虐之吏。則廉平之士不勸。非所以昭大化。廣恩澤也。臣請剗論贓吏一員。仰冀陛下顯行誅斥。以為天下縣令貪虐之戒。臣聞衢州江山縣令甚。自切得官。頑傲無恥。以苟得為心。以殘酷為政。漁獵一邑之財。封殖無厭之欲。此蓋盜跖之居官者也。嘗任獄司呂彊。以濕紙掩百姓柴四之口而殺之於獄中。聽保正家人徧詞而致百姓徐詢縊死於縣廨。容弓手祝超乞取錢物。而挽取毛衢之室女。怒柴及柴直孺之欺詐。而毀沒其屋業。一歲盜用官田錢九千三百餘貫。每月增添坊場錢二百五十餘千。取人戶米藏於私家者七百餘石。率皆不上赤曆。侵盜入己。其日用之酒。則取足於貼司張七。其日用之柴薪。則取足於武勇鄭十。其日用之飲食。則取於

諸鄉書手其所任之吏王棠薛陟徐禮祝惠之徒紛京銷白金十有六枚以資某行李之費此其貪饕之暴著者也其他與姦為市詭秘未露者不可勝數比者臺臣彈奏之章屢入朝廷取勘指揮亟下然而衢州知州是其長吏也為所劫持而不敢按發婺州處州承勘官司也許其請求而不肯追逮提刑轉運提舉司是其部使者也既不能按舉繩治又聽受權貴之囑託而留滯取勘指揮者累月有此三者以玩弄朝廷之法令沮格陛下之詔旨宜其某之罪不可得而正也某之罪不正則州郡監司得以市私恩矣至於無告之民愁歎窮苦而咨怨每歸於陛下此臣所以痛心疾首知姦贓貪饕之吏為不可容也臣今體訪得某罪狀二十事皆贓私自盜枉法入己律所不貸者也雖更赦令自合推治臣乞檢會去年本臺十月奏疏併賜行下乞將某先次停罷然後追攝取勘究其罪犯所有前項三處官司

沮格詔令遷延月日之罪亦乞特賜懲戒庶幾人臣懷植散群孤立一意以祇肅朝廷之紀綱奉承陛下之德澤

誼又上疏曰臣竊見比者宰執大臣建明政事初不審詳利害輕信小人浮偽之説如措置討論文臣濫賞二十六事衆議紛然不以為便陛下沉幾先物灼見可否睿斷英發亟行住罷天地之施博矣臣今日以來乃聞宰相某堅執前議以寢罷為非遂抗章辭位臣不知某自言於陛下之前者何辭也若自以識暗才小不足以明事之是非知人之情偽以誤陛下之號令而引愆自訟待罪私室則猶之可也若以言不行而求去則某之罪大矣其措置濫賞之議近則公卿士大夫微則武夫賤隸皆以為不可行也身為宰相以不可行之言進說人主而人主悟其非是不加譴呵止令寢罷自宜將順德美奉承周旋今乃家居自若不復治事孔子謂臧武仲雖曰不要君吾不信也其某之謂乎臣願睿明察臣此章以鄉其進退之義則某之可罷可相斷可知矣

誼又上疏曰臣今月二十四日嘗論宰相某不能將順陛下德美猶復堅執討論濫賞之議為可施行悻悻然以言不用而求去略無省愆念咎之懷而有要君無上之罪當行罷黜至今經日未蒙施行臣謹按某近者議三大政皆信妄庸之邪説以誤朝廷之號令自非陛下聰明照臨即行寢罷則取笑四方貽患萬姓召禍買怨有不可勝言者臣得而詳言之比者某欲於淮南等路置宣諭使副而糧餉之餽兵革之衛一切紛擾若行其議則京畿京西湖北淮南數路之人歸怨朝廷矣陛下知其不可斷然寢罷然後數路之人安某又欲盡取官田不問有人承佃無人承佃率行出賣而方量根括建官置吏一切紛擾若行其議則耕夫織婦敦本樂業之人無不歸怨朝廷矣

陛下知其不可斷然寢罷然後四民之心悦某於此二事既以顛沛迷謬可以已矣又復信用堂吏滑浩俞宗迺之言而建為討論文臣武臣濫賞之議書成奏御同列執政有不及知者若行其議則中外文武忠臣義士賢愚功罪混為一區無不歸怨朝廷矣陛下知其不可斷然寢罷而某執迷遂非不肯奉詔移疾家居偃然自若此豈人臣事君之義哉今陛下既已更此三事之非出於睿斷天下之人咸悦欣戴矣若某猶在相位則天下之人疑於前議之復行而遠邇之人無以自安伏望聖明亟罷某以清衆論

誼又上疏曰臣近者嘗論奏總護使與橋道頓遞使不應收受朝廷給賜銀絹比見關報李回已遂回納而某自請收受一半此何理也夫二使支賜之物或辭或受於朝廷未有甚加損然二使衆人之領袖也二使辭免則自餘執事之人可以息僥倖之心亦可以裁損其

賜予之物。此於邦財。頗有省節。誠非小補。豈意其規一時之小利。忘事君之大節。不恤國家之禍難。但計私室之有無。自同群隸。獨頗邦既。觀今日立朝之風操。則可以推其平日之行己矣。搢紳士大夫聞其如此。莫不竊笑嗟歎。憐其無厭得之心。昧取舍之理。誠不足表勵風俗。又安可以居獻納之地哉。伏望聖明早賜罷黜。以清班列。

諠又劾浦城縣丞不法疏曰。臣訪聞建州浦城縣丞某。其在任貪縱不法。與姦為市。結託監司。僥冒功賞。陵蔑同官。殘害百姓。仰負聖朝字民之意。臣今得其罪狀甚衆。略舉其因上虐民之大者言之。去年浦城縣百姓張德等因醉與隣里爭競。放火燒茅屋數間。尋即悔悟。自經而死。某適出點寨。遣人斬其首級。冒稱捕獲。是時本路監司保奏乞令某改官再任。朝廷倚信使者之言。不復驗實。遂可其請。某自是益橫。陵其官長。任意掊刻。每人戶三十家差催稅甲頭一名。每戶十日一次赴縣。驅磨出寬限錢一貫文足。浦城萬戶。催稅甲頭三百有奇。月為錢千緡矣。某悉掩取之。有甲頭姓陳人貧不能辦。懼遭殘虐。抗繩自絕。其受納苗米一石。輒取樣米二斗。公然鬻賣市物入己。又復虛增防縣保甲人數。侵盜官錢。俘販衙前官鹽。增價出售。迫脅豪戶黃中甫乞取金銀。一邑士民殘擾殆徧。方福建盜賊並興。人未安業。而邑丞貪縱不恤。又復如此。即有弄兵赤子相因而起。其貽患朝廷豈細事哉。伏望聖斷速賜罷黜。付之有司推鞫實狀。重寘典憲。以勵其餘。

諠又乞推鞫天台知縣申本州守臣受賂事疏曰。臣竊見近者天台知縣某申尚書省及御史臺。稱本縣百姓求珍殺人。以金釵三十隻銀一百兩行賂於台州知州某之妻。遂得不死。其事籍著。聞者駭聽。謂求珍百姓也。敢通貨財。以結郡太守之妻。某郡守也。敢因請求。以擅朝廷生殺之柄。然事之有無。尚未可知。而某為屬縣。宰遽訐其事以直聞於省臺。三者皆罪干典憲。事係風教。不可以不嚴實。朝廷雖下本路提刑司體究。然守令同在一州。人情互有觀望。歲月遷延。獄將不直。臣伏望聖慈特降指揮。將干證人並付大理寺。或從朝廷差就台州置司。明白推鞫。以靖衆論。以儆在位。不勝幸甚。

左正言鄧肅上疏曰。臣於今月初六日上殿論耿南仲與其子延禧主和之過。與李邦彥白時中吳敏等乞陛下明正典刑。陛下以謂耿南仲真誤國者。今越八日。未蒙行遣。臣切惑之。謹再為陛下敷奏。曾不知其為再三之瀆也。臣嘗面奉孝慈淵聖皇帝面諭曰。耿南仲嘗薦汝矣。臣明日亦以門生之禮謁南仲於府第。今此待罪諫省。亦何忍獨論南仲父子之過耶。然君父之德。天下之公也。恩門之德。一己之私也。臣亦安得以一己之私而忘天下之公乎。重念四五月間。晨日流金。雖庸夫販婦。亦以行色為難。而使兩朝君父登小車涉險塗。作止飲食。悉付他人之手。親王貴族且數百人。一旦蕩然皆在沙漠數千里之外。使道路聞之。皆為泣血。此何自而然哉。主和誤國。墮虜計中。正在耿南仲父子耳。且臣之君父為南仲所誤如此。義不戴天。豈容默默。陛下若念南仲父子嘗在艱難之中。父從行在。未忍賜罷。則臣之言為失矣。臣待罪諫省。數奏有失。臣之罪也。夫何面目尚稱諫臣。雖微臣進退不足以為朝廷重輕。然在臣之節。則不可以不立也。臣視此命輕於螻蟻。臣守此節重於丘山。惟陛下察之。

肅又奏曰。臣竊觀前日臣僚上言有論偽楚之臣。上論王時雍徐秉哲等。未嘗輒論呂好問。且王時雍等偽執政也。呂好問亦偽執政也。論時雍而捨好問。豈非以好問今為右丞乎。右丞之職。天子命之也。雖賢與否。不得以盡知。然偽楚之朝。始為冊立使。我為門下侍郎。此好問之迹亦昭昭矣。論事之臣亦安得漏網以罔天子之聽乎。謹按好問本非姦雄。但怯懦耳。從王時雍遊致有叛臣之迹。皆怯懦所致也。今雖居宰職。亦不能為朝廷患。然國家艱難。急於求賢。豈容有怯懦無立之士廁迹於二府乎。好問在朝則偽楚姦臣必不盡責。蓋有以蔽之也。臣又聞中書舍人李會至今嘗語人曰。張邦昌有伊周之志。非謀逆者。其推戴偽楚之心猶昔也。謹按李會嘗拜偽楚之庭甘為禁從。今日復廁朝班有愧同列。遂為巧語。以蔽邦昌。嗚呼。衣天子之衣而坐天子之殿。降赦令以朝百官擁殿班以稱陛下。邦昌反狀雖三尺之童亦知之矣。其臣李會不知何辭尚敢為之遊說乎。且以邦昌為是。則陛下責之為非。是邦昌而非陛下。信乎桀之犬可使吠堯也。臣所論叛臣。乞陛下一定罪。章疏再上未蒙陛下一正典刑。臣切考叛臣在朝。今居二府者呂好問也。今作從官者李會也。臣愚欲乞

先正此二人之罪。以先其大者。然後乞檢會臣所校者叛臣八樣定罪二格。一網而盡。俾無遺漏。庶幾可以少釋二聖之怒以慰天下之望也。惟陛下斷而行之。毋惑群聽。取進止。

肅又奏曰。臣聞有同腹心之臣。然後可與同患難。有可與同患難之臣。雖患難之來。無足慮也。孝慈淵聖皇帝恭儉之德。可追湯禹。一旦奇禍起於不測。止為無同腹心之臣耳。聖駕既出。無一人以宗社為念者。遂上皇則宮臣奉之。遂太子則詹事奉之。皇后諸王。惟其所欲。是舉朝之臣爭用私心。捐上皇本支。以保其私家耳。嗚呼痛哉。古未聞也。及偽楚一亨則爭拜其庭。略無難色。有願為事務官者。以講偽帝之禮。有願為奉使者。以結天下之心。有闕為宮觀而下為庶官者皆彈冠而起。爭為禁從。甚者至有居宰執持樞柄。傳呼道路洋洋得志。其下下無能者。及竭姦諛之心。有名犯邦昌。即請於朝以改之。舉國委然。知有偽楚而已。儻言聖朝。往往竊笑。嗚呼。淵聖皇帝其無腹心之臣如此。烏能保天下哉。不在圍城之中者。不能盡知。往往為姦人游說。似是而非。以惑其聽。凡在城內者。又各食偽祿。以污其身。故無肯為陛下盡言者。遂致陛下雖念二聖之未回。而惡叛臣之責闕。稍正典刑。以立朝綱。終未足以慰天下之望。而快二聖之怒也。淵聖臨行。以批諭徐秉哲。託市少物以為路費。遂為御諱。如與平交。其意豈在物耶。正為行計已迫。欲速相救援耳。豈意舉朝叛臣他腸有存坐視君父。如棄路人。陛下若不正其罪。無乃辜二聖乎。臣竊惟去年治王甫蔡京等罪。不肯果決。費臺諫一年之力。遂致邊事有失防閑。臣愚欲乞先立罪格。然後按籍定刑。使凡有司者皆不得以容私焉。則一按而定。可以絕後患矣。諸侍從官而偽為執政者。諸庶官及宮觀而起為侍從者。與撰勸進文。獻赦書。求事務官。與因張邦昌改名

者。是皆已不復知有宋德矣。臣請定為叛臣之上。諸執政侍從臺諫曾稱臣於偽楚。及拜於庭下者。及願為奉使與庶官升擢差遣者。是皆臣服偽楚矣。臣請定為叛臣之次。叛臣之上。乞寘於嶺外。叛臣之次。乞遠小處編管。仍乞帶叛臣名目。若夫卿監以下庶官也。朝廷初不以國士待之。亦安得以國士責之。若未嘗升擢及如前所論二等之罪。惟戴偽楚供職不廢。以苟祿食而已。臣乞赦之。然亦乞籍定姓名。從此不復用為臺諫侍從矣。蓋惡其無立也。若用此法則一網而盡。不惟可以上報二聖之德。亦所以破天下姦雄之膽也。使舉朝之臣皆無姦雄。則人人可與同腹心矣。予有臣三千而一心。此武王之所以勝紂也。況以天下之大而誅醜虜乎。惟陛下察之。取進止。

肅又奏曰。臣竊聞人臣之事君。有毫髮之私。必有欺君之罪。人君之治天下。有毫髮之私。必失天下之心。恭惟陛下聰明睿智。卓絕今古。

固非臣愚所能窺測。然謂之無毫髮之私。則非臣愚所能知也。臣切見陛下臨御以來。首取前日姦臣講和誤國者。如李邦彥、白時中、吳敏等投之遠方。以禦魑魅。天下壯士聞之歡躍。以為中興必矣。然自靖康以來。有專主和者。耿南仲與其子延禧是也。閫門之內。同惡相濟。沮渡河萬全之戰。遏勤王已到之兵。今日割三鎮。明日截黃河。自謂和議可必無患。凡戰守之具。若無事於切切然者。孝慈淵聖皇帝亦以東宮眷舊之故。信如蓍龜。數奏之語。蓋未嘗不從也。及虜人借和用兵。勢不可遏。南仲誤國狀已敗露。淵聖亦不得以私之。遂遣南仲出使。使之自當。南仲偶脫萬死。以其子延禧之故。遂得從陛下左右。竊聞陛下欲進大兵。以援京城。又為南仲父子所諫。以為和議已成。不可輒壞。是則南仲父子主和誤國。豈不過於李邦彥等乎。此陛下親見而熟講之矣。又不待臣愚再三之瀆也。然南仲尚為兩府。以宮觀居閒。延禧尚為兩制。以名邦自奉。雖南仲自擇不過如此。陛下何正邦彥等罪如彼。其審何容南仲等惡如此。其怨豈非以南仲父子於艱難之際。從陛下日久耶。且天子父也。群臣子也。舉天下之臣皆陛下之子。豈復更有親疎之間乎。淵聖不忍。輒棄南仲。故有今日之悔。陛下之於南仲。又何有焉。若復容之。臣恐天下得以私心議陛下也。且南仲腐儒。延禧狐隨。進退出處。本不足論。臣今切切不已。正為陛下惜耳。伏望明正典刑。與李邦彥、白時中、吳敏等。以示天下之公。

御史中丞張守上奏曰。臣伏見自崇寧以來。外則姦臣擅政。內則閹寺弄權。相為蔽欺。以亂主聽。卒至禍敗。宗社幾危。陛下纂承。親見既覆之車。深懲不遠之鑒。勵精政事。固宜內外臣寮。洗心滌慮。精白以承休德。而欺罔之風。猶未丕變。近者特降聖旨。為剩員高貴咩稱呂

源行下收買竹木搭蓋席屋出賃等事。令御史臺體究。本臺按驗並無實狀。尋具奏聞。乞降下告人姓名追呼照對。奉聖旨高貴球特告事人更不追呼。臣竊謂此事上聞。宜有所自致。須特降睿旨。付之有司。實賴聖明。燭見事情。乃加考核。設或不付有司便行典憲。則一呂源固不足惜。人或謂陛下之聰明可欺。陛下之命令輕出。陛下之賞罰失當。一舉而三失之。所以累聖德者豈細也哉。夫以陛下英睿天縱。而臣下猶敢誣惑如此。則罔上之心。可以按見。使其得逞。則變亂是非。以白為黑。將何憚而不為。伏望陛下特詔有司。如係朝廷之上。得於告言。則誣告之律。固當舉行。如緝捕人直達聖聽。則罔上之誅。不容恕免。欲乞聖慈。檢會本臺先奏事理。降下姓名。以憑按治。庶幾防微杜漸。使小人有所懲戒。而欺罔之風息矣。

侍御史孫覿奏曰。臣伏見女真大酋擁萬騎入朔方。踰大河。直犯京闕。怨睹神州陝區金城湯池之高且大也。斂兵不動。遣使議和。將相大臣盍量彼己之勢。勿亟勿徐。示以間暇。使之疑懼。有虎口之虞。壓以重兵。不戰而威之。使去。此百全之上計也。忽得李綱劫寨之敗。上驚朝聽。下駭群情。為之柰何。綱本書生。素不知戰。小圖挑發兵禍。以帷幄之臣。行穿窬之謀。以王者之師。為攻劫一[illegible]藉。本出於[illegible]人不意。偶獲小利。猶為慾敵。以誤朝廷。而狂率無謀。漏言於旬日之先。撰數千兵。以入空寨。虜圍四合。盡驅而納諸陛中。無一存者。九重帝居。宗廟社稷所在。而僥倖於一擲。滔天之罪。車裂以徇。死有餘誅。方從薄罰。而大學諸生陳東等。聚眾伏闕。鼓倡群小。妄謂宰相逆絀強胡。開關延敵。欲起李綱。復還兵柄。俄頃間。備聚數萬。撾登聞鼓。呼聲動地。手擲瓦礫。狙擊大臣。屠裂中貴人。流血滿道。天子震驚。輿之召還李綱。然後解去。自古衰亂板蕩。大壞書傳。[illegible]有[illegible]此之甚

者也。唐德宗時除國子司業陽城爲道州刺史。太學諸生詣闕請留夫城者道德文行。一世標表。常率諫官合遏裴延齡不得爲宰相。名震天下。諸生請留以爲師範。朝廷所當從。從之是衆爲政也。太學者賢士之關。禮義之所自出也。朝廷崇建師儒。營宮室。豐餼廩。以養士。祭酒司業。以率其屬。博士掌訓導。正録掌規矩。恩禮深厚。設法明具。士當洗心易慮。以承上之休德。陳東等乃幸天下有大變。蔑視官師。不告而出。怙衆興訛。孚誣朝廷。朋比罪人。迫脅君父。肆行殺戮。遂至大亂。而李綱不知羞愧。尚戴其面立於朝端。東安坐學宮。洋洋自若。失今不治。他日必有握兵之臣刼制天子。武夫悍卒。戕害將帥。縣殺其令。郡殺其守尉。以衆暴寡。必自兹始矣。臣承乏國子司業。時童貫脩建武學落成矣。陳東爲教諭。議率同列獻書童貫。請車駕臨幸。其中有不從者。遂至譙讓。臣聞之曰。武學落成。何預太學。有吞頃者乘輿幸太學。而武學生例被恩賜。此東所以建獻書之議。蓋東狂生。不守分義。其志正欲圖尺寸之柄。猖狂不已。以至稱亂。今雖未即典刑。當具申學法。屏之遠方。終身不齒。爲多士之戒。無令覆出爲惡。以階禍亂。天下幸甚。

御史中丞廖剛乞禁妖教疏曰。臣伏覩刑部關報臣寮上言乞修立喫菜事魔條禁。務從輕典。奉聖旨令刑部看詳申尚書省。臣謹按王制曰。執左道以亂政殺。假於鬼神時日卜筮以疑衆殺。非幾於殺人。爲其邪說詭道足以欺惑愚衆。使之惟己之從。則相率爲亂之階也。今之喫菜事魔傳習妖教。正此之謂。臣訪聞兩浙江東西。此風方熾。倡自一夫。其徒至於千百爲群。陰結死黨。犯罪則人出千錢或五百行賕。死則人執柴一枝燒焚。不用棺槨衣衾。無復喪葬祭祀之事。一切務減人道。則其視君臣上下。復何有哉。此而不痛懲之。養成其亂。至於用兵討除則殺人將不可勝數矣。宣和間。江浙數州已見此事。殷鑒未遠也。臣聞傳習事魔爲首之人。蓋有所利而爲之。誑惑愚民怵以禍福。而取其財物。謂之教化。此最不可恕者。推究爲首之人。悉法治之。自當衰息。若不分首從。槩欲以不應爲坐之。恐非所以戢姦弭亂也。臣謂貧窮而爲盜賊。情或可恕。事魔非迫於不得已也。故爲邪僻敗壞風教之事。其措心積慮已不順矣。是故易誘爲亂也。如被誘之人尚或可以闊略。彼爲首者雖未有不順之迹。安可輕恕。欲望睿旨并送刑部看詳施行

吏部侍郎李光論孫覿劄子曰。臣伏覩紹興元年十二月十四日三省同奉聖旨。備坐祖宗舊制。應贓吏決杖配諸州牢城。蓋謂軍興之際。不免時有科率。若更容縱。贓吏並緣爲姦。則民力愈弊。此有以見陛下意在生靈。疾貪汙。命下之日。孰不相慶。今已累月。而諸司按

察官循習既久。恬不爲怪。遂使朝廷美意委爲空文。臣竊痛憤。伏自艱難以來。朝廷一切姑務涵貸。凶貪之徒。割剥生靈。無所忌憚。究朝廷行法。當自貴近始。臣伏見前知臨安府孫覿在任贓汙不法。遠近播傳。諸司懼其一旦復用則爲己害。不敢按發。覿之爲人。朝廷所知。前後臣僚論列罪大惡稔。至辱詈君父。甚於仇讎。有臣子所不忍聞者。陛下貸而不誅。又使復典郡寄。於覿恩德厚矣。乃不悛革。益肆無頼。到任之初。以軍期爲名。拘九邑縣令在府。勒令出錢共肆萬伍千餘緡。名曰助軍。不附文曆。又將親信使臣毛汝能辟爲都監。文林郎毛珪權錢塘縣令。令二人提領本府應干倉場庫務。偷盜轉易。不可稽考。郡中官僚相顧側目。至有人生五馬貴莫受二毛侵之語。臨安府捉獲酤賣私酒百姓。其家富厚。覿令珪受錢一千貫。更不解送所司。至帖下本縣直行放免。又遣所親姓董人乞覓過新城縣百姓唐

邦臣等錢一千五百貫皆有跡狀。除代之後。將犒賞庫金銀錢物與都吏專知官等分受。比至得替其公庫供帳之物並不發遣。及將空名度牒官告等移易妄用收附不明。監司往來。厚加結納。每到發送饋謂之合食。日事燕遊。每會不下百餘千。以此上下相蒙。無緣顯露。伏望聖慈奮發乾剛。出自睿斷。送大理寺。或差臺官一員。就府置司體究催贓證分明。捕逮送獄。依法斷遣。以警具僚。其屬邑縣令及人吏等迫於威勢者。贓非入己。或許其自首。庶幾遠近聞風。咸知畏戢實天下幸甚。取進止。

吏部員外郎陳公輔上疏曰。臣聞今日之禍。實由公卿大夫無氣節忠義。不能維持天下國家。平時既無忠言直道。緩急詎肯伏節死義。豈非王安石學術壞之邪。議者尚謂安石政事雖不善。學術尚可取。臣謂安石學術之不善。尤甚於政事。政事害人才。學術害人心。三經

字說。詆誣聖人。破碎大道。非一端也。春秋正名分。定褒貶。俾亂臣賊子懼。安石使學者不治春秋。史漢載成敗安危存亡理亂。為聖君賢相忠臣義士之龜鑑。安石使學者不讀史漢。王莽之篡。揚雄不能死。又仕之。更為劇秦美新之文。安石乃曰。雄之仕。合於孔子無可無不可之義。五季之亂。馮道事四姓八君。安石乃曰。道在五代時。最善避難以存身。使公卿大夫皆師安石之言。宜其無氣節忠義也。

中書舍人虞允文上言曰。臣伏惟神宗皇帝作新官制。一清樞密。都承旨之班。更用士人。視儀從列。而副都承旨之選。與之俱重。侍殿廬親承邃旨。武臣之除職清地禁。未有踰於此者。所以激厲其徒。使之趣名節。立事功。為百世勸也。謨烈之傳。至陛下而丕顯丕承之。故近歲廖虞弼以非才而用。未幾罷黜之。旨從天而下。當時人心咸大和說。其後多虛其選。不以輕授。陛下傳祖宗心法之妙。顯顯如此。書之國史。足為無窮之光。今元居實者。外廷之議。以為本出給使之流。未嘗歷親民近邊差遣。而所出入交結。皆內侍之雄。欺隱御前金帛之說。見歷臺省未決。一旦無尺寸功效。亟登清班。使將士解體。非今日細事。又朝廷施行之初。不經門下書讀。致議者關然。益以為疑。兩日以來。物論藉藉不肯置。若臣輙擬詞以進。實負陛下使令之意。罪不容誅矣。所有詞頭。臣不敢書行。

翰林學士汪藻奏曰。臣准中書省送到詞頭一道。奉聖旨知高郵軍趙士琰因發運司舉留。今依舊在任。其稽違朝命。特降兩官。蘇遲別與差遣。今臣撰詞進入者。右臣竊以人主之柄。賞罰而已。賞必及善然後人知所勸。罰必及惡。然後人知所懲。未聞且賞且罰而可以為政也。謹按趙士琰始以蘇遲赴官不肯受代。朝廷怒其稽違朝命。特降兩官。又緣自陳四任掌除糴有勞效。及發運使李祜劄子保奏復

令在任。臣不知朝廷以士琰為是耶。為非耶。若以為是。則方命不從者。共四凶之罪也。不應使之在任。若以為非。則借留在任者。漢循吏之息也。不應使之降官。以一士琰之身。而一日之間可賞可罰。臣竊惑之。且士琰自陳歷任有勞。至據其所臨。推之不去。公違詔條。不顧義理。亦可謂無廉恥甚矣。縱方今乏材。豈無一人可治高郵如士琰者耶。況新除人。別與差遣。在任人遷延依舊。使有力者交結當權。無日不居官。無援者待闕及期。輙為人所奪。有十年不霑一日之祿者。宣和之風也。今陛下中興。當痛革此弊。柰何因士琰復啓僥倖之門耶。臣以為不罷士琰。恐人之效其所為。苟欲貪祿。則冒恥自陳。及許會監司僥倖保奏者。皆得之矣。此風漸不可長。伏望聖慈。別擇能吏知高郵軍。或且令蘇遲赴任。斥去士琰。為後來鄙夫之戒。所有趙士琰依舊在任降兩官詞頭。臣未敢撰進。

戶部侍郎李彌遜上奏曰伏覩近降指揮差新除起居郎莫將充送伴使臣契勘比者金人遣使畫地講和旬月之間禮儀未定中外惶駭人情不安賴陛下聖度剛明曲從群議斷以不疑致使金人屈服致書而去國人欣悅萬口一詞天下幸甚將輕儇不端素無所守揣摩迎合僥倖一時意為身謀不恤社稷之計而使將與賓客言深恐將遂非文過姦詐不悛覘望反覆陰挾虜情上負陛下聖孝愛親之念況將越次而遷已咈公議遽委使節俯示曲全為將計則善矣非國家之福也伏望陛下更加聖慮罷將送伴使別選忠信之人協濟國事臣職在論思苟有所見不敢緘默冒瀆聖聽不任恐懼戰越屛營之至

時金遣使要以難行之禮秦檜為相力贊屈己之說外議群起許鉎定而未敢行句龍如淵說檜宜擇人為臺官使擊去異論則事遂矣於是如淵施廷臣莫將皆擢要地人皆駭慢吏部侍郎晏敦復上疏言前日如淵以附會和議得中丞今施廷臣又以此躋横揭衆論沸騰方且切齒莫將又以此擢右史夫如淵廷臣庸人但知覘望將則姦人也陛下柰何與此輩斷國論乎乞加斥逐杜群枉門力為自治自彊之策

金遣使議和監察御史施廷臣抗章力贊和議吏部尚書張燾率侍郎晏敦復上疏曰仰惟陛下痛梓宮未還兩宮未復不憚屈己與敵議和特以衆論未同故未敢輕屈爾幸小大之臣無復異議從容獻納庶幾天聽為回卒不敢屈此宗社之福也彼施廷臣乃務迎合輒敢抗章力贊此議姑為一身進用之資不恤君父屈辱之恥罪不容誅

時遣報王倫來歸殿中侍御史黄龜年劾檜專主和議沮止恢復植

黨專權漸不可長乃上書曰臣聞一言而盡事君之道曰忠罪莫大於欺君一言而盡輔政之道曰公罪莫大於私己臣人者背公而徇私則刑賞僭濫惑人主之照其姦則合黨締交相與比周熒惑主聽故附下罔上之黨盛而威福之柄下移禍有不可勝言者伏見秦檜還自金國陛下驟任不一年而超至宰輔乃不顧國家盜威福在己欲永塞言路書上檜罷併劾檜黨王晙王昞王守道皆罷之檜罷仍授觀文殿大學士提舉江州太平觀官如故龜年又奏曰比論秦檜徇私欺君合正典刑授諸裔土以禦魑魅今乃任便居住雖陛下曲全大臣之禮柰檜姦狀暴露復寵以儒學最上職名俾優游琳館聽其自如律斷群盜必分首從為之從者皆已伏誅獨置渠魁可乎又曰臣聞恩莫隆於父子義莫重於君臣不義則後其君不仁則遺其親君親既然則何忌憚而不為檜厚貌深情矯言偽行進迫君臣之勢陽為面從退恃朋比之姦陰謀沮格上不畏陛下中不畏大臣下不畏天下之議無忌憚如此欺君私己有一即可黜況檜之欺與私顯著者為多乎章凡三上遂褫檜職

孝宗淳熙六年夏大旱詔監司郡守條其民間利病知南康軍朱熹上疏言天下之務莫大於恤民而恤民之本在人君正心術以立紀綱蓋天下之紀綱不能以自立必人主之心術公平正大無偏黨反側之私然後有所繫而立君心不能以自正必親賢臣遠小人講明義理之歸閉塞私邪之路然後乃可得而正今宰相臺省師傅賓友諫諍之臣皆失其職而陛下所與親密謀議者不過一二近習之臣上以蠱惑陛下之心志使陛下不信先王之大道而說於功利之卑說不樂莊士之讜言而安於私暬之鄙態下則招集天下士大夫之無恥者文武彙分各入其門所喜則陰為引援擢寘清顯所惡則密行

嘗毀。公肆掊排。交通貨賂。所盜者皆陛下之財。所竊者皆陛下之柄。
陛下所謂宰相師傅賓友諫諍之臣。或反出其門牆。承望其風旨。其
幸能自立者亦不過齗齗自守而未嘗敢出一言以斥之。其甚畏公
論者。乃能畧警逐其黨之一二。既不能深有所傷。而終亦不敢正言
以擣其囊橐窟穴之所在。勢成威立。中外靡然向之。使陛下之號令
黜陟不復出於朝廷而出於一二人之門。名為陛下獨斷。而實此一
二者陰執其柄。莫大之禍。必至之憂。近在朝夕。而陛下獨未之知也。
孝宗時。熹提舉浙東常平茶鹽公事。奏知台州唐仲友違法促限。催
稅擾擾飢民事狀曰。臣昨訪聞知台州唐仲友催稅急迫。致得民戶
流移等事。即具大略奏聞。今巡歷到本州天台縣。據人戶遮道陳訴
本縣夏稅絹一萬二千餘匹。錢三萬六千餘貫。緣本州催促嚴峻。六
月下旬。已納及絹五千五百餘匹。錢二萬四千餘貫。而守臣唐仲友

嗔怪知縣趙公植催理遲緩。差人下縣。追請赴州。縣人聞之。相與號
泣遮攔公植回縣。情願各催戶下所欠零稅絹二千五百匹。限十日
內赴州送納。方得放免。仲友遂專牒縣尉康及祖催納零欠。更不照
應三限條法。及近日累降指揮。牒內明言要在六月終以前。一切數
足。又牒縣尉催淳熙七年八年殘欠官物。專差人吏在縣監督。及節
次差下承局禁子等人。絡繹在道。乞覓擾擾。無所不至。又據寧海人
戶論訴本州專差天台主簿張伯溫及州吏在縣催督去年殘來下
戶丁稅百端搔擾。本司見行追問未到。而聞張伯溫在寧海縣追呼
迫急。本縣人戶不堪其擾。相與群聚喧譟。欲行毆擊。伯溫知之。僅得
走免。臣竊惟台州頻年災傷。民力凋弊。仲友儒臣。幸得蒙恩典郡。專
以布宣德澤。摩撫疲瘵為職。而乃舞智徇私。動乖仁恕。在法夏稅省
限至八月三十日下限。方滿近來戶部擅行指揮。必要七月盡數到

庫。已是違法。而仲友乃於戶部所促之限又促一月。公行文移督迫
屬縣。頗辱良吏。苦虐飢民。使千里之人愁怨歎息。無所告訴。甚失聖
朝所以選用賢良惠恤鰥寡之本意。又況方此饑饉。人心易搖。萬一
果然生事。不知何以彈壓。臣雖疎賤。誤蒙任使。職在刺舉。不敢不言。
欲望聖慈先將仲友亟賜罷黜。以慰邦人之望。其不公不法事件臣
當一面審實。以聞須至奏聞者。
熹又按唐仲友狀曰。臣猥以疎賤。叨被使令。雖衰病之餘。精力不逮
而驅馳勞瘁。不敢頃刻自安者。誠以陛下知遇之深。而思有以仰報
萬分也。今者不幸不得其職。臣實有罪。無所逃刑。然有血誠。敢勤天
聽。臣昨在紹興府道間。聞得台州守臣唐仲友催稅刻急。民多流移。
即於七月十九日具狀奏聞。至二十三日入本州界。又得其實。再以
狀奏。至二十七日。又得其貪汚淫虐蓄養亡命事狀數件。復具條奏。

竊謂聖明威斷。必不容貸。雷霆震擊。將不旋踵。而側聽兩旬。未奉處
分。仲友始者自知罪賦應死。亦甚皇恐。此數日來。忽復舒肆。追呼工
匠。言語譸張。又遣客將傳語通判趙善伋云。已得指揮差浙西提刑
前來體究。未可引斷。竊詳上件事理。元係本司奏劾。若有指揮。合是
本司被受。今本司既無被受。仲友何緣聞知。便敢傳布。意欲施行。觀此
氣象。若非有人陰為主張。禱語消息。仲友罪人。何敢遽然如此。是則
不唯臣竊疑之。而此州闔境千里。前日歡呼鼓舞之民。莫不人懷疑
懼。慄手如虎兕之將復出於柙也。臣伏見仲友本貫婺州。其亡弟之
妻王氏見隨仲友同在郡舍。仲友近日又為吏部尚書侍御史所薦。
而其支黨共為貪冒之人。又皆臺省要官子弟親戚。況仲友為人陰
狡。有害事窮勢迫。干求請託。何所不為。竊慮以此之故。黨援衆多。當
為掩蔽。使臣孤忠無路上達。有以仰累日月之明。熟衢婺明州災傷

極重。而處州士民逆亦告急。臣欲自此適走諸州。計度救荒事務。而台州之人。以仲友未罷。恐其一旦復出為惡。邀留臣車。不容起發。臣遂不免申尚書省。且住本州。恭俟奏報。竊慮遠程日久。按行遲緩。有失數州飢民之望。仰貽陛下宵旰之憂。靜言本末。由臣愚闇。見事遲晚。既不能及早按劾。致留天誅。又不能阿徇權豪。共為欺蔽。有此二罪。難以復居官次。願以本路飢民。阽於溝壑。未敢自劾。謹復具此曲折。昧死奏聞。欲乞睿斷。先將仲友早賜罷黜。付之典獄。根勘行遣。以謝台州之民。然後申詔攸司。議臣之罪。重寘典憲。以謝仲友之黨。臣不勝幸甚。干犯天威。無任恐懼戰灼之至。須至奏聞者。

時趙汝愚乞按提刑吳宗旦運判張伯垓疏曰。臣聞身修而后家齊。家齊而后國治。未有其身不修而能齊其家。其家不齊而能治其國者也。謹按知嘉州張伯垓到任以來。為政苛急。督責財賦。人多致死。縱容子弟親隨。干預政事。交通貨賂。出入倡館。醜聲四聞。初緣提點刑獄吳宗旦與之結姻。遂相蔽狎。每用妓樂燕飲。常至達旦。馴致兩家子弟。人有所私。衆皆指名。不敢塵瀆。今歲上元。諸郡皆不敢燕集。中聞嘉州與提刑司張燈。以多相勝。連夕遊宴。肆為歡樂。場務官司俱被科擾。其後宗旦不避親嫌。謬以伯垓為臧最。遂誤朝廷除授。就陞本路運判。呼索從物。並要如法。近聞兩屬官管押衙兵。旁到客次。伯垓親隨數人。遽執衙兵司條縛箠打。取索錢物。至數百千。兩屬官見之。遂懾而退。運司遠接舟船人從。自有條例。更於嘉州諸縣須索船錢。寺院科取夫脚。各有定數。不知復作何用。初政如此。人將何堪。令一路官吏百姓聞其先聲。無不震恐。臣謬將使指。理難坐視。伏望聖慈將吳宗旦張伯垓特賜罷黜。使監司郡守咸知修身齊家之道。以慰遠民。幸甚。

汝愚又按汀守趙汝劼奏曰。臣契勘本路汀州。其地險阻。其俗暴悍。素號難治。稍失調御。輒敢數百為群。依山阻險。抗拒官司。為守臣者宜得寬猛相濟。善撫柔其民者。留意惠養。庶幾上下相安。幸於無事。今訪聞得守臣趙汝劼自到任以來。貪謟暴縱。日事游宴。不恤其民。催督諸縣積年欠負。急於星火。去秋雖蒙朝廷罷免軍器物料。本州不敢催理。却以舊欠為名。抑令諸縣認納。如未罷免之數。諸縣既無軍器科名。往往復苛取暴斂。以塞其意。至有知縣不堪其苦。欲自縊而死者。本州兩獄禁繫欠負之人。飢餓而死者。前後蓋以百數。郡將所收錢物。恣為妄費。今歲上元買琉璃燈至數千盞。所費萬餘緡。所愛官奴號蔡素嬪。及隨行私僕。皆交通關節。貨賂公行。一郡之政。惟素嬪之言是聽。委任進納人司理張琇及清流縣丞曾誼。使權職官。皆怙權納賂。妄作威福。凡暴虐刻薄之政。二人者實助之然也。本州又闕推官。又司理已過滿半年以上。代者恐遠乎。遣人手索近吏。汝劼輒追其人。叱而去之。其私於二人如此。臣等恐其更有不公不法事件。除已差官前去體究外。今一郡之人。如在湯火之中。朝夕不能自保。竊恐別致生事。欲望聖慈特降指揮。將汝劼張琇曾誼先賜罷斥。一方幸甚。

汝愚又繳韓彥質除知臨安府奏曰。臣竊惟臨安雖號為駐蹕之地。其實事體所關。蓋與神州無異。凡為守臣者。謂宜精選公忠端亮。深知治體者為之。所補蓋非他郡比也。而近歲以來。頗乖選任。所用如吳淵輩。例皆掊克貨財。交結權倖。以自封殖。至於一郡政刑紀綱法度。無不大壞。所欠行戶錢物。家家以千萬計。吳淵方有宮觀之命。臣聞閭里之間。無不歡呼鼓舞。人人舉手加額。以為陛下聖明。至有逐行逐戶率斂錢物。市酒相慶者。此其情蓋可見也。數日以來。未曾除代。上自士大夫。下至閭境百姓。皆謂朝廷不輕謀帥。必得公忠端亮深知治體之人。庶幾稍革前日之弊。而命下之日。卒用彥質。臣恐都人愈失望矣。臣與彥質猶未相識。臣亦不能深知其才行。但以一事觀之。臣故知其不可。始緣今夏都城遺火。其淵自知無所逃罪。遂嫁禍於民居。建為拆屋之說。是時一城大擾。百姓怨嗟。然猶有可諉者。謂可暫勞而永逸也。今聞彥質效尤。復欲自都門之外至鎮江府沿路民居屋宇。並要除拆數尺。於是數郡之民。又大驚擾。怨嗟盈道。所不忍聞。於彥質又不能周密顧漏其意。至於道路相傳。皆謂翠華不日臨幸。人言籍籍。遂不可掩。誠恐鄰國聞之。所繫頗不重哉。加之彥質此行實與北使俱往。萬一北使所至。或有得於觀聽之間。亦豈能無疑也。臣以是知彥質以謀國則甚疎。以臨民則甚擾。以事上則不忠。其意不過欲託為李子可喜之說。以迎合陛下之意。而竊取美官

爾。其實非能為國家深計也。陛下英明天縱。如揭日月。彥質情狀豈不洞見。今乃付以京尹之任。寵以秘殿之名。望其能體國愛民。臣知其不能矣。臣愚伏望聖慈收還新命。精選良吏。更定規模。庶幾漸復祖宗之制。亦使要功生事為國斂怨之人。自今稍知懲創。天下幸甚。

汝愚又按永福知縣高禀羅源縣尉龔史良奏曰。臣等竊惟國家之治專以仁厚寬恕為本。張官置吏。凡以為民。其間有奉職失當。致百姓有無辜而死者。臣等職在按察。不敢隱默。臣等伏見本州去歲豐熟。今歲米價不至甚貴。永福縣在市白米。每斗不過二百三十文。足自不須賑糶官米。知縣事宣教郎高禀擅作常平米出糶。其減價太低。又措置無術。六月二十日有男子婦人小兒約五千餘人。擁併入縣。互相蹂踐。至林全等死者七人。傷者一人。又羅源縣先有行者光潤。因帶銀貨入城。中塗為盜所殺。本縣尉迪功郎龔史良疑是薛近景跡人項德為盜。遂併捕其子受僧就本廳逐日訊勘。經涉二十餘日。終無贓證。又不依條申解本縣。致項德被苦身死。本州除已追合干人送獄根勘依條施行。及將高禀先次對移懷安縣丞外。其高禀龔史良雖是緣公致罪。情在可矜。然事干人命。未容但已。伏望聖慈特賜黜責。以謝無辜之民。

吏部郎官范成大奏曰。臣伏覩中書省錄黃指揮。宋貺召赴行在。臣謂率土之濱。莫非王臣。陛下欲見一臣寮。何所不可。天鑒之下。將無所逃。用捨廢置。皆未可知。固無必不可見之理。但臣採之公議。有不得而默者。契勘宋貺當秦檜柄國之時。號為親昵用事。為世指目。章章尤顯者。士大夫醜其姓名。于今有年矣。臣取會前後章疏。姦汙之狀。固不一端。為奉使則興販北貨。攝京府則強畧倡優。任版曹則買諸軍之銀。領贍軍則受辟官之賂。司建康留鑰。則專為權門起造園

宅。如此之類。未易縷舉。亦未暇論也。究其始初罷逐之由。正緣司計不職。以致左帑闕乏。支遣不行。至用臨安公使庫。及激賞贍軍等庫錢物那移。又勘虛旁令軍人自徃漕司支請。若漕司無錢。幾致生事。臣竊論其身為計臣。經畫如此。是時檜猶無恙。而貺已斥矣。則其才術已試。大繆明白如此。今聞忽有召命。竊恐或謂其有富國才術。欺陛下者。只攷元罷戶部因由。則是非虛實灼然可見。臣聞人才難得。弗忍終弃。聖人之用心也。使君子之人而偶罣憲網。固當拔拭而進之。使小人而有才。亦可覆其玷缺。駕馭以驅使之。今以貺為君子。而偶罣憲網耶。則平生姦汙之聲。偏于海隅矣。以為小人而有才者耶。則當兵釁未開之前。朝廷積富之後。從容版曹。而使帑藏空乏。至以虛旁撥遣軍人。亦可駭矣。竊恐一旦進用。不惟無益於國。其餘黨類怗息伏潛者。皆將動心經營。僥倖復進。徒使疑議四起。又費彈壓。臣

奉惟陛下昭德塞違以臨照百官正欲安靖國人純一風俗而已將來脫或有所除授必致衆論紛紛以發其不靖之機臣冢被陛下擢寘西掖正典書命比之諸臣尤不當緘默伏惟聖慈儲神妙慮攬臣此書特留聖念別賜處分不勝幸甚

成大又上劄子曰臣聞聖人在上所以虛己以來天下之言者蓋欲廣見聞資啓沃以輔聰明之所未及也至於朝變夕改乘時射利之徒候伺上意耳剽口傳爲迎合之說取容一時以釣爵位者將安用之哉國家之於北虜可謂血讎矣是讎也天地神明社稷蒼生其誰不知陛下受太上之託荷列聖之休不忘北向以雪宗廟大耻可謂有志矣是志也天地神明社稷蒼生亦其誰不知乃宸謨聖算甫欲有所設施而一時射利之徒如前所云者即便揣摩指意爭獻迎合之說借舊史以談計謨撿方志以述地理詢北客以撰事機走權門

以伺報應如是而已聖朝以其說之倦倦不吝賞激至有布衣補官而去者甚衆一人得志轉相倡和競以迎逢爲進身事業傳播既廣四方翕然洩陛下之神機漏朝廷之密指甚非國家之利也伏望聖慈與腹心輔臣思大計之甚重審先務之當行日夜淬厲自圖實效凡迎合之虛言取悅一時之聽無益於國而徒利其身者不必更誘而進之以開倖門而玩大謀天下幸甚

歷代名臣奏議卷之一百八十三

歷代名臣奏議卷之一百八十四

去邪

宋孝宗時右司諫王居安論韓侂胄以預聞内禪之功竊取大權童奴濫授以節鉞嬖妾冒籍於宮庭剏造亭館震驚大廟之山燕樂語笑徹聞神御之所忽慢宗廟罪宜萬死托以大臣之薦盡取軍國之權臺諫侍從惟意是用不恤公議親黨姻婭躐取美官不問流品名器僭濫動違成法竊弄威柄妄開邊隙自兵端一啓南北生靈壯者死鋒刃弱者塡溝壑荊襄兩淮之地暴尸盈野號哭震天軍須百費科擾州縣海内騷然迹其罪狀人怨神怒衆情洶洶物議沸騰而侂胄箝制中外罔使陛下聞之宦官宮妾皆其私人莫肯爲陛下言者西蜀吳氏世掌重兵頃緣吳挺之死朝廷取其兵柄改畀它將其策至善侂胄與吳曦結爲死黨假之節鉞復授以全蜀兵權曦之叛逆罪

將誰歸使曦不死侂胄未可知也侂胄數年之間位極三公列爵爲五外則專制東西二府之權内則窺伺宮禁之嚴姦心逆節具有顯狀縱使侂胄身膏斧鉞猶有餘罪況兵釁未解朝廷不明正典刑何以昭國法何以示敵人何以謝天下今誠取侂胄肆諸市朝是戮一人而千萬人獲安其生也侂胄既有非常之罪當伏非常之誅詎可以常典論我右丞相陳自強素行汙濁老益貪鄙徒以貧賤私交自一縣丞超遷徑至宰輔姦憸附麗黷亂國經較其罪惡與侂胄相去無幾乞追責遠竄以爲爲臣不忠朋邪誤國者之戒又劾曦外姻郭倪郭僎竄嶺表天下快之

監察御史杜範奏曰曩者權臣所用臺諫必其私人約言已堅而後出命其所彈擊悉承風旨是以紀綱蕩然風俗大壞陛下親政首用洪咨夔王遂痛矯宿弊斥去姦邪然廟堂之上奉制尚多言及貴近

或委曲回護而先行丐祠之請，事有掣肘，或彼此調停而卒收論罷之章。亦有彈墨尚新，而已頒除目。沙汰未幾，而旋得美官。自是臺諫風采，昔之振揚者日以鑠；朝廷紀綱，昔之漸起者日以壞。理宗深然之。

侍御史王十朋上疏論史浩曰：臣聞人臣之罪莫大於懷姦誤國，植黨盜權，忌言蔽賢，欺君訕上。有一於此，罪不容誅。衆惡備焉，其何可赦。臣謹按尚書右僕射史浩，人品凡下，天姿險姦，昔為士人，以権酤犯罪，身幾不免。及試吏州縣，姦贓狼籍，惡聲播聞。浩能以諂佞取容致身朝列，夤緣遭際，事陛下于潛藩。龍飛在天，躐居政府，浩不知盡臣子之大節，報非常之恩，機巧百端，得罪公議。臣請條其罪惡之著者有八焉。徃歲太上皇帝聞欽宗之訃，痛切宸衷，下詔親征，思雪國恥。知陛下春秋鼎盛，智勇天錫，斷然以社稷付之，深望陛下之大有為也。浩為心腹之臣，不能以忠自效，乃於義不共戴天之日，首進寢兵之言，專主和議，以沮大計。蓋欲踵秦檜之故態，為固寵之身謀，此懷姦之大罪一也。太上皇憤逆亮之渝盟，悟和戎之失策，以疆場之事付爪牙之臣，大將吳璘等奮身血戰，復秦隴故土。屯兵固守，俟時投機，縱未能長驅以定中原，亦可以牽制虜人南牧之患。浩既主和，懼吳璘進取，陰使其黨鼓扇浮議，妄謂虜與西夏協力攻璘，遙從中制，令不退者斬，遂取十三州之地而盡棄之，將士喪氣，中原離心。誤彼生靈盡遭魚肉，不獨棄地，是乃棄民，不獨棄民，是乃棄信，皆由浩欲售一己之私，而不顧國家之大計。此誤國之大罪二也。浩履歷既淺，德望素輕，驟居要途，天下竊笑。於是取國家名器為一己私恩，躁進之徒，翕然合為一黨，門闌可以炙手，士論為之沸騰。至有嫡子嫡孫之號，親姪過房之稱，有號寄傳心印者，有號正法眼藏者，名居宗派，布在朝列者，緜如也。昔王伾文竊柄，有八司馬之黨；李逢吉用事，有八關十六子之徒。浩得時遇主如此，乃欲效伾文逢吉之為人，此植黨之大罪三也。浩自參朝政，即盜大權，視宰相若無人，待同僚為不物，人皆畏其凶焰，莫敢誰何。官爵科第輕以與人，進退百官悉自己出。自為右揆，益肆其奸，方欲排擊所憎，驅除異己，會其腹心內潰，黨與相攻，陛下察其姦邪，知其朋比，收攬權柄，出自宸衷。不然，朝廷之禍可既耶。此盜權之大罪四也。陛下嗣位之初，首下求言之詔，忠臣義士上封言事者非一，浩抑讜直之言，不使上達。有佞己者即以免解唉之。春闈省試知舉三人，上體聖心，策問時事，浩疑其斥己，遂令黨人林安宅追捕雕匠，勒令毀板。三知舉嘗面奏其事，有旨令刊行。安宅憸人也，知有浩而不知有陛下，不遵聖旨而惟浩是從，卒不許刊。陛下取士之始，而浩首棄程文，何以彰清朝不諱耶。此忌言之大罪五也。太上皇用天下人望，起舊相張浚知建康，陛下因付以江淮重任，擢為樞府，委任之專，不啻若憲宗之待裴度。浩與浚冰炭不同，且懼其成功，凡有奏請，必多端沮之。初遣史正志往建康，銳沮浚進取之計。及其既還，遂酧以郎官。又因詔百官言事，遂令正志等寄加詆毀，指為許靖、房琯，有識為之不平。此蔽賢之大罪六也。浩凡與同列奏事，未嘗不留身，退則妄稱聖旨以誑之。浩嘗有辭免參政劄子，未嘗稱祖宗及太上皇之德，退則增加數語以報行。浩之欺君，大率類此。昔王欽若為相，每奏事必袖數奏，但出其一，餘則詐稱已得聖旨。馬知節嘗面折其姦。浩挾欽若之姦以罔衆，朝廷無知節之直者以折之。此欺君之大罪七也。陛下即位之初，以太學生經太上皇教養之久，並與免解。浩乃收為己恩，務在籠絡，已而聞諸生議己，遂深疾之，復加沮抑。嘗於稠人中言太學有風波，臣對以子產不毀鄉校。浩曰：某罔無他，但上怒之爾。浩近赴景靈宮行香，道由貢院，會太學補試，士子塡塞，鄧王回車避之，聞者欽歎。浩乃作威，以逞為士子所嘲。既而語人曰：上怒補試喧譁，欲令不考，某以誤其，遂來救之。浩善則稱己，過則稱君，皆此類也。此訕上之大罪八也。浩無宰相才，而居具瞻之位，遇堯舜主，而懷共鯀之凶。陛下方當任賢使能，圖回大業，如使浩輩久在廟堂，其可以望中興之治耶？臣願陛下正其罪惡，竄之遠方，以快天下之心，以為群臣之戒。

十朋又論史浩劄子曰：臣聞人主之職，莫大乎任賢去邪。任賢去邪，莫先乎信賞必罰。任賢而不知賞，與不任同；去邪而不能罰，與不去同。古之帝王能任賢去邪者，莫如舜。舉八元八凱而相之，取四凶而流之，可謂能賞罰矣。未聞以十二牧之任而處四凶于外也。臣昨日面對論列尚書右僕射史浩之罪，乞加竄殛。陛下謂：今日已罷之，

臣知陛下能去邪勿疑，可謂無愧於舜矣。及宣麻于庭，乃以觀文殿大學士知紹興府。輿論咸以為疑，謂陛下雖能去邪，而不能如舜之正名定罪也。人臣得時遇主，未有如浩，不忠於主，亦未有如浩。浩不忠之罪，不可以一二數。臣姑論其大而著者有八，已見前章。黨秦檜而主和議，可謂懷姦。棄德順而資寇讎，可謂誤國。名在宗派者不止八司馬，可謂植黨。竊天下之柄，不止如王叔文，可謂盜權。陛下導人使諫，而浩鉗人之口，可謂忌言。陛下委任忠臣，而浩百端譖毀，可謂蔽賢。留身奏事，妄稱聖旨，可謂欺君。善則自稱，過則歸主，可謂訕上。八罪有一，且不容誅。浩備有之，其何可赦。縱不投之四裔，以禦魑魅，其可以斥藩大職而賞姦耶？臣恐天下未必咸服，如虞舜時也。況紹興密邇王都，最為大府。浩昔嘗為屬吏，姦贓著聞，亦何面目見其吏民耶？臣願陛下出臣前章，正其罪惡，擯職名，罷差遣，竄之三危之地，與天下共棄之，庶使大功不專於舜也。

十朋又論史正志劄子曰：臣聞姦人多謀，能觀時而為進退。當權臣植黨，則必附合以求進，以竊美官。及朝廷清明，則又用姦計而苟免，以逃天憲。熙寧初，王安石為執政，用小人呂惠卿之謀，變祖宗法度，逐朝廷正人，天下莫不切齒。及元豐末，司馬光為相，惠卿自知罪大，為正論所不容，遂丐祠于外，冀脫典刑。時蘇轍為諫官，遂首論其惡，安置建州，天下快之。由是見祖宗時為臺諫者，排擊姦邪，未嘗因其求去而容其幸免也。臣謹按吏部郎官史正志，操心傾險，賦性姦邪。自為士人時，常出入貴人之門，專事交結。及初登科，遂欲求為秦熺之壻，託平日素所交結者賂熺乳媼，使之譽己。秦氏聞而薄之，遂不見納。既而干求時相，而得監倉。善觀時以求進，聞樞密葉義問欲議進取，遂竊吳若江淮表裏論而增損之，自號恢復要覽，以投義問，遂

繇莞庫而得密院編修，為士論所唾。及史浩執政，欲主和議，正志復變前說，以投浩。浩喜其佞己，遂遣之建康以為說客，欲以口舌沮進取大計。嘗談兵於張浚之前，為浚所不禮。正志乃妄撰語錄，設為己與浚答問辨難之語，歸以佞浩。浩大喜之，除為戶部郎官。浩與正志姓同而族異，乃拜浩而父事之。在浩之門，最為用事。故士論有親姪之嘲。正志既不見禮於浚，遂極口詆之。嘗應詔上書，比浚為許靖、房琯。聞陛下召浚，懼其不利於浩，唱為浮議，以沮其來。時人比之張又新。今陛下知浩之姦，斷然罷之，知浚之忠，破群議而任之。正志自知朋比讒慝，得罪於清議，遂力求去朝廷，乃以福建運判與之。正志能用姦以自免，大類惠卿求去於元豐之末。臣濫職風憲，苟不論而擊之，寧不自愧於蘇轍乎？欲乞陛下特發英斷，名正志讒慝朋比之罪，以正典刑，縱未能行兩觀之誅，亦當薄示三危之竄，庶使元祐清明

之政復見於今日矣。天下幸甚。

十朋又論史正志劄子曰：臣昨嘗論列吏部郎官史正志朋比讒慝，自知罪大，欲逃典刑，力求外補。朝廷以運判與之。是用外臺重任以賞姦也。欲乞睿斷正其罪而竄殛之。至今未見施行，臣深所未諭。臣聞唐王叔文以浩浩小人，竊天下柄，號召一時有名之士，欲僥倖而躁進者，並以郎官清要之職處之，相與結為死黨，至譽叔文為伊周、管、葛。憲宗監國之始，首逐叔文而殺之，其徒皆終身竄殛，號八司馬。元和之治，比迹貞觀，淮西功業，冠出李唐。蓋繇憲宗必於用罰，銳於去邪也。臣竊謂前宰相史浩之惡，不減王叔文，其黨與之盛，不止八司馬，雖非天下奇才，至於撓節以附匪人，懷姦以害公議，則一而已。如正志者，在浩黨中尤為親密，出入門闌，蹤跡詭祕，人皆呼之曰繼拜公，又榜之曰親姪。遂自樞屬驟遷戶部郎，又遷天官郎。使浩不去，則正志必躐處侍從矣。正志去冬歸自建康，不獨推摭張浚，尤媒孽李顯忠之短，必欲朝廷罷浚而誅李顯忠，以沮恢復大計。非陛下保全而委任之，則忠臣良將身首且不可保，豈復有今日淮甸之捷耶？今國家方欲恢復中原，所賴以激勸者賞罰而已。前日二將奏功，賞不踰時，輿論咸以為當。讒慝之人，亦宜薄正其罪。今不獨逃司寇之刑，而又以外臺耳目之寄處之，何以慰天下之公議乎？郎曹運判至么麼也，而臣喋喋言之者，非以其玷列宿汙外臺而已。而朝廷之刑賞、公議之是非，寔繫焉。伏乞陛下出臣兩章，斷然逐之，以示去邪勿疑，亦足以懲一而勸百也。

光宗時，監察御史虞儔輪對劄子曰：臣至愚極陋，蒙陛下特達之知，擢自周行，寘之臺察，常懼失職以速罪戾。伏覩本臺彈奏格，應諸路監司守倅不按舉部中貪汙不法之吏者，覺察。臣昨嘗按奏為知縣

而貪暴不法者三人，區區之意，蓋將欲以警厲其餘。蒙陛下即賜罷黜矣。訪聞似此等輩，寔繁有徒。臣以為蟣虱小臣，不足以頻汙白簡，縷瀆天聽。竊惟國家置監司守臣，委之以剌舉之權，果為何事哉？今也坐視貪暴之吏布列州縣，恬然不顧。其偶為臺臣所按者，百無一二。其僥倖漏網者，固已多矣。其為不舉職、不奉法，豈不負明天子委任之意哉？此無他，不蔽於外戚，則奪於權要，不懷其納賂，則喜其辦事，曾不思斯民受苦，何所赴愬？天聽益高，有怨而已。臣愚欲望陛下特降睿旨，申敕諸路監司守臣，今後州縣貪暴之吏，姦贓狼藉，眾跡顯露，有經臺臣按奏者，並以不覺察之罪，隨輕重罪之。庶乎其能以公滅私，奉法舉職，俾貪暴之吏知所忌憚，不致重貽斯民之害。天下幸甚。

寧宗即位初，吏部侍郎彭龜年上論韓侂冑干預政事疏曰：臣聞侍從為論思獻納之臣，於天下事無不得言。故歐陽脩為翰林學士，論狄青不當在樞密府，包拯不當為三司使，而不為侵越。彭汝礪為吏部侍郎，論曾肇不當黜降，韓維為知制誥，論范鎮不當補郡，而不為朋比。蓋知無不言，事無不可論，侍從之體當然也。反是，則阿容苟合，沉默自全，不足為天子近臣矣。臣素無所長，荷陛下擢之庶僚之中，寘之法從之列，二數月間，恩寵狎至。諸臣進用，未有若臣之驟者也。使臣只貪榮遇，則箝口結舌，取為上策；使臣粗求補報，則犯顏觸諱，必蹈危機。然營己辱君，臣實不忍，輒敢冒昧陳獻其愚，惟陛下財幸。臣伏見祖宗待外戚之法，遠監前轍，最為周密，不令預政，不令管軍，不許通宮禁，不許接賓客，不惟防禁之使不害吾治，亦所以保全之，使全吾之恩也。近者交通內外之禁，尚已聽矣，然預政管軍之制，猶未改也。已聽者尚未敢望復之，而未改者其可壞之乎？臣

伏見知閤門事韓侂胄乃太皇太后之懿親。而中宮視之。亦尊行也。其人本是世家。慷慨喜事。陛下入踐大寶。侂胄嘗效微勞。士大夫以此頗多之。然日來籍籍皆云。數入禁近。干預政事。臣固知陛下英睿明斷。於天下事。無不習練。何資此徒。然陛下進退大臣。更易言路。皆初政最關大體者。其所以進退之由更易之故。大臣或不能知。而侂胄能知之。大臣或不能言。而侂胄能言之。不知侂胄何以得此。彼其假託聲勢。竊弄威福。顧其術則然。然而天下治亂。君子小人之消長。只在人材進退之間。人君所以審操而自執之者。一旦外戚乃得陰乘其機。簧鼓於外。則陛下總攬之權。恐為此人所盜矣。臣聞元符間。向宗良兄弟止緣交通賓客。漏泄機密。陳瓘抗章劾之。謂自古戚里侵權。便為衰世之象。外家干政。即是亡國之本。亦如州縣之政。只要權出于一。若使守令之家子弟親戚。交通賓客。關節無禁。則姦人鼓舞。良民怨嗟。如瓘此言。陛下安可不察。臣觀侂胄近日所為。不特如向宗良而已。竊惜朝無陳瓘。不能為陛下出力排之。在太上皇朝。始用姜特立。大臣尚能逐之。使去。後用秉倖。諫官尚能論之。使懼。不謂陛下始初清明。有臣如此。而乃無一人出一語及之。則其聲勢可知矣。臣官為侍從。職侍講讀。目擊此人累陛下初政。乃緘默不言。則臣負陛下。昔范祖禹嘗告哲宗曰。臣侍經筵八年。日望一日。歲望一歲。期陛下為令德之主。惟恐有纖毫之失。臣之事君。實慕斯義。況辨邪正。明是非。乃講讀官之職。臣欲於此定陛下取舍之意。決君子小人消長之機。故不敢不為陛下一言。若陛下以臣言為是。則乞黜侂胄以解天下之疑。黜臣以當其怨。若以臣言為非。則臣與侂胄不能兩立。退當屏處。以俟威命。

按日記其日因論韓侂胄姦狀甚悉。上諭云。只為是朕親戚。用

之。不知如此。奏云。政恐陛下不知。所以言之。遂進劄子。時上亦無怒容。讀劄子訖。因奏云。臣欲論此人久矣。到今方發。政緣陛下近日逐得朱熹太暴。故欲得陛下亦亟去此小人。毋使天下人謂陛下去君子如此之易。去小人如此之難。所謂用賢如轉石。去佞如拔山。乃劉向論漢元帝語。陛下豈可效之哉。因極論君子小人不可不辨。其言甚悉。奏事訖。復奏云。臣既論侂胄。仰犯威嚴。自此當居家以俟威命。上諭云。不須如此。欲退間上賜之坐。又款曲問及飢民屬使從容久之。乃賜茶而退。到家申三省。及以劄子白廟堂。次日聞早上宰執開陳之略。上云。韓侂胄是朕親戚。彭龜年是朕舊學。誠是難處。集賢進兩留之說。欲以韓侂胄奉內祠。彭龜年依舊供職。上云甚好。丞相繼請云。龜年性剛。若陛下留之。不如宣引一番。面諭曲折。上云。此人質直兼是隨龍舊僚五人。一人死。一人丁憂。兩人論罷。只有彭龜年在。有事肯來說。只如此區處甚好。

嘉定元年四月。太學博士真德秀奏曰。臣伏觀慶元以來。柄臣顓制。立為名字。以沮天下之善者有二。曰好異。曰好名。士大夫志於爵祿。靡然從之者有年矣。吁。是豈非蠹壞人心之大原乎。是豈非更新聖化之首務乎。臣嘗敬觀國史。竊見祖宗盛時。以寬閎博大養士氣。以廉恥節禮淑人心。國有大政事。大議論。天子曰可。大臣曰否。宰相曰是。臺諫曰非。而不以為嫌。布衣陳時政。草茅議廊廟。而不以為僭。蓋惟恐人之不盡忠。而未嘗惡其立異也。士之自修於鄉黨者見尊於朝廷。自勵於州縣者見褒於君上。過人之節。未以為矯。異俗之行。不以為狂。蓋惟恐人之不鄉善。而未嘗疑其近名也。夫是以忠讜之氣伸。而佞諛者不見容。廉節之俗成。而貪鄙者知自愧。其所以扶持國

脉於久安長治之地者。其源蓋出諸此。自王安石蔡京之徒相繼用事。樂趨和同已之論。用險膚才行之人。士有不爲利疚。不爲勢怵者。則目之以好異。目之以好名。摧折沮挫。不遺餘力。波流橫潰。至于崇宣。遺覲後君之習成。伏節死義之風泯。其禍可勝道哉。中興以還。深監前轍。培養作成。風俗一變。不幸十數年間。復壞於柄臣之手。蓋其竊弄威權之始。一時諸賢出力與抗。彼自知爲清議所不貸也。保固庸回。以爲心腹。擯抑賢雋。甚於仇讎。有如至誠憂國以爲忠。貌顏切諫以爲直。臣子常分也。柄臣則以好異詆之。設爲防禁。以杜天下欲言之口。於是忠良之士斥。而正論不聞矣。正心誠意以爲學。脩身潔己以爲行。士大夫常事也。柄臣則以好名嫉之。立爲標榜。以遏天下趨善之門。於是僞學之論興。而正道不行矣。相煽成風。惟利是視。以慷慨敢言爲賣直。以循默謹畏爲當然。以清脩自好爲不情。以頑鈍

云恥爲得策。北伐之舉。宗社安危所繫也。當同相從。如出一口。而爭之者不數人。胥史皂隸稍握寸權。則輻湊其門。名義有不暇顧。流弊之極。一至于此。今日改紘更張之初。臣謂當先破尚同之習。廣不諱之塗。朝政得失。俾臣下各盡所懷。而不以立異爲可厭。褒崇名檢。明示好尚。俾人人有士君子之行。而不以沽譽爲可疑。則士氣伸而人心正。風俗美而治道成。更化之務。疇先於此。惟陛下與二三大臣亟圖之。臣不勝至願。

八年。德秀爲江東轉運副使。奏乞將新知徽州林琰寢罷新任狀曰。臣以非材。誤蒙超除。將漕江左。一道休戚責實在臣。視事以來。日夕兢惕。常恐玷澄清之選。孤臨遣之恩。竊見所部徽州。地瘠民貧。累經回祿之災。舊觀未能盡復。春夏以來。亢陽爲虐。雨澤未洽。人情憂危。正賴賢二千石悉心撫摩。庶無流離饑莩之患。今見任守臣趙師端除丞太府。今政當權得請奉祠。日望朝廷遴柬良牧。以幸一方。比覩進奏院報。已差下林琰。琰平生素履。臣不熟知。第聞昔爲臺諫之時。頗有交通關節之跡。若子與壻請囑紛紜。至今都人以爲嗤笑。夫身在王朝。至近也。職居言路。至嚴也。以至近至嚴之地。猶徇私弗顧如此。若付之專城之任。寄以千里之權。必將政以賄成。刑放于寵。新安之人。其何賴乎。況今旱蝗之餘。正以講求荒政爲急。琰嘗兩守偏郡。治聲蔑然。必不能推飢溺由己之心。解百姓倒垂之厄。臣欲俟其到任。然後考察以聞。重惟琰嘗歷徑班州郡。將迎費耗必倍。用敢先其未至冒昧有陳。欲望聖慈將琰差知徽州旨揮特賜收寢。別選循良之吏。惠此凋瘵之民。臣不勝大願。

德秀又奏乞將太平州通判韓楚卿罷免狀曰。臣竊惟通守之職。所以關決郡條。苟非其人。必至貽害千里。臣近據太平州申通判

時子懋任滿。新通判韓楚卿已到任交割職事。臣竊見楚卿依憑城社。旁若無人。泓撽之日居多。在官之日絕少。由此縣道敗壞。貽患後人。推其源流。蓋自楚卿始。當塗名郡。地望素高。加以旱蝗之餘。講求荒政。正賴倅貳得人。相爲協濟。如楚卿者。實不堪任。伏望聖慈將楚卿罷免。或與祠祿。別差作邑有聲績人通判本州。實一郡之幸。

德秀又奏乞將知太平州當塗縣謝湯中罷斥主簿王長民鐫降狀曰。臣猥以駑庸。將漕江左。屬旱蝗相仍。民物告病。朝夕憂懼。寢食靡遑。仰賴仁聖盛明之朝。哀矜元元。蠲租發廩。無所愛惜。飢疲之氓。賴以少蘇。然臣博采衆言。皆謂艱食之日尚長。延續民命。唯仰二麥。故於八月間。鏤板勸民種殖。且控請于朝。乞撥降錢楮。貸民糴種。復慮報可之命尚遲。亟以本司樁管錢一萬貫。發下太平廣德兩郡。委自

令佐措置。給借第四等以下耕農之家。文移丁寧。非不切至。意謂近民之官。必能恪意遵行。未幾。當塗之民。乃有以給散不公詣臣陳愬者。及臣以巡察荒政躬至當塗。而來愬者愈衆。蓋保正縣胥相為表裏。賄賂苟行。則有以一户而獲錢十千者。囑託不至。則有候伺累日而財得百餘金者。推原其故。皆由知縣謝湯中者身為邑長。略無惻怛愛民之心。視監司行移漫為文具。始則泛然付之吏手。繼則一切諉之佐官。致使吏姦恣行。無所忌憚。侵移詭冒。色色有之。臣以民訟至多。不容但已。遂將典押陳杞等械送州獄。牽據勘到本縣元承州帖。發下官會二千貫。除節次給借人户外。餘錢四百二十三貫有奇。皆係陳杞等擅行侵用。或以入己。或以供官。甚而知縣料理考任。主簿修造廨宇。亦科縣吏出錢。吏無從出。則取辦于此。臣竊考椿管錢物。非准旨揮。不許支用。臣以憂民之切。不暇便文自營。方自劾于朝。乞正專輒之罪。而官吏乃奉行滅裂如此。今當舉行荒政之際。若使官吏人人如當塗縣。事事如麥種錢。則凡陛下所捐以予民者。皆將化為烏有矣。嗸嗸生靈。何所依賴。臣除一面將勘到公吏照條施行外。所有通直郎知太平州當塗縣謝湯中不職之罪。實難倖免。況料理考任。乃其私事。輒行科配吏人。致使將官錢侵用。其平時律己抑又可知。伏望聖慈將湯中特賜罷斥。使州縣之吏咸知究心荒政。不敢苟簡。庶幾實惠得以及民。實一道大幸。

德秀又奏乞將知寧國府南陵縣丞李仁任罷黜廣德軍廣德縣丞馮桄送部與嶽祠狀曰。臣竊惟邑之有丞。所以協贊其長。治一同之政。若乃狠傲而陵上。昏眊而失職。有一于此。是謂負丞。臣以廉察為官。豈容置而不問。伏見宣教郎知寧國府南陵縣丞李仁任。故參政彥穎之孫。而澄之子也。淳厚端良。有忝祖烈。輕儇浮薄。蔑有父風。本

縣去歲蕃傷為一郡最。振飢檢旱。若救頭然。惟令與丞均當任責。而仁任乃以被檄為名。委其職而去。臥家數月。恬若不聞。畔官離次。已為可罷。近以州郡文移督促。始不獲已。還任。遷怒邑宰。百端侵陵。自典吏而下。不時捽至其庭。斷以大杖。訊決動至數百。械繫或至通宵。且以知縣妄用官錢。偏申臺府及守臣張忠恕索曆一一點磨。縣家所用。皆有去着。仁任之言。莫非誣詆。臣考諸公論。皆以仁任為不直。遂對移蕪湖縣主簿。冀其少戢。而仁任更無一字遵稟。徑翩然以歸。非惟不有邑長。且不有監司矣。臣所謂狠傲而陵上者。仁任是也。迪功郎廣德軍廣德縣丞馮桄年迫桑榆。志氣衰落。間嘗攝邑。頗乏廉聲。近以本軍檄往平江般運制置司對撥米斛。群情喁喁。日望船粟之至。而桄乃以縣胥自隨。縱其侵漁船户錢物。遂使船户公為欺弊。盜糴官米凡七十餘石。當飢民仰哺之際。一勺一合。皆為可惜。桄為監臨官。不能檢察。以致散失米斛其多如此。豈容逃責。臣所謂昏眊而失職者。桄是也。二人者。一則少而狂。一則老而繆。俱難存留在任。伏望聖慈將仁任罷黜。桄送部與嶽廟。俾凡為吏者知所警飭。實一道幸甚。

德秀又奏乞將知寧國府張忠恕亟賜罷黜狀曰。臣竊惟天災流行。雖盛世不能免。惟上而朝廷。下而守令。至誠以憂之。盡力以救之。則民雖不幸而遇凶歲。可使骨肉相保。而無流離。全其天年。而不至殍踣以死。昔人有云。剪爪宜及膚。割髮宜及體。仁人之於救荒。雖髮膚有所不愛。况其他乎。富弼之在青州。存恤流民。如其家之子弟。趙抃之在越。振饑藥病。多出私錢。蓋為君上牧元元。為國家固根本。法當如此。臣以駑劣。將漕江東。屬歲旱蝗。民物告病。仰賴陛下仁聖。哀恫無告之民。散財發粟。以鉅萬計。真可謂堯湯之用心。而臣徧察州縣間。求其至誠惻怛恪意奉行者。則何其甚寡。未嘗不仰歎朝廷之至

仁。而咎官吏之不仁也。聞者蓋嘗以給貸麥種錢。縱吏盜用。而劾一令矣。又嘗以般運米斛縱吏為姦。而劾一丞矣。若乃身為二千石而志不在民。將朝廷振濟之米指留破用。其罪有甚於二人者。乃獨置而不問。則是纖悉於小官而鹵莽於大吏也。臣謹按朝散郎權發遣寧國府張忠恕。以輕儇浮薄之資。濟之以陰狡誕謾之術。曩守雲川。汙穢無檢。為憲臣所劾。僥幸獲免。自以為能。及來宛陵。貪恣益甚。開告訐之門。以陰求人過。一詞胥吏。牽連入獄。有舉犯甚微。而遭編竄者。崇聚歛之政。以傾奪民財。極意槌剝。一孔不遺。有逋欠無幾。而遭估籍者。郡人畏之甚於豺虎。去夏亢陽。種不入土。臣以手書與諸郡豫講振荒事宜。獨忠恕條畫燦然。本末甚備。臣大喜過望。亟下其所申於諸州。俾視以為式。居無何。自宛陵來者。乃言其境內飛蝗塞路。粟直翔貴。州郡恬若不聞。臣竊怪之。何其言之工而實不副也。近

者循行太平廣德二郡。其地與宣犬牙相入。薦紳父老。多為臣言宣境之民。憔悴尤甚。振卹之事。殊未有倫。傳聞鄰境散錢給米已至一再。有恨不得為旁郡民者。臣亟馳書提舉常平李道傳問其故。道傳復書以為宣之六縣。地最大旱最甚。前後所申最詳。而事最不舉。臣謂道傳此言。實深中其病。而忠恕方且裒類成帙。一一記載若已訖事之為者。臣得而讀之。則虛詞多而實事少。略於給散。而詳於勸分。其間有月濟二日糶四日者。濟米出於官司。糶米取於上戶。官司所惠既微。而上戶之米又盡充官糶。不知自餘日分。細民何所仰食。米繼承常平司牒稱寧國府昨蒙朝廷撥賜轉般倉并義倉米凡十一萬七千三百六十二石。而本府撥下諸縣為振濟用者止五萬六千二百四十六石。其餘六萬一千餘石。未見去著。遂行疏問。忠恕雖巧為分擘四申。而氣餒詞窮。不可掩覆。姑摭數項言之。如諸縣合糶入

戶已將勸分米充數矣。而忠恕復於振濟米內重疊支破。在城安濟坊孤老并諸縣乞丐人。已將常平米給散矣。而忠恕復於振濟米內重疊銷豁。兩獄罪囚土牢編管等人并家累重大。官兵月糧口食。州郡自當措辦。而忠恕亦於振濟米內拘留。其他虛支大破。色目非一。猶且攤沛不行。復將二千三百七十餘石指為灰蛀欠折之數。不思上供綱米係嘉定七年新收。而義倉米亦近常平司委官覆實。灰蛀欠折。何至若是之多。公為誕妄。一至於此。原忠恕本意。自謂文移眩惑。可以欺人。冀將官米暗行乾沒。不虞道傳單車入境。盡索文曆。鉤校條析。具得其情。倉猝報應。姦狀畢露。蓋其平時習氣。以此為常。當書攫金。無所忌憚。獨不念一郡數十萬生靈嗸嗸。如在溝壑。陛下不惜太倉之積。捄之於垂絕之中。為守臣者。縱不能有所附益。其忍為侵漁之計乎。且朝廷蓋嘗因忠恕之請。頒祠牒截綱米。以賙州用矣。

借令經費猶或不足。夫豈他無撙節之方。何至紾飢民之臂而奪之食。其亦可謂不仁之尤者矣。況荒政之行。當以振濟為主。勸分為輔。蓋有司不惜官廩以惠民。然後可責富室不私藏以惠鄉里。今忠恕於朝廷所賜。則妄行破用。於民間所有。則根括無餘。形迫勢驅。一切不卹。考諸民詞。有家產僅千錢而勸令認米四百石者。有因公事至庭而罰米數百石者。民間畏其虐燄。止得俛首聽從。據忠恕所申六縣人戶認米凡十二萬八千九百餘石。苟非以無道行之。其能致多若是乎。如涇縣土瘠民貧。所科亦一萬一千四百餘石。忠恕尚怒其少。形之批判。必欲其急作措置。否則縣官按奏。黜責典吏。刺配嶺海。是趣迫官吏使之毒民也。以忠恕之政無善狀。士大夫皆謂豺狼不問。責實在臣。而臣獨容忍久而未發者。尚欲責以捄荒之效故也。今察其所為。決無可望之理。而春夏之交。青黃未接。正是民飢之時。必

待其餓莩纍纍死亡枕藉然後舉劾其亦晚矣臣與憲倉二司雖分州措置荒政然於官吏贓否則自當通察用敢不避仇怨疏其罪狀以聞伏望聖慈將忠恕亟賜罷黜令提舉司將元撥賜米斛一一驅磨實數申尚書省仍乞下臣此章戒勵本路州縣凡奉行荒政之吏各當仰體朝廷之至仁毋效忠恕之不仁其有沮格上恩俾澤不下流坐視民飢而拯救不力者並許監司按奏重寘之罰庶幾民命可全而和氣可召實一道大章

貼黃臣竊見忠恕以峻急苛暴之政斂怨於民去歲之秋究陵之亡有條民怨十事以示臣者蓋謂租賦之法自正數外一毫不當多取所以編之版籍給以牌由依數輸納以為一定不易之制而本府則不然牌由內明書紬一寸則科納一尺明書紬一尺一寸則科納二尺明書綿一錢則科納一兩至於和買紬絹

亦將零寸責令盡納整數其怨一也本府受納夏稅秋苗不用文思斗斛而私製寬大斗斛兩歲以來加增收耗尤甚於前總而計之不啻多量一倍以上受納官隨即申府乞委官般量將加增收到之數為出剩以獻開場未幾所收出剩已可補足正數便行出牓責令人户重價輸錢以歸府用其怨二也人户輸納去年折苗錢以一石為率如納秈米通用米二石一斗了納如納粳米通用米二石了納今年六月十一日以前秈米每石八百文足粳米每石一貫文足更有官收水脚等錢共五百文足只合通計錢二貫五百文足而官司估價每石納成三貫四百五文足則是每石多取民錢一貫文足其多收折麥錢大畧亦同其怨三也他如公庫既造酒宅堂又造酒責令官吏沽賣以攙奪贍軍正庫之課額一有虧欠官員動遭責罰公吏例行

決配而官吏怨坊場河渡之敗闕者不住興開虛負官錢無可償納家既籍沒身復監繫餓瘠如鬼猶不釋放而坊户怨宗子降生陳乞公據者逾年而不行陳乞起支者經年而不得近又剏例坐倉回糴抵遺米并以酸淡官醞折支料錢而宗室怨軍人預借春衣錢每名抑支官酒七升虧折甚多噤不敢言而軍士怨中產之家有曰科配賑糶破壞家業而怨者有為户長以逼催逃閣稅賦鬻產代輸而怨者有無辜遭罹刑辟編竄他州骨肉離析而怨者臣始聞之猶疑其言之過尋采衆論皆謂信然方陛下宵旰勤民惟恐一夫不獲其所而忠恕身在近藩敢為殘忍以結怨于下一至於此臣以按察一道為職倘不亟加論奏使忠恕僥幸善罷或反叨陞擢外臺耳目其將焉用此臣所以不敢嘿也

德秀又按奏寧國府司户錢象求狀曰臣竊惟方今仁聖在上愛養元元若保赤子凡百有位皆當恪意奉承使德澤下流鰥寡得所然後無負朝廷為民置官之意而臣所察州郡有顓恣妄為貪虐相濟大吏以虎狼之威搏噬於其上小吏以狐鼠之姦跳踉於其下輕蔑國憲荼毒民生者臣儻不以聞則為失職昨據宣城縣百姓施良陳愬知寧國府張忠恕妄行抄籍家財本府司户錢象求乘勢收攬錢物等事臣亟索府案并追推吏張翼司户廳吏汪澄送上元縣根勘見得施良與兄施恭各居歲久至嘉定三年施恭與男施耕同充本府軍資庫子侵盜官錢事發配籍其在獄之日即無一詞連及施良其後施耕自配所逃歸匿於宗子趙通夫舍屢干施良丐貸錢物不能一一盡從自此浸成嫌隙又緣本府追捕逃軍嚴急遂生狡計以知府張忠恕見揭榜召人實封告訐於是撰造虛詞詣府陳告稱父

施恭曾有官會七百餘貫并金釵銀錢等物寄施良之家忠恕欣然
視為奇貨不待究實徑差司法前去封籍其家仍就追施良送獄當
盛暑中百端鍛鍊勒令招認隱寄情辠盡將財產估賣填償計其所
直凡數千緡忠恕猶以為未足復將其壻田產併行沒官展轉推求
尚且未已又謂其女不應輒妻宗室婚嫁數年且嘗有子必欲一旦
仳離其為不仁孰甚於此臣竊考國家立法唯胥吏犯枉法自盜贓
辠至流以上者乃許籍沒施良家本編甿初無過犯雖其兄姪嘗遣
縣隸然異居析產辠不相及借使真曾受寄錢物揆之三尺不過斷
罪監償亦無籍沒之理況施耕所告元無實跡又涉累載已被赦恩
忠恕志在得錢遂併國家之法令朝廷之赦恩一切不顧且自古及
今未聞有止憑告訐之詞遽將人戶封籍者亦未聞有先封籍而後
追人者蓋忠恕之心況溺貨利民間訟牒稍涉錢之一字便欲攫而

取之何暇更考虛實姦猾之徒窺見此指凡其所欲陷害必曰某人
辠當罰錢某人辠當籍產忠恕一一施行被誣之民無能自脫者如
保正王椿以受船戶繳引錢四貫八百為人所訐而籍其數萬之貲
竹木牙人劉剛等以多收商旅牙錢為人所訐而罰令納錢三千貫
諸如此類非止一端案牘具存可以覆視江東去歲旱蝗宛陵為甚
群情洶洶幾不聊生為郡守者方且大開告訐之門數興羅織之獄
奪斯民仰事俯育之具而供其侈費妄用之資臣所謂大吏以虎狼
之威恃噬於其上者忠恕是也當施良被籍之時司戶錢象求實受
府檄估賣其財產因得挾城社之勢以行其穿窬之謀雞鶩孳畜則
烹之以饗從人縑帛軟細則卷之以歸私室據廳吏汪澄供稱有未
上帳之物係象求般去者拾餘件如糯穀燭炭綿錢紙札之屬是也
有物重估輕象求以詭名買去者數拾件如縑段衣物髹器之屬是

也以至館客婢僕亦皆紛然收買名雖酬直無異白取獨不念無辠
被籍之家冤痛方甚乘時攘竊豈所忍為臣所謂小吏以狐鼠之姦
跳踉於其下者象求是也忠恕前已予祠臣不敢更乞行遣但其違
法毒民之狀臣既考驗得實不敢不告于朝廷象求以貲官人品猥
下而敢為貪墨如此儻令僥倖漏網則繼此塵汚仕路必將益肆其
姦伏望聖慈特賜重行鐫罷永不得與親民并職曹官差遣使州縣
小吏少知所懲實斯民幸甚

德秀又奏乞將新知寧國府陳廣壽寢罷新命狀曰臣伏覩進奏院
報陳廣壽差知寧國府尋復有旨趣令之任臣竊惟江東一道自晉
宋以來號為重鎮者金陵宣城而已有唐之世以宣為觀察府而屬
郡隸焉肆我孝宗龍飛陞揭府號蓋其疆場之廣袤生齒之蕃庶地
望之雄重大抵亞於金陵故為親王執政偃藩均佚之地而自十數

年間遂有凋郡之目臣嘗博訪士大夫皆言此邦本自富實頃緣郡
守不盡得人或廉隅不喜而封殖其私或用度不節而靡於浮費故
其事體浸不逮昔今誠得一潔己奉公之守行節用愛人之政源流
本末以漸講求則財計不患其不充公私不患其不裕今若郡守闕
人臣意陛下必將妙選循良以幸此州而改命再三乃得廣壽貪殘
之迹人所共知其在臨川尤為暴橫清修之譽蔑聞纖毫自奪之名
交播衆口近因漕臣之言亟使去郡天下莫不共歎朝廷從善之速
而或者猶恨議罰之輕今曾幾時遽有此命夫撫之與宣雖均為名
郡然其大小輕重要自不同使廣壽在撫以善最聞其褒遷不過如
此況既嘗敗績於撫矣其可復使守宣乎既不能以善治撫矣其能
以善治宣乎故自除目之傳公論籍籍如出一口況是邦新罹前守
之虐民之被禍蓋匪一端至於開告訐之門興羅織之獄無罪而籍

貲產，非辜而罰贓錢，善良之家，沿此破蕩者甚衆。自李道傳被命承攝，乃始以次蠲除，斯民漸有生意。側聞廣壽在撫之日，如前數事，色色有之，而其兇暴尤出忠恕之上。今忠恕甫去，而廣壽寔來，所謂逐虎進狼，害將愈甚。抑何宜人之重不幸也。臣非不知國家用人，務在含垢，過而能改，聖賢許之。然大體可稱，則一眚難廢；不幸有過，則自新可期。若廣壽平生屢遭彈劾，起家為郡，當知聖朝拔拭之恩，而貪暴之狀，廼更甚於疇昔，其不可望其改過也明矣。臣若顧避不言，坐視千里之民，再被塗炭，豈惟下媿百姓，實亦上負朝廷。況今明良會聚之時，進退人材，率采公議，刻印銷印，曾無留難，何所疑畏而不亟論奏。伏望聖慈將廣壽差知寧國府指揮，特賜收寢，別選賢牧，以惠一方，庶幾凋瘵之甿，獲遂蘇息。臣不勝至願。

寧宗時，王十朋論林安宅劄子曰：臣聞口道先王語，行如市人，名曰盜儒。此聖人之所必誅，王法之所不赦也。臣謹按前知臨安府林安宅者，其盜儒之雄乎！初令越之新昌，納官妓為妾，則以濫聞；及倅潭州，盜郡將之權，貪墨自恣，則以贓聞；及作廣漕，起羅織之獄，誣陷善良，則以酷虐聞。諂事鄉人朱倬，倬令何溥薦之，而得淛漕。倬雖小人，然於安宅有卵翼之恩，及臺官張震欲論倬，安宅乃手疏倬之隱惡數十事以示震，倬之罪人皆可得而言也，而安宅納之，其與呂布事董卓而殺董卓何以異乎？安宅出入史浩、龍大淵之門，其在都司也，進則見浩，退則見大淵。天府之除，不由正道，物議咸鄙薄之，有從何處來之誚。浩與大淵結為死黨，及二人反目，浩託安宅和之。安宅既欲效勤於浩，又欲獻佞於大淵，遂遣其室為奴顏婢膝之態，士夫傳以為笑。陛下比於經筵，嘗語臣曰：近臺諫論龍大淵、曾覿，朕不私之，已罷其職矣。臣言：陛下屈己從諫，以天下為公，不私潛邸之臣，社稷之福也。陛下稱不私者，至于再三。今安宅乃自託於大淵之門，以盜威福。陛下且不私大淵，其肯私其門下士乎？安宅自知罪惡，為清議所不容，乃詐病以求致仕，朝廷既以宮觀與之矣，又用計以復留。臣近嘗面奏其姦，陛下即諭宰相令丐祠而去矣。今又必欲朝辭，是欲僥倖復留之計，動用姦謀，以要君父，不顧廉恥，不知進退，真小人之雄者也。或謂安宅之才，可以治劇，然自知臨安以來，初不見其所長，事無大小，皆委於吏，獄訟繁興而不能決，盜竊公行而不能治，議者謂不逮前政遠甚，是豈可居彈壓之任乎？陛下斷然罷之，可謂能去惡矣。為安宅者，固宜皇懼，朝聞命而夕即塗也。乃復徘徊不去，不知何所恃而敢爾耶？臣欲乞斷自宸衷，正安宅之罪而竄逐之，以為不知廉恥者之戒。臣與安宅素無睚眦，比因安宅奉史浩意旨，毀省試策題及程文之板，臣以公議責之，即非私怨。安宅聞陛下用臣為御史，即欲求去，蓋用姦計以鉗臣口。臣前日面奏其姦，即蒙陛下罷而去之，臣已不論列。今聞安宅復求對辭，物議沸騰，咸謂安宅倚恃奧援，不顧公議，故臣不得不論之。願出臣章，示至公於天下。

十朋再論林安宅劄子曰：臣誤蒙親擢，濫司風憲。比嘗面奏前知臨安府林安宅姦邪交結等事，陛下即諭宰相令安宅罷職丐祠而去。臣仰窺聖意，既俯聽臣言，得從諫如流之美，又欲保全安宅，使不顯彈劾而罷。為安宅者，固宜聞命即行，又復乞朝辭，冀姦計得施，欲求再用。臣昨條列其罪，謂即賜施行，今乃聞有旨令安宅內殿引見，臣不勝皇懼之至。切聞仁宗之時，任用臺諫，言及乘輿，則天子改容；事關廊廟，則宰相待罪。臣今論一小人，而不能使其知畏，尚何面目居風憲之地耶？安宅前日聞陛下用臣為臺官，即詐為風疾，以求致仕，既已得祠，命下復止，罔上要君，尤足以見其姦詐。今冒即去而復乞朝辭。考有班次而遽得內引。是前日之姦計復行也。臣切見近日執政臺諫以疾求去者。皆放朝辭。安宅何人。而得此隆眷異禮耶。欲乞陛下深察安宅姦邪交結之罪。亟賜竄逐。以慰公議。

衛涇奏乞籍沒陳自強家財狀曰。臣恭惟本朝以仁厚為家法。以禮貌待大臣。三代而下。所莫能及。然其至於朋附以罔上。貪黷以為姦。則竄殛隨之。曾不容貸。豈固為是少恩哉。所以振紀綱厲風俗。不得不然耳。傳曰。國家之敗。由官邪也。官之失德。寵賂章也。賈誼亦曰。上設廉恥禮義以待其臣。而臣不以節行報其上者。則非人類也。夫為士大夫而至於以寵賂敗國事。至不以人類自處。則亦何所不至哉。臣謹按韶州安置陳自強。起自書生。晚叨一第。方為士之時。固已不善處約。丐貸士節。素乏鄉曲之譽。繇州縣得改秩。年踰六旬。自知遲暮。志在苟得。當姦臣弄權之始。夤緣假館之舊。躐登朝列。致身宰輔。專事諂佞持祿固寵。知有權臣而不知有陛下。武臣之平章軍國。祖宗無此故事。自強寧不知之。乃率同列。諷臺諫上章。飾說力請陛下畀侂胄以呂公著文彥博之任。自強位處其次。庇身得所。侂胄既專國柄。自強肆為姦利。舉朝側目。莫敢誰何。傳聞四方。無不鄙誚。都城頻年火災。變異不小。一夕延燬私第。頃刻而盡。天意可見。自強曾不引避。反以被火之慘於人。餽遺接迹。所獲不貲。人謂回祿祝融之相之也。陛下念蕩舉之不給。寒畯陸沈。累降御劄。戒勑中外。法行自近。宜以身率。乃首犯訓旨。遍移私書。多取空頭舉削。旋議價直。隨其人之貧富與其勢之緩急。有增至三千緡而后售者。有先受賄賂而后為之發書者。自強三子俱非令器。士願士覆貪饕尤甚。交通關節。專事狎遊。人謂將帥蘇師旦貴其大者。而近下軍職及陞差之類。自強偕二子交互為市。內而職事官。外而監司郡守。亦以賄得。有求學官者。獻泥金酒器十具。不厭所欲。則卻之以為高。實怒其薄也。使自強素有廉稱。此物奚宜至哉。有自環管以七千緡而得廣漕者。有自倅貳以六千緡而連得兩郡者。有以珠翠飾婢妾而遺其子者。有以五千緡而得潮陽者。其它殆難以遍舉。繇是金帛充盈。每盈百萬。則諭天府。運以海舶。不知其幾。有幹僕陳宗顯者。本封樁庫吏。自強倚為心腹。冒受福州水軍統領。徇私廢法。大抵類此。近者太皇上僊。臣子摧慕。自強領使總護。初無勞。錫賚不薄。二子列屬。復叨醲賞。自強宜知止矣。自二子外。其餘辟置。非錢不行。皆有定價。下至峯夫力士。亦必刻削其募直犒賜之半。此而可忍。夫復何言。逮其因山之回。自知階官已至特進。意在欲得亞保。詞臣有言。兼有謝深甫舊比。自是始不敢受。尋常辭免制綍。或令回授。或與加恩。謂之貼麻。自強既觖初望。公形愁怨。必欲盡辭。峻拒廷揚之命。不恭孰甚焉。自強本無能為敢行不義。徒以憑藉權臣。自謂若倚太山。蓋侂胄嚮其順從。非自強難以專擅。自強徇于貨利。非侂胄不能優容。是以蒂結株連。牢不可拔。兵大事也。侂胄欲圖兵柄以久權任。始猶遲疑未決。自強不能禁止。反從臾成之。諸將敗衄。糧械喪亡。當荊襄兩淮危急之時。人情恟懼。幾至不測。朝士從臣有叩自強者。但俛首唯唯。或云太師自有措置。人知其無益。亦不復問。蓋自強第知徇私黷貨。不以國事為念。夫子曰。危而不持。顛而不扶。則將焉用彼相。自強之謂矣。幸而虜以糧乏自遁。自強喜動容色。對侂胄言其自覺心安。知其無慮。夫三邊兵民。死於鋒鏑。殆踰百萬。自強所當怛然興念。曾是以為安乎。自強自知通國之人皆所弗平。乃與侂胄密謀。引用林行可躐長諫省。倚為爪牙。令縱其搏噬善類。使人無敢議己者。其意殆不可量。二人者為惡不同。同於誤國。原情定罪。厥罰宜均。臣歷觀本朝宰輔。或以庸常尸位。或以姦邪被斥。或以朋比獲罪。雖不一端。曾未有貪婪汚濁嗜利無厭寡廉鮮耻如自強之甚者。則又烏可以常理論哉。矧舊比有可致者。昔丁謂為相。坐與雷允恭交通罪狀顯露。初止分司。再貶崖州司戶。諸子並勒停。籍其家。得四方賂遺不可勝紀。謂雖小人。猶有才術。自強視謂無能為役。而罪浮于謂。上從竄斥。人謂佚罰。況侂胄家財既盡行拘籍。而自強不損其錙銖。反令細載而歸。何以厭服天下。臣愚欲望睿斷。將自強家財照丁謂例籍沒。二子姑從鐫降勒令隨侍自強前赴貶所。以為鄙夫患失貪人敗類附下罔上誤國蠹民者之戒。庶幾少快公論。俯慰人心。於維新之政。不為小補。

汪又論太師平章軍國事韓侂胄右丞相兼樞密使陳自強乞賜貶竄疏曰。臣聞書曰。惟辟作福。惟辟作威。惟辟玉食。臣無有作福作威玉食。臣之有作福作威玉食。害于而家。凶于而國。人用側頗僻。民用

僭忒。釋之者曰。君臣之分。貴賤有常。政當一統。權不可分。作福作威。謂秉國之權。專略震主者也。人用側頗僻。謂在位小臣見彼大臣威福由己。由此之故。皆附下罔上。民亦因此而僭差。夫箕子告武王以洪範。陳天地之大法。而獨於此諄諄其嚴。凜乎其不可犯。真足以垂戒萬世。且以作福作威而害家凶國。禍已如彼。而況征伐自天子出。聖有明訓。人臣而可專之。以貽患於天下哉。臣仰惟陛下天資仁孝。身履恭儉。率禮守法。畏天愛民。未嘗有一過舉。以韓侂胄獲聯肺附。久事禁密。見其平時小心畏謹。故每事詢訪。覬有裨補。侂胄所宜銜戴恩遇。勉自抑畏。密勿彌縫。圖報萬分。而習氣膏粱。不學無術。任重力小。輕躁自用。陛下少加假借。侈然驕肆。竊弄威福。恐人有議己者。乃首借臺諫以鈐制上下。除授之際。名為密啓。實出己私。而姦險之徒亦多樂為之鷹犬。夫臺諫之官。使皆出於天下之公選。人主之親擢。論議章奏。允叶人心。聽之可也。今專植私黨。任用匪人。凡有所言無不陰授風指。而每告陛下。槩謂臺諫公論。不可不聽。自是威福日盛。無復忌憚。稍有異己。必加擯斥。以人臣而專權擅朝。干分敗常。自知其無所容。乃巧圖兵柄。以為固位之策。不量事實。徒徇虛名。外則締交軍帥。分布邊面。以張其聲勢。內則位置群小於給舍臺諫。以主其言論。招納亡命。撰造間諜。輕絕和好。遽啓兵端。逆曦之任殿巖。侂胄交通。蹤跡詭秘。人已切議。當孝宗在宥之日。以吳氏世掌兵權。聖慮高遠。吳挺亡恙時。逆曦年甫弱冠。因其來覲。留之禁衛。以繫其心。及挺之死。至易以它將。逆曦在光宗朝亦不過假守邊郡。侂胄既薦為殿巖。又納賂以便其歸。復任西帥。付以全蜀。識者蓋已寒心。果挾強虜以叛。人尤不能無疑於侂胄。而侂胄亦何辭以自解。藉曰無他。而虎兕出柙。咎將誰歸。以至皇甫斌之敗於唐州。李汝翼之敗於符

離。商榮之敗於東海。郭倬之敗於儀真。郭倪之奉頭鼠竄。僅以身免。將不素擇。兵不素練。輕舉妄動。自取困衄。殆理勢之必然。而所以致此。抑又有由也。蘇師旦起於筆吏之賤。侂胄以奔走之舊。薦進寵用。不三四年。驟躐通顯。凡武臣之建節。非近屬懿戚。元勳宿將。不以輕畀。舉而授之奴隸。昔秦檜居相位垂二十載。不為不專。假寵使令。如買璵丁禩。官不過武功大夫。未嘗廁以朝廷職任。而師旦為御帶為知閤為樞密都丞旨。秉旄鉞。此秦檜所不敢為。而侂胄敢為之。師旦何知嗜利亡耻。聞其常態。既為侂胄所親信。遂招權納賄。其門如市。自三衙以至江上諸帥。皆立定價。多至數十萬。少亦不下十萬。暨諸將撓敗。侂胄不得已。稍從黜責。諸將往往退有後言。謂吾償師而責以戰將。道路藉藉。傳笑境外。遂啟有輕視中國之心。師旦旋以敗露削籍投荒。雖加之罪。而心實不服。揚言於人。謂諸將貨賂非所獨

得。蓋指侂胄而言。然則師旦之竄。非專於伸國憲。亦侂胄藉之以自文耳。抑侂胄之專擅。尤有大可罪者。自古國家有大政事。大興作。謀及卿士謀及庶人。禮曰。天子將出征。類乎上帝。宜乎社。造乎禰。禡於所征之地。受命於祖。受成於學。豈非兵凶器。戰危事。故謹重如此。今侂胄之舉事。上不取裁於君父。下不詢謀於縉紳。至於為陛下侍從近臣有不得與聞。同列有不能盡知者。甚至密諭諸將出師之日。借假御筆以行之。外廷曾不及見。已破泗州之後。曲為之說。以罔聖聽始諭詞臣降詔。逮泗邊連以敗報。皆蒙蔽而諭諸將。第以捷聞。人情恟懼。幾不自保。幸祖宗德澤在人。逆曦授首。虜亦以糧乏自遁。然而三邊兵民。斃於鋒鏑。困於轉徙。淪於飢餓。死於癘疫。室廬焚蕩。田萊荒蕪。遺骸蔽地。哭聲震野。斯民何辜而至此。強虜頻年僉剽。皆吾中原赤子。彼唯重其族類而虐用吾民。光化之戰。至驅僉軍及俘係老弱幾數千人。填塞濠塹。以渡軍馬。河南之地。千室九空。而兩淮四十餘年生聚。遂成丘墟。是南北數百萬生靈之命。皆侂胄一人殺之也。皇天后土能鑒陛下之心。雖敵人亦知其非出於陛下之意。是以督府每遣小使虜帥書問往復。必以首謀姦臣為言。使侂胄本無邪謀祇以輕信誤國至此。亦當審察事勢。束身請罪。退就貶削。猶有辭於天下。仍偃蹇居位。靡聞懼容。遇邊報稍希。輒為大言。每執己見。則曰有以國斃。聞者縮首。夫國。太祖太宗高宗壽皇之國。而從侂胄斃之可乎。方倚腹心以為臺諫。文飾姦言。謂之一人必定國論。以禁異議怙終不悛。殆將罔測。夫以侂胄本以庸闇無知。養成姦惡。得罪天地。得罪祖宗。得罪舉國兵民。納侮夷狄。孩提孺子。口皆能言。心無不怒。而刼於積威。曾無一人敢為陛下言者。賴陛下覺寤。出自英斷。特降御筆竄斥。且蒙聖恩不以臣孤遠。士似權長憲府。臣雖見具控免。而已入供職。敢亟舉其尤專權誤國罪之大者言之。其他罪惡。擢髮不足以數。未暇枚舉。如陳自強者。昏老庸繆。本無寸長可取。徒以嘗假館於侂胄。蘇州縣小官。數年間汲引拔擢。致陛下過聽用為次相。阿附充位。不恤國事。不遵聖訓。中書機務。唯唯聽命。一無可否。侂胄曰兵當用。自強亦曰當用。侂胄曰事可行。自強亦曰可行。每對客言。自強受恩之深。只得從順。然則從之者歟。自強之罪。亦不可勝誅矣。若其貪黷無厭。政以賄成。鄙猥之狀。言之穢汙口舌。臣亦未暇悉論。伏望陛下詳覽臣奏。將侂胄自強重賜貶竄。以荅天人之願。以釋兵民之怨。以彰有國之典。以慰死者之冤。使敵國聞之。必諒陛下本心。將士聞之。必為陛下戮力一戰。忠義聞之。必為陛下奮發而起。宗社幸甚。天下幸甚。

又論韓侂胄鑿太廟山及婢妾僕隸封敘官爵及分盜太皇殿金帛狀

曰。臣昨日奏疏論列韓侂胄專權誤國等事。恭想已蒙睿旨施行。方陛下奮發英斷之初。萬姓呼舞。咸以手加額。喜於復見天日之清明。是見人心無不聳快。其它罪惡。人言尚且藉藉。今條列一二。如后。一稽之禮律。宗廟至重。太廟者。祖宗神靈之所御。雖人主駕經從。猶為嚴肅。盖所以盡恭敬也。侂胄人臣。寧不知此。廟後山林。號稱禁地。自來不許樵採掘鑿。侂胄惑於術士之說。謂其地形勝。每遇興造。必獲福利。自是窮極土木。終歲不休。創造亭館。種藝花卉。日爭游燕。三二年前臣雖在田野。每有人自都來。輒言每遇宴集。望太廟之山。燭炬熒煌。簫鼓喧闐。歌呼之聲。達于通衢。觀者莫不嗟息。凡居民起造樓屋臨視。鄰家法猶不許。而侂胄乃以亭館下瞰太廟。於禮安乎。欲乞聖旨行下臨安府。日下先將山上亭館盡數毀拆。花卉盡行除去。補植松杉。仍申嚴樵採掘鑿之禁。一貴有常尊。禮亦異數。夫人嬪御天子而後有之。今佞冑處人臣之極，倖合避嫌疑，乃敢以婢妾之賤邀求封號。至郡國夫人。僭擬宮闈。月有常廩，倡優后飾，賈誼見於痛哭流涕之言。而佞冑以倡優僭受封號，乞請宣押，俾與內宴。至與妃嬪雜坐。人臣而有此禮乎。臣欲乞睿斷，將佞冑四婢追毀，告命其服用金玉珍寶等，皆宮禁所得者，並與拘收，放令逐便。其群婢凡有安人恭人等封號者，悉行追奪。衣章之寵，以勸有功，均號名器。武臣任至將領，或賜金帶，皆為榮寵。今佞冑盜竊威福，多以名器私其親屬，或有可言者，乃至其家僮僕及內侍私名幹人，有官至大夫職為將領，及御酒庫等差遣，如黎懷義、鄭中、錢錡、呂嗣、田邦直、杜文質等，及李奐家奴嚴監門者，或曾賜帶，或經兩賜。名器僭濫，莫此為甚。臣欲乞睿旨，令所司追究，逐人元補名目，因依除元係父祖奏蔭及實有軍功補授人許給還元官外，其餘官資、差遣，雖作御前，及親屬名色，並與追毀。其衣帶悉行追納入官。仍各將家業抄估，聽候施行。一、臣昨所奏分盜太皇殿金帛王琮等。今聞有內侍吳回者，尤為巨蠹。允壽慈殿事務，皆所專輒，分盜金帛悉出其手。自盜特多。一、臣切惟太皇太后帑藏所儲，皆兩朝奉親之禮。太皇方寢疾之際，不忘國家，念及軍旅之費，以助支遣。吳回身為巨璫，受國厚恩，職居禁密，獨不仰體聖意，方驕馭上。儻臣子權慕之時，忍為盜竊之計，豈復人理。欲乞睿旨，將吳回、李奐等送所司削奪官職，分竄嶺海，仍籍沒家財，以充犒軍之用。使三邊將士聞之，必知激勸。右上件四事，雖未足以盡佞冑之罪，然公論未厭，不容緘默，冒昧煩瀆天聽。伏乞睿斷，速賜處分。

涇又論姦民猾吏狀曰：臣竊惟國家法令，非不詳盡。州縣奉行，弗虔猾吏姦民，相輔為虐，善良受弊，無所赴愬。此蠹害治之大者也。臣伏見孝宗皇帝即位甫閱二月，內出寬卹十八事，條畫纖悉，燦然備具。洞燭幽隱。曲當事情，欺偽不容，姦猾知懼。一時頒行中外，呼舞。二十八載之間，所以結人心，固邦本，抑有助焉。惟是比年以來，因循玩習，視為虛文。臣嘗攷求大略，實多切於今日之務。未暇徧舉，姑以治私販鞫盜賊、姦民挾詐，以污善良，猾吏並緣，以徼賄賂，二者之弊尤切於民者，為陛下陳之。蓋私販盜賊，無非鄉村之惡少亡賴，必有大姦巨猾為之囊橐。常時既與固結，緩急相為表裏。一旦敗露，縱加窮治，迄莫肯言。方藉其營救於外，以為異日之地。而善良之民，粗安衣食，素無交涉，徒以平日彊賣不售，假貸無時，圖復私讎，陰受指教，或謂資給停着，或謂同黨分贓。官非其人，付之吏手，惟意所欲，妄行供稱。獄吏利於請求，不究虛實，株連枝蔓，追呼煩擾，肆其谿壑，既厭所欲，卒從末減。有司或不加察，無辜反抵深文。間有一二僅能自明，而誅剝之餘，家已破矣。姦民復出為患，益無悛心。獄訟繁滋，所在皆是。竊楚之下，何求不獲。冤枉之聲聞於道路。此豈聖世之所宜有耶。臣恭惟陛下嗣服以來，發政施仁，率繩祖武。每聞民間利病，罷行恐後。顧州縣吏不奉法，敢為民害，有如前所陳者，安可不加禁戢乎。臣伏願陛下特降睿旨，檢坐紹興三十二年寬卹詔條，申嚴約束，俾州縣各務遵守。內委御史，外委諸路監司，糾其不如令者，必罰無赦。庶幾姦猾革心，善良安業。刑得其平，獄無冤濫。亦足以感召和氣，災沴不生。其於仁政，豈為小補。惟陛下留神幸甚。

歷代名臣奏議卷之一百八十四

歷代名臣奏議卷之一百八十五

去邪

宋寧宗時衛涇論新除司農少卿張鎡乞賜黜責狀曰臣仰惟陛下奮發乾剛誅鉏元惡中外慶快萬口一詞惟是更化之初一黜一陟天下觀瞻所係不容少有差失儻使姦人投隙而進豈不致中外之疑謹按新除司農少卿張鎡狠甚虎狼毒於蛇虺立朝則很戾而無恥居家則瀆亂而朋淫其回邪姦慝之迹雖盡南山之竹不足登載而前後亦畧見於臺臣之章疏矣若其凶殘著於心本奴婢厮役之徒少忤其意必潛置之死地當蘇師旦用事之時鎡傾其故倒家財強抑孤女與師旦子爲婚其女出嫁之夕號泣登車指鎡而慟曰叔要做好官却以我嫁書表司之子聞者爲之悲感有銜不快卒殞非命自此益得罪於公議不復以人類待之廢斥終身猶爲僥倖忽傳除目大駭聽聞轉相顧語莫測其端識者尤爲疑懼況張鎡既爲師旦姻家情好稠密崇資顯秩皆自師旦得之師旦既斥每懷觖望近正典刑當益懷鞅鞅既爲刑人死黨豈宜寘之卿列而俾近君側乎臣職在彈劾若不於幾微之始亟鉏其姦設或鎡交結非類益肆桀張則爲國蟊賊將有不可勝言者用敢冒昧以聞伏望聖斷將張鎡削奪官資重賜竄責以清朝列以杜姦萌中外幸甚取進止十一月十五日三省同奉聖旨張鎡特降兩官送廣德軍居住

涇又論朝議大夫易祓太常少卿朱質朝奉大夫林行可乞賜鐫斥狀曰臣恭惟陛下奮發英斷雷厲風行元惡巨姦一朝屏殪兵民欣快夷夏聳聞宗社幸甚然以侂胄自強秉政日久中外之士被其汲引安於平進無所阿附者豈無其人勢亦難以盡責之若夫朋姦罔上長惡怙終爲天下所指目者安可置而不論乎臣謹按朝議大夫易祓器識卑凡貪躁嗜進學舍優選歆艷士林使之稍加涵養自可馴致通顯躐館學而攝詞垣蓋嘗用矣一旦侂胄畀蘇師旦以節鉞猶有憚於物議祓乃懷章詣師旦之門極其褒美有文事武備無智名勇功之語傳者唾罵形於譏誚既而懷不自安求居諫職以鉗衆口士得已掃地矣遂愈無顧藉凡可以投合者無所不爲侂胄竊弄威福怨嫉既多密圖兵柄以固其位鄧友龍倡用兵之議易祓和之更互表裏專務詭隨去年之春侂胄意雖已決然未卜人心之從違祓乃獻說張大虜中之事使廷臣條具易祓首言夷狄有必敗之勢中國有必勝之理又曰敵國如外強中乾之人僅延喘息易祓號爲儒生豈無見於利害之實徒以意在逢迎不復體國侂胄始欲加罪異議而廷臣言不可者什七八卒亦無如之何易祓果得爲諫大夫復力主兵說方其遣從臣宣諭荆襄也止以賑卹流民爲詞人尚疑

信及易以宣撫則中外始知其必妄動同列有力爭者易祓鄧友龍相繼論奏遂至貶斥而師已出境矣逮友龍以喪師罷黜祓自知其敗露佯爲大言以宣威自任欲蓋前日之繆妄且師旦之麻祓寧不知其不當草侂胄亦不強其必從祓諂附師旦攫金而不見人慨然援筆師旦既敗侂胄每對客嘲笑之主持用兵本欲附會侂胄以苟富貴至誕謾之不可掩則雖侂胄亦厭惡之矣未幾而果逐去易祓知有權要而不恤國計兵釁一動貽禍生靈祓偃然家居坐享祠廩其心亦自安乎朝請郎太常少卿兼權吏部侍郎兼侍講朱質趣操回邪心術傾險策名高第榮進素定初任回改秩即授學官其有舊比質既欲速乃於任未滿之前力求特薦有審察之命已不安分義及入朝甫閱四載以著廷權郎朝廷待遇不薄不自愛重日事奔競至投拜李士謹以結蘇師旦或謁不得入則伺候終日趑趄受命閽

人館閣之彥嘗如是乎。師旦雖揄揚於侂胄而未有以中其意也。去歲正旦虜使來廷，偶閤門詔相差誤，致虜使舉止周章，朱爲甚失禮也。質知侂胄意在再舉，遂上章乞斬虜使。師旦言於侂胄，謂質天下之奇才，且訐廷臣不知出此。質由是進見無節，竟得諫官，遂與易祓更相附和，形於章奏，無非迎合。始曰方今指義旗以行天討，弔遺黎而復舊疆，來蘇徯望之人，雲合響應之勢，摧枯拉朽，指日可俟。不知質何所見而云爾耶。丘崈之在樞府，斟酌事勢，嘗遣小使往通和議，劉使一再回答，指言侂胄不及其他。侂胄怒其不與回護，直以上聞，諷質使言。質即上疏醜詆，務快其意，雖不厭公論不恤也。質既盤據要地，自謂莫敢孰何，每肆劫持之言，謂可以聾瞽上下，而不知人之視己，如見其肺肝。侂胄亦始覺其非矣，乃移之奉常。質素自圖去就，乃復乞憐於侂胄，自述其宿昔奉承之謹，求兼吏侍，仍厠經帷。前

此卿監郎曹之兼講讀，或出於一時擢用者有之，其罷臺諫而仍兼講讀者，惟陳讜嘗冒處焉，即論去。質居之安焉，且以張栻自況，多見其不知量。又其大可罪者，近日陛下竄斥侂胄，質自以失所依賴，累若喪家之狗，荒廢職事，奔趨他門，止復爲庇身之所，至有拒而不納者。夫子曰：苟患失之，無所不至矣。有臣如此，尚可使居獻納之任，侍清閒之燕乎。至若朝奉大夫林行可者，狀類鬼蜮，心同虵虺，褊狹多忌，深峭莫測，兩宰劇邑，稱有能稱，而大體不正，貪榮嗜利，背君忘親，其人之賢否可見矣。陳自強冒居政地，即引爲六察以爲己助。二年之間，躐處臺端，凡所論奏，無非奉行權臣風指。暨以憂去，書問交通，殆無虛月，每遇侂胄生日，饋獻之禮不違時刻，侂胄亦拳拳於行可，率朝至暮報，常許還以舊物。夫居喪而通問於人，在禮所不甚不得已者，而行可念弗及此，一意趨媚，事親不孝，其能移忠於君乎。去夏六月，蘇師旦敗，行可未及知，致書師旦，囑浦城宰陳至和轉達，書題稱爲恩府節使相公。至和急封還之，已爲一士夫所見，相與傳笑。行可身爲臺諫，甘稱奴隸，爲恩府，其苟賤亡恥，抑可知矣。其居鄉也，嘗以舊臺諫自處，縱容親黨陵轢州縣。福州因買銀事，有親戚占據富室，無禮縣官，邑宰林洽稍加懲治，行可大怒，帥憲爲之斷遣數人，猶未快意，必欲作草大臣上疏論奏，以欺脅愚民，遙摭邑宰，幾至不免。夫臺諫朝廷紀綱之任，豈行可恣睢鄉曲之具乎。服闋被召，遽以奉常清選，怏怏不樂，諂佞百出，一日見執政，忽言平章可謂與天同心。衆人以爲當用兵則從而用兵，衆人以爲議和亦從而議和，實兵陛下之兵也，豈衆人所得可否，而侂胄所得專決，與天同心之語豈所施於臣下乎。侂胄之擅開兵端，不特士大夫知之，閭閻小民亦知之，不特中國知之，敵人亦莫不知之。方丘崈之遣小使也，書詞未嘗不

爲之歸過於鄧友龍、皇甫斌輩，而虜帥貽書直謂侂胄既爲太師平章軍國，從無意於用兵，則師旦輩豈敢專擅。由是言之，則首謀姦臣其爲侂胄明矣。夫遠而敵國亦知兵端起於侂胄，而行可獨不知之，不過巧爲諂辭，爲侂胄文過而已。欺君負國，孰甚於斯。卒自奉常遷長諫省，又見外議籍籍，謂國事至此，咎將誰歸，推所從來，將不利於自強，侂胄必去異議者，然後可安，遂有一網打盡之謀。夫侂胄專擅日久，自強依阿取容，人畏凶焰，莫敢指言，蒙蔽之禍，將不勝救，而行可又欲盡逐異議，是將使陛下左右皆侂胄自強之人而後已。此其意欲何爲耶。臣前所謂姦險之徒，樂爲之鷹犬者，易祓、朱質、行可其人是矣。夫侂胄之姦惡，易祓導之於前，朱質助之於後，行可成之於終。今侂胄既已竄殛，而三人者使得佚罰，則何以快人心之憤鬱，昭國憲於陛下更化厲精之始乎。臣愚欲乞睿斷，將易祓、朱質、林行可

重賜鐫斥。終身不齒。以爲士而不顧行檢。自棄名義。朋姦罔上。長惡
怙終者之戒。
涇又論宮觀鄧友龍乞賜鐫黜狀曰。臣聞國家之大柄。賞罰而已。昭
勸示懲。維昔以時未嘗廢一。是以公道興行。人心悅服。臣伏見與宮
觀鄧友龍。始焉立朝。頗得士譽。慷慨自許。亦号稱尚。朝廷以其勇赴
功名之會。未暇詳攷才謀之實。畀以重權。不從中御。而友龍疎闊脫
畧之持重之操。阻愎迷闇。無臨敵之筭。所以許之便宜。正應斟酌彼
已。審量進退。設若未得機便。不厭反覆論議。以圖萬全。而友龍不思
委寄之重。無虞心而務輕信。上違指授。督趣師行。遂使績效未睹。憂
顧方深。職任宣威。咎將誰執。所幸陛下明見萬里。察其負勝敗。授宿
望。友龍自宜上章引過。屏息俟命。傳聞道路。尚乃偃然自居。猶覬入
臺就職。紀綱風憲之首。當如是乎。雖陛下曲示保全。賦以祠祿。然既

辜任使。遂得優閑。懲勸不明。公論未塞。欲望聖斷將鄧友龍特賜鐫
黜。以彰國典。天下幸甚。
涇又論蘇師旦狀曰。臣仰惟天眷宗社。啓佑聖衷。奮發英斷。斥竄凶
惡。一正君臣上下之分。方陛下躬攬萬機之始。號令之行。當若風雷
之震盪。然後可以聳動群聽。收還主威。臣猥以庸虛。乃於斯時。誤膺
親擢。濫長憲府。拜命之日。即具二凶罪惡彈劾。繼而諫臣論奏。給舍
繳駁。萬目傾注。以觀陛下維新之政。而側聽四日。未蒙施行。臣考其
故。乃因臣首章中小貼子論及蘇師旦本侂胄奴隸。因賣鬻將帥。縱
使侂胄竊弄兵柄。使侂胄上至誤國。下不保家。師旦未正典刑。輕重
失序。師旦既敗。即有三省樞密院人吏史達祖、耿檉、董如璧三名。隨
即用事。賄賂公行。尚來師旦所賣者。軍帥而已。三吏用事以來。監司
郡守職事官。亦以貨取。侂胄進退用捨。惟三吏之言是聽。以至調發

軍馬。移易兵將。科撥錢糧。同列皆不得與聞。雖三吏視執政。亦蔑如
也。恣橫如此。其誤侂胄多矣。加以陳自強未第時。又嘗館史達祖家。
身至宰輔。止以弟行呼達祖爲兄。士大夫苟賤亡恥者。干求差遣。必
先登達祖之門。有若市井。論量物價。專以金帛之多寡爲予奪。傳聞
四方。有史丞相、耿參政、董樞密之譏。公吏之用倉法。謂之重祿。贓滿
十貫。配廣南。自有成憲。初不以官之崇卑爲間。三吏之贓。蓋不知其
紀極也。況侂胄、自強皆已誅竄。侂胄又至家破。師旦乃安處善地。而
三吏各擁厚貲。遍求關節。臣所奏文字。已得旨依。徒以三吏之故。稽
留勅命。委曲求全。是陛下刑政獨行公卿。而不行於胥吏。何以服人
心。何以令天下。且臣之章爲三吏而沮格不下。亦何以厲風采。振紀
綱。上副陛下大有爲之意乎。是以不避斧鉞。再冒昧以聞。伏望陛下
特賜睿斷。行下廣東提刑。躬親臨視。將蘇師旦處斬。仍下大理寺將

三吏盡情根勘。依法施行。以伸國憲。以快公論。不勝幸甚。
涇又奏按郭榮乞賜鐫黜狀曰。臣照對湖南飛虎一軍。自淳熙間。師
臣辛棄疾奏請創置。垂四十年。非特彈壓蠻猺。亦足備禦邊境。北虜
頗知畏憚。號虎兒軍。開禧用兵。蓋嘗調發。緣統御無術。分隸失宜。兵
將素不相諳。枉致斷衂。人皆惜之。今盜賊平定。正賴主兵官潔已奉
公。撫摩教閱。振勵士氣。苟任非其人。專事貪刻。利害非輕。辟榮師閫
臣安敢避仇怨。不爲陛下陳之。臣伏見武翼郎飛虎軍統制郭榮貪
鄙庸繆。全無知識。昨因峒寇竊發。郴州差榮部領六軍五百人前來
防托。擁兵養寇。初乏職勇。僅緣奏功進官三等。就陞統率。賞之可謂
厚矣。盍思奮勵。上報國恩。自領軍職以來。一意掊斂。豐殖囊橐。巧事
苞苴。侵盜官錢。占用士卒。未易縷數。姑撫其害軍政者言之。禁錄籍
郭渚。因遂家焉。比歲遺漏。延燒私室。又房廊之屬。輒支破軍中錢物。

以脩寨屋爲名。買山斫木。結縛牌栰。順流而下。役軍匠脩治熟材製造。窻隔動使不時裝發。至於燒造石灰、木炭，亦載往鄂渚，皆付親戚嚴三官人者變賣。時射利。厥直倍增。擅爲己有。其軍兵般運往來之費。則責其自備。至於本軍打造衣甲器械。自臣到任。節次支撥錢會二千餘貫。榮所創置十不二三。多因向來討捕關出器甲。已行銷破。既撤戍繳納。不曾收附。椿留軍中。初間補緝呈點。稍似從實。已而用吏胥之計。移舊換新。工料鹵莽。妄作支破。錢數轉多。悉贏落以爲利。至爲軍典持曆告論。減尅鐵炭物料。案牘具存。其貪黷偃蹇。尤可駭者。如差出戍兵。責令回易。深入二廣。收買箭幹、牛皮、軍須等物。每遇江、鄂、荆、襄戎司差人計置。或托其收買。即增擡高價。取利歸己。此何異市井販夫。豈管軍所爲乎。其更戍將佐回司。必抑令以回易息錢買納銀兩。盡入私帑。稍不滿意。生事捃拾。或遭毒手。及將佐鬪額

保明陞差。不較勞能。止以賄賂多寡爲可否。本軍有管田莊。有房僦有租地錢。有營運錢。本以備器械、脩營寨、充激賞。悉肆侵漁。所餘無幾。士卒不堪勞役。重以刻削貪困。多有逃而爲盜。潭州嘗捕獲强刼乃本軍劉勝爲首。當廳引問。聲言統制掊刻軍人。不容存活。又貽怨於軍中者。本軍舊有漏澤園一所。士卒葬埋之地。榮悉墾闢。剏立亭館。種植花木。以備遊樂。及布種粟豆。謀取微利。揮鋤之際。白骨紛如。過者傷心。榮不卹也。古之良將師入敵境。猶不伐墓。矧父兄之墳壟。使其子弟見之。誰獨無是心乎。稍有識知。寧忍爲此。臣自去冬已見物論騰沸。屢行告戒。仍出榜禁戢。榮慊然不自安。嘗欲陳乞離軍差遣臣冀其猶有悛心。或圖後效。遷延累月。見其循習故態。溪壑無厭。不復自新之意。不容已已。矧方夷狄内訌。所宜練習軍伍。警戒不虞。如榮之貪狠刻薄。素失士心。平居暇日。已懷怨憤。脫有征調。孰肯用命若。不亟行放遂。必致誤事無疑。是敢煩瀆天聽。儻以其山前討捕曾宣微勞。與免根究。亦乞睿斷。將榮特賜鐫黜。少懲貪刻。別選公廉材武之將。表率士伍。脩明軍政。俾還舊觀。以爲一旦緩急之備。不勝幸甚。

劉光祖上奏曰。臣猥以非才。待罪憲府。僅踰兩月。數糾官邪。一蒙陛下主張施行。臣之感奮。自惟隕身不足爲報。近者竊見陛下潛邸瑣録吳端除帶御器械。諫臣三入章疏。陛下御筆批出可依。已得旨儻緣此。壽皇潛邸人孫璫亦萌意干求。轉行觀察使。給事中封還詔旨。御筆又令書讀。旬月之間。蠱此二事。人言籍籍。仰議聖明。臣職彈劾。應臣寮不安分守。僥求無厭者。正在彈劾之科。今吳端孫璫輒敢踰分干請。臣不即時彈劾。已是職事不脩。竊緣諫臣後省既已有言。不須臣更入文字。今來以二瑣録之故。而使給諫論奏不行。僥倖大啓。又勸人主親批訓止。事體異常。臣若喑默不言。豈不仰孤陛下任

使。臣謂天下至大。所以統臨而維持之者。不過恃主權之尊。綱紀之嚴。名器之重。執此三者。守而勿失而已矣。今以吳端孫璫微瑣小人。而屬鞬之任。職躐等威。廉車之選。班爲侍從。使軍功武力之士戚里勳舊之臣。或恥與之列。或羞居其下。其爲名器。不已輕乎。諫臣論列。後省封駁。是其職所當然。今乃重改二人之除授。而輕違給諫之本職。其爲綱紀。不已斁乎。人主之威。天也。天豈可瀆。而小人無識。祈恩求寵。遂令人主命令既輕。及至臣寮有言。又屈陛下手筆訓諭其爲主權。不既褻乎。是二事者。可謂一舉而三失矣。臣若不言。爲負陛下。言而不行。又增人主之一失。是臣所深懼也。然臣斷然有所控奏者。臣伏覩紹興聖政。講筵所祗應人以經進書推恩。内門下後省私名慕允中换進義副尉。仍與不作非泛補授。左司諫唐煇論列。乞追改之。高宗曰。既有例。當依例施行。席益曰。此事固有前比。當如聖旨施

行。然副尉而煩諫官論執。乞陛下且與允所奏。高宗曰。此小事非繫國體。呂頤浩復與席益固請從惲之說。高宗可之。當時君相之所重者諫官之體也。況今吳端趨受要近之職又非小事。而諫臣已三言之。其爲事體孰爲輕重乎。吳國長公主爲女夫鄭珙陳乞轉兩官添差浙東帥司參議。給事中賀允中封駮之。高宗曰。命下逾兩旬。鄭珙已被受差遣數矣。乃始封駮轉官詞頭。恐非故事。可諭令書讀。宰執退以聖旨諭允中。允中申執所見。翌日再進呈。高宗曰。雖稍後時。所論極有理。當曲從之。詵該等曰。諫行言聽。使言者得以自安。此盛德事也。今孫瓛之命初出而給事中據理封駮。亦必有故。且以長公主之請而視宮邸之使臣。又孰爲重輕乎。高廟中興規摹足以貽訓。今日臣意陛下必不終徇小人之私請以遂廢國家之公法。是以冒死極陳之。陛下俯從微臣之請。則是轉三失而爲四美矣。臣以四美

望陛下。伏惟陛下斷自睿意。追改吳端除授。免令福過災生。更思孫瓛無功而爲觀察使。外議終不以爲當。特賜停寢。如此則名器無由可輕。綱紀無由可紊。主權無由可移。陛下之剛健威明聽言納諫之德。一日而聳聞於中外。足以仰承高廟之規摹。不負壽皇之付託。盛美之事。臣豈可不控露愚衷冒犯天威。無任激切俟命之至。謹錄奏聞。伏候勑旨。

光祖又奏曰。右臣昨於十八日封入奏章。論吳端孫瓛除轉僥倖。給諫各有文字。陛下重於改命。仰煩宸筆諭止之。給諫不復申執前奏。臣緣此事反復憂慮。以爲從此臺諫給舍無緣可以舉職。而攀附僥倖之輩各自以爲人主恩我。外廷臣僚其如我何。自後當言者憚於有言不行。不若初無言之爲愈。臣念及此。中心有如焦灼。是以冒昧具奏。小人踰分僥求。使名器紀綱與夫人主之大權三者俱失。臣竭

忠効愚。無復餘蘊。俯伏俟命。今已三日。未聞付外施行。臣爲執憲之官。其所關繫乃是國家之憲令。今小人干請犯分。臣合糾奏以聞。公法苟惟不行。是臣不能守官以孤陛下委寄。而使微瑣之人得伸愚以遂志。自今不復知有臺綱。如此。則陛下亦安用此備位之臺臣也。臣以憂及隄防從此而蕩。不敢備禮一言而止。謹再具奏。仰瀆天聰。伏乞檢會前奏。早賜睿斷施行。謹錄奏聞。伏候勑旨。

光祖又奏曰。右臣昨冒萬死。兩上奏封。乞陛下且將吳端除授孫瓛轉官特屈已行之命。使臺諫給舍不至有負職業。伏緣臺諫給舍乃是朝廷紀綱所繫。既有論奏。不可苟止。臣於數日之內。瀆天聽。彌躬惕息以俟允從。今日宰臣令都司來諭臣以聖意。臣實何人。仰勤宸訓。戰汗如雨。使合遵承君父之誨。不當再有奏陳。重念孤遠小臣。蒙陛下親擢寘之言路。使知無不言。言無不盡。猶懼不足以報也。今

乃知之而有所不言。言之而有所不盡。陛下縱寬臣而不責。臣獨不愧於心乎。臣又念本朝家法聖聖相傳。率多屈已以從人。虛心而聽諫。此乃玉音之所屢及。聖德之所優爲。今孫瓛之命。陛下以服勤於壽皇者四十餘年。所以令轉行觀察使。陛下事親之孝可謂至矣。臣愚以爲深惜名器。力持紀綱。使主權日尊。而左右不容妄有干請。陛下志業如此。諒亦壽皇之所樂聞也。至於吳端。則予奪皆由陛下耳。復何難哉。陛下以恩而予之。臣僚以義而有請。陛下捨恩而取義可也。詩云。鼓鍾于宮。聲聞于外。臣聞陛下宮庭之內。裁抑左右之請求多矣。其所以持守祖宗之法度。外人靡不知之。且如后戚私恩。不曾令有過當而驟加之以富貴。此最久長之道。中外之所共服也。今乃以宮邸微瑣之隸。謂其階官已高。除授不爲超躐。然而物議則曰。鞭之職。是要近遷授之地。未可以階官言。此前後除擢足以考求。使

異端而稍知道理。開臣僚累入封章。皆當再三控辭。云不敢以賤臣仰累聖德。它日足望陛下成就。如此則能持其福祿而深得進退之宜。今乃偃然當之。却令人主不免有毫髮之可議。端之罪大矣。臣既蒙聖諭今來處分悉由人主。自當退聽。但中心所懷。亦須一一控陳。欲待面奏而未得請對之日。不敢不即日敘謝。仍罄竭其愚忠。伏惟聖慈寬其僭犯之誅。尚賜採用。庶幾人臣後來皆能勉於職業。不至畏縮保身都忘國事。

光祖又論陳賈黄掄疏曰。臣竊謂臺諫之任。古難其人。國朝以來。尤重此選。居是官者。或以剛直盡言。而一時得罪於人主。或以回邪害正。而萬世得罪於清議。一時得罪於人主。人主終復以清議而取之。萬世得罪於清議。人主終亦以清議而薄之。簡策所傳。前後非一。臣謹按前諫議大夫陳賈。今右正言黄掄。皆爲清議之所非。有孤人主

之任使。可謂聖世之罪人也已矣。按賈爲人陰悍。用意姦回。自得入臺。罔思報國。舞其險黠。上御主心。數年之間。進長諫省。無吉士忠純之意。有小人駔儈之風。容蓋所私。排逐異己。縱横請託。禍福繫於從違。喜怒任情。風旨生於咳唾。如賈者真倚勢以爲威。託公以爲姦者也。王渥解四川茶馬還朝。贓數十萬。靡人不知。賈爲諫諍之官。乃受渥貝錦蜀珍甚夥。既已蝕於利慾。一切與之彌縫。情分日深。言皆響荅。壽皇因事察賈私於渥而不直之。當是時也。賈若不以憂歸。必以罪去。何則。身在言路。屢以賄聞。庇貪忌廉。無復更恤於清議。壽皇明聖。淵鑒豈逃。而今也乃以集撰典大州。何君子之不幸。而小人之獨幸也。至如掄者。志趣凡近。資禀佞柔。陛下偶得之於進對之間。意其爲淳實朴茂之士。擢在言路。豈不望其公忠。朝有愆違。庶幾密見啓沃。而掄疏一出。聞者駭然。且陛下欲更補闕拾遺之名。稍匪有嘗過諫臣之意。詔墨開勉。臣子感心。一去一留。事已久定。而掄於事定之後。乃妄謂人臣掠名而歸過君父。陛下聞其所謂無尊君親上之意。聽其所謂以直諫得罪之言。雖天度之能容。豈聖心之所樂。二人之罷。亦爲臣之分也。而群情共惑。則掄實有以致之。臣於彼時。讀掄此疏。驚嘆失聲曰。豈有身任諫官而惡人忠諫。又使陛下真有罪諫之名。與詔意特異。皆掄以讒說誤聖聰之過也。其後淵衷漸察。欲擇臺臣。不知掄何慮何疑。而亟入奏封。乃謂恐使臣薦人。各有私意。陛下聰明洞照。掄說不行。中外聞之。咸誦聖德。且掄前出一言。而使人主厭惡人言。後出一言。而使人主猜防臣下。掄之職任。所當然否。臣昨者上殿。本看欲劾掄議論邪謟。不堪爲諫官。又念臺諫一體。擊之太遽。故於奏疏千餘言之後。深切及之。掄來見臣。面目羞愧。臣雖勉強開釋之使去。然意其必能請外以自全。掄察臣意度稍寬。復自言初

非己意。諉人以自免。謟臣以求安。臣於是鄙掄之爲人。見其依違反覆以難保。略小嫌而明大義。臣之所不可後也。臣於陳賈范處義黄掄三人。誠素意所薄。且每恨其孤負君恩。今處義敗露而去。如賈者縱不深罪。亦宜罷郡以慰人心。如掄者就令寬恩。且使補外。以塞公議。臣盡言孤拙。不卹顛危。上恃陛下訓以所守不回。臣以死報。伏惟亮其愚忠而采納之。聖斷立行。四海傳誦。臣不勝幸甚。

時韓侂胄當國。武學生華岳上書曰。旬月以來。都城士民彷徨四顧。若將喪其室家。諸軍妻子隱哭含悲。若將驅之水火。閭閻籍籍。欲語復噤。駭於傳聞。莫曉所謂。臣徐考之。則侍衛之兵。日月潜發。樞機之遞。星火交馳。戎作之役。倍於平時。郵傳之程。兼於曩昔。乃知陛下將有事於北征也。侂胄以后族之親。位居極品。專執權柄。公取賄賂。畜養無藉吏僕。委以腹心。賣名器。私爵賞。睥睨神器。窺覘宗社。日益炎

焱不敢獨適。此外患之居吾腹心者也。朝臣有以庸瑣之資請娟師旦驟入政府者有以諛佞之資阿附俛胄致身顯貴者。陳自強老不知恥。貪不知止。私植黨與陰結門第。凡見諸行事。惟知俛胄不知君父。此外患之居吾股肱者也。奭奕汝翼。諸李之貪懦無謀。倪僎倬冢。諸郭之胥謬無用。諸吳之恃寵專僭。諸彭之庸孱不肖。皇甫斌魏友諒毛致通秦世輔之彫察軍心。瘡痍士氣。以至陳孝慶夏興祖商榮田俊邁之徒。皆以一卒之才。各得把麾專制。平日。剜膏刻血。包苴俛胄。以致通顯。飢寒之士。咸願食其肉而不可得。萬一陛下付以大事。彼之首領有不可保。奚暇爲陛下計哉。此外患之居吾爪牙者也。程松之納妾求知。或以售妹入府。或以獻妻入閤。曾埴之貢子爲郎。富宮之庸駑充位。此外患之居吾耳目者也。蘇師旦以穢吏冒節鉞。牙儈名爵。周筠以隸卒冒戎鈐。市易將相。此外患之扼吾咽喉者也。彼

之所謂外患者實未足憂。而此之外患。蓋已周吾一身之間矣。禮樂征伐自天子出。所貴乎中國者。皆聽命於陛下也。今也與奪之命。黜陟之權。又不出於陛下而出於俛胄。是吾有二中國也。命又不出於俛胄而出於蘇師旦周筠。是吾有三中國也。女真以區區之地。猶能逼我淮漢。曾謂外患之居吾腹心股肱耳目爪牙及吾咽喉而不識陵吾之宗廟社稷乎。曾謂一家之中自爲秦越。一舟之中自爲敵國。而能制遠人乎。比年軍皆掊克。而士卒自仇其將佐。民皆侵漁而百姓自畔其守令。家自爲讎。此又啓吾中國億萬之仇敵也。今不務去吾腹心股肱爪牙耳目咽喉。與夫億萬之仇敵。而欲空國之師竭國之財。而與遠人相從於血刃相塗之地。顧不外用其心歟。臣嘗推衍兵書自去歲上元甲子五福太一初度吳分。四神直符對臨荊楚。始擊埜符旁臨甌粵。青門直使交次于幽冀。黑殺黃道正按于燕趙。考之成法。主筭最長。客筭最短。兵以先發爲客。後發爲主。自去歲乙丑至庚午六年之間。皆不利於先舉。儻其畔盟犯義。挑我疆埸。至於事不獲已。然後應之。則反主爲客。猶曰庶幾萬一。國家首唱兵謀。則將帥內睽。士卒外畔。肝腦萬民。血刃千里。此天數之不利於先舉也。矧將帥庸愚。軍民怨懟。馬政不講。騎士不熟。豪傑不出。英雄不收。餽糧不豐。形便不固。山砦不修。堡壘不設。吾雖帶甲百萬。餽餉千里。而師出無功。不戰自敗。此人事之不利於先舉也。臣願陛下除吾一身之外患。吾中國之外患既已除。然後公道開明。正人登用。法令自行。紀綱自正。豪傑自歸。英雄自附。侵疆自還。中原自復。天下自底於和平。四海自躋於仁壽。何俟乎兵革哉。不然則亂臣賊子毀冕裂冠。哦九錫隆恩之詩。侍貴不可倖之相。私妾內寵。陰臣將相。魚肉軍士。塗炭生靈。墜百世之遠圖。虧十廟之遺業。陛下於此。雖欲不與之偕亡。則

禍迫於身。權出於人。俛首待斃。何臍可噬。事之未然。難以取信。臣願以身屬之廷尉。待其軍行用師。勞還奏凱。則梟臣之首。風示四方。以爲天下欺君罔上者之戒。儻或干戈相尋。敗亡相繼。強敵外攻。姦臣內畔。與臣所言盡相符契。然後令臣歸老田里。永爲不齒之民。書奏。俛胄大怒。下大理。貶建寧圜土中。郡守傅伯成憐之。命獄卒使出入毋繫。

時史嵩之服除有獨用之意。殿中侍御史章琰正言李昴英監察御史黃師雍論列嵩之甚峻。翰林學士李韶同從官抗疏曰。臣等謹按春秋桓公五年書蔡人衛人陳人從王伐鄭。春秋之初。無君無親者。莫甚於鄭莊。二百四十二年之經。未有云王伐國者。而書王書伐。以見鄭之無王。而天王所當聲罪以致討。未有書諸侯從王以伐者。而書三國從王伐鄭。又見諸侯莫從王以伐罪而三國之微者獨至。不足

伸天王之義。初不聞以其嘗爲王卿士而薄其伐。今陛下不能正姦臣之罪。其過不專在上。蓋六臣百執事不能輔天子以討有罪。皆春秋所不赦。乞斷以春秋之義。亟賜裁處。

理宗寶祐元年。起居舍人牟子才上奏曰。臣聞君子之於小人。猶陰之於陽。不能以相無。而消長有常。亦非人之所能損益也。先儒以爲聖人作易。於其不能相無者。旣以健順仁義之屬明之。而無所偏至於消長之際。淑慝之分。未嘗不致其扶陽抑陰之助。蓋陽爲君子。陰爲小人。固不可相無。亦不可相亂。固不可相亂。尤不可相暴。泰之爲卦。內健而外順。內陽而外陰。內君子而外小人。所以深致其內外之辨。使之界限一明。不相殽亂。君子得其位可進以有爲。小人得其欲。雖退而無怨。故聖人名之以泰。泰之爲言安也。言君子小人各得其所而不相害。適所以爲安也。自古惟堯舜之時足以當之。三代而下。

治亂率常然。不過由此二道。用君子則去小人。用小人則去君子。未聞君子小人參用者也。用君子則治。用小人則亂。亦未聞君子小人參用而可以久安而無亂者也。然則有天下國家欲久安而無亂者。必自辨君子小人始。不明君子小人之辨。而泯其異同。混其賢否。而曰吾將以是爲安也。直幸而已矣。非聖人所爲致泰之道也。臣抑嘗讀國朝元祐之事。而竊有感焉。夫元祐之所以爲元祐者。用君子而退小人也。元祐之所以變爲紹聖。則君子小人並用故也。方元祐之四五年。當時言者已凜然以邪正之不辨爲憂。朱光庭則謂用人之際。當以善與利二者之間加明察。使正臣日進。而邪臣未退。范祖禹則謂憸人在前則害政事。在下則害風俗。大則傾覆邦國。小則殘敗善類。不當使之在位爲他日患。蘇轍則謂君子小人。勢如冰炭。同處必爭。一爭之後。小人必勝。君子必敗。不可惑於浮議。引與共事。王巖叟則謂小人無能。斯不足畏。小人而材。然後可畏。當明辨力遏。毋使小人得以雜其間。其言皆深切著明。反覆詳盡。而於泰之一卦。莫不援以爲據。蓋以爲保泰之道在乎此。而隳泰之道亦在乎此。是豈私憂過計哉。使當時盡用其言。絕禍萌。培治本。雖百年元祐可也。奈何調停之說雖賢如呂大防范純仁劉摯亦且惑之。楊畏鄧温伯李清臣皆小人之雄。而引之爲腹心。俾得乘間抵巇。陰唱邪說。紹述之論起。而君子不能以一日安。其後黨錮禍成。雖大防純仁摯亦皆不免報復之禍。則調停之論。蓋亦疎矣。遂使國家嘗其禍敗。至於宣靖之事不可勝悔。而光庭祖禹轍巖叟之流。獨受知言之名。可不爲痛哭流涕者哉。伏惟陛下臨政願治垂三十年。宜可以爲元祐矣。而乃岌岌乎紹聖且宣靖。宜可以爲泰矣。而乃駸駸乎爲姤爲遯。陛下亦嘗思其故乎。陛下未嘗不用君子而不純於用君子。未嘗不去小人而不盡

於去小人。故其勢不免參而用之。夫君子小人。勢不兩立。參而用之。則是正邪相軋。而使之日鬬于下。豈有安靖之理哉。陛下試觀三十年間君子小人。幾進幾退。幾僨幾起。幾勝幾負。相尋至今未有止極者。皆以此也。陛下見其如此。不察其故。以爲是紛紜譁競者皆君子之過也。而小人又擠而陷之。以爲必去其類而後可靖國。則益誤矣。故始於君子小人之並用。而卒至於君子日空。小人日盛。臣竊惟小人不去。其害之大者有三焉。累君德也。害治體也。敗善類也。敢爲陛下悉言之。小人性本巧惡。又敢欺誣。其狡獪之術。足以逢迎而爲悅。其淫詖之辭。足以譸張而爲幻。變黑爲白。指鹿爲馬。以之惑人主之視聽。而亂其是非。甚至借人主之喜怒。以成其威福。恥爲正論。則厚誣其君爲不可以責難。陰進邪謀。則歸過於上以自逃於公論。遂使謗議流聞。聲光不著。此則欺誣之說有累於君德也。小人性本傾危。

又好反覆。勢在彼則始趨而終背。勢在此則始背而終趨。閃倏游颺蹤跡詭祕。巧險側媚。情態乖張。其狀似三變柔行巽入。善爲模稜。軟語卑詞。曲相容悅。其狀似兩來。挾三變之心。行兩來之術。而視勢之所趨爲向背。此反覆之說有害於治體也。小人性本刻薄。又善激發上惡諍競。則曰是好名也。是多言也。上惡朋比。則曰是其黨也。是交結也。上惡誕妄。則曰是欺罔也。是浮矯也。駕虛翼僞。造謗興訛。其譖貝錦。其言巧簧。陽爲納忠。陰實蓄怒。其術一售。其勢遂成。梟心虺志無所不爲。此激作之說有害於善類者也。此三害者。千岐萬轍。爲變多端。不懼上之怫恚。務行其言。不恤國之憂危。務伸其志。不虞君子之困敗。務遂其說。爲禍之烈如此。而可使之一日參乎君子之間耶今通國之所謂小人者。陛下亦知去之矣。臣以爲非去之之難。而辨之之難。去一小人。是一小人也。安知一小人之去。無一小人之進。辨

之則幾矣。夫君子小人。如數一二。如別蒼素。辨之無難者。是在陛下之心耳。陛下如能致知格物。以明此心。賤貨貴德。以一此心。明目達聰。以廣此心。使此心之體。如衡之平。如鑑之空。既不失其好惡本然之真。又有以得其是非當然之則。所謂君子小人之情狀。固無所逃乎陛下之前。而陛下又即其賢否枉正之所在而爲用舍進退之分焉。柔邪巧佞。阿意承旨者必斥。剛方鯁亮。犯顏苦口者必容。輕儇便給。佼慧削刻者必遠。而莊重靖嘉。溫純朴茂者必親。出入多岐。陰有所主者必屏。忠信不二。孤立無朋者必用。去其庸猥卑雜而存其耿介挺特。去其狠戾駔儈而任其弘毅惠和。懲其躁競無恥而擢其靖退有守。黜其陰墨深阻而取其疏明洞達。不以鄉原而易狂狷。不以嬖人而嫉莊士。不以美疢而疏藥石。則忠邪之位定而內外之限明。豈不能致元祐泰亨之治哉。今上而論思獻納。多壽儁忠正之臣。次而給舍臺諫。皆端亮純實之士。下而百司庶尹。又能時發讜言於靖共正直之餘。陛下宜鑑鏡其心。勿以小人參乎其間。而二三執政。亟宜去係累之私。昭平明之治。融朋黨之意。絕反覆之慮。一以開誠心布公道之言而爲進君子退小人之地。思元祐諸老拳拳之憂。鑒紹聖以往紛紛之事。務使邪正不暴。陰不勝陽。以成泰內之治。豈不韙歟。不然。實未有以知人材之孰忠孰邪而姑聽其一時之作賢作佞。則用者不必用。去者未嘗去。而所謂安者乃禍亂之所伏也。臣隱憂所發。冒進瞽言。不勝拳拳。

理宗時。浙東提點刑獄高斯得劾奏知處州趙善瀚知台州沈塈等七人。倚勢厲民。疏上不報。改江西轉運判官。斯得具辭免。又奏曰。臣劾奏趙善瀚等七人。未聞報可。因疑必有黨與營救惑誤聖聽。今奉恩除。乃知中臣所料。善瀚者侍御史周坦之婦翁也。贓吏之魁。錮於

聖世。鄭清之與之有舊。復與州牧。沈塈者同簽樞密院事史宅之妻黨也。祖宗以來。未有監司按吏一不施行者。壞法亂紀。未有甚此。臣身爲使者。劾吏不行。反叨易節。若貪榮冒寵則與世之頑鈍無恥者何異。乞併臣鐫罷。以戒奉使無狀者。

斯得任祕書少監兼侍立修注官。又奏曰。紹聖三年正月。寶文閣待制知成德軍楊畏知河中府。右正言孫諤言畏在元豐之間。其爲御史。其論議趨向。皆與朝廷合。及元祐之初。呂大防蘇轍用事。則盡變其趣而從之。紹聖之初。陛下躬親萬機。則又變其趣而僞合苟容。交鬬執政。傾亂朝政。至今天下之人謂之三變。詔楊畏落寶文閣待制。依舊河中府。中書舍人盛陶言未敢詞行。丁移知虢州。臣聞舜之戒其臣。以難任人爲急。難之一辭。乃聖人屏惡之深意。不可不精思而熟玩也。蓋憸壬之人。易惑難遠。聖人非特去之。而兢兢業業。戒謹恐懼

惟慮其人之復來以傾亂吾國為畏難之心頃刻不存則彼必緣間伺隙不旋踵而至矣詎可忽哉熙豐祐聖之間小人反覆莫如楊畏利在王安石則附安石利在呂大防蘇轍則附大防蘇轍利在章惇安燾李清臣則附惇安燾清臣天下之人謂之三變國家惡運亂源濫觴于紹聖滔天于崇觀政宣畏實為之若此傾覆之徒其可近乎嘉熙以來侍從之臣固有隨世俯仰逐利轉移如楊畏之三變者方其氣燄熏灼之時其力至能進退宰相鉗制言路善良重足懼遭傾覆之禍幸賴陛下洞照其姦不動聲色而去之天下咸仰聖德之明彼其退伏散地豈一日而忘復出哉特未有可乘之機耳邇來國家多釁局勢漸搖彼靜觀竊笑久矣一旦因事論建依倣公議以動陛下之恩而廷臣不自後先及其奏至之時復加薦引中外相應如此豈得為無意哉陛下苟入其說召之使還臣恐楊畏一來元祐變為

紹聖特反掌間耳況比日以來從臣奏議欲用嵩清與篤三黨倡邪說以誤國事包藏已深乃今又有佞人來矣之漸邪氣盤結如此臣竊為國事凜凜也臣願陛下深察安危存亡之機以舜難任人為法斥去邇言謹勿輕信使已去之姦絕意再用則局面增固善人獲安陛下更化善治之初心不至中道而改轍矣臣憂愛之切遂忘其愚惟陛下采擇

祕書少監湯漢疏論比　年董宋臣聲焰熏灼其力能去臺諫排大臣結連兇渠惡德參會以致兵戈相尋之禍陛下灼見其故斥而遠之臣意其且影滅而迹絕矣豈料夫陰消而再凝冰解而驟合既得自便即首復用以其罪戾之餘一旦復使之出入壺奧之中給事宗廟之內此其重干神人之怒再基禍亂之原上下皇惑大小切齒而陛下方為之辨明大臣方與之和解臣竊重傷此過計也自古小人復出其害必慘將逞其憤必肆其儔伍顛倒宇宙陛下之威神有時而不得以自行甚可畏也

中書舍人徐元杰奏繳胡泓新除宗正少卿指揮疏曰臣聞君者天也父也人臣立人之本朝以事天之心而事君則知盡萬物之生不足以報天之德以事父之心而事君則知竭百體之勞不足以報父之恩況於身為要臣而狎被御筆親除之寵其當若何勉竭自厲以為君上罔極之報可也今胡泓讀聖賢之書豈無羞惡是非之心哉平居討論亦豈不知三綱五常之正理者哉臣與泓同朝且同江鄉本以其年長而敬之每聽其話言則有大謬不然者嘗罵陛下之官爵也泓自作郡而廢黜陛下東拔登朝置之郎省洊膺親擢方陪虎觀之聯忽領烏臺之職不惟泓喜過其望人皆以為殊特超躐之典此正砥節礪行明目張膽敢於論事之時奈何泓資稟凡下血氣衰

而志節之不立辭旨所及不以聖恩親擢者勉務稱塞惟曰此恩此德實出於公雖聲言於衆而不以為恥臣聞泓之初來登對首劄有愛國必愛大臣之語巧為容悅至次劄猶曲意阿諛識者覺其為人久矣及其職司彈劾專為報復私讎之地前後所詆皆犯物論而不恤是非易位好惡反常以書史典刑之名臣而妄有論列以五十年儒科之宗老而亦被詆誣泓誠何心哉豈舉世已無一可論之士哉方舊相以憂去也稍有人心者皆知人道之不可廢泓一則曰恩相何來之遲二則曰何必只管說綱常甚至延見士夫正色厲辭毀短國祚背棄君恩盡倒公論之戈橫身要衝以售其足恭巽苦之諂通國皆切齒其姦為之憤疾涕洟陛下一旦感悟特出御筆按擢公忠骨鯁之士以代之人心欝悶之餘不翅如幽暗而復見天日如泓者既無羞惡是非之心是尚可容其汚惟月之清峻者乎況泓出身

始泰尤可羞稱自其微官時未嘗用舉削而脫選率不待終更而圖辟泓知贛州既不申審奏事却令通判舒復宗語部使者以本州盜發催其赴上泓舊與贛之娼女狎昵到郡取爲小妻當時輿卒皆出不遜語聞舒復宗於幕次顯以匪人斥之其他不顧十手十目之罪在南安時同官備能言之是其居要地而甘自暴棄在外服而不自愛重類有如此臣與泓雖同江鄉平時雖有徽老之念然陛下恩德之罔極臣雖糜損不足補報何敢詑泓而不以聞況泓年將耆稀戒之在得臣愚欲乞睿察稍懲其姦且以祠廩畀泓使之少待而上掛冠之請公論幸甚世道幸甚所有泓詞頭一併臣獨未敢撰述

元杰再繳胡泓乞祠不允指揮疏曰臣聞諸孟子曰有官守者不得其職則去有言責者不得其言則去臣叨恩逾涯濫秉掖垣實以封駁爲職事無鉅細當言必言是亦今官守言責爲一職也昨日臣以

胡泓除宗正少卿詞頭未敢撰述已懇切奏陳未蒙頒命第切凌兢臣竊見泓昨以御筆親除職居臺察既不知明目張膽爲扶持綱常計觀其前後彈劾專爲報復私怨而已最是背棄君恩毀短國祚每厲聲對衆盡倒公論之戈舉朝之士爲之切齒痛澳相與言曰自古見無禮於其君則當如鷹鸇之逐鳥雀臣蓋爲陛下憤疾其人久矣況泓自微官以至守南安守贛郡貪淫之狀備載前牘昨污臺綱物論籍籍黨姦醜正善類吞聲今幸一旦親擢正人以代之有識無識同切慶決而月卿宗少之任是爲清切入從之階泓既無人心犯物論如此斷斷不可與之並處朝列明矣臣職在繳駁不避仇怨痛切言之實以泓久爲公論之所不容市議道謗並作爲歌謠皆以泓爲小人之倡臣自昔持心近孚非敢過爲指摘爲公道計爲朝綱計不得不以去就爭之今泓既上丐祠之牘臣愚欲乞聖斷亟從泓請早畀以祠所有泓奉聖旨不允指揮錄黄臣實未敢書行

元杰又繳錢相召赴行在指揮疏曰臣竊見錢相起自儒科殊乏器識齷齪自守榮進是貪仕於外則政以賄成仕於朝則公爲私奪其居於鄉則縱容子婿恣肆幹僕廣占民產閭里怨嗟衆謂其多貲發身嘗編歷言路矣凡所論列摘微過而蔽鉅姦每借之以爲修怨之地迨其躋天官之長兼夕瑣之任都人爲之謡曰要過銓衡及銀臺除非大錢小錢來蓋指其父子黷貨而言也相不是察身居緊頭行每由徑故曩爲學校所詆又爲吏議所斥相嘗假親老丐祠今其親九十餘矣而又急於規圖超用召命一下人言藉藉咸謂聖化方新污俗漸洗詎容愚而能神復覬於穿金門入紫闥乎爲相之計正當回顧親老退處寬閑日供滫瀡之奉惟内存畎畝不忘之念庶乎其少進清議矣乃獨不然何耶言之至此不覺寒心臣濫尸繳駁之職

若不正救於未用之先何以爲士大夫風俗之戒欲乞睿斷將相召赴行在恩命亟賜寢免世道幸甚士論幸甚

元杰又繳鄧泳乞祠不允指揮疏曰臣竊惟長江號天險也然必得人之險而後天之險爲可恃沿江制副臣重匪輕胡可畀非其人哉今鄧泳心術回邪氣貌麁俗早求速化徧歷邊閫入幕之賓其爲謀畫不過所至清野殫國之財撒花貲寇而已庸是而爲績最遷節更迭徑躐朝班入從出藩如取諸寄臣每聞其在朝之日怙勢擅權不可具狀姑以一二言之泳嘗齊御言路之臣抑遏其月課所及更授以撥路之風旨臺臣不敢自固所守以至憂患而斃又嘗爲殿廬編排官凡謾定而下皆惟泳意所撥屏息以俟其順氣諸房敢怒而不敢言陛下蓋嘗察之雖能黜泳於外乃又以重任付之徒見其軍政不脩江防不備將校率惟私人是用問其郡政既多爲苛歛之術凡

商賈搓運之往來。泳復百計囮狙之。至專其利以自豐殖。是尚可使之當重地者乎。臣職在封駁，因其再有乞祠之請，豈容緘嘿而不言。臣愚欲乞聖斷俯從泳之所請，亟使解罷副職事。畀之投閑少自警省。別選材望以重茲寄。庶乎天險與人險相資而無虞矣。

元杰又繳趙汝選改差知邵武軍指揮疏曰。臣聞士大夫年及者。不作縣。不作郡。著之令甲。昭然不誣。況於得郡而關及凡未經登對之人。必奏事訖。然後之任。此又聖朝所以重臨遣尊牧養也。今趙汝選元未嘗作宰。是猶曰兩嘗爲令。但當考其月日滿與未滿而已。然汝選年已七十有二。適者臣寮奏乞以年及人姑畀參議。未欲絕其祿亦不欲勞以郡也。汝選年踰者稀。僅然得郡。不待奏事而徑已之任。是於法守無一可也。臣職在繳駁。未暇論其人之賢否。與夫功過之有無。姑就臣職分之所當覺察者而舉之。臣愚欲乞聖聰特發英斷將汝選改差知邵武軍指揮特賜寢免。姑畀議幕以祿其老。所有錄黃臣未敢書行。

元杰又繳蕭郊理還元斷日月指揮疏曰。臣聞士大夫貪鄙無厭昏謬無狀。有一于此。所至毒民。初犯再犯。猶不知改。必又展轉三犯。不復有人心者。未有若蕭郊之甚也。郊之初宰潭浦。其罪不可勝數。且庇同官從吏其汙穢。相與壓良爲賤。指無爲有。轉相誣詐平民。漁獵銀會。不極不止。具見提刑傾辯之所按。次宰湘潭渡軟不足以勝任。容縱吏胥肆爲民病。又見於提刑羅愚之再劾。若是則無所往而不力雖欲覺悟警省。豈非郊之所當動心者。而猶未也。其所恃者。謂朝廷忠厚過郊。則可陳乞參注。未逾時。又可陳乞改正。故逃邑而受僉幕。郊於是益無忌憚矣。妻妾奴僕。第第交通。下則啗民膏以自潤。上則睨郡計以自豐。以折苗斷。公爲能奉上。以隨事獵貨爲所當然。江西提舉趙希龍之彈墨未乾也。而放行參注之旨。隨請而輒下。朝廷但務姑息。既許令授親民差遣。又曲從其理還元斷月日之請。若是則昏鄙狠籍之人。所至皆可攫取貨財。爲滌洗之計。饑虎出柙。鷙噬縱攫。民瘼其何以瘳。臣職兼繳駁。誼難隱容。欲乞聖慈特發英斷。將郊理還月日指揮亟賜寢免。俟明禋赦後。別聽陳乞施行。仍乞自今以始。令郊注授閑慢差遣。庶幾職事與民兩不相病。公論幸甚。

元杰又繳趙逢龍江東提舉王傑知雷州指揮疏曰。臣聞士大夫可用與否。惟精神心術不可不察。蓋精神昏闒。每事受成吏手。視爲腹心。使民無所吐氣。雖有愛民之意。不能自由其己。若是者爲郡且誤民。況爲一道乎。臣於趙逢龍見之。其心術姦欺。嗜利亡恥。不知命義。數羅譴訶。懵不知所自悔。若是者雖爲倅貳且不可。況爲郡乎。臣於王傑見之。臣切惟逢龍讀書授徒。舊由科第。臣與來往。嘗稱其廉。及解郡而爲郎。士論籍籍相告曰。人知其迹而已。去年秋旱。田野煎熬。吏告逢龍以軍期爲名。捶動六邑。公私鼎沸。朝廷果有出軍之令乎。逢龍可謂之不知事乎。況以前官積下官錢。爲吏奄有。以數萬計。逢龍家僕具能言之。簿曆尚可驅磨也。彼其待吏如弟兄。然私率與之對坐。稱都吏而不名。民訟曲直。期會寬緊。皆吏之命。至有一事而三四案。官書擬者。甲不滿吏意則之乙。乙不滿吏意則之丙。或一訟而迭勝迭負。吏禪無窮。如此等類。不知其幾。臣切怪之。姑言其略。及聞諸要路之臣。亦曰士夫豈無昏庸者。未有如逢龍昏庸之極。豈無信吏者。未有如逢龍信吏之極。臣昨不能對。益信知人之難如此。今濫負封駁。知而不言。不惟無以見江東父老。亦非所以愛逢龍。是有負陛下多矣。王傑生長膏粱。鮮克由禮。嗜利亡恥。所至貪淫。狎妓受贓。獄訟爲市。如預借官物。而去其籍。如廣斂楮幣。而肆其暴。舉差役而濫賣弄之弊。害小民而奉大家之驩。始則宰長興而見於臺臣之彈擊。次宰龍游又見於知郡蔡昂之按劾。蓋亦不復知有世間廉恥事矣。況其罪犯既多。前此脫綱為倅。今僅一為倅爾。又復脫請一麾。若且放過。則遠方赤子畀之虎狼得乎。臣於逄龍雖為有舊。一道事重。不當隱情。臣於王傑。初無怨尤。然知其人。亦難自嘿。之二人者善惡不同。同於為民之病。欲乞聖斷各且畀之祠祿。使知退省其私。他日警悟。各當其所而用之。亦未為晚。

監察御史吳昌裔論史嵩之疏曰。臣等聞之易之師曰。大君有命開國承家。小人勿用。聖人象之曰。小人勿用。必亂邦也。必之為辭言其決然而無可疑也。臣觀自古以來。必有君子而後能國。未有用小人而不至於敗亡者。聖人之言如金科玉條。其可犯也哉。臣等謹按太中大夫新除刑部尚書史嵩之習氣輕淺。操心狡獪。胥吏之子。本無

學術。憑藉其伯彌遠聲勢。濫竊列頭。公論不容。至今藉藉。遊邊累年。初乏善狀。彌遠內專八柄之權。外存三窟之勢。遂以乳臭小子。諉當閫寄。彌遠晚年。每欲引之自代。師昭之心。人皆知之。冰山既摧。嵩之知無所恃。外交韃人。私結和議。用權檜故智。恐脅朝廷為守祿固位之計。不臣莫大焉。邊方以積貯為大命。嵩之空京湖之粟以餧犬羊。以傳珠玉。兵民苦於轉輸。破蕩死徙而不恤。韃人本未知中國虛實。嵩之屈體事之。引韃人頭目一二百人出入城府。聽其節制而殊不知恥。往者小使鄒伸之之遣。引致王檝窺覘上都。啓敵人貪婪之心。貽襄蜀蹂踐之禍。皆嵩之實為之。乍逐家居。安享富貴。在嵩之可為幸矣。而乃恃其多貲交結中外。規圖復進。起家而帥江右。物議已自沸騰。既復而玷清班。名器抑何輕褻。給事洪咨夔謂近日雷雪之變。皆此人所致。嘗行繳駁。權直院吳詠亦復見之論奏。為嵩之者合知去就矣。顧乃偃然供職。恬若不聞。可謂小人之無忌憚者也。嵩之為人。惟陛下與一二大臣謂其才可集事。而天下之人。皆謂其輕儇姦詐。必將重至誤國。此譬之惡草。當芟夷蘊崇之。勿使能殖可也。豈宜任獨見違公論而用之乎。且陛下與一二大臣必欲用嵩之者不過謂其嘗為襄帥稍諳北人情性。可以招來郭勝。講解韃師而已。臣等以為不然。勝之叛去。父母妻子被戮。怨望已深。決無可招之理。韃得志而驕。和議亦斷未易成。嵩之近日奏疏。嘗為走弄之語矣。陛下用之。必無益而有害。臣等聞元祐間衆賢聚朝。天下駸駸向治矣。時相呂大防把捉不定。至用調亭之說。兼用熙豐舊人。進李清臣鄧溫伯而楊畏章惇蔡京之徒攀援而至。其時雖以劉摯范純仁蘇轍王巖叟諸賢參錯要路。不足以遏其復然之凶焰。而中原之禍隨之。天下安危理亂之機。甚可畏也。彌遠濁亂天下。二十八年。遺患餘禍至今

不可醫治。今陛下復欲用其猶子。實之文昌八座之列。臣等恐其巧窺陰伺。呼集非類。以害君子。而紹聖之禍復作矣。臣等甚憂之。在易內君子而外小人。其卦為泰。內小人而外君子。其卦為否。小人之不可近也如此。臣等愚見欲望陛下特賜睿斷。將嵩之刑書職任。亟行褫罷。以清朝列。以快公論。若謂時方多事。未免使貪使過。且乞與一在外州郡差遣。少老其才。以備他日邊頭任使。庶合泰否內外之道。謹具覺察以聞。伏候敕旨

昌裔又論鄭清之疏曰。臣等惟國家之患。莫大於用兵。人臣之罪。無加於誤國。此漢武所以正王恢之誅。晉穆所以行商浩之廢也。臣等竊見左丞相鄭清之舊由庠序。驟致顯榮。涉歷迂疎。智謀短淺。援擢潛藩之舊。冒居宰輔之司。當陛下親攬萬幾。聿新大化。清之亦悉心輔贊。隨事更張。如絕苞苴。斥貪侈。召耆德。去副封等事。其於新政豈無

補。特其不能度德量力。保境息民。妄意功名。經營分表。力排群議。輒啓兵端。信輕銳之士。以主帷幄之謀。用虛驕之將。以分鈇鉞之寄。輕挑強鄰。敗師河洛。兵民之物故者以數十萬計。糧食之陷失者以百餘萬計。凡器甲舟車。悉委僞境。而江淮蕩然。無以爲守禦之備。如清之者。能因一蹶之失。翻爲百全之圖。愛惜餘力。保守舊境。猶可補瘡痍之痛。收桑榆之功。而乃護疾弗悛。私心自用。但求己說之勝。靡卹事力之窮。復妄許於摧鋒。不痛懲於覆轍。繼而郢徐唐泗俱以敗聞。士氣沮失。國威敗喪。遂使驕興遠夷。得以歸曲于我。共冦關蜀。而八郡爲之荼毒。旋犯京襄。而江西爲之繹騷。以叛將召戎。亂兵干紀。外關內訌之孔棘。左支右吾之莫能。凡邊民之骸骨相枕。國家之膏血無餘。使陛下寒心銷志於九重之上。夜不安枕。至於累月者。皆清之輕動干戈之罪也。誤國孰大焉。方今春氣向深。韃騎將退。正當更

改規模。補苴罅漏。排和戰之論。尊備守禦之謀。如清之固位不去。必不能盡變舊習。載圖新功。滯吝私心。重誤國事。不至於危亡不止。儻或狼狽至是。而後知靖康之誅王黼。開禧之竄陳自強。尤果何益。臣等不避大譴。欲乞聖慈下臣等此章。示清之。俾其自知引退。即賜允俞。以全陛下進退大臣之節。以謝荊蜀京湖四路之民。俾繼此爲宰執者不敢輕易謀國。以遺陛下之憂。豈勝天下宗社之幸。臣等非不知臺諫彈擊大臣。往往與之俱出。然臣等猥蒙親擢。備數言路。不敢自愛其身。而爲國家忠計。謹具覺察以聞。惟陛下裁斷。

昌裔又論趙汝擇兄弟跡。曰。臣按本臺令諸御史臺每季專委臺官一員躬詣大理寺及應有刑獄去處。點檢禁囚淹留不決。或有冤濫。並具當職官職位姓名以聞。臣於今月二十二日。恭奉詔條。前往大理寺及臨安府三院錢塘仁和兩縣。點檢其有事情交互因繫淹延。問駁迂迴降斷遲緩等事。除已同本臺官一面申朝省外。內仁和縣一項。劉允中等爲趙大使宅少監位買獻平江府苗田三百餘畝。又府院一項。周夢庚爲寺丞大監包占常州沙田一萬四十餘畝。是皆勢要貪利。致獄訟淹留。若非懲治。其何以感召和氣。臣契勘稱寺丞者。即汝擇也。稱大監者。即汝櫄也。父子以驕侈而相詔。兄弟以兼并而相師。強奪民田。不知其幾。而常州一事。尤駭聽聞。止因游士一時無根之談。遂占平民百年有契之業。爲數浩大。至萬四千。始令周夢庚出名陳詞。後却使李天祐等交業。管幹帶領兵衆。以張其勢。持執槍杖以示其威。孀婦爲之銜冤。平民爲之掩泣。官吏雖知枉狀。亦復飲氣奉承。蓋緣是時汝擇遵蹟周行。汝櫄詳刑浙右。氣燄熏灼。莫敢誰何。若非朝廷清明。政令更始。奪諸暴虐。還與飢民。則晉陵之民。將填于溝壑矣。在法。當職官吏不許請佃官田。今汝擇身爲王官。既已犯

法包占。而汝櫄職在風憲。又敢冒嫌行移。以若所爲。是不知有國法也。是不知有天民也。竊詳案周夢庚者。嘗被誣告之罪。而汝櫄汝擇曾無毫髮之傷。安坐家庭。僥覬擢用。將恐自是貴要觀望。法禁凌夷。民業不安。獄訟滋起。其患有甚於夷狄盜賊矣。竊見汝櫄兄弟以乳臭之資。濟惏貪之欲。依憑城社。過惡頗多。具見臺章。未暇悉數。今臣因司刑察。姑摘其貪暴一事。亟以奏聞。欲望聖慈將汝櫄汝擇特賜鐫秩罷祠。求不得與親民差遣。併乞行下所屬將幹人李天祐馬伯駒等同周夢庚一例定法重作施行。庶幾能擢要而仁困窮。實所以昭陛下平明之理也。謹具覺察以聞。伏候敕旨。

貼黃。臣近又風聞汝櫄有淮西提刑之命。却未曾見邸吏報行。若果無之。豈非至幸。萬一有此。臣竊駭焉。夫以浙西三輔之地。去日甚近。汝櫄奉使無狀。一至于此。況淮右乃風寒之處。民物凋

瘵。而使之司臬其閒。將恐移浙右之害而害淮右矣。又何望其執邦憲而求民瘼哉。臣愚過慮。欲望陛下特出睿斷。明諭大臣。或有進擬汝𢣌等新除。亟賜寢罷。以穆公論。以慰人心。伏乞睿照。

昌裔又論四都司疏曰。臣竊惟政府萬事之樞機。宰掾諸司之綱紀。故參陪機政者。必先民望。而彌綸省闥者。多用士人。在祖宗時。不輕其選也。前者樞臣非才備位。臣已論列之矣。今都曹之中。先後相望。有利口之覆邦、寒庸人之擾天下者。臣敢置而不言乎。謹按前户部尚書兼檢正余鑄性資深刻。言行辨堅。以操切合權姦。以便佞躐清要。出入都省。蓋踰十年。縱豪横之僕。以籠貨財。館輕薄之客。以通關節。貪速濁亂之路。鑄也實附益之。大化既更。舊掾盡屏。鑄獨漏網。出尹神京。治狀無聞。經營再入。以沮壞人事爲任。恐以寬鄙民隱爲好

名。每於論事之閒。常有感舊之意。黄幹學者之宗也。鑄乃謂之狠士。陳宗仁林介。小人之黠也。鑄乃謂之好人。是非良心倒置如此。兇能以當事任哉。陛下赫然宸斷。令奉祠官。公論莫不稱快。然不正其久掾都司之罪。而僅以督府之微罪行。偃然家居。咸謂佚罰。此臣所謂利口之覆邦家者。新除司農少卿兼檢正顔耆仲。器能皎厲。舉止輕儇。假借他人之文。以躐世科。諂事權門之子。以玷班著。方其分治省事。遽與同列交争。暴氣鄙辭。聞者眙愕。朝廷不靖之風。寔自耆仲倡之。迨至出使淮漕。不能奉宣德意。而乃操聚斂之術。推鹽醝之羸。以徼羨獻朝廷以毫末。濡係屬其股脂膏以自潤者。蓋有倍蓰于此。行道之人。往往能言其數。進叙密首見謂叨覦。糾正省務。尤爲非據。似聞朝廷方以財賦之任委之。竊恐其力小任重。才短學疎。實無補於國家大計耳。此臣所謂庸人之擾天下者也。倉部郎中兼左司崔端

純。獰貌而驁材。亦一庸人也。其在番陽。貪鄙慘刻。以小價兑會而换內庫之金。以畸零折鈔而奪下户之利。以贓罰積鏹。而豐橐槖之藏。軍怨塞胷。民怨入骨。幾於激變。華而脱歸。余鑄以其能執籌算計。引佐都省。不務大體。求詳細苛。所擬文書。動多積壓。近者交争相府。人頗駭之。豈容以冒居冢委之任哉。樞密院編修官兼侍右郎官劉克莊纖能而小慧。亦一利口也。螢雖能文。見謂輕薄。眞德秀其師也。平昔受知出入其門。及德秀疾病。則遂奔競而他往。曾從龍其所主也。督府幕屬。皆其所擬。及上命督趣。則又變其說以沮行。王邁其鄉人也。平時握手出示肺肝。及爲臺評所黜。則遂拒户而不見。既背其師又誤其主。又不得譽於鄉黨朋友如此。至于剌探時事以聞大臣。傳誦風旨。以諭臺諫。心術巇險。人皆畏之。豈可以久居編摩之選哉。臣來自遠方。請共下位。與四人者初無怨尤。竊謂國家多事。正藉宰士

得人。而使儉人俗吏交迭居之。物論沸騰。不容自嘿。用敢列其姓名聞奏。欲望聖慈將鑄罷祠。以示利口之戒。端純罷斥。以彰庸人之罰。耆仲姑畀外任。以老其才。克莊且與祠廪。以奉其母。庶幾宰路嚴重而政本澄清。其於國論寔非小補。謹具覺察以聞。

昌裔又論王定等狀曰。臣聞中興南渡。留意海道之防。專置帥垣實爲重寄。矧狂虜猖獗。孽婦窺覦。正當固結民社。控御水軍。朝夕究圖。以隄備不測。則分閫置幕。詎可委非其人乎。臣謹按沿海制置使王定。人物頑頓。心術回邪。因賂故相僕昕而得京削。因結寧海尼普而登權門。出守毗陵。蔑聞善狀。徒以奉承貪捆之意。化離賊息之姻。因此薦駁持節浙右。選不以正。公論鄙之。更化之初。例叨收召。方爲宰掾。陰附用兵。及分臺察。專仇善類。所幸陛下洞燭其姦。亟畀于外。不然。端平人才。一網盡矣。蒙恩予郡。不能導德意致之民。而乃搜括兒

總稱提會子。民大爲擾。形于朝請。反以此欺公朝。增美秩。聞易鎮之除浙東楮價。爲之頓落。蓋恐其移害一郡者而害一路也。尚何望其任分閫而控海道乎。沿海制置司主管機宜文字袁似道。生禀凶暴。家傳刻深。方韶尹京。政出于舍。昵比黠吏。交通賄賂。估籍富民。掩爲橐橐。凡韶一切貪黷之路。實似道附益之。聖化更新。凶徒盡屏。汙吏之子。作謫無遺。似道其尤。乃獨漏網。方且多岐交結。闖幕鄉邦。倚勢作威。道路以目。甚至滅銅錢以困番舶之利。擲搏蒲以醉營妓之家。閭墻之羞。凡不忍道。人言籍籍。謂其以毒天府者而毒鄉閭必矣。何以持纂畫而贊其長乎。沿海備禦之計。正在主賓相扶。而今以老繆之人。少凶之子。參會其間。國事鮮有濟矣。欲望聖慈將定乎祠。似道罷黜。別選威望之臣。并東忠雅之士。以重閫寄。以清海塵。此今日之急務也。謹具覺察以聞。

昌裔又論趙汝邁等狀曰。臣聞典獄者必用常人。祥刑者必惟哲人。常則哀矜惻怛。不以惠文爲師。哲則明允篤忱。不以獄市爲擾。廷尉天下之平。司臬四方之訓。其可不得若人而任之乎。臣謹按大理少卿趙汝邁。橐昏鐫散。才無他長。其兄汝述五木之一也。薦于故相。升之中都。假守廬陵。一無善狀。但聞黷貨。橐橐以歸。架屋天台。極其華襄。且評公移多不齒之。入爲郎曹。偶承鄉乏。暨升戎監。乃謂下遷。出語乞憐。聞者駭愕。廷理貳正之選。今以庸人居之。污我棘位甚矣。江東提刑林介千。鮫厲鱗儇。素鄙士檢。自初筮仕。已乏廉聲。今使江東。尤無美政。縱部曲以追胥。而肆擾奪。俺民詞以鹽繫。而多瘐亡。屈法以受富民之賕。冒禁以抑官籍之妓。至于按行屬郡。尤爲寵賂彰聞。以若所爲。豈不孤臨遣之意。福建提刑莊宰。猜執偏滯。曾負吏能。方在朝端。姑知趨向。及更民事。浸見乖踈。憲江右。則誘教陰民。守溫陵。

則席卷公帑。追茲易節。宜務變風。而乃徇偏聽。以長胥吏之姦。開越訴以撓州縣之政。甚至溺于子妾之愛。公以賄賂交通。人言如斯。尖難久澄清之任。方聖朝欽恤之際。正天下明謹之時。而內之寺丞。外之臺治。猶不純以吉士。臣濫司刑察。得之風聞。用敢疏列姓名具奏。欲望陛下將汝邁與宰姑畀祠廩。其半千特賜罷黜。庶以仰助大德曰生之造。謹具覺察以聞。

昌裔又論安癸仲疏曰。臣聞紓蜀難者在收軍心。收軍心者在足兵食。兵食之匱。總計責也。爲計所言者多曰生券日增。引直日減。一兵而兼兩人之請。斗米而償三倍之直。歲支增至於五千萬緡。而所收僅及於一半。向以二分糴開外。而今盡仰給於上流。事事棼底。若難措手矣。然使得趙開之操畧。李巡之筭計。王之望之通敏勤强。夙夜諳知源流。則雖公私赤立之餘。尚可支梧。萬一今有都賦輿之任而無調度之才者。臣豈敢避仇怨而不言乎。謹按具位安癸仲。品凡而資駿。識闇而氣昏。緣先世之勳勞。躐朝廷之官爵。辛卯之變。帥幕節麾。身兼數器。才聞虜至。徑走合陽。朝廷不加譴呵。付以餉事之重。蓋謂其能損家貲以助國也。而癸仲不惟絲毫無補。反以囊橐自豐。馮安世之牢刑人也。乃舍之正堂。以爲腹心。馮異孫等江湖販賈也。乃假之外幕。以爲羽翼。委官糴於親屬。而一碩一引與分其利。掩官井於私家。而一月數萬自操其贏。根刷及於椿坐。而郡計空。科斂至於抵擬。而民力困。支糧雜糠。飩而士不飽。衣賜率紙薄而師多寒。是致虜騎一來。望風輒潰。尚以總所乏糧爲詞。嘗癸仲浮寄昇爲遁計。而潰徒尾襲。追及其舟。焚燬一空。僅以家免。其積怨怒。蓋可知矣。臣掌游于劍外。見癸仲任內廩無半月之積。帑無經宿之儲。至于關寨粮多不給。今覈其節次中狀。乃言青綱倉失粮七千八百餘碩。黄沙倉失粮三千二百七石。漢沔諸倉失粮一萬七千石。約計三百四十萬有奇。虛張夸言。漫不可考。不幾於大出豁以欺天聽乎。且朝廷每年爲之科降度牒。增印引料。撥大寧監鹽息。合茶馬司羨利。扶助總司。靡不周盡。而癸仲秤提無策。從権無方。截科降以營私。創同易以罔利。所爲君者豈不有辜朝廷美意乎。近者癸仲自知手足俱露。日夜求以脫去。既僥撫諭。又覬召還。人言藉藉。咸謂其心計智畧不及乃父遠甚。而交結營進反有過之。可謂頹其家聲矣。臣愚欲望聖慈特將癸仲鐫職罷黜。亟於監司中選差諳曉財賦者一員。令代其任。驅磨其失陷錢物。拘覈其支出米數。以正典刑。則不勝幸甚。

歷代名臣奏議卷之一百八十五

歷代名臣奏議卷之一百八十六

去邪

宋理宗時宰相史嵩之挾邊功要君。植黨顓國。沅州教授徐霖上疏歷言其姦深之狀。以爲其先也奪陛下之心。其次奪士大夫之心。而其甚也奪豪傑之心。今日之士大夫。嵩之皆變化其心而收攝之矣。且其變化之術甚深。非章章然號於人使之爲小人也。常於善類擇其質柔氣弱易以奪之者。親任一二。其或稍有異已。則潛棄而擯遠之。以風其餘。彼以名節之尊不足以易富貴之顯。義利之辯亦終暗於妻妾宮室之私。則亦從之而已。疏奏見者吐舌爲霖危之。未幾嵩之匿父喪求起復。君子並起而攻之。上大感悟。

監察御史兼說書洪天錫上疏言天下之患三。宦官也。外戚也。小人也。劾董宋臣謝堂厲文翁。理宗力護文翁。天錫又言不斥文翁必爲王府累。上令吳燧宣諭再三。天錫力爭謂貴倖作姦犯科根柢蟠固。乃遲回護惜不欲繩以法。勢燄愈張。紀綱愈壞。異時禍成。雖欲治之。不可得矣。上又出御札俾天錫易疏。欲自戒飭之。天錫又言自古姦人雖憑怙其心。未嘗不畏人主之知。苟知之而止於戒飭。則憑怙愈張。反不若未知之爲愈也。章五上。出關待罪。詔二人已改命。宋臣續處之。天錫言臣留則宋臣去。宋臣留則臣當斥。願亟賜裁斷。

禮部尚書兼給事中修國史實錄院修撰趙汝騰奏言前後姦諛之臣傷善害賢。自取穹官要職。何益於陛下。而深損於聖德。興利之臣移東就西。順適宮禁。自遂谿壑無厭之欲。何益於陛下。而深戕於國脈。則陛下私係群小之心可以見矣。

寧海軍節度判官文天祥上書曰。臣畎畝末學。天賦樸忠。遭逢聖明早塵親擢。已未之夏。陛下延策多士。記憶微臣。俾佐京兆尹幕。時臣

不敢拜恩乞行進士門謝旨令赴闕其冬實來行禮適值國難方殷
江上勝負未決而全永衡且破于時京師之勢危如綴旒上下皇皇
傳講遷幸臣得之目擊恍惚六師以一朝而動宗社之事關繫不細
衆之公論則謂兵禍起於儉壬之聚歛而儉壬用事則主於董宋臣
至於遷幸一事宋臣張皇擾分尤駭觀聽事勢至此死且無日臣忠
憤激發叩閽上疏乞以宋臣尸諸市曹以謝生靈荼毒之苦指陳觸
忤自分誅斥出關待罪不報亟歸山林側聽聖裁臣章雖不付出施
行而竟亦不坐臣以罪非惟免於罪而已改命洪恭徒欲與祠又寵
綏之臣嘗以為區區父母之身既委而徇國矣陛下赦而不誅臣之
再有此身是陛下賜之也感激憤發常恨未有一日以答天地之造
前冬誤辱收召畀以館職曾未幾時進之以著庭龍之以郎省臣之
取數於明時者益以過多共惟聖德日新朝無闕事臣得從事鉛槧

悉意科條以無忘靖共爾位之訓恍幸恍荷茲者倏讀報狀宋臣復
授內省職事臣驚嘆累日不遑寧處繼傳御批濟畀兼職且使之主
管景獻太子府臣備員講授實維斯邸此人者乃為之提綱當其覆
出臣自揆以義且無面目以立朝況可與之聯事乎請命以去臣之
分也然臣端居深念託故而去謂之潔身可也陛下未嘗拒言者言
而當於可陛下未嘗不行臣不言而去則於事陛下之道為有未盡
是用不敢愛於言伏惟陛下鑒臣之衷而幸聽焉臣伏讀國史竊見
孝宗皇帝所以待暬御者終始之際恩威甚明臣嘗以為自古人主
寬仁莫如孝宗英斷亦莫如孝宗方曾覿龍大淵輩用事周必大言
之龔茂良言之劉度言之鄭鑑袁樞言之言者日以盛而孝宗假以
恩寵未嘗為之少衰孝宗豈咈諫者哉聖心寬仁未忍驟有所加也
比其招權弄勢日益翕赩小心謹畏之態晚晚於前者迄不能掩其

陰私傾險之迹或以見疎死或以坐罪廢英斷如此豈以寬仁而遂
夫之姑息哉開國承家小人勿用聖子神孫一守是法共惟皇帝陛
下以聰明操制萬幾以神武經綸六合四十年間凡經幾大拂亂幾
大驚危天綱地紀重新整頓功業逐日以新聲名隨風而流尚論聖
德三代以下之英主未能或之先也神明之下侍御僕從罔匪正人
旦夕承弼厥辟固其所也惟是宋臣兇慝慘毒不可嚮邇陛下曩以
其小有才而假借之小人不足大受倚恃權勢無所不至戊午己未
間天下指目共欲甘心臣冒死先為陛下言之陛下於此時猶有徘
徊顧惜之意未即加罪已而縉紳學校交疏其惡伏闕投匭殆無虛
日陛下始豁然大悟奪其太阿畀置纖郡中外鼓舞歌誦威德臣妄
謂陛下之寬仁全似孝宗陛下之英斷亦全似孝宗漢家自有制度
固應如是詩云維其有之是以似之雖然陛下稟天地沖和之全氣

稟帝王忠厚之正傳寬仁英斷雖並行而不相悖二者分數寬仁較
多是以如此人者遂得以生全於覆載之內壽醫之旨未幾朝請之
命復下今者又使之內居要地日覲宸光惟至聖為能寬裕有容有
如此者然臣嘗聞之惟仁者能好人能惡人蓋仁則無私無私故能
好能惡聖人豈專以慱愛者為仁哉漢唐宦官之禍其後至於濫觴
而不可救推原其初則起於時君一念之不忍是故古人之於防微
杜漸不敢忽也語曰往者不可諫來者猶可追宋臣前此誤國之罪
陛下既赦之而勿問矣臣何敢追尤往事上瀆聖聰獨為方來計則
嫠緯之憂不能忘情焉夫以陛下聖明在上孤雛腐鼠亦何敢晝舞
夜號少作喘息其人心性殘忍群不肖所宗竊恐復用之後勢駸肆
張植根既深傳種益廣末流之禍莫知所屆近者陛下親製元良十
四規丕哉聖謨為萬世計甚悉有如此事獨可以為小故無與於詒

謀而闔畧之哉。宋臣之爲人。臣實疎遠。亦安能以盡知之。惟是天下之惡名萃諸其身。京師閭巷無小無大。輙以董闔羅呼之。陛下之左右使令亦衆矣。此名不歸之他人。而惟此一人是歸。則豈不名而自至也哉。陛下毋以其退然謹愿而謂其未必怙威生事也。毋以其甘言卑詞而謂人言爲已甚也。千金之家。强奴悍僕。恣橫閭里。至其服役於主人之前。固亦未嘗不小廉曲謹而可信也。此事雖小。可以喻大。陛下儻察及此。則亦何愛於此一人而閟惜英斷以重違天下之心哉。伏望陛下稍抑聖情。俯從公議。縱未忍論其平生之惡以寘之罪。亦宜汲汲成命別選純謹者而改畀之。失一兵。得一兵。於國家事夫亦何損。于以厭人心之公。于以示來世之法。于以防天下之禍於未然。令聞令望。施于無疆。臣子之願。莫大於此。臣實何人。輙上封章。以仰及於萬乘之所親信。蚍蜉撼木。自速虀粉。可謂愚甚。然臣方備

位中朝。使其以厚祿餬口。坐取遷擢。豈不得計。而臣子所以事君。正義謂何。世道升降之大機。國家利害之大故。柰何坐而視之。噤不發一語。上負天子。下負所學。貽無窮羞。此臣所以不敢强顏以留。亦不敢詭辭以去。忘其嬰鱗不測之危。以兾陛下萬一聽而信之。臣言得行。宗社之利也。臣之榮也。如臣之積忱未足以仰動天聽。坐受斧鉞。九隕無悔。謹杜門席藁以聽威命之下。臣無任望闕瞻天激切屏營之至。不備。臣昧死百拜。

幼主時。知平江府文天祥乞斬呂師孟疏曰。臣既以驅馳之暇。竊數於前矣。惟國勢岌岌。若不能以一朝居也。而中外疏附奔奏禦侮之臣曾無固志。內則先警而遁。外則望風而降。若飲鴆藉蛟。前後相繼者何也。三老董公遮說漢王曰。順德者昌。逆德者亡。名其爲賊。敵乃可服。未有舍糊混齊忠邪不辨逆順不分而可以號名豪傑自立於不拔之地者也。襄陽之役。虎不進。煥賣降。使元奸一日慨然聽有司論其罪。天地神人。憤嫉以舒。雖有兇猾。誰敢趣生報怨。而元奸意氣彫喪。不能聲罪致討。以大明天冠地屨不易之分。與天下英雄共誅之。遂使疆場之臣。獻幣投誠。甘心非類而不恥。分噬肆螫。鳴吠其主。習以爲然。皆名義不立。無以服其心故也。傳曰。前車覆。後車戒。更化以來。其必有以大畏民志而後可。今也叛逆之家。接迹相望。曾無一人伏其辜。而呂師孟力而拘諸原者。亦以獻俘釁鼓。徇示三軍。以作興戰士之氣。方且弃包兼容。示以不殺。意在覊縻。一切覆護。誰謂與之共活宇宙大可以爲國。小可以爲家乎。此萬萬必無之理也。臣以爲順德之臣伏節死義。不盡見之褒異。則必無以激昂忠臣孝子之志。逆德之賊干犯反常。不盡見之誅夷。則必無以懾伏亂臣賊子之心。春秋作而亂臣賊子懼。孔子無王者之位。褒貶寄之空言。猶足以遏禍亂。正人

心。堂堂天朝。一日赫然改紀其政。刑黜陟賞罰。不爲偏私。忠節必旌。凶孽必戮。然後人極可以復立。正統可以復扶。有功不賞。有罪不誅。雖堯舜不能治天下。惟陛下與一二大臣亟圖之。臣不勝拳拳。

遼末主時。耶律石柳爲夷離畢郎君。時樞密使耶律乙辛誣殺皇后謀廢太子。斥忠賢。進姦黨。石柳惡其所爲。乙辛覺之。太子既廢。以石柳附太子。流鎮州。天祚即位。召爲御史中丞。方治乙辛黨。有司不以爲意。石柳上書曰。臣前所陷斥竄邊郡。幸蒙召用。不敢隱默。恩賞明則賢者勸。刑罰當則姦人消。二者既舉。天下不勞而治。臣見耶律乙辛身出寒微。位居樞要。竊權黨惡。不勝名狀。蔽先帝之明。誣陷順聖害忠讜。敗國罔上。自古所無。賴廟社之休。陛下獲纂成業。積年之寃一旦洗雪。政陛下英斷克成孝道之秋。如蕭得里特實乙辛之黨。耶律合魯亦不爲早辨。賴陛下之明。遂正其事。臣見陛下多疑。故有司

願望不切推問。乙辛在先帝朝權寵無比。先帝若以順考爲實則乙辛爲功臣陛下豈得立耶先帝黜逐變后詔陛下在左右。是以懲前非也。陛下詎可忘父讎不報寬逆黨不誅。今靈骨未獲而求之不切。傳曰。聖人之德無加于孝昔唐德宗因亂失母思慕悲傷孝道益著。周公誅飛廉惡來。天下大悅。今逆黨未除大冤不報。上無以慰順考之靈下無以釋天下之憤怨氣上結水旱爲沴。臣願陛下下明詔求順考之瘞所盡收逆黨以正邦憲。快四方忠義之心。昭國家賞罰之用。然後致治之道可得而舉矣。謹別錄順聖升遐及乙辛等事。昧死以聞書奏不報。

金宣宗貞祐四年十月詔以完顏伯嘉爲兵部尚書簽樞密院事蒲察阿里不孫爲右副元帥。備禦潼關陝州次澠池。土濠村兵不戰而潰。阿里不孫逸去亡所佩虎符變易姓名匿柘城縣。與其妻妹前韓

州刺史合喜男婦紇石烈氏。及僕婢三人就民舍居止。合喜母徒單氏聞之。捕執紇石烈斷其髮拘之佛寺中。阿里不孫復亡去。監察御史完顏藥師劾奏乞就詰。紇石烈及僕婢當得所在。其妻子見在京師亦無容不知。請窮治有司方繫其家人。特命釋之。詔曰。阿里不孫若能自出當免極罪。阿里不孫乃使其子上書請圖後効。尚書省奏阿里不孫幸特赦死。當詣闕自陳。乃令其子上書猶懷顧望。伯嘉劾之曰。古之爲將者受命之日忘其家臨陣之日忘其身服喪衣鑿凶門而出。以示必死進不求名退不避罪惟民是保。阿里不孫膺國重寄握兵數萬。未陣而潰委棄虎符既不得援枹鼓以死敵又不能負斧鑕而請罪。逃命竄伏。猥居里巷。挾匿婦人。爲此醜行。聖恩寬大。宥赦其死。自當奔走闕庭皇恐待命。安坐要君略無忌憚。跡其情罪實不容誅。此而不懲朝綱廢矣。乞尸諸市。以戒爲臣之不忠者。

元世祖至元二十一年三月。以陳天祥爲監察御史。會右丞盧世榮以掊克聚斂驟陞執政權傾一時。御史中丞崔彧言之。帝怒欲致之法。世榮勢燄益張左司郎中周戴因議事微有可否。世榮誣以沮法。奏令杖一百。然後斬之。於是臣僚震懾無敢言者。二十二年四月。天祥上疏極言世榮姦惡其畧曰。盧世榮素無文藝亦無武功。惟以商販所獲之貲。趨附權臣營求入仕。輿贓輦賄輸送權門。所獻不充。又別立欠少文券銀一千錠。由白身擢江西榷茶轉運使。於其任專務貪饕。所犯贓私動以萬計。其隱秘者固難悉舉。惟發露者。乃可明言。凡其掊取於人。及所盜官物。略計鈔以定計者二萬五千一百一十九。金以錠計者二十五。銀以錠計者一百六十八。茶以引計者一萬二千四百五十有八。馬以疋計者千五。玉器七事。其餘繁雜物件稱是。已經追納及未納見追者。人所共知。今竟不悔前非。狂悖愈甚。以

苛刻爲自安之策。以誅求爲干進之門。既懷無饜之心。廣畜攘掊之計。而又身當要路手握重權。雖位在丞相之下。朝省大政實得專之。是猶以盜蹠而掌阿衡之任。不止流殃於當代。亦恐取笑於將來。朝廷信其虛誑之說。俾居相位。名爲試驗實授正權。校其所能敗闕如此。考其所行毫髮無稱。此皆既往之真跡。可謂已試之明驗。若謂必須再試。止可叙以他官。宰相之權豈可輕授。夫宰天下譬猶製錦。初欲驗其能否先當試以布帛。如無能効所損或輕。今捐相位以試驗賢愚。猶捨美錦以校量工拙。脫致隳壞悔將何追。國家之與百姓。上下如同一身。民乃國之血氣。國乃民之膚體。血氣充實。則膚體康強。血氣損傷。則膚體羸病。未有耗其血氣能使膚體豐榮者。是故民富則國富。民貧則國貧。民安則國安。民困則國困。其理然也。昔魯哀公欲重斂於民問於有若。對曰。百姓足。君孰與不足。百姓不足。君孰與

足以此推之，民必須賦輕而後足，國必待民足而後豐。書曰：民為邦本，本固邦寧。歷考前代，因百姓富安以致治，百姓困窮以致亂。自有天地以來，未之聞也。夫財者，土地所生，民力所集。天地之間，歲有常數，惟取之有節，故其用之不乏。今世榮欲以一歲之期，將致十年之積，危萬民之命，易一世之榮，廣邀增羨之功，不恤顛連之患，期錙銖之誅聚，誘上下以交征，視民如讎，為國斂怨，果欲不為國家之遠慮，惟取速效於目前，肆意誅求，何所不得。然其生財之本既已不存，斂財之方復何所賴，將見民間由此凋耗，天下由此空虛，安危利害之機，殆有不可勝言者。計其任事以來，百有餘日，驗其事跡，備有顯明。今取其所行與所言，而已不相副者，畧舉數端。始言能令鈔法如舊，鈔今愈虛；始言能令百物自賤，物今愈貴；始言課程增添三百萬錠，不取於民而辦，今卻迫脅諸路官司增數包認；始言能令民快樂，凡今所為無非敗法擾民者。若不早有更張，須其自敗，正猶蠹雖除去，木病亦深。始嫌曲突徙薪，終見焦頭爛額。事至於此，救將何及。臣亦知阿附權要則榮寵可期，違忤重臣則禍患難測。緘默自固，亦豈不能，正以事在國家，關繫不淺，憂深慮切，不得無言。世祖聞其語，遣使召天祥與世榮俱至上都面質之。既至，即日有內官傳旨縛世榮於宮門外。明日入對，天祥於帝前再舉其所言與未及盡言者，帝皆稱善。世榮遂伏誅。

至元二十四年，分中書為尚書省，桑哥為相，引用黨與，鉤考天下錢糧。凡昔權臣阿合馬積年負逋，舉以中書失徵，奏誅二參政，行省乘風督責，尤峻，主無所償，則責及親戚，或逮繫鄰黨，械禁榜掠，民不勝其苦，自裁及死獄者以百數，中外騷動。廷臣顧忌，皆莫敢言。利用監徹里乃於帝前具陳桑哥姦貪誤國害民狀，辭語激烈。帝怒，謂其毀詆大臣，失禮體，命左右批其頰。徹里辯愈力，且曰：臣與桑哥無讎，所以力數其罪而不顧身者，正為國家計耳。苟畏聖怒而不復言，則姦臣何由而除，民害何由而息。且使陛下有拒諫之名，臣竊懼焉。於是帝大悟，即命帥羽林三百人往籍其家，得珍寶如內藏之半。桑哥既誅，諸枉繫者始得釋。復奉旨往江南籍桑哥姻黨江浙省臣烏馬兒、蔑列、忻都、王濟、湖廣省臣要東木等，皆棄市。天下大快之。

至元二十六年，時相桑哥專政，法令苛急，四方騷動。御史中丞程鉅夫上疏曰：臣聞天子之職莫大於擇相，宰相之職莫大於進賢。苟不以進賢為急，而惟以殖貨為心，非為上為德、為下為民之意也。昔文帝以決獄及錢穀問丞相，周勃不能對，陳平進曰：陛下問決獄責廷尉，問錢穀責治粟內史。宰相上理陰陽，下遂萬物之宜，外鎮撫四夷，內親附百姓。觀其所言，可以知宰相之職矣。今權姦用事，立尚書鉤考錢穀，以剝割生民為務，所委任者率皆貪饕邀利之人，江南盜賊竊發，良以此也。臣竊以為宜清尚書之政，損行省之權，罷言利之官，行恤民之事，於國為便。

世祖時，東平布衣趙天麟上太平金鏡策曰：臣聞凌雲直木，日中無屈曲之陰；貯水圓盤，痕際逸團圓之狀。是以陰陽為炭，萬物為銅，茫茫之橐籥吹噓，浩浩之鑪錘攻鑄，天人一致，愚哲同源。因欲引以或違，守公中而自正，柰有清濁交至，動盪不停。謂其愚騃，則曲盡於聰明；謂之聰明，則不循於轍軌。白衣蒼狗，身世多端；覆雨翻雲，心君靡定。斯蓋溺意於澆漓，有才而無德者也。以之平天下，天下難平；以之治國，國不治；以之齊家，家不齊。施之於口謂之諛，發之於心謂之諂。乃有邊隙不鮮，邪道為先，曲說以易人主之意，反間以成國家之隙。或謂賢臣可鎮，何處而踈之於外；或謂糾彈忠益，訐風而塞之於中。

或訐忠諫為謗君。而請加其誅。或贊玩兵為振威。而請勤於遠。順已意者榮之。忤己意者擠之。其榮人也。雖周公聽其言。亦謂當加厚賞。其擠人也。雖欲繇勘其狀。亦謂死有餘辜。蘇張之捭闔為宗。弘石之詭辨是效。蒼蠅白黑。萋箕哆侈。是皆讒臣之甚者也。乃是逆恭其志。便僻其容。逢君之過。而邀以成之。疾君之善。而抑以行之。有水害。則曰不當農時也。有賊殺。則曰鼠竊狗偷。不足畏也。螟蝗蟊螣。則曰不食嘉穀也。彗星夜見。則曰所以除舊而布新也。秋後開春花。隕霜不殺草。則曰陽德盛而獲天瑞也。日食地震。山崩水湧。則曰數運之當然也。以麋為馬。以野鳥為鸞。又嘗諫無礙之小事。以昭其忠。拜黃冠之路塵。以求其助。裴延齡之譎詭。蘇味道之摸稜。尸祿素餐。偷安竊位。是皆諂臣之甚者也。讒臣得志。則抵掌以成天下之災。諂臣在中。則安身以養天下之禍。不絕是二者而欲治。臣未之聞也。今國家屢

下賢良之詔。明行讒諂之誅。加之以聖教通流。汙俗浸變。朝廷之上。穆穆鏘鏘。臺閣之中。岩岩赫赫。軍民得所。動植安仁。縱有讒諂之人。亦皆改迹以思公。嚮風而樹直矣。臣尚念原頭星火。能燃萬頃之荒。牕隙微風。能作一身之病。群僕左右。日侍天顏。握軸官員。並承天寵。委無讒諂。咸秉堅貞。設有其人。恐將難赦。有則絕之。無則防之。伏望陛下精加裁察。每事再思。無以先入之言為主。而但核其實。則讒者自絕矣。無以側媚之態為良。而但舉大體。則諂者自絕矣。讒諂既絕。則君子道長。小人道消。上下無一毫之私欲。而太平之化勃然興矣。聖人曰。巧言令色鮮矣仁。說者謂巧言讒也。令色諂也。鮮矣者聖人辭不迫切而明其無也。仁者天理之公也。言讒諂之人無天理之公也。既無天理之公。惡可與之治天下哉。臣所以謂有則絕之。無則防之。慎之至也。

時尚書省立阿合馬專政。布衣秦長卿上書曰。臣愚贛。能識阿合馬其為政擅生殺人。人畏憚之。固莫敢言。然怨毒亦已甚矣。觀其禁絕異議。杜塞忠言。其情似趙高。私蓄踰公家資。覬覦非望。其事似漢董卓。春秋人臣無將。請及其未發誅之為便

順帝至正二十三年十二月。拜陳祖仁治書侍御史。時宦者資正使朴不花與宣政使橐驩內恃皇太子。外結丞相搠思監。驕恣不法。監察御史傅公讓上章暴其過。忤皇太子意。左遷吐蕃宣慰司經歷。它御史連章論諫。皆外除。祖仁上疏皇太子。言御史糾劾橐驩不花姦邪等事。此非御史之私言。乃天下之公論。臺臣審問尤悉。故以上啓。今殿下未賜詳察。輒加沮抑。擯斥御史。詰責臺臣。使姦臣蠹政之情不得達於君父。則亦過矣。夫天下者。祖宗之天下。臺諫者。祖宗之所建立。以二豎之微。而於天下之重。臺諫之言。一切不卹。獨不念祖宗乎。

且殿下職分。止於監國撫軍。問安視膳而已。此外予奪賞罰之權。自在君父。今方毓德春宮。而使諫臣結舌。凶人肆志。豈惟君父徒擁虛器。而天下蒼生。亦將奚望。疏上。皇太子怒。令御史大夫老的沙諭祖仁以謂臺臣所言。雖是但橐驩等俱無是事。御史糾言不實。已與美除。昔裕宗為皇太子。兼中書令樞密使。凡軍國重事合奏聞者。及許上聞。非獨我今日如是也。祖仁乃復上疏言。御史所劾。得於田野之間。殿下所詢。不出宮墻之外。所以全此二人者。止緣不見其姦。昔唐德宗云。人言盧杞姦邪。朕殊不覺。使德宗早覺杞安得相。是杞之姦邪。當時知之。獨德宗不知爾。今此二人。亦皆姦邪。舉朝知之。在野知之。天下知之。獨殿下未知耳。且裕宗既領軍國重事。理宜先閱其綱。若至臺諫封章。自是御前開拆。假使必皆經由東宮。君父或有差失。諫臣有言。太子將使之聞奏乎。不使之聞奏乎。使之聞奏。則傷其父

心不使聞奏則陷父於惡殿下將安所處如知此說則今日糾劾之章不宜阻矣御史不宜斥矣斥其人而美其除不知御史所言為天下國家乎為一身官爵乎斥者去來者言言者無窮而美除有限殿下又安所處祖仁䟽既再上即辭職而御史下至吏卒皆辭闕於是皇太子以其事聞朴不花棄驢乃皆辭退而順帝令老的沙諭旨祖仁等祖仁復上奏曰祖宗以天下傳之陛下今乃壞亂不可救藥雖曰天運使然亦陛下刑賞不明之所致也且區區二豎猶不能除況於大者願陛下俯從臺諫之言擯斥此二人不令其以辭退為名成其姦計使海內皆知陛下信賞必罰自二人始則將士孰不效力天下可全而有以還祖宗若猶優柔不斷則臣寧有餓死於家誓不與之同朝牽聯多[illegible]以待後世正人同罷書奏順帝大怒而是時侍御史李國鳳亦上疏言此二人必當斥於是臺臣自老的沙以下皆左遷而祖仁出為甘肅行省參知政事

歷代名臣奏議卷之一百八十六

歷代名臣奏議卷之一百八十七

賞罰

晉悼公時鄭人賂晉以師悝師觸師蠲歌鍾二肆及其鎛磬女樂二八悼公以樂之半賜魏絳曰子教寡人和諸戎狄以正諸華八年之中九合諸侯如樂之和無所不諧請與子樂之絳辭曰夫和戎狄國之福也八年之中九合諸侯諸侯無慝君之靈也二三子之勞也臣何力之有焉抑臣願君安其樂而思其終也詩曰樂只君子殿天子之邦樂只君子福祿攸同便蕃左右亦是帥從夫樂以安德義以處之禮以行之信以守之仁以厲之而後可以殿邦國同福祿來遠人所謂樂也書曰居安思危思則有備有備無患敢以此規公曰子之教敢不承命抑微子寡人無以待戎不能濟河夫賞國之典也藏在盟府不可廢也子其受之魏絳於是乎始有金石之樂禮也

宋司城子罕為相謂宋君曰國家之危定百姓之治亂在君行之賞罰也賞當則賢人勸罰得則姦人止賞罰不當則賢人不勸姦人不止姦邪比周欺上蔽主以爭爵祿不可不慎也夫賞賜讓與者人之所好也君自行之刑罰殺戮者人之所惡也臣請當之君曰善子主其惡寡人行其善吾知不為諸侯笑矣於是宋君行賞賜而與子罕刑罰國人知刑戮之威專在子罕也大臣親之百姓附之居期年子罕逐其君而專其政

魏文侯問李克曰為國如何對曰臣聞為國之道食有勞而祿有功使有能而賞必行罰必當文侯曰吾賞罰皆當而民不與何也對曰國其有淫民乎臣聞之曰奪淫民之祿以來四方之士其父有功而祿其子無功而食之出則乘車馬衣美裘以為榮華入則脩竽瑟鍾

石之聲。而安其子女之樂。以亂鄉曲之教。如此者。奪其祿以來四方之士。此之謂奪淫民也。

公叔痤為魏將。而與韓趙戰澮北。禽樂祚。魏王説。郊迎以賞田百萬祿之。公叔痤反走再拜辭曰。夫使士卒不崩。直而不倚。撓而不避者。此吳起餘教也。臣不能為也。前脉地形之險阻。決利害之備。使三軍之士不迷惑者。巴寧爨襄之力也。縣賞罰於前。使民昭然信之於後者。王之明法也。見敵之可也。鼓之不敢怠倦者。臣也。王特為臣之右手不倦。賞臣可也。若以臣之有功。臣何力之有乎。王曰善。於是索吳起之後。賜之田二十萬。巴寧爨襄田各十萬。王曰。公叔豈非長者哉。既為寡人勝強敵矣。又不遺賢者之後。不能掩士之迹。公叔何可無益乎。故又賜田四十萬。加之百萬之上。

韓昭侯有弊袴。命藏之。侍者曰。君亦不仁者矣。不賜左右而藏之。昭侯曰。吾聞明主愛一嚬一笑。嚬有為嚬。笑有為笑。今袴豈特嚬笑哉。吾必待有功者。

漢高帝六年。始剖符封功臣。酇侯蕭何食邑獨多。功臣皆曰。臣等身被堅執鋭。多者百餘戰。少者數十合。今蕭何未嘗有汗馬之勞。徒持文墨議論。顧反居臣等上。何也。帝曰。諸君知獵乎。追殺獸兔者狗也。而發縱指示者人也。今諸君徒能得走獸耳。功狗也。至如蕭何發縱指示。功人也。羣臣皆莫敢言。張良亦無戰鬭功。帝使自擇齊三萬戶。良曰。臣始起下邳。與上會留。此天以臣授陛下。陛下用臣計。幸而時中。臣願封留足矣。不敢當三萬戶。乃封良為留侯。封陳平為戶牖侯。平辭曰。此非臣之功也。帝曰。吾用先生謀計。戰勝克敵。非功而何。平曰。非魏無知。臣安得進。帝曰。子可謂不背本矣。乃賞無知。

高帝已封大功臣二十餘人。其餘爭功不決。未得行封。帝從複道望

見諸將往往相與坐沙中語。帝曰。此何語。留侯曰。陛下不知乎。謀反耳。帝曰。何故。留侯曰。陛下起布衣。以此屬取天下。今所封皆故人所親愛。所誅者皆平生所仇怨。此屬畏陛下不能盡封。又恐見疑平生過失及誅。故相聚謀反耳。帝乃憂曰。為之奈何。留侯曰。陛下平生所憎。羣臣所共知。誰最甚者。帝曰。雍齒與我有故怨。數相窘辱我。留侯曰。今急先封雍齒。則羣臣人人自堅矣。於是乃封雍齒為什方侯。而急趣丞相御史定功行封。羣臣皆喜曰。雍齒尚為侯。我屬無患矣。

高帝詔定元功十八人位次。皆曰。曹參功最多。宜第一。鄂千秋進曰。參雖有野戰畧地之功。此特一時之事耳。上與楚相距五歲。失軍亡衆。跳身遁者數矣。蕭何常從關中遣軍補其處。又軍無見糧。何轉漕關中。給食不乏。陛下雖數亡山東。何常全關中以待陛下。此萬世之功也。今奈何以一旦之功。而加萬世之功哉。何第一。參次之。帝曰善。於是乃賜何帶劍履上殿。入朝不趨。上曰。吾聞進賢受上賞。封千秋為安平侯。

十一年。梁王彭越以謀反夷三族。梟首於洛陽。下詔有敢收視者輒捕之。欒布祠而哭之。吏捕以聞。上召布罵曰。若與彭越反邪。吾禁人勿收。若獨祠而哭之。與越反明矣。趣亨之。布曰。願一言而死。上曰。何言。布曰。方上之困於彭城。敗滎陽成皋間。項王所以遂不能西者。以彭王居梁地。與漢合從苦楚也。當是之時。彭王一顧。與楚則漢破。與漢而楚破。且垓下之會。微彭王。項氏不亡。天下已定。彭王剖符受封。亦欲傳之萬世。今陛下一徵兵於梁。彭王病不行。而陛下疑以為反。反形未見。以苛小案誅滅之。臣恐功臣人人自危也。今彭王已死。臣生不如死。請就亨。於是上乃赦布。拜為都尉。

元帝時。西域都護騎都尉甘延壽與西域副校尉陳湯使西域。矯制

發城郭諸國兵車師戊己校尉屯田吏士攻斬郅支單于帝内嘉其功而匡衡石顯爭之宗正劉向上奏曰郅支單于囚殺使者吏士以百數事暴揚外國傷威毀重羣臣皆閔焉陛下赫然欲誅之意未甞有忘西域都護甘延壽副校尉陳湯承聖指倚神靈總百蠻之君攬城郭之兵出百死入絶域遂蹈康居屠五重城搴歙侯之旗斬郅支之首縣旌萬里之外揚威昆山之西埽谷吉之恥立昭明之功萬夷慴伏莫不懼震呼韓邪單于見郅支已誅且喜且懼鄉風馳義稽首來賓願守北藩累世稱臣立千載之功建萬世之安羣臣之勳莫大焉昔周大夫方叔吉甫為宣王誅獫狁而百蠻從其詩曰嘽嘽焞焞如霆如雷顯允方叔征伐獫狁蠻荆來威易曰有嘉折首獲匪其醜言美誅首惡之人而諸不順者皆來從也今延壽湯所誅震雖易之折首詩之雷霆不能及也論大功者不録小過舉大美者不疵細瑕

司馬法曰軍賞不踰月欲民速得為善之利也蓋急武功重用人也吉甫之歸周厚賜之其詩曰吉甫宴喜既多受祉來歸自鎬我行永久千里之鎬猶以為遠况萬里之外其勤至矣延壽湯既未獲受祉之報反屈捐命之功久挫於刀筆之前非所以勸有功厲戎士也昔齊桓公前有尊周之功後有滅項之罪君子以功覆過而為之諱行事貳師將軍李廣利損五萬之師靡億萬之費經四年之勞而廑獲駿馬三十匹雖斬宛王毋鼓之首猶不足以復費其私罪惡甚多孝武以為萬里征伐不録其過遂封拜兩侯三卿二千石百有餘人今康居國彊於大宛郅支之號重於宛王殺使者罪甚於留馬而延壽湯不煩漢士不費斗糧比於貳師功德百之且常惠隨欲擊之烏孫鄭吉迎自來之日逐猶皆裂土受爵故言威武勤勞則大於方叔吉甫列功覆過則優於齊桓二師近事之功則高於安遠長羅而大功未著小惡數布臣竊痛之宜以時解縣通籍除過勿治尊寵爵位以勸有功

成帝時陳湯下獄當死太中大夫谷永上疏曰臣聞楚有子玉得臣文公為之仄席而坐趙有廉頗馬服彊秦不敢窺兵井陘近漢有郅都魏尚匈奴不敢南鄉沙幕由是言之戰克之將國之爪牙不可不重也蓋君子聞鼓鼙之聲則思將率之臣竊見關内侯陳湯前使副西域都護忿郅支之無道閔王誅之不加策慮愊憶義勇奮發卒興師奔逝横厲烏孫踰集都賴屠三重城斬郅支首報十年之逋誅雪邊吏之宿恥威震百蠻武暢四海漢元以來征伐方外之將未嘗有也今湯坐言事非是幽囚久繫歷時不決執憲之吏欲致之大辟昔白起為秦將南拔郢都北阬趙括以纖介之過賜死杜郵秦民憐之莫不隕涕今湯親秉鉞席卷喋血萬里之外薦功祖廟告類上帝介

冑之士靡不慕義以言事為罪無赫赫之惡周書曰記人之功忘人之過宜為君者也夫犬馬有勞於人尚加帷蓋之報况國之功臣者哉竊恐陛下忽於鼙鼓之聲不察周書之意而忘帷蓋之施庸臣遇湯卒從吏議使百姓介然有秦民之恨非所以厲死難之臣也

哀帝時議郎耿育上書言便宜因訟陳湯曰延壽湯為聖漢揚鉤深致遠之威雪國家累年之恥討絶域不羈之君係萬里難制之虜豈有比哉先帝嘉之仍下明詔宣著其功改年垂歷傳之無窮應是南郡獻白虎邊垂無警備會先帝寢疾然猶垂意不忘數使尚書責問丞相趣立其功獨丞相匡衡排而不予封延壽湯數百戶此功臣戰士所以失望也孝成皇帝承建業之基乘征伐之威兵革不動國家無事而大臣傾邪讒佞在朝曾不深惟本末之難以防未然之戒欲專主威排妒有功使湯塊然被冤拘囚不能自明卒以無罪老棄敦

煌。正當西域通道。令威名折衝之臣旋踵及身。復爲郅支遺虜所笑。誠可悲也。至今奉使外蠻者未嘗不陳郅支之誅。以揚漢國之盛。夫援人之功以懼敵。棄人之身以快讒。豈不痛哉。且安不忘危。盛必慮衰。今國家素無文帝累年節儉富饒之畜。又無武帝薦延梟俊禽敵之臣。獨有一陳湯耳。假使異世不及陛下。尚望國家追錄其功。封表其墓。以勸後進也。湯幸得身當聖世。功曾未久。反聽邪臣鞭逐斥遠。使亡逃分竄。死無處所。遠覽之士。莫不計度以爲湯功累世不可及。而湯過人情所有。湯尚如此。雖復破絕筋骨。暴露形骸。猶復制於脣舌。爲嫉妬之臣所係虜耳。此臣所以爲國家尤戚戚也。

東漢光武建武二年。封功臣爲列侯。鄧禹吳漢皆食四縣。博士丁恭上奏曰。古者封諸侯不過百里。今封四縣。不合法制。帝曰。古之亡國皆以無道。未嘗聞功臣地多而滅亡者也。帝以貴人兄陰識有軍功。

欲加增封。識曰。臣幸託屬掖庭。陛下仍加爵土。此爲親戚受賞。國人計功也。帝從之。

桓帝時。恩澤諸侯以無勞受封。群臣不悅而莫敢諫。大鴻臚趙典獨上奏曰。夫無功而賞。勞者不勸。上忝下辱。亂象干度。且高祖之誓。非功臣不封。宜一切削免爵土。以存舊典。帝不從。

桓帝欲襃崇大將軍梁冀。中朝咸稱冀之勳德宜比周公。錫之山川上田附庸。司空黃瓊上奏曰。冀前以親迎之勞。增邑三千。又其子胤亦加封賞。昔周公輔相成王。制禮作樂。化致太平。是以大啓土宇。開地七百。今諸侯以戶邑爲制。不以里數爲限。蕭何識高祖於泗水。霍光定傾危以興國。皆益戶增封以顯其功。冀可比鄧禹。合食四縣。賞賜之差同於霍光。使天下知賞必當功。爵不越德。朝廷從之。

獻帝時。曹操上奏曰。昔袁紹侵入郊甸。戰於官渡。時兵少糧盡。圖欲還。許書與荀彧議。彧不聽。臣建宜往之便。恢進討之規。更起臣心。易其愚慮。遂摧大逆。覆取其衆。此彧覩勝敗之機。略不世出也。及紹破敗。臣糧亦盡。以爲河北未易圖也。欲南討劉表。彧復止臣。陳其得失。臣用反旆。遂呑凶族。克平四州。向使臣退於官渡。紹必鼓行而前。有傾覆之形。無克捷之勢。後若南征。委棄兗豫。利既難要。將失本據。彧之二策。以亡爲存。以禍致福。謀殊功異。臣所不及也。是以先帝貴指蹤之功。薄搏獲之賞。古人尚帷幄之規。下攻拔之捷。前所賞錄。未副彧巍巍之勳。乞重平議。疇其戶邑。

西晉武帝時。議郎段灼上奏曰。昔伐蜀。募取涼州兵馬羌胡健兒。許以重報。五千餘人隨鄧艾討賊。功皆第一。而乙亥詔書州郡將督不與中外軍同。雖在上功。無應封者。唯金城太守楊欣所領兵以逼江由之勢。得封者三十人。自金城以西。非在欣部。無一人封者。苟在中

軍之例。雖下功必侯。如州郡雖下功高不封。非所謂近不重施。遠不遺恩之謂也。臣聞魚懸由於甘餌。勇夫死於重報。故荊軻慕燕丹之義。專諸感闔閭之愛。匕首振於秦庭。吳刀耀於魚腹。視死如歸。豈不有由也哉。夫功名重賞。士之所競。不平致怨。由來久矣。詩云。鳲鳩在桑。其子七兮。淑人君子。其儀一兮。臣以爲此等宜蒙爵賞。

時王濬有平吳之勳。而爲王渾所譖毀。帝雖不用。無明賞罰。以濬爲輔國大將軍。天下咸爲之怨。博士秦秀上言曰。自大晉啓祚。輔國之號。率以舊恩。此爲王濬無功之時受九列之顯位。立功之後。更得寵人之辱號也。四海視之。孰不失望。蜀小吳大。平蜀之後。二將皆就加三事。今濬還而降等。天下安得不惑乎。吳之未亡也。雖以三祖之神武。猶躬受其屈。以孫皓之虛名。足以驚動諸夏。每一小出。雖聖心知其垂亡。然中國輒懷惶怖。當爾時。有借天子百萬之衆。平而有之。與

國家結兄弟之交。臣恐朝野實皆甘之耳。今潛舉蜀漢之卒，數旬而平吳。雖舉吳人之財寳以與之，本非已分有，焉而遽與計校乎。

惠帝永康初，揚駿輔政，大開封賞，多樹黨援。散騎常侍侍中石崇等上奏曰：陛下聖德光被，皇靈啓祚，正位東宮，二十餘年，道化宣流，萬國歸心。今承洪基，此乃天授，至於班賞行爵，優於泰始革命之初，不安一也。吳會僭逆，幾於百年，邊境被其荼毒，朝廷為之旰食。先帝決獨斷之聰，奮神武之略，蕩滅逋寇，易於摧枯。然謀臣猛將猶有致思竭力之效，而今恩澤之封，優於滅吳之功，不安二也。上天眷祐，實在大晉，卜世之數，莫知其紀。今之開制，當垂於後。若尊卑無差，有爵必進，數世之後，莫非公侯，不安三也。臣等敢冒陳聞，竊謂泰始之初及平吳論功，制度名牒，皆悉具存。縱不能遠遵古典，尚論依準舊事。書奏，弗納。

梁武帝時，御史中丞任昉上奏曰：臣聞將軍死綏，咫步無却；顧望避敵，逗撓有刑。至乃趙母深識，乞不為坐；魏主著令，抵罪已輕。是知敗軍之將，身死家戮，爰自古昔，明罰在斯。臣竊尋獯獫侵軼，暫擾疆陲，王師薄伐，所向風靡，是以淮徐獻捷，河兗凱歸，東關無一戰之勞，涂中罕千金之費。而司部懸隔，斜臨寇境，故使狡虜憑陵，淹移歲月。故司州刺史蔡道恭率勵義勇，奮不顧命，全城守死，自冬徂秋，猶轉戰無窮，亟摧醜虜。方之居延，則陵降而恭守；比之疏勒，則耿存而蔡亡。若使郢部救兵微接聲援，則單于之首久懸北闕，豈直受降可築，涉安啓土而已哉！寔由郢州刺史臣景宗受命致罰，不時言邁，故使蝟結蟻聚，水草有依，方復按甲盤桓，緩救資敵，遂令孤城窮守，力屈凶威。雖然，猶應固守三關，更謀進取，而退師延頸，自貽虧衄，疆場侵駭，職是之由。不有嚴刑，誅賞安寘？其景宗即主。臣謹按使持節都督郢司二州諸軍事、左將軍、郢州刺史、湘西縣開國侯臣景宗，擢自行間，遭逢多幸，指蹤非擬，獲獸何勤，賞茂通侯，榮高列將，負擔裁弛，鐘鼎遽列。和戎莫效，二八已陳，首須至蹕，功山造化，潤草塗原，豈獲自己。且道恭云逝，城守累旬，景宗之存，一朝棄甲，生曹死蔡，優劣若是。惟此人斯，有靦面目。昔漢光命將，坐知千里；魏武置法，案以從事。故能出必以律，錙銖無爽。伏惟聖武英挺，略不世出，料敵制變，萬里無差。奉而行之，實弘廟算，惟此膺固，理絕言提。自逐胡縱逸，久患諸夏，聖朝乃顧將一車書，懲彼司訓，致辱非所，早朝永歎，載懷矜惻，致茲虧喪，何所逃罪。宜正刑書，肅明典憲。臣謹以劾，請以見事免景宗所居官，下太常削爵土，收付廷尉法獄治罪。其軍佐職僚偏裨將帥，絓諸應及於者，別攝治書侍御史隨違續奏。臣謹奉白簡以聞。

後魏孝明帝時，行臺左丞辛雄在軍上奏曰：凡人所以臨堅陳而忘身，觸白刃而不憚者，一則求榮名，二則貪重賞，三則畏刑罰，四則避禍難。非此數事，雖聖王不能勸其臣，慈父不能厲其子。明主深知其情，故賞必行，罰必信，使親疎貴賤、勇怯賢愚，聞鍾鼓之聲，見旌旗之列，莫不奮激，竟赴敵場，豈厭久生而樂早死也？利害懸於前，欲罷不能耳。自秦隴逆節，將歷數年，蠻左亂常，稍已多載，凡在戎役，數十萬人，三方師衆，敗多勝少，跡其所由，不明賞罰故也。陛下欲天下之早平，愍征夫之勤悴，乃降明詔，賞不移時。然兵將之勳，歷稔不決；亡軍之卒，晏然在家。致令節士無所勸慕，庸人無所畏懾，進而擊賊，死交而賞賒；退而逃散，身全而無罪。此其所以望敵奔沮，不肯進力者矣。若重發明詔，更量賞罰，則軍威必張，賊難可弭。臣聞必不得已，去食就信。以此推之，信不可斯須廢也。賞罰，陛下之所易，尚不能全而行之；攻敵，士之所難，欲其必死，寧可得也？臣既庸弱，忝當戎使，職司所見覦敢上聞。惟陛下審其可否。

北齊文宣帝天保五年。制詔問刑罰寛猛。瀛州長史樊孝謙上奏曰。臣聞惟王建國。刑以助禮。猶寒暑之贊陰陽。山川之通天地。爰自末葉。法令稍滋。秦篆無以窮書。楚竹不能盡載。有司因此。開以二門。高下在心。寒熱隨意。周官三典。棄之若吹毛。漢律九章。違之如覆手。遂使長平獄氣。得酒而後消。東海孝婦。因災而方雪。詔書掛壁。有善而莫遵。姦吏到門。無求而不可。皆由上失其道。民不見德。而議者守迷。不尋其本。鍾繇王朗。追慾張倉。祖訥梅陶。共尤文帝。便謂化屍起偃。在復肉刑。致治興邦。無關周禮。伏惟陛下昧爽坐朝。留心政術。明罰以糾諸侯。申恩以孩百姓。寘穰禁暴。善已絶東南。白馬素車。將降軹道。若復峻典深文。臣實未悟。何則。人肖天地。俱稟陰陽。安則願存。擾則圖死。故王者之治。務先禮樂。如有未從。刑書乃用。寛猛兼設。水火俱

陳。未有專任商韓而能長久。昔秦歸士會。晉盜來奔。舜舉皋陶。不仁自遠。但今擇之定國。迭作理官。龔遂文翁。繼為郡守。科聞律令。一此憲章。欣聞汲黯之言。近斷昭平之罪。則天下自治。大道公行。乳獸含牙。倉鷹垂翅。楚王錢府。不復頒封。漢獄冤囚。自然蒙理。後服之徒。既承風而慕化。有截之內。皆蹈德而詠仁。號以成康。何難之有。

後周武帝初平齊之後。帝欲賞從官。留京者不預。司武中士柳彧上奏曰。今太平告始。賜賞宜明。酬勳報勞。務先有本。屠城破邑。出自聖規。斬將搴旗。必由神略。若負戈擐甲。征扞劬勞。至於鎮撫國家。宿衛為重。俱稟成算。非專己能。留從事同。功勞須等。帝從之。於是留守並加品級。

保定二年。三老于謹上言曰。為國之道。必須有法。法者國之綱紀。不可不正。所正在于賞罰。若有功必賞。有罪必罰。則為善者日益。為惡者日止。若有功不賞。有罪不罰。則天下善惡不分。下人無所措其手足矣。

唐太宗時。封中書令房玄齡為邢國公。工部尚書杜如晦為蔡國公。吏部尚書長孫無忌為齊國公。並為第一等。食實封三千三百戶。皇從父淮安王神通上言曰。義旗初起。臣率兵先至。今房玄齡等刀筆之人。功居第一。臣竊不服。太宗曰。國家大事。惟賞與罰。若賞當其勞。無功者自退。罰當其罪。為惡者咸懼。則知賞罰不可輕行也。今計勳行賞。玄齡等有籌謀帷幄。畫定社稷之功。所以漢之蕭何。雖無汗馬。指蹤推轂。故得功居第一。叔父於國至親。誠無愛惜。但以不可緣私濫與勳臣同賞矣。由是諸功臣自相謂曰。陛下至公。賞不私其親。吾屬何可妄訴。初高祖舉宗正籍弟姪再從三從童孩已上封王者數十人。至是太宗謂羣臣曰。自兩漢已降。惟封子及兄弟。其疏遠者

非有大功如漢之賈澤。並不得受封。若一切封王。多給力役。乃至勞苦萬姓。以養己之親屬。於是宗室先封郡王。其間無功者皆降為縣公。

侯君集為交河行軍大總管。討平高昌。自配沒罪人。私取珍寶婦女。有司劾之。太宗詔君集詣獄簿對。中書侍郎岑文本諫曰。高昌之罪。議者以其遐遠。欲置度外。唯陛下奮獨見之明。授決勝之略。君集得指期平殄。今推勞將帥從征之人。悉蒙重賞。未踰數日。更以屬吏。天下聞之。謂陛下錄過遺功。無以勸後。且古之出師。克敵有重賞。不勝蒙顯戮。賞其有功也。雖貪財縱欲。尚蒙爵邑。其無功也。雖勤躬潔已。不免鈇鉞。故曰。記人之功。忘人之過。宜為君者也。昔李廣利貪不愛卒。陳湯盜所收康居財物。二主皆赦其罪。封侯賜金。夫將帥之臣。廉慎少而貪墨多。軍法曰。使智使勇。使貪使愚。故智者樂立其功。勇者

好行其志。貪者邀趣其利。愚者不計其死。是以前聖使人。必收所長而棄所短。陛下宜申宥君集。俾復朝列。以勸有功。帝寤。釋不問。

桂州都督府李弘節以清慎聞。及身歿後。其家賣珠。太宗聞之。宣於朝曰。此人生平宰相皆言其清。今日既然。所舉者豈得無罪。必當深理之。不可捨也。侍中魏徵奏曰。陛下生平言此人清。未見受財之所。今聞其賣珠。將罪舉者。不知所謂。自聖朝已來。為國盡忠。清貞慎守。終始不渝。屈突通、張道源而已。通子三人來選。有一匹羸馬。道源兒子不能存立。未見一言及之。今弘節為國立功。前後大蒙賞賚。居官歿後。不言貪殘。妻子賣珠。未為有罪。審其清者無所存問。疑其濁者旁責舉人。雖云疾惡不疑。實亦好善不篤。臣竊思度。未見其可。恐有識聞之。必生枉議。太宗撫掌曰。造次不思。遂聞此語。方知談不容易。並勿問之。其屈突通、張道源兒子宜各與一官。

太宗嘗與大將軍蘭謩語。謩不對。太宗怒而繫之。後知其聾。乃釋不問。語侍臣曰。我昨發怒蘭謩。若遂加其罪。豈不濫罰。魏徵對曰。古者帝王多因喜怒。遂濫其賞罰。今陛下思怒蘭謩。遂能却更思省。若此必不移。四海之福也。

德宗時。翰林學士陸贄上奏曰。右翼寧奉宣勅旨。卿及諸學士名銜宜並抄錄進來。翼寧又向臣說云。聖意以臣等自到奉天。書詔填委。欲與改轉。以獎勤勞者。承命竦然。顧慚非宜。進退彷徨。不知所措。臣謬以儒學。選居翰林。雖職異訏謀。而恩參近侍。當陛下用兵之會。乏決勝之籌。從陛下避狄之塗。靡出奇之計。見危闕授命之節。知難無伏死之勇。事君大猷。臣則皆曠。循省供職。曾何足云。夫君之有臣。以濟理也。理不失道。亂何由生。亂之浸興。由理乖也。君之及難。實臣罪也。是以主憂則臣辱。主辱則臣死。今陛下躬罹逼脅。震驚郊畿。園廟震驚。斯謂辱矣。寇讎密邇。亦云憂矣。臣竊謂凡今在位。任重者其罪大。職近者其責深。臣之職司。頗亦為近。是宜當責。安可增榮。又聞初到奉天。已須詔命。應是扈從將吏。一例並加兩階。今若翰林之中。獨蒙改轉。乃是行賞不類。命官以私。錄微勞則臣等遽位過優。勸來者則從官加階太薄。先後失次。輕重不倫。凡百具僚。誰不解體。夫行罰先貴近而後卑遠。則令不犯。行賞先卑遠而後貴近。則功不遺。至如徇主忘家。固是臣子常分。追陪輦蹕。曷足覼稱。陛下必以朝官之中有來有否。事須旌別。以儆不從。則望先錄大勞。次編羣品。然後以例均被。臣亦何敢獨辭。殊涯曲臨。實傷大體。不任覘懼之至。謹奉狀以聞。

苗粲為郎中。陸贄欲進粲官。德宗不許曰。晉卿往攝政。有不臣之言。又名其子皆與帝王同。宜與外官。贄奏曰。王者爵人必於朝。刑人必

於市。言與衆共之。獎而不言其善。斯謂曲貸。罰而不書其惡。斯謂中傷。曲貸則授受不明而私幸之門啟。中傷則枉直無辨而讒間之道行。可不慎哉。若陛下以晉卿姦邪。粲等應坐。則當公議其罪。若知見誣。亦宜擢粲等以示天下。且晉卿起文儒。致位台輔。謙柔敦厚。為三朝所推。安肯為族滅計。雖甚狂險。猶不為之。況老臣乎。帝然之。

韓愈上奏曰。臣伏見六月八日勅。以狂賊傷害宰臣。擒捕陛下。憫傷震悼形於寢食。特降詔書。明立條格。云有能捉獲賊者。賜錢萬貫。仍加超授。今下手賊等四分之內。已得其二。其餘兩人蓋不足計。根尋蹤跡。知自承宗。再降明詔。絕其朝請。又與王士則、士平等官。八日之制。無不行者。獨有賞錢尚未賜給。群情疑惑。未測聖心。聞初載錢置市之日。市中觀者日數萬人。巡繞瞻視。咨嗟歎息。既去復來。以至日暮。百姓小人。重財輕義。不能深達事體。但見不給其賞。便以為朝廷

愛皆此錢不守言信自近傳遠無由辯明且出賞所以求賊今賊已誅斬若無人捉獲國家何因得此賊而正刑法也承宗而賜誅絶也士則士平何故與義官也三事既因獲賊獲賊必有其人不給賞錢實亦難曉假如聖心獨有所見審知不合加賞其如天下百姓及後代久遠之人哉況今元濟承宗尚未擒滅兩河之地太平未收隴右河西皆沒戎狄所宜大明約束使信在言前號令指麾以圖功利況自陛下即位以來繼有丕績斬楊惠琳收夏州斬劉闢收劍南東西川斬李錡收江東縛盧從史收澤潞等五州威德所加兵不污刃收魏博等六州致張茂昭張愔收易定徐泗濠等五州創業以來列聖功德未有能高於陛下者可謂赫赫巍巍光照前後矣此由天授陛下神聖英武之德爲巨唐中興之君宗廟神靈所共祐助勉强不已守之以信則敵地不足收而太平不難致如乘快馬行平路遲速進退自由其心有所欲往無不可者於此之時特宜示人以信孔子欲存信去食人非食不生尚欲捨生以存信況可無故而輕棄也昔秦孝公用商鞅爲相欲富國强兵行令於國恐人不信立三丈之木於市南門募人有能徙置北門者與五十金有一人徙之輒與五十金秦人以君言爲必信法令大行國富兵强無敵天下三丈之木非難徙也徙之非有功也孝公輒與之金者所以示其言之必信也昔周成王尚小與其弟叔虞爲戲削桐葉爲珪曰以晉封汝其臣史佚因請擇日立叔虞爲侯成王曰吾與之戲耳史佚曰天子無戲言言之則史書之禮成之樂歌之於是遂封叔虞於晉昔漢高祖出黄金四萬斤與陳平恣其所爲不問出入令謀項羽平用金間楚數年之間漢得天下論者皆言漢高祖深達於利能以金四萬斤致得天下以此觀之自古以來未有不信其言而能有大功者亦未有不費少財而能收大利者也臣於告賊之人本無恩義彼雖獲賞了不關臣所以區區盡言不避煩黷者欲令陛下之信行於天下也伏望恕臣愚陋僻惷之罪而收其懇款誠至之心天下之幸非臣之幸也

憲宗元和元年左拾遺元稹上奏曰臣聞令之必行於下者信也令苟不信患莫大焉今陛下躬臨寓内務切黎元至於牧守字人之官所宜詳擇苟未得人不當虛授苟或任使不可屢遷臣竊見近除寧州刺史論倰虔州刺史高弘本通州刺史豆盧靖曾不涉旬並已追制又以杜兼爲蘇州刺史行未半途復改郎署臣不知誰請於陛下而授之誰請於陛下而追之追之是則授之非授之是則追之非以非爲是者罰必加然後人不敢輕其舉以是爲非者罪必及然後下不敢用其私此先王所以不令而人從不言而人信豈異事哉率是道也今陛下如綸之令朝降反汗之詔夕施紛紛紜紜無所歸咎臣竊恐陛下之令未能取信於朝廷而況於取信天下乎臣伏願陛下徵舉者之詞察追者之請若舉者之詞直則請而追之者不得無過若追者之理勝則舉而授之者不得無辜賞罰是非所宜明當況陛下肇臨黎庶教化惟新詔令之間四方所仰少有得失天下必聞臣實庸愚謬居諫列職當言責不敢偷安苟有所裨萬死無恨無任愚追懇款之至

五年裴垍言於帝曰軍器使承璀首唱用兵疲弊天下卒無成功陛下縱以舊恩不加顯戮豈得全不貶出以謝天下乎李絳奏曰陛下不責承璀他日復有敗軍之將何以處之若誅之則何罪異罰彼必不服若釋之則誰不保身而玩寇乎帝即罷之

六年李吉甫言於帝曰賞罰人主之二柄不可偏廢今惠澤已深而威刑未振中外解惰願加嚴以振之帝顧李絳曰何如絳曰王者之

政尚德不尚刑。豈可舍成康文景而效秦始皇父子乎。帝曰然。後于頔入對。亦勸上峻刑。帝謂宰相曰。于頔大是奸臣。勸朕峻罰。卿知其意乎。皆對曰。不知也。帝曰。此欲使朕失人心耳。吉甫失色。退而抑首不言笑竟日。

七年。帝遣使宣慰魏博。宰相李絳上言曰。魏博五十餘年不露皇化。一旦來歸。不有重賞過其所望。則無以慰士卒之心。使四鄰勸慕。請發內庫錢五十萬緡以賜之。宦官以爲太多。帝以語絳。絳對曰。田興不貪專地之利。不顧四鄰之患。歸命聖朝。陛下奈何愛小費而遺大計。不以收一道人心。錢用盡更來。事機一失。不可復追。借使國家發十五萬兵以取六州。期年而克之。其費豈止如此而已乎。帝悅曰。朕所以惡衣菲食蓄聚貨財。正爲欲平定四方。不然。徒貯之府庫何爲。

後唐廢帝清泰初。帝賜將士緡錢不給。學士李專美夜直。帝讓之曰。

卿名有才。不能爲我謀此。留才安所施乎。專美對曰。臣駑劣。陛下擢任過分。然軍賞不給。非臣之責也。竊思自長興之季。賞賚亟行。卒以是驕。繼以山陵及出師。帑藏遂涸。雖有無窮之財。終不能滿驕卒之心。故陛下拱手於危困之中而得天下。夫國之存亡。不專係于厚賞。亦在修法度立紀綱。陛下苟不改覆車之轍。臣恐徒困百姓。存亡未可知也。今財力盡於此矣。宜據所有均給之。何必踐初言乎。帝深以爲然。

後晉出帝開運二年。帝賞賜優伶無度。中書令兼樞密使桑維翰上奏曰。曏者陛下親禦胡寇。戰士重傷者賞不過帛數端。今優人一談一笑稱旨。往往賜束帛萬錢錦袍銀帶。彼戰士見之。能不觖望。士卒解體。陛下誰與衛社稷乎。帝不聽。

後漢高祖初即位。議率民財以賞將士。夫人李氏上諫曰。陛下因河東創大業。未有以惠澤其民。而先奪其生生之資。殆非新天子所以救民之意也。請悉出宮中所有以勞軍士。雖復不厚。人無怨言。從之。

宋太祖時。有當遷官者。太祖素惡其人。不與。趙普堅以爲請。太祖怒曰。朕固不爲遷官。卿若之何。普曰。刑以懲惡。賞以酬功。古今通道也。且刑賞天下之刑賞。非陛下之刑賞。豈得以喜怒專之。太祖起入宮。普隨之。立於宮門。久不去。竟得俞允。

仁宗景祐四年。侍御史知雜事龐籍論近年賞典太優。刑章稍縱。疏曰。臣聞國家之重。先乎紀綱。紀綱之要。實在賞刑。賞不失有功。則勞臣勸。刑不失有罪。則姦人懼。二者或失。紀綱必隳。伏惟皇帝陛下。英睿恭勤。綜覈群品。博詢下議。以裨闕政。况臣蒙被天造。粉身無報。敢罄愚管。少陳時事。伏覩近年賞典太優。刑章稍縱。夫官爵之設。所以磨礪群器。以成萬務。苟無勞而有賞。則人不務施勞。無德而祿。則人

不務修德。近因上殿奏事之際。因言及此。親聞德音。亦以僥倖爲患。此聖心固已知矣。以陛下欽明之德。而尚有僥倖之澤。臣恐由執事者有失持守典章之故也。夫戚里之族。親近之臣。得至帝座之前。皆有求恩之意。各徇其請。則爵祿之數有限。僥倖之求無極。然人君以寬仁爲德。其哀鳴於前者。恐難峻阻。則必勉徇其意。降旨於外。臣愚欲望陛下明諭大臣。執守規矩。無敘越次。臣既執之。陛下已從之。求恩者至於再至於三。則僥倖自息。紀綱常存。留此超等之恩。以待有功之賞。又覩近年刑典太寬。漸啓姦路。且殺人者死。古今通制。自朝廷降勅。死罪情理可憫者並令奏取勅裁。免死。亦有不申明言更不駮勘。自此殺人者得設計謀。造作情理。一行上獄。無不容貸者。其法不過杖脊配軍。獲生者雖荷寬恩。被殺者幽冤何訴。所以天下殺人之獄歲益多矣。實恐自此豪強之民有殺人命者。行賂造情。以求奏

貸無復償其死命。此蓋欲爲寬法以感名和氣。臣竊以謂不然。至於盜賊之黨。在制其萌兆。小盜不捨。則大寇不集。前代本因小寇失制遂成嘯聚爲天下患者多矣。近貴州劫賊何安等六人。各執槍杖。自稱將軍。本處知州譚綜妄作情理奏聞。貸劫五人。遠方之民被此强劫。今貸活之。臣恐自此盜賊不懼。若遇荒歲。羣黨必成。結聚既多。必須加兵峻法以誅之。臣謂誅其衆於後。曷若戒其事於前。欲望今後各處奏到殺人强劫罪人。如其情理無可憫之狀。即乞依法處正。不與容貸。臣出於儒生。非熟聞深典。實恐沉究無訴。弊門公啓。兼恐法不勝姦。寇盜益熾。故宜早絶其萌。無使至於難制也。所謂熒熒不已。炎炎奈何。涓涓不已。將成江河。此之謂也。又貪婪之吏。唯財是圖。常使懷於懼心。則不敢侵剥於下。先帝深疾贓汙。如法嚴戒。一經黜削不復齒用。近年貪吏益衆。蓋由寬法所致。向來以贓廢棄者既獲甄

敘。又降勑不許按察之官召人告首。自此貪心益固。自謂得時。按部之官轉難發舉。前歲太常博士王昌符知循州。爲政貪濫。遠近所患朝廷令放離任。皆謂必獲罪譴。到闕轉屯田員外郎。又職方員外郎沈厚載知南劍州。在任貪濁不公。祇爲勘官非才。致其漏網。然其曲情枉法事迹灼然。洎移知歸州。亦轉正郎。此所以爲過者不惟無懼罪之心。兼亦有望恩之意。伏乞遵先朝嚴制。改近年寬典。用戒贓猾。以安黎民。又覩軍戎之政。稍失防制。兵士漸恣。不懼都將。都將畏罪姑息其下。蓋由近歲寬階級之法。啓輕慢之心故也。夫軍容不入國。國容不入軍。此明治兵之政與常法異也。若都將有誅剥其下。虐用其人。灼然可罪。固不可寬之也。若小小曲直。亦不須一一量較輕重況都將本出於卒伍。苟無小過失。若令兵衆持而制之。則更無畏憚。既不畏都將。又安得不恣橫爲非。若必須無假。方可臨衆。則舉天下

能有幾人。故在制置其宜。無使兵衆輕制都將。都將反畏其下也。每有兵士論訴都將公案內有小小之過。皆亦下獄勘罪。結案取裁。此亦望朝廷別爲經制。漸使都將有權。則兵不敢驕縱。近戎州奏寧遠指揮兵士馮順等一十八人共謀結連逃背。往賴令寨先斬卻寨將句鸞。後撥出本寨衣甲器械。虜掠守把兵士。巡鋪軍人。往資榮州界打劫。收拾人馬。回來搓破戎州呂坐。候兵馬到卻走入蠻界。兼買猪於神廟飲血酒爲誓。因徒中告首。牽而敗獲。不然則爲一方大患矣。此乃不畏都將所致也。望朝廷深切戒之。速宜改立治軍之法。

皇祐五年。籍又上奏曰。臣聞昔太祖時。慕容延釗將兵一舉得荊南之地。方數千里。兵不血刃。不過遷官加爵邑。錫金帛。不用爲樞密使。曹彬平江南。擒李煜。欲求使相。太祖不與曰。今西有汾晉。北有幽薊。汝爲使相。那肯復爲朕死戰耶。賜錢二十萬貫而已。祖宗重名器如

山嶽。輕金帛如糞壤。此陛下所當法也。狄青奉陛下威靈。殄戮兇醜。克稱聖心。誠可褒賞。然方於延釗與彬之功。不遠遠矣。若遂用爲樞密使同平章事。則青名位極矣。寇盜之警。未可前知。萬一他日青更立功。欲以何官賞之。且樞密使高若訥無過。若何罷之。不若且與移鎭加檢校官。多賜金帛。亦足以酬青功矣。

康定元年。監在京樓店務蘇舜欽論賜第疏曰。臣竊以賜第之典。於國體至重。前朝將相。非有勳業。則不得賜第。京師近劉平血戰亡軀。家族無託。朝廷方推此惠。時謂當然。今茲醫卜庸流。濫有求請。煩瀆天聽。侵亂邦經。況賞罰二端。國之神器。所以驅駕豪傑。示信四方。若死行陣之家。與伎術之輩。均用此賞。臣竊恐輕重失宜矣。方今西鄙未寧。暴師塞外。流傳四出。何以勸人。伏望特降德音。即時寢罷。況柳堯卿自有居第。極爲華侈。若以其醫藥有効。自可以金帛賜之。上以

重恩賞之科。使戰伐者盡其死力。下以絶僥覬之望。俾貪昧者萌其恥心。臣事在職司。合有獻納。蓋期賞之不僭。非敢文而自營。上瀆宸嚴。無任懇到之至。

慶曆三年。知諫院蔡襄乞責罰醫官狀曰。臣竊見近寶和公主及鄆國公主相繼夭傷。供藥醫家已聞下開封府取勘者。臣切知豫王鄂王薨時醫官亦是取勘。只降一兩官。未旬月間尋得牽復。切慮今來亦只似此行遣。久遠不便。況近來小兒醫官不一二年超升官資。賞賜無數。奏薦異姓。恩澤過於兩制官。寮賤者立貴。貧者立富。若以死生有命。藥餌難工。自來所醫疾病盡是命當痊愈。此等何故濫受恩賞。各為僥倖。若以從來痊愈因藥合受恩賞。今日所醫無驗。自當伏就刑罰。臣切聞先朝周王薨。其時醫官李某杖背遠配廣南。陛下一二年間。皇子皇女繼亡六人。盡在此輩數人之手。兼臣聞醫官各是臨病互相推托。不肯及時下藥。以致病深。雖有良醫。無由措手。其罪至重。比於李某合更加刑。其術至謬。求之今人。不為難得。伏望陛下念祖宗社稷之重。特因此時深行刑法。庶使後人知懼。藥餌盡心。實為久遠保育皇嗣之計。

四年。知諫院歐陽脩論張子奭勞少恩多疏曰。臣風聞知汝州范祥為相度陝西青白鹽。奏差張子奭權知汝州。子奭自選人二年內還至員外郎。朝廷之意。雖曰賞勞。而天下物議皆云僥倖。蓋以子奭宣勞止兩次。而遷官恩賜已數重。自古賞功不過一次賞之不已。故難弭人言。初自選人改京官。曰賞勞。未及二歲。改秘書丞。又曰賞勞。賜以章服。又曰賞勞。秘書丞不久。又曰賞勞。合得太常博士。超遷員外郎。又曰賞勞。後行祠部為名曹。又曰賞勞。作京官。合作知縣。而作簽判。又曰賞勞。一任未滿。合更有一任。知縣。又超通判差遣。又曰賞勞。此所以外人之議不允也。況范祥暫出幹當。只合交割以次官員。或轉運司自差人權。今朝廷差人已是失體。又於子奭為此僥倖。今朝廷待闕在京者甚衆。豈無一人堪權知州者。朝廷每用一人。必當使天下人服。今每一差遣。則物議沸騰。累日不息。昔五代桑維翰為晉相。一夕除節度使十五人為將。而人皆服其精。今中書差一權知州而不能免人譏議者。蓋事無大小。當與不當而已。其張子奭伏乞追寢權差之命。仍乞今後外處差出知州。只以本路轉運使差官權。至於賞罰之柄。貴在至公。今莫大罪不過一刑而止。豈有勞者終身行賞而不已。亦令後有勞效之人。量其大小。一賞而止。若有別著能效則拔擢自可不次。人亦自然無言。伏以朝廷用人。惟患守例而不能不次選任。但不涉於僥倖。實有材藝之人。誰敢有言。子奭作使西鄙不為無勞。但恩賜已優於賞。已是可惜。今天下指為僥倖之人。而掩其前效。況又上虧朝政。不可不思。

嘉祐五年。脩又上奏曰。臣竊以謂治天下在明號令。正朝廷在修紀綱。號令所行。紀綱所振。由人主有賞罰之柄也。若號令出而不從。紀綱弛而不整。又不以賞罰臨之。而欲正朝廷治天下。臣不知其可也。今者陛下親祀宗廟。不敢獨受其福。推恩羣臣。遍及中外。此聖德之至深厚也。而臣下輙敢有所輕重。以謂例恩泛及。概以為輕而慢之。原其情理。其可恕乎。方給享始畢。恩典推行。命出之日。宰相押班。百官在列。宣揚制誥。布告天下。而將臣偃蹇。不肯受命。稽停制書四十餘日。有司無所申舉。恬然不以為怪。是陛下號令不能行於朝廷。而紀綱弛壞於武士。凡士之知治體者。皆為陛下惜也。臣謂方今國家全盛。天下無虞。非有強臣悍將難制之患。而握兵之師輙敢如此。不畏朝廷者。蓋由從前不惜事體。因循寬弛。有以馴致也。今若又不正其罪罰而公爲縱弛則恐朝廷失刑自此而始武臣驕慢亦自此而始號令不行於下紀綱遂壞於上亦自此而始夫古人所謂見於未萌者知之明也若事有萌而能杜其漸者又其次也若見其漸而興之浸成後患者深可戒也臣前日爲許懷德事曾有奏論畧陳大槩盖以方今賞罰之行只據簿書法令以從事而罕思治體况如懷德在法非輕於事體又重故臣復罄愚瞽伏乞聖慈裁擇而行之

脩又上奏曰臣聞江淮官吏等各爲王倫事奏按已到多時而尚未聞斷遣仍聞議者猶欲寬貸臣聞昨來江淮官吏或斂物獻送或望賊奔迎或獻兵甲或同飲宴臣謂倫一叛卒放肆猖狂而官吏敢如此者盖知賊可畏而朝廷不足畏也今若更行寬貸則紀綱隳壞盗賊縱横天下大亂從此始矣何以知之昨王倫事起江淮官吏來行遣之間京西官吏亦須輕恕京西官吏見江淮官吏已如此則天下

諸路亦指此兩路爲法在處官吏皆迎賊棄城獻兵納物矣則天下何由不大亂也臣伏思祖宗艱難創造基圖陛下憂勤嗣守先業而一旦四夷外叛盗賊内攻其致害之由者誰哉皆由前後迂謬之臣因循寬弛使朝威不振紀綱遂隳今已壞之至此而猶不革前非以寬濟寬何以救弊如晁仲約等情法至重俱合深行議者無由曲解或聞以謂自是朝廷素不爲備不可全罪外官假如有殺父與兄者豈可只言自是朝廷素無教化而不罪殺親之人又如有人掠奪生人男女金帛亦可只言自是朝廷素無禮遜而不罪劫人之賊迂儒不可用可笑如此李熙古豈獨是朝廷素有備之州傅永吉豈獨是朝廷素練之兵皆用命則破賊矣今朝廷素無禦備爲大臣者又不責之守州縣者合有罪又寬之天下之事何人任責切緣韓綱是大臣之家父子兄弟並在朝廷權要之臣皆是相識多方營救故先於江淮官吏寬之只要韓綱行遣不重今大臣不思國體但植私恩惟陛下以天下安危爲計出於聖斷以勵群下則庶幾國威粗振賞罰有倫其晁仲約等乞重行朝典不可寬恕

慶曆八年侍御史知雜事何郯上奏曰臣昨訪聞修瓊林苑看池樓兵士經三司論告監官内臣張継昇盗官材木方下軍巡院勘劾爲事連及御藥院祗候何誠用尋奉中旨釋放臣於十月十日已具劄子論列乞重下有司勘實用辦虚實至今未蒙指揮處置緣継昇所犯情狀於法不輕未正典刑頗涉物議臣既有聞見理當盡言夫聖王御天下其要在刑政齊一而治化興焉莫怨於仇讎而有功必賞莫愛於親戚而有罪必罰賞不以仇讎廢罰不以親暱弛然後綱紀法令莫不粲然而政之廢舉猶有遠近事之利害猶有大小朝廷親暱之臣近也有罪不治其害大天下疏外之臣遠也有罪不治其害

小何則朝廷本也天下末也繩小自其大正末從其本將欲正天下必先正朝廷將欲正朝廷必先正親暱未有親暱正朝廷亂未有朝廷正天下亂也伏以陛下自紹休聖圖刑政之柄脩舉不墜臣有犯少所寬假今宥継昇豈非誠用因方在親侍以累及爲請故專其罪以貸之夫以誠用故陛下恩私故貸其刑是罪均而罰異也或將盡宥則政弛而法隳也此則溺愛之弊越於前而害政之隙開於後也人君制刑罰於親踈無異也非不仁也盖將正一罪則使千萬人懼也今以恩貸一継昇必將啓百継昇之犯從而救之是後安全者寡而陷戮得者衆矣昔漢武帝時隆慮公主子坐殺人廷尉請論罪帝不敢以親故誣先帝法遂可其奏唐憲宗時五坊使楊朝汶因理五坊息利錢因捕平人裴度因對極言上曰欲與卿商量東軍豈小之事我自處置度曰用兵小事也五坊使捕平人大事也兵士不理只

憂山東。五坊使暴橫。恐亂輦轂。上大悟。延罪朝汶。推是而觀。二主非薄於骨肉親暱。示不以私恩害公義也。伏望陛下以漢唐二主爲監。割不忍之恩。正罪人之名。使中外之人釋然知刑政無所私。則天下幸甚。臣踈遠而議親近。豈不知誠用方被眷遇。威權甚盛。言發則禍及。無所畏及者。蓋職在言責。不忍負陛下奬用也。謹録漢武唐憲宗所行事迹二條進呈。伏乞聖慈特賜省察。幷臣前奏下中書施行。

皇祐二年。知諫院包拯論明堂覃恩疏曰。臣伏覩明堂赦書。應文武百官內臣並與遷轉。臣先以風聞。嘗具論列。幷乞召對。不蒙開可。退用憂迫。弗遑啓處。竊以爵禄者。天下之公器。而邦國之大柄也。惟士之有功與德。所宜處之。非此二者。不可濫與。夫人君者。固宜慎之惜之。苟輕用之。則壞公器而失大柄。一綱或紊。百目皆隳。雖善爲治者亦末如之何。况今吏員益衆。財用益殫。爲國計者。自當澄汰冗雜以

寬調度。豈可不辨能否。普加官爵。是於承平之世。行此姑息之事。但恐賦租之廣。不足給其用。秩廩之多。不足充其欲。紀律一弛。天下蕩然有不可救之弊矣。臣又伏讀近降詔旨。今後應內降特與恩澤。及免減罪犯。並仰中書樞密院幷所承受官司具前後詔勅執奏。不得施行。有以見陛下厲精革弊。求治之切至也。惟此覃恩。頗爲蠹政之甚。伏望陛下上稟祖宗之訓。下爲社稷之計。所有今來遷轉恩澤。乞賜特行裁處。免千古之下。以累聖德之萬一。臣遇叨寵擢。位踈責重。區區之懇。不能自已。惟陛下留神省察。天下幸甚。

拯又乞依賞格酬奬李用和疏曰。臣聞功疑惟重。爲國之令規。賞不踰時。欲人之知勸。抑先聖之格訓。又馭邦之大柄也。伏見朝廷先以軍賊張海等未獲。特立賞格召募使臣。如捉獲依傅永吉例優加酬奬。近聞右侍禁李用和應募而往。不踰數旬。果能殺獲張海等四人。餘衆並已潰散。用和授東頭供奉官閤門祗候。中外聞之。無不失望。似非朝廷開示大信之旨也。且張海一歲之內。恣行殘暴。京西四十餘郡。幅員數千里。官吏逃竄。士民塗炭。以至江淮州縣。無不震驚。前後凡遣使臣甚多。敗衂。臣竊謂張海之害。甚於王倫。用和之功。優於永吉。而永吉左班殿直閤門祗候。凡超八資。授諸路。副使宣事舍人。今用和止超四資。功同賞異。何以激勸將來。且有明文。豈宜降等。况西鄙未定。盜賊間起。方當責效之際。不可失信於人。其用和欲乞依準元降指揮。比類傅永吉特與優改官秩。如此。上之出令貴乎必行。下之立功樂於自奮。

嘉祐四年。知制誥劉敞上奏曰。臣聞人主所謹。一嚬一笑。誠以衆人所望視。天下所激勸也。古者聖王之行賞也。服物之章。未可幸得。府庫之財。不以濫予。前日朝廷以龍昌期所著書下兩制。臣等觀其穿

鑿臆說。詭僻不經。甚者至毀訾周公。疑誤後學。難以示遠。乞下益州毀棄板本。未聞朝廷卓然有所施行。今忽加賜五品章服及絹百匹。臣未知誰主爲奸邪營偽飾虛附下罔上以誤陛下。執政又曾不能謹重政體。頗畏公議。苟慰藉人情。賣弄國恩。其失豈特嚬笑之間哉。按昌期之書。違古畔道。所謂言偽而辯。學非而博。是王制之不聽而誅者也。陛下哀其衰老。未便伏少正卯之刑。則幸矣。又何賞之哉。昔孔子作孝經。以非聖人者無法。乃比不孝之罪。要君之罰。而朝廷顧多昌期之毀周公。臣所不曉也。且陛下使臣等議之。臣等不敢不盡忠。既而棄其言。焉用臣等爲。蔽賢而害能乎。夫蔽賢而害能人臣之大罪也。願陛下因正臣等之罪。而大表顯昌期之書。使天下皆服誦而習尚之。則可以彌謗於萬世矣。自非然者。置臣等之言而不用。縱昌期之妄而不誅。乃反褒以命服。寵以重幣。是非貿亂。沮勸顛倒。

使遠國之詰行於側而非聖之俗倡於下臣竊為陛下不取也書曰天命有德五服五章哉夫章服固天所有而財力又民之所出也陛下奈何曲徇大臣之意而苟禁小人之身乎將使遠方寡見淺聞之民務竟於辨偽之學況沒於非聖之論迷而不反非國家之利也伏乞追還詔書斷天下之疑毋使有識之士窺朝廷之淺深臣不勝拳拳

仁宗時張方平上主柄論曰夫人君宅海域之位以處宸極之尊攝天地之政以主名器之重言為法令動為制度其所以藏身之固者賞罰二柄而已故萬邦黎獻共為臣僕義勇投命賢能效智挾藝能者懷爵祿而畢力暴武者顧斧鉞而死心巍巍乎南面而臨天下人用畏戴由私有二柄而公用之也謂天之大寶必由受命而得是謂國之利器亦以假人而失故明王誠慎視聽感發措寐以求道德

之老忠信之臣賢正之才慈惠之士以與居處以與國議嚴恭祗畏奉若天命官不及私昵惟其能爵罔及惡德惟其賢及後佚王荒寧耽慢狎昵邪慝累行喜怒匪勤惟易柄用下失有失之閭閻有失之閽寺有失之廊廟有失之藩方原失之初率由近始雖得於外姦必在中故柄在藩方其耳目必在廊廟柄在廊廟其腹心必在閽寺柄存閽寺其肘腋必在閭閻蓋情欵密者則機隙易伺恩嚴重者則指麾難及伏戎於莽中猶可虞伏戎于門不可虞也至乃后族戚里為虺蜴之宅北司內省為豺狼之窟台司公府為穽檻之地庶邦列都為斧鑕之場四方相仇烝民殄瘁得非由上失其正而下罹其害者哉歷代敗亂覆車一軌觀夫僻君失馭強臣得政蓋由厚味腊毒宴安稔慝謂基積已固謂扃鐍不足嚴謂垣墉既修關楗可以弛倒鑄授盜脫轄自絕及奸徼竊弄包藏結纍蟻漏壞堤炬遺燎原合抱自毫末之萌履霜為堅冰之漸以我刀鋸而戕之以我衣裘而誘之皆其心腹雖平勃之謀無以過產祿之勢蕃武之重不能止閽卿之惡謝安作相弗敢附南郡之九錫尉迥為將莫可正隋公之受遺矣故周書八柄惟王行爵祿罪誅之事洪範三德惟辟有玉食威福之專是二柄者人主所自固生民所寄命也可不慎也乎謹略著前代治亂危亡之迹以為鑒焉

方平又論不孝之刑曰臣聞五刑之屬三千其罪莫大於不孝周官司徒以鄉八刑糾萬民一曰不孝之刑不孝於其親有能忠於其君者乎有能睦於族姻者乎有能義於朋友者乎夫如是何有於民哉故曰事親孝故忠可移於君詩曰孝子不匱永錫爾類王者張官布憲訓民作極必擇仁義之士慈惠之師所以教育元元導之以善使民莊事而效法之也若其身悖德禮義慙庭闈忠順滅虧何以事上

蒞官行法民何則焉故漢制郡國察舉核其行狀首曰生事愛敬喪沒如禮此漢之取士先其行之道也夫親莫親於父母愛莫愛於妻子臣向覩鄉郡竊見臣寮至有棄其母而不養聞其沒而不喪或糟糠之伉儷纔仕宦而遺之傷化敗倫豈有甚此且祿仕貴乎逮養孝思至于終身故孚罔而坐更起恩親之感三年之喪未難免懷之重同氣有服緦之恤猶館有出涕之哀況昊天之劬勞受我身之形氣因心所至蓋自然之義慈跬步不忘豈俟牽於禮律義衣冠之同履曾蠶蟻之不如視彼虎狼尚知母子之愛惟是梟獍不稟陰陽之和傷時人倫汙我王道且律文子罵父母者罪死今夫生不養而沒不哀豈特一詈為惡之重乎況不孝之刑干惡之首非赦宥所解臣謂必正叢棘之戮肆諸市朝投不毛之鄉禦乎魑魅及附乎有司議贖但止乎停官罰金臣竊悵然惜賞刑之失也伏以天下冠裳士人鮮

令孝友之行。率以宦遊。或緣婚媾。遂營卜乎田宅。輙輕去乎墳墓。离思擇利而處。問念昔丘之仁。古者氏族各有源流。閭里繫乎圖版。一則責舉自乎鄉里。一則患苦考乎閥閱。轉徙僑寓。蓋由亂離。方我治朝。疑從土斷。豈有無故而去父母之國。獨善而委兄弟之親。臣實見之比比而是。流俗相習。弗以慊。時議為常。不以譏訶。義所以陵遲。民德所以衰薄。此其玷陛下之風教。敗理世之體道。壞法侵紀。其損至大。臣伏乞應食祿之人。父母在。別無兄弟迎養而不養。沒而匿不喪。父母在。或因仕宦。別營田業。雖父母亡沒。而鄉里有宗族墳墓。輙於別所立產而居者。無問貴卑。並當削其官爵。投棄遐徼。雖經赦澤。不在原釋。諸當保任者。必先列此數條於舉狀。同贓私法連坐之。其父母俱亡。未葬而求官。雖有明條。率多冒犯。臣欲乞應居憂服闋叙官日。委自本鄉及所居州郡官吏保明。委已畢葬。即得與除叙。如此則

中庸之人當循禮而後動。不義之子亦畏法而知懼。上敦王化。下厚人倫。固治道之本也。

侍讀學士宋祁乞專刑賞狀曰。臣聞天子之所以能制四海。役萬民而臣之者。其柄有二。曰刑。曰賞而已。君操之則凌。洪範曰。惟辟作福。惟辟作威。惟辟玉食。臣有作福作威玉食。則害于而家。凶于而國。昔宋子罕謂其君曰。慶賞賜與者民之所喜也。君自行之。殺戮刑罰者民之所惡也。臣請當之。於是宋君失刑。後為子罕所劫。且子罕纔得一柄。已為主患。況兩得之哉。伏見陛下恭儉仁厚。憂勞聽斷。細務小物一更聖心。近世守文之主。未見其比。然而任用臣下。主柄外移。委棄刑賞。不自總攬。凡有所進。必待臣下之譽而用之。凡有所退。亦待臣下之毀而黜之。夫毀譽行於上。則朋黨成於下。且黨人所惡能得陛下之法而罪之。黨人所愛能得陛下之賞而官之。則舉朝之人重私賞而輕公法。捨其君而歸其臣。雖欲無危。不可得矣。龍之所以能飛霄漢。入淵泉。變化不測。以風雲為之衛也。虎之所以能搏百獸。神空山。以爪牙為之使也。使龍失風雲。則鱣鮪等其靈。虎廢爪牙。則麋鹿角其能。君失刑賞。則見輕於天下矣。況今四夷交侵。師不用命。財匱民愁。吏以苛刻相挺。官以黨與相營。陛下何不收取二柄而自用之。假如罰不當辜。人猶知畏。賞不值善。人尚知恩。又況陛下之德之明。賞必善。罰必辜耶。魯國政在陪臣。春秋為諱之。稱之曰盜。況擁九五之丕構。總天下之機矩。倒持利器。以資斷割。忽洪範之至戒。蹈子罕之覆轍。輕龍虎之神威。悖春秋之所諱。召衰促亂。倚所利哉。比年以來。白無威光。月行黃道。氛霧無時。河決地動。皆下侵上。上失權之應也。伏望陛下上揆天刑。俯觀人事。收威福以在手。破群黨於私門。奮乾剛。擊雷聲。行之一日。天下廓然矣。臣蒙恩深厚。不敢愛死。輕進瞽

言。惟垂裁赦。

參知政事范仲淹上奏曰。臣竊見許懷德在延州。為不進兵擊賊。及軍民虛驚。拋棄隨軍糧草。遂送永興勘劾。該赦釋放。授秦州部署。近又西賊侵邊。破蕩卻熟戶一千帳。不能保護。即合重行朝典。以其在邊無效。降充永興部署。郭承祐降知相州。為轉運使紀察充北京都部署。此二人一面責降。一面遷轉。天下聞之。是朝廷賞罰顛倒。取笑四方。尚以激勸勳臣。何以驚戒惰將。如王信狄青貴有武勇。堪任管軍。亦恐未有大功。遷轉太速。祖宗朝任用邊將。賞賜至厚。使用度充足。委信至重。使生殺在己。惟惜官職。不令滿志。恐有懈惰。不思立功。實前王馭將之術也。又朝廷曾降詔。所闕都虞候等。更不循轉。候有邊功。除授。令卻不因功勞。衝改此詔。而今後國家之命。全無信矣。惟用兵命將之令。尤要取信。繫之安危。與其他號令不同。如須合轉。趁

亦俟遇郊禋。使作頭恩。方可進爵。願陛下再三思之。仍乞丁寧指揮兩府。今後議論賞罰。不可輕易。須是有所激勸。不拘常議。方可施行。臣謂國家承五代之弊。賴祖宗威德。陛下仁聖。保守四海。久無禍難。今四夷已動。百姓已困。倉庫已虛。兵旅已驕。國家安危。實未可保。惟賞罰之柄。駕馭天下。如賞罰頻失。將何以保太平之業。臣切懼之。願陛下裁擇。

仲淹為陝西經畧安撫使。又奏乞重定戰功賞格疏曰。臣等竊見用兵以來。戰陣行賞。逐處起請。所見各異。或謂須要首級。或謂當錄陣前得力之人。至於使臣軍員。並不許手下人所獲分數。亦與士卒一般被功。是以人無適從。最害邊事。臣等欲乞朝廷特元定賞格。并諸處起請條貫重行定奪。須下諸路。所貴軍中知信。第賞無差。

蔡襄上奏曰。臣等竊見河北保州叛卒昨已招降。原其致亂之因。乃總領之司。不能覺察。自都轉運使安撫使而下。一例奪職降官。此蓋朝廷習厲天下官吏。深思撫養士卒之宜。先圖遏絕禍患之本。然臣等切謂法令之行。必自近始。若捨近繩遠。雖法令日行。人不信服。臣聞保州兵士未叛以前數月。邊臣曾奏都大巡檢下兵士。乞早處置。恐其生變。大臣聞之。絕不為意。以至殺戮官吏。閉城邀命。然後倉黃或招或攻。或作曲赦。幸其革心。不至大害。且帷幄之謀。臨事先當準備。豈有邊臣奏論如此等事。都無制置。循以成患。其誰之咎。今張溫之等已責降。其中書樞密院大臣與聞軍政者。伏乞陛下推邊臣所奏保州兵士事宜。因依特與責罰。庶乎法令明而天下服

襄又上奏曰。臣等近以保州叛卒平定之後。朝廷以都轉運張溫之以下不覺察之罪。例皆貶降。臣等聞保州兵卒未叛以前。邊臣曾有奏請。早乞處置。絕無施行。遂至生變。臣等伏乞陛下責罰大臣與聞政者。伏聞陛下已得邊臣之奏。特以輔弼之重。屈天威而恕之。伏惟陛下專賞罰之柄。而所謂罰者已行於遠。而不行於近。既失之矣。所謂賞者又録其終。而不録其初。又重失也。邊臣先能探刺叛卒情狀聞于朝廷。其時大臣苟能深慮而預處置之。必絕叛亂之禍。及殺殘官吏。閉門邀命。四面之兵。合謀招討。中外震駭。尚賴朝廷威靈所加。即時平定。設使偷延時月。城堅而不下。宿兵於野。費用不貲。其變豈可量哉。今招叛卒閉城門殺賊首者。盡皆遷官償賞。而預言必變之狀者。棄而不錄。所謂勤於其終。而不念其初者也。語曰。曲突徙薪無恩澤。焦頭爛額為上客。正類是矣。所有邊臣預先數月奏論保州事宜者。伏乞陛下出宸斷。特與恩奬。庶使守邊之人。精心察伺。先絕未萌之患。較於推恩之術。不猶愈於攻城殺賊而後泛行官賞也。

起居舍人知諫院范鎮上奏曰。臣伏見近日月入南斗。月為陰。南斗

主爵祿。天意若告陛下將有陰邪小人干冒爵祿者。而欲陛下謹爵賞也。近日以來在外傳聞。皆以謂溫成葬事將畢。石全斌以下及諸工巧人。公然揚言。妄冀遷改。陛下不可不祗畏天戒。以固拒之也。夫爵賞之出。本於慶喜。如緣溫成葬事而施爵賞。是以慶喜而幸溫成之喪也。天意人情。俱為不可。而外議如此紛紛。臣若不先事建言。萬一有此而後論列。是徒暴朝廷之過於中外。而於事為無益也。

鎮又上奏曰。臣伏見自去冬多南風。今春多西北風。又黑氣蔽日。天色沉陰。雨而復止者數矣。此皆政事不決之應。臣兩奏乞與御史辨陳執中事。仍乞牓朝堂。及今十餘日。未見行下。臣竊以賞罰當否。在於辨是非。是非不辨。則賞罰隨而廢矣。陛下向諭臣樞密院本欲留陳執中。畏御史之言。遂不敢留。樞密院以御史之言是而畏之邪。將以為非而畏之也。以為是而畏之則可。以為非而畏之。殆非陛下所

以任之之意也今陛下不以是非自專而以責中書樞密大臣中書樞密大臣又不敢主是非主是非者御史爾而御史是非謬以如此御史中丞知雜御史又左右之夫所謂謬者棄法律而牽於浮議也任私情而不顧公道也務角勝也專於為逆詐也陛下何不勅大臣以法律處之以古人所行之事折衷之則是非辨而賞罰當矣漢宣帝時魏相為丞相其侍婢有過自死於是趙廣漢為京兆尹疑丞相夫人妒殺之即上書告丞相罪魏相亦上書自陳妻實不殺婢相自以過譴笞出至外第死而司直蕭望之亦劾奏廣漢摧辱大臣傷化不道廣漢并坐賊殺不辜等數罪要斬於市吏民守闕號泣者數萬人亦有請代廣漢死者皆不聽宣帝明主也廣漢能臣也吏民守闕數萬人非特御史中丞知雜御史一二之為助也然而卒斬廣漢者以為嚴上下之分戒險薄之俗不得不然也臣言此者非欲陛下斬御史如廣漢比也直欲陛下知古人嚴上下之分戒險薄之俗如此其尖也乞以臣章并御史所奏宣示中書樞密大臣詳正是非如以臣章非是則乞免臣職終身不齒如以御史所奏為非亦乞依公施行所貴賞罰分明則風雨序而日光復矣

歷代名臣奏議卷之一百八十七

歷代名臣奏議卷之一百八十八

賞罰

宋英宗治平元年知諫院司馬光言兩府遷官疏曰臣伏覩去歲陛下即位之初兩府臣僚已各遷官今茲甫及朞年一例又加恩命雖陛下褒優大臣務從豐厚而朝野竊議以為近來國家官爵易得恩賞太頻柱石之臣當勠力同心共救此弊今若連年之內寵數便蕃恬然有之自以為宜則何以率正他人抑塞僥倖因此恐大失天下之望然為陛下愛之適所以傷之也臣竊料大臣亦不敢自當亦當辭避願陛下因而聽之以成其美

光又上奏曰臣近曾上言兩府臣僚遷官太頻恐失天下之望乞陛下聽其辭避以成其美未蒙采納臣非憎此數人嫉其遷官乃是欲全其令名使之輔佐陛下重惜大柄耳先帝親還聖明傳以天下今陛下乃欲歸功大臣臣固知其人必不敢當也借使當日實曾贊成先帝聖意乃是欲安宗廟社稷若今日受賞則是豫邀非常之福罪孰大焉然則陛下賞之是掩其盡忠之心使為徇利之人何榮之有臣所謂欲全其令名者此也夫爵位者人主所以御群臣之大柄也然品秩高下本皆虛名但以難得之故為人所貴若其易得則為人所賤譬如金玉珠璣苟或道路階庭處處有之則與瓦礫無異矣近歲以來官冗賞濫兩府大臣豈不素知今遇陛下即政之初所宜開導聖聰以懲革斯弊今陛下以纂紹之際及聖體未安之時中外平寧為兩府之功加以厚賞則宿衛將帥宗室外戚四方藩鎮內侍近臣皆有覬望若一一稱滿其意則國家官爵賤於泥土將無以役使群臣若抑而不與則人不自知更生觖望是始於推恩而終於聚怨也且輔佐之臣自於朞年之間連併遷官而欲禁止他人之幸進議

艱難矣臣所謂欲使之輔佐陛下董楷大柄者此也或者陛下以為曹佾無功尚加之使相況輔弼大臣當國家艱難之際輸力盡瘁不可不賞臣愚以為不然陛下所以賞曹佾者非以為功也乃以皇太后之德至深至厚無以為報故褒崇元舅以慰母心今若緣此推恩次及后族次及兩府次及他人則是曹佾隨眾遷官不為優異於皇太后之心何所慰哉然則陛下虛捐盛恩而眾人皆以大例遷官何足為喜也臣豈不知陛下欲褒賞大臣而臣區區不量其力以橫議干之非身之利然為朝廷忠謀無恤其他惟陛下察之

光又乞罷近臣恩命上殿疏曰臣昨者上言近歲官冗賞濫兩府大臣遇陛下即政之初宜開導聖聰以懲革斯弊今陛下以紹續之際及聖體未安之時中外平寧為兩府之功加以厚賞則宿衛將帥宗室外戚四方藩鎮內侍近臣皆有冀望若一一稱滿其意則國家官

奏議卷之一百八十八　二

爵賤如泥土將無以復使群臣且輔佐之臣自於朞年之間連併遷官則難以禁止他人之幸進伏蒙陛下面諭臣以兩府大臣皆有大功所以遷官他人無功何敢輒望臣再三敷奏以陛下若寢兩府恩命則他人自然不敢僥求若見兩府遷官則誰肯自謂無功不求榮進恐至時陛下亦不能裁抑兩府亦不敢執奏當時陛下聖意確然終不開納今兩府纔受恩命竊聞入內內侍省都都知任守忠等已一例遷官臣竊料向去其餘臣僚互相形比繼續遷官卒無窮盡蓋官爵者人主之利器所以驅策群臣制御四海今陛下曾不愛惜容易與人一至於此臣竊惜之凡政令之行必自貴近為始前者濫恩已施之於貴臣不可復收若止之於近臣猶可救其大半所有任守忠等恩命伏望聖慈特賜追還以塞向去僥倖之路

英宗時趙瞻上奏曰世之大患在賞罰焉賞以微文悟賢罰以定令

幸疾則是國代賢者辭而法為姦人地也有吏於此齋閣閱諸考課曹曹必以某在某職事若干年當遷某官某在斯課最若干數當增某秩斯人大賢久不肖雖朝廷王公不得擅輒議其存捨動搖者或迹狀白著有非常不在詔令則以聞故事與令有所差駮突兀亦不為舉矣以賢者難進易退廉恥謙服之心詎非代之辭者歟若爾伊尹太公常為匹夫傅說箕子常編摯囚冀缺甯戚常伍耕農管仲五羖常沒虜矣尚焉與時爭盆數之適賦列時刻之積効而邀遷次邪又或以罪待理官書曹必曰以甲令當某罰以乙詔當某科有輕重疑則為奏以請上上之所進退亦有法律三尺爾夫以姦人狡獪窺幸之情詎非為之地者歟且唐虞流共工放驩兜湯誅尹諧文王誅潘正太公誅華士管仲誅傅里乙子產誅鄧析史傳孔子誅少正卯周書有三風十愆禮經有四誅無赦孟軻以楊朱墨翟邪說之無君

奏議卷之一百八十八　三

親者拒之荀卿以宋鈃公孫龍衆惑之亂名實者禁之故若晉羊舌鮒以撩吏尸齊阿大夫以虛譽烹彌子瑕佞幸以忠孝而得罪鄭鮮豪俠以仁義而見戮皆姦雄桀黠傷蝕風教之尤者然以之示有司則罪無所當矣非勉寬仁之治也非保賊亂之黨也徒律令無所處焉也賞與罰如是觀步帝皇之塗而未底者所以趣之之轍異也或謂君之所贊者古也今之所用者時也若居今時而用古殆不可與權矣張選舉之程法補調之品目猶曰未也況以堯舜之所病與三代之明指而責有司哉又若前主律後主令附麗驗治鞫獄鍛成猶曰未也況以離明之狀可惑之事而欲致大戮哉正爾則賞皆及濫今刑僭及善人何此大不然且責君於難謂之恭吾君不能謂之賊彼為獨不欲舉縣官於堯舜三代之隆乎夫人之雜行技能號為搜索而真朝廷矣才具器識號為量度而縻爵位矣斯豈他術哉視必得

賞者而後任之有司爾。眞賢實廉未次求賞則有司之明也。上之察也。任人大姦恭繩誅殛。亦有司之明也。上之察也。豈他術哉。上如不察。有司不賢。雖區區於秩次。事事於律令。頑盍貪其幾測者豈有稱耶。但古用此亦治。今用此亦治。不能用則皆末如之何也。又安在權不權。使令得一伊尹太公而賞之。天下非乎。不也。得一驩兜共工而罰之。天下非乎。不也。若賞伯夷而罰盗跖。罰竊寄而諮賢發惡可。

呂誨請罷韓琦等遷官疏曰。臣伏覩宰臣韓琦等轉官制辭皆賞先議建儲之功。於體似未爲便宜。儲貳者國家之根本。根本未定大臣不言。誰其言之。蓋其職爾。豈得爲功。言之者是公於天下而賞之者私於己也。且漢史載文帝豫建太子。但云有司所請。不顯其人。況景帝世不聞賞建言者。誠有旨哉。自至和而後。先帝服藥。文武官請建儲副者無慮百十人。可盡錄其功賞之耶。去歲賞定策之功。今日賞建儲之議。恩寵便蕃。乃前世未聞之事也。大庭宣揚。是以爵祿誘人。使者因事以言。必思後福。其可得乎。陛下自幼鞠育宮中。乃先帝之意。天命所屬。保護者皇太后之功也。群臣何力之有。借使臣下不言歷數何所歸乎。貪天之功以爲己力。古人羞之。琦等豈無是恩。臣所以願陛下不賞者。爲國家無窮之計。唯聖智察焉。

神宗時。御史中丞司馬光劾充山陵儀仗使上。辭賜金劄子曰。臣前日蒙恩賜金五十兩。并銀合。臣以所賜過厚。累問永昭陵禮儀使范鎮知舊例所無。不敢當受。遂具奏陳乞。許令回納。代蒙聖慈特降中使宣諭令受。臣上衘恩遇。至深至重。螻蟻微命。不足爲報。愧懼流汗。無所容措。然臣竊聞昔韓昭侯有弊袴命藏之。侍者曰。君仁君也。不以賜左右而藏之。昭侯曰。吾聞明主愛一嚬一笑。嚬有爲嚬。笑有爲笑。今袴豈特嚬笑哉。吾必待有功者。彼一弊袴猶不可以與無功之人。況數十兩之金乎。魏太祖之爲政。有功宜賞。不吝千金。無功妄施分毫不與。我太祖太宗之御臣下亦然。故能驅駕英豪。光啓大業。夫明主之不妄賞賜。非吝之也。誠以賜一無功。則天下無功之人。皆有徼覦之心。有功之人。皆懷怨望故也。借使一人有功而人主賜之一金。無功者不得。有功者必喜。何則。衆人不得而我獨得之。是人主知我之功也。其榮多矣。如是則智者獻其謀。勇者竭其力。雖使之赴湯火。猶將甘而樂之。若有功者賜千金。無功者亦賜千金。其有功者必不悅。何則。彼無功而我與之鈞。是人主待我無以異於彼也。其奔溱矣。如是則有功者莫不解體。誰肯竭其智力。觸冒死亡。以徇國家之急哉。故官爵金帛者。人主所以鼓舞群情。使之奔走左右而不自知者也。然則明主愛一嚬一笑。豈爲過論哉。仁宗皇帝天性寬仁。承累世餘烈。府庫充實。身雖節儉。而好施於人。群臣左右貪求無厭。賜予之例。因兹寖廣。府庫之積。日益减耗。不幸又於五年之中。再遭大喪左藏內藏奉宸等庫。率皆空竭。當此之時。舊例所有。猶宜減節以救其弊。況可以例外橫賜無功之人乎。且陛下以國用不足之故。未厚陵猶遵遺制。比永昭陵事事裁減。而所賜群臣之物乃更多於永昭陵之時。臣雖小人貪昧財賄。揣循此理。能自安乎。此臣所以夙夜憂惶無以自處者也。況府庫之物。乃天下萬民之物也。自非有功於民者皆不宜得之。臣所以仰違詔命。堅辭賜物至于再三者。非自以飾小廉也。乃欲助陛下成治道。伏望聖慈察其誠懇。依臣前奏。許令將所賜金并銀合回納入庫。

光又論王廣淵章服職名疏曰。臣累言廣淵姦邪。乞盡奪去職名與遠地監當。今聞廣淵帶職知齊州。仍賜章服。如此。乃是賞之。非黜之也。昨使廣淵自改京官以來。謹身守分。不爲姦諂。以至今日。不過作第二任通判。今所得乃如此，豈可謂為姦諂無益哉。孔子稱唯器與名不可假人。今之章服，所謂器也；職名，所謂名也。二者皆無用之物，然而天下貴之者，為其非賢材則不能得之故也。唐宣宗重惜章服，不輕以與人。有司製緋紫衣以備賜與，經年不用三兩領，故當時服緋紫者人以為貴。夫名器者譬如珠玉，若使之易得如瓦礫，尚安足貴乎。近歲兩次覃恩，服緋紫者已為氾濫，今又如陳鑄、王廣淵輩皆賜章服。是使今後受賜服者皆以為恥，不以為榮也。且陛下使廣淵出補外官者，心已知其姦邪之迹也，今又復以職名章服寵之，是勸人使効廣淵所為也。臣竊恐非國家之福。伏望聖斷，依臣前奏盡奪去廣淵職名并所賜章服，與遠地監當，使賞善罰惡皦然明白。

彭汝礪上奏曰：聖人在上，不能使人不為過惡，有過惡則治之而已。昔堯之時洪水未平，堯使鯀治之，示堯有成，鯀不免殛死。堯不失聖人，臣伏睹王孝先反覆不信，熒惑中外，誕謾無懼，愚弄朝廷，耗盡國財，死折人命。其事見於案牘甚具，見於人言甚不可欺，非待臣言也。今朝廷為之蓋覆，為之遷徙，譬猶愛惜兒女，不忍以一指彈治。臣恐朝廷綱紀自此廢弛矣。賞罰者朝廷之綱紀也，綱不綱，紀不紀，雖有智力，不能善其後矣。陛下自履大位，于今五年，好惡循理，是非以道，暬御無過與，宗室無假借。近親貪功，廢之終身而不齒；乳媪弄權，一日弃之如涕唾。命於朝廷，達於四海，詠蹈鼓舞，稱為神明。今於孝先而獨之，臣以為過矣。書曰：刑故無小。又曰：怙終賊刑。孝先於清議非不知而為之也，及姦詐窮露，猶敢肆意誕言，以朝廷為無足畏，所謂怙終，雖堯舜在上，不能容矣。夫是非非我也，是天下之公器也，雖大臣有不得擅焉；賞罰非人也，是天之成命也，雖人主有不得而私焉。易曰：文不當，故吉凶生焉，治亂禍福之來，一顰一笑之間而已。況如此其大者耶。惟陛下上畏天威，俯同天下之議，正孝先等之罪，以解中外之惑，以存朝廷之紀綱。臣雖得罪，蓋所安也。

起居舍人同知諫院范純仁論呂誨、薛向疏曰：臣備位諫垣，職在箴補時政。凡是賞罰之失，必須竭力陳論。臣曾任陝西，親見其人之姦迹，豈敢偷安苟祿，結舌保身。況居聖神之朝，當盡枉直之說。愚臣自叨近職，固亦上體聖心，無非奬善旌能，去邪黜枉，深欲明示好惡，將使天下風從，而乃執政之臣喜人承順，故昧分別邪正，以致賞罰不平，使天下之人有疑於陛下，必謂督責君子太重，崇奬小人太深。委近習則務優容而來其言，用臣寮則因違忤以沮其志。蓋以近事明之，不得不謂之如此。且如呂誨是御史中丞，詔許風聞言事，才有失實，即坐左遷，此則責君子之太重也。薛向外官，固合守法，而敢違條罔上，罪跡顯聞，不獨曲被優容，而復驟加奬用，此則奬小人之太深也。陛下間或遣內臣走馬承受輩體訪外事，固已不使臣寮得知，其或言不審詳，必為隱而不責，又況肯使與罪人對辨而反坐其言者哉。此則務優容而來其言也。且薛向在陝西壞法已七八年，張靖一旦往彼體量，不能盡見根柢，詢訪之際，容有不詳，先被黜辱，此則因違忤以沮其志也。責君子太重則忠臣難立，奬小人太深則奸邪易滋。優假以來之，則近侍之言皆進；違忤者沮之，則中人之性盡移。如此而望風俗之不偷，聰明之不惑，不可得已。陛下天資睿聖，超越前古，臣之遭遇千載一時，微臣尚恥於枉尺直尋，陛下固不可啓寵納侮，豈止爵及惡德，實亦有害邦家。伏望聖慈捨己從人，勿憚改作，近者二人之命悉賜追還，不唯賞罰均平，實亦天下幸甚。

哲宗元祐三年，翰林學士知制誥兼侍讀蘇軾上奏曰：臣今日邇英進讀寶訓，及雍熙淳化間事，太宗皇帝每見時和歲豐，雨雪應時，輒喜不自勝舉酒以屬羣臣又是日熒惑與日同度太史奏言當旱既而雨足歲豐臣讀至此因進言水旱雖天數然人君脩德可以轉災為福故宋景文公一言熒惑退三舍元豐八年熒惑守心逆行犯房又逆而西垂欲犯氐氐四星后妃之象也方是時二聖在位發政施仁惟恐不及臣視熒惑退舍甚速如有所畏不敢復西以此知天人之應捷於影響太宗皇帝親致太平而每遇豐年若獲非常之福喜難如此者豈非水旱不作自是朝廷難得之事乎書曰天聰明自我民聰明匹夫匹婦有不獲其所猶能致水旱而况政令之失小及一方大及四海其為災沴理在不疑自二聖嗣位于今四年恭儉慈孝至仁至公可謂盡矣而四年之中非水則旱日月薄蝕五星相凌淫雨大雪常寒久陰之類殆無虛月此豈盛德之報也哉臣愚無知竊謂陛下身脩而政未脩故監司守令多不得人百姓失職無所告訴

誣怨上達以傷陰陽之和所以致此者蓋由朝廷賞罰不明舉措不當之咎也臣請略而言之去年熙和諸將力戰以獲鬼章此奇功也故增秩賜金涇原諸將閉門自守使賊大掠而去若涉無人之境此罪人也亦增秩賜金賞罰如此何以使人廣東妖賊岑探反圍新州差將官童政救之政賊殺平民數千其害甚於岑探朝廷使江西提刑傅燮體量其事燮畏避權勢歸罪於新州官吏又言新州官吏却有守城之功乞以功過相除愚弄上下有同兒戲然卒不問岑探聚衆搆謀經年乃發而所部官吏恬不覺知使一方赤子肝腦塗地然亦止於薄罰童政凶狡貪殘非一日之積而監司乃令將兵討賊以政數千人無辜就死亦止降一差遣近日温杲誘殺平民十九人冤酷之狀所不忍聞而杲止於降官監當蔡州捕盗吏卒亦殺平民一家五六人皆婦女無辜屠割形體以為丈夫首級欲以請賞而守倅不按監司不問以至臣寮上言及行下本路乃云殺時可與不可辨認白日殺人不辨男女豈有此理乃是預為凶人開苟免之路事如此者非一臣不敢盡言特舉其甚者耳如此不過恩庇得無狀小人十數人正使此等歌詠愛戴不知有何補益而紀綱頹弛媮惰成風則千萬人受其害此得為仁乎大抵為國要在分別是非以行賞罰然後善人有所恃賴平人有所告訴若不窮究曲直惟務兩平則君子無告小人得志天下之亂可坐而待此臣所謂賞罰不明之咎也

紹聖三年監察御史蔡蹈上奏曰臣伏覩近降聖旨指揮以金明池修龍舟了畢特支度牒十五道賜供備庫副使楊琰者按琰本木工止緣技巧驟致使名祿養豐厚特有加賜近代以來以工巧被寵遇者未有如琰比也而琰之圖效非有搴旗斬將之勞而操規矩執繩墨以指撝庶工正其責也龍舟之後其費不貲朝廷不責其過侈以

傷太府之財幸也復以度牒賜之未為允當且今度牒直金二百千以十有五牒計之凡三千緡非不多矣舉而授琰曾不計校甚亡謂也若謂其功可賞耶設或運機精思殫盡奇巧以窮耳目之翫不過百工何足多尚朝廷賞之過厚內外籍籍不無議論凡賞罰所以存勸沮也賞當乎功則天下勸而赴功者有之矣罰當乎罪則天下沮而遠罪者有之矣今以一龍舟之勞而命賞過厚不知意果何在耶若謂其勞不可以不賞則邊陲用命國爾忘家之人緩急不同假令邊陲之士為陛下臨危拒敵而致其死不知何以為賜乎臣等竊聞諸路州郡每有興脩河渠水利官府祠廟等于朝廷乞降度牒不唯重惜未即應副而詰問勘當十不得五其重如此而獨於賞琰不以為意何耶臣等愚陋欲望聖慈特賜裁減天下幸甚

哲宗時監察御史常安民奏种誼擒鬼章賞未稱功疏曰臣聞邊功

有二。王者之德如天之覆。如地之載。微至昆蟲草木。遠而戎夷蠻貊。皆被其澤。無彼疆此界之異。而因利乘便。入其土地。俘其人民。奪其城壘。此求利之功也。雖不賞可也。賞之不可厚。厚則生邊患。若夫背德負義。玩威入寇。焚毀民居。殺掠生聚。强據州郡。脅誘部族。結從連衡。窺伺中華。一旦竊發。噬臍何及。而能先敵鼓勇。出其不意。使敵不及拒。計不及施。此去害之功也。安可不賞。賞之不可薄。薄則沮士氣。往歲西蕃董氊大將鬼章青宜結。桀黠有智數。熙寧中。於踏白城誘陷洮西安撫四方館使景思立全軍。漆其頭顱為飲酒器。人怨神怒。先帝嘗下募賞之令。厚捐金帛。命李憲圖之。凡十餘年。未有能稱詔旨者。元祐中。乃敢陰連西夏。誘結蕃酋。約為內應。從之者十已八分。遂犯疆土。殺虜蕃戶。燒蕩其廬舍。掘發其窖藏。蹂踐其苗稼。斬伐其樹木。遂據洮州。屠戮酋豪。無敢誰何。方是時。种誼守岷州。鬼章之兵

已逼。岌乎如掛虎口。誼稟命於經畧司。求出師者數矣。而劉舜卿以朝廷方休兵息民。恬不為意。其後朝廷遣游師雄使熙河。而趙醇忠郎結氊包順包誠之徒。泗涙泣訴。推心痛恨。師雄乃趣舜卿。然且猶豫累日。卒用誼謀。誼師既出。先命焚飛橋以斷蕃兵之路。把衡隘以絕傳報之音。卒能雍容靜密。生擒鬼章。獻之闕下。西夏五十萬之衆。及境聞之。遂皆遁去。勳烈煌煌。誰與倫比。而廟堂之議。乃欲不崇邊功為安靜之策。不問其有去害奇功。非求利之比。槩薄其賞。臣愚竊謂擒獲鬼章。誼吞謀首。毅冒鋒鏑。功居第一。師雄不辱君命。能趣舜卿俾用誼謀。功又次之。舜卿觀望勉從。功宜居下。而當時推賞歸雄自宣德郎軍器監丞改奉議郎陝西轉運判官。繼除校理。固不為過。[illegible]外。自龍神衛四廂都指揮使高州刺史。遂擢為殿前都虞候寧州團練使。其崇峻如此。而种誼乃自莊宅使。比遷西上閤門使康州刺史。未足以稱其勳烈。先帝詔令具在。殺獲鬼章者。未仕人。授諸司使。令朝廷正宜信賞。而酬誼止此。豈先帝詔令可以闇乎。抑賞可以不行乎。以為邊功不足崇尚乎。則何以奏告裕陵。鬼章檻獻之日。百官畢見。四方馳表稱賀也。臣訪聞阿里骨因溫溪心以附西夏。有吞併熙河之志。蕃部一搖足。則熙河非中國所有。蜀道亦有受敵之憂矣。人材之乏。未有甚於今日。而將帥之有威名者。唯种氏為最著。臣愚竊謂宜於此時申白种誼前日之功。優加褒進。以勵將帥。則人皆知勸。而邊境無虞矣。

侍御史劉摯上奏曰。臣竊以聖人之運天下也。其政事之要。在於賞罰。賞罰之令。堅於金石。信如四時。使有功者不逾時而蒙〔賞〕。失職者不旋日而被罰。故天下凡待賞罰而後勸沮者。莫不奔走從事。趨上之令。此天下之所以治也。然則賞罰之施於天下。未可以不信。而臣

以謂施於盜賊者。尤不可以緩也。方民之被盜也。田里閭巷。晝夜惴恐。縣官惻然。開告捕之科。不愛厚賞。提官爵。抱金帛。恨不即得有功者付之。幸而賊得矣。而有司不能推奉詔旨。乃苛以文法。孜詰稽留。使人不得亟蒙有勞之利。臣竊以為後日憂也。伏見元豐七年。澶滑之間保甲有為劫盜者。其首曰單安。曰王乞驢。又曰張謝留。離合出入。凡數十人。往來二州間。虜掠平民。焚蕩村落。殺人取財。以至傷殺官吏。屠害軍兵。又嘗轉入衛州界上。方不安。朝廷督責捕盜官司。至於自京遣使募衆。而州郡調發將兵及降專賞指揮。是年逐賊皆於澶滑次第掩獲。各正其罪。而推賞之典。至今逐司不為保明。首尾二年矣。夫奮不顧死。冒矢石以與亡命者格鬭。莫不有職。然要之趣賞之意多也。今失信而後時。誠恐緩急不足以率厲。此其為患。有不勝言。伏乞指揮根究住滯官司。特賜詳酌。重行黜責。以明賞罰。以戒違

慢。

右正言劉安世論開封官吏冒賞事狀曰。臣伏見御史臺舉劾開封官吏。將大辟罪人寄廂。妄奏獄空。致朝廷誤推賞典。如聞已降指揮。錢勰止令贖銅出知越州。推官范子諒並與小郡。其餘官吏特免改正。雖門下省嘗具封還。續准朝旨惟展磨勘。此乃陛下至仁至厚。不欲窮治。而勰等所犯。情實欺君。考之公論。皆謂責之太薄。而名且不正。事關國體。須至論列。臣聞人主所以鼓動天下。制馭臣民之柄。莫大於賞罰。賞必及於有功。罰必加於有罪。則四海之內。竦然向風。而無不心服者矣。惟其無功者濫受。有罪者幸免。遂容僭濫。而其弊將至於無所勸懲。然則為天下者。安可不以至公而慎用之乎。今開封官吏以大辟之囚。權令寄廂。敢肆誕謾。謂無一人之獄。朝廷信用其奏。亟推厚賞。進官錫服幾二十人。下至胥吏亦霑恩賜。播傳天下。

書之史冊。何可掩也。繼而臺臣抗章。彈其繆妄。陛下付之執政。按見實迹。縱不欲論以全罪。猶當奪其誤賞之官。少為天下誣罔之戒。而乃一切仍舊。復得名藩。使勰善去。不過如此。今實有罪。何以示懲。陛下若明正刑典。則虛偽之迹固在勰等。茍謂已行之命。憚於追改。則好名之謗遂歸朝廷。傳之後世。實累聖德。伏望陛下特徇公議。追勰誤賞之官。黜之小郡。其餘官吏亦令改正。使天下知公朝之名器不可幸以得。非惟塞小人奔競之路。亦助成陛下無私之政。所以詳論之者。蓋欲救正國家之大體。非特區區為一錢勰而發也。伏惟留神省察。早降指揮。

安世又論趙禼無名進職等事狀曰。臣伏見朝廷近除知延州趙禼為樞密直學士。博考僉言。極有異論。輒據公議。上煩天聽。臣歷觀祖宗以來待遇帥臣之體。或以其久在方面。夷虜畏服。或以其征伐扞禦。績用彰著。再委藩宣之任。方行進職之典。禼治鄜延未滿二歲。考其行治。無以過人。伏讀告詞。又非再任。方朝廷進拜執政。而禼獨無名。同日遷陟。中外傳播。皆謂失體。兼臣風聞禼嘗遣使與西夏納款。反為羌人執而戮之。審如傳者之言。則挫國家之威靈。沮塞垣之士氣。守邊無狀。孰甚於此。賞不以當賢。則無以勸善。罰不當罪。則無以懲惡。而況無功受賞。有罪不罰。欲持此道以治天下。臣竊惑焉。伏望聖慈特加考驗。若禼果有上件事跡。不惟收還新命。亦乞明正典刑。庶使貪功邀利之徒有所戒懼。

右司諫鄭知章上奏曰。爵祿慶賞以勸天下之善。願無以假借大臣。使行私恩。刑罰誅戮以懲天下之惡。願無以假借大臣。使快私忿。忠於陛下者必見忌大臣。黨於大臣者必上負陛下。惟明主財察。

徽宗即位初。御史中丞王覿上奏曰。臣竊以賞罰者。大公之器也。重

輕與奪之間。不可以不慎。苟重輕不倫。與奪失當。則非所謂大公。而無以示懲勸於天下。詩云。周道如砥。其直如矢。君子所履。小人所視。謂均平而無偏曲也。臣伏見向者東南郡縣緣根究逃絕戶。而增稅受賞者。朝廷察知其弊。故李琮降黜。而今年七月十三日勅。應因李琮奏請被差根稅官吏不酬賞。已酬賞者吏部根究追奪。此有以見朝廷深恤民隱。不忍使貪競欺罔之吏盜取恩賞以蠹害無辜之民也。然臣所未諭者。彼緣市易冒賞之人。朝廷亦察知其姦矣。乃獨呂嘉問降知淮陽軍。而其餘冒賞者並無追奪指揮。竊聞言事官亦頗有論列。而久未行遣。公論深以為疑。夫根稅之患。止於東南。而所增之稅。皆入於縣官。可以還於民也。其賞大率不過堂除優便。先次差遣之類而已。有得以轉官循資者少矣。市易之患。被於天下。破民之產。而利皆歸於牙儈胥徒。不可以復還於民也。其賞至於轉官升任

分取息錢者莫知其數矣夫為患之狹且淺而冒賞之少者即行追奪為患之廣且深而冒賞之多者即置而不問其輕重不倫與奪失當者如此則果何以示懲勸於天下哉或謂今年七月八日詔書既宣示中外以蕩滌隱疵闊略細故矣今冒賞者復行追奪則豈詔書之意哉臣竊以為不然夫前日詔書之所恕者隱疵故而已今市易之患遍於天下凡富商大姓破家竭產而棄妻鬻子者道路相望也賴聖慈矜憐無辜蠲放通欠瀕於死亡之民復有生意其虛增息錢欺罔之吏緣詔書而不治其罪可矣至於冒受爵賞豈詔書之所恕耶假如有詔書之前妄冒取官俸詐欺取民財者今日發露而有司治之則豈可引詔書而不行追理也今年七月十三日勑根括官酬賞追奪條七月十二日聖旨指揮亦在七月八日手詔之後即是追賞與詔書兩不相妨事理明白臣伏乞朝廷指揮有司緣市易而冒賞者依根括官體例追奪以慰公議

大觀三年御史中丞翁彥國上奏曰臣伏以慶賞之柄人主所以礪世磨鈍也仰惟陛下勵精致治未明求衣旰食聽事以詔多士士之起以赴功庶績者不可勝計於是釀於用賞以示勸焉甚盛之舉也然禮有常數事有勢極過則為濫臣請摭所聞而論之伏見比年以來臣僚有被眷異者不惟官職之超躐錫賚之便蕃多遂賜第者臣聞蒙賜之家則必究轉計會踏逐官屋以空閑為名或請酬價充買百姓物業賣皆起遣居民大者亘坊巷小者不下拆數十家一時驅迫扶老攜幼暴露怨咨殊非盛世所宜有況太平歲久京師戶口日滋棟宇密接略無容隙縱得價錢何處買地花木毀撤盡為棄物縱得地何力可造所失者固已多矣既而鳩工市材一一出公上請托營繕務極壯麗糜費不貲陛下知其為恩未知其為害群臣莫為陛下言者得無恐於害已歟設特相大臣有大勳大業非尋常賞典所可報賜第可也近者用為從官一一無可紀已聞賜第矣恩倖技術憑籍寵遇攀援僥求漸不可長陛下以天下為度於臣僚慶賞略不少靳此天下所共惜之臣願為之執極而已臣僚所得月俸以其終身計之幾何哉至於賞格最厚者不過數百匹兩使歲月之中比比受賜亦幾何哉柰何嚬笑之頃頓損十百萬為一第之費及斂數十百家之怨為一家之惠陛下何取於此天下之財入之有經用之有節將積如丘山公私富藏可跂而待也入之有經用之無藝江河之流不能實漏巵矣伏望睿慈少賜留神萬一可採請自今以始非有大勳大業暴著天下者弗復賜第雖已得旨許三省執奏臺諫論列庶以下息覬覦之心仰稱聖明愛民節用之意

宣和元年中書舍人許翰上奏曰臣聞兵家之法使貪者為我爭使愚者為我死夫若是者非他有利以導之也則賞固不可以不厚雖然爵祿顯設於朝維其得之難也是以人危身而取之使其欲而易得得而已充則人孰復肯輕身冒矢石陷堅披敵為國行此危事而求奇功哉故無功而賞則有功者怠功薄而賞厚則人無志於極功而國不收其偉績是賞不可以不審也昔景德間契丹犯澶淵真宗皇帝親駕征之自是強虜請盟至今不復窺邊然而師還賞功加大帥李繼隆等不過進階次加食邑雖周文質身督所部射撻覽而殪之酋帥既亡虜衆遂潰然亦不過小遷其秩而已又熙寧用兵安南郭逵為帥大破賊兵於富良江自是交阯不敢復動神宗皇帝猶以師無大功斥其賞是時燕達最有功不過進秩二等蓋故時邊賞若斯之艱者將復有以用之故也比者西師賴陛下神明威武耗戎震懷屈膝請服然其桀黠反覆為寇可以保其往則將吏之賞不可不

留其未滿之意以待復用也臣自蒙恩使得待罪掖垣與兵房事月餘日間伏見西師賞功凡行一百七十餘人積除二百五十餘官其間轉行遥郡者凡二十餘咸磨勘者不復數計雖臣領事之前則所賞不知其幾何也雖臣之愚不足以權戎事之大計然願陛下參諸景德熙寧審賞之意稍謀所以酌損此者故臣輒敢因董成郭寧之事而推言之非特為此二人惜數官而已也謹按周官六功之賞戰功曰多所謂多者非特貴夫多算古者振旅則飲至於廟以數軍實計所獲多以為勝焉今二人之兵以其所獲除其所亡猶不足也則是得不酬失功不補過而亦蒙厚賞於朝臣欲遂行其詞則不知所以為說是以冒昧而請之

徽宗時御史許景衡上奏曰臣伏覩近降指揮捕獲方臘赴闕統制官楊惟忠於京兆府賜官田十頃官宅一所臣竊惟蕩平浙寇生獲

渠魁實自聖謨授成將帥其間偏裨佐屬各有勤勞凱旋之初第功行賞高爵厚祿皆以為意外之獲也彼惟忠者已該賞典超轉五官令來宣撫司保明再有陳請度越衆人賜以田宅竊以謂一夫僥倖雖未足言誠恐同時立功之人各懷觖望之意蓋朝廷既開此例則無以杜絕後來若偏裨皆冒横恩則在官田宅將不勝其求矣古者惟有大勲勞則錫田賜第而祖宗以來將相大臣功德卓越者亦止於賜宅而已今睦賊就禽豈獨惟忠之力柰何特異諸將冒此踰分之賞哉前日王師撫定燕山近者勦絶寡賊將佐皆立奇功慶賞亦既行矣彼視惟忠所獲豈不憮然皆有不滿之意耶臣愚以為破請羈之姦革濫賞之弊使後来者不敢攀援妄有僥求宜自惟忠始所有賜田宅指揮伏乞睿斷特賜寢罷

御史中丞王安中上奏曰臣竊以慶賞之柄人主所專故書曰惟辟作福而周官太宰特以爵祿之事詔王至於馭富馭貴則惟王之聽而已以是知人臣之分勞固不可自言賞固不可先啓也臣伏覩陛下親灑宸翰申戒濫賞凡不以勞能定等其保明官吏并受賞者以違御筆論又因明堂鉅典告成推恩度越常格申戒官司毋得攀援陳請然則賞無輕重惟務當功朝廷守于上臺臣察于下聖憲一定其誰敢干臣尚願稍因近事申儆一二比者陛下修祖宗以來太平盛事臨幸西池而雅飾池苑東西八作事材等官十三員輒援例乞推賞恩將作監遂為取旨收接敷奏其官以繕完為職若每事邀賞臣恐朝廷官爵有限未足以待之又中山府路帥臣河北路轉運使以深州濬壕先事奏請指期上功其役甫休千澤之書亟至深州數里之城耳所保奏者官三十七員使臣胥吏三十二人又詆大名五十餘里之隍池為不足比陛下灼見池苑因舊雅飾深州壕功不大

妄出宸斷更不推恩此誠足以杜僥倖之原破經營之計矣然既曰更不推恩是乃無足賞者則官吏攀援將作監取旨收接帥司漕臣先事奏請獨可無罔功之罰乎方今懷利之臣造端興事廣辟置以來賕請踰歲月以糜添給官資積累遽至顯列財用耗屈復擾齊民將鑒此風蓋自此始臣愚欲乞特降處分併賜行遣仍乞申戒有司自今非戰多軍勝不許申明收接陳乞恩賞事及凡營繕去處不許先事乞候功畢保奏其如顯有功效在所優賞即乞臨時出自聖裁降旨取索旌一勸百用尊主威如此則下安分義時無濫恩操柄不移名器隨重裕民足用其本諸此惟陛下財擇

左正言任伯雨上言曰臣伏以人臣罪惡無大於為逆朝廷誅赦莫先於正名名曰姦兇則永不可赦設負冤抑則合辨明若惡名未辨而遽以恩數加焉人所竊議非朝廷之體也臣伏見司馬光等皆已

復官但聞三省同奉聖旨依奏行下而中外不知所以遽復其官者以何名也竊惟光等昔以奸凶悖惡無人臣之義厥罪貫盈已死難置子孫親屬所得恩例亦皆追奪天下皆知其所以得罪之名矣罪名如此雖該大赦豈在敘復之限其家子孫寧有再仕之理今朝廷恩典遠於存沒而有罪有冤終未辨明授以美官惡名猶在使光等魂魄有知豈敢以姦宄悖惡之身偶因赦宥而濫受無名之賜乎臣謂光等前犯若有實狀不當引赦原罪如涉冤枉則朝廷昭雪之惠不可不發於訓詞也昔用言章行遣非先帝之本心今以公議辨明乃聖人之善述事無嫌礙理可施行伏望聖慈特賜詳酌指揮

欽宗時侍御史李光上奏曰臣竊惟聖主制世御俗之方莫大於賞罰所以行賞罰者莫先於至公古者爵人於朝與衆共之刑人於市與衆棄之明不敢以己之私恩廢天下之公議也臣伏見金人內寇

都城危逼士大夫委職而去者五十二員近緣臣僚論列有旨令吏部具職位姓名送大理寺根勘約法斷罪陛下示大公之道可謂盡矣命下之日士論紛然或謂罪同罰異致陛下有失刑之譏大臣負黨姦之謗不可不察如衛仲達張勸馮溫舒蔡行兄弟皆從官也林虞劉嘉張植皆致仕也在仲達勸則除名勒停虞則追五官除名勒停行兄弟及溫舒嘉植則置而不問或旋求名目如蔡績蔡纘者或妄托假故如許仔家時者種種姦欺莫究虛實其爲擅去官守一也今詐冒者反得輕典狐拙者多陷深文陛下既已付之有司法者天子所與天下公共也原情定罪豈容有所輕重況得而私之哉伏望聖慈將大理寺定斷到應干逃避臣僚除在去年十二月丁七日已條不問有無事故盡作擅去官守一等坐罪庶幾公道昭明人言弭息不勝幸甚

高宗建炎元年尚書右僕射李綱上奏曰臣聞運會之阨何代無之爲臣子者不幸而遇其時則伏節死義有死而已國家涵養士類垂二百年遽遭金人之變劫質二聖擁鑾輿而北遷遂立臣僚易姓建號而近臣百官忘朝廷之厚恩惜性命於俄頃稽顙屈膝奉賊稱臣有爲金人之股肱驅逼道君太上皇帝皇太子后妃及搜捕宗室戚屬者有爲金人之喉舌傳命令嚴本朝而建僞楚者有因爲姦利汙染國戚者有爲僞楚之輔翼摠其政事者有受僞楚之官爵與聞議論者有肆爲惡言以辱本朝以謟邦昌者或爲之草勸進之表或爲之定冊立之儀視之恬然不以爲怪夫節義者豈所以責士大夫也至於武夫則當闊略昔李唐有安祿山之亂大臣如達奚珣陳希烈之流皆接賊用事而其餘受僞命者肅宗反正以六等定其罪然後唐之威令申以有中興之功今宜倣此考核其罪之輕重以爲之用

事者爲一等以受僞官遷職者爲一等以北面而往事之者爲一等其有致仕及曾乞致仕而不許者猶有羞惡之心亟與旌別應以忠義爲賊所殺如李若水等皆追贈而優卹其家則善者知勸惡者知戒天下之士風至變矣夫節義者天下之大閑也近年以來士知利而不知義故平居無事之時惟以保家謀身爲得策而一經變故坐視君父如行路之人自非一振國威大變其風天下未易理也伏望陛下斷而行之以扶持節義之教天下幸甚

綱又上奏曰僭逆僞命乃今日政刑之大者張邦昌當道君朝在政府者十年淵聖即位首擢爲相方國家禍難金人爲易姓之謀邦昌如能以死守節推明天下戴宋之義以感動其心敵人未必不悔禍而存趙氏而邦昌方自以爲得計儼然正位號赦宮禁擅降僞詔以止四方勤王之師及知天下之不與不得已而後請元祐太后垂簾

聽政。而議奉迎邦昌僭逆始末如此。而議者不同。臣請倫論而以春秋之法斷之。夫都城之人德邦昌謂因其立而得生。且免重科金銀之擾。元帥府怨邦昌謂其不待征討而遣使奉迎。若天下之憤嫉邦昌者。則謂其建號易姓。而奉迎特出於不得已。都城德之。元帥府怨之。私也。天下憤嫉之。公也。春秋之法。人臣無將。將而必誅。趙盾不討賊。則書以弒君。今邦昌已僭位號。敵退而止勤王之師。非特將與不討賊而已。劉盆子以漢宗室爲赤眉所立。其後以十萬衆降。光武但待之以不死。邦昌以臣易君。罪大於盆子。不得已而自歸。朝廷既不正其罪。又尊崇之。此何理也。陛下欲建中興之業。而尊崇僭逆之臣以示四方。其誰不解體。又僞命臣僚。一切置而不問。何以厲天下士大夫之節。

綱又上奏曰。臣竊以戰者危事也。驅之於萬死一生之地。蹈白刃。冒矢石。以首爭首。以力搏力。而求勝於一日之間。非有賞刑之信。何以要結其心。鼓作其氣。使之犯難忘死而效命哉。古者賞必先士卒而不踰時。欲其知勸也。誅不舍潰近而無幸免。欲其知懼也。近年賞罰與此相違。賞之所行。皆權貴囑託與親隨廝役之流。而士卒履行陣以立功者未必賞。將帥提兵以自衛。見敵不戰。望風逃遁者又不加誅。而士卒潰散。亦以轉山逃遁爲名而招集之。則彼何所勸而力戰。何所憚而不走。以求生哉。臣頃在樞密院見童貫推燕山賞。叅及於朱勔父子。并其壻知秀州周審言。皆未嘗從軍。則其餘所賞者推類可知。而西兵陳狀乞賞。皆十數年前未施行者。詰其所以。則當時帥司既上功狀。復送下保明。經隔歲時。將帥移易。則保明不至而賞不行。今雖欲行。亦無所考據矣。又賞功散於諸房。既無程限。又不委官點檢。人吏得以高下其手。使有功者憤歎。然則欲士卒之知勸。何可得也。又聞燕山之役。劉延慶擁精兵十五萬於盧溝河。燕山緩間言且將劫寨。延慶信之。遽焚積聚。以中軍先遁。而十五萬衆一夕俱潰。童貫不能誅。而反以銀絹招潰兵。然則欲士卒之知懼。何可得也。積習之久。將士玩以爲常。靖康之間。雖臨賞力戰如鄜處節之軍。斬梁方平。張師正。王從道之徒。猶未足以革前日之弊。故金寇再犯都城。將帥奔走。士卒潰散者。未可勝計。今日之策。非大變此風。不能有濟。欲乞令三省樞密院同置賞功司。專差人吏承行。應有戰功者。並令將帥所轄官畫時條具結罪保明申奏。賞功司置籍承據功狀。次第取旨。推賞人吏承行。量事立程限。委左右司郎官樞密都承旨點檢。違限者黜罰。因而受賂者依軍法。即有冒賞而不實者。許人告。推治改正。元保明官司重行竄責。其遇敵不戰。輒退撓奔北之人。必誅。刑立約束行下。庶幾士心孚信。舊弊漸革。

紹興間。綱爲江西安撫制置大使。又上奏曰。臣伏見祖宗舊制。軍功賞格以首級爲法。每獲一級。或轉官資。或支銀絹。是以當時賞功覈實。無僞濫之弊。自近年以來。納級計功之法廢。全軍推賞之制行。諸將告捷。皆以棄頭不斫。橫屍滿野。推墮崖谷。沉溺江湖。不可計數爲言。遂使有司不得覈實。朝廷無所考據。一軍千人。則千人推賞。一軍萬人。則萬人計功。殫官爵不足以寵。竭府庫不足以錫賚。歲用之廣。百倍往時。蠹百姓之脂膏。耗朝廷之根本。日益月增。殊無藝極。臣未見其可也。今者車駕巡幸建康。將定恢復中原之策。則所以懋賞報功。使將士知勸。節以制度。使國用不匱。不可不深爲之慮也。臣愚伏望聖慈特降睿旨。令後諸將告捷。並計級數。不得以棄頭不斫。橫屍滿野。推墮崖谷。沉溺江湖爲言。除保明驗實。計級推賞外。其有選鋒陷陣。擒獲破敵。立到奇功之人。雖不獲級。別許保奏。優異推恩。庶賞立功效之人。有所激勸。而朝廷無濫賞之費哉。亂定功不難致也。

綱又上奏曰。臣竊思國家近年以激勸將士之故。每一戰勝。則不計首級。全軍推賞。習以成例。帑藏為虛。今者諸將咸捷。當行慶賜。欲廣其施。則懼物力之不給。欲小其賜。則懼士心之未厭。此尤所當慮者也。夫人情感激。有不待賞而勸者。推賞先後。有未下車而封者。臣願陛下降哀痛之詔。閔將士罹兵革之苦。凡死於戰陣。先加封爵。等給賻贈。收卹其家。死者襃。則生者勸矣。然後明詔統帥。審定功狀。俟防冬解嚴。慶賜併行。其誰曰不然。昔勾踐厚養死事。而士卒思奮。漢祖先封雍齒。而反側者安。急先務也。臣愚不達大體。惟陛下裁察。塵瀆天威。無任惶懼戰越之至。

建炎元年。知開封府宗澤上奏曰。臣聞情生於愛。愛生於見。見生於目之所遇與左右之所接。所遇所接果順於己。則喜。喜則賞之。賞之者非賞其功也。賞其順已而已耳。所遇所接果逆於己。則怒。怒則罰之。罰之者非罰其罪也。罰其逆已而已耳。如是則賞罰出於喜怒。喜怒出於逆順。可謂之公無私乎。賞罰私徇。其何以礪世磨鈍。夫有為於天下乎。聖人無我。故忘情。忘情。故忘逆順。忘逆順。故忘喜怒。故賞一善而天下之為善者勸。知其非私喜也。罰一惡而天下之為惡者沮。亦知其非私怒也。一賞一罰。歸之至公。而我無容心焉。人其不心悅而誠服者乎。陛下所以號令天下。使人知所趨。知所避。知所行。知所止者。賞罰而已。昔文王一怒而安天下之民。武王亦一怒而安天下之民。是怒也。豈發於目之所遇。於左右之所接哉。彼賊虜横肆兇暴。侵犯我王室。臣願陛下如文王武王亦一怒而安天下之民。有賞有罰。惟乎惟一。至於應酬萬機。進退取予之際。斷之至公。以慰天下之望。

三年。趙元鎮上奏曰。臣竊謂國家武功之不競。以軍政之不修。軍政之不修。以勸賞之不明也。自[illegible]觀用兵以來。積為斯弊。至有身不釋鋒鏑之下而不蒙卹贈。執役權要之門而返被優恩。進退取捨。無復公道。勸賞如此。何以責人死力。玩習之久。今猶未除。遂使轅門之士。扼腕竊議。憤憤不平。實禍亂所由興也。雖然。賞不患乎吝。患乎濫。賞至於濫。與無賞等。蓋賞以待有功。以功被賞。人則為榮。僥倖赴功。率為我用。今也有功者賞。無功者亦賞。得之固不為榮。亦何必有功而可得。倖門百出。賄賂相爲。臨敵當先。畀誰用命。奏功來上。人得掛名。淆亂其間。公私相半。受賞者則懷恩於私室。無賞者則歸怨於朝廷。是皆冒濫之弊有以致之。不可不察也。前此固不可以槩舉。昨勤王之賞。最為有法。高下品第。人無間言。雖朝廷立意盡公。不容少紊。而有司受情作弊。豈得無私。竊聞常州通判梁汝嘉之弟。身在衢州。常州推官林達卿之弟。身在福建。掛名功狀。隨例補官。足跡未嘗及軍。將士不識。乃與臨陣効死之人。同被戰功之賞。此物論所以未免紛紛也。然臣所知者止此二人而已。其所不知。可勝計哉。臣愚欲望特降指揮。別作措置。今後將帥及應干有司保明公狀。未嘗一功而輒敢掛名者。重立罪。錢許人告捉。有官人奪所有之官。無官人奪所冒之官。並以授之。量事大小。更與推恩。保明官吏。受冒賞之人。重寘於法。所給賞錢亦令均條。稍革弊病。以勸忠勤。是乃君天下役使羣動之術也。

建炎中。左正言鄧肅上疏曰。臣嘗備員鴻臚主簿。因虜人須遣釋板籍。以職出祠於虜中。凡五十日。虜人之情已備知之。自粘罕以下。至於步卒。分朝廷所賜之絹。人得五十有五疋。計朝廷所出之數。以千萬為率。則盡虜人之數不過十六萬有餘而已。況有陣亡者。有疾病者有以事還虜者有隨軍以所戰具者其得絹亦與粘罕等以諸色人所得之數當與戰卒中分則虜人正兵固不過八萬耳因得朝廷所與綾錦等虜人謂之衣段當時分散其數雖同其物不等亡人得錦勃海得綾契丹得絲織之類而九州所得者皆色而已一日忽然欲起相攻則虜兵之心亦不齊矣忽一日有虜人亡降下臣問之對曰某兄弟三人皆從戎而來伯也於真定季亡於京城今聞元帥之兵入塞而南方兵馬動連數州恭覓復得見鄉曲耶臣初不信其語以見虜中士夫道路各有怖餘之人其皇恐之語皆如臣所聞則虜兵亦何嘗不怯也夫虜兵之數既不甚多又加之以其心離其氣怯憔合天下之力以攻之若無足畏者然虜兵未嘗少挫而中國之勢陵遲至此其故何也蓋虜無他長惟信賞必罰不假文字故人各用命不以死爲畏耳朝廷則不然有同時立功而功又相等者或已轉

數官或尚爲布衣輕重上下正在吏人之手賞既不明人雖自勸此正朝廷之大病也臣愚欲望聖慈專立賞功一司用重祿法從凡立功者人人自陳若功狀已明躰驗旬日而不得告者有所立之功同而賞有怯重若有立功之時等而賞有後先者並重寘之法常赦不原又專委臺諫官二員提點其事若臺諫不知覺亦寘之法如是則寸功無不錄矣夫寸功畢錄人孰不樂赴功名之會乎若天下之人有樂赴功名之心而使之攻八萬已驕之虜則社稷生靈又何患哉惟陛下留神

鼎又上論嚴賞罰曰太祖太宗之時法嚴而令遠事簡而官清未嘗旁搜曲引以稽賞罰故能以十萬精兵混一六合自時厥後群臣無可論者今日獻一策明日獻一言類皆瑣碎惟恐不備此文書所以益煩而政事所以益壞也今兵戈未息豈可揖遜進退尚循無事之時欲乞限以旬日期於必至庶幾法嚴事簡賞罰之權不至濡滯

紹興四年王之道論賞罰不當疏曰臣觀今日天下之大患不在夫夷狄與盜賊而在夫賞罰不當蓋賞罰人主之大柄也人主高居深拱而能使四方萬里鼓舞振動忽然如神曰以奔命赴功而天下若不足爲者特有此耳使其不當則賞非特不足以勸能而能者且怠矣罰非將不足以懲惡而爲惡者益得以自肆矣然則天下何由而治乎古人善用兵者莫如孫武其言曰主孰有道將孰有能天地孰得法令孰行兵衆孰强士卒孰練賞罰孰明吾以此知勝負矣夫論兵家之勝負而始乎主孰有道終乎賞罰孰明其言有深意也伏望皇帝陛下慨然奮發以賞罰爲中興之要務夙寤晨興思所以求其當賞自賤始必欲當其賢罰自貴始必欲當其罪何者爲當賢賞一人而千萬人悅曉然咸知爲善之利者斯當賢也何者爲當罪罰一

人而千萬人畏曉然咸知爲不善之害者斯當罪也賞當賢罰當罪而天下自治矣天下既治而戎狄之不庭盜賊之不滅未之有也

九年右正言陳淵上奏曰比年以來恩惠太濫賞給太學頒賚賜予之費太過所用既衆而所入實寡此臣所甚懼也周官唯王及后世子不會說者謂不得以有司之法治之非謂公作法開後世人主侈用之端也臣謂冢宰以九式均節財用有司雖不會冢宰得以越式而論之若事事以式雖不會猶會也臣願陛下凡有錫賚法之所無而於例有疑者三省得以共議戶部得以執奏則前日之弊可息矣

淵又論鄭億年狀曰臣伏覩正月二十八日指揮鄭億年復資政殿學士依舊提舉醴泉觀行在居住仍奉朝請臣聞賞罰者國之綱紀也聖人用之有萬世之公有一時之權萬世之公可常而不可變一時之權可暫而不可久故能賞當其功罰當其罪而國之綱紀立矣

今者忘萬世之公而任一時之權用賊豫之所以悅億年者以寵億年將使爲善者不勸而爲惡者不懼無益於綱紀而有害於中興之政臣固不得不論也臣謹按億年故相居中之子雖嘗爲從官無他技能而有從賊之醜夫陷於賊固非人之所欲然從之而得美官必有取非其道者因赦而復之是以賊豫之所悅而與之者爲正也其可乎且去歲大霈所謂權也凡有官者不奪亦所以安反側耳而又有褒而遷之者以其不暴僭叛其義不可捨也又有遷而用之者以其明習將畧其才不可廢也億年名在侍從之列其可自同於反側者乎其義果可褒而其才果可用乎此不待臣言也然則用權以廢公非所以待億年亦明矣而其所以可恕者宰輔之世身爲從官不幸而陷於賊爲不足誅耳然居中之秉政無狀天下所共知者億年夤緣以取兩制使無他過以至今日猶存討論追削之域而况於已嘗從賊不奪舊官而加之以職名乎夫以從官所宜得之職名億年其可與乎且嘗貳政隆名賊豫之所竊而與之者也固不可以言復矣陛下必以復爲言者則已著其從賊之罪矣使億年粗有知識必不敢受强而授之則彼以義而獲褒如凌唐佐李巨之黨必曰億年以仕賊亦褒矣吾屬何榮彼以才而見用如李顯忠趙彬之輩必曰億年以負國亦用矣吾屬何安由是而推之必又謂嘗爲賊豫將相者他日來歸未必不以將相處之也此舉一傳誰不解體是以一時之權寵一億年初無所補徒使爲善者不勸爲惡者不懼自壞賞罰之綱紀而更爲今日中興之累也此而不改民將失望後必難悔矣伏望斷自聖心將億年所帶職名特賜追寢使之在外居住庶幾遠去班列少息紛紛之論臣不勝幸甚

高宗時虞允文上奏曰臣竊聞晉守鄉以監權易院增課當賞大宗諭之曰通事舍人改官須爲閤門副使者以利而進此職則守邊宣力之臣何以爲勸嗚呼祖宗閤門貼職亦以獎勵邊功而惜名器不以妄予蓋如此載惟陛下聰明睿智既不惑於私謁慶賞刑威又足以動化天下而兢兢業業一以祖宗爲法臣所親聞而親見之也用敢抵冒天威裨萬分一臣謹按余堯以財豪東南因納粟命官交結故相秦檜以看閤子爲名專任南畝出納之責四爲國信所三節人皆以納賂得之累官至正使在廷百僚皆所不齒今一旦授以上閤之秩群議籍籍不置臣竊以爲决非陛下本意伏望睿慈特賜追寢

尚書右丞許翰論吴敏疏曰臣聞春秋之義揚善伐惡垂著王道以詔萬世然晉文公棄惠懷之無親得反其國高梁之禍天下之大惡也而春秋不書周襄王出居于鄭晉文爲之誅子大叔以定其位陽樊之師諸侯之極功也則又不書而書晉文尉自伐曹侵衛之後是

何故也聖人之意以謂晉侯既有大惡亦有極功絶此補彼使得相除是以皆沒不書一與之新而後踐上之勳爛然獨著於春秋使王道而不本忠恕如此則晉侯入國之惡不除蓋誅絶之不暇豈復有此霸業之偉哉傳曰記人之功忘人之過宜爲君者也其義蓋出春秋臣伏見宣和之季金賊始亂上下大震不知所爲吴敏以給事中伏閤請對首建内禪之策以堅外禦之心是時太上皇帝久懷沖挹然而外無朝廷之助内有左右之沮堯舜之志未有以發也會敏自發其端擊節歎息遂定大議淵聖皇帝自在東宮恭儉聞天下及嗣位祚萬方相慶乖離之心一變嚮往至今天下固不可解夫使人君以天下傳此古今之所至難者也而敏以孤臣眇然冒雷霆之威忘家族之禍而建明之此天下之奇節而去歲秋唐恪聶昌耿南仲陳過庭等用事者計摭纖微之浯川傷忠義之心折塞諍之氣非所以

視天下觀臣子也陛下龍興四海蒙澤當此時始望生還而坐城下之盟復竄嶺表俾其垂白之親泣血萬里臣誠傷之且城下之盟自有主其議者敏於是時未為宰相衆說眩曜依違其間至於金賊已還敏為宰相遂快意追襲俾為己失事機斯敏之罪云亦得謫不當與衆人等以是遂廢定策之功則已重矣今録其過因廢其功臣竊謂非仁聖本意當時議者不辭失於建明而已謂宜明詔還之赦智謀之不逮著忠力之無忘以勸事君非小補也且臣當去歲之春數誠朝廷專和議則於敏非敢私也當彼隆盛之時臣與之争及此斥逐而為之言區區何心其間端為國體而已矣

中書舍人洪遵經筵進故事曰周世宗親征劉旻戰于高平兵始交樊愛能何徽退走世宗躬督戰士卒皆奮命爭先旻遂敗世宗休軍潞州大宴將士斬敗將樊愛能何徽等七十餘人軍威大振

臣聞人君不難於用兵而難於御將其要無他賞罰而已方其推鋒陷陣奮不顧身必謹録之所以為勸也及乎巽懦退縮偷生自營則誅之殊亦在所不赦誠如是則人人自勵安得不致死於敵哉周世宗當五季之末干戈日尋國威不振高平之役一日而誅敗將七十人上下懾服至於奮命殘力莫敢內顧遂能變弱為強因敗為功五六年間取秦隴平淮甸復三關威武之聲聳動夷夏向使世宗優游少斷循姑息苟且之政二將奔命不能明正典刑方且覆亡之不暇欲其征伐之克紀綱之行難矣哉是天有時以生有時以殺故雨露以潤之雪霜以肅之二者相須以成歲功人君持賞罰之柄亦猶是矣臣謂篤御將帥彊兵克敵大要無出於此

遵又乞皇太后慶八十增恩數劄子曰臣伏惟陛下以篤孝生知皇太后聖德茂盛天錫純嘏新歲八十溥天之下孰不欣悦恭審宮中講慶賀之禮仍許宰臣率百官稱賀甚盛舉也臣側聆欲以正旦降詔加恩士庶八十以上及宗室恩數不聞其他臣竊謂非常之慶當有非常之恩而郊祀肆眚未遠若復舉行徒為小人之幸耳臣愚欲乞於詔書中增益數事如陞朝官有父母者並與加封一次命官服緑服緋及年八十以上與改賜服色民庶八十以上略如漢制賜以米肉酒紹興平江府湖州被水人戶明年夏稅不以多寡並與放免仍乞下戶部檢會二十九年州縣合納和買紬絹無拘等第蠲除其半庶幾錫類之澤徧於數天而實惠浹洽和氣懽聲蒸為太平則皇太后膺億萬年之壽與天無極不為小補臣誠固陋竊不勝狗馬心冒犯天威無任戰栗

遵又上奏曰臣伏見陛下總攬權綱之初憤秦檜專政時所用臺諫皆鷹犬傳麗排抑忠良孤奉耳目之寄故丙子之冬詔書首下用以申飭在列聖德昭明灼見姦僞無毫髮錙銖之隱然則一時朋附之人因茲以得高位者所宜旋踵竄逐以為萬世之戒臣謹按故端明殿學士李文會凡下妄庸奴事秦檜獻諛售佞交濟其惡遂自選調得編修官既而改秩即為御史考其平日所為未有不迎檜之指意者以故曾不三年躐登政府繼雖斥去猶得守遂寧帥瀘南士大夫合辭悦歎以為失刑往歲陛下親政以輔臣之舊例遣人須以恭藥文會自知罪大專用媚竈之術摩足奉瀝無所不至及為成都貪毒弛繆動為民害吴拱在綿州肆其苛暴千里重足而立文會不惟坐視至於劾章論薦仰欺聖君俯負全蜀以慝彰露鬼得而誅文會之死蜀人交口相慶使其苟生以至今日必蒙放殛之刑然則四官之贈遺恩之及盡用前執政禮臣所未諭臣愚欲望聖慈特賜睿斷寢

文會之惡罷其郵典上以應明詔中以慰蜀人下以全公議

歷代名臣奏議卷之一百八十八

歷代名臣奏議卷之一百八十九

賞罰

宋高宗時龍圖閣直學士汪藻乞重罰贓吏劄子曰臣竊惟東南遭戎馬之禍生靈塗炭城郭丘墟其荼毒可謂甚矣幸於虜去民力稍寬而國家迫於贍養官兵之湏征斂未嘗少息重以群盜竊發官軍經由所至焚殘甚於虜至朝廷熟視無以制之而民心拳拳尊君親上一如平時陛下所當矜憐而思有以恤之也厥今所謂寬恤之大者莫先於去貪殘之吏自崇寧以來功利之說興士大夫不復知有廉恥贓汙之人横行州縣非特不憂繩治而挾貲諧結者輒得美官故小人相效於入仕之初即汲汲乾沒以不能俸外經營為恥此風相承至今未殄緣此國家為敵人侵凌束手無計嗚呼亦可以少懲矣比來則又甚焉治州縣者類以贓不入境官軍不至無科率藉手為恨何則平居之時無軍興之警無法外之斂十目所視湏粗守三尺一有緩急則假此以掊民官取其一私取其十椎髓剥膚至無可誅求而後已此元元之民所以冤結而無告也臣竊聞祖宗時吏犯贓者無小大皆論棄市故人重犯法官曹為清今縱未能舉祖宗之典如擇其一二大者真決黥配以戒其餘仍令臺諫官以上歲舉郡守一人保其終身如後犯贓與之同罪不得以自首原減而郡守監司於部内有贓吏不以聞朝廷而為他人所劾者罪亦如之庶幾斯民漸被實惠

藻又上奏曰臣昨論王革等不當因赦復職陛下親降德音以為王革等係參酌凡犯降等陞叙今來臣僚論列若全不叙復即不霑登極赦恩可於逐官更行減等降黜臣狂瞽之言既蒙陛下留聽又煩聖訓委曲開諭如此臣雖至愚豈不知幸然臣區區猶有不能已者

赦因宋晦再為陛下陳之臣聞慶賞刑威曰君言賞而人不以為慶刑而人不以為威者非人君之道也陛下自臨御以來八年于茲矣宵衣旰食側躬修行非不勵精焦勞是宜天下之人無不畏威懷德然兵出則叛將用則北士大夫方命偃蹇莫知聽上其何故哉以賞不當功罰不當罪故也其賞罰不當莫甚於因赦復職之人昔齊侯之郭問父老曰郭何故亡曰以其善善惡惡也曰若子之言賢君也何至於亡父老曰郭君善善而不能用惡惡而不能去所以亡自崇寧以來綱紀日紊其秉官據勢者非貫結權倖則權倖之親也非誤國開邊以求賞則奴事閹官以進身也如此等輩皆僕廝之材本非士類乘時詐謀攘取公器如盜賊然考其平生一無分毫可得之理以此清議不伸搢紳道喪天下切齒馴致今日之禍幸陛下中興清議亦望稍伸搢紳亦望行志承平之風庶幾可復彼一時饕竊之人

雖盡行削奪適還其素分況名位已極矣家貲已積矣子弟已官矣親戚已顯矣士大夫猶謂有已不可追奪者為國家之恨今陛下亦既深知其非乃徒以赦恩之故復使纍纍然玷汙清貫將使終身保其寵榮一何小人常幸而君子常不幸耶臣恐蹈郭君不能去惡之戒而四方解体也或謂登極赦者人主非常之恩也於此而不復非所謂曠然一新者臣以為赦所當復者復其階官耳職不當復也何以言之階官者積歲月可至而職名者人主所以待天下英俊一時甄擢之權苟非其人終身莫得而至也且謂之復者言其才足以當此偶緣過失奪之今赦其過失復之耳既止緣僥倖初無當得之理何名為復哉若小人其初得之如此其易既得之後奪之如此其難則英俊之人有以相謂矣曰我何以砥礪為哉正使聲遷亦不過與此曹等耳欲望風節之強事功之立豈不難哉議者又謂彼職名者朝廷既已與之矣若奪而不還如咨怨何臣以為人主與奪但問其當與不當而已昔管仲奪伯氏駢邑三百飯疏食沒齒無怨言以其公也李吉甫相憲宗省冗官八百員吏千四百員亦不聞其咨怨也彼管仲吉甫人臣耳猶能使人退聽如此豈陛下以人主權勢之利革數十年名器之濫而憂此數鄙夫不嚮哉臣以為如宋晦輩治之不勝其多何足一一煩朝廷詞命伏望陛下詔有司取會凡有職名者自觀文殿學士而下直秘閣而上共若干人每職分為一等每等集為一類各具得職奪職因依及其勞効過惡申三省用祖宗舊法每等止留數人無其人則闕其餘取旨雖未奪者悉行追奪不止於不敘復而已又有雖嘗落職而寄祿官叨竊至銀青或通奉正議正奉者皆前日姦兇邪佞之人非所當得亦乞降至中大夫而止臣又聞昨降指揮前宰執子弟因恩澤帶貼職及待制以上者並罷而近日鄭

修年億年公然以雜學士乞見朝廷亦不問而許之錢蓋以誕謾落職初未嘗復也而於奏狀擅帶龍圖閣待制而臺臣亦無一言及此者臣竊未喻臣愚欲乞如修年億年並明降指揮執為當罷指定姓名鏤板施行如錢蓋者問其何以復職如無所因即重行黜責庶幾卿士大夫共為陛下守此名器輔成小大之業

章誼乞嚴棄城之罰狀曰臣竊見金人自犯中原以來東北諸郡往往堅守逺者累年近者數月然後陷沒然朝廷於死事之人既未嘗盡録其勞固不足以勸矣而於生逃之人悉貸不問自茲以來淮甸江南守府郡者輒棄其城提軍旅者輒亡其衆平時擇富庶之郡建守禦之策飾說要求誓以死守一旦望風奔走不戰而潰上則國家為藩籬之助下則士民受屠戮之苦可謂誤國賊民矣朝廷不正典刑以為將來之戒又降詔令聽其退保是奪其自堅之心而教之走

也。今匹夫睚眦之怨，而不能報者，必求死友以自助。豈有堂堂萬里之土疆，巍巍累聖之基業，搢紳介胄億兆之衆，而無什百死士為朝廷守府郡者乎。國家待士大夫專用恩禮，而於棄城避敵之人，刑不嚴，罰不重，則僥倖之風不可革，敢死之士不可致。伏望陛下博稽衆論，申嚴守禦之制，以安宗社。不勝大幸。

誼又乞加旌擢張琮等狀曰：臣伏見承事郎張琮，元是李成幹辦官。自李成不肯歸向朝廷，琮更不歸李成軍中，兼曾獻議收捉李成，其謀畫具在。近因告事人糜裒疑是姦細，送大理寺勘出前項情節，已蒙朝廷諒其無他，送吏部與合入差遣。臣詳考張琮所為如此，委是能明逆順之理，不失尊君親上之節。誠使士大夫不幸為盗賊污染者，皆自洒濯如張琮、李耆兩人，則盗賊誰與共事哉。今李成徒黨往往擒獲，皆伏其辜，而張琮、李耆去就之節，因獄犴而後明，比之臣賊之

人，固宜有辨。昔魯君在楚，季武子取卞，遣其大夫公冶致問，不告其故，追而與之璽書。公冶致使，退舍而後知之，終身不言季氏。魯公賞以冕服，春秋譏之。今李成紿此兩人，使之奏事，而密為攻襲之計。兩人恥為其用，而自歸於朝廷。古之君子如魯大夫公冶明於事君之義者，不過如此。所有張琮、李耆，伏望聖慈量加旌擢，以為天下臣子節義之勸。不勝幸甚。

誼又論濫賞色目狀曰：臣伏覩勑文，勘會崇寧後來濫賞之人，竊取名器，今參酌立定條格，量行追降，許其自新，遂措置到濫賞名色二十六項。臣反覆熟考，參之衆論，有大不可者三。臣觀朝廷以二十六項白身得官之人，遂與元因有官循轉改官之人略為輕重，止降四官，此甚不可。以夫無官之人，本皆醫巫卜祝、工商皁隸，與夫游謁之小人、權門之奴客也。附會傾邪，取媚一時，言揚事舉，略無可取。燕雲仕塗，詎可止降四官而從士大夫之後哉。此其不可者一也。又經今追降之後，朝見堂除，赴部注擬，磨勘舉辟權攝，並與無過人等，則自茲以往，前日敗亂法度、幾危社稷之人，內之朝廷侍從，外之知通監司，皆可為也。夫出身冒濫，為市井小人之所不齒，則列爵於朝，得遂在公卿之列，求其議論端慤，專主庇民，未易得此。其不可者二也。又指揮到日，亦以內外見任得替寄居待闕官，並限一月自陳。其未經批書者，不得非任請給。如此，則州郡之間，來者歸轄，日不暇給。當此高秋，州郡有貢賦供輸之職，有警戒守禦之事，何暇紛紛閱此文牒，妨費日力哉。其不可者三也。朝廷自靖康、建炎以來，所降討論指揮論罪之文，雖略懲惡之意甚嚴，冒犯之流，自知見棄公議，蓋已屏跡，而恢恢之網，亦不復冥搜，上下相安矣。今雖有意寬宥，然恐壞冗濫，我長堤非立國紀綱之道也。若其可行，則文武二塗，莫非王臣，未可

偏廢；若其可據，則前討論之文具在有司，且可遵守。異時國家開邊，欲據明政刑，欲無容賢不肖，則少俟歲月。不勝幸甚。臣觀累日以來，朝廷於二件指揮內已數有更改，則望礙可知。伏望睿慈更賜斟酌措置，以安衆論。

殿中侍御史張守上奏曰：臣聞賞不當功，則無功者進；功不獲賞，則有功者怠。比年兵不用命，望風奔北，凡賞罰失當以致之也。自童貫、譚稹之流用兵以來，第賞之際，專徇請託，上則權勢，次則親舊，甚至於賄賂公行，相與為市。於是膏粱之徒不涉行陣者，皆附名其間，而被堅執銳、冒犯矢石者，或不得而預也。朝廷惟憑所上功狀之等差，而班爵秩之輕重，一有失當，怨歸朝廷。於是羣心解體，鮮復自效。方陛下信賞核實，以圖中興，而請託欺罔，餘風未殄。夫為將帥，亦豈不欲士卒用命以成大功，而故為是哉？蓋亦迫於權勢親舊之私，紐於

聞見習俗之弊求易遷革臣區區之愚欲於出軍之際委自主將別置軍籍自大將以至屬官偏裨隊伍各列姓名量留空紙以書功績總計其數從朝廷印押給付主將凡立功者某月某日獲若干級某月某日俘若干人之類即日著其狀于籍策勳之際隨保奏狀上之朝廷參考其實而後行之則冒濫之弊亦十去其六七矣蓋置籍之初賞罰未分人有定數固自絕於請求凱還之後按籍論功又不容於增損求其失當蓋亦鮮矣欲望睿慈詔三省密院詳酌斷而行之

守又上奏曰臣聞傳曰善為國者賞不僭而刑不濫賞僭則懼及淫人刑濫則懼及善人若不幸而過寧僭無濫與其失善寧其利淫是則聖人立國之意每過於厚不使過於薄也故傳又曰賞疑從予所以廣恩勸功也司馬軍法曰賞不踰月欲民速得為善之利也其意皆本於此伏覩靖康元年十一月詔書能率衆勤王或立功聽便宜權行補授文武官資候到闕正授於是四方之士各効所長官司依詔借補以官上之朝廷酌其功之大小而正授之信賞示勸中外具孚近者伏覩二月二十一日指揮應借官人內有委實曾習弓馬或武勇之人委諸路提刑安撫司依弓馬所格法公共比試將合格人兩司擬定合得名目徑申省部給進武進義校尉兩等文帖將元初借補文字毀抹繳申茲蓋朝廷愛惜名器杜絕冒濫之意甚善也然臣愚思之猶有所未盡請試言之一則難槩試以弓馬二則推恩太薄三則試格太峻四則得賞太緩何謂難槩試以弓馬立功之人色目不一或輸家財以助國費或齎蠟書而冒險阻或有進士借補文臣皆未必有過人之勇也試之弓馬必無幸中臣愚欲乞借補文臣則試兵書戰策以為殿最其輸私財數多齎蠟書已達自無僥倖之理便可驗實免試授官何謂推恩太薄艱危之際有累立功效即次

借補有至陞朝官大使臣者若試即試中乃與借初官者同得校尉未為允愜臣愚欲乞凡試中人於元借官上降三資以次補授無資可降人聽補守闕副尉何謂試格太峻弓馬格法乃白身人州縣解發申即補官今來借補之人各已立功若試不中則前功俱廢似於常情有所未安臣愚欲乞更於弓馬所試格法小加裁降使可通行何謂得賞太緩借補之人類在一二年前及得所屬保明間關以至行在更經有司問難始達朝廷已是艱滯今又令歸諸路安撫提刑司同共比議擬定然後解赴御營審試而後授官更須經涉年歲方得了畢臣愚欲乞且據逐處已保明到功狀就御營使司類聚差官比試便與補授凡此數條實有利害又四方得賞歸鄉者亦已甚多一旦驟革之則有功同而賞異不能無幸不幸也方今敉寧四方正須激賞以勸後來又況孔子以兵食可去而必欲存信而成湯之誓亦曰朕不食言若謂諸處保明不實在擇將帥而已行賞之際恐非所當致疑也所謂不幸而過寧僭無濫庶幾合於古之賞疑從予及賞不踰月之義

守又上奏曰臣聞刑賞威福人主之操柄也而朝廷者刑賞威福之所自出也人主之刑賞威福非朝廷則令不行而無以取信其弊至於人得以矯誣朝廷不恃人主之刑賞威福則勢不嚴而無以為政其弊至於人得以凌蔑故易曰非一朝一夕之故其所由來者漸矣日者苗傅劉正彥乘陛下駐蹕之初朝廷草昧之際縱兵誅殺至於扣閽脅制天子而刑賞威福遂下移於將帥之手忠義之士仰天扣心慟哭流涕而莫能救止賴天地祖宗之靈勤王之師協助信順曾不閱月而陛下反正既往之事追咎靡及而來者猶可思患而豫防也大抵武人握兵在手以殺戮為能事率意輕殺不復知名義之重

亦不復思他日誅滅之禍又況艱難以來朝廷微弱假借太甚類皆驕惰怯於公戰而勇於私鬬此皆今日固宜痛懲而申警之伏望陛下明愼賞刑之宜收還威福之柄皆由朝廷而出使將帥拱手而聽命於上不得假之以行其私則輕重適中而上下悅服矣乞下臣章嚴賜誡諭不特使知尊朝廷亦使之成功名保爵位也臣不勝惓惓

張浚論功賞利害狀曰臣去歲令韓世忠舉淮陽之師竟無成功夙夜震懼恨無以仰副使令伏念臣駑下不才陛下過聽委以兵事臣嘗伏而計之敵之盛強自古未有如今日者今每有舉措必欲戰無不勝攻無不克是責臣以難能之事矣使臣善為身謀不過斂兵自固坐受其弊而臣終不忍為此也世忠以淮陽之役不賞其下二年之閒頗無進取之意彼欲擁兵固位自求保全耳而於陛下圖回中興之策則未為得故今之論者莫不皆曰輕易舉兵事必無成虛費

功賞朝廷甘聽其言不免且為偸安之計將日益以怠兵日益以老必欲求所謂一舉而勝之畫亦難矣竊譬之觧牛頑髀固骨必勞斬刃堅節既觧無復難者今將求破大敵而欲一毫不挫萬舉有得不亦惑邪臣愚昧之見所陳奏章乞不付外惟陛下知臣之心故敢以瀆天聽伏望聖慈俯加照察

御史中丞廖剛論賜圩田劄子曰臣伏覩近日聖旨指揮將建康府永豐圩撥賜韓世忠士大夫聞之莫不駭愕臣竊契勘本圩計田九百六十頃歲收米三萬斛它圩未有其比不知此賜出於宸衷抑世忠有請而陛下遂與之乎世忠帶三鎮節度使金玉滿堂姬侍列屋買田之資固當不乏若陛下特與是陛下繼封君之富而忘斯民之貧困也若世忠有請是世忠身為重臣曾不念國用艱窘民力殫竭而謀豐己不已也且世忠奮翰王室泯勤盡瘁忠勇冠天下而獨此不知此臣所未喻也陛下亦嘗問大農歲入幾何而會其出乎艱難以來歲入缺天下三分之二而所費倍於承平之時矧今河南新復勞賚廷理所度益廣又非前日之比然則陛下於推恩之際可不重惜而輕出令乎諸將暴露之久其誰不知然而貴極富溢前古所無人主所以待遇之意亦前古所無請無不從求無不得亦前古所無未嘗奏功而寵數荐加亦前古所無此則諸將所當自省也漢高祖之將無非戰勝攻取與共取天下者事定之後得保首領者無幾今吾諸大將雖皆有奮翰之勞然坐享富貴未嘗有攻城略地之事而恩眷日隆乃復求於人主不已其亦未之思乎江東圩田不知能幾千頃若諸將人賜千頃所餘亦無幾矣夫天下者天下之天下人主亦不得而私有之故一爵賞一賜予必有以合天下之心厭天下之

公議故受之者不為泰而安且榮焉脫或不然雖莫或敢言然腹非者多矣朝廷舉措使天下皆不以為然則亦安用臣等為哉臣是以不敢避觸犯之誅臣之職也陛下儻以臣言為然欲乞宣示世忠聽其辭避亦所以保全其名節也如謂不然是臣每狂妄負陛下責伏乞賜罷黜施行

御史中丞許景衡乞獎錄翟汝文劄子曰臣聞杭州軍人作過伏蒙寬恩特賜招降一城生靈感戴再造之賜不勝鼓舞前此浙東帥臣翟汝文憤疾群盜敢爾猖狂提兵渡江累以殄滅為請陛下深念橫及無辜方示大信姑從以降招安詔書汝文志雖未就忠則有餘矣臣竊見近世士大夫無首公体國之心懷徇私便文之計雖本職事尚皆滅裂不恤況能及其他哉今汝文聞鄰路兵變奮不顧身自任討賊之責有古方伯連帥之風賢於近世士習遠矣況汝文之在浙東拊循兵民風績可紀一路實賴以安臣愚欲望聖慈嘉其忠勇俯

賜褒録。以為四方帥守之勸。其於用武之時。殆非小補也。

武義大夫曹勛上書曰。臣竊見建炎初置賞功司專即廢罷。恐當時主者無用他屬之吏。不得專掌。致所行功賞因仍廢怠。動經歲月。致獻言者得以藉口。遂成無用而併於他房。竊原此司誠為今日之急。蓋古者賞不踰時。又曰賞必以信。是烏可以輕廢置哉。臣愚欲使專有專官而亟行。亦俾將士知功有專治而不雜。信賞之政中興所先也。欲乞復置賞功司專行戰陣功賞等事。委能吏典治。仍置簿月書已收行過某人功賞名件。上司季考其數。或多至千百。量與官吏推恩以勸其職。

胡寅上疏曰。臣聞臯陶告舜曰。天命有德。五服五章哉。天討有罪。五刑五用哉。視天好惡無私於其間而天下治矣。古之世。仕而有罪則廢黜之。甚則流放竄殛之。此堯舜之仁政。非刻薄也。今有罪者。自非編置。咸得食宮祠之禄。夫禄之為物。天生之。地成之。百姓奉於縣官。王府賦於諸吏。凡以養民。而非養有罪之用也。豈不與天意戾乎。臣愚謂縱未能大有變革。猶當為之分别。使優賢養老均逸之美意不與得罪斥去者等。則凡因得罪斥去而與宮觀者勿與理作自陳。務加權字於提舉主管之上。而其俸給人從並當減半。庶幾功罪不淆賞罰不偏。人知所勸沮。亦足少奉天討之公。其於國政。已非小補矣。如合聖意。乞降睿旨立為定制施行。

周林上奏曰。古者賞罰功罪各有所始。同於有罪而行罰自貴近始。同於立功而行賞自微賤始。先其所難也。軍興以來推賞者屢矣。高官峻秩先於主將。其下士卒雖有立功之人。多是沉於微賤。艱於條具。拙於計會。積日累月。從賞文墨。不能速受恩賞。遂致勇敢有功之人不無怨望。欲望敷奏特降指揮。今後勝捷。先須激賞戰鬭立功之人。已得了畢。然後賞大將。次及謀機幹議等官。實為士之勸。亦為將帥之美。

兩浙西路安撫使葉夢得論招捕倪從慶各官功賞狀曰。臣竊見昔時方臘作過。當朝廷無事一路兵力全備之時。將佐盡在所部。不足使令。然憑陵州縣。如蹈無人之境。官兵莫可抵捍。例遭殺戮。遂致遠近響應。陷沒六州二十七縣。蒙朝廷遣童貫譚稹將帶西北驍將劉延慶王稟楊惟忠何瓘辛興宗等親總勁兵十萬餘人。或降或誅。方獲平定。今來倪從慶等作過。乃在金賊犯順內外震擾之際。州郡三次起發勤王弓兵。所在空虛。將佐隨兵前去。使臣材武人又先已盡起赴闕。人情驚疑。姦宄覬望。詹大和等元非當職任事之人。偶因臣遂急委請。乃能同心國事。盡瘁竭力。糾集烏合之衆。初無制節之令。固守把截。使不得衝突猖獗殘害生靈。訖至納款歸降。保全兩路。較之方臘事勢輕重難易。數倍不同。臣誤當帥閫。人微望輕。不能預為鎮撫。以致盜發部內。若非藉此五人。無以逃責。欲望聖慈擇時降睿旨令與等第推恩。雖見危致命臣子之常情。然有功見知大君之渙意。因以風示四方。使伏節死難之士。皆識聖心恢遠。雖遠必聞。雖細必録。則人人奮勵。各思自效。在於今日。未為小補。狂愚冒犯。上瀆天聽。無任惶懼。

孝宗時。監察御史周必大上奏曰。臣聞天下之事。徇其名也易。求其實也難。漢宣帝功光祖宗。侔德商周。本出於信賞必罰。綜核名實。然王成以僞增户口賞。楊惲以瞻昧之語廢。蓋寬饒韓延壽以盡力之吏誅。而賞罰詔書亦曰。上計簿具文而已。務為欺謾以避其課。則宣帝所以見稱於史氏者。亦何可盡信也。豈不難哉。陛下嗣位于今期月。未明求衣。日旰坐朝。夜分決事。可謂勤矣。而未能變一時之偷惰舊德名臣收召殆偏。片言小善擢用無遺。可謂公矣。而未能化一時之阿私。意者綜核之政或有所未至歟。臣試以賞罰近事明之。邵宏淵能還軍中罰濫之恩。俯錄戰功而除正任觀察使。此信賞也。而郭振僅一對內殿。既無舊勞。又無新功。亦以觀察使與之。則重矣。陸廉以貪殘配流。此必罰也。至於張杬賊殺士卒。乾沒軍資。有司當以殊死而亦與廉同罪。則輕矣。故臣願陛下大明賞罰以照臨百官。賞罰明則名實辨。名實辨則政事可以內修。夷狄可以外攘。夫何求不獲而何治不成哉。

趙汝愚上奏曰。臣伏讀甲戌詔書。仰見陛下聖心焦勞。思古哲王之治。慨士大夫習俗媮弊。是故以訓以戒。為之丁寧懇切也。臣竊惟陛下即位以來。講求治要。靡用不至。而國家之勢未復乎安強者。誠以一時之人誕謾苟且。其弊猶在。有如明詔所言也。夫天下之事不能

自行。使任事者則公肆誕謾。自為詭信之術。不事事者則因循苟且。指歲月以待遷。然則陛下何賴焉。為今之術者必曰。深刑重賞。可以起偷惰而禁誕謾也。夫賞罰者。人主之至權。執此以御天下。頗亦何施不可。臣所不知者。陛下深居九重之中。而群臣功罪之實。必欲人人論得其當。亦豈陛下一智一力之所能盡哉。越五日戊寅。臣伏讀陛下求言之詔。許給舍臺諫於封駁章疏之外。雖事之至微亦毋致忽。大哉言乎。臣愚仰見陛下無偏無黨。如天地之無不覆載。雖太宗之導人使諫。未足進於此矣。臣愚伏願陛下益選公正敢言之士。悉舉而用之於朝。使才與行相參。可與否相濟。陛下不忘終始之戒。每虛懷而受之。然四方之利病毋壅於上聞。懷姦之徒無所肆其巧。然後是非明而賞罰行。賞罰行而百工熙矣。

翰林學士洪遵上奏曰。臣聞古者賞不踰時。所以勸有功也。漢高帝初得天下。定功行封。疑若可後。方汲汲然趣丞相御史惟軍功是務。故反側以之安。耦語以之息。而漢業益隆。用此道也。仰惟皇帝陛下以剛明之斷。奮發天威。近者決策。一隅元惡授首。此蓋天道助順。聖德昭格。以濟登茲甚盛舉也。竊見川陝淮漢之師暴露益久。艱難多事之時。冒犯鋒鏑。奮不顧死。其勞備至。昨觀指揮。應出戍官兵特與轉資立到功効。別行推賞。仰見陛下篤於信賞。使之趨事赴功。可謂善矣。然而軍吏計功。淹時不下。識者云云。懼無以勸後。臣愚欲望聖慈申飭攸司。凡立功將士亟行第賞。庶幾伍符尺籍之中踴躍自奮。通知前日指揮未為虛文。聖恩浹洽。足以作成士氣。萬一異時援急之間。有以激勸。誠今日先務也。

員興宗乞嚴爵賞狀曰。臣聞爵賞者國家之大紀也。自昭其紀。則無人不服。自紊其紀。則無人不輕。苟一日稍睽。則萬目漸弛。或致胥商

末流。委巷餘子。齊肩而冒祿。擁臂而市爵。雜揉士類。士蒙其醜。此何義也。且軍之有功。功之有賞。乃國家所恃以責實也。三軍所恃以勸後也。有司踈忽。賞已乖矣。求以勸後將如之何。傳曰。非功覆爵則爵輕。非罪肆刑則刑褻。請以類也。臣竊見比來軍功死事之家以功許補授子孫外。並許其親異姓甥婿之類申明受承。是乃國家欲感士心。答天意。收三軍後日之効。可謂恩矣。然朝廷雖有元創冒授指揮一一明具。今所在軍將保明於大將。大將保明於本州。本州類申於省部。如是則隄防檢押者甚至且密也。然而户為胠篋。本以防盜也。大盜至則并胠篋而取之。人為法制。本以防姦也。大姦至則并法制以亂之。今恩澤一下。有力有貨賂取交關。同姓者遂作同房。非親者指為近親。委巷屠販。一日華軒。士卒驚顧。此豈三尺賞功本旨哉。臣謂自今兵將死事之家。既無的親子孫及其近屬。但當設法與給度

牒及不理選限名目之類使其曲折貨售惡滋一家終世飽暖亦無負矣何至紛紛欺隱稍國家之名器輕授之人乎又近來死事之家多以無力陳乞而有力陳乞者決非死事之家彼有力則百方計會事雖虛誕必不沮難無力則事據雖實例蒙退却致使軍中勲力之後雖有正嫡子孫未免低直輕售蓋陛下德意者有司也昔慶定詔書諸軍將校歿戰陣者並仰逐處子細一一勘會如不實者亦有明科伏望申嚴是禁諸將諸州今後保明被受恩澤之人或不切子細推考或勘會失實朝廷覺察並乞重賜行遣庶幾爵賞之重有益國體

興宗又議功賞狀曰臣聞所謂大臣者任法不任私所謂常人者任私不任法蓋天下所以治者法也所以擾者私也法既立則下無自而私私既勝則法無自而振國之號令且視此為屈伸矣三代之初

因人之功罪以為黜陟當賞而賞當罰而罰故受賞者無不勸受罰者無不懲昔武王之為周躬履天下之籍有未下車而賞之者有始下車而賞之者蓋於封墓式閭之餘遂起列爵分土之事使人目擊而心化武王之於功賞何致切切如此彼以鼓舞天下之術誠莫重乎此也是以賞之所在以為則成以化則勸經曰崇德報功垂拱而天下治若安靖之初而羣功不報臣恐武王未暇垂拱矣此所以經營曲當示天下牢固不拔之具歷世三十載祀八百咸以是也傳曰祿賢不愛財賞功不踰時武王有以得之矣恭惟國家世載明德太祖太宗之世威福兩柄如春如秋不吝高爵重賞網羅真材實用如雷有終在蜀尚給功帖二千道至仁宗皇帝遵而行之若賜曹利用則有據功遷補之詔若賜范仲淹則有空名宣劄之補天下之士皆悉力以衛其上當時非特可以氣使殆可名劫也今陛下天錫智勇之資又傑立於至治之世繩諸將以法度明諸軍以紀律又以賞功為最近者命有司分為三等凡諸處保明歸義立功將士量功給還其資臣觀聖明威令超卓智者思効其謀勇者樂致其力縱橫施設無自而不可此實希世之遇也臣愚尚恐邊遠之地軍吏出入未盡依得朝廷元降賞罰之格萬一有淹滯啓倖之人冤抑無告之士乞參以熙寧之詔意示之可也先是陝西宣撫司申諸路將士未依賞格者詔定立功將士應合酬敘之人令主將對衆敘定務從簡速將士有功主將對定既畢明具姓名申奏不得以隨身牙隊及親戚牙隊移換有功之人致抑壓可賞之士如士卒顯有勞績為人移易者為人抑壓者許經諸處自言如是則功者無所冤倖者無所得此賞功之本誼也今陛下明詔在前既盡其凡其餘指顧即定矣臣觀近來陝西死事之卒諸將非不欲優恤而諸司自一預纖末死事未滿旬

日有先聞其請受者未滿數月有不受其告訴者彼有司但識斗斛之積為僥倖不識明主風勵士卒本意也臣愚併望朝廷申明舊禁凡死事之家至半歲或周歲然後始往請受仍許家之壯丁或家之至親一名填刺亦庶乎知朝廷德意寬大也

侍御史王十朋乞審核李顯忠等功罪劄子曰臣聞宿州之師不利而反議者皆歸咎李顯忠顯忠身為上將不能扵勝敵之後撫存將士以保其成之功遂致潰散而歸固不能無罪也然前日匈匈之議謂顯忠心懷南北鼓惑中外上貽聖慮今顯忠既還上章請罪亦足以見讒說之無驗矣說者又謂顯忠貪戀金帛欲為已有不分將士遂致離心理或有之恐亦未實無顯忠亦劾奏統制官周宏等數人無故領兵自回遂致失利欲正宏等罪臣亦未敢以為然昔慶曆間趙元昊叛大將劉平遇賊于延州力戰而死都監黃德和遁走誣平

降賊。朝廷信其言。遂欲戮平之家。賴仁宗聖明。遣御史出理其事。既得其實。遂褒平死事之節。而斬誣告之人。今正虛實未辨之時。臣以為不可不審。朝廷不如姑兩存之。以安反側。却令都督張浚審核虛實聞奏。如功可贖過。則許其自新。責其後效。如罪多功少。實誤大事。則不可不正典刑。但審而後行。庶使聖朝不致濫罰。不勝幸甚。

中書舍人張孝祥上奏曰。臣竊惟國家之所以懲勸天下。賞罰而已。然賞不當功。則不如無賞。罰不當罪。則不如無罰。何也。功罪已著。而賞罰未行。則賞罰之權猶存也。功罪者而賞非功。罰非罪。則為善者不勸。為惡者不懼。賞罰之柄。於是失矣。自聞西溪卒伍逃竄之事。既兩旬浹。其所以不憚死而竄者。情之曲折。陛下既已知之。不待臣之言。然二十日之間。主帥而下。未聞略有黜責。外廷之臣不敢以為疑者。意朝廷方此圖之而未也。今兹則大不然。朝廷既已不治其人。而

成閔乃敢無所忌憚。公為劾章。歸過隊將。乞罷見任。仍送吏部。夫措刻軍士。役使軍士。剥入於己。怨積於下者。閔與統制統領官實為之也。閔不為之。則統制統領官安敢為之。統制統領官不為之。則將副部隊將安敢為之。朝廷委曲涵容。置閔與統制統領官等一切不問。乃將用閔之言罷一隊將。所謂隊將者何其獨不幸也哉。罰不當罪。臣恐浸失賞罰之柄。自此此輩愈更恣橫。輕侮憲章。事雖至微。關繫甚重。臣愚欲望聖慈將成閔與當來士卒逃竄本軍統制統領將副等官。等第降黜。其本軍統制官。仍與罷免。庶為[illegible]心之戒。或陛下聖意不欲如此行遣。即乞將閔今來陳乞罷隊將劄子。亦不施行。以破小人詭計。以慰士卒之心。

王之望乞旌賞成方狀曰。臣契勘自金人諸路入寇。兩淮荊襄川蜀賊馬所犯。未有一處能抗拒者。獨成方兩次殺捷。雖未為大勝。亦能挫敵使之奔敗北去。追奪所獲牛馬老小。若金牛之寇不敗。則此一路亦無把截去處。功亦不小。朝廷宜加旌賞。以振起士氣。臣得三省樞密院關。成方兩次奏捷。備見忠勇。若能保守不致衝突。別立大功。當議授以節鉞。緣成方已係承宣使帶軍職。若能保守不致衝突。則將來自當授以節鉞。何俟別立大功。若俟別立大功。方始建節。則是今次兩捷。全無恩賞。恐不足以激勵將帥。臣謂當再降指揮。或陛下以御札獎諭云。若能保守關隘。摧折虜勢。當議授以節鉞。更能別立大功。即不次超擢。仍令都督府日下疾速覈實具功狀聞奏。如此。則於事為允。乞更與執政議之。

衛涇上奏曰。臣聞賞以勸有功。罰以懲弗恪。輕重貴乎適中。不可有所偏也。廼者癸丑之冬。壽慈宮火。陛下特降御筆。以上驚慈闈。徹樂避殿。恐懼脩省。夫以一人之尊。躬自貶損。不遑寧處。而本宮官吏儲

備燕素守護不虔。惡得不任其咎。陛下欽崇孝養。方務調娛。未暇致詰。提舉官吳回三人者懷不自安。騰章自列。旋頒寬旨。各從鐫削。可謂曲全之恩。臣近緣忝冒承攝。於詞頭中竊見指揮。凡壽慈宮應奉宮吏等到宮實及五年。各轉一官資。從其員數六百三十有四。未及五年者又四百二十九人。是以平居無事。安坐受賞。若此猥衆。而失職抵罰不過二三臣。固疑之。今臺臣有彈疏。乞將應奉官等黜降。謂當大明典憲以警弛慢。而所降聖旨。王師珪王溶各降一官。楊旦降一官。罷幹辦事務。人數多寡。臣未敢問。惟是吳回等自劾。而奪二秩。王師珪等皆有論奏。楊旦者罪狀尤著。例止削一階。輕重殊乃有所偏乎。况前日救火官兵。陛下以慈闈之重。隨即第賞。曾不淹時。賞固所以為勸。而罰不足示懲。顧何以詔四方。而厲百辟乎。借曰太皇太后聖意寬厚。不欲重行誅責。然賞罰之行。紀綱所繫。又安可以恩而

廢法乎。臣不敢以代庖之嫌有所隱默。欲望聖慈特發睿斷。將王師硅王濬照吳回等一體鐫降。其楊旦再與鐫斥。庶幾少慰輿議。儆肅官臣。懲勸之方斯為兩得。

王師愈上奏曰。臣聞爵賞者人主之礪世磨鈍之具。賞當功則人必勸。或失之濫。必害於政。不可以不革也。伏見紹興之初。兩浙提舉市舶申請立定沿海及近裏州軍稅務稅過市舶物貨賞格。州委通判縣委知縣。與夫監官點檢稅過客人引外物貨。收及壹千伍百貫減壹年半磨勘。累及壹萬貫減四年磨勘。可謂賞之濫矣。且以經總制無額錢賞言之。諸州軍解足經總制錢外。而又無額錢及壹萬伍千貫。知通只減二年磨勘。今稅務收市舶引外物貨及壹萬貫。乃減四年磨勘。是倍於無額錢之賞矣。自通判知縣。至于監官被賞者數人。豈不為太濫乎。況夫文臣有以此賞轉員郎正郎。武臣有以此賞轉

副使正使。遇郊恩或致仕。遂可奏補子孫。然則稅務獲一萬貫之小利。推而言之。被賞者豈止數人而已哉。可謂濫之至也。臣愚欲望聖慈特降睿旨。應沿海及近裏州軍稅務收市舶客人引外物貨自壹千伍百貫至壹萬貫。其減磨勘賞並皆減半。庶幾賞不至濫。人亦自勸。

吏部侍郎李椿上奏曰。臣聞書曰。罪疑惟輕。功疑惟重。又曰。賞當功。罰當罪。故自古聖賢所以稱治者。亦信賞必罰而已。伏覩近降聖旨指揮舉改官必具實迹。臣仰體陛下聖意。欲使臣下趨事赴功。不為文具也。苟有實立勞績。而不與依條推賞者。豈陛下之意哉。臣竊見吏部法選人有酬賞應循資者。不許存留後任收使。蓋謂別有應循資條法可以循資者。不許重疊循資。故立此法。亦出于有司。未必本有此條。然則實立勞績。豈為冒濫。何獨於選人乾沒勞績賞格。遂為

不信之令。緣本部遵守上件條法。遇有陳乞。若盡是告示不行。所以詞訴不絕。臣愚欲乞睿慈下勅令所。刪去吏部侍郎左選此條。或重行修立條法。使實立勞績之人。不致乾沒其賞。有以稱國家立法賞從重之意。亦有以絕不已之詞。

光宗時蔡戡上奏曰。臣嘗讀西漢循吏傳。竊惟漢二百年間。班固所載循吏六人而止耳。孝宣之世。居其五焉。何天之降才獨盛於此時也。及覩班固贊孝宣曰。信賞必罰。綜覈名實。然後知孝宣馭得其道。宜其循吏之多也。蓋賞罰者。治天下之具。名實者。行賞罰之要。人有為善之名。必迹其為善之實。從而賞之。人有為惡之名。必窮其為惡之實。從而罰之。人知為善而賞不踰時。賞一人而千萬人勸。人知為惡而罰不旋踵。罰一人而千萬人沮。所以勵世磨鈍。作其好善之心。絕其稔惡之路。舉天下為君子之歸。自古堯舜之治天下。不過如此。

孝宣之時。吏稱其職。民安其業。蓋有繇也。恭惟陛下勵精為治。遠邁漢宣。於賞罰名實之際。尤所加意。天下之吏固當澡心滌慮。辨智竭力。以承休德。然未聞一人治行卓然可書如龔黃者。以臣觀之。名實未盡綜覈。賞罰未盡信必。故百吏未盡稱職也。今朝廷欲知守令優劣。俾監司第其臧否以聞于朝。甚盛典也。夫臧者。天下之善名也。律身以廉。從事以公。與夫勤謹無過者。皆謂之善也。否者。天下不善名也。貪而徇利。暴而虐民。與夫弛慢不職者。皆謂之不善也。彼善與不善。在天下不啻如黑白冰炭之殊。朝廷惟不知其實。故賞罰無自而加焉。監司既已第其優劣而為臧否。朝廷是宜核其名實而為賞罰。臧否之令。行之有年矣。以臧之最而超擢者誰歟。以否之最而黜責者誰歟。二者皆臣所未聞也。朝廷不過為虛文。監司不過應故事而已。謂之臧者無所勸。謂之否者無所沮。臣所謂名實未盡綜核。賞罰

未盡信必者此也。何以起勸慕之心，振婾惰之氣乎。臣愚欲望陛下每歲申勅監司按所部守令，第其臧否以聞。臧之最者，命大臣審察核其誠之實，誠如所舉，隨其才而用之。否之最者，委他路監司體究核其否之實，誠如所言，則因其罪而罰之。如是則君子有所激而勇為善，小人有所憚而不為惡。昔之貪殘猶變而為廉平，昔之弛慢者變而為勤謹，人人奮勵以趨事赴功，孝宗之治將復見於今日。

理宗時，洪舜俞進故事曰：太祖問李承進曰：唐莊宗以英武定中原，享國不久，何也。承進曰：莊宗務姑息，將士每出，禁兵衛卒必控馬首曰：兒郎輩寒冷，望與救接。莊宗即隨其所欲給之，蓋威令不行，賞賚無節也。上撫髀歎曰：三十年夾河戰爭取得天下，不能用軍法約束此輩，縱其無厭之求，以茲臨御，誠為兒戲。朕今撫養士卒，固不吝惜爵賞，苟犯吾法，惟有劍耳。

臣聞易曰：上天下澤，履。君子以辨上下，定民志。上下不辨，民志何由定。民志不定而欲求國勢之安疆，是卻行而求前也。況三軍以紀律為重，處不知禮則出不知律，犯上之意一萌，作亂之機已兆，尚何望其敵王愾而伸國威哉。唐自肅宗偷一時之安，平盧節度察軍中所欲立者授以旌節，自是以姑息為常。至於偏裨士卒殺逐主帥而不問，廉遠地則堂高，廉近地則堂卑，陵夷之勢何所不至，此唐所以亡也。後唐莊宗猶襲故態，不能以軍法約束，而威令不行，享國不永，竟坐姑息之過。我太祖皇帝受天明命，為世立極，盡革唐季五代禮法蕩析之弊，一階一級，上下相承，川班妄訴，必肆顯戮，此所以國勢有金城千里之固，民生有泰山四維之安也。然豈徒以階級之法繩之哉。平時撫養不吝爵賞，苟犯法則有劍爾。恩施而後威立，宜軍心悅服不敢輕於有犯也。

秘書郎權尚右郎官許應龍上奏曰：臣聞賞罰，軍國之紀綱也。有功不賞，有罪不罰，雖堯舜不能以化天下。況世變已降，人心澆不如古，法出而姦生，令行而詐起，苟無賞罰以振肅之，則為善者何所勸，為惡者何所懲。是以聖明之君必以賞罰為先務，而不敢有一毫輕重之私。善所當賞，雖賤必錄，使知為善者之無有不賞也。惡所當罰，雖貴不貸，使知為惡者之無有不罰也。夫如是，則胡禁不止，胡法不行。苟執之不堅，所當得者或刓忍而不予，而不當得者乃僥求而濫獲；所當罪者或經營而苟免，而不當罪者反牽聯而併及。勸沮不明，善惡無別，故作之而不應，率之而不從，因循苟且，亦終於委靡而已。嗚呼。烹阿而封即墨，威王能審左右之毀譽，而群臣莫敢飾非，齊國大治。況尊為天子，居得致之位，有能致之資，苟於刑賞之際斷在必行，則人心振起，何事之不可為哉。昔我藝祖肇開洪業，雖以仁厚為立國之本，而信賞必罰，凜乎其不可犯。清謹可任，擢升宣徽；貪墨不悛，徑寘極典；守邊有功，厚加賞賜；川班妄訴，悉行誅戮。恩威並用，使天下竦然而畏慕，故紀綱為之振肅，國勢至於尊安，成憲昭垂，真萬世之龜鑑也。共惟陛下仰紹丕基，恪遵祖訓，厲精思治，宵旰忘勞，為官擇人，將以宣德意而結民心；選將練兵，將以壯皇威而銷外患。然今之官吏果能究心於恤下乎。今之將士果能用命以決勝乎。竊觀州縣之間，循良者固不乏，而暴征橫斂、峻法嚴刑者未免為民之害；中外之兵，驍勇者固可用，而遇敵則逡巡而不前，少衄則倉皇而先遁者，未免為敵所輕。為弊若此，豈倡率之無術耶，抑法令之不明耶。然廉吏之舉薦須於詔令，貪墨之罰屢形於奏疏，戢私役之禁，戒陞差之私，若是之類，無日不討諸國而申訓之，而玩習者如故，何歟。蓋徒善不足以為政，徒法不能以自行。推原其謀，無亦賞罰之間猶有未信必者乎。節儉正直，當賞以勸善也，而單寒寡援，則誰復薦引。貪冒苛刻，當罰以懲惡也，而緣有牽制，則莫敢發擿。恩賞自有成法，或攀例而放行。鐫黜猶未及期，已經營而希進。陷陣者或隱蔽而不聞，寄名者反僥冒而受賞。請託有禁，而曷嘗施行。奔潰當刑，而隨復招集。故人心玩狎，雖令不從。此吏治之所以未振，而軍政之所以未舉也。轉而移之，其勢甚易。惟於勸懲之間，少加之意而已。蓋不以親疏貴賤為輕重，則可以行賞罰。不闊略於其大而纖悉於其小，則可以行賞罰。無功同而賞異，罪均而罰殊，則可以行賞罰。執此之政，如金石。行此之令，如四時，則以之馭臣，當化貪而為廉；以之馭軍，當變怯而為勇。成效大驗，特一指麾之頃耳。然按察郡縣，則在監司；激厲將士，則在主帥。監司苟賢，則不吐茹於剛柔，不轉移於勢要，貪暴者必劾，

循良者必舉，聞風知懼，當有解印綬而去者矣。主帥苟公，則紀律之必嚴，揀閱之必精，用命者賞之，犯法者誅之，則畏威懷德，雖蹈水火而不避矣。至於監司主帥，則又不可無激揚之術。苟賢否不分，聽其曠弛，則委靡者不失其寵榮，而振作者反幾於生事。容貸者自可以逃責，而廉按者或至於召禍。如此則人心疑畏，孰肯以國事為念哉。臣願陛下明目達聰，詳考熟察，能舉其職者莫不陟，不勝其任者莫不黜，則孰不激昂奮厲，以自見登攬澄清。號令精明，當有如范滂、光弼者出矣。此又操執綱領之要術也。惟陛下與大臣亟圖之。

李鳴復上奏曰：臣比嘗因高沙方城之叛，述古人討亂之法以進，謂殲厥渠魁，脅從罔治。又謂明士卒干紀，此殆閫帥責耳。閫帥不舉其職，而源以上累朝廷，朝廷又不審其宜，而勸即降下黃榜。何榜之輕也。臣無他意，大率欲為朝廷正名分，振紀綱，使不流於姑息耳。黃陂之叛，與高沙方城等，意謂必知所懲創。聞諸道路，其為乖謬，抑又甚焉。淮西討叛，而湖北則納叛，是自為矛盾也。于後領兵勦賊，而王旻則出兵助賊，是自相魚肉也。孟珙許之以便宜，書填防禦使、京交十萬、官田百頃，又聽從各人向某處州郡駐劄，是賞盜也。賞盜而欲以弭盜，可乎。王旻先逆之境上，給以貲糧，助以兵力，又謂叛賊季是可嘉，欲與轉六七官，或陞差路分，陞差統制，是誨盜也。誨盜而欲其不為盜，得乎。高沙之叛，始雖縱之，終能殲之，尚有辭也。方城之叛，國人討之，敵人納之，猶可諉也。今黃陂之叛，境內自為胡越，國中自為寇讎，此何風也。叛卒挾外寇以劫制中國，邊將挾叛卒以劫制朝廷，此何等氣象也。臣恐唐末五代之禍自是始矣。然則如之何。曰脅從者不必治，而渠魁不可不殲也。異我者不足責，而同我者不可不戒也。命令自天子出，未聞邊將擅書填告命以啗賊也。是可慮也。天地莫非

王有。不聞邊將敢欲割地以遺賊也。是可憂也。一時之事變雖微，萬世之正理不可不存也。邊鄙之間，輕置小人，雖肆無忌憚，廟堂之上，任重大老，不可不執持公道也。若朝廷但欲買靜，一切風靡，欲得官爵，即與之官爵；欲得便地，即移之便地；欲索犒賞，即為之支犒賞；欲逐主帥，即為之易主帥；戕殺本將之罪不復問，劫掠平民之罪不復究；討叛者有罰，納叛者有賞，則名分蕩毀，紀綱大壞，此一軍之久歸附者，必縱欲以求逞，將帥之當事任者，必乘間以自肆。他日之禍，又不止於今日矣。惟陛下與二三大臣亟圖利之。

鳴復又上奏曰：臣聞殲厥渠魁，脅從罔治，此古人討亂法也。事有不安其常而至于變，不循其理而至於亂，豈必人人皆有是心哉。蓋而倡之者不一二，脅而從之者常八九。逆順未分，則其勢合；利害漸迫，則其心離。善治亂者臨之以可懼之威，開之以自新之路，剖分其逆

嚬昭示其賞罰。首亂者殺無赦。若能痛自改悔。領衆來降。則免其罪。脅從者釋勿治。若能伺賊動息。嚮首以獻。則厚其賞。夫如是則人各有心。互相疑忌。而賊之黨孤矣。賊之黨孤。則守必不固。戰必不力。而賊之首可坐致矣。不然。一於招納而薰蕕莫辨。則有恩而無威。其弊也流於姑息。一於攻討而玉石俱焚。則有威而無愛。其弊也過於殘忍。姑息豈足以怗强暴。殘忍豈所以懷忠義哉。唐州之叛。叛者一郭勝耳。兵與民未嘗叛也。全子才等擁兵以出。老小之在城外者悉舉而殲之。故其黨遂牢固而不可破。高郵之叛。叛者四百餘卒耳。其他未嘗叛也。既一日而推擇三數人以爲首領。又一日而執辱郡太守以强其行。移制司雖調兵征討。而實懷畏怯。雖遣人撫諭。而實爲具文。故其賊愈悖慢而不知悔。聞諸道路。朝廷近已屈意招安。降下黃榜。其爲說蓋爲一郡生靈性命惜耳。使黃榜既下。而弭耳退聽。必須

以序夫犒。是賞盜也。賞盜而欲其無盜。得乎。萬一不然。而負固不服。或且重有邀索。是納侮也。納侮而方思所以懲其侮。不亦晚乎。將卒千紀。此殆閫帥責耳。閫帥不舉其職。而槩以上累朝廷。朝廷又不審其宜。而動即降下黃榜。何榜之輕也。臣不勝憂憤。是用推明古人討有罪之法以進。如或可採。乞降付樞密院參酌施行。

國子監主簿徐宗仁上奏曰。賞罰者軍國之綱紀。賞罰不明則綱紀不立。今天下如器之欹而未墜於地。存亡之機。固不容髮。兵虛將惰而力匱財殫。環視四境。類不足恃。而所恃以維持人心。奔走豪傑者惟陛下賞罰之微權在耳。權在陛下。而陛下不知所以用之。則未墜者安保其終不墜乎。臣爲此懼久矣。陛下當危急之時。出金幣。賜土田。授節鉞。分爵秩。尺寸之功。在所必賞。故當悉心效力。圖報萬分。可也。而自斡腹之兵越江踰廣。以至今凡閱數月。尚未聞有死戰陣死封疆死城郭者。豈賞罰不足以勸懲之耶。今通國之所謂佚罰者。不過丁大全袁玠沈翥張鎮吳衍翁應弼石正則王立愛高鑄之徒。而首惡則董宋臣也。是以廷紳抗疏。學校叩閽。至有欲借尚方劍爲陛下除惡。而陛下乃釋而不問。豈眞欲愛護此數人。而重咈千萬人之心。天下之事勢急矣。朝廷之紀綱壞矣。君誤國之罪不誅。則用兵之士不勇。今東南一隅。天下已半壞於此數人之手。而罰不損於毫毛。彼方擁厚貲。挾聲色。高臥華屋。而使陛下與二三大臣焦心勞思。可乎。三軍之在行者。豈不憤然不平曰。稔禍者誰歟。而使我捐軀兵革之間。百姓之罹難者。豈不羣然胥怨曰。召亂者誰歟。而使我流血鋒鏑之下。陛下亦嘗一念及此乎。

監察御史吳昌裔論李煒狀曰。臣惟蜀之擇邊帥。號曰襲祖宗盛時每高其選。非政府從橐經歷節旄者。不以輒畀。近來除授率多非人。

知遂寧府李煒是也。煒心神昏眊。品格卑凡。得郡文南。畏虜不上。乃由彭倅徑把州麾。惟賄是聞。殘無善狀。徒以結姻帥閫。遂得薦進于朝。甫守唐安。又易武信。升華延閣。人謂僥覦。況其老病龍鍾。心疾交作。謂爲李赤。貽笑于人。近聞幕府上功。煒亦遂名其列。身處內地。乃與戰士同科。其濫甚矣。欲望睿斷將煒罷黜。所有功賞不與放行。以爲僥功冒賞者之戒。

昌裔又論項容孫轉官加職未當狀曰。臣惟邊疆多事之時。當以賞刑爲急。鄉人書來皆言曹友聞大安之捷。李安國文州之守。董鵬飛之死節。曹萬等之平潰功効最爲顯著。今朝廷未聞次第行賞。近聞邸報知閬州任逢以集英殿修撰奉祠。知果州項容孫特轉一官加直秘閣。臣聞之悶然。不知朝廷以其何功而加職增秩耶。竊聞去冬潰卒之變。果閬二州焚蕩殆盡。爲守臣者逃避山谷。寇退方還。若以其

無兵與守未加顯誅猶之可也今並邊將士貴與未行而逃難守戶
崇賁先及將恐三軍之士聞之短氣彼二人者受亦不安臣欲乞睿
斷將四將功賞爭賜須下其二人加職轉官指揮並行收回達仍乎
祠以遂其請於孫且令安職以責其効庶幾萬里之外知公朝刑賞
平明有功者悅倖賞者懼是轉移人心之一大機也
金宣宗興定元年行元帥府事石倫上言曰頃者大兵破太原招民
耕稼為久駐之基臣以太原要鎮所當必爭遣提控石盞吾里忻引
官兵義兵共圖收復以軍士有功者宜速賞之故擬令吾里忻得
注授九品之職以是請于朝而執政以為賞功罰罪皆須中覆夫河
東去京師甚遠移報往返不暇數十日官軍皆敗亡之餘鋒鋭略盡
而義兵亦不習行陣無異烏合以重賞誘之猶恐不為用況有功而
久不見報乎夫衆不可用則不能退敵敵不退則太原不可復太原

不可復則平陽之勢日危而境土日蹙矣今朝廷抑而不許不過慮
其濫賞耳借使有濫賞之弊其與失太原之害孰重於是詔從其請
哀宗在蔡忠孝軍提控李德不奉總帥完顏仲德約而杖之帝諭仲
德曰此軍得力方欲倚用卿何不容忍責罰乃爾仲德曰時方多故
錄功隱過自陛下之德至于將帥之職則不然小犯則決大犯則誅
強兵悍卒不可使一日不在紀律蓋小人之情縱則驕驕則難制睢
陽之禍豈獨官奴之罪亦有司縱之太過耳今欲更易前轍不宜愛
克厥威賞必由中罰則臣任其責軍士聞之至于國亡不敢有犯
元世祖至元六年帝數以歷代所寶分賜近侍監察御史崔敬上奏
曰臣聞世皇時大臣有功所賜不過藥草重惜天物為後世慮至遠
也今山東大飢燕南亢旱海潮為災天文示儆地道失寧京畿南北
蝗飛蔽天正當聖主恤民之日近侍之臣不知慮此奏稟承請殆無

虛日甚至以府庫百年所積之寶物遍賜僕御閹寺之流乳稚童孩
之子帑藏為空萬一國有大事人有大功又將何以為賜乎乞追回
所賜以示恩不可濫庶允公論
趙天麟上策曰臣聞欲逸者臣民之同情臨制者帝王之能事皇天
降命眷顧神主天下雖大兆人雖衆既畏上天之景命而甘分以從
之又服聖人之大德而竭蹷以趨之於是為君者巍然在上受萬姓
之極崇宴然居尊役萬姓以自奉寔乎萬姓厭勞而惡賤也然而不
厭且惡者以其非聖人不足以保吾之生非聖人不足以安吾之業
故也間生兇黨不揣其宜窺上隙而恣行逆天心而妄僭凌國紀
搖蕩邊封掠無罪之生靈啓非常之禍亂惟王立統寔欲寧人豈可
坐視變故而姑息偷安屑越民生而恝心不慮哉是以命將興師宣威
止殺遣以全其生養之德也於此猶以為未能息彼邪萌遂立戍兵

於郡縣而鎮之庶他日之爰方啓行無回顧卒然之憂故爾此帝王
禦侮之術之大者也且人情莫不欲逸今則驅之以戰爭之事至勞
也人莫不欲生今則率之於萬死之地至苦也向不加之以厚犒申
之以厚勞則誰有竭力效功之心哉方今將帥南征北討略無寧歲
已降之域縱士卒而暴之已服之人縱士卒而驅之劫之所獲金帛
或入將家或奏王府未聞以之賜士卒也抑且見其暴掠驅劫而不
之罪焉強者多矣弱者未之有獲也老稚死矣壯者未之承賞也若
夫得俘而紀于露布以聞之散于六軍以分之彼六軍乃國家之六
軍也散之則是猶置于國家之外府外庫也又能激將來之實效焉
若夫寇敵犯罪而伐之既服而舍之彼寇敵皆國家之頑民也而脅
從者皆非其本心也又何須以為奴妾牽羈而縱士卒以掠之乎彼
寇敵脅從者亦且効吾士卒之忠而劫掠中國之民矣則是四方之

民。互相驅掠。乃復乘威因怒。轉戰無休。直士不敢以獻言。忠臣不敢以納諫。傀兒繼踵以就死。原其所致。皆因撫勞或未及。節制或未明以至于是也。爲今之計。莫若守之而不攻。按之而不動。儻有不臣之國。逆亂之徒。當命信使再三以諭之。持詔以赦之。知罪自新。回邪歸正。如或猶生驕氣。縱有悛心。則明徵其辭以征之。簡車馬。嚴號令。給糧餉。厲戈矛。固巢穴。據要害。氣壯力雄。德尊義重。是惟無戰。戰則勝矣。狀如之篇。漢皇之駕。有灞上棘門細柳之幸。湯后之伐夏也。耕者不變。歸市者不止。誅其君而弔其民。周武之伐商也。散鹿臺之財。發鉅橋之粟。大賚於四海。而萬姓悅服。斯皆仁以行之。義以宜之。勞以感之。賞以恩之也。伏望陛下探賾索隱。發政施仁。率從臣所謂設武舉。詮大將試嗣將之法。則節制無不明矣。復從臣所謂厚勞賞之法。則戍卒誓死而無辭矣。若其偃兵戈。廣屯田。之後亦無所事於厚勞賞之法。此但防其萬一。故云然。

武宗至大中。尚書省賜予無節。財用日耗。名爵日濫。御史大夫中書平章脫脫上言曰。爵賞者帝王所以用人也。今爵及比德。賞及罔功。緩急之際。何所賴乎。中書所掌錢糧工役選法刑獄十有二事。若從臣言。恪遵舊制。則臣願與諸賢黽勉從事。不然。用臣何補。

文宗天曆元年。監察御史張士弘等上言曰。朝廷政務。賞罰爲先。功罪既明。天下斯定。國家近年自鐵木迭兒竊位擅權。假刑罰以遂其私。綱紀始紊。迨至泰定。爵賞益濫。比以兵興。用人甚急。然而賞罰不可不嚴。夫功之高下。過之重輕。皆係天下之公論。顧命有司。務合公議。明示黜陟。功罪既明。賞罰攸當。則朝廷肅清。紀綱振舉。而天下治矣。帝嘉納之。

歷代名臣奏議卷之一百八十九

歷代名臣奏議卷之一百九十

勤政

東漢光武每旦視朝。日側乃罷。數引公卿郎將講論經理。夜分乃寐。皇太子見帝勤勞不怠。承間諫曰。陛下有禹湯之明。而失黃老養性之福。願頤愛精神。優游自寧。帝曰。我自樂此。不爲疲也。

唐貞觀十二年。太宗謂侍臣曰。朕讀書見前王善事。皆力行不怠。其所任用公輩數人。誠以爲賢。然致理比於三五之代。猶爲不逮。何也。魏徵對曰。今四夷賓服。天下無事。誠曠古所未有也。然自古帝王初即位者。皆欲勵精爲政。比迹於堯舜。及其安樂也。則驕奢放逸。莫能終其善。人臣初見任用者。皆欲匡主濟時。追蹤於稷契。及其富貴也。則思苟全官爵。莫能盡其忠節。若使君臣常無懈怠。各保其終。則天下無憂不理。自可超邁前古也。太宗曰。誠如卿言。

敬宗纔施。日晏坐朝。山南西道節度使兼平章事裴度諫曰。比陛下月率六七臨朝。天下人知勤政。河朔賊臣。皆聳畏。近聞延英盃稀。恐萬機奏稟有所壅閼。夫順養之道。當順適時候。則六氣平和。萬壽可保。道家者。春夏蚤起。取雞鳴時。秋冬晏起。取日出時。蓋在陽躁之以陰。在陰勝之以陽。今方居盛夏。謂宜詰旦數坐。廣加延問。漏及巳午。則炎赫可畏。聖躬勞矣。帝嘉納焉。數視朝。

敬宗晏朝紫宸。入閤久不出。羣臣立屏外至頓仆。諫議大夫李渤見宰相曰。昨論晏朝事。今益晚。是諫官不能移人主意。渤請出閤待罪。會喚仗乃止。退上疏曰。今日入閤。陛下不時見羣臣。羣臣皆布路跛倚。夫跛倚形諸外。則憂思結諸內。憂倦既積。災釁必生。小爲旱葉。大則爲兵爲亂。禮三諫不聽則逃之。陛下新即位。臣至三諫。恐危及社稷。

宋真宗咸平元年。知兗州韓援上言曰。臣伏覩近詔舉行轉對。在外文武群臣未預次對者，各許上章奏事。此蓋陛下克勤念慮，旁採芻蕘，幅員之間，蹈詠斯極。伏惟陛下膺運圖大，握樞御極，行一事必遵典禮，發一言必訪古今，三載遏密之中，過形哀毀，萬機聽覽之後，未嘗追遑。每春澤稍愆，宿麥未秀，必親臨祠觀，備罄蕭薌，減御膳以焦勞，走使車而旁午，徧禱羣望，盡降五刑，昭感上穹，必獲嘉應。雖有祲沴，安能為災？然臣輒以芻蕘窺測蒼昊，退循僭越，難避鼎鑊死罪。近者徵有亢旱，頗傷稼政，天其或者得無以太祖、太宗二聖在天，陛下春秋鼎盛，兆民樂業，萬國來王，萬一聖心忽生驕佚，故輒加災眚，以儆睿聰。昔魏證對唐太宗曰：貞觀之初，聞善若驚，五六年間，猶悅以從諫，自茲厥後，漸惡直言。此蓋識其漸怠於政也。則知勤儉難守，驕佚易生，人之常情也。元宗開元十五年以後，深居高視，倦于臨御，內寵嬪嬙，外事征伐，連起詔獄，無辜誅夷，遂至大盜猖獗，中原板蕩，蓋亦升平之後，驕怠致然也。臣伏覩先帝福祚延洪，享國長久，孜孜勤儉，未嘗一日曠於萬機，自端拱以來，蓋勵精為理。臣嘗權鹽鐵判官，得與本使上殿奏事。一日，先帝從容謂臣等曰：大凡於職，不可不勤，朕每見殿庭兵卒能剩掃一席地，剩汲一瓶水，必記其姓字。夫如是，則有以見先帝勤勞庶政，片善無遺。願陛下守太祖之丕圖，遵太宗之遺訓，兢兢業業，無怠無荒。臣又聞之，圖治者在乎遠佞人，杜讒口。書曰：堲讒說殄行，震驚朕師。詩曰：取彼讒人，投畀豺虎。臣覩今日朝廷，自公相以下，悉皆方正，無邪佞之徒。然事生隱微，宜防未兆，以陛下聰明神智，必無驕佚之虞，然願罔倦燭幽，勿使小人乘間而進，日謹一日，雖休勿休，居安慮危，在治防亂，則天下幸甚。

景德三年，以刑部員外郎直昭文館陳彭年上奏曰：臣竊以古先哲王嗣守大業，遠則漢武帝，近則唐玄宗，英智天資，聰明神授，雖茂功克建，帝至德未周。蓋以享國年深，在位時久，倦於勤儉，或至怠荒。不恤民人，多耗國用。子孫繼統，無以取法令德，方策布翰，無以備書大猷。覽其始終，良可歎惜。恭以皇帝陛下君臨寰宇，富有春秋，無一日晏坐朝，無一時倦聽政。言必合道，動必由禮。無聲伎之好，無畋遊之娛，未嘗興土木之功，未嘗納珍奇之貢。訓練士卒，也務寧邊鄙，不衒於武威；編修典籍，也用廣採摭，思益於文德。巍巍然，蕩蕩然，無得而名者矣。方今天下庶官錢穀，刑獄兵農，賦租咸遵詔條，悉協程式，至使小有壅遏，自可懲革，如人之體平，適膚革充盈，偶生微痾，不患難瘳。臣以為方今天下但恭勤而守之，足彰社稷之慶，黔黎之幸也。然則日謹一日，雖休勿休，存諸格言，斯用垂訓。伏慮陛下以時常寧泰，情有變遷，安居九重，倦覽萬務，近習可畏，閑邪頗難。尚書曰：惟王不邇聲色。道德經曰：馳騁畋獵，令人心發狂。史記曰：由余見秦宮室大奢，歎曰：使鬼為之，則勞神矣；使人為之，則苦民矣。尚書曰：珍禽奇獸不育於國。四者人君之大戒也。其或小人乘此而競進，聖語曰：盍而闕修，則追思漢武帝、唐玄宗，英智聰明而至德未周，以為前鑑。乃小臣之所以愛君者也。周易曰：天行健，君子以自強不息。夫天道運行，無有止息，是以四時推移，萬物生成也。聖人之道，宜取法上天，勤而不息，是以政教克舉，華夏以寧者也。臣伏讀赦命，朝廷之闕遺，朕躬之過失，並形封奏，得以指陳。今者朝無闕遺，君無過失，須伸忠款，必恕罪尤。願陛下長採斯言，靜思闕義，治不忘亂，安不忘危，則九夷向化，百世受祉，無出於斯而已矣。至如指一小事以為利，濟陳一短見以為周通，臣所不為也。

仁宗景祐元年，監察御史裏行孫沔上言曰：臣伏聞隱憂而道著，功成而德衰，涉難則思深而圖全，居安則志滿而自逸。上自三王之世，

兩漢之主撥亂者咸臻於至治憂勤者多致於中興荒淫怠政妄亂
相隨晉魏以降虐儒無紀臣不敢遠引古義顧以唐事明之文皇開
基武定大難招顧羣儒確論理體闕弓矢則知政教之微諭金冶以
來獻替之道房魏諸賢夙夜盡瘁貞觀之風終始無玷洎于高宗藉
此治平性務寬簡事稽裁決外綱隳而無忌遠黜內嬖盛而二張用
事許李詔上禍屬是階二十餘年變周因武至於明皇治亂尤異開
元之治內難方平久在民間深知國害濫官弊事思盡革去故任姚
崇宋璟為相庶務畢舉遂致化成天寶之後聽斷稍怠寵幸勃興奇
乃厭溺羨入亂華咸不克受故因林甫國忠盜位綱條不備以至奔
幸此三主事迹一時龜鑑布在書傳奇得知聞皆由世亂則思於恭
勤時平則敗於逸樂勢使之然由來者漸故易曰亡者保其存者也
亂者有其治者也詩曰靡不有初鮮克有終傳曰有始有卒者其惟

奏議卷之一百九十　四

聖人乎伏惟陛下纂紹寶圖務敦淵靜韜晦英謀竭伸孝愛而內闕
輔政朝制弗經宦寺弄權海宇側目女謁交馳夫道不行而陛下山
藏無遺日覆不昭洎莊憲上仙萬機獨斷躬親大政勵精為治捷閑
寺之巨黨罷內降之私恩斥擢正臣黜退竊位每旦聽政舊邦惟新
庭宇弄清幅員忻戴將以執之如金石行之為軌範希陶唐之風襲文
景之跡為一代之宏規冠千篇之良史豈不大哉比及周歲頗異曩
時內寵艷興中宮傾易楊尚侍恩權勢特盛事由請行言自政出君
子小人腹誹竊議章賴陛下神明議斷廢黜外宮雖諱正家之道未
違經國之宜功業弗彰簡編安在恭聞昔者太祖應天奮陸救生民
於塗炭太宗耀德開基平列國之干戈真宗備文守位下武和戎崇
儒議禮封禪告成神德聖功形詩播樂二朝盛事萬祀流光今陛下
自幹蠱十年豈常專己讓言三載足以變風未聞可久傳被無窮累

歲已來和氣稍替水旱相仍蝗螟屢生粟麥不登西疇歉廢九夏多
寒三冬無雪星變上天河決東郡疾病流離生靈困憊民乏終日之
食廩無卒歲之儲既庶而富曷其若是正當乃足之時豈曰無為之
化陛下不可謂無兵革乃號太平政奉簡書使為端拱竊恐禍生所
忽亦有其存漸至陵夷無時逸豫有唐天寶奇謂覆車前春伏見詔
書布下每旦親政故天下之民謂吾君為憂勤率仁之化翹足可待
去秋以聖體愆和臣心啓沃愛君有從宜之制雙日仲不坐之請交
泰之誠遠臻有喜宴安之戒豈可為常且一月之中適減其半慶辰
嘉節休沐受釐三分之日復廢其一是則一歲之中率無百餘日視
事宰臣上殿奏可待對止餘數刻天下萬務得不曠哉雖云漢帝五
日一朝則有伏蒲入閣擄廁與語亦無間也唐制三日一坐則有便
殿更番浴堂延對信不怠也今退朝之後深宮之中侍左右者刀鋸

奏議卷之一百九十　五

刑殘之餘悅耳目者綺羅艷冶之色扃鑰九重叫閽千仞宸禁晝嚴
衆興天遠宜未見欵召名臣清問外事詢祖宗之綱紀質朝廷之得
失徒修簡易之名未益承平之化臣恐其未可也況今之政失於寬
而敝於姑息今之士弛於務而幸於因循是養其惰也夫天下之本
者在民民之豪者皆兼并而貧者無置錐之業天下之大者在兵兵
之下者負飢寒而驕者不敢役郡守縣令臧否無別冗食千萬蠹耗
靡窮邪佞退而復興忠諫黜而未用此害之大者也設欲止之於未
萌救之於將然莫若振綱舉目杜漸防微勤儉為先剛斷為急權之
一去安可再得豈宜崇尚寬大自徒清宴若謂怡神養性之方且非
耄期倦勤之際臣復以為不然也今陛下春秋鼎盛氣志如神釋習
常之弊加致治之心勤禹湯克己之規敷文武立教之旨振三祖之
基為百世之法則無鴻自我豈不盛歟願因歲首正朝之始霈然下

令誕告多方。每旦恭巳。辨色居位。推擇大臣。講求古道。降以溫顏。俾之極論。精思品藻。質責賢否。外則逐刺史縣令無狀老懦貪殘之輩。以利於民。內則罷公卿大夫不才諂佞詭譎之士。以肅於朝。掖庭之中。簡去幽曠。以來錫羨之慶。宦寺之內。抑損重任。以防昵近之私。發號施令。必審其有害。賞功罰罪。必思其未平。則可使教敷于上。民悅于下。足以招天地之協氣。致國家之豐隆。皆目前可見之事。惟陛下力行而已。三王為可侔。十聖未足擬。何為恃當年而樂自足哉。臣跡甚孤危。言無忌諱。妄陳愚瞽。甘俟誅夷。然念優處憲臺。過受豐祿。思自上隆。食出民力。豈可偷安。不思盡節。苟一言而萬死。實以為榮。干犯天威。臣無任激切待罪之至。

英宗治平元年。知諫院呂誨乞親決政事疏曰。臣恭聞近日聖體平復。中外均慶。然萬機之事。未聞親決議者。謂陛下遜避有所待焉。果如是。恐未為順。敢不為陛下委曲而陳之。且以兩漢而下。母后臨朝者衆。皆嗣君冲幼。親為輔翊。垂坐簾帷之下。專其聽斷。幼君既長。有復辟之議。今日之事。有異於是。先帝援陛下於公族之中。以賢且長。付託之意。正為今日也。當陛下遲豫之時。非皇太后內輔。則政無所寄。大臣建策於國忠也。然而陛下臨朝。御前殿。百官朝罷。兩府大臣方至內東門。是綱領柄權皆在於手。陛下自未專決。何所待也。臣伏望宸衷感悟。無以此為念。唯內勤孝養。率中宮盡禮。則婦姑之情相接。母子之愛益親。躬修政務。操守威福。時與近臣講求治道。事無過舉。體斯為順。自然皇太后慰安。恩意無間。然適深宮優游清靜。含飴弄孫。不復關政。豈非皇太后之心耶。臣區區繫于是矣。

英宗時。知諫院傅堯俞上奏曰。臣聞乾剛坤柔。上下之定分。君倡臣和。古今之通義。恭惟陛下德稟健粹。學該治亂。日旰論道。淵默思政。所謂有可致之位。而挾可致之資。然親政以來。過事謙挹。神明之斷。未甚聞於天下。夫舜禹稷禼尚相誡敕。今輔弼雖賢。安得事事皆善。古所謂委任責成者。非謂若是與非一切徇之也。大臣之言是。陛下從之宜也。其非是者。陛下偶以為然。姑行之可也。既已知其非矣。又從而徇之。則人主之柄安在。雖愚夫愚婦有不可欺。此神明之斷所以未甚聞於天下也。今禪服未終。天下謂陛下信默不言耳。從此踰月畢三年之制。威福之權。儻尚循故轍。人將以深淺測陛下。伏望聽政之際。召臣各盡其意。非以是是毋相面從。間於燕閒與羣臣相接。總覽衆議。以裁處其當。圖有適莫。務存大公。則柄在陛下。而威斷伸矣。臣雖亡狀。竊揣陛下資性有祖宗之風。真勤儉有為之主。夫有為者。當為於可為之時。今四海延頸以待德音。不知何憚何嫌而不為也。時難得而易失。惟陛下不徒悔於他日。則天下幸甚。

神宗時。彭汝礪上奏曰。夫乾。天下之至健也。而其德行常易。夫坤。天下之至順也。而其德行常簡。所以成物者至誠而已。天地之間。其精結而為日月。而日月之更為晝夜。其氣運而為四時。而四時之代於終始。其形流而為萬物。而萬物迭為盛衰消息。未嘗或息焉。故曰天地之道。可一言而盡之也。而人君者。成位於上下。成能於終始。其所以範圍之道。彌綸天地之化。輔相天地之宜。其所以通天下之志。成天下之務。定天下之業。亦在於至誠而已。宋興百餘年。天下狃於治安。苟簡而萬幾廢矣。陛下之興。日夜自強不息。思欲遂至於三代。而天下之士亦皆勉焉。而日孳孳。皆以言責得與聞朝廷議論。以事觀之。疑若少加意焉。蓋有獄久而不決者。有言已進而不省者。而後臣知其少急也。如朱炎輩咸南仲陳偲等。多無罪繫於下大理寺。今踰十月。而獄未見與奪。臣是以知刑獄有滯而未決者也。臣去年十一月以書進陛下。踰月而後見而書之所陳。終未留乙夜之覽。臣是以知言之有進而可省者也。夫事固有大於盛南仲之獄。而臣之言誠無足以煩聖慮。然以此觀之。知至誠之心減於疇昔。凡人言者皆曰。天下安且治矣。而可以無事。此非忠臣也。今自朝廷觀之。法度有所未立。其下皆偷安者。自府寺觀之。政事有所未立。而吏多冒法。自民觀之。窮困者未蘇。而流移者未安集。自四夷觀之。而凌犯之罪未誅。窺覦之心未塞。自財用觀之。民力方屈。國費方迫。自學校觀之。忠信未成。而道德未一。臣所謂陛下當日夜加勵。思所以補苴罅漏之術。如此其艱也。遂玩之以為安治。而少怠焉。臣恐天下之心復弛矣。

哲宗元祐二年。平章軍國重事文彥博進無逸圖。奏曰。臣伏觀周公作無逸以戒成王。後代聖君皆奉為至戒。以成治道。以克永世。臣又觀唐史。見宰相崔植對穆宗云。玄宗初得姚崇宋璟為宰相。二人者夙夜孜孜。致君于道。璟嘗手寫尚書無逸一篇為圖以獻。玄宗置之內殿。出入觀省。記念在心。每歎古人至言。後代莫及。故任賢戒欲。心歸沖漠。開元之末。因無逸圖朽壞。始以山水圖代之。自後既無座右箴規。又信奸臣用事。天寶之末。稍倦於勤。王道於斯缺矣。今陛下虛心求治。伏望以無逸為元龜。穆宗善其對。臣恭惟皇帝陛下。聰明稽古。嚮學思道。間日御邇英。延儒臣講讀經史。臣又觀邇英壁有仁祖朝講官王洙所寫無逸圖。臣慮禁中或未有此圖。輒敢以為錄四軸。并一卷上進。望於殿內張掛。置於几案。以便聖覽。臣愚不勝區區之至。

四年。中書舍人彭汝礪上奏曰。臣伏惟自古天下廢興存亡見於書者甚備。其成未嘗不以憂勤。其失未嘗不以怠忽。陛下即位蒞政。其仁民愛物之心。發於詔令。見於行事厚矣。日月益久。然終不能近古。殆誠意未加而已。聽言之道。必觀以事。今察于天地。常寒星變河流未息。察於財用。公私單急。浮費益滋。察于有司。因循苟簡之弊日甚。察於風俗。廉恥忠厚之風幾喪。從法既變。民人益困。邊備浸弛。夷狄方侮。選舉法壞。士迷所向。而進言者曰。今大安且治。是非欺則諛。天下大器。置之安則安。置之危則危。安危之幾。一朝一夕。一言一動之間而已。蓋自古人主饗國既久。無至誠惻怛之心。上下偷安。遂過目前。綿綿延延。日月以甚。國雖無惡政虐刑加於百姓。而天下未嘗不亂。此不可不察也。陛下曰仁民愛物之心。加之以至誠。在所可為而必斷。在所可法而不惑。在所可聽而必從。在所可改而無吝。如此。則百官有司莫不奮勵。承詔災異弊病非所患矣。臣雖不肖。猶日夜洗心以俟。故以至誠之論終之。

徽宗大觀中。吏部侍郎慕容彥逢上奏曰。臣備位詞掖。幸以權記注職事。日侍清光。伏覩陛下辨色視朝。延見群臣。雖雪霰風霧凛冽異常。辰正奏隔上殿班。傳旨特引。嘗近巳初乃罷。盛寒疇咨。玉色無倦。十六日入冬至。假陛下御延和。引上殿十一班。十七日。又引十班。皆人人顧問。曲盡事情。告戒丁寧。切中機會。節假內批降臣寮章疏及有他處分差除。絡繹不絕。臣職在奉行。捧讀悚激。方是時。群臣賜告偃息于家。而陛下夙夜省覽。憂國愛民。未嘗暇逸。陛下以天縱之聖而勤政若此。蓋將訓迪有司。永垂憲度。而日歷之所紀。邸報之所傳。循襲常舉。其大略而已。自非進得陪侍軒墀。退得與聞幾政。何以盡知其詳。臣愚欲望聖慈。以臣所陳降付史館。及進奏院昭示天下。傳之無窮。俾中外官吏至民庶聞風嚮勸。罔不克勤。上副陛下宵衣旰食之誠。

孝宗時。禮部員外郎崇政殿說書范成大上奏曰。臣聞治天下之道。

非以無其具之為患而以有其具而不責其成功之為患也辟猶工匠雖有械器雖然前陳而不課其成器之效則與無械器者何異夫興事造業發號出令之初何嘗不長慮却顧殫智竭力再三熟復而後有所為哉推而放之之久則必有偏而不舉危而不行與夫沮抑於下而弗使見功者一聽其自然不復過而問焉則歸之所謂殫智竭力而為之者終於徒勞而無補此所以治具雖多而治功愈遠也大抵末俗之陋樂宴安而憚改作習委靡而忘振起辟猶王良之御駑馬審其銜勒而謹握之猶可維持以行跬步稍弛則蹶躓隨之矣故曰一日二日萬幾無曠庶官天工人其代之此言一日曠官則萬事之幾必有廢失者況其久乎故善治之主不敢一日不用其才焉孜孜業業執其所以為治具者晝夜提策之曰吾前日興某利其果興矣乎前日去某害其果去矣乎利宜興而未興害宜去而未去無

乃吾法制有未善者乎抑亦有沮抑於下而使法制不得行者乎及其利已興矣害已去矣則又曰其果能久而弗變矣乎雖變而猶可通之以盡利乎未如是則有所不為為無不成而成亦不壞矣堯舜之治莫要乎二典二典莫盛於賡歌治至於君臣作歌以相戒宜不作不急之語而皋陶之颺言但曰率作興事謹乃憲欽哉屢省乃成欽哉蓋興事之初不謹憲度固無可行之理憲度謹矣而必繼以屢省者蓋事不加省則雖成而必隳屢之為言不一而足之謂朝省之暮又省之今日省之明日又省之不知何時而已也二典之治百聖所師皋陶之謨後世莫及撮其樞要初不遠於人情而無高世離俗甚高難行之說今聖主將大有為以躡堯舜之迹觀皋陶之歌思過半矣

侍御史王十朋上疏曰臣竊以今日邊事未靖正君臣相與有為日不暇給時也竊見朝廷尚循平時故事假故稍多有妨機務臣欲乞陛下未明坐朝日晏而退至於假故之日宜常御便殿不拘早晚引見宰執侍從臺諫群臣賜以從容訪問時務事有可採即時施行仍敕朝廷不可似常時作假宰執日入朝堂百僚各任其職庶幾事務不廢共致中興不勝幸甚

趙汝愚上奏曰臣伏觀唐世人主莫不其始甚勤其終則怠其進甚銳其退亦速若德宗文宗始皆慨然有削平僭亂之志特以用非其人故功不果遂二君不能於此自反益任忠賢以收後效雖元勳舊德見於已試若陸贄裴度皆不獲見用而甘心委靡廢放不復自振此固無足稱者若夫玄宗憲宗皆剛明果斷卓然為一代英主自始即位克己用人不數年間功成治定何其易也及其驕縱之心一生則忠言易疏甘言易入於是罷張九齡相李林甫用皇甫鏄棄裴度而盛德大業俱不克終矣其間惟一太宗能用人納諫始終不倦故

貞觀之治獨盛於唐而魏徵諄諄然猶陳十漸之戒書曰謹厥終惟其始又曰終始惟一時乃日新嗚呼艱哉臣仰惟陛下臨御以來二十餘載仁孝之行愈久而愈彰勤儉之誠彌積而彌勵至於詢求闕失獎勸忠良比歲孳孳日恐不逮凡聖德之所成就者視初即位蓋益高明光大矣雖成湯之日新又新文王之純亦不已不足進於是也臣嘗究此道其實千古同符順而行之則以治以安逆而用之則有危有亂陛下聖學高遠洞照古今灼知聖帝明王未有不由斯道而能致隆平者也臣愚伏願陛下篤信而勿疑力行而勿倦尊有德以正朝廷之本容直諫以來天下之言自然士氣作成庶職修舉王功帝業無為無不成矣惟陛下留神幸甚

光宗時趙汝愚上奏曰臣嘗慇觀天下之事物蓋未有久而不壞者也然流水不腐戶樞不蠹者何哉運動故也惟我國家自祖宗開創

以來。蓋歷二百三十有餘年。如大厦然。歲月深矣。中更變亂。庶事非復舊制。今又六十餘年矣。臣竊觀事勢。固有偏而不起之處。興滯補弊。正有賴於今日。臣仰惟陛下以神禹之資。而受重華付託之重。是宜憂勤夙夜。興起治功。使功光祖宗。業垂後裔。而群臣進言。有勸陛下以中外無事。優游安靜者。是皆人臣苟安之利。而非國家長久之福也。臣誠愚賤。不達治體。然更歷數郡。首尾十年。自蜀至閩。身行萬里。所見閭閻之內。民實困窮。郡縣之間。吏多貪濁。風俗玩弊。上下苟媮。邊備空虛。事力單弱。將帥掊克而不卹其下。士卒愁怨而不聽其上。病弊百出。不可盡言。誠恐一旦有邊鄙之虞。水旱之變。軍旅數起。盜賊繁興。雖有智者。無以善其後。此正賈誼所謂厝火積薪之下。火未及然。而因謂之安者也。臣愚伏願陛下思王業之艱難。念民生之不易。慨然發憤。志於有爲。凡前數者之弊。勤而思之。如饑者之望食。

病者之望藥。朝夕砥礪。以圖安強之效。雖陛下有一日之勞。而子孫享萬年之福。宗社幸甚。不然。臣恐玩歲愒日。棟撓梁折。會風雨之不庇矣。臣不任惓惓愛君憂國之誠。遂忘其狂瞽。惟陛下留神。幸甚。

寧宗時。衛涇進故事曰。唐憲宗嘗曰。惟太宗玄宗之盛。朕不侔。欲庶幾二祖之道德風烈。何行而至此乎。李絳曰。陛下誠能正身勵己。尊道德。遠邪佞。進忠直。與大臣言。敬而信。無使小人參焉。與賢者遊。親而禮。無使不肖與焉。去官無益於治者。則材能出。斥宮女之希御者。則怨曠銷。將率擇士卒勇矣。官師公吏治辦矣。法令行而不下違。教化篤而俗必遷。如是可與祖宗合德。號稱中興。夫何遠之有。言之不行。無益也。行之不至。無益也。帝曰。美哉斯言。朕將書諸紳。即詔絳與崔群錢徽韋洪景白居易等。搜次君臣成敗五十種。爲連屏張便坐。帝每閱視。顧左右曰。而等宜作意。勿爲如此事。

臣聞詩稱文武。始於憂勤。終於逸樂。言圖治於始。而享成於終。逸樂非宴安之謂也。仲虺之告湯曰。謹厥終。惟其始。伊尹之告太甲曰。終始惟一。時乃日新。蓋始勤終怠者。人之常情。故自昔君臣相與警戒。未嘗不致謹於斯也。憲宗元和初銳意有爲。慨慕貞觀開元之盛。李絳告以正身勵己。進忠遠佞。敬大臣。親賢者。擇將率。而任官師。行法令。而崇教化。初非驚世駭俗之說。亦無甚高遠難行之論。而皆修身治國之要道。古今不易之至理。又謂言之不行。行之不盡。爲無益。帝既嘉納。又詔搜次君臣成敗。列之連屏。以便觀覽。且每顧左右。戒以勿爲如此事。惟帝因絳之言。心知驚懼。故一時委用忠賢。不惑群議。削平僭叛。威令幾於復振。其剛明果斷。雖天資之美。亦憂勤之效也。使帝盡行其言。殆不止於度越二祖而已。柰何淮西既平。漫至驕侈。信任非人。程异皇甫鎛之徒。或以羨

餘。或以賄賂。相次而進。凡絳所言於帝者。漫不之省。遂使升平之業。遽自隳壞。史臣有不克終之歎。言之不行。行之不盡。卒蹈絳之戒。豈非此心怠忽之所致哉。人君臨政願治。儻因憲宗之所以得。鑒憲宗之所以失。聽言之際。尊其所聞。行其所知。充而至於高明光大。一政令之施設注措。一人材之進退用舍。本之以至正。持之以至公。兢兢業業。謹終于始。而勿爲逸豫怠驕之念所移奪。則唐虞三代之治可以馴致。唐之三君。奚足論乎。

理宗時。李韶爲禮部侍郎。上疏曰。臣生長淳熙。初猶及見渡江盛時。民生富樂。吏治脩舉。事變少異。政歸私門。紹定之末。元氣索矣。端平更化。陛下初意豈不甚美。國事日壞。其人或罷或死。莫有爲陛下任其責者。考論至是。天下事豈非陛下所當自任而力爲乎。左氏載史墨言。魯公世從其失。季氏世修其勤。蓋言所由來者漸矣。陛下臨御

日久。宜深思熟念。威福自己。誰得而盜之哉。舍此不為。悠悠玩愒。乃幾於左氏所謂世從其失者。

知南劍州徐元杰上奏曰。臣叨恩牧守。獲對清光。不敢以故事具文之言對。惟陛下垂聽焉。臣竊惟天下可慮之勢。譬之舟浼滄溟。非不歷驚波怒濤之險。幸狂飆之粗息。宜同心而共濟可也。苟以恬靜自紓。偃仰少憩。視罅漏之滲而弗窒。睹維楫之亡而弗救。于于然略無誕先登岸之意。正恐天大以風。其何以支。方今之勢。無以異此。臣聞敵國外患之有無。正所以係國之存亡也。自古不恃敵之不來。恃吾有以待之。國勢必尊嚴。內治必整飭。君臣上下。凡見之於嚴訓胥告者。惟曰常謹其在我而已。是以唐虞盛時。四夷來王。實本於無怠無荒之忱。蠻夷率服。不外乎端德難壬之化。當時廷臣告語。音欲其儆戒於無虞之日。帝之作歌。非夸詡也。凜凜乎勅天之命而不敢安。皋

陶之颺言。非溢美也。懇懇乎興事謹憲而不敢怠。不特此爾。上之所以告者曰惟時。則不玩於惜陰也。曰惟幾。則不忽於謹微也。下之所以復者首之以念哉而致其慮。終之以欽哉而堅其忱。不徒為明良喜起之賡。必嚴於叢脞惰隳之戒。夫以泰和氣象。猶諄切規警如此。今果何時。視為已安已治。而悠悠玩愒得乎。陛下與二三大臣以宗社為心。是正勵志復讎。臥薪嘗膽。汲汲於生聚教訓之時也。是正憂治危明。寢薪層火。皇皇然痛哭流涕之時也。陛下一警悟及此。則夫發憤立志。責躬捄過。以先群下。否是又今日之良機也。然立志寡易消靡。救過常易因循。嘆白日之如飛。痛事功之何及。慨蒼天之罔極。懷報稱之何窮。體認乎天。延眷祐之隆。感念乎祖宗付託之重。悼襄漢之未葺。慎淮蜀之未蘇。陛下必有志於撥亂。二三大臣亦必相與堅定夫修攘之規摹。而燕安江沱。玩敵噬臍者。不可不鑒也。亂離斯瘼之在念。勞來還定之關憂。陛下必有志於平治。二三大臣亦必相與恢拓夫弘濟之事業。而民亦勞止。謂可少康者。不可不戒也。臣聞前乎十年。聖語嘗曰。即位以來。未曾為祖宗辦一事。是蓋聖志英烈。質天地神明而無愧。惜其工夫經理之次第。未能及而求之。以乖陛下之初心。而法家拂士所以規切時政者。又不能諄勤惻怛以開明。夫上下有為必遂之志。舉世之耆艾骨鯁為之擯棄淪落而無餘者。則亦甚可惜也。雖然。事無難易。有志竟成。鑒舊圖新。辦此心爾。陛下以不負天地祖宗為心。必示人以予違汝弼之旨。二三大臣以不負陛下為心。必諭人以動攻吾闕之求。自是而倡之。則內外小大之臣。亦必洗心滌慮。莫不有官師相規之義。故夫謹法守之奉者。务求多於遵撲之常。井然周官法度之中。隱然關睢麟趾之意。至公血忱。對越之質。德相與务事而發見。凡有動於血氣之私。必深

省而自窒之。刻厲堅苦。負荷之定力。相與叶心而扶持。少有隣於便安之適。惟深戒而隄防之。如是。則自上而下。無一念而不以天下國家為事。無一事而不以天地祖宗為心。是蓋古者君臣相與克艱之義。不惟逸豫惟以亂民。其旨如此。陛下與二三大臣。信能持此之志。堅如金石。捄此之過。疾如雷風。則舉天下之事勢。自莫不徐就吾之條理矣。雖然。臣所謂立志者。志於與治同道。當承平之氣脈也。臣所謂捄過者。捄其與亂同事。起積壞之膏肓也。況夫上而天命之靡常。所以祈天而永命者在是。下而人心之可畏。所以感人而結心者在是。臣觀聖人之作春秋。其於魯宣之時。書滅赤狄。書大有年。又必書災異而迭見於先後。其意蓋亦深矣。此古大臣所以日奏四方水旱盜賊之變。以警懼上心者。非過慮也。蓋有所警懼。則不敢玩忽。入而謹之於存養者。皆所以事天。出而推之於寵綏者。亦所以相帝。無敢

戒豫敬天怒也。而寅莛媟近。或以汩清明之氣。而售其欺者。不可以不防。治民祗懼畏天命也。而田里愁嘆。得以稔乖戾之證。而莫之聞者。不可以不察。以世教所當身任也。必修明乎三綱五常以為扶持有永之道。以國事所當時飭也。必兢業乎一日萬幾。以寓寅畏自度之敬。以至節無藝之費。用罷不急之工役。去無益之崇尚。庶幾簡靜足以宅聖志。憂勤足以玉聖躬。推而見於酬酢運量之際。無往非剛健粹精之德。茲皆人事之所當盡。而天理之所必契者。陛下其深念之。捨是。則應天以文。何以逆續乎天命。夫人心不同如其面。然公是所在。千萬人一心也。昔者烹阿大夫。封即墨大夫。齊國大治。人人各盡其忱。唐之朝殆舉措得宜。自有以深服乎將帥士卒之心。陛下責吏治有詔。戒邊帥有詔。風飛雷厲之下。草偃蟄奮。宜無留難。然以臣觀之。人心玩。積習深矣。士大夫志富貴而不志功業。苟其面而不革其心。錮於患得患失之已私。而愛民愛君之心。亦無復有矣。陛下及是之時。勇有立志。開忠直之路。塞邪枉之門。聚賢人君子以肅羽儀。擇監司帥守以嚴按察。詔二三大臣以包荒馮河之力量。于以崇難進易退之風。凡忠良明知有欲為而未遂者。必意氣感動而招徠。責三邊將帥以備寨禦戎之事功。于以行信賞必罰之令。凡偏裨行伍有軼群而超眾者。必公共薦舉而躐用之。如是。則內外之所信向。蓋不但可以作新吏治而已。捨是。則動人以言。何足以感服乎天下。今天下大勢。有可以興起之機。陛下與二三大臣。當悠長以思。惟至公血誠。可以感召和氣。惟剛厲堅苦。可以成就良心。則臣所謂敬懷立志責躬捄過者。雖天且弗違。而況於人乎。況鬼神。況禽獸乎。臣草茅書生。不識忌諱。深念受恩罔極。無補涓埃。齋心積懇。以對越之心對陛下。志於感動。不覺言多。惟陛下不以故事具文視之。則宗社幸甚。天下幸甚。

洪舜俞進故事曰。憲宗嘗與宰相論治道於延英殿。日旰暑甚。汗透御服。宰相恐上體倦。求退。上留之曰。朕入禁中。所與處者。獨宮人宦官耳。故樂與卿等共談為理之要。殊不知倦也。

臣聞。人心不可以兩用。有所慕。則有所忘。好善者忘酒。樂德者忘色。八年于外。急於拯四海之溺而忘其家。日昃不食。勤於合萬民之和而忘其身。所重在此。則所輕在彼也。方時殫暑。人孰不惟寬涼之是慕。憲宗銳於圖治。議政延英。日且旰矣。汗透御衣而不顧。蓋忘其為暑也。謙虛以盡大臣之情。而無取乎宮人宦官之與處。奮厲以講中興之要。而不求乎深宮廣廈之自逸。社稷生靈之念日切於中。凡人情之所共樂者。無不忘之。其肯以天下之奉安為一身之適乎。況是時名相皆足以釋天縛。經國體。所議必非不急細務。徒留旰食之聽者。堂堂兩河。已盡在規畫中矣。彼避暑九成而忘其親。生涼殿閣而忘其民。心移於物。惟欲是縱。賢君所當戒也。

金世宗時。參知政事張汝霖因朝日論事上前。世宗謂曰。朕觀唐史見太宗行事。初甚厲精。晚年與群臣議多飾辭。朕不如是也。又曰。唐太宗。明天子也。晚年亦有過舉。朕雖不能比迹聖帝明王。然常思始終如一。今雖年高。敬慎之心無時或怠。汝霖對曰。古人有言。靡不有初。鮮克有終。有始有卒者。其惟聖人乎。魏徵所言守成難者。正謂此也。上以為然。

歷代名臣奏議卷之一百九十

節儉

齊桓公謂管仲曰。吾國甚小而財用甚少。而羣臣衣服輿馬甚汰。吾欲禁之可乎。管仲曰。臣聞之。君嘗之臣食之。君好之臣服之。今君之食也。必桂之漿。衣練紫之衣。狐白之裘。此羣臣之所奢大也。詩云。不躬不親。庶民不信。君欲禁之。胡不自親乎。桓公曰善。於是更制練帛之衣。大白之冠。朝一年而齊國儉也。

秦穆公問由余曰。古者明王聖帝得國失國當何以也。由余曰。臣聞堯有天下。飯於土簋。啜於土缾。其地南至交阯。北至幽都。東西至日所出入。莫不賓服。堯釋天下。舜受之。作為食器。斬木而裁之。銷銅鐵。脩其刃。猶漆黑之以為器。諸侯以為侈。國之不服者十有三。舜釋天下而禹受之。作為祭器。漆其外而朱畫其內。繒帛為裀褥。觴勺有彩。為飾彌多。而國之不服者三十有二。夏后氏以沒。殷周受之。作為大器而建九傚。食器雕琢。觴勺刻鏤。四壁四帷。茵席雕文。此彌侈矣。而國之不服者五十有二。君好文章而服者彌侈。故曰儉其道也。由余出。穆公召內史廖而告之曰。寡人聞鄰國有聖人。敵國之憂也。今由余聖人也。寡人患之。吾將奈何。內史廖曰。夫戎辟而遼遠。未聞中國之聲也。君其遺之女樂以亂其政。而厚為由余請期。以疏其間。彼君臣有間。然後可圖。君曰諾。乃以女樂三九遺戎王。因為由余請期。戎王果見女樂而好之。設酒聽樂。終年不遷。馬牛羊半死。由余歸諫。諫不聽。遂去入秦。穆公迎而拜為上卿。問其兵勢與其地利。既以得矣。舉兵伐之。兼國十二。開地千里。穆公奢主。能聽賢納諫。故霸西戎。西戎淫於樂。誘於利。以亡其國。由離質樸也。

晉平公為馳逐之車。龍旌眾色。掛之以犀象。錯之以羽芝。車成題金千鎰。立之於殿下。令羣臣得觀焉。田差三過而不一顧。平公作色大怒。問田差爾三過而不一顧何為也。田差對曰。臣聞說天子者以天下。說諸侯者以國。說大夫者以官。說士者以事。說農夫者以食。說婦姑者以織。桀以奢亡。紂以淫敗。是以不敢顧也。平公曰善。乃命左右曰去車。

漢武帝末年。天下侈靡趨末。百姓多離農畝。上從容以問太中大夫給事中東方朔曰。吾欲化民。豈有道乎。朔對曰。堯舜禹湯文武成康上古之事。經歷久遠。臣不敢陳。願近述孝文皇帝之時。當世耆老皆聞見之。貴為天子。富有四海。身衣弋綈。足履革舄。以韋帶劍。莞蒲為席。兵木無刃。衣縕無文。集上書囊以為殿帷。以道德為麗。以仁義為準。於是天下望風成俗。昭然化之。今陛下以城中為小。圖起建章。左鳳闕。右神明。號稱千門萬戶。木土衣綺繡。狗馬被繢罽。宮人簪瑇瑁。垂珠璣。設戲車。教馳逐。飾文采。聚珍怪。撞萬石之鐘。擊雷霆之鼓。作俳優。舞鄭女。上為淫侈如此。而欲使民獨不奢侈失農。事之難者也。陛下誠能用臣之計。推甲乙之帳。燔之於四通之衢。卻走馬視不復用。則堯舜之隆宜可與比治矣。易曰。正其本。萬事理。失之毫釐。差以千里。願陛下留意察之。

元帝即位。徵貢禹為諫大夫。是時年歲不登。郡國多困。禹奏言。古者宮室有制。宮女不過九人。秣馬不過八匹。牆塗而不琱。木摩而不刻。車輿器物皆不文畫。苑囿不過數十里。與民共之。任賢使能。什一而稅。亡他賦歛繇戍之役。使民歲不過三日。千里之內自給。千里之外各置貢職而已。故天下家給人足。頌聲並作。至高祖孝文孝景皇帝。循古節儉。宮女不過十餘。廄馬百餘匹。孝文皇帝衣綈履革。器亡琱文金銀之飾。後世爭為奢侈，轉轉益甚。臣下亦相放效，衣服履絝刀劍亂於主上。（絝，古袴字。）主上時臨朝入廟，衆人不能別異，甚非其宜。然非自知奢僭也。猶魯昭公曰：吾何僭矣。今大夫僭諸侯，諸侯僭天子，天子過天道。其日久矣，承衰救亂，矯復古化，在於陛下。臣愚以為盡如太古難，宜少放古以自節焉。論語曰：君子樂節禮樂。方今宮室已定，亡可柰何矣。其餘盡可減損。故時齊三服官輸物不過十笥。（三服官主作天子之服，在齊地。笥，盛衣竹器，音先嗣反。）方今齊三服官作工各數千人，一歲費數鉅萬。蜀廣漢主金銀器，歲各用五百萬。三工官官費五千萬。（三工官，謂少府之屬官考工室也，右工室也，東園匠也。）東西織室亦然。廄馬食粟將萬匹。臣禹嘗從之東宮，見賜杯案，盡文畫金銀飾，非當所以賜食臣下也。東宮之費亦不可勝計。天下之民所為大飢餓死者是也。今民大飢而死，死又不葬，為犬豬所食。人至相食，而廄馬食粟，苦其大肥，氣盛怒至，乃日步作之。（日日行步而驅作之，以徵充盛之氣。）王者受命於天，為民父母，固當若此乎？天不見邪？武帝時，又多取好女至數千人，以填後宮。及棄天下，昭帝幼弱，霍光專事，不知禮正，妄多臧金錢財物，鳥獸魚鱉牛馬虎豹生禽，凡百九十物，盡瘞臧之。又皆以後宮女置於園陵，大失禮，逆天心，又未必稱武帝意也。昭帝晏駕，光復行之。至孝宣皇帝時，陛下惡有所言，羣臣亦隨故事，甚可痛也。故使天下承化，取女皆大過度。（取，讀曰娶。）諸侯妻妾或至數百人，豪富吏民畜歌者至數十人。是以內多怨女，外多曠夫。及衆庶葬埋，皆虛地上以實地下。其過自上生，皆在大臣循故事之辠也。唯陛下深察古道，從其儉者，大減損乘輿服御器物，三分去二。子產多少有命，審察後宮，擇其賢者留二十人，餘悉歸之。及諸陵園女亡子者宜悉遣。獨杜陵宮人數百，誠可哀憐也。廄馬可亡過數十匹。獨舍長安城南苑地以為田獵之囿。（舍，置也。置之，其餘皆廢去。）自城西南至

山西至鄠，皆復其田，以與貧民。方今天下飢饉，可亡大自損減以救之，稱天意乎？天生聖人，蓋為萬民，非獨使自娛樂而已也。故詩曰：天難諶斯，不易惟王。上帝臨女，毋貳爾心。當仁不讓，獨可以聖心參諸天地，揆之往古，不可與臣下議也。若其阿意順指，隨君上下。（上下，猶言高下。謂苟順從也。）臣禹不勝拳拳，不敢不盡愚心。天子納善其忠，乃下詔令太僕減食穀馬，水衡減食肉獸，省宜春下苑以與貧民，又罷角抵諸戲及齊三服官。

禹又言：諸離宮及長樂宮衛可減其太半，以寬繇役。又諸官奴婢十萬餘人戲游亡事，稅良民以給之，歲費五六鉅萬，宜免為庶人，稟食，令代關東戍卒，乘北邊亭塞候望。又欲令近臣自諸曹侍中以上，家亡得私販賣，與民爭利，犯者輒免官削爵，不得仕宦。

哀帝時，龔勝居諫官，數上書求見，言百姓貧，盜賊多，吏不良，風俗薄，災異數見，不可不憂。制度泰奢，刑罰泰深，賦斂泰重，宜以儉約先下。

東漢章帝時，馬廖代趙憙為衛尉，時皇太后躬履節儉，事從簡約。廖慮美業難終，上疏長樂宮以勸成德政，曰：臣案前世詔令，以百姓不足，起於世尚奢靡，故元帝罷服官，成帝御浣衣，哀帝去樂府。然而侈費不息，至於衰亂者，百姓從行不從言也。夫改政移風，必有其本。傳曰：吳王好劍客，百姓多創瘢；楚王好細腰，宮中多餓死。長安語曰：城中好高髻，四方高一尺；城中好廣眉，四方且半額；城中好大袖，四方全匹帛。斯言如戲，有切事實。前下制度未幾，後稍不行，雖或吏不奉法，良由慢起京師。今陛下躬服厚繒，斥去華飾，素簡所安，發自聖性。此誠上合天心，下順民望，浩大之福莫尚於此。陛下既已得之自然，猶宜加以勉勗，法太宗之隆德，戒成哀之不終。易曰：不恒其德，或承之羞。誠令斯事一竟，則四海誦德，聲薰天地，神明可通，金石可勒。而

況於行仁心乎。況於行令乎。願置章坐側，以當瞽人夜誦之音。太后深納之。

靈帝欲鑄銅人，而國用不足，乃詔調民田，畝斂十錢。而比水旱傷稼，百姓貧苦。樂安太守陸康上疏諫曰：臣聞先王治世，貴在愛民，省徭輕賦，以寧天下。除煩就約，以崇簡易，故萬姓從化，靈物應德。末世衰主，窮奢極侈，造作無端，興制非一，勞割自下，以從苟欲，故黎民吁嗟，陰陽感動。陛下聖德承天，當隆盛化，而卒被詔書，畝斂田錢，鑄作銅人，伏讀惆悵，悼心失圖。夫十一而稅，周謂之徹。徹者通也，言其法度可通萬世而行也。故魯宣稅畝，而蝝災自生；哀公增賦，而孔子非之。豈有聚奪民物，以營無用之銅人，捐捨聖戒，自蹈亡主之法哉。傳曰：君舉必書，書而不法，後世何述焉。陛下宜留神省察，改敝從善，以塞兆民怨恨之望。

魏明帝時，百姓凋匱，而役務方殷。闕鄉侯衛覬上疏曰：夫變情屬性，彊所不能。人臣言之既不易，人主受之又艱難。且人之所樂者，富貴顯榮也；所惡者，貧賤死亡也。然此四者，君上之所制也。君愛之則富貴顯榮，君惡之則貧賤死亡。順指者，愛所由來；逆意者，惡所從至也。故人臣皆爭順指而避逆意，非破家為國，殺身成君者，誰能犯顏色，觸忌諱，建一言，開一說哉。陛下留意察之，則臣下之情可見矣。議者多好悅耳，其言政治，則比陛下於堯舜；其言征伐，則比二虜於貍鼠。臣以為不然。昔漢文之時，諸侯彊大，賈誼累息以為至危。況今四海之內，分而為三，羣士陳力，各為其主。其來降者，未有言舍邪就正，咸稱逼於困急，是與六國分治，無以為異也。當今千里無煙，遺民困苦，陛下不善留意，將遂凋弊，難可復振。禮，天子之器，必有金玉之飾；飲食之肴，必有八珍之味。至於凶荒，則徹膳降服。然則奢儉之節，必視世之豐約也。武皇帝之時，後宮食不過一肉，衣不用錦繡，茵蓐不緣飾，器物無丹漆，用能平定天下，遺福子孫，此皆陛下之所親覽。當今之務，宜君臣上下，并用籌策，計校府庫，量入為出，深思句踐滋民之術，尤恐不及。而尚方所造金銀之物，漸更增廣，工役不輟，侈靡日崇，帑藏日竭。昔漢武信求神仙之道，謂當得雲表之露，以餐玉屑，故立僊掌以承高露。陛下通明，每所非笑。漢武有求於露，而猶尚見非；陛下無求於露，而空設之，不益於好，而糜費功夫，誠皆聖慮所宜裁制也。

吳烏程侯寶鼎元年，時居武昌，揚州民泝流供給，甚苦之。又奢侈無度，公私窮匱。左丞相陸凱上疏曰：今無災而民命盡，無為而國財空，臣竊痛之。昔漢室既衰，三家鼎立，今曹劉失道，皆為晉有，此目前之明驗也。臣愚但為陛下惜國家耳。武昌土地險瘠，非王者

之都。且童謠云：寧飲建鄴水，不食武昌魚；寧還建鄴死，不止武昌居。此足明民心與天意矣。今國無一年之蓄，有露根之漸，而官吏務為苛急，莫之或恤。大帝時，後宮女不滿百，景帝以來，乃有千數，此耗財之甚者也。又左右率非其人，羣黨相扶，害忠隱賢，此皆蠹政病民者也。願陛下省百役，罷苛擾，出宮女，清選百官，則天悅民附，而國安矣。吳主雖不悅，以其宿望，特優容之。

時吳俗奢侈，中書丞華覈上疏曰：今民貧俗奢，轉相做傚，兵民之家，內無甔石之儲，而出有綾綺之服，上無尊卑等級之差，下有耗財費力之損，求其富給，庸可得乎。

晉武帝太康三年，中護軍羊琇、後將軍王愷、散騎常侍石崇三人，皆富於財，競以奢侈相高。車騎司馬傅咸上書曰：先王之治天下，食肉衣帛，皆有其制。奢侈之費，甚於天災。古者人稠地狹，而有儲

皆由於節也。今土廣人稀，而患不足，由於奢也。欲時人崇儉，當詰其奢。奢不見詰，轉相高尚，則無有窮極矣。

後魏宣武帝時，散騎常侍邢巒奏曰：臣聞昔者明王之以德治天下，莫不重粟帛，輕金寶。然粟帛安國育民之方，金玉是虛華損德之物。故先皇深觀古今，去諸奢侈，服御尚質，不貴雕鏤，所珍在素，不務奇綺，至乃以紙絹為帳扆，銅鐵為轡勒。訓朝廷以節儉，示百姓以憂務，日夜孜孜，小大必慎。輕賤珠璣，示其無設，府庫之金，裁給而已，更不買積以費國資。逮景明之初，承升平之業，四疆清晏，遠邇來同，於是蕃貢繼路，商賈交入，諸所獻貿，倍多於常。雖加以節儉，猶歲損萬計，珍貨常有餘，國用常不足。若不裁其分限，便恐無以支歲。自今非為要須者，請皆不受。宣武從之。

秦王苻堅自平諸國之後，國內殷實，遂示人以侈，懸珠簾于正殿以朝群臣，宮宇車乘，器物服御，悉以珠璣、琅玕、奇寶、珍怪飾之。尚書郎裴元略諫曰：臣聞堯舜茅茨，周卑宮室，故致和平，慶隆八百。始皇窮極奢麗，嗣不及孫。願陛下則采椽之不琢，鄙瓊室而不居，敦純風於天下，流休範於無窮，賤金玉，珍穀帛，勸恤人隱，勸課農桑，捐無用之器，棄難得之貨，敦至道以厲薄俗，脩文德以懷遠人，然後一軌九州，同風天下，刑措既登，告成岱嶽，踪軒皇以齊美，哂二漢之徙封，臣之願也。堅大悅，命去珠簾，以元略為諫議大夫。

後周武帝保定間，豪富之家競為奢麗，外史下大夫黎季明上書曰：頃者亢旱踰時，人懷望歲，陛下爰發明詔，廣求六瘼，同禹湯之罪己，高宋景之守正，澍雨應時，年穀斯稔，剋己節用，慕質去華，此則尚矣。然而朱紫仍耀於衢路，綺縠猶侈於豪富，短褐未充於細人，糟糠未厭於編戶，此則勸導之理有所未周故也。今雖導之以

禮，齊之以刑，風俗固難以一矣。昔漢文帝集上書之囊以作帷帳，惜十家之産，不造露臺，後宮所幸，衣不曳地，方之今日，富室之飾曾不如婢隸之服，然而以身率下，國富刑清，廟稱太宗，良有以也。臣聞聖人久於其道而天下化成。今承魏氏衰亂之後，貞信未興，宜先尊五美，屏四惡，革浮華之俗，抑流競之風，察鳴鄙之小藝，焚雉頭之異服，無益之貨，勿重於時，虧德之器，勿陳於側，則人知德矣。

唐太宗貞觀四年，上謂侍臣曰：崇飾宮宇，遊賞池臺，帝王之所欲，百姓之所不欲。帝王所欲者放逸，百姓所不欲者勞弊。孔子云：有一言可以終身行之者，其恕乎！己所不欲，勿施於人。勞弊之事，誠不可施於百姓。朕尊為帝王，富有四海，事皆由己，誠能自節，若百姓不欲，必能順其情也。魏徵曰：陛下本憐萬姓，每節己以順人。臣聞以欲從人者昌，以人樂己者亡。隋煬帝志在無厭，唯好奢侈，所司每有供奉營造，小不稱意，則有峻罰嚴刑。上之所好，下必有甚，競為無限，遂至滅亡。非惟書籍所傳，亦陛下目所親見。為其無道，故天命陛下代之。陛下若以為足，今日不啻足矣；若以為不足，更萬倍過此亦不足。太宗曰：公所奏對甚善，非公朕安得聞此言。

太宗嘗怪舜造漆器，禹雕其俎，諫者十餘不止，小物何必爾邪？諫議大夫褚遂良對曰：雕琢害力農，纂繡傷女工，奢靡之始，危亡之漸也。漆器不止，必金為之；金又不止，必玉為之。故諫者救其源，不使得開。及夫橫流，則無復事矣。帝咨美之。

玄宗時，天子誕日，諸道爭以侈麗奉獻，不則為老子浮屠解禱事。中書舍人常袞以為漢文帝還千里馬不用，晉武帝焚雉頭裘，宋高祖碎琥珀枕，是三主者，非有聰明大聖以致治安，謹身率下而已。今諸

道饋獻。皆淫侈不急。而節度使刺史非能男耕而女織者。類出於民。是斂怨以媚上也。請皆還之。今軍旅未寧。王畿戶口十不一在。而諸祠寺寫經造像。焚幣埋玉。所以賞賚若比丘道士巫祝之流。歲巨萬計。陛下若以易芻粟。減貧民之賦。天下之福。豈有量哉。

穆宗嘗問侍臣曰。司馬遷言漢文帝惜十家之產而罷露臺。身衣弋綈。履革舄。集上書囊為殿帷。信乎。何太儉耶。中書侍郎同中書門下平章事崔植對曰。良史非貌言。漢承秦侈縱之餘。海內凋窶。文帝從代來。知稼穡艱難。是以躬履儉約。為天下守財。景帝遵而不改。故家給戶足。至武帝時。錢朽貫。穀紅腐。乃能出師征伐。威動四方。然侈靡不節。末年戶口減半。稅及舟車。人不聊生。乃下哀痛詔。封丞相為富民侯。然則帝王不可以不示儉而天下足。帝曰。卿言善。患行之為難耳。

敬宗立。侈用無度。詔浙西上脂盝粧具。觀察使李德裕奏曰。比年旱災。物力未完。乃三月壬子赦令。常貢之外。悉罷進獻。此陛下恐聚斂之吏。緣以成姦。彫窶之人。不勝其敝也。本道素號富饒。更李錡薛苹皆榷酒於民。供有羨財。元和詔書停榷酤。又赦令禁諸州羨餘無送使。今存者惟留使錢五十萬緡。率歲經費常少十三萬。軍用褊急。今所須脂盝粧具。度用銀二萬三千兩。金百三十兩。物非土產。雖力營索。尚恐不逮。願詔宰相議。何以俾臣不違詔旨。不乏軍興。不疲人。不斂怨。則前敕後詔。咸可遵承。不報。方是時罷進獻不閱月而求貢使者足相接於道。故德裕推一以諷他。又詔索盤絛繚綾千匹。德裕又上奏曰。臣昨緣宣索。已具軍資歲計。及近年物力闕乏。伏料聖慈。必垂省覽。又奉詔旨。令織定羅紗袍段及可幅盤絛繚綾一千匹。伏讀詔書。倍增惶灼。臣伏見太宗朝臺使至涼州。見名鷹。諷李大亮令獻之。大亮密表陳誠。太宗賜詔褒云。有臣若此。朕何憂。再三嘉歎。事載史書。又玄宗命中使於江南採鵁鶄諸鳥。汴州刺史倪若水陳論。玄宗亦賜詔嘉納。其鳥即時皆放。又命皇甫詢於益州織半臂背子。琵琶捍撥。鏤牙合子等。蘇頲不奉詔書。輒自停織。玄宗皆不加罪。忻納所陳。臣竊以鵁鶄鏤牙。至為微細。若水等尚以勞人損德。瀝款效忠。當聖祖之朝。有臣如此。豈明王之代。獨無其人。蓋有蔽者弗言。非陛下拒而不納。又伏覩四月二十三日德音云。候伯有位之士。無或棄法。謂不可者。其有違道傷理。徇欲懷安。面刺廷爭。無有隱諱。則是容納善道。增光祖宗。不盡忠規。過在臣下。況立鵝天馬掬豹盤絛。文彩珍奇。只合聖躬自服。今所織千匹。費用至多。臣愚亦所未曉。昔漢文衣弋綈之衣。元帝罷輕纖之服。仁德慈儉。至今稱之。伏乞陛下。近覽太宗玄宗之容納。遠思文帝孝元之恭己。以臣前表。宣示群臣。酌臣當道物力所宜。更賜節減。則海隅蒼生。無不受賜。

文宗嘗見中書舍人柳公權於便殿。舉袖示之曰。此衣已三澣矣。衆皆美上儉德。公權獨無言。上問其故。對曰。陛下貴為天子。富有四海。當進賢退不肖。納諫諍。明賞罰。乃可以致雍熙。服澣濯之衣。乃末節耳。

南唐嗣主保大中。太常博士陳致雍上奏曰。臣聞尊卑有倫。貴賤有序。下及黎庶。車輿服馬。宮室飲食。嫁娶喪祭之分。事有宜適。物有節文。若無制度。何以防其淫侈。救其雕弊者哉。臣且覩保大以來條約庶民居止舍宇。間架無過大。衣服車馬。各有彰別。至今撙節上下不渝。猶有市廛閭閈之間。銷金畫繪。為婦人帬衣巾被之屬。奢溢者爭浮競僞。循法守正之士。猶未能素厚自處。何況中庸之人。出見紛華盛麗。心意盪悅。老氏不云乎。不見可欲。使心不亂。由是漸漬失教。被服成俗。既而正金銷盡，移壤同歸。數年之中，奢靡尤甚。臣又聞國奢則示之以儉，國儉則示之以禮。其或從上化下，而民焉敢踰越。伏以皇帝陛下絕素為治，偷薄者聞之而自革，正明宣化，貪饕者知之而自懲。于今十有三載，躬行節儉，未嘗怠佚，而於有司之官，法度不考。憲式不彰，其致姦色而流成弊，故也。臣以禮職無裨聖政，輒斯陳露。上達聰明，伏乞宣下所司，特頒嚴敕條約世人，不得踵前更有造作銷金衣服。如有故違，重以法繩之。其王公之室、卿士之家，並禁斷。所冀率其庶民，以次漸變頹風，自然備本。

宋太宗太平興國中，鹽鐵判官張觀嘗因奏事白上曰：陛下務敦淳化，殿宇采飾，皆徹去之，惟尚朴素，天下幸甚。然於服御器用，臣願亦從純儉。上曰：朕庶事簡約，至於所服，多用絁紬，皆經澣濯。爾卿言甚善。觀頓首謝。

真宗咸平中，都官劉蒙叟上疏曰：陛下已周諒闇，方勤萬務，望崇儉德，守前規，無自矜能，無作奢縱，厚三軍之賜，輕萬姓之徭，使化育被於生靈，聲教加於中外。且萬國已覩其始，惟陛下慎守其終，思鮮克之言，戒習性之漸，則天下幸甚。上嘉之。

仁宗明道二年，殿中侍御史龐籍上奏曰：臣近者伏見傳降聖旨，差夜下工真珠匠。小臣踈賤，不知所造服用，然而職在耳目之官，苟有愚見，不敢緘默。恭惟陛下自纂位以來，積德脩道，日謹一日。近無耽好之玩，遠無追求之勞。古之聖明，未易能過。然今水旱相仍，公私俱困，北有林胡之抗敵，西有元昊之兇狡，尤宜恭儉，齊紀律，惜國用，以豐實制兵威而震耀。臣愚以謂不急之服玩，近奢之器物，悉宜屏絕，以勸天下。書曰：不矜細行，終累大德。禮曰：無作淫巧以蕩上心。願陛下視珍奇為棄物，以奢侈為覆車。

籍為右司諫時，上奏曰：臣昨到太平州界，體量安撫，至處檢會廣德軍判官錢中孚、當塗縣主簿蕭嘉祥、縣尉溫宗賢等狀稱：往諸鄉撿旱，竊見貧民多食草子，名曰烏昧，并取蝗蟲曝乾，摘去翅足，和野菜合煮食。別無虛妄者。臣竊思之，東南上供糧米每歲六百萬石，至於府庫物帛皆出於民。民於飢年艱食如此，國家若不節儉，生靈何以昭蘇？臣今取前件草子封進，伏望宣示六宮藩戚，庶抑奢侈，以濟艱難。仍乞密下裁造務、後苑文思院、糧料院，檢祖宗之朝每歲用度之費數，日比於今時，則奢儉自見。伏望聖慈特降進止，則天下幸甚。

籍謫陝西轉運使時，又上奏曰：臣伏見連年災異，大久不雨。臣謂弭災消禍，在朝廷自儉。比年費用奢廣，倉廩出納不嚴，內中須索既多，有司以憑申除，破無緣鈎較虛實。臣竊為凡乘輿所用，宮中所費，宜取先朝為則。今宿師西鄙，方戰重傷，方獲功賞，而內官、醫官、樂官無功，時享豐賜，故天下指目謂之三官。願少裁損，無厚賚予，專勵戰功。虜寇不足平也。

寶元元年，天章閣待制賈昌朝上奏曰：臣伏見西夏僭妄，出師命將，以貽朝廷之憂。臣竊謂此固不足慮，而國家用度素廣，儲蓄不厚，民力頗困，是則可憂。自天聖以來，屢詔有司節省用度，以至于今未聞有所施行。古者四方無事則脩政令，務稼穡，倉廩有積穀，府庫有羡財，節用愛人，以戒不虞。率有水旱寇攘之至，而無所憂。自三代而下，稱王業盛者唯漢爾。文景以恭儉，故風俗厚，財用足。至于武帝，務勤征伐，始算緡錢，摧酤以助軍旅之給，而天下蕭然矣。至昭帝，議鹽鐵，罷摧酤，省徭役，篤耕稼，凡侵蠹民利者一切寬貸之。時賜租賦，使民得以足衣食。內則省宰夫樂工，希文景之風，以厚儲蓄，數百年間，四夷咸服，百姓不厭漢德者無他道也。節用愛人，崇本抑末之所致也。

宋受命八十載，可謂治平矣。然節愛之術有所未至，邊陲雖寧而兵備不省，徭役雖簡而農務不篤，外厚幣聘而内豐庫藏，自餘虚用冗費，難以悉數。天下諸道，若京之東西，財可自足，陝右河朔，歲須供饋，所仰者淮南江東數十郡爾。故田桄不足，重以榷禁，凡山澤市井之利，靡有厚薄，悉入於公上，而民不得售。加以不耕不織游惰之俗殘蠹食為害，都人士女燕安太平，忘衣食艱難之患，習尚奢侈，重傷民力。此所以困國之儲蓄所以不厚者職此之由。夫國財民力靡於無用之日，故當其有事不得不憂。臣嘗治畿邑，有禁兵三千，而留萬戶賦輸，僅能了足其三年賞給，仍出自内府，況他郡邑兵不啻此，推是可以知天下虛實矣。臣又嘗掌京廪，計江淮歲運糧六百餘萬，以一歲之入，僅能充朝廷之用，三分二在軍旅，一在冗食，所蓄聚不盈數。天下太平已久，而財不藏於國，又不在於民，儻有水旱頻仍之災，軍戎調度之急，計將安出哉。願陛下鑒已往之失，察當今之務，取景德已来迄于景祐，凡百用度，靡有巨細，校其所入所出之數，約以祖宗舊制，其不急者皆省罷之。

二年，右司諫韓琦上奏曰：臣准敕，以御史王素上言，乞依賈昌朝所奏，取景德至景祐年凡百用度，靡有巨細，較計所入所出之數，省罷不急等事，蒙差張若谷、任中師并臣與三司同共詳所奏定奪減省聞奏。竊以臣先監左藏庫日，朝廷亦嘗差官於三司，令將咸平、景德、天聖、景祐年支費比附。其時三司已檢尋天聖已前帳案不足，遂下在京諸司庫務差人監勒檢尋，亦是多不存在，甚為搔擾。臣輙上言，若檢前項年分帳案，得全比附見今来支費數多，朝廷若不節用，乃是徒據空文。或勘會近年帳案，但見得冗費，即行減罷，亦不須見遠年文字。蒙下三司檢尋，緣不齊足，只將近年帳案勘會絕結了當。今陛下崇恭儉之本，沛然垂詔，以經費有度，復議均節，斯乃陛下興化致理、愛養元元之深意也，天下黎民實蒙惠福。若又須將景德至景祐年逐月用度較計，必是依前虛有勞費，淹滯無成。況今西鄙設備，聚財實繁之費，所宜移茲冗用，以助兵須，豈可遷延歲時，不求速效。臣欲乞將三司逐案景德年後來帳籍及照證文字勘會，不必年分整齊，但見得官中支用顯有虛費，即定奪減省聞奏。臣伏覩古先哲王興儉以勸天下，必以身先，而後臣庶省分，有司率職，從上之令，猶風靡而響應之也。雖有僥倖覬覦之徒，抑制其欲，亦不敢興造怨語，動惑衆心。何則？上躬行而下之所勸也。臣愚欲望陛下饬宮掖之間，先務節儉，凡奢靡之飾、奇巧之玩、無名之賜、無度取索，一切罷之。仍詔三司與臣等計會入内内侍省、御藥院、内東門司，取先朝及今來賜予支費則例，比附酌中定奪減省等。定奪之後，或有飛語沮謗，斷在宸衷，屏而不聽。如此則縣官之用可期充足。且内藏宜聖、景福等殿庫，蓋累蓄聚以備非常，今或外用既節而不絕内帑支取，即與外庫供億廪費一同，亦望陛下深思祖宗經久之制，更務謹節。臣又以出納之用，各有攸司，冗費之敝，必能知悉，仍乞特降敕命，下三司，委諸路轉運副使、發運司、逐處知州通判、在京諸司庫務管當官員，除官吏兵馬請給則例自來已有定制不在起請外，如有諸般用度顯有虛費可以省減者，即具利害擘劃聞奏，降下依敕定奪。三司人吏有所見，亦聽經三司具狀陳述。如顯然大段減省得官中錢物，其起請官吏，即乞特行酬獎。臣備員諫列，誤被聖選，不避衆怨，罄竭上陳，唯冀裁擇，早賜進止。

慶曆六年，張方平上言曰：伏以天下承平，為歲滋遠，而國用不贍，民力益困。今聚師境上，調費寖廣，倚於經入則財不給，加以橫賦則人不堪赦茲交急特在陛下身先於率下惟事事乃其得約而已臣竊惟陛下躬勤節用克自抑畏凡諸服御殊為菲薄而𢿘中外之論皆言用度之過臣竊疑之蓋宮闈嬖昵左右近習假威恣橫敢為欺誣仰恃仁慈緣為姦弊且禁中呼索輒稱聖旨有司應奉皆為上供故外不知其詳而譏議累乎盛德國家帑藏之困乃羣下侵牟之蠹也伏願陛下上念宗社之計下以生民為心彼婦人宦者何煩過為姑息超然遠慮斷自天心試取先帝之世及陛下臨御以來天聖之初官司帳籍如內東門之類比較近年支費金帛則知增損豐儉之數以一言裁減之恩為萬方富庶之本兆民所賴為幸實深先朝已前事恐難繼若天聖初體例夫豈遠哉因降詔書諭天下以陛下憂邊之心愛民之故則將卒聞之孰不奮勵以授命士民聞之孰不鼓舞以稱仁至于外諸司庫務凡百橫費乞特置司局選用公平通敏諳曉時務之士三兩員條理之而以大臣一人監領其事其不便者惟是左右主當之人爾誠陛下斷之不疑無容沮撓則上可以資德義下可以施恩惠內可以集國計外可以成武功效速而利多事近而德遠此當世之切務也

方平又論減省財用事曰臣近受敕同賈昌朝等定奪減財費竊聞淵旨先自宮禁裁損一切用度至于聖躬奉給緡錢亦命罷供此蓋陛下身先勤儉為之[illegible]計夫減省所為者自下而議上則於體不順由上以率下則於名為正臣願以禁中所行之事撮其大者三數節宣示外廷因發明詔使天下共知聖意憂邊愛人之深則中外臣庶得不體國家之急上成德美者乎特在陛下斷之淸衷不屑細言則成效可冀也其有徇己之利與則喜奪則怒此女子與小人之情態諺所由生也臣輩敢不竭精盡慮上副天心

皇祐元年右司諫錢彥遠上奏曰臣伏見眞宗皇帝詔書以塗金亢貴上自宮掖下及庶民一皆禁止三十年間不敢有犯陛下奉以儉約遵守祖宗舊章雖申明塗金之敕歲下而近日戚里諸親權要族黨並以塗金衣服首飾相尚日增盛麗以至三朝慶會被服入宮蔑視刑典習為慣事且此巧偽之物蕩惑心目無益飢寒風俗所以趨競者禁雖立而法不行故好之愈甚況眞宗皇帝崇本中素講求制度欲為萬世之戒豈可使之廢墜此乃國家守成大要屬在陛下今欲乞嚴禁約塗金匠人依舊條處斬如情理稍輕刺面決配千里外牢城臣僚之家用使造作並科違制皇親戚里即不支俸錢一年其失於糾察賞罰並依先朝之舊仍乞指揮內東門司使臣如有諸親命婦郡縣主等入內輒服金衣首飾者並畫時禁止不令入內一面具姓名申奏勘責如本非私情別因事彰露亦與同罪所貴先朝之制遵行天下

嘉祐六年知諫院何郯上奏曰臣等竊見今歲以來災異屢臻日食地震江淮騰溢風雨害稼民多菜色此正陛下側身克己未敢擅恣之時而道路流言皆云天子近日宮中燕飲微為過差賞賚之費動以萬計耗散府庫調斂細民況酒之為物傷性敗德禹湯所禁周公所戒殆非所以承天憂民輔養聖躬之道也陛下恭儉之德彰信兆民議者皆以為後宮奢縱務相誇尚左右近臣利於賞賚陛下重違其請屈意從之夫天以剛健為德君以正固為事奈何徇後宮左右之欲上忽天戒下忘民病中不為宗廟社稷深自重惜臣等愚惑竊為陛下不取伏望陛下當此之際悉罷燕飲安神養氣後宮妃嬪進見有度左右小臣賞賚有節及厚味腊毒之物無益奉養者皆不宜數御以傷於和乃可以解皇天譴告之威慰元元窮困之望保受命

無彊之休也。

八年知諫院司馬光上劄子曰臣伏覩聖恩頒賜羣臣以大行皇帝遺留物。如臣所得已近千緡。況名位漸高必霑賚愈厚。舉朝之內所費何啻鉅萬。竊以國家用度素窘。復遭大喪。累世所藏幾乎掃地。傳聞外州軍官庫無錢之處或借貸民錢以供賞給。一朝取辦。逼以捶楚。當此之際羣臣何心以當厚賜。況將來山陵所須全未有備。國信往來又當供億。萬一更有水旱軍旅之憂。不知朝廷何以處之。若國用不足。必重斂於民。民已困窮何以供命。飢寒所驅必為盜賊。此乃安危之本。願陛下深思熟慮。勿以為細事而忽之也。臣誠知乾興之際曾有此例。亦恐當時所賜不至如此之多。況當時帑藏最為富實。今事力耗竭十無一二。豈可但云舊例不思損益。況委質為臣共圖國事。股肱耳目譬猶一體。安則俱安危則俱危。豈待多得金珠然後輸忠盡力。恐非所以遇士大夫之道也。今天崩地坼率土哀摧羣臣各遷一官。不隔磨勘。恩澤已厚。誠不忍更受賜物。因公家之禍為私室之利。伏望聖慈許令侍從之臣各隨其意進奉金帛錢物以助供山陵之費。如此則君恩下流臣誠上達上下相愛洽於至和。既可以少紓民力又不至有傷國體。

光又上劄子曰。臣於今月十五日曾具劄子上言。乞許令侍從之臣進奉金銀錢帛以助山陵之費。至今未聞降出。臣亦曾與同輩具狀詣客省進物。蒙批降指揮以乾興年中無此例不令收接其事。理本末臣已於前來劄子內一一奏陳。今更不敢重複有言。竊以方今國家多憂。人心危懼。正是朝廷斟酌時宜損益變通之際。豈可不究利害。但詢舊例而已。況所賜羣臣之物比舊例過多幾倍。而羣臣有所進獻則云舊例無之。雖聖恩務在優隆。然羣臣有廉耻之心者何面目以自安。又州縣鞭撻平民逼取錢物以濟一時之急。不知乾興年中何嘗有此例也。以此見國家虛實緩急逐時不同。豈可專執舊文不加裁損。今大喪之後內外困窮。凡百在位之臣皆當焦心刻己以救其患。若受此非常之賜恬然有之曾不為媿。則士衆必曰我輩勞苦而所得微薄。羣臣安坐而享厚利其心安得不怨。百姓亦曰我輩剝膚椎髓以供賦斂而浩浩入羣臣之家。如泥沙不惜其心安得不怨。近者怨遠者怨為國計者可以不深思遠慮乎。是以臣輩區區欲輸此物非謂可以增帑藏之富助用度之急也。其意蓋以通上下之情慰遠近之心塞無厭之怨解重斂之怒。伏望朝廷留心省察。知其為安危之本。非臣誇小廉競小忠也。臣今來并前來所奏劄子共二道。並乞早降付中書樞密院同共商量施行。

光又上奏乞制國用曰臣近曾上疏。以即今公私財用率皆窮窘專奉目前經費猶汲汲不足。萬一有大水大旱飢饉相仍戎狄侵邊盜賊羣起發兵誅討不時克定。倉庫已空百姓又竭其憂患不細。必當早為之謀以救斯弊。乞隨材用人使久於其任。務農通商以蓄息財物節省賜予裁損浮費。又以宰相領總計使之職。凡天下金帛錢穀隸於三司不隸三司者總計使皆領之。歲終則校其出入之數。若入少而出多則思其所以救補之術奏而行之。常使歲餘三分之一以備飢饉軍旅非常之費。其內外錢穀官之長皆委總計使察其能否考其功狀以奏而誅賞之。此誠當今之急務。伏望陛下與公卿大臣定議早賜施行。

仁宗時陝西用兵權度支判官宋祁上疏曰臣伏見西賊叛逆未即梟馘。申命將校警飭邊陲。陛下日夜憂勤特軫調發內經聖慮旁咨群謀。臣誠不肖竊用感憤。以為勇夫行外儒者計內合為威畧以行天誅則跳梁小醜指期烹醢故敢妄陳愚見以佐萬一臣聞兵以食為本食以貨為資在易聚人在書八政誠聖人一天下之歸之具也以天下取之以天下用之量入為出故天子不得私焉傳曰足食足兵民信之矣今在藏無積年之鏹太倉乏二歲之儲南方治銅匱而不發承平如此已自彫困其故何哉良由取之既殫而用之無度也臣不能悉知朝廷之經費且以臣素所見者言之何者夫有三冗小有三費以困天下之財財窮用褊乃令吏欲興數十萬衆無謀甚矣陛下誠能超然遠覽燭見根本去三冗節三費專奉西北之屯尚可驕馬高枕無匱乏之患何謂三冗天下有定官無限員一冗也天下廂軍不任戰而耗衣食二冗也僧尼道士日益多而無定數三冗也三冗不去不可為國今陛下詔於此斷自今日僧尼道士已受戒具者且使如舊其在寺帳為徒弟子者悉遣為民勿復歲度今日已後

州縣寺觀留若干所僧尼道士定若干人且令後來之數不得過此此策一舉可得耕織夫婦五十萬人則一冗去矣今天下廂軍不擇孱小尫弱悉皆收配遶圖供役本不知兵亦且月費廩糧歲費庫縑數口之家不能自庇於是相挺逃匿化為盜賊者不可勝筭朝廷每有夫役更籍農民以任其勞假如廂軍可令驅以就役方且別給口券間望賜錢二端相準不便明甚陛下若敕天下廂軍今日以後除州軍須要防捉別留三百人自餘更不收補已在籍者許備役終身如此則中下之家悉入農業又得力耕者數十萬則二冗去矣國家郡縣素有定官譬以十人為額常以十二加之遷代罪謫是以無乏今則不然一位未缺十人競逐紆朱滿路襲宗成林州縣之地不廣於前而陛下官五倍於舊吏何得不苟進官何得不濫除陛下誠能詔審官院內諸司流內銓明立限員以為定法自今已往門蔭流外

貢舉之色實置選限稍務擇人使有闕官計員補吏內則省息奉廩外則靜一浮華則三冗去矣何謂三費一曰道場齋醮無日不有若七日若一月若四十九日各挾主名未始暫停至於蠟燭脂麵酒稻錢帛百司供億不可貲計而主者旁緣利於欺攘故奉佛崇尚故千典法皆以祝帝壽奉先烈祈民福為名欲令臣下不得開說臣愚以為陛下上事天地宗廟次事社稷百神醴酪粢盛犧牲玉幣使有司端委而奉之歲時而薦之足以竦明德於天極介多福於黔庶何必道場齋醮希屑屑之報哉是國家抱虛以考祥小人誣神而獲利耳陛下若斷自聖慮取必不可罷者使略依本教以奉薰脩開啓有時賜與有度則一費節矣二曰京師寺觀或多設徒卒或增致官司衣糧所給三倍他處帷幄謂之供養田產謂之常住不徭不役坐蠹齊民而又競飾神祠爭脩塔廟皆曰不費官帑自募民財此誠不遑周

上之充者夫民藏於國國藏於民財不天來而由地出也役不使鬼而待人作也捨國取民其傷一焉伏望陛下切敕州縣普令罷止則二費節矣三曰使相節度不隸藩要貪取公用全濟私家蹟夫節相之建或當邊鎮或臨師旅也公用之設或以饗賓也今則不然罷黜大臣率叨使相安居都邑普蒙公用取生人之資力為無功之奉養坐糜邦用莫此為甚伏望陛下實惜名器使授受惟才自今地非邊要州無師屯者不建節度已帶節度者不得留近藩及京師則二費節矣三冗已去三費已節數年之內用度必饒臣又聞之人不率則不從身不先則不信陛下若能躬服至儉風示四方錦繡金玉不得妄費請自後宮為始衣服醪膳無溢舊規請自乘輿為始然後天下嚮應民業日豐人心不搖師役可舉雖使風行電照飲馬西河蓋爾戎酋可玩之股掌中矣寧與今日誅求財用課鹽榷茗為戚戚之計者

同年而語哉。臣誠狂妄不曉禁忌。輒進愚策。惟陛下裁赦其辜。

知諫院包拯上奏曰。臣伏見景德祥符中文武官總九千七百八十五員。今內外官屬總一萬七千三百餘員其未授差遣京官使臣及守選人不在數內。較之先朝纔四十餘年已逾一倍多矣。切以唐虞建官惟百夏商倍之。周設六官僚屬漸廣秦併六國郡縣益衆。降及漢魏以至隋唐。雖設官寖多然未有如本朝繁冗甚也。今天下州郡三百二十。縣一千二百五十。而一州一縣所任之職素有定額。大率用吏不過五六千員則有餘矣。今乃三倍其多。而又三歲一開貢舉。每放僅千人。復有臺寺之小吏府監之雜工蔭序之官進納之輩。總而計之。不止於三倍。是食祿者日增。力田者日耗。則國計民力安得不窘乏哉。臣謹案景德中天下財賦等歲入四千七百二十一萬七千匹貫石兩。支四千九百七十四萬八千九百匹貫石兩。在京歲入

一千八百三十九萬二千匹貫石兩。支一千五百四十萬四千九百匹貫石兩。慶曆八年天下財賦等歲入一萬三百五十九萬六千四百匹貫石兩。支八千九百三十八萬三千七百匹貫石兩。在京歲入一千八百九十九萬六千五百匹貫石兩。支二千二百四十萬九百匹貫石兩。況天下稅籍有常數矣。今則歲入倍多者何也。蓋祖宗之世所輸之稅只納本色。自後以用度日廣。所納並從折變。重率暴斂日甚一日。何窮之有。且天下田土財用比之曩時虛耗漸以不逮。豈於今而能倍之乎。非天降地出。但誅求於民無紀極爾。輸者已竭。取者未足。則大本安所固哉。臣以為冗吏耗于上。冗兵耗于下。欲救其弊。當治其源。在乎減冗雜而節用度。若冗雜不減。用度不節。雖善為計亦不能救也。方今山澤之利竭矣。征賦之入盡矣。幸而西北無事。乃是可為之時。若不鋭意而改圖。但務因循。必恐貽患將來。有不可救之過矣。伏望上體祖宗之成憲。下恤生靈之重困。謂設官太多也。則宜艱難選舉。澄汰冗雜。謂養兵太衆也。則自罷絶招募。揀斥老弱。土木之工不絶者悉罷之。科率之出無名者並除之。省禁中奢侈之費。節上下浮枉之費。當承平之代。建長久之治。願陛下留神省察。申命宰執條此數事而力行之。則天下幸甚。

拯又上奏曰。臣竊見中外臣僚士庶之家。衣服首飾之類多用銷金。工匠於閭閻之中任意制造。殊不畏憚。臣復詳編勑節文。除大禮法物外。上從中禁。下暨庶邦。但係衣服裝着之類。土木玩用之物。並不得以金為飾。如違並科違制之罪。其元業匠人輒更造作。犯者當行處斬。此蓋真宗皇帝躬行儉德以化天下。故自中禁以及庶邦。凡衣服玩用以金為飾者。一切禁斷。工匠置於極典。數十年間中外絶無犯者。而近年以來時俗相尚。銷金之作寖以公行。近日尤甚。其戚

里及臣僚士庶之家。衣服首飾並用銷金及生色內間金之類。並無避懼。蓋是匠人等故違條制。厚取工錢。上下相蒙。無敢言者。若不速行禁止。切慮糜壞金寶。翦長澆風。競事浮華。大損聖化。欲乞嚴賜指揮。申明舊制。上以遵先帝崇儉之意。下以絶臣庶好奢之漸。

英宗治平元年侍御史呂誨上奏曰。臣竊以祖宗之有天下也。削平諸國。所聚財貨皆歸於內府。數十年中區宇乂寧。誠國富兵强之致也。所謂內藏奉宸諸庫。非有司關掌。故外臣莫得知其登耗。但慮歲月久。支費寖廣。不復當時之盛。比來先帝椿留之物。賜及小臣過越乾興之例。拜賜者于今震恐。蓋知祖宗艱難收聚之意。非所以容其靡費爾。如聞禁中取用尚亦無節。加之近倖因緣侵漁。以有限之積。供無窮之費。一旦四方有事。何以枝梧。陛下踐祚之初。當謹持守。脩革府庫。謹嚴出納。救其時也。臣欲乞今後內庫非旌賞功勞資助經

費一切浮用無俾仰給出入之籍亦行會計應禁中所索財寶不限內外庫所降合同須具支使者名目俾歲中會計知其過當則可以裁損又後苑翔造服玩器用並付文思院所造之物工畢別差朝官點檢則官物無由枉破侵欺之路可以杜絕是亦節儉愛民之一端也唯聖神留意天下幸甚

二年知諫院司馬光乞節用劄子曰臣竊見國家公私窮窘固非一日今茲復遇大災畿內秋田蕩無孑遺倉廩儲蓄率多敗壞府庫財帛斂用將盡必恐今冬饑饉甚於去年軍民嗷嗷無以賑救經費不足重以郊禮此乃國用危急之時不可不早以為憂今取之於內帑則內帑已虛取之於外方則外方已盡斂之於下民則下民已竭不知朝廷將何以為計臣愚以為若非陛下側身克己痛自節約則無以應答天意感慰民心使昏墊者忘其悲愁餓死者無所怨嗟也臣聞節用之道必自近始伏望上自乘輿服御之物下至親王公主婚嫁之具悉加裁損務從儉薄勿信主者以舊例為言出六宮冗食之人使之徙便罷後苑文思院所造淫巧服玩止諸處不急之役然後命有司考求在外凡百浮費之事皆一切除去群臣非有顯然功效益國利民者勿復濫加賞賜將來南郊自非犧牲玉帛供神之物其餘青城儀仗之類止於奉車駕備外飾者亦令有司與禮官同共參詳減省臣聞國有凶荒則殺禮事天者貴於內誠而賤外物是故器用陶匏席用藁秸況於青城儀仗之類尚為不可減乎凡此數者唯在聖意斷而行之固不可與膚俗之人執文泥例者謀之也

四年御史劉述上奏曰臣竊觀方今天下之事可謂困弊之極矣如久疾之人股體羸薾氣息奄奄不能自持所可恃者脈理未憊而已誠得良醫而攻藥之輔其氣血調其飲食時其寒溫庶幾可以復全也陛下有明德嘉道孳孳庶政醫之良者也所謂輔其氣血者輕徭薄賦以寬民力以固民心俾無怨畔是也調其飲食者道民務本敦之儉約雖有水旱之困而無捐瘠之患是也時其寒溫者為擇良守宰以撫綏之利有可興者興之害有可去者去之是也百姓習於久安競以侈靡相尚居處服用率多僭差婚姻喪葬不計其費而以不若人為恥因而破產者有焉其致非他繇禁令不設故也管子曰倉廩實而知禮節衣食足而知榮辱若禁令不設人得自恣則倉廩奚由而實衣食奚由而足欲望其知禮節榮辱不可得也教化之行率自上起臣愚欲望陛下躬行節儉以化天下臣聞太祖皇帝常服澣濯之衣乘輿服用皆尚質素寢殿設青布簾宮闈施布幕無文錦之飾嘗出麻屨布裳以賜左右曰此我舊所服者也真宗皇帝嘗謂輔臣曰國家所務儉約為先當須節用愛人以富庶天下張齊賢對曰書稱大禹克儉于家老氏三寶儉居其一上好儉則國有餘財下不僭則家有剩貲如此則天下自然富壽矣大哉聖人之德皆能抑情損欲而以身率人也如是經曰下之事上也不從其所令從其所好上好是物下必有甚者也臣固願陛下躬行節儉以化天下也至於賜予之事非有功德可以激勸於人者不可輕為也昔韓昭侯使人藏弊袴侍者曰君亦不仁矣弊袴不以賜左右而藏之昭侯曰非爾所知也吾聞明主愛一嚬一笑嚬有為嚬而笑有為笑今夫袴之與嚬笑遠矣吾必待有功者而與之蓋古人君之不妄賞人也如是古人有言人主不妄賞非徒愛其財也賞妄行則善不勸不妄罰非徒矜其人也罰妄行則惡不懲賞不勸謂之止善罰不懲謂之縱惡在上者能不止下為善不縱下為惡則國法立矣陛下誠能以身先之然後敕下有司設為科條以絕僭侈之弊仍戒飭長吏使傳諭朝廷

之意。務崇約素。以厚風俗。若是則民之生業日益厚矣。雖遇水旱之困。而有備蓄以禦之矣。民財既充。國用復省。則徭賦之事自然輕薄矣。茲實太平之基。而萬世之利也。伏陛下勤而行之。固而執之耳。臣不勝惓惓之愚。

歷代名臣奏議卷之一百九十一

歷代名臣奏議卷之一百九十二

節儉

宋神宗熙寧元年。翰林學士司馬光上奏曰。臣伏覩宰臣曾公亮等奏。以河朔災沴。調用繁冗。欲望將來大禮畢。兩府臣僚更不賜銀絹。奉聖旨送學士院取旨。議者或以為兩府所賜無多。納之不足以富國。而於待遇大臣之禮太薄。頗為傷體。臣愚竊以為不然。古者冢宰制國用。視年之豐耗。量入以為出。固不可於飢饉之時守豐登之法也。是故歲凶年穀不登。君膳不祭肺。大夫不食粱。士飲酒不樂。君臣上下。皆當深自貶損。以救民急也。臣竊惟國家帑藏素已空虛。重以今歲河北之地。災害特甚。鄉者慶曆之末。河決商胡。民田雖傷。官倉無損。而河北父子相食。餓殍蔽野。今河北之外。加以地震。官府民居蕩為糞壤。繼以霖雨。倉粟腐朽。軍食宜乏。何暇及民。冬春之交。民必大困。甚於慶曆之時。國家豈坐而視之。不加賑救乎。況復城櫓須脩。河防應塞。百役並興。所費不貲。當此之時。朝廷上下安得不同心協力。痛加裁損。以徇一方之急。凡宣布恩澤。則宜以在下為先。撙節用度。則宜以在上為始。今欲裁損諸費。不先於貴者近者。則疏遠之人安肯甘心而無怨乎。必若為臣有大勳於天下。雖錫之山川土田附庸。尚為不可。若止因郊禮陪位而受數百萬之賞。臣竊有所不安矣。臣前所謂賞賜不節者。此亦其一也。雖臣下不辭。猶應裁減。況其自辭。減又何損乎。儻若但務因循。姑息度日。欲裁損乘輿供奉之物。則曰減於制度。太為削弱。非所以華國。欲裁損大臣無功之賞。則曰所減無多。虧傷大體。非所以養賢。欲裁損群下浮冗之費。則曰人情不悅。恐致生事。非所以安衆。如此則國用永無可省之日。下民永無蘇息之期。必至於涸竭窮極。然後已也。且君子之所尚者義也。小人之所徇者利也。為國者當以義褒君子。以利悅小人。今大臣以災害之故。辭錫賚以佐百姓之急。義之可褒者也。陛下從而聽之。乃所以為厚。非所以為薄也。雖然。兩府銀絹止於二萬匹兩。不足以救今日之災。又國家舊制。每遇郊禋大賚四海。卒遠行伍無不霑洽。不可於公卿大夫全無賜予。臣愚以為文臣自兩省以上。武臣及宗室自正任刺史以上。內臣自押班以上。將來大禮畢。所賜並宜減半。俟他年豐稔自依舊制。其文武朝臣以下。一切更不減。以為酌中。臣亦知此物未能富國。誠冀國家因此漸思減損其餘浮費。自今日為始耳。臣素愚戇。識慮膚淺。所言者皆目前之實。然非奇偉之高論也。伏望陛下更賜裁察。若果有可取。乞斷自聖志。勿為衆言所移。實天下幸甚。

殿中侍御史錢顗上奏曰。臣伏以邊境未寧。軍須至急。朝廷經費百倍於祖宗之時。帑藏空虛。間或兼水旱之患。從今不務省減。向去何

以枝梧。然而事有權宜。理難固執。豈可日前只圖僥倖之利。不能力為陛下久遠之謀。臣雖至愚。言思有補。臣謂今冬郊祀之禮。陛下在亮陰恭默之中。遵先朝三年之舊制。是亦不得已而行之。內外供費豈當用平時之例。而況覃霈之恩未遠。特支之賞亦頻。天下之財取之盡毫末。數年之內用之無孑遺。民力既極困窮。國用正宜裁損。臣聞在真宗全盛之世。尚詔三司減郊祀應奉之物十餘萬。載於國史。足以為法。陛下誠思咸平中府庫之所積。孰與今日為比耶。所有將來南郊。伏乞陛下特降睿旨。除三軍賞給外。應內外文武臣僚舊例賜予。一切權且寢罷。至於應奉不急之費。亦乞減削。如此則內足以省國用。外足以寬民力。豈曰小補之哉。唯陛下斷在宸衷而力行之。天下不勝幸甚

神宗時起居舍人韓維上言曰。臣竊聞故事大行皇帝當有遺留物分賜臣下。臣伏思承平日久。用度無節。以致公私財利匱乏。又國家不幸四年之內。兩遭大故。營造山陵及支士卒優賞。所費不可勝計。今之府庫比於仁宗晚年又益朘削。若用嘉祐之例厚行賜賚。臣恐為損不小。陛下若以為奉承先帝之志加惠羣臣不可罷止。則望閱諸府庫取服用玩好之物以充用。不足將意便可。不須過為豐侈。所有金帛諸物。可以贍兵恤民者。願賜愛惜。以救當世之急弊。

哲宗元祐二年著作郎兼侍講范祖禹上宣仁皇太后疏曰。臣濫備勸講。夙夜思職。愚慮所及。不敢不言。伏以自先帝厭代。諒闇三年。今祥禫將終。卽吉方始。服御器用內外一新。奢儉之端皆自此始。臣愚以為珠璣金玉之飾。錦繡纂組之工。凡可以蕩心悅目者。不宜有加於舊。增多於前也。皇帝方嚮儒術。親學問。睿質日長。聖性未定。覩儉則儉。覩奢則奢。陛下所以訓導聖德者。宜動皆有法。不可不慎也。古

之聖帝明王。莫不以儉為美德。侈為大惡。帝堯所居之室。土階三尺茅茨不翦。舜稱禹曰。克儉于家。孔子曰。禹吾無間然矣。菲飲食而致孝乎鬼神。惡衣服而致美乎黻冕。黻冕祭服也。伊尹曰。慎乃儉德。惟懷永圖。言儉之可以長久也。文王卑服卽康功田功。周公戒成王以先知稼穡之艱難。凡此皆陛下所宜日以啓迪皇帝之志者也。東漢明德馬皇后常服大練。左右但衣布帛。無香薰之飾。欲以身率下。前史以為美談。臣竊惟陛下聖政度越前古。必不使明德馬后專美漢朝。若崇儉敦朴。飭正後宮。以輔養皇帝之德。使目不視靡曼之色。耳不聽淫哇之音。非禮不言。非禮不動。則學問日益。聖德日隆。此宗社無疆之福也。孔子曰。少成若天性。習慣如自然。老子曰。不見可欲。使心不亂。古語有之曰。貴不與驕期而驕自生。富不與奢期而奢自至。夫少習儉約。長猶侈靡。少習侈靡。長將若何。今天下之大。生民之衆。

繫在陛下陛下儉於上則百姓富於下陛下奢於上則百姓貧於下比年以來天災流行年穀不熟國用虛乏百姓困弊伏賴陛下勤恤民隱存養休息視之如子有所不便輒弛禁以利民民方有樂生之意小康之望當今之務宜痛爲節約昭示儉朴以率天下自古爲國未有不先儉而能致四海富實者也漢文帝身衣弋綈慎夫人衣不曳地帷帳不得文繡以示敦朴爲天下先景帝遵業務農訓儉以雕文刻鏤傷農事錦繡纂組害女工下詔戒之故太倉之粟陳陳相因紅腐而不可食都內之錢貫朽而不可校稱賢君必曰文景以比周之成康及其衰微民心思漢而不能忘以文景恭儉德澤及民者深也臣願陛下上觀帝堯舜禹文王之法考伊尹周公孔子之言下視文景之效則皇帝少而習之長而安之唯知儉約不知侈靡他日海內富庶自今日儉德爲之始生民之類受陛下之賜豈有窮極哉臣

竊聞奉宸庫已取珠子至六十斤戶部已用金至三千六百兩不爲不多矣臣所以先事而言者恐增加無已滋長侈心也唐太宗問褚遂良曰舜造漆器禹雕其俎諫者十餘人何也遂良對曰奢靡之始危亡之漸也漆器不已必金爲之金器不已必玉爲之古之爭臣必諫其漸若事已損流則無所諫矣是以紂爲象箸箕子歎曰爲象箸必爲玉杯復思遠方珍怪之物而御之矣輿馬宮室之漸自此始不可振也古之人見微而防患如此唐明皇開元之初悉取珠玉錦繡服玩之物焚之於庭以示儉德及其末年猶以窮極奢侈天下敗亂今臣區區之愚竊以皇帝即吉之始若一開侈靡之端恐後日奢費之無已也故願豫爲之防止於未然臣愚不識忌諱惟陛下裁赦

時平章軍國重事文彥博上奏曰臣竊以數十年來風俗僭侈車服器玩多踰制度以致士民之家率多貧乏不守廉節夫爲國之要在乎富民富民之要在於節儉民既富矣君孰與不足臣欲乞選差官檢詳唐室至於朝廷令式參定制度隨時制宜務令簡當可久遵行庶幾上下有分不敢僭侈風俗自當淳儉太平可以馴致

紹聖四年殿中侍御史陳次升上奏曰臣伏聞金明池所造龍船費用萬貫不少肆爲侈靡窮極工巧必非陛下之意也臣觀書之稱禹曰克勤于邦克儉于家以禹之德非無可稱也而所稱者勤儉而已蓋以有天下非不足於財也而必嗇於用者欲示敦朴以先天下故也恭惟陛下躬不世之資席祖宗之慶動儉過於夏禹天下所共仰有司不能宣明陛下德意所造不乘之舟其費不貲游幸之日天乃大風豈非愛佑陛下而使覺悟有司之過乎茲事已往雖不可救亦足以爲來者之戒伏望聖

慈今後如有興造乞勅有司無令過度庶免虧損陛下儉素之德不勝幸甚

戶部侍郎蘇轍上奏曰臣等竊見本部近編成元祐會計錄大抵一歲天下所收錢穀金銀幣帛等物未足以支一歲之出今左藏庫見錢費用已盡去年借朝廷封樁末鹽錢一百萬貫以助月給乘此一事則其餘可以類推矣臣等聞古者制國之用必量入爲出使三年耕必有一年之食故三十年之間而九年之蓄可得而備也今者文武百官宗室之蕃一倍皇祐四倍景德班行選人吏胥之衆率皆增廣而兩稅征商榷酒山澤之利比舊無以大相過也昔祖宗之世所入既廣所出既微則用度饒衍理當然爾今時異事變而奉行舊例有加無損今日天下已困弊矣若更數年加之以飢饉因之以師旅

其為憂患必有不可勝言者。臣等備位地官、與聞朝廷大計、而喑默不言、異日雖被誅戮、何補於事。故臣等願及今日明勑本部、取見今朝廷政事、應干費用錢物者、隨事看詳、量加裁損、使多不至於傷財、少不至於害事。二聖以身率之、大臣以身行之、使天下曉然皆知事之當然、而非朝廷有所靳惜、則誰不信伏。昔治平熙寧之間、因時立政、凡改官者自三歲而為四歲、任子者自一歲一人而為二歲一人、自三歲一人而為六歲一人。宗室自袒免以上、漸殺恩禮、天下晏然莫以為言、此則今日之成法也。臣等伏乞檢會寶元慶曆嘉祐故事、於本部置司、選擇近臣共議其事、嚴立近限、責以實效、法度一成、數歲之後、費用有節。府庫漸充、傳之無窮、久而不弊。則其於聖德、實非小補也。臣等愚拙、不能脩明職業、以廣財賦、冒昧獻言、罪當萬死。

轍又上奏曰、臣等近奉勑裁減冗費、上自宗室貴近、下至官曹胥史。

旁及宮室械器、冗無益過多之用、皆得量事裁減、惟獨宮掖浮費名件不少。有司不得盡見、未敢輒議、竊見近降詔書、以方將裁損入流以清取士之路、遂命今後每遇聖節大禮生辰、太皇太后皇太后皇太妃所得恩澤、並四分減一。欲以身先天下、詔書既出、中外臣庶皆知聖明以私徇公、至有感激流涕者。臣等仰測聖意、克己為人、無所不可、其欲裁損宮掖浮費、與裁損私門恩澤何異。然而至今未見施行者、蓋有司失於建明、則臣等之罪也。謹案寶元二年、嘗命近臣詳定裁損冗費、時諫官韓琦建言、請令三司取入內內侍省并御藥院內東門司、先朝及今來賜予支費之目、比附酌中減省、其無名者一切罷去。時有詔禁中支費、只令入內內侍省、御藥院、內東門司、相度減省報詳定所、其臣僚支賜、即許會問入內內侍省等處施行。及慶曆元年又詔入內內侍省等處、取先帝時帳籍、比較近年內中用度之數以聞、是時所損浮費數目極多、為益不細。臣等欲乞陛下推廣前日減省恩澤已行之心。仰法寶元慶曆祖宗已試之效、使天下明知陛下節用裕民、自宮禁始、則凡有裁損、誰不心服。臣等不勝區區干犯鈇鉞。

徽宗政和七年、命戶部參稽熙豐及今財用有餘不足之數、又立旁通格、令諸路漕司各條元豐紹聖崇寧政和一歲財用出入多寡來上。淮南漕臣張根言、天下之費、莫大於土木之功、其次如人臣賜第。一第無慮數十萬緡、稍增雄麗、非百萬不可、佐命如趙普、定策如韓琦、不聞峻宇雕墻、僭擬宮省、奈何剝民膏髓為斯役之奉乎。其次如田產房廊、雖不若賜第之多、然日削月朘、所在無幾、又如金帛以供一時之賜、有不可已者、而亦不可不節、至如錫帶、其直雖不過數百緡、然天下金寶、靡費日久、夫豈易得、今乃賚及僕隷、使混淆公卿間

貴賤賢不肖莫之辨也、如以為左右趨走之人、不欲其墨綬、當別為制度、以示等威。疏奏不省。

宣和六年、尚書右丞宇文粹中言、近歲南伐蠻獠、北贍幽燕、關陝綿茂邊事日起、山東河北寇盜竊發、賦歛歲入有限、枝梧繁夥。一切取足於民、陝西上戶多棄產而居京師、河東富人多棄產而入川蜀、河北衣被天下、而蠶織皆廢、山東頻遭大水、而耕稼失時、他路取辦目前、不務存恤、穀麥未登、已先俵糴、歲賦已納、復理欠負、託應奉而買珍異奇寶、欠民債者一路至數十萬計、假上供而織文繡錦綺、役工女者一郡至百餘人、陛下勤恤民隱、詔令數下、悉為虛文、民不聊生。不惟寇盜繁滋、竊恐災異數起、祖宗之時、國計所仰皆有實數、有額上供四百萬、無額上供二百萬、京師商稅店宅務抵當所諸處雜收錢一百餘萬、三司以七百萬之入、供一年之費、而儲其餘以待不測

之用又有解池鹽鈔香礬市舶遺利內贍京師外實邊鄙間遇水旱隨以振濟蓋量入為出沛然有餘近年諸局務應奉等司截撥上供而繁富路分一歲所入亦不數額然創置書局者比職事官之數為多檢討修造者比實用之物增倍其他妄耗百出不可勝數若非痛行裁損慮智者無以善其後矣乃詔蔡攸等就尚書省置講議財利司除茶法已有定制餘並講究上攸請內侍職掌事干宮禁應裁省者委童貫取旨時貫以廣陽郡王領右府故也於是不急之務無名之費悉議裁省

高宗紹興九年右正言陳淵上奏曰臣聞儉非聖人之中制而孔子對林放之問則曰禮與其奢也寧儉豈以儉為禮之本故歟蓋常人之情由儉入奢易由奢入儉難故當用儉之時不可不省不省而無以約之則末流之弊將至於不可勝救矣臣觀自昔創業之主皆有

儉德蓋其興於閭閻熟知民間之疾苦稼穡之艱難故愛惜天物有不期然而然者禹之治水八年於外三過其門而不入逮地平天成之後乃作禹貢既第田以制賦又因民之所類而取其有餘其微及於漆枲絺紵羽毛齒革與夫魚鹽橘柚之可於口菁茆簵箘之適於用皆在所取蓋亦莫非民力之所得者方禹櫛風沐雨手胼足胝之時親見百姓之勞苦已而安享其奉固宜有所不忍也故禹菲飲食惡衣服卑宮室孔子美之以為無間豈非所謂愛惜天物有不期然而然者歟至於守成之君往往不然輕費妄用卒以召亂求如漢之孝文蓋亦千一耳今陛下所乘之勢如孝文而天性似之所歷之艱險如禹又不待學而後至其於儉德天下戶知之矣而臣強聒猶欲有所獻者書之稱禹曰克勤于邦克儉于家或曰儉可以施於家而已是大不然國之本在家而儉固將施之於國也孝文惜百金之費

而制度不立終愧前古使其儉於一己又能推而廣之如彼其曾雖二帝三王之功可跂而及矣可勝惜哉比年以來陛下恩惠太泛賞給太厚匪頒賜予之費幾於無節此固陛下甚盛德事然府庫空虗而發之不已財賦匱竭而取之益詳陵寢未成郊祀不遠內有諸將之饋外有隣境之好所用既衆而所入寡此臣所甚懼也周官唯王及后世子不會說者曰不得以有司之法治之誠然是周公作法開後世人主侈用之端也而可乎臣謂周之冢宰以九式均節財用有司雖不會冢宰得以式而論之矣若事事如式雖不會猶會也故臣願陛下自今凡有錫賚法之所無而於例有疑者或輕重非倫或多寡不類事下三省則三省得以共議事下戶部則戶部得以執奏出納之吝有司得以獻其疑可否之宜臺諫得以論其失凡所經由不許承誤陛下聞其言又從而嘉納之一有失當即行改正則前日

之弊庶幾可息矣上以省費用之煩下以絕僥幸之求無善於此臣不勝過計唯陛下財幸

高宗時張浚上言曰天生民而立之君俾司牧之非特使之奉養其私而已也自古聖賢之君莫不恭儉節用損己益人凡以順天意享天心耳且農夫終歲勤動計其十畝之耕輸公上而有餘者所得不過一金耳我乃捐之以市不急之用棄之以徇無名之費豈不重違物理乎乃若排去大難勸賞有功宗廟之供官吏之俸將士之養此則宜從優厚而不容但已者也臣仰惟陛下至誠恭儉追古聖賢而臣竊聞文書刀劍之求尚容有賜乎過制者焉夫多難之時人情易搖力戰效命者所得如此而伺間投好者顧亦如彼即解體矣衛懿公好鶴鶴有乘軒者將戰而國人皆曰使鶴臣謂非獨名器為然也錫賚之間亦所當謹也

起居舍人洪邁經筵進故事曰。按通鑑韓昭侯有弊袴命藏之。侍者曰吾君亦不仁者矣。不賜左右而藏之。昭侯曰吾聞明主愛一嚬一笑。嚬有爲嚬。笑有爲笑。今袴豈特嚬笑哉。吾必待有功者。

臣聞天子享四海之富。生殺自我。予奪自我。於起居動作之間。其流易入於侈。雖古先盛王號爲善治天下。恭儉愛民如漢文帝。惜百金而罷露臺。念農力而除田税。可謂至矣。然以新垣平之詐。賞賜至一日千金。鄧通之嬖倖。至予之蜀道銅山。使自鼓鑄。文帝尚爾。况其下者乎。而韓昭侯以千乘之君。當戰國之際。干戈相尋。日不暇給。雖使横呼妄賜。竭民之力。以爲待士惠下之道。其誰能止之。然昭侯内脩政教。外應諸侯。務正其本而已。一弊袴之微。中人之家所不惜。而千乘之君能藏之以待有功。然則金帛幣帛之重。或相什伯。或相千萬。其肯以奉諛笑遊宴乎無功之人必哉。推是心以往。帝王之道爲不足進矣。臣謂強本節用。實富民。其要無出於此。

邁又進故事曰。按漢書文帝欲作露臺。召匠計之直百金。上曰。百金中人十家之産也。吾奉先帝宮室。常恐羞之。何以臺爲。

臣聞儉固帝王之德。惟能出於誠心。見諸躬行日用之間。然後爲盛德之至。堯舜禹湯文武以來。則漢文帝其人也。當漢初定。海内又安。疑若可以自暇自逸。方且兢兢業業。忌乎斯民。故一銖一縷。弗敢妄費。以示敦朴。爲天下先。踐祚二十三年。宮室苑囿車騎服御無所增益。弋綈緼衣。革舄韋帶。其衣服之儉如此。所幸慎夫人衣不曳地。其嬪御之儉又如此。殿帷無文繡。集上書囊爲之。其供張之儉又如此。露臺之費不過百金。猶恐傷財蠹民。繇役不作。究其行事。莫不一本於恭儉。中外化之。風俗遂以醇厚。功業隆盛。爲漢太宗。雖高皇帝創業埀統。然詒謀壽後。傳祀四百。實文帝有以致之。迨於元帝罷三服官。減穀食馬。而不能起優游不斷之弊。晉武帝焚雉頭裘。而不能杜宮女萬數之失。區區矯激之事一爲。非出於誠心。何足以擬方萬一。至如漢文帝。真可爲萬世法。

御史中丞廖剛上奏曰。臣竊謂近因費用日廣。上下憂歲入之不支。爲陛下陳節用之説者多矣。如遣使江南。誠不可已之事。諸臣反愈亦皆言徒御之冗。民病供億。聖慈深以爲然。自今一切用度。漸當從省節矣。然臣竊見士大夫多務便私。鮮有能爲國家愛惜財用者。且如一帥臣到罷。供張借請。率費數萬緡。小郡亦不下數千緡。雖曰有例。獨不可稍裁損乎。况有數易之弊。民殆不可堪也。又有守帥將官。託討捕之名。差駐劄官軍迎送者。各是千百人。隨逐所過州縣。既批口券。又索犒設。如此之類。獨不可嚴禁止乎。凡是無理之費。州縣時時有之。徒竭吾民之脂膏。無補公家之毫髮。主計者往往屈於權勢。莫敢致詰。是以朝廷不得而知也。臣謂罷無名不急之務。不獨在朝廷當然。州縣妄費亦復不少。如接送之類。願各爲之限制。稍從簡約。若遠諸差借兵卒。或因緣爲姦者。並痛治之。庶幾所謂節用裕民者得矣。

太常博士王居正上疏論省費曰。宋興百七十三年矣。所行多彌文之事。今陛下所至曰行在。於一日二日少駐蹕之頃。欲盡爲向者百七十三年之事。非所謂知變也。夫不知隨時以省事。而乃隨事以省費。故今日例有减半之説。究其實未始不重費。願詔大臣計百事之實而論定之。苟非禦寇備敵。任賢使能。振恤百姓。一切姑罷。則費省而國裕。

孝宗乾道六年。端明殿學士汪應辰上奏曰。臣聞書曰。不作無益害有益。功乃成。又人君以一人之身。不作無益。固爲善矣。然又須推而廣之。凡天下之事足以害有益者。一切杜絕無使滋長。然後為盡善也。恭惟陛下仁儉之德清淨之政。不尚浮華專治實務。如銷金服飾此所謂無益而害有益者也。然內而宮掖既已不用。而又申嚴禁約。無敢不聽。其為益也蓋不可勝計矣。至於流俗習尚。有如銷金服飾之類者臣請條之。竊見所在道宮佛寺造作經藏裝飾像貌所用金箔動以萬計。雖法所不許而令未必行。公然抵冒視為常事。日甚一日。歲甚一歲浸浸不已。豈特銷金服飾之糜費而已哉。地寶有限。斯民勞筋苦骨捐軀委命。晝夜搜求毫釐積累之所得。乃以供無益之用。如棄之然。甚可惜也。昔唐武宗盡毀天下僧寺。及宣宗即位雖務改會昌之政。僧寺皆復其舊。然猶下詔修飾佛像但用土木足以致敬。不得用金銀銅鐵等。夫銀與銅鐵猶禁不用。況於金乎。伏望聖慈特降明詔嚴行告戒。其或循習不悛違犯如故。重寘典憲期以必行。

且復責之郡守縣令。常切覺察。庶幾人有所畏。舊弊盡革。

孝宗時。知池州袁說友上言曰。臣聞恭儉節約聖王之盛德也。無事之日。儉約固所當尚。多事之後儉約尤在所先。仰惟皇上。恭儉出於天資。節儉見於身履。臨御以來。乘輿服御。無所崇修。宮室苑囿。無所增益。雖舜之慈儉。禹之菲食。文王之卑服。殆不過此。固何待於在庭之臣進言獻議。以贊聖德哉。然臣拳拳之愚。切惟今日適當多事之時。要其後必濟以裕之之策。然所以為之策者不過曰儉約而已。且今天下何如哉。自去歲旱暵。浙東赤地千里。而公與私積幾若垂罄。浙西蘇秀旱勢為甚。官苗私租什亡五六。江淮諸郡亦非樂歲。皇上動卹民隱。州郡凡所申請蠲放官物。一一盡可其奏。所蠲之數殆數十萬。大衆所仰與州縣上供。皆無復優裕矣。茲者後有山陵重事。皇上終身之慕。竭天下之力以寫孝思。損內帑之儲。出宮闈之積。惟慮毫髮弗至。而其用益大矣。又有使命往來旁午於道。其間酬賚誼可續舉。切意內而軍國之須。外而州郡之蓄。恐又非曩者比也。臣所謂多事之後。豈不在今日哉。儻於其後不知所以節浮費戒修用則浸浸不已。後將何繼。臣欲望特賜數奏曲軫宸念。自今以始賜毋輕予。雖有功者亦當節約。況其無功者哉。役毋輕舉。雖甚急者亦當節約。況不急者哉。罷無名之費。如興土木。如講繁文。省州縣之官。如增釐務。如刱添闕。惜內帑之金以培基本。住度牒之貨以備緩急。戒州郡以節用。毋革修費。戒邊城以儲偫。毋竭民力。庶幾多事之後。可以因數者之節約以事休養。將不歲月公私得以寬裕。毋復後患矣。

侍御史王十朋上疏曰。臣聞生財莫若節財。省用斯能足用。今陛下方圖恢復。而版曹以財用不足為言。常賦既不能供所須。民財又不可遽而取。惟有痛加節省。可以薄助軍興。然節省一事。尤在聖躬親

率。昔漢文帝身衣弋綈以致富庶。唐憲宗躬服浣濯以致中興。藝祖皇帝慕用青布而僭偽以平。仁宗皇帝被用黃絁而風俗歸厚。此乃前代帝王之盛德。我宋祖宗之家法。尤不可不遵也。陛下比從諫臣之請。裁減外廷官吏廩。一月所省。亦不下十萬緡。以歲計之。不無少補。又竊見內侍都知李綽具到宮掖用度之數。有云此項全支者。有云減半支者。有云住支者。內庭節約如此。亦可以風化天下矣。然臣愚區區猶望陛下躬率之者。蓋欲陛下於乘輿服御玉食之間有可更加節損者。覩出御批斥賜外府以助軍須。以為中外節省之訓。如內侍所具之數。除德壽宮不可減損外。亦有合支而或可減半者。亦有已減半而更可以分數減者。陛下既躬率之。為下者亦何敢不從耶。俟邊事稍寧。自當復舊。今日權宜行之。正聖訓所謂今日當如創業時也。臣不勝拳拳之至。

十朋又代越帥王尚書上疏曰：臣聞財用不足最爲今日之患。議者歸咎生財無術，思得管、蕭、劉晏之徒用之。臣以謂財有限而用無窮，生財不如節財，省用斯能足用。昔漢文帝時有玉帛和親之費，然而貫朽粟陳，海内富庶者，由文帝以敦朴先之，宫室苑囿車騎服御無所增益故也。我仁宗皇帝慶曆間，西方用兵，北虜增幣，天下亦多事矣。而斂不及民，用度不乏者，亦由仁宗以儉德化下，故於多事之間，内不失治，民到于今稱之。朝廷自和議以來，權臣務爲苟安之計，凡百用度悉如太平全盛之日，中外化之，競爲侈靡，府庫匱乏實此之由。往歲陛下焚金翠，近又以損名齋，親爲之記，帥下以躬，蓋無媿於文帝、仁宗矣。然財用猶不足，臣妄意竊謂奢侈之風或未痛革，無益之作、無名之費或未盡除。至若内降之恩未能盡絶，名器之假未能無濫，宫禁近習使令之數不無過多，軍容教坊伶倫俳優之徒不能無非時之横賜。凡此之類，可省者省之，可罷者罷之，最節財之要術，當今之急務。臣又聞唐德宗納裴延齡之姦謀，有天子私藏之財，號瓊林、大盈二庫。陸贄諫之甚力，謂宜散其小儲而成其大儲，損其小寶而成其大寶。臣願陛下以文帝、仁宗之儉德爲法，以德宗之私心爲戒，凡天下財賦之入，悉歸之戶部，仍擇知取予之臣以司出納之柄。如是則將見粟腐大倉，錢流地上，上下皆足，公私並濟矣。

司農卿兼尹京李椿上奏曰：臣伏見比年以來，庾廪不豐，庫藏窘闕，軍須國用日覺難支，州縣之間財賦尤匱，農民士卒罕獲温飽。至於椿管經常撥還借兌，每煩聖躬上勞處分，有司但知憂懼，莫究本原，日復一日，坐視不講，於國家久長之計，豈所宜然。臣嘗讀易之節曰：節以制度，不傷財，不害民。六三曰：不節若則嗟若，无咎。象曰：不節之嗟，又誰咎也。此豈非今日大小之臣但知憂懼而不能自責而歸咎於時而已哉？蓋傷其財則害於民，皆出於不知節以制度，違聖人之明戒也。然則制度謂何？凡居處飲食衣服受用皆是也。仰惟陛下躬行節儉，凡百受用悉從省減，而柰何臣民奢侈縱恣，不知限極，居室則危樓大厦，華麗相高，衣服則綺繡鮮潔，巧異爭先，飲食則水陸畢陳，厭飫奴婢，營利則攘奪占爭，以強淩弱，以至下民貧困者多，無力以供其上。此其所以財益傷而民益害也。臣愚願陛下詔有司，凡居室之高下，雅飾衣服之顏色等降，奴婢之多少，器用之品式，皆立制度，務從樸質，違犯者必加之罪，自貴近始，使上下皆知節儉之爲德，侈麗之可戒。賜予之際，亦望陛下以制度節之，財不傷而民無害矣，天下幸甚。

知福州趙汝愚奏便民事宜曰：臣檢國朝會要，諸州軍歲賜公用錢皆有定數。且如福州，國初歲賜錢僅五百貫，熙寧五年始增定爲二千貫。至紹興九年，本州守臣有請，以升改帥府，增置官屬，歲用不足，有旨每歲更給錢一千貫，通計每歲不過三千貫而已。臣竊計本州近年支費，每歲率用錢七萬餘貫，過於歲額二十餘倍，多是於係省錢内取撥，全無限制。詢之諸郡，事體略同，惟視守臣之賢否、用度之豐約以爲多寡之數，而祖宗法制皆蕩然無復存矣。臣仰惟國家開創之初，懲五代藩鎮之亂，諸路置轉運使，總制一路財賦，務收諸鎮之權，故公用錢至爲薄少。累世承平，文物繁富，居官者頗以爲病。故熙寧中神宗皇帝爲取會諸州軍例冊及三年出納之數，付司農寺詳定而稍增其數，今會要所録是也。然當時法度森嚴，官吏畏謹，不敢有分毫踰越制度。臣觀蘇軾在徐州日嘗論京東盜賊，其奏略曰：欲責捕盜賊，法外求一錢以使人且不可得。又曰：臣願自青、鄆以降，如徐、沂、齊、曹之類，皆遴選守臣，聽法外處置強盜，頗賜緡錢，使得以布設耳目蓄養爪牙然緡錢多賜則難常少又不足於用臣以為無郡可歲別給一二百千使以釀酒凡使人緝捕盜賊得以酒予之敢以為他用者坐贓論臣竊惟京東素多盜賊號重法地分當時守臣不敢法外求一錢以捕賊至無酒以使人孰有取之盡錙銖用之如泥沙如今者哉臣伏思祖宗之時重熈累洽民間兩稅之外絕無科斂而州郡又儉約守法度如此百姓安得不富今自渡江以後養兵既多費用浸廣民間兩稅之外科斂不一如經制錢總制錢折帛錢大軍月樁錢糴本錢添收頭子錢增收勘合錢若此之類未易殫舉而州縣又有隨時科折之數民力可謂困矣而州郡費用之廣至二十倍過於往時然則百姓安得不貧臣嘗念此至熟而不敢輕易以為言者蓋以官吏供給錢一項紹興之初已著為令所在添員甚衆而費益多較之歲額已自過數又軍兵犒賜之類亦有久年成例不可頓

革者是以官吏並緣無復法守臣愚伏望聖慈特降指揮依倣熈寧已行體例逐路選委監司一員取會諸州祖宗例冊及比年出納之數除供給錢一項別作施行外其餘公用之數參酌舊制增定其數有違法禁過數支用者許有司彈奏依法施行如此則居官者自然愛惜錢物不敢妄費又憑藉法守亦可以杜絕干請而苞苴貨賂亦不禁而自絕矣

汝愚又上奏曰臣伏讀六月己丑勸農詔書仰惟陛下聰明仁聖保惠元元訓誥懇惻為民而下者殆無虛月謹擇監司郡守延見訪問考察能否而進退之所以求諸己者可謂勤矣然而十數年來未有治效卓卓如古循吏者豈非地狹國貧取於民者過制故慈惠之師溺於職而不舉強敏辦給之吏始多為術以病民而莫知恤也臣嘗讀漢書循吏傳班固以為孝惠以來民務稼穡至于文景遂移風易俗故蜀守文翁之屬皆謹身帥先不至於嚴而民從化孝武外攘四夷內改法度民用彫敝姦軌不禁時少能以化治稱者由是觀之在此不在彼明矣臣愚伏願陛下清心省事一以節用愛人為本依倣元祐以來故事選委官吏講求今日內外財用之出其事可均其事可節其事可罷斟酌次第而行之義必有所儲也又取兵興以來財賦名色自創置以及後來增損之數究見本末擇其間可省者漸賜以予民庶幾民俗富厚而政化可行然後久任而責其成雖使郡為龔黃縣為卓魯可也區區狂瞽惟陛下幸赦其愚

光宗紹熈間權戶部侍郎袁說友上疏曰臣竊惟京邑富盛風俗易於侈靡其間儻有侈靡過度銷毀金寶上下慣習殊無限制久而不戢漸為財寶之害臣伏見銷金衣飾頃歲有司屢行禁止往往法令稍寬隨即縱弛自累歲以來其侈日盛行都豪貴之家故習於此而

下至齊民稍稍有力者無不競以銷金為飾蓋不止於倡優被服之僭也今都人以銷金為業者不下數十家貨賣充塞相望於道積日累月毀壞金寶何可數計豈特上下僭侈成風有干風化之美而國家金寶日銷月削不復可以收拾誠非細害仰惟陛下躬行儉約以先天下豈容民庶習成侈靡毀棄珍寶以至於此臣恭聞祥符四年詔後苑銷金者並刺配祥符八年詔內外庭並不得衣銷金貼金縷金間金戧金圈金剔金陷金明金泥金楞金背金影金盤金織金金線等但係裝著衣服並不得以金為飾犯人及工匠干連人並行重斷紹興七年高宗皇帝宣諭曰銷金之法甚嚴禁中有衣銷金者罰俸三月淳熈十一年嘗劄下本府嚴行禁止本朝法制之嚴蓋如此今此風日盛禁止已是後時臣愚欲望睿斷劄下本府舉行祥符淳熈之制明列項目嚴行禁戢仍乞陛下仰體紹興之旨自宮禁

始以先民庶幾法制必行愛惜金寶以抑僭侈以厚風俗不勝幸甚
醴泉觀使周必大上奏曰臣聞論語首篇載孔子之言曰節用而愛
人易云節以制度不傷財不害民詩頌魯僖公能脩伯禽之法先及
儉以足用次之寬以愛民夫聖人方論愛民乃首言節儉者蓋不儉
則用度不足用度不足則必重斂於民雖有仁心仁言無所施矣臣
恭聞陛下儉約出於天性今發政之初必將如漢文帝示淳朴為天
下先而臣尚以為言者蓋自南渡以來疆土未及承平之半悉中外
之貢輸奉三宮之營養自當有增而無損至於既養州郡之兵又聚
屯戍之兵又厚添差不釐務之祿視祖宗時所入彌寡所用彌多東
南民力安得不困往者京官選人憚於作邑正為財賦難辦爾邇來
州郡亦以不辦為憂嚴於催科巧於措畫僅乃有濟陛下雖懷愛民
之意何自而行臣願因聖性之節儉凡賜予支費損之又損如召南

之國化文王之政在位皆節儉然後上行下傚其效可睹至於民力
之盈虛州用之貧富殆不可一槩而舉惟監司守令乃能詳知欲望
申詔諸路各陳所部凡可省費而裕民者指事申明限以半年上之
朝省隨宜斟酌特降處分庶使實惠徧及於天下不為虛文捨是則
雖詔音諄諄不過宣讀之後徒掛墻壁而已
寧宗即位校書郎項安世上奏曰管夷吾治齊諸葛亮治蜀立國之
本不過曰量地以制賦量賦以制用而已陛下試披輿地圖今郡縣
之數比祖宗時孰為多少比秦漢隋唐時孰為多少陛下必自知其
狹且少矣試命版曹具一歲賦入之數祖宗盛時東南之賦入幾何
建炎紹興以來至乾道淳熙其所增取幾何陛下試命內外羣臣有
司具一歲之用人主供奉好賜之費幾何御前工役器械之費幾何
嬪嬙宦寺廩給之費幾何戶部四總領養兵之費幾何州縣公使迎

送請給之費幾何陛下必自知其為侈且濫矣用不量賦而至於侈
且濫則內外上下之積不得而不空天地山川之藏不得而不竭非忍
痛耐謗一舉而更張之未知其所以給也今天下之費最重而當省
者兵也能用上兵則兵可省能用屯田則兵可省其次莫如宮掖兵
以待敵國常畏而不敢省故省兵難宮掖以私一身常愛而不忍省
故省宮掖難不敢省者事在他人不忍省者在陛下宮中嬙嬪宦寺
陛下事也宮中之器械工役陛下事也陛下肯省則省之宮中既省
則外廷之官吏四方之州縣從風而省奔走不暇簡樸成風民志堅
定民生日厚雖有水旱蟲蝗之災可活也國力日壯雖有夷狄盜賊
之變可為也復祖宗之業雪人神之憤惟吾所為無不可者
理宗淳祐間徐元杰進故事曰前漢揚雄將作大匠箴曰閑閑將作
經治宮室牆以禦風宇以蔽日寒暑攸除鳥鼠攸去主有宮殿民有

宅居昔在帝王茅茨土階夏卑宮室在彼溝池
臣聞工誦箴諫肇於古者諍木之求工執藝諫蓋垂詔聽規之
世所不棄也臣以司匠退循樸拙他無技能敢竭心工極陳儉
寶惟陛下垂聽焉夫宮室牆宇苟足以禦風蔽日古之聖人不
越是以求侈也夏后氏卑宮而不厭其陋且手胼足胝盡力
於溝洫之利凡可以約己而裕人者無不為之況敢以是自逸
其身哉不然峻宇雕牆華則華矣視采椽不斲為孰久瑤臺瓊
室珍則珍矣視土階三尺為孰安蓋聖人以大學絜矩之道正
天下念民力之有限計邦費之無窮知天下之傷財孰有如工
役之費故清心省事所以為靜養君德之基節用愛人所以為
深固邦本之計其意若曰宮室既侈麗矣凡皆稱是可也窮奢
極欲極天下之膏血將不足以供之此聖人所不忍為宜乎其

長守富貴也昔魏之楊阜當明帝建宮室之初抗疏請省宮人問之吏則以為禁密非所當與阜怒而杖其吏帝於是愈敬憚之竇璡修洛陽宮昧過侈之當戒崇飾彫麗謂可逢上之欲豈知太宗能為工費計怒而毀之寧不容緩然則二臣之正否雖不同而二君之好惡則俱正矣臣於是益有感於揚雄氏之箴焉雖然雄既託匠以為箴而校獵長楊二賦又有感於文帝躬服節儉之化大厦則取其不居木器則取其無文後宮則取其賤玳瑁而踈珠璣他如却翡翠除彫鏤惡靡麗斥芬芳與夫抑止鄭衛絲竹之聲樂極其效則上足以格天而有玉衡正泰階平之應然則揚雄有愛君之忠欲規於過而縕其怒者以箴諫之為未足故又述賦以諷諫也臣嘗謂揚雄之箴獻之於西都中微之季時之不偶而言弗獲用漢亦殆矣臣述其言以補工

藝之諫敢謂遭際陛下盛明之君納約自牖信而後諫臣能言之陛下能行之臣百忠慶幸與國同休矣惜不令揚雄見之

度宗咸淳十年侍御史陳堅等上奏曰今東南之民力竭矣西北之邊患棘矣諸葛亮所謂危急存亡之時也而邸第戚畹御前寺觀田連阡陌亡慮數千萬計皆巧立名色盡蠲二稅州縣乏興鞭撻黎庶鬻妻賣子而鐘鳴鼎食之家蒼頭廬兒漿酒藿肉琳宮梵宇之流安居暇食優游生死安平無事之時猶且不可而況艱難多事之際乎今欲寬邊患當紓民力欲紓民力當紓州縣則邸第寺觀之常賦不可姑息而不加釐正也望與二三大臣亟議行之詔可

元世祖時趙天麟上策曰臣聞上古洪荒敦天朴略摽枝野鹿燔黍捭豚衣鳥獸之皮食鳥獸之肉汙尊而抔飲蕢桴而土鼓冬則居窟夏則居巢其卧徐徐其覺于于當此之時淳風未散民皆自以為足也及乎伏羲作而書契之法興神農作而耕織之功立軒后作而器用之資漸備自茲以降澆漓益生是以堯居茅屋禹戒雕墻周王之卑服漢帝之弋綈非徒盡質素之本心亦以杜人民之奢汰也至元年間都堂議得民間喪葬紙房金銀人馬并綵帛衣服帳幔等物欽依聖旨事意截日盡行禁斷又准中書省奏定到官民嫁娶聘財筵會等事此皆先帝慎儉德以懷永圖推其餘以化下民也夫天下之人或有見衣服鮮明騶從翹楚者從而羡之見衡門安志樂業循常者從而笑之乃薄民之淺昧世態之恒情然而權利濫官豪富子弟知其如是大放厥心以驕溢相夸以奢靡相尚以節約為恥以貞廉為愚既不副於上心又重傷於家業延及士庶轉相倣傚習以成風非一旦之能改也殊不知衣敝緼袍不恥狐貉者子路之何用不臧也食前方丈後車千乘者鄒軻之得志不為也桓宮丹楹刻桷而御

孫諫之晏子一狐裘三十年而紫陽稱之夫衣足蔽體食足充飢外之皆非吾人之所有也彼錦繡綺組之衣以之禦寒與繒練奚以異哉彼熊掌膾炙之食以之糊口與魚粟奚以異哉慶贈宴會禮足而已又奚用越名干分傾貲破產以為之哉故古人之言曰儉德之共也侈惡之大也又曰山林不能給野火江海不能實漏卮言生一破百而易無子遺也又曰城中好高髻四方高一尺城中好寬袖四方全匹帛言京師者天下之仰從也且聞譽施於身不願人之文繡理義悦我心如芻豢之悦口今之王公大人宜去奢從約以增美其名乎宜務華違儉以徒飾其身乎伏望陛下體先帝之意禁京師內王公大人之奢侈則天下之官民不令自從矣蓋見在上者先儉而知儉之為美故不得不然

明宗時監察御史把的于思言朝廷自去秋命將出師戡定禍亂其

供給軍需賞賚將士，所費不可勝紀。若以歲入經賦較之，則其所出已過數倍。況今諸王朝會舊制，一切供億俱尚未給，而陝西等處飢饉荐臻，饑殍枕藉。加以冬春之交，雪雨愆期，麥苗槁死，秋田未種，民庶遑遑，流移者衆。臣伏思之，此正國家節用之時也。如果有功必當賞賚者，宜視其官之崇卑而輕重之，不惟省費，亦可示勸。其近侍諸臣奏請恩賜，宜悉停罷，以紓民力。臺臣以聞，帝嘉納之。

歷代名臣奏議卷之一百九十三

戒佚欲

魯隱公五年，公將如棠觀魚者，臧僖伯諫曰：凡物不足以講大事，其材不足以備器用，則君不舉焉。君將納民於軌物者也。故講事以度軌量謂之軌，取材以章物采謂之物，不軌不物謂之亂政。亂政亟行，所以敗也。故春蒐、夏苗、秋獮、冬狩，皆於農隙以講事也。三年而治兵，入而振旅，歸而飲至，以數軍實。昭文章，明貴賤，辨等列，順少長，習威儀也。鳥獸之肉不登於俎，皮革齒牙骨角毛羽不登於器，古之制也。若夫山林川澤之實，器用之資，皂隸之事，官司之守，非君所及也。公曰：吾將略地焉。遂往，陳魚而觀之。

宣公以夏月濫於泗淵，里革斷其罟而棄之，曰：古者大寒降，土蟄發，水虞於是乎講罛罶，取名魚，登川禽，而嘗之寢廟，行諸國人，助宣氣也。鳥獸孕，水蟲成，獸虞於是乎禁罝羅，矠魚鱉以為夏槁，助生阜也。鳥獸成，水蟲孕，水虞於是乎禁罝䍡，設穽鄂，以實廟庖，畜功用也。且夫山不槎蘖，澤不伐夭，魚禁鯤鮞，獸長麑䴠，鳥翼鷇卵，蟲舍蚳蝝，蕃庶物也，古之訓也。今魚方別孕，不教魚長，又行網罟，貪無藝也。公聞之曰：吾過而里革匡我，不亦善乎。

晉文公出田，逐獸碭入大澤，迷不知所出。其中有漁者，文公謂曰：我若君也，道安從出？我且厚賜若。漁者曰：臣願有獻。公曰：出澤而受之。於是遂出澤。公令曰：子之所以教寡人者何等也？願受之。漁者曰：鴻鵠保河海之中，厭而欲移徙之小澤，則必有丸繒之憂；黿鼉保深淵，厭而出之淺渚，則必有羅網釣射之憂。今君逐獸碭入至此，何行之太遠也。文公曰：善哉。謂從者記漁者名。漁者曰：君何以名為？君其尊天事地，敬社稷，固四國，慈愛萬民，薄賦斂，輕租稅者，臣亦與焉。君不

恐社稷不固四國外失禮於諸侯內逆民心一國流亡漁者雖得厚賜不能保也遂辭不受曰君亟歸國臣亦反吾漁所

魏絳對晉侯悼公曰昔有夏之方衰也后羿自鉏遷于窮石因夏民以代夏政恃其射也不脩民事而淫于原獸棄武羅伯因熊髡龍圉而用寒浞寒浞伯明氏之讒子弟也伯明后寒棄之夷羿收之信而使之以為己相浞行媚于內而施賂于外愚弄其民而虞羿于田樹之詐慝以取其國家外內咸服羿猶不悛將歸自田家衆殺而亨之以食其子其子不忍食諸死于窮門靡奔有鬲氏浞因羿室生澆及豷恃其讒慝詐偽而不德于民使澆用師滅斟灌及斟尋氏處澆于過處豷于戈靡自有鬲氏收二國之燼以滅浞而立少康少康滅澆于過后杼滅豷于戈有窮由是遂亡失人故也昔周辛甲之為太史也命百官官箴王闕於虞人之箴曰芒芒禹迹畫為九州經啓九道民有寢廟獸有茂草各有攸處德用不擾在帝夷羿冒于原獸忘其國恤而思其麀牡武不可重用不恢于夏家獸臣司原敢告僕夫虞箴如是可不懲乎於是晉侯好田故魏絳及之

楚莊王即位三年不出號令日夜為樂令國中曰有敢諫者死無赦伍舉入諫莊王左抱鄭姬右抱越女坐鍾鼓之閒伍舉曰願有進隱隱謂隱其意曰有鳥在於阜三年不蜚不鳴是何鳥也莊王曰三年不蜚蜚將沖天三年不鳴鳴將驚人舉退矣吾知之矣居數月淫益甚大夫蘇從乃入諫王曰若不聞令乎對曰殺身以明君臣之願也於是乃罷淫樂聽政所誅者數百人任伍舉蘇從以政國人大說

靈王狩于州來次于乾谿右尹子革夕王與之語曰昔我先王熊繹與呂級王孫牟燮父禽父並事康王四國皆有分我獨無有今吾使人於周求鼎以為分王其與我乎對曰與君王哉昔我先王熊繹辟在荊山篳路藍縷以處草莽跋涉山林以事天子唯是桃弧棘矢以共禦王事齊王舅也晉及魯衛王母弟也楚是以無分而彼皆有今周與四國服事君王將唯命是從豈其愛鼎王曰昔我皇祖伯父昆吾舊許是宅今鄭人貪賴其田而不我與我若求之其與我乎對曰與君王哉周不愛鼎鄭敢愛田王曰昔諸侯遠我而畏晉今我大城陳蔡不羹賦皆千乘子與有勞焉諸侯其畏我乎對曰畏君王哉是四國者專足畏也又加之以楚敢不畏君王哉王入析父謂子革吾子楚之望也今與王言如響國其若之何子革曰摩厲以須王出吾刃將斬矣王出左史倚相趨過王曰是良史也是能讀三墳五典八索九丘對曰臣嘗問焉昔穆王欲肆其心周行天下將皆必有車轍馬跡焉祭公謀父作祈招之詩以止王心王是以獲沒於祗宮臣問其詩而不知也若問遠焉其焉能知之王曰子能乎對曰能其詩曰祈招之愔愔式昭德音思我王度式如玉式如金形民之力而無醉飽之心王揖而入饋不食寢不寐數日不能自克以及於難仲尼曰古者有志克己復禮仁也信是哉楚靈王若能如此豈其辱於乾谿

昭王欲之荊臺遊司馬子綦進諫曰荊臺之游左洞庭之陂右彭蠡之水南望獵山下臨方淮其樂使人遺老而忘死人君遊者盡以忘其國願大王勿往遊焉王曰荊臺乃吾地也有地而游之子何為絕我游乎怒而擊之於是令尹子西駕安車駟馬徑於殿下曰今日荊臺之遊不可不觀也王登車而拊其背曰荊臺之遊與子共樂之矣步馬十里引轡而止曰臣不敢下車願得有道大王肯聽之乎王曰第言之令尹子西曰臣聞之為人臣而忠其君者爵祿不足以賞也為人臣而諛其君者刑罰不足以誅也若司馬子綦者忠臣也若臣

者。說臣也。願大王殺臣之軀。罰臣之家。而祿司馬子綦。王曰。若我能止聽。公子獨能禁我游耳。後世游之無有極時。奈何。令尹子西曰。欲禁後世易耳。願大王山陵崩陁。爲陵於荆臺。未嘗有持鐘鼓管絃之樂而游於父之墓上者也。於是王還車。卒不游荆臺。令罷先置。孔子從魯聞之曰。美哉令尹子西。諫之於十里之前。而權之於百世之後者也

莊辛諫襄王曰。君王左州侯。右夏侯。從新安君與壽陵君同軒淫衍侈靡而忘國政。郢其危矣。王曰。先生老悖歟。妄爲楚國妖歟。莊辛對曰。臣非爲楚妖。誠見之也。君王卒近此四子者。則楚必亡矣。辛請留於趙以觀之。於是不出十月。王果亡巫山江漢鄢郢之地。於是王乃使召莊辛至趙。辛至。王曰。嘻。先生來邪。寡人以不用先生言至于此。爲之奈何。莊辛曰。君王用辛言則可。不用辛言。又將甚乎。此庶以有

稱曰。亡羊而固牢。未爲遲。見兔而呼狗。未爲晚。湯武以百里王。桀紂以天下亡。今楚雖小。絕長繼短。以千里數。豈特百里哉。且君王獨不見夫青蛉乎。六足四翼。蜚翔乎天地之間。求蚊虻而食之。時甘露而飲之。自以爲無患。與民無爭也。不知五尺童子。膠絲竿加之乎四仞之上。而下爲蟲蟻食已。青蛉猶其小者也。夫爵俛啄白粒。仰棲茂樹。鼓其翼。奮其身。自以爲無患。與民無爭也。不知公子王孫。左把彈右攝丸。定操持。審參連。故晝遊乎茂樹。夕和乎酸醎。爵猶其小者也。鴻鵠嬉遊乎江漢。息留乎大沼。俛啄䱇鯉。仰奮陵衡。脩其六翮而陵清風。飄搖高翔。一舉千里。自以爲無患。與民無爭也。不知弋者選其引弩。脩其防翳。加繒繳其頸。投乎百仞之上。引纖繳。揚微波。折清風而殞。故朝遊乎江河。而暮調乎鼎俎。鴻鵠猶其小者也。蔡侯之事。故是也。蔡侯南遊乎高陵北。徑乎巫山。逐麋麐麞麃。彈鵔鸃子隨時鳥。嬉遊乎高蔡之國。溢滿無涯。不以國家爲事。不知子發受令宣王。厄以淮水。填以巫山。庚子之朝。纓以朱絲。臣而奏之乎宣王也。蔡侯之事猶其小也。今君王之事。遂以左州侯。右夏侯。從新安君與壽陵君。淫衍侈靡康樂遊娛。馳騁乎雲夢之中。不以天下與國家爲事。不知穰侯方與秦王謀。寘之以黽厄。而投之乎黽塞之外。而襄王大懼。形體悼栗曰。謹受令。乃封莊辛爲成陵君而用計焉。

齊景公飲酒而樂。釋衣冠自鼓缶。謂侍者曰。仁人亦樂是夫。梁丘子曰。仁人耳目。亦猶人也。奚爲獨不樂此也。公曰。速駕迎晏子。晏子朝服以至。公曰。寡人甚樂此樂也。願與夫子共之。請去禮。晏子對曰。君之言過矣。齊國五尺之童子。力盡勝嬰。而又勝君。所以不敢亂者。畏禮也。上若無禮。無以使其下。下若無禮。無以事其上。夫麋鹿唯無禮故父子同麀。人之所以貴於禽獸者。以有禮也。詩曰。人而無禮。胡不

遄死。故禮不可去也。公曰。寡人無良。左右淫湎寡人。以至於此。請殺之。晏子曰。左右何罪。君若好禮。左右有禮者至。無禮者去。君若惡禮亦將如之。公曰。善。請革衣冠。更受命。乃廢酒而更尊朝服而坐。觴三行。晏子趨出。

景公爲臺。臺成。又欲爲鐘。晏子諫曰。君不勝欲爲臺。今復欲爲鐘。是重斂於民。民之哀矣。夫斂民之哀而以爲樂。不祥。景公乃止。

景公遊於海上而樂之。六月不歸。令左右曰。敢有先言歸者致死不赦。顏燭趨進諫曰。君樂治海上而六月不歸。彼儻有治國者。君且安得樂此海也。景公援戟將斫之。顏燭趨進撫衣待之曰。君奚不斫也。昔者桀殺關龍逢。紂殺王子比干。君之賢非此二主也。臣之材亦非此二子也。君奚不斫。以臣參此二人者。不亦可乎。景公說。遂歸。中道聞國人謀不內矣

吳王欲從民飲酒。伍子胥諫曰。不可。昔白龍下清泠之淵。化為魚。漁者豫且射中其目。白龍上訴天帝。天帝曰。當是之時。若安置而形。白龍對曰。我下清泠之淵。化為魚。天帝曰。魚固人之所射也。若是。豫且何罪。夫白龍。天帝貴畜也。豫且。宋國賤臣也。白龍不化。豫且不射。今棄萬乘之位。而從布衣之士飲酒。臣恐其有豫且之患矣。王乃止。

魏文侯見箕季。其墻壞而不築。文侯曰。何為不築。對曰。不時。其墻枉而不端。問曰。何不端。曰。固然。從者食其園之桃。箕季禁之。少焉日晏。進糲餐之食。瓜瓠之羹。文侯出。其僕曰。君亦無得於箕季矣。曩者進食。臣竊窺之。糲餐之食。瓜瓠之羹。文侯曰。吾何無得於季也。吾一見季而得四焉。其墻壞不築。云待時也。教我無奪農時也。墻枉而不端。對曰固然者。是教我無侵封疆也。從者食園桃。箕季禁之。豈愛桃哉。是教我下無侵上也。食我糲餐者。季豈不能具五味哉。教我無多歛於百姓。以省飲食之養也。

梁王魏嬰觴諸侯於范臺。酒酣。請魯君舉觴。魯君興。避席擇言曰。昔者帝女令儀狄作酒而美。進之禹。禹飲而甘之。遂疏儀狄。絕旨酒。曰。後世必有以酒亡其國者。齊桓公夜半不嗛。易牙乃煎熬燔炙。和調五味而進之。桓公食之而飽。至旦不覺。曰。後世必有以味亡其國者。晉文公得南之威。三日不聽朝。遂推南之威而遠之。曰。後世必有以色亡其國者。楚王登強臺而望崩山。左江而右湖。以臨彷徨。其樂忘死。遂盟強臺而弗登。曰。後世必有以高臺陂池亡其國者。今主君之尊。儀狄之酒也。主君之味。易牙之調也。左白台而右閭須。南威之美也。前夾林而後蘭臺。強臺之樂也。有一於此。足以亡其國。今主君兼此四者。可無戒歟。梁王稱善相屬。

漢高帝初為沛公。至咸陽。秦王子嬰降沛公。沛公入秦宮。宮室帷帳狗馬重寶婦女以千數。意欲留居之。樊噲諫沛公出舍。沛公不聽。張良曰。夫秦為無道。故沛公得至此。夫為天下除殘賊。宜縞素為資。今始入秦。即安其樂。此所謂助桀為虐。且忠言逆耳利於行。毒藥苦口利於病。願沛公聽樊噲言。沛公乃還軍霸上。

文帝從霸陵上。欲西馳下峻阪。中郎袁盎攬轡。上曰。將軍怯邪。盎言曰。臣聞千金之子不垂堂。百金之子不騎衡。聖主不乘危。不徼幸。今陛下騁六飛。馳不測山。有如馬驚車敗。陛下縱自輕。柰高廟太后何。上乃止。

武帝時。司馬相如從帝至長楊獵。是時天子方好自擊熊豕。馳逐壄獸。相如因上疏諫。其辭曰。臣聞物有同類而殊能者。故力稱烏獲。捷言慶忌。勇期賁育。臣之愚竊以為人誠有之。獸亦宜然。今陛下好陵阻險。射猛獸。卒然遇逸材之獸。駭不存之地。不存。不可得安存也。犯屬車之清塵。輿不及還轅。人不暇施巧。雖有烏獲逢蒙之技不得用。枯木朽株盡為難矣。是胡越起於轂下。而羌夷接軫也。豈不殆哉。雖萬全而無患。然本非天子之所宜近也。且夫清道而後行。中路而馳。猶時有銜橛之變。銜。馬勒銜也。橛。騑馬口長銜也。一說。車之鉤心也。變。言馬銜或斷。鉤心或出。則致傾敗以傷人也。況乎涉豐草。騁丘虛。前有利獸之樂。而內無存變之意。其為害也不難矣。夫輕萬乘之重不以為安。樂出萬有一危之塗以為娛。臣竊為陛下不取。蓋明者遠見於未萌。而知者避危於無形。禍固多藏於隱微。而發於人之所忽者也。故鄙諺曰。家絫千金。坐不垂堂。此言雖小。可以諭大。臣願陛下留意幸察。上善之。

成帝始作期門。數為微行。立趙飛燕為皇后。后專寵。懷忌。皇太子多橫夭。譙玄上書諫曰。臣聞王者承天繼宗。統極保業。延祚莫急繼嗣。故易有幹蠱之義。詩詠衆多之福。今陛下聖嗣未立。天下屬望。而不惟社稷之計。專念微行之事。愛幸用於所惑。曲意留於非正。竊聞後宮皇子産而不育。臣聞之怛然痛心傷剝。竊懷憂國。不忘須臾。夫警衛不脩。則患生非常。忽有醉酒狂夫。分爭道路。既無尊嚴之儀。豈識上下之別。此為胡狄起於轂下。而賊亂發於左右也。願陛下念天下之至重。愛金玉之身。均九女之施。存無窮之福。天下幸甚。

成帝時。富平定陵侯張放淳于長等愛幸。入侍禁中。設宴飲之會。皆引滿舉白。談笑大噱。時乘輿幄坐張畫屏風。畫紂醉踞妲己作長夜之樂。上以班伯新起。視事數目禮之。因顧指畫而問伯。紂為無道。至於是乎。伯對曰。書云。迺用婦人之言。何有踞肆於朝。所謂衆惡歸之。不如是之甚者也。上曰。苟不若此。此圖何戒。伯曰。沈湎于酒。微子所以告去也。式號式謼。大雅所以流連也。詩書淫亂之戒。其原皆在於酒。上迺喟然歎曰。吾久不見班生。今日復聞讜言。放等不懌。稍自引起更衣。因罷出。

東漢光武嘗出獵。車駕夜還。上東門候郅惲拒關不開。帝令從者見面於門間。惲曰。火明遼遠。遂不受詔。帝乃廻從東中門入。明日惲上書諫曰。昔文王不敢槃于游田。以萬民為憂。而陛下遠獵山林。夜以繼晝。其如社稷宗廟何。暴虎馮河。未至之戒。誠小臣所竊憂也。書奏。賜布百匹。貶東中門候為參封尉。

安帝永寧元年。西南夷撣國王獻樂及幻人。能吐火。自支解。易牛馬頭。明年元會。作之於庭。帝與羣臣共觀。大奇之。諫議大夫陳禪獨離席舉手大言曰。昔齊魯為夾谷之會。齊作侏儒之樂。仲尼誅之。又曰。放鄭聲。遠佞人。帝王之庭。不宜設夷狄之技。尚書陳忠劾奏禪曰。古者合歡之樂舞於堂。四夷之樂陳於門。故詩云。以雅以南。韎任朱離。今撣國越流沙。踰縣度。萬里貢獻。非鄭衛之聲。佞人之比。而禪廷訕

朝政。請劾禪下獄。有詔勿收。左轉為玄菟候城障尉。詔敕不之官。上妻子從者名。禪既行。朝廷多訟之。

桓帝延熹八年。賢良方正劉瑜上書曰。臣瑜自念東國鄙陋。得以豐沛枝胤。被蒙復除。不給卒伍。故太尉楊秉知臣竊觀典籍。猥見顯舉。誠冀臣愚直有補萬一。而秉忠謨不遂。命先朝露。臣在下土。聽聞歌謠。驕臣虐政之事。遠近呼嗟之音。竊為辛楚。泣血漣如。幸得引錄備荅聖問。泄寫至情。不敢庸回。誠願陛下且以須臾之慮。覽今往之事。人何為咨嗟。天曷為動變。蓋諸侯之位。上法四七。垂文炳燿。關世盛衰者也。今中官邪孽。比肩裂土。皆競立胤嗣。繼體傳爵。或乞子疏屬。或買兒市道。殆乖開國承家之義。古者天子一娶九女。娣姪有序。河圖授嗣。正在九房。今女嬖令色。充積閨帷。皆當盛其玩飾。冗食空宮。勞散精神。生長六疾。此國之費也。生之傷也。且天地之性。陰陽正紀。隔絕其道。則水旱為并。詩云。五日為期。六日不詹。怨曠作歌。仲尼所錄。況從幼至長。幽藏歿身。又常侍黃門亦廣妻娶。怨毒之氣。結成妖眚。行路之言。官發略人女。娶而復置。轉相驚懼。孰不悉然。無緣空生此謗。鄒衍匹夫。杞氏匹婦。尚有城崩霜隕之異。況乃羣輩咨怨。能無感乎。昔秦作阿房。國多刑人。今第舍增多。窮極奇巧。掘山攻石。不避時令。促以嚴刑。威以正法。民無罪而覆入之。民有田而覆奪之。州郡官府。各自考事。姦情賕賂。皆為吏餌。民愁鬱結。起入賊黨。官輒興兵。誅討其罪。貧困之民。或有賣其首級。以要酬賞。父兄相代殘身。妻孥相見分裂。窮之如彼。伐之如此。豈不痛哉。又陛下以北辰之尊。神器之寶。而微行近習之家。私幸宦者之舍。賓客市買。熏灼道路。因此暴縱。無所不容。今三公在位。皆博達道藝。而各正諸己。莫或匡益者。非不智也。畏死罰也。惟陛下設置七臣。以廣諫道。及開東序金縢史官

之書。從堯舜禹湯文武致興之道。遠佞邪之人。放鄭衛之聲。則政致和平。德感祥風矣。

帝嘗校獵廣成。遂至上林苑。光祿勳陳蕃上疏諫曰。安平之時。遊畋宜有節。況今有三空之厄哉。田野空。朝廷空。倉庫空。加之兵戎未戢。四方離散。是陛下焦心毁顔。坐以待旦之時也。豈宜揚旗耀武。騁心輿馬之觀乎。又前秋多雨。民始種麥。今失其勸種之時。而令給驅禽除路之役。非聖賢恤民之意也。書奏不省

靈帝好微行。遊幸外苑。司徒楊賜上疏曰。臣聞天生蒸民。不能自理。故立君長使司牧之。是以唐虞兢兢業業。周文日昃不暇。明慎庶官。俊乂在職。三載考績。以覲厥成。而今所序用無他才德。有形埶者旬日累遷。守真之徒。歷載不轉。勞逸無別。善惡同流。北山之詩所為訓作。又聞數微行出幸苑囿。觀鷹犬之埶。極槃遊之荒。政事日墮。大化陵遲。陛下不顧二祖之勤止。追慕五宗之美蹤。而欲以望太平。是猶曲表而欲直景。卻行而求及前人也。宜絕慢傲之戲。念官人之重。割用板之恩。慎貫魚之次。無令醜女有四殆之歎。遐邇有忿怨之聲。臣受恩偏特。忝任師傅。不敢自同凡臣。括囊避咎。謹自手書密上。

蜀後主時。譙周上疏曰。昔王莽之敗。豪傑並起。跨州據郡。欲弄神器。於是賢才智士。思望所歸。未必以其勢之廣狹。惟其德之薄厚也。是故於時更始公孫述及諸有大衆者多已廣大。然莫不快情恣欲。怠於為善。遊獵飲食。不恤民物。世祖初入河北。馮異等勸之曰。當行人所不能為。遂務理冤獄。節儉飲食。動遵法度。故北州歌歎。聲布四遠。於是鄧禹自南陽追之。吳漢寇恂未識世祖。遙聞德行。遂以權計舉漁陽上谷突騎。迎于廣阿。其餘望風慕德者邳彤耿純劉植之徒。至于輿病齎棺。襁負而至者。不可勝數。故能以弱為強。屠王郎。吞銅馬。

折赤眉而成帝業也。及在洛陽。嘗欲小出。車駕已御。銚期諫曰。天下未寧。臣誠不願陛下細行數出。即時還車。及征隗囂。潁川盜起。世祖還洛陽。但遣寇恂往。恂曰。潁川以陛下遠征。故奸猾起叛。未知陛下還。恐不時降。陛下自臨。潁川賊必即降。遂至潁川。竟如恂言。故非急務。欲小出不敢。至於急務。欲自安不為。故帝者之欲善也如此。故傳曰。百姓不徒附。誠以德先之也。今漢遭厄運。天下三分。雄哲之士思望之時也。陛下天姿至孝。喪踰三年。言及隕涕。雖曾閔不過也。敬賢任才。使之盡力。有踰成康。故國內和一。大小戮力。臣所不能陳。然臣不勝大願。願復廣人所不能者。夫輓大重者其用力苦不衆。拔大難者其善術皆不廣。且承事宗廟者。非徒求福祐。所以率民尊上也。至於四時之祀。或有不臨。池苑之觀。或有仍出。臣之愚滯。私不自安。夫憂責在身者。不暇盡樂。先帝之志。堂構未成。誠非盡樂之時。願省減樂官後宮所增造。但奉脩先帝所施。下為子孫節儉之教。

魏文帝為太子時。耽樂田獵。晨出夜還。任城棧潛督守鄴城。諫曰。王公設險以固其國。都城禁衛。用戒不虞。大雅云。宗子維城。無俾城壞。又曰。猶之未遠。是用大諫。若逸于遊田。晨出昏歸。以一日從禽之娛而忘無垠之釁。愚竊惑之。太子不悅。然自後遊出差簡。

文帝時。蘇則為侍中。帝獵。槎桎拔失鹿。大怒。踞牀拔刀。悉收督吏將斬之。則稽首曰。臣聞古之聖王不以禽獸害人。今陛下方隆唐堯之化。而以獵戲多殺群吏。愚臣以為不可。敢以死請。帝曰。卿直臣也。遂皆赦之。

文帝問侍中蘇則曰。前破酒泉張掖。西域通使。敦煌獻徑寸大珠。可復求市益得否。則對曰。若陛下化洽中國。德流沙漠。即不求自至。求而得之。不足貴也。帝默然。

文帝頗出遊獵。御史大夫王朗上疏曰。夫帝王之居。外則飾周衛。內則重禁門。將行則設兵而後出幄。稱警而後踐墀。張弧而後登輿。清道而後奉引。遮列而後轉轂。靜室而後息駕。皆所以顯至尊。務戒慎。垂法教也。近日車駕出臨捕虎。日昃而行。及昏而反。違警蹕之常法。非萬乘之至慎也。帝報曰。覽表。雖魏絳稱虞箴以諷晉悼。相如陳猛獸以戒漢武。未足以喻。方今二寇未殄。將帥遠征。故時入原野以習戎備。至於夜還之戒。已詔有司施行。

文帝出獵。駙馬都尉兼侍中鮑勛上疏曰。臣聞五帝三王。靡不明本立教。以孝治天下。陛下仁聖惻隱。有同古烈。臣冀當繼蹤前代。令萬世可則也。如何在諒闇之中。脩馳騁之事乎。臣冒死以聞。唯陛下察焉。帝手毀其表。而競行獵。中道頓息。問侍臣曰。獵之為樂。何如八音也。侍中劉曄對曰。獵勝於樂。勛抗辭曰。夫樂上通神明。下和人理。隆

治致化。萬邦咸乂。故移風易俗。莫善於樂。況獵暴華蓋於原野。傷生育之至理。櫛風沐雨。不以時隙哉。昔魯隱觀漁於棠。春秋譏之。雖陛下以為務。愚臣所不願也。

明帝時。大興殿舍。百姓勞役。廣采衆女。充盈後宮。後宮皇子連夭。繼嗣未育。廷尉高柔上疏曰。二虜狡猾。潛自講肄。謀動干戈。未圖束手。宜畜養將士。繕治甲兵。以逸待之。而頃興造殿舍。上下勞擾。若使吳蜀知人虛實。通謀并勢。復俱送死。甚不易也。昔漢文惜十家之資。不營小臺之娛。去病慮匈奴之害。不遑治第之事。況今所損者非惟百金之費。所憂者非徒北狄之患乎。可粗成見所營立。以充朝宴之儀。訖罷作者使得就農。二方平定。復可徐興。昔軒轅以二十五子傳祚彌遠。周室以姬國四十歷年滋多。陛下聰達。窮理盡性。而頃皇子連多夭逝。熊羆之祥。又未感應。羣下之心。莫不悒戚。周禮。天子后妃以下百二十人。嬪嬙之儀。既以盛矣。竊聞後庭之數。或復過之。聖嗣不昌。殆恐由此。臣愚以為可妙簡淑媛。以備內官之數。其餘盡遣還家。且以育精養神。專靜為寶。如此。則螽斯之徵。可庶而致矣。帝報曰。知卿忠允。乃心王室。輒克昌言。他復以聞。

時光祿勳高堂隆上疏曰。三代之有天下。歷數百載。尺土一民。莫非其有。然癸辛從欲。皇天震怒。宗國為墟。紂梟白旗。桀放鳴條。天子之尊。湯武有之。豈伊異人。皆明王之胄也。黃初之際。天兆其戒。異類之鳥。育長燕巢。此大異也。宜防鷹揚之臣。於蕭牆之內。可選諸王使典兵。碁峙。鎮撫皇畿。翼亮帝室。夫皇天無親。唯德是輔。民詠德政。則延期過歷。下有怨歎。則輟祿授能。由此觀之。天下乃天下之天下。非獨陛下之天下也。帝手詔慰勞之。

吳大帝為車騎將軍時。每田獵常乘馬射虎。虎嘗突前。攀持馬鞍。長

史張昭變色而前曰。將軍何有當爾。夫為人君者。謂能駕御英雄。驅使羣賢。豈謂馳逐於原野。校勇於猛獸者乎。如有一旦之患。奈天下笑何。

帝又於武昌臨釣臺飲酒大醉。使人以水灑羣臣曰。今日酣飲。惟醉墮臺中乃當止耳。綏遠將軍張昭正色不言。出外車中坐。帝遣人呼昭還。謂曰。為共作樂耳。公何為怒乎。昭對曰。昔紂為糟丘酒池長夜之飲。當時亦以為樂。不以為惡也。帝默然有慙色。遂罷酒。

晉武帝太康末。頗親宴樂。又多疾病。屬小瘳。侍中華嶠與侍臣表賀。因微諫曰。伏惟聖體漸就平和。上下同慶。不覺抃舞。臣等愚戇。竊有微懷。以為收功於所忽。事乃無悔。慮福於垂成。祚乃日新。唯願陛下深垂聖明。遠思所忽之悔。以成日新之福。沖靜和氣。嗇養精神。頤身於清簡之宇。留心於虛曠之域。無厭世俗常戒。以忽羣下之言。則豐

慶日延。天下幸甚。

宋明帝畋遊無度。嘗出夜還。敕開門。侍中謝莊居守。以棨信或虛。執不奉旨。須墨敕乃開。帝曰。卿欲效君章耶。對曰。臣聞王者祭祀畋遊。出入有節。今陛下晨往宵歸。臣恐不逞之徒。妄生矯詐。是以伏須神筆乃開門耳。

漢主劉聰遊獵無度。常晨出暮歸。觀漁於汾水。以燭繼晝。中軍王彰諫曰。今大難未夷。餘晉假息。陛下不懼白龍魚服之禍。而昏夜忘歸。陛下當思先帝創業之艱難。嗣承之不易。鴻業已爾。四海屬情。何可墮之於垂成。隳之於將就。吾竊觀陛下所為。臣實痛心疾首有日矣。且愚人係漢之心未專。而思晉之懷猶盛。劉琨去此咫尺之間。狂狷刺客息頃而至。帝王輕出。一夫敵耳。願陛下改往脩來。則億兆幸甚。

齊武帝永明末。上將射雉。竟陵王子良諫曰。忽聞外議。伏承當更射雉。臣下情震越。心懷憂悚。猶謂疑妄。事不必然。伏度陛下以信心明照。故所以傾金寶於禪靈。仁愛廣洽。得使禽魚養命於江澤。豈惟國慶民懽。乃以翱翔治樂。夫衛生保命。人獸不殊。重軀愛體。彼我無異。故禮云。聞其聲不食其肉。見其生不忍其死。且萬乘之尊。降同匹夫之樂。夭殺無辜。傷仁害福之本。菩薩不殺。壽命得長。施物安樂。自無恐怖。不惱眾生。身無患苦。臣見功德有此果報。所以日夜劬勤。厲身奉法。實顧聖躬康御若此。每至寢夢。脫有異見。不覺身心立就燋爛。陛下常日捨財脩福。臣私心顒顒。尚恨其少。豈可今日見此事。一損福業。追悔便難。臣此啓聞。私心實切。若是大事不可易改。亦願陛下照臣此誠。曲垂三思。況此嬉遊之間。非關當否。而動靡傷生。實可深慎。臣聞子孝奉君。臣忠事主。莫不靈祇通感。微佯證登。臣近段仰啓賜希受戒。天心洞遠。誠未達勝善之途。而聖恩遲疑。尚未垂矜曲降尊極。豈可今月復隨此事。臣不隱心。即實上啓。

後魏文帝時。中書監高允上酒訓曰。臣被勑論集往世酒之敗德以為酒訓。臣以朽邁。人倫所棄。而殊恩過隆。錄臣於將殁之年。勗臣於已墜之地。奉命驚惶。喜懼無甚。不知何事可以上答。伏惟陛下以叡哲之姿。撫臨萬國。太皇太后以聖德之廣。濟育群生。普天之下。罔不稱賴。然日昃憂勤。虛求不已。思監往事。以為警戒。此之至誠。悟通百靈。而況於百官士民。不勝踴躍。謹竭其所見。作酒訓一篇。但臣愚短。加以荒廢。辭義鄙拙。不足觀採。伏願聖慈。體臣悾悾之情。恕臣狂瞽之意。其詞曰。自古聖王。其為饗也。玄酒在堂。而醴酒在下。所以崇本重原。降於滋味。雖沉爵旅行。不及於亂。故能禮章而敬不虧。事畢而儀不忒。非由斯致焉。失其道。將何以範時軌物。垂之於世。歷觀往代成敗

之效。吉凶由人。不在數也。商辛耽酒。殷道以之亡。公旦陳誥。周德以之昌。子反昏酣而致斃。穆生不飲而身光。或長世而為戒。或百代而流芳。酒之為狀。變惑情性。雖曰哲人。孰能自競。在官者怠於政也。為下者慢於令也。聰達之士荒於聽也。柔順之倫興於爭也。久而不悛。致於病也。豈止於病。乃損其命。諺亦有云。其益如毫。其損如刀。言所益者止於一味之益。不亦寡乎。言所損者夭年亂志。夭亂之損。不亦夥乎。無以酒荒而陷其身。無以酒狂而喪其倫。迷邦失道。流浪漂淪。不師不遵。反將何因。詩不云乎。如切如磋。如琢如磨。朋友之義也。作官以箴之。申謨以禁之。君臣之道也。其言也善。則三復而佩之。言之不善。則哀矜而貸之。此實先王納規之意。往者有晉士多失度。肆散誕以為不羈。縱長酣以為高達。諷酒之頌。以相眩曜。稱堯舜有千鍾百觚之飲。著非法之言。引大聖為譬。以則天之明。豈其然乎。且子思

有云夫子之飲不能一升以此推之千鍾百觚皆為妄也今大魏應圖重明御世化之所暨無思不服仁風敦洽於四海太皇太后以至德之隆誨而不倦憂勤備於皇情誥訓行於無外故能道協兩儀功同覆載仁恩下逮罔有不遍普天率土靡不蒙賴在朝之士有志之人宜克己從善履正存貞節酒以為度順德以為經悟昏飲之美務審敬慎之彌榮遵孝道以致養顯父母而揚名蹈閔曾之前軌遺仁風於後生仰以答所授俯以保其成可不勉歟可不勉歟

明帝時張普惠以帝好游騁苑囿不親視朝過崇佛法郊廟之事多委有司上疏切諫曰陛下殖不思之冥業獲巨費於生民近供無事之僧遠邀未然之報未若收萬國之歡心以事其親使天下和平災害不生也伏願淑慎威儀為萬邦式躬致郊廟之虔親臨朔望之禮釋奠成均竭心千畝撤僧寺不急之華還百官久折之秩則節用愛人四海俱賴矣

唐高祖初即位萬年縣法曹孫伏伽上表曰隋以惡聞其過亡天下故陛下得之然陛下徒知得之之易而未知隋失之之不難也請宜易其覆轍務盡下情凡人君言動不可不慎陛下今日即位而明日有獻鷂雛者此乃少年之事豈聖主所須哉又百戲散樂亡國淫聲近太常於民間借婦女裙襦以充妓衣擬五月五日玄武門遊戲此亦非所以為子孫法也夫善惡之習漸染易移太子諸王參僚左右宜謹擇其人有門風不睦素無行義專好奢靡以聲色游獵為事者皆不可近自古骨肉乖離以至敗亡未有不因左右離間而然也高祖大悅下詔褒稱擢為治書侍御史賜帛三百匹仍頒示遠近

太宗即位數出馳射大理少卿孫伏伽諫曰臣聞天子之居禁衛九重出也警入也蹕非直尊其居處為社稷生人計也比聞陛下走馬射帖娛悅羣臣殆非所以導養聖躬垂憲後代此直少年諸王務耳安得既為天子尚行之乎竊為陛下不取帝悅曰卿能言朕失朕能改之天下庶有瘳乎

太宗好田獵祕書監虞世南上疏諫曰臣聞秋獮冬狩蓋惟恒典射隼從禽備乎前誥伏惟陛下因聽覽之餘辰順天道以殺伐將欲摧班碎掌親御皮軒窮猛獸之窟穴盡逸材之林藪夷凶翦暴以衛黎元收革擢羽用充軍器舉旗效獲式遵前古然黃屋之尊金輿之貴八方之所仰德萬國之所係心清道而行猶戒銜橛斯蓋慎防微為社稷也是以馬卿直諫於前張昭變色於後臣誠細微敢忘斯義且天弧星罼所殪已多頒禽賜獲皇恩亦溥伏願時息獵車且韜長戟不拒芻蕘之請降納涓澮之流袒裼徒搏任之羣下貽範百王永光萬代太宗深嘉其言

太宗時諫議大夫蘇世長從獵涇陽大獲帝入旌門謂左右曰今日畋樂乎世長曰陛下廢萬機事游獵不滿十旬未為樂也帝色變既而笑曰狂態發耶曰為臣計則狂為陛下計忠矣時武功鄠新經突厥寇掠鄉聚凋虛帝將遂獵武功世長諫曰突厥向盜劫人陛下救卹之言未出口又獵其地殆恐百姓不堪所求帝不聽

時民部尚書唐儉從獵洛陽苑羣豕突出于林帝射四發輒殪四豕一豕躍及鐙儉投馬搏之帝拔劍斷豕顧笑曰天策長史不見上將擊賊耶何懼之甚對曰漢祖以馬上得之不以馬上治之陛下神武定四方豈復快心于一獸帝為罷獵

太宗嘗逐兔於後苑將軍執失思力諫曰天命陛下為華夷父母奈何自輕上又將逐鹿思力脫巾解帶跪而固諫上為之止

太宗嘗遣使至涼州都督李大亮有佳鷹使者諷使獻之大亮密表

曰。陛下久絶畋獵而使者求鷹。若陛下之意深乖昔旨。如其自擅便是使非其人。太宗下書曰。以卿兼資文武。志懷貞確。故委藩牧。當茲重寄。比在州鎮聲績遠彰。念此忠勤。無忘寤寐。使遣獻鷹遂不曲順。論今引古遠獻直言。披露腹心。非常懇到。覽用嘉歎不能已已。有臣若此朕復何憂。宜守此誠始終若一。詩云靖共爾位好是正直。神之聽之介爾景福。古人稱一言之重侔於千金。卿之此言深足貴矣。今賜卿金壺缾金碗各一枚。雖無千鎰之重是朕自用之物。卿立志方直竭節至公處職當官每副所委。方大任使以申重寄。公事之閑宜觀典籍。賜卿荀悅漢紀一部。此書敘致簡要論議深博極爲政之體。盡君臣之義。今以賜卿宜加尋閱。

太宗遣使西域立葉護可汗。又別使齎金帛歷諸國市馬。魏徵諫曰。今發國使以立可汗爲名。可汗未定即緣諸國市馬。彼必以爲意在市馬不爲專立可汗。得立則不甚懷恩。不得立則以爲深怨。諸蕃聞之必不重中國。

馬市既不可得。縱得馬亦還路無從。但使彼安寧則諸國之馬不求自至矣。昔漢文帝有獻千里馬者曰。吾吉行日三十。凶行日五十。鑾輿在前屬車在後。吾獨乘千里馬將以安之乎。乃償其道路之費而反之。漢光武有獻千里馬及寶劒者。馬以駕鼓車。劒以賜騎士。陛下凡所施爲皆邈過三王之上。奈何至於此事欲爲二帝之下乎。魏文帝欲求市西域大珠。蘇則曰。若陛下惠及四海則珠不求自至。求而得之不足貴也。陛下如不能慕漢文之高行。不畏蘇則之言乎。太宗納其言欣然而止。

高昌平。太宗欲以爲州縣。魏徵諫曰。陛下初臨天下。高昌王先來朝謁。自後屢有稱其遏絶貢獻不禮大國。遂使王誅再加。若罪止文泰斯亦可矣。未若因而撫之而立其子。所謂伐罪弔人。威德被於遐外爲國之善者也。今若利其土壤以爲州縣。常須千餘兵鎮守。數年一易。每往交替死者十有三四。遣辦衣資離別親戚。十年之後隴右空虛。陛下終不得高昌撮穀尺布以助中國。所謂散有用而事無用。臣未見其可。太宗不從。

時虢州統軍裴師利奏諸山大有銀礦採之極有利益。敕殿中少監趙元楷令諸國府衛士及百姓採之。歲爲勞擾。徵進諫曰。昔堯舜置璧於山。投珠於谷。所以崇名顯號見稱千祀。陛下巍巍盛德思與堯舜比隆。豈定大功。遠踰湯武之烈。所急在於仁義。且勞役衛士與下爭利。人不見德將何取焉。太宗深納之。即令停廢。

時益州及北門造綾錦金銀等作。徵諫曰。金銀珠玉妨農事者也。錦繡纂組害女工者也。一夫不耕天下有受其飢。一女不織天下有受其寒。古人或投之深泉或焚之通衢。而陛下好之。愚臣不勝其恥。

時新羅國獻美女。徵諫曰。臣昨在內略聞新羅國重更進女。未委逗留。討蕃夷獻女誠不足恠。但今日受納實非其時。道路傳聞必生橫議。若徵厲聖德悔不可追。且願詳擇事宜以禮告示。申其使人誠款必不得已然後

遂其所欲。則遠夷悅服人無謗言。太宗喜形於色而遣之。

太宗問魏徵曰。觀近古帝王有傳位十代者有一代兩代者亦有身得身失者。朕所以常懷憂懼。或恐撫養生民不得其所。或恐心生驕逸喜怒過度。然不能自知。卿可爲朕言之。當以爲楷則。徵對曰。嗜欲喜怒之情賢愚皆同。賢者能節之不使過度。愚者縱之多至失所。陛下聖德玄遠居安思危。伏願陛下常能自制以保克終之美。則萬代永賴。

太宗謂侍臣曰。朕聞西人愛珠若得好珠劈身藏之。侍臣咸曰。貪財損己實爲可笑。太宗曰。勿唯笑彼。今官人貪財不顧性命身死之後子孫被辱。何異西人之愛珠耶。帝王亦然。恣情放逸勞役無度。信任羣小疏遠忠正。有一於此豈不滅亡。隋煬帝奢侈自賢身死匹夫。亦爲可笑。徵對曰。臣聞魯哀公謂孔子曰。有人好忘者移宅乃忘其妻。孔子曰。又有好忘者甚於此。丘見桀紂之君乃忘其身。太宗曰。朕與公等既知笑人。今共相匡輔庶免人笑。

太宗謂侍臣曰漢代常以八月選洛陽中子女姿色端麗者載還後宮此不可爲法然即日宮内甚多配役之口使其誕乳諸王是非所宜擬此論選補宮列理宜依禮徵對曰人多惑嬖色乃致敗亂周幽惑褒姒晉獻惑驪姬皆惑於寵欲廢嫡立庶幽王因此身死遂喪西周獻公身雖撲沒禍延數代嬪御之間所宜深慎上又謂侍臣曰人有明珠莫不貴重若以彈雀豈非可惜况人之性命甚於明珠見金銀錢帛不懼刑網徑即受納乃是不惜性命明珠是身外之物尚不可彈雀何况性命之重乃以博財物耶群臣若能備盡忠直有益國利民則官爵立至若不能以此道求榮遂妄受錢物贓賄既露其身亦損實爲可咲帝王亦然恣情放逸勞役無度信任群小疎遠忠正有一於此豈不滅亡隋煬帝奢侈自賢身死匹夫之手亦爲可咲上又謂侍臣曰朕嘗謂貪人不解愛財也至如内外官五品已上禄秩優厚一年所得其數自多若受人財賄不過數萬一朝彰露禄秩削奪此豈是解愛財物是小得而大失者也昔公儀休性嗜魚而不受人魚其魚長存且主貪必喪其國爲臣貪必忘其身詩云大風有隧貪人敗類固非謬言也昔秦惠王欲伐蜀不知其逕乃刻五石牛置金其後蜀人見之以爲牛能便金蜀王使五丁力士挽牛入蜀道成秦師隨而伐之蜀國遂亡漢大司農田延年贓賄三千萬事覺自死如此之流何可勝記朕今以蜀王爲元龜卿等亦須以延年爲覆轍也

太宗與黄門侍郎王珪宴語時有美人侍側本廬江王瑗之姬也瑗敗籍沒入宮太宗指珪曰廬江不道賊殺其夫而納其室暴虐之甚何有不亡者乎珪避席曰陛下以廬江取之爲是耶爲非耶太宗曰安有殺人而取其妻卿乃問朕是非何也珪對曰臣聞於管子曰齊桓公之郭國問其父老曰郭何故亡父老曰以其善善而惡惡也桓公曰如子之言乃賢君也何至於亡父老曰不然郭君善善而不能用惡惡而不能去所以亡也今此婦人尚在左右臣竊以聖心爲是

也陛下若以爲非所謂知惡而不去也太宗大悅稱爲至善遽令美人還其親族

太宗謂侍臣曰朕有二喜一懼比年豐稔斗粟三錢一喜也北虜久服邊鄙無虞二喜也治安則驕侈易生驕侈則危亡立至此一懼也房玄齡奏閲武庫甲兵遠勝隋世上曰甲兵武備誠不可闕然煬帝甲兵豈不足耶卒亡天下若公等盡力使百姓乂安此乃朕之甲兵也上又謂侍臣曰往昔初平京師宮中美女珍玩無院不滿煬帝意猶不足徵求無已兼東西征討窮兵黷武百姓不堪遂致亡滅此皆朕所目見故夙夜孜孜唯欲清淨使天下無事遂得徭役不興年穀豐稔百姓安樂夫治國猶如栽樹本根不摇則枝葉茂盛君能清淨百姓何得不安樂乎太宗又謂侍臣曰人主惟有一心而攻之者甚衆或以勇力或以辯口或以諂諛或以姦詐或以嗜慾輻輳攻之各求自售以取寵禄人主少懈而受其一則危亡隨之此其所以難也又謂公卿曰朕終日孜孜非但憂憐百姓亦欲使卿等長守富貴天非不高地非不厚朕常兢兢業業以畏天地卿等若能小心奉法常如朕畏天地非但百姓安寧自身常得驩樂古人云賢者多財損其志愚者多財生其過此言可以爲深誡若徇私貪濁非止壞公法損百姓縱事未發聞中心豈不恒恐懼恐懼既多亦有因而致死大丈夫豈得苟貪財物以害身命使子孫每懷愧恥耶卿等宜深思此言又謂侍臣曰古人云鳥棲於林猶恐其不高復巢於木杪魚藏於泉猶恐其不深復屈穴於泥下然爲人所獲者皆由貪餌故也今大臣受委任居高位食厚禄皆須履忠信蹈公清則無災悔長守富貴矣陷其刑者祇爲貪冒財利與魚鳥何異哉卿等宜記此語用爲鑒戒

工部尚書段綸奏進巧人楊思齊至上令試綸遣造傀儡戲具上
詰綸曰所造巧匠將供國事卿令先造此物是豈百工相戒無作
奇巧之意耶乃詔削綸階級並斷此戲高麗王高藏及莫離盖蘇文
遣使獻二美女太宗謂其使曰朕憫此女離其父母兄弟於本國若
愛其色而傷其心我不取也並却遣之本國
諫議大夫谷那律嘗從出獵在途遇雨太宗因問曰油衣若爲得不
漏對曰能以瓦爲之必不漏矣意欲太宗弗數遊畋也太宗嘉納之
賜帛五十段加以金帶爲之罷獵
太宗巡幸東都時高宗爲皇太子監國上手敕中書令兼左庶
子薛元超曰朕留卿若失一臂顧太子未習庶務關中事卿悉
專之時以太子射獵詔元超得入禁藥太子稍怠政事元超諫
曰內苑之地叢業薄冒翳蒼絕磴險塗殿下截轄禽逐狡兎銜

橛之變詎無可虞又戶奴多反逆餘族或夷狄遺醜使兜[illegible]
將何以禦我夫爲人子者不登高不臨深謂其近危辱也天皇所
賜書誡丁寧惟殿下罷馳射之勞留神墳典豈不美歟帝知之
遣使厚賜慰其意
睿宗先天二年正月望夜胡人婆陀請然百千燈因弛門禁又
追賜元年酺帝御延喜安福門縱觀晝夜不息閱月未止右拾遺嚴
挺之上疏諫以爲酺者因人所利合醵爲歡也不使靡散今暴衣冠
羅伎樂雜鄭衛之音縱倡優之玩不深戒慎使有司跛倚下人罷劇
府縣里閭課賦苛嚴呼嗟道路貿壞家產以營百戲擾方春之業欲
同其樂而反遺之患乃陳五不可誠意忠到帝納焉
玄宗初即位以開元元年二月然燈大酺合樂從上皇御門樓臨觀
以夜繼晝凡月餘晉陵尉楊相如上疏曰隋氏以縱欲而亡太宗以

抑欲而昌人主不可不慎擇也夫人主莫不好忠正而惡佞邪然忠
正者常疏佞邪者常親以至於覆國亡身而不悟何哉忠正者多忤
意佞邪者多順旨積忤生憎積順生愛此親疏之所以分也誠能變
其忤以收忠賢惡其順以去佞邪則太宗之業將何遠哉夫法貴簡
而能禁罰貴輕而必行小過不察則無煩苛大罪不漏則止姦邪使
簡而難犯寬而能制則善矣上覽而善之
開元中市舶使右威衛中郎將周慶立造奇器以進殿中侍御史柳
澤上書曰不見可欲使心不亂是知見可欲而心必亂矣慶立雕製
詭物造作奇器用浮巧爲珍玩以譎怪爲異寶乃治國之巨蠹明王
所宜嚴罰者也昔露臺無費明君不忍象箸非大忠臣憤歎慶立求
媚聖意搖蕩上心陛下信而使之乎是宣淫於天下慶立矯而爲之
乎是禁典之所無赦陛下即位固宜昭宣菲薄廣示節儉豈可以怪

好示四方哉書奏玄宗稱善
玄宗遣中人捕鵁鶄溪鶒南方刺史倪若水上言農方田婦方蠶以
此時捕奇禽怪羽爲園籞之玩自江嶺而南達京師水舟陸齎所飼
魚蟲稻粱道路之言不以賤人貴鳥望陛下耶帝手詔褒答悉放所
玩謫使人過取罪而賜若水帛四十段
時又遣使齎繒錦至石國市犬馬黃門侍郎張廷珪曰犬馬非土性
弗畜珍禽異獸不育于國不宜勞遠人致異物傾省無益之務救必
然之急天下之幸
初武后末年爲潑寒胡戲中宗嘗乘樓縱觀開元中因四夷來朝復
爲之中書令張說上疏曰韓宣適魯見周禮而歎孔子會齊數倡優
之罪列國如此況天朝乎今四夷請和使者入謁當接以禮樂示以
兵威雖曰戎夷不可輕也焉知無駒支之辯由余之賢哉且乞潑寒

胡來聞典故。裸體跳呼汩泥揮水。盛德何觀焉。恐非干羽柔遠樽俎折衝之道。上納之。自是遂絕。

歷代名臣奏議卷之一百九十三

歷代名臣奏議卷之一百九十四

戒佚欲

唐德宗時。翰林學士陸贄上奏曰。右德亮承旨并錄先所散失內人名字。令臣撰詔書以賜渾瑊。遣於奉天尋訪。以得為限。仍量與資裝速送赴行在者。頃以理道乖錯禍亂荐鍾。陛下思咎懼災。裕人罪已。屢降大號。誓將更新。天下之人垂涕相賀。懲忿釋怨。煦仁戴明。畢力同心。共平多難。止土崩於絕岸。收板蕩於橫流。殄寇清都。不失舊物。實由陛下至誠動於天地。深悔感於神人。故得百靈降康。兆庶歸德。苟不如此。自古嘗有擲棄宮闕。失守宗祧。繼逆於赴難之師。再遷於蒙塵之日。不踰半歲而復興大業者乎。今渠魁始平。法駕將返。近自郊甸。遠周寰瀛。百役疲瘵之甿。重傷殘廢之卒。皆忍死扶病。傾耳竦肩。想聞德聲。翹望聖澤。陛下固當感上天悔禍之眷。荷烈祖垂裕之休。念將士鋒刃之殃。愍黎元塗炭之酷。以致寇為戒。以居上為危。以務理為憂。以復言為急。損之又損。尚懼汰侈之易滋。艱之惟艱。猶患戒慎之難久。謀始盡善。克終已稀。始而不謀。終則何有。夫以內人為號。蓋是中壺末流。天子之尊。富有宮掖。如此等輩。固繁有徒。但恐傷多。豈憂乏使。翦除元惡。曾未浹辰。奔賀往來。道路如織。何必自虧君德。首訪婦人。又令資裝速赴行在。萬目闚覘。衆口流傳。恐非所以答慶賴之心。副惟新之望也。夫事有先後。義有重輕。重者宜務之於先。輕者宜措之於後。故武王克殷。有未及下車而為之者。有下車而為之者。蓋美其不失先後之宜也。自翠華播越。萬姓靡依。清廟震驚。三時乏祀。當今所務。莫大於斯。誠宜速遣大臣。馳傳先往。迎復神主。備整郊壇。展禋享之儀。申告謝之意。然後弔恤死義。慰犒有功。綏輯黎烝。優問耆耋。安定反側。寬宥脅從。宣暢鬱堙。褒奬忠直。官失職之士。

復廢業之人是皆宜先不可後也至如崇飾服器繕緝殿臺備耳目之娛選巾櫛之侍是皆宜後不可先也宜後而先則為君之道喪宜先而後則理國之義差古之興王必慎於此陛下將務興復又安可不慎乎且散失內人已經累月既當離亂之際必為將卒所私其人若稍有知亦不求當自陳獻其人若甚無識求之適使憂虞自因寇亂喪亡頗有大於此者一閙搜索懷懼必多餘孽尚驚疲情未一因而善撫猶恐危疑若又懼之乎何不有昔人所以掩絕纓而歎盜馬者豈必忘其情愛蓋知為君之體然也以小妨大明者不為天下固多美人何必獨在於此易曰危者安其位者也亂者有其理者也故君子安不忘危理不忘亂是以身安而國家可保也春秋傳曰或多難以固其國或無難以喪其邦誠以處危則思安之情切遭亂則求理之志深切於思安深於求理國之固也不亦宜乎及夫居安而驕恃

理而怠驕則縱肆其奢欲怠則厭惡於忠言奢欲日行忠言日梗國之喪也不亦宜乎晉衛獻出奔及而復國大夫迎於境者執其手而與之言迎於門者頷之而已言其驕怠之易生也齊桓將圖霸功管仲戒之以無忘在莒懼其情志之易變也今臣亦願陛下企思危固國如不及懲忘亂喪國如探湯以在莒為書紳之規以衰衛為覆車之鑒則德為帝範理致時雍與夫貪逸欲而踐禍機其利害亦云遠矣所令撰賜渾瑊詔未敢承旨伏惟聖裁

憲宗元和七年延英奏對罷因問及國朝故事上甚悅宰臣李吉甫希意奏言陛下威德布洽華夷賸戴時已太平可事歡樂上大笑李絳奏曰昔太宗之理天下也房玄齡杜如晦輔相聖德有魏徵王珪規諫闕失有溫彥博戴胄以彌縫政事有李靖李勣訓整戎旅故夷狄畏服寰宇大安天下之人仰戴聖德猶孜孜而求理開導直言旰食宵衣不敢滿溢豈復當時務於自逸乎陛下視今日事何如漢文時上曰安敢望漢文帝絳曰文帝漢之明主恭儉節用身衣皂綈清淨為理刑措不用戎狄面內致干戈偃戢而賈誼上言猶以當時如措火積薪之下火未燃而以為安其憂危如此今中夏河南北中蔡有五十餘州法令所不及德澤所未加兼西戎侵盜近以涇隴靈寧等州為界去京城遠者不過千里近者數百里烽燧相接邊界屢驚此方是陛下焦心湎慮廢寢忘餐之時豈可高枕而臥也加以頃年水旱廩藏尚虛陛下憂勞頻軫聖念誠是延訪智略之士揀拔賢良之臣精求濟時之規光大中興之業又安可事於歡樂而自縱哉伏惟陛下誠之上欣然曰誠如卿言朕所以一錢不敢妄費一日不敢懈怠者祇為此言卿言正當朕意當與卿等圖之上退朝顧謂左右中官曰適來吉甫奏言時已太平勸我為樂李絳屢陳古今弁言事

宜是憂危之事吉甫諂佞悅我顏色李絳忠正骨鯁言必達大真宰相也

絳為翰林學士上奏曰臣等先奉進止令撿尋歷代至國朝已來聖帝明王忠臣義士君臣合體事跡可觀者撿五十條進呈欲於御座置屏風觀覽者伏以自古聖王皆憂勤庶政未嘗不取鑒於前代致理於當時昔太宗亦命魏徵等博採歷代事跡撰羣書政要致在坐側常自省閱書於國史著為不刊令陛下以天縱聖姿日慎一日精求道理容納直言猶更參驗古今鑒試美惡朝夕觀覽取則而行誠烈祖之用心必致貞觀之盛理臣等謹依撰錄都五十條賢愚成敗勸為兩卷隨狀進上其羣書政要是太宗親覽之書其中事跡周備伏望聽政日新成不諱之朝致無為之化

憲宗喜武功且數出遊畋吏部郎中柳公綽奏太醫箴以諷曰天布

寒暑。不私於人。品類既一。高卑以均。人謹好愛。能保其身。清靜無瑕。輝光以新。寒暑滿天地。浹肌膚於外。好愛在耳目。誘心知於內。端絜為隄。奔射猶敗。氣行無間。隙不在大。謂天高矣。氣蒙晦之。謂地厚矣。橫流潰之。飲食資身。過則生患。衣服稱德。侈則生慢。唯過與侈。心必隨之。氣與心流。疾乃伺之。畋遊恣樂。流情蕩志。馳騁劳形。叱咤傷氣。不養其外。前脩所忌。人稟氣生。嗜慾以萌。氣離有患。氣完則成。巧必喪眞。智實誘情。醫之上者。理於未然。患居慮後。防處事先。心靜樂行。體和道全。克施萬物。以享億年。聖人在上。各有攸處。臣司太醫。敢告諸御。天子高其才。遣使謂曰。卿言氣行無間隙不在大。愛朕深者。當置之坐隅。

穆宗初即位。不䘏國事。數荒昵。吐蕃方強。諫議大夫鄭覃等廷諍曰。陛下新即位。宜側身勤政。而內耽宴嬉。外盤游畋。今吐蕃在邊。狙候中國。儆令緩急。臣下乃不知陛下所在。不敗事乎。夫金繒所出。自民膏血。可使倡優無功濫被賜與。願節用之。以所餘備邊。毋令有司重取百姓。天下之幸也。帝不懌。顧宰相蕭俛曰。是皆何人。俛曰。諫官也。帝意解。乃曰。朕之闕。下能盡規。忠也。因詔覃等曰。閣中殊不款款。後有為我言者。當見卿延英。時閣中奏久廢。至是士相慶。

穆宗荒于游畋。內恣酣蕩。昕曙不能朝。諫議大夫鄭覃進曰。十一聖之功德。四海之大。萬國之衆。其治其亂。繫於陛下。自山以東百城。地千里。昨日得之。今日失之。西望戎壘。距宗廟十舍。百姓憔悴。蓄積無有。願陛下親政事。以幸天下。帝動容慰謝。

主客郎中知制誥白居易以穆宗好畋游。乃獻續虞人箴以諷曰。唐受天命。十有二聖。兢兢業業。咸勤厥政。鳥生深林。獸在豐草。春蒐冬狩。取之以道。鳥獸蟲魚。各遂其生。民野君朝。亦克用寧。在昔玄祖。厥訓孔章。馳騁畋獵。俾心發狂。何以效之。曰羿與康。曾不是誡。終然覆亡。高祖方獵。蘇長進言。不踰十旬。未足為懽。上心既悟。為之輟畋。降及宋璟。亦諫玄宗。溫顏聽納。獻替從容。璟趨以出。鷂死握中。噫。逐獸于野。走馬于路。豈不快哉。銜橛可懼。審其安危。惟聖之慮。

敬宗即位。視朝常晏。數游畋失德。左拾遺劉栖楚諫曰。惟前世王者初嗣位。皆親庶政。坐以待旦。陛下新即位。安卧寢內。日晏乃作。大行殯宮密邇。鼓吹之聲日聞。諸朝且憲宗及先帝皆長君。朝夕恪勤。四方猶有叛者。陛下以少主踐祚。未幾。惡德流布。恐福祚之不長也。臣以諫為官。使陛下負天下譏。請碎首以謝。遂額叩龍墀血被面。李逢吉傳詔毋叩頭。待詔旨。栖楚捧首立。帝動容。揚袂使去。栖楚曰。不聽臣言。臣請死于此。有詔慰諭乃出。

敬宗時。李德裕上言曰。臣聞道之高者。莫若廣成玄元。人之聖者。莫

若軒皇孔子。昔軒皇問廣成子。理身之要。何以長久。廣成子云。無視無聽。抱神以靜。形將自正。神將自清。無勞子形。無搖子精。乃可長生。慎守其一。以處其和。故我脩身千二百歲矣。吾形未嘗衰。又云。得吾道者。上為皇。而下為王。玄元語孔子云。去子之驕氣與多欲。態色與淫志。是皆無益於子之身。吾所告子者是已。故軒皇發謂天之歎。孔子興猶龍之感。前聖於道。不其至乎。伏惟文武大聖廣孝皇帝陛下稽玄祖之訓。脩軒皇之術。凝神閒館。物色異人。將以覿冰雪之姿。屈順風之請。恭惟聖感。必降真仙。若使廣成玄元混迹而至。語陛下之道。授陛下之言。以臣度思。無出於此。臣所慮赴召者。必怪迂之士。苟合之徒。使物淖冰以為小術。衒耀邪僻。蔽欺聰明。如文成五利無一可驗。臣所以三年之內。四奉詔書。未敢以一人塞詔。實有所懼。臣又聞前代帝王雖好方士。未有服其藥者。故漢書稱黃金成以為飲食

器則益壽。又高宗朝劉道合、玄宗朝孫甑生皆成黄金。二祖竟不敢服。蓋以宗廟社稷之重不可輕易。此事炳然具載國史。以臣微見。償陛下睿思精求。必致真隱。惟問保和之術。不求藥餌之功。縱使必成黄金。止可充於玩好。則九廟靈鑒必當慰悦。寰海兆庶誰不懽心。臣思罄愚衷。以禆玄化。輒陳懇款。伏積兢惶。

文宗時。御史中丞李孝本宗室子。坐李訓事誅死。其二女没入宫。右拾遺魏謩上言。陛下即位。不悦聲色。于今十年。未始採擇。數月以來。稍意聲伎。教坊閲選百十未已。莊宅收市亹亹有聞。今又取孝本女内之後宫。宗姓不育。寵幸爲累。傷治道之本。速塵穢之嫌。諺曰。止寒莫若重裘。止謗莫若自脩。惟陛下崇千載之盛德。去一旦之玩好。帝即出孝本女。詔曰。乃祖在貞觀時。指事直言無所避。每覽國史。朕與嘉之。謩爲拾遺屢有獻納。夫備洒埽於内。非曰聲妓。憐宗女之幼。不

爲漁取。然疑似之間不可户曉。謩能深切其惜我之失不亦至乎。謩雖居位日淺。朕何愛一官增直臣之氣。其以謩爲右補闕。

武宗數出畋游。暮夜乃還。門下侍郎同中書門下平章事李德裕上言。人君動法於日。故出而視朝。入而燕息。傳曰。君就房有常節。惟深察古誼。毋繼以夜。側聞五星失度。恐天以是勤勤儆戒。詩曰。敬天之渝。不敢馳驅。願節畋游。承天意。

後唐莊宗嘗畋中牟。踐民稼。中牟令當馬前諫曰。陛下爲民父母。奈何委其所食使轉委溝壑乎。唐主怒。叱去將殺之。優人敬新磨追擒至馬前責之曰。汝爲縣令猶不知吾主好獵邪。奈何縱民耕種以妨吾天子之馳騁乎。汝罪當死。因請行刑。莊宗笑而釋之。又嘗獵于近郊。洛陽令何澤遮馬諫曰。陛下賦斂既急。今稼穡將成。復蹂踐之。使吏何以爲理。民何以爲生。願先賜死。莊宗慰遣之。

明宗初好畋獵。都官員外郎張昭疏諫曰。太祖初鎮太原。每年打鹿於北鄙。先帝在位。暇日射鴈於近郊。此蓋軍務之餘畋游自適。洎先帝膺圖啟祚。嚮明御宇。則宜易彼諸侯之事。爲萬乘之儀。而猶因習舊風。失其威重。馳逐原獸。殆無虚日。臣愚以爲事有可畏者四焉。洛都舊制宫城與禁苑相連。人君宴遊不離苑囿。御馬來往輦路坦夷。不涉荒郊。何憂蹶失。今則驅馳驂服。涉歷榛蕪。此後節氣嚴凝。徑塗凍滑。萬一有銜橛之變。陛下縱自輕。奈宗廟社稷何。所可畏者一也。又陛下新有四海。宜以德服萬邦。今則江嶺未平。淮夷尚梗。彼初聞陛下革先朝之失政。還太古之淳風。御物以慈。節財以儉。有興有則。不矜不驕。彼必有三苗率服之心。七旬來格之意。如聞陛下暫遊近甸。彼即以爲復好畋遊。所可畏者二也。臣又聞作法於涼。其弊猶貪。作法於貪。弊將如何。且打鹿射鴈之事。新敗軌傾輈之轍在。常宜

取鑒。不可因循。所可畏者三也。臣又聞作事可法。貽厥孫謀。若以陛下睿聖廣淵之機。聰明神武之量。其可以宴遊蒐狩之事。少累聖明。所謂城中好廣眉。城外加半額。爲法之弊。靡不由兹。所可畏者四也。伏望陛下居高慮遠。慎始圖終。思創業之艱難。知守成之不易。念老氏馳騁之戒。樹文王忠厚之基。約三驅之舊章。定四時之遊幸。始出有節。後不敢違。疏奏。明宗嘉納之。

明宗時。穀解縱鷹隼。内外無得更進。馮道曰。陛下可謂仁及鳥獸。明宗曰。不然。朕嘗從武皇獵。時秋稼方熟。有獸逸入田中。遣騎取之。比及得獸。餘稼無幾。以是思之。獵有損無益。故不爲耳。

宋仁宗嘉祐四年。翰林學士知開封府歐陽脩上奏曰。臣伏以上元放燈。不出典禮。蓋自前世習俗所傳。皆徇衆心。欲同民樂。勉出臨幸。非爲嬉游。若乃時和歲豐。民物康富。以爲樂事。亦是人情。今自立

春以來陰寒雨雪。小民失業。坊市寂寥。寒凍之人死損不少。薪炭食物其價增倍。民憂凍餓。何暇遨遊。臣本府日閱公事。內有投井投河不死之人。皆稱因爲貧寒。自求死所。今日有一婦人凍死。其夫尋亦自縊。竊惟里巷之中。失所之人。何可勝數。昨日聖恩差官俵錢。正爲如此。目下陰雪未解。假使便得晴明。坊市不免泥淖。聖駕所歷。衝冒風寒。況方以日食之災。避殿減膳。聖心畏懼。中外所知。欲乞特罷放燈。所有常年酺獻之禮。若至日未得晴明。亦乞差大臣攝事。所有見今供擬遊幸。及修道路。寒凍兵士。並乞放罷。庶幾上副陛下畏天憂民之心。

判太常禮院呂公著上奏曰。臣切以帝堯之聖。始於明俊德以親九族。然後協萬邦。致時雍。斯誠制治之道。次序之節然也。伏見舊制旁使到闕。曲宴紫宸殿。及上元節。當遊幸諸宮觀。御樓觀燈。臣愚以爲贈中書令濮王薨殯雖天子絕期。然宴樂以早。則於情理有所未安。昔智悼子未葬。晉平公飲酒以樂。杜蕢譏之。此蓋異姓之臣爾。況濮王於宗戚之中。親尊莫貳。若陛下出於恩厚。北使朝宴日。特命去樂。將來上元觀燈遊宴。並從寢罷。如此則親親之道。可以率下而篤俗矣。

慶曆七年。殿中侍御史何郯上奏曰。臣竊以古者天子具四時之田。所以講威武而勤遠略。不徒事遊戲而翫小娛。載之策書。具有典法。前日伏聞法駕將獵近郊。中外之人。聽者頗惑。良以去歲車駕嘗出畋。群臣抗言。隨即停罷。忽茲再舉。未諭聖心。伏以陛下繼統以來。動遵法度。不喜弋獵。不數豫遊。恭儉之風。足邁前古。而今之舉事固必有因。豈陛下以宇內有年。方隅無事。故於農隙以講武經。欲爲都邑遊觀之盛乎。抑有獻議者謂田獵之事具有禮文。行之以時。蓋舉隆典。則嚮者諫止之言。不足顧乎。若聖意果然。如是先定。則非愚臣之所敢議也。然其中事有切於利害者。尚可得而言焉。恭自真宗皇帝即位之後。遂下詔書罷放五方鷹鷂。獵事不講。踰四十年。校聯之籍。卒非宿時。士卒久不便習其事。官司又不素詳其義。倉卒而行。必多曠闕。竊聞去歲乘輿之出。往返甚勞。一日之間。殆馳百里。而又兵衛不肅。警蹕不嚴。從官不及侍行。有司不暇供億。逮於暮夜。始入都門。此豈非士不習其事。官不詳其儀。而致然歟。而況以騎乘而有疾馳之勞。存原野而弛嚴衛之備。或御者蹉跌。變生銜橛。恐民迷誤。犯及車塵。臣子之罪。將何贖焉。雖則仁聖之資。固有神靈之衛。然不可不備非常。且西北二隅。變故難測。豈無姦僞雜於稠人廣衆之中。由是而言。益可深慮。傳曰。千金之子。坐不垂堂。況於萬乘之尊乎。賈誼曰。射獵之娛。與安危之機孰急。今不獵猛敵而獵田彘。不搏强寇而搏畜兔。翫細娛而不圖大患。非所以爲安也。伏望陛下罷省出遊。無重過舉。遵烈考詔書之旨。念前人警誡之規。優游養神。樂過從獸。拱揖在御。慮無乘危。則宗廟生靈。實有慶賴。臣職當言責。理合開陳。罔逃嚴誅。貴少云補。

蘇轍登進士科。又策制舉。時仁宗春秋高。轍慮或倦於勤。因極言得失。而於禁廷之事尤爲切至。曰。陛下即位三十餘年矣。平居靜慮。亦嘗有憂於此乎。無憂於此乎。臣伏讀制策。陛下既有憂懼之言矣。然臣愚不敢。竊意陛下有其言矣。未有其實也。往者寶元慶曆之間。西夏作難。陛下晝不安坐。夜不安席。天下皆謂陛下憂懼小心如周文王。然自西方解兵。陛下棄置憂懼之心二十年矣。古之聖人。無事則深憂。有事則不懼。夫無事而深憂者。所以爲有事之不懼也。今陛下無事則不憂。有事則大懼。臣以爲憂樂之節易矣。臣疏遠小臣。聞之道路未知信否近歲以來宮中貴姬至以千數歌舞飲酒優笑無度坐朝不聞諮謨便殿無所顧問三代之衰漢唐之季女寵之害陛下亦知之矣久而不止百蠹將由之而出內則蠱惑之所以汙以傷和伐性外則私謁之所以亂以敗政害事陛下無謂好色於內不害外事也今海內窮困生民愁苦而宮中好賜不為限極所欲則給不問有無司會不敢言大臣不敢諫執契持敕迅若兵火國家有養士養兵之費外有契丹西北之奉陛下又自為一阱以耗其遺餘臣恐陛下以此得謗而民心不歸也

仁宗時起居舍人同知諫院司馬光上奏曰臣等竊見今歲以來災異屢臻日食地震江淮騰溢風雨害稼民多菜色此正陛下側身克己晉禮蓄樂之時而道路之言皆云陛下近日宮中燕飲微為過差賞賚之費動以萬計耗散府庫調斂細民況酒之為物傷性敗德禹

湯所禁周公所戒殆非所以承天憂民輔養聖躬之道也陛下恭儉之德彰信兆民議者皆以為後宮奢縱務相誇尚左右近臣利於賞賚陛下重違其請屈意從之夫天以剛健為德君以正固為事奈何徇後宮左右之欲上忽天戒下忘民病中不為宗廟社稷深自重惜臣等愚惑竊為陛下不取也伏望陛下當此之際悉罷燕飲安神養氣後宮妃嬪進見有度左右小臣賞賚有節及厚味腊毒之物無益奉養者皆不宜數御以傷太和庶可以解皇天譴告之威慰元元困窮之望保壽命無疆之休天下群生不勝幸甚

光知諫院時又上奏曰臣等伏見今歲以祈穀改日之故車駕併以十三十四日幸諸寺觀臣等竊惟上元觀燈本非典禮止以時和年豐欲與百姓同樂為太平之榮觀而已去歲四方諸州多罹水旱鰥寡孤獨流離道路伏計陛下念此未嘗去心竊恐有司不明大體務循故事無所減損不稱陛下子愛元元之意又連日遊幸在於聖體亦為煩勞伏望陛下比之每歲特減遊觀之處以閔恤下民安養聖神天下幸甚

光又上奏曰臣竊聞今月十八日聖駕御宣德門召諸色藝人各進技藝賜與銀絹內有婦人相撲者亦被賞賚臣愚竊以宣德門者國家之象魏所以垂憲度布號令也今上有天子之尊下有萬民后妃侍旁命婦縱觀而使婦人臝戲於前殆非所以隆禮法示四方也陛下聖德溫恭動遵儀典而所司巧佞妄獻奇技以汙瀆聰明竊恐取譏四遠愚臣區區實所重惜若舊例所有伏望陛下因此斥去仍詔有司嚴加禁約今後婦人不得於街市以此聚衆為戲若今次上元始預百戲之列即乞取勘管勾臣僚因何置在籍中或有臣僚援引奏聞因此宣召者並重行譴責庶使巧佞之臣有所戒懼不敢導上

為非禮也

英宗時殿中侍御史范純仁上奏曰臣伏見今月二十二日秋宴竊以京師昨因大水之後軍民壓溺死者甚衆哀痛之聲至今未已陛下為民父母憂樂與天下同之加以連日以來陰霽未解民相傳恐復有大雨暴露之衆憂懼方深若聞陛下鐘鼓之音必有疾首蹙頞而相告曰君臣宴樂似非其時伏望聖慈特降指揮權罷今來秋宴只令支散酒食庶幾上承天戒下順人情示聖君修省之誠消兆民哭沴之氣

神宗熙寧二年直史館權開封府推官蘇軾上奏曰臣嚮蒙召對便殿親奉德音以為凡在館閣皆當為深思治亂指陳得失無有所隱者自是以來臣每見同列未嘗不為道陛下此語非獨以稱頌盛德亦欲朝廷之間如臣等輩皆知陛下不以蹤跡間廢其言共獻所聞

以輔成太平之功業。然竊謂空言率人，不如有實而人自勸。欲知陛下能受其言之實，莫如以臣試之。故臣願以身先天下，試其小者。上以補助聖明之萬一，下以為賢者卜其可否。雖以此獲罪，萬死無悔。臣伏見中使傳宣下府市司買浙燈四千餘盞，有司具實直以聞。陛下又令減價收買，見已盡數拘收，禁止私買，以須上令。臣始聞之，驚愕不信，咨嗟累日。何者？竊為陛下惜此舉動也。臣雖至愚，亦知陛下游心經術，動法堯舜，窮天下之嗜慾，不足以易其樂；盡天下之玩好，不足以解其憂。而豈以燈為悅者哉。此不過以奉二宮之歡，而極天下之養耳。然大孝在乎養志，百姓不可戶曉，皆謂陛下以耳目不急之玩，而奪其口體必用之資。賣燈之民，例非豪民，舉債出息，蓄之彌年，衣食之計，望此旬日。陛下為民父母，唯可添價貴買，豈可減價賤酬。此事至小，體則甚大。凡陛下所以減價者，非欲以與小民爭此毫

末，豈以其無用而厚費也。如知其無用，何必更索。恐其厚費，則如勿買。且內庭故事，每遇放燈，不令過內，東門雜物務臨時收買，數目既少，又無拘收督迫之嚴。費用不多，民亦無憾。故臣願追還前命，凡悉如舊。京城百姓，不慣侵擾，恩德已厚，怨讟易生，可不慎歟，可不慎歟。近日小人妄造非語，士人有展年科場之說，商賈有京城榷酒之議，吏憂減俸，兵憂減廩。雖此數事，朝廷所決無，然致此紛紛，亦有以見陛下勤恤之德未信於下，而有司聚斂之意或形於民。方當責己自求，以消讒慝之口。而臺官又勸陛下以嚴刑悍吏捕而戮之，虧損聖德，莫大於此。而又重以買燈之事，使得因緣以為口實，臣實惜之。方今百冗未除，物力凋弊，陛下縱出內帑財物，不用大司農錢，而內帑所儲，孰非民力。與其平時耗於不急之用，曷若留貯以待乏絕之供。故臣願陛下將來放燈與凡游觀苑囿宴好賜予之類，皆飭有司務

從儉約。頃者詔旨裁減皇族恩例，此實陛下至明至斷，所以深計遠慮，割愛為民。然竊揆其間，不能無少望於陛下。惟當痛自刻損，以身先之，使知人主且猶若此，而況於吾徒哉。非惟省費，亦且弭怨。昔唐太宗遣使往涼州諷李大亮獻其名鷹，大亮不可，太宗深嘉之，詔曰：有臣若此，朕復何憂。明皇遣使江南採鵁鶄，汴州刺史倪若水諭之，為反其使。又令益州織半臂背子、琵琶捍撥、鏤牙合子等，蘇許公不奉詔。李德裕在浙西，詔造銀盂子、粧具二十事，織綾二千疋，德裕上疏極論，亦為罷之。使陛下內之臺諫，有如此數人者，則買燈之事，必須力言；外之有司，有如此數人者，則買燈之事，必不奉詔。陛下聰明睿聖，追迹堯禹，而群臣不以唐太宗明皇事陛下，竊嘗深咎之。臣忝備府僚，親見其事，若又不言，臣罪大矣。陛下若赦之不誅，則臣又有非職之言，大於此者，忍不為陛下盡之。若其不赦，亦臣之分也。

十年，監察御史裏行彭汝礪上奏曰：臣體問今年上元游宴，例皆依舊。臣伏念獨樂樂，不若與人之樂；與少樂樂，不若與衆之樂。故古者於[illegible]，政則蕃樂；於大札大災，則弛樂。蓋能同天下之憂，則能同天下之至樂也。臣伏思乾德之禍，廣西殲焉，官吏屠戮，遺骸未斂。頻年京淮江浙東西死於飢疫者至數十萬，病者未興，流散者未還集，而道路村落，蕭然為狐狸豺狼之墟矣。威茂之師未勞，洮隴之役復新，十萬之兵宿於煙瘴，其以戰及疾死者甚衆，孤寡泣涕，悼獨悲啼，泪號於路，而招寃於萬里之外。從昔變故，莫大焉。古人於此，不敢私燕樂於一食之間，而陛下似張不節，愚以謂此非樂以天下之意也。臣知陛下有堯舜之仁愛恭儉，園囿無非時之游幸，倡優無過誤之寵。一朝之樂，決非陛下所固欲也，亦將同臣欲而已。然吏民死於凶札，死於兵役，死於瘴癘，皆陛下所子者，宜與之同其憂，而與同其樂。

臣終疑之。臣竊乞上元自祖宗神御殿酌獻外。特賜寢罷其餘游觀。而明以此意詔天下。臣知窮民戰卒當有聞而感泣。知陛下所以哀矜之者無一飲食不在其衷。而使天下吏知陛下所以愛惜其民如是也。釋宴樂之私而慰中外之民望。致勤畏之誠以答因仍之天變。其為計善亦昭昭然明白矣。老子曰。殺人衆多。以悲哀泣之。戰勝以喪禮處之。蓋不欲以戰屈人故也。孟子曰。鼓樂於此。百姓聞鐘鼓之聲。管籥之音。舉欣欣然有喜。蓋與民同樂故也。惟陛下念之。臣愚不知忌諱。惟陛下裁察。

哲宗元祐四年。右正言劉安世上奏曰。臣伏見去冬以來時雪愆亢。詢問四方亦多旱暵。關陜淮浙民已艱食。物價翔踴日益增甚。雖朝廷廣行賑貸。而歲事失望。荐飢可憂。臣嘗覩周禮大司徒荒政之目十有二品。救民之道最為詳備。其九曰蕃樂。蓋歲有凶歉。人君閔䘏

元元。為之閉藏樂器而不作也。禮曰。雖有凶旱水溢。民無菜色。然後天子食日舉以樂。先王之制具在方冊。聖明之主所宜留心。伏惟陛下繼天奉元。仁民愛物。有年之瑞亘不絕書。而雨雪失時。人且狼狽。雖兩宮憂勞軫念無或少忘。而遠方之民未見陛下至誠惻怛之意。今上元宴遊。有司舉行常例。猶欲張燈。臣愚欲望聖慈明諭執政。特以歲旱俾罷游宴。使四海之內莫不戴陛下勤䘏之德。庶幾天人感通。風雨時若。天下幸甚。

安世改為左諫議大夫。又上奏曰。臣伏自前月末聞傳聖旨權罷講筵。是時近興龍節。意謂將有燕饗。是以暫輟邇英之召。洎成慶禮。今復半月。別無政事。亦非有前歲大雪苦寒之故。而勸講之臣久不得望見清光。臣固已疑之矣。邇者民間喧傳禁中見求乳母。臣竊謂陛下富於春秋。尚未納后。紛華盛麗之好必不能動蕩淵衷。雖聞斯議

未嘗輒信。近日傳者益衆。考之頗有實狀。臣忝被言職。當諫其漸。伏惟皇帝陛下。天錫睿聖。纂成大業。太皇太后陛下。慈仁正順。保佑備至。覆載之內莫不傾耳拭目以望風化。而或者之論乃謂陛下稍踈先王之經典。浸近後庭之女寵。此聲流播。實損聖德。昔者堯之受命。惟以天下為憂。而不敢以位為樂。成湯不邇聲色。不殖貨利。著之方冊。萬世稱誦。皇帝陛下不可以不勉。太皇太后陛下不可以不勸也。伏望聖慈為宗廟社稷之大計。清閑之燕。頻御經帷。仍引近臣與之論議前古治亂之要。當今政事之宜。悉俾開陳。以助聖學。無溺於所愛而忘其可戒。天下幸甚。

著作郎兼侍講范祖禹上疏曰。臣伏見陛下嗣位以來。端拱淵默。專意學問。臣侍經席於累年。陛下天縱生知。聖德純茂。接對臣下。日日如一。未嘗小有差失。此實上天眷佑皇家。保育生民。宗廟社稷無疆

之福也。恭惟太祖皇帝肇造區夏。櫛風沐雨。削平僭亂。以立子孫萬世之基。傳之太宗。至于真宗。遂致太平。仁宗年十三即大位。章獻明肅太后安定邦家。調護聖躬。是以四十二年之間德澤深結於民。天下至今思慕不忘。英宗自藩邸入繼大統。四海之內同心愛戴。先帝勵精求治。宵衣旰食。躬勤萬事十有九年。不幸早棄天下。陛下年始十歲嗣登大位。當此之時。人心懍懍。憂危萬端。幸賴太皇太后保佑扶持。勤濟艱難。斥退凶邪。登進忠良。詔令所至。百姓歡呼鼓舞。數年以來中外晏安。北狄西戎無不從順。此皆太皇太后之德也。臣不知陛下將何以報之。臣竊思陛下所以報之。唯在於進德愛身而已。陛下進德則為太平高世之主。光顯祖宗之烈。發揚文母之訓。使天下之人皆欣欣然曰。祖宗之德。太皇太后之力如此。則豈惟皇天祖宗獨佑陛下。太皇太后亦不虛勤勞矣。陛下愛身則無疾疢。不貽太皇

太后之憂。子夏問孝。孔子曰。父母唯其疾之憂。夫父母之憂。莫切於子孫之有疾。疾。他日陛下有子。當自知之。陛下若不進德。不愛身。雖極四海九州之養。亦未足為孝也。臣自今秋聞外人言陛下於後宮已有所近幸。臣初聞之。不以為信。數月以來。傳者益多。或云已有懷娠將誕育者。言之所起。必有其端。臣誠至愚。不能不惑。故敢先事懇切言之。陛下内承慈訓。外勸聖學。方當祗畏以事天地。誠孝以奉宗廟。思六聖之勤勞。念帝業之艱難。四方之人無不延頸舉踵。注目傾耳。觀聽陛下德業之充。名譽之隆。以想望太平。陛下可不慎哉。今陛下未建中宮。而先近幸左右。好色伐性。虧傷太早。有損聖德。不益聖體。此臣之所甚憂也。孔子曰。君子有三戒。少之時。血氣未定。戒之在色。言人少時。血氣未定。而先傷伐根本。則損壽考之福。故君子戒之。陛下今年十四歲。而生於十二月。其實猶十三歲也。此豈近女色之

時乎。陛下上承天地宗廟社稷之重。守祖宗百三十年基業。為億兆之人父母。豈可不愛惜聖體哉。孟子曰。事孰為大。事親為大。守孰為大。守身為大。守身所以事親也。愛身所以愛天下也。陛下上有太皇太后。皇太后。皇太妃。休戚皆繫於陛下之一身。豈可不愛惜聖體哉。中庸曰。君子之道本諸身。未有不先愛身而可以進道者也。陛下方嚮學問。躬儒術。欲為堯舜禹湯文武成康之君。堯舜禹湯文武成康之君未有不勤而成者也。昔先帝年十五六。講學東宮。一言一動。天下傳之。是以多才多藝。羣臣莫及。今陛下聖學天下未有所聞。而先以嗜欲聞於天下。此臣之所甚憂也。陛下有上聖之性。必行上聖之事。有上聖之位。必求上聖之名。豈可不愛惜聖體哉。方今羣臣之心。萬民之情。正望朝廷。如天聖以來。所願陛下法則仁宗而已。祖宗天下百三十年。如寶器之無缺。陛下行純德備。如美玉之無瑕。臣竊為

陛下寶之惜之。愛之重之。陛下豈可不愛惜聖體哉。臣聞仁宗未納皇后以前。未嘗近幸後宮。是以氣體康寧。在位最久。臣今觀陛下氣怯恐不能如仁宗少時。豈可不愛惜聖體哉。前世人君多所經歷。乃能周知天下之情。今陛下生長深宮。稼穡艱難。未知也。人之情偽。未見也。國家政事。未習也。六經聖人之言。未盡讀也。前世興亡之戒。未盡閱也。天下至大。萬事至眾。何所不關聖慮。豈可不愛惜聖體哉。古人有言。後宮盛色。則賢者隱處。佞人用事。則諍臣杜口。陛下春秋鼎盛。方當崇經術。邇端士。敦尚素樸。屏去紛華。不宜先留意女色。使天下失望。以啓小人之心。何則。陛下如好德。則賢人皆動其心。欲助陛下之德。而圖天下治安。故於陛下有益。陛下如好色。則小人皆動其心。欲奉陛下之欲。而圖一身富貴。故於陛下有損。賢人進則治。小人進則亂。人君所好。不唯繫一身損益。實繫天下治亂。不可不慎也。陛

下於此二者。將何擇焉。昔漢成帝自為太子時。以好色聞。其後逸欲無節。終為漢室昏亂之主。漢之基業由成帝而壞。豈可不慎其細哉。唐太宗欲納鄭仁基女。魏徵諫而止之。憲宗時。教坊使稱密詔選良家子納禁中。李絳上疏。乃悉還之。文宗沒李孝本女入宮。魏謩諫。即出之。古之忠臣愛君。必拂其邪心。防其嗜欲。置君於無過之地。使天下莫得而非議也。人君所愛莫切於身。人臣亦莫切於愛君之身。臣濫備勸講。以輔導聖德為職。懷此憂慮已二三年。不能言於未然。致陛下已有聲聽流聞於外。此臣之罪也。臣今若猶不言。他日陛下或專意聲色。委權臣下。紀綱壞亂。政事荒僻。使天下以陛下為逸欲之主。則臣之罪豈可勝責。雖悔恨萬狀。何所及哉。伏望陛下察臣之言。專精一意。強於學問。日新德業。無時逸豫。事親則思孝。居處則思敬。動作則思禮。祭祀則思誠。服用則思儉。養民則思仁。使人則思恕。心

則思道視則思正當食則思天下之飢當衣則思天下之寒陛下每思及此而強學不已則將以道德為麗以仁義為美豈聲色之可移哉惟陛下抑情㨂欲以愛養聖體為先則動植之類無不蒙福生靈幸甚。

祖禹又上宣仁皇后疏曰臣伏見陛下臨御天下于今五年睟奕聽朝親斷萬事所以勞心竭力者凡皆為祖宗社稷億兆人民將以太平天下付之皇帝也臣愚竊謂陛下憂勤天下之事必先憂天下之本愛養四方之民必愛一人之身夫一人之身天下之本也孟子曰天下之本在國國之本在家家之本在身天下安危繫於人君之一身身安則天下安天下治亂出於人君之一心心正則天下正欲安天下必先安身欲正天下必先正心此二者當今之急務久遠之計慮也陛下內保佑聖躬調護起居外成就睿德勉進學問則此未嘗

聞有纖毫之失今之所聞則異於前外議籍籍皆謂皇帝已近女色後宮將有就館者有識聞之無不寒心皇帝今年十四其實猶十三歲耳千金之家有十三歲之子猶不肯使近女色而況於萬乘之主乎陛下愛子孫而不留意於此非愛子孫之道也譬如美木方長正當封植培壅以待其蔽日凌雲若戕伐其根豈不害哉臣嘗見司馬光言章獻明肅太后保護仁宗皇帝最為有法自即位以後未納皇后以前仁宗居處不離章獻臥內所以聖體充實在位歷年長久章獻於仁宗此功最大臣考之國史仁宗在乳褓章獻使章惠太后護視章獻臨朝仁宗起居飲食章惠必與之俱所以保佑扶持恩意勤備然則章惠保護仁宗乃章獻太后之意今陛下臨朝日有萬幾至於左右護視皇帝臣不知有如章惠者乎若未能如章惠則陛下豈得不留聖意也陛下以朝事責宰相以邊事責將帥人君闕失羣臣邪正責諫官御史皇帝學問責講讀官若朝事不治宰相之罪也邊鄙不寧將帥之罪也人君闕失不知羣臣邪正不分諫官御史之罪也皇帝學問不進臣等之罪也至於皇帝早夜起居之節嗜欲之際此最切身之事豈可無任其責者乎陛下博覽史冊洞知古今古之帝王何嘗不以女色損壽考之福惟傷於太早敗於無節耳思之至此可為切骨之戒臣所以不避誅戮為陛下言之伏望陛下與皇太后太妃詳論此事有損聖德未益聖體宜戒敕保傅令以章惠為法今聖心已有所知雖不能防於未形猶可以止其將然俟中宮既建然後漸廣繼嗣之路則陛下亦可以不勞聖慮矣今若不知止節女色爭進數年之後敗德亂政無所不有陛下雖欲悔之豈可及乎臣竊觀皇帝天質純粹有上聖之資年益長則宜德益進方當嚮學以養聖功天下引領以望輝光之新傾耳以聽名譽之隆聰明之開發

睿智之深遠皆繫於十五六之時未可失也陛下必欲皇帝氣體康強德性成就以為宗社無疆莫切於今日矣不宜先以好色聞於天下失衆庶之望臣所以拳拳而不能已也惟陛下深思遠慮察臣狂瞽之言。

祖禹又奏曰臣伏見今月一日以後羣臣累拜表請聽樂所請愈艱而批答愈緩以此見太皇太后陛下皇帝陛下仁心孝性深遠無窮發於至誠有所未忍今已批答允許臣竊恐有司請置宴開樂不敢不先言之臣愚以為居喪則行喪禮在吉則行吉禮除喪之後如遇吉禮即可聽樂不當特置一宴以開樂為名君子之於喪服以為至痛之極不得已而除之若以開樂故特設宴則似除服而慶賀非君子不得已而除之之意也臣伏請雖至七月其開樂宴亦可不作唯因事則聽樂庶合先王禮意。

徽宗時，左司諫江公望上奏曰：臣聞理無隱而不彰，事無晦而不顯。言君子之樞機，故不可不謹。居其室出其言善，則千里之外應之，況其邇者乎；居其室出其言不善，則千里之外違之，況其邇者乎。惟君為風，下民為草，草上之風未有不偃者也。故有所不言，言無不彰；有所不為，為無不顯。君倡之下，民未有不應者也。陛下居九重之中，可謂崇深闊遠，臣民耳目之所不接，一有出言，未嘗不彰，一有所為，未嘗不顯。蓋民離之則愚，合之則神，合衆論則崇深闊遠者皆得而知之，皆得而議之。臣側聞陛下邇來政事之暇，畜能鳴善鬭之禽，籠奇羽侏嘐之鳥，以資賞翫之閒。使誠有之，亦未足以害治也。然臣讀書至於五子之歌，紀太康之失邦，不過內作色荒，外作禽荒而已。所謂禽荒，不必馳騁畋獵，然後為荒也。心有欲而不禁，則志荒，志荒則政怠矣。昔唐太宗之時，嘗使有諷李大亮以名鷹為獻，而大亮密表以

陛下絕畋獵久矣，求鷹必非陛下意，而太宗悅其正諫。玄宗遣使求鵁鶄、鸂鶒於南方，而倪若水上言以賤人貴鳥，非所以望陛下，而玄宗賞其說。向使二君縱欲而無度，拒諫而不改，豈復有貞觀、開元之盛治乎。若以為資房闈之悅，豈不聞華陽后、樊姬之所為乎。秦王好淫聲，而華陽后為不聽鄭衛之樂；楚嚴好畋獵，而樊姬為不食鳥獸之肉。口非惡味也，耳非惡聲也，抑所好以率二君於無過之地爾。中宮淑質徽音，母儀天下，未聞有過舉。事出於陛下，為之中宮當以華陽后、樊姬之事以相警戒矣。若事出於中宮，以資戲樂，陛下當以關雎求賢、葛覃尊傳以相規正。故刑于二女，所以為大舜；刑于寡妻，所以美文王歟。惟陛下財幸。

公望又上言曰：臣邇日傳聞道路之言，有姓賈中貴人臂鷂鶻入後苑捕逐禽鳥，臣未之信。豈有禁衛之中，雖是近習之人，敢肆猖獗一至於此。徐思之，必偵得聖意，然後敢爾。再思之，陛下未應至此，然終疑而不釋也。陛下所以得天下者，以仁而已，豈有仁者之君而務遊畋者乎？又況陛下即政方踰年，未明求衣，日昃不食，刻意勵志，好賢樂善，聽言從諫，期底于道，尚恐負宗廟社稷之靈，無以慰天下蒼生之望，豈復有暇逐禽獸為樂乎？春蒐冬狩，特重於祭祀之禮；毀卵折巢，尤戒於生誕滋育之時。豈有仁者之君不因奉先祭祀，顧於生誕滋育可戒之時，為毀卵折巢之虐乎？千金之子尚有垂堂之戒，萬乘之主豈無犯車之虞？和鑾而節，清道而行，猶意於銜橛之變，況馳騁驅逐，與禽獸爭道於萬死一生之地，豈不殆哉？豈有仁者之君不自愛重而為虞人之所為乎？得一禽則喧呼讙譟，分賜金帛不恤其費，豈有仁者之君輕百姓之膏血，以重微禽之軀乎？臣以此揆之，陛下必不然也。雖然，以其後事而引悔，孰若先事而知戒，此臣所以不惜

萬死，雖得之傳聞之不審，亦為陛下道而不敢隱也。五子之歌曰：內作色荒，外作禽荒，有一於此，未或不亡。老聃曰：馳騁田獵，令人心發狂。心狂志荒，何事不亡；莊周曰：用志不分，乃凝於神。志分於外，神亦隨之，神志不一，何事不失？王者之治，斷可識矣。夫鳥托深林，獸育豐草，魚鱉不亂於網罟，草木不夭於斤斧，人不苦於苛政，斯乃仁者之君所以治天下之道也。昔文王有靈德，故麀鹿白鳥在其囿而有濯濯翯翯之態，魚在其沼而得充牣跳躍之樂。陛下不大苑囿之奉，數畝之地，蠢動飛走恃陛下天地之仁德，依陛下日月之末光，生誕滋育，得性之樂，不異於文王之囿。今反張嘐橫羽，延喘假息於馳騁啅噪之間，碎首決心，飛毛灑血於猛鷙爪嘴之下，數畝之地，依陛下尚不得保全其生，況四海九州山林川澤之廣遠，何以逃無辜夭折之禍哉？蠢動雖微，與人同一性也；生植雖遠，與人同一理也。以強弁弱

以賁吝賤。以其不能告訴殺之若無罪。豈不思易所謂信及豚魚。詩之仁及草木。果何理也。嘗聞荆文公得如黄之狗。箘簬之矰。畋於雲夢。一月不反。聽保申之諫。受束矢之笞。務治乎荆。兼國三十。非師保之訓。則國亡矣。唐玄宗嘗獵苑中。必睎左右曰。宰相韓休知否。已而疏輒至。非宰相之言。則社稷計已矣。司馬相如賦上林。以諷漢武帝。揚雄作羽獵以諫成帝。言近而旨遠。詞婉而意迫。孰謂詞臣無補於國也。詩有刺。虞有箴。皆以游畋之無益於治。秪取亂亡爾。今陛下師保不陳訓。宰相不抗疏。詞臣亦獻賦。書無歌。詩無刺。虞人無箴。所賴以知過失者諫臣爾。臣或不言。陛下如宗廟社稷何。如天下蒼生何。臣言縱不實。亦足以為異日之鑒。昔高祖喜走馬射帆。孫伏伽進諫。以謂此直少年諸王務爾。豈為天子尚行之乎。齊威公以酒腐於俎。得無害霸乎。管仲以此固非善。然無害霸也。夫從禽正少年諸王務

也。陛下一日為之。未足以言王政。第以天子為諸王少年之務。何自輕乃爾。非萬乘取重於天下之道也。傳有之。耕道而得道。獵德而得德。臣願陛下驅騖於仁義之場。游觀於六經之圃。網多士。弋群凶。天宇掃清。王道砥平。天下之望也。社稷宗廟之福也。上干天威。自速誅戮。陛下矜其以諫為職。少貸狂易。天下幸甚。

欽宗靖康元年。右司諫陳公輔上奏曰。臣竊惟陛下以孟享景靈東西二宮。遂幸陽德伍神觀。臣誠淺陋。不熟本朝故事。不知享親之後退而游幸。祖宗有是例耶。但近世為之。若近世為之。自不可為法。設或祖宗之例。亦有可議焉。夫誠心齋戒以薦祖廟。仰瞻英靈如在其上。退而思之。不忘乎心。豈容於此日擁嬪御具聲樂肆游幸之樂耶。臣恐此舉不足以示孝也。臣又觀陛下自初即位恭謝之時。輿服朴素。儀衛簡少。與夫供帳什物伶倫宦侍皆少如今日。而百姓見之莫不歡欣感戴。以手加額。謂陛下恭儉之德過乎仁祖矣。至于今日之出。輿服鮮明。儀衛與多。與夫供帳什物伶倫宦侍皆盛如前時。而百姓見之。已有相顧駭歎。竊議之者。安知其不腹誹心謗。謂陛下恭儉之德不及仁祖。仰惟陛下聖性淵懿。聰明勤儉。自養德東宮以至即位。未嘗少變。臣料今日之事。必左右近習之臣。以謂陛下有崇高富貴之勢。當務為光榮盛大。以夸耀一時之觀聽。夫貴為天子。當有四海。區區於此。示天下以不廣也。況今寇難未平。民力未裕。財用未饒。臣下之奢僭未革。風俗之侈靡未除。全在陛下躬儉節用。如大禹文王。以救今日之弊。豈可漸為奢靡。異乎初即位時。使百姓議之乎。臣竊為陛下不取也。太上皇帝奉養素厚。陛下不可薄於親。必須損己所有以供奉之。若陛下不自過為儉約。而供奉上皇。又欲豐厚。天下財用何以給之哉。臣愚欲望陛下今後孟享既畢。即詔車駕還宮。其

餘游幸除龍德寧德二宮外。皆願暫罷。臣又慮上皇既深居外宮。非時不出。恐陛下亦自不當游幸。仍望鑾輿之出。務令簡儉。但如初即位時可也。此臣得於百姓之言。不敢不冒死以聞。然陛下無以百姓之言為非。彼見陛下自初即位簡儉如此。今不兩月儀物稍多。自此若天下無事。後豈不復肆侈靡之好耶。非獨百姓憂之。臣固以為深憂也。傳曰。有始有卒者。其惟聖人乎。伏惟陛下謹終如始。俾盛德大業。遠躋唐虞三代。實宗廟社稷之福。而天下之幸也。

歷代名臣奏議卷之一百九十四

歷代名臣奏議卷之一百九十五

戒佚欲

宋高宗建炎三年。張浚上言曰。臣輒有愚懇。干冒聖聰。區區愛君之誠不能自已。惟陛下赦宥。臣近自京西按歷陝右風聞道路之言。謂陛下近遣使臣二名於种師中處收買寶劍二口。仍優支價直。臣仰惟陛下聖姿英武。志存靖難。居常於田獵之游。聲色之奉。無所嗜好。惟是弓劍鞍馬。每切留意於其間。蓋聖心之所以眷眷而不須臾忘者。志固有在也。但人君舉措不可以不謹。陛下居萬乘之尊。臨四海之廣。若大小文武之列用得其人。則盜賊當自息。夷狄當自平。以是知陛下所宜寶者在人。而不在劍。今千萬里之遠。不聞陛下有求賢之命。而徒聞有買劍之名。臣恐有識之士猶得以竊窺而私議也。況臣之所聞。又謂王瓊嘗以師中藏劍之事奏知陛下。小人無知。不識陛下右武之意。便欲以此邀求寵倖。原其用心。罪不容誅。臣願陛下以此寶劍分賜立功將士。仍乞自今有如王瓊之徒。或欲以弓劍鞍馬進至御前者。一切屏去。庶幾絕小人覬望之意。

浚又上言曰。孟子曰。入則無法家拂士。出則無敵國外患者。國常亡。然後知生於憂患而死於安樂也。又曰。今國家閒暇。及是時般樂怠傲。是自求禍也。禍福無不自己求之者。故善謀國者。常以脩德立政為本。而切切於戰守之備。使人主知戰守之不可一日忘。則有恐懼為善之心。則德以脩。政以立。國家庶幾可興焉。不然。驕怠肆意。忽於為善。則國家萬無安全之理矣。若夫奸邪之臣。貪藉利祿。遂以既和為已治。已安。莫顧後患。彼徒知為身謀。為子孫謀。事勢既極。不過賣國偷生於異日耳。況夫導君於過舉。而陰懷包藏之志者哉。此不可不辨也。

浚又上言曰。臣仰惟神聖出震御乾之辰。天下孰不歡欣鼓舞。祝吾君壽。臣竊謂人臣事君。猶子事父。要當略去禮文。思求實報。臣嘗潛心聖人之經。有可以取必於天。膺大福。獲大壽。決然無疑者。輒輸丹誠為陛下獻。臣伏考周公無逸篇。商王中宗嚴恭寅畏。天命自度。治民祗懼。不敢荒寧。高宗嘉靖商邦。至於小大。無時或怨。周文王自朝至于日中昃。不遑暇食。用咸和萬民。不敢盤于遊田。以庶邦惟正之供。三君者。非徒身享安榮。而有國長久。後世莫加焉。自祖甲之後立王。生則逸。不知稼穡之艱難。不聞小人之勞。惟耽樂之從。是以罔或克壽。或十年。或七八年。或五六年。或四三年。夫天道昭昭。其報如響。仰惟聖德日新。大孝之誠。昭格天地。壽福無疆。宜過商宗周王遠甚。臣不勝臣子祝頌之情。願陛下兢兢業業。勉之又勉。永堅此心。以奉天道。則天之所以報吾君者。宜如何哉。

右正言鄧肅上疏曰。臣嘗觀德宗之在奉天。有唐社稷不斷如綫。一旦稍定。遂訪裹頭宮人。陸贄切諫猶不能止。此唐室所以衰也。恭惟陛下臨御以來。惟知修德。前日宮嬪來赴行在。猶有卻之者。方之德宗。固已相萬。其不邇聲色。蓋出於天性。自成湯以後一人而已。宋德亦安得而不興乎。然陛下出命。嘗本乎恭儉之德。而奉命以出者。或變而為奢侈之事。切恐傳之四海。人或不知。反以德宗議陛下。而不知陛下實成湯也。臣職在諫省。敢不盡言。前日御藥院奉聖旨下開封府買拆洗女童不計數。且拆洗云者。豈必殊麗耶。切知聖意將服澣濯之衣矣。不計數云者。豈必多求耶。切知聖意以謂有人則置。無人則已。初不以定數為限也。此盛德之事也。絕今古。豈易擬議哉。然奉行之臣。不體睿意。日差人吏。遍走京城。凡見女童。舉封其臂。間有脫者。其行賂已不貲矣。搜求之甚。過於攘奪。愁怨之聲。比屋相聞。嗚呼尹開封府者與領御藥院者亦何累吾聖天子如是之甚哉今日外有方熾之虜伺吾之間以肆寇攘內有僞楚之黨幸吾之失以快私忿陛下安可纖毫疑似之迹墮賊計中乎臣愚欲乞速下三省取開封府御藥院官吏重寘之法仍降明詔以榜東京具言陛下所以買折洗之意不為姝麗有不計數之語不為多求凡女童之封臂者悉縱之則陛下恭儉之德上追成湯豈特左右臣僚得以獨聞乎當使京師之人無不知者仍乞亦榜行在以弭自京師來者紛紛之謗且京師天下之本也京師之人安則天下之人舉安天下之人舉安則社稷宗廟豈有不安者乎惟陛下早圖之

李彌遜上奏曰臣聞千金之子不垂堂百金之子不騎衡聖主不乘危不徼幸臣伏覩六飛連日䟫涉長道陛下叱去執御驟躍疾馳千乘萬騎追奔不及然山路高下曲折不比苑囿間平夷寬曠可以回旋萬一銜勒有失左右不能致力將如之何臣不勝寒心恐懼憂惶之至竊惟陛下聖意不過欲以神武勇智激昂士氣數日以來已可聳動羣聽臣願陛下念宗廟社稷至重深加兢慎保衛聖躬思乘危之戒以防不虞天下幸甚臣又聞已降聖旨沿路皇帝乘馬華相以下並免從駕臣契勘自來乘輿所至扈從官以下皆合從行雖聖德優容寬假臣下如此豈有陛下不以馳驅為勞而臣子反雍容舟檝之間薰馬行至疾舟船不可追逐舉足便有數十里之隔而陛下左右大臣無一人之侍今居何等時乃可以如此伏望睿慈更垂聖慮毋忽臣言特降指揮令有司預行相度可以乘馬去處前期戒備許宰臣已下依例扈從以安衆情

起居舍人洪遵經筵進故事曰按唐書太宗曰嘗怪舜造漆器禹雕其俎諫者十餘不止小物何必爾耶褚遂良曰雕琢害力農纂繡傷女工奢靡之始危亡之漸也漆器不止必金為之金不止必玉為之故諫者救其源使不得開及夫橫流則無復事矣帝咨美之

臣聞貴為天子富有天下外物之來苟無以禦之則如水之浸物如膏之受塵初若甚微然涓涓不止將成江河綿綿不絕將用斧柯故慮之不可不深辨之不可不早為臣者當防之於未然不應救之於已然使至於橫流沉著始呫呫然動其喙尚何益於國哉舜造漆器禹雕其俎以大聖人而為至微之事尚何復議然為之臣者猶以為不可況德不若舜禹而其事有大於漆器雕俎安得不絕其萌芽者哉遂良之對太宗眞得大人格君心之道

遵又進故事曰按唐書崔植傳玄宗即位宋璟手寫尚書無逸為圖以獻勸帝出入觀省以自戒其後朽暗乃代以山水圖

臣聞四海至廣萬機至繁王者負斧扆以臨之不恃其天縱之聖足以蓋天下而恃其自治之勤足以應天下夫正心誠意進德脩業立政造事皆聖人自治之序也四海之廣常若見於一室萬機之繁常若叢於一身思所以應之則汲汲而自治者誠有所不遑暇食焉昔之人君未嘗不知此卒不能皆至於善治者蓋天下之無事不待功業之成而自治者已懈故樂未厭而憂及之矣無逸之書成王嗣文武之法也文武之事可得而效不過曰天保以上治內采薇以下治外始於憂勤終於逸樂而已所謂天保以上者如君臣相與之間賓親交際之節雖一飲一食之微皆有其法則大於此者可知夫惟自治其內者如此然後命將率遣戍役經營四方凡采薇以下治外之具皆粲然而畢陳然必以憂勤行之迨其久也不期於逸樂而晏然自享其成矣成王嗣守文武丕緒亦以無逸繼之遂為周之顯王其道蓋本諸此唐玄宗蓋嘗知之矣錄其書以為圖寘諸左右出入

覩有以為矜式未幾而圖已屏去則其所謂無逸之實亦必類此宜其成就有愧於古無足恠也嗚呼能自治矣而繼以無逸根之於誠而守之以不變舉而措之倘行而不至倘為而不立故知之非艱行之惟艱行之非艱久而不變之惟艱易曰日月得天而能久照四時變化而能久成聖人久於其道而天下化成臣請以此終無逸之說

武義大夫曹勛上奏曰臣叨竊祠祿略無裨補非仰賛聖造何以安跡復恃舊物輒有所陳冀達天聰曲照愚悃冒瀆之罪謹俟誅殛臣竊審聖駕欲詣洞霄等處燒香有見上聖既端拱凝命不以萬幾縈心猶寅畏天命為國為民祈福於上下但適此春晚政農務蠶麥之時而自北關至洞霄驅民治道實妨農事又從衛及巡護兵馬諸司執役無慮萬人方春晚多雨少得晴明道路泥濘儀衛狼籍觀望不美鑾駕一出有此數嫌況從來上聖以仁德及物於此不能不惻然若候收刈了擇晴和日分作數日從容一行得宿食之備無雨水之患豈不兵民優游仰釋聖情祈福之意

孝宗時薛季宣上奏曰臣聞位卑而言高罪也人臣之義有犯無隱可以言而不言則負師學況臣疏賤無階以瞻天日之表蒙賜之對寧敢隱情而不言乎臣昨官遠方伏遇陛下踐祚之始省服膳之御御嬪妾之進其自奉為甚薄躬細務以先群吏親鞍馬以勵軍旅其奮志為甚大臣居數千里外觀仁聲之所及垂白之老莫不欣欣相告咸謂聖人有作規模宏大眞將復藝祖之業武夫悍卒至拔刃呼躍曰不報吾君以死而安死臣愚不識察人心之所向咸謂太平之世可以朞月見也歷年寖久而陛下未享其効臣切惑焉臣嘗謂治有本末政有先後先所施者後或可置本既舉矣末亦可捐夫清心寡欲恭儉節用堯舜三代之所以治天下陛下既已身之矣自宜固

守而勿失至於躬細務親鞍馬蓋聖人之權施之首政以警一時偷惰之習乃其宜矣循以為常則天下不能無疑是故褒職任輕無以仰承德意動煩宸慮而國論靡有定止事出九重百官莫肯任職政令施設下人得以輕議寄耳目於左右權或移於近習躬細務以先群吏而群吏未必勵此不可不察也叢脞之歌賡於虞氏自除郎吏明皇無取祖宗專以用人布德懷柔天下蓋為之有道矣毬馬之事陛下所以習勞苦而振威武者至於衛生之害積於細微銜橜之危起於所忽降胡侍從豈得絕無關防行之有年議者遂謂嗜好之僻親鞍馬以勵軍旅而軍旅未必勸此不可不察也太祖皇帝猶謂擊毬非將相事韓愈尚為其長危之況士良既去以毬獵固寵之術授其輩流民臣之心所以咸願陛下為宗社計也陛下雖有天縱之聖將大有為而精神疲於聽斷玉體勞於驅馳縱有清閑之燕講萬微之務臣竊意其有所分矣金虜我之世讎固不與共天下陛下所為焦心勞思不憚寒暑若此者正為恢復進取之計爾然先後非序本末倒施勤於小而緩於大圖其近而遺其遠昔之所以鼓舞羣動者人情久且玩習七年于此而治効未著寧不以是乎方今國威未振民力未支而虜人之情傳聞常多失實陛下再造之心雖不可暫忘而進取之事其實未容輕議臣願陛下深思遠覽以靜養恬略其小者近者而圖其遠者大者遴三公之選責以進人才張綱紀延端直之士與之講問學評治道歸有司之常務屏馳騁之細娛本末先後咸得其序則朝廷尊而衆務自舉威權振而軍氣自張養以沉潛待時而動則天聲所臨焉往而不濟哉臣不勝拳拳之忠惟陛下財赦

羅願上奏曰臣聞古者大有為之君必務愛惜日力以圖庶務夫繫而難周者事也迅而易失者幾也往而不反者時也陛下在位十七

年于此矣。歷時不為不久。加之有志。是以大有為。而功業未究於天下者。是日力多有所棄也。竊見御史臺月以坐朝。及百司入局。告于有假。號為月報。一月之中。休暇多者殆居其半。少者亦十餘日。夫國之大事如四時孟享。侍從以上有扈從之勞。則為之休務可也。至如雙忌者。不過行香一時之頃。退而入局。蓋未害也。若夫立節之名。自唐貞元以來始創有之。國家全盛之時。上下燕安。亦有天祺天貺之屬。以文太平。歷世承平。循而不敢廢。自艱難以來。臣民日思淬勵。何暇相從於娛樂之事。而獨為休告於官府。失其實矣。又國家法度在有司者。關報截會。比前代為密。休暇既多。則遠方之人。常困於守待。而事亦因循。失時有不振之弊。而近者又明詔天下。增中秋之節。臣竊惑之。或者以為李德裕在會昌中。休沐輒以令沛然。如無事時。此不當復有所議。臣以為不然。德裕之賢。不能過絕於古。古者聖君賢臣有為於天下。未嘗不自愛日始。蓋堯兢兢日行其道。舜一日二日萬幾。禹重寸陰。文王自朝至于日中昃不遑暇食。周公思事之不合者。夜以繼日。誠恐失事幾也。天下幸安。陛下有志於治。正是君臣同心叶力之秋。非有大故。特狃於太平之文飾。取日力而棄之。豈不惜哉。願詔有司。取承平以來一時以慶事名節者。存其名。勿廢。而使百司得治事如常日。姑務恢崇祖宗之功業。其與奉虛名而妨實事者有間矣。事功既建。天下復平。然後復舉舊令為休暇。如承平時。此所謂始於憂勤。終於逸樂。明亦得意而無後患。若李德裕衛能於末世又安足法哉。

陸游上奏曰。臣聞詩曰。上天之載。無聲無臭。人君與天同德。惟當清心省事。澹然虛靜。損之又損。至於無為。大臣不得而窺。所好則希合苟容之害息。小臣不得而窺所好。則諂諛側媚之風止。不以從其所好而加賞。則憸人眼。不以逆其所好而加罪。則端士進。玩好無益之物不好。則不接於目。諛諂敗度之言不好。則不聞於耳。凡祇危亂之根本。讒巧之機牙。姦邪之餘隙。皆緣所好而生。臣下雖有所偏好。而或未至大害者。無奉之者也。人君則不然。絲毫之念。形於中心。雖未嘗以告人。而九州四海已嚮向之矣。況發於命令。見於事為乎。且嗜好之為害。不獨聲色狗馬宮室寶玉之類也。好儒生而不待真。則張禹之徒足以為亂階。好文士而不責實。則常褭年之徒足以敗君德。其他可推而知矣。昔者漢文帝及我仁宗皇帝。所以為萬世帝王之師者。惟無所嗜好而已。恭惟陛下龍飛御極之初。天下傾耳拭目之時。所當戒者。惟嗜好而已。無有作好。遵王之道。天之所以為神禹錫也。伏惟陛下留神省察。天下幸甚。

左相陳俊卿上疏曰。陛下經月不御外朝。口語籍籍。皆謂輔相無狀不能先事開陳。虧損聖德。陛下憂勤恭儉。清靜寡欲。前代英主所不能免者。皆屏絕。顧於騎射之末。猶未能忘。臣知非樂此也。志圖恢復。故俯而從事以閱武備。激士氣耳。願陛下任智謀。明賞罰。恢信義。則英聲義烈。不越尊俎。固已震懾敵人於萬里之遠。豈待區區騎射於百步間哉。陛下一身。宗社生靈之休戚繫焉。願以今日之事。永為後戒。

光宗紹熙元年。彭龜年上疏曰。臣聞古今害治之事非一。而逸豫為尤甚。是以易之豫卦。繼之以隨。又繼之以蠱。說卦曰。以喜隨人者必有事。未有上下相隨於豫。而不蠱敗者也。唐穆宗嘗謂丁公著曰。聞外人多宴樂。此乃時和人安。公著曰。此非佳事。自天寶以來。公卿大夫競為遊宴。沉酣晝夜。優雜女子。如此不已。百職皆廢。陛下能無憂勞乎。公著之言。真識理道。恭惟國家渡江以來。大讎未復。大恥未雪。此政人主臥薪嘗膽之時。人臣枕戈待旦之日。而六十餘年內外宴安有若至治由宮庭達于天下百官至于庶民服食器用屋宇園池大率猶襲宣和之舊家蓄聲妓人事遊宴上下一律習成淫侈消靡精鋭隳曠職業至今日極矣自壽皇聖帝躬行勤儉風聲感動稍稍歛戢竊見近日已開樂禁深懼士民故習復張此非法制之能移全在陛下之躬率夫西漢淳厚之俗皆自文帝一身發之今日國家所以困乏軍民所以窮悴士大夫所以驕墮皆由一侈侈生於逸逸生於豫日益滋長恐致蠱敗事機所繫政在斯時陛下豈可不自任其責陛下儻使宮禁崇尚勤儉外庭未必率從其或不忘宴豫天下必將益甚臣觀天下宴遊之俗皆自士大夫傳之士大夫宴豫又自近習傳之近習宴豫陛下抑嘗察其所從來乎唐楊綰一宰相爾尚能使貴重大臣減損聲樂況陛下據天下利勢感動之力萬倍於此蓋輒曰是不為也非不能也惟陛下留意

紹熙中翊善黃裳上言曰人主憂勤則臣下協心人主偷安則臣下解體今道塗之言皆謂陛下每旦視朝勉強聽斷意不在事宰執奏陳備禮應答侍從庶僚備禮登對而宮中燕遊之樂錫賚奢侈之費已騰於衆口強敵對境此聲豈可出哉

右相趙汝愚上奏曰臣嘗讀書觀舜命禹之辭曰克勤于邦克儉于家不自滿假惟汝賢臣切惟禹之神聖其功德豈易量哉然舜授受之際獨以勤儉為稱者何哉蓋儉以約己勤以為人為聖為賢實本諸此故舜之命禹必以其勤儉為首也天祐我宋三世揖遜如堯授舜如舜授禹克勤克儉陛下固已親傳而密受之矣臣請論其目則朝廷之政事不可以不厲精纖微不可以不深慮人才不可以不博訪邊備不可以不預修夜之所思旦之所行不忘乎是則勤之至矣陛下之飲食嗜好不可以不節歲時用度不可以不省民不可以不惜賜予不可以不吝夜之所思旦之所行不異乎是則儉之至矣上以嗣重華付托之重下以為子孫萬世之法豈不休哉惟陛下留神

理宗端平二年工部侍郎兼給事中李宗勉上疏其畧曰陛下憂勤於路朝之頃而入為宴安所移切劘於廣廈之間而退為便嬖所惑不聞減退宮女而嬪嬙已溢於昔時不聞褒錄功臣而節鉞先加於外戚不聞出內帑以犒戰士而金帛多靡於浮費陛下之舉動人心所視以為卷舒者也陛下既不以為憂則誰復為陛下憂哉又言求諫非難而受諫為難受諫非難而從諫為難苟聞之不以為戒玩之不以為信卒使危言讜論無益於世用無救於時危其與拒諫者相去特一間耳

理宗時中書舍人兼經筵說書袁甫上疏曰臣聞唐太宗時魏徵每犯顔苦諫或逢上怒甚神色不移上亦為霽威上嘗得佳鷂自臂之望見徵來匿懷中徵奏事故久不已鷂竟死懷中又嘗與王珪語有美人侍側上指示珪曰此廬江王瑗之姬也瑗殺其夫而納之珪避席曰陛下以廬江納之為是耶非耶上曰殺人而取其妻卿何問是非對曰昔齊桓公知郭公之所以亡由善善而不能用然棄其所言之人管仲以為無異於郭公今此美人尚在左右臣以為聖心是之也上悦即出之還其親族唐太宗非不識仁義親君子然而縱欲之意多真實之誠寡觀其鷂死懷中也若有畏憚之心及其論廬江王妃也初無忸怩之色一聞王珪之諫乃能翻然而改太宗所以興唐者賴有此耳然而未足以語謹獨之學也陛下天資精粹上媲堯舜所謂過言過行固已一毫無有而臣區區愚慮竊以為誠之一字猶有所未盡夫無矯飾之謂誠無間斷之謂誠臨朝則莊退朝則肆肆

出於真而莊由於強、此矯飾也、可謂誠乎。親賢人儒士則難。親宦官女子則易。難者親之時少、而易者親之時多、此闇斷也、可謂誠乎。臣在經筵嘗對陛下啓問退朝入宮之後果何所為、陛下詔臣曰、或觀書。或作字、或覽四方章奏。臣不勝欣喜、以為陛下果無暇日也、而聞之道路、則謂陛下猶未免溺于酒色之娛、夫剛制于酒、未見好德如好色。聖經明訓。皎然不誣、陛下何不堅忍力行、勿以無益害有益、乃若左右暬近之人、假公徇私者、尤不可不戒。履霜堅冰至為可畏。防微杜漸、所當致謹。陛下語臣皆正大之論。而退攷其所行、乃有未盡然。其與唐太宗雖有畏憚之心、而初無忸怩之色者、何以大相過哉。願陛下以堯舜湯為法。兢業戒懼、無時怠荒、則德日進而治日隆矣、有唐之事、又何足云。

翰林學士知制誥真德秀上奏曰。臣聞自昔人臣之愛君莫大乎願其君之壽、天保之詩歸美以報上也、一則曰俾爾單厚何福不除。二則曰受天百祿、降爾遐福、而終之曰如南山之壽。此惓惓之至也。今臣忝備禁密、且以執經勸講為職、伏遇陛下誕彌之節、近在朝夕。歸美報上、允劇此心。然徒知與海內臣民頌吾君之壽、而不以聖賢論致壽之道。為陛下言、則亦不過如華封之愛君而已。亦奚益哉。謹齋宿再拜、條其說以獻。一曰無逸則壽、昔周之成王盛年嗣位、周公恐其不知稼穡之艱難而乃逸也、則為書以戒王、其言殷王中宗享國之久、本於嚴恭寅畏、天命自度、治民祗懼、不敢荒寧、至論高宗、祖甲及周文王所以享國者、大抵亦然、蓋百聖相傳同此一敬、曰嚴恭、曰寅畏。曰祗懼。無非敬也、敬與逸豫相為消長、三宗文王之所以能無逸者、以其敬也、而周公欲王眡以為法、而曰勉焉、上敬天、下敬民、則游田不敢盤、酒德不敢飫、培養厚而根本強、持守嚴而心志定。是固輯

福之源、是壽之基也。然則陛下於無逸之戒、其可不念乎。二曰親賢則壽、召公卷阿之詩、亦為戒王而作、其三章曰爾受命長矣、茀祿爾康矣、而繼之曰、有馮有翼、有孝有德、以引以翼、謂必有如是之人日侍左右、然後迪其君於道、而受天之福也、夫人君饗四海之奉、易動者物欲、而難保者德性、近妃嬪褻御之時多、而親學士大夫之時少、則迎逢蠱惑、無非物欲、豈惟敗德、抑且傷生、惟有孝有德者引之於前而翼之於後、俾日聞正言見正行、杜嗜欲於將萌、弭過失於未形、則其心恬澹而和平、優游而晏寧、是乃保身長世之道也、然則陛下於親賢之意、其可不篤乎。三曰以孝奉先則壽、周頌之雝、為禘祭而作也、而曰假哉皇考、綏予孝子、又申以眉壽繁祉之言、蓋王者以孝事其先、而祖宗亦以壽祉遺其後人也。陛下嗣先皇之服而為宗廟主。歲時饗祀、固所當嚴。而一祖十二宗之傳序、其責尤重。夫必勤勤於繼述。兢兢於保守。然後神祇祖考咸安樂之、而錫之以無疆之休。此陛下所宜深勉者也、四曰仁則壽。孔子論知仁之別。而曰仁者靜。又曰仁者壽、惟靜故壽也、仁者之心、純乎天理而無私欲之擾、故其體安定而正固、其效悠久而綿長。然靜非兀然枯槁之謂也。動以理。雖動而未嘗不靜。不仁之人則動於欲矣。欲勝而無節。則躁動而難安。世未有凝然安固而不壽、亦未有紛然躁擾而克壽者、此陛下所宜深體也。五曰一有德則壽。中庸稱舜之孝、以為大德者必得其壽、且謂天之生物、因材而篤、栽培傾覆、惟所取焉。蓋皇天無親、惟德是輔。舜之所為有自壽之道、故天亦壽之。此所謂栽者培之也。祖己之訓高宗則曰降年有永有不永。非天夭民。民有自夭之道、故天亦夭之。此所謂傾者覆之也、以大舜之德為師、而以祖己之言自鑑、此又陛下所當深用其力也、凡此五條、皆聖經之格言、萬世人主之藥石。參

而味之。則周孔之大訓。爲足以該之。蓋能敬與仁。則餘皆在其中矣。秦漢以來。異説横騖。人君不知聖賢致壽之道。而溺於神仙方士之術。故漢有文成少君。唐有柳泌趙歸眞輩。皆以荒怪誕幻蠱其君。至於餌藥以長年。未有不反爲所誤者。唐之穆敬不足道。憲武皆英明雄斷之主。亦以自賊焉。豈非世之大戒乎。臣嘗竊謂仙經萬卷。不若誦無逸之一篇。道家之言。豈如玩靜壽之兩語。陛下方日近儒生。游心經術。未有漢武唐憲之惑。微臣愛君。不敢不豫陳其愚。惟聖明裁察。

吏部尚書魏了翁上奏曰。臣比者伏聞陛下嘗於經筵對群臣論及漢元帝委用儒生。牽制文義。優游不斷。陛下慨然有感於元帝不得眞儒而用之。聖學高明。足以破千載不用儒生之陋。然臣嘗讀漢史。每於元成二君而有感焉。因爲陛下試陳之。且人主心術之隱。嗜好之偏。獨居乎深宮之中。誰得而知之。史冊雖書。人亦不盡信也。而班固於此二贊。獨異乎他贊。其言曰。臣外祖兄弟爲元帝侍中。語臣曰。元帝多材藝。善史書。鼓琴瑟。吹洞簫。自度曲。被歌聲。分刌節度。窮極幼眇。少而好儒。及即位。召用儒生。委之以政。牽制文義。優游不斷。孝宣之業衰焉。其於成帝贊曰。臣之姑充後宮爲婕妤。父子昆弟侍帷幄。數爲臣言成帝善修容儀。升車正立。不內顧。不疾言。不親指。臨朝淵嘿。尊嚴若神。可謂有穆穆天子之容矣。博覽古今。容受直辭。公卿稱職。奏議可述。然湛乎酒色。趙氏亂內。外家擅朝。言之可爲於邑。臣嘗以爲此二贊。蓋班固直以爲漢業之衰。始此故。詳著其致衰之因。乃在於宮庭屋漏之間。故以侍中婕妤帷幄近習之言證之。方二君之親近儒生。容受直辭也。人必謂多材多藝。而又能用儒。有威有儀而又能受言。有君若此。太平可以立致。不知其退而居乎深宮之中。

則聲樂之溺心。酒色之惑志。所以交攻於內者。乃爾。是時非無眞儒如蕭望之劉向諸賢也。然外戚如許史。宦官如恭顯。皆得以害之。至於連坐繫獄。尙不見用。而望之死。此無他。儒生與戚宦不兩立。而用儒受言與聲音酒色。亦異塗。此重則彼輕。勢使然也。雖然方二君之耽樂也。亦謂曲房隱闥。誰得而知之。不知左右前後之臣。亦有以此而告諸史臣者。後世之史臣知之。則漢庭群臣與當時之庶民。固無不知之。故班固於此二贊。特出所聞之自。以著亡漢之端。其可畏蓋若此。臣久蓄此意。特以元成二君。漢之庸主。不足爲盛時道。且著之奏疏。人所忌諱。無自而發。今幸因陛下所以語群臣者若此。敢盡以奏陳。惟陛下深念而力監焉。

度宗咸淳八年。起居舍人高斯得上奏曰。臣聞人君一身。天地社稷宗廟山川之主。四海九州百萬生靈之所係命。不可以不謹也。古先帝王知其然。故保身之道至嚴極重。起居動作。悉有檢防。出則史官書其言動。御瞽幾其聲音。入則女御叙其燕褻。女史記其御法。惰慢之氣不設於身躬。宴私之意不形乎動靜。凡以制威儀之節。養壽命之源。而爲齊家治國平天下之本也。秦漢以後。古制不存。人主御朝之時。觀聽攸屬。猶或勉於自飭。至於適寢釋服。婦寺後先。其能不爲居養所移者鮮矣。故成帝臨朝淵默。尊嚴若神。有天子穆穆之容。而一入內庭。則聲色並進。女德不厭。趙李爭寵。傷生損德。此杜欽之言所爲發也。陛下春秋鼎盛。行義未過。退朝之暇。遊神典籍。恬泊沖虛。臣中外之所共知也。然日者薄憊和豫少愆。視朝闕者不能無惑。臣謂陛下聖性高明。受祖宗之所付託。不輕而重。其於保身之道。造次克念。戰兢自持。必不若漢季之君所爲。然臣翼翼愚忠。猶願陛下於樂善之餘。益思謹疾之道。凡紛華綺麗。可以傾意而還神者。一皆屏去。玩無逸之所以克壽。思恬淡之可以永年。澄心清魂。保醇練粹。雖於昭陽祏館臨官女子之際。常若露門虎觀對學士大夫之時。則微狩薄恙妄得以匿薄清明之躬。而壽基福本豈不億萬年而有永乎。臣未得登文石之階。陳當世之務。因上故實。獨以是為群言之首。惟陛下赦其狂愚。不識忌諱。而察納焉。

宗正少卿趙景緯言損德害身之大。莫過於嗜欲。而窒嗜欲之要。莫切於思。居處則思敬。動作則思禮。祭祀則思誠。事親則思孝。每御一食。則思天下之飢者。每御一衣。則思天下之寒者。嬪嬙在列。必思夏桀以嬖色亡其國。飲燕方歡。必思商紂以沈湎喪其身。念起而思隨之。則念必息。欲萌而思制之。則欲必消。志氣日以剛。德性日以充。實豈不盛哉。

遼景宗時。郭龍為南院樞密使。尋加兼政事令。以帝數遊獵。上書諫曰。昔唐高祖好獵。蘇世長言不滿十旬。未足為樂。高祖即日罷。史稱其美。伏念聖祖創業艱難。修德布政。宵旰不懈。穆宗逞無厭之欲。不恤國事。天下愁怨。陛下繼統。海內翕然。望中興之治。十餘年間。征伐未已。而寇賊未弭。年穀雖登。而瘡痍未復。正宜戒懼修省。以懷永圖。側聞恣意遊獵。甚於往日。萬一有銜橛之變。搏噬之虞。悔將何及。況南有彊敵伺隙而動。聞之得無生心乎。伏望陛下節從禽酣飲之樂。為生靈社稷計。則有無疆之休。上覽而稱善。

聖宗好擊鞠無度。諫議大夫知宣徽院事馬得臣上書諫曰。臣竊觀房玄齡杜如晦隋季書生。尚不遇太宗。安能為一代名相。臣雖不才。陛下在東宮。幸列侍從。今又得侍聖讀。未有裨補聖明。陛下嘗問臣以貞觀開元之事。臣請畧陳之。臣聞唐太宗侍太上皇宴罷。則挽輦至內殿。玄宗與兄弟懽飲。盡家人禮。陛下嗣祖考之祚。躬侍太后。可謂至孝。臣更望定省之餘。睦六親。加愛敬。則陛下親親之道。比隆二帝矣。臣又聞二帝耽玩經史。數引公卿講學。至于日昃。故當時天下翕然嚮風。以隆文治。今陛下游心典籍。分解章句。臣願研究經理。深造而篤行之。二帝之治。不難致矣。臣又聞太宗射豕。唐儉諫之。玄宗臂鷹。韓休言之。二帝莫不樂從。伏見陛下聽朝之暇。以擊毬為樂。臣思此事有三不宜。上下分朋。君臣爭勝。君得臣奪。君輸臣喜。一不宜也。往來交錯。前後遮約。爭心競起。禮容全廢。若貪月杖。誤拂天衣。臣既失儀。君又難責。二不宜也。輕萬乘之貴。逐廣場之娛。地雖平坦。為堅确。馬雖良。亦有驚蹶。或因奔擊。失其控御。聖體寧無虧損。太后豈不驚懼。三不宜也。臣望陛下念繼承之重。止危險之戲。天下之福。羣臣之願也。

金熙宗時。翰林待制兼右諫議大夫程寀上疏言事。其畧曰。殿前點檢司。古殿巖環衛之任。所以肅禁籞。尊天子。備不虞也。臣幸得近清光。從天子觀時畋之禮。比見陛下校畋。凡羽衛從臣。無貴賤皆得執弓矢。馳逐而聖駕崎嶇沙礫之地。加之林木叢薄。易以迷失。是日自卯及申。百官始出沙漠。獨不知車駕何在。瞻望久之。始有騎來報皇帝從數騎已至行在。竊惟古天子出入警蹕。清道而行。至於楚畋雲夢。漢獵長楊。皆大陳兵衛。以備非常。陛下膺祖宗付託之重。奈何獨與數騎出入林麓沙漠之中。前無斥候。後無羽衛。甚非肅禁籞之意也。臣願陛下熟計之。後若復獵。當預戒有司。圖上獵地。具其可否。然後下令清道而行。擇衝要稍平之地為駐蹕之所。簡忠義爪牙之士。統以親信腹心之臣。警衛左右。俟其麋鹿既來。然後馳射。仍先遣搜閱林藪。明立標幟。為出入之馳道。不然。後恐貽宗廟社稷之憂。

元太祖嘗置酒內廷。粘合重山侍。因諫曰。天子以天下為憂。憂之未

有不治忘憂未有能治者也置酒爲樂此忘憂之術也帝深加納之

太宗素嗜酒日與大臣酣飮耶律楚材屢諫不聽乃持酒槽鐵口進曰麴蘖能腐物鐵尚如此况五臟乎帝悟語近臣曰汝曹愛君憂國之心豈有如吾圖撒合里者耶賞以金帛勅近臣日進酒三鍾而止

世祖時趙天麟上策曰臣聞飮食者日用之常也或一旦不節之而傷生衣服者天常之用也或三冬太厚之而致疾存心於有益之具猶且如斯留意於無益之端害將甚矣欽惟天子卓冠寰中尙令不行何求不得然服食常用之外將安用哉今國家廣祖宗之基業隮遐邇之生靈伐叛柔服進賢黜不肖有三代之隆而庶幾於上古之治矣乃存心於尤物豈不累聖德之齊天哉伏見方今纂組綾錦金珠璧貝未嘗忘之殊方異物禽鳥犀象未嘗卻之至於珍羞異饌自山海而來者多矣俳優賤物充一笑之貲者衆矣其間爲害不一試略陳之夫貧人富戶相去懸殊富者見在上之奢麗雖曰承示儉之詔而不從焉蓋從行不從言也以致風俗大變貧者益貧能無爲盜之民乎極寒之後風雪飛揚漁樵之流乞匃之人龜手粟肌鶉衣襤褸內皆飢餧外罹寒凍原其所失由富民之奢故也貧民之心非獨不欲奢也但其勢不得然耳幸獲微利則又徇習俗而用之此所以貧者益貧也夫金珠璧貝等於塵沙使膏雨不降條風不來五穀不生桑麻不育則坐視金珠璧貝亦無益矣若欲通有無之交易使商旅之資給則有中統至元交鈔在耳安用金珠璧貝哉夫牛馬鷄犬之類中國之所常有上下之所共育畜之無失其時則所謂得實利而壯吾國之基彼班爛之獸槃錯之鳥有之不足以增光無之不足以爲歉者盡力而求之則所謂受虛名而招外方之議也近年以來

有司之秣馬厲兵民庶之糜資破產以征殊域者數矣及其勝也或得咫尺降書之奉或得無益怪物之獻則是用千萬征軍之命而易其無益之怪物也於是悍將據之而爲功百官因之而表慶殊不知千萬征軍之親族號泣旻天而哀達九泉矣天地之氣不和水旱之災又至如此而雖盡獲彼國之怪物何以贖中國士卒之痛哉夫中國常獻足供王用矣彼山海之珍異豈須嗜乎夫育材安衆和樂且耽矣彼俳優之笑具豈須用乎晉武焚雉頭裘宋武碎琥珀枕隋君同土價於黃金唐太宗悲苦寒之鸜鵒食前方丈孟子弗爲鄭聲之淫顏淵欲放斯中主之稚匹夫之聖猶能卓然特立而國家乃使纂組綾錦浼其聖身金珠璧貝浼其聖心禽鳥犀象浼其視俳優鄭聲浼其耳珍羞異饌浼其口腹臣竊爲國家惜之也伏望陛下明探治本杜絕奢風凡纂組綾錦金珠璧貝之用不關禮經者一皆絕之凡犀象鳥獸珍羞異味之獻不在貢典者一皆卻之凡上方及外路無益之局署一皆罷之凡俳優之流不宜使之履禁掖而肆淫戲一皆放之幸從臣言則源清而流清上行而下效不及十年風俗移易矣

天麟又上策曰臣聞式九圍奄八方據寶位以尊臨布至仁以統下者帝王之常事也執壤奠徼土貢身居五服之外心在京畿之內者人臣之常職也故上之臨下如皇穹之覆燾后土之持載蕩蕩然以生成爲心非期於自暇自逸而爲奉養之資也下之事上如嬰兒之慕父母葵藿之傾太陽非宜於自驕自恃而速不庭之愆也商書曰民罔常懷懷于有仁周書曰敦信明義崇德報功由是觀之上施仁而在下不歸懷者未之有也下竭忠而明主不見知者亦未之有也今國家天降百祥天開景運臣竊見遠方玩異纖屬不絕殊域奇珍

騈羅而至。梯山航海。輦賮輿金。或重譯而來呈。或望風而並湊。府無虛月。史不絕書。若以冠帶百蠻。車書萬里而論之。則不世之嘉致。莫大之神功。若以帝王大體。古今通義而言之。則受之而不御。啓之而不杜。亦所以未盡聖明之本心也。且中國九州。地逾萬里。名山大川之所出。日異月新。而以億計。謹按夏禹任土作貢之物。冀州堯都。有供無貢。兗州之域。厥貢漆絲。厥篚織文。青州之域。厥貢鹽絺。海物惟錯。岱畎絲枲。鉛松怪石。厥篚檿絲。徐州之域。厥貢惟土五色。羽畎夏翟。嶧陽孤桐。泗濱浮磬。淮夷蠙珠及魚。厥篚玄纖縞。揚州之域。厥貢惟金三品。瑤琨篠簜。齒革羽毛之類。厥篚織貝。厥包橘柚錫貢。荊州之域。厥貢羽毛齒革。惟金三品。杶幹栝柏。礪砥砮丹。惟箘簵楛。包匭菁茅。厥篚玄纁璣組。九江納錫大龜。豫州之域。漆枲絺紵。厥篚纖纊。錫貢磬錯。梁州之域。厥貢璆鐵銀鏤砮磬。熊羆狐狸織皮。雍州之域

厥貢惟球琳琅玕織皮也。此九州之力。亦足以盡國家之所用矣。夫古天下。今天下。一也。豈以古之中國有其物。而今獨無之。須待求諸他國而後可以充其所用哉。故召公戒其主曰。不作無益害有益。功乃成。不貴異物賤用物。民乃足。珍禽奇獸。不育于國。不寶遠物。則遠人格。眞知言者也。東周之際。楚子不貢包茅。不至無以縮酒。齊桓伏義而問其罪。春秋大之。西漢之時。大宛未服。天馬未來。怒激中國。武帝恃力而侵其城。當代病之。此二者。足以審中國之貢。乃所當然。而遠人之物。未宜取之也。豈惟遠人之物。未宜取之哉。至於中國無益之物。亦不可取之也。是以孝文還千里馬。元帝罷齊三服官。仁儉之名。如揭日月。雖欲下民之不感。豈可得哉。且異物蕩心。其害一也。使外國聞之。而以國家爲有嗜好。其害二也。水陸轉運。役人非細。其害三也。有三害而無一利。亦何尚之哉。伏望陛下。昭揭徽聲。俾揚遐境。凡四遠之納欵者。聽書徼奏聞。而不求其獻物。聽子弟入朝。而不求其納賂。若然。則化天下以德。示天下以無欲。將見西蕃東徼之主。君羲幕靈洲之酋長。承恩而來享。慕道以來王矣。

武宗時。太尉阿沙不花嘗侍帝御五花殿。見帝容色日悴。乃進曰。八珍之味不知御。萬金之身不知愛。此古人所戒也。陛下不思祖宗付託之重。天下仰望之切。而惟麴蘖是沉。姬嬪是好。是猶兩斧伐孤樹。未有不顚仆者也。且陛下之天下。祖宗之天下也。陛下之位。祖宗之位也。陛下縱不自愛。如宗社何。帝大悅曰。非卿孰爲朕言。繼自今毋愛於言。朕不忘也。因命進酒。不花頓首謝曰。臣方欲陛下節飮。而反勸之。是臣之言不信於陛下也。臣不敢奉詔。

英宗即位。參議中書省事張養浩上疏。其略曰。世祖臨御三十餘年。每值元夕。閭閻之間。燈火亦禁。況闕庭之嚴。宮掖之邃。尤當戒愼。今

燈山之構。臣以爲所翫者小。所繫者大。所樂者淺。所患者深。伏願以崇儉慮遠爲法。以喜奢樂近爲戒。帝大怒。既覽而喜曰。非張希孟不敢言。即罷之。

順帝時。蘇天爵上奏曰。天下安危。繫乎人君之一身。人君身安。則天下安矣。是以古之王者。愼起居以節嗜欲。親忠良以稽古訓。蓋所以調護身體。安定黎民。實惟宗社之至計也。欽惟皇帝陛下。纘承正統。端拱淵默。開設經筵。怡神圖史。而祖宗基業之隆。天下安危之計。不可不深慮也。昔者太祖皇帝。龍奮朔方。肇基王迹。身履艱難。櫛風沐雨。削平諸國。以立子孫萬世之基。世祖皇帝。旣臣宋人。遂大一統。選士求材。作新百度。深仁厚澤。普洽群生。列聖相繼。保守治平。至我明宗皇帝、文宗皇帝。遭時多難。播越南北。撥亂反正。中興帝業。臨御未久。傳之嗣聖。洪惟陛下。春秋鼎盛。聖質日長。當祇畏以事天地。誠孝

以奉宗廟。思祖宗之勤勞。念基業之艱難。四方之人亦皆延頸企踵注目傾耳。觀聽陛下德業之光。想望太平治化之盛。近聞起居稍違安適。旋即和平。聖躬萬福。然而不可不慎也。夫以陛下承天地宗廟社稷之重。守祖宗百年之業。爲億兆之人父母。固當夙夜寅畏謹護聖體。以慰臣民之望。今聞鑾輿將出北幸上都。廬帳服御。供奉惟謹。而道路之間寒暑霧露。尤宜調攝。盖人君所愛。莫切於身。忠臣事君亦莫切於愛君之身。嘗聞殷書曰。惟王不邇聲色。夫成湯清心寡欲純乎天德。故能享國長久。爲殷盛王。孔子亦曰。少之時血氣未定。戒之在色。言人少時血氣未定。而傷伐本根。或損壽考之福。故君子戒之。伏惟陛下思天下安危之本。監殷書孔子之言。節嗜欲以調養聖躬。親忠良以日新德業。則宗社奠安。生靈幸甚。

歷代名臣奏議卷之一百九十五

歷代名臣奏議卷之一百九十六

慎微

漢景帝時。郅都爲中郎將。敢直諫。面折大臣於朝。嘗從入上林。賈姬如厠。野彘卒來入厠。上目都。都不行。上欲自持兵救賈姬。都伏上前曰。亡一姬復一姬進。天下所少寧賈姬等乎。陛下縱自輕。柰宗廟太后何。上還。彘亦去。太后聞之。賜都金百斤。

武帝元光元年。趙人徐樂上書曰。臣聞天下之患在於土崩。不在於瓦解。古今一也。何謂土崩。秦之末世是也。陳涉無千乘之尊。尺土之地。身非王公大人名族之後。無鄉曲之譽。非有孔墨曾子之賢。陶朱猗頓之富也。然起窮巷。奮棘矜。偏袒大呼而天下從風。此其故何也。由民困而主不恤。下怨而上不知。俗已亂而政不脩。此三者陳涉之所以爲資也。是之謂土崩。故曰天下之患在於土崩。何謂瓦解。吳楚齊趙之兵是也。七國謀爲大逆。號皆稱萬乘之君。帶甲數十萬。威足以嚴其境內。財足以勸其士民。然不能西攘尺寸之地。而身爲禽於中原者。此其故何也。非權輕於匹夫。而兵弱於陳涉也。當是之時。先帝之德澤未衰。而安土樂俗之民衆。故諸侯無境外之助。此之謂瓦解。故曰天下之患不在瓦解。由是觀之。天下誠有土崩之勢。雖布衣窮處之士。或首惡而危海內。陳涉是也。況三晉之君或存乎。天下雖未有大治也。誠能無土崩之勢。雖有強國勁兵。不得旋踵而身爲禽矣。吳楚齊趙是也。況羣臣百姓能爲亂乎哉。此二體者。安危之明要也。賢主所留意而深察也。間者關東五穀不登。年歲未復。民多窮困。重之以邊境之事。推數循理而觀之。則民且有不安其處者矣。不安故易動。易動者。土崩之勢也。故賢主獨觀萬化之原明於安危之機脩之廟堂之上而銷未形之患其要期使天下無土崩之勢而已矣故雖有強國勁兵陛下逐走獸射蜚鳥弘游燕之囿淫縱恣之觀極馳騁之樂自若也金石絲竹之聲不絕於耳帷帳之私俳優侏儒之笑不乏於前而天下無宿憂名何必湯武俗何必成康雖然臣竊以為陛下天然之聖寬仁之資而誠以天下為務則湯武之名不難侔而成康之俗可復興也此二體者立然後處尊安之實揚名廣譽於當世親天下而服四夷餘恩遺德為數世隆南面負扆攝袂而揖王公此陛下之所服也臣聞圖王不成其敝是以安安則陛下何求而不得何為而不成何征而不服乎哉

東漢光武初禁網尚簡但以璽書發兵未有虎符之信南陽太守杜詩上疏曰臣聞兵者國之凶器聖人所慎舊制發兵皆以虎符其餘徵調竹使而已符第合會取為大信所以明著國令斂持威重也間者發兵但用璽書或以詔令如有姦人詐偽無由知覺愚以為軍旅尚興賊虜未殄徵兵郡國宜有重慎可立虎符以絕姦端昔魏之公子威傾鄰國猶假兵符以解趙圍若無如姬之仇則其功不顯事有煩而不可省費而不得已蓋謂此也書奏從之

獻帝時荊州牧劉表不供職貢多行僭偽遂乃郊祀天地擬斥乘輿詔書下其事少府孔融上疏曰竊聞領荊州牧劉表桀逆放恣所為不軌至乃郊祀天地擬儀社稷雖昏僭惡極罪不容誅至於國體宜且諱之何者萬乘至重天王至尊身為聖躬國為神器陛級縣遠祿位限絕猶天之不可階日月之不可踰也每有一豎臣輒云圖之若形之四方非所以杜塞邪萌愚謂雖有重戾必宜隱忍賈誼所謂擲鼠忌器蓋謂此也是以齊兵次楚唯責包茅王師敗績不書晉人前以露袁術之罪今復下劉表之事是使跛牂欲闚高岸天險可得而登也按表跋扈擅誅列侯遏絕詔命斷盜貢篚招呼元惡以自營衛專為羣逆主萃淵藪部鼎在廟章孰甚焉桑落瓦解其埶可見臣愚以為宜隱郊祀之事以崇國防

魏明帝景初中光祿勳高堂隆疾篤口占上疏曰曾子有疾孟敬子問之曾子曰鳥之將死其鳴也哀人之將死其言也善臣寢疾病有增無損常懼奄忽忠款不昭臣之丹誠豈惟曾子願陛下少垂省覽渙然改往事之過謬勃然興來事之淵塞使神人響應殊方慕義四靈効珍玉衡曜精則三王可邁五帝可越非徒繼體守文而已也臣常疾世主莫不思紹堯舜湯武之治而蹈踵桀紂幽厲之跡莫不蚩笑季世惑亂亡國之主而不登踐虞夏殷周之軌悲夫以若所為求若所欲猶緣木求魚煎水作冰其不可得明矣尋觀三代之有天下聖賢相承歷載數百尺土莫非其有一民莫非其臣萬國咸寧九有有截鹿臺之金鉅橋之粟無所用之仍舊南面夫何為哉然癸辛之徒恃其旅力知足以拒諫才足以飾非諂諛是尚臺觀是崇淫樂是好倡優是說作靡靡之樂安濮上之音上天不蠲眷然回顧宗國為墟下夷于隸紂縣白旗桀放鳴條天子之尊湯武有之豈伊異令皆明王之胄也且當六國之時天下殷盛秦既兼之不脩聖道乃搆阿房之宮築長城之守矜夸中國威服百蠻天下震竦道路以目自謂本枝百葉永垂洪暉豈悟二世而滅社稷崩圮近漢孝武承文景之福外攘夷狄內興宮殿十餘年間天下

竊然乃信越巫鬣慈天遷怒。起建章之宮千門萬戶。卒致江充妖蠱之變。至於宮室乖離父子相殘殃咎之毒禍流數世。臣觀黃初之際天兆其戒異類之鳥育長燕巢口爪胷赤此魏室之大異也。宜防鷹揚之臣於蕭墻之內。可選諸王使君國典兵往往棊跱鎮撫皇畿。翼亮帝室昔周之東遷晉鄭是依漢呂之亂實賴朱虛斯蓋前代之明鑒。夫皇天無親。惟德是輔。民詠德政。則延期過歷下有怨歎。輟錄授能。由此觀之。天下之天下非獨陛下之天下也。臣百寮所鑠氣力稍微。輒自輿出。歸還里舍。若遂沉淪寬而有知結草以報。

晉惠帝時侍中嵇紹上疏曰。臣聞改前轍者則車不傾。革往弊者則政不爽。大一統於元首。百司役於多士。故周文興於上。成康穆於下也。存不忘亡易之善義。願陛下無忘金墉。大司馬無忘潁上。大將軍無忘黃橋。則禍亂之萌無由而兆矣。

宋文帝元嘉中。行幸還多侵夕。微騎常侍何尚之表諫曰。萬乘宜重尊不可輕。此聖心所鑒。豈假臣啓。輿駕比出。還多冒夜群情傾側。實有未寧。清道而動帝王成則。古今深戒。安不忘危若值汲黯辛毗。必將犯顏切諫。但臣等碌碌每存順嘿耳。伏願少採愚誠。思垂省察。不以人廢。適可以慰四海之望。優詔納之。

後魏孝文帝南伐將自小平泛舟幸石濟司空錄尚書事穆亮諫曰。臣聞垂堂之誨。振古成規。於安思危著於周易。是以憑險弗防沒而不弔。匹夫之賤猶不自輕。況萬乘之尊。含生所仰而可忽乎。是故處則深宮廣廈。行則萬騎千乘。昔漢帝欲乘舟渡渭。廣德將以首血汙車輪。帝乃感而就橋。夫一渡小水。猶尚若斯。況洪河浩汗有不測之慮。且車乘由一人猶有奔逸致敗之害。況水之緩急非人所制。脫難出慮表。其如宗廟何。帝曰。司空言是也。

唐太宗貞觀十三年。魏徵恐太宗不能克終儉約。近歲頗好奢縱。上疏諫曰。臣觀自古帝王受圖定鼎皆欲傳之萬代貽厥孫謀。故其垂拱巖廊布政天下。其語道也。必先淳朴抑浮華。其論人也。必貴忠良鄙邪佞。言制度也。則絕奢靡而崇儉約。談物產也。則重穀帛而賤珍奇。然受命之初皆遵之以成治。稍安之後多反之而敗俗。其故何哉。豈不以居萬乘之尊。有四海之富。出言而莫己逆。所為而人必從。公道溺於私情。禮節虧於嗜欲故也。語曰。非知之難。行之惟難。非行之難。終之斯難。所言信矣。伏惟陛下年甫弱冠。大拯橫流。削平區宇。肇開帝業。貞觀之初。時方克壯。抑損嗜欲。躬行節儉。內外康寧。遂臻至治。論功則湯武不足方。語德則堯舜未為遠。臣自擢居左右十有餘年。每侍帷幄。屢奉明旨。常許仁義之道守之而不失。儉約之志終始不渝。一言興邦。斯之謂也。德音在耳。敢忘之乎。而頃年以來。稍乖曩志。敦朴之理漸不克終。謹以所聞列之如左。陛下貞觀之初。無為無欲。清靜之化遠被遐荒。考之於今。其風漸墜。聽言則遠超於上聖。論事則未踰於中主。何以言之。漢文晉武俱非上哲。漢文辭千里之馬。晉武焚雉頭之裘。今則求駿馬於萬里。市珍奇於域外。取怪於道路。見輕於戎狄。此其漸不克終一也。昔子貢問理人於孔子。孔子曰。懍乎若朽索之馭六馬。子貢曰。何其畏哉。子曰。不以道導之。則吾讐也。若何其無畏。故書曰。人惟邦本。本固邦寧。為人上者柰何不敬。陛下貞觀之始。視人如傷。恤其勤勞。愛之如子。每存簡約。無所營為。頃年以來。意在奢縱。忽忘卑儉。輕用人力。乃云百姓無事則驕逸。勞役則易使。自古以來。未有由百姓逸樂而致傾敗者也。何有逆畏其驕逸而故欲勞役之哉。恐非興邦之至言。豈安人之長筭。此其漸不克終二也。陛下貞觀之初。損己以利物。至於今者。縱欲以勞人。卑儉之迹歲改。驕侈之情日異。雖憂人之言不絕於口。而樂身之事實切於心。或時有所營。慮人致諫。乃云若不為此。不便我身。人臣之情。何可復爭。此直意在杜諫者之口。豈曰擇善而行者乎。此其漸不克終三也。立身成敗。在於所染。蘭芷鮑魚。與之俱化。慎乎所習。不可不思。陛下貞觀之初。砥礪名節。不私於物。唯善是與。親愛君子。疏斥小人。今則不然。輕褻小人。禮重君子。重君子也敬而遠之。輕小人也狎而近之。近之則不見其非。遠之則莫知其是。莫知其是。則不間而自疏。不見其非。則有時而自昵。昵近小人。非致理之道。疏遠君子。豈興邦之義。此其漸不克終四也。書曰。不作無益害有益。功乃成。不貴異物賤用物。人乃足。犬馬非其土性不畜。珍禽奇獸弗育於國。陛下貞觀之初。

動遵堯舜。捐金抵璧。反朴還淳。頃年以來。好尚奇異。難得之貨。無遠不臻。珍玩之作。無時而至。上好奢靡而望下敦朴。末作滋興而求農人豐實。其不可得亦已明矣。此其漸不克終五也。貞觀之初。求賢如渴。善人所舉。信而任之。取其所長。恐其不及。近歲以來。由心好惡。或衆善舉而用之。或一人毀而棄之。或積年信而任之。或一朝疑而遠之。夫行有素履。事有成跡。所毀之人。未必可信於所舉。積年之行。不應頓失於一朝。且君子之懷。蹈仁義而弘大德。小人之性。好讒佞以為身謀。陛下不省察其根源。而輕為之臧否。是使守道者日疏。干求者日進。所以人思苟免。莫能盡力。此其漸不克終六也。陛下初登大位。高居深視。事惟清靜。心無嗜欲。內除畢弋之物。外絕畋獵之源。數載之後。不能固志。雖無十旬之逸。或過三驅之禮。遂使盤遊之娛。見譏於百姓。鷹犬之貢。遠及於四夷。或時教習之處。道路遙遠。侵晨而出。入夜方還。以馳騁為歡。莫慮不虞之變。事之不測。其可救乎。此其漸不克終七也。孔子曰。君使臣以禮。臣事君以忠。然則君之待臣。義不可薄。陛下初踐大位。敬以接下。君恩下流。臣情上達。咸思竭力。心無所隱。頃年以來。多所忽略。或外官充使。奏事入朝。思覩闕庭。將陳所見。欲言則顏色不接。欲請又恩禮不加。間因所短。詰其細過。雖有聰辯之略。莫能申其忠款。而望上下同心。君臣交泰。不亦難乎。此其漸不克終八也。傲不可長。欲不可縱。樂不可極。志不可滿。四者前王所以致禍。通賢以為深誡。陛下貞觀之初。孜孜理化。屈己從人。恒若不足。頃年以來。微有矜放。恃功業之大。意蔑前王。負聖智之明。心輕當代。此傲之長也。欲有所為。皆取遂意。縱或抑情從諫。終是不能忘懷。此欲之縱也。志在嬉遊。情無厭倦。雖不全妨政事。不復專心治道。此樂將極也。率土乂安。四夷款服。仍遠勞士馬。問罪遐裔。此志將滿

也。親狎者阿旨而不肯言。疏遠者畏威而莫敢諫。積而不已。將虧聖德。此其漸不克終九也。昔堯舜成湯之時。非無災患。而稱其聖德者。以其有始有終。無為無欲。遇災則極其憂勤。時安則不驕不逸故也。貞觀之初。頻年霜旱。畿內戶口並就關外。攜負老幼。來往數千。曾無一戶逃亡。一人怨苦。此誠由陛下矜育之懷。所以至死無攜貳。頃年已來。疲於徭役。關中之人。勞弊尤甚。雜匠之徒。下日悉留和雇。正兵之輩。上番多別驅使。和市之物。不絕於鄉閭。遞送之步。不絕於道路。既有所弊。易為驚擾。脫因水旱。穀麥不收。恐百姓之心。不能如前日之寧帖。此其漸不克終十也。臣聞禍福無門。唯人所召。人無釁焉。妖不妄作。伏惟陛下統天御寓十有三年。道洽寰中。威加海外。年穀豐稔。禮教聿興。比屋喻於可封。菽麥同於水火。暨乎今歲。天災流行。炎氣致旱。乃遠被於郡國。凶醜作孽。忽近起於轂下。夫天何言哉。垂象

示誠斯誠陛下警懼之辰憂勤之日也。若見誠而懼。擇善而從。同周文之小心。追殷湯之罪己。前王所以致理者勤而行之。今時所以敗德者思而改之。與物更新。易人視聽。則寶祚無疆。普天幸甚。何禍敗之有乎。然則社稷安危國家理亂。在於一人而已。當今太平之基既崇。極天之峻。九仞之積猶虧一簣之功。千載休期時難再得。明主可為而不為。微臣所以鬱結而長歎者也。臣誠愚鄙不達事機。略舉所見十條。輒以上聞聖聽。伏願陛下採臣狂瞽之言。參以芻蕘之議。冀千慮一得。衮職有補。則死日生年甘從斧鉞。疏奏。太宗謂魏徵曰。人臣事主。順旨甚易。忤情尤難。公作朕耳目股肱。常論思獻納。朕今聞過能改。庶幾克終善事。若違此言。更何顏與公相見。復欲何方以理天下。自得公疏。反覆研尋。深覺詞強理直。遂列為屏障。朝夕瞻仰。又錄付史司。冀千載之下識君臣之義。乃賜徵黃金十斤。廐馬二匹。

太宗又謂侍臣曰。治國如治病。病雖愈。尤宜將護。儻遽自放縱。病復作。則不可救矣。今中國幸安。四夷俱服。誠自古所希。然朕日慎一日。唯懼不終。故欲數聞卿輩諫諍也。魏徵曰。內外治安。臣不以為喜。惟喜陛下居安思危耳。

太宗問侍臣守天下難易。魏徵對曰。甚難。太宗曰。任賢能。受諫諍。則可。何謂為難。徵曰。觀自古帝王。在於憂危之間。則任賢受諫。及至安樂。必懷寬怠。言事者惟令兢懼。日陵月替。以至危亡。聖人所以居安思危。正為此也。

高宗時。浮屠盧伽逸多治丹。曰可以續年。高宗欲遂餌之。東臺侍郎郝處俊諫曰。脩短固有命。異方之劑。安得輕服哉。昔先帝詔浮屠那羅邇娑寐案其方書為祕劑。取靈諦怪石。歷歲乃能就。先帝餌之俄而大漸。上醫不知所為。群臣請顯戮其人。議者以為取笑夷狄。故法不得行。前鑑不遠。惟陛下深察。帝納其言。

武后時。突厥使者入見。皇太子應朝。有司移文東宮召太子。太子右庶子崔神慶諫曰。五品以上佩龜者。蓋防徵召之詐。內出龜以合之。況太子乎。古者召太子用玉契。此誠重慎防萌之意。不可不察。凡處事於未萌之前。故長無悔吝之咎。今太子與陛下異宮。非朝朔望而別喚者。請降墨敕玉契。詔可。

麟臺正字陳子昂論人機疏曰。臣聞天下有危機。禍福因之而生。機靜則有福。機動則有禍。天下百姓是也。夫百姓安則樂其生。不安則輕其死。輕其死。則無所不至也。故曰。人不可使窮。窮之則姦宄生。人不可數動。動之則災變起。姦宄不息。災變日興。伏逆乘興。天下亂矣。當今百姓雖未窮困。軍旅之弊不得安者尚五六年矣。夫妻不得相保。父子不得相養。自劍已南爰至河隴秦涼之間。山東則有青徐曹

汴。河北則滄瀛恆趙。莫不或被飢荒。或遭水旱。兵役轉輸。疾疫死亡。流離浮散。十至四五。可謂不安矣。幸得陛下以仁聖之恩憫其失業。邊境所在。有兵戟之役。一切且停。遂使困窮之人尚得與妻子相見。父兄相保。若復其業。獲以救窮人之心。稍安殆半年矣。天下可謂幸甚。愚臣切賀陛下得天下之機能淡靜之。非陛下至聖大明不能如此也。愚臣今所以為陛下更論天下之危機者。恐將相有貪夷狄之利。又說陛下以廣地強武為威。誅動甲兵以事邊塞。陛下或未知天下有危機。萬一聽之。臣懼機失禍搆。則天下有不可奈何也。詩不云乎。人亦勞止。汔可小康。惠此中國。以綏四方。故臣願陛下垂衣裳。脩文德。去刑罰。勸農桑。以息天下之人。務與之共安。然後使遐荒蠻夷自知中國有聖人。重譯而入貢。愚臣竊以為當今天下之大計也。伏惟陛下念之。伏惟陛下念之。近者隋煬帝不知天下有危機。自以為威

德廣大欲建萬代之業動天下之衆殫萬人之力兵役相仍轉輸不絕北討胡貉東伐遼人於是天下百姓窮困人不進命機動禍搆遂喪天下此是不知天下有危機而信貪佞之人冀收夷狄之利卒以滅亡者也隋氏之失可以殷鑒豈不大哉伏惟陛下察之伏惟陛下察之國家所伐吐蕃有大失策中國之衆半天下受其弊遂事不諫當復何言陛下不以臣愚蒙可採一賜召臣至玉階得以口論天下幸甚臣子昂言臣本下愚素知大體今月十六日特奉勅恩賜臣紙筆遣於中書言天下利害天之降命敢不對揚而孤負聖恩萬一無補死罪死罪謹率愚見封進以聞塵黷玉階伏闕累息

中宗嗣聖元年武承嗣請追王其祖立武氏七廟太后從之裴炎諫曰太后母臨天下當示至公不可私於所親獨不見呂氏之敗乎太后曰呂氏以權委生者故敗今吾追尊亡者何傷乎對曰事當防微

杜漸不可長耳太后不從

玄宗時呂向奏不令突厥入仗馳射疏曰臣聞鴟梟不鳴未爲瑞鳥猛虎雖伏豈齊仁獸是由醜性毒行久務常積故也今夫突厥者正與此類安忍殘賊莫顧君親陛下持武義臨之脩文德來之既慴威靈又沐聲教以力以勢不得不庭故稽顙犇臣奔命遣使陛下乃能收其順劫雜以從官赴封禪之禮奉玉帛之會此德業自盛固不可名焉因侵詔許侍遊召入禁仗仰奐安之四照送神藝之百發恩意俱極誠無得踰焉乃更賜以馳逐使操刀矢競飛鏃於前同獲獸之樂是胥畧太過未敢取也雖聖明豁達與物無猜而愚臣猶細爲時加慄倘此等各懷犬吠交肆盜憎荊軻飽動何羅竊至蹔逼嚴蹕稍冒清蹕將何及

憲宗喜方士柳泌爲帝治丹劑求長年帝御劑中躁病渴起居舍人裴潾諫曰夫除天下之害者當受天下之利共天下之樂者常饗天下之福故上自黃帝顓頊堯舜禹湯文武咸以功濟生人天皆報以耆壽垂榮無疆陛下以孝安宗廟以仁牧黎庶攘剗袄凶復張太平賓禮賢俊待以終始神功聖德前古所不及陛下躬行之天地宗廟必相陛下以億萬之永今乃方士韋山甫柳泌等以丹術自神更相稱引詭爲陛下延年臣謂士有道者皆匿名滅景無求於世豈肯干謁貴近自鬻其伎哉今所至者非曰知道咸求利而來自言飛鍊爲神以誅權賄偽窮情得不恥遁亡豈可信厥術御其藥哉臣聞人食味別聲被色而生者也味以行氣氣以實志水火鹽梅以烹魚肉宰夫和之齊之以味君子食之以平其心夫三牲五穀禀五行以生也發爲五味天地生之所以奉人聖人節調以致康彊若乃藥劑者所以攻疾豈常進之餌哉況又金石性本酷烈而燒治積年包炎產毒

未易可制夫秦漢之君亦信方士矣如盧生徐福欒大李少君後皆詐譎無成功事暴前策皆可驗視禮君之藥臣先嘗之父之藥子先嘗之臣子一也願以所治劑俾其人服之竟一歲以考真偽則無不驗矣

穆宗即位初怠荒于政戚里多所請丐挾宦人詞禁中語關託大臣翰林學士李德裕建言舊制駙馬都尉與要官禁不往來開元中訶督尤切今乃公至宰相及大臣私第是等無他材直洩漏禁密交通中外耳請白事宰相者聽至中書無輒詣第帝然之

初憲宗喜方士柳泌爲治丹劑求長年後帝竟以藥棄天下穆宗雖誅泌而後稍稍復惑方士布衣張皋上疏曰神慮澹則血氣和嗜欲勝則疾疹作古之聖賢務自頤養不以外物橈耳目聲色敗情性繇是和平自臻福慶用昌在易無妄之疾勿藥有喜在詩自天降康降

福穰穰。此天人之符也。然則藥以攻疾。無疾不用藥也。高宗時。處士孫思邈達於養生。其言曰。人無故不應餌藥。藥有所偏助。則藏氣為不平。推此論之。可謂達見至理。夫寒暑為賊。節宣乖度。有資於醫。尚當重慎。故禮稱醫不三世。不服其藥。庶士猶爾。況天子乎。先帝晚節喜方士。累致危疾。陛下所自知。不可蹈前覆。迎後悔也。今人人竊議。直畏忤旨。莫敢言。臣蓬藪之生。非以邀寵。顧忠義可為者。聞而默則不安。願陛下無忽。帝善其言。

後唐明宗時。歲屢豐熟。中國無事。中書侍郎馮道上言曰。臣為河東掌書記時。奉使中山。過井陘之險。懼馬蹶失。不敢怠於銜轡。及至平地。謂無足慮。遽跌而傷。凡蹈危者慮深而獲全。居安者患生於所忽。此人情之常也。

宋仁宗景祐元年。參知政事宋綬上奏曰。臣聞自古守成之君。率皆

兢畏不忘顧省。何者。慮人心逸於久安。而患害生於所忽。故常立防於無事之始。銷變於未萌之前。若事至而應。不已殆歟。臣願飭勵羣臣。交修庶職。勿以治平自怠。勿以纖微不謹。則可以保至尊而享洪業也。又竊思馭下之道有三。蓋臨事尚乎守。當機貴乎斷。兆謀先乎密。夫惟能守則姦莫由移。斷則邪莫由惑。密則事莫由變。是三者治亂安危之所繫。願陛下欽之念之。至若朝務清夷。深居閒燕。亦願陛下愛養玉體。節宣所以順四時。聲味所以調六氣。勿至傷過。乃克和平。自然擁百靈之休。享無疆之福。豈不善哉。

四年。蘇舜欽上疏曰。臣聞重門尚設。於易夫擊柝以待乎暴客。是皆前籍立戒。以監後人。故國門九關。楗柝百重。刑人以守閽。下士以拂闈。所以深嚴帝所。以備非常。古者非有符節。不得輒入君門。降及後來。乃設籍禁。品庶官之高下。限諸門之出入。故東籍而西入者。律令有文。為臣竊見國朝皇城官門皆無名籍。往來無閑。甚非防微之旨也。臣欲乞今後內城諸門。應分番宿直諸色人等。各立名籍。仍差中官專切提轄。

至和二年。翰林學士歐陽脩上奏曰。臣聞人臣之能盡忠者。不敢避難言之事。人主之善馭下者。常欲聞難言之言。然後下無隱情。上無壅聽。姦宄不作。禍亂不生。自古固有伏藏之禍。未發之機。天下之人皆未知而有一人能獨言之。人主又能聽而用之。則銷患於未萌。轉禍而為福者有矣。若夫天下之人共知。而獨人主不知者。此莫大之患也。今臣之所言者。乃天下之人皆知。而惟陛下未知也。今士大夫無貴賤。相與語於親戚朋友。下至庶民。無愚智。相與語於閭巷道路。而獨不以告陛下。其故何也。蓋其事伏而未發。言難於指陳也。臣切見樞密使狄青。出身行伍。號為武勇。自用兵陝右。已著名聲。及捕賊

廣西。又薄立勞效。自其初掌機密。進列大臣。當時言事者已謂不便。今三四年間。雖未見其顯過。然而不幸有得軍情之名。推其所因。蓋因軍士本是小人。而有黥文。樂其同類。見其進用。自言我輩之內出得此人。既以為榮。遂相悅慕。加又青之事藝實過於人。比其輩流。又粗有見識。是以軍士心共服其材能。國家從前難得將帥。經略招討常用文臣。或不知軍旅。或不閑訓練。自青為將領。既能自以勇力服人。又知訓練之方。頗以恩信撫士。以臣愚見。如青所為。尚未得古之名將一二。但今之士卒不慣見如此等事。便謂須是我同類中人。乃能知我軍情。而恩信撫我。青之恩信亦豈能徧及於人。但小人易為扇誘。所謂一犬吠形。百犬吠聲。遂皆翕然。喜共稱說。且武臣掌機密而得軍情。不唯於國家不便。亦於其身未必不為害。然則青之流言。軍士所喜。亦其不得已而勢使之然也。臣謂青不得已而為人所喜。

亦將不得已而為人所禍者矣為青計者自宜退避事權以止浮議
而青本武人不知進退近日以來訛言益甚或言其身應讖言其宅
有火光道路傳說以為常談矣而唯陛下猶未聞也且唐之朱泚本
非叛者倉卒之際為軍士所迫爾大抵小人不能成事而能為患者
多矣泚雖自取族滅然為德宗之患亦豈小哉夫小人陷於大惡未
必皆其本心所為皆由漸積以至蹉跌而時君不能制患於未萌故
臣敢昧死而言人之所難言唯願陛下早聞而消察之爾如臣愚見
則青一常才未有顯過但為浮議所喧勢不能容爾若如外人衆論
則謂之用心有不可知者此臣之所不能決也但武臣掌機密而為
軍士所喜自於事體不便不計青之用心如何也伏望聖慈深思遠
慮戒前世禍亂之迹制於未萌密訪大臣早決宸斷罷青機務與一
外藩以此觀青去就之際心迹如何徐察流言可以臨事制變且二

府均勞逸而出入亦是常事若青之忠孝出處如一事權既去流議
漸消則其誠節可以永保終始夫言未萌之患者常難於必信若俟
患之已萌則又言無及矣臣官為學士職號論思聞外議喧沸而事
係安危臣言狂計愚不敢自默

備知諫院又上奏曰臣近據永寧軍捉獲作過兵士已曾共結集作
過因依聞奏訖蓋以河北屯聚兵馬雖多自來未有威名將帥鎮撫
而卒士驕很相習為常昨自保州變亂之後安肅軍衛州通利軍等
處相繼結集不已只如今來趙牧等本亦別無酷虐情狀只是偶然
東試不當況自有部署轉運提點刑獄司等處自可依公論訴豈得
小不如意便謀結集以此見雖是官吏乖方亦由驕兵好亂臣伏見
有唐驕兵逐帥之禍起自河北始務姑息養成大患况今河北為國
家重地事之利害所繫不輕尤宜遠慮周思防微杜漸今官吏敗事

偶寬責罰未至失刑若驕兵過示姑息一起其端則他時有不可制
之患昨保州之事知州通判並遭殺害其餘官吏各重行降責至今
保兵自為得志動皆引以為言而即日統兵之官亦自始以為戒軍
威日削士氣益驕今永寧之事亦因兹而馴致也其趙牧等雖為可
罪若便重行黜責則河北驕兵結集竊恐自此漸多開啓其端養成
後患以此而言趙牧等可罪之人誠不足惜所可惜者朝廷事體也
其趙牧等欲乞候斷訖作過兵士且與移一河北隣近依舊資序差
遣不使驕兵得志而後患轉滋必欲更行移降事宜候朝旨定逾時
亦未為晚

侍御史趙抃上言曰臣竊以輔弼疑丞所宜協力共濟謀猷獻替須
藉至公不私若始無防閑則終至間隙中書者天下瞻望之地苟非
執政大臣同心同德則何以上副聖主焦勞求治欲元元見太平之

意也伏見宰臣文彥博與參知政事程戡是兒女正親家俱曾陳乞
迴避未蒙聖旨允許然以公朝無疑誠於事體不便且人情豈遠機
務寔繁矧當鈞衡聯比姻婭一議或異則必生形迹之非一言偶同
則豈免黨與之謗臨事同異兩難處之今夫一郡一縣小官同僚尚
以親嫌必使易地又况中書執天下刑賞之柄繫天下休戚之本日
有議論處置大事豈於親戚乃不為嫌乎臣伏望陛下特賜宸斷可
其奏請使得相迴避則中外無有間言也

仁宗時宋祁上奏曰符契之信天子所以拱斂威重豫防邪僞其在
兵賦尤重自周官鎮圭以召守牙璋以興師漢氏始與郡國為竹使
符以代牙璋光武中興禁法疎簡但以璽書發兵於是杜詩建言以
為事有煩而不可省費而不得已請復虎符絕姦端朝廷更從其議
魏晉訖唐罔不遵用惟五代蠹弱州國褊近咫命慕達不容有詐於

是周顯德六年，始去符契，專以印章為驗。國初受命，方事之繁急，於邊防未暇備復。方今地大師衆，巧譎變萌，承平既久，民不知戰，緩急邊垂有警，而詔文單下，誠恐細人間諜，姦詐摸寫，乘機徼幸，稽逗期會，無以察知，則國家亦當居安思危，先事立制，奪邪人竊發之便。願復存節官，以明慎國命。凡發兵百人以上，財賦百萬以上，皆待符與詔書雙下，使郡國合而後遣。百人百萬以下，則符契特行焉。據為大信，誠有國之要務。其符之形製，乞下有司詳案舊典施行。

劉敞上奏曰：臣伏以為國之道，防患於未然，遠嫌於萬一，所以安群情，止邪謀也。伏聞張茂實本周王乳母子，嘗養宮中，故往年市人以狂言動茂實，頗駭物聽。近者韓絳又以譏說傾宰相，動搖人心，則是一茂實之身，遠則為小人所指目，近則為群臣所疑懼。雖聖心坦然於物無猜，恐未能家至戶曉，使人人不惑也。假令茂實其心如丹，必無它腸，亦未能家至戶曉，使人人不憂也。如此，則備宿衛與兵馬，適足以啓天下之惑，動天下之憂，甚非重宗廟、安臣民、備萬一之計。臣謂今日之宜，要令兩善，莫若解茂實兵權，處以外郡。於茂實不失富貴，而朝廷得遠嫌疑，此最策之善者也。昔王郎自稱劉子輿，盧芳自號劉文伯，因疑飾僞，未必皆有犯上之心，但流言驅煽，群情眩惑，使之然耳。臣忝近列，方當遠出，心之所疑，不敢不極論，乞以臣言密付執政商量。

起居舍人同知諫院司馬光論臣寮上殿屏人劄子曰：臣等竊聞自先帝以來，應兩府臺諫官等上殿奏事，左右侍臣悉皆屏退，蓋以君不密則失臣，臣不密則失身，重慎樞機，不得不爾。竊見近日臣寮上殿奏事，左右侍臣不遵舊制，或有進至殿角板障門以裏，與御座相去不過數步，陛下德音及群臣敷奏之語，皆可聽聞，其間有機密大

事，若致漏泄，大為不便。欲乞一依舊制，今後應遇兩府臺諫官等上殿奏事，其左右侍臣並於殿角板障門外、踏道下祗候，仍乞委都知押班於兩邊板障門外檢校。如敢竊有所聽者，並具姓名聞奏，勘罪施行。

光知諫院時，論夜開宮門狀曰：臣竊聞今月二十五日，十三公主薨，其日已日中送殯出城，留宮門及城門至夜深方閉，物情駭異，以為非宜。雖陛下慈愛至深，然門關之禁，不可不嚴。若以式律言之，夜開宮殿門及城門者，皆須有墨勅魚符，具受勅人具録所開之門，并出入人帳，送中書門下，自監門衛大將軍以下俱詣閤覆奏，御注聽，即請合符門鑰。監門官司先嚴門仗，所開之門內外並立隊，燃炬火，對勘符合，然後開之。符雖合，不勘而開，若勘符不合而為開，及不承勅而擅開閉，若得出入者，剩將人出入，其刑名輕者徒流，重者處絞。今以乳兒出殯之故，內自禁掖，外達郊野，諸門洞開，一如晝日，車馬往來絡繹不絕，出入之人無復譏訶，有如萬分之一，姦險不逞之人雜處其間，豈可不為之寒心哉。伏望陛下深監安危，防微杜漸，自今宮殿門、城門，並須依時開閉，非有急切大事，勿復夜開。必不得已須至夜開者，即乞陛下親降手勅，加以御寶，受勅之人仍寫出入人帳，委宿衛當上之官衆共驗勅文真的，然後覆奏，候再見御批，方請門鑰，與監門官親自監開，依帳點閱人數，放令出入，即時下鎖，進納門鑰。其宿衛監門官司若不見手勅及御批而輒敢開者，依不承勅而擅開閉律文施行。雖有手勅御批，不參驗及不親自監開點閱人數者，依符雖合不勘而開律文施行。庶可以養當而衆之威尊，消姦宄於未萌也。

神宗熙寧四年，御史中丞楊繪論王安石奏曰：臣竊見人君獨享天

下之奉其勢至隆也以一人而堀居深宮之中其身至孤也以其勢之至隆固不可不先絕乎覬覦也以其身之至孤固不可不深防乎危禍也故周易之垂訓未嘗不戒之於無端如坤之初六當一陰生之時應建午之月豈惟無堅冰而已兼亦無履霜也而曰履霜堅冰至斯不謂戒之於無我其象曰履霜堅冰陰始凝也馴致其道至堅冰也其文言曰陰疑於陽必戰由辨之不早辨也一陰始生其卦直遘其六五曰有隕自天志不捨命也臨卦才二陰生爾聖人已逆戒之曰至於八月有凶豈亦不謂戒之於無我蓋謂必無而忽之則有時而或有也謂之爲或有而備之則必無矣是以古聖賢者之著書立言垂教於後世未嘗不先以辨君臣尊卑爲首務也昔高郢作魯議夫以天子禮樂祀於周公之廟止施於死者也高郢猶著論以非之者蓋天子之禮樂不可以兩用之臣觀古史凡有得建天子旌旗

者未有不至於大故然後知高郢之論於防微之道著也唐陳越伊尹論亦斯之類焉云此皆賢聖之權臣竊謂古聖賢未嘗不以尊君卑臣爲常道至於權者出於聖賢之不得已亦未敢明著于書者蓋懼後世亂臣賊子如莽操卓溫之輩假之以爲名也臣欲一言於陛下然亦望陛下恕之乎不恕之乎恕之則不漏其言臣之禍猶賒不恕之乎臣之禍不測然臣豈得畏不測之禍而不進忠於陛下也臣竊見唐賢多以所爲之文見其人一生行事如蓍蔡之不謀如李紳作閔農詩士稱其有宰相器韓愈稱歐陽詹亦曰讀其書知其於慈孝最隆也丁謂詩有天門九重開終當掉臂入王禹偁讀之曰入公門鞠躬如也天門豈可掉臂入乎此人必不忠後果如其言臣聞王安石文章之名久矣嘗聞其詩曰今人未可輕商鞅商鞅能令政必行今觀其行事已頗類之矣臣竊嘗感其文今謹昧死而條之乞陛

下恕臣罪而反覆詳之王安石雜說曰魯之郊也可乎曰有伊尹之志則放其君可也有湯之仁則絀其君可也有周公之功則用郊不亦可乎王安石雜說曰周公用天子禮樂可乎周公之功人臣所不能爲天子禮樂人臣所不得用有人臣所不能爲之功而報之以人臣所不得用之禮樂此之謂稱王安石雜說曰有伊尹之志而放君可也有周公之功而代兄可也有周之后妃之賢而求賢審官可也夫以后妃之賢而佐王以有天下其功豈小補哉與夫婦人女子從夫子者可同日語乎臣竊謂孟子勸齊王無毀明堂者蓋當時天下無定主故敢爾若言之於一統之世則孟子豈不爲罪人今王安石於君尊臣卑重熙累盛之朝而驟然再三丁寧於伊尹放君周公用天子禮樂之事臣願陛下詳其文而防其志臣言必死罪不敢避

兵部員外郎兼起居舍人同知諫院范純仁奏言王安石變祖宗法

度掊克財利民心不寧書曰怨豈在明不見是圖願陛下圖不見之怨神宗曰何謂不見之怨對曰杜牧所謂天下之人不敢言而敢怒是也神宗嘉納之

純仁乞將章辟光所奏宣示臺官疏曰臣近聞臺官上言著作佐郎章辟光不合妄進文字語干岐王臣以不見辟光所陳但聞外議喧騰未能知其實否伏緣國朝親王外居自有故事豈容小臣輒生間言伏望聖慈將章辟光所奏宣示臺官如別無過當之言則可以安中外之心如其言涉輕妄則乞依臺官所奏早行貶降以戒憸佞若只但示含容足使外議傳播及岐王聞之不能自安於陛下友愛之間所損不細防微杜漸不可不察

徽宗建中靖國元年六月八日御史中丞王覿上殿劄子曰臣聞君不密則失臣臣不密則失身幾事不密則害成故自昔禁中之語造

睽之言，皆不可以宣露於外。至於章疏，君有留中而不出，臣有焚藁而不存者，謂君臣之所當共密也。若宜密而不密，臣既有後患之憂，君亦不復得盡忠之言矣。如聞近日以紹聖、元符以留中章疏付哲宗實録院，臣愚切慮非所以開言路也。伏望聖慈更賜詳酌。

左正言任伯雨乞慎密幾事劄子曰：臣聞《書》曰：「一日二日萬幾。」《易》曰：「幾者動之微，吉之先見者也。君子見幾而作，不俟終日。」古之聖人所以濟天下之務者，知此而已矣。陛下即位之初，洎請慈闈共護神器，皇太后以宗廟社稷為心，察聖嗣見微之意，權宜之請，未忍不從，可謂見幾而作，不俟終日，吉之先見，孰大於此！至於預定還政之期，形于手書，事光前人，道越千古。此乃上天眷佑，開誘聖衷，而四海生靈無窮之福也。然而母道以至慈為本，而聖孝以報德為大，事有先後，政有緩急，治亂安危之幾，皆繫於此，思而行之，不可以失其叙也。今者二三大臣，貞誣神考，輕欺先帝，讎毀宣仁，推廢母道。陛下若置而不問，則無以慰天人之心；遽有施行，則無以順太母之慈。然則祔廟以前，且當明辨邪正；躬攬以後，乃可大明黜陟。當先者不可後，宜緩者不當急也。惇等未去朝廷，而遽令王珪子孫叙復，如此之類，先後緩急失其叙矣。臣願陛下居安思危，詳考古事，順德慈闈，稟訓而行，慎之重之，以密幾事。天下幸甚。

伯雨奏宜幾察出入狀曰：臣近為火在房心之間，曾具奏聞。今來火自房心之間，直上而行，其於心星，遂無淩犯。若非陛下先發誠意，預思消復之理，惻怛恐懼，格于皇天，則安能使熒惑改度，如前史所載之盛事乎！天心可見，聖念可知，華夷為泰，斷可必矣。然而臣竊思之，前於熒惑歷氐犯房，房乃天子之明堂也。方哲宗靈駕發引以前，事未定疊，明堂之上，宮舍之中，正是幾察出入、防微杜漸之時，不可以

悲擾事叢而廢警備也。臣愚既有所見，未敢不言，伏望聖慈赦其僭易，幸甚。

伯雨又乞周防內庭狀曰：臣伏念臣孤賤之迹，誤蒙陛下識拔，不次異恩，誓以死報，故愛君憂國，忠誠迫切，不識忌諱，遇事必言。伏見今月十四日皇太后奄棄四海之養，陛下作失東朝依恃，內庭之事，動關聖慮，當此之際，可不周防。臣願陛下諸事嚴肅，倍加謹密。蓋陛下自潛邸入承大統，雖天人屬望，內外欣戴，然禁掖情偽，未盡諳詳。古人謂人心險於山川，難於知天。近日獄事亦可見矣。臣又見自正月已來，天色陰晦，風雪經旬，天意示戒，蓋為陰干陽之象也。陛下上為宗廟社稷大計，不可不慮。以此觀之，理須嚴肅。臣又思之，國家財用空竭，無甚今日。加以二年之間，繼遭變故，費用之廣，不可殫舉。陛下聖孝報親，思極四海之奉，如園陵所須，固有舊制，不可增損。至如遺留支賜、諸色浮費，無益往者，皆可痛行裁損。又如土木之役，如西京之類，及他修造，甚非急務，一切可停，量時緩急，以辦大事，使民力不勞，而國用可足。此寔陛下報親之盛德也。惓惓愚忠，伏願陛下留神采覽，天下幸甚。

陳瓘上奏曰：臣嘗謂治虜之術，自三代以來，未有如本朝之得計也。堅守無失，是以久無邊患。方彼民捕魚之時，未有爭也，而仁祖所以止絕之者，杜其爭端而已。所謂圖難於其易，而為之於未有也。老子曰：「天下之難事必作於易，天下之大事必作於細。」又曰：「其安易持，其未兆易謀，其脆易泮，其微易散。為之於未有，治之於未亂。合抱之木生於毫末，九層之臺起於累土，千里之行始於足下。為者敗之，執者失之。是以聖人無為故無敗，無執故無失。故民之從事，常於幾成而敗之。慎終如始，則無敗事矣。」仁祖在位四十二年，事無大小，圖難

於易。慎終如始。無為也。無執也。是以無敗無失。孔子曰。有始有卒者。其唯聖人乎。仁祖是也。

璀又上思患預防奏曰。臣聞易曰。窮則變。變則通。通則久。是故天下之事窮則必變。變而後通。人不通之。天必自變。此必然之理也。邇者用事之臣。以私滅公。埶力已窮。猶不悔悟。先帝有欲變之心。而左右無將順之臣。焦勞憂悔。奄棄天下。摧傷痛恨。海內所同。陛下受天眷命。增光前烈。慈孝之治。欣然以和。未有更張。人心已服。朝廷之寬大可必。生民之休息有期。謳歌所歸。鼓舞相慶。然而臣愚以謂既往之迹。無足追論。未來之事。所可深慮。今西邊雖已罷兵。然正是大軍之後。假使諸路豐熟。此方必有凶年。民物凋殘。加以水旱。人不飽暖。何事不生。又況河北居民流亡太半。倉庫匱竭。城壁不完。恃北虜之不來。我因循而無備。老胡耄矣。餘日幾何。其孫好殺。理必生事。朝廷自

侍從而上。多是東南之人。西北事宜。久不諳訪。雖云造作邊事。未在今日。然恐意外之變。適出此時。若不先事而圖。恐有後時之悔。可防之患。安得不思。思而防之。又有大於此者。太宗謂侍臣曰。外憂不過邊事。皆可預防。唯姦邪無狀。若為內患。深可懼也。帝王用心。常須慎此。嗚呼。太宗之訓。可謂明矣。有狀者以為可防。無迹者以為可懼。今日之事。蓋亦有無迹而可懼者矣。朋黨是也。唐憲宗問李絳曰。人言外間朋黨太盛何也。李絳對曰。朋黨言之則可惡。尋之則無迹。嗚呼。人之為邪。至於無迹可尋。豈不深可懼乎。臣以唐事考之。牛李二黨皆黨也。然而李德裕之黨多君子。僧孺之黨多小人。何以知其然邪。德裕之徒。忌克自任。不同己者則顯然排斥。故其為黨也有形而可見。僧孺之徒。忌克自私。不同己者則闇然搆陷。故其為黨也無迹而難尋。此二黨者皆明主之罪人也。然彼善於此。不可不辨。故臣因論太宗聖訓。而以無迹者為尤可懼焉。方今大明既升。鳳德在上。乃邪朋消散之始。是至治必成之時。然而成則有敗。始則有終。老子曰。人之從事。常於幾成而敗之。慎終如始。則無敗事矣。故臣有思患預防之說。

博士周行己論察朋比壅隔之弊曰。臣竊謂人臣之私。莫大於朋比。而天下之患。莫深於壅隔。古之人君所以操獨斷而任賢使能。廣羣聽而明目達聰。蓋防此也。恭惟陛下臨御以來。總覽權綱。勵精政事。官無大小。事無巨細。皆出宸斷。親御翰墨。臣庶奔走而聽命。海內歡欣而蒙德。二十年間。法全而令具。治定而功成。然則天下既已無事矣。臣愚過慮。竊意萬機之繁。久勤宵旰。臣願陛下儲精蠖濩。游意太清。小職細務。責之三省百司。而獨操其要者。在於察股肱之任。必出於公。使無朋比之欺。擇耳目之官。咸竭其忠。使無壅隔之患。如此則職何小而不舉。事何細而不聞。不待憂煩聖慮。而天下之理得矣。臣愚不勝區區螻蟻之誠。

欽宗靖康元年。監察御史余應求論中人預軍政之漸狀曰。臣嘗觀自古中人預軍政。未有不為患者。故齊寺人貂漏師于多魚。夙沙衛殿而二將見獲。唐用監軍。嘗無成功。此可為後世深戒者也。國家近年邊事專委童貫。譚稹。終成大禍。幾危社稷。今兵革未弭。選將命帥。固當任責以成效。所遣中人。不過隨軍承受奏報文書而已。不使之預聞軍政也。近者河東承受王嗣昌奏請畫一。乞令日報將兵獲驗首級。提點犒賜。催趣粮草。及差發探報動息出入。皆報承受。所則是雖名承受。其實監軍也。軍政不專於主帥。而關決於承受。則動有牽制。進退狐疑。又唐之監軍。多擁精兵自衛。勝則坐分功賞。不利則引兵先遁。今嗣昌又令以隨軍步馬各二隊自衛。若近東。幹當隨行防

護是又踵唐監軍之跡也。如此豈有同心赴敵死於行陳之意哉。朝廷不察其意而從之。臣恐將帥依違不能專制。又慮積日累月異時爲監軍所制將自茲始矣。臣觀童貫之所用事也。爲熙河蘭會路承受而已。繼而爲措置邊事。又爲安撫制置使。又爲宣撫使。終之爵郡王職樞筦。譚稹初用事也。亦熙河蘭會路承受而已。繼而爲幹當公事。又爲淮浙制置。末乃爲河東宣撫使。蓋其由有漸。非一日之積也。今嗣昌初爲承受。許預軍政。師還有功。後或用之。豈不少假之權。浸以隆盛。安知數年之後不復爲貫稹乎。易曰。履霜堅冰。蓋言防微杜漸。當辨之於早也。陛下方修法度以治內。命將帥以事外。委任甚專。不從中制。而嗣昌陳請乃欲干預軍政。擁兵自便。首爲梗階。漸不可長。伏望聖明追還所請。重賜竄責。以爲中人預軍政之戒。以示專任將帥之意。不勝幸甚。

中書舍人劉珏上十開端之戒曰。陛下即位。罷御筆。止營繕。登俊乂。黜虛誕。戢內侍之權。開言者之路。命令既當。未嘗數改。任用既公。率皆稱職。賞必視功。政必核實。此天下所以指日而俟太平也。邇者內降數出。三省罕有可否。此御筆之開端也。數子弟既有其所。又微而新之長入祗候之班。勢若可緩。由此而成之。此營繕之開端也。河陽付之庸才。涇原委之貪吏。此任用失當之開端也。花石等濫賞。既治復上馬忠統兵。累行累召。此命令數易之開端也。三省密院議論各持所見。啓擬各舉所知。持不同不比之說。忘同寅協恭之議。此大臣不和之開端也。內路之帥擅作聖旨指揮行郡之守稱爲外任監當。臣下誕謾之開端也。董局務者廣辟官屬。侍帷幄者紛爭殿廬。此內侍恣橫之開端也。兩省繳奏多命以次行下。或戒以不得弃數臺諫言事失當。率責爲遠小監當。此言路壅塞之開端也。恤民之詔累下。未可行者多是爲空文無實德。此政事失信之開端也。隨龍第當冠帶之工亦推恩。金兵扣關。禮房之吏亦進秩。此爵賞僭濫之開端也。是十者雖未若前日之甚。其端已見。杜而止之。可以馴致治平。因而循之。雖有智者不能善其後矣。

高宗紹興二年。張浚上言曰。臣竊謂天下之事毋當謹微。一失其原。終不可救。古語謂涓涓不絕。浩浩奈何。凡以微之不可不謹也。古之君人者非不欲遠追三代。興太平。而治世常少。亂世常多。何哉。謹微之間偏惡已成。而人主每以其微而忽之。故日積一月。而終至於敗亂喪亡也。明皇之於唐也。鋤韋氏之亂。致承平之業。聰明睿智。號爲賢君。追楊妃一用。遂成播遷。當是時明皇豈以此一事爲果足以壞天下哉。夫惟以其微而忽之。故變亂遂大。非特此也。藩鎮跋扈。終亂王室。原其始也。特本夫假借一二武夫以數州之地而已。北司恣橫。與

唐俱亡。原其始也。特本夫差委一二中官兼總衛兵而已。事之細微不可不謹。每每若此。唐事至近。可以類考。竊惟陛下萬機之餘。必嘗留意經覽。於此。臣之管見。何足補助萬一。

浚又上言曰。臣嘗謂方天下無事之時。君臣上下之分。其勢足以相維。雖人君不能脩治其身。及繩正其左右。以失天下之心。其爲禍也尚遲。乃若艱難多故。敵情不測。人心易搖。君人者儻有差失。禍亂不旋踵而作矣。大勢一去。不可復合。無以微而忽之者也。

浚又上言曰。臣竊惟自昔人君於內外侍從之臣間有深知其所爲者。往往自謂我之聰明才智足以制御而役使之。而不知事有緩急。理有不虞。藏伏竊發。爲國家大患。由辨之不早。去之不速也。可不戒哉。

御史中丞許景衡乞罷錢伯言知杭州疏曰。臣聞昔吳越錢氏納國

至今一百六十餘年。其子孫顯貴甲於縉紳。然未嘗有出守杭州者。於此以見祖宗防微之意深矣。杭州近闕守臣。朝廷差吏部侍郎錢伯言。伯言有風幹。若帥他路無不可者。唯守杭州。則非所宜。且違祖宗故事。臣愚伏望聖慈特賜詳酌。別選有才略重臣以守杭州。或須入馬。亦乞就便差撥。仍令星夜兼程前去。以拯一方危急。

殿中侍御史張守論諸將請私劄子曰。臣聞漢高祖既平秦項。而一時功臣多就殞戮。鮮能以功名自終者。何哉。位高而權寵也。光武懲前世之失。雖寇鄧耿賈之高勳鴻烈。分土不過大縣數四。所加特進朝請而已。故建武諸將往往以功名延慶于後。則利害禍福較然甚明。國家向自童貫握兵柄勢傾天下。內之朝廷公卿。外之帥守監司。下至州縣小吏。升沈進退。捷於影響。故凡持節所至。官無高卑。俯伏建謁。附託以進。而風俗流失。國勢陵遲。馴致夷狄內侮之禍。貫亦不

免斧鉞之誅。此忠臣義士所為慟哭流涕者也。恭惟陛下聖德神武。撥亂反正。撫御將帥。曲盡恩禮。然士風不競。餘習不泯。而堅冰之戒至。滋蔓之難圖。臣竊過計。伏見近者劉光世還自江南。王淵還自浙右。各効智力以自著見。陛下釀於用賞。庸勸將來。乃聞士大夫不自好者。趨走干謁。門庭如市。氣燄可炙。臣不知其何以得此道路之言。竊謂光世與淵嘗有所薦達。以及奏功第賞。有未嘗身涉行陣而乃竄名功狀之內者。審如是。則防微杜漸。亦不可忽矣。六將之職在於訓士卒。明賞罰。以攘寇戎而已。他何與焉。但位高金多。則不能別嫌明微。畏遠權勢。以自處於無過之地。或至抵冒而不自寤也。況今狂虜未殄。二聖未還。他日更立非常之功。復膺不次之賞。則寵祿愈崇。事權益重。而朝廷體貌尤所假借。則招權賈禍。將不止於今日。漢之韓彭。近世之童貫。不可不鑒也。昔蘇建嘗責大將軍衛青無所招選

青謝曰。招賢絀不肖者。人主之柄也。人臣奉法遵職而已。何預招士。驃騎亦然。故衛霍為漢賢將。著在信史。臣願陛下訓諭諸將杜請謁之私。戒敕士大夫。明分義之守。不惟上尊朝廷以安國勢。以厚風俗。亦示聖明所以保全諸將之意也。

秘書正字張孝祥上奏曰。臣聞善醫者不以無病而廢藥石之儲。善國者不以無事而忽先具之備。蓋懲病克壽。弗畏入畏。古之戒然也。恭惟陛下神心淵懿。聖學高遠。前世安危治忽之鑒。古今先後註措之宜。皆已昭晰洞達。無有疑蔽。如日之中。而纖悉必照。如衡之平。而輕重必審。凡所以明謹政體。興起治功。鞏固丕基。維持萬世者。固不備具。固何待羣臣千慮之愚。然臣不識忌諱。深惟古人先事之義。竊謂今日歲誠豐矣。然荒政不可以不治。兵固戢矣。然邊備不可以不謹。黎獻畢集。允釐百工。當思有馳騖不足之時。四方無警。百姓按堵。

當思有毫末弗緝之患。此其略也。夫綢繆宜陰雨之未及。宴安惟酖毒之可畏。伏席大治大安之勢。擇凡當預備之策。因大臣造膝之餘使之一二條舉。熟復而深圖之。孟子曰。國家閑暇。及是時明其政刑。雖大國必畏之矣。臣不勝惓惓。以為陛下獻。惟陛下垂赦。

孝宗時。太子詹事王十朋上疏曰。臣嘗謂人心險於山川。難於知天。謂其不可測也。況狼子野心之人。烏能保其久而無患也哉。唐太宗教射於殿廷。羣臣諫之曰。律不可以兵刃至御在所。今以卑碎之人張弓挾矢於殿陛之側。萬一狂夫竊發。出於不意。非所以重社稷。誠哉憂國愛君之言。親衛將卒且猶不可。而謂歸附之人信其終無害也難矣。近者歸明歸正之將。陛下旌其忠義。壯其勇略。擢而用之。日與之親。使効其力。所謂推赤心置人腹中者。固足以見大有為之志矣。然天下之人凡有愛君之心。莫不疑焉。謂自古以來莫難於用斯

人而用之者罕見其久而不為吾患其棄彼歸我之心已二矣今乃使
之朝夕以侍左右設或不飽其欲其謀之深計之久而心之不能保
其將若之何至於斯時雖悔無及臣請擇其灼然忠誠可以任用陛
下素所知者屬之以事權厚之以爵祿勉之以功名亦足以示無疑
之意而激其圖報之心矣何必日親之而後為待遇之至哉臣願陛
下攷之於往古慮之於將來特加宸念毋憚一時之難從而置久遠
於無害不勝社稷生靈之願

集英殿脩撰趙汝愚論國家安危所繫四事奏曰臣聞自古天下之
患常生於其所忽患生於所忽則必有出於人意之所不料者故雖
有謀臣勇士將無所用其力矣孰若思患而預防之事未至而為之
謀事既至而為之應較其利害得失豈不甚相遠耶臣伏念將去關
庭自此雖有犬馬之誠恐無路自達臣熟思累日謹取國家安危所

繫者四事敢致其拳拳之忠陛下幸錄其意每先事而審思之庶幾
獲效涓塵之益幸甚其一金國使人朝見百官諸衛皆在殿門之外
雖館伴臣寮亦不得進預其間故一旦使人稍失常度已無有任其
責者萬有一如昔荊軻舞陽之變不知是時孰可禦之此不可不過
為之備也其二臣聞北界官司輒敢於沿邊去處明出榜約招誘本
界軍人百姓有官者依舊換給官資無官者各有給散錢物緣此渡
淮而去者至今未絕臣伏思邊境人情向背於國家大計固已非便
萬有一沿江諸軍間有受其招誘者將致軍情轉相扇動此豈可不
深為之計也其三鎮江一軍最號雄勇而種姓多雜難於撫御故御
得其道則易以成功御非其道則足以致亂其將帥之付托宜遴選
其四吳氏守蜀今已四世雖吳挺士心不附可無他志然而去朝廷
絕遠權任太重一方之人皆習熟其姓字吳氏子孫亦自視閫外諸

軍若其家舊物異時更代之時恐必煩朝廷經理臣謂宜以今無事
時稍裁制之使常知警畏庶可無後患此四者皆事之未必然而臣
私憂過計者也雖然昔申屠剛有曰未至豫言固常為虛及其已至
又無所及是以忠言至諫希得為用惟陛下用剛之言哀臣之心幸
甚幸甚

參知政事史浩奏曰臣聞傳曰奔軍之將不可以語勇亡國之大夫
不可以圖存此古今之通論也近者契丹歸正蕭鷓巴等萬里遠來
誠為勞苦其實則奔亡之餘又況彼或遣之以為吾間縱之以蠹吾
國皆未可知也陛下待之之禮當予之爵命使無失所嚴其駕馭使
有後效可矣今既賜之對錫之燕其餘匪放優待無所不至當遣回
軍前分部將下勿使主兵嘗此未聞忽有旨令入內打毬臣竊惑之
夫此輩生長北戎擊鞠之戲固所精也陛下欲以為戲而觀之耶抑

欲優待而寵綏之耶若以為戲臣以謂降虜不當使其窺見宮牆之
內若欲寵綏臣以謂自此邊將必多方招置以為功他日高官重祿
悉為此輩所得實無益於恢復徒有耗費爾昔徽宗朝郭藥師以地
來降待之以腹心嘗請擊鞠於年陁岡其後叛去虜兵大入果於年
陁岡作營寨汴都失守實自年陁岡登城此輩野心固不當以為戲
也昔孔子射於矍相之圃揚觶而號於衆曰奔軍之將亡國之大夫
與為人後者不入此輩奔亡固不足以當寵綏也陛下舉措天下所
拭目傾耳誠不可以不重傳曰上有好者下必有甚焉者矣此之謂
也臣前者既言賜對不可於便殿當立仗以示威錫宴不當用使者
之禮乞免從官押伴既蒙陛下俯察臣衷悉如所請陛下從諫若轉
圜之易聖德巍巍度越百王之上不可於此而失之

王質乞勿開隙奏曰臣嘗論之天下之患其開也有隙其成也有形

方其開也。摟之則隳。摶之則散。稍縱而弛則復合。往來翕忽。眇眇綿綿。使人可以疑可以欺。夫是之謂隙。及其成也。播於東而生於西。抑於內而振於外。極力而攻之。愈窮而患愈熾。夫是之謂形。天下之患惟不可使至於形成。天下之患而至於形成。雖有敏者不可以措手。若夫世之君子。其所以待天下之變盡矣。而惟其杜隙者甚難。彼其智非不足以知也。而知之以為無足憂。何者。見其微而不察其著。見其小而不極其大。見其所出而不推原其所窮。夫二者是拱手而待變也。蓋臣思之。苻堅之寵鮮卑。李林甫之用蕃將。僕固懷恩之裂河北。杜元穎崔植之縱朱克融。皆熟視其隙而不為彌縫補苴以塞其釁。近者至於隕國亡身。而遠者至於遺害數百年而不息。臣常深察天下之患。其狀如長江大河。方其激激然若有所洩而不能潰溢泐然若有所鬱而不得發。回旋曲折。陰蓄其怒於其心。而朝搜暮求以

尋其馳騁奔衝之路。於此之時而不為之高其隄防以殺其暴。導其支脈以淺其潰。其勢必咆哮騰蹋蕩然而四出。壞城郭包陵谷而不可治。然天下之人不能曲盡水之情狀。狃其安流而忽其無事。以為無足畏者。則是引水而橫流於天下也。臣觀漢唐之季。皆由宦官斷喪其國。內脅人主。戕公卿。外招姦雄。連盜賊。至於舉天下鬨然而起。縱橫奔突。天下之至亂而不可制。蓋其慘如此。臣嘗細究其源。則似甚微。蓋自竇憲兄弟竊威弄權。而鄭衆於是有功。故臣以為漢之宦官。其隙開於鄭衆。其形成於孫程曹騰。而極於曹節王甫。自安南林邑之擾。而楊思勖於是有功。故臣以為唐之宦官。其隙開於楊思勖。其形成於李輔國仇士良。國家宣和之末。紹興之初。因宦官而召亂者再。而至于今亦少損矣。平居廣殖貨財。縱享娛樂。窮極滋味。此近習之常態。固無足恠者。臣獨慮其爭引朝士以為門人。此其漸不可以不制。且民間之論。以為某人之進。某人主之。臣非擧以為信也。而熟察其迹。則不為無證。何者。天子之喜怒或洩而外傳。而人臣之私情或不旋踵而有徵。有所甚昵則必有甚疎。唐自開元之間。高力士引宇文融楊國忠韋堅王鉷。而南北司合而為一。自永泰以後。元載殺魚朝恩。而南北司判而為二。其合也則南司藉北司以成姦。其判也則南司因北司以成釁。此其勢之相激。有不得不然者。今日勿使合而為一。則異時不至於判而為二。此陛下不可不留意也。

寧宗時。禮部尚書黃裳上奏曰。孔子曰。有始有卒者。其惟聖人乎。又詩曰。靡不有初。鮮克有終。所謂有始有卒者。由其持心之一也。所謂鮮克有終者。由其持心之不一也。陛下今日初政。固善矣。能保他日常如此乎。請畧擧已行之事論之。陛下初理萬機。委任大臣。此正得人君持要之道。使大臣得人常如今日。則陛下雖終身守之可也。臣

恐數年之後。亦欲出意作為。躬親聽斷。左右迎合。因謂陛下事決外庭。權不歸上。陛下能不怫然於心乎。臣恐是時委任大臣。不能如今日之專矣。夫以萬機之衆。非一人所能酬酢。苟不委任大臣。則必借助左右。小人得志。陰竊主權。引用邪黨。其為禍患何所不至。臣之所憂者一也。陛下獎用臺諫。言無不聽。此正得祖宗設官之意。使臺諫得人常如今日。則陛下終身守之亦可也。然臣恐自今以往。臺諫之言日關聖聽。或斥小人之過。使陛下欲用之而不能。或暴近習之罪。使陛下欲親之而不可。逆耳之言不能無厭。左右迎合。因謂陛下獎用臺諫。欲聞讜論。而其流弊。致使人主不能自由。陛下能不怫然於心乎。臣恐是時獎用臺諫。不能如今日之重矣。夫朝廷所恃以分別善惡者。專在臺諫。陛下苟厭其多言。則為臺諫者將咋舌閉口。無所論列。君子日退。小人日進。而天下亂矣。臣之所憂者二也。二事朝廷

之大者。又以三事之切於陛下之身言之。曰篤於孝愛勤於學問薄於嗜好。陛下今皆行之矣。未知數年之後。能保常如今日乎。

殿中侍御史謝方叔上言曰。操存本於方寸。治亂係於天下。人主宅於法宮蠖濩之邃。朝夕親近者左右近習。承意伺旨之徒。往往覘上之所好。不過保恩寵希貨利而已。而冥冥之中或有游揚之說。潛伏而莫之覺。防微杜漸。實以是心主之。

司農卿高定子入對。言內治不脩。外懼不謹。近親有預政之漸。近習有弄權之漸。小人有復用之漸。國柄有陵夷之漸。士氣有委靡之漸。主勢有孤立之漸。宗社有阽危之漸。天變日多。地形日蹙。昔有危勝今有危形。昔有亡理。今有亡證。

度宗時權禮部侍郎兼給事中陳宗禮進讀孝宗聖訓。因奏安危治亂常起於一念慮之間。念慮少差。禍亂隨見。天下之亂。未有不起於微而成於著。又言不以私意害公法。適國家之福。帝曰。孝宗家法。惟賞善罰惡爲尤謹。宗禮言有功不賞。有罪不罰。雖堯舜不能治天下。信不可不謹也。

歷代名臣奏議卷之一百九十六

歷代名臣奏議卷之一百九十七

謹名器

周襄王三年。叔帶與戎翟謀伐襄王。襄王欲誅叔帶。叔帶奔齊。齊桓公使管仲平戎于周。使隰朋平戎于晉。王以上卿禮管仲。管仲辭曰。臣賤有司也。有天子之二守國高在。若節春秋來承王命。何以禮焉。陪臣敢辭。王曰。舅氏。余嘉乃勳。毋逆朕命。管仲卒受下卿之禮而還。

東漢順帝漢安中。梁冀子弟五人及中常侍等以無功並封。大司農杜喬上書諫曰。陛下越從藩臣。龍飛即位。天人屬心。萬邦攸賴。不急忠賢之禮。而先左右之封。傷善害德。興長佞諛。臣聞古之明君。褒罰必以功過。末世闇主。誅賞各緣其私。今梁氏一門。宦者微孽。並帶無功之綬。裂勞臣之土。其爲乖濫。胡可勝言。夫有功不賞。爲善失其望。姦回不詰。爲惡肆其凶。故陳資斧而人靡畏。班爵位而物無勸。苟遂斯道。豈伊傷政爲亂而已。喪身亡國。可不慎哉。書奏不省。

桓帝延熹七年。南巡園陵。特詔太尉楊秉從。及行至南陽。左右並通姦利。詔書多所除拜。秉上疏諫曰。臣聞先王建國。順天制官。太微積星。名爲郎位。入奉宿衞。出牧百姓。臯陶誡虞。在於官人。頃者道路拜除。恩加豎隸。爵以貨成。化由此敗。所以俗夫巷議。白駒遠逝。穆穆清朝。遠近莫觀。宜割不忍之恩。以斷求欲之路。於是詔除乃止。

桓帝時。封賞踰制。內寵猥盛。光祿勳陳蕃乃上疏諫曰。臣聞有事社稷者。社稷是爲。有事人君者。容悅是爲。今臣蒙恩聖朝。備位九列。見非不諫。則容悅也。夫諸侯上象四七。垂燿在天。下應分土。藩屏上國。高祖之約。非功臣不侯。而聞追錄河南尹鄧萬世父遵之微功。更爵尚書令黃儁先人之絕封。近習以非義授邑。左右以無功傳賞。授位不料其任。裂土莫紀其功。至乃一門之內。侯者數人。故緯象失度。陰陽謬序，務用不成，民用不康，臣知封事已行，言之無及，誠欲陛下因是而止。又比年收斂，十傷五六，萬人飢寒，不聊生活，而采女數千，食肉衣綺，脂油粉黛，不可貲計。鄙諺言盜不過五女門，以女貧家也。今後宮之女，豈不貧國乎。是以傾宮嫁而天下化，楚女悲而西宮災。且聚而不御，必生憂悲之感，以致并隔水旱之困。夫獄以禁止姦違，官以稱才理物。若法虧於平，官失其人，則王道有缺，而令天下之論皆謂獄由怨起，爵以賄成。夫不有臭穢，則蒼蠅不飛。陛下宜採求得失，擇從忠善。尺一選舉，委尚書三公，使褒責誅賞，各有所歸，豈不幸甚。帝頗納其言，為出宮女五百餘人，但賜儁爵關內侯，而萬世南鄉侯。

靈帝時，尚書令陽球奏罷鴻都文學曰：伏承有詔勅中尚方為鴻都文學樂松、江覽等三十二人圖象立贊，以勸學者。臣聞傳曰：君舉必書。書而不法，後嗣何觀。案松、覽等皆出於微蔑，斗筲小人，依憑世戚，附託權豪，俛眉承睫，徼進明時。或獻賦一篇，或鳥篆盈簡，而位升郎中，形圖丹青。亦有筆不點牘，辭不辯心，假手請字，妖偽百品，莫不被蒙殊恩，蟬蛻滓濁。是以有識掩口，天下嗟歎。臣聞圖象之設，以昭勸戒，欲令人君動鑒得失，未聞豎子小人，詐作文頌，而可妄竊天官，垂象圖素者也。今太學、東觀足以宣明聖化，願罷鴻都之選，以消天下之謗。書奏不省。

魏文帝召蔣濟為散騎常侍。時有詔賜征南將軍夏侯尚曰：卿腹心重將，特當任使，作威作福，殺人活人。尚以示濟。濟至，帝問以所聞見，對曰：未有他善，但見亡國之語耳。帝忿然問其故，濟具以答。因曰：作威作福，書之明戒。天子無戲言，惟陛下察之。帝即追取前詔。

帝欲追封武宣卞太后父母，尚書陳羣奏曰：陛下以聖德應運受命，創業革制，當永為後式。案典籍之文，無婦人分土命爵之制。在禮典，婦因夫爵。秦違古法，漢氏因之，非先王之令典也。帝曰：此議是也，其勿施行，以作著詔下，藏之臺閣，永為後式。

晉懷帝永嘉末，丹陽太守輔國將軍王導上書曰：昔魏武達政之主也，荀文若功臣之最也，封不過亭侯，倉舒愛子之寵，贈不過別部司馬，以此格萬物，得不局跡乎。今者臨郡不問賢愚豪賤，皆加重號，輒有鼓蓋，動見相準。時有不得者，或為恥辱。天官混雜，朝望頹毁。導忝荷重任，不能崇浚山海，而開創亂源，饕竊名位，取紊彝典，謹送鼓蓋加崇之物，請從導始。庶令雅俗區別，羣望無惑。

成帝以保母周氏有阿保之勞，欲假其名號，內外皆奉詔。侍中顧和獨上疏，以為周保祐聖躬，不遺其勳，第舍供給，擬於戚屬，恩澤所加，已為過隆。若假名號，記籍未見明比。惟漢靈帝以乳母趙嬈為平氏君，此末代之私恩，非先代之令典。且君舉必書，將軌物垂則，書而不法，後嗣何觀。帝從之。

宋孝武帝時，江夏王義恭與驃騎大將軍竟陵王誕奏曰：臣聞佾懸有數，等級異儀，珮笏有制，卑高殊序，斯蓋上哲之洪範，萬世之明訓。而時至彌留，物無不弊，僭侈由俗，軌度非古。晉代東徙，舊法淪落，侯牧典章，稍與事廣，名實一差，難以卒變，章服崇濫，多歷年所，今樞機更造，皇風載新，耗弊未充，百用思約，宜備品式之律，以定損厭之條。臣等地居枝昵，位參台輔，遵正之首，請以爵先，致貶之端，宜從戚始。輒因暇日，共參愚懷，應加省易，謹陳九事，雖懼匪忠，庶竭微款，伏願陛下聽覽之餘，薄垂昭納，則上下相安，表裏和穆矣。詔付外詳，有司奏曰：車服以庸，虞書茂典，名器慎假，春秋明誡，是以尚方所制，漢有嚴律，諸侯竊服，雖親必罪，降于頃世，下僭滋極，器服裝飾，樂舞音容，通于王公，逮于衆庶。上下無辨，民志靡一。義恭所陳，寔允禮度。九條之格，猶有未盡。謹共附益凡二十四條。詔可。

後魏孝文帝初即位，將還顯祖神主于太廟。有司奏：舊事，廟中執事之官，例皆賜爵。今宜依舊。詔百寮評議，羣臣咸以為宜依舊事。秘書令程駿獨以為不可，表曰：臣聞名器為帝王所貴，山河為區夏之重。是以漢祖有約，非功不侯。必當屬有命於大君之辰，展心力於戰謀之日，然後可以應茅土之錫。未見預事於宗廟而獲賞於疆土。徒見晉鄭之后以夾輔為至勳，吳鄧之儔以征伐為重績。周漢既無文於遠代，魏晉亦靡記於往年。自皇道開符，乾業創統，務高三五之規，思隆百王之軌，罰頗減古，賞實增昔。時因神主改祔清廟，致肅而授群司以九品之命，顯執事以五等之名。雖復帝王制作，弗相沿襲，然當時恩澤，豈足為長世之軌乎？乖衆之愆，伏待罪譴。書奏，從之。

奏議卷之一百九十七　四

宣武帝時，天大旱。司徒高肇擅錄囚徒，欲以收衆心。清河王懌言於帝曰：昔季氏旅於泰山，孔子疾之。誠以君臣之分，宜防微杜漸，不可瀆也。減膳錄囚，乃陛下之事。今司徒行之，豈人臣之義乎？明君失之於上，姦臣竊之於下，禍亂之基，於此在矣。帝遂詔尚書與羣司鞫理獄訟。

明帝時，太后父司徒胡國珍薨，議贈相國太上秦公。諫議大夫張普惠力陳其不可。會聞胡家穿壙下壙有磐石，乃密表曰：臣聞優名寶位，王者之所先錫；尊君愛親，臣子所以慎終。必使勳績相侔，號秩相可，然後能顯揚當時，傳徽萬代者矣。竊見故侍中司徒胡公，懷道含靈，寶誕聖后，載育至尊，母儀四海，近樞兇唯允之寄，居槐體論道之明。故以功餘九錫，褒假鑾轟，深聖上之加隆，極慈后之至愛，憲章天下，不亦可乎？而太上之號，竊謂未衷。何者？易稱天尊地卑，乾坤定矣。故曰大哉乾元，又曰至哉坤元，明乾坤不可並大。禮記曰：天無二日，土無二王，嘗禘郊社，尊無二上，明君臣不可並上。伏見詔書以司徒為太上秦公，夫人為太上秦君，夫人蒙號於前，司徒繫之於後，尊先之美盛矣。竊惟高祖受禪於獻文皇帝，故仰尊為太上皇，此因上上而生名也。皇太后稱令以繫敕下，蓋取三從之道，遠同文母列於十亂。則司徒之為太上，恐乖繫敕之意。春秋傳曰：葬稱公子，辭明不可復加上也。書曰：茲予大享于先王，爾祖其從與享之。司徒位尊屬重，必當配享先朝。若稱太上，以為臣以事太上皇，恐非司徒翼翼之心。漢祖創有天下，尊父曰太上皇，母曰昭靈后，乃帝者之事。晉有小子侯，尚曰僭之於天子。司徒，三公也，其可同號於帝乎？孔子曰：必也正名乎！名不正則言不順，言不順則事不成，事不成則禮樂不興，禮樂不興則刑罰不中，刑罰不中則民無所措手足。易曰：有大者不可以盈，故受之以謙。謙尊而光，卑而不可踰。天道虧盈而益謙，地道變盈而流謙，鬼神害盈而福謙，人道惡盈而好謙。又曰：困於上者必反於下，故受之以井。比尅卜定兆，而以淺改卜，羣心悲惋，亦感天地神靈，所以垂至戒，啓聖情。伏願回日月之明，察微臣之請，停司徒逼同之號，從卑下不踰之稱，畏困上之鑒，邀謙光之福，則天下幸甚。

奏議卷之一百九十七　五

唐高祖以舞工安叱奴為散騎常侍。禮部尚書李綱諫曰：臣按周禮，均工樂胥不得廁於士伍。雖復妙如師襄，才如子野，皆繼世不易業。故魏武使禰衡擊鼓，衡先解朝衣，曰：不敢以先王法服為伶人衣。齊高緯封曹妙達為王，以安馬駒開府。有國家者，可為鑒戒。今新造天下，開太平之基，功臣賞未及徧，高才猶伏草茅，而先令舞胡鳴玉曳組，位五品，趨丹地，殆非創業垂統貽子孫之道也。帝不納。

太宗貞觀中，監察御史馬周上疏曰：臣聞致化之道，在求賢審官。孔子曰。惟名與器。不可以假人。是言愼舉之爲重也。臣伏見王長通白明達本樂工輿皁雜類。韋槃提斛斯正無它才。獨解調馬。蠻術蹁等夷可厚賜金帛以富其家。今超授高爵。與外廷朝會。騶豎倡子。鳴玉曳履。臣竊恥之。若朝命不可追改。尚宜不使在列。與士大夫爲伍也。

帝善其言。

中宗以方士鄭普思爲秘書監。葉靜能爲國子祭酒。侍中桓彥範執不可。帝曰。要已用之。不可止。彥範曰。陛下始復位。制詔軍國皆用貞觀故事。貞觀時以魏徵虞世南顏師古爲監。以孔穎達爲祭酒。如普思等方伎猥下。安足繼蹤前烈。臣恐物議謂陛下官不擇才。以天秩加私愛也。

睿宗景雲中。柳澤爲右率府鎧曹參軍。以中宗時。長寧宜城安定諸公主及后女弟昭容上官與其母鄭尚宮。柴隴西夫人趙及姻昵數

十族。皆能降墨敕授官。號斜封。及姚元崇宋璟輔政。白罷斜封官數千員。元崇等罷去。太平公主盡奏復之。澤詣闕上疏曰。臣聞藥不毒不可以蠲疾。詞不切不可以補過。故習甘旨者。非攝養之方。遭諛佞者。非治安之宜。臣竊見神龍以來。綱紀大壞。內寵專命。外嬖制權。因貴憑勢。賣官鬻爵。妃主之門。同商賈然。舉選之始。若闤闠然。屠販者由邪參官。廢黜者因姦冒進。天下溷亂。幾危社稷。賴陛下聰明神武。拯溺舉墜。耳目所親。豈可忘鑒誡哉。且斜封官皆僕妾私謁。迷謬先帝。豈盡先帝意邪。陛下即位之初。用元崇等。討悉以停廢。今又收用之。若斜封之人不可棄邪。常月將燕欽融不應褒贈。李多祚鄭克義不容盪雪也。陛下何不能忍於此。而能忍於彼。使善惡混并。反覆相攻。道人以非。勸人以僻。令天下咸稱太平公主與胡僧慧範以此誤陛下。故語曰。姚宋爲相。邪不如正。太平用事。正不如邪。臣恐流近致遠。積小爲大。累微成高。勿謂何傷。其禍將長。勿謂何害。其禍將大。又言尚醫奉御彭君慶以巫覡小伎超授三品。柰何輕用名器。加非其人。臣聞賞一人而千萬人悅者賞之。罰一人而千萬人勸者罰之。惟陛下裁察焉。

玄宗時。李林甫無學術。見中書令張九齡文雅爲帝知。內忌之。會范陽節度使張守珪以斬可突于功。帝欲以爲侍中。九齡曰。宰相代天治物。有其人然後授。不可以功賞。國家之敗。由官邪也。帝曰。假其名若何。對曰。名器不可假也。有如平東北二虜。陛下何以加之。遂止。又將以涼州都督牛仙客爲尚書。九齡執曰不可。尚書古納言。唐家多用舊相。不然歷內外貴任。妙選有德望者爲之。仙客河湟一使典耳。使班常伯。天下其謂何。又欲賜實封。九齡曰。漢法非有功不封。唐遵漢法。太宗之制也。邊將積穀帛。繕器械。適所職耳。陛下必賞之金帛

可也。獨不宜裂地以封。帝怒曰。豈以仙客寒士嫌之邪。卿固素有門閥哉。九齡頓首曰。臣荒陬孤生。陛下過聽以文學用臣。仙客擢胥史。目不知書。韓信淮陰一壯夫。羞絳灌等列。陛下必用仙客。臣實恥之。帝不悅。翌日林甫進曰。仙客宰相材也。乃不堪尚書邪。九齡文吏。拘古義。失大體。帝由是決用仙客不疑。

德宗興元中。駕幸梁州。詔翰林學士陸贄曰。朕自發洋州已來。累路百姓進獻菓子。雖甚微細。且有此心。今擬各與散試官。卿宜商量可否。贄上狀曰。伏以爵位者。天下之公器。而國之大柄也。惟功勳才德。所宜處之。非此二途。不在賞典。恒宜愼惜。理不可輕。輕用之則是壞其公器。而失其大柄也。器壞則人將不重。柄失則國無所持。起端雖微。流弊必大。緣路所獻瓜菓。蓋是野人微情。有之不足光聖猷。無之不足虧至化。量以錢帛爲賜。足彰行幸之恩。饋獻酬官。恐非令典。

帝後令欽淑齋中書所與進瓜菓人擬官狀示贊仍奉宣旨曰朕所到處欲得人心喜悅試官虛名無損於事宰臣已商量進擬與亦無妨贊乃奏曰臣愚以謂信賞必罰霸王之資輕爵褻刑衰亂之漸信賞在功無不報必罰在罪無不懲非功而獲爵則爵輕非罪而肆刑則刑褻爵賞刑罰國之大綱一綱或棼萬目皆弛雖有善理末如之何天寶季年嬖倖傾國爵以情授賞以寵加天下蕩然紀綱始紊逆竭乘釁遂亂中原遣戍歲增策勳日廣財賦不足以供賜而職官之賞與焉職員不足以容功而散試之號行焉青朱雜沓於胥徒金紫普施於輿皁薰蕕無辨涇渭不分二紀于茲莫之能整當今所病方在爵輕設法貴之猶恐不重若又自棄將何勸人聖旨以為試官虛名無損於事臣伏恐陛下思之未熟偶有是言倘或謂之信然臣竊以為過矣夫立國之道惟義與權誘人之方惟名與利名近虛而於

教為重利近實而於德為輕凡所以裁是非立法制者則存乎其義至於參虛實揣輕重並行而不傷迭用而不悖因眾之欲應時之宜消息盈虛使人不倦者則存乎其權專實利而不濟之以虛則耗匱而物力不給專虛名而不副之以實則誕謾而人情不趨故國家之制賞典錫貨財賦秩廩所以彰實也差品列異服章所以飾虛也居上者必明其義達其變相須以為表裏使人日用而不知則為國之權得矣謹按命秩之載于甲令者有職事官焉有散官焉有勳官焉有爵號焉雖以類而分其流有四然其掌務而授俸者唯繫於職事之一官以序才能以位賢德此所謂施實利而寓之虛名者也其勳散爵號三者所繫大抵止於服色資蔭而已以馭崇貴以甄功勞此所謂假虛名以佐其實利者也虛實交相養故人不瀆賞輕重互相制故國不褻權今之員外試官頗同勳散爵號雖則授無費祿受不占員然而突銛鋒排患難者則以是賞之竭筋力展勤効者又以是酬之其為用也可謂重矣今或捧瓜一器擎果一盛亦授試官以酬所獻則彼突銛鋒而竭筋力者必相謂曰吾以忘軀命而獲官此以進瓜菓而獲官是乃國家以吾之軀命同於瓜菓矣瓜菓草木之視人如草木誰復為用哉且員外試官無俸祿之資無攝管之柄無見敬之貴無免役之優唯假虛名以寵浮俗浮俗所以若存若亡而未甚厭棄者徒以上之所惜耳今陛下若又輕用之以為無損於事人寤斯旨復何賴焉後之立功曷用為賞陛下若欲賞之以職事則官員有限而勳伐無窮固不勝其用矣陛下若欲賞之以貨財則人力已殫而帑藏皆匱固不充其費矣既未有實利以敦勸又不重虛名而濫施人無藉焉何以為國且植瓜樹果多是野人貧者所貪唯在衣食假以冗號亦奚用焉必欲使之歡欣不如厚賞錢帛人不失利

國不失權各得所宜兩全其實何有不可固傷大猷願留睿思更少詳度

時又有旨與贊云昨在奉天將士並賜名定難功臣今宰臣等商量扈從中官亦辛苦至甚亦合依例並賜此名朕以南衙朝士之中有經奉天重圍又以卿等輩者奔赴行在涉歷危險亦極艱難今不問中官朝官但經重圍又到山南者並擬賜名定難功臣卿宜商量穩便贊又上奏曰陛下惠霑執御仁洽兵寮念隨難之憂危恤從巡之勞苦議增寵飾將錫嘉名事雖未行意則已就凡在貴近固知銜恩睿旨俯詳復詢庸賤惟精惟慎允謂防微顧省何如屬當下問臣若自貪榮號傍惧怨憎因循順成不極所見心且知負如天鑒何是以不揆言之淺深不計身之利害但輸任直唯聖所裁臣聞賞以懋庸名以旌行賞乖其庸則忠實之效廢名浮於行則瀆冒之弊興一足以撓

國權一足以亂風俗授受之際豈容易哉頃以駐蹕奉天迫於急難竟擁兇逆實賴武人遂旌定難之勲特賜功臣之目名頒符實事亦會時所需雖多誰曰非允至如宮闈近侍班列具臣雖奔走恪居各循厥職而驅除翦伐諒匪所任又屬皇輿再還天禍未悔見危無補曷謂功臣致寇方深孰云定難縱使遭羅圍逼跋履崎嶇難則當之定將安據勞或有矣功其謂何大凡有生之倫莫不各親其類賤彼貴我抑惟常情類異獎同亦是常性臣忝搢紳之列又當受賜之科竊自校量猶知不可而況於公議乎況於介冑之士乎人之多言靡所不至必謂陛下溺愛近習故徇其苟得之情況該羣司以分其私昵之謗然不在大釁皆自微必將沮戰士激勵之心結勲臣憤恨之氣所悅者寡所慍者多所與者虛名所失者實事所悅者臣下之誇志所病者國家之大猷利害皎然不為難辨且名者衆之所許也是

曰公器亦為爭端戮之至精猶恐相亂矧或乖當安能勿論以漢高之制服雄豪太宗之削平區宇天下既定乃論功勲有蕭曹之殊庸有房杜之碩畫戰守經略卓乎殊倫猶謂豐沛故人刀筆文吏諸將不服頗相訐揚乃至攘袂指天拔劍擊柱偶語謀反諠譁訟冤矧今國步猶艱王化未洽方資武力以殄寇讎蓋非恩倖競進之時文儒角逐之日蓄功而獎尚恐未孚獎又非功固宜見誚儻有節効尤著理當褒崇賞典甚多何必在此其餘則無績用例徇驅馳且俟賊平甄錄非晚

贄為中書侍郎同中書門下平章事時上奏曰石希顏奏宣進止萬榮安撫有功聞亦忠義甚得衆心若更淹遲卻恐事不穩便今商量除一親王充節度使且令萬榮知留後其節度制便從內出萬榮須與改官御寄即商量進來者臣性習儒硯藝識空乏辱當委任待罪宰司事關安危不敢容默雖服戎角力諒匪克堪而經武伐謀或有所見夫制置之安危由勢付授之濟否由才勢如器焉惟在所置置之險池則覆致之夷地則平材如負焉唯在所授授踰其力則踣授當其力則行故負重者不可以微劣勝器大者不可以輕易處有巨力而加重負猶懼蹶跌之不虞擇安地而寘大器尚慮傾覆之難備焉有委非所任置非所安而望其不顛不危固亦難矣劉士寧窮兇極暴衆所不容李萬榮因人之心閉城拒逐為國除害亦有可嘉議宜星夜上聞請擇節將今所陳奏頗涉張皇但露徼求之情殊無退讓之禮據茲鄙操殊異純良又聞本是滑人偏厚當州將士與之相得纔止三千諸營之兵已甚懷怨據此頗僻亦非將材且逐君而力取其位不忠逐帥而謀代其權不義犯此二者而加之非材得志驕盈不悖則敗悖謂犯上敗謂僨軍俱為厲階莫見其可今雖遽加寵

命務壓貪求曲示保持冀消凶慝然其所行不遜所得無名縱之則反側而益疑善之則歆望而肆惡夫善始而克終者猶寡況始於不善而求能以義自全者乎又緣嘗自蓄謀以危主將及居人上恒恐見圖必於部校之間多有猜阻之釁上下猜貳何能久安縱未干紀亂常亦必喪師蹙境所以承前方鎮之任選建才德而不副所委者則有矣其不由才德而授終能殿邦固節者未之有也是猶置器欲安而不擇可安之勢負重欲濟而不量可濟之材處非所宜不敗何待陛下若謂臣說體迂闊有異軍機引喻乖疏不同事實臣請指陳汴宋一管近代成敗之跡皆陛下之所經見者以為殷鑒惟陛下覽而察之往者田神功作鎮河南領汴宋徐泗兗鄆曹濮八州之地兵食兼足職貢備脩左爾青齊右弭滑魏南控淮泗北輔滎澤勢如長城不寢不聳此由制置於可安之地付授得可濟之材其為利宜斯

謂大矣及神功入覲遷厲不還先皇帝亦眷倖之優崇賞因循之便
易知神玉才不勝任排衆議而竟授之既而維御無方經略失制權
歸豪將勢散列城禍機一興內叛外破委三軍於暴帥陷五郡於匪
人轉輸所經塗路亟阻此由制置於必危之地付授於必蹶之才其
爲敗傷亦已甚矣近者劉玄佐驅攘巨猾底復大梁即鎮如茲幾將
十載雖不能勤身節用以撫疲甿畢力竭誠以揚丕烈然尚號令由
已部屬畏威緝備戎旅振耀聲勢遠邇談謳且爲完軍制持東方猶
有所倚及玄佐殂沒朝廷命吴湊代之士寧亢頑輒敢批睚素非得
衆且甚不材緩之旬時必自離沮隨機制馭指顧可平陛下念深黎
元姑務容養適使姦徒得計肅堅作狂但肆醜厲之詞豈懷任置之
惠運路幾絶生人重殘幾然垣翰之軍翻爲汙染之俗追思致患之
本豈不失於苟且哉今若又授萬榮則與士寧何異貫立而取誰曰

不然邀取而除孰爲非據苟邀則不順苟允則不誠君臣之間勢必
嫌阻與其啚之於滋蔓不若絶之於萌芽忘久遠而懸因循固非英
主御天下長筭遠慮之計也且爲國之道以義訓人將教事君先令
順長用能弭爭奪之禍絶窺覬之心聖人所以興敬讓而服暴強禮
達而分定故也假使士寧爲將慢上虐人萬榮懷奉國之誠稟嫉惡
之性乘而逐之斯可矣討而逐之亦可矣謀其帥而簒其位則不可
焉何者方鎮之臣事多專制欲加之罪誰則無辭若使傾奪之徒便
得代居其任利之所在人各有心此源潛滋禍必難救非獨長亂之
道亦開謀逆之端四方諸侯誰不解體得一夫而喪群帥其何利之
有焉矧茲一夫猶未可保徒亂風教以生人心昨者所逐士寧蓋起
於倉卒諸郡守將固非連謀一城師人亦未協志況又待之不一撫
之不均黨助萬榮其能有幾仍各計度於成敗之勢迴遑於逆順之

名安肯捐軀與之同惡今所以未即擾者皆爲萬榮所誘許其賞給
貨財且相服從以候制旨陛下但於文武羣臣之內選一和惠寬叡
素爲軍旅所愛信者命爲節度仍降優詔慰勞彼軍奬萬榮以撫定
之功別加寵任褒將士以輯睦之義厚賜貨裝衆知保安人且懷惠
含此助亂更將何求揆其人情理必寧息萬榮縱欲跋扈勢何能爲
三軍既自離心列城又不爲援緣其迫逐主將諸道必復憎嫌遍無
所親遠無所與不勞天討必自殲夷陛下何所爲虞而欲受其邀致
臣雖孱怯竊有未安昨因希顏宣旨却迴已與趙憬等同附口奏展
轉申吐慮多闕遺臣更通夕詳思恐亦無易於此不勝拳拳愚懇謹
復密啓以聞如蒙聖恩察納臣即與趙憬等商量應須處置事宜其
作條件聞奏儻後事有愆素臣請受敗撓之罪

德宗初置六統軍視六尚書以處罷鎮者相承用麻紙寫制時竇文

場爲護軍中尉諷宰相比統軍降麻翰林學士鄭絪奏曰故事惟封
王命相用白麻今不識陛下特以寵文場耶遂爲著令也上乃謂文
場曰武德貞觀時中人不過員外將軍衣緋者無幾輔國以來始墮
制度朕今用爾不謂無私若復降麻天下必謂爾脅我爲之矣文場
叩頭謝上謂絪曰宰相不能違拒中人朕得卿言方寤耳

憲宗時翰林學士李絳上奏曰臣謹案守謙密言聖恩商量以昭義
兵馬使烏重胤部署軍中事不獲已須與節度使者臣竊以此處置
實非所宜此者以從史受命不由朝廷遂至生彼邪心致茲惡跡今
重胤驅逐從史忽領旌旗兩河聞知必生怨望謂陛下容以官爵誘
其將校逐其主帥人情雖愜國體已傷若以重胤主兵將須便與節
是威福不在朝廷於事體之間與從史何異議者若云重胤見主權
必不受制臣觀事勢寔恐不然何者伏緣從史懷惡蓄奸調上違命

所以重衡得仗義獻款以順為名其與遂伏今重衡若不顧憲章以力取位即其同列寧息偏辭儻失衆心前事豈遠以此爭理必無興國縱軍中有狀請與重衡此時之事必非忠心其流輩既多當不願重衡獨得別與一鎮少慰衆心伏望聖恩先令密諭重衡授以河陽節度使除元陽澤潞節度使則人情大伏國體得全且重衡忽自軍將校授以河陽授於行間恩生望外豈於此際更有遲迴棄義虧忠遺福取禍雖至愚下亦必不然元陽功効素高公望又積澤潞接近久亦承風今若除授使徑入潞府慰勞將士家口卹其貧乏各使安存三軍聞知自然感悅重衡既得方鎮元陽又愜人心如此處置必無差誤機事可惜實所痛心威柄一失豈可復得伏望聖恩不以臣愚昧特賜省覽斷自宸慮成此聖功輒敢獻陳

憲宗時河東王鍔將加平章事右拾遺白居易以為宰相天下具瞻

非有重望顯功不可任按鍔誅求百計不卹彫瘵所得財號為羨餘以獻今若假以名器四方聞之皆謂陛下得所獻與宰相諸節度私計曰誰不如鍔爭裒割生人以求所欲與之則綱紀大壞不與則有厚薄事一失不可復追

宣宗時中書門下奏諫官闕員請補上曰諫官要在舉職不必人多如張道符牛叢趙璘輩數人使朕日聞所未聞足矣久之出叢為刺史入謝上賜之紫叢曰臣所服緋刺史所借也上遽曰且賜緋上重惜服章有司常具緋紫衣數襲從行以備賞賜或半歲不用其一故當時以緋紫為榮上重翰林學士然遷官必校歲月以為不可以官爵私近臣也

宣宗嘗敕補醫工劉集為場官鹽鐵轉運使柳仲郢上言曰醫工術精宜補醫官若委任銅鹽何以課其殿最且場官賤品非特敕所宜親上遽賜絹遣之他日見仲郢勞之曰卿論劉集事甚佳上嘗有疹醫工梁新治之良已自陳求官但敕月給錢三十緡而已

時蔣伸從容言於上曰近日官頗易得人思徼倖上驚曰如此則亂矣伸對曰亂則未亂但僥倖者多亂亦非難上稱歎再三曰異日不復得獨對卿矣伸不諭尋拜伸為同平章事

懿宗時優人李可及能新聲自度曲辭調悽折同昌公主喪畢帝與郭淑妃悼念不已可及為帝造曲曰歎百年教舞者數百皆珠翠襐飾刻畫魚龍地衣度用繒五千倚曲作辭哀思裴回聞者皆涕下帝以為天下之至悲可及憑恩橫甚帝欲擢為威衛將軍中書侍郎曹確諫曰太宗著令文武官六百四十三謂房玄齡曰朕設此待天下賢士工商雜流假使技出等夷止當厚給以財不可假以官與賢者並肩立同坐席也文宗欲以樂工尉遲璋為王府率右拾遺竇洵直

固爭卒授光州長史今以可及位將軍其如太宗之令何臣以為不可帝不聽

宋真宗即位初右司諫孫何上言曰伏見國家撫有多方並建衆職外則郡將通守朝士代行關征榷酤使者兼掌下至幕府職掾之微或自朝廷選補而授用人既廣推擇難精貢部上名動踰千計門資入仕亦及百人稍著職勞即升京秩將命而出冗長尤多每躬祀圜丘誕敷霈澤無賢不肖並許敘遷至使評事寺丞纔數載而通閨籍贊善洗馬不十年而登臺郎竊計今之班簿臺省宮寺凡八百員玉石混淆名品猥濫異夫虞書考績周官計治之法也有唐舊制郊禋慶宥但進階勳而已今右十年之內肆赦相仍必恐京僚過於胥徒朝臣多於州縣豈惟連甲平斗之刺亦有敗材假器之失況祿廩所賦皆自地征所來須從民力何必空竭

公藏附益斯人已捘耆朘削既難未還者防閑宜峻古人所謂損無用之費罷不急之官正在此也伏願特降詔書自今郊祀羣官一例不得遷陟必若績用有聞才名夙著自可待之不次豈俟歷階而升至於省併吏員上繫與奪特左司諫耿望亦以為然故咸平二年覩郊止加階勳命有司考其殿最而黜陟之然三年差遣更代率皆考課引對多獲進改罕有退黜而官籍浸增矣

真宗時右正言夏竦進策曰臣聞周官曰以賢制爵則民慎德以庸制祿則民興功蓋爵以待賢祿以待庸賢不及爵爵非其賢則民嫚庸不及祿祿非其庸則民惰嫚則廢德惰則無功故先王重車服慎名器崇德報功以教天下國家鑒三代典章采漢唐故事文質彬彬不遠中道在於授受猶有所疑何則王者撥亂反正自家刑國賢哲並起攀龍附鳳及其功成治定猶議賢而封計庸而賞豈有守文之

君應天承祖恭嗣皇器而藩邸臣僕驟升清貴若師傅之官贊佐之吏輔翼之功宜被寵耀而鞭綏之御導從之隸競乘軺車爭受命服庶官恐懼號為隨龍歲月之間遷擢非次以新間舊瀆為無謂昔仲叔于奚請繁纓以朝仲尼曰惜也不如多與之邑唯器與名不可以假人其是之謂歟伏願陛下崇不諱之德采狂瞽之議改立明制垂法萬世使日月之光流被子孫

竦又進策曰經國以體馭賢以爵國以體立必也宏遠賢以爵貴無或僭濫體國不大則制度叢脞爵賢不正則服位陵替仲尼曰唯天為大惟堯則之大體之謂也又曰惟器與名不可以假人正爵之謂也故善為國者存其大體則削其叢脞用其正爵而去其陵替然則大中之道行於典憲矣國家誕膺駿命奄有萬國稽古垂法彝倫攸敘然承唐氏亂離之後撥五代紛競之基冗制因緣或未全去臣聞

身被命服即為王臣除官授職必聞賜誥豈有卑品之官州縣之職將拜絲綸之命乃輸綾紙之錢有識之徒誰不堙鬱況軍國之用動以萬計府藏之實何俟於此忍使惠之王澤而責之泉布又聞唐室衰弱兵在節鎮麾下從吏官皆假版皇家受命政出天子州郡職員因循舊式豈有笞撻之吏輿皁之役階叙銀青銜稱檢校或兼烏府之官或假青宮之秩禮制之間無乃僭矣惠愛之道在於此乎誠當特降詔書並削冗事諸如此比一切刊正書之信史垂耀百代詩云周雖舊邦其命維新

仁宗景祐三年右司諫韓琦上奏曰臣伏聞寒暑順則歲功成賞罰明則君柄重故王者興化立政動法天道必功而議賞必罪而行罰若春夏之生殖秋冬之肅殺物無不從也苟異於是猶當寒而燠當燠而寒物無不違也善為國者能執其中以馭天下則堯舜之盛可

得齊焉臣材朽職近猥叅諫諍之末有所聞見每願竭肝膈上補醇治少副陛下隆寬廣問之意故莫敢容默于位以負甄擢惟陛下矜而察之臣伏見近者睦親宅告成自提舉臣寮而下有詔增秩用勸勞者入內內侍省副都知張永和實揔其事故有遙領團練之命逮夫同列旋亦推恩當時公言共謂非是蓋以其一官之故而衆人蒙賞故也或以謂省局之內官次相妨因而敘遷未甚為害臣是以不敢遽有論列今聞前省都知以降又復優加使額臣竊觀衆論益以懷疑誠以勸沮之方爵賞為大若匪問其官簿酬以年勞則必顯著功籍時申寵拜或不由是皆涉無名故書曰官不及私昵惟其能爵罔及惡德惟其賢昔衛人賞于奚以邑辭請繁纓以朝而許之孔子聞之曰惜也不如多與之邑惟名與器不可假人東漢館陶公主為子求郎明帝不許賜錢千萬而曰尚非其人令民受其殃是以難之斯

皆古先哲王謹刑罰之源也。伏望陛下念忠私於近則勞臣必怨。失知其採則大猷日新。特示至公。亟行追寢使褒一功而天下勸。正一罪而天下服。為善者彌思於勵行。不仁者更務於革心。式臻嘉靖之風。永協大中之化。

慶曆三年。知諫院歐陽脩上奏曰。臣伏見國家每出詔令常患官吏不能遵行。不知患在朝廷自先壞法。朝廷不能自信則誰肯信而行之。然多因小人僥倖而不知抑絶。所與之恩雖少。所損之體則多。臣聞去年十月中嘗有臣僚上言。乞今後大臣厮僕不得奏薦班行。勑旨須下纔三四月。已却用呂夷簡僕人袁宗二人為奉職。夷簡身為大臣。壞亂陛下朝政多矣。苟有利於其私。雖敗天下事尚無所顧。況肯為陛下惜法。但朝廷自宜如何。今一法纔出而大臣先壞之。則其次臣寮僕人豈可不與。不與則是行法有二。與之則近降勑旨今後又廢。有司為陛下守法者不思國體。但徇人情。或云二僕得旨與官在降勑前。奈何授官在降勑後。凡出命令本為釐革前弊。法家以後勑衝前勑。今袁宗等雖曾得旨而未授命間。已該新制。自合釐革。夷簡不能止絶而恣其僥倖。朝廷又不舉行近勑而自隳典法。今後詔令何以遵行。其袁宗等伏乞特追奉職之命。别與一軍將之類名目。足示優恩。不可為無功之臣。私寵僕奴而亂國法。

八年。侍御史知雜事何郯上奏曰。臣伏聞閤門近進四日紫宸殿宴人使坐圖。入內都知王守忠亦在揚景宗下預坐。臣訪得閤門儀制。內外臣僚帶刺史節度觀察留後並係遥郡。不得正官班列。以至賜與進獻瀆甚殊絶。惟正刺史以上。凡遇宴會坐次方許列在殿上。今若以守忠帶兩使留後使依正官例升殿興宴。即是自今內外臣僚凡帶遥郡皆合上殿預坐。啓僭壞法莫此之甚。且朝廷儀品所以辨

尊卑上下之分。不可輕棄舊章以生紊亂。況祖宗典法。未嘗有內臣殿上預宴之事。此弊一開。所損不細。伏望指揮下閤門速行改正。一遵舊制。仍令今後遇有宴會。臣僚職位不合預坐之人。不得妄有陞進坐次。所冀示朝廷紀綱之正。戒人臣僭差之望。

郯又上奏曰。臣伏聞降勑命以昭宣使王守忠脩祭器物勞効。特除景福殿使。仍賜節度觀察留後月俸。臣始初風聞內批指揮。止授守忠宣慶使。次日聞授節度觀察留後。今雖節度觀察留後之命不行。仍以月給賜之。復遷改使名。勞淺賞重。中外之議頗不為允。夫爵位之設。以待勞臣而勸忠義。故賞之厚薄。視功之大小。歸乎不虛授而已。至於舉一職領一事。有所幹濟。蓋人臣効力之常分也。以常分而受賞典。已為過矣。又厚焉。適足以啓僥濫之源也。且守忠之掌脩祭器。亦人臣領一事效力之常爾。然陛下重宗廟之事以報其勞。自昭宣使超授宣慶使。恩賞之行。未過不薄。適其中也。而守忠曾不滿望。仍要君命。夫以小勞職分之常。而所求猶如此過當。則後來有冒矢石捍邊寇之臣果有顯效。則將何爵賞以稱其意焉。況內臣領遥郡。祖宗之制止於觀察使。然非積勞未嘗妄授。今守忠雖不授兩使留後。而得給其祿。人情所希皆起於漸。既得其祿。必欲其官。苟又從之。是何位之不可求也。夫事戒其始。未猶不禁。況不戒焉。則弊將横流矣。其王守忠欲乞只依元降指揮授以宣慶使。所有兩使留後俸料。亦乞罷給。陛下如欲優示寵待。則乞厚以金帛賜之。足為恩假。至於爵祿公器不可輕授。授之不濫。則朝廷紀綱庶可存焉。臣以空踈獲備耳目。遇事即言。固無忌諱。伏望聖朝特賜省納。

郯又上論兩府遷官疏曰。臣等伏見前任兩府臣僚繼有除拜。非復差功計勞。特出一切恩命。近時典故未見此比。物議喧然。不知其由。

夫爵祿固上所得專予。以其可以厲世磨鈍。使天下之人赴忠義立事功。至於徇節捐軀而不自悔。故古之王者至重至謹。賞一人必使天下之人皆知以爲當然。不敢用爲己私而輕天下之所重也。今若授受之際皆出無名。則何以勸有功。有功者不足勸。是古之所重今便以爲輕。雖極顯官厚祿。將無以磨礪天下。而人人有覬覦徼幸之心。復何所恃而爲治哉。況股肱大臣。天下所望爲表則者。豈特以一官自私而不爲國家惜大體。臣等固知爵命之行。必有遜而不受者。伏望朝廷察臣等言稽之典故。如今來例行除授事體有輕重。必當即乞明示中外。使灼然曉知。若祇出一時之恩。願下臣等章奏。詢之公議。儻以爲然。或難追寢前命。因其表遜。悉停過恩。如此則上無虛授之譏。下有相遜之勸。與其一舉兩失事相萬也。臣等待罪言責。不敢顧避緘默。

皇祐二年。知諫院司馬光上論麥允言給鹵簿狀曰。昔仲叔于奚有功於衛。衛人使之繁纓以朝。孔子曰。惜也。不如多與之邑。惟器與名不可以假人。夫爵位尊卑之謂名。車服等威之謂器。二者人主所以保畜其臣而安治其國家。不可忽也。今麥允言近習之臣。非有元勳大勞過絕於人。而贈以三公之官。給以一品鹵簿。其爲繁纓不亦大乎。陛下雖欲寵秩其人。而適足增其罪累也。何則。三公之官。豈是承君上應三台。鹵簿者所以褒賞元功。皆非近習之臣所當得者。陛下念允言服勤左右。生已極其富貴。死又以三事之禮爲之送終。鼓吹簫鐃烜赫道路。是則揚其僭侈之罪。使天下側目扼腕而疾之。非所以爲榮也。惟陛下御覽仲叔于奚之傳。垂意孔子之言。則知名器之重。不可加非其人。況唐制。羣臣於國有大功者。婚葬則給鹵簿。餘不在給限。伏望陛下追寢前命。其麥允言更不給鹵簿。毋使天下之人竊指目以爲朝廷過舉。不勝幸甚。

至和二年。侍御史趙抃上言曰。臣伏見近年朝廷非次除節度使宣徽使。頗爲煩數。竊以二者使額。在唐季則付與容易。爲聖朝則授受艱難。職任絕優。事權寔重。臣僚設非勳舊。名器安可輕假。謂宜慎重賞格。得以關防倖門。須有定規。庶裨至治。臣愚欲乞指揮。今後宣徽并節度使內文臣須是曾歷中書樞密院任用。加之德望爲人推服。武臣曾經邊鄙建立功業者。方許除拜。兼宣徽使元額只是兩員。至如使相之任。體貌尤重。更當慎惜。豈宜輕議。嘗聞太祖皇帝朝命曹彬收復江南。功成凱還。雖賜與則多。終不授彬使相。臣以謂此等官職。平時無故等閑除授。臣僚亦以等閑得之。不以爲貴。四方向去萬一有緩急事宜。必有賢智豪傑之人爲陛下制變禦侮立功立事。當此之際。朝廷行爵賞恩賚之議。則以何官職處之。久遠之制。須今日

恩之重之惜之。不可不慎也。伏望陛下特賜聖旨。以臣所請付兩府議定執守施行。上以遵祖宗之法。下以重爵位之當。則中外幸甚。

仁宗時。監察御史傅堯俞上奏曰。臣聞爵祿天下之砥石。其所以礪世者。非謂人人飽高爵而厭重祿也。蓋必當其勞。則天下知勸。苟異於是。雖窮極班品。不能滿貪冒之心。而但啓僥倖之路。不能爲勸。癖之激而從樹營私之恩。伏惟陛下留神而察之。臣竊觀單州團練使劉永年除蘄州防禦使。臣竊思永年進因恩澤。未嘗有績用。於榮寵固已優渥。況有舊條。武臣止授已上。不許無勞叙進。若此官用久次能得。則延節緣日月可取。至於餘人不得援例。此語尤爲未允。懼以庸制祿。不當有引例之嫌。既廢令假人。安可杜援茅之勢。事體明著。不爲難曉。豈有他日約束不能限永年。而今日指揮可以遏來者乎。是不足昭信天下。益取輕耳。臣恐緣此煩聖聰者衆。陛下無以拒之。近

錢晦知代州。亦未嘗改官。不識永年何以異於晦也。伏望陛下追寢新命。加慎名器。使圖顯效。然後遷擢。則能者益奮。而不能者知勉。且俾條詔不爲空文。臣不勝懇激之至。

堯俞又上奏曰。臣近嘗論列劉永年無勞轉官。乞行追寢。至今未蒙施行。臣聞爵祿。天下之公器。法令。主者之大柄。既不能以大柄自持。而以公器私於人。方復區區誠之以不得援例。此臣所以大惑也。借使私於永年。衆人可隔於陛下平均之德。固已虧損。況衆人之不可隔乎。苟不復計校。率以例遷。則天下之公器如何哉。方今事不責實。貪競尚多。不作法以抑僥倖。廼廢陛下成法。啓僥倖而爲之地。臣所以尤爲陛下惜之。且法自永年始。而廢於永年。又可惜之甚者。夫置言事之官。使拾朝廷之闕。古惟恐其不言。今乃不然。平居議論。率常十格七八。若壞法濫官。章明較著。如是之不疑者。以列於陛下。又置而不聽。則安用言事者乎。惟陛下必垂省察。

英宗治平二年。龍圖閣直學士何郯上奏曰。臣聞聖人之養賢也。能品其德。能量其才。能授以官。於是分之爲三。上賢使[之]爲三公。次賢使之爲臺諫監司。下賢使之爲守令。所以寓權而悦之也。於是爲之宮室輿馬以養其體。爲之旌旗冕弁以養其貴。爲之鍾鼓琴瑟以養其欲。爲之弓矢斧鉞以養其威。然而不可以私授。惟其德惟其才而已矣。苟授非其人。則覬倖之端啓。有小人者得之。則胥効犇嚮而求之。若固有於己。寖以成俗。人人皆以取之甚易而非難矣。一旦聖人將革其弊而廢黜之。莫不怨望盈耳。是非小人之過。其過在於人主假之之輕也。人主不禁之於前而止於後。蓋無及已。嗚呼。用人之際可不謹歟。昔衛以繁纓授仲叔于奚。仲尼非之。館陶爲子求郎。漢明拒之。知名器如此其重也。今陛下紹德業之崇。卜基圖之永。大設綱紀。思合天人。行於前必慮其後。圖於始必全於終。惟是選用之難。尤所可重。品其德。然後授其官。量其才。然後定其位。使朝廷上下。公卿大夫皆得以服其榮。安其分。士無覬覦。職無虛授。則天下官冗之弊息。名器之用正。夫以大理評事之卑。而太宗猶謂之清望官。不以授伶人之子。況其大者乎。惟陛下重之。

英宗時。殿中侍御史范純仁上奏曰。臣聞君之大柄在於刑賞。賞不僭則爲善者勸。而下無覬覦之心。罰不濫則爲惡者懲。而人無冤抑之患。善爲國者必慎於斯。陛下臨御已來。於刑罰固已慎矣。而於濫賞之弊。未聞更張。近自兩月已來。尤多輕授。如待制龍圖備撰之職得次拜者幾十餘人。豈必盡是賢才。且復別無勳績。但以一人擢用比之同列稍優。則人人敘遷以足其希望之意。務爲姑息。如止兒啼。輕爵濫恩。無甚於此。伏惟祖宗之制。尤慎寵名。至於小官。未嘗輕授。況於近侍之職。豈容什伍而進哉。伏望聖慈詔中書門下。凡經筵雜學士待制備撰等職。並依內外制修注體例。各立定員數。必須才德兼優。或聖意柬擢。或委以重任。或別立事功。仍俟闕員。方許除授。自餘不得進擬。如此。則得馭臣之道。革僥倖之風。近侍得人。名器增重。

神宗時。知諫院陳襄乞止絕權貴非次陳乞恩例劄子曰。臣竊見近日臣寮并故臣寮之家。陳乞內外親屬恩澤。衝改已授差遣人員闕。朝廷雖有先降指揮。過一月之外不許衝改。然所陳乞恩例名目稍多。逐時中書樞密院不住於審官三班院流內銓取已使員闕差注。終屬未便。緣逐處待闕之人。守候名次。動經歲月。洎至授下差遣。出京待闕。或已前去赴任。却被衝改。雖在遠方。不免依前再赴銓院。別候闕次。孤寒久旅之人。寧不嗟怨。朝廷既有恩例。許令指射優便差遣。已是優恩。豈可更容衝替已使員闕。甚無謂也。兼陳乞恩澤多是近上臣僚之家，非理僥求，固成體例，攀援引用，寖不可革。國家爵禄恩賞，所以待賢能之士。今惟以父兄親屬私恩陳乞，浸闕閑無功之人占奪優便差遣，一切出於僥倖，甚非至公之朝慎名重器區別能否之道也。臣以為立法更弊，必先自貴者始。欲乞今後除前兩府出鎮，與沿邊安撫帥臣外，舉人依條施行，及勞績酬獎堂除人許指射非次見闕外，其餘乞先自兩府以至文武臣僚及分司致仕故臣僚之家，如合陳乞弟姪兒男及異姓骨肉之類，并奏薦人差遣等，並令一例於季闕已前一月內指射合入優便之類，依例等待，即不得臨時陳乞非次見闕及衝改已授差遣人員闕，庶使權貴絶僥求之望，寒士無被奪之患，而稍獲均濟矣。

神宗即位，御史中丞司馬光論王廣淵劄子曰：臣前兩次上言王廣淵傾巧奸邪，乞盡奪去職名，與遠地監當。近聞本人帶舊職知齊州，仍賜章服。如此，乃是賞之，非黜之也。鄉使廣淵自改京官以來，謹身守分，不為奸諂，以至今日，不過作第二任通判。今所得乃如此，豈可謂為奸諂無益哉？孔子稱唯器與名不可以假人。今之章服，所謂器也；職名，所謂名也。二者皆無用之物，然而天下貴之者，為其非賢才則不能得之故也。唐宣宗重惜章服，不輕以與人。有司製緋紫衣以備賜與，經年不用三兩領。故當時服緋紫者，人以為貴。夫名器者，譬如珠玉，若使之易得如瓦礫，尚安足貴乎？近歲兩次覃恩，賜緋紫者已為氾濫。今又如陳鑄、王廣淵輩皆賜章服，是使今後受賜章服者皆以為恥，不以為榮也。且陛下[illegible]廣淵出補外官者，必已知其姦邪之迹也。今又復以職名章服寵之，是勸人使效廣淵所為也。臣竊恐非國家之福。伏望聖斷，依臣前奏，盡奪去廣淵職名，并此來章服，與遠地監當，使賞善罰惡，曉然明白。

歷代名臣奏議卷之一百九十七

歷代名臣奏議卷之一百九十八

謹名器

宋哲宗元祐元年殿中侍御史孫升上疏曰臣竊以人主持利勢以兼制天下役使群衆者循法制而已朝廷以一言而寵辱臣屬風動四方者布命令而已故法度紀綱上下維持不可有毫釐過失法制一紊則人主之勢去命令過則朝廷之言輕自古天下國家之所以亂亡未有不由此也近日朝廷除安燾知樞密院事因給事中封駁不當奉聖旨更不書讀門下侍郎並不執奏直送吏部施行吏部具事理申尚書省僕射左右丞並不執奏遂以不全告命降出且陛下私一非才除知樞密院事臣且置而未論豈有朝廷維持紀綱執守法度大臣乃依違苟且不爲陛下守法使朝廷出不全告命宣示於外棄絕公道虧損聖德廢壞典法不足以傳示後世龜玉之毁適當在

誰居朝廷紀綱之任不能糾劾大臣尚何面目出入陛下禁庭耤爲御史伏望聖慈先正門下侍郎尚書省僕射丞不守法之罪或安燾有登用以來建明啓沃之謀猷廟堂帷幄之功業臣所不知者宣示臺諫布告在廷付門下省書讀省審而後行使陛下法制不失命令獲全然後坐臣妄言逆旨重行黜削庶臺諫風節稍復嘉祐治平之時則臣雖譴投荒遐裔甘瘴斃死永無恨

二年升又上奏曰臣聞爵禄天下之砥石人主所以礪世磨鈍也故忠信爵禄所以御士而唯名與器不可假人士大夫忠義風節豈生而有之在陛下砥礪成就之耳苟爵禄不及於忠信而名器竊假於非人則天下之士孰知所勸而相勉爲忠信節義之事乎臣嘗謂給事中門下之職法度號令所從出論思獻納之爲先非偷合苟容養交安禄之所何以言之法度命令差失過當可以論議獻替於未下而諫官御史止能諫諍追救於已行命未下則其意易回事已行則其勢難奪理固然也則給事之任豈可輕付非其人哉唐呂元膺自給事中除同州刺史及入謝憲宗問以時政得失元膺論奏甚激切上嘉其剛正翌日謂宰相曰呂元膺讜言直氣且欲留在左右使言得失卿等以爲何如李藩裴垍進賀曰陛下納諫超冠前王乃宗社無疆之福臣等不能廣求直士又不能數進直言孤負聖心合當罪責今請以元膺爲給事中以備顧問上悅而從之若李藩裴垍可謂不負大臣之責矣今顧臨張問爲給事中顧臨慨然論議封駁聳動中外既以河事之重遣使北道侍臣有欲留之者大臣既不克從又不獲特選補忠鯁端良之人以慰士望而張問老繆無耻苟容尸禄爲朝士大夫指笑御史論其不職乞與閒散以養衰殘而大臣姑徇人情悅其阿意既留而不去又使專給事之職備員素餐無所獻納則是

可留者去之可去者留之使朝廷爵禄名器不足以礪世而忠信節義之人無以知勸執政大臣豈不負陛下委任責成之意有愧於李藩裴垍乎伏望聖慈詳察檢會臣前奏出自聖斷罷張問給事中別選有德有識者任之以慰中外之望

右諫議孫覺等上疏曰臣等伏見朝廷差安燾知樞密院給事中以爲不當駁正封還陛下未信其言遂不送本官書讀施行臣等竊爲朝廷惜之夫安燾之才不才差除之當與否自有天下之公論臣皆置而未議所惜者朝廷之法度爾且三省之設事相表裏勢相始終凡命令之出先自中書省一人宣之一人奉之一人行之次由門下省一人讀之一人省之一人審之苟有未當則許駁正然後由尚書受付施行紀綱程式其密如此蓋以出命令而尊國體也或闕其一則於制敕不爲全中外難以取信近日除呂公著爲門下侍郎不由

本省而下給事中范純仁力辨其事是也夫國家所以維持四海而傳之萬世者惟守法度而已況當陛下諒闇之日簾聽之時正宜謹守法度不可毫釐差失今安燾之命不送給事中書讀施行乃是封駁一職遂為虛設制敕不全命令不重而法度不存矣銓封授官恐漸於此臣等所以為朝廷深惜也臣等竊慮聖意必謂已行之命難於追改且與序遷則更一舉而兩失矣為安燾者豈可受不全之制敕而處具瞻之地哉莫若因其辭免寢罷新命則君臣之際授受皆得其宜而法度不廢也況朝廷差除因臣下辭免或臺諫論奏而罷與改者多矣豈得於燾獨不改伏望聖慈追還安燾告命及詳覽臣等論列安燾文字別降指揮施行陛下遷進大臣若合公道何故不令給事中依條書讀臣等所論乃繫國體若陛下不賜改正臣須至再三論奏不敢自已

殿中侍御史呂陶上奏曰臣伏見安燾之命不送給事中書讀夫於法非便臣與摯等已嘗論奏拳拳之誠諒煩聖覽臣今為陛下反覆思慮此事實繫國體有不可者四須至再具奏陳冒瀆天聽夫給事中之職主讀制敕詳駮正奏覆陛下不使之讀是廢其職也朝廷設官任人而自廢其職無以訓四方示萬世今門下省錄黃於給事中字下不書臣某之名而書曰奉聖旨不送給事中書讀尚書省遂受而付於吏部吏部出告亦如此書臣不知合何法式成何制命此一不可也小人之情巧偽險詐善窺朝廷之釁隙欲逞其志雖防閑禁約謹嚴周密而猶有撓亂法度以僥倖者陛下儻謂此事已一雖於吏改不恤人言而遂行之他日或有權臣女謁干請希求非分之事舉擬此例乞不付門下省施行臣恐陛下無以却其說蓋以開之於前則難塞之於後此二不可也夫三省大臣皆與國家維持紀綱而同其休戚者今朝廷出令未合於法度而門下侍郎不駮正尚書僕丞亦不論奏唯然奉行以付有司若萬一更有失事處置之間或不中機會則誰為陛下救其失誤此三不可也自陛下臨政以來開廣言路臺諫所奏盡蒙聽納萬分有一可裨治道今以安燾之故獨不允從深恐言事之臣上畏天威自今以去不敢極論得失陛下聰明亦或因壅蔽此四不可也夫舉一事而有四不可在陛下處之甚難以臣愚之甚易何則改過不吝明王之盛德恥過作非古人之深戒故曰人誰無過過而能改善莫大焉又曰君子之過如日月之蝕過也人皆見之更也人皆仰之且萬機之繁親總獨斷不容無失能知其失而正之則為得矣其於聖政殊不為累今臺諫論列未已士大夫之議紛紛二人者必不敢受命陛下若令閤門繳納安燾范純仁告身續降指揮述其辭免之意除二人者皆為同知院事由門下省施

行則臺諫更不條奏士大夫之議帖然二人者不敢不拜上全國體下允公論此所謂甚易而不難處也況反汗之嫌小而廢法之失大願陛下權其輕重而行

陶又上奏曰臣聞邪正必辨則國體尊用捨至當則士論定百直而一枉則枉可以害直百真而一偽則偽可以亂真方肅紀綱宜慎名器臣伏見起居舍人曾肇操履偏詖藝文淺浮當呂惠卿用事時肇兄布亦在要路衰集專繼公為私徇臣僚承迎風旨薦肇充學官既進所業中書考為第一緣此朋比遂除館職睞因張璪汲引備位左司會史職有闕乃以次補且仕臣不歷民政而領都司學問不知本統而遷右史固已不厭公議輒補盛朝今乃擢居西掖允駭群聽夫中書舍人之任職清地峻非他官可擬外則典司誥命以文章議論潤色帝猷內則分押諸房以智識才慮參決幾政前世推重謂之宰

相判官豈可因其序遷輒爾虛授況小人之進亦以彙征肇既忝冒此選涉歷貴權則必援舉其徒布列要地消長之變安得不慮此時進用異邪徑之忽開他日朋姦恐横流之難遏伏願陛下深防事始早罷詔除上以清侍從之塗下以慰搢紳之望

陶又上奏曰臣近嘗論奏除曾肇中書舍人不當狂言無補未蒙聽納臣再三為陛下忖度此事極有未安蓋任人當否實繫治亂正臣進則足以寧邦邪士用則遂能害政古今可監理勢必然自陛下繼統以來拔擢端良罷黜回枉用捨之際務合至公然小人餘黨尚在朝廷既未能盡力屏除豈可使開端倖進防微杜漸正在此時且肇之姦回出於天稟兩端難信其迹甚明當吕惠卿用事之時則朋比阿諛競為非義至司馬光當國之日則矯偽脩飾欲作善人推此而行何所不至陛下可保其不徇私乎執政可信其不行險乎既保之

奏議卷之二百九十八　五

信之則臣言殊不足取罪在譴斥若猶未也則中書舍人之職參議大政不可輕委肇矣況肇之兄布長於變詐濟以彊悍冒據要地僅二十年蠹政害民毒流天下今雖出領藩鎮其心常有不平肇於其兄豈能忘愛一旦攀援而至則必攄發素懷引類結徒兇焰復熾此不可不思也然議者謂肇粗有辭文素無顯過進升西掖資地宜然臣愚竊謂此言出於苟媮之意非為國深慮之說也夫中材之士羣於勢利而過有隱顯害有淺深或一事之誤或一節之缺如邢恕之乖檢慎蒲中行之附舒亶林希之結張璪則人皆得而知之指為顯過若乃肇之包藏縁飾善持兩端原始要終大槩邪險人皆不可得而知非若一事一節之誤缺而可指名者其過雖不顯而為害則大此又不可不察也伏願陛下以陰長陽消為戒以舉直錯枉為心博采公言收還新命使小人無彙征之漸則明主有極治之功臣之區區敢以愚請謹再具彈劾以聞

侍御史劉摯上論安燾奏曰臣等近以安燾除命未當及因給事中封駮遂不令書讀行下累具論列并彈劾門下尚書省經歷官司至今未蒙追改施行臣等待罪風憲見朝廷綱紀隳弛命令乖失苟不竭盡死力以救補之則陛下何用置言路臣等何顏在官次自陛下臨御以來以至公為心直道為政故凡見于施為者皆足以服天下之心今忽然行此一事驚駭物聽與從來政事大異甚非所望于陛下者且安燾德薄望輕不自卓立朋附章惇依阿其間今度越衆人無故進位已失公議而又制敕不循典故蹈襲斜封以避官司封駮不意聖明為此過舉此必有姦邪之論以誤陛下殊不知中書之宣奉行門下之省審讀乃歷代典章一有不備則不成王命燾等亦安敢受之哉夫聖人善於取人不能無過故六經不美堯之任已而美

奏議卷之二百九十八　六

其舍己不稱湯之無過而稱其改過今陛下追正此事無甚難也於閤門取燾告身罷燾新命且令依舊同知外施絕仁自從別制宣下其門下侍郎尚書僕丞及吏部等經歷奉行官屬皆不能建明執奏詿誤聖朝各付有司明正其罪使中外釋然知朝廷尊嚴典憲振肅以銷壓僥倖之望杜絕私邪之謀而成就陛下聽納之盛德在陛下顧言一言而已何遲遲而不為邪臣等不勝聽命待罪激切之至

摯又上言乞罷文及都司疏曰臣伏見昨者五月四日勑命除文及為右司郎官韓宗師直秘閣尋聞臣僚論列韓宗師父絳繼有辭免遂罷直閣之旨而及之除命未賜指揮臣竊以都司職任上副丞轄下總二十四司之事而館閣設官以文學為職皆號為清望之選固當無間寒俊不宜專用子弟此所以招言者之論而不能服衆人之

心方及與宗師差除之日適在文彥博入朝韓維進用之始故議者咸謂執政臣僚見二人進擢所以擢其子壻迎悅其意以立私恩此亦陛下之所宜察也國家名器本待才德但用之以公則人無不服今宗師既罷則及之新命亦望追寢不須更俟其遜避所貴稍伸公道以息群議若以及父彥博在朝欲及便於侍養即在京甚有職任可處無平章重事乃是朝廷執政正與都司相干亦合回避以此罷之不傷陛下恩禮也

摯論三省樞密院差除疏曰右臣准吏部牒十月十六日三省樞密院同奉聖旨唐淑問除左司諫等事又牒十一月二十八日三省樞密院同奉聖旨陸佃等罷侍講事臣竊睹自來朝制及近降官制格凡差除有中書進擬者有樞密院者有三省者有三省樞密院同進者蓋建官分職各有所治法無相參也三省樞密院同取旨者似止於

差除帥臣遣鎮大吏內臣近上差遣而已今來差諫官罷侍講未委樞密何為而預也外言籍籍皆以三省容縱密院侵紊政體莫不疑異臣竊以國家所以恃者在綱紀大臣所宜守者在名分綱紀正於上則下無邪志名分治於下則政無多門一有奪移何患不起況朝廷今日正當尊強君道謹守祖宗法制嚴臣下之分以消壓權僭之心今廢置官吏陛下大政而三省之事也樞密院干非其職逾法出位橫遷議論公然犯分臣恐積微至著交亂官守漸行私意以害政事上則陛廢之等慢下則傾奪之患生杜漸防微實繫國體欲望聖慈特降詔旨戒諭三省樞密院臣僚凡以差除擬進者各依自來條制班次取旨所貴正名術業事無侵逾以尊朝廷以正在位臣又慮上件差除諫官等事曾降聖旨特許樞密院同進借有特旨乃是聖恩優禮執政欲合同衆論之意而大臣之節自當引義辭免借朝廷

綱紀以安分守不應乘便冒進漸恐隳失體制

摯又上論執政轉官疏曰臣伏覩近降麻制執政臣僚各特轉一官聖恩優厚中外聳動及臣伏讀麻制之詞乃以山陵寢廟奔走職事加臣子之異恩於是臣切疑焉夫應奉山陵寢廟奔走職事乃臣之分也若欲以疇勞則應不止於執政若旌其送往則執政未嘗俱行授受之間未有名義伏聞所司檢會嘉祐年體例進入依應施行伏緣嘉祐八年英宗皇帝既推即位之恩臣僚各已覃轉後來以弗豫進藥而輔導調護鎮寧中外以至聖躬康復親決庶政誠天下之慶謂輔臣實與有勞故又命各人進一官然當時臣僚再三辭避累日不敢受命至遣近臣趣命以漸官入謝不降坐以待之方敢祗受又治平之末神宗皇帝嗣位覃霈改官之後適值韓琦以山陵使回懇求去位尋以兩鎮外補然猶虛上宰之位自曾公亮而下並不遷遷

故與特轉一官以補轉廳之恩考求兩朝故事各有因依則今來遷官別無義說惟過賞踰僭在聖人不足以廣恩而於義未安恐臣下終難於冒處伏望謹重國體愛惜名器授之以道則廉恥之風行欲望聖慈照會兩朝故事不同如執政臣僚辭免新命伏乞特賜允從無傷事體區區臣言庶幾有補

諫議大夫劉安世上奏曰臣伏見自行官制後來一切以寄祿名官至於流品無復旌別乃者朝廷以為未盡始詔吏部因其舊名分為左右自是清濁有辨衆論稱允後來竊聞新士大夫之犯贓者並改右字況既未備人以為疑且有出身之人苟以贓污抵罪左降於右自可示懲緣無出身者自合稱右今若一旦混淆於貪墨之徒彼將以仕宦為恥非惟失先王礪世磨鈍之術亦恐本帶右階之人或有犯者朝廷以何名處之臣愚欲乞今後贓污之吏並與削去左右量

其所犯之輕重而制為殿降之歲。若限内别無他罪。仍有舉主。即與約經赦叙用之法。許以牽復。如此則名器自正。而負罪者通改過自新之路。勸懲之道可得而行矣。伏乞睿明亟退前令。别加修改。庶協政體。

安世為右正言時上奏曰。臣伏見朝廷立法。内外臣僚保薦之舉歲有定數。而兩制侍從以上。又得用十科之目。使之引類。其於求才之道。固已備矣。乃自近歲以來。漸開巧進之路。屢見近臣連名薦士。臣聞名器爵禄。人之所趨。使之積勤而後遷。則衆各知難而守分。今若多為捷徑。使之躁求。人懷覬覦。何所不至。而况被舉之士。未必皆賢。朝廷不復銓量。往往即加擢任。遷離常調。遂得美官。後進小生。不安義命。奔競相効。無復廉恥。非有懲革。將敗風俗。伏望聖慈特降睿旨。今後除依法舉官之外。不許近臣列薦所貴少抑僥倖之徒。上裨忠厚之化。

安世又上奏曰。臣伏見祖宗以來。執政大臣親戚子弟未嘗敢授内外華要之職。雖有合得陳乞差遣。亦只是數處閑慢監當局務。原其深意。蓋謂父兄已居柄任。而京師之官多是要劇。為大臣者既不能人人為朝廷推至公之心。振拔滯淹。提奬寒素。而貪權好利。多為子孫之謀。援引親屬。並據高勢。根連蔕固。更相朋比。絶孤寒之進路。增膏粱之驕氣。寖成大弊。有不勝言。是以祖宗立法務加裁抑。上下遵奉。莫敢或違。自王安石秉政以後。盡廢累聖之制。專用親黨。務快私意。二十年間。廉恥掃地。陛下踐祚之初。厲精求治。剗革僥倖。一本至公。躬行法度。不欲有毫髮之累。此天下之人所共聞見。而在位之臣。化上之德。宜盡忠交儆。務為正直。而廟堂之上。循習故態。子弟戚布滿要津。此最當今之大患也。臣條列其弊。屢欲面奏。偶以秋暑尚熾。伏恐久煩聽覽。因此未敢請對。然近來差遣尤多不協物論者。以不避煩瀆聖聽。須至具章疏論列。臣伏見太師文彥博之子及為光禄少卿。保雍將作監丞。孫永世少府監丞。妻族陳安民近遷都水監丞。女婿任元卿堂差監商税院。孫婿李慎田堂差監左藏庫。或用恩例陳乞。而此兩處皆非陳乞之所當得也。司空吕公著之子希勣今年知潁州。纔及成資。召還為少府少監。希純去年自太常博士又遷宗正寺丞。女婿范祖禹與其婦翁共事於實務院。前此蓋未嘗有。而次婿邵龢為開封推官。公著纔罷僕射。即擢為都官郎中。外甥楊國寶自初改官知縣。又堂除太常博士。未幾又擢為成都路轉運判官。孫瓌寶亦自常調堂差知咸平縣。妻弟魯君既今年自外任擢為都水監丞。姻家張次元堂除知洺州。胡宗炎擢為將作少監。馬傳慶自冗官得大理寺主簿。其間雖或假近臣論薦之名。皆公著任宰相

日拔擢除授也。官教之職。舊係吏部依法選差。近方收為堂除。而公著首用其孫婿趙演。宰相吕大防任中書侍郎日。堂除其女婿王讜京東排岸司。妻族李括知洋州。李機知華州。范純仁拜相之初。即用其姻家韓宗道為戶部侍郎。妻族王古右司員外郎。王彀近自常調堂差知長垣縣。門下侍郎孫固之子朴判登聞檢院。臣聞鼓檢院乃天下訴冤之地。豈可使執政子弟為之。熈寧初嘗以宰相子曾孝寬判鼓院。是時言者以此論奏。即令罷免。而公亮陳乞監皮角場。此近例也。孫固及左丞王存右丞胡宗愈姻家歐陽棐除館職未及一月。又授職方員外。宗愈之弟宗炎近除開封推官。然王存除歐陽棐外未聞其人。又中書侍郎劉摯亦未見所引私親。而二人者依違其間。不能糾正。雷同循默。豈得無罪。臣之所陳。皆彰明較著。士大夫之所共知。其所不知者。又不可以悉數。臣竊謂二聖臨御。于茲四年。未嘗

以名器少私於宗族外家。而大臣所為乃反若此。上下怙然不以為怪。此臣之所甚懼也。昔崔貽孫為相未踰年而除吏八百員。不避姻故之嫌。後之大臣欲引其私親者多假此以藉口而欺罔世主。臣常疾之。今考其傳蓋亦有說。且唐自至德乾元以來天下兵興政事紛亂。官員差謬。永泰之後稍稍平定而元載用事賄賂盛行。剗塞公路。綱紀大壞。常袞當國力懲其弊。凡奏請一切杜絕。而矯枉過正賢愚同滯。及崔貽孫之相。則薦舉者惟其人。推至公以行之。故除吏八百。莫不謂允。後之大臣能如貽孫之盡公則搢紳之間自無異論。惟其執心偏黨。所用匪人。排斥孤寒。專引親戚而乃竊其緒餘。文過飾非。及致人言又從而尤之亦已過矣。今上等知州通判。在京寺監宮教。畿内知縣之類。號為優便者盡屬堂除。雖資任未至甚高固若不足寘於議論而常調之人一一蒙選用。即今後每任例得朝廷差除不復更歸吏部。以此較之。僥倖不細。况有司員多闕少。四方寒士羈旅京師。待次選部往往踰歲未得差遣。及其注授。又守二年遠闕。則世祿權要之家何幸。而疎遠平進之士何獨不幸也。臣伏見自來畿内知縣。皆選試吏能之地。近聞以宣德郎王毅知長垣縣。士大夫皆謂毅素號闒茸。其狀特甚。止緣范純仁妻族之故遂有此命。中外傳播莫不駭笑。欲望聖慈特令追寢外。其間人材粗堪者到官已久未至曠職。固難追改。臣亦不敢上煩朝廷必令盡罷。但以執政大臣不避親嫌。不畏公議。衆論喧然為之不平者久矣。竊恐陛下九重深遠不能盡知。故敢略具所聞上裨聰明之萬一。伏惟機務之暇留神省覽。仍頒陛下出臣此章徧示三省。俾自此以往勵精更始。庶幾不廢祖宗之法而示天下以至公之道。豈勝幸甚

中書舍人曾肇乞禁止請謁奏曰臣伏見太皇太后陛下皇帝陛下自臨御以來。正身率下。杜絕請謁。裁抑恩倖。凡自内出無非德政。未嘗以私撓公。以人亂法。親戚近習歛衽安分。迄無纖毫。朝廷清明。紀綱肅然。論者以謂秦漢以來母后共政未有若斯之懿。非二聖一心。秉誼克己何以致此。謂宜終始守之貽則萬世。而近日以來頗有干求内降特與差遣者。雖其事至微未足仰累二聖大公至正之盛德。然竊恐僥倖之人乘間伺隙轉相扳援煩瀆聖聽。雖二聖天地之度。坦然無私。但慮左右干祈逼切不免曲徇其意。杜漸防微宜自今日。此臣之惷惷竊抱惓惓愛君之心傾竭肺肝庶有補於萬一也。臣竊覩前來伏見仁宗在位四十餘年下詔書約束臣下干求内降。命中書樞密院如内降與臣僚遷官及差遣者並具條執奏以聞推劾干請之人。明正其罪。下御史臺閤門牓諭。仍著為法。丁寧懇至出於誠心。當時羣臣亦每以禁止内降為言輙見納用。故一時朝廷號為肅清。雖間有干請而不能虧損聖政者。上下維持之力也。大抵人情苟務便私。樂於僥倖。此門一開浸淫不止。始自一二至于三五六。漸無紀極。則國家名器繇此輕矣。朝廷百度繇此廢矣。其源至小。流弊至大。此臣之所大懼不得不為陛下極言之也。且朝廷爵祿有限。人之私欲無窮。苟不持之以公。因緣請託將至於不勝其煩。陛下亦將厭之矣。伏望聖明不以臣言為狂妄。試加省察。若有人材可用。或聯近親。出自聖意欲與恩澤者自可明諭輔臣處其所宜公行除授。其餘一切禁止無得私請。仍詔輔臣如有内降與臣僚遷官及差遣者並執奏以聞。推劾干請之人。明正其罪。下閤門御史臺常加覺察牓諭朝官使人明知上意。如此則聖德日新。朝無秕政。邪枉之門塞。公正之路開。遠繼祖宗之明。實社稷無疆之福也。臣備位侍從以論思為職。竊有所懷不敢隱默。謹并錄上仁宗朝緣内降戒飭詔書事迹。凡

八條刑為一通伏乞置之座右少助省覽

徽宗時陳次升上奏曰臣聞天下雖安有可危之理天下雖危有可安之道安危之機不在乎他人在人主所操而已夫福威者人主所操之柄也權歸乎上而不移於下此操之得其道者也得其道則安失其道則危稽之已往其迹班班可見矣如漢武帝外勤師旅內耗黎元非有厚德以結民心五十年間中外無事者特以威德歸乎上姦臣不敢專國命故也唐明皇初無失德非有甚過惡卒有播遷之禍者以李林甫專權故也夫以漢武之於唐明皇其德不甚相遠而安危如此其異者豈非在所操乎昔陳夷行嘗對唐帝曰無以權屬人又論用人則曰苟自聖擇無不當者誠以至治之要在此有天下者所宜先也恭惟陛下臨御以來去太甚用中道遠聲色崇節儉進忠良斥姦佞弛兵革寬刑罰徹無用之臺榭罷不急之工巧蠲宿逋以恤窮民省探報以防寬濫治天下之具備以加諸若行之不息終之不倦可謂全善矣然今日之所急要在收還威福之柄以立主威以尊主道臣叨沐誤恩擢於諫省輙敢引此以為龜鑑伏願陛下留神無使大臣干權任其喜怒之私以害大公之義實天下之福也社稷無窮之休也

次升又上奏曰臣竊以君者制命者也臣者行君之命者也君唱之於上臣和之於下然後君臣之分正矣君唱而臣不和上行而下不隨則名分紊亂紀綱不立危亡之基實始於此箕子所以垂戒曰惟辟作福惟辟作威臣無有作福作威臣之作福作威害于而家凶于而國蓋謂是也臣訪聞近日睿旨差除三省多方執奏肆行沮格三省欲有進擬冀聖意之必從除目之必下倒置如此臣竊憂之至如前給事中龔原以罪去國之日御批嘗犯贓私每議政事遂行重責未至嶺所卽移壽州未幾又除待制移知杭州前日聖語懇述未乾今日除授如此其峻何以示信天下又如中大夫王說年已七十有餘所至素無善狀今乃特轉太中大夫移知壽州原等逃刑未委何名如聞皆出三省進擬不出陛下之意臣聞日者陽也君道也君正於此則天應見於彼故日常明臣侵於君陰侵於陽則日有薄蝕之患近者太史預奏四月朔日有蝕之竊謂三省之權大盛君上命多阻而不行日蝕之應殆以此歟伏望聖慈收攬乾剛以正名分睿旨所降要在必行三省進擬或可或否悉由聖斷龔原王說除命特行改正如此則日蝕之異自消太平之基可致

次升又上奏曰臣竊以治天下之道在乎正名分而已名分正則君道尊而無可陵之漸臣道卑而無逼上之強苟失其正尊卑之序亂上下之分紊此不可不慎也今三省專威福之柄使人主之權睿旨則沮格而不行進擬則堅執而必下乾剛坤柔之道未正堂陛高卑之勢未分忠臣義士夙夜以此為憂姦纖巧佞之徒乘此射利大臣之權既重賓客輻湊其門環坐其馬廄而不以為辱奴事其子弟而不以為羞良可歎也況龔原進職移守錢塘王說轉官移守青社既繫兩省從官事干大體命下之日聳聽驚駭三尺之童皆知其非若不改正則作福作威專在於臣陛下孤立誰肯為國者乎伏望聖慈檢會臣前奏早賜施行以正上下之分以息奔競之風

次升又上奏曰臣近嘗論奏三省大臣專權威福睿旨差除則沮格而不行三省進擬則堅執而必下上下之分不正乞收還威福以定名分訪聞三省大臣日近肆為詭計但避專權之名而陛下每有差除則陽為承行若非所欲則陰諭屬官繳駁上以侵陵主道下以竊弄國權朋比之風漸成威福之柄倒置若不辨之於早則易之履霜

堅氷之患至矣。伏願陛下攬乾剛之威，奮神明之斷。一出令，則渙而必發；一除授，則審而必行。敢有不存名分，肆為横議者，特行黜責。如此，則主威可立，朋比之風可去，宰執專權之弊可革矣。

次升又上疏曰：臣竊觀易以乾況君，以坤況臣。乾，天也，正位乎上；坤，地也，正位乎下。尊卑之勢既分，則乾坤之位定矣。上下之分既正，則君臣之道明矣。是以勢位不可陵，名分不可犯。蹙君之路馬芻者有誅，齒君之路馬者有誅。況君父之名，天下之所共諱，其可稱道之乎。訪聞尚書右丞范純禮近准朝命押虜使筵燕，賓主語言輙再及御名，殊虧臣節，甚累國體。遂使中國禮義之邦，為人臣者失尊君之道，取笑夷狄。其為辱命，莫甚於此。若純禮故犯，顯屬不臣。設或有悞，則是昏老。大臣如此，安可叅預機務，臨蒞百官。伏望聖慈特行黜責，以明君臣之分，無使夷狄輕視中國。

奏議卷之一百九十八　十五

殿中侍御史許景衡上奏曰：臣伏見國朝踵唐故事，制勑並用黄紙為之，所以嚴天子命令，示朝廷之尊崇，非百司庶府文移之比也。其赦令制書播告天下者，有司行下所屬，仍用素紙，以為符檄，連附于後，蓋其所從來舊矣。近者開封府被受御筆詔書，民間有合通知者，並不依令録副本，連於牓前，輙純用黄紙謄寫，揭示通衢，見者愕然。以為黄紙勑牓，尚書省之出也，開封府亦得為之哉。臣方欲論列，乞賜懲誡，而近降指揮，頒下道僧度牒、紫衣師號，體式仍用黄紙印造，義與開封同失矣。夫道僧度牒、紫衣師號，自有舊法。今欲革前弊，立新式，以表異之，固無不可者。而必以黄紙為之，恐非所以重朝廷之體制也。今爵命多士出自天子，著其姓名於勑牒，宰相執政官簽書，其用黄紙宜矣。至於道僧度牒之屬，乃是有司印造，非出於尚書省也。禮部官屬書字，而宰相執政不預焉。又空其姓名，臨時書填，蓋與爵命多士制書異矣，亦烏用黄紙為哉。夫名之必可言，言之必可行，此為政之大要也。今以有司文牒而僭朝廷之命令，以禮部官屬而擬宰執之簽書，非所以正名公朝，垂法後世也。往昔大臣有官兼將相者，獨以不得於黄紙書字為恨。今若使禮部郎官為之，則前後重輕弗倫，不已甚乎。所有近降道僧度牒、紫衣師號，指揮內用黄紙印造一節，伏望睿明特賜詔罷。如欲更易舊式，則乞以綾紙印造，如吏部所給奏蔭補牒之類，亦足以表異新書。其開封牓示御筆，亦乞戒飭，依令施行，庶幾不廢祖宗之故事，增重朝廷之制書，杜絶有司之僭忒，天下幸甚。

欽宗時侍御史李光上奏曰：臣聞人主有大權，威福之柄是也；治國有要道，因任之術是也。洪範曰：惟辟作福，惟辟作威，惟辟玉食。臣之有作福作威玉食，其害于而家，凶于而國。此言威福之柄不可假之

奏議卷之一百九十八　十六

於臣下也。荀卿曰：明主好要，闇主好詳。主好要，則百事詳；主好詳，則百事荒。言人君自有職事，不當侵細務也。臣恭覩陛下天姿英明，開納無倦。伏自即位以來，勵精圖治，延見羣臣，洞示好惡，則端本清源之術，不可不察。臣訪聞近者頗有進言於陛下，尚復徇緣耳目之君，所謂大權要道，渾為一說。此乃治亂安危之機，不可不察。臣請為陛下言之。夫爵禄廢置，生殺予奪，此所謂權，不可不自陛下而出。至於進退人材，委任而責成功可也，陛下豈得而親之哉。前日姦倖當國，三省大臣固寵保位，至不得行其職事。凡御筆除授，皆曰朕所自用。朝廷紀綱從此廢壞，而人主威權下移於近習矣。尚復忍聞之乎。夫人主之職在於論相。苟能擇賢相而任之，為相者又能擇百官而使之，內則省臺寺監，外則郡守監司，治出於一，政無多門，如挈裘振領，若網在綱，順者不可勝數也。臣愚伏望陛下體剛健之德，推委任之

誠。執其權綱。而尊卑之分嚴。秉其要道。而詳畧之理得。是以法天地簡易之理。致虞舜無為之治。實天下幸甚。

光又上奏曰。臣聞唐德宗狩奉天。自發洋州以來。百姓進獻瓜果。欲命與散官。陸贄以為不可。且曰。爵祿天下之公器。而國之大柄也。惟功勳才德所宜處之。夫散官虛名也。贄猶力爭至數千百言而不已。誠以所係者重也。臣伏聞上皇東巡州縣。供饋無闕。此乃臣子之常分。何足為功。無供饋之物。自一毫以上。皆出行人及坊郭鄉村有物力之人。非出供饋者之家也。供饋愈辦。則剝民愈深。臣訪聞其間巧於謟事者。多是交結近習。縱其請求。須索無藝。往往緣此。得其歡心。揄揚贊美。達之上皇。遂致增秩賜金。行宮如市。有再任者。有進三官者。有召赴都堂審察者。恩賞僭濫。非散官之比也。陛下修明百度。抑絕奔競。如此。而士大夫冒犯廉隅。僥倖苟得如彼。況上皇鑾輿還闕

將士冒行陣。突鋒鏑。以衛護社稷者。或橫尸原野。或暴露邊陲。未聞少加恩典。而首及州縣猾邪之徒。非所以示天下之公也。所有已降遷官進職等指揮。伏望聖慈特賜寢罷。以安人情。

光又上奏曰。臣嘗謂文王序易。以乾坤為首。孔子繫之曰。天尊地卑。乾坤定矣。卑高以陳。貴賤位矣。言君臣之位。猶天地之不可易也。先王因制天下。使尊尊相高。貴貴相承。名以命之。器以別之。四方仰視朝廷之尊。羣臣翊戴人主之勢。故能消患折衝。姦人無窺覦之意。昔漢高祖以馬上得天下。韓彭輩論功議賞。至拔劍擊柱。漸不可制。叔孫通制禮儀。諸侯王以下。莫不震恐肅敬。於是高帝曰。吾乃今日知為皇帝之貴也。陛下踐祚之初。夷狄侵侮。國勢搶攘。執政大臣議事喧鬨於上。士民伏闕詬詈於下。士大夫一旦習為苟簡。三省六曹百司庶府官吏。因循不復治事。伏望陛下俯從羣臣之請。申敕有司。擇日御殿。款謁宗廟。然後告戒列位。各揚乃職。有不奉法者。御史臺閤門覺察以聞。庶幾隆主勢而正朝綱。實天下幸甚。

高宗時。張浚上言曰。論者曰方今名器猥濫。宜有以更張而貴重之。此意誠是也。然臣嘗觀漢高祖有天下。起於匹夫。分土列爵。以收天下之豪俊。而卒成帝業。其後光武中興。布衣之交。并列三公。小大功臣以千百計。豈有他哉。定天下之大難。救百姓之塗炭。非有以振動鼓作之。未易得其死力也。夫賞幸予私。徇情納賄。此可為名器之濫。至於激厲將士。總攬英豪。寧失之過。方今逆豫盜有中原。神人共憤。彼方且假吾爵祿以欺詐其下。在我者當如何耶。

右正言陳淵上奏曰。右臣伏覩十一月十一日奉聖旨。莫將奉使宣力。特除徽猷閣待制。京畿都轉運使。兼主管奉迎梓宮一行事務。臣聞祖宗朝慎重名器。未嘗輕以假人。至於次對之官。尤所吝惜。惟德

是命。不以賞功。異時有嘗為侍從。帶權字者。雖復積年。或遷外任。猶不以是予之。則下於侍從之列。從可知矣。自崇觀以來。蔡京用事。專市私恩。故違舊制。凡被此選者。非京之親。則其黨與也。至今人無賢愚。皆知其非。方陛下中興之初。舉偏救弊。大振頹綱。如此等事。豈宜不改。臣謹按莫將昨自司農卿出將使命。曾未累月。遽有此除。近例所無。實駭觀聽。臣初與將不相識。但聞外議籍籍。皆以將為乘時射利之徒。未必有守。陛下灼見其才。足以倚辦。斷而用之。正須假以歲月。俟其績效稍著。粗厭人望。然後以次命之。似或未晚。況聖主用人。顧眄所及。人自知德。豈特美遷。方肯盡力。若使事有前比。固非令猷。如其不然。庸可以一將之故。遂廢萬世可行之法哉。臣職在言路。創見此舉。事干政體。不敢緘默。伏望聖慈特寢已行之命。以允公議。或不得已。於近下職名中處之。不獨使朝廷恩賞有名。亦使將輩知美官

難得安於分守以待任使不至過有僥倖

淵又上奏曰臣聞人主用人其情出於喜怒之初而其事見於予奪之後喜而未予人猶以為榮怒而未奪人猶以為懼蓋榮之者榮其方來未已之恩懼之者懼其後日必至之患今陛下棄法而用將援擢之意人皆知之雖復改命而用將之意猶在也將莫有不知耶故踈恩以示情若予以應法稍就近下之職觖之無損於將又合公論可謂兩得之矣臣章未降外議沸騰臣縱緘默不言以固初寵亦何以上副陛下廣開言路之意哉臣惟往者尹焞亦自卿職命以次對之職蓋焞先除從班續以疾辭至於十數朝廷惜其老不可留以此寵之所以命有德也於將何有焉將固非焞之比借使其才可用亦須俟其有功然後加以此名庶厭人望自古才有餘而德不足者飢則為用飽則揚去充為之極何以使人陛下必以奉迎梓宮使之應

難欲重其事與之以其所宜得者不復盡奪已為過於厚矣將復何求臣所惜者非分之恩所畏者衆多之口事干政體豈可雷同伏望聖慈念臣職事之所當言察臣忠朴之所宜守必賜俞允以示聽從臣不勝俯伏待命之至

殿中侍御史鄭剛中上奏曰臣聞人主之恩天也含容包覆混貸惟一故人無不悦人主之威雷霆也摧壓震曜超忽變化故人無不畏有如偏廢則是猶太虛廓廓而不示以風雷之象生物之功無造化矣矧其駕馭黜陟延接維攜之際所以籠絡控制收其心而折之氣者宜又如何臣伏聞陝西二三大帥被旨入覲旦夕且至陛下高官顯服煥寵其身者既無不周祥風慶澤蕩滌其意者又無不盡彼方蒙戴懲省感激悼懼之不暇陛下引見之日所以勞徠撫存推誠意而收其心者雖不可後至於釋罪宥過責以後效而折其氣者正宜摧壓震曜示以風雷之象不然位極則賤恩極則慢恐有不知朝廷之尊者英布之歸漢也高祖踞床見之布大怒悔來欲自殺出就舍又大喜過望夫淮南亦亂世之奇傑不背楚則漢取天下未有萬全之策功亦大矣然高祖所以見之之禮尊嚴如是曾不以半言靡附誠以詐力權變之士初拔身以歸安知無恃功矜德廣己造大之心故高祖先求所以折服之者而徐以厚意慰藉之爾非特如此光武之受赤眉也陳兵臨洛水而問盆子曰汝知當死否其衆請命則又曰得無悔降乎吾不強服汝也衆皆屈服然後陳其三善而釋之人賜田宅各使以妻子居洛陽又聞太祖皇帝一日飲王審琦等酒而與之語明日相率乞罷兵權奉朝請嗚呼是必有以感動其心者今日入覲之臣朝廷所以待遇之者聖心自有恩威之度臣敢以區區之誠為陛下言之者蓋亦狂瞽之愚有不能自已耳

胡寅上疏曰臣取會到吏部內侍轉官格法昭宣使轉宣政使係礙止法如以功轉即合回授初無轉行之文今來馮益見任昭宣使則有止法況皇城司親從官堆垛子配填班直及幹辦本司職務即是提舉禁衛職分之常也有何功績乃欲憑恃舊恩轉行所不當轉之官而為宣政使乎臣竊謂今日還轉超躐惟荷戈北伐斬將搴旗收復境土者可以當之如馮益服事禁內智效一官苟能稱職以免於罪戾不啻足矣乃欲揚己論功角逐於被堅執鋭舍爵策勳之際小心謹節者知不為也倖門一啟他日必有求為節度使者矣不若止之於其漸之為易既於格法無所礙且使馮益免致僥倖又以示羣臣使知陛下不輕予人以官自左右親近始彼不當得而幸於得者亦少有以窒其浸淫之慾矣一舉而四善得焉豈不美哉所有馮益詞命臣未敢撰行

校書郎王十朋上劄子曰。臣聞惟辟作福。惟辟作威者。蓋人主攬權之術。得之於此。失之於彼者。又人主攬權之弊。臣請借唐以論。唐自高宗中宗以來。權移房闥。明皇親平內難。懲孽后驕主之禍。挈大柄而掌握之。可謂能收之於此矣。承平既久。怠於聽斷。內則移於姦臣。外則移於蕃將。是又失之於彼也。肅宗再造王室。代宗平亂守文。而權稍歸朝廷。亦可謂能收之於此矣。然君臣苟安。瓜分土壤以授叛將。繼以德宗之姑息。自是而後。權歸藩鎮。矣是又失之於彼也。憲宗剛明果斷。削平僭叛。而權復歸朝廷。可謂能收之於此矣。晚節任用非人。禍生所忽。自是而後。權歸閹寺矣。是又失之於彼也。陛下比懲大臣之盜權。收還威福之柄。朝廷清明。咸謂陛下為不世出之英主。邇者衆口籍籍。謂權雖歸於陛下。政復出於多門。是一秦檜死。百秦檜生也。其間最甚者。如三衙管軍輩。與北司深交固結。盜陛下之大

權。養成跋扈之勢。不可制遏。昔漢之禍起於恭顯王氏之相為終始。唐之禍起於北軍藩鎮之相為表裏。今禍胎於內。而亂形於外。臣竊為陛下憂之。夫權之大者。莫如名器與財與兵。今以管軍而位居三公。是盜名器之極矣。古之時無有也。祖宗之時無有也。又天下之利源。財賂皆入其門。掊克聚斂。不知紀極。國用日蹙。而私室愈富。三家擅魯。田氏擅齊。殆不過此。且身總禁旅。久而不代。陰結諸將以為之黨。深忌元功宿將之功名者。不容其進。自恃兵柄在手。有輕視朝廷心。夫樞密者。號本兵之地。號令節制天下之諸將者也。今殿廷立班。管軍儼然居前。樞密甘心其後。而不自以為恥。事勢倒置如此。不奉行其意旨者幾希。其能節制號令之耶。又其子弟親戚。咸盜清要之職。臺諫有論列之者。朝廷必委曲庇護。俾其言卒不得行。昔唐大將管崇嗣背闕語笑。李勉劾其不恭。肅宗謂吾有勉。乃知朝廷之尊。李祐有入蔡擒吳元濟之功。違詔進馬。溫造正衙抨劾。祐自謂膽落於溫御史。今臺諫言及侍從大臣。隨即罷斥。而風憲獨不行於管軍之門。其何以為國耶。不獨此也。至若請賓橫加於噲伍。高爵濫及於醫門。諸軍置承受。福威自恣。甚於唐之監軍。皇城置邏卒。旁午察事。甚於周之監謗。內外將帥剥下賂上。結怨於三軍。道路之間。捕人為卒。結怨於百姓。皆非治世事也。陛下自總攬以來。聖政不可勝紀。如前日竄逐猾閹。天下尤服陛下之英斷。惟此數事。臣所謂得於此而失於彼者。可不深懲而痛革之耶。臣願陛下慨然發憤。斷自宸衷。杜邪枉之門。塞僥倖之路。鑒漢唐之禍。而斥近習。懲齊魯之患。而抑強臣。不惟尊嚴朝廷。亦所以保全此類。不然。臣恐太阿倒持。日甚一日。天下之憂。不特在夷狄而已。此臣所以不避斧鉞之誅。為陛下痛哭流涕言之也。

秘書省正字洪遵乞塞僥倖劄子曰。臣聞書曰。天命有德。五服五章哉。王者代天爵人。尤所宜慎。然害政之大者。莫急於徼幸。徼幸之路不塞。雖善為國者有所不能措手矣。使徼幸之路塞。則士絕奔競。名器重矣。恭仰陛下以上聖之姿。勵精圖治。日與二三大臣核考名實。未嘗輕以一官虛授非材。故雖既出之詔令。已命之爵秩。諫官御史有一言其未當。則寢之不疑。誠得致治之綱領矣。臣誠不佞。尚慮或不自重。枉己冒進。致陛下名器有假人之嫌。此臣夙夜私憂過計而不能自已。唐蔣伸嘗為宣宗言近日官頗易得。人思徼幸。宣宗驚曰。如此則亂矣。伸曰。亂則未亂。但徼幸多。亂亦非難。宣宗稱為名言。臣區區之愚。惟陛下回聰明之聽。一一采蔣伸之言。使治體烜赫。超出五三之上。如唐宣宗何足為陛下道哉。

孝宗隆興中。起居郎胡銓進故事曰。唐上元元年八月二十一日。勅

文武官三品以上服紫。金玉帶十三銙。四品服深緋。金帶十銙。六品服深綠。七品服淺綠。並銀帶九銙。八品服綠。九品深青。並鍮石帶八銙。庶人服黃。銅鐵帶六銙。景雲二年。太和六年並同。開元二年三品以上帶飾以玉。四品以上帶飾以金。五品以上帶飾以銀。與上元元年小異。

臣謹按周世宗嗣位。命衛士習射苑中。馬仁瑀善射。彎弓二百斤。弓力最勁。所發多中。獨賜錦袍銀帶。開寶二年。太祖皇帝親征太原。李漢超為北面行營都監。其子守恩從。在軍中。會契丹遣兵援河東。衆至定州西嘉山。將入土門。守恩領牙兵數千與戰。敗之。斬首三千級。隨漢超見行在。賜戎服金帶。夫六品七品帶飾以銀。唐制也。馬仁瑀奚為得之。以其善射也。四品五品帶飾以金。亦唐制也。李守恩奚為而得之。以其善戰也。且一帶何足道哉。而古之有天下者。必區區謹守其制。不輕以與人者。得不以礪世磨鈍之具有在此耶。夫惟善射者乃得之。不善射者不得焉。則人莫不勸而進乎射矣。善戰者乃得之。不善戰者不得焉。則人莫不勸而勇於戰矣。設如善射者得之。不善射者亦得焉。則人莫不解體而怠於射矣。曰僥倖者可以得之。吾何以射為哉。善戰者得之。不善戰者亦得焉。則人莫不解體而賤於戰矣。曰僥倖者可以得之。吾何以戰為哉。欲求礪世磨鈍之術。盡於此而已矣。今也與之甚輕。得之甚易。與之也輕。則夫人與之而人不以上之賜為重。得之也易。則志人而待之而人不以受上之賜為貴。如此則礪世磨鈍之具遂為虛文。人主之大柄廢矣。臣願陛下愛惜名器。必若世宗。非善射者不與焉。必法太祖。非善戰者不與焉。則人知貴上之賜。得者以為榮。而不得者有所勸矣。若果行是道。臣見南山之竹不足紀陛下之盛德矣。磨崖之石不足頌陛下之偉績矣。陛下其無以為迂而幸聽之。

淳熙二年。敷文閣待制周必大上奏曰。臣聞爵禄以馭富貴。在乎虛實之相參。服飾以定尊卑。在乎輕重之相權。三代兩漢遠矣。近而可稽者莫若有唐。按唐之命秩有四。曰職事官。曰散官。曰勳官。曰爵號。惟職事官居其位。食其禄。餘則別資蔭辨章綬而已。是謂虛實之相參。又按車服志。緋為四品之服。五品則淺緋。綠為六品之服。七品則淺綠。深青為八品之服。九品則淺青。流外及庶人又以黃別之。其帶銙名數皆有等差。是謂輕重之相權。雖然慕實而棄虛。敢重而捨輕。天下之常情也。有道於此。使其出無窮。其用不偏。則繫乎上之人所以勵之何如爾。觀德宗嘗欲以散試官賞獻瓜果者。陸贄力言不若賜以錢帛。則人不失利。國不失權。設當時皆以空名為貴。宣宗時有司常具緋紫衣數襲從行。以備賞賜。或半歲不用其一。故當時皆以緋紫為榮。然則守此以為公器。操此以為大柄。固有天下國家者之急先務也。本朝自元豐間盡罷文武散官。政和以來。又罷文武勳官。惟爵號僅存。而與否多出吏手。是以人不之貴。所謂賞格。唯寄禄官及貼職遷郡而已。一有微效。例加遷授。徙捐貢利。悉廢虛名。往往勤勞之士未勸。而僥倖之心先啓。非所以馭富貴也。文臣中大夫與通直郎之有年勞者。班秩固遠矣。而同服一色之緋。朝請郎任六卿監與諸州助教百司胥長。流品固殊矣。而同服一色之綠。武臣正使帶遙郡而為知州鈐轄路分者。其視修武郎監當固有間矣。而佩服無別。從義郎而下。或為將領兵官。或任場務城寨視州縣丞簿。固異轍矣。而等威無辨。蓋由三代冠冕不可施於常服。兩漢印綬又難一旦復行歷代以來。自趨簡便。因循混淆。乃至於此。非所以定尊卑也。臣願陛下深詔有司。博加討論。縱未能盡如古法。猶當畧用唐制。虛實相參。輕重相權。使官秩不冗。而善者勵。命服有章。而能者勉。其於總覈之政。不為無補。

必大為參知政事時又上奏曰。臣竊見著作郎佐郎各二人。雖有定員。紹興以來未嘗官備。蓋以職任清高。實為左右史之儲。惟真才實能。乃可處之。近來館職多未歷監司郡守。既不可為郎。往往直遷鄉監。其用既驟。尤不當泛泛而進。茲者著作郎守文子震帶本職出為淮東總領。見今郎佐已有三員。自不為少。正宜虛位以待奇士。緣近歲士風奔競。遇有一闕。即干求騰那。失涵養之本指。況今在館之人。並非久次。姑命安職。少厚士風。有何不可。既事而言。少裨聖主作成人才。愛惜爵秩之意。臣之職也。冒昧寀陳。仰乞睿照。

寧宗時著作郎任伯起上奏曰。爵祿所以厲世。名器不可假人。蓋高官重祿苟加於無功。則能者怠。施於疏屬。則近者怨。若是而曰廣親親之恩。豈不戾乎。竊見南班官有十年一轉者。固常法也。而宗室至觀察使以上則具奏聽旨。蓋官卑者可以令其叙進。故立十年之限。若觀察使以上則官穹祿厚。雖歷十年。其所以予之也必有其說。或居近親。或忌屬籍。或著賢行。或有勞能。必令臨時取自聖斷。其降旨也。又必曰有某勞。係某親。理宜優異。而後予之。非可以按閱簿。若執左券而攫取也。立法之意。可謂善矣。今多能以族屬則僅綴袒免。以行能則初無可稱。以在班則免奉朝請。官至廉車。亦已過矣。進狀陳詞。必欲陛轉。其所引例。皆非其倫。而族屬一等。在多字行。亦未有轉至是官者。況承宣秩亞旄鉞。昔之節度留後也。祿廩之豐。非他官比。若巧計求請而得之者多能幸矣。如朝廷之紀綱何。仰惟陛下自臨御以來。遵列聖之家規。示大公於群辟。寶愛天官。惟善是授。豈肯無名。遽加異數。雖臣之愚。必知其非出於聖意也。故敢冒昧縷縷言之。照得大中祥符詔。在班及十八年者具名取旨。至和熙寧始收單恩後及十年者。皆出特恩。不為永例。非限有司者續之法。是乃國朝會要明文。尤足以見祖宗朝未嘗輕界也。臣愚欲望聖慈將多能乞轉官依奏旨揮特賜寢罷。以塞僥倖之原。莫此為大。天下幸甚。

伯起又上奏曰。臣聞天下之事有名甚微。而所當深絕者。僥倖之門是也。蓋王者之政有常。小人之心無厭。苟一人得其妄求。則效之者踵至。名器僭濫。可不謹乎。夫醫官之遷進有序。成法具在。苟增秩無名。倖門一啓。他日瀆煩聖聽。可勝計哉。昔者恭聞真宗皇帝朝醫官趙自化嘗有干請。真宗以自化居太醫之長。業當復有請求。令樞密院召自化戒之。又聞高宗皇帝朝嘗有求為診御脉者。即命罷內宿

以為妄亂干請之戒。兩朝聖訓。炳如日星。仰惟皇帝陛下更化以來。恪守成憲。日益加謹。裁抑濫恩。未嘗妄予一官。天下欽戴陛下之公。追配祖宗之盛。以故亦莫敢有犯分干謁者。今茲忽聞內批之命。莫不以為駭。蓋王師尹者。初無勞效之可言。若只云應奉有勞。則凡以伎術庀職者皆在應奉之列。豈不視效干請以冀僥倖之得。竊恐齎賞之濫。或自此始。欲望聖慈特回宸聽。如王師尹果有勞效。加之賜予。足示上恩。所有轉官旨揮特賜寢罷。以重命令。以謹名器。以昭至公於天下。臣不勝幸甚。

伯起又上奏曰。一定而不可易者法也。況成命已行。其乎無聽。若以一人萌僥倖之心。得遂其求請之私。則紛紛靡止。將何恃以為紀綱乎。夫右階之轉官有止法之拘。此蓋成法之一定。攷者實訓會要成書。恭覩明詔。挨舉諸司承受各轉一官。內礙止法。只許回授。此又近

令之昭然。今來忽准內批。鄭彭年特與轉行遙郡。仰惟懋賞之行。非止一彭年也。今獨求內批。踰越條制。不惟欲轉階官。又欲轉行遙郡。其輕視陛下法令若此。使其僥倖得行。則一定之法由是而遂廢。其餘沾賞者又將援是以為例。豈陛下謹命令惜名器之意。雖臣之愚。亦知陛下必不為一人而廢祖宗之法。棄已行之令也。竊意彭年必姑以是為嘗試之計。謂陛下終不加之罪。故敢妄冒若此。臣愚欲望聖慈將彭年轉遙郡指揮特賜寢罷。如曾為承受應格合行轉官。只令依條回授。庶幾群聽不駭。而倖門可塞。誠非小補也。

理宗淳祐中安南國王陳日煚傳位其子。求封太上國王。下省官議。祕書省正字歐陽守道議曰。太上者。漢高帝以尊其父。累朝未之有改。若賜詔書稱太上國王。非便。南越尉佗嘗自稱蠻夷大長老。正南夷事也。禮。方伯自稱曰天子之老。大夫致仕曰老。自稱亦曰老。自蠻

夷言之。則有尉佗之故事。自中國言之。亦方伯致仕者之常稱。漢亦有老上單于之號。易太以老無損。或去上字。存其太字。太王則有古公三太。三少。太宰。少宰。太所以別於少也。謂父為太。則子為少矣。太以尊言。則太后太妃。太子太孫。以卑言。則太常太卜。太祝。太樂。太師。太固上下所通用也。

侍御史鄭寀疏言。比年以來。舊章寖廢。外而諸閫。不問勳勞之有無。而齎秩皆得以例遷。內而侍從。不問才業之優劣。而職位皆可以例進。執政之歸休田里者。與之貼職可也。而凡補外者皆授之矣。故自公侯以至節度。有同序補。自書殿以至祕閣。錯立周行。名器之輕莫此為甚。無功者受賞。則何以旌有功之士。有罪者假寵。則何以服無罪之人。矧事變無窮。而名器有限。使名器常重於上。則人心不敢輕覬於下。非才而罔功者不得覬幸於其間。則負慷慨之氣。懷功名之類者。陛下始可得而鼓舞之矣。

徐元杰上奏曰。臣聞慶賞刑威曰君。君人制命而為義。紀綱所在。凜不可逾。為人臣子能致其身。職分然也。生殺予奪。惟上之命。利患亦何可以自擇哉。自一命而上。食君之祿者。皆當惟君命是聽。況於高爵穹位。出而任國邊寄之重。胡可貪愛其身。遽計它日之去就。無王命而私相授受。恬不以為怪。此有識無識所以痛哭流涕而不容一朝居者也。臣切觀前日兼給事中趙希塈。繳奏邊臣李曾伯襲寵恩數。及閱李曾伯之奏。已擅分職事付之張芧田文虎。欲輕自脫去。臣不勝驚愕。曾伯早以才而自負。為聖主之見知。凡前此備禦功過之半。陛下略其過而錄其功。已至文昌八座。為曾伯者。食息念此。其將何以自誓。仰報天地罔極之恩。況聖政作新。事任因襲。曾伯控辭雖屢。而陛下勉留孔切。錫賚恩卹。初何他嫌。大臣與之書問絡繹。所以

諭之究心備禦者。未嘗不懇懇惻惻。曾伯又何所疑而輕於擲印一至于此乎。今陛下與大臣告諭深切。而曾伯輕舉妄動。以駭觀聽。又何為而不以賢臣之所以主爾忘身。國爾忘家者。終始自信乎。張芧權漕運者也。田文虎職監州者也。皆文臣之選也。皆知書之士也。無君者臣子之大罪。春秋之所必誅。今曾伯無王命而私授之於二人。二人亦無王命而私受之於曾伯。雖武臣稍知事體者亦不敢如此。雖內地守令尋常被論。而罷未得省劄。亦當守待。必得命而後交印。今曾伯身當邊閫兩道之重。蓋非小小事任也。何乃未之思乎。況張芧田文虎皆擅攬印。但知有曾伯之為長。何不知陛下之為尊也。趙希塈封駁。尚是愆典。胡為未得付出。因念邊任至重。陛下勉留再三。曾伯不當輕去。聖恩寬大。不以罪之。而又以恩數加之。此固是以見聖明深意之所在。殆如漢吳王不朝而賜之以几杖。誠欲使曾伯愧

悔自反而後已。今聞曾伯亦頗省咎。仍欲引疾而去。以此觀之。則前日希壁所駁。且與曾伯收還前項恩命。蓋知曾伯既知悔悟之心。必不敢受此非望之恩也。恩數既不敢受。前日已付印于二臣矣。今茲允當分明使之收回以任職事。臣於此欲望聖慈亟從學士降詔諭曾伯以人道至大之綱常。不得輒爲去就以搖物情。以弛邊備。所有田文虎張竿既不曾經朝廷指揮。輒自交管牌印之類。併乞如希壁所陳重與追所施行。如是則尚可整頓。凡任邊寄者必不至轉相效尤。吾國猶可以自立於天地矣。

洪舜俞進故事曰。唐貞元中宣武都知兵馬使李萬榮逐節度使劉士寧。上聞之。使問陸贄。贄上奏士寧見逐。雖是衆情。萬榮總軍。且非朝旨。願審之謹之。上復謂贄曰。今議除一親王充節度使。令萬榮知留後。贄復上奏曰。夫制置之安危由勢。付授之濟否由才。勢如器焉。唯在所置之處。地則平。才如負焉。唯在所授。踰其分則踣。爲國之道。以義訓人。將教事君。先令順長。若使傾奪之徒便得代居其任。利之所在。人各有心。此源潛滋。禍必難救。非徒長亂之道。亦開謀逆之端。上不從。竟以萬榮爲留後。

臣聞名分者。天下之大閑。植之則治。隳之則亂。唐自天寶以宴安兆釁。君失其尊。肅宗援國。宜思挈皇綱於既墜。扶大分於寖潰。乃就平盧軍中察所欲立者授以旄節。自此廢置之權在軍士。而姑息之弊開。至代宗專事姑息。僅止爲庭。德宗加甚焉。李萬榮逐劉士寧而自總宣武。陸贄以傾奪長亂爲諫。曾莫之聽。夫姑息者陵夷之本。姑且也。息止也。苟圖一時之靜。急求目前之紓。而莫計其窮。是以强藩悍將敗國事者不敢問。罔國禁者不敢討。屈情抑勢。俯而就之。以順適其意。所求必從。所請必獲。据傲偃蹇。莫知稟承。始則節度不知有朝廷。久則將校不知有節度。更相睥睨。見便則奪。犯上者必好亂。德宗亦安能禁萬榮之自爲留後乎。然使當時君德修明。朝綱振肅。不以猜忌疎臣下。不以聚斂苦民生。禁兵非市井之富兒。軍政非宮庭之嬖倖。以至在列皆陸贄而非盧杞。皆李泌而非張延賞。則朝廷之勢重於九鼎。藩鎮安得而輕視之。藩鎮之敢於干名犯分。朝廷輕啟也。自昔安有朝廷輕於上而頑級把[illegible]能措大器於安者哉。

度宗咸淳三年。署昭慶軍節度掌書記劉黻上論內降恩澤曰。治天下之要莫先於謹命令。謹命令之要莫先於窒內批。命令帝王之樞機。必經中書參試。門下封駁。然後付尚書省施行。凡不由三省施行者。名曰斜封墨敕。不足效也。臣觀陛下自郊祀慶成以來。恩數綢繆。指揮煩數。今日內批。明日內批。邸報之間。以內批行者居其半。竊爲陛下惜之。出納朕命載於書。出納王命詠於詩。不言出而必言納者。蓋以命令繫朝廷之大。不能皆中乎理。於是有出而復有納焉。祖宗時禁中處分軍國事付外者謂之內批。如取太原下江南。韓琦袖以進呈。英宗悚然避坐。此豈非謹內批之原哉。臣日夜念此。以爲官爵陛下之官爵。三省陛下之三省。所謂同奉聖旨。則是三省之出命。即出陛下之命也。豈必內批而後爲恩。緣情起事。以義制欲。某事當行。某事當息。具有條貫。何不自三省行之。其有未[illegible]於公論者。許令執奏。顧不韙歟。

金宣宗興定間。徐州行樞密院參議官[illegible]言。惟名與器不可假人。自古帝王靡不爲重。今之金銀牌即古符節也。其上有太祖御畫。往年得佩者甚難。兵興以來。授予頗濫。市井道路。黃白相望。

恐非所以示信於下也。乞賓惜之。有所甄別。

御史中丞李英奏言名器不可以假人。上恩以難得為貴。比來醲於用賞。賞駭聞聽。帑藏不足。惟恃爵命。今又輕之。何以使人。伏見蘭州西關堡將王狗兒向以微勞既蒙甄錄。頃者堅守關城。誘殺賊使。論其忠勤。誠有可嘉。若官之五品命以一州。亦無負矣。急於勸獎。遽擢節鉞。加階二品。賜以國姓。若取蘭州。又將何以待之。陝州名將項背相望。曹記僧包長壽東永昌徒單醜兒郭祿大皆其著者。狗兒藐然賤卒。一朝出眾人之右為統領之官。恐眾望不厭。難得其死力也。

元世祖時。趙天麟上策曰。臣聞道本無迹。斡眾有之樞機。神用無方。鼓群生於橐籥。無寔統有。有盡關無。無者道之體也。有者名之分也。是以下民澆弊。亦存天地之先。上古鴻龐。即在乾坤之末。及乎一元洪化。萬象爰分。動植林林。榮枯滾滾。達人之所大受。中下之所甚迷。體用變全。嗚呼大矣。夫首體髮膚榮衛骨肉。口鼻耳目。心意性情。莫不昭乎其可知。冥乎其易辨。然而吾身果安在耶。故曰無也。豈惟身哉。大而天地。小而塵芥。亦皆如是。故混之為一物。貫之為一理。止之為一心。齊之為一紫。儒者謂之無。老者謂之虛。釋者謂之空。其實一也。惜乎蒸民好德。日用不知。是以聖人立茲名教。太極之理。分而為五。曰木火土金水。五行一太極。而本無其極。但以有名名之也。大道之體。分而為五。曰仁義禮智信。五常一大道。而本無其道。亦以有名名之也。道即太極也。有名皆道也。非有名不足以定蒸民之心。非有名不足以立蒸民之極。昧全理而執偏迹者。皆異端之流。有上達而無下學者。皆亂人之類。故名教之源曰。天尊地卑。乾坤定矣。卑高以陳。貴賤位矣。動靜有常。剛柔斷矣。方以類聚。物以群分。吉凶生矣。在天成象。在地成形。變化見矣。此名教之源也。由是言之。天下者皇天

之天下也。人君者皇天之子也。天子之職。代天理物。溥覆在下。執一機而庶彙咸興。出一言而兆人傾聽。方其神威高駕。大道旁馳。風雲不可喻其迅。鬼神不能耀其靈。賁育不敢程其勇。聖愚莫不禀其命者何哉。皆由名分以制御之也。名以分而後彰。分須名而可辨。有名無分。謂之虛名。有分無名。亦為虛分。此名分所以若形影之未嘗相離也。今聖朝官分九品。職治四民。正名之政。亦已先矣。正分之事。亦已行矣。欽惟陛下繼天開統。光祖承基。願使愚臣載陳常道。夫五典之教。父子有親也。君臣有義也。夫婦有別也。長幼有序也。朋友有信也。夫五等之服。一曰斬衰之服。二曰齊衰之服。三曰大功之服。四曰小功之服。五曰緦麻之服。斯皆人紀之當然。天秩之大節。禮經昭立。邦典常行。臣竊恐方今上自王公大人。下及諸色士庶。猶未有能悉其制者。伏望陛下令有司大昭儀則。爰定徽猷。使內外諸色士庶皆習其義。備探其真。亦不須泥瑣碎之煩文。庶可識聖賢之大體。如是。則尊者盡臨制之道。卑者傾承奉之心。上下相安。大小皆定。更望陛下無分者宜惜其名。無名者弗許其器。蓋名以出信。信以守器。器以藏禮故也。如是則名分先正。而政事無不正者矣。

天麟又上策曰。臣聞方圓並轉。則圓者易流。邪正同行。則正人多滯。方正有大夫之志。圓邪皆妾婦之倫。言至於斯。無招悒悵。得其綱則一舉而眾紀皆從。壅其流則竭力而病源常在。是以無思也。無為也。暫煩於立法之時。恆守之勉行之事。逸於法成之後。因而見效。易以收功。我國家設官分職以來。政迹彬彬。寖成文化。比屋有遂生之樂。敷天無失所之人。凡以得人故也。自至元十四年。新破宋區。權臣行誨放之法。使負販屠沽之輩。臧獲廝役之才。或受皇宣。或膺敕劄。填街塞市。車載斗量。望江淮而去者。皆懷劫掠之心。乾闔廣而官者寀

有公清之德。行臺在上而不能禁。按察嚴令而不能絶。豈非瘡痍之地生蚊蚋之蟲。牛羊之群縱豺狼之獸哉。及乎考滿申上移除。貪叨者不知紀極。益思營取。而甘官蠻方。嚳險者已致不貲。等降等級而遷官腹内。於是東西南北濫予交行。漢翰未加朱雲蹟。睽十餘年間遞法大壞。或者以比齊鷹開府衛鶴乘軒。臣猶以為未也。夫鷹鶴雖禽鳥而豈嘗害民也哉。近年以來舊弊猶有存者。仰賴聖朝之福賢智之力。下皆稱職。但恐病源未塞。當立法以防之。臣以為選用之法莫貴於德。莫急於才。才德兼全者。大丈夫也。德勝才者。君子也。才勝德者。豪英也。有德無才者。淳士也。有才無德者。小人也。才德兼無者。愚人也。故明德於天下者。淳士以上四德皆所當用也。小人愚人皆所當棄也。於是辨三德分而為九科。簡八才分而為二十六等。所謂三德九科者。一曰正直之三科。直而温也。亂而敬也。擾而毅也。二曰剛德之三科。剛而塞也。強而毅也。簡而廉也。三曰柔德之三科。柔而正也。愿而恭也。寬而栗也。翕受敷施。九德咸事。皋陶告舜。詳具虞書。所謂八才二十六等者。一曰贊化之才三等。文史也。禮官也。樂官也。二曰銓選之才二等。知人也。敬賢也。考校也。三曰風憲之才二等。糾察也。廉訪也。四曰成事之才六等。宿衛也。籌計也。督領也。鎮防也。屯田也。孳養也。五曰政事之才四等。從臣也。決斷也。農桑也。董役也。六曰監守之才二等。關津也。營造也。七曰錢穀之才二等。明利也。筭數也。八曰方術之才四等。僧官也。道官也。醫官也。陰陽也。八才之等。以德為基。臣又以太陽下照恩賜雲來。有當賞者。宜多賜錢幣。而名器不可以假人也。伏以方今俳優之戲具。見善之庸人。間有腰金節衣紫服者。竊恐臣下或有勤勞將士或有當賞而獲賞難照者。聞斯事則不能不怊悵之心而解其體焉。此馬周所以恥騶豎倡子鳴玉曳履同立於朝而上疏以諫文皇也。伏望陛下以三德九科八才二十六等之説明諭選曹使之從事於斯。凡未嘗進而初進者據此法而置之於所宜之方。凡已進而考滿當流轉者據此法而就改於當然之地。更望陛下惜名器之重。勿以假於人。如是而行之。何患弊之不革乎。何患官之不稱乎。官稱而政成。政成而民安。民安而國慶矣。

順帝至正末。朝命除鄭玉翰林待制奉議大夫。遣使者賜以御酒名幣。淳海徽之玉辭疾不起。而為表以進曰。名爵者祖宗之所以遺陛下。使與天下賢者共之者。陛下不得私與人。待制之職。臣非其才。不敢受。酒與幣。天下所以奉陛下。陛下得以私與人。酒與幣臣不敢辭也

歷代名臣奏議卷之一百九十八

歷代名臣奏議卷之一百九十九

求言

周厲王時國人謗王召公告王曰民不堪命矣王怒得衛巫使監謗者以告則殺之國人莫敢言道路以目王喜告召公曰吾能弭謗矣乃不敢言召公曰是障之也防民之口甚於防川川壅而潰傷民必多民亦如之是故為川者決之使導為民者宣之使言故天子聽政使公卿至於列士獻詩瞽獻曲史獻書師箴瞍賦矇誦百工諫庶人傳語近臣盡規親戚補察瞽史教誨耆艾脩之而後王斟酌焉是以事行而不悖民之有口也猶土之有山川也財用於是乎出猶其有原隰衍沃也衣食於是乎生口之宣言也善敗於是乎興行善而備敗所以阜財用衣食者也夫民慮之心而宣之口成而行之胡可壅也若壅其口其與能幾何王不聽

齊威王時鄒忌脩八尺有餘身體昳麗朝服衣冠窺鏡謂其妻曰我孰與城北徐公美其妻曰君美甚徐公何能及公也城北徐公齊國之美麗者也忌不自信而復問其妾曰吾孰與徐公美妾曰徐公何能及君也旦日客從外來與坐談問之客曰吾與徐公孰美客曰徐公不若君之美也明日徐公來孰視之自以為不如窺鏡而自視又弗如遠甚暮寢而思之曰吾妻之美我者私我也妾之美我者畏我也客之美我者欲有求於我也於是入朝見威王曰臣誠知不如徐公美臣之妻私臣臣之妾畏臣臣之客欲有求於臣皆以為美於徐公今齊地方千里百二十城宮婦左右莫不私王朝廷之臣莫不畏王四境之內莫不有求於王由此觀之王之蔽甚矣王曰善乃下令群臣吏民能面刺寡人之過者受上賞上書諫寡人者受中賞能謗議於市朝聞寡人之耳者受下賞令初下群臣進諫門庭若市

晉武帝泰始初尚書李胤上奏曰古者三公坐而論道內參六官之事外與六卿之教或處三槐兼聽獄訟稽疑之典謀及卿士陛下聖德欽明垂心萬機猥發明詔儀刑古式雖唐虞疇諮周文翼翼無以加也自今以往國有大政可親延群公詢納讜言其軍國所疑延詣省中使侍中尚書諮論所宜若有疾疢不任覲會臨時遣侍臣訊訪詔從之

後周武帝保定二年以于謹為三老帝親幸太學以食之曰猥當天下重任自惟不才不知政術之要公其誨之三老答曰木從繩則正后從諫則聖自古明王聖主皆虛心納諫以知得失天下乃安惟陛下念之

唐太宗貞觀元年太宗謂侍臣曰正主任邪臣不能致理正臣事邪主亦不能致理惟君臣相遇有同魚水則海內可安朕雖不明幸諸

公數相匡救冀憑直言鯁議致天下於太平諫議大夫王珪對曰臣聞木從繩則正君從諫則聖故古者聖主必有爭臣七人言而不用則相繼以死陛下開聖慮納芻蕘愚臣處不諱之朝實願罄其狂瞽佐萬分一太宗曰善詔令自是宰相入內平章國計必使諫官隨入預聞政事有所開說必虛己納之

二年太宗謂侍臣曰明主思短而益善暗主護短而永愚隋煬帝好自矜誇護短拒諫誠亦寔難犯忤虞世基不敢直言或恐未為深罪昔微子佯狂自全孔子亦稱其仁及煬帝被殺世基合同死否杜如晦對曰天子有爭臣雖無道不失其天下仲尼稱直哉史魚邦有道如矢邦無道如矢世基豈得以煬帝無道不納諫諍遂杜口無言偷安重位又不能辭職請退則與微子佯狂而去事理不同昔晉惠帝賈后將廢愍懷太子司空張華竟不能苦爭阿意苟免趙王倫乃舉

兵廢后使諱張華華曰將廢太子日非是無言當時不被納用其使曰公為三公太子無罪被廢言既不從何不引身而退華無詞以荅遂斬之夷其三族古人云危而不持顛而不扶則將焉用彼相故君子臨大節而不可奪也張華既抗直不能成節遜言不足全身王臣之節固已墜矣虞世基位居宰輔在得言之地竟無一言諫爭誠亦合死太宗曰公言是也人臣必須忠良輔弼乃得身安國寧煬帝豈不以下無忠臣身不聞過惡積禍盈滅亡斯及若人主所行不當臣下又無匡諫苟在阿順事皆稱美則君為暗主臣為諛臣君暗臣諛危亡不遠朕今志在君臣上下各盡至公共相切磋以成理道公等各宜務盡忠讜匡救朕惡終不以直言忤意輒相責怒

四年太宗問蕭瑀曰隋文帝何如主也對曰克己復禮勤勞思政每一坐朝或至日昃五品已上引坐論事宿衛之士傳飧而食雖性非仁明亦是勵精之主上曰公知其一未知其二此人性至察而心不明夫心暗則照有不通至察則多疑於物又欺孤兒寡婦以得天下恒恐羣臣內懷不服不肯信任百司每事皆自決斷雖則勞神苦形未能盡合於理朝臣既知其意亦不敢直言宰相已下惟承順而已朕意不然以天下之廣海內之衆千端萬緒須合變通皆委百司商量宰相籌畫於事穩便方可奏行豈得以一日萬機獨斷一人之慮也且日斷十事而五條不中中者信善其如不中者何以日繼月乃至累年乖謬既多不亡何待豈如廣任賢良高居深視法令嚴肅誰敢為非因令諸司若詔勑頒下有未穩便者必須執奏不得順旨便即施行務盡臣下之意

十七年太宗謂魏徵曰比來朝臣都不論事何也徵對曰陛下虛心採納誠宜有言然古人云未信而諫則謂之謗己信而不諫謂之尸

祿但人之材器各有不同懦弱之人懷忠直而不能言疏遠之人恐不信而不得言懷祿之人慮不便身而不敢言所以相與緘默俛仰過日太宗曰誠如卿言朕每思之人臣欲諫輒懼死亡之禍與赴鼎鑊冒白刃亦何異哉故忠貞之臣非不欲竭誠乃是極難所以禹拜昌言豈不謂此朕今開懷抱納諫諍卿等無勞怖畏遂不極言

太宗又謂魏徵曰朕觀近古帝王有傳位十代者有一代兩代者亦有身得身失者朕所以常懷憂懼或恐撫養生民不得其所或恐心生驕逸喜怒過度然不能自知卿可為朕言之當以為楷則徵對曰嗜欲喜怒之情賢愚皆同賢者能節之不使過度愚者縱之多至失所陛下聖德玄遠居安思危常能自制以保克終之美則萬代永賴

太宗時踈勒朱俱波甘棠遣使貢方物太宗謂羣臣曰向使中國不安日南西域朝貢使亦何緣而至朕何德以堪之觀此翻懷危懼近代平一天下拓定邊方者惟秦皇漢武始皇暴虐至子而亡漢武驕奢國祚幾絕朕提三尺劍以定四海遠夷率服億兆乂安自謂不減二主也然念二主末塗皆不能自保由是每自懼危亡必不敢懈怠惟藉公等直言正諫以相匡弼若惟揚美隱惡共進諛言則國之危亡可立而待也左右皆曰陛下求言如此誠社稷之福也

太子右庶子高季輔上疏陳得失太宗特賜鍾乳一劑謂曰卿進藥石之言故以藥石相報

太宗又謂孫伏伽曰今以公為諫議大夫必須獻可替否又謂侍臣曰公等全無諫爭魏徵對曰昔者齊景公射不中的而左右俱稱其善晏子曰自晏子死不復聞寡人之過弦章對曰上之所好下必從之君若以謇諤為忠則人皆晏子陛下每稱述忠諫之士若有事須獻替誰敢不盡其忠矣

太宗又謂侍臣曰：比兩三月來，未見公等讜言，未知以朕不可諫耶？隱而不言為是？庶事咸得，未須論也？魏徵對曰：陛下每見一事，即為鑒誡。臣等深識聖情，必事理有違，豈敢隱而不奏？然比來大便既出，內外無事，所以不論。

玄宗天寶十五年，帝在蜀，有老父郭從謹進言曰：安祿山包藏禍心，固非一日。有告其謀者，陛下往往誅之，使得逞其奸逆，致陛下播越。是以先王務延訪忠良，以廣聰明，蓋為此也。臣猶記宋璟為相，數進直言，天下賴以安。自頃以來，在廷之臣以言為諱，闕門之外，陛下皆不得知。草野之臣必知有今日久矣，但九重嚴邃，區區之心無路上達。事不至此，臣何由得睹陛下之面而訴之乎？帝曰：朕之不明，悔無所及。慰諭而遣之。

德宗時，翰林學士陸贄上奏曰：朝隱昨日奉宣聖旨，逆賊雖退，猶未收城，令臣審思當今所務何者最切，具條錄奏來者。伏以初經大變，海內震驚，無論順逆賢愚，必皆企竦觀聽。陛下一言失，則四方解體；一事當，則萬姓屬心。動關安危，不可不慎。臣謂當今急務，在於審察群情。若群情之所甚欲者，陛下先行之；群情之所甚惡者，陛下先去之。欲惡與天下同，而天下不歸者，自古及今，未之有也。夫理亂之本，繫於人心，況乎當變故動搖之時，在危疑向背之際，人之所歸則植，人之所去則傾。陛下安可不審察群情，同其欲惡，使億兆歸趣，以靖邦家乎？此誠當今之所急也。然尚恐為之不易者，蓋以朝廷播越，王命未行，施之空言，人或不信。何以言其然？今天下之所欲者，在息兵，在安業；天下之所惡者，在斂重，在法苛。陛下欲息兵，則寇孽猶存，兵固不可息矣；欲安業，則征徭未罷，業固未可安矣；欲薄斂，則郡縣懼乏軍用，令必不從矣；欲去苛，則行在素虧威嚴，言且無驗矣。此皆勢有所未制，意有所未從，雖施於德音，足慰來蘇之望，而稽諸事實，未符悔過之誠。且動人以言者，其感不深；動人以行者，其應必速。蓋以言因事而易發，行違欲而難成。易發，故有所未孚；難成，故無思不服。今陛下將欲平禍亂，拯阽危，恤黎烝，安反側，既未有息人之實，又乏於施惠之資，猶當違欲以行己所難，布誠以除人所病，乃可以彰追咎之意，副惟新之言。若猶不然，未見其可。頃者竊聞輿議，頗究群情，四方則患於中外意乖，百辟又患於君臣道隔。郡國之志不達於朝廷，朝廷之誠不升於軒陛。上澤闕於下布，下情壅於上聞，實事不必知，知事不必實。上下否隔於其際，真偽雜糅於其間，聚怨囂囂，騰謗籍籍，欲無疑阻，其可得乎？物論則然，人心可見。蓋謂含弘聽納，是聖主之所難；鬱抑猜嫌，是衆情之所病。伏惟陛下神無滯用，鑒必窮微，愈其病而易其難，如淬鋒滑疣，決防注水耳。可以崇德美，可以濟艱難。

陛下何憚不行而直為此懍懍也？臣謂宜因文武群官入參之日，陛下特加延接，親與敘言，備詢禍亂之由，明示咎悔之意，各使極言得失，仍令一一面陳軍務之除劉，即引對不拘時限。用表憂勤，周公勤握髮吐餐而天下歸心，則此義也。又當假之優禮，悅以溫顏，言切而理愜者，必賞導以盡其情；識寡而辭拙者，亦容恕以嘉其意。有諫諍無隱者，願陛下叶成湯改過之美，褒其直而勿怯其非；有謀猷可用者，願陛下體大禹拜言之誠，獎其能而亟行其策。至於匹夫片善，採錄不遺，庶士傳言，聽納無倦。是乃總天下之智以助聰明，順天下之心以施教令，則君臣同志，何有不從？遠邇歸心，孰與為亂？化疑梗為訢合，易怨謗為謳歌，浹辰之間，可使丕變。陛下儻行之不厭，用之得中，從義如轉圓，遷善如不及，推廣此道，足致和平，其於昭德塞違，恐不止當今所急也。慮有愚而近道，事有要而似迂，冀垂睿思，反覆

詳覽必或無足觀採擇棄非遺

穆宗初立逸遊荒恣監察御史楊虞卿上奏曰烏鳶遭害仁鳥逝誹謗不誅良臣進臣敢冒誅獻瞽言臣聞堯舜以天下為憂不以位為樂況今北虜方梗西戎弗靖兩河有瘡痏之虞五嶺羅氛厲之役人之疾苦積下朝之制度更脩邊亡見儲國用濩竭固未可以高枕而息也陛下初臨萬機宜有憂天下心當日見輔臣公卿百執事垂意以問使四方內外恢有所聞而聽政六十日入對延英獨三數大臣承望問而已他內朝臣僚入齊出無所咨詢諫臣盈廷忠言不聞臣質益之蓋至恩踈而正路塞也公卿大臣宜朝夕燕見則君臣情接而治道得矣今宰臣四五人或頃刻侍坐鞠躬隕越隨旨上下無能往來此繇君太尊臣太卑故也公卿列位雖陟降清地曾未奉優聰承下問雖陛下神聖如五帝猶宜周爰顧逮惠以氣色使支體相成若臣昭明陛下求治於宰相宰相求治於臣等匪忠若趨利論政若訐寬此而不治無有也自古天子居危思安之心同而居安慮危之心則異故不得皆為聖明也

後唐廢帝清泰二年帝以時事為憂嘗從容讓宰相盧文紀等無所規贊文紀上言曰臣等每五日起居與兩班旅見侍衛滿前雖有愆慮不敢敷陳竊見前朝置延英殿或宰相欲有奏論天子欲有咨度皆非時召對旁無侍衛故人得盡言望復此故事帝詔曰舊制以五日起居百僚俱退宰相獨升若常事自可敷奏或事應嚴密不以扑閤門奏牓子當盡屏侍臣於便殿相待何必襲延英之名也

宋太宗太平興國中言事者衆詔閤門非涉僥望乃許受之繇是言路稍壅直史館謝泌上奏曰狂夫之言聖人擇焉苟詰而拒之四聰之明將有所蔽願采其可者拒其不可者庶顒顒之情得以上達帝然之

仁宗天聖三年右正言劉隨乞顧問諫官疏曰臣伏念景德天禧之間九域晏清四夷款附生物咸遂祥瑞荐臻而猶下賢能之詔求諫諍之官豈不以萬機至繁慮措置之或爽八紘至廣非耳目之獨知是以雖居安而慮危思長轡以遠馭也其後唯得魯宗道劉燁二人充職精擇之難一至於此洎皇太后陛下受顧託之重皇帝陛下自臨御已來萬國歡心百官承式而乃憂勤庶政備舉舊章復置諫官委以言事臣最為愚懦亦預柬求方竭駑鈍少伸補報旋因公累出領外官三年替還復命供職甚堅勤蓋罔避誅夷矣以品位甚卑責任甚重道君親之過失指權勢之非違冒雷霆之威觸姦邪之怒在於小臣固當難事苟非恕其狂妄俾盡誠懷鉗口保身孰任使臣欲詳觀先帝之詔上報兩宮之恩凡有侵紊朝綱干竊政柄姦憸冒

寵賢佞交沈壅綱涉冤賞典過制蠹政之類知而必言言之中否惟聖人擇之而已念臣歷諫職內外三年除朝請之外未嘗一登金鑾略近天顏雖名侍從之官今為疏遠之跡唐初置拾遺補闕掌侍從諷諫日親旒冕凡事得以盡言蓋是唐末已後權臣阻絕雖不預於宴遊亦尋司於諫諍洎太宗皇帝改為正言司諫精擇流品號為清華既為耳目之官宜審詢訪之地式期顧問頗竭愚誠故不敢朋附班聯蒙昧日月有違詔旨甘速竄誅

景祐二年御史中丞杜衍上奏曰臣聞三公之官至重所以經邦論事之統實繫乎燮理故明主躬親庶政體貌大臣常於進見之間俾盡論思之道蓋君臣相遇則可致時雍上下不交則謂之否塞固在倚毗丞弼詢訪善謀使下情必通上澤無壅斯有國有家之大務也臣伏見中書樞密之官是皆選自宸衷委之柄用領三事之職佐

萬機之劇。古所謂坐而論道者也。今乃每遇剛辰得親冊處外朝前罷延英次對。中覆奉行。祇備常務。以天下之大。民事之艱。恐非數刻之中可盡研幾之理。欲望聖慈當清閒之燕。選召兩府臣僚。賜坐便殿。一月之中只乞三兩次召對。俾其極獻替之說。酌古今之宜。究治亂之源。達幽隱之意。上以成好問之裕。下以申納忠之誠。明良之歌。上下同體。是故平時而論。可明其體要之變。臨事而辨。或近乎遊說之嫌。以虞舜之時而云好察邇言。以漢文之達亦曰無甚高論。此實通國體。用衆智之大端也。至於鹽米之細務。叢脞之末節。此特有司之職耳。不當取決於宸斷。宜詔所司料管之。庶其正小人之分。適權義之中。延納訏謨。開益聖智。提綱總要。叶大德之不踰。进膝虛懷。明爲善之最樂。臣猥以庸望。輒罄愚衷。干冒威嚴。隕越無地。

光祿寺主簿蘇舜欽上奏曰。臣聞治平之君。使危亡禍亂之言不離

於耳。則天下庶可久安也。高位之臣。使顛覆竄殛之禍不絕於心。則百職可以無曠也。苟治平而忽危亡。未有不危亡者也。高位而忘顛覆。未有不顛覆者也。此物理之常勢。古今之定分也。歷觀前代聖神之君。好聞乎讜議。賢明之輔。不壅乎下情。蓋以四海至遠。民有隱慝。不可以偏照。故無間愚賤之言而擇用之。萬機至繁。事有習弊。不可以獨覽。故必求衆多之議以更張之。然後朝無遺政。物無遁情。雖有佞人邪謀。莫得而進也。臣昨觀詔書。戒越職言事者。播告四方。無不驚惑。往往竊議。恐非本於宸衷。蓋陛下即位已來。屢詔群下。以來鯁直。故百僚皆得轉對。又置匭函。設直言極諫科。今詔書如此。是與前事相違。豈非大臣蔽塞陛下聰明。杜絕忠良之口。不惟虧損朝廷大政。實亦自取覆亡之道。夫納善進賢。宰相之事。蔽君自任。未或不亡。今諫官御史。又多出其門下。但務希旨。即取好官。多士盈庭。噤不得語。陛下垂拱法宮之內。何由得聞天下之務乎。臣前見陛下以孔道輔范仲淹剛直不撓。致位臺諫。後雖改他官。不忘獻納。此二臣者非不知緘口數年坐得卿輔。蓋不敢負陛下委注之意。虧臣子忠義之節。而皆羅中傷。竄謫不假。使正臣奪氣。鯁士咋舌。目覩時弊。口不敢論。昔晉公問叔向曰。國家之患孰爲大。對曰。大臣持祿而不極諫。小臣畏罪而不敢言。下情不得上通。此患之大者。是故漢文感女子之說而肉刑是除。武帝聽三老之議而江充以族。肉刑。古法。江充。近臣。女子老人。愚蠢疎隔之至也。豈以義之所在。賤不可忽。二君從之。後世稱聖。況國家班設爵位。列陳豪英。故當責其公忠。安可教之循默。賞之使諫。尚恐不言。罪其敢言。孰肯獻納。物情閉塞。上位孤危。輕忽于茲。可爲驚悒。伏望陛下霈發德音。追寢前詔。懃於采納。下及芻蕘。永觀四海之安危。兼念朝廷之闕失。見所未見。日新又新。故可常守隆

平。保全近輔。若詔牓未削。欺罔成風。則不唯堂下遠於千里。竊恐指鹿爲馬之事復見於今朝也。臣區區以此言達於冕旒者。非不知出口禍從。爲衆憫笑。蓋欲陛下一悟。則天下蒙福。以臣之驅負蒼生之命。亦以大矣。伏望陛下留意焉。

慶曆五年。知諫院余靖上奏曰。臣竊見朝廷每有契丹遣使到闕。元昊差人來朝。大臣商量。唯欲秘密。兩制兩省御史中丞已下。雖名侍從供奉之官。當時並不聞知。及處置既了。縱或不從。無由論列。臣思國家建置侍從之官。以備顧問。諫諍之官。以激闕失。蓋欲謀無遺策。且書不云乎。謀及卿士。謀及庶人。謀及卜筮。是大疑之事。謀之欲其衆也。漢武帝征伐兩戎。開置邊郡。侍從之官嚴助朱買臣之徒常與大臣論議。大臣數屈。漢史稱之。以爲美談。今樞臣密議。外不得聞。一處或失。救之不及。勢之可憂者也。伏乞宣諭大臣。凡屬西戎之事

繫於安危者。侍從諫諍之官。悉令聞之。使陳利害。不為漏洩。傳云。謀之欲多。斷之欲獨。此御國之要也。惟陛下裁之。

八年。殿中侍御史何郯乞許兩制兩省上章論事疏曰。臣竊以古者人君聽政。以天下至廣。非一人聰明所能盡。是故內取公卿大夫。謀於朝。外採百工庶人議於下。使下情無不通。然後中外相濟。政理所以無過差焉。今國家設侍從之官。自翰林學士至天章閣待制。皆取文學極選。以備顧問。公卿之材。並由此出。自頃相承。朝廷惟以文翰待之。而不責其言議。臣下亦以職分當爾。而自安於循默。以天下利害之大。被言責者。唯御史臺官僅十餘員。而欲陛下聰明無遺。政理無所失者。不可得矣。唐太宗置十八學士。與之議天下事。故貞觀一代。稱為至治。斯從臣輔助之明効也。在明皇時。則有集賢學士張說以圖國政。在德宗時。則有翰林學士陸贄以參戎機。以至憲宗得李絳而斥近倖之弊。敬宗因韋處厚而辨忠邪之分。皆由時君開懷用意以待臣下。故感慨之士得以効其節。今天下多故。政令并失者不一。使賢智之士驅馳。尚恐不足救其弊。若猶復雍容拱默為高。以言議非所責。則朝廷之事何寄焉。近日伏聞中詔命群臣論議時事。斯誠陛下求治之志務通塞蔽。然恐天下利害非一日可盡除陳。欲乞特頒詔旨。告諭兩制兩省臣寮。自今有關朝廷闕失。政令過差。軍機利害。雖非言職。並許上章論列。仍委中書置籍具錄。所上章疏。遇欲進用臣寮。令取有裨補多者用為選首。所冀親侍之臣各知責任。務圖傾竭以助政化。

至和二年。侍御史趙抃上奏曰。臣伏覩中書劄子奉聖旨下御史臺根勘太常博士祕閣校理王起璽妄上言定州衙曾擲鳴產等事。見追禁鞫問。次臣嘗聞太宗皇帝朝。雍丘縣尉武程上疏。願減後宮嬪

嬙。太宗謂宰臣曰。武程疏遠小臣。不知宮闈中事。內庭給使不過三百人。皆有掌執。不可去者。卿等固合知之。時李昉奏武程妄陳狂瞽。宜行黜削以懲之。太宗曰。朕曷嘗以言罪人。但念其不知耳。終不之罪。今起志在憂國。用心無他。若緣此獲譴。臣恐中外臣僚人人緘默。雖有機密急速大事。誰敢復措一詞。言路榛塞。由此始矣。伏望陛下上念太宗皇帝不罪言事者之誠。恕起之罪。以廣睿聰。有益聖仁。若然。則堯採誹謗。舜達聰明。禹拜昌言。漢詔不諱。不獨稱美於前世矣。

三年。知諫院范鎮上奏曰。臣伏見先朝以御寶印曆給給言事官。令以時奏上。所以課得失而殿最之也。恭以陛下天資富仁。行善聞諫。諫考於施用。其實無幾。深恐大臣不甚將順。所以言者多見寢格。臣欲乞據今御史諫官見負於禁中及中書樞密院人置一簿。每一章奏御簿上之。在禁中者陛下時時觀覽。以備遺忘。以觀言者得失。有可施行。即敕大臣施行。其在中書樞密院者。亦令大臣為詳閱。其已行未行勾注。每季終錄付史館。庶使後世知陛下納諫求治之意。仍令言者不敢妄有奏論。

仁宗時。知諫院司馬光乞施行御策劄子曰。臣竊以國家本置六科。蓋欲以觀朝政之得失。下知元元之疾苦。非為士人設此以為進取之階也。臣昨差覆考應制舉人所制策。竊見上等三人。所陳國家大體社稷至計。其間甚有可采擇者。伏望陛下取正本留之禁中。常置左右。數加省覽。以為儆戒。其副本下之中書。令擇其所言合於當今之務者。奏而行之。使四方之人皆知朝廷求直言之士。非以飾虛名。乃取其實用也。及臣所獻五規。雖智識闇淺。辭語鄙陋。然皆臣夙夜盡忠竭誠。以思治世之要道。非指陳一事之得失於有司無所施行。亦望陛下以視朝之隙時取觀之。庶幾於聖政或有萬分之益。

劉敞上奏曰臣近嘗密獻愚惡乞特降手詔諭與閤門前後殿聽政稍增數刻足以廣聰明收衆心未蒙采納伏念九月以後晝漏益短日始東出已涉辰初比至百官起居二府奏事逡巡俯仰便及辰正實恐群臣因此請對稀少習俗既成下情壅隔甚非陛下憂勤萬機之意臣謂自九月以後用巳初為限三月巳後用辰正為限雖升降止於數刻之間其於收斂群情已無量矣臣又竊聞頃來奏事者雖有可否罕聞德音君臣之情亦似未通且萬乘至尊群下至卑以至卑接至尊甚難也皆考據條制齋戒沐浴乃得一見皆以為千載之遇而曾不蒙少垂察問盡其忠蘊則人人抑默退而失望臣願陛下延見上殿臣僚仍賜委曲訪問侍從之臣則問以治體言事之臣則問以所言財利之臣則問以國計守土之臣則問以民俗如此則朝廷得衆人情善惡無不聞者矣易曰唯君子為能通天下之志而天下不治者未之有也臣忝近列無補聰明敢貢所聞伏增戰恐

英宗即位殿中侍御史司馬光乞延訪群臣上殿劄子曰臣聞天尊地卑適之當也而周易乾下坤上謂之泰者蓋言人君降心以接臣人臣竭忠以事君然後上下交而其志同也若人君驕亢以自尊人臣怠慢以自疏則上下之情不通而否道成焉是以孔子語舜之德曰舜好問而好察邇言其斯以為舜乎竊見祖宗之時閑居無事常召侍從近臣與之從容講論萬事至於文武朝士使臣選人凡得進見者往往召之使前親加訪問委曲詳悉無所不至所以然者一則欲使下情上通無所壅蔽二則欲知其人能否才器所任是以黜陟取捨皆得其宜太平之業由此而致恭惟陛下潛德藩邸踰三十年一旦龍飛奄有四海雖聖質英睿得於天縱然與當世士大夫未甚相接民間情偽未甚盡知臣謂宜詔侍從近臣每日輪一員直資善堂夜則宿於崇文院以備非時宣召若有事故請假則與以次官互換直宿其餘群臣進見及奏事者亦望聖慈稍解嚴重細加訪問以開廣聰明裨益大政

光又上劄子曰臣先曾上言乞詔侍從近臣每日輪一員直資善堂夜則宿於崇文院以備非時宣召若有事故請假則與以次官互換直宿以開廣聰明裨益大政至今未聞施行蓋陛下謙讓以皇太后同聽庶政未奉慈旨不敢擅召群臣與之議論今皇太后盡以四海之事歸於陛下出入起居頤指如意臣是以敢重申前說乞少加采擇凡人牆之外目不見也里之前耳不聞也而天子奄有四海一日萬機民之憂樂事之本末雖有聰明睿知之性若不問之於人何從知之是以太祖太宗雖起於側微猶日孜孜訪問群下至於小臣卒伍亦無所間絕故能紀綱四方創業垂統陛下生為帝王子孫未嘗歷事於外天下之事豈能細知況先朝置直學士待制等職以為侍從之臣若使之不得朝夕在左右備顧問將安用之所有每夜於崇文院輪宿自是舊制近年以來因循隳廢舉而行之有何所難伏望聖慈檢會臣前來所奏劄子內事節特賜施行

光又上劄子曰臣前者兩次上言乞詔侍從近臣每日輪一員直宿資善堂夜則宿於崇文院以備非時宣召若有事故請假則與以次官互換直宿亦嘗面奉德音云欲自以聖意宣諭政府施行此事自後至今未聞施行臣不避煩瀆天聽再三進言者蓋以為國之要在於審察人材周知下情而已審察人材之謂明周知下情之謂聰明則百官稱其職聰則萬幾當其理百官稱其職萬幾當其理治之極也賢不肖混淆之謂昏下情不上通之謂蔽昏則百職隳曠蔽則萬幾乖戾百職隳曠萬幾乖戾亂之至也治極則安亂至則危故聰明

昏蔽者治亂之大本也今陛下即政之初屬精求治而不以此事爲先欲以興隆祖業垂裕後昆是猶却行而求及前人也故臣不得不勤勤懇懇爲陛下再三言之書稱堯之德曰稽于衆舍己從人稱舜之德曰賓于四門明四目達四聰故能咸熙庶績格于上下至今言聖人者無不以二帝爲首何哉聰明故也秦二世納趙高之謀恐譴舉不當見短於大臣而深拱禁中漢靈帝惑趙忠之言謂人君登高則百姓散離而不敢登臺榭北齊後主志度儒懦不喜見朝士非私昵未嘗交語隋煬帝沈湎淫泆常在後宮盜賊滿天下恐人言之是以上下怨叛至於殺身滅國而終不自知後世言無道者無不以四君爲首何哉昏蔽故也太祖太宗起於側微天下艱難民間情僞無不備知然南面之日延訪群臣惟恐不及晝日不足繼之以夜下至役夫田婦無不詢察以盡其情用能創業垂統力致太平陛下以帝王子孫生長富貴朝士大夫素未相接耕織勞苦不經耳目當益親政之始雖孜孜下問朝夕不倦以察人情猶恐不盡況深居九重非視朝之時不見群臣群臣非官位職事有例上殿無由進見顒卬淵默以嚴重自居將使幽遠之民銜冤失職者何由上聞疏賤之臣懷材蘊德者何由自達哉國家安危之所係將於此乎在臣是以不勝憤懣區區盡忠重爲陛下陳之伏望陛下察爲國之要觀唐虞之所以興秦漢齊隋之所以亡繼祖宗之志以守太平之業檢會臣前來所奏兩劄子內事節早賜施行實天下幸甚

光又上劄子曰臣屢曾上言乞詔侍從近臣每日輪一員直資善堂夜則宿於崇文院以備非時宣召亦曾面奉德音云候秋凉當頻有宣召今已秋凉尚未聞有曾被召之人臣始者上言之時竊見陛下欣然聞納將謂即時施行自後遷延日久聖意漸以爲難臣竊意內外之臣必有欺惑天聽沮難此事欲陛下常居禁中不與群下相接以壅蔽聰明專固權寵者此豈忠臣之所爲而陛下之福邪臣願陛下深察此情斷自聖志使之更直陛下每日聽政餘暇宮中無事之時特賜召對與之從容講論古今治體民間情僞使各竭其智慮所有而陛下更加采擇是者取之非者捨之忠者進之邪者黜之如此則下情盡達聖德日新矣若以資善堂體例稍生則學士待制於崇文院輪宿自有在彼祗候宣召其有事故請假者須與以次官互換直宿此事極其難行而所益甚大惟陛下留意

光又上劄子曰臣竊見祖宗之時累曾令朝臣轉對或遇災異更廣求直言真宗咸平景德之間詢訪尤切其詔書云涉詆訐者罔可優容乏詞藻者許其直致是時群臣上書言事者日不下百餘封每戒敕閤門令疾速進入詔樞密直學士馮拯陳堯叟令詳定以聞所以然者不惟考時政之得失亦以觀群臣之能否也是故太宗時得寇準真宗時得張知白皆因上書言事驟加擢用後爲宰相俱著名迹景德元年六月內出朝士邊肅等二十四人姓名令於崇政殿引對在外者驛召赴闕其後稍稍進用多爲名臣此皆近事易法者也陛下踐祚未久群臣能否恐未徧知欲乞依祖宗舊制每遇內殿起居日常令朝臣兩人轉對其餘在京及外處臣僚有欲上書言事者所在官司皆不得壅滯彼必欣然承命各竭所懷然後陛下親加省覽必有所得若上書者稍多陛下不能一一徧觀即乞擇近臣識慮明達用心公正者二人先次看詳但求理道切當不取文辭華美分爲數等各以貼黃節出事實置之於前然後奏御陛下更以聖意擇其善者特令引對面加詢訪若實有可采其所言之事即爲施行仍於禁中籍記姓名每遇有重難公事試委之幹辦俟果有功效乃加進

用如此則天下之才盡在目前可以器使雖堯舜之世嘉言罔攸伏
野無遺賢恭不是過也不然若但循故事止作虛名所上之書未必
省覽雖復省覽亦無施設則無益於事不如不為也
治平中知諫院呂誨乞詔中外咸上封事疏曰臣恭惟聖德踐祚之
初臨朝聽斷搢紳懽抃中外同慶方天下延頸傾耳仰奉新政宜有
請求以厭群望竊以齊聖皇帝御正殿之二日詔群臣直言抗疏自
古求治之君未有如是之切也有以知開闢言路誠邦國之首務矣
陛下承先帝仁明之治萬機無闕臣尚慮四方幽遠明有未燭百執
因循弊或過舉在繼述之體所繫尤重臣欲乞陛下特降明詔俾中
外臣僚咸上封事指陳朝政之闕失時務之利害採擇善言恢張治
道則下情無壅聖聰日廣昌明盛業自此而始群心慶賴不勝大幸
殿中侍御史范純仁乞詔臣寮上封章陳闕失疏曰臣伏見近者水

災為害萬衆失寧愁痛未平繼以淫雨陰沴不解人益無聊陛下軫
慮至深嘗降詔旨責躬求諫非不丁寧多士盈庭徒為竊議未聞各
明上封章副陛下之意者其間或有奏疏亦未聞采擇施行群下有
未通之情朝廷無恤災之實以致天意未順人罹其殃若非陛下至
德動天推誠納諫則恐未能上承天戒下格太和伏望聖慈特降詔
諭令兩制近侍及三司副使已上臣寮並須命逐員各上封章指陳
時政闕失其省府館閣諸司主判朝臣及常參官等並令依次轉對
各依故事如此忠言可盡下情可通聖政之得失必聞群臣之能否
皆見惟祈天造俯納愚誠
純仁又上疏曰臣近月曾上封奏乞降詔令兩制及三司副使已上
臣寮逐員各上封事及諸司主判常參官等依次轉對至今不蒙施
行伏惟陛下臨御之初天下延頸企足觀望聖化正宜博覽群策通

達下情使四方之利病必聞群下之能否皆見然後可以布順民之
政恢太平之風固不當以聽覽為煩而以多言為厭也況自古昔有
敷奏以言之法官師相規之誡瞽為詩工誦箴大夫規誨士傳言皆
所以深采群言裨助時政之道也近世則有百僚轉對之法本朝累
聖悉曾行之非臣至愚獨有是說伏望聖慈體明目達聰之道念群
情壅塞之弊將臣所奏付中書門下檢會施行則天下幸甚
起居舍人傅堯俞上奏曰臣伏以近侍臺諫官皆天子耳目心腹所
上章奏宜即達聖聽乃與其他文字一例進入脫有留滯遺失內外
不得相知自來別無關防竊慮未為便穩欲乞指揮禁中置簿專令
人管勾逐日具有無及職位姓名章奏道數畫一抄上仍令通進司
逐日亦依此畫一開坐關送閤門閤門每日於引公事前先次進呈
候陛下親覽訖然後付內照會遇前後殿不坐即令閤門具狀直進

如有留滯遺失可以根逐施行
神宗初即位下詔曰朕以菲德承至尊託于公卿兆民之上惟治忽
在朕躬夙夜兢兢上思有以奉天命下念所以修政事之統愧不敏
明未燭厥理夫開言路通上下之志欲治之主所同趣也其布告內
外文武群臣若知見思慮之所及至於朝之闕政國之要務邊防戎
事之得失郡縣民情之利害各令直言抗疏以聞無有所隱言者適
用亦以得人觀其器能當從顯擢風爾文武其各體朕意庶並令之
非徒下也於是御史知雜事劉述上奏曰臣伏覩近降詔敕許內外
文武群臣直言朝之闕政國之要務邊防戎事之得失郡縣民情之
利害此誠陛下悉心求治虛己待人圖新庶政之當先也天下幸甚
臣竊思之內外文武職官固多英俊之士其間論議或有可取然不
若侍從臺閣乃天下賢才之所聚也臣欲乞特降聖旨取當今之急

務問以所宜令兩制兩省及館閣臣僚一一條對既以究其利病亦以見其器能候內外諸處奏到文字就兩制館閣中擇智識優長練習時務者三四人置局看詳評議逐旋具事理於所屬中書密院參覆商量然後進呈取旨施行所冀庶政交脩下情盡達

熙寧元年龍圖閣直學士韓維上奏曰臣近嘗面奏降黜陳習有虧陛下信令理須追革自爾未聞別有處分竊慮迫近郊祠不及繼有論列臣伏以人主深居九重之中所以鼓動群衆共成天下之務惟在號令而已則其出之豈可以不慎行之豈可以不信陛下即位之初命群臣轉對其詔文曰斥有位之阿私又曰郡縣之官課空文而尸素仰詳明詔之意是開群臣以盡言使其抱負隱伏悉以上聞然後公議審擇以輔初政之美陳習所言臣雖不盡知然聞其大略誑人過失耳使其所言而是乃所以上副詢求之意若其非也猶當函

容以勸來者今所言之事未察虛實而言事之人已加斥貶自違明詔之本意而失大信於初政未獲其利乃更有害此臣愚所未諭也昔晉文霸駿之君商鞅刻核之臣耳尚知假伐原徙木以著其信然後政令可得而行人民可得而使也豈為人主而不務此乎議者或謂陳習素行非美今所言頗挾怨害得貶不為不幸此又流俗不知大體者之言無足采信藉使習實有此乃自匹夫之惡耳匹夫之惡不懲於朝政未為甚損使天下之人疑陛下於不信臣竊以為害無甚於此者陛下若不以此為失亟加追改而乃欲博詢細故以補聰明臣恐陛下思慮雖遠而所及者愈近旂談雖多而所得者愈少也伏望聖慈特賜指揮追還誤罰昭示大信

知諫院范純仁乞詔近侍陳朝廷闕失疏曰臣竊以古者三公之下即建九卿皆以左右王朝協贊治道蓋得學者其報宜重位高者其責當深理之必然不容僭濫本朝自兩府之下亦設侍從之官自侍制諫議已上學士舍人皆是古來九卿之職朝廷待之恩禮既異士民瞻仰位貌亦崇是宜朝夕論思同國休戚今乃忘本徇末擇易捨難只將主判司局便為己之職事言寵名則亞於四輔論補報則同於庶僚人情既務因循朝廷不加考核況今災異之後是陛下宵旰之時凡在近臣正宜盡瘁而其間甚有優游緘默養望待遷無愛君憂國之言忘盡忠補過之義或有時政得失惟能退有後言處之不慚僅同胡越未必人人苟祿蓋因習以成風不稱取禾莫斯為甚伏望陛下明降詔旨督責近侍凡是朝廷闕失並須論列奏陳所上封章並赴政府其盡心論奏而言多中理者稍加褒進其持祿不言或言而無取者量行黜責如此則朋龜效靈庶職脩舉朝廷獲多士之助近臣免尸素之譏

元豐八年純仁知慶州乞詔內外官條陳利害狀曰臣伏覩六月二十二日詔書應中外臣寮及民庶並許實封直言朝政闕失民間疾苦者有以見聖心求治之深也臣雖至愚不敢泯默竊以陛下方膺重熙之運布日新之政天下之人翹首以望至治固未觀夫闕政之可陳也所謂民間疾苦則陛下臨御之初聊整數事而百姓鼓舞歡呼者是也蓋近在轂輦之下事理著明者陛下得熟聞而更之其在僻遠幽微者則陛下莫得而聞矣固宜明詔四方詢求之廣也然中外臣民猶未能深副聖意極有所陳者並民庶之愚雖有疾苦不能自言唯舉人胥吏有能言者又以利害不切於己而不言也臣察則亦有不能言者矣或有所畏避而不言者矣有疏遠而慎靜者矣有急於愛國愛人者矣有昔嘗言而今愧於言者矣如此者皆不言也儻非陛下深詔執事及群有司使各罄其所聞自陳於上則懼聖詔

將為空文而天下之情終不能盡也蓋向來朝廷脩立法度付之有司以施於天下固欲便民而益國也如慈父寄食哺兒意豈有不善哉而哺者無愛兒之心不量飢飽多少之節曰唯知哺之而已不恤其他則兒不病而死者幾希矣今吏之行法者不恤民之利害惡欲曰唯知行法而已不恤其他則宜其百姓疲弊而無告也然則郡邑之弊守令知之一路之弊職司知之茶鹽利局民兵刑法差役之弊提其局及受其害者知之軍政之弊三帥與將領者知之邊防之弊守邊者知之伏望陛下特下明詔內則敕六曹四司九寺三監三帥百司外則敕監司提舉提點邊臣牧守以至令佐監當曹掾各使條陳本職及所經歷之利害無或隱蔽曰某事利人益國可以興行某事煩擾勞費可以簡省某事蠹害公私可以釐革限一月內聞奏亦可因其所陳略知其人之才識然后陛下參命近侍與大臣審擇而

行之流為霈澤被於萬方如此則朋龜獻兆庶績咸熙堯舜三代之政可不勞而成唯陛下留神省察特賜施行則天下幸甚

哲宗初即位下詔求言曰蓋聞為治之要納諫為先朕思聞讜言虛己以聽凡內外之臣有能以正論啓沃者豈特受之而已固曰不愛高爵重祿以獎其忠設其言不當于理不切于事雖拂心逆耳亦將欣然容之無所拒也若乃陰有所懷犯非其分或扇搖機事之重或迎合已行之令上則觀望朝廷之意以徼倖希進下則衒惑流俗之情以干取虛譽審出於此而不懲艾必能亂俗害治然則黜罰之行是亦不得已也顧以即政之初恐群臣未能徧曉凡列位之士宜悉此心務自竭盡朝政闕失當悉獻所聞以輔不逮宜令御史臺出榜朝堂時韓維留侍經筵乃上疏乞改詔書六事曰臣近者伏覩録到朝堂所出牓文開示大信招來群言皆前代帝王之高致而方今

朝廷之急務天下幸甚臣尚有疑者若乃陰有所懷至不得已也七十五字非元論聖旨之本意似增飾而為之者何則前云至於拂心逆耳猶將欣然容而不拒復以貴爵勸之後所云則與於此矣又以黜罰懼之且機事之重何害審言已行之令容有未知朝廷之意苟善何惡其觀望流俗之言必浸自可以勿聽藉使有犯此四禁者亦未至拂心逆耳猶在欣然容之之列豈可便行黜罰若此言出于陛下則是詔文前後自相違戾疑誤觀者若出於臣下議論則是違異聖意巧為辭說以懼來者陰成其邪志也古之求言必曰毋有所諱又曰毋悼後患今則多設防禁又以黜罰懼之是人有所諱而悼後患也古之為民者宣之使言下至道路芻蕘亦見收采今則出榜止於朝堂降詔不及諸道既乖古義亦非舊體恐非所以推廣聖德普及於遐遠開闢言路不間於幽側也此事若不改正臣深恐自今聖

德漸成壅蔽臣在先帝朝嘗奉聖旨以災旱撰責躬求直言詔及下之日都人歡悅甘雨亦降不數日姦人希宰相意上惑聖聰別作一詔蓋掩前詔之美庇護新法之失人情疑懼遂不敢言前詔但成虛文而已今榜後之意頗亦類之此事於國體不小伏望陛下深察此弊而痛絕其端特作聖意批降指揮令刊去此七十五字只以榜前所云別撰詔文徧頒天下使萬方之人豁然知聖人樂善好諫之心披雲霧而覩青天白日豈不快哉豈不大哉門下侍郎司馬光亦上疏曰臣先乞下詔書廣開言路不以有官無官之人並許進實封狀仍頒下諸路州軍於要鬧處出榜曉示鼓院檢院州軍長吏不得抑退臣昨奉聖旨令入見於今月二十三日到京蒙降中使以五月五日詔書賜臣看閱臣狂瞽妄言曲荷采納豈獨微臣之幸抑亦天下之幸此乃聖主之先務太平之本原也然臣伏讀詔語其間有愚心

未安者。不敢不冒萬死極竭以聞。竊見詔書始末之言。固盡善矣。中間有云。若乃陰有所懷。犯非其分。或扇搖機事之重。或迎合已行之令。上則觀望朝廷之意。以徼倖希進。下則衒惑流俗之情。以干取虛譽。審出於此。苟不懲艾。必能亂俗害治。然則黜罰之行。是亦不得已也。臣聞明主推心以待其下而無所疑忌。忠臣竭誠以事其上而無所畏避。故情無不通。言無不盡。今詔書求諫而逆以六事防之。臣以為人臣惟不上言。上言則皆可以六事罪之矣。其所言或於群臣有所褒貶。則可以謂之陰有所懷。本職之外微有所涉。則可以謂之犯非其分。陳國家安危大計。則可以謂之扇搖機事之重。或與朝旨暗合。則可以謂之迎合已行之令。言新法之不便當改。則可以謂之觀望朝廷之意。言民間之愁苦可閔。則可以謂之衒惑流俗之情。然則天下之事無復可言者矣。是詔書始於求諫。而終於拒諫也。臣恐天

下之士益箝口結舌。非國家之福也。又止令御史臺出榜朝堂。自非趨朝之人。莫之得見。所詢者狹。伏望聖明於詔書中刪去中間一節。如臣三月三十日所奏頒布天下。使天下之人曉然知陛下務在求諫。無拒諫之心。各盡所懷。不憂黜罰。如此則中外之事遠近之情如指諸掌矣。帝於是始改前詔曰。朕紹承燕謀。獲奉宗廟。初攬庶政。鬱于大道。夙夜祗畏。不敢遑寧。懼無以章先帝之休烈而安輯天下之民。永惟古之王者即政之始。必明目達聰以防壅蔽。敷求讜言以輔不逮。然後物情徧以上聞。利澤得以下究。詩不云乎。訪予落止。此成王所以求助。而群臣所以進戒。上下交儆以遂文武之功。朕甚慕焉。應中外臣寮及庶民並許實封直言朝政闕失民間疾苦。在京於登聞鼓檢院投進。在外於所屬州軍驛置以聞。朕將親覽以考求其中而施行之。

光。又乞降封事簽帖劄子曰。臣聞舜明四目。達四聰。王者視四海之內皆如戶庭。閭閻之間皆如指掌。然後能治其天下。恭惟太皇太后陛下深居九重。皇帝陛下留於春秋。四海之廣大。閭閻之微隱未嘗身親而目覩也。非采聽臣民之言。雖以天縱睿智之性。何由知之。陛下近詔天下臣民皆得上封事言朝政缺失民間疾苦。乃降出令臣與諸執政官看詳。其第一次降出者三十三卷。臣謹與諸執政選擇其中除無取及冗長之辭外。其可取者已用黃紙簽出進入訖。伏乞陛下取簽出者更賜詳覽。或留置左右以備規戒。或降付有司商議施行。如此則忠言日進。聰明日廣。誠生民之厚幸。社稷之盛福也。昨者執政請聽臣寮上殿。陛下謙遜以為國家政事多未習知。臣寮欲言事者自有章疏。何必上殿。今臣民章疏舉集於前。若非陛下勤加省覽。則朝政缺失民間疾苦何由上聞。國家政事無時而習知也。其

間亦有一事而眾人共言者。臣亦重複簽出。蓋欲陛下知天下所共患。眾情所同欲也。夫為政在順民心。民心之所欲者行之。所惡者去之。則何患號令不行。民心不附。國家不安。名譽不榮哉。惟在陛下斷志而力行之耳。

先知陳州。又乞開言路劄子曰。臣昨在京師。伏蒙太皇太后不以臣愚陋無取。遣使訪以得失。豈惟微臣有千載一遇之幸。中外聞之。踊躍相慶。以為言路將開。下情得以上通。太平之期。指日可待也。當是時。臣未暇備論天下之事。先陳所急。於三月三十日上言以近歲風俗頹弊。士大夫以偷合苟容為智。以危言正論為狂。致閭閻愁苦而上不得知。明主憂勤而下無所訴。公私兩困。盜賊已繁。宜下詔書。采以有官無官之人。有知朝政闕失及民間疾苦者。並許進實封狀。鼓院檢院州軍長吏不得抑退。其義理精當者行其言而顯其人。狂愚

鄙陋者報聞罷去亦不加罪又於四月二十一日復上言皇帝陛下初即政於舊人賞罰尤不可不當夫諫諍之臣人主之耳目也不可一日無之說命曰若跣弗視地厥足用傷設有人閉目而塞耳跣足而疾趨前遇險阻能無傷乎賈山有言人主之威非特雷霆也勢重非特萬鈞也開道而求諫和顏色而受之用其言而顯其身士猶恐懼而不敢自盡況震之以威壓之以重乎頃者王安石秉政欲蔽先帝聰明專威福行私意由是深疾諫者過於仇讎嚴禁誹謗甚於賊盜是以天下之人以言為諱百姓愁苦無聊靡所控告致怨謗之語上及先帝臣常痛心泣血思救其失是故首乞下詔開言路以通下情臣謂群臣苟有肯進言者陛下必加褒擢以勸來者此乃古人市駿骨揖怒蛙之意也召誥曰王乃初服嗚呼若生子罔不在厥初生自貽哲命今皇帝陛下新即位太皇太后初垂簾天下之人莫不屬

目傾耳臣自到西京以來朝夕伏聽朝廷惟新之政以為必務明四目達四聰以發天下積年憤鬱之志今開言路之詔既不聞頒於四方而太府少卿宋彭年言在京不可不並置三衙管軍臣僚水部員外郎王諤乞令依保馬元立條限均定逐年合買之數又乞令太學增置春秋博士使諸生肄業朝廷以非其本職而言各罰銅三十斤臣忽聞之悵然失圖憤悒無已臣非私於二人直為朝廷惜治體耳夫阿意箝口容身竊祿此小臣之利也威福在己人不敢言此大臣之利也然民怨於下而不聞國家阽危而不知於陛下有何利哉彼宋彭年王諤臣素不識不知其人為賢為不肖但惜陛下臨政之初而二臣首以言事獲罪臣恐中外聞之忠臣解體直士拱氣欲仕者斂冠藏之欲諫者咋舌相戒則上之聰明猶有所不照下之情猶有所不達太平之功尚未可期也宋彭年所言雖不識事體但當廢而不行亦不宜加罪至如孔子作春秋為萬世法王安石秉政輒黜之使不得與諸經並列於學官學者毋得習以為業王諤所言未至不當乃以越職為罪古者置諫鼓設謗木詢于芻蕘未聞有位於朝而以言事為越職者也若當職之人既不肯言不當職之人又不得言則以四海之廣兆民之眾其政治利病天子深居九重何由得聞之哉昨日進奏院遞到告身差臣知陳州然則臣自今於一州之外言及他事亦為越職何敢言矣今二臣之罰既不可追伏望陛下如臣前奏下詔不以有官無官當職不當職之人皆得進言擇其可取者微加旌賞使天下之人知朝廷樂聞善言不惡論事無可取者寢而勿問庶幾願納忠之人猶肯源源而來也臣稟賦愚戇文學政事皆出人下惟不識忌諱不阿權貴遇事妄言無所顧避以此荷知於累朝見稱於眾人若亦不得言則無所復用於聖世矣上辜太皇太后

陛下下問之意下負微臣平生納忠之心內自痛悼死不瞑目臣又忝便安今朝廷授以名藩義不敢辭見牒本州索遞接公人起發赴任次到官之日但勉竭疲駑恪勤本職苟力所不逮伏須罪戾而已光又上劄子曰臣聞周易天地交則為泰不交則為否君父天也臣民地也是故君降心以訪問臣竭誠以獻替則庶政修治邦家乂安君惡逆耳之言臣營便身之計則下情壅蔽眾心離叛自生民以來未有不由斯道者也夫道猶歧路近差跬步遠失千里今皇帝陛下新臨大寶德性高明太皇太后同斷萬幾聖謨光大初發號令不可不慎斯乃治亂之歧塗安危之所分也當以要切為先以瑣細為後臣竊見近年以來風俗頹弊士大夫以偷合苟容為智以危言正論為狂是致下情蔽而不上通上恩壅而不下達閭閻愁苦痛心疾首而上不得知明主憂勤宵衣旰食而下無所訴公私兩困盜賊已繁

猶賴上帝垂休歲不大饑祖宗詒謀人無異志不然者天下之勢可不為之寒心乎此皆罪在群臣而愚民無知往往怨歸先帝此臣所以日夜憤痛撫心泣血不顧死亡思有關發於朝廷者也臣愚以為今日所宜先者莫若明下詔書廣開言路不以有官無官之人應有知朝廷闕失及民間疾苦者並許進實封狀盡情極言仍須下諸路州軍於所在要閙處出榜曉示在京則於鼓院檢院投下委主判官晝時進入在外則於州軍投下委長吏即日附遞奏聞皆不得取責副本彊有抑退其百姓無產業人慮有姦詐則責保知在奏取指揮放令逐便然後陛下於聽政之暇略賜省覽其義理精當者即施行其言而顯擢其人其次取其所長捨其所短其狂愚鄙陋無可采取者報聞罷去亦不加罪如此則嘉言日進群情無隱陛下雖深居九重四海之事如指諸掌舉措施為惟陛下所欲斯乃治安之源太平之基也陛下若以臣言為可取伏乞決自聖意下學士院草詔書施行群臣若有沮難者其人必有奸惡畏人指陳專欲壅蔽聰明此不可不察

侍御史劉摯乞增諫員許察官言事疏曰臣蒙恩過聽使備員御史固將竭盡愚論知無不及而竊惟陛下即阼臨政之始其所先者宜莫若廣言路故臣今就職之日首獻其說蓋聖人以一心御萬事而無遺慮以一視周四海而無遺照非能身親而目得之也為能咨諏訪逮致人之言開闢其途使無壅蔽上之公卿大夫百執事下之鉏工瞽執技之賤芻蕘負薪之鄙皆得輸意自竭雖然至前而聽吾之所擇惟懼乎言者之不能多也祖宗以來諫官御史張設員品罕不備足凡在職者皆有言責臣今伏見諫官上有大夫一員御史臺自中丞而下雖十員然止於中丞侍御史兩員中法得言事外監察御史六員專於察治官司公事文書之稽違者而不與於言則是在朝廷以言為官而任其責者纔此五人而已天下之大臣子之衆權強之漸朋比之萌民之休戚政之利病其於獻納伺察誠恐耳目之未廣事或有不得盡聞于聖聽者非所謂明四目達四聰開衆正屈群策者也臣欲望聖慈於諫院增置諫官員數本臺六察御史並許言事其所領察按自不廢如故所貴共盡忠力交輔聖政臣不勝惓惓

歷代名臣奏議卷之一百九十九

求言

宋哲宗元祐元年殿中侍御史孫升上奏曰臣聞古人有言曰武王諤諤而昌桀紂默默而亡夫以一士之謇諤豈足致成周之昌一人之循默安能速夏商之亡積累然也何則謇諤之言達則壅蔽之患除壅蔽之患除則忠言日聞忠言日聞則變止於未然禍消於未兆詩曰濟濟多士文王以寧則其昌也不亦宜乎循默之風長則壅蔽之患成壅蔽之患成則忠言不聞忠言不聞則變生於不測禍至於已然詩曰雖無老成人尚有典刑曾是莫聽大命以傾則其亡也不亦宜乎壅蔽之傷國其患如此是以秦之盛強金城千里子孫帝王萬世之業而趙高咫尺以鹿名馬則四海九州之以亂為治以危為安以白為黑以賢為愚罔無逆惟是以民窮而主不恤下怨而上不知俗已亂而政不脩此壅蔽之極而秦之所以亡也夫世之治亂係乎君子小人消長內外而已天下君子寡而小人衆君子常患乎在外而小人常患乎居內是以自古治世少而亂世多也然則朝廷之有君子可不貴哉恭惟二聖臨御以來首開言路登用正人天下所謂忠信端良之士豪傑俊偉之才俱收並用無有棄遺近世得人之盛未有如今日者也君子日進而小人日退忠正日長而邪慝日消在廷濟濟有成周之風此首開言路之效也臣愚不肖遭遇明時獲在言職嘗蒙賜對親承德音使盡言無間雖有過差聖慈為之主張臣佩服訓辭以謂自古聖帝明王欲治求言之意不過如此而已伏惟皇帝陛下恭默不言太皇太后陛下兼聽庶政一日萬機之微四海九州之遠深居房闥與共事者元老執政大臣爾今此數人者皆秉公而無私處事無一不當於理猶廣達耳目杜漸防微况未能皆至公而無私處事無一不當於理而陛下乃於耳目之臣論議之際置黨附之疑開小人之隙疑間一開讒巧必作則君子不可勝誅而言者不安其職矣言者不安其職則朋黨比周之說勝賣直掠美之言入則雖聖聽不能無惑聽惑則其弊必至於厭言言厭則循默之風作壅蔽之患生忠言不復聞矣臣切恐非朝廷之福也臣不勝大懼願陛下深思往古之明戒無替前日之訓詞除黨附之疑心待端良之君子無使循默之風作壅蔽之患生則天下幸甚

殿中侍御史林旦上奏曰廣言路然後知得失達民情然後知利病竊見去歲五月詔求讜言士民爭欲自獻及詳觀詔語名雖求諫實欲拒言約束丁寧使不得觀望迎合犯令干譽終之以必行黜罰以恐懼之於是人人相戒言將出而復止至於再申諭告大達天聰聞初詔乃蔡確章惇造端其詞盡出於惇今二人既去其餘黨常懷醜正惡直之心願深留宸慮以折邪謀

三年翰林學士知制誥兼侍讀蘇軾上奏曰臣近以目昏臂痛堅乞一郡蓋亦自知受性剛褊黑白太明難以處衆伏蒙聖慈降詔不許兩遣使者存問慰安天恩深厚淪入骨髓臣謂此恩當以死報不當更計身之安危故復起就職而職事清閒未知死所每因進讀之間事有切於今日者輒復盡言庶以補萬一昨日所讀寶訓有云淳化二年上謂侍臣諸州牧監馬多病死蓋養飼失時枉致亡斃近命取十數槽寘殿庭下視其芻秣教之養療庶革此弊臣因進言馬所以病蓋將吏不職致圉人盜減芻粟且不恤其飢飽勞逸故也馬不能言無由申訴故太宗至仁深哀矜之寘之殿庭親加督視民之於馬輕重不同若官吏不得其人人雖能言上下隔絕亦不能自訴無異於馬馬之飢瘦勞苦則有斃踣奔逸之憂民之窮困無聊則有溝壑盜賊

之患。然而四海之衆。非如袞馬可以寘之殿庭。惟當廣任忠賢。以為耳目。若忠賢疏遠。謟佞在旁。則民之疾苦無由上達。秦二世時。陳勝吳廣已屠三川。殺李由。而二世不知。陳後主時隋兵已渡江。而後主不知。此皆昏主不足道。如唐明皇親致太平。可謂明主。而張九齡死。李林甫楊國忠用事。鮮于仲通以二十萬人沒于雲南。不奏一人。反更告捷。明皇不問。以至上下相蒙。祿山之亂。兵已過河。而明皇不知也。今朝廷雖無此事。然臣聞去歲夏賊犯鎮戎。所殺掠不可勝數。或云至萬餘人。而邊將乃奏云野無所掠。其後朝廷訪聞。委提刑司體量。而提刑孫路止奏十餘人。乞朝廷先賜放罪。然後體量實數。至今遷延二年。終未結絕聞奏。凡死事之家。官所當卹。若隱而不奏。則生死黯寃。何以使人。此豈小事。而路為耳目之司。既不隨事奏聞朝廷。既行蒙蔽。又乞放罪。遷延侮玩。一至于此。臣謂此風漸不可長。馴致其患。何所不有。此臣之所深憂也。臣非不知陛下必已厭臣之多言。左右必已厭臣之多事。然受恩深重。不敢自同衆人。若以此獲罪。亦無所憾。

七年。翰林學士范祖禹論求言疏曰。臣聞禹戒舜曰。后克艱厥后。臣克艱厥臣。政乃乂。黎民敏德。舜曰俞。允若茲。嘉言罔攸伏。野無遺賢。萬邦咸寧。稽于衆。舍己從人。不虐無告。不廢困窮。惟帝時克。后克艱厥后者。知為君難也。臣克艱厥臣者。知為臣不易也。君知為君之難。則不可不求言於臣。臣知為臣之難。則不可不極言於君。如此則政乃治。黎民化之。敏於為德矣。君知為君之難。此孔子所謂一言而可以興邦也。不知為君之難。則所樂者唯其言而人莫予違也。夫為人君出言不善而人莫敢違。此孔子所謂一言而喪邦也。舜知其如此。故答禹曰。信如此。則嘉言無所隱伏。凡臣得行其言。則天下之士願立於朝。故野無遺賢。賢人皆在朝。則萬國咸寧矣。人君能盡天下之善言。不遺天下之賢人。又動必稽于衆。捨己以從人。故能不虐無告。皆得其所。不廢困窮。皆得其養。惟帝堯能之。禹以道陳戒。故以此告舜。舜以堯為法。故以此答禹。其要在於聽言用賢。從衆愛民而已。臣今日所講孟子不敢勸齊王發粟以救飢。則與此正相違。齊王為民父母。坐視齊國飢饉。其民將轉死溝壑。而孟子不敢復言。譬之馮婦搏虎。豈得嘉言無所伏哉。臣觀齊王不忍一牛之死。以羊易之。非無仁心也。然而不能推愛牛之心而愛民。見牛將死。則知愛之。見民將死則不知愛。是以民飢而不救。此所以為不仁也。齊人無以仁義與王言者。孟子非堯舜之道不敢陳於王前。孟子見之時少。齊人見之時多。譬如萌生之物。一日溫之。十日寒之。雖欲其生。豈可得哉。此所以為不智也。齊王不仁不智。由不能聽言用賢也。昔仁宗謂輔臣曰。如聞州郡嘗於夏秋之際。先奏時雨霑足。稼穡登茂。後或災傷。畏罪不敢以聞。使民不得免賦租。甚非長吏愛民之意。乃著令不罪州郡吏而聽除民租。又有奏水災過實者。有司請加之罪。仁宗曰。州郡多奏祥瑞。至於水旱之災。或抑而不聞。令守臣自陳墊壞官私廬舍。意亦在民。豈當加罪也。仁宗聖心恤民如此。若使孟子遇仁宗之時。豈有不言者哉。臣願陛下以舜禹之言為法。以仁宗之心為心。以齊王為戒。知為君之難。不可不求言。求言不可不訪問。俾嘉言日聞。賢人日進。則四海生民幸甚。仁宗故事。伏乞常留聖覽。

中書舍人孔武仲乞輪侍從官進對疏曰。臣伏見前日近臣論奏。乞罷侍從官轉對。而專責以朝夕論思之効。朝廷尋已施行。臣以謂論思者侍從之事。然苟不待之以法度。則責無所歸。言與不言。各從其意。論思之効。果安在也。昔唐太宗聞直諫則獎激之。久不言事則誚薄之風。聳所感。羣下自勵。是以終貞觀之世。中外無壅蔽之事。朝廷無佞媚之臣。政理之効。優出近世。仁宗皇帝嘗御正陽門。親策羣臣。又嘗開天章閣。召執政八人賜坐。授以紙筆。使條陳政事之要。嘗謂輔臣曰。近日上封言政事得失。何其少也。豈非言路壅塞所致乎。英宗皇帝嘗謂范純仁曰。近日風俗可嘉。羣臣能屢來言事。如此人君日有益矣。仁祖英宗汲汲求人言如此。是以至和嘉祐治平之政。至今稱頌。昨日陛下親御經筵。詔講讀官進對。凡預講讀者。不過五六人。陛下聞其規戒之言亦多矣。況侍從官不止五六人。其能言天下之事者固多。患在未有以率之而已。伏望遠稽唐太宗及仁宗英宗勤求人言之義。近推經筵詔侍臣進對之意。輪流侍從官二人進對。令各陳所見。擇其是者推行之。則轉對之法雖廢。論思之責猶在也。

元祐中。中書舍人陳軒上奏曰。祖宗舊制。諸道帥守使者辭見之日。並召對便殿。非特可以周知利害。亦可觀閱人才。今視朝數刻而退。惟執政大臣得在帝所。或經旬閱月。臺諫官乃得覲。餘皆無因而前。殆非所謂廣覽兼聽之道。願詔有司。使如故事。

紹聖元年。知杭州曾肇乞詔天下皆得直言及百官次對狀曰。臣聞自昔有為之君。欲以收攬威柄。備立政事。一新海內之耳目。則必公聽並觀。大開言路。使朝廷得失。民情利病。百官忠邪賢不肖。畢聞於上。然後虛心審察。揆以古誼。參以時變。出於天下之公。而無悖於前可施於後者。則斷而行之。出於一人之私。而於前為無稽。於後為有弊者。則紬而不用。以此經綸天下之務。酬酢萬物之變。故能所為必成。所欲必獲。古之興王。所以功施一時。澤及後世。未有不出於此者。伏惟皇帝陛下。躬至德。開大明。方且鳳寤晨興。以總攬權綱。更革時敝為志。然後發德音。下明詔。使人人得直言時事。無有所諱。以廣聰明。以通壅蔽。正在此時。而中外寂然。未聞有所諮訪。此臣之所未諭也。論者或曰。方今宇內無事。朝廷清明。陛下循守舊章。足以稱治。尚何事於言哉。臣切思之。斯言過矣。何則。舜之繼堯。無異道也。方堯老而舜攝。固也。闢四門。明四目。達四聰。及其命九官。則天地人神草木鳥獸之政。無所不舉。而終之命龍作納言。蓋雖舜之盛德。又當極治之世。所以通天下之情者。猶不敢不以言為急。又況德未臻堯舜之盛。世未若唐虞之治者乎。惟是臣下用事。則或蔽於自私而惡聞其過。於是多為關防。杜塞言者。指鯁言正論為矯激。以循默取容為忠厚。此則任事者之所便。非朝廷之忠計也。昔漢宣帝之初。上書者皆為二封。領尚書者先發副封。所言不善。屏去不奏。及魏相執政。白去副封。然後天下之情無不上聞。宣帝所以知人疾苦。成中興之功。魏相所以總領衆職。號稱賢相者。能去壅蔽故也。陛下無有為之志則已。苟有志焉。而不廣開諮詢訪納之路。臣未見其可也。臣愚欲願陛下明詔天下。皆得直言。又詔百官。使以次對。諭以至誠求助之意。責以盡忠無隱之誼。其言而有益。則不惟納用。且加以賞。言而無益。則一切包容。置而不問。如此則遠近之人。知陛下有求言之實。有聽言之明。孰不感激奮勵。應上之求哉。雖然。四海之大。士民之衆。不必人人皆知義理。方陛下虛己下問之時。豈無乘間投隙。以姦言私說惑亂聖聽者。此則在陛下聽納之際。有以辨之而已。孔子曰。將叛者其辭慙。中心疑者其辭枝。吉人之辭寡。躁人之辭多。誣善之人其辭游。失其守者其辭屈。孟子曰。詖辭知其所蔽。淫辭知其所陷。邪辭知其所離。遁辭知其所窮。孔孟所以知言。用此而已。蓋人之以言接於我者。不能使之齊。而能使吾不為彼之所惑者。辨之有道故也。辨之有道。則雖姦言私說雜陳於前。安能移我之意哉。苟畏其惑亂而遂廢諮詢是何異憂噎而廢食也臣愚待罪從官轉徙五郡道路傳聞皆謂陛下聖質高明濟以果斷其志將以有爲於天下日夜傾耳以聽德音而久之未有所聞輒因賜對首敢以是爲獻伏惟留神采擇

元符八年户部郎中曾肇乞復轉對疏曰臣聞帝王即位之初必有以順天下之心答中外之望其爲之有序在知其要而已臣伏覩先帝嗣位以來憂勤恭儉日謹一日神功聖德充塞天地固非臣言所能髣髴也陛下繼之承之任大責重然四海之廣萬事之煩億兆之衆不可家至而人接之則欲達天下之情成天下之務豈有他哉在廣言路爾言路廣則人人得盡其情人人得盡其情則上無不聞之事下無不通之志政令之得失百姓之休戚群臣之忠邪賢不肖雖在四方萬里之外陛下不出户庭不降几席可以周知而備見矣然後察政令之得者則力行之彌綸未至者則損益之百姓之所願欲

則與之百姓之所疾苦則除之顯忠而去邪任賢而退不肖夫然故上澤得以下及下情得以上聞百官有司奉法遵職貴者不以崇高而敢肆賤者不以疎遠而敢欺陛下深處法宫之中端拱無爲而天下治矣夫任己聰明則其察愈詳其蔽愈甚因衆之聰明則所覩者遠所遺者周故先王設進善之旌立敢諫之鼓陳誹謗之木又使瞽獻書師箴瞍賦矇誦工諫近臣盡規親戚補察彼豈聰明之不足哉知任己不如任衆也舜之繼堯所守一道然舜初受命則闢四門明四目達四聰以謂繼治世者耳目尤不可以不廣故也三代以還咨詢訪納固非一塗然近世之所常行祖宗之所已試則命百官轉對實今日之要務也昔唐太宗初即位延見群臣或論往古成敗或究民間利病每言及稼穡艱難則上下相規務遵勤儉言及閭閻疾苦則君臣感嘆議息征徭故能創業垂統成貞觀之治下至代宗每於紫宸聽朝常限三人奏事敢言者賞其盡規不言者責其隱默故陸贄以謂諫雖未從且不爲忤情苟有阻終獲上通周世宗即位之始亦延群臣使陳當世之務故能外強兵威内脩政事而顯德之政獨高五代先帝熙寧之初亦詔百官咸以次對故事不逮行之非難此臣愚惓惓所以有望於陛下也今學士大夫布滿周行人有所懷皆願自竭但患詢求之未廣聽諫之未至爾陛下沛然發德音下惻怛之詔使之極言無有忌諱則孰不踴躍奮勵各罄所知以補聰明之萬一哉陛下察其言之當者納之用之而勸之以賞言而未當或過於訐直者寬裕包函而不加以罪非但舉空文備故事而已如此則四海之内知陛下有好問之美有聽言之實忠謀讜論日聞於上而阿諛壅蔽之私不得行矣天下之情孰有鬱塞而不伸天下之務孰有急廢而不起者哉故臣愚過計以謂今日之要務未有易此者

也至於廣收骨鯁敢言之人充耳目之任較左右侍從之官責以論思獻納是皆朝廷之所素講不待臣言而悉者也

哲宗時尚書右僕射范純仁奏乞看詳臣庶所上封章疏曰臣竊見早暵作沴兩宫焦勞減膳責躬聳動群聽臣以輔政無狀已與呂公著等同奏待罪乞行降黜夙夜憂懼思所以消弭災異之術上裨聖猷愚者千慮或有一得臣觀前代多因災異求訪直言所以宣道人情以消壅蔽自陛下臨御之初即下詔許人實封言事當時臣庶所上封章盈於萬數其中必有可行之事可采之言若此其爝火之微亦可補大明之照大臣不能遍覽有司憚於舉行棄擲散遺稀獲省録故未能上副陛下求言之意也伏望特降聖旨下三省樞密院六曹寺監將前來臣庶應詔所上封章後來不以行與不行據元初承受到都大數目並令檢尋進入然後擇賢明近臣專爲總領仍許於

尚書省開曹及秘書省太常寺國子監王府及應閑慢寺監司局內選擇郎官丞簿博士帖職教授等指射一二十員分擘看詳逐旋節略緊切大意同申三省其有關久遠利害未可便行者即行下當職官局及逐處監司州縣相度給與日限具可否條明聞奏其決然可行者便令執政進擬施行如此則必得芻蕘之言上裨堯舜之治

徽宗初即位中書舍人曾肇乞脩轉對之制詔百官民庶極言時政狀曰臣伏讀詩書見周成王即政之初咨嗟求助至于再三羣臣進戒亦皆至誠懇惻無所諱避然考其時猶在除喪朝廟之後及康王嗣立自乙丑至癸酉纔九日而君臣更相訓告如恐不及夫詩書所載固非空言而康王纍然在喪服之中上下相飭如此其意豈非天位至重守之至難祇畏恐懼宜在其始故雖宅憂之際虛心納善亦不敢以已乎恭惟皇帝陛下聰明恭儉天質夙成孝友慈仁形於言

奏議卷之二百　九

動晢出居邸第雖未有所施為而天下稱頌以為賢主及踐祚數日弛張廢置出於獨斷者莫不曲盡物情大慰民望則又天下歡呼以為英主此誠宗廟社稷之福夷夏生靈之慶也然臣以謂四海之遠非一人視聽之所能周萬機之衆非一人思慮之所能給必須合天下之目為之視合天下之耳為之聽合天下之心為之思慮如是則陛下不視而明不聽而聰無思無為而天下治矣夫為此者非他在開言路而已言路開則上無不聞之事下無不達之情以之振舉敝壞蠲除疾苦考覈能否判別忠邪惟陛下之所欲為無施而不可也昔者以舜繼堯所守一道然猶明四目達四聰及禹繼舜亦拜昌言在漢宣帝始覦政事則詔民上書去其副封以防壅蔽唐太宗初即位孫伏伽以小事諫太宗厚賜勉之以誘言者至于本朝可謂平治而祖宗以來數詔百官使以次對神宗舉而行之於熙寧之初以興

起事功為後世法臣願陛下遠觀舜禹成康之所行近述神考之故事修轉對之制下不諱之令明詔百官下及民庶使得極言時政無有所隱然後陛下擇其善者而行之且報之以賞大則加以爵秩小則予之金帛其言不足採若狂妄詆悟者一切置之不以為罪庶以鼓動天下敢言之氣紓發鬱堙壅塞之情當今先務無大於此願陛下亟行之

右正言鄒浩乞如神考故事詔侍從言事疏曰臣伏見神考嘗詔侍從官言事其略曰傳曰近臣盡規以為榮恥休戚與上同也今在此位者視朕過失與朝廷政事之闕默而不言乃或入私議竊嘆蓋以其責不在己是豈習見成俗以為當然其或有含音懷寶待倡而發者也宜令侍從官自今視朕與朝廷政事之闕無有巨細各具章極言無隱噫言善而不用朕有厥咎道之而弗言爾為不恭朕將用此考

奏議卷之二百　十

察在位所以事君之實而明黜陟焉夫自五帝以來神聖超卓如我神考可謂群臣莫能及矣然猶咨訪闕失不敢忽心如此今陛下寵待近臣甚厚亦神考之用心願近臣未必皆能上體聖意欲以所見極言無隱欲望如神考故事特降詔書諭以至懷庶幾人人思自罄竭陛下從而覽之豈唯兼收博采坐以無事而臣下忠邪得失之情亦因以灼知而盡見此要道也

宣和六年司封員外郎李光乞開言路劄子曰臣聞帝王之德莫大於詢謀治安之時尤先於警戒歷觀前代有為之君雖聰明有餘而切直之言不絕於耳雖天下大治而幾微之慎不忘于懷恭惟皇帝陛下以睿智寬仁之資膺祖宗積累隆平之業勵心求治幾三十年華夏又安天地交泰符瑞之應史不絕書所謂太平盈成之期實在今日陛下所當憂勤宵旰虛己以聽納羣臣所宜精白勉勵夙夜以

進戒而近歲以來士大夫狃於因循苟安寵祿諛佞成風至妄引前朝有聽從無諫諍之說以杜塞言路多士盈庭莫敢開說是陛下有容納之德而羣臣進拒絕之計朝政之闕失臣下之姦邪生民之利病海內之休戚何由盡聞乎古人有言曰堂上遠於百里堂下遠於千里門庭遠於萬里蓋言壅隔之禍深也臣愚伏望陛下博延羣臣明詔天下廣眾正之路開不諱之門使忠良蹇諤之士有所覩益而讜言進傾邪讒巧之徒不得壅蔽而下情通實天下幸甚

徽宗時陳瓘論求言之詔未及舊弼劄子曰臣竊覩陛下近因日食詔許中外臣民實封言事天下之忠言必自此而進矣然而求言之詔普逮於臣民而乞言之禮未加於黃耇竊慮耆德故老久去朝廷或在謫籍或已得謝忠於徇國意欲有言泛然應詔則非舊弼之體密貢封事則有強聒之嫌若非聖問俯及隆謙示敬則黃耇之言或

不樂告是以周家忠厚尊事黃耇秦穆改過復詢黃髮詩書所載聖主之所宜行也願因側身懼變之時明示養老乞言之禮必有嘉謨來助初政格王正事無先於此伏望陛下上稟慈闈議而行之天下幸甚

推又論賞言者劄子曰臣近者傳聞奉議郎鄭敦義進士何大正等皆以封事進言各霑恩賞所以開忠鯁之路踐前詔之語豁蔽之意自此革矣此堯舜之用心也然而臣竊以謂天下善言雖有可賞而朝廷推恩未可太遽賞而太遽不能無弊古人有言言而有賞則恐拘介之士憚賞而不言貪冒之人慕利而妄舉自前者詔書之下人情歡忻皆欲有言然而拘介之士意在憂國雖願其言之見聽又以希賞而自嫌欲言不言終於潛縮此不能無弊者一也漢宣帝之增去封事之制而天下之言始得盡聞於上吏民上書言便宜有奏輒下杜延年評處從奏書常與兩府及廷尉分章當是之時對事雖多而人主不勞者以宣帝左右有親信可委之士也今陛下侍從之間可委之士未見其人千章萬疏獨煩聖覽人人希賞日日望恩陛下既自應副不無少勞非所以寧王體而澄聖慮也此不能無弊者二矣又上書之士各盡忠誠凡朝廷當密之機未發之命彼皆先揣其當然往往斥言而無避其事未經行遣妄可先賞言者今日之事蓋有如此者矣此不能無弊者三也又今年省試下第之人不減數千上封事者十有三四臨去獲留意各有望自料所言可以得賞則皆指日以待恩除望而有得然後欣悅臣恐朝廷恩命難以入人而悅之也此不能無弊者四矣臣愚以謂此四弊者皆生於推恩之遽臣願陛下宣諭輔臣且賞敦義大正以誘天下敢言之士自餘章疏有可取者並皆籍記姓名將來一併推賞賞之既緩則拘介欲言之

士卻或無嫌陛下萬機之餘可以徐覽朝廷當密之機必待先行而後賞欲去復留之士可使悉心而俟命如此則四弊去矣臣愚妄論事機冒犯天聽惟陛下裁赦

欽宗靖康元年監察御史胡舜陟乞御史言事疏曰臣竊以御史耳目之官以言為職故監察御史自唐以至本朝皆論政事繫官邪正與殿中侍御史同元豐紹聖著在甲令至崇寧間大臣營私欲其便己遂變祖宗成憲使人君無兼聽之明而南臺御史始有不言事者名存實亡害治尤甚今多事之時以開言路為急伏望睿旨下本臺令增入監察御史言事之文以復祖宗之制

高宗建炎間樞密院編脩官胡銓上奏曰臣聞太平興國中有布衣進囊獻書者太宗嘉納顧宰臣曰比降詔書許言事是雖狂悖朕不加罪淳化中武程上疏狂瞽大臣李昉請加黜削以懲之太宗責之

曰朕曷嘗以言罪人哉臣以是知祖宗所以得天下定禍亂雖規模宏遠未易窺究大要納諫最爲盛美仰惟陛下宵旰圖治渴聞嘉言凡詔書爲求言而下者十蓋五六真有祖宗求諫之風然比日中外論事之臣顧望畏忌類多擿撫細故無甚骨鯁以副責覬之聽臣竊未諭臣聞康澄上時政略以謂天象變見不足懼直言不聞深可畏臣雖愚戇無識竊觀國家近事亦有不足懼而深可畏者欲望陛下申飭百官明示以渴諫之旨使各直道而行盡言無諱於以消天變而折敵衝則太平淳化之治其則不遠惟陛下留神毋忽

尚書右丞許景衡乞復轉對劄子曰臣伏觀建隆詔書臣僚轉對並須指陳時政得失朝廷急務或刑獄寬濫百姓疾苦近制每遇文德視朝許侍從官二員轉對雖放朝亦許封進比緣朝廷多事輟罷不講方當國步艱難修舉政事之時而論思獻納裨益國家乃侍臣之職也欲乞詳酌遵祖宗故事每月朔前後殿起居並許侍從官轉對或放朝亦令對進以副陛下虛己求言紹復祖宗成憲之意

紹興三十年正字周必大上奏曰臣聞事有大疑謀及卿士箕子之洪範爲世元龜我仁宗皇帝之在位也或御資政殿召兩府侍從而詢天下之事或御迎陽門集兩制近臣而賜直言之目或開天章閣內出筆扎而使條時政之當行者蓋欲採在廷之善決當世之疑盛德成功至今蓋巍巍也陛下自臨萬寓備歷百爲凡曰事機難逃聖鑒近者奮剛斷迪治功更易將臣舉直錯枉治內之道已無可言惟是荆襄兩淮地方數千里田畝未盡闢民兵未盡精將置而弗恤與則或非固圉之策將屯田以實塞與則必有生事之嫌此議者所以日夜爲言陛下所以宵旰軫慮而廟謨籌著所以猶汲汲也夫心術有限必因衆人之智明聽廣難精求若親見之謀審臣願陛下監洪範之訓法仁祖之規以此二疑條爲清問內詢臺諫侍從以殫衆人之智外詢沿邊帥守以盡親見之謀俾之深思各以實對必使疆埸按堵盟約無虧在我者備禦既脩而在彼者觀聽不惑然後陛下與二三執政總其說之善者折衷而行之不過片言議論定矣此其日上螭頭之奏時聞黈纊之聰徒爲危言而卒無可行名知大體而實則迂闊較其利害蓋相萬也譬猶治疾當集良方苟無良方但言疾狀雖云明脉豈曰善醫淹歷歲時初亦何補思患豫備恐不其然伏望聖明特垂睿斷

高宗時胡寅上奏曰臣恭覩陛下虛心求言日昃不倦凡職事官以上悉許面對資衆謀盡群策以收恢復之功德意甚美而比來待對之人臨下班次有五六日至於旬時者卑官冗吏職有常守既爾排徊不無妨廢其間嘉言讜論鬱於上達又無以稱陛下見賢若渴之心臣愚欲望特降指揮凡當面對臣寮若遇其日引對未及即命退具所欲論奏之言依祖宗時百官轉對故事實封於閤門進入則陛下有達聰之美臣子無底滯之嘆兩得之矣

章誼乞詳延多士論天下利害疏曰臣聞大廈之建非一木之枝帝王之功非一士之略方今國勢未寧邊備未設錢穀甲兵之問數至於廟堂軍書羽檄之急交馳於道路一日二日之間幾微鉅萬陛下與二三執政之臣朝思夕計固曰無遺酬對裁量固云不倦然而望治之誠雖切於九重而筭計見效靡疑於庶績臣伏思之此殆帝王之功未可以獨致而群士之略所宜於偏舉以陛下天縱之聖固已不自恃其聰明而委之於執政任事之人矣誠使執政任事之臣亦不敢自任其思慮而資其策於天下智謀之士則何爲而不成何求而不獲哉臣願陛下設爲一司辟延天下習知治體之士使之極談

天下之利害。於政事則論其孰後孰先。於法制則論其孰用孰捨。論財賦則如何而足。論甲兵則如何而強。論鄰邑則何地可以宅中。論征討則何人在所變伐。四民何由而得遂其生。百吏何由而不失其職。盜賊充斥必有安集之方。夷狄內侵必有攘却之策。然後宰相總持衆美而定議於廟堂。陛下公聽並觀而責成於宰。相如此則規模宏遠。來效可期矣。傳曰。禹思天下有溺者猶已溺之。稷思天下有飢者猶已飢之。故孔席不暇暖而墨突不及黔。今天下飢溺甚矣。此志士仁人遑遑之日也。收覽群策。共濟當時之務。以拯斯民之急。非陛下仁聖誰爲之。日中必熭。操刀必割。誠不可以少緩。惟聖主留神幸甚。

試中書舍人李彌遜乞許內外職事官言事劄子曰。臣聞廊廟之材。非一木之枝。帝王之功。非一士之畧。舜有大功二十。皆取諸人。此有

天下不易之理。況艱難之時乎。國家多事以來。十有餘年。大勳未集。陛下深創前失。力圖大計。宸謨廟算。固無遺策。然萬幾至繁。日不暇應。千慮之外。有當却顧而預防者。或隱於尋常不見之地。非賴衆智未易明也。夫今日當務之急。政事不可不脩。而自治之方未舉。夷狄不可不備。而善後之計未定。有志之士所深慮也。臣願陛下以此二事詔內外侍從官及見任職事官以上。使得悉陳之。陛下與一二大臣慎擇而力行。必有以上裨聖聽。助成恢復之功。其人在外官。令於所在州軍實封投進。行在官依面對例施行。

起居郎洪遵乞修注官經筵奏事劄子曰。臣不肖。幸得以記注陪侍經幄。瞻望天威。近在跬步。至於御茗分珍。華墀錫坐。皆非糞土小臣平生所敢覬望。竊見春秋二講。每於雙日先期書牘。經筵官講讀畢許留身奏事。惟注官雖與簽書。未嘗有奏事者。皆云近例如此。聯名一曆不應別爲二體。臣伏聞元祐中。起居舍人呂陶嘗乞候講讀罷臣僚再留奏事。並許侍立。以此觀之。講退猶且入侍。何由不許奏事。欲望睿慈下講筵所依講讀官例施行。

遵又經筵進故事曰。仁宗皇帝謂輔臣曰。比上封言政事得失者何其少邪。豈非言路壅塞所致乎。其詔閤門通進銀臺司登聞檢鼓。自今州縣奏請及群臣表疏。其亟以聞。

臣聞木從繩則正。后從諫則聖。古之聖王以左右輔弼諫諍之臣爲未足也。則又設敢諫之鼓。進善之旌。誹謗之木。下至百官箴王闕。百工藝人舉得以言。二帝三王之盛。用此道也。臣恭仰仁宗皇帝承三聖休業。天下已安已治。可以垂拱無爲。方且深惟遠慮。一命令之下。一政事之出。兢兢業業專以闕失爲懼。嘗曰。臣下能進忠言朕何惜更爲之拜。又語輔臣以封事之必丁寧告戒。惟恐

壅塞。方時海寓乂安。俊傑居位。臣僚所陳。公卿所奏。一言片善。朝至而夕行。故能四十二年之間。治功茂盛。跨軼三五。視漢唐爲不足道。竊謂有天下者。當以仁宗皇帝爲法。

中書舍人周麟之上奏曰。臣伏見陛下厲精爲治。勤求民瘼。留辭輿誦。博采兼聽。孳孳如不及。四方利病。至纖至悉。庶人得言之。士大夫得言之。監司郡守近民之吏得言之。此誠有虞詢四門明四目達四聰之時也。陛下求言之意。聞之惟恐不行。行之惟恐不盡。而天下之所望者亦如此。故邇者士庶上書陳獻利害。及守臣到任條具裕民事。進降者甚多。看詳者不一。然以臣觀之。大要有三。或施之於民而民利。繫之以法而法通。若此類固無所疑。朝廷皆以次施行矣。有行之可以利民。而於舊法及一時指揮。或大相牴牾。或小有不合。言既不可盡廢。法亦不可輕議。若此類者。臣亦乞擇其事之輕重。乞從

朝廷隨宜參酌可否矣其或自有見行成法州縣所當奉行而猶申請不已言者猥多覽者易厭臣每看詳至此謂之無可施行則實有其弊設或一一甲嚴則不勝其繁凡若此者臣今欲並行類聚總其條目取自聖裁特降明詔戒諭郡縣之吏使之明習條令罔或容私遵守成憲毋致違戾究心夙夜悉意奉行庶幾使陛下愛養元元廣謀從衆之惠徧及寰宇無一夫不被其澤天下幸甚

右正言陳淵上求言疏曰臣聞天地至大日月至明而人之游乎覆載之中出乎照臨之下皆其德也今使人旦朝贊之暮夜譽之則人必以為得狂疾矣何則天地日月非贊譽之所能益而亦無待乎人之贊譽也人主之德其大如天地其明如日月蓋其所當然者雖贊譽何加焉故其平居所宜聞者切直之論而已虛辭飾說以相媚悅非所急也且凡贊譽者非欺則諛使欺且諛者得行其志人臣之利

也而人主何利焉若夫切直之言乃人主之利而又人臣之所不利故人主聞切直之言常少而聞贊譽之語常多此不可不察也開道而求諫和顏而受之猶懼不至況樂輭熟喜便佞而惡聞其過乎昔在崇觀迄于宣和一時用人往往將順者多而正救者少馴致敗亂職此之由誠願推切直之為利監贊譽之為害狂愚者雖甚必恕諛佞者雖寡必遠則下情得以上通而天下治矣

淵又上奏曰臣聞昔之治世工誦箴諫大夫規誨士傳言庶人謗夫謗猶不廢也非直不廢而已舜之求言乃立謗木是使人謗己也而周公之戒成王曰小人怨汝詈汝則皇自敬德是又不禁人之詈己也由是言之後世所謂謗訕之刑指斥之誅豈古之道哉祖宗之時謗訕指斥之律蓋有不得已行之者自紹聖已來至於宣和之末何多也使誠有是事聞而改之可也又豈可以一人之勢而盡箝天下

之公論乎若其無是事而文致其罪則天下之士聞之將有藏其身而不見緘其口而不言者矣此今日之禍所由致真宗朝有訟事投匭者言涉不遜真宗錄其所訟之事以示外廷曰若以其言盡付之有司所究未直而指斥之罪先加之矣真宗之心與舜周公之意可謂不期而合者也後之子孫其可不以為法乎陸贄曰諫者多表我之能好諫者直示我之能賢諫者之狂愚明我之能恕諫者之漏泄彰我之能從有一于茲皆為盛德人主欲知諫之有益斯言盡之矣

淵又上奏曰臣聞人之所以惡聞其過者求己勝也而不知求勝於人終莫能勝唯不求勝乃能勝人書曰予視天下愚夫愚婦一能勝予夫如是故能合天下之勝己者資之以成己何慮乎不勝孔子曰丘也幸苟有過人必知之孟子曰古之君子過則改之蓋聖人未嘗無過以人知之為幸而君子有過亦以改之為貴未聞有惡聞其過

者此所以有能有功而天下莫能與之爭也其為勝也不亦多乎何則今人之為不善其知而故為之者固不足道有以善為之莫之覺而入於不善者是其始於善不善特未明也有人於此指摘其瑕疵而譏議之則其見聞智慮必有以勝於我矣若拒而不受彼言之者固無所損而吾之不善自若也如取其言之善以為一己之有是以天下之善為吾善也雖欲不勝人其可得乎

淵又上奏曰臣聞太宗皇帝嘗以里語告真宗曰道吾惡者是吾師是鄙人之常談而聖人取之蓋人主唯不知其過故與亂同事而不自悟使聞其過而改之雖堯舜可進也由是言之道吾惡者非吾師而何孔子曰三人行必有我師焉擇其善者而從之其不善者而改之夫不善者猶將內自省焉而以為師而況於攻吾之惡乃所以進我於善也其可師也明矣仲虺之誥湯曰能自得師者王如是而得

師又豈因人而得之哉。不因人而得之。夫是之謂自得。人主能自得師。則天下莫不歸焉。其爲王也孰禦。

光宗淳熙五年。翰林學士周必大上奏曰。臣聞人主前旒蔽明。黈纊塞聰。其所以能明見萬里者。內寄耳目於臺諫。外寄耳目於監司也。今臺諫既以所聞告于上矣。則爲監司者自當數以所部利病獻焉。今除每歲剌舉一二官吏外。鮮聞以某郡縣之利當興。某郡縣之害當除。徹于陛下之前者。豈真無利害可言哉。蓋未嘗周爰諏詢之過也。臣願明詔部刺史。或月或季。各以部內所當能行之事。倣成周小行人所謂萬民之利害。政事教治。刑政之逆順。與夫作慝犯令。豐凶和樂之書。條具以聞。毋得用薄物細故塞責。如此則不惟陛下坐而周知天下之故。亦可於是稽其人之才否而詔黜陟矣。

寧宗時。袁說友乞來忠言疏曰。臣切見陛下收採人才。寘在朝列。必

欲使之各盡所長。以濟事功。臣觀在廷之臣。類皆謹守繩墨。無所裨益。如是則其誰不可爲也。陛下憂勤宵旰于九重之上。群臣無能爲絲毫助者。蓋親近者少。而疏遠者多也。陛下朝夕論事。不過二三大臣。雖侍從臺諫。固已進見有時。況於其下百執。儻有奇謀遠慮。安能爲用。踰二三歲。始一輪對。以疏賤之臣。咫尺天威。方且驚惶畏慄之不暇。尚安能從容言天下事哉。不過指摘細微。以應故事。遂使陛下有意聽言。未必皆可採之言。有心納諫。未必皆切直之諫。至於一有施爲。近臣則曰上意已有所向。小臣則曰朝廷自有成謀。事有利害。則皆緘默不言。一或參差。始盡言其不可。間有敢言之臣。陛下又爲之遷進秩。徒可來希意苟合之士。而清脩端潔者。又嫌於冒進而不肯言。臣謂未行其言。而遽進其人。乃所以杜言者路也。遂使天下利害。陛下以一人之身而獨任其責。將何望於天下士哉。雖臣亦爲大可愧也。臣願陛下明詔有司。事有可否。不問侍從百執之臣。不以輪對。使各罄其忠。其言可用。雖無謀接。當力主其說。未有成績。不可遽加進擢。以爲賢者之嫌。庶幾群謀洎而勳業濟矣。

都官郎官袁燮上奏曰。臣不佞。四月六日。猥以庸陋。獲對清光。敷陳治道。勸陛下以延訪英髦。讀畢臣復口奏。申述延訪之意。謂陛下欲周知是非得失之實。要在勤於好問。陛下首肯再三。聖語云。問則明。於是悚然深服聖人謨訓如此之簡且切也。退而與朝士言。亦無不稱嘆聖言之簡要。陛下既洞見此理。臣以爲必能日與賢臣往復問答。開廣聰明。期大有爲於天下。而側聽十旬。陛下端拱淵默。尚如曩時。臣竊惑焉。豈聖意自有主耶。臣聞易之乾曰。君子學以聚之。問以辨之。乾君德也。謂學雖甚富。而心有所疑。不辨不明。此所以貴乎問也。中庸曰。舜其大知也與。舜好問而好察邇言。仲虺告成湯曰。好問

則裕。自用則小。以是知勤於好問。實帝王之盛德。陛下既知如是而明。則當知夫反是而暗。明則光輝普燭。無所不通。暗則是非得失。懵然無辨。豈不大相遠哉。且今日在廷之臣。孰有其善。孰有其能。孰可以當重任。孰可以辦一職。孰爲人望所歸。孰爲清議所貶。陛下能盡知之乎。當今之務。何者爲綱。何者爲目。何者當先。何者當後。所未立者何事。所未革者何弊。陛下能盡知之乎。吏貪乎廉乎。貪濁者衆。吏貴乎良。而慘酷者繁。或催累年積欠。鞭箠不止。或借朝廷威令。羅織無辜。此百姓所以不堪其苦也。陛下一一能盡知之乎。將帥擁兵。固有忠於爲國者矣。而多徇私者。固有勇於立功者矣。而多怯懦者。固有勤於閱習者矣。而多苟簡者。掊剋日甚。名籍多虛。此緩急所以不可仗也。陛下能盡知之乎。凡此數條。臣竊料陛下未必盡知也。夫以聖德純茂。而於此未能盡知。其故何哉。亦惟端拱淵默。而罕發於清問。而

已。今宰執奏事陛下猶有所咨訪。自從臣近列得聞玉音者寡矣。況疏遠者乎。此國家之大患。臨政雖久而治功未立。皆由此也。或以為人主一言之失。史官書之。天下議之。問而不當。不如勿問。臣竊謂不然。自古帝王之言。豈能無失。惟得賢臣開陳正救。歸於至善而已。豈可畏人之譏議。而終於不問哉。陛下誠能自今以往有疑必問。咨訪宰執。日益加詳。至於從臣之獻納。臺諫之奏陳。百官之輪對。監司郡守之升殿者。人人咨訪。究其所蘊。必將披瀝肝膽。效其忠誠。而事無鉅細。豈有所不知哉。臣又聞皇太子天資英粹。率由善道。可謂盛德矣。而於接對宮僚之時。亦罕有所訪問。蓋非不欲問也。其意以為聖父淵默於上。而子道亦當爾也。臣嘗觀一介之士欲自植立者。苟有所疑。亦必咨問。況主器之重。所關甚大。而可不以是為急乎。此在陛下以身帥之。陛下躬好問之誠。率之於上。而以臣所奏宣示東宮。曉然知好問之益。每一月具所與宮僚問答之語。悉以上聞。則智慮日明。德業日充。誠宗社無疆之休也。陛下毋忽臣言。

元世祖時。趙天麟上策曰。臣聞明堂之材非一樹之枝。太平之功非一士之略。以衆人之聽為聽。則其聽益聰。以衆人之視為視。則其視益明。堯有衢室之問。舜有總章之訪。兼天下之智。悉天下之情。故能文武聖神。受皇天之眷命。溫恭濬哲。增玄德於無窮。此帝王之極功。古今之共美也。今國家體堯齊舜。坐阜天民。自先帝以來。乾坤再立。日月重明。一家之典式方新。萬姓之風俗漸變。太和方立。厄運還來。有共工崇伯之徒。蒭滔天方命之禍。上玄降鑒。殲厥渠魁。復用賢臣。爰脩治具。然而覆盆難照之地。生靈無告之者。餘風未殄。盛化未弘。知此事者莫及官吏。不加詳問。孰肯明言。臣謂內外官僚並膺天命。或申風化。或舉宏綱。或整治軍民。或監守營辦。各居其職。各掌其事。斯

皆達情弊之淵源。見利害之精微。皆有區區為國之心。坦坦至公之論。以國家雖開言路。未嘗專詢于百官。彼百官其意將曰。布衣之人。縉紳餘裕無官守之拘。而有言責之階。則上自朝廷。下及軍民。無非所當言者。故敢言之也。今吾輩既當職分。職分之外。非所宜知。進則恐有侵官之嫌。退則自違忠懇之志。於是超然無懼敢陳仁義於王前者。萬無一二焉。臣竊惜國家之聽覽猶有所遺。而百官之忠告未獲盡伸也。唐文皇貞觀五年詔百官言得失。中郎將常何武人不涉學。家客馬周為條二十餘事。皆當世所切。太宗怪問之。何以實對。且言周忠孝人也。此蓋無學者假手於人而為之。亦足以見其友之何如也。且方今山野草茅之人。白屋衡門之士。猶使之上書陳言。況內外之命官乎。伏望陛下增光鸞紙。垂問鵷聯。旁及外路之官。俾適中心之願。天人之相通。奚以審之。帝王之一揆。奚以行之。朝廷之美奚以贊之。古今之大體。奚以施之。守成之治道。奚以先之。化刑之先後。奚以言之。綱常之正理。奚以本之。外方之未服。奚以來之。閭閻之疾苦。奚以救之。有司之私弊。奚以革之。食貨之富庶。奚以致之。其此等未能悉數者。皆奚以問之。凡省臺院部及管民官五品以上。內外諸衙門三品以上官。並各對之。凡官品不在限內而欲對者。聽。凡無文者。具實事。凡所對在京師者。就呈都省。在外者。繳申所統。達于都省。都省未敢開拆。照視乃奏聞于上。上命大臣議之。於是都省判送禮部。禮部官察院官一同評議。既定。具呈都省。都省及御史臺翰林院官議其可行者奏聞而行之。凡言中者。差考加階。不中者無罪。凡英材卓犖超絕倫流者。別行不次用度。若然則國家之聽覽無遺。百官之忠告獲伸。虞書云。明四目。達四聰。此亦其一也。

天麟又上策曰。臣聞國家之政。或有弛張。下民之心。即殊哀樂。驗於

民而知其政，聽其聲而見其情，蓋在心爲志，發言爲詩。詩有六義之分，道無二端之異。一言可以蔽之，思無邪焉耳矣。所以衆史掌於前，聖人删於後。三百餘篇班于六經，固非輕也。豈惟此哉，上世以來，稗官嘗立九流之內，小說預焉。凡道聽塗說之所造，閭里小知之所及，亦使綴之而不忘，無或一言之可采也。戰國而下，總攬權綱，以爲狂夫之議，鮮有得中，聖人之書足以爲法。是以天子不採詩，諸侯不貢詩，樂官不達雅，國史不明變。惟漢武之朝，定郊祀之禮，祠太一於甘泉，祭后土於汾陰，乃立樂府而采歌謠，於是有代趙之謳，秦楚之風。然帝徒能好名而不復察實，故當時之體，斷不能肩上世帝王之治也。方今聖主拱極，賢臣毗政，群生已遂，四海咸賓，又奚須市井閭閻之語哉？但以古今聖賢之所同者，志於仁而已，厚其民而已，是則同；若求政事之因時，損益之中節，則不同也。何則？議結繩之事於耀文

之世，豈能行乎？談無爲之理於救弊之際，豈可從乎？故雖有先王之陳跡，而亦未能一一盡從之也，遂不免於旁搜遠覽，博達群情，庶乎殊塗而同歸，百慮而一致也。聖明開言路之後，陳言者莫非通經典之儒士，習文法之吏員，皆持大體以從言求怨興論而備紀，由是觀之，則市井閭閻之語亦寔不可棄者也。昔堯有四凶之不能去，及舜爲相而去之，非舜之明明於堯也，以舜之陶漁耕稼在下，親被其苦，故知之也。況天聰明自我民聰明，天明威自我民明威，可不先於民乎？臣竊以爲國家若立采風謠之官，則下民之瘼可以知矣，守令之賢愚可以辨矣，朝廷之得失可以聞而戒之矣，物貨而價之高低，則知民之所趨尚者矣，察方俗之善惡，則知政之所當加者矣，聆歌頌之和聲，則知法之所當守者矣。伏望陛下令繡衣使者巡行之日，兼采閭閻風謠，達之憲臺。凡政事之失者，移文都省，啟張條目，奏聞丹

闕，付于隨處行省而行之，所以廣仁恩也。凡祝頌之和者，行下太常播爲雅頌，奏聞丹闕，薦于天地宗廟之歌之，所以廣孝敬也。仁恩孝敬既廣於上，而百姓心和于下矣。心和則氣和，氣和則形和，形和則聲和，聲和則天地之和應矣。故陰陽和，風雨時，甘露降，五穀登，朱草生，山不童，澤不涸，麟鳳在郊藪，龜龍遊於沼，此爲和之至極也。聖人云：移風易俗，莫善於樂。其此之謂歟。

歷代名臣奏議卷之二百

歷代名臣奏議卷之二百一

聽言

衛侯言計非是群臣和者如出一口時孔伋居衛乃言於衛侯曰君之國事將日非矣公曰何故伋曰有由然焉君出言自以為是而卿大夫莫敢矯其非卿大夫出言亦自以為是而士庶人莫敢矯其非君臣既自賢矣臣下同聲賢之賢之則順而有福矯之則逆而有禍如此則善安從生詩曰具曰予聖誰知烏之雌雄抑亦似君之君臣乎

齊景公至自田晏子侍於遄臺子猶馳而造焉公曰唯據與我和夫晏子對曰據亦同也焉得為和公曰和與同異乎對曰異和如羹焉水火醯醢鹽梅以烹魚肉燀之以薪宰夫和之齊之以味濟其不及以洩其過君子食之以平其心君臣亦然君所謂可而有否焉臣獻其否以成其可君所謂否而有可焉臣獻其可以去其否是以政平而不干民無爭心故詩曰亦有和羹既戒既平鬷嘏無言時靡有爭先王之濟五味和五聲也以平其心成其政也聲亦如味一氣二體三類四物五聲六律七音八風九歌以相成也清濁小大短長疾徐哀樂剛柔遲速高下出入周疏以相濟也君子聽之以平其心心平德和故詩曰德音不瑕今據不然君所謂可據亦曰可君所謂否據亦曰否若以水濟水誰能食之若琴瑟之專一誰能聽之同之不可也如是

景公正晝被髮乘六馬御婦人以出正閨刖跪擊其馬而反之曰爾非吾君也公慚而不朝晏子睹裔敖而問曰君何故不朝對曰昔者君正晝被髮乘六馬御婦人出正閨刖跪擊其馬而反之曰爾非吾君也公慚而反不果出是以不朝晏子入見公曰昔者寡人有罪被髮乘六馬以出正閨刖跪擊其馬而反之曰爾非吾君也寡人以天子大夫之賜得率百姓以守宗廟今見戮於刖跪以辱社稷吾猶可以齊於諸侯乎晏子對曰君無惡焉臣聞之下無直辭上無隱君民多諱言君有驕行古者明君在上下有直辭君上好善民無諱言今君失行而刖跪有直辭是君之福也故臣來慶請賞之以明君之好善禮之以明君之受諫公笑曰可乎晏子曰可於是令刖跪倍資無正時朝無事

晏子復於景公曰朝居嚴乎公曰朝居嚴則曷害於治國家哉晏子對曰朝居嚴則下無言下無言則上無聞矣下無言則謂之瘖上無聞則謂之聾聾瘖則非害國家如何也且合菽粟之微以滿倉廩合疏縷之緯以成幃幕太山之高非一石也累卑然後高也夫治天下者非一士之言也固有受而不用惡有距而不入者哉

楚靈王虐白公子張驟諫王患之謂史老曰吾欲已子張之諫若何對曰用之實難已之易矣若諫君則曰余左執鬼中右執殤宮（中身也 記曰延然天死曰殤殤宮殤之居也 謂記其錄籍制服其身知其居處也）凡百箴諫吾盡聞之矣寧聞他言白公又諫王如史老之言對曰昔殷武丁能聳其德至于神明以入于河自河徂亳於是乎三年默以思道卿士患之曰王言以出令也若不言是無所稟令也武丁於是作書曰以余正四方余恐德之不類茲故不言如是而又使以象旁求四方之賢聖得傅說以來升以為公而使朝夕規諫曰若金用汝作礪若濟川用汝作舟楫若大旱用汝作霖雨啟乃心沃朕心若藥不瞑眩厥疾不瘳若跣不視地厥足用傷若武丁之神明也其聖之叡廣也其知之不疚也猶謂未乂故三年默以思道既得道猶不敢專制使以象旁求聖人既得以為輔又恐其荒失遺忘故使朝夕規誨箴諫曰必交修余無余棄

也今君或者未及武丁而惡規諫者不亦難乎齊桓晉文皆非嗣也遠於諸侯不敢淫佚心類德音以得有國近臣諫遠臣謗與人誦以自誥也是以其入也四封不備一同而至於有畿甸以屬諸侯至于今為令君桓文皆然君不度憂於二令君而欲自逸也無乃不可乎周詩有曰弗躬弗親庶民弗信臣懼民之不信君也故不敢不言不然何急其以言取罪也王病之曰子復語不穀雖不能用吾慭寘之於耳對曰賴君之用也故言不然巴浦之犀犛兕象其可盡乎其又以規為瑱也遂趨而退歸

莊王立為君三年不聽朝乃令於國曰寡人惡為人臣而遽諫其君者今寡人有國家立社稷有諫則死無赦蘇從曰處君之高爵食君之厚祿愛其死而不諫其君則非忠臣也乃入諫莊王立鼓鐘之間左伏楊姬右擁越姬左裯衽右朝服曰吾鐘鼓之不暇何諫之聽蘇

從曰臣聞之好道者多資好樂者多迷好道者多糧好樂者多亡荊國亡無日矣死臣敢以告王王曰善左執蘇從手右抽陰刀刎鐘鼓之懸明日授蘇從為相

莊王築層臺延石千里延壤百里士有反三月之糧者大臣諫者七十二人皆死矣有諸御己者違楚百里而耕謂其耦曰吾將入見於王其耦曰以身乎吾聞之說人主者皆閒暇之人也然且至而死矣今子特草茅之人耳諸御己曰若與子同耕則比力也至於說人主不與子比智矣委其耕而入見莊王莊王謂之曰諸御己來汝將諫邪諸御己曰君有義之用有法之行且己聞之土負水者平木負繩者正君受諫者聖君築層臺延石千里延壤百里民之釁咎血成於通途然且未敢諫也己何敢諫乎顧臣愚竊聞昔者虞不用宮之奇而晉并之陳不用子家羈而楚并之曹不用僖負羈而宋并之萊不用子猛而齊并之吳不用子胥而越并之秦人不用蹇叔之言而秦國危桀殺關龍逢而湯得之紂殺王子比干而武王得之宣王殺杜伯而周室卑此三天子六諸侯皆不能尊賢用辯士之言故身死而國亡遂趨而出楚王遽而追之曰己子反矣吾將用子之諫先日說寡人者其說也不足以動寡人之心又危加諸寡人故皆至而死今子之說足以動寡人之心又不危加諸寡人故吾將用子之諫明日令曰有能入諫者吾將與為兄弟遂解層臺而罷民楚人歌之曰薪乎萊乎無諸御己訖無子乎萊乎薪乎無諸御己訖無人乎

晉平公好樂多其賦斂下治城郭曰敢有諫者死國人憂之有咎犯者見門大夫曰臣聞主君好樂故以樂見門大夫入言曰晉人咎犯也欲以樂見平公曰內之止坐殿上則出鐘磬竽瑟坐有頃平公曰客子為樂咎犯對曰臣不能為樂臣善隱平公召隱士十二人咎犯

曰隱臣竊願昧死御平公曰諾咎犯伸其左臂而詘五指平公問於隱官曰占之為何隱官皆曰不知平公曰歸之咎犯則伸其一指曰是一也便游赭盡而峻城闕二也柱梁衣繡士民無褐三也侏儒有餘酒而死士渴四也民有飢色而馬有粟秩五也近臣不敢諫遠臣不得達平公曰善乃屏鐘鼓除竽瑟遂與咎犯參治國

魏文侯時師經鼓琴文侯起舞賦曰使我言而無見違師經援琴而撞文侯不中中旒潰之文侯謂左右曰為人臣而撞其君其罪如何左右曰罪當烹提師經下堂一等師經曰臣可一言而死乎文侯曰可師經曰昔堯舜之為君也唯恐言而人不違桀紂之為君也唯恐言而人違之臣撞桀紂非撞吾君也文侯曰釋之是寡人之過也懸琴於城門以為寡人符不補旒以為寡人戒

文侯與士大夫坐問曰寡人何如君也群臣皆曰君仁君也次至翟

黄曰君非仁君也曰子何以言之對曰君伐中山不以封君之弟而以封君之長子臣以此知君之非仁君文侯怒而逐翟黄黄起而出次至任座文侯問寡人何如君也任座對曰君仁君也曰子何以言之對曰臣聞之其君仁者其臣直向者翟黄之言直臣是以知君仁君也文侯曰善復召翟黄入拜為上卿

魏王將起中天臺令曰敢諫者死許綰負畚操鍤入曰聞大王將起中天臺臣願加一力王曰子何力有加綰曰雖無力能商臺王曰君何曰臣聞天與地相去萬五千里今王因而半之當起七千五百里之臺高既如是其趾須方八千里盡王之地而足以為臺趾古者堯舜建諸侯地方五千里王必起此臺先以兵伐諸侯盡有其地猶不足又伐四夷得方八千里乃足以為臺趾材木之積人徒之衆倉廩之儲數以萬億度八千里之外當定農畝之地足以奉給王之臺者臺具以備乃可以作魏王默然無以應乃罷起臺

秦孝文王遷太后於雍下令敢諫者死諫而死者二十七人齊客茅蕉請諫王大怒趣召鑊欲烹之蕉徐行至前再拜而諫曰臣聞有生者不諱死有國者不諱亡諱死者不可以得生諱亡者不可以得存死生存亡聖主所欲急聞也陛下欲聞之乎王曰何謂也對曰陛下有狂悖之行不自知邪車裂假父囊撲二弟遷母于雍殘戮諫士桀紂之行不至於是矣令天下聞之皆瓦解無向秦者臣切為陛下危之臣言已矣乃解衣伏質王下殿手接之爵以上卿

西漢景帝時吳楚反以誅晁錯為名帝從袁盎請斬錯東市謁者僕射鄧公為校尉以言軍事見帝帝問曰道軍所來聞鼂錯死吳楚罷不鄧公曰吳王為反數十年矣發怒削地以誅錯為名其意非在錯也且臣恐天下之士噤口不敢復言也帝曰何哉鄧公曰夫鼂錯患諸侯強大不可制故請削地以尊京師萬世之利也計畫始行卒受大戮內杜忠臣之口外為諸侯報仇臣竊為陛下不取也帝默然良久曰公言善吾亦恨之

宣帝神爵二年司隸校尉蓋寬饒坐上書不道諫大夫鄭昌上言曰臣聞山有猛獸藜藿為之不采國有忠臣姦邪為之不起寬饒居不求安食不求飽進有憂國之心退有死節之義上無許史之屬下無金張之託直道而行多仇少與上書陳事有司劾以大辟臣幸得從大夫之後官以諫為名不敢不言

甘露元年帝祭宗廟出便門欲御樓船薛廣德免冠諫曰宜從橋帝曰大夫冠廣德曰陛下不聽臣臣自刎以血汙車輪陛下不得入廟矣帝不悅先驅張猛進曰臣聞主聖則臣直乘船危就橋安聖主不乘危御史大夫言可聽帝曰曉人不當如是邪遂從橋

成帝鴻嘉元年故南昌尉梅福上奏曰臣聞箕子佯狂於殷而為周陳洪範叔孫通遁秦歸漢制作儀品夫叔孫先非不忠也箕子非疏其家而畔親也不可以為言也昔高祖納善若不及從諫如轉圜聽言不求其能舉功不考其素陳平起於亡命而為謀主韓信拔於行陳而建上將故天下之士雲合歸漢爭進奇異知者竭其策愚者盡其慮勇士極其節怯夫勉其死合天下之知并天下之威是以舉秦如鴻毛取楚若拾遺此高祖所以無敵於天下也孝文皇帝起於代谷非有周召之師伊呂之佐也循高祖之法加以恭儉當此之時天下幾平由是言之循高祖之法則治不循則亂何者秦為亡道削仲尼之迹滅周公之軌壞井田除五等禮廢樂崩王道不通故欲行王道者莫能致其功也孝武皇帝好忠諫說至言出爵不待廉茂慶賜不須顯功是以天下布衣各厲志竭精以赴闕廷自衒鬻者不可勝

勲漢家得賢於此為盛使孝武皇帝聽用其計升平可致於是積尸暴骨快心胡越故淮南王安緣間而起所以計慮不成而謀議泄者以眾賢聚於本朝故其大臣埶陵不敢和從也方今布衣廼窺國家之隙見間而起者蜀郡是也及山陽亡徒蘇令之群蹈藉名都大郡求黨與索隨和而亡逃匿之意此皆輕量大臣亡所畏忌國家之權輕故匹夫欲與上爭衡也士者國之重器得士則重失士則輕詩云濟濟多士文王以寧廟堂之議非草茅所當言也臣誠恐身塗野草尸并卒伍故數上書求見輒報罷臣聞齊桓之世有以九九見者桓公不逆欲以致大也今臣所言非特九九也陛下距臣者三矣此天下士所以不至也昔秦武王好力任鄙叩關自鬻繆公行伯繇余歸德今欲致天下之士民有上書求見者輒使詣尚書問其所言言可采取者秩以升斗之祿賜以一束之帛若此則天下之士發憤懣吐

忠言嘉謀日聞於上天下條貫國家表裏爛然可睹矣夫以四海之廣士民之數能言之類至眾多也然其俊傑指世陳政言成文章質之先聖而不繆施之當世合時務若此者亦亡幾人故爵祿束帛者天下之底石高祖所以厲世摩鈍也孔子曰工欲善其事必先利其器至秦則不然張誹謗之罔以為漢敺除倒持泰阿授楚其柄故誠能勿失其柄者天下雖有不順莫敢觸其鋒此孝武皇帝所以辟地建功為漢世宗也今不循伯者之道乃欲以三代選舉之法取當世之士猶察伯樂之圖求騏驥於市而不可得亦已明矣故高祖棄陳平之過而獲其謀晉文召天王齊桓用其讎無益於時不顧逆順此所謂伯道者也一色成體謂之醇白黑雜合謂之駁欲以承平之法治暴秦之緒猶以鄉飲酒之禮理軍市也今陛下既不納天下之言又加戮焉夫鳶鵲遭害則仁鳥增逝愚者蒙戮則知士深退間者愚民上疏多觸不急之法或下廷尉而死者眾自陽朔以來天下以言為諱朝廷尤甚群臣皆承順上指莫有執正何以明其然也取民所上書陛下之所善試下之廷尉廷尉必曰非所宜言大不敬以此卜之一矣故京兆尹王章資質忠直敢面引廷爭孝元皇帝擢之以厲具臣而矯曲朝及至陛下戮及妻子且惡惡止其身王章非有反畔之辜而殃及家折直士之節結諫臣之舌群臣皆知其非然不敢爭天下以言為戒最國家之大患也願陛下循高祖之軌杜亡秦之路數御十月之歌留意亡逸之戒除不急之法下亡諱之詔博覽兼聽謀及疏賤令深者不隱遠者不塞所謂辟四門明四目也且不急之法誹謗之微者也往者不可及來者猶可追方今君命犯而主威奪外戚之權日以益盛陛下不見其形願察其影建始以來日食地震以率言之三倍春秋水災無與比數陰盛陽微金鐵為飛此何景也漢

興以來社稷三危呂霍上官皆母后之家也親親之道全之為右當與之賢師良傅教以忠孝之道今廼尊寵其位授以魁柄使之驕逆至於夷滅此失親親之大者也自霍光之賢不能為子孫慮故權臣易世則危書曰毋若火始庸庸勢陵於君權隆於主然後防之亦無及已

元延元年故槐里令朱雲上言曰今朝廷大臣上不能匡主下無以益民皆尸位素餐孔子所謂鄙夫不可與事君苟患失之無所不至者也臣願賜上方劍斬佞臣一人以厲其餘帝問誰也對曰安昌侯張禹帝大怒曰小臣居下訕上廷辱師傅罪死不赦御史將雲下雲攀殿檻折呼曰臣得下從比干龍逢游於地下足矣未知聖朝何如耳左將軍辛慶忌叩頭諫曰此臣素著狂直於世使其言是不可誅其言非固當容之臣敢以死爭帝意解然後當治檻帝曰勿易因而

顯之以旌直臣。

成帝欲立趙倢伃為后。先下詔封倢伃父臨為列侯。諫大夫劉輔爭之。帝收輔繫掖庭秘獄。羣臣莫知其故。左將軍辛慶忌等上書諫曰。臣聞明王垂寬容之聽。崇諫爭之官。廣開忠直之路。不罪狂狷之言。然後百僚在位竭忠盡謀。不懼後患。朝廷無諂諛之士。元首無失道之愆。竊見諫大夫劉輔。前以縣令求見。擢為諫大夫。此其言必有卓詭切至當聖心者。故得拔至於此。旬日之間收下秘獄。臣等愚以為輔幸得託公族之親。在諫臣之列。新從下土來。未知朝廷體。獨觸忌諱。不足深過。小罪宜隱忍而已。如有大惡。宜暴治理官。與衆共之。昔趙簡子殺其大夫鳴犢。孔子臨河而還。今天心未豫。災異屢降。水旱迭臻。方當隆寬廣問。褒直盡下之時也。而行慘急之誅於諫爭之臣。震驚羣下。失忠直心。假令輔不坐直言。所坐不著。天下不可戶曉。同

姓近臣。本以言顯。其於治親養忠之義。誠不宜幽囚於掖庭獄。公卿以下見陛下進用輔亟而折傷之暴。人有懼心。精銳銷耎。莫敢盡節正言。非所以昭有虞之聽。廣德美之風也。臣等竊深傷之。唯陛下留神省察。

後漢章帝時。大將軍竇憲陷尚書僕射郅壽以罪。下吏當誅。侍御史何敞上疏理之曰。臣聞聖王闢四門。開四聰。延直言之路。下不諱之詔。立敢諫之旗。聽歌謠於路。爭臣七人。以自鑒照。考知政理。違失人心。輒改更之。故天人並應。傳福無窮。臣伏見尚書僕射郅壽坐於臺上與諸尚書論擊匈奴。言議過差。及上書請買公田。遂繫獄考劾大不敬。臣愚以為壽機密近臣。匡救為職。若懷默不言。其罪當誅。今壽違衆正議。以安宗廟。豈其私邪。又臺閣平事。分爭可否。雖唐虞之隆。三代之盛。猶謂諤諤以昌。不以誹謗為罪。請買公田。人情細過。可裁隱忍。壽若被誅。臣恐天下以為國家橫罪忠直。賊傷和氣。忤逆陰陽。臣所以敢犯嚴威。不避夷滅。觸死瞽言。非為壽也。忠臣盡節。以死為歸。臣雖不知壽。度其甘心安之。誠不欲聖朝行誹謗之誅。以傷晏安之化。杜塞忠直。垂譏無窮。臣謬豫機密。言所不宜。罪名明白。當填牢獄。先壽僵仆。萬死有餘。書奏。壽得減死。

安帝時。河間男子趙騰詣闕上書。指陳得失。帝怒。詔獄結以罔上不道。太尉楊震上奏曰。臣聞堯舜之世。諫鼓謗木立之於朝。殷周哲王小人怨詈。則還自敬德。所以達聰明。開不諱。博采負薪。盡極下情也。今趙騰所坐激訐謗語為罪。與手刃犯法有差。乞為虧除。全騰之命。以誘芻蕘輿人之言。帝不省。司空張皓亦上奏曰。臣聞堯舜立敢諫之鼓。三王樹誹謗之木。春秋採善書惡。聖主不罪芻蕘。騰等雖干上犯法。所言本欲盡忠正諫。如當誅戮。天下杜口。塞諫諍之源。非所以

昭德示後也。帝乃悟。騰得減死。

時連有災異。詔公卿百僚各上封事。尚書陳忠以詔書既開諫諍。慮言事者必多激切。或致不能容。乃上疏豫通帝意曰。臣聞仁君廣山藪之大。納切直之謀。忠臣盡謇諤之節。不畏逆耳之害。是以高祖舍周昌桀紂之譬。孝文嘉袁盎人豕之譏。武帝納東方朔宣室之正。元帝容薛廣德自刎之切。昔晉平公問於叔向曰。國家之患孰為大。對曰。大臣重祿不極諫。小臣畏罪不敢言。下情不上通。此患之大者。公曰。善。於是下令曰。吾欲進善。有謁而不通。罪至死。今明詔崇高宗之德。推宋景之誠。引咎克躬。諮訪羣吏。言事者見杜根成翊世等新蒙表錄。顯列二臺。必承風響應。爭為切直。若嘉謀異策。宜輒納用。如其管穴。妄有譏刺。雖苦口逆耳。不得事實。且優游寬容。以示聖朝無諱之美。若有道之士。對問高者。宜垂省覽。特遷一等。以廣直言之路。

桓帝時白馬令李雲言事下獄。大鴻臚陳蕃上奏曰。李雲所言雖不識禁忌干上逆旨。其意歸於忠國而已。昔高祖忍周昌不諱之諫。成帝赦朱雲腰領之誅。今日殺雲臣恐剖心之譏復議於世矣。故敢觸龍鱗冐昧以請。

魏明帝青龍二年。高堂隆數以宮室事切諫。帝不悅。侍中盧毓進曰。臣聞君明則臣直。古之聖王恐不聞其過。故有敢諫之鼓。近臣盡規。此乃臣等所以不及隆。隆諸生名為狂直。陛下宜容之。

景初中帝嘗問秘書監王肅曰。漢桓帝時白馬令李雲上書言帝者諦也。是帝欲不諦。當何得不死。肅對曰。但為言失逆順之節。原其本意皆欲盡心念存補國。且帝者之威過於雷霆。殺一匹夫無異螻蟻。寬而宥之。可以示容受切言廣德宇於天下。故臣以為殺之未必為是也。

吳烏程侯寶鼎元年。左丞相陸凱上奏曰。臣聞惡不可積。過不可長。積惡長過喪亂之源也。是以古人懼不聞非。故設進善之旌。立敢諫之鼓。武公九十。思聞警戒。詩美其德。士悅其行。臣察陛下無思警戒之義。而有積惡之漸。臣深憂之。此禍兆見矣。故略陳其要。寫盡愚懷。陛下宜克己復禮。述脩前德。不可捐棄臣言而放奢意。意奢情至。吏日欺民。民離則上不信下。下當疑上。骨肉相克。公子相奔。臣雖愚闇於天命。以心審之。敗不過二十稔也。臣常忿亡國之人夏桀殷紂。亦不可使後人復忿陛下也。臣受國恩。奉朝三世。復以餘年值遇陛下。不能循俗與衆沉浮。若比干伍員以忠見戮。以正見疑。自謂畢足。無所餘恨。灰身泉壤。無負先帝。願陛下九思。社稷存焉。

晉武帝太康三年。帝問司隸校尉劉毅曰。朕可方漢何帝。毅對曰。桓靈。帝曰。何至於此。對曰。桓靈賣官錢入官庫。陛下賣官錢入私門。以此言之。殆不如也。帝大笑曰。桓靈不聞此言。朕有直臣。固為勝之。

漢主劉聰謂陳元達曰。卿當畏朕。反使朕畏卿乎。元達叩頭謝曰。臣聞師臣者王。友臣者霸。臣誠愚闇無可採也。幸邀陛下垂齊桓納九九之義。故使微臣得盡愚忠。昔世宗遇可汲黯之奏。故能恢隆漢道。桀紂誅諫。幽厲弭謗。是以三代之亡也忽焉。陛下以大聖應期。挺不世之量。能遠捐商周覆國之弊。近模孝武光漢之美。則天下幸甚。

聰既僭位。以劉娥為右貴嬪。甚寵之。俄拜為后。將起鷄儀殿以居之。其廷尉陳元達切諫。聰大怒。將斬之。娥時在後堂。私勅左右停刑。手疏啓曰。伏聞將為妾營殿。今昭德足居。鷄儀非急。四海未一。禍難猶繁。動須人力資財。尤宜慎之。廷尉之言。國家大政。夫忠臣之諫豈為身哉。帝王拒之。亦非顧身也。妾仰謂陛下上尋明君納諫之昌。下忿闇主拒諫之禍。宜賞廷尉以美爵。酬廷尉以列土。如何不惟不納。而反欲誅之。陛下此怒由妾而起。廷尉之禍由妾而招。人怨國疲。咎歸於妾。拒諫害忠。亦妾之由。自古敗國喪家。未始不由婦人者也。妾每覽古事。忿之忘食。何意今日妾自為之。後人之觀妾。亦由妾之視前人也。復何面目仰侍巾櫛。請歸死此堂。以塞陛下誤惑之過。聰覽之。色變。謂其羣下曰。朕比得風疾。喜怒過常。元達忠臣也。朕甚愧之。以娥表示元達曰。外輔如公。內輔如此后。朕無憂矣。

後魏孝明帝神龜中。沙汰郎官。御史中尉東平王元匡與棺諫諍。尚書令任城王澄劾匡大不敬。詔恕死為民。三公郎辛雄上奏曰。竊惟白衣元匡歷奉三朝。每蒙寵遇。謇諤之性。簡自帝心。鷹鸇之志。形於在昔。故高祖錫之以匡名。陛下任之以彈糾。至若茹皓昇輦。匡斥宜下之言。高肇當路。匡陳擅權之表。剛毅忠款。羣臣莫及。骨鯁之跡。朝野共知。當高肇之時。匡造棺致諫。主聖臣直。卒以無咎。假欲重造。先帝已容之於前。陛下亦宜寬之於後。況其元列由緒與罪按不同也。脫終默不在朝廷。恐杜忠臣之口。塞諫者之心。乖琴瑟之至和。違鹽梅之相濟。祁奚云。叔向之賢。可及十世。而臣不免其身。實可嗟惜。

隋文帝開皇初。帝嘗怒一郎。於殿前笞之。諫議大夫劉行本諫曰。其人素清。其過又小。願少寬之。帝不聽。行本前曰。陛下不以臣不肖。置臣左右。臣言若是。陛下安得不聽。若非。當置之於理。豈得輕臣而不顧也。因置笏於地而退。帝斂容謝之。

唐高祖武德初。萬年縣法曹孫伏伽上言三事。其一曰。臣聞天子有爭臣。雖無道不失其天下。隋失天下者何。不聞其過也。方自謂功德盛五帝。邁三王。窮侈極欲。使天下士肝腦塗地。戶口殫耗。盜賊日滋。當時非無直言之臣。卒不聞悟者。君不受諫。而臣不敢告之也。向使開不諱之路。官賢授能。賞罰時當。人人樂業。誰能搖亂者乎。陛下舉晉陽。天下響應。計不旋踵。大業以成。勿以得天下之易。而忘隋失之不難也。天子動則左史書之。言則右史書之。凡蒐獮當順四時。不可妄動。且陛下即位之明日。有獻鷂者。不卻而受。此前世弊事。奈何行之。相國參軍事盧牟子獻琵琶。長安丞張安道獻弓矢。並被賚賞。以率土之富。何求不致。豈少此物哉。其二曰。百戲散樂。本非正聲。隋末始見崇用。此謂淫風。不得不變。近太常假民裙襦五百。稱以衣妓工。待玄武門游戲。臣以為非詒子孫之謀。傳曰。放鄭聲。遠佞人。今散妓者匪韶匪夏。請並廢之。以復雅正。其三曰。臣聞性相近。習相遠。今皇太子諸王左右執事。不可不擇。大抵不義無賴。及馳騁射獵。歌舞聲色。慢游之人。止可悅耳目。備驅馳。至拾遺補闕。決不能也。況觀前世子姓不克孝。兄弟不克友。莫不由左右亂之。願選賢才澄僚友之選。帝大悅。即詔曰。周隋之晚。忠臣結舌。是謂一言喪邦者。朕惟寡德。不能性與天道。然冀弼諧以輔不逮。而群公卿士罕進直言。伏伽至誠慷慨。據義懇切。指朕失無所諱。其以伏伽為治書侍御史。賜帛三百匹。

李綱為太子詹事。太子失德。屢諫不聽。綱遂乞骸骨。高祖罵曰。卿為潘仁長史。而羞朕尚書邪。綱頓首曰。潘仁賊也。志殘殺。然每諫輒止。為其長史故無愧。陛下功成厚自伐。臣言如持水內石。敢久為尚書乎。且臣事東宮。東宮又與臣忤。是以上印綬。帝謝曰。知公直士。幸卒輔吾兒。

太宗貞觀元年。尚書杜淹薦白太宗。鄄懷道可用。帝問狀。淹曰。懷道在隋時位吏部主事。方煬帝幸江都。群臣迎阿。獨懷道執不可。帝曰。卿時何云。對曰。臣與衆。帝折曰。事君有犯無隱。卿直懷道。為何不讜言。淹謝曰。臣位下。又頻諫不從。徒死無益。帝曰。以君不足諫。高何仕。食隋粟。忠隋事乎。因顧群臣。公等謂何。王珪曰。比干諫而死。孔子稱仁。泄冶諫亦死。則曰民之多辟。無自立辟。祿重責深。從古則然。帝笑曰。卿在隋不諫宜置。世充親任。胡不言。淹對曰。固嘗言。不見用。帝曰。世充愎諫飾非。卿若何而免。淹辭窮不得對。帝勉曰。今任卿已。可有諫未。答曰。願死無隱。

二年。太宗使太常少卿祖孝孫以樂律授宮中音家伎。不進。數被讓。侍中王珪與溫彥博同進曰。孝孫脩謹士。陛下使教女樂。又責讓之。天下其以士為輕乎。帝怒曰。卿皆我腹心。乃附下罔上。為人游說邪。彥博懼謝罪。珪不謝。曰。臣本事前宮。罪當死。陛下矜其性命。引置樞密。責以忠効。今疑臣以私。是陛下負臣。臣不負陛下。帝默然慚。遂罷。明日。語房玄齡曰。昔武王不用夷齊。宣王殺杜伯。自古帝王納諫固難矣。朕夙夜庶幾于前聖。昨責珪等。痛自悔。公等勿懲是不進諫也。

三年。太宗嘗問魏徵曰。人主何為而明。何為而暗。徵對曰。君之所以明者。兼聽也。其所以暗者。偏信也。詩曰。先人有言。詢于芻蕘。昔堯舜之世。闢四門。明四目。達四聰。是以聖無不照。故共鯀之徒不能塞也。

静言庸違，不能感也。秦二世則隱藏其身，捐隔疏賤而偏信趙高，及天下潰叛，不得聞也。梁武帝偏信朱异，而侯景舉兵向闕，竟不得知也。隋煬帝偏信虞世基，而諸賊攻城剽邑，亦不得知也。故人君兼聽納下，則貴臣不得壅蔽，而下情得以上通也。太宗甚嘉其言。

有人告尚書右丞魏徵阿黨親戚，太宗使御史大夫溫彥博案之，無狀。彥博奏徵既為人所道，雖在無私，亦有可責。帝令彥博謂徵曰：爾諫正我數百條，豈以此小事便損衆美？自今已後，不得不存形迹。居數日，太宗問徵曰：昨來在外聞有何不是事？徵正色曰：前日令彥博宣勅語臣云，因何不作形迹，此言大不是。臣聞君臣同契，義皆一體，未聞不存公道，惟事形跡。若君臣上下同遵此路，則邦國之興喪或未可知。帝瞿然改容曰：前發此語，尋已悔之，實大不是。公亦不得遂懷隱避。徵乃拜而言曰：臣以身許國，直道而行，必不敢有所欺負。但願陛下使臣為良臣，勿使臣為忠臣。帝曰：忠良有異乎？徵曰：稷、契、皋陶，君臣協心，使身獲美名，君受顯號，子孫傳世，福祿無疆。龍逄、比干，面折廷諍，身受誅夷，君陷大惡，家國並喪，獨有其異。以此而言，相去遠矣。帝曰：君但莫違此言，我必不忘社稷之計。乃賜絹二百匹。

六年，太宗置酒丹霄樓中，謂長孫无忌曰：魏徵、王珪事隱太子、巢剌王時，誠可惡。我能棄怨用才，無羞古人。然徵每諫我不從，我發言輒不即應，何哉？徵曰：臣以事有不可，故諫。若不從輒應，恐遂行之。帝曰：第即應，須別陳論，頋不得？徵曰：昔舜戒群臣，爾無面從，退有後言。若面從可，方別陳論，此乃後言，非稷、禹所以事堯、舜也。帝大笑曰：人言徵舉動疏慢，我但見其嫵媚耳。徵再拜曰：陛下導臣使言，所以敢然。若不受臣，敢數批逆鱗哉？

七年，太宗謂侍臣曰：朕見胡裴始畢上書論西番事，意頗有情理。朕與共語，非常戰慄。今奏一事，人亦應如此。魏徵對曰：天顏俯臨，豈得不懼？臣見在外諸司欲奏事者，先三五日反覆尋思，及其臨奏，三分不能道得一分。尋常易事尚難如此，況爭諫之人，出言皆是觸忤，非陛下假之顏色，豈敢盡其情哉？帝由是接群臣愈溫，且曰：隋煬帝多猜忌，對群臣多不語。朕則不然，君臣相親如一體耳。

八年，太宗謂房玄齡等曰：昨皇甫德參上書言，朕修營洛州宮殿是勞人也，收地租是厚斂也，俗尚高髻是宮中所作也。此人欲使國家不役一丁，不收一租，宮人皆無髮，乃稱其意耳。事既訕謗，當須論罪。魏徵進諫曰：賈誼當漢文之時上書云，可為痛哭者三，可為長太息者五。自古上書率多激切，若不激切則不能起人主心，激切即似訕謗，所謂狂夫之言，聖人擇焉。唯在陛下裁察，不可責也。帝曰：朕初欲責此人，若責之則誰敢言者。因賜絹二十匹。

十一年，太宗謂魏徵曰：比來所行得失政化，何如往前？對曰：若恩威所加，遠夷朝貢，比於貞觀之始，不可等級而言。若德義潛通，民心悅服，比於貞觀之初，相去又甚遠。帝曰：遠夷來服，應由德義所加，往前功業，何因益大？徵曰：昔者四方未定，常以德義為心，旋以海內無虞，漸加驕奢自溢，所以功業雖盛，終不如往初。帝曰：朕今所行，以往前何為異？徵對曰：貞觀之初，恐人不言，導之使諫。三年已後，見人諫，悅而從之。一二年來，不悅人諫，雖黽勉聽受，而意終不平，諒有難也。帝曰：於何事如此？徵對曰：即位之初，處元律師死罪，孫伏伽諫曰：法不至死，無容濫加酷罰。遂賜以蘭陵公主園，直錢百萬。人或曰：所言乃常，而所賞太厚。答曰：我即位來，未有諫者，所以賞之。此導之使言也。徐州司戶柳雄於隋資妄加階級，人有告之者，陛下令其自首，不首與罪。遂固言是實，竟不肯首。大理推得其偽，將處雄死罪，少卿戴胄奏法止合徒。陛下曰。我已與其斷當訖。但當與死罪。胄曰。陛下既不然。即付臣法司。罪不合死。不可酷濫。陛下作色遣殺。胄執之不已。至於四五。然後赦之。乃謂法司曰。但能為我如此守法。豈畏濫有誅夷。此則悅以從諫也。往年陝縣丞皇甫德參上書有忤聖旨。陛下以為訕謗。臣奏稱上書不激切。不能起人主意。激切即似訕謗。于時雖從臣言。賞物二十段。意甚不平。難於受諫也。帝曰。誠如公言。非公無能道此者。人皆苦不自覺。公向未道時。都自謂所行不變。及見公論說。過失堪驚。公但存此心。朕終不違公語。

太宗謂侍臣曰。朕昨往懷州。有上封事者云。何為恒差山東衆丁於苑內營造。即日徭役似不下隋時。懷洛以東殘人不堪其命。而畋獵猶數。驕逸之主也。今者復來懷州畋獵。忠諫不復至洛陽矣。四時蒐田。既是帝王常禮。今者懷州秋毫不干於百姓。凡上書諫正。自有常

準。臣貴有詞。主貴能改。如斯詆毀。有似呪詛。侍中魏徵奏曰。國家開直言之路。所以上封事者尤多。陛下親自披閱。或冀臣言可取。所以僥倖之士得肆其醜。臣諫其君。甚須折衷。從容諷諫。漢元帝嘗以酎祭高廟。出便門。御樓船。御史大夫薛廣德當乘輿免冠曰。宜從橋。陛下不聽臣言。臣自刎。以頸血污車輪。陛下不得入廟矣。元帝不悅。光祿張猛進曰。臣聞主聖臣直。乘船危。就橋安。聖主不乘危。廣德言可聽。元帝曰。曉人不當如是耶。乃從橋。以此而言。張猛可謂直臣諫君也。帝大悅。

十二年。太宗謂侍臣曰。上封事者皆言朕游獵太頻。今天下無事。武備不可忘。朕時與左右獵於後苑。無一事煩民。夫亦何傷。魏徵曰。先王惟恐不聞其過。陛下既使之上封事。止得恣其陳述。苟其言可取。固有益於國。若其無取。亦無所損。帝曰。公言是也。皆勞而遣之。

十八年。太宗謂長孫無忌等曰。夫人臣之對帝王。多順從而不逆。甘言以取容。朕今發問。不得有隱。宜以次言朕過失。無忌等咸曰。陛下聖化道致太平。以臣觀之。不見其失。黃門侍郎劉洎對曰。陛下撥亂造化。實功高萬古。誠如無忌等言。然頃有人上書辭理不稱者。或對面窮詰。無不慚退。恐非獎進言者。帝曰。此言是也。當為卿改之。

太宗嘗怒苑西監穆裕。命於朝堂斬之。時高宗為皇太子。遽犯顏進諫。太宗意乃解。長孫無忌曰。自古太子之諫。或承間從容而言。今陛下發天威之怒。太子申犯顏之諫。斯誠古今未有。帝曰。夫人久相與處。自然染習。自朕御天下。虛心正直。即有魏徵朝夕進諫。自徵云亡。劉洎岑文本馬周褚遂良等繼之。太子幼在朕膝前。每見朕心悅諫者。因染以成性。故有今日之諫。

太宗嘗問諫議大夫褚遂良曰。昔舜造漆器。禹雕其俎。當諫舜禹十有餘人。食器之間。何須苦諫。遂良曰。雕琢害農事。纂組傷女工。首創奢淫。危亡

之漸。漆器不已。必金為之。金器不已。必玉為之。所以諍臣必諫其漸。及其滿盈。無所復諫。太宗曰。卿言是也。朕所為事。若有不當。或在其漸。或已將終。皆宜進諫。比見前史。或有人臣諫事。遂答云業已為之。或道業已許之。竟不為停改。此則危亡之禍可反手而待也。

太宗時。權貴嫉魏徵。每言於太宗曰。魏徵凡所諫爭。委曲反覆。不從不止。意以陛下為幼主。不同於長君。太宗曰。朕少不學問。唯好弓馬。至於起義。即有大功。既封為王。偏蒙偏愛。理道政術。都不留心。及為太子。初入東宮。思安天下。欲克己為政。唯魏徵與王珪導我以禮。弘我以道。勉強從之。大覺利益。遂力行不息。以致太平。並魏徵等之力。所以特加禮重。每事聽從。非私之也。言者乃慙而出。

太宗又謂房玄齡等曰。今天下百姓籍我撫養。先須令我安穩。今上封者惟道九成往來百姓辛苦。魏徵對曰。陛下意存容納。許其進言。則妄處多

不妨時有可錄陛下所有短長此人多不肯隱但容納之亦是善事

太宗謂侍臣曰朕每閑居靜坐則自內省恒恐上不稱天心下為百姓所怨但思正人匡諫欲令耳目外通下無冤滯又比見人來奏事者多有怖慴言語致失次第尋常奏事情猶如此況欲諫諍必當畏犯龍鱗所以每有諫者縱不合朕心亦不以為忤若即嗔責深恐人懷戰懼豈敢更言又謂房玄齡曰自知者明信為難矣如屬文之士伎巧之徒皆自謂己長他人不及若名工文匠商畧詆訶蕪詞拙跡於是乃見由此言之人君須得匡諫之臣舉其愆過一日萬機一人聽斷雖復憂勞安能盡善常念魏徵隨事諫正多中朕失如明鏡鑑形美惡必見且自古帝王多任情喜怒喜則濫賞無功怒則濫殺無罪以是天下喪亂莫不由此朕今夙夜未嘗不以此為心恒欲公等盡情極諫公等亦須受人諫豈得以人言不同已意便即護短不納若

不能受諫安能諫人玄齡曰陛下之言是也

太宗以御史大夫韋挺中書侍郎杜正倫祕書少監虞世南著作郎姚思廉等上封事稱旨召而謂曰朕歷觀自古人臣立忠之事若直明主便得盡誠規諫至如龍逢比干竟不免孥戮為君不易為臣極難朕又聞龍可擾而馴然領下有逆鱗觸之則殺人人主亦然卿等遂不避犯觸各進封事常能如此朕豈慮社稷之傾敗每思卿等此意未能暫忘故詔卿等設宴為樂仍賜帛有差太常卿韋挺上章陳得失太宗賜書曰得所上書意見極是讜言辭理可觀甚以為慰若齊桓之難義吾有射鉤之罪蒲城之後勃鞮為斬袂之仇而小白不以為疑重耳待之若舊豈非各吠其主志在無二卿之深誠見於斯矣若能克全此節則保令名如其怠之可不惜也勉勵終始垂範將來當使後之視今亦猶今之視古不亦美乎朕比不聞其過未覩其闕賴竭忠懇數進嘉言用沃朕懷一何可道

太宗謂侍臣曰朕觀前代讒佞之徒皆國之蟊賊也或巧言令色朋黨比周若暗主庸君莫不以之迷惑忠臣孝子所以泣血銜冤故叢蘭欲茂秋風敗之王者欲明讒人蔽之此事著於史籍不能具道至如齊隋間讒譖事耳目所接者略與公等言之斛律明月齊朝良將威震敵國周家每歲斲汾河冰慮齊兵之西渡及明月被祖孝徵讒構伏誅周人始有吞齊之心高熲有經國大才為隋文帝贊成霸業知國政者二十餘載天下賴以康寧文帝唯婦言是聽特令擯斥及為煬帝所殺刑政由是衰壞又隋太子勇撫軍監國凡二十年固亦早有定分楊素欺主罔上賊害良善使父子之道一朝滅於天性逆亂之源自此開矣隋文既淆混嫡庶竟禍及其身社稷尋亦覆敗古人云代亂則讒勝誠非妄言朕每防萌杜漸用絕讒構之端猶恐心

力所不至或不能覺悟前史云猛獸處山林藜藿為之不採直臣立朝廷姦邪為之寢謀此實朕所望於群公也魏徵曰禮云戒慎乎其所不睹恐懼乎其所不聞詩云愷悌君子無信讒言讒言罔極交亂四國又孔子惡利口之覆邦家蓋為此也臣嘗觀自古有國有家者若曲受讒譖妄害忠良必宗廟丘墟市朝霜露矣願陛下深慎之

太宗謂侍臣曰君臣本同治亂共安危若主納忠諫臣進直言斯故君臣合契古來所重若君自賢臣不匡正欲不危亡不可得也君失其國臣亦不能獨全其家至如隋煬帝暴虐天下鉗口卒令不聞其過遂至滅亡虞世基等尋亦誅死前事不遠朕與卿等何得不慎無為後世所嗤又曰治國與養病無異病人覺愈彌須將護若有觸犯必至殞命治國亦然天下稍安尤須兢慎若便驕逸必至喪敗今天下安危繫之於朕故日慎一日雖休勿休然耳目股肱寄在卿輩既義

均一體宜協力同心事有不安可極言無隱儻君臣相疑不能備盡肝膈實為治國之大害也左右曰陛下之言及此社稷之福也

長樂公主文德皇后所生也將出降勑所司資送倍於長公主魏徵奏曰昔漢明帝欲封其子帝曰朕子豈得同於先帝子乎可半楚淮陽前史以為美談天子姊妹為長公主天子之女為公主既加長字良以尊於公主也情雖有殊義無等別若令公主之禮有過長公主理恐不可實顧陛下思之帝稱善乃以其言退而告后后歎曰嘗聞陛下敬重魏徵殊未知其故而今聞其諫乃能以義制人主之情可謂正直社稷臣矣妾與陛下結髮為夫妻曲蒙禮敬情義深重每將有言必候顏色尚不敢輕犯威嚴況在臣下情疎禮隔故韓非謂之說難東方朔稱其不易良有以也忠言逆耳而利於行有國有家者深所要急納之則世治杜之則政亂誠願陛下詳之則天下幸甚

太宗幸九成宮宴近臣長孫無忌曰王珪魏徵往事息隱臣見之若讎不謂今日又同此宴太宗曰魏徵往者實我所讎但其盡心所事有足嘉者朕能擢而用之何慚古烈然徵犯顏切諫每不許我為非我所以重之也徵且拜曰陛下導臣使言臣所以敢言若陛下不受臣言臣亦何敢犯龍鱗觸忌諱也太宗大悅賜錢十五萬累封鄭國公尋以疾請為散官太宗曰朕拔卿于讎虜之中任卿以樞要之職見朕之非未嘗不諫公獨不見金之在鑛何足貴哉良冶鍛而為器便為人所寶朕方自比於金以卿為良工卿雖有疾未為衰老豈得便尔耶徵乃止後以誕皇孫詔宴公卿帝極歡謂侍臣曰貞觀以前從我平定天下周旋艱險玄齡之功無所與讓貞觀之後盡心於我獻納忠讜安國利人成我功業為天下所稱者魏徵而已古之名臣何以加也於是親解佩刀以賜之又嘗謂徵曰隋煬帝承文帝餘業海內殷阜若能常據關中豈有傾敗遂不顧百姓行幸無期徑往江都不納董純崔象諫爭身戮國滅為天下笑雖復帝祚長短委以玄天而福善禍淫亦由人事朕每思之若欲君臣長久國無危敗君有違失臣須極諫朕聞卿等規諫縱不能當時即從再三思審必擇而用及徵薨太宗親臨慟哭自製碑文賜其家食實封九百戶且謂侍臣曰夫以銅為鏡可以正衣冠以古為鏡可以知興替以人為鏡可以明得失朕嘗保此三鏡以防己過今魏徵殂逝遂亡一鏡矣因泣下久之乃詔曰昔惟魏徵每顯余過自其逝也雖過莫彰朕豈獨有非於往時而皆是於茲日故亦庶僚苟順難觸龍鱗者歟所以虛己外求披迷內省言而不用朕所甘心用而不言誰之責也自斯以後各悉乃誠若有是非直言無隱群臣皆稱善

太宗謂黃門侍郎王珪曰中書所出詔勑頗有意見不同或兼錯失而相正以否元置中書門下本以相防過誤人之意見每或不同有所是非本為公事或有護己之短忌聞其失有是有非咸以為怨或有苟避私隙相惜顏面知非正事遂即施行難違一官之小情頓為萬人之大弊此實亡國之政卿輩特須在意防也隋日內外庶官政以依違而致禍亂人多不能深思此理當時皆謂禍不及身面從背言不以為患後至大亂一起家國俱喪雖有脫身之人縱不遭刑戮皆辛苦僅免甚為時論所貶黜卿等須滅私徇公堅守直道庶事相啓沃勿上下雷同也

又謂侍臣曰中書門下機要之司擢才而居委任實重詔勑如有不穩便皆須執論比來唯覺阿旨順情唯唯苟過遂無一言

誅諍者豈是道理。若惟署詔敕、行文書而已，人誰不堪，何煩簡擇以相委付。自今詔敕疑有不穩便，須執言，毋得妄有畏懼，知而寢默。珪嘗上封事切諫，太宗謂曰：卿所論，皆中朕之失。自古人君莫不欲社稷永安，然而不得者，秖為不聞己過，或聞而不能改也。今朕有所咎，卿能直言，朕復聞過能改，何謂社稷之不安乎。又曰：卿若常居諫官，朕必永無過失。珪對曰：臣等敢不奉命。

太宗謂侍臣曰：古人云：危而不持，顛而不扶，焉用彼相。君臣之義，得不盡忠匡救乎。朕嘗讀書見桀殺關龍逄、漢誅鼂錯，未嘗不廢書歎息。公等但能正詞直諫，裨益政教，終不以犯顏迕旨妄有誅責。朕比來臨朝斷決，亦有乖于律令者，公等以為小事，遂不執言。凡大事皆起於小事，小事不論，大事又將不可救。社稷傾危，莫不由此。隋主殘暴，身死匹夫之手，率土蒼生，罕聞嗟痛。公等為朕思隋氏滅亡之事，朕為公等思龍逄、鼂錯之誅，君臣保全，豈不美也。又謂侍臣曰：朕觀古來帝王驕矜而取敗者，不可勝數。不能遠述古昔，如晉武平吳、隋文伐陳以後，心逾驕奢，自矜諸己，臣下不復敢言，政道因茲弛紊。朕自平突厥、破高麗以後，兼并鐵勒，席卷沙漠以為州縣，夷狄遠服，聲教益廣。朕恐懷驕矜，恒自抑折，日旰而食，坐以待晨。每思臣下有讜言直諫可以施於政教者，當拭目以師友待之。如此，庶幾於時康道泰耳。左右皆曰：誠如陛下之言。

太宗威儀嚴肅，百僚進見者皆失其舉措。太宗知其若此，每見人奏事，必假借顏色，冀聞規諫。嘗謂公卿曰：人欲自照，必須明鏡；主欲知過，必藉忠臣。主若自賢，臣不臣正，欲不危敗，豈可得也。故君失其國，臣亦不能獨全其家。至若隋煬帝暴虐，臣下鉗口，卒令不聞其過，遂至滅亡，虞世基等尋亦誅死。前事不遠，公等每看事有利於人，必須直言規諫。又謂房玄齡、杜如晦曰：朕聞自古帝王上合天心以致太平者，皆股肱之力。朕比開直言之路者，庶知冤抑，欲聞規諫。所有上封事人多告訐百官，細無可採。朕歷選前王，但有君疑於臣，則下情不能上達，欲求盡忠極慮，何可得哉。而無識之人，務行讒毀，交亂君臣，殊非益國。自今以後，有上書訐人小惡者，以讒人之罪罪之。又曰：朕因暇日每與虞世南商搉古今，朕有一言之善，世南未嘗不悅；有一言之失，未嘗不悵恨。其懇誠若此，朕用嘉焉。群臣忠直皆若世南，天下何憂不理。及卒，太宗哭之甚慟，手敕魏王泰曰：虞世南於我猶一體也，拾遺補闕，無日暫忘，實當世名臣，人倫準的。吾有小善，必將順成之；吾有小失，必犯顏而諫之。今其云亡，石渠東觀之中無復人矣。群臣皆曰然。

玄宗初立，收還綱權，銳於決事，群臣畏伏。起居郎吳兢慮帝果而不及精，乃上奏曰：自古人臣不諫則國危，諫則身危。臣愚食陛下祿，不敢避身危之禍。比見上封事者，言有可采，但賜束帛而已，未嘗蒙召見被接擢；其忤旨，則朝堂決杖，傳送本州，或死於流貶。由是臣下不敢進諫。古者設誹謗木，欲聞己過，今封事，謗木比也。使所言是，有益於國；使所言非，無累於朝。陛下何遽加斥逐，以杜塞直言，道路流傳，相視怪愕。夫漢高帝赦周昌桀紂之對，晉武帝受劉毅桓靈之譏，況陛下豁達大度，不能容此狂直耶。夫人主居尊極之位，顓生殺之權，其為威嚴峻矣。開情抱納諫諍，下猶懼不敢盡，奈何以為罪。且上有所失，下必知之，故鄭人欲毀鄉校，而子產不聽也。陛下初即位，猶有褚無量、張廷珪、韓思復、辛替否、柳澤、袁楚客等數上疏爭時政得失。自頃上封事往往得罪，諫者頓少，是鵲巢覆而鳳不至，理之然也。臣誠恐天下骨鯁士以讜言爲戒撓直就曲斵方爲刓偷合苟容不復能盡節忘身納君於道矣夫帝王之德莫盛於納諫故曰木從繩則正后從諫則聖又曰朝有諷諫猶髮之有梳猛虎在山藜藿爲之不采忠諫之有益如此自古上聖之君恐不聞己過故堯設諫鼓禹拜昌言不肖之主自謂聖智拒諫害忠桀殺關龍逢而滅於湯紂殺其王子比干而滅于周此其驗也夫與治同道罔不興與亂同道罔不亡人將疾必先不甘魚肉之味國將亡必先不甘忠諫之說嗚呼惟陛下深監于茲哉隋煬帝驕矜自負以爲堯舜莫己若而諱亡憎諫乃曰有諫我者當時不殺後必殺之大臣蘇威欲開一言不敢發因五月五日獻古文尚書帝以爲訕己即除名蕭瑀諫無伐遼出爲河西郡守董純諫無幸江都就獄賜死自是蹇諤之士去而不顧外雖有變朝臣鉗口帝不知也身死人手子孫勦絕爲天下笑太宗皇帝好悅至言時有魏徵王珪虞世南李大亮岑文本劉洎馬周褚遂良杜正倫高季輔咸以切諫引居要職嘗謂宰相曰自知者爲難如文人巧工自謂己長若使達者大匠詆訶商略則蕪辭拙跡見矣天下萬機一人聽斷雖甚憂勞不能盡善今魏徵隨事諫正多中朕失如明鑑照形美惡畢見當是時有上書益於政者皆黏寢殿之壁坐望臥觀雖狂瞽逆意終不以爲忤故外事必聞刑戮幾措禮義大行陛下何不遵此道與聖祖繼美乎夫以一人之意綜萬方之政明有所不燭智有所不周上心未諭於下下情未達於上伏惟以虛受人博覽兼聽使深者不隱遠者不塞所謂闢四門明四目也其能直言正諫不避死亡之誅者特加寵榮待以不次則失之東隅冀得之桑榆矣

代宗時宰相元載多引私黨畏羣臣論奏乃紿帝曰羣臣奏事多挾讒毀請每論事皆先白長官長官以白宰相宰相詳可否以聞撿校刑部尚書顏真卿上奏曰諸司長官者達官也皆得專達於天子郎官御史陛下腹心耳目之臣也故出使天下事無細大得失皆俾訪察還以聞此古明四目達四聰也今陛下欲自屏耳目使不聰明則天下何望焉詩曰營營青蠅止于棘讒言罔極交亂四國以其能變白爲黑變黑爲白也詩人疾之故曰取彼讒人投畀豺虎豺虎不食投畀有北昔夏之伯明楚之無極漢之江充皆讒人也陛下惡之宜矣胡不回神省察其言虛誣則讒人也宜誅殛之其言不誣則正人也宜獎勵之捨此不爲使衆人謂陛下不能省察而倦聽覽以是爲辭臣竊惜之昔太宗勤勞庶政其司門式曰無門籍者有急奏令監司與仗家引對不得關礙防擁蔽也置立仗馬二須乘者聽此其平治天下也天寶後李林甫得君羣臣不先咨宰相輒奏事者託以他事中傷之猶不敢明約百司使先關白時閹人袁思藝日宣詔至中書天子動靜必告林甫林甫得以先意奏請帝驚喜若神故權寵日甚道路以目上意不下宣下情不上達此權臣蔽主不遵太宗之法也凌夷至于今天下之敝皆萃陛下其所從來漸矣自艱難之初百姓尚未凋竭太平之治猶可致而李輔國當權宰相用事遞爲姑息開三司誅反側使餘賊潰將北走黨項裒嘯不逞更相驚恐思明危懼相挺而反東都陷沒先帝由是憂勤損壽臣每思之痛切心骨今天下瘡痍未平干戈日滋陛下豈得不博聞讜言以廣視聽而塞絕忠諫乎陛下在陝時奏事者不限貴賤羣臣以爲太宗之治可跂而待且君子難進易退朝廷開不諱之路猶恐不言況懷厭怠令宰相宣進止御史臺作條目不得直進從此人不奏事矣陛下聞見止於數人耳目天下之士方鉗口結舌陛下便爲無事可論豈知懼而不

敢進即林甫國忠復起矣臣謂今日之事曠古未有雖林甫國忠猶不敢公為之陛下不早覺悟漸成孤立後悔無及矣

德宗時翰林學士陸贄上奏曰臣某言賊泚逋誅尚宂宮禁陛下思念宗廟痛傷黎元仁孝交感至於憤激猥以急務下詢微臣臣雖鄙懦尊慕仁義荷陛下知己之遇感陛下思理之誠愚衷所懷承問輒發不以淺深自揆不以喜怒上虞誠欲於周防承順之規是亦忠於陛下一至之分也前奉詔問尋具上陳請延羣臣精與親接廣咨訪之路開諫諍之門通壅鬱之情弘採拔之道自獻替奏迨茲彌旬不聞施行不賜酬詰未審宸旨以為何如昧於忖量但務竭盡恐由辭理蹇拙不能暢達事情懷懷血誠敢頻披瀝頻煩黷冒豈不慙惶蓋犬馬戀恩思效之心睠睠而不能自止者也臣聞立國之本存乎得衆得衆之要在乎見情故仲尼以謂人情者聖王之田言理道所

由生也是則時之否泰事之損益萬化所繫必因人情情有通塞故否泰生情有薄厚故損益生遍天下之情者莫智於聖人盡聖人之心者莫深於易象其別卦也乾下坤上則曰泰坤下乾上則曰否其取象也損上益下則曰益損下益上則為損乾為天為君坤為地為臣天在下而地處上於位乖矣而反謂之泰者上下交故也君在上而臣處下於義順矣而反謂之否者上下不交故也氣不交則庶物不育情不交則萬邦不和天氣下降地氣上騰然後歲功成君澤下流臣誠上達然後理道立損益之義亦由是焉上約己而裕於人人必悅而奉上矣豈不謂之益乎上蔑人而肆諸己人必怨而叛上矣豈不謂之損乎然則上下交而泰不交而否自損者人益自益者人損情之得失豈容易哉故喻君為舟喻人為水水能載舟亦能覆舟舟即君道水即人情舟順水之道乃浮違則沒君得人之情乃固失

則危是以古先聖王之居人上也必以其心從天下之心而不敢以天下之人從其欲乃至兢兢業業一日二日萬幾幾者事之微也以聖人之德天子之尊且猶慎事之微乃至一日萬幾不以居上接下懼失其情歟書曰人心惟危道心惟微微則萬幾之慮不得不精也危則覆舟之戒不得不畏也夫揆物以意宣意以言言或是非莫若考於有跡跡或成敗莫若驗於已行自昔王業盛衰君道得失史冊盈在槩然可徵與衆同欲靡不興違衆自用靡不廢從善納諫靡不固遠賢恥過靡不危故詩書稱堯德則曰稽于衆捨己從人敘舜之功則曰明四目達四聰言禹之所由興則曰益贊于禹禹拜昌言述湯之所以王則曰用人惟己改過不吝言能納諫也歌文王作周則曰濟濟多士文王以寧美武王剋殷則曰亂臣十人同心同德言皆從善也堯舜禹湯文武此六君者天下之盛王也

莫不從諫以輔德詢衆以成功是則德益盛者慮益微功愈高者意愈下及代之衰也則道亦反焉故書曰紂有億兆夷人離心離德言違衆也詩曰汝炰烋于中國斂怨以為德不明爾德時無背無側爾德不明以無陪無卿又曰雖無老成人尚有典刑曾是莫聽大命以傾言遠賢也書曰謂人莫己若者亡詩曰惟彼不慎自獨俾臧自有肺腸俾人卒狂言自用也前史數桀紂之惡曰強足以拒諫辯足以飾非言恥過也考得失於已行之跡鑒盛衰於已驗之符孰失道而不衰孰得理而不盛報應以類影響不差胡可不則而象之敬而畏之乎粵自秦漢暨于周隋其間將歷千祀代興者非一姓繼覆者非一君雖所遇殊時所為異迹然失衆必敗得衆必成與堯舜禹湯同務者必興與桀紂幽厲同趣者必覆全失衆則全敗全得衆則全成多同於善則功多甚同於惡則禍甚善惡從類端如貫珠成敗象行

明君觀火此歷代之元龜也尚恐議者曰時異事異臣請復為陛下粗舉近效之尤章章者以辯焉太宗文皇帝以天縱之才有神器之重武定禍亂文致太平威行如雷霆明照侔日月英略施於百勝聖功被於九歌固非庶品之所度量常情之所鑽仰然猶兢兢畏慎懼失人心每或臣下獻規恒以危亡為慮夙興聽理日旰忘勞公卿迭趨庭奏庶務評議得失與衆共之下無滯情上無私斷退朝之暇宴接侍臣諮訪謀猷詢求過闕或諭往古成敗或問人間事情每言及暗主亂朝則省懼自戒言及賢君理代則企竦思齊言及稼穡艱難則上下相宜務遵勤儉言及閭閻疾苦則君臣同慮議息征徭德懲違觸類滋長尚恐過言謬舉既往難追每召宰相平章必遣諫官俱入小有頗失隨即箴規得一善必遽命甄昇聽一諫必明加褒錫故得時無闕事人樂輸誠又引文學之流更直宿內著或講求典禮

或諷誦詩書每至夜分情忘厭倦夫以太宗之德美貞觀之理安且猶務得人心其勤若此是則人心之於理道可一日而不接乎高宗始年亦親聽納故當時翕然歸美以為有貞觀之風兼賴遺澤在人先範垂裕率無改作俗以阜康數十年間天下無事承平之業滋久倦勤之意頗彰燕居益深接下彌簡前旨之耿光浸遠中宮之威柄潛移卒有嗣聖臨朝天授革命豈不以經邦之道闕疇咨於大猷宴安之懷溺偏信於近狎馴致禍變幾將傾邦雖亂匪自他然其失一也弊俗一靡餘風遂流訖神龍景雲之間皆嬖倖亂朝聰明不達玄宗躬定大難手振宏綱開懷納忠克己從諫尊用舊老擢拔羣才夫臣不敢壅下情私昵不敢干公議朝清道泰垂三十年謂化已行謂安可保耳目之娛漸廣憂勤之志稍衰侈心一萌邪道並進貪權竊柄者則曰德如堯舜矣為用勞神承意趣媚者則曰時已太平矣胡

不為樂有深謀遠慮者謂之迂誕驚衆有讜言切諫者謂之誹謗邀名至尊收視於穆清上宰養威於廊廟議曹以頌美為奉職法吏以識旨為當官司府以厚斂為公忠權門以多賂為問望外寵持竊國之勢內寵擅迴天之謀禍機熾然燄燄滋甚舉天下如居積薪之上人人懼焚而朝廷相蒙曾莫之省日務遊宴方謂有無疆之休犬盜一興至今為梗豈不以忽於戒備逸於居安憚忠讜之怫心甘諛詐之從欲漸漬不聞其失以至於大失者乎肅宗懲致寇之由蘊撥亂之略虛受廣納同符于太宗招延詢謀輟食廢寢洞啟誠腑推心與人豁披肯襟忘己應物故得來蘇之望允塞配天之業勃興先皇帝繼守恭勤而益之以和惠惠則有感和則有親雖時繼艱屯而衆不離析理尚寬大務因循而重作為然於紫宸聽朝常限三人奏事亦宣諭德令課責侍臣或賞其盡規或讓以容默性本仁恕事多含弘

諫雖未從且不深忤情而有阻終獲上通故君臣相安而人亦少息陛下英姿俊辯邁絕人倫武略雄圖牢籠物表慣習俗以妨理任削平而在躬以明威照臨以嚴法制斷流弊自久浚源太深遠者驚疑而阻命逃死之亂作近者畏懾而偷容避罪之態生君臣意乖上下情隔君務致理而下防誅夷臣將納忠又上慮欺誕故睿誠不布於羣物物情不達於睿聰臣於往年曾任御史獲奉朝謁僅欲半年陛下嚴邃高居未嘗降旨臨問羣臣局蹐趨退亦不列事奏陳軒墀之間且未相諭宇宙之廣何由自通雖復例對使臣別延宰輔既殊師錫且異公言未行者則戒以樞密勿論已行者又謂之遂事不諫漸生拘礙動涉猜嫌由是人各隱情以言為諱至於變亂將起億兆同憂獨陛下恬然不知方謂太平可致陛下以今日之所覩驗往時之所聞孰真孰虛何得何失則事之通塞備詳之矣人之情偽盡知之

奐列聖升降之於歷歷如彼當今理亂之由昭昭如此未有不興於得衆殆於失人裕於僉諧敗於偏信濟美因乎納諫務德由乎自賢善始本乎憂勤失全萌乎安泰今陛下將欲悔禍徼福去危從安若不惟太宗創業之艱襲肅宗中興之理鑒天寶致亂之所以懲今者遷幸之所由則何以享聖懷彰令問新遠邇之聽歸反側之心乎前承德音訪及庸鄙敢緣斯議輒以獻聞自遇已來反覆千慮愚智有分信非可移至今拳拳猶滯所見不勝愚誠懇款謹復布露以聞

贄又上奏曰朝隱奉宣聖旨頻覽卿表狀勸朕數對羣臣兼許令論事辭理懇切深表盡忠朕本心甚好推誠亦能納諫但緣上封事及奏對者少有忠良多是論人長短或探朕意旨朕雖不受讒譖外即謾生是非以為威福朕往日將謂君臣一體都不隄防緣推誠信不疑多被姦人賣弄今所致患害朕思亦無他故却是失在推誠

又諫官論事少能慎密例自矜衒歸過於朕以自取名朕從即位以來見奏對論事者甚多大都皆是雷同道聽塗說試加質問即便辭窮若有奇才異能在朕豈惜拔擢朕見從前已來事祇如此所以近來不多取次對人亦不是倦於接納卿宜深悉此意者聖德廣大如天包容俯矜狂愚仍賜獎諭嘉臣以懇切目臣以盡忠雖甚庸鶩實懷感勵夫知無不言之謂盡事君以義之謂忠臣之夙心久以自誓以此為奉上之道以此為報主之資幸逢休明獲展臣願既免罪戾又蒙褒稱庶奉周旋不敢失墜儻陛下廣推此道施及萬方咸獎直以矜愚各錄長而捨短人之欲善誰不如臣自然聖德益彰羣心盡達愚衷懇懇實在於斯睿眷特深縷宣密旨備該物理曲盡人情其於慮遠防微固非常識所逮然臣竊謂天子之道與天同方天不以地有惡木而廢發生天子不以時有小人而廢聽納帝王之盛莫盛

於堯雖四凶在朝而僉議靡選故曰惟天為大惟堯則之是知人有邪直賢愚在處之各得其所而已必不可以忠良者少而闕於詢謀獻納之道也昔人有因噎而廢食者又有懼溺而自沉者其為矯枉防患之慮豈不過哉願陛下取鑒於茲勿以小虞而妨大道也臣聞人之所助在乎信信之所立由乎誠守誠於中然後俾衆無惑存信於己可以教人不欺唯信與誠有失無補一不誠則心莫之保一不信則言莫之行故聖人重焉以為食可去而信不可失也又曰誠者物之終始不誠無物物者事也言不誠則無復有事矣匹夫不誠無復有事況王者賴人之誠以自固而可不誠於人乎陛下所謂失於誠信以致患害者臣竊以斯言為過矣孔子曰可與言而不與之言失人不可與言而與之言失言智者不失人亦不失言由此論之陛下可審其所言而不可不慎信其所與而不可不誠海禽至微猶識

情僞含靈之類固必難誣前志所謂衆庶者至愚而神蓋以蚩蚩之徒或昏或鄙此其似於愚也然而上之得失靡不辯上之好惡靡不知上之所祕靡不傳上之所為靡不效此其類於神也故馭之以智則人詐示之以疑則人偷接不以禮則徇義之意輕撫不以恩則効忠之情薄上行之則下從之上施之則下報之若響應聲若影從表表枉則影曲聲淫則響邪懷鄙詐而求顏色之不形顏色形而求觀者之不辯觀者辯而求衆庶之不惑衆庶惑而求叛亂之不生自古及今未之得也故唯天下至誠為能盡其性能盡其性則能盡人之性若不盡於己而望盡於人衆必紿而不從矣不誠於前而曰誠於後衆必疑而不信矣今方岳有不誠於國者陛下則興師以伐之臣庶有矯信於上者陛下則出令以誅之有司順命誅伐而不敢縱捨者蓋以陛下之所有責彼之所無故也向若陛下不誠於物不信於

人。人將有辭。何以致討。是知誠信之道。不可斯須失身。願陛下慎守而行之有加。恐非所以為悔者也。臣聞春秋傳曰。人誰無過。過而能改。善莫大焉。易曰。日新之謂盛德。禮記曰。德日新。日日新。又日新。商書仲虺述成湯之德曰。用人惟己。改過不吝。周詩吉甫美宣王之功曰。袞職有闕。惟仲山甫補之。夫禮易春秋百代不刊之典也。皆不以無過為美。而謂大善盛德。在於改過日新。成湯。聖君也。仲虺。聖輔也。以聖輔而贊揚聖君。不稱其無過。而稱其改過。周宣。中興之賢主也。吉甫。文武之賢臣也。以賢臣而歌誦賢主。不美其無闕。而美其補闕。是則聖賢之意。較然著明。唯以改過為能。不以無過為貴。蓋為人之行己。必有過差。上智下愚。俱所不免。智者改過而遷善。愚者恥過而遂非。遷善則其德日新。是為君子。遂非則其惡彌積。斯謂小人。故聞義能徙者。常情之所難。從諫勿咈者。聖人之所高。至於贊揚君德。歌

述主功。或以改過不吝為言。或以有闕能補為美。中古已降。澆風浸微。臣既尚諛。君亦自聖。掩盛德而行小道。於是有入則造膝。出則詭辭之態興矣。姦由此滋。善由此沮。帝王之意。由此惑。諸臣之罪。由此生。媚道一行。為害斯甚。太宗文皇帝挺秀千古。清明在躬。再恢聖謨。一變流弊。以虛受為理本。以直言為國華。有面折廷爭者。必為霽雷霆之威。而明言獎納。有上封獻議者。必為黜心意之欲。而手勅褒揚。故得有過必知。知而必改。存致雍熙之化。沒齊堯舜之名。向若太宗徇中主之常情。滯習俗之凡見。聞過則羞己之短。納諫又畏人之知。雖有求理之心。必無濟代之効。雖有悔過之意。必無從諫之名。此則聽納之實不殊。隱見之情小異。其於損益之際。已有若此相懸。又況不及中才。師心自用。肆于人上。以遂非拒諫。孰有不危者乎。且以太宗有經緯天地之文。有底定禍亂之武。有躬行仁義之德。有理致太

平之功。其為休烈耿光。可謂盛極矣。然而人到于今稱詠。以為道冠前古。澤被無窮者。則從諫改過為其首焉。是知諫而能從。過而能改。帝王之美。莫大於斯。陛下所謂諫官論事少能慎密。例自矜衒。歸過於朕者。臣以為不密自矜。信非忠厚。其於聖德。固亦無虧。陛下若納諫不違。則傳之實足增美。陛下若違諫不納。又安能禁之勿傳。伏願以貞觀故事為楷模。使太宗風烈重光於聖代。恐不可謂此為歸過而沮絕直言之路也。臣聞虞舜察邇言。故能成聖化。晉文聽輿誦。故能恢霸功。大雅有詢于芻蕘之言。洪範有謀及庶人之義。是則聖賢為理。務詢眾心。不敢忽細微。不敢遺鰥寡。偽言無驗。不必用。質言當理。不必違。遜于志者。不必然。逆于心者。不必否。異於人者。不必是。同於眾者。不必非。辭拙而効速者。不必愚。言甘而利重者。不必智。是皆考之以實。慮之以終。其用無他。唯善所在。則可以盡天下之理。見天

下之心。夫人之常情。罕能無惑。大抵蔽於所信。阻於所疑。忽於所輕。溺於所欲。信既偏。則聽言而不考其實。由是有過當之言。疑既甚。則雖實而不聽其言。於是有失實之聽。輕其人。則遺其可重之事。欲其事。則存其可棄之人。斯並苟縱私懷。不稽皇極。于以勝天下之理。于以失天下之心。故常情之所輕。乃聖人之所重。圖遠者先驗於近。務大者必慎於微。將在博採而審用其中。固不在慕高而好異也。陛下所謂比見奏對論事皆是雷同。道聽塗說者。臣竊以眾多之議。足見人情。必有可行。亦有可畏。恐不宜一概輕侮而莫之省納也。陛下又謂試加質問。即便辭窮者。臣但以陛下雖窮其辭。而未盡其理。能服其口。而未服其心。何以知其然。臣每讀史書。見亂多理少。因懷感歎。嘗試思之。竊謂為下者莫不願忠。為上者莫不求理。然而下每苦上之不理。上每苦下之不忠。若是者何。兩情不通故也。下之情莫不願

達於上上之情莫不求知於下然而下恒苦上之難達上恒苦下之難知若是者何九弊不去故也所謂九弊者上有其六而下有其三好勝人恥聞過騁辯給眩聰明厲威嚴恣彊愎此六者君上之弊也諂諛顧望畏愞此三者臣下之弊也上好勝必甘於佞辭上恥過必忌於直諫如是則下之諂諛者順旨而忠實之語不聞矣上騁辯必勦說而折人以言上眩明必臆度而虞人以詐如是則下顧望者自便而切磨之辭不盡矣上厲威必不能降情以接物上恣愎必不能引咎以受規如是則下之畏愞者避辜而情理之說不申矣夫以區域之廣大生靈之衆多宮闕之重深高卑之限隔自黎獻而上獲覩至尊之光景者踰億兆而無一焉就獲覩之中得接言議者又千萬不一幸而得接者猶有九弊居其間則上下之情所通鮮矣上情不通於下則人惑下情不通於上則君疑疑則不納其誠惑則不從其

令誠而不見納則應之以悖令而不見從則加之以刑下悖上刑不敗何待是使亂多理少從古以然考其初心亦必深暴亦在乎兩情相阻馴致其失以至于艱難者焉昔龍逢誅而夏亡比干剖而殷滅宮奇去而虞敗屈原放而楚衰臣謂夏殷虞楚之君若知四子之盡忠必不勤棄若知四子之可用必不拒違所以至於忍害而捨絕者蓋謂其言不足行心不足保故也四子既去四君亦危然則言之固難聽亦不易趙武吶吶而為晉賢臣絳侯木訥而為漢元輔公孫弘上書論事帝使難弘以十策弘不得其一及為宰相卒有能名周昌進諫其君病吃不能對詔乃曰臣口雖不能言心知其不可然則口給者事或非信辭屈者理或未窮人之難知堯舜所病胡可以一詶一詰而謂盡其能哉以此察天下之情固多失實以此輕天下之士必有遺才臣是以竊慮陛下雖窮其辭而未窮其理能服其口而未

服其心良有以也古之王者明四目達四聰蓋欲幽抑之必通且求聞己之過也垂旒於前黈纊於側蓋惡視聽之太察惟恐彰人之非也降及末代則反於斯聰明不務通物情視聽祇以伺罪釁與衆違欲與道乖方於是相尚以言相示以智相冒以詐而君臣之義薄矣以陛下性含仁聖意務雍熙而使至道未孚臣竊為陛下懷愧於前哲也古人所以有恥君不如堯舜者故亦以是為心乎夫欲理天下而不務於得人心則天下固不可理矣務得人心而不勤於接下則人心固不可得矣務勤接下而不辯君子小人則下固不可接矣務辯君子小人而惡其言過悅其順已則君子小人固不可辯矣趣和求媚人之甚利存焉犯顏取怒人之甚害存焉居上者易其害而以美利利之猶懼忠告之不蔵況有疏隔而勿接又有猜忌而加損者乎天生烝人合以為國人之有口不能無言人之有心不能無欲言

不宣於上則怨讟於下欲不歸於善則湊集於邪聖人知衆之不可以力制也故植謗木陳諫鼓列爭臣之位置采詩之官以宣其言導禮義安誠信厚賢能之實廣功利之途以歸其欲使上不至於亢下不至於窮則人心安得而離亂兆何從而起古之無為而理者其率用此歟苟有理之之意而不知其方苟知其方而心守不一則得失相半天下之理亂未可知也其又違道以師心弃人而任己謂欲可逞謂衆可誣謂專斷無傷謂詢謀無益謂諛說為忠順謂獻替為妄愚謂進善為比周謂嫉惡為嫌忌謂多疑為御下之術謂深察為聰物之明理道全乖國家之顛危可立待也理亂之戒前哲備言之矣安危之效歷代嘗試之矣舊典書在殷鑒足徵其於措置施為在陛下明識所擇耳伏願廣接下之道開獎善之門弘納諫之懷勵推誠之美其接下也待之以禮貌之以和虛心以盡其言端意以詳其理

不察人以給不自眩以明不以先覺為能不以臆度為智不形好惡以招諂不大聲色以示威如權衡之懸不作其輕重故輕重自辯無徒而詐也如水鏡之設無意於妍蚩而妍蚩自彰莫得而怨也有犯顏讜直者獎而親之有利口諂佞者疎而斥之自然物無遁情言不苟進君子之道浸長小人之態日消何憂乎少忠良何有乎作威福何患乎妄説是非如此則接下之要備矣其獎善也求之若不及用之懼不周如擇人之任材曲直當分如滄海之歸水洪涓必容能小事則處之以小官立大勞則報之以大利不忌怨不避親不抉瑕不求備不以人廢舉不以己格人聞其才必試以事能其事乃進以班自然無不用之才亦無不賓之舉如此則獎善之道得矣其納諫也以補過為心以求過為急以能改其過為善以得聞其過為明故諫者多表我之能好諫者直示我之能賢諫者之狂誣明我之能恕諫

者之漏泄彰我之能從有一于斯皆為盛德是則人君之與諫者交相益之道也諫者有爵賞之利君亦有理安之利諫者得獻替之名君亦得採納之名然猶諫者有失中而君無不美唯恐讜言之不切天下之不聞如此則納諫之德光矣其推誠也在彰信在任人彰信不務於盡言所貴乎出言則可復任人不可以無擇所貴乎已擇則不疑言而必誠然可以求人之聽命任而勿貳然可以責人之成功誠信一虧則百事無不紕繆疑貳一起則羣下莫不憂虞是故言或乖宜可引過以改其言而不可苟也任或乖當可求賢以代其任而不可疑也如此則推誠之義孚矣微臣所以屢屢塵黷而不能自抑者蓋以陛下有撥亂之志而多難未平有務理之誠而庶績未乂有堯舜聰明之德而未光宅於天下有覆載含弘之量而未翕受於衆情故臣每中夜靜思無不竊歎而深惜也向者陛下有其位而無必

行之志有其志而無可致之資則臣固已從俗浮沉何苦而汲汲如是惟陛下詳省所聞亟行所宜歸天下之心濟中興之業此臣之願也億兆之福也宗社無疆之休也

贄又上奏曰右欽溆奉宣聖旨緣唐安公主喪亡不可向此間遷厝權今造一塔安置待收復京城即擬將歸以禮葬送所造塔役功費用亦甚微小都不合是宰相所論之事姜公輔忽有表奏都無道理但欲指朕過失擬自取名朕本拔擢將為腹心今卻如此豈不負朕至深卿宜商量如何穩便者公輔頃在翰林與臣久同職任臣今據理辯之則涉於私黨之嫌希旨順承則違於臣輔之義涉嫌止貽於身患違義實玷於君恩徇身忌君臣之恥也別嫌獎義主之明也臣今不敢冒行所恥亦賴陛下明聖而鑒焉古語有之順旨者愛所由來逆意者惡所從至故人臣皆爭順旨而避逆意非忘家為國捐

身成君者誰能犯顏色觸忌諱是一言聞一説式是以哲后興王知其若此求諫如不及納善如轉圜諒直者嘉之訐犯者義之愚淺者恕之狂誕者容之仍慮驕汰之易滋而忠實之不聞也於是置敢諫之鼓植告善之旌懸戒慎之鞀立司過之士猶懼其未也又設官寘以言為常由是有史為書瞽為詩工誦箴諫大夫規誨士傳言庶人謗尚恐其怠也每歲孟春遒人以木鐸徇于路而振警之官師相規工執藝事以諫其或不恭邦有常刑然非明智不能招直言非聖德不能求過行招直則其智彌大求過則其德彌光唯其衰亂之朝闇惑之主則必諱其過行寧其直言以阿諛為納忠以諫爭為揚惡怨讟溢於下國而耳不欲聞腥德達于上天而心不求寤迨乎顛覆猶未知非情之昏迷乃至於是故明者廣納以成德闇者獨用而敗身成敗之途千古相襲與毀同轍者罔不覆與成同軌者罔不昌以陛

下日月之明江海之量自當矯夏癸殷辛拒諫飾非之愆協大禹成湯拜言改過之誠矧又時運方屯物情猶鬱乃是陛下握髮吐哺之日而宵衣旰食之辰士無賢愚咸宜録用言無大小皆務招延固不可復有忤逆之嫌甘辛之忌也夫君人者以衆智為智以衆心為心恒恐一夫不盡其情一事不得其理孜孜訪納唯善是求豈但從諫不咈而已哉乃至求謗言聽輿誦葑菲不以下體而不採故英華靡遺芻蕘不以賤品而不詢故幽隱必達今公輔官在諫議任居宰衡獻替彌綸乃其職分比於芻蕘葑菲豈不優而且重哉此理之常實足恠也縱使引喻非當不猶愈於輿誦乎矯激過深不猶愈於謗言乎晉文聽輿人之誦而霸業興虞舜設誹謗之木而帝德廣斯實聖賢之高躅陛下何疾焉聖旨又以造塔役費微小非宰臣所論之事下臣愚戇竊謂不然當問理之是非豈論事之大小若造塔為是役

雖大而作之何傷若造塔為非費雖小而言者何罪夫小者大之漸微者著之萌故君子慎初聖人存戒知幾者所貴乎不遠而復制理者必在於未亂之前本立輔臣置之左右朝夕納誨意在防微微而弼之乃其職也涓涓不遏終變桑田燄燄靡除卒燎原野流煽已甚禍災已成雖欲救之固無及矣書曰不矜細行終累大德易曰小人以小善為無益而不為也以小惡為無傷而不去也故惡積而不可掩罪大而不可解然則小之不可不慎也如此陛下安得使之勿論乎虞書載咎繇之言曰兢兢業業一日二日萬幾兢兢慎也業業危也幾者動之微也唐虞之際主聖臣賢庶績咸煕萬邦已協而猶上下相戒既慎且危慮事之微日至萬數然則微之不可不重也如此陛下又安可忽而勿念乎舜之為君始作漆器羣臣固争咸謂非宜漆器之為用也甚堅其為費也蓋寡然猶相繼諷諫者豈不欲杜其

漸而慎其初歟是知君臣之間義同一體事罔大小相須而成故舜命其臣曰作朕股肱耳目夫股肱之奉元首不以煩細而闕於運行耳目之助於心靈不以幺微而廢於視聽是以臣子之於君父也盡其敬而敬焉盡其愛而愛焉敬則顧極於尊榮愛則懼陷於過惡萬邦黎獻莫不皆然而況位列朝廷任當輔弼主辱與辱主安與安此而不言誰復言者禮曰近而不諫則尸利也若宰相者可謂近矣事或乖悞得無諫乎武丁賢君也傅説賢相也而武丁引金作礪以命其相説諭木從繩以戒其君是則輔弼之任匡救攸屬巨細之事悉宜盡規陛下所言役費微小非宰相所論之事又謂指朕過失擬自取名此誠異乎愚臣之所聞是以頻披肺腸而不敢自默者也若以諫争為指過則剖心之主不宜見罪於哲王若以諫争為取名則匪躬之臣不應垂訓於聖典獻替列職竟使奚為左右有人復將焉用

臣竊謂指過以示直固不如改過以見稱進諫以取名固不如納諫之為美假有意將指過諫以取名但能聞善而遷見諫不逆則所指者適足以彰陛下莫大之善所取者適足以資陛下無疆之休因而利焉所獲多矣儻或怒其指過而不改則陛下招惡直之譏黜其取名而不容則陛下被違諫之謗是乃掩已過而過彌著損彼名而名益彰果而行之所失大矣一獲一失可不慎乎伏願嘉忤旨之忠袪逆耳之吝平積憤之氣弭逆詐之情然後試以愚言反覆參校庶臻至理且亮微誠

贄又上奏曰右欽溆奉宣聖旨省卿所奏姜公輔事宜雖甚知卿盡忠然似未會朕意朕意以公輔才行共宰相都不相當在奉天時早欲停罷後因公輔辭退朕已對面許訖尋屬懷光背叛遂且因循容到山南公輔知朕必擬移改所以固論造塔事賣直取名據此用

心。豈是良善。朕所以惆悵者蓋緣如此。卿今疑朕不能納諫。殊乖本意者。臣以聽執。務在朴忠。推理而言。有懷必盡。睿意玄妙。非凡所窺。如臣懵昧之詳。且無希伺之志。奏報失旨。宜其固然。所冀錄微欵而矜至愚。實天下幸甚。古人有言曰。明主者可以理奪。又曰。主聖則臣直。今陛下稟天縱之才。備明聖之資。臣若抱理莫伸。守直不固。上虧至化。深莫大焉。輒復據直道而理其前言。惟陛下留意幸察。臣竊以領覽萬機。必先虛其心。鑑鏡羣情。必先誠其意。蓋以心不虛則物或見阻。意不誠則人皆可疑。阻於物者物亦阻焉。疑於人者人亦疑焉。萬物阻之。兆人疑之。將欲感人心致於和平。蓋物理使無紕繆。是由卻行而求及前人也。無乃愈疎乎。孔子曰。不逆詐。不億不信。豈非懼於肆情逞臆。以至于失中違道者哉。臣之區區。志欲匡輔。是以前者奏疏。願陛下平積憤之氣。弭逆詐之情。然後試以愚言反覆參校。蓋臻至理。且亮微誠。今陛下以素欲廢黜公輔之心。而謂其所行皆非良善。則是還怒而積憤之氣未平也。陛下揣公輔知必移改之意。而謂其所言皆欲取名。則是億不信而逆詐之情未弭也。逆詐之弭積憤未平。固宜公輔獲戾於蓄疑。下臣見尤於乖意。謂之至當則或不然矣。臣之獻言以助理也。君之求諫以彌違也。言茍助理。何必以人而廢言。諫茍彌違。何必責意而拒諫。若彼言無足用。意雖善而奚為。諫有可從。人雖咎而寧捨。古先聖王所以採葑菲。詢芻蕘。傳謗言。用仇怨。急於聽納。乃至於斯。其意無他。惟義所在。願陛下不以憎嫌之遺其片善。不務精察而謂之大明。忠言者利於行而喘於情。唯計慮至熟。乃能無忤。幸紆宸鑒。更審所宜。

歷代名臣奏議卷之二百二

聽言

唐憲宗元和三年。翰林學士白居易上奏曰。臣伏見內外官近日除改。人心甚驚。遠近之情。不無憂懼。喧喧道路。異口同音。皆云制舉人牛僧孺等三人以直言時事。恩奬登科。被落第人怨謗加誣。惑亂中外。謂為誑妄。斥而逐之。故並出為關外官。楊於陵以考策敢收直言者。故出為廣府節度。韋貫之同所坐。故出為果州刺史。裴垍以覆策又不退直言者。故免內職。除戶部侍郎。王涯同所坐。出為虢州司馬。盧坦以數舉事為人所惡。因其彈奏小誤。得以為名。故黜為左庶子。王播同之。亦傳知雜。臣伏以裴垍王涯盧坦韋貫之等。皆公忠正直。內外咸知。所宜授以要權。致之近地。故比來衆情私相謂曰。此數人者皆人之望也。若數人進。則必君子之道長。若數人退。則必小人之道行。故卜時事之否臧。在數人之進退也。則數人者自陛下嗣位以來。並蒙奬用。或任之耳目。或委以腹心。天下人情日望致理。今忽一旦悉疏棄之。或降於散班。或斥於遠郡。設令有過。猶可優容。況且無瑕。豈宜黜退。所以前月已來。上自朝廷。下至衢路。衆心洶洶。驚懼不安。直道者疚心。直言者杜口。不審陛下得知之否。凡此除授傳者紛然。皆云裴垍等不能委曲順時。或以正直忤物。為人之所媒孽。本非聖意罪之。不審陛下得聞之否。臣未知此說虛實。但獻所聞。所聞皆虛。陛下得不明辨之乎。所聞皆實。陛下得不深慮之乎。虛之與實皆恐陛下要知。臣若不言。誰當言者。臣今言出身戮。亦所甘心。何者。臣之命至輕。朝廷之事至大故也。臣又聞君聖則臣忠。上明則下直。故堯之聖也。天下已太平矣。尚求誹謗。以廣聰明。漢文之明也。海內已理矣。賈誼猶比之倒懸。可謂痛哭。二君皆容納之。所以得稱聖明也。

今陛下明下詔令。徵求直言。反以為罪。此臣所以未諭也。陛下視今日之理。何如堯與漢文之時乎。若以為及之。則誹謗觸哭尚合容而納之。況徵之直言。索之極諫乎。若以為未及。則僧孺等之言固宜然也。陛下縱未能推而行之。又何忍罪而斥之乎。此臣所以為陛下流涕而痛惜也。德宗皇帝初即位年。亦徵天下直言極諫之士。親自臨試。問以天旱。穆質對以兩漢故事。三公當免。卜式著議。弘羊可烹。此皆指言當時在權位而有恩寵者。德宗深嘉之。自第四等擢為第三等。自畿尉擢為左補闕。書之國史。以示子孫。今僧孺等對策之中。切直指陳之言。亦未過於穆質。而遽斥之。臣恐非嗣祖宗承耿光之道也。書諸史策。後嗣何觀焉。陛下得不再三省之乎。臣昨在院與裴垍王涯等覆策之時。日奉宣令臣等精意考覆。臣上不敢負恩。下不忍負心。唯秉至公以為取捨。雖有雠怨。不敢棄之。雖有親故。不敢避之。

唯求直言。以副聖意。故皇甫湜雖是王涯外甥。以其言直。合取。涯亦不敢以私嫌自避。當時有狀具已陳奏。不意群心構成禍端。聖心以此察之。則或可悟矣。儻陛下察臣肝膽。知臣精誠。以臣此言可以聽採。則乞俯迴聖覽。特示寬恩。僧孺等准往例與官。裴垍等依舊職獎用。使內外人意。豁然再安。若以臣此言理非允當。以臣覆策事涉乖宜。則臣等見在四人。亦宜各加黜責。豈可六人同事。唯罪兩人。雖聖造優容。且過朝夕。在臣懼惕。豈可苟安。敢不自陳。以待罪戾。臣今職為學士。官是拾遺。日草詔書。月請諫紙。臣若默默惜身不言。豈惟上辜聖恩。實亦下負神道。所以密緘手疏。潛吐血誠。苟合天心。雖死無恨。無任憂懼激切之至。

六年。憲宗謂宰臣曰。朕少年在德宗左右見貞元中。天下不理。何故如此。李吉甫對曰。德宗自用聖智。不任宰臣。奏請皆有疑慮。別結他門私恩信納事傾宰府。公道不行。所以下情不得上達。當時人情頗亦思亂。帝曰。不可盡歸怨於德宗。朕以謂此事當時宰相之過。德宗深在九重。何由得盡知外事。政之可否。秖合是宰相執論。一度不得至再二。再三不得直至五六。道理既當。事實無私。自然上意須迴。肆恩至當。豈有固守無理之事。苟違重臣所請。必不然也。朕有當時不見宰臣執論公事至于再三者。卿等皆須勵志。不得順朕之錯。必須執奏。直至五六度。不得謂朕怒恠。便止不論。卿等當恐之。吉甫嘗言人臣不當強諫。使君悅臣安。不亦美乎。李絳曰。人臣當犯顏苦口。指陳得失。若陷君於惡。豈得為忠。帝曰。絳言是也。絳或久不諫。帝輒詰之曰。豈朕不能容受。卿將無事可諫也。

元和中。左拾遺元稹上奏曰。臣聞先王之制祿也。居其位而不行其職者誅。是以上無虛授。下不隱情。臣竊觀今之備位素餐不行其職

者。莫過於臣輩。臣聞太宗文皇帝時。王珪魏徵為諫官。文皇雖宴游寢食之間。王魏實在其所用。至於文皇發一言。則王魏善之而後出。舉一事。則王魏慮之而後行。以文皇之明。合王魏之智。是以舉無遺事。言有典常。文皇猶以為視聽之未廣也。因命三品已上入議軍國大政。必遣諫官一員隨入。以參驗之。當是之時。司股肱耳目之任者。有君臣之義焉。有父子之恩焉。有朋友之歡焉。是以否無不替。可無不行。不四三年而天下大理。蠻夷君長帶刀入侍者。不可勝計。豈干戈征伐之所致乎。蓋擁蔽之患銷。而幽遠之情達也。若此。然後可以稱天子之諍臣矣。近之司諫諍者則不然。大不得備召見。次不得參時政。排行就列。纍纍而已。且臣聞之。諫官之職曰。左右前後。拾遺補缺。大則廷議。小則上封。近年已來。正衙不奏事。庶官罷巡對。若此則不見遺闕。補拾何階。不得數陳廷議。安設其所謂舉諫職者。唯獨詰

令有不便，除授有不當，則奏一封，執一見而已。以臣愚之君臣之際論列是非，諷諭於未形，籌畫於至密，尚不能回至尊之盛意，備讒慝之巧言，而況於既行之誥令，已命之除授，然後奏一封，執一見，思欲收絲綸之詔，迴日月之光，信無裨於萬一矣。至使凡今之人，以上封進計為妄動，拾遺補闕為冗員。以此稱供奉官，與王珪魏徵為等列，臣雖至愚，能不自愧。且陛下若以為臣等無所裨補，不足忝侍從，固不當假以名器，立之於朝。苟以為務廣聰明，稍關理道，又不當屏弃疏賤之使至於此。伏願陛下許臣於延英陜對，召臣一見，賜以溫顏，使臣得盡愚懇之誠，備陳諫官之職。苟或言有可採，得裨陛下萬分之一，是臣千載之一時也。如或言不諧理，塵黷聖聰，則臣自寘刑書，以謝瀆官之罪，亦臣之所以甘心也。無任懇款發憤効職忘軀之至。

稹又自以職諫諍不得數召見，乃上奏曰：臣聞理亂之始，必有萌象。

二者無門，在君上啓之而已。所謂萌象，豈有他哉？容直言，廣視聽，躬勤庶務，委信大臣，使左右近習者不敢蔽疏遠之臣，庶此理之象也。此而不理，萬無一焉。大臣不親，直言不進，抵忌諱者殺，犯左右者刑，與一二近習者決事於深宮之中，群臣莫得參籌畫，此亂之萌也。此而不亂，亦萬無一焉。是以古者人君即位之始，萌象未見之時，必有狂直敢言之士，抵忌諱，獻危言，在上者苟或宥而容之，激而進之，則天下之君子望風而悅曰：彼之狂而猶容於左，上之人其欲來天下之士乎。吾之道可以行矣。其小人睞利而言曰：彼之直奇以得幸於上，吾將直言以徼利可也。由是天下之賢不肖各以所忠貢言於上。上下之志，霈然而通，得失之情，幽遠必達。合天下之智，理萬物之心，人人樂得其所，戴其上如赤子之親慈母也。雖欲誘之為亂，其可得乎。臣故曰：容直言，廣視聽，而不理者，萬無一焉。及夫進計者入而不出，直言者戮而不容，則天下之君子自謀於心曰：與其言且不用而身為戮，吾寧危行言遜以保其終乎。其小人擇利而言曰：君之所惡者拂心逆耳之言也，吾將苟順是非以事之可也。由是進見者革而不內，言事者寢而不聞。若此，則十步之事不得見也，朝廷之情不得聞也。而況於天下之大，四方之遠乎。故曰：聾瞽之君，非無耳目也，蓋左右前後者屛蔽之，不使視聽爾。此而不亂，其可得哉？昔太宗文皇帝初即位時，天下之人莫有諫者，唯孫伏伽嘗以小事持諫於上，文皇帝大悅，厚賜田宅以勉之。自是言事者惟懼乎言不直，諫不極，不能激文皇之盛意，曾不以觸龍鱗犯忌諱為不可矣。於是房杜王魏之徒，議可否於前，天下四方之人言得失於外，不四三年而天下大理。豈文皇獨運聰明於上哉？蓋亦群下各盡其言以宣揚發暢於天下也。且夫樂全安而惡戮辱，古今之情一也。豈獨貞觀之人輕犯忌

諱而好戮辱哉？蓋文皇激而進之之功也。喜順從而惡謇犯，亦古今之情一也。豈獨文皇甘逆耳而怒從心哉？蓋以順從之利輕，而危亡之禍大，無窮之業重，而奉己之事微，思為子孫垂不朽，建永安之計也。為後嗣者其可順一朝之意而輕用文皇之天下乎。累聖傳緒，於今垂二百年矣，莫不率由斯道，致俗和平。況陛下以上聖之姿，紹復前統，即位之日，天下惟新，罪叔文之徒，而凶邪之黨散，懸惠琳之首，而悖亂之氣消，發承光之詐，而假威之孽除，反焦陂之田，而蒸庶之情感。其餘濺瑕縷死，薄賦恤人，賜帛耆年，旌閭孝悌，脩廢學，建義倉，莫不曲被殊私，覃于有截，斯皆陛下上法堯舜，近法太宗，致理之萌形見者數十，豈臣庸劣一二能明。然而下臣竊復孜孜咄咄有所未決者，獨以陛下即位已來，既周歲矣，百辟卿士，至于天下四方之人，曾未有獻一計，進一言，受陛下伏伽之賞者，左右前後拾遺補闕亦

未有奏一封執一諫受陛下激而進之之勸者設諫鼓置匭函曾未聞雪一冤決一事明陛下無幽不察之意者若臣等備位諫列名爲供奉官曠日彌年不得召見每就列位屏氣鞠躬不敢仰視又安暇議得失獻可否哉供奉官尚爾又況於踈遠之臣庶雖有特達不群之智思欲自効其路何階遂使凡今之人以諫鼓匭函爲虚器謂拾遺補闕爲冗員臣竊思之以陛下之睿博弘深勵精求理豈或入而不出言而不用哉蓋群下因循未能有所發明之罪也且臣思之今之備召承顧問者獨一二執政而已每一對敭不及俄頃問議天下之事臣竊料之恭承聖問仰謝寵光之不暇又安暇陳理亂議教化哉其餘瑣瑣有司或時一召見言簿書之出入計錢穀之登降不暇又安足置牙齒間臣竊惟陛下以景命惟新之初何如貞觀致理之後當貞觀致理之後以房杜王魏臣輔之智而猶上封進計者薦至獻

可替否者日聞今陛下當致理之初在四方多虞之日然而言事進計者終歲無一人豈非群下因循竊位之罪乎若臣稹者稟性篤鈍昧然無識然以當陛下臨御之始首陛下策賢之科擢授諫司恩萬常品若復默默與在位者處則臣莫大之罪亦萬於常品矣輒敢冒昧殊死件奏十事於後一曰教太子以崇邦本二曰任諸王以固磐石三曰出宮人以消水旱四曰嫁諸女以遂人倫五曰無時召宰相以講庶政六曰序次對百辟以廣聰明七曰復正衙奏事以示躬親八曰許方幅糾彈以懾姦佞九曰禁非時貢獻以絶誅求十曰省出入畋遊以防銜蹶凡此十者設使言之而是是而見用非臣之福也天下之福也苟或言之而非非而見罪乃臣之分也亦臣之願也

憲宗時學士李絳浴堂論事畢帝曰近日開諫官諫事頗有不實言事朋黨多是誇譤須遠貶三兩人甚者以勵其餘絳因對曰陛下此言似非聖意恐有邪佞之人以誤天心且自古聖主未嘗不納諫則昌拒諫則亡故夏禹拜昌言漢武延直諫所以光於史策也史傳備載歷代帝王置敢諫之鼓立司過之吏木鐸徇路以采風謡之詞商旅謗市以詳得失之政故成湯聖德格于皇天而稱改過不悋顔回希聖四科之首稱美不二過則知雖至聖賢不免有過所貴能改不至順非若無諫諍何以知過故書云汝無面從又曰從諫如流昔太宗以聖武削平天下奄宅萬國而懼臣下不諫諍之使言至於李大亮孫伏伽之儔皆以上疏諫事並蒙褒奬魏徵王珪事大小皆獻直言諫諍切直用裨聖德故太宗振英聲於萬古王魏流芳名於千載未聞堯舜禹湯文武之君洎我太宗塞諫路以自壅蔽不聞其過唯失道之君惡聞己過夏桀殷紂周幽秦皇以拒諫諍飾非反道敗德直言者謂之誹謗正諫者謂之妖邪忠臣結舌端士蹇跡故不知己

過遂至亡國向者四君招諫使言聞過輒改易覆車之轍俾忠臣之心則當政化益光宗社永固殷湯周武安得有鳴條牧野之戰戎人漢祖安得有驪山軹道之師且今補闕拾遺天后所置使在左右司察得失昔施之於女主今黜之於聖時國史之中何以示後微臣竊爲陛下惜之夫臣下貢言於至尊如天臣卑如地加以日月之照雷霆之威小臣晝度夜思將有上諫本欲陳諫十事至時已除五六逮於緘封上進又削其半其得上達者十無二三何哉啓忤意之言干不測之禍顧身無利相時避禍者也自非聖主知直言有益於己正諫有裨於時温言容納奬勵勸道忠臣抱義不顧其身懷忠不避其禍苟有致君濟時之益不識觸忌冒諱之誅何哉盡節之臣竭忠之士願食君之禄推事君之道而致然也其君上納忠如是之急也臣下上諫如是之難也所以明主須宥其過恂恂納諫切言者賞之使

必進極諫者褒之。使必行。然後聖德光明。大化宣暢。今黜責諫臣。使直士杜口。非社稷之利。朝廷之福也。陛下詢於微臣。不敢不陳愚款。帝曰。非卿此言。我安知諫諍之益也。

絳又於浴堂北廊奏對。指切時弊。有忤上旨。又論中官縱橫。方鎮進獻事宜。上怒甚。頭面俱赤。厲聲曰。卿所論事何太過耶。絳奏論不已。曰。所奏陳事理。豈臣身之利。是陛下之利。陛下不以臣愚昧。使處腹心之地。豈可見事虧聖德。致損清時。而惜身不言。仰屋竊歎。是臣負陛下也。若不顧禍患。盡誠奏論。旁忤倖臣。上犯聖旨。以此獲罪。是陛下負臣也。且臣與承璀素不相識。又無嫌隙。祇是威福太盛。虧損聖明。故不敢不言也。使臣緘默。非社稷之爲福也。上見絳誠切不回。怒色却散。乃慰諭曰。卿盡節竭誠於國。人所不敢言。卿悉言之。朕聞所不聞。知所不知。眞忠正誠節之臣也。疾風知勁草。卿之謂矣。

憲宗嘗召學士於三殿對奏。論政事。拾遺白居易言事抗直曰。陛下錯。帝色莊而罷。乃謂李絳曰。白居易小臣不遜。須令出院。絳因諫曰。臣聞主聖臣直。宥過莫大。陛下開納諫諍。容受直言。小臣然後敢極論得失。從而怒之。則是緘其口。若從順陛下。則安敢發言論。況居易所言。志在裨益。言雖大直。事涉不私。伏恐衆議以爲陛下惡聞直諫。斥出正人。非所以發揚聖德納諫諍也。帝悅曰。依卿所奏。遂待之如初。

穆宗時。柳公權爲司封員外郎。帝問公權用筆法。對曰。心正則筆正。筆正乃可法矣。帝改容。悟其以筆諫也。

文宗泰和七年。帝從容謂宰相曰。殷侑經術頗似鄭覃。李宗閔對曰。覃侑經術甚可尚。然議論不足聽。李德裕曰。覃侑議論他人不欲聞。惟陛下欲聞之。幸甚。

武宗嘗謂宰相曰。文宗好聽外議。諫官言事多不著名。有如匿名書。李德裕曰。臣頃在中書。文宗猶不爾。此乃李訓鄭注教文宗以術御下。遂成此風。人主但當推誠任人。有欺罔者。威以明刑。其誰敢欺。上善之。

後漢隱帝乾祐中。令常參官轉對。給事中陶穀上言曰。五日上章。曾非舊制。百官叙對。且異昌言。徒涜天聽。無益時政。欲乞停轉對。在朝群臣有所聞見。即許不時詣閤門奏。從之。

宋眞宗景德三年。直集賢院任隨乞以賞罰責諫臣舉職。疏曰。臣聞立國之本。在乎得士。得士之要。在乎見情。故仲尼以謂人情者聖王之田。治道所由生也。是則時之否泰。事之損益。萬化所繫。必因人情。人莫智於聖人。資聖人之德者。實由於良輔。故漢書曰。明主不惡切諫以博觀。忠臣不避重誅以直諫。諫也者。盡所以達下情而求治。致

君道於無窮。故爲臣有五諫之名。前代有七人之列。陛下祗嗣丕圖。秉持金鑑。可封之俗既阜成矣。無疆之化亦馴致矣。尚聞焦勞庶政。待旦以視朝。歷覽羣書。乙夜而忘寐。仍下賢良之詔。每求亮直之臣。惟稽古之聖心。軼前代之令典。雖求諫之路已見於洞達。而掌諫之臣未聞乎舉職。今諫議大夫司諫正言數員。但充位尸祿而已。是致堯鼓之設。寂寥而無聲。杜觶綴陳。謇諤而無効。箱篋謾盛於陳紙。搢紳競寢於正辭。罕遵及霤之風。莫覩引裾之直。願陛下擇賢士。黜具臣。垂賞罰之文。示懲勸之道。其兩省諫官。並准有唐故事。定其員數。優其俸給。限以遷官之年月。責以供職之否臧。其或獻替推誠。彌縫闕節。言事有裨於時政。抗章不避於天誅。進思盡忠。有犯無隱。則請行甄擢。以勸衆焉。其或尸利無慙。徇違有闕。務引腹非之咎。多致面從之誚。不啓心而沃心。罔危言而危行。降黜以勸衆焉。苟如是。則賢

者勸。惰者激。肅者奮。懦者立。俾朝廷之士。咸願竭忠而報國矣。

四年。帝謂王旦等曰。朕以臣僚上殿者劄子不列姓名。言者請留中不下。是皆攻人之短。發人陰私。而不欲明行彈糾者。若偏聽。則事不可明。若宣行則又違言者之意。遂命杜鎬陳彭年檢討前代臣僚上封言事故事。而降詔曰。朕司牧生民。講求政典。言念代工之理。實資著位之臣。咸服官聯。並勤夙夜。固傾輸於誠節。悉砥礪於廉隅。恪奉教條。共康理道。而有因循未革。習以為常。馳競相緣。免而無恥。或攸司之曠廢。或言事之詐欺。宜頒申儆之文。用洽至公之化。文武臣僚等各膺寵遇。宜在竭誠。凡所上章。故當無隱。儻思盡瘁奉國。復何恤於人言。豈必留中匿名。俾有傷於公體。蓋有愛憎是徇。善惡多誣。但欲潛惑於聽聰。不願顯行於按覆。頗彰欺罔。深黷政經。今後所上章疏。並具姓名。不得更乞留中。如事干樞密。朕即臨時相度。自餘並付所司依理施行。通判李邈上奏曰。臣伏覩乙丑詔書。文武官凡上章疏。不得更乞留中。並當付外施行者。若帝王省決章疏。不得留于禁中。四方聞之。以謂天子禁中留一紙書亦為教文所束。帝王必不盡知天下之事。若升殿論奏。不聞小臣。博訪得失。可以輸盡忠懇。苟機密之事不可示外者。豈得頒令行下。臣聞唐憲宗時。李絳面請獎納規諫。上曰。卿所陳至公。有裨於我。今韋處厚路隋甚有諫疏。言極忠懇。卿不知。則當時諫書亦有留中之制。且忠臣以款誠結明主。陛下亦欲盡審諸臣才器。若悉付外。則何人復敢獻言。此詔若行。恐非允當。願令追寢。以開言路。

仁宗天聖元年。右正言劉隨上奏曰。臣聞諫臣之廢置。驗其隆替。言路之開塞。繫乎安危。何則。君為元首也。大臣股肱也。諫臣耳目也。有人廢耳目而得聰明者。未之有也。故書稱明目達聰。以防壅蔽也。是以古之天子。必置諫臣七人。成湯至聖。有好問則裕之言。漢祖至明。有從諫如流之美。臣聞以古為鑑。可以知興亡。不敢遠稽前典。且以近代言之。唐太宗何如主也。十八起義師。二十四定天下。二十九即帝位。鑑情偽之理。明治亂之由。聖文神武。高於三代。然猶每與大臣會議。政事必命諫官憲臣史官預聞之。苟詔令不便。大臣不直。刑賞不當。邪正未分。則諫官得諍之。憲臣得彈之。史官得書之。是以上下無事。而君臣同德。太平之風可謂至矣。及高宗御圖。永徽已後。忠良獲罪。姦邪恣行。諫諍之風。于時掃地。中睿之世。固不足云。以至動干戈於禁掖。危社稷於綴旒。明皇纘承。盡革前弊。虛心納諫。朝聞夕行。開元之間。可謂至治。太平既久。漸踈逆耳之言。姦臣用事。無復苦口之藥。聽林甫之佞而卒相仙客。不察子諒之忠。致祿山之亂而越在草莽。方憶九齡之語。故曰諫臣之廢置。驗其隆替。言路之開塞。繫乎安危。厥後五代相仍。亂離滋甚。太祖皇帝乘時於運。拯生靈。太宗皇帝文德懷柔。混一區夏。真宗皇帝紹二聖之丕作。得萬國之歡心。夷夏大同。草木咸若。而猶廣開言路。躬自采納。縱有觸忤。無不優容。悲弓劍之上僊。傳龜鼎於繼聖。而賊臣丁謂。包藏私志。孤負國恩。謂天高而可欺。謂地厚而可罔。觀其用意。鬼瞰何逃。當先朝不豫之始。使諫官絕班。於冢宰擅權之時。致無人論奏。皇天眷命。聖人道存。特出宸衷。逐其元惡。正人之用。天下咸寧。所謂任賢勿貳。去邪勿疑者也。乃詢遠御之策。特建不拔之基。雖股肱宣力。致六合以為家。而耳目未布。慮一物之失所。爰稽前事。復致諫官。臣最庸愚。獲預掄選。凡關理體。敢不盡心。唐志云。左右拾遺掌供奉諷議。今之正言。則拾遺也。品秩雖卑。責任甚重。禮曰。有犯無隱。傳曰。知無不為。是以王者有過則犯顏而進諫。大臣有罪則直指而不忌。其或賞不以功。罰不以罪詔令不便興作無時或除拜之間不以才進或公忠之士濫被中傷或流放之人天下未知其罪或進用之者天下未見其能凡關損益令具奏陳謗之以厚利而不動臨之以白刃而不懼此諫臣之職也然諫臣未必盡賢言事未必盡善用捨之際在聖君裁之而已臣又聞天下之治亂由時政之公私也至公則天下合而治至私則天下離而亂且夫至公則正正則綱條舉綱條舉則公卿大夫各當其任而州郡承風夷狄嚮化矣使天下之勢如身臂之使指欲其不治其可得乎且夫至私則濫濫則綱條不舉綱條不舉則公卿大夫不當其任而郡縣失守夷狄不信矣使天下之勢如理絲而棼之欲其不亂其可得乎至公者何用正人也其徒常少而易為搖動至私者何用姦人也其徒常多而動相交結自古姦佞似忠亦不好亂其道乖殊所以召亂也用捨之際豈容易哉臣又聞國之大患在於不

得聞諫且王者操生殺之柄有雷霆之威虛心延納猶恐失之其或拒之孰敢抵罪是大臣頤位而不肯言小臣畏罪而不敢言上下偷安苟容竊位自古危亡常由此也且王者有甚愛之事有甚愛之人將行之將用之而物議未允必屈己而寢之有甚惡之事有甚惡之人將廢之將罪之而物議未允必屈己而寢之此致治之本也若以甚愛不顧物議而行之大臣唯唯而不言小臣默默而不論則物議喧騰天下疑懼紀綱漸壞乃危亡之道故曰國之大患在於不得聞諫是國家舉一事發一令必自股肱大臣僉謀協同而後行之萬一不可則諫臣諍之於前御史糾之於後欲其敗事其可得乎今皇太后陛下聖智高遠以至公治天下皇帝陛下聰明睿哲以至德臨域中左右前後無非正人蠻夷戎狄無不率化綱條整肅天下又安可謂治矣然治不忘亂安不忘危蓋亂必生於治危必生於安既治且安而制之以公危亂之勢不得生矣唐憲宗嘗問侍臣時之所切侍臣對以納諫為切憲宗行之大復土宇臣亦謂之所切在於納諫其餘守常安靜而已臣受命已來思有所補雖名侍從之列其實疎遠之官夫以疎遠之官當諫諍之職進難言之事有觸鱗之虞孔子曰未信則以為謗己也今諫臣既置矣言路既開矣伏望思安危之大計念疎遠之難言使臣子得盡忠義之心凡重得聞小大之事則天下幸甚

八年隨又上奏曰臣聞好問則裕成湯所以為聰明從諫如流漢祖所以成帝業歷代聖主必有諫臣然念言之甚難聽之不易以疎遠而指貴近以至賤而干至尊言之得無難乎在難言而言之身常危以至賤疎遠之人貢訐直逆耳之説聽之豈云易也在難聽而聽之意必倦且直者邪佞所惡自然之理也擊一邪則羣邪惡其身不得

不危罪一正則羣邪進王者不得不謹是以先帝焦勞寤寐思得正人至于再三未獲讜直遂下此詔增置諫員月責諫疏明達耳目自後纔得四人諫官二人魯宗道劉燁御史二人劉平韓顥其政孜孜獻替者唯聞宗道而已皇帝御極追繼先志復置諫官又得四員以充其任諫官二人臣及孔道輔御史二人曹修古王碩其間道輔穎秀已在清途修古罷職亦為外任王碩以他事黜免微臣近歸諫省補報無狀出入八年復恩先帝詔旨云況朕覩披封奏素靡漏言此乃極慮臣僚疑有漏洩而不敢盡言也周易云君不密則失臣臣不密則失身幾事不密則害成正謂此也天聖五年臣嘗言綦等事舉朝官員誦其言語羣邪側目增惡結讎甚可畏也若非兩宮聖明深辨忠直則臣已竄逐遐方矣自古姦臣皆以貨賂厚結左右及宮掖之內是以動靜先知迎合上意李林甫二十年專政明皇不疑上官昭容權傾天下唐祚顛

殞前代似此蓋亦多矣國家傾敗常由此矣自兩宮御宇樂聞讜言然垂簾之日疑有潛聽封奏之人憂其漏洩是以人人惟禍而不敢盡言今則文武班列亦有議其得失諫官御史朝野讜其循默伏乞聖慈念先帝漏言之誡思周易失臣之文凡有奏章藏收祕密垂簾之日舜之左右則公忠之士得以盡言用廣聰明天下幸甚

景祐二年監察御史裏行孫沔乞免上封事人罪疏曰臣聞主聖臣忠朝有直言之士下情上達外揚進善之旌前王思廣於聰明庶政莫能於壅塞尚慮諫臣頤祿竊位懷安故於觀闕之前專設匭函之制言之無罪誡不間於卑微來者可追庶獲聞於讜議時加激賞猶避深譏或致嚴科實為止善今竊見上封事人李安世粗因狂悖妄進瞽言不識朝廷之儀惟據市井之事毀欺日月干犯雷霆死有餘辜身不容責兼聞下吏審問文辭致詰飛聲推窮敗類然根索姦之理或傷招諫之仁雖曰狂愚猶勝諂佞況自道輔仲淹被黜之後罷籍范諷致對已來凡在搢紳盡思緘默又慮千里之外四方之人不知安世訕上犯顏將謂安世獻忠獲罪豈有至聖猶忌危言自遠流傳為議非美覆巢之卵其類惡傷彈雀以珠所惜者大伏望皇帝陛下俯回造化貸以寬恩特免竄投以勵全節使彼偷安之士永懷内愧之心況臣與其人素匪交親未嘗識面縱干大典絕不相因惟恐史官直書於遺懷可嗟言路重設於艱危伏乞少霽天威用存國體

康定元年孫沔為右正言又乞行諫臣之言疏曰臣竊以諫諍之臣畏避是恥知無不言始為稱職大則庭議小則上封不顧忌諱以廣聰明有唐則名列中省班隨宰臣庶於萬機之際或伸一得之慮今給事不專封駮舍人惟行誥詔至於遺補分為虛秩政事不得聞乘輿不得從其或命令出入無以究論訪問陰求頗同姦伺得自傳聞十無二三再窮端實已復後時先事則有輕發之機遂事則曰已行之命徒盡貢於封章實委頓於省覽闊略之務或見須行要切體宜罕聞報可是使臣僚之内但作疵瑕政教之中莫資補益臣自叨承乏已及五旬雖少陳於淺識終莫副於虛懷稍形詆刺遂復遷留至微尚有所難設若論朋黨於中外擊姦邪於左右議公卿之非據指宮寺之作威則將何如哉臣若循默自容是辜君賜臣若忤觸受辱又貽親憂方寸交戰啓處不遑俛首懷慚趨走朝末所以知守道之難而為義不易也伏望陛下明發無私斷在不疑凡有利於國有補於時在陛下思而必行之況今政綱未甚舉邊方未甚寧災變未甚息人民未甚康尚仍舊貫一切示暇此非臣所能知也若陛下擇善就中雷動風行則事有大於此者將以助一日二日之機矣臣本非悖古妄進狂言上犯威顏甘俟竄逐

景祐三年集賢校理余靖論范仲淹不當以言獲罪疏曰臣聞位疏而言深者罪也知淺而謀深者妄也臣故抵罪妄輙有開陳者蓋愚忠事君不敢自愛萬一益國死無所恨伏聞今月十九日以吏部員外郎天章閣待制范仲淹落職守本官差知饒州者臣竊仲淹秉朴忠之心懷直諫之節不識忌諱有可矜憫觀其臨事不苟言必忤上竭忠奉國豈私其身哉去歲起自貶所召居顧問之職爾時正人端士酌酒相賀蓋喜陛下紓善思治招來忠讜真聖帝哲王聰明之政也今茲遽聞以言獲罪左降僻遠事出不意驚駭耳目何其進之太暴而逐之太速乎然則仲淹若以官政闕失自取罪戾國有常典誰敢議之今以刺譏大臣指訐時政而不示含恕重加譴謫臣深為陛下不取也昔堯舜之帝商周之王皆云諤諤以昌不聞誹謗為罪況仲淹前所言事在陛下母子夫婦之間犯顏逆耳最其大者以其言

合典禮尚加優奬正人端士所以相賀者以陛下屈情納道超越前古若是者也今因進對之際言大臣長短縱令謀論疎淺褒貶過當未必盡合聖慮此則斷在陛下聽與不聽耳安可與讒邪同罪乎至如汲黯在廷毀平津之多詐張昭論將以魯肅為麤疎漢帝吳主熟聞此議而用無猜豈損令德臣今越職而言者非不知百官內外各有職分但以諫官御史畏罪而未言遂恐庶人之議不得上達豈敢區區不避誅放臣之所言亦非營救仲淹何者仲淹自大理寺丞四五年間至吏部員外郎比於常流此乃踰涯之寵今雖落職於仲淹之身未有所損但所論者國家大體耳古者斥去直臣皆玷累盛德故多含垢忍怒以示容納彼非不能快意行事蓋惜千古之名耳陛下自親政已來三逐言事者矣習以為常不甚重惜則恐書於史冊虧玷太平之政鉗天下之口塞陛下之聽在此舉矣不可不謹故臣

披瀝肝膽冀陛下察之伏望陛下以舜察邇言為念以漢招直諫為謀常以壅塞而是憂不以誹謗而加罪追改前命無重過舉則天下幸甚

慶曆三年知諫院歐陽脩上奏曰臣竊聞近日為軍賊王倫事江淮州軍頻有奏報朝廷不欲人知召進奏官等於樞密院責狀不令漏泄指揮甚嚴不知此事出於聖旨或只是兩府大臣意欲如此以臣料之為近日言賊事者多朝廷欲人不知以塞言路耳臣謂方今多事之際雖有獨見之明尚須博採善謀以求眾助豈可聾瞽群聽杜塞人口況朝廷處事未必盡能合宜臣下獻忠未必全無可採至如王倫驅殺士民攻劫州縣江淮之上千里驚擾事已若斯何由掩蓋當今列職之士極有憂國之人欲為人主獻言常患聞事不的況臺諫之官尤是本職凡有論列責在事初善則開端惡則杜漸言於未發庶易回改今事無大小常患後時或號令已行或事迹已布縱欲論救多不能及若更秘密不使聞知則言事之臣何由獻說臣今欲乞指揮進奏院凡有事非實封者不須秘密

嘉祐元年脩為翰林學士又上奏曰臣伏見陛下仁聖聰明優容諫諍雖有狂直之士犯顏色而觸忌諱者未嘗不終始保全往往亟加擢用此自古明君聖主之所難也然而用言既難獻言者亦以為不易論小事者既可鄙而不足為陳大計者又似迂而無速效欲徹風則未能感動將直陳則先忤貴權而又竊有羣言奪於眾力所陳多未施設其人遽已改遷致陛下有聽言之勤而未見用言之效頗疑言事之職但為速進之階蓋緣臺諫之官資望已峻少加進擢便履清華而厭人言者因此亦得進說直云此輩務要官職所以多言使後來者其言益輕而人主無由取信幸陛下納諫之意違陛下賞諫

之心臣以為欲救其失唯宜擇沉默端正守節難進之臣置之諫署則既無干進之疑庶或其言可信伏見殿中丞王安石德行文學為眾所推守道安貧剛而不屈司封員外郎呂公著是夷簡之子器識深遠沉靜寡言富貴不染其心利害不移其守安石久更吏事兼有美才嘗召試館職固辭不就公著性樂閑退淡於世事然所謂夫人不言言必有中者也往年陛下上遵先帝之制增置諫官四員已而中廢復止兩員今諫官尚有虛位伏乞用此兩人補足四員之數必能規正朝廷之得失裨益陛下之聰明臣叨被榮恩未知報效苟有所見未敢不言

六年脩為樞密副使又上奏曰臣材識庸暗碌碌於眾人中蒙陛下不次拔擢置在樞府其於報効自宜如何而自居職以來已逾年歲凡事關大體必須眾議之協同其餘日逐進呈皆是有司之常務至

於謀猷啓沃蔑爾無聞上辜聖恩下愧清議人雖未責臣豈自安所以夙夜思惟殫竭愚慮苟有可採冀裨萬一臣近見諫官唐介臺官范師道等因言陳升之事得罪或與小郡或竄遠方陛下自臨御以來擢用諍臣開廣言路雖言者時有中否而聖慈每賜優容一旦臺諫聯翩被逐四出命下之日中外驚疑臣雖不知臺諫所言是非但見唐介范師道皆久在言職其人立朝各有本末前後補益甚多豈於此時頓然改節故爲欺罔上眛聖聰在於人情不宜有此臣竊以謂自古人臣之進諫於其君者有難有易各因其時而已若剛暴猜忌之君不欲自聞其過而樂聞臣下之過人主好察多疑於上大臣側足畏罪於下於此之時諫人主者難而言大臣者易若寬仁恭儉之主動遵禮法自聞其失則從諫如流聞臣下之過則務爲優容以保全之而爲大臣者外秉國權內有左右之助言事者未及見聽而

怨仇已結於其身故於此時諫人主者易言大臣者難此不可不察也自古人主之聽言也亦有難有易在知其術而已夫忠邪並進於前而公論與私言交入于耳此所以聽之難也若知其人之忠邪辨其言之公私則聽之易也凡言拙而直逆耳違意初聞若可惡者此忠臣之言也言婉而順希旨合意初聞若可喜者此邪臣之言也至於言事之官各舉其職或當朝正色顯言于廷或連章列書共論其事言一出則萬口爭傳衆目共覩雖欲爲私其勢不可故凡明言于外不畏人知者皆公言也若非其言職又不敢顯言或密奏乞留中或面言乞出自聖斷不欲人知言有主名者蓋其言涉傾邪懼遭彈劾故凡陰有奏而畏人知者皆挾私之說也自古人主能以此術知臣下之情則聽言之易也伏惟陛下仁聖寬慈容納直言於臣尤所優禮常欲保全終始思與臣下愛惜名節尤謹重於進退故臣諄方

今言事者規切人主則易欲言大臣則難臣自立朝耳目所記景祐中范仲淹言宰相呂夷簡貶知饒州皇祐中唐介言宰相文彥博貶春州別駕至和初吳中復呂景初馬遵言宰相梁適並罷職出外其後趙抃范師道言宰相劉沆亦罷職出外前年韓絳言富弼罷知蔡州今又唐介等五人言陳升之得罪自范仲淹貶饒州後至今凡二十年間逐臺諫者多矣未聞有規諫人主而得罪者臣故謂方今諫人主則易言大臣則難陛下若推此以察介等所言則可知其心矣昨所罷黜臺諫五人唯是從誨入臺未久其他四人出處本末迹狀甚明可以歷數也唐介前因言文彥博遠竄廣西煙瘴之地賴陛下仁恕哀憐移置湖南得存性命范師道趙抃並因言忤劉沆罷臺職守外郡連延數年然後復用今三人者又以言樞臣罷黜然則介不以前蹈必死之地爲懼師道與抃不以中滯進用數年爲戒遇事必

言得罪不悔蓋所謂進退一節終始不變之士也至於王陶者本出孤寒只因韓絳薦舉始得臺官及絳爲中丞陶不敢內顧私恩以義爭議絳終得罪牽顧私恩人之常情爾斷恩以義非知義之士不能也以此言之陶可謂徇公滅私之臣矣此四人者出處本末之迹如此可以知其爲人也就使言雖不中亦其情必無他議者或謂言事之臣好相朋黨動搖大臣以作威勢臣竊以謂不然至於去歲韓絳言富弼之時介與師道以與絳爲朋黨及與諸臺諫共論絳爲非然則非相朋黨非欲動搖大臣可明矣臣固謂未可以此疑言事之臣也況介等比者雖爲謫官幸蒙陛下寬恩各得爲郡未至失所其可惜者斥逐諫臣非朝廷美事阻塞言路不爲國家之利而介等盡忠守節未蒙憐察也伏望聖慈特賜召還介等置之朝廷以勸守節敢言之士則天下幸甚

慶曆三年。館閣校正蔡襄言增置諫官䟽曰。臣伏見朝廷選用王素余靖歐陽脩等增備諫官。是三人者皆持立之士。昔以直言觸忤權臣。擯斥且久。今者一日並命。人無賢愚。萬口相慶。皆謂陛下特發神斷。擢任不疑。蓋陛下深憂政教未舉。賞罰未明。群臣之邪正未分。四方之利害未究。故增耳目之官以廣言路。此陛下為社稷生靈大計也。臣竊思任諫非難。惟聽諫之難。聽諫非難。惟用諫之難。如素靖脩等忠誠剛氣著信於人。况蒙陛下奬拔之知。必能識闕政。獻明謨。擿回邪。撃權倖。思所以報効也。然邪人惡之。必有禦之之說。不過曰某人也好名也。好進也。彰君過也。或進此說。正是邪人欲蔽天聰。不可不察。臣請為陛下陳之。一曰好名。夫忠臣務盡其心。事有必須切直者。則極論之。豈顧名哉。若避好名之毀而無所陳施。則土木之人皆可備數。何煩陛下選揀如此之至。况名者。聖人以之勵世俗。分善惡。豈可廢乎。借使為善近名。陛下試思今之人遠權利。敦絜行以近名者。亦有幾人哉。二曰好進。前古諫臣之難者。遭遇昏世。上犯嚴威。身觸勢要。鼎鑊居側。斧鑕在前。死亦不辭。安得好進乎。蓋近來諫官進用太速。故世人必以謂之好進。今諫官有盡忠補闕之効。陛下但久任勿遷。使其人果忠且義。雖死於是官亦無恨矣。三曰彰君過。凡諫諍之臣。蓋以司予過舉也。緩則密䟽。急則昌言。期於必正。若人主從而行之。適以彰乎從諫之美。安得謂之彰過乎。然諫官亦有好名好進彰君過者。異於此。巧者之為諫。臣事之難言者。則嘿而不言。擇其無所忤者言之。就令不行。復再議。退而曰。某事我嘗言之矣。此可謂之好名也。容容嘿嘿。無所耻媿。踐歷資序。以登貴仕。此可謂之好進也。凡人主之有過。諫官最為近密。或不盡言。人主何從而知。且變更乎。傳之當世。垂之於後。終以為過。此可謂彰君過。臣向之所論。乃忠

臣巧者之分。願賜省覽。今陛下出於聖慮。自擢諫官。必自主之。若有陳述。於理適當。即賜施行。無使天下之人謂朝廷有好諫之名。而無好諫之實。使其言有訐切。亦願優假。無為姦邪構鬬。致有斥逐。使天下之人指朝廷有拒諫之失也。臣迹遠言近。不任兢惶激切之至。

四年。右正言錢明逸乞上殿三班外亦聽諫臣求對。狀曰。臣伏見閤門儀制。每日上殿不得過三班。緣三司開封府日有公事上殿外。只有審刑院。或大兩省班次。即其餘並皆隔下。且諫臣職在諫諍。大抵言朝政得失。詔令賞罰。稍稽頃刻。則事涉已行。隨而更張。國體非便。欲乞今後諫臣有本職事求對。雖已有三班外。亦聽上殿敷奏。

八年。同中書門下平章事集賢殿大學士文彥博乞樂上奏封細陳事理䟽曰。臣讀唐史見白居易為翰林學士。因事進諫語甚切直。憲宗不悅。謂宰相李絳曰。白居易小臣。是朕拔擢致名位。而無禮於朕。朕極難奈。絳對曰。居易所以不避死亡之誅。事無大小而必言者。蓋酬陛下拔擢耳。陛下欲開諫諍之路。不宜阻居易之言。憲宗曰。卿言是也。由是言多聽納。臣以居易被憲宗拔擢。纔為學士。能盡忠極諫以報恩遇。而况臣非才寒進。孤立無黨。獨蒙陛下誤聽。特力拔擢。位至宰相。犬馬之誠。堅於報主。然自待罪兩府。已逾二年。略無謀猷。上裨神聖。雖則日奉天顔。常覩黼座。所奏覆者。率多冗細事務。常程文書。徒煩睿聽。無益治體。以此為宰相職業。真所謂素飡尸祿。擬小謹而已。豈陳平所謂宰相者上佐天子。理陰陽。順四時。外鎮撫四夷。使卿大夫各得任其職之義乎。房喬杜如晦。唐之賢相。太宗猶常責之曰。公為宰相。當須開耳目。求訪賢哲。有武藝謀略。才堪撫衆者。任以邊事。有經明德修。立性明悟者。任以侍臣。有明幹清愨。處事公平者。任以劇務。有學通古今。識達政術者。任以治人。此乃宰相之裨益

也比聞聽受詞訟日不暇給安能助朕求賢哉斯言之責誠為至當臣每侍丹扆累聞德音常以求賢致治為切務推誠納諫為至德臣愚不能上副聖意而陛下至仁未忍以大義責臣而臣獨不內愧於心乎臣復自念性本朴忠言多蹇拙幸得進對咫尺天威凡所敷陳或未詳盡臣嘗覩唐宰臣趙憬奏章欲上書論事其略曰稽顙丹陛仰對宸嚴褻黷易窮遽數難辯理詳則塵瀆頗甚言略則利害不分切聞貞觀開元之際宰輔論事或多上言所冀獲盡情理時德宗嘉納之今臣之愚猶憬之志此後有面陳口奏頃刻之間或褻詘有所未盡事理有所未周即欲繼上奏封細陳理道上裨睿聖訪納之勤下盡微臣區區之蘊固不敢妄陳偏見亦不乞留中不出惟冀聖慈特賜詳擇

皇祐元年知諫院錢彥遠論臺諫風聞言事疏曰臣伏覩天禧元年二月內增置諫官御史敕節文云或詔令不允官曹涉私措置失宜刑賞踰制征求無節冤濫未伸並仰諫官論奏憲臣彈舉每月須一員奏事或更有切務即許不依次入對雖言有過當必示曲全若事難顧行即令留內但不得潛為朋附故作中傷恭以真宗皇帝之時九穀順成三邊寧肅符瑞填委刑罰幾措尚或詢求闕政匯佇直言孜孜之心久而益厲三十年間斯制不易陛下纂紹丕圖歷心聽納寬容盡下言路大開未嘗一日少怠高出前古遠矣天下方歌之舞之非假臣一二之陳而昨降勅命諫官御史不許風聞言人過失雖言而令中書樞密院不得施行誠敦厚風俗誡約苛細似與先帝敕意相遠先帝敕許論奏官曹涉私冤濫未伸是二者皆有司臣下之過也今皆不許風聞言之是涉私冤濫之跡無由上露今敕意謂過失自有人論訴及官司覺察其有恃怙威權結朋黨者人尚畏之豈

敢訴也本末之間事未為允且諫官御史蓋是陛下耳目譬如人之一身耳目聰明則聞見日博鉅細洞察至於行止措置內斷於心豈可因耳目所見而必行苟自壅塞耳目則門庭之內或有不聞拔於國家蓋體尤大臣所以聞新敕之下久未上言者蓋人情便之而今聞正士憤激謂起蒙蔽之端小人踴躍自得保全之計內外遠近公議頗同伏望聖慈體先帝元置諫官御史本意依天禧敕文內事節並許准故事風聞奏論彈舉所貴天聽及卑人情上達

二年知太常禮院司馬光論張堯佐狀曰臣聞明主勞心力以求諫和顏色而受之士猶畏懦而不敢進又况震之以威壓之以重而望忠臣之至直言之入難矣臣之不忠言之不直而天下以萬事紿者未之有也臣竊見臺諫官屢以張堯佐事上言而陛下執之益堅拒之益固前日臺諫官等守閤請對陛下御而不納中外之人莫不駭愕以為異事昔漢元帝欲用馮昭儀兄野王為御史大夫既而歎曰吾恐後世謂吾私於後宮遂不用今堯佐有野王之嫌而無其才陛下不次用之數年間自散郎至宣徽使雖彼實有可稱天下之人安可家至戶曉使謂陛下不私後宮哉抑又聞古之人有種瓜而甚愛之者盛夏日方中而灌之瓜不旋踵而萎敗其愛之非不勤也然灌之不以其時適所以敗之也今陛下貴用堯佐遠過其分天下已側目扼腕而疾之又復摧折忠諫以重其罪是正日中而灌瓜也臣竊為堯佐寒心而陛下獨不為之深思遠慮哉非獨如是而已前者臺諫官不得對之日陰霧冥冥跬步相失寒氷著木終日不解臣謹按洪範五行傳聽之不聰是謂不謀厥咎急厥罰常寒又按京房書謂之蒙氣此皆陰氣太盛壅蔽陽明上下否塞疑惑不决之象天意昭然有如教語行道之人皆知其異陛下性資純孝嚴恭天命容納直言

深明得失。此非臣之諫。乃天下所共知也。獨柰何以堯佐之故。忽天戒而不顧。棄人言而不從。輕祖宗之爵祿。違古今之明鑒。書之簡策。使天下之人有以議聖德之萬一。或累於光融高大之美。此臣所以日夜痛心疾首。寢不能安。食不能飽。深為陛下重惜者也。臣聞臣之事君。猶子事父也。豈有父獲大謗於外。而子不以告。且不諫哉。惟陛下亟召諫臣。使竭其所聞。采納其言而慰安其意。以厭上天之心。解外廷之惑。闢忠讜之路。塞寵倖之門。則天下歡然歌誦盛德。豈有窮哉。昔漢明帝作德陽殿。鍾離意諫。即時罷之。後乃復作。殿成。謂羣臣曰。鍾離尚書在。此殿不成矣。然則明帝非不欲為殿也。所以屈意罷之者。欲全諫臣之節。而開直言之端也。今臺諫官前後言堯佐者數矣。陛下曾不留神省察。少為末減以慰其心。夫人主所欲為。人臣豈能強變之哉。願自今以往。事復有大於堯佐者。在列之臣。噤嘿拱手視之而已矣。此非朝廷之福也。不然。羣臣猶朽木。陛下猶雷霆。安可以力校哉。惟陛下察之而已矣。

三年。翰林學士知制誥胡宿上奏曰。臣聞聖主悅至言。好崇諫。所以廣治道。防一切之未然也。臣以螻蟻微。竊觀陛下時稟上叡之德。能聽大度之言。甄賞諫臣以擢臺職。推誠含垢。美盡君人之量。堯舜之用心也。近日聞臺官言事。事涉後宮之親。出於風聞。有旨詰責。臣愚以謂諫官御史。朝廷紀綱所寄。雖有過繆。可且優容。昔漢文賢主也。袁盎直臣也。帝所幸慎夫人。盎嘗諫諍。言涉不遜。初雖怒。終不加罪。後慎夫人聞之。復賜盎金五百斤。慎夫人所以能保榮寵者。以能賞袁盎之直言也。漢元帝馮野王。昭儀之兄也。德行高妙。推為第一。時御史大夫缺。公卿多薦野王為之。帝曰。吾若用野王為之。天下必以我私後宮之親。昔德宗謂李絳比諫官論奏不實。欲黜其尤。絳曰。此非陛下意。必愉人以此熒誤上心。自古納諫昌。拒諫亡。君尊如天。臣卑如地。干不測之禍。雖開納獎勵。尚恐不至。直士杜口。非社稷福。臣願陛下鑒覩前史。開納至言。臣不勝區區之情。

直集賢院劉敞上奏曰。臣伏聞陛下以殿中侍御史裏行唐介言事狂狷。責授春州別駕。尋又聞陛下以春州險遠瘴癘之地。憐其孤危。將不生全。改授英州。此誠陛下聖德厚恩。容忍臣子。萬萬無窮也。臣竊觀詩書所載。帝王之君。德莫盛於知過。仁莫大於好生。名莫榮於聽諫。陛下皆踐之。且唐介居下訕上。至陷於戾。而陛下察其本心以忠信為之。故曰知過。既責介身。投之遠方。而復憂其不全。故曰好生。當介初得罪之時。中外震動。以言為戒。及聞徙還英州。人人懽忻。知陛下無意殺之。忠義者更思竭盡。故曰聽諫。臣不勝幸甚。臣聞伊尹戒商王曰。有言逆于汝心。必求諸道。有言遜于汝志。必求諸非道。此商所以保乂四海。格于皇天者也。臣所謂介之所言雖逆耳。求之於道。亦當有合者。陛下幸寬全不誅矣。若復闊略其罪。優游其身。使得省過追咎。復齒朝列。於以開廣言路。勸來者。則盛德無疆。臣不勝犬馬之心。

至和元年。敞又論不當排言者疏曰。臣昨聞吳充黜官。馮京落職。將謂其人所行實有過當。所言實有不可。是以觸忤聖意。不蒙矜恕。及於延和殿奏事。面奉宣諭。充乃是振職。京意亦無他。中書惡其太直。不與含容。臣竊驚駭。不覺憤咽。前古以來。唯有人主不能容受直言。或致竄謫臣下。今陛下慈仁好諫。寬大如此。不知中書何故不務將順聖意之美。須要排逐言者。令四方之人。不知本末。反謂陛下不能聽諫。口誇腹誹。所損不小。且如此事。陛下心所必恕。中書卻欲必仁。是蔽君之明。止君之善。侵君之權。增君之過。苟要作威。警動朝望。令後雖有不公不直。人不敢言。得以利己。得以患上。陛下不可不深察也。臣按六經舊史。大臣蔽君之明。止君之善。侵君之權。增君之過。皆為不忠。陷於刑誅。况今時人情遠不如古。若閉陛下欲為善而牽於大臣。大臣欲作威而不憚陛下。則必相率背公向私。奔走權門矣。此風一動。此勢一失。是為君與臣同國。聖人之至戒也。魯僖公時頻致天旱。春秋謂由公子遂專權之應。而洪範五行。僭則常暘。蒙則常風。下侵上。則山崩地震。日月薄蝕。如今者此事逆於倫理。必恐感動陰陽。或能遂致災旱風霧。山崩地震。日月之眚。望陛下留神深察此言。臣以淺近。蒙陛下厚恩。不敢不報。然竊恨此一事。近世未有。臣雖口陳。未能詳盡。謹手書具奏以聞。

御史馬遵上奏曰。臣聞古者天子有諍臣七人。蓋左右前後承弼之任。故傳曰。公卿比諫。漢制國有過。則三公得通議之。故平津侯不肯

面折廷爭。汲黯數之。且曰。天子置公卿輔弼之臣。寧令從諛承意。陷主於不義乎。唐太宗與房魏王珪輩議事。十數往返。歸當而後已。故能成太平。李絳欲論采擇一事。同列李吉甫曰。且嗜慾間事。難言。從他諫官上疏。絳曰。此難事。豈可推與諫官。且君為元首。臣為股肱。何事而不可得論也。管仲曰。大臣持祿而不敢諫。小臣畏罪而不敢言。此害霸也。然則自古諫諍。乃大臣之任。不獲已而後至於言責之人。蓋事有本末。勢有先後。若大臣不能正之於前。而使小臣救之於已然之後。難易不侔也。又况王言如絲。出而漸大。國令如汗。下而不返乎。以此見言責之難為也。且為忠臣。不若良臣。用直諫不如諷諫。若無益事實。付取空名。豈愛君憂國之人哉。伏惟陛下容覆如天地。照臨如日月。言無不從。事無不察。然猶並列臺諫。以廣耳目。此堯舜禹湯之用心也。其如事關近司。禁防甚密。先事而言。或謂之輕發。後時而議。則謂之已行。空言雖多。成效甚少。有臺諫之名。無臺諫之實。甚可惜也。臣愚欲望陛下清閑之宴。召對執政大臣。以堯舜君臣相戒敕之義。丁寧宣諭。今後事有未便。理有未安。或踰祖宗之制度。或失先王之典禮。並須再三執奏。不得一切奉行。以歸當為限。如此則諸妖不能勝德。太和可以致祥。萬事不隳。太平可致。臣以言事名官。不以全責自歸。而敢扳援大臣者。豈為自安之計哉。蓋古義如此。時事當然。臣言雖輕。於事甚切。惟陛下財擇。臣不勝惶恐待罪之至。

二年。御史中丞孫抃論章疏多留中不降出。狀曰。臣伏見近日臣僚所上章奏。多有留中不曾降出者。臣愚竊謂此一事。於朝廷之體至要至重。陛下宜深思而遠慮之可也。帝王尊居九重。總覽萬幾。防諱之先。在於壅塞。銳心精力。要通其原。尚或間有欺隱。故作弛放。弊將如何。臣即不審是已經聖覽。別有特旨使之然耶。將權勢僥倖妄生

希合而致然耶。萬一姦人緣此陰結巧僞。公為稽秘。果有警急事。陛下不聞。大臣不得知。其如何。吁可駭也。且書稱明四目。達四聰。堯舜所以成大聖。今自溫成皇后薨逝以來。忽然生此節目。臣恐四方聞之。謂陛下不喜正論。遂使讜臣端士噤口結舌。默不敢吐。非廟社朝廷之福。非天下生靈之福。欲望陛下敕中書申明自來條約指揮。通進銀臺司及內中經歷處所應文字。並須立便批鑿投進。或降出。不得稍違時刻。仍一一與大臣商推可行可止之狀。以慰中外物議。則陛下聖德不損於昔時。陛下朝政愈新於今日。臣不勝懇悃之至。

仁宗時。天章閣待制知諫院包拯進魏鄭公三疏劄子曰。臣聞唐太宗英明好諫之主也。魏元成忠直無隱之臣也。故君臣道合。千載一時。事無不言。言無不納。太宗嘗謂左右曰。朕即位之初。或言人主必須威權獨運。不得委任羣下。或欲耀兵振武。懾服四夷。惟有元成勸

朕偃革興文，布德施惠，中國既安，遠人自服。朕從其語，天下大寧，絕域君長皆來朝貢。此皆元成之力也。是致貞觀之風，與三代比盛，垂三百年，抑有繇矣。所上諫疏具在史冊，臣竊謂元成雖言於當日，亦可行於方今。謹條其三疏，備錄于左，皆詞理切直，可為龜鑑。伏望陛下萬機之暇，特賜觀覽。傳說曰：知之非艱，行之惟艱。惟陛下少留聖意，天下幸甚。

拯又論臺官言事狀曰：臣伏見近者臺官以朝政闕失上章論列，或令分析，或取戒勵，中外傳聞，於體不便。且國家置御史府者，蓋防臣僚不法，時政失宜，朝廷用之為紀綱，人君委之如耳目。所以先帝特降詔書，添置侍御史已下六員，並不兼領職。當時詔令不允，官曹涉私，措置乖方，刑賞踰制，並許彈奏。雖言有過當，必示曲全；若事難顯行，即令留內。蓋先帝切於求治，如是之極也。伏自陛下臨御以來，將三十載，遵守先訓，廣開言路，虛懷以待，犯顏必容，此皆陛下憂勤庶政之至深，羣臣仰望清光之不暇矣。臣欲望今後御史等凡有彈奏事或過當，更不令分析及取戒勵。若乃阿意徇私，即乞重行責降。如此則上彰陛下好諫之德，下免朝廷過舉之失。

英宗治平三年，龍圖閣直學士司馬光上奏曰：臣近曾上殿，蒙聖恩宣諭，以濮王稱親事，云此親字官家亦本不欲稱，假使只稱濮王與仙遊縣君，有何不可。臣乃知陛下至公，本無過厚於私親之意，直為政府所誤，以致外議紛紜。必謂旦夕下詔罷去親名，其已出臺官當別有除改，見在臺官亦優加撫諭，使之就職。昨日忽聞侍御史知雜事傅堯俞知和州，侍御史趙鼎通判淄州，趙瞻通判汾州，中外之人無不驚愕。此蓋政府欲閉塞來者，使皆不敢言，得專秉大權，逞其胸臆。臣切惟陛下春秋方壯，聖德欽明，而今日獨取拒諫之名，受孤恩

之謗，違天下之望，失人主之權，正由遂政府數人狠心而已。不知於陛下有何所利而為之，臣不勝區區，深為陛下痛惜。伏望陛下勿復詢於政府，特發宸斷，召還堯俞等，下詔更不稱親。如此則可以立使天下憤懣之氣化為懽忻，誹謗之語更為謳歌矣。

光又上奏曰：臣聞人主患在不聞其過，人臣患在不能盡忠。是故忠直敢言之臣，國家之至寶也。夫以人主之尊，下臨羣臣，和顏色以求諫，重爵賞以勸之，羣臣猶畏懦而不敢進，又況憚之以威，懲之以刑，則嘉言何從而至哉？竊聞侍御史知雜事呂誨、侍御史范純仁、監察御史裏行呂大防，因言濮王典禮事，盡被責降，中外聞之，無不駭愕。臣觀此三人，忠亮剛正，憂公忘家，求諸羣臣，罕見其比。今一旦以言事太切，盡從竄逐，臣竊為朝廷惜之。臣聞人君所以安榮者，莫大於得人心。今陛下徇政府一二人之情，違舉朝公議，尊崇濮王過於禮制，天下之人已知陛下為仁宗後志意不專，悵然失望。今又取言事之臣羣輩逐之，臣恐累於聖德所損不細，閭里之間腹非竊歎者多矣。況純仁、大防皆陛下簡拔於衆人之中，任以為耳目之臣，蓋取其忠直，非取其阿諛也。純仁、大防亦欲竭誠盡節以報陛下之知，故敢不附政府，侃然正論。今更以此獲罪，則陛下於羣臣之中尚誰親哉？若使忠直日退，阿諛日進，則陛下何以復知臣下之善惡、政事之得失？如此殆非國家之福也。伏望聖慈亟令誨等還臺供職，則天下翕然皆歌陛下之聖明，雖禹之樂聞善言，湯之改過不吝，不是過矣。不則且為之別改近地一官，亦可以少慰外人之心也。

知制誥韓維上奏曰：臣竊聞御史知雜呂誨等以論濮安懿王事相得罪，並行譴逐，羣議喧然，皆以謂誨等能審議守職，國之忠臣，而切歎朝廷典刑遂至於此。臣伏以陛下自入繼大統，士大夫莫不言論

為人後之大義。以謂陛下素好經術。必能循用禮典。以嗣先帝顧託之意。曾兩制之議上聞。至下更白交諫。務欲上廣聰明。以正此事。而今者遂至斥逐憲官。以失天下之望。誠可痛也。臺官之言。臣雖不盡聞。推其用心。不過欲陛下盡如先王之法而止耳。即如此者。乃是愛君之至。安所得罪而逐之也。近年以來。風俗頹敝。士大夫類皆貪固寵利。顧惜人情。姑息苟且。為自容之計。莫肯為國家悉心營職者。陛下厚賞以勸之。嚴罰以督之。猶恐此風不變。而復內牽邪說。斥正人。數以微過。放逐善士。臣恐自此姦佞得志。忠良結舌。陛下耳目益壅蔽。緩急朝廷有事。上無由知。此時雖有悔恨。亦無及矣。方今法度隳廢。百職不治。國用匱乏。民力凋困。外無良將。士卒驕惰。夷狄窺間而有輕中國之心。而天災數見。地變復作。疾疫流行。饑饉荐至。由此觀之。臣恐陛下之憂不在濮王名號。未嘗臺官不畏威依命也。伏望

聖慈思社稷安危之計。以人情去就為慮。亟追昨日詔書。還誨職事。以救前失。以安人情。

知諫院胡宿乞察言責實時有懲勸疏曰。臣先有奏陳。以力所不能願辭諫職。不意朝命復除御史知雜。臣久尸言職。已試不効。惟俟幽黜。敢有覬覦天慈。蒙覆。豈不知幸。圖報之心。宜何如哉。臣竊思歷代設耳目之官。蓋輔人主之不逮。不能九重之外。無復聞見。萬機之事皆為壅蔽。以是論之。獻替之言不可一日無之。凡事止宜辨論是非稍涉歎嗟。當行重責。不當置其言而不用。使之沮辱。在賢者翻然以忠。動為身謀。悠悠皆是。借如朝廷之事。臺官不得預聞。及其政令行下。方始得知。比正其所為。則曰已行之命。難以追改。是執政之臣常自取勝。耳目之官固難與爭矣。又聞近日臣僚建議。以先帝臨政信任臺諫官。所陳已行之事。多有追奪。欲陛下矯先帝之為。凡事堅執不可移易。行一號令。進一匪人。倡言於外。曰出自宸衷。人必不敢動搖。若果有之。是欲窒塞聖聰。將使拒諫遂事。豈公忠愛君之人哉。恐非廟社之福也。且諫諍者非褒贊之關時政之失。不應有所激發。上則咈戾聖意。下則違忤輔臣。以至被糾劾者皆為仇敵。豈不知害于身。出于家。所利者國家。所守者職分爾。而又近年朝廷無以勸之意諫佞者傾附權勢。畏避者喑嘿自容。坐累歲月。例得遷轉。言與不言。孰為利哉。臣嘗親奉德音。指緘默者甚衆。然終不聞有所誅黜。斯無益之大弊也。臣竊謂陛下好問之心過於虞舜。但未嘗察其言爾。求治之功有如漢宣。但未嘗責其實爾。臣既未得其去。敢不以言責自任。伏望陛下既問之。當察其言。既用之。當責其實。無俾左右蔽惑聰明。言事之官宜時有懲勸。則人無苟且。職事皆舉。有裨於朝政。太平之基不難成矣。矯先帝之為。更宜沉慮。已行之事果有不便。更張何疑。不然。臣未知職事之所守。終不安其分爾。

歷代名臣奏議卷之二百二

歷代名臣奏議卷之二百三

聽言

宋神宗即位初御史中丞司馬光上奏曰臣伏以大舜舉賢敷納以言明試以功漢武帝詳延特起之士待以不次之位終獲其用威加胡越真宗皇帝總覽群臣章奏用其言而顯其身以成咸平景德之治凡察言所以知人知人所以立政自古及今其道一也今陛下即政之初首開言路令中外臣民皆得上封事海內欣欣咸畢精竭思以承休德若於此際徧采其嘉謀舉其賢材而用之則太平之基可指日而望也若徒備外飾發其言而不用棄其人而不取則天下觀弊之事當何時而振起乎臣與張方平先受詔詳定中外所上封事雖已盡心料簡合於義理可施行者一一奏聞更望陛下擇其精者決自聖意必令行之其有識慮稍出於衆者願陛下特賜召對面加詢訪考其虛實果有可采密籍姓名遇有差遣隨材授任俟其實有顯效然後可以不次拔擢如此則嘉言罔攸伏野無遺賢矣

光又上奏曰臣竊見近歲以來政府言職迭相攻毀分為兩朋有如讎敵所以然者蓋由人臣各務逞其私志互爭勝負不顧己之是非人主不忍違逆人情兩加全護不肯判其得失是以群下紛紛日鬭於前而朝廷為之多事者也臣伏見陛下天性聰明仁孝恭儉踐祚之初夜孜孜求治此誠烝庶之資群生之福也群臣幸得遭遇此時不務將順聖德紀綱治體革政事之久弊救百姓之疾苦而各為私鬭不知窮極誠可罪也臣聞人君之尊與天地同體以剛健為德以重厚為威照微當如日月發言當如雷霆昔漢武帝謂田蚡曰君除吏盡未吾亦欲除吏又謂衛青曰郭解布衣權至使將軍言此其家不貧人主之言若皆切當如此群臣安得不畏服哉夫心知其非而面循其情口順其說依違兩可此最人君之大患也國家政事未有不先經兩府相與商議然後施行關防祕密外人莫得而知及詔令已下臺諫方得聞之若事有未便從而論列陛下遂復下之兩府人之常情自非大賢誰肯以己之所謀為非而以他人之言為是哉必須排擯沮抑以為難從此人主之所以獨取拒諫之名而大臣私得專權之便者也臣愚伏望陛下自今應有臣僚上言朝廷闕失者陛下當清心審慮自以大公至正之道決之若大臣所謀果是不必顧恤言者所陳果當不必曲順大臣之意位無高下言無先後惟是之從又何紛紜之足患哉必若其人等固有爭執者陛下亦當再加審察更以理道往返與相詰難以盡其情果有可取勿憚改為若漢宣帝之於趙充國則萬事無不當矣必若理道是非顯然在目而其人執迷不返强很不已者雖加罪黜天下豈以為不可哉如此則豈惟事得其正亦使威福之柄盡歸帝室矣凡天下之事是非未明則不可不謹是非既明則在陛下決而行之臣前日所謂惟道所在斷之不疑姦不能惑佞不能移者正謂此也惟聖明裁察

光又請自擇臺諫劄子曰臣竊見近日臺諫上言制置三司條例司害民及呂惠卿姦邪者率被責降或更加以惡名如呂公著告詞云乃誣方鎮有除惡之謀中外聞者無不駭愕竊惟朝廷之意無他止欲懲戒來者使不敢復言耳國家置臺諫以為天子耳目唯恐政事有闕失百姓有疾苦大臣專恣左右姦邪天子深居九重不能得聞故也今臺諫官稍有懷剛直之志畏天下公議憂念朝廷哀閔百姓忤犯大臣刺譏左右者陛下輒罪而逐之更使大臣自擇所親以代其任萬一又為公論則又逐之是必得庸懦阿諛不知廉恥附下罔上背公死黨之人然後止耳若言路皆此等之人則禁闥之外陛下

耳目之所不及者，雖有至大之事，迫切之禍，陛下何從知之。如此，豈宗廟社稷之福也。晏子曰：「君所謂可，臣亦曰可；君所謂否，臣亦曰否。若以水濟水，誰能食之。」今陛下使大臣自擇臺諫官，大臣又取同於已者存之，異於已者去之，然則陛下獨與大臣爲天下主矣，何必更置臺諫官也。且條例司之害民，呂惠卿之姦邪，天下之人誰不知之，獨陛下與王安石未之察耳。豈可更爲之默逐臺諫，以長其威福，成其氣勢。臣竊爲陛下寒心。今臺諫官已被逐者，臣不敢留，唯願陛下自擇公正剛直者布之言路，以明四目，達四聰，勿使爲群下所欺蔽，則天下幸甚。臣受陛下近臣之恩，不敢塞默，雖死怨讎之手，猶賢於竊祿偷生者也。

熙寧元年，翰林學士王安石上奏曰：臣竊聞轉對官陳習坐言人罪惡被絀監當。習之爲人忠邪愚智，臣所不知，然陛下施罰如此，有未

安者二。上下之所以相通者，詔令也；詔令所以行於天下者，信也。詔令不信，則人主之權廢矣。故孔子以爲兵與食皆可去，而不可以無信。今陛下命群臣使斥言有位之阿私朋比尸素者，一人言之，則不考問其虛實而絀之，則甚害陛下之信，此未安者一也。人主之聽天下不可以偏，偏則有弊。偏於惡言人罪，則其弊至於姦慝不聞。眞宗但惡人潛行交結，陰有中傷，故詔言事者不得留中，此未有大失也，然在位者遂以爲人主厭惡言人之惡者，其俗之弊，乃至大臣奸邪贓污，而眞宗終不得聞。蓋言人之惡者，既衆人所不喜，而人主又厭惡之，則其弊必至於此。今有一人爲陛下斥言人臣之罪，未知其虛實，而陛下遽以爲大惡，則今孰敢爲陛下言人之奸者乎。奸不上聞，則雖大臣復有贓污狼籍者，陛下無由知之，而天下之政壞矣，此未安者二也。臣聞人主之聽天下，務在公聽並觀，而考之以實，斷之以義，是非善惡皆所欲聞，所不欲聞者，誣罔欺誕之言而已。則不欲聞人之惡，則象恭滔天，方命圮族，非堯之所得知也。堯所以能知共工及鯀之惡，而又知舜之善者，蓋以能公聽並觀，不蔽於左右親習之人，而考之以實，斷之以義，一切斥絕拒塞誣罔欺誕無義之言而已。故書之稱堯者，以其能疾讒說，畏巧言，非以其惡言人之惡也。人主所以爲賞罰者，以善惡也。欲知善而不欲知惡，則是欲有賞而無罰也。有賞而無罰，有春而無秋，非天地之道，陰陽之理也。臣愚以爲陛下此舉過矣，其作始則小，其弊成於後則大，不可不察也。改過不吝者，成湯之所以聖也。伏惟陛下不吝改此，則天下幸甚。

二年，侍御史陳襄上奏曰：臣竊以天下之道常存乎公議，公議廢，斯道或幾乎熄矣。夫人皆有是非可否之心，蓋出於理義之性，雖聖人無以異也。方其是非可否之時，苟其心不至乎有所好惡，則其言未

始不公，雖匹夫匹婦之愚，猶有可取，而况士君子者乎。彼君民者凡施一政，立一事，方且自謂吾思慮之甚精，議論之甚熟，聞其言而莫之省也，且以爲流俗之論，亦不思之甚矣。故天下之公議常起於好惡未發之前，而失於是非相勝之後，君人者不可不察乎此也。已以爲是而天下以爲非，已以爲非而天下以爲是焉，未可知也。必待天下之人皆以爲非，然後捨焉，是衆人捨之也。故其取於人也，無貴賤戚踈賢愚，惟恐其謀之者不多，論之者不博，道之所存，議之所從也。古者天子聽政，使公卿至於列士獻詩，瞽獻曲，史獻書，師箴，瞍賦，矇誦，百工諫，庶人傳語，近臣盡規，親戚補察，瞽史教誨，耆艾修之，而後王斟酌焉，是以事行而不悖。厲王暴虐，使人監謗，召公用是諫之而不聽，遂至流亡之患。宣王既立，用方召以爲輔相，修文武成康之遺風，而雅道復行，故其政善者，詩人美之，若雲漢、崧高之類是也。其不

善者詩人亦或箴焉庭燎是也或規焉沔水是也或誨焉鶴鳴是也或刺焉祈父白駒之類是也故天下諸侯復宗周而王室中興焉夫言之於人君其取捨興亡如此之明效也伏自陛下享國以來嗟求治惟恐一言之不獲一事之未聞親降詔書詢求闕政每遇使殿延訪群臣之言至于日昃仍令百寮轉對得以封事上聞求之前王未有若陛下兼收廣聽如此之勤也然而比年改作惟聖其難王安石近置條例一司失於過聽事不由於宰府謀不及於士民耆艾不與聞臺諫不得議所建議惟門生屬吏而已天下雖有是非之論一切不聽事行之日中外莫不悱然非之謂不可行此由責任太專而不取人言之過也易之蠱曰先甲三日後甲三日終則有始天行也言有事之時人君欲創制申令必先審慮於始當圖成其終猶天道之行四時以成變化奈何獨以一二臣之聽見而議天下之法哉陛下雖欲從之其如天下何昔者子產相鄭鄭人有游鄉校以論執政者然明請毀鄉校子產止之曰夫人朝夕退而游焉以議執政之善否其所善者吾則行之其所惡者吾則改之是吾師也若之何毀之孔子聞之曰人謂子產不仁吾不信也韓愈為之頌曰誠率是道相天下君旁通交暢施及無垠蓋惜其不遇也又曰四海所以不治有君無臣誰其嗣之我思古人蓋傷今不復有斯人也伏望陛下復雅道以行宣王之政責近臣以子產之用心無任一人之私言無廢天下之公論舉一事必稽于衆施一政必順于民罷去誅求之法以安人心牽復放斥之臣以開言路使百工群吏咸得以職事持議箴補主闕則可以無偏係過舉之患矣易曰同人于野亨利涉大川言所同者遠無所係吝則其道光亨可濟大事矣伏惟陛下留神聽納則天下之福也

襄又上奏曰臣聞君之視臣猶心膂之於股肱耳目也四者相資而成一體則不勞而功用成矣故公卿者人君之股肱而臺諫為其耳目也故古之人君用諫諍之臣必求方直辯博之士司其視聽而補其闕遺其心諤諤然惟恐不聞切直之言以救其失故舜戒其臣曰臣作朕股肱耳目又曰予違汝弼汝無面從退有後言是也古之人臣諫諍其君苟可以言雖鈇鑕之在前無所忌諱者欲以致君之無過而非所以暴其惡將以効臣之節而非取其名蓋居言責之任其義當爾故易曰王臣蹇蹇匪躬之故書曰爾謀斯猷惟我后之德是也故君臣之際同心協德義成一體上之人苟聞一言之善則雍容聽納不以為慕己而無所疑下之人苟聞一事之失則周旋切爭不以為干譽而無所憚此所謂信而後諫者也伏望聖慈少察臣之言則天下幸甚

襄又乞免劉述等言事罪狀曰臣近者竊聞侍御史知雜事劉述以繳勅被劾前日御史劉琦錢顗又以言事責降尋准同知諫院范純仁牒稱為臺官劉琦等責降有狀奏乞留逐官及言參知政事王安石事居家待罪吏不供職乞行貶竄牒院照會者臣亦備位諫官端視朝廷上下之情乖戾若此臣實憂之陛下始者知安石之賢擢與大政天下聞之莫不趯賀以為陛下有知人之哲能任道德之臣陛下責望安石之意既深則安石論報陛下之心愈急事既傷於欲速人不免乎有言臺諫耳目之官苟有見聞不敢緘默事之可否在陛下擇而行之不宜小有忤旨便加譴斥恐非所以通下情來諫諍之道也自陛下享國以來凡五易御史中丞臺諫之官罷斥相繼以不失職而去固無所損然而天下之人皆謂陛下不能包容聽納堅塞言路訑訑之聲音顏色拒人於千里之外在於聖政不為無損也況

今官政因循上下無守述爲刑曹繳勅待罪可謂不失其職矣若陛下因此罪之是使天下偷祿苟安之人益隳官守矣況御史之任得以糾正朝綱今琦與顗爲言執政之臣雖風聞失實未爲深過若以微罪被逐是使言事之官無復敢論柄臣之闕失矣此竊爲陛下惜也夫天地之所以爲大者以其善覆萬物而不可名善載萬物而不可度聖人之德亦在容之而已矣書曰必有忍其乃有濟有容德乃大願陛下不以守職違詔而寘述於法不以言訟近臣而重琦等之罪則天下幸甚

監察御史張戩等乞察官依諫官例登對狀曰臣等每有本職公事欲上殿敷奏必候朝旨既許上殿何候班次動經旬日儻遇朝廷政或闕失及外事有關係於機速不容後時者如此稽遲則已無所及況使往復待報必由中書萬一事干政府則或致阻抑耳目之司雖

欲應急陳聞安可得也伏覩天禧詔書或詔令不允官曹涉私措置失宜刑賞踰制誅求無節寃濫未伸並委諫官奏論憲臣彈舉是蓋臺諫之職言責既均則進見之期理無殊別何獨憲臣隔絕疎異欲乞朝廷推原天禧詔書之意使依諫官例牒閤門即許登對或所言急速仍乞先次上殿所貴遇事入告無憂失時

翰林學士韓維乞不可以直言黜士狀曰臣伏見應賢良方正舉孔文仲對策入等以論時政意異詔文仲罷歸仰惟陛下導人使言一有不合便行棄黜此後誰敢有言者陛下嘗嫉言事之人好同流俗沮敗朝廷行事且行事在審理審理在合時變使流言自息乃爲善也而欲黜責以止之臣見其無益於行事有損於治道也陛下毋以文仲爲一賤士而黜之何損於事古人於事常戒微漸臣恐賢俊由此解體忠良結舌阿諛苟合之人得窺其間而競進爲禍不細文仲可取而逐之臣恐於文仲未有所損而其損頓在陛下也願改賜處分以幸天下

九年監察御史彭汝礪論近歲用言好同惡異疏曰臣伏以陛下自初政于今幾十年損益賡續紛紛莫知所止條令數下使車結軌於道郡縣之吏不能勝任言理財者幾悉矣而公私之用愈屈於不足風俗彫弊德義陵夷浮虛刻核殆無復有所憚者旱蝗水潦飢饉疾疫加之師旅遠方騷然不安矣此固陛下勵精夙夜弥綸以臻厥成之時也臣願陛下加謹焉毋忽於其動患所以安之於其順患所以寬之於其易患所以難之於其踰患所以鎮之於其貧患所以貸之此今日之至計也夫潛神於一堂而欲以周知四海之遠制法於一時而以施及萬世之久夫豈一耳目手足之力哉惟在盡人謀而已微臣淺陋實無益陛下毫髮之事惟陛下益廣言路以通下情下情

通則忠謀日至而利害之迹邪正之實不得隱於天聽矣蓋事係於天下則當與天下共之事係於衆人則當與衆人共之非可以私也臣觀朝廷近歲用言之道同之則衆譽之以爲奇才爲知治體而果用之異之則衆毀之以爲同俗爲不知治體而果廢之夫是非在理不在同異使同而有所附焉雖同乃所以爲欺也異而有所取焉雖異乃所以爲忠也夫上所好惡民之表也上惟同之爲好則民亦以同爲貴上惟異之爲惡則民亦以異爲賤人不能無賢不肖事不能無利害而人人雷同環合以可不可爲一則將沮君子而爲小人將飾罪而爲功虛方欺而爲實利方詐而爲義末流之弊臣恐不可勝治矣陛下道濟天下而智周乎萬物頻笑俛仰之間再撫四海之外群臣消塵終何足以有益耶惟深爲天下屈意聽納以答天變以同民憂幸甚

十年汝礪又論言事不當問所得疏曰臣近論都檢正俞充及開拆事初十日准中書省劄子奉聖旨具析上言俞充事迹得於何人聞奏者臣不肖不足對揚陛下之命承詔震恐惶然失次臣伏念天下之本有正則有所謂邪有賢則有所謂不肖人君淵居嚴密無由自察之也於是有耳目之官御史亦因衆人而問焉凡臣之糾摘姦慝非有毫髮為其身謀也實自陛下使之衆人或為臣言亦非有所欲也迫於臣之誠心而已迫以至誠而得之又有所畏避而暴露之而投諸罟擭陷穽之中而臣乃獲安焉則臣不唯不容於人亦且得罪於有司夫廢一官吏非足為朝廷輕重也然官吏以漏言於臺諫而廢則衆皆以前車為戒而外之是非得失無復至於臣輩矣以臣之昏弱不肖而使憲臣盡不得聞知外之是非得失將無以照燭幽闇而弥縫其空缺臣之罪莫甚焉臣寧自刻不敢奉明詔充之材行如

陛下知之為詳則臣之罪亦自見矣凡臣所居官職皆陛下所予願并納以易罪若猶未也願孟察之緣臣論列非一狀御史中丞鄧潤甫裏行黃廉亦各有疏乞詢于衆及委官盡公根究如有不實則臣為誣善為殄行竄流荒遠其又何辭臣無任懇切之至

汝礪又論聽言未至疏曰臣幸以不肖得備數憲府與聞朝廷之議論而其學不根屢辱聖訓乃知堯之道無能名孔子之言性與天道不可得而聞而其間有所未達不敢諱匿不陳以負威恩惟陛下加察焉臣聞之凡人莫難於爭臣為人臣則不得有已為爭臣則不得有隱人君我之所天也能制禍福能制貴賤而有過則必正之人臣我之所委也非能輕重之非能榮辱之而有姦惡則必言之以至賤聽至貴而言其所惡聞之過失以至孤敵至衆而發其所隱之姦惡則危辱怨禍之至如歸焉危辱怨禍不獨其身亦及其子孫夫抱關擊柝乘田委吏皆可以成業而以僥求之名器會去天下之至要而投不測之危禍背違衆人之榮譽而召無窮之怨惡則其身其計非為其家亦明矣陛下至誠懇惻願治如臣不肖而優容假借尉藉之良厚則知陛下屈意於天下之賢雖古不能過也聽言之道有所未至者三蓋有所疑有所易有所專此臣之所未喻而不敢諱匿者也臣聞之人君之所以交於天地應於萬物者無所不用其誠也在我者無所不用其誠則人之誠亦至焉臣竊聞陛下勵精於事纖悉必躬而不能無疑心臣以謂不然周尹言王中正事陛下疑以謂中正不能成就蜀中士大夫然後知說者有以焉夫言國恩與鄉里孰重必曰國恩重得於人君與得於人臣孰重必曰人君重違所重而取欺天之罪從所輕而取小人之譽臣子恐不敢如此臣伏思陛下於百官之中取六七人者為諫官御史使得察百官邪正辯天下利害

而言則必以其人為可信也以為可信則任之而不疑以為可疑則去而不任既任之復疑之既疑之復任之非誠之至也蓋上以疑待下則下亦以疑事上上下之志不交則不足以有成矣陛下所委者外臺也今外臺乞罷免黜逐者日夕不絶使陛下以意度之以為其人為其事言其事為其人言其人臣知有所不能徧臣非為尹辯恐陛下以是心待天下則賢才如尹者知有所不言矣臣所論多陛下宣諭及所戒飭者則知陛下之意未以不肖為可惡而將教之也臣雖已銘刻然於義有所不安則其告之亦不敢後也蓋君視臣如手足則臣視君如腹心陛下知足以落天地辯足以彫萬物聖敬日躋方登於堯舜而群臣區區曾不足以髣髴於五帝之佐其何能仰望清光哉陛下歸視收聽退藏于深宮群臣猶且縮慄震懾不敢以盡使以明為用則熒熒之火必不能為光矣臣每見陛下之臣稱陛下

高明博厚，比於天地。論之於古，則貫穿歷世而不遺；以之於今，則周旋萬事而無盡。臣下知嗟嘆而已。臣獨有疑焉。臣前論市易事，蒙宣諭以謂不知本末。臣誠山野，未更於事，然臣所以事陛下，其嚴如天。凡所欲言，稽之古，參之今，聽之民，謀之士大夫，反覆至於無不同，而後言；少疑則闕之。十至於八九焉，則於本末之際，未敢言不知也。陛下誠盡窮之，而少賜寬閒之燕，使臣得指畫於前，而少容盡其區區之愚，則臣之言必有以當聖心者。蓋天下之人，散之則愚，合之則智。故曰：君子之道，造端乎夫婦。夫婦之愚，非足以言，於君子有取焉，以其所長而已。不以其不足聽而忘之也。如臣昏闇，未論指數其言，不善固不足道。惟陛下以誠心待之，則言有善於臣者，有不得疑之矣。臣嘗言之曰：是非在於衆人，則與衆人共之；利害繫於天下，當與天下共之。蓋雖人主有不得專也。呂嘉問之姦詐險詖，自大臣以至於

僕圉之賤，自朝廷以至於四海之遠，蓋無不聞知。所以愛憐而不忍去者，獨陛下而已。夫人君之於人臣，固有所謂庸之者，能有益於國而於民為損，能有利於上而於民為害，皆非先王之所庸也。傳曰：民功曰庸，則先王之所以庸之者，以民為主而已。夫辟土地以強國，實府庫以富國，以今言之，如所謂才也，而孟子以為民賊。況嘉問上欺陛下，下欺於民，實未有以益國，群臣言之愈切，陛下持之愈固，臣未知所謂也。夫嘉問區區實不足數，為陛下道。然陛下以是待天下之士，是害有甚於嘉問者，陛下有不得知矣。有所疑，似乎不能毋意；有所易，似乎不能毋我；有所專，似乎不能毋固。凡此皆非微臣所望於聖學也。有所疑，則忠信之士不至；有所易，則禮法之臣不勉；有所專，則正直之臣不進。忠信之士不至，則所與者譎詐而已；禮法之臣不勉，則所任非所嚴者矣；正直之臣不進，則過有不得而知矣。此不可不戒也。臣聞之：治國猶治疾，不能望而知之，問而知之，亦可矣；不能問而知之，脈而知之，亦可矣。知疾在一支，則治一支；在一體，則治一體。以一支一體為小，不足憂，則歲時日月之變，外有傳之，內小有積，而大四支百體病有不可勝治矣。臣竊惟陛下剛健不惑，日勵精於事，天下指日數月，以望唐虞成周之太平。今有為十年矣，而事功未至於成就，而其弊有加焉。凡此疑皆言路不通之過也。惟陛下加慎焉。

神宗時，制侍郎以下不許獨對，御史中丞黄履上言曰：陛下博訪萬務，雖疏外微官，猶令獨前，預於侍從，乃弗得預也。遂刊其制。御史翟思言事，有旨詰所自來，復諫曰：御史以言為職，非有所聞，則無以言。今乃究其自來，則人將懲之，臺諫不復有聞矣，恐失開言路之意。事乃寢。

御史中丞鄧潤甫上奏曰：向者陛下登用雋賢，更易百度，士狃於見

聞，敝於俗學，競起而萃非之，故陛下排斥異論，以圖治功。然言責之路，反為壅抑，非徒抑之，又或疑之。論邮民力，則疑其違道干譽；論補法度，則疑其同乎流俗；論斥人物，則疑其訐以為直，故敢言之氣日以折，而天下事變有不得盡聞。蓋變法之初，勢自當爾，今法度已就緒，宜有以來天下論議，至於淫辭詖行，有挾而發，自當屏棄。如此則善言不伏，而真大治也。

哲宗即位初，門下侍郎司馬光上奏曰：臣今月一日，夜蒙降到呂公著劄子一道，付臣看閱，所陳更張利害，有無兼濟之才，宜書當與未當，具悉奏來者。臣自公著到京，止於都堂衆中一見，自後未嘗私相見，及有簡帖往來。今公著所陳，與臣所欲言者正相符合，蓋由天下之人皆欲如此。臣與公著但具衆心奏聞耳。臣聞書曰：有廢有興，出入自爾師虞，庶言同則繹。言國家政事欲有所改更，必先謀於衆人。

所言皆同。然後行之。則無失也。傳曰。上酌民言。則下天上施。言為人上者當釆酌民言。從其所欲。則在下之人。戴上如天。受其恩施也。伏望陛下察公著所陳。參以臣民所上實封奏狀。若與之同者。斷志行之。勿復有疑。臣見太平之功不日可成矣。公著一言而天下受其利可謂有兼濟之才。所言無有不當。惟有保甲一事。欲就農隙教習。臣愚以朝廷既知其為害於民。無益於國。便當一切廢罷。更安用教習。容臣續具劄子奏聞。以其公著劄子謹同封上。

光又上奏曰。臣伏見陛下詔開言路。至今已涉旬月。必有臣僚民庶上言朝政闕失民間疾苦。奏狀已多。見有付外。令三省或樞密院商量施行者。如此。則徒煩聽覽。何所裨益。昔漢昭帝時。吏民上書言便宜有異。輒下杜延年正處復奏。先帝初即位。詔中外上言得失。亦令臣與張方平同詳定選擇可取者。與元奏狀同進入內。或降付三省樞密院施行。臣竊計今來臣民所上文字。其間是非臧否。雖錯雜。嘉謀長策不可謂無。以睿明所燭。諒毫髮無遺。豈可一槩棄置。全不釆用。欲乞選其可從者降出施行。或以萬機之繁。未暇遍加省覽。即乞依臣前奏。降付三省。及執政官分取看詳。擇其可取者用黃紙簽出并進入。或留置左右。或降付有司施行。

光又上奏曰。臣聞古人有言。謀之在多。斷之在獨。陛下寬仁。委政群下。或政有大疑。議論難壹。儻陛下不決其是非。則爭辯紛紜。無時而息。事功何由可成。臣謹按蔡邕獨斷敘漢制。有疑事。公卿百官會議。若臺閣有正處而獨執異意者。曰駮議。其合於上意者。文報曰。某官某甲議可。此所以各盡群下之所見。而人主亦不失操柄也。今執政之臣雖相與竭力。同寅協恭。若萬一有議論必不可合者。欲乞許令各具劄子奏聞。望陛下精察其是非可否。以聖意決之。或於簾前宣諭。或於禁中批出。令依某人所奏。若群臣儻有固爭執者。則須陛下更加審察。若前來處分果非。則勿憚改為。若灼然無疑。則決行不移耳。如山再思而行。庶幾得盡衆心。事亦少失矣。

監察御史兼殿中侍御史呂公著上奏曰。臣聞古者天子聽政。命百官箴王闕。近臣盡規。親戚補察。然後事行而不悖。故孔子曰。天子有諍臣七人。雖無道。不失其天下。唐太宗以高世之資。親定大業。然猶克己從諫以致太平。貞觀初。孫伏伽始諫。太宗悅而賞之。有言賞太厚者。答曰。朕即位以來。未有諫者。故特賞之爾。他日嘗怒苑西監。而皇太子懸諫。太宗喜曰。朕始得魏徵朝夕進諫。徵亡而劉洎岑文本褚遂良馬周繼之。兒在膝前。見吾悅諫熟矣。故太宗始以納諫致治。而又以悅諫教其子孫。宜乎功烈甚高而鮮及也。然至其裔孫德宗。惡諫諍之臣以為賣直取名。當時北省閉閣累月。南臺唯一御史。不聞

過失。終致亂亡。由是觀之。好諫者帝王之高致。可不務哉。恭惟太皇太后陛下自親庶政。盛德日新。皇帝陛下臨朝恭默。未有過事。然而天下至大。萬務至廣。方始初清明之際。正是求言納諫之時。況先帝新定官制。設諫議大夫司諫正言之官。其員數甚備。伏乞申敕輔弼選忠厚骨鯁之人。正直敢言之士。徧置左右。使掌諫諍。無空要職。並廣言路。又御史之官。號為天子耳目。而比年以來。專舉六察故事。廢國家治亂之大計。察官司簿領之細過。況唐制湮沒已久。別無分明稽據。臣在樞府日。常見先皇頗已厭其煩碎。特因近臣獻言。聊試其法耳。伏乞盡罷察案。只置言事御史四人或六人。仍詔諫官御史。並須直言無諱。規主上之過失。舉朝政之紕謬。指群臣之奸黨。陳下民之疾苦。言有可用。不以人微而廢言。令或未便。不為已行而憚改。所言無取。姑亦容之。以示明盛之世。終不以言罪人。若緘默巽懦畏避

不言者明正其罰如此則左右前後不能壅蔽嘉言罔伏庶績咸熙天下幸甚

監察御史孫升上奏曰自二聖臨御登用正人天下所謂忠信端良之士豪傑俊偉之材俱收並用近世得賢之盛未有如今日者君子日進而小人日退正道日長而邪悪日消在廷濟濟有成周之風此首開言路之效也顧於耳目之臣論議之際置黨附之疑杜小人之際疑間一開則言者不安其職矣言者不安其職則循默之風熾而壅蔽之患生非朝廷之福也

元祐元年升為殿中侍御史又乞令臺諫專對疏曰臣竊觀嘉祐治平之間臺諫風節悚動天下比年以來苟容持祿養交之俗成而臺諫風節掃地盡矣伏以陛下臨御以來登用正人開廣言路發德音以告中外下明詔以諭四方自古聖帝明王欲治求諫之意不過如

此也臣竊惟陛下深居九重所與共天下之事者大臣而已大臣皆至公而無私處事無一不當於理猶當博延群議杜漸防微若臺諫難於請對忠言不獲面陳禍機之發既廣於失身犬馬之心徒懷於獨主下情未達壅蔽或生非社稷之福也臣近覩詔旨許令臣寮請對此實盛德之舉矣然條制未免曲為防阻者臣愚不避僭越之誅為陛下言之陛下隔日一視朝而一月之間休假居半聽政不過十數日日引一班而臺諫必待長官同對且臺諫之官十有餘員待其議論相同又須無不得次之日方一獲對若日有不得次之人而或議論各異則是有終不獲對者矣夫區區疏遠之臣竭誠欲望簾幃披瀝肝膽不亦難哉有唐御史蕭至忠號為稱職嘗謂臺中無長官論事不須關白當時以為知言今法式若出於故事則自當隨宜增損若出於陛下之意則陛下方且至誠聽納乃為是形迹妨嫌何示天下不廣也若出於大臣之議則臺諫之對本為大臣而設而乃自下制上曲為防阻此尤大不可也伏望聖慈特出睿斷旨揮許令臺諫專對如遇當日有不得次之人仍特引臺諫一班不獨章陛下至誠聽納之德且以廣達聰明消除壅蔽之患則天下幸甚

四年升又乞依舊制引對臣寮疏曰臣愚不肖伏蒙誤恩再玷言職夙夜思念恐無以塞責而孟子以謂敬其君莫如陳堯舜之道伏蒙二聖臨御以來仁尊之澤結於人心微如蠢動遠暨幽荒莫不愛戴鼓舞自三代以來未有如今日之治臣竊以謂至治之世銷患於無形居安慮危防微於漸正在今日昔堯舜以聰明文思濬哲文明之德而必曰明四目達四聰又曰稽于衆舍己從人者廣耳目以防壅蔽也壅蔽之傷國其患為大陛下深居九重仰成輔弼一日萬幾之微四海九州之廣天下之利病生民之休戚安危治亂之所係苟睿

智未達則耳目安得不廣而壅蔽之患安得不防也天聖垂簾聽政未久臣寮上殿並如常儀今二聖臨御五年矣而此制缺未講中外竊有疑焉士大夫懷忠抱義欲望簾幃披瀝肝膽有不可者四海九州之利病休戚陛下有不得聞者壅蔽之患不可不防治忽之機不可不戒伏惟太皇太后睿智獨理可洞判於群言皇帝陛下聖德日躋宜習聞於庶務收天下之耳目以為聰明兼四海之見聞以資聽覽此堯舜之所先而聖政之不可後也伏乞明詔有司依天聖舊制引對臣寮並如常式實堯舜之所先明目達聰之舉也伏望聖慈少留聽焉天下幸甚

元祐元年右正言劉安世上奏曰臣近被聖恩擢寘諫列而惟謭薄媿無以稱尋具辭免不蒙俞允竊伏思念陛下所以不次用臣者豈徒備二省之員為朝廷美觀而已蓋授之以名者必求其實任之以

職者必責其効故臣拜命之初未敢指陳政事而首論治亂之本原人君之大體庶有以副公朝圖任之誠意蓋愚臣平昔之所學惟陛下毋憚煩而試聽之臣聞書稱堯之德曰稽于衆舍己從人舜戒其臣曰予違汝弼汝無面從退有後言伊尹之告太甲曰有言逆于汝心必求諸道有言遜于汝志必求諸非道傅說之復于高宗曰惟木從繩則正后從諫則聖然則古之聰明睿智之君所以能大過於人者未有不以求諫為先務也今陛下居久安之時乘不拔之勢崇起教化修舉法度粲然追跡於三代之隆者豈有他哉特以陛下至誠虚己首開言路故人人自竭樂告善道而天下之情無不通也然臣尚有疑者自去歲以後屢罷言事之官中外臣民不知其詳往往竊議以謂陛下好賢之志稍異於初年納諫之心漸怠於昔日臣竊憂之恭惟祖宗以來尤以臺諫為重雖所言者未必盡善所用者未必

皆賢然而借以彈擊之權養其敢言之氣者乃所以制姦邪之謀於未萌防政令之失於未兆也今陛下深居九重政在大臣之際固宜開廣聰明留意採納而前日臺諫數人相繼罷去甚者至於不究其所論之是非不察其所爭之當否陽餌以美遷陰奪其言責使忠正之臣憤懣而不能發修絜之士愧赧而不敢受若果出於陛下之意邪則虧損聖德不可不戒若出於大臣之計邪則陛下宜察其用心不過欲排天下之公議以快其私意而已臣竊謂姦人用事之始任臺諫是以折其謀至於禍胎既成雖聖賢不能救其害陛下視今日何如祖宗之朝而乃一聽大臣之所為蔽耳目之任而挫忠義之氣非所謂慎終如始者也臣之所以先獻此言者非謂黍列諫垣乃敢要君以固位也實以上關宗廟社稷安危之機下繫君子小人消長之漸是以反復論列期有以感動宸衷若夫世俗之人指以為嫌疑者臣固有所不避也伏望萬機之暇詳覽瞽言獎進端良容受直諫參之以公議持之以誠心所愛者必知其惡所憎者必知其善使臣下不能窺伺間隙以售其私則忠言嘉謀將繼此而進矣臣天賦愚直不識忌諱惟陛下察其愛君憂國之誠少賜留聽不勝幸甚

安世又乞籍錄臺諫章疏狀曰臣嘗觀唐李絳之對憲宗以謂君尊如天臣卑如地加以日月之照雷霆之威小臣晝夜思慮本欲陳諫十事至時已除五六遂於緘封上進又削其半得上達者蓋無二三以此推之則人臣之所以獻於天子之前者莫非精思熟慮而自以為不易之言也雖人之才智遠近小大之不齊而其所論未必皆至於盡善要在君相推至公之心擇所長而行之則天下無遺策矣今二聖臨御委任大臣方此之時尤宜開廣言路以防壅塞臣愚欲望陛下深鑒前古之弊務通天下之情應臺諫官有所論奏別於內中

置籍先錄事目然後付外若三省聚議以謂可行即於章疏之後具已施行次第繳奏或議論少理決有難從者亦具不可行之狀封進以聞伏乞陛下更加參酌苟執政與奪已得允當並候注籍訖却以真本降付三省或宸衷以為不然即大臣奏事之際更可面加詢訪所貴忠言讜議盡關聖覽取捨至公為後世法

戶部郎中曾肇乞復轉對狀曰臣伏覩今者臣下得言時政闕失公私利便者臣聞帝王即位之初必有以順天下之心答中外之望其為之有序在知其要而已伏惟皇帝陛下仰承顧命而履天下之尊太皇太后殿下俛徇權宜而議軍國之務此正華夏蠻貊洗心注目顒顒觀聽之時也端本謹始實在今日臣愚輒不自揆敢布腹心伏惟留神聽察幸甚臣伏覩先帝嗣位以來憂勤恭儉日謹一日神功聖德充塞天地固非臣言所能髣髴也陛下繼之承之任大責重然

四海之廣萬事之煩億兆之衆不可家至而人接之則欲達天下之情成天下之務豈有他哉在廣言路爾言路廣則人人得盡其情人人得盡其情則上無不聞之事下無不通之志政令之得失百姓之休戚群臣之忠邪賢不肖雖在四方萬里之外陛下不出户庭不降几席可以周知而備見矣然後察政令之得者則力行之彌綸未至者則損益之百姓之所願欲則與之百姓之所疾苦則除之顯忠而去邪任賢而退不肖夫然故上澤得以下及下情得以上聞百官有司奉法遵職貴者不以崇高而敢肆賤者不以疏遠而敢欺陛下深處法宫之中端拱無爲而天下治矣夫任己聰明則其察愈詳其蔽愈甚因衆之聰明則所視者遠所聽者周故先王設進善之旌立敢諫之鼓陳誹謗之木又使瞽獻書師箴瞍賦矇誦工諫近臣盡規親戚補察彼豈聰明之不足哉知任己不如任衆也舜之繼堯所守一道

然舜初受命則闢四門明四目達四聰以謂繼治世者耳目尤不可以不廣故也三代以還咨詢訪納固非一途然近世之所嘗行祖宗之所已試則命百官轉對實今日之要務也昔唐太宗初即位延見群臣或論往古成敗或究民間利病每言及稼穡艱難則上下相規務遵勤儉言及閭閻疾苦則君臣感歎議息征徭故能創業垂統成貞觀之治下至代宗每於紫宸聽朝常限三人奏事敢言者賞其盡規不言者責其隱默故陸贄以謂諫雖未得且不深忤情苟有限終獲上通周世宗即位之始亦延群臣使陳當世之務故能外强兵威内修政事而顯德之政獨高五代先帝熙寧之初亦詔百官咸以次對故事不遠行之非難此臣愚惓惓所以有望於陛下也今學士大夫布滿周行人有所懷皆願自竭但慮詢求之未廣聽納之未至爾陛下沛然發德音下惻怛之詔使之極言無有忌諱則孰不踴躍奮

勵各罄所知以補聰明之萬一哉陛下察其言之當者納之用之而勸之以賞言而未當或過於訐直者寬裕包涵而不加以罪非但棄空文循故事而已如此則四海之内知陛下有好問之美有聽言之實忠謀讜論日聞於上而阿諛壅蔽之私不得行矣天下之情孰有鬱塞而不伸天下之務孰有怠廢而不起者哉故臣愚過計以謂今日之要務未有易此者也至於廣收骨鯁敢言之人充耳目之任設左右侍從之官責以論思獻納是皆朝廷之所素講不待臣言而悉者也伏惟聖慮深遠無所不周如臣賤微不識大體頗以世荷國恩兄弟皆蒙先帝不次收採不勝犬馬之私貪於自效愚者千慮冀有一得冒進狂瞽干犯典刑惟陛下察其用心而赦其僭易不勝幸甚

三年肇爲中書舍人又上奏曰臣伏見陛下臨政以來開覽聰明大闢言路雖拂意逆耳訐許狂妄常人之情所不能容者莫不虚心克

己温辭降色以受之天下之人歌詠頌歎以謂古之聖帝明王不過如此一二年來不唯朝廷政事人情以至四方萬里幽深隱伏之利病莫不畢聞於上者言路無壅故也是以在廷之臣人人勇於自効至不以出位爲嫌而以不能盡言爲恥振起天下敢言之氣始自今日如王覿者身在言責有所聞見不得不爲陛下盡言而無隱也陛下未以其言爲然猶當寬大含容未宜遽棄何則以言責人猶有覬望畏縮而不敢進者以言罪人人將鉗口結舌望望然去矣其肯以身陷禍而覬萬一之聽察哉故覿之一身出入内外未足以爲重輕而陛下言路之通塞人情之伸屈在此一舉此臣不得不爲陛下慮也陛下寄腹心於大臣寄耳目於臺諫二者相須不可闕一今覿一言論及執政即去之是何異愛腹心而塞耳目豈不殆哉且執政大臣朝夕在人主左右據利勢國柄人情之所難言者也導之使言猶或不

聞其過今一言及之遂至逐去臣恐在廷之臣以觀為戒依違顧望莫肯正論執政大臣雖有罪惡陛下亦將不得聞矣此可為寒心者也陛下臨政以來何獨至於觀一言之人遽不能容示天下以不廣也觀以小官不二三年拔擢至此今以言獲罪猶補便郡於觀何損臣所惜者於聖政不為無累爾伏望陛下深念祖宗付託之重愛惜朝廷臺諫之體不以容納狂直為難而以壅塞言路為懼以觀所論質之公議苟其言可取固當行之如無足採亦願陛下容之度外使天下之人知朝廷不罪人言終始如一而執政大臣有所畏忌增益陛下虛心納諫之明是一舉而數美從之也其可忽哉臣備位侍從首尾三年常恨不能補報萬一今輒緣職事冒進狂瞽惟陛下留神省察幸甚所有制辭未敢修撰

元符三年肇又上奏曰臣伏聞給事中龔原以妄議政事竄職降

官差知南康軍臣初聞之意謂原資性山野不善為辭觸犯天威自取黜逐陛下寬仁大度容納直言初雖震怒終必矜赦傾聽數日未聞別有指揮臣愚竊有所懷不敢隱默苟止惟陛下留神聽察臣伏見陛下即位之初深懲前日群臣阿諛壅塞之弊收錄廢錮召還朝廷又命近臣選舉臺諫官以補闕員仍下詔書許人直言時政闕失中外讙呼以謂堯舜之治指日可待故四方之士聞風踴躍爭獻所聞以裨聖教况於朝廷之內有官守言責之臣豈不激勵自奮欲以仰副陛下虛心納善之誠哉是以朞月之間近者獻其明遠者通厥聰其有官守言責之臣則遇事輒發無所顧避比之前日論事之人其多何啻百倍非皆好默於前而好辯於後其所以誘之者然也古人所謂主聖臣直豈非信哉矧如原者素以學行知名頗識事君之義昨蒙陛下取於疏遠之中驟置侍從之列其設心以謂非傾竭忠誠有犯無隱不足以當陛下拔擢委任之意是以自入東省數有論列雖未必皆當聖意然比之前日偷安苟容以保祿位者則有間矣以陛下之明聖豈不察其用心以陛下之寬仁豈不容其冒瀆遽然出逐實駭衆聽况當獨斷之初而近臣以言得罪臣恐在位之臣自此以言為戒蹇諤之風浸微阿諛之俗滋長小人觀望復萌僥倖之心所繫甚重不可忽也臣受陛下厚恩而以論思為職苟有所見輒以上聞每蒙優容未賜誅斥今茲所論非獨為一龔原實以上繫國體伏望陛下少霽雷霆之威俯納芻蕘之議萬一可采乞出自中批寬赦原罪或令降官供職以責後效或別移在京差遣使之自圖去就庶免朝廷有因近臣論事遽行出逐之名不勝幸甚

哲宗時蘇軾乞依舊制許臣寮上殿疏曰臣謹按唐太宗著司門令式云其有無門籍人有急奏者皆令監門司與仗家引奏不許關礙

臣以此知明主務廣視聽深防蔽塞雖無門籍人猶得非時引見祖宗之制自兩省兩制近臣六曹寺監長貳有所欲言及典大藩鎮奉使諸路出入辭見皆得奏事殿上其餘小臣布衣亦時特賜召問非獨以通下情知外事亦以考察群臣能否情偽非苟而已伏見陛下嗣位以來唯執政日得上殿外其餘獨許臺諫官及開封知府上殿不過十餘人天下之廣事物之變決非十餘人者所能盡若此十餘人者不幸而非其人民之利病未以實告則陛下便謂天下太平無事可言豈不殆哉其餘臣寮雖許上書言事而書入禁中如在天上不加反覆詰問之靡藏所有位之阿私糾在朝之明比推至誠求讜議追舜禹拜言之美此甚盛德非群臣所能當然自降詔書四年于茲轉對者固多矣未聞有一言能開悟聖聽一事有推行于時者豈言盡不足采其事皆不足行邪昔之人君有謀事而當群臣莫能及

退而有憂色曰以吾議於朝而群臣莫能及吾國其殆哉今在廷之臣言事四年而卒無可采者其為朝廷所宜憂遠矣使萬一其言有可收録而不見省焉則所以丁寧而求若恐弗至誠之道也陛下萬機之繁百官封事固難悉覽頃令館閣臣寮分閲屬近臣看詳而總擇其可否此乃陛下謹於聽納不以獨見為明然議者猶以為可否群臣之言當在人主宜非臣下所得預也今又不然罷近臣看詳而悉付中書執政之大臣中書執政之大臣未必得暇盡覽則屬之掾屬掾屬又未必能詳擇乃間委外廷之臣使之可否遂為重輕群臣誠淺薄未足以仰望清光在陛下聽言之體為輕矣古之聖王詢于芻蕘而擇狂夫之言者豈謂芻蕘狂夫其慮有過於聖王哉所以博詢兼聽而來善言者也夫善言者非言之為難得其所以言為難也故信而後諫可以言而後言誠使自處如此者轉對於廷其言有深

切至當而陛下聽覽有所未至例出其封章可否於公府之掾屬下及外廷之小臣則彼以為愧悔莫甚為後來者孰肯勵精竭誠輸切至之言哉且人臣進言莫不希人主一省而有懼後患之心如知陛下不必親覽而悉送中書則孰可以盡利害之實而況天下事有不可以書載者心之精微口不能盡而況書乎恭惟太皇太后以盛德在位每事抑損以謙遜不居為美雖然明目達聰以防壅蔽此乃社稷大計豈可以謙遜之故而遂罕與群臣接哉方今天下多事飢饉盜賊凶夷之變民勞官冗將驕卒惰財用匱乏之弊不可勝數而政出帷箔決之廟堂大臣尤宜開兼聽廣覽之路而避專斷壅塞之嫌非細故也伏望聖慈更與大臣商議除臺諫開封知府已許上殿外其余臣寮舊制許請間奏事及出入辭見許上殿者皆復祖宗故事則天下幸甚

監察御史王巖叟乞養誠心以來諫諍狀曰臣伏以社稷有安危天下有治亂群生有憂樂繫人君措之何如爾夫以一身之務而應萬機之繁以九重之深而察萬里之遠非諫諍以寄聰明於萬有使人人為我視物物為我聽則何以遂群生之樂成天下之治保社稷之安哉然而聽諫非難來諫為難來諫非難在誠心以好之誠心以行之而已矣百姓至愚也誠心則可以感四海至廣也誠心則可以達鬼神至幽也誠心則可以通天地至大也誠心則可以動而況於其餘乎人主苟誠心於好諫而誠心以行之則天下之人皆願以誠心告之惟恐其後爾惟恐其不至爾好名之君蓋亦未嘗不自以為好諫也然天下之善不至於前而天下之美不歸焉者何也無誠心以將之也無誠心以將之者患在蔽於有所偏好爾有所偏好則小人得乘間以進而君子之論遠矣小人固亦自以為能諫也特順其所

好而補助之以為說豈諫也哉然其君自以為忠於我而日加親近曾不知所以說己而成己之惡也君子之於諫直拂其意以攻其偏好而勉之於大道然其君或以為異己而惡之甚者至以為謗己而害之此安危治亂憂樂之所以分也臣以謂養誠心有道守之以至靜處之以至虛持之以至平行之以至公而不置毫釐他意于其間則誠心得矣誠心得則明明則是非不亂而忠邪判矣忠邪一分天下之治可坐而致也伏惟皇帝陛下始初清明聖德方進願養誠心以來天下之善不立偏好以杜小人乘間而使君子之論日聞于前天下幸甚社稷幸甚

巖叟為右司諫又乞令臺諫專對䟽曰臣竊以納忠之道貴乎盡論事之體貴乎密不盡則不足以感動聖心不密則不足以成就機事人主待臣下雖無間而臣下自立不能無不同既不同則不能無忌

礙而言有所不盡事有所不密言之不盡事之不密非有益於朝廷之道也古之人有以告於君者雖父子之間不以相語況可使他人聞之哉伏望聖慈察臣之言特賜指揮依久來故事臺諫官只令一人上殿庶使各盡其忠而無不密害成之失且臺諫官夫子耳目之任當使各盡其見聞以告主上豈可却使互相窺察常得志同道合之人則可若有懷私意持異見者如何與之共論於上前此不可不察也故事臺諫官論事不相通議亦不關白官長蓋欲以各盡其忠豈可上殿却使兩人同也六曹開封有司之事皆有定法所以官長與屬官同奏對今臺諫官須二人同上則似與六曹開封相類恐非體要如蒙允臣所奏只乞作出自宸衷批出指揮

巖叟又論安反側不必降詔狀曰臣前日以風聞欲降詔書安搢紳之心輒犯天威論奏不便乞收詔勿下深慮言之未切聖心未加采

納竊緣此事出於陛下舉動所繫國體至重臣不敢苟且自安使為俛默負陛下平日待遇之意伏觀陛下即位以來惟以求言為盛德納諫為聖功天下風聞莫不鼓舞雖前代英主有所不及正宜日進此道不倦以終之以副天下之望今方踰年而遽下此詔雖名為安慰罪人其實乃納束言者竊恐四方流聞疑朝廷厭言而拒諫有損陛下盛美臣謂此詔之出上無益於聖德中無益於治體下無益於忠言惟是挫端良之心增姦邪之氣耳不獨如此而又將有人睥睨朝廷以為可以窺測侮易政令以為可以動搖自古欲治之主惟患言之不多天下之善惡有所不聞以塞其聰明未聞禁言者使之不言也言者言之陛下擇可行者而行之仰不累陛下之明俯不失言者之職則言雖多而何傷臣初為諫官對於簾下親聞德音丁寧諭臣等曰天下之事無大小一一言來當一一主張臣感激至恩恨不

傾瀝肝膽以為補報今日詔書臣所未諭陛下求言如此之切不應厭言如此之早也近古好諫莫如唐太宗敢諫莫如魏鄭公太宗一日問曰今日所行與往時何異鄭公曰貞觀之初恐人不言導人使諫三年已後見人諫諍悅而從之一二年來不悅人諫雖勉以聽受然終有難色太宗曰於何事如此鄭公遂一一陳之太宗曰誠如公言非公無能道此者人皆苦不自覺公向未道時都自謂所行不變及見公論說過失甚驚公但存此心朕終不遺公臣讀之至此每歎美太宗之服義景仰魏公之盡忠願陛下慕太宗貞觀之初心導人使諫群臣亦當有希魏公事君之大節以報陛下者以詔書未宣布間惟陛下斷自清衷早賜收還天下幸甚

巖叟為侍御史論張舜民罷言職狀曰臣謹按張舜民疏中引文彥博照管劉奉世之語非出自謀乃是收采衆論聞之朝廷此蓋言事

常體復有何罪若聞外議心知其非而不告陛下得為忠乎況外人之議亦有所以緣奉世是彥博門下之人待遇最厚今封冊夏國既屬重事外人不知出於執政同奏但傳以為彥博照管亦不足怪舜民據所聞而言乞朝廷裁察別有何意詩曰言之者無罪聞之者足以戒正謂此也果是則有益於聰明果非則何傷於彥博書曰狂夫之言聖人擇焉況舜民非狂言皆有理行與不行在陛下擇之而已遂加之罪臣恐而今而後居言職者以言為諱他日大臣有大惡陛下欲聞亦不得聞矣此非社稷之福也今朝政闕失猶許盡言豈有大臣不受一言之觸國家置御史正欲警察權臣雖有過論亦當優容今舜民以一言獲罪臣疑非陛下本意必有誤聖聽者矣此事於舜民殊無所損所惜者朝廷之事體陛下之舉動天下之觀望也伏望特迴聖意還舜民言職使忠臣義士得盡其心以事陛下而衆庶

之情不壅於上聞不勝幸甚

巖叟又上狀曰臣連上封奏乞復張舜民言職尚未蒙指揮施行臣以舜民志在盡忠雖一言失當而無可罷之罪清議沸騰以為過舉義不敢安理當極論惟陛下少賜采納幸甚臣讀汲黯傳每切歎息其為人戇直好諫遇事輒發如公孫弘張湯輩懷詐飾智以阿人主他人所不敢言黯常面觸之故不獨漢庭之臣知所畏憚至淮南王欲謀叛以黯在朝為之寢謀直臣之於國家戢姦慝消禍亂其益如此故天下之愛其君者莫不願得而用之愚臣區區之意實在於此今日之論非私於舜民也為陛下惜一敢言之臣也非爭一屬官也為陛下惜言路也言路重則朝廷尊風憲陵遲國體隨弱皆必然之理也陛下於此幸加反思非好臣之說勝也好人主之道勝也臣以言為職言而見用與言而得罪皆所以報陛下唯知而不言則為負德

爾舜民得敢言之名朝廷被罪言之謗臣竊恨之伏望聖慈檢會臣等前章早賜付外施行使怨歸言路而美在朝廷臣不勝大願

巖叟又上奏曰臣累上章言張舜民罷職非罪乞令還臺未蒙采納施行此事所繫不在一張舜民而在人主在國家臣所以夙夜憂懷不知所處陛下開言路之初言事官多與權臣為敵怨仇不易當每德音丁寧既慰藉之又嘉賞之謂朝政闕失大臣私邪百姓疾苦事無小大一一但言欲賜一一主張言事之臣恃陛下照鑒如此故敢遇事必言無所回隱然古今之公患患在執政大臣多不便之而陰為巧說以害其忠必使主信之而不覺終至於忠言不用而權臣得以行其志所以人之言曰寧觸人主怒莫忤權臣意蓋人主無心雖怒必解權臣私意一忤不忘此人情不得不畏也苟非守節死義之士誰能忘其家而遺其身以取權臣之怨哉陛下雖加獎激未必便

得其人今又罷而斥之臣恐忠義知難而退藏佞邪乘間而進取陰附大臣為自安之計不復以陛下之事為事矣前日御史中丞黃履殿中侍御史劉次莊陰附蔡確為姦方確用事陛下何由得知確去而其姦始敗使確且在位履與次莊進用蓋不可量今日舜民忠讜陛下因論邊事偶有一言旁及大臣又無所傷遽以大臣不說而罷之是附人主不若附權臣也事在耳目非臣妄言臣伏覩陛下初降出舜民論封冊疏必不以彥博照管奉世之言為毀傷彥博亦未必須欲朝廷逐御史臣恐執政大臣有怨舜民攻其所諱而增飾老臣之言以動聖心而擠舜民以快其私忿者陛下不可不察又非獨擠一張舜民也其意乃欲以盡傾言路也蓋知舜民之罷臺諫必爭封奏紛紜言詞憤激必拂聖意聖意不喜則言路皆可擺而去矣此其姦謀陛下又不可不察也姦人以此惑陛下一事既行後必有甚於

此士大夫之所以為朝廷憂也臣度聖心豈不欲復舜民言職恐不能斷彥博意故兩難耳臣切伏思陛下特屈公議黜御史以為老臣者亦足矣今以公議不可奪而復還之非陛下得已也老臣豈不亮陛下之心哉尚何以為憾乎由此而言臣以謂陛下處之不兩難耳臣聞君子之愛人也以德而不以姑息願陛下以德愛老臣勿使受姑息之議則陛下所以待之者厚於黜御史矣誠蒙陛下幸聽臣言則朝廷過舉反而為盛德老臣謗議變而為美談破姦謀於欲肆激忠義於已銷社稷之福多矣非臣之利也臣傾盡肝膽以告陛下今日遂死無所恨矣惟聖主留意毋忽

巖叟又請廣言路兼用四方之士疏曰臣以謂天下之事度而知之不如耳聞其說耳聞其說不如目覩其真今四海之大萬里之遠民情之利害不可以槩言風俗之美惡不可以凡舉人材之賢不肖不

可以互知切以陛下所賴以察四方之事。達四方之情者。言路數人而已。而專用一方之人。非所以廣聰明於天下也。臣願陛下常於言路參用四方之士。天下幸甚。

歷代名臣奏議卷之二百三

歷代名臣奏議卷之二百四

聽言

宋哲宗時右正言朱光庭上奏曰。臣竊以自古以來甚盛德之朝。必兼天下之智以為聰明。中庸曰。夫婦之愚。可以與知。及其至也。雖聖人有所不知焉。詩曰。先民有言。詢于芻蕘。故敢諫之鼓。進善之旌。誹謗之木。皆所以通治道而來諫者也。固未嘗限以日月。伏覩六月詔書。俾天下臣庶並許實封直言。此盛德也。必使知無不言。而言無不盡。然後與諫鼓善旌謗木之設初無以異。若乃上之治底于無為。下之人至於不議。然博訪之道不可少廢。況聖政日新。方欲聞所未聞。豈可於求言之始為日月限哉。欲望聖慈復詔天下臣庶。依今年六月詔書並許實封直言。更不限以日月。如此則與情盡達。朝政常無壅塞之弊。而聖治可不勞而成矣。

光庭又上奏曰。臣竊以事之機密者。不可以口陳。心之精微者。固難以書盡。矧天下之廣。萬機之繁。其間情偽萬狀。取舍兩塗。一失其當。咎繇而生。朝廷增置諫官。是司陛下耳目之任。凡天下之事無不得言者。若忠賢之未進。姦佞之未除。刑賞之失中。政令之違常。如此之類。皆得以聞。上使之日對清光。獻納論奏。尚慮未盡。況天門九重。邈若霄漢。儻令秖上封奏。不得面覩威顏。則事之機密。心之精微。何緣盡達。伏自陛下臨御以來。除執政外。餘皆未許上殿。臣遂於去年十二月內奏乞上殿。至今未奉俞音。兼臣或聞故事。改元後許令臣寮上殿。今已改元矣。望出自宸斷。檢會故事。早賜指揮。令臺諫先次上殿。上以廣陛下之聰明。下以盡愚臣之職事。

光庭又上奏曰。臣竊以自古人君致功德巍巍與天地並者。積衆善之効也。夫以天下之廣。萬幾之繁。以一耳目兼聽周視。欲事事中理其要道莫過於取善而已夫凡好勝自古之公患常不以事之善否而皆欲莫予違則拒人於千里之外矣夫舍己從人唐堯之盛德也與人為善虞舜之盛德也以數聖人之盛德猶聞取人之善恭惟陛下臨御以來盛德日新百度脩舉求賢如不及從諫如轉圜與堯舜禹湯之盛德無以異前日權給事中王巖叟封駁安燾知樞密院不當陛下直令下吏部施行更不令給事中書讀臣竊以謂非取善之道也燾之不幸無公望陛下又素知之今日聖政如此退大姦進大忠天下翕然咸稱有古聖帝明王之風在燾之躐等超陞一事何憚而不改耶且居陛下耳目之任者不敢不盡言蓋思所以稱陛下付委之意若俾燾却居舊職任用不為不重告命必須書讀紀綱方始不紊臣願陛下以堯舜禹湯盛德取善為事則臣之職可以無愧伏望聖慈留神天下幸甚

光庭又上奏曰臣竊以諫諍之臣為天子耳目之任救正朝廷之事貴於其初凡政令未安於理除授或非其人於命未行之日俾先知之則獻納之間事體甚便近日朝廷所關報者皆是已行之事言者急思救止其道無繇又不免暴於人聽不若於命未行之前都無轍跡是以成朝廷之美故事諫臣許隨宰相入閤蓋當議論之初便思救補不俟命令已行然後攻其失也臣欲乞朝廷今後凡有政令除改才到門下並令給事中即時關報臺諫所貴先事為慮所補不細又足以成朝廷之美伏望聖慈詳酌施行

光庭又論張舜民罷言職疏曰臣切以正直之臣以遭時遇主為盛事蓋敢言之氣雖天與有素非聖君養之厚容之深則敢言之氣未易伸也歷古而來青史之上直臣無幾不獨天生其才難而遇聖君養其才亦為難也恭惟陛下自臨御以來以堯舜之德養直臣之氣以堯舜之量容直臣之言故去天下之邪如拔杪除天下之弊如反掌千載以來一人而已方今內外清明百度修舉人民又安此已試之效也唯在久而不息則堯舜巍巍成功不難致矣臣切見吏部關報臺官張舜民為言文彥博照管劉奉世特罷言職臣以謂御史之職自許風聞言事使舜民之言盡中義理陛下固當行之設若未當止於不行而已豈可遽罷其職也今陛下從而罷之豈不沮敢言之氣恭切以古今之治天下唯使忠勁之氣充塞朝廷然後紀綱正法度立姦邪無間而入臣與舜民接跡頗熟熟聞其有正直之節司馬光賢之薦充館職陛下擢寘御史士論皆以謂得人今視職纔兩月正直之御未少伸一言不合大臣已聞罷職自陛下臨御以來天下之人唯知從諫如不及聖德冠古今若因舜民一言不合大臣遽使罷職致陛下今日有逐言事官之名臣為陛下惜之伏望聖慈開天地之量容養

正直之臣以增敢言之氣將降聖旨還舜民舊職以盡其材臣愚不勝惓惓之忠

右諫議大夫孫覺上奏曰臣竊以後世諫臣為天子左右耳目之官三代以來官不常置孔子曰天子有諍臣七人所謂七人者三公四輔是也天子一言一動七人者在焉有過不及隨輒正之故人君之失不聞于外不見于下尚書曰予違汝弼汝無面從退有後言是也後世七人者不任其責始置諫官唐太宗每召宰相平章必遣諫官俱入小有須失隨即箴規以此見諫官之職必待命令已行關遣宣播然後從而救之亦已晚矣唐太宗雖不責宰相以七人之職猶使諫官與聞政事國家以來雖不全用唐制然祖宗朝諫員亦不為少前後以言舉職見于國史磊落相望大抵於人主躬親聽斷萬機之際諫員常少先朝是也人主委任柄臣責成攬要之時諫員常多仁宗

莊獻太后是也。臣竊以今者皇帝陛下沖年嗣位。太皇太后同攬政機。此宜多設諫員。以廣視聽。庶幾有補萬一。若其人庸下姦邪。自宜加罪竄斥。以肅百寮。若其人直方無所附麗。則其所言必有可采。如六典諫大夫補闕拾遺凡兩員。今臣獨員供職。不唯蔑蹇朴陋。無所聞識。又綿力寡助。深恐不逮。伏乞特賜指揮。依六典備置諫官。

覺爲給事中。乞令臺諫先次上殿。疏曰。臣昨自先帝祔廟後。曾具劄子乞賜指揮。許臣寮奏對。庶幾人情不至壅隔。至今未奉聖旨。竊以人情壅隔。則乖離疑惑之患生。假竊盜亂之禍作。於易乾下坤上爲泰。泰者。上下交而其志同也。坤下乾上爲否。否者。天地不交而萬物不通也。今者皇帝陛下太皇太后陛下大統萬國。天臨四方。即位以來。且一年矣。群臣望清光聆德音者。三省樞密院大臣八人而已。使此八人者聰明有餘。論議皆當。中立而無所附麗。方正而無所阿

私。奇也。萬有一人焉。不足以任此。而曲折反覆。不可以見于文字。而御史不得請對。諫官不得面陳。則陛下何由而知之。且諫官之設。本以拾遺補缺爲任。密啓面陳。乃其職也。今一切須具章疏劄子。然後可得上聞。則與夫百執事等矣。伏望聖慈特許諫官御史上殿奏事。

尚書左丞劉摯論群罷臺諫是自塞絶言路。疏曰。臣伏自罷去言職。待罪都省以來。不復章疏論事。蓋以謂職在執政。苟有所見。自當與同列僉議。進對顯奏。公論而行之。不當私有密請。恐非謂直道事上也。必料陛下亦已察臣之意在於如此而已。今乃有不得已之事。須至一言。冀效萬一。十五日呂公著送下内降批旨。罷諫官梁燾等。或移易。或免黜者共十數人。臣切料陛下必以近日張舜民事。言者救解紛紛不已。雖然仁恕包涵。而又欲加彈壓。故不行重責。但罷其言路。此足以見聖度廣大。愛惜數人之才。黽勉而爲此也。臣觀舜民之論文彦博。止有照管劉奉世一言而已。此一言小事也。舉世有才可用。方出入彦博門下。受其知遇。而照管之。乃大臣所宜。則於彦博何傷。兼彦博自不以繫意。而議者私憂過計。恐彦博有所不樂。致陛下爲罷舜民。舜民之罷。亦小事無足道也。而言事者若欲論之。亦再言足矣。何至議論蜂起。相繼並作。溷瀆天聽。至煩宣召申諭。尚且不已。誠有罪也。夫舜民輕言以及元臣。一失也。議者欲慰説大臣而罷御史。又一失也。言者之救舜民。以全言路。而不能體聖明優禮故老之意。又一失也。今朝廷又從而移罷臺諫。則恐不止於三失。而朝廷之失最處其大者也。此臣所以夙夜徬徨。深爲陛下惜之也。古之賢君明主。唯以開廣耳目優養直臣爲甚盛之德。故曰主聖則臣直。唯堯舜及三代之盛王。乃有其事。而陛下今優游行之。自前歲以來。聞善若飢渴。從諫若轉圜。臺諫言苟可采。無不行者。雖有失當。一切包納。故臣

子無殺辱之懼。罔避權要。舒心展誠。知無不言。所以養就今日忠直之氣。然上下姦邪。挐牙切齒。嫉惡臺諫亦已久矣。夫臺諫以區區小官。上則觸龍鱗而犯忌諱。下則結仇怨而取禍患。不知其何所利也。蓋恃陛下之主張。謹其官守。以盡事君之義爾。一旦以小故摧沮罷去之。適足以快憎怨之氣。開私枉之門。非朝廷福也。若言者有所私徇。涉於傾陷。近於朋黨。則不可不深責而痛治之。乃若出於公議。則雖有強直乖忤之言。古之聖人亦皆容之。考於傳記。不可勝數。今夫以一言旁及大臣而罷之。則後來者不肯言大臣矣。以一言彈給事中而罷之。則後來者不肯言近侍矣。以多言而去之。則後來者循默不言矣。以剛勁而黜之。則後來者柔和取容矣。人情不遠。相與爲戒。必然之理也。深惟陛下恭默未言。太皇太后陛下簾門行政之日。正宜大開聰明。以廣萬事之聽。而乃杜絶言路。是自蔽其耳目也。言路一塞。何

事不生天下之朋黨犬吏之私邪百官之罪惡遠方之利害陛下何由一一知也今成命已行臣不敢盡乞改正所以區區言之者非獨爲數人蓋所惜者朝廷事體爾內梁燾孫升外議皆以爲責之太重臣欲望聖慈詳酌覺此二人之責還其職任以激言路以扶持忠臣之氣且天下之廣莫知其詳但見臺諫官連群罷去凡與前日之事不同必疑謂朝廷厭倦言者則姦讒者張目攘臂而動矣後來所用未必皆得如此數人邪正既不可知言路風采一變豈不有損盛德之治臣天生愚直孤立於朝受陛下異恩至深至厚夙夜思報唯有竭誠以主公道不敢雷同倡和苟有所見可以裨補若不盡言於陛下則將何告訴也因此得罪亦不敢辭伏望赦其狂愚特賜詳察開允。

摯又上奏曰臣備位左右憂深責重雖夙夜盡瘁恐終無所補報切

謂國家先務莫如得人近臣事君唯有進善臣伏見知陳州傅堯俞知齊州王巖叟知潞州梁燾通判虢州張舜民知廣德軍賈易皆早蒙陛下識擢分任言責不幸志業未伸謗嫉橫作罷職補外各已數月按堯俞等皆忠直之臣守正不撓在職未久知無不言此固陛下素所獎愛未必棄捐然臣私憂過計恐有補外漸久朝廷漸亦忘之不避僭越輒效一言夫人才不同所用亦異或長於政事或善於文學或言語侍從或行義師表今多士盈庭於此數色固無乏事至於公忠朴直不避怨怨不附朋黨一節自守可當大事肯爲國家效死守法之人則非獨今日難求也從前世以來不易得也譬如人之一身耳目手足肌膚爪髮闕一誠不可然而強四支者必以骨爲主故自古人君崇獎忠直謂之骨鯁之臣傳曰山有猛獸藜藿爲之不采言猛獸在山則山中之物不敢犯者如直臣立朝則姦佞有所畏憚也今堯俞等皆有骨鯁大節公論所重邪黨所畏況當今陛下明辨忠邪汲汲進賢之日而反使數人流落外郡爲姦邪所快臣實痛惜竊觀近日言語稍異於昔雖章奏交上議論不少然而所推薦者非豪強則親舊所排擊者非孤寒則怨隙朋比之心公無忌憚陛下試取近來言事章疏密察其意其間心出於至誠言出於忠信憂國如飢渴謀議知大體有如堯俞者乎孤立不懼彈劾權強赤心事上略無私意有如巖叟者乎守正堅確不憚大吏不黨同列嫉邪指惡有如舜民燾及易者乎以此驗之真僞立見今聖明在上方修善政而群小不快爭進於下布列朋黨造作謗議欲以傾陷善良動搖政令紛紛籍籍甚可懼也然上下相罔誰爲陛下辨之者當此之時唯耳收聚人才使在朝廷若正直之路廣則邪枉之志銷而治道成矣臣踈賤拙直天下無毫髮親黨之助獨蒙二聖選拔致位於此恩至厚

矣則報効之心豈宜自比衆人故當知無不爲寧敢避罪臣願聖慈深賜省察特發睿斷召此數人忠正之臣入備任使以慰公議以消朋黨幸甚。

御史中丞傅堯俞論張舜民以言事罷職疏曰臣等竊以御史之任以敢言爲先自昔以來常難其選臣等昨被詔同舉御史兩負累月之間諮詢考察於千百人中乃得張舜民一人臣等素皆不識但見衆所共推學行兼美安貧守道不汲汲於進取熙寧元豐間嘗慷慨論時事言辭激切有諫臣之風司馬光嘉其端亮爲之館職關西士人稱爲第一臣等取以應詔既至臺中與之相接見其忠淳朴直心無所附屬言無回避臣等深以得人自喜居職未久今以一言旁及大臣而遽罷之甚非陛下所以命臣等擇御史之初意也御史爲天子耳目或懷姦挾附大臣則所當擊其罪而黜之也豈有不欺於君

反以指摘大臣為罪也。雖或論事有誤。要之用心則忠。欲屬事君。所宜奬借。儻加摧抑。誰肯盡誠。此臣之所以為陛下惜也。若要俛仰浮沉無所忤犯。巧於自全之人。以當言職。固不難得。然國事何如哉。伏望陛下察求材之甚難。亮進忠之非易。恕其小失。而録其大節。復舜民於言路。以全朝廷之美。臣等不勝幸甚。

堯俞又上奏曰。臣近有劄子論列不當罷張舜民監察御史事。至今未蒙付外施行。臣竊以陛下自臨御以來。未有此舉。臣既謂朝廷大體須當愛惜、又謂陛下全德將遂虧缺。所以歎惋憤懣。不能下食而安寢者也。言事之官稍及大臣。不原其情。遽加廢黜。此實不足為法於天下也。陛下以高世絕人之資。事皆杜於未萌。而公開此端。不防微而杜漸。故臣深以為惑也。陛下必謂此事不在我。但欲以慰安老臣出於至誠無私。故決意行之爾。殊未知既害大體。且無益老臣。若彥

博於此恬然自處。臣恐彥博遂失賢士大夫之心。而為衆手所指矣。是陛下欲愛之。而實損之也。臣聞人誰無過。善於能改。愚臣死罪深以此舉為陛下之過矣。雖然君子之過。如日月之蝕焉。其過也人皆見之。其更也人皆仰之。今衆人延頸張目以待更焉。不知何憚而不為也。自昔人君以改過為難者無他。恐事數移則威權不重爾。臣獨以為未之思也。夫興事不計當否而執之如金石。此何益於威權哉。蓋用術者猶可以激而為之。其狀隱微。難於窺測。唯不憚改。必於中理而後已。則其權常重。而其威無敵。其要易持。而其利甚博。使用術者無以拖其巧。則人將膽破矣。願陛下深念而亟改之。則天下幸甚天下幸甚。臣衰拙無取。以朴忠自信。所以敢辱此地。苟非益陛下之光明者。豈敢以告、惟留神省察。

堯俞又上奏曰。臣近累論奏罷張舜民監察御史不當。未蒙施行。竊以言事之官。人所憎畏。在權重者尤甚。何則。持權既重。則人莫敢違忤。獨言事者伺察而彈劾之。其憎之也固宜。而所以畏之者。非衣冠顏狀之有異。蓋人主信任而崇奬之爾。夫人臣既辱知遇。又行其言。故輕紱冕。捐軀命。為國家正紀綱。以伸萬分之報。若稍加摧抑。則人亦何憚。況直為大臣而罷黜之。臣恐而今而後。有不忠於陛下而事權臣者矣。不但偷合取容而已也。陛下豈可不加意而念之。自古諫官御史之患。在敢攻人主之短。不敢忤權臣之意。若舜民者。宜被擢賞。而反蒙廢黜。豈所以勸忠義之節哉。臣前日奏事延和。親奉德音。謂舜民之言不可行而不可怒也。今詔旨甚峻。極駭物聽。必有借彥博之重以激怒陛下而行其私忿者。此陛下不可不察。陛下欲慰安老臣。放罷舜民言職。今採公議不得已而還之。是陛下待老臣之禮備矣。於彥博何傷。彥博四朝宰相。宜有體國之誠。豈敢以此望陛下哉。

願勿輕臣言。而詳其區區之心。特奮宸斷。早賜指揮。臣不勝懇激之至。

堯俞又上奏曰。臣等竊以言事之官許令風聞。祖宗之詔。曲全過當。許風聞。則豈皆責實。全過當。則必欲盡言。張舜民昨因論列西事。因及劉奉世乃天子左史。下使屬羌。恐失事體。衆謂因文彥博照管。且非斥言彥博。又非專擊奉世。其大意在尊朝廷愛國體而已。其間侵詆論議大臣之言為多。故中外之人以謂舜民之罷。名為言及於彥博。實由怒觸於柄臣。臣等竊以朝廷罷一御史。必當正其罪名。布告中外。可以示天下。勵臣節。正紀綱。貽後世。今舜民既無朋附無中傷之迹。又非犯顏逆鱗之過。不當以一言風聞之失罷御史。以柄臣之意遺祖宗曲全過當之詔。損仁聖至誠聽納之德。非所以示天下。勵臣節。正紀綱。貽後世。今臣等惓惓愚忠。至于再三。不能自已也。伏望

皇帝陛下、太皇太后陛下，必霽天威，曲回睿照，省察臣等前後奏章，降付三省施行。如臣等所論不當，乞行貶黜，以謝冒犯宸嚴。

堯俞又上奏曰：臣前日與侍御史王巖叟列銜申奏，乞檢會前後言張舜民文字降出施行，至今未聞詔旨。臣聞忠義之士精貫白日，誠洞金石。臣雖無狀，肺肝竭矣，實冀精誠上通，有以感悟聖意。臣竊見近日執政憎厭言事之官，往往形於詞色。今遂伺間而逐之，不知如何而後可以厭其意也。臣讀唐史，見宰相裴垍傳云：諫官言得失，大抵執政多忌之。惟垍獎勵使盡言。初，拾遺獨孤郁、李正辭、嚴休復三人皆遷，及過謝，垍止獨責休復曰：君異夫二人孜孜獻納者，前日進擬，上固為疑。休復大慚。臣不敢望執政以皋夔之心輔陛下，得如裴垍足矣。今非徒憎惡言事者，既逐之，又移過於陛下，使陛下本無一事，橫被拒諫之名，此得謂之忠乎。且風聞言事，舊矣。既黜舜民，尚有言職，不識

自此以往，凡須勘當得實而後言耶？或風聞之事，獨不行於大臣耶？亦乞明降指揮。臣既不得其言，又未知所守，豈敢默然伏俟譴黜。

堯俞又上奏曰：臣等所論張舜民罷職不當事，蒙宣諭，後又兩疏開陳舜民本無罪，由大臣構成，乞賜照察，復許還職，尚未蒙聽納施行。臣等恐進說者以謂御史無已罷復還之體，請舉故事，陛下考焉。方開元之初，明皇勵精政事，是非明而不可欺，紀綱正而不可亂，典刑無私而不以姑息，事有蒙蔽而不知，則已知而必行，故端良得以盡其忠，姦邪無所用其巧。時崔日知為京兆尹，貪暴不法，侍御史楊瑒與御史大夫李傑謀劾舉之。傑反為日知先構罷言職，瑒廷奏曰：糾彈之司，若遭恐脅，以成姦人之謀，則御史臺固可廢矣。上以其言切直，遽令傑依舊視事，貶日知為歙縣丞。當時天下不稱楊瑒之能言，而服明皇之能聽；不矜日知之被逐，而喜李傑之復用；不高風憲之自全，而快姦言之終破。明皇不吝於改過，而其盛如此。史冊一書，流美萬古。今大臣以非是誤陛下之聽，有甚於日知。御史忠直敢言，忠信獲罪，有冤於李傑。言責之臣守義以爭，有多於楊瑒。又陛下聖哲之資，十倍明皇。察之宜深，改之宜速，而遲遲如此，此愚臣之所惑也。不知自古設諫官御史者，欲以順朝廷之意耶？欲以正朝廷之事耶？若欲順意，則臣以謂不須置。若欲其正事，則臣以謂不可廢。陛下以萬乘之尊，與臣論勢，臣之言不得而行也。陛下虛方寸之地，與臣論理，臣之言庶幾於用也。伏望陛下觀開元之所以盛，思明皇之所以賢，聖心略回，破姦言而全風憲，易若反掌矣。臣等以堯舜望陛下，非敢以明皇始勤終倦比於全德也。陛下以為不可，則乞罷臣之職，紀綱之地，由臣等不振，以為朝廷羞，得蒙竄殛，以塞至公，臣等之幸也。

左諫議大夫梁燾論張舜民罷言職疏曰：臣近論奏，不宜以大臣之

故輒罷御史，乞還其言職，至今未蒙指揮。臣切以為始拒直言，損納諫之美；下移威罰，失權斷之公。所可愛者君德，所可惜者君體也。夫知此事，不出聖意，臣敢復論之：國家所以尊安者，以法度修而紀綱振也。御史者，守法度持紀綱之官也。人主或有闕失，猶且直筆正論，至於犯顏逆耳，無所回忌，況臣下過惡，安得畏避而不言哉？今御史敢言大臣者，天下之公議也。大臣不快御史者，一夫之私心也。罪天下敢言之公議，便一夫不快之私心，非大公至正之法度也。大臣雖重，人臣也。御史雖微，法官也。狥大臣而廢法官，非尊君卑臣之紀綱也。況兩宮臨御之時，必使上有尊嚴不可犯之勢，下有報義忘私之臣，安得假天威屈正論，以中傷譏己者乎？自古全治之世，必用天下清議。故清議伸，則正直之道行，聰明之助多；清議屈，則姦邪之計得，欺罔之患作。今日清議喧然不平，皆謂陛下之優大臣者亦已至矣。

夫臣之事陛下者未有以副人望也清議之罪大臣者日益以深則
恐非所以安大臣也伏望聖慈以保君德為難以全國體為重即日
召還御史以正權綱然後慰藉大臣優加恩禮尊朝廷而強主威萬
世之法也
燾又上奏曰臣近屢論朝廷不當假借大臣罷斥御史命令失當公
議不平玷陛下至仁求言之明損國家大公馭下之制非所以全養
忠勁之氣感勵敬順之心也陛下未即垂聽而至恩優容面命輔臣
布宣慈旨臣等迫於公議須以至公之道上廣聖意下厭人望不敢
奉詔而復拜上章矣伏望陛下勿以既下之命為難改勿以已宣之
旨為難回唯強其剛明之德從諫如轉圜之易也臣聞唐宣宗將幸
華清宮已命治道兩省官拜章極諫宣宗謂宰相曰卿勉諭諫官勿
更論列宰臣奉旨召兩省官宣諭俄而諫章再入宣宗謂宰臣曰諫

官疏極懇切朕決不為遊華清之行矣卿宜說我此意宣宗唐室英
明之主也行幸一時娛樂之事也諫臣猶且懇切進言之初未能回
聽既令宰相宣諭而諫臣進言不已宣宗幡然感悟遂輟其行又令
宰臣告以納聽之意是能自屈至尊欣納直諫真得人君之道矣故
終獲忠賢之助而大中之政號為中興聲名輝映前代至今流為美
談恭惟陛下之聰明遠過唐宗之德朝廷紀綱法度不比華清之事
臣輩區區陳誠意皆激切嘗蒙聖恩曲賜宣諭臣祗知尊君卑臣為
萬世之計不知畏附權強使不論列陛下喜忠納諫上法仁祖言事
之臣得盡誠節更覬留神省察主張必行追還成命以解群言遂使
朝廷益見清明之象天下馴致安靜之理明德日躋可以並隆堯舜
矣雖宣宗賢主何足為陛下道哉
燾又乞終始從諫疏曰臣愚不肖蒙恩還以言職夙夜思所以副聖

知者不敢以為榮而猶以為懼臣前日建言正綱紀明法度以尊君
卑臣竊公家弱私室足以皇帝陛下富於春秋未專宸斷太皇太后
陛下保祐聖主制政簾帷權臣易為強悍姦人易為蒙蔽外之人情
有可畏可恤者必欲陛下備察外之事勢有可憂可慮者必欲陛下
周知欲臣節忠一而人無欺罔欲君勢隆重而下皆敬畏此臣自誓
報陛下之心雖萬死不可變也竊謂陛下復置臣於言路者必以臣
前日之言為是必以臣前日之心為忠臣前日之言為是則今日之
言不為非矣臣前日之敢言為忠則今日之不敢言為負矣陛下既能
知臣之忠必能用臣之言則臣報陛下之心豈可怠於前日哉臣聞
人主不以受諫為難而以臣下敢言之為難人臣不以敢言為難而
以君上從諫之為難唐李絳曰小臣晝思夜度將有上諫欲諫十事
至時已除五六逮其緘封又削其半其得上達者十無一二信乎敢

言之難也如此又曰聖主知直言有益於己正諫有裨於時溫顏容
納獎勵勸導忠臣抱義不顧其身懷忠不避禍患苟有致君濟時之
益不識觸忌冒諱之誅何哉碩食君之祿其事不得不然也信乎聽
諫之難也如此夫人主以臣敢言之為難是也然而有忠臣則不難
矣人臣以主上從諫之為難亦是也然而遇明君則不難矣臣幸親
逢兩宮之明切不以敢言為難在陛下信而聽之也辯姦人之妄而
塞其讒詆折權臣之強而抑其排斥使多士以臣為法而進其忠勿
使多士以臣為戒而挫其直當今之事所可言者尚不為少臣方且
次第上之願陛下清心諦察而必行之至有切於聖德急於民隱者
不敢猶豫以留清衷後時之憂也致陛下有開納諍諫之美名有收
攬權綱之明威朝廷尊嚴而清靜宗社長久而安寧此臣愛君謀國
自誓之本志也唯陛下裁擇臣不勝惓惓盡節之至

右正言上官均乞聽言考實疏曰臣竊聞人主之治天下審得失察邪正存乎知言聽言之難在乎同異之際聽納當則政令善而衆悅聽納失則政令乖而人不服兩漢以來治亂成敗之機未嘗不在於此世俗之情議論是非往往以多同者為是然而情有愛憎識有明暗心有向背同而多者或出於合群而為朋黨異而少者或出於守正而獨立則是同者未必可取也有反常而為奇背公而行私不稽可否不顧是非惟勢利之為徇則是異者未必可取也然則人主之聽言其辨得失之際果不繫於同異之多少當察理之是非以定去取耳賈誼明於治體嘗曰聽言之道必以其事觀之則言者莫敢妄言蓋事有顯迹推事以考言則詐者不能變白以為黑巧者不能飾非以為是此知言之要術也自陛下臨御以來出政令行刑賞稽合義理順於人心者不可勝數其間固有出於獨斷或有取於衆論公

聽並觀不牽於異同之說天下之人皆以為陛下至公無私以治安天下為計故能洞照眞偽判別是非無所壅蔽此中外之所歌頌非臣之私言也然政令之損益百官之黜陟萬機日新自執政大臣以至侍從諫官御史皆得以言陛下寬仁好諫是非兼容而論者又得以盡言者既衆則意趣未必合識慮未必同意趣不合識慮不同則進言不得不異言意既異則互生愛憎迭相排毀以務相勝則是非汨亂尤為難察伏願陛下於衆言同異之際更加審擇推究事實凡言邪正者必考為行之實迹則同異之間瞭然而判然後在廷之臣不敢挾情飾言以熒惑聖聽故邪正區別政令刑賞皆合公論天下為有不治哉

御史中丞蘇轍論言事不當乞明行黜降疏曰臣聞孟子有言有官守者不得其職則去有言責者不得其言則去故祖宗朝凡任臺諫言而見聽則居職言而不用則黜罷理之必至前後悉然惟有去年臺諫論回河不當言既不從而言者皆獲美遷今年復論鄧溫伯不可任翰林承旨言既不效而言者亦並進職雖人臣迫於朝命黽俛就位而中外觀望不知曲直所在為損不細誠使朝廷偶有過舉聞善而改適足以增開納之光其或言者論事不當據法罷免亦足以示進退之公今者不辨是非一加進擢朝廷則負諱過便私之毀臣下則被苟簡懷祿之非風俗漸成士節陵替載之史冊不為美事臣今待罪執法才力疲軟何能發明然在職思憂不敢不勉若所言中理望陛下力賜主張行之無吝一有不當亦乞明加流竄以懲妄言惟乞勿為隱忍包含之計使臣主俱受其謗不勝甚幸

蘇轍又論用臺諫劄子曰臣聞書稱堯舜之德曰明四目達四聰蓋人君居高宅深其勢易與臣下隔絕若不務廣耳目則不聞外事無

以預知禍福之原臣不敢復論前代請陳本朝故事每當視朝上有丞弼朝夕奏事下有臺諫更迭進見內有兩省侍從諸司官長以事奏稟外有監司郡守走馬承受辭見入奏凡所以為上耳目者其衆如此然至於事有壅蔽猶或不免今自太皇太后陛下皇帝陛下垂簾以來每事重慎群臣得對於前者惟有執政及臺諫官而已然天下之事其是非可否既決於執政陛下欲於執政之外特有所聞者又獨有臺諫數人而已臣觀今日臺官三員諫官二員其間非執政私人特出聖意所用者又不過一二人孔子有言今吾於人也聽其言而觀其行陛下試取此五人言行之實而諦觀之則其邪正向背顯可見也昔漢成之世王鳳用事群臣莫敢盡言惟劉向王章力言其惡無所顧避皆為鳳所不喜言卒不用或繼以死而鳳權蓋其門人如杜欽谷永之流使上封論事欽等所言皆掩蔽鳳短專攻帝失

由此直言不聞，浸亦不競。今陛下深處帷幄，耳目至少，惟有臺諫數人，若又聽執政得自選擇，不公選正人而用之，臣恐天下安危大計無由得達於前，而朝廷之勢殆矣。惟陛下留神省察，無忽臣言，則社稷之福也。

蘇轍又論所言不行劄子曰：臣兩次面奏熙河路范育、种誼等違背大信，貪功生事，以速邊患，乞移降他路，更選帥臣俾之鎮守。臣方奏對間，蒙太皇太后再三宣諭，以臣言為是。然至今多日，但見种朴一人移涇原路勾當公事，至於育、誼並未見移動。臣竊伏思念，人臣言事，不患聖意不回，患在聖意已回而大臣固執，事輒中止。何者？聖意不回，惟當再三開陳，期於必悟；若聖意已回而大臣不可，事不得行，則是君權已移，上下倒置，雖欲納忠，何益於事？此臣所以晝夜憂懼，欲言而復止者也。昔齊桓公游於郭，問郭公之所以亡，其父老對曰：

以善善而惡惡。桓公曰：善善而惡惡，此賢君也，而何故亡？父老曰：善善而不能用，惡惡而不能去，此其所以亡也。今陛下以臣言為是而不用，以大臣為非而必聽，臣竊惑之。且陛下雖處幃幄之中，實攬人主之事。今依違退託，專聽大臣，事有未安，誰受其弊？故臣以為居其位而不任其事，任其事而不斷其是非者，古今未嘗有也。臣以非才誤蒙擢用，盡忠獻言，上牾大臣，下牾邊吏，其所以再三論列，不為身計者，誠以為外可以利民，而內可以報國故也。今所言不從，空結怨怨，無補於國，臣雖狂愚，何苦而為此哉？臣恐忠臣自此結舌，不敢復以至言聞於陛下矣。去年之冬，陛下知回河之為患，深詔大臣罷東流之役，天語惻怛，中外具聞，而大臣奉行不得其半，雖罷回河之名，仍存試水之實，鋸牙馬頭，率皆如故，意幸漲水之至，河或可回。然今日觀之，終復何益？是以衆議皆謂陛下聖明察物，照見千里之外，而號令不行，未見成效。是時奉使契丹，還奏其事，此章具在，可覆視也。今熙河邊事大略類此。若使聖意又為大臣所沮，則君權愈奪，臣勢愈張，養之不已，後將益甚。及其事極難忍而後制之，則傷君臣之恩，失朝廷之體，不若今制其漸，使事無所失，而臣亦獲安之為善也。臣不勝區區為國遠慮，觸冒忌諱，甘俟斧鉞。

殿中侍御史呂陶辯朱光庭彈蘇軾策題事疏曰：臣竊聞蘇軾試館職策題，朱光庭彈奏以為譏議兩朝，奉聖旨蘇軾放罪，軾遂乞補郡，蒙陛下降詔不允。光庭論列未已。臣既待罪言路，理當辯明，敢竭愚鄙為陛下極陳之。夫臺諫之職，為天子耳目，要存維持綱紀，分別邪正，凡所彈擊，當徇至公，不可假借事權，以報私怨。萬一及此，是謂欺君。今蘇軾所撰策題，首言齊魯皆聖人之後，其政化之弊至於衰亂，其次乃曰：國家承平百年，六聖相授，為治不同，同歸於仁。詳味此言，

匪無譏議兩朝之意。其次又曰：今朝廷欲師仁祖之忠厚，而患百官有司不舉其職，或至於媮；欲法神考之勵精，而恐監司守令不識其意，或流於刻。則所謂媮與刻者，明言百官有司監司守令不能上體朝廷本意，而或至於媮與刻，非指言二聖之失於媮刻也。其終又曰：昔漢文寬大長者，至於朝廷之間，恥言人過，而不聞有怠廢不舉之病；宣帝總核名實，至於文理之士，咸精其能，而不聞有督察過甚之失者。蓋言漢文、漢宣之時，其臣下能如此，不怠廢，不過甚。今朝廷當以何術治之，使百官有司監司守令不至於媮刻乎？蓋作文者發此問端，以觀其答，即非謂仁宗不如漢文，神考不如漢宣也。光庭指以為非，亦太甚矣。假使光庭直徇己見，不為愛憎而言，則雖不中理義，猶可恕；或為愛憎而發，則於朝廷事體所損不細。今士大夫皆曰：程頤與朱光庭有親，而蘇軾嘗戲薄程頤，所以光庭為程頤報怨，而屢

攻蘇軾審如所聞則光庭固已失之軾亦未為得也且軾薦王鞏為不知人戲程頤為不慎言舉此二者而罪之則當也若指其策問為譏議二聖而欲深中之以報親友之私怨誠亦過矣臣又聞軾與鄧温伯同進策題三道陛下點此一道而用則陛下聖鑒必謂切於時務故遂用之決知其不譏議兩朝也又況御史上官均近嘗論奏為政之道有寬猛兩端大槩與蘇軾策題同意陛下謂其言可取者為法令頒於天下矣上官均之奏蘇軾之策題二人之言皆是講明治道一則頒以為法一則指以為罪何輕重取捨之異哉此士大夫之意不能無惑也恭惟陛下聖慮高遠從諫如流然臣下之言或至於激則亦須加審察昔富弼韓琦天下知其忠且賢弼因除張茂實管軍中丞韓絳乃言富弼欲謀不軌韓琦不赴文德殿押班中丞王陶乃言韓琦反狀已露尚賴聖主深炤情偽二人者始終安完以富弼

韓琦之賢而言者猶如此中傷之則不追於弼與琦者又可知矣今日光庭中傷蘇軾之心頗類前事欲使朝廷為之報怨不可不察也臣與蘇軾皆蜀人而不避鄉曲之嫌極論本末既備位臺職而輒亂諫官之失當二罪皆不勝誅然喋喋不敢自默者非特為一蘇軾蓋為朝廷救朋黨之弊也孤忠危迹敢以死請

右司諫王覿上奏曰臣謹按中庸曰舜好問而好察邇言夫好問不察而邇言則察者蓋舜欲有問必擇乎端人正士而後問之所問皆端人正士則不察而信之可也察其人在前故也至於邇言則有不問而聞之者矣舜不以人廢言亦不遽信其言必察其真偽善惡而后用捨焉故不問無以致忠言之啓沃不察無以辯邇言之是非臣伏見陛下自春至今凡施設廢置莫不大慰天下之望雖天縱睿智如日月之照臨無所不燭然所以深究民情洞見物理者亦好問察言之助也陛下昔龍潛之日於事無所預威福不在手凡達於聖聽者皆無心之言以所聞無心之言裁以英斷而施之政教則法出而公論歸令下而民情悅不亦宜乎今陛下尊居九重奄有四海慶賞刑威卷舒於顧指之間有所問焉或畏威而匿情或懷利而尚說況乎邇言情偽萬狀欲如前日無心之言豈易多得故好問尤不可以不擇其人邇言尤不可以不察其實也舜典曰朕堲讒說殄行震驚朕師命汝作納言夙夜出納朕命惟允舜之好問察言者既如彼用以命龍者又如此可謂重且慎矣陛下以大舜之資行大舜之政故臣敢以大舜之所重且慎者上塵聽覽

覿又上奏曰臣竊聞中書省欲以後省散騎常侍諫議大夫起居舍人正言廳為制勅院擗截兩省見今諫官廳出外別作門出入以防制勅之漏洩論者以謂名雖為關防制勅而實不欲諫官在兩省與

給舍相見恐其或聞政事之本末而論列之頻數也何以驗之蓋欲其作制勅院而已則舍人廳後起居舍人廳正言廳及直舍廊廡共屋已數十間作制勅院自足不須更取散騎常侍諫議大夫廳以塞絕諫官出入之路而別為之門也兼門下後省既無制勅院而亦擗截諫官廳出外即知不為關防制勅之漏洩而實不欲諫官在兩省與給舍相見恐其或聞政事之本末而論列之頻數而已臣聞自古為國家者未有疎遠諫諍之官而可以有為者臣不敢備引歷代之事以瀆聖聽今且以李唐言之昔太宗嘗謂侍臣曰朕雖不明幸諸公數相規正勅中書門下及三品已上入閤必遣諫官隨之欲其預聞政事有所開說故自後諫官得閤中奏事遂以為常而讜言直論有補於朝政者世有其人也夫唐太宗之聖自三代以後本朝以前千載一人而已當時諫官之才能智識豈復有敢望太宗者哉不惟

求衆望太宗而豈復有如當時之執政大臣者哉然太宗不自有其聖而虛心求諫如此當時執政大臣亦未嘗有以諫官預聞政事為嫌者也唐自武德至昭宗三百年之間諫官皆列於中書門下兩省而亦未聞有臣僚建議諫官不得在兩省以防制勑之漏泄者也只自五代衰替朱梁初建都事事草創故諫官不在兩省聖朝祖宗承五季版蕩之後興弊補隳百餘年間凡前古之法度日以修舉至神宗而浸備是以鼎新兩省列諫官於其間以循唐制夫諫官必列於兩省者蓋使在於政事之地而有所聞見則凡所論列庶幾不誤朝廷而有補於治道也惟是隨中書門下乃二品以上入閤則尚未及講臣竊以謂必行於陛下之手雖或未暇柰何至於使諫官不得在兩省而惟恐其或聞政事耶又疑其漏泄制勑耶何示天下以不廣也況今諫官雖在兩省日與給舍相見而於政事委曲亦何所聞但

存羊所以愛禮不猶愈於盡廢哉執政大臣若謂諫官不才罷之乃宜不可緣一二諫官之故而遂廢朝廷之法度也臣不能俛首循默為自安之計以負陛下言責惟聖慈詳酌施行

覲又上奏曰臣近於十一月二十五日有封事言兩省撥截諫官廳出外隳壞法度乞行寢罷及十一月二十七日與諫官鮮于侁朱光庭列狀聞奏各未蒙施行臣竊以自古聖帝明王莫不有諫諍之臣蓋三代以前上自公卿次及百執事下至百工賤人皆可諫諍故雖不以諫諍名官而鯁言直論常達於人主之聽及世衰道微言出於口而禍及於身者浸多故為人臣者若不以諫諍名官則鮮肯以諫諍為事於是秦漢以來乃始有諫大夫率皆列職清要日侍人主然歲月綿遠其廳之所在有不可考者惟隋唐事近傳記甚明諫官於隋屬門下省唐初因之亦嘗屬中書省後乃分列兩省終於有唐末

之或改也夫御史與諫官均任言責然御史臺在外而獨諫官既為侍從又列於兩省者何也蓋御史專在糾正百官必在外然後百官趨赴聽事鞫獄為便諫官之職在於論政事之過差補人主之缺失故不在政事之地則無以盡聞政事之過差不列侍從之班則無以盡知人主缺失也自五代亂離隋唐法度無復存者本朝祖宗以來講復前代之法度十八九矣惟是兩省之闕典至神宗而後復然諫官雖已列於兩省政事之地猶未預於入閤侍從之班乃防諫官漏泄政事而欲撥截廳事出外使不得在兩省亦異於設諫官之本意矣夫兩省若有機密之事吏人可密者諫官豈不能密耶兼見今諫官雖在兩省於政事實不預聞況機密哉昔魏少府楊阜欲上疏省宮人召御府吏問後宮人數吏守舊令對曰禁密不得宣露阜怒杖吏一百數之曰國家不與九卿為密反與小吏為密乎明帝聞愈敬

憚阜後世以為美談臣常謂陛下聖德比堯舜豈於此而不追明帝耶臣常以皐夔稷契期執政豈於此而不追楊阜耶且先帝孜孜講復隋唐數百年之法度既合於古又宜於今乃一旦無故而壞之一不可也中書所謂制勑院者吏舍也迫逐天子之諫官以廣吏舍二不可也深信胥吏與之為密而過疑諫官以為漏泄三不可也使天下朝廷有疑諫官之心厭諫官之迹非所以廣聖德於天下四不可也散騎常侍下執政一等爾今偶負闕不可謂終無其人也至於左右史亦陛下侍從之臣安可使中書吏人據其廳事奪其正門而常侍諫官左右史乃屏置一隅穴垣墻而出入事體顛倒增長吏氣五不可也憎諫官者雖取快一時而五不可長久之患歸於朝廷又使三省執政大臣皆受迫逐諫官之名為後世笑臣竊為陛下惜之臣愚暗不才陛下過聽擢為諫官若議論失當陛下罪之執政大臣惡

之。或一二日而罷，或二三月而黜，皆不可知也。豈謂諫官可以久爲，而兩省可以安處哉。蓋欲爲朝廷長久之計而已，非臣謀身之計也。若既憂得罪於陛下，又慮見惡於大臣，坐視法度之廢壞而緘默不言，則不惟有負陛下言責，亦豈不自愧於心哉。故不避冒瀆聖聽，而喋喋不已。陛下或采其言，或賜之斧鉞之誅，惟聖慈裁擇。臣無任激切忠憤之至。

侍御史陳次升又奏乞留正言孫諤疏曰：臣伏見責降左正言孫諤知廣德軍事，風聞諤以論役法有過當之語，以此得罪，未審果是耶，爲復緣他事耶？若不緣他事，只緣役法，臣竊謂朝廷復行免役之法，實欲便民，所繫至大，其利害不止一州一縣，而普及天下。處之適宜，天下均被其利；苟一失當，天下均被其害。而諫官以言爲職，既有見聞，必須上達其言。儻是，則當聽納其言；或失，亦在曲全，以示朝廷之

容德也。臣伏覩天禧元年二月七日勅戒臺諫詔書曰：雖言有失當，必示曲全，則知聖朝廣開言路，激昂士氣，不以人言失當爲慮，而患在人之不言也。今諤若無他罪，止是議役法失當，推原其情，蓋欲補完良法，亦可矜察。欲望朝廷再賜詳酌施行。

同知樞密院范純仁乞寬王覿之罪疏曰：臣與呂公著等并今日與文彥博等兩次簾前奏陳，乞寬王覿之罪，蓋欲假借臺諫，使人敢言。其間雖有不當，亦須稍垂寬宥，以彰朝廷容諫之美。況陛下臨御已來，未嘗嚴責諫臣，一旦行之，恐傷仁化。又慮來者或多，若一一竄逐，浸失朝廷清淨之體。其心止於如此，更無他意。側聞聖訓，以謂朋黨甚多，宜早施行，恐於卿等不便。以臣愚見，朝廷本無朋黨，只是善惡邪正各以類分。陛下既用善人，則匪人皆憂難進，遂以善人之相稱舉者，皆指以爲朋黨，欲得人主深防嚴戒，堅行貶逐，自然君

子道消，小人可以得志。所以臣等不避違逆，纏綿陳瀝，愚誠冀回天意。臣若面從順旨，則是苟容之臣，何以副陛下柬求？何面目處群臣之右？又況彥博、公著等皆是累朝舊人，陛下留在左右已二三年，輔翊皇猷，未嘗有闕。今日豈肯雷同罔上，祇設黨人。蓋其愛君之心，與臣無異，唯在陛下深加採納。所有先降貶謫王覿文字，臣未敢簽書，更乞聖心熟慮。臣自先朝言事不合，擯斥處外殆二十年，遭遇陛下，一新庶政，從諫任賢，夷夏歡呼，古今無比。此皆聖心所悉，非愚臣獨敢妄言。而一旦拔臣於疏遠之中，驟置於丞弼之位，故臣夙宵盡瘁，恐負聖知，豈有容庇朋黨，自損身名，玷辱家聲，取笑千古？蓋是愛惜聖政，思報大恩，螻蟻之誠，惓惓不已。今若陛下決以臣言無取，即乞謫臣補外，被指爲朋黨者自明。臣雖一身暫遠，若遂使朝廷大疑，則是猶有少補。不辜柬拔，則臣死之日，猶生之年矣。又臣曲謝

日已曾奏聞，昔先臣與韓琦、富弼蒙仁皇同時用爲執政，三人各舉所知，引用忠良，有匪人之不得進者，遂構造謗語，指爲朋黨。先臣與韓琦、富弼皆得補外，所用之人類遭貶逐。當時構謗之人皆欣快相賀曰：一網打盡。此事未遠，衆人猶知，亦可以爲朝廷深戒。

純仁又論王覿乞從文彥博等所言疏曰：臣昨日入劄子，未敢簽書王覿文字，因以文彥博、呂公著累朝舊人，其言乞加採納，及論朋黨事，繫善惡消長，皆愚臣受恩之深，罄瀝血誠，用伸補報，更無顧望，冀觸之慮。伏望聖慈特加詳覽。又彥博、公著年皆垂老，屢乞退閑，陛下特留平章國事，蓋以重德老臣，一心向國，宜可委信。此聖慮之深，高出前古。兼呂大防等皆陛下選拔於衆，各有公望之人。今若商量一諫官差除，有言不蒙垂聽，則與陛下眷留擢任之意輕重不同。臣所以更望聖衷審慮，少迴天意，良加採納，以成唐堯捨己從人之意。不

使大臣有不用之言。則社稷幸甚。臣前年初到闕時。聞有德音。令臺諫官但言事。太皇自主張。臣愚不勝欣喜。今見彥博已下諸大臣奏事。未蒙聽納。臣不勝憂懼。

翰林學士范百祿乞審議轉對之制狀曰。臣恭聞太祖皇帝建隆三年詔。自今每五日內殿起居。翰林學士及文班常參官轉對。並須指陳時政得失。朝廷急務。或刑獄冤濫。百姓疾苦。咸采訪以聞。事有要切者。許非時詣閤上章。不得須候次對。既又命尚書省集官議其可否而行之。為民求治之心。可謂至矣。真宗皇帝詔有司錄轉對章疏一本留中。聽言擇善之志。可謂勤矣。祖宗之於轉對。其勤且至如此。今一歲之中。視朝有數。臣寮轉對者每次二員。凡不過十餘人。昔使人悉知而言。言皆見用。亦不過十數事耳。臣竊惟太皇太后陛下。皇帝陛下。固嘗有太祖為民求治之心。真宗聽言擇善之志。然於此事今昔有異。心跡未侔。補闕拾遺。必在旁通於衆志。博覽兼聽。未能全美於前聞。臣雖甚愚。竊惜言路之未廣。而恐人情之恬默。苟有所聞。則積為蔽塞。伏願陛下法堯之詢于衆。舜之取諸人。使四目盡明。庶言必達。則時政之得失。可以周知。朝廷之急務。能無小補。刑獄冤濫。百姓疾苦。必無壅於上聞。而有裨於聖德矣。孔子曰。四方有敗。必先知之。斯可謂民之父母。苟不周諮於人言物論。何以臻茲。伏望宸慈詔執事審議轉對之制。率由太祖真宗之舊章。則天下幸甚。

吏部侍郎彭汝礪上奏曰。臣竊聞禮部侍郎曾肇以議禮不當。乞從罷黜。蒙恩降知徐州。給事臺諫臣有言。臣竊謂南北郊合祭事。朝廷自許近臣集議。或同或異。乃是常理。必以此罷黜一從官。如肇用意真國家忠臣。朝廷容納直言。愛惜人才。義當為改命令。體問書黃已到吏部。臣以為過矣。臣伏念才難久矣。人常千百億而無一二。苟或有之。或流落而不偶。幸而有之。又既得之。或棄於無所用。故治安之日常不足。而危亂之日常有餘。孔子曰。如有所譽。必有所試。如肇者其文可以當大命令。其學可以決大謀議。頃在西掖屢能補縫闕漏。及還禮部。遂能是正典常。循名覈實。謂之賢可矣。且並祭之禮不經見。如臣輩皆莫違安。其能奮不顧身。忤大臣為陛下言者。獨肇而已。朝廷既不用其言。又遂黜其人。故臣以為過。或曰。朝廷非惡肇議禮。謂其言過當而已。夫言不直。則道不見。今病者之求藥。唯病之愈是望。故能五毒偏施。針砭切骨。而不為過。使唯香味顏色之悅。則豈唯不足治病。適足以誤病。書曰。有言逆于汝心。必求諸道。有言遜于汝志。必求諸非道。肇之言雖有所拂。以道觀之為當矣。或欲安榮惡危辱。人情之所同也。臣願陛下少留神明。以其理度之。今人不肯朋比大臣。而肇為朝廷明是非。論然否。此為其身耶。以國家故耶。順從緘默則速得福。奮厲激昂則速得禍。而人臣終不忍不言以負陛下。此其心不在其身而在人主。不在其私而在國家可見。如曰人臣瀝肝膽。披腹心。為陛下國家長久慮患。而陛下屏去不容。此甚非計也。夫上所好惡。人之表也。今侍從之臣不能依隨大臣。而陛下去之。則孰不願附大臣。今一有言而陛下去之。則孰不欲舉不言。近臣與國家同安危。共休戚。使皆附大臣而不以國為憂。閉口不言而為妻子計。此非社稷之福也。惟陛下察之。念之。方朝廷多事。宜盡得心膂之賢徧置左右。博求骨骾之士並為輔拂。蓋猶恐不足。今有一曾肇而不能留。故臣以為過。非獨臣也。凡忠於陛下者皆然。南北郊祭議始下。臣嘗與肇言天地之祭至大至重。今欲易於改作。實所未安。肇云。使無言責。尚決不敢緘默。肇為禮官。其言當在。肇遂有論議。肇既逐。臣亦難處。肇終不可留。臣亦願與同罪焉。肇命已下而未行。臣至愚。欲望皇帝陛下深以愛大才容直言為念出自聖斷且留肇置朝廷肇守官任職必有以報國臣言或謬罪所逃誅矣技易差遣常事也沼賢者盛德也在朝廷益優爲之矣。

畢仲游上言曰昔仁宗皇帝之治天下也優禮大臣而聽用臺官諫官之言。盖大臣者天子之輔也不優爲之禮則無以勵其節盡其心。聽用臺諫官之言所以存天下之公議而禁制大臣不得自放之術也故大臣起居進見未嘗不躬已以待之若久於其位而不可動者。及臺官諫官一有論列則十言之中行其七八雖老故大臣必正其罪以是而去位者盖可數矣故嘉祐以來大臣平日足以致君臣之歡體貌之隆而私門姦吏破膽而不敢為仁宗皇帝所以四十二年天下安寧大臣無甚縱恣小官得行其志不法之事稀闊無聞者以優禮大臣而聽用臺官諫官之言所致也

歷代名臣奏議卷之二百四

歷代名臣奏議卷之二百五

聽言

宋徽宗即位初左正言曾肇乞旌賞直言疏曰臣伏見陛下發德音下明詔使人直言無有所諱此堯稽衆舜好問之盛德先王立謗木陳鼓詩人詢于芻蕘之誼也天下甚幸臣切以謂陛下惻怛詢訪之誠心既已形於號令則其於開導奬激使人樂於盡忠獻納亦須有術況詔書已有其言可用即則有賞之文則宜實其言以信天下臣伏聞治平四年英宗皇帝踐祚之初即求直言尋又下詔上書人所陳政體時務材識出衆者命官特加甄擢其次則賜詔書奬諭布衣即令有司召問條對有理量材録用當時咨詠勸誘如此其詳至有朝上書暮召對者是以四方萬里人人奮勵爭竭腹心唯恐在後神宗皇帝廣覽兼聽片善必收寸長必録斟酌損益以修政事故熙寧元豐十九年間百度修舉功崇業鉅雖聰明睿智出於聖性亦歷心採納群書之助也臣愚伏願陛下明諭輔臣討尋治平四年之令舉而行之其上書言事有合聖意者速加旌勸則遠近聞之孰不感激智者效其計忠者獻其誠陛下不出戶庭而海內之情畢聞於上不勝幸甚

時日食求言太學博士王渙之上奏曰求言非難聽之為難聽之非難察而用之為難求而不用非所謂應天以實者也臣切見國家每有天變輒下求言之詔而下之報上乃或不然以指陳闕失為訕上以阿諛佞諂為尊君以論議趣時為國是以可否相濟為邪說其於大臣權要則觀望附會相戒以默志士仁人知言之無益也不復有言而小人懷姦僥倖肆為詭譎可駭之論以為偷合苟容之計此尤不可不察也願陛下虛心公聽言無逆遜唯是之從事無今昔唯當

希貴人心無同異唯正是用則人心悅治道成天意得矣

中書舍人鄒浩乞至誠終始納諫疏曰臣伏讀虞書見舜命群臣作股肱耳目而戒之曰予違汝弼汝無面從退有後言夫面從以成其違者是諛也後言以指其違者是謗也二者非事君之道也有虞之臣皆大賢豈不知之舜且以此戒焉是知拂心忤意非人臣之所樂在於人君有以導之而已此帝舜之聖所以為萬世法也臣愚切觀陛下即位以來憲天聰明首闢言路旋因日食亟降詔書咸使納忠無有忌諱言果當理欣然聽從增秩賜官風動天下故雖疏遠芻蕘之賤莫不鼓舞遭遇思日罄竭以補初政之萬一而況股肱耳目之寄又安有不盡其忠者乎帝舜之聖今復見於陛下然臣觀太宗乃近古明君魏鄭公且曰陛下正觀之初導人使諫三年以後見諫者悅而從之比一二年勉強受諫而終不平實以其詳悉有據驗太宗

悟曰非公無能道此者人苦不自覺耳於是知納諫固難而謹始尤為難也子思曰誠者物之終始不誠無物伊尹曰終始惟一時乃日新彼太宗聞之而悟真大過人者顧不能持以不一誠日新無斁使鄭公不得而窺焉則其去舜也遠矣陛下方稽古以御今如太宗之事亦願取以為鑒以隆太平之偉績臣又伏思上書之人所言不一其泛論大體指陳邪正如此類者自可留之禁中以備觀覽至於陳述利害事干有司者即乞降付政府委官看詳有可施行旋具聞奏此則聖詔之出不為空文施之國家固非小補惟陛下留聽

浩又論太學生不當以言事殿舉疏曰臣准中書省錄黃一道為太學生張寅亮等妄言裁減皇太后閣陵浮費各殿一舉事臣尋觀寅亮等所上書其言狂謬固當懲戒以示天下緣士大夫已在選擢而詳練滋久者尤有不能體悉朝廷用意之深況山野一介布衣之賤乎陛下察其無知特從輕典又且遣歸屏出學門指揮則是寅亮等固已在所矜容矣止殿一舉誠不為過但近年以來言路壅蔽為時大弊自陛下勸獎開導始克通達世以謂賀觀仰太平今寅亮等若未免殿舉切恐自此以後人復畏避不敢獻言天下之事無由周知亦聖政所當深慮者也傳不云乎烏鳶之卵不毀而後鳳凰集誹謗之罪不誅而後良言進臣愚亦願陛下以此赦之而已所有錄黃臣未敢發書行下

給事中上官均上奏曰臣聞聖人擇狂夫之言好問至於芻蕘者樂於聞善也誹謗之罪不誅者欲以來直言也蓋君臣之勢隔如霄壤進言直則有犯分之嫌持論高則有出位之罪畏嫌避罪則愛身者孰視拱默而不敢論矣政事有關偷安固祿而不敢論則九重之奧萬事之機安得聞與賈山有言人主之威非特雷霆勢重非特萬鈞

開道而求諫和顏色而受之用其言而顯其身士猶恐懼而不敢自盡況震之以威壓之以重豈有不摧折者如此則人主不得聞其過失矣聖人知盡言之難也故賞諫臣以厲諛悅之臣貸狂直以開正直之路使工誦箴諫瞽誦詩諫公卿比諫士傳言諫庶人謗於道商賈議於市所以集天下之善而成巍巍之功也自陛下即位之初開廣言路虛懷開覽擇其可用者賜官增秩以奬其言四方之士歡欣鼓舞人人出其所長發其所蘊露章抗疏幾無虛日陛下神明天縱道術精微固所自得至於政事之臧否人臣之邪正法宮之奧纖悉洞照者殆亦收覽眾言之助也臣以為進士殿舉比士大夫貶官非輕罰也張寅亮等疏愚狂瞽誠不識朝廷忌諱然志非懷邪比庶人謗於道可也今被之以重罰疑非陛下開廣言路之意臣竊妄慮陛下聖度容納非加怒於無知之小臣特以其言有及執政之意言涉

犯分故稍正刑罰以明上下之體然四方之遠難以戶曉必以爲陛下前日許中外之人得上封事既招其來又罪其言前日賞之今日罪之妄意朝廷有厭言之意自中人以上妄覬顧利政事之有弊往往趑趄畏縮而不敢正議矣且加罪一二進士固未足惜竊恐沮直臣之氣鉗多士之口自此始矣臣以爲狂言犯分貸而不罪其爲害輕誅責賤士以沮直言其爲害大臣願陛下援之聖心權其輕重更加矜容以稱陛下初政之意以解四方之疑天下幸甚

宣和二年御史陳堯臣乞重惜憲臺之權疏曰臣聞天下所恃以安者朝廷之紀綱紀綱所恃以立者臺諫之風采若臺諫有所拘忌受制於人而風采不存則朝廷莫之糾彈容姦於國而紀綱以壞是故人君惜之事權不繫於官長不拘於大臣養其志氣不挫於權豪不畏於強禦雖其人未必皆賢其言未必皆當許以風聞而貸其不實之愆納以虛懷而開其敢言之路豈徒然哉凡欲以破姦雄之膽救陵夷之悉也唐文宗曰御史臺朝廷紀綱臺綱正則朝廷正朝廷正則天下理楊瑒曰糾彈之司若遭恐脅以成姦人之謀御史臺固可廢矣臣惟方今天下平治固無姦臣之足慮然間有擅權挾寵之徒肆爲敗俗亂常之惡孝不足以移忠功不足以掩過內恃強援與知以脫常刑重憲恬然自得莫敢誰何蔑視風憲之官示趨奴僕之役若讎讎以私人終必視爲仇怨然慮其攻己則尤設隄防以拒其來聞其有言則廣行營救以反其罪不擠以令事則必中害以他非不謂在昔與我爲讎則曰於今與誰爲黨或以離間其君臣爲辭或以疏瞞其恩威爲語指切直者爲沽名謂納忠者爲訕上巧言令色千計百端是致發憲欲彈者改遷抗章纔及者貶竄前者沉滯流落而不聊其生後者惴恐憂思而深以爲戒忠義風采消委殆盡臺臣雖

備位名存實亡臣愚以謂恐非朝廷之福乃若官吏損冗財費浮濫紹述失其本意紀綱浸以蘽弛而霜臺坐視不發天下悵之逮至陛下獨奮離明斷以乾健減罷裁抑一遵熙豐之舊繼又廢黜扶黜選任臺臣中外方且鼓舞然未聞有所建明或即旋行遷易天下疑之夫彈劾之職紀綱所繫當急先其大者譬如捕盜先其渠魁芟草急在根本今使置其大者而言其小者是猶捨渠魁而攻羸瘠留根本而摘枝葉適以激其怒而滋其萌是豈除惡務本之意乎臣恐天下紛紛籍籍者特未定也故臺臣屢遭恐脅則姦回無所畏憚就有特然奮勵衆必爲之寒心知其必蹈禍機而謂不若且已雖因時奮有所彈終不敢直肆其說至使明目張膽之士化爲結舌鉗口之流臣恐自是積習成風人知畏避遂致姦臣欺蔽君上紀綱既紊何所不爲且姦人始兆在糾劾而非難其惡已成雖鈇鉞而何及故治國家者平時宜有直言頂豸之士則悠久康無姦謀指鹿之臣令陛下仁天廣覆智燭旁臨賞罰如寒暑號令如風雷所以舉直錯枉防微杜漸者固不患不至所患姦回植黨牢不可破或左右先容或前後救援不能無誤開聽至有逆已行之命或方須而旋改沮必罰之威或朝黜而暮陞蠹國害民之事或過而復熾欺公罔上之令或沮而復起國是動搖人心惶惑其根原有在於強援與知之間而已夫擊搏之任豈人樂爲公議所在有不得已人孰不欲保其父母妻子孰不願享其富貴安榮何事而取怨於權臣犯顏於人主邪聽言之道當以事觀苟惟在己無衍怨則於人言何恤安用預設隄防苟唯事干國體則亦何黨何讎寔事廣行營救臣願陛下深惟此理上體祖宗之成憲下爲萬世之來規重惜憲臺之權優養直士之氣使姦回必劾而無遺罪戾必罷而無赦止其防備之私絕其救援之弊明出詔

今聽今後凡臺臣有所論列職非三省而輒出位謀政與夫干請私謁援姦護惡巧為粉飾者寘之重辟。庶使姦無所緣。紀綱一正。天下幸甚。

徽宗時陳次升上奏曰。臣竊聞右司諫陳瓘以言事不當得罪。雖不知其詳。然臣伏覩天禧元年二月七日申敕臺諫官詔書云。雖言有過當。必示曲全。今陛下訪落之初。用人如不及。從諫如轉圜。猶恐萬幾之務不能偏察。上至百辟卿士。下及庶民。皆許直言。無有諱忌。其詔亦云。言而失中。朕不加罪。命下之始。萬口一辭。以謂正當不諱之朝。且無犯顏之慮。孰不激昂勇奮。願竭區區之愚。以圖補報萬一。況身有官守有言責者。安可緘默乎。瓘既以諫為職。又許風聞論事。儻有失實。陛下當含容矜貸。如上詔旨。今遽寘重責。煩駭群聽。竊慮中外傳聞。人人鉗口結舌。以言為諱。忠讜之路塞。壅蔽之風成矣。伏望

聖慈念天禧申敕臺諫之意。及陛下求言之詔。特寬瓘之罪責。庶幾養成士大夫敢言之氣。其於聖治。不為小補。

左正言任伯雨乞留龔夬狀曰。臣聞先甲三日。易。後甲三日。難。諫而不早。是以取名而於事無益。忠臣之義。但求有益。而不願取名。臣今日先事之言。惟欲有益於朝廷也。臣伏聞殿中侍御史龔夬言翰林學士承旨蔡京告訐周穜等語言事。乞罷黜京。而朝廷謂京無過。不以夬之所言為信。夬既不得其言。難以復在言職。雖朝廷未加斥逐。理當求去。夬尚未去而臣已言及此。其所以為先事之言也。蓋言事之官。乃朝廷耳目之所寄也。耳目不通。則有蒙蔽之患。故自祖宗以來。獎勵言官。屈意聽納。養其勁氣。不使小挫。非重其人。所以重朝廷之耳目也。自紹聖以來七年之間。五逐言者。初逐常安民。次逐孫諤。次逐董敦逸。次逐陳次升。次逐鄒浩。此五人者皆與蔡京所見不同。雖其間或以他罪被逐。而京之所惡。則無不去者。今夬之言。京又將罷去。則是兩朝言官前後六人。無不為京而去也。陛下以聖德嗣位。上法祖宗。內稟慈訓。數月之間。德澤廣被。內外安靜。人情驩悅。此千載之一時也。今若緣此一事。又去言官。臣恐後之言者。人人不已。可惜安靜之勢。忽成紛紛。其於初政。豈能無累。若待臨事而諫。孰若先言之有益也。臣願陛下察夬所言忠於為國。特回睿聽。曲賜允從。庶使敢言之士意向朝廷。蒙蔽之風自此衰息。伏望陛下上稟慈闈。議其可否。小臣狂妄。冒犯天威。無任皇恐戰汗之至。惟陛下矜赦幸甚。

伯雨又上奏曰。切以紹聖時章子厚蔡卞用事。諫官御史盡出子厚卞引用。不惟無所建明。率皆附會子厚卞。欺誣朝廷。自陛下即位。總攬權綱。首擇臺諫。然臣謂臺諫官始用之既重其選。終罷之必正其名。臣欲乞今後臺諫以言事罷去者。皆坐其所言。以正其罪。蓋妄冒

不才者其罪小。欺誣朋附者其罪大。張庭堅近以言事不當除京東運判。既而改汝州。今又送吏部。中外疑惑。不知所以。臣伏願陛下斷自聖意。降出庭堅章疏。考其所言。若欺罔朋附。則送吏部為尚輕。若止妄冒。則送吏部為太重。正名定罪。庶足勸戒。無使言路自今以往以庭堅為戒。

左司諫江公望乞容納直言疏曰。昔漢武帝殺人如薙草。而汲黯數以直見。不少降。帝終下之。黯在朝。淮南之謀為寢。一戇直之臣甚微。而朝廷輕重繫焉。是以養之不可不素。用之不可不審。遇之不可不隆。聽之不可不察。去之不可不慎。今朝廷以言得譴。不過黜官遠去國而已。然未聞有汲黯之切直。何也。蓋養之不素。未必充其才。適充其才。遇之未必盡其禮。禮或加厚。聽之未必察其情。去之未必當其罪。以人君之威。逐一小臣。未嘗若飄風之振槁。翩翩然徑逝矣。而不

知過以資讒諂嚬嚅相賀之語也。傷君之明。長臣之直。無甚於此。自昔人君之擴大度以優容。虛誠心而延佇。推內恕以假借。忍難行而聽納。所以養成人之直。故其進諫也。無首鼠之疑。謀有批鱗直前之勇氣。事無不聞。理無不盡。上無過舉。下無逆情。姦人破膽。黠吏縮手。民賊屏迹。國狗希鳴。謇直之氣日益長。而朝廷之勢日益尊矣。故曰。苟得其養。無物不長。苟失其養。無物不消。陛下德度宏博。出於天性。群臣進諫。雖涉狂易。未嘗誅其心。復加優賚。天下之士。孰不欲為陛下盡忠。況在言責者乎。傳曰。興王賞諫臣。逸王罰之。信斯言也。然臣聞唐太宗正觀之時。導人使諫。三年之後。諫者悅而從之。又一二年。勉彊受諫而終不平。蓋受難甘之言。常在於慷慨願治之初。必厭於翫習已安之後。漢武帝剛忍之主也。而有容直之得。唐太宗彊明之君也。而有辛情之失。相去遠矣。惟陛下鑒焉。

宗正寺主簿石公弼上奏曰。朝廷比日所為直詞罕聞。頌聲交至。未有為陛下延爭可否者。願崇忠正以銷諛佞。通諫爭以除壅蔽。徽宗善之。擢殿中侍御史。

欽宗靖康元年。翰林學士許翰上奏曰。臣聞萬人所聚。必有公言。傳曰。防民之口。甚於防川。川大決而犯傷必多。是以監謗而衰周亂。禁言而強秦亡。無逸之訓曰。小人怨汝詈汝。則皇自敬德。不啻不敢含怒。此疏川而導之之術也。昔者鄭人游於鄉校。以議執政之善否。或謂子產盍毀鄉校。子產曰。其所善者吾則行之。其不善者吾則改之。是吾師也。毀之何為。國家自王安石持矯拂世俗之說。流弊至今。其患可見。陛下方將公聽並觀。力矯此弊。優容受納。務盡群情。前日宰相吳敏留李邦彥止是避嫌。分謗。固以鎮撫士民。而或者未達其心。謂力排公議。計或私相譏謗。亦必責臣不言。臣謂但使朝廷德日以勝。則此等疑論自當衰熄。竊聞臺臣論奏學校謗傷宰相中丞等事。臣恐陛下遂行其言。則將使忠鯁杜塞。議毀不聞。朝廷蔽蒙。復如前日。此亂亡之機也。不可不審。伏望聖慈勿下其章。以來四方之賢。而通天下之志。

翰又上奏曰。臣聞君子謂小人為邪。小人亦謂君子為邪。君子小人雜進於前。而忠邪之說交至無已。則人君何以定之。臣前日始為中司為淵聖言明主之聽天下言。陳之之自。皆有冊籍。成敗既效。賞罰隨之。令如臣言某人忠賢。某人姦佞。某事如是而將成。某事如是而將敗。陛下退朝。則籍其說。審克考而卒不離也。則按臣之言而坐其妄。夫如是。則言者莫敢妄言。觽康之前。都俞清矣。又廷臣之間。必有朴茂況詳忠信不欺之士。博詢熟察。審得一人。則衆言殽亂可質而定。蓋忠邪之在朝廷。譬如耳目鼻口之在人面。已不自見。而隆突

醜好。人能昭昭言之。是故君於諸臣。雖甚近而難知。得一信人在側。則朝廷忠邪莫能相亂。觀者易審故也。夫君志不定。則群言繁興。群言不治。則政法大亂。古之明主能以其躬為天下正者無他。精意不煩。約而易守。如斯而已矣。

右正言程瑀乞籍錄臺諫章疏狀曰。臣聞君猶心也。宰執猶之股肱。臺諫猶之耳目。耳司聽。目司視。視聽不廢。運用股肱。無為於中而治者。此心所以為真君也。人君亦何為哉。相與論治道者。臺諫也。相與行治道者。宰執也。天下之事。不過利與害。臺諫曰是。宰執曰非。人君察焉。果非也。過在臺諫。不在宰執。若以是為非。則宰執何所逃罪哉。宰執曰利。臺諫曰害。人君察焉。果害也。過在宰執。不在臺諫。若以利為害。則臺諫何所逃罪哉。萬機至繁。吾之所用聰明者特在於審是與非。辨利與害。此以一應萬之要也。苟不能致知乎此。使是非利害

必然。當此則真偽不分，朱紫混淆，勞精疲神於末流，天下之治不可冀矣。蓋人非堯舜，不能舉事皆善，罔計其善而恍人讚己，是謂求諂諫而成暗昧。昔諸葛亮當主幼國新之際，獨總朝政，顧何所賴於群下，一旦發教，乃諄諄力求轉相違覆，以補曠敗。太宗正觀之治，庶幾成康，一時輔拂亦少貶矣。嘗謂執政曰：「朕常恐因喜怒妄行賞罰，故願公等極諫。」公等亦宜受人諫，不可以己之所欲，惡人違之。使宰執能以此待臺諫，人君能以此待宰執，天下之治不難圖矣。朝廷之事無過舉，則臺諫何所復言？及其有言，必與朝廷違異，乃所以相成也。惟朝廷不以異己為嫌，而事求其當，則天下幸甚。本朝之盛，無踰仁祖，稽考治迹，蓋周成王、漢文帝不足進焉。宰臣則前有王曾、李迪，後有韓琦、富弼，執政則有歐陽修、范仲淹之徒，由今視之，其人何如哉？然當時諸臣達治體，朝廷之上既以務和而不務同，至於臺諫有

所論列，不以人微而易之，不以意異而詆之，惟是之從，而不嫌議不出己，亦不難於改過從善。當時議宰執以為奉行臺諫文書，是不知此乃諸臣深達治道、用心過人者。洎王安石用事已來，專以摧折臺諫為事。然當時人材承累朝養育，而砥礪名節之風不衰，論議風生，以斥逐為榮，未為安石下也。至蔡京用事，師法安石而殘狠過之，議已者置之死地，臺臣引用私黨，藉為鷹犬，搏噬正士，創置官司，冗濫蠹食，而諫省列位，寢闕弗補，惡政弊事，流毒四方，陛下既親見之。臨御以來，疏遠讜直之士布在臺諫，虛己聽納，下詔敦諭，是誠有意祖宗之治矣。然以臣觀陛下，蓋喜受人言，而未可謂之善用言；蓋喜納人諫，而未可謂之能從諫。何者？用言從諫，必深思而熟計之，當理則行，不俟旋踵。若受而不能用，與不受同，實無益也。三代以降，能用言從諫者，無如漢高祖、唐太宗。蓋高祖智略無踰人，奮布衣取天下，

未嘗畫一策、出一計，雖其善用群策，非獨張良、陳平之腹心，外如酈食其、婁敬之徒，一言合理，信用不疑，此所以成帝業也。太宗脅父殺兄以就大事，其天資何如哉！雖其樂聞己過，有諫必聽，始也豫伏伽之徒賞之使言，久之得魏徵，往往諭意於言辭顏色之表，不待力爭強辯，此所以躬平禍亂而坐致太平也。人主誠欲聽言納諫，以二君為法可矣。陛下天性元良，憂勤庶事，聽言納諫，宜無艱者，頗尚有愧於二君，臣知其由矣。陛下以沉晦為事而有累於明，以柔遜為事而有累於斷，明與斷兩未見焉。而大臣承蔡京餘風，不能以韓琦、富弼諸人之心為心，故臺諫章疏或阻隔而不行，或稽留而不下，未閱數月，已有擠陷之事。如余應求、陳公輔者，踪跡孤外，志操介然，金寇在郊，京師震恐之時，抗章乞對，慷慨論事，蒙陛下延問開納，寇過之後，權為臺諫，士大夫方慶言路得人，而應求等亦感激奮勵，知無不言，正道

少伸，邪人側目，一旦論事稍涉嫌疑，陛下未能洞察，執政因而擠之，是何異蔡京所為哉！覆轍在前，不憚蹈之，亦可哀矣。夫任耳目以廣視聽，將以運用股肱令也，壅蔽耳目，有傷害之者矣，陛下將誰與為治乎？臣聞真宗時，常詔諭諫官、御史各令舉職，仍令中書籍記其言事行與不行，歲終具奏，蓋非特稽所言當否，用以知其人，亦以防壅蔽之患。伏望陛下特賜舉行，仍內中創置臺諫章疏文籍，隨所上錄之，聽政之暇，雍容觀覽，不惟裨補治道，因考其事有合行而稽留未進呈者，時與督責執政，庶幾耳目股肱之任不至偏廢，而治道可望。在明斷而行之，臣備員諫省，賜對之初，已懇懇為陛下言之，伏望曲留聖心，天下幸甚。

右司諫陳公輔上奏曰：臣竊惟陛下臨御之初，詔求直言，而太學諸生皆上封事，陛下不倦聽覽，又從而官之，如張炳、雷觀是已。古者聽

納之君雖堯舜禹湯不能過也然諸生竊有疑焉以謂陳東之書遠勝炳觀陛下不官東而官此二人非惟諸生不平炳與觀亦固厚顔矣臣竊思之陛下必謂東不當伏闕上書以致百姓紛亂夫東固未嘗與百姓期也李綱之罷東以忠義感奮恐其言不能上聞故率諸生伏闕爭之不謂是日百姓亦來臣詢之諸生皆曰方李邦彥等退朝百姓皆詬罵東與諸生力遏之既而百姓諠譟東皇恐憂懼面若死灰遽欲退避而百姓遮擁求出不得然則東豈有意率百姓為亂哉臣觀東非惟學問淹該善論天下事亦忠誠奮發之士陛下若用之於朝必能有為議者又謂東書深詆李邦彥而大臣有庇邦彥者不欲陛下官之如是則陛下欲以公議用人大臣以私意沮之也安能免人之言哉臣願陛下不惜一官以勸盡忠之士以慰太學諸生之心實天下幸甚臣職在言責苟有所聞不敢默默惟陛下察之

御史中丞呂好問上奏曰臣聞之古人有言好惡不愆民知所適事無不濟又曰示之以好惡而民知禁夫所謂好惡者求合夫聖人之道不使邪說詖行害夫至當之理此用人之難未若聽言之難也陛下即位以來躬行節儉視朝至於日旰求言甚切不問高下屈己聽納此堯舜三王之用心也然而羣臣趨向非一識有淺深或有包藏私意務行其說或有遂其前非一逞怨忿此不可不察也本朝開基垂統一百六十餘年聖聖相承天下寧治可因可革未嘗拘執自章惇蔡卞首建紹述之說後蔡京得志專用此術以濟其姦建隆以來凡所施為皆弃而不講獨指熙寧元豐號為紹述及其所行有顯然違於熙寧元豐之法者則又曰此神宗皇帝之志也若以志言之何所考據何往而不可為哉此蓋妄假國論實為身謀已成之效灼然可知至於擠排善類箝塞忠言以正為邪以是為非行之數十年間遂使朝廷無可用之才有司無可守之法公私空竭戎狄侵侮當是時也在廷之臣無有為朝廷施一嘉謀出一奇策者陵遲之弊一至於此其為蠹害見於今日伏自陛下受天明命表正萬邦首去邪慝招延善人天下之士解蒙釋蔽如醉醒寐覺四方稱快若出一口陛下前日手詔有云必求實是此乃為政之大體也然邪正難辨是非難分正者固自以己為正矣而邪者亦自以己為是也既自以為正況自以為是真偽相雜實未易分此乃用人之難未若聽言之難也陛下以質聖明理無不燭然衆言殽亂亦安得而遽辨之哉然臣有一說請試言之夫所謂實是者行之而朝廷尊安四民樂業乃為實是行之而朝廷困弱四民失業則非是陛下若驗之於已行之事已用之說則成敗可見不必遠求也臣前日面陳未盡委曲令輒敢具中其說浼瀆聖聽伏望陛下燕閒之餘一賜省覽臣不勝拳拳之至

監察御史余應求上奏曰臣仰惟陛下聖度如天容受忠讜之言未嘗少拒雖舜之好問禹拜昌言不過是也又取其尤者而爵賞之導人使言凡有知識孰不竭愚畢慮以貢芻蕘之萬一哉近者太學生陳東首為忠言獻之闕下皆國家大計人所難言姦佞惡之肆為浮言以誤天聽學官承指幾欲屏斥非賴聖明獻忠者身幾危矣太學正吳若數上書議論不撓言事者以為鼓唱諸生是致朝廷亦行罷黜如此則何以來天下之言伏望睿斷賜東一官還若舊職以昭陛下容受忠讜之心

侍御史李光乞擇臺省官節錄封事劄子曰臣伏見陛下自即位以來懲創前日姦邪當國杜塞言路之弊於是增置諫員憲臺六察或得言事猶以為未也又許臣寮實封投匭職事官不應上殿人亦得引對開公正之路杜私邪之門海內聞風莫不稱慶今纔數月未聞

旌一直言。用一正士。而言路駸駸有壅塞之患。近降指揮奏事既躁不得從容留身。不合上殿。今雖有指揮亦須覆奏。議者謂陛下有厭言之意矣。祖宗假借言事官。虛懷聽納。雖布衣之士。必溫顏誘接。至有辭氣狂悖者。未嘗加罪。今諫官御史一言逆旨。旋被斥逐。議者謂陛下有拒諫之實矣。況今姦諛未盡去。蠹壞未盡飭。邊方未寧。百姓匱竭。更張廢置。未盡合天下之公論。慷慨獻忠者當累及之。或謂陛下已厭封事之多。不暇省覽。或付之三省密院大臣門人子弟得以傳播。誠為非便。臣伏見仁祖時。嘗委張方平司馬光詳定中外所上封事。盡心料簡。合於義理可施行者。雖文采不足。一一奏聞。光與方平亦嘗奏乞其間識慮稍出於衆。開陳政體。時務文理詳明者。乞特賜召對。面加詢訪。果有可採。密籍姓名。隨材擢用。今太平日久。誠為多士之時。所獻封章。豈盡無可觀採。臣愚伏望聖慈檢會祖宗故事。

專委兩省或臺諫官二員。擇其公忠端亮者。俾之遴選。擇所可取者。節錄成冊。每季進呈。以備乙覽。忠言嘉謀。庶有裨益。以輔成陛下中興之治。天下幸甚。

時李光程瑀以言事落職。中書舍人許景衡上奏曰。臣竊見近年以來。臣下阿比。務為壅蔽。凡政事之闕失。生民之疾苦。皆不得聞于朝廷。所以養成前日之禍。伏自陛下即位。首開言路。以通下情。故侍從臺諫官獻忠請對者無日無之。而陛下優容開納。見于辭色。此誠二帝三王之用心也。天下幸甚。近者李光言事上忤威顏。已降指揮落職與小郡。昨日又聞李光程瑀並送遠小處監當。臣竊惟李光程瑀皆以忠鯁敢言為陛下識擢。置在言路。其先後建白。皆蒙施行。識者方慶陛下得人。以為宗社之福。今日偶緣思慮不審。所論未契聖心。陛下憐其愚直。諒其無他。故李光與郡。而程瑀為郎。既正典刑。斯亦足矣。忽有後命。竄之遐方。聞者悵然。莫不震駭。以謂陛下初政。乃是求言納諫之時。孜孜詢訪。委曲涵容。猶恐人不敢言。若一旦震怒。併逐言者。則是杜絕忠義之口。今後雖有見聞。誰復敢言也。況今元元困悴。未被膏澤。夷狄猖獗。太原圍閉。政事尚多闕失。小人敢肆欺罔。正賴臺諫敢言。指其姦謀。以折禍亂之萌。奈何偶因論議過差。遽投諸荒裔耶。記曰。舜好問而好察邇言。隱惡而揚善。蓋言舜於聽納之際。善則揚之。惡則隱之。不加罪也。至於鯁亮有守。見于已試者。不獨不加罪。深可為朝廷惜之。今李光程瑀一介小臣。似不足惜。而臣所惜者在於朝綱之不振。忠義之難立。而言路之梗塞也。伏望聖慈上念祖宗優容言者之意。深鑒近年壅蔽之失。亟復帝舜隱惡揚善之言。曲賜開宥。二人者特免遠竄之罪。李光乞只依近降與郡指揮。而程瑀亦乞與郡。於以養忠臣義士敢言之氣。以為宗社無窮之計。天下

幸甚。臣不勝惓惓。祈天俟命激切屏營之至。臣職在論思。苟有所見。不敢隱默。僭瀆天聽。罪當萬死。惟陛下赦之。

高宗建炎三年。司諫趙元鎮論聽納不諱疏曰。臣聞治安成於所憂。而禍患生於所忽。古之人君所以兢兢業業。不敢逸豫者。慎之至也。昨未渡江時。朝廷便謂無事。志得意滿。偷安苟容。士大夫知其惡聞邊患也。則務為太平之說。以投合其好。亦因以得美官。爭先相高。唯恐說之不售。而聽者滋惑矣。於是忽其所憂。緩其所急。儲金帛。修禮文。偃然為經遠之謀。而無復外寇之慮。一旦倉皇難作。不復支持。譬猶病者諱而不語。人或告之以病證之萌。則怫然不說。其不至於喪亡。則幸也。凡事之初。得以為計。漫不加省。為患必深。至其已然。悔恨何及。臣願陛下防微杜漸。每唯禍亂之憂。屈己虛心。不以顛危為諱。或進言之人。謂強敵已驕。不難殄滅。盜賊細故。不足剪除。如某人之

為將可倚於成功。如其處之財力。可取以足用。此維揚之遺風誕佞之所為也。亦願陛下力拒其言。不以容悅見納。亦猶病者眷眷焉唯求安是念。雖復沉痾之痼。而良醫善藥日進門下。庶幾其有瘳矣。區區愚忠。敢以此為獻。唯陛下留神省察。

張浚上奏曰。臣聞聽言之難。自古記之。是以書稱先王之盛。必曰侍御僕從。罔匪正人。僕從之微。亦必精擇。蓋以言語之間。有興衰禍福所自起者。使左右苟非正人。則聽言之間。人君不能無至於惑亂也。臣嘗謂小人進用讒說。必投隙乘間。不正名其事。彼其挾私負怨。朝夕經營。固出於有心。或因進諛諂之說。或假託市井之論。竄緣附會。其端甚微。而人君以萬機之衆。憂勞天下。其於聽言之際。奚暇再三思慮以決擇是非。是以小人之志常得行於天下。而使濫被誣逐者往往歸怨於人君。臣以謂欲盡聽言之道。莫若親君子而遠小人。蓋不如是。雖有大過人之聰明。亦不能無過聽之失也。可不謹哉。可不戒哉。

紹興閒。浚又議聽言之難曰。古語有之。築舍道旁。三年不成。蓋言之者多。則聽之者惑。自然之理也。帝王之道。聽雖欲廣。斷惟務獨。故成湯之伐桀。有姓以為我后不恤我衆。舍我穡事而割正夏。然其議者。伊尹而已。武王之伐紂。雖夷齊之賢。亦叩馬而諫。風雷暴作。皆有疑心。主其議者。太公而已。今日之事。以中國而攘夷狄。以君而討臣。以有道而誅無道。雖遲速小大所舉不同。終在夫力為之而已矣。往歲江湖皆旱。獨二浙豐稔。故可以給軍須。靖百姓。向使浙亦被災。則大事已去。惜乎議者之不及此也。機不可失。賊不可縱。時不再來。昔人論之詳矣。臣去國踰旬。憂慮倍積。惟恃陛下主之於內。故不憚譊譊之言。冒瀆天聽。所冀曲賜照臨也。

建炎中。編修官胡銓論賣直疏曰。臣聞太祖皇帝欲拜昌言。乎斯時也。衆賢萃於本朝。如皐夔稷契。莫不畢集。服讒蒐慝。如行奇好窮之流。莫不畢屏。八紘之內。莫不畢清。雕題左衽。繩山梯海。至險絕者。莫不畢臣。國家之綱紀。法度號令。文章。莫不畢舉。四民。莫不畢理。蠛蠓萌蘖。凡蠢茁之類。莫不畢遂。三光全。寒暑平。上而薄蝕厲慝之異。下而胸腮甲折之孽。莫不畢息。殊祥異瑞。四靈之物。莫不畢至。鳥獸魚鼈。西擾之屬。莫不畢遂。而在庭百執事。豈復有一善或遺。一言不聞於上者乎。雖至於匹夫匹婦之賤。豈復有一善或遺。一言不聞於上者乎。其朝夕納誨之士。豈復有一毫能裨時政之闕者乎。其奇謀碩畫。豈復有加於太祖之智慮者乎。然而方且渴聞昌言。若不可得。而遂欲拜之。惟恐一善或遺。一言或不聞。以害吾治道也。惟恐一夫不被其澤。以害吾仁政也。如太祖之心。假使其時政治一有不至。教化

一有未善。則將焦心勞思。卧薪嘗膽。以圖之。豈特欲拜昌言而已乎。厥今天下何如哉。皐夔稷契之疇。能畢集乎。服讒蒐慝之流。能畢屏乎。八紘之內。能畢清乎。雕題左衽之國。能畢臣乎。綱紀法度號令文章。能畢舉乎。四民能畢理乎。蠛蠓萌蘖蠢茁之類。能畢遂乎。薄蝕厲慝之異。胸腮甲折之孽。能畢息乎。殊祥異瑞四靈之物。能畢至乎。鳥獸魚鼈西擾之屬。能畢遂乎。在庭百執事。舉無一善或遺。一言不聞者乎。匹夫匹婦。舉無一善或遺。一言不聞者乎。而在庭之士。頗以箝嘿為賢。容悅為高。側聞道路之言。近日臺諫論事。陛下謂為賣直。臣未知信否。陛下自登大位。樂聞讜言。四海欣欣。皆以為將見太平。則道路之言。決不足信。然自頃以來。張震之去。西省一空。王十朋之去。臺列一空。王大寶之去。諫苑一空。金安節行又去矣。是瑣闥又將一空也。以此觀之。道路之言。容或可信。夫賣直之言。唐德宗之言也。德

察精忠臣下請妻公輔為實直史臣書以為戒德宗一出此言忠臣結舌直士杜口馴至興元之變其末流遂有甘露之禍害及忠良所謂一言足以喪邦德宗有焉臣願陛下以德宗為戒以太祖為法則天下幸甚。

銓又上奏曰臣居窮山間田父野老相語以為陛下虛心納諫有高祖之風臣聞其言竊自喜躍以謂聽諫最帝王之難事惟寬容大度之主能之故禹戒舜曰無若丹朱傲周公戒成王曰無若商王受之迷亂舜成王豈有是哉而皆優容寬貸略不加罪古今以為美談陛下虛心納諫誠如高祖太宗則舜成王何遠哉然唐文皇最號能納諫者及其志滿意驕聖慮漸解寖不克終魏徵深以為言臣愚願陛下始末不渝毋若唐宗之解慮則天下幸甚。

知開封府宗澤上奏曰臣伏闓李絳見憲宗于浴堂殿帝曰比諫官多朋黨論奏不實皆陷謗訕欲論其尤者如何絳曰此非上意必憸人以此熒誤上心自古納諫昌拒諫亡夫臣進言於上豈易哉君尊如天臣卑如地加雷霆之威彼晝夜思度始欲陳十事俄而去五六及時以聞則又憚而削其半故上達者纔一二何哉干不測之禍顧身無利雖開納獎勵尚恐不至若譴訶之使杜口非社稷利帝曰非卿之言我不知諫之益且人君深居嚴密又以旒纊蔽其聰明所以見天下之是非聞天下之情僞者善用諫官代為耳目俾蒸邪讒慝不敢掩其不善而見其善者唐高祖太宗初即位嘗賞孫伏伽蘇世長以激諫臣恭惟陛下聲色貨利弗邇弗殖捨己從人樂取諸人以為善固無可諫者至於臣下懷姦藏慝嫉賢蔽善敢肆欺罔苟朋比者當使耳目之臣廣其聞見澄心彈糾毋有所隱以絕後艱。

高宗時監察御史鄭剛中上奏曰臣竊聞樞密院編修官胡銓上書論使事其言狂悖力詆大臣聖恩寬容不賜誅戮聞止除名送昭州編置可謂父母之矣然臣區區尚欲一言者非謂銓無罪也銓愚瞽冒昧曾不審詳冥行妄發譴竄何憾臣獨以陛下南渡以來未嘗拘頓忌諱遂一言者豈不以時方艱難事功未濟與其畏狂夫而容有後悔曷若并包並受以來天下之言故內懷一槩者雖呻吭感激恐咨天地陛下率聽而納之如是者有年矣今也豈不能容一胡銓以增盛德之光乎重念銓一介書生坐無識見但聞衆論詾詾實不知使事曲折原其用意亦為愛君銓本貫吉州奉老母于此銓竄遠去毋將畸依陛下方孝友格天欲成和議若置銓於聖度之內使其子毋相保不至狼狽誠莫大之恩也臣不勝禱祈之至冒犯天威罪當萬死。

經筵官張栻講葛覃先王正家之道因及時事語激切高宗意不懌國子博士李彥穎上奏曰人臣事君豈不能阿諛取容栻所以敢直言正為聖明在上得盡愛君之誠耳書曰有言逆於汝心必求諸道帝意解還曰使臣下皆若此人主應無過矣。

殿中侍御史張守論聽言劄子曰臣聞良藥有苦口之利明鑑無見疵之尤故人臣以獻言為忠人主以聽言為賢然聽言之難從古所患書傳所載不可勝舉願治之主無區區聽納而或不免過聽之失者不得其要也臣嘗求其要未有若伊尹告太甲之言為切且至也其言曰有言逆于汝心必求諸道有言遜于汝志必求諸非道臣試為陛下論之逆心之言未必皆合乎道然未見人主所向而言忠在責難則鮮不逆者要當以道求之遜志之言未必皆違乎道然或伺人主所欲而言志在容悅則鮮有不順者要當以非道求之從違之際禍福[illegible]敗如反覆手大抵人心喜順而惡逆遜志則易入逆

心則難行。人主能於常情所惡而求其是。於常情所喜而求其非。然後智出衆人之上。而群言不能惑。君子小人之情狀。皆即吾心逆順之間而知之。不亦簡且易乎。又況逆心之言。雖衆每不能勝遜志之一言。尤不可不察。請以一二事明之。唐高宗志在廢王后而立武氏也。韓瑗來濟上官儀輩莫不切諫。以至受遺定策如長孫無忌之親。褚遂良之忠。皆以為不可。獨李勣曰。此陛下家事。何須問外人。卒立武氏。而篡奪之禍。幾至亡國。秦符堅志在伐晉也。權翼石越符融輩更進互說。以至老將如王猛。親且愛如太子宏。少子詵。皆以為不可。獨慕容垂曰。陛下神謀內斷足矣。不煩廣訪朝臣以亂聖慮。遂定計南伐。而淝水之敗。僅以身免。則是遜志之一言足以喪邦。而逆心之言莫能救藥。二君不能即所逆順而求之於道與非道之間。禍敗至於如此。豈不痛哉。恭惟陛下聰明勇智出於天縱。從善有轉圜之易。

去佞無拔山之難。屢詔求言。虛心納諫。廣覽兼聽。極群下之智。然臣區區之私。猶恐陛下或未得其要也。蓋自崇寧以來。姦諛柄朝。防民之口。甚於防川。靖康之後。言路一啓。而狂瀾橫流。餘波未泯。要當執要以觀之。況二帝蒙塵。四方多事。臣願陛下以伊尹之言不忘於造次之際。正心誠意。終始惟一。視君子小人如燭照數計。則紀綱無患於不立。夷狄無患於不服。中興之業無患於不成矣。

守又乞賞直言劄子曰。臣伏見陛下以常寒久陰。詢訪闕失。聖心焦勞。形于詔旨。在廷之人。各進所言。無慮數十人。竊恐其間不無忠義切直之言。可以裨聖德而贊國論者。伏望陛下乙夜覽觀。因其切直或加獎諭。或與甄擢一二。庶知聖明不諱。亦以示罪己畏天之實。誠於盛德。不為小補。昔唐太宗受孫伏伽之諫。而賜蘭陵公主園。受魏鄭公之言而賜佩刀黃金之類。所以三代之後。獨稱賢主。正觀之治比隆三代。惟陛下留神。天下幸甚。

守又上奏曰。臣伏見自崇寧迄于宣和之間。姦臣擅政。專欲蔽欺人主之聰明。故拾遺補過之臣。多闕而不置。於是直言不聞。譽諛之聲日滿於耳。馴致變亂。社稷阽危。遺患至今。陛下纂臨。明目達聰。廣覽兼聽。利害休戚。惟恐其或壅也。而臺諫之臣。尚多員闕。諫官止有一員。言事御史除馬伸差出。止有二員。非惟於聖主中興之朝為闕典亦恐四方萬里或得以竊議。則於陛下聽言納諫之大德。不能無累。蓋以臺諫之任。宰執往往避嫌。不敢進擬。欲望睿斷。特加選除。庶幾博採衆言。有裨聖治。且以仰稱陛下聽言納諫之實。

守又上奏曰。臣伏見陛下自渡江以來。懲前日蔽塞之禍。大開言路訪問闕失。親擢臺諫。言雖激切。未嘗加罪。盛德日躋。遠近臣民拭目傾耳以觀日新之政。前日諫官袁植論事專尚誅殺。陛下罷之。仰見

聖心。務崇忠厚。亦甚盛之德也。然遠近臣民未免有斥逐諫臣之疑。臣竊惜之。言事之臣嫉惡或過。勢使然也。行與不行。亦必考於朝論。斷在聖心。使其失中。姑置勿問。似於聖德未有所傷。又況耳目之官。每患循嘿而不敢言。與其敢言而或過。則猶愈於循嘿。蓋敢言而過不過於難行。若循嘿不敢言。則為患實大。臣備員風憲。若復不為陛下開陳。臣則有罪。惟陛下裁赦。

章誼上奏曰。臣竊聞臨安府察推沈長卿等四人上書論時政利害。語侵宰相。引過辭位。不敢視事。陛下體貌大臣。特降指揮停廢四人。以全眷遇之禮。可謂厚矣。然臣竊見陛下累年以來。闢廣言路。容納狂直。天下士庶自以遭遇聖明。願效懇悃。雜然並進。雖有犯分失理之辭。然懷愛國愛君之意。率蒙優假。此盛德之事也。今茲四人所陳。輒於政事之外。別為侮誚之語。上瀆帝聰。下駭衆聽。陛下卓然遠覽

蹇傷國體，請貸此四人，則宰相不敢復安厥位，遂中典憲，有此指揮。臣採之衆論，以陛下難傷大臣之意，欲使決留輔政，而正四人之罪，則可也。若宰相既感恩遇，許陛下以驅馳，而奉行詔旨，不貸四人之罪，則不可也。四人之罪不容貸捨，則是宰相無念懟自訟之懷，而致聖主有罪言拒諫之失，非所以昭大信於天下也。傳曰：吾聞脩德以消怨，未聞作威以防怨。防民之口，甚於防川，川壅而潰，傷人必多。君人之尊，猶不敢作威以防怨，況宰相乎。伏願下臣此章以示大臣，庶幾全聽言之美，而君臣並受其福。

誼又乞貸進士吳木以開言路狀曰：臣竊觀自古人君開廣言路，使之無壅者，未必盡得天下至當之言，亦未必盡用言者之說，以楨益天下之政事，進退天下之人才。其意蓋以謂下情不通，則視聽蔽塞，視聽蔽塞，則人之賢否，事之利害，有不及知，而危亡禍亂之幾或藏

於其間，誠不可忽。是以博資獻納，高視遠聽，故能坐於室而見四海，不降階序而運天下。此要道也。陛下灼知此道，君臨萬邦，比年以來，優游法宮，而天下是非利病日陳乎前，固於進言之人孜孜欣納矣。近有湖州進士吳木上書陳說時事，以其副本赴御史臺乞行繳進，臣嘗見其言焉。中間迺論宰相政事，又指言參知政事嘗庇等事。其言之當否，心固知之矣；其事之是非，固已不逃於陛下照臨矣。累日以來，不聞引過辭位，而聞進士吳木編管徽州，衆論甚駭。夫布衣士上書論宰相、參知政事，而居其位者不以為過，則必自以為無愧於心，亦當自辯於陛下之前矣。故視事自若也。自辯於陛下之前者，臣與天下之人固不得而知。然進士吳木因上書得罪，則天下之人將盡知之矣。若是，則其責可以自辯，陛下得而察之也。天下謂陛下編置言事之人，其咎將使誰辯之哉。臣伏望睿明追還所降編管吳木指揮，以自辯於天下，不勝幸甚。

誼又上奏曰：臣近聞給事中陳戩請對，因有劄子論奏執政樞機之臣，聞於都堂客院燕衣便服接見將帥，於是樞府大臣引慝待罪。陛下亦察其沿襲之久，亮其無他，已許樞臣視事如故。然自此以來，堂陛益峻，體貌益崇，不為無補。昨日乃聞陳戩繼有奏請，乞任宮祠，陛下至仁從欲，遂降除郡指揮，而搢紳之士不知其由，謂戩近因言事遂蒙補外。雖臣亦竊惑之。臣謂朝廷言語侍從之臣，本以獻納論思為任，令一有持議，便令去國，則踈遠微賤之人，誰肯為陛下開口論天下之事哉。設使戩因自陳，欲便私，而陛下矜其潛邸舊人，俯徇所請，則今日何等時也，人臣豈自便之時哉。陛下日求言事之人，唯恐不獲，令次對之臣肯為朝廷論事如戩者幾人，而陛下又聽其去，則陛下深居高拱，遂成孤立矣。孟子謂齊宣王曰：王無親臣矣，昔者所

進，今日不知其亡也。言人君於可親之臣，不宜捨去之遽也。伏望聖慈鑒孟軻之言，慎用捨之柄，還戩從班，以釋衆惑，不勝幸甚。

誼又上奏曰：臣近者曾奏陳湖州進士吳木緣上書指言宰執，蒙朝廷送徽州編管，乞恕木狂直之過，特行釋放。又奏給事中陳戩因論大臣於都堂樞府便衣接見將帥，蒙朝廷與郡，乞容戩敢言之忠，特還舊職。二項奏陳，經今累日，伏蒙陛下恩容覆露，不以臣言為非，未賜斥逐。臣愚庸無知，既被涵貸，復冀聖度開廓，俯徇臣請，以廣言路。臣竊惟兩人所論，皆執政大臣，其當否雖未可知，然咸有憂國愛君之心，無附下罔上之罪。陛下初恐大臣因此惶懼不敢自安，遽為進退，是以略賜行遣。令來大臣安職，衆情喁望，若此兩人未蒙照察，則自茲以往，人主之勢漸孤，大臣之權漸偪，進言之路漸壅，懷姦怙寵、排陷端良之士者漸得肆志矣。臣不勝區區，伏望聖慈檢會臣前奏

特賜施行。不勝幸甚。

洪遵進故事曰。齊威王召即墨大夫語之曰。自子之居即墨也。毀言日至。然吾使人視即墨田野闢。民人給。官無留事。東方以寧。是子不事吾左右以求譽也。封之萬家。召阿大夫語曰。自子之守阿。譽言日聞。然使人視阿田野不闢。民貧苦。昔日趙攻甄。子不能救。衛取薛陵。子弗知。是子以幣厚吾左右以求譽也。是日烹阿大夫及左右嘗譽者皆烹之。於是齊國震懼。人人不敢飾非。務盡其誠。齊國大治。

臣聞唐魏徵嘗謂太宗曰。人主兼聽則明。偏聽則暗。誠哉斯言。甚矣為君之難也。深居九重而四海萬機之重叢然畢來。極吾之聰明知慮無以周知。自非博聽廣納。未見其有濟也。齊威王即位九年。當戰國之際。干戈日尋。諸侯交侵。奔命不暇。一日察見毀譽。召二大夫而誅賞之。上下震懼。至於莫敢飾非。齊國大治。強于天下。

向使威王翫歲愒日。行姑息苟且之政。慶賞刑威。不能一施之。欲其紀綱之振。法度之行。是猶倒馳而求跂前人。不亦左乎。漢文帝召季布於河東而復還之。布曰。陛下以一人譽召臣。以一人毀去臣。文帝漢之賢主也。毀譽是非之間猶不能察。況其下者乎。然則威王之於文帝。其優劣不待較而可知矣。

呂頤浩上奏曰。臣嘗考自古安危治亂。雖係人主設施之當否。而其大要尤在於察言。蓋大偽之言似乎大真。大姦之言似乎大忠。苟人主不能察。則是非善惡莫知適從。姦言有時而用矣。昔酈食其請立六國後。高祖聽張良八難之說。輟食而罵之。封倫陳刑名之說。太宗不從。而從魏徵仁義之言。此二帝所以終能摧勍敵而建至治也。然則開言路者。帝王之盛德。至于察言者。明主之英斷也。臣嘗觀靖康之初。淵聖皇帝鑒宣和間壅蔽之患。故大開言路。是時臺官得言事。諫官得言事。六察官亦得言事。侍從官得言事。下至士庶皆得實封言事。又或士民率衆伏闕言事。議論紛紛。何暇察其言之是非。甚不知避狄。誤二聖北遷者。群言鼓惑之罪也。去年冬末。金人分三路追襲車駕。是時廷臣皆以航海為非。惟陛下英明獨斷。必為海道之行。至於今日。帖然無虞。萬一今歲虜人不渡江。則是天地神明祐陛下。使我休息歲餘。得為備禦之計也。夫難得而易失者。天之時。難成而易敗者。人之功。臣願陛下愛惜分陰。汲汲圖之。總攬群策而察其言之是非。凡人之言。其利害成敗。有益於興衰撥亂者。必從之。不然不從也。凡人之才智畧謀慮有益於興衰撥亂者。必用之。不然不用也。廟堂近臣所獻討策。若參驗已行之事。驗其言之是非。則人不難知矣。夫一夫獻謀。百夫聚而非之。則其謀必不得伸也。一夫欲行。百夫起而沮之。則其事必不行也。昔陳蕃有言曰。成敗之機在察言。臣屢以此說獻陛下。伏願留神省察。

歷代名臣奏議卷之二百五

聽言

宋孝宗時兵部侍郎胡銓論從諫疏曰臣聞從諫人主之高致古之賢王以從諫稱者未易僂指書稱成湯以從諫弗咈為美梅福稱漢高祖以從諫若轉圜為美魏徵稱唐太宗以悅而從諫為美成湯格天之功由從諫而致也漢高祖開四百年之基由從諫而致也唐文皇創三百年之業由從諫而致也猗歟偉哉人主之高致端在於此陛下自登大位虛懷愛嬰鱗之言兼聽盡天下之美有不善未嘗不知知之未嘗復行有不知未嘗廢言言之未嘗不聽凡獲賜對者人人皆以為得盡其忠中外翕然咸謂恢復之期指日可冀然臣愚竊以謂靡不有初鮮克有終以漢光武之聖明而大司徒韓歆用直諫死唐文皇晚節殺劉洎而魏徵有勉強從諫之規故春秋傳曰終之實

難而先正司馬光重為世祖惜臣愚伏望陛下置臣章於坐右永鑑漢光唐宗之失則社稷之福也

秘書少監周必大論聽言責實疏曰臣三日之間再望清光敢陳瞽言致惓惓之誠臣聞政莫衰於隋而功莫隆於唐文皇亂莫極於五代而治莫速於我藝祖一言以蔽之文皇善於聽言藝祖善於責實故也仰惟陛下厲精政事無聲色之娛無畋游之好無便嬖之私好問聽言惟治道是求綜核名實惟祖烈是繼然而中外之臣鮮有助陛下大有為者謇諤之節無聞而諂諛之習故在激勵之風未著而闒茸之俗彌勝平居尚爾緩急何賴夫文皇所以革隋季之政而身致太平藝祖所以變五代之俗而坐臻上治其施設次第具載史冊臣願陛下詔經筵官擇當時聽言責實之要條上其目以今準古勉而行之庶幾風俗一變不負陛下孜孜為政之意則功何患於不隆而治何患不速哉

權吏部尚書韓元吉進故事曰唐書王珪傳太宗召珪為諫議大夫謂之曰正主御邪臣不可以致治正臣事邪主亦不可以致治惟君臣同德則海內安朕雖不明幸諸公數諫正庶致天下於平珪進曰古者天子有爭臣七人諫不用則相繼以死今陛下開聖德采芻言臣願竭狂瞽佐萬分一帝可珪推誠納善每存規益帝益任之遷侍中帝使太常少卿祖孝孫以樂律授宮中音家伎不進數被讓珪與溫彥博同進曰孝孫脩謹士陛下使教女樂又責譙之天下其以士為輕乎帝怒曰卿皆我腹心乃附下罔上為人游說耶彥博懼謝罪珪不謝帝默然明日語房玄齡曰自古帝王納諫固難矣朕夙夜庶幾于前聖昨責珪等痛自悔公等勿懲是不進諫也

臣聞君臣相須猶手足之衛頭目也有是君也而其臣不足以輔

之有是臣也而其君不足以使之則失其所以相須者矣故君在審擇其臣而臣在忠事其君未有君臣之志不同其德不合而能成天下之治者也太宗之說可謂知此矣然君之患常在於不能納諫臣之患常在於不能盡言以太宗之明且聖其於兵機將畧戡定禍亂足以比迹湯武其於躬行仁義力致太平足以庶幾成康其大者既已安定天下自餘行事固亦無甚過舉也猶汲汲然導珪等使諫如此則朝廷之上一日萬幾之間何慮其闕失哉夫譙責孝孫以教宮中音伎之不進豈亦太常協律之職實人君過舉之細管仲所謂未能害霸者也而珪與彥博過慮而言便有輕士之憂太宗始亦怒之終則悔之又詔玄齡輩勿懲是而不諫當時責成大臣納誨以輔台德可謂無隱情矣其至貞觀之治也宜哉臣以是知君臣皆正之明驗也且太宗之說固正矣使其臣不

正貫肯爲太宗盡言乎一事之不諫則天下之事將有不聞者矣故臣下之邪正在於言與不言之間明君不可以不察也

元吉又進故事曰唐書李絳傳絳見帝浴堂殿帝曰比諫官多朋黨論奏不實皆陷謗訕欲黜其尤者若何絳曰此非陛下意必憸人以此熒誤上心自古納諫昌拒諫亡夫人臣進言於上豈易哉君尊如天臣卑如地加有雷霆之威彼晝度夜思殆欲陳十事俄而去五六及將以聞則又憚而削其半故上達者財十二何哉干不測之禍顧身無利耳雖開納奬勵尚恐不至今乃欲譴訶之使直士杜口非社稷利也帝曰非卿言我不知諫之益

臣竊以謂絳之言何其盡哉當憲宗之初豈有失德諫官論奏不實者果何事意其必有過甚之語難行之議以帝之聰明而亦謂之謗訕則非不可黜也絳直以進言之難十事去其五六爲帝激

切言之將以開天下敢言之路懼或黜之則正直之士畏罪而不敢言耳然帝雖欲黜之而以聞絳是亦意有所未安未果於黜也絳能開導主意致憲宗釋然感悟知諫之爲益而不罪其過後世且不知諫者其爲誰君臣之間納誨輔德可謂泯然而無跡矣然自古小人之害言者莫甚於謂其植黨而好名蓋植黨則欲去其衆好名則使人君怒其謗已是二者古今之論多矣唯植黨之疑猶爲易辨好名之譏最爲難知夫天下之所趨者名與利而已人臣之事君以其有爵禄之利也好名之人不顧爵禄之利而欲慕正直之名則何惜不以其名與之蓋利之與名均爲御世之物人君於此既設官而謂之諫將以名與之也若不與之名而又欲加之罪則吾之御世者亦狹矣就使狂妄之士濫夫正直之名而忠實之言將亦由是而得也豈足以傷吾之治哉故臣因論絳事而敢以爲陛下獻恭惟聖學高妙知此久矣而絳之言識有取焉者也

元吉又進故事曰國史薛居正傳太祖嘗謂居正曰自古爲君者鮮克正己爲臣者多無遠略蓋君臣之道不得其所吾觀唐太宗受人諫諍直抵其非而不恥以朕所見不若自不爲之使人無異詞也又呂蒙正傳太宗謂蒙正曰古所謂君臣道合者情無間爾故事必無隱而言皆從之今既列於位得以獻可替否雖言未必中度朕亦當共議而更之俾協于道朕固不以居尊自恃使人不敢言也

臣聞人君之德莫大於納諫而後世稱納諫之盛者無如唐文皇其臣王珪魏證之徒號善諫諍至於無言不從無事不聽可謂至矣惟太祖皇帝聖見高遠不以文皇納諫爲難而以自不爲之使人無可諫爲善大哉言乎前世帝王所不逮也昔書稱成湯猶曰

改過不吝是不能無過也若吾太祖將無之矣本紀又載太祖一日罷朝不樂内侍有問者上曰爾謂帝王可容易行事耶早來前殿乘快處分一事有失史官必書之所以不樂也蓋太祖皇帝常以乘快處分爲悔爲戒兢兢業業罔敢怠忽宜其周旋欲願當時無可諫之事矣臣又聞之事君之義有犯無隱所謂犯者不過觸威嚴冒忌諱其用心則忠至夫有隱則見利而不陳遇害而不指挾姦導諛務爲身謀人臣之罪莫越是也惟太宗皇帝聖見高遠於二三大臣既欲其情之無間且欲其事之無隱猶曰不以居尊自恃而使人不敢言也大哉言乎亦前世帝王所不逮也書所謂啓乃心沃朕心爾無面從退有後言實是道也故太宗又謂宋琪曰朕周旋款曲商確時事蓋欲通上下之情無有壅蔽卿等但直道而行絕其私請無得有所顧避也蓋太宗皇帝每慮群臣不由

直道，而交通私請。戒之使無所顧避，宜當靡不盡其情矣。仰惟皇帝陛下至仁大度，尚符祖宗，謀猷施設，罔不諏于故實，而愿于謨訓。臣願陛下兼聽廣覽，以太祖之訓益隆聖德，好問察言，以太宗之訓深勵群臣，尖使會朝清明，而常無可諫之事。人臣皆知直道事君，而舉無不盡之情，則治功何患不成，中原何患不復，救此臣區區日夜以冀也。

中書舍人崔敦詩論聽言疏曰：臣嘗謂人臣獻言靡不盡其誠，人君聽言要當攷其效。是以漢高祖嘉婁敬之諫，唐太宗思魏證之言。是皆何言雖一時所陳，忠邪乃懲久方見，此不可不察也。臣嘗觀東漢盜賊之原，惟劉陶楊賜嘗言之，其後事作，始閱故事，得陶與賜所上章奏，皆行封侯之賞。臣恭聞神宗皇帝論開邊之非，右丞蒲宗孟曰：臣嘗言之。神宗曰：卿何嘗有言？在內惟呂公著，在外惟趙禹言之爾。

乃知臣下之言不可無記也。臣仰惟陛下隆寬盡下，屈己受言，歷觀自古帝王未有能及聖德之萬一。然而論思獻納，臣下雖盡其忠，考擇審觀，人主當謹其術。昔唐太宗嘗諭史官曰：群臣言事，朕行與不行，皆當記之。真宗皇帝嘗詔中書置籍，記諫官御史言事行與不行，歲終具奏。臣愚欲望睿旨特詔中書，凡降出朝臣章奏，行與不行，並置簿錄上，歲終仍以副本進入禁中。于以考其是非而究獻言之情，于以驗其成否而要聽言之效。又使群臣知其有此，懷忠者得以盡言，懷私者不敢妄言。將見言必可復，不為文具，此於聖政實非小補。

袁說友上奏曰：臣仰惟陛下虛心以求言，稍顏以受諫，固常有進言以遷秩，未聞有納忠而得譴者也。然而在廷之臣，未聞謇諤以抗節，惟知雍雍以取容。昔之敢言者，雖有斧鉞之誅而猶且不顧，豈今之世有爵賞之勸，反有所不敢。臣有以知士大夫氣節之不立也。蓋士大夫之氣節，養之則銳，挫之則懦。方其銳也，雖有斧鉞之誅而不懼；及其懦也，雖誘以爵賞而不為。惟養之於無事之時，斯可用於有事之際。無事之時苟不先有以養之，欲其用於有事之時難矣。方今天下外無邊鄙之憂，內無盜竊之虞，雨暘以時，倉廩粗足，正天子養尊士大夫養諫之時也。陛下不以此時有以養士大夫之氣節，臣恐風俗自此日委靡矣。養氣節以厲風俗，當自朝廷始。朝廷臺諫給舍之官，所以糾官邪而杜姦慝也。朝廷之風采繫焉，天子執政以為可，臺諫給舍以為不可，於是有彈劾之章，有繳駁之奏，所以示至公也。陛下既已信其人，則不可以不信其言，其人既是，則其言不得而非，其人既非，則其言不得而是。陛下既信之於未用之始，不當難之於已用之後。故臺諫給舍之所與，是公議之所共與也，雖陛下不得以不與；臺諫給舍之所不與，是公議之所不與也，雖陛下亦不得而與之。

陛下非徒從言責之臣也，從公議也。士大夫亦非畏言責之臣也，畏公議也。陛下當使天下畏公議，不當使天下畏言責。天下畏公議則為正直，天下畏言責則為私邪。臣謂欲尊朝廷，當養士大夫之氣節；欲養士大夫之氣節，當使臺諫給舍得以行其言。百里奚愚於虞而智於秦，裴矩佞於隋而忠於唐，蓋不以氣節作之，雖智者不免於愚；苟以氣節作之，雖佞者可使之忠也。臣願陛下許大臣用人，其有可否，當與大臣辨之；許臺諫言事，其有可否，當與臺諫辨之；許給舍繳駁，其有可否，當與給舍辨之。辨之而是，從亦何傷；辨之而非，不從亦何損。都俞吁咈，見於明良之盛時；可否獻替，是謂君臣之合德。直道行於上，公議伸於下，士大夫之氣節立矣。氣節既立，惰者必勤，私者必公，貪者必廉，怯者必勇，方是時也，陛下何為而不成，何欲而不濟，斯實天下幸甚。

觀文殿大學士兼侍讀史浩論褒賞諫官劄子曰：臣比者入對內廷，以衰病乞歸田里，蒙賜之坐，問臣以何如唐太宗。臣對曰：陛下聖德高出百王。宮中上聞孝儉，太宗閨門之內尚多慙德，豈敢望陛下萬分之一。徒以其聰明知前代帝王之高致在於從諫，降意屈志以來言者，從而賞之，以收美名，以起至治。史官謂功德兼隆得此道也。是故魏徵諫發兵，則以五百縑賞之；孫伏伽諫死刑，則以蘭陵公主園賞之；李大亮諫求鷹，則以漢紀胡缾賞之；高馮言得失，則以鍾乳賞之。令諫官有意為陛下開闢公道，無所阿私，誠可與唐臣並駕，願下有司亟議褒賞，使萬世之下贊陛下之功，巍巍太宗之上，豈不美哉。

浩又乞免臺諫侍從當日條具劄子曰：臣昨夜伏觀御札，賜侍從臺諫，不允三日條具之請。臣竊恩之，陛下為此，將以得天下之弊而更新之，庶可立萬世之基業，何為欲速如此。夫鍾之扣也，待其從容，然後盡其聲。人之言也，畀以閒裕，然後盡其蘊。令善促之使不得盡，他日或有弊不葺，則必有辭曰：蒼猝不暇及也。將何以責之？臣未敢奉行聖旨者，誠以陛下今日之舉，真可追配仁宗。書之信史，是以光萬世。於此而促迫之，使不得盡其蘊，則人皆付之文具矣。所有御札，謹俟少退進入，乞賜俞允，俾遂三日之請。

浩又上奏曰：臣恭領聖訓，至於諄諄曲折。臣以賤微，冒犯天威，罪宜萬死。臣當退就斧鉞，不可復言。然臣區區，猶不能自已者，誠以陛下聖性純明，德量寬大，今日忽為此舉，乃與平昔不類，是以疑之。張燾之言，覬陛下取弊事而革去，非欲陛下以一日之力困諸儒於筆札之下。臣意侍從臺諫游學校取科第，欲其答策持論，固所優為，然非陛下前日求言之本意也。夫言之必可行，貴乎考察事情，周知物態，民之利病，國之安危，籌度于心，筆之于紙。聖君用之，則天下咸被膏澤，無一物之失所。若陛下欲令援筆而書，不切於事，如舉子之在場屋，侍從臺諫何至不能，而飾詞以求長限哉。令天下三歲科舉，舉子未嘗有曳白者，而謂立朝之士不能，此左右之人欲用此以為戲，使陛下有輕士之心。其與祖宗開天章閣求直言，豈不甚相戾耶。昔仁宗開天章閣，使大臣條對，姦臣欲困同列，故請一日而畢。其間所說有得其大體者，衆不能奪，竟許退而條具，蓋故事也。陛下若不聽臣言，馴此而行，則將流於薄，而忠厚之氣象不見矣。此臣所以雖有白刃在前，不敢避，而欲救陛下之失也。

樞密院檢詳文字李椿上奏曰：臣聞求言非難，用其言實難；何則？盡用言不審，則言之者必多輕舉妄議，非惟不足以裨一人之聰明，適所以惑四方之觀聽。臣切惟陛下虛懷屈己，聽言不倦，真堯舜之用心也。近臣嘉謀嘉猷，孰不罄竭以告，而百執事之間，日有輪對，使得

盡言，猶以為未也。監司、郡守罷授之際，皆得奏事，凡國之休戚，民之利病，惟恐纖悉有遺。此陛下盛德事也。臣切見比年以來，凡臣僚申請，建明利害，其間不無輕易，而朝廷聽信施行，或未經審詳，故有頒降之旨，未幾而改易之令已下。不唯遠方觀聽，深有疑惑，切慮緩急有誤朝廷命令。臣愚願陛下於聽納之際，凡臣僚有所申請建明，必先付兩省，照應前後指揮，及見行事理，參酌其可否，或令與言事之人商榷而辨明之，如其灼然可行，然後取旨施行，庶幾令下可行，而以悠久，不失信於四方萬里。所繫非輕，伏乞睿察。

蔡戡進諫錄疏曰：臣聞人君以納諫為聖，人臣以進諫為忠。三代以還，善納諫之君，無若唐太宗；善進諫之臣，無若魏徵。太宗以英武不世出之資，平亂隋，撥群盜，平定天下，皆其餘事，然而正觀之治，庶幾成康，似非太宗所能自致，所以致此者，徵進諫之力也。徵所以敢諫

著矣。太宗導之使諫也。故太宗嘗曰：魏徵勸我偃武修文，中國既安，四夷自服。朕用其言，徵之力也。徵亦曰：陛下開臣使言，故臣得盡其愚。若拒而不受，臣何敢數犯顏色乎。蓋君能納諫，故臣能進諫，君臣相須，從古以然。恭惟陛下聰明冠倫，上參堯舜，勤勞稽古，下慕太宗，有以見陛下求治之切。臣聞木從繩則正，后從諫則聖。太宗所以成正觀之治者，一本於納諫而已。陛下欲還太宗致治之隆，必求當時致治之本。欲知太宗納諫之效，必觀當時進諫之言。臣嘗夷考其人，魏徵固號善諫，而在廷之臣有若王珪、馬周、劉洎、褚遂良、虞世南、岑文本輩，以諫名者又不可一二計。內則閨門至親，乘間進說；外則蕃夷武將，因事納忠。想其當時，瞽為詩，工誦箴諫，士傳言，大夫規誨，駸駸乎有治古之風。自非太宗導之，何以至此。臣念群臣諫語散在史冊，不可類舉，謹用褒切於治道者凡百事，彙成一書，繕寫進呈。如蒙陛

下萬機之餘，特賜一覽，不惟忠言嘉論有裨聖學之明，而日就月將，可成正觀之治。臣不勝惓惓之誠。

戡又乞優容言者疏曰：臣聞國之士氣，如人之元氣。元氣猶存，必康寧而壽考。及其已耗，則顛仆隨之。古之人君愛惜士氣，如護元氣，涵養作成，使天下之士激昂奮勵，人人懷不能自已之意。故無事之時，則有犯顏敢諫之士；多難之世，則為伏節死義之臣。治亂安危，實係於此。我祖宗保養士氣，二百餘年，未嘗深罪言者。一事過舉，議論鋒起，章奏交上，往往以死爭之。縱有忤旨，不過薄責，旋即超陞。仁宗皇帝蓋嘗斥逐臺諫，究其端由，皆出於當時大臣之意。帝反嘉其忠直，後多大用之，如范仲淹、歐陽脩、唐介之類是也。蓋人主一時雷霆之怒，譴責言者，雖明君有所不免。儻能幡然而寤，改過不吝，適所以成聖德也。近者給舍臺諫相繼罷去，縉紳之士莫不為朝廷惜，而臣猶有所喜者，以元氣尚存故也。夫諫行言聽，膏澤下於民，此人臣之所願欲也。高爵厚祿以榮其親，以肥其妻子，亦人臣之所願欲也。大則竄逐，小則罷斥，艱難困苦，流離凍餓，上累其親，下累其妻子。如此而得區區之虛名，飢不可食，寒不可衣，將焉用之。蓋忠義所激，不得不然。捨實利而求虛名，甚非人情之所得已。此魏徵所以不願為忠臣者也。又況人臣之進言，言之而是，君能聽之，則君有納諫之名，人臣何自而得名哉。言之而非，君不之聽，臣有妄言之過，亦何自而得名哉。惟其諫不行，言不聽，天下之人惜其不見用於世，於是以名歸之。然實非人臣之所欲也。為人君者要當不憚屈己以來忠諫，不愛厚賞以旌直臣，則君都顯名，臣獲實利，兩得所欲，豈不美歟。臣願陛下深察臣下之情，非樂於求名，愛惜士氣，優容言者，力振委靡之風，作成忠義之節，則天下之士感慨發憤，以圖報效，實惟宗社無疆之休。

天下幸甚。

中書舍人林光朝上奏曰：臣聞唐虞之世，內有百揆、四岳，外有州牧侯伯，遠近相參，有如一體。又且時巡于方岳，諸侯各朝于方岳之下。是當時諸侯歲一見天子，皆以為職分之當然者。觀其一時戒飭之辭，有曰：敷奏以言，明試以功，車服以庸。此為導之使言也。言不徒發，是必有可指之效，則賜之車服，所以寵異之也。車服有數，天子以是御群下，惟有功者得之，則人人有歡心。苟為無功，偶然得此，則人皆有倖心。一或有倖心，則車服亦不足貴矣。故其曉然告之，使之敷奏以言，而又試其言之當否。皋陶嘗提是說，以為不如是則敷同日奏罔功，則是說為一日不可廢於天下也。陛下脩明庶政，蒐取實材，每於群牧部使者守臣，各令奏事，而後丁寧告戒。此於唐虞之事，不約而合。然而自他處得郡，或丞郎補外，或執政侍從均勞佚而去者，當

有一二說歷陳之於上前雖陛下有所可否然不終計其效驗如何耳臣竊觀神宗皇帝於百司所奏無不徧覽又嘗作功過簿以稽其言之當否臣願陛下酌祖道以養天下每於州牧侯伯入對陳旅言有可聽者當計以歲月考其言之當否如功過簿則田萊可闢水利可修流人可集盜賊可弭其大者可以厚民俗起士風其次可以講鐵酒酤利原豐耗之所出是天下萬務皆可以周知而悉數之也昔文帝見賈生於宣室偶於受釐之際所問者鬼神而賈生之對不敢及他事今州牧侯伯一日見天子得以極言郡國之事此為尊之使言已如唐虞之時苟無以考其言之當否臣恐數同日奏國功也臣前謂天下之大非耳目所可及在唐虞盛時謂此說為不可廢是必為簡易之法陛下試一關宸慮使天下復見唐虞之治

薛季宣上奏曰臣聞人主之為天下莫大於天下不可得而欺夫使天下皆不可得而欺則欲無不遂為無不成自昔號有志之君其所欲為非不甚盛甚美然卒有齟齬之歎蓋欺之者多耳夫欺者之情狀天下皆知之而人主獨不知之是豈人主不欲察之而甘於受之耶近者為之地則遠者有盤錯之堅大者為之助則小者有彰露之援其察之豈曰甚易乎守令之所臨治不過一郡一邑之間旦暮坐于聽事之中豪家巨駔敢於欺侮而不懼者恃有胥吏為之囊橐也人主萃天下之責而以一身臨之爵祿利勢足以動人小人而不為欺何以有僥竊富貴之望而罪之根本則在於左右之囊橐致使人主無從而察之也夫左右之為欺甚於天下彼其伺候詞色之工窺見意向之密裨闔迎逢殆難以狀其巧也故有耗正以行其邪假廉以濟其貪僞直以售其佞薦退人才不於有所陞黜之時而游揚中傷於平居無事之日一旦陞黜之際雖人主自以為出於獨斷而其怨氣皆已歸於囊橐者之門矣然則左右之為欺人主又何從而察之亦曰兼聽無我收骨鯁棄軟熟而已且可以利柔可以使懦有見而不敢言或言而不敢盡皆軟熟之人也骨鯁之士惟其留中耿耿不能與世推移急危存亡之秋乃可望以伏節死義平時軟熟自為身謀而欲望以急難非所聞也借使舉朝之士無非軟熟之人其為患豈大矣於人主何利焉若乃骨鯁之士世多以好名疑之夫名天地之美物不易以與人而亦天下之公論不可以冒得舉事進言果出於為君上為社稷也然後可以得名不然將誹謗隨之矣故在臣子自為學問之計不可存好名之心人主為社稷計惟恐不得好名之士人人皆好名畏義則人主所欲為者無不濟矣故欲絕天下之欺惟在於收骨鯁收骨鯁在於兼聽兼聽莫難於無我入者先主縱有他說不能復入何以鑒擇其是否乎骨鯁之言非無我則誠難於

受之也忠言逆耳利於行良藥苦口利於病此漢初之謀臣所以事英略大度之主而使屈群策之用者其言如此齊威之霸其模不在乎阿即墨大夫之誅賞而係乎毀譽不公使齊威之刑賞不行焉則為欺者殆無以禁之矣顧復之功獨可日月冀乎此臣所以冒昧而獻兼聽無我之說也陛下靜觀而熟察之儻有驗於微臣之言功業成否反掌間爾

季宣又上奏曰臣聞唐太宗之戒王珪曰人心所見互有不同苟論難往來務求至當舍己從人亦復何傷隋末內外務相阿順皆自謂智及天下大亂家國兩亡卿等各當徇公去私毋雷同也魏鄭公告太宗曰人主兼聽則明偏聽則暗昔堯清問下民故有苗之惡得以上聞舜明四目達四聰故共鯀驩兜不得蔽是故人主兼聽廣納則下情得以上通夫豈言乎其君臣致治之美庶幾成康有由矣夫和

之與同疑若相似聖人之論則有君子小人之分善乎晏嬰之言和如鹽梅相濟同如以水濟水人心不同如其面焉強而同之非回於利弗能也向令仕者舉回於利則凡時之利病政之得失何自而知之君子不爲利奪往往輕爲去就藉此以治萬無是理間自權臣柄國斲喪忠良內外之臣無小無大相與諛說合若一人幾於楊氏無君其於國家何有流風遺俗溺陷人心同而不和至今爲梗以陛下之剛明聖武高視唐宗即政以來每欲一湔前弊其如無君之習輩之良難舉世爲同則有入而不自知者臣懼邦之政俗將日非而莫之捄也凡處天下之事不當心有所主惟處身於利害之外乃知利害之實故見利者不知其害見害者不知其利誠使言利害者畢陳所見則利害之情無餘蘊矣合天下聽無不聰合天下視無不明鹽梅相濟何以易此不然自塗耳目同異不聞雖臣下盈庭自成孤立矣人情誠不易見然而指意可知大抵勉君以容受讜言要爲忠愛之至導之非諫寧爲體國之心由此觀之邪正無遁情矣臣不敢遠引三代姑以所學稽於唐之君臣致治之美爲陛下獻惟聖神留慮而圖之社稷蒼生幸甚

直煥章閣王師愈論聽言之要疏曰臣竊惟陛下躬上聖之資勵大有爲之志孳孳圖治聽納如流欲以來天下之言然而進言者不能皆昌言多爲虛誕一偏之說仰欺天聽其名則是其實則非聽之則可喜行之則可駭或有利少而害多者或有利於此而害於彼者或有斷然不可行者行之未久雖不憚於輟或從而變更其弊已甚矣原其用心不過苟持一說以取容悅欲爲干利祿之階而不顧上誤朝廷之施行下貽生民之大病此何謂也陛下明目達聰欲知周而廣覽進言之路固不可不闢自令凡有陳利便者識能先隱之於聖心次付之於大臣侍從臺諫參酌詳審擇其灼然可行者行之庶幾事功可濟利興而害除矣

光宗紹熙二年起居舍人黃裳上奏曰自古人君不能從諫者其蔽有三一曰私心二曰勝心三曰忿心事苟不出於公而以己見執之謂之私心私心生則以諫者爲病而求以勝之勝心生則以諫者爲仇而求以遂之因私而生勝因勝而生忿忿心生則事有不得其理者焉如潘景珪常才也陛下固亦以常人遇之特以臺諫攻之不已致陛下庇之愈力事勢相激乃至於此宜因事靜察使心無所係則聞臺諫之言無不悅而無欲勝之心待臺諫之心無不誠而無加忿之意矣

三年御史臺主簿彭龜年論聽言以講學明理爲本疏曰臣聞天地以虛爲德聖人所以能贊天地之化育而與之參焉者亦虛而已矣恭惟陛下受天明命臨照萬國自御極以來天下之事一切以虛心應之執政大臣日有開陳無一事之不下侍從論思給舍繳駁臺諫劾奏無一言之不聽內而百執事外而監司郡守一遇奏對無不自以爲稱愜上意雖舜之舍己從人禹之聞善言則拜何以過此然臣區區之愚猶願有陳于陛下者蓋以天下之理有所謂可亦有所謂不可夫虛者豈一於可之謂哉無可不可者虛也有可不可者理也試觀之天地之化何嘗有所偏也其無所偏倚者天地之虛也然陰陽寒燠之氣動植飛潛之性長短小大之形亦何嘗有所變易哉所不可變易者天地之實理也夫是非邪正此實理之在人而不可變易者若是謂是非謂非邪謂邪正謂正物各付物而吾無一毫私意介乎其間豈不如天地之虛哉儻是非邪正未嘗辨析而徒曰吾虛心應之吾之應之者若其人正其言是則是虛也遂而爲堯舜不難

也若其人邪其言非則是虛也反而為禍亂亦不難也孔子曰君子之於天下也無適也無莫也義之與比夫無適無莫豈不甚善然非義之與比則有所不可故無適無莫而義則為從善如轉圜無適無莫而不義則為用賢如轉石矣是可不察哉臣觀陛下數月之間用人納諫聖心愈虛盛德彰明天下歡喜太平之期指日可冀而臣之私憂過計畚不自已者誠願陛下於是非邪正之間深加聖心焉臣非敢議陛下今日虛心以為非是誠以是非邪正未易判別異時不幸有不肖者竊陛下虛心之機而用之或誤陛下陛下儻懲今日為監戒則將猜忌關防表裏不應其患又有不勝言者此臣所以有狂僭之言也抑臣之言猶有未盡者臣聞之能明理然後能使心之虛能講學然後能使理之明夫天下之事紛紜淆雜日至乎前利害之相形賢否之相蒙千變萬化不可窮詰而陛下以一人之聰明酬之

可不謂難哉陛下隨事而應雖無不聽之言事過而思豈無既往之悔萬一有之陛下亦嘗察夫悔之所以然乎是必於理有所未明所以於事不能無誤臣是以知講學之不可緩也恭惟陛下自得聖學之高明多閱天下之義理是非邪正固已瞭然然而理本無窮學斯不足若絲毫有所不察則禍亂或從而生臣愚欲望陛下精考聖賢之言多親儒學之士公好惡以合天道辨義利以察人情常使聖心昭明了無蔽惑如水鑑之清而妍醜自見如尺度之公而長短自形此聖人之所謂虛而與天地相參者也惟陛下留神

四年龜年為秘書郎又論群臣進言早賜處分疏曰臣以非材備數三館月糜廩粟無所補報嘗伏自念三館之士在祖宗時許以議政比偕同列借上封章待罪旬浹未聞報罷竊知聖德優容必無訶譴然而所論之事亦無施行訶譴不加不敢自喜從違未卜實切私憂

臣仰惟陛下自即位以來隆寬盡下虛已受人聽納之勤前古無有只因近日二三差除大臣執奏給舍繳駁臺諫論劾求合聖心反覆月餘尚無予決群臣既不肯背理而徇陛下陛下復不肯屈勢而聽群臣君臣之間齟齬既久情意不通易成睽阻一日二日萬機咨來設於其間又有同異展轉激作或貽威怒則豈特群臣之罪不勝誅夷而已哉陛下父母也群臣臣子也子事父母只欲其喜豈欲其怒父母怒則一家不寧陛下怒則天下不寧此臣所甚懼也陛下聖度如天萬萬無此臣但見群臣屢批逆鱗恐其至是是以願為陛下先事言之然臣亦非敢以臆說欺陛下也臣嘗讀周公旦無逸之書至篇之終曰自商王中宗及高宗及祖甲及我周文王茲四人迪哲厥或告之曰小人怨汝詈汝則皇自敬德厥愆曰朕之愆允若時不啻不敢含怒此厥不聽人乃或譸張為幻曰小人怨汝詈汝則信之則

若時不永念厥辟不寬綽厥心亂罰無罪殺無辜怨有同是叢于厥身旦之此言真萬世帝王龜鑑也夫所謂小人怨汝詈汝者乃後世指斥乘輿之類其犯上瀆尊與抗疏陳議者蓋不可同年而語矣而四君聞之反取之以為德任之以為愆然則怒安從而生哉儻不如四君之能聽則譸張為幻之人必指其言曰此怨吾君之詞也此詈吾君之詞也人君不察從而信之則失為君之道無寬裕之德其弊至於亂罰無罪殺無辜者蓋有之矣陛下慈仁覆物謙虛無我固當上擬四君然臣猶不免以譸張為幻之人為懼者誠不為無見也劉向曰執狐疑之心者來讒賊之口持不斷之志者開群枉之門群臣之言陛下既疑而不聽則譸張為幻者可以投間而起矣臣逆料其說不過有三必曰陛下之命群臣執之不行是天下之事盡由群臣不由陛下為此說者是以唐明皇待陛下非忠臣也昔明皇欲加牛

仙客尚書張九齡以為不可又欲加實封九齡又以為不可李林甫揣上意曰仙客宰相才也何有於尚書明皇信之復以仙客實封為言九齡固執如初明皇曰事皆由卿耶由是林甫進九齡罷而唐之治亂分矣此豈陛下所欲聞乎又必曰群臣為此不過欲歸過於上邀名於己耳為此說者是以唐德宗待陛下亦非忠臣也德宗欲為唐安公主造塔姜公輔表諫德宗曰唐安造塔其費甚微非宰相所宜論此欲指朕過失自求名耳夫不善之事行之則為過改之則為名人君能改則名在人君人君不能改則名在諫者德宗終守改過之吝竟失從諫之名褊心忌克此豈陛下所欲聞乎又必曰號令已行不可復反是又以反汗之小嫌傷從諫之盛德亦非忠於陛下之言也臣請復以慶曆元祐之事辨之慶曆三年仁宗既除夏竦樞密使後用御史中丞王拱辰諫官歐陽脩等十一疏追竦樞密使敕元

祐元年哲宗除安燾知樞密院給事中王巖叟封駁竟因燾辭免之章命依舊職此皆大臣也尚不憚於改除又何取號令之不可反乎且群臣獲仕清時固欲陛下躋祖宗之盛際邁帝王之極功身有美名豈都願號偶有違拂誠非得已陛下諒其忠則跼蹐恐悚猶不自安陛下不諒其忠則流移轉徙何所不至寧肯不顧妻子故犯君父之怒乎陛下今日雖未有怒群臣之意臣恐譸張之說萬一不解則必有觸此機而動者矣蓋人君胸中當如清水明鏡一毫不留乃得其正四君之所以不敢含怒蓋謂是也臣愚欲望陛下恢廓聖懷和平宸慮以天下之理察群臣之言酌其是非早賜處分或罷召命或與外除毋使譸張之說能惑聰明忠蓋之臣或罹擯棄實天下幸甚宗社幸甚

嘉年又論優遷臺諫沮抑忠直之弊疏曰臣聞言路通塞天下治亂繫焉言路通則雖亂易治也言路塞則雖治易亂也仰求前監方周昭然臣敢不為陛下縷縷陳之臣伏見陛下自登大寶隆寬盡下廣覽兼聽擇之於古未見其比而近日臺諫之官稍稍抗直者多不得久於其職大率優遷其官以去之臣不知其故何也夫假遷官以逐言者此近世最弊之法陛下柰何數出而用之乎消耎精銳沮抑忠直莫甚於此且臺諫之官皆朝廷選擇而後除使其言可行則為稱其職當留而不當遷言不可行則為不稱其職不當遷而當去而乃舉措倒置是非易位臣不知陛下所以勸懲天下果何術也恭惟治朝崇獎臺諫列聖相承視為家法傅堯俞嘗謂言事之官許令風聞祖宗之詔曲全過當許風聞則豈皆責實全過當則欲其盡言如此求之猶恐未至臣觀南渡以來臺諫忠鯁大率不遠祖宗盛際安有所言極不過三數章而止安有二十三章劾胡宗愈乎九章劾章惇

如劉安世者乎全臺彈劾不聽亦已安有上章不報率同列進見州拜於御座之側如孫抃論溫成典禮者乎聞有宣諭唯唯稟承安有召赴都堂宣諭而論列如故如傅堯俞之論張舜民不當罷者乎言有不合苟得美官奉身而去安有以去為諫幾上感寤如程顥之不受提刑司馬光之不受樞密傅堯俞之不受吏部侍郎者乎臣不知先正諸臣剛決勇敢一至于此以為無上耶則近世愛君未有過於諸臣者也以為沽激好名耶則忠實懇惻亦未有過於諸臣者也而祖宗容受聽納若恐傷之得非以朝廷紀綱之地不容不重為社稷宗廟大計自當爾耶陛下試取先正諸臣奏議反覆詳觀然後知祖宗寬大人無不盡之言今日臺諫略無先正之直陛下儻督己從人如舜改過不吝如湯不唯聽人之言而又且導之使言不唯容人之直而又且激之使直臣尚懼士氣消靡已久不能頓然作興而況從

而沮之耶。臣是以知士氣不可以不伸。夫姦宄之人尚[illegible]之。惟藉臺諫嚴重有以折其萌芽。而臺諫之士所以能寢懾姦宄。惟藉人主聽納其言。假以聲勢。今臺諫之士消沮如此。臣恐在內之姦宄乘此隙以蠹其內。在外之姦宄執此隙以撓其外。陛下雖欲高枕而臥。不可得也。且臣嘗熟察臺諫所以數忤陛下者。蓋有由矣。非以陛下身有失德惡人正救。如前代拒諫之主也。特不過攻擊權倖。未恊聖意耳。夫權倖恩寵不行。未過一夫怨。而怨歸臺諫。臺諫言論不行。能使天下怨。而怨歸陛下。陛下奈何不忍一夫之怨。而獨任天下之怨乎。此臣所以痛心疾首。欲一言於陛下之前。不能自已也。臣反覆思惟今日陛下惟有導人使諫。是以救此。臣猶慮聲勢已動。未易頓回。政須陛下開廣聖心。掃除芥蔕。遵用仁廟召還唐介故事。柬別向來以諫去國不由人言之人。擢用一二。示天下以聽納之機。督對臣僚議論忠讜者。稍旌別之。示天下以聽納之實。庶幾聖德昭明。群疑解釋不勝幸甚。

光宗時。監登聞鼓院楊大全上奏曰。臣之志憂君者。不畏死。不榮生。不以言而獲罪為恥。而以言不聽從為恥。自古諫之不效。其大者身膏斧鑕。其次亦流竄四裔。其小者猶罷免終身。未有若今日不勉於聽從。亦不加於黜逐。徒餌之以無所譴訶之恩。使皆饕富貴。甘豢養。以消靡其風節。平居皆貪祿懷姦之士。則臨難必無伏節死義之人。陛下自夏秋以來。執政從官之死者。皆不信。卒之果然乎。不然乎。達廣趙濟死。武興吳挺死。今尚不以為然。則事有幾微於朕兆者。可諫陛下乎。萬一變起蕭墻。禍生肘腋。陛下必將以為不信。坐受其危亡矣。盜滿山東。而高斯再權。二世不知也。蠻寇成都。而更奏捷。明皇不知也。此猶左右聾瞽爾。今在朝之士瀝忠以告。而陛下不聽。是陛下自塞蔽其聰明也。今外間傳聞以為壽皇將幸越。幸吳興。此愛陛下之深。欲泯其迹也。陛下當亟圖所以解壽皇之憂。

趙汝愚論聽言疏曰。臣仰惟陛下天縱聖明。寬仁盡下。凡臺諫之論奏。給舍之封駁。微及一介疏遠之士。雖寸長片善。陛下未嘗不聽而受之。無有難色。臣每與群臣竊窺陛下盛德全度。恢乎有容。如天之高。如日之升。光明廣大。不可尚已。若守之以誠。行之以久。使義理習熟。是非著明。不為邪說所轉移。則三王不足多。五帝不足過矣。然臣嘗觀自古納諫之君。未有如唐之太宗者。當時魏徵號為善諫。帝嘗曰。人言魏徵舉止疎慢。我視之更覺嫵媚。至徵陳十漸。則尤加獎歎。為列諸屏障。朝夕瞻仰。君臣之際。相得深矣。及其怒也。則曰會須殺此田舍翁。及徵之亡。乃復有停昏仆碑之事。夫以太宗之明。魏徵之賢。而終不能免此何耶。又帝嘗止于木下。愛之。宇文士及從而譽之不已。帝正色曰。魏徵嘗勸我遠佞人。我不知佞人為誰。意疑是汝。今果不謬。士及叩頭謝。而帝亦不加罪。大抵人之情。喜順而惡逆。方其始初清明也。聞善言則喜。聞惡言則懼。凡君子忠盡之言。雖甚拂其意。然未必不蒙信用。小人阿順之語。雖初若可喜。亦未必不加察也。及其久也。君子今日論某人。明日論某事。積其違忤之意。則終將厭之矣。若小人則善伺人主之意。阿諛順旨。終無所違逆。故人主雖知其佞。而卒以難去。從古以來。人主皆欲治而惡亂。皆欲進君子而退小人。然卒之君子遠而疎。小人近而親。危亂之日常多。治安之日常少者。惟在乎違道而任情。喜順而惡逆爾。書曰。有言逆于汝心。必求諸道。有言遜于汝志。必求諸非道。斯言也。誠萬世人主聽言之法。惟陛下留神幸甚。

軍器少監兼權侍左郎官劉光祖論言事本末疏曰。臣聞古之事君者必曰忠必曰直忠則有所不欺直則有所不避忠直者人臣之大本也進則觀人主之顏色退則顧慮一身之安危如此者必有所不盡於其心其於忠也遠矣設為關防以為能避遠形迹以為智如此者必有所不盡於其言其於直也遠矣然而忠直非有素則不信忠而君不以為疑直而君不以為忤惟有素者能之臣雖愚魯竊慕斯義平生所受教於父師者蓋終其身而不能變平日所交際於朋友者亦盡其心而無所隱而況於事君乎而況於任陛下耳目之寄乎陛下往歲毓德春宮臣備數小學教授陛下察臣盡心於嘉王而無所苟是以嘗簡記於壽皇召臣之日臣到闕際會舜禹親傳蒙恩引見所奏悉荷開納未幾又值輪對略嘗効其愚忠以為當今人才衰而肯論事者益少勸陛下長養收拾崇奬其直言陛下御批依奏即日付出而大臣反若有所顧畏不敢奉行然臣自念區區之誠已

獲信於陛下久矣又未幾陛下遣臣迓送使客三得瞻望清光臣所奏楚州城壁絕無一詞之欺陛下卒采臣言減省工役過半臣以事無大小皆可盡忠官無高卑悉當圖報令也陛下擢臣以風憲之任某為感激又當如何報効耶所以承命以來未遑寧處朝惟夕究知是累日即自斷曰惟初念純一可以對上帝可以事君父不可貳也不可疑也是故道學朋黨之論人不敢言而臣言之為其不消此名即必貽將來之患故也左右近習之勢人不敢及而臣及之為其不窒此門則必喪士大夫之節故也臣在小學時嘗為日記其間記陛下一日因臣進見問曰曾識呂祖謙否臣對識之陛下再三稱誦其賢而悼嘆其不幸臣今思之使祖謙而尚在必將目為道學之首則陛下亦不得而用之矣又記一日臣得進見陛下諭臣曰近日主上付下骨鯁集令看皆先朝元老議論讀之甚有補臣對云皆范仲淹

以下奏疏皆在可見祖宗以來容納直諫如此陛下曰中間所論新法自是必為民害斷不可行又曰當時同己者即以為是異己者即以為非所以後來遂將司馬溫公蘇文忠及黃庭堅一各目為黨魁臣對云只緣王安石引用小人卒亂天下陛下曰如蔡卞蔡京之徒是也又曰陳東亦不易得臣每誦陛下東宮之語以為淵衷所見一一與祖宗之意同符是以昨者敢進借朋黨以害君子之說皆臣數年之內中心所懷如此臣自信言公而語平故乞陛下降出以消未然之患至於士大夫納交於近習陛自立朝以來心誠鄙之目覩陛下愛重名器不為小人所竊弄於是乃昌言之而無所避曰忠曰直臣雖未能望古人之萬一然其不為姦回之人決矣臣於職事疏則有之欺則無也於議論不及則有之過則未也臣無言責之時尚勸陛下用賢納諫諄複而不已豈今居言責而反不言乎是以相繼封入

奏疏乞先收召人才而大臣但進呈而無所議臣既非今日之言則言而不行不能以自已也何則人才者國家基本之所繫生民休戚之所關乏則養之有則用之慶曆之所以盛者豈一日之積乎惟其非一日之積是以為數世之用事之最大無以過此臣所願陛下體至公之道開衆正之門又乞早用愚言兼收人物必獲安靜之福而無一旦之憂如臣所言異時有誤國是臣甘竄殛

寧宗慶元元年太府寺丞呂祖儉上奏曰臣近者蒙恩輪對不度狂愚嘗僭論奏陛下聖孝純篤猶未得一見上皇將何以慰聖心而修人紀又嘗以虜情難測欲得備豫不虞賁倖市權欲得防制有節及御筆施行傷於快易且進退臣下復多匆匆莫不畏竭懇欵以致顯忠之義聖度寬溫詞慰納臣退而感泣莫知圖報指心誓日以為他日或有事繫國體義所當言可以仰裨聖明者苟得竭盡則雖退

兢兢業業敢自愛竊聞國子祭酒李祥比因宰相趙汝愚論罷心有所懷不能自已嘗有封事上徹宸聰自以所見與諫臣不同居家待罪陛下既予之以寬告又復寵之以職名畀之以使節使以禮而去中外之論莫不以陛下博盡群議不貴苟同此蓋治世盛德之事而明主之所取以為先務者也臣竊嘗妄論本朝治體蓋以崇養議論氣節為立國之根本自王安石用事好同惡異天下從風而靡逮至崇觀間復倡為豐亨豫大之說虛美熏心實禍蔽塞遂使習俗日變馴致靖康之禍如吳幵莫儔之徒與虜為市痛在人心其始因止於順從其終乃至於此極為人上者詎可不知所崇養而以好同惡異為深戒哉今諫臣抗疏論罷李祥新任仍褫其職碩惟諫臣所言陛下自應聽納其在庶僚亦豈容妄有條陳第以陛下含弘之美意因是不能無鬱而人有懼心精銳銷耎議論氣節必愈陵夷凡事理

利害之真實顧望愛惜多為身謀誰肯為陛下明言之其所關繫蓋治忽所從分非一目一事之可比也仰惟陛下初政清明收召人望登用忠直天下之士莫不訢訢然精白以承休德然曾未踰時朱熹老儒也有所論列則亟使之去彭龜年舊學也有所論列亦亟許之去其他侍從臺諫之臣以言事而去者尚多有之夫人才固未易得而盡節竭忠之士寧復有幾長育獎勵猶懼其有所畏縮今士氣似少沮矣如李祥老成篤實非有偏比蓋眾聽之所共孚者今又終於斥逐臣恐自是而後天下或有當言之事必多相視以為戒鉗口結舌之風一成而未易反是豈國家之利邪矧今國勢甫定人心猶搖歲事可虞未可保其無饑邊鄙屢警未可保其無他又自去秋以來災異相繼殊為駭常而天象昭昭尤為可畏白虹貫日陽精示變臂適當淫雨之闕齋近者太白經天金木失次冬夏之日風起良方此

為何景胡可少安政是陛下厲精為治明目達聰之時今能言之士指陳災變所以助成陛下抑畏之心者亦不為少然終未克致消弭之實而於其所甚當言者雖陛下以聰明臨照之未必皆得而聞是安可不思其故哉蓋天下之事所宜指陳者固非一端然言有淺深勢有難易今之所難非在於得罪於君父而在於忤意於權勢姑以臣所知者言之難莫難於論災異然言之不諱猶未以為難者以陛下有容受之德而其事不關於權勢也難莫難於論綱常然言之不諱猶未以為難者以陛下有誠孝之心而其事亦不關於權勢也若迺御筆之降初豈盡卻僉謀然廟堂不敢重違臺諫不敢深論給舍不敢固執蓋以號令出於獨斷而事體多關貴倖深慮左右乘間過有激發而重得罪也臣蓋嘗面奏從昔而來凡勸導人主事從中出者夫豈意在尊君蓋欲假人主之聲行之於外使莫敢爭執而可以

漸竊威權所當深加省察旬日而來復聞有一二中批指揮給舍繳駁僅得一再而止其自為謀則善矣儻事有當論而又切於此者望其致閑邪之敬盡面折廷爭之節未必有也子思有言群下同聲則善安從生今士大夫之習俗蓋近於是不知陛下亦何便於此臣比日又竊聞之道路左右執御於黜陟廢置之際間得與聞者車馬輻湊其門如市恃權怙寵搖撼外庭聲燄所及類莫敢言所賴素有望實不畏強禦者正色朝端盡言[illegible][illegible]有以折其鋒而殺其勢苟惟不然歲月荏苒事勢浸淫腹心耳目愈失委寄政權將歸倖門而不在公室凡所薦達皆其所私凡所傾陷皆其所惡豈特側目畏憚莫敢指言而阿比順從內外表裏之患必將形見前史所載其鑒甚明親愛之道今之為上若或不加抑損是乃所以害之惟在陛下加念而已臣所以因李祥獲罪而深及此者是豈病狂喪心欲為矯激而自

敢謇謇也。我實以士氣頹墮之中。稍有所言。與諫臣忤意。則去不旋踵。而通者尊君之論播於朝。行。皆欲習為謹畏。而不知盡責難之恭。雖知貴倖市權。無由敢言於陛下之前。或有志在忠愛。能言其難者。皆將目之以出位犯分。不恭不遜之罪。臣之私憂過計。豈獨以搢紳之士遭權讒謗而已。其所深慮者。陛下之勢孤。而相與維持宗社者浸寡也。伏望陛下深惟天下之勢。在於以言為諱。渙命重申。復還李祥職名。新任。雖若稍咈諫臣之說。然可以通壅蔽之情。朝廷美意既得因此闡明。而天下有難言之事。在朝在野。必將聞風欣慰。願竭忠藎於王朝。陛下躬受四海之圖籍。兼聽臣庶之邪言。開公正之門。絕私倖之路。委信大臣以正朝綱。容納忠直以強國勢。中心無爲。銷平偏論。以涵養天下和平之福。則宗社幸甚。生靈幸甚。臣世受國恩。不遑他恤。發言狂瞽。罪在不赦。惟陛下財幸。

慶元間。將作監陳貴誼因轉對上言曰。言路雖開。觸犯忌諱者指為好名。切劘時政者指為玩令。利害關於天一。是非公於人心。一人言之未已。或至累十數人言之。則又指為朋黨。是非易位。忠佞不分。又言婉順巽從者是美多也。非愛我也。宜屏之外之。矯拂救正者是藥石也。愛我也。宜用之聽之。

嘉定三年。秘書郎真德秀上奏曰。臣聞天下有不泯沒之理。根本於人心。萬世猶一日者。公議是也。自有天地以來。雖甚無道之世。破裂天常。隳壞人紀。敢為而弗顧者。能使公議不行於天下。不能使公議不存於人心。善乎先正劉安世之論曰。公議即天道也。天道未嘗一日亡。顧所存何如耳。熙寧之世。以新法為不可行者。公議也。雖以王安石之愎諫遂非。而不能遏士大夫之口。紹興之際。以和好為不足恃者。公議也。雖以秦檜之擅權專殺。而不能弭君子之論。卒之新法行而民力屈。和好就而敵情驕。甚哉。此理之在人。信可畏也。與其拂之以取敗。孰若順之以為安。近年侂胄用事。以區區私意小智拂天下公議之衡。能顛倒是非於一時。終不免為當世大僇。何者。公議天道也。侂胄違之。則違天矣。天其可違乎。故善為國者畏公議如畏天。則人悅之。天助之。何事功不立之憂哉。陛下以還至公之理。蓋嘗少伸於久鬱之後矣。臣愚伏願朝廷之上。兢兢保持。勿失初意。用人立政。一以天下公議為主。而不累於好惡黨偏之私。盡公極誠。如對上帝。則天人胥悅。治效可期。海內之幸也。惟陛下留神。反復愚臣之言。

六年。德秀為起居舍人。又上奏曰。臣伏覩陛下更化之始。首下明詔求直言。又詔近臣請對論事。薦紳士夫如聞震霆。如覩白日。臣時備官太學。竊語同列。以為自今言路大開。將復見祖宗盛時氣象矣。而五六年來。士風選愞。無以大異前日。臣竊惑焉。蓋嘗歷觀往昔言路

壅塞之由。大抵起於人主好自用。大臣好自專而已。自用則視天下之人皆莫己若。而惡人之言。自專則舉天下之事。唯所欲為。而忌人之言。今陛下恭己責成。未嘗有自用之失。大臣虛心無我。未嘗有自專之私。而群臣觀望。莫敢盡言者。陛下亦嘗察其故乎。蓋自權姦擅政。十有四年。諛佞成風。日以浸甚。然其始也。朱熹、彭龜年以抗論逐。呂祖儉、周端朝之徒以上書斥。當時近臣猶有爭之者。正如始病之人。氣血雖傷。而未至甚憊也。其後呂祖泰之貶。非惟近臣莫敢言。而臺諫且出力以擠之。則嘉泰之疾。已深於慶元矣。又其後也。盜平章軍國之名。起邊隙干戈之釁。非獨在朝莫敢言。雖布衣韋帶之士。求一如祖泰者。亦不可得。是開禧之疾。又深於嘉泰矣。風俗至此。已成膏肓。救藥扶持。豈易為力。誠使更化之初。一時群賢皆得以忠言自奮。則精神風采。猶可漸還。而曾未兼旬。遺補之官以言罷職。是疾方

小愈而還以酒色伐之矣。若是而欲延嘉泰開禧之祝猶其可得乎。自時厥後侍伯成以諫官論事去。蔡幼學以詞臣論事去。鄧應龍許奕又繼以封駁論事去。方其去也陛下皆華之以美職畀之以大藩。視昔斥逐言者之時固大異矣。然人之常情易媮難勉。彼見是數人者非能大有所矯拂已皆不容於朝。未免妄疑陛下真有諱言之意。故寧默默以自全。不肯譊譊以賈禍。且侍從之臣以已見求對。故事也。今或曠歲彌年而不一舉職者矣。集議各貢所聞亦故事也。今或閣筆相視而不措一詞者矣。設有大安危大利害群臣喑默如此。豈不殆哉。臣今欲為陛下言者三。一曰勤訪問。臣自獲侍清光每見陛下延納群臣溫恭有禮。然從容咨訪罕聞玉音。記注所書寂寥無幾。豈皆不足以上承清問乎。又聞遇兩班多從隔下。既進復卻或至再三。陛下雖未必厭聞人言。群臣或得以妄議聖德。臣願自今昕朝賜

對時出聖訓訪以民生疾苦。朝政闕遺。仍詔賓贊之臣。雖有兩班皆令宣引。則下情可通而上聽無壅矣。二曰廣謀議。臣聞古者大事謀及庶人。翕然大同乃底元吉。比年政令之間或有更革。往往過為秘密。不暇參酌群言。訏謨固曰精詳。本末豈無未究。有如楮幣鹽鈔尤為民命所關。而更張獨決於廟謨。獻替靡聞於群下。儻凡皆若此。欲事無遺策其可得哉。臣願陛下以帝堯稽眾為心。以漢廷雜議為法。俾人得自竭。則令無不臧矣。三曰明黜陟。昔唐憲宗以忠直用李藩以循默去鄭絪。迄成中興之烈。而宰臣裴垍尤能獎勵藎言。拾遺獨孤郁等因遷致謝。垍獨責蕭休復曰。君異夫二人孜孜獻納者。休復大慚。故論者至今稱憲宗為盛君。而裴垍為賢相。聞者一二小臣以奏對剴切。旋被獎拔。亦足以明示好尚矣。臣願推廣此意。凡向以言事去國者。察其用心之忠。勿使久外。左右近臣盡誠獻替者當如憲宗之擢李藩。婞阿苟容者如裴垍之責蕭休復。使人知忠鯁可尚。而諛悅可羞。則元和之盛何難致之有。臣以孤生蒙陛下擢掌言命。四年于茲。近叨陞誤恩。進侍螭陛。有懷弗吐。臣罪奚逃。故於進對之初。不敢毛舉細故以塞責。輒冒昧極陳其愚。惟陛下垂聽。

歷代名臣奏議卷之二百六

聽言

宋寧宗時御疏上奏曰臣等待罪冊府坐糜廩稍每念補報萬一而官閒事簡無職業以自見頃事有上關政體下繫人心者儻無一言裨益聰明誠恐仰負陛下儲養期待之意是忘嚴誅少思罄竭臣等竊覩二十四日指揮殿中侍御史劉光祖除太府少卿命下之初舉朝錯愕莫測其故聞之道路皆謂光祖嘗論列小臣除授不蒙採納遂有此命事之虛實固未可知萬一有如所云臣等竊謂陛下過矣恭惟祖宗盛時崇奬臺諫援用忠讜一時臣子極口論事連章累牘不行不止其間豈無事屬細微語涉過當而我祖宗委曲聽從未嘗沮抑豈徒陛虛名事觀美哉誠以諫臣拂士乃國家所藉以扶持而言路壅蔽風采銷落則人主孤立於上無與為助故其重臺諫者非

重其人乃以重朝廷也陛下始初清明銳意求言既詔中外言事又日輪對百官間召侍臣從容咨訪雖自古崇諫之君何以加此惟是進退臺諫之意未盡白於天下是以議者竊有疑焉往歲遺補之遷名為褒陞實欲奪其諫職是所以退之之意未明也已而所用之人進不以道衆論弗與而聖意獨斷之是所以進之之意未明也所賴陛下聖性高明因事覺悟知其不可用者而黜之擇其可用者而使之用捨之間聯合衆志是以內外遠近莫不翕然服陛下無我之明誦陛下無我之量不前日之疑議亦至是不辯而自釋矣光祖供職以來感激知遇頗自奮勵公論為之少伸搢紳相賀今者曾未數月忽復改除臣等愚陋未知陛下之於光祖以何事而用之今復以何名而罷之且陛下所以用光祖者必以其人剛正有守能為陛下別白是非足以任耳目之寄也如果以是而用之則光祖之遇事敢言愛惜名器杜絕請求是乃陛下所以援擢光祖之本意而光祖效忠於陛下之職分也奈何反以是而罷之乎且其所論比之近日臺諫雖稍為振職若較之祖宗時言論風采猶未能十之二三而陛下已不能容之若曰嘉其論事而遷以美官與夫意在厭言而飾以他說則又幾往歲之事矣天下安可厚誣亦非聖德所宜有也且事有公有私有輕有重左右使令之舊恭事為私而朝廷之置臺諫則為公一介小臣予奪黜陟其事為輕而臺諫之進退則為重今陛下因其所私而廢其所公奪其所重而遂其所輕事體不順較然易見臣等區區初不為劉光祖所可惜者陛下之舉措耳今光祖之罷得脫憂責又全美名於其身計有何所損而曲徇小人顯逐言者此不美之名也陛下安得晏然而受之乎竊恐自玆以往言事之臣競為緘默相師成風直言不聞而權倖日肆朝廷日輕矣起天下之謗以損聖德

塞言者之路以輕國威聖明洞鑒夫豈其然臣等伏願陛下恢廣至公稍回聖慮酌事體之輕重觀人心之從違念君子小人進退黜陟之所由鑒天下國家理亂興衰之所繫奮發英斷追寢吳端除命以遏群小僥倖之萌還光祖言職以伸忠直敢言之氣以慰公論以安衆心以解天下之疑實宗社幸甚易之義以不遠復為元吉書之稱成湯以改過不吝為盛德是在陛下一念慮之間而已臣等出位妄言迫於拳拳愛君憂國之義惟陛下裁赦

涇又上奏曰臣聞人君據崇高之勢操富貴之權以奔走天下其心之易以縱蓋亦勢使之然所恃以維持此心俾無過舉者惟臺諫給舍而已臺諫給舍人主之法家拂士也人主以為是臺諫給舍以為非人主以為可臺諫給舍以為不可臺諫給舍非敢與人主爭是非可否者顧不如是無以重其權不重其權非所以尊朝廷而脩君德

也。臣竊見自陛下踐祚，臺諫給舍多不得其職，間有任用非人，敗露而去。臣所未暇論。側聞近日以來，臺諫論列之章，給舍辯駮之疏，每遲留不下，或有沮格而不行者。夫一除授未當，一命令未審，似於聖德未虧，朝綱未紊，然迫之以宣諭而塞其言，餌之以美遷而奪其職，習以為常，貽害不細。爵祿，陛下之爵祿也；恩賞，陛下之恩賞也。臣下苦口力爭，不避仇怨，果為誰事。陛下欲其阿意順旨則甚易，欲其抗威拒命則甚難。彼不為其易而為其難，蓋亦內不安於私心，外恐負於公議。若不思職業之當守，惟知風旨之是承，雖以緘默取容，皆可馴致顯位，則捨所難而從所易，彼何憚而不為。殆非陛下之利耳。仰惟聰明在上，豈不洞鑒此理。徒以聖度寬厚，未能盡絕人情，然陛下以為可予而予之，臺諫給舍以為可奪而奪之，人主任恩，人臣守法，君臣之間，義斯兩盡。柰何徇人情而廢國法乎。且倖門一啓，群小爭趨，

展轉扳援，乘間伺隙，正賴臣下執持奏覆，抑絕橫流。陛下若不主張，必至巧生詆訾，使人臣上懼陛下之威命，下虞群小之中傷，苟且成命，諂諛充位。脫有大姦巨惡，誰為陛下言者。況今日言路尚壅，士氣未振，風采銷落，僅止目前。陛下所當長養成就，又從而陰銷潛沮之，臣恐愛君憂國之言不聞，持祿養安之習滋熾，耳目漸蔽，紀綱浸隳，名器日輕，賜予日濫，佞倖攘臂，張目無所顧憚，天下之患，必自臺諫給舍之不得其職始矣。天意所欲，以扶持全安之者，又果可必耶。此臣之所深憂也。我仁祖天性仁恕，於人之欲，有不能違，惟其擢任臣下，隨事論駁。始命大臣具條執奏，慶曆之詔，至今推劾干請之人，明正其罪，仍著為法。故風節峻整，朝廷肅清，雖時出橫恩，不能虧損聖政。壽皇厲精臨朝，尤重是選，一日諭給舍曰：近來少得封駁，但據所見以聞，朕無不聽。乾道之詔，至謂兩省言路之臣，所以指陳政令得失，今任是官者往往以章疏太頻，憚於論列，深未盡善。自今封駮之外，事雖至微，少有未當，即詳具奏陳。故一時臣僚，爭以言事相尚。睿成綜核之政，間嘗擢才任事，或至度外用人，一旦覺寤，罷斥隨至，願不特徇情於恩倖也。臣願卒吐其愚，終始為陛下陳之。幸赦其狂僭。

宗正少卿柴中行上奏曰：朝廷用人，外示涵洪而陰掩其迹，內用牢籠而微見其機，觀聽雖美，實無以大服天下之心。曩者更化，元氣復挽回矣。比年欲求安靜，頗厭人言，於是臣下納說，非觀望則希合，非回緩則畏避，而面折廷諍之風，未之多見。此任事大臣之責也。

理宗即位初，知果州楊泰之入對曰：陛下以直言求人，而以直言罪之，使天下以言為戒。臣恐言路既梗，士氣益消，循循默默，浸成衰世之風，為國者何便於此。帝竒之。

端平元年，吏部侍郎曾從龍上奏曰：陛下大開言路，以通壅蔽，心爲

愛君，誰不欲言。言不切直，何能感通。譬如積水久壅，一決其勢必感，其聲必激。故言者多，則易於取厭；言之激，則難於樂受。若少有厭惓，逆於詞色，則讒諂乘間，或不自知矣。又曰：臺臣交章互詆，願陛下監古今天下安危之變，君子小人消長之機，公以處之，適得其當。況夫聽言之道，宜以事觀，若言果有關國體，有補治道，有益主德，則言之過激，夫亦何傷。彼雖來名，我實有益，惟虛心納善，若決江河，則激者自平矣。

二年，諫議大夫兼侍讀李宗勉上言曰：求諫非難，而受諫為難；受諫非難，而從諫為難。苟聞之不以為戒，玩之不以為信，卒使危言鯁論無益於世用，無救於時危，其與拒諫者相去一間耳。

端平間，直寶謨閣、樞密副都承旨王伯大上言曰：今天下大勢，如江河之决，日趨日下，而不可挽其始也。搢紳之論，莫不交口誦詠，謂太

革之期可躋。是而待也。未幾則以治亂安危之制為言矣。又未幾則置治安不言。而直以危亂言矣。又未幾則置危亂不言。而直以亡言矣。嗚呼。以亡為言。猶知有亡矣。今也置亡而不言矣。人主之患莫大乎處危亡而不知。人臣之罪莫大乎知危亡而不言。陛下親政五年于茲。盛德大業未能著見於天下。而招天下之謗議者。何其籍籍而未已也。議逸欲之害德。則天下將以陛下為商紂周幽之人主。議戚宦近習之撓政。則天下將以朝廷為秦顯許史武韋仇魚之朝廷。議姦儉佞朋之誤國。則天下又將為漢黨錮元祐黨籍之君子數者。皆犯前古危亡之轍迹。忠臣懇惻而言之。志士憤激而和之。陛下雖日御治朝。日親儒者。日修辭飾色。而終莫能弭天下之議。言者執之而不肯置。聽者厭之而不憚煩。於是厭轉而為疑。疑增而為怒。怒極而為愎。則罪言黜諫之意藏伏於陛下之胸中。而凡近已者皆可逐之人矣。彼中人之性。利害不出於一身。莫不破厓絕角以阿陛下之所好。其稍畏名義者。則包羞閔默。而有睽前竟後之憂。若其無所顧戀者。則皆攘袂遠引。不願立于王之朝矣。陛下試反於身而自省曰。吾之制行得無有屋漏在上知之在下者乎。徒見睽睨之多。遷擇未已。排當之弊。時有流聞。則謂精神之內守。血氣之順軌。未可也。陛下又試于宮闈之內而加省曰。凡吾之左右近屬。得無有因微而入。緣形而出。意所狎信不復猜覺者乎。徒見內降干請數至有司。褁言除臣每實人口。則謂浸潤之不行。邪逕之已塞。未可也。陛下又試於朝廷政事之間而三省曰。凡吾之諸臣。得無有讒說殄行。震驚朕師。惡直醜正。側言改度者乎。徒見剛方峭直之士。昔者所進。今不知其亡。柔佞闒茸之徒。適從何來。而遽集於斯也。則謂舉國皆忠臣。聖朝無闕事。未可也。夫以陛下之好惡用舍。無非有招致人言之道。及人言之來。又復推而不受。不知平日之際遇信任者。肯為陛下分此謗乎。無也。陛下誠能布所失於天下。而不必曲為之回護。凡人言之所不貸者。一朝赫然而盡去之。務使盡根悉拔。孽緒不留。如日月之更。如風雷之迅。則天下之謗。不攻而自息矣。陛下何憚何疑而不為此哉。

淳祐十二年。秘書少監高斯得上奏曰。臣比因水災。直前奏事。肯進瞽言。聖度如天。不賜誅斥。在臣愚昔可以止。適當轉對。義不容默。是用再披心腹。極陳於前。惟陛下垂聽焉。臣竊見自諸郡大水以來。搢紳有奏疏上封言得失者。方諸盛明不諱之朝。未及百之一二。已聞或者惡其讙譊。指為已甚。邪說乘之。遂謂空言徒亂人聽。無補國事。此說一行。其禍足以亡人之國。臣安得避空言之名。不為陛下分明之乎。夫所謂空言者。謂其高談闊論。遠於事情。揆諸古則不合。於今則有害。如戰國橫議。如西晉清談。若是者。信無補也。今諸臣之言。上則切劘聖主。下則砥厲大臣。內則摧壓姦邪。外則銷遏寇虐。蓋書所謂乃言底可績。詩所謂我言維服者也。而顧以為無補於實政乎。夫皋陶之言雖惠。非帝舜底于行。則無以致泰和之治。傅說之言雖良。非高宗聞于行。則無以成中興之功。今也言不悖於皋說。而陛下不能如舜高宗之行。不惟不行。又從而咎之。言果何罪哉。且諸臣之言。其切劘陛下也。謂敬畏不可不存。謂貨色不可不遠。謂國本不可不正。謂天倫不可不厚。謂大臣不可不信。謂政本不可不一。謂臺諫不可不擇。謂輔相不可不和。謂任賢不可不堅。謂去邪不可不力。謂土木不可不罷。謂用度不可不節。謂戚里害民不可不戢。謂宦寺撓政不可不懲。謂凱似昴英諸賢不可不召。謂垓榮與篋元惡不可不罰。謂黥隸草茅之失。不可不悔。謂輕蔑學校之罪。不可不正。莫非可行之言也。設盡行之。則堯舜禹湯之聖。不是過矣。而陛下亦嘗用一言於此乎。

其底厲大臣也謂君心之非不可不格謂內降之命不可不還謂開悦布公不可不廣謂辨別邪正不可不明謂協恭和衷不可不務謂分朋植黨不可不戒謂鄉曲之私不可不克謂功利之徒不可不遠謂器使人才不可不當謂振拔淹滯不可不公謂天災流行不可不畏謂下情壅閼不可不通謂小人之類不可不絕謂師儒之去不可不留謂疾惡之心不可有所私系而不同謂進賢之道不可有所觀望而不力亦莫非可行之言也設盡行之則皋夔周召之賢不是過矣而大臣亦嘗從一事於此乎夫諸臣之言如布帛之必可衣穀粟之必可食用之則治舍之則亂斷斷乎不可易也今一切以為空言而莫之省不知舍是將以何者為實言而實政乎柳臣聞之道路又以為今日之病在於人主無用言之實大臣無受言之量無用言之實其末必至於玩諫無受言之量其末必至於罪言玩諫固不可罪

言則過於亡也如水之就下矣故必聖主充容納之美而進於用言之實賢相絕忌諱之心而拓其受言之量夫如是則諸臣之言皆見於用何往而非實政乎昔孝宗皇帝厲精為治綜核名實群臣進說多見施行當是時百官輪對翌日必命宰臣進呈擇而行之一時善政多出於此廷試居下列者命詳定官節錄論利害事實處類聚以聞以廷紳之言為未足也謂前宰執侍從亦有獻納論思之責也見利病聽非時聞達欲以知州縣民情若是者可謂有用言之實矣故臣願陛下以為法王安石之為相也不恤人言甚至加罪司馬光論青苗則退司馬光蘇轍論條例司則逐蘇轍劉摯論助役則謫劉摯蓋其未相也嘗有詩曰為客當飲酒何與主人謀及其為相力行此詩故深惡人議其失若是者可謂無受言之量矣故臣願大臣以為戒今天下大勢剝爛蠱壞無一事堪舉目猶言路一脉如綫不絕是乃國家之元氣也主張扶植猶懼不振柰何又加詆訾而沮折之乎或者徒疑諸賢之來未過譊譊騰口一鬨而去不知于國于身一切不恤而妄求詭異之名自非大狂躁之人何至如此而可以是例目之哉臣謂空言之說好名之語皆設罻羅於國中欲一網君子而盡去之者也其言最易入其禍最難言願陛下如淫聲美色以遠之而毋輙惑焉此君子去留之機國家危亡之候不可不深留聖慮者也臣屢觸天威無任隕越惟陛下幸赦

淳祐間徐元杰進故事曰禮記坊記子云上酌民言則下天上施上不酌民言則犯也下不天上施則亂也

臣聞天無私覆人君體天以容天下必貴乎議盡天下之心而後能使天下歸吾仁故上有廣覽兼聽之明必揆之以大公至正之理使下之意常得達於上上之意常得孚於下無有匹夫不獲自盡

之嘆如是則民之蒙其施也舉世之所謂大錫賚大恩澤皆不足以盡之其意若曰有君如此於民其猶天乎天下同心戴之宜矣後世不知出此尊卑隔絕而上下之情益睽户庭邃深而君民之體不一故諱言者有鉗結之患罪言者有誹謗之誅斯固不仁者之為而無望其如天之施也至若法語之言能無從乎巽語之言能無悦乎夫惟其能從而能悦足望其深繹言外之意速改其不善以為至善之歸豈非天下之深幸然或悦之而不能繹從之而不能改則是於其言之所當參酌者未嘗加意也蓋亦不能充大公至正之心以慰天下殆不翅旱之望霓而甘澤未沛雖以天地之於人猶有所憾焉昔孟子論膏澤下於民必見於諫行言聽之日豈非以仁言利博惟在乎上之人聽而用之耳且博施濟衆堯舜猶以為病蓋謂施之出於己有限也至若稽于衆舍己從人則

堯舜之扡天扡矣。不徧愛人。堯舜之所爲仁也。善與人同。樂取諸人以爲善。此聖人仁覆天下之大。愈取而愈無窮者。又豈在於胥胥偏愛而後爲仁哉。夫惟在上者一有容民酌言之心。在下者自莫不有蒙扡如天之感。舉天下欣欣然曰。至公之善爲能擇議廣謀從衆。允合天心。自是而後。天下有道。庶人不議。海內順治。而凌犯不生。禍亂不作。吁此是以見大公至正之道。所以於民有天地父母之造也歟。不然。諫止於御史。而不及於庶民之大同。聽局於左右。而不察於國人之曰可。心腹腎腸之播告。不孚徹於上下之聽。而小人之攸箴。或至於敢伏。正恐善善惡惡莫斷於用舍。是是非非或蔽於公明。天下之正論廢矣。然則上有仁心仁聞而民不被其澤者。民言不酌而取舍之塗異也。

理宗時。吏部尚書魏了翁上奏曰。臣竊見陛下自親大政。杜群枉之門。開敢言之路。天下謳而歌舜之。然臣至郊關之內。則所聞浸異。猶不以爲信也。及問之在朝。則曰聖度天寬。未嘗以言罪人。言有不合則留之禁中而已。雖給舍臺諫之言亦有不付外者。審爾則臣恐有甚於拒諫者矣。祖宗盛時。給舍臺諫未有知而不言。言而不行。亦未有言之不行而不爭。爭之不勝而不去者。如論陳執中。論夏竦。論李定。論胡宗愈。論蔡確等事。至於十五六疏。十七八疏。至二十餘疏。不見於施行不已也。紹聖崇寧已後。此風遂泯。然猶間見於中興之始。極盛於淳紹以來。而又大壞於慶元嘉定之日。幸賴陛下力掃積年喑嘿之敝。王遂洪咨夔諸臣又相與振起而扶持之。正今丕闡。群聽蘇醒。而比日以來。又不逮前。臣愚妄謂群臣不能以先正之所以事君者事君。固不爲無罪。然陛下導人使諫之意亦不能無間於初也。伏見孝宗皇帝於群臣章奏。取其所當行若疏之小冊以示大臣。或御便坐。則寘於香几。群臣皆得就觀。又有記事版。書其要目以備遺忘。蓋未嘗有不付出之章奏。亦未聞有不爭不辯之給舍臺諫。嗚呼。爲君必如此而後爲不負祖宗。爲臣必如此而後爲不負天子。安有臣讜言之而不復計其施行。君姑聽之而不復慮其爭辯。臣恐天下聞之。有以議在廷之臣昧於去就之義。則君臣之道兩有未盡也。惟陛下特出臣言而申儆之。

牟子才因輪對上奏曰。臣嘗讀易至巽稱而隱。竊有感於今日之事。巽者事之順也。稱者權之中也。天下之理至於順而止。天下之順至於中而止。曰順曰中。尚何迹之可議。惟其事不順理。理不適中。舉天下之人皆得而議之。遂使議論沸騰。手足彰露。有不可掩。豈所謂隱乎。何以言之。天下之事順乎理而適乎中。則公議在朝廷。朝廷之事不順乎理不合乎中。則公議在士大夫。朝廷既辭其責而不受。士大

夫又諉其責而不收。則公議軼而犇於草茅。無足怪也。嗚呼。公議在朝廷。則大體渾全而聲色不露。公議在士大夫。則大體已裂而精神猶強。公議在草茅。則大體破碎而精采皆渙散矣。然猶幸草茅之有言也。使草茅而不言。則國事日非。賢否易位。四方有敗。皆壅於上聞。將見司馬三日而秦宮不知。雲南喪師而唐室莫省。其爲禍患蓋有不可勝言者矣。然則言之有益於人之國如此。而可以其頻數而厭之哉。陛下自更化以來。剬行少過差。立政無偏詖。故議論寡而大體全。爰自去夏迄于今茲。閱歷十有三月耳。而君臣之間時有過誤。以君適言之。則三德之失。六事之失。十證之失。臣嘗極言之。以臣適言之。則宰相之非。諫大夫之非。中執政之非。諸臣交結之非。閹嬙怙權之非。臣又極言之。非臣之好爲多言也。事不順理。理不適中。雖欲隱默而不可也。所賴陛下聰明仁聖。從諫如流。今日而下詔求言矣。明

日而罷土木之役矣又明日而緩失帶之獄嚴搜挾之罰矣今日而斥董宋臣矣明日而罷鄭寀矣又明日而録用章琰李昴英徐霖矣凡不順理理不適中之事一徹於耳率皆悔其所為愚臣至此感泣思奮每謂聖性本自清明特公卿大夫不以告陛下或告之而不當其心耳苟當其心則朝聞而夕改矣非吾君之絶德聖世之美事歟雖然陛下於庶事亦既若決江河猶有一大事綿歷二十四年而未容豈陛下思之審慮之詳必求其不貽社稷之憂而後見於施行耶不然何其久而未決也以臣觀之天命之歸出於陛下之無心霅川之變出於巴陵之無心天下既以無心而須陛下矣陛下豈不當以無心而念巴陵耶陛下天資素高終夜以思未嘗不往來于懷所患二三大臣不能委曲開陳為陛下畫所以施行之策譬若陛下有所靳吝而不行有所顧慮而不行有所懲創而不行此中外之言所以紛

紛然聒陛下之聽至於今而未已也為今之計陛下苟於夙興夜寐之間惻然動心念高宗付託之言思元老告帝之意一加意焉則空山閴寥之寃有所依託而西溪行道之人不致嗟傷如此則事順適中天下皆服而陛下金甌之盛德一無虧闕雖與前所改悔數事編之汗青求無愧矣又安有人言張皇之患哉愚臣至此何所容喙惟陛下裁幸

大理評事胡夢昱坐論事貶寶文閣學士提舉佑神觀傅伯成遂抗疏曰夢昱貶臣恐陛下不復聞天下事矣方今內無良吏田里怨咨外無名將邊陲危急而廉恥道喪風俗益媮賄賂流行公私俱困宜君臣上下憂邊恤民以弭禍亂柰何今日某人言某事未幾而斥明日某人言某事未幾而斥則是上疏者以共工驩兜之刑加之矣昔韓愈諭後世人主奉佛運祚短促唐憲宗大怒將抵以死自崔群裴度處里諸賢皆為愈言止貶潮州尋復內徙今上疏者非可愈比然在列之臣無一為言者萬一死於瘴癘陛下與大臣有殺諫者之謗史册書之有累聖治臣垂盡之年與斯人相去風馬牛之不相及獨以受恩優異敢效其瞽言

殿中侍御史杜範因講筵上奏曰臣嘗冒耳目之寄輒忤宰相至煩陛下委曲調護今又使居向者負芒之地豈以臣絶私比而其言猶有可取耶抑以臣巽懦之質易於調護而姑使之備數耶昔人主之於諍臣非樂而聽之即勉而從之否則疎而遠之未聞有不用其言而復用其人者陛下自端平親政以來召用正人以振臺綱未幾而有委曲調護之弊其所彈擊或牽制而不行其所斥逐復因緣以求進臣於入臺之初固已力言之不惟不之革而其弊滋甚甚至節貼而文理不全易寫而臺印無有中書不敢執奏見者為之致疑不意

聖明之時其弊一至於此陛下以其言之不可用又從而超遷之則是臺諫之官專為仕途之捷徑陛下但知崇獎臺諫為盛德而不知阻抑直言之為弊政則陛下外有好諫之名內有拒諫之實天下豈有虛可以蓋實哉

洪舜俞進故事曰蜀先主將東征孫權群臣多諫不從大軍敗績諸葛亮歎曰法孝直若在則能制主上東行就復東行必不傾危矣唐太宗欲自征高麗群臣多諫不聽凡拔十城上以不能成功深悔之歎曰魏徵若在不使我有是行也

臣聞孟子曰入則無法家拂士出則無敵國外患者國常亡蓋自堯舜不作人主孰能無舉動之過所賴以拂正其非而反諸是惟左右前後之臣爾而便佞者逢之輕黠者長之其位者撫視而不暇問畏事者竊歎而不敢言幸而敢言亦惟一言以塞責而終歸

於首鼠人主過舉莫之能救使當舉動少差之初力盡匡捄逆諍之諠引裾不從繼以折檻自非諱過愎諫之主安能不矍然悟惕然改惟其若宮之奇懦而不能強諫無益也先主復關羽之恥而興忿兵太宗討高麗之罪而興貪兵非無黃權褚遂良等之諫而所諫不力無救於行法魏二臣猶在必將激烈懇到極其骨鯁不從不止也夷陵鴨綠之悔當時諸臣安得辭其責哉雖然亮知惜孝直而考其推擇之素特蔣琬費禕之純良向寵之淑均何望其復有孝直之方勁太宗知惜魏證而田舍翁之怒見於其前仆碑停昏之恨形於身後敢言之氣沮喪殆盡末節欲望廷臣如證之剴切難矣是則人君平時能養法家拂士之氣臨事乃獲法家拂士之力

中書舍人袁甫上奏曰臣猥以非才誤蒙陛下擢寘華近每侍經幄

獲吐愚忠願陛下保養此心常常清明静一則一言一動皆可為萬世法若有毫髮私意介乎其間雖朝夕講論而躬行有戾揆之於心不能無慊是非無自欺之義也陛下不以臣言為忤過加獎納臣感激思奮以為幸遇聖明有事安敢不言有言安敢不盡臣竊見近者中外驚傳陛下特形御筆謂朕欲全功臣之世而人言不已戒敕史宅之等安分畏法益加戒謹仍令自今中外臣僚奏章毋得攙摭務存大體以副朕終始元臣之意萬一有此深為陛下惜之且陛下即位于茲十有二年矣而柄臣顓國者十年太祖太宗之綱理天下者幾至大壞而不可收拾迺前歲之冬陛下躬攬萬幾名之曰更化震霆發於久蟄之餘赫日耀於積陰之後太平之期雖未立致然既解絃而更張之亦庶幾其可望矣今一旦布告中外明敕臣僚毋攙摭舊事若是則自端平元年以來所更之化天下咸曰是更柄臣之弊政令保全元勳禁絕人言之札一頒天下必又潛疑竊議曰是將更端平元年以來之化矣天下喁喁之望何賴焉太祖太宗在天之靈何賴焉且陛下亦知夫言路之通塞乃治亂安危之所繫乎更化之初言路嘗一闢矣邇來廷紳竊窺陛下有厭聽忠言之微意直聲不聞習為喑默今陛下又從而隄障之遏絕之臣恐中外之臣以言為諱雖有至大至急之事陛下亦不得聞矣陛下端居蠖濩之宮試默省此心必知御筆之頒有惕然未安于中者陛下苟心知其非而公不足以勝私則是自欺其心矣其與陛下御經筵之時臣進勿欺之言而欣然嘉納之際毋乃大異乎陛下聰明睿智照臨萬方近又並命二相作新庶政乃於此時降禁遏忠言之手札以消天下讜直敢言之氣傳之遠外其謂陛下何防民之口甚於防川誠使柄臣有功何厭人言使其有罪言何可塞臣謂御札之頒本欲禁人之言而反

激人之怒如川之防必至大決而後已陛下視今為何如時耶中外多故患在不測陛下日夜兢畏猶懼不足乃欲以方尺之紙鎮服人心君臣上下泰然自安盡忘憂皇恐懼之意其可乎人情安則舒肆危則憂畏舒肆若安也而終反危憂畏若危也而終乃安陛下欲全史氏一門則當使之常有忌憚公議之心如一撤其關將以愛之適所以禍之也況宅之兄弟久處富貴涉歷未深正當左右詩書遷蹈繩檢庶不貽譏清議乃可植立門戶故御札未必能福史氏而公議乃可以全史氏也陛下遽可輕發而不為之熟慮歟臣愚欲望陛下察臣區區之愚如御札猶未宣降固當泯其形迹若其已行勿嫌反汗亟賜收回庶幾慰悵輿情通達言路以不失更化之初意臣觸犯天威出於忠愛不容自默惟陛下財幸

劉克莊上奏曰臣聞之道路皆謂朝廷近懲多言之患稍有厭言之

意。臣固知其不然也。陛下自初臨御，導人使諫。允嬰鱗直突，苦口難堪之言，皆霽威嚴，和顏色以受之。間有留落在外，已而相繼收召，或至於大用。可謂有君人之度矣。大臣既弃富國。虛心無我。凡意見枘鑿。議論矛盾之人，皆泯恩怨，包同異以容之。初若齟齬難合，俄而離然相得。或與之同列，可謂有大臣之量矣。學士大夫遇主如此，遭時如此。攷之得失，事之當否，不有諂膝乎，不有附耳乎。而自頃以來，小大之臣，僚封疏奏，往往播騰。上焉者失納約之義，下焉者犯橫議之戒，譏於太強聒矣。然其大意不過責難於吾君，責備於吾相爾。豈有他哉。自昔論議之臣，人主無失德，則言掖庭，或言戚里，或言土木，或言聚斂。陛下毋悼其如此也。求之在上而已。仁祖恭儉之主，納一女口而王素諫；擢一妃族而王舉正等皆諫。章聖太平之世，築一玉清宮而張詠諫。阜陵英明之主，創一發運使以治財而張栻諫。不特此

也。有選人而上流民圖者，有縣佐而論儲貳者，有諸生而諫花石者。國史書之，天下記之，非諸臣言之之難，而列聖容之之難。故曰求之在上而已。大臣無可議，則指除授，或指賓客，或指子弟。大臣毋諱其如此也。求之在我而已。權之所在，怨之所歸。光薦祖禹，同列以為姻；鼎為九成，言者以為黨。脩至於祖禹、九成有所不免。公著為相，顧為客求公著而不得者，惟顧之怨。脩至於顧有所不免。浚為父，栻為子。其視師淮蜀也，軍民有百萬生靈由五十學士之讒，臺臣有軍國大事付癡騃小子之語。脩至於栻有所不免。故曰求其在我而已。不特此也。有以壟後官私事訐晉者，有以交結宮掖詆彥博者，有以發匿誣琦者，有以不敢辯明之謗中獨者。何嘗為諸老之瑕疵，適足以見大臣之德度。故曰求其在我而已。夫君相未嘗無聽納之意，而中外乃妄有猷倦之疑，非國之美也。臣謂惟聖君而後可以責難，惟賢相而後可以責備。使過猜忌愎諫之主，況攸怙權之相，親肯以身試不測之禍乎。臣願陛下與大臣采用其言之可行者，以涵養其氣；甄錄其人之可進者，以招徠其類。則盛德大業，令聞廣譽在上而不在下，在我而不在彼矣。

司農少卿趙必愿因轉對上言曰：國家正氣日消月沮，馴至今日，非惟搢紳不肯論事，下至草茅之士皆結舌矣。端平初，沉痾方去，新病未作，陛下猶勤於咨訪，惟恐不及。今疾攻心腹，喉裂將潰，乃不求瞑眩之劑以起其殆，甚可惑也。

權戶部侍郎劉應龍上奏曰：臣觀今日之事，可言者多矣。邇日以來，謹恭自守者以論事為忌，指陳稍切者聯翩引去。豈兩省繳駁過甚，重其疑歟？抑廷臣奏對咈意，遠其畏歟？朝廷清明之時，而言者已懷疑畏，臣恐正臣奪氣，諍臣乞去，宜非盛世所有也。

侍御史李鳴復上奏曰：臣聞有官守者不得其職則去，有言責者不得其言則去。去就之義，古人所謹，而後世多失之。利祿之念重，則名節之氣銷；富貴之心萌，則廉恥之道喪。世變之不如古，職此之由也。臣濫膺言責，每讀歐陽脩上范司諫書，竊有感焉。脩之說曰：諫官雖卑，與宰相等。天子曰不可，宰相曰可；天子曰然，宰相曰不然，坐乎廟堂之上，與天子相可否者，宰相也。天子曰是，諫官曰非；天子曰必行，諫官曰必不可行，立乎殿陛之前，與天子爭是非者，諫官也。宰相尊，行其道；諫官卑，行其言。言行，道亦行也。嗟夫！士君子學古懷道，逢時遇主，尊而為宰相，卑而為諫官，所事者何事，所職者何職，蓋欲以斯道濟斯民爾。不志於道而志於祿，不惟其義而惟其利，雖叨榮於一時，豈不遺臭於萬世哉。臣嘗即是以擬之今日，竊謂曩之為臺諫者有言而不得吐，今之為臺諫者有言而不得行。言而不行，與不言何

其然風采欲振而旋靡紀綱幾修而復壞其無補於治一也當祖宗時言及乘輿則天子改容非萬乘之貴果在於一匹夫也所就者大也事關廊廟則宰相待罪非三公之勢果輕於一小吏也所慮者遠也一議之建小人有所憚而沮君子有所恃而安一疏之出山嶽為之動搖豺狼為之屏息其或言事不合則闔門待罪或畀以郡或授以節下則譴責隨之貶竄繼之彼亦油然襆被而去蓋以得罪公議為恥不以得罪有司為辱也數十年來此意泯矣陛下厲精更始首去副封在上者有受言之誠在下者亦有敢言之氣中外交慶親不謂慶曆之治元祐之風指日可復然而志太銳則易急事太速則易弛始焉應答如響今則有格而不下者矣始焉私邪屏迹今則有肆行交結者矣事關軍國或費區處猶可諉也微瑣小吏而亦悠悠覆護倚以示風憲才堪倚仗旋即擢用尚有詞也昏老無庸而亦汲汲除授何以伸國法正理蝕於邪說公論奪於私情遂使紀綱之地不足以懾姦雄之心耳目之官反所以資浮議之口陛下雖曲賜優容詳加訓諭稍知義利之辨稍識進退之節者獨無愧於心哉夫天下之事有是與非而已言之而是則其言當行言之而非則其人當黜存其人而不察其言之是非設官之意安在任其職而不討其言之用豈報國之忠何有臣願陛下採搢紳之公論遵祖宗之成憲念朝廷所恃者紀綱也紀綱廢則邪正雜糅夫豈國家之利士大夫所重者名節也名節喪則苟且成風亦豈國家之福於朝廷則重其紀綱於士大夫則養其名節此誠今日急務也不然任言責者進既不得行其道如歐陽脩之所期退又不能引而去如孟軻氏之所戒斯亦名教之罪人矣於己安乎哉惟陛下加察

兵部侍郎曹彥約上奏曰臣聞人主深居九重門遠萬里一身之是否猶未自知四海之利病無緣盡見是以有道之世則必進忠直而遠邪佞非以求觀美而已蓋邪佞者人臣之所利非人主之利也忠直者人主之所利非人臣之利也秦二世諱聞盜起趙高以邪佞得進唐高宗雅欲易后長孫無忌以忠直見嫉夫使人臣者皆知所以愛其身而不知所以敬其君則讒諂面諛之言日至而愛君憂國之論不作天已譴而不悟民已怨而不知禍變於蕭墻之間盜起於畎畝之內為國家者亦何利哉古之聖人所以進忠直而惡邪佞職此由也三代以來立誹謗之木設敢諫之鼓士可以傳其言工可以執其藝簡冊所載昭如日星已陳之迹未暇悉舉竊觀祖宗盛時朝廷政事微有過差未至害治而慶曆元祐諸臣下至蟻蝨小吏猶得直言極諫不遺餘力其後紹聖崇觀間朝廷有大黜陟大變改國脉之所甚畏公論之所不與而舉朝之士無一人言者乃欲指慶曆為賣直譏元祐為好名自今觀紹聖崇觀之治其視慶曆元祐為如何也果其賣直好名固不足為人臣之利設使面從而退言腹非而口是人主孤立於上而人臣竊祿於下此則古人之所深憂而流俗之所不卹善論治者必有以察乎此矣今茲訪落之初有小毖求助之意乾坤清夷風日輝麗邪佞之黨固未得干於其間而惡直醜正之徒世所必有比年以來亦頗有賣直好名之說見於奏對者雖朝廷不用而其中心所藏足以敗常亂俗不可忽也昔者同文起獄出於邢恕之口而司馬光坐罪愛莫助之圖作於鄧洵武之手而蔡京得進包藏禍機其遠如此此無事之時不得不為有事之計也臣願陛下待忠直如蓍龜去邪佞如蟊賊言而可行雖訐必賞言而不切雖狂必恕其有覘望顏色沮撓讜言至以賣直好名肆為坑穽必將明示好惡重加斥逐則慶曆元祐之治不期而自致紹聖崇觀之弊不期

而自華矣。易曰。水在火上。既濟。君子以思患而預防之。當既濟之時。本無扞格。而聖人示戒如此。所以憂治世而危明主。至深切也。惟陛下留神。

秘書少監兼中書門下省檢正諸房公事姚希得上言曰。君子犯顏敢諫。拂陛下之意。退甘家食。此乃為國計。非為身計也。小人自植朋黨。擠排正人。甘言佞語。一切順陛下之意。逆取陛下官爵。此乃為身計。非為國計也。

度宗咸淳八年。起居舍人高斯得上奏曰。臣聞自古人君之大患。在不聞其過而已矣。夫以一人居天下之上。言動幾微之間。治亂存亡繫焉。是不可以不聞過也。然其威雷霆。所震者滅。其勢萬鈞。所壓者摧。予奪廢置怵於前。刀鋸鈇鉞迫於後。自非龍逄比干剖心隕首。冒萬死而不顧者。孰肯以其身嬰武怒之鋒哉。若昔盛時。以堯舜為君。以禹皋稷契為臣。一堂之上。都俞吁咈。如家人父子。溫乎其和。故昌言嘉謨。各得展竭。而無餘蘊。君臣之道。兩盡。未亦休乎。三代而下。庶幾乎此者。若漢之高帝。唐之太宗。亦可取也。高帝為人寬仁愛人。豁達大度。故其創業之初。群策畢至。雖鯫生戍卒之賤。皆得至前以吐其愚。晚年欲易太子。周昌直言極諫。比以桀紂。而不以為忤。太宗寬弘盡下。導人使諫。孫伏伽李大亮之倫。危言讜論。更互迭發。不惟虛懷延納。而又或加賞賜以激厲之。二君創業垂統。國祚延洪。皆聽言能用。聞過能改之所致。然要其極而論。則亦曰仁而已矣。陛下以司馬光所載君仁臣直之語為問。臣謂戰國君臣。何足進於陛下之前。故臣置不復言。而述堯舜及漢唐令主之事以對。然竊窺聖意。則知陛下蓋深有感於斯言者。陛下天資忠厚。虛懷以待人。屈己和顏。延見群下。未嘗疾聲厲色。真可謂至仁之主矣。而在列之臣。批鱗逆耳。引

裾折檻之風。若寥寥焉。則是陛下無負諸臣。而諸臣或負陛下矣。雖然。是亦有機括焉。司馬光之告仁祖皇帝也。曰仁。曰明。曰武。故臣願陛下於其有餘者勿失。於其未至者用力焉。傳曰。主聖臣直。又曰。君明臣忠。此二言者。可與聖問所及互相發明。陛下試采擇焉。

金世宗嘗召問移剌履曰。朕比讀貞觀政要。見魏徵嘉謀忠節。良可稱歎。近世何故無如徵者。履對曰。忠諒之士。何代無之。但上之人用與不用耳。世宗曰。卿不見劉仲誨張汝霖耶。朕超用二人者。以嘗居諫職。屢有忠言故也。安得謂之不用。第人材難得耳。履曰。臣未聞其諫也。且海陵杜塞言路。天下緘口。習以成風。願陛下懲艾前事。開諫諍之門。天下幸甚。

世宗又問紇石烈良弼曰。朕觀前史。有在下位而存心國家。直言為民者。今無其人何也。良弼曰。今豈無其人哉。蓋以直道而行。反被謗毀。禍及其身。是以不為也。

章宗時。遇奏事。臺臣亦令迴避。左諫議大夫高汝礪上言曰。國家置諫臣以備侍從。蓋欲周知時政。以參得失。非徒使排行就列而已。故唐制。凡中書門下及三品以上入閣。必遣諫官隨之。俾預聞政事。冀其有所開說。今省臺以下遇朝奏事。則一切迴避。與諸侍衛之臣旅進旅退。殿廷論事。初莫得聞。及其已行。又不詳其始末。遂事而諫。斯亦難矣。顧諫職為何如哉。若曰非材。擇人可也。豈可置之言責。而疏遠若此。乞自今以往。有司奏事。諫官得以預聞。庶望少裨。且修注之職。掌記言動。俱當一體從之。

禮部郎中抹撚胡魯剌以言事忤旨。集五品以上官顯責之。宣差河南提控完顏伯嘉上諫曰。自古帝王莫不欲法堯舜而恥為桀紂。蓋堯舜納諫。桀紂拒諫也。故曰。納諫者昌。拒諫者亡。胡魯剌所言是。無

蓋於身。所言不是。無損於國。陛下廷辱如此。獨不欲為堯舜乎。近日言事者語涉謗訕。有司當以重典。陛下釋之。與其釋之以為恩。曷若置之而不問乎。

義宗正大四年。時朝士多不盡言。頗望依違以成俗。禮部尚書楊雲翼上言曰。今臣有事君之禮。有事君之義。禮不敢齒君之輅馬。蹴其芻者有罰。入君門則趨。見君之几杖則起。君命召不俟駕而行。受命不宿於家。是皆事君之禮。人臣所當盡者也。然國家之利害。生民之休戚。一一陳之。則向所謂禮者特虛器耳。君曰可而有否者獻其否。君曰否而有可者獻其可。言有不從。雖引裾折檻。斷鞅軔輪者不恤焉。當是時也。姑徇事君之虛禮而不知事君之大義。國家何賴焉。上變色曰。非卿朕不聞此言。

元太祖時。朶兒赤年十五。通論語孟子尚書。召見于香閣。帝曰。朕聞儒者多嘉言。朶兒赤奏曰。陛下聖明仁智。奄有四海。唯當親君子。遠小人爾。自古帝王未有不以小人而亡者。惟陛下察焉。帝曰。朕於廷臣有戇直忠言。未嘗不悅而受之。違忤者亦未嘗加罪。蓋欲養忠直而退諂佞也。汝言甚合朕意。

世祖時。東平布衣趙天麟上策曰。臣聞江海所以為江海者。以其善納也。聖明所以為聖明者。以其善聽也。古先哲王君臨天下。乃有擂鞀函鼓以達四聰。樽麾旌旗以萃輿議。求之如不得。用之如不及。雖或涉於誹謗。而猶不之罪也。故智者盡圖。直者讜議。能者獻藝。愚者効忠。內契於心。則丕沃天聰。外宣於政。則謂之事業。由是觀之。天子之居深拱九重。任獨見則斧扆之外杳若萬里。開言路則兆民之繁。庶事之冗。了於掌中。今國家累頒明詔。博採直言。蓋堯舜之勞心大民。不得不然也。欲能網舉無遺。宜杜其弊。夫在下之人。賴聖世之慶運。沐聖世之恩波。諒有犯不測之龍淵。效茅草之狂斐。以吞鴻鈞者矣。然或家貧力弱。跋涉之資。內非許史之親。外無金張之託。雖視升天之路。未由觀國之光。因詣有司。繳申書疏。若遇無私之人。尚可道也。其或有司末胥。即申追照副本。委於刀筆之小吏。付於章句之俗儒。滯歲事而弗行。述大體而弗顧。擅成誣罔之議。暗存私曲之心。遂使志士沉光。英材飲恨。覽天章而自惜。投明月以無因。卞和之玉不免於石名。郢人之歌見疎於白雪。如斯之類。可不防乎。兩漢以來皁囊封事。後世至有絕尚書副封以防壅蔽者。今國家詔令上書陳言者。實封呈獻開奏。未有絕追照副封之明文。竊恐外路諸司。因緣作弊。夫上書言者。非言朝廷之得失。即言軍民之利害。非言軍民之利害。即言官吏之情蹤。設如官吏惡其直筆。挾慍於內。托名校勘。遷延歲月。進而爭辯。則非盛德之所宜。退而自止。則盛事弗達乎上。此又

副封為害之甚者也。伏望陛下班詔四方。絕外路追照副封之事。則言路無壅矣。臣又以言路既開。天下風動。夫白屋寒士。自齠齔積學以至有成。聞斯詔旨。拜誠罄直。修秉論於衛門之下。於是乃弃四而思之。欲盡實以言邪。則恐忤上心。欲引而不發邪。則有乖公論。人之重者。莫重於生。多包周身之防。庶免無妄之禍。故言不盡意。而什存其七。書不盡言。而什存其五。避嫌猜約。而什存其三。懼觸犯之罪以改之。什但存其一矣。不其惜哉。彼抗其什一之議。或裡於象魏之下。儻加微譴。則在下以類相懲。雖奉求言之詔。亦將為噤寒之蟬。豈伏之馬。以避雷霆之萬一。又孰敢若朝陽之鳴鳳。向天闕以翱翔哉。更望陛下包荒納善。捨短從長。批鱗逆耳者。倘患不多哉。幸從臣言。下無遺才。上盍聖德。而永超乎百王之治矣。

天麟又上策曰。臣聞夫婦之愚。可以與知焉。及其至也。聖人亦有所

不知焉由是觀之聖人生知之資天縱之美求能盡知也況於王者以拱默為尊無為為貴眼力之所至不過宮禁之間耳力之所及不越於軒墀之側受天眷命職司治下京府州縣纏錯星分烟火茫茫民以億計內委卿士外任守令事機情弊奚以知之故下情貴於上通使萬里之遠如泥之在鈞炳然於廊廟之奧而民瘼息矣上意貴於下達使九重之邃如日之在天普照於閭閻之賤而王化敷矣今聖朝詔許陳言旁及山野然無諫議之臣寔數說言之至臣固知陛下丕繩祖武圖任舊人合九土為一家光百王於千載敷天仰賡比屋從仁小民膺美於無窮百司承風之不暇又何假乎諫也寔無得而稱焉其或覆盆難照過事微萌豈不累乾坤造化之功闕袞冕焜煌之耀乎在下之臣有言責者則舞章飛疏以全益明之明無言責者則尸祝不可以代庖人將無救之者矣能自得師者王惟后從諫則聖以過事非謂之過惟有過而不聞是為過也前漢以前有諫大夫後漢以後增為諫議大夫至於唐朝遂分左右是誠居極之大端也伏望陛下因今稽古崇置諫院將於都省選天下名高德邵才學該博之士班分左右立諫大夫二員又立司諫補闕拾遺各二員凡上躬之進退從容政令之更張制作皎之以陽春之顥厲之以風霜之節如滄海之愈下而愈深如寶鏡之愈磨而愈明不亦美哉臣又思之不患有過而患乎過之不聞不患過之不聞而患乎聞之擇改也何則過者聖賢之所不免也以孔子猶天而貴從義以顏淵入室而不貳過言未嘗無過也過而不聞者嚴藝之因也今已上通下情若又上立諫府則無不聞之過但在轉圜而已矣迅雷之駕怒奔也飄風之翁勢橫起駭震天宇蕩播海岳者天子之威也萬鈞懸於一絲之輕秋毫近於洪爐之熾似斷還連生死相隣者諫臣之命也

且鳴玉曳組翔集殿庭豈不知阿容順指則祿可常榮許上謁誠則身難自保然其所以為之者蓋以明主可為忠言君子貴崇高節食其祿當其職上欲七廟之齊天下欲群生之蒙惠也忠言逆耳利於行良藥苦口利於病更望陛下既立諫臣又當納諫如流改過不吝毋或加慍以杜忠直骨鯁之門也

世祖嘗謂張雄飛曰今任職者多非材政事廢弛譬之大廈將傾非良工不能扶卿輩能任此乎雄飛對曰古有御史臺為天子耳目凡政事得失民間疾苦皆得言百官姦邪貪穢不職者即糾劾之如此則紀綱舉天下治矣帝曰善乃立御史臺以前丞相搭察兒為御史大夫雄飛為侍御史且戒之曰卿等既為臺官職在直言朕為汝君苟所行未善亦當極諫況百官乎汝宜知朕意人雖嫉妬汝朕能為汝地也雄飛益自感勵知無不言

仁宗時御史納璘言事忤旨帝怒叵測平章政事楊朶兒只上諫曰臣非愛納璘誠不願陛下有殺御史之名帝曰為卿宥之可左遷昌平令朶兒只又諫曰以御史宰京邑無不可者但以言事而得左遷恐後之來者用是為戒不肯復言矣帝不允後數日讀貞觀政要帝顧謂朶兒只曰魏徵古之遺直也朕安得用之對曰直由太宗太宗不聽徵雖直將焉用之帝笑曰卿意在納璘耶當赦之以成爾直名也

中書參政楊廷玉以貪墨敗臺臣奏旨就廟堂逮之下吏丞相倒剌沙疾其摧辱同列惡誣臺臣罔上欲寘之重辟監察御史張起巖抗章論曰臺臣按劾百官論列朝政職使然也今以奉職獲戾風紀解體正直結舌忠良寒心殊非盛世事且世皇建臺閣廣言路維持治體陛下即位詔旨動法祖宗今臺臣坐譴公論杜塞何謂法祖宗耶

帝感悟，事得釋。

英宗嘗謂中書左丞拜住曰：今亦有如唐魏徵之敢諫者乎？對曰：槃圓則水圓，盂方則水方。有太宗納諫之君，則有魏徵敢諫之臣。帝善之。

拜住攝太尉，帝從容謂之曰：朕思天下之大，非朕一人思慮所及。汝為朕股肱，毋忘規諫，以輔朕之不逮。拜住頓首謝曰：昔堯舜為君，每事詢衆，善則舍己從人，萬世稱聖。桀紂為君，拒諫自賢，悅人從己，好近小人，國滅而身不保，民到于今稱為無道之主。臣等仰荷洪恩，敢不竭忠以報。然事言之則易，行之則難，惟陛下力行。臣等不言，則臣之罪也。帝嘉納之。

歷代名臣奏議卷之二百七

歷代名臣奏議卷之二百八

法令

周武王問於太公曰：為國而數更法令者，何也？太公曰：為國而數更法令者，不法法，以其所善為法者也。故令出而亂，亂則更為法，是以其法令數更也。

魏文侯問李克曰：刑罰之源安生？李克曰：生於奸邪淫佚之行。凡奸邪之心，飢寒而起。淫佚者，久飢之詭也。彫文刻鏤，害農事者也。錦繡纂組，傷女工者也。農事害則飢之本也，女工傷則寒之源也。飢寒並至而能不為奸邪者，未之有也。男女飾美以相矜，而能無淫佚者，未嘗有也。故上不禁技巧則國貧民侈，國貧窮者為奸邪，而富足者為淫佚，則驅民而為邪也。民以為邪，因以法隨誅之，不赦其罪，則是為民設陷也。刑罰之起有源，人主不塞其本而督其末，傷國之道乎。文侯曰：善。以為法服也。

秦衛鞅欲變法，秦人不悅。鞅言於孝公曰：夫民不可與慮始，而可與樂成。論至德者不和於俗，成大功者不謀於衆。是以聖人苟可以彊國，不法其故。甘龍曰：不然。因民而教者，不勞而成功。緣法而治者，吏習而民安之。衛鞅曰：常人安於故俗，學者溺於所聞。以此兩者居官守法可也，非所與論於法之外也。智者作法，愚者制焉；賢者更禮，不肖者拘焉。公曰：善。乃以鞅為左庶長，卒定變法之令。令民為什伍而相收司連坐，不告奸者要斬，告奸者與斬敵首同賞，匿奸者與降敵同罰。民有二男以上不分異者倍其賦。有軍功者各以率受爵。為私鬭者各以輕重被刑。大小僇力本業耕織致粟帛多者，復其身。事末利及怠而貧者，舉以為收孥。宗室非有軍功論，不得為屬籍。明尊卑爵秩等級，各以差次名田宅、臣妾、衣服。有功者顯榮，無功者雖富無所芬華。令既具未布。恐民之不信。乃立三丈之木於國都南門。募民有能徙置北門者予十金。民怪之。莫敢徙。復曰能徙者予五十金。有一人徙之。輒予五十金。乃下令。令行朞年。民之國都言新令之不便者以千數。於是太子犯法。衛鞅曰。法之不行。自上犯之。太子君嗣。不可施刑。刑其傅公子虔。黥其師公孫賈。明日秦人皆趨令。行之十年。道不拾遺。山無盜賊。民勇於公戰。怯於私鬭。鄉邑大治。秦民初言令不便者有來言令便。鞅曰。此亂法之民也。盡遷之於邊。其後民莫敢議令。

秦始皇三十六年。丞相李斯上言曰。異時諸侯並爭。厚招游學。今天下已定。法令出一。百姓當家則力農工。士則學習法令。今諸生不師今而學古。以非當世。惑亂黔首。臣請史官非秦記皆燒之。非博士官所職。天下有藏詩書百家語者。皆詣守尉雜燒之。令下三十日不燒。黥為城旦。所不去者。醫藥卜筮種樹之書。若有欲學法令。以吏為師。制曰可。

漢文帝時。張釋之為廷尉。上行出中渭橋。（張晏曰。在渭橋中路。曰。中渭橋。渭橋之中也。）有一人從橋下走出。乘輿馬驚。於是使騎捕屬之廷尉。釋之治問。曰。縣人來。（如淳曰。長安縣人。）聞蹕匿橋下。久之。以為行已過。即出。見乘輿車騎。即走耳。廷尉奏當。一人犯蹕。當罰金。（如淳曰。乙令。蹕先至而犯者罰金四兩。蹕止行人。）文帝怒曰。此人親驚吾馬。吾馬賴柔和。令他馬。固不敗傷我乎。而廷尉乃當之罰金。釋之曰。法者。天子所與天下公共也。今法如此而更重之。是法不信於民也。且方其時。上使立誅之則已。今既下廷尉。廷尉。天下之平也。一傾而天下用法皆為輕重。民安所錯其手足。唯陛下察之。良久上曰。廷尉當是也。其後有人盜高廟坐前玉環。捕得。文帝怒。下廷尉治。釋之案律盜宗廟服御物者為奏。奏當棄市。上大怒曰。人之無道。乃盜先帝廟器。吾屬廷尉者。欲致族之。而君以法奏之。非吾所以共承宗廟意也。釋之免冠頓首謝曰。法如是足也。（一挌廣曰。足。作上也。）且罪等。（如淳曰。俱死罪也。盜玉環不若盜長陵土之逆也。）然以逆順為差。今盜宗廟器而族之。有如萬分之一。假令愚民取長陵一抔土。（張晏曰。不欲指言。故以取土譬也。）陛下何以加其法乎。久之。文帝與太后言之。乃許廷尉。

景帝元年秋七月。詔曰。吏受所監臨以飲食免。重受財物。賤買貴賣論輕。廷尉與丞相更議著令。廷尉信謹與丞相議曰。吏及諸有秩受其官屬所監所治所行所將。其與飲食。計償費勿論。它物若買故賤賣故貴。皆坐臧為盜。沒入臧縣官。吏遷徙免罷。受其故官屬所將監治送財物。奪爵為士伍。免之。無爵。罰金二斤。令沒入所受。有能捕告畀其所受臧。

宣帝時。京兆尹張敞上書言。國兵在外。縣官穀度不足以振之。願令諸有辠非盜受財殺人。及犯法不得赦者。皆得以差入穀。務益致穀以豫備百姓之急。事下有司。蕭望之與少府李彊議。以為民函陰陽之氣。有仁義欲利之心。在教化之所助。堯在上。不能去民欲利之心。而能令其欲利不勝其好義也。雖桀在上。不能去民好義之心。而能令其好義不勝其欲利也。故堯桀之分。在於義利而已。道民不可不慎也。今欲令民量粟以贖罪。如此則富者得生。貧者獨死。是貧富異刑而法不一也。人情貧窮。父兄囚執。聞出財得以生活。為人子弟者將不顧死亡之患。敗亂之行。以赴財利。求救親戚。一人得生。十人以喪。如此。伯夷之行壞。公綽之名滅。政教一傾。雖有周召之佐。恐不能復。古者藏於民。不足則取。有餘則予。詩曰。爰及矜人。哀此鰥寡。上惠下也。又曰。雨我公田。遂及我私。下急上也。今有西邊之役。民失作業。雖戶賦口斂以贍其困乏。古之通義。百姓莫以為非。以死救生。恐未可也。陛下布德施教。教化既成。堯舜亡以加也。今議開利路以傷既成之化。臣竊痛之。於是天子復下其議兩府。丞相御史以難問張敞。敞曰。少府左馮翊所言。常人之所守耳。昔先帝征四夷。兵行三十餘年。百姓猶不加賦。而軍用給。今羌虜一隅小夷。跳梁於山谷間。漢但令罪人出財減罪以誅之。甚名賢於煩擾良民橫興賦斂也。又諸盜及殺人犯不道者。百姓所疾苦也。皆不得贖。首匿見知縱所不當得為之屬。議者或頗言其法可蠲除。今因此令贖。其便明甚。何化之所亂。甫刑之罰。小過赦。薄罪贖。有金選之品。所從來久矣。何賊之所生。敞備皂衣二十餘年。嘗聞罪人贖矣。未聞盜賊起也。竊憐涼州被寇。方秋饒時。民尚有飢乏。病死於道路。況至來春將大困乎。不早慮所以振救之策。而引常經以難。恐後為重責。常人可與守經。未可與權也。敞幸得備列卿。以輔兩府為職。不敢不盡愚。望之彊對曰。先帝聖德。賢良在位。作憲垂法。為無窮之規。永惟邊竟之不贍。故金布令甲曰。邊郡數被兵。離飢寒。夭絕天年。父子相失。令天下共給其費。固為軍旅卒暴之事也。聞天漢四年。常使死罪人入五十萬錢減死罪一等。豪強吏民請奪假貸。至為盜賊以贖罪。其後姦邪橫暴。群盜並起。至攻城邑。殺郡守。充滿山谷。吏不能禁。明詔遣繡衣使者以興兵擊之。誅者過半。然後衰止。愚以為此使死罪贖之敗也。故曰不便。時丞相魏相御史大夫丙吉亦以為羌虜且破。轉輸略足相給。遂不施敞議。

時于定國為廷尉。求明察寬恕黃霸等以為廷平。季秋後請讞。時上常幸宣室。齋居而決事。獄刑號為平矣。涿郡太守鄭昌上疏曰。聖王置諫諍之臣者。非以崇德。防逸豫之生也。立法明刑者。非以為治。救衰亂之起也。今明主躬垂明聽。雖不置廷平。獄將自正。若開後嗣。不若刪定律令。律令一定。愚民知所避。姦吏無所弄矣。今不正其本。而置廷平以理其末也。政衰聽怠。則廷平將招權而為亂首矣。

東漢光武時。湖陽公主蒼頭白日殺人。因匿主家。吏不能得。及主出行。而以奴驂乘。洛陽令董宣於夏門亭候之。乃駐車叩馬。以刀畫地。大言數主之失。叱奴下車。因格殺之。主即還宮訴帝。帝大怒。召宣欲箠殺之。宣叩頭曰。願乞一言而死。帝曰。欲何言。宣曰。陛下聖德中興。而縱奴殺良人。將何以理天下乎。臣不須箠。請得自殺。即以頭擊楹。流血被面。帝令小黃門持之。使宣叩頭謝主。宣不從。強使頓之。宣兩手據地。終不肯俯。主曰。文叔為白衣時。藏亡匿死。吏不敢至門。今為天子。威不能行一令乎。帝笑曰。天子不與白衣同。因敕強項令出。賜錢三十萬。宣悉以班諸吏。由是搏擊豪強。莫不震慄。京師號為臥虎。歌之曰。枹鼓不鳴董少平。

大中大夫成儀侯梁統在朝廷。數陳便宜。以為法令既輕。下姦不勝。宜重刑罰。以遵舊典。乃上疏曰。臣竊見元哀二帝輕殊死之刑。以一百二十三事手殺人者減死一等。自是以後著為常準。故人輕犯法。吏易殺人。臣聞立君之道。仁義為主。仁者愛人。義者政理。愛人以除殘為務。政理以去亂為心。刑罰在中。無取於輕。是以五帝有流殛放殺之誅。三王有大辟刻肌之法。故孔子稱仁者必有勇。又曰。理財正辭。禁民為非曰義。高帝受命誅暴。平蕩天下。約令定律。誠得其宜。文帝寬惠柔克。遭世平康。唯除省肉刑相坐之法。它皆率由。無革舊章。武帝致中國隆盛。財力有餘。征伐遠方。軍役數興。豪傑犯禁。姦吏弄法。故重首匿之科。著知縱之律。以破朋黨。以懲隱匿。宣帝聰明正直。總御海內。臣下奉憲。無所失墜。因循先典。天下稱理。至哀平繼體而即位日淺。聽斷尚寡。丞相王嘉輕為穿鑿。虧除先帝舊約成律。數年之間。百有餘事。或不便於理。或不厭民心。謹表其尤害於體者。傳奏於左。伏惟陛下包元履德。權時撥亂。功踰文武。德侔高皇。誠不宜因循季末衰微之軌。回神明察。考量得失。宣詔有司。詳擇其善。定不易之典。施無窮之法。天下幸甚。事下三公廷尉。議者以為隆刑峻法非明主急務。施行日久。豈一朝所釐。統今所定。不宜開可。統復上言曰。有司以臣所言不可施行。尋臣之所奏非曰嚴刑。竊謂高帝以後至乎孝宣。其所施行多合經傳。宜比方今事驗之往古。聿遵前典。事無難改。不勝至願。願得召見若對尚書近臣。口陳其要。帝令尚書問狀。統對曰。臣聞聖帝明王。制立刑罰。故雖堯舜之盛。猶誅四凶。經曰。天討有罪。五刑五庸哉。又曰。爰制百姓于刑之衷。孔子曰。刑罰不衷。則人無所措手足。衷之為言。不輕不重之謂也。春秋之誅。不避親戚。所以防患救亂。全安衆庶。豈無仁愛之恩。貴絕殘賊之路也。自高祖之興。至于孝宣。君明臣忠。謀謨深博。猶因循舊章。不輕改革。海內稱

奏議卷之二百八　六

理。斷獄益少。至初元建平。所減刑罰百有餘條。而盜賊浸多。歲以萬數。間者三輔從橫。羣輩並起。至燔燒茂陵。火見未央。其後隴西北地西河之賊。越州度郡。萬里交結。攻取庫兵。劫略吏人。詔書討捕。連年不獲。是時以天下無難。百姓安平。而狂狡之執。猶至於此。皆刑罰不衷。愚人易犯之所致也。由此觀之。則刑輕之作。反生大患。惠加奸軌而害及良善也。故臣統願陛下采擇賢臣孔光師丹等議。

成議侯梁統及群臣上言。古者肉刑嚴重。則人畏法令。今憲律輕薄。故姦軌不勝。宜增科禁以防其源。詔下公卿議。光祿勳杜林奏曰。夫人情挫辱。則義節之風損。法防繁多。則苟免之行興。孔子曰。導之以政。齊之以刑。民免而無恥。導之以德。齊之以禮。有恥且格。古之明王。深識遠慮。動居其厚。不務多辟。周之五刑。不過三千。大漢初興。詳覽得失。故破矩為圓。斲彫為樸。蠲除苛政。更立疏網。海內歡欣。人懷寬德。及至其後。漸以滋章。吹毛索疵。詆欺無限。果桃菜茹之饋。集以成臧。小事無妨於義。以為大戮。故國無廉士。家無完行。至於法不能禁。令不能止。上下相遁。為敝彌深。臣愚以為宜如舊制。不合翻移。帝從之。

章帝元和二年。旱。長水校尉賈宗等上言。以為斷獄不盡三冬。故陰氣微弱。陽氣發泄。招致災旱。事在於此。帝以其言下公卿議。尚書陳寵奏曰。夫冬至之節。陽氣始萌。故十一月有蘭射干芸荔之應。時令曰。諸生蕩安形體。天以為正。周以為春。十二月陽氣上通。雉雊雞乳。地以為正。殷以為春。十三月陽氣已至。天地已交。萬物皆出。蟄蟲始振。人以為正。夏以為春。三微成著。以通三統。周以天元。殷以地元。夏以人元。若以此時行刑。則殷周歲首皆當流血。不合人心。不稽天意。月令曰。孟冬之月。趣獄刑。無留罪。明大刑畢在立冬也。又孟冬之月身欲寧。事欲靜。若以降威怒。不可謂寧。若以行大刑。不可謂靜。議者

奏議卷之二百八　七

咸曰。旱之所由。咎在改律。臣以為殷周斷獄不以三微。而化致康平。無有災害。自元和以前。皆用三冬。而水旱之異。往往為患。由此言之。災害自為它應。不以改律。秦為虐政。四時行刑。聖漢初興。改從簡易。蕭何草律。季秋論囚。俱避立春之月。而不計天地之正。二王之春。實頗有違。陛下探幽析微。允執其中。革百載之失。建永年之功。上有迎承之敬。下有奉微之惠。稽春秋之文。當月令之意。聖功美業。不宜中疑。書奏。帝納之。遂不復改。

章帝時。太學生梁郁陰上書告太學生孫駰孔僖誹謗先帝。刺譏當世。下有司。駰詣吏受訊。僖以吏捕方至。恐誅。乃上書自訟曰。臣之愚意。以為凡言誹謗者。謂實無此事而虛加誣之也。至如孝武皇帝政之美惡。顯在漢史。坦如日月。是為直說書傳實事。非虛謗也。夫帝者為善。則天下之善咸歸焉。其不善。則天下之惡亦萃焉。斯皆有以致

之。故不可以誅於人也。且陛下即位以來。政教未過而德澤有加。天下所見也。臣等獨何譏刺哉。假使所非實是。則固應悛改。儻有不當亦宜含容。又何罪焉。陛下不推原大數。深為自計。徒肆私怒以快其意。臣等受戮。死即死耳。顧天下之人。必回視易慮。以此事窺陛下心自今以後。苟見不可之事。終莫復言者矣。臣之所以不愛其死。猶敢極言者。誠為陛下深惜此大業。陛下若不自惜。則臣何賴焉。齊桓公親揚其先君之惡。以唱管仲。然後羣臣得盡其心。今陛下乃欲以十世之武帝。遠諱實事。豈不與桓公異哉。臣恐有司卒然見構。銜恨蒙枉。不得自敘。使後世論者。擅以陛下有所方比。寧可復使子孫追掩之乎。謹詣闕伏待重誅。帝始亦無罪僖等意。及書奏。立詔勿問。拜僖蘭臺令史。

建初中。有人侮辱人父者。而其子殺之。肅宗貰其死刑而降宥之。自後因以為比。和帝時遂定其議。以為輕侮法。尚書張敏駮議曰夫輕侮之法。先帝一切之恩。不有成科班之律令也。夫死生之決。宜從上下。猶天之四時。有生有殺。若開相容恕。著為定法者。則是故設奸萌。生長罪隙。孔子曰。民可使由之。不可使知之。春秋之義。子不報讎。非子也。而法令不為之減者。以相殺之路不可開故也。今託義者得減。妄殺者有差。使執憲之吏。得設巧詐。非所以導在醜不爭之義。又輕侮之比。寖以繁滋。至有四五百科。轉相顧望。彌復增甚。難以垂之萬載。臣聞師言。救文莫如質。故高帝去煩苛之法。為三章之約。建初詔書。有改於古者。可下三公廷尉。蠲除其敝。議寢不省。敏復上疏曰。臣敏蒙恩。特見拔擢。愚心所不曉。迷意所不解。誠不敢苟隨衆議。臣伏見孔子垂經典。皋陶造法律。原其本意。皆欲禁民為非也。未曉輕侮之法。將以何禁。必不能使不相輕侮。而更開相殺之路。執憲之

吏。復容其奸枉。議者或曰。平法當先論生。臣愚以為天地之性。惟人為貴。殺人者死。三代通制。今欲趣生。反開殺路。一人不死。天下受敝。記曰。利一害百。人去城郭。夫春生秋殺。天道之常。春一物枯。即為災。秋一物華。即為異。王者承天地。順四時。法聖人。從經律。願陛下留意下民。考尋利害。廣令平議。天下幸甚。和帝從之。

和帝永元六年。陳寵代郭躬為廷尉。復校律令。刑法溢於甫刑者。奏除之曰。臣聞禮經三百。威儀三千。故甫刑大辟二百。五刑之屬三千。禮之所去。刑之所取。失禮即入刑。相為表裏者也。今律令犯罪應死刑者六百一十。耐罪千六百九十八。贖罪以下二千六百八十一。溢於甫刑千九百八十九。其四百一十大辟。千五百七耐罪。七十九贖罪。春秋保乾圖曰。王者三百年一蠲法。漢興以來。三百二年。憲令稍增。科條無限。又律有三家。說各駮異。刑法繁多。宜令三公廷尉集平律令應經合義可施行者。大辟二百。耐罪贖罪二千八百。合為三千。與禮相應。其餘千九百八十九事。悉可詳除。使百姓改易視聽。以成大化。致刑措之美。傳之無窮。未及施行。會寵抵罪。遂寢。

安帝時。河間人尹次。潁川人史玉。皆坐殺人當死。次兄初。及玉母軍。並詣官曹。求代其命。因縊而物故。尚書陳忠以罪疑從輕。議活次玉。時太山太守袁彷追駮之。據正典刑。有可存者。其議曰。尚書稱天秩有禮。五服五章哉。天討有罪。五刑五用哉。而孫卿亦云。凡制刑之本。將以禁暴惡。且懲其末也。凡爵列官秩。賞慶刑威。皆以類相從。使當其實也。若德不副位。能不稱官。賞不酬功。刑不應罪。不祥莫大焉。殺人者死。傷人者刑。此百王之定制。有法之成科。高祖入關。雖尚約法。然殺人者死。亦無寬降。夫時化則刑重。時亂則刑輕。書曰。刑罰時輕時重。此之謂也。今次玉公以清時釋其私憾。阻兵安忍。僵尸道路。朝

恩在寬幸至冬獄而初軍愚猶妄自投斃昔召忽親死子糾之難而孔子曰經於溝瀆人莫之知晁氏之父非錯刻峭遂能自隕其命班固亦云不如趙母指括以全其宗傳曰僕妾感慨而致死者非能義勇顧無慮耳夫刑罰威獄以類天之震燿殺戮也溫慈和惠以放天之生殖長育也是故春一草枯則為災秋一木華亦為異今殺無罪之初軍而活當死之次玉其為枯華不亦然乎陳忠不詳制刑之本而信一時之仁遂廣引八議求生之端夫親故賢能功貴勤賓豈有次玉當罪之科哉若乃小大以情原心定罪此為求生非謂代死可以生也敗法亂政悔其可追

獻帝建安元年應劭刪定律令以為漢議表奏之曰夫國之大事莫尚載籍也載籍也者決嫌疑明是非賞刑之宜允獲厥中俾後之人永有鑒焉故膠東相董仲舒老病致仕朝廷每有政議數遣廷尉張

湯親至陋巷問其得失於是作春秋折獄二百三十二事動以經對言之詳矣逆臣董卓蕩覆王室典憲焚燎靡有孑遺開闢以來莫或滋酷今大駕東邁巡省許都拔出險難其命惟新臣竊不自揆輒撰具律本章句尚書舊事廷尉板令決事比例司徒都目五曹詔書及春秋折獄凡二百五十篇蠲去復重為之節文又集議駮三十篇以類相從凡八十二事其見漢書二十五漢記四皆刪敘潤色以全本體其二十六博採古今瓌瑋之士悳義可觀其二十七臣所創造左氏云雖有姬姜不棄憔悴雖有絲麻不棄菅蒯蓋所以代匱也是用敢露頑才廁于明哲之末雖未足綱紀國體宣洽時雍庶幾觀察增闡聖德惟因萬機之餘暇遊意省覽獻帝善之於是舊事存焉

魏文帝踐阼以高柔為治書侍御史賜爵關內侯轉加治書執法時民間數有誹謗妖言帝疾之有妖言輒殺而賞告者柔上疏曰今妖言者必戮告之者輒賞既使過誤無反善之路又將開凶狡之群相誣罔之漸誠非所以息奸省訟緝熙治道也昔周公作誥稱殷之祖宗咸不顧小人之怨在漢太祖亦除妖言誹謗之令臣愚以為宜除妖謗賞告之法以隆天父養物之仁帝不即從而時誣告者滋甚帝乃下詔敢以誹謗相告者以所告者罪罪之於是遂絕

明帝即位關內侯衛覬奏曰九章之律自古所傳斷定刑罪其意微妙百里長吏皆宜知律刑法者國家之所貴重而私議之所輕賤獄吏者百姓之所縣命而選用者之所卑下王政之弊未必不由此也請置律博士轉相教授事遂施行

明帝時獵法甚峻宜陽典農劉龜竊獵於禁內財免其功曹張京詣校事言之帝匿京名收龜付獄廷尉高柔表請告者名帝大怒曰劉龜當死乃敢獵吾禁地送龜廷尉廷尉便當考掠何復請告者主名

吾豈妄收龜邪柔曰廷尉天下之平也安得以至尊喜怒而毀法乎重復為奏辭指深切帝意悟乃下京名即還訊各當其罪

明帝以宮室盛興而期會迫急有稽限者帝親召問言猶在口身首已分王肅抗疏曰陛下之所行刑皆宜死之人也然眾庶不知將為倉卒願陛下下之於吏而暴其罪均其死也不汙宮掖不為搢紳驚惋不為遠近所疑人命至重難生易殺氣絕而不續者也是以聖王重之孟軻云殺一不辜而取天下者仁者不為也

齊王正始中魏法犯大逆者誅及已出之女毋丘儉之誅其子甸妻荀氏應坐死其族兄顗與景帝姻通表魏帝以匄其命詔聽離婚荀氏所生女芝為潁川太守劉子元妻亦坐死以懷妊繫獄荀氏辭詣司隸校尉何曾乞恩求沒為官婢以贖芝命曾哀之使主簿程咸上議曰夫司寇作典建三等之制甫侯脩刑通輕重之法叔世多變秦

立重辟。漢又脩之。大魏承秦漢之弊未及革制所以追戮已出之女
誠欲殄醜類之族也。然則法貴得中。刑慎過制。臣以為女人有三從
之義。無自專之道。出適它族還喪父母降其服紀。所以明外成之節
異在室之恩。而父母有罪。追刑已出之女。夫黨見誅。又有隨姓之戮
一人之身內外受辟。今女既嫁則為異姓之妻。如或產育則為它族
之母。此為元惡之所忽。戮無辜之所重。於防則不足懲姦亂之源。於
情則傷孝子之心。男不得罪於它族。而女獨嬰戮於二門。非所以哀
矜女弱蠲明法制之本分也。臣以為在室之女從父母之誅。既醮之
婦。從夫家之罰。宜改舊科以為永制。於是有詔改定律令。
晉武帝即位。鎮西長史杜預與車騎將軍賈充等定律令。既成預為之
注。解乃奏之曰。法者蓋繩墨之斷例。非窮理盡性之書也。故文約而
例直。聽省而禁簡。例直易見。禁簡難犯。易見則人知所避。難犯則幾

於刑厝。刑之本在於簡直。故必審名分。審名分者必忍小理。古之刑
書。銘之鍾鼎。鑄之金石。所以遠塞異端。使無淫巧也。今所注皆綱羅
法意。格之以名分。使用之者執名例以審趣舍。伸繩墨之直。去析薪
之理也。詔班于天下。
泰始三年。車騎將軍賈充等定議律令。事畢表上。四年正月大赦天
下。乃班新律。其後明法掾張裴又注律表上之。其要曰。律始於刑名
者。所以定罪制也。終於諸侯者。所以畢其政也。王政布於上。諸侯奉
於下。禮樂撫於中。故有三才之義焉。其相須而成若一體焉。刑名所
以經略罪法之輕重。正加減之等差。明發眾篇之多義。補其章條之
不足。較舉上下經領。其犯盜賊詐偽請賕者。則求罪於此。作役水火
畜養守備之細事。皆求之作本名。告訊為之心舌。捕繫為之手足。斷
獄為之定罪。名例齊其制。自始及終。往而不窮。變動無常。周流四極。

上下無方。不離于法律之中也。其知而犯之謂之故。意以為然謂之
失。違忠欺上謂之謾。背信藏巧謂之詐。虧禮廢節謂之不敬。兩訟相
趣謂之鬭。兩和相害謂之戲。無變斬擊謂之賊。不意誤犯謂之過失。
逆節絕理謂之不道。陵上僭貴謂之惡逆。將害未發謂之戕。唱首先
言謂之造意。二人對議謂之謀。制眾建計謂之率。不和謂之強。攻惡
謂之畧。三人謂之群。取非其物謂之盜。貨財之利謂之贓。凡二十者
律義之較名也。夫律者當慎其變。審其理。若不承用詔書無故失之
刑當從贖。謀反之同伍實不知情當從刑。此故失之變也。卑與尊鬭
皆為賊。鬭之加兵刃水火中不得為戲。戲之重也。向人室廬道徑射
不得為過。失之禁也。都城人眾中走馬殺人當為賊。賊之似也。過失
似賊。戲似鬭。鬭而殺傷傍人又似誤。盜傷縛守似強。盜呵人取財似
受賕。因辭所連似告劾。諸勿聽理似故縱。持質似恐猲。如此之比。皆

為無常之格也。五刑不簡。正于五罰。五罰不服。正于五過。意善功惡
以金贖之。故律制生罪不過十四等。死刑不過三。徒加不過六。囚加
不過五。累作不過十一歲。累笞不過千二百。刑等不過一歲。金等不
過四兩。月贖不計日。日作不拘月。歲數不疑閏。不以加至死。并死不
復加。不可累者故有并數。不可并數乃累其加。以加論者但得其加。
與加同者連得其本。不在次者不以通論。以人得罪與人同。以法得
罪與法同。侵生害死不可齊其防。親疏公私不可常其教。禮樂崇於
上故降其刑。刑法閑於下故全其法。是故尊卑敘。仁義明。九族親。王
道平也。律有事狀相似而罪名相涉者。若加威勢下手取財為強盜。
不自知亡為縛守。將中有惡言為恐猲。不以罪名呵為呵人。以罪名
呵為受賕。劫召其財為持質。此八者以威勢得財而名殊者也。即不
求自與為受求。所監求而後取為盜賊。輸入呵受為留難。斂人財物

積藏於官為擅賦加歐擊之為戮辱諸如此類皆為以威勢得財而罪相似者也夫刑者司理之官理者求情之機情者心神之使心感則情動於中而形於言暢於四支發於事業是故姦人心愧而面赤內怖而色奪論罪者務本其心審其情精其事近取諸身遠取諸物然後乃可以正刑仰手似乞俯手似奪捧手似謝擬手似訴拱臂似自首攘臂似格鬬矜莊似威怡悅似福喜怒憂懽貌在聲色姦真猛弱候在視息出口有言當為告下手有禁當為賊喜子殺怒子當為戲怒子殺喜子當為賊諸如此類自非至精不能極其理也律之名例非正文而分明也若八十非殺傷人他皆勿論即誣告謀反者反坐十歲不得告言人即奴婢捍主主得謁殺之賊燔人廬舍積聚盜贓五匹以上棄市即燔官府積聚盜亦當與同歐人教令者與同罪即令人歐其父母不可與行者同得重也若得遺物強取強乞之

類無還贓法隨例畀之文法律中諸不敬違儀失式及犯罪為公為私贓入身不入身皆隨事輕重取法以例求其名也夫理者精玄之妙不可以一方行也律者幽理之奧不可以一體守也或計過以配罪或化略不循常或隨事以盡情或趣舍以從時或推重以立防或引輕以就下公私廢避之宜除削重輕之變皆所以臨時觀釁者用法執詮者幽於未制之中采其根芽之微致之於機格之上稱輕重於豪銖考輩類於參伍然後乃可以理直刑正夫奉聖典者若操刀執繩刀妄加則傷物繩妄彈則侵直梟首者惡之長斬刑者罪之大棄市者死之下髡作者刑之威贖罰者誤之誡王者立此五刑所以寶君子而逼小人故為敕慎之經皆擬周易有變通之體焉欲令提綱而大道清舉略而王法齊其旨遠其辭文其言曲而中其事肆而隱通天下之志唯忠也斷天下之疑唯文也切天下之情唯遠也彌天下之務唯大也變無常體唯理也非天下之賢聖孰能與於斯夫形而上者謂之道形而下者謂之器化而財之謂之格刑殺者是冬震曜之象髡罪者似秋彫落之變贖失者是春陽悔吝之疵也五刑成章輒相依準法律之義焉

賈充等既之議律令表上四年正月大赦天下乃班新律時劉頌為廷尉頻表宜復肉刑不見省又上言曰臣昔上行肉刑從來積年遂寢不論臣竊以為議者拘孝文之小仁而輕違聖王之典刑未詳之甚莫過於此今死刑重故非命者眾生刑輕故罪不禁姦所以然者肉刑不用之所致也今為徒者類性元惡不軌之族也去家懸遠作役山谷飢寒切身志不聊生又有廉士介者苟慮不首死則皆為盜賊豈況本性姦凶無賴之徒乎又令徒富者輸財解日歸家乃無役之人也貧者起為姦盜又不制之虜也不刑則罪無所禁不制則羣

惡橫肆為法若此近不盡善也是以徒亡日屬盜賊日煩亡之數者至有十數得輒加刑日益一歲此為終身之徒也自顧反善無期而災困逼身其志亡思盜勢不得息事使之然也古者用刑以止刑今反於此諸重犯亡者髮過三寸輒重髡之此以刑生刑加作一歲此以徒生徒也亡者積多繫囚猥畜議者曰因不可不赦復從而赦之此為刑不制罪法不勝姦下知法之不勝相聚而謀為不軌月異而歲不同故自頃年以來姦惡陵暴所在充斥議者不深思此故而曰肉刑於名忤聽忤聽孰與盜賊不禁聖王之制肉刑遠有深理其事可得而言非徒懲其畏剝割之痛而不為也乃去其為惡之具使夫姦人無用復肆其志止姦絕本理之盡也亡者刖足無所用復亡盜者截手無所用復盜淫者割其勢理亦如之除惡塞源莫善於此非徒然也此等已刑之後便各歸家父母妻子共相養恤不流離於塗

路有今之困創愈可役上准古制隨宜業作雖已刑殘不爲虛弃而所患都塞又生育繁阜之道自若也今宜取死刑之限輕及三犯逃亡淫盜悉以肉刑代之其三歲刑以下已自杖罰遣又宜制其罰數使有常限不得減此其有宜重者又任之官長應四五歲刑者皆髡笞笞至一百稍行使各有差悉不復居作然後刑不復生刑徒不復生徒而殘體爲戮終身作誡人見其痛畏而不犯必數倍於今且爲惡者隨發被刑去其爲惡之具此爲諸已刑者皆良士也豈與全其爲奸之手足而蹴居必死之窮地同哉而猶曰肉刑不可用臣竊以爲不識務之甚也臣昔常侍左右數聞明詔謂肉刑宜用事便於政願陛下信獨見之斷使夫能者得奉聖慮行之於今比填溝壑冀見太平周禮三赦三宥施於老幼悼耄黔黎不屬逮者此非爲惡之所出故刑法逆舍而宥之至於自非此族犯罪則必刑而無赦此政之

理也暨至後世以時險多難因赦解結權以行之又不以寬罪人也至今恒以罪積獄繁赦以散之是以赦愈數而獄愈塞如此不已將至不勝原其所由肉刑不用之故也今行肉刑之徒不積且爲惡無具則奸息去此二端獄不得繁故無取於數赦於政體勝矣疏上又不見省

武帝時太廟初建詔普增位一等後以主者承詔失旨改除之尚書郎摯虞上表曰臣聞昔之聖明不愛千乘之國而惜桐葉之信所以重至尊之命而達於萬國之誠也前乙巳赦書遠稱先帝遺惠餘澤普增位一等以酬四海欣戴之心驛書班下被于遠近莫不鳥騰魚躍喜蒙德澤今一旦更以主者思文不審收既往之詔奪已澍之施臣之愚心竊以爲不可詔從之

惠帝時齊王冏起義兵趙王倫收東萊王蕤及弟北海王寔繫廷尉當誅倫太子中庶子祖納上疏諫曰罪不相及惡止其身此先哲之弘謨百王之達制也是故鯀既殛死禹乃嗣興二叔誅放而邢衛無責逮乎戰國及至秦漢明恕之道寢猜嫌之情用乃立質任以御衆設從罪以發奸其所由來蓋三代之弊法耳蕤寔獻王之子明德之胤宜蒙特宥以全穆親之典會孫秀死蕤等悉得免

時政出群下每有疑獄各立私情刑法不定獄訟繁滋尚書裴頠表陳之曰夫天下之事多塗非一司之所管中才之情易擾賴恒制而後定先王知其所以然也是以辯方分職爲之準局準局既立各掌其務刑賞相稱輕重無二故下聽有常群吏安業也舊宮掖陵廟有水火毁傷之變然後尚書乃躬自奔赴其非此也皆止於郎令史而已刑罰所加各有常刑去元康四年大風之後廟闕屋瓦有數枚傾落免太常荀寓于時以嚴詰所譴莫敢據正然内外之意僉謂事輕

責重有違於常會五年二月有大風主者懲懼前事臣新拜尚書始三日本曹尚書有疾權令兼出按行蘭臺主者乃瞻望阿棟之間求索瓦之不正者得棟上瓦小邪十五處或是始瓦時邪蓋不足言風起倉卒臺官更往太常按行不及得周文書未至之頃便競相禁止臣以權兼暫出出還便罷不復得窮其事而本曹據執却問無已臣時具加解遣而主者畏咎不從臣言禁止太常復興刑獄昔漢氏有盜廟玉環者文帝欲族誅釋之但處以死刑曰若侵長陵一抔土何以復加文帝從之大晉垂制深惟經遠山陵不封園邑不飾墓而不墳同乎山壤是以丘阪存其陳草使齊乎中原矣雖陵兆尊嚴唯毁發然後族之此古典也若登踐犯損失盡敬之道事止刑罪可也去八年奴聽教加誣周龍燒草廷尉遂奏族龍一門八口并命會龍獄翻然後得免考之情理準之前訓所處實重今年八月陵上荆一枝圍

七寸二分者被斫。司徒太常奔走道路。雖知事小而案劾難測。擾擾驅馳。各競免負。于今太常禁止未解。近日太祝署失火。燒屋三間半。署在廟北。隔道在重牆之內。又即已滅。頻為詔旨所問。主者以詔旨使問頻繁。便責尚書不即按行。輙禁止尚書免皆在法外。刑書之文有限。而舛違之故無方。故有臨時議處之制。誠不能皆得循常也。至於此輩皆為過當。每相逼迫。不復以理。上替聖朝畫一之德。下損崇禮大臣之望。臣愚以為犯陵上草木不應乃用同產異刑之制。按行奏劾應有定準。相承務重。體例遂虧。或因餘事得容淺深。頗雖有此表。曲議猶不止

三公尚書劉頌上疏曰。自近世以來。法漸多門。令甚不一。臣今備掌刑斷。職思其憂。謹具啓聞。臣竊伏惟陛下為政。每盡善。故事求曲當。則例不得直。盡善故法不得全。何則。夫法者固以盡理為法。而上求

盡善。則諸下牽文就意。以赴主之所許。是以法不得全。刑書徵文。徵文必有乖於情聽之斷。而上安於曲當。故執平者因文可引。則生二端。是法多門。令不一。則吏不知所守。下不知所避。奸偽者因法之多門。以售其情。所欲淺深。苟斷不一。則居上者難以檢下。於是事同議異。獄犴不平。有傷於法。古人有言。人主詳。其政荒。人主期。其事理。詳匪它。盡善則法傷。故其政荒也。期者輕重之當。雖不厭情。苟入於文。則恨而行之。故其事理也。夫善用法者。忍違情不厭聽之斷輕重。雖不允人心。經於凡覽。若不可行。法乃得直。又君臣之分。各有所司。法欲必奉。故令主者守文。理有窮塞。故使大臣釋滯。事有時宜。故人主權斷。主者守文。若釋之執犯蹕之平也。大臣釋滯。若公孫弘斷郭解之獄也。人主權斷。若漢祖戮丁公之為也。天下萬事。自非斯格重為。故不近似此類。不得出以意妄議。其餘皆以律令從事。然後法信於下。人聽不惑。吏不容奸。可以言政。人主軌斯格以責羣下。大臣小吏各守其局。則法一矣。古人有言。善為政者看人設教。看人設教。制法之謂也。又曰。隨時之宜。當務之謂也。然則看人隨時。在大量也。而制其法。法軌既定則行之。行之信如四時。執之堅如金石。羣吏豈得在成制之內。復稱隨時之宜。傍引看人設教。以亂政典哉。何則。始制之初。固已看人而隨時矣。今若設法未盡當。則宜改之。若謂已善。不得盡以為制。而使奉用之司。公得出入以差輕重也。夫人君所與天下共者法也。已令四海。不可以不信以為教。方求天下之不慢。不可繩以不信之法。且先識有言。人至愚而不可欺也。不謂平時背法意斷。不勝百姓願也。上古議事以制。不為刑辟。夏殷及周。書法象魏。三代之君齊聖。然咸棄曲當之妙鑒。而任徵文之直準。非聖有殊。所遇異也。今論時敦弊。不及中古。而執平者欲遵情之所安。自託於議事以制。

臣竊以為聽言則美。論理則違。然天下至大。事務衆雜。時有不得悉循文如令。故臣謂宜立格為限。使主者守文。死生以之。不敢錯思於成制之外。以差輕重。則法恒全。事無正據。名例不及。大臣論當以釋不滯。則事無閡。至如非常之斷。出法賞罰。若漢祖戮楚臣之私已。封趙氏之無功。唯人主專之。非奉職之臣所得擬議。然後情求傍請之跡絕。似是而非之奏塞。此蓋齊法之大準也。主者小吏。處事無常。何則。無情則法徒克。有情則撓法。積克似無私。然乃所以得其私。又恒所岨以衛其身。斷當恒克。世謂盡公。時一曲法。乃所不疑。故人君不善倚深似公之斷。而責守文如令之奏。然後足為有檢。此又平法之一端也。夫出法權制。指施一事。厭情合聽。可適耳目。誠有臨時當意之快。勝於徵文不允人心也。然起為經制。終年施用。恒得一而失十。故小有所得者。必大有所失。近有所漏者。必遠有所苞。故諳事識體

者，善權輕重。不以小害大，不以近妨遠。忍曲當之近適，以全簡直之大準。不牽於凡聽之所安，必守徵文以正例。每臨其事，恆御此心以決斷。此又法之大槩也。又律法斷罪，皆當以法律令正文。若無正文，依附名例斷之。其正文名例所不及，皆勿論。法吏以上所執不同，得爲異議。如律之文，守法之官，唯當奉用律令，至於法律之内，所見不同，乃得爲異議也。今限法曹郎令史，意有不同爲駁，唯得論釋法律，以正所斷，不得援求諸外論，隨時之宜，以明法官守局之分。詔下其事。侍中太宰汝南王亮奏，以爲夫禮以訓世，而法以整俗，理化之本，事實由之。若斷不斷，常輕重隨意，則王憲不一，人無所錯矣。故觀人設教，在上之舉；守文直法，臣吏之節也。臣以去太康八年，隨事異議，周懸象魏之書，漢詠畫一之法，誠以法與時共，義不可二。今法素定，而法爲議，則有所開長，以爲宜如頌所啓，爲永久之制。

元帝爲丞相時，朝廷草創，議斷不循法律，人立異議，高下無狀。主簿熊遠奏曰：禮以崇善，法以閑非。故禮有常典，法有常防，人知惡而無邪心。是以周建象魏之制，漢創畫一之法，故能闡弘大道，以至刑厝。律令之作，由來尚矣。經賢智，歷夷險，隨時斟酌，最爲周備。自軍興以來，法度陵替，至於處事不用律令，競作屬命，人立異議，曲適物情，虧傷大例。府立節度，復不奉用，臨事改制，朝作夕改，至於主者不敢任法，每輒關諮，委之大官，非爲政之體。若本曹處事不合法令，監司當以法彈違，不得動用開塞，以壞成事。按法蓋麤術，非妙道也，矯割物情以成法耳。若每隨物情，輒改法制，此爲以情壞法。法之不一，是謂多門，開人事之路，廣私請之端，非先王立法之本意也。凡爲駁議者，若違律令節度，當合經傳及前比故事，不得任情以破成法。愚謂宜令錄事更立條制，諸立議者皆當引律令經傳，不得直以情言，無所依準，以虧舊典也。若開塞隨宜，權道制物，此是人君之所得行，非臣子所宜專用。主者唯當徵文據法，以事爲斷耳。

元帝即位，河東衛展爲廷尉，上言曰：古者肉刑，事經前聖，漢文除之，增加大辟。今人戶彫荒，百不遺一，而刑法峻重，非句踐養胎之義也。臣謂宜復古施行，以隆太平之化。詔內外通議。於是驃騎將軍王導、太常賀循、侍中紀瞻、中書郎庾亮、大將軍諮議參軍梅陶、散騎郎張嶷等議，以肉刑之典，由來尚矣。肇自古先，以及三代，聖哲明王所未嘗改也。豈是漢文常主所能易者乎。時蕭曹已沒，絳灌之徒不能正其義。逮班固深論其事，以爲外有輕刑之名，内實殺人。又死刑太重，生刑太輕，生刑縱於上，死刑怨於下，輕重失當，故刑政不中也。且原先王之造刑也，非以過怒也，非以殘人也，所以救姦，所以當罪。今盜者竊人之財，淫者好人之色，亡者避叛之役，皆無殺害也，則加之以

刑。刑之則止，而加之斬戮。戮過其罪，死不可生，縱虐於此，歲以巨萬計。此乃仁人君子所不忍聞，而況行之於政乎。若乃惑其名而不練其實，惡其生而趣其死，此畏水投舟，避坎蹈井，愚夫之不若，何取於政哉。今大晉中興，遵復古典，率由舊章，起千載之滯義，拯百殘之遺黎，使皇典廢而復存，黥首死而更生，至義暢于三代之際，遺風播乎百世之後，生肉枯骨，惠侔造化，豈不休哉。惑者乃曰：死由不懲，而況於刑，然人者冥也，其至愚矣，雖加斬戮，忽爲灰土，死事日往，生欲日存，未以爲改。若刑諸市朝，朝夕鑒戒，刑者詠爲惡之永痛，惡者觀殘刖之長廢，故足懼也。然後知先王之輕刑以御物，顯誠以懲愚，其理遠矣。尚書令刁協、尚書薛兼等議，以爲聖上悼殘荒之遺黎，傷犯死之繁衆，欲行刖以代死刑，使犯死之徒得存性命，則率土蒙更生之澤，兆庶必懷恩以反化也。今中興祚隆，大命惟新，誠宜設寬法以育

人。然慢殍小愚蔽習所見而忽異聞或未能咸服臣謂行刑之時。先明申法令。樂刑者刖。甘死者殺。則心必服矣。古典刑不上大夫。今士人有犯者。謂宜如舊不在刑例。則進退為允。尚書周顗郎曹彥中書郎桓彝等議以為復肉刑以代死。誠是聖王之至德。哀矜之弘私。然竊以為刑罰輕重。隨時而作。時人少罪而易威。則宜從輕而寬之。時人多罪而難威。則宜化刑而濟之。肉刑平世所應立。非救弊之宜也。方今聖化草創。人有餘奸。習惡之徒。為非未已。截頭絞頸尚不能禁。而乃更斷足劓鼻。輕其刑罰。使欲為惡者輕犯寬刑。蹈罪更衆。是為輕其刑以誘人於罪。殘其身以加楚酷也。昔之畏死刑以為善人者。今皆犯輕刑而殘其身。畏重之常人反為犯輕而致囚。此則何異斷刖常人以為恩仁邪。受刑者轉廣而為非者日多。踊貴屨賤。有鼻者醜也。徒有輕刑之名。而實開長惡之源。不如以殺止殺。重以全輕。

權小停之。須聖化漸著。兆庶易威之日。徐施行也。議奏。元帝猶欲從展所上。大將軍王敦以為百姓習俗日久。忽復肉刑。必駭遠近。且逆寇未殄。不宜有慘酷之聲以聞天下。於是乃止。

時淮南小中正王式繼母前夫終。更適式父。式父終。喪服訖。議還前夫家。前夫家亦有繼子。奉養至終。遂合葬於前夫。式自云父臨終母求去。父許諾。於是制出母齊衰期。御史中丞卞壼奏曰。就如式父臨終許諾。必也正名。依禮為無所據。若夫有命。須顯七出之責。當存時棄之。無緣以絕義之妻留家制服。若式父臨困謬亂。使去留自由者。此必為相要以非禮。則存亡無所得從。式宜正之以禮。魏顆父命不從其亂。陳乾昔欲以二婢子殉其子以非禮不從。春秋禮記善之。並以妾媵猶正以禮。況其母乎。式母於其夫生事奉終。非為既絕之妻。夫亡制服。不為無義之婦。自云守節。非為更嫁。離絕之斷。在夫沒之後。夫之既沒。是其從子之日。而式以為出母。此母以子出也。致使存無所容婦。沒無所託也。寄命於他人之門。埋尸於無名之冢。若式父亡後。母尋沒於式家。必不以為出母明矣。許諾之命一耳。以為母於同居之時。至沒前子之門而不以為母。此為離絕於二居。義出否於意斷。離絕之斷。非式而誰。假使二門之子皆此母之主。母戀前子。求去求絕。非禮於後家。還反又非禮於前門。去不可去。還不可還。則為無寄之人也。式必內盡匡諫。外極防閑。不絕明矣。何至守不移於至親。略情禮於假繼乎。繼母如母。聖人之教。式為國士。閨門之內。犯禮違義。開闢未有。於父則無追亡之善。於母則無孝敬之道。存則去留自由。亡則合葬路人。可謂生事不以禮。死葬不以禮者也。虧損世教。不可以居人倫銓正之任。案侍中司徒臨潁公組。敷宣五教。實在任人。而含容違禮。曾不貶黜。揚州大中正侍中平望亭侯曄。淮南大中

奏議卷之二百八　二三

正。散騎侍郎弘。顯執邦論。朝野取信。曾不能率禮正違。崇孝敬之教。並為不勝其任。請以見事免組曄弘官。大鴻臚削爵土。廷尉結罪。疏奏。詔特原組等。式付鄉邑清議。廢棄終身。壼遷吏部尚書。

成帝時。召南陽樂謨為郡中正。潁川庾怡為廷尉評。謨怡各稱父命不就。給事中尚書令卞壼奏曰。人無非父而生。職無非事而立。有父必有命。居職必有悔。有家各私其子。此為王者無人。職不軌物。官不立政。如此則先聖之言廢。五教之訓塞。君臣之道散。上下之化替矣。樂廣以平夷稱。庾珉以忠篤顯。受寵聖世。身非己有。況及後嗣而可專哉。所居之職。若順夫人之心。則戰戍者之父母皆當以命子不以處也。若順謨父之意。則人皆不為郡中正。人倫廢矣。順怡父之意。人皆不為獄官。則刑辟息矣。凡如是者。其可聽歟。若不可聽。何以許謨怡之得稱父命乎。此為謨以名父子可以虧法。怡是親戚可以自專。以

此二塗，服人示世臣所未悟也。宜一切班下，不得以私廢公，絕其表疏，以為永制。朝議以為然，韙詒不得已各居所職

范堅遷尚書右丞。時廷尉奏殿中帳吏邵廣盜官幔三張，合布三十匹，有司正刑棄市。廣二子，宗年十三，雲年十一，黃幡撾登聞鼓乞恩，辭求自沒為奚官奴，以贖父命。尚書朱暎議以為天下之人父無子者少，一事遂行，便成永制，懼死罪之刑，於此而弛。堅亦同暎議。時議者以廣為鉗徒，二兒沒入，既足以懲艾，使百姓知父子之道，聖朝有垂恩之仁，可特聽減廣死罪為五歲刑，宗等付奚官為奴，而不為永制。堅駁之曰：自淳朴澆散，刑辟乃作。刑之所以止刑，殺之所以止殺。雖時有赦過宥罪，議獄緩死，未有行小不忍而輕易典刑者也。且既許宗等以死，若復有宗比而不求贖父者，豈不擯絕人倫同之禽獸邪。按主者今奏云：惟特聽宗等而不為永制。臣以為王者之作，動關盛衰，嚬笑之間，尚慎所加，況於國典可以徒虧。今之所以宥廣，正以宗等耳。人之愛父，誰不如宗。今既居然許宗之請，將來訴者，何匪民。特聽之意，未見其益，不以為例，交興怨讟。此為施一恩於今，而開萬怨於後。成帝從之，正廣死刑。

安帝元興末，桓玄輔政，又議欲復肉刑斬左右趾之法，以輕死刑，命百官議。蔡廓上議曰：建邦立法，弘政穆化，必隨時置制，德刑兼施。長貞一以閑其邪，教禁以檢其慢，灑湛露以流潤，厲嚴霜以肅威。雖復質文迭用，而斯道莫革。肉刑之設，肇自哲王，蓋由曩世風淳，人多惇謹，圖像既陳，則機心直戢，刑人在塗，則不逞改操。故能勝殘去殺，化隆無為。季末澆偽，設網彌密，利巧之懷日滋，恥畏之情轉寡。終身劇役，不足止其奸，況乎黥劓，豈能反於善。徒有酸慘之聲，而無濟俗之益。至於棄市之條，實非不赦之罪，事非手殺，考律同歸，輕重均科，減降路塞，鍾陳以之抗言，元皇所為留愍。今英輔翼贊，道邈伊周，誠宜明慎用刑，愛人弘育，申哀矜以革濫，移大辟於支體，全性命之至重，恢繁息於將來。而孔琳之議不同，用王郎、夏侯玄之旨，時論多與琳之同，故遂不行。

義熙十四年，大司馬府軍人朱興妻周坐息男道扶年三歲，先得癇病，周因其病發，掘地生埋之，為道扶姑女所告，正周棄市刑。尚書僕射徐羨之議曰：自然之愛，虎狼猶仁，周之凶忍，宜加顯戮。臣以為法律之外，故尚弘物之理，母之即刑，由子明法，為子之道，焉有自容之地。雖伏法者當罪，而在宥者靡容，愚謂可特申之遐裔。從之。

歷代名臣奏議卷之二百九

法令

宋武帝時司徒王弘與八座丞郎上疏曰同位犯法無士人不罪之科然每至詰謫輒有請訴若垂恩宥則法廢不可行依事糾責則物以為苦怨宜更為其制使得憂苦之衷也又主守偷五匹常偷四十匹並加大辟議者咸以為重宜進主偷十匹常偷五十匹死四十匹降以補兵既得小寬民命亦足以有懲也想各言所懷左丞江奧議曰士人犯盜贓不及棄市者刑竟自在贓汙淫盜之目清議終身經赦不原當之者足以塞愆聞之者足以鑒誡若復雷同群小謫以兵役愚謂為苦符伍雖比屋鄰居至於士庶之際實自天隔舍藏之罪無以相關奴客與符伍交接有所藏蔽可以得知是以罪及奴客自是客身犯愆非代郎主受罪也如其無奴則不應坐右丞孔默之議

曰君子小人既雜為符伍不得以相檢為義士庶雖殊而理有聞察辟百司居上所以下不必躬親而後同坐是故犯違之日理自關今罪其養子典計者蓋義存戮僕如此則無奴之室豈得宴安但既云復士宜令輸贖常盜四十匹主守五匹降死補兵雖大存寬惠以紓民命然官及二千石及失節士大夫時有犯者罪乃可戮恐不可以補兵也謂此制可施小人士人自還用舊律尚書王准之議曰昔為山陰令士人在伍謂之押符同伍有愆得不及坐士人有罪符伍糾之此非士庶殊制寔使即刑當罪耳夫束脩之胄與小人隔絕防檢無方宜及不逞之士事接群細既同符伍故使糾之于時行此非唯一處左丞議奴客與鄰伍相關可得檢察符中有犯使及刑坐即事而求有乖實理有奴客者類多使役東西分散住家者少其有停者左右驅馳動止所須出門甚寡典計者在家十無其一奴客坐伍濫刑必眾恐非立法當罪本旨右丞議士人犯偷不及大辟者宥補兵雖欲弘士懼無以懲邪乘理則君子違之則小人制嚴於上猶冒犯之況其宥科犯者或眾使畏法革心乃所以大宥不免士庶異制意所不同殿中郎謝元議謂事必先正其本然後其末可言本所以押士大夫於符伍者將以檢小人邪為使受檢於小人邪案左丞議士庶天隔則士無弘庶之由以不知而押之於伍則是受檢於小人也然則小人有罪士人無事僕隸何罪而令坐之若以實相交關貴其聞察則意有未因何者名實殊章公私異令奴不押符是無名也民之貲財是私賤也以私賤無名之人豫公家有實之任公私混淆名實非允由此而言謂不宜坐還從其主於事為宜無奴之士不在此例若士人本檢小人則小人有過已應獲罪而其奴則義歸戮僕然則無奴之士未合宴安使之輸贖於事非謬二科所附惟制之本耳

此自是辯章二本欲使各從其分至於求之管見宜附前科區別士庶於義為美盜制按左丞議士人既終不為兵革幸可同寬宥之惠不必依舊律於議咸允吏部郎何尚之議曰按孔右丞議士人坐符伍為罪有奴罪奴無奴輸贖既許士庶緬隔則聞察自難不宜以難知之事定以必知之法夫有奴不賢無奴不必不賢今多僮者傲然於王憲無僕者怵迫於時綱是為恩之所霑恒在程卓法之所設必加顏原求之鄙懷竊所未愜謝元謂奴不隨主於名分不明誠是有理然奴僕實與閭里相關今都不問恐有所失意同左丞議弘議曰尋律令既不分別士庶又士人坐同伍罹謫者無處無之多為時恩所宥故不盡親謫耳吳及義興適有許陸之徒以同符合給二千石論啓丹書已未問會稽士人云十數年前亦有四族坐此被責以恃恩獲停而王尚書云人舊無同伍坐所未之解恐莅任之日偶不值

此事故邪聖明御世士人誠不憂至苦然要須寫手諭適上干天聽爲紛擾不如近爲定科使輕重有節也又尋甲符制蠲士人不傅符耳令史復除亦得如之共相押領有違糾列了無等衰非許士人閭里之外也諸議云士庶緬絕不相參知則士人犯法庶民得不知若庶民不許不知何許士人不知小民自非超然簡獨永絕塵粃者比門接棟小以爲意終自聞知不必須日夕來往也右丞百司之言粗是其況如襄陵士人實與里巷關接相知情狀乃當於冠帶小民今謂之士人便無小人之坐署爲小民輒受士人之罰於情於法不其頗歟且都令不及士流士流爲輕則小人令使徵預其罰便事至相糾闔伍之防亦爲不同謂士人可不受同伍之謫耳罪其奴客庸何傷邪無奴客可令輸贖又或無奴僮爲衆所明者官長二千石便當親臨列上依事遣判偷五匹四十匹謂應見優量者實以小吏無知

臨財易昧或由疏慢事蹈重科求之於心常有可愍故欲小進匹數寬其性命耳至於官長以上荷蒙祿榮付以局任當正己明憲檢下防非而親犯科律亂法冒利五匹乃已爲弘矣士人無弘相偷四十匹理就使至此致以明罰固其宜耳並何容復加哀矜且此輩士人可殺不可謫有如諸論本意自不在此也近聞之道路聊欲共論不呼乃爾難精既衆議糾紛將不如其已若呼不應停寢謂宜集議奏聞決之聖旨

少帝景平二年羊玄保爲宣城守先是劉式之爲宣城立吏民亡叛制一人不禽符伍里吏送州作部若獲者賞位二階玄保以爲非宜陳奏曰臣伏尋亡叛之由皆出於窮逼未有足以推存而樂爲此者也今立殊制於事爲苦臣聞苦不可貞懼致流弊昔龔遂譬民於亂繩緩之然後可理黃霸以寬和爲用不以嚴刻爲先臣愚以謂單身逃役便爲盡戶令一人不測坐者甚多既憚重負各爲身計牽挽逃竄必致繁滋又能禽獲叛身類非謹惜既無堪能坐陵勞吏名器虛假所妨實多將階級不足供賞服勸無以自勸又尋此制施一邦而已若其是邪則應與天下爲一若其非邪亦不宜獨行一郡民離憂患其弊將甚臣忝守所職懼難遵用致率管穴冒以陳聞

文帝元嘉初會稽剡縣民黃初妻趙打息載妻王死亡遇赦王有父母及息男稱息女葉依法徙趙二千里外司徒右長史傅隆上議曰原夫禮律之興蓋本之自然求之情理非從天墮非從地出也父子至親分形同氣稱之於載即載之於趙雖云三世爲體猶一未有能分之者也稱雖創巨痛深固無讎祖之義若稱可以殺趙趙當何以處載將父子孫祖互相殘戮懼非先王明罰咎繇立法之本旨也向使石碏之孫砥鋒挺鍔不與二祖同戴天日則石碏秺侯何得流名

百代以爲美談者哉舊令云殺人父母徙之二千里外不施父子孫祖明矣趙當避王朞功千里外耳令亦云凡流徙者同籍親近欲相隨者聽之此又大通情體因親以教愛者也趙既流移載爲人子何得不從載從而稱不行豈名教所許如此稱趙竟不可分趙雖內愧終身稱當沈痛沒齒孫祖之義自不得永絕事理固然也從之

南齊世祖留心法令數訊囚徒詔獄官詳正舊注永明七年尚書刪定郎王植撰定律章表奏之曰臣尋晉律文簡辭約旨通大綱事之所質取斷難釋張斐杜預同注一章而生殺永殊自晉泰始以來唯斟酌參用是則吏挾威福之勢民懷不對之怨所以溫舒獻辭於失政絳侯忼慨而興歎皇運革祚道冠前王陛下紹興光開帝業下車之痛每惻上仁滿堂之悲有矜聖思爰發德音刪正刑律敕臣集定張杜二注謹礪愚蒙盡思詳撰削其煩害錄其允衷取張注七百三

十一條。杜注七百九十一條。或二家兩釋。於義乃備者。又取一百七十一條。其注相同者取一百三條。集為一書。凡一千五百三十二條。為二十卷。請付外詳校。擿其違謬。從之。於是公卿八座參議考正舊注有輕重處。竟陵王子良下意多使從輕。其中朝議不能斷者。制旨平決。至九年。廷尉孔稚珪上表曰。臣聞匠萬物者以繩墨為正。馭大國者以法理為本。是以古之聖王臨朝思理。遠防邪萌。深杜奸漸。莫不資法理以成化。明刑賞以樹功者也。伏惟陛下躡曆登皇。乘圖踐帝。天地更築。日月再張。五禮裂而復縫。六樂頹而爰緝。乃發德音。下明詔。降恤刑之文。申慎罰之典。敕臣與公卿八座共刪注律。謹奉聖旨。諮審司徒臣子良。稟受成規。創立條緒。使兼監臣宋躬。兼平臣王植等。抄撰同異。定其去取。詳議八座。裁正大司馬臣嶷。其中洪疑大議。衆論相背者。聖照玄覽。斷自天筆。始就成立律文二十卷。錄敘一卷。凡

二十一卷。今以奏聞。請付外施用。宣下四海。臣又聞老子仲尼曰。古之聽獄者。求所以生之。今之聽獄。求所以殺之。與其殺不辜。寧失有罪。是則斷獄之職。自古所難矣。今律文雖定。必須用之。用失其平。不異無律。律書精細。文約例廣。疑似相傾。故誤相亂。一乖其綱。枉濫橫起。法吏無解。既多謬僻。監司不習。無以相斷。則法書徒明於帙裏。冤魂猶結於獄中。今府州郡縣千有餘獄。如令一獄歲枉一人。則一年之中枉死千餘矣。冤毒之死。上干和氣。聖明所急。不可不防。致此之由。又非但律吏之咎。列邑之宰亦亂其經。或以軍勳餘力。或以勞吏暮齒。獷猜濁氣。忍并生靈。昏心狠態。吞剝氓物。虐理殘其命。曲文被其罪。冤積之興。復緣斯發。獄吏雖良。不能為用。使于公哭於邊城。孝婦冤於遐外。陛下雖欲宥之。其已血濺九泉矣。尋古之名流。多有法學。故釋之定國。聲光漢臺。元常文惠。績映魏閣。今之士子。莫肯為業。

縱有習者。世議所輕。良由空勤永歲。不逢一朝之賞。積學當年。終為閭伍所蚩。將恐此書永墜下走之手矣。今若弘其爵賞。開其勸慕。課業宦流。班習胄子。拔其精究。使處內局。簡其貞良。以居外任。方岳咸選其能。邑長並擢其術。則皋繇之謨。指掌可致。杜鄭之業。鬱焉何遠。然後奸邪無所逃其形。惡吏不能藏其詐。如身手之相驅。若弦括之相接矣。臣以疎短。謬司大理。陛下發自聖衷。憂矜刑網。御延奉訓。遠照民瘼。臣謹仰述天官。伏奏雲陛。所奏繆允者。宜寫律上國學。置律助教。依五經例。國子生有欲讀者。策試上過高第。即便擢用。使處法職。以勸士流。詔報從納。事竟不施行

後魏獻文帝詔諸監臨之官。所監治受羊一口。酒一斛者。罪至大辟。與者以從坐論。糾告得尚書已下罪狀者。各隨所糾官輕重而授之。雍州刺史張白澤上表諫曰。伏見詔書。禁尚書以下受禮者刑身。糾之

者代職。伏惟三載考績。黜陟幽明。斯乃不易之令軌。百王之通式。今之都曹。古之公卿也。皆翊扶萬機。贊徽百揆。風化藉此而平。治道由茲而穆。且周之下士。尚有代耕。況皇朝貴仕。而服勤無報。豈所謂祖襲堯舜。憲章文武者乎。羊酒之罰。若行不已。臣恐姦人窺望。忠臣懈節。而欲使事靜民安。治清務簡。至於委任責成。下民難辯。如臣愚量。請依律令舊法。稽同前典。班祿酬廉。首去亂群。常刑無赦。苟能如此。則升平之軌。期月可望。刑措之風。三年必致矣。顯祖納之。

孝文帝謂侍臣曰。百揆多途。萬機事猥。未周之闕。卿等宜有所陳。尚書中書監高閭對曰。臣伏思太皇太后十八條之令。及仰尋聖朝所行。事周於百揆。理兼於庶務。孔子至聖。三年有成。子產治鄭。歷載乃就。今聖化方宣。風政驟改。行之積久。自然致治。理之必明。不患事闕。又為政之道。終始若一。民可使由之。不可使知之。政令既宣。若有不合

於民者因民之心而改之。願終成其事。使至教必行。臣反覆三思。理畢於此。不知其它。但使令之法度必理。必明。必行。必久。勝殘去殺。可不遠而致。高祖曰。刑法者王道之所用。何者為法。何者為刑。施行之曰。何先何後。閭對曰。臣聞刑制立會。軌物齊衆。謂之法。犯違制約。致之於憲。謂之刑。然則法必先施。刑必後著。自鞭杖已上至於死罪。皆謂之刑。刑者成也。成而不可改。高祖曰。論語稱冉子退朝。孔子問曰。何晏也。對曰有政。子曰。其事也。如有政。雖不吾以。吾其與聞之。何者是政。何者是事。閭對曰。臣聞政者。君上之所施行。合於法度。經國治民之屬。皆謂之政。臣下奉教承旨。作而行之。謂之事。然則天下大同。風軌齊一。則政出於天子。王道衰。則政出於諸侯。君道虧。則政出於大夫。故詩敘曰。王道衰。政教失。則國異政。家殊俗。政者上之所行。事者下之所奉。高祖曰。若君命為政。子夏為莒父宰。問政。此應奉命而已。何得稱政。尚書游明根曰。子夏宰民。故得稱政。帝善之

宣武帝時。有詔以姦吏犯罪每多逃遁。因眚乃出。並皆釋然。自今已後。犯罪不問輕重而藏竄者悉遠流。若永避不出。兄弟代徙。尚書左僕射源懷奏曰。謹案條制。逃吏不在赦限。竊惟聖朝之恩。事異前宥。諸流徙在路。尚蒙旋反。況有未發而仍遣邊戍。按守宰犯罪逃走者衆。祿潤既優。尚有茲失。及蒙恩宥。卒然得還。今獨苦此等。恐非均一之法。如臣管執。謂宜免之。書奏。門下以成式既班。駮奏不許。懷重奏曰。臣以為法貴經通。治尚簡要。刑憲之設。所以綱羅罪人。苟理之所備。不在繁典。行之可通。豈容峻制。此乃古今之達政。救世之恒規。伏尋條制。勳品已下罪發逃亡。遇恩不宥。仍流妻子。雖欲抑絕奸途。匪為通式。謹按事條。侵官敗法。專據流外。豈九品已上人皆貞白也。其諸州守宰。職任清流。至有貪濁。事發逃竄。而遇恩免罪。勳品已下。獨乖斯例。如此。則寬縱上流。法切下吏。育物有差。惠罰不等。又謀逆滔天。輕恩尚免。吏犯微罪。獨不蒙赦。使大宥之經不通。開生之路致壅。進違古典。退乖令律。輒率愚見以為宜停。書奏。世宗納之

時詔以奸吏逃刑。懸配遠戍。若永避不出。兄弟代之。并州大中正郭祚奏曰。慎獄審刑。道煥先古。垂憲設禁。義纂惟今。是以先王沿物之情。為之軌法。故八刑備於昔典。奸律炳於來制。皆所以謀其始迹。訪其成罪。敦風厲俗。永資世範者也。伏惟旨義博遠。理絕近情。既懷愚異。不容不述。誠以敗法之原。起於奸吏。奸吏雖微。敗法實甚。伏尋詔旨。信亦斷其逋逃之路。為治之要。實在於斯。然法貴止奸。不在過酷。立制施禁。為可傳之於後。若法猛而奸不息。禁過不可永傳。將何以載之刑書。垂之百代。若以奸吏逃竄。徙其兄弟。罪人妻子。復應徙之。此則一人之罪。禍傾二室。愚謂罪人既逃。止徙妻子。走者之身。懸名永配。於眚不免。奸徒自塞。詔從之

孝明帝時。蘭陵公主駙馬都尉劉輝坐與河陰縣民張智壽妹容妃。陳慶和妹慧猛奸亂耽惑。毆主傷胎。輝懼罪逃亡。門下處奏各入死刑。智壽慶和並以知情不加防限。處以流坐。詔曰。容妃慧猛恕死髡鞭付宮。餘如奏。尚書三公郎中崔纂執曰。伏見旨募若獲劉輝者。職人賞二階。白民聽出身進一階。廝役免役。奴婢為良。案輝無叛逆之罪。賞同反人劉宣明之格。又尋門下處奏以容妃慧猛與輝私奸。兩情耽惑。令輝挾忿毆主傷胎。雖律無正條。罪合極法。並處入死。其智壽等二家配敦煌為兵。天慈廣被。不即誅讁。雖恕其命。竊謂未可。夫律令高皇帝所以治天下。不為喜怒增減。不由親疏改易。案鬬律。祖父母父母忿怒以兵刃殺子孫者五歲刑。毆殺者四歲刑。若心有愛憎而故殺者各加一等。雖王姬下降。貴殊常妻。然人婦之孕。不得非

一夕生。永平四年。先朝舊格。諸刑流及死。皆首罪判官。後決從者。事必因本以求支。獄若以輝逆避。便應懸處。未有捨其首罪而成其末從。流死參差。或時未允。門下中禁大臣。職在敷奏。昔邴吉為相。不存鬬斃而問牛端。豈不以司別故也。案容妃等罪止於奸私。若擒之織席。衆證分明。即律科處。不越刑坐。何得同宮掖之罪。齊奚官之律。案智壽口訴妹適司士曹參軍羅顯貴。已生二女。於其夫則它家之母。禮云。婦人不二夫。猶曰不二天。若私門失度。罪在於夫。釁非兄弟。昔魏晉未除五族之刑。有免子戮母之坐。何曾諍之。謂在室之女從父母之刑。已醮之婦從夫家之刑。斯乃不刊之令軌。古今之通議。律期親相隱之謂凡罪。況奸私之醜。豈得以同氣相證。論刑過其所犯。語情又乖律憲。案律奸罪無相緣之坐。不可借輝之忿加兄弟之刑。夫刑人於市與衆棄之。爵人於朝與衆共之。明不私於天下。無欺於耳

目。何得以正刑書施行四海。刑名一失。駟馬不追。既有詔旨。依即行下。非律之案。理宜更請。尚書元脩義以為昔哀姜悖禮於魯。齊侯取而殺之。春秋所譏。又夏姬罪濫於陳國。但責徵舒而不非父母。明婦人外成犯禮之愆。無關本屬。況出適之妹釁及兄弟乎。右僕射游肇奏言臣等謬參樞轄。獻替是司。門下出納。謨明常則。至於無良犯法職有司存。劾罪結案。本非其事。容妃等奸狀罪止於刑。並處極法。準律未當。出適之女。坐及其兄。推據典憲。理實為猛。又輝雖逆刑。罪非孥戮。慕同大逆。亦謂加重。乖律之案。理宜陳請。乞付有司。重更詳議。時廷尉少卿袁翻以犯罪之人經恩競訴。枉直難明。遂奏曾染風聞者不問曲直。推為獄成。悉不斷理。詔令門下尚書廷尉議之。三公郎辛雄議曰。春秋之義。不幸而失。寧僭不濫。僭則失罪人。濫乃害善人。今議者不忍罪奸吏。使出入縱情。令君子於小人薰蕕不別。豈所謂賞善罰惡。殷勤恤隱者乎。仰尋周公不滅流言之懲。俯惟釋之不加驚馬之辟。所以小大用情。貴在得所。失之千里。差在毫釐。雄久執按牘。數見疑訟。職掌三千。願言者六。一曰。御史所糾。有注其逃走者。及其出訴。或為公使。本曹給過。有所指。如不推檢文案。灼然者雪之。二曰。御史赦前注獲見贓。不辯行賊主名。檢無路以置直之主。宜應洗復。三曰。經拷不引。傍無三品證比。以獄按既成。因即除削。或有擾令奏復者。與奪不同。未獲為通例。又須定何如得為證人。若必須三人對見受財。然後成證。則於理太寬。若傳聞即為證。則於理為急。今請以行賊後三人俱見物。及證狀顯著。准以為驗。四曰。赦前斷事。或引律乖錯。使除復失衷。雖按成經赦。宜追從律。五曰。經赦除名之後。或邀駕訴枉。被旨重究。或訴省稱冤。為奏更檢。事付有司。未被研判。遂遇恩宥。如此之徒。謂不得異於常格。依前按為定。若不合拷究。已復

之流。請不追奪。六曰。或受辭下檢。反覆使鞫。獄證占分明。理合清雪。未及告按。忽逢恩赦。若從占證而雪。則違正格。如除其名。罪濫潔士。以為罪須按成。雪以占定。若拷未畢格。及要證一人不集者。不得為占定。古人雖患察獄之不精。未聞知冤而不理。今之所陳。實士師之深疑。朝夕之急務。願垂察焉。詔從雄議

孝莊帝時。姊壽陽公主行犯清路。執赤棒卒呵之不止。御史中尉高道穆令卒棒破其車。公主深以為恨。泣以訴帝。帝謂公主曰。高中尉清直之臣。彼所行者公事。豈可私恨責之也。道穆後見帝。帝曰。一日家姊行路相犯。極以為愧。道穆免冠謝曰。臣蒙陛下恩。守陛下法。不敢獨於公主虧朝廷典章。以此負陛下。帝曰。朕以愧卿。卿反謝朕。尋敕監儀注

東魏孝靜帝天平間。竇瑗行晉州事。既還京師。上表曰。臣在晉州之日。

蠢茲群黎。新制。即條朝命宣示所部。士庶忻仰。有若三章。臣聞法象巍巍。乃大舜之事。政道郁郁。亦隆周之軌。故元首股肱。可否相濟。聲教之聞。於此為證。伏惟陛下應圖臨寓。握紀承天。克構洪基。會昌寶歷。式張琴瑟。且調宮羽。安甚刪泰。革弊遷澆。俾高祖之德。不墜於地。晝一既歆。萬國歡躍。臣伏讀至三公曹第六十六條。母殺其父。子不得告。告者死。再三返覆之。未得其門。何者。按律子孫告父母祖父母者死。又漢宣云。子匿父母。孫匿大父母。皆勿論。蓋謂父母祖父母小者攘羊。甚者殺害之類。恩須相隱。律抑不言。法理如是。足見其直。未必指母殺父。止子不言也。若父殺母。乃是夫殺妻。母卑於父。此子不告。是也。而母殺父。不聽子告。臣誠下愚。輒以為惑。昔楚康王欲殺令尹子南。其子棄疾為王御士而上告焉。對曰。泄命重刑。臣不為也。王遂殺子南。其徒曰。行乎。吾與殺吾父。行將焉入。曰。臣事。曰。殺父事讎。

吾不忍。乃縊而死。注云。棄疾自謂不告父為與殺。謂王為讎。皆非禮。春秋譏焉。斯蓋門外之治。以義斷恩。知君殺父而子不告是也。母之於父。同在門內。恩無可掩。義無斷割。知母將殺。理應告父。如其已殺。宜聽告官。今母殺父而子不告。便是知母而不知父。識比野人。義比禽獸。且母之於父。作合移天。既殺己之天。復殺子之天。二天頓毀。豈容頓默。此母之罪。義在不赦。下手之日。母恩即離。仍以母道不告。鄙臣所以致惑。今聖化淳洽。穆如韶夏。食椹懷音。梟獍猶變。況承風稟教。識善知惡之民哉。脫下愚不移。事在言外。如或有之。可臨時議罪。何用豫制斯條。用為訓誡。誠恐千載之下。談者譏譚。以明明大朝有尊父卑母之論。以臣管見。實所不取。如在淳風厚俗以欲行之。臣君父一也。父者子之天。被殺事重。宜附父謀反大逆子得告之條。父一而已。至情可見。竊惟聖主有作。明賢贊成。光國寧民。用為大非。下

走頑叡所能上測。但愛恩深重。輒獻瞽言。儻蒙收察。乞付詳議。詔付尚書三公郎封君義立判云。身體髮膚。受之父母。生我勞悴。續莫大焉。子於父母。同氣異息。終天靡報。在情一也。今忽欲論其尊卑。辨其優劣。推心未忍。訪古無據。母殺其父。子復告母。母由告死。便是子殺。天下未有無母之國。不知此子將欲何之。案春秋莊公元年。不稱即位。文姜出故。服虔注云。文姜通兄齊襄。與殺公而不反。父殺母出。隱痛深諱。期而中練。思慕少殺。念至於母。故經書三月夫人遜於齊。既有念母深諱之文。明無讎疾告列之理。且聖人設法。所以防淫禁暴。極言善惡。使知而避之。若臨事議刑。則陷罪多矣。惡之甚者。殺父害君。著之律令。百王罔革。此制何嫌獨求削去。既於法無違。於事非害。宣布有年。謂不宜改。璦復難云。尋局判云。子於父母。同氣異息。終天靡報。在情一也。今欲論其尊卑。辨其優劣。推心未忍。訪古無據。璦復

議曰。易曰。天尊地卑。乾坤定矣。又曰。乾。天也。故稱父。坤。地也。故稱母。又曰。乾為天為父。坤為地為母。禮喪服經曰。為父斬衰三年。為母齊衰期。尊卑優劣。顯在典章。何言訪古無據。局判云。母殺其父。子復告母。母由告死。便是子殺。天下未有無母之國。不知此子將欲何之。璦案典律。未聞母殺其父而子有隱母之義。既不告母。便是與殺父。天下豈有無父之國。此子獨得有所之乎。局判又云。案春秋莊公元年。不稱即位。文姜出故。服虔注云。文姜通於兄齊襄。與殺公而不反。父殺母出。隱痛深諱。期而中練。思慕少殺。念至於母。故經書三月夫人遜於齊。既有念母深諱之文。明無讎疾告列之理。璦尋注義。隱痛深諱者。以父為齊所殺而母與之。隱痛父死。深諱者。以父為齊所殺而母與之。隱痛父死。深諱母出。故不稱即位。非為諱母與殺也。是以下文以義絕其罪。不為與殺明矣。公羊傳曰。君殺子不言即位。隱之也。

朞而中練。父憂少衰。始念於母。略書夫人遜于齊。是內諱出奔。猶為罪文。傳曰。不稱姜氏。絕不為親禮也。注云。夫人有與殺桓之罪。絕不為親。得尊父之義。善莊公思大義絕有罪。故曰禮也。以大義絕有罪。得禮之衷。明有讎疾告列之理。但春秋桓莊之際。齊為大國。通乎文姜。魯公讁之。文姜以告齊襄。使公子彭生殺之。魯既弱小而懼於齊。是時天子衰微。又無賢霸。故不敢讎之。又不敢告列。惟得告於齊曰。無所歸咎。惡於諸侯。請以公子彭生除之。齊人殺公子彭生。案即此斷。雖有援引。即以消推理。尚未遣惑。事遂停寢

隋文帝時。尚書省嘗奏犯罪人依法合流而上處以大辟。黃門侍郎柳莊奏曰。臣聞張釋之有言。法者天子所與天下共也。今法如是更重之。是法不信於民心。方今海內無事。正是示信之時。伏願陛下思釋之之言。則天下幸甚。帝不從

煬帝在顯仁宮。勅宮外衛士不得輒離所守。有一主帥私令衛士出外。帝付大理繩之。大理少卿源師據律奏徒。帝令斬之。師奏曰。此人罪誠難恕。若陛下初便殺之。自可不關文墨。既付有司。義歸恒典。脫宿衛近侍者更有此犯。將何以加之。帝乃止

唐高祖武德初。擢李素立為監察御史。民犯法不及死。高祖欲殺之。素立諫曰。三尺法天下所共有。一動搖則人無以措手足。方大業經始。奈何輦轂下先棄刑書乎。帝嘉納

太宗貞觀元年。吏部尚書長孫無忌嘗被召。不解佩刀入東上閤門。出閤後。監門校尉始覺。尚書右僕射封德彝議以監門校尉不覺。罪當死。無忌誤帶刀入。徒二年。罰銅二十斤。太宗從之。大理少卿戴胄駁曰。校尉不覺無忌帶刀入內。同為誤耳。夫臣子之於尊極。不得稱誤。准律云。供御湯藥飲食舟船。誤不如法者皆死。陛下若錄其功。非憲司所決。若當據法。罰銅未為得中。太宗曰。法者非朕一人之法。乃天下之法。何得以無忌國之親戚。更欲撓法耶。更令定議。德彝執議如初。太宗將從其議。胄又駁奏曰。校尉緣無忌以致罪。於法當輕。若論其過誤。則為情一也。而生死頓殊。敢以固請。太宗乃免校尉之死。

是時朝廷盛開選舉。或有詐偽階資者。太宗令其自首。不首罪至于死。俄有詐偽者事洩。胄據法斷流以奏之。太宗曰。朕初下勅不首者死。今斷從流。是示天下以不信矣。胄曰。陛下當即殺之。非臣所及。既付所司。臣不敢虧法。太宗曰。卿自守法而令朕失信耶。胄曰。法者國家所以布大信於天下。言者當時喜怒之所發耳。陛下發一朝之忿而許殺之。既知不可而寘之於法。此乃忍小忿而存大信。臣竊為陛下惜之。太宗曰。朕法有所失。卿能正之。朕復何憂也

三年。太宗詔關中免二年租稅。關東給復一年。尋有勅已役已納並

遣輸了。明年總為準折。給事中魏徵上書曰。臣伏見八月九日詔書率土皆給復一年。老幼相歡。或歌且舞。又聞有勅丁已配役即令役滿折造。餘物亦遣輸了。待明年總為準折。道路之人。咸失所望。此誠平分百姓。均同七子。但下民難與圖始。日用不足。皆以國家追悔前言。二三其德。臣竊聞之。天之所輔者仁。人之所助者信。今陛下初膺大寶。億兆觀德。始發大號。便有二言。生八表之疑心。失四時之大信。縱國家有倒懸之急。猶必不可。況以太山之安而輒行此事。為陛下為此計者於財利小益。於德義大損。臣誠智識淺短。竊為陛下惜之。伏願少覽臣言。詳擇利益。冒昧之罪。臣所甘心。今簡點使。右僕射封德彝等並欲中男十八已上簡點入軍。勅三四出。徵執奏以為不可。德彝重奏今見簡點使云。次男內大有壯者。太宗怒。乃出勅中男已上雖未十八身形壯大亦取。徵又不從不肯署勅。太宗召徵及王珪

作色而待之曰中男若實小自不點入軍若實大亦可簡取於君何嫌過作如此固執朕不解公意徵正色曰臣聞竭澤取魚非不得魚明年無魚焚林而畋非不獲獸明年無獸若次男已上盡點入軍租賦雜徭將何取給且比年國家衛士不堪攻戰豈為其少但為禮遇失所遂使人無鬬心若多點取人還充雜使其數雖衆終是無用若精簡壯健遇之以禮人百其勇何必在多陛下每云我之為君以誠信待物欲使官人百姓並無矯僞之心自登極已來大事三數件皆是不信復何以取信於人太宗愕然曰所云不信是何等也徵曰陛下初即位詔書曰逋私宿債欠負官物並悉原免即令所司列為事條秦府國司亦非官物陛下自秦王為天子國司不為官物其餘物復何所有又關中免二年租調關外給復一年百姓蒙恩無不歡悅更有勑旨今年白丁多以役訖若從此放免並是虛荷國恩若已折

已輸令總納取了所免者皆以來年為始散還之後方更徵收百姓之心不能無怪已徵得物便點入軍來年為始何以取信又共理所寄在於刺史縣令常年貌稅並悉委之至於簡點即疑其詐僞望下誠信不亦難乎太宗曰我見君固執不已疑君蔽此事今論國家不信乃人情不通我不尋思過亦深矣行事往往如此錯失若為致理乃停中男賜金甕一口賜珪絹五十匹

太宗時刑部奏張君快歐陽林謀殺蘇志約取銀君快不下手貞觀九年三月敕劫賊不傷財主免死配流經門下奏定刑部郎中高敬言舉斷合死門下執依前奏尚書任城王道宗錄奏太宗謂侍臣曰國有常典事迹可明何得各為意見并其文墨勾令御史勘當御史奏之太宗曰君快等謀為劫殺何得免死因令殺之魏徵進諫曰據律劫賊傷財主者皆死謀殺之條元謀者斬下手者絞从者皆配流劫賊重謀殺輕赦是一時之恩劫賊不傷財主免死配流則君快從重法被寬而刑部於後從輕法斷死臣實有疑太宗曰幾人行劫徵對曰三人下手者處死罪太宗令議議定奏聞太宗曰三人謀從二人之言因令配流

太宗因教習不整遣大將軍張士貴杖中郎郎將等士貴坐杖輕下吏魏徵諫曰臣外竊聞大將軍張士貴坐行杖阿縱送付大理臣以為教習不整官司誠合重責但將軍之任職在爪牙委以心膂取其識效行杖小有不稱未是將軍之罪且使將軍執杖已不可為後法又以杖輕加責彌復驚駭物情假令推得阿私終恐有虧聖德太宗大悅遂令釋之

時陳倉折衝都尉魯寧坐事繫獄自恃高班慢罵陳倉尉劉仁軌仁軌杖殺之州司以聞上怒命斬之怒猶不解曰何物縣尉敢殺吾折

衝命追至長安面詰之仁軌曰魯寧對臣百姓辱臣如此臣實忿而殺之辭色自若魏徵侍側曰陛下知隋之所以亡乎曰何也徵曰隋末百姓強而凌官吏如魯寧之比是也上悅擢仁軌為櫟陽丞

侍御史張仲素奏慶州樂蟠縣令叱奴騭盜用官倉粟驗並實太宗令斬之中書舍人楊文瓘奏據律不合死太宗曰倉糧朕之所重若不加法恐犯者滋多魏徵諫曰陛下設法與天下共之今若改張人將法外畏罪更復有重者又何以加焉太宗從之

太宗御大極殿大赦因謂侍臣曰為君極難法若急恐濫及善人法若寬則不肅姦宄寬猛之間君為折衷魏徵對曰自古為政者因時設教若人情似急則濟之以寬如有寬慢則糾之以猛時既不常所以法令弗定

慶州都督党仁弘嘗率鄉兵二千助高祖起封長沙郡公仁弘亦通

豪酋納金寶沒降獠為奴婢又擅賦夷人既還有所七十或告其贓法當死帝哀其老且有功因貸為庶人乃召五品以上謂曰賞罰所以代天行法今朕寬仁弘死是自弄法以負天也人臣有過請罪於君君有過宜請罪於天其令有司設藁席于南郊三日朕將請罪房玄齡等曰寬仁弘不私而以功何罪之請百僚頓首三請乃止

時同州人房強以弟謀反當從坐帝因錄囚為之動容曰反逆有二興師動眾一也惡言犯法二也輕重固異而均謂之反連坐皆死豈定法耶房玄齡等議曰禮孫為父尸故祖有蔭孫令是祖孫重而兄弟輕於是令反逆者祖孫與兄弟緣坐皆配沒惡言犯法者兄弟配流而已

時李乾祐為殿中侍御史鄃令裴仁軌私役門卒太宗欲斬之乾祐曰法令與天下共之非獨陛下有也仁軌以輕罪致極刑非畫一之制刑罰不中則民無所措手足帝意解

太宗患吏多受賕乃密使左右試賂之有司門令史受絹一匹上欲殺之民部尚書裴矩諫曰為吏受賂罪誠當死但陛下使人遺之而受乃陷人於法也恐非所謂道之以德齊之以禮上悅告群臣曰裴矩能當官力爭不為面從儻每事皆然何憂不治

太宗嘗謂侍臣曰比有奴告主謀逆此極弊法特須禁斷假令有謀反者必不獨成終將與人計之眾計之事必有他人論之豈藉奴告主也自今奴告主者皆不須受盡令斬決又曰詔令格式若不常定則人心多惑奸詐益生周易稱渙汗其大號言發號施令若汗出於體一出而不復也又書曰慎乃出令令出惟行弗惟反且漢祖日不暇給蕭何起於小吏制法之後猶稱畫一今宜詳思此義不可

輕出詔令必須審定以為永式又曰國家法令唯須簡約不可一罪作數種條格式既多官人不能盡記更生奸詐若欲出罪即引輕條若欲入罪即引重條數變法者實不益道理宜令審細毋使互文致疑

高宗時司農盧文操盜左藏物上命誅之諫議大夫蕭鈞諫曰文操情實難原然法不至死上乃免之顧侍臣曰此真諫議也

時鄃公李孝協為魏州刺史坐贓賜死有司奏孝協父叔良死王事不可絕其嗣上曰畫一之法不以親疎異制苟害百姓雖太子亦不赦

時將軍權善才中郎將范懷義誤斫昭陵柏當除名上特命殺之大理丞狄仁傑奏罪不當死上曰成不殺則為不孝仁傑固執不已上怒令出仁傑曰犯顏直諫自古以為難臣以為遇桀紂則難遇堯舜則易夫法不至死而陛下特殺之是法不信於人也人何所措其手足且張釋之有言設有盜長陵一抔土陛下何以處之今以一柏殺二將軍後代謂陛下為何如矣臣不敢奉詔者恐陷陛下於不道且羞見釋之於地下也上怒解遂貸之擢仁傑為侍御史

武后時左拾遺陳子昂上復讎議狀曰先王立禮所以進人也明罰所以齊政也夫枕干讎敵人子之義誅罪禁亂王政之綱然則無義不可以訓人亂綱不可以明法故聖人脩禮理內飭法防外使夫守法者不以禮廢刑居禮者不以法傷義然後能使暴亂不作廉恥以興天下所以直道而行也竊見同州下邽人徐元慶父爽為縣吏趙師韞所殺元慶鬻身庸保為父報讎手刃師韞束身歸罪雖古烈者亦何以多誠足激清名教旁感忍辱義士之靡者也然按之國章殺人者死則國家畫一之法也法之不二元慶宜伏辜又按禮經父讎不同天亦國家勸人之教也教之不苟元慶不宜誅然臣聞昔刑之所生本以遏亂人之所利蓋以崇德今元慶報父之仇意非亂也行

子之道義能仁也仁而無利與亂同誅是曰能刑未可以訓元慶之
可顯有於此矣然則邪由正生理必亂作昔禮防至密其弊不勝先
王所以明刑本實由此今僅義元慶之節廢國之刑將為後圖政必
多難則元慶之罪不可廢也何者人必有子子必有親親親相讎其
亂誰救聖人作始必圖其終非一朝一夕之故以全其政也故曰信
人之義其政不行且夫以私義而害公法仁者不為以公法而徇私
義王道不設元慶之所以仁高振古義伏當時以其能忘生而及於
德也今若釋元慶之罪以利其生是奪其德而虧其義非所謂殺身
成仁全死無生之節也如臣等所見謂宜正國之法寘之以刑然後
旌其閭墓嘉其徽烈可使天下直道而行編之於令永為國典
時大夫魏元忠為張易之構譖嶺表太僕崔貞慎東宮率獨孤禕之
祖道易之怒使人上急變告貞慎等與元忠謀反武后詔監察御史

馬懷素按之使者促迫懷素執不從曰貞慎餞流人當得罪以為謀
反則非昔彭越以逆誅欒布奏事尸下漢不坐罪今元忠罪非越比
不宜坐餞流謫之人且陛下操生殺柄欲加之罪自當廢決理心既
付臣按狀惟知守陛下法爾后意解
中宗神龍初左拾遺趙冬曦上書曰古律條目千餘隋時奸臣侮法
著律曰律無正條者出罪舉重以明輕入罪舉輕以明重一辭而廢
條目數百自是輕重沿愛憎被罰者不知其然使貫爼見之慟哭必
矣夫法易知則下不敢犯而遠機穽文義深則吏乘便而朋附盛律
令格式謂宜刊定科條直書其事其以準加減比附量情及舉輕以
明重不應為之類皆勿用使愚夫愚婦相率而遠罪犯者雖貴必坐
律明則人信法一則主尊
神龍中大理正王志愔嘗奏言法令者人之隄防不立則無所制今

大理多不奉法以縱罪為仁持文為苛臣執刑典恐且得謗遂上所
著應正論云易萃之六二曰引吉無咎謂聚萃之時已獨居正異操
而聚獨正者危未能以遠害惟九五應之乃能正迎吉由已居下位
而中之元託期於上應之不括囊以守祿也又言刑賞二柄惟人主
操之故曰以力役法者百姓也以死守法者有司也以道變法者君
上也魏游肇為廷尉帝私勅肇有所降恕肇執不從曰陛下自能恕
之豈可令臣曲筆也又言為國當以嚴致平非以寬致平嚴者非凝
網重罰在人不易犯而防難越也故捨銜策以奔踶則王良不能御
驛停藥石於膏肓則俞附不能攻疾又言漢武帝甥昭平君殺人以
公主子廷尉上議帝垂涕曰法令者先帝之所造也用親故誣先帝
法吾何面目入高廟乎卒可其奏隋文帝子秦王俊為并州總管以
奢縱免官楊素曰王陛下愛子請赦之帝曰法不可違若如公意我

乃五兒之父非兆人之父何不別制天子子律乎故天子操法有不
變之義凡數千言帝嘉之
玄宗時武疆令裴景仙丐贓五千匹亡命帝怒詔殺之大理卿李朝
隱曰景仙乃先寀有國功載初時家為酷吏所破誅夷略盡而景仙
獨存且承嫡於法當請又丐乞贓無死比籍當死坐猶將宥之使私
廟之祀無餒魂可也帝不許固請曰生殺之柄人主專之條別輕重
有司當守且贓惟枉法抵死今丐贓即斬後有枉法將又何加且近
發德音杖者聽減流者給程豈一景仙獨過常法有詔決杖百流嶺
南
肅宗至德中將軍王去榮殺富平令杜徽肅宗新得陝且惜去榮材
詔貸死以流人使自效中書舍人李至諫曰聖人誅亂必先示法令
崇禮義漢始入關約法三章殺人者死不易之法也按將軍去榮以

朔方偏裨提數千士不能盤行列挾私怨殺縣令有犯上之逆或曰去榮善守陝新下非去榮不可守臣謂不然李光弼守太原程千里守上黨許叔冀守靈昌魯炅守南陽賈賁守雍丘張巡守睢陽初無去榮未聞賊能下也以一能而免死彼弧矢絕倫劒術無前者恃能犯上何以止之若捨去榮誅將來是法不一而招罪人也惜一去榮殺十去榮之材其傷益多彼逆亂之人有逆於此而順於彼乎亂富平而治於陝乎悖縣令能不悖於君乎律令者太宗之律令陛下不可以一士小材廢祖宗大法帝詔羣臣議太子太師韋見素文部郎中崔器等皆以為法者天地大典王者不敢專也帝王不擅殺而小人得擅殺者是權過人主開元以前無敢專殺尊朝廷也今有之是弱國家也太宗定天下陛下復鴻業則去榮非至德罪人乃貞觀罪人也其罪祖宗所不赦陛下可易之耶詔可

代宗時御史臺請天下斷獄一切待報唯殺人許償死論徒者得悉徙邊京兆尹嚴郢奏言罪人徙邊即流也流有三而一用之議難且殺人外猶有十惡偽造用符印強光火諸盜令一從之法太輕不足禁惡又罪抵徒科別差殊或毆傷夫婦雖非義絕養男別姓立嫡不如式私度關冒戶等不可悉而與十惡同徙即輕重不倫又按京師天下聚論徙者至廣例不覆讞今若悉待報有司斷決有程月不啻五千獄正恐牒按填委章程紊撓且邊及近邊犯死徒流者若何差請下有司更議

順宗時禮部員外郎柳宗元駁復讎議狀曰臣伏見天后時有同州下邽人徐元慶者〔邽音圭〕父爽為縣尉趙師韞所殺卒能手刃父讎束身歸罪當時諫臣陳子昂建議誅之而旌其閭且請編之於令永為國典臣竊獨過之臣聞禮之大本以防亂也若曰無為賊虐凡為子者殺無赦刑之大本亦以防亂也若曰無為賊虐凡為治者殺無赦其本則合其用則異旌與誅莫得而並焉〔一本作不得並也〕誅其可旌茲謂濫黷刑甚矣旌其可誅茲謂僭壞禮甚矣果以是示于天下傳于後代趨義者不知所向違害者不知所立以是為典可乎蓋聖人之制窮理以定賞罰本情以正襃貶統於一而已矣嚮使刺讞其誠偽〔讞語蹇切議罪也〕考正其曲直原始而求其端則刑禮之用判然離矣何者若元慶之父不陷於公罪師韞之誅獨以其私怨奮其吏氣虐于非辜州牧不知罪刑官不知問上下蒙冒籲號不聞而元慶能以戴天為大恥枕戈為得禮〔禮記曲禮云父之讎不與共戴天又檀弓云寢苫枕干不與共天下也〕處心積慮以衝讎人之胸介然自克即死無憾是守禮而行義也執事者宜有慚色將謝之不暇而又何誅焉其或元慶之父不免於罪師韞之誅不愆於法是非死於吏也是死於法也法其可讎乎讎天子之法而戕奉法之吏是悖驁而凌上也〔悖音孛驁音傲〕執而誅之所以正邦典而又何旌焉且其議曰人必有子子必有親親親相讎其亂誰救是惑於禮也甚矣禮之所謂讎者蓋其寃抑沉痛而號無告也非謂抵罪觸法陷于大戮而曰彼殺之我乃殺之不議曲直暴寡脅弱而已其非經背聖不亦甚哉周禮調人掌司萬人之讎凡人而義者令勿讎讎之則死有反殺者邦國交讎之〔周禮地官〕又安得親親相讎也春秋公羊傳曰父不受誅子復讎可也父受誅子復讎此推刃之道復讎不除害〔公羊定公四年〕今若取此以斷兩下相殺則合於禮矣且夫不忘讎孝也不愛死義也元慶能不越於禮服孝死義是必達理而聞道者也夫達理聞道之人豈其以王法為敵讎者哉議者反以為戮黷刑壞禮其不可以為典明矣請下臣議附于令有斷斯獄者不宜以前議從事謹議

永貞間郭子儀婿太僕卿趙縱為奴告下御史劾治而奴留內侍省

中書侍郎同中書門下平章事張鎰奏言。貞觀時。有奴告其主謀反者。太宗曰。謀反理不獨成。尚當有他人論之。豈藉奴告耶。乃著令奴告主者斬。由是賤不得干貴。下不得淩上。教本既脩。悖亂不萌。頃者長安令李濟以奴得罪。萬年令霍晏因婢坐譴。臺下頹。主反畏之。悖慢成風。漸不可長。建中九年五月辛卯詔書。奴婢告主非謀叛者同自首法。並準律論。由是獄訴衰息。今縱事非叛逆而奴留禁中。獨下縱獄。情所不猒。且將帥功孰大於子儀。冢土倍乾。兩婿前已得罪。縱復繼之。不數月斥其三婿。假令縱實犯法。事不緣奴。尚宜錄勳念亡以從蕩宥。況為奴所愬耶。陛下方貴武臣以討賊。彼雖見寵一時。不能忘懷於異日也。帝納之

時玉工為帝作帶誤毀一銙。工不敢聞。私市它玉足之。及獻。帝識不類。擿之。工人伏罪。帝怒其欺。詔京兆府論死。兵部侍郎同中書門下

平章事柳渾曰。陛下遽殺之則已。若委有司。須詳讞乃可。於法誤傷乘輿器物罪當杖。請論如律。由是工不死

憲宗元和六年。富平人梁悅為父報仇殺人。詣縣請罪。勅復讎。據禮經則義不同天。徵法令則殺人者死。禮法二事。皆王教之端。有此異同。必資論辨。宜令都省集議聞奏者。朝議郎行尚書職方員外郎上騎都尉韓愈議曰。伏以子復父讎。見於春秋。見於禮記。又見周官。又見諸子史。不可勝數。未有非而罪之者也。最宜詳於律而律無其條。非闕文也。蓋以為不許復讎。則傷孝子之心而乖先王之訓。許復讎。則人將倚法專殺。無以禁止其端矣。夫律雖本於聖人。然執而行之者有司也。經之所明者。制有司者也。丁寧其義於經而深沒其文於律者。其意將使法吏一斷於法。而經術之士得引經而議也。周官曰。凡殺人而義者令勿讎。讎之則死。義宜也。明殺人而不得其宜者子得復讎也。此百姓之相讎者也。公羊傳曰。父不受誅。子復讎可也。不受誅者罪不當誅也。誅者上施於下之辭。非百姓之相殺者也。又周官曰。凡報仇讎者書於士。殺之無罪。言將復讎必先言於官。則無罪也。今陛下垂意典章。思立定制。惜有司之守。憐孝子之心。亦不自專。訪議群下。臣愚以為復讎之義雖同而其事各異。或百姓相讎。如周官所稱。可議於今日。或為官吏所誅。如公羊所稱。不可議於今日。又周官所稱將復讎先告於士則無罪者。若孤稚羸弱。抱微志而伺敵人之便。恐不能自言於官。未可以為斷於今也。然則殺之與赦。不可一例。宜定其制曰。凡復父讎者事發。具其事申尚書省。尚書省集議奏聞。酌其宜而處之。則經律無失其旨矣

穆宗初。牛僧孺以庫部郎中知制誥。徙御史中丞。按治不法。內外澄肅。宿州刺史李直臣坐賕當死。賂宦侍為助。具獄上。帝曰。直臣有才。

朕欲貸而用之。僧孺曰。彼不才者持祿取容耳。天子制法。所以束縛有才者。祿山朱泚以才過人。故亂天下。帝異其言。乃止。賜金紫服以戶部侍郎同中書門下平章事

文宗時。鄭注構宋申錫。捕逮倉卒。內外震駭。右散騎常侍崔玄亮率諫官叩延英苦諍。反復數百言。文宗未諭。玄亮置笏在陛。曰。孟軻有言。衆人皆曰殺之。未可也。卿大夫皆曰殺之。未可也。天子曰殺之。然後察之。乃寘於法。今殺一凡庶。當稽典律。況欲誅宰相乎。臣為陛下惜天下法。不為申錫言也。俯伏流涕。帝感悟。衆亦服其不撓。繇此名重朝廷

武宗會昌中。李德裕上奏曰。臣等每蒙延英召對。獲聞聖言。常欲朝廷尊。臣下肅。此則是陛下深究為理之本。伏以管仲古之大賢。明於理國。其言可以為百代之法。管仲云。凡軍國之重器。莫重於令。令重

則君尊。君尊則國安。故安國在乎尊君。尊君在乎行令。明君察於理人之本。莫要於令。故曰。虧令者死。益令者死。不行令者死。留令者死。不從令者死。五者死而無赦。又曰。令雖在上。而論可與不可者在下。是威下繫於人也。自太和以來。風俗太壞。令出於上。非之者在下。此弊不除。無以理國。常和質所論。宰相不合兼領錢穀。臣等敢以事體聞奏。昔匡衡云。大臣者國家之股肱。萬姓所瞻仰也。明王所慎擇也。傳曰。下輕其上爵。賤人圖柄臣。則國家動搖。而人不靜矣。今常和質受人教導。輒獻封章。則是賤人圖柄臣矣。臣等又以蕭望之是漢朝名儒重德。為御史大夫。奏云。今歲首日月少光。咎在臣等。上以望之意輕丞相。乃下侍中御史中丞詰問。又貞觀中。監察御史陳師合上書云。人之思慮有限。一人不可總數職。太宗云。此人妄有毀謗。止欲離間我君臣。流師合于嶺表。又賈誼云。人主之尊。譬如堂。群臣如陛。衆庶如地。故陛九級。上廉遠地。則堂高。陛無級。廉近地。則堂卑。亦由將相重則君尊。其勢然也。如宰相有奸謀隱慝。則人人皆得上論。至於制置職業。固是人主之柄。非小人所得干議。古者朝廷之士。各守官業。思不出位。況常和質賤人。豈得以非所宜言上黷明主。此是輕宰相矣。後漢太學諸生。頗干時政。其時謂之處士橫議。皆是亂風俗。深要懲絕。伏望陛下知其邪計。從朋黨而來。每事明察。遏絕將來之漸。則朝廷安靜。邪黨自銷。臣等不勝感憤。輒具聞奏。伏望特賜省覽。謹錄奏聞

後周世宗以刑書深古。條目繁細。難於檢討。又前後敕格。重互。亦難詳審。於是中書門下奏曰。伏以刑法者。御人之銜勒。救弊之斧斤。有國家者。不可一日而廢也。雖堯舜之世。亦不能捨此而致治。今奉制旨刪定律令。有以見明罰敕法之意也。竊以朝廷之所用者。律十二卷。律疏三十卷。式二十卷。令三十卷。開成格一十卷。大中刑類一十二卷。後唐以來至漢末編敕三十二卷。及國朝制敕等律令。則文辭古質。或難以詳明。格敕則條目繁多。或有所疑誤。將救舛文之弊。宜伸畫一之規。所冀民不陷刑。吏有所守。臣等商議。望準制旨施行。仍命侍御史知雜事張湜。太子右庶子劇可久。殿中侍御史率汀。職方郎中鄧守中。倉部郎中王瑩。司封員外郎賈玭。太常博士趙礪。國子博士李光贊。大理正蘇曉。太子中允王伸等十人。編集新格。勒成部秩。律令之有難解者。就文訓釋。格敕之有繁雜者。隨事刪削。其有矛盾相違。輕重失宜者。盡從改正。無或拘牽。候畢日委御史臺尚書省四品以上。及兩省五品以上官。參詳可否。送中書門下議定。從之

歷代名臣奏議卷之二百九

法令

宋太祖時。大理正高繼申上言刑統名例律。三品五品七品以上官親屬犯罪各有等第減贖。恐年代已深。不肖自恃先蔭不畏刑章。今犯罪身無官須祖父曾任本朝官據品秩得減贖。如仕于前代。須有功惠及民爲時所推歷官三品以上乃得請。從之

時竇儀進刑統表曰。臣聞虞帝聰明。始恤刑而御物。漢高豁達。先約法以臨人。蓋此丹書。肅于皇極。禮之失則刑之得。作於涼而弊於貪。百王之損益相因。四海之準繩斯在。如銜勒之持逸駕。猶郛郭之域羣居。有國有家。其來尚矣。伏惟皇帝陛下寶圖攸屬。駿命是膺。參日之明。流祥光於有截。繼天而王。垂洪覆於無疆。乃聖乃神。允明克類。河圖八卦。惟上德以潛符。洛書九章。諒至仁而默感。哀矜在念。欽恤爲懷。網從自密而疎。文務從微而顯。乃詔執事。明啓刑書。俾自我朝。彌隆大典。責體時之寬簡。使率土以遵行。國有常科。吏無敢侮。伏以刑統前朝創始。羣彥規爲。貫彼舊章。采綴已從於撮要。屬兹新造。發揮愈合於執中。臣與朝議大夫尚書屯田郎中權大理少卿柱國臣蘇曉。朝散大夫大理正臣奚嶼。朝議大夫大理寺丞柱國臣張希遜等。恭承制旨。同罄考詳。刑部大理法直官陳光乂馮叔向等。俱效檢尋。庶無遺漏。夙宵不怠。綴補俄成。舊二十一卷。今并目錄增爲三十一卷。舊疏議節略。今悉備文。削出式令宣敕一百九條。別編或歸本卷。又編入後來制敕一十五條。各從門類。又錄出一部律內餘條准此。四十四條附名例後。字稍難識者。音於本字之下。義似難曉者。并例具別條者。悉注引於其處。又慮混雜律文。本注並加釋曰二字以別之。務令檢討之司。曉然易達。其有今昔浸異。輕重難同。或則禁約之科。刑名未備。臣等起請總三十二條。其格令宣敕削出及後來至今續降要用者凡一百六條。今別編分爲四卷。名曰新編敕。凡釐革一司一務一州一縣之類。非干大例者。不在此數。草定之初。尋送中書門下。請加裁酌。盡以平章。今則可否之間。上繫宸鑒。將來若許頒下。請與式令及新編敕兼行。其律并疏本書所在依舊收掌。所有大周刑統二十一卷。今後不行。臣等幸偶文明。謬參憲法。金科奧妙。比鬭洞達之能。冊華重輕。徒竊討論之寄。將塵睿覽。唯俟嚴誅

太宗端拱初。廣安軍民安崇緒隸禁兵。訴繼母馮與父知逸離。今奪資產與己子。大理當崇緒訟母罪死。太宗疑之。判大理張佖因執前斷。遂下臺省雜議。徐鉉議曰。今第明其母馮嘗離。即須歸宗。否即崇緒準法處死。今詳案內不曾離異。其證有四。況不孝之刑。教之大者。宜依刑部大理寺斷。右僕射李昉等四十三人議曰。法寺定斷爲不當。若以五母皆同。即阿蒲雖賤。乃崇緒親母。崇緒特以田業爲馮強占。親母衣食不給。所以論訴。若從法寺斷死。則知逸何辜絕嗣。阿蒲何地托身。臣等議田產並歸崇緒。馮合與蒲同居。供侍終身。如是則子有父業可守。馮終身不至乏養。所犯並準赦原。詔從昉等議

真宗時。龐籍權群牧判官。因轉對上言曰。舊制不以國馬假臣下。重武備也。樞密院以帶甲馬借內侍楊懷敏。群牧覆奏。乃賜一馬。三日遽復借之。數日而復繇樞密掌機命。反覆乃如此。平時百官奏事上前。不自批章。止送中書樞密院。近歲降書內降寖多於舊。無以防偏請。杜倖門矣。往者王世融以公主手毆府吏。法當贖金。特停任。近作坊料物庫主吏盜官物。輒自逃避。以宮掖之親。三司遽罷追究。今日聖斷乃異於昔。臣竊惑焉。祥符令撿下稍嚴。胥吏相率空縣而去。令坐罷免。若是則猾強者得志矣。文若此知秀州

三司使丁謂上奏曰。臣准詔開封府民吳遂違制造銷金服。已決訖。准別敕配隸。令三司申明舊禁者。切以儉以制用。有國之彝典。奢則不遜。庶民之大防。國家撫育黎元。務厚風俗。而輦轂之下。僭靡相尚。競造金箔。用求厚利。况山澤之寶。所得難哉。儻縱銷鎔。實為虛費。今約天下所用歲不下十万兩。惜此上幣。棄於下民。雖王者居尊。不貴難得之貨。而有司守職。須條革弊之方。自今金銀箔線貼金銷金泥金。間金蹙金線金裝貼什器土木玩用之物。並請禁斷。非命婦不得用為首飾。冶工所用器悉送上官。違者所在捉搦。許人糾告。乖以違制論。告者給賞錢。仍以犯人家財充

仁宗時。知洪州夏竦上奏曰。臣聞左道亂俗。妖言惑衆。在昔之法。皆殺無赦。蓋以奸臣逆節。狂賊失規。多假鬼神搖動耳目。漢之張角。晉之孫恩。偶失防閑。遂至屯聚。國家宜有嚴制以肅多方。竊以當州東

列七閩。南控百粤。編氓右鬼。舊俗尚巫。在漢欒巴。已嘗翦理。爰從近歲。傳習滋多。假託禨祥。愚弄黎庶。勦絶性命。規取貨財。皆於所居塑畫魑魅。陳列幡幟。鳴擊鼓角。謂之神壇。嬰孺襁褓。已令寄育。字曰壇留壇保之類。及其稍長。則傳習祆法。驅為僮隸。民之有病。則門施符籙。禁絶往還。斥遠至親。屏去便物。家人營藥。則曰神不許服。病者欲食。則云神不聽飱。率令疫人死於飢渴。洎至亡者服用。又言餘祟所憑。人不敢留。規以自入。若幸而獲免。家人所資。假神而言。無求不可。其間有孤子。單族首面幼妻。或絶戶以圖財。或害夫而納婦。浸淫既久。習熟為常。民被非辜。了不為怪。奉之愈謹。信之益深。從其言甚於典章。畏其威重於官吏。奇神異像。圖繪歲增。邪籙祆符。傳寫日夥。小則雞豚致祀。斂以還家。大則歌舞聚人。餕其餘胙。婚娶出處。動必求師。劫盜鬭爭。行須作水。蠹耗衣食。眩惑里閭。設欲扇搖。不難連結。在於憲典。具有條章。其知法未勝奸。藥弗瘳疾。宜頒峻典。以革祆風。當州師巫一千九百餘戶。臣已勒令改業歸農。及攻習鍼灸方脉。所有首納到祆妄神像符籙神杖魂巾魂帽鍾角刀笏紗羅等。一万一千餘事。已令焚毀及納官訖。伏乞朝廷嚴賜條約。所冀屏除巨害。保宥羣生。杜漸防萌。少裨萬一

竦為刑部侍郎奏曰。臣聞易曰。乾以易知。坤以簡能。易知則有親。易從則有功。易簡而天下之理得矣。得天下之治者。莫長於堯而盛於舜。聖政所躋其易簡乎。易則可親。可親則大。簡則可守。可守則久。政大而久。則皇極建矣。國家觀天制法。省風設教。五十年間致民富壽。但俗斷畫一之法。官徼長守之規。因事頒條。隨時立制。規利之政。細析秋毫。究榷之法。如束濕薪。或令出未暮而復罷。詔下踰歲而復更。或因徼幸之民妄言利害。披米鹽之事。摘銖兩之奸。每頒詔條。須下

郡國。或連三司衆官之議。列前後貫約之文。接簡連牘。動盈傳置。吏得因緣為奸。上下其手。以是而觀。恐非至治。漢初約法三章。治定而益其六。文景循守。幾至刑措。武昭之後。逮漢之東。制度滋繁。刑無定罪。新魏之釁。自此而生。蓋國不可多制。多制則法網密煩。政不可頻易。頻易則民意疑貳。先王利不百則不變法。蓋示民以久大也。書曰。無作聰明亂舊章。老聃曰。法令滋彰。盜賊多有。誠哉是言也。伏願陛下觀堯舜之治。推易簡之政。分詔能吏刊一制度。垂之萬世。永為著定。若民有不便。事須更張。則詔曰某事可如此。某事可如彼。枝辭繁議。一切勿用。表公朝之大體。示聖功之可久。令法家無出入之弊。下民知嚮背之方。率土溥天。於焉康阜

竦又議刑書狀曰。臣聞先王象震耀而行殺戮。法五材而用法隱。刑書之設。有自來矣。虞舜定五流之罪。皋陶制三尺之法。禹刑興於有

貞。湯刑作於商世。呂命陳三千之屬。李悝創六篇之制。衛鞅之行變法。鄭侯之約九章。漢景之定箠令。應劭之習駁議。陳群之著魏法。賈充之刊晉律。陳氏則徐陵之因損。元魏則伯泉之校覈。後周則拓拔之詳定。隋室則高頻之評議。李唐損益其科。多所釐革。皆以恢張憲網。表正隄防。欲奸吏盡絕於析言。齊民不憂於陷阱。蓋念刑難復續。死不更生。獄成兩造。律正五刑。欲辨既周。杳不可變。哲王所以惟卹。良臣所以疚心。但棘木無夜哭之冤。則四海受蓼蕭之恩。國家號令天下。條憲咸達。法家之文。或未評定。律令格式之科。刑統編勑之條。棼類相雜。矛楯不同。奸吏有市法之門。冊筆有悞書之罪。由是或刑因勢放。獄以賄遷。稍闕科條。多徒比附。或因循官路。不習憲章。但記不應得為之條。以決下民故失之罪。貧則從重。富則從輕。以是而觀。刑多出入。況鄉閭巨訟。始自縣廷。而琴堂頗闕於刑書。鞫罪致乖於

準的。未契皇朝好生之化。有辜陛下卹刑之德。誠宜聚刑憲之書。求讞議之士。詔擇能臣。皆其好定。疑者正之。貳者一之。闕者備之。繁者省之。輕者加之。重者減之。援制書禁止之事。會刑統起請之條。及格式律令聚為一書。罪必定刑。科無虛設。明分條目。同其差異。命工繕寫。重加考覈。名之宋律。徧下州縣。令開卷無可疑之罪。結獄絕舞文之路。為皇家畫一之法。垂萬代不刊之典。惟聖作則。兆民賴之。故書曰。惟刑惟法。其審克之。禮曰。悉其聰明。致其忠愛以盡之。易曰。君子以明慎用刑而不留獄。其是之謂矣

諫為吏部尚書。又奏曰。臣聞帝德法天地。號令象四時。八世之君。靡不攸行。春夏生植。無肆掠。挺重囚。出輕繫。秋冬征不義。嚴號令。察阿黨。按田獵。蓋陽德發生。長育在候。靜事無刑。以順景風。商氣肅殺。閉塞成功。論獄報罪。以崇陰德。漢制春夏不論重刑。新莽盛夏殺人於市。萬方怨咨。不勝其冤。蓋王者不可逆天時。逆天時則民怨。民怨則和氣戾。和氣戾則旱蝗妖眚無所不至矣。易曰。仰觀乎天。俯察乎地。禮曰。應乎天而順乎人。語曰。惟天為大。惟堯則之。詩曰。不識不知。順帝之則。書曰。欽若昊天。曆象日月星辰。皆謂王者法天之道也。國家應運承統。光啓三聖。布和行惠。澤潤幽遐。但論決之科有殊經義。下臣愚昧。私心疑惑。伏願陛下隆守成之規。議變法之惠。詳觀六籍。取法四時。頒詔郡國。著為定式。應立春以後。立秋以前。不報死刑。式符時令。俾萬方知好生之德。天和無傷戾之妖。世而後仁。誠在斯日。

右司諫劉隨乞禁夜聚曉散及造儀仗事神狀曰。臣聞好生惡殺。往聖之大猷。先德後刑。前經之令範。成茲盛美。允屬公朝。臣近知侍御史李應言等制勘京東李定祿等公事。干連甚衆。具獄聞奏。兩宮聖慈特加欽恤。除首四人。悉從寬典。所謂好生之德。洽於民心。朝野聞

之。無不相賀。臣久歷外任。粗知其由。閭閻之中。似此多矣。不食葷血。迷謬相傳。誘之以天堂。怖之以地獄。夜聚曉散。謂之脩善。無識之民。多陷邪僻。原其本情。皆為妄求佛果也。目為不軌。恐涉非辜。愚迷者不知國法所禁。捕盜者但以發奸為公。至逢捕掩之期。遂求奔竄之路。計窮拒捍。或騁兇饑。捶拷及身。詿誤不少。聖情軫念。昭雪至多。是以見泣辜推人。感召和氣也。臣又伏見京東羣民間有拜岳入會。率歛財物。千百為群。造作王者儀仗。及有真假兵器。結束人物。私自推補。僭侈相尚。搔率戶民。原其本情。皆為妄求福祐也。若不嚴行禁制。深慮別長奸宄。或因捉搦送官。恐將指為叛逆。既有乘輿之物。獄官何以申明。若遂真於深刑。實慮成於枉濫。各宜曉諭。庶絕澆訛。且夜聚曉散之徒。為其虧損風教。已有條制。頭首及強梁者處死。造乘輿兵器祀神者。慮其兇黨竊發。所宜特降明文。臣欲乞似此違犯。其頭

首及强惡者并從違制本法科罪。率從者勿治。仍乞以此二事散下諸道。令鄉村要路粉壁書寫重新曉諭。使民知禁。不陷刑章。庶明善教之方。用廣率人之化。

宋庠上奏曰。臣竊見當今正税之外。雜賦至繁。詭制異科。醜名暴役。原其所自。由來甚邇。蓋自唐室解紐。五朝挺災。孱王僭侯。盜據方國。壞合徹之法。取一切之宜。掊剋無厭。禁令自出。於是有身丁地頭之賦。農具牛皮之征。鬻酒則戶出麴錢。煑海則家增鹽價。雖與民更始而弊制尚存。官司因循。憚於改作。故使堯舜之代無桀貉之中。雖臣之愚。竊以為過。今縱不能蕩滌横賦。以寬民財。猶當釐易舊名。少近王道。臣愚以謂可取雜名税錢及沿納之色。未移舊數。合為一號。削去季世剥害之品。作為我朝較畫之法。示之於民。則耳目易曉。委之於吏。則條貫難欺。錄於官書。則文籍不煩。供於財用。則稱謂差美。比舊入無秋毫之損。作新規有指掌之易。丕變訛謬。垂於經常。實天下之幸。如允臣所見。乞下三司令子細勘會見今天下諸雜税錢外。沿納錢名目貫百聞奏。然後取其實數。併為一號。逐年折變自從舊法。

斯皆防患制法。遭時垂統者也。臣伏見國朝以來。詔敕下而建條。比牒連名。充曹切府。煩科碎目。與日而滋。每罰一辜。斷一事。有司引用。皆連篇累牘。不能徧舉。率不數歲則別加論次。謂之編敕。蓋欲條貫飭盡。綱目畢張。大可含元。細不容髮。而牴冒未絶。風波寖濫。一令之下則奸生令表。一禁之出則罪出禁先。示於人則著教繇。施於事則如凝網。此皆不循其本而求之於末。將欲措刑躋仁壽者。不亦難乎。夫恢恢有條。重而必罰者本也。事事曲制。輕而易犯者末也。本不舉。則巨猾僥倖。末專任則細民罹災。今之詔條病在於此。陛下幸加大惠。惜皇猷之未暢。深詔執事。精覈舊文。欲因盛時。遂定丕律。臣以謂不一勞者不永逸。無遠慮者必近憂。今雖定之後必復改。何則。制度不立而賢愚雜議故也。為之計者。莫若盡取見行詔敕與律文相校。律有本條而敕意小異者。則改而入律。律無本條而名項別立者。則編而為敕。況唐律之內。廢條已多。若能去舊文。益作新例。亦前王損益之常也。人情不能無過。王道禁乎太察。其約束之煩語。官司之小禁。宜一除蕩。蓋去之不足害治體。存之徒以防罪犯。法輕不能繩奸豪。文密足以汚良善。臣又聞王者之制。揭若日月。動如雷霆。其言易而文。其禁切而廣。伏見今之編敕者繁長猥俗。與府縣文移無異。用字乖舛。遣辭重複。寧所謂明白溫醇之旨邪。實由不專任達識大儒。而多用執法之吏。夫法吏者。奉行其法可也。寧制法之人哉。古人有言。治國如治家。耕當問奴。織當問婢。今欲與法吏謀致治之本。是由使奴織而婢耕。要其成功。不可得也。臣欲乞專委鴻博之老。及輔

弼大臣。商較敕條。畧依律文為體裁。其辭句。第其輕重。約其義。明其文。布四海使識朝廷之尊。傳萬世俾知文雅之盛。仍自今以往。有臣庶上言欲釐改舊法。建設條禁者。願陛下慎其命旨。必先付之兩府。參之群吏。若前條確見其短。今文率以為便。可行於經久者。即下兩制。令以所陳之狀。去其蕪雜。取其精意。做約律令者為章程。若事止苛文。不足發明利害者。皆寢而勿報。如此。則法不數變而民知所措矣。多言者必難臣曰。今若依律令以為救。天下官吏必不能曉。臣對曰。今天下所須律令。曹局小吏猶能引用。則似律之教。獨不能曉邪。此膠柱之論也。又必難臣曰。夫詔敕者。多先帝所定。而不當改作。臣對曰。凡詔敕之設。本臣庶上陳之見。其寧一出先帝之口哉。況聖人以便利萬物為至仁。不因循陳迹為至孝。且太宗皇帝改建隆之敕。真宗皇帝革興國之法。是皆不可乎。此守株之談也。臣又聞事不師

古商典寔識。必也正名。魯黨假訓。雖文質異尚。沿襲有宜。至於辨等甲分職業。其實一也。竊見國朝故事。自使相及左右僕射以上。出典州郡者。皆曰判。六尚書節度使以下。皆曰知。蓋以謂僕射而上品秩隆重。藩鎮之任。地望卑遠。故以尊臨卑者判其事。以小任大者知其職。及除佐官則例曰同判之職。自京官以上皆可任焉。今六尚書知州於上。京官判州於下。名既不順。理亦無稽。而又朝廷之儀。臺省為重。近歲苟且。寖失典刑。尚書都省。尚書令之職也。今兩省五品以上皆得權。判刑部流內銓。皆尚書侍郎之職。今或以知雜御史判銓事。或以外朝官判刑曹。自餘卿監之司小官判者多矣。夫下邦支郡大臣不得判。天臺帝省。小臣得判之。是重諸侯之藩而輕天子之吏。臣竊以為過矣。又府史者二人之名也。故自周禮至唐令有其任者。皆曰府若干人。史若干人。今寺監見有其人則併稱府史。此雖小吏。

而名不師古。亦朝廷之所惜焉。幸陛下詔有司案前典。譔者正之。顛者序之而已。雖未能復治古之法。亦一時之制也。右臣所懷狂瞽悉已條述。惟陛下財幸

蘇舜欽上疏曰。臣謹按前志曰。白事之吏。民之仇讎。又云急吏緩民。則是吏不可縱。政之大防也。臣竊見州縣之吏多是狡惡之人。窺伺官寮。探刺旨意。清白者必多方以誤之。貪婪者則啗利以制之。然後析律舞文。鬻獄市令。上下其手。重輕厥刑。變詐奇衺。無所不作。苟或敗露。立便逃亡。稍候事平。復出行案。設有彊明牧宰督察太嚴。則締連諸曹同日亡命。或獄訟未具。遂停鞫劾。賦稅起納。無人催驅。近年已來。習成此弊。官長務從姑息。恐失大計。見其邪濫。不敢以法繩之。況此輩凶人惟利是嗜。每糾以嚴憲。尚不悛心。何況縱之使亂正法。實政理之巨蠹。黎民之害焉。人雖切齒。無可奈何。蓋緣國家別無敕條以加檢束。臣欲乞今後州縣曹司有闕。並於第五人戶上選差。仍令每五人互相為保。或逃亡者立差官籍其家財。量取充賞。苟人收捉。或遇赦首身。亦乞流配別郡。如此則不敢公然作過。以紊政經

舜欽又上疏曰。臣聞巨壑雖深。獸知所避。烈火至猛。人無蹈死。故應溷而躐者皆是玩水而溺者有之。古無此言以諭刑辟。昔者聖人惡殘賊之害良民也。故明設嚴刑。大張憲網。必使易避而難犯。防微而杜原。約之不至煩苛。威之以令畏懼。奸宄之輩。飜然革心。固而行之。自然刑省。苟務於寬。則冒禁者繁。竊見官吏多犯贓汚。乃由朝廷法制稍寬。貪鄙因緣為弊。凡中人之性本非大凶。皆以禁約不嚴。是為貨利所沒。手提刑憲。人不敢言。心恣誅求。下受其困。夫殺人者死。傷人者刑。古今之制也。殺傷之害不過數人。今貪吏在官。民皆受苦。雖有轉運提刑。位皆尊崇。罕與民接。詢訪官吏。鮮得實情。苟無訟端。莫

可發擿。知者或欲陳告。又非干己。臣欲乞今後官典犯入己贓。許諸色人陳論。得實者以其贓充賞。如此則必畏多言之人。亦防十目之視。荀卿所謂威厲而不試。刑嚴而不用。此其得之矣

右正言吳育乞禁匿名文字狀曰。臣伏見近年以來。多有造作讖忌之語。疑似之文。或不顯姓名。暗貼文字。恣行毀謗。以害讎嫌。或寄聞朝廷。自謂忠赤。若是公直無隱。何不指事明言。若憑虛造作。必蘊邪謀。更與隱祕姓名。正使奸人得計。臣恐自今忠良立身易為傾陷。國家舉事便欲動搖。惑君害物。無大於此。在古之法。皆殺無赦。雖然陛下聰明。必不熒惑。亦不可使聖朝長此風俗

右司諫韓琦乞止絕內降狀曰。臣竊以國家祖宗以來。躬決萬務。凡於賞罰任使。必與兩府大臣於外朝公議。或有內批指揮。皆是出于宸衷。[illegible]官章獻明肅皇后垂簾之日。有奔競之輩。貨賂公行。假託皇

親因緣女謁。或於內中上表。或戶口親奏求。是致僥倖日滋。賞罰倒置。法律不能懲有罪。爵祿無以勸立功。唐之斜封。今之內降。綱紀寖壞。為害至深。陛下聖德日新。厲精為治。惟此久弊。沿而未除。臣竊謂固非陛下聖恩聽其奏請。必謂付外之後。自有攸司執奏而止。其如中旨或至再三。不容一一論正。臣欲乞特降詔。令後除諸宮宅皇族有已分事方許於內中奏陳。自餘戚里之家。及文武臣僚。或有奏請事件。並於閤門及合屬去處進狀。更不於內中批旨。輒敢因緣請託。及自於內中請乞特批旨揮。即望降出姓名。并為奏求人送有司勘劾。重行貶責。犯者斷在必行。如此。則聖政無私。朝規有叙

右正言孫沔乞詔令先定議而後行狀曰。臣竊聞景德中。知制誥朱巽上言以所降命令不可屢改。應合更張。請先定議。如經久可守者行之。不可者止之。真皇謂宰臣曰。此甚識治體。卿等志之。故景德祥

符之間。每下詔令。皆可遵守。竊見近來臣僚凡有起請或陳利害。隨即頒布。略無詰難。或未踰時。或方經月。有稱未便。又復衝變。去歲暴收錢稅。今春権罷度僧之類是也。故使如綸之言。渙汗之號。民未嘗以為必信。恐非國家致治之道也。臣欲乞今後中外臣僚有所見聞陳請者。若言禮樂。即下太常禮院。言刑名。即下審刑院。言天下錢穀。即下三司。言民間利害。即下轉運司。小事半月。中事一月。仰所屬衆官將前後敕條詳定奏上。如係制度大事。即下兩制尚書省集議。委中書門下更加審察。然後施行。亦朝廷謹重之意也

知諫院歐陽脩乞禁止無名子詩傷毀近臣狀曰。臣竊見前年宋庠等出外之時。京師先有無名子詩一首。傳於中外。尋而庠罷政事。近又風聞外有小人欲中傷三司使王堯臣。晢復作無名子詩一篇。略聞其一兩句。臣自聞此詩。日夕疑駭。深思事理。不可不言。伏以陛下視聽聰明。外邊事無小大無不知者。竊恐此詩漸廣。須達聖聰。臣忝為陛下耳目之官。不欲小人浮謗之言上惑天聽。合為論列以杜奸說。況自兵興累年。繼以災旱。民財困竭。國帑空虛。天下安危。係於財用虛實。三司之職。其任非輕。近自姚仲孫罷去之後。朝廷以積年蠹弊貧虛窘乏之三司付與堯臣。仰其辦事。乃是陛下委信責成之日。堯臣多方展効之時。臣備見從前任人。率多顧惜祿位。寧可敗事於國。不肯當怨於身。如堯臣者。領職以來未及一月。自副使以下不才者。悉請換易。足見其不避嫌怨。不徇人情。竭力救時。以當身事。今若下容讒。間上不主張。則不惟才智之臣無由展效。亦恐忠義之士自茲解體。臣思作詩者雖不知其姓名。竊慮在朝之臣有名位與堯臣相類者。嫉其任用。故欲中傷。只知爭進於一時。不思沮國之大計。伏自陛下罷去呂夷簡夏竦之後。進用韓琦范仲淹以來。天下欣然皆

賀聖德。君子既衆進用。小人自恐道消。故只喧然務騰謗口。欲惑君聽。欲沮好人。不早絕之。恐終敗事。況今三司蠹弊已深。四方匱乏已極。堯臣必須大有更張。方能集事。未容展效。已被謗言。臣近日已聞浮議紛然。云堯臣更易官吏。專權侵政。今又造此詩語。搖惑衆情。若不止之。則陛下今後無以使人。忠臣無由事主。讒言罔極。自古所患。若一啓其漸。則扇惑羣小。動搖大臣。貽患朝廷。何所不至。伏望特賜詔書戒勵臣下。敢有造作言語。誣訐陰私者。一切禁之。及有轉相傳誦。則必推究其所來。重行朝典。所貴禁止讒巧。保全善人

脩又上奏曰。臣伏見前知光化軍韓綱。近為酷虐兵士。致兵士等作亂。攻劫州縣。驚動朝廷。上貽君父之憂。下致生民之患。而又不畏法棄城遁走。其罪狀顯著。便合誅夷。朝廷慎於用刑。尚令勘鞫。至今多日未見施行。竊以斷獄之議。不過兩端而已。有正法。則依法。無正法。

則原情。今韓綱所犯。法有明文。情無可恕。謹按律文。主將守城為賊所攻。不固守而棄者斬。此韓綱於法當斬。有明文也。綱不能撫綏士卒。致兵叛亂。但其棄城而去之情最難容。當初亂兵未有器械。韓綱手下自有六十餘人不亂兵士。又有官庫器甲。既不能盡力禦捍。又不能閉城堅守。公然將手下兵士津送全家上船。便棄牌印城池而去。致兵之亂起自綱身。臨難逃身而不死國。方今盜賊可憂之際。若使天下州縣皆效韓綱見賊便走。則社稷城池皆為賊有。豈下州縣誰肯守之。此韓綱之情又無可恕也。納之一死。理在不疑。外人但見拖延多日未行斷決。皆謂朝廷好行姑息。漸有恩貸之意。又緣綱是大臣家子。作如此大過。生如此大患。犯如此大刑。名若曲法不行。即不知孤寒有罪者何以行法。其韓綱伏望聖慈出於睿斷。早賜依法施行

脩又上奏曰。臣風聞大理寺近奏斷德州公案一道。為一班行王守度謀殺妻事。止斷杖六十私罪。其守度所犯情理極惡。本因踰濫欲誘一求食婦人為妻。自持刃杖逼逐正妻阿馬。令其誣以奸事。髡截頭髮。又自以繩索付與阿馬。守度持刀在旁。逼令自縊。阿馬偶得生逃。臣累聞此大驚。其他守度兇惡之狀備於案牘。人不忍聞。阿馬幽苦冤枉如此。而法吏止斷誣奸降以杖罪。竊以刑在禁惡。法本原情。今阿馬之冤於情可憫。守度所犯其惡難容。若以法家斷罪舉重而論。則守度誣奸不實之罪輕。逼人以死之情重。原其用意。合從謀殺。凡謀殺之罪其類甚多。或有兩相爭恨。理直之人因羨忿心殺害理曲之人者。死與未死須被誅殺之刑。豈比守度曲在自身。阿馬本無所爭。倚恃陵辱。迫以自裁。虐害之情。深於謀殺遠矣。臣嘗伏讀真宗皇帝賜諫臣之詔曰。冤枉未申。賞刑踰度者。皆許論列。今之冤婦。臣職當言者也。豈有聖主在上。國法方行。而令強暴之男而敢逼人以死。臣恐守度不誅。則自今強者陵弱。賤者害親。國法丕隳。人倫敗矣。其王守度一宗公案。伏望聖慈特令中書細詳情理。果如臣之所聞。即乞行刑法。以止奸凶

脩又上奏曰。臣竊見近日盜賊縱橫。張海等二三百人未能敗滅。光化軍宣毅又二三百人作亂。臣謂朝廷致得盜賊如是者。不惟中外無備。蓋由威令不行。昨王倫賊殺主將。自置官稱。著黃衣。改年號。事狀如此。乃是反賊。使其不敗。為患如何。既敗之後。不誅家族。凡小人作事亦須先計成敗。今使其事成則獲大利。不成則無大禍。有利無害。誰不欲反。只如淮南一帶官吏與王倫飲宴。率民金帛犒送。開門納賊。道左參迎。苟有國法。豈敢如此。而往來取勘。已及半年。未能斷遣。古者稱罰不踰時。所以威激士眾。今遲緩如此。誰有懼心。遂致張

海等官吏依前迎奉。順陽縣令李正已延賊飲宴。宿于縣廳。恣其劫掠。鼓樂送出城外。其人敢如此者。蓋為不奉賊則死。不奉朝廷則不死。所以畏賊過如畏國法。臣恐朝廷威令從此遂弱。盜賊兇勢從此轉強。臣聞刑期無刑。殺以止殺。寬猛相濟。用各有時。伏望陛下勿徇迂儒所說婦人女子之仁。尚行小惠以誤大事。其宣毅兵士必有家族。伏乞盡戮於光化市中。使遠近聞之悚畏。以止續起之賊。其李正已仍聞已有臺憲上言。亦乞斬於鄧州。使京西一路官吏聞之畏恐。知國法尚存。不敢奉賊。從來只被迂懦之人因循不斷。誤陛下事。壞得天下事勢已如此。不可更循舊弊。有失威斷。惟陛下力行之

脩又論葛宗古等不當減法劄子曰。臣伏見近日臟吏葛宗古王克庸滕宗諒等相繼贓污事發。內葛宗古情理尤惡。臣伏覩去年朝廷命賈昌朝等減省天下冗費。上自陛下服御之物。至於宅后宮嬪飲

食已乘。蓋皆減節。蓋謂調度至多。公私已之故。陛下以身先天下。自行減刻。要能軍費。凡為邊將者所得一錢一帛。宜思此物自生民困苦之中取其膏血。陛下憂勞之際。減自聖躬。如此得之。宜作如何用。今乃盜朝廷賞勞蓄養之物。贍養求食婦人全家骨肉。及供自己家口。并營造工作私家所用之類。量其如此用心。豈是憂君憂國忘身破賊之人。何足愛惜。若律文已重。即乞盡行。更不減法。若舊法尚輕。仍望特加重斷。其滕宗諒王克庸若事分明。亦望早賜勘鞫。正行國典。竊慮議者為宗古等方任邊陲。宜從寬貸。臣非不知駕馭英雄。難拘常法。如太祖委用李漢超。能捍寇戎。不為邊患。功大過小。理可優容。諸將守邊。未有尺寸之功。和先已踰違不法。外恃敵在。而欲望朝廷屈法姑息。今朝廷未曾行寬假之恩。而此三人不法如此。若更寬之。則今後邊臣不復可以法制矣。臣思邊上公使。必欲使將臣不拘

常法者。若用之陰養死士。招延布衣。刺啗敵人。賞勞將校。如此之類。皆不必問其出入。可恣所為。或其性本闊略。偶不點檢。誤用於私家。原其本情。亦可輕恕。若宗古等故意偷謾。減刻宴犒蓄養軍士之物。入己者。有何可恕之理。特減從輕。有何可贖之功。得以屈法。若此三人不行重斷。則邊臣知元昊常在。則可以常為不法。臣恐翫寇弄兵。事無了日。今取進止

脩又上奏曰。臣伏以朝廷每出詔令。必須合於物議。下悅民情。真宗皇帝初置諫官。詔書內條列六事。首言詔令不便者。許諫官論列。蓋朝廷慎於出令之意也。近聞詔書褒美陝西轉運使卞咸。風聞咸在陝西為買百姓青苗。及轉般大麥。此兩事大與西人為患。逃移却人戶極多。至今西人怨謗不已。賴吳遵路減得轉般一事。人戶稍寧。今所降詔書兩人一時褒美。善惡不分。無所激勸。使陝西人見者必謂朝廷咫尺絕不卹念西人。不知西事。誤下詔書褒此與民為害之人。必轉生怨謗。臣竊料朝廷必因邊臣奏舉咸等能積糧儲。故賜獎諭。蓋失於採訪。不知咸所置乖方之事。致西民流移怨謗之因。欲乞今後戒此失誤。慎出詔令。及戒勵舉臣。今後薦舉人。不得妄有稱美。其已出之詔既不可追。臣只恐朝廷因此遂待卞咸為材吏。別有任用。却致敗事。臣職在諫諍。不可不言

脩又上奏曰。臣等風聞朝廷近降指揮與諸路轉運使。令體量州縣官吏酷虐軍民者。臣料朝旨如此。必是因韓綱酷虐。近致光化兵士作過。故有此指揮。竊以昨來光化兵變。雖因韓綱自致。其如兵亦素驕。處置之間須合中道。韓綱自當行法。驕兵亦合討除。如此兩行。方始得體。今若明行號令。偏約官吏。則驕兵增氣。轉更生心。長吏畏避。無由行事。其所降與轉運司文字。竊慮朝夕之間。傳播中外。扇動羣

小。引惹事端。然已失之令。既不可追。伏乞速降指揮與諸路轉運使令密切稟行。不得漏泄。所貴別不生事。

脩又乞執奏干求內降并根究因緣干請之人狀曰。臣伏見諫官陳升之起請。僥求內降之人。今後一府劾奏。干請者之罪。蒙朝廷依奏施行。尋聞李瑋因內降資蔭。自後罕聞僥求內降以希恩賞者。以此見至公之朝。必信之法。可以令行而禁止也。然外之所謂恩賞一端而小人之僥求無所不至。臣自權知開封府未及兩月之間。十次承准內降。或為府司後行。或為宮院嬪嬙。或為內官及干繫人吏等。本府每具執奏。至於再三。而干求者內降不已。至於婢妾賤人犯奸濫等事亦敢上煩聖聽。以求私庇。闒茸小臣自圖免過。反彰聖君曲法之私。雖府司執奏。終許公行。然小人干求未有約束止絕。臣今欲乞今後應有因事敢干求內降者。除舊許本府執奏外。更乞根究因緣干

求之人。奏稟下府勘重行責罰。如本自行干請者。亦乞一就勘鞫。加原犯本罪二等斷遣。其情理稍深。及干求不已者。亦許本府一面牒報御史臺彈糾勘劾施行。所貴止絶小人干亂公朝。敗紊綱紀

備又論內臣梁舉直事封回內降狀曰。臣勘會本府見勘內官梁舉直公事兩曾執奏。三准內降特與放罪。臣伏見近年權倖之為多是公然作過。不畏憲法。特干求內降。紊亂綱紀。所以前後臣寮累具論述。陛下特降明詔。許承受官司執奏不得施行。布告天下著為信令。今梁舉直累煩睿聽。干求不已。本府遵依前後詔敕。再具執奏未許公行。伏以曲庇小臣。撓壞國法。自前世帝王苟有如此等事。史冊書之以著人君之過於中外。舉直此重於元犯罪。今縱未能法外重行以戒小人干求內降。其元犯本罪豈可曲赦。舉直苟為安身之計。不思變君之心。乃是小人全無知識爾。如臣忝恩寵列於侍從。職在獻納。合思裨補。豈可阿意順旨為陛下曲法庇縱小臣以彰聖君之失。其內降臣更不敢下司。謹具狀繳進納

樞密副使富弼上奏曰。臣歷觀自古帝王理天下。未有不以法制為首務。法制既立。然後萬事有經而治道可必也。宋有天下八十餘年。太祖始革五代之弊。創立法度。太宗克紹前烈。紀綱益明。真宗承兩朝太平之基。謹守成憲。近年紀綱甚紊。隨事變更。兩府執守。便為成例。施於天下咸以為非。而朝廷安然奉行。不思刻革。至使民力殫竭。國用乏匱。吏貪冗而率未得人。政道紊而將及於亂。賞罰無準。邪正未分。夷狄交侵。寇盜充斥。師出無律而戰必敗。令下無信而民不從。如此百端。不可悉數。其所以然者。蓋法制不立而淪胥至此也。臣今欲選官置局將三朝典故。及討尋久來諸司所行可用文字。分門類聚編成一書。置在兩府。俾為模範。庶幾頹綱稍振。弊法漸除。此守基圖救禍亂之本也

知諫院余靖乞宣敕並送封駁司審省劄子曰。臣聞國家之興。必先於綱紀。號令所出。必正其源流。古者以四海之廣。萬務至衆。專已臨斷。慮其闕失。故羣司設官以相維制。示至公於天下也。唐制凡有制敕命令。則中書宣行。進內畫可。以付門下。門下審省申覆。以付外施行。若有不便。並令封駁改正。令之官誥編書三省官位各結題年月。則皆古之制也。國朝淳化中始自樞密院分出銀臺通進二司兼領門下封駁事。今兩制已上主判。凡制敕有所不便者。准故事封駁。張詠向敏中咸領此職。此時宣敕無不經歷門下。近年以來。舊制坐廢。唯選入黃甲猶准故事。其餘宣敕百無一二到彼。則是官有封駁之名。曾無改正之實。臣今欲乞凡有宣敕除處分邊事機宜依舊實封入遞。祭祀行事敕。仍舊差人送付本官外。其餘遷免官資。升降差遣。

及斷遣刑名。改更敕令。應是告身宣頭敕牒。並令中書樞密院准故事進內發付門下封駁司審省申覆。如有授官非稱。斷刑失中。便未便於事者。則令封駁改正。如此則官司之守各有綱條。詔令所頒克正根本。紀律可振。無有過舉矣。其門下封駁司乞差剛正公平大臣主判。庶其舉職。無可畏避

參知政事范仲淹奏贖法疏曰。臣竊見前面奏三代帝王子孫綿遠。蓋由積德之深。臣請陛下日脩至仁之德。下及民庶。以感動天地。此聖嗣無疆之本也。今有劄子一道。為議贖法事。即乞降出。臣近覩詔書。令御史臺審刑院大理寺與刪編敕所同議贖刑。此陛下至德深仁被于億姓。天下幸甚。今諫官蔡襄孫甫上言。乞令大臣定奪施行。臣欲乞特降聖旨。令中書樞密院同與見議官員疾速定奪聞奏。仍乞且贖杖罪已下情理輕者。所貴易行

戶部判官包拯上奏曰臣聞法令者人主之大柄而國家治亂安危之所繫焉不可不謹緣近歲以來賞罰之典尚或因循且人知法令之不足信則賞罰何以沮勸乎昔唐文宗問宰臣李石天下何以易治李石對以朝廷法令行則易治誠哉治道之要無大於此伏望陛下臨決大政信任正人賞者必當其功不可以私進罰者必當其罪不可以幸免邪佞者雖近必黜忠直者雖遠必收法令既行紀律自正則無不治之國無不化之民在陛下力行而已

拯為天章閣待制知諫院上奏曰臣竊見天聖中凡有內降莫測夤緣盡由請託蓋傾邪之輩因左右之容假援中闈久瀆聖化洎陛下親覽庶政首革茲弊僥榮濫賞之人不能以倖求頃年以來此路寖啓妨公害政無甚於此臣欲乞今後應中外人陰有交結冒請勞效以圖榮寵或比緣罪犯苟希橫貸伏望聖慈特降指揮止絕如更妄有陳乞並令中書樞密院三司開封府等處詳定先降指揮依公執奏毋得阿徇上累明聖

拯又論詔令數改易疏曰臣竊見朝廷凡降詔令行之未久即有改張故外議紛紜深恐於體不便且詔令人主之大柄而國家安危之所繫焉可無慎乎緣累年以來此弊尤甚制勅纔下未逾月而輒更請奏方行又隨時而追改民知命令之不足信則賞罰何以沮勸乎臣欲乞今後朝廷凡處置事宜申明制度不可不慎重或臣僚上言利害並請先下兩制集議如可為經久之制方許須行於後或小有異同非蠹政害民者不可數有更易如此則法存畫一國有常格伏望少留聖意天下幸甚

拯又乞不用贓吏狀曰臣聞廉者民之表也貪者民之賊也今天下郡縣至廣官吏至眾而贓污擿發無日無之洎具案來上或橫貸以全其生或推恩以除其罪雖有重律僅同空文貪猥之徒殊無畏憚昔兩漢以贓私致罪者皆禁錮子孫矧自犯之乎太宗朝嘗有臣僚數人犯罪並配少府監隸役及該赦宥謂近臣曰此輩既犯贓濫只可放令逐便不可復以官爵其責貪殘慎名器如此皆先朝令典固可遵行欲乞今後應臣僚犯贓抵罪不從輕貸並依條施行縱遇大赦更不錄用或所犯若輕者只得授副使上佐如此則廉吏知所勸貪夫知所懼矣

侍御史知雜事何郯上奏曰臣伏聞禁中自盜發以來逾月分布內臣坐甲宿直以至伐木坼屋結繕備垣墻增置關鍵其於備豫之方固亦甚至然臣以事體酌之恐為陛下計者誤也夫體有尊卑事有小大尊者繫於卑卑者繫於尊君而尸小事則失所稱臣而專大名則非所宜以人君之舉所務必博大所謀必經遠崇位號以習民之恭備政刑以防民之踰不廢禮以杜僭偪之萌必行法以除暴亂之本使邇莫敢犯遠莫敢陵如此則尊威隆而上下無邪心然後知天子之所以尊也今夫衛士生變事出非意皆由朝廷恩過而不知威官司令寬而不能禁也為今之宜其在一震威怒以示誅罰正大法以絕其慢舉大刑以討其奸宄邪偽附下之類先絕其萌芽究賊亂犯上之徒務去其根本不恕無良而與眾棄不漏有罪而示之公法令既行紀綱既正以此御下孰敢不虔雖不增宮闈之警而其備脩不如省戶之衛而其守固與夫區區從細末之事者不可同年而語矣臣況聞陛下從頃年來過自警戒中宮之樂工已盡罷後苑之獵具已盡除其於謹天戒以飭聖躬雖詩書所稱遇災脩悳之君遠不能逮然於禁防之設所舉者近而所忽者遠所謹者小而所遺者大臣切惑焉伏乞聖慈以臣愚言命公卿大夫當廷公議一舉法令威

刑之柄，以除邪僞賊亂之階。庶主威益尊，國命益振。內患既弭，外虞自除。則天下幸甚。

同知諫院吳奎上奏曰。臣伏見陛下十數年以來。每降詔令及所行事爲橫議所移。或奸謀所破。中外不甚爲信。以此皆謂陛下言之雖切而不能行。行之雖銳而不能久也。自明堂下詔杜絕內降。忠賢莫不增氣。群小莫不革心。願陛下謹守前書堅於金石。雖甚寵愛之人如敢私撓。必加之罪。如是則太平之風有望於茲矣。

知諫院范鎮上奏曰。臣伏見近降指揮今後傳宣除依得法律賞罰外。餘並仰中書樞密及所屬官司執奏。今月十八日。一日之中內臣無名改轉者凡五六人。俱是過恩不合法律。中書樞密院大臣並不執奏。臣竊謂陛下近降指揮。可謂萬世法。曾未一月而大臣輒廢不行。大臣在陛下左右號稱執政而廢法如此。欲法行四方。安可得哉。

夫天子之言出而爲令。大臣廢令。在法不赦。伏乞明正中書樞密大臣之罪以示天下。使人知陛下之法不可輕廢。

鎮又論法令數變狀曰。臣伏見今月十三日殿直寄班鄧維一爲私役兵士脩屋。致屋倒壓死兵士七。進呈特勒傳京西路編管。經恩未得叙用。十五日傳宣與免編管。其法令數變如此。又道士李可壽本初與三司吏人陳知深善。及陳知深犯贓。李可壽轉託鎖佛寺僧初不知情已從重斷。李可壽因緣內降遂不問罪。其法令不當如此。所有鄧維一乞依前降旨揮依前編管。李可壽亦乞依法施行。以絕奸倖。令一殿直一道士。至微賤者而能関通中禁。變陛下法令。大臣不能奏論。後有大於此者將如之何。伏乞陛下與大臣更相飭厲。設張紀律。無使小人數變法令。則天下幸甚。

鎮又論御史論陳執中失實狀曰。伏以陛下置御史以達聰明。非使其亂聰明也。以防讒慝。非使其爲讒慝也。今御史以死罪中傷大臣。爲讒慝以亂陛下聰明。陛下置而不問。何以使風俗不爲險薄也。臣請以一二言之。初御史言陳執中嬖妾毆殺人失實。又言阿張毆殺女使亦失實。自顧二事皆失實業已黜太臣無以解也。於是乎構大臣陰事以不自明者以聞於陛下。以爲陛下疑此所謂御史爲讒慝以亂陛下聰明也。若如御史所云。禽獸有不爲者。況國相乎。陛下謂御史言必可信耶。請以嬖使及阿張事卜之。御史言嬖使毆殺人者。開封府鞫勘乃是某人。非嬖使也。言阿張毆殺女使者。乃是執中指揮。非阿張也。（初執中以女使付外時附押是執中指揮明落。）觀此二事於人情或有者。而御史皆已失實。何況於人情無有禽獸所不爲者加諸大臣而以疑陛下者乎。其疑固可決矣。今御史言諫院無人者。不過謂不言執中嬖使毆殺人。阿張毆殺女使及執中陰事也。其嬖使與阿張固已虛矣。

非諫院所宜言也。執中陰事尤非所宜言也。而御史言之以爲才。以爲彈職以爲直。此等事果爲直邪。果爲彈職邪。果爲才邪。皆爲險薄之習也。臣之所恥言也。言之非陛下任臣之意也。陛下降詔以戒險薄。若置御史而不問。是徒以文告而不以實責之也。臣恐詔旨雖日下而險薄日以益也。陛下誠能以臣前所上四狀并今狀降付御史使之自覽。知自覺悟。然後下詔斬決御史以示天下。庶幾風俗可變而險薄可戒也。

右司諫馬遵上奏曰。臣竊聞有內降指揮差臺官與中復往澶州取勘張懷恩李仲昌脩河不公等罪。事從中出。不知所來。內外聞之無不疑駭。何則。從來仲昌等妄違朝旨。輕壞河事。枉費財力。罪固不輕。朝廷雖行降責。而臺官累有彈奏。乞實竄典。尋有旨揮止令經赦未敘而已。各人降官已經數月。未知今者陛下聖聽得於何人而有此特旨。向者臺官力言而不用。今以或者之言而行之。既差臺官推勘。而又監以內臣。是臺官未足取信於陛下也。中書者陛下執政之司。事無不總。疑則勿用。用則勿疑。今差臺官置詔獄出於內降。而中書奉行文書。初不與議。執政之任豈如是乎。是中書亦未能取信於陛下也。中書者陛下腹心之地。臺官者陛下耳目之司。所以倚責而成治也。若陛下外疑耳目。內疑腹心。內外交疑。而無所倚責。臣恐聖慮日勞而多門之弊或生於其間矣。然則刋章飛語之事或可緣間隙而興。優游無為之治未可以歲月期也。可不惜哉。李仲昌等雖法外重行。正合臺官前日之論。無可議者。臣今所言。蓋為國家政體。惟陛下財擇

遵又奏曰。臣近為朝廷差臺官置獄。一出內降指揮。國柄動搖。物議騰沸。臣以當職。兩具奏封。尋以齋宿行事。未敢繼陳。章劄干黈纊之嚴。如聞內臣傳宣催促。繼有降文字付吳中復等。中外聞之。宜以喧駭。何則。朝廷賞罰自當公行。禮曰。爵人於朝。與士共之。刑人於市。與衆棄之。皆謂公也。今仲昌等二小臣犯法。非急切機事。若陛下聞之語言。見之文字。即宜付外施行。若謂已經中書。則宜移之密院。何煩內降文字駭物情而損國體哉。緣內降之弊。害政之大者。皇祐明堂之後。嘗有特詔止絕。天下欣舞。流為頌聲。今陛下享壽昌之慶。行恭謝之儀。肆赦改元。新天下之耳目。豈可却行弊事。壞皇祐之成憲。取吏民之深譏哉。若習以為常。行之不已。臣恐事日多。聖心日勞。非所以成簡易之法。致康寧之福也。然則威權可易。紀律可隳。自古亂階由此遂出。漢唐不遠。厥鑒甚明。不可不深思。不可不熟慮。伏望陛下博采公議。特出英斷。追改前敕。以李仲昌等文字付外施行。若謂已經中書。即乞改付樞密院。仲昌等苟有深犯。自存嚴科。如此則獄合

乎大公。而一代之典可用。權綱歸乎至正。而多門之弊不生。制治保邦實由此路

殿中侍御史趙抃論內降指揮疏曰。臣昨自四月至七月。累次論奏李仲昌等脩河敗事。乞重行貶黜。雖朝廷量與責降。然亦未快羣議。陛下未收下情。憫傷重役。將窮究仲昌等罪狀。正國家之典刑。宣諭中書輔臣行之可也。若事有干涉。付樞密院治之可也。奈何一旦事徒中出。差一臺官以訊劾之。遣四內臣以監視之。經及數日之內。三出內降文字。張皇大獄。中外驚駭。外議以謂初發二小臣之罪者誰為奏陳。今起二小臣之獄者孰與評議。所可惜者國體之重。不詢於公卿大臣。政事之權乃付之宦官女子。至於政府見如此等事。始不預議。終無執持。將順奉行。焉用彼相。臣恐斜封墨敕之弊。不足罪於昔時。告密羅織之風。復基禍於今日矣。臣愚伏望陛下特賜旨揮追還內降之命。揀會臺官并臣前後論奏仲昌等章疏。詳酌重行貶竄。如此。則朝廷綱紀不遂隳壞。人情物論庶無憂疑也

知諫院呂誨乞禁止臣寮上封章告人之罪狀曰。臣竊以著令臺諫官許風聞言事。蓋欲廣其採納。輔益聰明。通來中外臣寮密上封章告人之罪。既非職分。實亦侵官。而又事多不根。言無指實。理非干己。情緣鄙態。甚至誣訐平素之舊。暴揚曖昧之事。朝廷既難明辨。善人無以伸究。刻薄之徒寖成風矣。況禮貴徒善。法許自新。日月既已經久。赦降自當洗滌。事儻涉於辜誣。理固宜於反坐。臣伏乞今後非在言職。輒以章奏指訐他人日前過犯及事非干己者。即以所上文字付有司鞫劾。在外則置院推勘。所貴止絕狂妄黍煩旅康。仍乞詔示中外嚴行遵守

知諫院司馬光上奏曰。臣等伏以祖宗開基之始。人心未安。恐有大

姦陰誅無狀。所以躬自選擇左右親信之人。使之周流民間。密行伺察。當是之時。萬一有挾私誣枉者。則鈇鉞隨之。是以此屬皆知畏。莫敢爲非。今海内承平已踰百年。上下安同。人無異望。世變風移。宜有釐革。而因循舊貫。更成大弊。乃至帝室姻親。諸司倉庫。悉被此屬量其過差。廣作威福。私受貨賂。所愛則雖有大惡。掩而不問。所憎則舉動言語。皆被掊摭。臣等嘗病國家擇天下英材以爲公卿大夫。而猶不可信。顧任此廝役小人以爲耳目。豈足恃哉。今乃專執平民。加之死罪。使之幽縶囹圄。横罹楚毒。寃而不自誣服。僅能辨明。若更不聽有司詰問元初巡察之人。少加懲誡。臣恐此屬無復畏憚。愈加恣横。使京師吏民無所措手足。豈合祖宗意哉

韓琦論驕卒誣告將校乞嚴軍律疏曰。臣近聞虎長行武贇引見日。唐突告論本指揮使閻元部轄嚴緊。及將人口上京。下軍頭司取責

丞送開封府勘鞫。竊知本府勘得武贇各徒杖一百定斷。臣竊以軍中之法。最爲嚴重。苟從寬弛。爲害匪輕。其武贇既陳告部轄將校不公。自有殿前馬步軍司合屬去處。引見之際。咫尺天威。固非軍人論事之所。及將辨訊。又多誣罔之辭。蓋近年其卒驕縱。類率如此。國家屯置師旅。衆踰百萬。一營只委將校數員。若鈐制稍嚴。便即掂拾小過。於引見之際唐突論訴。朝廷不以大體斷之。兩皆獲罪。恐此後兵卒將校漸廢階級之制。但務姑息以求無過。若一旦邊境有急。使其亡軀命而赴湯火。必不能爲陛下用也。陛下誠宜於泰寧之辰。深戒有司。凡百軍旅之事。常以訓戢爲意。有違犯者。時以重法行之。其將校苟非大過。止因部轄嚴峻。兵士所怨。求細事以鉤其罪者。亦當捨而不問。所謂懲一卒而警萬衆。去小慈而行大仁。惟陛下孰賜財詳。天下至幸

三司使張方平論中使傳宣諸司煩數狀曰。臣竊聞近日中使傳宣諸司頗爲煩數。其至三司日或數次。臣聞王言惟作命。百官承式。洪範五事。言曰從。從作乂。故王者之言。是謂號令。令出惟行。不行則權罔虧矣。今或屑屑冗微之事。皆賤者之所親。責在攸司。各有程式。發輸督促。動煩宣下。所司既被受。其有不可奉行者。又須稟覆。或却候罷下。威嚴命上。爲損威習以爲常。恬弗之怪。欲乞今後除有指揮中書樞密院事特降中旨外。自餘細務合下三司提舉司開封府等處者。只乞傳宣中書樞密院劄下逐處有司。或敢違慢。自應合行勘責。即事干急速。不容留滯。即乞宣付入内内侍省相度事體緩急。須即施行者。具錄宣旨報下所司。所冀出納有章。上下得體

方平上刑法論曰。臣聞昔在成周。惟欽文王克明德慎罰。武世忿生。亦式謹由獄。周公制六典。蓋以禮正其本。刑防其末。弼成五教。民協于中。爰及成康。乃至措而不用。夫子曰。齊之以刑。民免而無恥。齊之以禮。有恥且格。又曰。禮樂不興。則刑罰不中。故叔向以爲三辟之興。皆叔世也。漢自文景之後。朝廷立大制度。行大誅賞。輒會諸儒斷以經義。亦能議事以制。尊君卑臣。雖是與非。其論優大。故三王而下。漢道爲粹。東都之後。法稍煩密。南北異俗。不勝其敝。噫。世失其道。民散久矣。其本先弱。勢安得長。故世雖平而易危。國雖盛而易敗。由乎制度不素立。禮義不在人。譬諸大廈巋然。而柱石不固。豈支久之勢。萬目參然。而綱維不緝。固必紊之道。爲國而禮法不脩。其何以致理。近在唐時。禮刑煩雜。禮既頻年而數革。法或一代而再脩。貞觀顯慶。迄立異同之制。永徽開元。則有前後之格。諸儒立異。至出胸臆。法吏迎合。旋爲輕重。奇請它比。盈於几閣。自明習者不能徧睹。是以郡縣承用者駭陷。愚惷於正辜。罹元元之不逮。其咎由乎格令之煩多。故奸

吏得以因緣為市也。我太祖皇帝既大一統，恤刑辟之多濫，始制郡國立司寇之官。太宗更置審刑院，職以覆天下之獄。先是復置提點刑獄之任，以分部四方，申下民之枉，察群吏之違。是皆聖人竭情盡心，哀矜軫恤之旨也。自陛下臨御區極，欽恤庶慎，急深故之罪，寬縱出之罰，宣室決事，明過漢宣；大官減膳，仁勝唐文，有慘怛之愛，有忠利之教，其可謂盛德矣。子曰：如有王者，必世而後仁；善人為國百年，可以勝殘去殺。我有宋之在宥天下逾八十年，一統無外，清寧治平。德教加於蒸人，其陶化深矣。然刑未能措，獄繫尚蕃，其故何由？蓋禮失於正本，令急於防末，上之寵貨物漁財利之路多，兇權封占之門衆。間之以權豪富人依公法為私訟，侵剥黎民，吏務因循，或引贓賄，不能抑強扶弱，獄訟不平。是以小民業蹙窮而怨濫，為盜賊姦僞以偷免飢寒。子曰：古之知法者能省刑，本也；今之知法者不失有罪，末

矣。夫不原民之所以獲罪，而責吏之能發奸而得其情，是猶大開闌牢，高張罻羅，舉鳥獸之獲，而歸功於弋獵之師者也。故夫吏者，舉法令而檢非違，牧民而導之以善者也。而乃苛刻者巧弄而高下其心，簡放者怠略而鄙俗其事，不才固為猾吏所賣，才者或為豪人所買。求進者徼文曲致以附會上意，養望者宥故末減以取悅衆心。家自為評，人執所見，至有罪均而輕重殊罰，科同而淺深異比。一切之弊，皆歸乎此。誠願朝廷觀法周漢之舊，深議禮刑之中，損游商兼并之業，益節其靡汰之費，稍寬利路以優齊人，删定律令，芟其蕃冗，詆欺文致毛細之法，一皆蠲除，務從省約，使易遵守，為大宋一典，頒用乎天下，豈徒當世之利，固亦無疆之法也。臣言雖闊略，不暇時術，豈不近乎清源正本之論歟？其時所尤急，繫朝政之得失，人倫之厚薄者，畧舉于末，冀正其大紀焉。

方平又上奏曰：伏見近歲臺諫及按察官等，多發人積年罪狀，及有奏劾之事，輒請不以赦降原減，作法於涼，甚非治道。赦書之文，云赦以前事言者，以其罪罪之。所以省刑本而著至信也。人之多僻，其亦久矣。在於中人，孰能無過？若以一眚之故，而為終身之累，臣恐舉世無全人矣。既經赦宥，許之惟新，忽復追論，誰將自保？快一時之小忿，失天下之大信，相訟擊逐，寖成險俗，棄瑕録善，義則不然。伏望特降詔書，明諭中外，今後言事及按察官等，不得發人罪經赦宥之事，及乞不以赦降原減，上資忠厚之風，允穆大公之化。

法令

宋英宗治平間知諫院司馬光乞令後有犯惡逆不令長官自劾疏曰臣竊以國家承百王之弊俗化陵夷不肖愚民犯分侵禮無所不至此朝廷所宜留意不可忽也昔賈誼歎秦俗之薄惡以為借父耰鉏慮有德色母取箕帚立而誶語抱哺其子與公併倨婦姑不相說則反唇而相稽以今閭巷之民旦夕所為如彼數者皆何足言近聞開封府屢有子殺父母者相繼事發以京邑之中猶有如此悖逆之民況於遠方教化之所不及哉臣竊見刑部格勑百姓間有犯惡逆以上者州縣長官量事貶降隱而不言委錄事參軍糾察聞奏刑統參詳條部內有犯惡逆以上罪者令後刺史以上附表自劾以敦風教責與不責並聽勑裁朝廷近年務行寬政吏有故出人罪者率皆不問或小有失入則終身廢棄以此民有謀殺及毆詈尊長者州縣之吏專務掩蔽縱釋惟恐上聞往往止從杖罪斷遣少肯處以正法蓋避自劾之恥務為身謀遂使頑民益無顧憚名敦風教其實壞之王者之政當善善惡惡若寬此悖逆之民以為仁政臣實愚淺未之前聞況教化之失風俗之弊任其責者豈特州縣長吏而已若長吏隱而不言乃使錄事參軍糾察聞奏斯亦難矣臣愚伏望朝廷令後除去上件貶降長吏及附表自劾二條更不施行在京則委糾察刑獄畿內則委府界提點在外則委轉運使提點刑獄常切覺察州縣官吏如有敢將惡逆不孝不睦等罪寬縱隱蔽不依正法勘鞫斷遣者並畫時糾舉聞奏隨其輕重各以故出人罪論若上件諸司不糾舉者委臺諫官察訪聞奏取進止

光又乞罷刺陝西義勇狀曰臣昨日上殿為言乞罷陝西義勇事陛

下宣諭臣以為命令已行臣退而思之不勝憤悒終夕不寐深惜陛下此言之失臣案周易復之初九曰不遠復无祇悔元吉祇大也蓋言人誰無過雖聖賢亦不能免然聖賢皆能不遠而復故雖有小悔不至於大而終保元吉也其上六曰迷復凶有災眚用行師終有大敗以其國君凶至于十年不克征蓋言失之已遠迷而不復無事不凶而人君尤甚故孔子贊之曰迷復之凶反君道也自古明聖之君聞一善言而立為之變更號令者多矣不可悉數唯近歲大臣自知思慮不熟號令已失無以抑奪臺諫之言則云命令已行難以更改乃遂非拒諫之亂世陛下新臨大政當求善無厭從諫如流之時而亦有此言天下將何望焉且唐室以前諫議大夫拾遺補闕皆中書門下省屬官日與中書令侍於天子之側議論大政苟事有闕失皆得隨時規正今國家凡有大政唯兩府大臣數人相與議論深嚴秘密外廷之臣無一人知者及詔勑已下然後臺諫之官始得與知或事有未當須至論列又云命令已行難以更改則是國家凡有失政皆不可復救也如此豈惟愚臣一人無用於時諫諍之官皆可廢也以臣所見但當論其事之得失言之是非不當云命令已行不可改也今陝西一路之民小大皇皇正如在湯火之中若忽得朝廷指揮云所有義勇且住揀刺其已刺手背者並給與公憑放令逐便得出湯火之中死而復生也其誰不歡呼鼓舞感戴聖恩豈有一人云命令已行不當復改耶陛下萬民之父母萬民陛下之赤子豈有父母誤墜其子於井而曰吾已誤矣遂忍不救耶昔舜稱堯之德曰稽于眾舍己從人仲虺稱湯之德曰用人惟己改過不吝臣願陛下勿以先入之言為主虛心平意以察臣前後五次所言果然為是為非若其是歟即乞早降指揮罷刺陝西義勇若其非歟即乞如臣前來所

奏特賜降黜別擇賢才而代之所有命令已行之言必望陛下自今承以為戒不可使天下聞之塞絕善言之路也

翰林學士張方平請減刺配刑名劄子曰按歷代刑法之制蓋自漢文除肉刑而用箠令于後沿革世有增損大體笞杖徒流大辟為法五等至隋高頴以經世之才議定科律笞以一十至五十杖以六十至一百徒以一年至三年流以一千至二千里大辟以絞斬蠲損前代鞭刑梟首轘裂之法輕重之準議者以為盡天下之平唐室遵用惟加流刑以二千里至三千里然而笞杖皆用竹其徒流者不加杖若加杖者即免役諸犯徒應居作者在京送將作監婦人送少府監縫作在外者供當處官役婦人配舂犯流應配者三年俱役一年加役流者流三千里役三年若家無兼丁與工樂雜用大常音聲人及習天文并給使散使者方加杖免役還充本色皇朝建隆四年太祖

皇帝神智英武自立一王之法始建折杖之制一百折二十以次為差杖制用木而大於箠各有重輕之令犯徒者加杖免役犯流者加杖配役其情罪尤重者更為加杖刺配之法逮今百年雖累聖以慈恕御天下欽恤惟恒留神刑典而科禁條章其實煩密四朝編勑自建隆開寶興國淳化咸平祥符天聖慶曆八經詳定門目寖廣其刺配之條比前代絕重前代加役流既不加杖又役滿即放或會赦即免今刺配者先具徒流杖之刑而更黥刺服役終身其配遠惡州軍者無復地里之限祖宗之世此條尚稀臣嘗檢會祥符編勑刺配之罪四十六條天聖編勑五十四條今慶曆編勑九十九條諸條禁奏取旨又七十一條比之天聖蓋已增倍其間亦有一條該刑名數節詳而究之比祥符勑敘三倍矣綱條係纍扶老携幼道路相望不得至配所而死溝壑者蓋不可勝計州郡積多往往奏乞住配臣恐更歷年數遠方小郡流配益衆漸成淵藪其强猾不逞念已隔絕鄉里親戚不復更自顧藉屬階亂萌亦嘗起於所忽也故臣前嘗上言乞差官據慶曆編勑及贖降勑諸刺配條重行詳定議從減除其情理蠹害顯為人患不可存之鄉閭者須用此法諸緣茶鹽酒麴銅礬罰禁以規財利之類約見行刑名輕重別立居役之法合配遠惡州軍者令實役七年配三千里外者六年千里外者五年配隣州者三年並供當處官役不用赦降原免人情安土且開自新之路或遞送之勞息流離之苦州郡役事亦足資助譬若募本城役兵頗省衣糧之給又以少清刑本上洽和氣消遠方之孽兆廣仁政之大體其於治道實繫關舒

方平又請刪定勑令劄子曰竊見天聖中刪定編勑於今累年比來鄙庸之人意慮淺近不識大體妄陳利害朝廷輕聽往往行下自邊

事之後末議蜂起條令錯出舊章殽亂郡縣承用益駭奸吏因緣出入為敵導民偷薄動開爭端亂獄滋豐民用愁苦臣聞天何言哉四時行焉簡易以信之謂也方今之政所謂文敝其民利而巧蕩而弗靜勝而無恥為救之道在簡而信臣愚謂宜刊定法令以明示民還命近臣達政體通時務者三兩員須舉京朝官之明曉法意練習民事者五七員類聚天聖編勑後條令其毛細苛冗者蠲除之違異重複者考正之必事理精審條目簡便有補於政者存為著令夫子曰古之知法者省刑本也今之知法者不失有罪末矣然後官知守法吏息姦文民有措其手足誠當今之切務也

知通進銀臺司韓維上奏曰臣近以點呂誨等勑不由門下封駮司嘗面具論奏及兩上章乞正官法並未蒙聖慈施行臣伏以紀綱法度聖王所以維御邦國使不危而安者也其所措意皆關諸盛衰固

不爲一日設也。譬之猶舟之有維楫，馬之有銜轡。今有人于此，將假二物以出萬里之塗，而自毁其維楫，絶其銜轡，則人人知其有舟僨沈溺之憂矣。臣近對崇政殿，亦嘗以此理上陳，陛下初不省察。又以失職求賜罷黜，而聖慈再三敦諭，不令援進文字。臣僶俛而退，猶望陛下寤前之失，特詔有司修明舊法，以防將來之患。而章上輒不出。使臣不得少申職業，坐守空名，以蒙貪祿曠官之謗。進退實亦難處。伏望聖慈以臣此狀并前兩奏降付中書門下商量施行。臣不敢枉道以阿人主之意，殺身以壞祖宗之法。惟陛下裁察

維又乞議贓私罪劄子曰。臣數見良吏善人以小過留滯，而背公便己之徒，才廢遷擢。竊尋其端，蓋朝廷之制，私罪雖得輕法，常爲仕進之累。公坐雖大，一時被責，則復升進矣。伏以國家賦祿命官，本爲治人。而無狀之吏廢職以遂苟且之意，壞法以行姑息之政。計其用意

豈復在公。夫緣私致罪，惡亦止身。廢職壞法，其害及國。二者相校，孰爲輕重。伏望聖慈特詔有司議私罪之可恕者，稍蠲留礙，以通滯材。公坐之有害者，重加困抑，以儆慢吏

右正言傅堯俞論審刑院大理寺等處欺罔事狀曰。臣伏以附下罔上，昔爲重辟。刑故無小，古有通規。苟涉于私，詎容緘默。臣近聞大理寺斷鄭州嚴奕公事誤用格條。已經裁決，輒自舉覺，再上殿數奏。中外聞者莫不驚駭。緣法寺一司編勅，法官錯誤不許陳首。頃歲張价、劉述等黜官是也。臣恐此條後有衝改，伏乞追守，以重刑典，且使猾吏不得緣而爲奸。儻此法猶存，則大理寺可謂故爲罔上矣。豈有本司定制而不知者乎。始時之誤，或有可矜，乃敢公然自舉，援據謬例。上昧朝廷，面謾陛下。此而可貸，孰不能容。自陛下新覽萬機，百司稍知畏懼。日月未久，輒肆欺誣。臣恐陛下威令自茲虧損。伏望窮究，重

行貶降。庶幾綱紀可以整齊。臣屬以子喪在告，不獲即時論列

堯俞再論審刑院等處欺罔事狀曰。臣近有狀奏彈審刑院大理寺官吏不合舉覺誤斷嚴奕公事，援據非例，再上殿數奏。臣始疑一司編勅後有衝改。蓋竊料陛下新總大政，勵精爲治，臣下豈敢遽爲奸罔。今訪聞審刑院大理寺詳斷諸色公案，其所斷法狀，並須兩司詳定，同具進入。如經奏斷後，給狀卻有錯失，其兩司官吏不在舉覺之限。此條見今行用。況張价、劉述等降黜未久，耳目相接，衆人共急。法官安得不知，乃敢公相表裏，共爲欺謾。方今之事無大於此者。昔裴度以五坊使追捕平人爲大，而謂東方用兵爲小，誠深識治體者也。況法吏匿法以舞文罔天子乎。不獨如是，又欲遂廢成法以自便其高下之手，苟幸無敗。其漸將無所不爲，啓導奸源，虧損威柄，自此始也。臣謂肅正紀綱，可以破猾吏之膽，在此一舉。陛下儻從寬假，姑務

含容，異時雖重爲刑戮，人且不懼。況斷官孟開乃盧士宗親戚，固足以察其用心。惟陛下留神，早賜施行

韓琦進嘉祐編勅表曰。臣琦等言：恭聞古先哲王議事以制，不爲刑辟。蓋人情萬端，法制一定。夫以一定之法而制萬端之情，欲輕重得宜，古今無易，不其難哉。國家睿聖相繼，承平百年。立法本通，務歸至當。故自建隆以來，迄于慶曆之初，凡詔令所下，綱條既繁，則必建局命官，一加删定者，豈欲紛更而數變哉。亦慮乎執定制而失人情也。今之論次，所付匪輕。夙夜以思，懼不稱職。臣竊以律設大法，不能委曲而生意，爰用中典，至於治平，而後詳上既極於哀矜，下無容於壅塞。凡於關涉，皆得指陳。前書之載或疎，後令之明寖察。平亭差忒，抵捂且多。觸禁之民幾不知其所避，舞文之吏是緣之而爲奸，不有刊裁，詎能求久。恭惟皇帝陛下以天任德，本道無爲。泝陶唐畫象之仁。

隆天乙弛罟之恵永惟厤倍期底大中謂制禮以禁未然豈當恃敎明刑而使無犯白亦知方顧茲請比之文日益煩苛之敝凡闕之盈難於偏睹錐刀之末廣爭盡爭時合當更政其先務乃詔臣等特新編葺得盡詳度於是取慶曆編勑暨嘉祐三年終以前續降條貫凡四千三十一道求中而識就約以書存所使安汰其重複至於名篇而附律先例以舉凡會數勑而同一科參舊文而發新意事並出則分從其類禁當立則特爲之條皆明著大防稽合前式臣等又以四海之廣猶見莫周雖當局之勤謂所思之已乞及約情而用或在理以猶差必欲成本朝之善經固當合天下之公論首祈博訪亟奉俞音果厤就之畢伸亦寸長而備採復詳慶曆編勑每條之後必書元降宣勑年月雖云舊體其實文煩今並改於目錄逐條之下以從簡便又刑統所附諸勑及參詳條件凡一百三十四道事雖前朝率多衝改審核之除與者爲分今取其見令可行者已入逐門收載外其刑統內諸勑并參詳條件伏請更不行用應中書樞密院聖旨劄子批狀令行編錄者悉改爲宣勑共刪修成一千八百三十四條離爲一十二卷內有條目繁多者即分爲上中下共一十八卷總例一卷目錄五卷凡勑內但行約束不立刑名事理輕者析爲續附令勑三卷目錄一卷犯者止從違令之坐及錄到慶曆四年正月一日後來赦書德音二卷總三十卷今爲一部如得允當即乞特降勑命與刑統律令格式及建隆以來赦書德音天聖中先編附令勑兼行其慶曆編勑及慶曆續附令勑并嘉祐三年終以前應係海行條貫除令來已編載外各更不行用四年正月一日後續降自爲後勑施行自來催叅之法今已刪除其通商之後所立條約自從詳定茶法所隊以洒降應未降新嘉祐編勑以前已用舊勑斷遣與奪過公事不在擾引新勑許理之限其一司一務一路一州一縣并在京海行及三司見行條貫自依逐處元編字及續降勑條行用外內有係新編勑兼載與逐司舊制不同者並俟新編勑履分并以敦崇寬大蠲滌細微較然使其易知欽哉本乎惟恤譬夫江河紀地狎玩者誠稀震曜發天威明之共仰其或多方譔飭庶務持循臨文參考於治宜決事深求於法意自然訟平以息氣感而和能致太平豈獨稱於周禮終成徽章茲寔取於鄭書臣等適鄙少悬志希無害被詔徒知於竭慮訖功殊愧於淹期或許頒行仍乞以嘉祐詳定編勑爲目其新編勑等共三十卷詣隨表上進以聞臣無任

神宗即位初御史中丞司馬光議謀殺已傷案問欲舉而自首狀曰

右臣竊以爲凡議法者當先原立法之意然後可以斷獄竊詳律文其餘人損傷不在自首之例注云因犯殺傷而自首者得免所因之罪仍從故殺傷法所謂因犯殺傷者言因犯他罪本無殺傷之意事不得已致有殺傷除爲盜之外如劫囚畧賣人之類皆是也律意蓋以於人損傷既不得首恐有司執文并其餘罪亦不許首故特加申明云因犯殺傷而自首者得免所因之罪然殺傷之中自有兩等輕重不同其處心積慮巧詐百端掩人不備者則謂之謀直情徑行畧無顧慮公然殺害者則謂之故謀者尤重故者差輕今此人因犯佗罪致殺傷人佗罪雖得首原殺傷不在首例若從謀殺則太重若從鬭殺則太輕故酌中令從故殺傷法也其直犯殺傷更無佗罪者惟未傷則可首但係已傷皆不可首也今許遵欲將謀之與殺分爲兩事案謀殺故殺皆是殺人若將謀之與殺分爲兩事則故之與殺亦是兩事也且律稱得免所因之罪彼劫囚畧人皆是已有所犯因而又殺傷人故劫畧可首而殺傷不原若平

常謀慮不爲殺人。當有何罪可得首免。以此知謀字止因殺字生文。不得别爲所因之罪也。若以劫鬭與謀皆爲所因之罪。從故殺傷法。則是鬭傷自首反得加罪一等也。今所引蘇州洪祚斷例案律疏云。假有因盜故殺傷人而自首者。盜罪得免。故殺傷罪仍科。疏既指言故殺傷人。則是因盜。謀殺傷人者。自從謀法。當時法官誤斷。不可用例破條。遵又引編勅謀殺人傷與不傷罪不至死者竝奏取勅裁。以爲謀殺已傷而罪不至死者即是自首之人。按尊長謀殺卑幼之類。皆是已傷而罪不至死。不必因首也。遵又引律疏問答條云。謀殺凡人。乃云是舅。又云。謀殺之罪首盡。願是謀殺許令自首。案彼皆謂謀而未傷方得首免。若其已傷何由可首。凡議罪制刑。當使重輕有叙。今若使謀殺已傷者得自首從故殺傷法。假有甲乙二人。甲因鬬毆人鼻中血出。既而自首。猶科杖六十罪。乙有怨讎。欲致其人於死地。暮夜伺便推落河井。偶得不死。又不見血。若來自首。止科杖七十罪。二人所犯絶殊。而得罪相埒。果然如此。豈不長奸。況阿云嫌夫醜陋。親執腰刀就田野中。因其睡寐斫近十刀。斷其一指。初不陳首。直至官司執録將行拷捶。勢不獲已方肯招承。情理如此。有何可憫。朝廷貸命編管。已是寬恩。而遵更銜留不斷。爲之伸理。欲令天下今後有似此之類。竝作減二等斷遣。竊恐不足勸善而無以懲惡。開巧僞之路。長賊殺之原。奸邪得志。良民受弊。非法之善者也。臣愚以爲大理寺。刑部所定已得允當。難從許遵所奏作案問欲舉減等而科。今來與王安石各有所見。難以同共定奪。伏乞朝廷特賜裁酌施行。

知登州許遵奏。婦人阿云於母服内與韋阿大定婚。成親後嫌韋阿大。夜間就田中。用刀斫傷。縣尉令弓手勾到阿云。問。是你斫傷本夫。實道來不打你。阿云遂具實招。通合作案問欲舉減二等。大理寺不合作謀殺已傷絞罪斷遣。下刑部定得大理寺允當。遵不服。詔下光與王安石定奪。安石以爲遵議是。後朝廷竟從安石議

熙寧二年。御史中丞呂誨論重辟數多狀曰。臣聞先聖立法明刑者。非以爲治。將以救衰亂之俗也。然世輕世重。因時之弊。齊其非齊。殺以止殺。故犯治則重。犯亂則輕。斯馭威輔正之大要也。降及三代。稱治莫盛於漢唐。高帝約三章之始。人心忻慰。逮文景有刑措之風。比隆成康。貞觀中斷死刑二十九人。開元中五十八人。得爲興隆之盛矣。我朝興運一百餘年。累聖繼述。仁恩純被。四方無事。刑未至清。天聖中歲計重辟數千而後有增無減。漢唐之天下亦今之天下。漢唐之官政亦今之官政。斷獄繁簡。何其遼哉。臣竊以古之新一號令必示於人。俾其知禁。命一官守。必先風教。令之所理。與古相反。夫訓道不明。則愚民陷焉。人有過。教未施而刑已加焉。欲遷善遠罪。而道亡繇也。任刑之失。正在於此。加以賦歛日急。力役日煩。山澤之利籠入殆盡。生齒之衆。游手過半。時豐儲歲食者百無一二。不幸水旱相繼。流徙無定。其等死則何所不至。非不忌法。勢使之然也。别閭井之人有不事事者。悉皆循習以爲常。州縣熟視而不爲除去。奸吏養之以濟惡。一有敗露抵法者皆良民乎。時誘脅之致。贓捕寇者罪亦。朝廷推恩與時滌蕩。每歲曲赦。三年大霈。蒙活者雖衆。自新者無幾。重辟安得有少衰也。觀今之用文。大率生刑入於重。死刑出於輕。犯笞杖者在民則或縱或配。在官則衛替停任。皆出特旨。犯絞斬則遂成疑獄。奏讞既上。則例皆曲貸。舞文者附會其事。出入死生在於掌握。使幽冤無以訴。刑之不清。殆爲此也。廷尉天下取平之地。今又欲以謀殺遇赦。惠奸長惡。莫斯之甚。王符曰。賊良民者。莫大乎數赦。孔明相

罰。不赦而國治。王通謂無赦之國其刑必平。數子者皆知識幾微通乎世務。豈無好生惡殺之意。蓋知輔政之道本於無刑矣。獨唐太宗用是而治。嘗詔侍臣曰。我有天下以來絕不放赦。今四海安靜。非常之恩也。貞觀之刑。不得不簡。此其明效矣。臣伏望陛下至明燭理。感德圖新。總攬權綱。欽恤刑典。法網宜疏畧。使之易避。禁防宜高峻。使之不越。風俗大化屬於循良。號令謹於反覆。律文戒於搖動。凡有赦恩。無失有罪。唯有詿誤與之原免。仁恩如是而推廣。則天下之訟必清。重辟之奏必簡。太平之治亦不難成矣。狂愚所慮。仰副明詔。唯聖智詳擇。海隅幸甚

三年二月。中書上刑名未安者五。其一。歲斷死刑幾二千人。比前代殊多。如強刦盜並有死法。其間情狀輕重有絕相遠者。使皆抵死。良亦可哀。若為從情輕之人。別立刑。如前代斬右趾之比。足以止惡而除害。禁軍非在邊防屯戍而逃者亦可更寬首限以收其勇力之効。其二。徒流折杖之法禁網加密。良民偶有抵冒。致傷肌體為終身之辱。愚頑之徒。雖一時創痛而終無愧恥。若使情理輕者復古居作之法。遇赦第減月日。使良善者知改過自新。凶頑者有所拘縶。其三。刺配之法二百餘條。其間情理輕者亦可復古徒流移鄉之法。俟其再犯。然後決刺充軍。其配隸並減就本處。或與近地。凶頑之徒自從舊法。編管之人亦迭送他所。量立役作時限。無得髡鉗。其四。令州縣考察士民有能孝弟力田為衆所知者。給帖付身。偶有犯令。情輕可恕者。特議赦罰。其不悛者科決。其五。奏裁條目繁多。致淹刑禁。亦宜刪定。詔付編敕所詳議立法

神宗時韓維議謀殺決狀曰。臣等看詳王安石司馬光所論阿云案內遺嶌勑律意已明備。所爭者惟因字而已。以光之說。則謀不得為

傷之因。謀殺已傷。傷不得首。合從絞罪。以安石之說。則謀得為傷之因。謀殺已傷。傷不得首。所因得首。合從原滅。臣等竊尋聖人制法之意。其大畧有三。有量情而取當者。有重禁以絕惡者。有原首以開善者。蓋損傷於人有慘痛輕重之差。故刃傷者坐以徒。他物拳手傷者坐以杖。其義足以相償而止。是量情而取當者也。畜謀伺便致人於死。非重絕之。則相仇者不禁。故謀殺已傷者從絞。是重禁以絕惡者也。苟殺人未至於死。於物尚可以償。於事猶可以自還者。皆得以首。是原首以開善者也。三者雖制法各殊。其於使人遠罪而遷善。其義一也。議者見損傷不許自首謀殺已傷從絞。便謂謀殺不通原首。是未盡聖人制法之意。而於律文有所不達也。律之正文若不得自首者九六科。而於人損傷不在自首之例。其下注云。因犯殺傷而自首者得免所因之罪。仍從故殺傷法。此正恐後人惑於損傷不得自首。便將謀殺已傷之類引用律文。所以特著此注也。然而於自首者但令免所因之罪。而尚從故殺傷法者。此尤見損傷不得自首之意甚明。何則。所因之謀罪雖見原免。而傷者還得傷之罪。殺者還得殺之刑也。且造律者於器物至不可備償則不許其自首。今於損傷尚有刑可以相當。而必令不得首其可悔之謀罪而即償以死。恐不盡聖人好生之心。而以閉愚民改惡之路。夫殺人者死。傷人者抵罪。此古初立法之本意也。然傷人之惡其狀萬殊。有因刦殺而傷者。有因謀殺而傷者。古初之法既不足以禁奸。故後人酌其輕重之宜。增以絞斬之坐。以補前之未備。因刦殺而傷者則增至於斬。因謀殺而傷者則增入於絞。向使不因先謀。則不過徒杖磐等之科而已。豈至深入於絞乎。今若首其先謀。則傷罪仍在。是傷不可首而因可首。則謀為傷因亦已明矣。又案律家所以設首免之科者。非獨開改惡之路。亦

怨犯者自知不可免死。則欲遂其惡心。至於必殺。又罪人未獲。則追擾逮捕。酷及平民。縣歲踰時。公私受害。若許其自首。使之寬宥。則罪人斯得。刑獄無留。公私之害。一朝而息。則其為益蓋不輕矣。今若由此著為定論。塞其原首之路。則後之首者。不得輕重。有司一切案文殺之矣。朝廷雖欲寬宥。其可得乎。苟以為謀殺情重。律意不通其首。則六科之中。當著謀殺已傷不在自首之例也。疏議引盜殺為例。王安石所謂舉重以包輕是也。蓋律以強盜傷人為斬罪。而謀殺已傷為絞刑。假有羣盜于此。共劫一家。將至其門。知有人守禦。遂謀殺之而入。若其不死而來首。則強盜之斬罪已免。所因而見原。謀殺之絞罪以不得首而就死。用刑如此。豈不失輕重之差乎。難者又以為謀殺得免所因。有自絞刑而得杖罰者。則為已輕。是又未曉原首之意也。人之惡莫大於謀反。其暴橫莫甚於殺人而奪財。並於自首得從原減。何獨於匹夫之相仇。而必欲致於死也。夫中下之情。善惡相混。糾紛反覆。未始有定。故小人之於罪惡。有未作而悔者。有方作而悔者。有已作而悔者。今法家以謀殺徒三年之罪未行。況以前自首。故得全原。已傷者其事已行。遂不許自首。便從絞坐。即如此。何以待方作而悔者。其人已死。在事有不可追之理。於刑有不可逭之義。方作而悔首。其人尚存。乃令與已殺者一坐以死。是豈盡用刑之次序哉。蓋聖人之於不仁。無已甚之嫉。而於奸惡有怙終之殺。今方作而悔。得為怙終乎。首而不原。不為已甚乎。夫造法者常本人之大情。而不緣曲盡情之變態。古人所謂律設大法是也。議者乃多引奇罪以責律文之不合。若然。恐雖沒世窮年。而議卒不定也。且今律所不備。別以後勅從事者甚眾。何獨怪謀殺也。請以謀殺一事言之。案編勅節文。謀殺於人。若投棄人於水中井崖險處。或以諸物縊繫及填塞口鼻。但意在致人於死。偶獲生免。并扼捽搥打要害之處。已死復生者。以上雖不見血。即同已傷之法。又謀殺人傷與不傷。情理兇惡而至死者。並奏取裁。勅罰律文自備。則此二條何為而設也。荀卿有言曰。法而不議。則法之所不至者必廢。然則法必待議而後行。所從來久矣。今令所因之謀得用舊律而原免。已傷之情復以後勅而奏決。法以正其本。議以盡其類。則何謂而不可也。臣等以為宜如王安石所議便。

韓絳嘗請用肉刑。曾布上議曰。先王之制刑罰。未嘗不本於仁。然而有斷肢體。刻肌膚。以至於殺戮。非得已也。蓋人之有罪。贖刑不足以懲之。故不得已而加之以墨劓剕宮大辟。然審適輕重。則又有流宥之法。至漢文帝除肉刑而定箠笞之令。後世因之以為律。大辟之次。處以流刑。代墨劓剕宮。不惟非先王流宥之意。而又失輕重之差。古者鄉田同井。人皆安土重遷。流之遠方。無所資給。徒隸困辱。以至終身。近世之民。輕去鄉井。轉徙四方。固不為患。而居作一年。即聽附籍。比於古亦輕矣。況折杖之法。於古為鞭朴之刑。刑輕不能止惡。故犯法日益眾。其終必至於殺戮。是欲輕而反重也。今大辟之目至多。取其情可貸者。處之以肉刑。則人之獲生者必眾。若軍士亡去應斬。賊盜贓滿應絞。則刖其足。犯良人於法應死而情輕者。處以宮刑。至於劓墨。則用刺配之法。降此而後為流徒杖笞之罪。則制刑有差等矣。知審刑院蘇頌奏乞令僚衛改條貫並委法官詳定疏曰。臣竊以國家承平百年。遺文墜典。罔不脩舉。閎已綴越漢唐。規模宏遠矣。而於法令之間。猶有所未盡者。豈非前後論議之臣。不能推原其本。苟徇一時之便。遂著而為令。後之有司用之。小或乖戾。又復更易。是致朝廷憲章未得一定。夫聖王之法。欲其簡約而明白。使人易避而難犯。

然後垂之久遠為不刊之典如唐之十二律本朝之刑統是已雖歷數百年其間刪條之更改者多矣而二書獨不廢者以其得簡明之意故也自編敕之興號為繁密而中間衝改率不過一二十年又復重定蓋文繁則易改事密則難悉只如嘉祐編敕頒行未數年而續降散敕又增於前日以此無知之民至有輕犯於法舞文之吏得以高下其手其敝蓋在乎更改不常耳臣去歲任淮南轉運使日承准三司行下當年九月三日中書劄子為撥江西轉運司及江淮發運司起請虔吉等州新船借裝一運上京東排岸司等處不得留行截撥條約一道計四千七百餘字臣看詳大抵只是約束不得截撥新船牿不係指定路分則編敕已有留納州府違之者自當嚴斷矣其添入兵梢等候合納處米鈔回歸梢工科違制兵士嚴斷若是創立上項刑名只當於本條下添入此一節可矣不必具載行遣使州郡煩費

抄錄若欲出榜曉示則數千餘言有司看覽尚或不息豈庸愚兵卒能盡曉邪以此言之備錄行遣徒有惑亂都無所益臣欲乞今後應有臣寮等起請刑名並委法寺及三司等處同共檢詳編劄果有未備即於門目內意相附近處添減裁定明言於某條內添減計若干字或是創立新條亦明言於某條後添入一條計若干字其衝改者即云某條自某字至某字計若干更不行用然後奏請頒行諸路便令諸州軍於編敕內添入逐件事節訖奏其先行下自降嘉祐編敕以後續降散敕亦乞委法官將逐件事節與編敕相參重行刪定候了畢日依此頒行仍明言多少條件各合附在甚門目中或增減或衝改別立條目共計多少事件若干字數分明別白頒降諸路使州郡用法知所適從免令法吏檢坐之際有所隱漏致出入刑名其散敕即乞更不行用所冀三尺之法無前後之差畫一之規載清靜之

義寔治道之所先急者也

頌又請重議加役流法疏曰臣聞嚮歲嘗有議者欲復肉刑將以寬減重辟而以此法久廢難以猝行又聞頗患配隸之人轉徙遠方監驅促迫經涉寒暑強者有奔亡之虞弱者有疲羸之困思革其弊宜求厥中昔漢文帝感一女子之言而制髡鉗代肉刑則有城旦鬼薪司寇之差唐太宗納裴洪獻之議而立加役流代斬趾則有三歲居作之限今欲寬宥嚴誅又憫配隸轉徙之勞臣愚以謂莫如重議加役流法取富縣貧者依條斷罪髡髮鉗足晝則居作夜則置之圜土實滿三歲然後釋之中間雖遇恩宥未滿歲則不在原免之限其初釋放者仍送所居鄉貫幾察其出入又三歲不犯故為之罪乃得聽徙便其無鄉貫者隣近州縣拘管幾察如前雖有兇頑之人而更三歲勞役之苦且足以懲艾矣復有鄉保幾察之嚴又足以戒懼也如

其性實兇暴放釋之後不知悛改復為人患則誅之可也投之四裔可也如此措置不惟省逃遁奔亡之患又足以開其自新之路化暴惡為良民使愚俗知教化亦苗刑止殺之一端也臣才識短淺不周世務姑奉詔旨勉強罄竭所見如此非敢謂是然禮刑之論實繫朝廷事體伏望聖慈寬其罪戾特賜裁擇庶幾塵露少裨山海

彭汝礪上奏曰刑罰之設或輕或重必也惟其當而已舜命皋陶之言曰與其殺不辜寧失不經然則先王之意非不欲輕也臣以職事斷獄至於強盜而疑之夫白晝篡金華呼跳梁係累其老稚而奪其財者為強盜矣以飢餓故計為狗竊遇主人而或傷之者亦為強盜陰謀首惡唱其徒而先之以桐賊害者其罪死宜矣蠢愚柔懦迫脅而從之或致有傷則其罪亦死以情論之則如不同以法論之則比等臣切以為過矣蓋先王之用刑皆不得已也而至於殺令則尤

豈也。可以刑。可以無刑。聖人曰無刑。可以殺。可以無殺。君子曰無殺。凡此皆忠厚之至也。臣欲乞應先强後盜、先盜後强。而傷變主者。論如今律。持刃先盜後强。不持刃先强後盜。傷變主者。其首死。其從者流。其有不持刃先强後盜但變主者流。其從者徒。情理切害者特許奏。

汝礪又論刑名不當取決執政狀曰。臣聞刑部大理寺近年用法多不守一。而其刑名取決於執政。所欲深則以重論。所欲寬則以輕論。然則輕重在有司。不在法也。臣切謂法者天下之平也。而大理者法之所寓也。大理知守法而已。人君有不能奪也。故于定國斷獄。人自以爲不冤。張釋之論法。天下無冤民。今以取決於執政。則大理審刑幾無用矣。以有司斟酌。以有司定計。如此則有司之守得。上下之體定。而中書總其成焉。輕重之失得察而罪之。使出於中書。則審刑大理無所矜慮。而人亦無敢言者矣。而有司之守亡。上下之體改。吏將徒而爲奸。大臣將緣而害正。民將困而失所矣。臣欲乞如事理顯白敢以疑慮爲名。切欲巡驗商量。仰中書樞密院御史臺覺察以聞。

汝礪又乞懸法示人狀曰。臣向爲廬州職官。以職事治獄。而性鄉閭平民非有飢寒之迫。仇讎之報。而徇情冒法自陷於重獄。訊之。蓋亦不知法之至於此極也。臣測然傷之。以謂聖人之於民。所以愛養之厚。有養。有教。有戒其或至於用刑者。皆不得已也。豈欲陷民於不可見耶。蓋周官之法。凡治象之法。教象之法。刑象之法。皆以正月陳于象魏。或以木鐸徇之以警于衆。或以時月讀之以教于衆。而於刑禁尤悉也。小宰憲官刑。士師憲禁令。訝士諭罪刑。讀誓禁布憲憲邦刑。以達于四海。此民之所以無憾焉刑可以至於不用也。後世法令一藏于有司。而民未嘗知之。及陷于罪。然後從而刑之。蓋亦幾於罔民矣。臣欲乞凡國之政教刑禁之要。各以時憲于州縣鄉保。使有司讀諭而教之曰。其言如是。則其法如是。其罪如是。則其刑如是。使天下之民知天子所以教愛之如此。而得有所避也。刑可得而省矣。

哲宗元祐元年。光又乞不帖例貸配劄子曰。臣勘會守法者有司之職。撰道者君相之權。伏見從來命官犯罪。大理寺既依法定斷。更令刑部檢例。或追官。或勒停。或衝替。或差替之類。朝廷依而行之。謂之特旨。凡人之罪犯千端。而事體萬計。豈可求其比類能得正同。又既謂之特旨。當臨時斷在朝廷。豈先令刑部帖例。朝廷依此施行。乃是輕重之權。返在有司也。欲今後應命官犯罪。大理寺既定斷。委刑部看詳。內有法重情輕。或法輕情重。並具狀申中書省。更不帖例。委中書省官相度情理輕重。同共商量。除依法外。自貸命編配。至特旨臨時擬定進呈取旨施行。其百姓犯大辟罪。諸州奏稱刑名疑慮及情理可憫者。大理寺依法定斷。委刑部看詳委的有疑慮可憫之狀。即具狀申門下省。更不帖例。委門下省官相度事理。同共商量臨時擬定。或依法。或貸命編配。進呈取旨施行。

光又乞令六曹刪減條貫劄子曰。勘會近歲法令尤爲繁多。凡法貴簡要。令貴必行。則官吏易爲檢詳。咸知畏避。近據中書門下後省修成尚書六曹條貫共計三千六百九十四冊。寺監在外。又據編修諸司勅式所申修到勅令格式一千餘卷冊。雖有官吏强力勤敏者。恐不能遍觀而詳覽。況於備記而必行之。其間條目苛密。抵捂難行者不可勝數。昨者條貫初下。吏部侍郎左選差注不行者數日。不免再有奏陳。復依舊法。必料諸曹條貫皆有似此拘礙難行者。今欲特降指揮。下尚書六曹。委長貳郎官同共看詳本曹新舊條貫內有海行已有及全無義理於事無益防禁太繁難爲遵守者。盡令刪去。惟取紀綱大體切近事情朝夕不可無者。方始存留。作本司條貫。限兩月申奏施行。

翰林學士知制誥蘇軾論不可每事降詔劄子曰。臣聞之孔子曰。天何言哉。四時行焉。百物生焉。天何言哉。天子法天。恭己正南面。守法度。信賞罰。而天下治。三代令王莫不由此。若天下大事安危所繫。心之精微。法令有不能盡。則天子乃言。在三代為訓誥誓命。自漢以下為制詔。皆所以鼓舞天下。不輕用也。若每行事立法之外。必以王言隨而丁寧之。則是朝廷自輕其法。以為不丁寧則未必行也。言既屢出。雖復丁寧。人亦不信。今者十科之舉。乃朝廷政令之一耳。況已立法。或不如所舉。舉主從貢舉非其人律。犯正入己贓。舉主減三等坐之。若受賄徇私罪名重者。自從重。雖見為執政。亦降官示罰。臣謂立法不為不重。若以為未足。又從而降詔。則是詔不勝降矣。臣請略舉

今年朝廷所行薦舉之法。凡有七事。舉轉運提刑一也。舉職司二也。舉通判三也。舉學官四也。舉重法縣令五也。舉經明行脩六也。舉十科七也。七事輕重略等。若十科當降詔。則六事不可不降。今從一事一詔。則褻慢王言。莫甚於此。若但取諫官之意。或降或否。則其義安在。臣頑戆數執政。但守法度。信賞罰。重惜王言。以待大事而發。則天下聳然。敢不敬應。所有前件降詔。臣不敢撰。

七年。軾知揚州。論倉法猛政上奏曰。臣竊謂倉法者。一時權宜指揮。天下之所駭。古今之所無。聖代之猛政也。自陛下即位。首寬此法。但其間有要劇之司。胥吏仰重祿為生者。朝廷不欲遽奪其請受。故且因循至今。蓋不得已而存留。非謂此猛政可恃以為治也。自有刑罰已來。皆稱立法譬之權衡。輕重相報。未有百姓造銖兩之罪。而人主報以鈞石之刑也。今倉法不滿百錢入徒。滿十貫刺配沙門島。豈非以鈞石報銖兩乎。天道報應。不可欺罔。當非社稷之利。凡為臣子。皆當為陛下重惜此事。豈可以小小利害而輕為之哉。臣竊見倉法已罷者。如轉運提刑司人吏之類。近日稍稍復行。若監司得人。胥吏誰敢作過。若不得人。雖行軍令。作過愈甚。今執政不留意於選擇監司。而獨行倉法。是謂此法可恃以為治也耶。今者又令真揚楚泗轉般倉斗子行倉法。綱運敗壞。執政終不肯選擇一強明發運使以辦集其事。但信倉部小吏妄有陳請。便行倉法。臣所未喻也。今來所奏。只是申明元祐編勅。不過歲捐轉運司違法所收糧綱稅錢一萬貫。而能六百萬石上供斛斗不大失陷。又能全活六路綱稍數千牽駕兵士數萬人免陷深刑。而押綱人員使臣數百人保全身計。以至商賈通行。京師富庶。事理明甚。無可疑者。但恐執政不樂。臣以疎外輒議已行之政。必須卻送戶部。或卻令本路監司相度。多方沮難。決無行

理。臣材術短淺。老病日侵。常恐大恩不報。銜恨入地。故貪及未死之間。時進瞽言。但可以上益聖德。下濟蒼生者。臣雖以此得罪。萬死無悔。若陛下以臣言為是。即乞將此劄子留中省覽。特發德音。主張施行。若以臣言為妄。即乞并此劄子降出。議臣之罪。

歷代名臣奏議卷之二百十一

歷代名臣奏議卷之二百十二

法令

宋哲宗元祐元年。御史中丞劉摯論安反側不必降詔劄子曰。臣聞朝廷議欲降詔中外慰安人情。傳聞二三。臣不敢信。儻果如此。臣實未喻。伏見陛下即位以來。脩先朝政事。增損法令。進退官吏。大要專以安民。四方曉知上旨坦然明白矣。至於懷私負慝豪貴近不赦。而忠信之言。雖小必錄。此又人皆能通之。臣猶不知國家尚安所疑欲家至而戶曉也。若謂日者黜責一二臣僚。恐附離黨與。不無反側。故以詔書安之。臣謂人情無甚相遠。不從上令而從其意。動民以言。不若示之以行事。自古而然。朝廷果將吹毛洗垢。搜抉宿過。則詔令雖行亦不信。今但朝廷罰罪之意出於公議。惟責大體。不問其餘。則雖無所言。何患人不知之。近者朝廷法令方具。功罪明白。吏民安堵自如。正宜鎮靖無事。而何故自生疑貳。猥欲望以言語區區過自分疏。以勝士大夫之心。臣恐中外有以窺陛下也。前世自漢唐以來。因誅鉏叛逆。或尅復僭偽。危疑之始。慮有動搖。故亟下詔令慰撫。未嘗今并黜官吏。何時無之。何至張皇自生不安之意。臣竊以為過矣。抑臣聞古之人。才實難。自非大姦大猾懷邪怙終。此外安有終身棄置之理。古人以功贖過。所謂使功不如使過。良以此尔。前以罪退。後以功進。是乃國家所以公天下者。見之一二。則中外將不待言而信矣。臣謂安反側計無以尚此。何必空言哉。伏望廟謨斷寢降詔之議。免四方疑惑以幸天下。臣不勝拳拳

元祐元年六月二十八日甲寅詔曰。朕惟先帝臨御以來。講求法度。務在寬厚。愛物仁民。而縉紳之間。有不能推原朝廷本意。希功倖賞。或妄生邊事。或連起犴獄。積其源流。乃知其弊。此群言

所以未息。朝廷所以懲革也。敕振風俗。脩整紀綱。茲大公蓋不得已。況罪顯者已正。惡鉅者已斥。則宜蕩滌隱疵。闊略細故。豈復究治。以累太和。夫疾之已甚。孔子不為。御衆以寬。有虞所尚。為國之道。務全大體。應今日以前有涉此事狀者。一切不問。言者勿復彈劾。有司毋得施行。各俾自新。同歸美俗。布告中外。體朕意焉

摯再論降詔疏曰。臣近聞朝廷議欲降詔中外。得於傳聞。未見本末。然竊謂朝廷舉動不可不慎。昨已具狀論列。今者外議藉藉。又異於前。大意謂陛下即位以來。增損法令。進退官吏。今已改意自悔。故欲下詔委曲解說。又深厭臺諫言事。故欲止約多士。轉相告語。且謂自此臣寮雖有罪犯。無復憂畏。臺諫雖有聞見。無復敢言。詔令未下。人已非議。臣備位言路。所聞如此。不敢不論。臣竊謂刑賞予奪。天下公器。非苟順人情。唯當而已。昔有朝廷加惠元元。取官吏蠹國賊民之尤無狀者。顯黜一二。以勵其餘。此甚大惠。陛下其以為當邪。未當邪。誠以為當。則足矣。何必家至戶曉。自啓疑貳之意。使忠義自失。奸圖幸免。臣所未諭也。臺諫臣寮。類皆疎賤孤寒之人。而使以議切主上。彈治貴近為職。其勢固已不勝。若稍加沮抑。且使有誅夷之憂。則人人顧私自便。誰肯盡言。又況聽與不聽。上繫朝廷去取。大抵歲言十事。退思反顧。已去五六。其言雖上。又經裁擇。則言而聽者率不過十一二。然則朝廷聽言可謂審慎。論議雖多。言者何罪。且臺諫以言為職。今若明出詔令。或使勿言。則是予之官而奪其職。為小人之所睥睨輕誚。必不能自立。相率引去。然則言路塞絕。誰復以利害之計上聞。此又臣所未諭也。臣思慮累晝夜。其事甚易見。不知為陛下建此計者誰乎。臣願陛下深思臣言。無忽。速賜寢罷降詔之議。以安士論。

若本無此議臣聞之誤妄罪當萬死臣不勝拳拳

摯三論降詔疏曰臣近兩具狀奏乞寢罷降詔指揮未知聖旨賜與不賜省察朝士大夫億度風旨轉相傳誦不無非議臣謂降詔本欲安人情而詔令未下事已宣露反使人情疑惑則利害固已可見甚非陛下鎮靜中外之意臣備員言路此而不論臣則有罪是以不避煩紊願畢其說臣謹按齊桓公與管仲謀伐莒謀未發而聞於國人國人曰君子善謀小人善竟臣下竊意之也故朝廷之人不爲則已苟有所爲雖秘謀密計人且意而知之況陛下已脩政事已清人物遂欲闊畧細故含垢匿瑕示天下以寬大誠大惠也但此意一定何患人之不知若更施於行事一二則中外諭意坦然洞達矣何必空言喋喋過內分辨急於取信無乃害國家大體哉詔書大意不過以謂罪惡者已治欲使其餘改行自新恭惟先皇帝養育人材布滿內外其中邪慝不能無之今已行懲勸則是乃所以成就先帝之意若必形於詔書示蕩滌之惠使之自新則似分別前日政事虧損治道無大於此然則人情安與不安乃在陛下立意行事其實何如耳不在降詔詔下之後事體窒礙其害乃至如此臣願陛下深賜省察特罷降詔以全大體臣不勝拳拳

摯又論政令疏曰臣聞之銜策不調雖造父不能善御法令不一雖有虞不能善治故曰慎乃出令言慎始也又曰令出惟行弗惟反言慎終也聖人制法造令於堂奧之上孰復兢慎若不得已者故其出也天下信之以命則行以禁則止所謂信如四時堅如金石若始之不慎既出而反之則何以示信出而勿反則又將有受其敝者由此言之始既不慎雖欲慎終不可得矣恭惟陛下即位逾年加惠海宇脩究政事大要專以便人天下幸甚然累月以來法令寡信議者竊有疑焉夫法非不善而施行之際使議者致疑此亦不可不察臣竊條列一二以槩見其餘乃者朝廷患免役之敝下詔改復差法天下知之久矣置局設官以議施行之敘天下望之又久矣造法不慎其始施之倉猝故改而立雇募之議繼又爲招募之法而法至今不能成也朝廷患常平之敝並用舊制施行閱未累月復變爲青苗之法其後又下詔切責首議之臣而斂散之事至今行之如初此一事大事也四方傾耳拭目以觀威惠之舉而反覆二三雖近侍諫議之臣曾不敢必知法將安出尚何以使天下信之挾銅之禁行之未幾復限以五斤勿禁一開其端則輕重多寡雖復可辨官司固未易家至數之禁而不能止與不禁同大河職事河北轉運司言之則屬轉運司都水言之則歸都水夫二者必有一得則亦必有一失矣此其小事然推此類言之則議者之論安可不察且改之易之誠是耶君子猶以爲反令況改易而未必是徒以屢過舉於天下則曷若慎之於始乎今朝廷建一事命一官令已行矣議者必曰此未也且將改之曾未淹久而議者之言果信臣愚未喻朝廷知其不可而姑爲之以待改耶不知而偶爲之耶始議既粗行之必有抵捂拾遺補過之臣以言爲職知而不言則爲廢職言而易之則爲反令故臣願陛下深詔執政大臣遠慮熟計慎重出令其始既慎慮可以必行而後行之則至其終也不可反矣惟陛下加惠留神思之毋忽上以嚴政令下以示信四方又以杜塞異議使無所幸其失今日之治宜莫先此臣不勝拳拳取進止

摯又乞脩勅令疏曰臣竊以法者天下之大命也先王制法其意使人易避而難犯故至簡至直而足以盡天下之理後世制法唯恐有罪者之或失也故多張綱目而民於是無所措其手足矣世輕世重

唯聖人為能變通之祖宗之初法令至約而行之可久其後人較不過十年一變法豈天下之大民物之衆事日益滋則法不可以不密歟臣竊以謂非事多而後法密也殆法繁而後奸生也神宗皇帝達因革之妙慎重憲禁元豐中命有司編脩勑令凡舊載於勑者多移之於令蓋違勑之法重違令之罪輕此足以見神宗皇帝仁厚之意哀矜萬方欲寬斯人之所犯恩施甚大也而所司不能究宣主意推廣其間乃增多條目離析舊制用一言之偏而立一法因一事之變而生一條其意煩苛其文晦隱不足以該萬物之理達天下之情行之幾時蓋已屢變令所謂續降者每半年一頒每次不減數帙矣夫法者天下之至公也造之而不能通故行之而不能久其理然也又續降多不顯言其所衝改故官司州縣承用徒事參差抵牾本末不應非所謂講若畫一通天下之志者也臣愚以謂宜有所加損潤澤

之去其繁密合其離散要在簡易明白使民有所避而知所謂遷善遠罪之意伏望聖慈酌時之宜究法之用選擇儒臣一二有經術明於治體練達民政者將慶曆嘉祐以來舊敕與新敕參照去取略行刪正以成一代之典施之無窮

右司諫王巖叟上奏曰臣累日來風聞陛下欲降詔書以安人心反側則臣不知果有果無然臣既有所聞不可不先事而言以備采擇未審此事出於聖慮邪出於左右者之謀邪出於聖慮則臣以謂陛下私憂過計苟出於左右之謀則臣以謂誤陛下矣自古以來朝廷黜邪退奸亦是常事何須過以為憂反動奸人之心將謂陛下畏之必潛增凶燄陰造禍機傾摇善良窺伺新政矣可不戒哉伏惟陛下即位以來上合天心下從民欲斥逐奸邪獎崇忠直納天下善言而不厭革天下弊事而不疑故能使四夷靖安百姓歌詠以為復見祖宗太平之盛陛下惟當日篤此心隆此道以永社稷無疆之休不宜少移初意也夫奸心抑之且不可止況於進之直言求之且不可得況於沮之長君子而消小人在陛下一言長小人而消君子亦在陛下一言此國家否泰之關而天下治亂之機也陛下不可不深思不可不預防臣恐詔書一出則言之後時故冒犯而先論願陛下納臣愚忠收詔勿下使群邪自靜以養朝廷之威衆正自安以重國家之勢天下幸甚

貼黃稱臣竊恐降詔之後老奸宿邪則安矣而忠臣義士必不自安陛下方求天下大治以追祖宗之盛而使忠臣義士不得盡其心非陛下之福也願因臣之言反復思之重此詔書之發幸甚舜去四凶當時四凶之黨不應無人尚在中外未聞下詔安四凶之黨也臣自風聞下詔寢食不復自安心料陛下畏見多

言故有此指揮不知令臣今後如何居職有言則犯令不言則負恩進退之間未知所處幸陛下察之無誤此舉言事官當忠於主上公於天下是為稱職忠則不肯立朋黨故言無所隱公則不敢任喜怒故言無所欺或朋邪罔上或意在報私或厚誣其人或以訐為直或陰懷顧忌則陛下當深察其情罷之則可也竄黜之則可也以約束一切閉其言則不可也如果有詔書即望陛下采納臣言只作聖意取入禁中以安言路之心

巖叟又上奏曰臣自風聞朝廷欲降詔書安慰縉紳之心雖兩上章論奏不便以聞之未審故言未詳臣今頗得大槩信如所聞甚可怪也事有大不可者三陛下豈容易而發竊知其間敘列先朝縉紳之惡無所不有雖云臣下所為然於先帝之明如何也陛下下詔之善意本在掩蓋前事不知反所以彰先帝之失此大不可一也陛下即

任以來未嘗以喜怒愛憎妄責一人。凡有所行必本天下公議。大奸大惡不得已而黜者又曲從寬恕。百分罪惡不過行一二分而已。何有太甚之事。今聞詔行疾之已甚之辭。如是則是陛下臨御以來所行之事皆爲過當。反成自謗以傷國家之體。此六不可二也。奸人誣惑陛下張大其事。言人心反側。故致陛下有下詔之意。陛下何不自察今天下生靈之心安與不安何如往前。今天下生靈之心所以安。只因陛下明辨邪正黜去欺君罔上之人數輩耳。復見陛下姑息此曹。未測將來之好惡。則天下之心將疑而搖矣。陛下之意雖以安罪惡。不知反所以動天下之心。此大不可三也。陛下下詔未見一利而有大不可者三。何可爲哉。臣非故敢逆陛下之情也。蓋欲以惜朝廷之舉動。全吾君之盛美耳。夫爲國之道。惟渾然深厚示以無心。泯迹言語之間使天下君子小人皆不可得而識。乃爲清寧之本也。何爲

自生疑心。無故下詔。使天下可得而窺。可得而議哉。臣恐益爲紛紛。不能成清寧之治。誤陛下初心爾。願陛下拂除奸人先入之言。省察愚臣繼進之說。或蒙聖心曠然。一賜開納。臣今夕即死。無所恨矣。惟陛下憐其愚幸甚

侍御史林旦上奏曰。臣近者風聞朝廷欲降詔書戒約言事官不宜疾惡太甚。動搖人心。初聞之以謂此奸意朝廷之言耳。殊不以爲信。既而傳者益衆。不能不以爲疑。竊惟陛下臨政以還。虛己聽納。招徠讜言。四方之人孰不欣戴。此實宗廟社稷之福也。今方踰歲。若遽厭言有詔戒止。凡傾耳以聽。企足以望者得不解體耶。此必有造謀以誤陛下者。臣度其意不過兩端而已。一則務爲姑息。以掠譽於小人。一則恃此自獻。謂能不謗於先帝。夫有國之要道在於使君子道長。小人道消而已。君子道長則恩澤日被於天下。而爲朝廷之福。小人

道消。則疾苦不加於百姓。而得四方之心。豈有爲民除去疾苦而反致人心之不安也。若此。則虞舜不當放四凶。孔子不當誅少正卯矣。聖人於殘賊不仁之人殺之而不疑。今朝廷寬大。明正其罪惡。不過黜塞人望。量其官職。除其差遣而已。何損於其身。何愧於天下。而便致人心不安也。此等小人。本無愛君利民之心。人疾之久矣。又何足矜恤而更姑息之。此甚倒置也。且先帝聰明睿知。憂勤庶政。不愛高爵重祿而與士大夫共之。乃望其盡忠竭誠。以報稱其恩寵也。彼乃結黨相因。公肆欺侮。醜織慘虐。無所不至。使上之人雖有良法美意。而澤不下流。陰受小民之怨望。其負國罔上之罪。何可勝誅也。向日執政之臣。言事之官。目擊耳聞。不肯以告。故使朝廷未正其罪。今罪惡悉已暴露。而朝廷終不忍深誅而顯戮之。雖有貶降。亦只是舉行先帝聖意。譴斥不忠不良之人。且示天下以前日失當之事。自各有

建言之人。奉行之吏。非出於先帝之本意也。如此豈得爲謗先帝乎。大凡言事之官。招仇觸怨。豈所欲爲。朝廷過獎借之。猶有畏懼觀望而不肯盡言者。況又有所沮抑之。則彼安肯奮不顧身以輸忠於陛下乎。臣竊恐由此遂使亮直之人反爲群小指笑玩侮。心懷畏避而不得安其位矣。若其言事彈擊不實。喜怒任情。朝廷摘示群衆。罷之可也。竄之可也。但不當泛下一詔均沮遏之耳。今日朝廷正恐奸邪乘間作過。惟藉耳目之官防察糾正。若自爲壅蔽以啓小人之幸。則此後執政大臣欲進擬前日不忠不良罪惡顯著之人。置在要近。誤朝廷委任。遂有以藉口而鉗閉臺諫官之言矣。此甚非計之得也。臣不敢恥過作非而重於立信。止是愛惜國體。恐天下之人誤認朝廷之意。而起疑惑觀望之心。亦利害所繫不少。願陛下謹之重之。

右正言朱光庭上言曰。臣竊惟王者出號施令。示天下之大信。唯其

合皇極之道上參天心下順物理使四海内外聞之欣躍鼓舞咸曰大哉王言故書載詩歌足以為世法蓋以至公至正而然也伏自陛下臨御以來天下之人上自公卿下逮民庶稱頌陛下之德謂歷古以來未見如此之公未見如此之明故君子有以伸其直小人不得肆其罔而又信任俊哲放去奸回朝廷清明日就太平臣前日風聞朝廷將欲降詔慰安小人臣竊以謂剛陽之氣常在於生扶持保祐唯恐其不長陰邪之氣常在於殺消除殄滅唯恐其不盡夫剛陽則君子之道也陛下今日固進君子矣然扶持保祐願陛下加意焉陰邪小人之道也陛下今日固退小人矣然消除殄滅願陛下致力焉如此則天下常泰而不否矣臣竊聞將下詔書條列事目慰安姦邪之人今後更置而不問在聖度含洪則善然使姦邪之人有以增氣臣謂此詔不須頒下恐天下之人適足有以窺陛下臣愚不肖荷陛下盛德之遇今日有所懷不敢不竭盡於旒扆之前願陛下睿斷特賜追寢前詔更不須行臣愚不勝拳拳

右正言王覿上奏曰臣伏聞近者朝廷以放黜一二大奸十數巨蠹恐人情不安將下詔書以安之又將戒言事官凡臣寮舊惡不得復言臣固未詳其虛實誠出於此臣恐四方有識之士輕議朝廷也其狀於今月三日投進訖臣今又聞詔書有言者勿得彈劾有司毋得施行之戒竊以為過矣夫為陛下之耳目者言事官也為陛下之股肱者有司也小人情僞萬狀宿惡舊奸初多隱伏幸而發露著見則言事官論之有司行之然後小人不得大肆而朝廷清明陛下可以無為而治矣蓋小人之宿惡舊奸此後發露著見而言事官鉗口而不得言有司束手而不得治則小人肆行而無所憚矣使小人肆行而無所憚則欺君壞法蠹民害物者蜂起蝟集而爭奮矣朝廷尚安得清明陛下尚安得無為而治哉或言事官忠憤而違詔以舉職有司疾惡而違詔以行法則陛下之詔書乃成虛設言事官有司之違詔者亦不為無罪又須按治則綱紀紊亂賢不肖混淆而意外之憂智者有所不能謀賢者有所不能救以夫君子小人勢不兩立而迭為盛衰者也故在易君子道長小人道消則為泰小人道長君子道消則為否夫否泰者君子小人消長之間也今朝廷優恤小人而使言者勿復彈劾有司毋得施行是乃抑君子而長小人歲月之間邪黨漸勝天下不幾於否乎昔帝舜雖臨下以簡御衆以寬孔子雖謂人而不仁疾之已甚亂也亦未嘗關箝言者之口而使不得言小人之姦廢有司之職而使不得治小人之惡也今陛下必欲下寬大之詔以安羣小之情則惟用闊略細故以諭之可矣何至壞朝廷之紀綱使小人舊奸宿惡之已發露著見者其事狀雖涉於罔上然亦一切不問而

言者勿復彈劾有司毋得施行以為小人之資也伏望聖慈審擇之熟講之謹於出令無為異日之悔天下幸甚

貼黄臣伏覩諫官專以論議正事為職朝廷進賢退不肖乃政事之大者也凡論人之賢不肖須以素履及已試之事驗之方可信據孔子曰吾於人也誰毀誰譽如有所譽其有所試矣雖譽之猶當以其已試之事況彈劾哉然則今日以往奉詔之後若論及臣寮之素履及其已試之事則不犯詔禁者少矣奉詔愈謹則諫官御史愈成虛設故臣知詔書中言者勿復彈劾有司毋得施行之語尤不可以宣示中外也

貼黄儻如臣寮或處權要今日以前嘗以罔上之罪今日以後方乃發露論罪則可録論詔則不可言居言責者守詔而不言則坐視侍從權要之地有罔上之人將為天下之大患違詔而進

說。則不惟褻朝廷之詔令。而又將得違詔之罪。進退猶豫而不能決。則遂至於天下雷同。而姦凶得志矣。陛下如何發之。言事官每月論列。動觸權貴之怨。豈若不言之安。但不敢輒為身謀以誤陛下而已。深恐詔令輕出之後。不可追改。竊聞詔書今尚未下。惟聖慈詳酌

二年。刑部侍郎范百祿上奏曰。臣竊以堯舜大典。罪疑惟輕。至周之時。刑疑則從罰。罰疑則從赦。漢詔獄疑者讞。有司不能決。下廷尉。令敕所謂刑名疑慮者。蓋本乎此。書稱宥過無大。周官以三刺三赦三宥之法求民情。斷民中而施上服下服之罪。原情定辟。冀有以生之。不得已焉。然後刑殺。令敕所謂情理可憫者亦出乎此。祖宗立法以此為輕重賞罰之權。以此為人主好生之德。但令有司審謹。罪罰必當。不長貸凶暴當誅之人。則為善矣。故熙寧敕云。如非疑慮可憫而輒

奏著免駁勘。此正合於漢詔所謂有令讞而後不當讞者不為失之意。至元豐則已刪去上件與免駁勘之文。中間雖曾申明。然敕意終是未備。至於去年十一月二十四日敕則云。不得一槩將舊例貸配。仍委三省點檢。如有不當。許用例破條奏乞取勘施行。本部自承准著令已來。每擬斷大辟。固不敢一槩用例貸配。然官吏上下自非明恕不惑。鮮不顧避點檢畏懼奏勘。故罪案條法雖在疑慮可憫之間。稍不灼然明白。則往往入重。不憚論殺以苟逭一時之責。兼不任看詳得其間疑慮可憫者。屢以執退。故從依斷。以此比之已前年分。大辟論殺分數為多。仍訪聞比來在外諸州知有此約束。亦頗承望風旨。不敢奏讞死刑。臣愚以為上件著令雖革得往時用例破條之弊。不失有罪之人。深恐行之積年。將見其間罪人必有當輕而重者不少矣。甚違寧失不經之義。殆非朝廷好生之德。謹具錄熙寧元豐敕并去年十一月二十四日敕條。及元豐六年以後。并自降去年敕條指揮後來十箇月斷貸過大辟分數繳連進呈。伏望聖慈特賜詳酌指揮下有司覆詳去年十一月二十四日條貫。參用熙寧元豐敕意重別刪脩立法。庶使平國之刑。協于中正。天下幸甚。

四年。戶部侍郎蘇轍論侯偁少欠酒課以抵當子利充填狀曰。臣竊見今月二十二日勅滑州韋城縣百姓侯偁少欠酒務課利等錢。特許將子利並充欠數。已拘收抵當契書依舊在官。仍許納錢收贖所欠課利等錢與均作七年送納。仍免差人監催。餘人不得援例。臣竊以民間欠負合催合放皆有條法。上下共守。凡有寬貸。皆先經戶部勘當於法無礙。然後施行。未有如侯偁之比。直自朝廷批下聖旨。更不問條法可否。一面行下。仍令衆人不得援例。若本部官吏皆竊疑恠。不敢奉行。深恐此令一行。應干欠負之家皆懷不平之意。已具狀

申尚書省乞朝廷裁酌施行去訖。臣今竊聞侯偁係皇太妃親戚。二聖篤於恩愛。特為降此指揮。踈賤之臣不當更有論奏。然臣職在右曹。專掌坊場法度。祖宗條約當與天下共之。不宜以宮禁之私輒有撓敗。臣恐此門一啟。宮中遞相扳援。其漸可畏。臣若失職不奏。其罪大矣。竊惟皇太妃供養二宮。動循禮法。外廷雖踈。未聞有過差之事。今侯偁所欠不過萬數千緡耳。若以私親之故。出捐金帛以濟其急。下足以存骨肉之恩。上足以全祖宗之法。天下傳誦。無復間言。公法既完。國勢增重。其於太妃盛德。亦非小補也。臣不勝區區守法愛君之心。欲乞追還前命。使天下明知朝廷不以私愛害公義。干冒鈇鉞俯伏待罪

御史中丞李常論內降乞有司執奏疏曰。臣愚不佞。熙寧中常預編中書條例。伏見仁宗皇帝屢詔中書歛令內降三省執奏。及未得便

令行下。如此之類。指揮不一。臣方是時竊緣詔旨重複。如此細詳。仁宗聖意。蓋爲非時內降。名有不得已而出者。正賴臣寮執持覆奏。以拒止之也。又竊見杜衍爲宰相。凡內降積至十數。連封而面還之。仁宗嘗謂諫官歐陽脩曰。外人只知杜衍封還內降。吾居禁中有求恩澤者。每以杜衍不可告之而止者。多於所封還也。其助我多矣。伏以太皇太后陛下。皇帝陛下臨御以來。內降恩澤幾於屏絕。一以至公待天下。未嘗以私恩加親黨內外臣庶之所共知而歌詠矣。近日李倬乞買白地事。臣竊料陛下以白地爲小事。或不得已而許之。事無小大。孰爲得已。要在有司執守法度。如杜衍之事。仁宗可也。臣是以謂過人以恩者。人主之事也。守法盡公者。人臣之事也。人主之恩有不得已而降旨。臣下可不守法度而執奏耶。買白地事。曾不聞反覆執奏而遽行之。曾不根究爲何地而遂不省察也。今據倬人所陳。乃有墳墓及竹木園菜圃。李倬妄以爲白地。同當深治。凡今後可不務於懲止哉。伏望聖慈特詔有司應內降並須反覆執奏。或理當奉行。必先取索圖簿。詳究可否。於詔條無害。於物情無妨。乃得行下。如此則人主之恩自全。而臣下獨當執守之責矣

五年。翰林學士承旨蘇頌論省曹寺監法令繁密疏曰。臣聞在昔帝王之發號出令也。必因時而施宜。視俗而興化。時朴野則濟之以文。俗彫弊則示之以質。隨變所適。使民宜之。故能久於其道。而天下化成。質文損益。百世可知也。國家剗五季之弊。續有唐之緒。累聖創制。或革或因。其道粲然。於是大備。仁宗皇帝以承平日久。事多因循。曠然有改作之志。故開廣言路。整緝治綱。至于先皇帝遂大有爲。臺閣之務無所不舉。然而事目浸廣。法令益繁。陛下臨御之初。深知其故。推原先志。稍加裁損。數年之間。講明備至。而法令之繁尚未盡革。何

以言之。先皇帝改定官制。本欲憲章百王。歸於簡要。而奉行之際。群臣不能究宣上旨。各務便文。事有未詳。更復立法。積久不已。遂致滋彰。故今日之弊。良由關防傷於太密。而畫一傷於太煩。則難於通融。蓋省臺寺監萬務所萃。置長立貳。承之以僚屬。所以裁處事務。助成至治也。而官不任職。每事立條。事務日新。欲以有司之文而盡天下之務。雖使皋陶制法。蕭何造律。勢不能遍。況百司所職。條目不同。而一司之間又有細務。或通於此而礙於彼。故有求之人不能悉曉。遂至紛爭。或經臺省投牒披訴。文移往復。虛煩取會。其可行者百無一二。徒長奔競。無益風教。夫關防密則有司執文。重疊問難。小或違戾。遂格而不行。使有求者抑塞而不舒。妄訴者牽制而不斷。近者陛下特軫宸衷。將革其弊。故丁酉詔書分命近臣。抽索文案。看詳點檢。內有拘文害事不近人情者。許并元條刪改。詔意如此。可謂察見事情。大慰群望。然而行移彌月。取索甚多。比至定奪上省。竟以有礙他條。不能盡如詔書之意。誠由關防太密之所致耳。拘礙如此。亦可以謂之弊矣。誠能少損其文。致而濟之以忠厚。則三代循環之政亦不過此。臣愚欲望聖慈特詔近臣。通行取索應省曹寺監見用條制格式。仍召集諸司官吏。使之反復詰問。看詳定奪。可刪者刪之。可改者改之。擇其要切者著爲新令。務使簡易。使便於施用。其餘令式所不能者。小事則從省曹長官專決。大事則稟於朝廷。簿書期會悉付衆僚催督結絕。若官司措置失當及徇私廢公致有赴訴。並委臺察糾案。如得實狀。其當職官吏次第書罰。有涉欺妄亦行懲責。如此則臺閣規模有宏遠之致。朝廷法度循簡易之規矣

八年。尚書右丞梁燾上奏曰。陛下必欲命令堅明。莫若謹於更張。審於施設。無以淺事輕廢遠慮。無以辯言輕動成法。蓋條法頻改。則人

情感而不安命令二三則主感玩而不重凡造令立事必先謀於大臣使之講究雖大臣以為是亦未可也又行於百官使之合議須群臣皆以為是議論詳熟曲盡人情而不疑也然後可以行之一定而不可復變必使中外上下謹守敬信如日星之粲然可仰也書曰敬乃攸司謹乃出令令出惟行弗惟反謂作命所以示信於天下必謹之於初既行而不可改也又曰慮善以動動惟厥時謂不善不時者不可輕舉也

紹聖三年殿中侍御史陳次升論敕牓當取信天下劄子曰臣伏覩紹聖元年七月十九日責降呂大防等敕牓節文云至於射利之徒脅肩成市盡從申敞俾革迷邪推予不忍之仁開爾自新之路除已行責降外其餘一切不問議者亦勿復言當是之時朝命初下萬口一辭歡呼鼓舞歌頌聖君含垢溥博如天包容如地不以一眚廢人此

盛德之事也天下人心恬然安定近者竊見汪浹李仲送吏部與合入差遣錄黃行下緣元祐所獻文字得罪則前件敕牓有其餘一切不問之語殆成虛文將何以取信天下傳曰王言如絲其出如綸王言如綸其出如綍言其已行而不可反也況夫揭牓朝堂遍牒中外明示臣庶俾懷悛革自新之心行之未幾今乃錄下浹等得罪之由又如此臣恐虧朝廷號令之信有傷國體伏望睿旨檢會前件敕牓宣示大臣自今已始同共遵守庶使人無反側之心亦所以彰朝廷忠厚之意

次升又乞罷編元祐章疏奏曰臣近奏乞宣諭大臣遵守敕榜其餘一切不問之語未見施行今聞差官編排元祐間臣寮章疏仍厚賞以告藏匿採之輿議實有未安須至再瀆天聽臣嘗讀史觀漢光武誅王郎收文書得吏人與郎交關毀謗數千章光武不省會諸將軍燒之曰令反側子自安當時以此遂定天下後世書之以為美談共惟陛下即政之初詔令天下言事親政以來揭榜許其自新是亦光武安反側之意今又張官置局吹毛求疵考人一言之失致於有過之地是前之詔令乃所以誤天下也後之敕榜又所以誑天下也命令如此何以示信於人乎昔成王與叔虞戲削桐葉為珪以與叔虞曰以此封若史佚請擇日立叔虞王曰吾與之戲耳史佚曰天子無戲言於是封叔虞於唐夫成王非惜其爵命也以王言惟行弗惟反爾矧今御史臺榜示朝堂進奏院遍牒天下惟患人之不知非特戲言而已戲言尚成而行之豈有明揭榜示曉諭臣庶可反之乎伏望聖慈念光武安反側之言思成王遂削桐之封所有編排章疏指揮乞行寢罷

哲宗時中書舍人范純仁論朱宿梁二不當貸命上奏曰門下省送

到奏案朱宿為殺親舅梁二為殺妻父錄黃二道本省元奏依法已得御寶畫可今卻准門下省批到奉聖旨送中書省取旨朱宿梁二各特貸命決脊杖二十刺面配沙門島牧管今來本省合依聖旨取旨又緣卻已有貸配遞人沙門島指揮即不是中書省進擬本省未敢行下合行覆奏及有難貸情理具畫一下項

一凡人投鼠猶或忌器豈有殺舅不顧母慮今母之兄弟可殺則父之兄弟固亦無難觀朱宿凡上之情然必有以致母不能安室之事其舅見而迴避必是諂其所為尚猶尋逐持杖擊其腦而殺之不惟全無渭陽之情亦異夫七子白責之意及無敬親不敢慢人之心此事雖不可以盡責愚人然朝廷亦當示好惡風教以全民之天性今乃特貸其死以示優恩甚非用中化民之道

一據律節文祖父母父母為人毆擊而子孫即毆擊之至死者並
依常律然則古人立法豈不知救父母為可貸蓋不欲使民專
殺而亂治也今非毆而止捉其衣袖便敢擊折足脛而殺之乃
得貸死全與人情法意相違在於凡人猶可況於妻父尤難屈
法門下省以謂梁二固宜處死以其能忌妻父之愛情理灼然
可憫臣以謂天下之治本於人倫人倫之先本於夫婦伉儷敵
體其合以義所以古人刑于寡妻不敢失於臣妾妻子故得人
之歡心以事其親今使男子殺其妻之父母若雞犬則為婦人
為其父母而殺其夫及夫之父母亦皆合為可憫
一親屬相犯於國家風教不便父子兄弟夫婦各有典常其情各須篤厚今
夫婦相殺骨肉相殘比陛下即位之初歲歲有增今數已過倍
若不稍示禁約則將來此類更多何由使朝廷致比屋可封之
治
一刑罰平當則下無冤人或有幽冤必傷天地之和氣古者匹夫
銜冤六月降霜所以朝廷深戒官吏明慎用刑恐有冤也今乃
絕百姓專殺平人特貸其死使死者怨憤不雪致干陰陽之和
為水旱之災延于億兆臣職居調燮不敢不盡其言凡今檢到
斷例與臣所陳情犯義理不同雖有近似者亦是當時偶有失
當難為准用若更添今來二人貸死之例則今後如此行兇之
人鮮有可正典刑者
一朝廷緩一死刑須當有所勸沮不可無名曲貸使有罪獲免無
罪銜冤今特貸此二人使天下不知所謂是欲使今後人子皆
得如此為父母而殺人耶又欲勸夫婦之間恩義當薄耶但見
不卹死者之冤而寬兇惡之人耳於風教人情皆為未便緣臣

今所開陳非止為正二人刑名蓋有前項所繫風教利害朝廷
好惡及為冤氣致災之本所以須至執奏自來朝廷命令或有
舍人繳奏或門下省封駁若道理別無不當即象聖旨今依元
降指揮其朱宿梁二欲依本省已得指揮
殿中侍御史呂陶上奏曰臣等伏見朝廷差安燾知樞密院給事中
以為不當駁正封還陛下未信其言遂不送本官書讀施行臣等竊
為朝廷惜之夫安燾之才不才差除之當與否自有天下之公論臣
皆置而未議所惜者朝廷之法度爾且三省之設事相表裏勢相始
終凡命令之出先自中書省一人宣之一人奉之一人行之次由門
下省一人讀之一人省之一人審之苟有未當則許駁正然後由尚
書省受付施行紀綱程式其密如此蓋以出命令而尊國體也或闕
其一則於制勅不為完文中外難以取信近日除呂公著為門下侍
郎不由本省而下給事中范純仁力辯其事是也夫國家所以維持
四海而傳之萬世者惟守法度而已況當陛下諒闇之日簾聽之時
正宜謹守法度不可毫釐差失今安燾之命不送給事中書讀施行
乃是封駁一職遂為虛設制勅不完命令不重而法度不存矣斜封
授官恐漸於此臣等所以為朝廷深惜也臣等竊度聖意必謂已行
之命難於追改且失序遷則是一舉而兩失矣為安燾者豈可受不
完之制勅而處具瞻之地哉莫若因其辭免寢罷新命則君臣之際
授受皆得其宜而法度不廢也況朝廷差除因臣下辭免或臺諫論
奏而罷與改者多矣豈得於燾獨不改伏望聖慈追還安燾告命及
詳覽臣等論列安燾文字別降指揮施行
陶又乞廢赦文故大官司不施行者許民庶實封論奏疏曰臣竊以
國家重布赦令與民休息若雷霆之震驚雨露之潤澤窮幽極遠皆

歆使之步成茂遂而無一夫不獲之嘆然而四方萬里之廣監司郡縣或非其人不能深體朝廷德意往往廢格詔令沮止恩澤大抵上通之則下塞上與之則下奪所以民間逋負多不蠲放澳汴之令遂為虛文嗟痛之聲聞于治世頃年瀘州用兵之後民力凋耗田畝放稅苗時中妄有奏請加意斂蓄近日明堂禮成天施浩蕩大蠲逋欠蒲宗閔不恤困窮以為抑遏細民既無告訴朝廷何由聞知昔唐文宗開成肆赦放釋逋負宰相鄭覃李石恐奸吏不能奉行乞內置一本以時觀覽蓋亦深防沮遏之弊向者英宗皇帝郊祀降赦欠負非侵盜者皆除放而詳定所謂須十分納及三分方以赦除幾明遂以為言英皇即詔如赦令盡除之乃知有司之吝非今日矣聖主重民固宜深察臣愚伏望特降睿旨明詔中外應赦所放於官司不為施行者許民庶實封聞奏所屬不得留滯庶使刻薄之吏少知警畏憔

悴之民盡蒙惠養

陶又奏乞早降私使役人條法事疏曰臣竊以人之情僞無窮而國家之法令有限以有限之法令防無窮之情僞則固不能周盡及其弊從而生則必因析委細事為之制而濟之庶幾詳密備具行之可久理勢宜如此也昔嘉祐之差役務從寬厚而條禁太略貪吏猾胥率農夫之在官而錢愈侵漁害端百出人甚苦之至熙寧之免役止令出錢雇募凡所謂侵漁於農夫者一切有禁毫釐不敢違縱然而有司歛入過重民間錢貨遂至乏絕陛下深恤元元復行差法以救其弊因時設施一出仁厚天下幸矣臣愚以謂法不相須則患有未至既以募法之制差之而不以熙寧之令禁之則雖無近年出錢之勞復有昔日應役之害今推行差法將及一年其約束條貫猶未頒下四方郡縣悉失依據愚謂朝廷務行寬大之政既許差役則其他細故不復檢察坐視役者已萌貪心妄使時迎動涉侵擾若不早立憲度力行禁約則農民漸見受弊伏請申命有司嚴責期限不候諸路役限齊足疾速裁定使役人條制先次頒行以完差役之法

右正言劉安世論命令數易疏曰臣嘗考載籍以推先王之道雖然刑政號為治具而所以行之者特在於命令而已昔之善觀人之國者不視其勢之盛衰而先察其令之弛張未論其政之醇疵而先審其令之繁簡惟其慮之既熟謀之已臧發之不妄而持以必行則堅如金石信如四時敷天之下莫不傾耳承聽聳動厭服此聖人所恃以鼓舞萬民之術也書曰慎乃出令令出惟行弗惟反易曰渙汗其大號傳曰令重則君尊又曰國之安危在出令凡此皆聖人慎重之意也臣伏見朝廷命令變易頻數遠不過一二歲近或朞月而已甚者朝行而夕改亦有前詔未頒而後令踵除者吏不知所守民不

知所從求其弊原蓋由講議未精思慮未審人情有所未盡事理有所未通或牽於好惡之私或溺於迎合之說是非無所辨取舍無所宗故一人言之而遽為之紛更也方平居無事之時輕變多變之如此緩急有事之際何以取信於人伏望聖慈深鑒前古之戒謹為令日之慮至於法度之廢置政事之因革必使大臣公心協謀博極利病廣覽詳擇務當義理更其所可更則不嫌於違俗守其所可守則無憚於襲故申敕門下無使徒為審讀以應故事其有措置失當前後謬戾者必舉封駁之職庶幾詔令精簡吏民信服事可久行不致反汗

丁隲奏請下御史臺體訪小人造作謗議疏曰臣竊聞近有小人多興謗議密相傳報驚動中外之聽或虛稱朝廷升黜臣寮或妄言臺諫官非意彈斥百官或文致奸言以厚誣近臣或造為惡名以玷辱

多士。知五鬼十物之類是也。其實出於被罪流落之人。私快其怨。陰遣子弟門人出入朋比。互為聲援。上則歆以惑亂君臣。以成疑似之禍。下則歆離間同心。轉相猜忌。以隳久大之業。此其用意豈淺哉。不可不察也。昔唐穆宗之時。有八關十六子之說。為後世譏笑。今二聖居上。區別善惡。進賢退不肖。元首股肱。夙夜孜孜。勵精求治。惟恐不及。非有穆宗之時八關十六子之黨。而奸倖者猶能巧作飛語。公然喧播。自京師以達四方。扇揺流俗。為害不細。不於此時痛行禁止。則恐浸以成俗。傷薄風化。臣切憂之。伏願陛下特降睿旨下御史臺。體訪其主名。附之吏議。置于典法。以消讒邪横逆之萌。天下幸甚。

徽宗時。中書舍人曾肇論內降指揮不可直付有司疏曰。臣伏見陛下即位以來。更張政事。除民疾苦。闢廣言路。收拔滯淹。

夙一政令之出。內外無不驩呼相慶。以至未明求衣。辨色臨朝。躬親聽斷。夙夜不懈。推今日歆治之心為之不已。太平之功。指日可待。然臣竊有所見。不敢緘嘿。臣待罪右省。伏覩內中時有批降指揮。除付三省樞密院外。亦有直付有司者。雖陛下睿明。必無過舉。然付之事體。終有未安。蓋帝王號令。不可輕出。必經中書參議。門下審駮。乃付尚書省施行。不經三省施行者。自昔謂之斜封墨敕。非盛世之事。神宗皇帝正三省官名。其意在此。臣愚伏願陛下凡有指揮。須付三省樞密院施行。更不直付有司。以正國體。其三省樞密院若奉內中批降指揮。亦須將前後敕令相參。審度可否。然後行下。不可但務急速奉行。以為稱職。蓋三省樞密院皆執政大臣。陛下委以平章政事之人。其任非輕。不同胥吏。但以奉行文書為事。帝王號令。務要簡大。若夫立法輕重。委曲關防。皆有司之職。非人主之務。書曰。文王罔攸兼于庶言庶獄庶慎。惟有司之牧夫。蓋謂此也。至於內外臣寮干求內降恩澤。侵紊綱紀。增長僥倖。以陛下明聖。必不容許。臣亦不復以為言。更願陛下戒之謹之。嚴行杜絶。無使小人乘間得入。天下幸甚。

肇為翰林學士。乞下詔禁絶干求內降疏曰。臣伏見仁宗皇帝在位四十二年。屢下詔書。約束臣下干求內降。令中書樞密院如內降與臣寮遷官及差遣者。並具條執奏以聞。推劾干請之人。明正其罪。下御史臺開門榜諭。仍著為法。皇祐二年因祀明堂肆赦。嘗諭輔臣曰。比有貴戚近習夤緣請託。以圖內降。雖頗抑絶。然未免時有侵撓。可於赦文中禁止之。庶澄清宿弊。示信天下。時輔臣對以載之赦條。恐未盡聖意。乃別為手詔。與赦書同降。蓋仁宗之仁如天。於人之欲。有不能違。然一切徇情。則侵紊紀綱。虧損刑政。故令執政大臣具條執

奏。人主致恩。人臣守義。上下維持。交相儆戒。又令推劾干請之人。明正其罪。則人自不敢因緣請託。故一時朝廷號令肅清。間有干請之人。輒為諫官御史所劾。仁宗雖有不忍人之心。而終不至於優柔牽制者。其術蓋出於此也。恭惟陛下天姿寬仁。正身率下。論者謂有仁宗之德。夫寬則無所不容。仁則有所不忍。臣愚竊慮內外之人因此有干祈。陛下雖正身于上。而迫於請禱。無以却之。執政大臣又或不能一一執奏。日積一日。則侵紊紀綱。虧損刑政。其為禍患。有不可勝言者矣。臣愚伏願陛下監觀仁宗所以防制左右杜絶恩倖之意。特下詔書。戒飭內外之人。不得干求內降。如有內降旨揮非憲章所存者。令執政大臣具條執奏。推劾干請之人。明正其罪。仍責諫官御史常加覺察。牓諭朝堂。著之于法。使內外明知聖意所在。如此。則聖治日新。朝無秕政。小人安分於私室。請謁不行於公家。以成陛下寬仁

之意。以稱陛下正身率下之意。垂之萬世。貽訓子孫。豈惟天下之幸。實社稷無疆之福也。惟陛下裁擇

右正言任伯雨上奏曰。臣聞外議皆言近日內降頗多。下至傳人恩澤。開封府大理寺所勘公事。往往旨揮釋放。此言虛實雖未可必。萬一果有而陛下不知。則九重深遠。詐傳敕命。俯仰之間。亦繫不輕。若上因左右懇求。陛下寬仁不得已重違其意。則干亂政刑。此風不可滋長。且鴻都賣爵。墨敕斜封。皆出漢唐季世。不可不戒。昔仁宗慶曆亦嘗有之。宰相杜衍不肯奉行。每積至數十。即面繳納。仁宗嘗謂侍臣曰。外人祇知杜衍封還內降。不知朕以衍不肯而拒之者過於封還也。又嘗內降開封府吏邑王遷職一等。尚美人遣內侍韓從禮傳教旨免工人市籍。府判龐籍奏其事。仁宗立命杖韓從禮。詔今後內降無得輒受。以此觀之。所司守法。自當執奏。臣伏願陛下降臣劄子付三省密院旨揮所屬去處。今後內降無得輒受。此亦仁宗皇帝故事。如此則僥倖干求庶幾息矣

伯雨又上奏曰。臣風聞內苑作工匠盜所結真珠事踪有旨更不得治。監官醫官院人力懷刃爲盜。捕獲有旨不得問。經由門戶。中外聞之。莫不撫髀駭歎。頗足寒心。皆謂陛下誤以爲小事。竊以監官之設。本爲監臨主守。司閽之設。本爲機察出入。今珠璣至貴之物失至數萬。夫挾刃入數重門。如涉無人之境。皆非小事。不止因循。遂一切赦之。後來更有犯者。陛下不執之。則罪同罰異。人人皆怨。陛下又赦之。則事事廢法。紀綱遂壞。雖有監官司閽。將何用也。且宮禁之門。法最嚴密。周官小宰治宮禁之法。獨有大刑。在律亦宮禁之法爲最重。蓋聖人立法之意。防慮幾微。謹備不測。以嚴衛一人。今陛下多愛不忍。幾於姑息。廢萬世之成憲。棄祖宗之大法。紀綱不立。左右侍恩廢弛。積日累月。事體陵遲。忽有不測之虞。誰復如所職守。陛下豈不爲宗廟社稷自重乎。臣伏願陛下罷前降指揮。勅有司依法律推治。干繫所貴人人盡心。各知職守。不至弛玩。以產禍亂。則宗廟之休。社稷之福也

歷代名臣奏議卷之二百十二

歷代名臣奏議卷之二百十三

法令

宋徽宗時。御史中丞朱諤上奏曰。陛下手詔屢下。惻怛願治。然吏奉行者多安於苟簡。或懷二三。視置不行。使德音善教。無由下達。願分命使者刺舉諸道。有受令而不行。及行令而不盡者。論如古留令虧令之罪。則令出而朝廷尊矣。元祐紛更。凡得罪于熙寧元豐者。不問是否。輒陳寃訴。自歸無過之地。彰先朝之失刑。希合姦臣。規求進用。門下侍郎許將頃下御史獄。抗章云。絲毫自知其無事。父子相係而為囚。追屬吏十有六人。繫病者百有三日。終無可坐之罪。遂加不實之刑。夫以追吏如是之多。繫病者如是之久。卒之於無可坐。則先帝所用之刑為如何哉。將於哲廟表泛為平詞。至宣和太后之前。則銜寃負痛其辭如此。於陛下紹述成功。得無少損乎。

李綱上奏曰。臣恭惟宋受天命。藝祖創業。其得天下也以仁得之。列聖守成。其守天下也以仁守之。重熙累洽。百有五十餘載。承平之久。跨漢軼唐。雖堯舜三代之隆。無以過也。陛下光紹丕圖。祇遹先烈。宵衣旰食。勵精為治。立政造事。所以利安元元者無所不至。而一以仁慈為之本。可謂深得祖宗創業守成之道矣。爰自臨御以來。屢下寬恤之詔。宸翰昭回。至誠惻怛之意見於辭者。是以鼓天下之動。是以薄海內外。蒙被恩澤。天覆地載。海涵春育。無一物不得其所。協氣嘉生。薰為太平。以仁致治。其效如此。臣愚竊謂詔令之所布。寔賴官吏悉意推行。不為文具。則實惠之及民者。彌久而彌廣。然詔令之頒降有先後。而官吏之去來為不常。雖恩意志慮具在方冊。後來者往往未嘗深究而周知之。朝廷之上。所當以時舉而行之者也。陛下適者幸以紹述熙豐政事須於朝堂矣。願詔有司檢會裒集前後所降御筆寬恤手詔事件。如勸農桑。恤刑獄。或捲擾賑貧乏。恤鰥寡孤獨之類。通行於天下。而非一時指揮者。附於紹述熙豐政事之後。以時頒之。申命以告四方。庶幾內外官吏。深惟恩意志慮之所在。竭力遵奉。罔敢怠廢。以副陛下以慈為寶仁民愛物之意。天下幸甚。

李復論謹權量劄子曰。臣聞王者齊天下之不一。必以法。而律度量衡。乃其法也。先王巡守所至。必參考焉。防其敗法異政殊俗所自而起。故孔子曰。謹權量。審法度。四方之政行焉。古者幅帛不中度。不鬻於市。斛鑰不中量。不列於市。破律改作。皆有誅。其法嚴而不敢少弛。所以無有不一。而天下平治也。臣竊知今南方之權衡。北地之斛量。比之中州十增二三。雖中州民間。亦多用私造。倉庫增損官器。出納作弊。諸處客商所賣物帛來陝西。紗絹輕者不及三四兩。長不及二丈八尺。闊不及一尺五寸。其他物帛盡類此。又多濫以粉藥。非以欺罔愚弱。以取高價。而與官吏交結。中賣入官。將充衣賜於春秋給散。軍兵不肯請領。屢曾起事。尊吏售之。換易官物。亦累敗露。其弊獨於陝西。近年尤甚。縱而不治。極於人情不便。恭惟陛下智高神禹。而權衡度量須於天下。新斛偽濫不法。盡合屏絕。令乞下有司立法。應退色物帛各立定長闊輕重。粉藥偽濫皆嚴立法禁。許人為告。賞其告者。曰短狹纖具。並令納官毀除。見在不中度幅帛。並令送官量支其價。官收以備賞給。如有違犯。物皆沒官。使守陛下之法。以絕天下之弊。

復又論刑法劄子曰。臣聞上有道揆。下有法守。道揆在上。朝廷之事也。法守在下。有司州縣之事也。今之更改條法令式。道揆法守。其在是矣。夫條法所立刑賞。何為而然哉。蓋本之於禮義也。禮義之當否。豈在下之可專。朝廷揆之而已。朝廷揆之。然後著之為法。頒之天下。遵而行之。敢有違者。乃犯禮悖義而必有罪也。所謂禮義。豈常人所能知哉。必博通古今。深於經術。識其理之所歸。乃可與議。臣竊見備勑局前後所差官。多以明法入仕。或因試斷案。或因任刑法職事之人。此等只是曾學舊條與諸處法吏無異。安知禮義予奪。若任而備立條法。頒而行之。即便是勑。豈足施行。臣欲乞應有更改及有創立。並逐事上朝廷具贊說所以立法之意。朝廷揆其當否。使中於理。然後俾條而備之。可以成忠厚之政。而消憸悖之風。不勝幸甚。

左司諫江公望乞依赦文放免欠負劄子曰。臣竊聞膏澤以旋爲先。有司以吝爲得。各有所當。不可槩見。去年四月。放大赦文既行。天下歡呼均被其澤。議者以謂失博通稽。則未免屯膏之譏。放免所以礙官本。就奏有謂區區過計。則未達有司之吝。有司不得不吝。朝廷不得不釋。職在下守之不失其爲義。命在上施之無害其爲仁。義貴從宜。必審權輕重。仁在博施。故當籌緩急。朝廷以宿負爲不可償。民罹

捶楚囚禁之苦。州縣有牒訴追呼之擾。方驟然與天下丕變。故作肆赦之文。非不知礙官本。妨國用。急於緩民之苦。息州縣之擾。故盡行蠲放。以伸陛下博施之仁。放免欠負。雖所以礙本。既奏朝廷。直其守職之吝。白從權宜之義。雖赦釋之。有司何預焉。各有所當。不可槩見。良以此也。又況朝廷號令既出而反。何以取信天下。有司既有日限。久請不報。上下相持。德澤不流。民不堪命。陛下特未知爾。豈其驟然丕變之息。反鈕於有司之手不得行也。訪聞宿負雖注官籍。名存實亡。縱然自存。朝哺不給。有負數千緡錢。累月之間。持數千錢出。以應郡縣督責之期。雖荷耳械手。捶楚至於籲天。亦何益也。祇以傷陛下之仁爾。伏望聖慈明詔有司。應赦文所載欠負。不以礙官本。並依元降指揮蠲免施行。豈惟大號無反汗之失。又足以中至仁博施之恩。豈不美哉。

博士周行己論增修法度上奏曰。臣竊惟國朝受命。民不忠肆祖宗相承。以聖繼聖。基本之厚。太平之久。三代以來。所未有也。陛下紹承七聖之丕基。恢張先帝之丕業。法度至此而大備。禮樂至此而大興。風俗至此而大定。人材至此而大成。自古未有今日之至治極盛者也。然而太平既久。民安無事。內外恬熙。官吏媮惰。臣竊過計。恐其法度斷弛。奸弊漸生。蓋人情無事則苟安。則無深遠之思。人情無事則忽。忽則無憂虞之念。故無事者有事之所起也。雖堯舜三代盛時。未嘗不兢兢業業以相戒慎。臣愚欲望陛下先之以訓戒。照之以遠慮。察媮惰於無事。止奸弊於未萌。自淵衷委之人臣。因時損益。增修法度。振其所或廢。補其所未全。調而一之。持而定之。以懋官吏。以休四海。以固祖宗甚盛無疆之業。

洪彥昇爲殿中侍御史。先是詔諸道監司具法令未備若未便於民

者。久而弗上。彥昇上言曰。吏狃若聲隨時俯仰。不能上承德音。因緣爲奸者衆。有因追科而數害保伍之法。因身丁而故違崇寧學校之政。宿事原情。當有勸懲。宜遣官編纂。辨其邪正。以行賞罰。帝皆從之。

右正言淩哲上疏曰。漢高入關。悉除秦法。與民約法三章耳。所謂殺人者死。實居其首。司馬光有言。殺人者不死。雖堯舜不能以致治。斯言可謂至當矣。臣竊見諸路州軍大辟雖刑法相當者。類以可憫奏裁。自去歲郊後。距今大辟奏裁者五十餘人。中有實犯故殺鬬殺常赦所不原者。法既無疑。情無可憫。刑寺並皆奏裁貸減。彼殺人者。可謂幸矣。被殺者銜恨九原。何時已耶。臣恐強暴之風滋長。良善之人莫能自保。其於刑政。爲害非細。應今後大辟情法相當無可憫者。所司輒奏裁減貸者。乞令臺臣彈劾。

欽宗靖康元年。監察御史余應求上疏曰。臣伏覩近年以來。凡有中旨皆降御筆施行。期限嚴促。稍有稽違。寘以不恭之罪。三省有司奉行不暇。雖有違戾法憲。前後重複者。不敢執奏。或被受即行不申三省。事至甚微。亦須宸翰。其始因中人領事。內中奏陳而為之。其後士大夫倚中人以進。欲興功利而於法不可者。亦為之。最後執政大臣或行事有戾於法。或差除不允公議。或為親知私謁干請者。亦為之。由是號令日紊。綱紀日壞矣。夫三省樞密院。是之謂朝廷。陛下與謀議大事出命之所也。人君擇賢而任之。固當委以庶事。若宰執不才。易之可也。豈可自親細務。悉降御筆而可以為治哉。陛下初政清明。委用宰輔。宜無此弊。然竊聞尚有臣僚直達奏陳。內中批送施行者。此與前日御筆何異哉。臣以謂內侍與臣僚所陳獻利害。措置事宜。皆可付三省樞密院商議進呈。取旨而行。庶幾不戾於法憲。不惑於

異同。人主大權不移於中。可以杜多門之政。可以絕近習僥倖之原。政事之大。無先於此。惟陛下財擇。

翰林學士許翰上奏曰。臣聞天下之法。當與天下共之。有司守之以死。雖天子不得而私也。而後天下之大公立。比年以來。有司阿意撓法。以徇一時。是以條約文具而不守。伏願陛下明詔有司。今後指揮異有害事病民違戾條制。並令有司具析執奏。御筆手詔不由三省而下者。官司被受審覆。取旨乃得施行。必使法嚴信如四時。而後令一而民定。可以立政矣。

侍御史李光乞罷用例酌情指揮劄子曰。臣伏覩近降聖旨令六曹尚書侍郎各以其事治有條者以條決之。無條者以例決之。無條無例。本部酌情裁決。臣竊詳上項指揮。實欲以道揆之任。歸之有司。臣固未暇論其是非。姑言其甚不可者。陛下若許其用例。臣恐遂至於侵權。何以言之。夫吏人遷補有限以歲月之法。今則有減選出官之例。命官差遣有入遠之法。今則有大臣陳乞家便之例。以至錢穀之勞。捕賊之賞。依法則輕。用例則重。如此之類。未易槩舉。尚不可據而況於酌情乎。蓋用例酌情者。天子三公道揆之任。非有司可得而專也。熙寧中。詔自今妃嬪以例乞骨肉恩者。勾當使臣具保明詣實依條。方得繳奏。今執政大臣患三省事務繁冗。遂致假借六曹使得用例酌情。臣竊以為過矣。臣嘗備員郎曹。目覩猾吏舞文之弊。且六部所用條令。纖悉備具。吏人習熟。以常法從事。尚為所欺。意所出入無不得者。今乃公然容其廢法而用例。無例而酌情。是開僥倖之門。縱受賂之路。臣恐吏益強。法益廢。而事益紛紛矣。伏望聖慈更詔大臣重賜參議。除都堂三省所接詞訴分送六曹依條與決施行外。其無條有例者。申乞朝廷指揮。如此則三省訟牒自當減省。而上下相

維。詳略相紡。紀綱正而威權立矣。不勝幸甚。

高宗時。右司諫潘良貴奏曰。契勘禮部製造過度牒數目。自紹興三年至今年十月十八日製造約一十四萬道。給降約一十三萬道。以三年為率。數目如此。則自建炎元年以來。大約須給降過四五十萬。夫天下戶口自更兵火之後。所至耗減。其丁壯理宜蕃息。使力本務農以固基本。今因循積習。視以為常。日引月滋。無有紀極。竊恐數年之後。百姓失業。盡為遊手之人。況今州縣寺舍悉許流寓士大夫占射居止。又適歲饑。此曹什百為群。居則無屋。食則無粟。流離困苦。實可憫憐。兼之度牒所得錢物。直是一時無名用度。朝廷百官將士之經費。悉不仰此。以為供須。若不速行撙節。深慮有意外之患。昔越王之復吳也。令於國中曰。女子十七不嫁。丈夫二十不娶。其父母有罪。將免者。令醫守之。生男子二壺酒一犬。生女子二壺酒一豚。其深

思遠慮，尚歆蕃息其未生者，況已成丁壯之人而廢棄之，豈不重爲國家惜乎。伏望朝廷詳酌，立爲定制，庶幾永遠可以施行。

胡寅上疏曰：臣聞建昌之惡，莫大於謀爲反逆，先王豈不知是爲深可懲戒哉。然止於未萌，固亦多術，而未有預懸重賞誘人使告者。蓋知告訐之路一開，則其禍不可勝言者也。臣伏見昨來有言者以建昌軍人作過，請降空名官告付下州郡，誘人告變。夫以反逆加人，雖人情之所不忍，然見官秩可以告變而得，則淺思寡慮，與夫凶猾怨家，不忍小忿，而致人於大惡詐難事也。故自令行以來，適當防秋之際，建昌、廬陵數郡相繼告發。何昔日之絕無，而今乃競有耶。彼建昌之禍，則有所本矣。不治其本而禁其末，見目前之小利，昧經久之遠圖，將使官吏軍民，盻盻相伺，在上者不敢治其下，在下者得以持其上。誅慮如此，傳笑四方。臣謂弭亂之要，在州郡得人。至若陳告之法，

自來條制莫不備盡，只合申明行下。所有昨來已降指揮，伏望聖慈持賜追寢，庶幾人心不搖，禍亂不作。

寅又上奏曰：臣聞孔子定書，載帝王典誥誓命之篇，垂法萬世。其要在告戒箴警，初無溢美溢惡之辭，所謂大哉王言，言之必可行也。臣竊見比年以來，書命所宣，多出詞臣好惡之私意。遇其所好，則譽莊跖爲夷齊；遇其所惡，則毀晉棘爲燕石。極意誇大，有同戲啓；快心摧辱，無異詆罵。使人主命德討罪之言，未免於玩人喪德之失，是豈代言爲命之法哉。夫文者空言也，言而當則爲實用，善者怙焉，惡者懼焉，其有益於治，不在賞罰之後矣，而非空言也，曾謂是可忽乎。臣愚伏望陛下申諭外制之臣，以飾情相悅、含怒相訾爲戒，褒嘉貶絀，務合至公，詞貴簡嚴，體歸典重，庶幾古昔誥命之意，以成一代贊書之美。

殿中侍御史鄭剛中上奏曰：臣竊見典買田宅，法限六十日投契，又六十日請契，恐其故違限約，則抵以倍納之稅；恐其因倍而畏，則寬以赦放之限。疑若無弊矣，而其弊今有不勝言者。買產之家，類非貧短，但契成則視田宅已爲己物，故吝惜官稅，自謂收藏白契，不過倍納而止。遇赦限雖倍納，猶是虛文，必待家有爭論，事涉關礙，始旋行投印。此無他，官無必懲之法，開因循之路，而使趨，宜其資豪猾而失公利也。虧失公利，猶害之小者，至有不識書計之人，飢寒切身，代書售產，閱時既久，富家管業亦深，或爲書人已死，或牙保關通，乘放限之便，改移契券，以典爲賣。它日子孫抱錢取贖而不得，則飲泣縣令之庭而已爾。臣願朝廷詳酌，下有司立爲信限，出限一日，更不理爲交易，錢不追理，業還本主。典田宅者，並依條爲合同契，一處封官投印。如是，則白契可以盡勸，上不至於虧損官錢，下不至於以典爲賣，

公私偕利矣。

剛中又上奏曰：說者謂有陽而無陰，不可以成歲功；有德而無刑，不可以成政事。臣常惑之。今試使一人持刻薄之說，勸人主爲苛察之政，則有識者必指爲法家者流，是欲置天下於洗疵怨謗之地，不可聽也。又使一人持寬大之說，勸人主爲姑息之政，則有識者必指爲敗法之人，是欲置天下於委靡不振之域，亦不可聽也。臣反覆計慮，而後得其說。蓋寬仁者人主之道，持法者臣下之職，二者不可易也。人主與天地同德，惟高明博厚，然後公公私私，有生能言之類，各安其欲。至於百官有司，則法度之所在，猶四時之氣，推行造化，可生則生，可長則長，可肅則肅，可殺則殺，予奪之間，不可有毫釐之謬。惟使生育之恩歸於上，法度之章謹於下，四海之內，戴君父之德，而畏有司之戮，然後朝廷尊而政事脩矣。恭惟祖宗以愷悌之風，蕩五代之毒

藝。陛下以澤洽之德。救百六之塗炭。累聖相承。前後一軌。大君之道。咸不約而得之矣。考其忠厚之極。則無如仁宗皇帝之時。慈惠之氣。盎然如春風者幾五十載。覆載之功。不爲不大。然所謂法度者未嘗弛也。內之朝廷。外之郡縣。有人犯一非義。則郡守必劾。監司必按。臺諫必言。以至一官資之予奪。一刑名之輕重。一錢穀之出入。有司各守其法以爭之。不得於法。雖力强勢重。不敢有僥幸之望。小大同心。共以身任之而不顧。天下惟見人主簡易優游坐收寬仁之名而天下亦無敢爲非者。此祖宗與三代治古之道也。至陛下臨御以來。寬仁愛物之心。於古有光。而臣下持法之心。頗與古異。大率有司皆不肯以身任怨責。縣有罪。郡守不敢劾。留以俟監司。守有過。監司不敢按。留以俟臺諫。某事於法不可行也。郡猶問於監司。監司問六部。六部問朝廷。朝廷作聖旨罷之。某事於法不可得也。郡猶請於監司。監

奏議卷之二百十三　九

司請六部。六部請朝廷。朝廷作聖旨奪之。積日累月。罷之奪之。皆自一人出。而百官有司無一拂戾人情者。苛察之怨。日漸歸於上。姑息之恩。各欲歸諸己。此豈善風俗持久之道乎。諸葛孔明曰。寵之以位。位極則賤。順之以恩。恩竭則慢。是故吾繩之以法。法行則知恩。善乎其能言也。蓋法者百王相授之具。上下守之而皆出於無心。惟使寬宥曠蕩之澤。時出於人主。則天下皆若履秋霜之嚴。而知有春陽之暖。豈不偉歟。皋陶爲士。將殺人。堯曰宥之三。皋陶曰殺之三。夫皋陶豈不知將順之美。以謂宥罪者人君之恩。至有司則奉法而已。不知其它也。此後世所以樂堯宥刑之寬。而畏皋陶執法之堅。臣願陛下戒敕臣吏。各使持職奉法。凡予奪之際。自有成書。無大疑惑者。不得互相推避。其失職廢法全身避怨者。咸按律之常。使紀綱持循。賞罰明信。不廢法度。而陛下寬厚之仁。油然與覆載同功。俾天下獨知斯謀斯猷。惟我后之德。則生靈幸甚。

章誼上奏曰。臣竊見朝廷近日每建一事。每行一令。曾未閱日。議者紛然以爲不便。旋即更改。雖從善如流。朝廷之美事。然人主出號布令。猶天之有雷風也。故曰鼓舞萬物者風雷乎。鼓舞萬民者號令乎。雷不一。風不再。令政事號令出而復反。行而中輟。豈所以尊主威而隆國勢哉。臣原其所自。蓋由朝廷初議立政出令之時。其僥倖希進之人。建爲尊欲便私之論以誤執政。而執政初不經意。輕信其說。亦不復參酌衆情。採聽士論。是以旣行之後。衆論紛然。利害昭著。雖執政大臣。亦自不能力主其說。此政令所以屢更。國論所以不定也。臣觀今日幾微之事至多。號令之行宜審。其博稽深考。雖未能如古大詢之禮。然內省如給事舍人。外省如尚書侍郎。宰相之屬。如都司。樞廷之屬。如檢詳。皆當先預論思。審爲可否。其能訂之古義而不悖。施

奏議卷之二百十三　十

之當今而可行。然後執政進呈。而聽陛下之去取。如此則令重而君尊。君尊而國安。虧令留令。與夫不從令者。雖死無赦。如管仲之言可也。惟聖主留神幸甚。

誼又上奏曰。臣伏見紹興元年三月敕州縣免行錢並罷。見任官買賣並依市價。違者計贓以自盜論。朝廷所以降此指揮。蓋欲革貪吏苟得之心。寬齊民供辦之力。恩至厚也。然物有實直者在律令。月具上下之估。司具增減之目。旋估者有禁。牟利者有刑。首尾關防纖悉必備。今州縣監司盡廢律令之文。專舉自盜之敕。遂使在官之人。買薪市米。動觸刑章。而無賴之民。持吏短長。誣訴充積。即有犯者市司定價高下。出於臨時。獄吏計贓多寡由其喜怒。廢法議刑。其弊至此。豈所謂易避而難犯哉。臣備員秋官。屢鞫疑獄。見其委曲。未合人情。伏望睿明更付外廷。詳議審處。兼舉律令之舊文。然後申嚴自盜之

新制。則設而難犯。犯亦無悉。庶幾仰副聖主明慎用刑之意。不勝幸甚。

謹又上奏曰。臣聞法者天下之公也。議之於朝廷。措之於有司。行之於天下。無有遠近貴賤。取信焉者也。今獨吏舞法。使有司無所執守。天下無所取信。背公營私。喜怒任意。未有如今日尚書省鈔房人吏之甚者也。吏部轉官皆有格法。自令史而上。郎官侍郎尚書。具條奏擬。既應法矣。而鈔房人吏有不快意而在法無礙者。必使吏部自陳退鈔。名為請退。今年六月右選武功郎戴師正秉義郎屈有諒二人轉官鈔上吏房。以二人係兵馬大元帥府結局轉官。止給到吏部公據。至今不為奏鈔。卷令請退。臣恭聞陛下御極之初。曾降指揮。應結局官吏。不暇卷給告勅。權時之宜。並令吏部出給公據。當時既有指揮。則朝廷吏部所當通知。今吏部既能省記大畧矣。豈有鈔房人吏

乃不知耶。又去年八月有秉義郎史世安亦係公據轉官之人。鈔房已自照用建炎指揮放行了當。今來忽於二人遂有沮難。良見私意。兼吏部郎官侍郎各各考驗並非虛偽。而鈔房堅執不可。此臣所謂奸吏舞法。使有司無所執守。天下無所取信者也。士大夫為郎官侍郎。而其所上文書皆不獲施用。堂吏專得任其喜怒之私。而為朝廷取怨於天下。此非國家之福也。伏望睿斷付之有司。考究情弊以警奸吏。不勝幸甚。

謹又上奏曰。臣伏見朝廷比脩紹興勅令格式。其忠厚之意。則悉本於祖宗。其綱條之舉。則悉仍於舊貫。惟是除苛解嬈。救弊補偏。頗資討論。時有革削。然當是之時。簡編浩博而難稽。衆議紛紜而不一。書貴速成。論靡專決。是以去取之間。不無舛錯。厥令頒在有司。爲日既久。州縣推行。時見牴牾。欲承疑行用。則衆聽惑而不孚。欲因事申明則法屢變而難守。豈所以為一定之制哉。臣愚伏望睿慈。明詔郡守監司與夫承用官司。參考祖宗之舊典。各條新書之闕遺。悉隨所見。條具以聞。然後命官審訂刪去訛謬。著為定法。庶幾一時憲章坦然明白。若江河之有隄防。梓匠之有繩墨。使民易避而難犯。不勝幸甚。

右正言陳淵上奏曰。臣聞古之為臣者。有稟令無議令。故令出於上。下知奉承之而已。此法之所以行。而事之所以立也。往者靖康之初。淵聖皇帝以兼容之度。博訪羣言。俱取而並用之。甚盛意也。而忠邪雜揉。是非不公。故每下一令。上自禁從下至百執事之臣。與夫布衣韋帶之士。必群起而交攻之。或已發而中廢。或盛行而遽改。或姑存之。終至於委靡不振而後已。以故一事無成。拱手以待禍。其為弊至今尚在也。此而不革。無以立政。故臣不避僭越之誅。為陛下力陳之。夫議政之地。昔時士大夫屏息而過之。如恐犯分。及其後風俗一變。

乃始有竊議其非者。又其後公肆詆訐無所忌憚。則今日之弊是也。廉陛不分。莫此為甚。朝廷之勢。安得而尊。朝廷不尊則國威不立。國威不立。而欲以指麾顧盻定天下之大議。雖固知其難矣。傳曰。下輕其上。爵賤人圖柄臣。則國家搖動而人不靜矣。此古今通患也。今天下之事。宰相行之。臺諫言之。若是亦足矣。臺諫耳目有所不及。則詢之侍從。侍從思慮有所未至。則求之百執事。其有遺策乎。而又下取之布衣韋帶之士。俾道聽塗說之流。得以肆其不根之論。臣恐徒為紛紛無益於治。雖然。人主之德莫大乎聽納。如陛下之言已從人。不聞貴賤。雖堯舜不能過此。臣子所宜將順者也。而臣私憂過計。更為此言者。非固欲棄愚者一得之慮也。以謂布衣韋帶之議。資之以廣聰明則可也。若創法立度。而惟此曹之徇。適足以自眩而已。自古造事者。謀之以同。斷之以獨。故總覽兼聽之誠。常施之於未決之前。而是

非可否之私。不容於已定之後。為是故也。故臣愚願陛下自今凡有大事議之而後行。已行而議者勿聽。毋使明謨。坐困曲說。則天下幸甚。

淵又上奏曰。臣聞君者。出令者也。臣者。行君之令而致之民者也。此古今不易之道也。苟出乎上者已審。而行乎下者無稽違慢之失。則上之惠意志慮。無不孚於民。而民咸被其澤矣。往者宣和之間權臣用事。播告之外。自有風旨。為吏者從其風旨而不從其言。罪弗及也。以故一時號令不信於天下。雖寬恤之詔。季一舉行。掛之墻壁。徒為文具而已。上意益勤。民情愈怨。愁歎之氣。薰穹蔽壤。無所赴告。遂為今日難解之禍。蓋吏不能行令之過也。陛下即位以來。深監其弊。苟有方今。必罰無赦。內外大小之臣。宜其精白一心。以承休惠。無敢不恭。而貪殘之吏。尚仍舊習。有累聖政。臣竊憤之。今年春建寇既平。

陛下嘉惠一方。宥過無大。所以洗滌瑕疵。蠲除逋負。安集彝寓。無不曲盡。真至渥也。今下未幾。已聞州縣之間。首端沮抑。莫肯奉承。論者以為恙陛下既已明示威福而中告之矣。今又聞赦文以上四州軍殘破為甚。全放今年二稅。下四州軍不免擾攘。止取其半。而吏引著令。謂稱赦放者。不得過三分。盡追其餘。以備急闕。是以一定之典。而議非常之恩。以厚誣之。訐而力沮已行之命。遂使陛下愛民之詔。與成虛發。此而不懲。無以示信。且舊書所載。或以故例。或緣泛恩。所指無定。屢所釋無限量。今以兵火之後。傷殘凋瘵之餘。曲示寬典。固不同矣。又比喪亂以來。民不堪命。常賦所入。十才得四五。止取其半。猶慮惠不及民。況十取其七乎。自懸尊之亂。陛下為之宵衣旰食者一年于此。至遣執政大臣。圖之良將。親往平之。然後復安。既安之後。所賴以撫綏吾民者。唯監司守令而已。而行法如此。陛下何望焉。若其事出於監司。容喻而守令奉之。與夫守令率意擅行。而監司勿問。皆不能無罪也。臣愚願先降明詔。諭以前日之誠意。立行改正。然後核監司守令稽違廢慢之實。嚴賜黜責。自今以往。庶幾貪殘之吏。不敢舞文以為奸。倚法以僥倖。臣不勝區區之心。惟陛下裁察。

監察御史劉行簡論尚書六曹及百司法令之弊疏曰。臣愚不肖。叨蒙誤恩。擢置臺察之司。伏見尚書六曹。下逮百司。凡所用法令。初無畫一之論。類以人吏省記。便為與奪。蓋法令具在。奸吏猶得侮之。今乃一切聽其省記。顛欺弊何所不有。欲與則陳與例。欲奪則陳奪例。或與或奪。在其牙頰。其患可勝言哉。陛下聖明。灼見此弊。嘗降處分。命左右司郎官。以其省記之文。刊定頒行。然左右司職事號為最煩。竊恐於此不能身一。無由速得成書。臣愚伏望聖慈。特降睿旨。改送詳定一司敕令所。立限刊定。鏤板頒降。內吏部條法。最為急務。乞責

近限來上施行。庶幾杜絕奸吏弄法受賕之弊。天下幸甚。

起居郎周麟之論禁小報狀曰。臣聞國之有號令。猶天之有雷風。雷不一風不再。號令如此。然後可以鼓舞萬民。動則王應。無有違逆。固不是乎。仰惟皇帝陛下肖更化以來。蠱飭百度。鼎新庶政。登用賢俊。屏除奸回。凡積年弊事。罷已一切。劉華而釐正之矣。方陛下頒詔旨布命令。雷厲風飛之時。不無小人譸張之說。眩惑羣聽。如前日所謂召用舊臣者。浮言胥動。莫知從來。臣嘗究其然矣。此皆私得之小報。小報者。出於進奏院。蓋邸吏輩為之也。比年事有疑似。中外未知。邸吏必競以小紙書之。飛報遠近。謂之小報。如曰今日某人被召。某人罷去。某人遷除。往往以虛為實。以無為有。朝士聞之。則曰已有小報矣。州郡間得之。則曰小報已到矣。他日驗之。其說或然或不然。使其然耶。則事涉不密。其不然耶。則何以取信。此於害治雖若甚微。其實

不可不察。臣愚欲望陛下深詔有司，嚴立罪賞，痛行禁止。使朝廷命令播之天下，天下可得而聞，不可得而測；可得而信，不可得而詐。則國體尊而民聽一。臣不勝至願。

綦崇禮上奏曰：臣伏見日者陛下臨遣使臣，宣諭諸路，親加訓飭，付以御書手曆，使書其所舉按監司郡縣玩習苟且，平時詔條動多違戾，洎聞遣使，往往前期旋行整治，以蓋其迹。如闕官差權，多不應法，雖本無負闕，亦或增差，巧作名目，蠹耗祿廩。以臣所聞，自江浙以往，皆有此弊。至於遠方，則又影占窠闕，以便權官。雖朝廷所差，吏部所注，正官之任，多是托以它說，不肯放上，士人無所告訴，銜冤困餓。而權攝之官安享祿利，其廢法未有如此者。及使者將至，凡違法差官去處，皆先自今罷，亦聞遠處不放上任者，皆令赴上矣。豈獨差官之弊，至于詔令頒布、法禁奉行、民戶科率、刑獄遠繫、官物出入、酒稅榷征、租賦催放、倉庫受納、婚田詞訟、鄉保差役、公使收簇、行戶供應，凡州縣一切之事有所違戾，莫不預行料理，粗使應法，以待使者之來。若貪贓不法，迹狀彰露，不可掩匿，則監司長吏始從而發摘之，亦有不及為計而為使者所劾正者。以臣所慮，儻得平時監司州縣兢兢自飭，常若初聞使者之時，何患法之不守而事之不舉哉？第恐過此無復畏忌，縱弛自肆，還如前日，則朝廷豈能歲歲為之遣使？此監司按察官之責也。臣愚欲望聖慈特降睿旨，申嚴戒勵，應因今來遣使宣諭之後，若逐路諸司及郡縣官吏玩弛違慢，尚循故態，其已罷差之官、已改正之事，敢引例廢法，擅行復舊者，重寘典憲。或事有便於公私而宣諭使誤行罷易者，條具以聞。監司按察官私相蓋庇，失於按劾，委御史臺覺察。害及民間，若許令越訴，庶幾一勞久治，仰副陛下臨遣使者之本意。

中書舍人張孝祥論王公袞復讎議曰：復讎，義也。夫讎可復，則天下之人將交讎而不止，於是聖人為法以制之。當誅也，吾為爾誅之；當刑也，吾為爾刑之。以爾之讎麗吾之法，於是為人子而讎於其父母者，不敢復而惟法之聽。何也？法行則復讎之義在焉故也。今夫佐、公袞之母既葬而暴其骨，戮尸也；父母之讎，莫大於是。佐、公袞得賊而輒殺之，義也。而莫之敢殺也，以謂有法焉。律曰：發冢開棺者絞。二子之母遺骸散逸於故藏之外，則賊之死無疑矣。賊誠死，則二子之讎亦報。此佐、公袞所以不敢殺之於其始獲，而必歸之吏也。獄成而吏出之，使賊洋洋出入閭巷，與齊民齒，夫父母之讎不共戴天者也。二子之始不敢殺也，蓋不敢以私義故亂法。今獄已成矣，法不當死，二子殺之，罪也；法當死而吏廢法，則地下之辱，沉痛鬱結，莫之伸，為之子者尚安得自比於人也哉？佐有官守，則公袞之殺是賊，協於義而宜於法者也。椿等聞春秋之義，義在復讎。公袞起儒生，尫怯如不勝衣，當殺賊時，奴隸皆驚走。賊以死捍，公袞得不死，適耳。且此賊掘冢至十數，嘗敗而不死，今又敗焉而又不死，則其惡必侈於前。公袞之殺之也，豈獨直王氏之冤而已哉！椿等謂公袞復讎之義可嘉，公袞殺掘冢法應死之人為無罪。納官贖弟，佐之請當不許。故縱失刑，有司之法如律。謹議。

右司諫潘良貴上奏曰：臣聞中臺者，出納王命，賦政四海，喉舌之司也。六曹當遵承成憲，各揚乃職。兵火以來，苟簡玩習，視為傳舍。其最甚者，間遇朝廷送下勘當事理，並不依據格法指定是非，常操兩可之說，曰：更合取自朝廷指揮。是致朝廷臨時別有衛改。長貳郎官循默奉行，不復更有執守，無廢一法，即後來陳乞者循以為例。干求請托，紛然無窮。若不加察，恐省部成法盡壞，其患有不可勝言者。臣愚欽望睿斷嚴飭六曹長貳郎官各務協心。凡朝廷送下勘當事理。丞須據格法定是非供報。仍乞詔大臣事關六曹者。不問鉅細。一切准有司格法是從。庶幾杜僥倖之門。開公正之路。仰稱陛下賦政之意。

龍圖閣直學士知湖州汪藻上奏曰。臣竊惟國家自祖宗以來。禮中原沃壤之饒。耕桑萬里。錢粟之問。不至廟堂。材官騎士之屯。環列畿甸。朝廷威令。雷動風行。方是之時。省費裕國。彊兵息民之說。雖勿問焉可也。今四方俶擾。士宇日蹙。招安之衆。仰給縣官。縣官征求。至民不勝其斂。譬人坐積薪之上。火既然矣。是安可一日輟而弗圖哉。則陛下博詢群下固宜。然今日省費裕國。彊兵息民之術。可得而言矣。不過曰。罷冗官之廩。節冗兵之餉。如是而費可省。國可裕也。擇將帥之材。明賞罰之令。如是而兵可彊。民可息也。是數者。皆區區常談。朝廷講之熟矣。豈待臣言而後知。然捨是亦未見他策。臣竊有憂焉。人

主莫大於失人心。士大夫莫大於忽公論。德意不孚。欲人心之歸不可得也。風俗不厚。欲公論之行。不可得也。君之與民。雖有天壤之殊。其上下相安。以誠而已。故古者人君發政施仁。必致慎於出令之始。度不可行者。不以布宣。恐其紿民也。既曰可行。雖舉世非之。莫能搖奪。恐民不信也。陛下憂民惻怛之誠。可謂至矣。布為詔令。可謂丁寧矣。是宜民於陛下。愛戴日深。而田里之間。願未免愁歎者。其故何哉。陛下造令之初。未嘗參其可否。多出於率然。故謂之恤民者。民未嘗恤也。謂之戢奸者。奸未嘗戢也。方時艱難。利固有未可遽興。害固有未可遽除者。民知上之出於不得已也。以誠告焉。其孰敢以為怨。既已號令四方。謂之德意矣。乃有司奉行輒拘閡廢格。使民庶習翫。視為空文。事率如斯。其誰不解體。甚可憂也。臣願陛下凡命令之出。必慎其始而誠其終。審知無壅。然後詔民。如其不然。勿輕出也。庶幾恩洽人心。而人心感悅。天下幸甚。公論之在天下。猶元氣之在人身。四肢雖瘠。元氣在焉。不害其為安。四肢雖彊。元氣喪焉。不免於病。自數十年來。士大夫喜為新奇高遠之論。黜中庸平易之談。凌遲至今。風俗大壞。士大夫所向無適而非利。所懷無適而非私。知朝廷以功名為急。則爭為斬將搴旗之說。以利在於功名故也。知朝廷以忠鯁為賢。則爭為明目張膽之說。以利在於忠鯁故也。朋黨倡和。合為一談。敢為誕謾。上惑主聽。至責其實效。則如繫影捕風。了不可得。甚可畏也。臣願陛下於用人之際。精加考求。無為浮偽所勝。庶幾真材出焉。副朝廷之用。士大夫之風。亦當自此稍變。詔令信於上。風俗明於下。上下皆由至誠。政事脩而財用足。紀綱正而國勢尊。則省費裕國。彊兵息民。適餘事耳。苟為不然。雖有管樂之臣。為陛下謀之。憂未艾也。臣愚不知忌諱。謹錄奏聞。

趙元鎮上奏曰。臣聞天子所至曰幸。以其布德澤。問疾苦。號令風化。所從而出。今車駕駐蹕建康。宜其加惠斯民。使之忻戴。而軍律不嚴。軍政不舉。以強凌弱。無復紀綱。每兵數人結為一黨。或強奪所賣之物。不還價錢。或抑令空手之人。般負錢米。小不如意。毆擊隨之。冤痛之聲。聞者傷惻。將佐自以為得志。廂界亦不敢誰何。遂使闤闠之中。日有橫逆之苦。臣嘗建言乞令三衙。廣布察視。分占地分。嚴立賞罰。及令諸軍貼黃使臣。廳有所犯。以次坐之。不知曾無降出。而民間之患甚於前日。今欲檢舉臣前章早作措置。仍乞責問建康府縱容弛慢坐視不恤之罪。或令所在火保團頭等。常切覺察。應有似此之人。即仰率衆捕捉。如敢拒捕。不以所犯重輕。並依軍法。捉事人量加激賞。如此。則奸惡小戢。而嗷嗷瘝悴之民。有所赴愬矣。

孝宗時楊萬里上疏曰。臣聞聖人之仁。必有所止。仁而無止。則將以

仁天下適以殘天下。仁而至於殘。非仁之罪也。仁而無止之罪也。事固有所極。有所反。仁而無止。則其極不得不反而為殘。殘非出於仁之外也。而生於仁之中。然則與其無止以殘吾仁。孰若有止以全吾仁也哉。是故聖人之心愛天下則無止。而其仁則與天下為有止。溥之以無止之心。而約之以有止之仁。故仁則有止矣。而所以仁則無止也。古者司寇當獄之成也。以告于王。王命三公參聽之。至於將刑也。王曰宥之。司寇曰不可。王又曰宥之。司寇又曰不可。宥至於三。而司寇卒不從。於是焉而殺之。王則為之撤膳為之不舉樂。且夫以天子之尊而三拒於司寇。天子欲活一夫而卒坐視其死。三宥不從。何不四宥之也。四宥不從。何不屢宥不一宥也。不一宥而猶不從。何不自宥之。而必聽於司寇也。且彼罪人者吾君不能活其死。而徒撤膳以致無益之憐。則亦幾於不仁矣。然三代行之未之有改。何也。蓋宥之

者。聖人之仁也。宥止於三者。仁固有所止也。今夫天地之仁萬物也。春而萬物欣欣焉。夏而萬物油油焉。夫欣欣油油。萬物之至願也。天地既仁夫萬物矣。則何不與萬物旦旦而春。旦旦而夏也。而必摧之以風霜。毒之以氷雪。使夫欣欣者悲涸。油油者瘁。何奪其所至願而與其所不願也。聞之曰。冬閉之不固。則春生之不茂。使天地而與萬物旦旦春夏也。則無來歲可也。有來歲。則何以繼也。仁而無止。天地不能不窮也。而聖人能之歟。國朝之法。獄成而罪人以冤告者。則改命它郡之有司而鞫焉。鞫止於三而同焉。而罪人猶以冤告也。亦不聽。此得古者三宥之意也。而議者以為聖人之仁當盡天下之情。而勿限以三鞫。其說聽之可樂也。然自朝廷行之十有餘年。獄訟日滋。蠹弊日積。奸民得策而無辜者代之死。則議者之說為害也。臣請言其害。殺人者一夫也。而連逮者十之焉。不惟十也。有再其十。有三其十者焉。捕同捕也。繫同繫也。訊同訊也。獄吏豈曰。彼有罪。汝無罪也哉。幸而獄成矣。連逮者得釋矣。而殺人者臨刑不伏。則又鞫也。則連逮者釋未畢也。而捕又繼之。又伏而又不伏。則又鞫也。而連逮者復與焉。鞫至於三。至於五。至於十。而連逮者皆與焉。連逮者家破矣。瘦死矣。而獄未竟也。大抵一獄有十年不決者焉。獄決矣。不殺人者俱死。而殺人者獨生焉。其勢淹逮者死不盡。則獄不決。何其仁於一罪人。而不仁於十百平民也。其害一也。罪人之不伏也。其為擾也。至於百郡有浮費。而數路無寧居。外路之官吏被命而往鞫者。所居則有給。所過則有給。所至則有給。不則居者行者交病於飢寒。給則縣官不勝其費。其鞫之一。其里之千。費錢萬者亡慮三數十焉。其鞫之十。則為千里者十。費錢萬者亡慮三數百焉。此其費何名者耶。猶曰推仁不計費也。而官吏之行者若江淮之間遍里之遠。飢寒之恤。猶忍言

也。至於二廣。則風土之惡。瘴癘之禍。不忍言也。父母妻子哭其去。又哭其歸。去則人也。其哭猶忍聞也。歸則喪也。其哭不忍聞也。大抵去而人者十焉。歸而鬼者七八焉。而人者二三焉。二三人者雖不死而死矣。何也。病也。病而全者。又十而一二焉。外路之官吏辜而使之至於此也。其害二也。夫議者之初。則曰鞫不限於三者仁也。而仁之害一至於此。豈非仁而無止。則仁反而為殘哉。然則古之聖人仁止於三宥。其所慮詳也。臣願朝廷深詔有司。少增三鞫之舊法。而止於五。使天下之無罪而死者還其生。而有罪以生者還其死。此不亦三代之至仁也哉。

萬里又上疏曰。臣聞古之立法。不惟懲天下之已犯。亦以折天下之未犯。蓋已犯之必懲。未犯之所以必折也。是故懲之者法之義。折之者法之仁。義行故仁不窮。仁行故義不斁。仁義相有而不相無。此法

之利也。後之法非無仁義也。利未見而害先焉者。義數而仁窮而已。義不可數。數則民怨。仁不可窮。窮則民狎。狎則犯者衆。犯者衆則刑者數。然則刑至於數者。不生於刑之數。而生於仁之窮。民至於怨者。不生於怨其刑。而生於狎其法。今夫民之情。固喜溫而惡寒。欲涼而畏熱也。然冬不寒。夏不熱。則民病而死矣。人知夫法之仁也。不知夫狎之而死也。是故。變極者忌之所從銷。寬甚者猛之所自起。古之聖人其法初不及後世之備也。惟不使仁之窮而民之狎也。是以法立而刑不試。後之法蓋詳且密矣。然文詳而舉之也畧。綱密而漏之也疎。天下之民窺其畧也。則知其詳必至於不舉。習其疎也。則知其密必至於甚漏。知其不舉。則犯之也易。知其甚漏。則犯之也頻。刑安得不數。而民安得不怨哉。嗟乎。求用刑之疎者。必至於用刑之數。求天下之喜者。必反以得天下之怨。理固然也。然則所謂舉之畧而漏之疎者。何也。一曰法不執而多爲之岐。二曰法徒設而自廢其禁。罪莫大於殺人。罪至於殺人。何以識爲也。則亦殺之而已。漢高帝如此其寬仁也。入關之初。欲紿天下之心如此其亟也。欲除秦法之苛如此其銳也。而其與民約法。亦曰殺人者死。帝不以爲疑。民亦不以爲請。何則。上下皆便其當然也。殺人而法不死。孰不相殺以生於大亂哉。此豈所謂當然而天下何便於此也。故雖高帝欲取天下之速。而不敢宥殺人之罪。以諭天下之心。雖秦民之苦於秦。而不以高帝之不宥殺人爲帝之虐。然則古之立法之意可知已矣。而今之法不然。殺人一也。則有曰盜。曰鬬之目焉。則有曰故。曰謀。曰誤之別焉。曰盜。曰謀。曰故者。法之所必死也。曰鬬則死生之間也。曰誤則生矣。聚誤也。而殺人也。又況所謂誤者未必誤。而所謂非謀非故者。未必非謀非故也。何則。法不執則吏可賣。吏可賣則民可逭。有司取具獄而讀之曰。此眞誤殺也。不知夫吏之竊笑也。此之謂法不執而多爲之岐。夫民之所以畏法者何也。非畏法也。畏刑也。法不用則爲法。法用之則爲刑。民不犯則爲法。民犯之則爲刑。是以畏之也。有法而不用。不如無法。何則。無法則民未測其罪之所當。有法而不用則民知其法之不足忌。有法而民不忌。是故布之號令不曰號令。而曰空言。垂之簡書不曰簡書。而曰文具。法至於空言文具。是無法賢於有法也。古之法始乎必用。而終乎無所用。今之法始乎不用。而終乎不勝用。夫法不求民之入。而非民之入者也。古之法。民不入也。不招以入。而民之入也。不縱以出。夫惟不出。是以不入。故始乎必用而終乎無所用。今之法有曰誣人以罪而不實者。罪之以其罪。自大辟以降皆是物也。而用法者不然。以一夫之片紙而興大獄。鞫大罪也。卒之所謂大獄者。初無獄之可興。所謂大罪者。亦無罪之可鞫。上之人則俱釋之而已矣。受誣者至於破家亡身。而誣人者其極不過杖而遣。則姦民何憚於不屢誣善良以求利也哉。獄訟何時而可清也。故始乎法不用而終乎法不勝用。此之謂法徒設而自廢其禁。盖人有野於宅而盜於防者。其始峻其墻而止出於一門。又從而衛之以兵。非以制其出者也。以制其入者也。夫是以盜不敢過。未幾而慮夫樵牧者出入之迂也。則鑿其東而門焉。又鑿其西而門焉。門多且徑。而不能皆衛也。則至於有門而不扃焉。門多且徑則盜從其徑者而入之矣。有門不扃則攀盜捽臂而入矣。法不執而多爲之岐。孰不從其徑而入哉。法徒設而自廢其禁。孰不捽臂而入哉。惟願朝廷詳慮而審處之。如殺人者不死。此法可以更議。而誣訴者罪以其罪。此法可以必行。議其所當議而行其所不行。則成康不試之事。雖未易致也。而漢文幾措之風。其猶可及也歟。

萬里又上疏曰。臣聞廉令馭吏之難。莫難於禁贓吏。蓋朝廷亦求所以禁之矣。而未得所以禁之之方。寛以養其耻。則常狃上之寛而不知畏。繩之以法。則慮其怨而不服。抑將何以處也。臣以為用寛不若用法。用法不若先服其心。天下心服而後法可盡行。贓可盡禁也。夫何故。天下之所以服者常生於不偏。而其不服也。常起於不平。孟子曰。夫子教我以正。夫子未出於正也。已不正而欲正諸人。父不能以行於子也。欲正天下而不出於正。何以服天下哉。且所謂欲正天下而不出於正者誰也。豈非朝廷之大吏耶。大吏而不正。不正而法不行也。而欲舉法以禁小吏。宜其怨而不服也歟。臣何以知大吏之不正。異時臣之所聞見者有二。一曰私縣官之蔵以自入。二曰公苞苴之賂以自富。天有十日。人有十等。朝之不可名以晡。晝之不可名以夕。童子知之。至於公卿之不可以名皁隸。侯伯之不可名以輿臺。則

公卿之與侯伯有不知焉何也。且天下有君子有小人。小人非君子則莫之使。君子非小人則莫之事。莫之使則不養。莫之事則不尊。是故朝廷之於君子則尊之。於小人則養之。蓋養小人者。所以尊君子。尊君子所以責君子之自尊也。禮義廉恥豈非君子之所以自尊者耶。而異時下自臺省寮屬。上達於公卿侍從。有所謂宣借之廩給焉。有所謂白直之餐錢焉。夫所謂宣借白直者。所以養小人而使為君子之侍御僕從也。今也無其人而取其食。其大官至月以數百緡計。則是公卿不為公卿。而以皁隸自為也。侯伯不為侯伯。而以輿臺自為也。名為朝廷之大吏。而實為皁隸輿臺之小人。不知公卿侍從亦何忍自處其身於此也。無它。貨之所在焉耳。此所謂私縣官之蔵以自入者也。都城之有門。所以譏何姦者也。一夫之異言異服而入者則問。持千錢以過者則征。而四方之所謂苞苴者雖其簏百金。孰有問之者哉。不惟百金也。千金亦不問也。不惟千金也。萬金亦不問也。非不問也。不敢問也。曷為不敢問也。視其書與簏之緘題。或曰上之於廟堂某官也。或曰省部某官也。或曰貴近某官也。夫何敢問。且夫所謂萬金千金者何出哉。將帥剝三軍之給以固權寵也。監司守令掾公盗民以求美遷也。此則受之。彼安得不剝而掾之。天下之箱簏肩相摩於道。而其入國門如海水之沃焦。公卿曰。吾不受苞苴也。侍從曰。吾不受苞苴也。貴近者曰。吾不受苞苴也。而臣見其入也。未見其出也。則將誰受之耶。此所謂公苞苴之賂以自富者也。昔者漢宣帝之時。屢下詔以戒吏貪。而必及於省卒徒以自給者。皆禁止之。帝亦英明亦察見於此。則貪吏破膽矣。陸贄之秉政。至於藩鎮之鞭靴亦確不受。雖德宗諭之而不奉詔。以為鞭靴之弊必至於金玉。則今之以卒徒自給者。恬不之禁。而箱簏之大於鞭靴者。亦熟視而不問。

此何理哉。大吏不正而責小吏。法畧於上而詳於下。天下之不服固也。是故用法自大吏始。而後天下心服。天下心服則何法之不可盡行。何贓之不可盡禁也哉。

萬里又上疏曰。臣既言用法自大吏始。然則小吏之法可以遂行乎。曰未也。不有以與。不可以奪。不有以利。不可以害。千金之子。豈其一身能運千金之貨也哉。必有為之謀畫者。有為之奔走者。有司其會蓄者。有司其舟車者。無是數人。則千金之子。一日不能以理其家。雖然。樂於人之為用。而不樂於人之為費。已則膏粱而忘其人之飢。已則綺繒而不䘏其人之寒。至其欺而流焉。則從而笞之。此其勢非棄而去。則必不為之盡力。今夫人主之於百官。下自一命之賤。而上極宰相之貴。此用天下之名也。約之為斗粟。豐之為萬鍾。此用天下之實也。實與名偕。則實輕而名重。天下斯捨輕以就其重。名偷於實。則

實重而名輕。天下斯識實而去其名。理固然也。人惟伯夷也。而後能首陽之節。然伯夷之後未見伯夷也。而天下又安能人人而伯夷哉。故雖聖人居人之國。飢而不能出戶。亦不辭其君之餽粟以爲廉。而欲天下之士不食而獨清可乎。今天下之吏祿。二淛之薄尉。月給至於踰百緡。而二廣之縣令不取其半。至於江淮荊湖則又往往州異而縣不同。蓋有豐不勝其豐。而約不勝其約者矣。士之貧者扶老攜幼。千里而就一官。祿既薄矣。而又州縣之允是者。上官之見知者則月有得焉。其或州縣之匱乏者。上官之私怒而不悅者。有終歲而不得一金。且夫假貴以仕也。而飢寒以居也。狼狽以歸也。非大賢君子誰能忍此。而曰爾無貪。吾有法。豈理也哉。是故。莫若均天下之吏祿使其至遠者如其近者。增其寡者如其豐者。如此。而猶不改。則吾之法一用。而天下大服。然則行法當如之何。臣聞。天下之君子以禮恥

之而有餘。至於小人以刑威之而不足。則必有不測甚大之威而後可。蓋嘗見士大夫爲臣言有上官嘗捉舶於海邦者。而以賄聞。繫之得實。覆奏於朝有命留其背而黥焉。其同列者念其非所以示所臨之吏民也。則諭之吏自裁。而其人曰。免死幸矣。笞而黥不足恤也。小人之不畏刑如此。頃者聖天子臨御之初。蓋嘗笞一郡守之贓者矣。而天下至今贓吏愈多也。則不測甚大之威。不可不用也。恭聞太祖皇帝初平嶺表。有守英州而贓七十萬者。特詔棄市。又有知衡州而贓得實者。令伏法於衡州。所願天子舊不測甚大之威。不間吏之小大。取其敗而尤者一二人殺之。則天下之人震慄而莫敢爲矣。夫贓者千万敗者一。幸而敗矣。又曰。不忍殺也。夫固不畏刑。而畏死也。不懲以所甚畏。而投之以所不畏。天下何憚而不爲贓吏乎。臣故曰。天下心服而後法可盡行。贓可盡禁也。

萬里又上疏曰。臣聞堯舜在上。亦不能使天下必不爲惡。夫欲使天下必不爲惡者。止於嚴刑而已矣。過是。則無術焉。而嚴刑者又不可以常用。時用則存常用則亡。蓋刑者聖人不得已之具。而嚴刑者又天下所甚不樂之政。以吾之不得已而行天下之所甚不樂。雖堯舜能不窮耶。故夫流放竄殛者堯舜之刑也。此非不嚴也。然使堯舜朝行之又暮行之。臣恐有如武王數紂之虐者議其後矣。是故。堯舜亦不能使天下必不爲惡。何者嚴刑不可以常用也。然而堯舜刑殺一二人而天下治。此獨何術也。蓋堯舜之所以治有所不殺而甚於殺。有所不刑而甚於刑。忠肅恭懿者。堯舜既相之。明允篤誠者堯舜又相之。則夫不忠不肅不篤不誠者。何必盡殺而盡刑也哉。屏而棄之足矣。夫人之情豈願於永棄。今棄於堯舜之世。則是不如刑殺者之速死。何則。身雖不死而望於世者已絕。求齒於士君子而不可復也。

以其心必有以自悔。而其遷於善也。必有以自力。則是不使天下之必不爲惡者。乃所以必之也。臣前之二策。其一說曰。治贓吏自大吏始。其一說曰。先之以均吏祿。繼之以不測甚大之威。此其爲術足以使天下之懼於貪。而未足以使天下之樂於廉。蓋威之狎。則必習而爲不威。懼之熟則必反而爲不懼。何則。不勝其貪。則不勝其刑。不勝其刑。則不勝其窮。夫惟使之樂於廉。則誰能奪其樂者。臣聞天不能爲無春之秋。聖人不能行無賞之刑。蓋生而後殺。則殺者不怨。刑而不賞。則主者不勸。今夫其貪吏其非貪吏。天子曰。爾曷爲貪吾殺爾。至非貪者則不殺焉。貪者死而非貪者生。則吏之爲貪者將曰。貪不可爲也。於是相率而爲不貪。今夫其廉吏其非廉吏。天子曰。爾非廉吏吾不用爾。至於廉吏。則亦不用。則吏之非廉者將曰彼矯而廉以異我也。竟何以異於我。於是相我而不爲廉。天下之俗生於勝勝生

於衆。衆生於尚。上之人不尚廉吏。則廉吏寡矣。以至寡之廉而欲勝至衆之貪。難哉。臣願朝廷內委宰相侍從臺諫。外委監司太守歲舉廉吏一人。而陛下親擇其尤者。不測擢之爲臺省之職。雖未至如唐之楊綰。亦庶乎廉吏之俗勝。貪吏之俗衰。俗所尚而樂趨之。不過數年。贓吏之刑亦不必用矣。

萬里又上疏曰。臣聞政以令而行。亦以令而不行。令焉而政不行。非天下真敢慢天子之令以違天子之政也。哉曰天子有令而自慢之爾。人惟不自慢也。人而自慢。則天下孰不慢之。夫固有以召之也。且天子之令天下也。豈不欲行其政。而肯爲自慢其令。自慢其令者生於出之不審。而壞於發之不一。不審故可快而不可行。有言而不自實。始乎喜。卒乎悔。不一故發而悔。悔而更。今日而發者。明日而更者至。將從其發者乎。從其更者乎。不審者欺天下者也。不一者惑天下

者也。今至於欺而欲民之信。令至於惑而欲民之不疑。是畫宮以與人。而曰能館指千蹊萬徑以導人。而責其肯諭也。而可乎。周家之盛也。天子深拱於京師。而象魏所揭。木鐸所振。誥命所被。衆至於六服辟睥。外至於九夷八蠻。極至於海隅出日。奔走俯伏以聽王命。至於其衰。則犬戎所寇。鄭伯所射。手帶手朝之所遍。而四方諸侯閉戶高枕而莫之略。召之而不至。諭之而不聞。責之而不息。詰之而不感。此二者何爲其然也。蓋嘗求之。成王以剪桐興。而幽王以舉烽亡。如此而已矣。剪桐戲也。舉烽亦戲也。而興亡異焉。則信與不信之異也。且不以幼而怒。不以戲而誑。則天子豈有一言之欺天下。而天下亦豈敢忽天子之一言哉。彼烽者警急之耳目也。無警而舉之召諸侯而誤之。後能終無警乎。後而有警。有警而非誤。則孰不以有警爲無警。非誤爲真誤歟。一令之不信。乃至於殺其君以敗其國。不信之禍。一至此哉。臣嘗讀易至於渙而得其說。其象辭曰。風行水上渙。其爻辭曰渙汗其大號。夫號令一也。既取於風之行水。又取於汗。何也。今夫風與水相遭也。不卷爲舒。爲急爲徐。爲織者爲立者爲湧山。細則激激潾潾焉。大則洶洶翱翱焉。不制於水而制於風。惟風之聽而水無拒焉。成周之盛。非風也歟。若夫人之身汗則安。不汗則疾。既汗而復入者疾。入而出者猶有瘳也。入而不出則不可爲矣。幽王之病。非汗之出而入。入而不出者歟。然則令之必行。欲如水上之風。而令之不行。則如復入之汗。聖人之作易。前之說爲天下之師。後之說以爲天下之資也。臣竊觀今日之號令。何其異於作易者前之說所云者耶。豁於民而用者所謂交子者此亦一利也。然臣不知止以利官歟。抑以利民歟。止以利官。則恐非朝廷之所忍爲也。利民。則臣未見其利也。何也。官用之於民。民亦用之於官。則上下均利也。今也糴則用之

於民。至兩税之輸。而民以與官則官不受。於官而官不受。則民持此將焉用之。朝廷蓋有命許民以此輸之官矣。名許之。實拒之。名用之。實廢之。則其令無乃誑耶。至於思沛有所謂民之四觀俱存者爲其征役。有司至今持而不行。曰。諸郡未有例也。且夫令之出也。其可行與否。抑嘗審之乎。不審而出令。令出而不行。天下無緩急也。有緩急而天子下一令。天下又將曰不久必變。不寢必更。豈不殆哉。朝廷試思之。

歷代名臣奏議卷之二百十四

法令

宋孝宗時趙汝愚繳論張詩中獄事狀曰。臣竊謂朝廷之法。畫一而不變者也。法當輕則從輕。法當重則從重。有司惟知奉法而已。法之外非所敢議也。至於情法不能相當。故有情重法輕。情輕法重。有司不敢專決者。則具事因以請于上。亦惟上之所命如何耳。臣伏覩臨安府所勘將仕郎張詩中為不合因弟居中在禁用錢行賂于獄吏徐逵等。法司定法合徒二年。私罪。追將仕郎綾紙當徒一年。餘徒一年贖銅二十斤。其法不為不重矣。議使時中之罪猶不止此。本府惟當開具情法申取朝廷指揮。不應輒用己意。既乞依條斷罪。又乞其人特配五百里。某人特配鄰州。某人特送三百里外州軍編管。如此。則輕重予奪之權皆在有司。而朝廷之法不幾於廢矣。夫京師者諸夏之本也。使有司任情廢法一至于此。四方何觀。臣愚伏望聖慈特降睿旨行下本府將張時中止依條定之斷外。仍令今後不得妄於法外擅自擬法。庶幾君臣之分嚴。朝廷之體尊。

虞允文論金州之弊乞加威令於諸將狀曰。臣聞七月二十九日到金州。竊布陛下德意不敢不盡。而臣以非才。乃使之理軍市撫民政。去大奸蠹以革四十年不可勝言之弊。大懼不足以奉明詔稱崇委也。臣自累日來。以所聞見。考質文簿。則隨一事有一弊。條目至多。不可摭紀。臣嘗行江淮荊襄歷徧諸軍。較之金州實所未有也。大抵視民之財。即己之財。視官之物。即己之物。公取竊取。見於一事。輒以十數萬計。貪墨自肆。上下一律。略無忌憚。至軍民日用食飲之物。亦不恤也。原其端由起於王友直而成於今日。愁怨之聲載於道路。臣既摘其大者。牓於通衢。劄下諸軍。明以實事子寧約束。庶其懲改。或可少副陛下顧懷遠方軍民之意。然臣與劉子姑先示告戒而已。如欲群貪斂戢根株脫壞。大洗堅久之惡習。非一振朝廷威令。則小人之聽未必具乎小人之心無緣盡華也。數十年來士大夫之說。以循習守常者謂之靜重。以革敝盡治者謂之生事。自生事之說行於上。而巧詆深誚之人四出以應之。流言一行。非者輒信。是者輒疑。故未必能盡革治未必能盡立。而身已危。故寧為因循苟且以竊靜重之名。而享安榮逸樂之福。此臣之所甚憤也。然臣倚陛下聖明。不敢自愛。雖其人方主兵。未敢明有所究治。而官庫之錢。前後欺隱與顯然分取者一面拘收已及五十餘萬緡。至以諸軍折估等錢。自利州總領所關請。徑為回易隱落乾沒之數未敢問也。日者伏聞陛下以鎮江主將之貪。亟罷黜之。赫然一怒。以慰安三軍之士。而擢用王友直郭剛。近者莫不悅。遠者莫不畏。甚盛舉也。論者獨曰。一將在軍指顧笑譚之間。掊斂朘剝之事無不如意。財既鉅萬矣。富可百世矣。一旦得罷去以就祠庭之逸。而月食厚祿。是其所大欲也。如使諸將始效其貪。中極其富。而終覬其逸。則知懲艾者鮮矣。如未欲正其罪籍其財。姑徙其崇資而投之遠方。猶足以伸威令示方來也。臣伏望陛下剛明果斷。作新治功。竊意必有以處此。特萬里外未知之爾。臣所出牓約束事件。謹錄與別劄進呈。伏乞睿照。

衛涇上奏曰。臣聞養子之法。所以重繼嗣之道。又以年之長幼為定。則人情法意。蓋曲盡矣。臣照得呂念一彭一皆呂細三阿陳養子。初乞養時彭一纔二歲。呂念一方生十四箇月。按令節文。異姓三歲以下聽收養依親子孫法。呂細三與彭一呂念一為親父子。則呂念一彭一為親兄弟。無可疑者。據案稱呂細三夫婦以前後生男女不成。恐有相尅。其彭一自七歲以來。止呼其姪。其呂念一彭一自來作兄弟稱呼。如此。則所呼彭一乃世俗厭禳之意。初不害為親兄弟也。今呂念一止因其兄彭一取去房門手板。各以酒後紛爭。本無利害。彭一先用柴棒打呂念一。呂念一就奪柴棒打彭一致死。則是弟打兄甚明。其間下手先後雖有情理。然名分所在。則是非曲直有不容以錙銖較者。按律十惡四曰惡逆，註謂毆兄，大赦所不原免。今徒以稱謂避忌之小嫌，遂謂之異姓與凡人同科，則三歲收養為親子孫之法可廢不用，而養子之悖理傷道者，雖父子相陵犯，亦可以異姓而薄其罰矣。況人情不甚相遠，凡養子者固望其相視如至親，乃所以為繼嗣之誼。若雖三歲以下收養如法，而以異姓之故，既不可以為親兄弟，則亦不可以為親父子，則凡世之養子於父子兄弟間無有定分，同居共處一室之內，不可恃以為親，輕於睽異而不相保矣。寧失不經，雖聖人好生之德，然天倫人紀之所繫，風教名分之所關，乃治道之大經，尤不可一日而或紊也。豈以一夫之死為可惜哉？然臣區區之愚，猶非敢以呂念一為必當殺，第見法寺、刑部兩當堅執，而朝廷以特旨行之，似於有司之職為未能盡。欲望聖慈特降指揮，將呂念一案再送法寺、刑部及勅令所從公詳議，庶各盡心職守。如情法相當，所斷允當，則從其元斷。在朝廷不

失為好生，在有司不失為守法，義斯兩得。若呂念一所犯果為可憫，人情法意可以通行，或已有似此斷過體例，俟其申上，貸之未晚，亦可以久行而無弊，誠非小補。所有錄黃，臣未敢書行，謹錄奏聞。

涇繳榮傳辰改正上奏曰：臣聞朝廷行法非難，守法為難。法之所在，行之果而守之堅，則人有所畏而不敢犯。若能行之一時而不能守於異日，則將啓人之玩心，而不知懲創矣。諸事已經斷而理訴者，一年內聽乞別勘，三年聽別定。其經勅斷者，詣闕進狀，此法也。今榮傳辰嘗任蕭山知縣，在任以不法取勘，嘗經伏辯，准勅比加役流，贓罪追毀出身以來文字，除名勒停，則是法已行矣。傳辰既而申訴，亦嘗詣闕進狀，臣取索到刑部文案，法寺則以為應得別定條法，合具申朝廷行下乖干擬斷司照應別定條法施行；刑部則以傳辰所訴未應條法，已朝廷批狀告示。據此二說，則傳辰所訴未可遽從甚明。今置有司之言不問，而置與改正，則於守法之意毋乃或未安乎？臣竊惟陛下比來與二三大臣修明紀綱，嚴贓吏之禁，恐為民害，犯者不貰。若已經勘結勅斷，如傳辰輩，容易與之改正，則凡不曾勘結伏辯而以贓罪廢黜者，皆得無辭以自解矣。兼傳辰狀自稱元勘究屈，臣未暇詳究其事，或萬一有如所訴，何惜不與從條別定，然後斟酌施行，庶足以昭示至公。在朝廷不失為守法，在傳辰容有可議者。臣職守所在，既有愚見，難以緘默。所有錄黃，臣未敢書行，謹錄奏聞。

薛季宣上奏曰：臣聞牧馬者在鞭其後，毆羊者去其亂羣。施之於民，其則不遠。先王制徒流之法，所以懲惡緩死也；隸於赤籍，所以繩其悍戾；困之居作，所以折服其心，用示戒懲，乎以納民于善而除俗之蠹也。近自軍法之壞，非復紀律之存，配流之徒，知不得與善人齒，於是留則肆其頑惡，逃者流為奸盜，椎埋屠販，習以為常。鄉之所以繩其悍戾、折服其心者，曾不復見，為民之害，未有甚於此屬者，非細患也。切見大軍招刺，強壯絕為艱

得，給賞例物，其費不貲，強刺良民，不勝其擾。每念小人罪至徒流以上，非勇悍則奸賊也，收之於軍，則使貪使愚之法可得而用。漢世募弛刑徒從塞下，周世宗收天下奸人亡命以備禁旅，治以軍法，皆有成效。臣謂先王加役之流隸于赤籍者，此其意也。有軍律以繩其悍戾，有師役以折服其心，使皆遷善勸功，不復混于民伍，而為善人之蠹，難其後去亂羣者不發是乎。頒詔天下州軍，凡罪至配流，年五十五歲以下，非尫羸無疾患者，並送大軍收管。情理輕者特免刺面，其徒罪以上願從軍者，許從條收，仍免番一役，如此二歲之內，大軍所得將不啻數千人，無非悍戾之夫，比之招刺而來，居然異矣。軍收其用，民去其頑，善有所遷，人除其害，而法出寬厚，亦當今善計也。

觀文殿大學士兼侍讀史浩上奏曰：臣聞罔以辯言亂舊政，伊尹進戒於商王；無作聰明亂舊章，成王申命於蔡仲。伊尹傅堯舜之道，成王重文武之光，立一時金石之言，為萬世蓍龜之訓，蓋以祖宗創業垂統，有望後人

故其君臣疊矩重規無非成法實不刊之令典為可繼之詒謀雖得者聖賢之相逢而貴者子孫之長守若思輕改決匪良圖方陛下即祚之初正徵臣輔治之日上封事者累百輩言弊政者僅千條必欲取而紛更圖有贊其紹述固嘗大書方策不棄其來及夫聚議廟堂頗難其用陛下挺拔俗之見深垂裕之原一遵列聖之宏模已當中興之哲后此其明效大驗所當謹守弗渝比年以來獻言頗雜一得可喜即日與之施行衆志未孚當時已自窒礙徒為紛擾無益施為始雖出於若轉圜旋未免乎反汗間有深知時病灼究弊端雖惓惓以盡忠亦悠悠而未效薰蕕既溷玉石奚分良由稽考無官審訂無局行之既無所據廢之不究其因幸賴四達之聖聰終亦一歸於舊貫為今之計當謹其初請選從班一二人就取敕局三數吏盡裒彙憲竝為司存凡以改作而獻陳必使看詳而指定稽之典禮而不悖揆之律令以無愆有補於時必著于籍前鋪條貫後列姓名庶於

指掌之間若見肺肝之易一以供上方之觀覽一以備中書之舉行或有兵機則關密院儘久行而有利益必加賞以示恩私務使三尺之金科不撓一夫之臆說其或姑欲藉手以求美官無復究心更防後患率然而作出於不思意有在於身謀事無裨於國計並言之者無罪當置之而勿聞第欲公朝發號出令之間不失聖主繼志述事之美臣輒殫一己之見未盡天下之公欲望聖慈更諏衆議參樞近列侍從近班烏臺洎兩省之英樞府及百司之屬盡從公道咸有異詞則以芻蕘之言或有毫髮之益

知長沙王師愈乞禁止師巫疏曰臣竊聞荊楚之俗自古信師巫然而近世為尤甚其家為害者有所謂把門師是也言一家之事皆由其掌握也有嫁娶不暇問媒妁專信其指婚稍奉之不至則離間兩家致嫁娶失時者多矣有疾病不敢求醫藥專信其下禁稍奉之不至則恐動其親屬不令侍奉至有飢渴而死者多矣比其死亡則淳掌其擇地選日稍奉之不至則託以山川之不吉年月之未利動經數歲不獲葬埋於制其家嫁娶者又多矣愚民無知信其邪說甘受此害而不悟唯恐奉之不厚以是師巫之家無非溫戶甚可切齒在律法書邪神言禍福自有常刑奈何州縣縱以賣乳香或貪其微利返給公據縱而不問甚可駭也欲望聖慈申敕州縣嚴行禁止如或不悛重作斷遣無貸庶幾其害可革

時有符下知平江府王佐決陳長年輒私賣田其從子愬有司十有八年毋魚氏年七十坐獄廷辨按法追正令俟毋死服闋日理為已分令天下郡縣視此為法知進賢縣程迥議曰天下之人孰無毋慈子若孫宜定省溫凊不宜有私財也在律別籍者有禁異財者有禁當雜牒之初縣令杖而遣之使聽命于其毋可矣何稽滯偏聽有司而達于登聞院乎春秋穀梁傳曰臣無訟君之道為衛侯鄭與元

咺發論也夫諸侯之於命大夫猶若此子孫之於毋乃使坐獄以對吏變其親者聞之不覺涕之橫集也按令文分財產謂祖父毋父毋服闋已前所有者然則毋存子孫不得有私財借使其毋一朝盡費其子孫亦不得違教令也既使歸于其毋其日前所費乃甲幼輒用尊長物法須五年尊長告乃為理何至一豫期毋死又開它日爭訟之端也抑亦安知不令之子孫不死于毋之前乎守令者民之師帥政教之所由出誠宜正守令不職之愆以子孫不孝之罪以敬天下之為人毋者

蔡戡議治贓吏法狀曰臣聞法貴於行不貴於重太重則不可常行法重而必行非先王之法也王者之政蓋有不忍之心存焉一有不忍之心則法雖重而未必常行不過救一時之弊而已今夫蠹國害民莫甚贓吏雖肆諸市朝有不足恤伏自陛下初政以來舉行決配

之法。所以懲戢此徒而惠愛斯民者。可謂至矣。然十五六年之間。抵觸重憲者數人耳。豈州縣之吏人人精白謹廉。或畏法遠罪而不犯有司乎。然贓吏固自若也。國家忠厚與周召休。風俗習爲醇義。監司守臣。務行寬大。坐視咎辱贓汙與徒隸等。惡傷士類。故不忍爲甚則持釋氏因果之說。寧鐫秩罷官。不肯劾吏。必不得已。使之尋醫而去。贓汙狼籍。所不可掩。姑求一二微罪。應課塞責。或經年參選。或遇赦叙用。復使臨民。其害滋甚。臣愚欲望聖慈。特賜詳酌。凡贓吏罪至決配者。姑免其罪。編置海外州軍。雖遇大赦。永不量移。或情理巨蠹。非常法所可治者。取自聖裁。時一用之。仍乞睿旨嚴飭監司守臣。悉以剌舉部内有犯失於覺察。或它司按劾。或朝廷訪聞考驗得實者。併坐之。庶得贓吏必達。不至漏網。重爲民害。

崔敎禮代江東帥論法制不可輕立疏曰。臣竊惟立國之權。惟法度政令而已。祖宗之法度。要使天下遵之而不敢議。人主之政令。要使天下信之而不敢疑。若夫因一事而立一法。因一人而創一令。則天下竊議而人心益疑矣。仰惟陛下剛健出於天縱。宏規遠畧。冠古未有。其盛德也。然比年以來。祖宗舊法。或變於小臣之獻言。而朝廷出令。或徇於一夫之私意。爲之特降指揮。如此等類。不勝其多。臣姑以到江東州郡所見一二言之。夫巡轄遞鋪。自有司存。若其稽違。行法可也。今乃因有關誤特令守倅入銜。夫州郡之事。孰非隸守倅者。可盡入銜乎。此忽未急爲文具也。豈非因一事而立一法乎。路分鈐轄。很轉運判官提舉常平茶鹽官序官。著在乾道新書。所至未嘗不遵守。今忽特降指揮申明如此。則乾道一書。每事皆當降指揮。然後遵守。何其繁也。豈非因一人而下一令乎。此特其小者。猶未至於害政也。至於兵戎之職。各有臨制階級。自都總管而下。又有副總管乃有路鈐鈐轄路分都監。

猶諸軍之有都統制副都統統制統領之屬。今乃許路鈐因訓練得以專奏。則諸路副總管路分都監及諸軍統制統領。亦有爲之地者。皆當援例而降指揮矣。平居無事。求計利害。緩急之際。軍政不一。豈不乖亂。況其間挾勢妄作之人。必至率意生事。帥臣不敢號令。監司不敢誰何。紊亂常制。莫甚於此。此令一下。與議譁然。知必有謂。良由結交植黨。苟相崇重。欺罔聖聰。變亂法制。充其類而長之。將何所不至。外議以爲權要近習有主其人者。臣在遠方不得而知。但觀近數年凡權要近習所主之人。所立之事。號令一出。無敢執奏論駁者。而士大夫顧望如此。豈不負國。昔趙充國有言。吾年老矣。不以餘命爲國家言之。誰當言者。況臣蒙恩最厚。非充國比。年將七十。方欵乞骸以歸。若隱默不言。徒與天下竊議。實負陛下。伏望斷自宸衷。自今以往。凡小臣獻說。必察其所由來。詳之重之。毋輕立法。凡朝廷出命。必合天下之公心。毋徇一夫之私意。俾天下咸知王言之大。王心之一。則綏先王之祿。底蒸民之生。端自此也。臣無任惓惓。

敦禮又代陳丞相乞住白劄施行事疏曰。臣待罪帥藩。職事之外。年老識昏。每恨無以仰裨聖德。敢因近事輒効愚忠。竊聞號令出於人主。行於朝廷。布於中外。古今天下之所同也。間有軍國機密之事。或應行遣稽緩。則自御前批降指揮。用寶行下。此所以令天下信而不容僞也。未聞有内臣或都承旨司數百里外。以白劄傳旨屢分事者。臣自到任以來。一年又半矣。凡三次被受指揮。皆是白劄。其一蔑北來人王濟等送都統司支破請受。其一催勘楊百寧侵用官綱。其一令次天中節斷屠事。臣各已遵依施行矣。此三事者。非甚機密之事。若付省部行下。何所不可。夫省部行移則有印。御前批降則有寶。其文書可驗。其經由可考。天下無得而疑者。舍此而用白劄。雖是小事。

無甚利害。臣之愚慮，竊慮白劄既言於天下，則它時緩急，有文降錢物，謂養軍馬、廢置邊徼，乎國家大利害等事，既是地遠，其勢不得覆奏。又所取邊依狀，止令付差來人回，或申元承受去處，其間詐濫，豈可盡防。若嚴重知體之人，必至奏覆，則往來之間，遂失事機。若繆懦無識之人，耳目習熟，以為當然，即便施行，豈不誤事。又文字或不附遞，差使臣廣侯賫送，所至妄自張皇，頗有驚動官吏，奉之如奉勑使。兼犒勞傔馬、饋遺酒食之費，有至二三百千者。州郡如此，其它可知。兼又訪聞諸軍將佐或總領諸司及兩淮州郡時時有之。如此，實於朝廷事體非便，亦有外方施行之事，而朝廷不預知者。萬一詐偽，決至誤事。悔無所及。大率姦民巧詐，如度牒、交子、茶鹽鈔引之類，猶能偽。況此白札幅紙，豈難撰造，使其奸細容心於其間，當不止於脫漏饋遺而已也。臣愚欲望聖慈，自今以後，在外有合處分之事，乞從御前批降，或從省部行下，庶幾號令信雒，人不致疑，而於事體甚正。異時緩急，不至誤事。天下幸甚。

端明殿學士汪應辰上奏曰：臣聞兵所以衛民也，民所以養兵也。相須而成，其實一體。然苟惟御之不以其道，則或更相為病，而不得其所矣。夫以三代盛時，兵出於農，而其告戒之詞猶曰無敢寇攘，踰垣墻，竊馬牛，誘臣妾。洎後世兵農之分，而政治又不及三代乎。唐劉蕡謂足蹈軍門，視農夫如草芥，可以見其弊矣。雖然，此唐末之政也。若夫聖人有作，雖兵農已分，雖三代已遠，所以因時制宜者，固自有道矣。恭惟陛下明察政體，總攬權綱，駕馭將帥，惟所進退。訓飭堅明，賞罰必信。是以軍旅所在，雖雜耕錯處，而部伍整肅，無敢譁囂。兵民相安，帥守協濟，凡昔人所云云者，今皆可以無慮矣。乾道二年，因三省樞密院有請，戒敕諸將，禁約人兵，不得侵擾百姓。如有陳訴，聽守臣一面追捕，依條斷治。如有本將不即發遣，仍聽守臣具因依聞奏。所以防微杜漸，可謂至矣。將帥固已擇人，士卒固已用命，而詔令之下又如此，其明白，其消患於冥冥之中，蓋不可勝數。伏見乾道新書偶不該載。竊恐或者以為一時指揮，未必常用。非所以申嚴約束，傳示永久之意。伏望聖慈更詔有司，以前此詔旨載之著令，使帥守皆得遵奉。兵民皆得通曉，心有所畏，則法難設而不犯矣。臣蒙恩假守，實當兵馬屯駐之地，憑藉朝廷威令之重，所謂兵民相安，帥守協濟，竊庶幾於萬一焉。是以敢冒昧言之，臣不勝戰栗之至。

光宗紹熙三年，陳傅良上奏曰：准中書門下省送到錄黃一道節文，為刑部大理寺狀：吉州奏勘到百姓鄢大為說合已斷人李一討合游六等各持杖行劫朱三家穀物，贓滿，據法寺稱其鄢大為准條於絞刑上定斷，合決重杖處死。二月十四日三省同奉聖旨，鄢大為依

斷。令臣書行。緣事干人命，須至奏聞者。臣竊詳上件斷案，止以鄢大為所帶劫穀木檐堪以害人，定為持仗強盜，贓滿五貫，合決重杖處死。設若不以木檐為仗，即計贓須滿十貫，方得死罪。死生之分，在於木檐稱仗不稱仗。毫厘之間，此不可不謹也。臣嘗習此矣。在律，杖謂兵器杵棒之屬，餘仗稱仗准此。恭惟本朝列聖繼作，刑日益輕，以為杵棒立文，該載未明，則犯法者易陷刑者眾。於是重立兩條，蔡嘉祐編敕，賊盜門其一云：應持竹鎗、竹杖、磚石之類，為盜堪以害人者，並同持仗之法。此謂苟持竹鎗、竹杖、磚石堪以害人之物而為盜者，即為持仗。以明但持所須之物為盜，不得稱仗矣。其一云：將鐮檐刀斧之屬，於人園林陂野內偷割禾穀蔬果、盜斫柴薪之類，元非積聚者，并將篙櫓盜取空船，或持鞭杖偷趁孳畜，雖變主知覺，但不曾施威力抵拒者，依不持仗竊盜法。此謂苟持鐮檐刀斧所須之物而為盜，即

不為持仗。以明必是持仗堪以害人之物為盜。始得稱仗矣。上件兩仗合為一編。載在敕文。則有司承用。可以參照。不至抵牾。至於元豐删脩舊敕。一時不深求嘉祐以前立法義意。輒將上件兩條離為兩門。其一條在名例門云。諸稱仗者持竹木甎石之類堪以害人者同。其一條在賊盜門云。諸於城外竊盜無人防守。特持所須之具者。並為不持仗。注云。謂鍬钁所須金刃船栰須篙櫓須擔。畜須鞭之類。蓋自將兩條離為二處。即凡用持仗之法。只據名例門立文。凡用不持仗之法。只據賊盜門立文。而兩文始不相參照。無所斟酌矣。燕詳元豐删定嘉祐敕顛倒本文。已失初意。謂並同持仗之法。改作諸稱仗者。節略數字。便成深文。謂删去鍬钁。但稱竹木。自元豐迄今。有司遵用。蓋不知重報者幾千人矣。今來駁大為之獄。只是布袋并擔。即不曾施威力。若用嘉祐舊敕即非持堪以害人之物為盜明矣。且未前朝立法本持所須之物為

盜。其意非是欲以害人。雖斧刃不謂為仗。本持堪害人之物為盜。其意是欲以害人。雖甎石得謂為仗。但論其盜有無欲害人之心。不計所持是不是堪害人之物。原情定罪。此春秋之義也。又云持仗在外空手入室。罪至死者減一等。即雖持仗。若其時不以入室。可以減等。又云變主知覺。但不曾施威力抵拒者。並同不持仗。即雖持所須之物。若其時施威力抵拒。亦可以加等。可謂深切著明矣。而元豐改作離析敕文。今來有司尚循謬誤。臣愚欲望睿慈特將駁大為之罪從未滿十貫條特貸命斷遣。仍乞以刑部大理寺擬斷官吏並見免坐失入之罪。仍乞將見行條法送删定所據嘉祐舊敕將兩條删潤併入賊盜一門以憑遵守。臣聞中興之初。重脩紹興敕令。已有指揮用嘉祐舊法。故元豐敕多在釐改之科。數內持仗一條。當時有司偶失參攷。尚未追正。今來若行删潤。初非創新衛改。而聖主好生之德。公朝從恕之風。自今以始益深益厚。愚民無知。雖似幸免。而天聽甚卑。宜享其報。此臣所以拳拳也。所有録黃臣未敢書行。

寧宗即位。國子録王介上疏曰。陛下即位未三月。策免宰相。遷易臺諫。悉出內批。非治世事也。崇寧大觀間事出御批。遂成北狩之禍。杜衍為相。常積內降十數封還。今宰相不敢封納。臺諫不敢彈奏。此豈可久之道。

嘉定四年。著作佐郎真德秀上奏曰。臣伏見朝廷以楮幣過多。疏閡日甚。舉積年之弊而一新之。其為利至博也。然臣竊聽道塗之論。尚慮四方郡國之間。未能悉體公朝之意。奉行頒布。豈或不虞其為民患。蓋亦非一。臣嘗官于州縣。每觀詔令之下。本為利民。而吏於其間並緣苛擾。民未拜賜而害已隨之。承流宣化之臣有未嘗過而問者。雖詔旨丁寧毋得抑配而抑配自如。毋得擾動。而擾動自若。許民庶

以越訴矣。所能赴愬者幾人。命監司以糾察矣。曷嘗能舉劾者何事。此臣疇昔所親見者。是以下情鬱於上達。上澤壅於下流。積習相沿。非一日矣。今新令之行。以舊券之二而易新券之一。儻郡縣推行惟謹。則實惠豈不周流。然慮其間未能亡弊。或須降有限。僅充官吏之橐而弗及齊民。或胥吏要求。秖給豪富之家。而弗及下戶。或創局之設患止城邑。而田里未免見遺。或爭奪紛拏。難於禁止。而公私反致多事。胥非守宰得人。區處有術。則其為害殆不止斯。怨嗟之聲所在必衆。且神皋輦轂。近在闕庭。舉行之初。尚多惶惑。然隨病隨藥。易於察知。外而四方去天既遠。設有弊倖。何由上聞。群情嗸嗸。感動和氣。非細故也。況欲新令之行。必先民信其上。若使遠近之人。齎持舊券。徬徨四顧。無所用之。棄擲燔燒。不復愛惜。豈不深料定時之必至此乎。臣愚伏望中旅明指。戒飭監司守臣。一意講求。多為區畫。俾實惠及

人而無換易不行之歎。庶幾詔令之下。不為空言。實天下幸甚。

嘉定六年。德秀為起居舍人。又上奏曰。臣伏覩陛下以郊禋慶成天地報況。思與元元同其祉福。酌議臣從臾之請。凡厥恩霈加隆於舊。德澤洋溢。延及群生。物情懽然。蓋庶幾享升平氣象矣。抑臣聞之。滿堂飲酒。有一人向隅而泣。則滿堂為之不樂。四海之廣。匹夫弗獲。聖人以為己憂。頃者朝廷以楮幣日輕。改行新令。凡士大夫奉行之不恪。於是威之以褫奪竄斥之刑。凡民之鬻減年利。於是懲之以沒入家貲之罰。蓋亦大為之防。而欲其無犯焉耳。中外有司苟能體認朝廷之意。擇其甚者而加懲焉。則人孰不畏。亦孰不服。而臣得諸所聞。往有未嘗玩令而以玩令言。未嘗誤國而以誤國劾者。或因寮屬之譏而不究其實。或因豪強之謗而輒徇其私。是豈朝廷立法之本意耶。至若籍沒之行。尤多濫及。蓋有胥吏利其多貲而因以傾奪者矣。

有閭巷平時睚眦而因以中傷者矣。夫估籍之禍。甚於刑誅。刑誅雖酷。痛止其身。貲財一空。盡室漂蕩。今乃不量其輕重而驟施之。亦豈朝廷立法之本意耶。夫當德洋恩普之時。顧未免有向隅之泣者。此亦聖朝所宜矜恻也。臣愚伏望深詔輔臣。稽參衆論。凡州縣官有因奉行新券為監司守臣按劾追削居住。其徇法漁利重為公私之蠹者。自無足議。其間咎犯稍輕及止緣材術短拙。情在可矜者。當此郊霈之餘。量行牽復。許之自便。至於估籍一節。雖令申審。然展轉經營。縱幸獲免。已亡其半。謂宜明敕監司守令。自今民間有違犯約束。諭告弗悛者。止當嚴寘典憲。不許更籍其家。亦足以廣聖朝惟新之澤。或者必謂如此。則法禁既弛。令愈不行。臣竊以為不然。今四方郡國蓋有未嘗劾一吏籍一民而流通無滯者。亦有榜切太甚。物情愈駭而終不可禁者。此在有司推行之工拙耳。況臣所請止欲罰當其罪。而開釋無辜。非欲蕩然撤去禁防而後已也。儻臣言可采。惟陛下留神。

德秀又上奏曰。臣既勸陛下以容受忠言。今願以忠言為陛下獻。竊惟今日關國脈盛衰。繫民生休戚。其惟楮幣一事乎。惟我祖宗有國以來。所以保天命結人心者。其道非它。曰不施重刑。不事厚斂。不行苛政。不用酷吏而已。列聖相承。世守弗易。是以德澤深長。與天無極。太平之久。遠過漢唐。陛下聖性寬仁。率由祖訓。更化之後。偃兵息民。天下蒙福。不可勝計。而自楮幣之弊。州縣奉行失當。於是估籍徒流所在相踵。而重刑始用矣。科敷抑配。遠近騷然。而厚斂始及民矣。告訐公行。根連株逮。而苛政始肆出矣。假稱提之說。逞朘削之私者。嗟掌四起。而酷吏始得志矣。夫是數者。豈朝廷本指哉。方其弊壞既極。不得已而變通之。出御府之金。捐祠曹之牒。展期以收換。多方以優

恤。唯恐其病民也。法行之初。雖有犯重估籍之文。未幾又為之令曰。凡估籍者毋得專行。必聞於朝。以俟報可。忠厚誠審之意。寓於不言。又若是其至也。而臣觀今之州縣。間務為新奇。創立科調。迥多出於朝廷約束之外。故有一夫坐罪而昆弟之財併遭沒入者矣。有斷陌四錢。而百萬之貲悉從沒入者矣。謂之奉法可乎。至於科富室之錢。朝廷之令所無也。拘鹽商之舟。朝廷之令所無也。以產稅多寡為差。令民藏券。此又朝廷之令所無也。昔者熙寧新法之行。可謂嚴矣。識者猶曰。寬之一分。則民受一分之賜。況今朝廷之意本以便民。而奉行者乃背戾如此。謂之體國可乎。雖然。四方利病。臣不能遍知。臣閩人也。所謂家產滿千錢藏券五十者。閩中之新令也。夫產滿千錢。大約田幾百畝。養生送死之費。縣官征役之輸。皆取具焉。非常之須。又不在是。安有餘貲可市券而藏楮乎。況閩之為俗。土瘠人貧。號為甚

富者視江浙不能伯一。故此令既行。諸田宅以抵券者。雖大家不能免。實便民之策耶。或者徒見楮價驟增。遂指以為新令之効。臣竊謂不然。迺者朝廷蓋自有良畫矣。曰福建上供。純許用券。以一歲計之。為數幾二百萬。官之用券既多。則民之視券亦重。蓋將不強之責而自貴。不迫之藏而自藏矣。況民之輸官者。錢楮各半。是朝廷輕見緡乎。州郡者亡慮百萬。楮從之助。沛然有餘。尚何待它為科配乎。兩令四方之民病此極矣。使前數端果出於公朝之令。陛下與二三大臣聞其為害至此。亦必惻然更張矣。俟終日。況特出於州縣。旁緣之私。何憚何疑而弗拯之乎。臣願陛下渙發德音。明飭諸道監司守臣體認國家更幣便民之本意。凡於詔令之外。創意妄為託名奉法。實則壞法者。悉從蠲罷。其尚有叢刑厚斂。肆背嬈而恣貪黷者。令臺諫糾察以聞。重寘之罰。庶幾安元元之生。以壽宗社之脈。實天下幸甚。

寧宗時。籍田令徐清叟疏言。通者江右閩廣盜賊竊發。監司帥守未免少立威名。專行誅戮。此特以權濟事而已。而偏州僻壘習熟見聞。轉相倣傚。亦皆不俟論報。輒行專殺。欲望明行禁止。一變臣下嗜殺希進之心。以無墜祖宗立國仁厚之意。

太學博士許應龍上奏曰。臣聞有法之弊。有例之弊。法之弊易見。例之弊難革。舍法而用例。此今日之大患也。夫著而為律。議而為令。編次成書。各有條目。蓋截然而不可易也。是雖有旁照有通用彝文弄法者。固未免輕重出入於其間。然使有司之精明詳考而熟究之。其奸莫能逃也。豈不曰法之弊易見乎。乃若例者。或出於一時之特恩。或出於一時之權宜。有徇親故而開是例者。有迫於勢要而創是例者。援之於法。大相牴牾。而後來者扳援不已。案牘在胥吏之手。有司不可得而知也。求者於已行之比。有司不可得而拒也。豈不曰例之弊難革乎。今日之弊。百司庶府。凡所施行。固未嘗無一定之法。然未免循積習之弊。舍法而用例焉。非不知三尺之背違也。執而不行。恐至於拂人情。非不知用濫之滋甚也。抑而不予。慮至於召衆怨。遂使胥吏得以執其柄而容其私。厚賂以實之。則以為有例之可行。請求之未至。則匿其例而不用。長吏知之而不能禁。天下交病之而不敢言。昔富弼有言曰。近年綱紀甚紊。隨事變更。使為成例。至使民力單竭。國用匱乏。所以然者。法制不立。而習為例者浚胥至此也。是則用例者。豈非壞法之尤者乎。今日之弊。亦已極矣。一切禁戢而惟法是用。固為拔本塞源之論。然循習之久。遽爾盡革。恐事勢有扞格而難行者。若聽其冗濫而不為之救止。則轉相因仍。必至於蕩然而無法矣。昔韓琦務事用例。吏持例在手。惟視金錢之多寡以為去取。琦因擊其弊。取其可用者而刪其冗謬者。是以吏無所容其奸。事以賦舉。今莫若明詔有司。搜求前後已用之例。公共參酌。可行者留之。不可行者去之。使之輕重得宜。於法意不相違戾。編為成書。藏之有司。凡有陳乞。據此施行。若是書之所不載者。皆抑而不予。庶幾權不在吏。而奔競妄求者無所容其巧矣。此亦因時施宜之一策也。惟陛下與大臣熟議而行之。

青田縣主簿陳耆卿上奏曰。臣聞民俗之不爭。非一端也。而健訟之禍為大。夫州縣所以平天下之不平者也。民有不得其平而求於州縣。州縣不能平之。則于臺于省。蓋其勢之不獲離。得而怨疾之哉。然觀今日州縣之訟。未必皆不得其平者也。良民以訟為恥。頑民以訟為喜。夫以訟為恥。雖有不得其平。非至冤抑。有茹苦不言者矣。不幸而至於訟。有未幾而中輟者矣。頑民幸其然也。故常以強寵弱。以富撼貧。既使奪之。懼其直於官也。則先物浮其辭以自娛於訟。故今天下之不直者多爲詞主，而直者起應之爾。夫其樂競好爭，如嗜飲食，而又能高貲以啗胥吏，强辭以蕩官曹，求及書判，則已欲預持其長短。而曰不勝不止矣。所較者不數緡，而其求勝之心雖竭產不靳。稍不如意，則鑿空越訴，不遺餘力。故官吏聞風畏之，往往含容黑白，而天下多不決之訟。由是嚚訟日熾矣。嚚訟者日熾，則天下之不得其平者日廣矣。夫告訐者有法，自刑者有法，不干己者有法，告上而不以實者亦有法。今未必盡行也。是以奸民勇無所忌，而風俗益偷。臣愚乞降睿旨，申諭省部臺郡，凡民訟小大，其已經剖斷得實而輒技蔓誣訴者，各以其罪罪之，毋俾幸免。彼知嚚訟之爲無益也，則相率而歸於無訟。惡草去則良苗殖，此自然之理。臣不勝惓惓。

理宗時，許應龍奏曰：臣聞歐陽脩曰：今出令之初，不加詳審，行之未久，尋又更改。以不信之言，行難從之令。故每有處置之事，州縣知朝

廷未是一定之論，官吏或相謂曰：且未要行，不久改。或曰：備禮行下略與應破，指揮符牒，縱橫上下，莫能遵守。劉安世曰：命令變更，遠不過三歲，近或朞月，甚者朝行夕改，使民疑惑，欲乞出令，必使大臣協謀，門下審覆。臣謂言多變則不信，命頻改則難從，此昔人之格言也。夫君者出令者也，臣者行君之令而致之民者也，必相與講明以求其是，善順乎人心，合於事宜，然後布之天下，其信則如四時之不移，其行則如汗出而弗反。若此，則規模一定，上下相孚，爲無不成，政罔不舉，而治效可以立致。苟思之不精，講之不詳，聞斯行諸，既不察其當否，人或有言，則又從而中輟，前後牴牾，莫知適從，文移雖繁，徒挂墻壁。歐陽脩謂出令不加詳審，易又更易，上下莫能遵守；劉安世謂朝行暮改，使民疑惑，欲乞出令，必使大臣協謀，門下審覆，其意正爲此爾。今實時非不動，施行非不多，然悠悠歲月，莫覩成緒，蓋積弊難

屢革，治功難驟成耶。無亦數更數易而無一定規耶。履畝恐爲民之擾，則復令給還；混試恐人物之繁，而復分諸路，雖已更變靡定，猶不失乎厚下以立本，因時而施宜。至若竄謫者當以漸移，乃驟還其舊秩；不與親民者未經赦宥，乃遽與之注授；邊功者既使之從軍，而復與之參選；居官者當俾之終秩，而隨即改除；辟提之令，薦吏益鈔之法屢變，遂使人心皇惑，雖令不從，倖門一開，援接無已。欲轉而移之，亦無甚難。惟當致謹於出令之初，則不輕變於已行之後。賢果可任，則任而勿貳；邪若宜去，則去而勿疑；利所當興，則不動搖於浮言；弊所當革，則不遷易於群議。如是，則奉行之必虔，事功之必立。理內御外，殆將無不如意。然而人心不難孚，國是不難定，惟在乎公與斷耳。公則心無私主，或用或舍，悉衆與論，必不至於以一人譽而留，以一人毀而棄。斷則不惑群議，或罷或行，莫不當理，何至輕於嘗試而遽

爲。小不如意而輒沮，爲人上者苟能守之以至公，行之以獨斷，則發號施令，尚有不臧，人莫得以容其議，則尚何變更之有。此又要終原始之道。惟陛下與大臣亟圖之，則天下幸甚。

禮部尚書魏了翁進故事曰：唐陸贄入翰林，嘗居中參裁可否，時號內相。嘗爲帝言，今盜徧天下，宜痛自咎悔以感人心。昔成湯罪己以興，楚昭王出奔，以一言善復國。陛下誠不吝改過，以言謝天下，使臣持筆亡所忌，庶叛者革心。帝從之，故奉天所下制書，雖武人悍卒無不感動流涕。後李抱真入朝，爲帝言：陛下在奉天山南時，赦令至山東，士卒聞者皆感泣思奮，臣是時知賊不足平。議者謂興元戡難，功雖爪牙宣力，蓋贄有助焉。奉天改元詔曰：致理興化，必在推誠，忘己濟人，不吝改過。朕嗣守丕緒，君臨萬方，失守宗祧，越在草莽，不念率德，誠莫追於既往，永言思咎，期有復於將來。明徵厥初，以示天下。惟我

列聖遹德庇人。致俗化於和平。拯生靈於塗炭。重熙積慶垂二百年。伊爾卿尹庶官洎億兆之衆。代受亭育。以迄于今。功存于人。澤垂于後。肆于小子。獲纘鴻業。慎德不嗣。罔敢怠荒。然以長于深宮之中。暗于經國之務。積習易溺。居安忘危。不知稼穡之艱難。不察征戍之勞苦。澤靡下究。情不上通。事既壅隔。人懷疑阻。猶昧省己。遂用興戎。召師四方。轉餉千里。賦車籍馬。遠近騷然。行齎居送。衆庶勞止。或一日屢交鋒刃。或連年不解甲冑。祀奠之主。室家靡依。生死流離。怨氣凝結。力役不息。田萊多荒。暴命峻於誅求。疲甿空於杼軸。轉死溝壑。離去鄉閭。邑里丘墟。人烟斷絕。天譴於上而朕不悟。人怨於下而朕不知。馴致亂階。變興都邑。賊臣乘釁。肆逆滔天。曾莫愧畏。敢行凌逼。萬品失敘。九廟震驚。上辱于祖宗。下負於黎庶。痛心靦貌。罪實在予。永究愧悼。若墜深谷。賴天地降祐。神人叶謀。將相竭誠。爪牙宣力。屏逐

大盜。載張皇維。將弘永圖。必布新令。

臣聞感民之事非一。而詔令莫先焉。臣嘗觀三代而下。惟漢文爲最焉。實而近古。其日食之詔曰。朕下不能治育羣生。上以累三光之明。其咎思朕之過失以告。其祠官之詔曰。以不敏不明。而久撫臨天下。朕甚自媿。其和親之詔又曰。四荒之外不安其生。封圻之外勤勞不處。皆朕之德薄而不能遠達也。嗚呼。何其責己之重以周乎。蓋人君以孤立之身。臨億兆民之上。而欲率天下惟一己之德。此非可以空言責動也。漢以後惟唐德宗能識此義。聽用陸贄之言。以實德誠意用之於詔誥命令之間。如云長於深宮之中。暗于經世之務。積習易溺。居安忘危。又云。天譴於上。而朕不悟。人怨于下。而朕不知。馴至亂階。變興都邑。此等語言。雖以德宗猜明自任。恥聞正論。而猶深痛自咎責。以格頑悍。此外制書詔書凡二十有八。去其小事四篇之外。凡二十四篇。亦無一而非罪己之語。蓋不獨奉天制書爲然也。今自權臣專國以來。內憂外禍無歲無之。而每詔令下。未嘗有一言稍自咎責。詞臣習成諛佞。不知其非。雖有水旱盜賊。例曰年穀屢登。四方無虞。扶杖聽詔之民。無不悲怨。以爲朝廷之不恤人窮也。今幸陛下親攬萬機。而是弊也。相承而莫之改。臣自入都以來。親睹士大夫之論。似謂禁旅之變。自誅戮以後。皆已退聽。可保無它。京口之變。自遁入茅山之後。漸已窮蹙。可保平安。雖以廟社威靈。凡可怖可愕之事。往往幸而銷弭。然書諛佞而惡訐直。樂蒙蔽而咎張皇。上下相徇。習以爲常。臣恐一旦事有大於此。則無以爲陛下告。此不可不過爲之慮也。

淳祐間。徐元杰進故事曰。仁宗皇帝皇祐二年。詔內降指揮許執奏

敢因緣干請者。臺諫察舉。先是上諭輔臣可於明堂赦文中禁止內降。庶澄宿弊。輔臣等奏曰。載之赦。未盡聖意。乃別下此詔。

臣聞人主之命令。至不可輕也。輕則主威褻而民聽惑。始之所忽者若甚微。而末流之患有不可勝禦者。是不可不察也。至哉仁祖之用心。其申嚴內降執奏之法。必欲見之於宗祀之德音。所以對越祖宗。而示其無媿於詔誥之初意在是爾。然觀輔臣之遠慮。尤欲盡述聖人之德意志慮。而專布於詔旨之丁寧者。若恐視之以爲赦宥之故常而遂已也。在易之夬。以剛決柔者也。聖人取其孚號之義。而必曰揚于王庭。蓋王庭者。出命之地。明白洞達。所以公天下而信萬世也。祖宗成憲。載在國史。行之至今不廢。如桑麻穀粟。不可一日廢。而三朝體統。先後綱維。凡建明之惟允者。必猶於覆奏。覆奏之已行者。必嚴於封駮。故外

庭之事。非內庭之所得與。公道元氣之繫命。非私意小不忍之所能轉移。此聖宋宗社靈長之本。未有不自防微杜漸之始得之也。臣觀成周盛時。八柄之誅賞廢置。固王之所得專。而必惟大宰之所詔告。使六廷廣衆之所共知也。今考王宮之職。掌自小宰而下曰宮正曰宮伯。凡宮之政令糾禁。各有司存。而隸王官之役者。又皆士庶子為之。是以當時居虎門。以司王朝者。必嚴以師氏之職。凡可以護養人主之德性。保固其心術。謹之於未萌。制之於未動者。無非大宰以下群臣之責。豈若後世耳目之輕有所寄。而偏受私昵之易啓。卒無以禁斜封墨敕之弊。所以釁唐祚於亂亡。其所由來者漸矣。由辨之不早辨也。臣又觀諸葛亮出師一表。方當益州罷敝。則以為危急存亡之秋。深懼其塞忠諫之路。而無以光先帝之遺德。故直其辭曰。宮中府中俱

為一體。若有作奸犯科。及為忠善者。宜付有司論其刑賞。至於親賢臣。遠小人。而必深述乎先漢之興隆者在是。若夫親小人。遠賢士。而後漢之所以傾頹者。又必重致其丁寧之戒。吁此亮之一表。所以與伊訓說命相為表裏也歟。然則有天下者其必考周之盛。而監唐之衰。重周典宮禁之制。而參之以宮府一體之言。則賢臣必親。小人必遠。外廷此心必不為內廷之所移。如是。則仁祖之宏規懿範。只在陛下一心術持敬之頃而已。臣不勝眷眷。

金世宗時。有司言民間收藏制文。恐因而滋訟。乞禁之。平章政事張汝霖謂王者之法。譬猶江河。欲使易避而難犯。本朝法制坦然明白。今已著為不刊之典。天下之人無不聞誦。若令私家收之。則人皆曉然不敢為非。亦助治之一端也。不禁為便。詔從之。

梁肅為濟南尹。上疏曰。刑罰世輕世重。自漢文除肉刑。罪至徒者帶鐐居役。歲滿釋之。家無兼丁者加杖准徒。今取遼季之法。徒一年者杖一百。是一罪二刑也。刑罰之重。於斯為甚。今太平日久。當用中典。有司猶用重法。臣實痛之。自今徒罪之人。止居作。更不決杖。

章宗承安四年。戶部尚書孫鐸因轉對奏曰。比年號令。或已行而中輟。或既改而復行。更張太煩。百姓不信。乞自今凡將下令。再三講究。如有益於治。則必行。無恤小民之言。國子司業紇石烈善才亦言須行法令。絲綸既出。必當固守。上然之。

元世祖時。有二道士爭長。互立黨與。其一誣其仇之黨二人為逃軍。結中貴及通事楊惟忠。執而虐殺之。中書耶律楚材按收惟忠。中貴復訴楚材違制。帝怒。繫楚材。既而自悔。命釋之。楚材不肯解縛。進曰。臣備位公輔。國政所屬。陛下初令繫臣。以有罪也。當明示百官。罪在

不赦。今釋臣。是無罪也。豈宜輕易反覆。如戲小兒。國有大事。何以行焉。衆皆失色。帝曰。朕雖為帝。寧無過舉耶。乃溫言以慰之。

趙天麟上太平金鏡策曰。臣聞意由言而後彰。言須書而克備。故雷風既動。造化可以施功。王者不言。臣下罔攸稟令。興戎出好。有信無私。際天下而咸指。薄四海而皆覩。豈輕也哉。湯后告殷人以不食。史佚戒成王之無戲。所係大矣。能無慎乎。今國家聖祖神宗。遺規樹典。至于陛下。益廣德音。八十餘年。一家天地。宣於民。書於史。成於禮。歌于樂者。固非一也。然而中外之臣民。或得其一而不得其二。或見其後而不見其前。互相照依。未遑明辨。循如是之風。而望治寧之至。臣竊謂似乎未之能盡也。伏見至元壬申年間聖旨。節該不用泰和律令。將以損其餘而益其闕。省其舊而新是圖也。越至于今二十餘年。猶未有示民之明文。寸令向尊寧罔無據。臣已於先所獻萬言策內備

陳之矣。又伏見乙丑年閏聖旨宣諭出征人。須要正身當役。無令頂替雇覓。其後復降聖旨條畫內一款該。諸正軍若有雇覓慣熟好人出征者聽。欽奉如此。此蓋前後不相同之類也。若以後旨為宜遵依。則方今萬夫千夫百夫之長。多有申達上司行移。各處勾取正身以相擾攘。今若以前旨為宜遵依。則後旨何為而復出哉。如張湯輕重其心。州犁上下其手之官吏。多有因此以啓之也。又伏見國與時有和同不拘此例之文。臣竊以禮有一源。義無二本。法綱未定。大化何行。且鑄器用者在於防範。成方圓者由於規矩。如已立制。而仍使和同不拘此例。則是設防範而恣器用之不遵。置規矩而任方圓之自用也。欲其合準。不亦難乎。又伏見國典時有蒙古人不在此限之文。而無所定之例也。臣竊以九州四海。一札十行。大仁覃於遐邇而不之遺也。大義及於臧親而不敢私也。天子者。天之子也。民者天之所

陰騭也。彼羣方蕪類。形異音殊。在天子視之雖有親疏。而天溥視之則無彼此之殊也。人君代天理物。當合天意以行之。若獨愛蒙古人。則既非公道之坦衷。又異皇天之溥視也。且凡明詔之文。其究歸于豐化節財壯本衛生之理爾。若獨以蒙古人不在例。則愛之適所以使之不豐不節不壯不衛以害之也。又伏見詔令每下。遠近震驚欣悅。以為太平之可冀也。聞讀于京師。降示於外路。流布于司縣。張掛于市井。如揭日月。可仰而不可測也。如望江河。可近而不可犯也。及乎三日之後。甫收掛壁之文。而已半知半不知矣。迨於逾年而知者百無一二焉。小民之愚騃者。欲其不犯。何以能哉。今之人有恒言曰。新條不可犯也。臣之所痛傷者。尤在於斯焉。小民意以舊條攸遠雖宿吏猶有遺忘。庶可犯之以苟免。故獨不敢犯新條也。新條雖新。不久而又成舊矣。不更此化。雖復曹參百輩。亦難興畫一之歌。而成清靜寧一之治也。伏望陛下新天下之視聽。定天下之權衡。傾五業之綱維。立一朝之典式。遠求古制。近采家法。上承天意。下訪輿言。參酌常理。勒成一書。頒於四海。垂諸萬姓。咸曰。大哉王言。又曰。一哉王心。下民昭知而憚犯。官吏守之而不疑。庶相賴之而清化。陛下因之而垂拱矣。愚臣妄議。仰冀矜之。

文宗天曆二年六月。陝西行臺御史孔思迪言。人倫之中。夫婦為重。比見內外大臣得罪就刑者。其妻妾即斷付他人。似與國朝旌表貞節之旨不侔。夫亡終制之令相反。況以失節之婦配有功之人。又似與前賢所謂娶失節者以配身。是已失節之意不同。今後凡負國之臣。籍沒奴婢財產。不必罪其妻子。當典刑者。則孥戮之。不必斷付他人。庶使婦人均得守節。請著為令。

順帝時。蘇天爵上奏曰。蓋聞國之重者。莫先乎刑。刑之重者。莫大乎

殺。且立法在乎可守。用刑貴乎適中。夫法不可守。則徒法不能以自行。刑不適中。則民無所措手足。是以古昔之用刑。必也隨世而輕重。故殺人者死。雖有定名。然鬭殺之情。並為不一。若皆置之死地。或情有可恕。欲悉為斷放。則死者何辜。照得大德十年八月。刑部郎中趙承政牒。鬭毆殺人。輕重似少詳論。本部議得鬭毆殺人。所犯不一。原情議罪。事各有異。若許一例斷放。被死之人。冤何由雪。又恐官吏乘此弄法。漸生奸弊。甚於刑政不便。如准所言。但犯鬭毆殺人追勘完備。依例結案詳斷。庶免姦弊。都省准擬。又照得至正五年五月中書奏准節該。鬭毆以手足毆人及頭撞擊者。用他物於人非要害處毆損致命者。或因鬭擊非虛怯瘀痛氣攻心。邂逅致命者。並為本無殺心。擬合杖斷一百七下。並流三千里。其因鬭用刃及他物於人虛怯要害處毆擊登時而死。或非因鬭爭無事而殺并被毆者。元無忿爭。止

辨已事。因而致命。若鬬毆嚴斃，聲不相接，去而又來，毆人致命，身死者，以其即有害心，並從故殺之法。依例結案待報。欽此。夫以法制平允，則永遠可以奉行。如或執一，則刑獄必至淹滯。近因欽奉詔書赦行，歲甸詢民疾苦，蹤跡究滯，所歷州縣等處，或有鬬殺之囚，原情比附新例，往往不克斷遣。蓋緣奸止暴，固宜嚴肅；而撫卹刑，尤當慎重。且今村野人民，素無教養，誤犯刑憲者多。而郡縣官吏，貪污苟且，通知法律者少。夫既不能詳情審問，又復不肯追勘結解，致使囚徒淹延。一切死于囹圄，豈惟玩弊刑政，亦實為感傷中和。書曰：罪疑惟輕。易曰：君子以明慎用刑而不留獄。宜從都省詳定其法，務使允平，庶幾天下在獄之囚，幸得以生，全國家好生之德，普洽于遐邇。

天爵又上奏曰：法者天下之公，所以輔乎治也。律者歷代之典，所以行乎法也。故自昔國家為治者，必立一代之法；立法者，必制一定之律。蓋禮樂教化，固為治之本；而法制禁令，實輔治之具。故設律學以教人，置律科以試吏。其所以輔乎治者，豈不詳且密歟。我國家自太祖皇帝戡定中夏，法尚寬簡。世祖皇帝混一海宇，肇立制度。列聖相承，日圖政治。雖法令之未行，皆因事以立法。歲月既久，條例滋多。英宗皇帝始命中書定為通制，頒行多方，官吏遵守。然自延祐至今，又幾二十年矣。夫人情有萬狀，豈一例之能拘；加以一時官曹材識有高下之異，以致諸人罪狀議擬有輕重之殊。是以煩條碎目，與日俱增。每罰一辜，或斷一事，有司引用，不能遍舉。若不類編，頒示中外，誠恐遠方之民，或不識而誤犯；奸貪之吏，獨習知而舞文。事至于斯，深為不便。宜從都省早為奏聞，精選文臣學通經術、明於治體、練達民政者，圜坐聽讀，定擬去取，續為通制，刻板頒行。中間或有與先行通制參差牴牾、本末不應，悉當會同講若畫一。要在詳書情犯，顯言法意，通融不滯于一偏，明白可行于久遠。庶幾列聖之制度，合為一代之憲章。民知所避，吏有所守。刑政肅清，治化熙洽矣。

歷代名臣奏議卷之二百十四

歷代名臣奏議卷之二百十五

慎刑

漢文帝元年十二月上曰法者治之正也所以禁暴而率善人也今犯法已論而使毋罪之父母妻子同產坐之及為收帑朕甚不取其議之有司皆曰民不能自治故為法以禁之相坐坐收所以累其心使重犯法所從來遠矣如故便上曰朕聞法正則民愨罪當則民從且夫牧民而導之善者吏也其既不能導又以不正之法罪之是反害於民為暴者也何以禁之朕未見其便其熟計之有司皆曰陛下加大惠德甚盛非臣等所及也請奉詔書除收帑諸相坐律令

十三年齊太倉令淳于意有罪當刑詔獄逮繫長安意無男有五女當行會逮罵其女曰生女不生男緩急非有益也其少女緹縈自傷悲泣迺隨其父至長安上書曰妾父為吏齊中皆稱其廉平今坐法

當刑妾傷夫死者不可復生刑者不可復屬雖後欲改過自新其道亡繇也妾願沒入為官婢以贖父刑罪使得自新書奏天子憐悲其意遂下令曰制詔御史蓋聞有虞氏之時畫衣冠異章服以為戮而民弗犯何治之至也今法有肉刑三而姦不止肉刑三謂黥劓左右趾其咎安在非乃朕德之薄而教不明歟吾甚自愧故夫訓道不純而愚民陷焉詩曰愷弟君子民之父母今人有過教未施而刑已加焉或欲改行為善而道亡繇至朕甚憐之夫刑至斷支體刻肌膚終身不息何其刑之痛而不德也豈稱為民父母之意哉其除肉刑有以易之

宣帝初即位守廷尉吏路溫舒上書言宜尚德緩刑其辭曰臣聞齊有無知之禍而桓公以興晉有驪姬之難而文公用伯近世趙王不終諸呂作亂而孝文為太宗繇是觀之禍亂之作將以開聖人也故桓文扶微興壞尊文武之業澤加百姓功潤諸侯雖不及三王天下歸仁焉文帝永思至惪以承天心崇仁義省刑罰通關梁一遠近敬賢如大賓愛民如赤子內恕情之所安而施之於海內是以囹圄空虛天下太平夫繼變化之後必有異舊之恩此賢聖所以昭天命也往者昭帝即世而無嗣大臣憂戚焦心合謀皆以昌邑尊親援而立之然天不授命淫亂其心遂以自亡深察禍變之故迺皇天所以開至聖也故大將軍受命武帝股肱漢國披肝膽決大計黜亡義立有德輔天而行然後宗廟以安天下咸寧臣聞春秋正即位大一統而慎始也陛下初登至尊與天合符宜改前世之失正始受之統滌煩文除民疾存亡繼絕以應天意天下幸甚臣聞秦有十失其一尚存治獄之吏是也秦之時羞文學好武勇賤仁義之士貴治獄之吏正言者謂之誹謗遏過者謂之妖言故盛服先生不用於世忠良切言皆鬱於胸譽諛之聲日滿於耳虛美熏心實禍蔽塞此乃秦之所以

亡天下也方今海內賴陛下恩厚亡金革之危飢寒之患父子夫婦戮力安家然太平之未洽者獄亂之也夫獄者天下之命死者不可生斷者不可屬書曰與其殺不辜寧失不經今治獄吏則不然上下相驅以刻為明深者獲公名平者多後患故治獄吏皆欲人死非憎人也自安之道在人之死是以死人之血流離於市被刑之徒比肩而立大辟之計歲以萬數此聖人所以傷太平之未洽凡以此也夫人情安則樂生痛則思死棰楚之下何求而不得故囚人不勝痛則飾誣詞以示之吏治者利其然則指道以明之上奏畏却則鍛鍊而周内之蓋奏當之成雖皋陶聽之猶以為死有餘辜何則成鍊之者衆文致之罪明也是以獄吏專為深刻殘賊而無極偷為一切不顧國患此世之大賊也故俗語云畫地作獄議不入刻木為吏期不對此皆疾吏之風悲痛之辭也故天下之患莫深於獄敗法亂政離親

塞道真甚乎治獄之吏。此臣所謂一尚存者也。臣聞烏鳶之卵不毁而後鳳凰集，誹謗之罪不誅而後良言進。故古人有言：山藪藏疾，川澤納汙，國君含垢。唯陛下除誹謗以招切言，開天下之口，廣箴諫之路，改亡秦之失，遵文武之德，省法制，寬刑罰，以廢治獄，則太平之風可興於世，永履和樂，與天無極，天下幸甚。上善其言。

東漢明帝永平中，有人單辭告武陽侯朱浮事者，帝大怒，賜浮死。長水校尉樊鯈上奏曰：唐堯大聖，兆人獲所，尚優游四凶之獄，厭服海内之心，使天下咸知，然後殛罰。浮事雖昭明，而未達人聽，宜下廷尉章著其事。帝亦悔之。

章帝時，陳寵為尚書。是時承永平故事，吏政尚嚴，切尚書決事率近於重。寵以帝新即位，宜改前世苛俗，乃上疏曰：臣聞先王之政，賞不僭，刑不濫，與其不得已，寧僭不濫。故唐堯著典，眚災肆赦；周公作戒，

勿誤庶獄；伯夷之典，惟敬五刑，以成三德。由此言之，聖賢之政，以刑罰為首。往者斷獄嚴明，所以威懲姦慝。姦慝既平，必宜濟之以寬。陛下即位，率由此義，數詔羣僚，弘崇晏晏，晏晏，和也。而有司執事，未悉奉承，典刑用法，猶尚深刻，斷獄者急於篣格酷烈之痛，篣，笞也。執憲者煩於詆欺放濫之文，或因公行私，逞縱威福。夫為政猶張琴瑟，大絃急者小絃絕。故子貢非臧孫之猛法，而美鄭僑之仁政。臧孫，魯大夫，行猛政。子貢非之曰：夫政猶張琴瑟也，大絃急則小絃絕矣。故曰：罰得則姦邪止，賞得則下歡悅。子之賊心見矣。獨不聞子產之相鄭乎？推賢舉能，抑惡揚善，有大略者不問其短，有厚德者不非小疵，家給人足，囹圄空虛。子產卒，國人皆叩心流涕，三月不聞竽琴之音。其生也見愛，死也可悲。故曰：德莫大於仁，禍莫大於刻。今子病而人賀，子愈而人相懼。遺乎？何爭之不善？子又不死。臧孫懸而遜位，終身不出。詩云：不剛不柔，布政優優。方今聖德充塞，假于上下，宜隆先王之道，蕩滌煩苛之法，輕薄箠楚，以濟羣生，全廣至德，以奉天心。帝敬納寵言，每事務於寬厚。其後遂詔有司，絕鉆鑽諸慘酷之科，鉆，鐵銸也，其炎反。銸，音涉。[illegible]反。臏，臏刑，謂鑽去其臏骨也。鑽，音作奐反。解妖惡之禁，除文致之請讞五十餘事，定著于令。讞，人獄罪。文飾致於法中也。是後人俗和平，屢有嘉瑞。

安帝時，舊令麥秋得案驗薄刑，而州郡好以苛察為政，因此遂盛夏斷獄。永初元年，魯恭為司徒，上疏諫曰：臣伏見詔書，敬若天時，若，順也。憂念萬民，為崇和氣，罪非殊死，且勿案驗，進柔良，退貪殘，奉時令。言順月令以行事也。所以助仁德，順昊天，致和氣，利黎民者也。舊制至立秋乃行薄刑。自永元十五年以來，改用孟夏，而刺史太守不深惟憂民息事之原，進良退殘之化，因以盛夏徵召農人，拘對考驗，連滯無已。司隸典司京師，四方是則，而近於春月，分行諸部，託言勞來貧人，而無隱惻之實，煩擾郡縣，廉考非急，逮捕一人，罪延十數，逮，及也。時所連上，即逮捕之。上逆時氣，下傷農業。案易五月姤用事，東觀記曰：五月姤卦，巽下乾上。初六一陰爻生，五月之卦也。本多作后。古字通。經曰：后以施令誥四方。誥，理也。易姤卦象曰：天下有風，姤。后以施令誥四方。乾為天，巽之象也。巽

為風，號令之象也。后，君也。故以誥人君施令也。言君以夏至之日施命令，止四方行者，所以助微陰也。易復卦曰：先王以至日閉關，商旅不行。夏至亦止行也。五月陰氣始生，故曰微陰。行者尚止之，況於逮召考掠，奪其時哉？比年水旱傷稼，人飢流冗。冗，散也。今始夏，百穀權輿，陽氣胎養之時。爾雅曰：權輿，始也。萬物皆含胎長養之時。自三月以來，陰寒不暖，物當化變而不被和氣。月令孟夏斷薄刑，出輕繫；行秋令則苦雨數來，五穀不熟。鄭玄注禮記云：申之氣乘之也。苦雨，白露之類也。時物得而傷也。又曰：仲夏挺重囚，益其食。挺，猶寬也。行秋令，則草木零落，酉之氣乘之也。八月宿直昴，昴為獄主殺。人傷於疫。大陵之氣為害也。大陵，星名。春秋合誠圖曰：大陵主死喪也。夫斷薄刑者，謂其輕罪已正，不欲令久繫，故時斷之也。臣愚以為今孟夏之制，可從此令，其決獄案考，皆以立秋為斷，以順時節，育成萬物，則天地以和，刑罰以清矣。初，肅宗將斷獄皆以冬至之前，自後論者互多駮異。鄧太后詔公卿以下會議，恭議奏曰：夫陰陽之氣相扶而行，發動用事，各有時節。若不當其時，則物

隨而傷王者雖質文不同而疏道無變四時之政行之若一月令周世所造而所據皆夏之時也(謂氣候及星辰昏旦皆夏時也)其變者唯正朔服色犧牲徽號器械而已(夏以建寅為正服色犧牲徽號器械皆尚黑殷以建丑為正尚白周以建子為正尚赤周以夜半為朔殷以雞鳴為朔夏以平旦為朔祭天地宗廟曰犧下得吉曰牲徽號旌旗之名也器械禮樂之器及以甲兵也)故曰殷因於夏禮周因於殷禮所損益可知也易曰潛龍勿用(謂以物陽氣)言十一月十二月陽氣潛藏未得用事雖煦嘘萬物養其根荄(荄草根也荄音該)而猶盛陰在上地凍水冰陽氣否隔閉而成冬故曰履霜堅冰陰始凝也馴致其道至堅冰也(馴順也言陰以平順為道漸至驗霜猶自履霜而至堅冰)言五月微陰始起至十一月堅冰至也夫王者之作因時為法孝章皇帝深惟古人之道助三正之微定律著令(三正三微也前書音義曰言陽氣始萌萬物微而未著故曰微一曰天統謂周十一月建子為正天始施之端也二曰地統謂殷十二月建丑為正地始化之端也三曰人統謂夏十三月建寅為正人始成之端也)冀承天心順物性命以致時雍然從變改以來年歲不熟穀價常貴人不寧安小吏不與國同心者率入十一月得死罪賊不問曲直便即格殺雖有疑罪不復讞正一夫吁嗟王道為虧況於眾乎易十一月君子以議獄緩死可令疑罪使詳其法大辟之科盡冬月乃斷其立春在十二月中者勿以報囚如故事(報囚謂奏請報決也)後卒施行

順帝永和四年中常侍張逵矯詔收縛騰賁於省中帝聞震怒勑官者李歙急呼騰賁釋之收逵等悉伏誅辭所連染及在位大臣梁商懼多侵枉乃上疏曰春秋之義功在元帥罪止首惡故賞不僭溢刑不淫濫五帝三王所以致康乂也竊聞考中常侍張逵等辭語多所牽及大獄一起無辜者眾死囚久繫纖微成大非所以順迎和氣平政成化也宜早訖竟以止逮捕之煩帝乃納之罪止坐者

獻帝時議者多欲復肉刑少府孔融建議曰古者敦厖善否不別吏端刑清政無過失百姓有罪皆自取之末世陵遲風化壞亂政撓其俗法害其人故曰上失其道民散久矣而欲繩之以古刑投之以殘棄非所謂與時消息者也紂斮朝涉之脛天下謂為無道夫九牧之地千八百君若各刖一人是下常有千八百紂也求俗休和弗可得已且被刑之人慮不念生志在思死類多趨惡莫復歸正夙沙亂齊伊戾禍宋趙高英布為世大患不能止人遂為非也適足絕人還為善耳雖忠如鬻拳信如卞和智如孫臏冤如巷伯才如史遷達如子政一離刀鋸沒世不齒是太甲之思庸穆公之霸秦南睢之骨立衛武之初筵陳湯之都賴魏尚之守邊無所施也漢開改惡之路凡為此也故明德之君遠度深惟棄短就長不苟革其政也朝廷善之卒不改焉

魏武帝時高柔為尚書郎轉拜丞相理曹掾令曰夫治定之化以禮為首撥亂之政以刑為先是以舜流四凶族皋陶作士漢祖除秦苛法蕭何定律掾清識平當明于憲典勉恤之哉鼓吹宋金等在合肥亡逃舊法軍征士亡考竟其妻子武帝患猶不息更重其刑金有母妻及二弟皆給官主者奏盡殺之柔啟曰士卒亡軍誠在可疾然竊聞其中時有悔者愚謂乃宜貸其妻子一可使賊中不信二可使誘其還心正如前科固已絕其意望而猥復重之柔恐自今在軍之士見一人亡逃誅將及己亦且相隨而走不可復得殺也此重刑非所以止亡乃所以益走耳武帝曰善即止不殺金母弟

魏國既建遷為御史中丞時武帝議復肉刑令曰安得通理君子達於古今者使平斯事乎昔陳鴻臚以為死刑有可加於仁恩者正謂此也御史中丞能申其父之論乎羣對曰臣父紀以為漢除肉刑而增加笞本興仁惻而死者更眾所謂名輕而實重者也名輕則易犯實重則傷民書曰惟敬五刑以成三德易著劓刖滅趾之法所

以輔致助𢾭懲惡息殺也且殺人償死合於古制至於傷人或殘毀其體而截翦毛髮非其理也若用古刑使淫者下蠶室盜者刖其足則永無淫放穿窬之姦矣夫三千之屬雖未可悉復若斯數者時之所患宜先施用漢律所殺殊死之罪仁所不及也其餘逮死者可以刑殺如此則所刑之與所生足以相貿矣今以宮死之法易不殺之刑是重人支體而輕人軀命也

和洽為侍中後有白毛玠謗毀武帝武帝見近臣怒甚洽陳玠素行有本求案實其事罷朝武帝令曰今言事者白玠不但謗吾也乃復為崔琰觖望此損君臣恩義妄為死友怨歎殆不可忍也昔蕭曹與高祖並起微賤致功立勳高祖每在屈笮二相恭順臣道益彰所以祚及後世也和侍中比求實之所以不聽欲重參之耳洽對曰如言事者言玠罪過深重非天地所覆載臣非敢曲理玠以枉大倫也以

玠出群吏之中特見拔擢顯在首職歷年荷寵剛直忠公為衆所憚不宜有此然人情難保要宜考覈兩驗其實今聖恩垂含垢之仁不忍致之于理更使曲直之分不明疑自近始武帝曰所以不考欲兩全玠及言事者耳洽對曰玠信有謗主之言當肆之市朝若玠無此言事者加誣大臣以誤主聽二者不加檢覈臣竊不安武帝曰方有軍事安可受人言便考之邪狐射姑刺陽處父於朝此為君之誡也

文帝為五官將召盧毓署門下賊曹崔琰舉為冀州主簿時天下草創多逋逃故重士亡法罪及妻子亡士妻白等始適夫家數日未與夫相見大理奏棄市毓駮之曰夫女子之情以接見而恩生成婦而義重故詩云未見君子我心傷悲亦既見止我心則夷又禮未廟見之婦而死歸葬女氏之黨以未成婦也今白等生有未見之悲死有非婦之痛而吏議欲肆之大辟則若同牢合巹之後罪何所加且記曰附從輕言附人之罪以輕者為比也又書云與其殺不辜寧失不經恐過重也苟以白等皆受禮聘已入門庭刑之為可殺之為重武帝曰毓執之是也

明帝初公孫淵兄晃為叔父恭任內侍先淵未反數陳其變及淵謀逆帝不忍市斬欲就獄殺之廷尉高柔上疏曰書稱用罪伐厥死用德彰厥善此王制之明典也晃及妻子叛逆之類誠應梟縣勿使遺育而臣竊聞晃先數自歸且陳淵禍萌雖為凶族原心可恕夫仲尼亮司馬牛之憂祁奚明叔向之過在昔之美義也臣以為晃信有言宜貸其死苟自無言便當市斬今進不赦其命退不彰其罪閉著囹圄使自引分四方觀國或疑此舉也帝不聽

太和中太子太傅鍾繇上疏曰太魏受命繼蹤虞夏孝文革法不合古道先帝聖德固天所縱墳典之業一以貫之是以繼世仍發明詔

思復古刑為一代法連有軍事遂未施行陛下遠追二祖遺意惜斬趾可以禁惡恨入死之無辜使明習律令與群臣共議出本當右趾而入大辟者復行此刑書云皇帝清問下民鰥寡有辭于苗此言堯當除蚩尤有苗之刑先審問於下民之有辭者也若今蔽獄之時訊問三槐九棘群吏萬民使如孝景之令其當棄市欲斬右趾者許之其黥劓左趾宮刑者自如孝文易以髡笞能有姦者率年二十至四五十雖斬其足猶任生育今天下人少於孝文之世下計所全歲三千人張蒼除肉刑所殺歲以萬計臣欲復肉刑歲生三千人子貢問能濟民可謂仁乎孔子曰何事於仁必也聖乎堯舜其猶病諸又曰仁遠乎哉我欲仁斯仁至矣若誠行之斯民永濟書奏詔曰太傅學優才高留心政事又於刑理深遠此大事公卿群僚善共平議司徒王朗議以為繇欲輕減大辟之條以增益刖刑之數此即起偃為豎

化屍為人矣然臣之愚猶有未合微異之意夫五刑之屬著在科律科律自有減死一等之法不死即為減施行已久不待遠假斧鑿於彼肉刑然後有罪次也前世仁者不忍肉刑之慘酷是以廢而不用不用已來歷年數百今復行之恐所減之文未彰於萬民之目而肉刑之問已宣於寇讎之耳非所以來遠人也今可按繇所欲輕之死罪使減死之髡刖嫌其輕者可倍其居作之歲數內有以生易死不訾之恩外無以刖易釱駭耳之聲議者百餘人與朗同者多帝以吳蜀未平且寢

吳大帝時中書呂壹典校文書多所糾舉步騭上疏曰伏聞諸典校擿抉細微吹毛求瑕重案深誣趨欲陷人以成威福無罪無辜橫受大刑是以使民跼天蹐地誰不戰慄昔之獄官惟賢是任故皋陶作士呂侯贖刑張于廷尉民無冤枉休泰之祚實由此興今之小臣動與古異獄以賄成輕忽人命歸咎于上為國速怨夫一人吁嗟王道為虧甚可仇疾明德慎罰哲人惟刑書傳所美自今蔽獄都下則宜諮顧雍武昌則陸遜潘濬平心專意務在得情騭黨神明受罪何恨

烏程侯建衡二年陸抗加拜都護聞武昌左都督薛瑩徵下獄抗上疏曰夫俊乂者國家之良寶社稷之貴資庶政所以倫敘四門所以穆清也故大司農樓玄散騎中常侍王蕃少府李勖皆當世秀穎一時顯器既蒙初寵從容列位而並旋受誅殛或圮族替祀或投棄荒裔蓋周禮有赦賢之辟春秋有宥善之義書曰與其殺不辜寧失不經而蕃等罪名未定大辟以加心經忠義身被極刑豈不痛哉且已死之刑固無所識至乃焚爍流漂棄之水濱懼非先王之正典或甫侯之所戒也是以百姓哀聳士民同感蕃勖永已悔亦靡及誠望陛下赦召玄出而頃聞薛瑩卒見逮錄瑩父綜納言先帝傅弼文皇及

瑩承基內厲名行今之所坐罪在可宥臣懼有司未詳其事如復誅戮益失民望乞垂天恩原赦瑩罪哀矜庶獄清澄刑網則天下幸甚

西晉愍帝建興中丞相府斬督運令史淳于伯而血逆流丞相司直劉隗奏曰古之為獄必察五聽三槐九棘以求民情雖明庶政不敢折獄死者不可復生刑者不可復續是以明王哀矜用刑曹參去齊以市獄為寄自頃蒸荒殺戮無度罪同斷異刑罰失宜謹按行督運令史淳于伯刑血著柱遂逆上終極柱末二丈三尺旋復下流四尺五寸百姓諠譁士女縱觀咸曰其冤伯息忠訴辭稱枉云伯督運訖去二月事畢代還無有稽乏受賕使役罪不及死軍是戍軍非為征軍以乏軍興論於理為枉四年之中供給運漕凡諸徵發租調百役皆有稽停而不以軍興論至於伯也何獨明之捶楚之下無求不得囚人畏痛飾辭應之理曹國之典刑而使忠等稱冤明時謹按從事中郎周筵法曹參軍劉胤屬李匡幸荷殊寵並登列曹當思敦奉政道詳法慎殺使兆庶無枉人不稱訴而令伯枉同周青冤魂哭於幽都訴靈恨於黃泉嗟歎甚於杞梁血妖過於崩城故有隕霜之人夜哭之鬼伯有晝見彭生為豕刑殺失中妖眚並見以古況今其揆一也皆由筵等不勝其任請皆免官於是右將軍王導等上疏引咎請解職帝曰政刑失中皆吾闇塞所由尋示愧懼思聞忠告以補其闕引過求退豈所望也

宋孝武帝時丞相南郡王義宣車騎將軍臧質反義宣司馬竺超民臧質長史陸展兄弟並應從誅尚書令何尚之上言曰刑罰得失治亂所由聖賢留心不可不慎竺超民為賊既遁走一夫可禽若反覆昧利即當取之非唯免愆亦可要不義之賞而超民曾無此意微足觀過知仁且為官保全城府謹守庫藏端坐待縛今戮及兄弟與向

始末無論者復成何異陛下盡質復灼然便同之巨逆於事為重臣豫蒙頤待自殊凡隸苟有所懷不敢自黙趙民坐者由此得原

齊高帝建元二年王僧虔拔左光祿大夫兼丹陽尹時郡縣獄相承有上湯殺囚僧虔上疏言之曰湯本以救疾而實行寃暴或以肆忿若罪必入重自有正刑若去惡宜疾則應先啓豈有死生大命而潛制下邑愚謂治下囚病必先刺郡求職司與醫對共診驗遠縣家人省視然後處理可使死者不恨生者無怨上納其言

後魏文成帝時斷獄多濫給事中源賀上書曰案律謀反之家其子孫雖養他族追還就戮所以絕罪人之類彰大逆之辜其為刧賊應誅者兄弟子姪在遠道隔關津皆不坐竊惟先朝制律之意以不同謀非絕類之罪故特垂不死之詔若年十三已下家人首惡計謀所不及愚以為可原其命没入縣官帝納之

賀為征南將軍冀州刺史復上書曰臣聞人之所寶莫寶於生全德之厚者莫厚於宥死然犯死之罪難以盡恕權其輕重有可矜愍今勍寇遊魂於北狡賊負險於南其在疆埸猶須防戍臣愚以為自非大逆赤手殺人之罪其坐贓及盜與過誤之愆應入死者皆可原命謫守邊境是則已斷之體更受全生之恩徭役之家漸蒙休息之惠刑措之化庶幾在茲虞書曰流宥五刑此其義也臣受恩深重無以仰荅將違闕庭豫增係戀敢上瞽言唯加裁察帝從其言已後入死者皆恕死徙邊久之帝乃謂羣臣曰源賀勸朕宥諸死刑徙充北番諸戍自爾至今一歲所活殊為不少生濟之理既多邊戍之兵有益卿等事朕致何善意也苟人人如賀朕治天下復何憂哉顧憶誠言利實廣矣羣臣咸曰非忠臣不能進此計非聖明不能納此言

孝文帝太和初懷州民伊祁苟初三十餘人謀反將殺刺史文明太后欲盡誅一城之民雍州刺史張白澤諫曰臣聞上天愛物之生明王重民之命故殺一人而取天下仁者不為且周書父子兄弟罪不相及今羣凶肆虐轘裂誅盡合城無辜奈何極辟不誣十室而況一州或有忠焉或有仁者若濫刑濫及殺忠與仁斯乃西伯所以歎息於九侯孔子所以回輪於河上伏惟聖德昭明殷鑒水鏡前權止迅烈之怒抑雷霆之威則溥天知幸矣昔厲防民口卒滅宗姬文聽輿頌終摧彊楚願不以人廢言留神省察太后從之

孝明帝時靈太后臨朝任城王澄奏曰臣聞賞必以道用防淫人之姦罰不濫及以戒良士之困刑者侀也每垂三宥秉律執請不得已而用之是故小大之獄察之以情一人吁嗟或虧王道刑罰得失乃興廢之所由也竊聞司州牧高陽王臣雍拷殺奉朝請韓元昭前門下録事姚敬賢雖因公事理實未盡何者太平之世草不橫伐行葦

之感事驗隆周若昭等狀彰死罪以定應刑於都市與衆棄之如其疑似不分情理未究不宜以三清九流之官杖下便死輕絕民命傷理敗法往年司州於大市鞭殺五人及檢贓狀全無寸尺今復酷害一至於此朝野云云咸懷驚愕若殺生在下虐專於臣人君之權安所復用自開古以來明明之世未聞斯比也武王曰吾不以一人之命而易天下蓋重民命也請以見事付廷尉推究驗其為刧之狀察其拷殺之理使是非分明幽魂獲雪詔從之

宣武帝永平元年秋七月詔尚書檢枷杖大小違制之由科其罪失尚書令高肇尚書僕射清河王懌尚書邢巒尚書李平尚書江陽王繼等奏曰臣等聞王者繼天子物為民父母導之以德化齊之以刑法小大必以情哀矜而勿喜務於三訊五聽不以木石定獄伏惟陛下子愛蒼生恩侔天地疏網改祝仁過商后以枷杖之非度愍民命

之感傷。爰降慈旨。廣垂昭恤。雖有虞慎獄之深。漢文惻隱之至。亦未可共日而言矣。謹案獄官令。諸察獄先備五聽之理。盡求情之意。又驗諸證信。事多疑似。猶不首實者。然後加以拷掠。諸犯年刑已上枷鎖。流徒已上增以杻械。迭用不俱。非大逆外叛之罪。皆不大枷高杻重械。又無用石之文。而法官州郡因緣增加。遂為恒法。進乖五聽。退違令文。誠宜案劾。依旨科處。但踵行已久。計不推坐。檢杖之小大。鞭之長短。令有定式。但枷之輕重。先無成制。臣等參量。造大枷長一丈三尺。喉下長一丈。通頰木各方五寸。以擬大逆外叛。杻械以掌流刑已上。諸臺寺州郡大枷請悉焚之。枷本掌囚。非拷訊所用。從今斷獄皆依令盡聽訊之理。量人強弱加之拷掠。不聽非法拷人。兼以拷石。自是枷杖之制。頗有定準。

時將刑元愉妾李氏。群官無敢言者。勅中書令崔光為詔。光逡巡不作。奏曰。伏聞當刑元愉妾李加之屠割。妖感扇亂。誠合此罪。但外人竊云李今懷姙。例待分産。且臣尋諸舊典。無推近事。戮至刳胎。謂之虐刑。桀紂之主。乃行斯事。君舉必書。義無隱昧。酷而乖法。何以示後。陛下春秋已長。未有儲體。皇子襁褓。至有夭失。臣之愚識。知無不言。乞停李獄。以俟育孕。宣武納之。

孝莊帝時。御史中尉兼給事黃門侍郎高道穆上疏曰。臣聞舜命皐陶。姦宄是託。禹泣辜人。堯必為念。所以舉直措枉。事切襄賢。明德慎罰。識存先典。高祖太和之初。置廷尉司直。論刑辟是非。雖事非古始。交濟時要。所謂禮樂互興。不相沿襲者矣。臣以無庸。忝當今任。所思報效。未忘寢興。但識謝知今。業慚稽古。未能進一言以利國。說一策以興邦。索米長安。豈不知愧。至於職司其憂。猶望僶俛。竊見御史出使。悉受風聞。雖時獲罪人。亦不無枉濫。何者。得堯之罰。不能不怨。守

令為致容有愛憎。姦猾之徒。恒思報惡。多有妄造無名。共相誣謗。御史一經檢究。恥於不成。杖木之下。以虛為實。無罪不能自雪者。豈可勝道哉。臣雖愚短。守不假器。繡衣所指。冀以清肅。若仍踵前失。或傷善人。則尸祿之責。無所逃罪。所以夙夜為憂。思有變革。如臣鄙見。請依太和故事。還置司直十人。名隸廷尉。秩以五品。選歷官有稱。心平性正者為之。御史若出糾劾。即移廷尉。令知人數。廷尉遣司直與御史俱發。所到州郡。分居別館。御史檢了。移付司直覆問。事訖與御史俱還。中尉彈聞。廷尉科按。一如舊式。庶使獄成罪定。無復稽寬。為惡取敗。不得稱枉。若御史司直糾劾失實。悉依所斷獄罪之。聽以所檢迭相糾發。如二使阿曲。有不盡理。聽罪家詣門下通訴。別加按檢。如此。則肺石之傍。怨訟可息。叢棘之下。受罪吞聲者矣。詔從之。

唐太宗即位。詔長孫無忌房玄齡等復定舊令。議絞刑之屬五十。皆免死而斷右趾。既而又哀其斷毀支體。謂侍臣曰。肉刑前代除之久矣。今復斷人趾。吾不忍也。王珪蕭瑀陳叔達對曰。受刑者當死而獲生。豈但去一趾。去趾所以使見者知懼。今以死刑為斷趾。蓋寬之也。帝曰。公等更思之。其後蜀王法曹參軍裴弘獻駁律令四十餘事。乃詔房玄齡與弘獻等重加刪定。玄齡等以謂古者五刑。刖居其一。及肉刑既廢。今以笞杖徒流死為五刑。而又刖足。是六刑也。於是除斷趾法。為加役流三千里居作。

貞觀元年。太宗謂侍臣曰。死者不可再生。用法須務存寬簡。古人云。鬻棺者欲歲之疫。非疾於人。利於棺售故耳。今法司覈理一獄。必求深刻。欲成其考課。今作何法得使平允。諫議大夫王珪曰。但選公良直善人。斷獄允當者增秩賜金。即姦偽自息。詔從之。

河內人李好德坐妖言下獄。大理丞張蘊古以為好德病狂瞀。法不

當坐。太宗許將寬宥、蘊古密報其旨、仍引與博戲。治書侍御史權萬紀劾奏之。太宗大怒。令斬於東市。既而悔之。謂房玄齡曰。公等食君之祿、須憂人之憂。事無巨細。咸當留意。今不問則不言。見事都不諫爭。何所輔弼。如蘊古身為法官。與囚博戲。漏洩朕言。此亦罪狀甚重。若據常律未至極刑。朕當時盛怒。即令處置。公等竟無一言、所司又不覆奏。遂即決之。豈是道理。因詔曰、凡有死刑、雖令即決。皆須五覆五奏。自蘊古始也。久之、復謂羣臣曰。死者不可復生。昔王世充殺鄭頲猶能悔。近有府史取賕不多、朕殺之。是思之不審也。決囚雖云五覆。一日即了。都未暇思審。五奏何益。縱有追悔、又無所及。自今在京諸司奏決死囚。宜三日中五覆奏、決日尚食勿進酒肉。教坊太常輟教習。天下諸州三覆奏。其日亦蔬食、務合禮減膳撤樂之意。又手詔勅曰、比來有司斷獄。多據律文。雖情在可矜。而不敢違法、守文定罪或恐有冤。自今門下省覆有據法合死而情在可矜者、宜錄狀上奏。羣臣皆賀曰。陛下欽恤刑獄、非前代可及也。

太宗時。劉德威為大理卿、太宗問曰、比刑網寢密。咎安在。德威曰。在君不在臣。下之寬猛。視主之好。律失入者減三。失出者減五。今坐入者無辜、坐出者有罪、所以吏務深文。為自營計。非有教使然也。帝然其言、

太宗論隋日禁囚、魏徵對曰、臣昔在隋時、聞有盜發。煬帝令士澄捕之。但有疑、即苦加拷掠。枉承賊者二千餘人。並令同日斬決、大理丞張元濟怪之。試尋其狀。乃有六七人盜發之日先禁他所、纔被放出、亦遭推劾。不勝苦痛、虛以自誣、元濟因此更事尋究。二千人內唯有九人不明。又按驗九人、四人非賊、有司不敢執奏、遂並殺之。太宗曰、非唯煬帝無道。其臣下亦不盡忠、須相匡諫、不避誅戮。豈得唯行諂佞、求悅譽乎。君臣如此。何能不敗。賴公等共相輔弼、遂得囹圄空虛、欲公等善始令終、常如今日。

戴州刺史賈崇以所部有犯十惡者、被御史劾奏。太宗謂侍臣曰、昔陶唐大聖、柳下惠大賢、其子丹朱甚不肖、其弟盜跖為巨惡。夫以聖人之訓、父子兄弟之親、尚不能使陶染變革、去惡從善。今刺史化被下人、咸歸善道、豈可得也。若令緣此皆被貶責、或恐遞相掩蔽、罪刑斯失。今後諸州有犯十惡者、刺史不須坐罪、但加糾訪科罪、庶使刑罰適中、肅清奸惡。乃謂大理卿孫伏伽曰、夫作甲者欲其堅、恐人之傷、作箭者欲其銳、恐人不傷、何則、各有司存、利在稱職故也、朕問法官刑罰輕重、每稱法網寬於往代、仍恐主獄之司、利在殺人、危人自達、以釣聲價、今之所憂、正在此耳、深宜禁止、務在寬平。伏伽對曰。此陛下之至仁也、安敢不從。

太宗又嘗曰。古者斷獄、必訊於三槐九棘之官、今三公九卿即其職也、自今以後、大辟罪皆令中書門下四品以上及尚書九卿議之。如此庶免冤濫。羣臣皆稱善。由是至四年、斷死刑天下二十九人、幾致刑措。時有告刑部尚書張亮謀反、帝命百官議其獄、皆言亮反當誅、獨將作少監李道裕上言亮反形未具、不當誅、帝不聽、斬之、後悔之、謂曰、往者李道裕議張亮獄、朕不從而殺之、至今悔恨、乃命為刑部侍郎。

太宗以英武定天下、然其天資仁恕、初即位有勸以威刑肅天下者、魏徵以為不可、因為上言王政本於仁恩、所以愛民厚俗之意、太宗欣然納之、遂以寬仁治天下、而於刑法尤慎。

太宗有一駿馬特愛之、恒於宮中養飼、無病而暴死、帝怒養馬宮人將殺之、皇后諫曰、昔齊景公以馬死殺人、晏子請數其罪云、爾養馬而死、爾罪一也、使公以馬殺人、百姓聞之必怨吾君、爾罪二也、諸侯

閒之必輕吾國爾罪三也公乃釋罪陛下嘗讀書見此事豈忘之耶
太宗意乃解又謂房玄齡曰皇后庶事相啓沃極有利益爾
池陽令崔文康坐事櫟陽尉魏禮臣劾治獄成御史言其枉禮臣訴
御史阿黨乞下有司雜訊不如所言請死謝韋禮臣不實太宗詔如
請誅議大夫弘文館學士朱子奢諫曰在律上書不實有定罪今抵
以死死者不可復生雖欲自新弗可得此天下惟知上書獲罪欲自
言者皆懼而不敢申矣詔可

高宗時左威衛大將軍權善才右監門中郎將范懷義坐誤斧昭陵
栢罪當免高宗詔誅之大理丞狄仁傑奏不應死帝怒曰是使我為
不孝子必殺之仁傑曰漢有盜高廟玉環文帝欲當之族張釋之廷
諍曰假令取長陵一抔土何以加其法於是罪止棄市陛下之法在
象魏固有差等犯不至死而致之死何哉今誤伐一栢殺二臣後世
謂陛下為何如主帝意解遂免死

廣州都督蕭齡之受贓當死詔羣臣議請論如法詔戮于朝堂御史
大夫唐臨建言羣臣不知天子所以議之之意在律有八議王族戮于
隱議親也刑不上大夫議貴也今齡之貪贓狼藉死有餘辜陛下以
異於他因故議之有司又命入死非堯舜所以用刑者不可為後世
法帝然之齡之齊高帝五世孫由是免死

武后時后稱制懼天下不服欲制以威乃修後周告密之法詔官司
受訊有言密事者馳驛奏之自徐敬業越王貞瑯琊王沖等起兵討
亂武氏益恐乃引酷吏周興來俊臣輩典大獄與侯思止王弘義郭
弘霸李敬仁康暐衛遂忠等集告事數百人共為羅織構陷無辜自
唐之宗室與朝廷之士日被告捕不可勝數天下之人為之仄足如
狄仁傑魏元忠等皆幾不免左臺御史周矩上疏曰比姦憸告訐習

以為常推劾之吏以深刻為功鑿空爭能相矜以虐泥耳囊頭摺脅
籤爪縣髮燻耳臥鄰穢溺刻害支體糜爛獄中號曰獄持閉絕食飲
晝夜使不得眠號曰宿囚殘賊威暴取快目前被誣者苟求得死何
所不至為國者以仁為宗以刑為助周用仁而昌秦用刑而亡願陛
下緩刑天下幸甚武后不納

崔仁師請不改反逆緣坐刑名疏曰自昔羲農以降爰及唐虞或設
言而人不犯或畫像而下知禁三代之盛泣辜解網父子兄弟罪不
相及咸臻至理俱為稱首及其叔代亂獄滋煩周之季年不勝其弊
烈火原於子產峭濶起於安于韓李申商爭持急刻參夷相生始於
此也秦用其法遂至土崩漢高之務寬大未為盡善文帝之存仁厚
仍多涼德遂使新垣族滅信越菹醢見嗤良史謂之過刑晉魏至隋
雖有損益凝脂猶密秋荼尚煩皇上爰發至仁念茲刑憲酌先王之
令典探往昔之嘉猷革弊蠲苛可大可久仍降綸綍頒之九區故得
斷獄數簡手足有措刑清化洽未有不安忽以暴秦酷法為隆周中
典乖惻隱之情反惟行之令進退參詳未見其可且父子天屬昆季
同氣誅其父子足累其心此而不顧何愛兄弟既欲改法請更審量

守右衛胄曹參軍陳子昂上奏曰臣聞昔者聖人理天下者美在太
平太平之美者在於刑措臣伏見陛下務太平之理而未美太平之
功賤臣頑微竊惑下列臣前蒙天恩召見恩制賜臣曰既遇非常之
主何不進非常之策臣草木微品天恩降休伏刻肌骨不敢忘捨今
陛下創三皇之業務三皇之理大統已集神化光明雖伏羲神農昔
有天下誠未足比臣敢不竭愚以効愚忠臣聞自古聖王謂之大聖
者皆云尚德崇禮貴仁賤刑刑措不用謂之聖德不稱嚴刑猛制用
獄為理者也故周有天下八百餘歲而唯頌成康漢有天下四百餘

愆而獨稱文景皆由幾致刑措者也何者刑者政之末節非太平之資臣竊考之於天天貴生成驗之於人人愛生育稽於聖聖務勝殘皆不云以刑為德者然則聖王養天下者固當上務順天下務順人不天不人不可謂理故曰唯天為大唯堯則之又曰天地萬物父母唯人萬物之靈亶聰明作元后元后作人父母然則為人父母固當貴於德養不可務於刑殺臣伏惟陛下聖德至大矣膺天受命有三皇之功順人正位有三皇之業拜圖洛有三皇之符尊名顯號有三皇之冊明堂神擕萬象寅威風雨順時百穀昌熟可謂足為萬代之規也今天下百姓抱孫弄子鼓腹以望太平之政矣陛下為天地父母固將務德以順養之登于大和以協皇極今陛下之政雖盡善矣然太平之理猶屈於獄官何以言之太平之朝務上下樂化不宜亂臣賊子日犯天誅比者大獄增多逆徒滋廣愚臣頑昧切謂皆

實乃去月十五日陛下特察詔囚李珎等無罪明魏真宰有功又召見高正臣又重推元萬頃百僚慶悅皆荷聖明臣乃知亦有無罪之人挂於疎網者陛下務在寬典獄官務在急刑以傷陛下之仁以誣太平之政臣竊私恨之賴陛下獨決天斷寬蕩羣刑死囚張楚金郭正一王彭祖王令基等以凶惡之罪將蒙全活朽骨更肉萬死再生天地神祇實用同慶何以知之臣伏見去年八月已來天苦霖雨自陛下赦李珎等罪天朗氣清又九月十八日明堂享會慶雲抱日五彩紛郁龍章竟天萬品咸觀宇宙同慶又其月廿一日恩勅免楚金等死初有風雨變為景雲司刑官屬皆所共見臣聞陰慘者刑也陽舒者德也慶雲者休氣也臣伏考之鴻範驗之六經聖人法天天亦助聖休咎之應必不虛來陛下法天垂仁天助陛下仁化獄吏急法則慘而陰雨陛下赦罪則舒而陽和君臣歡娛則喜而見慶雲天意如此陛下豈可不承順之夫刑者怨也不可以承嘉氣今又陰雨臣恐過在獄官況陛下明堂之理未以崇德配天之業不以務刑今垂拱法官且猶議殺布政衡室未措刑獄臣頑愚尚疑未可況巍巍大聖光宅天下哉今者繫獄囚徒多極法者道路之議或是或非陛下何不悉見召之自詰其罪罪真實者顯示明刑罪有濫者嚴誅獄吏使天下咸服人知政刑以清太平之階用登仁壽之域豈非至德克明哉昔鄧太后以天降旱親決洛陽囚徒良史書之而以為德況陛下大聖億萬超於鄧后者矣夫獄吏不可信多弄國權自古敗之聖王所誡陛下萬代之業千載之名故不可使竹帛書之有虧於此也伏願熟察以美太平之風賤臣不勝愚懇忠憤之至輒投諫匭昧死上聞

子昂為守麟臺正字又上諫刑書曰臣本蜀之匹夫官不望達陛下

過意擢臣草莽之下昇在麟臺之閣光寵自天卓若日月微臣固陋將何克負然臣聞忠臣事君有死無二懷佞不諫罪莫大焉況在明聖之朝不諱之日方復鉗口下列俛仰偷榮非臣之始願也不勝愚惑輒奏狂昧之議伏惟陛下少加察焉臣聞古之御天下者其政有三王者化之用仁義也霸者威之任權智也强國脅之務刑罰也是以化之不足然後威之威之不變然後刑之故至於刑則非王者之所貴矣況欲光宅天下追功上皇專任刑殺以為威斷可謂策之失者也伏觀陛下聖德聰明遊心太古將制靜宇宙保乂黎人發號施令出於誠慊天下蒼生莫不想望聖風冀見神化道德為政將待於陛下矣且臣聞之聖人出治必有驅除蓋天人之符應休命也日者東南微孽敢謀亂常陛下順天行誅罪惡咸伏豈非天意欲彰陛下神武之功哉而執事者不察天心以為人意惡其首亂倡禍法令

誅屠。將息姦源。窮其黨與。遂使陛下大開詔獄。重設嚴刑。冀以懲創勸于天下。逆黨親屬及其交遊有跡涉嫌疑。亂相逮引。莫不窮捕考劾。枝葉蟠拏。大或流血。小御魑魅。至有姦人熒惑。乘險相誣。糾告疑似冀圖爵賞。叶于闕下者日有數矣。于時朝廷惶惶。莫有自固。海內傾聽。以相驚恐。賴陛下仁慈。憫斯危懼。賜以恩詔。許其大功已上一切勿論。時人獲泰。謂生再造。愚臣竊亦欣然賀陛下聖明。得天下之機也。不謂議者異見。又執前圖。比者刑獄紛紛復起。陛下不深思天意以順休期。尚以督察為理。威刑為務。使前者之詔不信於人。愚臣昧焉。竊恐非三皇五帝伐罪弔人之意也。臣竊觀當今天下百姓思安久矣。曩屬北胡侵塞。西戎寇邊。兵革相圖。向歷十載。關河自北轉輸幽燕。秦蜀之西馳騖湟海。當時天下疲極矣。重以大兵之後屢遭凶年。流離飢餓。死喪略半。幸賴陛下以至聖之德。撫寧兆人。邊境獲安。

中國無事。陰陽大順。年穀累登。天下父子始得相養矣。故揚州構禍殆有五旬。而海內晏然。纖塵不動。豈非天下蒸庶厭亂哉。臣以此卜之。知百姓思安久矣。今陛下不務玄默以救疲人。而專任威刑以失其望。欲察察為政。肅理寰區。愚臣暗昧。竊有大惑。且臣聞刑者政之末節也。先王以禁暴整亂。不得已而用之。今天下幸安。萬物思泰。陛下乃以末節之法察理平人。臣愚以為非適變隨時之義也。頃年已來。伏見諸方告密。囚累百千輩。大抵所告皆以揚州為名。及其窮竟百無一實。陛下仁恕。又屈法容之。傍訴他事。亦為推劾。遂使姦惡之黨。快意相讎。睚眦之嫌。即稱有密。一人被訟。百人滿獄。使者推捕。冠蓋如市。或謂陛下愛一人而害百人。天下喁喁。莫知寧所。臣聞自古聖人不有外患。必有內憂。物理之然也。臣不敢以遠古言之。請借隋而獻。臣聞長老言隋之末代。天下猶平。煬帝不襲窮毒。威武獸居皇

極。自恃。元戎以百萬之師。觀兵遼海。天下始駭然矣。遂使楊玄感挾不臣之勢。有犬盜之心。欲因人謀以竊皇業。乃稱兵中夏。將據洛陽哮闞之勢。傾宇宙矣。然亂未踰月而首足異處。何者。天下之弊未有土崩。蒸人之心猶望樂業。煬帝不寤。暗忽人機。自以為元惡既誅。天下無巨猾也。皇極之任可以刑罰理之。遂使兵部尚書樊子蓋專行屠戮。大窮黨與。海內豪士無不罹殃。遂至殺人如麻。流血成澤。天下靡然。始思為亂矣。於是蕭銑朱粲起於荊南。李密竇建德亂於河北。四海雲搖。遂並起而隋族亡矣。豈不哀哉。長老至今談之委曲如是。臣竊以此上觀三代夏殷周興亡。下及秦漢魏晉理亂。莫不皆以毒刑致敗壞也。夫大獄一起。不能無濫。何者。刀筆之吏。寡識大方。斷獄能者。名在急刻。文深網密。則共稱至公。爰及人主。亦謂其奉法。於是利在殺人。罕能平恕。故獄吏相誡。以殺為詞。非憎於人也。而利在己。

故上希人主之旨以圖榮身之利。徇利既多。則不能無濫。濫及良善。則淫刑逞矣。夫人情莫不自愛其身。陛下以此察之。豈能無濫也。冤人吁嗟。感傷和氣。和氣悖亂。群生癘疫。水旱隨之。則有凶年。人既失業。則禍亂之心怵然而生矣。頃來亢陽愆候。雲而不雨。農夫釋耒。瞻望嗷嗷。豈不猶陛下之有聖德而不降澤於天下人也。儻旱遂過春廢於時種。今年稼穡必有損矣。陛下何不敬承天意。以澤恤人。臣聞古者明王重慎刑罰。蓋懼此也。書不云乎。與其殺不辜。寧失不經。陛下柰何以堂堂之聖。猶務強霸之威武。愚臣竊為陛下不取也。且愚人安則樂生。危則思變。故事有招禍而法有起姦。儻大獄未休。支黨日廣。天下疑惑。相恐無辜。人情之變不可不察。昔漢武帝時巫蠱獄起。江充行詐。惑亂京師。致使太子奔走。兵交宮闕。無辜被害者以千萬數。當此之時。劉氏宗廟幾傾覆矣。賴武帝得壺關三老上書。廓然

感悟。義江充三族。餘獄不論。天下以安耳。臣每讀漢書至此。未嘗不爲戾太子流涕也。古人云。前事之不忘。後事之師。伏願陛下念之。今臣不避湯鑊之罪。以螻蟻之命。輕觸宸嚴。臣非不惡死而貪生也。誠恐負陛下恩。愚臣不敢以微命救塞聰明。亦非敢欲陛下頓息刑罰。望在恤刑耳。乞與三事大夫圖其可否。往者不可諫。來者猶可追。願以臣微而忽其奏。天下幸甚。

鳳閣舍人韋嗣立上疏曰。臣竊嘗聞之。在堯舜之日。晝其衣冠。當文景之時。幾致刑措。歷茲千載。以爲美談。臣伏惟陛下睿哲欽明。窮神知化。自軒昊以降。莫之與京。獨有往之論法。或未盡善。皆由主司姦宄。惑亂視聽。尋而陛下聖察。具詳之矣。然竟未能明其本源。察其萌事。令天下萬姓。議陛下本心。尚使四海多銜寃之人。九泉有抱痛之鬼。臣誠愚暗。不識大綱。請爲陛下始末而言其事。揚豫之後。刑獄漸

興。用法之伍。務於窮竟。連坐相牽。數年不絶。遂使巨姦大猾。伺隙乘間。內包豺狼之心。外示鷹鸇之跡。陰圖潛結。共相影會。構似是之言。成不赦之罪。皆深爲巧詆。恣行楚毒。人不勝痛。便乞自誣。公卿士庶。連頸受戮。道路籍籍。雖知非辜。而鍛錬已成。辯占皆合。縱皐陶爲理。于公定刑。則謂[illegible]毀柩。猶未塞責。雖陛下仁慈哀念。恤獄緩死。及覽辭狀。便已周密。皆謂勘鞫得情。是其實犯。雖欲寬捨。其如法何。於是小乃身誅。大則族滅。相緣共坐者。不可勝言。此豈宿構讎嫌。將申報復。皆圖苟成功效。自求官賞。當時稱傳。謂爲羅織。其中陷刑得罪者。雖有微識通才。被告言者。便遭枉抑。心徒痛其寃酷。口莫能以自明。或受誅夷。或遭竄極。盡甘心引分。赴之如歸。故知弄法侮文。傷人實甚。賴陛下特迴聖察。昭然詳究。周興丘勣之類。弘義俊臣之徒。皆相次伏誅。事暴遐邇。朝野慶泰。若再覩陽和。且如仁傑元忠。復[illegible]

枉陷。被勘鞫之際。亦皆自誣。向非陛下至明。垂以省察。則菹醢之戮。已及其身。欲望輸忠聖代。安可復得。陛下擢而升之。各爲良輔。國之棟榦。獨此二人。何乃前非而後是哉。誠由枉陷與甄明耳。臣但恐往之得罪者。多並皆此流。則向時之寃。其數甚衆。昔者一婦竭哀。降災而濫者益多。寃魂怨氣。怨氣上達。則水旱所興。欲望歲登。不可得也。陛下儻弘天地之大德。施雷雨之深仁。歸罪於削刻之徒。降恩於枉濫之伍。自垂拱已來。大辟罪已下。常赦所不原者。罪無輕重。一皆原洗。被以昭蘇。伏法之輩。追還官爵。緣累之徒。普霑恩造。如此。則天下皆知比所陷罪。元非陛下之意。咸是虐吏之辜。幽明歡欣。則感通和氣。和氣下降。則風雨以時。風雨以時。則五穀豐稔。歲既登矣。人亦安矣。太平之美。亦何遠哉。伏願陛下深察。

萬年主簿徐堅上言曰。書有五聽。令有三覆。慮失情也。比[illegible]大逆詔

使者勘當得實。輒決。人命至重。萬有一不實。欲訴無由。以就赤族。豈不痛哉。此不足檢下之姦亂。適長使人威福耳。臣請如令覆奏。則死者無恨。又古者罰不逮嗣。故郤芮亂國而缺升諸朝。嵇康蒙戮而紹死于難。則於他親。不復致疑。今選部廣責逆人親屬。至無服者。尚擬十條。且詔書與逆同堂親。不任京畿緦麻親。不得侍衛。臣請如詔書外。一切不禁。以申曠蕩。

時有告勝州都督王安仁謀反。太后敕殿中侍御史王弘義按其事。弘義素酷。無行。安仁不服。弘義即枷上刎其首。朝士人人自危。每朝輒與家人訣曰。未知復相見否。御史中丞李嗣真乃上疏曰。古者獄成。公卿參聽。王必三宥。然後行刑。比日獄官單車奉使。臨時專決。不復聞奏。倘有寃濫。何由可知。況以九品之官專命推覆。操殺生之柄。竊人主之威。案覆既不在秋官。省審復不由門下。國之利器。輕以假

人恐為社稷之禍太后不聽

姚崇拜侍郎后嘗語左右曰往周興來俊臣等數治詔獄朝臣相逮引一切承反朕意其枉更畀近臣臨問皆得其手牒不冤朕無所疑即可其奏自俊臣等誅遂無反者然則向論死得無冤邪崇對曰自垂拱後被告者類自誣當是時以告言為功故天下號曰羅織甚於漢之鉤黨雖陛下使近臣覆訊彼尚不自保敢一搖手以悖酷吏意哉且被問不承則重罹其慘如張虔勗李安靜等皆是也今賴天之靈發寤陛下凶豎殲夷朝廷乂安臣以一門百口保内外官無復反者陛下以告牒置弗推後若反有端臣請坐知而不告后悅曰前宰相務順可陷我為淫刑主聞公之言乃得朕心賜銀千兩

玄宗時兗州刺史楊濬以贓抵死有詔杖六十流古州尚書左丞相裴耀卿上言曰刺史縣令異諸吏為人父母風化所瞻今使裸躬受

笞事太逼辱法至死則天下共之然一朝下吏屈挫拘頓民且哀矜是忘免死之恩而有傷心之痛恐非崇守長勸風俗意又雜犯抵死無杖刑必三覆後決今非時不覆或夭其命非所以寬宥之也凡大暑決囚多死秋冬乃有全者請今貸死決杖會盛夏生長時並停則有再生之實

陳州刺史李邕素輕張說與相惡會仇人告邕贓貸枉法下獄當死許昌孔璋上書曰明主舉能而舍過取才而棄行烈士抗節勇者不避死故晉用林父不以過漢任陳平不以行荀息隕身不祈生北郭碎首不愛死向若林父誅陳平死百里不用晏嬰見逐是晉無赤狄之土漢無天子之尊秦不彊齊不霸矣伏見陳州刺史邕剛毅忠烈難不苟免往者折二張之角挫韋氏之鋒雖身受謫屈而姦謀沮解即邕有功於國且邕所能者拯孤恤窮救乏賙惠家無私聚今聞坐贓下吏死在旦夕臣聞生無益於國不若殺身以明賢臣願以六尺之軀膏鈇鉞以代邕死臣與邕生平不款曲臣知有邕邕不知有臣臣不逮邕明矣夫知賢而舉仁也任人之患義也獲二善以死臣又何求伏惟陛下寬邕之死使率德改行與林父曲逆之功臣得瞑目附禽息北郭之迹大願畢矣若以陽和方始重行大戮則臣請伏劍不敢煩有司皇天后土實聞臣言昔吳楚反漢得劇孟則不憂天以一賢而敵七國之衆伏惟數含垢之道棄瑕之義遠思劇孟近取於邕況告成岱宗天地更新赦而復論人誰無罪惟明主圖之臣聞士為知己者死臣不為死者所知而甘之死者非特惜邕賢亦以成陛下矜能之慈疏奏邕得減死

代宗時東京平陳希烈等數百人待罪議者將悉抵死帝意亦欲懲天下故崔器等附致深文李峴時為三司獨上奏曰法有首有從情

有重有輕若一切論死非陛下與天下惟新意且羯胡亂常誰不凌汙衣冠奔亡各顧其生可盡責耶陛下之親戚勳舊子若孫一日皆血鈇碪尚為仁恕哉書殲厥渠魁脅從罔治況河北殘孽劫服官吏其人尚多今不開自新之路而盡誅之是堅叛者使為賊致死困獸猶鬭況數萬人乎於時器與呂諲皆齗齗文吏操常議不及大體尚騰頰固爭數日乃見聽衣冠蒙更生賊亦不能使人歸怨天子峴之力也

德宗時中書侍郎同中書門下平章事陸贄奏商量處置竇參狀曰

右希顏奉宣進止朝來共卿等商量竇參事卿等所奏雖於大體甚好然此人交結中外意在不測朕試根尋灼然審知情狀所以有此商量又聞竇參在彼處亦共諸處交通不絕社稷事重卿等只合與朕同憂宜即作文書進來此事非小不可更遲者臣面承深旨又奉

寮宣旨以社稷為言又知根本已審敢不上同憂憤內絕狐疑豈願遲廻更貽念慮但以營經重任斯謂大臣進退之間猶宜有禮誅戮之際未可無名劉晏久掌貨財當時亦招怨讟及加罪責事不分明叛者既得以為辭衆人為之懷愍用刑暧昧損累不輕事例未遙所宜重慎竇參頃司鈞軸頗怙恩私貪饕貨財引縱親黨此則朝廷同議天下共傳至於僭懷異圖將起大惡跡既未露人皆莫知臣等親奉威顏議加刑辟但聞凶險之意尚昧結構之由況在衆流何由察悉忽行峻罰必謂冤誣群情震驚事亦非細若不付外推鞫則恐難定罪名乞留睿聽更少詳度竇參於臣素分陛下固所明知有何顧懷輙欲營救良以事關國體義絕私嫌所冀典刑不濫於清時君道免虧於聖德特希天鑒俯亮愚誠

贄又上奏曰右希顏奉宣進止竇參結朕左右兼有陰謀皆有憑據

事不暧昧只緣連及處多不可推按卿等宜更商量若絕恐事体不穩即且流貶向絕遠惡處竇申竇榮李則之首末同惡無所不至又並微細不比竇參宜便商量處置其竇參等所有朋黨親客並不可容在側近宜便條疏盡發遣向僻遠無兵馬處先雖已經流貶更移向遠惡處者伏以竇參罪犯誠合誅夷聖德含弘務全事体特寬嚴憲俯貸餘生始終之恩實足感於庶品仁育之惠不獨幸於斯人所議貶官謹具別狀且竇榮竇申李則之等既皆同惡固亦難容然以得罪相因法有首從首當居重從合差輕參既蒙恩矜全申等亦宜減降又於黨與之內亦有淑慝之殊稍示區分足彰勸勵竇榮與參雖是近屬亦甚相親然於欽容之中都無邪僻之事仍聞激憤屢有直言因此漸構猜嫌晚年頗見疏忌若論今者陰事則尚未究端由如據比來所行必應不至凶險恐須差異以表詳明臣等商量竇榮更貶遠官竇申則之並除名配流謹具別狀進擬庶允從輕之典以洽好生之恩夫趨勢附權時俗常態苟無高節出衆何能特立不群竇參久秉鈞衡特承寵渥君之所任孰敢不從或遊於門庭或結以中外或偏被接引或驟與薦延如此之徒十恒七八若聽流議皆謂黨私自非甚與交親安可悉從貶累況竇參罷黜迨欲周星應是私黨近親當時並以連坐人心久定不可復搖今者再責竇參特緣別有結構陛下親自尋究審得事情所與連謀固知定數今若普加譴斥則恐誣類淪胥罪無指名誰不疑懼中外洶洶殊非令猷臣等商量除同謀陰邪事狀分明者其餘一切更無所問特為懇便未審可否

贄又上奏曰右希顏奉宣進止凡是官吏貪濁取受錢物猶並徵贓竇參負朕至深廣納賄貨又更交結謀行惡事其莊宅錢物奴婢之類豈不合收納入官竇參身既遠貶亦恐被人破除隱沒今欲使人

勾當收拾卿等商量可否者謹按國家典法沒入官產唯有兩科一謂姦贓二謂叛逆皆須先鞫犯狀審得實情憲司察寃法寺論罪會府覆奏援垣參詳如是悉無異詞然後謂之獄成而聞於天子其有抵于深辟者制可既下所司猶三五覆奏庶或宥之聖王愛人恤刑乃至如此精慎罪法既定方合徵收叛逆則盡沒其家姦贓則止徵所犯蓋示懲戒匪貪貨財何嘗有罪未斷有法未詳而可以納其資產者也伏惟聖德廣大如天包含懲忿於彝憲之中念終於常情之外已存惠貸不寘嚴刑今若簿錄其家竊恐以財傷義猥蒙下問實荷皇明輙罄愚誠所祈天鑒謹奏

憲宗嘗問政之寬猛孰先禮部侍郎同中書門下平章事權德輿對曰唐家承隋苛虐以仁厚為先太宗皇帝見明堂圖始禁鞭背列聖所循皆尚德教故天寶大盜竊發俄而夷滅蓋本朝之仁感人心之

深也。帝曰：誠如公言。

昭宗時，韓全誨誅，宦人多坐死。帝欲盡去餘黨。學士韓偓曰：禮，人臣無將，將必誅。宦裨負恩，不可赦。然不三十年，不能成人，盡誅則傷仁。願去尤者，自內安外，以靜群心。帝善之。

後晉出帝開運中，諸鎮恣用酷刑。左拾遺竇儼上疏曰：案名例律，死刑二，絞、斬之謂也。絞者筋骨相連，斬者頭頸異處。大辟之目，不出兩端。淫刑之興，近聞數等，蓋緣外地不守通規，或以長釘貫人手足，或以短刀臠人肌膚，迁延信宿，不令就死。冤聲上達，和氣有傷，望加禁止。帝從之。

歷代名臣奏議卷之二百十五

歷代名臣奏議卷之二百十六

慎刑

宋太宗太平興國中，詔群臣言事。知睦州桐廬縣刁衎上疏曰：刑書謂淫刑酷法，非律文所載者，望詔天下悉禁止之。巡檢使臣捕得盜賊亡卒，並送本部法官訊鞫，無得擅加酷虐。古者投姦凶于四裔，今遠方囚人盡歸京闕，以配務役，最非其宜。且神皋勝地，天子所居，豈使流俗於此聚役。自今外處罪人，望勿許解送上京，亦不留於諸務充役。又禮曰：刑人於市，與衆棄之。則知黄屋紫宸之中，非用刑行法之處。望自今御前不行決罰之刑，殿前引見司鉗黥法具，並赴御史臺廷尉之獄。較杖不以大小，皆引赴御史廷尉京府，或出中使，或命法官具禮監科，以重聖皇明刑慎法之意。或有犯劫盜亡命罪重者，刖足釘身，國門布令，此乃小民昧於刑憲，逼於衣食，偶然爲惡，義不及他。被其慘毒，實傷風化，亦望減除其法。如此，則人情不駭，各固其生，和氣無傷，必臻上瑞。

真宗咸平四年春旱，判三司楊覃上言曰：古之用刑，皆避三統之月。漢舊章斷獄報重，盡三冬之月。又唐太宗凡斷重刑日，勅減膳徹樂。今春物方盛，時雨尚愆，輦轂之下，獄係甚繁，望詔有司死罪未得論決，俟雨降乃復常典。仍望自今凡決重刑日，依唐故事，以彰至仁之德。

五年，通判蘄州錢易乞除非法之刑，疏曰：臣竊聞聖人之爲政也，太上以仁，其次以智。仁智不行，上下無信，是以刑之設也。蓋國家不得已而用之，約禮從輕，察罪肆赦，聖人實有惻傷之心焉。是以刑之用，期于無刑爾，非欲毒於民也。凡考罪之獄，則五辭五聽，無有疑焉，然後擇其時而行之。古者痛其不可盡行，乃施許贖之典，則君之省刑愛民，斷可知矣。堯之時，誅四罪，止曰：殛鯀于羽山，竄三苗，殺驩兜，斬共工于其處。然此四罪者，皆殺戮滅絶之典也。蓋堯之仁聖，而四者雖凶，尚惡言殺。是故國之重者，莫先乎刑；刑之傷者，無至于殺，乃修其法式以節其用。刑不本於法，則刑黷；刑黷，則法無據；法無據，則國政暴；國政暴，則臣不敢言；臣不敢言，則一人專善惡之心以制天下，獨理不及，則幾于亂矣。秦任商鞅，仁智不行，而厚於法。天欲喪秦，而始皇復酷於民，棄三代之法，恣一時之威，行肉刑族誅之例。為秦民者皆冤之，殘害父母之體，命受苦痛，一人有過而九族遭誅。漢祖既入關，蕭何以文為害，居宰相，設約秦之法為三章；文帝有德，詔除肉刑。此蓋秦漢是非，明在簡策矣。古之肉刑者，劓椓黥刖之類，然此刑者，非死刑也，以其身命尚存，命受其刑，後代尚以為虐而絶之。死刑者有二焉，大斬小絞，絞者以首領猶全，故分二等。百代奉之以為常法，有司承式，罔敢增變。竊見近代以來非法之刑，不知建於何時，本

於何法，律文不載，無以證之，亦累代法吏不敢言。至于今日，乃或行之。劫殺人、白日奪物、背軍逃走與造惡逆者，或時有非常之罪者，不從法司所斷，皆支解臠割，斷截首足，坐釘立釘，鈎背烙筋，及諸雜受刑者，身見白骨，而口眼之具猶動；四肢分落，而呻痛之聲未息，置之闤闠，以示徒衆。四方之外，長吏殘暴，更加增造，取心活剥，所不忍言。十五年前，杭州妖僧造變；數歲前，蜀部兩回作亂，事後多用此刑。亦恐仁聖之朝不能除之，則永為訛法。今蓋以已死之刑，復加臠截斷割，此即古之五虐之刑，不酷於今矣。凡罪當死，故重矣，刑止于殺，則絞斬行焉。而使先受苦痛，臠截斷割，然後就刑，然亦非欲黷於刑，所貴誡於後人，令無犯者。臣淳化中寄居壽春縣，見巡檢使生釘一賊，而於集衆之際，猶盜人物者，此豈嚴刑可誡乎？若使嚴刑可誡，則秦之天下無一黔首為盜賊矣，漢文措刑，亦亂國矣。三代以來，當先刑

矣。齊之以刑，亦不當言民免而無恥矣。臣愚見以謂一人愛民，民亦愛一人。既愛於上，則奉上而懼。苟以嚴刑欲誡，則懼未至而怨已深。伏惟陛下仁理天下，德感中外，事天地如父母，愛赤子如嬰孺，僭偽悉蕩，祥瑞疊現，古帝王不能行之者，皆行之；近代未復古者，悉復之。臣恐近代非法之刑，非陛下能除之，則後代相承，益為常行矣。臣又竊見唐文皇以人之五臟繫于背，有罪者仍不行鞭背，慮傷其命，故于今稱善理天下，能保社稷，皆曰文皇。放死罪四百人歸，畢果然後就法，至期而無一人不到者，此豈在嚴也？且近廣州僭稱帝號，理廣以酷，死于毒刑，湯煎鋸解，靡所不至，廣民怨之，立於刀刃。今之史傳貶以尚刑。太祖神德皇帝平之，而絶其法，廣民于今歌頌鼓舞，方保其生，死亦無怨。今或非法之刑不除，亦恐政闕。況割心刖脛，獨夫受行之矣，為萬古所笑。今以此為刑，臣恥之，陛下亦必恥之。非臣盡心

報政，孰肯言於陛下？非陛下大聖仁慈，孰能信臣而行之哉？臣不勝深有所望，乞自今後明下詔書，斷天下非法之刑，止存絞斬，則仁政王道盡在此矣。陛下從而行之，則誅臣一身愚直之罪，亦幸矣。

真宗時，殿中侍御史趙湘上奏曰：聖王行法，必順天道。漢制大辟之科，盡冬月乃斷，此古之善政，當舉行之。且十二月為承天節，萬方祝頌之時，而大辟決斷如故。況十一月一陽始出，其氣尚微，議獄緩刑，所以助陽抑陰也。望以十一月、十二月內，天下大辟未結正者，更令詳覆；已結正者，未令決斷，所在專加矜恤，掃除獄房，供給飲食薪炭之屬，防護無致他故。情可憫者，奏聽敕裁；合依法者，盡冬月乃斷。在京大辟人，既當春孟之月，亦行慶施惠之時，伏望萬機之暇，臨軒躬覽，情可憫者，特從末減，亦所以布聖澤於無窮。況愚民之抵罪，未斷兩月，亦非淹延，若用刑順於陰陽，則四時之氣和，氣和則百穀豐實

水旱不作矣。

仁宗天聖四年，刑部侍郎燕肅上奏曰：臣切考唐大理卿胡演進月囚帳，太宗曰：其間有可矜者，豈宜一以律斷。因詔凡大辟罪令尚書九卿讞之。又詔凡決死刑，京師五覆奏，諸州三覆奏。自是全活甚衆。正觀四年，斷死罪二十九；開元二十五年，斷五十八。今天下生齒未加於唐，而天聖二年斷大辟二千四百三十六，視唐幾至百倍。京師大辟雖待覆奏，而州郡之獄有疑及情可憫者至上請，而法守多所舉駁，官吏率得不應奏之罪，故皆增飾事狀，移情就法，失朝廷欽恤之意。望准唐故事，天下死罪皆得一覆奏。議者必曰待報淹延，臣則以為漢律皆以季秋論囚，又唐自立春至秋分不決死刑，未聞淹延以害漢唐之治也。

仁宗時，監察御史裏行包拯請令提刑親按罪人疏曰：臣伏見國家設按刑之司，蓋慮郡縣長吏或不得人，刑罰冤濫，俾之糾察，而大獄出入未嘗按問，細故增減即務舉劾，是小過必察而大罪不詞，何以副聖人欽恤之意哉。今敢畧舉一二以明之。臣昨任端州日，獄中重囚七人，其案已就，適會提刑司巡歷將至，聞其未斷，即遷延引避。又隣近春州禁勘罪人，追捕甚衆，縲繫二百餘日，凡該大辟罪者四五人，徒罪不少，亦不聞提刑司推究淹延之狀。洎轉運司取公案委官定奪，果有失入死罪等，雖官吏悉行重典，而死者不可復生。竊恐天下刑獄似此冤枉者至多，雖前後累降詔勑丁寧，罕或遵守。臣欲乞今後諸州凡勘大辟罪，不以軍賊百姓五人已上，并出違日限者，並委提刑司晝時親往審問決斷，所冀刑獄無或冤濫。

知陝州吳育乞今後毋輕置詔獄疏曰：臣聞先王凝旒黈纊，不欲聞見人之過失，有犯典憲，即屬之有司，按文處斷，情可矜者猶或特從寬典。如此則恩歸主上，而法在有司，人被誅殛，死亦無憾。祖宗以來，不許刑獄司狀外求罪，是以人人自安。近傳三司判官楊儀下獄，自御史臺移勘都亭驛，械縛過市，萬目隨之，咸共驚駭，不測為何等大獄。及文案具，乃止坐請求常事，非有枉法贓賄。又傳所斷罪名法不至此，而出朝廷特旨，恐非恩歸主上、法在有司之意也。且儀身預朝行，職居館閣，任事省府，使有大罪，雖加誅斬，自有憲章。苟不然者，一旦至此，使士大夫不勝其辱，下民輕視其上，非所以養廉恥、示敦厚也。自古刑獄濫彰之時，誅家滅族，冤枉太半，大抵雷霆方振，人莫敢言，有司以深就深，各圖自免，或因而為利，以希進取，使君恩不得下達，人情不得上通，感傷至和，灾變百出。陛下為四海愛戴之主，忽使道路之口紛紛竊議，朝廷之士人人自冤，此臣所以深為陛下痛惜之也。若儀罪未斷，臣不敢言，今事已往，且無激解之嫌，止祈聖神此後詳審庶事，毋輕置詔獄，具案之上，自非情涉巨蠹，且從有司論讞，不必法外重行。如此足以安人心，靜風俗，養廉恥，召和平，天下之幸也。

知諫院司馬光上奏曰：臣等伏聞皇城司親事官奏報有百姓殺人，私用錢物休和，事下開封府推鞠，皆無事實。欲勾元初巡察人照勘，其皇城司庇護不肯交付。臣等竊以祖宗開基之始，人心未安，恐有大姦陰謀無狀，所以躬自選擇左右親信之人，使之周流民間，密行伺察。當是之時，萬一有挾私誣枉者，則斧鉞隨之，是以此屬皆知畏懼，莫敢為非。今海內承平已踰百年，上下安固，人無異望，世變風移，宜有釐革，而因循舊貫，更成大弊，乃至帝室姻親、諸司倉庫，悉委此屬擿其過失，廣作威福，公受貨賂，所愛則雖有大惡掩而不問，所憎則舉動語言皆見掎摭。臣等常病國家擇天下賢才以為公卿百官而猶不可信。顧任此廝役小人以為耳目。豈足恃哉。今乃妄執平民加之死罪。使人幽縶囹圄。横罹楚毒。幸而不自誣服。僅能辯明。若更不聽有司詰問元初巡察之人少加懲戒。臣恐此屬無復畏憚。愈加恣横。使京師吏民無所措其手足。此豈合祖宗之意哉。伏望朝廷指揮皇城司。今後元初巡察人下開封府推問本情。或別有仇嫌。或察訪鹵莽。各隨其狀依法施行。仍自今後永為定制。庶可以塞欺罔之源。絕侵冤之門。以全國家至公之道。

張方平上論曰。臣伏以先帝勤恤有邦。明慎庶獄。故內置審刑之職以覆天下之辭。外布提點刑獄之司受民詞牒。使侵枉無辜之人有所訴告。得察舉州縣二千石已下群吏。一道百城。綿攝千里。其選任甚重。夫吏民之訟。州縣不得其情。而能復于外臺者。固鮮矣。外臺不為受。則已矣。鄉鄙之民有能立于肺石者乎。是故天下常有冤人。常

有滯訟。今之有是司。是為民更開取直之一門矣。豈非國家盡心于小人之獄者歟。然今各所部廣者至數十郡。而按行封域不許分途。故終歲巡歷不逾一再。窮乏之民。投訟既不能遠就。疑滯之繫有濫或不能盡聞。臣愚以為逐路可立廨于道里之中。一人行。一人處。行者察郡縣之治。處者受吏民之訟。使訟者有常適。治者有所憚。又臣比見州縣群吏有以剛介忤長吏及為衆所惡忌者。或以微犯下獄遂至非命。臣愚以為應州縣吏抵罪而當繫鞫者。本屬州郡列其犯狀以聞提點刑獄司。本司攝取劾焉。其應對辯者。移州追遣。夫官吏抵罪既非常有。處者一人可以訊之矣。或就繫者積三人以上。即報白行者還同鞫焉。如此。則長吏雖有凶暴之人。而下吏不罹枉濫之酷。夫郡政之舒慘。由長吏之仁暴。其有貪殘自用。殺昏昧理。倚法以削。恣情無憚。則是流毒被境。人孰敢遏。雖有掾佐。地卑而勢弱。蓋亦徒展螳蜋之臂。雖有介貳事同而力亞。孰肯輕犯豺狼之口。故多容容自守。循循引避。不唱和者難矣。能持執者鮮哉。又況以中人而居下位。罕不承風而迎意者也。近如蘄州王蒙正之驕暴。林宗言之侵辱。其可知矣。且宗言朝士。蒙正員郎。官叙固相亞。好守宰未為遠絕。以地居控轄。權屈至然。又況尊卑不侔。位貌相邈者乎。死為宜矣。故臣請官吏抵罪當繫者。付提點之司劾焉。則庶乎盡情偽之實。免鍛鍊之枉。誠用刑之一益也。

方平又上論曰。臣聞刑罰不中。則民無所措手足。夫刑者治之末路也。然古帝明王所以輔德教。非必刑人殺人。劓刵人而後為刑也。故舜稱皐陶曰。汝作士。明于五刑。以弼五教。期于予治。刑期于無刑。民協于中。惟茲臣庶罔或干予正。時乃功懋哉。而皐陶歸美于帝曰。帝德罔愆。臨下以簡。御衆以寬。罰弗及嗣。賞延于世。宥過無大。刑故無

小。罪疑惟輕。功疑惟重。與其殺不辜。寧失不經。好生之德。洽于民心。茲用不犯于有司。此言君能以德撫民。臣能將順其美。乃大明服。致時雍熙。故至于無為而治也。三代之王。歷世治主。孰不慎求理官之良。以決刑法之平哉。在周文王則曰。罔攸兼于庶獄庶慎。惟有司之牧夫。成則蘇公式罰。穆則甫侯訓刑。西漢則釋之定國以寬平名於文宣之朝。東都則郭躬陳寵以矜恕稱於明章之際。凡人主存慮于欽恤。則有司盡心於讞當。夫刑者有淫有濫。有破家覆族。人命之所繫。可不重歟。夫刑者有生有殺。有亂邦危國。主柄之所在。可不慎歟。未有不由寬慈惠和以得衆。未有不由慘虐酷毒以失民。又官選才嚴要處。當兩造備具。五辭簡孚。小大之情。鰥寡無蓋。一成之法。三尺具存。而舞文巧詆之人。曲致希合之吏。猶或高下其手。輕重在心。鉤摭鍛磨。罔用覈制。又況多張羅穽。旁開詔獄。理官不得而議。廷臣不

開其辯爭成近習之手。法有二三之門。哉是人主視天下以私。而大柄所以失於下。亂所由生也。漢唐之覆車。軌迹猶在。漢有亂政而立黃門北寺之獄。唐有亂政而起神策北軍之獄。二辟之興。皆弊世也。大凡強臣擅命。女君臨朝。率多作為刑獄。以威制天下。而官有二辟。流毒尤甚。濟其賊害。鷹犬蒐究。奪攘矯虔。誣殺善良。肴陷吉士。邪枉熾結。冤橫滂淪。惟詐惟內。惟貨惟來。涉自黨事之起。逮夷後。又邦國殄瘁。朝野分離。泯泯板蕩而至顛亡。唐自晚節。推鞫大獄。亦成於閹寺。更復羅織豪人。沒取財貨。書云。典獄非訖于威。惟訖于富。言當先絕乎賄賂也。于後南北乖剌。民庶怨愁。陵遲斷絕以成危亂。故知刑罰者。人主大柄。天下公器。非所以假人者也。法一傾而上下危矣。我國家龍仁重熙。明德慎罰。震曜殺戮。具嚴天威。平康正直。審用中典。惟良折獄。何擇非人。慎測淺深之量。必附寬平之比。忠愛恩惠在

人骨髓。可謂祥刑寬法。率乂無濫矣。然頃歲王府鞫獄。或以中人臨訊。有司承旨。頗復綏急。于時識者懼履霜之漸。已有寒心者矣。而陛下神斷英發。天德剛健。威福不假。雷霆自然。遠暨躬攬萬機。首為辨洗。斥遠柄權之孽。擯去陰佞之猾。明明棐常。白日開照。可謂立法垂制之大智。聰明睿武之英主哉。臣愚伏願陛下顯示明制。垂戒無窮。俾刑罰之權。非有司不得專。無容自外干預。庶幾于五極咸中有慶。永貽百世。監于我祥刑。詩曰。宜民宜人。受祿于天。書曰。一人有慶。兆民賴之。夫受天之休。為民之福。德之甚盛。其惟恤刑乎。

審刑院詳議官孫抃上奏曰。臣聞書云。官師相規。工執藝事以諫。臣不肖。觀逢寬仁之主。為執法吏。輒原刑罰之本。願效愚忠。惟陛下幸憐赦臣。以畢其說。竊惟前世肉刑之設。斷肢體。刻肌膚。使終身不息。以至屨賤踊貴。有鼻者醜。刑罰之濫乃如此。漢文感緹縈之言。謂刑者不可復屬。雖欲改行為善。其道無由。故於肉刑易之以鞭笞。曰斬左指者笞五百。劓者笞三百。然已死而笞未止。外有輕刑之譽。內實殺之。景帝益寬之。僅有存者。祖宗覽既往之弊。蠲除煩苛。顧我細民。愛同赤子。始用折杖之法。新天下之耳目。蓋曠古聖賢思所未至。一旦決而行之。海隅元元。如被父母之教。惠澤之厚。淪於骨髓矣。陛下至明如日。厚覆如天。常拱法宮。深測民隱。何嘗不伸勅群吏。親覽庶獄。而疑讞屢報。罔不蒙生。歷代用刑。未嘗如本朝之清。宜乎天報之佳福。錫以純嘏。陛下方當隆盛之際。未享繼嗣之慶者。臣竊惑焉。臣聞天地之性人為貴。王者之治。故當上調陰陽。下順萬物。一蟲魚之細。一草木之微。不當其宜。則執政者有罪焉耳。況乎肖方圓之貌。稟精粹之靈乎。天其意者宦官太衆。而陛下未悟也。何者。古者肉刑之一曰宮。聖人除之。所以重絕人之世。今陛下不以為意。宦官之家

競求他子。勦絕人理。希望爵賞。為門戶之託。童幼何罪。陷於刀鋸。而夭死者未易具數。夫有疾而夭者。治世所羞。況無疾乎。有罪而宮者。前王不忍。況無罪乎。臣又聞漢永平之際。中常侍四員。小黃門十人耳。唐太宗定制。無逾百員。臣不敢遠引漢唐。取必於當世。請以祖宗近事較之。陛下試觀祖宗時。宦官凡幾何人。今凡幾何人。衆寡之差不侔。待臣言而陛下可見。臣愚以為胎卵傷而鳳凰未至。宦官盛而繼嗣未育。伏望陛下順陽春施生之令。濬發德音。詔嚴廊大臣詳為條禁。進獻為宦官者。一切權罷。罷進獻則不足任使。臣謂非不足也。弊在掌典他務之過也。陛下若令宦者兼領外事。則雖多而不足。如令專守中禁。則雖少而有餘。且宣傳聖旨。分幹職任。則有外廷三班之臣在外。何必區區於中人哉。今三班使臣待闕都下。率三二歲未能補吏。至於出妻鬻子。嗟怨道途。和氣既傷。膚腸都盡。揣亦內臣侵

年員闕所致。今既罷去進獻、總領他務、始可許養子得以爲後。但勿去其勢耳。於內臣之計則不至傷息、於陛下之私則不爲害物、若然天心必應。聖嗣必廣。召福祥安社稷之策無先於此。孟子有言、老吾老以及人之老。幼吾幼以及人之幼、惟陛下留意中外不勝幸甚。

侍御史趙抃乞釋傳卞罪狀曰。臣伏見國子博士傳卞近因所乘馬驚逸衝冒禁衛、係憲臺勘鞫、法寺議讞、竊緣卞經明行脩、士譽推服、今其所犯衆知詿誤、書曰眚災肆赦、易曰赦過宥罪。此皆聖賢用忠恕之道。以謂凡人蹔非自作、以過誤而獲累者則赦之而勿疑。伏惟陛下至仁至聖、堯舜其心、凡百用刑、必原情實、臣愚欲乞聖旨指揮明卞之誤。釋卞之罪、申恩屈法。則涵容光大之德日益隆盛也。

知制誥糾察在京刑獄范鎮上奏曰。臣等奏陳開封府勘到桑達公事。不經本司引問、便行處斷、雖攀援近例。即元無正條。乞今後一切

編勑施行。今月十九日准密院劄子節文、右開封府緣有上件體例、所乞今後一依編勑施行。已奉聖旨不行、臣等未曉此理。檢會開封府前後承受特旨勘鞫公事、本非因聖意有所喜怒、皆是府縣失職不能禁姦。姦發之後、尚未畢覺、致煩聖聽、旁加采聽。正是其救過苟免之際。然則結案之後、一行密問、略辨白黑、宜無所害。何必深自蔽匿、偷欲了當。或內懷不稟、無所申訴、恐此但可以成獄吏侮文之弊。而未足副朝廷恤刑之意也。先帝聖德仁明、欽恤庶獄。以京師浩穰、刑獄最繁、故建設糾察一司、令澄審真僞、欲使凡受罪者自以不冤。從建置以來、每有大辟、皆加精審、此則先帝不敢兼於庶獄庶謹。惟有司之任。聖鑒卓然、與文王等矣。若以奉聖旨并中書密院所勘公事、即不錄問、無乃非先帝之意。亂有司之守。大凡設法者必關盛衰、以立制防。因循以杜漸。今既曲許聖旨中書密院所勘公事不復審察。未見所以尊朝廷重刑罰之理。而適足啓府縣弛慢不勤其職、獄吏侵侮無所忌憚、罪人銜冤未得告訴之弊。此臣所不諭也。又竊見朝廷舊法、中外通制、官府常守、皆不許用例破條。今或於四方承平之日。京師取則之地。刑獄極審之司、人命至重之際、特許廢條用例。事理乖舛。又臣所不諭也。臣等蒙朝廷選委、不敢不盡心誠、望萬分有一可補聖政。非欲採摭錯失以爲己能。但先帝所謹者、亦望陛下謹之。刑不可濫。獄不可啓。條不可廢。謬不可廣。乞今後府司及左右軍巡大辟公事內。雖係奉聖旨及中書密院勘送者、案成之後、一依編勑施行。貴得允當。

皇城邏卒吳清誣奏富民殺人。鞫治無狀。有司須清辨、內侍主者不遣。監察御史傅堯俞上奏曰。近曾上言乞發遣親事官吳清等付開封府照證張文政公事。至今未蒙施行。臣竊思之。深爲不便。豈有報

人殺人。不從對辨。獄詞未盡。冤抑可虞、固非陛下仁側慎刑之素意也。臣伏料陛下非惜此數人。但欲知外事。恐沮塞之。今後不敢報耳。以臣所見。實爲未得。若付之有司、辨其是否、而賞罰之。則實事日聞於陛下。維慮言者多耳。儻但縱之使言。一切不問、則以賕結之者有罪不發。以事忤之者無過被報。雖刺告盈前。於陛下何益。適足以煩刑禁而搖善良之心。況今吳清等事與前後不同。本屬城南地分。乃報城東公事。事實當賞吳清等、而罪城東探報之人。事虛則吳清等豈得免責。苟罔辨是非。蕩無拘檢。臣恐此曹過蒙優假。因勢作威。誣陷平民、漸不可長。必有謂若沮此曹則陛下無由知外事者。以此誤陛下。幸深思臣言、則事理可見。伏望早賜指揮發遣、免致淹延刑禁。且長小人之權。臣不任懇激之至。

劉敞上奏曰。臣伏以先帝哀矜庶獄、閑釋無辜。以京師浩穰、獄訟煩

多。創設糾察一司。辨理徼枉。澄審繆誤。誠不欲使吏得弄法。民陷非罪。設命侵冤有所告訴也。伏見諸大辟公事。或具獄既上。情涉可疑或審問之際。因自翻變者。並皆移司推勘。左軍則移右軍。右軍則移左軍。府司亦然。然此三處。形勢既均。利害略同。更相顧望。自為地道。寧伸吏曲。莫念民枉。以此治獄。恐非朝廷欽恤之意。臣謂諸大辟公事其情理可疑及因自變者。並委糾察司奏請。別差官置勘。其司獄等仍須與元勘處不相干礙。方許抽差。如此。則獄無銜冤之濫。吏無試法之倖。好生之德。洽于民心。

判刑部李綖上言曰。一歲之中。死刑無慮二千餘人。夫風俗之薄。無甚骨肉相殘。衣食之窮。莫急於盜賊。今犯法者衆。豈刑罰不足以止姦。而教化未能導其為善歟。願詔刑部類天下所斷大辟。歲上朝廷。以助觀省。從之。

神宗熙寧元年。知審刑院蘇頌奏乞春夏不斷大辟疏曰。臣伏思國家以仁恩被冒天下。祖宗慎用刑辟。陛下丕承謨烈。憲章大備。輕重得宜。上自朝廷。下及州縣。遵守條詔。無有違者。雖杖笞之責。不合法令。未嘗輙行。其已斷之獄。猶宜加審。官司縱出者。坐罰深故者。或至廢黜而不用。臣嘗謂自堯舜以來。經史所著。用刑詳慎。未有及我朝之仁恕平允者也。惟論決重辟。猶不以時。而議者未嘗及之。誠恐亦為聖世當行之一事。臣愚戇。不識大體。故敢以前古之說言之。傳曰。賞以春夏。刑以秋冬。是三代之時。春夏未嘗行誅殺也。史載秦世四時行刑。王莽盛夏殺人。是皆譏其虐政也。漢制斷獄報重常盡三冬之月。蓋不於陽盛之時勦絕生類。所以協天意助人情也。東漢以後或行或否。近世遂廢而不舉。其說蓋患因繫之淹久耳。臣以謂獄官案鞫苟有連逮。不以輕重。追呼參驗。動涉歲時。未嘗以淹久故釋而不問也。臣愚欲望聖慈。參酌古義。采用周漢。詔天下獄因自非盜逆以上。決不待時外。其餘衆罪。並俟秋冬論決。免當溫煦之日。而有愁痛之聲。亦足以成聖朝仁恩之美也。且無知之民。輕犯刑網。殺之為可矜。貸之為廢法。萬一待決踰時。或遇恩降。得從末減。是陛下不廢法而全人命者多矣。恩威並行。民知畏愛。上當天心。感召和氣。誠太平之高致也。

二年。樞密使呂公弼上奏曰。臣伏見韓絳嘗奏乞用肉刑。今日陛下亦以為然。絳又言假如折一支去一指。有何不可。況堯舜尚用之。此徒信古之論。不適時變。自漢文感一人婦人之言。罷肉刑而天下歸仁。逮今千餘年。一旦暴行之。駭四海觀聽。況古雖有肉刑之法。在堯舜之世亦未嘗行之。書曰。象以典刑。流宥五刑。堯舜之世。用流以寬五刑也。若四凶者。止於流。則五刑無所施焉。臣願陛下上法堯舜。下

体漢文。無取汚儒好古之論。陛下病今之犯刑者衆。臣願審擇守臣宣布恵愛。使民各得其所。則民不犯上矣。今不究其本。而徒更其刑辟。臣恐民心一駭而動。後雖欲全撫之。未易安也。

三年。知陳州張方平上奏曰。臣伏以國朝自祖宗以至陛下。積德累仁。重用刑辟。急深故之罪。寬縱出之罰。愛育下民。若保赤子。致其忠愛。可謂至矣。近年監司之官。所在多起刑獄。至于州郡常程公事。方行推問。未見情實。或已經檢斷。事理明白。於法平允。偶其所見愛惡異同。即別差官置司推覆。事本微小。張皇為大。因緣搔擾。株連枝蔓。至有往還數千里勾追證佐。盛暑嚴冬。淹留牢禁。其中有罪犯絕輕亦有無罪之人。一身久繫。家為破散。瘦病飢寒。愁痛無告。及其結正亦有不移前案者。推勘官承望其意。巧文鍛鍊。雖是平人。亦須有虛妄為坐。以一州一路為率。至于天下。銜冤抱枉。感傷和氣。災害日生。

且獄者人命所係。王者所當深重者也。豈容官吏依勢作威。事既自外事。行朝廷亦無由知得。臣到陳州。方此親見。自三月末赴本任。至四月中。所司呈公事一件。稱有兵士指論胥請糧米事。係是去年十二月狀。自後行遣會問回報始足。遂於四月十二日送司理院。方行取勘。吏案未具。當月十九日有轉運判官張次山到州點檢取索。一宗狀詞。將帶前去。尋別差官置院推勘。四月末所差官到院。至九月初方始結絕。歷一百二十餘日。前後所經禁繫近六十人。往還三千餘里。勾追照證。炎暑之月。係累道路。自夏涉秋。其間病患相繼。亦有軍員枉遭刑禁。及至斷遣。並止杖罪。推院繳送到所取款狀二千一百三十一張。淨案六百七十張。諸雜行遣照證文字三十五卷。當時若自本州勘結。不過十餘日可了。其滋章爲弊如此。今又有百姓樊宗望公事。已經本州奏斷。近轉運副使李南公到州點檢取索。上件公案。將帶前去。又已差官令置院推勘。臣詳樊宗望公事。本州勘結頗已詳允。其狀聞奏。法寺定斷。尋已准朝旨斷放訖。竊慮差官前來置院。依前追擾淹延。貧細之民。飢寒失所。欲乞特下法寺取索上件公案看詳。委有情節不圓。刑名差誤。即乞別差官依公取勘施行。緣此置獄之弊。事干天下。伏乞朝廷特降約束。諸路非奉朝旨所置推院。令推勘官候結案日。具錄監司所送公事因由。據到院出院月日。但係勾追禁繫人數。於在禁曾有無病患死亡。所追干繫人州縣程途近遠。及斷放刑名開坐。申中書。送御史臺。下法寺看詳事狀。其有不當置院推鞫。或淹延枝蔓。枉繫無罪之人。諸有非理。伏乞議立條制。頒下。所貴上合聖朝重用刑辟之意。感召和氣。以正治體。

十年。監察御史裏行彭汝礪上奏曰。臣聞人主之所宰制群動。百官萬民。如馭一馬。進退遠近。無不在我。非獨威福之效也。而有德禮焉。上下之道報施而已。上施之以禮。則下欲報之以禮。上施之以德。則下欲報之以德。其澤蓋非一世而已。其遺波餘澤流溢漫衍及數十世而未已也。朝廷數以疑似微起詔獄。卿士大夫慄然懷苟免之心。是故貪緣飾虛辭以爲容悅。故外有事君之禮。而内無事君之心。造僞飾詐。趨利亡恥。其流及下。浸不可止。且古者於大臣。其罪也甚章較著明白。尚欲遷就而爲之辭。況事或出於嫌忌而多在於疑似。此不可不重也。故詩曰。伐木掎矣。析薪杝矣。木非不可伐。然必掎之。恐傷其性也。薪之欲析。必固杝之。不欲逆其根回也。彼於物如此。而況於人乎。彼於民如此。而況於卿士大夫乎。且夫人主之威。非特雷霆也。而勢非特萬鈞也。大臣之生死貴賤。在人主而已。是至微賤。今以雷霆之威。萬鈞之勢。震壓於至微賤之身。而阻之以虎狼之吏。羅之以秋毫之法。又逼之以拲杆桎梏之具。待之如此。何所求而不得者。

夫漢唐之臣。入嬰冠冕。退就囹圄。朝坐廟堂。暮戮都市。以今視之。至有禮也。自祖宗以來愛養卿士大夫甚厚。天下化之。皆肅然有尊尊貴貴之心。今近臣輕於陷法。於是浸益陵夷矣。臣聞之君子言必慮其所終。行必稽其所敝。方陛下操與奪抑揚之柄以御群下。必不爲已甚。然末流之敝。恐有甚於漢唐者。夫舜誅四罪而天下咸服。則刑罰雖盛世有不能無也。至於以愛惡而議獄。以疑似而論罪。實非天下之所以望於陛下者。

汝礪又上奏曰。臣訪聞秦鳳路運判孫迥言熙河路結糴等事。朝廷怒守臣輕爲國費財。爲之置獄。以迥使本路便究其事。聞自經略安撫轉運總管知州通判使臣等已替未替捐陷被劾。及下獄幾四五十人。其他連累左證者數倍矣。夫朝廷尊使。直獄又以本路職司主之。此無求而不得。然一方騷然矣。臣聞之。國中之事聽之於君。軍中之事聽之於將。爲國計惟慎擇其人而已。今置帥不善。故事至此。然方軍興。士民冒矢鏑沐霜露出萬死一生之地。其所往還。非貪墨吏。則胥沾小人。非有廉節禮義之士措足於其間也。利不厚。不足以使之。法不寬。不足以容之。故爲之帥者。必縱弛繩墨。不愛惜金帛。然後使人死力。其官府事素如此。而以一旦密細羅之。萬一不勝矣。聞朝廷初許結糴。即與官員秀才約之。又未嘗爲定價。則本路以與官員秀才又賤與之。雖爲有罪。然未爲亂法。朝廷遂以此起獄。故人不能無疑恨焉。今六州之勢亦未定也。勞者未息。離散者未集。花麻伺其左。兒章窺其右。蕃落雖有內向。然猶首鼠兩端。而營田事亦未就緒。方當并謀合力以爲經久計。今以事擾之。臣恐邊臣掣肘。無敢爲之志。而小人獸駭。有不自安之心。萬一醜虜承上下之疑。而以兵動。恐所失不償於此矣。陛下所以得熙河。其費幾何。其所用人幾何。竭天

下之力而得之。爲數萬已費之財易之。盡天下之慮而得之。爲匹夫不審之言輕疑之。何始予之重。而終略之甚也。事固起於不虞。而禍生於人之所忽。臣實爲陛下重之。聞結糴等錢稍見次序。願付有司許年歲收納。如明入己者。固在不赦。其他些小違法事。伏望朝廷寬貸。以安窮邊吏民之心。

汝礪又上奏曰。臣檢會近開封府奏軍人張全爲殺死阿蘇合處死者。臣伏念祖宗恩德博厚。法令簡寬。其風議入人也深。故有司詳閱案牘。上下皆以矜慎爲事。每有一事可施。議論反覆。至于再至于三至于四。其言未嘗不從厚。至於大辟。必甚無可柰何。乃敢行。其明慎用刑。前代蓋未有也。今朝廷一日萬機。不及細務。其原察情實。必不能如有司之深。盡其閱視案牘。必不能如有司之詳。其檢用條例。必不能如有司之熟。今有司皆以爲不可殺。朝廷必以爲可殺。是朝廷

敢於殺人。不敢於生人也。朝廷好惡。有司以爲表。其所行。有司以爲例。上有好者。下必有甚焉。今朝廷議刑欲重。則有司皆將以深入爲事。其弊可立待矣。朝廷所行。則有司便據以爲例。昔者強盜不與謀者貸。今殺之。強盜殺人。同行而不與聞知者貸。今殺之。自此殺人不可勝數矣。於二聖好生之德。其爲累不淺。豈可以不慎。臣恭惟太皇太后陛下、皇帝陛下。大仁普施。兼至天地。雖一草木螻蟻。猶欲愛惜保全。況人民哉。伏望陛下首有可生。亦何所吝。

元豐二年。尚書祠部員外郎直史館權知徐州軍州事蘇軾狀奏曰。臣聞漢宣帝地節四年詔曰。令甲死者不可生。刑者不可息。此先帝之所重。而吏未稱。今繫者或以掠辜若飢寒瘐死獄中。何用心逆人道也。朕甚痛之。其令郡國歲上繫囚以掠笞若瘐死者所坐名縣爵里。丞相御史課殿最以聞。此漢之盛時。宣帝之善政也。朝廷重惜人

命。哀矜庶獄。可謂至矣。囚以掠笞死者法甚重。惟病死者無法。官吏上下莫有任其責者。苟以時言上。檢視無他故。雖累百人。不坐。其飲食失時。藥不當病。而死者何可勝數。若本罪應死。猶不足深哀。其以輕罪繫而死者與殺之何異。積其冤痛。足以感傷陰陽之和。是以治平四年十二月二十四日手詔曰。獄者民命之所繫也。比聞有司歲考天下之奏。而瘐死者甚多。竊懼乎獄吏與犯法者旁緣爲姦。檢視或有不明。使吾元元横罹其害。良可憫焉。書不云乎。與其殺不辜。寧失不經。其具爲令。今後諸處軍巡州司理院所禁罪人。一歲內在獄病死及兩人者。推司獄子並從杖六十科罪。每增一名。加罪一等。至杖一百止。如係五縣以上州每院歲死及三人。開封府府司軍巡院歲死及七人。即依上項死兩人法科罪。加等亦如之。典獄之官推獄經兩犯。即坐本官。仍從違制失入。其縣獄亦依上條。若三萬戶以上

即依五縣以上州軍條其有養療不依條貫者自依本法仍仰開封府及諸路提點刑獄每至歲終會衆死者之數以聞委中書門下點檢或死者過多官吏雖已行罰當議更加黜責行之未及數年而中外臣僚爭言其不便至熙寧四年十月二日中書劄子詳定編敕所狀今衆官參詳獄囚不因病死及不給醫藥飲食以至非理凌虐或謀害致死自有逐一條貫及至捕賞格若實緣病死則非獄官之罪死有不幸遭遇瘴疫死者或衆而使獄官濫被黜罰未爲允當今請只行舊條外其上件獄囚病死條貫更不行用奉聖旨依所申臣竊惟治平四年十二月二十四日手詔乃陛下好生之德遠同漢宣方當推之無窮而郡縣俗吏不能深曉聖意因其小不適輒爲駮議有司不能脩其缺違其礙乃舉而廢之豈不過甚矣哉臣愚以謂獄囚病死使獄官坐之誠爲未安何者獄囚死生非人所能必責吏以其所不能必吏且懼罪多方以求免囚小有疾則責保門留不復療治苟無親屬與雖有而在遠者其捐瘠致死者必甚在獄臣謹按周禮醫師歲終則稽其醫事以制其食十全爲上十失一次之十失二次之十失四爲下臣愚欲乞軍巡院及天下州司理院各選差衙前一名醫人一名每縣各選差曹司一名醫人一名專掌醫療病囚不能更充他役以一周年爲界量本州縣囚繫多少立定傭錢以免役寬剩錢或坊場錢充仍於三分中先給其一俟界滿比較除罪人拒捕及鬬致死者不計數外每十人失一以上爲上等失二爲中等失三爲下等失四以上爲下下上等全支中等支二分下等不支下下科罪自杖六十至杖一百止仍不分首從其上中等醫人界滿願再管勾者聽人給曆子以書等第若醫博士助教有闕則比較累歲等第最優者補充如此則人人用心若療治其家人緣此得活者必衆且人命至重朝廷所甚惜而寬剩役錢與坊場錢所在山積其費甚微而可以全活無辜之人至不可勝數感人心合天意無善於此者矣獨有一弊若死者稍衆則所差衙前曹司醫人與獄子同情使囚詐稱疾病以張人數臣以謂此法責罰不及獄官縣令則獄官縣令無緣肯與此等同情欺罔欲乞每有病囚令獄官縣令具保明以申州委監醫官及本轄干繫官吏覺察如詐稱病獄官縣令皆科六十分故失爲公私罪伏望朝廷詳酌早賜施行

三年太尉開府儀同三司復判河南文彥博奏乞恤刑疏曰臣切見近歲以來中外刑獄頗有枝蔓淹延尤暑盛寒縲繫囹圄其間豈無冤滯感傷和氣朝廷每至盛夏必行疏決或水旱爲菑原減輕繫此聖慈欽恤之至也然守臣獄官鮮能上副陛下之意有傷仁厚之化夫刑者所以輔教聖人不得已而用之故三王任德不任刑以德爲陽居大夏生成之時以刑爲陰居大冬不用之處所施輕重居然可知臣不敢以經史遠事言之切以唐之憲宗號爲中興任德任刑頗得其理嘗謂宰相曰于頔懷姦勸朕任刑欲朕失人心也且聖人感人心而天下和平人主而失人心邦本何由寧固臣以謂令之牧守監司宜得明惠厚重之人宣布朝廷寬大之澤施愷悌之政變刻薄之風則太平之隆可垂拱而致

神宗時陳襄乞疎放秀越二獄干繫人狀曰臣伏見中書劄子差屯田郎中沈衡著作佐郎張載往秀越二州置司推勘祖無擇苗振公事風聞其間因緣作過及干連照證人數不少若依制勘條例並須逐一勾追證對圓結緣杭明二州去勘所各經數舍往來追攝不無搔動竊以朝廷詔獄本爲守臣違越爲害於民以此差官承勘若令無辜干繫之人一例拘留對辯或因累被罪反爲平人之害甚非陛

下繩吏愛民之意。欲乞特降指揮下逐處勘官，只命取勘祖無擇苗
根及見禁作過情理切害之人，所犯重罪依例追呼照證結絕，以申
懲誡外，其餘罪輕不坐，與應係干證之人如已勾追，即晝時取狀疎
放，其未勾追者並免追究。及雖有小可罪犯，本州作過，因被連累之
人，亦乞出自聖慈特與推恩矜放，更不具案圓結施行，所貴不至滋
蔓淹延，別致搔擾。

蘇軾下御史獄，勢危甚，無敢救者。直舍人院王安禮從容言於上曰：
自古大度之主，不以言語罪人。軾以才自奮，謂爵位可立取，碩碌碌
如此，其心不能無觖望。今一旦致於理，恐後世謂陛下不能容才。帝
曰：朕固不深譴也，行爲卿貰之。卿第去，勿漏言，軾方賈怨於衆，恐言
者緣以害卿也。

金君卿上奏曰：臣竊見天下州郡奏案繁多，獄訟未甚衰息，以至炎

荒之地，方盛暑時，留獄待報者不以歲月淹細，寢罹愁苦，戾氣之作，
未必不由此也。伏惟陛下祇繩祖武，守之以仁，綱舉網疎，思致刑措，
而郡縣之吏將何以稱陛下欽恤之意。臣竊詳新降編勅條貫，內有
奏聽勅裁、勘罪聞奏、禁奏取裁、當行極斷、決配之類不一，總七十條
件。除大辟外，流徒杖罪者甚衆，皆須奏取朝旨。且凡百獄訟，自縣至
郡，鉤連案驗，逮其獄成，已有日矣，以至奏而得報，雖近地州軍亦須
半年已上，況川廣遠處，以至法寺案牘填委，曾無虛日。其間甚有事
極細微，可以原情麗事，當其之中典，本不須奏請者，不惟朝廷大政幾務
要多，並事叢脞，有煩聖慮，況復盛夏恤刑之際，罹此囚縶，動經歲時，
深可矜惻。爲州郡者雖有皋蘇之明，而欲奉行寬大之詔，以推廣陛
下好生之德，使不留獄，其可得乎。臣今愚見，欲望聖慈特降勅旨，擇
臺諫名臣與法寺審刑院，將編勅內該論奏條件詳議，除命官犯罪

及疑獄、或大辟情理可憫者，依舊奏聽勅裁外，其餘參酌輕重，不須
論奏者，方定刑名，使郡府遵行，無使碎獄繁文盡關旰食之慮。抑又
令犯禁之民知有定憲，雖遠方盛暑之際，無復留繫，庶幾刑清訟簡，
以迎和氣之應。臣言固陋，不足以上裨仁化，無任俯伏待罪戰汗屏
營之至。

哲宗元祐元年，右正言朱光庭奏乞罷大理獄曰：臣聞易曰：聖人以
順動，則刑罰清而民服。恭以陛下上契天心，下符人意，凡一舉動，莫
非順理。刑罰之清，萬民之服，適當今日。竊聞詔委御史中丞劉摯、右
諫議大夫孫覺看詳大理獄，探報不當事，有以見陛下寬仁之盛德。
其大理獄從而可廢，伏緣治獄自有開封府、御史臺，安用更致此獄。
且獄名不一，非治世之美事。又帝居之側，豈當致獄之地。凡爲人臣
者，不務崇理義以輔太平，而乃長刑罰以虧仁德，不忠莫大焉。臣竊

見刑部侍郎崔台符、戶部侍郎楊汲務爲刻薄，致位高顯，久任大理
官，慘爲刑罰，虧仁德之事，乃不忠之臣也。臣欲乞罷大理獄，并黜崔
台符、楊汲刻薄不忠之臣於外，俾天下知聖人唯尚仁德以化民，則
刑罰愈清而萬民咸服矣。

五年，給事中范祖禹乞復降詔恤刑狀曰：臣近準中書省錄黃節文，
尚書省檢準元祐勅，諸獄暑月五日一次湯刷枷杻，其罪人以時沐
浴。五月二十五日奉聖旨，令刑部遍下諸路、開封府界，今後每歲暑
月依上條施行者。臣檢會祖宗舊制，每歲冬夏降詔恤刑，自太宗皇
帝雍熙三年以來，累聖遵行，未之有改。至熙寧三年，編脩中書條例
所奏委逐路提點刑獄司每歲於四月十月檢舉牒逐州長吏訖奏。
臣竊惟祖宗欽恤庶獄，特從朝廷降詔，蓋當盛暑大冬之月，使溥天
之下至於海隅，犴牢圄圄之中，皆知聖主深居九重而憫念及之，此

所以為仁恩也今命刑部遍下諸路雖重於提刑司檢舉然州縣奉
承宣布及書之史冊猶未若恤刑之詔臣竊惜之欲乞依祖宗舊制
命學士院每歲冬夏降詔仍自今年十月為始以副陛下仁恤刑獄
之意
祖禹又乞疏決劄子曰臣伏見陛下以久旱疏決在京及三京繫囚
聖心焦勞欽恤庶獄祖宗以來赦過宥罪多蒙嘉應然今溥天不雨
旱災甚廣恐刑獄冤滯以傷和氣者不止於四京臣願陛下因推惠
澤以及四方詔諸路轉運提刑司官疾速分詣所屬州縣引問見禁
罪人疏理決遣仍先編行指揮疾速結絕無令淹延深戒官吏務察
冤枉使朝廷德意及遠感動人心庶可消弭大暑
祖禹為右諫議大夫又乞寬刑疏曰臣伏見蔡確已責降英州別駕
新安置臣知陛下宸謀遠慮斷在不疑除去大姦實為宗廟社稷之

計非以陛下一心私喜怒也忍於一人所以不忍於天下之人不愛
一人所以愛天下之人也然確以凶德叨竊相位作威作福欺罔先
帝屢起大獄排陷善良故聞確名者無不震畏以朝廷名器為己私
物市恩結黨故貪利之士多為確用令佐佑確者不過懷其舊恩嘗
與之相濟為惡或畏其復起不敢結怨不然則所見偏謬謂確以詩
得罪欲薄其責不出此三者而已臣聞帝堯刑一人而天下服書曰
殲厥渠魁脅從罔治古之明王征討叛逆亦不過誅其元惡餘皆赦
而不問使之自新若窮治支黨滋蔓不已懼罪者衆則人情不安必
有過刑濫及無辜此先王所深戒也夫聖人之道不過中天下之事
不可極意一時極意後必有悔用刑寧失之於寬不可失之於急寧
失之於畧不可失之於詳自乾興貶丁謂以來不竄逐大臣六十餘
年今已用大刑四方聞之無不震聳然人無愚智皆以確之得罪為

當更有驚駭物聽且丁謂見在相位故朝廷有黨不可不黜然而章
獻明肅太后仁宗既黜謂黨即下詔曰內外臣僚凡與謂往還者一
切不問所以安人情也今確已罷相數年陛下所用多非確黨其有
素懷姦心為衆所知者固不逃於聖鑒自餘偏見異論者若皆以為
黨確而逐之臣恐刑罰之失中人情之不安也又確已投荒裔不憂
不死小人破膽不憂不慴唯當選用忠良力行仁義繼之以善政而
已若因一凶人延及上大夫相繼黜逐不已則人情震動不安方今
朝廷唯宜安靜臣願陛下天地之德包含隱忍容養羣臣不責其全
俟有顯過黜逐未晚臣受恩深厚不同他人苟有益於國家不敢隱
情臣無任恐懼之至
紹聖元年祖禹知陝州又論卹刑疏曰臣竊以先王欽恤庶獄務在
於寬刑期無刑蓋非得已國家一祖五宗以聖繼聖以仁繼仁哀矜

于民率用中典此所以祈天永命垂百三十年太平之本也臣伏覩
陛下聖性仁厚有堯舜成康之質比聞有司奏獄多務從寬臣願陛
下長守此意操之勿失有勸陛下嚴刑峻法以威肅四方者宜拒而
勿聽陛下為民父母海內皆赤子也人君之勢其尊如天其不測如
神誰敢不畏何患威之不立而必嚴刑以肅之惟陛下聖意專主於
寬仁如天地之涵養萬物則刑罰庶可清省矣臣久侍經幄無所裨
補今將遠違左右思所以助陛下施陰德益福祚結人心者莫先於
此故不敢不言伏望陛下深留聖心天下幸甚
三年監察御史蔡蹈論監設獄中使不當受大理囚訴疏曰臣近者
竊聞敕遣中使鄭舉詣大理寺設獄因有對舉聲冤者舉輒受其訴
甚駭衆聽臣伏見大理獄朝廷所重非刑部御史臺不得詳覆糾察
而監設使臣本無省獄之命而敢聽其辭生事犯分莫此為甚臣嘗

覩大中祥符詔書曰：比來内臣將命出外，如聞有收受牒訴，恐緣致枉抑。自今宜切禁止，違者重論之。臣竊聞祖宗之意防微杜漸，可謂明且遠矣。臣愚欲望陛下少加聖慮，特降睿旨下大理寺根問施行。庶使奉命小臣知所禁戒，不敢因緣生事。

哲宗時，陳次升奏乞立限疏決疏曰：臣恭惟祖宗以來至仁之政，數錫庶民好生之德，哀矜庶獄。方夏之祈暑、冬之祈寒，禁刑慮有淹延繫囚困苦，故立斷絕之法。熙寧間又令刑法官吏並赴中書省勒宿立限斷案，中書得案即降指揮，頃刻無留，人實被賜。自後因緣刑寺申請刑法官斷絕之名，而實惠不及於囹圄，殊失祖宗立法之意。臣欲乞睿旨令刑部及臺省並立定日限，所責繫囚不致留滯，庶仁德誕敷於幽隱。

次升又論皇城司獄疏曰：臣竊以掖庭之獄，事干宮禁，自來多用内臣專治，不無冤抑。如聞皇城司今者置獄，陛下至仁惻怛，慮及非辜，特差外官雜治，要盡至公。雖虞舜好生之德，無以加此。然而刑禁之下，五木所加，何求而不得。若不盡心，輒有觀望，必致枉濫。欲乞聖慈嚴勅推鞫之官，宜加審克，務令平允，庶使獄成之後，適輕適重，各得其實，罪當其情，亦所以彰陛下哀矜庶獄、明慎用刑之意也。

尚書右僕射范純仁論誅蔡確，當與師臣商量疏曰：臣之愚心，雖知蔡確衆議不容，復憂聖政或有所虧。蓋陛下臨御以來，政化清明，如青天白日，無輕氛薄翳；道德純備，如精金美玉，無纖瑕小疵。今以一蔡確之故，煩朝廷行稀闊之刑，天下久安，人所罕見，必生疑駭，復恐貽之將來，垂之史策，薄有擬議，則於聖德神功，深爲可惜。在臣負恩竊位，罪不容誅，蓋如父母之有逆子，雖天地鬼神不能容貸，至於父母，親置於必死之地，則却恐傷恩。臣之區區，實在於此。陛下保宄社稷之心，天地神明之所昭鑒，而微臣愛惜陛下聖政之誠，亦應陛下可察。不避一身之萬死，而展補報之愚忠，惟願睿慈曲加詳慮。所有再行重責，伏乞付與師臣已下商量所責，責歸臣佐，不累聖明。臣無任愛君激切之至。

殿中侍御史呂陶上奏曰：臣伏以聖人之政，以慎刑爲本；王者之居，以施德爲先。故於聽斷尤務欽恤，設官創局，深有意謂。敢緣因革之理，輒議防制之宜，謹具條奏。

一、京師之獄，自開封府、御史臺、大理寺、諸寺監、開祥二縣并尉司、左右外廂馬步等軍司、三排岸以至臨時詔獄及畫監夜禁等無慮二十餘處。祖宗以來，雖極詳慎，然猶恐有司失實而冤者無告，故祥符中詔置糾察一司以統制之，如諸路之有提刑、諸縣之有提點也。特重其職，不領他務，得以專意於決訟報囚之事。其訪問則無賓客之禁，其巡省則無冬夏之限，耳之所聞，惟求冤抑；目之所見，惟審慘暴。刺伺防撿，深得其要。凡大辟獄具，本處申已錄問，乃申糾察司差官審之。儻有疑慮，委許駮勘。或留繫之淹久，或處決之過濫，大則條奏辯明，小則移文戒督。而又廣闢治舍，標榜其門，被枉之人知所赴訴，玩法之吏不肆姦欺。明慎哀矜，於斯至矣。近歲罷歸刑部，謂之糾察案，止以胥吏三人主行其事，諸處申到大辟文案，亦委郎官一員與吏部所差之官同慮，不過引囚讀示，再取伏辯而已。其名雖存，其實已廢。緣刑部主天下獄訟，簿書文牘紛委目前，雖強明幹濟之才，日力亦有不給，所以在京諸處刑獄無復糾正而察撿之。又况省部深遠，細民容有不知者，豈能皆詣長貳求以自直？臣恐大衆所聚之地，或陷非辜而無以伸其痛恨矣。臣愚謂宜復置糾

察在京刑獄司庶協先王閱實之意以廣陛下好生之德

一本朝以來大理寺主斷天下奏獄而刑部覆之故大理有詳斷官刑部有詳覆官淳化中因蕭氏之訟論決非當朝廷慮庶獄之不慎始置審刑院於中書之側以侍從領其事設屬四員稍增為六謂之詳議官蓋議其當否而後行也當時既有尚書刑部而又置院者何哉蓋以刑部受寃辭主雪正大理審刑之失當者未可亦與斷獄之事也斷以一司審以一司雪以一司前後相成上下相制所主不同各得盡其心而舉其職所以極慎重之意元豐三年始罷審刑院為刑部詳議司雖移其名而職任亦不改舊官制既行乃以詳議一司歸於大理既詳斷為評事改詳議為丞案牘上刑部勘當而施行焉自此刑部始與斷案之事大理刑部責任既同皆為法守讞議既定一成不變或

許理不當則又委刑部受而治之果涉枉撓理當辯正其刑部元斷之官亦須開說合行取旨初則自斷中則自雪終則自劾蓋非人情之所宜萬一主者護短遂非則理訴之人何以伸其枉臣愚謂宜復置審刑院以中書押刑案舍人一員主之以大理丞六員為詳議官領職如故其刑部以侍郎一員專掌理雪及餘職事則上順治體下協典故謹錄奏聞乞指揮稽考故事參酌施行

陶又上奏曰臣伏以都城之廣萬衆所聚姦偽百出刑訟寔繁推劾聽斷尤宜詳慎朝廷欽恤之意防禁最密每開封府大辟獄具本處既已錄問則申刑部請覆其實刑部乃關吏部差官同慮謂之審問因無翻異則論決如律事有可疑則移治他司蓋所以察冤濫而重人命也安可徇一己之私見而欲他人之必死乎臣伏見開封府勘小阿賈殺人公事吏部差劉斐審問斐看詳案卷稱是情節可疑遂疏述不圓七事申刑部乞行會問續據本府回報三事並是誤供又據劉斐續條陳案節不圓一十二項其刑部既見劉斐所申如此亦慮阿賈之情或涉冤枉遂付大理再推庶得其實即於格法未見違戾而知府蔡京輒有論奏謂阿賈大情已正使當處死劉斐不合疏駁刑部不當移推皆宜論罪其徇情好勝逞威犯分不顧義理一至於此且人命至重死不復生小節既是未圓尤情容有不實若使將阿賈處死則是大辟罪人不須再行審問五木之下枉殺必多況朝廷立法極從仁愛天下死罪稍涉疑慮可憫並須奏聽勅裁多蒙寬貸豈有不容問難便欲行刑又緣錄問條制令移司勘逐者並指定不圓事節回牒本處今劉斐既疏述一十九事皆是不圓刑部須至重勘若阿賈果不行兇則京顯有殘忍鍛鍊失入之罪或阿賈委是

正賊則京猶有鹵莽判押不職之愆生殺之端斐皆無過若萬一朝廷聽其妄奏加罪於斐則向去審問之官率皆畏避不敢伸陳被刑之人多負抑屈無所赴愬況尚書刑部主天下獄訟兼糾察在京刑獄之職可以統轄開封按劾其罪今既舉職事反為開封所按則上下之分顛倒錯亂非所以尊朝廷風四方之意又緣京知府已來殊無治迹聽獄斷罪失繆極多於段繼隆之事則親書塗抹放縱冒法賣官之人於僧惠信之事則遂非妄奏曲庇重祿受賕之吏方當至公之朝宜掄舉京前後過惡重行黜降今既未正其罪又差知真定府兼安撫使考之公論殊未為允伏請寢罷新命俟大理結正小阿賈等公事三件了日別取朝廷指揮

時刑部讞囚宰執論殺之有司以為可生不奉詔左諫議大夫鄭雍上言曰是固可罪然究其用心在於廣好生之德耳若遽以為罪臣

恐鄰於嗜殺。今使有司欲殺而朝廷生之，猶恐仁恩德意不白於天下，而况反是者哉。哲宗嘉納，因遂得生。

歷代名臣奏議卷之二百十六

歷代名臣奏議卷之二百十七

慎刑

宋徽宗政和中，刑部尚書慕容彥逢上奏曰：伏覩皇帝陛下矜憫庶獄，制為病囚檢察之法，以謂愚民犯法，雖繫留訊治，邦有常憲。於其疾也，飲食醫藥，視之猶赤子也。臣等尚慮當職官吏不能深體德意，欲望聖慈命諸路提點刑獄司，歲終會州縣病囚損失分數，除依條科罪外，取一路最多最少各一處，保明以聞，特降詔旨賞罰，庶幾知所勸沮，以副陛下好生之德。

彥逢又上奏曰：恭惟皇帝陛下躬運皇極，心澄化源，德駿業隆，超冠古昔。甚盛之舉，不可一二數，皆彰明較著，垂休無窮已帝博臨，珍祥紹至，方將坐陽館而頒治，登介丘以告成。時和歲豐，家給人足，薄海內外，歡欣交通，如在一堂之上，宜其民罔犯法，而秋官以廷無留獄稱慶于朝。矧天寧容通，寬講盛儀，百辟奉觴，異邦款塞，於焉刑措，孰不歸仁。臣等備數典司，獲與擊壤之民，上祝億萬歲無疆之壽，不勝歡欣鼓舞之至。

徽宗時，中旨鞠享澤村民謀逆，知開封府范純禮審其故，上言曰：此民入戲場觀優，歸途見匠者作桶，取而戴於首曰：與劉先主如何。遂為匠所擒。徽宗問何以處之，對曰：愚人村野無所知，若以叛逆蔽罪，恐辜好生之德，以不應為杖之足矣。曰：何以戒後人。曰：正欲外間知陛下刑憲不濫，足以為訓爾。徽宗從之。

陳瓘進故事曰：昔審刑院斷絕公案，仁宗喜曰：天下至廣，而斷刑若此，有以知刑訟之至簡，有司無稽遲也。乃下詔獎法官，而付其事于史官。

臣竊見元豐中開封府獄空，神考大喜，擢知開封府王安禮為尚書右丞下至胥吏悉獲賚賞自是而後内外有司皆以獄空為悦蓋仁祖以訟簡賞法官而神考以獄空推賞尹所以示仁民之意一也老子曰民常不畏死奈何以死懼之若使民常畏死而為奇者吾得執而殺之孰敢謂祖宗不以刑威懼民蓋有得於老子云

瓘又言改正訴理事乞正看詳官蹇序辰安惇典刑奏狀曰臣聞周公作立政戒成王曰其勿誤于庶獄庶慎蓋雖成周之盛時亦以誤獄為戒神考熙寧詔曰獄訟非其情歟蓋恐天下治獄之吏有飾辭鍛鍊之失也夫周公之於庶獄戒其有誤神考之於獄訟慮失其情先聖後聖豈異意哉臣伏見元符元年六月十八日勅看詳訴理所改正過元祐訴理之人依元符三年六月二十五日指揮外其後來接續奏降指揮更不施行其已施行者並依今來指揮除言語不順

別作一項外蒙改正者七百餘人其所洗滌可謂衆矣無罪者既蒙洗滌則看詳之官如蹇序辰安惇者安可以不加罪乎謹按惇奏曰凡得罪於元豐之間者若特出睿斷以勸沮天下則人臣不當輒為理雪或經有司勘斷必是情法相當上下方敢施行未審當時有司如何理雪臣竊謂鞫獄斷罪而使情法相當若非皋陶作士不能如是周公之戒其有誤神考之慮其非情者正恐情法不能相當故也今曰有司勘斷必是情法相當如此則是元豐之時九州内外為有司者皆皋陶也其為諂誕不亦甚乎且元符有司即元豐有司也去年鄒浩之獄在京及新州所連逮者凡數百人按法定罪則浩為厚誣君父其黨為同惡相濟若言其情則浩為盡忠於朝其黨為厚於親戚朋友其情如此而用法如彼可以謂之相當乎安惇官為執法職在獻替尚且率其僚屬共為詆誣而乃謂元豐有司所勘斷者能使人人情法相當此可以欺天下乎又如司馬光宣訓之語究治劉摯等事或緣凶悖之意或以姦逆之謀按法定罪則或至赤族若論其情則盡出誣罔然則元符大臣致人以罪情法相違尚乃如此而謂元豐有司能使情法相當孰敢以為然乎如曰出於睿斷以示勸沮臣下不當輒為理雪以理觀之亦未然也臣請以近事明之熙寧元豐舊例開封府公事或情輕法重或情重法輕則貼例取旨或封入請寶臨時輕重皆出睿斷自元祐以來知開封府臣僚請改舊法不復貼例喜怒任情高下其手請寶得旨之事雖經睿斷而故失出入實由開封如此之類若復申明改正又何累聖人之勸沮乎又有司所勘公事依例差官録問有國以來未之改也自紹聖四年正月以後開封府所勘公事一面畫旨直行奏斷更不録問銜寃之人或有枉横既無覆審何由自達雖緣本府取旨事經睿斷而請不録問

者實由有司如此之類若復申明改正又何累聖人之勸沮乎先帝知其然也於是改此二法請寶公事依舊貼例而直行奏斷者依舊録問自此而後開封不敢越例而有請罪人得因審覆而自訴方此二法未改之時開封公事勘斷有失孰敢以為睿斷之誤乎蓋人主變通之道無所膠執事有未便改之而已昔雖未改今亦當改此乃今昔相成之道前作後述之理是以復行審問再行貼例則是哲宗之所自改也召還鄒浩叙復光摯則是先朝之所欲改而今日之所當述也善繼祖宗之緒共述一家之美亦何先後彼此之間乎以今視昔則元豐應世之事或因或改皆聖人之迹耳迹不可泥何獨有司勘斷之事而必欲保其無誤哉為此説者不過欲讃譽元豐而自以為盡忠於神考耳神考盛德大業高厚如天地光明如日月非凡愚譏讃所能加損况其所讃譽者元豐有司而已豈不陋哉傳曰善

繼人之志。善述人之事。武王之孝也。不改父之臣與父之政。孟莊子之孝也。若以孟莊子為法。則是元豐之事皆不可改。非特訴理而已。若以武王善述為心。而不泥聖人已陳之迹。則改正看詳訴理之事。可謂合於公議矣。蹇序辰安惇受大臣諷諭。意有所在。因謂訴理之事。形迹先朝。必須如此施行。方名繼述之義。遂使朝廷紛紛之事不已。考之公議。合正典刑。伏望聖慈特示威斷。

高宗時。張浚上議刑罰狀曰。臣竊見前此為帥者皆謂嚴刑重罰可以整治軍旅。不察其情。不原其心。故刑不當罪多怨怒而深恨之者。方平居無事時雖上下相制。不敢犯分。然而人心已離矣。一旦有警。誰與效命。不測之變。殆將由是而生焉。庸將鮮知此理。嗚呼。人心不可輕失。豈特為將者然哉。為人上者儻不思所以正心脩身。事每謹微。一失其心。不可追悔也。

周林奏推司不得與法司議事劄子曰。虞舜恤刑。文王慎獄。陛下用舜文之心。賜哀矜之治。遠平及之使議殿最之法。可謂至矣。然而州郡之間。刑獄之地尚有循習舊態。因仍故事。為民大害。未能仰稱天地寬厚之德。臣竊惜之。獄司推鞫。法司檢斷。各有司存。所以防姦也。然而推鞫之吏。獄案未成。先與法吏議其曲折。若非款狀顯然如法吏之意。則謂難以出手。故於結案之時。不無高下遷就。非本情去處。臣願嚴立法禁。推司公事未曾結案之前。不得輒與法司商議。重立賞格。許人告首。臣又見獄吏慘刻。動以縲紲捶楚為能。常在圄犴。毒猶不廣。至於使之預追呼之事。則虎而翼矣。出入閭里。既無忌憚。罪無輕重。理無曲直。例遭侵擾。每見獄卒追呼。必持繩索。挾鐐械。携杖棰以示威力。用求賄賂。且以一夫犯刑。干證之人多或數十。少或三四。一縣被毒。無得免者。又以入獄之後。捶楚為戒。無敢告訴。故其追呼擾民之患。尤非其他走吏之比。臣欲令州郡追呼赴獄之人。在州則付廂界。在縣則委令佐。遣詣郡治。然後付之獄司。庶幾獄吏不能為惡於囹圄之外。上廣陛下憂惜黎元之意。如臣言可採。即乞付有司立法施行。

林又奏疑獄劄子曰。書載帝舜之德曰。罪疑惟輕。功疑惟重。與其殺不辜。寧失不經。而國家勑令亦以失入之罪為重於失出。先聖後聖用心仁恕。其實一也。竊見諸路疑獄不應奏而奏者未免科罪之。大理寺既厭案牘之多。而州郡復慮刑名之累。所以不應奏而奏之律至今未除。雖有疑似之獄。輕重遷就。往往臨時決遣。無繇得被仁聖之澤。其可憫之情。可疑之罪。不從輕貸。甚非好生之德。臣願陛下推廣寬恩。刪除舊律。不應奏而奏者並不科罪。使廷尉之官不以簡牘之繁為勞。州郡之吏不以請讞之責為慮。天地大德。洽于民心。豈勝

幸甚。

刑部郎中鄭剛中奏看定引例劄子曰。本部契勘刑部令諸奏獄以格擬上。格不該者取裁注。謂情法不相當而無格文。雖有格而輕重不可比者。以此見本部職在檢例擬斷。但緣自來獄案雖先付大理寺法官斷定刑名有無可憫。次到刑部審詳擬例。然罪人情犯亦有與斷例無一般親的者。并所斷過刑名亦未必皆是情法相當。為然詳允之例。久來拘於引例。必欲牽強相合。旋增損出入。不無差失。今欲依臣僚奏請大辟罪人如情理別無可憫。符合依法斷上。其無情犯一般的例。或情犯雖同而當來所斷刑名向有差失者。更不泛引。外有法寺雖不引可憫而情理不至巨蠹者。亦乞從本部貼說上朝廷參酌寬貸。庶幾殺人者死。過誤者生。上副朝廷詳審之意。

剛中為殿中侍御史又上奏曰。臣嘗觀古人稱斷獄無冤者謂不使

有罪者誤陷於死爾，非謂於法當死縱之使生而謂之無冤也。廷尉天下之平，謂生死各得其平爾，不應偏倚一偏，故釋有罪而可謂之平也。聖人謂赦宥之澤如春風時雨出於造化，皆因吾所獨。至於付在有司者，惟當詳明謹恕，一歸諸平而已。彼不知此者，遂謂解弛禁網，隳廢國憲，取有罪當死者一切付之生全，乃為平反，曾不知已死者有恨，則固可殄陰陽而干和氣也。適者州郡疑獄類以情理可憫來上。夫可憫之情，謂被殺者無道，殺之者有理，聽其獄，方惻然可憐，乃欲寘之於法，故有司列事狀以聞。豈有閱案察情無一可念而猥謂情理有疑乎。遠近相觀，彼此視效，獄吏知之，教訟者知之，犯法者知之，其欵自言未嘗不以遭罵為解。一涉乎此，咸脫其罪，詈人者死，殺人者生，世無復雠之法，而孝子慈孫日抱戴天之恨，豈不重可憐哉。而又理寺約法上部，刑部引例為證，類多乖錯。某事誠重也，問吏

輕之之由，則曰例皆輕。某事誠輕也，問吏重之之由，則曰例嘗重矣。今其敢輕，於固執不通之中，雜以情偽，其害多矣。嗚呼，殺孝婦固足以致久旱，而宥洪羊亦足以得大雨。殺不辜雖有大辟之戒，而殺人者死亦足以成漢高之治。要當使有罪者死爾。願陛下申戒有司，益加詳謹，務令生死兩平，不致招積。

劉行簡乞令縣丞兼治獄事疏曰：臣竊惟治獄之官號為難能，責任專一，俾得究心，猶不能保其不為猾吏所移，而況任之不專者乎。縣獄是也。獄之初情實在於縣，自縣而達之州，雖有異同，要之以縣獄所鞫為祖，利害不輕。今所謂縣令者，且朝受牒訴，暮夜省按牘牒訴之多，或至數百，少者不下數十，案牘之繁，堆几溢格。其間名為強敏者，隨事剖決，不至滯淹，已不可多得；儻復責其餘力足辦獄事，訊鞫得情，吏不敢欺，民不被害，誠恐百人之中未必有一也。郡之獄事，則有兩院。治獄之官若某當追，若某當訊，若某當被五木，卒具檢以稟郡守，曰可則行。至縣則不然，令既不暇專察，佐官雖名通簽，終以嫌疑不敢侵預，其追呼訊鞫，具名以稟，悉出吏手，故其事與州郡不同。臣恭惟陛下躬好生之德，視民如傷，寬詔屢下，未嘗不以哀矜庶獄為言。如此利害較然明白，而人莫敢以縣邑專置獄官為請者，誠恐增員太多故也。臣愚見以謂縣獄之事宜專委丞，如州郡兩院之官日入治獄，凡追呼鞫訊等事，丞先以稟令，然後得行，其餘悉如舊制，則丞無侵預之嫌，令有同心之助，相為可否，其得必多。借使為丞者未必皆能其事，不猶愈於付之黠吏之手乎。伏望聖慈特賜詳酌施行。

行簡又議斷罪因疏曰：臣契勘州縣凡禁勘大辟公事，除深僻幽隱處行劫或謀殺外，其餘殺人，自有一時知見之人，自合一面研窮根

勘，務盡情實。其間卻有豪強有力之家殺人公事，意在變易情節，囑託官司，或賂承勘胥吏，多以知證通說未明為由，以牽差官體究，而所差官亦止是一到地頭，呼集鄰社保甲，詢問供析而已，然因此得變易情節，出入人罪。又況豪右之家，所居鄉村，宗族姻親佃客之屬常居其半，宛轉為地，符合供證，致使失實。臣除已行下所屬州縣約束，應今後承勘大辟公事，並責令當職官先將犯人根問一時知見之人，追取照勘以驗因依，即不得輒差官體究外，深恐州縣不切遵依，欲望聖慈特降睿旨立法施行。

直龍圖閣李光奏乞令大暑慮囚狀曰：臣備數從臣，職在論思獻納之地，退食之暇，閉閤靜思，念無以仰裨聖政之萬一。方茲大暑，清宮涼榭，不免喘暍，而囹圄之間，囚人求死不獲。其間疾患不肯責出，獄吏守視不謹，有非重病而致死亡者，何所伸訴。臣愚伏望聖慈憫然

興哀特降詔旨，令諸路提刑司限指揮到日，遍行屬部，躬詣獄司，取索見禁罪人姓名。其閒有大情已具而小節未圓者，量情結絶，不得滋蔓淹延。其見在獄罪人，並令檢會條法，洒掃牢房，刷盪獄具。内有荒僻縣分，許令選差諸郡清强官案視。庶幾炎酷之際，不至横暴，以仰副陛下惻怛欽恤之誠。

先又奏治火灾狀曰：臣近權刑部職事。今月二日，準尚書省劄子，備坐臣僚章疏論臨安府回禄之警，二月之内，大凡數作，焚爇之家，逼及千餘。乞申嚴昨降指揮，以凌遲處死治放火者，仍乞下密院劄付沿流州軍密行捕捉等事。三月十四日，三省同奉聖旨：依奏。臣之區區竊有可疑者。臣聞堯以水爲儆予，湯以大旱而罪己，未聞盡歸之於他人者。自昔火灾之變，上應天道。蓋熒惑裴回斗牛之閒久矣，斗牛吳分也。又南方之性察。陛下宜思所以致火灾之變，朝政之闕失，臣下之姦邪，賦役之重，民不聊生，流亡者多，百姓失業。州縣之吏，或倚法而恣贓貪；囹圄之閒，或受賕而多枉濫。有一于此，皆足致灾。今議者曾不卹此，方峻刑以治失火之家，緣及官司舍屋，皆付之極典。夫姦細固所當治也，而失火之家，蓋有不幸者。臣恐濫刑濫罰，横及無辜，非陛下遇灾恐懼修省之意。兼沿流州軍幾察姦細，自有約束。今乃使之覺察放火之家，則是硫黄薪燭，千里而隨身矣。臣愚伏望聖慈止行下臨安府，令督責在城兵官各認地分，如有違犯，重寘典憲。所有今來已得聖旨指揮，臣未敢行出。謹録奏聞，伏候勅旨。

殿中侍御史張守乞疏決獄囚劄子曰：臣伏以國家自祖宗以來，哀矜庶獄。盛夏之月，必御便殿，疏決在京見禁罪人，以及三京，行之積年，未始或廢。比自金人倣擾，去歲陛下即位於艱難之初，不及舉行，人雖不能無疑，猶以謂陛下龍飛已肆大霈，或可暫罷。至如近日暑氣漸隆，囚禁不少，祖宗令典，不宜廢闕。雖云鑾輿暫駐淮甸，而京師諸夏之本，亟降詔聚糧以圖還闕，德澤所先，宜不可後。伏望聖慈檢會故事施行。緣大理寺獄並在行在，所有揚州亦乞權依四京施行。

試中書舍人李彌遜上奏曰：臣伏見州郡近年刑獄，待報奏案，例皆稽滯，近及半年，遠至踰年，往往未下。或緣刑寺稽違，或道路不通，遞中違滯，所以至此。其閒多是情輕奏裁合貸命之人，緣坐獄日久，疾病死亡，深可憐憫。欲乞朝廷嚴立近限，督責刑寺，將四方案牘疾速結絶，別作號驗，附急遞下諸州。庶幾一空囹圄，以廣好生之德，亦可收召和氣。

右司郎中汪應辰論刑部理寺讞決當分職劄子曰：臣竊以舜爲天子，咎繇治士，民之犯于有司者，宜乎皆得其情而無所疑；罰之施于有罪者，宜乎皆當於理而無所失。然咎繇稱舜則曰：罪疑惟輕。又曰：與其殺不辜，寧失不經。豈非幽枉之情，欺僞之態，雖聖人不能以盡察，惟其慎之重之，猶有所疑，而不自以爲無失，此所以爲舜之聖也。國家累聖相授，民之犯于有司者，常恐不得其情，故特致詳於聽斷之初；罰之施于有罪者，常恐未當於理，故復加察於赦宥之際。是以參酌古義，並建官師，上下相維，内外相制，所以防閑考覈者，纖悉委曲，無所不至也。蓋在京之獄，曰開封，曰御史，又置糾察司以紀其失；斷其刑者曰大理，曰刑部，又置審刑院以決其平。鞫之與讞者，各司其局，初不相關，是非可否，有以相濟，無偏聽獨任之失，此臣所謂特致詳於聽斷之初也。至於赦令之行，其有罪者或叙復，或内徙，或縱釋之；其非辜者則爲之湔洗。内則命侍從館閣之臣置司詳定，而昔之鞫與讞者皆無預焉；外之益梓夔利去朝廷遠，則付之轉運鈐轄司，而提點刑獄之官亦無預焉。蓋以獄訟之初，既更其手，茍非以持平躁怒爲心。則於有罪者或疾惡之太甚。於非辜者或遂非而不改。故分命他官以盡至公。此臣所謂復加察於赦宥之際也。迨元豐中更定官制。始以大理兼治獄事。而刑部如故。然而大理少卿二人。一以治獄。一以斷刑。刑部郎中四人。分爲左右。左以詳覆。右以叙雪。雖同僚而異事。猶不失祖宗所以分職之意。本朝比之前世獄刑號爲平者。蓋其並建官師。所以防閑考覈者有此具也。恭惟陛下寬厚慈惠。以祖宗之心爲心。其於庶獄丁寧告戒。前後非一。惟是中興以來。百司庶府務從簡省。大理少卿往往止於一員。則治獄斷刑皆出於一人。則獄之有不得其情者。誰復爲之平反乎。刑部郎官或二員或三員。而關掌職事。初無分異。然則罰之有不當于理者。又將孰使之追改乎。欲望陛下明詔執事。刑部理寺之官雖未能盡復祖宗之舊。亦當遵用元豐定制。庶幾官各有守。人各有見。參而伍之。反覆評盡。

以稱陛下欽卹之意。亦以爲後世法。

孝宗時。朱熹召對延和。上奏曰。臣聞獄者民命之所繫。而君子之所盡心也。今天下之獄。死刑當決者。皆自縣而達之州。自州而達之使者。其有疑者。又自州而上之朝廷。自朝廷而下之棘寺。棘寺讞議而後致辟焉。其維持防閑可謂周且審矣。然而憲臺之所詳覆。棘寺之所讞議者。不過受成於州縣之具獄。使其文案粗備。情節稍圓。則雖顛倒是非。出入生死。蓋不得而察也。是故欲清庶獄之源者。莫若遴選州縣治獄之官。今縣之獄委於令。其選固已精矣。而未必皆得人。其弊未易革也。若州獄則今銓格凡選人任滿有舉主關陞者。方注繁難。令錄其慮蓋已詳矣。然注司理者乃不用此令。而近制唯進納癃老之人。然後不得注擬。此外則常調關陞。雖昏繆疾病之人皆得而爲之。甚至於流外補官若省部胥史。亦得而爲之。彼以薦舉關陞者固未必盡得才能公正之人。然比之昏繆疾病無善可稱與夫胥史之入官者則有間矣。蓋昏繆疾病之人。苟且徼祿。唯知自營。其於獄事蒙成吏手。漫不加省。而胥吏之入官者又或狃於故習。與吏爲徒。販鬻走弄。無所不至。故州郡小大之獄往往多失其平。怨讟咨嗟感傷和氣。上爲聖政之累。莫此爲甚。臣愚欲望陛下明詔銓曹更定選格。凡州郡兩獄官專注任滿有舉主關陞人。或應格不足。則次任任滿銓試中第二等以上人。其常調關陞及省部胥史並不得注擬。見在任者非舉主關陞人。即令守倅銓量。如委昏繆疾病。即保明聞奏。特與祠祿。其未到人。候赴上日。亦從守倅銓量。方許放上。若守倅徇私失實。即許監司劾奏罷免。所有省部胥史雖已注官。待次並令赴部別與擬授。庶幾治獄之官其選少清。各知任職。仰副陛下欽恤之意。

禮部員外郎范成大上奏曰。臣聞獄重事也。民之受寃不止於捶楚鍛鍊之苦而已。其間貧乏之人。無家供食。干連守待。易得淹延。空腸枵腹。以受捶楚。加以雪霜疫癘。非時侵之。故罪不抵死而斃於囹圄者極多。准令給囚之物。許支錢。准格在禁之囚許支米。錢則許於贓罰頭子運司等處隨宜撥支。米雖立定升數而無顯然名色。是致官司循習。不問諸處縣獄。尤無指擬。長吏賢者。至或巡門乞米以爲一粥之資。吏或不賢。粥亦不可常得。宜其瘦死者衆。實奸泰和。臣愚欲望聖慈特降睿旨檢照給囚之物。既許支用。係省窠名。其糧米亦合一体乞令運司行下州縣。量度每歲所須。徑於苗米截撥。有闕米處即以合支之錢依數收糴。庶幾獄犴之中接濟飢苦。稱罪受刑。不夭生命。

成大又上奏曰。臣聞獄者君子之所盡心也。求其生而不可得。故雖死而不然殺者使其尚有可生之理而必置之死地則虧失國家列聖祖授哀矜折獄詳大辟刑名疑慮情理可憫者皆許奏裁死而復生十嘗六七堯舜之德何以尚茲然而近年以來案牘或壅則不得以時聞徹又不能如期行下及至指揮到州閭蒙貸宥而在禁之囚等待淹延動閱時序往往死於桎梏之下久矣不及沾被湛恩者甚衆當職官吏擇諂太息付之無可柰何豈不甚傷天地父母好生之心恭惟宸慮必為惻然臣愚欲望聖慈特降睿旨申飭攸司凡奏獄之牘所經由處並嚴立近限剋期報應覺舉稽違速與行下庶幾有可宥之理者不置之必死之地嘉生叶氣薰為泰和實裨政施仁之助

成大知處州又上奏曰臣聞獄者萬民之命民命莫重於大辟方鍛鍊時何可盡察故其節目獨在聚錄之際蓋大情既定成案已結官

吏聚於一堂引囚而讀示之死生之分決此須刻可謂要會矣而獄吏憚於平反摘紙疾讀離絶其文嘈囋其語故為不可曉解之音遣決而畢呼囚書字茫然引去指日聽刑人命所干輕忽若此遠方近甸習俗皆然傍觀寒心大傷政體臣竊檢照聚錄之法有曰人吏依句宣讀無得隱漏令囚自通重情以合其款詳此法意蓋不止於只讀成案而已欲望聖慈深詔攸司痛革前弊臣之愚見謂當稽參自通重情以合其款之文於聚錄時委長吏點無干礙吏人先附囚口責狀一通覆視獄案果無差殊然後亦點無干礙吏人依句宣讀務要詳明令囚通曉庶幾伏辜者無憾負枉者獲伸足以稱陛下矜恤之心滋聖朝仁厚之福

司農卿兼尹京李椿上奏曰臣嘗攷易之言獄者凡五卦曰噬嗑曰賁曰豐曰旅曰中孚噬嗑之為卦離上而震下離者明也震者動也明在上而動在下動者未服之象大象曰先王以明罰勅法故曰利用獄用獄者未必用刑也賁之為卦艮上離下艮者止也離者明也止在上而明在下大象曰君子以明庶政無敢折獄明体在下而上止不動所以姑明庶政而不敢用片言以折之也豐之為卦震上離下上動而下明豐之時大而多故不可淹緩在下之事既明在上者動而必行可以折獄用刑也故大象曰君子以折獄致刑旅之為卦離上艮下在上者高而明在下者止其所艮之為義時止則止時行則行亦有光明之道是上下皆明獄得其情刑當其罪之時也聖人猶戒之大象曰君子以明審用刑而不留獄中孚之為卦巽在上而兌在下巽入而兌說有孚信而無明体故大象曰君子以議獄緩死蓋疑難之獄也獄之為字兩犬中言非謂備辭也繫辭曰將叛者其辭慙中心疑者其辭枝吉人之辭寡躁人之辭多誣善之人其辭游

失其守者其辭屈獄之事体不出乎五卦之時因之口欵不出於六辭之情有仲由之才得豐之時即可以片言折獄遇賁之時雖仲尼之聖亦有所不敢況凡人乎語曰聽訟吾猶人也必也使無訟乎不得已而用獄審其時而以六辭察之庶幾乎無冤濫也今之治獄者多不然或任其喜怒或私受囑託或付之獄吏或觀望風旨鍛鍊以成獄者所在有之臣愚願陛下戒飭治獄之官各思聖人之戒盡其公心毋或茍且切戒觀望罪有出入必罰無赦庶有以上副陛下欽恤庶獄之意

光宗時淮東運副虞儔上奏曰臣竊惟州郡之獄所係甚重刑名有出入之殊人命有死生之判流徙而下其事實繁茍排辦之際一失其平則冤抑之民何所赴愬然則獄官所係顧不重哉夫知錄司理州郡之獄官也推鞫之責彼實任之上官蓋有所不敢問焉非不敢

問也。慮其有所迎合，且將鍛鍊之，致輕重其手而高下其心也。昔之賢者仕於此官，固有與上官爭是非曲直者矣。竊見近年以來吏部注擬多是特奏名人，及吏職補授與夫老於選調庸繆無能之輩。洎到任之後，一切聽之吏胥，播弄之下何所不至。而新進之敏銳者例不屑就。臣至愚極陋，陛下以臣粗更民事，分符子節，六年之間徧歷三輔，周旋兩淮，所至每以獄官庸繆為苦。雖小大之獄必躬必親，然非國家設官分職各有司存之意也。臣愚欲望陛下特降睿旨，令吏部今後諸州軍知錄司理，並不許注恩科吏職癃老等人。其任內有能明辨疑似之獄，及囹圄中無瘐死之人，於印紙逐一批書，俾郡守保明申奏，監司從實考察，然後朝廷詳議推恩，或與之減舉主一員，或舉員既足，許在任改秩，或任滿與陞擢差遣，亦足以明激勵之方。則新進之敏銳者孰不願為此官，庶幾推鞫之際，不出於吏胥之手。小

大之獄得以不冤。仰副陛下哀矜庶獄之意，天下幸甚。

理宗時，往往讞不時報，囚多瘐死。監察御史程元鳳上奏曰：今罪無輕重悉皆送獄，獄無大小悉皆稽留，或以追索未齊而不問，或以供款未圓而不呈，或以書擬未當而不判。獄官視以為常而不顧其遲，獄吏留以為利而惟恐其速。奏案申牘既下刑部，遷延日月，方送理寺；理寺看詳，亦復如之。寺回申部，部回申省，動涉歲月。省房又未遽為呈擬，亦有呈擬而疏駁者，疏駁歲月又復如前，展轉遲回，有一二年未報下者。可疑可矜，法當奏讞，矜而全之，乃反遲回，有矜貸之報下，而其人有斃於獄者，有犯者獲貸而干連病死不一者，豈不重可念哉。請自今諸路奏獄，即以所發月日申御史臺，從臺臣究省部法寺之慢，常促之。

度宗咸淳九年，起居舍人高斯得上奏曰：臣聞帝王治天下之道無他，曰仁而已矣。夫天地以生物為心，人君代天作子，受天所付之民，固當生而不傷，使各全其性命，終其天年，然後為無負於上天之託。然天下之大，非一人所能獨治也，必張官置吏以分理之。溥海內外有方伯連帥，郡有守，邑有宰，皆受宅生之寄，以為天子牧養小民者也。成周之時，自鄉大夫至于比閭族黨之長，莫非仁人吉士，民生其時，餐和茹德，漸騶虞之澤，沐行葦之仁，安有武健酷嚴之吏得廁於其間哉。三代有道之長，實基於此。秦漢以後，郡縣之吏非有禮義科指化輯其民也，獨設刑法以守之，罔密而姦不勝，刑繁而民愈慢。觀前志所載疾吏之風，悲痛之辭，徒使人於邑不已，其夭閼人命，蹙縮國脈如此，為人君者可不鋤而去之哉。然漢唐之間，刑有世輕世重，民未至甚病也。乃若五季之時，國亂刑峻，殘賊之吏連彙而起，尤可畏者，至有太白經天，民一仰觀，輒捕而戮於市者，他可知矣。范質生

於其時，親睹其弊，復遇異人，勸使救之，以為酷吏寬獄，甚於大暑，寒暑之威猶可避也，酷吏之威其可避乎。善乎路溫舒之言曰：囚人不勝痛，則飾辭以示之，吏治者利其然，則指道以明之，上奏畏卻，則鍛鍊而周內之。蓋奏當之成，雖咎繇聽之，猶以為死有餘辜。自古言酷吏情狀，未有若此深切著明者。范質感異人之言，及至為相，力以省刑為任。今之刑統，其所刪定寬嚴適中，本朝用之，刑清民服，國壽箕翼，質有力焉。陛下天資仁恕，視民如傷，獄刑號為平矣。然而日者京尹非人，芥視赤子，草薙其食，剝絕其命，乃至失入死罪，慘具五刑。匹婦之冤猶致三年之旱，輦轂之下有此，豈不上干天和，召災產孽乎。昔尹彥明有言，殺之為言豈為人上之語哉。小夫俗吏固不足以語此。此臣願陛下因弛其禁，深詔有司，毋輕民命，有效尤者，致之重辟，無但免官，庶幾少回忠厚之風，以壽國脈，宗社幸甚。

金章宗時左諫議大夫賈鉉上書曰親民之官任情立威所用决杖分徑長短不如法式甚者以鐵刃置於杖端因而致死間者陰陽愆戾和氣未通未必不由此也願下州郡申明舊章檢量封記按察官其檢察不如法者具以名聞内庭勅斷亦依已定程式制可

元世祖時趙天麟上策曰臣聞天降命以興王王法天而立政定陰陽之消息明生殺之樞機事無大於斯焉道由之而立也兩儀肇判四象爰分天道莫大於生故春居歲首而王者法之以立禮部其次莫貴於長故夏居春次而法之以立兵部又其次方及於殺故秋居夏次而法之以立刑部至如法冬立工部法上立吏部法下立户部上者天也下者地也地乃天中之積塊而其實六者皆法乎天也京府司縣亦設六曹既以弥綸庶政之夥繁又以式体一元之坱圠也此皆正名之事自周公之後名號世變而其理莫之能改方今名已

正而其實有未之盡者竊見方今大罪囚徒鞫訊既成司縣具詞以申于路路覆鞫之以申達于上司上司遣理官要察既審而後刑之慎之至也或有及立春之後所在行刑此亦似乎失天本意也夫罪人繫獄文卷未完未得即决或有至于十餘年而猶繫者其言下招伏事情昭灼又適遇理官出審而不停滯者萬無一二焉繫之已久及一旦决而不能待乎秋冬何前之太緩而後之太急哉方春之月句芒御辰萬殊有禁滋舒暢之容而無枯瘁蕭條之理故王者順之於是乎掩骼埋胔禁止伐樹無覆巢無殺孩蟲胎夭飛鳥毋焚山林凡羅網之類餧獸之藥毋出九門但當安萌芽養幼少存諸孤命有司省囹圄毋四掠止獄訟可也以卉草鳥獸之微尚令被澤而况於人乎以獄訟四掠猶禁止而况於刑人乎乃所以盡生生之至道慎其始以存終也及乎商風振起少皞司天鷹乃祭鳥霜飛蕭艾於是

乎審斷戮罪乃所以順陰氣之嚴凝助陽律之不逮也如是則天道克常而王猷昭立矣昔丙吉不問横道死傷之人而問牛喘盖以事作乎顯者微達乎微者吉凶現於顯也且春夏行刑則是春夏二時行秋冬之令災殃之效具見古書非臣所能盡言也頃者連年變異蔬穀不登或隕霜不殺草而桃李開華或地震日月食而動静不一斯皆陰陽反覆而意或有以致之也此事革之甚易而所關甚大天下官吏莫肯啓一言者臣又不知其何也伏望陛下面稽天意載審刑章凡有罪當死以上命省部秋冬遣理官出而報之凡罪不至死及非常之事宜速决者不在此限外依上施行庶幾休徵薦至氣候相協天人一致而表裏相通体用一源而顯微無間矣

天麟又上策曰臣聞定磐石之鴻基莫如尊士闢弥天之大義要在輕財彼衡門陋巷之寒士欲希咫尺之功圖針芥之名者尚拳拳以

行此而不之失也况乎秉籙握樞奠超乎民物之上者可不務哉土宜之中芝草生焉鳥獸之内麟鳳出焉瑞昌時耀盛德非土宜鳥獸之所可辱也周有八議議賢議能故賢能雖父祖子弟之陷罪國家亦不連坐禁錮而棄之也猛虎不飲盜泉之水鷙鳥不棲惡木之枝甘其渴忍其勞非苟且恬愉以失其操也上有常用下有常供故濫物雖萬億及稱之甚豐國家亦不掛念嗜利以收之也誠以用賢能則所利者極博而收濫物則所損者極大故也我聖朝推天地之深仁敷雷霆之大號澤及九有保全羣下之生法約多端爰罷三族之令復先王久廢之舊章行前代所不能行之洪恵彼有罪而當之及無罪而視之者孰不感服而欽念之哉愚臣以為猶有未之盡者也竊見方今陷大罪者除本人已就極刑之外其妻孥親屬有投諸遠方而不齒者有繫於場冶而應役者有役於右族而為臧獲者有配

於士伍而就若地者。斯皆盡除惡務本之當然。切恐有委沙遺金之餘恨也。昔崇鯀之方命圮族。王敦之狼頑天邑。伯禹乃崇鯀之子。茂弘乃王敦之弟。虞舜殛鯀用伯禹以爲司空而不疑。晉元罪敦知茂弘之忠節而不問。故能奠高山大川之地成九叙之歌。以彌虞舜於無爲之休。懷凌霜貫日之誠。匱翦吞沙之寇。以致晉帝於中興之美。蓋由父子兄弟罪不相及。刑賞之施出于公也。由此觀之。籍没之人不宜終身禁錮明矣。又竊見方今或因贓濫。或陷逆流。例皆籍没其財。歸諸内府。散于宗室班于外家。臣伏以金璧之寶。貨貝之資。所以權輕重通有無而流布于四方以張王室之柄也。飢不可食。寒不可衣。然而不可一日闕之。聖人因其無實用而有大益。故賤之。賤之者何。賤其取之而非義者也。彼犯罪之家。非刻剥於下民。則兼并於貧人以得之。今而釁彰孽露。于我常刑。是因利以買害也。若上之人知利之無益而塵翳清潔。亦獨何心哉。且國家不患無財貨之用。若族不患有飢寒之窘。豈賴夫籍没貪穢之財以周所用乎。然令未免此事者。亦因循而不以爲意故也。伏望陛下留心細慮。下令昭陳。凡當籍没之家内。子孫弟姪若有超然特異。足學知政之人。聽有司公舉。録德量能而用之。不在禁錮之限。若然則士知國家之重賢。咸自厲身奮志以希寸禄而程功效實矣。凡當籍没之財。貯於一所。明立簿記。待儲積之多。散於無告之人可也。若然則民化國家之廉仁。咸自立操喻義以復本然而遷善移風矣。此臣所以謂定磐石之鴻基莫如尊士。闡弥天之大義要在輕財也。

天麟又上策曰。臣聞化者。政事之本也。刑者。政事之末也。民有賢愚。有深淺。淺者隨化而自遷於善。深者非刑而無以制之。聖王灼知此故。既布化。又立刑以治天下之民。言其極理則雖有本末之殊。論其設施。則當並舉而無先後之異也。故守其化而不以刑。則奸慝暴亂之徒恃強凌弱而上爲姑息之小惠矣。此舜誅四凶而天下咸服。晉戮三罪而左氏美之。蓋所以備末也。故專其刑而不以化。則秦和洋溢之氣有所鬱滯而上爲法家之少恩矣。此文王發政施仁而受命。漢祖寬仁愛人以肇基。蓋所以務本也。今國家本末並全。化刑兩具。旌義夫節婦孝子順孫之門以厚邦風。舉茂材異等不求聞達之者以勵後進。鄉天民之無告以攄惻隱之心。崇郡縣之學校以敦教育之本也。凡此皆化也。内立刑部。外設理問。示羣下以告捕之賞。儆百僚以風憲之官。凡此皆刑也。大綱已備。小紀未完。若夫王化之方。已皆詳見於前篇矣。其刑罰之事。臣試申之。伏見方今殊死者自有常制。至於抵罪而不當死之流。或有推惡惡之心。循街鞭朴以儆乎衆。未及還獄。遽僵尸於路隅。而人莫之敢稱其寃死者。或有發矜憫之念。依法施行以全其生。未及旬月。復抵冒於嚴禁。而官未有思絶其禍根者。此兩者臣以爲胥失之矣。夫既犯大罪而寘諸死地宜也。非苛也。夫一犯薄罪而亦寘諸死地。苛也。非宜也。凡盜賊奸宄之類。皆官吏未盡承流宣化之德以致之。昔陳仲弓一閭人亦猶且化一梁上君子。而闔境無盜。況乎握郡縣之柄者乎。既不反求諸已而思有以自責。乃復絶頑民自新之路。逞無過不測之威。不亦不能新民之甚乎。又國家之法。未有薄罪當死之刑。今而郡縣擅爲威虐。憲職聞之而不察。省部視之而不禁。豈不傷聖朝之仁化哉。夫罪有故犯者。有誤犯者。有重者。有輕者。常以馭故。權以馭誤。極以馭重。薄以馭輕。究而詳之。莫非中也。彼敗常之人。其罪雖不及死。然以有苟存犬馬之命。幸免漏魚之網。教之不知。導之不移。方其始犯之也。聖人惻然而憫之。小懲而誡之。彼猶不悔。及其再罹刑網。聖人猶曰焉知其不復改邪仍前以治之及乎三陷刑網聖人乃曰此將終無所改矣非惟殘戕良民而抑且累盪滌之化也故國家芟夷而不惜犯者雖死而無辭矣今有屢犯刑章而方且坦然自得甘然無恥縱情以陵無玷之人者豈不虧聖朝之威刑哉書曰狃于姦宄敗常亂俗三細不宥言三犯雖細而亦不之宥也伏望陛下止郡縣之虐除怙終之源凡盜賊細罪一發覺及再發覺者邦有常條無得以前循街鞭朴致傷人命凡盜賊細罪三發覺者明據前後所犯而誅絶之凡所犯雖多而發覺未及三者不在誅絶之限蓋須既懲又懲然後以為真不能改而施之以極刑也凡奸宄之罪未及死者同始是則官吏無擅殺之權而大化可行犯者知將來之不免而有以自新國家除不悛之愚昧而刑罰少措矣

世祖駐蹕察納兒台之地吏部尚書耶律希亮至奏對畢董文用問大都近事希亮曰囹圄多囚耳世祖方欹枕而臥忽寤問其故希亮奏曰近奉旨漢人盜鈔六文者殺以是囚多帝驚問孰傳此語者臣曰此旨實脫兒察所傳脫兒察曰陛下在南坡以語蒙古兒童帝曰前言戲耳曷嘗著為令式乃罪脫兒察希亮因奏曰令既出矣必明其錯誤以安民心帝善其言即命希亮至大都諭旨

順帝時蘇天爵上奏曰洪惟聖朝奄有中夏深仁厚澤普洽于黎元明罰詳刑務存乎寬大然自近歲伊始有司或不得人以致刑獄滋章董使生靈彫弊無辜者牽連受刑有罪者徼倖獲免舞文弄法悉快于姦貪肆虐逞威尤便于皂隸始則因事以織羅次則受財以脫放及聞審囚官將至却稱被罪人在逃縱欲陳告其取受却緣本宗事未絶設計害民無所不至其有結案之囚當使明正其罪今縣未嘗申解于州州未嘗申解于路或畏刑名之錯或因結解之難不問罪之重輕盡皆死于囹圄斷遣者既未曾有平反者蓋所絶無夫廟堂宰輔惟恐一夫失所而州縣官吏輙敢恣意殺人感傷天地之和蓋亦莫重于此近因欽奉詔書巡行畿甸詢民疾苦踈滌冤滯念國家治安既久本欲生全其民今中外一歲之中死者不知其幾其在江南猶稍知懼結案申達于中書判送悉歸于刑部議擬方在吏手囚徒已死獄中且重罪飛申先使知事之元發有司月報又欲考事之施行今皆視為虛文一切置之不問夫朝廷作法如此郡縣慢令可知京畿積弊如此天下之事可知故憤怨蘊于人心災異形于天變水旱大損于禾稼生靈日入于貧窮聞者可以傷心見者當為痛哭傳曰國家閒暇及是時明其政刑今海宇承平百年正當申明刑政感格和平而乃因循苟且癈廢如此欲望禎祥駢臻黎民安乂蓋亦難矣宜從都省明白聞奏今後內外輕重罪囚某事一起自某年

月日到禁某年月日申解所司或斷訖笞杖等罪或審覆結案待報某事一起自某年月日到禁某年月日因患某病某醫用何藥餌竟因某病身故年終通行開寫略節情犯緣由次年三月以裏申達省部選委刑部文資正官一員妨職子細披詳如有淹滯刑獄決遣不當妄申急證死損數多皆當驗事重輕依例治罪庶幾朝廷明其政刑天下知所警畏有司不敢生事擾民罪囚不至冤濫死損

天爵又上奏曰蓋聞刑者輔治之具非恃刑以為治者也欽惟國家列聖臨御其用刑也本之以寬仁施之以忠厚內則論議付之刑曹外則糾察責之風紀故治功表著德澤涵濡然法之所立或有所未周吏之奉行或有所未至當職猥以謭材竊食重祿粗有聞見略具敷陳

一到選官員年六十五以上者先行銓注此國家優恤臣僚宣力

既久恐其年不遠恩德至渥也照得各處推官專掌刑名夫案牘之冗全藉乎精神審讞之詳悉資乎耳目案牘不差則吏無所欺推審既詳則囚無冤抑今路府推官往往年老或視聽不明或神思昏耄苟圖祿俸姑俟引年欲望刑政肅清蓋亦難矣夫先行銓注當明時之厚恩而刑罰不中亦聖人之明訓今後各處推官有闕當選吏通儒術儒習吏事材力明敏别無過舉方許為之其年六十五以上者銓注别職如此則庶幾刑罰得中官無曠職矣

一民之犯罪具有常刑苟肆攘奪理宜禁治切見各處人民或稱窩藏盗賊或言收寄贓物或因僞鈔攀援或為私塩致訟凡一切刑獄等事有司公吏巡捕人等往往因其捕獲乘隙肆為搶奪所犯罪有輕重家貲為之一空甚至取其贓杖其家因為得

罪蓋亦不敢告陳有司亦不受理江淮之南此風尤甚照得舊例諸被囚禁不得告舉他事其為獄官酷已者聽之夫在獄被酷猶許陳告況民之罪狀未明一家已被其虐不亦甚可恤乎今後有犯此者許其家人明立證佐具狀陳告合無比依搶奪民財估贓定論官吏失於約束亦合量情究治如或挾讎妄告抵罪反坐如此庶幾愚民不至甚受其害而巡捕之人亦知有所警畏矣

一中書省奏准節該除人命重事外偷大頭疋等一切罪犯贓仗完備不須候五府官審理令拘該衙門依例歸結夫民之犯刑或不得已累朝欽恤具有憲章向者三年一次遣官審理本為罪囚在禁淹滯今次奏准偷大頭疋等罪許令拘該衙門歸結則是人命重事直待三年五府官處决誠恐獄囚繫夥愈見淹

延照得立御史臺條畫一款所在重刑每上下半年親行参照文案察之以情當面審問若無異詞行移本路總管府結案申部待報其有番異及别有疑似者即行推鞫若關人衆卒難歸結者移委附近不干礙官司再行磨問實情若更有可疑亦聽復行推問無致冤枉若有冤滯隨即改正疎放欽此今後内外重囚擬合照依舊例令廉訪司審録果無冤抑移牒總管府結案申覆詳斷其三年一次遣官審理既不得人徒增煩擾並合住罷如此庶幾獄無淹滯刑政肅清矣

一伏覩至元二年宣諭聖旨節文内外有司官不為用心捕捉盗賊縱有拿獲賊徒取訖招伏贓仗明白指以小節不完不行歸斷今後但有捉獲強盗僞造寳鈔賊徒半年之内依例結案偷大頭疋三箇月内須要結案合該杖罪依例斷决違者在内監

察御史在外廉訪司官驗事輕重究治謹按易曰君子以明慎用刑而不留獄蓋言獄者不得已而設民有罪而入不可留滯淹久也今各處在禁重囚或為賊盗寄贓仗于别所或印僞鈔藏板具于他鄉或指為首同伴在某處居止或稱家屬證佐在其家隱藏累有堪信顯迹事發官司即須移文勾取不得因時妄指平民彼處官司倚恃不相統攝往往不即追捕以致賊徒在逃又令毁棄贓仗遷延歲月虚調文移蓋因官吏舞弄作弊萬端以致刑獄淹延不能杜絶江南州郡此弊尤甚今後如有承受各處公文即當尅時追捕若令賊徒展轉在逃贓仗亦不到官合無比依不即捕盗等例定立罪名如此庶幾事得結絶吏知畏懼而州郡亦無留獄矣

一法制之立既有成規奸僞之滋理宜嚴禁照得舊例諸保辜者

手足毆傷人限十日。以他物毆傷者二十日。以刃及湯火傷人者三十日。折跌支體及破骨者五十日。限內死者各依殺人論。其在限外及雖在限內以他故死者各依本毆傷法。參詳此法古今遵守。別難更易。今江淮以南或辜限已滿其被毆者身死。有司往往比依元貞元年孟福被死事例加等科斷。若皆如此遵行。是辜限為不可用。破已成之法。開姦弊之門。誠恐刑獄日滋。深為未便。照得孟福事例通制既已不載。有司似難奉行。今後鬬毆傷人者止合依辜限之制。或在限外。雖無他故死者。合無止依本毆治罪。其孟福例擬合遍行禁止。如此庶幾奸偽不滋。法制歸一矣。

歷代名臣奏議卷之二百十七

歷代名臣奏議卷之二百十八

赦宥

東漢光武建武二十年。大司馬廣平侯吳漢病篤。車駕親臨。問所欲言。漢對曰。臣愚無所知識。但願陛下慎無赦而已。

桓帝時。河南尹李膺初與廷尉馮緄大司農劉祐等同心。糾罰姦倖。時膺等以罪輸作司隸校尉應奉上疏理膺等曰。昔秦人覩寶于楚。昭奚恤莅以群賢。梁惠王瑋其照乘之珠。齊威王荅以四臣。夫忠賢武將國之心膂。竊見左校施刑徒前廷尉馮緄大司農劉祐河南尹李膺等執法不撓。誅舉邪臣。肆之以法。眾庶稱宜。昔季孫行甫親逆君命。逐出莒僕。於舜之功二十之一。今膺等投身彊禦。畢力致罪。陛下既不聽察。而猥受譖訴。遂令忠臣同愆元惡。自春迄冬。不蒙降恕。遐邇觀聽為之歎息。夫立政之要。記功忘失。是以武帝捨安國於徒中。宣帝徵張敞於亡命。緄前討蠻荊。均吉甫之功。祐數臨督司。有不吐茹之節。膺著威幽并。遺愛度遼。今三垂蠢動。王旅未振。易稱雷雨作解。君子以赦過宥罪。乞原膺等。以備不虞。書奏。乃悉免其刑。

東晉元帝永昌元年皇孫生。郭璞上疏曰。有道之君未嘗不以危自持。亂世之主未嘗不以安自居。故存而不忘亡者。三代之所以興也。亡而自以為存者。三季之所以廢也。是以古之令主開納忠讜以弼其違。標顯切直用攻其失。至乃聞一善則拜。見規誡則懼。何者。蓋不私其身。處天下以至公也。臣竊惟陛下符運至著。勳業至大。而中興之祚不隆。聖敬之風未躋者。殆由法令太明。刑教太峻。故水至清則無魚。政至察則眾乖。此自然之勢也。臣去春啓事。以囹圄充斥。陰陽不和。推之卦理。宜因郊祀作赦。以蕩滌瑕穢。不然。將來必有愆陽苦雨之災。崩震薄蝕之變。狂狡蠢戾之妖。其後月餘日果薄鬬。去秋以來諸郡並有暴雨。水皆洪潦。歲用無年。適聞吳興復欲有構妄者。訟徵漸成。臣甚惡之。頃者以來役賦轉重。獄犴日結。百姓困擾。甘亂者多。小人愚嶮。共相扇動。雖勢無所至。然不可不虞。按洪範傳。君道虧則日蝕。人憤怨則水涌溢。陰氣積則下代上。此微理潛應已著實於事者也。假令臣遂不幸。謬中必貽陛下側席之憂。今皇孫載育。天固靈基。黔首顒顒。實望惠潤。又歲涉午位。金家所忌。宜於此時崇恩布澤。則火氣潛消。災譴不生矣。陛下上承天意。下順物情。可因皇孫之慶。大赦天下。然後明罰勑法。以肅理官。克厭天心。慰塞人事。兆庶幸甚。禎祥必臻矣。臣今所陳。覩而省之。哉未允聖旨。久而尋之。終亮臣誠。君所啓上合。願陛下勿以臣身廢臣之言。臣言無隱。而陛下納之。適所以顯君明臣直之義耳。疏奏。帝納焉。

後魏明元帝時。以郡國豪右大為民蠹。乃優詔徵之。民多戀本。所在聚結。盜賊並起。守宰不能禁。帝乃引白馬侯崔玄伯及元城侯元屈等問曰。前

以光俠亂民。故徵之京師。而守宰失於綏撫。令有逃竄。今犯者已多。不可悉誅。朕欲大赦以紓之。卿等以為何如。屈對曰。民逃不罪而反赦之。似若有求於下。不如先誅首惡。赦其黨類。玄伯曰。王者治天下以安民為本。何能顧小曲直也。譬琴瑟不調。必改而更張。法度不平。亦須蕩而更制。夫赦雖非正道。而可以權行。自秦漢以來。莫不相踵。屈言先誅後赦。會於不能兩去。孰與一行便定。若其赦而不改者。誅之不晚。帝從之。

後周宣帝在位。德政不修。數行赦宥。京兆丞樂運上疏曰。臣謹按周官曰。國君之過市。刑人赦。此謂市者交利之所。君子無故不遊觀焉。若遊觀則施惠以悅之也。尚書曰。眚災肆赦。此謂過誤為害。罪雖大。當緩赦之。呂刑云。五刑之疑有赦。此謂赦疑從罰。罰疑從免。論語曰。赦小過。舉賢才。謹尋經典。未有罪無輕重。溥天大赦之文。逮茲末葉。不師古始。無益於治。未可則之。故管仲曰。有赦者奔馬之委轡。不赦者痤疽之礪石。又曰。惠者民之仇讎。法者民之父母。吳漢遺言。猶云唯願無赦。王符著論。亦云赦者非明世之所宜。豈可數施非常之惠。以肆姦宄之惡乎。

唐高祖時。東都平。大赦天下。又欲責賊支黨。悉流徙惡地。治書侍御史孫伏伽諫曰。臣聞王者無戲言。書稱爾無不信。朕不食言。言之不可不慎也。陛下制詔曰。常赦不免。皆原之。此非直赦有罪。是亦與天下更新辭也。世充建德所部。赦後乃欲流徙。書曰。殲厥渠魁。脅從罔治。渠魁尚免。脅從何辜。且蹠狗吠堯。吠非其主。今與陛下結髮雅故。往為賊臣。彼豈忘陛下哉。壅隔故也。至蹠者安得而罪之。由古以來何始無君。然止稱堯舜者何也。直由善名難得也。昔天下未平。容應機制變。今四方已定。設法須與人共之。法者陛下自作。須自守之。使天下百姓信而畏也。自為無信。欲人之信若為得哉。賞罰之行。無貴賤親疏。惟義所在。臣愚以為賊黨於赦當免者。雖甚無狀。宜一切加原。則天下幸甚。

太宗貞觀中。鹽澤道行軍總管岷州都督高甑生坐違李靖節度。減死徙邊。時有上言者曰。甑生舊秦府功臣。請寬其過。太宗曰。甑生違李靖節度。又誣告靖謀逆。雖是藩邸舊勞。誠不可忘。然治國守法。事須畫一。今若赦之。使開僥倖之路。且國家建義太原。元從及征戰有功者甚衆。若甑生獲免。誰不覬覦。有功之人。皆須犯法。我所以必不赦者。正為此也。又謂侍臣曰。天下愚人者多。智人者少。智者不肯為惡。愚人好犯憲章。凡赦宥之恩。惟及不軌之輩。古語云。小人之幸。君子之不幸。一歲再赦。善人喑啞。凡養稂莠者傷禾稼。惠姦宄者賊良人。昔文王作罰。刑茲無赦。又蜀先主嘗謂諸葛亮曰。吾周旋陳元方鄭康成之間。每見啓告理亂之道備矣。曾不語赦。故諸葛亮理蜀十年不赦。而蜀大化。梁武帝每年數赦。卒至傾敗。夫小仁者大仁之賊。故我有天下以來。絕不放赦。今四海安寧。禮義興行。非常之恩。彌不可數。將恐愚人常冀僥倖。惟欲犯法。不能改過。

長孫皇后遇疾漸危篤。皇太子啓后曰。醫藥備盡。今尊體不瘳。請奏赦囚徒并度人入道。冀蒙福祐。后曰。死生有命。非人力所加。若修福可延。吾素非為惡。若行善無效。何福可求。赦者國之大事。佛道者上每示存異方之教耳。常恐為理體之弊。豈以吾一婦人而亂天下法。不能依汝言也。

武后時。突厥入趙定。殺掠甚衆。民多脅從於賊。賊已去懼誅逃匿。時狄仁傑為河北安撫大使。乃上疏曰。議者以為虜入寇始明人之逆順。或迫脅或願從。或受偽官。或為招慰。誠以山東之人重氣。一往死不為悔。比緣軍興。調發煩重。傷破家產。剔屋賣田。人不為售。又官吏侵漁。州縣科役。督趣鞭笞。情危事迫。不循禮義。投跡犬羊。以圖賒死。此君子所愧。而小人之常。民猶水也。壅則為淵。疏則為川。通塞隨流。豈有常性。昔董卓之亂。神器播越。卓已誅。禽部曲無赦。故事窮變生。流毒京室。此由恩不溥洽。失在機先。今負罪之伍。潛竄山澤。赦之則出。不赦則狂。山東群盗緣茲聚結。故臣以為邊鄙暫警不足憂。中土不寧可為慮也。夫持大國者不可以小治。事廣者不可以細分。人主所務弗檢常法。願曲赦河北。一不問罪。詔可。

中宗時。張易之誅。議窮治黨與。監察御史張廷珪建言曰。自古革命。務歸人心。則以刑勝治。今唐曆不移。天地復主。宜以仁化蕩宥。且易之盛時。趨附奔走半天下。盡誅則已暴。罰一二則法不平。宜一切洗貸。中宗納之。

德宗時。中書侍郎同中書門下平章事陸贄論左降官准赦量移事狀曰。右竄謫之徒。皆在遐僻。或迫於衰暮。顧景思還。或困於瘴癘。翹心望徙。既闕霈澤。許以量移。企躍之情。遠想可見。若准所司舊例。須俟州府錄申。盤勘檢尋。動踰年歲。上稽恤宥之旨。下虧慶賴之心。臣等商量。恐須葺革。望令所司據承貞元六年恩赦檢勘已量移未量移官。及貞元六年恩後左降官等除遷改亡歿之外。具名銜及貶責事由年月。速報中書門下。不須更待州府申請。臣等據所司報到。則便進擬。不出歲內。冀悉霑恩。未審可否。謹錄奏聞。伏聽進止。

贄又上奏曰。伏以國之令典。先德後刑。所後者法當舒遲。故決罪不得馳驛行下。所先者体宜疾速。故赦書日以五百里為程。誠以聖王之心。務弘慶惠。必迴翔於行罰。而企躍於舒恩。不加罰於典法之外。不虧恩於德令之內。則受責者莫得興怨。荷貸者咸思自新。所謂威之斯懲。宥之斯感。懲以致理。感以致和。致理則尊。致和則愛。為人父母。必在兼行。陛下德配上玄。澤流下土。頃因郊祀。普降鴻恩。凡是貶責之人。並許量移近處。臣等任叨輔翼。職在宣行。尋具奏聞。請便進擬。聖心精一。務欲均齊。令待所司檢尋。一時類例處分。其左降官內或罪非可棄。才有足甄。亦許別狀商量。不拘常例獎用。臣等據所司檢勘左降官及流人送名到者。都比擬量移及別追用。分為三狀。前月十二日封進。其流人量移狀已蒙印出行下訖。餘兩狀至今未奉進止。竊以赦書宣布僅欲半年。若更淹遲。恐乖事体。又諸州刺史及臺省官等。繼有事故。頗多缺員。睿旨精於選求。至今常不充備。以昔掩德見非古人。錄用棄瑕。允歸聖造。碩廣含弘之美。庶增誘掖之途。謹奉狀陳聞。伏聽進止。

贄又上奏曰。右希顏奉宣進止。舊例左降官每准恩赦量移。不過三百五百里。今度進擬。稍似超越。又多是近兵馬處及當路州縣。事非穩便。宜更商量。伏以罰宜從輕。赦宜從重。所以昭仁恕之道。廣德澤之恩也。夫位尊者其惠不可以不重。言大者其實不可以不豐。位尊而惠輕。則体非宜。言大而實寡。則人失望。陛下躬行盛禮。渙發德音。念謫居之荒遐。哀負累之沉棄。俾移近處。將合新恩。赦令初行。室家相慶。惠亦至矣。言亦大矣。竊料竄逐之人。罔聞霈澤之際。固必破產以飾行裝計日而俟休命往蒋滄洲復經半年儻又所移之官遠與舊任鄰近竊恐乖陛下垂愍之意虧制書行慶之恩恩重而事實輕非所以揚鴻休而布大信也謹按承前格令左降官非元勅令長任者每至考滿即申所司量其舊資便與改敍縱或未有遷轉亦即任其歸還遠于開元末李林甫固權專恣凡所斥黜類多非辜慮其卻迴或復究訴遂奏左降官考滿未別改轉者且給俸料不須即停外示優矜實欲羈係從此已後遂爲恒規一經貶官便同長任迴望舊里永無還期縱遇非常之恩許令移遠就近雖名改轉不越幽遐或自西徂東或從大適小時俗之語謂之橫移馴致忌剋之風積成天寳之亂展轉流弊以至于今天下咸病此法深苛而不能改從舊典者良以猜嫌之慮易惑上心將謂負譴之人悉包樂禍之意已經黜責遂欲隄防故高論則痛嫉林甫之陰邪而密網則習行林甫之

弊法憸邪爲蠹乃至於斯然則左降永絶於歸還量移不離於僻遠蓋是姦臣詭計殊非國典舊章且貶黜之中情狀各異犯有輕重責有淺深固非盡是回邪皆須備慮王者之道待人以誠有責怒而無猜嫌有懲沮而無怨忌斥遠以儆其不恪甄恕以勉其自新不儆則浸及威刑不勉則復加黜削雖屢進退俱非愛憎行法乃暫使左遷念材而漸加進敍人知復用誰不增脩何憂乎亂常何患乎蓄憾如或以其貶黜便謂姦兇恒處防閑之中長從擯棄之例則是悔過者無由自補蘊才者終不見伸凡人之情窮則思變含悽貪亂或起於茲雖則何患能爲亦足感傷和氣謂非帝王開懷含垢之大体聖哲誘人遷善之良圖也臣等昨進擬商量非不精詳既審事宜亦尋舊例參求折衷兼務齊平大約所擬之官各移近地一道郡邑稍優於舊任官資序進於本銜並無降差亦不超越其有累經移降已至關

繇則但以大州增其常秩所與人皆受賜庶不失乎上副鴻恩下塞延望纔將得所殊匪爲優今若裁限所移不過三五百里則有改職而疆域不離於本道遷居而風土反惡於舊州徒有徙家之勞是增移配之擾又當今郡府多有軍兵所在封疆少無館驛應合量移之例約有二百許人道路須計其遠近之差州縣則校其高下之等若必選非當路復不近兵則恐類例失倫署置偏併示人疑慮体人非弘幸希聖聽更賜裁審其擬官狀並未敢改革

贄又論赦書事狀曰右隱朝奉宣聖旨并以中書所撰赦文示臣令臣審看可否如有須改張處及事宜不盡條錄奏來者臣謹如詔旨詳省再三猶懼所見不周兼與諸學士等參考得失僉以爲綱條粗舉文理亦通事多循常辭不失舊用於平昔頗亦可行施之當今則恐未稱何則履非常之危者不可以常道安解非常之紛者不可以

常語諭自陛下嗣承大寳志一中區竊用甲兵竭取財賦甿庶未達於督勞之旨而怨咨已深昊穹不假以悔禍之期而患難繼起復以刑譴太峻禁防傷嚴上下不親情志多壅乃至變生都輦盜據宮闈九廟鞠陷於匪人六師出次於郊邑奔逼憂厄言之痛心自古禍亂所鍾罕有若此之暴今重圍雖解逋寇尚存裂土假王者四兇滔天僭帝者二竪又有顧瞻懷貳叛換黨姦其流寔繁不可悉數皇輿未復國柄未歸勞者未獲休功者未及賞困窮者未暇恤滯抑者未克申將欲紓多難而收羣心唯在赦令誠言而已安危所屬其可忽諸動人以言所感已淺言又不切人誰肯懷昔成湯遇災禱于桑野躬自剋責以爲犧牲古人所謂割髮宜及膚翦爪宜侵体良以誠不至者物不感損不極者益不臻今茲德音亦類於是悔過之意不得不深引咎之辭不得不盡招延不可以不廣潤澤不可以不弘宣暢羣

堙不可不洞開襟抱洗刷瘢垢不可不盪去瘢痕使天下聞之鄭然一變若披重昏而覩朗曜人人得其所欲則何有不從者乎應須改革事條謹具別狀同進除此之外尚有所虞竊以知過非難改過為難言善非難行善為難假使赦文至精止於知過言善猶願聖慮更思所難易曰聖人感人心而天下和平夫感者誠發於心而形於事人或未諭故宣之以言言必顧心心必副事三者符合不相越踰本於至誠乃可求感事或未致則如勿言一虧其誠終莫之信伏惟陛下先斷厥志乃施於辭度其可行而宣之其不可者措之無苟於言以重其悔言克誠而人心必感人心既感而天下必平事何可不詳言何可不務罄輸愚懇伏聽聖裁

贄又請宥趙貴先罪狀曰右欽溆奉宣聖旨前者共卿商量趙貴先欲恕其罪朕朝來更問諸將皆云貴先順從朱泚則是逆人合依常

刑不可寬捨衆人意既如此應難釋放卿宜知悉者臣愚以為貴先從逆之罪法當不容貴先陷身之由情則可恕陛下所議務宥原其情也諸將所請誅戮據於法也據法而除君之惡者人臣之常志原情而安衆之危者人主之大權臣主之道既殊通執之方亦異言各有當體各有宜事或相駁而無傷此之謂也往以襄城告急詔命隴右發兵齊映率衆東行貴先即其部將于時軍至昭應適遇鑾輦奔天齊映馳歸鳳翔貴先獨主營幕進無摠帥退閡亂兵遂為賊泚所招紿以同迎鑾駕泚既反狀未露貴先安得匆從已受邀留遂遭劫制身縻偽職兵隸兇徒雖居賊中亦不見任首末事跡簡在天心臣亦親承德音非獨聞於傳說其於情狀頗有足矜所可責之辜唯在不能守節而死耳貴先儻能守節即是忠烈之徒固獲褒旌豈資寬捨況所讞辭蓋緣獄疑罪疑惟輕實編令典罪從罔理亦載聖謨

況復懷光未殲希烈猶熾遭罹誘陷其類是繁今京邑初平皇猷更始乃是污俗覩化之日聖王布德之時所用刑章尤宜審慎一輕一重理亂攸生宥之以恩則自新者咸思歸命斷之以法則懷懼者姑務偷生衆心既偷賊勢思固不忍一朝之忿而貽累歲之憂茍循匹夫之謀以興億衆之役為計若此夫何利之有焉曩者羯胡亂華染污士吏肅宗興復累降赦書罪止渠魁餘所不問河朔遺孽既聞德澤之弘被且幸習污之見原人人皆自恕凡各悔歸國之晚洎乎三司按罪繼用嚴科未降之流復喜得計慶緒將潰而再結思明已附而重攜浸長厲階至今為梗豈不以仕法之吏而虧權道小不忍而亂大謀者乎昔漢高帝既定四方見諸將往往偶語謀反乃問張良曰為之柰何良曰陛下所最恨者為誰帝曰雍齒與我有舊而數窘我良曰今急封雍齒則人人自堅矣帝用良計諸將果安皆云雍齒且

侯吾屬何患蓋以圖霸王者不牽於常制安反側者罔念於宿瑕今陛下有漢高之英貴先無雍齒之釁加戮不足威暴逆矜全可以定危疑明恕而行盛德斯在何所為慮尚勞依違微臣區區上言蓋為將來張本凡非首惡皆願從寬庶使負累之徒莫不聞風而化消姦宄誘惑之計開叛亂降附之門此其大機不可失也陛下前意固為善矣伏惟不為浮議所移

憲宗元和三年帝御丹鳳樓大赦天下知樞密中使劉光奇黨庇同類奏准舊例散差中使走馬往諸道送赦書所貴疾速意欲庇瑕其類使至諸道受納財賂俟其至也自獲其半翰林學士裴垍李絳等奏曰陛下自臨御海內事推至當易去煩苛今復以赦書散差勅使專送是求方鎮貨財蓋非陛下意旨請付度支鹽鐵急遞發遣既得疾速簡便又無求取勞擾上依絳等所奏光奇又奏曰舊例如此難

使陳易。上曰。舊例若是。即須恭守。若不是。即須改移。豈可循舊弊耶。宜依裴洎李絳所奏。

文宗時。邕管經略使董昌齡誣殺參軍衡方厚。貶溆州司戶。俄徙峽州刺史。右拾遺魏謩諫曰。王者赦有罪。唯故無赦。比昌齡專殺不辜。事跡暴章。家人銜冤萬里投訴。獄窮罪得。特被矜貸。中外以為屈法。今又授刺史。復使治人。紊憲章。乖至治。不見其可。有詔改洪州別駕。

後晉高祖即位。屢赦天下。左散騎常侍張允為駮赦論以獻曰。管子曰。凡赦者小利而大害。久而不勝其禍。無赦者小害而大利。久而不勝其福。漢之吳漢疾篤。帝問漢所欲言。漢曰。惟願陛下無赦。尒蓋行赦不以為恩。不行赦不以為無恩。罰有罪故也。自古皆以水旱則降德音而宥過。開狴牢而出囚。冀感天心以救其災者。非也。假有二人之訟者。一有罪而一無罪。若有罪者見捨。則無罪者銜冤。此乃致災之道。非救災之術也。至使小人遇天災。則皆喜而相勸以為惡。曰。國將赦矣。必捨我以救災。如此。則是教民為惡也。夫天之為道。福善而禍淫。若捨惡人而變災為福。則是天又喜人為惡也。凡天之降災。所以警戒人主。節嗜慾。務勤儉。恤鰥寡。正刑罰而已。上覽之大悅。

宋太宗時。祖吉守郡為姦利事。覺下獄案劾。爰書未具。郊禮將近。太宗疾其貪墨。遣中使諭旨執政曰。郊赦可特勿貸祖吉。趙普奏曰。敗官抵罪。宜正刑辟。然國家卜郊肆類。對越天地。告于神明。奈何以吉而隳陛下赦令哉。太宗善其言乃止。

太宗嘗因郊禮議赦。有秦再思者上書願勿赦。引諸葛亮佐劉備數十年不赦事。帝頗疑之。時趙普對曰。凡郊祀肆眚。聖朝彝典。其仁如天。若劉備區區一方。臣所不取。上善之。遂定赦。初太祖將祀南郊。詔兩京諸道自十月後犯強竊盜不得預郊祀之赦。天聖五年。馬亮上言。朝廷雖有詔。而法官斷獄。乃言終是會赦。多所寬貸。惠姦宄。失詔旨。遂詔已下約束。而犯劫盜及官典受贓。悉論如律。

真宗時。右正言夏竦上奏曰。臣聞仲尼曰。善人為邦百年。可以勝殘去殺。傳曰。為溫慈惠和以效天之生育長養。臣以為邊無兵革之虞。官無貪暴之吏。國無率斂之制。民無寇盜之虞。則元元受好生之賜。萬物遂長育之性。皆非謂肆赦之義也。蓋赦者偏枯之物。權時之制。君子所懼。小人所悅。夷吾嫉其大害。孔明譏其小惠。故無赦之國。其刑必平。居上者攸宜矜慎。皇家解五代之苛暴。復八世之典憲。撥亂之始。宜推解網之惠。守成之朝。難緩委轡之權。夫赦不可以逆知。逆知則姦作。姦不可以數惠。數惠則政煩。方今郊祀之日。必覃渙汗之恩。豪猾瞻望而造姦。吏胥因緣而弄法。雖預示禁章。未令原免。及廣覃慶澤。誰復舉行。願陛下崇先王告殺之道。塞叔世屈法之門。令恩不預彰。罪無苟免。齊霜威。流惠澤。若以廢之不可。必也用之有方。書曰。眚災肆赦。易曰。赦過宥罪。或當陽氣發生之始。薰風亭育之際。順雷雨之象。布蓼蕭之恩。必也赦除悞失。宥故犯。庶鈇鑕戒有差。免使重輕一致。肆眚之文。事宜從簡。若蠲放理督之物。并進官資之屬。各詔有司。須下其事。何必縷陳條例。動盈數幅。使舞文之吏得以因緣。載筆之官難為紀述。從其簡易。足正經綸。

仁宗景祐元年二月。侍御史龐籍乞郊禋更不行赦。疏曰。臣竊見南郊禮畢行赦。臣謂禮行於郊。而勸賞賜赦者。古之人無有也。三王之世。歲親祀昊天上帝於圓丘。又祀感生帝於泰壇。漢朝有甘泉五時之祭。綿代而降。郊祀不輟。至於賞赦。皆未之聞也。有唐兵興以來。事天之祀。歲或廢之。迄于五代。三年之行。還以大賞。所以勞衛兵也。必大赦。所以蕩亂獄也。然則所賞既大。不可以歲舉。故必三載而躬祀也。

聖朝承五代之弊。興千齡之統。應變以制事。酌中而立治。遠遵前古之法。近擇後王之迹。是以間歲報本。就陽位而展禮。一朝錫福。御端闈而行赦。慶賞二柄。行慶之道也。謂夫法篤順動。六師景從。雖無大勞。而必隆賞。所以勉軍伍而衛社稷也。雖至愚以謂賞者國家之大典。可以仍舊。謂夫狴牢悉啟。桎梏並空。雖皆大罪而必盡赦。所以滌衆故而使自新也。雖至愚以為赦者政教之大患。不可以常用。何以明之。且有罪者宥之。未必自新也。被苦者抑之。未必無怨也。不能自新。將復為惡。不能無怨。將悔為善。一赦而使民悔善復惡。故以為政教之大患也。所謂常赦者。除十惡。闘殺。劫殺。謀殺並為已殺人者。及放火。官典犯正枉法贓至死不赦外。其餘罪咸赦除之。設有闘毆者折肋墮胎。折跌人支體及瞎其一目。即損二事已上。及因舊患令至篤疾。以威力取財。雖不傷人。是皆凶險之人。大楚毒之極。寘之常刑。則

可以舒平民之憤。控惡人之銳。乃復被其大恩。出為無罪。誠不足以增光盛德。適足以塞和氣而已。況復將有事於南郊之歲。必告布天下。民以是知國將郊禋。郊必宥罪。乃先其時節用肆其凶暴。雖約束之預降。終恐囂之悉蕩。宣父有言。民可使由之。不可使知之。今使之知。所以為幸。陛下誠能布發睿旨。昭示天下。今後郊禋之日除賞賜之外。更不行赦。使無敢為僥。則善懦者懷惠。凶頑者知禁矣。

慶曆二年。館閣校勘蔡襄上疏曰。臣伏覩比年以來。盛夏之月。陛下親慮京師繫囚。令天下負罪者減降。便從輕典。此蓋陛下嗟憫元元重罹禁網。冒炎暑之苦。而處狴牢之下。天衷惻然。下寬大之詔。寔羣生之厚幸也。臣愚無智慮。不能識天地無根之施。而竊有惑焉。臣聞古先帝王。躬慮獄囚。皆以決訴究滯。非特專宥過戾也。迫隆冬綠亦暑。則或行之。非一定而不易之制也。向者國家行之。比三年矣。編户之民。習踏前事。咸知指時月輕觸憲度。豈非屢行之。乃滋而為弊。夫法者天下大公之本也。故罪有小大。法有輕重。今所沮者大罪。而所戾者輕法。以非其罪邪。雖輕法不得施。安在降其等乎。誠當其罪邪。重法尚不足以禁。顧輕之。何以革小人之心。而驅之嚮善哉。國家每郊禋必大赦。貧民之罪固不鮮矣。又仍歲有疏決減降之制。臣謂貧弱者多負冤。而富強者多蒙宥。為惠甚小。而其蠹甚大。非有補於治體也。伏望陛下參前古之制。揆當今之弊。罷減降之詔。而責天下州郡吏審辨獄情而毋多久繫也。臣職賤而言近。不勝隕越之至。

嘉祐四年。知制誥劉敞上奏曰。臣伏見今月二十八日疏決在京繫囚。雖恩出一時。然在外群情皆云聖意以皇女生故。施此慶澤。恐非王者之令典也。去年閏月已曾減降。尚未半年。復行此恩。傳播民之多幸。則於國不幸。一歲再赦。好人喑啞。前世明君賢臣論此詳矣。雖

成事不說。臣願朝廷慎之。

六年。起居舍人同知諫院司馬光論赦及疏決狀曰。臣竊以赦者害多而利少。非國家之善政也。虞書曰。眚災肆赦。怙終賊刑。謂過誤有害則赦之。怙惡自終則殺之。非不擇罪之有無。并赦之也。漢大司馬吳漢病篤。光武親臨。問所欲言。對曰。惟願陛下慎無赦而已。王符亦曰。今日賊良民之甚者。莫大於數赦。贖赦贖數。則惡人昌而善人傷矣。蜀人稱諸葛亮之賢。亦曰軍旅屢興。而赦不妄下。然則古之明君賢臣。未嘗以數赦為美也。國家承順天心。子愛百姓。發號出令。必先至仁。然數赦之弊。猶未能去。又古之赦者。其出無常。嚴謹周密。不可前知。姦民猶抵冒以待之。況今國家三年一郊。未嘗無赦。每歲盛夏皆有疏決。猾吏貪縱。大為姦利。悍民暴橫。侵侮善良。百千之中。敗無一二。幸而發露。率皆亡匿。不過周歲。必遇赦降。則晏然自出。復為平

人往往指望謂之熟勑，使愁痛之民憤邑惴恐，凶狡之群志滿氣揚，豈為民父母勸善沮惡之意哉。且疏決之名，本以盛暑之際，恐囹圄之中有滯積冤結，有司不為申理，使無所告愬，故天子臨軒親加慮問，平其枉直，無辜則赦，有罪則誅，使久繫之人一朝而決，故能消釋沴氣，迎致太和，非謂不問是非一切縱之也。又祖宗之時，每歲不過一次疏決，死罪以下皆遞降一等。近年以來，或至再三，自徒以下一切赦之。今歲五月以前疏決之令已再行矣，此所以使百職驕慢姦邪恣睢者也。今縱未能盡革前弊，伏望陛下特降指揮下中書，今後每歲疏決不過一次，或早或晚，使外人不可豫期，其徒罪仍依舊降從杖，或遇親祀南郊之歲更不疏決，永為定制，庶幾為惡之人不敢指以自寬，有所戒懼。

七年，光又上論赦劄子曰：臣伏見國家每下赦書，云敢以赦前事言者以其罪罪之，誠欲恩澤下究而號令必信也。比見臣僚多以私意偏見奏赦前事，乞不原赦，或更特行編配，重於不經赦之人，朝廷皆從其請。若其人情理巨蠹，必不可赦者，則國家當於約束勑及赦文內明白言之。若所坐不至甚重，而特不赦，是恩澤有所不均，而同死罪猶赦之，而微罪不赦，是則罪之輕重不繫於人主，不刊之法令而決於人臣一時之私意也。況使經赦之人仍就編配，得罪重於不經赦者，尤無謂也。夫赦者誠非致治之道，然朝廷若能永無赦令，使有罪者必刑，則人知恐懼，莫敢犯矣。今既數下赦令，而使大罪得免，小罪被刑，經赦者其罰重，不經赦者其罰輕，臧否紕繆，使百姓何所取信哉。臣愚欲望陛下自今犯罪之人情理巨蠹，必不可赦者，乞於豫降約束勑內明白言之，其餘並從赦文處分。其有舊赦作過情狀顯然，不因臣僚奏請，陛下聖意特不原免者，止宜依法施行，亦不可使重於赦前之罪。臨時赦前犯罪不至編配，而赦後特行編配者，並乞放令逐便，庶使恩澤均一，號令明信。

仁宗時，范仲淹奏為赦後乞放祖宗朝欠負，疏曰：臣伏覩國家每一降赦，萬人歡呼。一兩月間，錢穀司存將欠負之人依舊督責，枷棰老幼，籍沒家產，既失大信，且虧至仁。蒙聖恩已差楊日嚴、王質與三司詳定，不係侵欺盜用，該赦欠負。次臣舊曾在三司定放欠負，見渭州酒務有少欠雜物，係專副四十餘界，計八十來年，蹔數少數又不顯侵欺。其勾當人亡歿年深，只追貧弱子孫理納，並不知祖父如何少欠。似此刻剝傷民，豈陛下愛育生靈之德。臣欲特出聖意，應祖宗朝天下欠負，更不問侵欺盜用，並與除放。如有司更不舉行，許三司知次第人陳告，干繫人吏並坐違制，決停。告事人與轉一資，諸處承受施行官吏並科違制之罪。

起居舍人知諫院范鎮上奏曰：臣聞古人有言曰：一歲再赦，好人喑啞。此言赦之惠姦而無益於治道，不可數者也。屬者京師及畿輔歲一赦，而去歲再赦，今歲三赦，京師兵士又得再賜錢，姑息之路無此甚者。夫歲一赦者細民謂之熟恩，必其在五六月間也，猾胥姦盜倚為過惡，指期以待免，況再赦乎，況三赦乎，其為惠姦廢損治道可知矣。好人良善也，歲赦尚猶喑啞，蚩蚩愚民其不狃而為姦且盜者無幾矣。又今防秋備塞之人無慮五六十萬，使聞京師端坐而受賜者，能無動心乎。不可不慮。然陛下德音已下，賜錢已出，臣知不可救已。伏乞今後罷所謂歲一赦者，以摧姦猾而使善良有所立也。罷兵士之特賜錢者，以均內外，以防後患，而使民力得寬裕於財也。昔唐太子承乾為長孫皇后請肆赦以崇福祐者，長孫皇后曰：赦者國之大事，豈以吾故亂天下法乎。長孫婦人耳，猶能如此，陛下聖仁堯舜之資顧不為長孫后之所為乎。臣竊惜之。

神宗熙寧元年，通判利州周表臣論災異不必肆赦疏曰：臣伏見國家每因天文之異、水旱之災，大則行德音於天下，小則曲赦於西京。臣竊惑焉。夫數赦之為害，古人論之詳矣。蓋古者赦過宥罪，行於過失遺亡而不以惠姦。陷於刑辟者，非盜人貨財，則脅弱暴寡者也。使為盜者蒙釋，則其主必憤疾；使衆强者被宥，則寡弱必無訴。故赦者良民不被其澤，而惡人昌矣。又況小人習性之愚，不能改過自新，其既出也，大至於讎害其主，小至於傷損乎人，則復穴坏踰垣，揭篋探囊。故朝脫桎梏，夕復殺人；朝出囹圄，夕復為盜。此非一日也。國家何姑息於此而赦之乎？昔成湯之時，其旱可謂久矣，湯以六事自責而已，未嘗聞赦也。高宗有飛雉之鳴，可謂異矣，祖己訓之以正厥事而已，未嘗聞赦也。周宣王之時，其旱亦可謂久矣，詩美其側身修行而

已，未嘗聞赦也。夫遇災應變，得如成湯、高宗、宣王，不亦可乎？而必赦姦宄以為惠，不亦異乎？竊原國家之意，豈非謂刑罰獄訟或有寃濫，故赦之以致和氣？苟得其人，則自無寃濫矣。況近年以來有法弛禁，人持近厚之心，刑罰清而獄訟理，乃使兇姦之人槩蒙釋宥，恐非國之福也。臣願朝廷或遇災異，求古明王所以應天之道，或修法度政事之未備者，或求惠民濟衆之未至者，或舉擢有道德才行而隱晦於下位者，或出宮嬪之閑執事歲深無職掌掃洒而幽閉者。臣聞太祖皇帝躬履儉約，嬪御不滿三百，猶以為多，嘗因霖雨，又出數十人。此近事之驗也。凡此皆先王舊典，或祖宗故事，惟陛下特求行之以應變，而赦不妄下，庶使乎寇賊姦宄無不息矣。

七年三月不雨，帝以旱欲降赦。時已兩赦，王安石奏曰：湯旱以六事自責曰：政不節與？若一歲三赦，是政不節矣，非所以弭災也。上乃止。

元豐三年，太尉文彥博上論赦事疏曰：臣伏覩陛下躬行大享之禮，前期潔齋於路寢，朝謁於靈宮，孝享於大廟，乃格明堂，以嚴宗祀。祀禮之重，無重於此。既而御端闈，孚大號，霈惠澤於天下。號令之重，亦莫重於此。然號令之出，在於必行。不惟其反，謹詳辛巳赦文，釋係縲，貸逋負，此常赦至寬，自殺人已死及監主自盜官吏枉法外，罪無輕重悉除。而近歲以來，中外臣僚多不詳罪犯與情理之輕重，皆乞遇赦不原。朝廷或從其奏，臣恐輕重之間有所未安。且臣下迎格赦令，則禮為不恭；朝廷遂從其請，則令有不信。臣乞今後凡有罪奏乞不赦原者，並送刑部，候具獄上，一繫朝廷臨時特旨。

神宗時，知諫院司馬光上言曰：按察之官以赦前事興起獄訟，禁之誠為大善。至於言事之官，事體稍異。何則？御史之職，本以繩按百僚，糾擿隱伏姦邪之狀，固非一日，所為國家素尚寬仁，數下赦令，或一

歲之間至于再三。若赦前之事皆不得言，則其可言者無幾矣。萬一有姦邪之臣，朝廷不知，誤加進用，御史欲言，則違今日之詔；若其不言，則陛下何從知之？臣恐因此言者得以藉口偷安，姦邪得以放心不懼。此乃人臣之至幸，非國家之長利也。請追改前詔，刊去言事兩字。光論至再，帝諭以言者好以赦前事誣人。光對曰：若言之得實，誠所欲聞；若其不實，當罪言者。帝命光送詔於中書。

知諫院陳襄乞原免張堯夫等狀曰：臣伏見轉運司差官置院取勘本州宛丘縣令張堯夫、司法參軍周琳，為檢斷潁州萬壽縣令劉獻臣等明知手分張育等多納人户青苗頭子錢四十四貫有零，偷盜入己。及事發，旋搬所盜錢入縣。其時劉獻臣等却容庇本人，許令陳首，虛作誤納錢數在庫，從杖罪就縣斷遣。係提刑司巡歷到縣點檢發覺，差官覆勘出上件情罪，牒請張堯夫録問，周琳檢法，將劉獻臣

等作故出張育等盜錢徒二年全罪。以官吏分首從。從私罪定斷。尋蒙大理寺等處駮定。只合用公坐相承四等減斷。其張堯夫周琳卻有檢斷不當罪名。准勅下轉運司取勘。雖兩經德音及遇郊禋大赦。其推勘院爲見前來德音後准朝旨取勘。以此不敢引赦恩釋放。依前圓結公案錄奏。檢准熙寧編勅諸官員將校犯罪自首或會恩合原除私罪徒及贓罪並結案聞奏。餘更不結案。其張堯夫周琳所犯只得公罪杖。不合結案。事理分明。臣昨曾知本州。備知遂官涖職公勤。州縣所賴。今再叨朝寄。益見其職事風蹟可觀。歷任已來。各無公私過犯。內張堯夫是故禮部尚書張詠曾孫。到邑三年。臨事精敏。威惠兼著。奉行新法。夙夜匪懈。僧道舉人等累次經轉運司陳狀。稱本官婚田鬭訟給納青苗並無留滯催驅。青苗稅物不施刑責。各依限了足。備見愛民之甚。乞留再任。已具奏陳。提刑司曾申中書乞免替

移通判。比部員外郎雍標亦具申奏乞依勅條原放。兼入仕已來。有韓絳吳充王拱辰滕甫劉庠陳薦薛向等一十三人保舉充縣令。京職官任使得替。合該磨勘。惜其名臣之後。能自立身勤政。如此誠可獎激。及周琳除本職外。州司多委他局勾當。並皆濟集。強幹可稱。竊詳萬壽縣令佐元犯本爲不覺察人吏多納青苗錢數。有礙新法。刑名深重。避見申解上州。暴揚已過。以此商量許令陳首作候納錢數。只就本縣斷放。雖然公事。其間雜有私情。顯是刑名疑慮。其張堯夫等意在推明新法。嚴誡吏人取受。以致失錯檢斷。別無枉曲。今依條減外。亦只有公罪杖。累逢恩宥。於法自合全原。不當圓結公案。竊慮將來奏案朝廷。以前來德音曾降勅命取勘。特有移改。隔礙磨勘指揮。原其本情。誠足矜憫。欲乞聖慈檢會提刑轉運司及本州通判雍標等奏狀及申中書狀。特賜詳酌。與依赦勅原放。不作遺闕。庶使公勤盡心之吏知所勸激。謹具狀奏聞。伏候勅旨

彭汝礪上奏曰。禮之有刑。非以民爲不足教也。所以救禮之失也。刑之有赦有宥有贖。非以姦爲可容也。所以待刑之所不及也。故周公之法。非獨老幼惷愚者有赦也。而不識者亦有宥焉。非獨墨劓之疑有赦也。而大辟者亦有贖焉。以此知先王之所以愛人厚矣。後世無先王之教育而有先王之刑。有先王之刑而無先王之赦。是所以愛人者少。而所以傷人者有餘也。此豈可忽哉。律大辟刑名疑慮許奏請。然有司畏於駮問見坐。而移易獄辭。牽合法令以刑之。則疑者未必釋也。杖罪情理可矜許贖。然有司用法或出於喜怒。而無告者未必有而無故未必刑也。大辟極矣。而或有減。則徒役者何獨不幸耶。杖罪至輕矣。而亦有贖。則流配者何獨不恤耶。舜典曰。罪疑惟輕。又曰宥過無大。刑故無小。則赦宥非有輕重之論也。臣欲乞應以過失

犯刑。應刑名疑慮。皆聽贖。則請於逐路職司而已。其應赦而不請。應夾而私用贖。許民得自言。而使職司督察之。如此則民無幸不幸者矣。先王仁義之意。其或在是歟。

哲宗元祐七年九月。侍講學士范祖禹乞除賊盜重法狀曰。臣於去年十二月轉對奏事。乞除賊盜重法。未蒙施行。臣聞王者之德。如天無不覆。地無不載。四海之內皆赤子也。無有遠邇。當視之如一。今重法之地。獨爲匪民。一人犯罪。連及妻孥。沒其家產。便同反逆。先王制刑。必使民得以自新。不聞別異州域。偏行峻令。恐非聖世所宜爲也。陛下將郊見天地。御樓肆赦。若於赦文悉除此法。一切蕩滌。與之更始。足以感格人心。召致和氣。則帝舜好生之德。大禹泣辜之仁。成湯解網之恩。復見於今矣。恭惟祖宗無不哀矜庶獄。刑罰從寬。遠過前代。實有陰德上當天心。是以承平百年。福祚無窮。唯自嘉祐七年初

盜竊藏重法。至凞寧中。中書檢正官奏請遂為著令。皆因有司建議非仁宗神宗本意。此乃權時之制。不可久行。臣前奏論之已詳。今因初郊。宜以為仁政之始。聖人順動。雲行雨施。刑清民服。正其時也。伏望聖慈斷而不疑。特降睿旨於將來赦書行下。使百姓曉然知二聖天地涵養無私之德。不獨視此諸郡如夷貊之人。臣將見民之戴恩淪於骨髓。則勝殘去殺庶可望矣。謹録奏聞。

元祐中。上清儲祥宮成。將肆赦。樞密直學士王巖叟曰。昔天禧中祥源成。治平中醴泉成。皆未嘗赦。古人有垂死諫君無赦者。此可見赦無益於聖治也。

徽宗時。翰林學士葉夢得上奏曰。臣近因申明昊天上帝皇地祇冊文。尋蒙聖旨別撰。已為祈辭。今來合降赦書。謂宜更行推廣。歷叙天下艱危之狀。深自貶損。明示四方。使無遠近皆知陛下為民請命以

邀福於上下神祇之意。昔漢光武初興。第五倫每讀詔書。常嘆息曰。此聖主也。一見決矣。唐德宗以朱泚之亂。巡幸奉天。陸贄在翰林。每降詔令。武夫悍卒無不感泣。李抱真自山東入朝言曰。此時臣知天下不足平。蓋上天不可矯誣。人情易以誠感。惟不諱禍難而示以惻怛。則雖幽遠與愚賤皆可以動。文辭播告。不為無補。伏望聖慈詳酌如允所請。將來赦書乞降付本院。依此施行。

高宗建炎元年。尚書右僕射李綱議赦令疏曰。臣伏讀陛下登寶位赦書。竊怪與祖宗登極之赦恩數不同。及得張邦昌僭位偽赦考之。乃知登寶位赦書。一切比附以行也。臣所致疑者有三。祖宗登極。惟赦雜犯。死罪以下至於惡逆則不赦。蓋惡逆者。天地之所不容。使其罪亦得以幸免。則人倫廢而天理絶矣。邦昌當位宰輔。偃附夷狄。易姓建號。身為惡逆之魁。故其偽赦不循典憲而首為亂階。今陛下纘承大統。以為神民萬物主。豈可不法祖宗而赦惡逆哉。此臣之所疑者一也。祖宗登極。自京官以上有轉官恩數。而選人則否。豈非以其員多而太濫故耶。邦昌僭竊。欲以私恩收天下之士心。故其偽赦雖選人亦有循資之文。今陛下嗣位於艱難多事之時。正宜吝惜名器示天下以大公至正之道。豈可不法祖宗而行濫賞哉。此臣之所疑者二也。祖宗登極。於有罪犯安置編管羈管等人。次第推恩。或量移。或自便。或叙用。或復官。以其罪之輕重為差。故恩施而威立。邦昌偽赦一切復官。而有職名者又皆復職。惟以姑息。更無典憲。今陛下出政於國勢削弱之際。正宜分别是非。行覈實之政。豈可不法祖宗而務姑息哉。此臣之所疑者三也。是三者。豈朝廷以今日事勢為正當如此耶。將以邦昌偽赦寬大。而不比附以行。則失天下之心耶。抑邦昌與聞國事。欲以此蓋其惡耶。臣愚竊以為過矣。宜降詔改從祖宗

之制。惡逆不赦。選人不循資。安置編羈管人。令刑部檢具元犯以聞等第施行。則國政立而人心服矣。春秋大正始。今日所當正者莫先於此。伏望聖慈斷而行之。以公天下為度。而勿以反汗為嫌。天下幸甚。

高宗時。皇子生。故事當肆赦。綱為尚書右僕射。又上奏曰。陛下登極曠蕩之恩。獨遺河北河東。而不及勤王之師。天下缺望。夫兩路為朝廷堅守。而赦令不及。人皆謂已棄之。何以慰忠臣義士之心。勤王之師在道路半年。擐甲荷戈。冒犯霜露。雖未效用。亦已勞矣。加以疾病死亡。恩恤不及。後有急難。何以使人乎。願因今赦廣示德意。上嘉納於是兩路知天子德意。人情翕然。

知洪州趙元鎮乞曲赦虔寇疏曰。臣訪聞虔州自從衛軍民交變以來。凡十縣之間。失業之民。牽聚為寇。雖聖恩寬厚。貸其脅從。亦既累

年而猶家藏兵器，未嘗輸官，州縣既不能止絕，又其聽訟理獄，往往許以追證舊事，閭里騷然，各懷反側，則是陛下已赦之罪，官吏猶得治之，使德澤阻於布宣，人情積於忿怨。一旦姦心不能自懲，則投兵剽刃，勢有必然者，因而聚衆阻險，無由自新。昨遣岳飛再已平定，而前日怨仇之訟，紛紛猶未已也。臣區區愚見，欲望聖慈依昨來建州平范汝爲體例，特降曲赦，或止降詔旨，貸其往咎，及應干優卹等事，並檢舉施行，如此，則人獲安業，盜賊潛消矣。

中書舍人洪遵上奏曰：臣伏見天下惡少年，時飲博推埋，剽竊盜販，睚眦殺人，肆爲不逞，或竄聚山谷，或行劫江湖，無所不至。固嘗儲其什一以俟緩急之用。一旦抵罪，則盡出所藏，行賕獄吏，以覬幸免，而免之之術，其說有四：曰案問，曰無證佐，曰非故殺，曰尸不驗。往往奏裁，例從輕比，止於鞭扑，而宥以遠惡。然其遠者不過三千里，惡者不

過嶺南，凶徒惡黨，類多伏匿於窮山曼野之間，為之影援。部送軍兵或取其金帛，或墮其酒炙，或害於黨與，或反罹殺害，行不半途，則已逃去。設使得至配所，才及年歲，則左賂右買，規脫尺籍，否則逋逃亡命，覆出為惡，延禍良民，不可縷數。夫被罪之人可以驅駕，自古以然。春秋之時，越句踐使罪人三行屬劍於頸，以取檇李之勝，秦漢以來東征西伐，赦弛刑官徒，發天下亡命毆之，為兵載在方策，昭然可考。臣愚欲望聖慈，令有司看詳，凡天下凶惡強盜，及雜犯殺人罪應至死而赦之者，量地里遠近，分配大軍，不惟可免逋亡與日生患，而此徒輕生好殺，既隸軍伍，知有洗心自新之路，稍加閱習，必樂為用。

孝宗淳熙三年，兵部侍郎周必大乞因久雨親札同赦卹民劄子曰：臣竊見月初，陛下以霖雨過多，親發德音，分遣御史提點刑獄疏理囚繫，將諸路杖罪以下與夫干繫之人並從釋放，命令一頒，旋即晴霽。天高聽卑，應若影響。此固陛下躬行而親致者，不必遠引古事以為證也。然自秋冬以來，陛下每有寬恤之詔，則亦隨有感格，暨數日之後，復爾陰雨，今則稻不可穫，農夫皆以為憂，麥不可種，嗣歲在所當念。臣嘗深思其故，得非群臣將順聖德有所未至，不然，四方民隱有所未達？天雖不言，示人以事，仁愛拳拳，在茲乎？今郊禋密邇，將來所下赦書，多是循用定式，雖嘗令六部前期條具，亦不過常事。未聞往往州縣亦以空文應之，甚不稱陛下斂福敷錫之意。臣愚欲望聖慈因霽色之未効，察天意之有由，特運宸心，益思民間之利病，凡可以罷行者，默而識之，俟有司赦條既定，特降親札，與赦俱下，使四方萬里鼓舞盛德，上動天監，必獲無疆之休，下得人心，自成中興之績。蓋念慮彌廣，則報應彌大，又豈特晴霽而已。

六年，必大為禮部尚書兼翰林學士，又論詳議明堂赦書疏曰：臣仰

惟仁宗皇帝在御之二十八年，舉行宗祀之禮，當時所降赦書，恩意特厚。又別為手詔，闢至公之路，杜私謁之蹊，以新庶政，載在史册，垂之無窮。今陛下臨政願治，于有八載，德日新而又新，治既進而加進。其視祖武，無間然者，是以發德音，下明詔，以季秋宗祀上帝，蓋盛舉也。惟是自來赦令多因諸部條具，而去取之文詞雖繁，卓然可行者少，故州縣亦視為常程，未免徒掛墻壁。臣愚欲望今茲出自聖意，密諭三省、樞密院，就此三兩月間，詳議政事施設之大者，用仁宗故實，敷為詔旨，與赦俱下。至如諸路刑獄有觀望淹延，一系歲不能决者，州縣賦稅有輕重不均，若登帶積欠名存實亡者，版曹憲部皆可稽考，並作訪聞，或貸或蠲，一新斯民之耳目，此實人主殊常之恩，而非有司所能及也。故願陛下與大臣預圖之。又諸州太守到任，使民五事，其間亦有言一方大利大害，尋常例付曹部勘當，辭間施行，臣亦

乞命大臣表而出之取旨行下使四方萬里之遠知陛下上承天心下恤人隱歡欣感戴溢爲和氣自然華夷來同福禄無疆不其韙歟

孝宗時敷文閣待制四門置制使范成大上奏曰臣聞刑罰者聖人所不得已也赦宥者亦聖人所不得已也愚民犯法被囚無辭遇赦當釋官亦無辭縱有情重難貸出於一時特斷者亦當因赦而稍輕不應引赦而反重此理甚明而人不以爲怪臣竊惑之伏見近日奏案赦前犯罪者有司以爲依赦合原緣情重奏裁以人情事理論之特不用赦而行刑已爲甚重今乃反增其刑謂如本犯徒一年遇赦當放以情重故特斷徒二年三年或增至配流之類雖欲禁暴戢姦然非德刑並用之意兼在外州縣禁囚遇赦者則依等第徑行釋放其偶在奏案者乃反增加則是州縣用恩朝廷用威豈不倒置欲望聖慈特降睿旨今後遇有赦前犯罪情重奏裁決不可貸者止於特

不用赦以元刑斷之已自不恕人情事理實爲允愜

元世祖時趙天麟上策曰臣聞天之道陰陽而已矣王者之道刑賞而已矣故承天而居尊宜法道而立政夫陽主生而春夏始於前陰主殺而秋冬繼於後斯二者天也慶賞以勵功能威刑以警罪惡斯二者人也有功弗賞有能弗舉則無以激將來之功能有罪不刑有惡不除則無以致姦佞之絶迹是以明乎陰陽之並行審乎冬夏之先後賞者無以爲慶也刑者所以好生也故刑期無刑辟以止辟豈虚語哉然而赦者欲以蕩滌瑕穢與民更始以負罪者言之則實莫大之洪恩以致治者論之則非太平之常事也近世以來郊天祀宗建儲立后未有不肆赦者僥倖之子逆知期會能不啓非濫之心哉且罹犴獄者皆人之切心側目者也及乎啼烏夜啓驛馬宵流王畚告霽金雞樹仗雷而一解例皆釋之名爲嘉吉之符實皆變異之徵也遂使攘刦朘賍而詭議善流屏忍而銜冤餐稂莠於良田縱豺狼於當道獨不念害嘉穀而傷平民乎風俗駭然誠可憚也又况大赦之後姦邪未嘗衰止朝脫囹圄夕嬰縲紲其不能承化自新亦已明矣書曰文王作罰刑兹無赦志曰太宗絶赦四海安静子顏願無赦於先皇孔明非惜赦於蜀土故得弥天息寇闔境安生此皆前世明主賢臣已然之效也今國家哀囚徒之孽苦憫小民之庸騃頻降原赦此蓋朝廷不忍人之心形於外而不能自已也推此以及良民順天道以正生殺則周文之治不難同矣又豈唐太漢光蜀國碌碌之足言哉夫當罪而宥之當殺而生之亦猶來暄風於霜雪之辰行春令於秋冬之際如此而欲天道之成臣不知其可也事作于下者象動于上感興於人者應發於天能無懼乎易曰一陰一陽之謂道伏望陛下信賞決罰無肆赦宥使上下有紀内外絶倖則治天下可

運之掌上矣且使王符之類靡得而議焉

時冊上尊號議大赦天下參知政事張雄飛諫曰古人言無赦之國其刑必平故赦者不平之政也聖明在上豈宜數赦帝嘉納之語雄飛曰大獵而後見善狩集議而後知能言汝所言者是朕令從汝遂止降輕刑之詔

順帝時蘇天爵論不可數赦疏曰自昔國家務明刑政苟或赦宥之數行必致紀綱之多紊是以先王既興禮樂以教民又嚴法制以懲惡蓋禮樂興則教化洽法制嚴則姦貪懼未嘗數赦以病民也唐太宗貞觀二年謂侍臣曰凡赦惟及不軌之輩古語有云君子不幸小人之幸一歲再赦善人喑啞夫養稂莠者傷禾稼惠姦宄者賊良人朕有天下以來嘗須慎赦蓋數赦則愚人嘗冀僥倖唯欲犯法不復能改過矣誠哉太宗之斯言也昔我世祖皇帝即位之初未嘗肆赦

臨御既久聖德深仁丕冒天下是以刑政肅清禮樂脩舉姦貪知懼善良獲伸故中統至元之治比隆前古欽惟聖天子承順天心子愛百姓發號施令必先至仁踐阼伊始已降寬恩然自近歲以來赦宥太數誠恐姦人貪吏各懷僥倖犬為姦利非國之福也夫以世祖皇帝在位三十五年肆赦者八近自天曆改元至元統初歲六年之中肆赦者九蓋數恩宣澤雖出於朝廷之美意然長姦惠惡誠為政者所當慎也伏願自今以始近法世祖皇帝之所行遠鑑唐太宗之所言使中外臣民洗心革慮守法奉公知非常之恩不可復覬不勝幸甚

歷代名臣奏議卷之二百十八

歷代名臣奏議卷之二百十九

兵制

趙孝成王時荀卿與臨武君議兵於王前王曰請問兵要臨武君對曰上得天時下得地利觀敵之變動後之發先之至此用兵之要術也荀卿曰不然臣所聞古之道凡用兵攻戰之本在乎一民弓矢不調則羿不能以中六馬不和則造父不能以致遠士民不親附則湯武不能以必勝也故善附民者是乃善用兵者也故兵要在乎附民而已臨武君曰不然兵之所貴者勢利也所行者變詐也善用兵者感忽悠闇莫知所從出孫吳用之無敵於天下豈必待附民哉荀卿曰不然臣之所道仁人之兵王者之志也君之所貴權謀勢利也所行攻奪變詐者諸侯之事也仁人之兵不可詐也彼可詐者怠慢者也路亶者也（路暴露也亶讀為袒謂上下不相覆蓋）君臣上下之間滑然有離德也故以桀詐桀猶巧拙有幸焉以桀詐堯譬之以卵投石以指撓沸若赴水火入焉焦沒耳故仁人上下百將一心三軍同力臣之於君也下之於上也若子之事父弟之事兄若手臂之捍頭目而覆胸腹也詐而襲之與先驚而後擊之一也且仁人之用十里之國則將有百里之聽（聽謂耳目也）用百里之國則將有千里之聽用千里之國則將有四海之聽必將聰明警戒和傳而一故仁人之兵聚則成卒散則成列延則若莫耶之長刃嬰之者斷兌則若莫耶之利鋒當之者潰圜居而方正則若盤石然觸之者角摧案角鹿埵隴種東籠而退耳且夫暴國之君將誰與至哉彼其所與至者必其民也其民之親我歡若父母其好我芬若椒蘭彼反顧其上則若灼黥若仇讎人之情雖桀跖豈又肯為其所惡賊其所好者哉是猶使人之子孫自賊其父母也彼必將來告之夫又何可詐也故仁人用國日明諸侯先順者安後順者

危。慮敵之者削，然反之者亡。詩曰：武王載發，（讀為旆）有虔秉鉞，如火烈烈，則莫我敢遏。此之謂也。孝成王臨武君曰：善。請問王者之兵設何道可行而可？荀卿曰：凡在大王，將率末事也。臣請遂道王者諸侯強弱存亡之效、安危之勢。君賢者其國治，君不能者其國亂。隆禮貴義者其國治，簡禮賤義者其國亂。治者強，亂者弱。是強弱之本也。上足卬，（卬古仰字）則下可用也；上不足卬，則下不可用也。下可用則強，下不可用則弱。是強弱之常也。隆禮效功，上也；（效，驗也）重祿貴節，次也；上功賤節，下也。是強弱之凡也。好士者強，不好士者弱；愛民者強，不愛民者弱；政令信者強，政令不信者弱；民齊者強，民不齊者弱；賞重者強，賞輕者弱；刑威者強，刑侮者弱；械用兵革攻完便利者強，械用兵革窳楛不便利者弱；重用兵者強，輕用兵者弱；權出一者強，權出二者弱。是強弱之常也。齊人隆技擊，其技也，得一首者則賜贖錙金，無本

賞矣。是事小敵毳則偷可用也，事大敵堅則渙焉離耳。若飛鳥然，傾側反覆無日。是亡國之兵也。兵莫弱是矣。是其去賃市傭而戰之幾矣。魏氏之武卒，以度取之，（謂取其長短材力中度也）衣三屬之甲，（上身一，髀褌一，脛繳一，凡三屬。屬，之欲切）操十二石之弩，負矢五十箇，置戈其上，冑帶劍，（軸與冑同。謂著兜鍪也。又帶劍也）贏三日之糧，日中而趨百里，中試則復其戶，利其田宅，是數年而衰，而未可奪也，改造則不易周也，（改造，更選擇也）是故地雖大，其稅必寡，是危國之兵也。秦人其生民也狹阸，其使民也酷烈，劫之以勢，隱之以阸，忸之以慶賞，鰌之以刑罰，（鰌，藉也。不勝則以刑罰蹴藉之）使天下之民所以要利於上者，非鬬無由也。阸而用之，得而後功之，功賞相長也，五甲首而隸五家，是最為眾強長久，多地以正，故四世有勝，非幸也，數也。故齊之技擊不可以遇魏氏之武卒，魏氏之武卒不可以遇秦之銳士，秦之銳士不可以當桓文之節制，桓文之節制不可以敵湯武之仁義，有

遇之者，若以焦熬投石焉。兼是數國者，皆干賞蹈利之兵也，傭徒鬻賣之道也，未有貴上安制綦節之理也。諸侯有能微妙之以節，則作而兼殆之耳。（微妙，精盡也。節，仁義也。作，起也。殆，危也）故招近（當作延）募選，隆勢詐，尚功利，是漸之也。禮義教化，是齊之也。故以詐遇詐，猶有巧拙焉；以詐遇齊，辟之猶以錐刀墮太山也。非天下之愚人莫能試。故王者之兵不試。湯武之誅桀紂也，拱揖指麾，而強暴之國莫不趨使，誅桀紂若誅獨夫。故泰誓曰：獨夫紂。此之謂也。故兵大齊則制天下，小齊則治鄰敵。若夫招近募選，隆勢詐，尚功利之兵，則勝不勝無常，代翕代張，代存代亡，相為雌雄耳。夫是之謂盜兵，君子不由也。故齊之田單，楚之莊蹻，秦之衛鞅，燕之繆蟣，是皆世俗之所謂善用兵者也。是巧拙強弱未有以相若也。若其道一也，未及和齊也。掎契司詐，權謀傾覆，未免盜兵也。（契讀為挈，持也。掎挈，猶掎摭。司讀為同。詐，譎也。皆謂因其危弱掩襲之也）齊桓晉文楚莊吳闔閭越

句踐，是皆和齊之兵也，可謂入其域矣，然而未有本統也，故可以霸而不可以王。是強弱之效也。孝成王臨武君曰：善。請問為將。荀卿曰：知莫大乎棄疑，行莫大乎無過，事莫大乎無悔。事至無悔而止矣，不可必也。故制號政令欲嚴以威，慶賞刑罰欲必以信，處舍收藏欲周以固，（處舍，營壘也。收藏，財物也）徙舉進退欲安以重，欲疾以速，窺敵觀變欲潛以深，欲伍以參，遇敵決戰必道吾所明，無道吾所疑。夫是之謂六術。無欲將而惡廢，無怠勝而忘敗，無威內而輕外，無見其利而不顧其害，凡慮事欲熟而用財欲泰。夫是之謂五權。所以不受命於主有三：可殺而不可使處不完，可殺而不可使擊不勝，可殺而不可使欺百姓。夫是之謂三至。凡受命於主而行三軍，三軍既定，百官得序，群物皆正，則主不能喜，敵不能怒。夫是之謂至臣。慮必先事而申之以敬，慎終如始，終始如一。夫是之謂大吉。凡百事之成也必在敬之，其敗也必在慢

之故敬勝怠則吉怠勝敬則滅計勝欲則從欲勝計則凶戰如守行如戰有功如幸敬謀無壙（壙與曠同）敬事無壙敬吏無壙敬衆無壙敬敵無壙夫是之謂五無壙慎行此六術五權三至而處之以恭敬無壙夫是之謂天下之將則通於神明矣臨武君曰善請問王者之軍制荀卿曰將死鼓馭死轡百吏死職士大夫死行列聞鼓聲而進聞金聲而退順命為上有功次之令不進而進猶令不退而退其罪惟均不殺老弱不獵禾稼服者不禽格者不赦犇命者不獲凡誅非誅其百姓也誅其亂百姓者也百姓有扞其賊則是亦賊也以故順刃者生蘇刃者死犇命者貢（蘇讀為傃向也）微子開封於宋曹觸龍斷於軍殷之服民所以養生之者也無異周人故近者歌謳而樂之遠者竭蹷而趨之無幽閒辟陋之國莫不趨使而安樂之四海之內若一家通達之屬莫不從服夫是之謂人師詩曰自西自東自南自北無思不服

此之謂也王者有誅而無戰城守不攻兵格不擊上下相喜則慶之不屠城不潛軍不留衆師不越時故亂者樂其政不安其上欲其至也臨武君曰善

趙王破原陽以為騎邑牛贊進諫曰國有固籍兵有常經變籍則亂失經則弱今王破原陽以為騎邑是變籍而棄經也且習其兵者輕其敵便其用者易其難今民便其用而王變之是損君而弱國也故利不百者不變俗功不什者不易器今王破卒散兵以奉騎射臣恐其攻獲之利不如所失之費也

宋文帝元嘉二十八年普責百官讜言建平王宏議曰臣聞建國之道咸殊興王之政不一至於開諫致寧防口取禍固前正同軌後主共則秦殷之敗語戮刺亡周漢之盛謗升箴顯陛下以至德神臨垂精思治進儒禮而崇寬教哀獄法而黜嚴刑表忠行而舉貞節辟處士而求賢異修廢官而出滯賞撤天膳而重農食禁貴遊而弛榷酤通山澤而易關梁固已海內仰道天下知德今復開不諱之塗獎直辭之路四海希風普天幸甚舉蒙採問敢不悉心謹條鄙見豈陳如左辭理遠謬伏用震聾夫用兵之道自古所慎頃干戈未戢戰備宜修而卒不素練兵非夙習且戎衛之職多非其才或以資厚素加或以祿薄帶帖或寵由權門恩自私假既無將領虛尸榮祿至於邊城舉燧羽驛交馳而望其擐甲推鋒立功閫外辟緣木求魚不可得矣嘗謂臨難命師皆出倉卒驅烏合之衆隸造次之主貌疎情乖有若胡越豈能使其同力援危濟難故奔北相望覆敗繼有今欲改選將校皆得其人分臺見將各以配給領護二軍為其總統令撫養士卒使恩信先加農隙校獵以習其事三令五申以齊其心使動止應規進退中律然後畜鋭觀釁因時而動摧敵陷堅折衝于外孫子曰視

卒如赤子故可與之共死所以張拳效爭先之心吮癰致必盡之命豈不由恩著者士輕其生令明者卒畢其力考心迹事抑或有在妄陳膚知追懼乖謬

唐太宗時簡點使出右僕射封德彝等並欲令取中男勅三四出魏徵執奏不可德彝重奏稱今見簡點使云中男內大有壯者太宗怒乃出勅中男雖年十八身形壯大亦取徵又不肯署勅太宗召徵作色讓之曰男若實小不點入軍若實大是其詐妄依式點取於理何妨卿如此固執不解卿意徵正色曰臣聞竭澤而漁非不得魚明年無魚焚林而畋非不獲獸明年無獸若中男以上盡點入軍租賦雜徭將何取給然比年來國家衛士不堪攻戰豈為其少耶但為禮遇失所遂使人無鬭志若多點取人還充雜役其數雖多終是無用若精簡壯健遇之以禮人百其勇何必在多陛下每云我之為君以誠

信待物。欲使官人百姓並無矯偽之心。自登極以來、大事三數皆是不信。復何取信於人。太宗愕然曰。所云不信是何等也。徵曰。陛下初即位。詔書云逋租宿債欠負官物並悉原免。即令所司列為事條。秦府國司亦非官物。陛下自秦王為天子。國司不為官物。其餘官物復將何有。又關中免二年租賦。關外給復一年。百姓蒙恩。無不欣悅。尋更有敕云。今年白丁多以役訖。若從此放免。便是虛荷國恩。若已折已輸。並令總納。所免皆以來年為始。散還之後方便徵收。百姓之心不能無怨。已徵得物便點入軍。來年為始何所取信。又共理所寄。唯在縣令刺史。年常檢閱。並悉委之。至於簡點即疑其詐偽。望下誠信不亦難乎。太宗曰。朕向見卿固執。疑卿蔽於此事。今論國家不信。乃是人情不通。朕不審思過亦深矣。行事往往如此。天下若為致化。乃停。取中男。賜金甕一口。

太宗帝範曰。夫兵甲者國家凶器也。土地雖廣。好戰則人凋。邦國雖安。忘戰則人殆。凋非保全之術。殆非擬寇之方。不可以全除。不可以常用。故農隙講武。習威儀也。三年治兵。辨等列也。是以勾踐軾蛙。卒成霸業。徐偃棄武。終以喪邦。何也。越習其威。徐忘其備也。孔子曰。以不教人戰。是謂棄之。故知弧矢之威以利天下。此用兵之機也。

高宗麟德元年。熊津都督劉仁軌上言曰。戍兵疲羸者多。衣服貧弊。唯思西歸。無心展效。臣問以往時百姓應募。或請自辦衣糧。何為今日士卒如此。咸言今日官府與曩時不同。曩時沒王事者。敕使弔祭。追贈官爵。回授子弟。凡度遼者皆賜勳一轉。自顯慶五年度海者官不及記錄。死者無人誰何。州縣發兵。壯而富者行錢得免。窮而貧者被發即行。海東苦戰之時。許以勳賞。及達西岸。唯聞推禁奪賜破勳。州縣追呼無以自存。是以被發之日。已有逃亡自殘者。其有勳級亦不免挽引之勞。無異白丁。又初發時唯令備一年資裝。今已二年未有還期。自非有所更張。厚加撫勞。明賞重罰以起士心。恐師衆疲勞。立効無日。上深納其言。

高宗御武成殿。問兵家有三陣何謂邪。衆未對。武陟尉員半千進曰。臣聞古者星宿孤虛。天陣也。山川向背。地陣也。偏伍彌縫。人陣也。臣謂不然。夫師以義出。沛若時雨。得天之時。為天陣。足食約費。且耕且戰。得地之利。為地陣。舉三軍士。如子弟從父兄。得人之和。為人陣。捨是則何以戰。帝曰善。

奏議卷之二百十九　六

武后時。欲季冬講武。有司不時辦。遂用明年孟春。檢校左庶子王方慶曰。按月令孟冬天子命將帥講武習射御角力。此乃三時務農一時講武。安不忘危之道。孟春不可以稱兵。兵金也。金勝木。方春木王。而舉金以害盛德。逆生氣。孟春行冬令。則水潦為敗。雪霜大摯。首種不入。今孟春講武。以陰政犯陽氣。害發生之德。臣恐水潦敗物。霜雪損稼。夏麥不登。願陛下不違時令。前及孟冬以順天道。手制褒允。

代宗時。左拾遺獨孤及奏言。減江淮山南諸道兵以贍國用。陛下初不以臣言為愚。然許即施行。及今未有沛然之詔。臣竊遲之。今天下唯朔方隴西有吐蕃僕固之虞。邠涇鳳翔兵足以當之矣。自此而往。東洎海。南至番禺。西盡巴蜀。無鼠竊之盜而兵不為解。傾天下之貨。竭天下之穀。以給不用之軍。為無端之費。臣不知其故。假令居安思危。以備不虞。自可阨害之地。俾置屯禦。悉休其餘。以糧儲扉屨之資。充疲人貢賦。歲可以減國租半。陛下豈遲疑於改作。逡巡於舊貫。使大議有所壅。而率土之患日甚一日。是益其弊而厚其疾也。夫療癰者必決之。使潰。今兵之為患。猶癰也。不以漸戢之。其害滋大。大而圖之。必力倍而功寡。豈易不俟終日之義邪。

德宗貞元二年上與常侍李泌議復府兵泌言府兵平日皆安居田畝每府有折衝領之農隙教戰有事徵發則以符契下州府參驗發之至所期處將帥按閱有不精者罪其折衝甚者罪及刺史軍還則賜勳加賞行者近不踰時遠不經歲高宗以劉仁軌為洮河鎮守使以圖吐蕃於是始有久戍之役又牛仙客以積財得宰相邊將效之誘戍卒使以所齎繒帛寄於府庫而苦役之利其死而沒入其財故戍卒還者什無二三然未嘗有外叛內侮者誠以顧戀田園恐累宗族故也自開元之末張說始募長征兵兵不土著不自重惜忘身徇利禍亂遂生鄉使府兵之法不廢安有如此下陵上替之患哉上以為然

宋仁宗景祐元年三司使程琳上疏論兵在精不在衆河北陝西軍儲數匱而召募不已且住營一兵之費可給屯駐三兵昔養萬兵者今三萬兵矣河北歲費芻糧千二十萬其賦入支十之二陝西歲費

千五百萬其賦入支十之五自餘悉仰給京師自咸平逮今凡二邊所增馬步軍指揮百六十計騎兵一指揮所給歲約費緡錢四萬三千步兵所給歲約費緡錢三萬二千他給賜不預合新舊兵所費不啻千萬緡天地生財有限而用無紀極此國用所以日屈也今同華沿河州軍積粟至於紅腐而不知用沿邊入中粟價常踊貴而未嘗足誠額河北陝西募住營兵勿復增置邊關即還廂軍精銳者補之仍漸徙營內郡以便糧餉無事時番戍于邊緩急即調發便近嚴戒封疆之臣毋得侵軼生事以覬恩賞邀令者重寘之法如此則疆埸無事而國用有餘矣帝嘉納之

康定元年知制誥富弼上奏曰臣聞天下大器也非法制綱維不可以守矣生民重寄也非智力控禦不可以保矣是故先王兢兢業業日謹一日唯恐失大器而喪重寄也臣伏見西戎僭叛屢寇邊境本道不足以支朝廷悉發京東京西淮南江南荊南湖南兩浙福建廣南東西凡十一道兵以赴關中十一道兵素寡弱又準此調發故關中得之未足以充而十一道之兵已盡矣朝廷獨念京東隣河朔京西次關陝此二道不可以無備遂遣使閱鄉民俾習武以代軍兵東南九道則不之省臣未諭也伏思朝廷用度如軍食幣帛茶鹽泉貨金銅鉛銀以至羽毛膠漆盡出此九道朝廷所以能安然理天下而不匱者得此九道供億使之然爾此九道者朝廷所仰給也固宜保守之今盡取其兵是不加保守一日乘虛盜起梗其津要則京師無故而坐困矣凡姦賊好窺覦者無世不有今西鄙用兵天下兵與將皆集於西方力必不能及他道則就無備而作焉以臣觀此九道州軍或一豪傑率數十夫伺州官朔望行香畢集持鋤鑊白挺群呼奮擊可盡殺之誰復禦者然後開府庫復劫取豪家物散施召募必應

者如雲一日可得千計鼓行而前處處無兵又城壘不修諸郡縣鎮所至必陷俟奏至朝廷聞時發兵亦不減三兩月方至則其徒必及萬數尚可破耶臣又慮陛下以謂巨寇必不能猝至臣不敢遠稽前古略引隋唐以來東南為寇者以明之隋大業年中劉元進起餘杭朱燮管崇起吳各擁數十萬寇江浙諸州朱粲起譙郡擁兵數十萬寇玄起鄱陽蕭銑起羅縣各衆數萬攻陷諸郡唐咸通年中桂林戍卒五百人殺其將以判官龐勛為都頭剽掠湘潭後陷徐宿等州又乾符年中海賊王郢江賊柳彥章各聚徒數萬餘光化年中留景仁起連州[illegible]峒起桂陽洮行收起邵陽各擁兵萬餘攻本郡邑殺戮守長其甚盛者則江西鍾傳廣南劉隱湖南馬殷福建王潮皆割據焉臣謂東南九道負山阻水為寇者足以倔強故自古為寇淵藪唯王者能鎮撫之則寇不能生於其間不然則亂之必矣今九道大小一

百三十餘郡。若每郡皆宿兵。固不可得也。臣欲乞於九道中擇要害約十餘郡。如泗揚昇吉潭荊桂廣福杭越之類。授地理相去均者。於本處募兵。大郡五千。小郡三二千。以多補少。不過四五萬人。以東南百三十郡之富。豈不能贍養教訓為精兵。勿復差役。每郡置二將護領之。每道別置一都護經略之。九道又置一總管。總管者居中以節制之。如此則欲為寇者知朝廷有備。豈不顧憚耶。設有盜起。則數兵有所濟。師有地。乘其未盛殲而撲滅之。不為難矣。臣前所謂天下生民。宜網羅而控制之者。以此道也。臣伏念京東京西雖置鄉兵。而軍兵絕寡。亦未見久安之理。夫鄉兵無營屯駐處村堡。又各持兵仗。其部伍上下終不得如軍兵之肅也。或因饑饉。為姦桀倡之。安能使必不為盜。又宜得軍兵兩相制禦。況山東自古充多寇盜。隋大業年中。韓進甄寶起濟北。張金稱起清河。竇建德格謙孫宣雅起渤海。孟讓杜

伏威起齊。逐郡各擁眾十餘萬人。劫掠諸郡。唐乾符中。王仙芝起濮州。眾亦十餘萬。轉攻河南十五郡。以至黃巢起寃朐。擁眾百萬。陷覆兩京。橫行天下。雖然觀起初起草莽。蓋亦甚微。當時制禦失策。遂至滋漫。今亦乞擇要害數郡。募兵立帥。如東南之制。則可無虞矣。議者或謂財用不足。恐難成此。夫以天下安全之業。尚患財窘而不能立久長之策。不幸小有寇聚。則如之何。伏惟陛下以宗社為憂。以生民為念。裁制私欲。損節橫費。則數萬之眾。不日可募。此無疆之基也。知連州林槩上封事曰。古者民為兵。而今兵食民。古馬寓於民。而今不習馬。此兵與馬之大患也。請附唐府兵之法。四歛一民。部以為軍。閑耕田里。被甲皆兵。因命其家咸得畜馬。私乘休暇。官為調習。則人便干戈。馬識行列。又行陣無法。而出於臨時。將無素備。而取於倉卒。軍不予權。而監以宦侍。若是者雖得古之材。使循今之法。亦必屢戰而屢敗。

二年。河東轉運使文彥博奏曰。臣於去年二月初曾上言。乞於河東路每三丁點一丁充強壯。緩急為守禦之備。自後朝廷差吳遵路等於河東路點差到強壯共一十四萬三千餘人。內一十三萬三千餘人是主戶。九千餘人是客戶。皆兩丁內點一丁充強壯。臣今徧歷到諸州軍。竊見所點到強壯太多而不精。兼頗妨奪農事。臣檢會咸平中曾降敕點差強壯。本路除晉絳慈隰麟府六州不點差外。共點差到強壯四萬四千餘人。今來雖添晉絳慈隰四州點差強壯。即比咸平舊數。幾及三倍。況本路主客人戶共二十一萬。勘會纔及陝西人戶之半。昨來陝西所點弓手只十萬人。以此況之。即河東所點集太多而妨農也。臣欲乞依陝西體例。每三丁點一丁充強壯。猶可得八萬餘人。所貴務農作者不致妨廢。習武事者頗得精專。如允臣所奏。

更不鈔點據丁口數目而去留之。並不驗擾動眾。

慶曆元年。知諫院張方平上奏曰。臣伏見宣差朝臣。分路往陝西河東京東西路。於前來點差強壯弓手內。招募願充軍人。分配宣毅保捷指揮者。臣切思此舉。事繫安危。敢竭微衷。上裨國論。謹列不便事件。及臣愚所見如左。

一。自去歲初降敕命。點差強壯弓手之時。民間喧然。皆言此時點差。雖以強壯弓手為名。實欲點補軍籍。赦旨屢下。丁寧再三。諭以朝廷點差之意。只要各護縣鄉。必不起徙征戍。郡縣又多方安輯。民猶猜譁。及經去冬教習。乃放歸業。鄉閭竊語。方以少定。然名在弓手之籍者。居常猶恐不能自安。每聞一使出行州縣。輒相扇動。謂來調發。今此命忽下。果如民所素料。此後命令。無復可信。此其不便一也。

一宣命雖令使人招召情願。緣先來點差弓手。多是高貲之家。例皆衣食無闕。豈有情願充軍之人。臣聞所差朝臣。已相與議云。此來受命朝廷意在倚辦。若至郡縣無人應募。須與逐處官吏迫致之爾。切惟所差使臣。蓋皆期於集事。尋常淺見之人。復思郡縣官吏。材術足任者無幾。今既設以賞利。唯知用心。若其謀之匪臧。或致變生不測。姦猾乘釁。相激謀聚。萬一驚擾。更成厲階。此其不便二也。

一所差使臣。既與郡縣官吏抑迫百姓。令伏充軍。即須團練結甲。赴京師。充軍之人既非情願。若其上路。因與親戚離訣。更有悔心。中道逃散。安能防遏。既不敢各歸本土。聚依蒲澤。遠近相應。展轉結連。或姦豪之有謀。乘郡縣之無備。以共勢一擾。恐勞安輯。此其不便三也。

一今京東西路。頻為飢歉。民既艱食。居常猶為寇盜。一夫首難。奔赴必多。此其不便四也。

一強壯弓手各在郡縣。未去農業。若朝廷用漢代更戍之術。因唐防秋之法。入耕出戰。遞為防戍。則是農不去業。兵不乏備。不因帑廩之積。常得丁壯之人。今既籍為正兵。處之連營。則其衣食財用。終身仰給縣官。此其不便五也。

一已降御札。冬至將行郊禮。遠近郡縣。尤宜肅靜。夫愚而不可欺。弱而不可勝者。百姓也。綏之斯和。動之斯危。武有七德。安民為本。事規未兆。敵猶不赦。若又迫之。是啓亂也。則朝廷之憂不在四鄙。夫禍起所忽。慝生有階。秦之勝廣。漢之黃巾。唐之巢勛。是皆始於烏合之衆。此其不便六也。

右凡此六患。昭然在目。不可不深慮。不可不過防。臣以一介賤微。見識淺近。誠不足以參國論。贊聖謀。但以職在諫曹。義當有犯無隱。故陳愚管。上祈裁擇。臣謂陝西河東。其近裏州郡。乞將前來點差強壯弓手等中分其半戍邊。每九月防秋。至二月放歸。歲一更代。留其半防守本州。及時訓練。當就戍之時。依出軍人官與裝費。冬給衣賜。日支口食。蓋民所以懼乎籍之為兵者。不唯前冒鋒刃矢石之難。且重去其土。終身與親愛姻族永相隔別。此其大戚也。今若番休遞戍。終是不離本鄉。冀望邊事漸寧。即當息肩安業。昔太宗皇帝籍兩河之人以為鄉兵。于時識者亦悼其失業。蓋不若因兩河強壯使之扞邊。壯者入籍。衰者出役。不衣庫帛。不食廩粟。遂不闕戍。民不去農。何在乎蓄之營壁而後為官軍也。又聞于時籍鄉兵之際。因大軍方興之威。猶恐其亂。乃密詔諸州郡。剋期一日而事畢。故民雖奸謀相動。不復及矣。今朝廷既惜強籍之名。為必

籍之事。命兩朝臣分使一路。周環三二十郡。幅員三數千里。或未能親到。但行文移州縣官吏。方且各率所見。異同紛起。但恐使人一出。民心一搖。後雖悔之。或所難及。願朝廷審加圖議。事不憚改。追還所下逐路轉運司宣命。俾所差官勿遣。實天下幸甚。國家之福也。慺慺丹誠。切冀昭納。

方平又奏曰。臣近覩宣命差官往陝西等四路募強壯弓手之充軍者。事甚不便。已於十九日具狀奏論。未蒙朝廷別有處分。臣不勝憂疑。敢奏論其事。至諸召募之狀。已具條陳。今但言其必不可之理有二。若召人情願充者而後籍之。臣料必不集事。今此遣使。徒使朝廷失大信於天下。州縣惶惑。人心驚擾而已。必欲集事。則非強致之不可。果強而致之。喧譁相動。禍變不測。故此召募。寬之則事不集。急之則促亂。臣前言所謂必不可之理有二。此之謂也。臣雖愚淺。忝居諫

列不知邊陲勢急戎備事大衛兵禁旅調發不足今日之舉蓋朝廷非所獲已臣愚深思慕人所以防捍難若今日之爲人未必爲國家用適所以致禍難者但恐朝廷之憂不在邊鄙而在四郊之外向者群盜竊發潛匿山谷發卒數十倍捕之猶不能即擒久乃幸得自潰近日州郡奏報比有奸盜相聚又京東西旱澇相仍民方艱食正月向盡麥種未入朝廷尚須留意安輯振其不足更下此令民心謂何凡民之籍者四路不啻三十萬人今各不自保於去留之間此其相扇唱和可不過爲防慮萬一不逞之輩乘隙囁動臣恐郡縣官吏不棄城而遁即拱手就擒雖以墨翟之智未能以無備守也以陛下神聖威德而宗廟之靈天積神助則臣非所敢知者若專以人事料之但見危形未見安理往者唐氏自高祖至懿宗傳十九主矣其間戎狄侵軼數至畿甸大盜滔天輿駕出狩屢矣而卒全大業者所恃民心不去根本未搖信令尚行也及懿宗之世南蠻陷交州大起天下兵轉貨食以事之徐方戍卒相率回戈連陷江淮遂啓仙芝黃巢之寇生民塗炭因此遂危社稷今日之舉唐鑒未遠矣其賢智之謀事有萬全之形而後有一缺之虞猶不以僥倖爲之今天下猶古也陛下奈何蹈成敗之計如是之易乎伏願陛下更與大臣從容講求至如京東西州郡見管廂禁諸軍亦不少比州郡患於乏人每使命揀采無留者若量逐處民兵隨其衆寡分番於本州防守盡代見軍赴邊此亦人情所便也朝廷機事非臣評之揣摩以言精切未盡屢展螗蜋之臂上冒雷霆之威蓋惟大義之所存故於糞軀而無愛不勝宗廟之憂區區激切之至

方平又上疏曰三代而下言治國者惟漢唐至我朝爲天下其猶故也以言乎蠹則益多矣漢以兼幷唐則釋老我朝加以兵馬蠹出於

一百姓有不足者蠹出於二國且虛之三蠹並生若之何而冀上下之豐給也蓋天生五材世所並用必有武備邦之大經夫兵國之衛也何蠹之云乎以夫置兵之法與古已異是以謂之蠹焉爾自三代而下逮于唐兵農一本故周氏因州里以起師旅齊人脩內政以寓軍令漢法調民代更以充邊戍唐制宲籍科發以備府兵故其人耕則爲農戰則爲兵未有平處安坐仰衣食於帑廩者也案用兵之法馳車千駟革車千乘帶甲十萬計其財用日費千金故兵貴拙速不以久爲巧者懼其屈力殫貨以弊國擾民也故善用兵者役不再籍糧不三載取用於國因糧於敵今自禁衛通于州郡之冗卒無慮百萬恣口而食舒臂而衣數日爲期以取賜賚是日有萬金之奉無時休息天下供待安得勿困夫用兵之術考之前世惟唐氏最爲無數冗起徒役集藩鎮之兵出于其境則食于度支故驕將悍卒陰相連衡緩師養寇邀寵圖利國力不能給輒罷釋而更厚姑息之然猶師解則費有時而息矣刱天寶中壞折衝府立武士帳而兵農始判代德之後內外多難益設禁衛始立名號而有天威神策之軍至于有大征討是大徒衆必發諸侯之師故寶應建中國雖多故其所漕引江淮之粟以給關中以供兵食纔四十萬斛猶莫登焉今者運于東南輸之太倉十倍唐氏猶常苦不逮也京師之民口億萬計太半仰食軍稍之餘故在稻粟之鄉耒耜之民寒耕暑耘常無餘粒中人已下率亡蓋藏强家之儲鮮及新穀罄地之力窮農之功悉卷而西都爲兵食故臣數爲一蠹爲其置之之法與古已異矣然則奈何若夫上不關武備下不耗國財則臣嘗有民兵之說足食足兵不廢訓練則臣嘗有屯田之論儻見採于廊廟之上潤澤而試之不十年而精兵皆在南畝矣然後寬徭薄賦勸農務本損上益下民說必以無疆

捨禁去幾國用自當周贍家給人足禮義興行洋洋乎頌聲盛德軼乎三代矣。

方平又上兵器論曰臣聞鑠金為刃凝木為弧古之聖人以威天下故國之重器厥惟五兵歷代寶之以為神物是以周官六職工居一卿其治兵之工則桃氏為刃函人為甲冶氏為戈戟廬人為殳矛弓人為弓矢人為矢其典兵之官則有司甲司兵司戈盾司弓矢之職掌辨其物受而藏之以待軍事故天有時地有氣材有美工有巧合此四者然後為良夫寒溫異宜陰陽異齊此天時之節也剛柔殊性堅脆殊理此地氣之分也燕之角荊之幹妢胡之笴吳粵之金錫此材之美者也粵之鎛燕之函秦之廬胡之弓車此工之巧者也古者百工之役必皆世守監長日號戒其不良物勒工名識所精濫而有司稟其事考其器以上下其食而誅賞之是故預備不虞古之善政不忘武備邦之大經臣竊見今諸州郡所上兵物徒有名數實皆濫惡不足為用蓋天下承平長久兵未嘗試上吏視為冗務監長安能盡心選召善工為家治具又州郡率以軍匠借役民工以次姦侵苟求速就及輸上中府而主吏因緣為市惟貨是問閱數而已其為弓也角筋無液治之法故其引之必撓縱其為矢也笴羽無淺厚之數故其發之必翔佹其為刃也金無煎和之齊安得敵盡而不惡其為甲也革無豐約之制安得長圜而便利夫介胄不完士如袒戰器械不精卒猶手搏是以古者兵有三制視人形之大小甲為兩旅權服者之上下故井賦之法車甲各出於丘甸焉若其合軍交和鼓驅而進以命爭命以首爭首而弓折刃卷甲裂鏤敗是乃委人於死地而奪其自救之具也不教民戰尚謂棄之授人於死豈仁之謂管子曰致天下之精材者五而六之九而十之來工三倍不遠千里矣又曰聚天下之精材論百工之銳器不課不用不試不藏記曰日省月試餼稟稱事所以勸百工也臣謂宜嚴立新條務釐此弊外使州郡守倅通領工作而委提點刑獄總檢之厚匠手之稍食寬日課之役力材取乎精美取乎豐工務乎盡不務乎速器求乎良不求乎多吳殳越戟之利燕弓代韋之勁因地之產就民所工設為監司厚價募取則雖田閭之下匠鍛之巧一人一藝咸歸官府矣而內選重臣掌其守藏司其領入凡州郡所上必有試焉工有不當必行其罪如此則府皆善兵國有重備以待武事無闕他時或害起乎甚微患生乎所忽茲事雖小所繫極大故獻鄙議冀裨冬官氏之闕政焉。

方平又上民兵論曰臣聞周典因井田而立軍賦稽民數而起兵役約比閭族黨州鄉之法為伍兩卒旅師軍之制乘馬器甲皆隨而具蒐苗獮狩因訓練之辨其鼓鐸鐲鐃旗物號名之用教其坐作進退疾徐疏數之節示以號令之信習以陣列之容故其民趨耕則為農起戰則為兵居處同樂死生同憂服容相別音聲相辨自三代至于隋唐兵農之業未離也隋則諸衛領乎鄉團唐則諸府備乎衛士初文皇貞觀中因踵隋制內為十二衛將軍之號外立折衝府都尉之名其府兵分置於畿甸及諸州而名隸諸衛天下衛士向六十萬人成丁入籍六十出役每歲十一月以衛士帳上于兵部以備調發後天下承平漸久武事不脩天寶中府兵無復存者遂停折衝府之武士帳而兵農始判矣郡國無備索然虛邑及盜起范陽并河朔獲留鄭衛華洛突函潼如踐無人之境焉肅代已降干戈日尋帑藏不足以贍軍士爵位不足以賞勳勞授用聚斂之臣廣為歛剝之計生民膏血滴瀝亡餘悍將驕兵來厭所欲而跋扈藩鎮之帥睥睨朝廷之隙招置亡命募集姦凶至乃撫息呴濡育為假子取其爪牙之效為

厥子孫之謀。故大曆中。李正已擁青兗十五州之地。養兵十萬。李寶臣據趙冀七州之地。養兵五萬。田承嗣有魏博七州之地。養兵五萬。梁崇義有襄鄧六州之地。養衆二萬。皆因叛亂得位。各擅土宇。盤根結固。輔車相依。上不供乎職貢。下竭盡乎民力。以奉軍給。各圖自固。時李抱眞觀察澤潞。當山東之兵衝。土瘠賦重。人皆困匱。無以贍軍。抱眞乃籍戶丁男三選其一。有材力者免其租徭。給弓矢。令之曰。農之隙則分曹角射。歲終會而校焉。及期按簿集試。示以賞罰。比三年則皆善射。抱眞曰。軍可用矣。於是舉部內之鄉得成卒二萬。前既不費廩給。府庫益實。乃繕甲兵為戰具。遂雄視山東。時稱昭義步兵冠天下。于時朱滔在薊。李納反鄆。武俊亂趙。田悅擾魏。乘累世之巢穴。為藏姦之淵藪。相為影援。合勢同率。然而上黨孤軍獨稱忠義。奮擊河朔。僚賊憚走。由是觀之。蓋養卒要乎始息。民兵可以訓練。始息之

卒難用。訓練之兵易使也。我太宗之北征也。亦嘗制為鄉軍之法。獨取乎三晉之民。而得十萬之衆。是時北鄙繹騷。國兵再衂。義軍奮振。號為強銳。夫界邊之郡。民多習鬭。結曹分伍。挽強拔距。裹糧淬刃。惟虜是求。習其川原。識其形勢。以戰則力。以守則固。不食廩粟。不衣歲帛。不邀上賞。不利寵名。郡縣相維。聚落相護。鄰里相任。刑罰相及。故民兵之興。營卒利害常百倍也。伏願遠採周唐之法。近考太宗之制。謹修民政。寓行軍令。若夫十鄉之縣。鄉之戶千。為戶一萬。老者疾者。鰥寡孤獨。困窮無告者去其半。存者為戶五千。貴者賢者能者服公事者去其半。餘得一師。五縣之州為一軍。諸郡縣之大小。視其民之衆寡。設為團隊。理如軍法。歲終農事之隙。縣大夫親督兵衆。須官府之鼓鐸旗物兵器。教習其坐起驟趨擊刺之法。州長巡行部縣。察其精慢而誅賞之。農事既興。命歸鼓鐸旗物兵器于官府。各使執事于

田如此。則兵農之勢再合。營一聚之軍可省。國用必積。民力必寬。臣竊見今之郡縣非邊戍之地者。郡卒纔足給徭役。縣直不足供追捕。聚無完壘。兵無繕器。數夫攘臂。勢且奔擾。百人譟突。立可潰亂。且秦之顛也以陳項。漢之危也以黃巾。唐之覆也以巢寇。此皆烏合於倉卒。計非其素定。無決全之算。非訓練之銳。奮挺為戟。揭竿為旗。而蹂郡轢都。如摧枯破竹。亢解土散。瀰漫莫遏。雖乘朝之有豪傑。由郡縣之無備也。今民兵誠設。蒐練以時。戰士服于田疇。部伍存于軍籍。兵仗貯于官府。粟帛實于郡庾。寬其苛斂。復其他徭。調發立集。事平隨散。外則郡國武備得常訓整。內則禁衛驕兵可漸消戢。雖戎虜有冒頓之雄。叛將有蚩尤之強。匪民有勝廣之姦。且亦不能自外而起變矣。顧議者以為何如。

方平又上論曰。臣聞善為國者不師。善師者不戰。善戰者不敗。若夫文德修於兩階。聲教被乎八埏。兆庶懷仁愛之如父母。戎狄慕義親之若君師。愷悌之化行。暴亂之端戢。是謂善為國者不師。帷幄之中。几筵之上。指顧之際。得失燭焉。蘖折其牙。厲平其隋。其為理也有不可亂之勢。其為備也有不可犯之形。此謂善師者不戰。合軍聚衆。交和而舍。將誠勇智。衆誠精練。天地誠得。法令誠信。而我之廟算必勝矣。此謂善戰者不敗。雖然。兵者死地。而戰危事也。故昔之為國者。先為不可勝。以待敵之可勝。不可勝在我。可勝在敵。故為國者能為不可勝。不能使敵之必可勝。不可勝者備也。可勝者戰也。故曰善用兵者。無智名。無勇功。備於無形。策於無聲。攻其心於未合。伐其謀於未成。故不待交綏而敵已屈矣。夫如是。又何智名勇功之有乎。易曰。重門擊柝以待暴客。蓋取諸豫。又況宅天下之大而可以忘武備乎。故預備不虞。古之善政。不教人戰。是謂棄之。昔周氏因提封之地。立乘馬

之法。天子六軍兵車萬乘。比年簡車。三年簡徒。五年大簡車徒。春振旅以蒐。夏茇舍以苗。秋治兵以獮。冬大閱以狩。皆於農隙以講事焉。漢制。京師則有兩軍七校。郡國則有材官樓船。皆歲時肄習武事。未嘗廢也。後晉武帝既定吳。曾講武于宣武場。時山濤與盧欽論用兵之本。以為不宜去州縣武備。帝雖稱善而不能用。永嘉之後。寇難蜂起。方郡皆以無備不能制。天下遂成戰國。至隋少平陳。始通王統。內置十二衛。擇功臣於散地。外分折衝府。備兵籍於調發。唐因其制。凡三百七十四府。散於諸州。而名隸諸衛。後承平漸久。中國安寧。於是逃者不捕。亡者不補。衛士無實籍。衛將為虛名。至天寶中。遂停折衝府。而幽陵之師。堂堂焉在咸鎬之郊矣。于後章武削平群盜。恢復兩河。而植穎無成務之才。旋致判渙。昌悅建銷兵之術。更取孫危。本弱末強。漸成顛拔。疆藩內侮。王室其頹。今我治朝。丕迪皇道。海寰一統。

神旗無指伐之行。戎虜稱和。齋鉞息受成之命。化平治定。三紀于茲。是以衣冠搢紳不道軍旅之事。縫掖士卒罔知戰陣之容。天下安于隆平。郡國頗以無備。夫天生五材。民並用之。廢一不可。誰能去兵。故兵可無用。不可無備。善師不戰。備之謂也。故國之大事。在祀與戎。政之本經。惟文與武。禮樂制度。文之施也。禁暴戢亂。武之用也。今朝廷所言大事。必曰軍國。是知兵者。時之大務。邦之重柄。臣愚諸生。不達兵事。今所論著。皆參校前史舊迹得失之狀可施於今者。冀上贊廟堂之餘論焉。

八年。右司諫錢彥遠上奏曰。臣伏以今天下兵卒最為冗多。較於祖宗三朝。數增十倍。然皆老弱羸怯。混淆其間。堪戰精銳者纔三四。而國家竭民力以贍之。日困一日。倘以取濟。其已在軍籍者。誠未可去行措置。求折衷之策。則莫若窒其源本。欲乞天下除禁軍已有指揮

住招填外。餘諸路本城不係披帶諸軍且未得招填。其有名額空存而人數不滿一百者。並撥併入本州諸軍。及遇揀選半種剩員之時。並委自逐州當職官吏審驗。六十五丁如堪執役。即且存留。七十以上一例放停。不得獨主恩而為已惠。收小人之安譽。所有在京除見幹當職事文武官吏。合依勅破兵士當直外。並不得妄作名目占留陳乞。在他幹當見有者。仰逐處一面抽下。其本城諸軍候及三年。逐州具計減得多少人數。今來約令留多少人數申奏。委大臣議定經久措置。所貴軍政益脩。國財稍給。禁軍若久不招填。又恐不可。乞以即今見在為額。轉旋揀去老弱者。招少壯者填之。

皇祐四年。河北都轉運使包拯請那移河北兵馬疏曰。臣聞屯兵備邊。古今常制。所患民賦有限。兵食不充。必須廣為經度。以給用度。或歲有凶歉。或寇至益兵。則暴斂橫取。尙所不至。民既困矣。敵何禦焉。

此亦必然之事也。河北自失山後六州之險。無以固守。則蓄兵積粟常患不足。只如頃年虜忽生變。雖復請和。終非經久之計。兼沿邊沃壤又盡為陂塘。租稅既無所入。皆仰給縣官。雖竭天下之財以贍一隅。當無事之時。日常窘迫。無數歲之備。若少有屯集。如何求濟。豈可坐觀其敝而不務救之之策哉。欲望聖慈特出宸斷。宣諭執政大臣。應沿邊及近裏州軍兵馬。除合留防守外。其屯駐駐泊諸軍。或令歸營就糧。諸軍即分屯於河南兗鄆齊濮曹濟等諸州。況逐處地利富實。糧儲易致。率三年一代。遇有警急。即時起發。不旬日可到。豈有後期不及者耶。且前代防邊之兵。三時務農。一時教戰。公私自足。未有冗而且眾。坐糜廩食。虛困疲民。如今之甚者。然執干戈禦戎狄固不可闕。在養之教之得其宜。則上下無困乏之患。緩急用之。則沛有餘力矣。議者若以戍兵不可全減。即有往年義勇強壯十八萬餘人。以充

其數。緣河朔之民。素稟性勁悍。生習邊鄙之利害。素諳戎虜之情偽。校之南兵。絶為精銳。一則不費供饋。二則群情樂為。其訓練之法。則有舊制存焉。若謂兵食粗足。虜好方堅。趣過目前以為成算。憚於更張措置。臣恐日削月朘。中外益以殫竭。一以用武。即暴加重斂。民心怨叛。則肘腋之下皆為仇怨。豈暇禦外寇哉。此國家根本之患。若不表裏協心。銳意而速圖之。臨事無及矣。惟聖慮財擇。不任懇迫之至。

仁宗時。拯又奏曰。臣聞京師者天下之本也。王畿之内。列營屯衆。此強本之兵也。而國家比年以來。邊陲有警。乃一例調發。則衛兵日削。恐非固宗社制戎狄之長策也。臣以為畿兵雖有大故。不可多調發。前所謂京師者。天下之本也。強本者。畿兵耳。本固且強。縣中制外。則天下何患焉。若調發不已。則耗其財力。而弱其根本。不惟隳祖宗之制。獨不念李唐天寶建中之事乎。善馬精兵悉出於外。京衞驍銳為之

一空。卒以重其後害。此朝廷尤宜深慮也。今河北河東沿邊兵寡財匱。卒有急難。惟有民兵可用。往年嘗籍之矣。籍之未甚長策。又從而釋之。緣河朔之民。皆稟氣勁悍。義勇奮發。矧又生習邊鄙之利害。素諳戎虜之情偽。他路校之。不逮遠矣。且向時點閱捨客取主。又責以戶之上下。以是籍之所得幾何。竊見唐李抱真民兵之制。事頗相近。故當時招義一軍。雄視山東。將適今之宜。可如抱真之制。約而行之。不以戶下田足田不足。悉以丁力衆寡登降其數而籍之。不及數者即捨之。取其中稍富實者。令差出穀帛錢貨以給籍丁之貧家。如此。得兵可倍往歲。亦可以少抑兼并。而貧悴之戶有所仰矣。一則供饋不費。二則群情樂為。其揀置訓練之法。即有祖宗之舊制焉。河朔民兵既壯。而禁軍留實京師。則內外安矣。今北虜詭詐萬狀。聲言西討。修築城柵。點集軍馬。乘此之際。沿邊亦宜密令繕完。而議者但恃盟

約。殊不設備。萬一邀求不已。稍不如意。伺釁而發。曷以禦之。此亦必然之兆。得無熟思乎。况邊上武將。未甚得人。且將者人之司命。而邦國安危所繫。擇之不可不審。審將之道。不當限以名位。但辨其能之可否。苟得實材。則擢而用之。專而委之。必有成功。若不素為之具。緩急旋圖之。則無所及矣。伏望陛下少留聖意。特賜省察。

拯又請添河北入中糧草。臣伏讀前漢趙充國傳。充國謂大司農耿壽昌曰。於金城湟中糴穀三百萬斛。羌人不敢動矣。壽昌請糴百萬斛。廼得四十萬。一失此策。羌人故為逆。失之毫釐。差之千里。事既然矣。若四夷猝有動搖。相因而起。雖有智者。不能善其後也。是知糧儲有備。則邊患不足恤矣。臣竊見河北沿邊州郡軍糧未備。屯兵少處。約及二年。如定州屯兵稍衆。只及一年有餘。况中山最是控扼之所。若非次添屯。軍馬不支數月。緩急如何取濟。雖朝廷財用窘迫。力所未及。

然河朔根本之地。自黠虜講好觀釁而動。詭詐萬狀。固不可信其虛聲。忽其實備。孫子曰。無恃其不來。恃吾有以待之也。無恃其不攻。恃吾之不可攻也。今若計度糧草。處置邊事。且循舊制。不務施為。臣恐日甚一日。有不可救之患矣。故曰金城湯池。帶甲百萬。非粟不能守。可不熟慮乎。欲望聖慈特降指揮。令三司應河北沿邊州軍。且令依舊入中。若以倍費官錢。即乞支撥見錢百萬貫。趁今夏二麥豐熟之際。於近便處及時收糴。却自御河漕運往沿邊州軍。以實儲廩。比之貴價入中。其利甚厚。仍乞速賜指揮施行。

皇祐元年。侍御史知雜事何郯上奏曰。臣伏見陝西路。頃歲邊鄙用兵之際。朝廷指揮以諸州新弓手刺面充保捷指揮。用備戰守。一路之兵。僅增十萬。緣當時倉卒不暇揀擇。其間甚有疲弱不堪征役之人。驅之行陣。固難得力。向休兵至今。歲月已久。尚未聞一加選汰。所

費廩食不可勝計況其人並是郡縣等第之家係在軍籍甚非所願伏望勅本路諸州令告諭應係新置保捷兵士除人員節級外其餘年五十以上及短小不及等之人如願不在軍者許令自陳委監司長吏相度減放歸農此等久習武藝今若放歸亦須置籍拘管仍乞以所居鄉社相近處如河北義勇團作指揮置人員節級管轄其邊郡每以此軍番遞防守處亦令比舊減數非特邊上或有警急其罷放之人尚可追集守城却代精兵出戰於事又無廢缺方今財力大屈所患在於冗兵竭天下所出之物僅能供應陛下幸聽臣言特行處置一路之內可減三數萬人此亦省費之一端近包拯被命往陝西制置解鹽伏乞下臣此議使其就近覆驗所冀審擇利害然後施行

五年御史中丞孫抃上奏曰臣伏見兵家征行守禦之法其所用士旅以知人情者為先熟地里者次之諳土風者又次之何則知人情則強弱先辨熟地里則險易先知諳土風則寒暖先備故臨事也便而取効也速是以所安者平原易地置之險阻則懼矣所習者大陵高阜移之谿澗則危矣古聖賢確論皆然國朝有天下所置州郡必招置本土人充軍或三兩指揮名額各異比年以來逐處亦有緩急此等人號為得力非他知人情熟地里諳土風故也然而軍數寡少月給微薄防托之際事功難集臣欲乞應沿邊州郡密邇蕃夷部落谿澗去處元有本土軍分者望朝廷相度稍益其數目量增其請受以時而練習之一則團結部伍漸成次第隣近蕃夷寇賊不敢作過一則衣糧差足可以收其盡瘁之報

至和二年知諫院范鎮上奏曰臣比奉使河北伏見河北連歲招兵未已皆是坊市無賴及隴畝旧力之人冒為軍營子弟誠是軍營子弟則今日詔下明日便當投牒豈有及今一年尚未盡至其為坊市無賴隴畝力田之人明矣況今田甚曠民甚稀賦役甚重國用甚不足所以然者正由兵多也先朝用兵時兵纔四十餘萬今不用兵而兵已倍之臣不知大臣以何見而為此議也必以為備契丹也今塘水東西三百餘里多於先朝也歲予金繒五十萬禮聘又十餘萬亦多於先朝也以多於先朝之塘水多於先朝之金繒以備契丹而與之和也宜省兵以息民而益多兵以困民者臣所以深惑也契丹自知顧塘水之限貪金繒之利而不敢動者五十年于今矣方契丹貪利而不敢動之時其民宜富貴而反日以困國用宜饒足而反日以蹙此無他兵多而民稀田曠與賦役重也使契丹而有一日之警將何以繼之哉大臣終不知念此而但以多兵為有備此臣所以深惑也今契丹五十年不敢南入為寇者貪金繒之利厚也就使棄利為

寇則大河以北婦人女子皆是乘城之人其坊市無賴隴畝力田者又將焉往況契丹貪利而不敢動而預畜養之以困斯民乎夫取兵於民則民稀民稀則田曠田曠則賦役重賦役重則民心離寓兵於民則民稠民稠則田闢田闢則賦役輕賦役輕則民心固與其離民之心以備契丹契丹未至而民力已先困國用已先匱孰若固民之心以備契丹契丹雖至而民力有餘國用有備其利害若視白黑若數一二大臣以為難者臣所以深惑昔漢武兵困天下者用兵以征匈奴者欲以得所欲也今陛下以兵困天下者不用兵以至是也非以快所欲也何苦而為是乎五口一家尚知量入以為出況天下大計其可以不校出入其可以無經制乎臣伏見今之世有失入徒罪若流若死者陛下必加罪有司其在選人必加停駁後雖用之不得遷改此所以見陛下卹民之心至矣今大臣舉天下之民而困之望

特失入徒流死罪之比。而陛下略不加問。是捨所大而急所細也。臣愚當得默爲陛下識能罷今招兵。勅大臣使具太祖時賦入若干。兵若干。官若干。太宗時賦入若干。兵若干。官若干。真宗時賦入若干。兵若干。官若干。陛下天聖中賦入若干。兵若干。官若干。約今賦入之數兵數官數。酌取中道立爲經制。以賦入之數十分爲率。以七分給郊廟宮省諸費。三分留備水旱及緩急非常。爲之十年。僅可以言治。古者國無九年之蓄曰不足。無六年之蓄曰急。無三年之蓄則國非其國。今自京師至天下州郡。大率無二年之蓄。邊城甚者或三數月耳。不幸有連二年之水旱。將何以養此兵乎。此兵不足以養。則兵變不在契丹也。此臣所謂言責也。陛下所宜留念。大臣所宜盡心悉力之時也。伏乞下臣章中書樞密大臣。并臣前奏看詳。若不以臣非才而信用其言。先罷招兵。然後量今天下賦入以爲國用。使上下寬裕。非獨臣之幸也。乃天下之幸也。

鎮又論益兵奏曰。臣去歲八月言方今官冗兵多。民力不堪。乞下中書樞密大臣條理究行。及今累月不報。退自伏念當世之務。莫急於此。而大臣恬然不以爲恠。此臣區區不得隱默而再以冒聞也。夫慮之有素。爲之有備。事至而應。則安靜而詳實。慮之無素。爲之無備。事至而應。則倉猝而乖牾。大抵近事多失於倉猝而不安靜者。慮之不先。而備之不豫也。前日契丹使至。虛言紛紛。朝廷自顧國用之不足。民力之凋弊。無以待之也。大臣不知計之所從。於是乎募兵以自塞責。是何異欲救火而益以薪。流之濁而徒撓其源也。景德中契丹內寇。靈夏不臣。是時兵不滿五十萬。西備北禦。沛然有餘。今兵倍之矣。而尚苦不足者。臣不識所謂也。屬才遣一介之使至。而增益者又數萬。及其去也。中外相慶。謂爲無事。殊不知新兵之費。歲增已百萬貫矣。百萬貫之費。非出於天。非出於地。非出於建議者之家。一出於民也。方今愁苦之時。又重賦之以爲備預計者。未見其可也。此所謂倉猝而乖牾也。夫兵不在衆。在練之與將何如耳。去年儂智高寇嶺南。前後遣將不知幾輩。遣兵不知幾萬。亡死奔北不可勝紀。陛下親遣狄青。然而卒能取勝者。蕃落數百騎爾。此兵不在衆。近事之効也。陛下何不持此說以詰大臣之欲益兵者。臣愚以爲備契丹。莫若寬河北河東之民。備靈夏。莫若寬關陝之民。備雲南。莫若寬兩川湖嶺之民。備天下。莫若寬天下之民。民力寬則知自愛。知自愛則雖有外虞人人可用爲兵。用人人自愛之兵以禦外虞。何往而不克。何征而不服哉。古人所謂猶手臂之捍頭目。子弟之衛父兄者。用此兵也。臣所謂慮之有素。爲之有備者。此也。今夫官。所以養民者也。兵。所以衛民者也。養民衛民者。反殘民矣。而大臣不知救。臣恐朝廷之憂不在四

夷。而在冗兵與窮民也。近年以來。地數震動。河不軌道。日月星辰謫見于天。皆民怨之感也。伏乞陛下明勅大臣。求今所以息民之術。以應天地之變。而爲宗廟社稷計。臣不勝大願。愚直之罪。伏惟裁赦。

鎮又論河北河東兵奏曰。臣竊聞契丹新立。其叔領兵盤桓山後。召不肯赴。深恐邊臣緣此張皇。更請益兵。今河東養兵三十餘萬。五十年矣。又益以義勇三十萬。是常有六十萬兵積於兩路。正爲緩急非常。而塞下每一小警。即奏疏旁午以搖朝廷者。亦五十年矣。廟堂議臣。邊鄙謀將。中外狃習。安爲故常。所以兵益多。糧益匱。民力益困。國用益不足。而不知所以營救。此臣懇懇而不能已也。今義勇三十萬爲稍近古。禁軍三十餘萬皆仰縣官。就三十餘萬中半皆老弱怯懦老弱怯懦之人。遇敵則先自敗亡。非獨先自敗亡。適所以爲驍壯之累。是驍壯者不可不柬練。而老弱怯懦者不可不抑去也。老弱怯懦

不抑去則費廣費廣則民罷民罷則不自愛並治兵以衛不自愛之民臣恐朝廷之憂不在塞外而在塞內也臣竊計慮契丹新主嗣立逐定則與故主無殊盟好亦必堅久就使其叔爭立國中有變待蕃漢懷服其勢不五七年不得平定朝廷乘五七年之間懲前之失謀柬練驍壯抑去老弱怯懦使民力得紓國用得饒以待寇至必勝之道也古人請三萬兵橫行匈奴中今以六十萬衆重之以高城深池惴惴然常恐不足者殆將相不任責也陛下誠能專責將相委以經略非特邊鄙無事將見天下得復太平也臣前所上兵民事伏惟勅大臣平章如不以臣愚而廢其言必有萬一之補

歷代名臣奏議卷之二百十九

歷代名臣奏議卷之二百二十

兵制

宋仁宗時陝西經畧安撫使夏竦論兵政曰臣聞屯師制敵其急有四簡士卒齊號令聚芻粟利器械士卒不簡則陣不成列號令不一則戰不應節芻粟不聚則不能持久器械不利則不能爭鋒陣不成列則左擊右解戰不應節則前進後退不能持久則衆心易離不能爭鋒則兵氣不振不知芻粟器械之計者以卒與敵也不知士卒號令之要者以將與敵也覆軍殺將大事去矣善為將者簡其部伍稽其將校不以腰腹膂章為選而尚其能不以年所久次為勳而計其庸壯者或困於暴露瘠者或便於馳逐舊者或畏避無勇新者或自奮不顧尚能而用計庸而賞然後為金鼓以節其進退為旌旗以正其行伍金鼓節則聽者專旌旗正則視者審號令不差耳目不惑則勇者不得獨進怯者不得獨退三令五申多多益辦於是治倉廩以堅其心整武備以揚其氣其心堅則鬭志勵其氣揚則勇心奮治衆如治寡用弱如用彊以是而觀則兵政成矣

蔡襄上奏曰臣伏見西鄙用兵以來首尾六年自劉平任福葛懷敏三將覆沒亡者十萬餘人沮損國威公私空匱邦賦點差之計為患日深今被邊之郡屯兵非不多也歷涉數年訓練非不久也然而屢戰屢敗何哉臣熟思之蓋軍法未立將謀不專也所謂軍法未立者今之都部署及統帥之名其鈐轄路分都監都同巡檢等並是佐屬裨校各以賓禮相接主師等威既不尊異尚下官屬吏無節級相轄之理及至出軍首尾不能相救號令不能相通所以多敗也所謂將謀不專者朝廷每有指揮事件多下逐路並令鈐轄都監都同巡檢等同共從長商量又凡兵事惟大將得以專之秘計深謀豈容衆議

乃令僚佐參論短長。至有各出意見。互相詆毀。謀無所主。事無不漏。所以多敗也。臣竊以軍法不立。將謀不專。而勝敵者無有。唐郭子儀李光弼等以九節度之兵攻安慶緒而輒敗者何也。子儀光弼名將也。九帥之師共數十萬也。以安慶緒之窮困。豈能禦之。然而輒敗者。蓋軍無都帥。不相統轄。謀議不同。所以致敗也。太宗朝曹彬潘美興兵北舉而無成功者何也。曹彬潘美名將也。三路並入。大舉也。然而無成功者。蓋臨軍劉文裕王詵貪功立異。主將不能奪之。所以無功也。以古今事理參之。未有大將不專而能立大功也。或曰。今諸路帥臣各得便宜剳子。臨事自可處置。何必變更軍法乎。臣謂若法不素立。威不素行。雖得便宜。豈能使上下必信乎。臣請逐路都部署見管兵馬人數。列為裨校部曲之差。分為前後左右之屬。管兵臣僚官員並乞改換軍職使名。以所領兵多少為等。大小相承。節級相轄。如有違犯。並同階級。所以立成一軍。自然選揀精審。以戰則勝。以守則堅。此至急之務也。

襄又上言曰。或曰。練兵擇馬。減省邊郡之糧饋。其足以持久乎。曰。若欲為持久計者。莫若增置鄉兵。有唐之制。天下州郡募百姓為府兵。府不過一千二百人。外折衝果毅府五百七十四。而籍名於官。不離其鄉里。農隙教習武藝。其餘時則居家。有警急則集而守備。今若置之。不費國家之用。足為天下根本矣。臣切謂關中。今若召募。一年之間可致五十萬人。一年教習。足以守備。則關中之勢已強矣。或曰。今募鄉兵。則關中騷動如何。曰。府兵不黥其面。又立名目。若折衝果毅之類。與兵卒不同。擇其鄉里豪武者為總領。乘農隙則教習。有警急則守城。不離其居。不妨其業。則百姓為之。何所苦也。若然。有必置之術。頃年靈武用兵。陝西般糧草最為勞弊。至今老人耳目相接。往往皆能言之。若先下陝西計度轉般糧草往邊郡。次下募兵之制。應家有充鄉兵特免轉般。如是應募者衆矣。或曰。兵散在野則如何。曰。開元之前不聞府兵為亂者。蓋其勢分。犬牙相持。雖久不為患也矣。臣今畧陳其大槩。國家儻行之。乞下大臣詳議條目。

襄又奏減費用曰。臣切見正月以來。發兵馬赴沿邊州郡。皆全軍而往。未嘗精擇。夫全軍而往。必有老者武藝不精者。此等兵卒皆不可用。又邊郡之地多處山險。而軍中之馬有老病瘦瘠不堪馳逐者。亦隨軍而往。若有戰鬪亦不可用也。況沿邊如鄜延等山路險阻。饋運雖今日中糴糧草。皆是本處居民積聚之餘。若一歲之後。必須外州輦運。苟非擔負。不可得至。是以不可用之軍馬坐費難致之芻粟。臣欲乞令邊郡帥臣於已至兵馬中選武藝精者。及馬之強者留之。其兵卒老弱者武藝不精者及馬之老病瘦瘠不堪馳逐者。皆遣至近裏州軍。或罷歸之。所貴便於供給。兵精馬強。以戰則力倍。自然臨邊之郡糧儲可節也。

知諫院司馬光論揀兵疏曰。臣竊聞朝廷近降指揮揀選諸指揮兵士補填近上軍分。其主兵之官惟務人多。不復精加選擇。其間明知羸弱者以充數。臣以耳目疏短。聞之後時。不能豫陳可否。致事已施行。然其得失利害之明不可不盡為陛下言之。往者不可及。來者猶可追也。臣竊惟當今國家之患。在於士卒不精。故四夷邕盛。財用不足。故公私窘迫。今縱不能澄汰衰老以省大費。而又平居晏然。非有警急。坐增無用之衆。以長無窮之患。臣不知為國計者果如何也。方今天下安樂無虞。而府庫之積隨得隨散。曾無羨餘。設不幸有螽蝗水旱饑饉相仍。盜賊猝起。戎狄內侵。不知陛下將何以待之。此不可不為之先慮也。臣竊觀自唐室募兵以來。果能得武猛材力之士。猶為有益若不擇勇怯而養之臣不知其可也唐德宗以神策軍使白琇珪為京城召募使應募者皆市井沽販之人有名無實及涇師犯闕德宗命琇珪以神策軍禦之卒無一人至者德宗狼狽失據遂幸奉天及五代之際軍政尤紊是以叛亂接迹禍敗相尋周世宗以髙平之戰士卒不精故奬愛能何徽所部先奔歸而大閱諸軍悉簡去老弱選其精銳以為侍衛親軍由是畏兵之盛近世無比故能南割淮甸北取関南群雄畏服所向無敵太祖皇帝受天明命撫有大寶當是之時戰士不過數萬北禦契丹西捍河東以其餘威開荆楚炮湖湘卷五嶺呑巴蜀掃江南服吴越太宗皇帝紹丕烈奮神威遂拔晉陽一統四海堂堂之業萬世頼之今天下兵數臣不能盡知竊聞比於太祖皇帝時其多數倍然元昊羌胡之豎子智髙蠻獠之微種延敢倔強河西横行嶺表國家發兵討之士卒或望塵奔北或迎鋒

沮潰毀辱天威為四夷笑由是觀之養兵之術務精不務多也且今所選之兵幷其軍分增其粮賜是宜感戴上恩人人喜悦而竊聞京城之内被選之人往往咨嗟悲怨父子相泣况於外方兵士遠去鄉里訣別親戚其為愁苦不言可知使中外人情遑遑如此豈惟久遠之害亦不可不以切近之憂為萬一之慮也兵者國之大事廢興之端安危之要盡在於是臣不知曾與不曾令兩府大臣相與熟議經久利害然後行之今在京兵士已經揀上分配諸軍者無如之何其未揀及外州軍士伏望朝廷特降指揮下應係揀軍臣僚須是一一躬親子細揀選好人材有膂力及得等樣別無羸弱方得揀上如已經揀中後朝廷別差不干礙官覆揀得却有不及等樣及羸弱病患之人其元揀軍臣僚伏乞重行貶竄仍自今後每遇大段招揀兵士並須先令兩府臣僚同共商量度財用豐耗及事之緩急若須至招揀方得聞奏施行并戒約揀軍臣僚務精不務多一如今來指揮取進止

蘇舜欽上疏曰臣謹按周禮牙章以起軍旅漢世發兵皆以虎符所以嚴國命而絶姦端厥後給銀牌以為信五代喪亂凡奉使調發但樞密院給牒國朝太平興國中以李飛雄之為詐有詔復用銀牌焉自後又復廢罷臣竊見方今外郡兵馬只是三班使臣賫宣起發而無銀符之制况印文篆刻尋常官吏亦不能盡通姦詐或能為之當用武之際必須大為之防臣欲乞今後起發兵馬及乘遞馬者中給銀牌以復本朝舊制其規矩增減乞詔有司詳定之伏取進止

陜西經略安撫使范仲淹疏曰臣竊知陜西禁軍廂軍不下二十萬衆防秋在近必須養育訓練以期成功在乎豐以衣食使壯其力積以金帛示有厚賞牛酒以悦之律罰以威之如此則兵有鬬志將以增

氣雖二十萬衆合為一心有守必堅有戰必強平寇之期臣可卜也若飢不足其食寒不足其衣出無壯力入無厚賞軍有退志將少畏氣雖二十萬衆或有二心守則不堅戰則不強平寇之期未可卜也於弓箭手民兵肯戰守之時事須賞勸所用金帛誠須大備今陜西百姓已虛三軍未振或聞三說之法可以備邊以臣所見今擁貨務商客纔有一百來名縱許於陜西河東路以三說入中即緣商客未多且可少助粮草而已若金銀錢帛則歲時之内必難充足臣所以請放行向南塩客使客旅入納粮草并金銀錢帛數更有逐處富實之家不為商旅者必須以利勸之臣請逐處勸誘入納上件物色一件納及得萬數除給與向南末塩交鈔外更與恩澤一萬貫者與上佐官三萬貫者京官致仕如曾應舉到省與本科出身除家便官願班行安排或不就差遣者亦聽所貴防秋之期頗有邊備乞朝廷速

為大計使百姓樂輸三軍樂戰則夷狄不利中外無憂山海之利何足以吝國家安危之計在聖心英斷天下幸甚

知成德軍宋祁請復唐馱幕奏曰臣聞唐時出師用兵每十為五馱湯馬牛任從所便其間隨行什物鍋幕之類皆具故師行萬里經亘歲月無所闕乏自五代之亂更相侵擾其兵不出中國弱者輕齎强者因糧遂失五馱法至今相承不復討尋臣伏見朝廷之制每指揮五百人指揮使得夾幕一具副者得單幕一具馬軍得葉鍋布行槽等若干步軍得鍋若干自軍員以下更無帳幕或出次野外雖甚風雨亦無所庇又戰上被甲所將衣食悉自負荷馬軍則盂杓之類悉在馬上然則行數百里人馬强力皆已先疲脱若逢賊安能挽蹋擊刺與爭勝哉故無幕帟則士卒無所休庇無馱物則士卒須自負荷此於軍戎亦非小害臣乞詔近臣檢求唐馱幕法下殿前馬步軍司議可復與否明條利害上稟朝廷指揮取進止

宋庠上奏曰日者朝廷念承平之久再令河北河東蒐補强壯之籍及諸路創添弓手陰為武備誠大惠也然綱條粗舉防檢未周若弗遠圖懼無實效竊觀諸路唯河北風俗差為習慣若欲立法定制宜從此始謹具利病如左

一退虛數

近者差點强壯之時依先降條貫於三丁兩丁內以一丁係籍故河北比於他路民數最多然其間壯老相參貧富不等每歲團集訓練之日雖官給糧食而本家亦有齎送之勤又別無優異蠲存之制故兩丁之户一丁在官一丁供給是一家之事廢矣又州縣有諸色公人之役理難減罷今一家有應別役者則權免强壯候其役罷復收而籍之此亦一名之家供兩色之役番休迭上非人情之樂也臣欲乞委本屬長吏躬閱户等應第四等以上户除老弱外實有三丁者取一丁自餘兩丁及第五等户皆免之以備他役仍令州縣將本處諸色公人實數別定合差人户常留三番以相替換不得更充强壯已係强壯者亦不輪充他役如此則人有定業户無兼勞公私之間各得其所

一備實用

伏詳河北初置强壯之意但欲令鄉土所在自為之守故不責以戰鬪金鼓之事是以昨來再行添差之際明告以不刺手面不離鄉里且為禦盜防城之備臣竊念既已點定勁勇數十萬人而不能用誠可惜也且邊朔之地萬一有警則田野之君並將家屬入保堅城當此之時無論公私盡可驅而為守何必預籍强壯也臣故欲先簡去貧弱少丁之户取其實力因而用之之術敢舉其例假如大名一府今有强壯四萬餘人其中復免放兩丁貧弱及應州縣色役人外只取三萬實數聞本府常屯禁兵五千則乞差强壯三千留禁兵二千共充五千之數每半年一代則三萬人為十番番各五年一上矣（其他州皆準此法常以五分為率二分近軍三分强壯）若更有征守隨多少復發但許不離本路（謂若河北即不差發河東）如此則籍不虛設而軍政成矣然後可以加惠而悦使焉

一厚蠲復

凡人情有利則趨無利則止今既欲驅以征戍必當因利害而導之伏請應强壯之家除正税外令本屬州縣依量民情於科調中最所弊者一切免放（風聞今河北民最苦折變税物又和買紬絹河東民最苦和糴斛米）上番者於免放之例又加厚焉出征者於加厚之外復優賜焉無事則服穡而減租有事則輸勞而獲賞雖甚愚悍亦無得而怨

又況使之以道邪或疑民既減賦則經用將闕臣請較其所省以償所費前請正兵五千人內減去三千者今計禁軍一兵歲給且以五十貫為率則三千人得十五萬貫取三分之一以恤三萬強壯之家則恩不勝厚矣

一 正統率

惠之綏衆可以結恩意而未足以禁過防亂故必因法令以制之今請強壯以五百人為都其將校階級並準正兵之法入屯城邑則朝夕訓練官司呼召卒與軍人雜處非獨示金鼓進退之節亦令識營府尊卑之分嚴勒部隊一之以威民情可與樂成難與慮始數年之後法行令洽則習以為常既謂之常則戰鬬防戍無所不可或疑雖有其衆以何人為帥領何官為統轄臣敢借河北以諭之舊高陽關及真定州各為一部署今請以大名府至河東為一部署凡河北一路強壯分三部署以統馭平寧之時各令本州分番以習武警急之際則部署隨多少聚之於本路以備戰河北一路先定其制則他路可倣而為法矣若常日在家不上者委本縣令佐或本路別使（若令提點刑獄使之類）專相督察勸以農事有游惰不作則嚴刑以糾之又每州別置鈐轄一員與知州同掌兵籍（凡言兵則正軍強壯合以為一）如此則舊屯禁軍可並歸宿衛唯留就糧者於本路用相鎮服俟其耳目漸熟則自成府兵之制其他委曲條貫可使有司因時增借也

庠又奏曰臣近覩呂夷簡再述河北強壯久失訓練等事尋已劄委本官就近詳酌者臣竊聞跨河而北元係強壯之籍者踰數十萬皆土著精卒為國扞防官司點習條約明具自契丹通好以來而內外共務因循專為嫌避不敎民戰二十餘年逃冒流亡但存空簿日後一日識者寒心而呂夷簡欲舉舊章乞加綜覈此誠深計預備國家長久之業也況茲一事前後上言者至衆而事未果行大抵慮敵人驚猜有奸盟好然敢問議者若終不訓習可保北虜永無虞乎此乃慮外忘內視蚤蝨而不見太山之論審如此者亦當別為長算安可捨舊防而待決卧積薪以俟燃邪臣再思依違之端蓋由諸臣不敢專任其責常虞鄰邦萬一之隙自廢中國無窮之利務習常態苟圖目前況兩國盟書本無此禁我之政令彼何預焉且聚民教之不過以生事為戒猶有素備之防若弃而弗脩則養禍自貽遂無可救之策二者相準利害甚明矧今羌賊背恩邊境騷動臣為可因此案集聲為援助雖使傳播亦何害於歡盟哉安危之機理不可緩臣忝聞政事為時未久言輕體大懼緣人廢欲望聖慈更與張士遜章得象王隨已下老成之人參決可否必謂恐生外釁即乞特差精幹之臣

別託他事奉使河朔與呂夷簡及都轉運司密為規畫將主客二等丁壯如何均濟兼點集之後用何術得外無張皇內便教習并望賜寫近日臣僚所上鄉兵利害文字令一處商量使行經久惟陛下留神省察

時兵冗用度乏殿中侍御史呂景初奏疏曰聖人在上不能無災而有救災之術今百姓困窮國用虛竭利源已盡惟有減用度爾用度之廣無如養兵比年招置太多未加揀汰若兵皆勇健能捍寇敵竭民膏血以啗之猶為不可況羸疾老怯者又常過半徒費粟帛戰則先奔致勇者亦相牽而敗當祖宗時四方割據中國纔百餘州民力未完耕植未廣然用度充足者兵少故也而所征皆克自數十年來用數倍之兵所嚮必敗以此知兵在精不在衆也議者屢以為言陛下不即更者由大臣偷安避怨論事之臣又復緘默則此弊何時而

息。望詔中書樞密院議罷招捕，而汰冗濫。

英宗即位，召蘇頌提點開封府界諸縣鎮公事。頌言：「周制六軍出於六鄉，在王畿四郊之地。唐設十二衛，亦散布畿内郡縣。又以關内諸府分隸之，皆所以臨制四方，爲國藩衛。國朝禁兵多屯京師，及畿内東南諸縣，雖饋運爲便，而西邊武備殊闕。今中牟、長垣，都門要衝；二鄙驛置皆由此，而舊不屯兵，閑無防守。請置營益兵，以備非常。」

治平元年，三司使蔡襄上論兵九事疏曰：臣近上國論要目十二篇，以謂當今之急務，强兵爲第一事，富國爲第二事，欲脩治道自此而始。兵不强則國不富，國不富則民不安。是故始於强兵，而終於安民，本末之論也。强兵之説如何？一曰消冗，謂兵不可以暴減，當有術以消之。二曰選擇，謂老弱疾病不堪戰陣之人，即揀擇而去之。三曰省兵，謂不應置兵處與置之過多者，則省之。四曰訓練，謂兵雖少壯，而

訓練不得其術，與不教同。五曰立法，謂兵絶無統制，故不可用，用之則敗。此五者備脩，則兵少而精矣。少則財用饒，財用饒則國富矣。兵精以戰則勝，以守則固，而兵强矣。其説皆世人常論也，然而行之，則爲治道之始，不行則爲天下大患。是世人之常論，乃當今之急務。臣故謂之第一事。

一事：中書不與知兵，增兵多少不知也。樞密院要兵則添，財用則用，有無不知也。管軍將帥少兵則請增添，不計校；今日兵籍倍多，何故用之不足也。三司但支辦衣糧，日日增添，不敢論列，謂兵非職事也。四者各爲之謀，以至於此。若通而爲一，則可以計校兵籍多少、財用有無，不至於冗。臣欲乞招置增添兵數，樞密院中書共議之，先令三司計度衣糧如何足用，管軍每乞增置，必須詰問其所少之因，必不得已，方可具奏。如此謹重，乃省兵之一端也。

一事：近年置諸路安撫鈐轄，添屯禁軍，自京西、江南東西、廣南東西、兩浙、福建等駐泊禁軍皆是北人，南方水土異宜，水行不知舟檝之利，山行不堪阻阨之險，一往三年，死亡殆半，其不便一也。只如差二萬人駐泊，及至當替，又須二萬人，常須四萬人可了辦，以此屯戍之多，軍還到營，未及三兩月，又復出軍，不唯道路勞苦，妻奴隔闊，人情鬱結，其不便二也。今欲除京東、淮南外諸路鈐轄安撫司所管駐泊禁軍，候其年滿，量留合要人數，差補外，並只放還本營，更不塡闕。或問南方難用北軍，祖宗平定南方，盡是北軍，今來何故難用？曰：祖宗之兵誅討大計，未有不從中外兵，今者南方但當作禦盗賊之計，若禦盗賊，諸路各有招置禁軍，練習精熟，可以驅使，賊勢大者，暫遣北軍，不爲失策。

此省兵之一端也。

一事：陝西、河東自慶曆已來用兵之際，置寨柵數多，所以添兵。寨柵本以通糧道、護耕農，非有益於攻守，今當先去無用寨柵，或只量留兵卒，隨宜罷遣，以寬雜置糧草之費，亦省兵之一端也。

一事：防邊兵卒老弱病患，先須揀選。若在邊鄙，不唯虚費糧儲，兼亦不堪戰鬭。千兵若有百人老弱，遇敵而先奔，即是千人皆廢。如此爲患，須至選揀。馬有不堪入陣者而爲患，與老弱之兵同。陝西、河東，方今無事時，若先選揀，不唯訓練精熟，倉卒有備，大可減省糧草，以寬國用。

一事：或曰：招置土兵，如前日陝西弓箭手之類，只給與田，不費衣糧，於事爲便。且如河北招置土兵爲害深矣。土兵一人，可給戍兵三人，兼又父子相承，未嘗出城，驕蹇難動，故曰爲患深矣。河

北義勇十九萬人。昔年甚黠人。情驚動。今耳目已熟。但須整緝訓練。緩急得力。於其間更選強壯。須及十萬人。不費衣糧。可與土兵相制。屯戍之兵可減也。

一事。養兵之費。禁軍一兵之費。以衣糧特支郊賚通計。一歲約費錢五十千。廂軍一兵之費。歲約三十千。通一千一十八萬餘人。一歲約費四千八百萬緡。此其大較也。若減禁軍十萬。歲減緡錢五百萬。減廂軍十萬。歲減緡錢三百萬。欲減禁軍。先減屯戍。欲減廂軍。先減綱運。此其要也。

一事。諸路廂軍。一指揮有六七百人。撿尋舊額。並無條制。蓋年歲既遠。亡失舊文。今若朝旨諸軍指揮幷將校以下。未得過五百人。舊額不滿五百人。即依舊額。今日以前有剩者。並令依舊。候及五百人。一依今來指揮。輒敢額外添人。並以違制論。不在去官原赦之限。

一事。禁軍指揮。近年添置軍額名目數多。指揮將寨雖全兵卒。只有三二百人。虛費將寨請受。今若逐路軍額。先與條約。謂若兵士三百人。即有將寨三十人。見在人數已多者仍舊。或務補別軍。候及三百人。又不補填。漸可併省也。

一事。欲減廂軍。先減綱運。今天下無名綱運。最爲枉費兵士。邊郡兵官替移。迎候送還。廂軍動皆數百人。多者至千人。自來明有條制。州郡皆以人情。不敢禁約。此一事也。南方替罷官員。近由江浙。遠自湘潭。一舟十人至二十人。一歲往還京師。可了一次。一舟之費。少者五百千。多者七百千。所載官物不過數千緡之直。衣糧所費錢何此。二事也。天下州郡自太平以來。廨宇亭榭無有不足。每過新官臨政。必有改作土木之功。處處皆是。不唯枉費財用。必須多役兵卒。此三事也。天下持送官物入京。如牛皮兵器之類。多由陸路。若委本路轉運司。不急用者罷省之。或令水路。可以減省兵役。此四事也。養兵挽船。不若和雇。則止於程限之資。養兵則終歲給之。其費必倍。此五事也。大要舉此五事。嚴與條約。廂軍可省矣。

右僕射韓琦上奏曰。臣伏以三代漢唐以來。皆籍民爲兵。故其數雖多而贍養至薄。所以維制萬寓而威服四夷。又非近所蓄冗兵可及也。唐置府兵。最爲近古。天寶已後廢不能復。因循至於五代。廣募長征之兵。故困天下而不能給。今之義勇。河北幾十五萬。河東幾八萬。勇悍純實。生於天性。而有物力資產。父母妻子之所係。若稍加簡練。亦唐之府兵也。陝西當西事之初。亦嘗三丁選一丁爲弓手。其後刺爲保捷正軍。及夏國納款。朝廷揀放。於今所存者無幾。河北河東陝西三路。當西北控禦之地。事同一體。今若於陝西諸州亦點義勇。止刺手背。則又知不復刺面。可無驚駭。或令永興河中鳳翔三府先刺。觀聽既安。然後次及諸郡。一時不無少擾。而終成長利。

司馬光上奏曰。臣近日已二次上言。乞罷刺陝西義勇事。未蒙朝廷采納。臣欲止而不言。則不忍坐視一路之民橫受困苦。而自圖一身之安。又恐遷延日久。則無及於事。是以不敢避斧鉞之誅。繼上封奏。爲陛下極陳其害。臣比日以來。熟思此事。誠於民有世世之害。於國無分毫之利。何謂於民有世世之害。臣竊見河北陝西河東自景祐以前。本無義勇。凡州縣諸般承役。並是上等有物力人戶。知當其鄉村下等人戶。除二稅之外。更無大段差徭。自非大饑之歲。則温衣飽食。父子兄弟。熙熙相樂。自寶元慶曆之間。朝廷因趙元昊叛亂。契丹壓境。遂於三路鄉村人戶之中。不問貧富。等第但有三丁之家。即揀一丁充鄉弓手及強壯其時西邊事宜尤急尋將陝西一路鄉弓手盡刺面充保捷指揮正軍其河北河東事宜稍緩遂只將鄉弓手強壯刺手背充義勇自此三路之人始騷然愁苦矣其河北河東之民比於陝西雖免離家去鄉戍邊死敵之患然一刺手背之後則終身拘繫或欲遠出幹事糶賤賣貴或遇水旱凶荒欲分房逐熟或典賣田產欲浮遊作客皆慮官中非時點集不敢東西又當差點之際州縣之吏寧無乞覔教閱之時軍員教頭寧無歛掠是於常時免役之外添此一種科徭也若果如議者之言無害於民則民皆樂從官中何必更刺手背以防逃竄乎以此觀之義勇為害於兩路之民也可知矣況陝西於慶曆年中民家已各喪一丁刺充保捷流落不歸今又取其次丁刺充義勇不亦甚乎朝廷近年分命朝臣徧往諸路減放謂之寬恤民力今乃無故一旦刺一路之民十有餘萬以為義勇

何朝廷愛之於前患之於後憫之於小而忘之於大乎且今日既集之後則州縣義勇皆有常數每有逃亡病死州縣必隨而補之則義勇之身既羈縻以至老死而子孫若有進丁又不免刺為義勇是使陝西之民子子孫孫常有三分之丁為兵也臣故曰於民有世世之害也何謂於國無分毫之利太祖太宗之時未有義勇至于正軍亦不及今日十分之一然而太祖取荊湖平西川下廣南克江南太宗取兩浙克河東一統天下若振槁拾遺此豈義勇之力也哉蓋由民政脩治軍令嚴肅將帥得人士卒精練故也康定慶曆之間趙元昊負累朝厚恩無故逆命侮慢不恭侵犯邊境朝廷竭天下之力以奉邊鄙劉平任福葛懷敏之師相繼覆沒士卒死者動以萬數正軍不足益以鄉兵外府不足繼以內帑民力困極財物殫盡終不能出一旅之衆涉區脫之地以討其罪而不免含垢忍恥假以寵名誘以重賂僅得無事當是之時三路新置鄉兵其數十萬何嘗得一人之力以此觀之義勇無用亦可知矣賈誼有言曰前車覆後車戒康定慶曆禦戎之策國家當永以為戒今乃一一檢當時體例而行之是後車又將覆也有難臣者必曰古之兵皆出民間豈民兵可用於古而不可用於今乎臣則對曰三代之時用井田之法以出士卒車馬居則為比閭族黨州鄉行則為伍兩卒旅師軍為之者皆卿大夫也唐初府兵各有營府不屬州縣有將軍郎將折衝果毅以相統攝是以令下之日數萬之衆可以立具無敢逃亡避匿者以其綱紀素備故也今鄉兵則不然雖有軍員節級之名皆鄉黨族姻平居相與拍肩把袂飲博鬭毆之人非如正軍有階級上下之嚴也若安寧無事之時州縣聚集教閱則亦有行陣旗鼓弓弩坐作叫噪真如可以戰敵者彼若聞胡寇大入邊兵已敗邊城不守胡騎殺掠蹂踐卷地而來

則莫不迎望風聲奔波迸散其軍員節級將鳥伏鼠竄自救之不暇豈有一人能為縣官率士卒而待寇乎以臣觀之此正如兒戲而已臣安有為國家計驚騷一路之民使之破家失業而為兒戲之事乎臣故曰於國無分毫之利也凡此利害之明有如白黑伏望陛下不以臣愚賤而忽其言少留聽察其刺陝西義勇乞賜寢罷則一方幸甚

光又上奏曰臣近者已曾四次上言乞罷刺陝西義勇別白利害極其懇惻終未蒙省察方今陝西一路之民小大皇皇如在湯火之中而朝廷晏然略無拯救之意臣職在箴諫安可塞默不敢廣有援引以煩聖聽請以目前顯驗言之今建議以義勇為便者必曰即日河東河北不用衣糧而得勝兵數十萬皆教閱精熟可以戰敵又兵出民間合於古制臣請言其不然彼數十萬者虛數也教閱精熟者外

貌也、兵出民間者。名與古同而實異也。何以言之。河北河東州縣。既承朝廷之意。各揀刺義勇。只求數多。據帳籍言之。誠有數十萬之衆矣。若萬一胡寇在近。官中急欲點集之時。則一人不可見矣。豈非虛數乎。平常無事州縣教閱之日。觀者但見其旗號鮮明。鉦鼓備具。行列有序。進退應節。即嘆美以為真可戰敵。殊不知彼皆隊舞聚戲之類。若聞胡寇之來。則瓦解星散。不知所之矣。豈非外貌乎。古者兵出民間。民耕桑之所得皆以衣食其家。故處則富足。出則精鋭。今既富斂農民之粟帛以贍正軍。又籍農民之身以為兵。是一家獨任二家之事也。如此。民之財力安得不屈。豈非名與古同而實異乎。以臣愚見。河北河東已刺之民。猶當遣放。况陝西未刺之民乎。陛下欲知利害之實。何不試召建議者而問之曰。河北河東自置義勇以來。胡寇凡幾次深入至腹内州軍。用義勇拒戰而胡寇敗退。今既有義勇之後。三路正軍皆可廢而不用乎。若果然。胡寇曾深入。因得義勇之力而敗退。今來刺義勇之後。正軍皆可廢罷。此乃萬世之長策也。願陛下行之勿疑。若自置義勇以來。未嘗經陣敵使用。今來雖有義勇。正軍亦未可廢罷。則何忍以十餘萬無罪之赤子盡刺以為無用之兵乎。天生聖君以為民也。民今如此。陛下豈可全不為之動心乎。臣之所言盡於此矣。陛下若以為稍有可采。即乞早降指揮。下陝西命罷刺義勇。以救一方之民。若以為勅命已行。不肯還改。即乞且免刺手背。候邊事寧息。依舊放散。則民有一時搔擾之勞。猶免終身羈縻之苦。若以臣所言皆孟浪迂闊。不可施行。則臣之智識愚闇。無以勉強變更。不可久污諫諍之列。伏望聖慈特賜降黜。别擇賢才而代之。

光又乞罷陝西義勇劄子曰。臣傳聞朝廷差陝西提點刑獄陳安石於本路人户三丁之内刺一丁充義勇。不知虛實。若果如此。大為非

便。臣竊意議者必以為河北河東皆有義勇。而陝西獨無。近因趙諒祚寇邊。故欲廣籍民兵以備緩急。使之捍禦也。臣伏見康定慶曆之際。趙元昊叛亂。王師屢敗。死者動以萬數。國家乏少正軍。遂籍陝西之民三丁之内選一丁以為鄉弓手。尋又刺充保捷。指揮差於沿邊戍守。當是之時。閭里之間。惶擾愁怨。不可勝言。耕桑之民。不習戰鬭。官中既費衣糧。私家又須供送。骨肉流離。田園蕩盡。陝西之民。比屋凋殘。至今二十餘年。終不復舊者。皆以此也。其謀策之失。亦足以為戒矣。是時河北河東邊事稍緩。故朝廷但籍其民以充義勇。更不刺為軍。雖比之陝西保捷為害差小。然國家何嘗使之捍禦戎狄。得其分毫之益乎。今議者但怪陝西獨無義勇。不知陝西之民。三丁之内已有一丁充保捷矣。自西事以來。陝西困於科調。比於景祐以前。民力減耗三分之二。加之近歲屢遭凶歉。今秋方穫小稔。且望息肩。又值邊鄙有警。衆心已摇。若更聞此詔下。必大致驚擾。人人愁苦。一如康定慶曆之時。是賊寇未來而先自困弊也。况即日陝西正軍甚多。不至闕乏。何為遽作此有害無益之事。以循覆車之轍也。伏望朝廷審察利害。特罷此事。誠一方之大幸。

光又乞罷陝西義勇劄子曰。臣近曾上言乞罷刺陝西義勇事。未審朝廷曾與不曾别為商量。臣前次上殿乞陛下留意備邊。所謂備者。非但添屯軍馬。積貯糧草而已。在於擇將帥而修軍政。今將帥不才者未聞有所更改。軍政頹弊者未聞有所振舉。而忽取腹内州軍之民盡刺以為兵。外人聞之。無不駭愕。今陝西沿邊正軍動以萬數。朝廷若能擇有方畧膽勇之人以為將帥。使之簡去疲弱。選取精鋭。勤加教習。明行賞罰。則雖欲取銀夏而税其地。擒趙諒祚而制其命。有何所難。况但止其鈔盗乎。今朝廷不孜孜以將帥軍政為急。而無故

籍耕桑之民使之執兵徒有驚擾而實無所用臣不知誰為陛下畫此策也昔康定慶曆之間朝廷以元昊犯邊官軍不利已嘗籍陝西之民以為鄉弓手始者明出勅牓云但欲使之守護鄉里必不刺充正軍屯戍邊境牓猶未收朝廷盡刺充保捷指揮令於邊州屯戍當是之時臣丁憂在陝備見其事民皆生長太平不識金革一旦調發為兵自陝以西閭閻之間如人人有喪戶戶被掠號哭之聲彌天亘野天地為之慘悽日月為之無色往往逃避於外官中繫其父母妻子急加追捕鬻賣田園以充購賞暨刺面之後兵員教頭利其家富百端誅剝衣糧不足以自贍須至取於私家或屯戍在邊則更須千里供送祖父財產日銷月鑠以至於盡況其平生所習者惟桑麻耒耜至於甲冑弩鞬雖加教閱不免生疎而又資性戇愚加之畏懦臨敵之際得便即思退走不惟自喪其身兼更扶動大陣自後官中知

其無用遂大加沙汰給與公憑放令逐便而惰游已久不復肯服稼穡之勞兼田產已空無所復歸皆流落凍餒不知所在長老至今言之猶長歎出涕其為失策較然可知足以為後來之戒而不足以為法也今朝廷雖云所籍之民止刺手背農隙之時委州縣召集教閱只在鄉里不令戍邊而民間懲往年之事必大興訛言爭相驚擾朝廷號令失信前後已多雖州縣之吏徧至民家面加曉諭亦終不肯信逃亡避匿刑獄必繁愁嗟之聲周徧一方足以動搖群心感傷和氣若使分毫有益於國亦無所顧此有害無益顯然明白近在目前設使教習得成一旦詐作大舉入寇邊臣不能捍禦而使之深入三輔東過潼關乃欲驅此烏合村民以拒之不亦難乎此適足以取戎狄之笑而已伏望陛下軫念生民深察得失其刺義勇事早賜寢罷

光又乞罷刺陝西義勇劄子曰臣累日前方聞朝廷有指揮令陝西路揀鄉村百姓充義勇臣即時有奏劄子言其非便昨日又上殿具劄子面有敷陳奉聖旨令送中書樞密院商量臣到中書樞密院方知此事擬議已久勅下本路已近旬月臣耳目踈淺聞之後時不能先事進言是臣之罪然臣聞之易曰不遠復無祇悔元吉說命曰無恥過作非今雖勅命已下若追而止之猶勝外遂行不顧不可避反汗之嫌而蹈遂復之凶也百姓一經刺手則終身羈縻不得左右人情畏懼不言可知康定年中揀差鄉弓手時元不刺手後至慶曆年中刺充保捷之時富有之家猶得多用錢財雇召壯健之人充當今一切皆刺其手則是十餘萬無罪之人永充軍籍不得復為平民其為害民尤甚於康定之時也臣竊料即今陝西之民已狼狽驚擾不聊生矣若朝廷晏然坐而視之曾不憫恤使赤子嗷嗷何所告訴為民父母者固當如是乎古者國有大事謀及卿士謀及庶人謀及卜

筮今籍一路之民以為兵可謂大事矣而兩府之外朝士大夫無一人知者一旦勅書既下急如星火嚴如雷霆誰暇問其端倪況敢言其非也臣以備位諫官既聞之後不可畏避死亡不為陛下力言之若又棄忽其言不為改更則是今後朝廷號令有過誤者終不可復救也如此則恐非國家之福也臣愚伏望聖慈速降指揮下陝西路其義勇且未得揀刺別聽候朝廷指揮然後博延卿士大夫更熟議其可否果然有利於國無害於民徐復行之何晚之有

三年光又言招軍劄子曰臣聞近朝廷於在京及諸路廣招禁軍其災傷之處又招飢民以充廂軍臣愚以為國家從來患在兵不精不患不多夫兵少而精則衣糧易供公私充足一人可以當十遇敵必能取勝兵多而不精則衣糧難贍公私困匱十人不足當一遇敵必致敗北此利害之明有如白黑不為難知也是以太祖皇帝之時天

下兵數不及當今十分之一。而猶日加選練。簡去羸老。專取精銳。故能征伐四克。混一區夏。自景德以來。中國既以金帛綏懷戎狄。不事征討。至今六十餘年。是宜官有餘積。民有餘財。而府庫殫竭。倉廩空虛。水旱小懲。流殍滿野。其故何哉。豈非邊鄙雖安。而冗兵益多之所致乎。此乃天下所共知。非臣一人之私言也。慶曆中。趙元昊叛。西邊用兵。朝廷廣加召募。應諸州都監監押募及千人者。皆特遷一官。以此之故。天下冗兵愈衆。國力愈貧。近歲又累次大揀廂軍以補禁軍之數。即目係籍之兵已爲不少矣。何苦更復直招禁軍。及招飢民以充廂軍。臣不知建議之臣。曾與不曾計較今日府庫之積。以養今日舊有之兵。果爲有餘。爲不足乎。此蓋邊鄙之臣。庸愚怯懦。無他材畧。但求添兵。在朝之臣。又恐所給之兵不副所求。他日邊事或有敗闕。歸咎於己。是以不顧國家之匱乏。只知召募取其虛數。不論疲軟無所施用。此羣臣容身保位。苟且目前之術。非爲朝廷深謀遠慮經久之畫也。諺曰。多求不知省費。此言雖小。可以喻大。今以十口之家衣食僅足。一旦頓增五口。必不能贍。若不顧囷中之粟。笥中之帛。所餘幾何。而唯冗口是食。能無窮匱乎。國家之勢。何以異此。羣臣既不能爲陛下忠謀。陛下又不自以爲憂。則誰當憂之。臣恐邊臣之請兵無窮。朝廷之募兵無已。倉庫之粟帛有限。百姓之膏血有涯。不知國家長此沉瘵。何時當瘳乎。臣又聞即日災傷之處。軍無見糧。煑薄粥以飼飢民。猶不能給。況刺以爲兵。將以何物養之終身乎。且畎畝農民止因一時飢饉。故流移就食。若將來豐稔。則各思復業。今既刺以爲兵。是使之終身失業也。於官於民。皆爲非便。謀策之失。孰甚於此。臣願陛下斷自聖志。速降指揮。應在京及諸路並且罷招禁軍。但選擇將帥。使之訓練舊有之兵。以備禦四夷。不患不足。其災傷之處。州縣

不得妄招飢民以充廂軍。但據所有斛斗救接農民。使向去稍豐。使各復舊業。則天下幸甚。臣自陛下踐祚以來。不自知其狂愚。見朝廷政令有未便。差除有未當。屢屢獻言。澆瀆天聰。陛下未嘗爲之變一政令。改一差除。如臣者亦可以不言矣。然猶區區獻言不已者。誠恥居位而不言。不恥多言而見厭也。

英宗時。陜西轉運副使范純仁奏曰。臣伏見陜西沿邊兵將俱冗。城寨亦多。倍費供須。虧耗財用。今來既許西人納款。諸路罷兵。正宜節省經費。漸圖豐實。若更因循舊規。不務改作。豐實之期。固無可望。每年計支用。亦將不足。萬一再有邊事。或值歲歉。倉卒之間。何以爲計。伏望朝廷檢會天聖以前陜西沿邊軍馬兵官數目。及委帥臣條列今來合留城寨。及合減將官冗兵人數。參定中制。各令遵行。其間或有帥臣不思體國。務爲冗占者。亦乞朝廷特行誡勵。如此則不惟西陲漸可充富。兼使夷狄畏威。易爲馴服。仍乞覺察沿邊希功生事之臣。重行責降。使夷狄知朝廷好生之德。則可省戍守之勞。坐致豐實。

神宗熙寧二年。知諫院陳襄論汰冗兵劄子曰。臣觀治平二年天下所入財用大數。都約緡錢六千餘萬。養兵之費約五千萬。乃是六分之財。兵占其五。禁兵之數約七十萬。一夫錢糧賜予歲不下五十千。則七十萬人。有三千五百萬緡之費。廂軍之數約五十萬。一夫錢糧賜予歲不下三十千。則五十萬人。有一千五百萬緡之費。則是廂禁兵費五千萬矣。惟餘一千萬以備國家百用之費。今若裁損廂禁人數五分之一。則可以歲減錢糧之數一千萬。以助州縣官用。度比之常歲倍增其數。百度經費有二千萬。足以贍給有餘矣。況藝祖朝中外之兵止一十二萬。真宗之時三十餘萬。章聖之時已號爲多。然不過五六十萬。大抵兵貴在精。不在衆。今若選擇精悍之士。而去其懦

弱羸老者。凡五分之一。則猶有九十六萬精兵。不[illegible]而不足矣。

御史中丞呂公著上奏曰。臣竊以古者兵農不分。而耕戰並事。平居無不耕之民。有事無不戰之家。故兵籍雖廣。而財力不屈。後世唯唐之府衛最為近古。開元以後。其制復壞。國家承五季之亂。雖庶事草創。未復古。然祖宗之初。兵不過數十萬。故當時未見其害。是後招募之數日增。而簡練之法益弛。平居則常苦於冗食。有事則不足以應敵。故建議之臣頗謂民兵可復。而正兵可消。誠以今之禁兵。率以中等校之。每人歲用錢糧衣賜。計直五十緡。千人則歲費五萬緡。至於民兵。則非有廩給。唯是給之土田。或只將見今有丁人戶。稍寬其租稅。省其力役。以正兵千人之費。足以得民兵數萬人。然今之正兵。亦不可驟行減放。但當即罷招填。益講民兵府衛之法。使財力不屈。而戰守有備。以之强國捍邊。實萬世之利也。臣欲乞詔輔臣選識治體

曉兵法。或先曾獻議。其言可用者數人。使議兵制施行。

三年。司馬光乞不令陝西義勇戍邊及刺充正兵劄子曰。臣先任諫官日。伏見國家揀刺陝西義勇。臣累曾論列。以為徒使百姓愁苦。無益於用。近聞環慶路用義勇與西賊戰鬬。望風奔潰。死傷甚多。致主將陷沒。此義勇不可用之明驗也。臣竊聞議者猶欲教閱義勇以抗西賊。若止令州縣教閱守護鄉土。猶於人情不至大擾。若發以戍邊。或如慶曆中刺為正兵。則眾人覩環慶之敗。譬如無罪往就死地。恐於人情大有不安。國家既重賦斂以盡其財。又逼之戰鬬以絕其命。是驅良民使為盜賊也。彼為官軍則惜生。故望風奔走。彼為盜賊則必死。自可以一敵百。臣恐今日教之挽射擊刺。乃他日為盜之資也。廟堂之議。臣所不得知。萬一有之。詔下之日。臣論列不及。況當遠離朝廷。故不得不先事而言也。

光又乞留諸州屯兵劄子曰。臣奉勅充永興軍一路兵馬都總管安撫使。臣竊聞本路十州所管屯駐禁軍至少。大率皆出緣邊就糧兵士。常時分為上下番。有一半在逐州。或遇邊上稍有警急。則盡皆抽去。逐州並無守把兵士。臣竊惟天下事不可忽。必須思患豫防。戎狄犯邊。雖當竭力捍禦。然腹內州軍豈可全無武備。況逐州皆有軍資甲仗。市邑民居萬一犬羊奔突。間諜內應。或盜賊[illegible]姦人竊發。其本州官吏手下無兵。雖有智勇。將安所施。臣愚以為逐州宜各添一指揮禁軍屯駐。內永興軍為關中根本。宜添兩指揮。若朝廷別無兵士可以差撥。只乞於緣邊就糧兵士內。依此數目撥留在逐州屯駐。邊上更不得勾抽。所貴緩急不至失備。

光又乞不揀退軍置淮南劄子曰。臣竊聞道塗之言。不審虛實。或云朝廷欲揀在京禁軍年四十五以上。微有呈切者。盡減下請給。并其

妻孥徙置淮南。以就糧食。若實有此議。臣竊以為非宜。何則。在京禁軍。及其家屬。率皆生長京師。親姻聯布。安居樂業。衣食縣官為日固久。年四十五未為衰老。微有呈切。尚任征役。一旦別無罪負。減其請給。徙之淮南。是横遣降配也。諸軍之內。沙汰甚多。必恐人情惶惑。大致愁怨。雖國家承平無事。綱紀具張。此屬恟恟不安。亦無能為患。然詔書一下。若萬一有道路流言。驚動百姓。朝廷欲姑務省事。復為收還。則頗失威重。尚去無以復號令驕兵。若遂推而行之。則眾怒難犯。專欲難成。意外之變。不可不防。梁室分魏博之兵。致張彥之亂。此近事之可鑑者也。故臣願朝廷更當深思熟議。未宜遽下此詔也。夫水未至而豫為之防。水雖不至。亦無所害。謂水不足憂而不為之防。一旦水至。則防無所及矣。故君子貴於思患而豫防之也。且國家竭天下之財。養長征兵士。本欲備禦邊陲。今淮南非用武之地。而多屯禁

兵坐費衣食是養無用之兵實諸無用之地也又使邊陲常無事則已異日或小有警急主兵之臣必爭求益兵京師之兵既少必須使者四出大加召募廣為揀選將數倍多於今日所退之兵舊兵尚請衣糧未去而新兵更添衣糧是棄已教閱經戰之兵而收市井畎畝之人本欲減冗兵而冗兵更多本欲省大費而大費更廣竊恐非計之得者也臣愚伏願朝廷且依舊法每歲減禁軍有不任征戰者減充小分小分復不任執役者放充百姓聽其自便在京居止但勿使老病者尚占名籍虛費衣糧人情既安於所習皆無怨嗟國家又得其力用不為虛設冗兵既去大費自省在理甚明於事為便臣備位近臣茲事繫國安危不敢不言

四年樞密使文彥博奏論兵政曰臣向因進對蒙詢及點民兵利害臣與吳充即時略具大旨上對然而天威之下頃刻之間固未詳悉臣退而復思自陛下臨御以來焦勞庶政以兵者大事尤所留意三四年前樞密院檢錄得開寶初至治平中內外兵馬大數頗甚詳備遂議酌中定為永額比至道前即差多方慶曆中即頗減內壯根本外護邊陲去冗留精適用省費蒐補訓練皆有條理又以三路鄰於羌胡即有屬戶番兵弓箭手之類以至次邊州軍盡置義勇緩急調發以應征防若守將處之得宜經久必無闕事兼向時諸路郡縣額外增置弓箭手亦欲防虞盜賊如此紀綱臣以謂深愜方今之宜頗得備預之理設有未至或有廢墜即當彌縫振舉之可也恭惟太祖太宗之定天下也止用此兵真宗仁宗英宗之守天下也亦用此兵累聖相承而無異道歷年彌久而無異法故臣以謂愜當今之宜得備預之理有未至而廢墜者彌縫而振舉之可也今陛下以睿聖之德承祖宗隆盛之業中原之人不識兵戈者幾百年歷觀前古致治未有如此之安且久也故生齒繁息逾於二漢封疆廣遠過於三代所謂民不改聚地不改闢施之仁政而不煩擾之則太平之効又何加焉陛下必欲捨此而別求治道以致太平更易兵制以張威武固非臣愚所及況臣備位樞府所主唯兵不能上副盛意委曲經畫尸祿之責所不敢逃伏望聖慈察臣前後累上章奏聽解樞機之重柄并還將相之印綬得以散秩俾守外郡從愚臣知止之分全朝廷退人之禮臣不勝大幸然臣久蒙天地之恩敢忘犬馬之報竊謂兵民猶水水能載舟亦能覆舟禁暴戢兵武之七德不戢自焚自古所戒允更制維御之方深顧慎之重之區區之誠庶補萬一冒犯宸聽臣不任隕越惶懼之至

元豐二年河北路轉運判官呂大忠上奏曰臣聞天下之患終在腹心而始在邊鄙邊鄙之患輕在禦敵而重在養兵漢以匈奴千里轉餉而天下困唐以藩鎮耗竭國用而人心離則是今日養兵之弊終為他日腹心之大患不可不察也夫養兵所以制敵將使邊鄙安靖而腹心受其賜也今養之太冗而處之無法朘削腹心以供其費而猶不足雖能勝敵無所用之況不能勝者哉雖然邊不可不防兵不可不養弊之甚者則宜更之患之大者則宜消之必使天下并收其效任兩其民無事則耕有事則戰是臣之願也未可遽行如漢之屯田唐之府兵亦足為善法而不能盡用則今日養兵終危道也危道之中又有甚焉以疲弱失教之兵置之極塞不毛之地日耗貴直之粟歲勞輓饋之力寇小至則不足與校而強校之寇大至則不能以支更求益兵而申其致師之計則是以有限之財供無涯之費非徒費也又將起腹心大患豈非危道之甚者邪為今之計亦可以田顧少恩而去其太甚者矣臣謂今日之寨戶近於屯田今日之義勇近

於府兵如廣募而精教之以銷禁兵之弊一寨户之勇過於禁兵十人五義勇之費不敵禁兵一人以此校之養兵大費已省其半矣臣又聞自古及今有一國當一邊一州當一道者禄賞自足未聞取備於内也秦漢之際二燕一代自當匈奴本朝之初慶州姚内斌雄州李允則自當一道此無佗兵精而無冗食也時使而不久戍也嚴險其壘而不多留兵也通其互市以致州粟也多置屯田以息邊餉也廣募土人以戚禁旅也寇不至則吾戒疆吏毋輕犯以致敵也寇既來則吾飭守將不與其幸勝也寇將退則吾度其盛衰雖空壘以襲之可也事既寧則吾討曲直雖益兵而報之亦可也凡此者雖非先王之法不猶愈於今日之弊哉以臣之愚雖不足以權大事欲望聖慈試以臣言參問邊臣許其極論是非覆奏如以為非則是邊臣欺罔陛下終不能銷天下腹心之患或以為是則願陛下不憚一時之勞盡講遺法而行不三四年國力民心庶可蘇矣臣無狀奉使以輕饋為職不能廣謀財利以應一切之急而言及養兵之弊人皆以臣為不善避嫌獨臣之愚志安社稷不忍緘默以自取容也

三年判三班院曾鞏上言曰臣聞古者兵出於農故三時耕稼一時閱武其於四時蒐田則又率之從事然則農之用力於兵以少言之歲當兩月計其大槩則今之專力之兵一當古之兼農之兵六先王之制天子六軍大國三軍次國二軍小國一軍軍萬二千五百人其餘夫以為羨卒周有天下諸侯之國千有八百以中數率之通有兵二萬五千為兵四千五百萬而羨卒未在其數以今之兵一當其六今有兵百萬為八十倍少於古以跡言之其專力兼農之勢固異以多少言之其用人之力費人之財今可謂省矣古者兵出於農故干戈車乘馬牛亦皆取具而國無預焉今兵出於國故干戈車乘馬牛亦皆取具而民無預焉此今之兵又於民為便者也秦既開阡陌而亦兵出於民其干戈屢動則至於發閭左之戍漢魏而下亦皆以民為兵其轉徙殺戮之禍嘗甚矣至于後周隋唐修列府衛而兵復近古天寶以後彍騎立而募兵之法行自是之後綱紀大失序天子之勢屈於方鎮之兵方鎮之勢屈於所部之兵至其甚也將之廢置出於兵至于五代而國之廢置出於兵兵之禍天下未有甚於此也宋興撥亂世反之正太祖外削藩服而歸之軌道内操師旅而束以法制天下之惡子非黥之以刑而自列於行伍非毆之以暴而自就於繩墨以鎮城邑以戍疆埸非獨為朝廷之用其於天下之良民得以樂職而安業者實賴其力况又其費少於古其便多於民近世以來制兵之善未有及此者也陛下出衆慮之表起百職之廢其於當武尤属聖心今連營之士訓練精鋭武庫之兵繕治工巧殆古所未有

臣誠不自揆討今之事竊以謂西北之宜當擇將率東南之備當益戍兵庶幾上副陛下威夷狄守四方不世出之大志何以言之昔太祖之世其捍北狄則用李漢超於關南馬仁瑀於瀛州韓令坤於常山賀惟忠於易州何繼筠於　州其禦太原則用郭進於西山李謙溥於隰州孝繼勳於昭義其備西戎則用姚内斌於慶州董遵誨於環州王彥昇於原州馮繼業於靈州大抵如内斌遵誨之兵率不過五六千人皆責之以自守其地今士之精鋭兵之工巧無以復加矣在乎得人偏之統督之寄而已故臣以謂西北之宜當擇將率付之一州一路任之以戰守之責陛下明考覈信賞罰以馭之而已以此制勝則何求而不得也臣又竊以古者百里之地為千乘之國有兵三萬七千五百人今州小者非特百里而已士徒之衆雖不必盡如古制然今東南之隅地方萬里有山海江湖險絶之[illegible][illegible]洞林麓深

偏之虞，而此諸路之兵各不過數千人而已。其於防邏常患不足，萬一有追胥討捕之事，理必乏人。向者邕州之不守，蓋患於救援之不繼。至於廖恩之鼠竊，而能稽誅於時月者，蓋內地追討之兵不足，恩已自歸，而所遣北兵猶在道路，則東南之寡弱蓋可知也。以陛下之明綱理天下，無所不備，其於東南之兵，計今之宜，雖不必如古者千衆之法，然稍增兵屯，使緩急足用，以銷姦萌，除患於未然，亦治體之所宜及。臣故以謂東南之備當益戍兵，區區憂國之心，惟陛下之所裁擇。

神宗時，右司諫蘇轍乞禁軍日一教狀曰：臣竊見諸道禁軍自置將以來，日夜按習武藝，劍槊擊刺，弓弩斗力，比舊皆倍。然自比歲試之於邊，亦未見勝敵之效。蓋士卒服習，止軍中一事耳，至於百戰百勝，則自有道，不可不察也。臣訪聞凡將下兵，皆蚤晚兩教，新募之士或終日不得休息，士卒極以為苦。頃歲西鄙用兵，士自內郡往即戰地，皆奮踴而去，以免教為喜。先朝留意軍事，每歲遣官按閱，賜賚豐厚，遷補峻速，士心猶且如此。臣觀今日所以厚之者不如先朝，而所以勞之者如舊，臣竊以為疑也。古之名將如李牧、王翦，將用人之死力，必椎牛釃酒，聽其佚樂，養而不試，士皆投石超距，踴躍思奮，而後用之。故所向無敵。今平居無事，朝夕虐之以教閱，使無遺力以治生事，衣食殫盡，憔悴無聊，緩急安得其死力？臣請使禁軍除新募未習之人，其餘日止一教，使得以其餘力為生，異日驅以征伐，其樂致死以報朝廷，宜愈於前日也。

鄭獬奏曰：臣竊聞朝廷密有詔旨，令河北繕城塹，備粟藁，以支北虜，諸郡奔走怵惕以從事。至有師臣躬督役夫，以穿濠池，殊可怪笑。北虜雖夷狄，其舉動亦頗曲直。今無釁隙，倘緣邊有南牧之計，比者黥

兩地稅戶手背，茲雖事生，亦未為踰盟之大失。臣素知幽燕間鄉民皆黥之，非顓以為兵也，無屯兵營火伍糧糗器甲之制，惟寄迎漢使歲役之三月。又其黥之者，似聞非虜主意，乃其酋豪忌為之。既已黥之，則可移文詰其所以然，彼如自伍，則宜約以不可再，儻向能聽我，則又何求？議者或為虜秉我與西羌有嫌，欲用此為牽制，此亦非也。其聲勢不足以為牽制耳。西羌之嫌，奚與於彼，必未能棄六十年聘好而為弱羌絕盟，其利害固可較也。今不計其虛實，而想像乎沙磧萬里之外，風搖草動，則以為虜騎已挾弓而群至矣。於是繕城塹，備粟藁，奚其易動哉！河北歲連兵，既動力役，則不免斂率於民，是未見虜人之一迹，而先已自擾其民，因虛聲而受實弊，是豈為靜勝者耶？亦必使虜人真入寇，我遂不戰而獨城守乎？攻城者非虜使之長，且將直驅而南，則柰何乎廟堂之上哉？日者廣州妄奏交趾之入，而遽為之易帥調兵，以驚動南方之民。今又無故而備河北，無他，將帥不擇，兵衆不練，財力不充，直出於畏怯而已，亦何足以明方略之成敗乎？臣欲乞陛下密下河北，勿令修繕，務在安養其民，如平時而已，則戰中國之持重，不為夷狄所窺，亦可以有成算矣。

王雱上疏曰：漢宣帝號中興賢主，而史稱技巧工匠獨精於元成之時，是雖有司之事，而上繫朝廷之政。方今外禦邊患，內虞盜賊，而天下歲課弓弩甲胄入充武庫者以千萬數，乃無一堅好精利實可為備者。臣嘗觀諸州作院兵匠乏少，至拘市人以備役，所作之器但形質而已。武庫之吏計其多寡之數而藏之，未嘗責其實用，故所積雖多，大抵敝惡。夫為政如此，而欲抗威決勝，外攘內修，未見其可也。儻欲弛武備示天下以無事，則金木絲枲筋膠角羽之材皆民力也，無故聚工以毀之，甚可惜也。莫若更制法度，斂數州之作，聚為一處，若

今錢監之比。擇知工事之臣。使專其職。且募天下良工散爲匠師。而朝廷內置工官以總制其事。察其精窳而賞罰之。則人人務勝。不加責而皆精矣。聞今武庫太祖時弓尚有如新者。而近世所造往往不可用。此可見法禁之張弛矣。

知洋州文同上奏曰。右臣竊見本府自三代已來。號爲巨鎮。疆理所屬。正當秦蜀出入之會。下褒斜臨漢沔。平陸延袤。凡數百里。壤土演沃。堰埭棊布。桑麻秔稻之富。引望不及。西南逾棧道抵劍門。下趣成都。岐雍諸山邐迤東北。深蟠遠跱。孕畜雲雨。蹄道百出。相拱如輻。遠通樊鄧。旁接秦隴。貿遷有無者望利而入。舊制中州之人不得久居於此。今復弛禁。一切不問。故四方來者頗自占業。殊習異尚。雜處閭里。天下物貨種列於市。金繒漆枲衣被他所。近歲洮河所仰。茶產鉅億。公羅私販。輦負不絕。誠山西浩穰之奧區。而朝廷所宜留意之劇

地也。然而事有未稱。體有未備者。城與兵而已矣。臣嘗度之。其縱廣亡慮二十里。痺薄毀隤。久不營葺。姦窺盜越。易如短屏。兵雖合聚。群戍所數。裁滿五百。罷病孱弱。下軍者半。分隸他役。常非此。有近復調赴文州。今所留者甫二百餘人。尔況一城之中。民屋錯比。連甍接宇。可數萬計。生齒雜遝。塡弃坊閧。臣常自顧亡狀。誤蒙朝廷采用。重委符守。班條之暇。靜慮及此。輒謂以如是不甚堅完之城。與如是不甚齊一之兵。欲控制遐遠。影援邊徼。保護井邑。衆庶防固官府。備峙若止用此。且恐事於臨時。萬一有不副國家所以設城置兵之本意也。臣每一念此。食輟匕而寢去枕。省憂矣。伏惟陛下自踐祚已來。于今七年。曷嘗不一日孜孜安養元元。元元者爲政理之急。未治者既治之矣。已治者復爲之立不可廢壞之法。補缺綻漏。大小咸輯。下聽不倦。有宜則應。臣是以敢持二者之說。仰干宸扆。伏望陛下。不以臣疏賤而

幸錄其言。顧賜參可。下詔有司。遂俾如事。修累雉堞。增屯營伍。以赫威靈。以壯制度。沮邪謀。定衆志。安固基本。爲世不動。亦所謂先定應猝。豫備不虞之善計者也。臣職在守土。諸無報稱。惟是所見。不敢嘿嘿。臣無任僭易妄越惶恐激切屛營之至。

許將召爲兵部侍郎。上疏言兵措於形勢之內。最彰而易知。隱於權用之表。最微而難能。此天下之至機也。是以治兵有制。名雖不同。從而橫之。方而圓之。使萬衆猶一人。車馬有數。用雖不同。合而分之。散而斂之。取四方猶跬步。制器有度。工雖不同。左而右之。近而遠之。還衆葬猶掌握。非天下之至神。孰能與此。又條奏八事。以爲兵之事有三。曰禁兵。曰廂兵。曰民兵。馬之事有三。曰養馬。曰市馬。曰牧馬。兵器之事有二。曰繕作。曰給用。

歷代名臣奏議卷之二百二十

兵制

宋哲宗即位初守門下侍郎司馬光乞罷將官上狀曰臣伏以州縣者百姓之根本長吏者州縣之根本根本危則枝葉何以得安故自古以來凡置州郡必嚴其武備設長吏必盛其侍衛非以重其權驕其人也乃所以安百姓衛朝廷也秦懲周室幹弱枝彊之弊既滅六國以為天下不復用兵雖分三十六郡置郡守吏以御史監之隳名城銷兵器更以奇法舉動施為皆不得自專是以陳勝吳廣以匹夫奮臂大呼郡縣莫能制多殺長吏以應之雖由其殘虐取亡亦守令無權無兵之所致也晉武帝平吳亦以為天下既一兵無所用悉去州郡兵陶璜山濤皆言州郡武備不可廢帝不聽及永寧以後盜賊群起州郡無備不能擒制天下遂大亂夫兵者所以威不軌而昭文德誰能去兵州縣無虞則國家安矣州縣不守則國家危矣臣竊見國朝以來置總管鈐轄都監監押為將帥之官凡州縣有兵馬者其長吏未嘗不兼同管轄蓋知州即一州之將知縣即一縣之將故也先帝欲征伐四夷患諸州兵官不精勤訓練士卒懈弛於是有建議者請分河北陝西河東京東京西等路諸軍若干人為一將別置將官使之專切訓練其逐州總管以下及知州知縣皆不得關預及有差使量留羸弱一軍及剩員以充本州官白直及諸般差使其餘禁軍皆制在將官專事教閱臣愚以為職事修舉在於擇人不在設官苟得其人雖總管等皆能訓練士卒不得其人雖將官亦何所為況今之將官即鄉之為總管等者也豈為總管等則不能舉職為將官乃能舉職乎此徒變易其名無益事實非惟無益兼復有害凡設官分職當上下相維如身之使臂臂之使指紀綱乃立今為州縣長吏

乃總管等官而於所部士卒有不相統攝不得差使殆如路人者至於倉庫守宿街市巡邏亦皆乏人雖於條許差將下兵士而州縣不得直差須牒將官將官往往占護不肯差撥萬一有非常之變州縣長吏何以號令其衆制禦姦宄哉又頃歲以來自轉運使知州以下白直及迎送之人日朘月減出入導從大為蕭條供承荷擔有所不給觀望削弱無以威服吏民臣略舉目覩一事以證其餘西京城郭周數十里卑薄頹缺犬豕可踰又瀍洛二水交貫其中每夜諸門扃鑰雖嚴而灘流之際人皆可以平行往來其屬水南北巡檢下所管兵士除出軍外餘數不多通判以下諸官白直來往防送倉庫守宿街市巡邏盡出其間嚮者先帝遠豫敕西京留守親詣嵩山起建道場其將下禁軍充白直者於條皆不得出城經宿所敢留者剩員七八人而已西京天子別都也其守禦不固如此留守前宰相重官也其侍衛單寡如此況僻小州縣其守禦之備侍衛之衆可知矣萬一有凶狡之賊驅烏合之衆突入城邑或劫質戕賊長吏以焚燒廬舍殺掠吏民將何以制之哉此特天下太平之久習俗淳厚群心安固賊不測虛實膽智怯弱故未敢為之耳豈可忽略謂之必無而不為之備哉今獨緣邊州軍城隍完固士卒衆多可以守禦自餘腹內州縣既無深溝高城又乏之士卒群盜猝至何以責其竭節守義不棄城竄匿或以酒食迎賊以甲兵獻賊斂民財以賂賊者乎群盜尚爾況戎狄傾國入寇長驅而來者哉易曰君子安不忘危存不忘亡治不忘亂兵法曰不恃敵之不我犯恃我之不可犯國家豈可恃即目平寧晏然高枕不以為慮謂其必不敢來乎臣愚以為河北陝西河東京東京西等路腹內州縣宜以漸候豐年農閑之際委提點刑獄與本處長吏相度各修築所治之城州城稍高縣城次之不必廣大所

以然者。高則難踰。小則易守故也。其緣邊屯駐兵士。遇春夏無事之際。委經略安撫使與轉運使。公共商量減放歸住營州軍。或於內地就糧。勿聽怯懦。將帥多有虛占以自守衛。其腹內軍。量其大小緊慢。大藩常留千餘人。小州亦留數百人。不得差發往別州軍。見兵不足。即行招添。悉罷將官。其逐州縣禁軍並委長吏與總管等官同共提舉教閱。及諸多差使。其有不能精勤。致士卒懈弛者。委提點刑獄常切按察聞奏。嚴行責降。仍令逐縣各選有勇力武藝之人充弓手。以守衛城邑。討捕盜賊。其州縣吏所給白直迎送之人。皆如嘉祐編勑以前之數。如此。力可以守。然後遇寇盜之至。責其弃城等罪而誅之。彼亦甘心矣。

光又奏曰。臣竊見先帝以戎狄驕傲。侵據漢唐故地。有征伐開疆之志。故置保甲。令開封府界及河北陝西河東三路。皆五日一教閱。京

東西兩路保甲養馬。仍各置提舉官。權任比監司。既而有司各務張皇。以希功賞。其提舉官專護本局。不顧他司事。干保甲州縣皆不得關預。管內百姓不得處治。其巡檢指使保正保長。競爲侵擾。蠹食無厭。稍不如意。擅行捶撻。其保丁習於遊惰。不復務農。或自爲劫掠。或侵陵鄉里。與本家耕種耘穫。率皆妨廢。供送不辦。率斂無窮。貲產耗竭。無以爲生。弱者流移四方。壯者亡爲盜賊。行之數年。先帝深知其弊。申勑州縣。令保甲應有違犯。并巡教官指使違法事件。並許州縣覺察施行。及陛下踐祚。聽政首令京東西路保甲養馬。並依元降年限收買。其剩買過數目。並以充次年之數。又令開封府界三路團教已及半年。經朝廷按閱者。每月併教兩日。未經按閱者併教三日。陝西團教未及半年者。每月兩次併教三日。又命見教人身材弱小。或父祖疾病。及本家止有一丁病患不堪營作。并第五等已下地土不及二十畝者。並許州縣保明。提舉司審驗放免。又令一縣不得放免過二分。此皆聖澤務寬民力。於保甲勞費雖什減五六。然保甲保馬向去點揀買養補填。尚猶如舊。其巡教指使保正保長名目猶在。於所轄保甲。恐不免須有陵逼侵漁。其四時教閱。雖減日數。未免妨農。臣愚以爲此保甲。若使之逐捕賊盜。則近已有指揮巡檢縣尉及弓手兵級人數。並令依保甲未上番以前人數復置。其保甲更不令管勾捕盜。若使之攻討四夷。則此皆畎畝白徒。教閱雖熟。未嘗見敵。與戎狄戰鬪。必望風奔潰。屢降詔書。戒勑邊吏。令不得侵擾外界。務要靜守疆埸。然則此保甲保馬的實有何所用。從令府界及五路農民不堪愁苦。幸賴社稷之靈。適值累年豐稔。猶流民甚多。盜賊充斥。若遇明道年之蝗。康定年之旱。至和年之水。則其爲國家大患。豈可盡言。近者群盜王冲。乘保馬諸處行劫。置保馬本欲逐盜。今更爲盜資。

又獲康縣保甲。斫射毆傷提勾孫文巡檢張宗師。以下陵上。是乃大亂之源。漸不可長。凡保甲保馬有害無利。天下之人莫不知之。臣不知朝廷何憚而久不廢罷。伏乞斷自聖志。盡罷諸處保甲保正保長。使歸農。依舊置耆長壯丁巡捕盜賊。戶長催督稅賦。其所養保馬。揀擇勾收太僕寺。量給價錢。分配兩騏驥院坊監及諸軍。召提舉官還朝。其勾當公事巡檢指使並送吏部與合入差遣。如此。則開封府界及五路之民。孰不歡呼鼓舞。荷戴聖德。若以保甲中武藝已成之人可惜。使之歸農。即乞令逐縣戶數每五十戶置弓手一人。略依緣邊弓箭手法。許蔭本戶田二頃。與免二稅。或稅輕者。與免若干石斗稅及戶下諸般科役。本戶田不足。聽蔭戚田。務在優假。使人勸慕。然後召募本縣鄉村戶有勇力武藝者投充弓手。許即令保甲中有勇力武藝者必多願應募。若一人缺額。有二人以上爭投者。即委本縣令

佐揀試武藝高强者充、若見充弓手人有勇力武藝衰退、許他人指名比較。若勝於舊者、即令充替。如此。則不須教閱、武藝自然常得精熟。一縣之中其勇壯者既充弓手。其羸弱者雖使之為盜亦無能為患。仍委本州及提點刑獄常切按察、令佐有取捨不公者。重加刑典。若無人投名。乞更議優法。若尚召募不足。即且於鄉村戶上依舊差人。候有投名者。即令充替。若弓手數多、即令分番更互在縣祗應。一年一替。其餘各分定地分。巡捕賊盜、每獲賊勘得救後住止、及窩藏去處。其本地分嚴行科責。及令出賞錢、與獲賊之人。其賊發地分。更不作三限科校。只令捕賊給賞。如此。則賊發之處。捕盜之人不復掩蔽。住止窩藏之處。捕盜人不肯庇匿、盜賊無所容身。自然稀少。

知陳州韓維上宣仁皇后論保甲馬曰、臣竊聞陛下濬發德音斥宋用臣等出就外省、罷其所領職事。黜吳居厚使離本道。責以掊刻擾民。中外喧傳曉然知陛下憂國愛民之深意。莫不欣悅相賀。臣雖在哀戚之中。不覺失聲歡呼。然臣尚有愚懇。不敢不盡以上聞。臣切恐議者以嗣君新即位。且當循守父道。三年無改。此大不然。伏惟太皇太后於大行皇帝為母儀。於今上皇帝有祖母之尊。此時稱制臨政。蓋為社稷大計、事有不便。弛以利民。考古相時。理無不可。臣以為萬一有敢為此論、上惑天聽者。若非奸人沮害聖政。即是俗儒不識時變。願陛下切勿聽之。臣近去都下日嘗具奏陳。陛下深察盜賊所起之原。罷非業之令。寬訓練之程。蓋為保甲保馬故也。何則農民以稼穡為生。使之出錢市馬。已非其願。又守、護濯飼、素昧其方。萬一死損。復更償買。昔時一馬直錢二三十千者。今貴至百千矣。農民如此。未有已時。愁歎之聲聞於道路。近歲保甲以築垣為場號為團教。一丁在官訓練。更須一丁供饋飲食。家闕耕作。身受勞苦。不無怨懟。夫使

失業怨懟之人。操兵習器為擊刺之事。豈無可慮。近者又聞京西保馬頗為群盜掠取換易乘騎。如其外厩。河北保甲漸亦作過。陵暴良民。州縣幾不能禁。此患在耳目之前。臣恐更易措置不可緩也。且臣非謂國馬遂可不養。但官置監牧可矣。非謂民兵遂可不教。但於農隙一時訓練可矣。孟子曰。天時不如地利。地利不如人和。人和可勝天地。可不務乎。臣伏望太皇太后陛下、更留聖慮詳酌施行。

左司諫朱光庭上奏曰。臣伏見朝廷近降指揮。河東陝西保甲。自來年正月一日罷教。只於冬三月輪番教閱。此誠安民之急務也。內有兵器一節。臣方自外來。不知朝廷已未廢罷。伏緣自教閱保甲以來。兵器未嘗禁止。今既許三時務農。從事於耒耜田畝之間。則兵器豈可依舊蓄於私家。切恐緩急有所資藉。起而為盜。為患不細。欲望朝廷速行指揮三路保甲。自罷教日將應教閱兵器。不問官給自置。並令納官。為置庫如法收貯。候冬教日旋行給付。教罷。即復行拘收。如官已拘收之後。民間輒復私置者。乞依法禁止施行。所貴小人無所資藉。亦銷弭盜賊之一端也。臣又聞朝廷已降指揮州縣招置弓手。今來保甲有事藝精熟之人。欲乞充弓手。其逐縣舊役弓手亦乞委令佐揀擇。內有瘦軟者將應募保甲替換。如是。則弓手盡得彊勇之人。可以擒制盜賊。如允所乞。伏望聖慈早賜施行。

知慶州范純仁上奏曰。臣伏覩進奏院狀報七月六日奉聖旨府界三路保甲。自來年正月以後並罷團教。止令每歲農閑月。並依義勇舊法赴縣教閱一月。所有差官置場。準備軍器及教閱法式。番次按賞費用等。仰樞密院取索會校措置條畫。與三省同共立法取旨施行。臣愚竊以先帝留神訓練保甲。今已是累年。其間甚有人材武藝超出群衆者。乞並給盤纏赴闕。委殿前司揀閱。其間人材事藝可及

諸班者與等第於諸班至散直殿侍安排。如不願者委逐路安撫都總管司，各量材於敢勇効用或弓箭手軍員十將內安排。更不願者即於本鄉保甲守闕副都保正，或依弓箭手例特置正副都頭指揮使。都虞候都指揮使等階級，仍立定年限遷補。候至都指揮使與換近下班行，則人人皆有進身之望，有所顧藉，不肯輕易犯法。其間武藝尋常、憜於作業者，即委郡縣覺察，仍許父兄尊長陳告與刺充本土禁軍。上可以增壯禁衛，次可使強民有歸，下可絕敗群游惰之人。及免凶年飢歲聚為寇盜。如此則聖制曲盡，久遠無弊，亦古人所以慮事於未然，弭患於未萌也。天下幸甚。

純仁又上奏曰：臣伏覩提舉保甲司牒，准樞密院劄子，指揮鈐束保甲子弟，不令聚集飲博。即遇閑暇，於本家閱習事藝。切緣保甲每月雖蒙指揮併教兩日或三日，比之自來全少。然未免往來聚集，有妨農務。蓋子弟慣入鎮市，漸喜游惰。託以修葺弓弩箭器，或期約同保私閱為名，不肯專意生業。官司及父兄終難鈐束覺察。自古三時務農，一時講武。又曰：皆於農隙以講事。此古人不易之法。所以東作西成，得盡其力。三年之食可足，武藝不廢，民力不窮。三代興王，同此道也。蓋農事勝種斂穫，不可少有失時。常若寇盜之至，苟一日愆期，或致終歲之闕。則職在勸農者所當申陳也。臣亦欲乞應三路教閱保甲，許一歲合教日數併就農閑之月。其餘月分並歸農業，則官司與父老易為拘管。不惟農不失時，亦因併教，多日事藝必得精熟。

監察御史王岩叟上奏曰：臣近以三路第四第五等保丁多貧乏，乞依義勇舊法免冬教。及畿內舊無義勇，今亦乞罷保甲，未蒙施行。臣竊以道有弛張，故法有損益，不可以為常。要在酌民之言，因時之宜而損益之，為國家長久之計。臣竊見保甲之法，陛下每損之，則民心每加喜。民心之加喜，國計之益以為利也。按義勇舊法：三丁方取一丁。而保甲兩丁便取其一，比義勇立法為甚密，而得兵為甚多。臣今不敢請取丁如義勇，但乞如義勇免下戶冬教一而已。冬教雖免，而姓名猶存於籍，亟名則亟得，非釋然放之也。臣昨為民官，每親見下戶保丁赴團教，不以習技為難，而常以艱食為苦，未嘗不疾首蹙頻以應一日之教。況無衣無褐，隆冬大寒，當一月之久乎。陛下推臣之言以觀其情之樂否也。人情之所不樂而必為之，非天下之所以望於陛下者也。又畿內之民素倚京師以為重，浸漬仁恩而安於無事。自興保甲以來，往往切切偶語曰：三路教民，固將緩急當護邊之用也，我曹豈亦將驅而為此乎。臣誠知國家無意至此，徒使人心常疑而不自寧，何益也。議者皆以謂罷之便。伏望陛下省臣前奏，今去起教月分不遠，早賜指揮施行，以慰人心。

岩叟又乞廢罷保甲奏曰：臣昨在河北為知縣，親見保甲之患非止一端。及蒙恩名為御史，即詳具保甲利害條列劄子，欲求面奏，而未到闕間，已承朝廷有指揮止令冬教一月。暨臣赴臺供職，適主兵寮，竊見新降保甲法，尚存提舉教閱一司，及改逐路巡教官為監教官。乃知朝廷未察所以為保甲之患者，大本猶在。臣須至以先所具到劄子上進，伏冀陛下委曲知保甲之害，蓋由提舉一司官屬不體朝廷之本心，倚法用情，奉行深刻，所至百姓聞其名，自已疾首蹙頻，無安樂意。今雖曲為之防，須亦別自生姦，終恐為害不已。伏望陛下深察民情，廢提舉保甲一司，及監教官，但令州縣及安撫司主之，使百姓安心於為生，以樂聖政，不勝幸甚。若不罷提舉保甲司，及逐縣監教官，則是保甲無事之時，猶遭脇制，未免侵漁，終年不減騷擾之患。此朝廷不可不察也。且一司官屬三路不下數百員，虛負廩祿，亦非久遠可行之理。今猶指揮自十月至正月分四番教閱。臣竊見民間十月塲圃未終。正月夫役將興。農緒亦起。此時教習。未免有妨。唯是分為兩番。於十一十二兩月教畢。民情頗為利便。不銷分作四番。臣深曾體訪。備得其情。伏望朝廷更加詳度。若罷提舉官司自於保甲都保不減。於國家民兵之勢無所虧損。又人人既得平居泰然以為生。則國家一日用之必樂於為用。伏乞陛下勿以為疑。早發睿斷。以安百姓。如每年自京差指使往逐處同共監視教閱。切慮麄勇之人挾恃朝廷所差。妄作氣勢。搔擾生事。只乞令安撫司差那使臣為便。

岩叟又論保甲之害奏曰。臣竊以保甲之法行之累年。朝廷固已知人情之所共苦。而前日下詔。蠲疾病。汰小弱。釋第五等田不及二十畝者。省一月之六教。而為三日之併教。甚大惠也。然其司尚存。其患終在。今臣蒙恩由河北知縣擢置御史。敢以其所目見而身自立之者為陛下言之。不敢隱其實以欺朝廷。亦不敢飾其事以罔成法。惟陛下垂聽幸甚。朝廷知教民以為兵。而不知教之太苛而民不易堪。知別為一司以總之。而不知擾之大煩而民以生怨。教之欲以為用也。而使之至於怨。則恐一旦用之者未能如吾意矣。不可不思也。民之言曰。教法之難不足以為苦也。而羈縻之虐有甚焉。羈縻不足以為苦也。而鞭笞之酷有甚焉。鞭笞不足以為苦也。而誅求之無已有甚焉。方耕而輟。方耘而罷。方幹而去。此羈縻之所以為苦也。其教也。保長得笞之。保正又笞之。巡撿之指使與巡撿者又交撻之。提舉司之指使與提舉司之幹當公事者又互鞭之。提舉之官長又鞭之。一有逃避。縣令又鞭之。人無聊生。每相與言曰。恨不死。尒此鞭笞之為甚苦也。刻袍市巾。買弓修箭。添弦換包。指治鞍轡。蓋涼棚。畫象法。造隊牌。緝牌架。僦椅桌。團典紙墨。看廳人雇直。均菜緡。納稭粒之類。其名百出。不可勝數。故其父老之謗曰。兒曹空手不可以入教塲。非虛語也。都副兩保正。大小兩保長。平居於家。婚姻喪葬之問遺。秋成夏熟絲麻穀麥之邀求。遇於城市。一飲一食之責望。此迫於勢而不敢不致者也。一不如意。則以藝不應法為名。而捶辱之無所不至。又所謂巡撿者指使者多由此塗以出。貪而冒法。不顧後禍。有踰於保正保長者。此誅求之所以為甚苦也。又有逐養子。出贅壻。再嫁其母。而兄弟析居以求免者。有毒其目。斷其指。炙烙其肌膚。以自致於殘廢而求免者。有盡室以逃而不歸者。有委老弱於家而保丁自逃者。保丁者逃。則法當督其家出賞錢十千以募之。使其家有所出。當未至於逃。至於逃。則困窮可知。而督取十千何可以得。故縣縣皆常有數十百家老弱嗟咨於道路。哀訴於公庭。如臣之愚。且知不忍。使陛下仁聖見之。當如何也。又保丁之外。平戶之家。凡有一馬。皆令借供逐塲教騎。終日馳驟。往往至於飢羸殘壞而就斃。誰復敢言。或其主家偶因出處一悮借供。遂有追呼笞責之害。又或其家官逋督迫。不得已而易之。則有抑令還取之苦。故人人以有馬為禍。此皆提舉司官吏倚法以生事。重為百姓之擾者也。臣竊惟古者未嘗不教民以戰也。而不聞其有此。何則。因人之情而為之法尒。夫緣情以推法。則愈久而愈行。倚威以行令。則愈嚴而愈悖。此自然之理也。獸窮則搏。人窮則詐。自古及今。未有窮其下而能無危者也。臣觀保甲一司。上下官吏無毫髮愛百姓之意。故百姓視其官司。不啻虎狼。積憤銜怨。人人所同。比者保丁執指使。逐巡撿。攻提舉司幹當官。大獄相繼。今猶未已。雖民之愚頑。豈忘父母妻子之愛而喜為犯上之惡以取禍哉。蓋激之至於此極尒。臣以謂畜而益深。安知其發有不甚於此者。情狀如此不可不先事而豫以保大體為也靜計。夫三時務農。一時講武。先王之通制也。臣愚以謂一月之閒州教三日。不若一歲之終併教一月。農事既畢。無他用心。自安於講武而無憾。遂可罷提舉司廢巡教官。一以隸州縣。而俾逐路安撫司總之。每俟冬教。則安撫司旋擇教官分詣諸邑與令佐同教於城下。一邑分番。當一月。起發。則與正長論階級。罷教。則與正長不相誰何。而百姓獲優游以治生。無終年逃遁之苦。無侵漁苛虐之患。無爭陵犯上之惡矣。且武事不廢。威聲亦全。豈不易而有功哉。惟陛下深計遠慮。斷在必行。以省多事。以為生靈安樂之惠。以為國家安靜之福。天下幸甚。

巖叟於元祐八年。又乞保甲併用冬教。奏曰。臣伏見近降保甲畫一指揮。仍舊逐歲遣使按閱者。竊敢為朝廷論其害。臣每見使者所臨。其騎從之盛。風聲之峻。供億之繁。承迎之厚。郡縣為之騷然。一小郡坊市戶有旋染縑帛五六百疋為供帳之具者。推此一事。其餘可知。雖非使者使之如此。則州郡望風畏憚。不敢不然。故所至人情甚以為害。又其所按保下雖各得銀絹三五疋兩。而備按閱飲食衣服之費自已不輕。既得之。為衆人耗盡又亦不少。所存以歸能有幾許。臣深曾體問皆云。若國家冬教使不失農時。則家之所得自可有餘。天恩深厚。非一按閱賜賚之比也。切考其情。蓋不以得一時之賞為足。而以安終年之業為樂也。況所謂賜賚者。卻秖是出於保丁人家所納錢數內耳。所謂取諸其懷而與之。割其肉而啖之。孰若不取不割之為兩得也。臣愚伏望聖慈因冬教以為恩。罷逐年按閱之煩。省役錢封樁之擾。一以安靜養其力。而舒其心。斯民幸甚。

元祐元年。右司諫蘇轍上奏曰。臣聞薄賦斂。散蓄聚。若以致貧。而民安其生。盜賊不作。縣官食租衣稅。廩有餘粟。帑有餘布。久而不勝其

富也。厚賦斂。奪民利。若以致富。而民所入有限。所害無窮。大者亡國。小者致寇。寇若一起。盡所得之利。不償所費之十一。久而不勝其貧也。臣未敢遠引陳勝吳廣龐勛黃巢之類。只如淳化中李順。慶曆中張海。熙寧中廖恩。此數火盜賊。計其燔燒官寺。劫掠倉庫。以至發兵命將。轉輸糧食。耗失兵械。募士賞功之費。大率不下數百萬貫。他得事了。豈敢言費。然方其未發。有能建言乞捐數十萬貫以消其變。則上下爭執。如惜支體。未肯割截。此天下之大迷。古今之通患也。故臣願於元豐庫或內藏庫乞錢三十萬貫。上以為先帝收恩於既往。下以為社稷消患於未萌。伏願陛下權禍福之重輕。較得喪之多少。斷而行之。毋使有司吝於出納。以害大計。河北之民喜為剽劫。所從來尚矣。近歲創為保甲。驅之使離南畝。教之使習凶器。一夫在官。一家資送。窮苦無聊。靡所不至。椎埋為姦。十人而九。號為保甲。莫敢誰何。若更一年不罷。則廣勝之事可立而待也。今雖已罷。而弓刀之手不可以復執鉏。酒肉之口。不可以復茹蔬。既無所歸。勢必為盜。今河北寇賊成群。訪聞皆是保甲餘黨。若因之以飢饉。則變故之作不可復知。近歲富弼知青州。是時河北流民百萬轉徙京東。弼既設方畧振活其老幼。而招其壯悍者為軍。不待朝旨。皆刺指揮二字。其後皆為勁兵。百萬之衆。無一人為盜者。弼為人臣。便宜行事。猶能若此。況陛下富有四海。而元豐及內庫錢物山積。莫可計數。只如近日內降。睿思殿金銀一色。令別庫收貯者。自約及百餘萬貫。皆是先帝多方收拾以備緩急支用。不取於民。聖算深遠。非凡所及。若積而不用。則與東漢西園錢。唐之瓊林大盈二庫。何異於先帝聖德。不為無損。故臣願乞三十萬貫為招軍例物。選文武臣寮有才幹者各一二人。分往河北逐路。於保甲中招其強勇精悍者為禁軍。隨其人才以定軍分。

本州無關則自近及遠或抑上京不過一二萬人則河北豪傑畧盡矣其間武藝絶倫舊日以補班行者抑赴闕試驗有實以補内六班之闕或以補本貫及隣近闕額軍員但當嚴賜指揮候了日當遣人覆按有不如法重坐官吏臣聞先帝本謂保甲可用欲隱兵於農以漸消正兵是以禁軍多有闕額今保甲既罷正使無事猶合補填況如前件所陳者惟陛下深察果斷而力行之

轍又論京畿保甲冬教等事狀曰臣竊見仁宗朝河北河東初置義勇至英宗朝推行其法漸及陜西皆以地接胡羌有守禦之備每歲冬教一月民雖以為勞而邊防之計有不得已及熈寧中更置保甲使京畿三路之民日夜教習二聖臨御知其不便率皆罷去民得歸事耒耜盜賊因此衰息歌舞聖德無有窮已惟有冬教一月之法三路以被邊之故民習為常不敢辭勞至於京畿諸縣累聖以來為輦

轂所在素加優厚今乃與三路邊郡為比一例冬教情所未安伏乞聖慈深念根本之地所宜寛卹特與蠲免兼訪聞京畿三路見今皆修蓋冬教場屋宇州縣頗以為勞臣昔守官河北切見義勇冬教並不置教場屋宇每遇教日皆權於係官屋宇及寺院等處安泊別無闕事朝廷若允臣所奏免畿内冬教則其教場屋宇已自不修如三路冬教乞下逐路監司相度只如自前權於係官屋宇及寺院等處安泊無有不便如別無不便亦乞罷修以寛民力

四年尚書右丞王存上奏曰臣伏見范純仁劄子奏畿内保甲乞今後更不教閲臣竊詳先帝教閲畿内保甲思慮深矣蓋以京師之地四達而平非有重山峻嶺之險金城湯池之固所以維御四方威制夷狄為根本之固者以宿衛營衛嚴也慶曆治平間禁廂之籍至百餘萬新城裏外連營相望其後論者以兵冗費廣供饋不給乃議併營裁減其後中外禁軍五十八萬為額而京師兵籍益削於是三路添籍民兵畿内亦置保甲四時教閲使人為勝兵平日不費縣官錢糧緩急得為武備此先帝之意也但當時教閲之法太密官吏之責太苛以此人情有所不安陛下即位之初罷三時之閲止冬間一教教閲條制事伇精熟者十日便放稍精熟者二十日生疎者止於一月每教至旬日往往放者太半如是災傷放税五分又即權免此法既寛人情未有所害前此荐飢法當權免今歲豐稔若遂不教即其法遂廢甚可惜也大率民兵之法創置則難放罷即易先帝不憚艱難而為之數年之間人既就緒一旦無故而廢之深為可惜臣非不知附會時論可以干百姓之譽但職在至此為國家長久之慮不敢嘿嘿耳伏望聖慈再三思慮不勝幸甚

哲宗時陳次升奏曰臣訪聞河北路禁軍例多老病怯弱不任征役

蓋招軍官司上下通同作弊或以老小為丁壯或以病患為強健招刺之後年甲具載兵籍每歲揀選惟據籍點檢而已未嘗以籍考其年顔歲數虛實是以老病者常多而強壯者常少徒費軍糧無濟於用況邊庭粮草最為難得禦戎備邊要在兵強今所養之兵既非可用倉卒之際恐致敗事此不可不慮也伏望聖慈嚴勑本路招軍官司今後所招兵士務要強壯的實年甲及責監司每歲揀軍必以兵籍考其年甲顔皃若有不實即行按發無令老病怯弱之人虛占兵籍侵耗邊儲如敢依前不切用心揀選官當行重責庶使官吏知畏守禦有備天下幸甚

畢仲游上言曰為國者患在因喜事之人開進取之説而不知無以善其後或者乘已厭之機為可廢之論而不戒異日之非常二者循環相從迭為用舍可以資一時之策而非天下長久不易之道也傳

曰天生五材民並用之廢一不可孔子亦曰足食足兵民信之矣則兵何可略略之則天寶之市人將侵入於六軍之中矣老子曰兵者凶器不得已而用之而三代以來亂亡相尋鮮不以兵則兵何可長長之則蒙恬之役重興於後世故兵不可長亦不可略藏之於不用之地若無兵及其用則若雷霆風雨之驟至不知所從來者兵之道也蓋惟三代之時則有此兵矣昔周之兵寓於比閭族黨州鄉別於鄰里酇鄙縣遂成於五兩卒旅至五師為軍之大法其不用也則為六鄉之民用之也則為六軍之衆而將之者又皆出於六鄉之吏故平日不知兵之所在而兵行則無敵於天下其後管仲相齊粗得三代之遺意亦分國為鄉寓軍於政比其居以軌里連鄉之法五家為軌故五人為伍而率之以軌長十軌為里故五十人為小戎而率之以里有司四里為連故二百人為卒而率之以連長十連為鄉故二千人為旅而率之以鄉良人五鄉一率故萬人為一軍有中軍之鼓有國子之鼓有高子之鼓以教士三萬人亦橫行於諸侯之國管仲而下無足道者惟唐府兵之制無事則耕於野有事則出於征事辦輒罷兵散於府將歸於朝而天下無宿兵之費雖云三代之兵並遠亦略得管仲之遺意故猶足道本朝縣市人為卒賦歛齊民以養之齊民之力十耗其七八及其戰也纔足以備行伍而不足以禽虜破敵故神宗皇帝為伍保之法欲使民知戰而足以破敵禽虜也蓋聞太宗皇帝之北征獨取三晉之民得十萬衆命曰義軍而咸平亦詔陝西戶出一丁以戍邊命曰保毅著於籍者至六萬八千則土兵之議亦不可以伍保為嫌而不講今若取天下戶絕之產與官田棄地募人耕鑿蠲其賦役使家出一人以為兵戶絕之產歲歲有之而有官田棄地開之則亦無窮其有中民之戶丁多地少而願為兵者可

益授以地略依唐府衛之制番上宿衛或為州縣之守禦教之戰陣擊刺坐作進退之節耕於野者則春秋大閱而已勿重擾之久以歲月則府衛之制漸復而營卒亦漸省以除天下之大費所謂非常者令下之日已時禁禦而十年之後將亦如三代之無敵

李廌上奇正論曰臣聞天下之事有能以勝不能有術以勝無術皆有能矣能之精者又勝焉皆有術矣術之多者又勝焉借以羿與般而譬之羿善射般善工學射者有彀的善工者有規矩特其大略也般之所以巧又有巧焉故學羿之射既與羿之巧均則有勝羿之心焉必曰吾與乃技相若羿不勝其怨而鬬羿果相若則為羿之過矣於盡其巧而傳之故御視般之教示以巧而不盡其所以巧者誠為自勝之計也兵始於黃帝法成於太公黃帝而上兵未設以有兵勝無兵太公而上法未備以有法勝無法太公而後何其紛紛耶用兵者既頻學兵者既衆一定之法不足以相勝故管仲穰苴孫武吳起尉繚留侯孔明李靖之徒始出而論奇正奇正者因古以御時依體以立用千變萬化以制勝兵策用之之法可觀也而所以用之者不可見也戰之理可諭也而所以戰者不可陳也勝之道可制也而所以勝者不可傳也彼用兵之書布在方冊既已人人皆可習矣用兵之法試於行陣既已人人皆能布矣人人皆習我亦習焉人人皆能我亦能焉是亦衆人也以衆人敵衆人尚何議先勝故奇正之理古人議而不辨奇正之法古人論而不議奇正之變古人存而不論非不論也不可論也不可論故不弊而常新以俟後世君子俾因觀致用可以神遇而不可以智知可以道運而不可以迹究法猶奕之局也兵猶奕之棊也奇正猶奕之智也智無一揆棊無定形觀其黑白不相容新故不相仍咫尺數路情狀萬變勝負得失在於一子然則

奇正之形所以使敵人前後不相及衆寡不相待貴賤不相救上下不相扶亦一二策而已故四為正四為奇黄帝握機之文也一術為正一術為奇曹公新書之義也前向為正後卻為奇太宗所以勝宋老生也先合為正後出為奇曹公所以辨孫武也方為正圓為奇步為正騎為奇受於君者為正將所自出者為奇固曰妙矣然人既用之則為故智不足韞蹈尚哉不惟世之人知之而夷狄亦知之故當益為變化以出意外所謂形人而我無形致人而不致於人者非陳迹相沿而能勝也苟惟正此固亦備矣能求奇正之義於意外古今幾人哉故學兵雖衆不足畏之誠以勝之又勝者猶在人也臣觀唐太宗與李靖論奇正之理所謂無不正無不奇又曰奇亦勝正亦勝善夫能知變通故其論左右逢原莫非奇正之變其言曰以奇為正以正為奇吾之奇使敵視之以為正吾之正使敵視之以為奇因其

漢長於弩而蕃長於馬則為之法使馬亦有正弩亦有奇變其號而易其服也則為之法使蕃而示之以漢為奇漢而示之以蕃為奇方其陣之散也以合為奇方其陣之合也以散為奇觸類長之變而通之使奇正相生生生不窮奇正相變變變不測惟欲多方誤敵乘其所之豈復膠柱哉欲視孫子所謂以正合以奇勝猶為膠柱矣李靖論韓擒虎以謂但能識正為正奇為奇不知奇正之相變知奇正之相變者其知神之幾乎故早晏者天之陰陽左右者人之陰陽奇正者天人相變之陰陽相生也無窮如天地相因也無竭如江河相濟也終而復始如日月相成也死而復生如四時味止於五五味之變不可勝食聲止於五五聲之變不可勝聽色止於五五色之變不可勝視兵雖奇正奇正之變不可勝窮巧曆不能盡其數聖智不能極其端此之謂兵妙或曰奇正固有宜分合固有變如之何以訓偏裨如之何以教士卒臣曰簡其節目異其號令正為一法奇為一法或進或退各以何別或分或合各以何驗吾以一號令使之號令所指變亦隨之既一吾之耳目又變敵之耳目兵惟知有號令不知為奇正車果何出騎果何來徒果何從敵人雖知吾有奇正不知奇正所在士卒雖為吾用知吾以奇正取勝不知奇正何先方料吾以正而吾忽以奇方意吾以奇而吾止以正不惟敵之不知而士卒亦莫之知孫子曰見勝不過衆人之所知非善之善也戰勝而天下曰善非善之善也知吾有制勝之形而不知吾所以制勝之形非善之善不足以與於此或曰奇正之情何如臣曰兵家之要貴我專而敵分為奇正者在我故專應奇正者在敵故分以知吾之有奇正也則備我備前則後寡備左則右寡備我者所以寡彼也無所不備者無所不寡也我專為一彼分為十以十擊一者也我專則安彼分則擾以安擊擾

者也勝負之理不言可喻故能正不能奇守將也能奇不能正鬪將也守將可以用奇鬪將可以用正老能奇能正乃國之輔今夫以武為業動累億萬鬪力勇而已鮮知兵之法學兵之法動累數千分行陣而已鮮窮兵之理窮兵之理動累數十分強弱而已鮮知奇正借或有人但能知奇為奇正為正而已鮮知奇正之變臣故曰兵法貴勝勝之所以勝以奇正法可傳而奇正不可傳學兵雖衆不足畏者以勝之所以勝者猶在人也或曰羊叔子之平吳也不為掩襲之計尅日而後戰奈何專論奇正哉臣曰乃所以為奇正也償禾縱俘歸禽饋藥奇正之用也懷其心遠祐死而王濬舟師東下一舉而俘其主夷其社孰知夫正在荆州而奇在益州耶茲奇正之大者也人君俾賢將之用奇正必若羊叔子則成功必大矣

殿中侍御史呂陶奏曰自三代之衰井田破壞軍賦之法大變而兵

農不一農不可使之為兵而兵不可復為之農天下始有養兵之弊而生民之力多耗於此其間有為之君善計之臣深思遠慮講求法制以救天下之弊而收其利宏規大略載於方冊可得而見者不過開屯田置府兵使之無事則耕而食也今天下之兵猥過百萬養之之弊甚於前古而民力遂至大困天下之田皆耕而農夫無以食天下之桑皆蠶而織婦無以衣轉輸饋輓之勞及於上農而猶不給厚賦重斂而持之為定制山澤之利毫毛皆歸于公而無遺關征市榷類買人之貪競而不知愧以交劑募商旅輸粟于邊而給之倍直國家財用日益窘生民日益困養兵之弊可謂極矣昔開元之初邊費歲不過二百萬緡至天寶之末兵已失制大盜群起而費乃七倍乎元和長慶之際犄角之師犬牙雜處大都通邑無不有兵數猶未滿百萬賦租所入止可贍足其半今天下闢田雖廣計戶雖多而兵籍

又踰長慶之數濫恩寬惠積行而不可暴革平居無事衣食帑廩莫能少休賦稅貨幣之入用於軍者什嘗八九而猶不足豈特天寶之費哉如之何國用不窘而生民不困也欲為古之屯田乎則古之為屯者多以戰士以耕閑田眾至於數萬而廣及於千里今之兵固不可驅而使之耕而昔之所謂屯田者抑亦堙廢而無幾其利不可一日而獲也欲復古之府兵乎則古之為府者皆出於民故不戰之時耕而自養今之兵既不可使之耕矣又安得而府哉其法不可一日而變也昔之所以救養兵之弊者莫大於此兩端詰今之勢而皆不可驟用則養兵之敝果無以救矣竊嘗聞之有興利以除害有去害以就利為術不同而為功則一要在使天下蒙其利焉且夫欲興二利者以去養兵之害也今勢既不可而未能興則胡不反求其端而去其所以害者哉夫能去其害而使生民免於重困則天下孰不曰利矣今養兵之弊甚於前古者蓋兵多而費廣也兵多而費廣者召募之格濫而不程其武力也簡閱之法踈而疲病有未黜也死亡輒補而不敢不足也深惟藝祖受命之初國家之兵十有二萬東征西伐賴而成功及太宗皇帝削除僭叛中外混一始有三十餘萬之數章聖在御四海富殖欲彊主威以制夷狄之命故又增其籍至五六十萬自慶曆已來遂及百萬之冗此其眾寡可見昔祖宗之初屢有戰伐之事而兵少今安閑固守而兵多者不獨精冗之異也蓋今三路師屯甚眾而四方郡縣出戍頗勞也師屯甚眾而出戍頗勞則其勢不得不濫募以充其數也疲病者未可遽出而死亡者宜輒補也夫勢有急緩而理有損益計今三路之兵不過四十萬固不可一日而闕至於四方之戍多止於千人而少纔一二百扞禦之効未必可責而徒有往返之費臣愚以為諸非要害之地可少減其出戍夫出

戍既減則兵不闕用兵不闕用則召募之格可以嚴而程其武力也簡閱之法可以精而疲病必黜也死亡者可以不盡補而無慮不足也三者相參而要以數歲則冗兵之去不亦多乎冗兵既去之多則參觀其變而議所以應之然後可以定萬世之制也臣伏思國家患兵之冗而久未變易者懼其徒類大盛乘而亂生也苟以向之三說不變常不動眾而陰奪其勢何亂之為哉雖國家亦坐享其利而不之覺也然議者猶曰減四方之戍則武備弛廢非所以安郡縣矣斯又不然且生民之治亂不在於此也豈千兵之防百卒之聚而可以致郡縣之安歟願朝廷臨撫之道何如耳

陶又奏曰兵多而不雜不若少而精雜則弱精則彊彊則用之易以勝弱則用之易以敗此兵法之所辨而人情之共知也今天下方患兵之太多而國費不足以取濟故臣為說以獻欲陰奪其勢而稍稍

汰之三說既行而冗兵盡汰則天下之兵皆可以精乎臣愚亦知其未能然也彼三說者可以去冗食而未可得精兵也夫精兵生於去冗冗食既去而兵未能精者何也御之失其道也御之失其道者姑息有餘而講練不足也姑息有餘則驕講練不足則惰既驕且惰非去冗之可救也夫兇悍不義之徒凡數十萬成軍著籍自曰禁旅聚之京師三輔以為擁衛散之四方郡縣以為屯守此天子所恃以安夷狄所望而畏寇盜所知而息者也然而天下久無事法度弛廢國威不申士氣不振溫衣飽食竭民之膏血而自謂宜然濫恩橫賚動踰紀極而不能厭滿其意悖慢之態日益滋長而上下恬不為異平居終日擾擾然惟賜與之望不幸有非常之事則群聚而議賞與之厚薄小慊於心則出不遜語以駭惑衆聽其甚者至以徑燎之賜物估過重而起犯州吏大率知可愛之恩不知可畏之法有偷生之色無敢死之氣雖四時閱習以預戒先備而紀律不甚嚴明器用不甚堅銳坐作進退之節有類嬉戲特文具而事舉耳非所以感動鬬志而奮揚天威也以之衛天子則不可恃以為安以之制夷狄則不畏以之捍寇盜則不息脫有一日之警而驅以掃蕩群醜斬刈蓬蒿其可望成功乎臣故曰御之失其道也昔唐之章武誅剷僭叛以彊國勢元和之際謂中興矣而穆宗嗣立闇於御兵之道務以姑息為本即政之始傾竭府庫以賞士卒雖人獲鉅萬而橫賜猶不敢已是故軍旅益驕法令益失姦臣悍將迭乘其危而唐祚遂底於亡及末後唐之莊宗亦以豪雄蓋世之才南嚮而圖中原僅得天下之半然而不知御兵之道失於禁戢每田獵近郊衛士有匄恩賞者必如所欲以給之是以賞賚不節威令不行而卒至於亂由此言之則御兵之道豈不難乎有兵而不能御者不可適用而可以召亂也方安閑無事之時詳計密慮而執其至要則遽急有為之際豈涉於顛危哉昔我祖宗皆以睿謀英略禦遏四海除暴之萌而立成冨彊不拔之勢深知兵旅之事而善御以權術不以噢休為恩而人皆有戴惠之心不以暴怒為威而人皆有畏罪之意何則恩無常得而威有不測以加也法制素定而備預謹嚴也川班詐賞則誅之索求凶迹而鉗錮踰年也侍衛將校雖領刺史有罪則決降仕伍以任力役諸軍不逞者籍為四等分而從之雖赦不宥也大講近郊親閱便殿者歲月率常也較擊刺騎射之藝而黜其無勇也取禁兵之伉健為親軍而以罷軟補郡卒也選氣貌端謹勇而知禮者訓以挽彊而弧矢之利奇異驚聽也拳勇絕技皆籍記之而以次遷用也陛下神聖明斷有祖宗之風而思社稷之大計則御兵之道固宜祗憲先烈而奉循故事也選將帥提法令而授之節濫恩以寬生民之力峻罪典以完固主威萬政之餘留神講練間集六師閱試武力進能退否以立軍政則天下驕惰之兵舉動警懼而百倍其氣夫聲可以濤四海而夷狄不能窺中國之隙豈不偉哉

陶又曰天下之兵精而不驕則中國之武備完矣安得良將而付之邪國之無良將久矣豈真無其材乎四海九州之廣大謀臣猛士之衆多高爵重禄養而用者綿綿於天下智信忠義可以捍社稷之難剛毅勇果可以致身而死節蓋有之耳惟國家任之未得其道而志有所不申才有所不盡功有所不成也古者因井田以制軍賦兵出於農而將出於六鄉之大夫所主之兵皆其鄉之民而所附之將乃其鄉之吏居處相安動作相應禍福相濟休戚相均故其兵皆常信服而可與之同其生死至于齊桓欲速得志於諸侯亦作內政以寓軍令三分其國而使賢人為之里君而作三軍之帥卒伍定於里而

軍政成於鄉。人相保。家相受。耳目足以相聞。見而衛恤足以相死。故其兵皆有節制。而守則固。戰則勝。今之兵雖不出於農。與古大異。惟其所以為兵。而欲禁暴禦侮之意則亦何異於古哉。然而將無常兵。兵無常將。出師數萬。而以生殺存亡之柄授人於倉卒之中。把旄賜鉞。建靈旗以啓行。而三軍之士不知其誰何。莫敢仰視其面。而欲與之同其死生。攻取戰捷。不亦難乎。古之能辦疆場之事者。蓋非責以歲月之勞。要之遲久。而務有以克敵也。李牧趙充國之迹斷可知矣。今乃不然。備邊守塞要害重地。而以為武臣更踐之塗。遲止再歲。速或累月。若寓居於傳舍。而指期以去。則敵情安能知。軍政安能立。深謀遠略安能施乎。古之取將。不獨責其節義。智勇雖或貪冒不法。亦錄其材而用之。萬一抵罪。則天子以功覆過。不繩以法。所以養其豪縱敢為之氣。而使之盡智能竭死力也。陳湯魏尚之事舉可知矣。今乃不然。邊鄙武人。而一切責以小廉細謹。有毫毛之失。而使文吏議其罪。刀筆拄於前。網羅施於後。則倜儻不羈之士踰義反常以立奇效。豈可得乎。古者揖兵與人。而軍中之事聽其處決。與奪之權不從中御。而求其成功。蓋雖天子之詔有所不聞者矣。今乃不然。暴師千里之外。而日有稟聽於朝廷。敵人在境。而一兵不敢輒發。則乘機決勝安所望乎。古者推赤心而待之以不疑。情志相通。而上下相信。無間色可窺。無流言可動。故能專誠一意以求報其上。蓋有謗書之篋而人君未嘗惑者矣。今乃不然。重兵要地方仰其臨制。而浮說橫議苟可眩於群聽。則輒為罷徙。取信責成。不甚異乎。此五者皆任將之大敝。臣故曰未得其道也。昔太祖太宗之初。天下未盡寧。夷狄未盡服。故博求通選。得李漢超輩十有四將。分治三邊之地。遠或二十載。而近亦十年。雖非古之素將。而皆久其任。則視其兵如家人子弟。而

足為之用。征推田圖之利。恣其所取。驍勇之士。聽其自募。而養軍中之政。許以便利裁決。或毀之則付以奏牘。或訟之則使受而快意。當此之時。諸將皆懷服恩義。竭忠致力。以靖天下之難。而朝廷遂無四方之憂。此任將致兵得其道之明驗大效也。今天下名為無事。而其實將至於用兵。故臣願陛下於無事之時。講以用兵之備。虛心廣聽。以求諸將。或命之保任。而收特異之才。或觀之踐歷。而任已試之効。別二路之兵為數部。而各隸以將。使兵有常主。而將有常用。則平居素信。而危遽可以責其力。戒數易以盡其經營之心。寬文法以養其馳騁之氣。事涉幾會。則不必牽制於中旨。苟非大過。慎以間言輒罷。至誠以結之。隆禮以遇之。則必有良將為陛下用。而寧天下服四夷。何愧於祖宗之世哉。不逆為慮。而一日任之。雖有智者不能善其後。康定之戰。可以懲而監也。

陶又曰。君子小人之不同類。而勢各有勝。此天下之情可見。而治亂之所由生也。人之繇從其類者。善惡皆然耳。其類相從。則其勢必勝。在君子則為治。於小人則為亂。此物理之常也。有天下者莫不惡亂而好治。然則小人固不可使之勢勝矣。其勢苟勝。則推類而從。而天下禍亂之本遂萌而不可遏。盍預慮先計以杜其變乎。兵者聚天下之小人。而授以不仁之器。責以殺戮之事也。制御之道一失。則資不仁之心。而倡殺戮之禍。況助其將勝之漸。而開其相從之端哉。昔唐之中世。兵紀壞敗。而方鎮多變者。蓋小人勢勝而推類以從之故也。帳下之兵小有拳勇。則任為爪牙而親信。積日累勞至於裨將。乃為三軍之所屬目。一旦威不能懼。恩不能悅。攘臂大呼。足為亂首。殺監軍。遷主帥。而數萬之眾甘心以歸焉。不然則其軍自叛而求以為長。朝廷亦因而錫之爵命。豈其人素有忠義智信足以感服三軍之士

邪盖衆人之心以為吾類之可從而遂推之也雖朝廷亦不得已而與之矣夫素無忠義智信之人而為三軍所屬目則安能禁其籍而生變哉此助其勝而開其從之斂耳梁崇義者羽林之射生也來瑱既誅戍卒倚以為將連結群盜擁衆二萬而有襄漢七州之地田承嗣者盧龍之裨校也為僕固懷恩之援刺史魏州而迁節度陰圖自固得衆十萬而致魏衛數世之患王智興者李洧之衙卒也以軍抗納乃為徐將逐崔群而處其位也朱克融者劉總之之軍校也在鎮日久内張洪靖而統其務也昭義之裴志清河陽之王惟恭涇州之田希鑑魏博之田興鎮州之王廷湊汴州之李忞幽州之陳行泰皆以牙將奪帥而授節豈非拔卒之易而導兵之叛乎天下方患兵之驕而無術以制則固宜稍抑其勢矣自西鄙用師廿陵平亂南寇繼起軍校以矢石之勞而進擢者凡幾人也三歲遞遷禁衛之長以罷

權而陟高位也便殿閱武敢其匹勇而處以右列也此三者欲以勸勵軍功而不知久之將弊矣何者不究其智識謀慮之何若而驟賞之濫也雖忠純厚重爵有其人而究暴愚闇多以幸得也朝為隸夫暮享貴爵則固未能革其素行矣而乃假之兵柄委以捍邊其甚者副一道之節制又其甚者即禁旅而為天子之衛殊可駭也今之所謂防團刺史者布列要郡矣臣恐十數年之後補擢愈衆在在處處皆分任之而天下之兵權多其手足以動其徒類之心而重勞國慮也至和之末都邑大水萬衆訩訩公卿相視而失色者其故何哉昔太宗皇帝深明兵旅之事而通其情故閱擇軍校必參驗勳績究循謹而後武微嘗謂不更事任而能矯捷者未可以為帥領雖有一夫之勇亦何足用至于章聖則又能觀其詞氣而知其志操品第所長而試之邊寄其於名器事權豈輙付之哉由是而言則慎功賞精補擢者亦今日制兵之急務也

陶又曰古之人創立法制皆可以宜民而後世行之者少其故何也非法制之不足經遠後世不能謹守而用之多從而廢壞也古之法既已廢壞則時異事變不可得而復用矣得其近於古者而用之斯可也有近古之法可益於當世而又不能講修循奉以用於天下使之漸至廢壞而乃求考三代之空文掇拾漢唐之故事欲變常動衆大有興作以補斯世之弊不已迂乎此與夫家有良田而不勤三時之務以圖歛穫必得井牧溝洫之制而後耕者何異矣盖天下之情難於更新而易於廢故將有所為而遽變其耳目則震駭驚懼而不從因其素所習熟之勢而漸以驅之則為力不勞而享利甚博故也然則有可用之法者不可使之廢有可因之勢者不可捨而謀他方今之事固有類此矣天下皆知兵之為弊而欲救之者必曰復府兵

也府兵之法廢壞已久臣愚竊知其不可復矣田不足以處兵而兵不可使之耕也然有近於府兵者可舉其法而用之三路之民兵是也晉魏秦雍自古干戈百戰之地山川氣勢剛勁猛健士風豪勇有捨生取義之俗武卒銳士著稱前世國家之興亦嘗籍而為兵矣陝右之振武保毅河朔之忠烈宣勇河東之廣銳神武其初皆民而遂兵之嘗有戰鬪之勞於祖宗之世此民兵已試之効也今三路義勇之籍凡數十萬集而拘之者蓋累年矣非一日恐之而驟募也田事既隙常有講閱之令行陣之出入金鼓之進退粗識其略皆知其欲使之戰也武力勇銳亦有超然於倫類可以赴敵而禦暴者田嚮廬舍各安其居父母昆弟各得其養其心皆自愛重而不忍為不義苟為術以誘之而致其力則必有敢死立勝之功非若四方兇悍之徒群聚而異情驕惰而不用命也所謂法之可用而勢之可因以驅者

此也。兵說有之。凡人之所以守戰至死而不怨其上者。親戚墳墓之所在也。田宅富厚足居也。不然則州黨宗族足懷樂也。不然則慈愛之於民也厚無所往。得之也皆為兵之數。今夫親戚墳墓之所在。田宅富厚之足居。州黨宗族之足懷。則民兵之情有餘於此矣。若乃慈愛於民厚無所往。則上之人猶有不足於此焉。何者。取之於農而拘之以為兵。列以部伍而教以擊伐。是將使之戰也。則撫而待之宜有加於農矣。今平居無毫毛之惠。銖兩之報以示寬假。一旦有不幸。則欲蹈白刃以效死。彼之心安所利而樂為哉。郡縣之吏又多弃略其事而少嘗經意。此民兵所以名存而實亡也。豈非有法而不善用以至於廢。有勢而不能因以就其功歟。昔秦人有并吞六國之志。使其民所以要利於上者。非戰不可得。故能斬捕甲首則自復其役。小者相長其鄉里。大者或優以爵祿。是以四世有勝。謂之數而不謂之幸。後世見秦之速亡。而遂議其使民之不以義。亦已過矣。苟能為術以使天下而享其利。皆善使者也。顧其利之何如耳。國家有民兵。而欲講修其法以彊中國。又何愧哉。臣願以義勇為上下之籍。精其閱習而課其藝能。擇其武壯健勇而中於式度者。處之上籍。或蠲不急之役。或寬過重之斂。以樹其為兵之心。以開其奔走不已之漸。則人人要利而競勸。舉三路之農太半為異時之精兵而不可勝用。抑亦善使天下之術歟。

歷代名臣奏議卷之二百二十一

歷代名臣奏議卷之二百二十二

兵制

宋徽宗時李復奏乞罷造戰車劄子曰。臣准樞密院劄子奉聖旨令本司製造戰車三百輛。專令臣催促製造。應副本路出入攻戰使用。臣嘗覽載籍古者師行固嘗用車。詩云。公車千乘。公徒三萬。又曰。元戎十乘。以先啓行。及周制自井而為畝。積而至於通十為成。成出革車一乘。其他班班亦可見。古之用兵與今不同。古者兵不妄動。征戰有禮。不為詭遇。舉皆有法。多在平原易野。故車可以行。敵人不敢輕犯。此以車為利也。今之用兵。盡在極邊。戎狄乘勢而來。雖鷙鳥飛翥不如是之迅捷。下寨駐軍各以保險為利。得其機便或有負敗。各逃散不相顧。其往車不及期。居而保險車不能登。歸則虜多騎。逐爭先奔趨。不暇回顧。車安能收。非若古昔於中國為用。臣在兵馬間親冒矢石前後十餘次。觀之屢矣。有至擐糗衣服器械不能為用者。又況於車乎。聞此議出於許彥圭。彥圭因姚麟之子師閔而得見麟。遂獻說於麟。懇告求以此為進身之謀。麟乞擇而上其說。朝廷以麟邊人。必熟於邊事。意遂然之。不知彥圭劇為輕妄。麟立私恩不思誤朝廷之事。是亦容易。昔唐之房琯嘗用車戰。大敗於陳濤斜。千萬義軍無有脫者。當時止在畿邑平地。且如此。況今欲用於峻坂溝谷之間乎。又戰車比常車闊六七寸。運不合轍。牽挽不行。今配買木植物料。差雇工匠。大為費擾。既成難於牽挽。昨東來者牽挽不行。致兵夫典賣衣物自賃牛具。終日方進五七里。遂致兵夫逃亡。戰車棄於道路。大為諸路之患。其糜費不知其幾千萬矣。苟望一官之進。上罔朝廷。下害百姓。此而不誅。何以懲後。臣今乞便行罷造。如別路已有造者。乞更不牽挽前來。免致徒費人力。如朝廷未以臣言為然。乞賜博訪。

通判李新奏曰。臣嘗謂古先聖王於萃聚之時必除戎器戒不虞示有國者不可一日去兵也。天下承平日久。州郡軍器因循不修洽暑月未嘗暴曬。兵刃不加淬礪。衣甲旗幟破碎斷裂。少有鮮明者。大率安置不如法。蜀地卑濕。天多沉陰。雨水熱經旬月。既非高燥處貯藏則未閱歲時筋膠解拆。韋革腐爛。條貫絶。蹤踐弃擲不可勝數。如梓州一路。遂寧府敘州。有都作院。歲課不少。而兩州皆無樓閣架放。非惟枉費官物。緩急驚嚴。殊無犀利可用之器。誠可慮也。臣欲乞諸州府甲仗庫未有樓處。並許創置。有而隘陋處即添展修蓋。務要收藏軍器可以耐久。亦預備之術。立武之餘事也。

欽宗靖康元年。尚書右丞李綱上言曰。臣竊惟軍政之不修二十餘年於此矣。將驕卒惰。賞罰無章。每戰輒北。兵既寡弱。民又凋弊。戎狄由此敢肆憑陵。中國之不振未有甚於此時者也。今賊雖退師。尚未

出塞。所至剽掠無復顧憚。蓋由初未嘗有所懲創。時方向暑。須暫遠去。秋涼馬健。何憚而不來。此其可慮又非前日之比。義宜及今速為之備。一曰選將。二曰募兵。三曰訓練。四曰保甲。五曰馬政。六曰繕器甲。七曰峙糧草。八曰修城壁。九曰增塘濼。十曰置堡塞。凡此皆軍政之大者。當今之急務也。而其財用調度之費不與焉。前此賊未退師。支梧目前。固有未暇。今度其勢。出塞決在旬日。而此去防秋近在三數月間。要當自茲講求施行。不可復緩。又況西戎跳梁。五路並入。四夷交侵。誠可深慮。臣以書生備位樞筦。方艱難之使之時。乞避賢路。不蒙賜許。夙夜思之。國之大事無過於此。誠非一介孤陋所能獨任。要當合衆智協衆力。上稽祖宗之籍。下考當今之宜。庶幾有濟。欲望聖慈許臣辟置參謀官四員於職事官中。不拘官資高下兼充。仍添置編修官二員同共措畫條具。以時推行。如蒙允許。容臣續具姓名以聞。

綱為河東北安撫使。又論不可遣罷防秋人兵劄子曰。臣昨待罪樞府。伏蒙陛下委令措置防秋人兵。臣意以謂中國軍政不修幾三十年矣。闕額不補者過半。其見存者皆潰散之餘。不習戰陳。故今金人得以窺伺。既陷燕山。長驅中原。遂犯畿甸。來無藩籬之固。去無邀擊之威。廟堂失策。使之割三鎮。質親王。劫取金帛以億萬計。驅虜士女。屠戮良民。不可勝數。播書之言所不忍聞。此誠宗社之羞。而陛下嘗膽而思報者也。今河北之寇雖退。而中山河間之地不割。賊馬出沒並邊諸郡。寨柵相連。兵不少休。太原之圍未解。而河東之勢危甚。旁近縣鎮皆為賊兵之所占據。秋高馬肥。虜騎憑陵。決須深入以責三鎮之約及金帛之餘數。倘非起天下之兵。聚天下之力。解圍太原。防托河北。則必復有今春之警。宗社安危殆未可知。故臣輒不自揆。爲

陛下措畫。降詔書以團結諸路防秋之兵。大約不過十餘萬人。而欲分布河北沿邊雄霸等二十餘郡。中山河間真定大名橫海五帥府。腹裏十餘州軍。沿河一帶控扼地分。翊衛王室。隄防海道。其甚急者解圍太原。收復忻代。以捍金人夏人連兵入寇。不知此十數萬之衆一一皆到。果能足用而無賊馬渡河之警乎。今臣被命出使。去清光之日未幾。朝廷已盡改前日詔書調兵防秋之計。既罷峒丁。又罷刀弩手。又罷土兵。又罷四川福建廣南東路將兵。又罷荆湖南北路係將不係將兵。而京西州郡又皆特免起發。是前日詔書所團結之兵罷去太半。不知金人聚兵兩路入寇。將何以支梧。而朝廷何恃不留意於此也。臣切思之。以兵為不須起者大槩有五。川廣福建荆湖之地遠。一也。錢糧犒賞之費多。二也。河北寇退。天下已無事。三也。太原之圍賊馬不多。不攻自解。四也。探報有林牙高麗之師。金人牽制未

必深入五也。若以川廣福建荊湖之地遠。則詔書之下以四月。期天下兵以七月。當時聞報三省何不即止。今已七月。遠方之兵皆已在道。始復約回。是復蹈今春勤王之師約回之弊也。一歲兩起天下之兵。中道而兩止之。天下謂何。臣恐朝廷自此不復能取信四方。而將士解體矣。國之大事在戎。宗社安危所繫。而且行且止。有同兒戲。臣切痛之。若以謂錢糧犒賞多。則今春無兵捍寇。致令誤國。土地寶貨人民皆為所取。今惜小費。又不為之備。臣恐後來所取。又不止於前日也。況元降指揮防秋人兵各令責糧以行。則錢糧犒賞之乏。自非所患。廟堂不深思宗社大計。而惜小費。臣切所不取也。若以河北寇退。天下無事。則邊郡日報金人聚兵。聲言某月入寇。當取某地。強敵臨境。非和非戰。朝夕恐慄。懼其復來。天下果無事乎。賈誼謂厝火積薪之下而坐其上。火未及然。因謂之安。以今日觀之。何止於火未及然。殆處於烈焰之旁。而言笑自若也。若以謂太原之圍。賊馬不多。不攻自解。則自春徂秋。攻守半年。曾不能得其實數。姚种二帥以十萬之師一日皆潰。彼未嘗有所傷衄。不知何以必其兵之不多。以為可以不攻而自解者。臣以謂非愚則誣。至於林牙高麗牽制之報。理或有之。然不可恃彼之不來。當恃我之有備。則屯兵聚糧。正今日之先務。不可忽也。今河北河東州郡。日告危急乞兵。皆以三五萬為言。而半年以來。未有一人一騎可以副其求者。防秋之兵甫集。又皆遣罷。不知此何理也。若必以謂不須動天下之兵。而自可無事。則臣誠不足以任此責。陛下胡不遣建議之人。代臣坐致康平。而重為此擾擾也。除范世雄所統湖北兵。聞已至襄唐間。臣已作奉聖旨令疾速發赴宣撫司外。所有餘路乞依元降詔書起發。庶幾不誤國事。又近降指揮減罷防秋之兵。臣所以深惜此事者。一則河北防秋闕人。恐有

踈虞。二則一歲之間。再令起兵。又再止之。恐無以示四方大信。防秋之計。臣前奏論之已詳。請為陛下更論不可失信之意者。周為犬戎所侵。嘗以烽火召諸侯兵。恐諸侯之未必至也。舉烽以試之。諸侯之兵大集。知其試己。皆怒而歸。其後真舉烽。無復至者。去冬金人將犯闕。詔起勤王之師。遠方之兵踴躍赴難。至中途而寇已和。有詔止之。皆憤惋而反。今以防秋之故又起天下之兵。良非獲已。遠方之兵率皆就道。又復約回。將士卒伍寧不解體。夫以軍法勒諸路起兵。而以寸紙罷之。臣恐後時有所號召。無復應者矣。

許翰上言曰。臣伏見國家武備久弛。盜賊橫行不忌。雖有軍旅驕惰難用。非一新之。無以禦捍。臣愚願詔郡縣什伍其民。家富者出財。人衆者出力。城郭之民使自守其城郭。田野之民使自衛其田野。城郭分坊以保門。田野分鄉以保境。按其豪傑使之部勒。私務之隙教以武事。家識金鼓進退之節。人能弓矢擊刺之技。小寇之至。則可恭錯以捍禦。大盜之入。則得會合以擊逐。藝進則郡縣旌之以金帛。功立則朝廷勸之以爵位。如此天下凜然皆為長城之固矣。立法天下。嚴其誅賞。使凡寇至無敢不救。縣破則責州。州破則責路。近州不能應援亦皆有責。必行無赦。宣王之詩所謂有常德以立武事者。謂其能使天下必信如此故也。

高宗建炎元年。尚書右僕射李綱上言曰。臣竊以唐有天下。正觀開元間號為治平無事者。以外有方鎮之兵捍禦夷狄。內有府衛之兵臨御方鎮。表裏相制。國勢以安。其後府兵之法壞。邊兵之勢強。乃有天寶安史之亂。然卒戡定之者。方鎮力也。代宗避吐蕃之寇而幸陝。德宗避朱泚之變而幸奉天。亦資方鎮之兵以復國。然行姑息之政。威柄下移。強藩悍兵浸成跋扈。此非方鎮之罪。措置失策之過也。祖

宗監唐末之弊，削方鎮之權，惟沿邊帥司屯宿重兵，委以軍旅之事。腹內會府雖有帥號，其權甚輕。自餘列郡守倅悉委文吏，不興軍政。以屢承平治安無事之時可也。今夷狄猾夏，壞吾邊防，以擾腹心之地。盜賊乘時蜂起，蟻結而州郡猶以承平之制臨之，安能捍患禦侮、鎮撫之哉。故唐方鎮之弊，尾大不掉，而今日州郡之弊，手足不足以捍頭目，理勢然也。救其弊而振起之，莫若取方鎮之制，用其所長，去其所短，擇人而任之，使大小相比，遠近相維，以蕃王室，則中國之勢尊矣。臣愚欲乞於沿河、沿江、沿淮置帥府、要郡、次要郡，帥府帶安撫使節制一路，即唐節度使之兵也。要郡帶兵馬鈐轄，次要郡帶兵馬都監，以佐帥府，即唐觀察團練之兵也。朝廷減上供金穀，使之養兵，寬法制而假之權，將佐寮屬聽其辟置，平居責以訓練閱習，有夷狄盜賊之變，即帥府量事起兵，統率以行，與隣路約為應援，會合有功

者增秩進職而不移其任。如此數年，上下安習，即州郡之兵可用矣。如蒙聖慈俯從所請，乞降旨三省樞密院條具合行事件，取旨施行。

綱又上言曰：臣聞天生五材，民並用之，闕一不可，誰能去兵。昔黃帝伐蚩尤於涿鹿之野，堯伐叢支胥敖，舜伐三苗，禹伐共工，湯伐有夏，文王伐崇，武王伐商，皆綴甲厲兵，效勝於戰陣之間。夫五帝三王豈不欲坐致治安哉？顧其勢有所不能，故必以戰續之。寬則兩軍相攻，迫則杖戟相撞，然後可以建大功而定禍亂。是故兵勝於外，義彊於內，威立於上，民服於下。欲措國於尊彊者，非兵不可也。本朝藝祖、太宗削平僭亂，混一區宇，用兵不過十萬人，而天下承平垂二百年。夷狄賓服，外患不興，豪傑銷亡，內難不作。治既極矣，兵亦隨廢。至於近年，有養兵之費，無訓兵之法；有蓄兵之名，無用兵之實。軍政大壞，金人因之得以陵侮中國，而致靖康之禍，則兵制久廢之過也。夫秦、晉、

齊、魏、韓、趙，皆天下勁兵之地也。古之為國者得其一，則足以戰勝而霸諸侯。今國家兼有之，而每與金人戰，望風輒潰，不能取勝，則積威約之漸也。方今當京邑殘破、二聖播遷之後，國勢益弱，士氣益衰，而欲遽與之戰，正猶病人氣體未復，而欲與壯士鬭，必不可也。昔周用鄉遂之兵，而出無不勝；漢用羽林孤兒七郡良家子，而制服四夷；唐用府衛之兵，而威震天下；齊用管仲之法，而九合諸侯；秦用商鞅之令，而卒併六國。然則有天下國家者，強兵戰勝之術，槩可覩矣。為今之計，莫若法鄉遂府衛之制，而寓兵于農；法羽林孤兒七郡良家子，而參以募兵；改法更令，信賞必罰，以壯國威，以養士氣，使之有勇而知方，然後兵乃可用也。昔勾踐有會稽之恥，欲用其民，而五年休養，五年訓練，卒以報吳。今天下之廣，生齒之庶，休養訓練，當以三年為期，則戰可以得志矣。惟國家承平之久，文事太勝，士以武弁為羞，而

學者以談兵為恥。至於戰卒，賤辱之甚，無以比者。正當趣時之變，以武為先，能言兵者稍褒崇之，置武功爵，益養死士，有以得其心而作其氣，則戰勝於一口之間，有不難也。伏惟陛下留神幸察。

綱又上言曰：臣竊以祖宗建國，以兵為重。熙豐盛時，內外禁卒馬步軍凡九十五萬人。承平既久，闕額三分之一，失於招填。比年西鄙喪師，江浙山東寇作，繼之以燕山陷沒，所亡失者又半。重以靖康之變，金人再犯都城，諸路禁軍往往潰散，流為盜賊，天下之兵所存者無幾矣。朝廷以蠟書召天下勤王之師，皆募於田畝之間，及游手浮浪之人，雖其數甚衆，環饒餓仰，不得毫髮之力，而東南公私財物為之一空。大抵起一兵，公私所費非五十緡不可，而沿路供給錢糧之費又倍於此。是一兵率費百十，而起萬兵則所費百餘萬緡矣。今秋期不遠，理當揀擇留之，分屯沿河要害之地，則所費不過日給錢糧而

已。朝廷初不較此。應勤王之師已行放散。被甲荷戟而歸者。項背相望於道路。亦有纔至中途。不待令而自返者。不知將來防秋。於何所取兵而可也。禁兵之數既已不多。而民兵又不可復起。雖起之必無應者。秋高馬肥。虜騎或復深入。其何以支吾哉。臣愚以謂濟今日一時之急。莫若取財於東南。募兵於西北。夫東南之財已竭矣。而臣以謂不得已。猶有可取者。當誘上戶物力有餘之家。出財以助募兵。朝廷量多寡以名目酬之。民知國家有兵。而後家室可保。則亦不以為厲已也。國家歲漕東南財穀以為上供。又榷茶鹽之利以實中都。蓋以養兵。日給六軍百官之費。待祭祀賓客之用皆矣。而陛下節儉。無玩好宴遊之娛。故凡上供財穀茶鹽之利。除經費之外。一切裁損專以養兵。則亦無不足之患。臣願下募民出財之令。日一降旨委官措置於京東京西陝西河北募兵。優立例物之數。創為軍號。團結訓練。一切

以新法施行。分隸將佐。遞屬屯泊。以時教閱。比之起東南勤王之兵。其利害不同者有三。東南之人柔弱。不耐勞苦。一也。不伏水土。類多疾病死亡。二也。屯駐稍久。則有思歸之心。往往逃亡潰散。三也。而募西北之人以為兵。則無三者之患。團結訓練。積以歲月。皆為精兵。與夫起烏合之衆。暫聚復散。豈不相遠哉。今河北河東京東京西為金人所擾。民不能歸業者甚衆。而陝西素號產兵之地。願及時遣使於數路募兵。於合屯駐路分。建置營房。更番以衞行在。以鎮四方。以備征討。此時不可失也。伏望聖慈特賜詳酌施行。

綱又上言曰。臣竊以六軍之禮用衆也。軍之所以積少為衆。聯屬不散。可恃以勝敵者。以其有紀律也。團結則有保伍之聯。教閱則有戰陣之制。執被則有甲冑五兵之利。進止則有金鼓旌旗之節。禁戒則有號令之威。上下則有階級之法。兵將相諳。彼此相救。逃亡潰散者必誅。擾攘亂群者必罰。立功者必厚賞。死敵者必優卹。此之謂紀律。有紀律。然後軍可用也。國朝軍政最號嚴明。自童貫高俅主兵以來。其制始壞。團結保伍廢而無以相維持。教閱戰陣廢而無以習攻擊。甲冑五兵初不服練。旌旗金鼓初不習熟。禁戒號令之威不振。而無以作士氣。上下階級之法不行。而無以一士心。兵將取於臨時而初不相知。彼此逅相觀望而初不相救。盧溝之潰。反以金帛招集。則逃亡潰散者不誅矣。浙東之役。虜掠良民財物者悉皆官軍。則擾攘亂群者不罰矣。僕廝親近皆授高爵。而立功者不賞。以收身不到為名。而死敵者不卹。紀律如此。而欲驅之以抗大敵。豈不難哉。是以金寇再犯王室。則控扼之兵望風先潰。攻圍帝都。則救援之師逗撓不進。其因循至此。非一日之積也。且金人訓兵十有餘年。不用令者小則必死。大則族誅。此法既行。威信已著。則用刑反少。故能滅契丹。陵中

國。積威約之漸。非一日也。中國之兵既失訓練。又不用令者不必誅。逃亡潰散者反招集之。此風既成。習以為常。則有不可勝誅者矣。故以天下之大。而不能禦夷狄。積弊之漸。亦非一日也。夫用兵驅之於死地者也。苟非畏我過於畏敵。進有生理。退而必誅。則安能使之效一日之命以成卻敵之功哉。為今日之計。莫若更軍政而漸治之。團結之法。自五人為伍。積至於二千五百人為軍。部隊將統制官。逅相臨制。皆有尺籍伍符。以周知其名數。呼召指使。存亡功過。不勞而可知。臨陣戰鬭。進退緩急。不約而相援。如此。則兵伍有所聯屬而不散矣。教閱之法。以車騎步兵總為營陣。進退坐作。分合出入。皆依新制。革去舊教文具之法。如此。則行陣足以捍禦鐵騎矣。習弓弩者不必以斗力。而以射親中的者為上。習牌槍刀者不必以中敵。而以勇敢向前者為勝。神臂筒射鳳凰等弓可以及遠。宜教之使精。兜鍪金甲

卒伍多不肯披帶宜習之使熟如此則甲冑五兵之利可以自保而取勝矣古之行師者聞鼓則進聞金則止以旗之偃舉為所向之指麾今則不然金鼓間作紛無進止之令旌旗錯雜紛無指麾之意宜依古制以習兵之耳目如此則金鼓旌旗之節可以一衆而臨敵矣禁戒號令雖出於臨時而信必在於言前然後威可畏也上下階級雖著於甲令而勢不容於幸免然後法可行也自部隊將至統制官皆精選而預設之使其恩威素行於士卒則兵將相諳矣自伍甲部隊至六軍皆使之左右前後迭相應援觀望不進及輒退者必行軍令則彼此相救矣禁軍逃亡依法七日不首身者必斬遇敵戰鬬力不能勝因而潰散不再聚集歸本部者必誅因而作過者滅族則逃亡潰散之弊可革矣禁軍於行師之際盜博鬬毆飲酒至醉拋棄甲藏匿婦人脅取財物扇搖惑衆者並行軍法則擾攘亂群之弊可懲矣先登陷陣及能以弓弩射中賊者雖不納級亦賞一軍全勝則全賞一軍雖不勝而其間有能自斬賊級及中傷在前者則自賞如此則立功者勸矣將士戰歿非逃亡者委保伍將佐開具保明優卹其家不得輒以收身不到開落遣者重寘于法如此則死敵者勸矣此皆今日軍政之急務當以次施行也然臣頃年嘗詢一老卒其言曰昔日禁軍難作而易活今日禁軍易作而難活詰其所以則曰昔日法行而上下之分嚴故難作然請給衣糧及時而得無凍餒之患故易活今日法不行而上下之分苟簡故易作然請給衣糧多不及時又有坐倉折估之法妻子不免於凍餒故難活其言極為有理則欲修軍政而嚴紀律當先留意於所養之者以素得其心不可使之怨咨也所有修改軍政合行事件乞降旨三省樞密院同條具取旨施行

綱又上言曰臣竊以國家承平之久自河以南皆腹心內地城池堙圮而不修去春賊騎渡河殘破畿邑止於百里之內蓋未知中國虛實不敢遠幾賊退因建議請修畿甸諸邑捍鄭許滑四輔郡洛陽河陽城壁以防金寇復來使吾民有所保聚而賊騎無所抄掠朝廷已降指揮而言者以為擾民遂復止之及去冬再寇縱兵遠掠環畿千里之內無人煙矣今京東西及江淮之間州縣往往無城將來秋冬虜必愈更南牧何以捍守治安之久雖小邑猶藏萬家之室穀粟貨財不可勝計使虜得之因糧取財脅掠吾民以為之用是所謂借寇兵而資盜糧也夫惜一時之擾而忘長久之利豈策也哉宜命州縣以漸增修城池朝廷量降度牒應副至於器械甲冑之屬州縣類多闕乏亦宜立名色降樣制使及時製造除戎器戒不虞此正今日之先務也

綱又上言曰臣聞以不教民戰是謂棄之未嘗素教而以之戰是棄民也古者兵民不分無事則為鄉遂之民有事則為軍旅之士三時務農一時講武少習長安皆為精兵有所不出出無不勝矣唐設府衛之兵頗倣古制無養兵之費而有用衆之實此良法也後世兵民既分不可復合惟陝西沿邊弓箭手及近置湖南刀弩手猶有古之遺意其法給田百畝使家出一人為兵自備器甲之屬官為收掌有事則給之而養馬者又別給田五十畝私自習學武藝而官以時按閱其有力者雖一人係籍置私名數人以相夾輔故弓箭手雄於西邊捍禦夏人多賴其力而刀弩手之法頗與之相類亦能鎮服蠻獠不敢妄動今東南官田最多如所謂戶絕田逃亡田天荒田屯田之類皆是莫若一切令剗刷用弓箭刀弩手法參酌中制募民為義勇軍給地與之州郡籍其名數依新軍團結以時教閱則十數萬衆不

勞力而可具假以歲月皆精兵也又皆土著無逃亡潰散之患最策之得者如合聖意乞降旨三省措置施行

綱又上言曰臣竊以祖宗籍陝西河北河東之民以為保甲河北五十餘萬河東二十餘萬而陝西之數不下河北命提舉官總之以時教閱蓋有意寓兵于農也十餘年來降指揮以免教閱其法遂廢而保甲不知兵徒有其名而已靖康間臣嘗建議乞專遣使團結訓練加詳於舊與其召兵他路不若因此用之為得策而朝廷不以為然今河東河北之地既為金人之所踐蹂豪傑強壯多依山寨以相保聚朝廷已置招撫經制司以撫循經略之矣獨陝西保甲名數尚在可行措置然陝西之民素困於支移折變宜一切蠲免而係保甲之籍者依新法團結以二千五百人為一軍差正副統制官總之以時訓練有事藝精者補以名目擢充部隊將之類則數十萬兵不日可

具西可以捍夏戎北可以禦金寇非小補也京東西有弓箭社亦皆可倣此推行如合聖意乞降旨三省措置

綱又乞造船募水軍疏曰臣聞生於陵者安於陵生於水者安於水南方之人習水而善沒其操舟若神而北人有懼舟纖而不敢登者習與性成也騎兵施於南方非所便而南人教之水戰必可取勝昔曹操以數十萬衆順流襲吳而周瑜以三萬人逆戰于赤壁因風縱火焚其船筏遂大破之操自此不敢有窺江表之心而鼎足之勢立其後曹丕復以大兵次廣陵觀長江風濤洶湧吳人戈甲旌旗之盛恐懼而退晉有江左苻堅以百萬之衆次淝水而謝玄以八千人破之衆皆奔北聞風聲鶴唳皆以為王師將至則東南之兵養育訓練因地利而用之亦足以自守其地應沿河沿淮沿江帥府要郡凡臨流去處宜倣古制以造戰船上設樓櫓可以施弓弩下運艫棹可以破風濤頒法式以授之仍募習水者為水軍以時教閱激賞戢舟濟渡會合掩擊以我之素習擊彼之暫濟其勢必勝得一捷則賊必破膽不敢有窺東南之心矣嘉祐中范仲淹上言乞於河陽置戰艦水軍以防契丹當時以為迂闊不果行使用其說預設至今則大河有備靖康初金人豈能遽濟渡哉先事而言則近乎迂事至而後圖之則無所及其實今日之急務也所有諸路合置戰船募水軍欲乞專差官前去措置

綱又上言曰臣聞以步兵戰者不足以勝騎以其善馳突也以騎兵戰者不足以勝車以其善捍禦也古之戰者必以車故稱武王曰戎車三百兩稱衛文公曰革車三百乘稱宣王曰我車既攻稱小白曰兵車之會六而兵賦則必使之出車天子曰萬乘諸侯曰千乘大夫曰百乘皆以兵車為制也後世車戰有曰武剛車有曰偏箱車有曰

鹿角車皆與古異制則便於其事而已金人以鐵騎勝中國其說有三而非車不足以制之步兵不足以當其馳突一也用車則馳突可禦騎兵馬弗如之二也用車則騎兵在後度便乃出戰卒多怯見敵輒潰雖有長技不得而施三也用車則人有所依可施其力部伍有束不得而逃然則車之可以制鐵騎也審矣靖康間獻車制者甚衆獨統制官張行中者可取其造車之法用兩竿雙輪推竿則輪轉兩竿之間以橫木笔之設架以載巨弩其上施皮籬以捍矢石繪神獸之象弩矢發於口中而竅其目以望敵其下施甲裙以衛人足其前施槍刃兩重重各四枚上長而下短長者以禦人也短者以禦馬也其兩旁以鐵為鉤索止則聯屬以為營體制簡而運轉易真禦戎之利器其出戰之法則每車用步卒二十五人四人推竿以運車一人登車望敵以發弩矢二十人執牌弓弩長槍斬馬刀列於車之兩傍重

行行五人凡遇敵則牌居前弓弩次之槍刀又次之敵在百步內則牌偃弓弩間發以射之既逼近則弓弩退後槍刀進前揩以刺人而刀以斬馬足賊退則車徒鼓譟相聯以進及險乃止以騎兵出兩翼追擊以取勝其布陣之法則每軍二千五百人以五分之一凡五百人為將佐衛兵及輜重之屬餘二千人為車八十乘欲布方陣則面各用車二十乘車相聯而步卒彌縫於其間前者其車向敵後者其車倒行左右者其車順行賊攻左右而掩後則隨所攻而向之左右前後其變可以無窮而將佐衛兵及輜重之屬皆處其中方圓曲直隨地勢之便行則鱗次以為陣止則鉤聯以為營不必開溝塹而築營壘最為簡便而全國皆衛青征匈奴以武剛車自環以禦敵故能深入馬燧帥太原製戰車冒以狻猊甲士列戟副之故能兵冠天下惟房琯用之為賊所焚而後世議者遂以謂車不可用殊不知古之

兵車謂之革車冒之以革者正所以防火也欲勝金人鐵騎使不得奔突持久以取勝利器無以加此今圖畫樣制及分合陣圖上塵睿覽乞降付御營司製造教習便殿按視可以施用即頒降帥府要郡施行

三年趙元鎮上奏曰臣竊惟太祖皇帝即位之初用趙普策收諸道之兵集之京師又於其中遴選材武以備禁衛謂之親兵委腹心之臣分軍統領謂之三衙所以弱藩鎮壯王室以革唐末五代之弊而又訓練駕馭各盡其術由是人思自效得其死力故凡邊隅有警姦雄違命天戈所指莫之能抗中外無事垂二百年由此道也太平日久習為驕惰而三衙之任或非其人自靖康以來南北流離散亡過半遂使朝廷有反側之憂人主無爪牙之勢非祖宗之深意也臣願陛下留意三衙擇其忠勇盡節臨難不避恩威兼濟為衆所服者親閱諸軍取其人材武藝以廣宿衛親兵之列所以恢張國勢震耀天威使悍將強臣膽落氣沮指顧號令雷動風行然後可以大有為於天下茲事甚易而所係利害非可以縷陳也惟陛下留神省覽

元鎮又上奏曰臣竊見近降旨揮王𤫊軍馬城外駐劄今已有來者見於禹廟諸處屯泊臣昨在溫州時見𤫊軍馬亦上城外將士皆有言曰等是官軍獨不得入城以賊待我我亦何憚而不為𤫊軍昨在淮南後自建康由江東趨福建以達行在沿路肅然無秋毫所犯今由明越往往潰亡作過雖軍情變動莫測而懷憤之久由此而發故也養兵無他嚴號令信賞罰而已有功者賞有罪者罰自餘屯泊衣糧等事當待之如一儻有厚薄分別之異必生怨望不平之心理之必然不可不慮兼屯軍城外既無寨壁節其出入蹂踐民田潛行劫奪將無所不有非若城中有所關防也臣愚欲乞別降睿旨取會人

數多寡且令城中踏逐或於空閑官地搭蓋蓆屋居住猶愈於城外重為民患而生彼怨心也

元鎮又論防秋奏曰臣契勘韓世忠屬官陳桷等赴闕臣即子細叩問世忠防秋措置觀桷等所說可見世忠之意桷言世忠已過淮南相視控扼因桷等之來專令乞兵防守建康一帶意欲令張俊分占江上同負此責亦如張俊聚兵之意也臣以為虜若不能渡江只留泗句則委世忠專切固護通泰萬一采石等處不能支吾則虜騎深入遂有無窮之患雖能保守通泰亦復何益今若便令世忠保守建康又緣胡騎未渡之間當且以通泰鹽利為重臣之愚意欲乞戒飭世忠且在承楚極力捍禦或采石等處已聞胡騎南侵即令世忠全軍而還徑趨江東或浙西衝要去處或腰擊或尾襲雖不能遏其來路亦足牽制少阻南侵之勢不能深入所有通泰鹽利在所不顧也

臣本不知兵。更願陛下召張俊與議之。或以爲然。即乞召陳禰等面授此意。及親洒宸翰以賜世忠。不可坐視安危。恬不爲意。遂如議者所料也。臣一介書生。辱陛下眷遇。致身至此。敢不黽勉圖報萬分。自入夏以來。每以防秋爲念。而議論不一。何由措手。既入七月。方二使南歸。而又朱勝非求去。紛紛十數日不定。八月初即有川陝之命。萬里之行。無一人一騎。日夕經營。自救不暇。以是不能專一留心朝廷之事。今事勢已迫。乃蒙陛下擢寘宰司。萬一小有蹉跌。萬死不足塞責。臣已力陳懇款。辭免誤恩。或未賜矜從。即乞陛下博選中外忠誠可倚之人。貳之二府。庶幾協濟。少分陛下宵旰之憂。臣不勝萬幸。

元鎮於紹興間知洪州。又上奏曰。臣契勘本路江州興國南康軍。邊臨大江。地接兗黄。咫尺僞境。沿流曲折控扼千里。萬一有警。須藉水軍防捍。唯是闕少戰船。緩急無以措手。近據探報上流賊馬。侵寇襄隨。包藏不測。沿江制置使岳飛。屯駐大軍。列戍江上。亦以戰船闕少爲慮。雖先奉聖旨令江西轉運司和雇收買二百隻。應副緣本路州縣累遭兵火。繼而招討宣撫兩司大軍經由。刻削舟船殆盡。目即江河惟有往來客船。若一例不以情願便行雇買。不惟商賈不通。有害貿易。亦非戰鬬所宜。兼逐時般載軍儲錢穀。亦無舟船輸運。本司今相度欲計置打造戰船二百隻。以爲沿江控扼之備。般載錢糧船一百隻。專充本路往來使用。約其工費用度。不下十餘萬貫。欲望聖慈詳酌。特降睿旨。就吉州榷貨務支降見錢一十萬貫。如尚闕錢物。更容本司那融支撥。庶幾乘此時月計置木植。便可打造。免致防秋有悞大計。

紹興二年。詔內外官言事。右文殿修撰季陵應詔上言曰。軍興以來。朝廷誥牒。非彊以予民。則莫售。師旅糧草。非彊取於民。則莫給。舊例和買。無本可支者久矣。新行和糴。能償其直錢何。一遇軍興。事事責辦。有不足者。預借後年之賦。雖名曰和。實彊取之。雖名曰借。其實奪之。兵將衣食。不取其飽煖。取其豐美。器械不取其堅利。取其華好。務末勝本。初無鬭心。賊至則僞言退保。賊去則盛言收復。遇敗以千爲一。遇勝以一爲千。今乘輿服御之費。十去七八。百官有司之費。十去五六。猶無益於國者。軍太冗也。張浚一軍。以川陝贍之。劉光世一軍。以淮浙贍之。李綱一軍。以湖廣贍之。上供之物。得至司農太府者無幾。夫彊兵不在冗食。今統領家口隨行。一聞賊至。擇精銳者護送老小。其自隨者。秖辦走耳。當議者一。虜掠婦女。軍中多有。養既不足。寧免作過。當議者二。所至州軍。邀求犒賞。守令憚生事。鵠取民以奉之。當議者三。詭名虛券。隨在批請。枉費官物。當議者四。或假関節。或行賄賂。寄名軍籍。規冒功賞。當議者五。願詔有司專意講求。革因循以作士氣。則軍政立。

四年。兩浙西路安撫使沈晦過行在。面對曰。藩師之兵可用。今沿江千餘里。若令鎮江建康太平池鄂五郡各有兵一二萬。以本部財賦易官田給之。敵至。五郡以舟師守江。步兵守隘。彼難自渡。假使能渡。五郡合擊。敵雖善戰。不能一日破諸城也。若圍五郡。則兵分勢弱。或以偏師綴我大軍。南侵則五郡尾而邀之。敵安敢遠去。此制稍定。三年後移江北。糧餉器械悉自隨。又自乞分兵二千。及召募敢戰士三千。參用昭義步兵法。期年後京口便成強藩。時方以韓世忠屯軍鎮江。不果用。

三十年。秘書丞虞允文上言曰。臣聞古之聖王蒐無用之兵爲有用之備。所以堅固治本。遠折亂萌。而用智於未然也。我祖宗平一天下。治定功成之後。甲兵堅強。四方無敢侮拂。當乾德天聖之盛。猶且詔諸道兵為長吏之所役使失於教習者著為禁令又廂禁軍散占為技工者論如法而大中祥符間又詔諸州本城兵及等者五百人以上團立教閱并為禁軍其本城兵少即別召募嗚呼深謀遠慮所以銷患於未形者咸憲具存也伏惟陛下作新軍政一以祖宗為法武備之嚴莫盡於今日凡分屯列戍待敵制勝之道舉無一策之遺矣而議者猶以為外實者必有內虛之憂蓋行營重兵遠在邊境而策應之精銳又須觀時而動而諸州所謂强弓弩手者亦已盡遣萬一郡縣間有一夫竊發豈不少貽宵旰之慮而臣竊以謂今之諸郡未嘗無兵諸郡之兵未嘗無將且以東南言之諸郡所餘禁軍及元額廂軍土軍亡慮十數萬而一監司一守貳占破之數緜二三百人一總管一將官各不下百人其間以技執役如福建一臺又有至數百人者而諸路將副今以二十四員為額其數亦不為少矣或以刀筆之吏或以給使之徒或以勢力富豪之家而居之使兵究於國家之衣糧將縻於州郡之廩給而咸不適於用豈不亦甚可惜也如因其在籍之兵拘收而為之部分因其定員之將遴選而使之教閱假以旬歲之後於大軍之勢亦一助也不然一路一郡之間顧不足以備他盜乎此皆祖宗之舊章有明效大驗書於國史者願陛下勿以為不足用之兵獨斷而必行之中外幸甚

三十一年王之道上奏曰契勘今日江北義社與建炎之末所謂義社事勢大段相遠蓋當時緣金人入寇而群盜相繼蜂起百姓東西南北逃竄無所惟有依山據水建置寨柵庶幾可以保聚老幼以幸須臾無死且如一村五百家其間必有六七十家儲積穀粟可以贍給其餘而貧窶者既與父母妻子同其死生亦復樂為之用蓋臣嘗是時嘗同里人保守無為軍朗避山寨備見利害試以無為一郡言

之建寨之始不下二三十處而積日累月之久能獲保全者僅一二數餘皆不潰則破至有互相吞噬者言之可為寒心自經兵火江北之民十不存一紹興以來生養蕃息而雜以江浙等處流徙之人通計十有三四其疲瘵在所不論而其稍有備積可以霑及貧弱者五百家中實無三兩家方無事之時州縣或有科擾則望望然去之今乃欲籍其丁壯緩急責之以禦敵與驅市人使戰何異果可恃哉今之議者不知今昔事勢之不同乃為奇謀秘計僥冒爵賞肆為巧辯以求售於上但恐為淵驅魚為叢驅雀其失人心有非言之所能盡者蓋今日控扼敵人去處惟江北最為要切而其所籍義社莫非耕鑿之人乃不問其欲惡一槩驅而為之反置數十年所養將士於無用之地至如鄂州駐劄都統制田師中乃欲將湖北京西兩路所管保伍乞依淮西路密行團結如遇盜賊竊發許師中充鄉道若此是必欲擁百姓以為諸軍之前驅也且平時養兵之費悉出於百姓至於調發供億又責辦於百姓遽其兩陣相對復以鄉道為名而驅之於死地是猶代庖人宰代大匠斲以情度情所謂一人之情千萬人情是者果安在哉今朝廷以議者之言似可聽或信而從之萬一至於誤事雖食議者之肉安能救哉為今之計莫若責官軍務邑沿邊要害去處俾之捍禦而責義社以保聚老幼防托州縣庶幾可以同心協力以成恢復之功實天下幸甚

三十二年張浚奏乞申嚴私役禁軍之法曰臣竊見陛下嚴戒御前諸軍不得私役軍士此誠軍政之要務號令一頒人心悅服臣仰惟國家郡置禁旅法令嚴密養之訓之皆有成制蓋將使之備緩急修守備戢姦究除盜賊為千里之惠意甚深遠也自頃擾攘之後官吏玩習兵政不舉臣嘗熟究其弊矣自守臣兵官不務遵制以時閱習

而遣法差占。若當然者。以至監司倅貳僚屬兼職。凡不應差借之處。巧作事目。或以廵守。或以備火。或以收買軍器捕捉逃亡為名。遣出差役。及使之荷擔肩輿市買工作。廣占人數。大傷士心。甚失朝廷養兵本意。臣愚伏望下有司檢舉舊制。應知州合破禁軍接送之類。並不許過數。自兵興以來州郡增添兵官數多。乞於合破舊數痛與裁減。其不合破者止得差廂軍。而後俾之揀退老弱。招補闕額。申明隊伍。修飭器械。嚴教閱之法。謹階級之令。其知州兵官所破人數亦仰依法輪次赴教。置為兵籍。以時勾稽。委逐路帥憲嚴行覺察。輙敢如前差占。並行按劾。從私役禁軍法。必罰無赦。仍自樞密院常切委官密賜體究施行。庶幾為民養兵不至虛設。而緩急之際可以倚仗。用復祖宗之良法。不勝幸甚。

浚又上言曰。臣契勘諸軍當結純鎗純弓純弩隊。鎗之隊在前。弓次之。弩次之。其弓弩手各帶刀斧。每隊九十人。通九隊作一部。九部為一陣。綠弓可射八十步。弩可射二百餘步。虜騎若近先發弩。鎗弓隊小坐。次發弓。若至前則純鎗之勢甚壯。可禦馬足。鮮有不勝。舊嘗以此行下諸軍。韓世忠等用此。後來更改不常。名為花裝。徒使觀看。臣恐弓弩數少。鎗手又散在隊中。參錯失序。不能破虜。如合聖意。伏乞批付臣行下諸軍遵守施行。

浚又議練兵曰。士有好為大言者。以兵家勝負在將不在兵。謂將得其人。驅市人而戰可也。將非其人。兵精器利曾何補於用乎。嗚呼為此說者。蓋亦不思之甚矣。夫趙歇裒初斂之兵號稱二十萬。能戰者無幾也。韓信率新勝之人以破之。借使金人舉河北山東之衆。無驍騎利甲。無堅弓良矢。雖董安于郭李輔之以偽太子。臣知其易為敵矣。故有精練之卒。然後可以議嚴訓之方。有訓練之兵。然後可以議兵器之利。有堅利之器。然後可以議破敵之計。知此數者。庶乎可以論兵矣。彼空空然謂可驅市人而戰者。豈不誤國惑聽乎。

知平江府洪遵乞精選間諜劄子曰。臣聞古之人謀其鄰敵。必有覘國之術。所謂間諜者。雖聖智不廢焉。蓋堂堂之國相與周旋。而不知其用事之人。若其人之賢愚與意向之所在。徒冒不測角力於兩陣。而庶幾於或勝。非所謂萬全者也。苟息之謀虞。既知宮之奇之存。又知其雖諫不聽。韓信之謀趙。獨憚李左車之智。又知其計之不用。故皆决策一舉而得所欲。漢高祖因酈食其而知魏大將之為栢直。騎將之為馮敬。步卒將之為項佗。而又知其不能當吾韓信灌嬰曹參焉。知之既詳。料之又審。卒成漢業。豈偶然哉。恭惟陛下信順之德。昭格穹壤。金虜畔盟。神人共憤。跳梁未幾。元惡授首。此蓋皇天后土資社稷靈長之福。啓陛下恢復之圖。方當日夜淬礪謀所以待敵。今將士不患不勇。糧餉不患不繼。臣之過計。竊謂我之覘彼者未甚精詳。方兵交時。通國所知者逆亮而已。其腹心爪牙合慮併力以謀我者。似亦未能盡察。如聞邊郡諸軍間有所遣探刺而歸。類皆道聽塗說。不惟於其要領。兼亦虛實難明。殆與不知者無異。臣愚欲望聖慈深詔密議。博延智勇機略之士。深入敵境。往來出入。凡國家所宜知者纖悉以聞。隨其所遇待之以術。勝負之形雖未決。彼已之勢已可議。今日禦敵之具固有大於此者。而莫有先於此者。利害甚明。不可不講。惟陛下留神省察。

高宗時。殿中侍御史章誼獻戰守四策。謂金人累歲南侵。我亦累歲奔走。蓋謀國之臣誤陛下也。往者駐蹕揚州。有兵數十萬可以一戰。斥候不明。金人奄至。踰江而東。此宰相黃潛善汪伯彥過也。移蹕建康。兵練將勇。據長江之險可以守矣。舟師不設。二相異意。金人未至遵海而南。此宰相呂頤浩過也。不知今年守戰之策安所從出。執政大臣誰爲陛下任此事者。臣愚謂有江海必資舟楫戰守之具。有險阻必資郡縣防守之力。有兵將必駕馭撫循。不可爲將帥自衛之資。有糧賦必漕運轉輸。不可爲盜賊侵據之用。四者各付能臣分路以辦。重賞嚴罰。誰敢不用命哉。

誼又奏曰。臣聞古者軍容不入國。蓋閫外之將。居有壁壘以自守。行有介冑以自衛。平時出門如見敵。故能臨敵不懼生。蓋養之者有素也。漢文帝遣三將軍以備胡。霸上棘門見稱兒戲。而細柳之師獨有真將軍之目者。豈虛言哉。今彊敵在境。士氣宜振。而介冑遨遊於城闕。翁媼雜蹂於轅門。統兵之將雖有臨淮校旗之法。敢死之士雖有射麋麗龜之巧。皆無以自見。陛下誠能分遣將臣遍屯要害之郡。使得各申軍法。明習教令。一旦有警。老弱悉留。精銳悉裝。以聽陛下之指授。則戰將必克。守將必固。此今日之急務。惟陛下留神幸察。

誼又奏曰。臣伏覩去年十月叛臣劉豫紿率金人阻兵南向。不量輕弱。狃習故態。數萬之衆暴集淮甸。自謂投鞭可以渡江。功在漏刻矣。陛下奮揚神武。親總六師。破逆賊譸張之謀。摧黠虜憑陵之勢。至使衆叛而親離。情見而力屈。潛師宵遁。有風聲鶴唳之恐。此誠陛下應天順人。恢復中原之日也。顧臣暗淺。何足以仰裨廣淵之慮。頃聞經畫之謀。然臣聞之。柔遠之盛德莫上於修文。禦戎之上策莫先於自治。陛下仁恩浹洽。不異南北。天德覆臨。無有遠邇。故雖酋豪面內。俘獲係纍。一切矜容待以不死。至有臨陣就執者。釋縛而還鄉閭。辮髮來附者。冠帶而來朝請。此甚盛德事也。陛下固已安行之矣。惟是自治之策。臣請得而言之。今朝廷巡幸東南。外憑淮海。內阻大江。形勢非不壯也。然而虜騎倏來。曾無藩籬之固。裴回累月。輙有南渡之虞。此無他。舟楫不備而違設險之義也。自虜騎既退。議者便謂可以廓清中原。收復畿甸。茲固乘時進取之幾。而安危之所係也。使虜人來有腹心之患。自救不暇。則陛下遣一偏裨自河而南。囊括席卷。何爲而不可。萬一虜人止是師徒單弱。知難而退。別爲後圖。則秋高復來。將何以待之。此臣所謂莫先於自治者也。今有江海之險。又有舟楫之備。虜人來則阻險而還。止則糧道不繼。頓兵江淮之上。縻以歲月之久。然後我可以得志矣。雖然。知所以自衛。然後以守則固。知所以用衆。然後以戰則克。陛下今日三四大帥之兵。未爲不衆矣。舉此以削平禍亂。蓋有餘力。而金穀之奉。爵秩之費。帑藏無餘。僅可以集事。然循州郡之間。禁旅猥多。主兵之官流品冗雜。捐金帛以招無用之兵。捐倉廩以養不戰之卒。平居依倚將副。蔑視州縣。一聞外警。輙肆其毒。自建炎以來。殺長吏。據城郭。乍服乍叛。惡本不除。近聞淮甸之

師。建州處州又復相煽。異時陛下分遣大兵渡淮而北。安集降附。東南將兵決爲不靖。爲今之計。且當擇取壯勇以補行陣之闕。汰去冗濫以寬財賦之源。盡舉平陸之兵悉爲舟師之用。罷招軍之請。豐府庫之備。專奉征戰之師。使之外扞彊敵。內庇生靈。則民力益固。財用益饒。兵氣益振矣。今舉江南之戶口有幾。而兵之隸籍者有幾。率一戶而養幾兵矣。又復招軍不已。則將何以善其後哉。方今禦戎之策莫先於自治。而自治之術莫急於訓兵。訓兵有制。然後定禍難。攘戎狄。詰姦慝。致安平。無施而不可。惟陛下留神幸甚。

誼又奏曰。臣竊謂安邊境。定國家。唯戰守二道而已。二者皆以謀爲主。守不用謀。則雖有金城湯池未必安也。戰不用謀。則雖有堅甲利兵未必勝也。今國家阻江左山川之險。擅東南陸海之富。有列營熊羆之士。加之器械戈甲之備。然而守則不堅。戰則不利者。其故何也。

惟不用謀也請以近事言之虜人嘗渡江而南矣望風奔潰者往往皆官軍也得其酋領者往往皆土豪也豈官軍土豪勇怯有異哉官軍擊其堂堂之陣而用力土豪避其堂堂之陣而用智是以虜人每能摧官軍之堅而卒陷土豪之計者謀與力異也臣願陛下用沉幾先物之智與經國遠圖之臣柔遠應敵揆事畫策一切以謀為主如此則戰勝守固而全人可制土疆可復矣況於削平盜賊亦何難哉

誼又奏曰臣聞邵青賊兵近自太平州乘船經由鎮江府江陰軍遂入平江府之常熟縣所至劫虜見今浙西州縣遷徙奔走公私騷然契勘劉光世係浙西宣撫大使驍將銳兵自可討擊然而不能應時擒制者夾以邵青所乘皆舟檝而光世皆平陸之兵故也臣觀國家斷恃大江以為險限而於舟師略不經意今邵青小醜光世大帥乃敢越境深寇使賊有大於此者將何以禦之臣聞古兵法舟師有三

等其舟之大者為陣脚船其次為戰船其小為傳令船蓋置陣尚持重故用大船出戰尚輕捷故用其次至於江海波濤之間旗幟金鼓難以麾召進退故用小舟由此觀之凡舟之大小皆可以為守戰之備不必皆用大船然後濟也朝廷試於駐蹕之地聊為千艘之具教之攻戰之法計亦易辦伏望聖明特降睿旨置一水軍帥以名將以為江海守禦之備庶幾盜賊莫敢予侮臣不勝憤懣激切之至

誼又奏曰臣契勘朝廷設置州郡本謂地產可以充貢賦師旅可以戢盜賊兩者並行軍食皆足則安富尊榮之道也今溫州軍兵猥多幾倍祖宗舊制糜費衣糧耗蠹財用至使上供常賦不入王府州郡錢帛困於供億臣今略舉大槩言之本州自元祐元豐以前舊置廂禁軍額共二千五十一名諸處巡檢多是只差禁軍前去守把罕曾招置歲支錢七千餘貫米三萬二千餘斛紬絹布共一萬餘疋綿二萬餘兩自政和以後刱置禁軍兩指揮壯城廂軍一指揮六處巡檢刱招人兵九處巡檢各添二分通計添招廂禁軍一千七百餘人每歲又支錢一萬二千六百餘貫米二萬八千八百餘斛紬絹布八千六百餘疋綿二萬一千九百餘兩此皆昔年供輸朝廷之物與夫本州支給官兵之費也況有多事以來不復出戍超轉資級人員數多每有招填費耗例物闕糧半年旋行計置若不申明公私日困伏望朝廷詳度將本州舊額軍兵并政和以後添置廂禁軍并巡檢下刱招添招人兵遇有逃亡闕額並罷招填候人數與舊額相當即行撥併罷去刱置刱招軍分若蒙便降指揮亦須數年方可銷廢盡絕庶幾貢賦常物可以依得祖宗舊來立定格目供輸朝廷今來會計一州所費在前頗聞他郡財帛乏絕亦復因此伏望聖慈降付外廷詳酌施行

誼為徽猷閣直學士又奏曰臣聞兵者禁暴止亂安民和衆聖王所資以拯民於塗炭者也今陛下經營天下攘却盜賊累年於茲然未能指呼如意者臣恐制兵之術未盡也臣觀今日神武之兵萃為五軍分隸諸將其間往往逃亡盜賊之餘伎術市井之人得遷其列所謂正兵者鮮矣至於殿班親軍陛下倚以侍衛者曾無千百其於射麋麗龜之巧投石拔距之勇則未有聞焉又復統兵之將雍容緩帶初無折衝威名之望又無沉鷙猛毅之姿恐不足以仰副明主駕馭英傑鞭笞夷狄之意臣考之前古漢兵之在京師者有南北兩屯唐兵之衛天子者有南北兩衙此皆天子自將之兵也其預選則莫非驍雄之士其可任則莫非土著之人其統率訓練則莫非智謀功名之將兩軍力侔勢敵內消禍變外遏僭亂人主獨操兵柄不以授人故國勢彊而寇暴服矣恭惟聖宋祖宗所置殿班親軍處禁門之內

其魁雄武摠皆極天下之選臣願陛下斟酌前代南北禁衛之意紹隆本朝遴選班直之法並為材技勇力之等選於五軍及江浙福建凡禁軍土軍弓手齒歲強壯不犯徒役不經敗亡而有父母兄弟妻孥可任者皆為應選其選於五軍者聚為一衛其選於諸州者聚為一衛百人一校千人一將合取萬人分為兩衛各以選殿帥統之而總其任於樞密使以聽陛下之指使如此則禁衛增嚴王室大競矣陛下時因聽朝之暇或御便殿或出近郊人人閱試旌別勸賞漸增俸廩使恩威足以得其死力其誰敢不聽命哉當陛下布昭聖武之時其措置施設似不可緩臣不勝區區之願

誼又論民兵奏曰臣伏見今日州郡守戰之兵壞於昔年揀換之法竄易姓名類非土著尺籍伍符難以稽考平時喧哄目語難每懷千命之心及其臨敵退避率無死難之節至于逃亡嘯聚焚劫剽攻擅據州城執戮守將然則軍政之弊至此極矣唯是民兵一事所宜乘時措置以備非常之舉蓋今之民兵則周官六鄉之衆齊侯節制之師漢室更戍之卒有唐府衛之兵也近世巡社亦有遺意古今雖異經籍猶存法制具在因時施宜少加損益則東南郡縣數十萬之衆可指日而辦閒居無餽廩之費調發無羇旅之思習熟險易愛護鄉閭比之召募遊手之人以充師旅之任其利害明甚矣又況近者閩陝有累捷之音東北有可乘之便自宜命將北征以係人心大兵繼進盡復故土被甲荷戈之士分閫授鉞之臣方經營於江淮之北矣若夫根本之地在此南服非籍民兵何以為守禦之備哉臣頃聞獻是說於朝廷者甚衆而未獲施行伏望斷自聖心早賜措置不勝大幸

時禁衛寡弱諸將各擁重兵御史中丞沈與求言漢有南北軍唐用府兵彼此相維使無偏重之勢今兵權不在朝廷雖有樞密院及三省兵房尚書兵部但行文字而已願詔大臣益脩兵政助成中興

歷代名臣奏議卷之二百二十二

歷代名臣奏議卷之二百二十三

兵制

宋高宗時黃次山奏曰臣聞制勝在將不在兵養兵在精不在衆渭曲之戰西魏以府兵萬人破走高歡二十萬衆者節制存焉故也府兵始於西魏而成於唐西魏才百府而唐置八百有奇以中府千人爲率則唐兵幾九十萬而西魏不過十萬也且當時諸將功參佐命望實俱重者曰八柱國宇文泰任總百揆元欣優游禁闥唯李虎趙貴于謹獨孤信侯莫陳崇六人各督二大將軍每軍各統二開府每開府各統一軍是爲二十四軍部分既明權紀自振身居行伍籍在朝廷若身使臂若臂使指折衝厭難誰敢侮之陛下天命中興爲生賢佐高勳鴻烈於古有光然而法制搶攘非甚有紀謂宜裒多益寡酌古御今使若柱國督將軍將軍督開府合枝斂散可得而知按籍

運籌不逃聖鑒然後歷吉日選靈辰比臨盛秋躬秉武節稽驟山大閱之制用臨淮校旗之法激惰偷之士角拳勇之才令行於軍氣當自倍敵人送死訖笑應之警報夕傳鋭師朝引風馳霆擊固不難歟昔吳漢將突騎至清陽士馬甚盛悉上兵簿於幕府不敢自私郭子儀方燕客聞相楊綰散減音樂五分之四古之賢將所以能功名終始與國匹休者其設心類如此陛下推誠之素功臣體國之深今日事機如此之急尚何俟而久不爲武事之克濟臣主同榮倘或不然舉無全地惟陛下留聽

次山又奏曰臣幸得以非才備召見乃七月己巳言校旗大閱之法曰願歷吉日選靈辰比臨盛秋躬秉武節陛下加惠留聽不遺蒭蕘之臣八月甲辰詔御六師順天道東行九月丙寅蹕臨安臣得厠執事顏行蒙霜露備羈靮宜有以開廣德意幸自見敢索言之臣聞臨大難不懼者聖人之勇也甲兵不多非國之災貨財不積非國之貧顧操術立志何如爾唐太宗初即位突厥頡利傾國而至飲馬便橋元年關中饑米斗匹絹二年天下蝗三年大水民東西就食國亦危矣太宗見善明用心剛信魏徵仁義之說而拒封倫押闔之詞以房杜爲腹心英衞爲爪牙屢將於衞宿兵於府其語士卒曰吾不使汝曹穿池築苑唯專意武備天下無事則爲汝師突厥入寇則爲汝將其語將帥則曰國之紀綱唯賞與罰非分之恩不可數得勉自修飭毋貽後悔太阿之柄操持不失故薄海內外莫敢攖其鋒其後頡利成禽酋長帶刀宿衞部落皆襲衣冠米斗三四錢行旅取給道路此無他操術得宜有志者事終成也方今夷狄之禍飢饉之災方之太宗異世同事然今秋歲既稔矣待夷狄者獨不可爲歟臣願陛下躬太宗撥亂之心秉魏徵仁義之說以至誠育萬物以至孝通神明以

剛徤中正位天德親賢遠佞貴公滅私若忿慾不萌則聽斷自審臨機必果料敵必明肅號令嚴階級拔進梟俊禽敵之士汰遣全軀保妻子之徒有功當賞未吝王侯無功僥望分毫不與如此則不可勝之計立矣法曰先爲不可勝以待敵之可勝不可勝在我可勝在敵以飽待飢以逸待勞正治以待其亂致人不致於人在我者也觀虜而動首尾俱絕建瓴破竹所俟者時在敵者也以陛下之明席藝祖仁宗之遺澤當上元之德會協永平之歲紀惟當斷以不疑與賢士大夫共此功名爾孟子曰責難於君謂之恭今日之事落落若難合臣非敢獨言易然不以孟子之心望陛下則臣之罪也惟陛下憐察

吏部員外郎廖剛奏曰臣聞古者天子必有親兵雖總轄不無其人實自將之所以備不虞強主威無太阿倒持之悔漢有南北軍唐有左右神策之類是也我祖宗鑒五季之弊軍政尤爲厲盗始三衙四

廂所統之兵區處調發關防周盡惟一人之所欲為臣竊聞之比年以來稍稍廢缺所恃以備非常者諸將外衛之兵而已臣願陛下參稽舊制選精銳忠赤三數萬人以為親兵直自將之居則以為守衛動則常為中軍此強本弱枝之道最今日之急務也昔段秀實嘗為唐德宗言之曰譬猶猛虎所以百獸畏者爪牙也爪牙廢則孤豚特犬皆能為敵正謂是也臣愚不勝區區過計願陛下留神無忽

剛為御史中丞又奏曰臣聞國不可去兵兵不必敵國外患之備雖閒暇無事之日亦在所不廢也然兵貴選練不在數多多而不可用非獨不能成功亦或能敗事今日諸將之兵冗濫甚矣或叛亡或招納盜賊疲癃稚弱無所不有姑取其數之多初不計其可用與否也前此一切不暇問今和議既定本為休兵息民豈容不能戰之人尚爾虛占兵籍蠹蝕吾民之膏血乎臣願布告諸大將使之體國念

民稍加選擇汰其不堪披帶者以十二三為率聽其自便諾名請受者因而可以鎖去之賞以杜其後無歸而願留者則籍為屯田卒授以河南之地使之從耕自食其力且資以供億吾軍庶東南凋瘵之民稍獲蘇息而屯戍可以久遠不廢是一舉而兩得也

武義大夫曹勛上書言曰臣竊以古者寓兵於農以禦大敵兩漢而下無不皆然惟魏及唐遂建府兵之制民兵遂廢唐全盛時戡大憝勳元惡無非官軍者及至德少衰據藩鎮起大盜亦無非官軍者是以歷古有叛將而無叛兵由唐而下多叛兵而少叛將理或致然今州縣之民百倍於兵而羸不能卻內侮強不能禦外侵者蓋以未嘗習用也近見諸路州縣自行大甲以禦夜盜民安之若素習臣嘗推行備見其便今欲乞就此入民兵之法俾粗知部勒稍知戰事廂有坊坊有甲甲有伍伍有長以時置器甲以肄武備州委都監縣委令佐帶民兵將領專一習按復委太守提督之不期年一路便可得兵百萬實可塞制兵卒使不得附逞絕內侮外侵之患倘或可採乞下臣所畫一便見不擾有利無害

御史中丞張守上奏曰臣伏見比年敵人犯順將士畏怯望風奔潰破殘州縣易於拉朽忠臣義士之所憤嘆而敵人之所竊笑也臣嘗求其故不過驕惰而已今每出師則水舟陸車累累隨行謂之老小其實皆婦女故出師之數婦女必倍之弊日以滋古所未有以故所居則求寬廣之所食則求豐美所用則求羨餘一有不足則冒法抵禁劇於寇盜者其用命禦敵奮勇立功其亦難矣夫為將領者固當正身率下與士卒同辛苦往往亦以婢妾歌舞而自隨故上為一下為二上下相蒙無復忌憚今者陛下屏遠嬪御以馬上治天下駐蹕建康滌戒既覆之車一新舊染之俗前日之弊理宜痛懲臣愚欲乞應

軍人家口遇出軍日並不得隨行各就本寨居止官司常加存恤修治舍屋量添口食如有軍人及將校使臣輒將帶婦女老小隨軍並行軍法本轄將校使臣失覺察減一等科罪主將身自違犯令御營使司及御史臺覺察彈奏重賜施行庶幾將士忘家徇國或能立功以革舊弊

守又乞以田募兵劄子曰臣伏見近者朝廷條畫防江縣用人丁臣以謂驅不教之民一旦用之恐致誤事然所謂民兵非終不可用也特不可以濟目前之急而幸一朝之功耳然自朝廷數年以來屢嘗推行民兵或置巡社或結保甲或增弓手或計田出兵大抵皆所以更張軍政而求實用然而推行以來未見成效其因出而逃遁敵而潰則與官軍不甚相遠臣嘗思之惟寓兵於農最為良法然三代之法不可復矣獨取其意尚有可行伏見國家係官之田有五一曰屯

田二曰逃田三曰户絶田四曰抵當籍沒田五曰罪人籍沒田頃畝甚多入官之租雖至膏腴畝率一二斗多不過三四斗或冒占或荒閑或欠負或水旱檢放或官吏侵漁所入官者又無幾矣臣愚以謂若捐此田以募兵則於公家之費不多而得土著之人可委各有顧戀不至散亡臣愚欲乞盡括五色係官之田委州縣預定肥瘠美惡第為等差上田三十畝其次增多至百畝止召募一人給為永業免其賦役居常務農農隙講武教養而成年歲之間必有精鋭可以濟用所有官兵權住招刺伏望睿慈詔大臣詳議如有可採即乞付有司條畫施行

守為殿中侍御史又奏曰臣仰惟陛下修政事攘夷狄慨然有意於中興之盛然今之最大且急者莫過於軍政本朝之兵自童貫高俅等壞之而勸沮之法廢驕惰之風成出戍則亡遇敵則潰小則猗戈

攘奪以逞大則殺將嬰城而叛天下可用之兵無幾矣唐史有云置兵所以止亂及其弊也適足為亂又其甚也至困天下以養亂今日之勢蓋幾於此改絃易調顧可緩乎伏覩建炎元年十一月詔侍從以上各具所見考古軍政可行於今者條具以聞逮今累月未聞有所獻納以副陛下大有為之意者今朝廷雖有置振華新軍指揮議者尚慮招集選擇未易充數循習効尤或蹈前轍及所以給養之具訓練之要節制之方亦當講求臣竊過計以謂防秋之期止三數月寸陰可惜窮日力以圖之尚恐不及欲望睿慈申嚴去冬之詔或責以旬月使悉意開陳或召至中書給筆札條具庶幾博採衆智宜有可行而陛下詔令不至虛出

守又論教閱軍兵劄子曰臣竊謂兵法之廢久矣防秋不遠理難遽革因而用之尚有可為今天下之兵固亦不少而養兵之費固亦不貲豈皆不可用乎抑教之不至耳王翦以六十萬之衆伐荊亦必俟其投石超距而後用之蓋士氣振然後樂赴功也天下之兵衣糧俸給蠶食縣官者有四曰禁軍曰廂軍曰土軍曰弓手雖有教閱之法載在令甲州縣之間置而不講在於平日猶為不可況國步艱危寇戎猖獗之時乎蓋以州縣之吏或妄占破或稱防護或稱差出種種名目皆公自營借欲教閱因無見在之兵矣上下苟偷日復一日糜耗國用驕惰日滋目不識旌旗耳不聞鉦鼓隊伍行列坐作進退皆不復知一旦驅之守禦責之効死何異卻行而求前哉臣愚欲乞諸路各委制置使同監司一員根刷見管廂禁土軍弓手汰其老弱病羸早晚兩教州委守臣縣委令長且親詣教場按閱如其事藝精強隨事激賞不惟將來防秋必有可用而部内盜賊亦可翦除應軍兵弓手如有不赴教閱並正軍法應在任官白直之外妄有影占及長

吏不日赴教場監司安撫制置司按劾以聞重寘典憲如有可採即乞睿旨速賜施行

李石奏曰文武相為經緯之術二者要不可偏廢特所尚有緩急耳且人之身血氣為榮食氣為衛今特以榮氣之強健而廢其衛氣可乎國家弭兵無事既已有歲自以為尚文之世然求所謂輔成文治以蚤正素治者陛下以神武不殺為威寓五兵於詩書之教廟筭深遠非草野所當慮者然以臣所慮特其粗者嘗謂虞舜干羽之舞人徒知其為文德不知其以蹈厲之節而寓其擊刺之威以明不輕用武也今之教閱之法亦昔人干羽之意雖曰文德無廢其武可也昔魚朝恩老於兵間已不識郝將軍之陣為李臨淮遺法況不習其教者乎州之禁軍縣之弓手所以為教閱之法者寄其緩急之用耳欲用之人必資其教且小人非居安於無事則必使之為蹴踘蹙張運

擇其筋力。馳驟其血脉。習為冒險赴危之狀。目熟旌旗。耳習金鼓。而不懾怯者。此教之以緩急之用也。且自二十餘年之間。邊圉綏靜。其可擐甲挽強者。皆以老簡汰。其少壯者已不知戰陳為何等事。甚可慮也。今之州縣教閱者。乃緣備耳。今又於教閱之法不得專意為之而廢其事。所謂禁軍弓手。州縣冒法差役。趨走指呼與衆人同。所謂教之者兵官巡尉以時一按例為之。遇春秋大閱。有司未免有損經費。而徒為玩習之具。此何異棘門之戲哉。臣願行下州縣。禁軍弓手不得違法差出。兵官巡尉教閱之籍。時稽考之。以示安不忘危之意。

李彌遜上奏曰。臣謹按歷代天子必有備。所以制六合威四夷。固根本之地也。承平日久。寖以廢弛。至于國家艱難。用武以來。亦復因循沿襲。置而不講。誠為今日之急務。近者朝廷雖稍收四方之兵以聚

中都。然人數未多。法制未備。軍伍未成。未足以為重。臣愚欲乞朝廷措置。或差或募。或就委諸將選擇精銳數萬人。置帥以總之。專衛王室。別立親衛數千人。倣古之制。選募良家子便弓馬者及武臣子弟。及諸將諸軍下子弟為之。庶幾可以制近威遠。以增重朝廷之勢。如臣之說。或有可採。伏望聖慈特賜指揮施行。

江南東路安撫制置大使葉夢得奏曰。臣既已妄論守江之備。竊惟兵法曰。上兵伐謀。其次伐交。其次伐兵。項羽與漢高帝相持廣武。欲挑戰。帝曰。吾寧鬬智不鬬力。卒禽項羽。自古用師。伐兵不如伐謀。鬬力不如鬬智。此不戰屈人之道也。今諸將屢捷。稍皆還屯。理須休息整齊。以待秋深再舉。則此一兩月之間。未可遽動。正伐謀鬬智之時。探之道塗。皆謂虜初以盛夏來侵。蓋狃前日屢勝。欲以憑陵於我。謂我必屈。而初無所忌憚。陛下既沉幾先物。決策用兵。順昌首戰。兀术遁者。宿亳陳鄭復相繼歸順。賊出不意。失其本圖。敗亡疾病之餘。自度其師幾三之一。固已伐其謀矣。今者平昔用事酋領與其徒從縱皆無固志。則其國中未必不歸罪犯盟始議之人。猶相猜嫌。而我兩河京東故民。與契丹遺種。及去歲所誅七族之黨。宜亦皆有伺間償怨之志。則我謀智並用。適當其幾。不待將來大軍親臨。而後可決勝負。探報見主兵侵我者不過十三人。兀术等八人則在京師。以窺淮浙。撒哩喝等三人則在關中。以擾隴蜀。偽蓋天大王等二人則在濬滑。以主簽軍。方漢高帝與項羽勝負未決之際。先用陳平計。委金四萬斤。縱間楚君臣。范增果疑不用。遂翦其腹心。及垓下之戰。復下令得羽頭者。賞千金邑萬户。而魏太武攻滅贊賀。亦募得太武者。封萬户。賜布絹各萬匹。竊意今兀术而下。亦當委諸大將多出金帛。擇識辯之士。縱為反間。仍各立賞格。謂如得兀术者。賞某官田畝錢帛若

干。其次以是為差。明為勅榜。散揭於新復州。必有傳布漸至京師者。縱未能使即相魚肉。豈不足壞散其黨。使攜貳乎。然後下詔訪耶律氏之後。以興滅繼絕。褒前日被誅七族之家。有能為之復仇。與山東兩河素自結集不屈於虜者。皆賜以官秩。他日大軍過河。以兵援之。有能立功者。裂其故疆悉以分封。自虜并吞契丹。其故家大族。怨之深入骨髓。殘據燕趙。吾民橫被驅率。革面左衽。日懷憤怨。今知中國之威大振。異時虎狼塗炭之惡。無所復施。上下交疑。釁端易生。但有一從吾令。攘袂而起。則他皆危懼。我諸將乘而席卷。與兼弱攻昧取亂侮亡。而徒倒戈攻後以北者。彼之衆失所憑亟孤。必無所效勞。既聞輿言。不敢隱默。伏惟陛下。恕採擇。

高宗駐蹕揚州。夢得為户部尚書。陳待敵之計有三。曰形。曰勢。曰氣而已。形以地理山川為本。勢以城池芻粟器械為重。氣以將師士卒

為急。形固則可恃以守，勢強則可資以立，氣振則可作以用。如是則敵皆在吾度內矣。因請上南巡，阻江為險，以備不虞。又請命重臣為宣總使，一居泗上，總兩淮及東方之師以待敵；一居金陵，總江浙之路，以備退保。疏入不報。

李光乞修京城守禦之備劄子曰：臣恭聞仁宗皇帝以四方用兵無功，選用大臣講求利害，召韓琦、范仲淹對于崇政殿。琦等深慮異人一旦乘勝張犯關之勢，求以河為界，則宜堅守京城，詔河北之兵援而不較，使進而嘗有反顧之憂。故脩京城者，非徒禦寇，誠以伐深入之謀也。當時天下治安如彼，而大臣謀慮及此，疑若過計。今狂虜恃兵力之強，劫質親王大臣，以三鎮為辭，勢必深入，則都城守禦之備安得不汲汲也。臣訪聞朝廷專委李穀開撩城濠，日役萬人，而將作監分管東壁樊家岡一帶六十八萬餘工，比之別壁工料最為浩大。見役本監并步軍司人兵不滿千人。兼聞本監長、貳未差正官，張元幹書生，不足倚辦。欲望聖慈特降指揮，令李穀將所轄兵夫與將作監施城東壁劄，併力先從東壁開撩。兼新除少監井度見在蜀中，未有到任之期，乞逐急選任有材幹官同共管幹，所役兵夫逐日興工，放散各依時刻，仍日輪從官及臺諫官一員躬詣檢察，庶幾早得辦集。敵人聞之，有所忌憚，不勝幸甚。

光又奏曰：臣伏見臣寮上言，以都城濬治金湯，修設樓櫓為非，已奉聖旨劄付宣撫司，都人傳播，莫不惴恐。夫衆保於城，城保於德，言君以德附衆，以功庇下，故能相依以衛社稷，則修樓櫓、濬金湯、嚴守禦之備者，所以安人心，壯士氣，以伐敵人深入之謀也。河東、河北素號腹心之地，密邇王室，今虜人在境，諸郡僅能自守，萬一防秋不嚴，寖成長驅之勢，則大河之險理宜設備。而天子之居，廟社所在，號曰都城者，又烏得泰然不為之慮乎。今天下之勢誠為全盛，以戶部之籍計之，主戶無慮二千餘萬，倉猝之際，起而為兵，孰不響應。陛下愛惜民力，未欲輕動，已戒畿甸之兵為保伍之法，召東南之兵約赴援之期，蒐原野以簡師徒，鳴鼓角以聲弔伐，勤兵示衆，大見武節，所以示敵人之有備也。今議者乃專為邊河之防，而欲弛都城守禦之具，臣恐此說一出，內外騷動，居者無固守之志，虜人起深入之謀，非計之得也。伏望陛下明詔執政大臣，速議守禦之策，濬城塹，增雉堞，屯兵積粟，示彼有不可犯之勢，亦以慰安人情，保護根本，實中外之幸。

孝宗淳熙二年，敷文閣待制周必大上言曰：臣竊謂安邊闢國，固在乎兵，然兵貴乎精而不貴乎多。今雖日下招填之令，而諸軍未嘗以為足也。昔尋邑百萬而敗於光武之千騎，苻堅百萬而敗於謝玄之數千，兵果在多乎。臣不敢泛引古事，姑以近日茶寇言之。四百輩無紀律之夫，非有堅甲利兵也，又非有奇謀祕畫也，不過陸梁山谷間，轉鬭求生耳。自湖北入湖南，自湖南入江西，今又睥睨二廣，經涉累月，出入數路。使帥守、監司、路分、將官稍有方略，用其所部之卒，自可殄滅，顧乃上煩朝廷遠調江鄂之師，並以贛吉將兵，又會合諸邑土軍弓手，幾至萬人，猶未有勝之之策。但聞總管失律，帥臣拱手，提點刑獄遽易三人，其他將副巡尉殺北夷傷之不暇。小寇尚爾，儻臨大敵，則將若何。臣聞去年冬，江東西諸郡同月地震，今年廬州大水壞城中古橋，於占皆為兵象。萬一醜虜不遜，輒窺邊鄙，雖以陛下神武睿算，破之無難，所慮承平歲久，宿將無幾，後來者於應敵之方，非其素習，必至徒勞指蹤。伏望聖慈頒飭諸將，常修邊備，且令偏裨所部統制官等擇善謀、熟善戰者，以廉平得士心，各以名聞，簡在聖懷，備他日之用。但令將得其人，自然人百其勇，兵之多寡非所問也。補臣又有私憂過計者。昨有自鄂州來者云。在彼見彗星出於西南。今者孛星亦在西南。夫彗常象。應之在德。陛下固當有以厭此。然西南為坤維。坤維蜀也。消弭備禦。尤不可緩。比雖委范成大權充制置。然成都距虜尚遠。深恐緩急之際。事機有不相應。願陛下速擇文武信臣。或別以撫諭為名。或專委節制之重。俾分憂顧。庶免後艱。實為大幸。

必大為兵部侍郎。又上言曰。臣仰惟陛下選將練兵十四年于茲。軍政日修。固非愚臣所當妄議。然千慮所及則不敢默。臣舊聞鄂州一軍最號精銳有紀律者。今夏統制辭彥祥統領梁嘉謀張興嗣將三千人收捕茶寇。其間一勝一負。所不能免。但聞師行無法。至有十百為群逃竄而歸者。臣嘗博詢其故。皆謂近歲多揀汰舊人。招收新軍。舊人曾歷行陣。備諳軍法。新軍往往是游手。及有過犯之人。只籍伍

符彼豈能知。前此新舊相參。尚猶可用。今舊人日少。遂致如此。李川不欲明言其事。只劾彥祥等調發乖謬。致軍兵亡沒者一百一十四人。陛下特降睿旨。將彥祥等追官貨勒停自效。而又嘉川能舉其職。特與遷轉。信賞必罰。孰不勸懲。然而弊源未革。安得不為之所。臣愚欲望聖慈徧下諸軍。除大段癃老疾病之人。毋得輒行揀汰。其新軍不特教之事藝。須令朝夕示以紀律。庶幾緩急之際不致誤事。若乃久任將帥。使之揀擇偏裨。整齊部曲。此在今日尤為先務。惟聖明留神財幸。

淳熙十四年。知桂陽軍陳傅良擬進劄子。臣聞熙豐崇觀以來用事者紛更祖宗之舊。以致夷狄之禍。今天下皆追咎之矣。至於重斂。不惟未行不以為過。又從而附益之者何也。皆者以兵費多。以養官與兵故也。方今經費。兵居十一。官居十二。官未暇言也。敢言養兵。國初州郡無禁兵也。著在令甲。自騎射至牢城。凡名額二百二十三。總為本城而已。所謂禁兵者。皆三司之卒。分屯而更戍。今屯駐駐泊之名。而鈐轄都監監押之官所部領也。三邊之兵。間因事宜升為禁軍者。則所謂四十四處禁軍是已。是為就糧。自元昊叛。而西北有保毅。王倫叛。而東南有宣毅。於是列郡稍置禁軍。至慶歷既云多矣。然亦無過大郡要害之處。熙寧按天下廂軍之籍五十萬人而不知戰。於是教閱之法起。其後以廂軍團併為額。則今之兩浙崇節福建保節之類是已。教閱之兵因別為額而隸之將下。則今之兩浙雄節福建廣節之類是已。元豐兵令悉以雄節之類升同禁軍。由是禁軍始遍天下。方戍法之行也。三司禁旅轉徙於四方。而州郡廂軍。失捄以供百役。蓋勞之則易使。散之則易養。此藝祖神謀也。自州郡各有禁軍。而三司之卒不出。不出。則常坐食於京師。常坐食於京師。則必盡天

下之利歸之公上。利盡歸於公上。而州郡之益兵已多。則其勢必巧取陰奪而後足。於是養兵始為大患。若今屯所諸軍。亦何異本城軍哉。特以三總領饋之而不節制於長吏為差異耳。要之所謂韓家軍者。今為京口人矣。劉家軍者。今為建康池陽人矣。岳家軍者。今為鄂渚江陵人矣。向之戰。經行陣以功得官。往往揀汰冗食於廟祠添差之類。此所招刺例多下等。又不離營。兒女滋息。稍食難贍。類皆飢露。當此勞屡最易撫摩。臣愚以為此可以漸復祖宗舊制之機。殆天授陛下也。誠有為國家任是責者。稍使不仰食於縣官。以省月樁。則經總制之名亦可以次第改正。恭惟陛下不愛爵祿以待天下之士。大官重權可謂尊寵。至於養兵則國家被重斂之名而不得辭。臣享其佚。上任其怨。臣竊不取也。

孝宗時葉適上兵總論曰。今事之最大者而當極論。論之得其要而

當先施行者一財也二兵也雖然財之所以為大事者由兵之為大事而已其舉措為興廢之決無先於此世之言兵者充塞爛漫可聞而不可聽可聽而不可行者無他焉言古者簡易徑省無兵之患而有兵之利然而接乎今之異勢異宜而不可用也則古者雖善而何益言今者繁密重滯有兵之患而無兵之利然而習乎今之既安既成而不可改也則今雖下策而何損雖然此非真擇利害以定取捨者也誠使真擇利害以定取捨則雖不必簡易徑省以慕古人之名而今日之兵其有患而無利曉然庸人皆能言之豈可不急圖而亟變乎蓋嘗慮之三代之兵衆兩漢之郡國管仲之內政隋唐之府衛此古人之美名也自府衛變而為召募召募之法壞而邊兵始重於是藩鎮之亂起收藩鎮之重勢而人主聚兵以自將為名累天下之力以養之及人主不能自用而柄任已不專於諸侯矣則亦顧茫然無

所統一於是內則常變其自為變而外則不足以制患至於有莫大之兵而受夷狄無窮之禍此非今世之所謂實患者乎美名不必慕是各度其時之所能行者可以言智矣實患不能制是又不知其時之所當變此不可以言智也姑試言兵之常制以合今日之事者有四有邊兵有宿衛以為國者也群臣不考本末不察事勢悉昔日士卒奮呼專上無禮之患而反以為太祖之所以立國者其要在兵都於大梁無形勢之險而其險以兵夫都於大梁因周漢之舊而太祖擇而都之也使果恃兵以為固則連營百萬身自增之不待後世也其數乃不滿二十萬何哉不以兵强前世帝王之常道也况太祖之兵不滿二十萬其非恃兵以為固也決矣召募之日廣供餽之日增蓋端拱雍熙以後契丹横不可制而然耳康定慶曆謀國日誤恃兵為固之說大熾不禁而後天下始有百萬之兵弱天下以奉兵而其治無

可為者矣而上下方揚揚然自以為得計為之治文書聚財賦盡用衰世裒刻之術取於民以贍之而猶不足及其不可用則又為之說以事驕虜而使之自安於營伍之中也故王安石為神宗講所以銷兵之術知兵之不勝養而猶不悟籍兵之不必多設諸路保甲至四五十萬陰欲以代正兵正兵不可代而保甲化天下之民皆為兵於是虛耗之形見而天下之勢愈弱矣元祐廢罷保甲史臣以為太祖設階級之法伴伍壯士以銷姦雄之心兵制寂明而百餘年無禍亂王安石不足以知此者實錄所載蓋當時議論之本原也雖然王安石則信不足以知此而不為王安石者豈能知之哉至於紹聖以後則又甚矣保甲復治正兵自若內外俱耗本末並弱大觀政和中保甲之數至六七十萬二法皆弊名具實亡故軍制大壞而士卒不能被甲荷戈平民相挺化為盜賊斡離不始挾兵才萬餘長驅而至

莫有敵者倉卒遣人召白徒以勤王京師失守則勤王之人寇掠遍天下矣嗚呼痛哉養兵以自困多兵以自禍不用兵以自敗未有甚於本朝者也而議者猶曰恃兵之固制兵之善可因而不可改可增而不可損是厚誣太祖而誤國家也加以四屯駐之兵又昔所未有以數倍祖宗之財用撥於四總領之臣罄而州郡又各以廂禁兵自困侵削民力至於空盡問其外禦則曰請和不暇問其內備則曰倉卒可虞統制統領總管路分鈐轄將兵之官充滿天下坐縻厚祿而兵未嘗有一日之衛兵有大將屯兵有州郡守兵邊兵者因其地練其民不待內地之兵食而固徼塞也宿衛兵者因都邑所近之民教成而番上與募士雜國廩其半而不必全養也大將屯兵者悉用募士而教其精鋭全養之而已州郡守兵者以州郡之人守之而不以州郡之力養之也故兵制各行而兵力不聚然後百萬之兵而不困於

財矣。故進則能戰，退則能守，而不受侮於夷狄。今也一之。邊兵募也，宿衛募也。大將屯兵，昔有舊人，而今募以補之，使成軍也。州郡守兵，昔之禁兵消盡，而今募其人名之曰禁兵也。四者皆募而竭國力以養之，是徒知募而供其衣食耳，此所以竭國力而不足以養百萬之兵也。力則已困，用則不可。故進不可戰，退不可守，百人跳梁則一方震動，而夷狄之侵侮無時而可禁也。臣願陛下審慮定計，以分四者之兵，而變今日之法，不過一年，法行制定，則不足為大憂，而兵可用矣。

適又奏曰：自唐至德以後，節度專地而抗上令，喜怒叛服在於晷刻，而藩鎮之禍，當時以為大諱矣。然國擅於將，猶可言也。未久而將擅於兵。將之所為，唯兵之聽，遂以劫制朝廷。故國擅於將，人皆知之，而將擅於兵，則不知也。大曆、正元之間，節度使因已為士卒所立。唐末尤甚，而五代接於本朝之初，人主之興廢皆群卒為之推戴，一出，天下俯首聽命而不敢校。而論者特以為其憂在於藩鎮，豈不疏哉。太祖既稍收節度權柄，故汰兵使極少，給兵使極嚴，所以平一僭亂，威服海內者，太祖綏紀制御之力，非恃兵用。方今國未見有難治之蘖，敵未見有難破之強，徒以自困於兵，浸深重滯，不能輕利。其一曰四元帥大兵之患，其二曰州郡廂禁土兵弓手之患。去一患則得一利，一州之兵患去則一州利，一方之兵患去則一方利，兵患去則兵殆矣。所用之，無不可者。陛下果決知此，豈有久而不革者哉。

適又奏曰：敢問四大兵者，知其為今日之深患乎？使知其為深患，豈有積五十年之久，而不求所以處此者。然則亦不知而已矣。自靖康破壞，維揚倉卒，海道艱難，杭越草創，天下遠者命令不通，近者擁潰莫制，國家無明具之威信以驅使強悍，而諸將自擇豪雄，劉光世、張俊、吳玠兄弟、韓世忠、岳飛各以成軍雄視海內，其玩寇養尊無若劉光世，其任數避事無若張俊。當是時也，廩稍惟其所賦，功勳惟其所奏，將校之祿多於兵卒之數，朝廷以轉運使主饋餉，隨意誅剝，無復顧惜，志意盛滿，仇疾互生，而上下同以為憂矣。及張浚收光世兵柄，制馭無策，呂祉以疎儁趣之，一旦殺帥，卷甲而遁，其後秦檜慮不及遠，急於求和，以屈辱為安者，蓋憂諸將之兵未易收，浸成疽贅，則非特北方不可取，而南方亦未易定也。故約諸軍支遣之數，分天下之財，特命朝臣以總領之，以為喉舌出納之要。諸將之兵盡隸御前，將帥雖出於軍中，而易置皆由於人主，以示臂指相使之勢。向之大將或殺或廢，惕息俟命，而後江左得以少安。故知其為深患者若此而已。雖然，以秦檜之慮不及遠也，不止以屈辱為安，而直以今之所措者為大功，竭盡南方之財力以養此四大兵，惴惴然常有不足之患。檜徒坐視而不恤也。檜久於其位，老疾而死，後來者習見而不復知，但以為當然。故朝廷以四大兵為命，而困民財，四都副統制因之而侵刻兵食，內臣貴倖因之以握制將權，蠹弊相承，無甚於此，而況不戰既久，老成消耗，新補情偷，堪戰之兵十無四五，氣勢愞弱，加以役使回易，交致債負，家小日增，生養不足，怨嗟嗷嗷，聞於中外。昔祖宗竭天下之財以養天下之兵，前世之所無有，而今日竭南方之財以養四屯駐之兵，又祖宗之所無有也。夫以地言之，則北為重；以財言之，則南為多。運吾之多財，兵強士飽，幷力雄富，以此取地於北，不必智者而後知其可為也。今柰何盡耗於三十萬之瘦弱，五六十年之積弊，以為庸將腐閹賣鬻富貴之地，則陛下之遠業將安所託乎？陛下誠奮然欲大有為於天下，攄不可掩抑之業，志以謀夫不同覆載者之深讎，必自是始。使兵制定而減州縣之供餽，以蘇息窮民，種植基本於是厲其兵使必鬬厲其將使不懼一再當勇而勝負決矣兵以少而後精財以少而後富其說甚簡其衆甚要其行之甚易也適又上奏曰廂軍供雜役禁軍教戰守弓手為縣之廵徼土兵則為鄉之控扼夫供役有兵備戰有兵廵徼有兵控扼有兵大州四五千人中州三千人小州猶二千人計一兵之費與正廩給之者居其一與因兵而置營伍將校其上則路分鈐轄總管者居其一與恩賜閱視借請券食者居其一與緣兵之蠹弊虧公病私者又居其一民之所謂第一等戶盡其賦入不足以衣食一兵今州郡二稅之正籍盡以上供者及其所趂辦酒稅窠名盡以上供者朝廷既自以養大兵矣而州郡又以其自當用度者又盡以養廂禁土兵又有配隸之罪人牢犴充塞亦州郡所養然則財安得不匱而民安得不困乎夫所以養兵者為其有事而戰不為其無事而備也無事而備則必有不

養之兵而後可今養之於無事竭州縣之力以衣食之固非所以戰也則雖有百萬之兵而不免自貶為至弱之國乃其勢之宜然爾世之論曰養兵之患無智愚所同知然而不能去者不可去也不可去者動衆害事弊未除而亂先作也夫畏其動衆害事以為弊未除而害先作此固庸人之常情耳而以為養兵之患無智愚所同知則非也何者誠不知而已知其為患則早夜之所思命令之所出必使之至於無動衆害事可以除弊而不作亂以幸天下國家也豈容其如此而徒曰必動衆害事哉故不減宿衛屯駐之大兵則國力不寬不減廂禁弓手土兵則州郡之力不寬夫立法定制於重滯繁擾之中以困民為安強以耗國為仁惠以疲士大夫之精力為用材以人心益陋所守益卑者為遠識以不可舉動者為體國以養兵不戰為銷姦雄之心遂至於忘讎恥棄諸華廢天命禮壞樂失積衆弊而莫能

華者宿衛屯駐之兵困之於上廂禁弓手土兵困之於下而已陛下思之於外而不圖其內意行其所難而不實為其所易者何哉

員興宗上殿輪對乞廣招募劄子曰臣聞王公設險以守其國險之所設人之所畏也故蜀有重關之險扞蜀者莫若守關吳有長淮之限扞吳者莫若固淮若夫荊襄之地千里坦坦此四戰之地也外無長淮以闌之近無重關以固之無關無河是無以為險者矣彼有險者聖人常以為慮無險者信不可以一日無備哉昔者宋齊六代之間夷盜南顧屢作屢止不能窺尺寸土壤蓋是時此地為重鎮此地屯重兵故也然則荊襄楞然無以為險者是當以兵為險耶況又春夏之間漢水可涉道路之多錯出可數自光化出次湖可以窺夷陵自臨汝出新野可以窺襄陽自唐州出棗陽可以窺西郢自陳州出宛丘可以窺光化苟無堅甲利兵厚集於此則深恐漢蜀之勢脈絡

未通首尾難應異乎常山之勢矣是則可憂者也臣愚伏望陛下曲軫宸慮起禍未形擇諸將中文能附衆武能威敵者經制此方且使以屯田為名徙內郡之兵增而戍之徙之不足又增募之蓋今荊襄之兵甚少而守蜀之兵一有外慮千里抽發未易致也或謂臣言朝廷於荊襄未嘗不擇將諸將未嘗不募兵臣以為諸將招募無術以負陛下委使者也臣自湖北所聞悉矣凡捕人補軍始捕逃亡給予虧約諸將之令既不自信矣人誰信之獨前日劉錡在京招募茶商凡數千人以充正額苟得其術曲折如錡則盜賊亦可招亦可用也況吾民哉歸猗同招軍次第在人自求不得侵取例物無他阻滯人自不隔如此則指數十萬緡得萬兵矣錡之言稽小成大之術也惟陛下下諸將增戍之外又益私例使廣招壯實庶幾一方即金城之固矣

與宗又乞恤義士劄子曰：臣聞威惠偏廢，不可以御軍；軍法一偏，不可以用衆。使惠而無威，則人不畏；威而不惠，則人不懷。然後知撫士育人者，凡以張吾氣而保吾威也。使列將大校平時察察，奴役其士，歡驅其人，則衆人披離，居然已無足恃。一有風塵之警，則又有足恃乎？臣謹據興洋一帶義士，西蜀東道之扞蔽也。其地險以厚，其民力以武，紛脫諸父母之懷，其心皆可以義動，可以勢役者。是以紹興之初，王庶在西邊撫力措置，凡城郭鄉社民各有戶，戶各有等，庶使分等以出丁，分丁以代卒，無事則更閱，有事則出戍，或與捐本戶之徭，又與免本身之役，恩意甚接，科條甚具。庶區區行此者，非獨為保蜀計，乃為保國計也。是以南山控要害之衝，義士熟識利害，自生其地，自戰其地，人懷保妻子守墳墓之念，宜其專也。臣觀饒峯之役、梁洋之役、近時散關之役，義士與有勞焉。朝廷悠悠而竟不知者，諸將掩

奏議卷之二百二十三　十八

之也。有能以王庶之心為心，則人有告矣。然而邇者是曹寃抑類有四焉。此邊將罪也。蓋義士比諸縣弓手手力，實無催縛，然官能驅之而使無辭者，以元降措畫等第與免官業錢故也。今則竄易文書，實者未必得免，免者未必皆實，一寃也。凡有戰事，正軍堅甲顧避弗前，義士精衣驅以先進。近時諸司有議增置甲楯，量欲給之，議一出，且而劒內士民飛詞詢詢矣。仰父俯子者，劒內之士所知也；一家接踵，肝腦塗地如義士者，劒內不知矣，二寃也。王庶之役義士也，大閱則有食錢，出軍有增給衣粮錢，其有異功，藉定名姓，以次官使。今義士捨農而出，寒肴而反，勞則有矣，飽則無之；功則有矣，賞則無之，三寃也。紹興之初，義士戰已輒罷，則各有一家之樂。邇來官司無故占破，俾之芻牧，俾之負擔，俾借官吏往來之役。且義士者，謂之民乎？謂之兵乎？謂之民，則不當私擾；謂之兵，則不當私役。今一切反此，四寃也。

夫以邊民有是四寃，為將帥者忍不加恤。臣愚伏望下四川宣撫司體量優恤，如興洋等處曾實充義士之人，被官私抑勒不與依數捐免家業錢者，並許本名申訴，即與捐免。諸陣亡之家，亦乞照應此例施行。其本戶尚有餘丁，乞更不差義士名目，後有闕數，於多丁處別乞抽補。或當戍守，雖令自備中粮，外亦乞今後更與咸量本戶雜科名色，務從寬厚。其諸將州縣平日無故占破私役，禁軍法務在必行。仍乞取王庶初行約束，一一相度檢舉，庶於邊民不敢怨望。其義士元有兵官統領一負將須數負，亦乞下宣撫司選差為衆樂推，如近時閤寶之徒，自足為用。又照得階成岷鳳與秦界上，自紹興辛巳嘗被宣司給散旗榜之人，累有勞效，被諸將掩遏未能申列者，乞後有願充義士名目，亦乞比附興洋義士，依次與免科徭，庶幾西邊後有緩急，增助官軍之勢，不致危急，得承平義勇之遺風。伏望特出睿意

奏議卷之二百二十三　二十

詳酌臣言，使邊人生路一開，挾纊之恩肆徧，非獨結西陲之心，亦聖主仁不異遠之意也。

與宗又議軍實奏曰：臣聞天下之患，不在於軍，而在軍實之不練。軍實之不練，猶無軍也；練之不精，猶不練也。不練不精，有司乃憂軍冗而欲去，是却行而欲前也。三代之初，兵本於農，農出為兵，以農之有常數，故兵之有常人。一家各備一卒之用，其有老弱、有疾者、有單丁而無告者，皆不役於軍。及其有事，官非役指衆之家而役少壯之士，其勢截然，如頭如足，如臂指之相衛，開闔進退，無不在我。國未嘗養無用之卒，故卒甚精；而未嘗出泛濫之費，故費甚省。此三代之降所以綱紀四方，百守而有余者，率用此道也。及管子治齊，始變周制，使鄙邑異鄉，使兵民異處，國中之士為兵，故兵不與農；鄙野之民為農，故農不知役。管子之慮至此，僅能謀齊而已，甚非先王之故也。然當是時，合齊國

出執連鄉長之法一軍不過一萬三萬即為全軍桓公用此以霸此列國使諸侯弭耳聽令者猶以齊之軍實教之不繁而擇之不冗也秦漢之後事大變異矣兵卒皆以募效用致官者有營伍之制勤有尺籍之拘最後又有黥墨之記彼一市其身於縣官雖老雖單丁皆終身而不得去若有司一旦欲去之則有司為少恩矣昔者嘗聞之先儒曰兵自二十已上至於衰老不過四十餘年勇銳犯堅不過二十餘年若廩之終身則是一卒二十年無用而食於官也自此推之則養兵十萬五萬可去矣屯兵十年則五年為無益之費矣誠哉是言也臣觀秦漢以來兵冗而墮者常危兵練而精者常安如王尋役百萬於昆陽苻堅役百萬於淝水袁紹役四十萬於官渡哥舒翰役十數萬於潼關彼其中安能無老弱錯雜之卒又臨以好戰之將僥斯民無罪而就死地者無惟也殊不知威武本所文德聖人使紀律

嘗嚴賞罰常信則人人皆賁育矣雖休息已足張其軍威何至於多且冗也恭惟我太祖皇帝披風櫛雨既定禍難西方又安取斯民而撫摩之天下備禦之卒不過三十餘萬郭進李謙溥之徒屯戍一方多者五千少者三千而已及太宗真宗皇帝軍額稍舒亦不過四十餘萬仁宗皇帝之時屯戍西方范仲淹歐陽脩之徒已有減汰之說矣皇祐中文彥博一言減保捷軍凡三萬五千歲省二百四十餘萬此皆祖宗之成憲也今陛下天神天明法則祖宗常以招募精兵為外護也戍為居安慮危之備以勵諸將德至渥也邇者今將帥招填務閱精銳頒甲樣製務令備具粲然統紀文德之助蓋已有於三代矣然臣竊慮遂路諸將猶例畏謗冗散未去精勇未填此不可不深為之謀也臣觀軍興以來諸軍寄名挂字身居市井實不至軍其額尚存臣不知其幾人也闕額未填旋有亡者又有逃者軍吏未行刊落主將亦多循隱或半臣而不申或時申而未盡臣又不知其幾人也老者病者請給之法自當減半今則庇覆溷亂終身廩之其無歸者官自當給其願歸者亦不得去至於老死妨占軍額臣又不知其幾人也如是三冗悠悠皆有可慮諸將軍實豈能得其實乎假使一軍三萬每一萬五千人若實數冗病死逃者一千人三萬則為冗者二千人矣推諸路言之若有十八軍則共為老弱等二萬人矣一兵歲費百千一歲則為二百萬緡矣其間實有願歸者軍吏畧與賙給亦非傷恩者也況陛下身同堯禹節用勤身諸軍必不容瘠冗之病臣嘗走還為吏具得所見悉其如此不敢誣也臣愚伏望戒勵諸軍敢有竄匿私名以亂軍實一切禁之軍若有逃有亡軍吏不即刊落其私入者今後並許陳首與捐其罪不首則朝廷自有明法諸軍老病衰弱退有所依願為民者亦宜聽許若無依倚則方給半分錢糧上

不失恩下不失所此則兵之三冗可以漸去也臣又觀四川等處廂軍至濫夫廂軍者有事則可以備禁軍之闕其可太濫乎今諸處多剩孱弱或剩羸病一家或至三卒或至二卒止為州郡威儀而已間有無狀之吏終歲私役那借則謂之差出之卒逐月納工匠事藝終身避免則謂之事藝之卒朝廷置兵本以衛民今之蜀中乃以蠹民患至深切君門萬里何從知之此賤臣敢為陛下申言之也臣今併望嚴賜聖旨如四川等處廂軍年十五已下強增歲月或羸或病以欺州郡自今並許州郡精加檢察然後入籍諸司諸州軍以事藝工匠為名或受取並乞以贓論如是則天下之吏不敢自私天下之兵不見冗濫各為徇公周本之計濟世之急務臣未見有過於此也

知池州袁說友上言曰臣一介疎遠頃者誤蒙甄擢叨守池陽陛辭之日聖訓丁寧俾之調護軍民宣諭統帥臣恭體德意惟知彈竭駑

力必副臨遣之寵二年之間切嘗詢究軍屯事體凡涉於利害當否者粗知梗槩敢摭其今可行者三說以裨廟謨之萬一一曰久任統師二曰選正副將三曰脩治戎器何謂久任統帥昔趙充國之制先零也年已七十宣帝猶信而用之綿歷幾二十年久而架萬故能卻敵制勝威謀蹤亢晉元帝既用祖逖方有誓清中原之志遽以戴若思代之而恢復之功竟以弗就是知將之與士要在於號令久孚恩威久信然後情勢相諳能否相悉凡是四者必俟久而後見固非以歲月之暫而可致也今閫外之屯各有統帥其始用也貴於詳擇其既用也貴於久任夫不計其才之可用與否而姑用之曾不歲月或以不職而報罷或以陞遷而移大閫彼以不職聞者固不必用然亦病於始焉之不擇耳倘其可用也則何必屢遷數易於上下方諳悉之時而遽易之哉將帥之職與文臣之職不同其一方之險便部曲

之能否士卒之強弱惟久而後知之知之深然後緩急得以信而用之今若軍中之事未及熟習或僅已習熟而未久已乃又易而他之則將之與士皆相視如適相遇者何翅傳舍之遷徙哉一有緩急將不知士士不知將能否不諳誰何不熟其不敗事者幾希臣頃守池陽嘗見統帥之數易矣將帥愈易而事愈廢徒以縻金帛之費重士卒之擾其於軍政毫髮何補此最大患也臣欲望特賜敷奏凡今外屯統帥始也貴於詳擇擇而得人則專於久任雖歲月甚久不以遷易使其熟於軍政之利害諳於士卒之能否安意肆志久於經理如治家務如辦私事藉使有勞可錄只須就職以遷不使他易庶幾得因久任一意軍政必有大可觀者何謂選正副將昔霍去病起於校尉辛慶忌起於校丞皆奮身偏裨卒為漢家名將然則偏裨小將延未可忽也今軍中陞差之法自副將而為正將由正將而為統領再統領而為統制惟統制之職則猶俟樞庭審察而後得其若正副將統帥所自選置者臣頃守池陽見軍中若正副將之時往往率以其職甚卑其權甚微似不經意而不知今日正副之將皆異日之統制之儲也此而不擇則異日驟至而為統制果可用乎惟其遴選於始進之日則必能責用於既進之後毋忽於其小當慮於其後又烏可以職之卑權之微而遽忽之哉臣欲望敷奏明詔諸屯統帥應今後正副將有闕須詳加精選審擇忠勇之士然後差置朝廷時摘其一二俾赴朝廷試閱以察能否庶幾他日將帥之儲預擇於此少有緩急可以責効誠非細務也何謂修治戎器昔周家復古詩人先於備器械以戒不虞聖人本於除戎器蓋戎器者實軍政之先務也今諸屯兵器項目不一各以十萬計今雖卷甲未用然一歲之間既有風雨燥濕之候則戎器所藏豈無損弊脫落之患往往脩不以時雖

脩而不以法苟簡鹵莽姑應故事堆積損腐蟲鼠侵齧膠漆濾漫凡若此類豈可苟於脩製不加之意以時而除治哉一旦忽有調發物物損腐稍不可恃則其誤事蓋不少矣臣頃守池陽嘗見軍中解事者皆謂凡為戎器要當上則屋廬爽塏下則遠去地氣月葺旬治以時以法加意脩理方為可用今軍屯上下肯留意於此者恐未可多得甚非所宜也臣欲望敷奏嚴詔諸屯統帥凡應干兵器不必歲歲增添虛數且以見在之數以時除治日脩月葺點視損壞如法脩理毋靳費出毋事苟簡毋為虛文仍於三軍每將各置爽塏之屋以貯器甲俾無損剝腐脫之患每歲命總領將以點閱試用保明具奏庶幾一有調發兵器可恃凡以倚仗不致誤事親目軍中利害如前所陳倘蒙聞納即賜施行寔有補於軍政天下幸甚

說文又上言曰臣聞傳有之曰惠則足以使人又曰德以施惠戰

所由克。又曰。衣食足然後知榮辱。凡此者皆謂撫存之於前。則可以責用於其後。而為吾所役者。亦將舒徐悅懌。願自表見。自昔善用天下。比皆如此。而况於用兵哉。臣竊惟今日最不能以自贍。而衣食單窮。冀寒凍餒。養生送死一無可恃。聲嗟氣嘆日甚一日。知之而無能救之者。則惟諸軍之士卒是已。臣頃守池州。兩年之間。盖嘗親目軍屯士卒貧窮怨嗟之狀。且今士卒日給雖等數不同。大率不過二升半米。與百錢而已。此固從昔定數。何前日可以自存。而今日遽謂不足哉。臣固嘗詢之將帥。其說曰。謂軍中事力。與昔年迥不相牟。上無寬裕之財可以輟惠而分給。則下無非時之與。得以周急而惠窮。方昔年事力寬裕之時。日教月習。將帥捐金與帛。以激勸事藝精者。既賞。忘勤者亦賞。而勇力進者又賞。盖無時無之。而又其家有婚姻。有疾病有亡歿。則各將言之統帥。悉有給與。凡是數說。皆起於在上

者事力寬裕。故能時有愿犒。今大不然。統司錢物既有定數。日就窶乏。而措置料理悉所不敢。是以上下煎迫。秦越相視。士卒合得錢米之外。一毫無有。安得不窮且困哉。此則將帥自為之說爾。然臣又詢之士卒。攷之衆論。抑又有他說焉。一曰支有減尅。二曰米求出剩。三曰糜於苞苴。切聞軍中支請士卒錢米。往往不即及時依數支散。循習為例。暗有消尅。逮於支付各將撒給士卒。則合得錢米已有消折矣。夫以毫釐之給。豈堪復有消折哉。彼數萬人之給。人各有尅。則衆少致多。悉歸之他用矣。此所謂支有減尅也。大軍倉官支給米斛。多有循習以求出剩。月減歲尅。自有定則。有久而為餘則為寬剩。雖非明取。實則暗積。是皆瘠士卒之給以肥在上之須。此所謂米求出剩也。將帥之職。悉本朝廷除授。而居是職者。懷無厭之望。滋貪進之欲。則苞苴權門。取悅貴近。經求於道。皆以為常。皆以求足其所望。欲彼

其苞苴之費。固何所從出哉。下尚睃剝士卒以充其所用而已。此所謂糜於苞苴也。夫既以在上者事力之不裕。又困於三者之極弊。宜其士卒憔悴窮困。而不能以自存也。是以人懷怨嗟非一歲月。則緩急之際。責其能効死力以濟國事。盖亦難矣。為今之計。欲以少寬士卒。殆未易有速効之策。臣以謂所給錢米。自有定數。增之不可。無亦於前三者之弊。亦可以少革否乎。欲望數奏。亟發睿斷。嚴詔諸總領所。更切措置。支散士卒錢米之時。使之各足其數。以時而得。毋令毫髮減尅。其大軍倉官支散米斛。不得剋下豐上。循習前例以苟寬剩。嚴戒諸屯將帥苞苴之弊。廣行覺察。一有違犯。重寘典憲。每遇朝廷除授統帥。隆差統制。嚴加訓飭。以警其私。庶幾知所戒懼。或能稍寬士卒窮困之苦。人知感奮。足以責其異日之用矣。昔漢韓信為將軍。多以恩撫衆。得士死力。盖寬饒為司馬。遇士卒甚有恩。衛卒至數千

人。皆叩頭願留以報厚德。載在方策。皆其明效大驗也。惟聖主以是而命將帥焉。天下幸甚。

參知政事史浩奏曰。臣聞蒐田以時。詩人入詠。羽旄之美。孟子詳言。君舉必書。人皆稱善。盖因農事之隙。當思武備之修。側聞翠華將臨白石。豈是留情於田獵。實將大閱於車徒。堅其執戈衛社之心。鼓其投石超距之氣。緩急之際。勸勞不辭。諒惟此圖。久閟聖慮。臣有鄙見所合冒聞。其事雖微。其體則重。衆所聚處。人必觀光。宜須嚴戒有司。俾之遴選精卒。去其兇邪狡横之輩。取其驍雄練習之人。犒勞務為均平。號令期於純靜。庶使三軍之士賈勇。乃無一夫之向隅。然後簡厭馴良置之左右。環以衛士。列為御營。天尚灑道清塵。人必飛蜂走蟻。陛下入則齋壇信誓。出則扶蹕徐行。理合謹防。誠非過慮。千金之子。尚戒垂堂。萬乘之尊。所當設備。其有驅馳得雋。從宜勞勸賞既行。

風勵甚衆使此戎器之盛事不為觀美之虛文臣有激于中不能自默伏惟陛下俯察拳拳愛君之意特寬喋喋出位之誅

趙汝愚乞於關外招剌義勇軍疏曰臣契勘金州四路三面控邊內黎雅文叙四州近歲頻有警擾全賴勁兵逐處鎮守且如黎州一郡西有五部落南有邛部川西南有青羌彌羌邊面二三百里所當防守非特數處然本州見管兵雖有西兵有禁軍有義勇有諸州戍兵臣請一一為陛下言之舊例每歲有屯戍西兵五百人遇防秋則增戍三百人其數非不多其人非不勇秖緣是客軍遠戍逐歲更易而不習彼中地利又州郡以其是御前諸軍恐萬一小有挫折則虧損朝廷威重自來秖令在城中防守故方無事時假其威名以之彈壓則有餘至於緩急之際其實不敢輕用此外有禁軍額管五百人本司累行下本州措置招剌而無人願就見管三百五十餘人有新招

義勇二百人諸州戍兵三百五十人共九百人數內諸州戍兵自來脆弱又緣數戰不利至今其氣未振所可恃者惟本州禁軍及新招義勇而已然除本州存留人數外其分屯諸寨人數絕少稍有動靜委是闕人使喚臣到任之初適值嘉州董蠻作過臣不免於諸州調兵防守要是烏合之衆不敢十分倚仗臣竊伏思念陛下方規恢洪業志復中原若一旦有事北方則西兵豈容遠戍或者蕃蠻乘間伺隙侵犯邊疆則朝廷不能無後顧之憂此不可不預為規畫臣欲措置於關外沿邊去處招剌強壯五百人名為義勇軍就成都府團結訓練每歲輪差二百五十人於黎州屯戍與黎州義勇同教且使之漸習地利留二百五十人在營準備嘉叙諸州調發庶幾稍壯軍勢可以左支右吾伏望聖慈俯從臣請特降睿旨將所招義勇軍許依黎州已得指揮施行所有每月合支錢引臣契勘臣本司見支義勇餘剩錢內可以支破於戶部諸司錢物別無妨闕委是經久利便

汝愚又論諸州廂禁軍之弊奏曰臣伏見比年州縣之財取之盡而用之竭矣誠使所養皆所用雖竭民之力以求濟所用可也若所養非所用而竭民之力如是不已烏得不稍為之變通哉諸州禁軍揀不中人近降指揮並要分番教閱臣在兩郡累曾按試多是日前招剌之人或人材短小不及等格或年齒稍高筋力退惰終是武藝生疎不堪倚仗若一併揀充廂軍剩負重行招剌則州郡員額頓增愈難支遣謂宜分委逐路監司候秋涼日徧詣諸郡通選壯城廂軍之強壯以易禁軍之老弱今後廂軍有闕並權住招補每季終專委守臣蒐閱禁軍之老弱者以充其數禁軍有闕則剌新軍新軍復不如格則守臣專坐如此則數歲之間老弱漸去孫壯日增於是嚴私役之禁申閱習之令異時朝廷有所征發則州郡不失為有備也其次

所在廂軍充為冗濫大率失於負額太寬故為郡將者初不甚惜往往替移之際容受請託於是有招剌違法之弊詭名冒請之弊冗占窠局之弊差借猥多之弊蠹耗廩粟無補公家臣謂宜密會諸州尺籍視其郡之閑劇而稍損其數異時略倣武雄等格而為招剌之法不及格者闕之此財用匱竭蓋亦撙節浮濫之一端也惟陛下留神幸甚

敷文閣待制四川置制使范成大奏曰臣竊見天下將兵之政其弊甚矣竭諸郡之力以養兵衆為不久而終無可恃之勢朝廷不時下令督責纖悉州郡類若漠然者其故何哉不揣其本而齊其末不務其力而課其功雖日下一令猶無益也臣比自廣入蜀皆承乏連帥之職實嘗躬督屬部不遺餘力才藝自振者十不二三廢惰自如者比比相望然其勢難以盡責誠見州郡之力亦有不可得而彊者焉

緊欲修明將兵之政則須招塡闕額葺治器械准備激犒。三者舉非徒手可辦。今皆欿然無力以及之。帥漕二司又不與之通心商略。徒以文移責辦。何異於說河畫餅者哉。臣愚謂宜行下諸路帥漕。臣逐一詢究某郡闕額若干。當如何招募。器械之闕及弊壞者若干。當如何葺治。一歲之按閱若干。當如何激犒。三者各以是何窠名錢物應副。如逐州皆有撙備。則立之程式以觀厥成。如委無可出。當從帥漕司措置應副。不得已則為申明朝廷。量度支賜以助之。而後可以責軍政之實矣。臣伏見陛下費財以養軍。勞心以定制。其於天下將兵豈不望其有一日之用。而州郡實未嘗講明其故。臣不敢隱默。冒昧略陳之。

咸大知處州又奏曰。臣伏見國家於屯衛正兵之外。別令諸州自募禁卒。故逐路皆成全師。規摹深矣。法意中弛。戎備久缺。陛下聖武布

昭。況戢遠馭。六蒐軍實以壯國威。又嚴諸郡教閱之法。今則盜伏顯誅。程課精明。郡始知有兵。兵始知有戰。不增募卒之費。坐獲成軍之實。甚盛舉也。臣竊詢宿弊尚有二端。一曰簡閱未精。二曰營伍未立。何謂簡閱未精。按禁軍著令。惟郡守兵官得破不堪披帶之人充當直外。其餘百役專用廂軍。向來一槩混役。禁卒各有事務。未嘗講武。自陛下修明軍政以來。此等或憚肄習之勤勞。或戀司局之優厚。率作緣故。降就廂軍。春秋二揀。百計不赴。其冗羸者。則徑降剩員。終身不揀。是以禁軍尚有怯弱。廂軍反多強壯。事體倒置。識者不平。此弊未除。恐負陛下強兵之意。何謂營伍未立。按祖宗舊制。營房損漏。兵官不得替移。霖雨經時。有司先葺營寨。中間雖嘗申嚴。州郡漫不加省。有營無屋。有屋無人。帶甲之軍。雜處閭井。晨出無期會。暮歸無點集。蹤跡難制。號召難齊。甘苦難知。真偽難察。一旦調發。如群市人。雖有法制。何繇紀律。此弊不振。恐妨陛下制軍之法。欲望聖慈嚴飭揀兵之官。執法從事。仍諸路見管廂軍剩員。不以是何官司。盡數揀點。仍先立寬限。必須呈驗。若臨期託病或申差出。即時開落。勿復容情。精料其可為勝兵者十必三四。其司局占破尚是禁軍者。亦可改正。仍令所在修蓋營房。部領還入。各具了畢月日上聞。夫簡閱精則人材可恃。營伍立則紀律可行。二事具舉。成軍隱然。惟陛下令之耳。

歷代名臣奏議卷之二百二十三

歷代名臣奏議卷之二百二十四

兵制

宋孝宗時知太平州洪遵乞存留揀中禁軍劄子曰臣仰惟陛下鋭意武事恢復之志不懈益虔區區防江固無所事然備豫不虞古人所戒臣照對本州控扼大江去和州才五十里最係衝要緊切之地雖有采石一軍專聽建康都統節制江面闊遠如裕溪大信魯江口等處自中興以來大將劉光世劉錡相繼屯駐劉彪陳敏及李顯忠繼之最後督府起發諸州揀中廂禁軍來此乾道元年以後始無屯駐之軍切見建康池州既有大軍逐州兵卒例免起發又添諸州揀中人本州與兩州事體一同止有揀中禁軍四百二十七人依准指揮盡行起發不惟水潦之後或盜賊乘虛竊發正恐邊臨大江軍勢單弱無以彈壓委有利害欲望聖慈特降睿旨許與存留就差本州路分團結臣逐日按視教閱依舊置造軍器以備緩急調發臣仰冒宸嚴無任昧死

遵知建康府又論軍士展俸劄子曰臣聞漢高祖初興所下之令有曰軍士不幸死者吏為衣衾棺斂轉送其家四方於是歸心史氏以為美談故能蹙秦殪楚數載而有帝業則此舉誠有補哉仰惟陛下奮發剛斷舉殿中精兵十數萬移戍金陵威武之聲震懾華夷豈特以繫中原之望而已然臣聞諸道路軍行非時溽暑之所陶鬱涸流之所濡滯廑得善達而閭閻瘴濕之不戒疾疹相乘死亡不絕甚可憫也臣涖官之始精治藥劑括責醫工僅百輩差官監督巡門診視又使督徒籍其數邇來安愈浸多惟是軍校亡月俸隨而倚閣貧者皆有饑莩之憂臣愚欲望聖慈特降睿旨採西漢羽林孤兒之制酌聖朝軍士暴露之法今後死者量展一月之俸其子十五六歲以上雖未及等仗許令揷板招刺以須其長孤幼無主者官給錢米撫養庶幾轅門之中人人感恩一旦驅之鋒鏑視死如歸而死者亦將結草於地下矣臣觸冒宸嚴惟陛下財幸

虞允文上言曰臣被奉元降指揮委臣同吳璘措置招軍買馬臣於四月初到璘軍前與璘共議於陝西募兵以忠義敢勇為名已先議定賞格及月給錢米施行外據璘與臣說自收復秦隴一帶之後修明弓箭手舊法給舊管之田罷虜中創取之租既因其習俗人皆樂為本朝用自今漸見成效臣因算計敢勇請給以萬人為率歲費川錢引二百餘萬道若募者出於迫脅則新歸內附之民一咈所欲恐失其心而國用有不繼之憂不可不先事而慮臣嘗熟思今日陝西事宜惟蕃漢弓箭手舊法實祖宗寓兵於農萬世之長策若推廣而行之以盡反虜之虐政則民有占籍之田田無輸官之租而歸正之心堅官無養兵之費歲獲困糴之利而生財之道廣以至人競招刺之擾得以安其故習而新集之俗自定公私共利誠為今日之宜已即具事因奏知去訖臣與吳璘商量雖令諸軍分募其不願應募之人不得抑勒仍以弓箭手法團結兩人比者又收復熙蘭等州通前後團結之數已及二萬六千餘人而王彥一軍自今年四五月以來招徠忠義人又大漢軍亦及六千餘人兵日益廣國用無不給之憂士夫之論皆以為得募兵之上策而臣與吳璘見亦優立重賞刺收願應募者以助軍勢以補軍實所有戰馬臣於兩月之間已買及千餘匹並是及格闊壯有腳藝成熟堪戰用者而新復邊郡所買之馬皆未至約至秋冬之間可及一百綱粗見就緒見將御進馬於今月初九日計綱節次起發外所有諸軍戰馬已先具奏乞降分撥軍分去處以憑遵依施行去訖伏乞睿照

允文又上言曰。臣比奉聖旨。同員琦拍試諸軍。臣遵依御札。凡人馬器甲。一一盡躬親呈閱。節次增入隊之兵及五千餘人。臣又嘗念荆鄂兩軍皆精銳可用。惟是從來習學弓弩。大段滅裂。蓋自去年十月後不住督責。至今來拍試升起斗力者已五千餘人。其七斗八斗弓力既不能以及遠。又不足以破甲。又次等槍手占數頗多。臣亦已選摘併令改習勁弩。共得六千人。合舊管強弩手并臣所募神勁弩手。可及萬五千人。而強弓手不與焉。假以旬歲。長兵之利。何戰不克。蓋虜之所長者鐵騎。官軍之所不敵。中國之所長者勁弩。虜兵之所甚畏也。識者惜此兩軍積年不留意於此。臣已面諭新習弩手人。自今分月拍試。時以銀帛激犒之。務令斗力增加。踏放精熟。以待陛下恢復進討之用。臣已具細數附員琦進呈外。今先以總數別具札子奏知。伏乞睿照。

允文又上奏曰。臣准三省樞密院劄子。坐王彥劄子。乞將荆鄂兩軍人數教槍手四分。弓弩手各三分。臣即將去年冬至今二月。節次改撥教習之數。紐計見今槍手已不及四分。弓弩手各及三分以上。仍每人各教用短槍。已於員琦回日開具奏知訖。臣竊詳王彥所陳。謂禦虜騎衝突。莫如強弓勁弩。委合今日事宜。止緣本曾筭計改撥見今教習之人。以致分數多寡却有差互。今來更不須別有加損。且依舊人數教閱。務令斗力增加。以備戰用。如將來有挽踏不進。斗力低小之人。却令改作槍手。以足四分之數。臣已將兩軍見教三色人分數。比較多寡。別具劄子進呈。仍行下兩軍施行外。伏乞睿照。

允文又奏曰。臣奉聖旨。撿照臣今年四月劄子。乞以宣諭司招軍例物錢。下四川諸州打造衣甲。應付宣撫司團結陝西弓箭手使用。劄臣照會。聖德昭明。聖慮洪遠。采臣愚識。特賜施行。豈獨除治戎器以收恢復之功。而至仁涵覆。不忍使新附之民。赤身以冒矢石。必誠所被。天人交歸。全陝之衆聞風效順。戴恩效死。必有甚於前日。契勘臣五月初元奏。係備坐吳璘所乞。臣之言曰。若年歲之間。造得一二萬副。則璘軍前可得精兵一二萬人之用。今朝廷所行。雖多節文。尚載年歲間之語。而立限止一月。立賞又厚。雖出朝廷措置。以副邊方之急。臣恐期會急促。州縣因緣希賞生事。伏望睿慈下宣諭司別行措置。依臣元奏施行。伏候睿旨。

允文又奏三衙兵虛冗之數曰。臣伏奉宸翰。以趙良輔華衙劄子曲垂宣示。眷注至厚。伏用感懼。臣觀所奏論古今用兵之勢。與虜中盛衰成敗之機。曲折隱微。頗識其要。甚有可取。誠如聖訓。至其所論今日諸將多有庸懦衰老之人。虛占兵權。心驕氣滿。惟戀富貴。萬一用兵。豈能危身為朝廷了事。臣撰以所聞所見。其說尤得今日弊端。累

日而思於自治之策。誠為先務。且以三衙一小事易曉易行者畧言之。三衙之兵。自六十以上至七十八九歲。幾一萬人。人之月給約以二十千。則歲費二百餘萬緡。以財為不足惜猶可也。虛占兵額。闕誤指準。若一旦求為力戰之用可乎。此蓋因具兵籍年甲乃能得此一事爾。如弱者幼者。病之固廢者。籍之虛冒者。皆未得而窺測計筭也。倘主兵官不屈於富貴。果有志百戰百勝之功。亦豈肯因循度日。苟彌縫偷目前之安。必思勉策憂勤。圖後日之用者。無他。以其根於忠與智故也。若無忠與智。於事之小者尚不能少自著見。事之大者又可知矣。臣之至愚。因良輔之言。竊有所感慨。伏惟皇明所照。盡得良輔言意之表。更加聖慮於三衙之近。使凡所謂虛實者悉無所欺隱。則大江而上抵於漢蜀一軍一也。孰不警惕悔懼。各新其圖。各實其

務以奔走陛下之號令而趨事赴功乎近者不理一有誕謾則遠者怠而無所不至亦人情之常不可不察也良輔又欲陛下多方求才不以品類必用度外之人雖鐵於自謀然兼收遠取積以歲時未必無所得或以謂若於樞密院創一科目專以儲中原人材或取其器識或考其議論或驗其勇力藝能之類涵養而作成之緩急之用必有可觀者況因獄吏負之祿而用之於此於有司歲計一無所傷損也亦乞自睿意參良輔之說而裁酌之良輔劄子二件謹後進入所有葉衡看詳許子中茶引年限推原政和四年八年所立法雖與今引面所載販茶半年一季之限文意各明事不相妨欲俟措置有定議別具奏呈伏乞睿照

允文又上言曰臣自發池州後去闕庭益遠全不知近日消息雖邈江遵陸行均旁大山中未嘗不矯首仰望雲天之上萬里寸心惄然

如擣夙夜無以自寧伏准今月十二日庚牌遞到曲蒙睿慈寵頒宸翰臣下拜奉讀仰知淵衷開釋聖躬清明臣手足抃蹈不勝宗社生靈之慶利州兩路諸軍之弊聖訓所及悉不逃聰聞臣漸近蜀境所聞日多其甚可憂者失軍心也失軍心有二蔽私與貪也諸大將子弟親戚錯處於軍中廩給於公上而經營其私計占白直者不下百人私役使者又不下百人能振其職者未聞一事而盡其事者果不一也以至回易之兵方出營寨借使之役交與甚者餌之以私錢而掠無窮之息又甚者使士私務不問其得利之多寡使耕私田不問其逢年之豐凶不一如約則逐月尅錢糧春秋拘衣賜遇有教射或調發則盡沒其犒賞不足則監繫囚禁籍其家而不恤所以敢如此與東南軍不同者以去朝廷遠也士伍日以貧武藝日以荒理必於如此而又一將一副或黜或陞或去或留賄賂公行請託成風既不計功過不問老壯不擇才否則兵律之弛縱軍政之不修亦理之必至也雖上下相習以為當然牢不可破若威令必行豈容不革其間有事徑闇昧人情危疑未能斷然便施行者事亦不一如聖訓所及德順退師喪失不少然詢之於眾咸云當時不敢以叛亡盡聞募乙承甲冗甲之老小家業官資悉以付乙虛數固少而冒請者多但歲月既久夫婦之情得男女之愛成聲須求得其術以漸而革之乃不至於駭政也聖訓以任天錫營私臣未到金州已得其六七興州之兵六倍於金州不知其能知足知畏亟自悛改否亦臣今日到竹山拍試成兵閱實其數會大雨未果自此至金洋興元之後當究至興州然後往利州置司處節次別具奏知聖訓又以吳勝愚暗固已無逃聖鑒之明如欲別議易置誠不可不蚤定但未知何人可以當選或聖意已有所擇欲望睿慈略賜密諭容臣細加審訪密以奏聞蓋

命令一下利害不輕既難於覆奏又不容於數易也今年四月興元兵逸關事果有之近據任天錫申已捕獲數人亦有自歸者似不可不慮陛下前所賜宸翰以為主帥不得人所致嗚呼聖慮自無遺矣臣感陛下不亢之遇苟有所見不敢隱默為自固計伏乞睿察

允文又上言曰臣准金字牌遞伏蒙聖恩賜臣御札一封天光下燭知遇訓勉有加臣下拜感激之餘伏惟陛下聰明英武沉機料敵舉無一策之遺當虜情未得群言交戰而聖斷獨運不惑不疑視自古大有為之君固已遠過至於曲折調護以待今日弭靜之白着群疑自亡而大勳可集此又古所未有臣前奏引漢史臣謂中興之業誠艱難所以勵陛下經營圖回之不易也臣愚闇豈能識今日事宜但千載休期遭逢不世出之主思欲竭其一得之慮少圖萬分之報有不能自已爾伏讀訓辭所謂觀其變絕其使嚴兵備練其兵猶欲靜

以待之大哉王言德威兼用待虜之術得帝王之萬全而聖慮所及
以虜帥驕慢今秋必戰令軍中多置馬軍弓必勁便捍敵制勝之道
殆盡之矣荊鄂兩軍所患者馬數絕少士挽弓九斗八斗者甚衆臣
比因呈閱盡令改教勁弩於員琦回已具人數畫一劄子奏知并乞
給降勁弩又截留馬綱以足兩軍二年內合得馬數又於今月十日
具奏以虜兵內徙為歇泊之計簽民料馬以俟秋冬入寇則必勝之
算不一之備凡在我者不可緩也臣區區管見偶合淵衷凡臣所乞
必已蒙睿察曲賜施行至軍中役使掊剋之弊與夏初休息之期臣
自當悉力推行仰副陛下惠愛三軍之意臣自去秋獨留襄陽軍政
之外別無餘事雖疾病中亦不敢輙自懈逸如員琦初到時臣疽發
於臂亦必乘馬出入終日坐教場細至打硾弓弩斗力亦是一一親
臨不敢分委官屬正恐一有欺弊不獨上辜使令亦失臣盡瘁竭力

圖報陛下之初心伏奉聖訓臣益當書紳朝夕圖惟不敢失墜伏乞
睿照
允文又上言曰臣伏蒙睿慈遣中使賜臣親劄諭以今日宜料理事
尚多未覩別有密奏昨日諭左相與卿事莫似為可行否臣伏惟陛
下以禮接下以聖屈愚臣過殊異之意感涕交集不能自已臣雖至
闇敢不盡其一得之微以圖萬分之報臣嘗從觀今日之事其當輔
造六德搜選人材坐養百姓涉於大體者條目固多隨事盡心荷可
隃愚臣敢不力而事幾之急莫急於兵財使兵冗而財未裕雖太
平至治之時尚不可以國況外有強敵之憂內有水旱盜賊之備而
事之最大者世讎未復輿圖未歸南北生靈未底於休息聖慮宵旰
不一頃刻暫忘者乎如揀軍一事臣先日奏陳三衙之弊已嘗面奏
欲革弊事以起諸軍之歡心因諸軍之歡心去積年之冗籍兵自此

強財自此裕已蒙皇明洞照即賜施行但黃牓未出之間議論者或
危或懼或是或非又三衙以拘收諸庫務回易雜役之人謂諸軍自
此更無貼支更無激犒以作諸軍之怨論議又益皇駭歸咎於臣而
不知臣前一日已被旨施行矣又三帥至都堂頗有愠容臣以一言
開曉之咸欣然而去今閱日已久三軍之士惟有一喜搢紳之間遂
見異論然後危懼者安而是非者定事之微末尚且如此非常之元
又當如何如揀軍一事誠是今日之急務但恐群言紛紛危懼是非
有甚於前日初行而亟罷也今詔旨中出委曲宣諭朝廷之上百官
之間當無異辭臣今日已與陳俊卿梁克家熟議來日面奏事底于
成在聖斷先定審於初不務於終而已自古天下之事未嘗無弊天
下之弊未嘗不可去人臣有憂國愛君之心必忘其一身之危以任
衆人之怨者無他弊事可去而國事可立也如使積怨於身而國事

不立徒使他人得以市恩而自神則失其憂國愛君之初心若不肯
默默充位必稱病告免而去蓋忠憤所迫則富貴可輕考之方冊可
鑒可數者甚多也伏惟陛下日月之明於萬幾之事容先必照無所
遺隱而聖德無我急於聽言若言者之心無所朋比無所苟且無所
希冀而咸歸於正則假情於直亮者無有也托辭於仁厚者無有也
誑計於安靜者無有也三者疑似之間實今日士大夫之大弊惟陛
下深察之則兵可強財可裕仁義禮樂之事可次第而行陛下之志
庶幾於可伸而臣惓惓欲報之大者庶幾於有立也臣迫於憂國愛
君之誠抵突天威伏乞睿察
左司李椿奏曰臣切惟兵者輒干戈衛社稷不可廢也然則國用未
豐民力未裕養兵當養有用之兵不當養無用之兵臣欽惟太祖皇
帝以仁義之兵定天下輒立軍制階級之法兵布諸路可謂至善而

以謂無用何哉三衙衛士江上之兵荆襄之兵蜀邊之兵有用之兵也諸州廂禁軍諸路將兵無用之兵也蓋承平百年之後子孫相承人不知戰安於姑息而驕矣兵官難得其人不唯難得亦奪其權故私鬬則喜公戰則怯宣和之末靖康之初固嘗集天下將兵悉不戰而潰因而作過者多矣紹興辛巳王權之敗諸州禁軍先潰也步司輒潰而逃者小諸州禁軍也甲申冬定山之軍獨不能守者亦諸州禁軍也此皆有思歸之心無前戰之志所以致敗猶為有說至如湖南之寇駱科胡邦寧李金廣西之寇王宣謝實皆緣將兵禁軍敗事而致猖獗必待遣發大軍而後定江西福建皆然不唯無用平日則欺壓良民緩急則崛強難制國家廩賦生民膏血養之非徒無益也臣以謂無用之兵豈厚誣之哉臣愚以謂有用之兵當益無用之兵當銷銷之之術惟逃亡不招二十年後天下無無用之兵矣將來息

兵之日以邊上之兵分屯諸路亦不失太祖皇帝之本意也願陛下密與大臣議應守臣陛辭之日戒之不必降指揮使由之而不知天下幸甚伏乞睿照

信州守王師愈奏曰臣聞古者兵農為一揀其可用者用之故其不可用者悉歸之於農故無後患之可慮後世兵農為二揀汰得其術則可用者固為之用苟失其術則不可用者適足以為害蕭俛銷兵之覆轍不可不監也臣竊見比來揀汰諸州縣土軍弓手似未得其術乞為陛下言之昨因建康掌兵官建議盡將諸州土軍弓手選為三等強壯堪戰者為第一等老弱疾病為第三等上不係於強壯下未至於老弱疾病為第二等選之甚精未為失也因降旨揮令將第二等三等人盡行抵換別招人填補既而稍覺其未盡善續降指揮又許揀汰人有子弟姪行招收頂無子弟姪許召募填闕諸州各已奉行第三等人自知老弱疾病甘心揀汰不敢怨尤若夫第二等人雖及中年筋力尚壯久在營寨熟於事藝經出戍臨陣曾著勞効見有資級頗善部轄者雖使新招少壯之人未必能過之況以揀汰之初亦有一時暴病今已安愈者若一旦棄之不唯可惜且恐其失業無歸迫於飢寒輕則犯法禁甚則為盜賊其為州縣之害必矣切見今年六月間江西建昌軍南城縣吳十三等嘯聚被揀汰放停之人不勝而願從者已多有之幸而吳十三等未幾殄滅不然亦非小寇也臣伏覩乾道令節文諸軍有戰功應減充剩員者請給各給半分昨來建康掌兵官放停者雖不堪部轄征役聽免放停減充本指揮不管事看營剩員申請一例抵換於條令未為無礙臣愚欲望聖慈行下有司將諸路州軍已經揀選第二等土軍弓手再委官重行揀選如土軍元因暴

病今已安愈果是強壯堪征役者乞與存留元因戰功補資級今來筋力未衰熟於事藝善部轄慣擒捕者亦乞存留其間委有戰功不堪征役者乞照條令減充剩員給以半粮如無戰功尚堪征役者令州軍於廂軍闕額數內收留至於諸縣弓手既無剩員半粮之制其第二等人亦乞揀其可留者留之庶幾揀汰抵換之人各得所歸不致他時為州縣之害

楊萬里上疏曰臣聞天下之兵必有所斂有所散有所斂所以集天下有用之士有所散所以去天下無用之人不集其有用則兵不強不去其無用則兵不精明乎斂散之說而兵制無遺策矣臣請言斂之之說蓋斂之之說古之為斂者處其一今之為斂者處其三何謂一蓋三代之兵出於農此所謂一也兵出於一古也然可用之於古而不可用之於今也蓋三代之時內守以諸侯外守以四夷無敵國

之無弄。無匹夫之崛起。故其兵以心而不以力。以義而不以詐。其所以為勝者非後世之勝也。以吾之仁勝彼不仁。以吾之義勝彼不義。不待行陣而勝負決矣。故所謂一者古可用也。何謂三。曰召募。曰子弟。曰盜賊。此所謂三也。然古雖未用今不可不用也。今夫兩軍相當。詐力者勝。則夫三者之兵不可以不用也。非惟不可以不用也。亦不得不用也。毋以天下觀之。而以一鄉觀之。今夫一鄉之中有所謂良民者。有所謂黠民者。耕而食。織而衣。循循以為謹厚。默默以為忠信。犯之有所不敢校。而辱之有所不敢怒。此良民也。不耕而求飽。不織而求溫。平居博弈飲酒以肆其不逞。而有急則椎埋剽奪以快其意。此黠民也。夫良民者誘之以為非固有所不敢。而強之以戰鬭之事。則亦沒世而不能。黠民者放之則其竊發有所不可制。而收之以為兵則其為用亦不少。今欲棄其為用而不少者。而強其兵沒世而不能者無乃交病也歟。且黠民不收之以為兵。其肯老死而不動乎。抑將猖狂潰冒以至於大亂也。夫與其至於大亂。孰若收之以為吾用哉。何則收之以為吾用。則其猖狂者不施之於我。而施之於敵。其不肯老死者不用之於姦慝。而用之於功名。此駕馭姦雄之至術也。故其所謂三者今不得不用也。如是者豈可不擇其所以斂之者耶。臣請復言散之之說。蓋散之之說。有實未嘗散而宜散者。有實已散而名不散者。實不散而宜散者冗兵也。實已散而名不散者虛兵也。何謂冗。蓋以十人而擊一人。則十者衆一者寡矣。宜乎十者之勝也。然一有時而勝十。則老壯之異也。以一人而擊百人。則一者愈寡百者愈衆矣。宜乎一者之負也。然百有時而當一。則勇怯之殊也。老壯之相去至於相十。而勇怯之相遠至於相百。而吾則一之。是則一軍之去總多補少而計之。食者十而兵者十之三四也。無事則竊國。而有事

則敗事。朝廷亦何便於此也。此冗兵實不散而宜散者也。何謂虛。蓋其名存其人亡。其人亡其食存。故有名而無人。無人而有食。則其食鬼食之耶。則亦有私之者矣。其與其死者也。而其籍則生也。其與其逃者也。而其籍則居也。其與其未嘗募而至也。而其籍則已募也。彼執籍以責吾食。而吾亦按籍以餽之食。一軍之士而予虛爲有之徒居其十之三四焉。是故縣官有實費而無實兵。主將無實兵而有實利。主將則利也。縣官利乎哉。如是而國不貧民不病者無之。此虛兵實散而名不散者也。如是者盍亦講其所以散之者耶。今朝廷召募之法行。故鄉里之黠民有所收。子弟之軍用。故營壘之黠者有所泄。盜賊非大惡者不殺而貰之以為軍。故山林之匹夫不至於為亂。斂而擇之將皆卓然可用。此斂兵之至計也。朝廷既行之矣。雖然猶有可散者。臣願朝廷每歲不測遣侍從臺諫一人忠而有望者出諸軍行視而檢押。則虛冗之弊可以少革也。蓋行視必於教閱之地。而檢押必於司籍之人。何則軍之老壯勇怯雖不可以盡目而教閱之地亦可以槩見焉。至其死生亡存雖不可以遽知。而責之司籍之人。則彼莫不知焉。從其可槩見者而沙汰焉。從其莫不知者而開之以首實。待之以賞罰焉。則冗者何患於不散。而虛者何敢以倖存哉。去冗去虛而實兵見矣。此散兵之至計也。夫與兵在人。用兵在術。練兵在法。臣之所謂斂散者。是則練兵之法也。

萬里又曰。臣聞制天下者不可以拙於利。亦不可以懲於害。拙於利而必為者。害至而不思懲於害而必不為者。利必有所遺。議者皆曰。鄉兵之法不可行也。民樂於為農。而不樂於為兵。奪其所樂而強其所不樂。時則有擾民之害。以農為兵。非其習也。守則潰。戰則奔。時則有敗事之害。彼見不習籍諸州鄉兵謂之武定軍。而民不聊生。是以

曰擾民。見石晉置兵謂之天威軍者竟以不可用而罷。是以曰敗事。天下未知此而已矣。不知夫有不擾民而安民。不敗事而成事者也。天下未有無害之利也。天下而有無害之利。則誰不能計之者。利於一。必害於一。越人坐於舟而行之以手。燕人見而悅之。歸而以手行於塗。未有不匍匐顛仆而可笑者。燕人而為越人。固害也。越人而不為越人。豈不害哉。議者見燕人顛仆之害矣。未見夫越人千里咫尺之利也。民不同地。地不同利。遂其不同而同之。使燕人而為越者也。因其不同而不同之。使燕者為燕。越者為越者也。今夫民之生。有安地。有危地。生於安地者。以危地為懼。而生於危地者。亦不以安地為慕。內地之民。仰父而俯子。安居而暇食。至有老死而不至州縣。不識官吏者。而況於兵革乎。邊地之民則不然。朝而春燃。暮而凜秋。今日之安集。明日之離散。自內地之民視之。何可頃刻居也。而邊地之民。寇來則支。

不支則移。寇去則歸。其局不遂徙以避。而何戀於歸也。非戀也。勢也。魚以淵為歸。鳥以林為歸。夫豈以燥濕而相易也哉。故夫鄉兵者。臣以為行於內地。則不可行於邊地。則何為而不可。觀其寇來則支。此已有鄉兵之資。不支則移。此已病於無鄉兵之助。寇去則歸。此已有戀為鄉兵之意。上之人迎其意。乘其資而成其助。則鄉兵之法有不難行者。得其人。講其術。而行以漸。削襄淮甸之民。昔韓信背水之兵也。故田單以掘冢墓激齊人而破強燕。周德威以土兵據險而制契丹。祖宗以河北鄉兵而備北虜。蓋以國守邊。不若以邊守邊。何則。人自為守也。夫人自為守者。守不以城。人自為戰者。戰不以兵。守不以城者。以人為城也。戰不以兵者。以心為兵也。彼石晉者。欲舉鄉兵而行之天下。則過矣。民不臨危。必不肯遺其安。民不見死。必不肯捐其生。以不危不死之民。而望之以不安不生之事。此石晉之鄉兵所以

擾民而無用歟。雖然。懲石晉之擾。併與其不擾者廢之。懲石晉之不得其用。併與其有用者棄之。又過矣。臣嘗愛班固山西出將之說。以為隴西諸郡。迫近羌胡。民習戰備。故風聲氣俗。高尚武勇。此說得之。夫山西出將。非天也。地也。地迫於夷狄。而民習於戰備。則何地不山西也哉。或曰。淮民之脆。非山西比也。是不然。宋武帝之取關中。非借兵於西也。陳慶之之取河南。非募衆於北也。兵豈有常地哉。顧所用耳。且黥布之兵。能使高帝亦避其鋒。非淮人耶。李陵與奇材劍客。蹀血虜庭。非楚人耶。而可謂其脆也哉。昔周世宗之侵唐也。淮之民方苦於唐政。而小民相與聚山澤。立堡壁。以農器為兵。以楮為甲。而周師屢為所敗。唐地多為所復。當時謂之白甲軍者是也。夫民苦於主而猶能拒敵。況愛其主者耶。百人操兵而攻一虎。虎勝。一夫荷鋤而遇一虎者。人勝。非百人之弱而一夫之強也。鬪而得地者勝。不得

地者敗。局謂地。死是也。地有所必死。則勢有所必奮。勢有所必奮。則鬪有所必力。一夫者居必死之地。此其所以必生也。彼百人者。既以生地自居矣。焉得勝。故古之善用兵者。以死求生。而不以生求生。邊地之民。亦死而求生者耶。雖然。行鄉兵之法於邊地者。是不可自官行之。官行之則擾。私行之則戀。官行之則敵必疑。私行之則敵不知其所窺。使緣淮郡縣。求其土豪之聚衆挾兵。而又陰察其才且強者。禮而厚之。時有以少蠲其征役。或因使之除盜而捐一官以報其功。庶幾邊民之樂於戰。一旦有急。敵人未易南下也。

廣東提點刑獄林光朝奏曰。臣竊見摧鋒一軍在廣南東路。所至彈壓。居民自定。然兵勢合則壯。散則弱。合則氣張。散則衰且竭也。今摧鋒一軍有二千七百八十七人。分屯二十四處。韶州屯兵八百四十七人。燕樂厮役。負輜重守寨栅者。嘗過三之一。昨來蔡賊侵近本路

界上。推鋒一軍擇其可戰者不過四五百人。其他分屯或百里。或三數百里。或遠在千里之外。檄書調兵。非一月不可致也。賊入南雄則必走循梅。循梅賊故巢也。賊入韶之仁化。則其他州郡且將戒嚴矣。以推鋒四五百人分布南雄及韶之仁化。則守之為不足。若欲併在一處。即此賊狡是必乘虛而來。二百里之中首尾且不相及。一或蹉跌。更無别項策應之人。當是時若此不宿留於禾山之下直來嶺外。即勝負未可知也。偶遷延歲月調兵俱集統制官路海嘗語臣曰。若以倍擊之尚憂不勝。臣以是韶州屯駐一軍更須增添數百人。然後可以制倉猝矣。太平長樂二鄉見屬郴州。此為李金出沒之處。其地稍瘠其人易動。歲一不熟即有攘臂輕生之念。汀贛循梅四州抵界處推牛究坯之人率聚於此。前歲自循梅望雲山多至十百人剽掠潮惠間。此為可縱而不問也。韶州屯兵所制倉猝使之每每待一

月之程。然後可以集事。則亦已無及矣。若此一處更增添數百人。即倉猝有警不須調發可以成擒也。然漕計已窘實無以給此增添之數。臣欲望睿旨。截自來年取會本路出戍荊南三千人闕額衣糧。及陸轉官資已撥在諸州。或前後事故之人。歲可省緡錢若干。以給此數百人為是軍久遠之利也。臣於警急之間見此利害甚為迫切。實非過計也。

光宗時周南進兵論曰。臣聞貪將以刻剝致怨。已然之事舉世皆知之。賢將以閱習而得謗。則人或未論。臣請論之。臣聞紹興罷兵之後御軍者豈必皆賢。為兵者豈盡知義。良由立功以後隊伍多是崇資。俸賜各各温飽。是以軍政不加責嚴。士氣無不和樂。今兵不用又三十年。一軍之中。冗身而經轉資者不能什一。經轉資而得補授者不能百一。日請百金而謂之行伍者。四居其三。口累衆多。衣糧不足。議者以為若欲少振士氣。必須先得其驩心。然軍中犒賞無患無錢。朝廷特支不可數得。為統制者方懼致怨。何敢復問軍政之廢墮。故以擊刺則不必精。騎射則不必習。為軍士者亦且利其放縱。樂其安閑。巧者治其工作技藝。黠者捕博鬻買。下者鬻薪織屨以贍其寒餒。忽有廉勤之將稍有撫循之意。不過因其閱習計其斗力。賞以金錢以示優厚。然官給之弓官授之矢。損壞則有決罰。請納則有糜費。自為而私置之。則所得不足以償。旬呈月試。筋力已窮。非時抽試。豈能盡中。往往相視怨尤。以為反不若偷墮之無事。若更有繕修役使。則怨且怒。故昔以貪將而軍怨。今以賢將而謗生。蓋久逸而憚勞勢則然矣。臣聞西陲若階成和鳳之兵。有不啻得帛衣其身者。而主兵之官未嘗不嚴。亦未嘗敢怨。則以其人習於麤糲之故也。今三衙周衛長子育妻衣服浮脆。無異都民。視沿江諸屯尤為驕惰。故日給以錢。月給以粟。四口以上。又特出補助之給。往往其貧悴如故。陛下若欲修立軍政。則所當講求者非止一事。若謂增軍中公使之錢。禁役使勞苦以優易其力。亦足以少寬賢將之所憂矣。

寧宗嘉定十一年。知江州袁燮上便民策曰。臣聞國以民安。以兵彊。民安則國安。兵彊則國彊矣。今日群盗之陸梁。豈惟民心之攜。亦由兵力之弱。禁軍廂軍弓手土軍徒有名爾。勇怯混殽。能否無别。閱習不嚴。武藝不精。驅之以當劇賊。如羔犢犯虎狼爾。非其人固如是也。治官者不以是為急。因循鹵莽以至於斯也。臣自始到官深知此弊。嘗因春秋大閱以銀為的。募能中者給之。竟日無一焉。則喟然嘆曰。竭民脂膏贍養此輩。將焉用之。乃奪兵官之券。合其卒伍教之射藝。無日不然。臣亦躬按試之。第其能以班賞。月至于三。兵官激昂奮勵。勤於閱習。始還其券。臣復效覈軍實檢校數歲。自去秋以至于今剖

其籍者百六十一人。未暇招備。始以其贍養之費賞軍兵武藝之精者。自是人多善射。每按閱之時，射中者其密如櫛，而破的者亦無慮數十。能者喜於受賞，不能者恥其不若，皆有勇奮之心。夫同此兵，不向也拙，今也巧；向也怯，今也勇；向也有軍兵之名，今也有可用之實。教與不教，其相遠如此哉。夫武藝不可一日弛，閱習不可一日緩。漢之名將嘗修攻戰之具，受命引道，未出於一日之間。唐之伐蜀，命將啟行，亦不越於辰卯之頃，皆由閱習有素，倉卒之際，不待辦嚴可出。此所以能取勝也。夫人豈有不可教者哉。孫武空談之間，能使深宮之女，左右前後跪起皆應規矩繩墨，而況軍人乎。作其勇敢之心，移其驕惰之習，人人精銳，威聲震疊，雖有桀黠之寇，敢窺吾藩籬哉。惟聖主渙發明詔，俾天下守臣皆以是為職業，申命監司時時察之，其能與否，悉以名聞，而賞罰加焉。此弭盜安民之至計也。臣不勝惓惓。

燮為都官郎官輪對劄子曰：臣竊惟今日之急務固非一端，而備禦之計尤不可緩者。夫胡運既衰，覆亡無日，决不能與中國競，而臣以為備禦不可少緩者，何也？曰：北虜我之深讎也。靖康之變，恥莫大焉。復讎雪恥，今其時矣。彼有可乘之機，而我無乘機之具。四顧拊然，逡巡退縮，得無為姦雄所窺乎。故識者深慮之。然則何以為備禦之計？曰：是非一事也。精思熟講，凡可以壯國家之勢而折姦雄之心者，無所不用其極，始可謂有備矣。臣不暇殫舉，始即古人所為宜於今者為陛下言之。臣聞古之制兵，自伍法始。休戚利害，五人同之，然則相應，難則相死。雖至於甚衆，而是法如初。故曰治衆如治寡。諸葛亮制為八陣，以後為前，以前為後，四頭八尾，觸處為首。敵衝其中，首尾俱救。雖司馬懿之雄，未敢爭鋒，亮歿而後追之，楊儀反旗鳴鼓，而懿不敢逼，蓋以後為前，亮之遺法也。雖百戰而不可敗，是之謂常勝之兵。今之諸將，能深曉此法乎。古之任將者，自閫以外，將軍制之，軍功爵賞不從中覆，李牧之為趙將也，吏得自置，財得自用，其饗士也，日擊數牛，多設間諜，周知敵情，非財用有餘，何所取辦。今之任將，能如是專乎。非獨此也。募兵之精強，能引弓四鈞，挽弩九石，旦及日中得三千五百人，有如馬隆者乎。兵食之豐饒，能於六七年間積三千萬斛為十萬衆五年之食，有如鄧艾者乎。軍實之夙具，能如吳漢朝受命夕引道，無辦嚴之日乎。民兵之可用，能如李抱真之昭義步兵，教之三年，悉為精卒乎。凡此六條，粲然具舉，豈不甚善。若猶未也，則是備禦之計猶闕如也，而可不亟圖之乎。臣聞戰守無二道，威聲雄略可以决戰，而後可以固守。虜雖內訌，我難遽動，則是未堪戰也，其能守乎。昔者謝安相晉，未嘗輕用兵也，秦師垂至，遊賞自若，桓沖深以根本為憂，遣兵入衛，安郤之曰：朝廷處分已定，兵甲無闕，西藩宜留以

為防。味「已定無闕」之語，則知講之有素，備之非一日矣。以將則良，以兵則勁，以財則裕，倉卒之間，隨取隨足，未戰則有備，既戰則有功，此臣所謂戰守無二道者也。欲望陛下神武奮發，明詔股肱心膂之臣，圖回長久安強之計，兵雖未用，而有可用之實；戰雖未勝，而有必勝之資，俾六師之衆若蛟龍然，可以蟠，可以伸，其蟠也足以固吾國，其伸也足以復舊疆，雖有姦雄，莫窺其隙。此長久安強之計也。惟陛下留神省察。

燮又奏曰：臣聞用兵一事，雖至治之世，所不能免，況國威未振，國勢未強之時乎。以言兵為諱，以安居為樂，變生不虞，無以禦之，其為計疏矣。自北方擾攘，流民欲歸附者甚衆，而我慮開邊隙，皆拒絕之，有至於殺戮者，流民之怨，深入骨髓，虜知其然，必激怒之曰：此地無所得食，南朝又不汝容，遷延日久，必將自斃，盍亦就糧於彼界乎。方民

餞之。一聞斯言躍然從之。勢之所必至也。嗚呼。事已至此。尚可有安於無事乎。尚可以言兵為諱乎。臣聞自古善用兵者。攻其所必救。彼方擾吾邊疆。而吾舉兵北向。欲擣彼虛。回顧其後。必解而去。從而躡之。腹背受敵。此誠制勝之奇策也。不知出此。而戰於境內。不敢有所侵越。兵氣已不揚矣。又安能決勝乎。春秋時。晉陽處父伐楚以救江。漢建武中。賊有董憲者。自郯以兵圍蘭陵。蓋延寵萌請救之。光武勑曰。可直往擣郯。則蘭陵自解。蓋郯者。憲之所必救也。唐太宗圍王世充於鄭。竇建德救之。其徒有淩敬者。說建德鳴鼓建旗。踰太行。入上黨。徇汾晉。趣蒲津。如此則關中震駭。唐必還師自救。鄭圍自解。建德不用其言。卒以取敗。後太宗伐高麗。江夏王道宗曰。高麗傾國以拒王師。平壤之守必弱。願假臣精卒五千。覆其本根。則數十萬之衆可以不戰而降。帝不能從。卒貽後悔。由是觀之。今日整軍而北。乃所以

攻其必救。保護淮甸也。且彼猶能侵疆。而我不敢越界。巍巍中國。而殘虜之不若。臣竊為聖世羞之。雖然殘虜瀕於滅亡。而猶敢為是舉何也。蓋窺我朝以仁厚立國。未必有用兵之意。且激怒流民附益其黨爾。今王師北指。宿亳已伐其謀。且復多方傳檄。曉諭流民。淦等中原遺黎。本吾赤子。久淪腥羶。豈不相念。曩日之不汝愛。豈恐邊隙一開。反為汝累爾。豈意殘虜輒敢叛盟乎。自今以往。有能取一郡一縣以來歸者。即以郡縣之地與之。開以大信。許以世襲。離其黨與。孤其軍勢。解遺民之怨怒。振皇宋之威聲。獨不在今日乎。古人有言。日中必熭。操刀必割。惟陛下英斷不疑。

寧宗時。袁說友上言曰。臣聞事至而為之備。患生而為之防。此古人之深戒也。必先為之防。而豫為之備。則其應天下之變有餘矣。書曰。惟事事乃其有備。有備無患。傳曰。備豫不虞。古之善教也。然則防危慮患。其可憚為倉卒之應乎。自累月來。剽聞敵境多故。困於遠戎。其敗亡與否。雖未可必。然在我豈得不為之備乎。譬之盜發於鄰人之家。則吾之固藩籬嚴扃鐍。以豫為之防者。誠不可緩也。今日之所豫備者。莫先於修軍政。而軍政之最切者。尤莫大於治軍實。夫軍實者。武藝。車徒器械是也。春秋之時。以數軍實為軍政之先務。臣嘗得之於宿將。謂軍中如弓弩手。如鎗刀手。皆有陞加等則。此武藝之要。而謂之軍實者也。弩手之高強者。則有四石五斗與五石焉。其用鐵搭者。則加以三斗矣。弓手之高強者。則有二石五斗焉。鎗手之高強者。則有五百六百擸者焉。刀手之高強者。則有格鬬屢勝者焉。力愈強。則斗力擸力愈高矣。有此武藝。則有此陞加。與之增食錢。增衣賜。所增多寡。視其藝之高下。凡此者。統帥等日試月比。每季屬之總領。親與審柏。從實陞加。陞加既畢。即增請給。然後士卒激勸。勇者思奮。強者竭

力。平居無事。程能校藝。日溫月習。有增無減。一遇征行。莫非強勇之士。摧鋒陷陣。斬將搴旗。無不可者。若不激勸於無事之日。一旦緩急。旋求其孰為勇孰為強。何可恃也。今江蜀諸屯。豈不知此。而陞加之法。百不舉一。臣知其說矣。軍中既無餘力。總司復無餘財。私恐陞加既多。月給必廣。既有犒設。復添衣賜。自慮無以辦此。不復激勸。遂使士卒有勇莫施。有力莫見。人材況虧。緩急無用。豈不深可惜哉。臣竊謂諸路總司。前十數年往往財賦所在充牣。供軍之餘。所積甚富。近年浸皆窘束。不知何以遽至於此。臣亦略知端倪矣。總所胥吏。與鈔鋪實表裏焉。務場監官恐有歲終虧分之罰。而胥吏紿監官曰。每鈔一道。當減若干錢。則客旅即至矣。遂墮其計。於是鈔鋪挾百十萬之本者。盡皆入錢場。買其實客旅皆用九貫。且復增錢。就鈔鋪買鈔。而去官中所減之錢。不啻一二十萬。盡歸鈔鋪胥吏之家矣。歲歲

如此，其滲漏不可數計也。年來此弊尤甚，而淮東則又甚焉。使總計者酌見此弊，深懲而痛革之，則可以歲收所減之金，以充陛加之用，蓋甚不乏矣。臣愚欲望睿斷，詳酌臣所奏，深以陛加之法為軍政急務。行下諸處統帥，將弓弩手、鎗刀手每日比試，籍定斗力、石力，與擬數、格鬬勝數最高強者，候至一季，取最高者，不以人數多寡，令總領同統帥親與審試，不得徇情，須從實陛加，犒設外，照格增添請給等，具名奏聞。仍仰總領所措置財賦，考覈吏姦，閑防滲漏，以供軍之餘充陛加增添錢物等使用。如將來遣官點試，見得武藝果是高強者，統帥以下當議推賞；如更蔑裂，令慕指揮即當重寘典憲。諸軍士卒亦皆踴躍自奮，願以勇力較相呈露。一有邊警，以此遇敵，臣知所向無前矣。此蓋軍實之最切者。若平日無以豫習，而臨時乃姑欲應辦焉，其為誤事，非臣所敢知也。惓惓之忠，惟陛下財幸。

陳耆卿上殿奏劄曰：臣聞有郡縣之兵，有邊陲之兵。邊陲之兵可急而不可緩者也，郡縣之兵似緩而實急者也。厥今郡縣之兵，其數不為少矣，養之之費不為不殺矣。若是者，欲其衛民以固吾圉也。雖然，豈惟是哉？脫有緩急，則未免以其所以固吾圉者而施之備塞，是郡縣之兵即邊陲之兵也。臣昨以庸駑按兵浙東，足跡回環，粗訪底蘊。大率以養兵為困，不以練兵為急。老者合汰也，今憚其汰而先驚諸人，豈論其人之可兵耶？溺故者合去其籍也，今不去其籍而改刺其子弟，豈論其子弟之可兵耶？補之不度其材，教之果有其法，猶之可也。今教之果何如哉？夫所謂路鈐之按閱者，歲一及境而已，雖目覩其畧而不能心知其詳也。其勇其怯，其工其拙，要在講之以豫而持之以久，否則虛名而已矣。以一射言之，甲能而乙不能，人所知也。至射則不能者或中，而能者或不中，蓋其私相替易，以誑主兵者之視聽，甚可罪也。幸而察之，固無害；不察，則能者不賞而不能者賞矣。觸類而觀，其他固可想也。蓋兵有敢死之氣，而後有必生之理。平居肄習，既同兒戲，猝有調發，則聞金鼓而慄，對妻孥而泣，而曰我將就死者也。夫既自以為就死，則安望其卻敵而生耶？夫古人之兵，有所謂以一當百者，貴精不貴多也。今若是，雖多無益。臣愚欲乞聖慈嚴飭諸郡，每於補刺之際，務惟謹，以痛掃曩時之弊。至於簡習一事，兵官詳督其目，守臣親提其綱。兵之勤惰，兵官得以賞罰之；兵官之勤惰，守臣得以賞罰之。其有才藝精好者，優加旌別，然上其名於密院、本路鈐總，且時出不意，以點摘按視之，務使人人自奮，出爪距以扞國，以之長城江淮，清風河洛，無不可者。惟陛下留神。

兵部侍郎虞儔上劄子曰：臣竊見國家廩給軍食，內而三衙，外而諸屯，以至州縣廂禁土軍，皆是就倉打請。昔藝祖皇帝定制，京城諸軍

其營之在東者受糧於西倉，其營之在西者受糧於東倉，南北亦如之。蓋不欲使之驕惰，且習熟其筋力之勞也，其用意深矣。臣往年假守平江府，照得管下常熟縣許浦水軍，其移屯之初，亦是令軍士逐月赴縣倉打請。行之數年，有建議者乃謂軍士負米，未免少勞；裹糧靡費，未免自備；或遇陰雨，未免滯留。請使本縣起綱，州府差官，運司支破船脚之費，按月裝數輸之于軍。朝廷從之，行之至今，日見其害。夫軍士安坐而食，飽食而嬉，習成驕惰，此一害也。綱米在途，夾雜濕惡，不堪食用，此二害也。船户偷盜，監繫日久，破家蕩產者甚衆，此三害也。軍吏騷擾，求覓誅求又多，縣道填償不已，此四害也。為今之計，莫若令軍中自備舟船，盡以前來雇船水脚之直畀之，輪差隊將赴縣倉支撥，則軍士每月習於舟楫之勞，不致驕惰，給其水脚之直，抑又有所補助。綱運可以關防，不致夾雜濕惡；船户免於偷盜監繫，縣道免

於漕價欠折軍中既自運糧河道淤塞事體相關且特自為開浚利害所在灼然甚明伏望聖慈特降睿旨斷然行之使復國家之舊制不勝幸甚

宋理宗時許應龍進故事曰李抱真為懷澤潞觀察留後凡八年籍戶三丁擇一蠲其徭租給弓矢令閒月習射歲終大閱第其能否而賞罰之三年皆為精兵得二萬人既不廩於官而府庫實遂雄山東李德裕為鄭滑節度使徙劍南西川至則率戶二百取一人使之習戰貸勿事緩則農急則戰謂之雄邊子弟臣謂民兵可用勝如官兵蓋邊陲之民耳稔乎鉦鼓之聲目熟乎旌旗之容迫近敵境而間探素審從事戰焉而弓矢素精因其所素習而教閱之亦其所樂趨者況又激之以犒賞孰不知勸兼屋廬妻子皆欲其保護其自衛之計尤切今為之糾合使之捍禦非特國之利亦民之利也故民兵之用尤為得力若夫出戍之兵雖給之生券而居非其鄉有思歸之念無勇戰之心驅之使前雖不敢避然一聞少衄弃甲而潰尚何望其用命哉李抱真昭義步兵足以制山東之變李德裕雄邊子弟足以捍南詔之強其成效大驗蓋可效也為今之計官兵固當激厲使之精銳而民兵尤宜糾集然區處民兵要必有法蠲其力役而使之安教以技擊而使之熟擇其精銳而重賞之則感激而思奮統以隅總而倡率之則緩急之足恃抑有所當察者戰則民兵當其鋒勝捷則官軍爭其賞既無所獲誰肯效力是以雖有民兵之名而未底安邊之績者其患實繇於此必於奏凱之際為之分別官軍有功則賞官軍民兵得勝則賞民兵所行既公其誰不服但州縣之吏尤當戒其侵擾使平時既失其心則警急曷望其助知此數弊為之處置則孰不樂為吾用比者官軍間有敗衄闕額未補若就沿邊招募於勢尤便蓋其人精強又習戰鬭使之戍守不惟省生券之費又且無調發之勞一舉而兩得實因時施宜之長策也欲望明詔制閫速作施行庶邊疆固而國勢強矣

應龍又進故事曰昔司馬光上書言兵務精不務多歐陽脩除三弊言兵不在多當以計取范鎮論益兵之數言兵不在衆在練之如何耳且謂景德中契丹內寇西夏不服時兵不滿五十萬西備北禦沛然有餘儂智高寇嶺南狄青卒能取勝者蕃落數百騎耳此兵不在衆之效也臣謂用兵之道不在乎多而在乎精精則可以成功多則適以蠹財老弱不汰訓練不嚴驍勇者無以旌別怠惰者豢於安養是雖有十萬之兵而未必有五萬之用徒費廩給以耗國計竟何補於戰守之大計哉今京襄創殘淮蜀凋瘵殘虜迭出以縱橫國勢日淪於委靡分閫者則曰兵少不足以捍禦未容於不招謀國者則曰財殫恐無以供給每重於增收請求不已若不聽從一或敗衄咎將誰執故或增一萬二萬或添五千三千撥緡以與之招置當以給之用目前之費尚有那融至於米糧生券之須一兵之費每歲奚止百千增至一萬則費百餘萬使選強壯之人拘以教閱之法旌其勇銳懲其怠惰稍有微勞厚加激勸或由行伍而陞之卒長或自小校而陟之隊將孰不踴躍奮以自見如此則兵皆精兵雖五千之人可以當萬人之敵不明乎此而徒日增兵老弱者收之短小者剩之祗欲充數既入軍籍不惟訓練之不嚴又從而私役之或占優閑或使回易被堅執銳既非素熟望敵先潰誰敢向前如此則雖增十萬之兵第為廩稍之竊內則每憂於窘匱外則無益於捍禦不此之察而聽其日增月益倚以供億倘或不贍寧免生變為今之計見在之兵則揀其驍銳者厚給之以旌其能汰其老弱者半給之使不失其所新招之兵則拘以等仗而脆弱者不容進教之技擊則強壯者必自奮

庶新舊之卒莫不可用。又激賞以作其氣，遷差以酬其勞，至於克敵有功，則復不次擢用。兵不冗則不至於虛費，技既精則可資以決勝。安邊固圉，殖本折衝，殆將無不如意，焉何外患之足慮哉。雖然，兵固當精而將尤不可不擇。苟非其人，則激賞之無術，至於臨敵則進退之失宜，雖有精兵亦不能用，必取其多多益辦，而士卒樂爲之用者使之捴戎，庶戰必勝而攻必取矣。

知漢陽黄幹上結保伍奏曰：臣竊見國家比年以來講求邊備，最爲詳密。然臣竊以爲外侮固所當慮，而內患尤所當憂。今之內患莫甚於人心渙散而無統。嘗觀成周比閭族黨州鄉之法，上下相維，脉絡相關，防閑密而姦究不生，法制嚴而馴服有素。夫是以人心有所統攝而緩急不敢以自肆。後世保伍之法猶有成周之遺意。然州縣之間未嘗舉行，不過保正掌追胥，戶長掌租税而已。以一家而總數十里之地，以一身而任數百家之責。又每一二年而輒易，此豈足以捴攝人心，使之久安而無變哉。臣嘗爲臨川令，當開禧用兵之後，隅官之法未盡廢，其法以五家爲一小甲，五小甲爲一大甲，四大甲爲一團，團長一。一里之內總數團長爲一里正，一鄉之內總數里正爲一鄉官，一縣之地分爲四隅，每隅之內總數鄉官爲一隅官，以察姦慝，以護鄉井。行之三年，人以爲便。今者蒙恩假守漢陽，適值大旱，細民艱食，脩舉荒政，遂推行保伍之法，戶籍多寡，蓄積有無，皆可得而周知。然亦但爲荒政設耳，不敢大有所更張也。向使熟議而力行之，則維持人心，防閑變故之道，無以易此。况湖右之地皆五方雜處之民，土地廣袤，茶盜伏藏，往年虜未入境，嘯呼成群，剽劫閭里者，皆此曹也。使保伍之法既明，則人心素有統屬，亦何至於肆行而莫之禁耶。故知保伍之法乃所以總攝人心，防閑變故，而爲緩急之慮也。苟法制素

守，人心既孚，因其農隙教以武事，則五兩卒旅軍師之制亦以漸復，而戰攻守禦之習亦無不精。不惟不使至於爲寇，而又足以禦寇，亦何憚而不爲乎。臣所陳果有可採，欲乞行下制置司詳議施行。

幹又上修軍政奏曰：臣竊見州郡之間有廂軍，有禁軍，非獨以備使令，蓋將使之執干戈以爲攻守之用。江北之兵視江南内地爲尤重。臣獨怪江北之兵反不若江南之有紀律，朝而來，暮而去。甲之名已承之，丙又承之，累數十人無非甲也；累數十年無非甲也。十人之中無妻孥者七八，苟於趨利，輕於犯法，屢黥莫之悔也。緩急之際，求其不相挻而爲盜已爲幸矣，况敢望其備攻守之用乎。臣守漢陽，嘗觀諸軍之請給，廂軍月糧五斗，禁軍倍之。夫五斗之米不足以供一卒一月之食，薪蔬之費已無所從出，尚何暇爲妻孥計哉。春冬衣賜則以鐵錢折支，視中州所得五分之一耳。夫衣食足則知自愛，辨施者厚，則其報之者亦然。今待之如此其薄，是驅之使爲不肖也。臣到任之初，廂禁軍各添支月糧五斗，復與之料錢數百，嫁娶生育則助其費，疾病則給以藥，差出日久，贍其家，無屋可居則爲營寨以處之。向之單身無家者皆有顧爲之室者矣。到任一年，輕於犯法者絶少，而逃竄者則絶無也。以此思之，則前日不爲吾用者，責有所歸矣。臣愚以爲有一郡必有一郡之財賦，誠能撙節用度，檢防滲漏，以修舉軍政，當務之急莫先於此。臣前所言三事，皆本軍所以行者，非敢自言其能也，因其已試，然後見其可行，不敢爲誕謾嘗試之言也。敢輒借陳之，以俟採擇。

幹又上奏曰：臣竊見漢陽軍地居江北，實吳蜀之咽喉，武昌之藩蔽，財賦窘乏，兵籍單弱，反不若江南之一小縣。地逼諸臺，費倍他郡。廂禁軍通約五百人，而總漕兩司占破其半，其餘以備差使猶且不給

尚何暇教習以為守禦之備乎若欲廣行招募則事力既乏無以給之今臣愚計可以不費錢糧而坐得數百人之精卒以為州郡之用竊見本軍有鐵錢監一所置監之初每歲認額十萬貫臣到任之始覈實其數累數年間捃積攢少問之監吏則曰所鑄之錢僅足以充監卒請給之費守臣雖任提督點檢之責而其權乃屬淮西坑冶司任其事者自有監官出入多寡守臣不得而問焉弊之有無臣不敢知也獨竊見鼓鑄之卒不下三百人類皆伉健可用月有廩給供贍頗厚非廂禁軍比也若以錢監之權屬之湖北漕司而使守臣掌其收支出入在監之卒悉聽守臣之節制不惟監中之弊可革而數百人之卒可以助州郡之軍額鼓鑄之暇教以武事而為緩急之備此所謂不費錢糧而坐得數百人之精卒計無便於此者如臣言可採乞行下湖北轉運司相度施行

兵部侍郎曹彥約奏曰臣竊惟今日事勢可憂者非一端而外證已見者莫急於淮甸若外證已見而猶欲以安樂法治之人知其非計也臣來自山林不知朝廷事體不敢問淮甸軍籍但聞道路之言以為應辦於忠義軍者常多而饋餉於正軍者常少今又主將受辱觀兵戰敗營寨喪於爇燬財帛蕩於席卷積年軍器為之一盡方且多求賞帖動以萬數虛張冗食有增無減雖欲處之以安靜示之以不疑而國用空虛彼所親見其徒寔繁慢心易生不可不亟圖之也建立宣閫猶慮張皇增兵維揚易生釁隙若置之不問又非所以為國然則江內之事雖慮所不及屢不可不豫為之計也金陵陪都從古為大朝會中興以來制境外乘在於此必須選用實才求其少壯氣銳可以久任者為之守將來後進求其忠實可以倚仗者為之屬使之行其所學條具本末務前時饋遺之濫廣賓客以召豪俊察軍前勝

削之弊招効用以來勇銳深思遠慮以定其謀超石拔距以作其氣多者得十萬人少亦不下七八萬人有增兵之實而無增兵之迹有討賊之備而無討賊之名一則可以壯內地二則可以制外侮三數年後聲動群聽然後覈忠義逃亡之數罷日後招補之額元氣既盛邪氣自衰意嚮所在可以有為矣江內之正軍稍足憑藉則江外之正軍漸可消弭減戍歸營以寬擘劵聚兵水次以便調譔國勢民力庶幾其少蘇也或曰朝廷養兵極矣帑廩之不繼亦甚矣無故而創起一軍少者亦七八萬人多則必十萬人揆今日事力何可繼也臣請應之曰不然自更化以來謂一卒不可復招者今幾年矣然而吝之於其小而不能吝之於其大吝之於可以已而不能吝之於不得已今不思所以制之恐後之不得已者不止此也與之乃所以取之揚之乃所以抑之招及萬人則減於外者亦必萬人以至招及十萬

則減於外者亦必十萬此特正軍耳而忠義軍之逃亡事故者猶未與也而或者又曰如此則何異於正軍矣必增於此而減於彼也臣又請應之曰書生之管軍與武將之管軍為不同也昔時之用武將以其善戰而不畏死固書生之所不及今時之所謂武將往往畏死而不善戰蔑有優於書生者識字淺則吏姦深勢援寡則科率重所以荊鄂之大軍不得如長沙之飛虎襄陽之副司不得如江陵之神勁而又招刺之始其勇易奮消沮之後其氣易索勢使然也然而行此者必有道焉一曰聖德剛健於上不始勤而中輟二曰朝論堅忍於上不喜始而厭久三曰勵士大夫羔羊之行以警諸將四曰責官吏慈祥之政以正內治五曰進忠直而退柔佞使利害易見六曰廣諮問而察邇言使浸潤不行凡所施為與治同道如此則天人助順夷夏屬心閫外之事與政通矣方叔勞於外而張仲居中羊祜謀於

邊而張華助力此必至之効也若乃君相焦勞於朝而外無爪牙之士以宣其力役伯奔走於外而朝無正大之治以玉其成皆不謂之稱臣投老之年衰疾已甚無筋力可以報國無學問可以濟時感陛下推仁愛微小之意頗有補於萬分不敢緘默惟陛下財幸。

中書舍人袁甫奏乞團結民兵劄子曰臣聞方今邊面之患在乎兵少而力分蓋兵少則備踈力分則膽薄敵攻其虛如蹈無人之境不待兵刃相接而渙然散矣可為寒心可為太息今欲備之踈者密膽之薄者壯處處有守第第相承敵攻一重而又有一重以為之隄障其惟亟行團結民兵之策乎或謂此策行於平居無事之時則可今勢既孔棘將有緩不及事之慮殊不知善作事者當識人情夫人情安乎而使之結集則怨咨易起事急而行之彼各保鄉井戀室廬顧墳墓此正民情之所甚欲何怨之有本朝康定初契丹擾北元昊

叛西可謂甚急矣始詔河北河東路强壯陝西京東西路新置弓手皆以二十五人為團置閱官四團為都置正副都頭各一人五都為指揮置使年二十條籍各置弓弩分番教習官日給粮二升河北在籍者二十九萬三千河東十四萬四千陝西亦十五萬餘而卒以此制西北二虜求聞事勢急遽之時而不可以行團結之策也今者坐視所在兵少力分之弊不亟起而圖之韃虜之來勢若風雨乃欲以踈漏單薄之備當飄忽剽悍之敵一處失守則諸處盡瓦解矣譬猶奕棋急有急着死中求生此國基也若憚彼之衆怯我之寡遽謂縛手無策待其敗亡可乎臣之愚計謂宜作急行下應沿邊州郡日下舉行團結民兵之政其間或有規模已成者更須精加整葺務令縝密如其未曾結集去處宜及今嚴行要求亟作措置處處各有保甲人人知固守無樗虛踈薄之患有周圍捍禦之功此實當今至大至急之務也朝廷每舉一事未嘗不曰專委監司郡守其所以鼓舞監司郡守者未嘗不曰有賞罰參之何能言而不能行歟當勢之急也則曰倉卒何暇為又羽檄稍稀虜騎稍退又諉之於無事矣如此則是終無可為之時也今者團結民兵一事願陛下宣諭宰執務在速行如救焚拯溺不容少緩仍責在監司郡守以能否為賞罰郡守不勝任則監司按劾監司不稱職則臺諫抨彈毋事空言專行實政則備密而膽壯又何韃虜衝突之足慮哉臣一得之愚冒昧控陳惟陛下採擇。

度宗咸淳八年起居舍人高斯得奏曰臣聞有國家者武備為急必申儆而講肄之然後國威奮揚兵力堅勇以守則固以戰則克此保民守國之常道不可廢也然有其時焉故曰三時務農一時講武蓋必於農隙而為之也周禮仲冬教大閱所以簡軍實修戰法辨旗物

飭車徒其礼比春之振旅夏之茇舍秋之治兵最為詳備此三代立武事之正法也春秋之時周官雖廢而魯周公之國也其禮故在威公所當謹守其法以為保民守國之道而乃以盛夏之時行大閱之禮周之八月夏正之六月也是月也神農持功毋起大役此豈勞民動衆以閱武之時乎春秋書之言其非時也程頤春秋傳曰無事而為之妄動也有警而為之教之不素何以保其國乎斯言盡之矣臣嘗因聖人書法而考諸祖宗之所行孝宗皇帝修攘之事何其與春秋若合符節也茅灘白石大閱禁旅親秉戎路以臨之者凡再駕焉稱人成功順動以時旗幟精明戈甲焜燿師武臣力士自其勇而又命兩淮忠勇諸軍率以十月聚教於官官給錢米莫不踊躍奮厲忠敵王愾當是時若內若外武備修飭如此何其盛哉陛下上繩祖武修攘之政固無不舉然邇年以來疆埸多虞士氣未振豈所以激昂

而鼓舞之者有未至歟臣願陛下以孝宗皇帝厲志戎昭爲法申儆將帥毋或忘戰廢備使國威一張殊鄰遠懾襄漢之請日月可冀矣惟陛下留神幸甚

金宣宗貞祐三年河東路兵馬都總管胥鼎上言臣所將義軍皆從來背本趨末勇猛凶悍盜竊亡命之徒苟無訓練統攝官以制之則朋聚黨植無所不至乞許臣便宜置總領義軍使副及彈壓仍每五千人設訓練一員不惟預爲防閑使有畏忌且令武藝精熟人各爲用上從之

鼎又言平陽歲再被兵人户散亡樓櫓修繕未完衣甲器械極少庾廩無兩月食夏田已爲兵蹂復不雨秋種未下雖有復業殘民皆老幼莫能耕種豈足徵求比聞北方劉伯林聚兵野狐嶺將深入平陽絳解河中遂抵河南戰禦有期儲積未備不速錯置實關社稷生靈

大計乞降空名宣敕一千紫衣師德號度牒三千以補軍儲上曰鼎言是也

四年鼎爲尚書左丞又上言曰比者朝廷命擇義軍爲三等臣即檄所司而潞帥必蘭阿魯帶言自去歲初置帥府時已按閲本軍去其冗者部分既定上下既親故能所向成功此皆血戰之餘屢試可者且又父子兄弟自相赴援各顧其家心一而力齊勢不可離今必析之將互易而不相諳矣國家糧儲常恐不繼豈容侵冒但本府兵不至是耳況潞州北即爲異境日常備戰畢務方殷而分别如此彼居中下者皆將氣對心懈而不可用慮恐因得測吾虛實且義軍率皆農民已各散歸田畝趨時力作若徵集之動經旬日農事廢而歲計失矣乞從本府所定無輕變易臣切是其言時阿魯帶奏亦至詔遂許之

興定一年贊德大夫兼三司使尚書右丞侯摯上言東平以東累經殘毀至于邳海尤甚海之民户曾不滿百而屯軍五千邳户僅及八百軍以萬計夫古之取兵以八家爲率一家充軍七家給之猶有傷生廢業疲於道路之歎今兵多而民不足使蕭何劉晏復生亦無所施其術況於臣者何能爲哉伏見邳海之間貧民失業者甚衆日食野菜無所依倚恐因而嘯聚以益敵勢乞募選爲兵自十月給糧使充戍役至二月罷之人授地三十畝貸之種粒而驗所收獲量數取之逮秋復隸兵伍且戰且耕公私俱利亦望被俘之民易于招集也

元世祖時趙天麟上策曰臣聞荀子曰齊之技擊不可以遇魏之武卒魏之武卒不可以遇秦之銳士秦之銳士不可以當桓文之節制桓文之節制不可以敵湯武之仁義於此道以觀之夫仁人之在上爲下所仰猶子弟之衛父兄手足之捍頭目此仁義之兵帝主之事也

夫步伍有法帥長有要所屯之處雷電相潛所至之方秋毫不犯有功決賞有罪決刑不攻則已攻斯取矣不戰則已戰斯勝矣此節制之兵大將之事也夫臨敵不懼視死如歸驅馳於荆棘之中橫突於熊羆之陣如霆之迅如鷙斯飛者此銳士之兵也夫希孟賁之力習慶忌之捷望風埃而揣疑衝冠值變故而英聲截路行所學之絕藝壯無敵之皇威者此武卒之兵也夫襟懷遠變機計爲先挾弓矢以平驅樹戈矛而互動因山借水候耳猶神擊後衝前行藏不測者此技擊之兵也且荀子之言雖非一國而所行之事貫在兼全故非技擊則武卒何憑非武卒則銳士疇助非銳士無以副節制之嚴明非節制而無以見仁義之可用兼之者若泰山之壓卵有餘勝矣不然則較勝負於一時猶未可決也但其要以仁義節制爲之本焉今國家仁義可謂厚矣節制略已明矣臣猶以爲士卒之類素非練習

或嬰孺之流。或老羸之輩。或市井體嬌之子。或農畝力鈍之徒。若言充數。不其然乎。如此取兵。百無一二。謹按隆周之時。群方已服。於是乎中春教振旅。中夏教茇舍。中秋教治兵。中冬教大閱。所以不忘戰也。孔子謂以不教民戰。是謂棄之。其斯之謂歟。至於唐朝。遂置武舉。其制有常。垛馬射。步射。筒射。馬槍。翹關。負重。身材之選。以至軍謀將略。絶藝奇技。莫不兼舉。蓋以有其材者處其職。則其職無廢。非其人而居其任。則其任將負。所以使之知進退疾徐之節。簫旌旄金鼓之儀也。眼熟之。心悉之。耳精之。一旦臨陣則無不勝矣。伏望陛下審文武之二柄。固乾坤之一家。先從臣所謂守文化。別儒文之法。以成持盈保大之規。後從臣所謂審兵權。設武舉之法。以盡安不忘危之理。以之治內。則穆穆巍巍之道益隆。以之禦外。則桓桓赫赫之威彌厲矣。所謂設武舉者。採前代之遺事。潤色以當今可行之理而行之。若有非常之傑。不世之彥。可以充大將者。則以臣所謂詮大將之法而體之。俾程其藝。焉國家之長策於是乎定矣。

順帝時監察御史五十九言。今京師周圍雖設二十四營。軍卒疲弱。素不訓練。誠為虛設。備有不測。誠可寒心。宜速選擇驍勇精鋭。衛護大駕。鎮守京師。實當今彊安根本。固堅人心之急務。況武備莫重於兵。而養兵莫先於食。今朝廷撥降鈔錠。措置農具。命總兵官於河南克復州郡。且耕且戰。甚合寓兵於農之意。為今之計。權命總兵官從宜於軍官內選委能撫字軍民者。兼路府州縣之職。務要農事有成。軍民得所。則擾民之害亦除。而匱乏之憂亦釋矣。帝嘉納之。

歷代名臣奏議卷之二百二十四

歷代名臣奏議卷之二百二十五

宿衛

唐太宗時。有請秦府舊兵入宿衛。上曰。朕以天下為家。不能私於一物。唯有才行是任。豈以新舊為差。兵猶火也。弗戢將自焚。此意非益理。

高宗嘗曰。王者無外。何為守衛而重門擊柝。虞待不虞耶。我嘗疑秦法為寬。荊軻匹夫耳。匕首竊發。群臣皆荷戟侍。莫敢拒。豈非習慣使然。郝處俊對曰。此乃法急耳。秦法輒升殿者夷三族。人皆懼族。安有敢拒邪。魏曹操著令曰。京城有變。九卿各守其府。後嚴才亂。與徒數十人攻左掖門。操登銅爵臺望之。無敢救者。時王脩為奉常。聞變召車騎。未至。領官屬步至宮門。操曰。彼來者必王脩乎。此由脩察變識幾。故冒法赴難。向若拘常則遂成禍矣。故王者設法不可急。亦不可慢。詩曰。不懈于位。人之攸塈。仁也。式遏寇虐。無俾作慝。刑也。書曰。高明柔克。沈潛剛克。中道也。帝曰善。

德宗立。段秀實上言曰。臣聞天子曰萬乘。諸侯曰千乘。大夫曰百乘。蓋以大制小。以十制一也。尊君卑臣。強幹弱枝之義。在於此矣。今外有不廷之虜。內有梗命之臣。竊觀禁兵不精。其數全少。脫有患難。將何以待之。且猛獸所以百獸畏者。為爪牙也。若去其爪牙。則犬彘馬牛皆能為敵。伏願少用聖慮。其裨萬一。帝不用。及涇卒亂。召神策六軍。無一人至者。世多其謀。

宋仁宗慶曆元年。知諫院張方平論京師衛兵單寡。上疏曰。臣伏以京師本古之陳留郡。天下四衝八達之地。自唐室以前。皆為藩郡。五代朱溫始封梁王。後因其宮府定而為都。五姓相承。共十一帝四十九年。亂亡之蹤。自古無有。抑由都城四向無險阻之形。藩籬之固。逼近戎狄。方鎮握強兵于外。乘禁衛之虛弱。而來倒置也。國朝太祖皇帝深慮安危之計。始削諸節度之權。收兵于內。連營畿甸。又脩治西京宮室。蓋有建都之意。然利於汴渠漕輓之便。因循重遷。先帝通好北戎。即叙西戎。爾時可以減戍消兵。

致生民於富厚矣。太平三十年，使軍士坐費倉庫，以困天下，非不深思遠謀也。知祖宗本意，依重兵而為國，勢不可去也。近吴賊犯邊，漸發禁兵西屯四路，在京軍旅所留無幾。今又北虜事釁已萌，兩敵合從，人心搖動，外有武帥分總兵，而宿衛之師日益單寡，尾大不掉，根虛必搖，勢之當然，不可忽也。願留聖慮，為社稷計。京都宜常宿重兵，以封殖根本。且乞勘會見在指揮人數，若果缺少，請從內出金帛召募材力，訓齊教練，必須精銳，以充禁衛，無更外屯。夫猛虎所以百獸伏者，以其爪牙利也；若虎而去其爪牙，則犬豕麋鹿皆可以相狎。兵衛者，國之爪牙也。足兵足食，乃可以威服四方，彈壓姦亂也。

四年，方平奏乞擇人分總禁衛，狀曰：臣伏見昨差出許懷德，後馬步軍皆闕都帥，遂自環慶路抽回殿前都虞候王元，令權幹當步軍司公事。其王元又已年老衰病，至于總司軍政，亦恐精力不逮。竊以殿前馬步軍逐司公事不少，非唯率宿衛務要齊整，亦須諳熟軍制，稍通吏用。太宗朝，侍衛都虞候以上常置十員，職位相亞，易於遷改，且使軍伍素相服習，邊藩緩急，亦得選用。先朝時馬步軍嘗闕帥，殿前都指揮使高瓊頗知軍中舊事，上言及此，先帝甚然之。今內則禁兵寖驕，極須彈壓；外則邊患不測，常資防備。李昭亮、王元恐未任專幹心膂，除郭承祐好進多事，累被彈奏，未堪入典禁軍外，乞於以次管軍將校中擇取一兩人赴闕，分總禁衛左右翼扈，於體為便。

八年，侍御史知雜事何郯奏曰：臣伏聞禁中自盜發以來，逐月分布內臣坐甲宿直，以至伐木拆屋，繕脩垣墻，增置關鍵，其於備豫之方，固亦甚至。然臣以事體酌之，恐為陛下計者誤也。夫體有尊卑，事有小大，尊者繫於君，卑者繫於臣。君而尸小事，則失所稱；臣而專大名，則非所宜。以人君之舉，所務必博大，所謀必經遠，崇位號以習民之奉，脩政刑以防民之踰，不廢禮以杜僭偪之萌，必行法以除暴亂之本，使逆莫敢犯，遠莫敢陵，如此則等威辨而上下無邪心，然後知天子之所以尊也。今夫衛士生變，事出非意，皆由朝廷恩過而不知感，官司令寬而不能禁也。為今之宜，其在一震威怒，以示誅罰，正大法以絕其慢，舉大刑以討其姦，斥邪佞附下之類，究絕其萌芽，究賊亂犯上之徒，務去其根本，不恕無良而與衆棄，不漏有罪而示之公，法令既行，紀綱既正，以此御下，孰敢不虔？雖不增宮闈之警，而其備修；不加省戶之衛，而其守固。與夫區區從細末之事者，不同年而語矣。臣況聞陛下從頃年來，過自警戒，中宮之樂工已盡罷，後苑之獵具已盡除，其於謹天戒以飭聖躬，雖詩書所稱遇災脩德之君，遠不能逮。然於禁防之設，所舉者近而所忽者遠，所謹者小而所遺者大，臣切惑焉。伏乞聖慈以臣愚言，命公卿大夫當廷公議，一舉法令威刑之柄，以除邪偽賊亂之階，庶主威益尊，國命益振，內患既弭，外虞自除，則天下幸甚。

郯又論衛士之變乞黜責皇城司及當直臣寮疏曰：臣等伏聞今月十八日夜，崇政殿前宿直皇城司親事官四人毆打人員至死，并劫取庫兵，緣上殿屋，驚動御寢，其逆人除捉獲及傷死外，餘黨二人，令二十日捕獲之時，稱被衆人爭奪致死，捉獲一名，雖勘斷訖，所有當職臣寮，或聞已傳宣釋放。傳之中外，頗駭群聽。伏緣朝廷所置宿衛，本為人主預備非常，今衛士自生變故，所為兇悖，意不可測。兼後來所獲餘黨走入人家，為要害，仍聞累傳聖旨，令未得殺死，而全不依稟，蓋是本管臣寮見捕獲之後，勘鞫得情，理深切，所以容縱手下衆人毆死，以圖滅口，欲輕失職之罪。情狀如此，理無可恕。太祖皇帝朝，酒坊使副田處巖等不能部轄，並處極法。今乘輿咫尺，賊亂竊發，兇惡之狀，無大於此，而居職者既不能察舉。當宿者又不即擒捕。未正典刑。何塞公議。深恐朝廷威令從此寬弛。伏乞斷自聖意。特降指揮。將應係幹當皇城司。及當夜宿直臣寮並等第重行黜降。用振威罰。所貴禁近之司。不敢贖慢。

鄭又論衛士之變。乞責降楊懷敏疏曰。臣等兩次上殿面奏。及具劄子奏狀論列。乞重行黜降幹當皇城司。并前月十八日夜內直宿臣寮。已施行外。惟楊懷敏獨蒙寬宥。尋奉中書召臣等傳諭聖旨。兼不以臣等所言煩黷。尚加詔諭。足以見聖明開納之量。寬臣下進越之罪。固宜退伏以聽命。安可更瀆于聰明。自取罪戾。然臣等以國體人情酌之。未可便已。須當徵陳。夫人主所以享有天下之尊。蓋由法令等級明辯。使人不敢陵犯。然後極其尊崇。故法令行則朝廷以之強。法令偏則紀綱以之紊。自昔治亂。雖殊異。不由此階也。至於宮闈之變。下人輒敢謀亂者。前代間或有之。皆由人君失德所致。且陛下仁

厚之德。撫恤禁旅。未嘗以喜怒妄行刑誅。雖甚無識。寧不愛戴。今衛士持刃直入禁庭。欲陵犯乘輿。是匹夫而有窺伺之意。皆由有司不舉職。法令寬縱所生也。為大臣之計。宜為陛下深責有司失舉之罪。用行法令。如楊景宗等並當誅戮。以謝天下。若以其過非自取。止可貸其正坐。並宜流竄。以戒不職。今楊景宗等既以輕罰。楊懷敏獨又聊行降黜。蓋兩府大臣。以陛下左右之人。不能堅執祖宗之法。以避怨怒。若當賊發之際。懷敏能指揮衆人。於後殿即時捕獲。以此論功。乃可贖罪。今賊已入禁庭。兩夕之間。陛下被此震懼。固亦甚矣。懷敏縱有先報之効。其可贖失察之罪乎。且以人主之尊。一寬懷敏罪。固亦細事。苟於事體無傷。臣等何必苦更論列。所惜者朝廷典法。無遠近無親疎。當一而行之。乃允衆望。況有司失察之罪。無大於此。其可貸乎。太祖皇帝朝。元男杜審肇知澶淵。只坐界內河決。免官歸私第。太宗皇帝朝。楚王宮火。災發楚王元佐。為庶人。以懷敏職在近侍。孰與元男諸王之親。以懷敏失察賊亂。孰與誤河決火焚之備。利害大小較然可知。而審肇元佐重責如彼。懷敏之寬假如此。伏望陛下舉祖宗之法。以塞公議。正左右之罰。以示無私。不惜一懷敏。慰中外臣子之望。則天下幸甚。臣等論列此事。今已數四。在於言責。固亦無負。然喋喋未已者。蓋忠義之心不勝感憤。茲事體大。若遂不言。恐於聖德無益。由臣等之罪也。兼臣今日上殿。再有奏陳。已蒙聖旨開允。伏乞速賜施行。

吳奎為監京東排岸司。論衛士之變。乞責降楊懷敏疏曰。臣竊見自行春令以來。連陰不霽。此洪範傳所謂皇之不極。時則下人有伐上者。今衛士之變。起於肘腋。賴宗廟神靈。陛下仁聖。即時擒獲。然流聞四方。驚駭群聽。不祥之甚也。傳稱主憂臣辱。陛下此日可謂憂矣。未

知任其辱者果何人邪。臣聞幹當皇城司六人。其五已被謫。獨懷敏尚留。外人咸謂陛下私近倖而屈公法。臣切為陛下痛惜之。況中外傳聞。獲賊之際。陛下宣令勿殺。而左右輒殺之。裂其肢體。此必有同謀者。恐事露泄。而殺之以滅口。不然。何以不奉詔也。

皇祐元年。知諫院錢彥遠論步直兵士作過上奏曰。臣風聞嘉慶院見制勘軍頭司步直兵士等擬欲作過。又於皇城內搜獲先埋藏器仗者。竊以軍頭司在崇政殿橫門之南。與軍器庫相連。最為近密。其兵士日逐隨本司臣寮出入甚熟。而敢萌意外。幸賴宗廟威靈。先事敗露。今已下獄推劾。臣慮其人等凶黨結連人數衆多。或自來通行飲食之人。心內自疑。別生他變。所繫極大。伏望聖慈特降指揮。令制勘院先且疾速根究枝黨。如有姓名。畫時追捕入院。并將彼所埋藏經歷地分。入官節級數目。立具奏聞。使中外開也。所貴禁衛安貼。此

竄盡去。

貼黃臣近曾以連陰奏密狀伏乞嚴賜指揮宿衛謹選左右褻御小人以漸遏惡源今來兵卒等果有連結欲乞更賜指揮宿衛禁門倍加嚴整。

彥遠又奏第三狀曰臣等風聞制勘院見勘軍頭司步直兵士擬欲作過事雖一時狂妄之謀然迹其造惡本心為人臣者所共切齒況兵刃之屬已藏在皇城門幸賴祖宗威靈上天豫垂變故先事敗露倘因循未彰驚屬車之清塵臣謂雖赤其族不可塞責今既下獄推劾緣所繫至大頗搖人心傳聞四方震駭物聽姦豪小人從而窺覦故根究枝黨必須盡其案行罰不可緩不盡則他變生少緩則妄意起且昨來殿中親事官作過之時法稍寬捨推索凶黨不盡致此輩狃習乃復有此結連益大于前今若復用輕典臣慮後來之憂寒心

疾首伏望聖慈以祖宗社稷自重不用一時恩貸特降指揮令制勘院疾速推究元謀頭首及枝黨等悉行圓結公案申奏其應作過人並乞族誅於都市以示四方庶小人少戒逆威消萌在此舉矣茲事尤不可緩望特留聖意。

貼黃其兵刃經歷門戶埋藏地分親事官長行人員及監門內臣乞早令制勘院先具當日人數姓名申奏乞更不令宿衛免別生他事其人據唐漢之法皆合誅戮今來乞並行決配遠惡州軍庶中外整肅願以昨來親事官法寬為戒。

彥遠又奏第四狀曰臣伏以王者任宗廟社稷之尊身繫天下安危故必嚴宿衛盛宮室重門複道以謹他虞是以法至重禁至密蓋將遏絕亂源防微杜漸深計遠慮而為祖宗社稷之本也故唐太尉長孫無忌誤帶刀至上閤而監門校尉不覺察有司處以死刑我太祖皇帝嘗以內酒坊在厚載門外逼近宮掖而中夜遺火凡自監官至工匠斬五十餘人詔太祖一朝內中無遺火者此法行刑重而人畏古今之成效今風聞制勘院勘得懷器刃入皇城人姓名應門戶地分干繫親事官人員節級將欲斷遣切緣所懷器刃已入皇城雖其人結連虛實未辨而門衛地分晏然不知則國家以重糧溫衣養之何用本以禦捍意外而耳目之前上下公然畏避權勢輕弛法禁不行幾察況昨來內中親事官作過之時由斷遣稍輕是致小人慣習復有此事不輕亡繫宗廟社稷豈得復惜此數十兵卒而不思後患伏望聖慈察安危本末應制勘院所勘到不覺察懷刃入皇城把門及地分親事官人員兵級等乞不以常法斷遣其本處正管門戶地分兵級並乞刺配沙門島其餘干繫人員兵級並乞刺配廣南遠惡州軍所貴臣子益勵忠孝之心使小人自此戒懼。

彥遠又奏第七狀曰臣等今月二日准宰執請赴中書奉傳聖意以皇城軍頭司臣僚行遣並依法者伏以法者緣人情而生較其大旨止欲防微杜漸禁民為非尊君卑臣歸于至正然有情重法輕情輕法重者故酌重輕而處刑柄在人君專之非所司可得而議是以兩漢有決事比若今之用例本朝斷罪有敕旨所以壓天下公議戒小人妄意而今來宿衛下卒挾刃直入禁門雖其謀別有所在緣去便殿內閣才百十步藏之累日上下一無覺察此為人臣者所當共怒安可本司官屬過止罰金而云法當然爾甚失天下之望且昨來親事官作過之時由用法太寬牽於推譯人情不塞禍小人無所戒懼遂致小人復思逞其狂計竊亂之衛行若坦途事既暴露方資以寬典誠陛下至仁至聖欲全群臣察宗廟社稷之重天下臣子之心何謹案尚書云威克厥愛允濟愛克厥威允罔功說者謂威刑能克勝所

變詐則人懼而事可濟辦若威刑而為變詐所惑則人怠而事無成功此聖人明訓治國家大要是豈縱用嚴酷哉蓋所慮者遠今若以近臣而輕其罰恐非威克之道臣慮今之議論謂此事與親事官作過時不同言彼則挾刃踰屋此唯埋藏慝在誣告他人不當為例甚不然也且王者設門禁列宿衛重其刑嚴其制者先慮其事也必若俟挾刃踰屋而後罰無所濟也且刃已入門則蕭墻之內其憂不細安得忽畧後患而徇一時之談臣等忠義憤發外採公議咸以為未當故不避再三上瀆天聽人臣之節死而後已伏望陛下覽尚書威克之義思祖宗社稷之重以親事官作過時罰輕為戒其皇城軍頭司臣寮並依臣等前後累狀重行黜責所貴厭快人情允愜公議

貼黃宿衛之制唯門禁最重蓋以出入所自今刃已入而云未曾作過故用輕典且門禁之失唯論入與未入豈繫作過與不作

過者乎且國朝自祖宗以來凡用法皆有司鋪條臨時取旨裁輕重而斷遣故有特勒停者衝替者未得與差遣者就移監當者此皆法外行罰豈可有如此事而本司臣寮並止依輕法也

至和元年殿中侍御史馬遵論皇門禁上奏曰臣聞古者常刑宥過無大至臣子之於君父則義有所不容故舟船飲食之類有不如法皆不稱誤所以許世子止躬不嘗藥春秋加大惡之名唐長孫無忌入不解刀校尉被誅死之議所責者重所慮者深杜攙陵而消禍萌理當然也嘗聞太祖朝內酒坊火監官守卒並從極斷豈徒峻法蓋欲防患竊見朝廷法令素具皇城門禁尤為謹嚴而挾刃闌入頻年有之雖常行遣終不戒懼今麥昭吉縱被入直中有夠器歷諸門抵便殿曾無檢察畧不覺悟若姦盜包藏而為之何由而露哉公謾憲禁無甚於此今昭吉雖已具獄而諸門監官守卒未聞發遣伏乞陛下察詳事理特出聖斷常法之外更賜重行用謹大防庶弭來患

遵又論內東門使臣藏挾女口闌入禁庭狀奏曰臣聞內東門使臣於車子內藏挾女口闌入禁庭事已彰露未聞行遣竊緣東門密邇御所最是要切隄防之地著籍出入素有條憲用親近使臣監掌務在謹嚴至敢公然自犯輒入外人若置而不問則啟釁容姦必兆於今日伏乞聖斷指揮付外所司根勘重行朝典所貴戒勵後人杜絕來患

遵又奏曰臣近曾彈奏內東門使臣輒以女口闌入禁庭至今數日未聞處分竊緣宮門出入條約具存峻為之防猶懼不肅而監掌之人公然自犯法之不容自近者始而天下之所公也陛下聖明必不私於小臣而屈天下之法或慮所司未稟宸斷使中外之議日益喧然所損不細伏乞聖旨早賜施行

嘉祐五年殿中侍御史呂誨論公主非時入宮上奏曰臣聞近自兖國公主深夜出入宮禁內外驚駭罔知其繇竊以宮鑰謹嚴以時啟閉蓋備非常況公主起居覲省既非其時守闇之吏輒敢通奏此而不禁後將為常一有竊發何以備禦斯不可不為之深慮也所有公主宅祗應使臣及皇城司應經歷門戶管幹人伏乞朝廷取勘重行責降以肅禁衛之事

左正言王陶論公主非時入宮上奏曰臣伏以周禮閽人掌宮門之禁時其啟閉寺人掌女宮之令糾其出入以謹嚴周衛杜絕非常故漢光武出獵夜還上東門候郅惲拒關不納光武從中東門入明日賞郅惲而貶中東門候魏武之子臨淄侯植嘗司馬門書出魏武怒公車令坐死然則公主夜歸未辨真偽輒便通奏開門納之直徹禁中畧無譏防其所歷皇城宮殿內外監門使臣請並送開封府勘劾

神宗立以胡宗愈同知諫院內卒盜皇城器物宗愈言唐長孫無忌不解佩刀入東上閤門校尉論當死今禁卒為盜而入內都知不能覺察願正其罪殿帥直廬在長慶門內乃而自置隸圉宗愈曰嚴禁旅所以杜姦宄也柰何令私人得為之萬一山縣者竄名其間將不可悔請易募老卒

神宗時宮邸教授呂大鈞論選小臣宿衛奏曰古者人主左右前後使令執事之小臣乃所以朝夕起居出入未可須臾離者也其用之迹雖主於給宿衛備顧指以共綴衣虎賁執射執馭之職其用之意則亦使之獻可替否拾遺補闕以贊疑丞保傅之事主於給宿衛備使令則非恪勤謹重者不可以當其任使之獻可替否拾遺補闕則非開爽敏茂者不足以充其位此言猶未之盡古之人君不獨有師有友又有受教於我者焉故疾醫小藝者也黃帝師岐伯而教雷公

費國小邦也惠公友顏般而役長息然則使令執事之小臣雖在擇恪勤謹重開爽敏茂之資人主又當教誨養育使成就其材以補異時公卿大夫之闕如此則朝廷常不乏材而人主求之且不勞也以漢唐之前簡其名猶多出於宿衛供奉之官豈非常在宮省日侍帷幄既已接聞廟堂之議以廣其知識間復親被德音誨其所未至則益知善惡向背之理薰炙漸漬久而不已安有不化者哉不徒其效如此又可以自廣其聰明之德記曰教學相長也又曰教然後知困彼既知向背則必盡其心力以承學於上上之人既樂其自勉亦不盡以教之或因其善問有以起吾志或因其難進有以勉吾業傳曰教不倦仁也又曰有教無類則不徒可以益吾之志業又可以廣吾之德性也記曰善教者知至學之難易又知其美惡則不徒廣吾之德性又可以廣吾知人之明也為人君而秉政事之間以教育執事之小臣乃有志業德性知人之益豈小補哉今朝廷雖有中書門下兩省官以備侍從又有翰林舍人院及諸館閣之臣以備顧問非乏人也究其選者又皆美材敏行非不賢也既以待之不為綴衣虎賁射馭之冗亦難復使從使令執事之賤似宜略依漢制郡國貢士給宿衛之法詔公卿牧守如孔門四科之目各使保任三二人不以仕與未仕限年二十以上三十以下其人則分隸中書門下省學士舍人院及館閣諸司其職則參諸殿侍諸班之列其祿秩則視三班使臣州縣掾屬而已其閒暇則各受學於其官長退而以所學開諭其同列仍不立遷擢廢置之格其有功罪善惡一聽明主裁決而已如此則素無行能者必不得舉不安其分者必不願為自非朴茂有志之士不可得而與焉試或行之不過五七年不徒得高才美行可備器使亦將資助盛德大業必將日新而無窮凡在位執事之小臣亦當漸摩義理之益相觀而善可不務乎

高宗時張浚議撫恤侍衛之人上言曰臣嘗謂人君高拱于一堂之上其於天下百姓內外士卒安能徧撫而盡恤之哉則亦推至誠之心自近以及遠而已今有人於此無故而陵侮毀辱其類則天下識與不識莫不深惡之者此無他人情本於一故也是故推至誠之道以待遇左右爪牙之士則孰不悅服而歸心一人傳之十十人傳之百百以千以萬莫不皆然臣願陛下稽祖宗之法撫恤衛士問其疾苦知其嫁娶時其飲食教其事藝使適其中不必拘以常制則天下之凡為將士者莫不知所自勉而樂為陛下用矣

胡安國論親兵專掌宿衛上奏曰臣聞自古盛王雖用文德必有親兵專掌宿衛周公指虎賁與常伯同戒于成王欲其知恤虎賁者猶今侍衛親軍也康王初立太保俾齊侯呂伋以虎賁百人迎于南門

宮奴者大公望子自諸侯入典親軍猶今殿前馬步軍都帥也勲德世臣總司禁旅虎賁銳士宿衛王宮其為國家慮深遠矣本朝監觀前代命三衙分掌親軍雖崇寧間舊規猶在及至高俅以恩得用軍政廢弛遂以陵夷陛下嗣承寶位誅國者不忍復古親軍寡弱不充宿衛此豈尊君強本消患防微之計也伏望深考藝祖選擇禁旅之法斷自聖裁以修明軍政威服四方上嘉寵極

右正言陳淵論衛兵上奏曰臣聞兵以強弱多寡為輕重常使內重而外輕則王室尊而諸夏安矣昔楚漢相距於滎陽京索之間天下之勢如提衡然未知所軒輊也高帝始得蕭何張良又得陳平猶以為未足又得韓信屬之以數十萬之兵戰勝攻取無不如意然後天下之勢其重在漢項氏已衰漢業未成皆之躡足而封者已據千里之地漢雖滅楚而輕重之勢又變矣故信之王高帝之所深憂也方高帝築壇以拜信既委之以諸將之兵矣而高帝所將之兵猶衆也其分兵多於信所以使之東向以爭天下而於己未能去兵者亦所以制信是以雲夢之會信不得遯故嘗謂高帝曰陛下不善將兵而善將將此信所以為陛下禽也嗚呼此高帝所以能并一天下而終於無患也歟今自人主不復將兵而諸將在外人提數十萬之師朝廷所資以禦夷狄除寇盜者希進退去就唯其所欲此豈非可慮之事乎而樞密三衙尚仍舊法自相牽制而所蓄之兵益損於舊使其力足以制之猶患所以使之者非其人今況強弱多寡相什百耶故臣愚願增其數使與外兵略相當而又去貧捨私昵之弊搜求傑特取其才智之優於諸將者命以為帥無事則歸宿衛有事則統之以出戰力飾而氣不挫有所不出出則宜無不勝矣如是則人主雖不將兵其與親御六軍何異既以增重朝廷之勢而又使諸將望風知懼

艱難之際有所招麾不敢首鼠自營為一身計此亦今日之急務也

李彌遜再乞增禁衛上奏曰臣比者屢被聖恩賜對便殿臣嘗一具奏陳兩具劄子乞增禁衛以尊朝廷雖蒙睿眷俞允以臣劄子付樞密院未見如何施行臣聞近日淮南稍有警報若旋行措置恐不及事伏望聖慈先以見有人兵早與增添分定禁衛之數使人心各有所歸或存留揚州中一軍專充護衛以備緩急不可臨時一例差發出入致令乘輿所臨兵衛單弱別致悞事蓋今日之勢不獨外患可備腹心之間亦當預防利害顯然不敢縷奏昔袁盎有言聖主不乘危不徼幸陛下不可以前日累冒艱險幸而無虞習為尋常衆人所忽猶不可不慮使其過有関防固亦何害伏乞陛下長慮卻顧深察臣言斷自宸衷早賜施行臣冒犯天威至于再三死有餘罪犬馬之誠不勝憂懼激切之至

理宗時權禮部尚書魏了翁奏曰臣聞賞以勸善罰以懲惡此古今之通誼也然世固有賞行而人不知勸罰用而人不知懲者且後魏羽林之變胡后不能討而大赦以安之李唐涇卒之變德宗不能討而播遷以避之人孰不咎兩朝之失政而使高歡結客李懷光襲迹以基危亂豈知國勢積弱人情久玩而欲一旦以法繩之急則生變緩則啓寇蓋無一而可也乃者禁衛之變幾為後魏李唐之失政幸而收之桑榆猶可以暫弭目前之憂然而乘輿所在卒遇震擾環視四顧遠郊近甸無一可恃而徒恃區區賞罰以長保其無他臣恐賞罰有時而窮若不及今追惟舊制思所以相維相制之道固未可恃以為安也臣竊考三衙之制蓋自高宗皇帝首值苗傅之變維羅張實之亂每病禁衛單弱命一衙增修軍政其後又以諸將步騎分隸三衙至孝宗皇帝修明稱娖又為護聖一軍以寓陰相維制之意焉

步之數適一萬四千七百有奇俾蜀帥選西兵之驍銳者發至在所以充其數其慮甚遠也馬司暫移建康識者已謂不然其殿步二司之卒時遣戍淮以勞苦之然不過維揚天長六合而已及時而代不欲久虛宿衛以事邊垂此正周人鄉遂之卒惟以衛王室不以遠屯戍而詩人所謂為王爪牙胡轉于恤凡以強本也至藝祖開邊始用殿帥郭倪馬帥李汝翼發三衙禁旅與江淮之師有事于宿泗四十餘年驕惰之卒乍罹暑潦怨嗟載道故僅至符離迸潰蘄縣縛田俊邁以遺虜而全軍盡潰雖將庸卒懦不盡可用然以保衛王居之人而使之長征遠戍則自此始乃至近世習為故常戰者不得返戍者不得更凡邊頭雜役雖殿步二司不得免甚至奪騎司之馬以授北人而驅騎卒以事之執鞭刈草晝夜勞苦夫三衙所以壯衛乘輿也今或荷戈於境外或執役於降虜揆諸事體誠為倒置不寧惟是凡江上諸軍皆非阜陵分隸之舊騎司之軍昔戍於滁濠定遠也今移之浮光建康戎司昔戍於安豐廬和也今移之泗水京口戎司昔戍於真揚楚泰高郵盱眙瓜洲鹽城諸處也今置之新復諸郡池州戎司昔戍於舒蘄巢縣也今置之淮東許浦諸處水軍昔屯處之近輔所以拱衛行都也今徙之東海自餘荊鄂四川軍分大抵皆非舊戍且將不知士士不識將皆所素習之山川而投之未諳之水土此固兵家之所忌況於沓王居而事經揚皆舊戍而事新疆此於體統之輕重雖三尺童子皆知其不然矣而士大夫恬不以為恠閫禁律之亂則莫能追咎揀汰之激變復譏賞罰之不明閫徐邳宿亳之敗則莫能追咎諸師之輕舉復譏和好之難恃然以臣愚見咎者識者皆是也而未得猾變之說臣嘗妄謂苗傅劉正彥之變恃有劉光世韓世忠諸屯列于上流故二凶雖狂愚卒於自遁張寳之變恃有呂頤浩親軍及辛永宗部曲密接旁近故雖以艱難之餘殘十七人而廢其班彼不敢譁今以京師之重獨有殿步二軍而近郡諸屯皆戍極邊殆非防微杜漸之意臣愚謂宜亟循舊制凡沿江沿海之卒皆置之舊屯而以時戍邊庶幾連營列柵聲勢連亘可以擬緩急之須可以銷姦慝之萌不猶愈於舍近謀遠以生覬覦之心乎王黼童貫既得幽之空城即移舊邊之戍以守新邊一旦女真長驅新邊既棄舊境亦失越關渡河如踐無人之境往監明甚而今之新進少年獨未知懲創乎此新復之郡既未可保而江上之備已為之一空臣愚謂宜亟循阜陵分隸之舊還宿師於江南而分戍於淮漢庶幾根本先固人心不搖既可以厚重門之守又可以省分券之費不猶愈於虛內事外以貽一旦倉卒之憂者乎或曰如此則是棄外而事內也藩籬不固如堂奧何曰不然也臣之所言惟欲守阜陵之成規宿師於內郡而移戍於邊城所以固近而懷遠先內而後外非直棄遠而遺外也譬如人之一身腹心潰裂雖四體皆具將安用之況祖宗守邊之規模如淮漢蜀口皆有民兵義旅可以倚仗不專仰三衙江上移戍之軍也臣先事而有言則誠為過計不幸而言中則事已無及惟陛下曲留聖慮與二三大臣謀之如臣言可采即令速見施行

歷代名臣奏議卷之二百二十五

歷代名臣奏議卷之二百二十六

征伐

周穆王將征犬戎祭公謀父諫曰不可先王燿德不觀兵夫兵戢而時動動則威觀則玩玩則無震是故周文公之頌曰載戢干戈載櫜弓矢我求懿德肆于時夏允王保之先王之於民也茂正其德而厚其性阜其財求而利其器用明利害之鄉以文修之使之務利而辟害懷德而畏威故能保世以滋大昔我先王世后稷以服事虞夏及夏之衰也棄稷不務我先王不窋用失其官而自竄於戎狄之間不敢怠業時序其德纂修其緒修其訓典朝夕恪勤守以敦篤奉以忠信奕世載德不忝前人至于文王武王昭前之光明而加之以慈和事神保民無不欣喜商王帝辛大惡于民庶民不忍訢戴武王以致戎于商牧是故先王非務武也勤恤民隱而除其害也夫先王之制邦內甸服邦外侯服侯衛賓服夷蠻要服戎翟荒服甸服者祭（韋昭曰供日祭）侯服者祀（韋昭曰供月祀）賓服者享（韋昭曰供時享）要服者貢（韋昭曰供歲貢）荒服者王（韋昭曰王王事天子也）日祭月祀時享歲貢終王先王之順祀也有不祭則修意有不祀則修言有不享則修文有不貢則修名有不王則修德序成而有不至則修刑於是有刑不祭伐不祀征不享讓不貢告不王於是有刑罰之辟有攻伐之兵有征討之備有威讓之命有文告之辭布令陳辭而有不至則增修於德無勤民於遠是以近無不聽遠無不服今自大畢伯士之終也犬戎氏以其職來王天子曰予必以不享征之且觀之兵無乃廢先王之訓而王幾頓乎吾聞犬戎樹敦（樹立也言犬戎性敦篤也）率舊德而守終純固其有以禦我矣王遂征之得四白狼四白鹿以歸自是荒服者不至

魯莊公十年齊師伐我公將戰曹劌請見其鄉人曰肉食者謀之又何間焉劌曰肉食者鄙未能遠謀乃入見問何以戰公曰衣食所安弗敢專也必以分人對曰小惠未徧民弗從也公曰犧牲玉帛弗敢加也必以信對曰小信未孚神弗福也公曰小大之獄雖不能察必以情對曰忠之屬也可以一戰戰則請從公與之乘戰于長勺公將鼓之劌曰未可齊人三鼓劌曰可矣齊師敗績公將馳之劌曰未可下視其轍登軾而望之曰可矣遂逐齊師既克公問其故對曰夫戰勇氣也一鼓作氣再而衰三而竭彼竭我盈故克之夫大國難測也懼有伏焉吾視其轍亂望其旗靡故逐之

僖公二十一年邾人以須句故出師公卑邾不設備而禦之臧文仲曰國無小不可易也無備雖衆不可恃也詩曰戰戰兢兢如臨深淵如履薄冰又曰敬之敬之天維顯思命不易哉先王之明德猶無不難也無不懼也況我小國乎君其無謂邾小蠭蠆有毒而況國乎

哀公十四年齊陳恒弑其君壬于舒州孔丘三日齊而請伐齊三公曰魯為齊弱久矣子之伐之將若之何對曰陳恒弑其君民之不與者半以魯之衆加齊之半可克也公曰子告季孫孔子辭退而告人曰吾以從大夫之後也故不敢不言

晉潞子嬰兒之夫人晉景公之姊也酆舒為政而殺之又傷潞子之目晉侯將伐之諸大夫皆曰不可酆舒有三儁才不如待後之人伯宗曰必伐之狄有五罪儁才雖多何補焉不祀一也耆酒二也棄仲章而奪黎氏地三也虐我伯姬四也傷其君目五也怙其儁才而不以茂德茲益罪也後之人或者將敬奉德義以事神人而申固其命若之何待之不討有罪曰將待後後有辭而討焉毋乃不可乎夫恃才與衆亡之道也商紂由之故滅天反時為災地反物為妖民反德為亂亂則妖災生故文反正為乏盡在狄矣晉侯從之

趙簡子使尹鐸爲晉陽。請曰。以爲繭絲乎。抑爲保障乎。簡子曰。保障哉。尹鐸損其戶數。簡子謂無恤曰。晉國有難。而無以尹鐸爲少。無以晉陽爲遠。必以爲歸。及智宣子卒。智襄子爲政。與韓康子魏桓子宴於藍臺。智伯戲康子而侮段規。智國聞之諫曰。主不備難必至矣。智伯曰。難將由我。我不爲難。誰敢興之。對曰。不然。夏書有之曰。一人三失。怨豈在明。不見是圖。夫君子能勤小物。故無大患。今主一宴而耻人之君相。又不備。曰不敢興難。無乃不可乎。蚋蟻蜂蠆。皆能害人。况君相乎。弗聽。智伯請地於韓康子。康子欲弗與。段規曰。智伯好利而愎。不與將伐我。不如與之。彼狃於得地。必請於他人。他人不與。必嚮之以兵。然則我得免於患而待事之變矣。康子曰善。乃與之。智伯說。又求地於魏桓子。桓子欲弗與。任章問焉。桓子曰。無故。任章曰。無故索地。諸大夫必懼。吾與之地。智伯必驕。彼驕而輕敵。此懼而相親。以

相親之兵。待輕敵之人。智氏之命必不長矣。不如與之以驕智伯。然後可以擇交而圖之。柰何獨以吾爲智氏質乎。桓子曰善。亦與之。智伯又求蔡皐狼之地於趙襄子。襄子弗與。智伯怒。帥韓魏之甲以攻之。襄子將出。曰。吾何走乎。從者曰。長子近。且城完厚。襄子曰。民罷力以完之。又斃死以守之。其誰與我。從者曰。邯鄲之倉庫實。襄子曰。浚民之膏澤以實之。又因而殺之。其誰與我。其晉陽乎。先主之所屬也。尹鐸之所寬也。民必和矣。乃走晉陽。三家圍而灌之。城不浸者三版。沈竈產鼃。民無叛意。智伯行水。魏桓子御。韓康子驂乘。智伯曰。吾乃今知水可以亡人國也。桓子肘康子。康子履桓子之跗。以汾水可以灌安邑。絳水可以灌平陽也。絺疵謂智伯曰。韓魏必反矣。智伯曰。子何以知之。對曰。以人事知之。夫從韓魏而攻趙。趙亡。難必及韓魏矣。今約勝趙而三分其地。城降有日。而二子無喜志有憂色。是非反而何。明日智伯以其言告二子。二子曰。此讒人欲爲趙氏游說。使主疑二家而懈於攻趙也。不然。二家豈不利朝夕分趙氏之田。而欲爲此危難不可成之事乎。二子出。絺疵入曰。主何以臣之言告二子也。智伯曰。子何以知之。對曰。臣見其視臣端而趨疾。知臣得其情故也。智伯不悛。趙襄子使張孟談潛出見二子曰。臣聞脣亡則齒寒。趙亡則韓魏爲之次矣。二子乃陰與約爲之期日而遣之。襄子夜使人殺守隄之吏而決水灌智伯軍。智伯軍亂。韓魏翼而擊之。襄子將卒犯其前。大敗其衆。遂殺智伯。滅智氏而分其地。

惠文王時。秦伐韓軍於閼與。王召廉頗而問曰。可救不。對曰。道遠險狹難救。又召樂乘而問焉。樂乘對如廉頗言。又召問趙奢。奢對曰。其道遠險狹。譬之猶兩鼠鬬於穴中。將勇者勝。王乃令趙奢將救之。

孝成王時。秦王齕攻上黨。拔之。上黨民走趙。趙廉頗軍長平以按據

之。齕還攻趙。趙軍數敗。樓昌請發重使爲媾。虞卿曰。今制媾者在秦。秦必欲破王之軍矣。雖往請。將不聽。不如以重寶附楚魏。則秦疑天下之合從。媾乃可成也。王不聽。使鄭朱媾於秦。虞卿曰。天下之賀戰勝者皆在秦矣。鄭朱貴人也。秦必顯重之以示天下。天下見王之媾於秦。必不救王。秦知天下之不救王。則媾不可成矣。既而果然。

時秦攻趙。拔武安皮牢。司馬梗北定太原。盡有上黨地。韓趙又割地以和。趙孝成王之均割地也。虞卿言曰。秦之攻王也。倦而歸乎。其力尚能進。愛王而弗攻乎。王曰。秦不遺餘力矣。必以倦而歸也。虞卿曰。秦以其力攻其所不能取。倦而歸。王又以其力之所不能取以送之。是助秦自攻也。來年秦攻王。王無救矣。樓緩曰。卿得其一。不得其二。秦趙搆難而天下說。今不割地求和以疑天下。慰秦之心。則天下將因秦之怒。乘趙之弊而瓜分之矣。虞卿曰。危哉樓子之計。是愈疑天

下而何慰秦之心哉且臣言勿與者非固勿與而已秦索六城於王而王以六城賂齊則是王失之於齊而取償於秦也以此發辭臣見秦之重賂至趙而反媾於王矣趙王曰善

魏文侯問李克曰吴之所以亡者何也李克對曰數戰數勝文侯曰數戰數勝國之福也其所以亡何也李克曰數戰則民疲數勝則主驕以驕主治疲民此其所以亡也是故好戰窮兵未有不亡者也

楚武王侵隨使薳章求成焉軍於瑕以待之隨人使少師董成鬬伯比言於楚子曰吾不得志於漢東也我則使然我張吾三軍而被吾甲兵以武臨之彼則懼而協以謀我故難間也漢東之國隨爲大隨張必棄小國小國離楚之利也少師侈請羸師以張之熊率且比曰季梁在何益鬬伯比曰以爲後圖少師得其君王毁軍而納少師少師歸請追楚師隨侯將許之季梁止之曰天方授楚楚之羸其誘我

也君何急焉臣聞小之能敵大也小道大淫所謂道忠於民而信於神也上思利民忠也祝史正辭信也今民餒而君逞欲祝史矯舉以祭臣不知其可也公曰吾牲牷肥腯粢盛豐備何則不信對曰夫民神之主也是以聖王先成民而後致力於神故奉牲以告曰博碩肥腯謂民力之普存也謂其畜之碩大蕃滋也謂其不疾瘯蠡也謂其備腯咸有也奉盛以告曰潔粢豐盛謂其三時不害而民和年豐也奉酒醴以告曰嘉栗旨酒謂其上下皆有嘉德而無違心也所謂馨香無讒慝也故務其三時修其五教親其九族以致其禋祀於是乎民和而神降之福故動則有成今民各有心而鬼神乏主君雖獨豐其何福之有君姑修政而親兄弟之國庶免於難隨侯懼而修政楚不敢伐

武王時屈瑕伐羅鬬伯比送之還謂其御曰莫敖必敗舉趾高心不固矣遂見楚子曰必濟師楚子辭焉入告夫人鄧曼鄧曼曰大夫其非衆之謂其謂君撫小民以信訓諸司以德而威莫敖以刑也莫敖狃於蒲騷之役將自用也必小羅君若不鎮撫其不設備乎夫固謂君訓衆而好鎮撫之召諸司而勸之以令德見莫敖而告諸天之不假易也不然夫豈不知楚師之盡行也楚子使賴人追之不及莫敖使徇于師曰諫者有刑及鄢亂次以濟遂無次且不設備及羅羅與盧戎兩軍之大敗之

莊王欲伐晉使豚尹觀焉反曰不可伐也其憂在上其樂在下且賢臣在焉曰沈駒明年又使豚尹觀反曰可矣初之賢人死矣諂諛多在君之廬者其君好樂而無禮其下危處以怨上上下離心興師伐之其民必先反莊王從之果如其言矣

宋人圍曹討不服也子魚言於宋襄公曰文王聞崇德亂而伐之軍

三旬而不降退修教而復伐之因壘而降詩曰刑于寡妻至于兄弟以迎于家邦今君德無乃猶有所闕而以伐人若之何盍姑内省德乎無闕而後動

宋襄公時楚人伐宋以救鄭襄公將戰大司馬固諫曰天之棄商久矣君將興之弗可赦也已弗聽及楚人戰于泓宋人既成列楚人未既濟司馬曰彼衆我寡及其未既濟也請擊之公曰不可既濟而未成列又以告公曰未可既陳而後擊之宋師敗績公傷股門官殲焉國人皆咎公公曰君子不重傷不禽二毛古之爲軍也不以阻隘也寡人雖亡國之餘不鼓不成列子魚曰君未知戰勍敵之人隘而不列天贊我也阻而鼓之不亦可乎猶有懼焉且今之勍者皆吾敵也雖及胡耇獲則取之何有於二毛明恥教戰求殺敵也傷未及死如何勿重若愛重傷則如勿傷愛其二毛則如服焉三軍以利用也金

鼓以聲氣也。利而用之阻隘可也。聲盛致志鼓儳可也。

齊桓公五年伐魯。魯將師敗。魯莊公請獻遂邑以平。桓公許與魯會柯而盟。魯將盟。曹沫以匕首劫桓公於壇上曰。反魯之侵地。桓公許之。已而曹沫去匕首北面就臣位。桓公後悔欲無與魯地而殺曹沫。管仲曰。夫劫許之。而倍信殺之。愈一小快耳。而棄信於諸侯。失天下之援。不可。於是遂與曹沫三敗所亡地於魯。諸侯聞之。皆信齊而欲附焉。

景公時。將伐晉。晏平仲曰。君恃勇力以伐盟主。若不濟。國之福也。不德而有功。憂必及君。崔杼諫曰。不可。臣聞之。小國間大國之敗而毀焉。必受其咎。君其圖之。陳文子見崔武子曰。將如君何。武子曰。吾言於君。君弗聽也。以為盟主而利其難。羣臣若急。君於何有。子姑止之。文子退告其人曰。崔子將死乎。謂君甚而又過之。不得其死。過君以

義猶自抑也。況以惡乎。

宣王欲伐魏。淳于髡為齊王曰。韓子盧者。天下之疾犬也。東郭逡者。海內之狡兔也。韓子盧逐東郭逡。環山者三。騰山者五。兔極於前。犬廢於後。犬兔俱罷。各死其處。田父見之。無勞勸之苦而擅其功。今齊魏久相持。以頓其兵。敝其衆。臣恐強秦大楚承其後。有田父之功。齊王懼。謝將休士。

威王時。魏使龐涓伐韓。韓請救於齊。威王召大臣而謀之。成侯鄒忌曰。不如勿救。田忌曰。不救。則韓且折而入於魏矣。不如早救之。孫臏曰。夫韓魏之兵未弊而救之。是吾代韓受魏之兵。顧反聽命於韓也。且魏有破國之志。韓見亡。必東面而愬於齊。吾因深結韓之親。而晚承魏之弊。則可受重利而得尊名也。王曰善。乃陰許韓使而遣之。

越王句踐元年。吳王闔廬聞允常死。乃興師伐越。越王句踐使死士挑戰。三行至吳陳。呼而自剄。吳師觀之。越因襲擊吳師。吳師敗於檇李。射傷吳王闔廬。闔廬且死。告其子夫差曰。必毋忘越。三年。句踐聞吳王夫差日夜勒兵且以報越。越欲先吳未發往伐之。范蠡諫曰。不可。臣聞兵者。凶器也。戰者。逆德也。爭者。事之末也。陰謀逆德。好用凶器。試身於所末。上帝禁之。行者不利。越王曰。吾已決之矣。遂興師。吳王聞之。悉發精兵擊越。敗之夫椒。杜預曰。夫椒。在吳郡吳縣。太湖中椒山是也

吳王闔閭使徐人執掩餘。使鍾吾人執燭庸。二公子奔楚。楚子大封而定其徙。子西諫曰。吳光新得國而親其民。視民如子。辛苦同之。將用之也。若好吳邊疆。使柔服焉。猶懼其至。吾又彊其讎以重怒之。無乃不可乎。吳。周之冑裔也。而棄在海濱。不與姬通。今而始大。比于諸華。光又甚文。將自同於先王。不知天將以為虐乎。使翦喪吳國而封大異姓乎。其抑亦將卒以祚吳乎。其終不遠矣。我盍姑億吾鬼神而

寧吾族姓。以待其歸。將焉用自播揚焉。王弗聽。吳子怒。問於伍員。曰。初而言伐楚。余知其可也。而恐其使余往也。又惡人之有余之功也。今余將自有之矣。伐楚何如。對曰。楚執政衆而乖。莫適任患。若為三師以肄焉。一師至。彼必皆出。彼出則歸。彼歸則出。楚必道敝。亟肄以罷之。多方以誤之。既罷而後以三軍繼之。必大克之。闔閭從之。楚於是乎始病。

吳以伍子胥孫武之謀。西破強楚。北威齊晉。南伐越。越王句踐迎擊之。敗吳於姑蘇。傷闔廬指。軍却。闔廬謂太子夫差曰。爾忘句踐殺而父乎。夫差對曰。不敢。是夕闔廬死。夫差既立為王。以伯嚭為太宰。習戰射。三年伐越。敗之夫椒。越王句踐乃以兵五千人棲於會稽山上。使大夫種厚幣遺吳太宰嚭以請和。委國為臣妾。吳王將許之。伍子胥諫曰。越王為人能辛苦。今王不滅。後必悔之。吳王不聽。用太宰嚭

計與越平其後五年吳王聞齊景公死而大臣爭寵新君弱乃興師北伐齊子胥諫曰不可勾踐食不重味弔死問疾且能用人此人不死必爲吳患今越腹心之疾齊猶疥癬耳而王不先越乃務伐齊不亦謬乎吳王不聽伐齊大敗齊師於艾陵遂與鄒魯之君會以歸益疏子胥之言其後四年吳將復北伐齊越王勾踐用子貢之謀乃率其衆以助吳而重寶以獻遺太宰嚭太宰嚭既數受越賂其愛信越殊甚日夜爲言於吳王王信用嚭之計伍子胥諫曰夫越腹心之疾今信其游辭僞詐而貪齊譬猶石田無所用之盤庚曰古人有顛越不恭是商所以興也願王釋齊而先越不然將悔之無及也已吳王不聽使子胥於齊子胥謂其子曰吾諫王王不我用吾今見吳之滅矣女與吳俱亡無爲也乃屬其子於齊鮑氏而歸報吳王太宰嚭既與子胥有隙因讒曰子胥爲人剛暴少恩其怨望猜賊爲禍也深恨前日

王欲伐齊子胥以爲不可王卒伐之而有大功子胥計謀不用乃反怨望今王又復伐齊子胥專愎强諫沮毁用事徼幸吳之敗以自勝其計謀耳今王自行悉國中武力以伐齊而子胥諫不用因輟佯病不行王不可不備此起禍不難且臣使人微伺之其使齊也乃屬其子於鮑氏夫人臣內不意外交諸侯自以先王謀臣今不用常怏怏願王早圖之吳王曰微子之言吾亦疑之乃使使賜子胥屬鏤之劍曰子以此死子胥曰嗟乎讒臣宰嚭爲亂王顧反誅我我令若父霸又若立時諸子弟爭立我以死爭之於先王幾不得立若既立欲分吳國與我我顧不敢當然若之何聽讒臣殺長者乃告舍人曰必樹吾墓上以梓令可以爲器而抉吾眼著之吳東門以觀越寇之滅吳也乃自剄殺吳王聞之大怒乃取子胥尸盛以鴟夷革浮之江中吳人憐之乃爲立祠於江上因名曰胥山後十餘年越襲吳吳王還與戰不勝使大夫行成於越不許吳王將死曰吾以不用子胥之言至於此令死者無知則已死者有知吾何面目以見子胥也遂蒙絮覆面而自刎

吳王夫差敗越于夫椒報檇李也遂入越越子以甲楯五千保于會稽使大夫種因吳太宰嚭以行成吳子將許之伍員曰不可臣聞之樹德莫如滋去疾莫如盡昔有過澆殺斟灌以伐斟鄩滅夏后相后緡方娠逃出自竇歸于有仍生少康焉爲仍牧正惎澆能戒之澆使椒求之逃奔有虞爲之庖正以除其害虞思於是妻之以二姚而邑諸綸有田一成有衆一旅能布其德而兆其謀以收夏衆撫其官職使女艾諜澆使季杼誘豷遂滅過戈復禹之績祀夏配天不失舊物今吳不如過而越大於少康或將豐之不亦難乎句踐能親而務施施不失人親不棄勞與我同壤而世爲仇讎於是克而弗取將又存

之違天而長寇讎後雖悔之不可食已姬之衰也日可俟也介在蠻夷而長寇讎以是求伯必不行矣弗聽

夫差爲鄰故將伐魯問於叔孫輒叔孫輒對曰魯有名而無情伐之必得志焉退而告公山不狃公山不狃曰非禮也君子違不適讎國未臣而有伐之奔命焉死之可也所託也則隱且夫人之行也不以所惡廢鄉今子以小惡而欲覆宗國不亦難乎子張病之王問於子洩對曰魯雖無與立必有與斃諸侯將救之未可以得志焉晉與齊楚輔之是四讎也夫魯齊晉之脣脣亡齒寒君所知也不救何爲吳伐我國人懼懿子謂景伯若之何對曰吳師來則與之戰何患焉且召之而至又何求焉吳師戰于夷獲叔子與析朱鉏獻于王王曰此同車必使能國未可望也吳人行成將盟景伯曰楚人圍宋易子而食析骸而爨猶無城下之盟我未及虧而有城下之盟是棄國也吳輕而遠

不能久將歸矣請少待之弗從吳人盟而還

吳王欲伐荆告其左右曰敢有諫者死舍人有少孺子欲諫不敢則懷丸操彈於後園露沾其衣如是者三旦吳王曰子來何苦沾衣如此對曰園中有樹其上有蟬蟬高居悲鳴飲露不知螳螂在其後也螳螂委身曲附欲取蟬而不知黄雀在其傍也黄雀延頸欲啄螳螂而不知彈丸在其下也此三者皆務欲得其前利而不顧其後之有患也王曰善哉乃罷其兵

夫差將伐齊越子率其衆而朝焉王及列士皆有饋賂吳人皆喜唯伍子胥懼曰是豢吳也夫諫曰越在我心腹之疾也壤地同而有欲於我夫其柔服求濟其欲也不如早從事焉得志於齊猶獲石田也無所用之越不為沼吳其泯矣使醫除疾而曰必遺類焉者未之有也盤庚之誥曰其有顛越不共則劓殄無遺育無俾易種于茲邑是

商所以興也今君易之將以求大不亦難乎弗聽

秦惠王時巴蜀相攻俱告急於秦惠王欲伐蜀韓又來侵司馬錯請伐蜀張儀曰不如伐韓王曰請聞其說儀曰親魏善楚下兵三川攻新城宜陽以臨二周之郊據九鼎按圖籍挾天子以令天下天下莫敢不聽此王業也臣聞爭名者於朝爭利者於市今三川周室天下之朝市也而王不爭焉顧爭於戎翟去王業遠矣錯曰不然臣聞之欲富國者務廣其地欲彊兵者務富其民欲王者務博其德三資者備而王隨之矣今王地小民貧故臣願先從事於易夫蜀西僻之國而戎翟之長也有桀紂之亂以秦攻之譬如使豺狼逐羣羊得其地足以廣國取其財足以富民繕兵不傷衆而彼已服焉拔一國而天下不以為暴利盡四海而天下不以為貪而又有禁暴止亂之名是我一舉而名實附也今攻韓劫天子惡名也而攻天下之所不欲又未必利也不如伐蜀王從之

武王使甘茂約魏以伐韓宜陽茂至魏使人還謂王曰魏聽臣矣然願王勿伐王迎茂息壤而問其故對曰宜陽大縣其實郡也今倍數險行千里攻之難魯人有與曾參同姓名者殺人人告其母母織自若也及三人告之則其母投杼下機踰墻而走臣之賢不若曾參王之信臣不如其母疑臣者非特三人臣恐大王之投杼也魏文侯令樂羊攻中山三年拔之返而論功文侯示之謗書一篋樂羊再拜稽首曰此非臣之功君之力也今臣羇旅之臣也樗里子公孫奭挾韓而議之王必聽之是王欺魏王而臣受公仲侈之怨也故臣願王之勿伐也王曰寡人弗聽也請與子盟乃盟于息壤

昭王時白起拔楚西陵或拔鄢郢夷陵燒先王之墓王徙東北保于陳城楚遂削弱為秦所輕於是白起又將兵來伐楚人有黄歇者游

學博聞襄王以為辯故使於秦說昭王曰天下莫彊於秦楚今聞大王欲伐楚此猶兩虎相鬭而駑犬受其敝不如善楚臣請言其說曰物至而反冬夏是也致至而危累棊是也今大國之地半天下有二垂此從生民以來萬乘之地未嘗有也先帝文王武莊王王之身三世而不接地於齊以絶從親之要今王使成橋守事於韓成橋以北入燕是王不用甲不伸威而出百里之地王可謂能矣王又舉甲兵而攻魏杜大梁之門舉河内拔燕酸棗虚桃人楚燕之兵雲翔而不敢校王之功亦多矣王休甲息衆二年然後復之又取蒲衍首垣以臨仁平兵小黄濟陽嬰城而魏氏服矣王又割濮磨之北屬之燕斷齊秦之要絶楚魏之脊天下五合六聚而不敢救也王之威亦殫矣王若能持功守威省攻伐之心而肥仁義之誠使無復後患三王不足四五霸不足六也王若負人徒之衆恃甲兵之強一毀魏氏之威

而欲以力臣天下之主臣恐有後患詩云靡不有初鮮克有終易曰狐濡其尾此言始之易終之難也何以知其然也智氏見伐趙之利而不知榆次之禍也吳見伐齊之便而不知干隧之敗也此二國者非無大功也設利於前而易患於後也吳之信越也從而伐齊遂攻齊人於艾陵還爲越王禽於三江之浦智氏信韓魏從而伐趙攻晉陽之城勝有日矣韓魏反之殺智伯瑤於鑿臺之上今王妬楚之不毀也而忘毀楚之強魏也臣爲大王慮而不取詩云大武遠宅不涉從此觀之楚國援也鄰國敵也詩云他人有心予忖度之躍躍毚兔遇犬獲之今王中道而信韓魏之善王也此正吳信越也臣聞敵不可易時不可失臣恐韓魏之卑辭慮患而實欺大國也王既無重世之德於韓魏而有累世之怨焉夫韓魏父子兄弟接踵而死於秦者百世矣本國殘社稷壞宗廟隳刳腹折頤首身分離暴骨草澤頭顱

僵仆相望於境父子老弱係虜相隨於路鬼神狐祥無所食百姓不聊生族類離散流亡爲臣妾滿海內矣韓魏之不亡秦社稷之憂也今王之攻楚不亦失乎且王攻楚之日則惡出兵王將藉路於仇讎之韓魏乎兵出之日而王憂其不反也是王以兵資於仇讎之韓魏必攻隨陽右壤此皆廣川大水山林谿谷不食之地王雖有之不爲得地是王有毀楚之名無得地之實也且王攻楚之日四國必應悉起應王秦楚之兵構而不離魏氏將出兵而攻留方與銍胡陵碭蕭相故宋必盡齊人南面泗北必舉此皆平原四達膏腴之地也而王使之獨攻王破楚於以肥韓魏於中國而勁齊韓魏之強足以校於秦矣而齊南以泗爲境東負海北倚河而無後患天下之國莫強於齊齊魏得地葆利而詳事下吏一年之後爲帝若未能於以禁王之爲帝有餘矣以王壤土之博人徒之衆兵革之強而注地於楚詘令韓魏歸帝重於齊是王失計也臣爲王慮莫若善楚秦楚合而爲一以臨韓韓必受首王襟以山東之險帶以河曲之利韓必爲關中之候若是王以十萬戍鄭梁氏寒心許鄢陵嬰城上蔡召陵不往來也如此而魏亦關內候矣王一善楚而關內二萬乘之主注地於秦齊之右壤可拱手而取也是王之地一注兩海要絕天下也是燕趙無齊楚齊楚無燕趙也然後危動燕趙持齊楚此四國者不待痛而服矣

昭王攻趙蘇子謂王曰臣聞明王之於其民也博論而技藝之是故官無乏事而力不困於其言也多聽而時用之是故事無敗業而惡不章臣願王察臣之所謁而効之於一時之用也臣聞懷重寶者不以夜行任大功者不以輕敵是以賢者任重而行恭智者功大而辭順故民不惡其尊而世不妬其業臣聞之百倍之國者民不樂後也

功業高世者人主不再行也力盡之民仁者不用也求得而反靜聖王之制也功大而息民用兵之道也今用兵終身不休力盡不罷怒趙趙怒必於其己邑趙僅存哉然而四輪之國也今雖得邯鄲非國之長利也意者地廣而不耕民羸而不休又嚴之以刑罰則雖從而不止矣語曰戰勝而國危者物不斷也功大而權輕者地不入也故過任之事父不得於子無已之求君不得於臣故微之爲著者強察乎息民之爲用者霸明乎輕之爲重者王秦王曰寡人案兵息民則天下必爲從將以逆秦蘇子曰臣有以知天下之不能爲從以逆秦也臣以田單如耳爲大過也豈獨田單如耳爲大過哉天下之主亦盡過矣夫慮收亡齊罷楚敝魏與不可知之趙欲以窮秦折韓臣以爲至愚也夫齊威宣者世之賢王也德博而地廣國富而民用將武而兵強宣王用之後破富韓威勁魏以南伐楚西攻秦秦爲齊兵困

於殽函之上十年攘地秦人遠迹不服而齊爲虛矣夫齊兵之所以破韓魏之所以僅存者何也是則伐楚攻秦而後受其殃也今冨非有齊威宣之餘也精兵非有冨韓勁魏之庫也而將非有田單司馬之慮也收破齊罷楚敝魏不可知之趙欲以窮秦折韓臣以爲至誤臣以爲從一不可成也客有難者今人有患於世夫刑名之家皆曰白馬非馬也已如白馬實馬乃使有白馬之爲也此臣之所患也昔者秦人下兵攻懷服其人三國從之趙奢鮑佞將楚有四人起而從之臨懷而不救秦人去而不從不識三國之憎秦而愛懷邪忘其憎懷而愛秦邪夫攻而不救去而不從是以知三國之兵困而趙奢鮑佞之能也故裂地以敗於齊田單將齊之良以兵横行於中十四年終身不敢設兵以攻秦折韓也而馳於封内不識從之一成惡存也於是秦王解兵不出於境諸侯休天下安二十九年不相攻

昭王既息民繕兵復欲伐趙武安君曰不可王曰前年國虛民飢君不量百姓之力求益軍粮以滅趙今寡人息民以養士蓄積粮實三軍之俸有倍於前而曰不可其說何也武安君曰長平之事秦軍大克趙軍大破秦人歡喜趙人畏懼秦民之死者厚葬傷者厚養勞者相饗飲食餔餽以靡其財趙人之死者不得收傷者不得療涕泣相哀勠力同憂耕田疾作以生其財今王發軍雖倍其前臣料趙國守備亦以十倍矣趙自長平已來君臣憂懼早朝晏罷卑辭重幣四面出嫁結親燕魏連好齊楚積慮并心備秦爲務其國内實其交外成當今之時趙未可伐也王曰寡人既以興師矣乃使五校大夫王陵將而伐趙陵戰失利亡五校王欲使武安君武安君稱疾不行王乃使應侯往見武安君責之曰楚地方五千里持戟百萬君前率數萬之衆入楚拔鄢郢焚其廟東至竟陵楚人震恐東徙而不敢西向韓魏相率興兵甚衆君所將之卒不能半之而與戰之於伊闕大破二國之軍流血漂鹵斬首二十四萬韓魏以故稱東藩此君之功天下莫不聞今趙卒之死於長平者已十七八其國虛弱是以寡人大發軍人數倍於趙國之衆願使君將必欲滅之矣君甞以寡擊衆取勝如神況以強擊弱以衆擊寡乎武安君曰是時楚王恃其國大不恤其政而羣臣相妬以功諂諛用事良臣斥疎百姓心離城池不修既無良臣又無守備故起所以得引兵深入多倍城邑發梁焚舟以專民志掠於郊野以足軍食當此之時秦中士卒以軍中爲家將帥爲父母不約而親不謀而信一心同力死不旋踵楚人自戰其地咸顧其家各有散心莫有鬭志是以能有功也伊闕之戰韓孤顧魏不欲先用其衆魏恃韓之鋭欲推以爲鋒二軍爭便之力不同是以臣得設疑兵以待韓陣專軍并鋭觸魏之不意魏軍既敗韓軍自潰乘勝

逐北以是之故能立功皆計利形勢自然之理何神之有哉今秦破趙軍於長平不遂以時乘其振懼而滅之畏而釋之使得耕稼以益蓄積養孤長幼以益其衆繕治兵甲以益其強增城浚池以益其固主折節以下其臣臣推體以下死士至於平原之屬皆令妻妾補縫於行伍之間臣人一心上下同力猶句踐困於會稽之時也以今伐之趙必固守挑其軍戰必不肯出圍其國都必不可克攻其列城必未可拔掠其郊野必無所得兵出無功諸侯生心外救必至臣見其害未睹其利又病未能行應侯慙而退以言於王王曰微白起吾不能滅趙乎復益發軍更使王齕代王陵伐趙圍邯鄲八九月死傷者衆而弗下趙王出輕鋭以冦其後秦數不利武安君曰不聽臣計今果如何王聞之怒因見武安君強起之曰君雖病強爲寡人卧而將之有功寡人之願將加重於君如君不行寡人恨君武安君頓首曰

臣知行雖無功得免於罪雖不行無罪不免於誅然惟願大王覽臣愚計釋趙養民以諸侯之變撫其恐懼伐其憍慢誅滅無道以令諸侯天下可定何必以趙爲先乎此所謂爲一臣屈而勝天下也大王若不察臣愚計必欲快心於趙以致臣罪此亦所謂勝一臣而爲天下屈者也夫勝一臣之嚴焉孰若勝天下之威大邪臣聞明主愛其國忠臣愛其名破國不可復完死卒不可復生臣寧伏受重誅而死不忍爲辱軍之將願大王察之王不荅而去

范雎言於昭王曰大王之國北有高泉谷口南帶涇渭右隴蜀左關阪戰車千乘奮擊百萬以秦卒之勇車騎之多以當諸侯譬若馳韓盧而逐狡兔也霸王之業可致今反閉而不敢窺兵於山東者是大王之計有所失也王曰願聞失計雎曰大王越韓魏而攻强齊非計也少出師則不足以傷齊多之則害於秦臣意王之計欲少出師而

悉韓魏之兵則不義矣今見與國之不可親越人之國而攻可謂疏於計矣昔者齊人伐楚戰勝破軍殺將再辟千里膚寸之地無得者豈齊不欲地哉形弗能有也諸侯見齊之罷露君臣之不親舉兵而伐之王辱軍破爲天下笑所以然者以其伐楚而肥韓魏也此所謂藉賊兵而齎盜食者也王不如遠交而近攻得寸則王之寸得尺亦王之尺也今舍此而遠攻不亦繆乎且昔者中山之地方五百里趙獨擅之功成名立利附則天下莫能害今韓魏中國之處而天下之樞也王若欲霸必親中國而以爲天下樞以威楚趙趙强則楚附楚强則趙附楚趙附則齊必懼懼必卑辭重幣以事秦齊附而韓魏可虛也

齊孟嘗君怒秦與韓魏攻之入函谷關秦昭王謂丞相樓緩公子他曰三國之兵深矣寡人欲割河東而媾對曰媾亦悔不媾亦悔王曰何也對曰王割河東而媾三國雖去王必曰惜矣三國且去吾特以三城從之此媾之悔也不媾三國入函谷咸陽必危王又曰惜矣吾愛三城而不媾此不媾之悔也王曰鈞吾悔也寧亡三城而悔無危咸陽而悔也乃使公子他以三城媾於三國

秦武安君病使王陵伐趙攻邯鄲少利武安君病愈昭王欲使代之武安君曰邯鄲實未易攻也且諸侯之救日至秦雖勝於長平然士卒死者過半國內空遠絕河山而爭人國都趙應其內諸侯攻其外破秦軍必矣王又使應侯請之終辭不行

秦二世時陳勝起山東使者以聞二世召博士諸儒生問曰楚戍卒攻蘄入陳於公如何博士諸生三十餘人前曰人臣無將將即反罪死無赦願陛下急發兵擊之二世怒

漢高帝初欲以兵二萬人擊秦嶢下軍張良說曰秦兵尚彊未可輕

臣聞其將屠者子賈豎易動以利願沛公且留壁使人先行爲五萬人具食益爲張旗幟諸山上爲疑兵令酈食其持重寶啗秦將秦將果畔欲連和俱西襲咸陽沛公欲聽之良曰此獨其將欲叛耳恐士卒不從不從必危不如因其解擊之沛公乃引兵擊秦軍大破之遂北至藍田再戰秦兵竟敗

二年漢王至洛陽新城三老董公遮說王曰臣聞順德者昌逆德者亡兵出無名事故不成故曰名其爲賊敵乃可服項羽爲無道放殺其主天下之賊也夫仁不以勇義不以力大王宜帥三軍之衆爲之素服以告之諸侯爲此東伐四海之內莫不仰德此三王之舉也漢王曰善非夫子無所聞

三年漢王出滎陽至成皋自成皋入關收兵欲復東轅生說漢王曰漢與楚相距滎陽數歲漢常困願君王出武關項王必引兵南走王

深壁。令滎陽成皋閒且得休息。使韓信等得輯河北趙地。連燕齊。君王乃復走滎陽。如此。則楚所備者多。力分。漢得休息。復與之戰。破之必矣。漢王從其計。

六年。人有告楚王韓信反者。帝以問諸將。皆曰。亟發兵坑豎子耳。帝默然。又問陳平。平曰。人言信反。信知之乎。上曰。不知。平曰。陛下兵精孰與楚。上曰。不能過。平曰。諸將用兵有能過信者乎。上曰。莫及也。平曰。如此而舉兵攻之。是趣之戰也。竊爲陛下危之。上曰。爲之柰何。平曰。古者天子有巡狩會諸侯。陛下第出僞遊雲夢。會諸侯於陳。陳。楚之西界。信聞天子以會出遊。其勢必無事而郊迎謁。謁而因擒之。此特一力士之事耳。帝以爲然。

七年。韓王信反。帝自往擊之。至晉陽。聞信與匈奴欲共擊漢。上大怒。使人使匈奴。匈奴匿其壯士肥牛馬。但見老弱及羸畜。使者十輩來

皆言匈奴可擊。上使劉敬復往使匈奴。還報曰。兩國相擊。此宜夸矜見所長。今臣往。徒見羸瘠老弱。此必欲見短。伏奇兵以爭利。愚以爲匈奴不可擊也。是時漢兵已踰句注。二十餘萬兵已業行。上怒罵劉敬曰。齊虜以口舌得官。今廼妄言沮吾軍。械繫敬廣武。遂往至平城。匈奴果出奇兵圍高帝白登。七日然後得解。高帝至廣武。赦敬曰。吾不用公言。已困平城。吾皆已斬前使十輩言可擊者矣。廼封敬二千户。爲關內侯。號爲建信侯。

十一年。淮南王黥布反。召諸將問之。汝陰侯滕公言之上曰。臣客故楚令尹薛公。其人有籌策。可問。上乃見問薛公。對曰。布反不足怪也。使布出於上計。山東非漢之有也。出於中計。勝負之數未可知也。出於下計。陛下安枕而臥矣。上曰。何謂上計。薛公對曰。東取吳。西取楚。并齊取魯。傳檄燕趙。固守其所。山東非漢之有也。何謂中計。東取吳。西取楚。并韓取魏。據敖倉之粟。塞成皋之險。勝敗之數未可知也。何謂下計。東取吳。西取下蔡。歸重於越。身歸長沙。陛下安枕而臥。漢無事矣。上曰。是計將安出。薛公曰。出下計。上曰。胡爲廢上計而出下計。薛公曰。布故驪山之徒也。致萬乘之主。此皆爲身。不顧後爲百姓萬世慮者也。故曰出下計。

文帝時。匈奴強。數寇邊。上發兵以禦之。太子家令鼂錯上言兵事曰。臣聞漢興以來。胡虜數入邊地。小入則小利。大入則大利。高后時再入隴西。攻城屠邑。毆略畜產。其後復入隴西。殺吏卒。大寇盜。竊聞戰勝之威。民氣百倍。敗兵之卒。沒世不復。自高后以來。隴西三困於匈奴矣。民氣破傷。亡有勝意。今茲隴西之吏賴社稷之神靈。奉陛下之明詔。和輯士卒。厎厲其節。起破傷之民。以當乘勝之匈奴。用少擊衆。殺一王。敗其衆而法曰大有利。非隴西之民有勇怯。廼將吏之制巧

拙異也。故兵法曰。有必勝之將。無必勝之民。繇此觀之。安邊境。立功名。在於良將。不可不擇也。臣又聞用兵臨戰合刃之急者三。一曰得地形。二曰卒服習。三曰器用利。兵法曰。丈五之溝。漸車之水。山林積石。經川丘阜。草木所在。此步兵之地也。車騎二不當一。土山丘陵。曼衍相屬。平原廣野。此車騎之地。步卒十不當一。平陵相遠。川谷居間。仰高臨下。此弓弩之地也。短兵百不當一。兩陣相近。平地淺草。可前可後。此長戟之地也。劍楯三不當一。萑葦竹蕭。草木蒙蘢。支葉茂接。此矛鋋之地也。長戟二不當一。士不選練。卒不服習。起居不精。動靜不集。趨利弗及。避難不畢。前擊後解。與金鼓之音相失。此不習勒卒之過也。百不當十。兵不完利。與空手同。甲不堅密。與袒裼同。弩不可以及遠。與短兵同。射不能中。與亡矢同。中不能入。與亡鏃同。此將不省兵之禍也。五不當一。故兵法曰。器械不利。以其卒予敵也。卒不可用

以其將予敵也。將不知兵。以其主予敵也。君不擇將。以其國予敵也。四者兵之至要也。臣又聞小大異形。強弱異勢。險易異備。夫卑身以事強。小國之形也。合小以攻大。敵國之形也。以蠻夷攻蠻夷。中國之形也。今匈奴地形技藝與中國異。上下山阪。出入溪澗。中國之馬弗與也。險道傾仄。且馳且射。中國之騎弗與也。風雨罷勞。飢渴不困。中國之人弗與也。此匈奴之長技也。若夫平原易地。輕車突騎。則匈奴之衆易撓亂也。勁弩長戟。射踈及遠。踈亦濶遠也則匈奴之弓弗能格也。堅甲利刃。長短相雜。游弩往來。什伍俱前。則匈奴之兵弗能當也。材官騶發。矢道同的。則匈奴之革笥木薦弗能支也。下馬地鬬。劍戟相接。去就相薄。則匈奴之足弗能給也。此中國之長技也。以此觀之。匈奴之長技三。中國之長技五。陛下又興數十萬之衆。以誅數萬之匈奴。衆寡之計。以一擊十之術也。雖然。兵凶器。戰危事也。以大爲小。以彊爲弱。在俛仰之間耳。夫以人之死爭勝。跌而不振。則悔之亡及也。帝王之道。出於萬全。今降胡義渠蠻夷之屬來歸誼者。其衆數千。飲食長技與匈奴同。可賜之堅甲絮衣。勁弓利矢。益以邊郡之良騎。令明將能知其習俗和輯其心者。以陛下之明約將之。即有險阻。以此當之。平地通道。則以輕車材官制之。兩軍相爲表裏。各用其長技。衡加之以衆。此萬全之術也。傳曰。狂夫之言。而明主擇焉。臣錯愚陋昧死上狂言。唯陛下財擇。

武帝建元三年。閩越發兵圍東甌。東甌食盡困且降。乃使人告急。上問太尉田蚡。蚡對曰。越人相攻擊。固其常。又數反覆。不足以煩中國往救也。自秦時棄弗屬。於是中大夫莊助詰蚡曰。特患力弗能救。德弗能覆。誠能。何故棄之。且秦舉咸陽而棄之。何乃越也。今小國以窮困來告急天子。天子弗振。當安所告愬。又何以子萬國乎。上曰。太尉未足與計。吾初即位。不欲出虎符發兵郡國。乃遣莊助以節發兵會稽。太守欲距不爲發兵。助乃斬一司馬。諭意指。遂發兵浮海救東甌。未至。閩越引兵而去。東甌請舉國徙中國。乃悉舉衆來處江淮之間。

六年。閩越興兵擊南越。南越守天子約。不敢擅發兵。而上書以聞。上多其義。大爲發兵。遣兩將軍將兵誅閩越。淮南王安上書諫曰。陛下臨天下。布德施恩。緩刑罰。薄賦斂。哀鰥寡。恤孤獨。養耆老。振匱乏。盛德上隆。和澤下洽。近者親附。遠者懷德。天下攝然。人安其生。自以沒身不見兵革。今聞有司將以誅越。臣安竊爲陛下重之。越。方外之地。劗髮文身之民也。不可以冠帶法度理也。自三代之盛。胡越不與受正朔。非彊弗能服。威弗能制也。以爲不居之地。不牧之民。不足以煩中國也。故古者封內甸服。封外侯服。侯衛賓服。蠻夷要服。戎狄荒服。遠近勢異也。自漢初定已來七十二年。吳越人相攻擊者。不可勝數。然天子未嘗舉兵而入其地也。臣聞越非有城郭邑里也。處谿谷之間。篁竹之中。習於水鬬。便於用舟。地深昧而多水險。中國之人不知其勢阻而入其地。雖百不當其一。得其地。不可郡縣也。攻之。不可暴取也。以地圖察其山川要塞。相去不過寸數。而間獨數百千里。阻險林叢。弗能盡著。視之若易。行之甚難。天下賴宗廟之靈。方內大寧。戴白之老。不見兵革。民得夫婦相守。父子相保。陛下之德也。越人名爲藩臣。貢酎之奉。不輸大內。一卒之用。不給上事。自相攻擊。而陛下發兵救之。是反以中國而勞蠻夷也。且越人愚戇輕薄。負約反覆。其不用天子之法度。非一日之積也。壹不奉詔。舉兵誅之。臣恐後兵革無時得息也。間者數年歲比不登。民待賣爵贅子以接衣食。賴陛下德澤振救之。得無轉死溝壑。四年不登。五年復蝗。民生未復。今發兵行數千里。資衣糧。入越地。輿轎而隃領。拕舟而入水。行數百千里。夾以深林叢竹水道上下擊石林中多蝮蛇猛獸夏月暑時嘔泄霍亂之病相隨屬也曾未施兵接刃死傷者必衆矣前時南海王反陛下先臣使將軍間忌將兵擊之以其軍降處之上淦後復反會天暑多雨樓船卒水居擊櫂未戰而疾死者過半親老涕泣孤子謕號破家散業迎尸千里之外裹骸骨而歸悲哀之氣數年不息長老至今以爲記曾未入其地而禍已至此矣臣聞軍旅之後必有凶年言民各以其愁苦之氣薄陰陽之和感天地之精而災氣爲之生也陛下德配天地明象日月恩至禽獸澤及草木一人有飢寒不終其天年而死者爲之悽愴於心今方內無狗吠之警而使陛下甲卒死亡暴露中原霑漬山谷邊境之民爲之早閉晏開鼂不及夕臣安竊爲陛下重之不習南方地形者多以越爲人衆兵彊能難邊城淮南全國之時多爲邊吏臣竊聞之與中國異限以高山人跡所絶車道不通天地

所以隔外內也其入中國必下領水領水之山峭峻漂石破舟不可以大船載食糧下也越人欲爲變必先田餘干界中積食糧乃入伐材治船邊城守候誠謹越人有入伐材者輒收捕焚其積聚雖百越奈邊城何且越人緜力薄材不能陸戰又無車騎弓弩之用然而不可入者以保地險而中國之人不能其水土也臣聞越甲卒不下數千萬所以入之五倍乃足輓車奉饟者不在其中南方暑溼近夏癉熱暴露水居蝮蛇蠚生疾癘多作兵未血刃而病死者什二三雖舉越國而虜之不足以償所亡臣聞道路言閩越王弟甲弑而殺之甲以誅死其民未有所屬陛下若欲來內處之中國使重臣臨存施德垂賞以招致之此必攜幼扶老以歸聖德若陛下無所用之則繼其絶世存其亡國建其王侯以爲畜越此必委質爲藩臣世共貢賦陛下以方寸之印丈二之組填撫方外不勞一卒不頓一戟而威德並行今

以兵入其地此必震恐以有司爲欲屠滅之也必雉兔逃入山林險阻背而去之則復相羣聚留而守之則歷歲經年士卒罷勌食糧乏絶男子不得耕稼樹種婦人不得紡績織紝丁壯從軍老弱轉餉居者無食行者無糧民苦兵事亡逃者必衆隨而誅之不可勝盡盜賊必起臣聞長老言秦之時嘗使尉屠睢擊越又使監祿鑿渠通道越人逃入深山林叢不可得攻留軍屯守空地曠日持久士卒勞倦越乃出擊之秦兵大破乃發適戍以備之當此之時外內騷動百姓靡敝行者不還往者莫反皆不聊生亡逃相從羣爲盜賊於是山東之難始興此老子所謂師之所處荆棘生之者也兵者凶事一方有急四面皆從臣恐變故之生姦邪之作由此始也周易曰高宗伐鬼方三年而克之鬼方小蠻夷高宗殷之盛天子也以盛天子伐小蠻夷三年而後克言用兵不可不重也臣聞天子之兵有征無戰言莫敢

校也如使越人蒙死徼幸以逆執事之顏行廝輿之卒有一不備而歸者雖得越王之首臣猶竊爲大漢羞之陛下以四海爲境九州爲家八藪爲囿江漢爲池生民之屬皆爲臣妾人徒之衆足以奉千官之共租稅之收足以給乘輿之御玩心神明秉執聖道負黼依馮玉几南面而聽斷號令天下四海之內莫不嚮應陛下垂德惠以覆露之使元元之民安生樂業則澤被萬世傳之子孫施之無窮天下之安猶泰山而四維之也夷狄之地何足以爲一日之閒而煩汗馬之勞乎詩云王猶允塞徐方既來言王道甚大而遠方懷之也臣聞之農夫勞而君子養焉愚者言而智者擇焉臣安幸得爲陛下守藩以身爲鄣蔽人臣之任也邊境有警愛身之死而不畢其愚非忠臣也臣安竊恐將吏之以十萬之師爲一使之任也

武帝時田蚡爲丞相韓安國爲御史大夫匈奴來請和親上下其議

大行王恢燕人。數爲邊吏。習胡事。議曰。漢與匈奴和親。率不過數歲即背約。不如勿許。舉兵擊之。安國曰。千里而戰。即兵不獲利。今匈奴負戎馬足。懷鳥獸心。遷徙鳥集。難得而制。得其地不足爲廣。有其衆不足爲彊。自上古弗屬。漢數千里爭利。則人馬罷。虜以全制其敝。埶必危殆。臣故以爲不如和親。羣臣議多附安國。於是上許和親。明年鴈門馬邑豪聶壹因大行王恢言匈奴初和親。親信邊。可誘以利致之。伏兵襲擊。必破之道也。上迺召問公卿曰。朕飾子女以配單于。幣帛文錦。賂之甚厚。單于待命加嫚。侵盜無已。邊竟數驚。朕甚閔之。今欲舉兵攻之何如。大行恢對曰。陛下雖未言。臣固願效之。臣聞全代之時。北有彊胡之敵。內連中國之兵。然尚得養老長幼。種樹以時。倉廩常實。匈奴不輕侵也。今以陛下之威。海內爲一。天下同任。又遣子弟乘邊守塞。轉粟輓輸。以爲之備。然匈奴侵盜不已者。無他。以不恐

之故耳。臣竊以爲擊之便。御史大夫安國曰。不然。臣聞高皇帝嘗圍於平城。匈奴至者投鞍高如城者數所。平城之飢。七日不食。天下歌之。及解圍反位。而無忿怒之心。夫聖人以天下爲度者也。不以己私怒傷天下之功。故乃遣劉敬奉金千斤。以結和親。至今爲五世利。孝文皇帝又嘗壹擁天下之精兵聚之廣武常谿。然終無尺寸之功。而天下黔首無不憂者。孝文寤於兵之不可宿。故復合和親之約。此二聖之迹。足以爲效矣。臣竊以爲勿擊便。恢曰。不然。臣聞五帝不相襲禮。三王不相復樂。非故相反也。各因世宜也。且高帝身被堅執銳。蒙霧露。沐霜雪。行幾十年。所以不報平城之怨者。非力不能。所以休天下之心也。今邊竟數驚。士卒傷死。中國槥車相望。此仁人之所隱也。臣故曰擊之便。安國曰。不然。臣聞利不十者不易業。功不百者不變常。是以古之人君謀事必就祖。發政占古語。重作事也。且自三代之

盛。夷狄不與正朔服色。非威不能制。彊弗能服也。以爲遠方絕地不牧之民。不足煩中國也。且匈奴輕疾悍亟之兵也。至如猋風。去如收電。畜牧爲業。弧弓射獵。逐獸隨草。居處無常。難得而制。今使邊郡久廢耕織。以支胡之常事。其埶不相權也。臣故曰勿擊便。恢曰。不然。臣聞鳳鳥乘於風。聖人因於時。昔秦繆公都雍。地方三百里。知時宜之變。攻取西戎。辟地千里。并國十四。隴西北地是也。及後蒙恬爲秦侵胡。辟數千里。以河爲竟。累石爲城。樹榆爲塞。匈奴不敢飲馬於河。置烽燧然後敢牧馬。夫匈奴獨可以威服。不可以仁畜也。今以中國之盛。萬倍之資。遣百分之一以攻匈奴。譬猶以彊弩射且潰之癰也。必不留行矣。若是則北發月氏可得而臣也。臣故曰擊之便。安國曰。不然。臣聞用兵者以飽待饑。正治以待其亂。定舍以待其勞。故接兵覆衆。伐國墮城。常坐而役敵國。此聖人之兵也。且臣聞之。衝風之衰。不

能起毛羽。彊弩之末。力不能入魯縞。夫盛之有衰。猶朝之必莫也。今將卷甲輕舉。深入長敺。難以爲功。從行則迫脅。衡行則中絕。疾則糧乏。徐則後利。不至千里。人馬乏食。兵法曰。遺人獲也。意者有他繆巧可以禽之。則臣不知也。不然。則未見深入之利也。臣故曰勿擊便。恢曰。不然。夫草木遭霜者不可以風過。清水明鏡不可以形逃。通方之士。不可以文亂。今臣言擊之者。固非發而深入也。將順因單于之欲誘而致之邊。吾選梟騎壯士陰伏而處以爲之備。審遮險阻以爲其戒。吾埶已定。或營其左。或營其右。或當其前。或絕其後。單于可禽。百全必取。上曰。善。迺從恢議。

宣帝元康中。匈奴遣兵擊漢屯田車師者不能下。上與後將軍趙充國等議。欲因匈奴衰弱。出兵擊其右地。使不敢復擾西域。魏相上書諫曰。臣聞之。救亂誅暴。謂之義兵。兵義者王。敵加於己。不得已而起

者謂之應兵。兵應者勝。爭恨小故不忍憤怒者謂之忿兵。兵忿者敗。利人土地貨寶者謂之貪兵。兵貪者破。恃國家之大。矜民人之衆。欲見威於敵者謂之驕兵。兵驕者滅。此五者非但人事。乃天道也。間者匈奴嘗有善意。所得漢民輒奉歸之。未有犯於邊境。雖爭屯田車師。不足致意中。今聞諸將軍欲興兵入其地。臣愚不知此兵何名者也。今邊郡困乏。父子共犬羊之裘。食草萊之實。常恐不能自存。難以動兵。軍旅之後。必有凶年。言民以其愁苦之氣傷陰陽之和也。出兵雖勝。猶有後憂。恐災害之變因此以生。今郡國守相多不實選。風俗尤薄。水旱不時。案今年計子弟殺父兄。妻殺夫者。凡二百二十二人。臣愚以謂此非小變也。今左右不憂此。左右。謂近臣在天子左右者乃欲發兵報纖介之忿於遠夷。殆孔子所謂吾恐季孫之憂不在顓臾。而在蕭墻之內也。願陛下與平昌侯樂昌侯平恩侯及有識者詳議乃可。上從相言而止。

五鳳中。匈奴大亂。議者多曰。匈奴為害日久。可因其壞亂舉兵滅之。詔遣中朝大司馬車騎將軍韓增。諸吏富平侯張延壽。光祿勳楊惲。太僕戴長樂問蕭望之計策。望之對曰。春秋晉士匃帥師侵齊。聞齊侯卒。引師而還。君子大其不伐喪。以為恩足以服孝子。誼足以動諸侯。前單于慕化鄉善稱弟。遣使請求和親。海內欣然。夷狄莫不聞。未終奉約。不幸為賊臣所殺。今而伐之。是乘亂而幸災也。彼必奔走遠遁。不以義動兵。恐勞而無功。宜遣使者弔問。輔其微弱。救其災患。四夷聞之。咸貴中國之仁義。如遂蒙恩得復其位。必稱臣服從。此德之盛也。上從其議。

歷代名臣奏議卷之二百二十七

征伐

漢元帝時。珠厓反。發兵擊之。諸縣更叛。連年不定。上與有司議大發軍。待詔賈捐之建議以為不當擊。上使侍中駙馬都尉樂昌侯王商詰問捐之曰。珠厓內屬為郡久矣。今背畔逆節。而云不當擊。長蠻夷之亂。虧先帝功德。經義何以處之。捐之對曰。臣幸得遭明盛之朝。蒙危言之策。無忌諱之患。敢昧死竭卷卷。臣聞堯舜聖之盛也。禹入聖域而不優。故孔子稱堯曰大哉。韶曰盡善。禹曰無間。以三聖之德。地方不過數千里。西被流沙。東漸于海。朔南暨聲教。迄于四海。欲與聲教則治之。不欲與者不強治也。故君臣歌德。含氣之物各得其宜。武丁成王。殷周之大仁也。然地東不過江湖。西不過氐羌。南不過蠻荊。北不過朔方。是以頌聲並作。視聽之類咸樂其生。越裳氏重九譯而獻。此非兵革之所能致。及其衰也。南征不還。齊桓救其難。孔子定其文。以至乎秦。興兵遠攻。貪外虛內。務欲廣地。不慮其害。然地南不過閩越。北不過太原。天下潰畔。禍卒在於二世之末。長城之歌至今未絕。賴聖漢初興。為百姓請命。平定天下。至孝文皇帝。閔中國未安。偃武行文。則斷獄數百。民賦四十。丁男三年而一事。時有獻千里馬者。詔曰。鸞旗在前。屬車在後。吉行日五十里。師行日三十里。朕乘千里之馬。獨先安之。於是還馬與道里費。而下詔曰。朕不受獻也。其令四方毋來獻。當此之時。逸遊之樂絕。奇麗之賂塞。鄭衛之倡微矣。夫後宮盛色則賢者隱處。佞人用事則諍臣杜口。而文帝不行。故謚為孝文。廟稱太宗。至孝武皇帝元狩六年。太倉之粟紅腐而不可食。都城之內貫朽而不可校。迺探平城之事。錄冒頓以來數為邊害。籍兵厲馬。因富民以攘服之。西連諸國至于安息。東過碣石。以玄菟樂浪為郡比鄰匈奴萬里更起營塞制南海以爲八郡則天下斷獄萬數民賦數百造鹽鐵酒榷之利以佐用度猶不能足當此之時寇賊並起軍旅數發父戰死於前子鬬傷於後女子乘亭鄣孤兒號於道老母寡婦飲泣巷哭遥設虛祭想魂乎萬里之外淮南王盜寫虎符陰聘名士關東公孫勇等詐爲使者是皆廓地泰大征伐不休之故也今天下獨有關東關東大者獨有齊楚民衆久困連年流離離其城郭相枕席於道路人情莫親父母莫樂夫婦至嫁妻賣子法不能禁義不能止此社稷之憂也今陛下不忍悁悁之忿欲驅士衆擠之於大海之中快心幽冥之地非所以救助飢饉保全元元也詩云蠢爾蠻荆大邦爲讎言聖人起則後服中國衰則先畔動爲國家難自古而患之久矣何況迺復其南方萬里之蠻乎駱越之人父子同川而浴相習以鼻飲與禽獸無異本不足郡縣置也顓顓獨居一海之中霧露氣濕多毒草蟲蛇水土之害人未見虜戰士自死又非獨珠厓有珠厓瑇瑁也棄之不足惜不擊不損威其民譬猶魚鼈何足貪也臣竊以往者羌軍言之暴師曾未一年兵出不踰千里費四十餘萬萬大司農錢盡迺以少府禁錢續之夫一隅爲不善費尚如此況於勞師遠攻亡士無功乎求之往古則不合施之當今又不便臣愚以爲非冠帶之國禹貢所及春秋所治皆可且無以爲願遂棄珠厓專用恤關東爲憂對奏上以問丞相御史大夫陳萬年以爲當擊丞相于定國以爲前日興兵擊之連年護軍都尉校尉及丞凡十一人還者二人卒士及轉輸死者萬人以上費用三萬萬餘尚未能盡降今關東困乏民難搖動捐之議是上迺從之下詔罷珠厓

馮奉世上奏曰羌虜近在竟内背畔不以時誅亡以威制遠蠻臣願帥師討之上問用兵之數對曰臣聞善用兵者役不再興糧不三載

故師不久暴而天誅亟決往者數不料敵而師至於折傷再三發軵則曠日煩費威武虧矣今反虜無慮三萬人法當倍用六萬人然羌戎弓矛之兵耳器不犀利可用四萬人一月足以決丞相御史兩將軍皆以爲民方收斂時未可多發萬人屯守之且足奉世曰不可天下被飢饉士馬羸秏守戰之備久廢不簡夷狄皆有輕邊吏之心而羌首難今以萬人分屯數處虜見兵少必不畏懼戰則挫兵病師守則百姓不救如此怯弱之形見羌乘諸種並和相扇而起臣恐中國之役不得止於四萬非財幣所能解也故少發師而曠日與一舉而疾決利害相萬也固爭之不能得有詔益二千人

王莽欲發三十萬衆齎三百日糧窮追匈奴因分其地立呼韓邪十五子莽將嚴尤諫曰臣聞匈奴爲害所從來久矣未聞上世有必征之者也後世三家周秦漢征之然皆未有得上策者也周得中策漢得下策秦無策焉當周宣王時獫允内侵至于涇陽命將征之盡境而還其視戎狄之侵譬猶蚊蝱之螫敺之而已故天下稱明是爲中策漢武帝選將練兵約齎輕糧深入遠戍雖有克獲之功胡輒報之兵連禍結三十餘年中國罷耗匈奴亦創艾而天下稱武是爲下策秦始皇不忍小恥而輕民力築長城之固延袤萬里轉輸之行起於負海疆境既完中國内竭以喪社稷是爲無策今天下遭陽九之戹比年飢饉西北邊尤甚發三十萬衆具三百日糧東援海代南取江淮然後乃備計其道里一年尚未集合兵先至者聚居暴露師老械弊執不可用此一難也邊既空虛不能奉軍糧内調郡國不相及屬此二難也計一人三百日食用糒十八斛非牛力不能勝牛又當自齎食加二十斛重矣胡地沙鹵多乏水草以往事揆之軍出未滿百日牛必物故且盡餘糧尚多人不能負此三難也胡地秋冬甚寒春

夏甚風多。齎餔鍑薪炭。重不可勝。食糒飲水。以歷四時。師有疾疫之憂。是故前代伐胡。不過百日。非不欲久。勢力不能。此四難也。輜重自隨。則輕銳者少。不得疾行。虜徐遁逃。勢不能及。幸而逢虜。又累輜重。如遇險阻。銜尾相隨。虜要遮前後。危殆不測。此五難也。大用民力。功不可必立。臣伏憂之。今既發兵。宜縱先至者。令臣尤等深入霆擊。且以創艾胡虜。莽不聽尤言。轉兵穀如故。天下騷動。

東漢光武初。晝臥溫明殿。耿弇入請間曰。吏士死傷者多。請歸上谷益兵。王曰。王郎已破。河北略平。復用兵何為。弇曰。王郎雖破。天下兵革乃始耳。今使者從西方來。欲罷兵。不可聽也。銅馬赤眉之屬數十輩。輩數十百萬人。所向無前。聖公不能辦也。敗必不久。王起坐曰。卿失言。我斬卿。弇曰。太王哀厚弇如父子。故敢披赤心。王曰。我戲卿耳。何以言之。弇曰。百姓患苦王莽。復思劉氏。聞漢兵起。莫不歡喜。如去虎口得歸慈母。今更始為天子。而諸將擅命於山東。貴戚縱橫於都內。元元叩心。更思莽朝。是以知其必敗也。公功名已著。以義征伐。天下可傳檄而定也。天下至重。公可自取。毋令他姓得之。

建武三年。彭寵反於漁陽。帝欲自征之。大司徒伏湛上疏諫曰。臣聞文王受命而征伐五國。必先詢之同姓。然後謀於群臣。加占蓍龜。以定行事。故謀則成。卜則吉。戰則勝。其詩曰。帝謂文王。詢爾仇方。同爾弟兄。以爾鉤援。與爾臨衝。以伐崇庸。崇國城守。先退後伐。所以重人命。俟時而動。故參分天下而有其二。陛下承大亂之極。受命而帝。興明祖宗。出入四年。而滅檀鄉。制五校。降銅馬。破赤眉。誅鄧奉之屬。不為無功。今京師空匱。資用不足。未能服近而先事邊外。且漁陽之地。逼接北狄。黠虜困迫。必求其助。又今所過縣邑。尤為困乏。種麥之家。多在城郭。聞官兵將至。當已收之矣。大軍遠涉一千餘里。士馬罷勞。

轉糧艱阻。今兗豫青冀。中國之都。而寇賊縱橫。未及從化。漁陽以東。本備邊塞。地接外虜。貢稅微薄。安平之時。尚資內郡。況今荒耗。豈足先圖。而陛下捨近務遠。棄易求難。四方疑怪。百姓恐懼。誠臣之所惑也。復願遠覽文王重兵博謀。近思征伐前後之宜。顧問有司。使極愚誠。采其所長。擇之聖慮。以中土為憂念。帝覽其奏。竟不親征。

九年。帝使來歙悉監護諸將屯長安。太中大夫馬援為之副。歙上書曰。公孫述以隴西天水為藩蔽。故得延命假息。今二郡平蕩。則述智計窮矣。宜益選兵馬。儲積資糧。今四州新破。兵人疲饉。若招以財穀。則其眾可集。臣知國家所給非一。用度不足。然有不得已也。帝然之。於是詔於汧積穀六萬斛。

十九年。妖賊單臣傅鎮等相聚入原武城。自稱將軍。詔太中大夫臧宮圍之。不下。帝召公卿諸侯王問方略。皆曰。宜重其購賞。東海王陽獨曰。妖巫相劫。勢無久立。其中必有悔欲亡者。但外圍急。不得走耳。宜小延緩。令得逃亡。逃亡則一亭長足以禽矣。帝然之。即敕宮徹圍緩賊。賊眾分散。遂拔原武。斬臣鎮等。

光武時。隗囂發兵拒漢。馬援乃上疏曰。臣援自念歸身聖朝。奉事陛下。本無公輔一言之薦。左右為容之助。臣不自陳。陛下何因聞之。夫居前不能令人輕。居後不能令人軒。與人怨不能為人患。臣所恥也。故敢觸冒罪忌。昧死陳誠。臣與隗囂。本實交友。初囂遣臣東。謂臣曰。本欲為漢。願足下往觀之。於汝意可。即專心矣。及臣還反。報以赤心。實欲導之於善。非敢譎以非義。而囂自挾姦心。盜憎主人。怨毒之情遂歸於臣。臣欲不言。則無以上聞。願聽詣行在所。極陳滅囂之術。得空胸腹。申愚策。退就隴畝。死無所恨。帝乃召援計事。援具言謀畫。

時匈奴飢疫。自相分爭。帝以問臧宮。宮曰。願得五千騎以立功。帝笑曰。常勝之家難與慮敵。善方自思之。二十七年言乃與楊虛侯馬武上書曰。匈奴貪利無有禮信。窮則稽首。安則侵盜。緣邊被其毒痛。中國憂其抵突。虜今人畜疫死。旱蝗赤地。疫困之力不當中國一郡。萬里死命縣在陛下。福不再來。時或易失。豈宜固守文德而墮武事乎。今命將臨塞。厚縣購賞。喻告高句驪烏桓鮮卑攻其左。發河西四郡天水隴西羌胡擊其右。如此北虜之滅不過數年。臣恐陛下仁恩不忍。謀臣狐疑。令萬世刻石之功不立於聖世。詔報曰。黃石公記曰。柔能制剛。弱能制彊。柔者德也。剛者賊也。弱者仁之助也。彊者怨之歸也。故曰有德之君以所樂樂人。無德之君以所樂樂身。樂人者其樂長。樂身者其樂不久而亡。舍近謀遠者勞而無功。舍遠謀近者逸而有終。逸政多忠臣。勞政多亂人。故曰務廣地者荒。務廣德者彊。有其有者安。貪人有者殘。殘滅之政。雖成必敗。今國無善政。災變不息。百姓

驚惶。人不自保。而復欲遠事邊外乎。孔子曰。吾恐季孫之憂不在顓臾。且北狄尚彊。而屯田警備傳聞之事恒多失實。誠能舉天下之半以滅大寇。豈非至願。苟非其時。不如息人。自是諸將莫敢復言兵事者。

明帝永平十五年。謁者僕射耿秉數上言請擊匈奴。上令竇固爭共議之。耿秉曰。昔匈奴并左衽之屬。故不可得而制。孝武既得河西四郡及居延朔方。羌胡分離。唯有西域。俄復內屬。故呼韓邪單于請事款塞。其勢易乘也。今有南單于。形勢相似。然西域尚未內屬。北虜未有釁作。臣愚以為當先擊白山。得伊吾。破車師。通使烏孫諸國以斷其右臂。伊吾亦有匈奴南呼衍一部。破此復為折其左角。然後匈奴可擊也。上善其言。

章帝即位初。焉耆龜茲攻沒都護陳睦。北匈奴圍己校尉關寵。寵上書求救。詔公卿會議。司空倫以為不宜救。司徒鮑昱曰。今使人於危難之地。急而棄之。外則縱蠻夷之暴。內則傷死難之臣。誠令權時。後無邊事可也。匈奴如復犯塞為寇。陛下將何以使將。又二部兵人裁各數十。匈奴圍之歷旬不下。是其寡弱力盡之効也。可令敦煌酒泉太守各將精騎二千。以赴其急。帝然之。

和帝即位初。北虜大亂。加以飢蝗。降者前後而至。南單于將并北庭。會帝崩。竇太后臨朝。其年七月單于上言。臣累世蒙恩。不可勝數。孝章皇帝聖思遠慮。遂欲見成就。故令烏桓鮮卑討北虜。斬單于首級。破壞其國。今所新降虛渠等詣臣自言。去歲三月中發虜庭。北單于創刈南兵。又畏可令鮮卑遯逃遠去。依安侯河西。今年正月骨都侯等復共立單于異母兄右賢王為單于。其人以兄弟爭立。並各離散。臣與諸王骨都侯及新降渠帥雜議方略。皆曰宜及北虜分爭。出兵討伐。破北成南。并為一國。令漢家長無北念。又今月八日新降右須

日逐鮮堂輕從虜庭遠來詣臣。言北虜諸部多欲內顧。但恥自發遣。故未有至者。若出兵奔擊。必有響應。今年不往。恐復并壹。臣伏念先父歸漢以來。被蒙覆載。嚴塞明候。大兵擁護。積四十年。臣等生長漢地。開口仰食。歲時賞賜動輒億萬。雖垂拱安枕。慙無報效之義。願發國中及諸部故胡新降精兵。遣左谷蠡王師子。左呼衍日逐王須訾將萬騎出朔方。左賢王安國。右大且渠王交勒蘇將萬騎出居延。期十二月同會虜地。臣將餘兵萬人屯五原朔方塞以為拒守。臣素愚淺。又兵衆單少。不足以防內外。願遣執金吾耿秉度遼將軍鄧鴻及西河雲中五原朔方上郡太守并力而北。令北地安定太守各屯要害。冀因聖帝威神。一舉平定。臣國成敗。要在今年。已勅諸部嚴兵馬訖九月龍祠。悉集河上。惟陛下裁哀省察。太后以示耿秉。秉上言昔武帝單極天下。欲臣虜匈奴。未遇天時。事遂無成。宣帝之世。會呼韓

來降。故邊人獲安。中外爲一。生人休息六十餘年。及王莽篡位。變更其號。耗擾不止。單于乃畔。光武受命。復懷納之。緣邊壞郡得以還復。烏桓鮮卑咸胥歸義。威鎭西夷。其效如此。今幸遭天授。北虜分爭。以夷伐夷。國家之利。宜可聽許。秉因自陳恩。分當出命效用。太后從之。永元元年。以秉爲征西將軍。與車騎將軍竇憲率騎八千。與度遼兵。及南單于衆三萬騎出朔方擊北虜。大破之。

帝議遣車騎將軍竇憲與征西將軍耿秉擊匈奴。侍御史魯恭上疏諫曰。陛下親勞聖思。日昃不食。憂在軍役。誠欲以安定北垂。爲人除患。定萬世之計也。臣伏獨思之。未見其便。社稷之計。萬人之命。在於一擧。數年以來。秋稼不熟。人食不足。倉庫空虛。國無蓄積。會新遭大憂。人懷恐懼。陛下躬大聖之德。履至孝之行。盡諒陰三年。聽於冢宰。百姓闕然。三時不聞警蹕之音。莫不懷思皇皇。若有求而不得。今乃

以盛春之月興發軍役。擾動天下。以事戎夷。誠非所以垂恩中國。改元正時。由内及外也。萬民者。天之所生。天愛其所生。猶父母愛其子。一物有不得其所者。則天氣爲之舛錯。況於人乎。故愛人者必有天報。昔太王重人命而去邠。故獲上天之祐。夫戎狄者。四方之異氣也。蹲夷踞肆。與鳥獸無別。若雜居中國。則錯亂天氣。汙辱善人。是以聖王之制。羈縻不絶而已。今邊境無事。宜當脩仁行義。尚於無爲。令家給人足。安業樂産。夫人道乂於下。則陰陽和於上。祥風時雨。覆被遠方。夷狄重譯而至矣。易曰。有孚盈缶。終來有它吉。言甘雨滿我之缶。誠來有我而吉已。夫以德勝人者昌。以力勝人者亡。今匈奴爲鮮卑所殺。遠臧於史侯河西去塞數千里。而欲乘其虛耗。利其微弱。是非義之所出也。前太僕祭彤遠出塞外。卒不見一胡。而兵已困矣。白山之難。不絶如綖。都護陷沒。士卒死者如積。迄今被其辜。孤寡哀思之心未弭。仁者念之。以爲累息。柰何復欲襲其迹。不顧患難乎。今始徵發。而大司農調度不足。使者在道。分部督趣。上下相迫。民間之急亦已甚矣。三輔并涼少雨。麥根枯焦。牛死日甚。此其不合天心之效也。羣僚百姓咸曰不可。陛下獨柰何以一人之計。棄萬人之命。不卹其言乎。上觀天心。下察人志。足以知事之得失。臣恐中國不爲中國。豈徒匈奴而已哉。惟陛下留聖恩。休罷士卒。以順天心。書奏不從。

安帝永初元年。涼州先零種羌反畔。遣車騎將軍鄧隲討之。故左校令河南龐參於徒中使其子俊上書曰。方今西州流民擾動。而徵發不絶。水潦不休。地力不復。重之以大軍。疲之以遠戍。農功消於轉運。資財竭於徵發。田疇不得墾闢。禾稼不得收入。搏手困窮。無望來秋。百姓力屈。不復堪命。臣愚以爲萬里運糧。遠就羌戎。不若總兵養衆。以待其疲。車騎將軍隲宜且振旅。留征西校尉任尚使督涼州士民。

轉居三輔。休徭役以助其時。止煩賦以益其財。令男得耕種。女得織絍。然後畜精銳。乘懈沮。出其不意。攻其不備。則邊人之仇報。奔北之恥雪矣。

建光元年。高句驪王宮死。玄菟太守姚光上言。欲因其喪發兵擊之。陳忠曰。宮前桀黠。光不能討。死而擊之。非義也。宜遣使弔問。因責讓前罪。赦不加誅。取其後善。帝從之。

順帝永和二年。日南象林徼外蠻夷區憐等數千人。攻象林縣。燒城寺。殺長吏。交阯刺史樊演發交阯九眞二郡兵萬餘人救之。兵士憚遠役。遂反攻其府。二郡雖擊破反者。而賊勢轉盛。會侍御史賈昌使在日南。即與州郡幷力討之。不利。遂爲所攻。圍歲餘而兵穀不繼。帝以爲憂。明年召公卿百官及四府掾屬問其方略。皆議遣大將發荊揚兗豫四萬人赴之。大將軍從事中郎李固駮曰。昔荊揚無事。發之

可也今二州盜賊槃結不散武陵南郡蠻夷未輯長沙桂陽數被徵發如復擾動必更生患其不可一也又兗豫之人卒被徵發遠赴萬里無有還期詔書迫促必致叛亡其不可二也南州水土溫暑加有瘴氣致死亡者十必四五其不可三也遠涉萬里士卒疲勞比至嶺南不復堪鬭其不可四也軍行三十里為程而去日南九千餘里三百日乃到計人稟五升用米六十萬斛不計將吏驢馬之食但負甲自致費便若此其不可五也設軍到所在死亡必衆既不足禦敵當復更發此為刻割心腹以補四支其不可六也九真日南相去千里發其吏民猶尚不堪何況乃苦四州之卒以赴萬里之艱哉其不可七也前中郎將尹就討益州叛羌益州諺曰虜來尚可尹來殺我後就徵還以兵付刺史張喬喬因其將吏旬月之間破殄寇虜此發將無益之效州郡可任之驗也宜更選有勇略仁惠任將帥者以為刺史太守悉使共住交阯今日南兵單無穀守既不足戰又不能可一切徙其吏民北依交阯事靜之後乃命歸本還募蠻夷使自相攻轉輸金帛以為其資有能反間致頭首者許以封侯列土之賞故并州刺史長沙祝良性多勇決又南陽張喬前在益州有破虜之功皆可任用昔太宗就加魏尚為雲中守哀帝即拜龔舍為太山太守宜即拜良等便道之官四府悉從固議即拜祝良為九真太守張喬為交阯刺史喬至開示慰誘並皆降散良到九真單車入賊中設方略招以威信降者數萬人皆為良築起府寺由是嶺外復平

順帝時西羌反叛征西將軍馬賢與護羌校尉胡疇征之而稽久不進武都太守馬融知其將敗上疏乞自效曰今雜種諸羌轉相鈔盜宜及其未并亟遣深入破其支黨而馬賢等處處留滯羌胡百里望塵千里聽聲今逃匿避回漏出其後則必侵寇三輔為民大害臣願

請賢所不可用關東兵五千裁假部隊之號盡力率厲埋根行首以先吏士三旬之中必克破之臣少習學藝不更武職猥陳此言必受誣罔之辜昔毛遂廝養為衆所蚩終以一言克定從要臣懼賢等專守一城言攻於西而羌出於東且其將士必有高克潰叛之變朝廷不能用又陳星孛參畢參西方之宿畢為邊兵至於分野并州是也西戎北狄殆將起乎宜備二方尋而隴西羌反烏桓寇上郡皆卒如融言

時西羌衆大合攻燒隴西朝廷患之上計掾皇甫規乃上疏求名自效曰臣比年以來數陳便宜羌戎未動策其先反馬賢始出頗知必敗誤中之言在可考校臣每惟賢等擁衆四年未有成功懸師之費且百億計出於平人回入姦吏故江湖之人羣為盜賊青徐荒飢襁負流散夫羌戎潰叛不由承平皆因邊將失於綏御乘常守安則加侵暴苟競小利則致大害微勝則虛張首級軍敗則隱匿不言軍士勞怨困於猾吏進不得快戰以徼功退不得溫飽以全命餓死溝渠暴骨中原徒見王師之出不聞振旅之聲酋豪泣血驚懼生變是以安不能久敗則經年臣所以搏手叩心而增歎者也願假臣兩營二郡屯列坐食之兵五千出其不意與護羌校尉趙沖共相首尾土地山谷臣所曉習兵勢巧便臣已更之可不煩方寸之印尺帛之賜高可以滌患下可以納降若謂臣年少官輕不足用者凡諸敗將非官爵之不高年齒之不邁臣不勝至誠没死自陳時帝不能用

桓帝詔問護羌校尉段熲曰先零東羌造惡反逆而皇甫規張奐各擁強衆不時輯定欲熲移兵東討未識其宜可參思術略熲因上言曰臣伏見先零東羌雖數叛逆而降於皇甫規者已二萬許落善惡既分餘寇無幾今張奐躊躇久不進者當慮外離內合兵往必驚且

自冬踐春，屯結不散。人畜疲羸自亡之埶，徒更招降，坐制強敵耳。臣以爲狼子野心，難以恩納。埶窮雖服，兵去復動。惟當長矛挾脅，白刃加頸耳。計東種所餘三萬餘落，居近塞內，路無險折，非有燕、齊、秦、趙從橫之埶。而久亂并涼，累侵三輔，西河、上郡已各內徙，安定、北地復至單危。自雲中、五原西至漢陽二千餘里，匈奴、種羌並擅其地，是爲癰疽伏疾，留滯脅下。如不加誅，轉就滋大。今若以騎五千，步萬人，車三千兩，三冬二夏，足以破定。無慮用費爲錢五十四億。如此，則可令羣羌破盡，匈奴長服。內徙郡縣得反本土。伏計永初中，諸羌反叛，十有四年，用二百四十億。永和之末，復經七年，用八十餘億。費耗若此，猶不誅盡，餘孽復起，于茲作害。今不暫疲人，則永寧無期。臣庶竭駑劣，伏待節度。帝許之，悉聽如所上。

靈帝初，竇太后臨朝，中郎將張奐上言：東羌雖破，餘種難盡，破羌將軍段熲性輕果，慮負敗難常，宜且以恩降，可無後悔。詔書下熲，熲復上言：臣本知東羌雖衆，而輭弱易制，所以備陳愚慮，思爲永寧之筭。而中郎將張奐說虜強難破，宜用招降。聖朝明監，信納瞽言，故臣謀得行，奐計不用。事埶相反，遂懷猜恨。信叛羌之訴，飾潤辭意，云臣兵累見折衄。又言羌一氣所生，不可誅盡，山谷廣大，不可空靜，血流汙野，傷和致災。臣伏念周秦之際，戎狄爲害，中興以來，羌寇最盛，誅之不盡，雖降復叛。今先零雜種，累以反覆，攻沒縣邑，剽略人物，發冢露尸，禍及生死。上天震怒，假手行誅。昔邢爲無道，衞國伐之，師興而雨；臣動兵涉夏，連獲甘澍，歲時豐稔，人無疵疫。上占天心，不爲災傷；下察人事，衆和師克。自橋門以西，落川以東，故宮縣邑，更相通屬，非爲深險絕域之地，車騎安行，無應折衄。案奐爲漢吏，身當武職，駐軍二年，不能平寇，虛欲修文戢戈，招降獷敵，誕辭空說，僭而無徵。何以言之？昔先零作寇，趙充國徙令居內，煎當亂邊，馬援遷之三輔，始服終叛，至今爲梗。故遠識之士，以爲深憂。今傍郡戶口單少，數爲羌所創毒，而欲令降徒與之雜居，是猶種枳棘於良田，養虺蛇於室內也。故臣奉大漢之威，建長久之策，欲絕其本根，不使能殖。本規三歲之費，用五十四億，今適朞年，所耗未半，而餘寇殘燼，將向殄滅。臣每奉詔書，軍不內御，願卒斯言，一以任臣，臨時量宜，不失權便。

靈帝熹平六年，鮮卑檀石槐寇三邊。護烏桓校尉夏育上言：鮮卑寇邊，自春以來三十餘發，請徵幽州諸郡兵出塞擊之，一冬二春，必能禽滅。朝廷未許。先是，護羌校尉田晏坐事論刑，被原，欲立功自效，乃請中常侍王甫求得爲將。甫因此議遣兵與育并力討賊。帝乃拜晏爲破鮮卑中郎將。大臣多有不同，乃召百官議朝堂。議郎蔡邕議曰：

書戒猾夏，易伐鬼方，周有獫狁、蠻荊之師，漢有闐顏、瀚海之事。征討殊類，所由尚矣。然而時有同異，埶有可否，故謀有得失，事有成敗，不可齊也。武帝情存遠略，志闢四方，南誅百越，北討強胡，西伐大宛，東并朝鮮。因文景之蓄，藉天下之饒，數十年閒，官民俱匱。乃興鹽鐵酒榷之利，設告緡重稅之令，民不堪命，起爲盜賊，關東紛擾，道路不通。繡衣直指之使，奮鈇鉞而並出。旣而覺悟，乃息兵罷役，丞相爲富民侯。故主父偃曰：夫務戰勝，窮武事，未有不悔者也。夫以世宗神武，將相良猛，財賦充實，所拓廣遠，猶有悔焉。況今人財並乏，事劣昔時乎！自匈奴遁逃，鮮卑強盛，據其故地，稱兵十萬，才力勁健，意智益生，加以關塞不嚴，禁網多漏，精金良鐵，皆爲賊有。漢人逋逃，爲之謀主，兵利馬疾，過於匈奴。昔段熲良將，習兵善戰，有事西羌，猶十餘年。今育晏才策未必過熲，鮮卑種衆不弱于曩時，而虛計二載，自許有成，若禍結兵連，豈得中休？當復徵發衆人，轉運無已，是爲耗竭諸夏，并力蠻夷。夫邊陲之患，手足之蚧搔；中國之困，胸背之瘭疽。方今郡縣盜賊尚不能禁，況此醜虜而可伏乎。昔高祖忍平城之耻，呂后棄慢書之詬，方之於今，何者爲甚。天設山河，秦築長城，漢起塞垣，所以別內外、異殊俗也。苟無蹙國內侮之患則可矣，豈與蟲蝗狡寇計爭往來哉。雖或破之，豈可殄盡，而方今本朝爲之旰食乎。夫卑勝者未必克，挾疑者未必敗。衆所謂危，聖人不任；朝議有嫌，明主不行也。昔淮南王安諫伐越曰：天子之兵，有征無戰，言其莫敢校也。如使越人蒙死以逆執事，厮輿之卒有一不備而歸者，雖得越王之首，而猶爲大漢羞之。而欲以齊民易醜虜，皇威辱外夷，就如其言，猶已危矣，況乎得失不可量邪。昔珠崖郡反，孝元皇帝納賈捐之言，而下詔曰：珠崖背畔，今議者或曰可討，或曰棄之，朕日夜惟思，羞威不行則欲誅之，通于時變，復憂萬民。夫萬民之飢，與遠蠻之不討，何者爲大。宗廟之

祭，凶年猶有不備，況避不嫌之辱哉。今關東大困，無以相贍，又當動兵，非但勞民而已。其罷珠崖郡。此元帝所以發德音也。夫卹民救急，雖成郡列縣，尚猶棄之，況障塞之外，未嘗爲民居者乎。守邊之術，李牧善其略；保塞之論，嚴尤申其要。遺業猶在，文章具存，循二子之策，守先帝之規，臣曰可矣。帝不從，遂遣夏育出高柳，田晏出雲中，匈奴中郎將臧旻率南單于出鴈門，各將萬騎，三道出塞二千餘里。檀石槐命三部大人各率衆逆戰，育等大敗，喪其節傳輜重，各將數千騎奔還，死者十七八。三將檻車徵下獄，贖爲庶人。

光和三年，巴郡板楯復叛，寇掠三蜀及漢中諸郡。帝遣御史中丞蕭瑗督益州兵討之，連年不能剋。帝欲大發兵，乃問益州計吏考以征討方略。漢中上計吏程包對曰：板楯七姓，射殺白虎立功，先世復爲義人。其人勇猛，善於兵戰。昔永初中，羌入漢川，郡縣破壞，得板楯救之，羌死敗殆盡，故號爲神兵。羌人畏忌，傳語種輩，勿復南行。至建和二年，羌復大入，實賴板楯連摧破之。前車騎將軍馮緄南征武陵，雖受丹陽精兵之銳，亦倚板楯以成其功。近益州郡亂，太守李顒亦以板楯討而平之。忠功如此，本無惡心。長吏鄉亭更賦至重，僕役箠楚過於奴虜，亦有嫁妻賣子，或乃至自剄割。雖陳寃州郡，而牧守不爲通理。闕庭悠遠，不能自聞。含怨呼天，叩心窮谷。愁苦賦役，困罹酷刑，故邑落相聚，以致叛戾。非有謀主僭號以圖不軌。今但選明能牧守，自然安集，不煩征伐也。帝從其言，遣太守曹謙宣詔赦之，即皆降服。

獻帝時，奮武將軍公孫瓚怨袁紹殺其從弟越，遂出軍屯槃河，將以報紹，乃上疏曰：臣聞皇羲已來，君臣道著，張禮以導人，設刑以禁暴。今車騎將軍袁紹託承先軌，爵任崇厚，而性本淫亂，情行浮薄。昔爲司隸，值國多難，太后承攝，何氏輔朝，紹不能舉直措枉，而專爲邪媚，

招來不軌，疑誤社稷。至令丁原焚燒孟津，董卓造爲亂始。紹罪一也。卓既無禮，帝主見質，紹不能開設權謀以濟君父，而棄置節傳，迸竄逃亡，忝辱爵命，背違人主。紹罪二也。紹爲勃海，當攻董卓，而默選戎馬，不告父兄，至使太傅一門，纍然同斃。不仁不孝，紹罪三也。紹既興兵，涉歷二載，不恤國難，廣自封植，乃多引資糧，專爲不急，割剋無方，考責百姓，其爲痛怨，莫不咨嗟。紹罪四也。逼迫韓馥，竊奪其州，矯刻金玉以爲印璽，每有所下，輒皁囊施檢，文稱詔書。昔亡新僭侈，漸以即真。觀紹所擬，將必階亂。紹罪五也。紹令星工伺望祥妖，賂遺財貨，與共飲食，尅會期日，攻鈔郡縣，此豈大臣所當施爲。紹罪六也。紹與故虎牙都尉劉勳首共造兵，勳降服張楊，累有功效，而以小忿枉加酷害。信用讒慝，濟其無道。紹罪七也。故上谷太守高焉、故甘陵相姚貢，紹以貪婪橫責其錢，錢不備畢，二人并命。紹罪八也。春秋之義，子

以毋貴紹母親爲傳婢地實微賤擢職高重享福豐隆有苟進之志無虛退之心紹罪六也又長沙太守孫堅前領豫州刺史遂能驅走董卓掃除陵廟忠勤王室其功莫大紹遣小將盜居其位斷絕堅糧不得深入使董卓久不伏誅紹罪七也昔姬周政弱王道陵遲天子遷徙諸侯背畔故齊桓立柯會之盟晉文爲踐土之會伐荆楚以致菁茅誅曹衛以章無禮臣雖闒茸名非先賢蒙被朝恩負荷重任職在鈇鉞奉亂伐罪輒與諸將州郡共討紹等若大事克捷罪人斯得庶續桓文忠誠之效遂舉兵攻紹

時詔州郡一時罷兵安東將軍陶謙上書曰臣聞懷遠柔服非德不集克難平亂非兵不濟是以涿鹿阪泉三苗之野有五帝之師有扈鬼方商奄四國有王者之伐自古在昔未有不揚威以弭亂震武以止暴者也臣前初以黄巾亂治受策長驅匪遑啓處雖憲章勑戒奉宣威靈敬行天誅每伐輒克然妖寇類衆殊不畏死父兄殲殪子弟羣起治屯連兵至今爲患若承命解甲弱國日虛釋武備以資亂損官威以益寇今日兵罷明日難必至上乖朝廷寵授之本下令羣凶日月滋蔓非所以彊幹弱枝遏惡止亂之務也臣雖愚蔽忠恕不昭抱恩念報所不忍行輒勒部曲申令警備出芟彊寇惟力是視入宣德澤躬奉職事冀效微功以贖罪負又曰華夏沸擾于今未弭包茅不入職貢多闕寤寐憂歎無日敢寧誠思貢獻必至薦羞獲通然後銷鋒解甲臣之願也

蜀先主初法正說曰魏曹操一舉而降張魯定漢中不因此勢以圖巴蜀而留夏侯淵張郃屯守身遽北還此非其智不逮而力不足也必將内有憂偪故耳今策淵郃才略不勝國之將帥舉衆往討必可克之克之之日廣農積穀觀釁伺隙上可以傾覆寇敵尊奬王室中可以蠶食雍涼廣拓境土下可以固守要害爲持久之計此蓋天以與我時不可失也先主乃進兵

後主時大司馬蔣琬以爲昔諸葛亮數闚秦川道險運艱竟不能克不若乘水東下乃多作舟船欲由漢沔襲魏興上庸會舊疾連動未時得行而衆論咸謂如不克捷還路甚難非長策也於是遣尚書令費禕中監軍姜維等喻指琬承命上疏曰芟穢弭難臣職是掌自臣奉辭漢中已經六年臣既闇弱加嬰疾疢規方無成夙夜憂慘今魏跨帶九州根蔕滋蔓平除未易若東西并力首尾掎角雖未能速得如志且當分裂蠶食先摧其支黨然吳期二三連不克果俯仰惟艱實忘寢食輒與費禕等議以涼州胡塞之要進退有資賊之所惜且羌胡乃心思漢如渴又昔偏軍入羌郭淮破走算其長短以爲事首宜以姜維爲涼州刺史若維征行銜持河右臣當帥軍爲維鎮繼今涪水陸四通惟急是應若東北有虞赴之不難由是琬遂還住涪疾轉劇

魏太祖初主簿司馬懿言曰劉備以詐力虜劉璋蜀人未附而遠爭江陵此機不可失也今克漢中益州震動進兵臨之勢必瓦解聖人不能違時亦不可失也太祖曰人苦無足既得隴復望蜀耶劉曄曰劉備人傑也有度而遲得蜀日淺蜀人未恃也今破漢中蜀人震恐其勢自傾因而壓之無不克也若小緩之諸葛亮明於治國而爲相關羽張飛勇冠三軍而爲將蜀民既定據險守要則不可犯矣今不取必爲後憂不從

太祖時代郡大亂以裴潛爲代郡太守烏丸王及其大人凡三人各自稱單于專制郡事前太守莫能治正太祖欲授潛精兵以鎮討之潛辭曰代郡戶口殷衆士馬控弦動有萬數單于自知放橫日久內

不自安。今多將兵往必懼而拒境。少將則不見憚。宜以計謀圖之。不
可以兵威迫也。
時曹仁爲關羽所圍。太祖遣徐晃救之不解。太祖欲自南征。以問羣
下。羣下皆謂王不亟行今敗矣。桓階獨曰。大王以仁等爲足以料事
勢不也。曰能。大王恐二人遺力邪。曰不然。則何爲自往。曰。吾恐虜衆
多而晃等勢不便耳。階曰。今仁等處重圍之中而守死無貳者。誠以
大王遠爲之勢也。夫居萬死之地。必有死爭之心。內懷死爭。外有彊
救。大王案六軍以示餘力。何憂於敗。而欲自往。太祖善其言。駐軍於
摩陂。賊遂退。
時將軍許攸擁部曲不附太祖。而有慢言。太祖大怒。先欲伐之。羣臣
多諫可招懷攸共討彊敵。太祖橫刀於膝。作色不聽。長史杜襲入欲
諫。太祖逆謂之曰。吾計已定。卿勿復言。襲曰。若殿下計是。鄙臣方助

殿下成之。若殿下計非邪。雖成宜改之。殿下逆臣令勿言之。何待下
之不闡乎。太祖曰。許攸慢吾。如何可置乎。襲曰。殿下謂許攸何如人
邪。太祖曰。凡人也。襲曰。夫惟賢知賢。惟聖知聖。凡人安能知非凡人
邪。方今豺狼當路。而狐狸是先。人將謂殿下避彊攻弱。進不爲勇。退
不爲仁。臣聞千鈞之弩。不爲鼷鼠發機。萬石之鐘。不以莛撞起音。今
區區之許攸。何足以勞神武哉。太祖曰善。遂厚撫攸。攸即歸服。
時袁尚攻兄譚於平原。譚使辛毗詣太祖求和。太祖將征荊州。次于
西平。毗見太祖致譚意。太祖大悅。後數日更欲先平荊州。使譚尚自
相弊。他日置酒。毗望太祖色知有變。以語郭嘉。嘉白太祖。太祖謂毗
曰。譚可信尚必可克不。毗對曰。明公無問信與詐也。直當論其勢耳。
袁氏本兄弟相伐。非謂他人能間其間。乃謂天下可定於己也。今一
旦求救於明公。此可知也。顯甫見顯思困而不能取。此力竭也。兵革

敗於外。謀臣誅於內。兄弟讒鬩。國分爲二。連年戰伐。而介胄生蟣蝨。
加以旱蝗饑饉並臻。國無囷倉。行無裹糧。天災應於上。人事困於下。
民無愚智。皆知土崩瓦解。此乃天亡尚之時也。兵法稱有石城湯池
帶甲百萬而無粟者不能守也。今往攻鄴。尚不還救。即不能自守。還
救。即譚踵其後。以明公之威。應困窮之敵。擊疲弊之寇。無異迅風之
振秋葉矣。天以袁尚與明公。明公不取而伐荊州。荊州豐樂國未有
釁。仲虺有言。取亂侮亡。方今二袁不務遠略而內相圖。可謂亂矣。居
者無食。行者無糧。可謂亡矣。朝不謀夕。民命靡繼。而不綏之。欲待他
年。他年或登。人自知亡而改脩厥德。失所以用兵之要矣。今因其請
救而撫之。利莫大焉。且四方之寇莫大於河北。河北平。則六軍盛。而
天下震。太祖曰善。乃許譚平。
文帝初即位。以賈詡爲太尉。帝問詡曰。吾欲伐不從命以一天下。吳

蜀何先。對曰。攻取者先兵權。建本者尚德化。陛下應期受禪。撫臨率
土。若綏之以文德而俟其變。則平之不難矣。吳蜀雖蕞爾小國。依阻
山水。劉備有雄才。諸葛亮善治國。孫權識虛實。陸遜見兵勢。據險守
要。汎舟江湖。皆難卒謀也。用兵之道。先勝後戰。量敵論將。故舉無遺
策。臣竊料羣臣無備權對。雖以天威臨之。未見萬全之勢也。昔舜舞
干戚而有苗服。臣以爲當今宜先文後武。文帝不納。
黃初元年。劉曄爲侍中。吳孫權遣使求降。帝以問曄。曄對曰。權無故
求降。必內有急。權前襲殺關羽。取荊州四郡。備怒必大興師伐之。外
有彊寇。衆心不安。又恐中國承釁而伐之。故委地求降。一以卻中國
之兵。二則假中國之援。以彊其衆而疑敵人。權善用兵。見策知變。其
計必出於此。今天下三分。中國十有其八。吳蜀各保一州。阻山依水
有急相救。此小國之利也。今還自相攻。天亡之也。宜大興師徑渡江

襲其內蜀攻其外我襲其內吳之亡不出旬月矣吳亡則蜀孤若割吳半蜀固不能久存況蜀得其外我得其內乎帝曰人稱臣降而伐之疑天下欲來者心必以爲懼其一不可孤何不且受吳降而襲蜀之後乎對曰蜀遠吳近又聞中國伐之便還軍不能止也今備已怒故興兵擊吳聞我伐吳知吳必亡必喜而進與我爭割吳地必不改計折怒救吳必然之勢也帝不聽遂受吳降即拜權爲吳王曄又進曰不可先帝征伐天下兼其八威震海內陛下受禪即眞德合天地聲暨四遠此實然之勢非卑臣頌言也權雖有雄才故漢驃騎將軍南昌侯耳官輕勢卑士民有畏中國心不可彊迫與成所謀也不得已受其降可進其將軍號封十萬戶侯不可即以爲王也夫王位去天子一階耳其禮秩服御相亂也彼直爲侯江南士民未有君臣之義也我信其僞降就封名之崇其位號定其君臣是爲虎傅翼也權

既受王位卻蜀兵之後外盡禮事中國使其國內皆聞之內爲無禮以怒陛下陛下赫然發怒興兵討之乃徐告其民曰我委身事中國不愛珍貨重寶隨時貢獻不敢失臣禮也無故伐我必欲殘我國家俘我民人子女以爲僮隸僕妾吳民無緣不信其言也信其言而感怒上下同心戰加十倍矣又不從遂即拜權爲吳王權將陸遜大敗劉備殺其兵八萬餘人備僅以身免權外禮愈卑而內行不順果如曄言

時上幸宛征南大將軍夏侯尚等攻江陵尚欲乘舟將步騎入渚中安屯作浮橋南北往來議者多以爲城必可拔侍中董昭上疏曰武皇帝智勇過人而用兵畏敵不敢輕之若此也夫兵好進惡退當然之數平地無險猶尚艱難就當深入還道宜利兵有進退不可如意今屯渚中至深也浮橋而濟至危也一道而行至狹也三者兵家所忌而今行之賊頻攻橋誤有漏失渚中精銳非魏之有將轉化爲吳矣臣私慼之忘寢與食而議者怡然不以爲憂豈不惑哉加江水向長一旦暴增何以防禦就不破賊尚當自完奈何乘危不以爲懼事將危矣惟陛下察之

上軍大將軍曹眞征朱然于江陵辛毗行軍師還封廣平亭侯帝欲大興軍征吳毗諫曰吳楚之民險而難禦道隆後服道洿先叛自古患之非徒今也今陛下祚有海內夫不賓者其能久乎昔尉佗稱帝子陽僭號歷年未幾或臣或誅何則違逆之道不久全而大德無所不服也方今天下新定土廣民稀夫廟算而後出軍猶臨事而懼況今廟算有闕而欲用之臣誠未見其利也先帝屢起銳師臨江而旋今六軍不增於故而復循之此未易也今日之計莫若修范蠡之養民法管仲之寄政則充國之屯田明仲尼之懷遠十年之中彊壯未

老童亂勝戰兆民知義將士思奮然後用之則役不再舉矣帝曰如卿意更當以虜遺子孫耶毗對曰昔周文王以紂遺武王惟知時也苟時未可容得已乎帝竟伐吳至江而還

時三公奏曰臣聞枝大者披心尾大者不掉有國有家者之所慎也昔漢承秦弊天下新定大國之王臣節未盡以蕭張之謀不備錄之至使六王前後反叛已而伐之戎車不輟又文景守成忘戰戢役驕縱吳楚養虺成蛇既爲社稷大憂蓋前事之不忘後事之師也吳王孫權幼豎小子無尺寸之功遭遇兵亂因父兄之緒少蒙翼卵昫伏之恩長含鴟梟反逆之性背棄天施罪惡積大復與關羽更相覘伺逐利見便挾爲卑辭先帝知權姦以求用時以于禁敗於水災等當討羽因以委權先帝委裘下席權不盡心誠在惻怛欲因大喪寡弱王室希託董桃傳先帝令乘未得報許擅取襄陽及見驅逐乃更折

節。邪辟之心愍巧言如流雖重譯累使發遣禁等內包隗囂顧望之姦外欲緩誅又仰蜀賊聖朝含弘既加不忍優而赦之與之更始遂乃割地王之使南面稱孤兼官累位禮備九命名馬百駟以成其勢光寵顯赫古今無二擢為犬羊之姿橫被虎豹之文不思竭力致死之節以報無量不世之恩臣每見所下權前後章表又以愚意採察權旨自以阻帶江湖負固不服狃忕累世詐為成功上有尉佗英布之計下誦伍被屈彊之辭終非不侵不叛之臣以為晁錯不發削弱王侯之謀則七國同衡禍久而大蒯通不決襲歷下之策則田橫自慮罪深變重臣謹考之周禮九伐之法平權凶惡逆節萌生見罪十五昔九黎亂德黄帝加誅項羽罪十漢祖不捨權所犯罪釁明白非仁恩所養宇宙所容臣請免權官鴻臚削爵土捕治罪戮有不從移兵進討以明國典好惡之常以靜三州元元之苦。

明帝即位。孫資進爵樂陽亭侯時諸葛亮出在南鄭議者以為可因大發兵就討之帝意亦然以問資資曰昔武皇帝征南鄭取張魯陽平之役危而後濟又自往拔出夏侯淵軍數言南鄭直為天獄中斜谷道為五百里石穴耳言其深險喜出淵軍之辭也又武皇帝聖於用兵察蜀賊棲於山巖視吳虜竄於江湖皆撓而避之不責將士之力不爭一朝之忿誠所謂見勝而戰知難而退也今若進軍就南鄭討亮道既險阻計用精兵又轉戰鎮守南方四州遏禦水賊凡用十五六萬人必當復更有所發興天下擾動費力廣大此誠陛下所宜深慮夫守戰之力力役參倍但以今日分兵命大將據諸要險威足以震懾彊寇鎮靜疆場將士虎睡百姓無事數年之間中國日盛吳蜀二虜必自罷弊帝由是止。

太和元年征蜀鍾繇以散騎常侍上疏曰夫策貴廟勝功尚帷幄不下殿堂之上而決勝千里之外車駕宜鎮守中土以為四方威勢之援今大軍西征雖有百倍之威於關中之費所損非一且盛暑行師詩人所重實非至尊動軔之時也

四年太司馬曹真征蜀王肅上疏曰前志有之千里饋糧士有饑色樵蘇後爨師不宿飽此謂平塗之行軍者也又況於深入阻險鑿路而前則其為勞必相百也今又加之以霖雨山坂峻滑衆逼而不展糧縣而難繼實行軍者之大忌也聞曹真發已踰月而行裁半谷治道功夫戰士悉作是敵偏得以逸而待勞乃兵家之所憚也言之前代則武王伐紂出關而復還論之近事則武文征權臨江而不濟豈非所謂順天知時通於權變者哉兆民知聖上以水雨艱劇之故休而息之後日有釁乘而用之則所謂悅以犯難民忘其死者矣。

六年公孫淵數與吳通帝使汝南太守田豫自海道幽州刺史王雄自陸道討之散騎常侍蔣濟諫曰凡非相吞之國不侵叛之臣不宜輕伐伐之不能制是驅使為賊也故曰虎狼當路不治狐狸先除大害小害自已今海表委質不乏職貢而議者先之正使克之無益於國儻不如意是為結怨失信也不聽豫等往皆無功。

青龍元年征東將軍滿寵上疏曰合肥城南臨江湖北遠壽春敵攻圍之得據水為勢官兵救之當先破敵大輩然後圍乃得解敵往甚易而兵往救之甚難宜移城內之兵其西三十里有奇險可依更立城以固守此為引敵平地而掎其歸路於計為便護軍將軍蔣濟議以為既示天下以弱且望烟火而壞城此為未攻而自拔一至於此劫略無限必以淮北為守帝未許寵重表曰孫子言兵者詭道也故能而示之以弱不能驕之以利示之以懾此為形實不必相應也又曰善動敵者形之今賊未至而移城却內此所謂形而誘之也引敵

遠水。擇利而動，舉得於外，則福生於內矣。尚書趙咨以籠策爲長，詔遂報聽。

青龍中，吳圍合肥。時東方吏士皆分休，征東將軍滿寵表請中軍兵并召休將士，須集擊之。劉劭議以爲敵衆新至，心專氣銳，寵以少人自戰其地，若便進擊，不必能制。寵求待兵，未有所失也。以爲可先遣步兵五千、精騎三千，軍前發，揚聲進道，震曜形勢。騎到合肥，疏其行隊，多其旌鼓，曜兵城下，引出賊後，擬其歸路，要其糧道。賊聞大軍來，騎斷其後，必震怖遁走，不戰自破矣。帝從之。

時幽州刺史毌丘儉上疏曰：陛下即位以來，未有可書。吳蜀恃險，未可卒平，聊可以此方無用之士克定遼東。光祿大夫衛臻曰：儉所陳平戰國細術，非王者之事也。吳頻歲稱兵，寇亂邊境，而猶案甲養士，未果尋致討者，誠以百姓疲勞故也。且公孫淵生長海表，相承三世，外撫戎夷，內脩戰射，而儉欲以偏軍長驅，朝至夕卷，知其妄矣。儉行軍遂不利。

時欲伐吳，詔揚烈將軍王基量進趣之宜。基對曰：夫兵動而無功，則威名折於外，財用窮於內，故必全而後用也。若不資通川聚糧水戰之備，則雖積兵江內，無必渡之勢矣。今江陵有沮漳二水，溉灌膏腴之田以千數。安陸左右陂池沃衍，若水陸並農，以實軍資，然後引兵詣江陵、夷陵，分據夏口，順沮漳資水浮穀而下，知官兵有經久之勢，則拒天誅者意沮，而向王化者益固。然後率合蠻夷以攻其內，精卒勁兵以討其外，則夏口以上必拔，而江外之郡不守。如此吳蜀之交絶，交絶而吳禽矣。不然兵出之利未可必矣。於是遂止。

大司馬曹真伐蜀，遇雨不進。少府楊阜上疏曰：昔文王有赤烏之符，而猶日昃不暇食；武王白魚入舟，君臣變色，而動得吉瑞，猶尚憂懼，況有災異而不戰竦者哉。今吳蜀未平，而天屢降變，陛下宜深有以專精應答，側席而坐，思示遠以德，綏邇以儉。間者諸軍始進，便有天雨之患，稽閡山險，以積日矣。轉運之勞，擔負之苦，所費以多。若有不繼，必違本圖。傳曰：見可而進，知難而退，軍之善政也。徒使六軍困於山谷之間，進無所略，退又不得，非主兵之道也。武王還師，殷卒以亡，知天期也。今年凶民饑，宜發明詔損膳減服，技巧珍玩之物皆可罷之。昔邵信臣爲少府於無事之世，而奏罷浮食。今者軍用不足，益宜節度。帝即召諸軍還。

齊王嘉平四年，征南大將軍王昶、征東將軍胡遵、鎮南將軍毌丘儉等表請征吳。朝廷以三征計異，詔訪尚書傅嘏。嘏對曰：昔夫差勝齊陵晉，威行中國，不能以免姑蘇之禍；齊閔辟土兼國，開地千里，不足以救顛覆之敗。有始不必善終，古事之明效也。孫權自破蜀兼平荊州之後，志盈欲滿，罪戮忠良，誅及胤嗣，元凶已極。相國宣文侯先識取亂侮亡之義，深建宏圖大舉之策。今權已死，托孤於諸葛恪。若矯權苛暴，蠲其虐政，民免酷烈，偷安新惠，內外齊慮，有同舟之懼，雖不能終自保完，猶足以延期挺命於深江之表矣。昶等或欲汎舟徑渡，橫行江表，收民略地，因糧於寇；或欲四道並進，臨之以武，誘間攜貳，待其崩壞；或欲進軍大佃，偪其項領，積穀觀釁，相時而動。凡此三者，皆取賊之常計也。然施之當機，則功成名立；苟不應節，必貽後患。自治兵已來，出入三載，非掩襲之軍也。賊喪元帥，利存退守，若撰飾舟楫，羅船津要，堅城清野，以防卒攻，橫行之計殆難必施。賊之爲寇，幾六十年，君臣僞立，吉凶同患，若恪蠲其弊，天去其疾，崩潰之應不可卒待。今邊壤之守與賊相遠，賊設羅落，又持重密間，諜不行，耳目無聞。夫軍無耳目，校察未詳，而舉大衆以臨巨險，此爲希幸徼功，先戰而後求勝。非全勝之長策也。唯有進軍大佃最若完牢。可詔昶遵等擇地居險。審所屯置。及令三方一時前守。奪其肥壤。使還耕墝土。一也。兵出民表。寇鈔不犯。二也。招懷近路。降附日至。三也。羅落遠設。間搆不來。四也。賊退其守。羅落必淺。佃作易之。五也。坐食積穀。士不運輸。六也。釁隙時聞。討襲速決。七也。凡此七者。軍事之急務也。不據則賊擅便資。據之則利歸於國。不可不察也。夫屯壘相偪。形勢已交。智勇得陳。巧拙得用。策之而知得失之計。角之而知有餘不足。虜之情偽。將焉所逃。夫以小敵大。則役煩力竭。以貧敵富。則斂重財匱。故敵逸能勞之。飽能飢之。此之謂也。然後盛衆厲兵以震之。參惠倍賞以招之。多方廣似以疑之。由不虞之道。以間其不戒。比及三年。左提右挈。虜必氷散瓦解。安受其弊。可坐算而得也。昔漢氏歷世常患匈奴。朝臣謀士。早朝晏罷。介冑之將。則陳征伐。搢紳之徒。咸言和親。勇奮之士。思展搏噬。故樊噲願以十萬之衆橫行匈奴。季布面折其短。李信求以二十萬獨舉楚人。而果辱秦軍。今諸將有陳越江陵險獨步虜庭。即亦向時之類也。以陛下聖德。輔相忠賢。法明士練。錯計於全勝之地。振長策以禦之。虜之崩潰。必然之數。故兵法曰。屈人之兵而非戰也。拔人之城而非攻也。若釋廟勝必然之理。而行萬一不必全之路。誠愚臣之所慮也。故謂大佃而偪之計最長。時不從嘏言。其年十一月。詔昶等征吳。五年正月。諸葛恪拒戰。大破衆軍於東關。

征伐

吳大帝初。以張紘爲長史。從征合肥。大帝率輕騎將往突敵。紘諫曰。夫兵者凶器。戰者危事也。今麾下恃盛壯之氣。忽強暴之虜。三軍之衆莫不寒心。雖斬將搴旗。威震敵場。此乃偏將之任。非主將之宜也。願抑賁育之勇。懷霸王之計。權納紘言而止。既還。明年將復出軍。紘又諫曰。自古帝王受命之君。雖有皇靈佐於上。文德播於下。亦賴武功以昭其勳。然而貴於時動。乃後爲威耳。今麾下值四百之厄。有扶危之功。宜且隱息師徒。廣開播殖。任賢使能。務崇寬惠。順天命以行誅。可不勞而定也。於是遂止。

時魏曹操遣廬江太守朱光屯皖。大開稻田。呂蒙言於大帝曰。皖田肥美。若一收孰。彼衆必增。宜早除之。權乃親攻皖城。諸將欲作土山添攻具。呂蒙曰。治攻具及土山。必歷日乃成。城備既脩。外救亦至。不可圖也。且吾乘雨水以入。若留經日。水必向盡。還道艱難。蒙竊危之。今觀此城不能甚固。以三軍勢氣四面並攻。不移時可拔。及水以歸。全勝之道也。從之。

黃龍元年。欲遣偏師取夷州及珠崖。皆以諮上大將軍右都護陸遜。遜上疏曰。臣愚以爲四海未定。當須民力以濟時務。今兵興歷年。見衆損減。陛下憂勞聖慮。忘寢與食。將遠規夷州以定大事。臣反覆思惟。未見其利。萬里襲取。風波難測。民易水土。必致疾疫。今驅見衆經涉不毛。欲益更損。欲利反害。又珠崖絕險。民猶禽獸。得其民不足濟事。無其兵不足虧衆。今江東見衆自足圖事。但當畜力而後動耳。昔桓王創基。兵不一旅而開大業。陛下承運拓定江表。臣聞治亂討逆須兵爲威。農桑衣食民之本業。而干戈未戢。民有饑寒。臣愚以爲宜

育養士民寬其租賦衆克在和義以勸勇則河渭可平九有一統矣

公孫淵背盟大帝欲往征之上大將軍右都護陸遜又上疏曰淵憑險恃固拘留大使名馬不獻實可讎忿蠻夷猾夏未染王化鳥竄荒裔拒逆王師至令陛下爰赫斯怒欲勞萬乘汎輕越海不慮其危而涉不測方今天下雲擾羣雄虎爭英豪踴躍張聲大視陛下以神武之姿誕膺期運破操烏林敗備西陵禽羽荆州斯三虜者當世雄傑皆摧其鋒聖化所綏萬里草偃方蕩平華夏總一大猷今不忍小忿而發雷霆之怒違垂堂之戒輕萬乘之重此臣之所惑也臣聞志行萬里者不中道而輟足圖四海者匪懷細以害大彊寇在境荒服未庭陛下乘桴遠征必致闚䦨戚至而憂悔之無及若使大事時捷則淵不討自服今乃遠惜遼東衆之與馬柰何獨欲捐江東萬安之本業而不惜乎乞息六師以威大虜早定中夏垂曜將來帝用納焉

三年薛綜為尚書僕射時公孫淵降而復叛大帝盛怒欲自親征綜上疏諫曰夫帝王者萬國之元首天下之所繫命也是以居則重門擊柝以戒不虞行則清道案節以養威嚴蓋所以存萬安之福鎮四海之心昔孔子疾時託乘桴浮海之語季由斯喜拒以無所取才漢元帝欲御樓船薛廣德請刎頸以血染車何則水火之險至危非帝王所宜涉也諺曰千金之子坐不垂堂況萬乘之尊乎今遼東戎貊小國無城池之固備禦之術器械鉟鈍犬羊無政往必禽克誠如明詔然其方土寒埆穀稼不殖民習鞍馬轉徙無常卒聞大軍之至自度不敵鳥驚獸駭長驅奔竄一人匹馬不可得見雖獲空地守之無益此不可一也加又洪流漫漾有成山之難海行無常風波難免倏忽之間人船異勢雖有堯舜之德智無所施賁育之勇力不得設此不可二也加以鬱霧冥其上鹹水蒸其下善生流腫轉相洿染凡行海者稀無所患此不可三也天生神聖顯以符瑞當乘平喪亂康此民物嘉祥日集海內垂定逆虜凶虐滅亡在近中國一平遼東自斃但當拱手以待耳今乃違必然之圖尋至危之阻忽九州之固肆一朝之忿既非社稷之重計又開闢以來所未嘗有斯誠羣僚所以傾身側息食不甘味寢不安席者也惟陛下抑雷霆之威忍赫斯之怒遵乘橋之安遠履冰之險則臣子賴社天下幸甚時羣臣多諫帝遂不行

嘉禾元年公車徵陸瑁拜議郎選曹尚書大帝忿公孫淵之巧詐反覆欲親征之瑁上疏諫曰臣聞聖王之御遠夷羈縻而已不常保有故古者制地謂之荒服言慌惚無常不可保也今淵東夷小醜屏在海隅雖託人面與禽獸無異國家所為不愛貨寶遠以加之者非嘉其德義也誠欲誘納愚弄以規其馬耳淵之驕黠恃遠負命此乃荒

貊常態豈足深怪昔漢諸帝亦嘗銳意以事外夷馳使散貨充滿西域雖有恭從然其使人見害財貨并沒不可勝數今陛下不忍悁悁之忿欲越巨海身踐其土羣臣愚議竊謂不安何者北寇與國壤地連接苟有間隙應機而至夫所以越海求馬曲意於淵者為赴目前之急除腹心之疾也而更棄本追末捐近治遠忿以改規激以動衆斯乃猾虜所願聞非大吳之至計也又兵家之術以功役相疲勞逸相待得失之間所覺輙多且沓渚去淵道里尚遠今到其岸兵勢三分使彊者進取次當守船又次運糧行人雖多難得悉用加以單步負糧經遠深入賊地多馬邀截無常若淵狙詐與北未絕動衆之日脣齒相濟若實孑然無所憑賴其畏怖遠迸或難卒滅使天誅稽於朔野山虜承間而起恐非萬安之長慮也帝未許瑁重上疏曰夫兵革者固前代所以誅暴亂威四夷也然其役皆在姦雄已除天下無

事從容廟堂之上以餘議議之耳至於中夏鼎沸九域盤牙之時率須深根固本愛力惜費務自將養以待鄰敵之闕未有正於此時合近治遠以疲軍旅者也昔尉佗叛逆僭號稱帝于時天下乂安百姓殷阜帶甲之數糧食之積可謂多矣然漢文猶以遠征不易重興師旅告喻而已今凶桀未殄疆埸猶警雖蚩尤鬼方之亂故當以緩急差之未宜以淵為先願陛下抑威住計暫寧六師潛妙嘿規以為後圖天下幸甚帝再覽瑁書嘉其詞理端切遂不行

赤烏四年零陵太守殷礼言於大帝曰今天棄曹氏喪誅累見虎爭之際而幼童莅事陛下身自御戎取亂侮亡宜滌荊揚之地舉強羸之數使彊者執戟羸者轉運西命益州軍于隴右授諸葛瑾朱然大衆指事襄陽陸遜朱桓別征壽春大駕入淮陽歷青徐襄陽壽春困於受敵長安以西務對蜀軍許洛之衆勢必分離掎角瓦解民必內

應將帥對向或失便宜一軍敗績則三軍離心便當秣馬脂車陵蹈城邑乘勝逐北以定華夏若不悉軍動衆循前輕舉則不足大用易於屢退民疲威消時往力竭非出兵之策也時弗能用之

烏程侯皓寶鼎元年五官中郎將丁忠使晉還說曰北方守戰之具不設弋陽可襲而取皓訪羣臣鎮西大將軍陸凱曰夫兵不得已而用之耳且三國鼎立以來更相侵伐無歲寧居今強敵新并巴蜀有兼土之實而遣使求親欲息兵役不可謂其求援於我今敵形勢方強而欲徼幸求勝未見其利也車騎將軍劉纂曰天生五才誰能去兵譎詐相雄有自來矣若其有闕庸可棄乎宜遣間諜以觀其勢皓陰納纂言且以蜀新平故不行然遂自絕

時師旅仍動鎮軍大將軍陸抗上疏曰臣聞易貴隨時傳美觀釁故有夏多罪而殷湯用師紂作淫虐而周武授鉞苟無其時玉臺有憂

傷之慮孟津有反旆之軍今不務富國強兵力農畜穀使文武之才效展其用百揆之署無曠厥職明黜陟以厲庶寀審刑罰以示勸沮訓諸司以德而撫百姓以仁然後順天承運席卷宇內而聽諸將徇名窮兵黷武動費萬計士卒彫瘁寇不為衰而我已大病矣今爭帝王之資而昧十百之利此人臣之姦便非國家之良策也昔齊魯三戰魯人再克而亡不旋踵何則大小之勢異也況今師所克獲不補所喪哉且阻兵無衆古之明鑒誠宜暫息進取小規以畜士民之力觀釁伺隙庶無悔吝

晉武帝咸寧五年王濬上疏曰吳孫皓荒淫凶逆宜速征伐若皓死更立賢主則強敵也臣作船七年日有朽敗臣年七十死亡無日三者一乖則難圖矣願陛下無失事機帝於是決意伐吳

武帝密有滅吳之計而朝議多違惟度支尚書杜預及羊祜張華與

帝意合祜病舉預自代及祜卒拜預為鎮南大將軍都督荊州諸軍事預啓請伐吳之期帝報待明年方欲大舉預表陳至計曰自閏月以來賊但敕嚴下無兵上以理勢推之賊之窮計力不兩完必先護上流勤保夏口以東以延視息無緣多兵西上空其國都而陛下過聽便用委棄大計縱敵患生此誠國之遠圖使舉而有敗勿舉可也事為之制務從完牢若或有成則開太平之基不成不過費損日月之間何惜而不一試之若當須後年天時人事不得如常臣恐其更難也陛下宿議分命臣等隨界分進其所禁持東西同符萬安之舉未有傾敗之患臣心實了不敢以曖昧之見自取後累惟陛下察之

預旬月之中又上表曰羊祜與朝臣多不同不先博畫而密與陛下共施此計故益令多異凡事當以利害相校今此舉十有八九利其一二止於無功耳其言破敗之形亦不可得直是計不出己功不在

身。各耻其前言。故守之也。自頃朝廷事無大小。異意鋒起。雖人心不同。亦由恃恩不慮後難。故輕相同異也。昔漢宣帝議趙充國所上事效之後。詰責諸議者。皆叩頭而謝。以塞異端也。自秋以來。討賊之形頗露。若今中止。孫皓怖而生計。或徙都武昌。更完脩江南諸城。遠其居人。城不可攻。野無所掠。積大船於夏口。則明年之計或無所及。時帝與中書令張華圍棊。而預表適至。華推枰斂手曰。陛下聖明神武。朝野清晏。國富兵強。號令如一。吳主荒淫驕虐。誅殺賢能。當今討之。可不勞而定。帝乃許之。

愍帝時。琅邪國侍郎王鑒勸元帝親征杜弢。丞相參軍熊遠上疏曰。皇綱失統。中夏多故。聖主肇祚。遠奉西都。梓宮外次。未反園陵。逆寇遊魂。國賊未夷。明公憂勞。乃心王室。伏讀聖教。人懷慷慨。杜弢小豎。寇抄湘川。比年征討。經載不夷。昔高宗伐鬼方。三年乃剋。用兵之難

非獨在今。伏以古今之霸王。遭時艱難。亦有親征以隆大勳。亦有遣將以平小寇。今公親征。文武將吏。度支籌量舟輿器械。所出若足用者。然後可征。愚謂宜如前遣五千人。徑與水軍進征。既可得速。必不後時。昔齊用穰苴。燕晉退軍。秦用王翦。剋平南荆。必使督護得才。即賊不足慮也。

東晉元帝初。杜弢作逆。江湘流弊。王敦不能制。朝廷深以為憂。琅邪國侍郎王鑒上疏勸帝征之曰。天禍晉室。四海顛覆。喪亂之極。開闢未有。明公遭歷運之厄。當陽九之會。聖躬負伊周之重。朝廷延匡合之望。方將振長轡而御八荒。掃河漢而清天塗。所藉之資。江南之地。蓋九州之隅角。垂盡之餘人耳。而百越鴟視於五嶺。蠻蜀狼顧於湘漢。江州蕭條。白骨塗地。豫章一郡。十殘其八。繼以荒年。公私虛匱。倉庫無旬月之儲。三軍有絕乏之色。賦斂搜奪。周而復始。卒散人流。相

望於道。殘弱之源日深。全勝之勢未舉。鑒懼雲旗反旆。元戎凱入。未在旦夕也。昔齊族未耆而申侯懼其老。況暴甲三年。介冑生蟣蝨。而可不深慮者哉。江揚本六郡之地。一州封域耳。若兵不時戢。人不堪命。三江受敵。彭蠡振搖。是賊踰我垣牆之內。闚我室家之好。黷武之衆易動。驚弓之鳥難安。鑒之所甚懼也。去年已來。累喪偏將。軍師屢失。送死之寇。兵猒奔命。賊量我力矣。雖繼遣偏裨。懼未足成功也。愚謂尊駕宜親幸江州。然後方召之臣。其力可得而宣。熊羆之士。其銳可得而奮。進左軍於武昌。為陶侃之重。建名將於安成。連甘卓之壘。南望交廣。西撫蠻夷。要害之地。勒勁卒以保之。深溝堅壁。按精甲而守之。六軍既鳴。戰士思奮。爾乃乘隙騁奇。擾其窟穴。顯示大信。開以生塗。杜弢之頸。固已鎖於麾下矣。

成帝咸康五年。庾亮欲開復中原。表遣諸軍羅布江沔。以為伐趙之

規。帝下其議。太常蔡謨上議曰。時有否泰。道有屈伸。苟不計彊弱而輕動。則亡不終日。何功之有。為今之計。莫若養威以俟時。時之可否。繫胡之彊弱。胡之彊弱。繫虎之能否。自石勒舉事。虎常為爪牙。百戰百勝。遂定中原。勒死之後。虎挾嗣君。誅將相。內難既平。翦削外寇。不失尺土。以是觀之。虎為能乎。將不能也。今征西將自將大軍。席卷河南。虎必親率其衆。來決勝負。欲與之戰。何如石生。若欲城守。何如金墉。欲阻沔水。何如大江。欲拒石虎。何如蘇峻。石生猛將。關中精兵。征西之戰。殆不能勝也。金墉險固。劉曜十萬衆不能拔。又當是時洛陽關中皆舉兵擊虎。今此三鎮反為其用。方之於前。倍半之勇也。石生不能敵其半。而征西欲當其倍。愚所疑也。蘇峻之彊。不及石虎。沔水之彊。不及大江。大江不能禦蘇峻。而欲以沔水禦石虎。又所疑也。昔祖士稚在譙。佃於城北界。豫置軍屯以禦外。穀熟。胡至。丁夫戰於

外老弱獲於内，多持炬火，急則燒穀而走。如此數年，竟不獲利。當其時，胡唯據河北，方之於今，四分之一耳。士雅不能捍其一，而征西欲以禦其四，又所疑也。然此但論征西既至之後耳，尚未論道路之慮也。自沔以西，水急岸高，魚貫溯流，首尾百里。若胡無宋襄之義，及我未陣而擊之，將如之何？今王土與胡，水陸異勢，便習不同。胡若送死，則敵之有餘；若棄江遠進，以我所短擊彼所長，懼非廟勝之算也。朝議多與謨同，乃詔亮不聽移鎮。

成帝時，左衛將軍陳光上疏請伐胡，詔令攻壽陽。征西將軍、都督徐兖諸軍事、領徐州刺史、假節蔡謨又上疏曰：今壽陽城小而固，自壽陽至琅邪，城壁相望，其間遠者裁百餘里，一城見攻，衆城必救。且王師在路五十餘日，劉仕一軍早已入淮，又遣數部北取生口，大軍未至，聲息久聞，而賊之郵驛一日千里，河北之騎足以來赴，非唯鄰城

相救而已。夫以白起、韓信、項籍之勇，猶發梁焚舟，背水而陣。今欲停船水渚，引兵造城，前對堅敵，顧臨歸路，此兵法之所誡也。若進攻未拔，胡騎卒至，懼桓子不知所爲，而舟中之指可掬。今征軍五千，皆王都精鋭之衆，又光爲左衛，遠近聞之，名爲殿中之軍，宜令所向有征無戰。而頓之堅城之下，勝之不武，不勝爲笑。今以國之上駟擊寇之下邑，得之則利薄而不足損敵，失之則害重而足以益寇，懼非策之長者。臣愚以爲聞寇而致討，賊退而振旅，於事無失。不勝管見，謹冒陳聞。

時蘇峻反，庾翼將悉郢漢之衆以事中原，軍次安陸，尋轉襄陽。中書侍郎范汪上疏曰：臣伏思安西將軍翼今至襄陽，倉卒致討，凡百草創，安陸之調不復爲襄陽之用，而玄冬之月，沔漢乾涸，皆當魚貫而行，排而進，設一處有急，勢不相救，臣所至慮一也。又既至之後，桓宣當出，宣往剪豺狼之林，招攜貳之衆，待之以至寬，御之以無法，田疇墾闢，生産始立，而當移之，必有嗷然，悔吝難測，臣所至慮二也。襄陽頓益數萬口，奉師之費，皆當出於江南，漕運之難，船人之力，不可不熟計，臣之所至慮三也。且申伯之尊，而與邊將並驅，又衆軍不進，殊爲孤懸。兵書云：知彼知此，百戰不殆；知彼不知此，一勝一負。賊誠衰弊，然得臣猶在，我雖方隆，今實未暇，而連兵不解，患難將起，臣之所至慮四也。翼豈不知兵家所患常在於此，顧以門戶事任，憂責莫大，晏安終年，非心情所安，是以抗表輒行，畢命原野。以翼宏規經略，文武用命，志遏寇會，大事便濟。然國家之慮常以萬全，非至安至審，王者不舉。臣謂宜嚴詔諭翼還鎮養鋭，以爲後圖。若少合聖意，乞密出臣表，與車騎臣冰等詳共集議。

武帝寧康間，苻堅寇凉州，車騎將軍桓沖遣宣城内史朱序、豫州刺

史桓伊率衆向壽陽，淮南太守劉波汎舟淮泗，乘虚致討，以救凉州。乃表曰：氐賊自并東胡，醜類實繁，而蜀漢寡弱，西涼無備，斯誠暴興疾顛，祇速其亡。然而天未勦絶，虐爲國患。臣聞勝於無形，功立事表，伐謀之道，兵之上略。況此賊陸梁，終必越逸，北狄陵縱，常在秋冬。今日月迅邁，高風行起，臣輒較量畿甸，守衞宜複。又淮泗通流，長江如激，荆楚偏遠，密邇寇讎，方城漢水，無天險之實，而過備之宜，勢在西門。臣雖凡庸，識乏武略，然猥荷重任，思在投袂，請率所統，徑進南郡，與征西將軍臣豁聲同謀猷。賊若果驅犬羊，送死沔漢，庶仰憑正順，因致人利，一舉乘風，埽清氛穢，不復重勞王師。有事三秦，則先帝盛業永隆於聖世，宣武遺志無恨於在昔。如其憚懼皇威，闚窬計屈，則觀兵伺釁，更議進取，振旅旋旆，遲速唯宜。伏願陛下覽臣所陳，特垂聽許。

宋武帝復欲北討，行意甚盛。奉常鄭鮮之上表諫曰：伏思聖略深遠，臣之愚管無所措其意。然臣愚見竊有所懷。虜凶狡情狀可見。自關中再敗，皆是帥師違律，非是内有事故，致外有敗傷。虜聞殿下親御六軍，必謂見伐，當重兵潼關。其勢然也。若陵威長驅，臣實見其未易。若輿駕頓洛，則不足上勞聖躬。如此則進退之機，宜在孰慮。賊不敢乘勝過陝，遠攝大威故也。今盡用兵之算，事從屈申，遣師撲討，而南夏清晏，賊方懼將來，永不敢動。若輿駕造洛而反，凶醜更生揣量之心，必啓邊戎之患。此既必然。江南顒顒，傾注輿駕，忽聞遠伐，不測師之淺深，必以殿下大申威靈，未還，人情恐懼，事又可推。往年西征，劉鍾危殆；前年劫盗破廣州，人士都盡。三吳心腹之内，諸縣屢敗，皆由勞役所致。又聞處處大水，加遠師民敝敗散，自然之理。殿下在彭城，劫盗破諸縣，事非偶爾，皆是無賴凶愚。凡順而撫之，則百姓思安，違其所願，必爲亂矣。古人所以救其煩穢，正在於斯。漢高身困平城，呂后受匈奴之辱，魏武軍敗赤壁，宣武喪師枋頭，神武之功一無所損。况偏師失律，無虧於廟堂之上者耶。即之事實，非敗之謂。唯齡石等可念耳。若行也，或速其禍，反覆思惟，愚謂不煩殿下親征。小劫西虜，或爲河洛之患。今正宜通好北虜，則河南安；河南安，則濟泗靜。伏願聖鑑察臣愚懷。

文帝元嘉二十七年，帝將北討，步兵校尉沈慶之諫曰：馬步不敵，爲日已久矣。請舍遠事，且以檀到言之。道濟再行無功，彦之失利而返。今料王玄謨等，未踰兩將，六軍之盛，不過往時。將恐重辱王師，難以得志。上曰：小醜竊據，河南修復。王師再屈，自別有以。亦由道濟養寇自資，彦之中塗疾動。虜所恃唯馬，夏水浩汗，河水流通，泛舟北指，則碻磝必走，滑臺小戍，易可覆拔。克此二戍，館穀弔民，虎牢、洛陽自然

不固。比及冬間，城守相接，虜馬過河，便成禽也。慶之又固陳不可。丹陽尹徐湛之、吏部尚書江湛並在坐，上使湛之等難慶之。曰：治國譬如治家，耕當問奴，織當訪婢。陛下今欲伐國，而與白面書生輩謀之，事何由濟。

元嘉二十九年，帝欲更北伐，訪之羣臣。中庶子何偃議曰：内幹胡法宗宣詔遠問北伐。伏計賊審有殘禍，犬羊易亂，殲殄非難。誠如天旨。今雖廟算無遺，而士未精習。緣鎮戍兒，實若寡遺。民流散多未附業。控引所資，取給根本。虧根本以殉邊患，宜動必萬尅。無虞往歲，挫傷續以内憂，傷亡取亂，誠爲沛然。然淮泗數州，實亦彫耗，流傭未歸，創痍未起。且攻守不等，客主形異。薄之則勢艱，圍之則曠日。進退之間，姦虞互起。竊謂當今之弊易明，方來之寇不深。宜含垢藏疾，以齊天道。

文帝聞魏世祖殂，更謀北伐。青州刺史劉興祖上言：以爲河南阻飢，野無所掠。脱諸城固守，非旬月可拔。稽留大衆，轉輸方勞。應機乘勢，事在急速。今僞帥始死，兼逼暑時，國内猜擾，不暇遠赴。愚謂宜長驅中山，據其關要。冀州以北，民人向豐，兼麥已尚熟，因資爲易。若中州震動，黄河以南自當消潰。臣請發青冀兵入其心腹，若前驅克勝，則衆軍宜一時濟河，並建司牧，撫柔初附。西拒太行，北塞軍都。因事指麾，隨宜加援。若能成功，清壹可待。若不克捷，不爲大傷。衆主意止存河南，亦不從。

時秘書監謝靈運上表陳疾，上賜假東歸。將行，上書勸伐河北，曰：自中原喪亂，百有餘年，流離寇戎，湮没殊類。先帝聰明神武，哀濟羣生，將欲盪定趙魏，大同文軌，使久凋反於正化，偏俗歸於華風。運謝事乖，理違願絶，仰德抱悲，恨存生盡。況陵塋未幾，又虜所隱，頃在有識

誰不憤歎。而景平執事竝非其才。且遊紛京師。豈慮託付。遂使孤城窮陷。莫肯極忠烈。因朔漠緣河三千。斷爲延有晚遺鎮。咸皆先朝之所開拓。一旦淪亡。此國恥宜雪救於近事者也。又北境凶狡逆虜窮苦備羅。徵調賦斂。靡有止已。所求不獲。轅致誅殛。身猶欲破關門叱壓。此亦仁者所爲傷心者也。咸云西虜含承遠師隴外。東虜來虛。呼可掩襲。西軍既反。得據關中。長圍咸陽。道路已絕。雖遣救援。停住河東。遂乃遠討大城。欲爲首尾。而西寇深山重阻。根本自固。從棄巢窟。未足相拯。師老於外。國虛於内。時來之會。莫復過此。觀兵燿威。實在茲日。若相持未已。或生事變。忽值新起之衆。則異於今。苟乘其時。雖爲經略。雖兵食倍多。則萬全無必矣。又歷觀前代。類以兼弱爲本。古今聖德。未之或殊。豈不以天時人事。理數相得。興亡之度。定期居然。故古人云。既見天殃。又見人災。乃可以謀。昔魏氏之彊。平定荊冀。乃乘袁劉之弱。晉世之盛。拓開吳蜀。亦因葛陸之衰。此皆前世成事著於史策者也。自羌平之後。天下亦謂虜當俱滅。長驅滑臺。席卷下城。奪氣喪魄。指日就盡。但長安違律。潼關失守。用緩天誅。假延歲月。日來至今。十有二載。是謂一紀。曩有前言。況五胡代數。齊世虜期。餘命盡於來年。自相攻伐。兩取其困。卞莊之形。驗之今役。仰望聖澤。有若渴飢。淮心南雲。爲日已久。來蘇之冀。實歸聖明。此而弗乘。後則未兆。即日府藏。誠無兼儲。然凡造大事。待國富兵彊。不必乘會。於我爲易。貴在得時。器械既充。衆力粗足。方於前後。乃當有優。常議損益。久證冀州口數。百萬有餘。田賦之沃。著自貢典。先才經創。基趾猶存。澄流引源。桑麻蔽野。彊富之實。昭然可知。爲國長久之計。孰若一往之費邪。或懲關西之敗。而謂河北難守。二境形勢。表裏不同。關西雜居。種類不一。昔在前漢。屯軍霸上。通火甘泉。況乃遠戍之軍。值新故交代

之際者乎。河北悉是舊戶。差無雜人。連嶺判阻。三關作隘。若遊騎長驅。則沙漠風靡。若嚴兵守塞。則冀方山固。昔隴西傷破。鼂錯興言。匈奴慢侮。賈誼憤歎。方於今日。皆爲賒矣。晉武中主耳。值孫皓虐亂。天祚其德。亦由鉅平奉策。荀賈折謀。故能業崇當年。區宇一統。況今陛下聰明聖哲。天下歸仁。文德與武功竝震。霜威共素風俱舉。協以宰輔賢明。諸王英令。岳牧宣烈。虎臣盈朝。而天或遠命。亦何敵不滅。矧伊頑虜。假日而已哉。伏惟深求志務。久定神謨。臣早蔑側陋。竊景巖穴。實仰希太平之道。傾覩岱宗之封。雖乏相如之筆。庶免史談之憤。以此謝病京師。萬無恨矣。久欲上陳。懼在觸置。蒙賜恩假。暫違禁省。消渴十年。常慮朝露。抱此愚志。昧死以聞。

南齊武帝永明末欲北伐。使毛惠秀畫漢武北伐圖。使冊陽令中書郎王融掌其事。融好功名。因此上疏曰。臣聞情懵自中。事符則感。象精於始。機動斯彰。莊敬之道。可宗會揖讓。其彌肅勇烈之士。足貴慮鼙鐸以增思。肇植生民。厥祥既煽。降及興運。維道有徵。莫不有所因循而升皇業者也。若夫膏腴既稱。天乙知五方之富。皮幣已列。帝劉測四海之尊。異封禪之文。則升中之典攸昭。漢興地之圖。乃席卷之膏允立。伏惟陛下窮神盡聖。總極居中。偶化兩儀。均明二耀。拯玄網於頹紘。反至道於澆淳。可謂區寓儀刑。齊民先覺者也。臣亦遭逢生此嘉運。鑿飲耕食。自幸唐年。而識用昏霾。經術疏淺。將漏且軸。豈蔽與識。皇鑒燭幽。天高聽下。賞片言之或善。矜一物之失時。滌拂塵蒙。露飾丸質。拔足草廬。厠身朝序。復得拜賀歲時。瞻望日月。於臣心願。曾已畢矣。但千祀一逢。休明難再。思策駑鈍。陳涓壒。竊習戰陣攻守之術。農桑牧藝之書。申商韓墨之權。伊周孔孟之道。嘗願待詔朱闕。備對青蒲。請閒宴之私。談當世之務。位賤人微。徒深傾款。方今九服

清怡，三靈和晏，未有附枝，輪無異轍，東鞮獻舞，西擊傳歌，羌夷踰山泰居越海，香象致委贄之款。稍擇厥瞻迴之數，西將開桂林於鳳山，創金城於西守，而蠢爾獯狄，敢僭大邦，假息關河，竊命函谷，淪故京之奧壤，變舊邑而荒涼，思反坫之儒衣，久伊川之被髮，北地殘氓，東鄴遺老，莫不茹泣吞悲，傾耳戴目，繫心仁政，延首王風，若試馳咫尺之書，具孰戎旅之卒，循其墮城，納其降虜，可弗勞弦鏃，無待干戈，真皇王之兵，征而不戰者也。臣乞以執殳先邁，式道中原，澄瀚諸之恒流，掃狼山之積霧，係單于之頸，屈左賢之膝，習呼韓之舊儀，拜鑾輿之巡幸，然後天移雲動，勒封岱宗，咸五登三，追蹤七十，百神肅警，萬國具僚，瞻弁星離，玉帛雲聚，集三燭於蘭席，聆萬歲之禎聲，豈不盛哉，豈不韙哉。昔桓公志在伐莒，郭牙審其幽趣；魏后存心去漢，德祖究其深言。臣愚昧忖誠，不足以知微，然伏揆聖心，規模弘遠，既圖載其事，必克就其功，臣不勝歡喜。圖成上置琅邪城射堂壁上，遊幸輒觀視焉。

時朝廷討雍州刺史王奐，丹陽令中書郎王融又上疏曰：臣每覽史傳，見憂國忘家，捐生報德者，未嘗不撫卷嘆息，以爲今古共情也。然或以片言微感，一餐小惠，參國士之眄，同布素之遊耳，豈有如臣獨拔無聞之伍，過超非分之位，名器雙假，榮祿兩升，而宴安昆罷之晨，優游旰食之日，所以敢布丹愚，仰聞宸聽。今議者或以西夏爲念，臣竊謂之不爾，其故何哉？陛下聖明，群臣悉力，從以制逆，上而御下，揣聞賞黜之言，微示生死之路，方域之人，皆相爲敵，既兵威遠臨，人不自保，雖窮鳥必啄，固等命於梁鵠，困獸斯驚，終並懸於廚鹿，凱師勞飲，固不待晨，臣之寸心，獨有微願，自獫狁荐食，荒傲伊、瀍，天道禍淫，危亡日至，母后內離，糧力外虛，謠言物情，屬當今會，若藉巫漢之歸師，驅士卒之餘憤，取函谷如反掌，陵關塞若摧枯。但士非素習，無以即用，不教民戰，是實棄之，將希私集部曲，微加習校，若蒙垂許，乞隸監者拘食人身，兼備石頭防衛之數。臣少重名節，早習軍旅，若試而無績，伏受面欺之誅，用且有功，仰酬知人之哲。

陳宣帝時，謀取彭、汴，以問五兵尚書毛喜，對曰：淮左新平，邊民未輯，周氏始吞齊國，難與爭鋒，且棄舟楫用車騎，去長就短，非吳所便。不若安民保境，寢兵結好，斯久長之術也。

趙主劉曜勅內外戒嚴，將親討渠知，光祿大夫游子遠進曰：陛下誠能如愚臣之計，不勞大駕親動，一月之中可使清定。曜曰：卿試言之。子遠曰：彼匪有大志，希竊非望也，但逼於陛下峻網耳。今死者不可追，莫若赦諸逆人之家老弱沒奚官者，使還相撫育，聽其復業，大赦與之更始，彼生路既開，不降何待？若渠知自以罪重不即下者，願假臣弱兵五千，以爲陛下梟之，不敢勞陛下之將帥也。不爾者，今賊黨既衆，彌川被谷，雖以天威臨之，恐非年歲可除。曜大悅。

秦主苻堅妾張氏明辯有才識，堅將入寇江左，群臣切諫不從，張氏進曰：妾聞天地之生萬物，聖王之馭天下，莫不順其性而暢之，故黃帝服牛乘馬，因其性也；禹鑿龍門，決洪河，因水之勢也；后稷之播殖百穀，因地之氣也；湯、武之滅夏、商，因人之欲也。是以有因則成，無因則敗。今朝臣上下皆言不可，陛下復何所因也？書曰：天聰明自我民聰明。天猶若此，況于人主乎？妾聞人君有伐國之志者，必上觀乾象，下採衆祥。天道崇遠，非妾所知，以人事言之，未見其可。諺言：雞夜鳴不利行師，犬群嗥者宮室必空，兵動馬驚，軍敗不歸。秋冬已來，每夜群犬大嗥，衆雞夜鳴，伏聞廄馬數驚，武庫兵器有聲，吉凶之理，誠非微妾所論，願陛下詳而思之。堅曰：軍旅之事，非婦人所豫也。遂興兵，張氏

請從堅果大敗於壽春張氏乃自殺

後魏道武帝討姚興圍定州大中正李先曰興也天渡平據柴壁相為表裏今欲殄之計將安出先對曰臣聞兵以正合戰以奇勝如聞姚興欲也兵天渡利其糧道及其未到之前遣奇兵先邀天渡柴壁左右嚴設伏兵備其表裏以陛下神策觀時而動興欲進不得退又乏糧夫高者為敵所棲深者為敵所囚兵法所忌而興居之可不戰而取太祖從其計興果敗歸

明元帝聞劉裕死欲取洛陽虎牢滑臺白馬公崔浩曰陛下不以劉裕欻起納其使貢裕亦敬事陛下不幸今死乘喪伐之雖得之不令春秋晉士丐帥師侵齊聞齊侯卒乃還君子大其不伐喪以為恩足以感孝子義足以動諸侯今國家亦未能一舉而定江南宜遣人弔祭存其孤弱恤其凶災布義風於天下令德之事也如此則化被荊

揚南金象齒羽毛之珍可不求而自至裕新死黨與未離兵臨其境必相率拒戰功不可必不如緩之待其惡稔如其彊臣爭權變難必起然後命將揚威可不勞士卒而收淮北之地太宗銳意南伐詰浩曰劉裕因姚興死而滅其國裕死我伐之何為不可浩固執曰興死二子交爭裕乃伐之太宗大怒不從浩言遂遣奚斤南伐議於監國之前曰先攻城也先略地也斤曰請先攻城浩曰南人長於守城苻氏攻襄陽經年不拔今以大國之力攻其小城若不時刻挫損軍勢敵得徐嚴而來我怠彼銳危道也不如分軍略地至淮為限列置守宰收斂租穀滑臺虎牢反在軍北絕望南救必沿河東走若或不然即是囿中之物公孫表請先圖其城斤等濟河先攻滑臺經時不拔表請濟師太宗大怒乃親南巡

太武帝神䴥二年治兵將伐夏群臣咸曰劉義隆兵猶在河中捨之西行前寇未可必克而義隆乘虛濟河則失山東矣崔浩曰義隆與赫連定遙相招引以虛聲唱和莫敢先入譬如連雞不得俱飛無能為害臣始謂義隆軍來當屯止河中兩道北上東道向冀西道衝鄴如此則陛下當自討之不得徐行今則不然東西列兵徑二千里一處不過數千形分勢弱此不過欲固河自守無北渡意也赫連定殘根易摧擬之必仆克定之後東出潼關席卷而前則威震南極江淮以北無立草矣上從之

太武帝時河西王沮渠牧犍內有貳意世祖將討焉先問於司徒崔浩浩對曰牧犍惡心已露不可不誅官軍往年北伐雖不克獲實無所損于時行者內外軍馬三十萬匹計在道死傷不滿八千歲常羸死恆不減萬乃不少於此而遠方承虛便謂大損不能復振今出其不意不圖大軍卒至必驚駭騷擾不知所出擒之必矣且牧犍劣弱

諸弟驕恣爭權從橫民心離解加比年以來天災地變都在秦涼成滅之國也世祖曰善吾意亦以為然命公卿議之弘農王奚斤等三十餘人皆曰牧犍西垂下國雖心不純臣然繼父職貢朝廷接以蕃禮又王姬釐降罪未甚彰謂宜羈縻而已今士馬勞止宜可小息又其地鹵斥略無水草大軍既到不得久停彼聞軍來必完聚城守攻則難拔野無所掠於是尚書古弼李順之徒皆曰自溫圉河以西至於姑臧城南天梯山上冬有積雪深一丈餘至春夏消液下流成川引以灌溉彼聞軍至決此渠口水不通流則致渴乏去城百里之內赤地無草又不任久停軍馬斤等議是也世祖乃命浩以其前言與斤共相難抑諸人不復餘言惟曰彼無水草浩曰漢書地理志稱涼州之畜為天下饒若無水草何以畜牧又漢人為居終不於無水草之地築城郭立郡縣也又雪之消液絕不斂塵何得通渠引漕灌溉數

百萬頃乎。此言大誑誣於人矣。李順等復曰：耳聞不如目見，吾曹目見，何可共辨。浩曰：汝曹受人金錢，欲爲之辭，謂我目不見便可欺也。世祖隱聽聞之，乃出，親見斤等辭旨嚴厲，形於神色，羣臣乃不敢復言，唯唯而已。於是遂討涼州而平之，多饒水草，如浩所言。

帝西巡至東雍，親臨汾曲，觀薛永宗壘，進軍圍之。永宗出兵欲戰，帝問司徒崔浩曰：今日可擊不？浩曰：永宗未知陛下自來，人心安閑，北風迅疾，宜急擊之，須臾必破。若待明日，恐其見官軍盛大，必夜遁走。帝從之，永宗潰滅。車駕濟河，前驅告賊在渭北。帝至洛水橋，賊已夜遁。詔問浩曰：蓋吳在長安北九十里，渭北地空，穀草不備，欲渡渭南西行，何如？浩對曰：蓋吳營去此六十里，賊魁所在，擊蛇之法，當須破頭，頭破則尾豈能復動。宜乘勢先擊吳，今軍從一日便到，平吳之後，回向長安，亦一日而至，一日之內，未便損傷。愚謂宜從北道。若從南道，則蓋吳徐入北山，卒未可平。帝不從，乃渡渭南。吳聞帝至，盡散入北山，果如浩言，軍無所克。

時宋劉義隆侵邊，遣安南大將軍司馬楚之距之。楚之上疏曰：臣奉命南伐，受任一方，而智力淺短，誠節未効，所以夙夜憂惶，忘寢與食。臣屢遣人至荆揚，所在陳說，其論天朝盛化之美，莫不忻承聖德，傾首北望。而義隆兄弟知人情搖動，遣臣私讎順爲司州刺史，統淮北七郡，代垣苗守懸瓠。自舉洛滑臺敗散已來，義隆恥其敗北，多加罪罰，到彥之削位，遂同卒伍，殺姚縱夫於壽春，斬竺靈秀於彭城，王休元託疾，檀道濟斥放，凡在腹心，悉懷疑阻，民怨臣猜，可謂今日。臣聞平殄寇逆，必乘戰勝之威，建立功勳，亦因離貳之勢。伏惟陛下聖德膺符，道光四海，神旌所指，莫不懾服。其未賓者，義隆而已。今天網遐舉，殊方仰德，固宜掃清東南，齊一區宇，使濟濟之風被於江漢。世祖以兵久勞，不從。

太武帝末年，蕭衍遣將康絢遏淮，將灌揚徐。左僕射郭祚表曰：蕭衍狂悖，擅斷川瀆，役苦民勞，危亡已兆。然古諺有之，敵不可縱。夫以一酌之水，或爲不測之淵，如不時滅，恐同原草。宜命一重將，率統軍三十人，領羽林一萬五千人，并料京東七州虎旅九萬，長驅電邁，遄令撲討，擒斬之勳，一如常制，賊資雜物，悉入軍人。如此，則鯨鯢之首可不日而懸。誠知農桑之時，非發衆之日，苟事理宜然，亦不得不爾。昔帝顓頊危殷，后起昆吾之師，玁狁孔熾，周王興六月之伐。臣職忝樞衡，獻納是主，心之所懷，寧敢自默。并宜敕揚州選一猛將，遣當州之兵，令赴浮山，表裏夾攻。朝議從之。

文成帝時，定陽侯曹安表曰：拾寅今保白蘭，多有金銀牛馬，若擊之，可以大獲。議者咸以先帝忿拾寅兄弟不穆，使晉王伏羅、高涼王那再征之，竟不能尅。拾寅雖復遠遁，軍亦疲勞。今在白蘭，不犯王塞，不爲人患，非國家之所急也。若遣使招慰，必求爲臣妾，可不勞而定也。王者之於四荒，羈縻而已，何必屠其國，有其地。安曰：臣昔爲澆河戍將，與之相近，明其意勢。若分軍出其左右，拾寅必走保南山，不過十日，牛馬草盡，人無所食，衆必潰叛，可一舉而定也。詔從之。

獻文帝時，蠕蠕犯塞，帝引見羣臣議之。尚書僕射元目辰進曰：若車駕親行，恐京師危懼，不如持重固守，自安虜懸軍深入，糧無繼運，以臣量之，旨退不久，遣將軍追擊，破之必矣。中曹給事中張白澤曰：陛下欽明則天，比蹤前聖，而蠢爾荒愚，輕犯王略，乃顛沛於遠圖，我將宴安於近毒。仰惟神略，則不然矣。今若鑾輿親動，賊必望麾崩散，豈容仰挫神兵，坐而縱敵，萬乘之尊，嬰城自守，此失可乘之機，退非無前之義。惟陛下留神。帝從之，遂大破虜衆。

孝文帝曰長驅之謀廟筭已定今大軍將進公等必欲何云輔國大將軍李沖進曰臣等不能折衝帷幄坐制四海而令南有竊號之渠實臣等之咎陛下以文軌未一親勞聖駕臣等誠思亡軀盡命效死戎行然自離都淫雨士馬困弊前路尚遥水潦方甚且伊洛境内小水猶尚致難況長江浩汗越在南境若營舟楫必須停滯師老糧乏進退爲難矜衰反旆於義爲允帝曰一同之意前已具論卿等正以水雨爲難然天時頗亦可知何者夏既炎旱秋故雨多玄冬之初必當開爽比後月十間若雨猶不已此乃天也脱於此而晴行則無害古不伐喪謂諸侯同軌之國非王者統一之文已至於此何容停駕沖又進曰今者之舉天下所不願唯陛下欲之漢文言吾獨乘千里馬竟何至也臣有意而無其辭敢以死請帝大怒曰方欲經營宇宙一同區域而卿等儒生屢疑大計斧鉞有常卿勿復言

帝攻鍾離未剋將於淮南修故城而置鎮戍以撫新附之民賜相州刺史高閭璽書具論其狀閭表曰南土亂亡僭主屢易陛下命將親征威陵江左望風慕化剋拔數城施恩布德攜民襁負可謂澤流邊方威惠普著矣然元非大舉軍興後時本爲迎降戎卒實少兵法十則圍之倍則攻之所率既寡東西懸闊難以並稱伏承欲留戍淮南招撫新附昔世祖以回山倒海之威步騎數十萬南臨瓜步諸郡盡降而盱眙小城攻而弗剋班師之日兵不戍一郡土不闢一廛夫豈無人以大鎮未平不可守小故也堰水先塞其源伐木必拔其本源不塞本不拔雖翦枝竭流終不可絶矣壽陽盱眙淮陰淮南之源本也三鎮不剋其一而留兵守郡不可自全明矣既逼敵之大鎮隔深淮之險少置兵不足以自固多留衆糧運難可克又欲修渠通漕路必由于泗口泝淮而上須經角城淮陰大鎮舟船素畜敵因先積之資以拒始行之路若元戎旋旆兵士挫怯夏雨水長救援實難忠勇雖奮事不可濟淮陰東接山陽南過江表兼近江都海西之資西有盱眙壽陽之鎮且安土樂本人之常情若必留戍軍還之後恐爲敵擒何者鎮戍新立懸在異境以勞禦逸以新擊舊而能自固若未之有也昔彭城之役既剋其城戍鎮已定而思叛外向者猶過數萬角城蕞爾處在淮北去淮陽十八里五固之役攻圍歷時卒不能剋以今比昔事兼數倍今以向熱水雨方降兵刃既交難以恩恤降附之民及諸守令宜可徙置淮北如其不然進兵臨之速度士卒班師還京踵大武之成規營皇居於伊洛畜力以待敵務布德以懷遠人使中國清穆化被遐裔淮南之鎮自効可期天安之捷指辰不遠

高閭爲給事中又上表曰伏見廟筭有事淮海雖成事不説猶可思量臣以愚劣本非武用至於軍旅尤所不學直以無諱之朝敢肆狂

瞽區區短見竊有所疑臣聞兵者凶器不得已而用之今天下開泰四方無虞豈宜盛世干戈妄動疑一也淮北之城凡有五處難易相兼皆須攻擊然攻守難圖力懸百倍反覆思量未見其利疑二也縱使如心於國無用發兵遠入費損轉多若不置城是謂空爭疑三也脱不如意當延日月也衆聚費孚何不有疑四也伏願思此四疑時速返旆文明太后令曰六軍電發有若摧朽何慮四難也遣尚書中書監

侍中趙郡公陳建與侍中晉陽侯元仙德殿中尚書長樂王穆亮比部尚書平原王陸叡寄表曰皇天輔德命集大魏臣等父祖翼贊初興勤過蜀漢誓同山河享茲景福寵辱休戚與國均焉臣以凡近識無遠達階藉先寵遂荷今任彼已之譏播於羣口仰感生成俯自策勵顧省驚鈍終於無益然飲水驚寐賫恨懲愆至於願天高地厚何

日忘之。自永嘉之末。封豕橫噬。馬首南據。奄有荆楚。及桓劉峻危。禍難相繼。岱宗隔塈秩之敬。青徐限見德之風。獻文皇帝謦亂龍飛。道光率土。千戚暫武。淮海從風。車書既同。華裔將一。昊天不弔。奄背萬邦。竊聞劉昱天亡。權臣殺害。思正之民。翹想圖拯。愚謂時不再來。機宜易失。毫分之差。致悔千里。天與不取。反受其咎。所謂見而不作。過在介石者也。宜簡雄將。號令八方。義陽王臣昶。深悟存亡。遠同孫氏。苟歷運響從。則吳會可定。脫事有難成。則振旅而返。進可以揚義聲於四海。退可以通德信於遐裔。宜乘之會。遭鍾今日。如合聖聽。乞速施行。脫悟天心。願存臣表。徐觀後驗。賞罰隨焉。高祖嘉之。

時議伐蕭頤。黃門侍郎盧淵表曰。臣誠識不周覽。頗尋典籍。自魏晉以前。承平之世。未有皇輿親御六軍。決勝行陣之間者。勝不足爲武。不勝有虧威德。明千鈞之弩。不爲鼷鼠發機故也。昔魏武以弊卒一萬而袁紹土崩。謝玄以步兵三千而苻堅瓦解。勝負不由衆寡。成敗在於須臾。若用田豐之謀。則生制孟德矣。魏既并蜀。迄于晉世。吳介有江水。居其上流。大小勢殊。德政理絕。然猶君臣協謀。垂數十載。逮孫皓暴虐。上下攜爽。水陸俱進。一舉始克。今蕭氏以篡殺之燼。政虐役繁。又支屬相圖。人神同棄。吳會之民。延踵皇澤。正是齊軌之期。一同之會。若大駕南巡。必左衽革面。閩越倒戈。其猶運山壓卵。有征無戰。然愚謂萬乘親戎。轉漕難繼。千里饋粮。士有飢色。大軍之後。必有凶年。不若命將簡銳。盪滌江右。然後鳴鑾巡省。告成東岳。則天下幸甚。率土戴賴。

歷代名臣奏議卷之二百二十九

征伐

後魏宣武帝初。祕書令程駿上表曰。春秋有云。見有禮於其君者。若孝子之養父母。見無禮於其君者。若鷹鸇之逐鳥雀。所以勸誡將來。垂範萬代。昔陳恒弒君。宣尼請討。雖欲晏逸。其得已乎。今廟筭天回。七州雲動。將水蕩鯨鯢。陸翦凶逆。然戰貴不陳。兵家所美。宜先遣劉昶招諭淮南。若應聲響悅。同心齊舉。則長江之險。可朝服而濟。道成之首。可崇朝而懸。苟江南之輕薄。背劉氏之恩義。則曲在彼矣。何負神明哉。直義檄江南。振旅而旋。亦足以示救患之大仁。揚義風於四海。且攻難守易。則力懸百倍。不可不深思。不可不熟慮。今天下雖謐。方外猶虞。拾夤僥倖於西南。狂虜伺釁於漢北。脫攻不稱心。恐兵不卒解。兵不卒解。則憂慮逾深。夫爲社稷之計者。莫不先於守本。臣愚以爲觀兵江滸。振曜皇威。宜特加撫慰。秋毫無犯。則民知德信。民知德信。則襁負而來。襁負而來。則淮北可定。淮北可定。則吳寇異圖。寇異圖。則禍釁出。然後觀釁而動。則不晚矣。請停諸州之兵。且待後舉。所謂守本者也。伏惟陛下。太皇太后英筭神規。彌綸百勝之外。應機體變。獨悟方寸之中。臣默以頹虞淵昏耄將及。雖思憂國。終無云補。不從。

宣武帝即位。齊蕭寶卷遣將軍陳伯之寇淮南。司徒彭城王勰鎮壽春。以拓跋英爲鎮南將軍。率衆討之。英未至。賊已引退。勰還洛。英行揚州。後英還京師。上表曰。臣聞取亂侮亡。有國之常道。陳師鞠旅。因機而致殄。竊以區區寶卷。罔顧天常。憑恃山河。敢抗中國。今妖逆數亡。驕縱日甚。威侮五行。怠棄三正。濫刑以逞。虐害無辜。其雍州刺史蕭衍東伐秣陵。掃土興兵。順流而下。唯有孤域更無重衛此則皇天授我之日曠載一逢之秋事易返丸理同拾芥此而不乘將欲何待臣乞躬率步騎三萬直指沔陰據襄陽之城斷黑水之路昏虐君臣自相魚肉我居上流威震遐邇長驅南出進拔江陵其路既近不盈五百則三楚之地一朝可收岷蜀之道自成斷絶又命揚徐二州聲言俱舉緣江焚毀靡使所遺建業窮蹙魚遊釜内士治之師再興孫皓之縛重至齊文軌而大同混天地而爲一伏惟陛下暫闕旒纊少垂聽覽獨決聖心無取疑議此期脱爽并吞未日事寢不報英又奏曰臣聞乘虚討弱事在速舉因危攻昧微提可期今寳卷亂常骨肉相賊藩戍鼎立莫知所歸義陽孤絶密邇天境外靡粮援之期内無丘儲之固此乃臨焚之鳥不可去薪授首之寇何容緩斧若此行有果則江右之地斯爲經略之基如脱否也非直後舉難圖亦或居要生疾今豫州刺史司馬悦已戒嚴垂邁而東豫

州刺史田益宗方擬守三關請遣軍司爲之節度世宗遣直寢羊靈引爲軍司以軍功拜吏部尚書以前後軍功進爵常山侯

時車騎大將軍凉州大中正源懷奏曰南賊遊䰟江揚職爲亂逆肆厥淫昏月滋日甚貴臣重將靡有孑遺崇信姦回昵比閹豎内外離心骨肉猜叛蕭寳融僭號於荆郢其雍州刺史蕭衍勒兵而東襲上流之衆已逼其郊廣陵京口各持兵而懷兩望鍾離淮陰並鼎峙而觀得失秣陵孤危制不出門君子小人並罹兇禍延首北望朝不及夕斯實天啓之期吞并之會乘厥蕭墻之釁藉其分崩之隙東據歷陽兼指瓜步綴江鎮戍達於荆郢然後奮雷電之威布山河之信則江西之地不刃自來吴會之鄉指期可舉昔士治有言皓若暴死更立賢主文武之官各得其人則勍敵也若蕭衍克就上下同心非直後圖之難實亦揚境危逼何則壽春之去建鄴七百而已山川水陸彼所諳利脱江湘無波君臣效職藉水憑舟倏忽而至壽春容不自保江南將若之何今寳卷邑居有土崩之形邊城無繼援之兆有蕩江區寔在今日臣受恩既重不敢不言

帝命大將軍高肇伐蜀肇諫曰臣聞遠人不服則修文德以來之兵者凶器不得已而後用當今治雖太平論征未可何者山東關右殘傷未復頻年水旱百姓空虚宜在安静不宜勞役然往昔開拓皆因城主歸欵故有征無戰今之據者雖假官號眞僞難分或有怨於彼不可全信且蜀之地險隘稱之自古鎮戍晏然更無異趣豈得虚承浮説而動大軍舉不慎始悔將何及討蜀之略願俟後圖

梁秦二州刺史邢巒表曰揚州成都相去萬里陸途既絶唯資水路蕭衍兄子淵藻去年四月十三日發揚州今歳四月四日至蜀水軍西上非周年不達外無軍援一可圖也益州頃因劉季連反叛鄧元

起攻圍資儲散盡倉庫空竭今猶未復兼民人喪膽無復固守之意二可圖也蕭淵藻是帬屐少年未洽治務及至益州便戮鄧元起曹亮宗臨戎斬將則是駕馭失方范國惠津渠退敗鎖執在獄今之所任並非宿將重名皆是左右少年而已既不厭民望多行殘暴民心離解三可圖也蜀之所恃唯劍閣今既剋南安已奪其險據彼界内三分已一從南安向涪方軌任意前軍累破後衆喪䰟四可圖也昔劉禪據一國之地姜維爲佐鄧艾既出綿竹彼即投降及苻堅之世楊安朱彤三月取漢中四月至涪城兵未及州仲孫逃命桓温西征不旬月而平蜀地昔來恒多不守况淵藻是蕭衍兄子骨肉至親若其逃亡當無死理脱軍剋涪城淵藻復何宜城中坐而受困若其出鬬庸蜀之卒唯便刀矟弓箭至少假有遥射弗至傷人五可圖也臣聞乘機而動武之善經攻昧侮亡春秋明義未有捨干戚而康時不

征伐而混一伏惟陛下纂武文之業當必世之期跨中州之饒兼甲兵之盛清蕩天區在於今矣是以踐祚之初壽春馳款先歲命將義陽剋關淮外謐以風清荆沔於焉肅晏方欲偃甲息兵候機而動而天贊休明時來斯速雖欲靖戎理不獲已至使道遷歸誠漢境佇捷臣以不才竊當戎寄内省文吏不以軍謀自許指臨漢中惟規保疆守界事屬艱途東西寇竊上憑國威下仗將士遂能用命頻有薄捷藉勢乘威經度大劍既剋南安據彼要險前軍長邁已至梓潼新化之民翻然懷惠瞻望涪益旦夕可屠正以兵少糧匱未宜前出爲爾稽緩懼失民心則更爲寇今若不取後圖便難輒率愚管庶幾殄剋如其無功分受憲坐且益州殷實户餘十萬比壽春義陽三倍非匹可乘可利實在于茲若朝廷志存保民未欲經略臣之在此便爲無事乞歸侍養微展烏鳥詔曰若賊敢闚闞觀機翦撲如其無也則安

民保境以悅邊心子蜀之舉更聽後勑方將席卷岷蜀電掃西南何得辭以戀親中途告退宜勗令圖務申高略巒又表曰昔鄧艾鍾會率十八萬衆傾中國資給裁得平蜀所以然者鬭實力故也況臣才絶古人智勇又闕復何宜請二萬之衆而希平蜀所以敢者正以據得要險士民慕義此往則易彼來則難任力而行理有可剋今王足前進已逼涪城既得涪城則益州便是成擒之物但得之有早晚耳梓潼已附民户五萬朝廷豈得不守之也若守也直保境之兵則已一萬臣今請一萬五千斯增無幾又劍閣天險古來所稱張載銘云世亂則逆世清斯順此之一言良可惜矣臣誠知征戎危事不易可爲自軍度劍閣以來鬢髮中白憂慮戰懼寧可一日爲心所以勉彊者既得此地而自退不守恐辜先皇之恩遇負陛下之爵禄是以孜孜頻有陳請且臣之意筭正欲先圖涪城以漸而進若剋涪城便是中分益州之地斷水陸之衝彼外無援軍孤城自守復何能持久哉臣今欲使軍軍相次聲勢連接先作萬全之計然後圖彼得之則大剋不得則自全又巴西南鄭相離一千四百去州迢遰恒多生動昔在南之日以其統綰勢難故增立巴州鎮靜夷獠梁州藉利因而表罷彼土民望嚴蒲何楊非唯五三族落雖在山居而多有豪右文學箋啓往往可觀冠帶風流亦爲不少但以去州既遠不能仕進至於州綱無由厠迹巴境民豪便是無梁州之分是以鬱怏多生動静比建議之始嚴玄思自號巴州刺史剋城以來仍使行事巴西廣袤一千户餘四萬若彼立州鎮攝華獠則大帖民情從墊江已還不復勞征自爲國有世宗不從

時中山王英乘勝攻鍾離詔尚書邢巒帥衆會之巒又表曰奉被詔旨令臣濟淮與征南掎角乘勝長驅實是其會但愚懷所量竊有未

盡夫圖南因於積風伐國在於資給用兵治戎須先計校非可抑爲必敗幸其無能若欲掠地誅民必應萬勝如欲攻城取邑未見其果得之則所益未幾不獲則虧損必大蕭衍傾竭江東爲今歲之舉疲兵喪衆大敗而還君臣失計取笑天下雖野戰非人敵守城足有餘今雖攻之未易可剋又廣陵懸遠去江四十里鍾離淮陰介在淮外假其歸順而來猶恐無糧難守況加攻討勞兵士乎且征南軍士從戎二時疲弊死病量可知已雖有乘勝之資懼無遠用之力若臣之愚見謂宜修復舊戍牢實邊方息養中州擬之後舉又江東之釁不患久無畜力待機謂爲勝計詔曰濟淮掎角事如前勑何容猶爾盤桓方有此請可速進軍經略之宜聽征南至要巒又表曰蕭衍侵境久勞王師今者奔走實除邊患斯由靈贊皇魏天敗寇豎非臣等弱劣所能剋勝若臣之愚見今正宜修復邊鎮俟之後動且蕭衍尚在

凶身未除。螳蜋之志。何能自息。惟應廣備以待其來。實不宜勞師遠入。自取疲困。今中山進軍鍾離。實所未解。若能爲得失之計。不顧萬全。自襲廣陵。入其內地。出其不備。或未可知。正欲屯兵蕭塞。餘軍循自在彼。欲言無糧運船。復至。而欲八十日糧圍城者。臣未之前聞。且廣陵任城。可爲前戒。豈容今者復欲同之。今若往也。彼牢城自守。不與人戰。城塹水深。非可填塞。空坐至春。則士自弊。若遣臣赴彼。糧何以致。夏來之兵。不齎冬服。脫遇兵雪。取濟何方。臣寧荷怯懦不進之責。不受敗損空行之罪。鍾離天險。朝貴所具。若有內應。則所不知。如其無也。必無剋狀。若其不復。其辱如何。若信臣言也。願賜臣停。若謂臣難行求回。臣所領兵。統悉付中山。任其處分。臣求單騎隨逐東西。且俗諺云。耕則問田奴。絹則問織婢。臣雖不武。忝備征將。前宜可否。頗實知之。臣既謂難。何容彊遣。

孝明帝時。襄威將軍李苗上書曰。昔晉室數否。華戎鼎沸。三燕兩秦。咆勃中夏。九服分崩。五方圮裂。皇祚承歷。自北而南。誅滅姦雄。定鼎河洛。唯獨荊揚。尚阻聲教。今令德廣被於江漢。威風遠振於吳楚。國富兵彊。家給人足。以九居八之形。有兼弱攻昧之勢。而欲逸豫遺疾子孫。違高祖之本圖。非社稷之深慮。誠宜商度東西。戎防輕重之要。討量疆埸險易安危之理。採測南人攻守窺覦之情。籌算卒衆器械征討之備。然後去我所短。避彼所長。釋其至難。攻其甚易。奪其險要。割其膏壤。數年之內。荊揚可幷。若捨舟檝。即平原。斂後踈前。則江淮之所短。乘車馮轡。飛浪乘流。馳逐。非中國之所長。彼不敢入平陸而爭衡。猶我不能越巨川而據利。若俱去其短。各恃其長。則東南未見可滅之機。而淮沔方有相持之勢。且夫滿昃相傾。陰陽恒理。盛衰迭襲。五德常運。今以至彊攻至弱。必見吞幷之理。如以至弱禦至彊。焉有全濟之術。故明王聖主。皆欲及時立功。爲萬世之業。去高而就下。百川以之常流。取易而避難。兵家之恒勝。今巴蜀孤懸。去建鄴遼遠。偏兵獨戍。泝流十千。牧守無良。專行劫剝。官由財進。獄以貨成。士民思化。十室而九。延頸北望。日覲王師。若命一偏將弔民伐罪。風塵不接。可傳檄而定。守白帝之阸。據上流之險。循士治之迹。蕩建鄴之逋。然後偃武脩文。制禮作樂。天下幸甚。豈不盛哉。

孝明帝正光末。二秦反叛。侵及三輔。時承平既久。民不習戰。襄威將軍李苗以隴兵彊悍。且群聚無資。又上書曰。臣聞食少兵精。利於速戰。糧多卒衆。事宜持久。今隴賊猖狂。非有素蓄。雖據兩城。本無德義。其勢在於疾攻。日有降納。遲則人情離阻。坐受崩潰。夫飆至風起。逆者求萬一之功。高壁深壘。王師有全制之策。但天下久泰。人不曉兵。奔利不相待。逃難不相顧。將無法令。士非教習。以驕兵御惰卒。不思

長久之計。務奇正之通。必有莫敎輕敵之志。恐無克國持重之規。如令隴東不守。汧軍敗散。則二秦遂彊。三輔危弱。國之右臂。於斯廢矣。今且宜勒大將。深溝高壘。堅守勿戰。别命偏師精兵數千出麥積崖。以襲其後。則汧岐之下。羣妖自散。於是詔苗爲統軍。

北齊昭帝皇建元年。中庶子盧叔虎請伐周曰。人衆敵者。當任智謀。智謀鈞者。當任勢力。故彊者所以制弱。富者所以兼貧。今大齊之比關西。彊弱不同。貧富有異。而戎馬不息。未能吞幷。此失於不用彊富也。輕兵野戰。勝負難必。是胡騎之法。非深謀遠筭萬全之術。宜立重鎮於平陽。與彼蒲州相對。深溝高壘。運糧積甲。築城戍以屬之。彼若閉關不出。則取其黃河以東。長安窮蹙。自然困死。如彼出兵。非十萬以上。不爲我敵。所供糧食。皆出關內。我兵士相代。年別一番。穀食豐饒。運送不絕。彼來求戰。我不應之。彼若退軍。即乘其弊。自長安以西

民跡城遠敵兵來往實有艱難與我相持農作且廢不過三年彼自破矣

後周武平初開府儀同三司王紘上言突厥與宇文男來女往必當相與影響南北寇邊宜選九州中男彊弩多據要險之地伏願陛下哀忠念舊愛孤恤寡矜愚嘉善念過記功敦骨肉之情廣寬仁之路思堯舜之風慕禹湯之德克己復禮以成美化天下幸甚

後周武帝建德四年志在平齊鄭國公韋孝寬上疏陳三策其一曰臣在邊積年頗見間隙不因際會難以成功是以往歲出軍徒有勞費功績不立由失機會何者長淮之南舊爲沃土陳氏以破亡餘燼猶能一舉平之齊人歷年赴救喪敗而反內離外叛計盡力窮傳不云乎讎有釁焉不可失也今大軍若出軹關方軌而進兼與陳氏共爲掎角并令廣州義旅出自三鵶又募山南驍銳沿河而下復遣北

山稽胡絶其并晉之路凡此諸軍仍令各募關河之外勁勇之士厚其爵賞使爲前驅岳動川移雷駭電激百道俱進並趨虜庭必當望旗奔潰所向摧殄一戎大定實在此機其二曰若國家更爲後圖未即大舉宜與陳人分其兵勢三鵶以北萬春以南廣事屯田預爲貯積募其驍悍立爲部伍彼既東南有敵戎馬相持我出奇兵破其疆埸彼若興師赴援我則堅壁清野待其去遠還復出師常以邊外之軍引其腹心之衆我無宿舂之費彼有奔命之勞一二年中必自離叛且齊氏昏暴政出多門鬻獄賣官唯利是視荒淫酒色忌害忠良闔境嗷然不勝其弊以此而觀覆亡可待然後乘間電掃事等摧枯其三曰竊以大周土宇跨據關河蓄席卷之威持建瓴之勢太祖受天明命與物更新是以二紀之中大功克舉南清江漢西戡巴蜀塞表無虞河右底定唯彼趙魏獨爲榛梗者正以有事三方未遑東略遂使漳滏遊魂更存餘晷昔勾踐亡吳尚期十載武王取亂猶煩再舉今若更存遵養且復相時臣謂宜還崇鄰好申其盟約安人和衆通商惠工蓄銳養威觀釁而動斯則長策遠馭坐自兼并也

武帝建德四年鮑宏爲麟趾殿學士帝嘗問宏取齊之策宏對云我彊齊弱不相侔齊主昵近小人政刑日紊至尊仁惠慈恕法令嚴明事等建瓴何憂不剋但先皇往日出師雒陽彼有其備每不剋捷如臣計者進兵汾潞直掩晉陽出其不虞以爲上策帝從之

帝謀伐齊命邊鎮益儲峙加戍卒齊人聞之亦增守禦柱國于翼諫曰疆場相侵互有勝負徒損兵儲無益大計不如解嚴繼好使彼懈而無備然後乘間出其不意一舉可取也上從之

時詔伐齊將出河陽內史上士宇文弢諫曰齊雖無道藩鎮有人今出師河陽精兵所聚恐難得志如出汾曲戍小山平則攻之易拔矣

民部中大夫趙煚曰河南洛陽四面受敵縱得之不可守請從河北直指太原傾其巢穴可一舉而定

開府驃騎將軍宇文忻從武帝伐齊攻拔晉州齊後主親馭六軍兵勢甚盛帝憚之欲旋師忻諫曰以陛下之聖武乘敵人之荒縱何往不克若使齊人更得令主君臣協力雖湯武之勢未易平也今主暗臣愚兵無鬬志雖有百萬之衆實爲陛下奉耳帝從之戰遂大克及帝攻陷并州先勝後敗帝爲賊所窘左右皆殲帝挺身而遁諸將多勸帝還忻勃然而進曰自陛下克晉州破高緯乘勝逐北以至於此致令僞主奔波關東響振自古行兵用師未有若斯之盛也昨日破城將士輕敵微有不利何足爲懷丈夫當死中求生敗中取勝今者破竹其勢已成奈何棄之而去帝納其言明日復戰遂拔晉陽

隋文帝開皇七年問取陳之策於高熲熲對曰江北田收差晚江南

水田早熟。量彼收穫之際。微徵士馬。聲言掩襲。彼必屯兵守禦。廢其農時。彼既聚兵。我便解甲。再三如此。彼以為常。後更集兵。彼必不信。猶豫之頃。我乃濟師。登陸而戰。兵氣益倍。江南土薄。舍多茅竹。儲積皆非地窖。密遣人因風縱火。待彼修立。復更燒之。不出數年。財力俱盡矣。帝用其策。陳人始困。

時兗州刺史高勱上取陳五策。又上表曰。臣聞夷凶翦暴。王者之懋功。取亂侮亡。往賢之雅誥。是以苗民逆命。爰興兩階之舞。有扈不賓。終召六師之伐。皆所以寧一寓內。匡濟羣生者也。自昔晉氏失馭。天網絕維。羣兇於焉蝟起。三方因而鼎立。陳氏乘其際運。拔起細微。舊項縱其長蛇。竊據吳會。狎寶肆其昏虐。毒被金陵。數年已來。荒悖滋甚。牝鷄伺旦。昵近姦回。尚方役徒。積骸千數。疆場防守。長戍三年。或微行暴露。沉湎王侯之宅。或奔馳駿騎。顛墜康衢之首。有功不賞。無

辜獲戮。烽燧日警。未以為虞。耽淫靡嫚。不知紀極。天厭亂德。妖實人興。或空裏時有大聲。或行路共傳鬼怪。或刳人肝以祠天狗。或自捨身以厭妖訛。民神怨憤。災異荐發。天時人事。昭然可知。臣以庸才。猥蒙朝寄。頻歷藩任。與其隣接。密邇仇讎。知其動靜。天討有罪。此即其時。若戎車雷動。戈船電邁。臣雖駑怯。請效鷹犬。高祖覽表嘉之。答以優詔。

時虢州刺史崔仲方上書論取陳之策曰。臣謹案晉太康元年歲在庚子。晉武平吳。至今開皇六年。歲次丙午。合三百七載。春秋寶乾圖云。王者三百年一蠲法。今三百之期。可謂備矣。陳氏草竊起於丙子。至今丙午。又子午為衝。陰陽之忌。昔史趙有言曰。陳顓頊之族。為水。故歲在鶉火以滅。又云。周武王克商。封胡公滿於陳。至魯昭公九年。陳災。裨竈曰。歲五及鶉火而後陳亡。楚克之。楚祝融之後也。為火正。

故復滅陳。陳承舜後。舜承顓頊。雖太歲左行。歲君右轉。鶉火之歲陳族再亡。戊午之年。嬀虞運盡。語迹雖殊。考事無別。皇朝五運相承。感火德而王。國號為隋。與楚同分。楚是火正。午為鶉火。未為鶉首。申為實沉。酉為大梁。既當周秦晉趙之分。若當此分發兵。將得歲之助。以今量古。陳滅不疑。臣謂午未申酉。並是數極。蓋聞天時不如地利。地利不如人和。況主聖臣良。兵彊國富。動植迴心。人神叶契。陳既主昏於上。民讟於下。險無百二之固。衆非九國之師。夏癸殷辛。尚不能立。獨此島夷而稽天討。伏度朝廷自有宏謨。但蒭蕘所見。冀申螢爝。今惟須武昌已下。蘄和滁方吳海等州。更帖精兵。密營渡計。益信襄基郢等州。速造舟楫。多張形勢。為水戰之具。蜀漢二江是其上流。水路衝要。必爭之所。賊雖流頭荊門延洲公安巴陵隱磯夏首蘄口盆城置船。然終聚漢口峽口。以水戰大決。若賊必以上流有軍。令精兵赴

援者。下流諸將即須擇便橫渡。如擁衆自衛。上江水軍鼓行以前。雖恃九江五湖之險。非德無以為固。徒有三吳百越之兵。無恩不能自立。上覽而大悅。

煬帝大業八年。帝親伐遼東。合水令庾質徵詣行在所。至臨渝謁見。帝謂質曰。朕承先旨親事高麗。度其土地人民。纔當我一郡。卿以為剋不。質對曰。以臣管窺。伐之可剋。切有愚見。不願陛下親行。帝作色曰。朕今總兵至此。豈可未見賊而自退也。質又曰。陛下若行。慮損軍威。臣猶願安駕住此。命驍將勇士指授規模。倍道兼行。出其不意。事宜在速。緩必無功。帝不悅曰。汝既難行。可住此也。及師還。授太史令。九年。復征高麗。又問質曰。今後復如何。對曰。臣實愚迷。猶執前見。陛下若親動萬乘。糜費實多。帝怒曰。我自行尚不能剋。直遣人去。豈有成功也。帝遂行。既而禮部尚書楊玄感據黎陽反。兵部侍郎斛斯政

奔高麗。帝大懼。遂而西還。謂贇曰。卿前不許我行。當為此耳。

唐高祖時。議討王世充。判農圃監太理司直韋雲起上言。京師初平。人未堅附。百姓流離。仍歲無年。盩厔司竹。藍田谷口。盜賊羣屯。京都推剽。奔夜竊發。重以梁師都嫁情北胡。陰計內釁。為腹心患。釋此不圖。而窺兵函洛。姦人乘虛。一旦有變。禍且不細。臣愚以為不若戢兵務農。須關中妥安。士氣餘飽。然後議討伐。一舉可定。從之。

太宗為秦王時。宋金剛戰敗北走。王乘勝逐北。一晝夜行二百里。戰數十合。總管劉弘基諫曰。大王逐北深入不已。不愛身乎。且士卒飢乏。宜留壁於此。俟兵糧畢集。復進未晚也。王曰。金剛計窮而走。眾心離沮。功難成而易敗。機難得而易失。必乘此勢取之。若更淹留。使之計立備成。不可復攻矣。吾竭忠殉國。豈顧身乎。遂策馬而進。將士不敢復言。

秦王以薛收判陝東大行臺金部郎中。是時方討王世充。竇建德來援。諸將爭言歛軍以觀賊形勢。收獨曰。不然。世充居東都。府庫盈衍。其兵皆江淮選卒。正苦乏食爾。是以求戰不得。為我所持。今建德身總眾以來。必飛轂轉糧。更相資哺。兩賊連固。則伊洛勝負未可歲月定也。不若勒諸將嚴兵締壘。浚其溝防。戒毋出兵。大王親督精銳據成臯。厲兵按甲。邀建德路。彼以疲老當吾堂堂之鋒。一戰必舉。不旬日二賊可縛致麾下矣。王曰。善。遂禽建德。降世充。

貞觀初。嶺南諸州奏言高州酋帥馮盎談殿阻兵反叛。詔將軍藺謩發江嶺數十州兵討之。秘書監魏徵諫曰。中國初定。瘡痍未復。嶺表瘴癘。山川阻深。兵遠難繼。疾疫或起。若不如意。悔不可追。且馮盎若反。即須及中國未寧。交結遠人。分兵斷險。要破掠山縣。署置官司。何因告來數年。兵不出境。此則反形未成。無容動眾。陛下既未遣使人就彼觀察。即來朝謁。恐不見明。今若遣使分明曉諭。必不勞師旅。自致闕庭。太宗從之。嶺表悉定。侍臣奏言。馮盎談殿往年恒相征伐。陛下發一單使。令嶺外恬然。太宗曰。初嶺南諸州盛言盎反。朕必欲討之。魏徵頻諫。以為但懷之以德。必不討自來。既從其計。遂得嶺表無事。不勞而定。勝於十萬之師。乃賜魏徵絹伍百匹。

貞觀四年。有司上言林邑國蠻表疏不順。請發兵討擊。太宗曰。兵者凶器。不得已而用之。故漢光武云。每一發兵。不覺頭鬚為白。自古以來。窮兵極武。未有不亡者也。苻堅自恃兵彊。欲必吞晉室。興兵百萬。一舉而亡。隋主亦欲必取高麗。頻年勞役。人不勝怨。死於匹夫之手。至如頡利。往歲數來侵我國家。部落疲於征役。遂至滅亡。朕今見此。豈得輒即發兵。但經歷山險。土多瘴癘。若我兵士疾疫。雖克翦此蠻。亦何所補。言語之間。何足介意。竟不討之。

十七年。上欲自討遼東。諫議大夫褚遂良曰。陛下之兵。度遼而克。固善。萬分一不得逞。師必再興。再興為忿兵。安危不可測。兵部尚書李勣曰。不然。曩薛延陀盜邊。陛下欲追擊。魏徵苦諫而止。向若擊之。一馬不生返。後復畔擾。至今為恨。帝曰。誠然。但一慮之失而尤之。後誰為我計者。帝意遂決東。遂良懼。上言。臣請譬諸身。兩京。腹心也。四境。手足也。殊裔絕域。殆非支體。所屬高麗王陛下所立。莫離支殺之。討其逆。竟其地。固不可失。但遣一二慎將。付銳兵十萬。翔旝雲輣。唾手可取。昔侯君集李靖皆庸人爾。猶能拔高昌。縲突厥。陛下止發蹤指示。得歸功聖明。前日從陛下平天下。虓士爪臣。氣力未衰。可驅策。陛下所使。臣聞涉遼而左。或水潦平地淖三尺。帶方玄菟。海壤荒漫。決非萬乘六師所宜行。是時帝銳意蕩平。不見省。

十八年。太宗以高麗莫離支賊殺其主。殘虐其下。議將討之。諫議大夫褚遂良進曰。陛下兵機神算。人莫能知。昔隋末亂離。克平寇難。及北狄侵邊。西蕃失禮。陛下欲命將擊之。羣臣莫不苦諫。惟陛下明略獨斷。卒並誅夷。今聞陛下將伐高麗。意皆熒惑。然陛下神武英聲。不比周隋之主。兵若渡遼。事須剋捷。萬一不獲。無以示威遠方。必更發怒再動兵衆。若至於此。安危難測。太宗然之。

太宗將親征高麗。開府儀同三司尉遲敬德奏言。車駕若自往遼左。
皇太子又監國定州。東西二京。府庫所在。雖有鎮守。終是空虛。遼東路遙。恐有玄感之變。且邊隅小國。不足親勞萬乘。若剋勝不足爲武。儻或不勝。恐爲所笑。伏請委之良將。自可應時摧滅。太宗雖不從其諫。爲識者是之。

太宗謂侍臣曰。蓋蘇文弒其主而奪其國政。誠不可忍。今日國家兵力。取之不難。朕未能即動兵衆。且令契丹靺鞨擾攪之。何如。房玄齡

曰。臣聞古之列國。無不彊陵弱。衆暴寡。今陛下撫養蒼生。將士勇銳。力有餘而不取之。所謂止戈爲武者也。昔漢武帝屢伐匈奴。隋後主三征遼左。人貧國敗。實此之由。惟陛下詳察。太宗曰。善。

二十二年。將重討高麗。是時司空房玄齡寢疾增劇。而謂子曰。當今天下清謐。咸得其宜。惟欲再討高麗。方爲國害。主上含怒意決。臣下莫敢犯顔。吾乃知而不言。可謂銜恨入地。遂上表諫曰。臣聞兵惡不戢。武貴止戈。當今聖化所覃。無遠不暨。上古所不臣者。陛下皆能臣之。所不制者。陛下皆能制之。詳觀古今。爲中國患害。無過突厥。遂能坐運神策。不下殿堂。大小可汗。相次束手。分典禁衛。執戟行間。其後延陀鴟張。尋就夷滅。鐵勒慕義。請置州縣。沙漠已北。萬里無塵。至如高昌叛渙於流沙。吐渾首鼠於積石。偏師薄伐。俱從平蕩。高麗歷代逋誅。莫能討擊。陛下責其逆亂。殺主虐人。親總六軍。問罪遼碣。未經旬日。即拔遼東。前後虜獲數十萬計。分配諸州。無處不滿。雪往代之宿恥。掩崤陵之枯骨。比功校德。萬倍前王。此聖主之所自知。微臣安敢備說。且陛下仁風被於率土。孝德彰於配天。覩夷狄之將亡。則指期數歲。授將帥之節度。則決機萬里。覩風雲氣候。視景而望書。符應若神。算無遺策。擢將於行伍之間。取士於凡庸之末。遠夷單使。一見不忘。小臣之名。未嘗再問。箭穿七札。弓貫六鈞。加以留情典墳。屬意篇什。筆邁鍾張。詞窮賈馬。文鋒既振。則宮徵自諧。輕翰斐飛。則花葩競發。撫萬民以慈。遇羣臣以禮。褒秋毫之善。解吞舟之網。逆耳之諫必聽。膚受之愬斯絶。好生之德。禁障塞於江湖。惡殺之仁。息鼓刀於屠肆。鳧鶴荷稻粱之惠。犬馬蒙帷蓋之恩。降尊吮思摩之瘡。登堂臨魏徵之柩。哭戰亡之卒。則哀動六軍。負填道之薪。則精感天地。重黔黎之大命。特盡心於庶獄。今臣心識昏憒。豈足論聖功之深遠。談天

德之高大哉。陛下兼衆美而有之。靡不備具。微臣深爲陛下惜之重之。愛之寶之。周易曰。知進而不知退。知存而不知亡。知得而不知喪。又曰。知進退存亡而不失其正者。其惟聖人乎。由此言之。進有退之義。存有亡之基。得是喪之理。老臣所以爲陛下惜之者。蓋謂此也。老子曰。知足不辱。知止不殆。臣謂陛下威名功德。亦已足矣。拓地開疆亦可止矣。彼高麗者。邊夷賤類。不足待以仁義。不可責以常禮。古來以魚鼈畜之。宜從闊略。若必欲絶其種類。深恐獸窮則搏。且陛下每決死囚。必令三覆五奏。進素食停音樂者。蓋以人命所重。感動聖慈也。況今兵士之徒。無一罪戾。無故驅之於戰陣之間。委之於鋒刃之下。使肝腦塗地。魂魄無歸。令其老父孤兒。寡妻慈母。望轊車而掩泣。抱枯骨而摧心。足以變動陰陽。感傷和氣。實天下之冤痛也。且兵凶器。戰危事。不得已而用之。向使高麗違失臣節。而陛下誅之可也。侵

援百姓。而陛下滅之可也。父長能爲中國患。而陛下除之可也。有一於此。雖日殺萬夫。不足爲愧。今無此三條。坐煩中國。内爲舊主雪怨。外爲新羅報讎。豈非所存者小。所損者大。伏願陛下遵皇祖老子止足之戒。以保萬代巍巍之名。發霈然之恩。降寬大之詔。順陽春以布澤。許高麗以自新。焚凌波之船。罷應募之衆。自然華夷慶賴。遠肅邇安。臣老病三公。朝夕入地。所恨竟無塵露。微增海嶽。謹罄殘魂餘息。豫代結草之誠。儻蒙録此哀鳴。即臣死且不朽。太宗見表歎曰。此人危篤如此。尚能憂我國家。雖諫不從。終爲善策。

貞觀十九年。伐高麗。白巖城復請降。上將受之。李世勣諫曰。士卒所以爭冒矢石不顧其死者。貪虜獲耳。今城垂拔。柰何更受其降。孤戰士之心。上下馬謝曰。將軍言是也。然縱兵殺人而虜其妻孥。朕所不忍。將軍麾下有功者。朕以軍物賞之。庶因將軍贖此一城。世勣乃退。上受其降。

二十一年。上將復征高麗。朝議以爲高麗依山爲城。攻之不可猝拔。前大駕親征。國人不得耕種。大半乏食。今若遣偏師更迭擾其疆埸。使彼疲於奔命。釋耒入堡。數年之間。千里蕭條。則人心自離。鴨緑以北。可不戰而取矣。上從之

高宗龍朔元年。大募兵拜置諸將。天子欲自行。蔚州刺史李君球建言。高麗小醜。何至傾中國事之。有如高麗既滅。必發兵以守。少發則威不振。多發則人不安。是天下疲於轉戍。臣謂征之未如勿征。滅之未如勿滅。亦會武后苦邀。帝乃止。

乾封中。詔伐高麗。及侍御史賈言忠計事還。帝問軍中云何。對曰。必克。昔先帝問罪。所以不得志者。虜未有釁也。諺云。軍無媒。中道回。今男生兄弟鬩狠。爲我鄉導。虜之情僞。我盡知之。將忠士力。臣故曰必克。且高麗祕記曰。不及九百年。當有八十大將滅之。高氏自漢有國。今九百年。李勣年八十矣。虜仍荐饑。人相掠賣。地震裂。狼狐入城。蚡穴於門。人心危駭。是行不再舉矣。

儀鳳三年。上將討新羅。侍中張文瓘臥疾在家。自輿入諫曰。今吐蕃爲寇。方發兵西討。新羅未嘗犯邊。若又東征。臣恐公私不堪其弊。上乃止。

時蘇定方討賀魯。中郎將薛仁貴上疏曰。臣聞兵出無名。事故不成。明其爲賊。敵乃可服。今泥熟不事賀魯。爲其所破。虜係妻子。王師有於賀魯部落轉得其家口者。宜悉取以還。厚加賚遺。使百姓知賀魯爲暴。而陛下至德也。帝納之。遂還其家屬。泥熟請隨軍効死。

武后時。將仕郎守麟臺正字陳子昂諫雅州討生羌書曰。臣子昂昧死上言。竊聞道路云云。國家欲開蜀山。自雅州道入討生羌。因以襲

擊吐蕃。執事者不審圖其利害。遂發梁鳳巴蜒兵以徇之。臣愚以爲西蜀之禍自此結矣。臣聞亂之生。必由怨。雅州邊羌。自國初已來未嘗一日爲盜。今一旦無罪受戮。其怨必甚。怨甚懼誅。必蜂駭西山。西山盜起。則蜀之邊邑不得不連兵備守。兵久不解。則蜀之禍搆矣。昔後漢末。西京喪敗。蓋由此諸羌。此一事也。且臣聞吐蕃桀黠之虜。君長相信而多姦謀。自敵抗天誅。爾來向二十餘載。大戰則大勝。小戰則小勝。未嘗敗一隊亡一卒。國家往以薛仁貴郭待封爲虓武之將。覆十萬衆於大非之川。一甲不歸。又以李敬玄劉審禮爲廊廟之宰。辱十八萬衆於青海之澤。身爲囚虜。是時精甲勇士。勢如雲雷。然竟不能擒一戎馘一醜。至今關隴爲空。今乃欲以李處一爲將。驅顦顇之兵將襲吐蕃。臣竊憂之。而爲此虜所笑。此二事也。且夫事有求利而得害者。則蜀昔時不通中國。秦惠王欲帝天下而并諸侯。以爲不

兼賨不敢蜀勢未可舉乃用張儀計飾美女譎金牛因間以啖蜀侯蜀侯果貪其利使五丁力士鑿山通谷棧褒斜置道於秦自是險阻不關山谷不閉張儀躡踵乘便縱兵大破之蜀侯誅賨邑滅至今蜀爲中州是貪利而亡此三事也且臣聞吐蕃羯虜愛蜀之珎富欲盜之久有日矣然其勢不能舉者徒以山川阻絶障隘不通此其所以頓餓狼之喙而不得竊食也今國家乃亂邊羌開隘道使其收奔亡之種爲鄉導以攻邊是乃借寇兵而爲賊除道舉全蜀以遺之此四事也臣竊觀蜀之西南一都會國家之寶庫天下珎貨聚出其中又人富粟多順江而下可以兼濟中國今執事者乃圖僥倖之利悉以委事西羌地不足以稼穡財不足以富國徒殺無辜之衆以傷陛下之仁糜費隨之無益聖德又況僥倖之利未可圖哉此五事也夫蜀之所寶恃險者也人之所安無役者也今國家乃開其險役其人險

開則便寇人役則傷財臣恐未見羌戎已有姦盜在其中矣往年益州長史李崇真將圖此姦利傳檄稱吐蕃欲寇松州遂使國家盛軍以待之轉餉以備之未二三年巴蜀二十餘州騷然大弊竟不見吐蕃之面而崇真贓錢已計巨萬矣蜀人殘破幾不堪命此之近事猶在人口陛下所親知愚臣意者不有姦臣欲圖此利復以生羌爲計者哉此六事也且蜀人尫劣不習兵戰一虜持矛百人不敢當又山川阻曠去中夏精兵處遠今國家若擊西羌掩吐蕃遂能破滅其國奴虜其人使其君長係首北闕計亦可矣若不到如此臣方見蜀之邊陲不守而爲羌夷所橫暴昔辛有見被髮而祭伊川者以爲不出百年此其爲戎乎臣恐不及百年而蜀爲戎此七事也且國家近者廢安北拔單于棄龜茲放踈勒天下翕然謂之盛德所以者何蓋以陛下務在仁不在廣務在養不在殺將以此息邊鄙休甲兵行乎三

皇五帝之事者也今又徇貪夫之議謀動兵戈將誅無罪之戎而遺全蜀之患將何以令天下乎此愚臣所不悟者也況當今山東饑關隴弊歷歲枯旱人有流亡誠是聖人寧靜思和天人之時不可動甲兵興大役以自生亂臣又流聞西軍失守北軍不利邊人忙動情有不安今復驅此兵役之不測臣聞自古國亡家敗者未嘗不由黷兵今小人議攻夷狄之利非帝王之至德也況弊中夏哉臣聞古之善爲天下者計大而不計小務德而不務刑圖其安則思其危謀其利則慮其害然後能長享福祿伏願陛下熟計之

陳子昂又諫曹仁師出軍書曰臣伏見詔書發懷遠軍令郎將曹仁師都勒以征匈醜臣聞古之天子方建大禮必先振兵擇旅以告成功故漢孝武皇帝將封禪乃徼精卒十萬北巡朔方略地而還此蓋遵古先哲王之禮也今神皇陛下應天受籙將欲郊祭天地巡拜河

洛建明堂朝萬國斯遵古之盛禮也誠合式遵舊典耀武塞上卑境而還臣猶恐曹仁師未識典禮肆兵長驅窮極砂磧不恤士馬專以務得爲利不以全兵爲上今朝廷百僚雖有疑者無敢言之臣誠愚昧不識忌諱曾聞事君之道所貴盡心心以爲非安可不言臣料仁師到雲內城發兵之日合至九月初到突利城迴兵之日合至十月初胡地隆冬草枯泉涸南中士馬不耐祈寒計仁師所將士馬從靈惟當時所發之處却迴到雲內城已行四千餘里雲內城中又先未支度馬既疲瘦經冬無粟以臣愚筭十不存二若送南中散就諸州路程益遠疲瘦更極以臣愚筭十不存五紫蒙之軍頻倒相仍且仁師此行計遲發速至於應會未甚精備以臣計料恐未成功脫若功未克成士馬先喪盡中土求市卒又難得且自古與匈奴戰非士馬相資不可臣恐馬既虛用致盡賊又寬遠來乎但慮後之謀臣陋於

今宰且古來絶漢多喪士馬非臣抑度輙敢陳聞昔漢室以衛青出塞是時漢馬三十萬匹旋師之日馬唯餘四萬四十年不得爭匈奴蓋由此也臣願陛下考驗前古取臣愚誠望與三公大臣審更詳議

玄宗開元中王琚持節巡天兵諸軍方還復詔行塞下議者皆謂將襲回紇黄門侍郎張廷珪陳五不可且言中國步多騎少人齎一石糗負甲百斤盛夏長驅晝夜不休勞逸相絶其勢不敵一也出軍掩敵兵不數萬不可以行發裝廣饋飢歲不支二也千里遠襲其誰不知賊有斥候必能預防三也狄人獸居積漢疆之不田克而無補四也天下無年當養人息兵五也帝然之

時吐蕃盗邊諸將數敗虜益張秣騎内侵帝怒欲自將兵討之知制誥蘇頲諫曰古稱荒服取荒忽之義非常奉職貢也故來則拒去則勿逐以禽獸畜之羈縻御之譬若獵然羽毛不入服用體肉不登郊

廟則王者不射也況萬乘之重與犬羊蚤虿語負勝哉遠夷左衽不足以辱天子亦可見矣雖然兵法先聲後實陛下如班親征之詔而勑遞將謀夫投會濟師則吐蕃不日崩破亦無待躬致天討也臣謂岐隴凋弊積年若千聚萬騎供億不涯誠恐徭役内興寇掠外虞斯人不堪一也戎虜之性驟往倏來敗不恥奔勝不讓成若大軍一臨遁怖震駭散彼出多方我受其誤二也太上皇聞陛下身對寇場不能無憂惙惙之思何以自安三也漢蒯成侯諫高帝曰上嘗自勞豈謂無人使哉高帝以爲愛我今將相大臣豈無爲陛下宣力者何親行之邊邪不省復上言王者之師有征無戰藩貢或闕呈命征之於是乎治兵其邪獲辭而止非謂按甲自臨敵人畏之莫敢戰也古天子無親將惟黄帝五十二戰當未平之時自阪泉功成則脩身閒居無爲無事陛下撥定禍亂方當深視高居制禮作樂禪梁父登空峒

何至馭天居衽金革爲一日之敵今吐蕃遣渠領千犯國令軍吏一不勝而陛下屈至尊爲之敵雖朝鼎夕祏猶未可以夸四夷安足勞聖躬哉虜之入唯盗牛馬發窖襛衣未嘗殺略邊人其罪易原也臣恐虜情狼顧輦連北狄聞六師之行入幽并犯靈夏南動京師太上皇一致憂勞是陛下以天下之安不能寧其親也臣固曰居中制勝策之上者若夫擇良將募重而約嚴違律必誅殺敵必賞多出金以購酋長虜亡無日矣願稍遷延以須西音亦會薛訥大破吐蕃俘獲不貲由是帝止不行

肅宗嘗從容問行軍司馬李泌以破賊期泌對曰賊掠金帛子女悉送范陽有苟得心渠能定中國邪華人爲之用者獨周摯高尚等數人餘皆脅制偷合至天下大計非所知也不出二年無寇矣陛下無欲速夫王者之師當務萬全圖久安使無後害今詔李光弼守太原

出井陘郭子儀取馮翊入河東則史思明張忠志不敢離范陽常山安守忠田乾真不敢離長安是以三地禁其四將也隨禄山者獨阿史那承慶耳使子儀毋取華令賊得通關中則北守范陽西救長安奔命數千里其精卒勁騎不踰年而弊我常以逸待勞來避其鋒去翦其疲以所徵之兵會扶風與太原朔方軍互擊之徐命建寧王爲范陽節度大使北並塞與光弼相掎角以取范陽賊失巢窟當死河南諸將手帝然之會西方兵大集帝欲速得長安曰今戰必勝攻必取何暇千里先事范陽乎泌曰必得兩京則賊再強我再困且我所恃者磧西突騎西北諸戎耳若先取京師期必在春關東早熱馬且病士皆思歸不可以戰賊得休士養徒必復來南此危道也帝不聽

憲宗元和初左拾遺元稹上奏曰臣伏見賊劉闢有不庭之罪陛下尚覆露以待之此誠陛下罪己洊辜之仁也微臣何足以識之哉然臣

聞之。天之所以爲天者。以其能化物也。物之性不一。故天之道有和煦震曜之異焉。始其生也。動之以幽伏。被之以春陽。扇之以仁風。潤之以膏雨。則百果草木之柔者順者油然而生矣。及夫勾曲角觡堅本頑心。壞者滯者幽者蟄者。扇之以和煦而不出。潤之以膏雨而不滋。則必迅之以雷霆。曜之以威赫。然後頑滯之心改。幽蟄之氣宣。豈天之道仁於彼而厲於此乎。化與不化之異也。是以蚩尤之亂作。黄帝鑄五兵以殺絶之。共工之佇惡。虞舜揭五刑以放死之。豈不欲夢華胥舞干羽而躋之於仁壽哉。蓋不可化也。及夫舞干而適至。因壘而來歸。此又物之可化者也。豈黄帝虞舜文王之德有優劣哉。蓋蚩尤共工苗人崇人乖有深淺也。今陛下法天之德。與物爲春。凡在生成。孰不柔茂。而蕞爾微醜。天將棄之。寘盜賊於其心。役螻蟻以爲聚。忠臣孝子思得食其肉而快其心久矣。陛下猶錫之以名爵。導之以

訓誥。崇之以寵章。而不至假之以旄鉞而益驕。我賊我忠貞。槙侮我仁義。人人不勝其憤。有司不忍其威。是以建陛下匿瑕含垢之仁。順皇天震曜殺戮之用。此誠天下快憤激怒之日也。陛下循思因壘以降之。舞干以化之。善則善矣。其如天下之憤何。其如天下之憤何。臣願陛下可有司之奏。法皇天之威。與公卿大臣議斬叛弔人之師。以快天下人人之憤。實天下幸甚。微臣無任懇悃嫉惡之至。

翰林學士白居易請罷恒州兵事宜狀曰。緣討伐恒州事宜。前者已具奏聞。此事至大至切。臣不合一奏便休。伏願聖聰再賜詳省。臣伏以河北事體。本不合用兵。旣已用兵。亦希萬一。所以人意或望成功。今看事勢。條必無望。何者。陛下本用兵之初。第一倚望承璀。第二唯擬希朝茂昭。今承璀自去已來。未致苦戰。已喪大將。先挫軍威。至今與從史兩軍入賊界。下營未得。從史雖經接戰。與賊勝負略均。况奏報之間。又事恐非實。遷延進退。貢引日時。不唯意在逗留。兼是力難支敵。希朝茂昭數月已來。方入賊界。據所奏到賊新市城一鎮。便過不得。又奏深澤縣令郤被賊打破。則其進討之勢。想亦可知。劉濟親領全軍分圍樂壽。又奏賊城堅守。卒不易攻。師道季安元不可保。今看情狀似相計會。各收一縣。便不進軍。如此事由陛下具見。據其去就。豈有成功。未審聖心何如更有所望。以臣愚見。速須罷兵。若又遲疑。其害有四。可爲陛下痛惜者二。可爲陛下深憂者二。何則。若保有成功。即不論用度多少。旣的知不可。卽不合虛費貲糧。悟而後行。事亦非晚。今遲校一日。有一日之費。更延旬月。所費滋多。終須罷兵。何如早罷。臣伏見陛下比來愛人省用。發自深心。至於聖躬。每事節儉。今以府庫錢帛。百姓脂膏。資助河北諸侯。轉令富貴強大。臣每念此。不勝憤嘆。此所爲陛下痛惜者一也。臣伏恐河北諸將見吳少陽已受制命。

必引事例。輕重同詞。請雪承宗。若章表繼來。卽議無不許。請而後捨。樸橾可知。轉令承宗膠固同類。如此。則予奪皆由鄰道。恩信不出朝廷。實恐威權盡歸河北。臣每念此。實所疚心。其爲陛下痛惜者二也。今天時已熱。兵氣相蒸。至於飢渴疲勞。疫疾暴露。衣甲著濕。弓箭瘡痍。上有赤日。前有白刃。驅以就戰。人何以堪。縱不惜身。亦難忍苦。况神策官健。又最爲難。以城市之人。例皆不慣。如此。忽思生路。或有奔逃。一人若逃。百人相扇。一軍若散。諸軍必搖。事忽至此。悔將何及。此其爲陛下深憂者一也。臣伏聞迴鶻吐蕃皆有細作。中國之事。小大盡知。今聚天下之兵。唯討承宗一賊。自冬及夏。都未立功。則兵力之彊弱。資費之多少。豈宜使西戎北虜一一知之。忽見利生心。乘虛入寇。以今日之勢力。可能救其首尾哉。兵連禍生。何事不有。萬一及此。實關安危。臣每思之。憂入骨髓。此其爲陛下深憂者二也。伏惟詳臣

此狀。察臣此心。特賜裁量速有處分。如此則是陛下社稷宗廟之福不獨天下幸甚。

元和七年。蕃寇涇至州城西門驅掠人畜而去。朝廷憂之。宰臣李絳因延英奏陳曰。今邊上空虛兵非實數。守將貪濫背公徇私。虛人既多。實兵須少。力既不敵。坐受傷殘。今府藏未充。國力猶闕。未得廣添兵馬。且須即日處置。就其易行得効速者。今京西京北並有神策軍鎮兵。本置此者祇防蕃寇侵軼。俾其禦難戰鬬也。不使其鮮衣美食坐費衣糧爾。今寇賊為患。來如飄風去如驟雨。兩京節度使本兵既少。須與鎮軍合勢犄角驅逐。鎮軍須倍道急趨同力剪撲。而牽屬左右神策須申狀取處分。夫兵不內御須應機合變。失之毫釐差以千里。蕃寇方驅掠殺戮之際。百姓塗於草莽。方云入京遠取中尉處分。何異暍渴而穿井待水。餧饉而耕累俟食。豈可及事機乎。縱其將領

諳識事體。是言應接。緣是禁衛將士無懼節使之心。進退前卻號令不及。既行刑不得。則與無兵同。今須便據所在境兵馬及衣糧器械。割屬當道節度使。法令畫一。豐約齊同。赴急如發機。前戰不旋踵。則兵威必振。賊氣自消。陛下無驚急之憂。生靈亡驅掠之患。若安處無事之地。坐仰厚賜之恩。寇至以申狀為名不曾禦敵。節將以禮管成例待以平交。徒有鎮遏之聲。都無討逐之力。望思便此處分。豈為久遠之制

九年。彰義節度使吳少陽卒。其子元濟匿喪。自領軍務。李吉甫言於上曰。淮西非如河北。四無黨援。而國家常宿數十萬兵以備之。勞費不支。失今不取。後難圖矣。上將討之。張弘靖請先為少陽輟朝贈官。遣使弔贈。待其有不順之迹。然後加兵。上從之。

十年。中書舍人韓愈論淮西事宜狀曰。臣伏以淮西三州之地。自少陽疾病。去年春夏已來。圖為今日之事。有職位者勞於計慮撫循。奉所役者修其器械防守。金帛糧畜耗於賞給。執兵之卒四向侵掠。農夫織婦攜持幼弱餉於其後。雖時侵掠小有所得。力盡筋疲不償其費。又聞畜馬甚多。自半年以來皆上槽櫪。譬如有人。雖有十夫之力。自朝及夕常自大呼跳躍。初雖可畏。其勢不久。必自委頓。乘其力衰。三尺童子可使制其死命。況以三小州殘弊困劇之餘。而當天下之全力。其破敗可立而待也。然所未可知者。在陛下斷與不斷耳。夫兵不多不足以必勝。必勝之師必在速戰。兵多而戰不速。則所費必廣。兩界之間。疆場之上。日相攻劫必有殺傷。近賊州縣徵役百端。農夫織婦不得安業。或時小遇水旱。百姓愁苦。當此之時。則人人異議以惑陛下之聽。陛下持之不堅。半塗而罷。傷威損費。為弊必深。所以要先決於心。詳度本末。事至不惑。然可圖功。為統帥者盡力行之於前。

而參謀議者盡心奉之於後。內外相應。其功乃成。昔者殷高宗大聖之主也。以天子之威伐背叛之國。三年乃克。不以為遲。志在立功。不計所費。傳曰。斷而後行。鬼神避之。遲疑不斷。未有能成其事者也。臣謬承恩寵。獲掌綸誥。地親職重。不同庶寮。輒竭愚誠以效裨補。謹條次平賊事宜。一一如後。

一諸道發兵或三二千人。勢力單弱。羈旅異鄉。與賊不相諳委。望風懾懼。難便前進。所在將帥以其客兵難處使先。不存優恤。待之既薄。使之又苦。或被分割隊伍。隸屬諸頭。士卒本將一朝相失。心孤意怯。難以有功。又其本軍各須資遣。道路遼遠。勞費倍多。士卒有征行之艱。閭里懷離別之思。今聞陳許安唐汝壽等州與賊界連接處。村落百姓悉有兵器。小小俘劫皆能自防。習於戰鬬。識賊深淺。既是土人。護惜鄉里。比來未有處分。猶願自

備衣糧。與相保聚。以備寇賊。若令召募。且可成軍。若要添軍。自可取足。賊平之後。易使歸農。伏請諸道先所追到行營者。悉令卻隸歸本道。據行營所追人額器械弓矢一物已上。悉送行營充給所召募人。兵數既足。加之教練。三數月後。諸道客軍一切可罷。比之徵發遠人。利害懸隔。

一繞逆賊州縣堡柵等各置兵馬。都數雖多。每處則至少。又相去闊遠。難相應接。所以數被攻劫。致有損傷。今若分爲四道。每道各置三萬人。擇要害地屯聚一處。使有隱然之望。審量事勢。乘時逐利。可入則四道一時俱發。使其狼狽驚惶。首尾不相救濟。若未可入。則深壁高壘。以逸待勞。自然不要諸處多置防備。臨賊小縣可收百姓於便地。作行縣以主領之。使免散失。

一蔡州士卒爲元濟迫脅。勢不得已。遂與王師交戰。原其本根。皆是國家百姓。進退皆死。誠可閔傷。宜明敕諸軍使深知此意。當戰鬬之際。固當以盡敵爲心。若形勢已窮。不能爲惡者。不須過有殺戮。俞以聖德。放之使歸。銷其兇悖之心。貸以生全之幸。自然相率棄逆歸順。

一論語曰。欲速則不達。見小利則大事不成。比來征討無功。皆由欲其速捷。有司計筭所費。苟務因循。小不如意。即求休罷。河北淮西等見承前事勢。知國家必不與之持久。併力苦戰。幸其一勝。即希冀恩赦。朝廷無至忠憂國之人。不惜傷損威重。因其有請。便議罷兵。往日之事。患皆然也。臣愚以爲淮西三小州之地。元濟又甚庸愚。而陛下以聖明英武之姿。用四海九州之力。除此小寇。難易可知。泰山壓卵。未足爲喻。

一兵之勝負。實在賞罰。賞厚。可令廉士動心。罰重。可令凶人喪魄。然可集事。不可愛惜所費。憚於行刑。

一淄青恆冀兩道。與蔡州氣類略同。今聞討伐元濟。人情必有救助之意。然皆闇弱。自保無暇。虛張聲勢。則必有之。至於分兵出界。公然爲惡。亦必不敢。宜特下詔云。蔡州自吳少誠已來相承爲節度使。亦微有功效。少陽之歿。朕亦本擬與元濟。恐其年少未能理事。所以未便處置。待其稍能輯綏。然後許其承繼。今忽自爲狂悖。侵掠不受朝命。事不得已。所以有此討伐。至如淄青恆州范陽等道。祖父各有功業。相承命節。年歲已久。朕必不利其土地。輕有改易。各宜自安。如妄自疑懼。敢相扇動。朕即赦元濟不問。迴軍討之。自然破膽。不敢妄有異說。

十三年。田弘正請自黎陽度河討李師道。裴度奏曰。魏博軍既度河。即當仰給度支。或與光顏互相疑阻。則必益致遷延。與其度河而不

進。不若養威於河北。宜且使之秣馬厲兵。俟霜降水落。自楊劉度河直指鄆州。則賊衆搖心矣。上從之。

穆宗時。蕭俛進門下侍郎。吐蕃寇涇州。詔兵護邊。帝因問兵法有必勝乎。俛曰。兵凶器。聖人不得已用之。故武不可玩。玩則無震。夫以仁討不仁。以義討不義。先招懷。後掩襲。故有不殺厲。不禽二毛。不犯田稼。其救人如免水火。此必勝術也。若乃以小不忍輕任干戈。師由而敵怨。非徒不勝。又將自危。是以聖王慎於兵。帝重其言。

長慶二年。守中書舍人白居易上狀論行營五事。

其一。請專委李光顏東面討逐。委裴度四面臨境招諭。臣伏見自幽鎮有事已來。詔太原魏博澤潞易定滄州等五道節度各領全軍。又徵諸道兵馬計七八十萬。四面圍繞。已逾半年。王師無功。賊勢猶盛。弓高已失。深州甚危者。豈不以兵數太多。反難爲

用節將太衆則心不齊。莫肯率先。遞相顧望。又以朝廷賞罰近日不行。未立功者或先封官。已敗衄者不聞得罪。既無懲勸。以至遷延。若不改張。必無所望。今李光顏既除陳許節度。盡領本軍。伏請抽諸道勁兵。通前約與三四萬人。從東速進。開弓高糧路。合下博諸軍。解深邢重圍。與元翼合勢。令裴度領太原全軍。兼招討舊職。四面壓境。觀釁而動。若乘虛得便。即令同力翦除。若戰勝賊窮。亦許受降納款。如此。則鎮州夾攻。以分其力。招諭以動其心。未及誅夷。自生變改。況光顏久諳戰陣。素有威名。裴度爲人忠勇果決。加以明懸賞罰。使其憂責在身。事勢驅之。自須死戰。若比向前模様。用命百倍相懸。破賊責功。無出於此。況太原興王之地。天下勁兵。今既得人。足當一面。以此討虜。無如二人。

其二。請抽揀魏博澤潞易定滄州四道兵馬。分付光顏。伏請詔光顏於前件四道揀選馬步精銳者。每軍各取三四千人。並令光顏專統。一則藉其氣力討襲鎮州。二乃每軍抽人不爲不用。其餘放去。理亦無妨。況令守疆亦足展効。或聞澤潞魏博兵馬同討淮西之時。素諳光顏勤恤將士。必樂爲用。可望成功。今光顏得到下博後。即陳許先有八千人。昨又發三千人。光顏又領鳳翔馬軍一千三百人。加以徐泗鄭滑河陽等軍。悉皆勁銳堪用。況兼魏博等四道所抽兵馬。約有三四萬人。盡付光顏。足以成事。其襄陽陝府東都汝州等道兵馬。仍委光顏揀擇可否。若不堪用。不如放還。豈唯虛費資糧。兼恐撓敗軍陣。今既只留東西二帥。請各置都監一人。諸道兵馬監軍。伏請一時停罷。如此。則衆齊令一。必有成功。

其三。請勒魏博等四道兵馬卻守本界。伏以朝廷本用田布之意。以弘正遇害。令報父讎。望其感激衆心。先立功効。今領全師出界。供給度支。數月以來。都不進討。非田布固欲如此。抑有其由。或聞魏博一軍。累經優賞。兵驕將富。莫肯爲用。況其軍一月之費。計實錢貳拾柒捌萬貫。今天下百計求取。不足充其數月衣糧。若且依前將何供給。則不如使退守本境。自供給衣糧。省費之間。利害明矣。其澤潞易定等。雖經接戰。勝負略均。且昭義全軍收臨城一縣不得。則其兵力亦可知矣。滄州新經敗挫。故良又乏將謀。勢不支任。必無可望。今請魏博等四道各歸本界。嚴守封疆。如此。則不獨減無用之兵。亦可以省有限之費。就中魏博尤要退軍。虛費資糧。最可痛惜。

其四。請省行營糧料。伏以行營最切者。豈不以國用將竭。軍費不充。更至春夏已來。實恐計無所出。今若兩道共留六萬。其餘退食本道衣糧。即每月所費僅減其半。一月之用。可給兩月。唯供六萬。所費無多。既易支持。自然豐足。責其死戰。敢不盡心。臣以爲當今至切。無過於此。

其五。請因朱克融授節後速討王庭湊。克融庭湊。同惡相濟。物情事理。斷在不疑。今朝廷特赦克融。新授節鉞。縱終助援。必恐遲疑。當逗留克融之時。是經營庭湊之日。遲則心固。久則討成。三數月間。須有次第。延引入夏。轉難用兵。今正是時。時不可失。以臣等所見。謹具如前。伏以行營今日事宜。真可謂急危極矣。其間變故。遠不可知。但恐如今救之已遲晚。若猶可及。無出於斯。何者。苟兵數不抽。軍費不減。食既不足。衆何以安。不安之中。何事不有。伏料陛下覽臣此狀。必有二疑。一者以臣等悉是儒生。不諸兵事。縱知誠懇的未信行。臣亦以此自疑。久未敢奏。今既事切。不敢不言。若攻戰機宜。非臣所習。而軍國利害。雖愚亦知。況察羣情。兼聽衆議。與臣此奏所見多同。伏望不以儒生輕而不用也。二者伏恐行營事勢奏報不真。皆云賊徒計日合破。又陛下以制置既久。難於改移。前事若得其宜。即合旋有成績。至今既無次第。安得不務改圖。古人云。收之桑榆。事猶未晚。若因循且過。即救療轉難。臣又切有過憂。敢不盡吐肝肺。實恐軍用不濟。更須百計誅求。日引月加。以至困極。今天下諸色錢內每貫已抽減三百。茶鹽估價。有司並已增加。水陸關津。四方多請率稅。不許。即用度交闕。盡許則人心無憀。自古安危。皆繫於此。伏乞聖慮察而念之。不以重難改移。忽於大計也。臣等又憂深州久圍。救兵不至。弓高新陷。糧道未通。下博諸軍。致於窮地。光顏兵少。欲入無由。外即救援不來。內即餱糧整竭。各求生路。難向死門。無可柰何。忽然奔散。即聖心雖悔。其可及乎。其鑒不遠。在貞元中。韓全義五樓之敗是也。伏望陛下詳臣此狀。思臣此言。若以為然。速賜裁斷。臣等受恩日久。憂國情深。志在懇切。言無方便。伏望聖鑒。俯察愚衷。

武宗既數討叛有功。司徒李德裕慮忕于武不可戢。即奏言曹操破袁紹於官渡。不追奔。自謂所獲已多。恐傷威重。養由基古善射者。柳葉雖百步必中。觀者曰。不如少息。若弓撥矢鉤。前功皆棄。陛下征伐無不得所欲。願以兵為戒。乃可保成功。帝嘉納其言。

後梁末帝貞明四年。敬翔上疏曰。國家連年喪師。疆土日蹙。陛下所與計事者。皆左右近習。豈能量敵國之勝負乎。李亞子繼位以來。攻城野戰。無不親當矢石。近者攻楊劉。身負束薪。為士卒先。一舉拔之。

陛下儒雅守文。宴安自若。使賀瓌輩敵之。而望攘逐寇讎。非臣所知也。宜詢訪黎老。別求異策。不然。憂未艾也。疏奏。趙張之徒言翔怨望。梁主遂不用。

後唐莊宗引兵屯朝城。梁將康延孝來奔。唐主問以梁事。延孝對曰。梁朝地不為狹。兵不為少。然主既暗懦。趙張擅權。內結宮掖。外納貨賂。段凝智勇俱無。專率斂行伍以奉權貴。梁主不能專任將帥。常以近臣監之。進止可否。動為所制。近又聞欲數道出兵。令董璋趣太原。霍彥威寇鎮定。王彥章攻鄆州。段凝當陛下。決以十月大舉。臣竊觀梁兵聚則不少。分則不多。願陛下養威蓄力以待其分。帥精騎五千自鄆州直抵大梁。擒其偽主。旬月之間。天下定矣。唐主大悅。

莊宗初聞梁人欲大舉數道入寇。深以為憂。召諸將會議。李紹宏等皆以為鄆州難守。請以易衛州及黎陽與梁。與之約和。休兵息民。更圖後舉。唐主不悅。乃獨召郭崇韜問之。崇韜對曰。陛下不櫛沐。不解甲。十五餘年。欲雪國家雠恥。今已正尊號。始得鄆州尺寸之地。不能守而棄之。臣恐將士解體。將來食盡衆散。雖畫河為境。誰為陛下守之。臣嘗細詢康延孝以河南之事。度已料彼。日夜思之。成敗之機決在今歲。梁今悉以精兵授段凝。決河自固。恃此不復為備。凝非將材。不足畏。降者皆言大梁無兵。陛下若留兵守魏。固保楊劉。自以精兵與鄆州合勢。長驅入汴。偽主授首。則諸將自降矣。不然。今秋不登。軍糧將盡。大功何由可成。諺曰。當道築室。三年不成。帝王應運。必有天命。在陛下勿疑耳。唐主曰。此正合朕志。丈夫得則為王。失則為虜。吾行決矣。

後漢高祖初集羣臣議進取。諸將咸請出師井陘。攻取鎮魏。漢主欲自石會趨上黨。郭威曰。虜主雖死。黨衆猶盛。各據堅城。我出河北。兵少路迂傍。無應援。若羣盜合勢共擊。我軍糧餉路絕。此危道也。上黨山路險澁。粟少民殘。無以供億。亦不可出。近者陝晉相繼款附。引兵從之。萬無一失。不出兩旬。洛汴定矣。漢主曰。卿言是也。

後周世宗即位。比部郎中王朴獻平邊策曰。唐失道而失吳蜀。晉失道而失幽并。觀所以失之由。知所以平之術。當失之時。君暗政亂。兵驕民困。近者姦於內。遠者叛於外。小不制而至于僭。大不制而至于濫。天下離心。人不用命。吳蜀乘其亂而竊其號。幽并乘其間而據其地。平之之術。在乎反唐晉之失而已。必先進賢退不肖以清其時。用能去不能以審其材。恩信號令以結其心。賞功罰罪以盡其力。恭儉節用以豐其財。徭役以時以阜其民。俟其倉廩實。器用備。人可用而舉之。彼方之民知我政化大行。上下同心。力彊財足。人安將和。有必取之勢。則知彼情狀者願爲之間諜。知彼山川者願爲之先導。彼民

與此民之心同。是與天意同。與天意同。則無不成之功。攻取之道。從易者始。當今惟吳易圖。東至海。南至江。可撓之地二千里。從少備處先撓之。備東則撓西。備西則撓東。彼必奔走以救其弊。奔走之間。可以知彼之虛實。衆之彊弱。攻虛擊弱。則所向無前矣。勿大舉。但以輕兵撓之。彼人怯弱。知我師入其地。必大發以來應。數大發則民困而國竭。一不大發。則我獲其利。彼竭我利。則江北諸州乃國家之所有也。既得江北。則用彼之民。揚我之兵。江之南亦不難平也。如此。則用力少而收功多。得吳。則桂廣皆爲內臣。岷蜀可飛書而召之。如不至。則四面並進。席卷而蜀平矣。吳蜀平。幽可望風而至。唯并必死之寇。不可以恩信誘。必須以彊兵攻。力已竭。氣已喪。不足以爲邊患。可爲後圖。方今兵力精練。器用具備。羣下知法。諸將用命。一稔之後可以平邊。臣書生也。不足以講大事。至于不達大體。不合機變。惟陛下寬之。

歷代名臣奏議卷之二百二十九

歷代名臣奏議卷之二百三十

征伐

宋太祖乾德元年侍中平章事范質諫伐河東奏曰臣氣疾發動近將兩月不面天顏攀戀聖慈深負憂責臣今有芻蕘上聞睿聽內量僭越甘伏罪譴後来臣雖疾病在假便聞陛下有親征河東之意半月以来顯然外議皆云必行固無改易臣切料河東劉鈞自潞州奔敗之後乃數年遭天軍討滅即日困蹙兼肘腋之間自有翻變契丹削弱不能援助鑾輿若到城下攻取少時必是成功然須十分之中七八分則料其必取三二分料其未得者何若大軍三數月間在賊城下料草不接即須抽退雖無損軍勢且虛困自家一二十州百姓枉費朝廷事力近聞般運糧草才第一轉所在鄉村甚有逃戶蓋是晉絳潞陝汝洛懷孟及沿山諸州人民頻年以来秋夏不熟陛下八

年令免供輸尚自逃走若是更有差遣自然難為駐足百姓般運艱難更不一一敷陳又聞所般運糧草且至潞府晉州將累又駕到河東城下三五十萬糧草潞府晉州百姓無多不知更差何人津置此事須掛宸衷請陛下子細勘筭軍馬糧草準備之數必若有備則更復何憂臣竊見七八處大藩方皆要害之處即日並未有主帥皆是儒士懦弱權輕力小若是四方無事之時大駕不離京闕則必無憂慮若是兵戈稍動烽煙未弭之間須憂宄豪不逞之徒生心冀望緣此輩無識無知不筭道理遇便即發視死如閑萬一有之陛下出軍在外爭得安心中間世宗親征河東之時近畿小小兵士亦有姦謀者賴尉氏兵馬監押擒獲事雖不大人心可知願陛下稍掛宸衷臣切見河東物力軍勢百倍不及大朝窮困危迫日憂亡滅乃是本分朝廷強盛軍馬天下無敵北至燕東至海南至五嶺西至隴右百六七十州之地無不慴服陛下即位四年有此基址以前開基創業之主三五十年尚未如此又何必須為河東六七州險阻窮困之地虛躁聖懷更俟三二年時歲稍熟收拾糧草諸事有備賊界漸困此時動未為遲晚臣切料河東六七州孤危如是不計幾時必無霸盛且劉崇乘世宗即位之初假契丹雄盛之力全軍南来一戰大敗將校軍士十分去九此天不助一也陛下初有天下李筠以方州之地歸投河東陛下才登太行立平寇賊劉鈞愴忙奔走不暇拋棄兵刃甚於高平此天不助者二也天意人事不言可知即日尸居餘氣苟延歲月之命必無與大朝爭衡願陛下以生靈為念所貴資洪福益聖壽以社稷為重端坐鎮靜未輕舉動則天下幸甚臣位居上相受國深恩國家大事動繫安危苟或不言是辜天地惟陛下詳察

開寶二年太祖親征太原夜半傳呼辟外劉繼元降太祖令衛士擐

甲將闢門八作使趙璲曰受降如受敵詎可中夜輕出太祖使伺之果謀者也太常博士李光贊上言曰臣竊惟陛下應天順人體元御極戰無不勝謀無不臧四方恃險之邦僭竊帝王之號者昔日與中國為隣今日與陛下為臣蠢爾晉陽豈須親討重煩飛輓結怨黔黎況天之命天子也猶父之任子也其或不由父命奪我以時則必有非常之災陛下豈不畏天命乎且太原得之未足為多失之未足為少國家貴靜天道惡盈所慮向来恃險之邦近日歸明之國聞是役也竭府庫之財盡生民之力其心踴躍各有覬覦傳曰鄰之厚君之薄也豈若廻鑾浚都屯兵上黨使夏取其麥秋取其禾既寬力役之勞便是蕩平之策惟陛下裁之況時屬炎蒸候當暑雨儻或河津之溢道路艱阻輦運稽遲恐勞宸慮

太宗太平興國四年始議伐太原宰相薛居正曰昔周世宗舉兵太

原倚契丹之援。堅壁不戰。以至師老而歸。及太祖破契丹於偶門關南。盡驅其民分布河洛之間。雖巢穴尚存。危困已甚。得之不足以闢土。舍之不足以為患。願陛下熟慮之。太宗曰。今者事同而勢異。彼弱而我強。昔先帝破契丹。徙其人而空其地者。正為今日事也。朕計決矣。卿勿復言。

五年。翰林學士李昉諫北征奏曰。臣等竊以北虜微妖。自古為寇。乘時犯塞。往往有之。一昨輙率貔貅。來援疆場。陛下櫛風沐雨。衝冒嚴凝。親御戎衣。以攘民患。蠢茲醜類。畏威而逃。因而翦之。易於拉朽。況幽薊之壤。久陷匪人。慕化之心。倒垂斯切。今若擁百萬橫行之衆。弔一方徯后之民。合勢而攻。指期可定。其如大兵所聚。轉餉是資。且河朔之區。連歲飛輓。近經蹂踐。尤極蕭然。雖荐偶於豐穰。恐不堪其調發。屬茲寒冽。益復罷勞。況今虜寇宵奔。邊陲寧肅。若親巡塞下。震耀威容。固是懼彼殘妖。亦恐勞於大舉。伏望申戒羽衛。旋旆京都。善養驍雄。精加訓練。嚴勑邊郡。廣積軍儲。講習武經。繕修攻具。俟府藏之充溢。洎閭里之富全。朞歲之間。用師未晚。

雍熙三年。參知政事李至諫親征奏曰。臣伏以幽州早陷胡塵。久隔皇化。方屬混同之運。獨為叛渙之方。國家士馬精強。戈甲犀利。府庫羨饒。敖粟紅腐。以陛下文武雄畧。聖謨天討。雖太山壓卵。烈火燎毛。未足以喻其易也。然而兵者凶器。戰者危事。用之之理。必務萬全。且幽陵之邦。虜之右臂。王師既擊。彼必拒張。攻城之人。不下數萬。兵多費廣。必須大備糇糧。假令一日剋平。必作十旬准擬。未知邊庾可充此乎。又賊城之傍。並無陵阜。去山既遠。取石尤難。金湯之堅。非石莫碎。未知飛砲之用。將安得乎。儻有闕如。臣願陛下且務繕修。更資訓練。蓄威以養銳。觀釁以伐謀。縱涉歲年。未為稽晚。所冀長鯨之戮。斷在不疑。封豕之誅。義無再舉。必也聖心獨斷。睿算已成。則京師天下之根本。願陛下不離京闕。恭守宗廟。示敵人以閑暇。慰億兆之衆多。策之上也。大名河朔之咽喉。或暫駐鑾輿。揚聲自將。以張兵勢。壯軍威。策之中也。至於遠提師旅。親幸邊陲。北則戎援可虞。南則中原可慮。則曳裾之懇切。斷鞅之狂愚。臣雖不才。亦恥在二賢之後也。

武勝軍節度使趙普乞班師奏曰。臣自二月中。伏覩忽降使臣差般粮草。及詳敕命。知取幽州。既奉指揮。尋行科配。非時舉動。莫測因由。爾後雖聽捷音。未聞成事。稍稽剋復。俄及炎蒸。飛芻輓粟以猶繁。擐甲持戈而未已。民疲師老。漸恐有之。臣自此月以來。轉增疑慮。潛思陛下萬機在念。百姓為心。聖略神功。舉無遺筭。至于平取浙右。力取河東。垂後代之英奇。雪前朝之憤氣。四海咸歸於掌握。十年將致於雍熙。唯彼蕃戎。豈吾敵對。蓋遷徙鳥舉。自古難得制之。前代聖帝明王。無不置於化外。任其隨逐水草。皆以鳥獸畜之。此際官家何銷掛意。必是有人扶同諂佞。誑惑聰明。因興不急之兵。稍涉無名之議。非論曲直。且覺淹延。將成六月之征。頗有千金之費。以此忖度。深抱憂虞。竊念臣雖寡智謀。粗覩墳典。千古興亡之理。得自簡編。百王善惡之由。聞於經史。其間禍淫福善。莫不如影隨形。煥若丹青。明如日月。常為大訓。歷代寶之。臣讀史記。見漢武帝時。主父偃徐樂嚴安輩所上長書。及唐明皇時。宰相姚元崇直奏十事。可以坐鎮患害。立致昇平。唯慮至尊未能留意。醫時救弊。無出於斯。又聞前事為後事之師。古人為今人之則。據其年代雖則不同。量彼是非。必然無異。輙思抄録。専具奏呈。伏望聖慈特垂披覽。伏念臣謬以庸材。叨居顯位。幸偶千年之運。深承二聖之知。從白屋而上青霄。非由智略。出甲寮而登極品。只是遭逢。恩私何啻於豚魚。報荅不知於犬馬。粗懷性識。常積兢皇所恨者齒髮衰殘精神減耗既不能獻謀闕下又不能效命軍前唯有微誠書章上奏今者伏自朝廷大興禁旅遠伐山戎驅百萬之生靈咸當韃運致數州之土地半失耕桑則何異爲鼷鼠而發機持明珠而彈雀所得者少所失者多只於得少之中猶難入手更向失多之外別有關心全未見於便宜可重興於詳酌臣又聞聖人不凝滯於物見可而進知難而退理貴變通情無拘執故前書所謂事苦則慮易兵久則變生臣之愚誠深懼於此秦始皇之拒諫終累子孫漢武帝之回心轉延宗社若或遲晚恐失機宜而況旬朔之間便爲七月切慮内地先困邊廷早涼北狄則弓硬馬肥漸難擒制中國則民疲師老應悮指平臣今獨興沮衆之言深負彌天之過輙陳狂瞽抑有其由竊以臣暮景殘光能餘幾日酬恩報義正在今時恐勞宵旰之憂寧避僭踰之罪庶希聖聽早議抽軍聊爲一絲之謀別有

萬全之策伏望皇帝陛下安和寢膳惠養疲羸長令外戶不扃永使邊烽罷警自然殊方慕化率土歸仁既四夷以來王料契丹而焉往又何必勞民動衆費櫝買刀有道之事易行無爲之功最大如期弔伐是爲萬全臣又竊料陛下非次興兵恐因偏聽其奈人多獻佞事失防微大凡小人難保始終但務身謀誰思國計或承宣問皆不實言盡解欺君寧憂敗事得之則奸邪爲利失之則社稷懷憂昨者直取幽州未審誰爲謀者必無成算俱是狂言其於虛實之間此際總應彰露臣緣不知頭主無以指射姓名伏望宣密尋其元首特正奸人之罪免傷聖主之明所貴詐僞悛心忠良盡力共畏三千之法同堅八百之基臣此時欲吐肺肝先寒毛髮驚疑猶豫數日沉思往哲臨終尚能尸諫微臣未死爭忍面諛明知逆耳之言不是全身之計但緣恩由卵翼命直鴻毛將酬國士之知豈比衆人圖報投荒棄市甘當此日之誅竊祿偷安未造來生之業唯祈明聖特賜察量更有細微別具劄子條奏冒犯旒冕臣無任傾心瀝懇憂國忘家涕泗傍惶激切屏營之至

一臣以濫守藩方聊知稼穡見當州界承前多是荒涼戶少民貧程遥路僻量其境土五縣中四縣居山驗彼人家三分内二分是客昨來差配甚覺艱辛伏緣在此直至莫州來往四千餘里或是無丁有稅須至雇人般糧每㪷雇名之資賤者不下五百元配二萬石數約破十萬貫錢直如本戶自行費用無多所較乃是二萬家之貧戶出此十萬貫之見緡所以典桑賣牛十間六七其間兼有鬻男女者亦有棄性命者仍如善誘僞赴嚴期自從起發去來已及二十餘日近知内有人戶衷私却到鄉村皆云裝起軍粮未有送納去處緣無口食再取盤纏既莫辨其

真虛又難行於考覆訪問街坊竊議前後說得多般稱彼契丹圍却軍都兼被刼却粮草及令尋勘皆却隱藏蓋緣臣無以知軍前事宜只聽得外面消息況九重嚴密事應不泄於朝廷奈百姓流言已相傳於道路詳其住滯必有艱難伏望聖慈早令停罷更或遲久轉費粮儲渚思今日人情不可再行差配如或再行徭役決定廣有逃移假令收下幽州轉慮干戈未息忽然生事未見理長必因僭濫之徒姦邪之黨但說契丹時逢暗害地有災星以此爲詞曲中聖旨殊不知蕃戎上下幽州俱置生涯土宿照臨外處不可征討若彼能同衆意縱幼主以難輕不順群情無災星而亦敗誠宜守道事貴無私如樂禍以貪功慮得之而不武此蓋兩省少昌言之士憲臺無有勢之人而況補闕拾遺合專思於規諫天文曆筭須預定於吉凶成茲誤失之

由各負蹤遺之罪。若無懲誡。何戒後來。

一。臣緣久居近職。備見人情。至於後殿三班。並前朝百辟。文武雖異。是非略同。纔奏委差使。思僥倖。雖詢利害。各避嫌疑。而況毀譽生心。貪求恣意。狀同誑妄。率以為常。其間久歷事者。明知而佯作不知。初為官者。不會而仍兼詐。曾多非當。實少得純良。而又凡關宣敕委差使。是帝王心腹。方資視聽。切要精詳。就中用軍不同閑事。必料冑使沿邊相度。往復參詳。不知能有幾人。應得當時言語。如今比較。並見直虛。乞誅罔上之輩流。便作抽軍之題目。自此則潛銷媚佞。免誤朝廷。唯此區分。以為激勸。

一。唯有勾抽不同舉發。一則我無鬭志。一則彼有讎心。而況契丹懷禽獸之情。恃胡馬之力。秉茲怨恨。即慮追奔。須作過防。免輸姦便。伏乞皇帝陛下密授成算。遐宣睿謀。但令硬弩長槍。周施禦捍。前歌後舞。小作程途。縱遇交鋒。何憂乏力。只應信宿。尋遠城池。便可使戰士解鞍。且作防邊之旅。耕夫歸舍。重為樂業之人。是多難興王。已垂芳於往昔。從諫則聖。宜須美於當今。此事施行。天下幸甚。

一。臣今將本末細具敷陳。常思發跡之由。實有殊常之幸。其於際會。近代無倫。伏自宣祖皇帝滁州不安之時。臣蒙召入卧內。昭憲太后在宅寢疾之日。陛下喚至牀前。念以傾心。皆曾執手。溫存撫諭。不異家人。唯懷竭節輸忠。以至變家為國。惣虧德望。有以遭逢。先皇開創之初。尋居密地。陛下纂承之日。將入中書。蒙二聖之深知。當兩朝之大用。不唯此世。應係前生。禮雖限於君臣。恩實同於骨肉。是以凡關啓沃。罔避危亡。蓋緣每思陛下本是天人。暫來塵世。是以生知福業。性稟仁慈。潛鬭內象。看經盤中戎內。今者願忍一朝之忿。常隆萬劫之因。如或未止干戈。必恐漸多殺害。即目民愁未定。戰勢方搖。仍於夢幻之中。夭作煩勞之事。是何微類。誤我至尊。乞明驗於姦人。情不容於首惡。與言及此。涕淚交流。又念臣雖寡智謀。實同榮辱。都緣意切。不覺詞繁。冒犯宸嚴。不勝戰越。

淳化初。帝遣使至定州。密諭觀察使李繼隆。若契丹復入寇。朕當親討。繼隆上奏曰。自北邊肆毒。邊邑多虞。陛下不知臣不材。任以疆事。臣敢不講求軍實。震耀戎容。奉揚天聲。以遏外侮。然臣奉辭之日。曾瀝愚衷。誠以蜂蟻之妖。必就鯨鯢之戮。臣子之分。死生以之。望不議於親巡。庶靡勞於天步。今聆聖誨。將決親征。且一人既行。百司景從。次舍驅馳。郡縣供饋。勞費滋甚。殄此微妖。當責將帥。臣雖駑弱。誓死為期。是歲契丹不入邊。議遂止。

淳化中。呂蒙正入相。因對論及征伐。上曰。朕比來征討。蓋為民除暴。苟好功黷武。則天下之人燋亡盡矣。蒙正對曰。隋唐數十年中。四征遼碣。人不堪命。煬帝全軍陷沒。太宗自運土木攻城。如此卒無所濟。且治國之要。在內脩政事。則遠人來歸。自致安靜。上韙之。

真宗咸平四年。張齊賢乞進兵解靈州之危。奏曰。臣伏見遷賊包藏兇逆。招納叛亡。建立州城。創置軍額。有歸明歸順之號。務且耕且種之基。仍聞潜設中官。全異羌夷之體。曲延儒士。漸行中國之風。視此作為。志實非小。況靈州自遷賊為逆以來。危困殊甚。五鎮連陷。奸威益張。道路阻難。音耗迨絕。當城鎮堅全之日。積路未梗之時。大凡中外常人。言合棄者已衆。矧清遠軍近遭攻陷。青崗寨輒自焚燒。兵勢人心。傷沮數倍。即今來所議棄者甚多。靈州斗絕一隅。旁無援助。南去鎮戎約五百餘里。東去環州僅六七日程。如此畏途。不須攻奪。則城中之民何由出城中之兵何以歸欲全軍民理須應援少發兵則復虜邀劫多發兵則廣費資粮與其應援以出兵曷若用奇而取勝小勝則軍民可出大勝則形勝復全匪惟禽討之有功抑亦進退而獲利與其虛勞甲卒枉殺齊民示弱稔奸萬萬相遠也果能更益精兵合西邊見屯田卒雜以對替之衆使其兵力有餘重分師徒與原渭鎮戎合彼中與山西熟戶從東亦擇穩便處入界右嚴約師期兩路齊進苟或繼遷敢來援助彼則分兵而應敵我則乘勢而易攻且奔命道途首尾難衛千里趍利不遁則禽臣謂兵鋒未交靈州之危自解矣因取靈州軍民置於蕭關武延以來據險就水建立一寨僑置靈州羈係蕃漢土人之心裁候平寧却歸然後縱蕃漢之兵伺便奮擊我則按重兵而觀利度賊勢以設謀臣謂破賊成功十有八九矣

五年侍御史知雜事田錫論輕用兵奏曰臣竊惟國家斷徒以上罪皆須勘鞫子細案牘圓備斷官録問然後行刑其大辟罪將決斷即給與酒食命他官監決慮有稱冤及斷訖即録案申奏奏下大理寺寺司點檢送至審刑院院吏披詳如案未圓理未盡即罪有司所謂王者之心重用刑而惜人命也及至北狄騷邊西戎犯境不先計而後出兵不先謀而後決戰失利則士卒陷歿者既多人民俘虜者不少不知斷徒以上罪至用刑於大辟一何用心精審之如彼而不先計而後出兵不先謀而後出戰致陷歿士卒者衆俘虜人民者多一何用心麤疎之如此用心精審之如彼者是帝王重人命也用心麤疎之如此者由將帥輕人命也州郡戮一死罪不當即罪州郡大理寺審刑院點檢披詳漏落各罪官吏洎至士卒陷歿人民俘虜則宰相不過罷免歸班為尚書將帥不過黜降其官為庶人此乃朝廷用刑輕重之相遠也

景德元年契丹大入急書一夕凡五至兵部侍郎同平章事寇準不發飲笑自如明日同列以聞帝大駭以問準準曰陛下欲了此不過五日爾因請帝幸澶州同列懼欲退準止之令候駕起帝難之欲還內準曰陛下入則臣不得見大事去矣請毋還而行帝乃議親征召羣臣問方畧既而契丹圍瀛州直犯貝魏中外震駭參知政事王欽若江南人也請幸金陵陳堯叟蜀人也請幸成都帝問準準心知二人謀乃陽若不知曰誰為陛下畫此策者罪可誅也今陛下神武將臣協和若大駕親征賊自當遁去不然出奇以撓其謀堅守以老其師勞佚之勢我得勝算矣奈何棄廟社欲幸楚蜀遠地所在人心崩潰賊乘勢深入天下可復保邪遂請帝幸澶州及至南城契丹兵方盛衆請駐蹕以覘軍勢準固請曰陛下不過河則人心益危敵氣未

懾非所以取威決勝也且王超領勁兵屯中山以扼其吭李繼隆石保吉分大陣以扼其左右肘四方征鎮赴援者日至何疑而不進衆議皆懼準力爭之不決出遇高瓊於屏間謂曰太尉受國恩今日有以報乎對曰瓊武人願效死準復入對瓊隨立庭下準厲聲曰陛下不以臣言為然盍試問瓊等瓊即仰奏曰寇準言是準曰機不可失宜趣駕瓊即麾衛士進輦帝遂渡河御北城門樓遠近望見御蓋踴躍懽呼聲聞數十里契丹相視驚愕不能成列時準議澶淵事宜狀曰臣伏奉聖旨畫河北邊事及將來駕起與不起如　起當至何處者

一臣伏覩邊奏犬戎游騎已至深州以來竊緣三路大軍見在定州兼能張凝楊延昭田敏等又在威虜軍等處東路深趙貝冀滄德等州則無大軍駐泊必慮虜騎近東南下寨輕騎打劫不

唯老小驚騷兼假賊盜團聚。直至天雄軍以來。人戶驚移。若不早張軍勢。必恐轉啓戎心。臣欲乞先那起天雄軍兵馬一萬人往貝州駐泊。令周瑩杜彥鈞孫全照部轄。若是虜騎在近。即仰近城覓便掩殺。併令閻道將文字與石普閻承翰照會掩殺蕃賊。及召募強壯入賊界燒蕩鄉村。劫殺人口。仍乞照管南北道路。多差人探報蕃賊。次第聞奏。又報天雄軍。一則貴安人心。二則張得軍勢。以疑敵人之謀。三則石普閻承翰等欄王師北來。壯得軍威。四則與邢洺地里不遠。張得掎角之勢。

一。隨駕兵士。衛扈宸居。固不可與犬戎交鋒原野。以爭勝負。天雄軍至貝州兵馬。車駕未起以前。又過三萬人。萬一犬戎至貝州已南下寨。游騎漸更南來。即須那起定州兵馬三萬人騎。令呼延贊等結陣南來鎮州。及令河東雷有終手下兵士出土門路。與定州兵馬會合。相度事勢緊慢。那至洺州以來。方可聖駕順動。假萬衆之天聲。令數路之兵勢。更令王超等在近城排布照應。兼能張疑楊延昭田敏等起兵馬。令作會合次第。及前來累降指揮牽拽。候抽移得定州河東兵馬附近。始得幸大名。

一。或恐萬一定州兵馬被犬戎於鎮定間下寨抽那不起。邢洺之北。游騎侵掠。天雄軍東六縣分老小只是驚移。須是分定州三路精兵差在彼將帥等會合。及令魏能張凝楊延昭田敏等兵馬。漸那向東。傍城下寨。若得如此。則犬戎必有後顧之患。亦未敢輕議引軍深入。若是車駕不起。轉恐蕃賊殘害生靈。或是鑾輅親征。亦須過大河。即且幸澶淵。就近易為會合兵馬。兼控扼津梁。

右臣切列宰司。素無奇略。即承清問。合罄愚誠。伏覩皇帝陛下。睿智淵深。聖猷宏遠。固已坐籌而決勝。尚猶虛己以詢謀。蕞彼犬戎。頗乏糧糗。唯恃腥羶之衆。必懷首尾之憂。豈敢不顧大軍。但圖深入。然亦慮其凶狡。須至過有防虞。煩瀆天聰。伏深戰懼。

真宗時議親征契丹。樞密使王顯言。寇在虜敵未犯塞。鑾輿輕舉直抵窮邊。寇若不逢。師乃先老。況今繼遷未滅。西鄙不寧。儻北邊部落與之結援。則中國之患未可量也。議者乃於此時請復幽薊。非計之得也。凡建議大事。上下叶力。舉必成功。令公卿士大夫以至庶人尚有異同。未可謂為萬全之舉。若能選擇將帥。訓練士卒。堅城壘而繕甲兵。亦足以待敵矣。必欲復燕薊舊地。則必脩文德養勇銳伺時之利。以奉行天討而後可也。顯徙知天雄軍府。又言祖宗以來。多命近臣統領軍旅。今後宣徽使宜於文武羣臣中擇曉達邊事者為之。蓋位高則威名著。識遠則勳勞立故也。武臣以罪黜者。宜加容貸。不以一眚遂廢。苟用之有恩。必得其死力。故曰使功不如使過也。至若臨敵命將。則貴專任。出師應敵。則約束將校。使相應援。全是數者則軍威倍壯。人心增勇矣。既而上表請赴行在。從之。既遣還鎮。契丹入寇。上議親征。顯復陳三策。謂大將軍方在鎮定。契丹必不南侵。車駕止駐澶淵。詔鎮定出兵會河南軍合擊之可也。若契丹母子虛張聲勢以抗我師。潛遣銳兵南攻駕前諸軍。則令鎮定之師直衝戎帳攻其營砦。則沿河遊兵不戰而自屈矣。否則遣騎兵千。步兵三千於濮州渡河。橫掠澶州。繼以大軍追北掩擊。亦可出其不意也。已而契丹請盟。趙德明遣使脩貢稱藩。朝廷加賞錫。且許通青鹽以濟邊民。從顯之請也。

仁宗慶曆元年。陝西路經畧安撫判官田況上奏曰。臣伏見昨夏竦等為累奏。詔以師老費財。慮生它變。令早為經畫。以期平定。故韓琦等入奏。盡攻守二策。以稟聖筭。其守策最備。可以施行。不意朝廷便用攻策。今一旦稟命。不敢持兩端。非有夙定之謀。必勝之勢。倉卒舉合。殊無紀律。昔繼遷擾邊。太宗親部分諸將五路進討。或遇賊不擊。或戰衂而還。又嘗令白守素馬惟忠護送糧餉於靈州。諸將多違詔自奮。浦洛之敗。死者數萬人。今將帥士卒。素已懦怯。未甚更練。又知韓琦尹洙所建之策。恐未皇稟復。臨事進退。有誤大舉。請以事驗之。且行師有期。便須協力。今鄜延路總管司葛懷敏等須索百端。料必不能應副。足以為辭。此不可者一也。議者以謂賊嘗併力而來。我嘗分兵以禦。衆寡不敵。多貽敗衂。今若全師大舉。必有成功。此思之未熟爾。夫三軍之命。係於將帥之材。材有小大。智有遠近。以漢祖之善將。不若淮陰之益辦。況庸人乎。苟徒知大衆可以威敵。而不思將帥之材否。此禍之大者也。兩路之入十餘萬人。庸將驅之。若為舒

卷。賊若據險設伏。邀截衝擊。首尾前後勢不相援。則奔潰可憂。今邊臣所共獎者。朱觀葛懷敏爾。近於鎮戎軍界。劉璠定川寨兩川。西賊境中生聚牛羊皆遷徙遠去。惟空族帳守者二三百人。輒來抗敵。諸將斧斫駭亂。幾不自免。部隊前後不復可齊。兵甲械用。大為攘奪。今兩路齊入。併擊劇賊。若有不利。則邊防莫守。別貽後患。安危之計。決於一舉。此不可者二也。自西賊叛命以來。雖屢乘機會。然不敢深寇郡縣。以饜其欲者。非筭之少也。蓋以中國之大。賢俊之盛。甲兵之衆。未易可測。今我師深入。若無成功。大國威靈益為使輕。況戎別隨奸計。以至它虞。此不可者三也。議者又云。將帥之間雖未足倚。下流勇進。或有其人。自劉平石元孫陷沒。士氣挫怯。未易勇奮。今兵數雖多。疲懦者衆。以庸將驅怯兵入不測之地。獨下使臣數輩。干賞圖利。欲邀奇功。未見其利。此不可者四也。議者又云。非欲深絶沙磧。以窮扶巢。但淺入山界。以挫賊氣。如襲白豹城之比。臣謂乘虛襲掠。既不能破戎首。拉兇黨。但殘戮孥弱。以厚怨毒。誠非王師弔伐招徠之體。然事出無策。為彼之所為。亦當雷震電逝。往來輕速。以掩其不備。今興師十萬。鼓行而西。賊已巧為計謀。盛設隄備。清野據險。以待我師。何襲挫之有。此不可者五也。自其寇邊。人皆知其誅賞明。計數黠。今未有間隙之可窺。而暴為此舉。計事者但欲決勝於一戰。幸其或有所成。否則顧自比王恢以待罪。勇則勇矣。其如國事何。此不可者六也。昨延州范仲淹奏乞朝廷開包荒之量。存此一路。令諸將勒兵嚴備。賊至則擊。但未行討伐。容示以恩意。歲時存問。或可招納。令尹洙到延州商量。仲淹堅執前奏。未肯出師。若使涇原一路獨入。則孤軍進退。憂患不淺。今諸處探到事宜。多言昊賊點集我師諸路入界。則併兵一處以拒敵。與招來入杜文廣所說一同。此正陷賊計中。此不可者

七也。以臣所見。夏竦韓琦尹洙同獻此策。今若奏乞中罷。則是前後自相違異。殊無定筭。欲果決進討。則又仲淹執議不同。或失期會。乞召兩府大臣定議。但令嚴設邊備。若更有侵掠。則須出兵邀擊。以摧賊勢。如復怯懦。容賊殺掠。當以軍法從事。或探得賊界謹自守備。不必先有輕舉。恐落奸便。如此則全威制勝。有功而無患也。然自議攻討以來。賊中呼集醜類。廣為防守。遷移勞擾。未嘗少安。至今却有通款意。亦不為無益。至於驢畜軍須之物。虛煩調發。却欲罷兵。亦是事之小者。臨時分擘處置。亦不為難。所顧者安危大計。倘乞審降朝旨下總管司。

陝西轉運使龐籍論出界攻討未便奏曰。臣伏以元昊父子受國大恩。一朝反叛。今朝廷定議討伐。以正逆順。實合大義。然此時興舉。須為萬全之策。臣謂用兵之道。必先度我將既良。我士既銳。然後料敵

之虛實。乘其釁隙而一舉滅之。去秋鎮戎之戰。依城壁據根本。以主待客。而諸將或傷中而退。或閉城不出。其士卒既無用命赴敵之心。使賊殘毒人命。剽劫財物。從容進退。如入無人之境。可謂將不良。士不銳矣。元昊君臣之間。未有釁隙。又間諜阻絕。無由知其虛實。而便出界攻討。此不可不為朝廷憂也。去春劉平等陷歿之後。邊城人心日久惴慄。幸即時更張軍政。比來士卒之氣漸振。儻復一出不利。則衆意愈懼。必難再奮也。况出界之後。山川道路。我軍素未經涉。須以蕃部為鄉導。則其姦詐不可不防。若至險隘之處。部伍輜重首尾遼遠。忽有伏兵鈔掠。則必至潰散。况黃德和敗手下潰兵不少。至今招集未獲。若數萬衆更潰而散不敢歸。益生邊患不細。臣切慮廟謨。以大兵屯聚已久。上費國力。下困生民。欲決於攻取之計。其餘將佐士卒未能如意。或且為歲月持守之備。汰去冗兵。只留精銳在邊。數少

則費用日寬。兵精則足禦捍。賊地所產之物。嚴法以絕之。使不得與邊人市易。既劫掠無所得。兼貨利無所通。其勢必日蹙。如更益練將卒。俟其釁隙可乘。然後大舉。庶幾有萬全之策也。

慶曆間。趙元昊僭號。議出兵討之。羣臣曰。元昊小醜也。旋即誅滅矣。惟吳育獨建言元昊雖稱藩臣。其尺賦斗租不入縣官。且服叛不常。請置之示不足責。且已僭輿服。勢必不能自削。宜援國初江南故事。稍易其名。可以順撫而收之。不報。育又言漢通西域諸國。斷匈奴右臂。諸戎內附。雖有桀黠。不敢獨叛。唐太宗嘗賜回鶻可汗并其相手書。納其貢奉。厚以金帛。真宗命潘羅支攻殺李繼遷。而德明廼降。元昊勇見朝廷比年與西域諸戎不通朝貢。乃得以利啗隣境。固其巢穴。無肘腋之患。跳梁猖獗。得以肆而不顧矣。請募士諭唃廝囉及他蕃部離散其黨與。使併力以攻。必均其恩賜。此伐謀之要也。

蔡襄請誅保州叛卒。奏曰。臣伏見保州兵士。近為罷却沿邊巡檢。發怒逐殺官吏。閉城而叛。以邀朝廷。議者更去佗謀。便用招安之策。方今天下處處兵驕。若健兒殺官吏而叛。朝廷即日招安。則今後主將性命生死全由健兒。國家威令干戈不行境內矣。朝廷苟要藉將吏守城捍邊。則叛卒更無可赦之理。若只苟保州目下無事。臣恐自此有兵之處。叛亂日生。是顧一州之苟安。而不慮天下之皆亂。今招牓既出。已不可追。然叛卒尚有可誅之理。臣今願乞速降勑旨與王果。令以勁兵數千伏於保州之側。俟招牓入城。隨而突入。除百姓外。逢兵即殺。彼二三千叛卒方得朝廷姑息。乘其疑惑懈怠之間。我兵卒至。擊其不意。可以盡誅。仍宜先諭軍中。每一首級。錢賞十千。以我器甲被具貪賞之兵。而擊倉皇空手懈怠之卒。乘此機便。無不勝之理。

若慮其燒劫倉庫。殺戮人民。此乃閉城之所為耳。今既開門。我兵卒至。彼將救死不暇。安能復為劫殺之謀。朝廷若必為過慮。更當別用救兵隨後策應。縱使拒死而鬬。傷人民。乃是一城之患。以天下叛亂之禍較之。則又不足顧矣。朝廷深念安危之本。力絕禍亂之萌。當此事機。決於睿斷。

翰林學士胡宿論征蠻奏曰。臣竊見前代征討蠻寇所以為難者。以其保據巢穴。寇害邊境。興師深入。則有山林之阻。久屯則有瘴霧之毒。兵不得戰。人多疫死。此其所以為難也。今者邕土蠻賊。盡率支黨。遠棄窟穴。頓於廣州堅城之下。平地之上。已六十餘日矣。退則歸路至遠。進則大軍已集。以臣料之。賊氣必沮。或聞廣州雖有山林。不至深險。賊久留不去者。此天亡之機也。今涼風方至。瘴氣已息。賊處平壤。官據堅城。士衆相依。弓弩得用。天時肅殺。宜行誅討。江西等路雖

苦水旱。討其小熟。及茲西成。猶足以調發贍軍助國討賊。臣以此觀天時地利人事之形。王師誅逆。宜及秋冬。不可逗留。更無機會。楊畋誕默不伐。深沉有筭。兼其忠孝出於天性。誠堪屬以南伐。總茲師律。陛下宜申敕諸將。稟其節制。則軍衆有所統一。號令得以施行。令因賊亡之機。與天時之利。參定滅賊之策。勿貪一時之功。戒之以在和。訓之以持重。多方設巧。燒其船艦。使賊不得下海。賊若下海。攻陷瓊管以為窟穴。即介在海外。王師無由致討矣。乘間竊發。入寇腹心。則嶺南諸州被害無有已時。更復遷延。使至春夏。或誘合盜賊。或扇動群蠻。則江西諸路疲轉漕之役。失耕稼之業。大軍有疫死之懼。懷思歸之心。必則變生。一切可慮。當發生之候。用誅伐之威。則逆天時。虧地利。失人和。三者舉事之忌也。臣愚狂妄。輒謂方今之計。宜先料賊之多少。計兵之衆寡。若賊有萬人。王師須有三倍之勢。料擇精卒。習

用長技。品配其衆。番休與戰。彼寡我衆。彼勞我逸。利則督士苦戰。不利則斂兵且止。如此者三四。待其衆困。各懷去就。乃可申購募之典。赦脅從之罪。則人思效順。衆必離散。然後合勢大舉。以圖殄滅。若失機會。恐逆黨愈盛。而後患滋大。昔者食藿之人。猶憂疆場負薪之語或益廊廟。狂夫之言。聖人擇焉。

嘉祐元年。知制誥劉敞請罷五溪之征。奏曰。臣聞舜為天子。禹為司空。伯益贊之。君臣之盛。自古未有也。以伐三苗。曾不能得咫尺之地。因班師振旅而歸。晉郤缺率諸侯之師八百餘乘。挾公子捷菑以攻邾。婁人候不設。城門不閉。以帛通語言。諸侯皆罷。故曰。非吾力不能攻。義實不爾克也。此二者皆不可謂善戰矣。然舜禹不以其故貶聖。伯益郤缺不以其故損賢。理有逆順。義有曲直也。今武溪諸彭父子結怨。而邊臣輕發兵為子討父。得非春秋王伯之略乎。臣以謂過矣。智者欲騁其巧。勇者欲用其力。矯箭累弦勵鍔負戟。以深入為事。甚非治天下之大體。臣聞古者三王之征伐。不貢。討不朝。今彭氏父子所以爭一旦之命者。乃自以失職不得朝貢也。臣以謂可聽以休邊民。此舜禹之策。益郤之義。所以明於典謨春秋也。往年歲星在鶉尾。則宜厚仁義以應之。而始誅五溪逆父子之節。難以得天。今盛夏動衆。下潦上霧。多毒蛇惡草之害。難以得地。天地之道者。自古五帝三王之所以務。通而順也。雖有聖辯莫之能變。其說而況縱欲貪功。徼一時之勝者乎。恐此為人臣之利。而非國家之福也。臣願朝廷謹之。

熙寧元年。知雜御史劉述論不可伐喪。疏曰。臣伏覩夏國諒祚死亡。遣使人來告哀。朝議損其恩禮。以其納款之後。嘗犯大順城。及擅殺傷楊定等。所以貶之也。今風聞欲遣使責問其國不

修賀登極。拜正旦等事。及聞邊臣建議。欲乘其喪禍飢困之際。以重兵深入討虜。不知果然否。以臣愚思之。恐非所以哀喪恤災。綏懷夷狄之道也。夫夷狄者。豈可以禮義責之哉。弱則畏服。強則侵叛。從古以然也。今諒祚既死。將責何人。不若因而撫之為得策也。真廟景德初。繼遷死。其子德明尚幼。因邊臣奏報。即降詔慰諭。由此德明遣使奉誓書歸順。爾後邊事寧敉。垂三十年。關右之人無科率轉餉之勞。安耕織生養之業。公私富實。朝野歡娛。當是時真宗皇帝非不知乘其喪禍微弱之際。用兵窮討。蓋以金革之事勝敗不常。匪唯耗蠹貨財。亦復殺傷士卒。於是推天地父母之心。務以德懷。不以力伏。是以終德明之身。不敢有負朝廷。乃前事之明驗也。以當時之事力。視今日之虛實。萬相遠矣。當時尤不欲為。而今日復欲為之。豈不誤哉。臣伏願

陛下追鑑前世用兵和戎之利害。深察今日兵威財力之強弱。愛惜生靈之命。保固祖宗之業。丁寧二府。撿詳景德年趙德明故事。仍先遣一介之使慰撫其國人。存問其嗣子。仍諭之云。如朝廷推封爵之恩。即須别納誓欵。方可乞行。制命彼既孤弱。且貪賜予。則欣然聞命矣。乃可以救前日穜諤擅興之失。使知非朝廷之意。則曲不在我矣。若用邊臣之言。以重兵壓境。乃爲權謀之事。欲彼懼而速盟可也。若作深入之計。則爲無策矣。今諒祚之斃。不在先後而適在今日。乃上天之靈擁佑聖德。俾於斯時除去邊患。昭然可議矣。陛下可不順承天意。撫柔夷狄。以安中國乎。事之機會。正在此時。一失其冥蕩不可救。惟陛下留神省覽。天下幸甚。

三年。武寧軍節度使富弼諫西師奏曰。臣竊知陝西用武。諸路入討。至今已是數月。調發輸餽。不無勞費。陛下躬親萬務。勤於訪逮。臣所恨未能一効死力。少寬陛下西顧之憂。臣念靈夏數州。自太宗割賜之後。幾百年。所存者唯是空壘而已。今所得城壁。切恐未償所費。既已克下。又須守禦。自此勞費卒無已時。伏緣西夏與北虜常爲犄角之勢。蓋北虜山前後十八州每恐朝廷有復取之意。慶曆初因元昊叛。仁宗不免討伐。而北虜遂有嫚書與割地之隙。其書大意自謂我與西夏是甥舅之國。南朝不合加兵。臣不能盡記其辭。惟記一句云。殊無忌器之嫌。此大可見其意也。臣其時兩使虜廷。每見元昊遣人在彼。密令詢問。云來借兵。此皆臣始末親經目覩。不是剽聞。以昔校今。不敢謂必無此事。今北虜亦須疑朝廷既平西夏。即移兵北伐。必有借助西夏之謀。不可不過慮及此也。設或二虜相應。兩邊起事。即國用人力如何枝梧。其間軍情民心。須常加防察。不可使至於此極也。況今天威已振。王師已捷。或且令退脩邊備。講守禦之策。更俟表裏安集。別圖後舉。以爲萬全之計。亦爲未晚。伏乞陛下特賜詳擇而審處之。

四年。司馬光諫西征疏曰。臣以不材。誤承朝廷委用。待罪長安。兼領一路十州兵民大柄。朝辭之日。伏蒙陛下面諭以凡邊防事機及朝廷得失。有所聞見。令一一奏聞。臣受命以來。且愧且懼。所愧者聖知深厚。責任至重。所懼者智識淺短。無以堪稱。夙夜疚心。不敢寧居。臣自入境以來。見流移之民。道路相望。詢訪閭里。皆云今夏大旱。禾苗枯瘁。河渭以北。絶無所收。獨南山之下。稍有所存。而入秋霖雨。經月不霽。禾雖有穂。往往無實。雖有實。往往無米。雖有米。率皆細黑。一斗之粟。舂簸之後。不過得米三四升。穀價踴貴。民間累年困於科

調。素無積蓄。不能相贍。以此須至分房減口。就食西京襄鄧商虢等州。或庸賃客作。或燒炭採薪。或乞匄剽竊。以度朝夕。當此之際。國家惟宜鎮之以靜。省息諸事。減節用度。則租稅自輕。徭役自少。逋負自寬。科率自止。四患既除。民力自足。民財自饒。閭里自安。流亡自還。固不待陛下憂勤於中。宰相劬勞於外。然後人人得其所也。苟或不然。國家雖欲輕租稅。寬逋負。其所費之財何由可得。雖欲少徭役。止科率。其所營之事何由可成。四患不除。雖日下恩澤之詔。民猶不免於流移轉死也。蓋欲止沸者莫若絶薪。欲安民者莫若省事。此目前之驗。非難知也。臣到官以來。伏見朝廷及宣撫等司指揮。分義勇作四番。欲令以次於緣邊戍守。選諸軍驍銳及募閭里惡少以爲奇兵。造乾糧糗飯布囊力車。以備饋運。悉取歲賜秉常之物。散給緣邊諸路。又竭

內地府庫甲兵財物以助之且以永興一軍言之所發人馬甲八千副錢九萬貫銀二萬三千兩銀盌六千枚其餘細瑣之物不可勝數動皆迫以軍期上下相驅急於星火官吏狼狽下民驚疑皆云國家將以今春大舉六師長驅深入以討秉常之罪臣以踈賤不得預聞廟堂之議未知茲事為虛為實昨者親承德音以為方今邊計唯宜謹嚴守備俟其入寇則堅壁清野使之來無所得兵疲食盡可以坐收其弊臣退而思念聖謀高遠深得王者御戎狄之道實天下之福及到關中乃見凡百處置皆為出征調度臣不知有司在外不諭聖意以致有此張皇將陛下默運神筭不令愚賤之臣得聞其實也臣不勝惶惑晝則忘食夜則廢寢心寒股栗竊為陛下危之夫兵者凶器聖人不得已而用之自古以來國家富強將良卒精因人主好戰不已以致危亂者多矣況今公私困竭將愚卒懦乃欲驅之塞外以

捕狡悍之虜其無功必矣豈惟無功兼後患甚多不可盡言也若朝廷初無出征之意則何為坐散府庫之財疲生民之力訖無分毫之事萬一將來虜騎入寇府庫已竭民力已困將何以禦之臣先任御史中丞日朝廷將興綏州之役臣曾上言國家先當舉百職修庶政安百姓實倉庫選將帥立軍法練士卒精器械八事皆備然後可以征伐四夷今此八事未有一者勝於曩時而況關中饑饉十室九空為賊盜者紛紛已多縣官倉庫之積所餘無幾乃欲輕動大衆橫挑猛敵此臣之所大懼也或者又云國家未討秉常先欲試兵誅一小族若果如此尤為不可何則今者竭關中之財力大興師衆乃擒有罪之強寇誅無辜之小種勝之不武不勝為笑將無以復號令戎狄矣此二策者皆為不可伏望陛下深鑒安危之機消之於未萌拔之於未形速下明詔撫諭關中之民以朝廷不為出征之計其義勇更不分番於緣邊戍守亦不選募奇兵凡諸調發為餽運之具者悉令停罷愛惜內地倉庫之儲以備春深賙救飢窮之人如此豈惟生民之幸亦社稷之福也臣不勝憂迫直輸赤誠惟陛下裁察

十年蘇軾代張方平諫用兵書曰臣聞好兵猶好色也傷生之事非一而好色者必死賊民之事非一而好兵者必亡此理之必然者也夫惟聖人之兵皆出於不得已故其勝也享安全之福其不勝也必無意外之患後世用兵皆得已而不已故其勝也則變遲而禍大其不勝也則變速而禍小是以聖人不計勝負之功而深戒用兵之禍何者興師十萬日費千金內外騷動怠於道路者七十萬家內則府庫空虛外則百姓窮匱飢寒逼迫其後必有盜賊之憂死傷愁怨其終必致水旱之報上則將帥擁衆有跋扈之心下則士衆久役有潰叛之志變故百出皆由用兵至於興事首議之人冥謫尤重蓋以平

民無故緣兵而死怨氣充積必有任其咎者是以聖人畏之重之非不得已不敢用也自古人主好動干戈由敗而亡者不可勝數臣今不敢復言請為陛下言其勝者秦始皇既平六國復事胡越戍役之患被於四海雖拓地千里遠過三代而墳土未乾天下怨叛二世被害子嬰被擒滅亡之酷自古所未嘗有也漢武帝承文景富溢之餘首挑匈奴兵連不解遂使侵尋及於諸國歲歲調發所向成功建元之間兵禍始作是時蚩尤旗出長與天等其春戾太子生自是師行三十餘年死者無數及巫蠱事起京師流血僵尸數萬太子父子皆敗班固以為太子生長於兵與之終始帝雖悔悟自克而歿身之恨已無及矣隋文帝既下江南繼事夷狄煬帝嗣位此心不衰皆能誅滅彊國威震萬里然而民怨盜起亡不旋踵唐太宗神武無敵尤喜用兵既已破滅突厥高昌吐谷渾等猶且未厭親駕遼東皆志在立

功非不得已而用其後武氏之難唐室凌遲不絕如綫蓋用兵之禍物理難逃不然太宗仁聖寬厚克己裕人幾至刑措而一傳之後子孫塗炭此豈為善之報也哉由此觀之漢唐用兵於寬仁之後故其勝而僅存秦隋用兵於殘暴之餘故其勝而遂滅臣每讀書至此未嘗不掩卷流涕傷其計之過也若使此四君者方其用兵之初臨即敗衂惕然戒懼知用兵之難則禍敗之興當不至此不幸每舉輒勝故使狃於功利慮患不深臣故曰勝則變遲而禍大不勝則變速而禍小不可不察也昔仁宗皇帝覆育天下無意於兵將士惰偷兵革朽鈍元昊乘間竊發西鄙延安涇原麟府之間敗者三四所喪動以萬計而海內晏然兵休事已而民無怨言國無遺患何者天下臣庶知其無好兵之心天地鬼神諒其有不得已之實故也今陛下天錫勇智意在富強即位以來繕甲治兵伺候鄰國羣臣百寮窺見此指多言用兵其始也弼臣執國命者無憂深思遠之心樞臣當國論者無慮害持難之識在臺諫之職者無獻替納忠之議從微至著遂成厲階既而薛向為橫山之謀韓絳効深入之計陳升之呂公弼等陰與之協力師徒喪敗財用耗屈較之寶元慶曆之敗不及十一然而天怒人怨邊兵背叛京師騷然陛下為之旰食者累月何者用兵之端陛下作之是以吏士無怒敵之意而不直陛下也尚賴祖宗積累之厚皇天保祐之深故使兵出無功感悟聖意然淺見之士方且以敗為恥力欲求勝以稱上心於是王韶構禍於熙河章惇造釁於橫山熊本發難於渝瀘然此等皆戕賊已降俘纍老弱困弊腹心而取空虛無用之地以為武功使陛下受此虛名而忽於實禍勉強砥礪奮於功名故沈起劉彝復發於安南使十餘萬人暴露瘴毒死者十而五六道路之人斃於輸送貲糧器械不見敵而盡以為用兵之意

必且少衰而李憲之師復出於洮州矣今師徒克捷銳氣方盛陛下喜於一勝必有輕視四夷陵侮敵國之意天意難測則臣實畏之且夫戰勝之後陛下可得而知者凱旋捷奏拜表稱賀赫然耳目之觀耳至於遠方之民肝腦屠於白刃筋骨絕於餽餉流離破產鬻賣男女熏眼折臂自經之狀陛下必不得而見也慈父孝子孤臣寡婦之哭聲陛下必不得而聞也譬猶屠殺牛羊刳臠魚鼈以為膳羞食者甚美死者甚苦使陛下見其號呼於挺刃之下宛轉於刀几之間雖八珍之美必將投箸而不忍食而況用人之命以為耳目之觀乎且使陛下將卒精強府庫充實如秦漢隋唐之君既勝之後禍亂方興尚不可救而況所在將吏罷軟凡庸較之古人萬萬不逮而數年以來公私窘乏內府累世之積掃地無餘州郡征稅之儲上供殆盡百官俸廩僅而能繼南郊賞給久而未辦以此舉動雖有智者無以善其後矣且饑疫之後所在盜賊蠭起京東河北尤不可言若軍事一興橫斂隨作民窮而無告其勢不為大盜無以自全邊事方深內患復起則勝廣之形將在於此此老臣所以終夜不寐臨食而歎至於慟哭而不能自止也且臣聞之凡舉大事必順天心天之所向以之舉事必成天之所背以之舉事必敗蓋天心向背之迹見於災祥豐歉之間今自近歲日蝕星變地震山崩水旱癘疫連年不解民死將半天心之向背可以見矣而陛下方且斷然不顧興事不已譬如人子得過於父母惟有恭順靜思引咎自責庶幾可解今乃紛然詰責奴婢恣行箠楚以此事親未有見赦於父母者故臣願陛下遠覽前世興亡之迹深察天心向背之理絕意兵革之事保疆睦鄰安靜無為固社稷長久之計上以安二宮朝夕之養下以濟四方億兆之命則臣雖老死溝壑瞑目於地下矣昔漢祖破滅群雄遂有天下光武

百戰百勝。祀漢配天。然至白登被圍。則講和親之議。西域請吏。則出謝絕之言。此二帝者。非不知兵也。蓋經變既多。則慮患深遠。今陛下深居九重。而輕議討伐。老臣庸懦。私竊以為過矣。然人臣納說於君。因其既厭而止之。則易為力。迎其方銳而折之。則難為功。凡有血氣之倫。皆有好勝之意。方其氣之盛也。雖布衣賤士。有不可奪。自非智識特達。度量過人。未有能勇於奮發之中。舍己從人。惟義是聽者也。今陛下盛氣於用武。勢不可回。臣非不知。而獻言不已者。誠見陛下聖德寬大。聽納不疑。故不敢以眾人好勝之常心望於陛下。且意陛下他日親見用兵之害。必將哀痛悔恨。而追咎左右大臣未嘗一言。臣亦將老且死。見先帝於地下。亦有以藉口矣。惟陛下哀而察之。

軾於元豐五年。又代滕甫論西夏書曰。臣素無學術。老不讀書。每欲披竭愚忠。上補聖明萬一。而肝肺枯涸。卒無可言。近者因病求醫。偶悟一事。推之有政。似可施行。惟陛下財幸。臣近患積聚。醫云據病當下。一日而愈。若不下。半月而愈。然中年以後。一下一衰。積衰之患。終身之憂也。臣私計之。終不以一日之快。而易終身之憂。遂用其言。以善藥磨治。半月而愈。初不傷氣。體力益完。因悟近日臣僚獻言。欲用兵西方。皆是醫人欲下一日而愈者也。其勢亦未必不成。然終非臣子深愛君父。欲出萬全之道也。以陛下聖明。將賢士勇。何往不克。而臣尚以為非萬全者。俗言彭祖觀井。自係大木之上。以車輪覆井。而後敢觀。此言雖鄙。而切於事。陛下愛民憂國。非特如彭祖之愛身。而兵者凶器。動有存亡。其陷人可畏。有甚於井。故臣願陛下之用兵。如彭祖之觀井。然後為得也。臣竊觀自古善用兵者。莫如曹操。其破滅袁氏。最有巧思。請試為陛下論之。袁紹以十倍之眾。大敗於官渡。僅以身免。而操斂兵不追者。何也。所以緩紹而亂其國也。紹歸國益驕。

忠賢就戮。嫡庶並爭。不及數年。而袁氏無遺種矣。向使操急之。紹既未可以一舉蕩滅。若懼而修政。用田豐而立袁譚。則成敗未可知也。其後北征烏丸。討袁尚袁熙。尚熙走遼東。或勸操遂平之。操曰。彼素畏尚等。吾今急之則合。緩之則自相圖。其勢然也。遂引兵還。曰。吾方使公孫康斬送其首。已而果然。若操者可謂巧於滅國矣。滅國大事也。不可以速。譬如小兒之毀齒。以漸搖撼之。則齒脫而兒不知。若不以漸。一拔而得齒。則毀齒可以殺兒。故臣願陛下之取西夏。如曹操之取袁氏也。方元昊強時。謀臣猛將。盡其智力。十年而不敢近。今者主弱臣強。其國內亂。陛下使偏師一出。斬名王。虜偽公主。築蘭會等州。此真千載一時。天以賊授陛下之秋也。兵法有之。同舟而遇風。則胡越相救如左右手。今秉常雖為母族所篡。以意度之。其世家大族亦未肯俯首連臂為此族用也。今乃合而為一。堅壁清野。以抗王師。如左右手。此同舟遇風之勢也。法當緩之。今天威已震。臣願陛下選用大臣宿將素為賊所畏服者。使兼帥五路。聚重兵境上。號稱百萬。蒐乘補卒。牛酒日至。金鼓之聲。聞於數百里間。外為必討之勢。而實不出境。多出金幣。遣間使辨士。離壞其黨與。且下令曰。尺土吾不愛。一民吾不有也。其有能以地與眾降者。即以封之。有敢攘其地掠其人者皆斬。不出一年。必有權均力敵。內自相疑者。人情不遠。各欲求全。及王師之未出。爭為先降。以邀重賞。陛下因而分裂之。即用其酋豪。命以爵秩。綦布錯峙。務使相仇。如漢封呼韓邪。通西域故事。不過於要害處築一城。屯數千人。置一將。以護諸部。可使數百年面內保境。不煩城守饋運。豈非萬全之至計哉。臣願陛下斷之於中。深慮而遠計之。夫為人臣計與為人主計不同。人臣非攘地效首虜。無以為功。為陛下計。惟天下安社稷固耳。陛下神聖冠古。動容舉意。皆是功德。但能措太山之安，與天地等壽，則竹帛不可勝紀，而堯舜禹湯不足過也。議者不知出此，爭欲急於功名，履危犯難，以勞聖慮，臣竊不取。古人有言：省功不如省事，省事不如清心。劉洎諫唐太宗曰：皇天以不言為貴，聖人以不言為德。老子稱大辯若訥，莊子言至道無文。且多記則損心，多語則損氣。心氣內損，形神外勞，初雖不覺，後必為累。須為社稷自愛。人臣愛君，未有如洎之深切者也。臣竊慕之，雖謫守在外，不當妄言，然自念舊臣，譬之老馬，雖筋力已衰，不堪致遠，而經涉險阻，粗識道路。惟陛下哀愍其愚，而憐其意，不勝幸甚。

元豐二年，將伐夏，不得志。李憲又欲再舉，帝以訪輔臣。王珪曰：向所患者用不足。朝廷今捐錢鈔五百萬緡，以供軍食，有餘矣。尚書左丞王安禮曰：鈔不可啖，必變而為錢，錢又變為芻粟。今距出征之期纔兩月，安能集事？帝曰：李憲以為已有備。彼宦者能如是，卿等獨無意乎？唐平淮蔡，唯裴度謀議與主同。今乃不出公卿，而出於閹寺，朕甚恥之。安禮曰：淮西三州爾，有裴度之謀，李光顏、李愬之將，然猶引天下之兵力，歷歲而後定。今夏氏之強，非淮蔡比；憲材非度匹；諸將非有光顏、愬輩，臣懼無以副聖志也。帝悟而止。

歷代名臣奏議卷二百三十

歷代名臣奏議卷之二百三十一

征伐

宋神宗元豐四年，判河南府太尉文彥博論西事奏曰：近聞西師已還，中外但知時暫歇泊，而未有分屯解甲之旨，人情憂疑，皆慮王師必有再舉之計。老臣受國恩深，義同休戚，齒髮如此，無復覬望，唯有區區欲報之意，不能緘默，輒為陛下言之。臣竊觀陛下臨御以來，選拔將校，訓齊師徒，脩治器械，儲峙糗糧，皆衆智所不及，近世所未有。比者夏人昏亂，自致天討，陛下赫然命將出師，以伐其罪，師行以來，捷音屢上，雖未能覆其巢穴，係其君長，而師行有紀，所遇輒克，羌人逋逃，莫敢抗堂堂之鋒，天威神武，震慴四夷，戰功之多，近世未有。然而數路進軍，興動大衆，彌歷累月，餽輓不貲，諸路之民疲於供給，將士盡忠竭力，為朝廷奮不顧身，間關死亡，衝突寒苦，備極勤勞。臣以謂國威既已振矣，將士之力亦已殫矣，百姓供餽亦已竭矣。為陛下今日之計，正當勞徠將士，安拊百姓，嘔咻其疾痛，補完其瘡痍，使得蘇息，按甲養威，以全前日之勝。如此，則外足以懾羌夷，內足以愛養軍民，乃宗社無疆之休也。今若師徒暫還而復出，士氣已衰而再鼓，民力已困而調發，復興諸路，深入而轉餉益遠，如此則師之勝敗恐未可知，而前功或喪，此天下之深憂也。兼臣在洛中，津遣陝西軍須不少，亦聞陝西事體頗詳，皆言百姓亦已流離，菽粟之價騰踴，今冬二麥多不下種，將春農事方興，又復調發不已，必恐應副不前，有誤大計。臣而不言，孰當言者。伏望陛下以天下為度，以蒼生為心，不以盡敵然後為功，亟詔班師，分屯諸路，使朝廷恩威並行，軍民和附，以小羌昏亂如此，可以坐待其滅亡矣。臣不勝大願，老臣愚忠憂國之心，不能自已，僭易冒聞，不任隕越。

五年。陝西轉運使范純粹論西師不可再舉疏曰：臣伏見朝廷聚兵一道，以俟西討，將偹築堡寨，聚積芻糧，為進攻必取之計，臣以非才職專餽餉，雖前後累與同職官條具事狀，仰煩聖聽，然其所論皆區區餽運職事之所當言者。至于攻討得失之勢，城堡利害之實，師期之緩急，民情之戚休，所以繫朝廷天下之體者，則非臣之職，而前此未之言也。臣愚以謂畎畝不忘君者，蓋臣子之常守，況臣世荷國恩，久叨器使，今事有所覩，而心有所懷，詎當以非職為間，而隱默自欺。此臣所以自信不疑而欲言者也。臣切聞去年邊事之初，議者謂夏人惛亂，囚辱其長，衆怨親叛，席卷可平。朝廷大治兵師，諸道並進，所向力戰，而賊巢不拔，則是與夫議者之言有間矣。今朝廷會兵涇原，欲為且城且戰之計，臣以謂精騎二十萬聚于一方，聲勢重大，彼必清野以避我鋒，决於他路犯邊，以為牽制，萬一乘虛入寇，則事可憂。兼涇原進築之衆，所食糧米日將萬斛，所築城堡不過一二，而地里漸遠，餽運無可繼之策，時日漸久，丁夫有奔潰之虞。當此之時，勢必中罷，豈不負陛下興舉之意，而繫夷狄觀望乎？矧所城堡障添在賊疆，存守久長，豈敢自保。此又不可不慮者也。朝廷休養民力，充實府庫久矣，去歲兵師一出，而公私困弊若此其甚。今者再議大舉，人氣事力夫非去歲之比，若今歲事功不就，即來歲又將如何？國財民力，將何以繼？此臣所謂攻討得失之勢，城堡利害之實者也。臣惟制置司牒，坐到調發時諸路兵馬之期，皆在六月，切計出兵之日，決是初秋。去歲涇原、環慶兩路各以九月出兵，比至中冬，漸以還塞，然猶士卒疾凍，十亡四五。今七月行師，方是苦暑，以二十萬之衆冒犯炎日，或被堅禦寇，或負重力役，渴飲難周，瘴痢多有，復當大雨時行之月，豈無霖潦之虞？臣恐疾病傷殘，有甚前日，內外重兵，上繫國體，此臣

所謂師期之緩急者也。臣切見去年調夫出界，其上等人戶有至獨出數十夫之家，其貧下人戶亦須數戶共出一夫，每夫雇直至百貫文。又諸路轉運司接續調發至于再三，其間凍餒艱辛，若遇賊被害，死亡凋弊，久未可復。今茲再籍百姓，已諳事勢，人必駭畏，頗有逃散。雖麥在隴，秋禾將耘，妨奪農時，適於此日。緣軍興大計，動須人力。臣等蒙朝廷試以軍法責令趣辦，若人戶大段流移，關內騷動，根本之地事有可憂，異日言者必以臣等為歸咎之地。一身之責，無足自恤，其如國事何？此臣所謂民情之戚休者此也。臣切謂朝廷興計當萬全，而不當幸一時之無事，發而無成，前車可鑒。臣切與老于邊事之人曲折講議，事可寒心，而中外之臣妄意朝廷謀身畏禍，無有為陛下言者，臣獨何人，特以忠義所激，不復以職事為間，寧受盡言之罪于今日，而不忍被不言之罪于他時，故敢以所得衆人之論昧死以聞。

晁補之上言曰：臣聞杜牧曰：國家大事，牧不當言，實言之有罪，則自以其書為罪言。安南之舉，賤臣輕言之，亦罪也。夫以仁懷義，率智謀信，結而出之以勇，闐然而鼓，堂然而陳，身被堅執鋭，奮臂大呼，以先三軍，使三軍之士進旅退旅，如驅群羊，如視嬰兒，出入之往與之來，莫知所之，若是者臣不能。布策挾龜，逆日計月，望雲上風，覩星候氣，雷聲雨沐，虹垂霧横，暈珥光怪，背建向破，從孤擊虛，六窮三刑，生王囚死，以察害凶，以明利吉，使三軍之士逆之以止，順之以行，不厭不疑，至死無所從違，若是者臣不能。畫地聚米，指險度夷，左青右白，前烏後龜，無當天牢，無處龍齦，指高陵知逆，背丘知向，林木之隈，葭蔣之陂，一迂一直，一亟一遲，使三軍之士所由以入，所從以歸，交挂圮絕，不失地宜，若是者臣不能。馳一乘之車，掉三寸之舌，不田不兵，以行賊營，曉

以禍福諭以利害使賊交臂受事屈膝請和可以無戰而屈人之兵若是者臣不能深溝高壘清野以待示以所害欲戰不可三時務農一特習武百姓家給人足鷄犬相聞使賊不敢南下而擾於嶺東出而漁於海徼關棄傳內外為一若是者臣不能臣負不能之才五且少孤不幸墮在荊棘泥塗之中荒楚幽穢不得預聞下士之議而私慕庶人所以傳語者是以不勝犬馬心願効一言雖然凡所言者亦非曰能之特其理勢之然否可道者也自交趾犯順侵軼郡縣擾嶺騷然檄書日聞陛下仁愛遠民若保赤子憂勤宵旰思所以禁止安集者臣雖不備行列有目有趾莫非王臣故忘其怯懦以自試鈇鉞之誅謹參古驗今先論其所宜勝與所為未可取者而次條愚計於後以備執事者擇焉傳曰不先時而起不後時而縮又曰敵加於己不得已而應之謂之應兵兵應者勝陛下以父道育四國四國所宜

歡欣歲以子來而交趾不道乃干大順陛下謀於心謀於卿士以遠庶民設壇授鉞應而討之兵應者勝此其理勢必勝一也兵起之初五管莫備賊至城下市合不知而邕州刺史蘇緘家世儒者不識金革汗馬之勞卒遇大變乃能奮不顧身閉城乘壘連鬬死轉以嬰賊鋒兵敗不屈血染砧几妻子女婦駢頭為戮將吏皆死者至數十人遠近聳動爭欲伏節前驅者此其理勢必勝二也陛下即位以來精意武備設監置官以董軍器斧鐵皮革筋幹膠漆精良百選乃稍矛槍戟析鈸櫓矢弩胄鎧鼓旗鉦角凡軍之須一切素具比益黃河之水以瀹隋渠南盡豫章之木以為船一船所載當中國車數十乘舳艫相銜以濟南師此其理勢必勝三也交趾之地不過中國一大郡吁呼跳梁不足以越千里疲弊空竭不足以支數歲陛下神武天旋雷動莫不畏然況此小寇制之得術指五管一城足以當賊有餘何

至曉曉以煩執事者今析中國之衆五一以伐之如舉岱山壓鳥卵此其理勢必勝四也陛下謀臣計士希列中外適一事命一將皆試可乃遣而比歲更武舉之科親延於廷設以計策天下小兒孺子莫不踴躍憤悱爭試弩馳馬指畫論議以希功名其作新振起亦勇氣百倍矣交趾徼外小國其人腥臊雜處非素知兵能出奇合變也乍聚乍散非有常性鈔掠奪擊與邊人爭一旦之命此如攫鳥逸獸雖角牙爪皆輕利足奮而不知人能以機械罔罟獲之此其理勢必勝五也雖然勝可萬全而有未可取者此事之情不可不察也陛下方拓西疆指圖授算以取熙河六城如探懷中物虜逃遁不敢窺境上將狃近功士飽新賞帶甲十萬乘勝南指有輕交趾心臣以謂姑無謂交趾小蜂蠆有毒未可忽也傳曰鳥窮則啄獸窮則搏人窮則詐昔魯人與邾人戰魯卑邾不設備而禦之邾人敗魯使我軍不知察此

交趾示弱以堅我我迫其窮使姦謀得恃此其理勢或未可取一也中國陰陽之中土氣和適其生物如之故極寒甚熱皆是傷病百越之地少陰多陽其人疏理鳥獸希毛故性能暑三月五月春草黃茅嵐霧瘴氣上炎下潦颶風之所扇鼓且土多毒蟲蚺蛇沙虱過而踏者猶十三四焉今以舉大軍宿之其間久而不召強者病弱者死奚暇爭功利哉此其理勢或未可取二也古者興師十萬日費千金故軍無輜重則亡無委積則亡無糧食則亡臣請以漢賈捐之所論羌軍貲之累師勞未一年兵出不踰千里費四十餘萬大司農錢盡乃以少府錢續之今交趾之遠非特羌軍也且畿內禁卒及調河北京東戍兵五六萬以伐之倍道兼行三月而後至以臣計之人日糒二升則五萬人之費日千石也行三月日千石含未毘陳未定而十萬石之粟去矣使其淹回未有成績其為費可勝言哉孫子曰智將

務食於敵食敵一鍾當吾二十鍾萁秆一石當吾二十石此計乎地千里之法也今以京師直交趾五倍而言之則何啻二十鍾二十石而後可以當賊之一矧其俗又非專以五穀為養也木實草根魚鼈蚌蛋之為餔且其土之所出足以給其人安坐而待我若此雖十年不病闕食也傳曰衆不如者勿與持久持久非遠行之利此其理勢或未可取三也平陸之軍習於車攻鬬於騎鬬蹈蹂厚土大步疾走左旋右折出入往來蕩蕩坦坦不可障阨而以之入於東南之幽前則重山後則複溪左則大阜右則深谷積石叢篠車以摧輪馬以敗蹄擇土計地若不容足縱行則絶首尾衡行則絶兩翼往不知所返而賊生死其地其人如猱狖下上坂險筋力百倍於華人倏起忽占適去已至從之如搏景不可得也傳曰不用鄉導不能得地利地利者兵之助故孟子所記亦先地利而後天時而將士非素知此其理

勢或未可取四也畿内禁卒固天下之材選賞罰素信約束素明孝勇亦當百矣然臣竊計之設比營而擇或取左遣右或取右遣左參差不齊聚為一軍則步非同巷長非並舍賚賜不偕吏讀發不俱行雖一之以旗鼓晝戰目不能以相識夜戰聲不能以相知則臨事難濟而河北京東之卒又半雜新軍尫孱貧窶不任田畝徒博飲酒計窮力盡之人乃起而為兵一旦遂驅之戰不惟不足勝戈甲為病而其往也皆有戚戚羈旅之懷夫戰勇氣也氣不盈不可必勝此其理勢或未可取五也凡此較然易見雖五尺童子能道之而臣所以獨不自已區區為國私憂過計者非以交趾果能為足拇病也以謂遠勞王師戰久不決則事將不能無弊不可不察也夫交趾實古揚州之南境自三代盛時列荒服之外不及以政秦并天下略定揚粵以謫戍守五嶺與越雜處以至漢而任囂尉陀亦數以其地叛當是時

有閩越東越南越東甌西甌謂之百越交趾古越之徼也其國距洛陽南萬一千里人皆雕題文身項髻徒跣俗相習以鼻飲父子男女同川而浴今其地負海倚山阻險僻迂師行之道可以為正為奇為伏者非特一途而已也蓋漢初遣王恢韓安國擊越亦一出豫章一出會稽時唐蒙亦使越越人食蒙以蜀枸醬蒙歸因又上書通夜郎浮船牂柯以出越人不意其後路博德為伏波將軍出桂陽下湟水按圖湟水蓋出於連州楊僕為樓船將軍出豫章下湞浦按圖湞浦蓋出於廣州故歸義越侯二人為戈船下瀨將軍出零陵下灕水按圖灕水蓋出於桂州馳義侯發巴蜀罪人下牂柯牂柯即唐蒙所通道趣夜郎者也於是五將軍咸會越人或降或亡南越平為九郡至建武中交趾女子側貳叛馬援將平之援始自合浦緣海而行隨山刊道蓋千餘里如浪泊禁溪無功居風下雋壺頭之路凡圖記可見

往往援所行也今其計謀所長不可得而知所可知者其出入往來死生之地勢易具在師行所從不可不察也臣又以今言之居後踵前固不必皆出前人之舊而其大槩瀕湖以南要害之地朝廷因以分屯迭進至於明越餘杭海上諸郡負海無障塞中國所素不虞者臣願亦粗修守禦備游寇凡此非特以待交趾而已臣又以今料之使賊能為狂計固不出於三若外有合交據關守隘以老我師我頓兵絶徼之下曠日遲久欲戰不可引去則賊又復至回軍轉陣返而赴之賊又入保如初如是數年則邊人未有息肩之期此計上也若開關闢戶誘我以利誑我以弱設計誘我且戰且却我易而不戒乃亟入之以墮賊計中賊度我歸遠以奇兵斷後我進無所得欲退不能此計中也若棄關不守縱行出隘唐突侵軼疾戰自快輕勇悍卒分散四擊大則劫城小則掠屯其入吾之地恐不深其争吾之利恐

不及我主彼客彼輕我重我衆彼寡雖强可虜此計下也賊出上計利在賊出中計利害半出下計魚爛亡矣臣又以今料之賊必不能出上計何則海外遠國固非交趾之弱所能恃雖近有群獠又非固爲交趾役也况敢侮王國乎意者輔車相依脣亡齒寒有不自安之心今臣姑置遠者而不論論群獠之近者則亦不可無所以恃之今見朝廷舉大兵欲滅交趾彼其中能無介然疑似之心我臣獨計以謂誠能擇使者如酈食其司馬相如陸賈班超等輩乘駟持節以寬大鎮之告以朝廷誅叛逆賊即伏行罷兵矣能從中國討賊及反間致頭首者計所得以賞以身從者賞以身以家從者禄以家以鄉從者封以鄉以縣從者侯以縣綏不能悉從可以少究其志則是不戰而賊之形已窘矣臣又料之賊無他助其上計不能悉用或者猶參上計而雜中計參上計據關守隘以老我師我雖衆無所用之請以大

軍當其衝虛張形勢以疑賊而陰擇精兵爲三四間道絶徑或薄其左或突其右設奇取之兵法所謂攻其所不守也昔蜀姜維拒劔閣鄧艾乃潛自陰平行無人之地七百里鑿山通道崎嶇險絶以氊自裹輪而下士卒皆緣崖攀木魚貫而進卒降劉禪此設奇者也雜中計開關闢户以誘致我我雖衆亦無必入請留大軍屯其後而以驍銳佯從之輕足利兵以爲前行分屯析隊伏於兩傍勿躡勿迫遠而挑之偶勝無追不勝疾歸棄金遺鼓援衆以馳賊貪吾獲可邀於阨卒前遇伏其衆必覆兵法所謂引而去之令敵半出而擊之利者也昔北戎侵鄭公子突曰使勇而無剛者嘗寇而速去之君爲三覆以待之戎勝不相推敗不相救先者見獲必務進進而遇覆必速奔從之遂破戎師此設伏者也賊出上中而不利將悉衆偕出以徼幸於其下計是固中國之利也請剋日而取之昔魏祖伐關中賊每一部至魏祖輒喜破賊諸將問其故魏祖曰關中道遠賊若依險阻征之不一二年不可下也今皆來集衆雖多軍無適主一舉可滅諸將皆服語曰連雞不俱棲可離而解賊衆之謂也此三說者譬之丸不能出於盤其大槩如此然兵無常勢故隨所動而應之前必有滅寇之說而後繼之者得以起添寇之智顧爲陛下將者何如耳賊出下計而又不利將大走遠遁亡海絶道以保窟穴臣請按甲勿從或曰按甲勿從何以立威於天下曩士卒所以犯晨夜冒白刃者懼不勝使幸勝奈何幾舉而棄之且賊窘窮無所知此如兩鼠鬭穴中將勇者勝臣則以謂不然兩鼠鬭穴中將内鼠勝且欲搏賊大海之間其勢必與之相從於舟楫夫使吾三晉齊魯之人失夷曠而爲樓船闘艦浮之扣瀾之中平居無事自亂心悸而况乘以倉猝徼風搖檣一夫蕩檣我衆駭矣又何暇與之校强弱勝負哉蓋前世語水戰以謂越

人能入水負舟而杜牧所傳鄭年者能没海履其地五十里不噎今海上賓人亦往往遇水寇鑿舟况焉此其非中國所用以取勝故也故臣請按甲勿從而更設策修備以待之且陛下富有天下地漸日月之窟府籠山海之藏非以交趾羸隩安定句漏靡零曲陽北帶稽徐西于龍編朱鳶封溪望海卑陬不毛方尺圍寸之地爲足有也又非以交趾生犀馴象古貝文螺琥珀翡翠麗皮鮫革蕉紵桂蠹訶奇不法殫瑣極細之物爲足寶也不得已而問其罪足以威懾小寇使之悔過効順歸命中國而已賊既定臣請循古吏選仁厚勇略堪任將帥者以爲五管諸州刺史太守以歲月鎭撫其民而因其家之可任者置土兵如保甲以時教習土兵之外乃募游軍而就擇將吏其地平居無事謹養而善馴之以周知其心有故王臣失勢欲復見其功者聚爲一卒有死事之人思爭欲爲之報仇者聚爲一卒有貧窮

怨怒將使其志者聚為一卒。有故贅壻人虜欲貽迹揚名者聚為一卒。有故胥靡負犯之人欲逃其恥者聚為一卒。加賜而時慰焉。使之居其地，服其俗，安其水土，便其械用，因其糧食，得以無煩執事而坐制其弊，乃可以得志。此百世之計也。臣身非安南將吏民庶，又不親與交阯接也，安能周知其虛實短長利害所在。曰今日出某道取某屯，明日出某道取某聚，某道可以為正，某道可以為奇，某道可以為伏。意者其大槩理勢之所在，故臣得以臆計料度而妄議焉。若夫知己知彼，每舉不殆，與敵變化，循環無窮，提軍挈衆，動於九天之上，此則大將軍之任，非臣所得而前知也。臣愚疎外，不知事體，昧死陳愚計。

哲宗即位，守門下侍郎司馬光請革弊劄子曰：臣伏見陛下自臨政以來，夙夜孜孜，以愛百姓安國家為事。蓋善治疾者必究其所來，攻其所急，救之欲速，去之欲盡。臣觀今日公私耗竭，遠近疲弊，其原大槩出於用兵。夫兵者凶器，天下之毒，財用之蠹，聖人除暴定亂不得已而用之耳。自有唐中葉藩鎮跋扈，降及五代羣雄角逐，四海九州瓜分麋潰，兵相吞噬，生民塗炭二百餘年。太祖受天明命，四征弗庭，先啓景祚。太宗繼之，克成厥勲。然後大禹之迹悉為宋有。於是載戢干戈，與民休息，或自生至死年及期頤，不見兵革，吏守法度，民安生業，雞鳴狗吠，煙火相望，可謂太平之極致，自古所罕侔矣。及神宗繼統，材雄氣英，以幽薊雲朔淪於契丹，靈夏河西專於拓跋，交阯日南制於李氏，不得悉張置官吏，收籍賦役，比於漢唐之境，猶有未完，深用為恥，遂慨然有征伐開拓之志。於是邊鄙武夫窺伺小利，敢肆大言，祇知邀功，不顧國患，爭賈餘勇，自謂衛霍不死；白面書生披文按圖，玩習陳迹，不知合變，競獻奇策，自謂良平更生；聚斂之臣掊拾財

利，剖析秋毫，以供軍費，專務市恩，不恤殘民，各陳遺利，自謂研桑復出，相與誑惑先帝，自求榮位。於是置提舉官，強配青苗，多收免役，以聚貨泉；又驅畎畝之人為保甲，使捨耒耜習弓矢；又置都作院，調筋皮角木以多造器甲；又養保馬，使賣耕牛市馹駿，而農民始愁苦矣。部分諸軍，無問邊州內地，各置將官以領之，自知州軍總管鈐轄都監監押，皆不得關預，捨祖宗教閱舊制，諸射法效胡服機械陳圖，競為新奇，朝晡上場，罕得休息，而士卒始怨嗟矣。置市易司，強市推取，坐列販賣，增商稅色件及菜果，而商賈始貧困矣。又立賒貸之法，誘不肖子弟破其家；又令民封狀增價以買坊場，致其子孫鄰保籍沒貲產，不能備償；又增茶鹽之額，賤買貴賣，強以配民，食用不盡，迫以威刑，破產輸錢；又設措置河北糴便司，廣積糧穀於臨流州縣，以備饋運。教兵既久，積財既多，然後用之，而承平日久，人已忘戰，將帥愚懦，行伍驕惰，加以運籌決勝者乃浮躁巧偽之士，不知彼己，妄動輕舉，是以頓兵靈武，力疲食盡，自潰而歸，執兵之士，荷糧之夫，暴骨塞外巨數十萬。築堡永洛，忽忽無備，縱寇延敵，闔城之人翦為魚肉，曾未足以威服戎狄，而中國先自困矣。先帝深悔其然，厭戢戢謫言患畜畜良乜，及下哀痛之詔，息兵富民，奄棄天下。此臣所為痛心疾首泣血追傷者也。伏惟皇帝陛下肇承基緒，太皇太后同聽庶政，首戒邊吏毋得妄出侵掠，俾華夷兩安。今契丹繼好，秉常納貢，乾德拜章，征伐開拓之議皆已息矣。則此置提舉官散青苗斂免役錢、點教保甲、置都作院、養保馬、置將官、市易司、封狀買坊場、增茶鹽額、措置河北糴便司，皆為虛設。陛下幸詔臣民各言疾苦，其已至者千有餘章，未有不言此數事者，是以為天下公患，衆人所共知，非臣一人之私言也。利害著明，皎如日月，何所復疑，而羣臣猶習常安故，憚於更張。雖

頗加裁損。而監司按堵。將官具存。保甲猶教閱。保馬猶養飼。遣州屯戍不減。軍器造作不休。茶鹽新額尚在。差役舊法未復。是用兵雖息。而公私勞費猶未息也。如此因循不知改轍。數年之後。萬一遇水旱大飢。盜賊羣起。其爲國家憂患豈敢盡言哉。伏願陛下斷自聖志。凡王安石等所立新法。果能勝於舊者則存之。其餘臣民以爲不如舊法之便者。痛加釐革。雖非一日可行之事。欲乞陛下宣諭執政。令因臣民上封事。熟議利害進呈。以聖鑒裁决而行之。昔夏遵禹訓。商用湯法。周循文武之典。蓋創業垂統之王。貽厥孫謀。後世所宜謹守不可失也。若凡百措置。率由舊章。但使政事悉如熙寧之初。則民物熙熙。海內太平。更無餘事矣。議者必曰。弊不可倉猝。當徐徐有漸。此何異使醫治疾而曰勿使遽愈。且勿除其根原使盡也。其爲醫者謀則善矣。其爲疾者謀奚利哉。

李廌上慎兵論曰。臣聞兵不可好。好兵者嗜殺人者也。戰不可忘。忘戰者棄民者也。臣嘗原兵之理。我克敵。敵克我。要之各有相傷。爲民父母。奈何使民兩自相傷。中道無罪而賈生哉。畏一正不獲意。則權必用武乃濟。然後忿慾愴惻而用之。以犯難。難平即止。豈復可玩。此以殺止殺。以戰去戰之術也。司馬法曰。不違時。不歷民病。所以愛民也。不加喪。不因凶。所以愛夫民也。冬夏不興師。所以兼愛其民也。後之人君豈卹是哉。爭城則戰矣。爭地則戰矣。爭長則戰矣。爭利則戰矣。小忿則戰矣。違言則戰矣。代翕代張。代存代亡。民不加多。率以戰死。獨何辜哉。今日暴原野之白骨。乃昔日暴原野白骨之子孫也。人君當視人猶己。以己推人。則好戰之心自平。夫士卒之痛。患己之痛。士卒之傷。患己之傷。矢石在前。白刃在左右。法令在後。萬死一間。幸於一生。其危心如何。彼貴賤雖異位。而喜懼好惡之心無二。況復殺人。則父母妻子失所而無依者數人。或至於殺其子孫。則嗣續遂絕者。夫推愛物之心。猶不忍暴殄天物。況人乎。不戰而屈人兵者。正慎於此。故觀無衣之詩。然後見興師之情。觀揚之水之詩。然後見屯戍之思。觀葛生之詩。然後見戰歿之感。追念民日益寡。國日益削。力日益屈。財日益殫。於是惻然哀憫其前非。殆矣。主父偃曰。務戰勝。窮武事。未有不悔者。豈特悔而已。禍亦隨之。夫三世爲將。道家猶且忌之。況好兵之主乎。故禍莫大乎好兵。好兵之心有二。曰幸。曰侈。孔子曰。不仁者不可以長處樂。不可以久處約。惟樂與約處之實難。自匹夫至於天下國家。其召禍之漸。均生於有餘不足。有餘則侈心生。不足則幸心生。幸心之禍在厥身。侈心之禍在子孫。今夫國迫小而鮮長慮。財褊急而多妄計。貪而無謀。勇而無權。惟試僥倖於一戰。爲一償志。於是乎幸心生矣。幸心一生。故不量力。不度德。而所較非其敵。志徒大。心徒勞。而所求非其道。如卵投石。如指撓沸。自求危難。屠其城。夷其社。覆其宗。絕其嗣者踵相及。孟子所謂緣木求魚。必無後災。以若所爲。求若所欲。後必有災是也。不足爲有天下者道。若夫燕安閒暇。財豐力富。旁視四顧。無一不可。惟外事四裔。然後快意。於是侈心生矣。侈心一生。故好大喜功。而不以生息元元爲念。窮兵黷武。惟以無伐功爲愧。自求憂患。困役傷財。得寸損尺。怨满天地。而禍及子孫。衆仲所謂兵猶火也。不戢將自焚者是也。前王既以此致凶咎。後王當以此爲龜鑑。古之好兵無功。而其主非賢者不足道。好兵而賢且有功者。莫若漢孝武唐太宗。夫以武帝高祖文景之餘休，太倉有紅腐之粟，內府有貫朽之錢，故放心肆欲，玩兵耀武以事疆場。內則有期門羽林孤兒佽飛騎士之兵，外則有六郡良家材官之士。總御制以統軍，則有衛將軍之智；提孤軍以深入，則有若霍驃騎之勇。又有李廣、程不識、蘇建、貳師、安國、嚴助、李息、徐自為、荀彘之徒以帥偏師，楊僕、路博德、李蔡、王恢、李陵、李沮、公孫賀、公孫敖之徒以將別部。擊匈奴，攻東甌，平南粵，誅昆邪，平西羌，伐朝鮮，征大宛，乃置朔方、滄海、武威、儋耳、牂牁、樂浪等二十四郡，厥勳偉哉。太宗以英雄神武戡定禍難以基王業，自偏裨小校至於為帝，大小戰無慮累百，未嘗挫衄。有若李勣、李靖、柴紹、衛孝節、薛萬徹之徒以平突厥，有若道宗、道彥、樊興、宗段志元、高甑生之徒以平吐谷渾，有若侯君集、薛萬均之徒以平高昌，有若李襲譽、李大亮之徒以平延陀，有若牛進達之徒以平吐蕃，有若郭孝恪之徒以平焉耆，有若李子和、齊善、張士貴、張德寶、上官懷仁之徒以平諸獠，有若契苾何力、阿史那社爾之徒以平龜茲、邪國。既底定諸盜，既勦絕其餘，勇故氣猶未肯寧。晚命馬周、李勣、張儉、張亮為將，統十六總管之兵，復遠駕遼海，親征高麗，厥勳偉哉。以漢武、唐太宗之伐功，度越前世，所殺敵人固不可億數，然士卒物故亦已多矣。故君子曰：戾太子父子、庶人承乾兄弟之釁，實由於此。臣故曰：兵不可好，禍莫大於好兵。好兵之禍既無近殃，則慎用兵而重民命者，其得福必永矣。或曰：子論兵而以好兵之禍為先，柰何為驚人主心。兵可去乎？臣曰：知戰可懼，民可愛，兵可整而不可玩，禍可去，福可就，然後可以用兵矣。書所謂知稼穡之難，乃逸之意歟。故曰仁者愛人，惡人之害人；義者循理，惡人之亂紀，以茲為兵，意是乃仁術。又安可去？太祖皇帝昭受昊天之成命，帝不易肆，兵不血刃，與漢唐百戰以得天下，固已異道。五宗相承，奉之以德，雖間用兵，兵出有名，未嘗有漢唐之侈心，則基福而遠禍也。其已久矣。陛下紹大統，繼大烈，可垂拱無為以荷天休，然內寧必戒外，居安必慮危，故戰不可忘，兵未可去。戰雖不可忘，當念民命之可重；兵雖未可去，當念好兵之貽禍，鑒眎漢唐之侈心，緝熙祖宗之多福。故有曰今太平可恃，四夷無虞，宜毀兵革，銷鋒鏑者，自弊之論也，願陛下勿聽。或有曰今太平有餘，四夷可討，除宜興師旅，闢土地，是召禍之論也，願陛下勿聽。臣願陛下妙選將帥，必求其良；訓練士馬，必致其精；謹烽候，繕甲械，積芻粟，完城壘，以待四圍不害中國之為強。脫若嬰吾圉，吾以逸待勞，以直待曲，真天子之兵也。

欽宗靖康元年，兵部侍郎李綱上言曰：臣伏領御批，降付臣僚所上奏劄，不知何人所陳，皆與臣意暗合，乃知今日不為無人。在陛下採其謀斷而行之而已。唐韓愈有言：不敢不疑，惟天子明。凡此蔡功，惟斷乃成。正謂此也。易於謙之上六，稱利用行師征邑國；於師之上六，稱大君有命，開國承家，小人勿用。蓋謙之極，非利用行師，不足以濟功；師之成，非戒用小人，不足以保治。今陛下之於金人，卑辭厚幣，靡不順從，其謙極矣。然金人驕悖愈甚，其勢非用師不能有濟，以臣料之，不得已而用兵，其功必成。然功成之後，在陛下以小人為戒而已。臣愚伏望聖慈深考聖人之言，斷自淵衷，無為浮議所動，則大功一成，中國數十年可以無夷狄之患。不然，憂未艾也。所降奏劄，更容臣來早將上面稟聖訓。謹錄奏知。

御史中丞許翰上言曰。臣聞虜方駐營朔野。闕兵太行。而种師道兵距河未渡。此挫師之銳而示敵以弱。臣以為非便。昔董卓自言討先零日。留司馬劉靖屯兵安定。以為聲勢。虜欲斷卓歸道。小擊輒開者。以安定有兵故也。虜謂安定當數萬人。不知但步騎四千而已。故知兵之勢要恃聲援。非必實加之也。今我控扼狼車。而大兵渡河號十萬衆。此足以震敵人之心。而增諸鎮之氣。欲戰則可以及事。欲和則易與之講。此賢於老師不用。而縱敵殘暴。倚營萬萬也。願陛下下臣之言。詔大臣與种師道熟議其便。然臣累論种師道今不可廢。已蒙聖慈許令師道制置河北。戎事之機。間不容髮。而逮今十三四日未聞施行。今雖用師道言。恐亦未必能盡其心。以朝廷任之不專信之不一故也。更望睿斷。早圖任之。

翰又論戰曰。臣伏見金狄退師以來。朝廷搢紳上恬下嬉。幸於無事。恃以為安。而臣獨竊終夜不寐。方以為憂。夫以夷狄之性貪惏無厭。而我既示之以弱。開之以利。不過一二歲勢必復來。自所割三鎮。疾馳三日。則突騎犯都城。飛塵入宮闕矣。當此之時。金帛不可復得。地土不可復割。邊鄙之師不可復召。智能之士不可復圖。萬世之變可勝言哉。今聞姚古等兵已次國郊。切謂陛下可以閫外之事制於將帥。若遣一介之使。奇下下之。使不可下。則用兵不疑。臣嘗熟計我戰而勝。則蒙福無窮。戰而不勝。則北阨井陘。西斷太行。內守大河。國固無患。虜以殘弊將歸之兵。力必不能取三鎮。故我勝亦利。不勝亦利。此可決戰一也。虜欲既盈。將驕卒懈。時益暄燠。人馬喘汗。以我方銳。擊其墮歸。此可決戰二也。我衆彼寡。以十當一。反顧者誅。旋踵者斬。使威令既必。則羸弱者奮。況於關陝百戰之士。外誘以金繒而內激以憤恥。破賊必矣。此可決戰三也。种師道持重名將。今雖老瘁。智略足恃。議者見其木訥若無策畫。此蓋不以口擊賊者。昔趙括論兵。其父奢不能難也。而奢謂括將必敗趙師。宋文劉據江左。聞王元謨論兵。飄飄有伊洛間意。及使之。望風奔潰。聞師道自少沉毅。蓋自天性。介胄之士。瞋目語難。自古而然。未可遂疑。況今濟以姚古。必能相與成功。此可決戰四也。陛下仁聖誠動萬姓。義感三軍。人人思為國死。以滌中原之恥。而發七廟之憤。夫天時易失而人心難收。陛下今不乘此利勢。後必悔之。此可決戰五也。今全軀保妻子之臣。務在張虜聲勢。虛喝恐劫。苟安目前。遺患萬世。此其意亦無他。不過慮戰不勝。則咎歸議者。使身不利。今一主和。身保無患。明年盛秋。胡騎復來。則必棲邑國

家事狄不至。不得歸咎和者。姦回自營。孰便於此。非復有為陛下宗廟社稷長慮却顧者也。夫一勝一負。兵家常勢。要觀大計如何爾。議者以姚平仲前日妄動小衄。以謂王師不可復用。傳曰。凡此蔡功。唯斷乃成。故願陛下斷之而已矣。

翰又論三鎮曰。臣伏見王師既行而廟算未定。此疑事也。古今蓋未有能以疑事成功者。故朝廷之意惑則將帥之心不一。將帥之志分則士卒之氣不銳。斷而必行。鬼神避之。此精誠之力也。陛下欲斷今日之議。當究為和與戰卒將如何而已矣。其中小小利鈍。非大計之所繫也。昔漢高帝蜀先主皆號聰明神武。為一代之英雄。考其用兵。敗北無數。然其志氣挫而愈厲。衄而更揚者。大計已定於中。斯其所以為英雄者也。陛下欲決和議。則臣願陛下取太史公記虞卿傳。覽其往復。此往古之鑒也。方

今若失三鎮二十州之地，則天下之勢已斷。西北無河東，則陝西不可守；無河朔，則汴不可都。計不過謀渡江南。臣考永嘉渡江，能爲東晉者，乃有王導、謝安英賢相繼，扶危救傾，僅能立國，而中原丘墟，遂陷胡貊。使世無王導、謝安之才，或有而不見施用，則東晉割據猶恐未易爲也。借使能爲東晉，宗廟可復立也，社稷可復建也。盜入陵寢，取一抔土，則將若何？言而至此，可流涕也。陛下永念方來之艱，則今日雖復勞動天下，猶不得已。何者？擇禍莫若輕也。或者以爲太祖即位以來，未有江南、晉、蜀，而卒能混一區宇，臣以爲不侔。太祖生長兵間，非若陛下繼體守文；建隆將士百戰精銳，非若方今將不素養，兵不素練也。虜在掌握，縱而不取，使益張大，復何以敵？不得以太祖言。故凡守和之計，以國與人者也。陛下欲決戰議，則臣之所陳可戰者五，已具于前奏矣。今使虜不犯城，則渡河之師當戰，戰則必有漕運之役，有應援之兵，有扼據之要，皆當素治。不計小知，但責成功，而後將帥志一，而士卒氣奮，三鎮之守有死無二。若栽以疑遣，將帥以苟行，則精銳已亡矣，何以取勝？凡今爲和議者，苟取目前之無事，則又未必可取。臣聞西北之民，人人相語，曰：吾屬與其爲虜，則寧南向作賊，死且爲中原鬼。使三鎮之無所發忿怨懟，入爲寇攘，非小變也。故姑息目前，亦未爲得。況又方來之患，未知所栽駕馭。自古用兵，必有異議。成王之時，周公東征，民獻有十夫予翼而已，其他罔不反曰艱大。晉武與杜預謀取江南，大臣賈充等皆力爭之，獨一張華贊定大計。唐憲宗用武元衡、裴度謀討淮西，盜殺元衡，朝廷震恐，請罷裴度以安諸鎮。憲宗大怒，討蔡益急，然後之威令自是復振。周世宗初即位，漢引契丹入寇河東，世宗自將禦之，宰相馮道固爭不得。周之功烈自是遂興。書曰：惟克果斷，乃罔後艱。陛下所以

疑者，度衆必以姚平仲前日之無功，自此行其說。臣近問种師道平仲所以不利者，師道爲臣言：劫寨之法，不用大兵，當小擾之，使自蹂藉，而後可乘。又地勢入橫河中，度兵隘橋，以利誘使出戰，不利，以兵入鬬也。臣是以知師道之有謀，故前日之功，失在不用老將而用驍勇，不恃謀將而恃辭說，非兵不當用也。昔石晉開運之變，契丹始入，敗不窮追，冬復大來，遂陷都城。國朝景德，契丹入寇，澶淵之役，亦不窮追，而虜和親。夫開運、景德驅逐之策同，而成敗之效異者，何也？開運之時，中國方弱，而示之以畏，故虜復來；景德之間，中國止強，而受之以和，故虜遂定。今議者不鑒開運縱敵之患，而欲爲景德之寬大，則可謂不知時矣。陛下何不試使議割地者身任數年虜不復入，臣知議者必將難之。夫爲國不保數年之安，而欲定萬世之策，必不然矣。願下臣章使有定議。

鼂說之出狩議曰：居其所而衆星拱之，若北辰也，乃一夕不居其所，隨衆星以流，爲天將無四時也。商詩不云乎：邦畿千里，惟民所止，肇域彼四海。非邦畿以止民也，實止民以爲邦畿也。其能止千里而近者，斯能域彼四海之遠也。若夫千里不爲我畿，則四海將爲他人域矣。周詩亦曰：价人維藩，大師維垣，大邦維屏，大宗維翰，懷德維寧，宗子維城，無俾城壞，無獨斯畏。傷厲王失是道也，民不懷德，而城壞矣，烏覩文武成康之績哉？是故國君死社稷者，禮也。後世有以身保一州，勇捍一城者，爲希世偉烈，無他焉，不學禮之過也。聞之國君死社稷矣，而大王去邠，詩人不刺焉，何也？曰：大王去邠以興周也，時則商之衰世也。紀侯大去其國，春秋又不貶焉，何也？曰：紀侯去其國以存其祀也，時則周之衰世也。若使當商周之治盛世，則紀侯者，玉帛朝貢之不暇，寧論於其國去不去耶？春秋於紀侯信不貶矣，而於周王

則有譏焉書曰天王狩於河陽蓋天王出出則自絕於天下也天子之孝在天下諸侯之孝在一國所任不同所責亦異也漢文帝時老上單于自將十四萬騎入蕭關燒回中宮候騎至雍烽火通甘泉宮可謂危矣帝乃躬擐甲冑思親征焉其後匈奴復大入帝親勞軍至霸上及棘門而在細柳則黃輿屈而不行崛矣未聞其輕出狩也既而景帝立一日中七國同反帝命周亞夫竇嬰將三十六軍以伐之有張羽之力戰韓安國之持重韓頹當之功冠諸侯而趙涉劇孟鄧都尉輩為之謀畫七國王侯之首可指日而旌之也惟帝之斷足以誅御史大夫晁錯其勢足以使太常袁盎使吳其明足以容周亞夫之不奉詔以梁委吳亦未聞其輕出狩也至明皇有始無卒昏淫不道固非文景之比而國家之盛不減文景時也一旦安祿山以范陽平盧河東之師率同羅奚契丹室韋十五萬衆反范陽取河北陷東

京克桃林而潼關失守則不告宗廟不顧九族不諭百官身與宮官數十人揭衣而奔才行四十里而無食飲道征徒並飢寒越明日軍士不肯行則斬宰相縊妃子僅行中道散亡者衆賴劍南驛綱至以甘言強之而前不敢言騎驟之疲也受辱於饋食之田父詐誠於獻酒之微臣悲歌酸鼻若悔而不悔唐室自是傾矣其後肅宗幸岐代宗幸陝德宗幸奉天皆脩明皇故事也未有僖昭之出則春秋之不與也昔祿山之初叛也四方郡縣有不從賊者皆倚東平太守嗣吳王祇以起兵其終賴太子即位於靈武以固天下之基業則民心於帝豈不願其留而無出哉梁武帝區區好無益之名竊無實之利尊以登叛人為謀未納侯景十有四州之地自謂坐獲非常之大功也不知其相朱异納景之賂其子王德通景之謀長江不足以為險而朱雀航石頭城與浮首等也景逼帝坐白刃交前而景徒能焚宮室辱

妃主殺百官曾不自保其首領也梁室不碎於景之手者武帝坐朝如故而未嘗議及奔亡苻堅之秦軍聲國勢據中原以威百戎非江左可擬也銳氣以攻衰微之晉戎卒六十萬介馬二十七萬下蜀漢之舟師擁幽冀之陸騎軍實萬里齊聲並進晉謝石之師不足以當其十二之一而石琰幼度伊輩風流清談之師不足以當苻融張蚝慕容暐垂姚萇輩熊虎百戰之將而融陣逼淝水從幼度之誘一動而奔潰不可制止融擒而堅僅以身遁姑得道洛陽而入長安曾不安席而復出五將山姚萇執之幽于新平別室而縊死斬傳國寶以陳義問尹緯以憐才於苻垂與子寶中道叛而燕復以興乞伏父子繼以隴右叛而秦以立句町王以河南叛姚萇以萬年叛慕容沖兵起於帳下慕容暐變發於會中誠可懼矣向使堅收散卒不去長安任權翼苻越之忠謀督張蚝石越毛當苻飛龍之力戰則何遽有五

將之辱新平之禍使秦遂亡乎執事者鑒漢文景不出而隆盛唐明皇出而衰亡梁武不出而存苻宣昭出而亡則一反覆手間天下之利害斷可知矣又有往古實迹可按而為執事言者燕太祖文明帝以新造之邦出師小勝而激石虎之趙大陣以臨之一日亡其二十餘城於趙趙兵將逼所都之棘城皝懼欲出亡其帳下將慕輿根諫曰王一舉足則成彼趙之王業中趙之計矣今國家固守堅城其勢百倍事之不濟不失於走奈何望風委去為必亡之理乎元菟太守劉佩曰事之安危繫於一人大王當自強以厚將士不宜自弱也其謀臣封奕曰虎凶惡已甚鬼神共疾禍敗之至何日之有今空國遠來攻守勢異戎馬雖強無能為也頓兵積日釁隙自生但堅守以俟之耳燕乃以劉佩之力戰大敗趙師終為大國視石虎不義以死也是亢宜今日之所當知者也所謂黏罕斡離不者非石虎之儔也其

出徑不道則過之我不可一舉足以自弱而成賊計惟堅守以成百倍之勢。而視其明神殛可也。況我祖宗基業之固宗廟社稷之靈。今天子之勤儉圖治固非新造之燕可同日語也。亦竊有可懼者。今之謀臣。視封奕如何。其戰將視劉佩又如何。執事者未宜忽於斯也。又如燕幽帝慕容暐屢敗於晉大司馬溫之師矣。溫棄勝至枋頭。暐懼焉。與大傅評謀奔龍城。賴吳王垂請出戰。曰若其不捷。走未晚也。果大破溫於襄邑。謀得晉之壽春焉。此則危甚矣。無足為執事者陳之也。今之謀臣必不為慕容評。而我將視慕容垂又如何。執事者復宜念之也。是二者蓋有前比矣。光武初在河北。得邯鄲信都二郡之助。而兵眾未合。議者多言可因信都兵自送西還長安。獨邳彤曰若明公無征伐之意。則雖信都之兵猶難會也。明公既西。則邯鄲城民不肯捐父母背城主而千里送公。其離散亡逃可必也。光武不復西。而卒因二郡以一天下也。方光武創業之初。猶不肯散亡二郡之眾。而固守河北。執事者謂今累聖重光之基業。可不恤京師之眾散亡而固守天下乎。嗟夫。皝去棘城。暐奔龍城。則燕雖興而復亡也。光武輕去河北。則不能中興。而漢不得復有天下也。執事者幸少念之也。或曰。晉元帝之亡也。保江東而興王業。胡為而不可。曰。元帝以琅邪王渡江而即帝位。非驅黃屋以東巡也。其所以即帝位者。又豈特藉江山之固哉。中原名德之士。王導周顗之屬。不忘中原之故國。相與慷慨垂涕而立宗廟於荆棘之中耳。是時東晉之地。南抵壽春。北極彭城。東至洛陽。如使元帝居洛陽之舊都。收中原之遺英。則彼劉淵石勒輩果何有哉。請以二事明之。東晉之初興也。弱矣。劉琨遙奉朝廷之威命。無日不戰於劉石間。幾興而敗。且使琨不死。則滅劉以興晉陽。殺石勒以固河北。而洛陽長安皆晉之歸也。祖逖志在中原。琨

之所畏也。其在豫州。百姓襁負而至。將士樂為致死力。胡寇不敢窺兵。石勒遣吏護其母墓。黃河以南復為晉有。略地千里。復戶萬計。惜逖不能自成其渡江之志而卒也。晉之末。既衰矣。大司馬溫之師猶足以至霸上。劉裕之師又足以入長安。況在元帝初興乎。其初則未有定分。爭先破竹之勢也。其後則強箭之末。飲羽之勢也。琨逖二人者。元帝可用而不能用之。以一天下者也。溫裕二人者。不生於元帝之時。使之効忠佐王者也。執事者當念琅邪王渡江失計如此。況以天子之尊為江東之舉乎。豈不惜哉。昔人所謂目前可驗。天下共知之事。區區所陳往事是也。其在本朝。則章聖皇帝。因契丹再入河北。不西狩蜀。不南狩金陵。上有畢士安之深謀。下有高瓊之竭忠。而成之於寇準之決策。不復徘徊而徑幸澶淵。其流福天下。至今賴之也。是則不待說之之言。而執事者宿知之矣。

說之又上負薪對曰。臣伏惟今上即位元年正月。初金賊以我疆場之臣無狀。斥候不明。遂豕突河北。蛇結河東。直抵京師城下。金賊非漢老上單于之比也。其兵亦無老上單于十四萬騎之眾也。彼時烽火照甘泉宮。望長安猶踰百里而遠。今何為使我一有城下之師。犯孔子春秋之大禁。夫其或者警懼漢文帝者猶淺。與負薪憂其九失而有三策。皇帝陛下初下親征之詔。遠邇聞之。靡不思奮。咸曰。是我太祖皇帝之舊章也。今皇帝真似之也。太祖皇帝受天眷命即位之四月。昭義軍節度使李筠叛。習五代之餘釁。自恃其兵馬之勇。可藉其河山之壯。太祖親征。倍道兼行。其勞至於聖躬負石馬上。使太行不得以為險。即日城破。筠投火以死。蓋是舉也。樞臣廷祚為太祖獻策曰。宜出師擊之。西京向拱曰。陛下宜速濟大河。踰太行。稍緩之則使賊熾矣。控鶴左廂都校馬全義亦於澤州城下進言曰。緩之適足以

資其姦便。全義中矢拔去。被血以先士卒。筠不得不與之俱滅之速也。是歲九月。揚州李重進自謂周室之勳舊。繼以叛聞。太祖親征。復如澤潞。介馬不脫鞍。重進復如李筠與火灰燼。筠、則北結劉旻。重進亦南通李景。其禍心不淺。而不及掩耳於迅雷。則奈何嗟夫。金賊之勢逼於前日。而鑾輿之出異於前日者。陛下無謀臣如廷祚如拱。而將無如全義者乎。如其有能成陛下之初志者。天地為之威怒。風雷為之震撃。跛者起而喑者呼。寡論女子童稚奮袂之勇哉。或曰。如陛下即位之初何。曰。陛下即位之初。孰如太祖當宋之為宋方四月之初哉。或曰論兵則我寡彼衆。曰。戰之勝負。不在兵之衆寡而在將之能否。有古以來。不可勝言也。莫若以今事著明之。太祖在周時以百騎却虜梟將高模翰之兵數萬於瓦橋關之北。開寶初。太祖命田欽祚以兵三千於定州背城以破虜六萬。于時軍中有三千打六萬之

謠。至今塞上兒童猶以此語為戲不忘也。借曰兵寡。豈無三千背京城而陣。當見人人如田將軍也。闕北百騎則侍陛下之臨戎。復如真宗皇帝改元之二年乘六龍幸大名。北虜不及望天戈而大敗遁去。越五年再御龍鑾幸澶淵。北虜纔及望天戈。不及戰自敗而請和。是我不速於和。而既和則能久者也。于時上相畢士安開其謀。次相寇準堅其行。殿前高瓊效控馬渡河之力。皆賴上意先定於前年之征也。太祖再出征。真宗亦再出征。若其間罪河東。則太祖太宗皆一出征。陛下不一出征乎。其失之一也。圖功以威克愛者。政典也。政典者軍政之典也。治國之常道。則威與愛均也。方有事時。漢景帝能誅鼂錯則天子之威令申。而七國之兵不足平也。晉武帝不能黜賈充。則天子之威令不申。而晉室亡。六胡之亂已肇也。唐肅宗之威令不申。而有郭子儀李光弼為將。不能平幽薊。武宗之威令申。以石雄張仲

武為將。而足以討澤潞。近者周世宗即位之三月。親征劉旻及契丹于上黨。其愛將樊愛能何徽敗績。世宗立取而斬之。將校股慄思用命。而劉旻在太原亦為之破膽失據。世宗之師由是出無不勝。而四方僭叛相顧失色。中國之威一日而振。實為我有宋之驅除也。國家不幸有敗國徼亂之日。為萬世之羞。非戰將一日失律之比者。曰京曰貢。曰黼曰攸曰方。金賊在城下時宜梟以視之。又醢以賜之。因有詔勑曰。此醢非他物也。為人臣而不忠者。不度事之利害不憂國之安危。天命予一人戮之。凡食者誡焉無忽。彼金賊雖非人類。而犬豕亦有掉尾怖恐之號。顧弗之懼哉。揞此而不為其失之二也。兵出無名。事故不成。明其為賊。敵乃可服。古兵法之言也。唐高祖時薛仁貴為蘇定方討賀魯而言之。遂克成功。今國家於金賊曾不遣一介之使問其所以來者何名也。彼素臣事契丹。乃二日滅契丹之國。自建

隆以來。臣事我有宋。復一日舉烏合之衆頓於堅城之下。果何名哉。設如我與國也。玉帛初陳車傳未息相與之冊。當如是乎。無乃疆埸相侵乎。請責之疆埸之臣。否則將帥失信乎。請責之將帥之臣。今日果何名也耶。執事者既不責金賊之無名。又不明其所以為賊者。重可惜也。何則。自古兵之大禁。垂軍深入則敗。猖狂不制則亡。貪人金幣則滅。有所恃而驕則衆相屠。淹時而兵老。則下必圖其主帥。金賊俱犯此五者。我取而殲焉可也。執事者似未之明也。苟不明乎此。則敗亡反在中國矣。可不念乎。金賊之君。不知何人。恐非冒頓之梟勇頡利之狡謀可與為比也。其謀臣郭藥師者。唯能與我閹貫為謀。而貪墨無耻如中輩借以資其身取富貴爾。恐亦不可比祿東贊之辭婚。苟以動唐太宗。尚結贊之狂謀。幾能擒渾瑊。如俾郭藥師就一粗曉邊情部隊將議之。不過一二言而唾叱之。天刑餘而又刑之。貫實

在部隊將之下者也。大抵不知其君則視其將。不知其衆則視其國。不知貧富則視其器械。不知其所爲則視其所好。金賊之將如郭藥師。則其君可知也。其國之東西幾何。南北又幾何。朝臣高麗舊臣契丹。介於奚霫室韋鞮達之間。實彼群族帳之所賊者。今亟乞師奪馬而南。則其衆可知也。器械必資銅鐵竹箭膠漆之上品。舉非彼之所産。宜其窳頓不剛。惟中國之器是求。則其貧富可知也。金賊之嗜好。大在金幣子女細及耳目翫物。則其所爲可知也。凡百亡國滅身之具何其備耶。昔侯景所與同惡無非驚才。其黨自嘆曰。乖僻至是。安得不敗。金賊似景皆暴起而滅必速也。苟明乎此則何憚而不取以殲焉。既此之不明。其失之三也。金賊不避利。求割地以河爲界。執事者不盡河以賜之。姑賜高陽府中山府太原府。暨其郡縣無慮名城將百數。自以爲有謀也。不知今天下者。太祖之天下也。孰敢以一寸

土不在王會圖哉。高陽中山者。我太祖太宗暨周世宗躬冒矢石艱難而得之者。乃一日談話而棄之耶。太原則太祖太宗相繼親征。冒矢石甚於河北。其艱難則久於河北。真宗自謂先帝竭四海之力以得太原。顛沛重耶。又忍如墮甑而棄之耶。執事可不重諭之曰。彼初稱女真時。在我太祖朝嘗盜我白沙塞三馬。適爾貢馬之使在闕下。太祖命執之不遺。明年渤海之使爲女真以表謝過則釋之。其在太宗時。女真困於契丹之三柵。控告乞援亦卑恭甚矣。不謂敢睥睨中國之地於今日也。此其失之四也。金賊其何厭敢肆求黃金重幣不知其幾何。但聞國家府庫空竭。下括於公卿大夫士家細不遺乎閭里民庶。其上逮宮幃供奉之器。則苟有人心者不忍言也。方唐吐蕃縱橫凌轢時入京城劫掠黃金則必有之。亦不聞明言求金於王城也。其在鹽州夏州則嘗求金矣。是吐蕃施於鹽州夏州者。金賊傲侮於京城也不已甚乎。執事者何不諭之曰。府庫者祖宗之府庫也。國家於經費之外未嘗敢以一毫賞無功也。且國家初未嘗相聚斂之臣。亦無事於府庫之富也。又安得有金以滿谿壑之欲哉。在我國家之初。女真歲以市馬於中國而貧富。其後女真服事契丹。則中國但知有契丹之馬。而不知有女真之馬也。女真之名馬遂亦絶種。得非天以其馬畀中國而不畀契丹乎。女真又安得而私耶。以故不逞而南。唯以無馬爲恨。塗路剽掠而來知己也。彼窮餓不得吾市民之金。乃無名而金之求耶。夷狄皆貪而多詐。唯女真之貪而多詐。高麗猶賤之。雍熙間嘗爲吾使者詐之也。以黃金棄之溪壑。此其失之五也。春秋重信。盟生於不信。春秋是以誅盟。中國諸侯之盟固在所誅。況以中國盟夷狄乎。又況於王人與盟乎。隱二年唐之盟會與戎盟也。此春秋始隱之一端也。僖八年洮之盟。二十九年翟泉之盟。王人與

盟也。此春秋責齊晉之重者也。兵而不已至於盟。盟而不已至於質子。則又春秋之所不誅也。在漢唐時但聞夷狄有質子於中國。不聞中國有質子於夷狄。禮則然也。金賊一日於王城下盟誓而質子。苟有明春秋之大臣。則其責當如何。無乃失中國之所以尊者乎。彼如有求質子而及親王也。何不諭之曰。親王者。上皇之子也。陛下方如堯親九族。忍棄上皇之子於胡虜乎。如質陛下之子。則執外傳未任武部之事也。彼雖犬羊亦未必忘父子兄弟之親也。聞此言恐亦聳然自失矣。又如求質宰相。則當諭之曰。宰相者陛下之股肱也。何可一日而不相與以成一體乎。邦昌者雖不知爲何等人。既命之爲宰相。則當待之以宰相也。彼亦號有君臣。則宜知宰相之重矣。亦聞此言而得安乎。雖然質果何有哉。曹公因韓浩私呂布不顧夏侯惇之被質。著令有持質者皆并擊勿顧。由是劫質者遂絶。此曹公所以能

振威中國也。中國不得其所以爲尊者其失之六也。然金賊一日得吾瀛定幷門重鎮。未必能爲其強。其得吾金幣無慮數十萬。未必能爲其富。何則夷狄喜相吞併鬬爭。是其犬羊貊吠咋嚙之性也。惟其富者最先亡。古今夷狄族帳大小見於史冊者百十。今其存者一二。皆以其財富而自底滅亡者也。今此小醜。不指日而滅亡。是無天道也。惟有一事大可懼者。又將遺之以謀臣也。遂將使此小醜得以其強者爲強當者爲富。可不懼乎。國家以契丹歸朝官悉遣歸於此小醜。無乃執事者未之思乎。蓋此色人布滿州郡。無慮萬數。遠者十數年。近者三、年。且嘗預官聯。臨局務。亦有喜讀書通吏事者。其便弓馬多膂力喜戰鬬。則又其性習然也。且其中國之事體人物。靡有不知。其孰強孰弱。孰能孰否。與夫道里而遠而近。而險而易。皆得以爲此賊之謀。其害一也。此色人在中州。初頗喜自陳其曾高之家世。曰

此大家者吾之同祖也。曰此郡縣者吾墳墓猶存也。幸今復爲王民。亦頗買田種藝。與人家婚姻。其意不淺矣。亦頗有惜中國不用賢。多遺才爲司馬公而嘆息者。今一旦阻其慕王風之心。投之於犬羊猪彘之群。則以其苦心爲彼孽謀。其害二也。且彼與金賊亦有平日怨嫌不相能者。或嘗南北戰鬬時兵刃相殘之酷者。今又一旦快彼賊心。其害三也。彼携老幼慟哭駕胡車。彀弓露刃而行。籍籍道路間言曰。投彼死爾。孰若死在此。以故所過之處。閉戶避之。旣宿而去則居者相賀。如其爲彼用也。亦可慮哉。其害四也。金賊陸梁於城下時。此輩亦有請質妻孥願與之格鬬者。廟堂之謀。當不知出此。而州縣固不敢上聞矣。失此一大便。而資以爲彼小醜之用。其害五也。彼歸自契丹。而乃復歸之於金賊。不知爲何名也。無乃示怯於金賊者過甚乎。其害六也。使彼覷盼之間。褫中國之衣冠。復夷狄之態度。弱者羞

惡。強者怨恨。道路爲之咨嗟。非王者無外之度。非天無不覆之義。其害七也。明有此七害。而議者不過曰廟堂有從戎之論爲日久矣。道此特而從之。不貽中國他時之害也。請復之曰。如可從也。豈無異日。執事者幸少待之。從之金賊。孰若待我國家廟堂之議成。復疆理幽薊之舊土。使彼復有仕於彼乎。且諸葛亮於南蠻四郡。皆因其土人而任之矣。借此萬餘人皆無所知。卹直以增彼馳突之數。固亦不可。彼小族實難得生齒。所以汲汲是求也。昔朱克融輩方飢寒於京師時。從宰相乞一飽之日而不可得。安知復有幽燕故巢。不忝其祖緒之風。終爲唐室之害哉。如不用宣和七年以前詔書復存之於中國。其失之七也。此賊蟻聚於城下時。人臣不知晝謀。不知一日縱敵。百世爲害。戰士不肯盡力。留賊以累君父。圉人養虎自貽患。不勝責也。傳曰。無伏節死難之臣。孔子傷焉。可不信乎。設不能有鍾鼓舉而殲

之。尚可震而逼之。什而圍之。使鳥不得度。馬不得嘶。此賊不忿而相持以死。則無食而餓死矣。奈何既不得攻。又不得圍。縱其遊騎散卒或百或十。朝出而殘一邑。又明日出而殘一邑。王畿根本之地。富室最多。適足以資其流血成溝也。王畿蕩滅將盡。遂及輔郡諸縣鎮。走官吏如雞犬。取故相家孫女姊妹縛馬上而去。執侍帳中。遶遁騰落不暇寒心。然非金賊戕之也。實官軍戕之也。方賊入一邑時。未聞官軍一人襲而求救。咸謂彼出不意。而我適不爲之備也。繼而日日相繼破一邑碎一鎮。亦莫有官軍一人來禦之者。乃知彼肆然以行。我初未嘗爲之備也。以故知閹貫前日藏底河之敗。士卒死者十萬。不減永洛之酷。朝廷莫得而聞也。曩熙河經略使劉法出師爲西賊擒而殺之如携童稚。朝廷受百官班賀西師之捷也。近而劉延慶於雄州北疆尸百餘里。而棄金帛軍實於亂尸之中不可稱數。并取雄

州弓手，天下稱為梟勇。而契丹未示所畏者，貫悉殺之。朝廷既不正典刑於延慶。而貫昇封王矣。法制之兵當如是乎。其失之八也。或曰。國家徵兵於方鎮而未至也。前與之和矣。曰城下之盟。有以國敗。不能從也。是春秋之法也。敢不守而行之。韓信之伐齊。先有酈食其與齊和矣。李靖之滅頡利。唐儉深入虜廷而和矣。薛仁貴之取九姓。先受其降。而知彼降者偽。則不若悉坑之之威也。是皆春秋之法也。何獨古人。以縱金賊失之。無乃天下之士恐言孔子春秋之弊乎。雖然。徵兵於方鎮而不急奔命者。其故何也。漢陳豨反於代。高祖以羽檄徵天下兵未有至者。高祖乃躬選壯士於邯鄲。蓋豨之罪未白於天下也。唐代宗有吐蕃党項京師之危。詔諸道兵四十日無一人入關者。吐蕃党項雖為天下所嫉。而程元振李輔國內閒之不君。復為天下之所忌也。天下豈不曰。元振輔國者吾家之吐蕃党項也。塞上之吐

蕃党項。吾力可及。而吾家之吐蕃党項吾力之不可及也。今閹貫之凶醜。出元振輔國上。既未梟而臨之。猶為天下之所忌也。然實因兵制驅之而然者。何則。兵在州郡。則兵制而州郡重。兵專命將。則兵驕而州郡輕。蓋將重則州郡不得不輕。將驕則兵不得不驕。惟州郡轄則帥府輕。帥府輕。則京師輕。此天下之勢也。祖宗之兵寓於州郡。命其守臣曰。知州軍。以其軍重某州也。其將則州都監是也。州郡都監平日事其守臣卑且謹。則其兵無自肆也。此祖宗之兵制也。開寶之兵三十七萬。是謂必勝之兵。至道之兵六十六萬。是謂威武之兵。天禧之兵九十一萬。是謂太平之世保大之兵。慶曆之兵一百二十五萬。是謂昊賊之後應變之兵。皆以根柢京師。而枝幹四方。宜其百世莫得而加損於一日也。乃有大臣壹意變更祖宗之法度。兵制亦不得而存。合數州之兵以為一將。將重而州郡輕矣。州雖有兵之營蓋而

寄於月食時。衣其號令之所加。進退之所繫。則在將而不在守臣。以都監而領剩員廂軍之外。不知將司一事也。將兵視州民如胡越。將官待守臣如寇讎。又有大可懼者。幸宗廟社稷之靈。無回戈吞噬之變。則昧者未之諭也。唯司馬溫公熙寧中在洛下。見留守前宰相韓絳以十數老弱之卒奉旨禱雨中岳。而將兵有出城之禁。奏疏論之。曾布帥太原。躬自不勝將司之無禮。而終不以將法為非也。此者不幸有金賊之役。始徵舊州制之兵。則詔至一州之日。則一州之兵奔命而東上。不必待於他州。切恐州之我先也。州兵之急於用也。今徵新法之將兵。而將兵分隸數州。必合而起之。又各仰其州之錢糧以資之。是州兵一日之事為將兵累日之事也。將兵之不可急用也如此。國家承平既久。人材不甚相遠。都監之材武。不知視將官果如何。唯閹孺之役。商旅之族。乃得超授將官。而都監孤寒。以考第平進者

不敢與之比也。此州郡兵制之失。使其赴援不時之弊也。若其京師兵制之失。使其寡弱不足以為京師之重。而威乎天下者。亦其自變更祖宗之舊制也。祖宗知漢唐都雍與洛。以河山為險。而河山之險人可更而有也。今都汴陽。無河山為險。而唯以人為固。乃屯重兵於京城之下。或分糧於京畿之邑。他人莫得而重輕之。唯我以之為用。是本朝以兵設險。險於雍洛之河山也。柰何喜變更之大臣。銷去祖宗傳城之兵營。曰坐縻太倉無用也。曰闕額之金。因得以為利也。開地可以利室廬也。大臣而淺且陋。一至於此。安知百世之安危哉。宋守約自以併營為功聞於一時矣。使我翊衛京城之兵營十無一存者矣。今之貴臣強宗。則為別館園圃。與夫道宮釋宇者。皆昔之營地也。後生但誇今日遊觀之雄。孰知昔者宿兵之雄哉。倘如祖宗之舊制。城外之兵營棊布相望。而聲欬之音日夜徹乎數百里之間。使四

夷來朝貢者遠而望之於鬱葱佳氣之外有森然不敢仰首之威光則彼金賊雖欲喘息於城下而無以留旦暮也祖宗以兵為險而城不必高池不必濬也吾之京師是謂天邑是謂神皐其守唯在四夷也由是觀之祖宗京師之兵制優於唐之府衛多矣唐之府衛遠而不若我之近也唐之府衛勤於命將而我初不命將以私之也內外兵制繫國安危其失之九也幸而有三策焉曰命威望之大臣以守魏而高陽可保也命威望之近臣以守鎮而中山可保也在唐則魏博重於鎮冀鎮冀重於幽燕魏博鎮冀合而制幽燕者也祖宗於河北建四鎮而河東唯太原一鎮其旨微矣今不得已於晉於潞或擇建一鎮或各建一鎮則太原可保也此重鎮之策也於河北河東揀擇守臣文武並用待之則厚委之則專於轉運使提點刑獄之外無繁碎旁午之使者以蹂踐之搏噬之則金賊雖得吾州縣而無德乎人者安能一日而居哉大要如太祖時郭進於邢州李漢超於關南何繼筠於鎮定賀惟忠於易州李謙溥於隰州姚內斌於慶州董遵誨於通遠王昇於原州不減唐李抱真於澤潞馬燧於太原雖曰崎嶇於劇賊之中而威震於華戎之上吾民既安矣何恤乎小醜夫然後於民給復者五年求之猶二年明詔曰山澤之利與爾共之吾不禁也鹽食之貨爾專有之吾不與也爾無種糧則吾給之爾無牛耕則吾畀之爾無農器則吾鑄之於是乎十數年流轉四方之民不約而無遠邇來歸矣唐宣宗何德以復累世所亡河湟之地哉而能以恩惠顧於既歸之後猶不失春秋重民之道也此內治之策也遠交而近攻者范雎之謀唐太宗為能用之也王者之師不必出而以夷狄攻夷狄則王者之師不戰也國家之制遷賊命于藩羅支其制元昊亦命乎唃廝羅是世効忠順以報朝廷者一旦滅之為郡縣今懸河是也無日無烽燧之警今因金賊喳梁之後王然大變其政得重使如唐賈林本朝曹利用之類以告室韋奚霫鞮達諸蕃鳴金賊之罪而四攻之金賊何地以苟活哉若高麗則金賊素所臣事者我之厚高麗者如何其為我緩急之役當如何將見金賊雖欲苟活不可得也春秋之功莫大乎存亡國孔子猶書衛人立晉不與齊侯之專封而大天子之命也今天子為能命韓昉輩訪耶律之後禮而立之則九夷八蠻罔不仰中國之至仁服陛下之丕德非特為耶律氏再生肉骨之恩也仁之所施者深則誠之所歸者廣於是乎耶律氏為我藩籬蚤虱金賊而湯櫛之凡厥涿薊諸郡恐却之而必以歸也漢光武不肯從臧宮馬武之謀因匈奴衰亂而取之乃立南單于以制北單于唐太宗雖曰滅頡利而立突利可汗使率其故部亦不滅人之國也故曰兵所以存亡繼絕救亂除害也今何憚而不為此外交之策也唐代宗有郭子儀為將吐蕃內侵相繼五年德宗有李晟為將而吐蕃內侵相繼三年則今日之憂未易以一冬一春必也廟堂之上可遽緩帶乎借如三鎮之地已無及而三鎮之餘猶可及也今日之師以無補而明日之師或尚可補也皮膚之疾愈而卸醫可也心腹之疾猶存而醫未易却也

歷代名臣奏議卷之二百二十一

征伐

宋高宗建炎元年，閤封尹宗澤上奏曰：臣契勘河北西路真定、懷、衛、濬等處，見有番賊占據，今又分留賊馬於洺州西南劉寨、密義、鹿角，意欲攻打。若河西諸州不守，即賊之姦計包藏不淺，京師雖爲備禦，未易可居。臣爲見有上件事宜，已於今月初七日統押人馬自游家渡過河，會約河西忠義統制等商議，隨宜措畫。若事理可行，即一面招集同心叶力，以圖收復，安集流移，爲久遠利。若賊勢厚重，未可施行，即具所見利害的確便宜畫一敷奏。伏望聖慈體念河北繫天下根本，河北不守則干戈弓矢未易櫜戢。臣每思前日之失，蓋由將相恃賴太平，恬不爲恤，朝進一言，暮入一說，惟以講和乞盟爲意，今更沿櫜不修武備。臣竊憂之。兵法曰：先爲不可勝，以待敵之可勝。臣不揆衰薾無能，見過河相度，別具奏聞者。

三年，張浚論自治之策曰：臣輒有區區管見，冒瀆聖聰，追省狂愚，不勝戰慄。臣伏自國家多故以來，每於軍旅之事，私竊留意，蓋嘗深思熟慮，求所以致勝之方。大要不出古語所謂「上策莫如自治」。何則？人心不服，不可以戰；將士不相熟，不可以戰；卒伍烏合，不可以戰；步騎不相敵，不可以戰。有是四者而欲驅以求戰，是謂暴兵。暴兵之敗，未有不喪國亡家者。是以古之明君賢臣，知自治之不可忽，必先修身正己以率羣下，信號令，明賞罰，薄稅斂，躬節儉，親君子，遠小人，使賢者處上，不肖者處下，舉國之人方且愛之若父母，畏之若神明，知吾君之爲可歸，知鄰國之爲我讎，人心既服，然後可以言戰矣。於是擇將命帥，因之以久任，使士卒之心有所屬，分正隊伍，嚴之以紀律，使烏合之弊無所容。蓄財賦，通商賈，使精兵銳騎填溢國中，有所不戰，其戰必克。臣嘗恭對咫尺之間，屢言及此矣。大抵欲致中興之治，未可輕率圖之。況兵政之壞積有歲年，而朝廷綱紀政事有不便於民心者，其來亦久，風俗侈靡，士風凋弊，非一大改革人心不歸。陛下踐祚以來，兢兢業業，惟自治是圖，臣雖不才，早夜奉承聖訓，思所以服人心，擇將士，治烏合，募騎兵，亦不敢少息。謂今日之事決可以有爲者，其理昭然。金人侵犯中原，殺戮無辜不知幾千萬計，虜婦女，劫財寶，其名雖強，其實賊也。陛下但急於自治，而緩於求戰，事無不濟。臣所以縷縷及此者，臣竊觀行在之兵，率多烏合，將士未相諳，步騎未相敵。臣恐爪牙之臣欲圖一旦近功，妄有興舉，既遇堅敵，勢必潰散。自此江浙多事矣。願陛下明詔大臣，使各類爲一軍，如京師之兵聚而爲一，京東、河北亦然，屯駐要害之地，犬牙相制，擇善撫循者，時其衣糧以養蓄之，俾不爲中國之患。陛下如以陝西之衆扈蹕西來，早據形勢，益究自治之策，天下事大定矣。願陛下留意，毋忽。臣荷眷遇之厚，盡言無隱，僭越之罪，死無所逃。臣無任皇恐之至。

浚又上言曰：臣不避斧鉞之誅，輒以狂瞽之說昧冒天聽，惟陛下留神省察焉。臣聞兵者國之大事也，社稷安危於此乎决，生民休戚於此乎分。臣雖愚庸，固嘗深考熟究，早夜以思，揆其大要，亦本人情。臣竊謂今日之勢，賊虜非有爭天下之略，特其部族堅忍，士馬強盛，以數萬精銳騎卒驅數十萬亡命無歸之人爲大盜於四海耳。若關中勁兵養而後用，一戰而勝，天下可復；苟惟不然，一戰而敗，天下亡矣。何則？兵家急務不出乎彼己之說，錙銖考較，勝敗自分。顧我國家之名義與彼之爲不道，爲孰正？我之朝廷與彼之僞爲官府，孰治？我之人材與彼之所用之人，孰賢？我之行事與彼之行事，孰得？我之將士與彼之將士，孰勇？我之兵卒與彼之兵卒，孰練？我之甲馬與彼之甲馬孰多。我之行陣與彼之行陣孰整。我之賞罰與彼之賞罰孰明。我之法令與彼之法令孰行。參稽博採。每每比類。有所不戰。戰無不克。主者之師未戰先勝者。彼已之道素明故也。陛下念父兄之恥。思宗廟之辱。特發詔書。俾臣任中興之責。所以委遇甚厚。所以期望甚大。臣非木石。安敢愛身以負眷知。惟宗廟社稷大計有不可不為陛下數陳者。陛下欲乘戰勝之銳氣。效宣王之北征。非徒陛下之所願為。亦臣之所願為。非徒臣之所願為。亦天下之所願為也。然臣嘗考宣王為政之迹。則其施設有漸。如詩所謂內修政事。外攘夷狄。修車馬。備器械。復會諸侯於東都。因田獵而選車徒。此恐非一朝一夕之積。故鴻鴈之安集離散。采芑之養育人材。庭燎之勤於政事。惟當其無事之時。施設素著。故用於行師之際。戰勝可期。又六月之詩。明言薄伐之舉。至於太原。是直抵其巢穴也。今則不然。金虜之巢穴。遠過雲

燕。大兵一舉。必興數十萬之衆。然後可以鼓行。使虜之善計者收其精甲銳士。寘之極邊。休息牧養。益滋銳氣。以彼之逸。待我之勞。王師將何所為。不過攻吾之城邑。殘吾之土地。師老疲困。勢必須師。退有尾襲之憂。進有乏糧之患。遂至秋高馬肥。彼然後乘我困弊。卷甲而來。天下大事去矣。蓋自兵政之壞。不啻三十餘年。雖有堅甲利器之具。殊無壯馬健兵之實。寖及靖康。勢已衰弱。當是時。有避無戰而一時用事大臣。皆太平書生。不知兵事。或專請求戰。而不知時勢之未宜。或有意避敵。而不知治己之所務。一戰而陷城下之師。再戰而失太原之地。其後望風逃遁。束手無策。勢使然也。今朝廷根本獨在陝西。要當審知彼知己之說。為必戰必勝之謀。整治軍旅。以當大敵。借使竭國而來。亦可與之抗衡。苟能取勝於此時。然後因利乘便。疾進渡河。天下不勞而可定矣。臣受陛下重寄。苟有所見。不敢緘默。若夫機會之來。則固有不容聲息者。臣當以身任之。亦不敢輕[illegible]少筭。致敗大計。唯陛下少寬聖慮。

淩辯和議利害奏曰。臣近嘗以淺陋之說。仰瀆聖聰。區區私憂過慮。誠以今日之事。上干國家大計。臣雖退處。休戚實同。輒罄愚忠。更乞洞照。臣竊惟陛下回駐臨安。甫閱歲序。聖心之所經營。朝論之所商確。專意和議。庶幾休息。莫不幸其將成矣。臣嘗不察以思。屈指而計。虜人於我。雠釁非一端。詭詐非一事。其設心措意。果欲存吾之國乎。抑顧我委靡而遂亡也。臣意力弱未暇。姑借和以急我之心。勢盛有餘。將求故以乘吾之隙。理既甚明。事亦易見。然則紛紛異議。可端拱而決矣。陛下進而有為。人心順。士氣振。國立勢強。其權在我。可戰則戰。可守則守。可和則和。無適而不如陛下志者。何則。權在我也。陛下退而不為。人心離。士氣沮。國微勢弱。其權在敵。欲戰則不能勝。欲守

則不能固。欲和則不能久。無適而如陛下之志者。何則。權在敵也。臣竊謂陛下新盛德以服海內。推至誠以御人材。勉勵壯猷。恢張大業。以戰守為實事。以和好為虛名。如是則祖宗之基不墜。既成天下之民復見至治。若乃偷一時之安。遺異日之禍。偃兵不用。適以遺兵遇患不除。終致大患。且虜之畏懼請和。在我朝抑可考矣。澶淵之役。萬乘親征。兵刃未交。大酋先斃。於是惴惴知畏。歡好可成。繼而西夏有警。泛使踵至。請關南之地。興幣帛之求。賴當仁宗皇帝時。賢材輩出。天下富盛。卒不能逞其私志。不然。事亦危矣。陛下以今日之和為可信乎。為可恃乎。臣年數奇窮。眷親是急。徒能為陛下敘陳曲折。分別利害。仰冀聖心獨斷。無惑近效。天下幸甚

淩議行師奏曰。臣嘗讀易至謙之上六曰。鳴謙。利用行師。征邑國。至復之上六曰。迷復。凶。有災眚。用行師。終有大敗。以其國君。凶。至于十

年不克征伐嗚謙而虛己則善日益以進過日益以聞四海歸仁上天眷佑故用師為得之若乃迷復而不反則遂非恣欲寖失天下之心矣故終有大敗臣讀易至此始知兵家大要特在夫人君之一身今陛下修己進德孜孜不倦上可以通於天下可以格於人臣知夫大功可立中興可期矣更願陛下勉之謹之悔咎自省無使驕怠之意少生於中帝王之治豈難成哉

浚論江淮形勢奏曰臣以庸陋之才荷陛下委任夙夜憂思不敢少忽獨患智識止此無以補稱試畢愚慮為陛下詳陳之臣聞用兵之道所貴在專故備前則後寡備左則右寡無所不備則無所不寡今江淮形勢表裏連亘數千里之間為襟喉控制之地者不過承楚襄漢合肥耳承楚北通清河舟行甚便其在形勢最為要衝襄漢下徹武昌糧運可出則為次之合肥旁通大湖自湖抵江輕舟所行則又

次之若大兵連屬盤據要害間道之來必無所施襄以兵勢不張望風奔潰虜之所向如踐坦塗或整陣而來或乘間而至緩急如意誰其禦之陛下講武訓戎頗為精銳方且以數路之兵直臨敵境尚慮夫間道或有突入者耶至於先示弱以啖我後出強以用奇此在兵法固亦有之當求所以破敵制勝之策不當謂其計出於此而但已也臣不量力輒負陛下兵戎之寄比以地震為變已上章待罪區區之心誠恐仰玷聖主知人之明頻乞退間庶息公議止欲緘默引去又恐利害不明重誤國事伏望聖慈明詔大臣更賜詳議

浚奏楊沂中破劉猊疏曰臣伏奉十四日親筆勉勞臣已恭依聖訓施行楊沂中於十日大破劉猊全軍勦除淨盡麟勢甚窮自為遁計劉光世已發大兵方茲乘勝之後慮有困獸之虞理須量其才力戒以持重庶幾可收全功無復差跌伏望聖意上寬顧慮臣竊惟用兵之道譬諸弈棊方兩家爭戰思慮必惑立志不專自須疑貳一着苟失勝負遂分方其急時要以靜應寧當持子未下不宜數有更易今岳飛之軍控制上流利害至大儻使之全軍而來萬一虜叛出沒此處何以支捂其為患害與淮西同非惟川陝隔絕大江之南無日寧居矣卻欲進兵攻取不亦甚難已乎臣已具奏聞乞委臣從宜措置伏冀早賜指揮淮東之寇非竭國而來不肯輕舉況韓世忠士馬精銳地利得宜縱其深入我必有利區區淺見未識當否伏望聖慈曲垂訓諭

浚論邊事利害奏曰臣聞忠臣去國不忘憂君之心臣雖至愚數敗國事而其拳拳憂主之義竊慕前脩敢畢其說伏冀留神觀覽不勝幸甚臣竊惟用兵之道以氣為主氣勝則強氣衰則弱故雖有數十萬之敵而古人率以少取勝變危為安其術無他氣足以吞之故也

晉有淝水之捷吳有赤壁之勝皆其君臣上下議論不移期夫迎降畏避之策終不能求全以立國故斷然發而作之卒以定難使其計不出此禍有不可勝言者矣今歲虜人舉動未見大入之形惟是逆臣狂謀借虜援以幸萬一此容有之臣所過憂者恐探報之間有所未審而我之措置或至輕搖外敵未來內患先起事至於此追咎無及以陛下之明聖加以講論邊事不忘聖懷此固非臣所憂獨臣既以罪戾之著不得已而遠去聖躬又慮夫後之過計失事者卑以歸罪於臣是用冒嫌疑之跡冒雷霆之威輒瀆宸聽皇懼之情殆無所容伏惟聖慈俯賜照貸不勝幸甚

浚論戰守利害奏曰臣契勘承楚諸軍家屬錢糧傳聞盡徙內地聖慮必以虜議大入先伐其謀未為失策惟戰守之備益當嚴備益遍奏一失則江浙不能安居而歲失鹽司一千三百萬緡所繫利害非

細。且屬以淮東，有戰無掠，則必窺川陝荆襄爲上流攻討之計。當委大臣總治，以壯形勢，兼使南下之師不得一意江浙，其勢必分。夫兵之聚散，未在形跡之間，在於精神心術運動之際。苻堅、王莽之兵，非不衆也，一戰而潰。漢高駐軍京洛，韓信出山東，彭越往来梁楚之墟，縣布用兵於南方，相去千里之遠，而兵勢如常山之蛇，楚以困弊，卒之期會於垓下而敗焉。其事可以爲法。

浚又議間諜曰：自古用兵，莫先於料敵，而間諜之發，本以爲之耳目，故能察見虛實，分别情僞，莫有失者。若夫今日聞某處聚兵，即發兵以應之；明日又聞某處聚糧，即又發兵而應之。是惑於聞聽，而常制命於敵矣。臣願異時邊警有急，當先料之於心，無或輕出號令，則失誤鮮矣。

浚又論用兵曰：用兵之道，貴在專一。心有所主，不憂中制，則雖敗而能勝，雖弱而能强。自古見於行事，匪類非一也。若夫號令數易，進退猶豫，則未戰而先敗矣。臣曩爲富平之舉，不能擇將而任之，紛紛然徒事約束，是以至於敗。今日之事，朝廷當以爲戒也。

紹興間，浚進王朴平邊策故事奏曰：周世宗謂宰相曰：朕每思致治之方，未得其要，寢食不忘。又自唐晉以來，吴蜀幽并皆阻聲教，未能混一。宜命近臣著爲君難爲臣不易論及開邊策各一篇，朕將覽焉。比部郎中王朴獻策，以爲中國之失吴蜀幽并，皆由失道。今必先觀所以失之之原，然後知所以取之之術。其始失之也，莫不以君暗臣邪，兵驕民困，姦黨内熾，武夫外横，因小致大，積微成著。今欲取之，莫若反其所爲而已。夫進賢退不肖，所以收其才也；恩隱誠信，所以結其心也；賞功罰罪，所以盡其力也；去奢節用，所以豐其財也；時使薄斂，所以阜其民也。俟羣才既集，政事既治，財用既充，士民既附，然後舉而用之，功無不成矣。彼之人觀我有必取之勢，則知其情狀者願爲間諜，知其山川者願爲鄉導。民心既歸，天意必從矣。凡攻取之道，必先其易者。唐與吾接境幾二千里，其勢易擾也。擾之當以無備之處，備東則擾西，備西則擾東，彼必奔走而救之。奔走之間，可以知其虛實强弱，然後避實擊虛，避强擊弱。未須大舉，且須輕兵擾之。南人懦怯，聞小有警，必悉師以救之。師數動則民疲而財竭，不悉師則我可以乘虛取之。如此，江北諸州將悉爲我有。既得江北，則用彼之民，行我之法，江南亦易取也。得江南，則嶺南巴蜀可傳檄而定。南方既定，則燕地必望風内附。若其不至，移兵攻之，席卷可平矣。惟河東必死之寇，不可以恩信誘，必當以强兵制之。然彼自高平之敗，力竭氣沮，必未能爲邊患，宜且以爲後圖，俟天下既平，然後伺間一舉可擒也。今士卒精練，甲兵有備，羣下畏法，諸將効力，朞年之後，可以出師，宜自夏秋蓄積實邊矣。上欣然納之。時羣臣多守常偷安，所對少有可取者，惟朴神峻氣勁，有謀能斷，凡所規畫，皆稱上意。由是重其器識，未幾，遷左諫議大夫，知開封府事。

臣竊觀王朴所論，大率先求自治，次圖進取。世宗聽之，遂能奄有淮甸，旋下關南，其効驗甚明也。雖然，此猶雜霸，適於其間耳。乃若王者以天下百姓爲心，脩德立政，治其在己，必使大邦畏其力，小邦懷其德，天下之人捨我將安所歸，初不徼倖於近績也。陛下襲祖宗積累之德，躬睿知不世之資，固將行王者之事，以大有爲於天下，要當正心誠意，思所以格天心，召和氣，自然國勢日隆。國勢日隆，則彊虜自服；彊虜既服，則天下自歸。不用急急於開邊之計也。臣愚欲望聖慈特取朴之所陳，時賜觀覽，恐於時事或有所補。至於圖回天下，則臣願以王者之心爲心焉。臣不勝繫望之至。

後又進王朴練兵策曰。初宿衛之士。累朝相承。務求姑息。不欲簡閱。恐傷人情。由是羸老者居多。且驕蹇不用命。實不可用。每遇大敵。不走即降。其所以失國。亦多由此。周世宗因高平之戰。始知其弊。癸亥。謂侍臣曰。凡兵務精。不務多。今以農夫百未能養甲士一。柰何竭民之膏澤。養此無用之物乎。且健懦不分。衆何所勸。乃命大簡諸軍精鋭者。升之上軍。羸弱者斥去之。又以驍勇之士多爲諸藩鎮所蓄。詔募天下壯士。咸遣詣闕。命太祖皇帝選其尤者爲殿前諸班。其騎步諸軍。各命將帥選之。由是士卒精彊。近代無比。征伐四方。所向皆捷。由練之有方也。

臣竊惟治兵之道。莫過於精擇厚養嚴訓。且擇之不精。雖多無益。養之不厚。人不爲用。訓之不嚴。難以必勝。祖宗以數萬之旅。西下川蜀。北取太原。南平江淮。蓋知此道耳。臣故願陛

下每深思而力行之。

淩又論戰守利害疏曰。臣聞先聖之言。謂我戰則克。祭則受福。蓋得其道矣。俎豆戰陣之事。聖人深研其故。所不敢忽。其必協天人之心。終有感格。始得其道。臣知識不足以測聖人用意。而老馬知道。似或經應。竊惟兵家之事。至誠爲主。要在先物而臨機應變。其始不常。大率以守爲本。以不戰爲先。而或設權以誘之。多方以誤之。不可執一。今日之事。國勢不張。將士誠弱。民力誠困。財用誠匱。臣若不更自激昂。以身率衆。或臨之以虚聲。或示之以不恐。内激軍旅之心。外應中原之望。使蕃漢諸國。知虜不可恃。各有離心。虜亦不敢輕舉南來。長蕃漢之釁其後。而但欲區區角力戰鬭之間。事固有難爲者矣。自今恐萬一有得於臣言語文移。妄生臆度者。伏望陛下覧臣此奏。定志於内。以息浮議。載惟臣韋一見聖主。仰窺聖學高明。雄略大度。洞幾先物。非臣之愚所得而知。臣敢用是瞰布胷臆。上浼天聽。

趙元鎮論防江民兵奏曰。臣聞有益於時者。不計其所損。有利於國者。不卹其爲害。非常之元。黎民懼焉者。凡以此故。若於時無益而所損則多。於國無利而爲害則大。不爲可也。審量損益之宜。明計利害之實。變而通之。以成天下之務而已。臣竊見近降措置防江民兵。旨揮條具。詳悉粲然有理。然以臣觀之。特文具。非實效也。點配料差。搔動閭里。拘留往返。奪其農時。既失民心。有累于育元元之德。重斂民怨。必生意外不測之虞。此皆所損之大者。則其爲害可勝言哉。雖然。有益於時。有利於國。則民間禍患有所不顧。於今之時爲國之計。將如之何。恃此長江。以保宗社而已。若指民兵爲防江之用。則非也。臣願擇守臣重其

事權。選大將嚴其號令。凡關津緊要。分立寨柵。輪差別將領兵巡邏。大江限隔之遠。不能馳突。舟檝風水之虞。不能平濟。如將能率衆。兵不潰亡。據地利之宜。峙牽制之勢。雖有彊敵。未易遽前。然而太行天險。非不關防。大河要津。豈無隄備。而卒致都城之禍者。以將不能率衆而兵多潰亡也。今之所患。正在於此。苟能作新士氣。恢張國威。不特防江可以防淮。不特防淮。可以長驅深入。收復兩河不難也。於此未得其術。而欲以區區疲悴之民。爲防托禦寇之策。臣竊惑之。四方之俗。勇鋭好武。莫如西民。而太平之久。流於驕惰。使之運餉築城。猶可驅之而去。責之防托禦寇。則望風而遁矣。臣不知江湖之民。得與西民而比乎。西民且不可用。而欲以責江湖柔弱之民。可乎。今以人丁點差。擺布鋪分。遇有警急。馳報縣官。縣官各有地

分馳至本界。躬親守禦。防江民兵。的確利便。獨在於此。臣不知沿江村民曾習戰否乎。沿江縣官曾統兵否乎。今之縣官非學校士人。則衣冠子弟。使之率疲悴柔弱之民以捍強敵。雖立軍法日斬萬人。臣知其必不為用矣。灼知其不可用。而徒爾紛擾。欲何為乎。臣所謂特文具非實効也。流離失業。遠近驚疑。雖有免稅之文。而自齎糧糗。自辦器甲。以至勾追點集之費。未足償萬分之一。江湖風俗輕浮易為搖動。方臘青溪之變。可不念哉。有損而無益。有害而無利。於茲可見。議者或曰。民兵防江。本非戰鬭。但令執幟近岸。列為疑兵而已。臣謂不然。平日無事。不必設此。萬一賊至中流鼓噪而進。吾之正兵堅立不動。能復有幾。良善鄉民將救死不暇。其能成列不退乎。縱亂正兵。因而失利者或有之矣。若夫選委土豪。召集忠勇。乘危據險。保護鄉閭。雖未足為防江捍敵之用。不猶愈於丁點而差。不擇強弱。不問貧

富。取充數而已耶。臣僻陋書生。不習用兵之利。陛下試以臣言詢諸大將。沿江之民可用以為捍禦之兵乎。今之縣官可用以為統兵之將乎。如其不可。臣願陛下速賜罷去。選委土豪召集忠勇。各為保護鄉閭之計。毋使怨嗟之餘。潛生變亂。乘間而起。重貽陛下之憂。臣故不避煩言。極陳其弊。惟陛下省察。

元鎮論親征奏曰。臣竊聞陛下徑欲巡幸浙西。道路傳言。人情震懼。臣在溫台。屢貢愚懇。及每因奏事。未嘗不開陳利害。欲朝廷速布耳目。俟浙西寧靜及建康之寇盡已渡江。然後回蹕。徐議所之。今聞朝廷遽有此舉。必以韓世忠之報。虜騎窮蹙。可以翦除。陛下欲親總六師為親征之計。萬一世忠所報不實。及建康之衆未退。狼子野心。變詐百出。或為回戈衝突之勢。陛下何以待之。勝敗兵家之常。雖有萬全之策。猶不免蹉跌。況欲僥倖於意外耶。兼饒信魔賊未除。王瓔潰軍方盛。陛下遽捨之而去。或結連窺伺。寧無回顧之虞。茲乃社稷存亡之幾。至危之道也。臣願陛下少加睿察。益嚴探報。俟胡騎渡揚子。乃幸浙西。此亦聖慮所及。前日訓諭之語。臣嘗親聞之者。若謂虜已窮蹙。決保無他。即遣將襲之可也。何至親煩車駕。以蹈不測之禍。設若有成。未足言功。或萬有一失。非如將佐可以脫身而遁。事或至此。悔無及矣。惟幸留神省覽。

元鎮又論親征奏曰。臣今日扈從車駕。登舟出餘杭門。竊見道旁觀者。無間老幼。皆以手加額。咨嗟流涕。以陛下冒犯風雨。親總師徒。激勵將臣。抗禦強虜。為宗廟生靈之計。自靖康用兵以來。未嘗有此舉措。故得民心如此。雖然。千金之子坐不垂堂。知命者不立巖墻之下。陛下以萬衆之尊。履兵戎至險之地。苟懷愛君之心。莫不憂之。而臣待罪掖路。實負此責。是以不寒而慄。當食忘味。臣非不欲被堅執銳。

摧鋒陷陣為士卒先。而書生怯懦之質。未閑戰鬭之事。又事不素備。勢難遽為。府庫無半歲之儲。關津乏控扼之具。隨宜經理。取辦倉皇。徒有過差。無補毫末。所願陛下憫憐駑鈍。慮致於乖方。開廣聰明。兼收於衆智。下哀痛之詔。捐內帑之金。唯至誠足以感動於羣情。惟勸賞足以激揚於士氣。堅惻怛難虞之念。革偷安苟且之風。則功業之成曾無難者。此帝王之事。在陛下神謀睿斷。思而勉之而已。存亡所係。安可忽諸。故於進發之初。輒貢區區之懇。儻少裨於萬一。而臣亦預有榮焉。臣不勝萬幸。

元鎮又上奏曰。臣竊觀古者用兵。以謂國之大事。至重至真。不敢少忽。咨之宗廟。卜之蓍龜。謀之卿士。然後授以成算。所請必聽。所欲必得。纖悉曲折。無不周徼。信任既篤。乃始責以成功。此將帥所以竭忠而士卒所以用命也。秦欲伐楚。王翦須兵六十萬人。一旅一卒。不可

關隙乎間其君臣用漢金三十萬斤唯意所出入高帝不問也郭子儀幕府之盛至將相者六十餘人當時不以為過所以成就其功固當如此陛下軫念西陲宵衣旰食以圖勞來安集之方故遣大臣往將使旨是宜上下戮力以寬君父之憂汲汲皇皇協濟厥事若但為僥倖之圖姑行嘗試之說一切苟且恬不介意號曰出師其實何補今臣備員督府近在關庭施置之間已多齟齬請兵於諸軍非為臣之使令也將以備出戰入守也請給於公帑非為臣無資財也將以勸功賞士也辟士於幕府非為臣私親舊也將以得人為用也然所謂兵者不滿數千半皆老弱不勝甲冑疲癃跛倚可笑可憐所齎金帛至為微少猶控額涯懇纔同乞丐薦舉士人皆憚遠適面得唐肯令除京局以重觀望薦章甫上彈奏已行使臣意氣憂沮舉措畏忌退視賓僚有靦面目士大夫間或笑其單弱或憂其無成皆謂事失體輕有名無實顧臣一身亦何足道顧國事安危未知安在今孤蹤遠去君門萬里若或更加沮抑臣亦何能自辦伏望陛下察此行之重輕憫微臣之拙直凡有所請略賜主張無使臣茫然退縮之外欲自訴於陛下則不可殫盡載之紙筆則不能悵焉自失莫之為計也臣詞意迫切不覺至此惟陛下矜察

元鎮又上奏曰臣聞戰不必勝不苟接刃攻不必取不苟勞衆帝王之兵必全取勝貴謀而賤戰蓋謂此也臣觀漢宣帝時趙充國伐先零羣臣上攻戰之謀求速務快議論鋒起充國以謂非素定廟勝之册不可用方且審料敵情圖上方略墾闢田土會計米鹽豪結器用之具郵亭溝澮之飾無所不備優游安靜不求近功雖薄責之使輦至問狀之詔日聞守其成謀牢不可破卒能沮群議克強敵國無大費功遂名立臣竊慕之然自惟念臣本書生未閑軍旅陛下聖度兼

容無所求備從知臣愚不諫身瘁不避事付以重任責其所難義不得辭竭勉承命惟狂虜寇蜀于今累年侵軼之兵歲深一歲始者接鋒五路其後直抵梁洋既已棄和尚原今又失饒風嶺蜀勢之危迫於累卵所恃者吴玠一軍忠勇可仗守關則僅足出戰則無餘設或吴玠不能支吾即是四川更無存理若今冬未幸虜不來則臣至蜀之日宣陛下恩信問百姓疾苦勸課農桑鐲削浮費協和將士簡練師徒謹守關梁察行間探取謀問計養銳蓄威凡智慮所達無不竭盡以副陛下委寄之意此則愚臣之所能也或吴玠之兵聲勢大振四川財賦移用有餘雖深入秦川盡還故壤於臣志願豈不欲之或兵威不加於前虜勢無損於舊雖曰蜀道險難固亦未易保守況欲及其他哉若大言無實輕舉妄動僥倖成功於萬一此則非愚臣之所能也今者明天子謂臣為可使軍民謂臣為可行蜀人喜廟堂輕遣大臣哉伏聞朝廷再開督府內外觀望事體非輕而兵將卑弱無以壓蜀兵驕悍之氣金帛鮮少無以省蜀民饋餉之勞雖自治之術猶未知攸濟乃欲勉強其所不能多見其不知量矣曩張浚之行也謀欲恢復秦晉漸定中原卒之失五路失梁洋坐此被譴原浚用心豈不偉壯而議者謂浚不得無罪以其自信太重許陛下者太過而功名不能副其初議是乃昧於自知而勉強所不能者也臣竊惜之臣今行有日矣竊意宸衷之所經營執事者之所講究必有成算如趙充國所謂素定廟勝之册者幸舉以見授臣當度德量力奉命而行尚或覬覦薄效歸報陛下儻不賜照察而責臣以必能臣恐異時紛紛之論赤族不足以塞責浚有大功迫於物議猶不能免況如臣者哉故自受命以來日夕憂恐莫知為計雖然量能授官者人君之職陳力就列者人臣之義與其依違隱忍卒使陛下有失望之歎蜀

若以其所能及其所不能者明以告於陛下尚庶幾獲免欺君之罪惟聖明憐察。

樞密院編脩官胡銓上奏曰臣聞古之論兵者或比之毒藥或比之養虎或比之淵冰或比之火或比之蠹或比之螟或比之井比之毒藥者以其可以殺人比之養虎者以其終自遺患比之淵水者以其深可危懼比之火者以其不戢必焚比之蠹者以其財用之蠹比之螟者以其殘物之命比之井者以其陷人可畏是以聖王重焉設戒於詩則以薄伐為美設戒於書則以班師為吉設戒於易則云以此毒天下而民從之設戒於春秋則曰兵民之殘也而前哲亦有彭祖觀井之諭夫彭祖之觀井也自係大木加之以車輪覆井而後敢觀其畏如此近日道路之議皆謂逆亮之敗機不可失宜一舉而空朔庭然後為快臣竊以為過矣夫王者之師必萬全而後動不輕舉也

不得已而後應不先發也機雖不可失然虜亦未可輕雖先人有奪人之心然必有以善其後臣願陛下練兵選將蒐乘補卒張皇六師聲言大舉而實不出境険拱以觀其釁蓄鋭以待其衰十年生聚十年教訓密戒諸將務為持重如彭祖之觀井則社稷之福也昔子路問子行三軍則誰與子曰暴虎馮河死而無悔者吾不與也必也臨事而懼好謀而成者也此誠今日之至計間不容髮願陛下毋忽

銓又上奏曰臣自聞大行太上皇帝及寧德皇后諱問竊見軍民不勝憤惋皆願一舉而空朔庭以還梓宮於沙漠此誠臣子義不戴天之秋然朝廷隱忍含垢尚守和議謂可庶回封豕薦食之心軍民失望正墮虜計夫醜虜虐我父子兄弟亦既大甚是我有不同天之讎而虜負天下不義神人共憤之名自古豈有不義而得志於天下者哉我宜仗大義詔天下曰梓宮不復痛貫心骨誓不與虜俱存軍皆縞素悉發諸道兵以討不義應三關四鎮之兵民不忘我國家者願皆激厲共雪大憤則吾三軍之氣已可抵百萬之師而兩宮之冤亦可以少伸矣如此則陛下之孝何加焉廟謀當自有處也

紹興二年兵部侍郎綦崇禮論進討固守利害奏曰臣伏奉親筆處分召至都堂令條具進討及固守利害者臣伏見金人自靖康以來無歲興兵及乘輿南渡己酉之冬直冠江浙遂其歸師艱難謂可以休矣乃工務兵以寇關陝乘我富平之敗遂窺巴蜀幸吳玠一勝稍挫其鋒然其圖我蓋未忘也今偵諜所傳皆言虜人併兵以趨川陝可以知其情矣蓋以向來江表用兵非虜形勢之便故二三歲來悉力窺蜀其意以謂蜀若不守江浙自搖故必圖之不置非特報前一敗而已則是今日利害在吾蜀兵之勝負吾兵若勝而虜不得近蜀則必氣索而衆離若乘其敗而西自襄漢東自淮海進兵以攻討則

我必大得志而中原定矣雖然川陝之地遠在數千里外行在諸軍力不足以應援若坐待其勝負之報勝固可喜苟為不勝豈不寒心以兵家之勢言之則彼向隴蜀我當出淮漢以牽制之然而朝廷初不為此策將相初不為此行雖臣知之亦不敢妄有所進說焉者蓋以我師事力之未足耳何以言之自南渡後兵無所增募而士卒之老疾死亡者歲歲有耗諸軍皆利其廪給則多張虛籍或因降盜有所簡汰旋各招取以補其闕名數雖多非皆精練而可用也猶賴去歲以來一二大將皆能盡力破滅劇賊士稍知戰然臣嘗聞諸將之論以謂盜賊雖彊大已必能勝若金人之兵則非所可敵其論如此不知今日厥意又復如何顧張浚一軍士卒最為簡練器甲最為整飭猶可敵而用之韓世忠驍勇無前蓋嘗抗虜於江上今復屢勝群盜度其果敢亦必不肯辭難其下如岳飛皆可賴以為用第不知士

卒果能齊力一心。無所畏避以當金人否。舍是二將其餘無足倚者。緩急掎角應援。殆無可使。又況中州之地。利於用騎。吾之諸軍。大率乘馬。若徒以步兵馳逐於平原廣野之間。以當金人之鐵騎得乎。不如守長江之有險阻也。復有最所患者。財用之不豐。糧餉之不繼。雖平居無事。猶難取給。況興師動衆以深入敵境哉。今若欲乘賊未來。我先進討。彼中原之民。聞王師大舉。庶幾響應。然一勝一負。兵家常勢。吾以一大將將兵深入。恐彼亦不爲無備。臣之所慮。萬一有所不捷。一軍失利。則我便難於後無繼。人情必爲之震動。適足以致師而來寇。不如緩舉之爲愈耳。臣愚以謂姑守長江之險。以俟敵釁。觀虜餉已窮。天將悔禍。則賊必敗于隴蜀。在今日之勢。隴蜀既固。則吾之氣全。而人心亦壯。虜之破敗。又如去冬。然後徐爲之圖。不然。虜師尚盛。則我素弱之兵可輕舉哉。臣豈不知坐守江表。中原何時而定。

蓋以事力不足。要圖必勝。乃可以動。姑亦簡吾師徒。勵吾將帥。息吾民力。去吾冗官。豐吾財用。敵至則力戰而應之。僅或以彼一失。則乘勝逐利。遂取中原。亦未可知。非謂漠然無意於恢復。而區區僅以自守而已。若淮上積粟。則吾未有因糧深入之計。謂可置刃人間入。燔其所聚。以伐敵情。如近海諸處。亦可陰使范溫、徐文之徒。若以盜賊鈔劫而攘取之。斯亦無害於守戍之防者也。臣知識短淺。不能遠圖。無以上副聖問。臣不勝昧死。謹錄奏聞。

四年。提舉西京崇福宮李綱上言曰。右臣伏覩進奏院報。今月初二日三省同奉聖旨。敵人窺伺承楚。如别有警急。當親總六師往臨大江。臣子之情。中外同切憂憤。況臣世受國恩。脊蒙眷遇。擢寘近司。雖以罪戾。退伏海濱。荷保全之大德。未嘗食息少忘朝廷。安危休戚。實與國家同之。敢竭愚慮。以今日捍禦賊馬事務。陳爲三策。以獻。庶幾千慮一得。仰裨廟算之萬一。伏望聖慈特垂省覽。赦其狂瞽。而取其區區之忠。臣不勝幸甚。臣竊以僞齊劉豫以蛇豕之姿。挾金人虎狼之勢。僭竊名號。盜據舊都。踰五年矣。包藏禍心。久而未發。今者輒敢遣其孽子。率叛將驅遺民。借助强敵。與之南牧。侵擾淮甸。睥睨江左。雖兵之衆寡。謀之淺深。難以遙度而預料。然吾之所以捍禦之策。不可不用其至。恭惟陛下天錫勇智。洞照事機。慨然出自英斷。將親總六師以臨大江。則翠華所幸。係援形勝。號令諸將使相應援。信賞必罰。將士樂從。貔貅之師。百倍其氣。虜之退屈。已在目中。睿謨克壯其計得矣。然臣竊謂解雜亂紛糾者不控拳。救鬭者不搏撠。批亢擣虛。形格勢禁。則自爲解耳。昔人用兵。多出於此。魏趙相攻。齊師救趙。田忌引兵以趨大梁。則魏兵釋趙而自救。齊師大破之於馬陵。兵家形勢。從古已然。今僞齊悉兵南下。其境內必虛。而岳飛新立功於襄漢。

其威名已振。亦既班師屯于武昌。僞齊必不虞其再至也。陛下儻降明詔。遣岳飛以全軍間道疾趨襄陽。更摘湖南北驍將銳兵爲之繼援。命信臣總統。乘此機會。擣潁昌以臨畿甸。電發霆擊。出其不意。則僞齊必大震懼。呼還醜類以自營救。王師追躡。必有可勝之理。此舉非惟牽制南牧之兵。亦有恢復中原之兆。此上策也。朝廷或以茲事體大。饋餉之費。調發之煩。倉卒未能辦集。則鑾輿駐蹕江上。勢須號召上流之兵。如岳飛、王𤫉及湖南北諸將部曲。除留屯外。各摘精鋭軍馬。盡集官私舟船。遡流應副錢糧。命將統率。順流而下。旌旗金鼓。千里相望。以助聲勢。則敵人雖衆。豈敢南渡。仍詔韓世忠、劉光世。帥其全師。進屯淮南要害之地。設奇邀擊。絕其糧道。賊必退遁。保全東南。徐議攻討。此中策也。萬有一借親征之名爲順動之計。委一二大將捍敵于後。則臣恐車駕既遠。號令不行。諸將無應援協濟之謀。卒伍有潰散摽掠之勢。士氣既索。人心不固。控扼一失其守。賊得乘間深入。州縣望風奔潰。其為吾患有不可勝言者矣。此最下策也。或謂臣曰。往歲金人南渡。以退避得計。今胡為而不可。臣應之曰。不然。金人南渡。利在侵掠。既得子女玉帛。而時方暑。則勢必還師。朝廷因得收復殘破州縣。還定安集。漸成區宇。設在當時為退避之計則可。今為是役者。偽齊也。使之渡江而南。必謀割據。得一縣則占一縣。得一州則占一州。得一路則占一路。師不徒還。而姦民潰卒見利忘義幸災樂禍者。從而附之。聲勢鴟張。則將何以為善後之策哉。故在今日為退避之計則不可。況偽齊所驅脅而來。皆京東西關陝之民。非金人比。借有虜騎。勢必不多。朝廷措置得宜。將士用命。則安知此賊非送死於我。昔苻堅以百萬之衆侵晉。而謝安以偏師破之。顧一時機會所以應之者如何耳。臣愚伏望聖慈特降臣章。與二三大臣熟議

之。臣自經憂患以來。衰病交攻。志氣凋落。加有重腿之疾。步履艱難。方國家多事之秋。既不能執干戈以衛社稷。又不獲陪鵷鷺而扞牧圉。夙夜憂歎。辜負大恩。死不瞑目。徒有拳拳之誠不能自已。故敢以芻蕘之說上瀆天聽。傳曰。狂夫之言。聖人擇焉。願陛下無以人廢言。非特臣之幸也。實天下之幸也。

綱為江西安撫制置大使時。上言曰。臣竊觀自古用兵者。相持既久。則非出奇不足以取勝。曹操袁紹官渡之事是也。王師與虜偽相持於淮泗間幾半年矣。前日岳飛之舉。我出奇也。惜乎以錢糧不繼。而勾回幹事軍馬。未能成功。今日賊馬渡淮。彼出奇也。若能設策破之。則奇反在我。臣願陛下速遣得力兵將。自淮南前來。斷黃間。約岳飛兵相為犄角。以夾擊之。期於必勝。以復陳蔡。則淮泗之師亦自當解。大功可成。至於江南兵控扼以捍衝。自是一段不可闕也。伏望聖慈特賜睿察。

綱又上奏曰。臣今月十日準御前金字牌降到樞密院劄子。奉聖旨以臣奏陳防秋利害。切中事機。命學士院降詔獎諭。劄送臣照會。仰荷聖恩。第深感懼。伏念臣疏拙寡聞。初無智略。徒以誤膺知獎。嘗同安危。故敢每以瞽言干冒睿聽。伏蒙皇帝陛下。天地容納。日月照臨。不惟恕其狂愚。又復獎以優詔。顧臣何人。可以當此。惟知自竭以報鴻私。臣竊見國家與虜偽相持累年。以來未有如今日之捷也。原其所以致此。蓋緣六飛親臨。將士用命之故。儻非車駕在近。威令可行。則淝水之師。安能既退而復進。變敗而為成哉。前年親臨。則虜騎宵遁。今年親臨。則偽齊奔北。其效昭然可見。臣願陛下乘時稍進。以臨鎮江。號令王師。士氣益振。則雖黠虜陰遣援兵。未必不聞風而退屈。昔漢祖親臨垓下。而西楚以亡。真廟親臨澶淵。而北戎以服。自古創

業中興之主。未有不履危而求安者。惟陛下斷以不疑。布昭聖武。以定大業。天下不勝幸甚。

綱又上言曰。臣近者伏蒙聖恩。許令入覲。特御內殿。三賜引對。躡達之跡。得望穆穆清光於咫尺間。從容移時。仰聆玉音。俯竭愚悃。臣子之情。不勝忻幸。然進對之久。恐勞聖躬。加以言詞拙訥。敷奏迂疎。猶有未能盡其底蘊者。謹昧死以聞。臣本書生。初不知兵。自靖康以來。為竊見朝廷軍政不修。致有夷狄之禍。夙夜以思。欲振起中興之業。為自治自彊之計。非兵不可。昔蘇軾當熙寧元豐間。著論深戒用兵。使軾生於今日。則必以兵為先務。何則。所遇之時異也。然兵家多故。千緒萬端。有奇有正。變動無方。能讀其父書者。未必能施於行事。不讀古兵法者。未必不暗合孫吳。顧所以用之者如何耳。臣嘗推原古人用兵之意。比較今日主兵者之失。大略有四。夫兵貴精不貴多。多而

不精發以爲累故昔之善用兵者料簡至精率能以少擊衆如干將鏌鋣迎刃而斷莫之敢攖其與頑鐵豈可同年而語哉尋邑百萬而破於光武之三千苻堅百萬而敗於謝玄之偏師用此道也又况將兵如將將多多益辦唯韓信能之自餘各有分量今之諸將貪多務得見他人之兵則垂涎以務并吞初不自量其智力果能節制運動如身之使臂臂之使指乎否也冗食既多坐耗國用疲劣彌滿遇敵先奔奔大將連十萬之衆未聞有敢深入而建奇功者此不務精而務多之過也將貴謀不貴勇勇而無謀適爲敵擒故昔之善將兵者或深謀於已或廣謀於人韓信背水而陣示以大將旗鼓使敵趨利拔趙幟而奪其城遂以破趙將士皆莫能知此深謀於已也得李左車西向而師事之遂傳檄而定燕齊此廣謀於人也周亞夫亦然其謀於已則堅壁不戰以困七國之師志慮一定雖梁孝王不能奪者

是也其謀於人則聽趙涉遮說走藍田出武關抵洛陽首入武庫擊鳴鼓而駭諸侯者是也善將者莫不如此而今之大將鮮克爲出羣帥之右者不過勇猛敢進未聞長慮却顧虛心下士以謀爲先者求其援形勢中機會料敵制勝不戰而屈人之兵豈可得哉此不務謀而務勇之過也陣貴分合合而不能分分而不能合皆非善置陣者諸葛亮以石布八陣圖於蜀江水中晉大司馬温見之曰此常山蛇勢也擊首則尾應擊尾則首應擊其中則首尾皆應非能分能合何以至此自金人憑陵以來未聞諸將有與之對壘而戰者率皆望風奔潰間有略布行陣爲其突騎所衝衝散而不復合於古人置陣之意豈不相遠哉魚麗偃月平鋭曲直陣形雖殊其欲能分合一也合而不能分則非所以適變分而不能合則潰而已矣古之陣法皆能制敵於部伍曲折之間故諸葛亮之擒縱孟獲李光弼以之大破史

愚明而今之陣法徒爲文具而不適用此不務分合之過也戰貴設伏不設伏而直前使敵無中斷邀擊之虞皆非善戰者北戎侵鄭鄭公子突謀爲三覆以待之衷戎師前後擊之盡殪昔之善戰者未嘗不以設伏爲先山川林莽蓊鬱深密皆可伏兵或誘之以利而使前或示之以怯而使遂薄於險阻之地擊其首尾而不得相援斷其腹心而不能相支如猛虎陷於機穽之中膽駭狼顧鮮有不甚敗者今之諸將或有與敵相遇惟務力爭不求謀勝雖小有所獲未聞大殲醜虜者此戰不設伏之過也是四者今日諸將之失賴陛下明詔之使知古人用兵之深意則於折衝禦侮致果殺敵之方非小補也昔高祖駕御韓彭英盧如指縱獵狗而得獸光武駕御寇鄧耿賈所向無不成功陛下十數年來委任諸將不愛高爵重祿以得其心分以堅甲利兵以作其氣駕御之術固非愚臣之所能測識然竊見朝廷

近來措置恢復有未盡善者五有宜預備者三有當善後者二臣荷恩之深嘗蒙聖慈特降親筆有宜因疾置騎告嘉猷之語苟有所見其敢隱藏請試爲陛下詳言之何謂有未盡善者五夫興師十萬日費千金聚人必以財理財必以義以朝廷之威擅天下之利勢而欲措置財用使養兵不乏何施不可善制國用者有生財之道有節用之法有救弊之說有覈實之政有懋遷之術有闔闢之權審此六者則雖養兵之多何患乎財用之不足而朝廷初不留意於此唯取於民之爲務降官告給度牒賣戶帖理積欠折帛博糴預借和買名雖不同其取於民一也上戶竭產不足以供買官資之數配下戶絕食不足以應科斗升之誅求物力耗屈人心驚疑如居風濤洶洶靡定夫民爲邦本本固邦寧基址薄則棟宇有傾危之憂水泉涸則魚鼈無生養之理爲父母而日削其子飽腹心而自戕其肌欲求久安其

可得乎。昔唐德宗急於用兵。而有除陌稅間架之令。遂致奉天之變。今日誠不可不以為鑒。此未盡善者一也。夫千里饋糧。士有饑色。樵蘇後爨。師不宿飽。軍旅之興。糧餉為先。而去年自江以南。緣地數千里。適有旱災。粒米惟艱。穀價翔踊。飢民餓殍相望於路。雖淛西號為豐稔。然以一路而供江湖數路之求。勢亦安能有餘。朝廷糴買數目雖多。亦必未能豐衍。王師一動。運漕飛輓。何以能給。議者謂當因糧於敵。臣竊以為不然。使敵人聚糧。或有敗北。焚蕩而去。必不使為我有。糧道不繼。為患甚大。若欲取於偽地之民。則官軍抄掠。甚於寇盜。有違弔伐之義。失民望而堅從賊之心。非計之得。此未盡善者二也。金人專以鐵騎勝中國。而吾之馬少。特以步兵當之。飄暴衝突。勢必不支。平時不務有可以制鐵騎之術。而亟欲興舉。夫工欲善其事。必先利其器。況於戰陣之際。國家安危所繫。豈可忽哉。此未盡善者

三也。夫用兵如奕棊。先能自固。乃能殺敵。根本之地。當以重制輕。乃能安全。臂指之勢。當以大用小。乃能運動。今朝廷與諸路之兵。悉付諸將。外重內輕。指大臂小。平居已不能運掉。則緩急何以使之捍患而卻敵哉。兵猶博也。本多乃勝。善博者徐出以待時。今乃罄所有以事一擲。其可乎。此未盡善者四也。臣於陛辭日。竊聞麻制以韓世忠岳飛為京東京西路宣撫使。聖意可謂斷矣。然兵家之事。多行詭道。鷙鳥之搏。必戢其翼。猛獸之攫。必匿其爪。藏發機也。今者不得已而用兵。不知欲敵人之知乎。欲敵人之不知乎。欲敵人之為備乎。欲敵人之不為備乎。事固有先聲而後實者。然既有其實。乃可先其聲。昔韓信虜魏王。禽夏說。不旬朝破趙二十萬衆。誅成安君於泜水上。故能發一乘之使。奉咫尺之書。使燕齊從風而靡。有其實故也。今吾軍初未嘗有其實。而遽以先聲臨之。其可乎。此未盡善者五也。何謂宜

預備者三。中軍既行。宿衛單弱。肘腋之變。不可不虞。此行在不可不預備者一也。江南東西。荊湖南北。兵將盡行。屯戍鮮少。敵人或有乘間擣虛之作。則將何以待之。此上流不可不預備者二也。海道去京東不遠。乘風而來。一日千里。蘇秀明越。全無水軍。則下流不可不預備者三也。何謂當善後者二。夫勝負兵家常勢。有勝必有負。勝之非難。持勝為難。而況於負乎。藉使王師克捷。能復京東西地。則當屯以何兵。守以何將。金人來援。當何以待之。兩路之民。懷戴宋之心。有來蘇之望久矣。既得其地。而吾之力足以覆護之。此當善後者一也。萬一得其地而不能守。得其民而不能保。兩路生靈。虛遭屠戮。而使兩河之民。絕望於本朝。則恢復之功難為力矣。昔宋武帝長驅以復關中。而卒不能有。惟其善後之策不先定故也。善奕者其置子之意。乃在於數十著之先。豈臨事而後應哉。勝猶如此。則所以圖為善後之

計者宜何如哉。此當善後者二也。陛下天縱英武。念二聖於漢北。出自睿斷。圖此武功。事勢既然。必不得已。臣願獻愚計。軍政既修。莫若小試勸兵於山東。夫山東天下之陸海也。賊豫賴之以為根本之地。與吾淮南境土相接。河渠相通。士馬易行。糧餉易致。且令韓世忠率師先臨。繼遣劉光世為之策應。張浚分兵以防江。岳飛重兵且屯襄陽。勿輕動。以牽制其師。使不得應援。募敢死將士由海道以擣其腹心。擇要害之地。控扼以斷金人來援之路。京東郡縣。必有起而應者。撫綏料理。務盡其術。京東可保。乃可徐事京西。此今日之至計也。臣蒙陛下面諭以數十年來訓練士卒。今方可用。臣退而詢之士大夫。咸以為然。區區愚慮。尚有可疑者。以謂吾之士卒。初未嘗與大敵力戰。則欲保其臨敵用命。無奔潰之虞。猶未易也。金百鍊則為精金。卒百戰則為精卒。故臣欲試之山東者。使戰得一勝。則士氣百倍。乘破

竹之勢所向無前矣惟陛下財幸昔周宣中興北伐則夷玁狁南征則平淮夷宜乎意氣勇銳應舉電發然常武之序曰有常德以立武事因以為戒然則知有此武功未嘗不以識一之德為主也夫其進銳者其退速物理之自然兵威方彊志慮太銳一有挫衄遽自退屈豈可謂之常德哉高祖與項籍戰其喪師跳身者屢矣然卒以此勝堅忍而有常故也昔魏相之告宣帝曰救亂誅暴謂之義兵兵義者王敵加於已不得已而起者謂之應兵兵應者勝爭恨小故不忍憤怒者謂之忿兵兵忿者敗利人土地貨寶者謂之貪兵兵貪者破恃國家之大矜民人之衆欲見威於敵者謂之驕兵兵驕者滅相之論可謂切當矣兵以義起以應動而不忿不貪不驕是謂常德此帝王之所當盡心也伏惟陛下留神幸察臣昨在靖康中與聞國論當是時豈不願和但欲和得其是則兩國生靈皆賴其利今日朝廷之議

臣雖不得而與然聞之士大夫亦頗得其梗槩矣臣素以治兵為然豈不願戰但亦欲戰得其是則中興之業自茲以始矣天下士民凡有知識者孰不願陛下以戰則勝以守則固而早致中興之功獨議和者不然袖手旁觀惟覬一有差失以售其說臣願陛下以持重用兵以多筭取勝而無為議和者之所幸天下不勝幸甚

歷代名臣奏議卷之二百三十二

歷代名臣奏議卷之二百三十三

征伐

宋高宗時直龍圖閣李光乞車駕親征劄子曰臣聞能扶天下之危則據天下之安能除天下之憂則享天下之樂能救天下之禍則獲天下之福故聖人不畏多難畏無難蓋多難之世懷戒懼怵惕之心無難之世有宴安鴆毒之累自昔有為之君或開基創業或撥亂中興身遭艱阨而能奮然特起者未易槩舉以漢高之英雄身居項王掌握中數矣然城破復收兵散復合彭城之敗至推墮二子而不顧窘亦甚矣卒能滅楚以有天下者忍小恥以成大功也光武北徇燕薊困於王郎蒙犯霜露面皆破裂惶惑不知所之然卒能破郎以興漢祚者因危難以恢帝業也恭惟陛下以慈儉之德當艱難之運維揚之變起於倉卒人心緣此而震恐將士因是而驕惰近年以來議

論之臣各懷顧避上下一律莫肯慨然以持危扶顛為己任者今翠華駐蹕會稽首尾三載自去秋迄今虜騎無復南渡之意淮甸咫尺了不經營長江千里不為限隔惴惴然日為乘桴航海之計謂之萬全臣所未諭也以區區晉元草創建國於基緒既絕之際猶能立宗杜脩宮闕興學勸農保有江剩劉琨祖逖與逖胡拒戰於并冀兖豫司雍諸州未嘗陷沒也以石季龍之強大兵叩歷陽命王導都督中外諸軍事以禦之周世宗當五代之末取淮南攻隴右下三關皆御軍親行威震戎虜未聞專主避狄之謀如今日也況陛下英武命世以真主之勢而臨偽邦以中國之尊而抗夷狄天人助順軍人士庶孰肯甘心委質被髮左衽終身為汙偽降夷之人哉今將非不武兵非不衆陛下儻整兵順動則簞食壺漿以迎王師者袂相屬也患在陛下無其志耳臣愚欲望陛下明詔三省樞院大臣分命將士守禦

江陣。力為保境之謀。徐決親征之策。庶幾經畧中原。衛謀興復。以副海內生靈顒顒之望。天下幸甚。

光又論守禦大計狀曰。臣以孤寒無能之身。蒙陛下起之流落放棄之中。更歷內外。浸冒器使。十稔于茲。布衣衡茅之士。遭遇如臣者果幾人哉。顧惟天地父母之恩。雖碎首屠肝。豈能稱塞。臣到任未幾。恭聞大駕移蹕平江府。將親御戎輅。誓師兩淮。此臣捐軀效命之秋。念方拘縻郡紱。留滯海濱。上之不能吐奇策以佐軍謀。下之不能執干戈以衛宗社。乞危從則貽干進之譏。獻謀議則興空言之誚。夙夜憂憤。莫知計之所出。臣聞忠臣不以出處貳其心。正士不以險夷易所守。臣豈敢預憂小人不根之言。遽有所畏避哉。況臣陛辭之日。陛下嘗許臣以言。儻有所見。其忍緘默。臣伏覩關報。劉光世張俊捍禦大敵。三捷繼聞。海寓流傳。孰不慶幸。然臣聞強虜擁兵淮陽。宿亳之間。坐

觀勝敗。此其志不淺。趙充國之擊虜。以殘滅為期。孫權每戎江上。諸將不貪小利。臣是以未敢以諸將奏捷為喜。而方以金人大隊深入為憂。昔楊珉問朱伺曰。將軍前後擊賊。何以每勝。伺曰。兩敵共對。惟當忍之。彼不能忍。我能忍。以是勝耳。漢祖與項羽對壘。晉宣與諸葛亮相持。方形勢未便。孤軍遠來。未嘗與之爭鋒。周亞夫深壁以却吳軍。光武堅營以降銅馬。此皆已事之驗。臣觀今日虜偽布置。必有主謀。願陛下勿輕此賊。今朝廷所恃獨一韓世忠。彼必以精銳當之。而劉麟輩出沒光黃廬壽間。以牽制諸將而分吾力。金人必自淮陽以入楚泗。若社稷之靈。世忠足以禦之。則無復事矣。萬一衆寡不敵。使有瓦解之勢。昔楚屈完謂齊公曰。楚國以方城為城。漢水為池。雖君之衆無所用之。魏文帝至廣陵。見波濤洶湧。歎曰。此天所以限南北也。兵法謂善守者敵不知所攻。今陛下已據東南形勝之勢。敵人萬里遠來。投兵死地。利於速戰。而不利於遲久。今不務重而謗一時之功。決一旦之命。臣恐正墮賊計。非策之得也。臣狂瞽之言。粗備數徑列。方燕間進對造膝之語。所謂萬全之策者。嘗為陛下陳之矣。金人往年入寇。無所得去。冬又無所得而去。士馬折傷固已太半。異時雖欲。復驅犬羊之衆以犯我。孰肯為用者。此乃坐制強虜之術。臣愚伏望陛下戒敕諸將。各務持重。不過隱忍三兩月間。彼師老食盡。然後廣設方畧。出兵追擊。或邀其歸途。我得勝筭矣。偽地恃虜為強。虜騎既退。則劉豫父子豈能立國乎。復祖宗之故疆。還二聖於沙漠。當在此舉。惟陛下特加聖慮。

光又進裴度平蔡故事曰。臣聞古之善用兵者。必有正有奇是也。唐太宗問李靖曰。曹公云奇正旁擊。卿謂若何。靖曰。臣愚謂大衆所合為正。將所自出為奇。焉有先後旁擊之拘哉。臣觀李愬之入蔡。蹈不測

之險。以邀非常之功。可謂用奇矣。當是時。吳元濟勁兵銳卒。多屯洄曲。守相裴度為宣慰招討使。馬總副之。韓弘為都統。李光顏烏重胤為大將軍。賊兵雖衆。勢足以抗之。愬之勝敗。不係朝廷之安危也。愬自文城柵襲張柴。疾馳二百里。夜半到蔡。黎明擒元濟。其摧大敵。不啻反覆手之易。一何神哉。今議者不盡歸功於愬。曰平淮蔡者裴度也。不盡歸功於度。曰成蔡功者憲宗也。蓋愬雖出奇。其實功狗耳。而排衆論以主伐蔡之謀者。度也。度雖主謀議。而獨斷不疑者。憲宗也。故韓愈頌曰。凡此蔡功。惟斷乃成。嗚呼。社稷之計。安危之機。有間不容髮者。與衆智慮之。一庸人足以撓之。故謀之欲廣。斷之在獨斷而後行。鬼神避之。非人主灼見禍福利害之源。孰能成其功哉。

章誼乞親征奏曰。臣觀金寇之侵中國。七年於茲矣。陵廟都邑殘毀殆徧。衣冠士庶殺虜無遺。神怒民怨。負幽明之責。窮兇黷武。自契

之歲猶豫貪殘未有止極戈甲紛紜時作不靖此誠天亡醜虜之時也陛下以聰明英武之資承祖宗積累之業傾否以泰代虐以寬克定禍亂不為難能然勤勞已久而大功未集者竊意陛下謙沖退避未能應天順人決機兩陣之間是以腥膻小醜得以遊魂假息尚延歲月之命以臣觀之陛下兵將非不多財用尚未匱士大夫可以奉令承教者亦不乏於時也陛下誠能因任群臣之材控扼險阻嚴設守備簡練卒伍選任將臣水有舟師陸有鬬士一朝有警舉江南之眾為百姓請命于天則猖狂之寇垂手可平泰定之期指日可復陛下無憚乎金寇之強而重之抗也昔光武以昆陽數千之眾破尋邑百萬之師晷刻之間大業遂定使光武怯於大敵不能躬擐甲冑以寡制眾則漢祚未易興也唯我真宗澶淵之役黃鉞登陴人百其勇坐制黠虜流慶萬年前事不遠實可鑒誠陛下若不躬自指揆

而委之將相大臣則士氣不振兵力必分號令不嚴賞罰不信掃蕩妖氛未有日也陛下時於暇日總帥六師親御近郊嚴金鼓之奏勤步騎之數按勤惰勇怯之實以明黜陟誅賞之政則知軍事之可為矣唯陛下留神大幸

璉乞息兵愛民奏曰臣聞帝王之師有征而無戰如堯攻叢支胥敖啟攻有扈皆國為塵屠身為刑戮蓋拯民於水火之中不得而緩是以奮揚武怒而天威立決豈復有戰哉若夫大羿之狠鯨鯢之暴令之則不從懷之則不服必欲與尸血刃殄民於鋒鏑以幸一日之戰則聖人有所不忍故舜之格有苗高宗之伐鬼方皆裴回退避增脩於德而後有之所以為愛乎吾民也今陛下當虜偽叛亂之餘恢祖宗積累之業德施既普政事既脩武備既嚴然而奉辭伐罪之師屯於境上者累捷矣而膠遂者未從舊國舊都之民疲於奔命者累年矣而徭役之未已彼其神怒人怨偷生假息亦何待戰而後取之乎若申飭邊吏益戒不虞宣布詔旨稍緩師期明示息兵愛民之意以待應天順人之舉此詔既下遠近俱安然後回鑾浙右勸耕兩淮收攬群策為徯后之民請命于上帝如是則盛德愈隆而大業易集矣有征無戰宜在於此

譔乞遣將助張俊掎角李成奏曰臣聞用兵之法正如獵獸或角其前或掎其後則獸雖善逸無所逃矣比者李成怙亂於淮北馬進猖獗於江南陛下指授將臣一舉而破馬進收筠州捷書來上士氣百倍威罰行矣然李成方據江州之險外恃淮南之援而聞張俊欲提孤軍就攻其營旁無掎角之助又無首尾之應乃一頓兵堅城之下相持未決惰兒力屈則賊復得志矣伏望睿斷速張俊破竹之勢更遣一二將臣擣其巢穴出其不意攻其無備一舉而殄決實萬全之

策也古語有之兵聞拙速未覩巧之久也伏惟聖主留神幸甚

譔又上奏曰臣近聞金人正月有南渡之意已嘗略具事情乞朝廷俯從臨安守臣李光所請參用諸州土豪以為備禦既奏罷日未聞施行議者決以陝西宣撫使司婁有收復關陝之報義諸處探報金人困於契丹之兵呼索酋領前去自衛決無南渡之事遂欲寬懈臣伏思之審如所傳則來年正月決須南渡蓋劉豫既以貪生失節盜據京東河北之地則金人必與之紀綱之僕得以侵襲之事劉豫來春若不遣兵南渡何以塞責然而兵則非金人之兵乃驅劫中國之民也騎則非金人之騎乃中國駑弱之馬也其使也決無必進之心其戰也決無死鬬之志此最易與也朝廷誠因此時作勵將士參用土豪諭以金人敗亡之端明言劉豫易與之狀除去州郡退保之令有能斬首捕虜者重為賞格使人有怒心士有鬬志則江南將吏

效死自奮。唯恐虜兵之不相遇也。中興之業在此一舉。今不設備。萬一有警。又復奔走。前有盜賊之虞。後有追兵之急。雖有智勇不能為謀矣。且虜兵排徊江北又已數月。若築室反耕。淩隍堅壁。尚恐自為持守之計。今乃按兵不動。潛備舟檝。其情豈易測哉。陛下不以臣言為可忽。檢會前奏併賜施行。不勝大幸。

誼又上奏曰。臣竊見近者淮南探報金人發兵聲言欲去漢上與李横牛臯相攻擊。其前後相繼傳聞不一。其人馬頭項頗多。觀此事勢不止為襄漢而起。必為川峽興師明矣。今李横所鎮之地正在金房川峽之間。使李横可破。則金人必盛兵歸峽入四川。若四川擾則王似盧法原控制關陝之間。決望風自潰矣。使李横不可破。則金人必分兵以綴李横。而盛兵由金房趨洋安行而入蜀矣。觀此二端。則救李横乃可以存川陝。若棄而不恤。非唯四川立破。關陝亦不可保

也。又况襄陽重鎮。中國得之可以扞蔽江淮。全上流之勢。敵人得之可以窺伺荊湖。有建瓴之順。萬一李横不守。而襄陽為敵人所據。則荊湖江浙之禍未有既也。近者探報隨州已破。行及德安。則是李横方且自救之不暇。其不能庇他郡明矣。使隨郢德安諸郡盡為敵人所有。則襄陽孤城不攻而自破。李横全軍不戰而自屈。天下事勢將如之何。竊謂李横不可以不援也。朝廷近者劄付王爕解潛使援李横矣。解潛見治荊南。去李横為最近。然不聞有可發之兵。王爕見擁揚么雖有兵萬餘。然與李横疆界絕不相接。無指臂之勢。此二人者。兵力孤遠。未能應援李横必矣。朝廷知其不能救。而謾為此言以張李横之軍聲則可也。使李横不解此意。而日夜與敵人相持。恃應援以守孤危之城。豈不殆哉。湖南去襄陽不至甚遠。有韓京任士安吳錫孫儀楊尚之孫渾步諒七項兵共二萬三千餘人。湖北亦有杜湛一將淮東之兵。誠就江西湖南北選一重臣。總帥諸軍水陸並進。駐師荊南則李横之勢振矣。李横自十月中旬有出兵之報。是時已與敵人相接。今之援兵比至其地固已後時。然此非救急之兵。自是扞邊之策耳。度朝廷果為日下發兵。亦須兩月而後及其境。當是時。李横戰勝則可以相與追躡敵人入蜀之兵。李横不勝。則此兵自可進據襄陽以固吾圉。比之坐視而不救。豈不相遠哉。

誼又上奏曰。臣伏聞舒蘄鎮撫使李成之將馬進圍犯江州。邑兵廬山劫掠南康軍。朝廷見遣池州安撫大使呂頤浩統兵討擊。臣竊惟李成稔惡基禍。自干天誅。大兵問罪。有征無戰。自宜奉命之將。計日奏功。悔過之人。稽首請服。無可疑者矣。唯是師行即次。賊當授首。而震怖斧鉞之誅。貪戀朝廟之命。敢舉螳臂以抗我師。破竹之勢迎刃未解。則廟堂之上又將不得快意於此賊矣。臣輒條陳六事。奪賊腹

心。莫收不戰之效。一曰要結四隣之援。以破其輔車之勢。二曰多遣撫諭之使。以收其將士之心。三曰密用間諜。以離其同惡之黨。四曰廣備舟師。而絕其往來之援。五曰屯以重兵。而受其來歸之人。六曰遠設伏兵。而禦其奔衝之患。伏望聖慈留神聽察。臣謂要結四隣之援以破其輔車之勢者。今淮西有趙霖。史康民。淮東有岳飛。劉綱。王林。郭仲威。湖北有解潛。陳規。湖南有孔彥舟。京西有馮長寧。各宜遣使賚以溫詔。告以馬進侵叛之事。使之慎守封疆。邑據要害。繕甲治兵。勿與交通。若有師期。相為犄角。其或交通資給。坐視越逸。當受同惡之罰。如此。則四隣之援絕矣。臣謂多遣撫諭之使。以收其將士之心者。今李成所以不敢自歸者。以其擁兵自衛。遷延不朝。歲月已久。以跋扈為戒也。若其將士。則皆吾人。何罪之有。朝廷數遣重使絡繹撫諭。哀其流離。憐其暴露。謂其老幼失業之久。而許其分屯就食之

所明其忠義自堅之意，亦別其不與強賊同惡之情。形於溫詔，許其來歸。如此，則將士感奮，知君臣之義，而畏服李成之心可奪矣。臣謂密用間諜，以離其同惡之黨者。今李成身在淮西，而侵盜之兵，間在江左。朝廷罪其侵盜，則曰叛將實然；伐其叛將，則陰為資師。是李成雖有為盜之心，而猶知惡其名也。臣願明降詔書，使訓督馬進，收奪其兵，而陰遣辯士說客，諭其黨與，寵以高爵，啗以厚利，計之分鎮，使得自歸。如此，則李成部曲，必生疑異，而黨與離矣。使李成能制叛將而休兵息戰，則我之命令行矣，又將何求？使其不能制叛將，或陽收其兵，而陰督之戰，則我之間謀可用也。李成豈能久安哉？臣謂廣備舟師，而絕其往來之援者。李成受命為淮南鎮撫，自蘄黃越一江至南康，自南康又越一江乃至池饒。今其將馬進之兵，實在南康，屯於廬山，則既越一二矣。彼必朝暮往來，探伺應援，互為聲勢，以恐我師。

顧密詔江西湖南多為戰艦，教習水軍，分遣智將，聽候師期，順流而下，斷其歸路，則南康廬山之賊，絕無後援，可不戰而擒矣。擒其前軍，則淮西之師震恐，敢不聽命哉？臣謂壓以重兵而受其來歸之人者。馬進之兵將，本皆朝廷之兵將，豈願拒抗王師哉？特劫於威強服耳。又況彼方乏食，我飽而彼飢，我逸而彼勞。與其事李成而取危亡，孰若歸朝廷而就安逸？若遣重兵與之對壘，而不接戰，曠日持久，馬進之兵，必扶老攜幼，棄甲投戈，來歸者衆。撫而用之，善而食之，隨其才而官使之，李成不支，則擒矣。臣謂遠設伏兵，而禁其奔衝之患者。今李成見在淮南，與南康池饒對境。將來問罪之師，進至江東，近壓賊壘，若湖南有舟師之備，則下流諸州，太平、建康、宣州等處，皆宜設備，以防奔逸。蓋自大江而下，此數州者，風利水駛，數日而至。彼將出奇以擣我虛，則腹背驚顧，江浙繹騷，賊得志矣。今若密令數郡戒嚴，設

狀，待其衝至，則成擒矣。此六事者，如有可採，伏乞斷自宸衷，與執政大臣議其緩急，密賜施行。

高宗時幸建康，起居舍人呂本中奏曰：當今之計，必先為恢復事業，求人才，恤民隱，講明法度，詳審刑政，開直言之路，俾人人得以盡情，然後練兵謀帥，增師上流，固守淮甸，使江南先有不可動之勢，伺彼有釁，一舉可克。若徒有恢復之志，而無其策，邦本未強，恐生他患。今江南兩浙科須日繁，閭里告病，倘有水旱，乏絕無救，寇竊發者衆，朝廷何以待之？近者臣庶勸興師問罪者，不可勝數，觀其辭固甚順，考其實不可行。大抵獻言之人，與朝廷利害絕不相侔，言不酬，事不濟，則脫身而去，朝廷施設失當，誰任其咎？鷙鳥將擊，必匿其形。今朝廷於進取未有秋毫之實，所下詔命，已傳賊境，使之得以為備，非策也。

提舉臨安府洞霄宮葉夢得上奏曰：臣伏見逆臣劉豫侵犯淮南，久未退師，中外憤怒，莫不願效忠款，共圖剪滅。臣嘗忝近輔，久尸榮祿，雖屏伏田野，莫詳事宜，敢不以管穴所窺，少陳萬一？竊惟虜自陛下即位以來，猖獗南牧，於今七年，前此皆當中國全盛之時，州縣俱未殘破，師出其境，即因糧於我，金帛子女，足以誘其衆，人民器械，足以資其用，故所向無不濟。今自河以南，瘡殘未復，豫既不量力，妄與吾民以求援於彼，則調度百色，皆自為之所。今出沒境上已五十餘日，秋毫未見獲，而先已坐困，豈計之得？亦慮其用意但以久負僭逆之罪，懼我見討，累年聚兵種糧，私自為計，未知我所欲為，故妄意先發，憑藉虜人，假其酋帥張大聲威，以觀我應之者如何。有間可乘，則衝突過江，以冒前日之利；無間，則規取淮南之地，次第侵陷至江，以為藩籬。然虜知前日長驅自來，以圖擒噬於我，與今為豫來為之

形援其勢萬萬不同。今陛下赫然力鑒遷避之失，不憚親撫六師。二三大帥布列在前，出賊不意。固已壞散本謀，顛沛失措。而議者或謂大勢在後，以俟之。或謂請師於虜而未至。臣以謂虜前能迫我者，皆以倉猝遽至，如飄風驟雨之不可禦也。其首以偏師先覘其形，使我得以爲備，理無是矣。若其濟師，則越數千里入人之國，見敵而旋爲謀，就令有之，亦豈能爲必勝。豫之情實，臣往時待罪江東，粗得其要領。豫年踰七十，初無遠略，其子麟狂悖輕躁，素不爲其下所伏。自行什一法，重斂於民，外以奉虜歲幾三百萬緡，又遠事關陝，疲竭內地。虜所留兵，散處諸郡，通不滿萬人。所用以爲爪牙者，王彥先、胡顯皆猾詐黠卒。民困貪暴，怨入骨髓，日夜引領，以望王師之至。其告於吾人，或曰天兵速來，過今年則人心懈，或曰但以大兵主張，得我無不歸順。況又給惡至今，而方驕然挾豺狼無厭之徒，以重虐之，其誰以爲然。古者審敵之形而後可應敵，盡敵之情而後可制敵。豫之形已略可見。陛下深伐其謀，其應之者亦可謂得其道，則制而斃之在漢察其情而已。臣度豫計不過有四：果濟師遠來，必以精騎間道兼行徑至江上，一也；散掠舟船，創造排筏，雜出沿流，以疑駭我衆，二也；以輕兵侵掠郡邑，分我勢以縱其詭謀，三也；知其無所可施，但隨所得固爲城守，徐以窺我，四也。今去中春尚有三月，賊滅之期，當圖萬全。臣愚竊謂賊之重兵既聚而南，巢內必空。淮南、京東、兩浙壯者爲吾弱者科斂，其志必怨。倘擇健將勇而有謀者，卷甲疾趨，直抵京師，攻所必救，以震蕩其心。亟下明詔，慰撫淮甸之民，厚推德意，以招徠之。降以州者授以州，降以邑者授以邑，以攜貳其心。趣大將過江，各據要害，使爲三策以待之。若賊鋒尚強，士心猶固，則堅壁勿動，明遠斥堠，勿與之爭，無取近利，無貪奇功，以損威重。若審見間隙，則兩路迭進，或入承楚以搗其左，或入濠壽以塞其右。乍出乍入，更爲掎角，使奔命不暇。若師老財匱，進無所得，退未有歸，腹心內離，肘腋外叛，則兼督兩路，一舉而驅逐之。以我之三，待彼之四。乞命鎮江、建康帥臣各圖結其舊嘗爲山寨水寨之人，使分守其地，時出於瀕江以爲大將聲援。盡集諸將水軍，專立董領，布列兩州，而日習之。應沿江舟師所可至處，皆嚴設控扼，仍爲游軍往來策應，以示之警備。南北相望，聲實並著。苟吾將帥協和，士卒奮勵，謹守成算，不爲前卻，臣未知豫終將何爲。昔晉石勒遷入壽春，元帝集諸將相持三月，勒幾不得還。其下至有勸之降者。而王導畏怯，不能察其虛實，縱之使去。苻堅以百萬之師，舉國來寇，謝安分授諸將，逆于淝水，一舉而敗之。制敵之道，前事可見。恭惟陛下睿明英武，果斷不疑，含容奸孽，亦既有日。屈伸操縱之道，宜無遺策。臣衰鈍淺陋，何足少裨塵露，徒以身荷大恩，圖報無路，分義所迫，不能自已，干冒天威。臣無任惶懼隕越之至。

夢得乞下劉錡等討賊奏曰：臣近以虜騎侵犯河南，二十四日嘗具管見奏陳，伏覩手詔，顯暴虜渝盟失信之罪，困虐中原無已之惡，一伸王威，宣達衆憤，中外呼舞，遠近同辭。相繼大號起，劉光世招撫三京，以壞散賊謀，離貳其黨。劉錡復立功順昌，軍聲士氣鼓勇百倍。天下幸甚。臣謬守陪都，外當一面，主憂臣辱，不敢不盡死節，少佐旰食。數日來博採人情，以聽輿論，皆以虜詭詐憑陵，人人懷怨蓄憤，有北向殄滅之意，與前數歲不同。此乃天啓中興，虜惡貫盈，自取覆亡之日，非人力所能爲也。錡既首挫其鋒，其兆已見，識者皆謂錡孤軍遠立，將士用命，所以能先諸將立功，須朝廷極力主張，激勵使得盡其心，不惟可令虜望風沮屈，國勢當亦自此遂振。竊聞朝廷已遣李世輔、王德往應援，世輔虜所深怨。如其用李成、酈瓊等誠爲得策，然其

人驍勇沉鷙深達敵情儁類多所推稱以為朝廷用之得人但頗頤
多與之兵略與錡相當使與錡更為形勢錡駐順昌世輔駐泗州歲
淮東西犄角相望更敕韓世忠張俊各以精騎巡所部淮上以為之
疑王德一軍往來游擊於錡世輔之間虜近所下諸郡皆不過百餘
騎傳檄得其降書即去百姓向背無所與責如景祥王彥充輩前此
本非歸我皆虜留為腹心潛相窺覘者故聞變盡甘心虜命其所守
既無備王德可以坐擒虜固不能發兵往救又不能分兵並守則故
疆自已收復我擒其守長厚撫其民亦可就食糧斛絕其後計虜所
保者惟在京師探報虜兵至京師者不滿三萬人非發兵即簽軍
正兵無幾若錡世輔斥堠明遠伺得其便即命鼓行而前世忠後繼
之直薄城下自不妨劉光世一面招撫凶悍者誅滅柔順者歸附虜
無所恃必懼而遁去若閉城固守旋追兵國中當此時暑炎驅遠寒

人疲馬困我迎擊河上可以必得虜乃在吾腹中此萬世一時不可
失之機會也少有稽緩使虜得整兵而來或劉錡力下能持退舍則
虜復得志計將難諧臣衰懦不武素不閑習軍事歷考載籍自古用
兵凡大勝敗未有不因士氣所向士氣所向未有不順人心所欲臣
前所論奏以虜犯境之初未見其兵厚薄我未整飭軍伍故且乞尋
其儲積無守舊轍矯前日畏避之過張皇六師過為隄備以待其釁
今虜形已見正乘機決計之時此之所陳蓋得於人心同欲非臣狂
妄之私不敢隱默伏望聖慈更命大臣參考熟議少留聖聽
夢得論漢高帝破秦項三策劄子曰臣伏見陛下赫然威斷盡改和
議分命二將進討兩河聖謨深遠誠非群臣所能及夫兵無常勢敵
無常形非達古今之變者不能察成敗之機非盡彼己之情者不能
決勝負之實今成算既定宜圖萬全臣不自揆度嘗參考敵情究觀

時事敢借秦漢之事以論今日之計頗有歟焉秦自孝公以來雄視
中國六諸侯相與連衡不能抗始皇卒有天下而漢高帝起沛中
收子弟一千人振臂一呼遂以滅秦誅項羽此其故何也六國當強
暴興起之初望風畏慴而不敢爭高帝屢亢淵怨憤之極決策必取
而無所憚也雖勢所當然而高帝所以必成其志者蓋有三而兵強
不預焉一曰善誘降二曰善用間三曰善制敵非此三者秦雖有必
亡之隙漢雖有決勝之勇未易以歲月定也何以言之夫敵眾不可
以力相加人各為其主守者未必皆誠心向背惟利所在而已始高
祖入關南陽守齮堅保宛其舍人陳恢說高帝與約降因封而與之
郡高祖從之齮果降封為殷侯於是引兵而西無不下者其後取關
東遂為令使將掠地援隴西以萬人若一郡降者封萬戶故隋何說
英布以九江叛楚酈食其說田廣罷守兵與漢和此高祖之善誘降

者也兵不出於一則心不齊本非其所有則信不固項羽初興其所
與謀者一范增爾函谷既破不能用增計高祖知其可撓故與陳平
金四萬斤間楚君臣增果疑不用則其腹心必有徒而反側內自攻
者內無與為者則外惟我所欲為故有紀信之詐而不知有周苛之
辱而不悟雖衣滎陽高祖得以逃去此高祖之善用間者也兩軍相
當必以力相較則久必弊惟多方以誤之使不得專則或可以全勝
滎陽之圍高祖亦甚危矣及入關再收兵而東項羽之力尤強勝敗
未可知也高祖用轅生計舍滎陽出武關以致羽深壁相持而使韓
信輯河北趙地連燕齊以裂其肘臂用鄭忠計使盧綰劉賈渡白馬
進入楚地佐彭越焚楚積聚下楚十七城羽果奔命不暇兵少食盡
為中分之約而張良陳平得定大業此高祖之善制敵者也此三者
高帝非皆以力得之也今金賊不道雖荐食上國不強於秦項陛下

智勇憂勤帝祖宗二百年之業四分天下有其三則過於漢豈高帝能滅秦項而吾將帥反不能為陛下取金賊乎今日之舉正高祖入關滅秦後出東向與羽决戰之時也比者特降詔旨立為賞格自使相節鉞而下以求奇功不待欲至策勳不拘遷轉止法雖足以激三軍之士而不及於敵人臣愚竊有疑焉願復下令應投拜附虜者能各殺其守長以縣降者授以縣以州降者授以州山寨與河北之民若盜凡自相結集不從虜人願歸我者千人則授某官萬人則授某官其昏迷不恭恃賊而不悛者軍至皆討焉則執不革心而效順此高祖誘降之道也虜今所驅用者皆我之叛將亡卒其初皆非仇我而慕虜蓋亦有迫不得已僅以逃死既絕於我則不得不用於彼然鄜瓊始奔虜嘗散其衆不用則今客主未必終相信上下未必皆相服權勢相軋嫌隙易生苟能使以身歸我者授以舊官以衆歸我者

加以顯秩能殺併虜人而歸我者隨其多寡而為之等差蓋募辯士重與金帛口舌游說其間以動搖其心而眩亂其聽則必紛然自相屠戮以幸一時之獲此高祖用間之道也自淮而東韓世忠主之自淮而西張俊主之劉錡王德李世輔雷仲之徒擇形勢便利往來游擊於兩間虜兵分則不能並立合則我四面俱至即使岳飛出漢上以擣陳蔡之虛賊兵若盡窺兩淮飛繞出其後期同會於京師虜腹背受敵欲當前則後必困欲拒後則前必弱指日可使坐斃此高祖制敵之道也夫攻而破一邑不過得一邑戰而擒一將不過得一將孰若無攻而拓地不戰而屈人乎區區之愚惟陛下擇焉

夢得又乞休兵養銳奏曰臣聞兵不盡其威故能有餘威而天下無以敵其威將不盡其勇故能有餘力而天下無以敵其勇自古帝王之師百戰百勝以保萬全此道也伏見逆虜敗盟陛下赫然獨斷一伸王怒命三大將討兩河中外歡呼士氣百倍無一不盡欲彎弓北向擒兀朮以致闕下傳檄兩河盡還故疆今劉錡首能以順昌孤城拒兀朮數萬衆前後五戰無不勝兀朮即敗走軍聲遂大振相繼淮東西湖北三大將捷書繼上凡從偽州縣或殺或降以次效順自中興以來未有今日之舉也兇焰既挫其技已窮理宜遁伏然詭詐不測竊恐尚懷姦謀以圖後舉今暑氣方盛去秋涼尚遠我師雖屢捷不無暴露傷殘之困若更乘勝攻取不已竊恐賊得暫休撫養其衆濟師於七八月之間盡力復來則我師勞疲或恐不能相當昔唐武宗既用李德裕討回鶻平澤潞無不如志德裕即以曹操破袁紹官渡自謂所獲已多恐傷威重為言援養由基之事請以兵為戒以保成功臣愚願詔諸將亦且令還屯益勵士卒今夏多雨暑濕之餘乘此秋氣瘴癘將作使過為調護明遠斥堠當慮機會預為定計相為掎

角因時乘間一舉直前後不再籍仰稱陛下恢復土宇報雪深讎之意不勝幸甚臣備員守藩輒敢妄議軍事仰恃眷予之重區區小忠不能自已越職犯分罪當萬死惟陛下矜憐

夢得又乞下諸大帥臨陣審度賊情無落姦便奏曰臣自去歲以來體探得虜人用兵之謀與前不同務要出我不意以取奇効皆云其兵見分為三等其一等淮甸京畿之民當先多用鮮潔衣服以偽以鉛錫作器物梢帶亦有婦女在其間其次即用河朔簽軍少給兵器裝列隊伍先以兩軍當我若初為我師所敗必爭取器物婦女鞍馬即其次河朔之兵再進俟我師轉戰力疲然後以其番兵甲馬一併向前以取必勝乘勢衝突過江人言頗同契勘以我下駟與彼上駟以我上駟與彼中駟以我中駟與彼下駟此孫臏之馬說也而周訪討杜曾亦嘗分其兵為三甄先以兩甄餌之始用精銳出其後遂以

破胥若賊或出於此竊慮諸將不知落其姦便伏望聖慈特賜詳酌審切行下大帥更令審度賊勢不可欲速見小利乘銳貪功若果前脆後堅難與爭鋒則須謹守險隘或且阻沮務以持重不戰困之以伐其謀使彼無所用其巧然後我徐觀變而進庶幾可保萬全也

御史中丞張守乞措置捕戮李成劄子曰臣竊見朝廷紀綱未立威令不行將士惰驕盜賊猖獗乃欲制禦四夷其不可豈不明甚李成近在泗州前後數服不常最為桀黠名為附順實肆姦謀非他賊之比也今聞舉兵輒犯鄰境其包藏之意已復露見不可不討者有五臣試為陛下陳之成謂泗州形勢要害為咽喉之地故必欲得之則其用心固可知矣朝廷不得已而授之遂據要害扼吾咽喉不可不討者一也昨史亮之破宿州實出其謀聲言亮叛自行襲逐而實助其虐然猶鼓行而西不敢南牧今據淮堧遂通行在略無忌憚之意

不可不討者二也或謂姓名合於圖讖或謂相貌異於常人脱或乘吾微弱之勢逞其窺伺之謀不可不討者三也或謂金人已與之通許以淮南授以封爵審或如此秋冬虜至與為道地則吾中國豈復枝梧不可不討者四也防秋在邇淮南為要衝而賊盜未除何所設備治兵積粟成必沮撓不可不討者五也有此五事使其未叛亦當圖之況其跡狀已著可復緩乎或謂彼衆我寡未能必捷臣以為不然師以順為武以直為壯在和不在衆顧所以用之如何耳朝廷昨遣劉光世擊之奏功甚衆第賞甚厚今日之事光世當任其責儻或光世兵少不能辦此賊則朝廷亦當憖吾重兵北結杜充併力剪除又況此去淮甸不過數舍固非勞師以襲遠也翦滅此賊然後一意以防外侮庶幾宗社可保而中原可復伏望睿斷早賜施行

虞允文上奏曰臣起自寒鄉技能淺薄陛下一見賜以不凡之遇清班顯級貪緣胃居日夜憂懼未能自立有玷陛下知人之明昔者采石之捷皆明天子威令諸將士功力臣伏自惟念未能身先卒伍與得逆亮以獻實有餘恨敢謂陛下隆天地之施命宰相賜臣以書以嘉歎之旨申垂宣諭臣下拜恩私敢不九殞以報比者臣嘗面奏自古用兵始合而惡分蓋合則力厚厚故多勝分則力薄薄故多敗自然之理也臣既力微而群議不一未有以效其平生之忠今日伏准處分差成閔淮東制置使李顯忠淮西制置使如此不患兵力不合既合不患虜兵不破聖神之筭酌見今日事宜宗廟生靈不勝幸甚臣自到鎮江措置上下流堰塹築隄攔鋪鹿角皆已就緒但鎮江戰船不多比與諸將共議改脩馬船使用臣已措置到江上及軍中木筏十萬餘條并鐵炭之類並已足用見令鎮江及馬軍司併工力籠裹應副防托庶幾官軍之力有餘可取必勝臣照得諸處間探及活

捉到人稱虜酋於十二月一日遣發人馬取三日渡江臣今日同諸軍詣江口踏行戰場見得沿江水落其岸口泥沙深闊丈餘假令虜船及岸步騎登戰卽是天亡之日官軍極力勦除在此時矣臣見又措置於泥沙盡處廣立木柵以為官軍之蔽又為虜兵奔突之防虜知我守禦得人豈肯輕犯臣竊料若得瓜洲一戰之後虜必遁去兩淮必可收復嘗於前劄畧具奏知臣日夜更竊廣詢群策與諸將共議續具畫圖進呈決不致稍失機會欲乞陛下特寬冕〈稹〉臣不勝惓惓之誠

允文又論江上事宜奏曰臣伏惟陛下孝德仁恩遠希堯舜之聖天意順助避殿之詔初下將士無不感泣思奮況臣孤蹤實叨希世非常之遇欲報之心神實臨之方江介多虞陛下宵旰未復常膳臣仰首霄漢之上豈勝憤惋此身如葉恨不靡捐比者采石之戰臣與統

制官大破虜軍，俘斬既衆，遂走完顏亮，而盡焚其舟。實曾宗社之休，陛下威令神筭之所及，臣不勝幸甚。嘗兩具本末奏知，必已仰塵睿覽。及臣還建康，沿江之北百餘里，無復一人騎虜之氛，索矣。臣在采石，探知逆亮引兵會於淮東，見開河於第二港，洪艾陵之水，通出船筏，以窺京口。因李顯忠到軍，即與之商量，令移時俊軍於馬家渡，而顯忠兼守之，輟李捧一全軍，又分采石戈船百艘，來接京口督府。又留楊存中、邵宏淵同力防托，庶保萬全。蓋臣以諸處探報，知虜兵不多於官軍，但彼合而我分，故强弱之勢遂若相異。自虜得兩淮，其兵力漸分，而粮草之絶，人馬多病死，故急急於采石之戰。既已大敗，又將徼幸於瓜洲。今我之精兵聚於京口，持重以待之，一戰而勝，逆亮遁歸無疑矣。臣每聞士夫之論，謂采石渡、硎砂夾、馬家渡、大城堽，皆爲可憂。臣因親行江上，知其說有不然者。蓋虜自和州可以出舟於

大江者，止有一楊林河，與采石河相對而已，餘皆下流，別無河道可與大江相通。近李顯忠遣人深入，探得楊林河中見今別無虜船。又官軍戰艦皆守河口，則下流諸渡非所憂也。方逆亮往和州，窮日夜之力以造船，意謂必有大過人者。故采石初戰時，官軍所用船纔五之二，以其三寘上流，及天色垂暮，虜敗而走，又不敢大段追襲者，防其戰艦或出於不測也。今乃止百十小舟，殊無籠蓋遮掩，如州縣渡口所用者，便欲以當官軍戈船，臣知其伎倆已盡，無能爲矣。初虜涉淮，未旬日直抵大江之北，臣詢之俘士，質之道路之言，皆云劉錡、王權未嘗敢與大敵相接，逡巡引避，有一日走數百里者，非戰而不勝之罪也。以此月八日之戰，當諸軍扶傷奪氣之餘，而舊將已去，新將未至，正人情危疑中，尚能大破賊軍，亟走虜酋，使建康、蕪湖間民皆奠居者，士卒竊倚王人爲重，得以肆力於一戰也。自李顯忠到軍，臣

與之款，知其忠義敢前，無彼我心。往時見士夫憂其反覆，以臣觀之，能立大功以報陛下者，必此人也。臣願以身保之。今淮西之地，雖云不守，而廬、濠等州山水寨民兵多存，近又漸復無爲軍、巢縣，帶已令池州官軍分屯守之，則裕溪、大信口無虜船可入，池、黃之境可固，而采石上下，必保無虞。臣竊料之，只得京口一捷，則江介之憂可去，而兩淮之殘虜可不至甚費兵力矣。臣聞千金之子，尚不垂堂，況於萬衆之尊，而可履險？臣嘗兩次面奏，乞車駕且駐臨安，亦蒙聖慈采録其說。今願陛下特審宸慮，少緩六飛之發，以須逆亮之奔北，而徐圖之，天下幸甚。臣不勝惓惓憂君之誠，惟陛下財察。

允文又上奏曰：臣竊見虜酋自采石大敗犇遁之後，徑往瓜洲，爲渡江之計。臣以江上事勢急迫，忘其疏遠，於今月十二日再具事宜，繳奏，抵冒宸聰，日俟誅斥。今准入内内侍省公文，坐奉聖旨，特許收接

臣遞角投進。臣伏惟聖恩不以臣狂僭，采納其言，顧未知所以報塞。臣於十三日自采石回至建康，以虜酋駐維揚，虜兵進據瓜洲，探報不一，當日起發，於十六日午後再到京口，與諸將共議防托之策。除第二港探得虜所開河，以沙漲不成，已罷開掘之役，見止量留官軍人馬巡綽外，有三處河道與大江相通，最爲緊要，合行隄備。一滁河口自真州下連瓜步，虜兵最多，河口亦寬，通大船出入，已行措置於南岸一帶開三重壕，疊二重隄，撁鋪三重鹿角，有民兵萬餘人防守，緣官軍不多，竊慮未可倚仗，與楊存中等商量，於二十日那移下蜀張深人馬於滁河口南岸青沙夾等處駐劄，夾在近南岸水中，可以射虜，使不得登岸，不利於出船。却差苗定人馬於下蜀駐劄，以爲策應，決保萬全。一瓜洲渡，虜見築塞渡口，造三閘以儲水，探得目今水深數尺，又探得於洪澤役人力從陸路扛船入運河，伎倆百出，然度其

船必不大，不足以當官軍戈船。比又募朝廷追回成閔人馬，令成閔單騎於二十日已到鎮江，將帶鄂州戰船二十隻前來。我師既大會京口，可以必勝。但泰州兵薄，虜兒今有遊騎到城下，今日卞州亦來告急。臣與楊存中商量，於十九日再發王剛兩將人馬先行，二十一日又令王剛以所管兵親往。虜見官軍既到，必是不敢深入，其餘乚下流無河口可通大江處，亦與諸將議逐日分馬軍往來巡綽防虞不測。以臣料之，虜必不敢輕動，動即破之無疑矣。臣初抵鎮江，親到劉錡家卧內見之，氣息奄奄，乍醒乍迷。即與其家子弟醫官說，令於膳心着艾。兩日來稍納粥藥，其安與否特未可必。而今時戰守所用諸將，不可不素定。臣聞倉扁不世出，天下未嘗廢醫；韓彭不世出，天下未嘗廢將。自古中興之君，如夏少康有衆一旅，如漢光武起於側微，其所用之將何嘗皆有素望。臣於今年夏因直前奏事，嘗以此說仰塵睿聽，亦蒙聖慈深賜嘉納。臣之區區，欲望陛下不以劉錡存亡為憂，但審擇人材，分授諸軍，使之各當其地，戮力戰守，不患大功不立。臣觀完顏亮采石大敗之後，其氣已索，雖名為聚兵維楊，窺我京口，而實欲遁歸，必不出臣所料。臣見留鎮江措置守江，先為不可勝之計，仍與楊存中等共議。若一旦虜退，亟圖興復，不令少失機會。臣雖書生，陛辭之日嘗面奏決不敢以賊遺君父憂。臣伏惟陛下特寬遠顧，無輕為避敵之計，天下幸甚。

權中書舍人張孝祥進故事曰：曹操苻堅挾數勝之勢，擁百倍之衆，因利乘便，長驅而前，傲然有吞并之心。然吳與晉卒能以單寡之士談笑走敵。操堅號為善用兵者，及茲智勇俱困，鳥駭鼠竄，僅以身免，而其國遂以不競者，何也？吳晉之君臣能以靜制動，以逸待勞，以直應曲，而又有周瑜謝玄為之將帥也。夫兵不欲多也，兵多而不精，則志不一而易潰，曹操苻堅之衆是也。是故兵不可以不練。將欲專也，將得其人，則兵雖不多，亦足以取勝，赤壁合肥之役是也。是故將不可以不擇。夫兵已練而將已擇，則吾飭邊備，遣斥堠，峙糗糧，省不急，籌於帷幄以待之而已耳。雖狼子野心，不義而強，吾何畏焉。

右正言陳淵論用兵必先脩政奏曰：用兵中興之一事耳。然事有相待而後成者，不一而足。而今之言兵者，勇於必進，不恤其他，故不得不為之慮也。臣嘗讀詩至周之小雅，觀文武成王所以致太平之效，與夫宣王所以成中興之業，其迹可得而言者。蓋自鹿鳴以至魚麗，文武之詩也；自南有嘉魚以至菁菁者莪，成王之詩也；自六月以至無羊，宣王之詩也。孔子嘗以其世之先後而次第之，其意若曰：作於前者不如是，不足以為文武；繼於後者不如是，不足以為成王。後之為君者，得此則治，失此則亂。六月之序曰：小雅盡廢，西夷交侵，中國微矣。則失乎此者也。車攻之序曰：宣王能內修政事，外攘夷狄，復文武之境土。則得乎此者也。夫自文武至於成王，其詩亦多目矣。一詩廢，則一事闕。苟有所闕，已不純乎文武之政，而況於綱紀文章蕩然大壞乎。彼宣王中興，非能舍文武之政以自為也，補其闕而已。自六月至於無羊，補其闕之道也。蓋復境土必本於攘夷狄，攘夷狄必本於修政事。政事既修，然後兵可用。未有政事不修而先於用兵者也。臣故曰：事有相待而後成者，不一而足，為是故耳。今姑以兵之一事言之，而明其所以相待者。如器械之備，餽餉之煩，賞給之費，與夫修城浚池，選將練卒之故，是皆不可闕者。一有不至，兵不可出矣，亦安得不為之慮乎。蓋古者用兵，能發之必思所以勝之，能勝之必思所以守之。發而不勝，不如不發；勝而不守，不如不勝。故臣願陛下上思祖宗之所畀付，下念生靈之所愛戴，大修政事，使在我者無可乘之隙而在彼者有來蘇之願。則天戈所指。宜無不承順者矣。宣王中興之道蓋出於此。是謂萬全之策。惟陛下留意幸甚。

曹勛議淮上事宜狀曰。嘗謂主當持重。而客利急攻。亦兵法也。今虜寇兩淮。殆踰一月。我之諸將屢報小捷。而虜全師實未嘗動。客當務速。淡若無意於戰。疑虜以羸兵驕我。而伺我之怠。且耗吾之軍鋒。然其驅烏合猋起之衆。不能乘銳氣數道並進。俾我不暇為謀。乃遷延復却。曠日持久。師行千里。情狀易見。我之諸將。得以從容成備。既經累捷。膽氣益壯。聚謀蓄力。務以全制其後。虜之敗北。在理不疑。所慮諸將持重太過。反類畏怯。或貪少利。不顧大計。今若命淮東堅壁不戰。以搤其膺。淮西由盧壽擣睢亳以攻其背。舒蘄二將連旗深入。朝廷方追馬軍之師。俾佐兩淮。宜促其期以速其至。自光入蔡去汴最邇。宜出其不意。急詔鄂渚由此進兵。以傾其巢穴。水軍自淮入海。以邀其餉道。是皆昔人師行捷徑。竊諸將皆朝廷素所寵厚。臨危宜無愛死。今纏衆充塞江北。實繁有徒。屢折不退。有盤據淮右之意。願朝廷毋輕此虜。毋惑不根之言。號令之出。務加精密。前代漏泄禁中語猶不免其死。況成敗安危所繫乎。儻能堅守此策。斷然不疑。非獨可以卻敵而已。虜將懲艾。可數十年無疆埸之憂。僭易干冒。惟在威斷。

翰林學士汪藻乞分張俊軍馬策應狀曰。臣昨自三月末得之傳聞云。金人在建康築城為度夏計。臣雖幸其不然。然心竊憂之。以為中國困於腥羶。而得少休息者。正賴其不能觸熱。故常以寒方至。未暑先歸。吾於半年間汲汲措畫。猶每歲奔命不暇。今若縱其度夏。則長為巢穴。無所忌憚。不知朝廷何以枝梧。洎到行在。聞韓世忠列戰艦江中。遮其歸路。日有所獲。且言金人窮蹙之狀。臣竊欣幸。以為三月所傳誕妄耳。續觀黃榜。備錄韓世忠捷奏。又以為朝夕必可掃除。今近二十日矣。其耗寂然。議者頗疑世忠奏報未必皆實。衆數日人自常潤來者。皆云虜於蔣山雨花臺兩處各創大寨。抱城開河兩道以護之。及穴山作小洞子。以為逃暑之地。陸增城壘。水造戰船。而采石金人已渡復回者。纍纍不絕。今且五月矣。比常年去已月餘。乃反去而復回。其欲留建康明甚。如此。則與三月所傳。又似符合。臣聞金人動設詭詐。尤喜為窮蹙之狀以款我師。我師墮其計中者。前後非一。今安知其本為度夏計。而陽為窮蹙者。特以款誤我師耶。建康為東南咽喉。國之門戶也。天下委輸。朝廷號令。未有不由此而通者。若金人果據此為巢穴。則東南饋餉遂絕。如此。人扼其咽喉。守其門戶。果得高枕而卧乎。不知羣臣日至上前。亦嘗有反覆及此者否。豈遽以為無事。而所當講者承平之先務乎。抑揣陛下非所樂聞。而不以聞也。不惟是而已。人既扼我咽喉。守我門戶。則群盜亦將視我緩急以為向背。國家果有力能使之退聽屏息乎。況又有意外之憂所難言者。不得不慮。臣愚以為此事所係非細。廟堂若救焚拯溺然。朝夕在念。及五六月間我師便利之時。會諸將與韓世忠一舉掃除。非特去目前之患。將使懲創。終身不敢復南。其利害豈不相萬哉。雖聞近遣張俊提兵過江。節制浙西人馬。遂還前去以為策應。此固陛下長算也。不知張俊果能為陛下有慨然立功之意乎。臣愚欲乞專差得力使臣數人。齎陛下宸翰星夜兼程自襄鄧荊湖以來迎張俊軍。命分數萬人順流而下。仍於上流自計置糧斛。載以自隨。彼張俊軍既皆新人。必精銳可用。且敵人見上流之師突然而至。莫知其數。必破膽奔潰。此制虜之奇也。如其不然。八九月間。氣候稍涼。彼得時矣。幾會一失。雖悔何追。伏望睿慈。不以臣言為愚。輕此賊忽此事。特加採納。不勝幸甚。

金人犯塞。上召宰執。劉使殿將浮海避之。左僕射陳康伯持不可。楊存中言敵空國遠來。已闖淮甸。此正賢智馳騖不足之時。臣願率先將士北首死敵。帝喜。遂定親征之議。下詔進討。有欲遣使詣敵求緩師者。集英殿脩撰曾幾上疏言。增幣請和。無小益。有大害。爲朝廷計。正當嘗膽枕戈。專務節儉。經武外一切置之。如是雖北取中原可也。且前日詔諸將傳檄數金君臣如叱奴隷。何辭可與之和也。帝壯之

紹興三十一年。王之道上奏曰。臣昨奉聖旨。令諸路都統制并沿邊帥守監司。照應今來事體。隨宜應變。疾速措置。務要不失機會。仍先具知稟聞奏。不下所司。并錄白到備劄內事件。臣讀之痛憤感泣。莫能自已。臣於寢食俱廢。以謂虜人入寇。殆今三十七年。專用詭詐。愚弄朝廷。求無不獲。而皇帝陛下天性仁孝。

上念父兄。下憐赤子。不憚屈己講和。雖中外臣庶有所不堪。而陛下篤於守信。冀與天下休息。德至渥也。而狼子野心。邇來雖其巢穴狂犇浪走。直抵西京。今使人之來所奏不一。包藏非淺。其用意殆與苻堅之寇晉無異。揆之以天時人事。似是滅亡之日。而況淮北之民蒙被國家二百年涵養之賜。昨自淪陷塗炭。且復苦於殘虐。其謳吟思漢。不翅飢渴之望飲食。至一前後間探類言彼民日夜延頸跂踵。以待王師北來。倒戈內應。觀其所爲如此。實今日之機會也。臣愚欲乞因今來使人之請。特賜宸斷。仰承天心。俯順人心。下哀痛罪己之詔。以叛盟之意明告中外。使天下之人扼腕切齒。咸起不共戴天之憤。然後舉兵北伐。將見自淮以北必有馘其首以獻者。豈特簞食壺漿以迎我師。而扶老攜幼望風降附哉。臣某以疎遠小臣。輒緣忠憤。所激採輿人之言。上干天聽。死有餘責。

歷代名臣奏議卷之二百三十三

歷代名臣奏議卷之二百三十四

征伐

宋孝宗隆興二年張浚上言曰臣伏奉今月十八日午時親筆處分臣已恭禀聖訓並之望等言泗州利害所當講明今欲且令謹守候至秋初專責主事者俾權歸於一聖諭切當事機臣見遵依施行向北舟楫緣馬軍極少差使不敷泗上地勢平坦恐步卒當彼馬騎不能遷還近陳敏等建議欲於臨淮縣築堡屯步兵三百人爲舟楫應援緩急可以相應臣見審度措置又舟檝尚少誠如聖慮臣見委劉寶打造一百隻發運使黄仁榮應副材料工匠臣望陛下因宰執奏事宣諭令仁榮一到鎮江躬親應副臣見別具奏聞次他日舟船旣辦分差忠勇軍駕放自不關人每舟以強弓弩手二十人載其上施放大箭是可禦敵伏乞睿照臣伏蒙聖訓諸將見和議成與不成之

間語言反覆此正中其病臣即以宣示劉寶吳超劉光時范榮等莫不悚懼知愧然而以臣觀之將帥難得英偉之才况人情之常不免觀望以此語言不一理當戒敕惟陛下示以好惡明正表儀俾各悉心奉公不求偷合苟容以報國家夫死者人之所難陛下以天下爲念不肯自求一己之安表而率之猶恐習成舊態各不盡力况夫朝廷上下導之以和孰不捨難就易以幸一日安全也此是社稷大計在陛下爲重在羣臣爲輕自非陛下毅然獨斷與天同心申之以號令齊之以賞罰舉天下之大制命在我誰爲陛下出力者至於挺身任事盡節向前一有差跌則衆口交攻禍患不測所以貫結訖平生畏避睩碌度日者例獲大官且無後悔竊望陛下深察必使賞罰之間上當天心下合人情即後來諸將易於遣使伏望陛下更致聖思幸甚臣又伏蒙聖諭虜人八九月之間悉竭力而來在陛下以社稷

宗廟之重理宜過爲之備臣聞太公佐周以伐紂伊尹相湯以伐桀彼皆深通天人之際審桀紂之無道知其民之思治有所不動動無不成又况湯武之君德脩于已而二臣用心上達於天計策圖謀若有神相蓋非偶然也臣學識駑下從事戎麾安足以望前賢萬一臣竊觀金虜無道弑主再世天怒人怨破滅無疑而臣所憂有大焉者今風俗習成上下相蒙惟知富貴不知有他上違天理下虧臣節此風不改雖使金賊已亡內患外變且將相仍而起矣而其責實在陛下臣故願陛下正心脩己急收人才以應天心以活萬姓使事事誠實感格天人聖德日新兵革自息理之决然更無可疑詩曰鼓鍾于宮聲聞于外惟陛下敬之謹之天下幸甚臣子嘗遇蒙聖慈獎借臣不勝感激之至惟是臣父祖皆以賢良方正科出身臣以艱難之時勉强事功不謂讒謗交攻幾至亡身以及家族獨荷陛下眷遇之隆

父子感涕恨無以報惟望陛下察三至之言終始保全使免大戾浚又奏邊事曰臣今月行次常州約十四五日間可以渡江臣自離行闕內外之議及以書抵臣者多欲臣只於維揚暫駐無至極邊恐恐虜人因此舉兵或至生事大率世俗所見是非顛倒往往如此仰惟陛下聖智高明卓越羣倫不待臣言固已洞照而臣嘗所經歷竊畢陳之臣聞漢兵利於夏是以宣王有六月之師胡兵利於冬是以夷狄率秋高而舉方初冬時虜以虛聲臨我使我調發一謹備不得休息及至春夏我得天時迺欲歛兵藏跡使彼一無可虞安居養牧以俟深秋復來侵擾此豈計哉今日之事陛下以人才未得財用未備未能恢張聖略親統六師蓋亦出於不得已也至於前日之以聲示之以勢使彼羽檄交馳使命奔走羣情疑恐多設備具添兵益馬虛費糧食遂至秋高不能措置舉動庶幾立國之計要不可忽也臣故願

陛下汲汲夫人才之用。合志同心。以待機會。臣到維揚欲沿三兩日間。即一到楚泗。謹先密具奏知。伏乞睿照。

浚奏川陝事宜曰。臣竊惟自昔三國鼎立。惟吳蜀相與為唇齒。故魏擊吳則蜀應。擊蜀則吳應。今二國之勢。我盡得之。而川陝之師犄角接戰。亦既數年。陛下慨然軫念。屢發詔旨。使之措置牽制。偶舟師稍遲。張子蓋復以久病事容齟齬。然而自今以往。圖之安可緩也。且夫蜀人之不欲吳璘出師於陝。猶吳人之不欲王師踰越江淮也。彼各以鄉里家屬為重。勢有不得不然。而事機之來。緩急輕重。利害甚大。非審思力斷。順天人之心。其安能有濟哉。兵家之事。難以遙度。已日或有變。今至吳璘只望詳述利害。令璘隨宜措置。蓋恐遠地所傳。未得或至違誤。伏乞睿照。

浚論東西牽制奏曰。臣仰荷陛下■委任至重。不敢愛死。應報萬分。顧

臣雖愚。非不知坐保江淮。圖安目前。為可以免戾。而區區每思牽制此虜於東方者。非有他也。顧以虜萃精兵於關陝。東方空虛。未及茲時有以撓之。用觀人心之變。而坐待賊虜回師併力以事兩淮。竊恐國家之悔為無及矣。臣日近奏稟山東海舟利害。亦非敢冒昧為之。蓋欲先張聲勢。屯泊於海州一帶。招收壯勇。窺伺機會。庶幾此虜有後顧之憂。而人心易離。不能深入。其與束手不為。俟虜勢之張為有間矣。臣衰老多病。豈復僥倖萬一功名之心。惟是受國厚恩。朝思夕惟。不忍只為目前之計。以蹈後禍。伏惟聖度高遠。灼見事機。如以臣所慮為有可采。即乞特賜親筆處分。令臣執守措置。不然。亦乞明以諭臣。使之遵守。伏乞聖慈特賜睿旨。不勝幸甚。

浚又奏虜勢及海道進取等事疏曰。臣契勘虜人南向之兵。在靈璧虹縣近發回宿州南京者。無慮數千騎。雖姦詐百出。情未可量。要之勁兵多在陝西。而宿亳南京一帶。亦通近四萬餘人。潁昌襄城亦不過二萬餘人。比聞復出文榜。欲以三月及八月因草地茂盛。來窺淮南。以臣度之。虜若無西北牽制之患。則今歲秋成。糾合大兵圖我淮甸。理無可疑。臣日夜思所以待之之計。私以為虜之事力素強。倘非出奇犄虜。乘其不意。使各有懷顧巢穴之心。則攘卻之功未易可為也。臣自去冬即具奏乞東西相應之舉。與故鎮江都統張子蓋反復計度。當時所任將佐。所差舟楫。所募忠義之人。議已素定。會子蓋卧病連月。而福建海舟踰期不來。致使川陝之師獨當一面。失此機會。誠可歎息也。今虜兵疲弱。非往昔比。而民心懷宋日甚一日。山東處實。可坐而料。三月以後南風順便。海舟之發適當其時。因東人思舊之心而用之。事可圖矣。伏奉二十三日處分。令臣以逸待勞。觀釁而動。敢不遵稟。臣愚見以為淮上大兵當務持重。獨海道之舉。不可不

亟為。不然彼將無所顧忌。秋高馬肥。得已驅脅番漢。一肆所為矣。陛下圖之。天下幸甚。

浚又論牽制事宜奏曰。臣等誤膺重寄。夙夜恐懼。思有以報稱萬一。況事關利害。一失機會。後悔難及。臣等不敢隱默顧望。上負聖知。伏惟聖慈特賜鑒察。臣等竊惟兵家之事。必以謀勝。古人用師。彼出則我守。彼歸則我入。故晉悼公三駕而楚不能與爭。漢高祖用韓生之說。出兵宛葉。以分楚力。卒勝垓下。諸葛亮祁山之師。連歲數出。竟以困魏。而王朴安邊策亦曰。備東則擾西。備西則擾東。奔走之間。可以知其虛實。蓋敵人事力之強。必左制右牽以乘其弊。而後可圖也。若欲拱手不為。而命於敵。雖幸目前之安。終必貽患於後。矧勢陵事格有不得而暫安者乎。臣等受命以來。自惟當此財匱兵疲。民困力弱之際。第當審擇險要。以守為主。而事貴權時。理難固執。揆之今日。有

不得而但已者。竊聞陜西吳玠之師。曾未幾月。與虜人大戰者已至于再。臣等私以為此不可不為之深思。蓋使此虜得志於西。則氣燄必熾。脅制番漢。聚兵邊淮。迫我臣屬。事固難處。使虜脫有敗績。則必形勢支離。上下攜貳。幾不可失。使虜留屯列守。求以困我。則磨以歲月。變故多端。然則虜之勝負與夫持久不決。皆有大利害存乎其間。倘坐視不問。貽憂異時。恐非計之得也。臣等愚慮。欲先發舟師。奄出海道。以搖山東。而命張子蓋駐兵盱眙楚泗之間。李顯忠駐兵壽春花靨之間。蓄銳休卒。用觀其變。先立不敗之地。俾減虜首尾奔命之不暇。見利則趨。知難則守。而諭遣忠義。結約中原。機會蓋有可言者。虜聞我重師臨邊。其精銳往關陝者。又不敢輒呼之使還。人心憂懼。必致疑惑。而我師之在德順者。知吾有牽制之舉。將士之情。孰不奮作。益堅鬭志。若皇天悔禍。虜之弱勢畢露無餘。則豪傑響應。理無可疑。陛下徐御六飛。來臨建業。力圖恢復。誠千載一時也。議者或謂此虜若復能竭國而來。吾將何以應之。惟完顏亮十年圖謀。一旦舉十萬之衆。深涉吾地。身殞衆潰。士馬物故甚衆。使亮復生。亦必不能再舉全師於今日。況蜀王北有契丹之擾。西有陜右之敵。分兵州郡。處處屯守。其不能遽以全師復來明矣。今我諸軍久屯淮上。耳目所接。斥候固明。萬一此賊或昏昧一來。小則率衆抗禦。足遏其鋒。大則斂兵清野。以伺其便。其權固常在我。而初無所損也。仰惟太上皇帝。宵衣旰食。屈己為民。而狼子野心。終不自革。太上皇帝灛將天命。天駕順動。兇渠就殞。天之佑德。蓋已可見。而親舉大器授之聖子。恭惟陛下體太上付託之重。慨祖宗王業之艱。䘏生民塗炭之苦。念金虜讎恥之大。未嘗一日而忘于心。事幾至此。誠不可忽。臣等中有所見。倘若隱默。則其欺天負君之罪。雖死奚及。惟是智識淺短。不敢自以為

當。伏望陛下熟運宸算。特賜處分。不勝幸甚。

孝宗時。起居郎胡銓進四事曰。隋文受周禪。命賀若弼平江南。擒陳叔寶。先是弼請沿江防人交代。必集歷陽。大列旗幟。陳人以為大兵至。既知防人交代。其衆復散。後不復備。及是弼以大兵濟江。陳人弗覺。遂平陳。

臣聞兵法曰。兵出詭道。又曰。兵以奇勝。何謂詭。變詐百出。以計取敵曰詭。弼請沿江防人交代。必集歷陽是也。何謂奇。出其不意。使人莫測曰奇。弼以大兵濟江。陳人弗覺是也。中國由正道。夷狄由詭道。中國以正勝。夷狄以奇勝。由正道者常不得志。由詭道者常得志。以正勝者常少。以奇勝者常多。此自古及今中國所以多見侵於夷狄也。建炎戊申。虜人請和。聲言提兵百萬。有事河北。初無窺維揚意。宰相黃潛善汪伯彥真以為不吾襲也。既而以精兵萬人直擣揚州。而汪黃安坐中書。初不知虜兵之至也。一旦六飛蒙塵。舊皇出奔。幾不免虎口。自靖康迄今。凡四十年。虜人未嘗不由詭道。未嘗不以奇勝。而我終不悟也。前車覆。後車戒。前事之失。後事之師。竊聞道路之言。虜人欺我以和。潛師窺伺。或言多造戰艦。由海道以進。或言實粟塞下。由間道以來。雖未必可信。然弼之沿江防人。必集歷陽。前事之驗也。醜虜之計。安知不出於此乎。陛下前日奮然下詔。謂和決不可成。有識咸鼓舞以謂聖神遠慮。洞見犬羊之情。有如蓍蔡。近者遣臣遣兵官孫造往返境上。疲於奔命。竟不能得虜人要領。其緩期爽約。亦可見矣。臣願陛下堅守前日和不可成之詔。力脩政事。十年生聚。十年教訓。如越之圖吳。則社稷幸甚。生靈幸甚。

虞允文上言曰。臣被奉元降指揮。委臣體訪事宜。臣據吳璘及諸處

探報。多言虜酋進使督責陝西監軍合喜。又益以兵。使必爭熙河秦鳳涇原三路。漸復州縣。此亦理之必然。蜀士大夫多以今歲防秋官軍分戍。皆在新邊數百里之外。地廣兵稀。人冦之路不一。與去歲守蜀口險隘事體大段不同。萬一虜騎奔衝。或有透漏。則官軍在遠。救應不及。而內無扞禦之備。意欲退守蜀之舊疆。臣竊以爲不然。蓋虜中方亂。虜兵在中原者不多。合喜不過發諸州百姓以爲軍勢耳。人皆有不得已之心。而無久練必勝之用。亦何足深畏也。三路之地取之既難。棄之或易。則新附之民必大失望。異時進兵深入。何以責西人傒望而響應也。臣見與吳璘商量措置拘收姚仲人馬。別立牌隊。并教習與忠義士以待用。又於成都府等路蒐集威勝兵。以待緩急調發。而臣之愚慮乃以鞏州一城未下爲憂。蓋腹心之疾未去。則狄深冦王。其於戰守必至相妨。臣再三貽書吳璘。而璘之意亦與臣合。比日分中軍人馬二千。遣其子珽往。初抵城下。虜識認是官軍。一城皆震懾。即其日有四甲兵白晝縋而下。具言城中飢虛。皆有求哀乞降之意。約旦夕可復此州。則官軍得以全力而保險阨。可仰寬西顧之憂也。才俟鞏州捷至。別具事宜奏知。伏乞睿照。

允文又論今日事機可戰奏曰。臣愚無當世之用。誤蒙陛下號召。凡今日事機所不能盡曉。謹博詢廣采。少裨萬一。我今與虜。之非特古所謂中國與四夷。有內外首足之辨而已也。女真與我。乃真不共戴天之讎。其當必報。乃天地之大經。春秋之大義。自建炎以來四十年間。天下之人有口者類能言之。不待臣復縷析而索言之矣。所甚切者。群士夫之言曰。陛下英武沈毅。料敵制勝。出於天授。而虜酋昏庸難務於臣下。一可戰也。二聖禪授之德升聞。而逆虜簒弒之禍相接。天命不貳。二可戰也。逆虜衆叛親離。有夷狄相攻之禍。而吾四封之

內。無盜賊嘯聚之憂。三可戰也。中原百姓。咸思祖宗德澤。身在虜境心在本朝。四可戰也。自前年逆亮用兵。中原豪傑無逐鹿之心。而率衆內附。今皆居吾境上。聚爲市落。棄其墳墓田業不去。五可戰也。朝廷自收復陝西三路。得兵得馬得糧。得形勢之地。六可戰也。虜中昔軍酋領絕不知兵。所至浪戰。而國家宿將尚有可用之人。七可戰也。虜中去歲久旱。蝗飛蔽野。而梁洋秦鳳之間。蝗不入境。歲事大熟。可以卜見天心。八可戰也。彼久盛當衰。此久弱當振。天道自然之理。今遠其時。九可戰也。臣觀天人之會。誠有可戰之機。但朝廷規摹未定。議論未一。措置未當。未有可戰之實爾。如張空拳以戰。則後日之禍。將有不可勝言者。伏願陛下與二三大臣。熟議而深思之。盡力於戰備。無爲因循之計。而後可以萬全。天下幸甚。

允文又應詔論進討勝勢兵糧將帥奏曰。臣准金字牌遞賜臣及王炎御劄一封。伏蒙聖恩。諭以虜勢衰弱。將來必有機會可乘。命張浚作書與臣等預定籌畫。天開聖哲。天啟淵衷。此宗社生靈無疆之休也。臣既非其才。亦非其任。不足以窺遠圖。奉明詔。而清問下及。千載之遇。臣何敢無説以自默。臣竊觀今日天下之勢。豈無可乘之機。虜兵雖多。而其心已離。官軍雖少。而其用常分。離固可圖。而分亦未容取勝。此三數年來楚漢之雌雄所以未決也。自古帝王圖回天下。其兵之用。必有先後重輕之序。漢高祖起山東。而未嘗與羣雄爭山東。光武起南陽。而未嘗以其身一日留南陽。唐太宗起太原。而未嘗分其勝兵以守太原。各因其時。各順其勢。以取關中。以取河北者。天下勝勢所在也。勝勢得而天下定矣。其間不過遣一偏一裨。分餘兵以略地。而其勝兵終合爲一。勢全力固。餘兵得以倚重而成功。方策歷歷可攷也。臣不知士大夫之論。以今日之勢當孰先。今日之兵當孰

重。且自陜而西，自山以東，綿亘數千里之地。如將曰諸道並進，鼓行而前，浸浪一戰，僥倖一勝，或容有之。然相去遼絶，首尾莫應，若差跌一敗，則進退未皇，危疑之論錯出，而一人之心有不能自保者。蓋非常之元，知之者少；非常之功，忌之者衆。倘朝廷之上，或是或非，將帥之間，或進或退，則誤國大計，其禍有不可勝言者。比年之事可以鑑矣。識者之論以為恢復之圖，當先定其規摹，無朝從而暮攈，無以是而夕非，一勝不為之喜，一敗不為之懼，浮言莫搖，羣讒莫毀，則為全之功庶幾其可立也。今虜兵之在境上，雖或聚或散，去來不常，而邊巡累月，委曲求和，則虛弱之形可以畢見。當西師收復三路，所得之糧以五六十萬計，吳璘之兵在德順，蜀無一粒之粟過河池。王彥之兵在商虢，蜀無一粒之粟過上津。今河南、汝、蔡、襄、鄧之間，虜之積粟士慮十數萬，亦何患無可因之糧？若官軍以全力而進，則或取於敵，取

糧，或由商虢以擣河東，或由嵩鄧以窺河洛，以虜騎之實處張我之虛聲，以虜營之虛處為我之實事，則何攻不克，何取不獲？若兵力不全，臣竊謂克之必不能守，雖獲之必不能有也。至於諸將之才互有短長，要當使功使過，使廉使貪，多備以待用。其怯而謀身者，雖通顯必棄；其勇而徇國者，雖卑賤必用。如倚辦一二人，而責其進取，則氣必驕傲，寖自肆，要我之事不　，而功必不就矣。臣愚欲望陛下先與腹心大臣熟計之。以臣之說而審究之，議論一則規摹定，規摹定則事功立。此宗廟生靈無疆之休也。抵突天威，伏深震懼。

祕書省正字趙汝愚乞力行自治之計，奏曰：臣竊惟祖宗創業之艱難，垂二百年。派胡虜之亂，神州陸沉，有識之士言之切齒。陛下天錫勇智，慨然發憤，勞形苦心，志在恢復，誠社稷生靈之幸。然臣竊觀天下之勢，以謂國家之與胡虜，不幸強弱不同，蓋可以德攻，而未易以力取也。今夫興師動衆，鼓行以北，自一邑取一州，自一州取一道，轉鬭而前，是以力戰天下也。胡虜未滅，必將驅迷犬羊之衆以與我爭其勢，不奪不饜。往年唐、鄧、海、泗之戰，是已。萬一智均力敵，曠日持久，智力外竭，資儲內虛，加以水旱游蝗，盜賊乘之而起，蓋有甚可憂者。陛下不可謂必無是事也。兵法曰：先為不可勝，以待敵之可勝。臣愚伏願陛下含忿忍耻，力為自治之計。於是虛懷納諫以輔其德，任賢使能以治其政，開布大信以繫中原固結之心，務農訓兵以隆根本不拔之勢。國既富矣，兵既強矣，方且能而示之不能，用而示之不用。嚴飭邊將，毋以小利數驚動邊境，使虜不猜不懼，日成驕惰苟且之臥。然後觀時俟釁，以順而動，乘破竹之勢以取之，其為力易矣。臣所懼者，將有大言無實之人，不量事勢，竊窺陛下之意，迎合取寵，爭言速戰之為利。臣愚誠不足以明勝敗之數，或者虜更懼而脩德，則

陛下之所欲愈速，而愈緩矣。臣不勝惓惓。

參知政事史浩條具辨事奏曰：臣今月十六日午刻，恭領聖旨，下詢臣曰：前日集議，宰執獨無奏章，俾從臺諫所言孰為至當，令臣條具。臣祗奉威命，震懼于心。倉卒之間，不知所措。臣竊觀聖問，仰見淵衷既定，宏規復咨羣議，此實帝王之度，量豈容蠡管之測？閱臣頃因陛下即位之初，嘗陳今日禦戎之計，謂藩籬不可不固，扃鐍不可不嚴。藩籬固，則內之政事可脩；扃鐍嚴，則外之姦細難入。先為守備，是乃良規。若夫議戰與議和，則亦在彼不在此。彼戰則戰，彼和則和，和不忘戰，姑為雪耻之後圖；戰不忘和，乃欲緩師而自治。此虜今年之事力，故立一時之權宜。既匪成謀，未為定論。第當堅壁力禦，攻衛謹俟乘機，以圖恢復。倘聽淺謀之士，將與不教之師，寇去則論賞以徼功，寇至則斂兵而遁迹，使彼無辜之赤子皆為横死之游魂，取快一朝，

含忍萬世謂之恢復豈不痛傷然念祖宗版圖久污腥羶之俗祖宗
陵寢鞠為荆棘之塲為人子孫可忘食息正須勵志於名實賞罰責
成於將相公卿假以歲時復其境土鋒乘破竹勢順建瓴是為弔民
伐罪之師不作鼠竊狗偷之態此陛下之素志亦愚臣之舊聞彼侍
從臺諫之流真議論文章之粹蘭菊有春秋之異藥石俱砭劑之良
同匪能言而不能行實皆可敬而不可慢雖衛多君子知國勢之愈
隆然楚有得臣念敵情之未保是宜練兵而選將常若拯溺以救焚
臣願陛下采其所陳亟為之備臣適當短晷素乏長謀姑以狂鋒仰
酬清問覬因一得少補萬分

浩論用兵劄子曰臣昨晚恭領御筆論僞境元帥所晉張浚書誠如
聖訓然以臣愚見陛下經慶弛之後目今兵力寡弱財賦單匱若歲
歲設備虜人聲東擊西長淮千里大江綿亘皆是敵境屢廢用備人

人不得休息譬如兩虎共鬬勢不俱生二器相擊薄者先穿若不因
其來精加思慮臣恐自此無時寧息臣觀虜情彼亦厭兵但以本朝
時繼無謀之將前去侵伐不得已來應我若能因其厭苦秦勝逆北
掃清中原是一機會若猶未也須當料吾甲兵如何財用如何取之
當自何處守之當用何人使吾備不弛吾力益壯他時觀釁而動肴
何不可蓋夷狄未有長盛之理破滅有期但當小忍以俟之爾以陛
下之英明神武豈患不得天下但顧今日兵力未壯民力未甦財力
未足而遽捨內以事外雖得天下未見其利也宜用此徐召張浚來
議此事臣之識淺不過如此不足以仰裨聖筭惟陛下恕之

浩又上奏曰臣恭覩陛下特發英斷進討山東以為恢復故疆雪制
川陝之謀臣從侍清光親奉睿旨不勝欣抃然亦有惓惓之愚不敢
隱默竊以傳聞之言多謂虜兵困於西北不復顧山東加之奇䘮相
乘民不堪命王師若至奇不勞而取審如此說則弔伐之兵本不在
衆偏師出境百城自下不世之功何患不成萬一未至盡如所聞虜
人尚敢旅拒遺民未能自拔則我師雖衆功亦難必而宿師于外守
備先虛我猶知出兵山東以牽制川陝彼獨不知警動兩淮荆襄以
解山東之急耶為今之計莫若戒敕宣撫司以大兵及舟師固守江
淮控制要害為不可動之計俟有餘力方可遴選驍勇有紀律之將
使之以奇制勝若徐鄭宋亳等以次撫定之兩淮無致敵之慮然後
漸次那大兵前進如此則進有闢國拓土之功退無勞師失備之患
實天下至計也蓋山東去虜巢萬里彼雖不能守未害其疆兩淮近
在畿甸一城被寇盡地陷沒則朝廷之憂復如去歲此臣所以夙夜
憂懼寢不能暝而為陛下力陳其愚也且富商巨室未嘗不欲利也
然貿于遠者率不肯以多貲付之其意以為山行海宿要不可保若

傾橐而付之一有所失悔其何及哉此言雖小可以喻大願陛下留
神察焉臣比者誤蒙聖慈使攝事樞筦攻守大計實任其責伏惟陛
下照其愚忠速降處分

知烏程縣余端禮上言曰謀敵決勝之道有聲有實敵弱者先聲後
實以讋其氣敵彊者先實後聲以俟其機漢武乘匈奴之困親行邊
陲威震朔方而漠南無王庭者讋其氣而服之所謂先聲而後實也
越謀吴則不然外講盟好內脩戎備陽行成以糜蠡陰結援於齊晉
教習之士益精而獻遺之禮益密用能一戰而霸者伺其機而圖之
所謂先實而後聲也今日之事異於漢而與越相若願陰設其備而
密為之謀觀變察時則機可投矣古之投機者有四有投隙之機有
擣虛之機有乘亂之機有承弊之機因其內釁而擊之若匈奴困於
三國之攻而宣帝出師此投隙之機也因其外患而伐之若夫差爭

於黃沙之役而越兵入吳此擣虛之機也敵國不道因其離而舉之若晉之降孫皓此乘亂之機也敵人勢窮躡其後而蹙之若高祖之追項羽此乘弊之機也幾之未至不可以先幾之已至不可以後以此備邊安若太山以此應敵動如破竹惟所欲為無不如志

知信州王師愈奏曰臣竊謂定天下雖不可憚用兵保天下亦不可輕用兵二者唯審其勢為可也昔者漢之高祖光武唐之太宗皆倔起草昧艱難故奮不顧身以爭一旦之命其勢不得不日夜淬礪擊搏進取以定大業天下之人亦厭於亂離不惜肝腦塗地出力以佐上之人蓋覬一旦功業成就息肩乎平治也是以留侯勸高祖必從思歸之士還定三秦且曰民志已定則難用者此也及事勢已定人民樂生則非有萬全未可輕舉矣昔者宋元嘉自恃富強且曰河南我之故地橫挑強魏當時群臣雖知其不可未敢言惟沈慶之言之

而不見信至王玄謨輩皆誕謾欺罔至有聞其言欲封狼居胥之意卒之三大舉皆無成先之以到彥之次之以王玄謨三之以蕭思話使二十餘年元嘉富庶之盛淮南赤地千里人無遺育禍有不可勝言者此不可不鑒也夫妄自菲薄引喻失義諸葛亮固深言於蜀橫挑強胡經營分表蔡謨亦深患於晉二者皆當今所當念也為今日恢復之計不可一息忘恢復之師不可一朝舉臣恐群臣獻計有誤陛下謂今日可以用兵者故願陛下審處其勢也夫以祖宗二百年涵養封疆淪入於腥膻兩朝北狩不返天下切齒五十年矣有志之士孰不願叱咤而一洗之然時異事變南北之勢已定民庶之志慮生彼無必取之形我無必勝之勢若釁隙一開兵連禍結力竭乎內民不聊生其變故固多端矣昔者寶元慶曆之間當天下全盛之時以中國全力制一元昊小醜鄙敵亦不解甲兵威方震而民力已困京東西盜賊紛起幸元昊納款未暇與之嚴正名分遂屈意從之務以息民救內當時英賢滿朝戰士如林豈不能因時乘利以伸中國威靈誠勢有所不可也今夷狄雖犬豕難信然我既與之約誓矣犬豕背棄信義猶有天殃況以中國禮義之所從出豈可自棄信以始禍階縱一舉能遂滅之聖哲猶以為重況以今日兵力未必能制其死命耶若彼自欲送死則我所以待之固有辭矣故臣願陛下審處其勢無輕開兵端則社稷生靈幸甚

翰林學士承旨洪遵論制敵定計劄子曰臣嘗謂自昔大有為之君與其謀臣規摹舉措必有一定之說類非嘗試萬一僥倖為之故其大功之成若合符節無毫釐差者臣敢以一二言之漢高帝之用韓信也其志見於登壇之初至於北舉燕趙東擊齊南絕楚之糧道而西會於滎陽無一不如其志者光武之用耿弇也其志見於從幸舂

陵之時至於先定漁陽取涿郡收富平東平齊地無一不如其志者高光之能用忠謀而信弇之自信其說蓋如此天下後世徒見其功成志得殊不知其規摹先定非一旦偶然者臣竊謂國家攻守之計宜有定論姑以兩淮言之前此督糗糧運芻秣調器仗汲汲然以恢復為念及得虜諜則倉皇奔遁焚室廬驅士女為清野計則是今日之論未一也臣愚欲望聖慈與帷幄大臣深謀遠慮凡所以固圉制敵者先為之備毋恃敵之不至恃吾有以待之規摹既定備禦既固緩急之際誠足以致勝矣惟陛下留神天下幸甚

司農卿李椿上奏曰臣竊觀易之六十四卦惟既濟一卦六爻皆相應剛柔正而位當可謂至善矣故曰既濟而聖人之戒則曰思患而豫防之蓋居安慮危之意也傳曰重門擊柝以待暴客蓋取諸豫豫者有備無患之謂也臣竊謂兩敵相對強弱大小譬之奕者之有高

低為奕之高者之著則低者應之不足低者之著則高者應之有餘此則勝負之可料也然則低者自知則先數著為高者後著則適相當矣若著數多高者雖高亦不勝矣又或高低相若又能先著則取勝必矣奕者見其先著之多自料不能敵則亦不敢下著矣兩敵相對豈不然哉此聖人之戒所以貴乎豫也臣竊聞今春虜中加無禮於使人未知朝廷何以備之伏惟廟謨神算必有所處固不當宣泄于外然則虜試我也彼必有定論在應之如何耳

侍御史王十朋上疏曰臣聞宿州之師全軍退守觀時識變深得進退之機然而異議小人與聖意素不合者往往幸災樂禍倡為浮議以動搖大計以離間陛下素所委任之臣使其說果行殆非宗社之福昔唐憲宗伐蔡戰數不利群臣爭請罷兵錢徽蕭俛之徒言尤確會高霞寓戰卻宰相揣帝厭兵欲赦賊以探上旨帝曰一勝一負

兵家常勢若師常利則古何憚用兵耶今但論帥臣勇怯兵強弱措置如何詎可一敗便沮成計乎於是左右不能容其間斷然用一裴度卒能成平蔡之功臣願陛下以剛大為心毋以小衂自沮察小人之意勿為浮議所搖敕遣中使慰勞將士且令解甲休息養銳俟時大臣如裴度者益加委任以固其心勿使異議如錢徽蕭俛之徒得以肆其讒間況陛下今日之師為祖宗陵寢而舉為徽宗欽宗復讎而舉為二百年境土而舉與古之帝王好大喜功開邊生事者萬萬不同陛下隱之於心俯仰無怍小人異議亦何足卹哉捉機而進知難而退側身脩行任賢使能政事益加脩軍旅益加治財用益加畜以待天時人事之至可也顧在陛下斷之如何耳

王質上書曰臣觀陛下即位以來初欲繫單于而獻之廟社今乃坐困於二偽帥而不能抗初欲焚庭犁穴復秦漢全盛之幅員今乃併淮南而失之初欲驟奮雄張立乎漢武帝唐太宗之上今乃國勢有南唐之蹙陛下試還慮回思則平日施設舉措為是為非為當為否至此可見富國有捷法強兵有要術管仲吳起商鞅諸葛亮王猛略得區區之訣皆能以歲月取効今未暇亟言亦未能遽行且謂虎狼不可守門戶宜速驅使去虜帥北摧窩斡數十萬之衆南卻宿州七八萬之師不旬月而獲海泗唐鄧廬壽濠楚數千里之地殆非庸人所慶劉寶郭振之流皆非其對陛下勿輕信人言謂無能為臣往還淮南又聞鄆州汴京大治舟船知其圖水陸兼進之舉而東阻海北阻泗清口顯河之利不全長淮之勢不通不敢輕出移書三四移文六七使介兩三往來輕削臣禮重失海泗必欲得而後和其意在此朝廷不深探其情便謂誠然倉卒委棄既得之則水利快便自清口而下者入淮浦自顯河而下者入洪澤我無力以捍淮陰山陽退

保真揚之間彼舟船得淮河運渠之利騎兵出天長清流之勝吾真揚之師何以能立彼徘徊展轉列保據要而未肯深淮者冬深旱久淮水低運河涸舟船不得以迫江面雖得真揚徙睥睨而不能徑渡去巢穴愈遠致糧餽愈艱何益又復遣人議和追逓往來是特延引日月以待春水生運河深江潮應閘口通則騎兵徑驅蹙真揚之戍舟楫隨進迫真揚之閒與我爭長江之利淮西之虜不能久留淮東之虜有水利之便無糧道之憂可以持久弊我要當亟求驅逐之策完顏亮提百萬之師長江在前舟楫不具敗格於采石頓於揚州懲前日之失是以有今日之為今朝廷有二幸幸其不入幸其自去且彼據形勢之地有可圖東南之理何憚而不入成師以出一戰不頓而坐制吾命何虞而自去朝廷若謂其本無用兵之意特欲見脅以成和恐遂延疑誤有如臣之所料今制虜之奇實在荊襄一自唐

州擣潁昌以趣汴一自鄧州擣汝州以趣洛往者完顏亮盡萃其徒於瀕江吳拱李道成閔合十萬之師端坐沿漢曾不能少掣其後而成閔倉皇奔歸赴救徒耗死者太半宿州之長驅德順之深入荆襄空屯數萬之旅飽食竟日終不能出汴洛之舉以分宿州德順之勢故楊喜得專志以蹙德順吳拱得併力以退宿州今虜專備淮南瞰江而以窺國都又虛荆襄之力而弗應方且強驅民丁迫守江岸擧烽於樓設砲於竿築壘而建女墻撫櫓而施釣板發坑以陷馬植樁以礙舟其形狀可恥堂堂之國不作丈夫之規而常事小兒之戲使敵見之愈足納侮安能示威蓋楊喜特士部曲其巢穴多在河中漢敵紇石烈將士部曲其巢穴多在汴宋汴洛一動關河震驚淮南之虜回顧而有後憂其勢必退不退則心搖迹孤擊之可以得志臣不復引兵法陳史傳蓋攻其所必救奪其所必争此用兵之勝策自

完顏亮南侵淮東之師敗於瓜洲淮西之師衄於揚林去歲又狼狽於宿州惟荆襄之師適當劉萼之庸屢得虜人之利士氣全軍具備王宣之猛趙撙之審捐濟所長皆可以為善將宿州之役荆襄有掎角之令二師鼓舞單騎躡既而止之咸相顧失色今虜盛兵以疑荆襄蓋亦慮有腹心之擣勝兵多從偽帥以趣淮南唐鄧陳蔡之虜未必皆精揚聲十餘萬亦未必滿數往從汝蔡之傷者憚荆襄之意用吾全氣乘彼憚意今吾荆襄之衆不下萬人留三分之一以備諸要其餘徑擣直驅不獨可以退淮南之虜恐因可以成河南之事政使未有大功能掣之使退而後議和則俾令有氣而禮節有筋骨不至於孚幣遣使徒去而弗納陛下有此奇而不發非陛下不知亦非陛下不能臣竊料未有任事之人肯承陛下之意虜者不捷則已有捷蓋自張浚無成罷朝廷皆以言兵為亂人撤藩什閑蕩然示之以無有而坦然交之以不疑夫是以至此之憑陵今日刃侵於胷矣逼於膚死中求活惟當尋出奇之計而况理有必然勢有必中非妄舉輕擲如前日之比陛下若以臣言為然則斷自宸衷勿搖浮議行之何惜掣虜之奇投於無用之地臣非不能緣飾巧語鋪張繁文陛下何所用此且以危情迫有所不暇惟陛下憐其忠而赦其簡陋幸甚

戶部侍郎王之望上奏曰臣聞人主之論兵與將相不同審虛實量彼己運奇正之略定攻守之計法令脩明威信兼舉使士卒用命常畏我而侮敵此將帥之事也察時變之宜講自治之術選授將帥明信賞罰收群策用善謀而不惑於是非同異之際此宰相之任也人主則不然惟奉承天意而已乾之九五曰聖人先天而天弗違後天而奉天時天且弗違而况於人乎况於鬼神乎此人主之道也春秋

書王或曰天王或曰天子必繫王以天者言王者行事必當稟之於天是以傳稱帝堯曰惟天為大惟堯則之詩稱文王曰不識不知順帝之則凡天下之事未有違天而能濟者况於兵乎臯陶曰天討有罪五刑五用哉此之謂也自用兵來或戰或和或攻或守論議多矣亦有以天意為陛下言之者乎國無小大逆天則危兵無強弱順天則捷是故帝王之兵必觀天意湯誓曰夏王有罪天命殛之予畏上帝不敢不正湯誥曰天道福善禍淫降災于夏肆台小子將天命明威不敢赦武王伐商作泰誓曰商罪貫盈天命誅之予弗順天厥罪惟鈞又曰天有顯道厥類惟彰今商王受自絕于天今奉予一人行天之罰以湯武而攻桀紂決勝何疑而猶必察天意順矣然後敢舉人知湯武之師為不可敵而不知其所以然者天實與之也天之所興孰能抗之故易曰湯武革命順乎天而應乎人漢高祖起於匹

夫守滅秦項宜其以威武自任然常曰吾以三尺劍取天下豈非天哉其征冒頓上天見異月暈七重高祖不悟困於平城者七日高帝知天意之所在終身不議匈奴漢業遂安武帝用王恢之謀伏三十萬衆於馬邑以致單于單于入塞百里幾為漢獲適雁門尉巡邊卒與虜遇保於亭下單于攻亭得之知漢有謀亟遁而免曰吾之得尉天也以為天王晉莊宗為晉王時討張文禮于鎮州契丹救之晉敗其師于新晉是歲沙河冰薄虜皆陷溺天大雨雪人馬多死阿保機指天而言曰天未使我至此乃引而去以此觀之中國夷狄或勝或負事之成不成固有不由於天者周世宗南征北伐威震海内兵不血刃略取三關方乘破竹之勢謂幽燕不日可得人謀善矣而事竟不就太祖御極深達天意雖悉平諸國而終置北虜於度外非智勇之不足也及太宗因太原之克進討幽薊失利而歸蓋始有輕中國

心至真宗時遂傾國入寇為澶淵之役是時承平既久武備不脩虜勢盛强中外震恐而天發一矢斃其酋帥豈人力也哉臣請以天意論今日之事自靖康以後神州陸沈大駕南巡三十餘年矣誰不欲報父兄之讐復祖宗之土以光堯皇帝之聖武當天下艱難之初徘徊淮泗間不忍南渡者久之馴致維揚之敗於是始幸江表立中興之基曷嘗一日忘中原哉勢未可也虜人挾百勝之强盡其兵力欲包舉南夏而犬羊之衆屢衄於我卒不得已而定盟是非愛我而存全之也亦勢有所不能耳臣竊觀天意南北之形已成矣未易相兼我之不可絶淮而北猶虜之不能越江而南也彼不昏時漸有敗盟之端未幾自斃逆亮由悻悻之意幷吞氣凌風雲衆如山海較其强弱可為寒心然欲取蜀則困於散關欲涉漢則敗於襄陽欲渡江則折於采石釁起蕭牆一夕灰燼虜之南侵其禍如此我師數十萬東西

並舉豈不可以制敵守疆圉則粗安圖攻取則必蜀川陝之師殲於德順江淮之衆潰於符離我之北伐其禍又如此虜之克我也固無先勝之謀我之破虜也亦非素定之策皆其自敗幸出偶然若有鬼神陰制其變此無他殆皇天之意不與其相侵軼也且文臣如張浚一世所宗武臣如吳璘諸將莫及其所謀畫未必皆非卒至於幾成而壞亦可以言天矣天意既爾陛下得不奉承之乎然臣所謂奉承天意者未必曰與虜和也和不和權不在我胡可必乎為今之計不和不戰自守而已移戰攻之力以自守何患不固自守而固然後隨機制變擇利而應之可戰則戰戰無不克可和則和和無不久惡所往而不善豈欲汲汲然求合於虜以偷歲月之安哉或曰如此則中原何時而復邪臣曰孟子有云成功則天疆為善而已聖人祈天永命則天命固有可回之理陛下誠能脩德以動天天心悔禍何患

恢復之無時哉非其時不可為也唐太宗受禪之初頡利將百萬衆奄至渭上帝以六騎逆折其鋒而與之盟謂蕭瑀曰突厥衆而不整可汗在水西而酋帥皆來謁我我若醉而縛之設伏於前以大軍躡其後取之如反掌耳顧我新即位為國者要在安靜一與虜校殺傷必多彼敗未及亡懼而脩德與我為怨其可當邪後聞其盛夏降霜赤氣滿野五日並出三月連明以為天亡之兆遂命李靖等討之捷書踵至帝謂群臣曰往國家初定太上皇屈而臣之朕常痛心疾首思刷耻於天下今天誘諸將所向輒克朕其遂有成功乎俄而靖俘頡利以獻斥境至於大漠初虜至渭上有可攻之勢帝務安靜縱之使還待其天怒惡稔乃一舉而滅之時貞觀已四年帝即位蓋五稔矣陛下英明睿斷無愧太宗而仁孝恭儉過之實皇天之所眷佑若厲精會勝要之以持久之誠貞觀之功不難致也何遲數年而急於

進取以失萬全之利哉。雖然，唐太宗猶未足為陛下道也。臣請言舜禹之事。有苗弗率，舜咨禹徂征，禹乃誓師以行，而苗民逆命。益贊于禹曰：惟德動天，無遠弗屆。滿招損，謙受益，時乃天道。帝耕于歷山，祗載見瞽瞍，夔夔齋慄，瞽亦允若。至誠感神，矧茲有苗。禹拜昌言曰：俞。班師振旅。帝乃誕敷文德，舞干羽于兩階，七旬而有苗格。方苗民之逆命也，伯益贊禹，不曰濟師，亦不曰講武，而遠引天道，又稱舜事瞽瞍以至和而感于神明，其説頗類迂闊，然禹拜昌言而為之振旅，舜敷文德而寢其徂征，七旬之間，有苗自格，天道可信，其效如此。仰惟陛下堯父舜子，孝慈交洽，光於有虞萬萬。日者憤逆胡之猾夏，赫然興師，則有苗弗率咨禹徂征之意也。文武大臣宣其忠力，奮兵致討，則伯禹誓師之舉也。時事不利，虜益猖獗，則苗民逆命之比，當此之時，在朝廷之臣若有能如伯益之贊禹者，則大臣當法伯禹之義，受其

昌言，陛下當師虞舜之行，備其文德，轉禍為福，因敗為功，將相一心，中外輯睦，導迎善氣，以致至和之感，彼區區之虜，焉有不格者乎？格不格未可知，但吾先為不可勝，以待敵之可勝，則在我者固已有泰山之安矣。陛下復何疑乎？臣蒙聖知再塵法從，親逢不世之主，其皐陶益稷之所以事舜者，不敢不陳黼座之前，惟陛下采其千慮之愚而審處之，天下幸甚。

光宗時，周南上論曰：臣聞以兵之勝負為國之強弱，不知為國者也。善為國者不以兵，其次因兵之不可用而能見強弱之實。自中原失守，我以偏方一隅當虜之衆，大卒衆不如其多，土地不如其廣，財力不如其盛，六七十年矣，中間養兵息民，幾三十年，未有振起之形，而虜亦不能盡得我之虛實，往往過計以待我，故比者兵出之初，虜境亦為之聳振，及一敗塗地，形見勢屈，至於誅戮首事，頭行萬里，遣使

行成。然則積三十年之休養，一出而喪之，而遂成今日單弱不振之形，非其舉動輕率之故歟？繼自今以往，世有言兵者，必唾且罵，或遂以為妖誕不祥之人必矣。嗟夫，已事之失，圖是則然矣，亦孰知夫一出之不奮，亦未可以終弱我歟？夫使為國者一出而遂至於終為人之下，則亦無具甚矣。方紹興之末年，虜之弱我甚矣，及宿師再出，而始我又挫氣，於是虜以重兵壓我，我不免撤備而就和，則弱之勢又甚於前日矣。然而亦正尊名，卒損歲幣，卒為兄弟之國。何耶？蓋虜之弱我者特在於兵出無功之一事，而吾國之君臣舉措，與夫孝宗皇帝之政德，如日方升，較然而不可欺，故虜固不得而揣量其輕重也。嘗恠夫宋元帝誤聽人言，北伐不勝，而遂不可收拾也。夫到彥之輕舉妄動之失，是固然矣，然使元帝因此而究見天下強弱之實，則兵之損耗者不過一事而已。自江左與元魏對立而為南北，其間民生

之得所，法令之必行，其不逮北方遠甚者尚多有之。一敗之後，徐思南北賦役取於百姓者，孰為輕重？刑賞之施於臣庶者，孰為當否？人才之收蓄於上者，孰為少多？教化禮樂之墜失於民俗者，孰為失得？是則雖碻磝滑臺相繼不保，汲汲為之未為無再振之地也。奈何以兵籍口，一敗不勝，則君臣上下氣折消沮，甘心為萎弱之國，遂無復自強之意，而卒至於不可復為也。是雖誅戮王玄謨、到彥之之徒，亦何益哉？夫遇跌而加畏者庸也，因敗而為功者智也。古之善為國多在於失策之後，今日大勢使徒以已事之失，推之於勝負之末，則智者亦何以措其巧？夫惟因兵之不可用而知強弱之實，則始有可得而論者矣。

蔡戡論和戰奏曰：臣聞國之大事和與戰而已。好勝者必曰和可安也，而不知和不可久恃；好進者必曰戰可勝也，而不知戰不可輕舉。

是故人無一定之謀國無至當之策以和則苟安以戰則幸勝二者國之大事而漫浪如此宜其陛下宵衣旰食群臣朝思夕惟而不置也且以前事言之若和可久安耶既盟之後自宜息兵偃革講信脩睦為夷夏無疆之休雖卑辭厚幣有所不惜然而逆亮之來侵擾淮甸睥睨長江人心憂惶國勢危蹙幸而上天垂祐虜酋授首不然安危之機未可知也若戰可必勝耶王師所指自當長驅中原恢復土宇以舒祖宗在天之憤雖勞師費財在所不顧然而符離之役大臣不審事機諸將多違節度成師以出棄甲而來幸而賊勢自驕凶逆方潰不然成敗之勢亦未可知也戰也和也率漫浪而為之自非九廟之威靈兩宮之神聖德動天地恩結人心寧有今日乎臣竊為今日之計當以戰為實務以和為權宜和非誠和也必陰為可戰之備戰不徒戰也宜先為必勝之資戰固不可速亦不可緩以中原人心觀之太緩則恐失可乘之機以今日事勢言之欲速則未有必勝之道臣區區管見如此不得不為陛下盡言也臣在華流中最蒙陛下親擢臣感慨發憤思有以報萬一伏自分閫山南號為重寄總事權則歸宣司兵馬則隸諸將雖有二千里方面之責實不得有為於其間臣聽理民事之餘亦不敢仰辜陛下使令之意唯是多捐金帛密詢虜情凡能言敵人之虛實中原之向背與夫歲日出師之得失者靡不委曲誘之使言博采審聽頗得其要臣所謂以中原人心觀之戰不可緩者蓋女真本一小國弃有契丹中原之地類多契丹中原之人遺種所存蓋亦無幾後來生於中原者父雖虜種母實華人夷狄之情視其母尤親恥其父為虜驕縱懦弱習與性成非復昔日女真也女真向者恃強憑陵大國盡滅契丹而籍其地虐其民契丹之人怨之至骨則契丹非我敵矣而況中原赤子苦於苛政上下睽離

自懷聖化至于朝廷豈不念我華國家二百年之民而使久陷偽虜至於此極也凡有此中間探往往相與隱藏通情每言之每恨王師之不出雖前此出師失律干紀無所不至亦未嘗怨及朝廷唯俟王師再舉人自為戰誓滅此虜其間適於事變者乃云以多寡論之豈是中原陷虜乃是虜陷中原言之及此人心可知矣若不因中原愛戴之誠乘機制勝萬一草間豪傑蜂起恐不復為我臣所謂戰不可緩者此也臣前所謂以今日之事勢言之戰不可速者蓋戰之所恃者將也將之所恃者兵也將之能否三軍之存亡係焉兵之強弱一國之利害係焉故將帥不可不擇而軍士不可不精也今之所謂將者或拔於行伍而驟用或取其家世而因任或以積日累月次第而遷或以片言一長偶合而得未聞有尺寸之效積素之威可以服人心而叶衆論甚者懵不曉兵機漫不治軍政惟知刻剝軍人聚斂財賄內以供庖傳之費外以充苞苴之資凡可以文兵權便私計者無不為也凡籍伍符虛實相半老弱居其一工匠居其一俳優居其一輿隸胥吏居其一詭名冒籍者無所不有則是朝廷養兵萬人所可用者數千人而止耳至於軍籍刓缺往往掠市人而刺之非其本心唯去是計其間不逞無賴之徒利於所得朝應募而夕逃遁為主將者無以誰何姑任其去來而已治兵如此將何所用之它日豈不悮陛下大事臣所謂戰不可速者此也臣願陛下甘言厚禮外示和親選將厲兵內備武備凡自治之道汲汲而為之唯恐其不速出師之期徐徐而計之不嫌其少緩分遣二三大臣盡護諸將擇久經事任洞達兵機者付之閫外之寄總覈軍實無使老弱無用之人竄名其間將帥既擇軍士既精紀律既明教閱既熟度可用而用之更宜密遣間諜諭中原之民以朝廷未嘗一日忘之之意堅乃戴其心分散其衆

使華夏相疑。上下相咎。許之城邑以堅其志。察其好惡以順其心。使彼勢既睽。我衆可用。王師一舉。固當所向無前。譬之破竹之勢。數節之後。迎刃自解。我更如前日輕付之閫外之寄。不謀而用之。不知事機變很之心。臣未見其可也。兵法曰。先爲不可勝。以待敵之可勝。今敵人有可勝之機。而我未有必勝之理。日月難得。機會易失。惟陛下亟圖之。

歷代名臣奏議卷之二百三十四

歷代名臣奏議卷之二百三十五

征伐

宋寧宗嘉定九年。禮部侍郎兼侍讀袁燮上疏曰。臣聞用兵之道。有難有易。知其爲難。而求夫所謂易者。斯無敵矣。故兵法曰。古之善戰者。勝於易勝者也。湯武之師。東征西怨。南征北怨。自古用兵未有若是之易者。此所謂王者之兵有征無戰也。今邊事方興。一時士大夫不曰堅守。則曰進取。皆自以爲易而爲之。而實未嘗知所謂易也。故爲堅守之說者。則曰兵凶戰危。毫釐之差。勝負分焉。不若守之爲易也。真宗咸平中。固嘗專用此策矣。申勅諸將堅壁清野。毋與虜戰。不得已而出。止許城下布陣。亦不得戰。固以爲萬全之安矣。然虜師至於堅壁之下。過而不顧。長驅以至澶淵。厥後富弼言於仁宗。深以是爲戒。然則堅守之說。豈真易哉。言進取之說者。則曰北虜失其巢穴。游魂假息。棄信背盟。我以大義臨之。勢如拉朽。可謂易矣。然王師所指。翕然響應。乘此機會。鼓行而前。其亦可也。天時人事。苟或未至。而畢力戰攻。期於必勝。縱得一州一縣。不能固守。終必棄之。而我師已不勝其疲矣。何以善其後。然則進取之說。亦豈真易哉。臣竊以爲當今之討。縱不能如湯武之師。沛然若時雨之降。亦當求其差易者爲之。臣之所謂差易者。非有他術也。見可而進。知難而退。以漸圖之而已。今夫捕大魚者。非能於吞餌之初。一舉而獲之也。必少緩之。隨其所往。候其氣衰力竭。而後取焉。昔者伍員教吳王闔廬以敝楚之策。請爲三師以肄焉。一師至彼必皆出。彼出則歸。彼歸則出。亟肄以罷之。多方以誤之。既罷而後以三軍繼之。必大克之。此策既行。楚於是乎始病。唐安祿山之變。稱兵犯闕。所向無前。其勢張矣。李泌陳困賊之謀。亦欲互出而擊之。彼救首則擊其尾。救尾則擊其首。使賊數千里竄於奔命我常以逸待勞至則避其鋒去則乘其弊然後大軍四合而攻之必成擒矣周世宗之興也王朴獻開邊之策謂唐與我接境幾二千里其勢易擾也擾之當以無備之處為始備東則擾西備西則擾東彼必奔走而救之奔走之間可以知其虛實強弱然後避實擊虛避強擊弱未須大舉但以輕兵擾之唐人聞警必出兵師數動則兵疲財竭我可以乘虛而取尤伍員李泌王朴皆一時英傑深於謀國者也而三人之言皆欲先困之而後取之其功雖若少緩而十全無失適所以為甚速也今之言兵者非怯於應敵則勇於輕敵其失均焉間有稍知兵者則欲仗土豪以集事土豪誠可用也然無以大服其心亦豈遽為吾役結以恩信厲以忠義如家人父子親密無間時出而用之毋僥倖於一勝庶乎其有功矣此臣所謂差易之失也惟陛下亟圖之

寧宗時蔡又上便民策曰臣聞天下之利害有若不相及而實相關者兵荒之餘強狡竊發雖非臣之所泄然古語有之城門失火殃及池魚臣亦豈得不為之慮哉夫兵凶戰危決機於俄頃之間小不如意敗衄隨之故曹公敗於周瑜劉先主敗於陸遜關羽敗於呂蒙杜曾敗於周訪彼皆一時之傑未免乎敗可不謂難乎既難矣精思熟講求夫所謂易者斯可矣書曰思其艱以圖其易非兵說也而可用於兵孫武曰古之善戰者戰於易勝者也此則兵家之格言察其虛實計其強弱必可克也而後接刃必可取也而後進攻從容指麾莫之能禦是謂易勝根未搖而拔之果未熟而取之無必勝之算而僥倖以成功不既憂憂乎昔者七國叛漢周亞夫提三十六將軍仗大義以伐之可必克矣乃堅壁不戰以梁委之絕其糧道待其飢困已甚人無鬭志渙然而散也始以勁兵躡之趙充國解散虜謀邀極乃擊先零竟以破降而罕开不煩兵而服王國圍陳倉董卓欲救之皇甫嵩不許及賊攻之不拔疲敝解去嵩乃進兵擊之此皆明乎易勝之說堅忍以待機會者如此彼不達兵要者聞然遲之不知夫少遲者乃所以速而速者未必不愈遲也今潢池弄兵我以大軍壓之勿與交鋒而待其斃何慮不克擣其巢穴而徼倖於一勝豈萬全之策哉軍志曰先人有奪人之心後人猶待其衰所謂先人者乘其無備發於不測若前史所載未陳而薄之半濟而擊之是也若夫敵衆集矣營壘固矣氣勢盛而備禦周矣則當舒徐以待其衰豈可輕哉或問臣曰覆其巢穴自古有之何故不可臣應之曰賊衆在外餘兵在內其守必弱乃可擣其虛尒番禺者盧循之巢穴也循悉師以抗宋武故孫處得以擣番禺之虛蔡城者吳元濟之巢穴也元濟聚精卒抗李光顏故李愬得以擣蔡城之虛今賊勢未衰聚兵積糧據險以拒

我師而可擣乎光朝西師之興范仲淹韓琦為之統帥仲淹深於知兵未始接戰惟築城以逼之庶乎所謂不戰而屈人兵者琦勇於集事任福葛懷敏之徒又皆輕敵夏人誘之深入其中腹背攻之師徒撓敗可以為鑒矣雖然今所募死士皆生長於盜發之鄉其勇悍善鬭與賊相若其習於險阻與賊相若以是擣之庶其可乎曰兵法諸侯自戰其地為散地言其家不遠急則潰歸故謂之散未見其可恃也唐李元平募工徒以治城李希烈潛遣壯士數百知應之未幾賊兵突至其黨納之縛元平焉士亦豈易募哉雖然不募則不可要在精審而已審擇其人果可倚仗而後取之據要害之地以為壘張犄角之勢以相援伺賊之出或衝其膺或擣其脊或攻其脅賊心疑懼四顧無敢輕動而吾民得耕種於其間是足以待其衰矣吾威日壯彼勢日削析哀請命則許其降困獸猶鬭則與之戰在一舉手間尒

此臣所謂易勝之策。敢以為今日獻。
衛涇進故事奏曰。乾德二年。王師伐蜀。太祖設氈帷於講武殿。紫衣
貂裘帽以視事。忽謂左右曰。我服如此。體尚覺寒。念西征將帥。衝犯
霜露。何以堪處。即解所衣貂裘。遣使馳驛賜王全斌。仍諭諸將以不
徧及也。全斌拜賜感泣。
臣竊謂用兵重事也。師旅之行。聖主常有惻怛怵惕之心。故其
暴露勞苦。雖在將校士卒之身。聖主每若以己臨之。是以隆冬
而察其祁寒皸瘃之患。大夏而念其溽暑瘴熱之煩。惻焉有所
不安。是以天下知人君用兵謹重之意。而忠臣誼將聞其言而
感發。則說以忘勞。孰不奮身而致命。趨事而圖功哉。六月之詩
曰。戎車既安。如輊如軒。當此之時。民無疲困之嗟者。蓋用是為
也。我太祖皇帝興念西征將士之艱難。序其情而閔其勞。至仁

之心。對越天地。寒燠之變。其謹其重不敢忽易如此。則其激勵
王師。豈區區所謂挾纊投醪可以髣髴其萬一乎。不特是也。其
興討澤潞詔音諄然有曰。當九夏之炎蒸。念六師之勞苦。太宗
皇帝并汾之詔。亦曰冒暑天之炎酷。涉山路之險巇。深以勞師
動衆為念。大哉斯言。此其所以成汛掃宇內之功歟。夫舉至尊
之事者。必懷無易之心。處至尊之極者。當體至勞之役。蓋烈祖
興邦之至慮。今日之所宜取法者也。
涇又進故事曰。後周顯德元年。北漢入寇。周世宗大敗漢兵于高平。
初馬軍都指揮使樊愛能。步軍都指揮使何徽。與北漢兵遇。輒引騎
兵先遁。至是世宗欲誅樊愛能等以肅軍政。猶豫未決。以其事訪殿
前都指揮使張永德。對曰。愛能等素無大功。忝冒節鉞。望敵先逃。死
未塞責。且陛下方欲削平四海。苟軍法不立。雖有熊羆之士。百萬之
衆。安得而用之。世宗稱善。即收愛能。徽。及所部軍使以上七十
餘人悉斬之。世宗以何徽先守晉州有功。欲免之。既而以法不
可廢。遂并誅之。自是驕將惰卒始知所懼。不行姑息之政矣。及
賞高平之功。將校遷拜者凡數十人。士卒有自行間擢主軍廂
者。
臣謂國家之廢興。繫乎紀綱。紀綱之脩壞。在乎刑賞。古今
未有舍是物而能立其國者也。嘗讀夏商之書。誓軍之法
嚴厲若此。與其他憲度凜然不同。誠以嚴於用衆者。迺所
以不輕用其民也。易曰。師出以律。而其象以正與剛為主。
蓋非正不能以用律。非剛不可以行律。晉文公克城濮之
功。必正顛頡祁瞞舟之僑之罪以徇于師。君子謂文公三
罪而民服。不失賞刑之謂也。淺淺霸業。猶知紀綱之必肅

況有天下之大乎。周世宗雖叔世之事。而振偷革惰。亦足
以興起國人之心。高平之役。將驕士玩。望風輒遁。幾敗國
事。樊愛能何徽皆以先朝宿將。無所容貸。而後紀綱可舉。
所謂軍法不立。雖有熊羆之士。百萬之衆。安得而用之。誠
哉至言也。夫用衆臨敵。法令必明者。蓋能使將士畏我。則
不畏敵。苟不畏我。則皆畏敵矣。若人人皆畏敵。則緩急豈
不大可慮乎。自古敵國相持。士卒之衆寡未論也。甲兵之
利鈍未論也。紀綱一整一玩。則整者勝。法令一嚴一弛。則
嚴者勝。我藝祖皇帝汛掃天下。精兵不過數萬。常以少擊
衆。蓋謂此爾。觀其治王全斌討蜀不能戢師之罪。正行營
諸將交州失律之誅。戮石進等汾州不效命之失。威令剛
斷之必行。則紀綱之肅可睹矣。成憲昭然。周世宗之事又

未足多論也

兼資善堂直講韓侂冑建開邊之議以堅寵固位。已而邊兵大衄。詔在位言事。起居郎史彌遠上疏曰。今之議者。以為先發者制人。後發者制於人。此為將之事。施於一勝一負之間。則可以爭雄而捷出。若夫事關國體。宗廟社稷所係甚重。詎可舉數千萬人之命輕於一擲乎。京師根本之地。今出戍既多。留衛者寡。萬一盜賊竊發。誰其禦之。若夫沿江屯駐之兵各當一面。皆所以拱護行都。尤當整備。繼今勿輕調發。則內外表裏俱有足恃而無可伺之隙矣。所遣撫諭之臣。亦令按歷邊陲招集逋寇。戒飭將士固守封圻。毋惑浮言以撓吾之規。毋貪小利以召敵之釁。使民力愈寬。國勢逾壯。遲之歲月。以俟大舉。實宗社無疆之福。

楊簡上疏曰。臣聞北使不恭。國家不遽進討。而猶養威持重。廟謨深長。非小臣所敢窺測。而區區有不能自已于中者。輒敢陳之以助成大美。以助成萬全之功。臣竊惟當今急務有二。其一曰。國家舉大事。必上當天心。上帝以為可戰則戰。上帝之心以為未可戰則勿戰。何以知上帝之心可不可。易曰。天地之大德曰生。上帝視南北之民一也。惟無道之甚者則誅之。未至於甚。人心猶未盡離。則猶有敵者。苟亟戰。則使南北無罪之民肝腦塗地。豈上帝之心哉。必彼無道至甚。民心盡離如獨夫紂。則帝乃震怒。前徒倒戈矣。是為湯武之師。是為萬全之功。故古志曰。行一不義。殺一不辜。而得天下。有所不為。公羊九世復讎之論。非春秋本旨。臣私憂過計。懼書生執公羊之說以進。急於戰而猶未當乎上帝之心。陛下自有湯武之心。臣願陛下成湯武之事業。其二曰。將如父。卒如子。而後可以成功。竊聞軍帥多剋剥諸軍。怨讟盈于聽聞。又聞有軍衆大會。當聲喏而忽不聲喏。旁觀大駭以為變在頃刻矣。僅幸而免。臣聞此不勝為國家恐懼。猶恐傳聞失實。未必有是。果有是事。則豈可不亟罷其帥。陛下近施行其偏裨之剋剥者。其帥當少警。然軍心積怨。恐終未平。危哉。措火薪下。雖未及燃。豈不大可懼。陛下何不亟罷剋剥之帥。乃擇不以官職為意。不受私謁之人。使詣彼集軍衆而點摘其人。至前。辟左右而問之曰。軍中何人可以為帥。如此點問于再于三。至于十百。其所言同。則其人可用矣。用斯人為帥。則豈不大勝舊帥。則三軍鼓舞。士氣百倍矣。又得元帥大賢大智習知將略者。訓治諸軍。數年後庶其可用。然又有大患二。其一曰。內外官司猶未盡得其人。得其人。又當久其任。久任而後有事功。今官司如傳舍。小民窮困思亂者多。今盜或起。雖閫帥邊守禦備脩治。若守令與其屬未皆賢智。設皆賢智而不久任。則何暇治安民事業。何以治民兵使固守以禦大敵。絕日向以助成大功。其二曰。國初用兵取一大國。行賞不過人數百。嚮者都督張浚厚賜諸軍。大踰常度。後財用不繼。至於說厚積之家使之獻納。計亦窮矣。雖軍情大悅。到于今思之不忘。而後人不可繼。罰賞不逮。則軍心已不滿矣。此也。訓之以義。使諸軍明知國家財用有限。賞賚漸復其常。以正理開諭。則軍心久而自服。乃肯用命。臣區區愚衷。惟陛下財幸。

理宗時翰林學士知制誥真德秀上奏曰。臣一介迂疎。蒙陛下寘諸禁林清切之地。蓋歐陽脩所謂官為學士。職在論思者。而供職以來。五閱旬浹。未有秋毫裨益聖政。私自慚負。無所措躬。然夙宵憂念。推在國事輒以區區愚管冒昧有陳。臣竊惟今日不幸當權臣積壞未易理之朝廷。又不幸值强大崛起未易勝之鄰敵。又無故先挑不可開之邊隙。而欲以東南一隅之力守江淮以北千百里之故疆。此勢之所甚難。而時之所未可者也。士大夫苟忠於國孰不危之。然知其危而不圖所以安。是徒知警前之失。而不恐今之衍也。臣謂前日之失在於輕敵。今若懲之。而一於畏敵。則其失將有甚焉者。昔越王句踐違范蠡之諫驟舉伐吳。以取夫椒之敗。而有會稽之棲。然能懲前之失。所以自謀者益深。而謀敵者益審。動心忍性二十餘年未嘗逞忿而輕發。亦不僥倖而自沮。養剛强票鋭之力於安徐重固之中。韜憤切雠疾之意於柔伏卑詘之際。卒以報吳而撕朝於中國。唐德宗繼肅代委靡之後。鋭於削平僭叛。征伐四出。躁動寡謀。一遭涇原之變。苶然沮喪。姑息藩鎮甚於肅代之時。自是主威下陵。終其身不復

振。二君之始。輕於舉事則同。而持之於末則異。所以有勝負强弱之分也。昨者王師之出。爭議盈庭。一不暇顧。違諫寡謀。視昔何異。天胙宋室。使偏師挫鋭而歸。欲聖心昭然覺寤。知敵之未易圖。而功之未易就也。知敵之未易圖。而爲謀益深。知功之未易就。而用力益倍。强勉砥礪。不肯苟安。則句踐之功猶有望於後日。若曰敵不可圖。而委之不復圖。功不可就。而安於無所就。頹惰廢弛。亡復自奮。臣恐其患不獨如德宗而已也。何者。雠人雠我之深。其思報也必力。舉兵愈緩則其爲計愈工。而我方靡然創艾前事。幸其真有愛我之情。冀和好之亟就。豈不誤哉。靖康之初。國勢尚可强也。徒以一時群臣類多姦諛怯懦之儔。豢於富貴安佚之久。一聞金賊之名。則魂褫魄喪。不能自持。目此如雷電鬼神之不可測也。不惟畏虜。抑且譽虜。故遂返强而爲弱。紹興之初。國勢非不弱也。惟我高宗崎嶇跋涉之餘。熟知虜

情。非僥倖怯請和之可以弭患也。淬厲軍政。蒐拔將材。宰臣如呂頤浩趙鼎張浚更迭用事。皆以整戎經武爲己任。而諸將若韓世忠岳飛吳玠張俊楊沂中劉錡之徒。分控要衝。敵至輒破。不惟憤虜。且欲吞虜。故能轉弱而爲强。方其始也。祈哀請命之使相尋於穹廬。屈服之間。未有得其要領者。而駟驂朝馳邊烽夕警。則數數然也。及王師累捷。虜威積挫。而和議之端乃自彼發之。以是知戎羯之情。可以威制難以禮結。從來尚矣。爲今之計。功雖未可遽圖。而剛毅奮發之志在陛下則當自勉。兵雖未可再舉。而戰攻扞禦之備在廟堂則當亟講。君臣之間。相與策勵。必如句踐之自强。毋若德宗之自沮。懲靖康畏敵之失。而法紹興制虜之謀。則國勢之振。且有日矣。臣不勝惓惓。

德秀又奏曰。臣載惟今日。必先深爲制敵之圖。然後能不蹈畏敵之失。然制敵之事固亦多端。而臣所欲言其大者有二。一曰經武。二曰

博謀。臣觀方今之勢。非可以承平無事治也。其必振厲威武。如創業中興之時。然後能轉弱爲强。以底泰山四維之固。何者。彼韃戎之暴固已憑陵函夏。蹂躪河嶽。而欲甘言以啗我。狡謀以窺我。我方崇飾文治。雍容暇豫如平時。深恐無以杜覬伺之萌。而折陸梁之氣也。昔我藝祖肇造區寓。而北狄尚强。四方未一。故聚驍勇於京師。壯爪牙於宿衛。今日幸造船池以習戰也。明日幸飛山營以閱礮也。武事之精。近世無匹。用能方行四表而坐服醜夷。及我孝宗躬受付託之重。欲成復雠之勳。亦於軍政極意簡練。今年大閱于白石。明年大閱于茅灘。躬御戎服。震揚天威。而鐵騎之射御自聖意。偏校小卒皆得奏技於萬乘之前。以希一命之賞。當時將士莫不競勸。雖值虜方張。勳未克集。亦以大競王室。使醜虜不敢渝盟者垂四十年。詩曰。王赫斯怒。爰整其旅。又曰。武王載旆。有虔秉鉞。如火烈烈。則莫我敢遏。此古

聖人之神武也。藝祖孝宗實有焉。臣願陛下考兩朝之故實，舉自新歲而講行之，以昭聖武，以衣戎容，以作士氣。或謂審爾則勞師之費殆且不少。臣曰：祖宗內庫之儲，夫固為講武設也。聖明在上，歷履節儉，無橫恩，無濫予，獨不可舉之以備武講乎？況以國勢積弱之餘，不若是無以奮張而興起之，此制敵之要一也。昔三國鼎峙，蜀名義最正，而地最褊，兵最弱，諸葛亮以區區一隅當中原全力，迄能自立者，由其集衆思，廣忠益，不以己之智為智，而兼衆人之智為智，故其言曰：違覆而得中，猶棄敝蹻而獲珠玉也。異時兵少失利，則命其僚勤攻己缺，不以為諱。維此盛心，千載可仰。前日之怙權顓制者，足已自任，養成深患，不可追已。今廊廟大臣謙虛無我，休休焉有亮之心，獨於軍旅事宜，務從秘密，往往弗暇僉謀。故不惟朝列莫知，而宰府樞庭之掾屬亦鮮知之者。不惟掾屬莫知，而二三執政亦或有不與知

者。毫釐之差，動關成敗。其可忽諸？紹興初，嘗詔邊防兵機事體稍大者，三省密院共議奏陳，而府屬官亦通書檢，蓋重其事而公共之。此今日所當按以為法者也。然中書門下後省與尚書六曹之官，亦皆宰府之屬，而舉朝文武孰非願效廟堂之任使者？儻於其間遴柬通明詳練者數人，以備咨訪，凡兩淮荊蜀山川之險易，將帥之能否，士卒之衆寡，糧儲之虛實，分委討論，畫之為圖，著之為錄，俾三邊利病了然在目，事關邊鄙者，僚屬僉議之，執政審裁之，然後折衷於宰臣而奏行焉。如此，則朝廷得操約御詳之體，疆埸無失機誤事之悔。而又明詔在廷百執事，各思治兵禦戎之策，許以非時陳獻，輪對轉對必先當務之急。睠其所論之當否而為陞黜焉，草茅韋布之士有言邊事可用者，精擇錄之，則彼將輕千里而來告矣。或謂與聞兵議者多，豈無機事宣洩之虞？臣曰：不然。一介之士必有密友，況朝廷之大，

寧無十數忠謹沉實之臣可與帷幄之秘者乎？夫有烏獲之力者，可以舉百鈞，力苟不逮焉，則合衆人而共舉之，是亦烏獲也已。況天下重器，非百鈞之比，而危機交急，又非平時之比。廣謀從衆，庶幾有濟。此制敵之要二也。惟陛下不以臣迂且繆而忽其言，則凡智識之高於臣者，且將交進忠益，愚者一得，聖明其擇焉。

貼黃：臣謹按建隆三年十一月，大閱于西郊。帝謂近臣曰：自頃禁兵雖多，未嘗訓練。朕昨蒐去冗弱，遂為精兵，故因時而教習。此藝祖之故事也。乾道二年十一月大閱于白石，四年十月于茅灘，六年十二月又于白石。淳熙四年十二月又于茅灘，十二年十一月于龍山。此孝宗之故事也。今近而可考者莫如乾淳，方其時，上有兩宮之奉，下有遺虜之須，又於二十八年之中，五舉大閱，而鐵蘗之射劍於十三年春，優加賞賚，又不與焉。蓋節儉

不妄費之效也。先是犒士之費出於左帑南庫。及己巳大閱，宰臣以故例請，上曰：慶分已定，止合內庫支可也。朕樁積此錢，初無他用。是歲犒賜凡見鏹三十六萬緡，都城會子為之增貴。今內帑之儲，豐耗饒乏，非臣所得聞。然當此用師之時，惟撙節他用，一以助軍旅之費可也。近者臺臣李鳴復、郎官鄭實因對有陳，各已詳悉。願明詔大臣，推行其言，置局委官，速加考覈，舉凡浮冗不急之費，悉蠲除之，早行一日，則有一日之效。若上欲崇飾私奉，下欲顧徇人情，以浮費為不可錯，以武備為不必講，臣恐一旦事至，將有不可勝窮之悔。惟聖明垂意。

淵弊俞進故事奏曰：周世宗擊北漢主劉崇於高平之南，樊愛能、何徽引騎兵先遁，帝欲誅愛能等以肅軍政，猶豫未決。張永德曰：愛能等望敵先奔，死未塞責。且陛下方欲削平四海，苟軍法不立，雖有熊

罷之士。百萬之衆。安得而用之。帝擲桃於地。大呼稱善。即收愛能徽及所部軍使以上七十餘人悉斬之。自是驕將惰卒始知所懼。不行姑息之政矣。

臣聞軍國之綱紀莫大於賞罰。有賞而無罰則恩褻而威不振。白刃在前。誰肯委命。此軍法所以不立也。近年以來。僨軍之將。未嘗有顯罰。間鐫其階。隨即牽復。曾無損於毫毛。故皆以棄甲曳兵避死趍生為得計。朝廷姑息將帥。將帥姑息士卒。未戰即潰。既潰即招。望風散奔。恬不為恠。於是兵律壞。國勢微矣。英主欲大有為。宜以世宗高平之事為法。

舜俞又進故事曰。魏世祖東如許昌。大興軍伐吳。親御舟。循蔡潁浮淮如壽春。至廣陵。吳徐盛為疑城。自石頭至江乘。一日而成。又大浮舟艦于江。時江水盛長。帝臨望歎曰。魏雖有武騎千群。無所用之。未

可圖也。帝舟遇暴風漂蕩。幾至覆沒。乃旋師。

臣聞江流湯湯萬古一天險也。而飛渡者有之。曹操之至赤壁。曹丕之至廣陵。佛貍之至瓜步。逆亮之至采石。皆望洋奪氣。或且送死。豈長江隨時而為險夷耶。天險在勢。人險在德與政。君無闕德。天人交助。夫誰敢犯之。其次朝無闕政。紀綱立。賞罰明。號令信。任賢使能。各當其材。則人謀咸贊。國勢增彊。坐有以制勝矣。丕之再飲江窺吳。輙自廢而返。非特川后之効其靈。孫權為國。靡政不舉。謀臣勇將咸樂為用。疑城相望。巨艦相銜。而丕膽落。天限南北。宜其不敢以一衣帶水易視之也。是知天險待人險而固。德政增脩。勝勢在我。東南有太山之安矣。

許應龍進故事曰。真宗朝。平契丹。其將曰李繼隆馬知節高瓊。契丹既請和。召宰相樞密宴於行宮。時李繼隆石保吉預焉。保吉曰。臣荷駐輦復遇寇戎。雖動遵聖略。然布陣使人。皆繼隆指畫。繼隆曰。契丹敗衂。皆出宸謀。然分憂用心。躬率將士。不如保吉。上曰。將士如此協和。共圖勳業。軍旅之事。朕復何憂。以巨觴賜之。高宗朝。劉光世韓世忠等朝辭。上曰。有告朕光世與世忠有小嫌。意不釋然。朕知決無此。烈士當以氣義相許。先公家之急而私讎小嫌何足校。縱有睚眦。今日朕為分之。宜釋前憾。二人感泣再拜。臣聞天下之事。成於自同。而敗於自異。以師克在和而不在衆。為將帥者苟不戮力一心。互相傾軋。則事功扞格。勳業何由而成。然同功則相忌。雖廉頗之賢。猶不能免。況其下者乎。惟忠於衛上者。則先國家之急而後私讎。如藺相如之用心。則并謀合智。尚何彊敵之足慮哉。奈何人心多私。惟欲求勝賢者妬之。能者嫉之。應援則蓄縮而不前。獲捷則攘奪以為功。甚至變易是非。百計詆毀。惟恐其成。而幸其敗。既無同舟共濟之意。遂至

形單勢弱。大敵莫當。敗衂之患。大率由此。漢武之世。兵數大出。元朔元年。衛青以三萬騎有功。元狩四年。青以五萬騎無功。夫兵有多寡之不同。而功乃成敗之相反。豈前勇而後怯耶。蓋元朔之役。諸將校力戰。公孫敖從大將軍獲虜。韓說從大將軍獲虜。李蔡趙不虞公孫戎奴又從大將軍獲虜。元戎與列校和協如此。是以兵雖三萬。亦能取勝。元狩之行。霍去病始寵。青之眷始衰。分兵出而敢戰之士皆屬去病。青由是不平。廣願先當匈奴。而青并出東道。廣固辭之。青固遣之。廣卒以失期敗。而青亦以不見敵不封。是知將帥不和。兵雖五萬。亦不能成功。由此觀之。則師克在和不在衆。真至當之論也。肆我真宗。聞繼隆保吉更相推遜。深嘉而屢獎之。謂將士如此協和。共圖勳業。軍旅之事。朕復何憂。高宗因劉光世韓世忠有小嫌。丁寧戒諭令以氣義相許。先公家之急而無校私讎。今日朕為分之。遂皆感泣

竟能協力以成紹復之功。今日疆埸未寧，正賴將帥同心，合謀綏急之際，當慮唇亡則齒寒，亟於救援，庶幾首擊而尾應，易於成功。倘以祖宗成訓，昭示將帥，必能仰體上意，無間彼此，以圖剋復之勳。然而惟賞無常，既功輕重，苟功多者賞不厚，則宣力者有不滿之心；無功者不辨別而例加褒擢，則用命者懷不平之念。既不滿而不平，必相傾而相忌。戒飭雖至，豈能強使之和哉。必處置得宜，能服其心，如裴度所言，則感激思奮，相與協謀，戰必勝而守必固，中興之功，日月可冀矣。惟陛下與大臣亟圖之。

龍圖閣直學士知江陵府李曾伯上疏曰：臣不避天威，輒有聞奏。臣粗習為吏，本非知兵，正以守邊之罔功，願致為臣而俾去，不當再有陳述。實緣舊嘗因襄樊之新復，不得不並用征築之策。近者因淮寇之未去，未免復畧調掌制之師。大槩皆用寡以襲虜，初非敢動衆而

黷武，幸無損失。所向捷聞，皆宗社之有靈，與將士之僇力。屢俘酋首，稍懾戎心。前後亟已奏陳睿聽外，惟是襄均守倅累以兵明來告，謂河南惟鄧為大賊兵所屯，去襄纔百八十里。鄧不去，則襄樊均郢皆不得安。程進屢有結約，欲以兵取王登，相與商確，每贊其決。臣自度無羊祜陸遜之才，且懼犯蔡謨孫綽之戒，與之論難反覆，非止一次。臣始語之以端平前我有襄，金人未嘗無鄧，不必去鄧而襄自可立。進等則曰：金人有鄧，不足憂；韃人在鄧，不可玩。臣又語之以襄我舊物，得之尚慮難久；鄧陷虜已幾年，縱得之，豈為我有乎？進、登等則曰：得之非為能守，止欲平其城，毀其巢，使賊不得籍資糧以為我患。臣又語之以平其城，係其不復立乎？雖鄉無資糧，豈敵他無齎糧乎？進、登等又曰：賊城之毀者多不復立，賊糧之遠者則未易致。臣又語之以襄我當復，人尚以挑敵言，鄧乃券外，不幾深結敵憤，徒厚其毒乎。

進、登等又曰：取之賊至，不取賊亦至；取則賊有所畏而無所資，不取則賊有所資而無所畏，賊能以春冬撓我，我豈不能以暑月撓敵？臣又語之以復襄，上命也，師出猶為有名；取鄧非上所命，師出安得常勝？進、登等又曰：將在外，大夫出使，事有當為專之可也，豈可先以利鈍一其心哉？臣又語之以襄復未久，元氣未固，果欲有志乎此，猶當稍待歲月，視吾力有餘而後可及。進、登等又曰：機會難得易失，智慧不如乘勢。鄧適人心離，兵戍虛，失此不取，異時賊添重屯，不可取矣。臣又語之以兵家知彼知己者勝，不知彼知己者敗。今鄧之諜傳雖爾，安知賊不匿其大馬壯士，多詐以誤我，且宜謹護於士氣，未可輕用於國威。進、登等以此其議稍沮，乃若不過仰之慶許酬應從事，攻撓，姑翦其枝，以攻其心，此策蓋亦不可廢。者近因程進等全師告捷，將士為之踴躍思奮，臣已即行下諸郡，諸軍並仰休息，且當養威持

重，以備秋防，豈敢再有它議。今月二十五日，忽得王登覩劄，具言鄧有可勝者十，欲於六月間襄用三千人攻其南，均用二千人撓其北，尅期併力，齊集城下，柱其城門，若有內應則納其降而夷其城，若無內應則掠其野而俘其衆，往來之間不過十日，鄧不降則走耳。臣詳讀其書，如登亦可謂忠於謀國，勇於任事，其言固未必皆是，其策亦不可盡非。臣周旋邊疆三十年，亦嘗屢為人幕客，觀登議論，委所不及。所請固非有甚高難行之舉，但以六月出師，士卒未免於勞動，兩軍對壘，利鈍不能以逆知，雖邊臣有志之可成，恐或議無故而輕舉。從之固不敢當此責，止之又無以塞其言。昔諸葛亮不用魏延之謀，趙奢能用許歷之策，一取一舍，成否係焉，用敢以登覩劄繳塵睿覽，臣已報之，緣見乞休，致令登需聽宸算。伏望聖慈宣示輔臣，詳議可否。如其說可行，乞檄制京西安撫副使高達斟酌調遣，其一行錢糧

金王登覲往軍前任責應辨只許限以往來旬日保無蹉失乃可發用如其說難從伏乞留中免賜施行仍劄本司遵守

度宗咸淳九年起居舍人高斯得進故事曰曹劌曰夫戰勇氣也一鼓作氣再而衰三而竭彼竭我盈故克之

臣聞軍旅之事以氣為主然而氣不自昌也養之使壯厲之使剛則由乎上之人焉養之使壯者平居之時訓之以孝弟忠信導之以尊君親上在上者恤其飢寒無使有歎息愁恨之心為將者同其甘苦無使有椎剥侵寃之患厲之以剛者有事之時勸之以醲賞厚利切之以信誓明盛令血吮瘡以結其心釃酒椎牛以快其欲夫如是則居也不餒其動也不懾矣其或平日空乏其體膚凍餓其妻子賞罰不公以激怨陞黜不當以召怨臨戰恩意不足以鼓舞其心號令不足以聳動其聽臨之以異

類之帥將之以逗撓之夫大敵在前其不葸然懼渙然離奉頭而竄厥角而降者鮮矣臣竊觀今日沿邊將士氣之索也甚矣敵築城於我疆視之如不見敵掠民於吾境聽之如不聞俘馘之而不恥係累之而不怒棄君父如弁髦赴異域如歸市以此衆戰而望其北首死敵蕃遮江淮難矣哉春秋傳曰子瑕卒楚師熸說者謂火滅為熸軍主喪亡故其軍人無復氣勢李陵之敗也夜半時擊鼓起士鼓不鳴臣謂今日疆埸之氣象似之曹劌曰彼竭我盈故克之臣不知彼盈我竭其當如之何也秋風一瞬奄奄氣象未之有改若之何不汲汲於改紀軍政以取覆敗乎雖然三軍之氣不振固可懼也士大夫之氣不昌尤可憂也上作而下不應君命而臣不承安揣輕重徘徊觀望其可憂可懼又非三軍衰竭之可比也臣憂愛之深愚戇妄發惟陛下與帥臣深念而亟圖之天下幸甚

遼聖宗統和二十八年謂群臣曰高麗康肇弒其君誦立誦族兄詢而相之大逆也宜發兵問其罪群臣皆曰可國舅詳穩蕭敵烈諫曰國家連年征討士卒抏敝況陛下在諒陰年穀不登創痍未復島夷小國城壘完固勝不為武萬一失利恐貽後悔不如遣一介之使往問其故彼若伏罪則已不然俟服除歲豐舉兵未晚時令已下言雖不行識者韙之

金煬王將伐宋太醫使祁宰欲諫不得見會元妃有疾召宰診視既入見即上疏諫其略言國朝之初祖宗以有道伐無道曾不十年蕩遼戡宋當此之時上有武元文烈英武之君下有宗翰宗雄謀勇之臣然不能混一區宇舉江淮巴蜀之地以遺宋人況今謀臣猛將異於曩時且宋人無罪師出無名加以大起徭役營中都建南京繕治

甲兵調發軍旅賦役煩重民人怨嗟此人事之不脩也間者晝星見於牛斗熒惑伏於翼軫已歲自刑害氣在揚州太白未出進兵者敗此天時不順也舟師水涸舳艫不繼而江湖島渚之間騎士馳射不可驅逐此地利不便也言甚激切

宣宗貞祐四年尚書左丞胥鼎上言近偵知北兵駐同耀竊慮梗吾東西往來之路遂遣河中經略使陀滿胡土門領軍赴援今兵勢將叩關矣前此臣嘗奏聞北兵非止欲攻河東陝西必將進取河南雖已移文陝州行院及陝西鄰境俱令設備恐未即遵行乞詔河南行院統軍司議所以禦備之策上以示尚書省宰臣奏兵已踰關惟宜嚴責所遣帥臣趣迎擊之及命鼎益兵渡河以掣兵肘制可既而鼎聞大兵已越關乃急上章曰臣叨蒙國恩擢列樞府凡有戎事皆當任之今入河南將及畿甸豈可安據一方坐視朝廷之急而不思自

舊。以少寬陛下之憂乎。去歲頒降聖訓，以向者京師被圍，四方無援為恨，明勅將帥，若京師有警，即各提兵奔赴，其或不至，自有常刑。臣已奉詔，先遣潞州元帥左監軍必蘭阿魯帶領軍一萬，孟州經畧使徒單百家領兵五千，由便道濟河，以趨關陝。臣將親率平陽精兵，直抵京師，與王師相合。又奏曰：京師去平陽千五百餘里，倘俟朝廷之命，方圖入援，須三旬而後能至，得無失其機耶。臣以身先士卒，倍道兼行矣。上嘉其意。

宣宗命鼎選兵三萬五千，付陀滿胡土門統之西征。至是鼎馳奏，以為非便。畧曰：自北兵經過之後，民食不給，兵力未完，若又出師，非獨饋運為勞，而民將流亡，愈至失所。或宋人乘隙而動，復何以制之。此繫國家社稷大計，方今事勢，止當禦備南邊，西征未可議也。遂止。

鼎為平章政事，封莘國公，奉詔伐宋，且令勿復有言以沮成筭。鼎已分兵由秦、鞏、鳳翔三路並進，乃上書曰：竊懷愚懇，不敢自默，謹條利害以聞。昔泰和間，蓋嘗南伐，時太平日久，百姓富庶，馬畜軍鈍，所謂萬全之舉也，然猶亟和，以偃兵為務。大安之後，北兵大舉，天下騷然者累年，然軍馬氣勢視昔才十一耳。至于器械之屬，亦多損弊，民間差役重繁，浸以疲乏，而日勤師旅，遠近動摇，是未獲一敵，而自害者衆，其不可一也。今歲西北二兵無入境之報，此非有所憚而不敢也，意者以去年北還，姑自息養，不然則别部相攻，未暇及我。如聞王師南征，乘隙併至，雖有潼關、大河之險，殆不足恃，則三面受敵，首尾負敵，得無貽後悔乎。其不可二也。凡兵雄于天下者，必其士馬精彊，器械犀利，且出其不備，而後能取勝也。宋自泰和再修舊好，練兵峙粮，繕脩營壘，十年于茲矣。又車駕近汴，益近宋境，彼必朝夕憂懼，委曲為防。况聞王師已出唐、鄧，必徙民渡江，所在清野，止留空城，使我

軍無所得，徒自勞費，果何益哉。其不可三也。宋我世讎，比年非無恢復舊疆、洗雪先耻之志，特畏威力，不能窺其虛實，故未敢輕舉。今我軍皆山西、河北無依之人，或招還逃軍，皆從歸國，大抵烏合之衆，素非練習，而遽使從戎，豈能保其決勝哉。雖得其城，内無儲蓄，亦何以守。不練烏合之軍，深入敵境，進不得食，退無所掠，將復逃遁，嘯聚為腹心患。其不可四也。發兵進討，欲因敵粮，此事不可必者，隨軍轉輸，則又非民力所及。沿邊人户，雖有恒產，而賦役繁重，不勝困憊。又凡失業寓河南者，類皆衣食不給，貧窮之迫，盜所由生。如宋人陰為招募，誘以厚利，使為向導，伺我不虞，突而入寇，則内有叛民，外有勍敵，未易圖之。其不可五也。今春事將興，若進兵不還，必違農時，以誤防秋之用。此社稷大計，豈特疆場利害而已哉。其不可六也。臣愚以為止當遴選材武將士，分布近邊州郡，敵至則追擊，去則力田，以廣儲蓄。至于士氣益强，民心益固，國用豐饒，自可恢廓先業，成中興之功，一區區之宋，何足平乎。詔付尚書省，宰臣以為諸軍既進，無復可議，遂寢。既而元帥承裔等取宋大散關，可保則保，不可則焚毁而還。於是鼎奏：臣近遣官問諸將，臣皆曰散關至舊關諸隘，其地遠甚，中間保壘相望，如欲分屯，非萬人不可。而又有恒州、虢縣所直數關，宋兵皆固守如舊，緩急有事，當復分散關之兵，餘衆數少，必不能支，而鳳翔、恒、隴亦無應援，恐兩失之。且比年以來，民力困于調度，今方春農事已急，恐妨農墾，不若焚毁此關，但屯遏隘以張其勢，彼或來侵，互相應援，易為力也。

時元帥内族承裔、移剌粘何伐宋，所下城邑，多所焚掠。於是鼎上言：承裔等奉詔宣揚國威，所謂弔民伐罪者也。今大軍已克武休，將至興元。興元乃漢中西蜀喉衿之地，乞諭帥臣，所得城邑，姑勿焚掠，務

慰撫之誠使一郡帖然秋毫不犯則其餘三十軍將不攻自下矣若拒王師乃宜有戮上甚是其言

大元兵越潼關而東詔尚書省集百官議右司諫兼侍御史許古上言曰兵踰關而朝廷甫知此蓋諸將欺蔽罪也雖然大兵駐閿鄉境數日不動意者恐吾河南之軍逆諸前陝西之衆議其後或欲先僉覘者伺趨向之便或以深入人境非其地利而自危所以觀望未遽進也此時正宜選募銳卒併力擊之且開其歸路彼既疑惑遇敵必走我衆從而襲之其破必矣

古以朝廷欲舉兵伐宋上疏諫曰昔大定初宋人犯宿州已而屢敗世宗料其不敢遽乞和乃勅元帥府遣人議之自是太平幾三十年泰和中韓侂胄妄開邊釁章宗遣駙馬僕散揆討之揆慮兵興費重不能久支陰遣侂胄族人賚乃祖琦畫像及家牒偽爲歸附以見丘

崇因之繼好振旅而還夫以世宗章宗之隆府庫充實天下富庶猶先俯屈以即成功告之祖廟書之史冊爲萬世美談今其可不務乎今大兵少息若復南邊無事則太平不遠矣或謂專用威武可使宋人屈服此殆虛言不究實用借令時獲小捷亦不足多賀彼見吾勢大必堅守不出我軍倉猝無得須還以就糧彼復乘而襲之使我欲戰不得欲退不能則休兵之期殆未見也況彼有江南蓄積之餘我止河南一路征歛之弊可爲寒心願陛下隱忍包容速行此策果通和則大兵聞之亦將斂跡以吾無掣肘故也河南既得息肩然後經畧朔方則陛下享中興之福天下賴涵養之慶矣惟陛下畧近功慮後患不勝幸甚

貞祐五年朝議欲復取會州尚書右丞左副元帥把胡魯上言臣竊計之月當費米三萬石草九萬稱轉運丁夫不下十餘萬人使此城一月可拔其費已如此況未必耶臨洮路新遭劫掠瘡痍未復所須芻粮決不可辦雖復取之慶陽平凉鳳翔及邠涇寧原恒隴等州亦恐未能無闕今農事將興沿邊常費已不暇給豈可更調十餘萬人以餉此軍果欲行之則數郡春種盡廢矣設使此城必得不免留兵戍守是飛輓之役無時而已也止宜令承裔軍于定西鞏州之地護民耕稼俟敵意怠然後取之

貞祐中主兵者不能外禦而欲取償於宋故頻歲南伐有言之者不謂之與宋爲地則疑與之有謀至於宰執他事無不言者獨南伐則一語不敢及禮部尚書兼侍讀楊雲翼乃建言曰國家之慮不在於未得淮南之前而在於既得淮南之後蓋淮南平則江之北盡爲戰地進而爭利於舟楫之間恐勁弓良馬有不得騁者矣彼若扼江爲屯潛師於淮以斷饟道或決水以瀰淮南之地則我軍何以善其後

乎及時全倡議南伐宣宗以問朝臣雲翼曰朝臣率皆謏辭天下有治有亂國勢有弱有強今但言治而不言亂言強而不言弱言勝而不言負此議論所以偏也臣請兩言之夫將有事於宋者非貪其土地也第恐西北有警而南又綴之則我三面受敵矣故欲我師乘勢先動以阻其進借使宋人失淮且不敢來此戰勝之利也就如所料其利猶未可必然彼江之南其地尚廣雖無淮南豈不能集數萬之衆伺我有警而出師耶戰而勝且如此如不勝害將若何且我以驕當彼之步理宜萬全臣猶恐其有不敢恃者蓋今之事勢與泰和不同泰和以冬征今我以夏往此天時之不同也冬則水涸而陸多夏則水潦而塗淖此地利之不同也泰和舉天下全力驅紀軍以爲前鋒今能之乎此人事之不同也議者徒見泰和之易而不知今日之難請以夏人觀之向日弓箭之手在西邊者一遇敵則搏而戰袒而

射彼已奔北之不暇。今乃陷吾城而虜守臣。敗吾軍而禽主將。曩則畏我如彼。今則侮我如此。夫以夏人既非前日。柰何以宋人獨如前日哉。願陛下思其勝之之利。又思敗之之害。無悅甘言。以貽後悔。

元太宗時。攻汴梁將下。大將速不台遣使來言。金人抗拒持久。師多死傷。城下之日。宜屠之。耶律楚材馳入奏曰。將士暴露數十年。所欲者土地人民耳。得地無民。將焉用之。帝猶豫未決。楚材曰。奇巧之工。厚藏之家。皆萃于此。若盡殺之。將無所獲。帝然之。詔罪止完顏氏。餘皆勿問。

憲宗即位。大舉攻宋釣魚山。命諸將議進取之計。术速忽里言於帝曰。川蜀之地。三分我有其二。所未附者。巴江以下數十州而已。地削勢弱。兵粮皆仰給東南。故死守以抗我師。蜀地巖險。重慶合州。又其藩屏。皆新築之城。依險為固。今頓兵堅城之下。未見其利。曷若城二城之間。選銳卒五萬。命宿將守之。與成都舊兵相出入。不時擾之。以牽制其援師。然後我師乘新集之銳。用降人為鄉導。水陸東下。破忠涪萬夔諸小郡。平其城。俘其民。俟冬水涸。瞿塘三峽不日可下。出荊楚。與鄂州渡江諸軍合勢。如此則東南之事一舉可定。其上流重慶合州孤危無援。不降即走矣。諸將以其言為迂。卒不用。

世祖在潛邸。方圖征雲南。以問徐世隆。對曰。孟子有言。不嗜殺人者能一之。夫君人者不嗜殺人。天下可定。況蕞尒之西夷乎。世祖曰。誠如卿言。吾事濟矣。

世祖即位。千戶郭侃上疏陳平宋之策。畧曰。宋據東南。以吳越為家。其要地則荊襄而已。今日之計。當先取襄陽。既克襄陽。彼揚廬諸城彈丸地耳。置之勿顧。而直取臨安。疾雷不及掩耳。江淮巴蜀。不攻自平。後皆如其策。

世祖時。乃顏叛北邊。詔李庭出師討之。而將校多用國人。或其親暱。立馬相鄉語。輒釋仗不戰。逡巡退卻。帝患之。浙西道儒學提舉葉李密啓曰。兵貴奇。不貴衆。臨敵當以計取。彼既親暱。誰肯盡力。徒費陛下糧餉。四方轉輸甚勞。臣請用漢軍列前步戰。而聯大車斷其後。以示死鬬。彼嘗玩我。必不設備。我以大衆踏之。無不勝矣。帝以其謀諭將帥。師果奏捷。

中統間。取宋襄陽。遂議取宋。昭文館大學士姚樞上言曰。陛下降不殺人之詔。伯顏濟江。兵不踰時。西起蜀川。東薄海隅。降城三十。戶踰百萬。自古平南。未有如此之神捷者。今自夏徂秋。一城不降。皆由軍官不思國之大計。不體陛下之深仁。利財剽殺。所致揚州焦山淮安人殊死戰。我雖克勝。所傷亦多。宋之不能為國審矣。而臨安未肯輕下。好生惡死。人之常情。蓋不敢也。惟懼吾招徠止殺之信不堅耳。宜申止殺之詔。使賞罰必立。恩信必行。聖慮不勞。軍力不費矣。

至元六年。世祖召總管萬戶攉伯衡問以征南之策。伯衡對曰。襄陽乃江陵之藩蔽。樊城乃襄陽之外郛。我軍若先攻樊城。則襄陽不能支梧。不戰自降矣。然後駐兵嘉定。耀武淮泗。事必有濟。帝善其計。

十八年。命左丞范文虎參政李庭以兵十萬航海征倭。颶風大作。士卒十喪六七。帝震怒。復命行省左丞相塔海征之。一時無敢諫者。江南諸道行臺御史大夫相威遣使入奏曰。倭不奉職貢。可伐而不可恕。可緩而不可急。向者師行迫期。戰船不堅。前車已覆。後當改轍。今為之計。預備戰艦。訓練士卒。耀兵揚武。使彼聞之。深自備禦。遲以歲月。俟其疲怠。出其不意。乘風疾往。一舉而下。萬全之策也。帝意始悟。遂罷其役。

二十三年。將伐交趾。吏部尚書劉宣上言曰。連年日本之役。百姓愁戚。官府擾攘。今春傳聞江浙軍民歎聲如雷。安南小邦。臣事有年。歲貢未嘗愆期。遣師生事。興兵。彼因避竄海島。使大舉無功。將士傷殘。今又下令再征。聞者莫不恐懼。自古興兵。必須天時。中原平土。猶避盛夏。交廣炎瘴之地。毒氣害人甚於兵刃。今以七月會諸道兵于靜江。比至安南。病死必衆。緩急遇敵。何以應之。又交趾無糧。水路難通。無車馬牛畜馱載。不免陸運。一夫擔米五斗。往還自食。外。官得其半。若十萬石。用四十萬人。止可供一二月軍糧。搬載船料軍須通用五六十萬衆。廣西湖南。調度頻數。民多離散。戶令供役。亦不能辦。況湖廣密邇溪洞。寇盜常多。萬一姦人伺隙。大兵一出。乘虛生變。雖有留後人馬。疲弱衰老。卒難應變。何不與彼中軍官深知事體者。論量萬全方略。不然。將復蹈前轍矣。及再征日本。宣又上言。其略曰。近議復置征東行省。再興日本之師。此役不息。安危繫焉。唆都建伐占城。而

海牙言平交趾。三數年間。湖廣江西。供給船隻軍須糧運。官民大擾。廣東群盜並起。軍兵遠涉江海瘴毒之地。死傷過半。即目連兵未解。且交趾與我接境。蕞尒小邦。遣親王提兵深入。未見報功。唆都為賊所殺。自遺羞辱。況日本海洋萬里。疆土闊遠。非二國可比。今次出師動衆履險。縱不遇風。可到彼岸。倭國地廣。徒衆猥多。彼兵四集。我師無援。萬一不利。欲發救兵。其能飛渡耶。隋伐高麗。三次大舉。數見敗北。喪師百萬。唐太宗以英武自負。親征高麗。雖取數城而還。徒增追悔。且高麗平壤諸城。皆居陸地。去中原不遠。以二國之衆加之。尚不能克。況日本僻在海隅。與中國相懸萬里哉。帝嘉納其言。

左丞昂吉兒亦上疏。其略曰。臣聞兵以氣為主。而上下同欲者勝。比者連事外夷。三軍屢衂。不可以言氣。海內騷然。一遇調發。上下愁怨。非所謂同欲也。請罷兵息民。不從。既而師果無功。

二十八年。王師征交趾失利。復謀大舉。平章政事不忽木曰。島夷詭詐。天威臨之。寧不震懼。獸窮則噬。勢使之然。今其子日燇。襲位。若遣一介之使。諭以禍福。彼能悔過自新。則不煩兵而下矣。如或不悛。加兵未晚。帝從之。

趙天麟上策曰。臣聞武貴止戈。兵貴靖亂。聖人不得已而用之。我朝誕膺天命。握符御宇。歷代之所不服者。莫不稽顙效節。傾心歸命。奉正朔以貢獻。因信使以上書。雖或有拒命苟安而不至者。亦已希矣。原其所致。蓋有由焉。人皆謂聖祖神宗英武以得之。殊不知皆由累葉積仁施義。殺一拯萬之德。陰為之本也。傳及陛下。更化革弊。稽古治今。萬機之條綱。猶根之於枝葉。風之於草木。舉寡而見遐。篤近而及遠。以臣之狹見觀之。聖朝之疆宇。固如金甌。平如衡權。三代以來罕能同議。然而安不忘危者。聖人之常戒。武定文綏者。王人之大猷。

臣今請借漢唐以諭之。在昔漢唐之時。亦嘗合天下為一家。其所以致弊者。皆因希功倖賞之人。下輕一介之軀。上干九重之聽。肆議邪說。以為可以計取遐陬。力闢土宇。世主從而信之。襲太平富厚之資。忍在下無罪之民。委之於不毛之地。驅之虎狼之口。至有不習風土。疾癘橫生。鋒鏑之交。糜軀碎首。孤魂無依於萬里之外。冤血浸漬於窮遐之沙。孀妻痛夫。老父泣子。野祭巷哭。悲乎涼哉。為民父母。夫何使民至於此極也。設如王師小却。兵人失氣。上怒下懼。又乃繼以卒伍。屬其甲伏。復讎為名。勝而後已。幸而得儁。則財力已竭。民心已怨。而天氣已失和矣。計其所得。安能補其所費哉。於是世主不念無辜之濫死。不慮國財之耗蠹。喜獲無用之地。獻俘于祖廡。歌于廟。殊不知天生烝民。樹之司牧。將以安之也。反以其所以養人者害人。豈天之心哉。國以民為基。民以財為本。地雖廣而無所益。崇虛名而受實

禍亂之希功倖賞者。方且紆朱懷金。榮妻蔭子。以成其志矣。彼漢唐之所謂良將。聖人之所謂民賊也。夫人君豈不欲國安民寧。坐享豐華。但邪說既行。欲心遂啓。以至于是焉。大槩漢唐天下之弊。皆希功倖賞之人之罪。而漢唐之君。亦失之於過聽故也。是以王者之臨下。未乎右武。已乎右文。厲兵戈而不黷。積粮儲而自困。優游無事。則繕治以備無虞之師。至于用之。則雷奔電激。雲騰雨施。濟之以英神。行之以仁義。將有不陣而自服。因壘而來降者矣。又何須害項漸襟。妻人講整。然後為無敵之師哉。今國家推不忍人之心。有罪以陷禁網者。猶或赦之。況元元赤子未嘗有罪。寘諸死地。臣知陛下尤不忍行如此之事也。伏望陛下鑒觀漢世之大弊。勿徒在下之倖說。令軍士習切自勉。儆戒無虞。因田致穀。順時講武。若遇姦強罪顯。則聲其罪以討之。方其境內獲安。境外無寇。則樂吾民之業。壹國家之備。以全之。如是則財豐民足。而社稷延於無窮矣。

成宗大德六年。江南行臺御史中丞陳天祥上章論征西南夷事曰。

兵有不得已而不已者。亦有得已而不已者。惟能得已則已。可使兵力永强。以備不得已而不已之用。是之謂善用兵者也。去歲行省右丞劉深遠征八百媳婦國。此乃得已而不已之兵也。彼蕞爾小邦。遠在雲南之西南。又數千里。其地為僻陋無用之地。人皆頑愚無知。取之不足以為利。不取不足以為害。深欺上罔下。帥兵伐之。經過八番。縱橫自恣。恃其威力。虐害居民。中途變生。所在皆叛。深既不能制亂。反為亂衆所制。軍中乏粮。人自相食。計窮勢蹙。倉皇退走。土兵隨擊。以致大敗。深棄衆奔逃。僅以身免。喪兵十八九。棄地千餘里。朝廷再發陝西、河南、江西、湖廣四省諸軍。使劉二覇都總管。以圖收復叛地。湖北、湖南大起丁夫。運送軍粮至播州交納。其正夫與擔負自己粮食者。通計二十餘萬。正當農時。興此大役。驅愁苦之人。往迴數千里中。何事不有。或所負之米盡到。固為幸矣。然數萬之軍。止仰今次一運之米。自此以後。又當如何。比向西征敗卒。及其將校。備知西南遠夷之地。重山複嶺。陡澗深林。竹木叢茂。皆有長刺。軍行徑路在於其間。窄處僅容一人一騎。上如登天。下如入井。賊若乘險邀擊。我軍雖衆。亦難施為也。又其毒霧烟瘴之氣。皆能傷人。群蠻既知大軍將至。若皆清野遠遁。阻其要害。以老我師。或進不得前。旁無所掠。士卒飢餒。疫病死亡。將有不戰自困之勢。不可不為深慮也。且自征伐倭國、占城、交趾、爪哇、緬國以來。近三十年。未嘗見有尺土一民內屬之益。計其所費錢財。死損軍數。可勝言哉。去歲西征。及今此舉。亦復何異。前鑒不遠。非難見也。軍勞民擾。未見休期。只深一人。是其禍本。又聞八番羅國之人。向為征西之軍擾害。捐棄生業。相繼逃叛。怨深入於骨髓。皆欲得其肉而分食之。人心既怨。天意亦憎。惟須上承天意。下順人心。早正深之罪。續下明詔。示彼一方。以聖朝數十年撫養之恩。仍諭自今再無遠征之役。以此招之。自有相續歸順之日。使其官民上下皆知。未須遠勞王師。與區區小醜爭一旦之勝負也。昔大舜退師而苗民格。充國緩戰而羌衆安。事載經傳。為萬世法。為今之計。宜且駐兵近境。使其水路遠近得通。或用鹽引茶引。或用實鈔多增米價。和市軍粮。但法令嚴明。官不失信。可使米船蔽江而上。軍自足食。民亦不擾。內安根本。外固邊陲。以我之鎮靜。御彼之猖狂。布恩以柔其心。畜威以制其力。期之以久。漸次服之。此王者之師萬全之利也。若謂業已如此。欲罷不能。亦當慮其關繫之大。審詳成敗。算定而行。彼溪洞諸蠻。各有種類。今之相聚者。皆烏合之徒。必無久能同心敵我之理。但急之則相救。緩之則相疑。以計使之互相讎怨。待彼有可乘之隙。我有可動之時。徐命諸軍數道俱進。服從者恩之以仁。拒敵者威之以武。恩威相濟。功乃易成。若啗恩任威。以蹈深之覆轍。恐他日之患。有甚於今日也。

至大元年。月赤察兒遣使奏曰。諸王禿苦滅本懷攜貳。而察八兒游兵近境。叛黨素無悛心。倘合謀致死。則垂成之功顧為國患。臣以為昔者篤娃先衆請和。雖死。宜遣使安撫其子款徹。使不我異。又諸部既已歸明。我之牧地不足。宜處諸降人於金山之陽。吾軍屯田金山之北。軍食既饒。又成重戍。就彼有謀。吾已擣其腹心矣。奏入。帝曰。是謀甚善。卿宜移軍阿答罕三撒海地。

歷代名臣奏議卷之二百三十五

歷代名臣奏議卷之二百三十六

任將

趙孝成王立七年。秦與趙兵相距長平。時趙奢已死。而藺相如病篤。趙使廉頗將攻秦。秦數敗趙軍。趙軍固壁不戰。秦數挑戰。廉頗不肯。趙王信秦之間。秦之間言曰。秦之所惡。獨畏馬服君趙奢之子趙括為將耳。趙王因以括為將代廉頗。藺相如曰。王以名使括。若膠柱而鼓瑟耳。括徒能讀其父書傳。不知合變也。趙王不聽。遂將之。將行。其母上書言於王曰。括不可使將。王曰。何以。對曰。始妾事其父時為將。身所奉飯飲而進食者以十數。所友者以百數。大王及宗室所賞賜者盡以予軍吏士大夫。受命之日。不問家事。今括一旦為將。東向而朝。軍吏無敢仰視之者。王所賜金帛歸藏於家。而日視便利田宅可買者買之。王以為何如其父。父子異心。願王勿遣。王曰。母置之。吾已決矣。母因曰。王終遣之。即有如不稱。妾得無隨坐乎。王許諾。

魏樂羊為將而攻中山。其子在中山。中山之君烹其子而遺之羹。樂羊坐其幕下而啜之。盡一杯。文侯謂覩斯贊曰。樂羊以我之故。食其子之肉。贊對曰。其子之肉尚食之。其誰不食。樂羊既罷中山。文侯賞其功而疑其心。

漢高祖為漢王時入蜀。韓信亡楚歸漢。滕公言於漢王。拜為治粟都尉。漢王未之奇也。信數與蕭何語。何奇之。至南鄭。諸將行道亡者數十人。信度何等已數言上。上不我用。即亡。何聞信亡。不及以聞。自追之。人有言上曰。丞相何亡。上大怒。如失左右手。居一二日。何來謁上。上且怒且喜。罵何曰。若亡。何也。何曰。臣不敢亡也。臣追亡者。上曰。若所追者誰。何曰。韓信也。上復罵曰。諸將亡者以十數。公無所追。追信。詐也。何曰。諸將易得耳。至如信者。國士無雙。王必欲長王漢中。無所事信。必欲爭天下非信無所與計事者。顧王策安所決耳。王曰。吾亦欲東耳。安能鬱鬱久居於此乎。何曰。王計必欲東。能用信。信即留。不能用。信終亡耳。王曰。吾為公以為將。何曰。雖為將。信必不留。王曰。以為大將。何曰。幸甚。於是王欲召信拜之。何曰。王素慢無禮。今拜大將如呼小兒耳。此乃信所以去也。王必欲拜之。擇良日齋戒。設壇場具禮乃可耳。王許之。諸將皆喜。人人各自以為得大將。至拜大將乃韓信也。一軍皆驚。

漢文帝十四年。馮唐為中郎署長。事文帝。文帝輦過問唐曰。父老何自為郎。家安在。唐具以實對。文帝曰。吾居代時。吾尚食監高祛數為我言趙將李齊之賢。戰於鉅鹿下。今吾每飯。意未嘗不在鉅鹿也。父知之乎。唐對曰。尚不如廉頗李牧之為將也。上曰。何以。唐曰。臣大父在趙時為官卒將。善李牧。臣父故為代相。善趙將李齊。知其為人也。上既聞廉頗李牧為人。良說。而搏髀曰。吾獨不得廉頗李牧時為吾將。吾豈憂匈奴哉。唐曰。主臣。陛下雖得廉頗李牧。弗能用也。上怒。起入禁中。良久。召唐讓曰。公奈何衆辱我。獨無間處乎。唐謝曰。鄙人不知忌諱。當是之時。匈奴新大入朝那。殺北地都尉卬。上以胡寇為意。乃卒復問唐曰。公何以知吾不能用廉頗李牧也。唐對曰。臣聞上古王者之遣將也。跪而推轂。曰。閫以內者。此郭門之閫也。門中橛曰閫。寡人制之。閫以外者。將軍制之。軍功爵賞皆決於外。歸而奏之。此非虛言也。臣大父言李牧為趙將居邊。軍市之租皆自用饗士。賞賜決於外。不從中擾也。委任而責成功。故李牧乃得盡其智能。遣選車千三百乘。彀騎萬三千。百金之士十萬。謂直百金。是以北逐單于。破東胡。滅澹林。西抑強秦。南支韓魏。當是之時。趙幾霸。其後會趙王遷立。其母倡也。王遷立。乃用郭開讒。卒誅李牧。令顏聚代之。是以兵破士北。為秦所禽滅。

今臣竊聞魏尚為雲中守。其軍市租盡以饗士卒。私養錢五日一椎牛。饗賓客軍吏舍人。是以匈奴遠避。不近雲中之塞。虜曾一入。尚率車騎擊之。所殺甚衆。夫士卒盡家人子。起田中從軍。安知尺籍伍符。吏卒斬首以尺籍書亦什伍之符約節度也。終日力戰。斬首捕虜。上功幕府。一言不相應。文吏以法繩之。其賞不行。而吏奉法必用。臣愚以為陛下法太明。賞太輕。罰太重。且雲中守魏尚坐上功首虜差六級。陛下下之吏。削其爵。罰作之。由此言之。陛下雖得廉頗李牧。弗能用也。臣誠愚。觸忌諱。死罪死罪。文帝說。

成帝時。光祿大夫執金吾辛慶忌坐小法左遷雲[illegible]後徵為光祿勳。時數有災異。丞相司直何武上封事曰。虞有[illegible]晉獻不寐。晉獻公欲伐虞。以宮之奇在。寢不寐。衛青在位。淮南寢謀。故賢人立朝[illegible]難。勝於亡形。厭。抑也。未有禍難之形。豫勝之也。厭音葉反。司馬法曰。天下雖安。忘戰必危。夫將不豫設。則亡以應卒。卒讀曰猝。謂暴也。士不素厲。則難使死敵。是以先帝建列將之官。近戚主內。異姓距外。故姦軌不得萌動而破滅。誠萬世之長冊也。光祿勳慶忌行義修正。柔毅敦厚。謀慮深遠。前在邊郡。數破敵獲虜。外夷莫不聞。乃者大異並見。未有其應。加以兵革久寢。春秋大災未至而豫禦之。慶忌宜在爪牙官以備不虞。

東漢光武時。更始大司馬朱鮪等盛兵據洛陽。又并州未安。光武難其守。問於鄧禹曰。諸將誰可使守河內者。禹曰。昔高祖任蕭何於關中。無復西顧之憂。所以得專精山東。終成大業。今河內帶河為固。戶口殷實。北通上黨。南迫洛陽。寇恂文武備足。有牧人御衆之才。非此子莫可使也。乃拜恂河內太守。行大將軍事。光武謂恂曰。河內完富。吾將因是而起。昔高祖留蕭何鎮關中。吾今委公以河內。堅守轉運。給足軍糧。率厲士馬。防遏他兵。勿令北度而已。

時赤眉延岑暴亂三輔郡縣大姓各擁兵衆大司徒鄧禹不能定乃遣馮異代禹討之車駕送至河南賜以乘輿七尺具劍勑異曰三輔遭王莽更始之亂重以赤眉延岑之酷元元塗炭無所依訴今之征伐非必略地屠城要在平定安集之耳諸將非不健鬭然好虜掠卿本能御吏士念自修勑無為郡縣所苦異頓首受命引而西所至皆布威信弘農羣盜稱將軍者十餘輩皆率衆降異

馬援在交趾常餌薏苡實用能輕身省慾以勝瘴氣南方薏苡實大援欲為種軍還載之一車時人以為南土珍怪權貴皆望之援時方有寵故莫以聞及卒後有上書譖之者以為前所載還皆明珠文犀馬武與於陵侯侯昱等皆以章言其狀光武怒援妻孥惶懼不敢以喪還舊塋裁買城西數畝地槀葬而已（[illegible]）賓客故人莫敢弔會前雲陽令同郡朱勃詣闕上書曰臣聞王德聖政不忘人之功採其

一善不求備於衆故高祖赦蒯通而以王禮葬田橫大臣曠然咸不自疑夫大將在外讒言在內微過輒記大功不計誠為國之所慎也故章邯畏口而奔楚燕將據聊而不下（燕將攻下聊聊人或讒之於燕燕將懼誅因保守聊城不敢歸）豈其甘心末規哉悼巧言之傷類也（末規猶下計也）竊見故伏波將軍新息侯馬援拔自西州欽慕聖義間關險難觸冒萬死孤立羣貴之間傍無一言之佐馳深淵入虎口豈顧計哉（謂援使隗囂也）寧自知當要十郡之使徼封侯之福邪八年車駕西討隗囂國計狐疑衆營未集援建宜進之策卒破西州及吳漢下隴冀路斷隔唯獨狄道為國堅守士民饑困寄命漏刻援奉詔西使鎮慰邊衆乃招集豪傑曉誘羌戎謀如涌泉勢如轉規遂救倒縣之急存幾亡之城兵全師進因糧敵人隴冀略平而獨守空郡（守音式救反）兵動有功師進輒克誅鋤先零緣入山谷猛怒力戰飛矢貫脛又出征交阯土多瘴氣援與妻子生訣無悔吝之心遂斬滅徵側克平一州間復南討立陷臨鄉師已有業未竟而死吏士雖疫援不獨存夫戰或以久而立功或以速而致敗深入未必為得不進未必為非人情豈樂久屯絕地不生歸哉惟援得事朝廷二十二年北出塞漠南渡江海觸冒害氣僵死軍事名滅爵絕國土不傳海內不知其過衆庶未聞其毀卒遇三夫之言橫被誣罔之讒（韓子曰龐共與魏太子質於邯鄲謂魏王曰今一人言市有虎王信乎王曰否二人言王信乎王曰否三人言王信乎王曰寡人信之龐共曰夫市無虎明矣三人言而成虎今邯鄲去魏遠於市議臣者過三人願王熟察之）家屬杜門葬不歸墓怨隙並興宗親怖慄死者不能自列生者莫為之訟臣竊傷之夫明主醲於用賞約於用刑高祖嘗與陳平金四萬斤以間楚軍不問出入所為豈復疑以錢穀間哉夫操孔父之忠而不能自免於讒此鄒陽之所悲也（魯聽季孫之說而逐孔子）詩云取彼讒人投畀豺虎豺虎不食投畀有北有北不受投畀有昊此言欲令上天而平其惡惟陛下留

思豎儒之言無使功臣懷恨黃泉臣聞春秋之義罪以功除（公羊傳曰項孰滅之齊滅之曷為不言齊滅為桓公諱也以桓公嘗有繼絕存亡之功故君子為之諱也）聖王之祀臣有五義（禮記曰夫聖王之制祀也法施於人則祀之以死勤事則祀之以勞定國則祀之能禦大菑則祀之能捍大患則祀之）若援所謂以死勤事者也願下公卿平援功罪宜絕宜續以厭海內之望臣年已六十常伏田里竊感欒布哭彭越之義（前書曰彭越為梁王欒布為梁大夫使於齊越以謀反梟首洛陽詔有收視者輒捕之布使還奏事越頭下祠而哭之）冒陳悲憤戰慄闕庭

南陽太守杜詩自以無勞不安久居大郡求欲降避功臣乃上疏曰陛下亮成天工克濟大業偃兵修文羣帥反旅海內合和萬世蒙福天下幸甚唯匈奴未譬聖德威武二乘陵虐中國邊民虛耗不能自守臣恐武猛之將雖勤亦未得解甲櫜弓也夫勤而不息亦怨勞而不休亦怨怨恨之師難復責功臣伏覩將帥之情功臣之望冀一休足於內郡然後即戎出命不敢有恨臣愚以為師克在和不在衆陛

下雖垂念北邊，亦當頗泄用之。昔湯武善御衆，無故忿鷙之師。陛下起兵十有三年，將帥和睦，士卒鳧藻。今若使公卿郡守出於軍壁，則將帥自厲；士卒之復比於宿衛，則戎士自百。何者？天下已安，各重性命，大臣以下，咸懷樂土，不儁其功而厲其用，無以勸也。陛下誠宜虛缺數郡，以俟振旅之臣，重復厚賞，加於久役之士。如此，緣邊屯戍之師，競而忘死；乘城拒塞之吏，不辭其勞，則烽火精明，守戰堅固。聖王之政，必因人心。今猥用愚薄，忝功臣之望，誠非其宜。臣詩伏自惟忖，本以史吏一介之才，遭陛下創制大業，賢俊在外，空乏之間，超受大恩，收養不稱，奉職無效，久竊祿位，令功臣懷慍，誠惶誠恐。八年，上書乞避功德，陛下殊恩，未許放退。臣詩蒙恩尤深，義不敢苟冒虛請，誠不勝至願，願退大郡，受小職，及臣齒壯力能經營劇事。如使臣詩必有補益，復受大位，雖析珪授爵，所不辭也。惟陛下哀矜。帝惜其能，遂不許之。

章帝時，中郎將鄭衆為耿恭已下洗沐易衣冠，上疏曰：耿恭以單兵固守孤城，當匈奴之衝，對數萬之衆，連月踰年，心力困盡，鑿山為井，煮弩為糧，出於萬死，無一生之望，前後殺傷醜虜數千百計，卒全忠勇，不為大漢恥。恭之節義，古今未有，宜蒙顯爵，以厲將帥。及恭至雒陽，鮑昱奏恭節過蘇武，宜蒙爵賞。於是拜為騎都尉，以恭司馬石修為雒陽市丞，張封為雍營司馬，軍吏范羌為共丞，餘九人皆補羽林。

靈帝時，鎮賊中郎將朱儁與荊州刺史徐璆及南陽太守秦頡合兵萬八千人圍黃巾賊帥趙弘，自六月至八月不拔，有司奏欲徵儁。司空張温上疏曰：昔秦用白起，燕任樂毅，皆曠年歷載，乃能克敵。儁討潁川，以有功效，引師南指，方略已設，臨軍易將，兵家所忌，宜假日月，責其成功。帝乃止。儁因急擊弘，斬之。

魏明帝時，司馬懿將伐遼東，散騎常侍何曾上疏曰：臣聞先王制法，必於全慎，故建官受任，則置副佐；陳師命將，則立監貳；宣命遣使，則設介副；臨敵交刃，則參御左右。蓋以盡思謀之功，防安危之變也。是以在險當難，則權足相濟；隕缺不豫，則才足相代。其為國防，至深至遠。及至漢氏，亦循舊章，韓信伐趙，張耳為貳；馬援討越，劉隆副軍。前世之迹，著在篇志。今太尉奉辭誅罪，精甲銳鋒，步騎數萬，道路迴阻，且四千里，雖假天威，有征無戰，寇或潛遁，消引日月，命無常期。人非金石，遠慮詳備，誠宜有副。今北軍諸將及太尉所督，皆為寮屬，名位不殊，素無定分，統御之尊，卒有變急，不相鎮攝。存不忘亡，聖達所戒。臣愚以為宜選大臣名將威重宿著者，成其禮秩，遣詣北軍，進同謀略，退為副佐，雖有萬一不虞之變，軍主有儲，則無患矣。帝不從。

吳周瑜病困，上疏曰：當今天下方有事役，是瑜乃心夙夜所憂，願至尊先慮未然，然後康樂。今既與曹操為敵，劉備近在公安，邊境密邇，百姓未附，宜得良將以鎮撫之。魯肅智略足任，乞以代瑜。瑜隕踣之日，所懷盡矣。

烏程侯建衡元年，陸禕初為黃門侍郎，出領部曲，拜偏將軍。凱亡後，入為太子中庶子。右國史華覈表薦禕體質方剛，器幹強固，董率之才，魯肅不過，及被召當下，徑還赴都，道由武昌，曾不迴顧，器械軍資，一無所取，在戎果毅，臨財有節。夫夏口，賊之衝要，宜選名將以鎮戍之。臣竊思惟，莫善於禕。

晉武帝時，劉元海於魏已為任子在洛陽，文帝深待之。泰始以後，王渾又屢言之於武帝，帝召與語，大悅之，謂王濟曰：劉元海容儀機鑒，雖由余、日磾無以加也。濟對曰：元海儀容機鑒，實如聖言，然其文武才幹，賢於二子遠矣。陛下若任之以東南之事，吳會不足平也。帝稱善。孔恂楊珧進曰。臣觀元海之才。當今懼無其比。陛下若輕其衆。不足以成事。若假之威權。平吳之後。恐其不復北渡也。非我族類。其心必異。任之以本部。臣竊為陛下寒心。若舉天阻之固以資之。無乃不可乎。帝默然。後秦涼覆沒。帝咨將帥。上黨李憙曰。陛下誠能發匈奴五部之衆。假元海一將軍之號。鼓行而西。可指期而定。孔恂曰。李公之言。未盡殄患之理也。憙勃然曰。以匈奴之勁悍。元海之曉兵。奉宣聖威。何不盡之有。恂曰。元海若能平涼州。斬樹機能。恐涼州方有難耳。蛟龍得雲雨。非復池中物也。帝乃止。

東晉元帝太興二年。著作郎虞預以寇賊未平。當須良將。上疏曰。臣聞承平之世。其教先文。撥亂之運。非武不剋。故牧野之戰。呂望杖鉞。淮夷作難。召伯専征。玁狁為暴。衞霍長驅。故陰陽不和。擢士為相。三軍不勝。拔卒為將。漢帝既定天下。猶思猛士以守四方。孝文志存鉅

鹿。馮唐進說。魏尚復守。詩稱赳赳武夫。公侯干城。折衝之佐。豈可忽哉。況今中州荒弊。百無一存。牧守官長。非戎貊之族類。即寇竊之幸賊。陛下登阼。威暢四遠。故令此等反善向化。然狼子獸心。輕薄易動。羯虜未殄。益使難安。周撫陳川。相係背叛。徐龕驕黠。無所拘忌。放兵侵掠。罪已彰灼。昔葛伯違道。湯獻之牛。吳濞失禮。錫以几杖。惡成罪著。方復加戮。龕之小醜。何足不滅。然豫備不虞。古之善教。矧乃有虞。可不為防。為防之術。宜得良將。將不素簡。難以應敵。壽春無鎮。祖逖孤立。前有勁虜。後無係援。雖有智力。非可持久。願陛下諮之群公。博舉於衆。著當局之才。必允其任。則宜獎厲。使不顧命。旁料冗猥。或有可者。厚加寵待。足令忘身。昔英布見慢。恚欲自裁。出觀供置。然後致力。禮遇之恩。可不隆哉。誠知山河之量。非塵露可益。神鑒之慮。非愚淺所測。然匹夫嫠婦。猶有憂國之言。況臣得廁朝堂之末。蒙冠帶之榮者乎。

後魏明元帝時。并州胡數萬家南掠河內。遣將軍公孫表等率師討之。敗績。太宗問羣臣曰。胡寇縱暴。人衆不少。表等已不能制。若不早誅。則良民大受其禍。今既盛秋。不可為此小盜而復興衆以廢民業。將若之何。玄伯對曰。表等諸軍不為不足。但失於處分。故使小盜假息耳。胡衆雖盛。而無猛健主將。所謂千奴共一膽也。宜得大將軍為胡所服信者。將數百騎就攝表軍以討之。賊聞之。必望風震怖。壽光侯建。前在并州。號為威猛。胡醜畏服。諸將莫及。太宗從之。

孝明帝時。四中郎將兵數寡弱。不足以襟帶京師。任城王澄奏宜以東中帶滎陽郡。南中帶魯陽郡。西中帶恒農郡。北中帶河內郡。選二品三品親賢兼稱者居之。省非急之作。配以強兵。如此。則深根固本。強幹弱枝之義也。靈太后初將從之。後議者不同。乃止。澄又奏

曰。固本宜強。防微在豫。故雖有文事。不忘武功。況今南蠻仍獷。北妖頻結。來事難圖。勢同往變。脫暴勃忽起。振動關畿。四府羸兵。何以防擬。平康之世可以寄安。遺之久長。恐非善策。如臣愚見。郎將領兵。兼總民職。省官實祿。於是乎在。求還依前增兵益號。將位既重。則念報亦深。軍郡相依。則表裏俱濟。朝廷無四顧之憂。姦宄絕窺覦之望矣。章不納。

孝武帝時。天下多事。尚書右民郎路思令乃上疏曰。臣聞國之大事。唯祀與戎。戎之有功。在於將帥。三代不必別民。取治不等。五伯不必異兵。各能剋定。有湯武之賢。猶須伊望之佐。堯舜之聖。尚有稷契之輔。得其人也。六合唾掌可清。失其人也。三河方為戰地。何者。勳之甚易。靜之至難。竊以比年以來。將帥多是貴寵子孫。軍幢統領。亦皆故義託附。貴戚子弟。未經戎役。至於銜杯躍馬。志逸氣浮。軒眉攘腕。

便以攻戰自許。及臨大敵。怖慴交懷。雄圖銳氣。一朝頓盡。乃令羸弱在前以當鋒。強壯居後以衛身。兼復器械不精。進止不集。任羊質之將。驅不練之兵。當負險之衆。敵數戰之虜。欲令不敗。豈有得哉。是以兵知必敗。始集而先逃。將又怖敵。遷延而不進。國家便謂官號未滿重爵屢加。復疑賞賚之輕。金帛日賜。帑藏空虛。民財殫盡。致使賤徒更增驕氣。益盛。生民損耗。荼毒無聊。主歎臣哀。何心寢食。臣雖位微竊不達。令臣聞茅竹出於忠貞。節義率多果決。德可感義。夫恩可勸死士。今若捨上所輕。求下所重。黜陟幽明。賞罰善惡。使徒簡卒練。兵習武甲。密弩強弓。調矢勁。謀夫既設。辯士先陳。曉以安危。示其禍福。如其不悛。以我義順之師。討彼悖逆之豎。豈異礪蕭斧而伐朝菌。鼓洪爐而燎毛髮。蜚愚者知其不旋踵矣。敢以愚短昧死陳誠。

唐高宗儀鳳中。吐蕃數盜邊。太學生魏元忠上封事洛陽宮。言命將用兵之要曰。天下之柄有二。文武而已。至制勝御人。其道一也。今言武者。先騎射。不稽之權略。言文者。首篇章。不取之經綸。臣觀魏晉齊梁。才固不乏。然何益治亂哉。養由基射能穿札。不止鄢陵之奔。陸機識能辨亡。無救河橋之敗。斷可見已。夫才生於世。世實須才。何世而不生才。何才而不資世。故物有不求。未有無物之歲。士有不用。未有無士之時也。志士在富貴與貧賤。皆思立功名以傳于後。然知已難而所遇罕。士之懷琬琰。就煨塵。抱棟幹。困溝壑者。悠悠之人。直覩此士之貧賤。安知其方略哉。故漢拜韓信。舉軍驚笑。蜀用魏延。羣臣觖望。此富貴者易為善。貧賤者難為功也。昔漢文帝不知魏尚賢而囚之。知李廣才而不用。乃歎其生不逢時。夫以廣之才。天下無雙。時方歲事匈奴。而不任。故近不知尚廣之賢。而遠想廉頗李牧。馮唐是以知其有而不能用也。此身為時主所知。不得盡其才也。晉羊祜謀舉吳。賈充荀勗沮之。祜歎曰。天下事不如意十常七八。以二人不同終不大舉。此據立功之地。而不獲展其志也。布衣之人。懷奇抱策。而望朝奏夕召。豈易得哉。臣頻歷訪文武五品以上。得無有智如羊祜武如李廣。而不得騁其才者乎。使各言其志。毋令久失職。又言人無常俗。政有治亂。軍無常勝。將有能否。兵為王者大事。存亡繫焉。將非其任。則殄人敗國。齊段孝玄有言。持大兵如擎盤水。一致蹉跌。求止可得哉。周亞夫堅壁以挫吳楚。司馬懿閉營而困諸葛亮。此皆全軍制勝。不戰而卻敵。是知大將臨戎。以智為本。今之用人。類將家子。或死事孤兒。進非幹略。雖竭力盡誠。不免於傾敗。若之何用之。且建功者。言其所濟。不言所來。言其所能。不言所藉。若陳湯呂蒙馬隆孟觀。悉出貧賤。而勳伐甚高。不聞其家世將帥也。故陰陽不和。擢士為相。蠻貊不廷。擢校為將。今以四海之廣。億兆之衆。豈無卓越之士。臣恐未之思乎。又賞者禮之基。罰者刑之本。禮崇則謀夫竭其能。賞厚則義士輕其死。刑正故君子勗其心。罰重則小人懲其過。賞罰者軍國之綱紀。政教之藥石。吐蕃本非彊敵。而薛仁貴郭待封至棄甲喪師。脫身以免。國家寬政。罪止削除。網漏吞舟。何以過此。雖陛下顧收後效。然朝廷所少。豈此一二人乎。夫賞不勸。謂之止善。罰不懲。謂之縱惡。臣誠疏賤。干非其事。豈欲間陛下君臣生薄厚哉。正以刑賞一虧。百年不復。故國無賞罰。雖堯舜不能為。今罰既不行。賞復難信。故議者皆謂比日征行。虛立賞格而無其實。蓋忘大體之臣。恐賚勳庸竭府庫。留意錐刀。以為益國。所謂惜毫釐失千里者也。且黔首雖微。不可以欺。安有寓不信之令。設虛賞之格乎。自蘇定方平遼東。李勣破平壤。賞既不行。勳亦淹廢。歲月紛淆。真偽相錯。臣以吏不奉法。慢自京師。偽勳所由。主司過也。其則不遠。近在尚書省中。然未聞斬一臺郎戮一令史使天下知之陛下何照遠而不照近哉神州化首文昌政本浴亂攸在臣故冒死而言夫明鑑所以照形往事所以知今臣請借近以為諭貞觀中萬年尉司馬玄景舞文飾智以邀乾沒太宗棄之都市後征高麗總管張君乂不進擊賊斬之旗下臣以為偽勳之罪多於玄景仁貴等敗重於君乂使早誅之則諸將豈復有負哉慈父多敗子嚴家無格虜且人主病不廣大人臣病不節儉臣恐陛下病之於不廣大過在於慈父斯日月一蝕也又今將吏貪暴所務口馬財利臣恐戎狄之平未可旦夕望也凡人識不經遠皆言吐蕃戰前隊盡後隊方進甲堅騎多而山有氛瘴官軍遠入前無所獲不積穀數百萬無大舉之資臣以為吐蕃之望中國猶孤星之對太陽有自然之大小不疑之明暗夷狄雖禽獸亦知愛其性命豈肯前盡死而後進哉由殘迫其人非下所願也必其戰不顧死則兵法許敵能

闘當以知算取之何憂不克哉向使將能殺敵橫屍蔽野斂其頭顱以為京觀則此虜聞官軍鐘鼓望塵卻走何暇前隊皆死哉曽仁貴等覆師喪氣故虜得跳梁山谷又師行必藉馬力不數十萬不足與虜爭臣請天下自王公及齊人挂籍之口人税百錢又弛天下馬禁使民得乘一大馬不為數限官籍其凡勿使得隱不三年人間畜馬可五十萬即詔州縣以所税口錢市之若王師大舉一朝可用且虜以騎為彊若一切使人乘之則市取其良以益中國使得漸耗虜兵之盛國家之利也高宗善之

玄宗天寶六載李林甫欲杜邊帥入相之路以胡人不知書乃奏言文臣為將怯當矢石不若用寒族胡人胡人則勇決習戰寒族則孤立無黨陛下誠以恩洽其心彼必能為朝廷盡死上悅其言始用安祿山

天寶十四載安祿山請以蕃將三十二人代漢將帝見素因極言祿山反已有迹所請不可許上不悅竟從祿山之請楊國忠見素後復言於上曰臣有策可坐銷祿山之謀若除祿山平章事召詣闕以賈循呂知誨楊光翽分領范陽平盧河東節度則勢自分矣上從之已草制而不發

玄宗時特進蓋嘉運破突騎施還詔為河西隴右節度使因令經略吐蕃嘉運以新立功日酣遨未赴屯尚書左丞相裴耀卿言於帝曰嘉運精勁勇烈誠有餘然臣見其誇言驕色竊憂之恐不足與立事今盛秋防邊日月已薄當與軍中士卒相見若不素講雖決在一時恐非制勝萬全之義且兵未及訓不能知法士未懷惠不可共心使幸而有功非師出以律之善又萬人之命倚於將不得已啟鑿凶門而出今酣歌朝夕肸肆自安非愛人憂國者不可不察苟不易帥

宜嚴詔申約以督其行帝乃促嘉運詣部卒無功還

代宗大曆六年副元帥李抱玉上言凡所掌之兵當自訓練今自河隴達于扶文綿亘二千餘里撫御至難若吐蕃兩道俱下臣保固汧隴則不救梁岷進兵扶文則寇逼關輔首尾不贍進退無從願更擇能臣委以山南使臣得專備隴坻詔從之

大曆十四年崔寧在蜀十餘年至是入朝吐蕃與南詔合兵三道入寇諸將不能禦州縣多陷上憂之趣寧歸鎮楊炎言於上曰蜀地富饒寧據有之貢賦不入與無蜀同若其有功則義不可奪是蜀地敗故失之勝亦不得也不若留寧發范陽戍兵雜禁兵往擊之何憂不克因得納親兵於其腹中蜀將必不敢動然後更授他帥使千里沃壤復為國有是因小害而收大利也上遂留寧

德宗時翰林學士陸贄上奏曰曲環所領一軍悉是朱泚部曲或須

在鳳翔所管或本從河朔同來後因汴宋用兵權抽赴彼應援所以行營將士猶舉幽隴爲名今之元凶乃其舊帥麾下則楚琳助亂薊門則朱滔黨姦獨此偏師標然河上其營幕則寄于他土其家屬則陷於匪人又屬汴路姦虞浚城陷覆糧餉寖絶資裝久殫士卒常情同難安處是宜潰歸舊管否則散適樂郊而曲環撫之悉無離叛孤軍自守亦不苟從處危能安聞難敵赴甚推齊蕭累著功勳近日將帥之中罕有如環之比考其才節絶有過人但緣羈寓多時窮匱轉甚繼陳章奏言極酸辛告急朝廷則力未能救求哀郡府則人莫見憂覽其辭情可謂流涕若失於應接則終以危亡良將義從實在深惜願陛下不以常人遇之不以常事遣之方今勢可相資唯有江左完實恐須密勅韓滉切令贍恤此軍器甲衣糧咸使周足因賜劉洽手詔亦委加意保持若得自存必有成績非艱難無以表特操非英

聖不能全異才有功見知人必悅勸臣不勝區區爲國獎善拯危之志謹啓事以聞謹奏

贄又論兩河及淮西利害狀曰內侍朱冀寧奉宣聖旨緣兩河寇賊未平殄又淮西凶黨攻逼襄城卿識古知今合有良策宜具陳利害封進者臣質性凡鈍聞見陋狹幸因之使簪組昇朝叨承過恩文學入侍每自奮勵思酬獎遇感激所至亦能忘身但以越職干議典制所禁未信而言聖人不尚是以循循默默尸居禁近日日以愧自春徂秋心雖懷憂言不敢發此臣之罪也亦臣之分也陛下天縱聖德神授英謀明照八表思周萬務猶慮闕漏下詢芻蕘此堯舜咨己從人好問而好察邇言之意也臣每讀前史見開說納忠之士乃有泣血碎首牽裾斷鞅者皆以進議見拒懇誠激衷遂至發憤踰禮而不能自止故也況今勢有危迫事有機宜當聖主開懷訪納之時無昔人逆鱗顛沛之患儻又上探微旨慮匪允聞傍懼貴臣將爲迅諷首尾憂畏前後顧瞻是乃偷合苟容之徒非有扶危救亂之意此愚臣之所痛心切齒於既往是以不忍復躬行於當世也心蘊忠憤固願披陳職居禁闈嘗備顧問承問而對臣之職也篤誠無隱臣之忠也謹具件如後惟明主循省而備慮之豈有微臣獨荷容納之恩實億兆之幸社稷之福也臣本書生不習戎事竊惟霍去病漢將之良者也每言行軍用師之道顧方略何如耳不在學古兵法是知兵法者無他見其情而通其變則得失可辯成敗可知古人所以坐籌樽俎之閒制勝千里之外者得此道也臣才不逮古人而願竊其意是敢有記不默輒陳狂愚伏以剋敵之要在乎將得其人馭將之方在乎操得其柄將非其人者兵雖衆不足恃操失其柄者將雖材不爲用兵不足恃與無兵同將不爲用與無將同將不能使兵國不能馭將

非止費財翫寇之弊亦有不戢自焚之災自昔禍亂之興何嘗不由於此今兩河淮西爲叛亂之帥者獨四五凶人而已尚恐其中或有傍遭詿誤內蓄危疑蒼黃失圖勢不得止亦未必皆是處心積慮果爲姦逆以僭帝稱王者也況其餘衆蓋並脅從苟知全生豈願爲惡若招攜以法悔禍以誠使來者必安安者必久斯道積著人誰不懷縱有野心難馴臣知其從化者必過半矣舞干格苗豈獨虛言假使四五凶渠俱稟梟鴟之性其下同惡復有十百相從是皆卒伍庸流闒茸下品其志好不過聲色財貨之樂其材用不過蹴蹋踞踴之能其約從締交則迭相侮詐以爲智謀其御衆使人則例賞妻孥以爲術數斯乃盜竊偷安之伍非有姦雄特異之資以陛下英神志期平蕩君臣之勢不類逆順之理不侔形勢之大小不倫師徒之衆寡不敵然而曠歲持久師老費財加并不止於舟車徵卒殆窮於閭閻管肉

攜背呻吟里閭送父別夫號哼道路杼軸已甚興發已殫而為將帥者尚曰財不足兵不多此微臣所以千慮百思而不悟其理也未審陛下嘗微其說察其由乎股肱之臣日月獻納復為陛下察其事乎臣愚無知實所深惑遂乃過為臆度輒肆討論以為剋敵之要在乎將得其人馭將之方在乎操得其柄將非其人者兵雖衆不足恃操失其柄者將雖材不為用今以陛下効其明聖群帥畏威雖萬無此虞然亦不可不試省察也陛下若謂臣此說蓋虛體耳不足徵焉臣請復為陛下效其明徵以實前說田悅唱亂之始氣盛力全恒趙青齊遞為脣齒陛下特詔馬燧委之專征抱真李芃聲勢相援于時士吏畏法將帥感恩俱蘊勝殘盡敵之誠未有爭功邀利之釁故能累摧堅陣深抵窮巢元惡幸脫於俘囚宄徒幾盡於鋒刃臣故曰剋敵之要在乎將得其人馭將之方在乎操得其柄此其明效也田悅既

敗力屈勢窮且皆離心莫有固志乘我師勝捷之氣躡亡虜傷夷之餘比於前功難易百倍既而大軍遂駐遺孽復安其後餽運日增師徒日益于茲弄稔竟不交鋒量兵力則前者寡而今者多議軍資則前者薄而今者厚論氣勢則前者新集而今者乘勝度攻具則前者草創而今者繕完計兇黨則前者盛而今者殘揣敵情則前者銳而今者挫然而勢因時變事與理乖當易而反難當進而中止本末殊趣前後易方順理之常必不如此臣故曰將非其人者兵雖衆不足恃操失其柄者將雖材不為用此自昔必然之效但未審今茲事實得無近於此乎在陛下熟察而亟救之耳固不在益兵以生事加賦以殄人無紓目前之虞或興意外之患人者邦之本也財者人之心也兵者財之蠹也其心傷則其本傷其本傷則枝幹顛瘁而根柢蹙拔矣惟陛下重慎之憫惜之今師興三年可謂久矣稅及百物可謂

繁矣陛下為之宵衣旰食可謂憂勤矣海內為之行齎居送可謂勞弊矣而寇亂有益翦滅無期人搖不寧事變難測是以兵貴拙速不尚巧遲速則乘機遲則生變此兵法深切之誡往事明著之驗也夫投膠以變濁不如澄其源而濁變之愈也揚湯以止沸不如絕其薪而沸止之速也是以勞心於服遠者莫若脩近而其遠自來多方以救失者莫若改行而其失自去若不靖於本而務救於末則救之所為乃禍之所起也脩近之道改行之方易於舉毛但在陛下然之與否耳儻或重難易制姑務持危則當校禍患之重輕辯攻守之緩急臣謂幽薊恒魏之寇勢緩而禍輕汝洛滎汴之虞勢急而禍重緩者宜圖之以計今失於屯戍太多急者宜備之以嚴今失於守禦不足何以言其然也自胡羯稱亂首起薊門中興已來未暇芟蕩因其降將即而撫之朝廷置河朔於度外殆三十年非一朝一夕之所急也

田悅累經覆敗氣沮勢羸偷全餘生無復遠略武俊蕃種有勇無謀朱滔卒材多疑少決皆受田悅誘陷遂為猖狂出師事起無名衆情不附進退惶惑內外防虞所以纔至魏郊遽又退歸巢穴意在自保勢無他圖加以洪河太行禦其衝并汾潞澤壓其腹雖欲放肆亦何能為又此郡兇徒互相劫制急則合力退則背憎皆是苟且之徒必無越軼之患此臣所謂幽薊恒魏之寇勢緩而禍輕希烈忍於傷殘果於吞噬據蔡許富全之地益鄧襄鹵獲之資意殊無厭兵且未衂東寇則轉輸將阻北窺則都城或驚此臣所謂汝洛滎汴之虞勢急而禍重代朔邠靈之騎士自昔之精騎也上黨盟津之步卒當今之練卒也悉此彊勁委之山東勢分於將多財屈於兵廣以攻則曠歲不進以守則數倍有餘各懷顧瞻遞欲推倚此臣所謂緩者宜圖之以計今失於屯戍太多李勉以文吏之材當浚郊奔突之會哥舒曜

以烏合之衆犴裹野豺狼之羣陛下雖連發禁軍以為繼援累勑諸鎮務使協同皆旨啟憂人思自效但恐本非素習令不適從奔鯨觸羅倉卒難制首鼠應敵因循莫前此臣所謂急者宜備之以嚴今失於守禦不足陛下若察其緩急審其重輕使懷光帥師救襄城之圍李芃還鎮為東都之援汝洛既固梁宋亦安是乃取有餘救不足罷關右賦車籍馬之擾減山東飛芻輓粟之勞無擾則禍亂不生息勞則物力可濟非止排難於變切亦將防患於未然儻發既停守備且固足得徐觀事勢更選良圖此於紓亂解紛抑亦計之次也議者若曰河朔羣盜尚未殲夷儻又減兵必更生患此蓋好異不思之說耳臣請有以詰之前歲伐叛之初唯馬燧抱真李芃二師而已以攻必克以戰必强是則力非不足明矣洎遲留不進乃請益師於是選神策銳卒以繼之而李晟往矣猶曰未足復請益師於是徵朔方全軍以赴之而懷光往矣幾遣加半之戍竟無分寸之功是則師不在衆又明矣然而可託以為解者必曰王師雖衆賊黨亦增曩獨田悅寶臣今兼朱滔武俊臣請再詰以塞其辭曩之田悅寶臣皆蓄銳養謀劇賊之方强者也尋而田悅喪敗寶臣殲夷雖復朱滔武俊加於前亦有孝忠日知乘其後是則殘勢不滋於曩日王師有溢於昔時又明矣曩以太原澤潞河陽三將之衆當田悅朱滔武俊三寇之兵今朱滔遁歸武俊退縮唯此田悅假息危城設使我師悉歸彼亦纔能自守況留抱真馬燧足得觀釁討除是則減兵東征勢必無患又明矣留之則彼為冗食從之則此得長城化危為安息費從省舉一而兼數利惟陛下圖之謹奏

贄又奏曰賊泚稽誅保聚宮苑勢窮援絕引日偷生懷光總仗順之師乘制勝之氣鼓行芟翦易若摧枯而乃寇奔不追師老不用諸帥每欲進取懷光輒沮其謀據茲事情殊不可解陛下意在全護委曲聽從觀其所為亦未知感若不別務規略漸相制持唯以姑息求安終恐變故難測此誠事機危迫之秋也固不可以尋常容易處之今李晟奏請移軍適遇臣銜命宣慰懷光偶論此事臣遂汎問所宜懷光乃云李晟既欲別行某亦都不要藉臣猶慮有翻覆因美其軍盛强懷光大自矜誇轉有輕晟之意臣又從容問云昨發行在之日未知有此商量今者從此却迴或恐聖旨顧問事之可否決定何如懷光已肆輕言不可中變遂云恩命許去事亦無妨要約再三非不詳審雖欲追悔固難為辭伏望即以李晟表出付中書勑下依奏別賜懷光手詔示以移軍事由其手詔大意云昨得李晟奏請移軍城東以分賊勢朕緣未知利害本欲委卿商量適會陸贄從彼宣慰迴奏云見卿論敘軍情語及於此仍言許去事亦無妨遂勑本軍允其所請卿宜授以謀略分路夾攻務使叶齊剋平寇孽如此則詞婉而直理順而明雖蓄異端何由起怨臣初奉使諭旨本緣糧賜不均偶屬移軍事相諧會又幸懷光說對且無阻絕之言機宜合并若有幽贊一失其便後何悔追伏望聖聰速垂裁斷謹奏

贄又奏曰懷光當管師徒足以獨制兇寇逗留未進抑有他由所患太强不資傍助比者又遣李晟李建徽楊惠元三節度之衆附麗其營無益成功秖足生事何則四軍接壘羣帥異心論勢力則懸絕高卑據職名則不相統屬懷光輕晟等兵微位下而忿其制不從心晟等疑懷光養寇蓄姦而怨其事多陵己端居則互防飛謗欲戰則遞恐分功齟齬不和嫌釁遂構俾之同處必不兩全强者惡積而後亡弱者勢危而先覆覆亡之禍翹足可期舊寇未平新患方起憂歎危切寢寐疚心太上消患於未萌其次救失於始兆況乎事情已露禍

難垂成。委而不謀。何以寧亂。李晟見機慮變。先請移軍就東。建徽惠元勢轉孤弱。爲其吞噬。理在必然。他日雖有良圖。亦恐不能自拔。拯其危急。唯在此時。今因李晟願行。便遣合軍同往。託言晟兵素少。慮爲賊泚所邀。藉此兩軍迭爲犄角。仍先諭旨。密使促裝。詔書至營。即日進路。懷光意雖不欲。然亦計無所施。是謂先人有奪人之心。疾雷不及掩耳者也。夫制軍馭將。所貴見情。離合疾徐。各有宜適。當離者合之則召亂。當合者離之則寡功。當疾而徐則失機。當徐而疾則漏策。得其要。契其時。然後舉無敗謀。措無危勢。今者屯兵而不肯爲用。聚將而罔能叶心。自爲鯨鯢。變在朝夕。留之不足以相制。徙長屬階。析之各競於擅能。或建勳績。事有必應。斷無可疑。解闘不可以不離。救焚不可以不疾。理盡於此。惟陛下圖之。

贄又奏曰。欽漵奉宣聖旨。省卿所奏。蕃軍退歸。及關中體勢。理皆切當甚慰朕懷。然渾瑊李晟等諸軍。須有商量規畫。令其進取。朕見欲遣使宣慰。卿宜審細條疏速奏來者。臣聞將貴專謀。兵以奇勝。軍機遙制則失變。戎帥稟命則不威。是以古之賢君選將而任。分之於閫誓莫干也。授之以鉞。俾專斷也。夫然。故軍敗則死衆。戰勝則策勳。不用刑而師律貞。不勞慮而武功立。其於委任之體。豈不博大哉。其於責成之利。豈不精要哉。自昔帝王之所以夷大艱成大業者。由此道也。其或疑於委任。以制斷由己爲大權。昧於責成。以指麾順旨爲良將。鋒鏑交於原野。而決策於九重之中。機會變於斯須。而定計於千里之外。違令則失順。從令則失宜。失順則挫君之嚴。失宜則敗君之衆。用捨相礙。否臧皆凶。上有掣肘之譏。下無死綏之志。其於分畫之道。豈不兩傷哉。其於經綸之術。豈不都謬哉。自昔帝王之所以長亂繁刑。喪師蹙國者。由此道也。茲道得失。兵家大樞。當今事宜。所繫尤切。蓋以寇盜充斥。乘輿播遷。人心有觀變之推。王室無自固之重。秦梁迴繚千里而遙。臨之以威。則力勢不制。授之以業。則阻遠不精。頃者驟降詔書。敎諭群帥。事無大小。悉爲規裁。及乎章表陳誠。使臣復命。進退遲速。率乖聖謀。豈皆樂於違忤哉。亦由傳聞與指實不同。懸算與臨事有異故也。設使其中或有肆情奸命者。陛下能於此時戮其違詔之罪乎。臣竊恐未能也。陛下復能奪其兵而易其將帥乎。臣亦恐未能也。是則違命者既不果行罰。從命者又未必合宜。徒費空言。秪勞睿慮。匪唯無益。其損實多。何則。時方艱屯。下陵上替。凡在執干戈而衛社稷。咸皆自謂勳業由己。義烈發心。安於專行。病於羈制。陛下宜俯徇斯意。因而委之。遂其所安。護其所病。敦以付授之義。固以親信之恩。假以便宜之權。待以殊常之賞。其餘細故。悉勿開言。所賜詔書。務從簡要。愼其言以取重。深其託以示誠。言見重則君道尊。

託以誠。則人心感。尊則不嚴而衆服。感則不令而事成。其勢當令智者騁謀。勇者奮力。小大咸極其分。賢愚各適其懷。將自効忠。兵自樂戰。與夫迫於馭制。不得已而從之者。志氣何啻百倍哉。夫君上之權特異臣下者。唯不自用。乃能用人。其要在順於物情。其契在通於時變。今之要契。頗具於茲。儻蒙究思。或有可取。謹奏。

憲宗元和四年。上令左軍中尉吐突承璀統神策軍討王承宗。節制諸道兵馬。翰林中諫陳從古無令中人統鎮師徒。諸道受其節制者。師出不律。軍必無功。前後諫論一十八度。後宰相論亦不允。遂依上旨。乃令學士李絳撰白麻。其日絳又進狀稱。事實不可。適有進旨召學士梁守謙。上手執一紙文書云。宰相悉言可任承璀。而學士不肯如何。遂令中書出勑。諭承璀果無功。旋師。更寵授開府儀同三司。依前中尉。絳謂諸學士曰。絳謬蒙恩獎。超越諸公。當悉報恩。不顧獲

罪今吐突啓用兵之端無擒敵之効傷人費財貽國大恥虧損聖德
汚辱史策此事須上論不敢迴避履危之際絳自上疏不敢有累諸
公遂上疏懇諫其畧曰且其擾敗師徒陷沒將校衆請群議必謂陛
下正其刑英懲之後來今返極寵榮重加崇秩已後更有敗軍失律
之將蹈利干賞之夫則何以處之若誅之則罪同而罰異王法之不
一也若捨之則保身而覩敵國典之不行也伏望心割不忍之恩舉
不刊之典責無功之罪追不次之榮使備邊之將有所懲勸當危之
士無復傾望實天下幸甚

翰林學士白居易上奏論吐突承璀職名曰自昨日來臣與李絳等
已頻論奏又奉宣令依前定者臣實深知不可豈敢順旨便休伏望
聖慈更賜詳察臣伏以國家故事每有征伐專委將帥以責成功近
年以來漸失舊制始加中使命為都監頃者韓全義討淮西之時以

賈良國為都監近日高崇文討劉闢之時以劉貞亮為都監此皆權
宜且為近例然則興王者之師徵天下之兵自古及今未有令中使
專統領者今神策軍既不置行營節度使即承璀便是制將又充諸
軍招討處置使即承璀便是都統豈有制將都統而使中使兼之臣
恐四方聞之必輕朝廷四夷聞之必笑中國王承宗聞之必增其氣
國史記之後嗣何觀陛下忍令後代相傳云以中官為制將都統自
陛下始伏乞聖慮以此思之臣又兼恐劉濟茂昭及希朝從史乃至
諸道將校皆恥受承璀指麾心既不齊功何由立此是資承宗之計
而挫諸將之勢也伏乞聖慮又以此思之臣伏以陛下自春宮以來
則曾驅使承璀歲月既久恩澤遂深望陛下念其勤勞貴之可也陛
下憐其忠赤富之可也至於軍國權柄動關於治亂朝廷制度出自
於祖宗陛下寧忍徇下之情而自隳法制從人之欲而自損聖明何

不思於一時之間而取笑於萬代之後今臣忘身命瀝肝膽為陛下
痛言者非不知逆耳非不知危身但以螻蟻之命至輕社稷之計至
重伏乞聖慮又以此思之陛下必不得已事須用之即望改為都監
且循舊例雖威權尚重而制度稍存天下聞之不甚驚聽如蒙允許
伏望速宣與中書改為諸軍都監臣不勝憂迫懇切彷徨之至

吐突承璀率師出討王承宗既而兵老不決居易又上言陛下討伐
本委承璀外則盧從史范希朝張茂昭今承璀進不決戰已喪大將
希朝茂昭數月乃入賊境觀其勢似陰相為計空得一縣即壁不進
理無成功不亟罷之且有四害以府帑金帛齊民膏血助河北諸侯
使益富彊一也河北諸將聞吳少陽受命將請洗滌承宗章一再上
無不許則河北合從其勢益固與奪恩信不出朝廷二也今暑濕暴
露兵氣熏烝雖不顧死孰堪其苦又神策雜募市人未忸于役脫奔

逃相動諸軍必搖三也回鶻吐蕃常有游偵聞討承宗歷三時無功
則兵之強弱費之多少彼一知之乘虛入寇渠能救首尾哉兵連事
生何故蔑有四也事至而罷則損威失柄猶可逆防不可追悔亦會
承宗請罪兵遂罷

憲宗時白居易又論孫璹狀曰伏以鳳翔右輔之地控禦隴蜀又近
國門最為重鎮承前已來多擇有功勳德望者為之節使昨者孫璹
忽除此官臣緣素未諳知不敢輕議可否及制下之後甚不愜人心
孫璹雖久從軍不聞有大功効自居禁衛亦無可稱至於姓名衆未
知有縱有才略堪任將帥猶宜且試於小鎮不容便授此重藩豈惟
公議之間以為過當亦恐同類之內皆生倖心況今聖政日明朝綱
日舉每命一官一職人皆側耳聽之則除授之間深宜重慎今孫璹
已受成命未可遽又改移待到鳳翔觀其可否已後不可不審伏恐

聖聰要知。

居易又論張奉國狀曰。奉國當徐州用兵之時。已有殊效。及李錡作亂之日。又立大功。忠節赤誠。海內推服。近來將校少有比倫。已蒙聖恩授金吾大將軍。以示獎勸。以臣所見。更宜與一方鎮。以感天下忠臣之志。以摧懾天下姦臣之心。何者。奉國之事。無人不知。方鎮之榮。無人不愛。若奉國更得節度使。天下聞知。人皆爲貪寵榮。誰不爭效忠順。萬一若一方有事。一帥負恩。則麾下偏裨競爲奉國。亂臣賊子不敢不息。一則明勸忠貞。一則闇銷禍亂。聖人機柄。正在於斯。今奉國閑已有年。亦宜速用。事不可失。臣深惜之。然以奉國未曾爲理人官。恐未可便授大鎮。若近邊次節度有要替處。奉國最爲得宜。謹具奏聞。謹奏。

敬宗寶曆元年。朝廷得劉悟遺表。議者多言上黨內鎮。與河朔異。不可許。李絳上疏曰。兵機尚速。威斷貴定。人情未一。乃可伐謀。劉悟死已數月。朝廷尚未處分。中外人意。惜此事機。所幸劉從諫未嘗久典兵馬。而昭義素貧。必無優賞。其衆必不盡與從諫同謀。但速除近地一將。令兼程赴鎮。使從諫未及布置。新使已至潞州。則軍心自有所繫矣。今朝廷久無處分。彼軍不曉朝廷之意。猶豫之間。若有姦人爲之畫策。虛張賞設。軍士覬望。尤難指揮。伏望速下明敕。宣示軍衆。獎其從來忠節。賜新使繒五十萬匹。使之賞設。續除從諫一刺史。必無違拒。臣常熟計利害。決無即授從諫之理。時李逢吉王守澄計議已定。竟不用絳等謀。

宋太宗淳化二年。李惟清遷給事中。充鹽鐵使。遂以帳式奏御。太宗曰。費用若此。民力久何以堪。如何減省。即便裁度。惟清曰。比開寶軍興之際。其數倍多。蓋以將帥未得其人。邊事未寧。屯兵至廣也。臣聞漢有衞青霍去病。唐有郭子儀李晟。西北望而畏之。如此。則邊事息而支用減矣。望慎擇將帥。以有威名者俾安邊塞。庶節費用。上曰。彼一時。此一時也。今之西北。變詐與古不同。選用將帥。亦須深體今之機宜。韓彭雖古之名將。以彼時之見。制今之敵。亦恐不能成功。今縱得人。未可便如古委之。此乃機事。卿所未知也。

真宗咸平元年。右司諫孫何上奏曰。臣聞祖武有言曰。將者人之司命。國家安危之主。蓋得其人。則用無弱卒。戰無堅敵。失其人。則禍有不測。宗社攸寄。黎民所賴。其委任而尊崇之也。故有築壇告廟而授者。有推轂分閫而遣者。軍功爵賞皆決於外。參佐僚屬許之自辟。昔趙衰舉郤縠於晉侯曰。興詩書而閱禮樂。晏嬰薦穰苴於齊侯曰。文能附衆。武能威敵。非謂彎弧擊劍。蒙輪拔棘。務匹夫之勇。決一旦之命也。歷代將帥多出儒者。臣不敢掇引三代。請以秦漢之後言之。光武有鄧禹。劉備有諸葛亮。西晉有羊祜杜預。東晉有祖逖謝元。苻堅則有王猛。後魏有崔浩。梁則有謝艾。隋則有高熲。至於唐室。儒將尤多。若郭元振之鎮隴右。狄仁傑之帥河北。裴度之平淮蔡。溫造之定興元。此數臣者。皆有尊主庇民之功。善始令終之德。一時武臣。未有出其右者。朱梁後唐。以馬上爲治。文武之柄。離爲二。文者專治筆硯。恥言軍旅之事。武者狃習戈戟。罕有帷幄之謀。交相是非。坐觀成敗。今塞北有未賓之狄。河西有強項之羌。偶未成擒。病在此耳。夫善師不陣。上將伐謀。事權宜專。號令貴一。古者元戎之外。餘皆偏裨。悉稟指蹤。且無顧望。近代加以副貳。參以監臨。事有嫌疑。動相牽制。而爲將者。又多武人。崛起軍候。稍遷恩不足以懷雜虜。威不足以御群校。鮮有司馬之兵法。韓信之謀畫。亞夫之持重。關羽之勇敢。或逗遛而誤寇。或險果而輕敵。黠虜假息。事皆由此。歷觀前代之備邊也。或振旅薄伐，或整兵深入，或取贍於軍市，或因糧於敵境，或以屯田周給，或以輕齎自隨，而士皆宿飽，歸出無敵，亦有旁招小國，近撫諸蕃，或厚賂以結其心，或反間而收其効，不困己之士卒，不竭己之饋餉，計中術內，使之控弱，毫無差錯。有言曰：用蠻夷攻蠻夷，中國之長筭。故陳湯因烏桓而郅支滅，任延藉西域而匈奴敗，未聞空荒之地，使者旁午，動息之間，羸糧景從。臣嘗竊筭國家士人之衆，土地之廣，已百倍於羌虜，而兵戈屢動，未能乘藁街之首，筆運交馳，未能撤榆塞之警，其故何哉？蓋選將之術，任人之道，或有所未盡之也。今之節度使，昔之大行臺，今之都部署，昔之大總管，將帥列銜，至今猶帶。度支營田等使者，蓋元戎之任，無不總攝也，厚其責成之道，欲使民不告勞，師有必勝，且耕且戰，足食足兵也。爰近代始有供軍糧料之名，隨軍轉運之目，使額既衆，適從無所，司計者不知尺籍伍符之數，握兵者不恤飛芻輓粟之苦，群口交沸，至相督責，託稱上旨，而實戾成筭，動必中覆，而大貴官緣。陛下何惜上將之旗鼓、通侯之印綬，不於文資大臣擇訪委以節制，而使此二虜時聳邊方？唯祀與戎，斯為大事，唯名與器，必在得人，改而更張，正在今日。伏願陛下洞開城府，妙選公卿，勿俾武人擅其權，勿使中使撓其事，閫外之漕輓，一以付之，境內之租賦，推利一以與之，使其有牛酒而犒軍，有黃金而傾敵。蓄所謂監陳先鋒之類，咸取偏將為之，仍令稟其節度。果用是道，臣見幽薊之故地，湟湟之舊墟，三年之內，皆為國家郡縣，與夫列校將驕近臣送往不可同年語矣。難者或曰：利器不可以示人，大柄不可以歸下。此又膠柱之常談也。夫為國者患賢之不得，不患權之分；保民者患邊之不寧，不患將之重。苟得其人，則可以寄社稷之事，况疆場之任乎？苟非其人，則州縣之職亦不可委，况貔貅之衆乎？陛下若謂今之武臣

宣力已久，不可勒然改革，自可伺其秩滿，俟其員缺，互以儒將代之，續兵醇其前勞，改校近地。况文武參用，典故具存，亦非聖朝創立此制。太祖以不殺之略降巴蜀，平昇潤，下荊湖，太宗以非常之謀取并汾，朝吳越，來漳泉，豐功厚利，炳在信史。夫其或若留此二虜，啓發神武，待陛下而盪平剪滅之，不可稽誅如此之久也。斯事機要，非小臣所當議，然備位諫列，受詔讜言，苟此際不能罄竭狂瞽，即尸祿曠官甚矣。謹繕章奏，惟陛下特達而行之。

真宗時，李迪為翰林學士，召對龍圖閣，命迪草詔，徐謂迪曰：曹瑋在秦州，屢請益兵，未及遣，遽辭州事，第怏耳，誰可代瑋者？迪對曰：瑋知嗢廝囉欲入寇，且闚關中，故請益兵為備，非怯也。且瑋有謀略，諸將皆非其比，何可代？陛下重發兵，豈非將上皇聖號，惡兵出宜秋門邪？今關右兵多，可分兵赴瑋。帝因問關右兵幾何，對曰：臣向在陝西，以方寸小冊書兵糧數備調發，今猶置佩囊中。帝令自探取，目黃門取紙筆，具疏其處當留兵若干，餘悉赴塞下。帝顧曰：且所謂頗牧在禁中矣。未久，嗢廝囉果犯邊，秦州方出兵，復召迪問曰：瑋此舉勝乎？對曰：必勝。居數日，奏至，瑋與敵戰三都谷，果大勝。帝曰：卿何以知瑋必勝？迪曰：嗢廝囉兵遠來，使諜者聲言以某日下秦州會食，以激怒瑋。瑋勒兵不動，坐待敵至，是以逸待勞也。臣用此知其勝。帝益重之。

時議者欲以金繒啗契丹，使攻元昊。御史中丞賈昌朝曰：契丹許我，有功則責報無窮矣，力止之。乃上言曰：太祖初有天下，鑒唐末五代方鎮武臣土兵牙校之盛，盡收其威權，當時以為萬世之利。及太宗時，將帥率多舊人，猶能仗威靈，稟成筭，出師禦寇，所向有功。近歲恩倖子弟，飾廚傳，鈞名譽，多非勲勞，坐取武爵，折衝攻守，很何自而知哉？然邊鄙無事，尚得自容，自西羌之叛，士不練習，將不得人，以屢易

之將驅不練之士。故戰則必敗。此削方鎮太過之弊也。況親舊恩倖出即為將。素不知兵。一旦付以千萬人之命。是驅之死地矣。此用親舊恩倖之弊也。今楊崇勳李昭亮尚任邊郡。望速選士代之。方鎮守臣。無數更易。刺史以上。宜慎所授。以待有功。此救弊之一端也。

歷代名臣奏議卷之二百三十六

歷代名臣奏議卷之二百三十七

任將

宋仁宗景祐元年。通判絳州富弼上奏曰。臣聞漢拜韓信舉軍驚笑。蜀用魏延。群臣觖望。蓋富貴易為善。貧賤難為工也。北齊段孝元云。持大兵者如擎盤水。傾在俛仰間。一致蹉跌。求止豈得哉。魏元忠曰。今朝廷用人。類取將門子弟。亦有死事之家。而蒙抽擢者。此本無幹略。趙奢之子括。少時學兵法。以天下莫能當。嘗與其父奢言兵事。奢不能難。然不謂為善。其母問奢何故。曰。死地也。而乃易之。趙若以為將。破趙軍必此兒也。後果有長平之敗。而趙遂弱。今不預選將以備不虞。臨事而遣。是易之之甚也。古者命將。君跪而推轂曰。閫以內寡人制之。閫以外將軍制之。又賜以斧鉞。使得專政。且用兵之道。主於成而輔以權變。若不得專則威挫。而權變滯矣。且君不可制。況於閹寺之賤。監督之。使舉動不舒。羈於俯仰。而望成其功。雖甚愚者亦知其難矣。古之試良將者亦問以策。夏商時只命六卿。未聞帝然命介冑武夫可以集事者也。王者治天下唯二柄。文武之謂也。大槩文以飾治平。而武以靖禍亂。然亦相交為用。故孔子曰。有文事者必有武備。國家文既富矣。武未甚備。臣請為陛下陳之。臣聞歷世為天下所患者。外夷狄而內姦雄。三代以降。歷秦與二漢南北十朝。唐及五代。其危亡宗社無不出乎夷狄與姦雄也。今北虜結好。西戎請吏。誓共皎日。藏在天府。夷狄之患。姑未慮也。若夫姦雄則無世不有。但觀世事何如爾。政教宣達。民心和樂。天時豐茂。國用充實。則姦雄不得志。於是蓄銳而退。或在畎畝。或在商賈。或在戎卒。或入仕宦。或簿術四方。政教闕損。民心離貳。天時凶殺。國用匱乏。則姦雄得志。乘釁而動。出農賈。奮戎卒。棄仕宦。起簿游。橫戈一呼。羣怨嘯聚。陵斥郡邑。擾亂區夏。小則有割據之患。大則致傾亡之禍。然禦之有備。救之有術。未始不由兵也兵之勝敗國之存亡未始不由將也將得其人則安國常安危國復振失其人則安國致危危國遂滅故孫武曰將者人之司命國家安危之主也司馬法曰將不預設者以應卒太史公曰且欲興聖統惟在擇任將相晁錯曰君不擇將以其國與敵也伏惟陛下承累聖之業撫久安之運謂兵已戢謂將無用謂天下不足憂臣甚惑焉故敢以上之四事為請昔者莊憲太后稱制明不外照歘於近習庶政大壞紛然無紀莊憲既往陛下一更大變逐宦寺罷女謁邪路既絶群綱漸整求讜直之士納諫諍之說臣謂革莊憲時弊事則美矣若夫紹祖宗之遺範考治世之徽烈則陛下試自審政教果無虧損者乎此一也國家用度至廣規求無節賦稅過太半之入搖役有竭作之苦民本無求於公蓋自出貨力耕田鑿井以養父母妻子而百計歛之攘肌刺骨及有不足窘於飢凍則未聞開倉廩以賑卹不惟賑

卹無所又從而鞭扑以求苛殘之賦縱或假貸多不及時皆流徙餓殍之餘是有假貸之名而無其實四方愁怨別求生路則億兆民心果無繫戴者乎此二也前二年江淮蟲旱水泉皆竭民十死八九今年京東西河北河東關右兩川蟲旱一如江淮但死者差少然至今未息是舉海內盡罹其害荒儉之極近世以來未之有也城邑虛廢荊棘徧野物價翔貴人無穀色天時如此陛下以為果無凶殺者乎此三也古者國有九年之蓄曰足無六年之蓄曰急無三年之畜者謂國非其國今天下郡邑除備邊數郡其餘率無三年之蓄甚者不能備一二年國家居常小有費用必命主計者斡旋移用始可以足今年京東大歉發使詣江淮括三十萬糧以賑之江淮凶歉固已窘甚彼自不足安有羨利以及於它哉今幸天下寧謐無干戈之費但賑救飢殍尚已求穀於空虛之地若不幸干戈暫擾舉十萬之衆日

費千金即不知使執事者何從而得之國用如此陛下以為果無戚乏者乎此四也臣謂四者既如是則隙開釁露今之姦雄已得志矣但未動爾設或一旦有出畎畝捨商賈奮戎卒棄仕宦起薄游乘凶荒之歲率愁咨之民屯結山林焚蕩邑屋陛下直於此時始欲遣卒命將禦宿謀之寇驅不教之士當必死之鋒臣為陛下危之萬一西北二邊棄信叛約姦雄侮於內夷狄橈於外雖伊呂復生臣恐亦不能為陛下計矣為今之計莫如選將預備之今選將之道雖粗有律令或列制科或設武舉然皆法度齷齪必未能致特起之士何則應制科者必樂為賢良方正材識兼茂恥為將帥邊寄之名蓋今人重文雅而輕武節也又考試者欲使難其對必求艱奧煩碎之事為問故令所習不專為有用之學既又限以日刻責以文多設有應者視日足文之不暇其暇究極韜畧運動謀猷哉武舉者蹶張馳射儕於

卒伍所得庸妄鄙淺固不敢望得異士但稍能警勵有廉恥則焉肯為卒伍之事乎臣不知國家立此二道姑欲示風采耶必欲得將帥耶示風采則可如必欲選奇傑為將帥藩翰四方則非臣所知陛下求相臣即自布衣考文藝試於州縣然後升之朝廷列於臺省館閣及群有司驗其行實才効為最者則擢之為相至於求武臣自三班及諸軍較補崇者為步騎都督殿前帥以至登樞府亦自有次第二者頗為得術而獨於將帥不知術焉豈不謂武臣者便可為將帥焉苟如是卒然委以重兵托以安危則丘明所云可謂寒心賈誼所云可謂痛哭者也臣請詔近位及藩鎮大臣於文武官中各舉明兵法有威采習練武畧堪任將帥者一二人仍請不限品秩不責罪過限品秩則下位有才者遺矣責罪過則負譴有才者亦遺矣爵祿妄高齷齪守細行者於事無益於急難無用既而召置闕下量與遷擢隨

其品位任於邊塞重難之地。使其磨勵。且以觀其能否焉。或有警急則取之有處。遣之不疑。與夫臨事而命。命而不果。夐相遠也。雖然。備令一時之用則有餘。必欲垂永久為不易之制。臣復有愚策。且於太公廟建置武學。許文武官與白身歲得入補。聚自古兵書置於學中。縱其討習。勿復禁止。朝觀夕覽。無一日離乎兵戰之業。雖曰小用臣不信也。夫習武者讀太公孫吳穰苴之術。亦猶儒者治五經。從之則大本去矣。今陛下設制科武舉求將帥之才。而反禁其所習之書。令學者何所師法。若禁其所習。而冀其所立。是由縶韓盧而求兎獲。縶驥足而望其騁也。不亦難乎。且國家所禁者。蓋恐生變。臣歷觀自古倡亂。如秦末陳勝吳廣。及隋末十餘輩。皆崛起農畝。而卒亂天下。其凶謀姦計。蓋順民好亂之心爾。豈盡曉兵法哉。況雖欲禁止。今蓄書之家往往皆有。假使處私室熟習如韓彭蘇李。陛下何由知之。是禁

之適足自禁。不能禁人。不若不禁之愈也。必未能行於天下。且可行於學中。亦命雜讀史傳。令博知古今勝敗之勢。以輔助兵術。昔晉文公謀元帥。以郤縠閱禮樂敦詩書。乃命將中軍。漢明帝時。期門羽林之士。悉令通孝經。孫權謂呂蒙蔣欽曰。宜學問自開益。蒙曰。軍中日苦多務。不及讀書。權曰。孤豈用卿治經為博士耶。涉獵見往事爾。蒙乃就學。自餘儒將固亦不少焉。兵術既精。史傳既博。然後中年一校。三歲大比。當雜問兵術史傳之策。才者出試之。不才者尚許在學。是國家常有良將布於四方。夷狄姦雄。知我有大備。安敢輕動。動則威之。軍志所謂無恃其不來。恃吾有以待之。又曰。不戰而屈人兵。此其要也。

仁宗時。張方平上論曰。臣聞馭將之道。置兵之機。繫天下安危。為國之大事。臣實陋儒。寧識其術。竊按前代之載冊。觀英主之立制。較其輕重之勢。考其得失之迹。最為得策。惟在漢唐。漢定天下。置材官於郡國。京師有南北軍之屯。後平百粵。更增七校。其有四夷之事。旋授中府之甲。入卿出將。無文武之常位。因事立號。無名職之定稱。故五營六郡之旅。事畢解散。貳師下瀨之官。功成輒罷。而將軍奉朝請矣。是以終漢之世。無弄兵內侮之禍。東都之後。四方分裂。重兵在邊。驍將總戎。強臣執權。國從外理。故叛亂接踵。顛危相繼。唐氏一統。乃因隋制。內設諸衛。以處武臣。外布府兵。以隸諸衛。四方有變。遣將于朝。調兵于府。建牙而出。凱歌而旋。將軍就第。兵歸郡縣。有守禦之備。朝廷無權重之臣。不耗帑財。不費廩給。國力充實。民用家足。本末相稱。表裏相托。誠天機神算平康之道也。至于景雲之初。始立節度之號。以雄邊鎮。以寵勳臣。行則建節。府樹六纛。得以軍事專殺。而方面始大。及明皇天寶之末。昏惑不事。邀功競進之將。獻謀於恢拓。當國執政之

臣。務專乎寵利。兼道開鎮。地逾四履。銳卒殲於沙磧。邦財空乎上林。蓋中原無掣肘之虞。而北兵排乎函谷矣。由是慣兵悍將。連衡接勢。東擊西應。朝降暮叛。更相侵攘。或自篡逆。生民焦灼。勤絕耗斁。肅代之後。中官得政。行軍始於輔國。軍容自乎朝恩。暨德宗之興。元置中尉於神策。兵權國命。盡在北司矣。蘭錡虎臣。皆其子蓄。方岳戎帥。率自賄成。至有市井賈販之夫。臺輿廝養之賤。折券而取千里。諂附而得通都。至于蹈利干賞。壞法侵紀。姑息假借。養成驕孽。若位天祿。如從其貸債以居焉。故唐氏之基圖終為藩臣所傾。昔古之賢臣。在國則為相。在軍則為將。商則阿衡佐升陑之伐。周則尚父領渡盟之師。姬旦東山之征。以剋淮奄。孔子夾谷之會。以折夷萊。漢高文之朝。命相於諸將之列。武宣之後。將軍為執政之官。留侯漢祖之謀臣。未嘗親矢石。鄧禹光武之元勳。本則理俎豆。孔明處士也。西據荊州。建蜀

三分之勢。元凱書生也。東平吳會成昔一統之基。江左五朝。兵官尤重。二衛四軍。五校七帥。皆選朝廷清重之士搢紳名望之流。介胄武人非所預也。唐初大臣。入為三公八座。出為行臺總管。故自三代而至唐氏。莫不合兵農而議政。通文武以命官。是故。苟有制勝之術。何必擊刺之伎乃為勇。苟有經邦之道。何必章句之學乃為文。若夫積恩澤以稍遷階。奔走之勤舊以敢死為武。以引強為材。羸股肱而決射御。程軀幹而角健捷。此所謂匹夫之敵。一隊之長。又豈將之云乎。又若樞密之名。近由大曆置於宮闈。不列朝倫。凡中外臣庶上計議事干軍國。秘未宜行。則謂之樞密。兵亂之際。機務煩多。乃用中人使專掌職。五代後唐已來。始更崇重。與宰司分總文武。謂之兩府。屬憲夫欲論致理之要。講太平之策。是必先在乎一政事。通文武。合兵農而後天下之務可成矣。如曰未能。則漢唐之盛終不至。況曰三代之

道歟。臣案事迂鄙。衆必誚其難用。然通識遠慮。知治道之本者必有是乎臣言者也。

張方平又上疏曰。昨戎使蕭英等回。朝廷廢置北鄙。雖增兵飾壘。事為之備。然所遣將率未盡推擇。臣聞之軍志。善待敵者無恃其不來也。當為不可勝恃我有以待之。故城雖堅。兵雖衆。財用誠給。苟將率非其人。無足恃已。故將者。人之司命。國家安危之主。惟陛下念茲戒茲。即戎騎敢越封略。使楊崇勳在鎮定。夏守贇在瀛州。劉渙在滄州。張耆在河陽。陛下得高枕乎。雖愚夫童子亦知其必敗事也。蓋朝廷非不知崇勳等之不足使也。迫於用人之常體慊然而遣之爾。必欲上寬倚注之憂。下為衆論所信。自非已試之効者不足賴也。勢不得已。莫若且取陝西偏裨之知名者。如狄青范全輩。每路輒徙一兩人。況自西鄙用兵已來。三年于茲矣。功將士如青等。未嘗得一到京輦仰望天顏。若以此為名。召之赴闕。量其材器。稍遷用之。退崇勳等使奉朝請。議者必謂西北事均。若青等被奪。必恐西帥有辭。且陝西四路各據千里之地。連城數十。官吏將佐以千計。勝兵衆矣。豈不能選練偏裨日以為用。一旦天子登一小校于朝而辭焉。愛君體國者義不如是。及茲盛夏。邊未有虞。可速致之。比富弼使歸。幸而盟好未渝。即各還之本路。若犬羊南向。且使分捍北方。事機所繫。乞賜裁察。

知諫院司馬光論張方平狀曰。臣竊聞近者秦鳳路經略安撫使知秦州張方平。緣信邊人虛稱西夏點兵侵犯邊境。惶擾失度。閉門乘城。移牒隣路索兵自救。永興以西軍馬皆被抽發。使近邊之民轉相驚動。關隴騷然。仍飛奏上聞。致朝廷憂疑。已而按省皆無事。審實方平身為元帥。繫一方安危。舉措施為衆所瞻倚。今乃怯懦輕易一至於此。萬一疆場實有警急。使方平當之。豈不敗事。臣竊恐戎狄聞之。得

以覘將帥之淺深。益有輕中國之心。非所以壯皇威鎮殊俗也。伏望朝廷治方平之罪。嚴加譴謫。更擇明智沈勇之人以代其任。庶幾國家藩屏得禦侮之臣。可以高枕矣。

司馬光又論張方平第二狀曰。臣先於今月十四日上言秦鳳路經略安撫使張方平怯懦輕易。乞更擇良將以代其任。未蒙朝廷采納。臣聞將者成敗之機。安危之本。固不可以任非其人。今方平舉措輕脫。震駭一方。傳笑天下。不才之跡章灼如此。而朝廷猶稍覆包含。一無所問。臣恐戎狄聞之。皆有窺窬之志。吏士覩之。皆有輕侮之心。是國家重惜方平而輕棄秦隴也。凡將帥能否。患在不知。既知其不能而任之如故。臣誠愚戇。深所未達。議者或以為方平雖失於倉猝。然止於過為備禦。若從而罪之。恐自今守邊之臣。聞有寇至。皆不敢為備也。臣竊以為不然。所謂為備者。當平居無事之時。簡其將佐。訓其

士卒嚴其壁壘利其器械審其間諜遠其斥堠使朝夕之間常若寇至如是則雖有猛鷙之敵不能犯也藉一犯之可以安坐而制之爾何至狼狽如是哉臣聞方平在秦鳳專以貴倨自處下情壅而不通自門墻之外皆可欺也況於兵民之休戚戎狄之情僞方平安得而知之是以一旦承信虛聲惶惑失據內驚諸郡上動朝廷此而不責與刑安用臣所以區區獻言不已者乃責方平之無備非責其為備也伏望朝廷察臣前後所言明治方平之罪謫之遠方以儆封疆之臣使皆豫為備禦不敢驕傲懈弛如方平所為也

光又論張方平第三狀曰臣先曾上言秦鳳路經畧安撫使張方平怯懦輕易乞更擇人至今未蒙朝廷施行臣竊聞拓䟦諒祚年齒寖長倡狂好兵常分之外邀求無厭董氈凶悍狡猾超其父兄朝廷官爵不滿其意頗懷怨懟與契丹結婚陰相表裏此朝廷所當旰食而憂也秦州居二虜之交為陝西四路之首軍馬民夷最號繁富而以怯懦輕易之人守之是委羔豚於虎狼之蹊也臣竊為國家危之況方平其佗材識素無所長止以文辭致位至此姦險貪猥士論共知今不可使之守邊事狀昭然而朝廷掩覆其過曲加保全愛一人而失一方臣竊以為過矣伏望陛下不以邊事為細而忽之速治方平之罪嚴加譴謫更擇沈勇曉兵之人以代其任不然必待有烽燧之警然後易之則寇已深矣

寶元二年右司諫韓琦乞許邊臣過闕朝見狀曰臣竊見朝廷近來每於外任就移臣寮往沿邊委寄任使內有路由京師經過者多是陳乞朝見例各不蒙允許豈非朝廷以乞朝見者只是欲陳乞恩澤希求錫賜遂一例不允其請只今將所見入遞以聞臣竊以臣寮久在外任必有素蘊冀得一望清光開陳本末理既周盡事必易行陛

下若因而勉之責其效命則必挺身忘死思有以報陛下寵遇之厚若或別有陳乞亦在朝廷詳其可否必不容其僥倖況今西陲設備之際以此移赴邊任臣寮自當詔令入對慰而遣之豈有邊臣剏闕不面天顏使其自陳備行沮遏甚非國家撫御將帥之術也臣欲今後就移邊任委寄臣寮因經過到京乞朝見者並賜恩許若因此妄有陳乞即繫在朝廷斷在不行豈可防小故而失於大體臣兼聞見有新差知渭州張元經過到京累狀陳乞朝見未見俞音亦望特賜允可

康定元年殿中侍御史文彥博奏曰臣聞穰苴出師首誅莊賈孫武教戰先斬愛姬當事而行未嘗稟命蓋將權不可以不專軍法不可以不峻茲所以攻必克而戰必勝者用法嚴也自古有將權不專軍法不峻而行師必勝者未之聞焉臣切聞去歲以來用兵西鄙或有禁軍小校臨陣而先退邊壘偏師望敵而不進而統帥之臣即時不行軍令悉以事狀上聞皆令鄰郡置獄取勘下法寺詳案定刑臣以謂失閫外之制隳軍中之令臨事不斷稟命不威豈曰軍容同夫兒戲復恐推劾之際援引枝蔓翦其苟免之心奏報之間淹延時日啓其幸生之路縱不至此亦慢令稽誅無以勵衆乃老師驕兵之弊也臣不知朝廷所用將臣必欲不令專制悉上稟於宸筭乎復不知將臣不能用軍法皆取則於朝廷乎儻朝廷用將而不令專制則臣所謂失閫外之制矣古之遣將也君推轂而命之曰閫以內者寡人制之閫以外者將軍制之此非徒然也蓋委任責成之道不得不重今而輕之故臣所謂失閫外之制矣苟將臣不能自用軍法則臣所謂隳軍中之令矣人之常情孰不畏死敺億萬之衆冒矢石之衝刑之不嚴何以督戰兵法曰畏我者不畏敵畏敵者不畏我豈非嚴刑故

對敵，而伍中有不進者，伍長殺之；伍長不進，什長殺之。以什伍之長尚得專殺，而統帥之重，不能誅一小校，以厲士卒。故臣以謂隳軍中之令矣。議者或曰：今所遇之寇，未為大敵，所與之師，未至深入，軍中之法，未可專用。將校有犯，所宜奏裁。苟如議者之言，臣以為過矣。寇非大敵，兵未深入，尚且狼狽先退，逗撓不進，儻遇大敵深入，而將校有犯，必須上聞，則穰苴之戮莊賈，非大敵也，止於會軍而後期；孫武之斬美人，非深入也，止以習戰而衆笑。戮其君之寵臣愛姬，亦未嘗奏稟而先啓。終於齊師勝晉，吳人入郢。孫武、穰苴皆為名將者，委任專而法素行也。以區區霸國，猶知任將之道，豈巍巍聖朝，不及于是。且國朝著令，凡禁軍將校有退衄，奏裁。此則施於平居無事之日，邊州守戍，近郡屯聚，則用之可矣。今昊賊亂常，蜂蠆有毒，防邊之兵，逾數十萬，將權不專，軍法不峻，則何以御之？臣伏望陛下出自宸斷，稍假將權，凡有偏裨小校，臨陣先退，望敵不進，如此之類，罪犯灼然，但合該軍法者，不須置獄，並許本部統帥對衆便行軍令訖，然後奏聞。如此，則師旅畏威，進退從令，或守或戰，必有殊功。兵者國之大事，陛下於廟堂之上，與宰輔大臣計之審矣，豈容踈賤輒有輕議。然臣承乏憲署，職在司聰，苟有見聞，安可緘默。陛下勿以臣之此言徒習老生之常談耳，遂忽而不省。臣熟思之，任將治兵之術，何莫由此道也。愚者之慮，幸賜采擇。干冒旒冕。

文彥博又奏合邊帥練兵約束諸將曰：臣切見自慶曆初，陝西四路之兵，逐路始分數將，每將馬步不下三二千人，各自訓練，務要精熟。庶得兵將相諳，使喚之際，盡知人人所能，則鮮敗事。近聞諸將多不和同，大帥罕能統制，教閱部分，各立異見，寬猛之節，不得中道，徇情斂怨，由此而生。師克在和，有異於是。伏乞嚴戒逐路大帥，講求軍法，精加訓練，約束諸將，務在和同。兵聲稍振，邊寇自畏。

慶曆三年，知諫院歐陽脩上奏曰：臣伏見國家自西鄙用兵，累經敗失，京師勁卒，多在征行，禁衛諸軍，全然寡少，又無將帥以備爪牙。方今為國計者，但務外憂夷狄，專意邊陲，殊不思根本內虛，朝廷勢弱，事有萬一，無以枝梧。今軍帥暗懦非其人，禁兵驕墮不可用，朝廷自以為患，不待臣言而可知也。臣亦歷考前世有國之君，多於無事之際恃安忘危，備患不謹，使禍起倉卒，而至敗亡者，有矣；然未有於用兵之時，而反忘武備，如今日者。兵法曰：將者，民之司命，國家安危之主也。外以李昭亮、王克基輩當契丹，內以曹宗、李用和等衛天子。如當今之事勢，而以民之司命，國之安危，繫此數人，安得不取笑四夷，遭其輕侮？臣謂去歲北虜或興狂悖，今年元昊妄有請求，若使朝廷有一二人中材之將，叩頭効死，奮身請戰，誓雪君恥，少增國威，則戎狄未敢侵凌，朝廷未至屈辱。奈何自中外都無一人，既無可恃以力爭，遂至甘心於自弱。夫天下至廣，遂無一人者，非真無人也，但求之不勤，不至耳。臣伏思自用兵以來，朝廷求將之法，不過命近臣舉朝士換武官，及選試班行方略等人而已。近臣所舉，不過俗吏才幹之士；班行所選，乃是弓馬一夫之勇；至於方略之人，尤為乖濫，試中者僅堪借職縣尉參軍而已。於此求將，而欲捍當今之患，此所以困天下而敗於夷狄者也。臣不知朝廷以此數事為求將之術，果是乎，果非乎？以為是，則所得何人？知其非，則盍思改革。又不知朝廷以將為易得乎，為難得乎？為易，則數歲未見一人；知其難得，則當多方用意，早賜采擇，俟其臨患，何可得乎？伏望陛下特詔兩府大臣，別議求將之法，盡去循常之格，以來非常之人，苟非不次以用人，難弭當今之大患。臣亦常有愚見，必欲條陳，若必講求，庶可參用。臣伏見唐及五代至乎國朝征伐四方立功行陣其間名將多出畱卒只如西鄙用兵以來武將可稱者往往出於軍中臣故謂只於軍中自可求將試略言求將之法謹條如左

凡求將之法先取近下禁軍至廂軍中年少有力者不拘等級因其伎同每百人團為一隊而教之較其伎精而最勇者百人之中必有一人矣得之以為隊將此一伎勇實能服其百人矣以為百人之將可也合十隊將而又教之較其伎精而最勇者十人之中必有一人矣得之以為裨將此一人之伎勇實能服其千人矣以為千人之將可也合十裨將而又教之夫伎勇出千人之上而難為勝矣則當擇其有識見知變通者千人之中必有一人矣得之以為大將此一人之伎勇乃萬人之選而又粗知變通因擇智謀之佐以輔之以為萬人之將可也若而有伎勇不足而才識出乎萬人之外者此不世之奇將非常格之所求也臣所謂只於軍中自可求將者也誠能如此得五七萬兵隨而又得萬人之將五七人下至千人百人之將皆自定然後別立軍名而為階級之制每萬人為一軍以備宿衛有事則行師出征無事則坐威天下比夫以豐衣厚祿養驕惰無用之卒而遞遷以補至于校帥皆是凡愚暗懦之人得失相萬矣若臣之說果可施行俟成一軍則代舊禁兵萬人散出之使就食于外新置之兵便制其始稍增舊給不使大優常役其力不令驕惰比及新兵成立舊兵出盡則京師減冗費得精兵比之為利又遠矣

右臣所陳只是選勇將訓衛兵之法耳如捍邊破賊奇才異略之人不可謂無伏乞早賜留意精求

歐陽脩又論李昭亮不可將兵劄子曰臣伏見朝廷近自河東移李昭亮為鎮定高陽三路都部署竊以北戎險詐必與國家為患北面之事常須有備此一事陛下聖心久自憂之執政大臣非不知而憂之天下之人共為朝廷憂之李昭亮不才不堪為將帥不可委兵柄此一人陛下聖心久自知之執政大臣非不知之天下之人亦共知之不審因何處有此命大凡朝廷行事不當者或為小事而忽畧容有不知致誤施行而至乖錯者有矣未有以天下大可憂患而上下共知之事公然乖繆任以非人如此者臣料兩府之議必因施昌言等近奏三路闕都部署而目下無人以昭亮塞請而欲徐別選擇不過如此而已然臣竊見朝廷作事常患因循應急則草草且行纔過便不復留意只如今秋用郭承祐於鎮定尋以非才罷之當時應急且以常一作德與為鈐轄闕都部署一職本待徐擇其人臣初喜朝廷必能自此精於選任經今數月何曾用意求人一旦昌言奏來又遣昭亮且去今平時無事之際尚如此不能選人任用若一旦倉皇事動更於何處求人故臣謂朝議欲徐擇人而代昭亮者乃虛語爾方今天下至廣不可謂之無人但朝廷無術以得之耳寧用不材以敗事不肯勞心而擇材事至憂危奇為懊悔臣思朝廷所以乏人任用之弊蓋為依常守例須用依資歷級之人不肯非次拔擢所以無人可用古人謂勞於擇賢而逸於任使今人既難得求之又不勤待其自來何緣可得臣累曾上言練兵選將之法未賜施行又曾言乞於沿邊十數州且選州將亦不蒙聽納毋可公選不材之人委以大兵之柄一旦誤事悔何及之伏望聖慈出於睿斷其李昭亮早令兩府擇人替換仍早講求選將之法若大將難卒然而得即乞於沿邊州軍選擇州將近下資淺人中庶乎易得昨北使姓名稍達始日中

外之士已共憂疑，幸其未動之間，宜作先時之備。兵法曰：無恃其不來，恃吾有以待之。惟陛下為社稷之計，深思而行之，則天下幸甚。

歐陽脩又論郭承祐不可帥真定奏曰：臣伏聞朝旨用郭承祐為真定部署。臣自聞此除改，夙夜思惟國家用兵已五六年，未有纖毫所得，挫盡朝廷威勢，困卻天下生靈。細思厥由，其失安在？患在朝廷拘守常例，不肯越次擇材。心知小人，付以重任，後雖敗事，亦終不悔。今每有除擬，人或問於大臣，則曰：雖知非材，捨此別無人。甚者欲塞人言，則必曰：爾試別思，更有誰可用乎？臣亦嘗聞此言，每退而嘆息。夫所謂別無人者，豈是天下真無人乎？蓋不力求之耳。今不肯勞心選擇，越次而用，但守常循例，輕用小人，寧誤大計，一誤不悔，後人復然。至如曹懷敏，頃在西邊，天下皆知其不可，當時議者但曰捨懷敏別未有人，難為換易。及其戰敗身亡，積屍原野，懷敏既不復生，亦須別

求人用。臣謂今日任承祐，亦猶當時用懷敏也。況如承祐者，凡庸奴隸之才，不及懷敏遠甚。頃在澶州，只令築城，幾至生變，豈可當此一路？臣謂朝廷非不知承祐非才，議者不過曰：例當敘進，別更無人。此乃因循之說爾。方今賊虜狂謀，禍端已兆，中外之言，見國家輕忽戎患，弛武北方，人皆獻言，願早為備。忽見如此除路，誰不驚憂？前六符之來，朝廷忍恥就議，蓋為河朔無可自恃，難與速爭，須至屈意苟和，少寬禍患。今幸得此自紓之計，所宜多方汲汲，精意將以先為禦備，猶恐不及，豈是因循守例，輕任小人之日也？其郭承祐欲乞早移與一不用兵處知州，或召還別與一閑慢職秩。若欲錄其勳舊，優其戚里之恩，閑官厚祿，足可養之，不必須令居此要任。伏願陛下深思大計，不憚改為，則天下幸甚。

脩又論趙振不可將兵劄子曰：臣風聞河東近日累奏事宜，探得昊賊點集兵馬。伏緣昨來張延壽議和之際，尚有朝廷未許事節，深慮狂賊因忿出兵，即三路邊防皆合設備。伏見河東都部署明鎬雖是材臣，未諳戰陣；副都部署趙振，人品庸劣，全不知兵，只是好交結沽買聲譽，所以不因功業，擢至將帥。前在延州，遂致敗誤，雖行責降，未及朞年，却授兵權，全無報效。其人少壯尚不堪用，今又年老病患，全然不堪戰鬭。一旦臨事，必誤國家。臣聞將者國之司命，今陛下安危之機繫於將帥，而河東一路無一戰將，只有趙振老病一人而已。細思此事，夫可寒心。苟有誤事，憂在朝廷。其趙振伏乞速下本路體量，如或實老病不任，即乞罷歸散秩，別委將臣。竊以河東一路兵馬極多，豈是畜養病將之處？西北二虜為患如此，亦非趙振可當。若使臨事敗誤，悔恐不及。伏望聖慈深思大計，無惜一老病敗事之人。

仁宗時，歐陽脩知諫院，又上疏曰：臣訪聞嵐軍昨於四月中捉獲

逃走萬勝長行張季虎、翼張貴、李德等三人，並係禁兵。本軍勘正，法司檢用編敕禁軍料錢五百文逃走捕捉獲者處斬訖奏。其張貴等並依法處斬訖。本路轉運司檢會先降令敕，春夏不行斬刑，合決重杖處死，糾駮本軍不合斬。見差嵐州團練判官劉述取勘嵐軍使米光濬等。竊緣嵐軍地接西北二虜，正是秋冬大屯軍馬之處。若管軍將率斬一逃軍，却遭勘罰，則無由統衆，漸啓兵驕。況重杖與處斬俱是死刑，無所失入。運司守令敕糾案，雖執常科，兵官以軍令斬人，亦是常事。況米光濬等勘成公案，亦不過得違制失刑名。論情定罪，所犯至輕；沮將率以長兵驕，其損不細。伏乞朝廷只作訪聞此事，特降聖旨與免勘劾。所貴沿邊將率知朝廷委遇之意，盡心效用，兵戎畏肅，不致驕恣生事。謹具狀奏。

歐陽脩又論乞不勘狄青侵公用錢劄子曰：臣風聞邊臣張亢近為

使過公用錢。見在陝西置院根勘。其勘官所取干連人甚衆。亦聞狄青曾隨張亢入界。見已勾追照對。臣伏見國家兵興以來五六年。所得邊將惟狄青种世衡二人而已。其忠勇材武。不可與張亢滕宗諒一例待之。臣料青本武人。不知法律。縱有使過公用錢。必不似葛宗古故意偷謾。不過失於點檢。致誤侵使而已。方今議和之使正在賊中。苟一言不合。則寇兵為患。必至侵邊。謹備過防。正藉勇將。況如青者無三兩人。可惜因些小公用錢。於此要人之際。自將青等為賊拘囚。使賊聞之。以為得計。伏望特降指揮元勘官。只將張亢一宗事節依公根勘。不得枝蔓勾追。其狄青縱有干連。仍乞特與免勘。臣於邊臣本無干涉。豈有愛憎。但慮勘官只希朝廷意旨。不顧邊上事機。將國家難得之人。與常人一例推鞫。一旦乏人誤事。則悔不可追。伏乞朝廷特賜寬貸邊臣。知無功之將犯法必誅。要藉之人以能贖過。則人人自勵。將見成功。

慶曆四年。參知政事范仲淹奏曰。臣竊聞國家置武學以來。未有人習藝。或恐英豪隱晦。恥就學生之列。儻久設此學。無人可教。則慮外人窺覘。謂無英材。於體非便。欲乞指揮國子監。不須別立武學之名。如學生中有好習兵書者。令本監官員保明。委是忠良之人。即密令聽讀。臣切見邊上甚有弓馬精強。諳知邊事之人。即未曾習學兵書。不知為將之體。所以未堪拔擢。欲乞指揮陝西河東逐路經略司於將佐及使臣軍員中。揀選識文字的有機智武勇。久遠可以為將者。取三五人。令經略部管諸司參謀官員等。密與講說兵書。討論勝策。所貴邊上武勇已著之人。更知將略。或因而立功。則將來有人可任。即不得虛張多教人數。

仁宗時。范仲淹又奏乞減武臣免提刑。及令樞密院三班選人進呈題曰。今西北二方交困中原驕盛如此。國家禦捍。實在三邊。不惟戰將乏人。其知州知軍并駐泊都監大寨寨主。常要有心力人。可當方可主兵馬。安緝蕃部。葺治城寨。體探事機。今來諸路提點刑獄多占卻心力使臣。或邊上倉卒要人。終是怯懦不堪任使。欲乞特降聖旨。諸路提點刑獄除川廣福建路依舊差文臣武職相兼外。其餘路分只令文資勾當。卻留武職揀選少壯有精神者。並與三路邊上差遣。令慣習邊事。或年甲雖高。素有心力。未至衰老者。亦可充邊上知州軍駐泊都監勾當。頗濟事務。如無精神心力。則是不材之人。豈堪為按察之官。澄清部下。因此便可退入閑慢差使。庶免取笑四方。仍乞委樞密院除選揀上項提點刑獄使臣外。更常切於武臣中選人。及令三班院亦常選人。逐月一度具選到人姓名聞奏。引見與沿邊次邊差遣。所貴邊上多得有精神心力之人。既久於其事。則漸增膽勇。緩急可用。此乃養育將材。禦備戎寇之要也。至於川廣荊湖近蠻之處。亦乞重選知州軍都巡檢等。以鎮撫邊界。存活生民。

范仲淹時為陝西經略安撫使。又奏曰。臣等竊見用兵之處。諸軍內若有指揮使員寮得力。則不惟訓練齊整。兼臨陣之時。各能將領。其下士卒方肯用命。若人員不甚得力。則向下兵士例各驕惰。不受指蹤。多致退敗。顯是軍氣強弱。繫於將校。今來邊上諸軍人員甚有年老病患。全不得力之人。兼更有見闕人數不少。若不早行選擇。則恐將來依前悞事。臣等欲乞朝廷於都知押班及近上內臣內選差諳歷邊事者三員。內二員往陝西路。一員往河東路。計會逐處經略部署司勾集管下屯駐駐泊就糧諸軍人員。同共揀選。如內有年高腳手沉重并疾患尪弱不堪披帶及怠惰全無精神不能部轄者。並開坐申奏。內屯駐駐泊人員一面發遣赴闕。別與安排。所有就糧指揮人員。即更於逐人名下各令指射願管廂軍去處聞奏。仍勒在本營聽候朝旨。候揀選畢。即據指揮見闕人數。便於諸軍十將以上揀選曾有功勞者。并武藝高強得力之人。升一兩資給帖權管。候將來轉員。却依本資敘遷。所貴將校得人。士卒增氣。

仲淹又奏陝西主帥帶押蕃使疏曰。臣竊見環慶路熟戶蕃部約及二萬人。內只蕃官一千餘人各有請受。每人惟有料錢。亦無月糧衣賜。所費少於養驍長行兵士。皆能辛苦。熟於戰鬭。如撫馭之間恩威得所。大可防托邊界。減得兵馬。今來環州种世衡、原州蔣偕撫馭蕃部。家有畏愛。緩急可以呼集使喚。欲乞朝廷先授此二人兼管轄蕃部使。所貴激勸邊臣。於熟戶用心專加統領。緩急使喚。漸可減得戍兵萬數。其四路主帥。亦令依舊時節度並帶蕃部使。

皇祐四年。直集賢院劉敞奏曰。臣聞朝廷以狄青宣撫荊湖經制盜

賊。而議不置副臣。以謂不便。或曰。置副而使中人為之。臣又以為不便。臣聞上古王者之遣使命將也。必為之設介二。參佐非獨思紀綱廣謀策而已。亦所以謹大事備不然也。今擁數萬人之衆。運四路之廣。節制萬里。吉凶所繫。而單車臨之。孤拱獨立。猝有疾病不意之虞。無所仗托。莫相維持。非計之全也。狄青起於行伍。而遷樞近。天下誠未見其美。方以盜賊之急。擁兵而出。故人人想望風采。顒聞成功。宜得正固幹略之臣參職共事。設以中人為之。必大失事望。足以示陋非朝廷之光也。臣故曰。議不置副不便。置副而使中人為之亦不便。此臣所以拳拳也。蓋先事而言者常若迂闊。後事而言者常若不及。惟陛下留意。為竟謹重軍旅之任。

仁宗時。蔡襄上奏曰。臣切見唐代宗、德宗朝。吐蕃屢侵邊境。是時唐帝在長安。勢大力衆。大臣如郭子儀、李抱玉、渾瑊總大兵已鎮近畿。猶命馬璘、李元諒守涇州。張獻甫、楊朝晟守邠州。郝玭守渭州。分扞虜勢。是邠涇兩路。自古為西虜之扼。而長安之所恃以為屏蔽也。今事之勢與唐不侔。而涇原、邠寧朝廷命帥。難以求與延州二帥遙領西路安撫之名。萬一邊郡有警。豈能遙制。乘機應變以破虜乎。臣請邠涇二路當擇帥臣。使其勢若鄜延、環慶之重。勵兵訓卒待虜之至而破之。此制勝之術也。

蔡襄又奏曰。臣伏見數年以來。北虜覘我事勢。貿負固凌脅之驕。嘗失於計謀。抱屈意依隨之辱。然契丹貫盈自任。當極盛必衰之期。若朝廷處置得宜。能反弱為強之勢。方今虜聚於雲州。點集河北。繫天下安危。深思作備之方。盡在得人而已。臣切見河北鎮定都部署李昭亮、鎮州張存、雄州王德基、澶州李昭述等。或居要郡。或總重兵。假使智能盡厭服於人。猶恐計慮或見輕於虜。而況指數名姓。知委

任非人。尚令列在邊防。得不取笑夷狄。李昭亮、張存、李昭述、王德基伏乞速行差替。朝廷若以皆無顯過。未欲非時改移。是惜數人之顏情。不顧生民之禍患。若以無人可使。延日苟安。待從文武之班同國家休戚之計。處才委任。必濟艱危。伏望聖慈。決於睿斷。

知制誥范鎮上奏曰。伏見寶元、慶曆間用兵伐元昊。而兵之積於陝西者數十萬人。天下英才皆聚關中。然未嘗有尺寸功者。橫山為之限也。元昊大入則大勝。小入則小勝。每戰得意者。橫山之人為之用也。橫山之人為之用。終之以厚利而盟之。又如以其號為國主。豈得已哉。此忠臣義士嘗膽而不可忘者。則前日种諤之舉。發於忠義也。援兵二千。得其衆數萬。馬牛二十萬。拓地百餘里。至綏州而城之。不旬月間。壘壁樓櫓倉敖府庫凡戰之具無不皆備。亦可以言才矣。而議者以其不中覆一言輕之。今謫下吏。事在不測。臣有所懷。未敢不陳。

且横山之人，昔諒祚虐政，不為之用，欲內附者久矣。昔先帝嘗欲經營之，其志未就，陛下悼先帝之志未就也，屢召邊臣與之計議，則諤雖不中覆，可無罪也。議者又以為待夷狄不可以失信，異時山遇詣延州告元昊反，知州郭勸執而還之，可謂不失信矣，而元昊殺山遇卒反無敗。是夷狄不足以信待之也。廼者諒祚寇渭州，掠邊民，拒使者而不納，又寇大順，反迹明矣，朝廷絶其歲賜以困斃之，乃卑辭稱臣，謝過伏罪，是豈真稱臣哉？直以其國中飢而未能發耳。使諤不受其降衆亦反，受之亦反，然受之已足雪寶元慶曆之恥，快邊人之心。且夷狄之性畏勝而侮敗，今諤已可使之畏矣，而議者乃欲殺之，是沮邊臣之立功者，而為諒祚執仇也。世之論者常病無將，非無將也，但御將之術太拘耳。陛下試觀寶元慶曆間事，則諤今日可以為將矣。昔者魏尚嘗有罪於漢矣，文帝感馮唐之言而赦出之，尚終立功。願陛下奮文帝之心，感臣之言，赦諤，使護領其衆以捍塞下，必能立魏尚之功於此世，使臣得為馮唐幸矣。

監察御史包拯論邊將上奏曰：臣近者累曾上言，以河北沿邊將帥未甚得人，特乞精選。其代州尤不可輕授。緣代州與雲應等州相去至近，路又坦平，古今最是難控扼之所。太宗朝以驍將楊業守之，業歿，繼以給事中張齊賢守之，其慎重用人如此。自後邊鄙無事，然亦用武臣中有材略者。今朝廷委任郭承祐，必恐敗事。按承祐累任無狀，朝野共知，物議喧然，以為不可。且北虜請命，歷年多矣，然恩過則生驕，安久則忘備，理之常也。況西北二寇，自古嘗懸其連盟協勢，以為中國之患。以今觀之，釁端已兆，廟堂之上，所宜窺之未萌，而為國家銳意而遠慮也。今天下不患乏人，患在不用，用人之道，不必分文武之異，限高卑之差，在其人如何耳。必當考以應敵制勝之畧，詢以安邊禦衆之宜，觀辭氣之瓌奇，舉動之方重者，擢而用之，則取人之要無大於此。況河北河東同時地震，變異如此，不可不懼。臣先進劄子言之頗詳。其承祐欲乞早令召還，別用能者。沿邊守將畏懦不勝任者，亦乞速賜移易。若不預為之具，緩急圖之，則無及矣。惟陛下特留聖意，則天下幸甚。

諫議大夫夏竦上奏曰：臣聞將者，人之司命，國家長城，將帥之任，非材不居。求材之道，斯為難哉。若以頳首胼肋為壯，則秉鉞非角觝之戲；以巨觴大炙為勇，則建牙非飲食之場；以彎弧提劍為選，則上將非一人之敵；以遭逢故舊為忠，則三軍非恩澤之任。在觀其器能，察其性情。輕者易恐，躁者易撓，狠者易淫，疑者易動，驕者易誘，弱者易詘，剛者易誤。況其材不同，而其任復異。任文儒則懼其畏懦，任英武則防其跋扈，任剛勇則慮其寡謀，任庸鄙則恐其敗事，是則幅員萬里，殆無將業，豈其選任殫之良規？但赳赳之夫良多，負氣昧今古，孰知成敗。春秋郤縠為將，敦詩閱禮，戰國孫吳論兵，文動辭秦，漢興曹參、趙充國、祭遵、盧植，魏晉諸葛武侯、杜預、羊祜，唐李靖、郭元振、裴度，或立戰功，或為名將，觀其武略，抑資文術，以是而觀，可否自分。前事元龜，後之法則。但能精選文臣材兼智勇，若多識前賢事跡，必資通變機籌，授之斧鉞，臨事可裁。然旁選英雄，列為裨佐，以勇佐謀，舒急相濟，謀者足以制敵，勇者足以冠軍，二者有方，則師律正矣。

夏竦時為陝西經略安撫使，又上奏曰：臣聞古者將帥受命於廟，受脤於社，王者遣之，則跪而推轂，曰：自閫以外，將軍制之，賜以斧鉞，亦專殺戮。故三軍弭伏，克捷相仍。後代自疑，多輕兵柄，恐其末大本小，臨事難為制禦，斯皆流議頗昧遠圖。蓋昔者皇綱解紐，權任非人，內外議臧之臣，致有跋扈之將。若朝廷有序，邪佞不生，雖使舉國出師，孰敢潛圖不軌。稽夫往事，足有成範。樂羊伐中山，魏文侯示其謗書三篋；條侯屯細柳，漢太宗為之按轡徐行。在君臣相契，故功業易成。將以軍法行師，王命有所不受。制敵變化無方，難可校之成算。兵有速如風而不測如神。三軍趨利而行，豈當千里請戰。用將之道，歷代攸難。今則邊臣武帥祿厚責輕，俸給之費，月差千萬，歌舞殺觴，樂極品流。邊郡之上，戰陣之前，外示彊毅，內多畏懦，不知奇正要害之略，解交伐謀之計，攻分戰守之利，紆直遲速之勢。苟有所施，則循繩墨，先咨中貴之官，次訪參謀之臣。鳴鼓而行，控弦而列，勝則逐北，敗則嬰城。以是制戎，終無奇效。近年二將端坐邊城，頓失國威，故縱胡寇。而大者不及誅夷，小者尚分麾寄。雖令後人無懼死之變，柰使蒼生有無告之冤。誠當選任賢良，絕其疑問。法漢高之將將，推光武之赤心。委以駿權，責之成效，聽以古禮，用兵隨宜從事，功成速賞，要以帶礪之盟。注意不回，開以丹青之信，是則百萬之衆可以畢齊，荒服之君可以威制。

侍御史趙抃上言曰：臣聞吉之先見，聖人所以知幾；豫備不虞，治世因而無悔。朝廷之設外禦帥府之握重兵，不唯用政術以安吾民，抑亦修武事以制他寇。苟曰稱職，則一方何憂；或非得人，則為國生事。伏見京東路青鄆二州知州，各帶安撫使，二兵地控山並海，兵民一有所易為作過。近年悉差兩制及前兩府臣寮以鎮撫之。今曹佾知青州，李端懿知鄆州，素匪勳舊，但緣戚里，威名未著，勢力且輕。萬一偏部有不測事宜，則人心動搖，何所倚賴。兼亦曾有臺官上言謂其不便。臣欲乞聖旨特賜檢會，改差青鄆二州安撫使，選有才謀經任使兩制以上臣寮充之，以安京東人心，亦先見豫備之一端也。

英宗初即位，殿中侍御史司馬光上奏曰：臣聞趙滋為人剛愎，不可管軍。朝廷不以為信，臣亦自恐聞聽未審，不敢復有所陳。自後又聞滋對契丹人使禮貌驕倨，不遵舊式。近者又聞本路帥臣奏滋任意行事，恐致引惹。竊以景德以前，契丹未和親之時，戎車歲駕，疆埸日駭。乘輿暴露於澶淵，虜騎憑陵於齊鄆，兩河之間，暴骨如莽。先帝深惟安危之大體，得失之至計，親屈帝王之尊，與之約為兄弟，歲捐金帛以餌之，聘問往來，待以敵國之禮。陛下承統，二遵故約，夫豈以此為不辱哉，志存生民故也。是以兵革不用，百姓竊安垂六十年。今契丹所以事中國之禮未有闕也，為邊臣者當訓卒秉繕器械以戒不虞，厚養節慎威儀以待使者，內不失備，外不失好，以副朝廷之意而已。今滋數乘客氣，以傲使人，爭小勝以挑彊胡，苟為夸大於目前，以求一時之聲名，而不顧國家永久之患。臣恐釁隙一開，則朝廷未得高枕而臥也。昔孫蒯毀餅而曹衛構難，鄙人逐晉而魯國喪邑，涉佗按手而晉失諸侯，女子爭桑而吳師入郢。故禍常起於細微，而事或生於所忽。況二國所以相交之道，不可以不慎也。雄州當虜之衝，平居則行李之所往來，有事則戎馬之所出入。典州之將，不可不精擇其人。滋稟性狂狠，恐不可久寘於彼，乞落軍職，徙之內地，毋使邊將相效，為國生事，實天下幸甚。

司馬光又上奏曰：臣累曾上言趙滋剛愎狂妄，不可管軍及守邊，必將敗事。近聞朝廷益加寵任，今再知雄州，臣愚瞽之言，誠無足采。然竊聞曩時本路都轉運使唐介、安撫使彭思永，昔曾言滋罪狀，今朝廷使之兼任。彼三人者，必不肯同心協力以利公家，但更相違戾，窺伺得失，雖容貌語言外相包容，其中心豈能坦然全無猜忌。是朝廷激之使交鬬也。若監司將帥互相猜忌，而欲使之安下民，扞外敵，臣竊以為難矣伏望朝廷念河北一路繫國家安危察滋所為皆夸誕不實授滋別路一閑慢差遣使上下之情各獲自安不唯邊境保無他虞亦滋一身之福也

治平元年先知諫院言程戡施昌言劄子曰臣竊聞近者夏國屢起事端邊境之變不可不備為備之要在於擇帥伏見鄜延路經略使程戡資性姦回涇原路經略使施昌言老病昏昧皆以斗筲齷齪之才當折衝禦侮之任平居之時未見有闕一旦警急必敗大事譬如開門揖盜以肉餧虎臣竊為國家危之伏望陛下早擇智勇之將以代其任二人並除致仕以安邊境之民戒偷祿之臣

二年侍御知雜事呂誨論差中官為陝西鈐轄狀曰臣近聞陝西四路各差中官一員充鈐轄專管蕃部公事及支公使庫錢千貫仍每歲入奏邊事權勢甚重驚駭群聽臣不識聖算之遠但聞群臣之議

不以為便亦恐為陛下之謀者思之未至耳但有唐以來舉兵不剋未有不自於監軍者我朝因循前弊尚多久未更革奈何又增置此員如走馬承受官品至卑一路已不勝其害況今鈐轄寄重其實已均安撫使之權矣原朝廷之意必為昨來熟戶背叛弓箭手逃亡使之以時犒設專行姑息何其踈也臣嘗見熟戶耕佃官田並無征徭遇戰鬬方出一人一騎茲外更無侵擾熙熙安業界外生戶羨慕不足常苦諒祚誅求願為漢民不可得爾有以知熟戶無背漢之心明矣但為諒祚誘之以厚利劫之以重兵邊臣坐視殺戮不為救護彼將逃亡豈得已也若威加邊外戎人不敢內侵熟戶自然安堵不背雖豐牛酒日為犒設徒有損費何益於事哉至如士卒久不訓練蓋兵官不務協同借若五將軍中有一員內臣不喜教閱動為姑息由此卒伍驕惰他將稍嚴紀律則怨謗競起帥臣畏懼唯恐生事上下因循苟簡軍旅無餘精銳斯中官姑息之効也疆場之事果只如此屢置未知其利而但見其害藩籬不日隳壞將盡藩籬隳則邊城危矣臣前奏上乞於無事時整齊熟戶弓箭手只臣合議終不以為然臣觀今日屢置誠未為便嘗默不言則負任使所謂鈐轄四人者臣欲乞朝廷省罷精擇帥臣凡事一切付委庶幾閫外之權專制則於責重矣惟聖智擇焉

侍御史趙瞻論五路置帥不當更以馮京為安撫狀曰臣伏見陝西置來與秦延慶渭五路安撫經略使各開帥府以制西戎今又忽差馮京安撫諸路風聞士論莫測所謂不知朝廷以諸帥臣皆不能安撫本路耶是國家欲深究邊事而專委近臣經畫之也帥臣非才自當更置直欲經畫暫至豈能究知是皆未有以補疆場之萬一而足以撓邊帥擾戍兵矣犒師勞將遷易卒伍浮費百出虛聲交至關陝

之民必大恟動臣愚固以為無益至有損也昔杜預使王濬先入石頭避其親受節制裴度為韓洪已為都統遂不更稱招討深達國體共成邊功古之用人今悉相疾以臣所見乞罷馮京之行苟欲精求利病即有文彥博孫沔新付兵柄未出國門授以聖謨廟筭彼皆元老可以仰成臣愚不識事機願進區區之慮

趙瞻又論差中官為陝西鈐轄狀曰臣伏聞古者天子推轂遣將則曰自閫以外將軍制之蓋明委任之專也故唐於諸道行軍而置總管節度以至領押諸蕃部落及近界諸蠻之類率入階銜遂成定制國朝自起西師分置戎府外有四路以扼虜境然招討經略安撫總管之司責任至重故未嘗不選文武賢明之臣以領其柄內則數州之軍民外則諸部之蕃落威恩刑賞廢置制宜敢於纖微有不振舉比者戎事稍息人自謀安縉紳飲食失於侈靡藩籬族聚不復顧卹

向即已稱兩西。今遂絶為匪人。去歲西夏兵勢壓邊。思順酋豪既為統率。諸族離弱。固自歸投。中國不為救營。熟戶隨亦翻叛。致此疆埸蕩無斥堠。賊若犯境。徑至城下。固宜朝廷熟慮。更制近乃特以內臣王昭明四輩各當一路。招撫近蕃。雖留神則甚勤。在制宜則殊失。竊觀唐室興兵最多。更用官人。率致敗事。如觀軍容及宣慰等名。常為切齒之患。今招集蕃部。鎮安方隅。悉皆大將之權。豈容偏帥所撓。一委斯柄。將襲往弊。兵機牽制。統帥何安。臣愚所見。不若以此等事盡付帥臣。是其官守。誰執其咎。既塞分權生事之隙。又明委任責成之專。即罷閹官。無侵軍政。足以前鑒史戒。而後息亂原矣。臣以久居關陝。粗識事宜。比自西來。兼訪道路。邊人議士。率言此失。願陛下特留神斷。不憚改更。隨意招懷。以安攜貳。

趙瞻又論差中官為陝西鈐轄狀曰。臣伏蒙陛下特出聖意。擢在言

職。犬馬猶知報效。臣子豈忘奮勵。況聞輿論。敢自循默。近日於垂拱殿。輒已具劄子敷奏。以內臣王昭明等四人分制邊任。侵撓帥權。乞賜更置。更責大將。至今未蒙采聽。是臣所負言責之未塞者也。此事一書國史。已玷陛下元年之大政。今又不察臣言。遂為國家異日之遺恨。茍能遽追前命。慰快群情。即於返掌之間。更彰納諫之德。故人人莫不為陛下深惜之也。且如帥府屢置蕃部。乃是邊事萬分之一。今以一事偶失。即為添置中官。將來復有事生。又欲何以為計。況彼各受密旨。歲入朝謁。邊臣疏遠。自慮傾危。軍政異同。孰能主執。外未制敵。內先壞事。昔程元振誣來瑱之罪。魚朝恩間子儀之功。故穆贊諫用官人為將。而吐突承璀終無功于鎮定。裴度奏罷諸軍監陣。而李愬遂賊于淮蔡。至如本朝。鄜延敗事。則斬德和于河中。麟府喪師則流元道于海裔。豈非古今得失之明效哉。然猶使議者惓惓疑宸衷之未斷。懼輔臣之依違。斯可謂事機之切。不可不亟諫也。臣至微賤。愚忠所激。義忘後害。殊不知有一身一門之私計。亦不知有群閹群邪之勢力。上冒天威。死有餘戮。臣愚不勝激切之至。

參知政事歐陽脩上奏曰。臣伏見諒祚猖狂。漸違誓約。僭叛之迹。彰露已多。年歲之間。必為邊患。國家禦備之計。先在擇人。而自慶曆罷兵以來。于今二十餘年。當時經用舊人。零落無幾。惟尚書戶部侍郎孫沔尚在。西事時。沔守環慶一路。其人勇略有智謀。但以未嘗出兵。又不遇敵。故未有臨陣破賊之功。然其養練士卒。招撫蕃夷。恩信著於一方。至今邊人思之。雖世不乏材。朝廷方務推擇。若求曾經西事可用之人。則臣謂無如沔者。沔今年雖七十。聞其心力不衰。飛鷹走馬尚如平日。況所用者取其智謀。藉其威信。前世老將。彊起成功者多。沔雖中間曾以罪廢。棄瑕使過。正是用人之術。臣今欲乞朝廷更加察訪。如沔實未衰羸。伏望聖慈特賜擢用。庶於擇材難得之時。可備一方之寄。

歷代名臣奏議卷之二百三十七

歷代名臣奏議卷之二百三十八

任將

宋英宗時知諫院傅堯俞上奏曰。風聞有朝旨令中外臣僚選舉班行漸擇堪充將領者。實朝廷經遠豫備之急務也。臣輒有短見。庶裨萬一。惟陛下詳擇。臣伏以小廉小謹。或非壯夫所長。使貪使愚。固亦兵家舊說。故古人取跅弛之士。信史紀不羈之材。若使論薦者保其清廉。深慮豪勇者有所遺落。欲望將來所降指揮。只取材武。縱有贓罪不甚重者。皆得充舉。仍但去若不如舉狀。甘當降黜。更不去如犯正入己贓。甘當同罪。則揀擇益廣。而可以盡人之材力。或有可取。乞賜施行。

堯俞又上奏曰。臣聞有備無患。古之善經。今則不然。去患至而後為之耳。臣向聞涇原路數奏邊事。於是易置官吏。為備頗急。近日書奏稍上。即不聞更有張皇黠虜之心。顧不窺揣輕重。向石諳詐猝然長驅。又豈容邊為之備哉。況其姦詭未易可量。今朝廷之慮。轉而在鄜延矣。臣竊料狂賊若不以邊為寇者。亦將威脅邊吏以逞其無厭之欲。其所以待之者苟為未具。則又將徇其求矣。臣謂宜及其未然。講脩戎備。凡將吏之輕易老疾罷駑未更事者。一切換去。庶賊至足以恃而無恐。有請得以拒而不疑。則庶幾其可矣。儻因循且已。他日又或倉黃猝遽。恐遺悔逾大。至於臨事易帥。兵家常忌。昨知渭州施昌言之罷。人不謂之非者。以為猶愈於必敗事耳。此豈獨昌言之過。固亦付授之失宜。今慶州孫長卿頗知錢穀。材非將帥。輕易寡識。西道甚知。平居固已乖方。緩急豈能辦事。未敢盡一條其跡。伏望陛下置之他處。姑任其長。毋俾異時為邊防之誤。臣又聞董氈諒祚屢有解仇之約。賴天之力。姦好未成。傳聞相攻。莫審虛實。見利忘義。戎狄之常。

萬一翻然改圖。合從東向。則為患不測。惟陛下數謀於大臣。思所以間離之。而務為維御之術。則天下幸甚。

神宗熙寧元年。殿中侍御史裏行錢顗乞擇將久任狀曰。臣竊以朝廷之患。莫患於無將帥也。蓋承平日久。中外臣寮。唯能孜孜講及文法。不及於武備。豈所謂安不忘危之意也。而況北虜猶梗。西戎未賓。非朝廷無事之時也。陛下試環視中外。可為將者誰耶。可為帥者誰耶。陝西河東河北三路九十餘州軍。見邊任有謀略有果勇威望可以壓服夷狄者。復何人哉。此宜為國者預謀而深慮也。臣聞祖宗之時。外多名將。皆委之久任。而責其成效。若李漢超之守關南。趙贊之守延安。皆十餘年。倚若長城。著立功勳。無西北之患者。將帥得人也。國家求將之心雖切。選將之路不廣。近臣雖曾奉詔舉將領。奈何限以資品。武勇智略之在下位者。無由而進。雖有頗牧之才。焉得而用之。今之命帥。則唯用侍從貴官。遣將則多以閥閱子弟。素不諳練兵術。一旦委之要地。授以重柄。前日橫山之謀。為國生事。蓋失於不久任也。臣願陛下詔二府大臣。兩制近侍。及中外文武監司知州已上。各舉堪充將領者二人。不以官職高下。果敢有武勇者為一等。沉厚有方略者為一等。籍其名而用之。分布三路。法祖宗之久任。責其成效。有功則不次遷擢。厚加賞賚。激將帥之心。沮蠻夷之氣。天下久安之策。不過此也。朝廷裁擇施行。

哲宗元祐元年。侍御史劉摯論祖宗不任武人為大帥用意深遠狀曰。臣昨者去年十一月二十四日。訪聞有旨除劉昌祚知渭州。臣竊聞劉昌祚嘗以小功先朝用之。管軍知延州。中外不以為允。先朝升遐。召入宿衛。物議稍以慰愜。今者渭州之命。群議復駭。臣竊聞祖宗之法。不以武人為大帥專制一道。必以文臣為經略以總制之。武人為總管領兵馬號將官受節制出入戰守唯所指揮國家承平百有二十餘年內外無事以其制御邊臣得其道也臣常伏念禦邊禦戎深得上策所以為後世者久而不可以改此其一也唐先天開元中薛訥郭元振張嘉貞王晙張說蕭嵩杜暹李適之自節度入相李林甫疾儒臣以邊勞至大任欲杜其漸以固己權說明皇曰以陛下雄才國家富強而夷狄未滅者由文吏為將憚矢石不身先不如用蕃將彼生長鞍馬矢石間陛下用之必盡死力明皇然之以安思順代李林甫領節度擢安祿山高仙芝哥舒翰等為大將林甫利其夷虜無入相之資故安祿山得專三道勁兵卒稱兵蕩覆天下唐室遂微臣切謂祖宗之法不任武人為大帥用意深遠非淺見者所能測之如昌祚人材未為難得誠使卓然過人可以付屬而祖宗之法由此廢矣伏願選內外文臣從官可以守邊者使之帥守則祖宗之法常存而不廢不幸後世有引此時為比使武人帥邊而不虞之禍如前世之甚者豈可不預防其漸乎

右諫議大夫孫覺乞熙河選將如折氏世守狀曰臣竊聞熙河困陝西以及天下幾十五餘年矣臣聞其歲費數百萬略以十年計之為四千萬以朝廷本為熙河舉西師不能斷羌人之臂徑可以復靈夏而包賀蘭前日大舉西師未得羌人一級而坐費數百萬於黠羌兵馬馱乘死者不可勝數器仗弃損如山邊人至今為國寒心自朝廷開熙河以來負罪官吏無賴游客冒名入仕與擁高貲為富人者不知其幾百家矣吮啜生靈之膏血以厭飫無賴之人何數臣愚習聞祖宗時河西折氏置之最為得策今天下一百三十餘年而折氏祖父子孫相繼皆忠順勁勇為國捍守此實措置得其道也今熙河之地使帥守得人為朝廷無窮之計蕃將之中如折氏者得一人或兩人漸為措置三五年後擇其可付屬者付之計朝廷不愛官爵以寵之但為戎守能捍外寇則世世如折氏可也其他經營久遠之策望院臣察必有能為朝廷謀者

一年孫覺為給事中又論帥臣當使便宜行事狀曰臣竊聞陝西諸帥臣皆朝廷夙所選擇及被邊稍有警急事事聞於朝廷從來僉押又須廳副臣恐委任帥臣之道為未盡也臣以為諸路帥臣之中唯陝西五路朝廷之所留意萬一有警帥臣自有所處則朝廷無事矣今御帥臣之法太急不敢以便宜行事故帥臣凡邊事不以大小悉聞於朝廷臣謂宜稍略其法使帥臣便宜於邊境之間然後責以邊事事之小者不以聞于朝廷稍習用祖宗禦邊之道則帥臣悉心朝廷無事矣

貼黃臣聞定州韓忠彥時有請於朝廷不敢以邊事為任帥臣之中不任責朝廷又不責之如此則帥臣虛設矣

五年中書舍人王岩叟論不可以走馬一言輕易元帥狀曰臣伏覩初六日除目延安趙卨太原滕元發皆進職臣當行制忽得指揮收還臣不知所以固已疑之今日乃以潁昌范純仁易元發切聞用本路走馬奏章遂有此除臣謂朝廷進退大帥固當重謹不可輕用一人之言而行之或其言出於愛憎喜怒之私意而欺罔公議豈不損主上之明誤國家之事果若可疑自當令本路監司公共體量信如其言行之未晚況聞元發在河東頗有顯效為士大夫所稱按本路每歲入秋即自近裏州發馬兵往戍河外涉春乃還坐耗芻粮於難得之地不知幾萬計前此帥臣皆知無事未有敢不遣戍者去秋元發獨能不遣為國惜費其利甚博蓋其明見事機以身任責故為之不疑衆論莫不嘉元發有大帥之略臣計陛下必不知之知之宜不遂

易也今言者蔽其所長而不以告摘其所不足而粜之則其愛憎之情自己可見夫有顯效不錄而言亟行四方聞之又誰為陛下盡心者既以走馬一言易元帥元帥將人人畏憚此曹有不自保之憂此曹將人人侵侮其帥有驕橫之勢陛下不可不察也此風浸長非朝廷美事昔季布為河東守孝文常召至京師留邸一月而罷還布進曰臣待罪河東陛下無故召臣此人必有以臣欺陛下者今臣至無所受事罷去此人必有毀臣者矣陛下以一人譽召臣一人毀去臣恐天下有識者聞之有以窺陛下孝文慚焉臣願陛下思季布之言察元發之事勿蹈孝文之失以為識者歎惜臣愚忠不勝惓惓

貼黃一元發不足惜所惜者朝廷進退帥臣之事體爾如臣言可採伏望指揮少留告命速召大臣別加詳議施行陛下以方面

屬人毀譽之聽不可不審善惡之實不可不考若其人材畧足以當事雖小有疾何若害於卧理如其無能雖壯安用

八年御史中丞李之純上奏曰臣伏以西戎未附邊鄙用兵守土之臣不宜屢易蓋欲責其實效必須假以歲月況帥臣總握中權措授規畫日久而後士心信服料敵折衝立威制勝日久而後虜心知畏未有歲月淺近施設尚疏而可立武事也近者慶渭二帥召還移替皆未成資若以護邊有功猶宜增秩以久任若以備敵亡狀豈當免過而優遷欲望精選才臣付以閫外應機制變得以專行明示三載考績之限非以功進以罪黜更不先期除代庶幾邊事整備而戎人款服

紹聖三年陝西路轉運使張舜民請內外臣寮各舉堪任將帥狀曰臣伏見近年以來宿將凋零今歲為甚雖其詢人才固有精粗是皆自英考神宗識拔切磨收養出生入死之人也使其分有備短何獨至於今日推類剝落之為甚也臣雖愚昧陰以為懼臣竊觀自古守邊選將未必專以攻戰為事要在精神折衝而已如必欲戰而取勝則是兵家之下策故有中朝而與歎側席而為憂在趙則強秦不敢加兵在漢則鮮卑不敢南牧者此豈皆戰之功其聞望精神有以服人者也其聞望精神有此服人豈一朝一夕之事哉必有素養乃可至此方今孽胡未殄疆埸屢驚天怒未加而爪牙先缺此何理也傳云內無良將外有敵國此秦之君臣猶以為憂況以天下之大者乎臣竊惟天之降才地之生物其杞幹栝柏何時而乏然自毫末以至凌雲培之植之以充梁柱又非一朝一夕之事也唯其先幾有備之實能免倉卒不及之患臣今欲乞聖慈詳酌指揮內則侍從臺諫管軍臣寮外則帥臣監司各舉所知堪任帥者三兩人不限出身要在人才實有謀勇然後朝廷而加審擇其所降指揮乞嚴立條式以示

朝廷必用之意非若常舉之汎汎臣之瞽言若蒙采聽然其驗猶在十數年之後

貼黃臣今所言若蒙朝廷采納其所舉人已經選任若路分都監

已上更不在奏舉之限所貴人才在下者皆得上達近日蘭州种宜身亡臣常默計其代者兩日而無所得竊惟廟堂遴選之際亦已為難矣當平時擇一邊州守臣猶爾難得況一旦應急任人從而可知臣所以出位進言其在於此

哲宗時翰林學士范祖禹論曹誦劄子曰臣伏見樞密副都承旨曹誦權馬軍司事俟姚麟回日依舊雖非正授止是暫權然於事理有二不可祖宗制兵之法天下之兵本於樞密有發兵之權而無握兵之重京師之兵總於三帥有握兵之重而無發兵之權上下相維不得專制此所以百三十餘年無兵變也自唐室衰季以及五代樞密

之權偏重動為國患由手握禁旅又得興發也今副都承旨為樞密屬官權任管軍是本兵之地又得握兵合而為一非祖宗制兵之意其不可一也自英宗以來不用外戚管軍蓋以管軍之臣止有三人而外戚素非將領又無勳勞止緣恩澤遂為統帥豈得將士心服哉神宗時曹佾雖為中書令封郡王止奉朝請而已今陛下初聽政而開外戚管軍之漸示人以私非所以為後法其不可二也臣無言責然備位侍從國家事有未便無所不當言與其言之於大不若言之於小言之於著不若言之於微伏以先太皇太后九年之中內外無毫髮之私天下未嘗有間言陛下總攬庶政四海方屬耳目臣之愚誠不欲使有識之人指其事不善曰此先太皇太后時無之今陛下有之愚某事善曰此先太皇太后時有之今陛下無之所以眷眷而不能已也伏望聖慈特降指揮改正庶不違祖宗故事

時御史中丞蘇轍論張頡不可用疏曰臣伏見朝廷以置渠陽軍為不便議欲棄之者久矣然自去年以來欲棄而不得群蠻猖獗南邊至今為梗者何也任非其人而棄之無術故也唐義問文俗吏耳無他才略昔被朝命直入群蠻之中欲棄此城既為蠻衆所圍用胡田之計詐欺群蠻苟脫性命既歸不敢以其實聞凡有寇盜皆指揮邊城不得申報朝廷不察其實而任之不替則既一失之矣及今夏以來蠻寇大作以至覆軍殺將臣屢以為言而朝廷屬任義問之意不衰訪聞大臣但以臨敵不可易將為詞終欲庇義問不卹邊人肝腦塗地之苦及今已將半年則既再失之矣今者朝廷除張頡知荆南頡自瀘從荆誠不為超遷然近降朝旨令單馬赴任外人始知朝廷欲以頡代義問蓋義問之所以敗者闇而自用狠而失衆今頡猜嶮闇愎又甚於義問而朝廷復加委任則又三失之矣臣竊悲湖北之人外遭群蠻殺擾不安其居內蒙用人三失未知息肩之所是以不避煩瀆冒進瞽言昔元祐二年朝廷除頡戶部侍郎臣時為諫官前後具頡罪惡八事乞行罷免時雖不從然用頡未逾年知其不可卒黜之外任及今未幾而遂付以邊事邊事重害又與戶部不同蓋臨敵統衆兵民性命所係不可不慎竊聞大臣謂頡本貫鼎州意其習知蠻事是以遣之然不知人才各有短長未必生於其鄉必善其事臣但恐頡任情恣行出於天性老而不改必致敗事頡昔為桂州經略使始因靳各小費縱以措置乖方遂致宜州夷人背叛賊殺本州兵官頡尋遣費萬王奇二將繼往攻討並皆陷沒先帝震怒差官取勘遂落職奪官降知均州又元豐三年除頡知熙州是時臣僚上言頡天資褊躁動多猜忌頃在廣南忿爭互論州郡官吏為之不安乞賜追寢新命尋奉聖旨令依舊知滄州然則頡之不可付以邊事者

自先朝非獨今日臣言之矣所有臣昔具頡八事皆非虛言並有案據謹別具開錄奏聞乞令大臣看詳罷頡新命或但無令預聞邊事別擇諳練用兵之人責之成效

貼黃張頡資任已深除知荆南不為過當臣今所言但以頡為性猜嶮所至不得衆情不可令管邊事

李廌上論曰臣聞牛羊欲其茁壯也必其善牧車馬欲其習服也必其善御若軍旅之事將帥之職畀之以師律付之以疆場內欲重吾國外欲克吾敵顧不慎哉不可以三軍之元帥姑且備其員兩國之民命聊且試其技不致其可必為國禍不求其良必為民殃故當築壇告廟之始必觀是人果足以稱此禮乎至推轂授鉞之際又觀是人果足以勝吾任乎昔在戰國之紛紛不惟君可以擇臣而臣亦可以擇君當時英雄挾其長游歷諸侯能用我者然後仕之故欲求將

不可遽得今天下爲家四海爲籠罔匪臣僕英雄盡入於彀中多士咸在衆技自獻惟君王所擇所謂觖稱築壇告廟之禮能勝推轂受鉞之任者固亦有之在所選而已昔之論將者其材有五曰勇曰智曰仁曰信曰忠將何以貴乎勇蓋直以養氣威以克愛剛以致其敢義以致其必幾視敵國而砥礪三軍吾之所指曷敢不從死吾之所麾曷敢不從移非勇則不可犯矣將何以貴乎智蓋使貪使愚各求其所須使勇使智各効其長技俾敵常爲客而不足我常爲主而有餘我常致人而人必應人不可致我而我自如爲勝敗之政如神人黙運制奇正之術如環無端非智不能也智則不可亂將何以貴乎仁蓋以慈養其惠以惠養其威寬以御衆衆罔不盡其心悅以使民民罔不盡其力忘勞而供武服犯難而圖戰多欲與之可赴深谿必自我視之如嬰兒欲與之可俱死必自我視之如愛子則非仁何以

懷之仁則能愛人故也人不可無信而將之信爲重蓋方其莅師也國不自外理國容於是乎不入軍軍不從中御軍容於是乎不入國將軍之權專矣如之何交厭乎於上下布至誠於遠邇故貴乎信信則不欺人故也君臣皆以忠而將之忠爲大蓋方其用師也上不制於天中不制於地下不制於人將軍之志自用矣如之何惟君是圖而忘其身惟國是憂而忘其家故貴乎忠忠則無二心故也夫有爵有僇士心所屬可安可危君處所隨士心所屬以賞刑之柄繫焉賞刑之所繫成敗如轉掌君處所隨愛憎之變會焉愛憎之所會禍福如發機惟信惟忠乃爲建立勛名之權與社稷危疑之關鍵也以是五材泛觀乎朝如持度以揆長短如操量以較多寡其分別差等殆無遺形大材如罍小材如盃以盃受罍過則溢以罍受盃綽乎無容故古之人論將有妻子之將有十人之將有百人之將有千人之將有十萬人之將有百萬人之將其材相去遠甚然不離乎五者之間也雖然材必適其用用必適其宜執方而無權乎一而不變雖用良材覆爲累德故太公之論將有十過孫武之論將有五危觀其過之所生究其危之所自其初皆五材之良其失皆五材之蔽苟材而不能用至於軍敗國辱蒙殘身僇吁可哀也故爲將之道既有五材以御三軍欲攬英雄之心則又當行之以三禮斷之以三至欲重廟堂之勝筭則又當持之以五愼審之以五權達事宜則有九變能通九變則眞敵乎全囚況法制則有九抅毋執九抅則立我於全勝古之人論良將有曰剛則法天可望而不可干柔則象淵可親而不可玩去如收電可見而不可追留如立山可瞻而不可動有將如此則築壇告廟之禮推轂受鉞之任爲不愧矣故初作二軍欲謀元帥惟郤縠閱禮樂而敦詩書於是用於晉秦伐阿鄄而燕侵河上惟穰苴文

附衆而武勝敵於是用於齊孫武十三篇之説闔閭試之以婦人卒以强兵吳起七十六戰之功魏武始於論兵吞卒以强魏先黔以下軍之伍而起將中軍不以卑踰尊爲疑郤氏狐氏以族人從軍不以親同職爲間韓信奮於亡虜魏尚拔於囚徒克國自舉任之而不違伏波求用試之而不拒謝安薦姪而不沮其挾親賈憲請行而曲聽其補過所用者材也材可用焉不當牽左右近習之好惡不當徇士卒國人之議論挺然不疑斷以己意夫賢將之徒類皆英雄豪傑之士觀人君用己如此其重當如之何圖報哉谷永曰楚有子玉得臣文公爲之側席而坐趙有廉頗馬服强秦不敢窺兵井陘國有賢將所恃如此惟陛下注意焉陸賈曰天下安注意相天下危注意將必至天下危然後注意將則不亦晚乎惟天下安乃注意將之時是謂治不忘亂安不忘危

李廌又上言曰：臣聞有君子將，有小人將。君子將，天下之將也；小人將，亡國之將也。古之賢將原兵之意，可以為仁術；察武之用，可以廣德心。故以殺止殺，非所以好殺；以戰去戰，非所以好戰。司馬法曰：殺人安人，殺之可也；攻其國，愛其民，攻之可也。孫子曰：全國為上，破國次之；全軍為上，破軍次之。何古人終始以愛存心歟？故君子之將能師古人之意，不以戰屈人兵為心；小人之將違古人之意，以嗜殺人為心。以不戰屈兵之為心，以天下為心者也，非天下之將乎？以嗜殺人為心，亡國而不卹者也，非亡國之將乎？夫尉繚當梁惠王之時，為兵之說曰：善用兵者能殺士卒之半，其次殺十之三，其次十之一。能殺其半者威加海內，能殺其十之三者力加諸侯，能殺十之一者令行士卒。信此說也，則興師二十萬可自誅其十萬，興師十萬可自誅其五萬矣。且夫將，軍心也；士卒，支指也。心誠則支指應，心危則支指

衛。士樂附則將威。今毆無罪之人以犯難，悅以使之，猶恐不得其心，忍薙置罪罟以快意於刑戮乎？誅其半，欲其半之用，而孰若全軍撫愛，皆使之親其上、死其長乎？殺半用半，雖勝何益？孟子曰：不仁哉，梁惠王也！糜爛其民而戰之。爭地以戰，殺人盈野；爭城以戰，殺人盈城。嗚呼，慘酷至此，尉繚有以啓之歟！臣於是於古之君子善撫士卒而愛之者，私竊慕焉，其惟戰國之李牧、蜀之諸葛亮、唐之李靖乎？臣請言其用兵之意。夫李牧之居鴈門也，蹔軍市之租以養士力，椎牛犒燕以養士心，謹烽燧，多間諜以養嚴，入保示怯，佯伏致人以養氣謀。熟勇於全，皆願一戰，於是選車餘千，選騎餘萬，百金之士五萬，彀者十萬，一舉而滅襜襤，走單于，破東胡，降林胡。向使自殺其士卒之半，則莫不怨毒矣，孰肯自獻其勇以求一戰乎？諸葛亮之禦張郃，郃之衆號四十萬，而亮之衆不滿一軍，衆寡既不敵，而強弱又相遠，而軍既陣而罷兵適交，亮以用兵行師大信為本，乃悉遣之，且曰：去者束裝以待期，妻子企踵而計日。則原其情而閔其勞，懷以仁而厲以義，可謂周矣。故去者感激願留一戰，住者憤怒人百其勇，殺郃走懿，以成其功。向使自殺其士卒之半，則聞聲而遁矣，孰肯忘死御恩以決一戰乎？李靖之與太宗論兵也，太宗以嚴刑峻法使人畏我不畏敵為疑，靖以卒未附而罰不行不可用為說；太宗以愛克厥威、克愛為問，靖以愛設於先、威設於後為對，則君臣之心何視卒如嬰兒乎？又已頃討突厥，總番漢之衆出塞千里，未嘗戮一楊干，斬一莊賈。衛公於艱難草創之初，剪刈兇渠，以掃攙搶，備延阤於關內，伐突厥於定襄，盪吐渾於西海，苑蕭銑於江陵。向使自殺其士卒之半，則危國亡師之不暇，況宣威信於異域乎？嗚呼！安得今日守邊之將愛育士卒如此三子者乎？夫天子之兵以仁為本，以義為御；天下之將以慈為

主，以勇為次。卻視尉繚之說，非亡國之兵、小人之將乎？秦以殘忍虎狼之思，務殺伐屠戮以強天下，又有殘忍虎狼之將，能殺伐屠戮以快其意。蒙驁、王翦之父子，世為秦人之民賊，攻城克敵，固已衆矣，然未若白起之甚。夫白起之為將也，戰必勝，攻必取，誠莫可及。以書考之，凡攻某國拔之，伐某所取之，不言斬首若干、坑卒若干者，置而勿論；論其直書斬首若干、坑卒若干而計之，凡殺敵國之兵八十四萬人，然起戰卒死於敵者又當幾十萬，總兩國供軍之民，其誅求衰斂，因以失業而死者，又當幾十萬矣。何晏曰：白起降趙卒而坑，豈徒酷暴之謂乎？後亦難得志矣。又曰：裁四十萬之命，而適足以強天下之戰；要一日之功，而咒堅諸侯之守。又曰：殺降之禍大於劇戰。然則兵勝未幾而被戮，國強未幾而為墟，良以此乎！臣於是乎求於古之君子能制閫外而懷柔者，私竊慕焉，其惟戰國之前、吳晉之羊祜、唐之郭元

振手臣請言其用兵之說夫荀吳之伐鮮虞而圍鼓也鼓人欲叛其君而附己矣吳曰吾不可以欲城而市姦所喪滋多鼓人請降而有食色吳曰吾焉用邑以賈怠不如完舊食竭力盡克鼓而還不戮一人賢哉羊叔子之為荆州也慨然有平吳之心開布大信專修德義縱俘釋虜以示至仁歸禽償穀以示不擾潘景來寇追斬而厚葬之美其死節陸抗對壘抗病而饋之藥抗飲不疑內則援良謀於張華外則付成筭於杜預卒能平吳賢哉郭元振之鎮西域也撫馭諸蕃專尚忠義走吐蕃之衆開涼州之圍會兵百萬以集湟川分兵十道以進青海贊普屈膝而請和突厥畏威而入貢跪質勃而至于賣臬弔娑葛而為之流涕賢哉嗚呼安得今日守邊之將綏撫敵國如此三子者出乎夫天子之兵至信為主至公為輔天下之將附衆以文威敵以武御視白起之功非亡國之兵小人之將乎夫為政至用兵棘矣用兵至於殺人可哀矣以可殺而以殺為事乃嗜好也嗜殺人者其心何如孟子曰始作俑者其無後乎為其象人而用之也懼後世以象人為未足肯徇之以人者矣故必推原其理而深罪之奈何尉繚之法使後世籍口以殘忍乎孟子曰盡信書不如無書吾於武成取其二三策而已何其流血之漂杵也懼後世以漂杵則忍心於屠殄矣故必推原其書而深詆之奈何白起之爭誇後世快意於殺伐乎陛下以仁政為重孝治為先則將之心術亦可戒矣彼一夫向隅而泣滿堂為之不樂東海殺一孝婦天降累年之旱以罰之惟人命為可重也陛下念哉

徽宗時左正言任伯雨上言曰臣風聞外議皆言朝廷以西北諸帥闕人議欲盡以武臣紛紛累日事雖未詳臣為諫官敢不先慮萬一果如此行今日雖未有害異日便為禍階此唐室方鎮之患所由起也唐自開元以前諸邊帥多用儒將綏懷附內外帖然及至李林甫作宰相欲久其位惡儒臣有勞入為輔弼乃建議悉用蕃將武人遂召祿山之亂肅代以後大盜略平武夫悍將皆已有力強藩巨鎮以次分授既有其土地又有其人民又有其甲兵重權在手唇齒相依跋扈自恣遂不可制終唐之世以此亂亡本朝太祖太宗時四方未平西北未服乃用武臣分主要地時勢所係不得不然及至太宗已後邊遽悉用儒將至於並邊小郡始用武人此祖宗深思遠慮鑒唐室藩鎮之弊以為子孫萬世之計也今若因闕帥臣遂用武人自此已後人人皆有作帥之望苟其才不相上下功不相先後有得有不得則內有怨心外有慍色悻悻不服以朝廷輕己及其臨事豈肯用心如其已得則位尊權重奓然自大有貪功名之心則生事邀功有黷貨財之心則侵剝夷漢跋扈驕蹇不循法度朝廷若不體問則養成其惡為禍愈深若便體問則畏禍懼罪必不順命或有移徙非其所欲脅衆留己以干朝廷從之則損威違之則生亂彼此視效結黨相庇伸縮進退莫不掣肘覘習既久人人以為當然則方鎮之患自此成矣況朝廷闕帥自可於省寺卿少郎官外路轉運使副有才望資序深者權試其才平時守邊苦無大事萬一不任亦止一時外患若用武臣漸成方鎮之勢則國家內患非止一朝一夕之故也或謂朝廷威強雖用武臣未必為患前此間有武臣為帥矣臣謂不然且前此雖有乃卓然有才非同輩所敢比者是以人不僥倖且規事建議必圖萬世之固預防未然之禍方今林甫建議不用儒將豈知後世有方鎮之患耶臣願陛下深思遠慮鑒前代之事遵祖宗之制慎所處置以安萬世無窮之基天下幸甚

舍人兼崇政殿說書兼侍經筵進講翰李允則疏曰臣聞帥閫以

真才為重。以善謀為主。有才而無謀。不足以為真才矣。李允則之守邊也。留中之謀。愈出愈奇。懼虜人疑己。而揚言護救祠修城築也。引水作石梁聚舟為競渡。寓水戰也。撤樓為阬而植榆塞下。設險固也。上元舊不然燈。特結山張樂使民縱遊。陷虜將也。不救火災。密運器甲以補所焚。安衆心也。此猶易能耳。未足以見允則之奇謀。虜遣間諜刺我兵數。而能使諜者轉為我用。此一奇也。虜毆吾民將以為質驗。而我能反其鋒而用之。又一奇也。雲翼卒伍之逃。虜以不知所在為辭。而允則指言其處。運智如神。又一奇也。天下多事之秋。使得任閫外之寄者善謀如此。可以寬顧憂矣。雖然。設謀易。用謀難。自信易。為上所信難。李牧縱匈奴。軼侵趙邊。而終不肯出戰。謀則善矣。然其迹似乎養寇。陸抗與羊祜邊境交和。謀亦善矣。然其迹似乎賣國。必也上之人寬洪大度。聽其所為而無掣肘之患。則謀成而功立。不然。

信任不專。讒間入之。則所以撓其謀者多矣。臣是以深取李允則之善謀。而又三嘆真廟之善聽也。

欽宗靖康元年。中書舍人胡安國論四道置帥狀曰。臣准中書省劄送到錄黃一道。臣僚上言天下之勢。治平則宜重內。遭變則宜重外。乞分置四道帥臣。以都總管為名。付之一面。為衛王室禦狂虜之計。以臣愚見。自古及今。內外之勢。適平則安。偏重則危。昔東漢季年王室多故。劉焉建議以為四方兵寇由刺史威輕。宜改置州牧。及焉求益郡。劉表出襄陽。袁紹得冀。曹操取兗。爭相割據。自此不復有王室矣。唐僖宗時。黃巢入寇。用高駢為都統。意令討賊。及巢入長安。詔駢舉兵。而駢恃甲兵財賦之彊。終不奉詔。自太祖鑒觀前弊。削奪藩鎮之權。行至于今。州郡太輕。理宜通變。然一旦據以數百州之地。二十三路之廣。分為四路。各統一面。事得專決。財得通用。吏得辟置。兵得

誅賞。其事權太重。又非特州牧之比也。使此四人者上下皆盡忠君父。心在王室。倉卒之際。合從救援。則固善矣。假令萬一挾衛跋扈。號召不至。如劉焉袁紹高駢之所為。又何以待之乎。五大在邊。古人所戒。以身使臂。於理乃宜。臣之愚計。欲乞只據見今二十二路所置帥司。選擇重臣。付以都總管之權。專治軍旅之事。每歲終。按察其部內。或有警急。京城戒嚴。即各帥所屬守將遂急應援。如此則既有捍衛王室之勢。又無尾大不掉之虞。一舉兩得。伏望聖慈更賜裁酌。特降聖旨施行。

右諫議大夫楊時上疏曰。臣比聞粘罕三月中自太原分兵入汾州界。至四月復還太原。往來二州之間。如在無人之境。所經縣鎮。焚劫屠戮殆無孑遺。王師坐視不救。若非己事。至四月半。賊離汾州還太原。統制林良器等四人方至汾州。入城十餘日。坐糜廩粟。無敢向敵

者。姚古節制諸將。擁重兵。躬自逗遛不進。宜諸將皆無肯用命也。臣嘗論姚古逗留。以軍法從事。久未蒙施行。今太原圍閉累月。危急甚矣。訪聞大兵尚在威勝軍。無一人一騎入太原境者。惟范瓊不受姚古節制。獨能引兵稍進。諸將逗留。古實為之也。奈何惜一姚古不誅。坐視要害之地而不救乎。萬一太原之民以主帥不救。必謂朝廷棄之。別生異心。則禍起肘腋。非金人之比。不可不慮也。自金人殘破契丹。人人知其必有南窺之意。郭藥師逆賊也。包藏禍心。亦人人知其必反。王安中見禍亂已形。覬幸脫歸。不復以告。蔡靖抗章論奏。而白時中李邦彥蔡攸蔡懋等蔽蒙苟安。略不加恤。浸成大患。今太原危急如此。朝廷當以前事為鑒。不可緩也。一失太原。則大事去矣。臣願陛下明詔大臣。悉力措畫。速正姚古逗留之罪。誅之以肅軍政。遴柬有武略可任者代之。偏裨猶有不用命者。亦以軍法從事。庶幾士氣

稍振。伏敵人有所忌憚。若朝廷未欲遽誅大將。姑用唐故事。盡行削奪。使白衣從軍。以責後效。猶之可也。不亦則秋冬之交。風勁草衰。強寇長驅而南。益無忌憚。悔無及矣。惟陛下留神而幸聽之。

御史中丞許翰上言曰。臣伏見宣制罷樞密宣撫使种師道提舉中太乙宫。中外聞之。悵然失色。按師道名將。沉毅有餘。山西將士人人信服。臣以臺例不得身見師道。然素聞其賢如此。兵興以來。臣所詢訪數十百人。皆言師道雖已老疾。智慮不衰。而獨聞諸朝廷以為老無計策。不可復用。異於國人。臣考古進賢之法。在易之晉。其六三曰衆允之。志上行也。夫人各有私。合衆則公。故必衆允其賢也。而後可進。此孟子所謂國人皆曰賢而後察之者。人君之所聽察如此。可謂較且易矣。是以用無不當。後世不稽於衆而欲恃一己之明。以周知人之所蘊。是以拔十得五。尚曰比肩。謂其難。闇艱難失人之多也。陛

下欲求知人之術。則觀諸易象。而質諸孟子。其亦可矣。臣恐左右諸大夫之一旦論种師道不如國人素信之審也。昔秦始皇老王翦而用李信。兵辱於楚。乃自馳見王翦謝之曰。將軍雖病。獨忍棄寡人乎。其後王翦卒以持重破楚軍。略定荊地。漢宣帝老趙充國。使問充國誰可將者。對曰。無踰於老臣者矣。充國與羌相拒。堅守不戰。羌豪相數責曰。語汝無反。今天子遣趙將軍來。年八九十矣。善為兵。今請一鬬死可得耶。後終漢之世。無西戎之患者。充國之力也。前世自呂望以來。用將收功如此者。雖一二數。至於趙用趙括。蜀用馬謖。宋用王玄謨。皆見其平日論兵。智略從橫。使之當敵制變。卒皆折北不救。以古揆今。則師道之老而木訥。未嘗謂不可用也。今師道復統河朔之師。委制閫外之重。將吏素服。士卒素信。夷狄素畏。易以定功。此上策也。處之樞府。選將將兵。威名方略。可以折衝。此次策也。今無故解其兵權。委之道館。使士氣消沮。民心疑惑。臣竊恨之。金賊此行。存亡所繫。今一大創。使失利去。則中原可保。四夷可服。失此機會。則非特方來再舉。必有不救之憂。臣恐西戎南夷共知中國大弱。爭圖深入。為金賊之所為。則我困於奔命。必不支矣。廷臣間憒憒不曉者。固不足道。至於偉有識者。多能知之。然知之者莫肯力言。言之者莫肯踐奏。是何人也。人為身謀。畏執其咎。一有疏奏。形迹可接。不如容容成敗不與。鄙夫事君。自古而然。臣遭陛下休明之運。銜陛下知遇之恩。自頂至踵。已許國矣。又當言責。不敢不盡。切聞臺臣諫官屢劾宇文虛中。朝廷重去虛中。而輕罷師道。此非特臣所不喻也。或謂師道足不良行。嘗於馳驅朝謁奏事。此與國之安危孰為重輕。君孫臏坐輜車中為齊軍師。田千秋得小車至殿。貪賢尚能。古有之矣。伏望聖慈哀臣拳拳愛國之計。更與大臣參之。不憚改命。天下幸甚。

許翰又上言曰。臣聞耕當問奴。織當問婢。老馬識道。巢鳥知風。此言物各有所習也。是以金革之事。必資宿將。臣累言种師道知慮未衰。夷狄素畏。藉其威名。猶可折衝。今縱未能置之樞府。謂宜使之領制置司。亦不閑廢。俾得盡心。虎豹在山。藜藿不採。非虛語也。臣既論兵之不可不用。故遂論將。不憚喋喋上瀆聖聰者。誠以為兵待將而後勝。又謂方多故時。國之虎臣。未宜投閑。急而求之。非所以明朝廷也。今虜行已遠。遣議三鎮之使尚未發軔。臣恐將帥牽制。使指曠日持久。遂失事機。今日之勢。當如救火。不得少緩。緩則無及。望先明告將帥。使得閫外便宜制勝。委任而責成功。此自古用將之法也。兵交使在其間。盟亦何害。且料兵威未振。虜情未饜。遣使禮請。未易下也。故今日之事。待兵之力多。而恃使之謀少。乃可為矣。

翰又言曰。臣伏見艱難以來。用將不專。稟命朝廷。故使大師節制難

一機會屢失虜勢益張欲苟無事而變更愈繁欲姑休息而息肩無日此忠憤憂國之士所以中夜慨歎撫枕而興也今既明示天下以弱是以河東之兵滲入而不悟陝西之寇内侮而方興情勢至此亦已棘矣若不一大變前所為恐不復可濟為今計者獨有起种師道聽以大計朝廷但責成功而已昔漢高帝取魏但問大將騎將步將為誰知非韓信等敵遂決不疑以是知用兵之法要在論將而議者以种師道姚古有怨故罷師道而用古然臣竊觀漢高祖始用陳平護軍諸將不服更使盡護諸將諸將乃不敢言韓信初拜大將一軍皆驚高祖不恤也光武之時賈復常欲手殺寇恂光武躬譬解之曰天下未定兩虎安得私鬭今朕分之卒使二人結歡而去今陛下欲正天下則宜如高祖欲和調將帥則宜如光武方之材時諸將臣至少豈得使之一廢一植至於勤王之師雖已罷遣今恐事棘不免復召但使河朔賊破則河東賊勢自絀要之非一大勞恐無休息之時伏願陛下更與大臣反覆熟慮早定大計今日之事已難於前日安知後日不又難於今日也而議者猶欲循前之姑息前之得失亦可鑑矣

高宗紹興四年王之道上奏曰臣聞自古良將用兵其謀定於數年之前其功成於數年之後與其始之所言所為莫見少異者故在國無屈力殫貨之患在己有料敵制勝之名若漢之趙充國晉之羊祜可謂得此道矣充國之制先零也專以先計後戰為事今年上書曰善戰者致人而不致於人明年上狀曰帝王之兵以全取勝故先為不可勝以待敵之可勝其後乃以屯田金城益積蓄省大費而遂破先零羊祜之討孫皓也專以開布大信為事今年有略吳二兒為俘者遣而歸之明年有禽獸先為吳人所傷而為晉兵所得者封而與之其後吳遂罷守石城故祜得以分其戍卒墾田八百餘頃而遂禽孫皓不知今日之所用以待敵者果出何策其所要以制敵人之命者果為何人惟陛下日夜焦勞不忘嘗膽以刷二帝北狩之恥固當有萬全之至計然以臣觀諸將之所施設未見其勢歸也為今之策莫若擇三大將寘之三路東屯揚楚中屯廬壽西屯襄漢俾其勢如常山之蛇擊其首則尾應擊其尾則首應擊其中則首尾俱應一切取法趙充國之制先零羊祜之討孫皓屯田境上務在先計後戰開布大信期於一舉而空朔庭然後為勝傳曰陰陽不和擢士為相疆埸不寧拔卒為將臣前所謂擇三大將寘之三路者要不可以文武資格為限其詔中外侍從將帥之臣有才略絶倫者各舉二人以聞召赴都堂命二三大臣窮之詭道以觀其謀試之危事以觀其勇然後陛下親擇而用之曰誰為我守揚楚誰為我守廬壽誰為我守襄漢如漢高之用韓信晉武之用馬隆授以方略令其自効如是將見人人輸忠奮力為國家用陛下垂拱仰成而中興之功可日月以冀矣

紹興間張浚議堅忍立事曰臣嘗觀漢祖因思歸之兵與項籍力戰滎陽成皋間大小七十餘戰身困兵潰者數矣然則良平之計謀曾不預其敗乎是不然也夫高祖東鄉以爭天下良實啓之平多奇畫高祖數賴之以免至於不幸而用兵未利則亦上下同心姑為善後之圖耳何至紛紛然自為離間乎此其所以能終有天下也燕退樂毅秦用孟明可以為鑑而況不為樂毅孟明者耶

浚又上言曰論者謂人主之御將當結之以恩待之以禮此固是也然臣竊以為服將帥之心莫若一循理道而加以至誠則何事不濟若一有不歸於正彼雖遜順伏從而其心已窺測懷望矣唐自肅宗

之後藩鎮跋扈終至於亡。豈非有以啓其心者乎。

張浚又上言曰。甚矣明皇之於祿山愛寵而親信之也。雖妃子之貴為之執爵以飲之。豈非欲得其誠心而託其捍禦疆埸耶。然其終也不能免其不叛。至使六龍蒙塵四海鼎亂。其故何哉。御之不以心也。嗚呼。人主以一身而臨億兆衆庶之上。所恃以承祖宗之業建百世之基者惟道理所在耳。得之則治。失之則亂。儻惟此之行如圭玉之純。略無瑕污。如日月之明曾無掩蔽。王道不難成也。今日之為將帥者忠義之質出於所性。蓋天實生之以佐陛下中興。且久與書生從處。於古是非得失之計亦耳聞而心熟之。臣願陛下待之以正禮。遇之以直道。不復少有間隙。俾之或得而窺伺。則君臣享福無疆無窮。豈不為千載之盛事乎。

浚又上言曰。臣契勘韓世忠每以恢復自任。慷慨負氣。不許同輩之出其右。今諸帥列屯並進。實自世忠發之。欲望陛下因召問之際曲加撫勞。以駐軍承楚始自世忠。淮東鹽利之贍給諸軍者歲不下千萬。向非世忠力為此行則諸帥因循玩日。安肯渡江。自來凡遇虜兵卒多望風而遁。惟世忠力破精銳。以少擊衆。異時中興之功當責望世忠。臣每與之款言。世忠亦深以此自負。故願陛下委曲及之。干冒天威。不勝惶懼之至。

浚又上言曰。臣嘗謂權重兵被隆委者。其過失常聞於天下。而事未任責言可惑衆者。未有不獲美名。此何故耶。人情惡人之在己上而患己之不能有所成立。凡有血氣者皆然也。是以紛紛之論莫可究正。豈獨將帥哉。然則人主何從而辨之。要當學古之道酌今之情苟於吾心未見有所見之實勿輕以畀付也。知之而後用之用之而勿疑。天下之事可不勞而定矣。

浚又上言曰。臣輒具危懇。上瀆聖聰。區區至情。仰祈睿照。再念事干大計。利害非輕。臣而言之。惟恐違拂朝廷之意。微臣孤遠之蹤無所逃責。臣而不言。終致上誤國家。非臣捐身以事陛下之意也。臣近奉聖旨差王似充宣撫處置副使。臣伏思聖意高遠所以為天下之計者至厚。應臣一有犬馬之疾或誤使命。遠方無副將士失歸。此蓋甚善計也。然臣熟知王似平生最詳。鎮重寬厚於民不擾似之所長。於駕御將帥裁處機事。不為身謀以圖事功。緩急之間恐未可仗。若臣蒙陛下聖恩得請而去事有不可勝言者矣。此其一也。臣又伏思陛下之意。欲委似招徠未附之人。臣竊惟天下之患獨在金虜。虜未退聽難將不已。何暇撫叛。又況似任環慶日嘗為制置使。行檄諸路皆不奉從。如張中孚之徒。昔有深隙。今又安能懷之使來乎。此其二也。臣被命川陝外而劉子羽吳玠之徒踏萬死一生之地。與虜為讎內而張深程唐日夜謀議。此輩皆以侍從高選嘗立破虜之功。其意各望陛下天日照知寵加任用。今事將就緒。一旦以無功侍從驟處副任。人情謂何。此其三也。臣去歲差似知興元府兼節制吳玠王彥。彥與玠各有論列。遂復以劉子羽代之。今似為副使必不安職。此其四也。臣最單微獨荷陛下知遇。屢經大謗悉荷保全。凡所委任莫非親付。今似未嘗得對天日之表有此除擢。恐自此臣之過失日聞于陛下之前矣。此其五也。臣之區區肝膽舉露于此。伏乞陛下念臣嘗有微績曲賜保全。俾之退歸遂養疾。臣之未死尚當圖後日之報。臣無任祈懇之至。

貼黃。契勘臣所陳事理。上干國家。臣非不知含糊苟且自為身謀。特慮劉子羽張深程唐吳玠王彥之徒必自引去。而似之才能庸常終至敗事。臣雖萬死無以塞責。兼事之利害又有至切者。

伏見蜀之士大夫。及流寓侍從官以下貼書至臣。及朝廷執事皆以自守安靜為言。彼非為陛下國家計。乃自為家屬及一身計者也。曾不知將士所以捨偽從正數至十五餘萬。彼於臣何有哉。特以上念祖宗恩德之厚。次戴陛下養育之仁。各欲奮力以求平定。今若按兵自固。能保其不離散而為亂乎。此特其一耳。又況虜為不道。必欲傾搖我社稷。翦除我民人。而我乃委靡自困。終必為虜所滅。為此說者。蓋不思之甚也。臣每與劉子羽吳玠王彥等日夜治兵。儲糧食。備器械。其一蓋欲張大聲勢。使虜知我必與為敵。不敢萌意南行。其二亦欲激勵將士。講明戰陣。為陛下興大利除大害。奉迎鑾輿。以福中原。而或者區區獨為身謀。遂起怨謗。相為朋黨。求毀臣權。在臣去就利害甚輕。而國家之計恐有未便。伏望陛下謀之於心。斷之於己。以惠天下。

臣之此言。天日鬼神實所照知。伏望陛下留臣章疏于中。恐大臣不安其職。求為進退。益煩聖慮。臣無任懇切之至。

江西安撫制置大使李綱上言曰。臣伏覩陛下駕馭將帥。恩禮兼隆。至有不遠千里召赴行闕者。燕射錫與。優渥此誠足以得其心而用其力也。將帥荷眷遇之厚。爭先望天光而聆玉音。竭蹷造朝。惟恐居後。此亦臣子之至情。然臣聞古之善為將帥者。非有大事不去屯所。文帝欲勞棘門灞上細柳之軍。則親臨之。凡以三軍之命係於主帥。機事之來間不容髮。使帥不在軍。敵人覘而知之。脫有警急。何以應敵。今將帥既輕千里而入覲。又有進對燕犒之留連。邊境有虞。詎不可不慮。伏望聖慈留神深念。自今非有大謀議。不必遠召將帥。如有燕賜之恩。遣近臣即其軍中可也。庶幾將帥得以畢精盡慮。為陛下敵愾禦侮。以圖恢復。將來武功告成。中國乂安之後。念功賞勞出於尚賜。朝夕進見。體貌有加。鍾鼓不作。則遣使以訪之。惟陛下所幸耳。恩慮所及。冒昧以聞。死有餘罪。惟陛下裁察。

知洪州趙元鎮上奏曰。臣契勘襄陽府在江淮上流。當川陝襟喉之地。自三國用武之際。未嘗不先留意於此。晉武帝平吳。羊祜杜預亦由此以成大功。昨以李橫為襄陽府路鎮撫使。蓋因其衆據此要害增重荊襄之勢。誠為得策。緣朝廷方遣使和議。已曾戒飭邊臣不得用兵。今據探報李橫牛皐約起兵往東京以來收復州縣。又聞偽齊亦會合金人。及遣李成領衆西去。切慮緣此紛擾不定。遂有并吞之意。是時豈李橫烏合之衆所能備禦。不能備禦。則襄陽決至失守。襄陽不守。則川陝路絕。荊湖震動。自江以南皆順流可至之地。其利害有不可勝言者。近有人自襄陽來。臣因詢訪橫用兵之狀。云。止是軍中糧乏。兼冬寒在近。欲擘畫些少冬衣。然則橫之出兵固非得已。臣

竊思朝廷既以襄陽為上流要害之地。以橫忠義曾有勞効。遂付以一路鎮撫之權。不可使窘急如此。以至引惹重生邊患。臣愚欲望陛下特詔有司。時有以資給之。使橫衣糧足備。不假他圖。即嚴降詔旨丁寧約束。責其謹守疆埸。繕脩城壘。休兵牧馬。養銳待敵。為持久之計。自非敵人侵犯。及奉朝廷旨揮。不得輒因小利出兵生事。臣以不才誤蒙委寄。而上流利害實有相關者。今茲所陳亦臣之職。併乞聖聰加察。

吏部侍郎洪遵薦劉汜狀曰。臣准紹興二十九年四月十九日敕節文。令侍從各歲薦智謀深遠。鎮靜嚴明。兼通儒學。可充將帥者。武藝超絕。驍勇猛鷙。爭先敢死。可率士衆。大小使臣以上貳員。臣伏見閤門宣贊舍人充荊湖北路兵馬副都監兼制南駐劄御前効用統領劉汜。西州將種。克副家聲。勇鷙能謀。濟以儒雅。使當一隊。必有可觀。

處之偏裨。未究其用。欲望聖慈特賜陞擢。

邊為中書舍人。又薦李寶狀曰。臣等伏見武功大夫貴州團練使兼閤門宣贊舍人兩浙西路兵馬副都監李寶。尺籍奮身。屢書功最。雙刀賈勇。冠出輩流。仁足以撫摩師徒。嚴足以訓齊紀律。置之散地。實為非宜。欲望聖慈特賜陞擢。

邊又薦劉澤奏狀曰。臣竊見武功大夫侍衛馬軍司後軍統制劉澤。昨從劉錡在順昌。立功最多。馭衆有恩。治軍有律。公忠廉直。無毫釐取於下。繼在太平州屯駐。緣都統制王進忌其能。遂罷兵職。離軍之日。部曲不忍其貧。欲斂衆供億。澤誼不肯受。獨與其子徒步造朝。徑赴吏部注擬。會侍衛馬軍辟為統制。其治軍馭衆。與在順昌太平等。不置回易以剝下裒利。所部窘乏。劉已俸賙之。為之下者感悅誓死樂為之用。中外士大夫皆知其賢。不獨倖倖於武夫之間而已。臣於今年五月內嘗與給事中周麟之等列銜保薦。乞賜擢用。續於六月間面奉聖訓。欲遣往江州將屯。未蒙施行間。今來又准前項詔旨。臣與劉澤素不相識。而聞其為將著績章章可考。高可以為萬夫之長。下可以當一隊之用。於上二者擇一處之。方太平無事。閫不失為安邊良將。一有緩急。決可倚仗。伏望睿慈特加旌擢。以示明詔求人不為虛設。則英傑之士為時而出。將不可勝用。實為今日急務。

歷代名臣奏議卷之二百三十九

任將

宋高宗時章誼奏曰。臣近見閱報湖南西路主管安撫司公事程昌寓奏乞俯從湖南士庶之請。令馬友克湖南東路副總管。朝廷罷其越職奏事。特降兩官。竊惟將帥之任。威柄所繫。不欲遠外之臣擅為馭孚。遂行薄罰。誠非過舉。至於事情曲折。朝廷別有所聞。難以顯露黜徵。止從公坐。臣亦不得而知也。然臣竊見湖南帥府係在潭州。自去年二月金人殘破。守帥監司逃避之後。孔彥舟領其部曲留屯外邑。請命于朝。是時執政撫御失策。卒致携貳。又本路帥臣初除向子諲。彌年不到。再除吳敏。已復經時。及今一年。民社無寄。盜賊侵陵。朝不及夕。是以馬友得以便宜權時安輯。觀其迎請帥臣。撫字百姓。不失恭順。又嘗摧破孔彥舟之兵。已有勞效。一方之人倚為暫安之計。以待朝命之行。非得已也。本路監司不為申請。朝廷歷時未有措置。程昌寓郡境相鄰。安危所係。弗為顧避。騰表上聞。論其侵官越職之言。誠為出位。原其憂國愛民之意。似無它腸。今若降黜官資。傳播遠近。不唯四方利害守帥坐視懲艾不言。兼恐馬友將士聞此行遣。亦復驚疑。伏望睿慈更賜斟酌。追寢程昌寓降官指揮。以來群策。如或程昌寓別有可坐之罪。亦乞正名行下。庶解衆情之惑。

章誼又奏曰。臣聞陝西宣撫處置使張浚自去年八月奏報文字至朝廷之後。絕不聞問。近來頗傳五路兵馬亦漸收集。軍聲復振。甚慰衆情。切惟張浚之在陝右。實東南之扞蔽。西川之喉衿。雖未能攘除醜類。盡收關中之土疆。而可以控扼河山。牽制南侵之夷虜。其為朝廷屏翰。蓋亦匪輕矣。然聞自趙哲退散。曲端逗留。二將或誅或貶以來。事任已重。處斷太專。夫事任重則人情壅蔽而不接。處斷專則謀慮跡闊而不周。凡在軍中若非其幕屬，則皆封部之將帥也。即有利害，當共商榷。而將吏畏威，不復盡言，此最軍旅之大患，而成敗安危之幾也。朝廷如欲久其事權，必收成功，則當除副貳，使之自助。今能臣之在川陝，而可與共事者，不無其人。伏望睿慈早賜措置。夫以陝西關下動兵之郊，有一二大臣共籌軍旅之事，則外之夷狄，內之盜賊，聞風知懼，真禦侮敵愾之任也。其可緩乎。昔漢高祖與項籍相持鞏洛之間，命韓信平齊下燕，而必以張耳輔行。當是之時，項氏奔走自救，不得專意攻漢者，兩人之力也。以韓信之才，猶資副助，則將將之語，豈虛言哉。惟聖主留神幸甚。

謹又上奏曰：臣伏見朝廷近遣辛企宗為福建路制置使，交割謝嚮所招范汝為之衆。蓋近招捉一路盜賊，陛下隱恤元元，不異遠方。其措置若此，固已備盡。然臣聞汝為之衆尚有萬人，企宗之兵不及三千。若企宗能牢籠役使，以寡制衆，俾之聽命，固為善矣。萬一懷疑未釋，或強不可令，役之則顧戀巢穴而不肯行，散之則根株盤結而不可去。在企宗亦未易處也。朝廷果欲消弭於未形，則莫若命謝嚮為企宗之副，正兵新兵同共教習，庶幾汝為之兵恃謝嚮而不疑，謝嚮之衆畏企宗而為用。俟以旬月，情好既接，威信已行，然後別與謝嚮差遣，但令企宗特將，亦一時之幾會也。惟聖主留神裁幸。

謹又奏曰：臣伏觀朝廷近降指揮，張用除舒蘄鎮撫使，令下之日，縉紳之通達治體者莫不咸有憾志。蓋李成素非張用之敵，今李成敢為變亂，而張用頗效忠力。李成既已削奪官爵，張用乃蒙胙以茅土，仰見拔任忠勤，貶黜反覆，此誠立國之大計也。然而舒蘄之地累經兵火，素無耕織，其城郭官府，邑屋州閭，戶口生息，耗倉庫之盈虛，比之鄂岳，固當有間。如此則舒蘄雖延新命，然且方資經營。又李成尚在巢穴，亦須力行追捕。切恐張用老幼未易遽遷，淮南錢糧未易遽辦，其鄂岳舊治亦未易遽罷。宜俟其協力進兵，擒獲李成之後，方可舉軍赴鎮。此固朝廷委任之本懷，亦人情事勢所當然也。臣恐張用未曉今來寵遇之意，萬一輒辭新命，或有請于朝，然後許兼舊治，則不足以明恩遇之厚。欲望睿慈詳酌，明降指揮，張用鎮撫舒蘄，權兼鄂岳二州舊治，庶使兩路之人並受惠澤，早得寧帖。

章謹又奏曰：臣竊見馬進之兵，南侵袁撫，東侵洪饒，北侵池州。其本根之在淮南者，既有舒蘄光黃四州之衆矣。今之渡江者，復有江州南康興國筠州四郡之地。利則出攻，敗則退保，兵食有餘，地據要害，非復如去年飢窮之時，可以利誘也。朝廷兵將，方之賊徒則不衆多，軍政方之賊徒則不專一，加之計謀不精，心力不齊，是以進不能攻，退不能守，日削月朘，浸微浸弱。今不激昂，早自振厲，財殫而兵散，力屈而地蹙，閫外之將形格勢禁而不得相救，長慮之臣身危謀沮而坐以歎息。當是之時，雖有伏節死難之心，莫展持危扶顛之效矣。臣觀馬進恃李成之援而出兵者三路，恃李成之地而為巢穴者八州，陛下誠能擇其三路之守將，而謹據形勝之地，任大臣為數路統帥，而遏其東侵之勢，則猶可為也。若復優游，更如前日，則蹙削之禍，其可既乎。臣謂擇三路守將者，江東之池饒信撫州，江西之洪州袁州，荊湖之鄂州。此三路受敵之地，鄂州最可乘間擣虛，而李允文張用見有其處。筠袁去潭州近才數百里，而孔彥舟可藉以守此兩州之地。急遣信使付此兩軍使之堅守，自餘池饒洪撫信五州，州非健將不足以自衛，將非萬兵不足以勝敵。慎擇守將，各任一州，則三路形勝庶可保矣。臣所謂任大臣為數路統帥者，今呂頤浩雖治江東，嘗兼兩路之任，朱勝非已夾江州，未有置司之所。頤浩固未可以歸鎮勝非亦不可無兵。採之衆論，勝非長於謀，頤浩勇於斷，誠使兩人共護諸將，兼江南荊湖四路之地，而張俊精兵為之副。凡此四路兵將財用官吏賞罰，不從中御，聽其措置，然後密為師期，擇利而進，則馬進可却，而東侵之勢遏矣。夫三路分兵以守，兩帥總兵以戰，號令專一，計謀精審，心力必齊，國勢自競矣。若夫分遣奇兵以為牽制之策，容用辯士以為離間之謀，招來攜貳以成內潰之變，多備舟師以絶往來之援，則皆統帥之事，廟堂委任而責成功可也。臣又聞頤浩久掌邦討，熟於財賦。今之四川二廣江南荊湖移用之外，常賦之應輸於朝廷者，仍委頤浩別兼一使，運至行在。蓋兵聲已振，無不聽令，則諸路財用莫敢截留擅用者矣。武之七德，豐財居其一。未聞乏財用武也。臣不勝區區之誠，伏望留神察幸。

章誼又奏曰：臣伏觀自古撥亂之主，未嘗不資佐命之臣，內盡智謀，外宣勞力，共濟大業。其一時感會風雲者，豈皆修潔規矩之士歟。但其才能足以赴事功，謀慮足以審機會，壯勇足以敵王愾，有能竭一心而無他腸，則收而用之。利其銜策，俾入駕馭，是以人材不勝其衆也。昔周稱十亂，而所與同心者三千。漢用三傑，而樊酈絳灌之流不可勝紀。光武中興，其雲臺所錄三十有二。唐室開基，凌煙功臣二十有三。皆建畫於中，宣威於外，是以群策畢舉，群力悉屈，人主從容指顧，而天下定矣。仰惟聖主，維持大統，招延豪俊，累年于茲。然夷狄未賓，邊疆猶警，士伍雖多，職守未固者，良由求將之路未廣，而置將之名猶狹也。誠能略倣前古置將之名，如建威驃騎、虎牙橫野之稱，列為數等，以旌武略之臣；推廣前古求將之路，如軍謀宏遠、翹關負重之稱，列為數選，以求英偉之士，則群雄入馭，彊敵自服矣。如臣所議或有可採，乞付外廷措置施行。

蘇籀上劄子曰：臣恭惟陛下仁聖慈武，駕馭積賢之符，天人顯相，故能服强敵，安土宇。四方乂寧，右文興化，士生斯辰，操觚挾翰者罔不競勸，咸以無文為恥，步趨光後，圓冠方屨溢於中外，丕平極治，禮樂具備，寖隆盛矣。臣愚竊見近世干戈之際，武力常恨不振。今雖平康，豈遽弛焉。恭惟本朝藝祖之武，太宗之文，列聖重其光，所課試區別盡天下之才，致太平，防患難，文武二柄未嘗偏用。天生五材，闕一不可。書曰：帝德廣運，乃武乃文。今之識權，武士不若用文士之易，天下之事莫難於用兵。中國文明冠帶之俗，士閑習於辭藝，不足者武也。盜賊變擾之徹，何日無之。今三府有按瓚之吏，外臺有饋運之臣，皆所以振兵也。英奇驚果、倜儻緐難之才，或不肯由場屋，誠別有以籠罩之，亦多塗矣。古人有言曰：物有不求，未有無物之歲；士有不用，未有無士之時。萬一江海飄淪，往而弗返，異域之人尚或招來之以為我用，況在吾邦者哉。凡修政當修之於可修之時。今國家閑暇，理宜致意。一旦倉猝乃求，恐非備豫之策也。昔漢高帝總攬天下英傑，而歎曰：安得猛士兮守四方。此蓋帝王之度，不得不然。登壇受鉞，非太平事。旌擢觀省，儲蓄優遇，亦欲補夫戎閫獸符乘障被羽之任也。今之宿將，例各休老，後輩威名著者幾人。勇智可用之輩，偶至失於甄錄。或沈埋軍中，嬾於騶將，或汨於賤遠，無以自達，或觸犯文法，武人常理，寬之以容，索之以出，養之而成，其可已耶。夫斯民豢於太平之樂，游娛飲博，心志恬嬉，軍中投石超距之氣索矣。可無猛烈之士倡率之哉。膏粱華屋之性，習至若衝霜雪，冒炎埃，飢渴驅馳，趨死不悔，惟山澤辛苦之士有以為焉。萬夫之望，殆此者也。今之軍伍既無出戰捕虜可賞，科舉粗收策略弓馬之名，此外莫若明詔邇級公卿與戎帥統督監司，歲薦所知武勇傑出之人，朝廷置籍甄品，時加召擢絕出倫類如祖宗時郭進李漢超劉平之後曹瑋李允則种世衡之流奇略高才不易得矣古人未能遠過也書曰載采采歷言其事狀也詩曰南有嘉魚烝然罩罩言勤取之必獲也庶幾復得如此之流守邊臨敵永不乏人臣無任私憂過計拳拳越職上言

李充進高祖與韓信論將故事論任將狀曰臣聞自古帝王欲創業中興未有不先收攬威權駕御英傑者故楊雄曰御得其道則狙詐咸作使御失其道則狙詐咸作敵高祖不善將兵而善將將故韓彭之流咸為我用卒破秦項以有天下者盡駕御之術也今陛下所與圖中興推大敵者不在張韓劉岳吳玠等數大將乎陛下欲盡駕御之術則於此數人者當使恩威並行其心悅服然後可以制其死命得其死力也臣觀諸將各有所長不可偏任如張劉之持重韓岳之驍勇政在陛下區處駕御之耳韓世忠岳飛其實未立尺寸之功寵任之專恩數之隆錫賚之厚莫與為比而陰拱傍觀者惟幸其不成功其勢不得不重彼重而我輕一旦有急勢必偃蹇況張劉二軍士馬器甲實精銳鋒利尤宜稍加任用與世忠相肘腋動則分路而進急則畫疆而守兵聲既廣則勢張虜所備多則力分而我得勝算矣張俊雖若畏懦其實有謀陛下嘗委以宿衛矣今所謂中軍者獨巨師古數千人皆烏合之衆神器所在寡弱如此豈所謂防微杜漸折衝消萌者哉臣愚欲望陛下深詔大臣別議萬全之策使韓劉吳岳分諸路以守邊疆張俊擁全師以衛王室庶幾爪牙心膂各盡其用委任之際無偏重之患特出異恩使大意遍諭此漢祖將將之術也

喻汝礪上奏曰臣聞天下之勢莫重於制兵人主之權莫大於御將近者諸將之兵皆總於朝廷以隆內重之威以銷未萌之患其於制兵可謂得天下之勢矣至於御將之權陛下英睿天縱必有深術非臣愚闇所能測識然區區之忠苟有所懷不敢不盡臣觀自古撥亂反正之君皆善於御將而任使之故能有成功而無後憂臣不敢遠引以煩聖聽獨以本朝太祖皇帝之事告於陛下臣聞太祖之御將也結之以恩豐之以財小其名而重其權少其兵而久其任諸將守邊每來朝必命之坐賜予優厚撫而遣之所謂結之以恩者如此西北邊軍市之租分賜諸將不可坐入所謂豐之以財者如此郭進李漢超之徒所居不過巡檢使之名終不以大將處之然得便宜從事此小其名而重其權也李漢超屯關南郭進控西川姚內斌董遵誨之徒所領兵皆不過五六千人然任之久者多至二十餘年少亦不減十餘年此少其兵而久其任也結之以恩則其德深豐之以財則其力足小其名而重其權則其人爭奮於功名少其兵而久其任則人得竭其智勇故夷狄服邊鄙無事今北虜議和陛下欲偃武脩文休息南北誠天下之幸

龍圖閣直學士汪藻奏曰臣竊惟人君當承平之時中原無犬吠之警人臣以未見未然之事自下瀆上甘心蹈鈇鉞之誅義士猶不以為難今國家之危如坐燒屋之下漏船之中陛下宵旰憂勤未知所以拯救之術而求言於臣等儻猶狃習故態用猥弄之辭取塞詔旨而已豈臣等事君之義而陛下所以望臣等之意哉況陛下詔臣等以當今保民弭盜遏寇生財之要而卒曰當虛己而力行之此正臣等惓惓效忠於陛下之時也臣昨扈蹕溫州嘗蒙陛下賜以條對臣以為方今所急者唯馭將一事更無他說譬如饑者當用食捨食之外皆非所急也已疾者當用醫捨醫之外皆非所急也陛下不以臣為愚雖不施行然頗加採納臣今日區區之愚猶守前見敢再為陛下陳之古之進說者曰人君恭儉愛人清心省事建立法度制禮作

樂。豈非甚盛之舉。而至美之談歟。是數者固人君不可須臾而忘。然今日用此。則未足以解紛。何則。虜騎充斥於中原。群盜跳梁於諸路。陛下專於恭儉愛人。清心省事而已。為足以禦之乎。建立法度。制禮作樂而已。為足以禦之乎。是必陛下能使諸將。諸將能使士卒。為足以禦之。而陛下諸將。爵祿已極。家貲已盈。習成悍驕。無復鬬志。一方有警。輒狐疑相伏。無一人奮然為國請行者。或敦迫不得已而行。則邀例外之賞。肆無名之求。上不恤國。下不恤民。使朝廷為之黽勉曲從。不啻如奉驕子。是豈為國家平禍亂立功名之人哉。臣於此有馭將之說三焉。惟陛下留神省察。一曰示之以法。二曰運之以權。三曰別之以分。何謂示之以法。古者人君之於將帥。未嘗一日廢賞。亦未嘗一日廢刑。如冬夏寒暑然。相須而成。豈有獨恩無威。漫然略不繩治如今日之甚者哉。議者謂承平之時。朝廷尊榮。操縱在我。故武夫

提兵者。可予可奪。可生可殺。今滔天僭擾。國難未已。方藉此曹為腹心。孜孜拊循。猶懼不濟。柰何欲咈其心。將誰肯前死。且今諸將悍驕已成。雖朝廷有法。果能一一治之乎。此言是也。然臣所謂治之以法者。豈欲明主自覩其文哉。古者人君以恩結人。必有人臣為朝廷任其責者。肅宗在靈武。廣平王以兵二十萬復長安。其權可謂重矣。先驅不肅。顏真卿劾之。王為之不敢當闕而隸。李祐夜入蔡州。縛吳元濟。其功可謂大矣。違詔進馬。溫造劾之。祐曰。今日膽落於溫御史。夫先驅不肅。違詔進馬。於軍政未有害也。而二臣已不貸如此。蓋小過不貸。則惡之大者知朝廷有人。不復敢萌於胸中矣。今諸將雖驕。然臣得之傳聞。亦尚知畏朝廷之法。而陛下群臣方平居時聚談切齒。無不以諸將負國為言。及進言陛下。不過持撫目前為追責進身之資而已。至此事。則未嘗有一言及之者。豈以為細故而不足言也哉。

揣陛下非所樂聞。而不以告耳。殊不知陛下專於用恩。恩過而驕。有司時一警焉。是使陛下結其心者。愈固而愈深也。何不樂聞之有哉。何謂運之以權。臣聞馭將如馭馬。必馭者之力足以勝馬。然後周旋曲折。唯我之聽。不然。竊銜詭轡。毀首碎胸。雖跬步之間。不能使之前矣。漢高祖之諸將。其梟雄而難制者。莫如韓信。方其圍於滎陽。漢固危甚。人人懷去就之心。高祖一旦入其軍中。自稱使者。即卧內奪其印符。麾召諸將易置之。信蓋不知也。及信下魏代。輒收其精兵以距楚。既項羽死垓下。則又盡奪其軍。徙為楚王。以信之材。而周旋曲折惟高祖之聽者。豈不以其智足以勝之故耶。故信嘗曰。陛下不善將兵。而善將將。是信自知其材惟高祖足以制已。故甘心俛首為之用而不辭也。大抵人君之於將帥。必有得其要領。而使之心畏誠服者。謂解衣推食。使足以得其驩心者。果非也。唐憲宗時。劉闢叛蜀。李相

杜黃裳。處惟高崇文足以破之。而崇文素憚劉澭。使人謂曰。公不奮命者。當以澭代。崇文懼。盡力縛賊以獻。是以澭代崇文者。黃裳得其要領也。高祖之用韓信。其術豈亦出此哉。今陛下諸將倉卒之時可收其精兵而用以自衛乎。於立大功之時可奪其全軍而使之歸鎮乎。臣有以知陛下不能矣。卒今諸將皆握齪常才。固不足深忌。萬一有如韓信者。不知陛下何以待之。如此。則平居之時。亦當深察其好惡。如以劉澭代崇文之術。不可不知也。何謂別之以分。漢高祖謂功臣曰。諸君知獵乎。夫獵。追殺獸者狗也。而發縱指示獸處者人也。今諸君徒能走得獸耳。如蕭何。則發縱指示者也。蓋古者用兵。謀臣坐於帷幄之中以出籌策。而將帥則聽命於前為之役使。此命之所以一。而功之所以成也。高祖所與謀者蕭何張良陳平而已。黥彭之徒不得而與也。蜀先主所與謀者諸葛武侯而已。關張之徒不得而與

也。唐太宗所與謀者房喬杜如晦而已。英衛之徒不得而與也。今謀臣之任。宰相執政是已。陛下以為謀之不臧。則慎擇而易之可也。獨不可使武夫參預其間。竊觀陛下對大臣不過數刻。而諸將皆得出入禁中。是大臣見陛下有時。而諸將無時也。臣非不知艱難之時陛下欲得其心。姑與之無間。然此曹何所知識。必不能上補聰明。不過入則希求恩澤。出則憑藉權勢而已。比道路流傳。遂以為陛下進退人材。諸將或與焉。以陛下英睿。擇善而從。顧於此曹何有。然致是言者。恐必有可疑之迹。不可不慎也。又廟堂者具瞻之地。大臣為天子建立政事。以號令四方者也。今諸將率驟謁徑前。使衣冠坐視。大臣如僚友。百端營求。期於必得而後已。朝廷豈不懼畢哉。祖宗時武臣莫尊三衙。見大臣必執挺趨庭。肅揖而退。非文具也。以為等威不如是之嚴。不足以相制。以今觀之。一何陵夷之甚耶。兼國家出師遣將

詔侍從集議者。所以慎之重之。博衆人之見也。而諸將必在焉。夫諸將者聽命於朝廷而為之使者也。乃使之從容預謀。彼既各售其說。則利於公而不利於私者。必不肯以為可行。便於己而不便於國者。必不肯以為可罷。欲責其冒鋒鏑趨死地。難矣。臣愚以為自今諸將當律以朝廷之儀。每有奏陳。必使之如有司之式。毋輒燕見。其至政事堂。亦有祖宗故事。且毋使參議論之餘。庶名分不至混淆。而可以責其功効。是三說者果行。足以駕馭諸將矣。何憂乎保民。何艱乎弭盜。何患乎過寇哉。若夫國財之生。則臣願陛下毋以生財為言也。自五六十年來。上下大喜操生財之說。民窮至骨矣。今四方莽為盜區。國家所有。不過數路數十州而已。所謂生者。必生之於此數十州之民。古者以暴賦橫斂為背。尚有賦斂之名也。今則直奪而已耳。古者以收太半之賦為非。尚有其半也。今則直盡而已耳。南畝之民寒耕暑耘。黎面塗足。終歲勞苦。而不厭糟糠者。陛下不得而見也。胥吏坐門朝莫不得休息。愁歎之聲。日與死比者。陛下不得而聞也。貼妻賣子至無地可容其身者。陛下不得而知也。尚何以生財為哉。惟有痛加裁損。庶幾乎其可耳。外之可以裁損者。軍中之冒請。內之可以裁損者。禁中之泛取。何謂軍中之冒請。朝廷不得已而取民之財。當一銖一縷一粒以養戰士。今一軍之中。非戰士者率三居其二。有詭名而請者。一人而挾數人之名是也。有以使臣之名而請者。一使臣之俸實兼十人戰士之費。而行伍中使臣太半。是養兵十萬而止獲萬兵之用也。有借補官資而請者。異時借補須中稟朝廷謂之真命。今則一軍之出。四方游手者無不寘名軍中。既得主帥借補。便悉支行祿廩。與命官一同。無有限極。訪聞岳飛軍中如此類者幾數百人。州縣懼於憑淩。莫敢詰。其盜支之物。蓋不可勝計。不惟是而已。自軍興

以來。州縣貪殘之吏。惟患盜賊之不來。一聞入境。則便置軍期司。搴斂民財。無復稽考。恣為侵漁。與盜無異。此而不治。雖財賦日生於國家。果有秋毫之益哉。何謂禁中之泛取。臣竊觀國家軍兵之餉。百官之廩。乘輿之奉。悉在有司。而禁中時有須索。如戶部銀絹以萬計。禮部度牒以百計者。月有進焉。以陛下清心寡慾。必無嬪嬙橫給宴游侈費也。以陛下恭勤節儉。必無營繕浮耗使令妄予也。然人主用財要須有名。使有司與聞用而無名。是取民膏血擲而棄之溝中耳。至於度牒。則國家以虛名而權天下之實利。陛下用之以重則重。陛下用之以輕則輕。免一時掊斂之瘡痍而實濟軍興之用。誠非小補。幸毋以為方寸之紙。捐以予人而不之惜也。若內外並加裁損。大農之計雖未至有餘。其視不知節用而專務生財者有間矣。陛下所以詔臣者臣固已畢陳於前矣。而臣有私憂過計者。敢復言之。臣聞坤之初

六曰。履霜堅冰至。象曰。履霜堅冰。陰始凝也。馴致其道。致堅冰也。蓋患之不可不預防者如此。自古以兵權屬人。久而未有不爲患者。豈不以中之至易。收之至難。不蚤圖之。後悔無及耶。晉以六卿帥師。而卒於分晉者。六卿也。魯以三家帥師。而卒於弱魯者。三家也。漢自元成。兵在外戚。而漢由是以亡。唐自中葉。兵在神策。而唐由是以亂。古今一同。此必然之理也。國家以三衙管軍。而一兵之出。必待樞密院之符。祖宗於茲。蓋有深意。今諸將之驕。密院已不得而制矣。臣恐寇平之後。方有勞聖慮。孔子所謂吾恐季孫之憂。不在顓臾。而在蕭墻之內也。臣嘗觀自古偏方霸國。提兵者未嘗乏人。豈以國家四海之大。雖曰多故。而將帥之材。遂至寥寥如此哉。意偏裨之中。必有英豪。特爲二三大將抑之而不得伸耳。臣以爲及今之時。當用漢建諸侯之法。衆建之而少其力。精擇偏裨十餘人。人裁付兵數千。直隸御前而不隸諸將。合爲數萬。以漸銷諸將之權。此萬世計也。惟陛下毋以臣人微而忽其言。不勝幸甚。

汪藻爲翰林學士。又奏曰。准行在御史臺告報。正月三十日三省樞密院同奉聖旨。將來虜騎北歸。或盡數過江。或於建康、杭越等州留兵占據。各當如何措畫。及當於何處駐蹕。除已令侍從官條具外。可更令隨行在職事官各條具以聞者。右臣竊惟金人爲中國患。雖已五年。而自陛下即位以來。祖宗土宇日蹙一日。生靈塗炭。歲甚一歲。臣嘗稽之載籍。自古夷狄强盛。固有之矣。未聞有如今日之肆。中國陵夷。固有之矣。未聞有如今日之極。雖至微弱之邦。垂衰闇之主。敵人臨境。猶能使其國人鈞彊一戰。未聞以堂堂中國之大。州縣所存者太半。陛下英明之資。勵精求治。無失德於天下。而犬羊長驅。去巢穴萬有餘里。如入無人之境。至山東則破山東。至淮南則破淮南。至江浙則破江浙。嘻笑而來。飽滿而去。坐令原野厭人之肉。川谷流人之血。宗社不絕如綫。以萬乘之尊。至於乘桴入海。倀倀然未知稅駕之所。其所以至此者何哉。將帥不得其人。而陛下所以馭將帥者未得其術也。今陛下所謂將帥者誰乎。臣知之矣。不過曰劉光世、韓世忠、張俊、王𤫉之徒是也。論其官則膺節鉞之除。兼兩鎮之重。視執政之班。有韓琦、文彥博所不敢當者。其寵可謂極矣。論其家則金帛充盈。所衣者錦衣。所食者玉食。奢豪無所不至。雖輿臺廝養。皆得以功賞補官。至一軍之中。使臣反多。卒伍反少。其志可謂驕矣。平時飛揚跋扈。不循朝廷法度。所至焚掠。驅虜。甚於夷狄者。陛下不得而問也。擁重兵居閫處。邀犒設錫賚者。陛下不得而吝也。然天下之人猶謂陛下寬之至此者。防秋之時責其死力耳。及敵人之來。是數人者曾不能爲陛下施鏃矢之勞。獨張俊明州僅能少抗。若更堅守數日。待虜再來。乘其幾會。極力勦除。虜必終身懲創。不敢復南。此則俊忠於陛下也。其利害豈直爲今日計哉。奈何敵未退數里間。遽狼狽引軍而行。其引軍而行也。雖三尺童子。知其不可。以爲虜性彊愎。不要其歸。猶懼屠戮。況已致怨而去。既不增兵益戍。反旋軍空城以挑之。是前日至小之捷。乃莫大之禍也。未幾果殘明州。無噍類。是殺明州一城生靈。而陛下再有館頭之行者。張俊使之也。臣嘗痛念自秋以來。陛下爲宗社大計。憚敵人之侵。宵旰焦勞。未嘗頃刻少安。以建康、京口、九江皆要害之地。當宿重兵。故杜充守建康。韓世忠守京口。劉光世守九江。而以王𤫉隸杜充。其措置非不盡善也。若虜騎渡江。杜充、韓世忠、王𤫉并力扼其前。劉光世掩其後。可使奔北不暇。而世忠八九月間已掃鎮江所儲之資。盡裝海船。焚其城郭。爲逃遁之計。其比肩諸將。聞朝廷欲倚世忠爲杜充之援者。無不竊笑。是世忠初無爲陛下拒敵之心也。向杜充力戰于前，世忠、王𤫊卒不為用，劉光世亦偃然坐視，不出一矢。方與韓招朝夕飲宴，賊至數十里間不知，則朝廷失建康，虜犯兩浙，乘輿震驚者，韓世忠、王𤫊使之也。失豫章，太母播越，六宫流離者，劉光世使之也。嗚呼！諸將已負國家，罪惡如此，謂宜少畏陛下之威，憚臺諫之言，日夜惶恐，席藁負質，請罪有司，謝數州生靈之死。亦知尚有朝廷之法，而張俊方且以萬人殺獲數十人之功，冒朝廷不貲之賞。自明引軍至溫，道路鷄犬為之一空，居民聞來，奔逃山谷，數百里間寂無人煙。韓世忠逗留秀州，放軍四掠，浙西為之騷然，至執縛縣宰以取錢糧，平江府自城而外無不被害。周望僅能守其城中而已。雖陛下親御宸翰召之，三四而不來，元夕取民間子女，張燈高會，君父冒不測之險而不恤也。王𤫊自信州入閩，所過州縣，邀索動以千計，公然移文曰：無使枉害生靈。其意果安在哉？方國

家危急之時，所恃者諸將，而諸將所為如此，不知何以立國。臣竊憤之，此事人皆知之，而無為陛下言者，豈以為不急之務哉？以天步艱難，正藉此曹為重，而不敢言耳。然臣竊有懼焉。臣聞王者所以得天下者，以得民也；得民者，以得其心也。茲者陛下南巡，可謂播遷之極矣，而百姓尊君親上之志略不少衰，豈非祖宗德澤結人之深，而恃陛下為之主耶？所謂為民主者，平日取民財力以養兵，緩急之時，排難解紛而使民安業也。今諸將聞敵人之來，則望風逃遁，反汲汲內相攻殘以為民害，車駕所過一路則一路罹其殃，所過一州一縣則一州一縣罹其殃。今江淮兩浙已如此矣，萬一幸湖湘，幸蜀，則虜人侵其前而無人以拒，官軍殘其後而無法以繩，是復為江淮、兩浙無疑矣。古者天子所臨曰幸，言所過人以為幸也，豈今日之謂哉？臣恐人心一離，而陛下無所恃也。持此將安歸乎？臣又聞張俊離明之時，

士卒嘗有頓留擊賊者，俊聲言陛下召之。臣知其說矣。陛下諸將皆本無鬬志，方無事時，倘先取赴行在指揮以備警急，警急則引去曰：朝廷召我矣。其實自欲遁，而又假上詔令以拒其欲戰之人，使歸非於上，及用事之臣，此尤可罪。臣比至黃巖，聞陛下使李捧屯兵縣中，降旨麾云：候金人至台州，則前來溫州。是諸將既欲遁，而陛下又令之使遁也。夫士驅之使鬬，猶懼不前，況令之使遁耶？然則敵人長驅，然所忌憚者，適其宜耳，何足怪哉！臣竊觀今日諸將，在古法皆有秩，然不可盡誅也。惟王𤫊本隸杜充，充敗于前而𤫊不救，此不可赦。當先斬𤫊以令天下，其他以次重行貶降，使以功贖過。如張俊之軍，獨可賞其有功將士耳，所以移軍輒遁者，俊也，罪亦何逃？如此，庶幾國威少振。昔周世宗承五代之衰，將士習為驕惰，河東之敗，一日而斬大將樊愛能等三十餘人，然後東征西討，無不如志。白起於秦，可謂

有功矣，一不受命，賜死杜郵。郭元振，唐之勳臣也，明皇怒軍容不整，坐之纛下。蓋威克厥愛，允濟；愛克厥威，允罔功。是數若者，其知之矣。何則？人之欲無窮，恩有時而既，惟吾威足以制之，然後恩焉足以為恩。況此曹平時厭飫於虜掠之貨矣，用幾何錫賚而能滿其意哉？如有賞而無刑，是姑息之政耳。自古有能以姑息而成功者乎？且漢高祖之興，所將者韓信、黥布、彭越也。以今諸將之材，方之何如哉？所統者布衣而取天下也，以今諸將之功，視之何如哉？然高祖於是數人者，欲王則王之，欲誅則誅之，曾不少貸，此其所以為高祖也。故韓信曰：陛下不善將兵而善將將，豈非將將者人主之職耶？今陛下當以將將為職，熟視諸將悍驕如此，而無以治之，異時張浚集西兵而來，則又靡靡相效成風矣。不知生靈何時息肩，國家何時興復。以臣觀之，今日之兵，今日之將，玩習至此，陛下已不得而用，已不得而制矣。

非特無以責其至誠徇國所至人心震恐動有意外之憂有之不如無之臣愚以為虜退之後正朝廷大明賞罰再立紀綱新人耳目之時莫若擇有威望大臣一人盡護諸將雖陛下親軍亦聽其節制稍稍以法裁之凡軍輒敢擅移也以護爲名者主將將佐僚屬並論如法仍使於偏裨中擇人材可用者聞付以方面之權待其有功加以爵秩除為諸將之代以天下之大豈無數人將帥之材哉特為諸將所抑而不得伸耳若陛下馭諸將如臣所陳則虜或盡數過江或於建康杭越等州留兵占據守亦有功戰亦有功車駕回臨安或平江徐議所向留江浙亦可幸湖湘亦可如其不然雖大臣忠貫白日謀臣如雨言利之臣能使錢流地上何益於事哉譬樂飢者當用食捨食之外皆非所急也已疾者當用醫捨醫之外皆非所急也今日所急在於馭兵馭將其他皆非先務惟陛下與大臣熟議斷而行之

臣愚狂瞽不知忌諱罪當萬死謹錄奏聞伏候敕旨

試中書舍人李彌遜上奏曰臣聞天下危注意將方今國家恢復中原當務之急莫先於擇將而將之材能非倉卒所可知必使素爲精選寬使屢試然後智愚勇怯無所逃緩急用之則却敵鬪士無不如意竊見朝廷文臣每爲引賜對寄加識擢而武臣獨未及此臣愚欲望睿旨命諸大將於所統本軍偏裨中諸帥臣於所轄路分官吏中薦舉武臣智勇忠義可任將帥者不以官職高下召赴行在内殿便坐賜以宴見稍略禮儀使得自盡觀其志意詢以謀慮如或可採即加試用俟功效顯著受以統帥之任庶幾能者咸得竭節事上以待拔擢無所妨蔽而朝廷折衝禦侮之材衆多共成中興之績

孝宗乾道六年周必大上言曰臣伏見陛下選將練兵大修邊備深謀遠略固非外庭所能窺測然臣私憂過計以謂諸路帥臣有其名而無其實將副有其官而非其人萬一用師于外而邑擾乘間竊財于內安得不爲之慮也哉願詔三省樞密院稽考諸路帥府除本州禁軍外安撫司實有兵馬幾何隨其閑劇遠近立爲定數已足者令精加訓練不足者令疾速招填既只在本路駐泊計亦不難辦集仍於見今副總管鈐轄路分都監中選有勇略經行陣之人就兼統制戎容既壯姦謀自折至於擇帥加詳論以文任其在今日尤爲急務如此則稍有帥臣之實矣昔神宗皇帝初置將副其選甚重比年小使臣不經邊任者往往得之軍情兵法懵然不曉但知諂辭媚色以奉守帥勇夫壯士專充工匠雜役之用本路一有調發豈徒無益顧違舊制參以宏奉詳於擇人革此積弊如此則稍復將副之舊矣二者一定它日朝廷專意外禦必無掣肘之患

淳熙二年必大爲敷文閣待制入上言曰臣聞懷遠圖者不可要近

效立大功者不可守常格竊見陛下自臨御以來宸心之所經度謀臣之所計慮常以兩淮爲急然歲月浸久欲固壘則壘未固欲屯田則田未闢版曹有饋邊之費邊民無定居之心甚哉非他特在於要近效守常格太過耳蓋要近效則攸久之計有不暇爲守常格則遠大之謀有不容施今陛下以郭逵守惟揚郭剛守歷陽殆將專付閫外之事稍革一者之弊也臣謂若只如尋常所用守臣而不假以事權亦以久任則不過年歲間又將更易望其懷遠圖立大功難矣昔李牧爲趙將居邊軍市之租皆自用饗士賞賜不從中覆故乃盡其知能選車千三百乘騎萬三千疋百金之士十萬逐單于抑强秦支韓魏趙幾以霸晉羊祜鎮襄陽綏懷遠近降者欲去聽之減戍邏之卒墾田八百餘頃其始軍無百日糧季年乃有十年之積本朝太祖太宗以李漢超守關南郭進巡檢西山賀惟忠守易州李謙溥守隰

州姚內斌守慶州董遵誨守通遠軍遠者二十年近者猶十餘年是以屯兵甚少用度自足內平僭僞而外無邊塵之警布在方冊可覆視也臣願陛下遠稽前代近守家法如郭剛華既審知其可用莫若盡以二州之事畀之使其條境內之利害具施設之先後明示久任之指責以必成之效毋掣其肘毋代其斷有治績則且增秩賜金勿遽移改彼知朝廷委寄既專異時無可推避必將悉其知略不敢萌苟簡之心而陛下之憂顧寬矣

孝宗時虞允文上言曰臣准御前降到金字牌子遞伏奉御筆以臣再奏乞號召李獲等赴行在面賜考覈如有可采乞寘之淵衷爲他日將帥之儲曲蒙聖恩特加宣諭以臣公忠明識其李獲華全臣一面任用之獎賁加寵信任逾篤臣下拜感泣益知萬死不足以報非常之遇臣伏自惟念稟生愚暗豈有明識可以仰當聖詔至於公忠

是臣平生所學日夜勉此以効報於陛下者且人臣勤求人材而天子逸於任使古之道也孟軻氏謂諸侯能薦人於天子不能使天子與之諸侯是薦之者雖在人臣而用不用在君上理甚明也況將帥關國家安危邊境利害不爲細事而主握兵馬之官自古人臣避薦舉之嫌如避刀鋸何敢自擅而用之也蕭何能追韓信之亡而薦之登壇之拜必漢王也方未拜而人人自以爲得大將是何薦信之審一軍皆不知也非獨一軍不知信亦不自知也觀武涉說信使背漢與楚信謝曰漢王授我上將軍印我背之不祥以信在危疑中祇知爲漢王之恩而不忍携貳是何終身未嘗以語信信亦不自知也臣固無何之明而獲等未必有信之用此擬非倫但古之君臣於人材薦與用之間其謹如此故能於經營四方之時上下無可疑之迹而大功之所以亟成也臣至庸昧不足以與此如使臣竊用人之私以示之將帥則不曰公矣擅用人之權不歸之君父則不曰忠矣孤負睿獎臣甚懼焉伏惟陛下大明委照察臣不移之愚終賜保全之恩臣之孤迹苟安則尺寸之功或可効於未死之前以圖報大恩也抵突當誅伏紙殞越伏乞睿照

虞允文又奏論蜀中大將曰臣伏准御前金字牌子遞曲蒙聖恩以御筆賜臣臣拜手伏讀感懼交極仰惟陛下眷遇之意古所謂知而用之用而信之矣臣自顧不足以堪此也臣自入蜀來首以將材爲急詢問所及不問於貴賤賢愚皆以籍而記之如曰某人爲某人所稱薦既書於籍矣他日又爲某人所稱薦則又書之如此而不一書則求與之款語而審察之又迹其素守較以武藝而考覈之臣之用心亦勞且透矣而日夜不勝才難之嘆也蓋蜀之宿將或更練邊事或勇於戰鬭或有一長爲人所稱者如吉方孫玫劉興趙樽盧暉老且

憊矣如梅彥張延惠逢孝諒劉海姚志病且廢矣其次雖有十數人而未爲人所服其後一輩亦有二三十人而方在下列未嘗親閱其一戰親試以一事未得爲大將之選也其敢輒信而舉之輕舉而用之乎自古養才非一日之積而數十年來無事則置而不問臨敵則抑而不甲今一旦欲搜索而求如繫風捕影無下手處蜀群士夫莫不以爲嘆也然古帝王勃興所用將帥何嘗一一皆有素望如光武之二十八將咸起於匹夫田野間特因功乃見爾如使今日有盜賊竊發四夷干犯以蜀十萬之衆豈無傑出之才挺然而見仰副陛下簡注識拔乎如吳玠吳璘在紹興初起於小校皆以累戰而後見功名爵位訖至於此此其驗也伏奉聖訓臣累日深思今之蜀將誠未有當選者若臣憂後日繆舉之罰緘默求免則何以分陛下憂顧而上承清問亦非臣平生之素心矣臣歷思東南將帥皆淵衷深知而

未欲遽用者獨有李顯忠。英主駕馭之術固自有本末也。曰者臣西奉密旨陛下亦謂顯忠肯為臣用矣但好議論者往往疑其反覆若用一静重沈謹者為之副浮議當自定。蓋如某人。皆以異產久在群疑之中。陛下發宸斷而並用之。中外之心始大和悅。蜀將士未有識之者亦莫不以為當也。三軍之士智者少而愚者衆。因虛名而心誠服者古尚多有之。况顯忠冠軍之勇。臣為陛下所知乎累年以來賜予勞問無虛歲。顯忠之欲報又當如何也。利州西路人馬號七萬自江淮湖襄之屯未有如此之衆者誠不可以輕授。如顯忠之說未嘗聖意臣愚嘗求之與言謂若將河池之外階成西和鳳州所屯為一軍。仙人關之內興利諸州所屯為一軍。擇二將而授之。不獨兵數少。則將才易辦亦易推擇而兵分易制無尾大之勢。賈誼衆建諸侯而少其力之微意也。如只欲求之蜀將中。今群言所與惟某人某人可

以備陛下采擇。此二人者治軍皆有紀律。軍中多稱之。某之短在恬而濟以某人之勇。某之短在疎快而濟以某之細密。短長相資表裏相應。庶乎其或可也。事急則可應目前之急。事緩則於一二年間審擇而徐圖之。未至大繆誤也。臣聞知臣莫若君。而陛下聖明天縱。知人之哲遠法堯舜。臣之愚昧無識誠不足以上承眷遇信用之意。伏乞睿慈更賜裁酌。

允文又上言曰。臣比准三省樞密院劄子坐奉聖旨令臣銓量四川諸軍統制統領將佐癃老疾病之人。却將退下員闕精選有材略為衆所服人。具姓名聞奏。臣除已遵依施行外。臣自入蜀以來審察得統制統領官老憊病廢不任軍事之人當具前劄子奏知。後已節次擇其最甚者給據離軍。若出戍在遠即須候尋訪得一可用者遣往代之。既經臣親閱然後敢加銓量其所遣代之人雖各為人所稱譽

旨降指揮亦許宣撫司制置司一面選差給劄奏乞降宣。臣已差李獲往閬州彈壓。胡洪知鳳州郝嗣祖知西和州。王中正知階州。止是以本職兼權須試之以事。若果有可采。然後敢具姓名聞奏。蓋邊方要衝。一軍一將所係不敢輕易。况養材之術非一日之力。知人之難亦千古所載。先朝范仲淹宣撫陝西嘗建言謂方今將帥少精方略。或因門地。巧於結托。以取虛名。或出軍班。昧於韜鈐。以致敗事。宜於沿邊及諸處使臣軍員中搜訪智勇之人。如資地至淺。勳勞未著。先使權領職任。竢其有功即時進擢。庶得可用之才以補將帥之乏。仲淹為名臣。當祖宗盛時偶將帥乏材其措置尚如此。今之西鄙自部隊將而上。既多老病。又子弟雜流之人冗居之。一旦欲以次第而升。則人材不可倚任。欲躐次而用則人言未可盡信。必須因言試事。因事閱實。庶幾後日或可寡悔。臣頃蒙陛下特發宸翰以九事付臣。命

臣置之坐右。內第五事選擇將材功在精審。臣朝夕仰觀如親咫尺之威。一心祇畏誠不敢少忽也。欲望聖慈察臣區區。俾得以少緩月日續具聞奏次伏乞睿照。

虞允文又奏謝曰。臣[illegible]日伏奉御筆令臣精擇將材以名來上。臣累月之間詢究考覈僅得李獲等五人。冒昧以聞。犬懼智識淺闇不足以副明天子汲汲選用將帥之意。今准御前降到金字牌子遞面蒙聖慈親御翰墨特垂宣諭以臣所舉想必詳審不須召對可一面精擇而任之。臣伏惟陛下委付信任之意。天地不足以比其大。感激震恐無以自容。照得西路中軍管馬步二萬餘人。諸軍皆所不及。而統制官吉方年踰七十軍律不修。臣以李獲代之。因以遂任天錫之懦。而和鳳州最為極邊利害至切。臣差郝嗣祖胡洪以本職兼權州事。責其撫輯邊民訓練戍兵見今下工脩治堡壘。以為平川必守之計。

其次仙人關殺金平舊號險要，而山上城壁頹壞，樓櫓朽腐，因王彥祖本管兵也，隨日脩治。又閬州一軍二萬餘人，比年往往夜聚作過，如統制官吳勝之貪、李諒之病，臣不免罷遣之，移梁炳為右軍統制官，彈壓本州一軍。凡此皆以軍政所關，邊防所繫，不得已用宣撫制置司已獲指揮，公行選差。臣尚一一面與之約，須俟見成效，方敢具奏，乞降宣命。蓋軍中易置兵官，非人臣所宜專也。至於二三大將，未厭人望，他日恐誤陛下使令，臣累嘗具本末奏知。又慮東南諸將未可以輟遣，而聖意只欲就蜀軍選擇，故臣前奏乞陛下以次召李獲等，不獨天光所臨，帝覽所識，賢愚自分，用舍皆當，而慶賞之權出於至尊，被慶賞者亦得以為榮耀，為三軍重也。況臣至愚，無知人之明，而盜主威，擅兵柄，臣子之大戒。伏望睿慈深察臣心，誠檢照前奏，將須號召面賜審覈，或有可采，寘之淵衷，以為他日將帥之儲，不勝中外之幸。

允文又奏論差東路兵帥曰：臣准御前降到金字牌子遞，伏蒙聖恩賜臣御筆，以某人雖乏智略，亦是宿將，頗有名望，比之東路帥差勝耳。不知可以代某人否，專俟奏來。詔旨宣明，曲盡二臣之優劣。頑臣顓蒙，何足以上承清問，而副虛心委付之意。伏惟陛下駕馭英雄，真古所謂善將將者，而知人之哲，雖堯舜氏可以遠希其蹤也。臣竊觀堯舜之命九官，蓋亦深知其賢，必咨必詢而後用。盛德之舉，陛下庶幾同符矣。至有欲用共工，堯以為不可而姑試之工師，又有欲用鯀者，堯曰不可而姑試之以鴻水，其後二臣迄無成功。臣嘗以謂堯之明，既知共工鯀之不足用，因廷臣之言而心有疑，疑故試之，而非堯之心也。陛下果以某人為可用，必發睿斷而用之，今焉下問，豈聖心亦有所疑乎。臣生逢可以為堯舜之君，在卷卷之忠，其忍有所隱也。

臣登歲從群士夫論蜀將帥甚久，如某人之所以知名者，以其勇也。中年之後，既貴而失其勇之名，故德順之攻，閱五十餘日而不克；原州之戰，軍中議其才一敗而先遁。年今垂老，縱能改往自新，作其餘勇，臣竊意其筋力之已衰，福艾之不足，歲月之無多也。大將當以智為主，而往時蜀士之論，以某之勇可以役於人，而非可役人者，見謂頗乏智略，誠如陛下之聖詔也。利州東路人馬近以三萬計，武休諸關所繫甚重。如某者敢戰，視某齒髮亦視某，而較其愚闇，冲為差勝，則又誠如陛下之聖詔也。然某人在興元久，其持身臨事，三軍百姓皆熟其人矣。臣累年留班行，見東南多有稱某者，或因東南之望，付以萬人之軍，如某州等處，以試其能，臣切意旬歲之間，毀譽自定，士夫浮言自息矣。某之子某，臣嘗薦於陛下，至今蒙恩錄用，臣於某可見無他，但竭愚忠，仰答聖明耳。如某如某，蜀士夫皆言非大將之用，咸亦為蜀師之憂。臣既久病，已累上章匄罷，而所憂亦無急於此者。累嘗具奏，伏乞睿慈早賜留神，中外幸甚。

允文又奏論蜀大將非材乞別選用曰：臣誤以非才叨被遴使，遵奉聖訓，兵財之政粗已脩明。至於蜀事之蠹，如預借民賦，最為重害。陛下至捐金錢百萬，與州縣對補，命下之日，西蜀之民戴德歸仁，與天無極。今日已往，民政亦裕矣。臣求之輿言，尚有一事，係國安危，將士休戚，蜀人日以為憂者，三大將是也。臣緣久病，不能支持，已累上章乞宮觀差遣，必蒙聖恩特垂矜允。臣於將去之日，無所嫌避，敢布愚忠，上干天聽。伏自臣去年入蜀到金州之初，盡得一二大將營私之目，悉以上聞，乞陛下一振威令，以大革軍中之惡習，亟蒙聖明曲賜開納。上緣西垂無事，將材難於考任，致小人無知，乃以為朝廷闇略，寖違軍律，稍循宿弊，若置不問，久必如初，甚可慮也。某人年垂七十。

精力有限而天姿暗懦治軍無律縱令子弟私役諸軍織綉雕畫雜作奇巧又公然置正賜庫分明貨賣勒部曲群飲為自營之計臣所揀汰老弱輒將指揮使都虞候夫請受使臣詭名綰繫存留四十餘人臣裁減諸軍吏額以去三軍之蠹故為隱占亦不發遣此雖細故而浸淫不已金州數百萬之取當有甚焉某人雖未有顯惡而忿急無識無以服衆比於教場立一淫祠臣即日下某處毀拆將軍兵二名託神為奸者盡行斷配其無知識類此竊慮緩急之際二人之才必誤國事臣去年冬嘗被御筆謂某多營私某至愚暗夕皆常材不能任職亟當及蚤別議易置伏惟陛下知人之明洞見二將於萬里之外此堯舜氏之所甚難也臣雖節次具奏而西邊將材絶無卓然著苟以副陛下大用日復一日坐縻歲時報國之心有所未盡臣退伏山林抱媿没地矣欲望陛下特留神念於東南諸將中選擇三兩

人蚤賜輟遣或不得已求之於廢放中如李顯忠者猶足以加於西師之上而庶幾其心服也至如某人議論術數雖有可取而巧於營利終不免於八言又某州是其積年治生之地恐須更得一軍之長然後可免後日之慮也臣智識淺短豈能知人材之當否但念陛下恩遇之久委付之專日夜皇皇於此一事不能自已博詢並聽察其迹狀求所以報陛下者惟有不欺與不隱爾伏乞裁察早賜睿斷施行

允文又上言曰臣比嘗具蜀口二三大將上干天聽必蒙睿明察納其說大抵某人愚而無謀某人懦而多欲不獨部曲無所畏服而刻剝私役之弊浸淫復作若一有調發二人者難以責其成功今幸遠方帖然虜於秋冬決無動息臣愚欲望陛下於此暇時蚤賜推擇若見今主兵將帥官不可輟遣臣詢之輿言求之廢放中而昔嘗為陛下之所大用者如李顯忠邵宏淵二人或可用於西路員琦劉源二人或可用於東路及金州或蒙赦其大愆責以來效必能洗心自新輸忠報國其次求之西師中吳拱以紀律嚴靜軍士畏愛可以委任其次如李獲之剛勇王承祖之沈鷙梁炳之明練皆有軍中之譽或可仰備采擇若東南大將之材皆未可選用姑置其副如金州以俟審議而精選之聖鑒自無遺照也臣至闇至愚非不自知其言之繆妄而晝之所問夜之所思如前八人者視今所用則有間矣某人已具前奏伏乞睿察

允文又上言曰臣比蒙聖恩許令帶李横皇甫倜前去量材差使臣雖已具申朝廷未敢便發文字付李横實欲見横更加審察及抵建康横來訪臣其舉止甚健視聽如故手足亦不戰動臣已一面帶行然其人在京湖間四十餘年素著威望兵民皆所信服緩急易於結集昨者王彥發行在日面與臣說亦欲得之臣到前路與彥會議彥

若必欲得横臣亦當輟留鄂郢襄之用又臣在建康方滋葉衡韓元吉兩日訪臣數言横舊為建康統制官日臨財至廉治軍有恩至今軍中人猶說服之故横為將為郡三四十年諸處無寸土橐中蕭然實今時將帥所無者故留之於此時時資給之今其勇力向在功名之念未息比聞江州一軍不過五六千人苗定今赴闕若不再回乞依臣數奏差横主管必著成效滋與衡又云各已薦横之材於陛下矣臣不敢隱默容具奏知伏乞睿照

允文又上言曰臣比者恭奉聖訓以虜帥驕慢今秋必戰令臣以所見利害不時奏來臣伏惟陛下以睿智英武之資坐策虜於數千里之外前後幾無遺算所謂天縱之聖不世出之主矣方且下問於孤遠之臣使得盡其所見以仰裨萬分此大舜善與人同成湯捨己從人之甚盛德而臣幸親逢於今日也臣据近日探報虜退伏內郡所

屯駐處皆高壘深溝引水自衛既以防我料其不測進討比歲調兩河山東之丁又漸趲移陝西人馬分戍汝潁之間科鐵炭於民間收集工匠打造軍器潛爲入寇之計今秋必戰如聖慮所及無疑臣謂自古攻取戰勝必以大將得人爲本而一軍之中不可以無其副蓋疾病死亡人所不免如使倉卒之際顧無人豈不上誤國事臣於紹興辛巳冬被旨差至江上措置陛辭之日臣亦嘗以此奏知蒙太上皇帝問臣誰可臣以張子蓋田晟對蒙太上皇帝宣諭云極是在今日使功使過皆可命臣退諭葉義問帶張子蓋同行併令樞密院發文字往江西取田晟而義問不以臣之說爲然其後抵鎮江劉錡自楚州那回稱疾不出既無人任大將之責不三數日間遂有瓜洲之敗前後無形慮者近事所當鑒也比年江淮諸軍置副都統制士大夫共識朝廷之遠慮而荊襄去朝廷尤遠緩急赴訴不及又邊面賒闊無大江重山之限其利害比江淮尤重在三國時吳之名將如周瑜魯肅呂蒙陸遜之徒悉萃於荊漢之間以能成功臣謂今日此最爲先務之急伏望睿慈加意留神特依江淮例蚤賜處分施行庶幾將帥與兵共相安諳臨事可以倚仗。

任將

宋孝宗時虞允文奏曰臣不佞無當世之用而於軍旅之事實未嘗知其彷彿誤蒙陛下知遇異等付以荊襄一面臣之欲報朝夕寸心凡邊事所關既兼群言之來又盡一己之思謂今日之所急者莫急於將帥之用若臣以人微嫌於踰分之僭緘默固位不以干至聰之聽不獨臣負陛下而異時緩急或戰或攻實係國安危又係臣成敗之責有不容但已也竊見今之名將帥臣大搜旁求盡列於江淮之間爲國經營固當如此臣若不收拾遺餘以告於君父陛下縱不加責臣視江淮諸軍獨不愧於心乎士大夫多與臣言李顯忠劉光輔員琦皆有罪當黜有才可用實江淮之遺餘也臣於去年七月陛辭之日密奏顯忠敗事本末乞陛下特示寬恩置之湖襄近地一旦緩急臣或能用之以報陛下未蒙采錄尋蒙睿慈令於長沙居住意者陛下不以臣人微既察納其說矣今襄陽見闕守帥臣固不敢以顯忠乞朝廷便加錄用止冀具稟奏乞自聖意裁之而已顯忠勇常冠軍虜中亦知其姓字去年冬都督府劄下探報虜及符離之役虜兵能言顯忠事跡至今猶甚畏之如使之移京西以示復用藉其虛名以奪勇氣於京西邊防亦一助也劉光輔員琦在陝西淮東嘗書破賊之功臣數與語皆有敢戰之用或可以爲趙撙王宣之副如朝廷未欲依江淮例增置員闕即乞於均房二邊付以鄙寄不獨可當一州賊衝而緩急不測可以抽摘使喚皆所以爲不可勝之備也臣比見朝廷起于權之廢於海外如三人者功過尚各相半倘錄用於罪棄之餘必自悔勵圖所以報國臣聞臣之事君惟本於不欺古之薦才必求於有勳卷卷之忠惟陛下幸察。

允文又上言曰臣准御筆以東西二帥皆非其才事不可緩速具奏來照得臣於七月十三日并二十五日因同僉宇牌遞具二人懲惡貪鄙之狀聞奏乞陛下別選宿將臣之冐昧方切戰兢不謂愚慮偶合聖意必蒙睿斷已賜施行伏念臣自去年入蜀之初即以親所聞見縷縷具奏欲乞朝廷一振威令大洗堅久之惡習亟蒙睿明察納其說但以去一大將必先得一將材然後一軍有所分付臣嘗乞之於東南度未可以輟遣日夜汲汲然詢之西帥於衆短中以吳拱李獲等五人姓名於正月初二日聞奏乞賜號召曲蒙聖恩令臣一面選用臣於二月二十四日具奏以謂擢用將帥非人臣所當專因又論二三大將未厭人望他日恐誤陛下使令若東南諸將未有可遣乞以次召吳拱李獲等又蒙御批封還臣章帝眷加厚臣既不敢當又慮所奏姓名未當聖意日益皇皇徒積憂憤實不能少安其職蓋

念西垂庶務惟易帥一事最大不獨臣因病求罷無所嫌避敢言之於將去之日如使不易二帥而臣不病臣亦何敢久留也故臣於乞祠之第三章謂聖恩必賜殆允用敢併具中外將臣姓名乞自睿斷蚤賜裁酌臣之區區欲去二繆帥前後所奏與聖意惟一但自古軍中廢置大將識不敢專爾臣聞作威作福其害與凶及于家國人臣之大戒也況主兵在遠其敢使威福之權著見於將帥之間乎漢衛青不敢自擅專誅於境外卒不斬蘇建必歸之天子其言曰使天子自裁之於以風人臣不敢專權不亦可乎蘇建嘗勸衛青薦士青曰招賢黜不肖人主之柄也人臣奉法守職而已史臣至引其事為贊且書云為將當如此青奴僕材也尚能知此臣乃書生陛下過聽使待罪行伍其敢青之不若也至敢以將帥姓名密聞於陛下則是臣貪報大恩不敢默默為自全之計陛下聖明超古必察之於始終之

除矣又蒙聖諭若宣司奏劾便可即行臣自當遵奉睿旨別具劾章從疾置以聞伏乞睿照

允文又奏曰臣契勘四川邊面闊遠屯駐御前軍馬萬數浩大都統制之職委寄非輕必得公忠智謀有守之人然後可以服三軍之心壯本朝之勢內備兵政外禦敵謀而責以他日之功名今利州東西路置將不善一切反是臣備位本兵奉使西垂事關安危休戚敢不聞上臣竊見某人懦而不立貪而多欲所至以營利為先如在金州私役部曲修葢廨房營建第宅以至採柴燒炭割漆伐木博坊磨坊盡役諸軍之力而諸軍折估月給以小會子銅錢趲換減剋幾半凡諸軍之戍行錢回軍御甲錢激犒錢并請錢之類未嘗散給又將朝廷降到招軍銀并度牒以和糴為名公然盜取民間和糴本錢多以茶鹽布等折支及移帥西路詐以州安撫司金銀錢引載行並名支

破詐其入己之財百十鉅萬緣臣未將命入蜀之前依所護聖旨盡除其罪姑置不問為某人者固宜秪畏聖訓亟自改悔力圖報效而容縱子弟刷差諸軍工匠雕畫織繡雜作奇巧又置正賜酒庫違法醞造科賣部曲臣所揀汰老弱軍兵輒將指揮使都虞候大請受人四十餘人依舊存留臣裁減諸軍吏額以去軍中之蠹乃委曲隱留訖不發遣私役剋剝之害寖寖復作縱而不治久必如初又某人雖無顯惡而愚庸無知不嚴軍律多徇人情將入隊人差出借使統兵官私役出戍人解板負販略不懲治保明陛差將佐解發到宣撫司率多庸懦究其所以半是親戚又信憑兩兵於教場建立淫祠鼓惑三軍投牒於神憑神決遣其繆妄大抵類此臣照得二人委非大將之才無以服衆緩急之際必誤國事欲望睿斷將某人重賜竄責某人亦從罷免別選名將授以節權庶幾軍政修明士心誠服陝蜀一

面可寬憂顧西垂至甚。

允文又上言曰：臣伏蒙聖恩，遣中使賜臣御筆，以蜀口謀帥事，俾與臣議。令臣以所見具奏。臣有以仰見陛下西顧之眷至厚。當饋之嘆甚切。雖聖鑒無遺，淵衷素定，而廣詢博采，又有取於臣之朴忠也。臣伏見利州西路與秦鳳相接，自皁郊界首至於河池，邊面闊遠，路皆平夷。戍守之兵餘七萬，父子西人，久練可用。國家以之而守則固，以之而進取則可以必其成功，非他軍比也。必得奉公有智略，沈厚練達，明於軍政，熟於地形，有威望可以服衆者為之主帥，然後一路之兵有必勝之用。自建炎紹興以來，吳玠兄弟前後主兵幾四十年。今璘已病，宜陛下之憂不釋也。臣竊見陛下兩降指揮，召某人等五人，與時賜對，或有可以備選擇。若璘目下未有疾革之報，即乞趣召五人者以俟審議。若王權者，臣不知其忠與智，但知其貪而狡。他日必

誤事爾。今若於官職未貴極中擇而用之，效忠用命，圖大功慕顯爵，必能深自勉勵，朝廷亦易於責任。是一軍雖在萬里外，陛下可御之於掌握中也。臣誓言踈陋，不足以仰答清問，或聖意有疑，欲望睿慈特賜宣諭。

允文又上奏曰：臣據諸處探報，虜兵掩至隴州，見秦州之故關有備，即起發去華亭，進與德順之虜合。吳璘於二十三日、二十五日遣銀牌來兩與臣書，前書約臣來河池原上，臣見已起發。若秦隴德順尚可前去，臣不敢辭，後書引疾，欲令臣選官保守川陝，顧念蜀去朝廷萬里，使事有指，豈敢妄作一事，重取孤危之憂。又臣竊見吳璘軍前除李師顏外，委無曉練軍政可以倚仗之人，而師顏年已七十有三，至今亦未肯領利州東路職事，自吳璘要發河池，臣四與劄子，止令發官守六盤，推沙諸處山險，身只且留秦州，務為不可測之勢，臣嘗兩具奏知。蓋知吳璘忠勇敢前，而每事自任，無為之助者。今虜勢方急，而書辭乃如此，臣竊料之。一是兩戰之後，虜又添生兵，頭勢頗重。璘兵力有限，以他事為辭。一是璘素有奇疾，每歲至秋深疾必發作。臣今起發前去，若如前所料，臣不過以好語開諭之，與之共力措置，以取必勝。若事勢不敵，勢漸危迫，不免且守舊關，以待朝廷大軍進發。有所牽制，別為後圖。若如後所料，而璘果病，如王彥在商州，相去既遠，李師顏年已衰暮，姚仲傅忠信皆非璘比，不足任大事。臣先日乞歸班面奏事，正謂蜀去朝廷遠，有此等事不一，利害至重，緩急無以支梧，委非餘路之比。所有璘真書本，謹具封進，欲望陛下速與大臣共議，早賜處分。臣才力綿弱，智識淺闇，而蹤跡孤危，累奏不報，必速愆尤。伏望睿慈遴選重臣付以川陝大寄，庶幾智慮所及，料敵無遺，事權不分，成功可冀，有以副真主恢復之遠圖，天下幸甚。

允文又奏曰：臣在興元道中，聞士夫說吳璘自今年正月來，得病日瘉，自破德順之虜，精神愈健。臣既到河池，與之相見，其自敘亦如此。臣於三日內反復共語，前後皆不差誤。問其諸將，周旋之間亦無忿嫌妄作之事。逐日止乘馬來見臣，其上下馬亦有筋力。臣方敢信其言，且以聞於四聰之聽，此殆天所以相陛下恢復之遠圖，使吳璘得保餘年而畢其報國之誠也。臣因知吳璘決無大段心疾，與朝廷向所傳聞甚異。伏乞睿照。

時紅巾賊張福莫簡叛，詔以安丙為保寧軍節度使、兼知興元府、利東安撫使。丙奏：臣不辭老以報國，但事不任怨，難以圖成，將恐騰謗交攻，使臣獨抱赤心，無從上白。昔秦使甘茂攻宜陽，至謂之以息壤在彼。魏使樂羊攻中山，至示之以謗書一篋。君臣之間似不必爾，然自古及今，讒以疑間，而成隔以忌嫉而得，況臣已傷弓於既往，豈容不

懸師於方來

編脩官胡銓上言曰昔周世宗為劉旻所敗斬敗將何徽等七十人軍威大震果敗旻取淮南定三關夫一日戮七十將豈復有將可用而世宗終能恢復非庸懦者去則勇敢者出耶近宿州之敗士死于敵者滿野而敗軍之將以所得之金賂權貴以自解上天見變昭然陛下非信賞必罰以應天不可

吏部侍郎韓元吉進故事曰國史郭從義傳從義守中書令為河中尹護國軍節度使改左金吾衛上將軍太祖召於便殿使擊毬從義易衣跨驢馳驟殿庭周旋擊拂曲盡其妙既罷上召坐謂之曰卿之此技精絕矣然此非將相所為也從義大慙而退臣聞選將固多術矣然將帥之才以智畧為上技勇為次擊毬者軍士之一技也作其馳逐而試其便捷使馬之疾速隨人而人之搏擊應手非欽妙無失

者不能爾也設欲將帥並習則運籌決勝不自用劒者何人哉若從義者蓋以此自名也其在國初出藩入衛不為不顯藝祖眷之俾試于殿庭曲盡其技賜坐數賞以為精絕矣復慮諸將耻於不及也故以非將相之事警諭之大哉言乎真得帝王御將之法雖漢高之待信布不是過也昔韓愈嘗諭擊毬於張建封矣第以危墮之憂激射之虞馬之與人顛頓馳騁之患為言宜建封猛銳之志所忽也惟藝祖皇帝以將相之事一詰從義尚重而有體故從義素縮知戒聖人之言與書生之論信不侔哉故臣以為選將固多術竊願聖使諸將留神萬機之暇不深取其技而責其謀實藝祖皇帝之遺意也

王之望上言曰臣在河池時吳璘以王彥軍馬不到頗懷忿恚每言及之聲色甚厲臣常與調護其間已而二人各得御札聞有所訓敕王彥意甚自得臣問曰手詔云何王彥曰但褒獎耳臣曰可得觀乎乃出相示臣曰聖恩待將帥可謂厚矣然詔意自有抑揚人臣當居寵思危公不可以不知因指詔中德順連兵煩卿一往之語告之曰如煩卿二字豈可教至尊再道彥不覺悚然臣又曰公頗知古今亦記得郭子儀李光弼事乎李郭同為朔方節度使安思順牙門都將甚不相能及安祿山叛其時唐以子儀代思順光弼欲亡去計未決有詔令光弼持節分子儀軍出趙魏光弼惶恐入請曰一死固甘乞免妻子子儀趨下持手上堂偶坐曰今非公不能東討豈懷私忿時耶遂援以兵泣涕言別相勉以忠義訖平劇盜惟光弼之命出於天子而能降下子儀固能使子儀釋宿憾而共成功名公今待詔書面宜引咎加恭異於宣威則上下俱善矣此亦聖朝之意也彥不復有矜色起謝曰謹受教臣又於吳璘處因事寬解二人既奏明詔皆已無事伏恐聖聰亦欲聞知須至奏聞者

王之望又上言曰臣伏準省劄蒙恩除臣同都督江淮軍馬臣聞命震驚罔知所措臣待罪政府疆場有警出董師徒職所當任陛下倚注之重權兼將相所以用臣亦云至矣臣豈敢有辭但於今日事宜有所未允不得不為陛下言之朝廷於兩淮前以大將二人為招撫使後以從臣二人為宣諭使非不可以集事惟憂其緩急之際不相統攝故以宰相為都督則都督之置正欲事權之歸一也宰相未出之間又置同都督使先往視師猶有說也及宰相登日朝辭忽改差臣為督視則於都督之外又添一司今以其稱謂不同改督視為同都督名雖同矣而於實無異且所以用宰相為都督者本欲事權歸一今不用宰相而分同都督為二則與向宣諭何異哉湯思退開府兩月忽一旦改命則思退固自難處揚存中既已一面指置號令諸將調發軍馬而又添一同都督則存中又不敢專是所之此行不副

疑督帥之心。內則損宰相之體。臣但見其害。未見其利也。存中官為三帥。臣備員二府。而同為都督。權勢既敵。不能相統。議論之際。誰敢先發。人之所見。豈能一一皆同。相異則或至紛爭。相推則有失機會。使諸將。帥何所稟承。甚非元初置都督之意也。臣謂楊存中在殿巖三十年。為兩朝宿將。陛下擢於閒散。使副宰相。必有以取之。都督置副。固以備其長之空乏。今長既不行。而專任其副。乃陛下之素書。何必別置一人以貳其任哉。臣之愚意為今日計。就其所宜而處之。則莫若選材能侍從官二人為存中之佐。則名體俱順。權任歸一。同異可否。事無嫌疑。庶幾協濟。臣非為身謀。辭難避事。安危所係。不敢不盡其愚。陛下必欲臣行。臣敢不奉命而去。但恐他日必誤陛下大事。臣雖誅戮。不足以謝天下。然陛下亦豈得高枕而臥也。時事至此。豈容更錯。臣之所陳。不為無理。惟陛下為宗社熟慮。勿以人廢其言。天下幸甚。

袁說友上言曰。臣仰惟陛下屬意武功。寤寐戎事。整嚴軍政。細大畢舉。然臣竊觀今日軍旅之事。猶有可以為陛下言者。曰將是已。自鄉者辛巳之擾。今閱十五年。宿將舊人。逝者過半。其幸而僅存者。亦皆迫於遲暮。筋力智勇。要已不逮於壯歲。而新進後輩。足以為上用者。又皆抑遏於偏裨下位。進無路以自達。儻日復一日。不思有以因其舊而圖其新。以為緩急倉猝之備。臣恐未免於遺材也。陛下累歲以來。蓋知舊將浸以淪落。凡近日之所進用者。往往皆重勞聖慮。旁搜曲取而得之矣。以內外諸軍之衆。訓練校尉。偏裨行伍。數至繁夥。其間豈可便謂無人。今若預為兼收並蓄之術。得其人於閒暇之時。庶幾一旦有警。不至仰煩睿算。可以漸次而收用矣。故臣謂莫若行薦舉之法。臣謹畫為四條。以備薦目如後。一曰忠勇。謂氣槩軒雄。膽略沉鋭。誓於報國。奮不顧身者。二曰武藝。謂騎射擊刺。行陣出沒。悉皆精熟。莫當其鋒者。三曰謀略。謂智慮深遠。機畫精當。料敵必中。變態百出者。四曰兵法。謂習熟韜略。精於兵法。博古通今。能見於用者。右臣欲望睿斷。令內外諸軍將帥。以臣前所陳四條。不拘偏裨行伍遠地也。成有應得上項條目者。各令薦舉一人。須盡心體國。不得少徇私意。廣行物色。委得其人。然後結罪保明申奏。陛下賜以召對觀其人。而熟察能否。如見得委應上項條目。即與留寘三衙。不時宣召。詳問曲試。浸以任使。如所舉不應元薦條目。或粗有寸長而本不足薦者。其舉官重與黜責。如所舉得人。或將來因事立功。却一一優與推賞。庶使軍伍之內。凡抱有用之材者。皆得稍稍呈露。而緩急之際。可以倚仗。其於軍政。誠為要務。

趙汝愚被旨薦將帥奏曰。臣伏見國家休兵以來。垂二十年。舊勳宿將。零落幾盡。今尺籍之內。豈無奇才異能。堪備器使者。又往往陸沉於下。無以自見。臣區區之愚。竊謂朝廷將帥有闕。與其不次擢用資望未著之人。莫若簡拔四方稍著勳勞之士。非惟具孚羣聽。亦以獎勸有功。臣伏覩武經郎閤門祗候權發遣復州軍州事王去惡。勇鷙有謀。夙著忠節。去歲黎州變起倉卒。去惡遂能一時撫定。今朝廷付以專城之寄。寵任不為不厚。然恐未足究其所長。又秉義郎添差靜江府兵馬鈐轄沙世堅。驍勇敢鬬。且識機權。屢平劇盜。備著勞績。今猶在遠外。抱負才畧。無繇展盡。欲望聖慈特加録用。如將來不如所舉。臣甘坐謬舉之罪。

王十朋代王尚書上疏曰。臣聞天下安。注意相。天下危。注意將。又聞四夷不恭。拔卒為將。今夷狄外侮。正是注意將帥。拔擢行伍之時。臣竊觀朝廷宿將固亦有人。顧所用如何耳。賢而有重望者。可用為大帥以總天下之兵權如唐用李郭之徒賴之以為安危輕重不可止合為一藩帥以泯沒其才其次驍勇善戰者可使當一面如漢用黥彭之類亦可責其捍禦之功不可置之閑處至於駕馭之術尤不可驕之爵賞所加必俟有功而後可若任用之初先為之極他日立功其將何爵以加昔藝祖皇帝許曹彬節度使而不遽與其後彬再立大功方加節鉞卒保富貴為國勳臣臣近聞宰執傳聖旨除某人為淛東總管令臣待之加厚者如某人亦當今之名將可備急難之用所謂宜當一面者也陛下固已得之矣其他如某人比者尚或有之蔵宜拔擢以為閫外之寄至於駕馭之術更乞如臣所陳如漢高之馭黥彭量才而任使藝祖之待曹彬富貴以俟異日庶可望其立大功亦所以保全之也

中書舍人崔敦詩上奏曰臣歷觀自古明君捐疆埸之務委忠實之臣任之以專待之以久是以功無不成事無不立若夫上以邊慮忘未有能濟者也臣仰惟陛下總攬權綱憂勤治道秉要責成克濟治功之盛然而邊防大寄不過委於將臣細大悉取於聖裁安危動關於宸慮平居無事謹繩墨俟詔報足以無虞萬一有羽書烽燧之憂豈無紛陛下盡護諸將者歟當此之時而旋議付委雖有忠國之臣常時邈然不習其事臨事率爾必失其宜求其成功不可得也臣伏見仁宗皇帝朝韓琦范仲淹建河北備邊之策請遣近臣為都轉運使委以密為經制蓋方邊陲安靖之際專命使臣則事體張皇有所不宜付責守臣則職任拘礙有所未盡是以二臣所請最為得宜伏望陛下酌用前言講明舊制選擇通練持重中外從臣三四員假以峻職為沿邊路都轉運使凡是邊防之寄悉資經制之宜要在以陛下邊事為家計而為之遇軍興則正宣撫之名或用兩府大臣宣撫則俾以判官參貳其事是則事任有所專責則計慮必不苟人情有所素習則條教必易孚且無驚於敵無動於民而事皆舉矣

崔敦詩又上奏曰臣聞易服而難保者夷狄之常情有常而不變者聖人之武德臣仰惟陛下臨御歲久威德日新竊聞敵國君臣竦然增畏然因道路之所傳而必有聞於陛下者也向者和與戰在敵敵人常得執其權而相邀今者和則和戰則戰我返得執其權以臨之向者士氣沮弱言兵事則口呿今者皆有奮厲之心向者風俗軟委聞夷狄則心慴今者人皆有果毅之氣茲皆陛下圖回作成以至于此也然而敵人雖畏宜守之以謙人心雖銳宜居之以重蓋人之常情一汰于易則必有所輕一習於常則必有所玩書曰若虞機張往省括于度則釋所以戒於習且玩爾昔章聖皇帝澶淵之會親駕却敵有此俊功然而議者猶頌以萬全之業而付之一擲也竊觀陛下

規摹先定固非一日臣之所懷欲告之陛下者蓋平居服日深計遠慮正宜至審至重無所不盡以陛下之志慮陛下之事深仁厚德人心維城不患無城壁緩急之際捐府庫傾帑藏富者出財勇者出力不患無財用陛下自初迄今練兵卒葺器械其所圖回至矣亦非所患也今之大患特在無將爾臣嘗聞太宗皇帝一日內出幽州圖示宰相趙普普詳觀嘆曰此圖唯曹翰能之但得幽州後不知遣何人代帝默然持圖入內臣又聞神宗皇帝朝夏人幽其主秉常議興兵伐之樞密呂公著曰夏人固有罪今欲興吊伐之師未知以何人為元帥帝曰正為難得盡帝王規圖而先論將此成敗之本安危之基國家之至計人主之大務未有過此也向使有兵有財有城壁有器械若無將則是舉四者而棄之也臣竊見近時虎臣宿將零落殆盡經行陣歷險艱者絕少雖陛下拔尤取穎不無智勇之士然其他往往

以應對詳明為敏。以扶擿苛細為公。以區別條理為整。以繕修趣辦為能。若其下則通貨賂結稱譽。以誤明聽。一有緩急。誠恐未能盡副陛下之意。臣竊惟聖鑒高遠。天德清明。所以搜求之道固無所不盡矣。臣獨怪天子宰相執政日見天下之士陳𨻶奏記擁門填扃。而偏裨將校未嘗一得登門。雖有材略。不能自達。且韓信之微。亦蕭何與之數語而後奇之。大臣與國同體。宜為陛下搜選奇才。今若許之時許接見。要使從容延納。款密習熟。叩其方畧。審其才氣。詳擇其人以告陛下。此一塗也。前宰執侍從出師方面。其於將帥之才亦宜為國搜求。昔韓琦范仲淹帥邊。條上將佐材勇姓名。分為二等。如狄青种世衡皆在其中。蓋帥臣守邊。日接將佐。最為詳審。況宰執侍從義同安危。必能公心為國求材。此又一塗也。其次侍從臺諫初除許薦平昔所知勇畧之士一人。籍記姓名。留于禁中。時加省閱。因賜訪問。此又一塗也。又其次。在內三衙。在外都統制管軍半年以上。許薦所部偏裨勇畧之士二人。籍記選用。亦如侍從臺諫之法。此又一塗也。又其次。諸路總領官到任半年以上。許薦軍中偏裨勇畧之士二人。籍記選用。亦如三衙都統制之法。此又一塗也。陛下總攬衆傑。網羅異能。秉至鑒以照之。振長轡以馭之。未用者付事任以試其才。已用者異光寵以作其氣。萬一一方有盜賊之警。時出一二未有聞之士。責其成功。以觀其臨事應變。蓋不謀之小臣而謀之大臣。不求之偏聽而求之公聽。臣見陛下之將將有真才實能出而為用矣。臣不勝拳惓。惟陛下裁赦。

知南劍州羅願奏曰。臣竊惟方今國家閑暇。正是脩明軍政之時。軍政之要。在知士卒之情而撫以恩。戢行伍之驕而訓以義。蓋士卒之家有餘不足。惟將知之。國家俸賜有限。故軍中別辦錢物。如古軍市租沽酒錢之類。賙其人有疾病。宜軫死喪。宜恤及口累重大不能自給者。稍取以佐之。又軍中小小費用。不欲煩有司者。許亦於此取給。遂軍即有寬剩。為主帥者謂宜指之列將。使上下優裕。不見急缺之態。所以為天子撫養士卒。得其歡心。而用其死力也。前世為大將者。猶出所賜金陳廊廡下。軍吏過輒令取為用。況其非私財者乎。正當深體上意。輕財重士。但使士卒素飽樂戰。即為稱職。臣所謂知士卒之情而撫以恩。謂此也。軍旅之設。本以藩衛百姓。而主帥或廢律不用。以負任屬之意。昔春秋列國之臣。猶能訓諸御知義。訓群騶知禮。是則主兵者不但教之坐作進退。乃當以己忠義開導其心。使尊君親上。畏法而不敢犯。又當不忌不克。賙部曲中有方略膽勇材藝可望者。提挈長養。與共圖報國之効。臣所謂戢行伍之驕而訓以義。謂此也。天下賴陛下神武。中外晏然。深惟今日大體。固不待與鄰國較細故以相夸。又不可玩其燕安而忘備。正宜有常主事。益廣文武之用。蓋漢武帝猶令郡國舉可為將相者。唐憲宗亦命裴度舉一節度使。而中外相賀。將得其人。士氣自百。然後從容戒諭。俾加意於撫養訓戢。毋得循習。士卒感上之恩。畏將之威。庶幾緩急可以倚仗。一介小臣。不勝惓惓憂國之心。

知建康府洪遵論選擇將帥劄子曰。臣聞居無事之時。而為有事之備。此策之上也。夫將帥者。備有事之用者也。然無事之時常若有餘。一旦有事。缺然若不足於用。何也。是不講之於無事之時也。國家今日不可謂無事矣。然已用之將帥。不過遞遷於行伍等級之間。未用之豪傑。不過三年一試於筆墨弓馬之際。夫三年一試。所得者幾何人。而等級遞遷。又豈能脫然而出。㧞然而上。居不次之位。立非常之功者哉韓信拜大將出於亡虜葛亮立軍帥起於草廬漢高帝蜀先主一入蕭何徐庶之言而用之大則席卷四海小則鼎峙一方夫何世不生才何才不資世今之天下亦古之天下也先民有言將相無種故或出於奴僕或出於軍卒或出於盜賊惟能不次而用之乃為名將耳方今伍符尺籍之眾不可盡試臣願陛下令偏裨以上更迭入覲陛下時御便殿躬閱能否審其辭氣之英果選其面貌之豐麗察其技藝之迷屬拔尤取穎彼將人人獻狀唯恐居後而又使侍從臺諫隨其人之所長而舉之其得人失人而殿最與之同臣將見頗牧輩出英衛相望矣故選將任將之道無他術焉在陛下一人而已古詩云君王自神武駕馭必英雄惟陛下留神省察

數文閣待制四川置制使范成大上奏曰臣伏見諸路將兵部轄官自總管鈐轄而下則有正副將部隊將押軍隊等官及沿邊主兵

寨關於法應以材武人充者皆須事藝可觀膽勇可伏方為稱職其咨亦須稍知弓馬略識行陣或人材身手真是武臣者乃可為之除總管至州鈐皆係朝廷選差別有格法外竊見諸州將官以下寨關或以出職雜流及私家給使之人為之而西蜀尤甚於弓馬行陣懵然不知使吾選士拔卒俛首於下聽驅役而受鞭笞尋常不干於心緩急寧肯共力此不待智者而知其不可也伏覩近降聖旨今後正將差曾經從軍立功或曾任兵官并沿邊巡尉及經捕盜有勞之人仰詳審分漯合事宜但今來新格未及副將以下者豈非以正將得人則副將以下尚可容其濫吹耶臣竊謂若正將與副將以下同在一處則可只嚴選正將一員以為表率今姑以蜀中諸州論之則大不然蓋副將以下乃分屯列州名為副隊其實各當一面與正將了不相關而責任一同皆雜以冗有名無實之人緩急誤事悔之恐晚

臣愚欲望聖慈應副將以下官合分屯處並依今來正將已得指揮其沿邊主兵寨關應以材武人充者亦不得以雜流出職及給使無武藝人廉占員闕及不許時暫差權倘或有傑然自有武藝智略者從帥臣保明以聞特與差注及許一面權攝以防遺材仰副陛下整軍經武之實上繫軍政下厭士心

直煥章閣王師愈上奏曰臣聞立武事者莫先於脩軍政脩軍政者必在乎責將帥將帥之任稍久則上下之情通號令之有素或懷其恩或畏其威歡然協從如臂指之用無事之時固足以脩軍政一旦有警斯能制敵以決勝亦顯然之理也方今內而三衙外而兩淮荊襄遠而四川數年以來易將無定雖能消尾大之勢杜跋扈之萌然而前之規模始立後之施設已更為將帥者自知其不久於任也姑為苟且之計不恤其下士卒亦知其將之不久於任也敢萌慢易之

心搖撼其上一旦有警其不誤事者幾希殆非御將之術也將帥之任固不可不稍久又觀其人如何耳得其人而久任之斯善矣苟非其人去之猶恐不速何況於久乎欲稍久任將帥者要當擇之於其先擇之於宿望乎宿望之威名固可以折衝矣然而位高志滿鮮有效死之心擇之於行伍乎行伍之年少固能自奮以集事矣然而氣銳貪功多犯輕敵之戒二者不可不審也擇將之法非謂其技藝精絕非謂其膂力過人也非謂其利口而善論兵也必也沉毅而有謀忠實而不欺慷慨而敢為恢廓而有容而後濟之以勇決以此五者求之或取之於宿望或拔之於行伍然後稍久其任假其事權勿惑於浮言勿指其小過俾得以効其所長凡今日軍中之宿弊如所謂剝削交結買請營私之類想其必能革矣宿弊革則軍政脩而大功不立者未之聞也嗟乎任將固不可不稍久然亦不可以太久任之

太久。則致危尾大之禍有難救者又不可不深察也。惟陛下省覽幸甚。

楊萬里上疏曰。臣聞聖人之所以鼓舞天下使之奔走淬礪以爭先於爲用。長治而不亂有急而不可乘者。蓋聖人不視天下以其可窺而作天下以其不自止。如此而已矣。畢不可窺也宜乎天下之不自止也。天下之所以作之不起。未起而後廢者。吾之可窺者見。而彼之自止者隨之。今天下之所以患於無才。而才尤患於無將。其病在此。方邊事之興。芒芒然以求將也。天下則亦芒芒然以趨之。天下趨之。而朝廷不求將矣。非不求將也。邊事息而無所事將也。無所事將則天下亦弛然曰。無所事我。則亦棄而之他。剛者柔。勇者怯。而柔怯者有不勝其柔怯矣。高者趨文科以售其身。而下者伏於農商矣。其精銳果敢者有所挾而莫之用。則去而爲盜矣。天下弛矣。而邊事又動也。而無將

也則又芒芒然以求天下。而天下莫之趨也。夫前日之無所事也。所以爲今日之莫之趨也歟。夫如是。焉得將。昔者成王周公。承文武平定之業。誅三監。征奄庭。而天下服矣。於是酌堯舜夏商之禮樂法度。補葺成就以至於大備。當此之時。文物煥於朝。頌聲被於野。太平之美。天下之所甚樂。成王周公之所甚懼。非懼夫太平也。懼天下之窺吾君臣之樂夫太平。而彼亦樂之以至於亂也。則有大司馬之官。日夜選將閱戎。如是而爲車。如是而爲徒。如是而爲鼓鐸鐲鐃。如是而爲坐作進退。後至者誅。不用命者斬。夫閱者。非真臨陣而應敵也。而後至者何至於誅。不用命者亦何至於斬哉。而其法如此。蓋其所以豢暇裕之日與憂三監未誅之時無異也。則天下何以窺上之無所事我。而我不爲也哉。是故文武並用。而莫知其孰先。莫知其孰後。不見其所甚好。不見其所不好。才素備而由一旦之憂。後之君臣狃於治。而謂天下不復亂也。則曰。漢不逮高帝時萬戶侯何足道哉。而羽林子弟授經於學校。與夫將軍不好武。而其子皆能文。則君臣相慶以爲太平之盛觀。而腐儒曲生又從而諛之曰。兵寢者。二帝三王之極功也。不知夫二帝三王之不如是也。諛說之誤時世也。諛說盛於下。君臣怠於上。而天下以兵爲諱。以武爲恥矣。棘門霸上之無人。而開元天寶之末狼狽大敗者無怪也。非天下之無人也。上之人示之以其可窺。而弛之使其自止也。今日之事邊息矣。天下將曰朝廷無所事兵矣。此可慮之幾也。臣願天子增重武事。未改於有事之時。訪求將才。未嘗如有事之初。而宰相大臣。亦折節以下才略武勇之士。毋責其鄙野之狀。而毋怒其桀岸之氣。時賜之燕閒而延見之。探之於其中。而試之於其外。以陰求天下之奇傑。待之異而養之久。此所謂不示天下以其可窺。而作天下以其不自止者也。則緩急之際。

亦何至於芒芒然以求而求又不得哉。

楊萬里又曰。臣聞今之議者曰。選將莫若宿望。而新進者未足用也。臣竊以爲不然。選將之與相相似而大不同。是故相不厭舊。而將不厭新。擇相不以舊。不足以壓天下之望。選將不以新。不足以激天下之才。蓋天下之相。必道隆而德重。名節全而才略高。天下之人曉然服其可以相也。或既相而去。天下恨其有所不盡。而望其再有所盡也。如此者。未相而天下願之。既相而天下悅之。既去而天下留之。是惟無相。相之而天下無異論。故曰相不厭舊。至於將則不然。夫所謂宿將者。功業就矣。名位高矣。富貴極矣。腴田甲第。金玉寶貨充乎其家。歌童舞女酣宴沈浸汩乎其心。昔之精明之謀者。將暗然而勇果之氣者將發然矣。天下無事。則曰朝廷苟有事。不使我則不濟。及其有事也。使之舍其所甚樂。而任其所甚憂。取其甚愛之身而捐之必

死之地。彼則畏矣。以今之畏合前之驕。焉往而不敗。或曰將不厭新。臣聞人有作室者。有楹而未有棟。有棟而未有梁。則徧國中以求大木。三年而後得之於千里之外。蓋千百年之松楠豫章也。室成而富人者疾。有愚醫焉。見其病之求木之意也。則獻其百年所藏之天雄烏喙焉。曰此可已病也。不知夫木者不老則不堅。而藥者不新則不功。今歲之藥。來歲已陳且槁矣。而百年之天雄烏喙。則與朽壤何擇。而尚伐病之能哉。此將帥新舊之辯也。李廣之在漢號雄傑。出其君知之。天下知之。匈奴亦知之。廣之心翹然以無人。視天下自以爲漢將非我則不可也。然衛青霍去病崛起於戚里之中。與追于角勝負。深入大幕。直擣龍庭。而廣乃以失期無功死。開元之後。王忠嗣哥舒翰威名遠功天下第一。天下之人以爲一日不可無忠嗣與翰也。及幽陵盜起。廟堂失措。忠嗣則不存。而使翰則又敗。後兩京平。安史者

乃一未有功之子儀。而忠嗣部曲中之一光弼也。當廣之盛時。忠嗣與翰有大功名之日。天下豈知有衛霍李郭哉。然則宿將之與新進。未易以相輕重也。且人之有才者。孰無自喜之心。而人之於富貴功名。孰無願欲之志。自喜其才則必求所以自試。志于富貴功名。則必求所以自取。此如善書者樂於爲人書。而嗜酒者可以得酒則無不爲也。不因其自試之心而激之以自取。而曰吾必得宿將。亦惑矣。故臣以爲今日之取將。莫若以新儒士之通敏沈雄者。行陣之習有聞者。武舉之有所蘊而不徒虛文者。士卒之有能而自異者。卑賤有挾持而不自達者。豪猾有過而其才可贖者。君相留意焉。不測而識之於稠人之中。然故而置之萬衆之上。庶幾乎如高帝之得韓信者。又何患天下之無將也哉。

侍觀文殿大學士兼侍讀史浩上奏曰。臣聞四方而右壹圖。並運不能合規矩。目司視而耳司聽。兩用不能爲聰明。是以秦田委吏不可以兼爲抱關擊柝。各勤於一職。事無鉅細。任貴精專。鎮江大軍中興臣將北望瓜洲。只一葦蔺趨行闗不十程。其在諸屯最爲重地。欲使宣威於大敵。必須謀帥若長城營壘之周。防戍甲之犀利。在於主者。豈屬他官。朝夕不在其間。孰施軍政。甘苦不知。與共掌得士心。又況市井連甍。或有火災之警。軍民聚首。或多矛盾之嫌。一有疎虞。必將紛擾。主帥既已在遠。副帥安敢自專。蓋兵在江南。而副居江北。儻使關白而待令。真同揖巽以救焚。維駕馭有方。不至於此。然僥倖無事。豈可爲常。故使爲國遠慮之人。皆有私憂過計之語。儻陛下知其才可以牧民而御衆。欲其效見於治郡與理兵。何不俾鎮江之守兼維揚。維揚之帥歸京口。任雖兩易。事歸一途。聽訟之餘。可以整齊其卒伍。閱士之暇。可以撫摩其人民。卒伍既熟主帥之威容。人民又樂

守將之善政。則斯一舉。是謂兩全。若曰維揚之城壁未堅。淮楚之邊防未固。姑留鎮守。無復更張。臣恐猶經掣肘之慮。必有噬臍之悔。願遣偏將竟其版築之功。就求長材用作武鋒之貳。事既專一而有緒。時可往來而提綱。陛下深略沈幾。聖資英武。運獨智於帷幄之內。置諸將於股掌之中。必有神機。非臣蠡測。若或少加聖慮。俯聽臣言。斷自宸衷。訓求賢牧。俾各專於所事。庶幾盡其所長。此在聖意之勇爲。固非愚臣所敢望。臣官非言責。職在經筵。祇待寵靈。每懇尸素。昨降中批。而委諭。許令隨事以直言。苟有見聞。敢不敷露。伏乞聖慈。赦臣萬死。

光宗時。蔡戡上奏曰。臣聞有大將。有裨將。走及奔馬。射中飛鳥。殺敵前攻。堅敢先乘。裨將也。戰必勝。攻必取。無窮如天地。不竭如江河。大將也。蓋裨將以勇力爲先。大將以智謀爲主。世之論將者必曰勇於

不知勇力無名裨將之所長爲大將役者也今之所謂大將技於行伍之中加諸士卒之上其才智碌碌無以異於偏裨蓋有憎不曉兵機漫不治軍政者一旦邊鄙有急以數萬之衆付一庸人悍夫之手不知奇正之術攻守之策或可乘而不乘或當斷而不斷勇者輕敵而進怯者望風而奔豈不失機會而悞大事其不敗者蓋天幸也夫孫吴之書奇權要機密謀祕計出入鬼神自古用兵者舉以爲師雖臨機應變出奇制勝存乎其人然未有不祖其遺法者也凡今之將問之以孫吴則不知爲何人叩之以孫吴之書則不知爲何書如此者十人而九夫用兵危道也智往神來一日萬變差之毫釐失之千里而吾欲專以勇力勝之勇有時而怯力有時而殫自非運無窮之智何以應無窮之變乎此孫吴之書不可廢也雖然按譜而奕非善奕據方而醫非神醫亦未聞舍譜而學奕棄方而學醫者然則學用兵者非兵法何以哉孫吴遠矣時君世主有志於四夷者莫不拊髀而思恨不與之同時今其餘智故論載之方冊者尚可用也冠帶之儒慷慨談兵纚纚可聽然不習行陣未必能將介冑之士勇力絶人絆絆可喜然不知兵法未必能勝是孫吴之書終不見用於世或者又曰霍去病不學古兵法顧方略如何耳去病用兵與孫吴合者多矣豈真不學兵法耶其言大而夸特以激武帝耳後之爲將者往往以此藉口曰我善爲戰我善爲陣孫吴之法紙上空言不足觀也然則儒者必曰吾能正心脩身詩書禮樂可束之高閣也詩書禮樂正心脩身之具自非聖人未有不學而得者也况大將者三軍之司命一國之存亡係焉可不重哉不教而戰聖人以爲棄民不學而將其害如何臣愚欲望聖慈命武學官知兵法者直解七書不必過爲文言使人人可曉仍取古名將用兵出師馭衆行已大略著爲一書俻賜

諸將他日或因奏對或至廟堂設問以觀其言議論可采則旌異之如此則人知兵法之可學名將之可師心志益明識慮益精馭衆當有法行己當有方自然名將輩出而國勢無敵矣豈曰小補之哉

蔡戡又上奏曰準紹熙五年九月二十四日樞密院劄子九月二十四日奉聖旨老將宿帥比年以來消磨殆盡豈無其才可儲以備選擢深慮淹伏偏裨行伍上下嫉蔽不容奮達可令諸路帥臣總領管軍衆之衆論疏列所長各以十名限兩月聞奏當下樞密院詢其尤者召赴審察果應公舉隨才拔擢有能趨事赴功之人併旌舉者或至敗事罰亦如之臣所準前項聖旨指揮事理臣除已恭稟施行外臣於淳熙十一年待罪湖廣總領得旨薦舉將帥嘗以六人應詔內四人已蒙朝廷擢用臣自後所歷任即與軍政無相干涉諸軍偏裨將校不曾往來臣多不識其人姑以舊所知者冒昧聞奏竊見江州駐劄御前右軍統制李汝翼天資驍勇騎射精絶臣任湖廣總領汝翼爲都統司中軍將官嘗因集射以察其能汝翼每發無不中的觀者歎服又能訓齊軍士紀律嚴明委有將略江陵府駐劄御前前軍統制王舜臣名將王宣之子隆興乾道間宣帥京西深得江漢人心至今思之舜臣沉毅果鋭頗有父風自幼隨侍宣在軍中練達邊事諳曉戰陣武藝精熟才略優長士卒推服臣任京西漕臣舜臣爲江陵府左軍正將已嘗薦之樞臣王藺從臣章森張杓又皆以將帥薦此二人者臣所素知其所不知不敢泛論充數以塞明詔自貽謬舉之罰謹録奏聞伏候勑旨

戡又上奏曰臣六月二十七日準樞密院劄子備奉聖旨指揮令諸路總領各密舉偏裨佐校可爲將帥者臣頃任京西漕臣前任淮西總領今任上流差遣每因職事與諸軍統制統領相見察其人物叩

其議論，或因集射以觀其藝能，又詢其律己治軍之詳，頗得一二。久欲具錄奏聞，反覆思唯，不敢越職犯分，仰干天誅。今既遵奉聖旨，輒舉所知以應明詔，謹具如後。

鄂州駐劄御前選鋒軍統制武經大夫李思孝，蚤服戎行，備諳軍務，老成詳練，處事和平，治軍嚴而不苛。為人通而有守，向詢於衆論，鄂剛每稱其人可任將帥，嘗與臣言欲舉為代，難以自陳。臣亦不敢越職論薦。侍衛馬軍後軍統制敦武郎吉肇，生長軍中，自行伍間積日累勞，以至偏裨，習知軍戎之情，甚得士卒之譽。為人精明，處事不苟，使之管軍，必能簡練訓齊，以稱厥職。

趙汝愚論軍制疏曰：臣伏讀國史職官志，殿前司、侍衛馬軍司、侍衛步軍司，各置都指揮使一人，以節度使充；副都指揮使、都虞候無定員，以刺史以上充。備則通治，闕則互攝，非惟平居無事可以儲蓄人材，至於臨敵制變，則亦名位素定，分足相濟。惟我祖宗聖謨神算，防慮深遠，故承平百餘年，海內晏然。歷數秦漢以來，國家安靜無事，未有如本朝之盛者也。逮至中興，庶事草創，一時諸將乘時崛起，故內外諸軍例不除副佐。雖近歲稍復置之，亦十纔一二爾，恐非所以盡謀慮之功，而防安危之變者也。臣愚欲望聖慈詳酌舊制，明詔諸軍各置副帥，仍漸復馬軍一司，以補三衙之闕，庶幾軍制全復，可圖久安，天下幸甚。

趙汝愚又上疏曰：臣伏覩紹熙二年二月十五日指揮，今後侍從官到任半年以後，必舉材堪將帥者三人。臣竊見武功大夫、忠州刺史、添差權發遣廣南西路馬步軍副總管、權知宜州沙世堅，屢平劇盜，而小心畏謹，不伐已能，嘗歷邊任，而留意撫綏，舉無闕事。武節郎、充殿前司護聖軍統領郁元，刻意功名，常有運甓自厲之志，其持已廉儉，衆情自服。秉義郎、兩浙東路兵馬鈐轄盛雄飛，武勇過人，亦有智略，雖嘗有負累，而其才實高。如蒙聖慈特賜擢用，而後不如所舉，臣甘坐謬舉之罪。

起居舍人兼中書舍人陳傅良繳奏率逢原除都統制狀曰：臣昨具論奏率逢原方以自劾放罷，不當遽遷都帥。臣之愚見，以為朝廷勸懲宜有次第，不應功罪混為一區。今率逢原以總領鄭湜按其偏將掊克士伍，隳廢軍政，於是稍知嚴憚，務自刻責，而陛下為之覆護，特從宥免，此陛下善將將之道，而率逢原感激思奮以功補過之時也。若乃信宿之間，遽有遷擢，臣恐逢原麤人，昧於禮義，妄窺朝廷意出姑息，卻復專横，愈無悛心，故敢瀆犯天威，乞寢新命。不惟為陛下惜此舉措，亦所以全逢原也。至於逢原為帥無狀，事迹非一，前後臣寮屢有文字，臣不欲因此悉數暴逢原之惡，正以事關軍衆，慮傷事體。區區欲望聖慈特從所乞，必須知改，然後除授，所有錄黄，臣未敢書行。謹再錄奏聞，伏候勅旨。

歷代名臣奏議卷之二百四十

歷代名臣奏議卷之二百四十一

任將

宋寧宗時知成都曹彥約上奏曰臣以樸樕小才誤蒙親擢度越常等厠迹禁路曾未兩月復玷異恩寵以次對之美職分以西土之閫寄臣實何人可當此選聞命以來日夜憂懼不敢常人自視以異數為喜亦不敢與故自比以辭免為高心誠求之思所以仰副聖主眷遇之意竊以立功立事之世非可以祿位決進退也朝廷清明四方無事自一命以上皆得以行其志藏水可以奉其親吏事可以振其職及紛紜之際國論不一司馬光為樞密副使猶不受命种師道盡護諸將訖無成功世變愈下艱難愈急家國之事有不可勝言者有志之士猶尚以祿位言哉直當論可否耳自古閫外之臣待以盡其所學非謂一己之見足以盡知天下之事一夫之力足以盡制諸將之勇也恃朝政以為根本假威令以為事權執賞罰以為勸懲資佐屬以為輔助又須在王所之善士以為之主妬功嫉能之士不撓其政如此而見義不勇可以坐不任責之罪矣為司寇於魯者不若秉田委吏之為有事為卿於齊者不若抱關擊柝之為專職國論之所繫則守官者猶得以守道也若事關大體與國論相表裏有文王之令聞而後中國可以守有宣王之脩政而後獫狁不足慮當艱難之時宵衣旰食一日萬幾君以情墮責其臣臣以叢脞戒其君開心膽以延見士民惜日晷以響應奏報則傳導於下者無媮辭呼號於外者有近効謂閫外之臣恃朝政以為根本者此也若使法令變更衰來俱病處置失宜軍民胥怨發為播告者厥指或匿形於論疏者曠日不報則所當恃者無所恃矣郭進誅御馬直謂之專殺可也而太祖不責張美強取民女謂之無檢可也而太祖不問恐閫外之權於此

少沮也況於公事之所當行緩急之所倚重居閫外之職者謂之節制行閫外之事者謂之便宜人才出類者可以承制用將佐失律者可以追撓誅已奏者不必待報未奏者不必詰問謂閫外之臣假威令以為事權者此也若使將帥跋扈深自交結州縣輕率不相關白互有申請者尚決於勝負轉相詬詈者或俟於調停則所當假者無所假矣賞當其功雖喝轉十官者不以為僭罰當其罪雖戮及全隊者不以為濫居閫外之職正當視國事如家事惜官物如己物不以一毫彌縫親舊不以睚眦報復讎怨勢要之力所不能移禍福之書所不能奪閫外之不得其人遂之可也假賞罰以行其私罪之可也不遂不罪則其說必所當行其求必所當與謂閫外之臣執賞罰以為勸懲者此也若乃高爵授之而以不肖之心疑之閫喝轉則舉劉仲舌行法令則旁觀失色官命未改蹤跡挂動則所當執者無所執矣唐方鎮全在幕屬不必一一參軍事也或議論宏偉可以助名教或文采雄壯可以草表檄勇能專將者可以備策應才堪應變者可以廣智慮謂閫外之臣資佐屬以為輔助者此也若使如今世舉削與今世權局發書者稱有舊而已不問其才具投誠者求寸進而已不揣其能否則所資者無所資矣孔子入衛主於顏讎由而後進孟子入魯居於臧倉而見沮勿謂聖賢行志直情獨立而無所附麗也顏讎由之徒誠未易得彼臧倉者世常有之不可不察也士大夫有志事功已畏其少若又痛加沮格誰肯任事往時事變尚淺蹤跡尚秘雖詭辭浸潤不過繫一二士大夫出處比年兩軍相加肝腦塗地戰死驍將指為降酋覩獲酋帥誘曰虛詐變亂人心絕滅天理萬一山東忠義識破事體兩端首鼠有翩然事新虜之意此何時也旁觀膽落獨欲以閫外之事責辦於閫外之臣不其難哉臣蒙恩所領郡只

是一路安撫且又與西南夷為界未近此邊。事不相關。不應遽啓此論。然念冨平之敗。擾及果閬興元之漕。經至遂晉。設使江淮有警。則蜀道豈可安迹。關外有警。則劍南豈得高臥。而況吐蕃部落連及威茂。雲南遺種漸迫黎雅。臣頃年嘗轉漕關外。討論四蜀事體。知成都脆弱之卒。不足以有用。漢中單寡之兵。不可以獨立。制帥之與總所位置非宜。將來職事間必有抵牾。官軍之與忠義勇悍無禮。將來調發處必有不遜。以至兵財。遞鋪。關探等事。所當改絃者不一。而足。嘗作病夫議以告當路。以為同此思慮。而後可以同所見。同此忠赤。而後可以同所行。若以為不可。而欲擇其中一二事間行之。或過時失事。而欲取已陳之舊說。徐行之。二者皆不及事。而欲責建議者之非討。非所聞也。今四年矣。事變已見。而臣適當是選。聽合於過時失事之說。臣實懼焉。用敢詳其說以告陛下。昔張詠之守益州也。遲半歲而不行。知蜀道未定。未可以遽進也。太宗以面對許之。以便宜從事論之。知蜀事難決。未可以揣度也。又敢倣是說以復于陛下。惟陛下留神。

秘書省著作郎楊簡上奏曰。臣聞慶曆之末。有親從卒夜入禁中之變。是時士大夫殊不少省其所以致此者何由。亦無所改為。循循仍仍。至高宗初。又有苗劉之變。士大夫又不省其所以致此者何由。又無所改為。而循循仍仍。至近者又有吳曦之變。韓侂冑之變。士大夫又不省其所以致此者何由。又循循仍仍。臣今告陛下以所由致節制變者。為夫不循古制也。古者六軍。軍將皆命卿。今諸將率從事武勇。未熟復乎古先聖王之訓典。未踐脩乎詩書禮樂之實德。則其訓齊諸軍。亦不過射刺擊戰之術爾。罕能訓以禮義。犬被以殺人之將曰習乎殺人之術。可畏哉。可畏哉。古者赳赳武夫。皆可以為公侯腹心。執訊言言。攸馘安安。其有德見諸容氣者如此。今陛下宜精擇文武俱通之儒。法古司馬之官。以尹正之。訓導之。責諸卒之孝者忠者善者。則惡者潛化。愈久愈化。愈化愈安。祈天永命。鞏國祚于泰山之安。在此而已。今不改為。是措火積薪之下。火未及燃。又將有慶曆及侂冑之變。悔將無及。臣日夜長慮。無路告陛下。今得一見。吐露自此何時再見。惟陛下念之不忘。今文武通儒。至不易得。然不可謂無其人。殿司十三軍。太盛。宜析小半。益以馬司餘卒。以備三司。則其勢均。可以防後患。慮患當重複。雖擇賢儒立法。自亦不過於此。

樞密院編脩官葛洪上疏言。今之將帥。其才與否。臣不得而盡知。惟忠誠所在。凡為人臣者斯須所不可離。則不可不以是責之耳。今安居無事。必奮不顧死。冒水火蹈白刃。而後謂之忠也。第職思其職。謂之忠。公爾忘私。謂之忠。綜實不欺。謂之忠。且拊循士卒。帥之職也。朝

廷每嚴掊克之禁。觸營運之逋。其徼之者至矣。今乃有別為名色。益肆貪饕。視生理之積豐者。而誣以罪辜。動輒估籍。擇廩給之稍優者。而強以庫務。取辦舟粟。抑配軍需。於拊循何有哉。訓齊戎旅。亦帥之職也。朝廷每嚴點試之法。申階級之令。其徼之亦切矣。今顧有數閱視為具文。坐作僅同兒戲。技勇者不與旌賞。怯懦者未嘗勸懲。士日驕横。頽靡役使。於訓齊何有哉。況乃有沉酣聲色之奉。溺意田宅之圖。而不恤國事者矣。又有營營終日。專務納交。書幣往來。道路旁午。而安希升進者矣。自謂繕治器甲。備造戰艦。究其實則飾舊為新。而已爾。自謂撙節財用。聲稱羨餘。原其自則剝下罔上。而已爾。乞嚴飭將帥。上下振厲。申繳軍實。常若有寇至之憂。磨礪振刷。以求更新。亦庶乎其有用矣。帝加納之。

侍御史兼侍講李鳴復奏曰。臣嘗觀殽陵既戰。秦伯猶用孟明。孟明

增脩國政。畫地於民。故秦雖敗而猶可以自強。街亭既戰。諸葛亮上疏自貶。蜀主以為右將軍。亮於是引咎責躬。布所失於境內。故蜀雖敗而猶足以有立。蓋敗軍之將雖不可語勇。苟因其敗而痛自懲創。則轉禍為福。易危為安。英明之主猶不忍盡棄也。通者王師既出旋圖。漸歸。襄詔方頒。蛔音繼至。折北奔潰者固所當罰。發縱指示者亦豈容逃。陛下悉從輕典。復取其任大責重如趙范者。湔洗而委之。臣知聖恩寬大。恕之於今日。將以望之於後日也。抑不知范果能如孟明之所以報秦。諸葛之所以佐蜀乎。臣切惟范有所當戒者三。一曰去私。二曰禁暴。三曰懲忿。能持此三戒。則陛下所以責任之意庶乎其無負矣。范之在黃也。大建弘宇。日役萬夫。片瓦寸釘。竹頭木屑皆索之列郡。號曰軍需。先世之祠堂。後庭之燕寢。無一不備。千仞之樓且巍然插空。於倥傯不暇給之時。直為是騷動不遑安之舉。古人因

奴未滅。何以家為。似不作此等舉措也。今易臨峴首。號襲世官。儻不封蔽芾之甘棠。而惟愛紛奢之麗屋。則民將不敢言而敢怒。今而後皆失望矣。此所當戒者一也。范之在合淝也。以一萬五千之夫繫而責之一縣。以數百里之遠地。而限以三日。臣聚嘗言之。聞其以軍法從事而死於鋒鏑。以軍期窮迫而斃於道路者。又不知其幾也。今之淮非昔之淮矣。倉廩竭。府庫空。而郡縣不如昔。戶口減耗。雖大家而鄉井不如昔。富者憔悴。貧者轉徙。而百姓不如昔。身喪於接戰。氣喪於奔潰。而壯士健馬亦不如昔。此皆范實為之。儻復移其所以用淮向者用京襄。則國之元氣愈耗矣。此所當戒者二也。范垂涎襄閫久矣。向欲藉襄兵取關陝。而史嵩之各執其說。近欲移隨將過樊城。而揚恢弗從其令。忿雖憤悶。猶未容發也。今事任既正。誅戮自由。城池雖昔日之舊遊。番漢乃今時之雜處。御得其道。狙詐作使。御失其道。狙詐作敵。況主帥新易。人情懷疑。倘不開誠心。布公道。而或以私忿臨之。則士氣摧挫。意外之變。不能保其不作矣。此所當戒者三也。臣於范無纖芥之隙。向者韃寇犯蜀。蜀之仕于朝者日扣政府。乞以范為襄帥。藉襄之力以紓蜀之難。于時臣實與焉。繼為武部貳卿。臣復以列屬事之。見其撫掌談兵。捐軀許國。未始不擊節嘉歎也。今范建牙帥閫。而臣偶待罪臺端。為所當為。以無負陛下之臨遣者。范之責。言所當言。以無負陛下之擢任者。臣之責。臣之所論。非但憂國。亦所以愛范也。願陛下下臣此章以示范。范果以臣言為戒。脩政恤民。如秦孟明引咎責躬。如蜀諸葛。則京湖一面。可寬陛下宵旰矣。否則未也。惟陛下加察。

貼黃。臣觀馬謖。諸葛亮客友也。祁山之役。督諸軍為先鋒。一敗街亭。論罪至死。蔣琬以為天下未定而戮智計之士。豈不可惜。亮

曰。孫武所以能制於天下者。用法明也。四海分列。兵交方始。若復廢法。何用討賊。亮之見遠識高如此。比者楊義棄軍而走。徐敏子棄軍而潰。此猶為韃騎所迫也。汴距戰場二百餘里。且有一郡之隔。趙葵全子才各擁數萬兵。建大將旗鼓。正當整陣以接諸將。一聞風聲鶴唳。皆奉頭鼠竄矣。此何等舉措。聞諸敵境謂中國有人乎。范於無罪之民則用其慘。於有罪之將則用其恕。按章來上。此殆具文耳。以折北不支為殲賊精銳。以狼狽反國為歸護根本。以望風先潰為急於全師。彼固謂朝廷為可欺。安知天下公論不可欺乎。昔太祖以南方之事委曹彬。且授以匣劍。曰。副將而下不用命者斬之。潘美等失色不敢仰視。范何足以語此。此臣所以深為國家惜也。

理宗時。監察御史吳昌裔論趙范失襄陽疏曰。臣聞街亭之役。咎由

馬謖而諸葛亮以為咎皆在臣宜㭊之敗罪由渾瑊而郭子儀以為罪實在我夫非人是己人之常情而今乃責躬自咎如此亮與子儀之盛心真可為萬世將帥之法哉臣竊見虜犯襄漢以來唐鄧首降均安繼叛光以圍破峽以燬空襄陽之陷死者幾十四萬人沙市之擾殘者以二十萬計八州殘破千里蕭條主帥是當趙范何所逃責然范時以襄州孤壘遭被重圍督勵三軍逆退強虜功過相補猶有辭也近閱荆鄂所申乃知襄事大謬克敵首叛忠衛繼之糧械積聚掃蕩無遺搢紳民居被禍尤慘雖探報亙有不同而證狀則不可掩矣漢水峴城金湯堅壯軍儲守具根本富強蓋自紹興名將岳飛營屯至嘉定帥臣趙方徙治雖金虜屢寇而江面不撼險以人守故也范方之子遂世其官將略帥謀茸濡心授正宜謹固封守牧御軍民以報國恩以紹先業而乃勞於鶩遠闇於知人輕信狼子之心失御

狙詐之道養癰遺患引董庇身遂使變起蕭墻自貽伊戚以百年之生聚而莽為灰燼以中興之樓櫓而視為棄遺退保荆州望實俱喪人言縱不之及范視厥考能無愧於心乎臣衆之公論咸謂趙范之罪合賜褫謫别選時彥以代其軍然荆襄為天下喉襟襄州既失江陵尤為要地亟急經理卒未有人如范之才未可終棄欲援春秋責帥之誼乞賜睿斷鐫秩三等申儆諸閫俾之收拾散亡以規復襄陽自効庶幾邊疆微擾之際猶知有朝廷紀綱可杜姦萌可紓艱難謹具覺察以聞

貼黄臣自聞襄報即草劾范之章或有謂臣者曰今廟堂倚趙范以自安趙范倚北軍以自固若臺諫論列不惟招大臣之忌亦具格邊臣之疑內外交併禍在不測臣沉吟累日反復再思竊以為不然炎興初年國事草創張呂諸臣當國於上韓劉諸將擁兵於下功在社稷人孰敢言而趙鼎之為御史也今日而論劉光世明日而論韓世忠風采凜然曾不少恕亦未聞當時將相以為疑忌也況今戎首實在北軍趙范已正王旻之誅廟堂當議趙范之罰亟圖改紀斯乃其時若謂北將本無叛心襄城猶為我守況痼舊見覆護前非日引月深遂成再誤恐非計也用敢具錄前奏復以繳聞惟陛下亟賜睿斷施行

貼黄臣竊惟本朝三百年所與立者國法臺綱也方今事勢俱無可恃獨有憲法一脉尚存近來邊臣師師非度則併舉其綱與法而廢之矣趙范襄守退保江陵臣已具列前疏其知荆門軍牟揚祖被命乘障有城可守而乃委棄民社擅離本軍是無國法也前京湖制機趙楷以罪被劾謫官居永而乃久稽朝命未離沙津是無臺綱也方茲艱危之會正當紀綱脩明若此二人

豈容佚罰欲望聖慈將揚祖罷黜以謝軍民將楷更與鐫降押赴貶所庶幾懦者有所畏而懼兇者無所恃而悔伏候勅旨

昌裔又論趙范召命不當疏曰臣近以克敵之變焚蕩襄陽僨軍之罰責在趙范欲乞貶秩三等以正邦刑且令規復舊城以責來效此蓋前代之故實本朝之彝章如諸葛亮街亭之貶韓琦秦州之罰張浚富平失律之罪載在往諜可復考也陛下亟賜俞允褫職鐫官仍其使名責以收復邊閫深識之士咸以為當但襄州一失已閱四旬而進復無期有睽衆望或謂叛亡餘卒竊據城中游哨虜兵侵軼境上京西五叛將至連衡漢東諸城皆欲徙治淮襄戶口日夜絶江人懷不寧事變罔測豈襄事蹉跌之後財殫力屈未易遽進耶抑趙范經變之餘心摧膽怯不可語勇耶臣方欲再上封章以督厥咎今月初二日伏覩邸報趙范令赴行在奏事又聞因其弟葵有請欲令代

師淮東而以己副之其於兄弟相友之情公朝叙情之意可謂曲盡矣然今事會方來正以賞刑為急方其責范經理則姑欲示以薄懲今既將范易置則所當明正嚴罰儻或釋其重負而予以召還脫諸破壞之城而置之安全之地則是功過未白賞罰無章不惟趙范苟逭刑誅亦恐邊臣聞之解體非所以宣昭國法而畏服人心也臣近見別之傑所申虎翼舊軍統制劉廷美力戰叛卒收復樊城則事勢猶有可為苟能擇任得人趣急經理收拾餘燼圖復故疆則戶牖既牢上流恃以無恐不然易趙范於安地置襄陽於荒墟知以三海八櫃為防而不知以漢水方城為固唇齒寒而不問喉襟絕而不憂保障單殘藩籬淺薄無襄陽則江陵危無江陵則吳蜀中斷脫有一騎闖我長江風景日殊人心震擾其關係存亡不止一方痛二面病而已淮淝之卻秦師由廟堂處分已定河北之稟唐令在朝廷處置得宜臣觀今日襄事撫御失當咎在帥臣而區處非宜則又有任其責者昔紹興初酈瓊之叛固非小變然朝廷一時處置動中事機高宗下詔罪己則曰由朕委任非人致一軍懷疑反側張浚見上引咎有曰是臣非才誤國以致上貽聖慮於是薦趙鼎居揆路而朝政舉命劉錡帥淮西而軍律張可以感動天人轉回事變益固中興百年之業只在君臣一念之間也今陛下憂形玉色而未覩撥亂之英規大臣躬率百為而未有康屯之奇策罪己之詔踰時不下何以感武夫悍卒之心引咎之章曠日無聞何以解衆難群疑之惑玩愒歲月坐失良圖蹙國殲民禍至無日臣未知其所終也臣憂深家國一再冒言而復以高宗君臣相之事為陛下告惟望聖慈奮赫英斷而亟圖之宗社幸甚

昌裔又論安癸仲疏曰臣竊見高宗紹興二十八年禮部侍郎孫道夫言成都帥不可不擇宜求可以制置四川者二三人置之聖度上曰當儲人以待緩急之用孝宗淳熙十年太府寺丞句昌泰奏蜀制置使任六十州安危願於從臣中常儲一二人作安撫使上曰須是選擇可以備制置使之用者蓋蜀去天遠帥當豫儲在鄉人先事而力言之在朝廷加意而急圖之在君上申命而臨遣之此我祖宗慮遠儲材之規模寔萬世子孫之所當法也臣以蜀人待罪言路若鄉有急證而不言則為有負於鄉國朝有令典而不舉則為有歉於朝廷昨於二月妄論四事備言蜀之危狀而尤以儲帥為先伏蒙聖慈俯加容納特敕侍從出帥成都臣謂陛下此心即高宗孝宗之心也然命既頒而適反使已遣而復回議論數更臣竊未喻請惟蜀自二十年以來私意橫流人情障礙帥非奉己者不久總非挾故者不安幕府非所為引者不得充數上下斂痛牟為一詞故民有疾病而上不知兵有飢寒而遠不達戰鬬有上功而賞不及潰敗有顯狀而罰不加若非得有威風識大體者肅將明命收紀而更新之則剝爛蠹壞之證無日而可葺矣今臣遂既已罷行事往豈敢論列但儲帥一事所宜丞留聖意趙彥呐老病交侵智勇俱竭屢上祠請難以倚靠秋防臣於前疏已嘗言之況今虜兵侵犯麥積時當可殁潰兵肆橫江油賀請病事勢岌岌民不遑安而鄉人之在列者無有以道夫昌泰之言告陛下深可嘆也近聞前總領安癸仲以臣論奏擊其姦貪畏懼驅磨經營復用近則炒趙彥呐為代于朝遠則令其子恭行交結于內甚至於利州士民以列功狀唆遠方布衣以助游談遣幹人李寅浦午浦恭以財物請求結大程官童炳魯永寧以關節搬送專欲撼動言路攘竊帥權如紹興間錢良臣之事鄉評藉藉皆能言之臣與癸仲初無宿仇但見其為總餉則暴斂之興重民骨怨為撫諭

則侵權奪利郡縣騷然彼為一使之任尚且不可況以當專征重寄豈不誤陛下事哉且往者辛卯之變癸仲以漕臣先走合陽乙未之變癸仲以總臣冊至閬州上下利州之民怨入骨髓所列功狀決非情實是皆假托撰造欺罔公朝若誤入其言而輕加信用則蜀事去矣此臣所以痛心疾首為陛下熟數之欲乞睿慈特命大臣早擇帥材臨朝親遣以慰蜀民倒垂之望仍將癸仲更與鐫斥以為罔上蓄進之戒所有幹人李真蒲恭潚午等揚言交通貨賂汙蔑清明之朝仍乞下臨安府密加捜捕痛行根治自逓押歸亦足以肅吏奸而昭國法謹錄奏聞伏候敕旨

貼黄臣竊見王沂公曾當國嘗曰恩欲歸己怨使誰當聞者歎服以為名言蓋謂大臣事業不當歛恩避怨也臣論安癸仲之貪至于三矣每蒙陛下付外從行而政事堂中特牽不下及下檢正都司又復累日不呈不知治一貪吏逐三五幹人有何恩怨而上下庇護至于此哉臣言不行何以分察欲望聖慈檢臣累疏將癸仲亟與鐫罷并將幹人李真等根治押發施行

淮東制置使李曾伯上奏曰照對臣準尚書省劄子五月十八日三省同奉聖旨令内而侍從臺諫給舍外而制閫各舉帥材二人者臣竊惟為材難薦帥材尤難古者方召遠矣今夫謀三軍之帥將以備一時之選靡旨誕頒俾令薦進豈不謂覶臣以其所去惟善能舉其類乎顧臣本無材略忝任藩翰揆已不足安能知人為之踰月議圖其位望之已著者固不待微言之推轂其聲名之未達者則有得於共事之更歷今有二人焉竊見朝奉郎前知建昌軍事余龘自任高鄉尉而留淮幕臣見其諳軍民利害得將士心顒顒昂昂有遠到器識談太乎正大趨向不為卑汙臣命更幕僚四上承下接皆龘贊之長一事尤有識往時趙初措第值遣使諭蜀道拉龘偕行恥於依憑甘以吏事自見臨節而不可奪於此可占今稍更霜露才氣殆益老矣宣義郎通判襄陽府兼京湖制機王登昨以稗歸尉而留荊閫臣見其曉兵家韜略通當世務磊磊落落無罷軟習政事多所規益言議不爲依阿臣命高達復襄左擇右挂實登佐之最一節尤可書往時登以勇爵四一獲冠詣荊閫怒登不拜毅然舍去辛以儒科自奮有志事竟成於此可觀今久在風塞亢埋浸加密矣是二人者臣察之已熟故敢薦之不疑抑又有說焉馬虎金懷之無取則可以臨危桑株田傾之弗多則可以慕亮如龘如登臣嘗與之講論及此使遂展布必可保其能自廉飭臣愚欲望聖慈下有司籍記姓名特加搜擢以為事任之儲如後不如所舉臣甘坐謬舉之罰

洪咨夔進故事曰晉謝安以荊江二州並鈌亘石虔有汙陽之功虔其驍猛在形勝之地終或難制乃以亘石民為荊州亘伊為中流石虔為豫州既以三亘據三州彼此無怨各得所任其經遠無競類皆如此

臣聞御得其道則天下狙詐咸作使御失其道則天下狙詐咸作敵御之為言以馬喻也韁銜決鶩之馬蹄弛而難制使王良造父御之則鳴和鸞逐水曲進退伸縮無不如意否則騁不受羈矣謝安之用三亘人徒知其經遠無競而不知駕御之術默寓乎其間蓋石虔驕捷絕倫既奪之上流而石民與伊非所患兼是時荊江豫三州軍事皆在安都督之下而以權實操於內此首重則彼尾輕也苟朝廷無以操其權而制其命王彪之所謂兵權萃於一門非深根固蒂之宜安烏得不為之深慮哉知此則知八柄馭臣雖王者有所不敢忽

禮部尚書魏了翁進故事曰。唐憲宗時裴度上疏云。淮西盪定。河北底寧。承宗斂手削地。韓弘輿疾討賊。豈朝廷之力能制其命哉。直以處置得宜。能服其心耳。

臣謂憲宗承唐綱積弛之餘。藩臣阻兵。帥不庭授。蓋自夏蜀山東澤潞易定魏博貝衛澶相。朝廷之令所不能加。視今日之事難易絕不侔。而淮西之役。處置得宜。遂能使頑悍革心。梗強效順。信知折衝禦侮。不盡在於關勢之強弱。兵威之衆寡。顧吾所以處之耳。邇來邊帥不和。朝廷但知委曲覆護。聽其相傾相軋。以養成亂本。而不知所以處之。始焉淮西制閫治黃州。雖但控阨要害。實以兼總黃陂克敵一軍也。既命揚恢分閫。恢而可任邪。則軍未潰以前。其戕叛將范青。未必付之湖廣總領何元壽。軍既叛以後。其招來陳溫等。又不必付之荊鄂都統王旻。今舍制閫不付。而付之他司。臣所未諭也。觀揚恢之詞。謂旻有誘叛之迹。繼而旻之告諭陳溫。許其來德安境內剿寨。是旻果使之矣。孟珙招納備據叛酋陳溫之詞。謂若斬揚恢。用孟馬帥為制置。則我輩就招。此何語也。而珙公然見之公狀。不以為嫌。殆有嘗試朝廷之意。是珙亦可疑者矣。恢之不能綏御以至於此。坐以虎兕出柙之罪。恢尚何詞。然使旻以誘叛而獲厚賞。珙以述叛酋之悖語而獲遷除。則是唐末藩鎮諸軍自擇主帥之風成矣。今朝廷不問可否。而一切聽之。尚謂之處置得宜乎。苟幸無事。養癰護疾。不如誘叛而受賞。襲跡而動。則長此安窮。惟陛下與二三大臣亟圖之。

魏了翁又進故事曰。寇恂復拜潁川太守。執金吾賈復在汝南。部將殺人於潁川。恂捕得繫獄。戮之於市。復以為恥。還過潁川。謂左右曰。

今見恂必手刃之。恂聞其謀。乃敕屬縣盛供具。儲酒醪。執金吾軍入界。一人皆兼二人之饌。恂乃出迎於道。稱疾而還。賈復勒兵欲追之。而吏士皆醉。遂過去。恂以狀聞。帝乃召恂。恂至引見。時復先在坐。欲起相避。帝曰。天下未定。安得私鬭。今日朕當分之。於是極歡。結友而去。

臣謂先儒謂賈復不戢部將。故恂戮之。使復明達。必且謝過。乃更蓄憤欲手刃之。殊無責己之意。帝當先以曲直曉之。使復衛謝。然後慰勉。聽其自釋則善矣。臣嘗謂天下之事至理而止。理之所至。雖強暴凶狡。有不容不弭耳而詁服。苟惟無所可否。務為包含。是姑息苟且之政也。何以慰服人心邪。慶曆四年。韓琦為陝西四路招討。鄭戩為四路都部領。尹洙知渭州。狄青為涇原副都統。先是韓琦乞罷修水洛城。鄭戩固請終役。琦還自陝西。罷役。而戩命劉滬董士廉督役如故。尹洙檄滬士廉罷役不從。遣人代滬。又不受。洙怒。命狄青領兵行邊。追滬士廉械送德順獄。成詔釋滬士廉。令卒城之。而洙與青不服也。善乎歐陽脩之論曰。宜命中使密諭狄青曰。滬城水洛非擅役衆。未可加罪。若臨陣而違節制。自當臨以軍法。然後又諭滬曰。汝違大將自合有罪。今以城水洛有功。故赦爾。爾宜卒事以自贖。城成。則又戒青不可失城以遂己。臣謂如脩之論。處置得宜。君臣之情分盡矣。紹興六年。張浚以宰相都督江上。命韓世忠屯承楚。命張俊屯建康。先是浚在淮上。謀渡淮北向。惟倚世忠為用。世忠辭以兵少。欲摘張俊之將趙密為助。浚以行府檄。俊不受令。浚奏乞降聖旨。而俊亦稟於朝。甲可乙否。朝廷難之。善乎趙鼎之論曰。浚以宰相督諸軍。若號令不行。何以舉事。然俊亦不可拒。乃責浚當職行府命。不應尚稟於朝。復下浚一面專行。不必申明慮失事幾。臣謂如鼎之論周旋曲當。則上下之體統正矣。襄黃二帥比肩事主。各效已見以圖補報。比乃聞二帥不和。裁有私鬪之慮。審其如此。則所關甚大。此在朝廷所當諭以賈寇之事。俾各釋前疑共濟多艱。否則脉絡不通。緩急不相倚助。如國事何。惟陛下留意。

淳祐間徐元杰進故事曰。唐德宗陸贄論淮西事宜狀曰。克敵之要在乎將得其人。馭將之方在乎操得其柄。將非其人者。兵雖多不足恃。操失其柄者。將雖材不為用。將不能使兵。國不能馭將。非止費財玩寇之弊。亦有不戢自焚之災。

臣聞人主之用天下。惟明與斷而已。明足以有別。則知人而善任使。臨事不至於惑。斷足以有為。則操縱予奪莫不在我。舉

天下英雄豪傑之士。亦莫不奔走鼓舞於籠絡駕馭之中。必如是。則將得其人。而敵國外患非所憂矣。其或平居暇日。咨訪之不廣。體認之不親。有才而不能致。其用能用而未必當其才。而況依違牽制。或昧於折姦究之萌。姑息含容。寖失其所謂牽制之道。其始不有以杜凌陵之漸。其卒未有不至於橫潰四出而不容遏者。此春秋之季。漢唐以來八代紛紜之際。其證具存於方冊者。不可以不察也。唐德宗猜疑多忌。有將而不能馭。將操失其柄久矣。當時九節度之師。初未嘗不惟上之令。自朱希烈懷光之徒一失於制馭。他日之患不待智者而後知。陸贄患於德宗者也。因論淮西事宜而告亦以克敵之要。實在乎將得其人。繼之曰。馭將之方在乎操得其柄。又斷斷然反其辭曰。將非其人。則兵雖多而不足恃。馭失其柄。則將雖材而不為用。極言其弊以為不止於費財玩寇而已。諄諄然語之以不戢自焚之災。吁。贄之言亦切矣。惜乎明不足以知李晟之忠勳。斷不足以止懷光之鐵券。奉天紛擾之患有不可勝禦者。至今令人掩卷三嘆而已。吁。有明謨料斷之光武。然後二十八將之才各隨其志能而有以偶其中興之功。有剛明果斷之憲宗。然後善用裴度之忠。而李愬韓弘之徒亦各得以勉其克復之效。曾謂千載間出之真主。而俾光武憲宗專美於漢唐之間哉。臣故於陸贄之言益惓惓焉。

寶祐二年。起居郎牟子才上奏曰。臣比者蜀事孔棘。嘗進苦言。謂宜用李曾伯鎮蜀。而以濬擇之呂文德佐之。則選威望重臣為荊閫以應接之。又謂宜召余晦以釋群疑。此皆順人心而為是急着。聞陛下亟賜采錄。繾遣大臣以待履分。陛下憂顧在西。一聞人言。即與大臣

商之。真不翅如救頭然也。大臣自獨相以來。未嘗召臣謀一事。昨忽召臣至相府議論反覆數刻乃罷。而指意所在。大槩只以閫制為是。大臣曰。蜀力屈矣。非通荊蜀為一。而借荊州事力以援蜀則不可。臣謂荊事力既耗於襄樊。安得更有餘力以及蜀乎。大臣又謂曾伯既受節制。事急則必須進至夔門控制。臣謂曾伯既是荊湖制置大使。豈有捨本職公事。而越足過夔門之理。籍令欲往。萬一襄樊有事。曾伯將趨襄樊乎。趨西蜀乎。大臣又謂曾伯不過夔門。必還呂文德代往。臣謂此履分終是閫制。不若曾伯正除宣撫使之專心一意經理西事。而呂文德既為曾伯所任。必與曾伯俱西也。大臣又謂曾伯節制四川。當不容辭。臣謂以制置節制制置則受節制者自無事權。若未即召晦。則曾伯亦未肯受也。大臣又謂曾伯且未肯受節制。若正除宣撫使。豈肯受。臣謂曾伯忠義人也。使人主推誠以任之。溫詔以趣之

彼非木石，豈不能感激思奮以報上恩耶。大臣又曰：韓宣以城築未就，不欲往閬州。清叟亦有奏，令且了城築，令且命楊大淵則專任楊大淵，不可二三其說。大臣又謂令且令曾伯節制，却令曾伯自求一人留司重慶。曾伯必委蒲擇之。擇之既在劒閬，且令黃應鳳主留司。臣謂此等處分，太似繚繞，終不脫隃制規摹，恐如此施行，重慶根本之地，無重臣以鎮壓之，則事終渙散也。大臣又謂余晦富召，曾伯未受節制，未可出命。臣謂不召余晦，曾伯決不肯受命，總兵者亦且疑惑。其為妨礙，非一端而足也。大臣又謂若召余晦而出李曾伯宣撫之命，曾伯必飄然而歸，是一日而失二帥也。臣謂余晦狼狽至此，失之何損。曾伯負當世重望，蜀之三軍百姓願得之以為司命，曾伯忍孤人心耶。又忍孤上意耶。臣非敢與大臣辯論也，事勢至此，大臣乃一切坐斷，自以為廟謨高深，非小臣所可及，臣至是亦不得不辯也。

然豈得已哉。或曰：大臣憂邊思職，日夜盡瘁，不可謂之不以西事為念也，而子之言急切如此，豈大臣果有不憂蜀之過耶。臣謂大臣之過非不憂蜀也，其過在於任己見而不受盡言，好順上意而無懲公議，此即是過，而又有大過者，在於自說知兵也。且兵豈易知也哉。如韓琦、范仲淹出入邊陲，尚不能周知，今足不出廟堂之上，而謂洞知軍戎萬里情狀，此隃制之說所以牢不可破也。且兵不中御，古之道也。軍中聞將軍之令，不聞天子之詔。今軍中纖鉅細悉制廟堂之上，而徒以書尺慰藉諸將，使諸將知有廟堂而不知有制閫，則知兵之說臣所未喻也。趙充國曰：兵難隃度，臣願至金城，圖上方略。今西事壞爛，而使曾伯節制數千里之外，諸將下禀令於節制，上禀命於廟堂，繚繞回曲，坐失事機，則知兵之說臣所未喻也。晉侯作三軍，謀元帥，趙衰曰：郤縠可。乃使郤縠將中軍。今不簡帥而謀節制，分左右三路而無元帥以任中軍之寄，尊欲倚伏於節制，則知兵之說臣所未喻也。師六五：長子帥師，弟子輿尸，凶。今長子帥師於數千里之外，而欲使蒲擇之在邊，黃應鳳留司，既使韓宣總統，又使楊大淵代韓宣總統，則知兵之說臣所未喻也。大臣雖諳熟科條，彌縫將帥，固識兵家之節度，而自詭知兵，此則大臣之過也。昔程頤每與司馬光說話，不曾放過；范純仁十件事只爭得三四件事便已。程頤曰：光只為能受盡言，儘人忤逆終不怒，便是好處。今大臣能如光不怒人以忤逆乎。昔又有言范祖禹於司馬光必能協濟國事，光正色曰：爾謂祖禹見光有過不言乎。今大臣能如光樂聽人之攻己過乎。程頤，光之所薦也；祖禹，光之屬也，而辯論不少恕，有過必盡言。臣於二臣無能為役，然不敢不取法以致臣區區愛助之微忠。欲望陛下丁寧宣諭，使大臣以司馬光之心為心，勿遂前非，勿貳後過，盡改隃制規摹，一從公

論，以救吾蜀，則尚可為也。若辯論之間，是己見屈羣參，而自謂如此足以隃制四蜀，則輕用余晦，以成一年之誤；若召晦不速，用曾伯又遲，其為誤蜀，將有不可勝諱者矣。惟陛下亟圖之。

度宗咸淳九年，起居舍人高斯得奏言：匈奴冒頓大入圍信，信數使使胡求和解。上賜信書責之曰：專死不勇，專生不任。寇攻馬邑，君王力不足以堅守乎。安危存亡之地，此二者朕所以責於君王。出前漢書韓王信傳

李廣為將軍，出鴈門擊匈奴，匈奴兵多，破廣軍，生得廣，廣得脫至漢，漢下廣吏，吏當廣亡失多，當斬，贖為庶人。出前漢書李廣傳

臣聞為將之道，能勇而持重，則進無輕脫之憂，退無退撓之失矣。蓋將帥之病，常患於恃勇，而尤患於無勇。恃勇者輕敵取敗，固能為國生患，然其志猶可取也；無勇則銳氣銷沮，日淪於偷，其為國家之禍，可勝言哉。常武之詩曰：震驚徐方，如雷如霆，徐

方震驚。言貴乎能勇也。出車之詩曰。彼旗旐斯。胡不旆旆。憂心悄悄。僕夫況瘁。言貴乎持重也。王者之師。以剛濟柔。以柔濟剛。動而萬全。所向無敵。抑由此之故乎。漢高帝時。匈奴冒頓大入圍韓王信於太原。信不能力戰。而反求和於虜。故高帝責之曰。專死不勇。專生不任。謂為將之道。專持必死之心。則傷而反不得為勇。專持必生之心。則不足以任軍事。信蓋持必生之心而無必死之意者。宜乎虜入不支卒以敗亡也。文帝時。李廣擊匈奴。恃勇輕敵。屢為匈奴生得。出鴈門則軍亡失多。出右北平則一軍幾沒。雖號名將。所至多敗。輕敵之過也。雖然。將者軍之司命也。與其選懦。寧其果銳。與其為信。寧其為廣。擇將者可不加脩於此乎。臣竊見襄陽之圍。曠日持久。命將救援。擇非不至。然氣索志偷。情見力屈。大勞未艾。拂清無期。豈非將不勝任之所

致乎。淮西之寇。併擾諸郡。巢穴既近。倏去忽來。其有能德開門之失者。似強人意。而邊遣大將自取敗衄。非秀郡一捷。則敵得氣去。患日益深。豈非將不持重之所致乎。襄失之驕。淮失之輕。懲勸之道不可偏廢。今喪師失律者既加之罪矣。彼蓄縮頓望不發一矢者。可不申嚴師律以少警之乎。臣頊頊西儒。不達兵事。妄陳所見。少效涓塵。惟陛下財擇。

金宣宗時。左諫議大夫張行信奏曰。言自兵興以來。將帥甚難其人。願陛下令重臣各舉所知。才果可用。即賜召見。褒顯獎諭。令其自效。必有奮命報國者。昔李牧為趙將。軍功爵賞。皆得自專。出攻入守。不從中覆。遂能北破大敵。西抑強秦。今命將若不以文法拘縛。中旨牽制。委任責成。使得盡其智能。則克復之功可望矣。上善其言。時方擢任王守信賈耐兒者為將。皆鄙俗不材。不曉兵律。行信懼其誤國。上疏曰。易稱開國承家。小人勿用。聖人所以垂戒後世者。其嚴如此。今大兵縱橫。人情洶懼。應敵興理。非賢智莫能。狂子庸流。猥蒙拔擢。參預機務。甚無謂也。於是上皆罷之。

元世祖時。東平趙天麟上策曰。臣聞剛柔並用。定鴻鈞坱圠之功。文武雙行。為國家久長之計。事兼生殺。雖任于人。權在聖明。不宜歸下。粵自理分天地。位正君臣。仁為文之實。義為武之幹。至如陰陽不測。躰用無方。根義武以拯人。仁亦在其中矣。布仁文而齊政。義其可以忘乎。故仁者義之元。而義者仁之宜。文者武之宗。而武者文之助也。自黃帝以來。始用弓矢。帝王一揆。秦漢尚功。三國以至隋唐。五季以及金宋。四千餘載。未聞一日而停兵。億兆兆民。常賴一人之有慶。其間亦有人主自專。而開恭否之門。亦有委於將帥。以啟興衰之變。原其所致。可得而言。夫權者。天子之神器。事者。在下之所行。權雖輕重

故非臣下之當持。事各分科。故非天子之宜務。今國家立樞密院。以維中外之軍兵。以定武臣之官爵。而又紫垣春色。崇照六軍。冊開神威。禀班諸衛。而又元帥統軍招討奧魯之官。萬千百十夫長之職。熊羆貔虎。八鎮方維。麒驎鷹鶴。一遵約束。又如武庫武器。設署于京師。弓箭甲局。分工于隨處。此皆事行于下也。凡諸事務。皆中樞密以奏聞。此蓋權歸于上也。欽惟國家處置權事甚為明切。臣竊以為將兵者將也。將將者君也。將兵之道有四。而行之者八。何謂四。一曰忠。二曰計。三曰勇。四曰果。何謂八。見敵勤王之謂忠。聞敵制勝之謂計。飽直恃力之謂勇。進戰期克之謂果。此蓋攻戰將兵之將也。勸主上以先之謂忠。嚴軍律以養眾之謂計。坐帷幄以折衝之謂勇。不生事以希倖之謂果。此蓋太平將兵之將也。而將將之道亦有二焉。一曰分統。二曰專委。當其天下已定。將帥優游。以備爪牙之用。乃方方殊掌。

位任各司，無使一員獨爲魁首。於是有分統之道焉。是萬世之計也。如或邊塵暫起，命將興師，須立名將以總之，乃面告之去，閫以內寡人制之，閫以外將軍制之。於是有專委之道焉。但一時之事也。出征而不專委，則節制難齊；太平而不分統，則久生異事。高爵以寵之，厚禄以食之，二術以節之，斯無遺策矣。伏望陛下立樞密院使一員，使與行省首官品秩相同。其餘員位，以次班之。今適太平，事無大小，須行同議，無或敢專者。夫衛府司營已有蒙古監軍，不須別議，此即分統之道也。設或動兵，則暫行專委之道焉。更望陛下於中外衛府司訓亦以忠臣所述攻戰將兵、太平將兵之四德，如是則事常謹於下而權常歸於上矣。權歸于上，則人無覬覦，而民得安矣。

趙天麟又上策曰：臣聞兵者凶器也，戰者危事也。既不可不慎動矣，將軍者國家之爪牙，人命之所係，尤不可不慎選也。上古以來，良無定志。聖人既作，大統由分。自黃帝用弓矢以擒蚩尤之後，周有方叔、召虎、尹吉甫之徒，漢有淮陰侯、霍嫖姚之輩，趙之廉頗，燕之樂毅，楚之吳公，齊之孫子，矯矯然樹四方之英氣，卬卬然流百世之風聲。或有搴旗斬將之功，或有轉地回天之技，或有助伐罪弔民之德，或有懷佐君匡世之才，莫不感會風雲，契合魚水，依光日月，垂名竹帛。以至尚父之鷹，孔明之龍，吳漢之敵國，李勣之長城，斯皆將軍之善戰善勝者也。彼有視人如草芥而刈之，御衆如蜂蟻而聚之，行伍不整，疾徐無節，三令五申而其令不行，擇材陳策而其材不中，營壘輕而可攙櫝也，甲仗利而徒無益也。故慎子爲魯將軍，一戰勝齊，猶且不可；白起勝趙，長平坑死之衆四十餘萬，柏舉乳臭兒而魏王之師轘門見威，李文之謂此。雖爲將者之曠官，抑亦有司選將者之失也。所謂良將者，明則法天，可望而不可干也；柔則法淵，可觀而不可入也；去如收電，可見而不可追也；留如丘山，可瞻而不可動也。此之所謂良將。不亦大哉？然後龍韜豹略，發乎胸中；霧卒雲師，須乎麾下。赫然一怒，乘風送欵者，將接踵而來矣，復豈有爭鋒迎刃之敵哉！是以選大將者，固非餘將之比也。驊騮騏驥，奮迅乎千里，驕騁乎九州，非敢芻數倍于常，不足以盡其能、全其力，而役之以取效也。良將亦然。方其國家無事之時，遴選英雄，高爵以寵之，厚禄以養之，加之以殊禮，處之以閑職，一旦卒然有急，則行專委之遴焉。於是乃有折衝于樽俎之間，制勝於疆埸之際，心口相誓而委命，自甘肝腦塗地，而赤心無吝者，豈非王者善將將之所致而然邪？先帝之平江南，由此故也。若夫無事之時，偃然不慮，一旦有急，則任夫肉食之流，設或犯皇家之大戒，虧用閫之威嚴，雖復噬臍，徒嗟及矣。伏望陛下深符祖意，更擇宏材，下詔林泉，飛書營壘，凡德足以鎮服人心，能足以超越倫類，計足以坐消變故，勇足以深入敵陣者，縣次續食，令與計偕，至于京師，館于上室，申之以天變，接之以優禮，處之以無事之崇班，寄之以不時之大用。昔者唐有郭子儀，而身爲安危者二十餘年，更望陛下凡武臣宿將，功高望重，德顯才清者，宜加殊遇，以厲將來。臣非不知聖朝與天齊福，啓運正隆，但宜柔遠以文，尚奚賴於將軍之力哉？然而審事務，防變故者，聖人戒慎之至，不得不如此也。

趙天麟又上策曰：臣聞至重者將也，至險者兵也。雖係於將，而其原皆在于君也。君之任將得人，則用之如神，守之如山，駈之如風，整之如網之在綱矣。設或任非其人，則害有不可勝言者焉。故翦商翹邸，乃渭水之漁公；伐夏大臣，即莘郊之農父。又豈但將門方有將哉？采葑采菲，無以下體，建官惟賢，位事惟能，詩書之言信不誣矣。若謂箕裘遺業，多習其事，因而用之，加諸上位，亦嘗因其名而驗其實，斯可也。不然。則亦猶舉渭水漁翁之子。命作太師。求莘郊農父之族。升為右相。與伊呂之姓雖同。而伊呂之才則否。求其實効。不亦難乎。非徒無益。而又害也。今國家典兵之臣。子承父職。乃有不閑武藝之源。不讀兵書之筆。或充副倅。或鎮方維。或非甲以退征。或横戈而應敵。幸而殊方納欵。窮寇消聲。斯皆社稷之靈威。皇王之洪福。奚有將軍之智力哉。不幸而不勝。則既損天光。又使功臣之子孫。骨委邊塵。魂飄異域。士卒之命。石火風燈。流血成河。僵屍蔽野。不亦哀哉。究而言之。皆不審於用將故也。況於兵有六險。一天。二地。三敵。四間。五使。六卒。是也。夫祁寒暑雨。疾風迅雷。捲廬塞之沙。飛滎陽之灰。或鬱積之氣蒸為霧露。而敝天。或愁恨之情。騰為水雹。而截路。此天之險也。夫長山峻嶺。深谷茂陵。或九折以升天。或千盤而入井。卒徒罷倦。輜重艱難。伏百萬之敵於數步之間。降三六之軍於九天之上者。此地之險也。夫佯奔詐北。驟趣行或害前而執後相襲。或在左而於右。夫出。彼衆我寡。彼強我弱者。此敵之險也。夫縱横之子。捭闔之徒。衒惑之言。迷冥之語。似忠而復佞。似實而還詐者。此間之險也。夫交兵之際。行人在中。出言一失。而難救其端。奉簡誤投。而遂形其寡。至有泄吾機事。誤彼迷流者。此使之險也。夫狭風偈扇。孽事由興。機不定兮。兵事危兮。令不行兮。人意離者。此卒之險也。冒六險而行。尚非良將。誰能當之。夫良將有四術。一曰定心。二曰飽氣。三曰策勝。四曰身鬭。故疾雷破山。飄風振海。而不驚。駕士鼓卒。視衆猶寡。而不懼。隨賞不能說。廉李不能攻。見小利而不趣。存大端而自厲。所謂定心之術也。養威蓄銳。欵直行仁。承王命徂征。禦奸凨而坐鎮。其英可以上凌紫氛。其信可以下孚敵國。所謂飽氣之術也。機至而風從。旗指而草靡。洞穰苴之方寸。叱陳平之奇。所謂策勝之術也。恢匹夫之勇。而氣肅勍敵。蹈

七尺之軀。而威加殊域。若仁貴之三箭。庾公之乘矢。所謂身鬭之術也。臣謂得此四術之將。而六險不足以為險矣。非此四術之將。而未有不險之地也。伏望陛下惜禁衛九重之威。保功臣子孫之命。無致外敵之得利。勿令中土之罹殃。凡武臣九品以上子孫弟姪當承襲者。皆令樞密院試其實能。然後量加以職。若然。則天威永固。民命更生。下無趙括之危。上享軒皇之逸。抑使武臣之子孫。知天官之不可濫得。則盡心習其家業矣。

歷代名臣奏議卷之二百四十一

歷代名臣奏議卷之二百四十二

馬政

宋太宗端拱元年，國子博士李覺上奏曰：臣聞冀北、燕、代，馬之所生，胡戎之所恃也。故制敵之用，實資騎兵爲急。議者以爲欲國之多馬，在啗戎以利，使重譯而至焉。然市馬之費，歲益而廄牧之數不加者，蓋失其生息之理也。且戎人畜牧，轉徙馳逐，水草騰駒，游牝順其物理，由是浸以蕃滋也。暨乎市易之馬，至于中國，則縶之維之，飼以枯槁，離析牝牡，制其生性，玄黃虺隤，因而減耗，宜然矣。又不同中國之馬，服習成性，食枯芻、處華廄，率以爲常，故多生息，日無耗失。古者用賦之法，六十四井出戎馬四疋、車一乘、牛十二頭。天子畿方千里，提封百萬井，除山川城池邑居苑囿三十六萬井不輸賦外，六十四萬井出戎馬四萬疋、兵車萬乘，此賦馬之數也。諸侯大者馬四千疋、兵車千乘，故稱千乘之國。卿大夫者馬四百疋、兵車百乘，故稱百乘之家。則天下之廣，諸侯之衆，戎馬之賦多矣。是以唐堯暨晉皆處河北，而北虜不能爲患，由馬之多。後世戎馬悉從官給，是以匈奴歷年爲患，由馬之少也。故晁錯說文帝勸農功，令民有車騎馬一疋者，復卒三人，謂免三人甲卒之賦也。至武帝七十年間，衆庶街巷有馬，千百成羣，乘牝者擯而不得會聚。此則馬皆生於中國，不聞市之於戎也。今軍伍中牡馬衆多，而孳息之數尤鮮者，何也？皆云官給秣飼之費不充。又馬多產則羸弱，駒能食則侵其芻粟，馬母愈瘠，養馬之卒有罪無利，是以駒子生，乃令飲灰而死。其後官司知有此蠹，於是議及養駒之卒，量給賞緡。其如所賜無幾，而尚習前弊。今切揣量國家所市戎馬，直之少者疋不下二十千，往來資給賜予，復在數外。是貴市於外夷，而賤棄於中國，非理之得也。國家縱未暇別擇牝馬以分畜牧，宜且減市馬之半，直賜畜駒之將卒，增爲月給，俟其後納馬即止。則是貨不出國而馬有滋也。大率牝馬二萬，而駒收其半，亦可歲獲萬疋。況復牝又生駒，十數年間，馬必倍矣。昔猗頓窮士也，陶朱公教以畜五牸，乃適西河，大畜牛羊于猗氏之南，十年間其息無筭。況以天下之馬而生息乎。

仁宗慶曆四年，知諫院余靖上奏曰：臣伏覩國家自來於河東、陝西沿邊等處估買蕃馬，近自西賊不庭已來，買馬數少，不足國用。此蓋中國久廢馬政，不能蕃息，至于專仰戎狄之馬，以成此弊。臣謹按詩書已來中國養馬蕃息故事，乃知不獨出於戎狄也。秦之先曰非子，居犬丘，好馬及畜，善養息之。周孝王召使主馬於汧渭之間，馬大蕃息。犬丘，今之興平；汧渭，今之秦隴州界也。周官校人之職，春執駒以養血氣，夏攻特以防踶齧。衛文公居河之湄，以建其國，而詩人歌之曰：騋牝三千。不言牡而言牝，則牝爲蓄息之本也。衛則今之衛州也。詩人又頌魯僖公能遵伯禽之業，亦云駉駉牡馬。魯今爲兗州。左氏云：冀之北土，馬之所生。即今鎮、定、并、代皆其地也。月令：季春之月，乃合累牛騰馬，遊牝于牧。仲夏之月，遊牝別羣，則縶騰駒。亦秦人之馬政也。漢之太原有家馬廄，一廄萬疋。又樓煩、胡地皆出名馬，即今之嵐、石、隰界也。武帝出攻匈奴，官私馬十四萬疋，於漢之馬最爲多矣。唐以沙苑監最爲宜馬，即今之同州也。又案唐自正觀至麟德中，國馬四十萬疋，開元中置七坊四十八監，半在秦、隴、綏、銀，則知古來牧馬之政，脩之由人，不在於地。臣切見今之同州及太原已東相、衛、邢、洺皆有馬監，其餘州軍牧地七百餘所，伏乞特降敕旨，於羣牧使以都監判官等內差一員，往監牧舊地相度水草豐茂去處，揀擇草生堪牧養馬，專差人員牧于四遠牧放，一依周官月令之法，務令蕃息。

別立賞罰以明勸沮。庶幾數年之後馬蓄蕃盛。

嘉祐五年群牧使宋祁上劄子曰。河北孳生監馬母數少。逐年有妨孳配。勘會麟府州馬最宜孳生。雖先降條貫。兵馬作五等收買。第一等一十八疋。端至第二、三等各減一疋。後來宣命於逐等上例各減綃二疋。第一等馬見今只有十六疋端。蕃漢興販人戶別無利潤。致騾馬轉少。竊恐諸監每年漸見孳茂闕額。有誤將來支配諸軍。本司今相度。其麟府州所買五等騾馬。欲乞權於舊條未經減綃收馬五等價內。將第三等以上各特添絹二疋。第四第五等各特添一疋。仍令逐場買馬。及三五十疋。旋計綱上京。赴估馬司交割。從本司再行揀選。將為好馬雜馬兩等。轉送孳生諸監添助蕃息。臣等又見漢武帝時為將軍騎馬少。乃令天下諸亭養母馬。歲課孳息。節知權宜立法。古今一體。如將來諸監母馬數足。即卻依元降條貫施行。一則招來興販人戶。將好馬中官。二則三數年內孳生駒口漸多。準備緩急支填戰馬無闕取進止。

宋祁又上奏曰。臣頃年為群牧使。其時曾擘畫欲於諸監市母馬。合見馬共成五七萬疋。二歲大約得駒五萬。不出五年。得二十五萬。就中被死損十分之二。得駒二十萬。於二十萬中選出負馱馬十分之五。得戰馬十萬疋。以為中國有此馬。可與夷狄相馳逐。使聞風畏威不敢有窺邊境意。於是時西事已定。朝廷求安。便忽略此事。有司指摘臣奏以為迂闊。但言放牧之地侵損民間膏腴田。疇有損無益。於是寢廢。且馬者兵之本。倉卒求之不可得。若無事時。歲月孳養。臨事乃無闕乏。臣欲乞選左右名臣議群牧養馬法。收還牧放舊地。多列廄庠檢詳新舊條約。擇取便宜。如臣所請。具為新制。及罷河東陜西馬禁許民間與蕃落自相貨買。又許天下民養馬。救州縣不得計在貨財之限。其牧馬臣且以十年為期。若歲歲孳養。當得二十萬疋。而天下百姓所養馬亦益多。假令西北二邊敢為風塵。則我兵足馬健。與之角戰誠不足畏。今天下馬軍大率十人無一二人有馬。而所習伎藝與步兵不同。緩急不堪。移充步人使喚。今軍人無馬。是國家虛養此兵。有名無實。臣舊知牧馬數不多。於中選取戰馬。即又數自益少。此事最為用兵切務。伏乞朝廷深以為意。

宋祁又上奏曰。西北二虜所以能抗中國者。惟以多馬而人習騎。此二虜之長也。中國馬少。又人不習騎。此中國之短也。每至賊來作過。則朝廷常以所短敵所長。是以十戰十負。罕有勝理。今議者但欲益兵破賊。不知無馬且不能為兵也。用兵七年。終不聞講牧馬之制。此豈朝議未之思乎。今群牧司管河北凡十監。其五監畜孳生馬。五監畜大馬。然未嘗有數登十萬疋者。何其弱也。今河北洺衛相北京五監之地。皆水草甘涼。可以蕃息。但官非其人。不能盡法牧養。何者。馬數雖增。未之賞。馬數雖耗。未之罰。急則括買民馬。苟以充數。既不可用。徒有芻秣之費。驗之邊境。求戰而凍死者十八九矣。又聞河北洺州廣平舊有三監。今惟一監存焉。欲望朝廷差有智識近臣按求舊地。復為三監。澶州舊有東平監。水草地氣與洺相一體。亦可興復此二監。合河北六監通為十監。每監以一萬疋為定額。如國家牧養得人。則五年之間可以自養。及額餘數則可以分入河南鄭許西京三監。及在京騏驥院天駟天廄諸監坊矣。同州沙苑一監地尤宜馬。今卻只畜大馬。不令孳育。殊非所宜。欲望朝廷許將父草馬五千就沙苑。分左右兩監。委官益占官地。謹加牧放。五年之間亦可得數萬。七年之後。可支陜西緣邊諸州戰馬之闕矣。

歐陽脩上奏曰。臣所領群牧司近準宣差吳中復王安石呂陶等同共相度。監牧利害事。竊以國馬之制。置自祖宗。歲月既深。官司失守。積習成弊。匪止一時。前後因循。重於改作。今者幸蒙朝廷因言事之官有所陳述。選差臣寮相度更改。臣以謂監牧之設。法制具存。條目既繁。弊病亦衆。若祇坐案文籍。就加增損。恐不足以深革弊源。如欲大為更張。別立制度。則凡於利害。難以遙度。必須目見心曉。熟於其事。然後可以審詳裁制。果決不疑。蓋謀於始也不精。則行於後也難久。况此是臣本職。豈敢辭勞。欲乞權暫差臣。仍於吳中復等三人内更差一人。與臣同詣左右廂監牧地頭。躬親按視。至於土地廣狹。水草善惡。歲時孳牧。吏卒勤惰。以至牝牡種類。各隨所宜。棚井温涼。亦有便否。將何以致馬之耗減。今何以得馬之蕃滋。既詳究其根源。兼旁采於衆議。如此。不三數月間。可以周遍。然後更將前後臣寮起請與衆官參詳審處。與其坐而遙度。倉卒改更。其為得失。不可同日而論也。臣又竊思今之馬政。皆因唐制。而今馬多少與唐不同者。其利病甚多。不可悉舉。至於唐世牧地。皆與馬性相宜。西起隴右金城平涼天水。外暨河曲之野。内則岐豳涇寧。東接銀夏。又東至於樓煩。皆唐養馬之地也。以今考之。或陷没夷狄。或已為民田。皆不可復得。惟聞今河東嵐石之間。山荒甚多。及汾河之側。草地亦廣。其間草軟水甘。最宜牧養。往時河東軍馬。常在此處牧放。今馬數全少。閑地極多。此乃唐樓煩監牧地也。可以興置一監。臣以謂推迹而求之。則天池三監之地。尚冀可得。又臣往年因奉使河東。嘗行威勝以東及遼州平定軍。見其不耕之地甚多。而河東一路。山川深峻。水草甚佳。其地高寒。必宜馬性。及京西唐汝之間。久荒之地。其數甚廣。欲乞更下河東京西轉運司。差官就近於轄下訪求草地。有可以興置監牧處。如稍見次第。即乞朝廷差官與群牧司官員同共往彼踏行。擘畫。若可

以興置新監。則河北諸監内有地不宜馬處。却可議行廢罷。惟估馬一司。利害最為易見。若國家稍捐金帛。則券馬利厚。來者必多。於其多中。時得好馬。若有司惜費。則蕃部利薄。馬來漸少。兼亦好馬不來。然而招誘之方。事非一體。亦須知其委曲。欲乞特差群牧司或禮賓院官一員。直至秦州以來。體問蕃部券馬利害。凡此三者。雖暫差官。比及吳中復檢閱本司文字。講求商議。未就之間。已各來復。可以參酌相度。庶不倉卒輕為改更。如允臣所請。乞賜施行。

六年。歐陽脩為樞密副使。又上奏曰。臣為學士日。兼充群牧使。朝廷以馬政久弊。差吳中復等與臣共議利害。欲有改為。未見得牧地善惡多少。難為廢置。欲乞差官先且打量牧馬草地。尋蒙恩擢在樞府。所有牧馬利害。商量未了事件。臣有愚見。方欲條陳。今聞諸監所差官各將前去。竊緣監牧帳舊管地甚多。自來界至不明。官私作弊。積久為民間侵占耕種。年歲已深。昨已差高訪等根括打量。人戶多稱父祖世業。失却契書。無憑照驗。但追呼擾擾而已。今若更行根究。必亦難明。徒為追擾。未見其利。民先被害。臣欲乞令差去官只據見在草地。逐段先打量的實頃畝。明立封標界至。因便相度其地肥瘠。宜與不宜牧馬。其廢置更改。候逐官回日。令相度牧馬所擬利害。擘畫申奏。其已為民間侵耕地土。更不根究。蓋以本議欲以見在牧地給與民耕。豈可却根究已耕之地。重為擾擾。至於民間養馬等事。利害甚多。臣當續具奏聞。其不根究侵耕地土一事。伏乞先賜指揮。

仁宗時。中書舍人丁度言。祥符天聖間。牧馬至十餘萬。其後言者以天下無事。不可虛費。遂廢八監。然猶秦渭環階麟府文州火山保德岢嵐軍歲市馬二萬二百匹。補京畿塞下之闕。洎西鄙用兵四年。所收三萬而已。馬少地閑。坊監誠可罷。若賊平馬歸。則不可闕。今河北

河東京東西淮南皆籍丁壯為兵請令民畜一戰馬者得免二丁。仍不計貲產以升戶等則緩急有備而國馬蕃矣。

神宗熙寧五年樞密使文彥博論監牧上奏曰。臣聞國之大事在祀與戎。戎事之中馬政為重。馬之有牧。其來尚矣。禹貢之萊夷作牧。周官之牧田任遠郊之地。宣王中興之表。則有考牧之詩。僖公遵伯禽之法。則有在坰之頌。晝日中而出。所以遂物性而生息也。漢唐之盛苑監實繁。祖宗以來。修舉甚至。七八十年。蒐補取用源源不絕。熙寧元年陛下特降詔旨。揔置南北監牧使。設官振職。其制益嚴。若有未至。自當增修。而近時議者。多不深究本末。熟詳利害。乃欲賦牧地與農民。斂其租課。散國馬於編戶。責其孳息。即不知所賦之地。肥瘠皆可耕乎。所斂租課。豐凶皆可得乎。復不知戶配一馬。縶之維之。皆可蕃息乎。既不蕃息。則後將可繼乎。或謂監牧之馬。率多少弱。既非齊力。難勝具裝。且馬既蕃庶。必有駑良。量材用之。所得不少。張萬歲典牧最為盛多。以至馬直一縑。若計所直。豈皆良馬。又謂緣牧所費。殆將不貲。歲月計之。有損無益。臣嘗謂計河北監臣歲入。以地之租。可充吏兵之費。所不足者亦無幾焉。唯河南諸監所入尚少。漸增地利。亦可自充如此。則仰給度支者不多。所收馬課亦不少。大率草馬二萬。歲收六課為駒一萬二千。三歲之中。若失其半。猶得六千匹。駑良相參。匹直十五千。是歲獲九萬貫。此就小計之。所得不少矣。今若取一時浮淺之議。則廢之甚易。他時卻欲復祖宗之制。則興之甚難。坊監廐庫棚序井泉官廨營房。乃八十年經營成就。若廢罷之後。蕩然一空。卻欲復之。功費愈大。如向時廢罷各法自後議欲復故。而圍戶彫殘。場務破壞。言者雖眾。竟不能復。必若采聽置之言。即乞委詳練典故。諳熟之馬政臣寮。博求利害而審處之。利百則變。乃無後悔。臣總領

國馬。于今八年。雖未及蓄息。而頗究利病。伏望聖慈裁察。

六年。文彥博又論保馬曰。諸州郡坊郭第四等戶。縣郭第三等鄉村第二等以上戶。生計從容。皆須養馬。以代徒步之勞。其物力高則養馬愈多。此皆不待官中勸率召募。固已家有而戶畜矣。若先時更使等第畜馬。定以匹數。須壯嫩及格尺者。常任民騎出入。歲時亦不得勾點煩擾。一旦官中須要。給以元契之直。可旦暮而集。人自樂輸。比之急暴而科買。利害不侔矣。今四等以上人戶。類出役錢。所出役錢之多。悉在上等人戶。今若蠲減上等租稅。則下等戶所出不充顧役之用。必見闕事。民既知緩急必取馬於民。安得不家牧戶畜以應一日之督責哉。丁產簿法以三歲一造。今非其時。又頻歲更傷民流徙者眾。今若非時重造。徒成擾擾。君伺候至豐年行之未晚。

哲宗時。陳次升奏曰。臣伏覩近降朝旨。給牧地。召人戶情願養馬事。條約雖已詳備。然元初只緣知邢州張赴。同任縣堯山縣知縣等起請。指揮河北東西。京東西。京西北。河東路提刑司。府界提舉司。遂有此施行。更不令轉運提刑司相度。又只是因邢州以謂置監養馬不便。其餘路並依此施行。馬為國用。所繫甚大。措置之始。宜在詳審。今赴之所見。只是一州利害。其他路分或有不同。今朝廷不令提轉立定條制。令河北河東西五路依此施行。臣切慮諸路各有利害。為是朝廷不令監司相度。又是已行之命。示不敢申稟兼赴既有申奏。以人戶請佃牧地為官養馬。人戶或有不願。赴以州郡之勢。須令投狀。則法行之始。或有不便。必為民害。臣聞與議。以謂牧地鄰近人戶。若得膏腴之地。必有願者。若去牧地稍遠。雖得其地。難以往彼耕種。必非所願。兼一頃之地。所直不多。馬或倒死。其馬及官格尺者。未下四五十緡。此恐人又非所願兼牧地。先是已有人承佃。今不願養馬遽然

奪去必致失所。臣欲望朝廷明降指揮。令諸路若有利害不同。許令申禀州縣。若抑令人户作情願投狀養馬者。令監司按劾施行。法行之後。永久無弊。

高宗建炎元年。尚書右僕射李綱上言曰。臣竊以馬之於軍旅。其用大矣。而馬政之不修。未有如近年者。自監牧之法廢。而為給地牧馬。州縣行文具以塞責。民間養羸瘠以充數。而茶馬司惟以博易珠玉為事。無良馬焉。燕山陷沒。比邊之馬又皆為夷狄所得。夫金人專以鐵騎取勝。而中國之馬耗亡如此。何以禦之。臣頃在密院。嘗獻言請括買天下之馬。及許客人結攬陝西綱馬赴京師。其說謂凡養馬者必是上户及吏人醫官僧道之流。立三等價下州縣括買之。未為厲民。而旬月之間。數萬之馬可具。足以濟一時之乏。又陝西綱馬管押至京。餵養不時。死損過半。令客人結攬。則違者必多。又請復監牧之制。而朝廷許令相視監牧。結攬綱馬如所言。獨不行括買之令。靖康末。金人既破京城。首下令取馬。違者誅族。凡得馬萬餘疋。而京師之馬為之一空。是吾所有者不能用之。而反以資敵。得不為失計乎。今行在之馬不滿五千。可以披帶者無幾。權時之宜。以奮張軍容。非括買不可。宜先下令。非品官將校。不許乘馬。然後詔州縣籍有馬者。以三等價取之。嚴隱寄之法。重搔擾之禁。奉行有緒。稍激勸之。則數萬之馬尚可得也。又命陝西四川茶馬司益市馬。而廣西鄰特磨道亦有可市者。募客人結攬送納。以給諸軍及分給沿河江淮間帥府要郡。然後舉行祖宗監牧之制。擇官委之。待以歲月。則馬不患乎不蕃。庶可以足軍旅之用。

紹興六年。翰林學士朱震上言。乞諭廣西帥臣。凡市馬當擇謹厚者任之。毋遣好功喜事之人。以啟邊釁。異時南北路通。則漸減廣西市

馬之數。庶幾消患於未然。詔從之。

高宗時。呂頤浩奏曰。臣世為北人。聞諸宿將皆曰。平原淺草可郤。乃用騎之地。騎兵之一。可禦步兵之十。山林川澤出入險阻。乃用步兵之地。步兵之一。可禦騎兵之十。自金人南牧以來。中原之兵與金人相持。未交鋒而輒奔潰者。以平原曠野。虜人騎兵衆而中國騎兵少故也。昔馬伏波於交趾得駱越銅鼓。乃鑄為馬式。因表曰。行天莫如龍。行地莫如馬。遂鑄銅馬式於魯班門外。號曰金馬門。又西漢元狩年以後。不復擊匈奴者。以漢馬少故也。恭惟陛下臨御以來。留意馬政。然關陝諸州半陷戎虜。而川道路通塞不常。戰馬難到行在。惟廣西一路。與西南諸蕃接連。密邇黎雅等州。日近綱馬節次到來。諸軍頗以謂堪備出入行陣。欲望明詔有司。於邕州置買馬司。差有風力臣僚一員。充提舉官。收買綱馬。契勘四川秦鳳路。祖宗以來以茶易馬。故川路各有茶馬司。竊聞西南諸蕃貴重中國綃帛。每歲不惜十萬縑。可以買馬數千匹。今欲禦捍彊敵。經理中原。較量輕重。十萬縑或可輟那。所有起發綱馬事。乞命有司採訪秦鳳路茶馬條法參酌施行。

中書舍人洪遵論買馬博易劄子曰。臣攝承密旨。竊見川路西和階文州買馬。以歲計之。凡七十五綱。為馬三千七百五十疋。十數年來茶馬司以茶綵博易珠犀等物。以致歲計匱乏。不免低價買馬。不擇駑驥。惟務足額。發綱之時。已有病者。況於陸行萬里。經涉歲月。比其至此。太半瘦瘠。曾不旋踵。即有損斃。不惟押綱吏卒。空靡俸賜。徒有買馬之名。而無實効。雖近降指揮。住罷博買他物。竊慮循襲未革。臣愚欲望聖慈戒飭茶馬司。今後專一收市駔駿。臨當發時。常切察視。無令胥吏並緣為姦。以病馬充數。定發上駟。各來可備廄圉。不致耗

貢官錢處增道路供億之煩所有黎敘長寧南平等州及廣西邕州應干買馬去處徑發赴諸軍者亦乞一例施行。

供邊繳羅殿蕃進馬指揮又上言曰臣竊見比年以來川廣收市騏駿以給內外諸軍未嘗有闕今來羅殿蕃初乞貢馬於祖宗故事元未之有此固陛下聖德休明遠人慕化樂輸方物以示懷德書之史策誠為太平盛事然臣悾悾愚見竊有所疑敢據其五事為陛下言之邕州舊與交人為市每歲得馬分給江上諸軍雖於諸道頗為煩費然循習既久民以為常今若初於宜州受羅殿馬又須於邕馬不經由處合置新驛州縣受弊其事一也臣詢之知馬者云馬出夏國者為上部落者次之茶馬司所買熙河馬又次之川產杜生馬為下至於南蕃所產雖外觀權奇其實昂首而不能俯每行三數十里輒已喘乏徒為觀美則可以之戰陣則又遠出川馬之下其事二也邕

州所市交馬積有歲年金帛酬之不為不至然蠻人無厭小不如意則愆期數價多以物貨濫惡為辭今羅殿蕃自云遂年亦賣馬於橫山近與毗那國為仇道路梗塞遂由宜州此一偏之說固不可信安知其非交趾屬部或與之有隙借重中國以自救解或交人欲生釁詭為此計異日得以歸曲於我其事三也呂愿忠帥廣西貪功生事招誘南丹州莫氏使之納土當時朝廷釀賞過於軍功而種類未禰官者尚百餘峒至今紛紜不已今羅殿蕃欲入貢乃因南丹遣山子效用曉報則獻馬之計豈其素心將來恃恩望報恐非莫氏之比其事四也邕州守臣例於銜內帶安撫都監及提點買馬公事置司設屬每歲買馬帥司又遣幹官同蒞其事所費不貲宜州守光盛志在倖賞若遂此請將來必乞與邕為比又增遠方之害其事五也且羅殿所稱曾於咸平二年元祐二年以來自南平軍入貢臣恭考國朝會要及實錄是二年間只有張羅二蕃入貢初無羅殿之事臣竊謂今來指揮令廣西帥憲司共議如於邊界不致生事及宜州置場委有利便乃許保明可謂洞究利病然臣竊恐邊隅之臣不務遠慮乘朝廷指揮頗嚮其說必遣人深入蕃界啗以厚利今日以往馬必踵至將來雖欲為之限約固不可得宜州多事必自此始正使歲得千馬何足以為天庭重輕而舍南方久安之地遂貽無窮之弊此臣所以私憂過計不能自已伏望聖慈特軫宸抱行下宜州只依廣西經畧司所陳今後遇羅殿蕃馬入界如願中賣則令就邕州橫山寨貿易或係進貢則須會齋祖宗以來所獲告勅牌印之類辯驗即許照舊例從南平軍路入貢所有前件錄黄臣未敢書名行下謹錄奏聞

孝宗時四川宣撫節度使虞允文上言曰臣聞用兵不可以無馬市馬不可以非其地有百萬之兵無馬以壯軍勢而用其勝力於追奔

逐北之際與無兵同有十數萬之馬不生其水土而馴知其人心服習其道里與無馬同臣嘗考古驗今而得其明効者如漢任尚之討西羌也兵二十萬曠日無功虞詡以為兵法走不逐飛而虜皆用騎來如風雨去如發弦我以步追之勢不相及若市馬萬騎則追尾截疾而大功可立尚用其計以有丁奚城之勝如秦晉用鄭小駟慶鄭以為乘異產以從戎事及懼而變將與人易晉侯弗聽以有韓原之敗況今日之事虜以多馬為強我以無馬為弱強弱之所以異三尺之童皆知之馬政其可以不議哉國家盛時陝西買馬歲以四萬匹為額自失熙秦之地始措置於文黎二郡兼用不得已之策也以二十年計之銀幣茶錦之費豈啻數千萬而馬之出蜀未死者有幾至分隸諸軍而存者今又有幾自去年夏秋盡得熙秦故地而蕃戶之馬可誘而致殆天授陛下恢復之機也若歲得一二萬匹以佐軍用

其視文黎所得孰優孰劣，馬綱之所歷道路孰遠孰近，而馬之死於半途者又孰少孰多也。臣愚以為若損文黎州馬額之半，而藉其全幣之費，而盡力於西邊之馬，則文黎之責輕而可以揀擇，熙秦之得多而可以為百戰百勝之實用。昔唐魏元忠謂胡虜恃馬力以為強，若增價市之，乃是損彼之強為中國之利。王忠嗣為河西隴右節度，高估馬價，而諸胡爭賣馬，由是胡馬少而唐兵益強。如二臣者，可謂知重輕矣。臣比聞虜載銀二十萬買馬於西邊，伏望聖慈特出睿斷，早賜施行。不獨本朝兵勢賴以盛強，而亦潛消西北二虜之患也。

荆湖北路安撫使張孝祥上奏曰：臣竊惟中興以來，馬政不脩，歲歲博買，其費巨億，而諸軍之馬愈更乏少。此則牧養之道未得其宜故也。今朝廷方議置監，欲遵祖宗之舊。若措置得宜，則省國用，振軍威，制夷狄，於是乎在，蓋政事之大者，不可苟且。當試而為之也。今若諸

軍分養，則與前日之撥綱馬略同。諸軍苟於得馬，不復為經久之計，一二年後稍有折閱，則又將以辭自解，謂荆襄非宜馬之地。如此，則東南長無牧養之利，必資諸蠻而後可耳。臣愚欲望聖慈特出聰斷，於近臣中下問文武，擇知馬者一二人，令行荆襄淮南境中，與諸軍帥守臣參深圖地土水草之宜。國朝以來所置監牧已行故事，參酌去取，具以上聞，取自聖裁。專置一司，付以事權，嚴為黜陟之科，責其成功。如此，則宣撫司所買四千匹不為虛費，假以歲月，朝廷真得牧馬之用，須至奏聞者。

敷文閣待制四川置制使范成大奏曰：臣勘會趙彬劄子乞緩黎州一年馬額，令臣相度以聞。臣自到官以來，蜀人言黎州買馬利害者甚多，大抵與趙彬今來所陳相類，事理明白，眾論如一。委是可行。但慮議者必謂祖宗時西北馬多，不賴西南夷馬為用，故止以為羈縻蠻

夷之術，與今日事勢不可。臣稽之蜀人之論，則以為權免之額，亦以不急，使蠻人不得挾以為重，反邀中國，而蠻人所須茶綵之類，皆是朝夕急須，其所産馬，不賣之中國，將安所用？故不患其馬之不來。正如趙彬之說。臣竊謂眾論既皆如此，不若且用其說，密諭提舉買馬官，權與不拘歲額，若蠻馬自如常年而至，有司既不恡於殿最，可以揀擇良駿，其價亦可少平。恐亦未必不及額也。年歲之外，果見成效，則遂可久行，邊州稍重，外侮漸消，於制御彈壓蠻夷之術，至為利便。萬一緣此馬不時至，別議改法，亦不為晚。更合取自睿斷施行。

知夔州王十朋奏狀曰：准樞密院劄子，樞密院奏知夔州張震申，所有四川宣撫司措置川蜀馬綱改移水路事件，委有未便去處，申乞詳酌施行。奉聖旨除打造舟船外，其餘事件並令吳璘管辦，其舟船令王某疾速應副。臣契勘馬綱利害，前知夔州張震及諸司論列已

詳。其中利害之大者，莫過於財與力二者，皆出於民。臣自入境以來，切見夔峽之間，土狹民貧，面皆菜色，衣不蔽體，非江浙荆湖諸路之比。為監司守令者，儻能皆勞心撫字，無一毫之擾，猶恐不能活之。況令馬綱之害極重，財力必當大困。臣濫居牧民之任，不敢不以實聞。

今來茶馬司及宣撫司所買馬，每歲計一萬八百餘匹，約計二百一十六綱。本州若循環起發，合用船三十餘隻，每隻打造約費八百餘千。馬船易壞，勢須一年一易。計一歲之費，為錢二萬六千緡。自夔至歸水路二百四十里，每綱梢工水手約九十人，較一歲之終，為工一萬八千人，每人口食顧錢約五百文，上下水約一十五日，通一歲計之，當費錢十二萬貫，草料批券亦不下二萬餘緡。較一歲之間，費於馬綱者，蓋十五六萬貫矣。本州三縣所管梢工水手，不滿四五百人，若循環不替，所少猶半，必當役農民而為之，而夔之民力既困如此

若又從而役之。必有流離轉徙之患。本州每年財賦之入。不滿二十萬。令起上供折估經總制及官兵請給。皆在其內。今馬綱之費。并於所入之賦。雖曰令吳璘管辦。豈能償所費十之一二。財非天降地出。又必取之於民。而夔之民貧如此。財何自而出耶。以一州推之。則一路諸路之困。又可知矣。况水路足行瞿塘灩澦之險。又有惡灘二十餘節。水勢湍急。漬漩頗多。馬性善驚。聞灘聲汹湧。必致跳躍。不可控馭。撼動舟船。必有覆溺之患。臣昨在饒州。親見馬綱經過。涉咫尺之渡。中流遇風。十死八九。况千里之至險耶。若舍舟用陸。則自夔至峽。皆重崗複嶺。上倚絕壁。下臨斷崖。行人攀緣。鼓慄汗下。遇雨泥滑。尤不可行。非特有害於人。兼亦非馬之利。若欲削平險阻。便馬之行。非惟重困民力。又恐有害控扼之險。非所以保護全蜀也。臣所論利害。皆是目見。苟坐視一路生靈之困。不以奏聞。則上孤陛下任使之意。

將負不忠之罪矣。伏乞聖慈特降睿旨。令馬綱復行舊路。以安遠人。不勝大幸。

十朋又上疏曰。臣伏蒙聖恩。頒賜御劄。謂軍機之務。馬政為先。臣仰見陛下居安慮危。不忘武事。修車馬而備器械。蓋欲如周宣復古之時。又謂撐駕之役。並用廂禁軍。貼以吳璘正兵。皆不科擾於民。臣又仰見陛下仁心愛民。如武王之不忘遠也。又謂回船泝流。頗費程限。須多作番次。免致稽滯。又令臣協率以先共圖成効。又足以見陛下雖居九重之深。洞見四方萬里之遠。閭閻疾苦。無不備知。不以臣為愚不肖。不足以備使令。戒敕丁寧。俾輸犬馬之效。况臣蒙誤恩。擢居帥閫。固當身先卒伍。不憚勤勞。然臣螻蟻之誠。不敢隱默。馬綱改行水路。為巴蜀之病。臣前已具奏。及監司帥臣皆已力言之。不敢再瀆天聽。若夫撐駕之役。易民以兵。道路皆知陛下之仁心。以臣愚見。參

以輿議。則亦有未便者。蜀江號天下之至險。與其他水路大不相侔。瞿塘灩澦及諸惡灘。多如竹節。巴峽之民。生長於水者。以舟楫為家。捎漬撇漩。欹挽側掩於波濤洶湧之間。習知水道之曲折。操舟若神。猶不免時有覆溺之患。彼卒伍輩。自少長縣涅。坐食軍門。與水性素不相諳。一旦強以牽挽。必至觸石破碎。人馬俱斃無疑矣。又三峽東江。斷崖絕壁。挽舟者無所寘足。攀緣而過。如猿猱然。兵卒豈能為之。况宣司正兵皆西人。尤不善操舟。雖貼無益。馬綱之來。急若星火。州縣既無可以牽駕之卒。官吏以獲罪為懼。其篙工水手。必不免役民以充之。雖聖旨不欲科擾於民。其勢不得不至於科擾。又夔峽為四川門戶。長江上游。正賴此曹守禦控扼。以壯天險之勢。然土狹人稀。廂禁軍類多缺額。諸州每以招填不足為憂。重以出戍於夷陵防秋於諸處者非一。所存無幾。若又役以撐駕。疲於往來。以無幾之卒待

應無窮之馬綱。非惟耗費錢粮。妨廢教閱。正恐州郡空虛。因致意外之患。非細事也。况茶馬司歲發馬一百六十綱。而宣司不與焉。除自五月至八月江流泛溢。瞿塘不可上下。舟航當戒。謂之住夏。一歲之間。可發歲額之馬者凡八月。每月計二十綱。每綱用三船。每船用十五人。十綱為一番。則用四百五十人。上下二番則倍之。為三番更替則又倍之。臣所論者一州。乃馬綱已經過而目所親覩者。爾馬綱過夔府一路者凡六州。通而計之。則每番計二千七百人。上下番計五千四百人。三番更替計八千一百人。若更欲多作番次。非惟兵不足用。而舟艦亦無。臣所治者夔州也。夔為帥府。係屯兵之地。而數猶不足。其他如涪忠萬等州。廂禁軍多者不過四五百人。少者二三百人。歸州所管止百餘人。其間又有剩員半分。羸老疾病者居其半。若盡驅而為梢工水手。為一番且猶不足。况欲多作番次耶。臣愚以為不

若且行舊路，舍危就安，或以山險馬瘠爲慮，宜於鄂渚漢陽諸處置監，以休息之，壯者發至行在，病者留以牧養，水草既便，馬必蕃育，非可以爲江淮荆襄警急之備，固亦無害其爲馬政之修也。臣非不欲率先奉行，以答知遇，實以馬綱行水，利少害多，他日或致生事，上貽陛下西顧之憂，則臣誤國欺君之罪，不容誅矣。況此事干數路，所繫非輕，伏望聖慈出臣此奏，令兩府大臣議之，參酌施行，不勝大幸。

員興宗議國馬曰：臣聞固國之方，在於置衛，置衛之實，在於市馬。使四邊得才幹之吏，有司有責實之政，馬何由而不至，衛何由而不備。雖因古之法，時增損之，臣亦以爲有餘矣。蓋五代之末，監牧多廢，官市多闕，國馬遂不蕃庶。自我國家之興，遂大葺治，每歲遣使，多方命官。太宗皇帝興國之初，詔市一十七萬，咸平已後，其政大脩，諸坊諸軍積至二十餘萬，飼馬兵校多至萬有六千，適至熙寧亦近七十餘

萬。標占坊監，亦總四萬餘頃，檢示牧事，纖悉至此，可謂備矣。雖周之初，設養校之官，多牧度之職，亦不敢望吾祖宗之世也。恭惟陛下豈德大業，隨幹指顧，應時寧一，只如川秦牧事，尤切加意，務選清強之吏，遠以涖之，此乃國政總核之實也。臣固蜀人，曾吏牧司市馬西方，躬見其事，敢爲陛下言之。蓋川秦所分市馬之地，陝西則階文西和等州，四川則黎叙南平等處。每處置務，每務置官。内陝西只就宕昌博易，至要至便。然臣觀川秦博馬之物，不過數四，有錦，有茶，有紬絹。陝西則多用茶而少用錦，四川則多用錦而少用茶，隨其所需，有無相濟，是宜良駟來者接踵。然招誘無方，閽不得入，蕃客不至，馬額漸闕，何也？市馬者數病未去也。陝西買馬之物，惟仰茶貨，蕃部既已中馬，一旦得茶，或乏旅費，依舊以茶當繳，前此監吏漸與收茶支繳，時時稱提，自重其貨，邇來不能矣，茶貨一輕，何從致馬？此一病也。茶

自蜀中出關，經興利等州，然後漸至宕昌，蓋近二千餘里，鋪兵沿路摘葉代茶，雖有明禁，無由遏止，以至博馬之際，蕃部多方退難，此二病也。市馬必置門户之人，蓋猶中國之牙儈也。假如良馬一駟，直一百五十餘千，則必中賣二百以上，貫門户之人及本務吏胥之徒，四分取一，官失其貨，私取其利，此三病也。馬司下責引所市綵織錦，分支機户，及其市錦，分科三等，馬司出上等之錦價，多得中等之錦色，蓋胥吏與錦户有無相通，暗相資取，錦物既惡，折博艱難，此四病也。市馬之初，雖曰羈縻遠人，見馬支物，然而不至如近時監買不職，以病爲壯，以短爲長，以齒多爲齒弱，如黎雅等州至馬司未滿千里，每遇送綱，不乘不騎，道死相望，況更萬里綱運，其可保乎？此五病也。臣愚伏望陛下亟詔上項川秦市馬五病，嚴諭牧司，自今四川胥吏牙儈鋪兵之類，一復犯此，乞罪不貸，使折博之物無不良，監買之吏無

不職，則蕃部之馬無不至矣。臣又聞議者且欲更張，從夔之路水運，不臣未知信否也。其大利害，小臣固所難窺，然天行莫如龍，地行莫如馬。今欲水行，殊違其性也。昔歐陽脩嘗言蜀中珍貨貢物多不出三峽，蓋峽水春夏湍悍，有付溺之憂，惟麁惡之物，則輕從三峽，人亦多視爲棄物也。馬政，國家之本，官吏其敢視爲棄物乎？或者謂國家近時經費綱運尚從此路，不知綱運或檣或橐，盤灘避險，臨時般出，措置非一。經從鳥道，亦似無害，群馬之來，其積如山，固不可由葦埇之徑。灘險又終可保乎？又夔路深山最爲窮薄，錢糧草芻未易常足，驛廐皂棧未易創置，兵人牧卒遇小州縣，未免擾瀆，恐約束未定，恩在歲月之後也。臣不知其說矣。小臣無知，竊以爲荆襄之路未有大害，未易更易。臣願朝廷紬繹而深之。臣愚知貢誠天闕，因言川秦市馬五病，其終敢輒及此，惟陛下裁赦。

理宗時，守漢陽黃幹奏曰：臣竊見馬政，國之大事也。騋牝三千，衛國以興；思馬思祖，魯人頌之。則其關繫誠為不輕。國家所用之馬，西取於蜀，南取於廣，皆在數千里之外，博易之費，道里之費，一馬之入，動數百千。其所得甚艱，所費甚巨，一有緩急，無馬可用。開禧年間，虜騎壓境，旋行收買，駑駘下乘，亦以備數。平居暇日，可不思所以處之乎。竊見漢陽管內有馬監一所，馬之自蜀來者，憩息於此，五日而後行，守臣亦預點檢之責。臣嘗親至其地，見馬監之前有所謂孳生監者，乃鄂州大軍昔日所創，方其盛時，馬之蕃息，可以足軍中之用。今監皆頹毀，不復有馬矣。漢陽為郡，土壤甚廣，風氣甚勁，水草甚饒，若委之守臣，使之興復舊監，以為牧馬之地，給降本錢，收買江北所產之馬而蕃息之，差撥兵卒，使任牧養之責，數年之閒，生息蕃盛，猝有緩急，即可為用，與夫求之於至遠之地，買之於倉卒之際，其利害相去遠矣。如臣之愚，未必深曉世務，更乞行下總領所同鄂州都統司相度施行。

金宣宗時，張行信為涇州管內觀察使。上嘗諭宰臣曰：自張行信降黜，卿等遂緘默，自今宜各盡言，毋復畏忌。行信始至涇，即上書曰：馬者甲兵之本，方軍旅未息，馬政不可緩也。臣自到涇，聞陝右豪民多市於河州，轉入內地，利蓋百倍。及見省差買馬官平涼府判官烏古論桓端，市于洮州，以銀百錠，幾得馬千疋，云生羌木波諸部蕃族人戶畜牧甚廣，蓋前所遣官或抑其直，或以勢陵奪，遂失其和，且常患銀少，所以不能多得也。又聞蕃地今秋薄收，鬻馬得銀，輒以易粟，冬春之交必艱食，馬價甚低。乞令所司輦銀粟于洮河等州，選委知蕃情、達時變如桓端者貿易之，若捐銀萬兩，可得良馬千疋。機會不可失，惟朝廷亟圖之。

元世祖時，趙天麟上策曰：臣聞昔者聖人之閑大也，去其害人者而已。驅猛獸而遠之，服畜獸而役之。故角者能觸而拘之以楅衡，蹄者能踶而馭之以紲絆，以盡天下之力，以全天下之才。夫中人之產，未踰十金，於是恐所用之有闕，必思而周慮之，懼臨時之或乏，設備而預防之，豈有過哉，皆其宜也。況乎應千年之河水，居巍然之神器，乎萬世子孫之業，詎宜無備云乎哉。臣竊以名鷹俊犬、異毛鳥獸，國家之所宜棄也，反以收之；駝羊牛馬，其用甚重，此皆國家之所宜廣也，反不廣之。豈愛駝羊牛馬之不及鷹犬哉，亦由於襲太平之世而因循弗慮故也。武王勝殷，放牛於桃林之野，歸馬於華山之陽，然與方今其勢有不同也。方今四征不息，粮餉未停，就使櫜弓矢而不用，戢干戈而不起，則安知他日無罰罪之事哉。則牛馬之不可暫闕也明矣。至元癸巳，括士民之馬而拘之，郡出榜文，稱上司之語而謂官酬其直也。馬既領軍，直又不酬，士民失望。臣非但以國家之喪信而傷之，抑亦由國家之不修馬政，臨急取士民之御者，故傷之也。謹按唐太宗時，有馬千匹，太僕少卿張萬歲掌之。自貞觀至麟德四十年間，馬七十萬六千匹，以致八坊之田千二百三十頃，募民耕之，以給芻秣。八坊之馬分為五十六監。及明皇時，國馬益耗，乃以空名告身市馬於遠方，纔復二十餘萬匹。命王毛仲領內外閑廄，至開元十三年，乃有四十三萬匹，牛羊稱是。由此觀之，畜牧之多寡，但以留意故也。伏望陛下精思纔總之務，灼明備用之源。凡鷹犬之類，可緩者緩之；凡鷹坊等職，可罷者罷之；凡駝羊馬牛，宜以御府繒帛及空名告身於四遠之地及中華之境市而收之。凡所市之馬，諒宜倣古制，立天駟監以孳育之；凡牛羊駝等，諒宜立群牧所以蓄殖之；凡芻秣之具，諒宜擇良地，募民耕以給之。若然，則可以富國，可以強兵，可以備宣王考牧之詩而小之，可以思漢武伐宛之事而笑之矣。

順帝至順二年，監察御史陳思謙上言：軍站消乏，僉補則無殷實之戶，接濟則無羨餘之財。倘有征行，必括民間之馬。苟能修馬政，亦其一助也。方今西越流沙，北際沙漠，東及遼海，地勢高寒，水甘草美，無非牧養之地。宜設置群牧使司，統領十監，專治馬政，并畜牛羊。數年之後，馬寔蕃盛，或給軍以收兵威，或給站以優民力，牛羊之富，又足以給國用，非小補也。